MICHAELIS

DICIONÁRIO PRÁTICO
LÍNGUA PORTUGUESA

MICHAELIS

DICIONÁRIO PRÁTICO
LÍNGUA PORTUGUESA

NOVA ORTOGRAFIA conforme o
Acordo Ortográfico da LÍNGUA PORTUGUESA

MELHORAMENTOS

Editora Melhoramentos

Michaelis: dicionário prático da língua portuguesa. –
São Paulo: Editora Melhoramentos, 2010. –
(Dicionários Michaelis)

"Nova ortografia conforme Acordo Ortográfico da Língua
Portuguesa"

ISBN 978-85-06-05768-1

1. Português - Dicionários I. Série.

CDD-469.3

Índice para catálogo sistemático:
1. Português : Dicionários   469.3

© 2010 Editora Melhoramentos Ltda., nova ortografia
Lexicografia: Clóvis Osvaldo Gregorim, Creud Pereira Santos Martinelli,
Edméa Garcia Neiva, Sandra Helena Terciotti Carvalho
Etimologia: Mário Eduardo Viaro
Capa: Jean E. Udry

2.ª edição, 2.ª impressão, janeiro de 2013
ISBN: 978-85-06-05768-1

Atendimento ao consumidor:
Caixa Postal 11541 – CEP 05049-970
São Paulo – SP – Brasil
Tel.: (11) 3874-0880
sac@melhoramentos.com.br
www.editoramelhoramentos.com.br

Impresso no Brasil

Sumário

Prefácio VII
Organização do dicionário VIII
Elementos de composição XII
Abreviaturas usadas neste dicionário XXI
Verbetes de A a Z 1
Apêndice
    Regras de acentuação gráfica 933
    Uso de *por que, por quê, porque, porquê* 934
    Emprego do acento grave, indicativo da crase 934
    Regras de divisão silábica 936
    Emprego do hífen 937
    Coletivos 938
    Verbos que indicam as vozes de alguns animais 940
    Emprego das iniciais maiúsculas 940
    Pronomes de tratamento 941
    Adjetivos pátrios dos estados brasileiros e de suas capitais 942
    Correspondência entre o alfabeto grego e o latino 943
    Conjugação de verbos auxiliares e regulares 944
    Palavras e expressões mais usuais do latim e de outras línguas 948
    Algarismos romanos e seus correspondentes arábicos 950
    Números 951
    Símbolos matemáticos 952

Prefácio

O **Michaelis Dicionário Prático – Língua Portuguesa**, com mais de 32.000 verbetes, foi criado com base no banco de dados Michaelis, seguindo rigorosas normas de lexicografia que padronizam a estrutura da obra a fim de facilitar a leitura e dar acesso imediato à informação.

A grafia das palavras segue o Vocabulário Ortográfico da Língua Portuguesa (VOLP, 5. ed., março de 2009), respeitando as modificações introduzidas pelo Acordo Ortográfico da Língua Portuguesa (veja explicações sobre o Acordo a seguir).

Os verbetes apresentam divisão silábica, etimologia, classe gramatical, área de conhecimento, acepções numeradas (totalizando mais de 65.000), expressões atuais e exemplos objetivos para melhor compreensão das definições. Foi incluída a conjugação dos verbos irregulares no final dos respectivos verbetes. Quando necessário, acrescentaram-se, também no final dos verbetes, notas sobre questões gramaticais e sobre o uso adequado de palavras e expressões.

Especial atenção foi dada ao registro de termos que surgiram com o desenvolvimento da tecnologia, principalmente na área de Informática, bem como de vocábulos estrangeiros, com indicação de pronúncia, regionalismos e gírias, mesmo os mais recentes.

A obra oferece um apêndice, para consultas rápidas, sobre dificuldades gramaticais, como crase, pronomes de tratamento e adjetivos pátrios, entre outras. Traz também uma lista com as palavras e expressões mais usuais do latim e de outras línguas.

O **Michaelis Dicionário Prático – Língua Portuguesa** contou, em sua elaboração, com uma equipe especializada de dicionaristas, professores de língua portuguesa, consultores técnicos, etimologistas e revisores, entre outros profissionais.

Com a publicação desta obra, a Melhoramentos oferece aos estudantes e aos profissionais das mais diversas áreas um imprescindível instrumento para se aperfeiçoarem no conhecimento da nossa língua portuguesa.

A nova ortografia do português

Para este dicionário foram adotadas as alterações na ortografia do português conforme o Acordo Ortográfico da Língua Portuguesa de 1990.

A implantação das regras desse Acordo é um passo importante em direção à criação de uma ortografia unificada para o português, a ser usada por todos os países de língua oficial portuguesa: Portugal, Brasil, Angola, São Tomé e Príncipe, Cabo Verde, Guiné-Bissau, Moçambique e Timor Leste.

A Editora

Organização do dicionário

1. Entrada

a) A entrada do verbete está em negrito com a indicação da divisão silábica.
   Ex.: **a.ba.jur** (*fr abat-jour*) *sm* Peça de forma variável, feita dos mais diversos...

b) As palavras de origem estrangeira estão destacadas em negrito itálico, sem divisão silábica. Entre parênteses, está indicada a pronúncia corrente e, logo depois, a língua de origem.
   Ex.: ***backup*** (*becápe*) (*ingl*) *sm Inform* Cópia de um arquivo ou conjunto de dados mantidos...

c) Nos casos em que possa haver dúvida, está indicada, entre parênteses, a pronúncia correta do *x*, do *e* e do *o* das sílabas tônicas.
   Ex.: **a.ne.xar** (*cs*) (*anexo+ar*[1]) *vtd* **1** Juntar, como anexo, a uma coisa considerada como principal...
   a.pe.go (*ê*) (de *apegar*) *sm* **1** Afeição, afeto. **2** Insistência, perseverança, afinco.
   a.pos.to (*ô*) (*part* de *apor*) *adj* Acrescentado, junto, sobreposto, adjunto...

d) Vocábulos de grafia idêntica mas com origens diferentes constituem verbetes independentes e as entradas com numeração elevada.
   Ex.: **cho.car**[1] (*choque+ar*[1]) *vti* e *vpr* **1** Produzir choque, ir de encontro a...
   cho.car[2] (*choco+ar*[1]) *vint* **1** Estar no choco; incubar. *vtd* **2** Fazer desenvolver...

2. Etimologia

A etimologia, entre parênteses e em itálico, indica a língua de origem do vocábulo e o étimo, bem como a tradução deste, seguida dos elementos de composição, quando cabíveis (veja lista dos principais elementos na página XII).
Para a etimologia valem ainda as seguintes observações:

a) Se o étimo é desconhecido, está indicada apenas a língua de origem, quando é possível determiná-la.
   Ex.: **ju.ru.ru** (do *tupi*) *adj m+f* Acabrunhado, macambúzio, melancólico, tristonho.

b) Se a etimologia é controversa ou desconhecida, prefere-se nada indicar.
   Ex.: **ca.trai.a** *sf* Pequeno barco, tripulado por um só homem.

c) Quando o vocábulo for um empréstimo, vem apenas a língua de origem.
   Ex.: ***book*** (*búqui*) (*ingl*) *sm* **1** Tipo de catálogo que reúne os principais trabalhos...

d) Os vocábulos latinos estão indicados como usualmente aparecem em textos sobre Filologia, isto é, no caso acusativo, sem o *m* final.
   Ex.: **car.ne** (*lat carne*) *sf* **1** Tecido muscular do homem e dos animais. **2** Parte vermelha...
   Não indicamos no caso nominativo, que seria *caro*, ou no acusativo com o *m* final, ou seja, *carnem*.

e) O asterisco marca vocábulo sem atestação escrita, mas cuja reconstrução é possível pelo estudo histórico-comparativo.
   Ex.: **a.du.bar** (*lat *addubare*) *vtd* **1** Preparar com adubos. **2** *Agr* Aplicar adubo ao solo; fertilizar...

f) As partes dos vocábulos compostos e/ou derivados estão separadas com o sinal **+**, acrescentando-se a essas partes um numeral elevado para remeter ao respectivo verbete.
Ex.: **a.bas.te.cer** (a^1+*basto*+*ecer*) *vtd* **1** Fornecer, munir com abundância, prover do bastante ou do...

g) As partes das palavras colocadas entre parênteses internos não participam da composição.
Ex.: **car.re.a.ta** (*carro*+(*pass*)*eata*) *sf* Procissão de veículos em sinal de adesão, protesto...

h) Nos verbetes equivalentes ao particípio presente latino, os verbos de origem dessas palavras vêm indicados no infinitivo.
Ex.: **a.com.pa.nhan.te** (de *acompanhar*) *adj* e *s m*+*f* Que ou quem acompanha. *Col: comitiva, cortejo*.

i) O sufixo *-bile* do latim torna-se geralmente *-vel* em português, mas, em derivados eruditos criados pelo português, esse *-bile* reaparece. Nesse caso, a etimologia não mostrará a origem do latim porque há casos em que a palavra primitiva não remonta ao latim, e sim é uma criação do português. Por existirem muitos casos assim, optou-se por uma mesma solução que atendesse ao maior número de vocábulos.
Ex.: **ad.mis.si.bi.li.da.de** (*admissível*+*i*+*dade*) *sf* Qualidade do que é admissível.
ad.mis.sí.vel (*lat admissibile*) *adj m*+*f* Que se pode admitir, capaz ou digno de...

j) Por haver divergência entre os autores, adotou-se a tabela abaixo nas transcrições de línguas ágrafas e alguns alfabetos:

	letras	transcrição
grego	η, ω, α, η, φ, ά, ὰ, ά, ᾶ, ï	e, o, a, e, o, ha, a, á, â, ï
	υ (αυ, ευ, ου); εύ, εῦ	y (au, eu, ou); eú, eû
	γγ, γξ, γχ, ῥ, χ	gg, gx, gkh, rh, kh
árabe	ث ج ح خ د ش ص ط ظ ع غ ق	th, j, H, kh, dh, sh, S, T, D, ʻ, g, Q
	ا و ي ء (hamza)	â, û/w, î/y, ʼ
tupi	semivogais [w] e [j]	u, i
	vogais [ã], [ẽ], [ĩ], [ɨ], [ɨ̃], [õ], [ũ]	ã, en, in, y, yn, õ, un
	consoantes [mb], [nd], [ŋ], [ʃ]	mb, nd, ng, x
quimbundo	consoantes [mb], [nd], [ŋ], [ʃ]	mb, nd, ng, x
ioruba	ṣ, ẹ, ọ	sh, e, o (tons marcados)
japonês	ā, ē, ī, ō, ū	â, ê, î, ô, û (sistema rōmaji)
chinês	ā, á, ǎ, à	â, á, ǎà, à (sistema pinyin)
russo	ы, ь, ъ, ш, ч, щ, ж, э, й, я, ю	y, ʼ, ʼʼ, sh, ch, shch, zh, è, j, ja, ju
outras línguas	indianas: ḍ, ḥ, ḷ, ṇ, ṛ, ṣ, ṭ, ṅ, ṁ, ā	d, h, l, n, r, s, t, n(g), m, â
	europeias: ă, â, č, ğ, ı, ø, š, ș, ț, ž, ß, ð, þ	a, aa, ch, g, y, ö, sh, sh, ts, zh, ss, dh, th

3. Classe gramatical

a) A classe gramatical do vocábulo é indicada por abreviatura em itálico após a etimologia do verbete.
Ex.: **a.ban.do.no** (de *abandonar*) *sm* **1** Ação ou efeito de abandonar. **2** Desamparo...
ab.do.mi.nal (*lat abdominale*) *adj m*+*f Anat* Pertencente ao abdome. • *sm* Exercício...
a.tu.al.men.te (*atual*+*mente*) *adv* Hoje, no momento presente.
a.bai.xar (a^1+*baixar*) *vtd* **1** Tornar baixo ou mais baixo; baixar...

b) A transitividade dos verbos é indicada em cada uma de suas acepções.
Ex.: **a.ten.tar** (*atento+ar¹*) *vtd* **1** Aplicar com atenção. *vti* e *vint* **2** Considerar, dar atenção, tomar em consideração: *Atentar em* (ou *para*) *alguma coisa*. *vti* **3** Observar com atenção, olhar atentamente. *vtd* **4** Cometer, empreender. *vti* e *vint* **5** Cometer atentado. *vint* **6** *pop* Induzir sentimento ou intenção maléficos; tentar.

c) A conjugação dos verbos defectivos e irregulares está incluída no final do verbete.
Ex.: **a.de.quar** (*lat adaequare*) *vtd* Acomodar, apropriar. *Conjug:* é defectivo; usado só nas formas arrizotônicas. *Pres indic: adequamos, adequais; Pret perf: adequei, adequaste* etc.; *Imper: adequai(vós)*.

4. Registro
O registro, destacado em itálico, indica área do conhecimento, regionalismo brasileiro e tipo de linguagem.
Ex.: **a.bo.bri.nha** (*abobra+inha*) *sf* **1** *Bot* Variedade de abóbora pequena... **2** *gír* Bobagem, tolice.

ar.re.ta.do (*part* de *arretar*) *adj Reg* (Nordeste) Belo, grandioso, vistoso, bacana, legal.

a.gar.ra-a.gar.ra *sm* **1** *pop* V *pega-pega*. **2** *vulg* Bolinação, bolinagem. *Pl: agarra-agarras*.

5. Acepções
Os diferentes sentidos de uma mesma palavra vêm numerados e destacados em negrito.
Ex.: **a.ba** (*lat alapa*) *sf* **1** Parte inferior pendente de certas peças do vestuário. **2** Borda, margem, beirada: *Aba do chapéu; Aba do telhado*. **3** Parte suplementar de alguns móveis, aos quais se liga por dobradiças ou lhes fica pendente. **4** Asa do nariz. **5** Sopé, encosta, vertente. **6** Beira, costa, lado.

6. Exemplificação
Frases claras ou citações de autores famosos são frequentemente usadas para melhor compreensão da definição ou do emprego correto da palavra ou acepção.
Ex.: **a.go.ra** (*lat hac hora*) *adv* **1** Nesta hora, neste instante, neste momento. **2** Atualmente, presentemente. **3** Depois disto, em vista disto: *Você nos ofendeu, agora aguente as consequências*.

7. Expressões
Depois das acepções do verbete há o registro de expressões formadas com a entrada desse verbete.
Ex.: **a.ba.ca.xi** (*tup yuá, fruta+katí*, recendente) *sm* **1** *Bot* Fruto do abacaxizeiro, muito aromático e saboroso... *Descascar o abacaxi, pop:* resolver problema difícil ou desagradável.

8. Formas irregulares
No final do verbete estão indicadas, em itálico, as seguintes formas:
a) plural irregular. Ex.: **a.não**. *Pl: anões, anãos, anães;*
b) plural de nome composto. Ex.: **a.bai.xo-as.si.na.do**. *Pl: abaixo-assinados;*
c) feminino irregular. Ex.: **em.bai.xa.dor**. *Fem: embaixadora* (representante diplomática) e *embaixatriz* (mulher de embaixador);
d) diminutivo irregular. Ex.: **es.tá.tua**. *Dim: estatuazinha, estatueta;*
e) aumentativo irregular. Ex.: **ban.di.do**. *Aum: bandidaço;*
f) superlativo absoluto sintético. Ex.: **ca.paz**. *Sup abs sint: capacíssimo;*
g) sinônimo. Ex.: **a.re.en.to**. *Sin: arenoso;*
h) antônimo. Ex.: **ma.cam.bú.zio**. *Antôn: alegre;*

i) variante. Ex.: **bê.ba.do.** *Var: bêbedo;*
j) coletivo. Ex.: **an.jo.** *Col: coro, falange, legião;*
k) voz. Ex.: **cão.** Voz: *ganir, ladrar, latir, rosnar, uivar, ulular.*

9. Remissões
As remissões, introduzidas pela abreviatura *V* (veja), indicam uma forma vocabular mais usual.
Ex.: **as.so.vi.o** (de *assoviar*) *V assobio.*
    be.que (*ingl back*) *V zagueiro.*

10. Apêndice
No final do dicionário estão incluídos alguns assuntos frequentemente procurados para consultas complementares:

- regras de acentuação gráfica;
- uso de *por que, por quê, porque, porquê*;
- emprego do acento grave, indicativo da crase;
- regras de divisão silábica;
- emprego do hífen;
- coletivos;
- verbos que indicam as vozes de alguns animais;
- emprego das iniciais maiúsculas;
- pronomes de tratamento;
- adjetivos pátrios dos estados brasileiros e de suas capitais;
- correspondência entre o alfabeto grego e o latino;
- conjugação de verbos auxiliares e regulares;
- palavras e expressões mais usuais do latim e de outras línguas;
- algarismos romanos e seus correspondentes arábicos;
- números;
- símbolos matemáticos.

Elementos de composição

Abaixo se relacionam radicais gregos e latinos que participam da composição de diversas palavras, seguidos de uma lista de sufixos derivativos e prefixos.

Devido à dificuldade na atribuição de uma única etimologia a vários sufixos (por causa de fenômenos de convergência histórica, formações analógicas ou expressivas, entre outros), optou-se por não a incluir. Dada a concisão dos apontamentos de caráter etimológico apresentados neste dicionário, não cabem aqui discussões aprofundadas.

Contudo, o leitor dispõe, para os radicais e prefixos, de uma etimologia, assim como de alguns significados básicos. Também ao longo do dicionário esses elementos são recorrentes nos apontamentos de formação de palavras.

LISTA DE RADICAIS

acro¹	*lat acru*	ácido
acro²	*gr ákron*	ponta, altura
acu	*lat acu*	agulha
acuti	*lat acutu*	agudo
adeno	*gr adén, énos*	glândula
adipo	*lat adipe*	gordura
aero	*gr aér, aéros*	ar
agogo	*gr agogós*	que conduz
agri	*lat ager, agri*	campo
agro	*gr ágros*	campo
alectoro	*gr aléktor, oros*	galo
algo¹	*gr algós*	dor
algo²	*lat alga*	alga
algo³	*lat algu*	frio
ali	*lat ala*	asa
alo	*gr állos*	outro
alti	*lat altu*	alto
alvi	*lat albu*	branco
ambi	*lat ambi*	ambos
amilo	*gr ámylon*	amido
ancilo	*gr agkýle*	estreito
andro	*gr anér, andrós*	homem
anemo	*gr ánemos*	vento
angio	*gr aggeîon*	vaso
anglo	*lat anglu*	inglês
anto	*gr ánthos*	flor
antropo	*gr ánthropos*	homem
aristo	*gr áristos*	ótimo
arque	*gr arkhé*	chefe
arqueo	*gr arkhaîos*	antigo
arqui	*gr arkhi*	chefe
arterio	*gr artería*	artéria
artro	*gr árthron*	articulação
astro	*gr ástron*	corpo celeste
audio	*lat audio*	audição
auri	*lat auru*	ouro
auto	*gr autós*	próprio
avi	*lat ave*	ave
bati	*gr bathýs*	profundo
bi	*lat bis*	dois

biblio	gr *biblíon*	livro
bio	gr *bíos*	vida
bleno	gr *blénna*	catarro
bronto	gr *bronté*	trovão
cali	gr *kallós*	belo
calo	gr *kallós*	belo
calori	lat *calore*	calor
cani	lat *canna*	cana
carboni	lat *carbone*	carvão
cardio	gr *kardía*	coração
cefalo	gr *kephalé*	cabeça
celo	gr *koîlos*	vazio
ceno[1]	gr *kenós*	vazio
ceno[2]	gr *koinós*	comum
ceno[3]	gr *skené*	cena
ceno[4]	gr *kainós*	moderno
centri	lat *centru*	centro
ciano	gr *kýanos*	azul
ciclo	gr *kýklos*	círculo
cida	lat *caedere*	que mata
cine	gr *kinéo*	movimento
cino	gr *kýon, kynós*	cão
cito	gr *kýtos*	célula
citri	lat *citru*	limão
cloro	gr *khlorós*	verde
cola	lat *cola*	cultivador
colpo	gr *kólpos*	vagina
coni	lat *conu*	cone
contra	lat *contra*	contra
cosmo	gr *kósmos*	universo
crino	gr *krínon*	lírio
cripto	gr *kryptós*	oculto
cromo	gr *khrôma*	cor
crono	gr *khrónos*	tempo
ctono	gr *khthón, onós*	terra
curvi	lat *curvu*	curvo
datilo	gr *dáktylos*	dedo
deca	gr *déka*	dez
deci	lat *decem*	dez
demo	gr *dêmos*	povo
dendro	gr *déndron*	árvore
dermato	gr *dérma, atos*	pele
derme	gr *dérma, atos*	pele
dinamo	gr *dýnamis*	força
disco	gr *dískos*	disco
doxo	gr *dóxa*	opinião
dromo	gr *drómos*	corrida
eco[1]	gr *ekhó*	eco
eco[2]	gr *oîkos*	ambiente
ecto	gr *ektós*	exterior
edro	gr *hédra*	lado
eletro	gr *élektron*	eletricidade
eno	gr *oînos*	vinho
equi[1]	lat *equu*	cavalo
equi[2]	lat *aequu*	igual
ergo	gr *érgon*	trabalho
eroto	gr *éros, otos*	sexo
escato[1]	gr *skór, átos*	fezes

escato²	gr éskhatos	último
esquizo	gr skhízein	fendido
esteno	gr stenós	contraído
estereo	gr stéreo	volume
estoma	gr stôma, atos	boca
estrobo	gr stróbos	rotação
etno	gr éthnos	raça
fago	gr phágein	comer
farmaco	gr phármakon	medicamento
fero	lat fero	que leva
ferri	lat ferru	ferro
fico	lat facere	que faz
filo¹	gr phýllon	folha
filo²	gr phílos	amigo
filo³	gr phýlon	tribo
fisio	gr phýsis	natureza
fito	gr phytón	vegetal
fobo	gr phóbos	medo
fono	gr phoné	som
forme	lat forma	forma
foro	gr phóros	que leva
foto	gr phôs, otós	luz
fugo	lat fugere	que foge
gali¹	lat gallu	galo
gali²	lat gallu	francês
gali³	lat galla	galha
gamo	gr gámmos	casamento
gastro	gr gáster	estômago
geno	gr génos	raça
genu	lat genu	joelho
geo	gr gê	terra
gero	lat gerere	que leva
geronto	gr géron, ontos	velho
gineco	gr gyné, aikós	mulher
giro	gr gýros	volta
glico	gr glykýs	doce
gono¹	gr goný	ângulo
gono²	gr gónos	semente
grado	lat gradi	que anda
grafo	gr gráphein	escrita
grama	gr grámma	escrita, peso
hecto	gr hékaton	cem
helio	gr hélios	sol
helminto	gr hélmis, inthos	verme
hemato	gr haíma, atos	sangue
hemero	gr heméra	dia
hemi	gr hémi	metade
hemo	gr haíma, atos	sangue
hendeca	gr héndeka	onze
hepato	gr hêpar, atos	fígado
hepta	gr hépta	sete
hetero	gr héteros	diferente
hexa	gr hex	seis
hidro	gr hýdor, atos	água
hiero	gr hierós	santo
hipno	gr hýpnos	sono
hipo¹	gr híppos	cavalo
holo	gr holós	inteiro

homeo	gr *hómoios*	parecido
homo	gr *homós*	igual
horti	lat *hortu*	horta, jardim
iatro	gr *iatrós*	médico
ictio	gr *ikhthýs*	peixe
irido	gr *îris, idos*	íris
iso	gr *ísos*	igual
latra	gr *latreía*	adorador
lipo	gr *lípos*	gordura
lise	gr *lýsis*	destruição
lito[1]	gr *líthos*	pedra
lito[2]	gr *lytós*	dissolução
loco	lat *locu*	lugar
logo	gr *lógos*	conhecimento
macro	gr *makrós*	grande
mania	gr *manía*	loucura
mancia	gr *manteía*	adivinhação
maxi	lat *maximu*	grande
mega	gr *mégas*	grande
megalo	gr *megálos*	grande
melo	gr *mélos*	canto
mero	gr *méros*	parte
meso	gr *mésos*	médio
metro[1]	gr *métron*	medida
metro[2]	gr *métra*	útero
mico	gr *mýkes*	cogumelo
micro	gr *mikrós*	pequeno
mielo	gr *myelós*	medula
mili	lat *mille*	mil
mimo	gr *mîmos*	imitação
mini	lat *minimu*	pequeno
mio	gr *mys, myós*	músculo
miso	gr *mísein*	ódio
mito	gr *mýthos*	fábula
mono	gr *mónos*	um
morfo	gr *morphé*	forma
morti	lat *morte*	morte
multi	lat *multu*	muito
naso	lat *nasu*	nariz
necro	gr *nekrós*	morte
neo	gr *neós*	novo
neuro	gr *neûron*	nervo
nevro	gr *neûron*	nervo
nitro	lat *nitru*	nitrogênio
nomo	gr *nómos*	lei
odonto	gr *odoús, óntos*	dente
oftalmo	gr *ophthalmós*	olho
oleo	lat *oleu*	óleo
oni	lat *omne*	tudo
onimo	gr *ónoma*	nome
onomato	gr *ónoma, atos*	nome
oo	gr *oón*	ovo
opse	gr *ópsis*	vista
oro	gr *óros*	montanha
orqui	gr *órkhis*	testículo
orto	gr *orthós*	reto
osteo	gr *ostéon*	osso
oto	gr *oûs, otós*	orelha

oxi	gr *oxýs*	agudo
pago	gr *págos*	fixo
paleo	gr *palaiós*	antigo
pan	gr *pân*	tudo
paqui	gr *pakhýs*	espesso
paro	lat *parere*	que produz
pato	gr *páthos*	doença
pede	lat *pede*	pé
pedo	gr *paîs, paidós*	criança
penta	gr *pénta*	cinco
piro	gr *pûr, pyrós*	fogo
pisci	lat *pisce*	peixe
piteco	gr *píthekos*	macaco
plasto	gr *plastós*	formado
plego	gr *plegé*	golpe
pluri	lat *plure*	vários
pneo	gr *pneîn*	respirar
pode	gr *poûs, podós*	pé
pole	gr *pólis*	cidade
poli	gr *polýs*	muito
pseudo	gr *pseudés*	falso
psico	gr *psykhé*	alma
ptero	gr *ptéron*	asa
quadri	lat *quattuor*	quatro
quilo	gr *khílioi*	mil
quiro	gr *kheír*	mão
radio	lat *radiu*	raio
rago	gr *rháx, ágos*	fluxo
reia	gr *rhoía*	corrimento
reti	lat *rectu*	reto
rino	gr *rhís, rhinós*	nariz
sacari	gr *sákkhar*	açúcar
sauro	gr *saûros*	lagarto
scopo	gr *skopeúo*	ver
sema	gr *sêma, atos*	sinal
semi	lat *semi*	metade
sidero	gr *síderos*	ferro
sismo	gr *seismós*	abalo
sofo	gr *sophós*	sábio
sono	lat *sonare*	que soa
taqui	gr *takhýs*	rápido
teca	gr *théke*	alojamento
tecno	gr *tekhné*	arte
tele	gr *têle*	longe
teo	gr *théos*	Deus
tério	gr *theríon*	fera
termo	gr *thérme*	calor
tetra	gr *tétra*	quatro
tipo	gr *týpos*	sinal
tomo	gr *tómos*	incisão
tono	gr *tónos*	tom
topo	gr *tópos*	lugar
tri	lat *tri*	três
trico	gr *thríx, trikhós*	cabelo
tropo	gr *trópos*	volta
uni	lat *unu*	um
uro[1]	gr *ourá*	cauda
uro[2]	gr *oûron*	urina

XVII

vermi	*lat verme*	verme
volo	*lat velle*	que quer
voro	*lat vorare*	que come
xeno	*gr xénos*	estrangeiro
xilo	*gr xýlon*	madeira
zoo	*gr zôon*	animal

LISTA DE PREFIXOS

a¹-	*port a-*	prótese
a²-	*lat ad*	proximidade
a³-	*lat ab*	afastamento
a⁴-	*gr a-*	negação
a⁵-	*tupi a-*	semente, cabeça
ab-	*lat ab*	afastamento
abs-	*lat abs-*	afastamento
ad-	*lat ad*	proximidade
an-	*gr an-*	negação
ana-	*gr aná*	inversão, repetição
anfi-	*gr amphí*	ao redor, ambos
ante-	*lat ante*	diante, antes
anti-	*gr antí*	diante, contra
apo-	*gr apó*	afastamento
cata-	*gr katá*	de cima, sobre
circu-	*lat circum*	ao redor
circum-	*lat circum*	ao redor
circun-	*lat circum*	ao redor
cis-	*lat cis*	aquém
co-	*lat com-*	companhia
com-	*lat com-*	companhia
con-	*lat con-*	companhia
contra-	*lat contra*	contrário
de-	*lat de*	afastamento
des-	*lat dis*	dispersão, negação
di-	*gr dís*	dois
dia-	*gr diá*	através de
dis¹-	*lat dis*	dispersão, negação
dis²-	*gr dís*	dois
dis³-	*gr dys-*	privação
e¹-	*lat in, gr en*	início de estado
e²-	*lat ex, gr ex*	saída
ec-	*lat ex, gr ex*	saída
em-	*lat in, gr en*	início de estado
en-	*lat in, gr en*	início de estado
endo-	*gr éndon*	entrada
epi-	*gr epí*	em cima, sobre
es-	*lat ex*	afastamento
eu-	*gr eu-*	bom
ev-	*gr eu-*	bom
ex-	*lat ex, gr ex*	saída, antigo
exo	*gr éxo*	fora
extra-	*lat extra*	saída, a mais
hiper	*gr hypér*	acima
hipo²-	*gr hypó*	abaixo
i¹-	*lat in*	início da ação
i²-	*lat in-*	negação

im[1]-	*lat in*	início da ação
im[2]-	*lat in-*	negação
in[1]-	*lat in*	início da ação
in[2]-	*lat in-*	negação
infra-	*lat infra*	abaixo
inter-	*lat inter*	entre
intra-	*lat intra*	entrada
intro-	*lat intro*	entrada
meta-	*gr méta*	sucessão
justa-	*lat juxta*	ao lado
o-	*lat ob*	impedimento
ob-	*lat ob*	impedimento
para-	*gr pará*	ao lado de
pen-	*lat paene*	quase
pene-	*lat paene*	quase
per-	*lat per*	através
peri-	*gr perí*	ao redor
pos-	*lat post*	sucessão
pre-	*lat prae*	diante
preter-	*lat praeter*	além, excesso
pro-	*lat / gr pro*	diante, antes
re-	*lat re-*	inversão, repetição
retro-	*lat retro*	inversão
se-	*lat se-*	separação
sim-	*gr sýn*	companhia
sin-	*gr sýn*	companhia
so-	*lat sub*	abaixo
sob-	*lat sub*	abaixo
sobre-	*lat super*	acima
sota-	*lat *subta*	abaixo
soto-	*lat subtu*	abaixo
sub-	*lat sub*	abaixo
subter-	*lat subter*	abaixo
super-	*lat super*	acima
supra-	*lat supra*	acima
tra-	*lat trans*	além
trans-	*lat trans*	além
tres-	*lat trans*	além
ultra-	*lat ultra*	além
vice-	*lat vice*	substituição
vis-	*lat vice*	substituição

LISTA DE SUFIXOS

-aça	aumentativo	-al[1]	tendência, coletivo, plantação
-áceas	família de plantas	-al[2]	química
-acho	diminutivo	-alha	coletivo, depreciativo
-aco	origem, relação	-alho	aumentativo
-aço	aumentativo, intensidade	-ama	coletivo
-ada[1]	coletivo, golpe, produto, estado	-ame	coletivo
-ada[2]	patronímico	-ança	estado, qualidade, resultado
-ado[1]	particípio	-ância	estado, qualidade, resultado
-ado[2]	cargo	-anhar	verbo frequentativo
-agem	coletivo, estado, qualidade	-ano	origem, partidário
-aico	referência, origem	-ante	atividade

-anzil	aumentativo
-ão¹	origem
-ão²	aumentativo
-ão³	atividade
-ar¹	verbo
-ar²	tendência
-aréu	coletivo, aumentativo
-aria	coletivo, lugar
-ário	conjunto, atividade, lugar, estado
-arro	aumentativo
-ático	referência, origem
-ato¹	cargo
-ato²	relação, qualidade
-ato³	diminutivo
-ato⁴	química
-avo	fração
-az	capacidade
-ázio	aumentativo
-bil-	possibilidade, dever, necessidade
-bundo	tendência
-ção	estado, qualidade
-cundo	tendência
-d-	consoante de ligação
-dade	estado, qualidade
-dela	diminutivo
-deiro	atividade, depreciativo
-diço	qualidade, propriedade
-doiro	lugar, futuridade
-dor	atividade
-douro	lugar, futuridade
-dura	estado, qualidade, abstrato
-ebre	diminutivo
-ear	verbo frequentativo
-eba	pejorativo
-ecer	verbo incoativo
-eco	diminutivo, pejorativo
-edo	coletivo, lugar
-eiro	atividade, coletivo, origem
-ejar	verbo frequentativo
-ejo	diminutivo
-el	tendência
-ela	diminutivo
-elho	diminutivo
-ença	estado, qualidade, resultado
-ência	estado, qualidade, resultado
-engo	referência
-enho	origem, semelhança
-eno¹	origem
-eno²	química
-ense	origem
-entar	verbo causativo
-ente	atividade
-ento	provido de, estado, tendência
-eo	referência, semelhança, origem
-eria	lugar
-ês	origem
-escer	verbo incoativo
-esco	referência
-este	referência
-estre	referência
-eta	diminutivo
-ete	diminutivo
-ético	referência, origem
-eto	diminutivo
-eu	origem
-ez	estado, qualidade
-eza	estado, qualidade
-ficar	verbo causativo
-i-	vogal de ligação
-ia¹	lugar, atividade, qualidade
-ia²	abstrato
-íase	doença
-icar	verbo frequentativo
-ice	estado, qualidade, propriedade
-ície	estado, qualidade, propriedade
-icho	diminutivo, depreciativo
-ício	referência
-ico¹	diminutivo, depreciativo
-ico²	referência, participação
-iço	qualidade, propriedade
-ida	química
-idão	abstrato
-ídeos	família de animais
-ido	química
-il	tendência, qualidade
-ilhar	verbo frequentativo
-ilho	diminutivo
-ilo	química
-im	diminutivo
-ina	química
-inhar	verbo frequentativo
-inho	diminutivo
-ino¹	origem, relação
-ino²	química
-inte	atividade
-io	coletivo, referência
-isco	diminutivo, referência
-iscar	verbo frequentativo
-ismo	estado, qualidade, doutrina
-ista	atividade, origem, partidário
-ita¹	diminutivo
-ita²	origem
-ita³	pedra
-itar	verbo frequentativo
-ite¹	inflamação
-ite²	fóssil
-ito¹	diminutivo
-ito²	rocha
-ito³	química
-itude	abstrato
-ivo	referência, estado
-izar	verbo causativo
-mente	advérbio de modo
-mento	resultado, coletivo
-o-	vogal de ligação
-oa	origem

-oca	diminutivo	-t-	consoante de ligação
-oide	semelhança	-teria	lugar
-oiro	lugar	-tério	lugar
-ol¹	aumentativo, química	-tivo	referência, estado
-ol²	origem	-tor	atividade
-ola	diminutivo	-tório	lugar, capacidade
-oma	tumor	-tude	abstrato
-ona	química	-tura	estado, qualidade, abstrato, cargo
-onho	qualidade	-uça	aumentativo, coletivo
-or	atividade	-ude	estado, qualidade
-ório	lugar, capacidade	-udo¹	provido de grande(s)...
-orro	aumentativo	-udo²	particípio
-ose	doença, química	-ugem	coletivo, semelhança
-oso	cheio de	-ulho	diminutivo
-ota	referência, habitante	-um	referência
-ote	diminutivo	-ume	coletivo, qualidade, propriedade
-ouro	lugar	-ura	estado, qualidade, abstrato, cargo
-são	estado, qualidade	-vel	possibilidade, dever, necessidade
-sor	atividade	-z-	consoante de ligação

Abreviaturas usadas neste dicionário

a.C.	Antes de Cristo	Bot	Botânica
abrev	Abreviatura	bras	Brasileirismo
acep	Acepção	Caligr	Caligrafia
adj	Adjetivo	cap	Capítulo
adj f	Adjetivo feminino	Carp	Carpintaria
adj inv	Adjetivo invariável	cast	Castelhano
adj m	Adjetivo masculino	cat	Catalão
adj m+f	Adjetivo masculino e feminino	Catól	Católico
adj + sf	Adjetivo e substantivo feminino	célt	Céltico
adj + sm	Adjetivo e substantivo masculino	Cer	Cerâmica
adv	Advérbio	Cf	Confira ou confronte
Aeron	Aeronáutica	chin	Chinês
afirm	afirmativo	Cib	Cibernética
afro-hol	Afro-holandês	Cin	Cinema
Agr	Agricultura	cing	Cingalês
al	Alemão	Cir	Cirurgia
Álg	Álgebra	Cit	Citologia
Alq	Alquimia	Cód	Código
alto-al	Alto-alemão	Cód Civ	Código Civil
Anat	Anatomia	Cód Civ Bras	Código Civil Brasileiro
Angl	Anglicismo	Cód Com	Código Comercial
anglo-sax	Anglo-saxão	Cód Pen	Código Penal
ant	Antigo, antiquado	col	Coletivo
ant alto-al	Antigo alto-alemão	Com	Comércio, Comercial
Antig	Antiguidade	Comun	Comunicação
antôn	Antônimo	conj	Conjunção
antr	Antropônimo	conj arc	Conjunção arcaica
Antrop	Antropologia	conj condic	Conjunção condicional
ap	Apud	conj coord	Conjunção coordenativa
Apic	Apicultura	conj integr	Conjunção integrante
aportug	Aportuguesamento	conj sub	Conjunção subordinativa
ár	Árabe	conjug	Conjugação
arc	Arcaísmo	Constr	Construção
Arit	Aritmética	Cont	Contabilidade
Arqueol	Arqueologia	contr	Contração
Arquit	Arquitetura	Cor	Corografia
art	Artigo	corr	Corruptela, corrupção
art def	Artigo definido	Cosm	Cosmografia
Art Gráf	Artes Gráficas	Crist	Cristalografia
Artilh	Artilharia	Cron	Cronologia
art indef	Artigo indefinido	Cul	Culinária
Art Plást	Artes Plásticas	dat	Dativo
Astr	Astronomia	decr	Decreto
Astrol	Astrologia	def	Definido
Astronáut	Astronáutica	defec	Defectivo
aum	Aumentativo	dem	Demonstrativo
Autom	Automobilismo	deprec	Depreciativo
Av	Aviação	der	Derivado, derivação
Avic	Avicologia	Des	Desenho
Bacter	Bacteriologia	desin	Desinência
baixo-lat	Baixo-latim	desus	Desusado
Bel-art	Belas-artes	DF	Distrito Federal
Biol	Biologia	dial	Dialetal
Bioquím	Bioquímica	didát	Didático

dim	Diminutivo	*Fotograv*	Fotogravura
din	Dinamarquês	*Fotom*	Fotometria
Diplom	Diplomática	*fr*	Francês
Dir	Direito	*freq*	Frequentativo
Dir Intern	Direito Internacional	*Fut*	Futebol
Dir Trab	Direito Trabalhista	*fut*	Futuro
distr	Distrito	*fut pret*	Futuro do pretérito
Ecles	Eclesiástico	*fut subj*	Futuro do subjuntivo
Ecol	Ecologia	*gaél*	Gaélico
Econ	Economia	*gal*	Galicismo
Econ polít	Economia política	*Galv*	Galvanismo
Edit	Editoração	*gaul*	Gaulês
Educ	Educação	*gên*	Gênero
elem comp	Elemento de composição	*Geneal*	Genealogia
Eletr	Eletricidade	*Genét*	Genética
Eletrôn	Eletrônica	*Geod*	Geodésia
Eletroquím	Eletroquímica	*Geofís*	Geofísica
Embr	Embriologia	*Geogr*	Geografia
Encad	Encadernação	*Geol*	Geologia
Encicl	Enciclopédia	*Geom*	Geometria
Eng	Engenharia	*ger*	Gerúndio
Eng Genét	Engenharia Genética	*germ*	Germânico, germanismo
Entom	Entomologia	*Ginec*	Ginecologia
Equit	Equitação	*gír*	Gíria
erud	Erudito	*gót*	Gótico
escand	Escandinavo	*gr*	Grego
escoc	Escocês	*Gram*	Gramática
Escol	Escolástica	*gr biz*	Grego bizantino
Escult	Escultura	*gr mod*	Grego moderno
Esgr	Esgrima	*guar*	Guarani
esl	Eslavo	*hebr*	Hebraico, hebreu
esp	Espanhol	*Heráld*	Heráldica
Esp	Esporte	*Herp*	Herpetologia
Espir	Espiritismo	*Hidrául*	Hidráulica
Estat	Estatística	*Hidrogr*	Hidrografia
Etim	Etimologia	*Hig*	Higiene
Etnol	Etnologia	*hind*	Hindustani
ex	Exemplo	*Hist*	História
expr	Expressão	*Hist nat*	História natural
express	Expressivo	*Histol*	Histologia
Farm	Farmácia	*hol*	Holandês
fem	Feminino	*hol med*	Holandês medieval
fig	Figurado	*Hum*	Humorístico
Filol	Filologia	*húng*	Húngaro
Filos	Filosofia	*ib*	Ibidem
Fin	Finanças	*ibér*	Ibérico
finl	Finlandês	*Ictiol*	Ictiologia
Fís	Física	*imp*	Imperfeito
Fís nucl	Física nuclear	*imper*	Imperativo
Fís-Quím	Físico-Química	*imper afirm*	Imperativo afirmativo
Fisiol	Fisiologia	*imper neg*	Imperativo negativo
Fitogeogr	Fitogeografia	*impess*	Impessoal
flam	Flamengo	*inc*	Incoativo
flex	Flexão	*ind*	Indiano
Folc	Folclore	*indef*	Indefinido
Fon	Fonética	*indic*	Indicativo
Fonol	Fonologia	*inf*	Infantil
Fot	Fotografia	*Inform*	Informática

ingl	Inglês	*N. G. B.*	Nomenclatura Gramatical Brasileira
interj	Interjeição	*norm*	Normando
iron	Ironia	*np*	Nome próprio
irreg	Irregular	*num*	Numeral
ital	Italiano, italianismo	*Numism*	Numismática
jap	Japonês	*obs*	Observação
jav	Javanês	*obsol*	Obsoleto
Jorn	Jornalismo	*Obst*	Obstetrícia
Jur	Jurídico	*Ocult*	Ocultismo
lat	Latim	*Odont*	Odontologia
lat bárb	Latim bárbaro	*Oftalm*	Oftalmologia
lat cient	Latim científico	*onom*	Onomatopeia
lat ecles	Latim eclesiástico	*Onomást*	Onomástico
lat erud	Latim erudito	*Ópt*	Óptica
lat escol	Latim escolástico	*ord*	Ordinal
lat med	Latim medieval	*Ornit*	Ornitologia
lat mod	Latim moderno	*Ort*	Ortografia, ortográfico
lat vulg	Latim vulgar	*Paleogr*	Paleografia
Ling	Linguística	*Paleont*	Paleontologia
Lit	Literatura	*Parapsicol*	Parapsicologia
Litogr	Litografia	*Parôn*	Parônimo
Liturg	Liturgia	*part*	Particípio
loc	Locução	*part irreg*	Particípio irregular
loc adv	Locução adverbial	*Patol*	Patologia
loc conj	Locução conjuntiva	*Pec*	Pecuária
loc interj	Locução interjetiva	*Pedag*	Pedagogia
loc prep	Locução prepositiva	*perf*	perfeito
loc pron	Locução pronominal	*pej*	Pejorativo
loc v	Locução verbal	*períf*	Perífrase
Lóg	Lógica	*Petr*	Petrografia
lus	Lusitanismo	*p ex*	Por exemplo
Maçon	Maçonaria	*Pint*	Pintura
Mar	Marinha	*pl*	Plural
Marc	Marcenaria	*poét*	Poético
masc	Masculino	*Polít*	Política
Mat	Matemática	*pop*	Popular
Mec	Mecânica	*por anal*	Por analogia
Med	Medicina	*por ext*	Por extensão
médio alto-al	Médio alto-alemão	*port*	Português
Med leg	Medicina legal	*pref*	Prefixo
metaf	Metafórico	*prep*	Preposição
Metal	Metalurgia	*pres indic*	Presente do indicativo
metát	Metátese	*pres subj*	Presente do subjuntivo
Meteor	Meteorologia	*pret*	Pretérito
Metr	Metrologia	*Proc Dados*	Processamento de Dados
Metrif	Metrificação	*pron*	Pronome
mexic	Mexicano	*pron adj*	Pronome adjetivo
Micol	Micologia	*pron inter*	Pronome interrogativo
Mil	Militar	*pron indef*	Pronome indefinido
Miner	Mineralogia	*pron pess*	Pronome pessoal
Mit	Mitologia	*pron poss*	Pronome possessivo
mod	Moderno	*pron relat*	Pronome relativo
Mús	Música	*pron subst*	Pronome substantivo
Náut	Náutica	*próp*	Próprio
neer	Neerlandês	*Propag*	Propaganda
neg	Negativo	*Psicol*	Psicologia
neoár	Neoárico	*Psiq*	Psiquiatria
neol	Neologismo	*p us*	Pouco usado

qual	Qualificativo	*Tecn*	Tecnologia
Quím	Química	*Telecom*	Telecomunicação
Rád	Rádio	*Telev*	Televisão
Radiol	Radiologia	*Teol*	Teologia
Radiotécn	Radiotécnica	*Terat*	Teratologia
red	Redução	*Tip*	Tipografia
Reg	Regionalismo	*top*	Topônimo
Rel	Religião	*Topogr*	Topografia
Ret	Retórica	*trad*	Tradução
rom	Romano	*Trigon*	Trigonometria
rus	Russo	*tupi-guar*	Tupi-guarani
sânsc	Sânscrito	*Tur*	Turismo
séc	Século	*Urb*	Urbanismo
seg	Seguinte, seguido	*V*	Veja
Semiol	Semiologia	*v*	Verbo
Serralh	Serralheria	*var*	Variante
sf	Substantivo feminino	*vern*	Vernáculo
sign	Significação	*Vet*	Veterinária
símb	Símbolo, simbolismo	*vfreq*	Verbo frequentativo
sin	Sinônimo	*vinc*	Verbo incoativo
sing	Singular	*vint*	Verbo intransitivo
sm	Substantivo masculino	*vlig*	Verbo de ligação
s m+f	Substantivo masculino e feminino	*voc*	Vocábulo
Sociol	Sociologia	*vpr*	Verbo pronominal
subj	Subjuntivo	*vtd*	Verbo transitivo direto
suf	Sufixo	*vtdi*	Verbo transitivo direto e indireto
sup abs sint	Superlativo absoluto sintético	*vti*	Verbo transitivo indireto
Taur	Tauromaquia	*vulg*	vulgarismo
Teat	Teatro	*Zool*	Zoologia
Tecel	Tecelagem	*Zootecn*	Zootecnia

a¹ *sm* Primeira letra do alfabeto português, vogal.

a² (*lat illa*) *art* Forma feminina do artigo *o*. • *pron pess* Feminino do pronome *o*; caso oblíquo, correspondente ao pronome pessoal *ela*, e usado como complemento objetivo direto: *Estudo-a*. • *pron dem* Feminino do pronome demonstrativo *o*, com acepção de *aquela*: *Esta casa é menor do que a que você comprou.*

a³ (de *a*¹) *num* O primeiro numa série indicada pelas letras do alfabeto: *Casa 21-A*.

a⁴ (*lat ad*) *prep* Introduz objeto indireto: *Obedecer aos pais*. Compõe: **1** Locução adverbial: *A cavalo. A torto e a direito*. **2** Locução prepositiva: *Junto a; Em relação a*. Expressa relações de: **1** Direção no espaço: *Viajar ao sul*. **2** Distância no espaço: *Cais a 20 metros do mar*. **3** Duração no tempo: *Às 8 horas*. **4** Tempo futuro: *Competição a realizar-se*. **5** Idade: *Aos 90 anos*. **6** Sequência (no espaço ou no tempo): *Ano a ano*. **7** Valor numérico: *Arroz a 80 centavos o quilo*.

A 1 *Quím* Símbolo para número de massa, isto é, o número de prótons mais o número de nêutrons no núcleo do átomo; o número de massa é aproximadamente igual ao peso atômico. **2** *Fís* Símbolo de *ampère*. **3** Abreviatura de *autor*. **4** *Mús* A nota *lá* na notação musical alfabética.

à Contração da preposição *a* com o artigo feminino *a*. **1** Àquela: *A camisa de Paulo é semelhante à que lhe comprei*. **2** À maneira de ou à moda de: *Eles saíram à francesa. Maria adora bife à milanesa*.

a.ba (*lat alapa*) *sf* **1** Parte inferior pendente de certas peças do vestuário. **2** Borda, margem, beirada: *Aba do chapéu; Aba do telhado*. **3** Parte suplementar de alguns móveis, aos quais se liga por dobradiças ou lhes fica pendente. **4** Asa do nariz. **5** Sopé, encosta, vertente. **6** Beira, costa, lado.

a.ba.ca.tal (*abacate+al*¹) *sm* Lugar plantado com abacateiros.

a.ba.ca.te (*nauatle auacatl*) *sm Bot* Fruto do abacateiro, de cor em geral esverdeada, com polpa verde e saborosa. A polpa envolve um grande caroço.

a.ba.ca.tei.ro (*abacate+eiro*) *sm Bot* Árvore da América tropical, que produz o abacate. Suas folhas e brotos são usados como diuréticos e digestivos.

a.ba.ca.xi (*tupi yuá*, fruta+*katí*, recendente) *sm* **1** *Bot* Fruto do abacaxizeiro, muito aromático e saboroso. **2** *gír* Tudo quanto é desagradável ou complicado: *A aula daquele professor é um abacaxi*. Antes de terminar o expediente teve de resolver vários abacaxis. *Descascar o abacaxi, pop:* resolver problema difícil ou desagradável.

a.ba.ca.xi.zal (*abacaxi+z+al*¹) *sm* Plantação de abacaxis.

a.ba.ca.xi.zei.ro (*abacaxi+z+eiro*) *sm Bot* **1** Planta da família das bromeliáceas (*Ananas sativus*), cultivada em regiões quentes como a América tropical. **2** O mesmo que ananaseiro.

a.ba.ci.al (*baixo-lat abbatiale*) *adj m+f* **1** Pertencente ou relativo a abade, abadessa e abadia. **2** Parecido com abade ou abadessa.

á.ba.co (*lat abacu*) *sm* **1** Calculador manual para aritmética, formado de um quadro com vários fios paralelos, em que deslizam botões ou bolas móveis. **2** *Arquit* Parte superior do capitel de uma coluna.

a.ba.dá (*ioruba agbáda*) *sf* Túnica branca, de mangas largas, com que os negros muçulmanos do Brasil, em certas noites, se vestiam para rezar. *sm* Tipo de camiseta estampada que permite àquele que a esteja usando brincar dentro do cordão de isolamento que segue um trio elétrico.

a.ba.de (*aramaico abba*, via *gre lat*) *sm* **1** Superior de uma ordem monástica. **2** O que governa uma abadia. **3** Pároco, confessor. **4** Homem gordo, corado.

a.ba.des.sa (*ê*) (*lat med abbatissa*) *sf* **1** Feminino de abade. **2** Superiora de certas comunidades de religiosas.

a.ba.di.a (*lat med abbatia*) *sf* **1** Mosteiro governado por abade ou abadessa. **2** Residência de monges.

a.ba.fa.di.ço (*abafar+diço*) *adj* Em que não circula o ar livremente, em que não se pode respirar.

a.ba.fa.do (*part* de *abafar*) *adj* **1** Coberto, tapado. **2** Dificilmente respirável: *Ar abafado*. **3** Diz-se do calor abafadiço: *Noite abafada*. **4** Mal ventilado. **5** Contido, reprimido: *Grito abafado*. **6** Amortecido: *Som abafado*. **7** Oprimido. **8** Oculto, encoberto. Antôn: *descoberto*.

a.ba.fa.dor (*abafar+dor*) *adj* **1** Que abafa. **2** Apertado, estreito. • *sm* **1** O que abafa; agasalho, cobertura. **2** Peça usada em certos instrumentos musicais para diminuir a intensidade de sons. **3** Capa de feltro com que se cobre o bule de chá para conservar o calor da infusão.

a.ba.fa.men.to (*abafar+mento*) *sm* **1** Ação ou efeito de abafar. **2** Sufocação; falta de ar. **3** Apropriação indébita; furto.

a.ba.far (*a*¹+*bafo*+*ar*¹) *vtd* **1** Cobrir para conservar ou adquirir mais calor. *vtd* **2** Asfixiar, sufocar. *vtd* **3** Opor-se à combustão: *Abafar o fogo*. *vtd* **4** Abrandar o som, amortecer. *vtd* **5** Conter, reprimir: *Abafar gemidos*. *vtd* **6** Não deixar prosseguir: *Abafar um inquérito*. *vint* **7** *gír V abalar* (acepção 7) e *arrasar* (acepção 6).

abafo   2   **abará**

a.ba.fo (de *abafar*) *sm* Ação ou efeito de abafar.
a.bai.a.na.do (*a¹+baiano+ado¹*) *adj* Que tem aspecto, costumes ou modos de baiano.
a.bai.a.nar (*a¹+baiano+ar¹*) *vtd* Tornar abaianado.
a.bai.xa-lín.gua *sm Med* Instrumento que se usa para manter a língua abaixada durante exames ou cirurgias. *Pl: abaixa-línguas.*
a.bai.xa.men.to (*abaixar+mento*) *sm* **1** Ato ou efeito de abaixar; baixa. **2** Diminuição de força, de intensidade, de extensão. **3** Humilhação, submissão. **4** *V rebaixamento* (acepção 3).
a.bai.xar (*a¹+baixar*) *vtd* **1** Tornar baixo ou mais baixo; baixar. *vtd* **2** Fazer descer: *Abaixar a cortina. vtd* **3** Tornar menos alto: *Abaixar a cerca. vtd* **4** Pôr em lugar mais baixo; descer. *vtd* **5** Fazer cair; abater. *vtd* **6** Abrandar, suavizar. *vtd* **7** Reduzir em estimação, preço, valor, grau: *Abaixaram o preço das frutas. vtd* **8** Tornar raso; aplanar, nivelar. *vti* **9** Encaminhar-se (descendo). *vint* **10** Abater-se, pôr-se em lugar inferior ao em que estava. *vint* **11** Arrefecer (temperatura). *vpr* **12** Humilhar-se. *vint* e *vpr* **13** Afundar, ceder, assentar. *Abaixar a crista, pop:* conter (alguém) impulso agressivo. *Antôn: elevar.*
Dá-se preferência ao uso do verbo **abaixar** quando há um objeto direto na oração.
Mesmo diante do delegado, ela não abaixou a voz.
Luísa, abaixe a persiana, por favor.
Porém, quando o objeto direto nomear uma parte do corpo, prefere-se o verbo **baixar**.
Depois de receber a triste notícia, Sílvia baixou a cabeça e chorou.
João só baixou o braço quando foi atendido.
a.bai.xo (*a¹+baixo*) *adv* **1** Em lugar inferior a outro mais elevado, na parte inferior. **2** Em categoria inferior. **3** Depois, em seguida. **4** Descendo, indo da parte mais alta para a mais baixa: *A correnteza levou o barco rio abaixo.* • *interj* Grito de indignação ou reprovação: *Abaixo os políticos corruptos! Vir* (algo) *abaixo:* cair, desabar. *Antôn: acima.*
a.bai.xo-as.si.na.do (*abaixo+assinar+ado¹*) *sm* Documento subscrito por várias pessoas e dirigido às autoridades competentes, que, em geral, contém pedido ou reivindicação. *Pl: abaixo--assinados.*
a.ba.jur (*fr abat-jour*) *sm* Peça de forma variável, feita dos mais diversos materiais como tecido, papel e vidro fosco, que se põe diante da luz, para não ferir a vista, ou para dirigir a claridade a determinado ponto.
a.ba.la.da (*abalar+ada¹*) *sf* **1** Ato de abalar. **2** Corrida: *Foi e voltou numa abalada.* **3** Partida súbita e inesperada.
a.ba.lar (*lat vulg advallare*) *vtd* **1** Mover o que está firme, tirar do lugar. *vtd* **2** Fazer tremer, sacudir. *vtd* **3** Afrouxar: *Abalar as convicções. vtd, vint* e *vpr* **4** Estremecer. *vtd* e *vpr* **5** Comover(-se), enternecer(-se): *Você não se abala com tão triste cena? vpr* **6** Influenciar-se: *O júri abalou-se com os argumentos da defesa. vint* **7** *gír* Fazer sucesso; abafar: *O cantor abalou.*
a.ba.lá.vel (*abalar+vel*) *adj m+f* Que pode ser abalado.
a.ba.li.za.do (*part* de *abalizar*) *adj* **1** Marcado com balizas; balizado. **2** Distinto, notável, respeitável. **3** Muito competente.
a.ba.li.zar (*a¹+baliza+ar¹*) *vtd* **1** Marcar com balizas. *vpr* **2** Distinguir-se, tornar-se notável. *Var: balizar.*
a.ba.lo (de *abalar*) *sm* **1** Ação ou efeito de abalar. **2** Oscilação, trepidação. **3** Estremecimento, tremor convulsivo. **4** Comoção, perturbação, surpresa. **5** Partida, fuga. *Abalo sísmico:* terremoto.
a.bal.ro.a.ção (*abalroar+ção*) *sf* **1** Ato ou efeito de abalroar. **2** Choque ou colisão.
a.bal.ro.a.men.to (*abalroar+mento*) *sm* **1** Ato ou efeito de abalroar. **2** Choque de dois veículos em terra, na água ou no ar.
a.bal.ro.ar (*a¹+balroa+ar¹*) *vtd* e *vti* **1** Ir de encontro a, chocar-se com: *Abalroar um muro. Abalroei com o poste. vint* **2** Chocar-se. *vtd* e *vti* **3** Abordar, achegar: *Abalroar penhascos. A escuna abalroou com o cruzador. vtd* **4** Atracar com balroas: *Abalroar o navio.*
a.ba.na.dor (*abanar+dor*) *adj* + *sm* Que, ou aquele que abana. • *sm* Abano, ventarola.
a.ba.nar (*lat evannare*, de *evannere*) *vtd* **1** Mover o abano, refrescar. *vtd* **2** Agitar, balançar, sacudir: *Abanar a cauda.* *vint* **3** Oscilar, tremer: *O milharal abanava com o pé de vento. vint* **4** Agitar ou deslocar o ar. *No açougue, um grande ventilador abanava. vpr* **5** Refrescar-se com abano ou leque. *Vir com as mãos abanando:* vir sem nada; trazer as mãos vazias.
a.ban.do.na.do (*part* de *abandonar*) *adj* **1** Que se abandonou. **2** De que ninguém trata; descuidado, negligenciado. **3** Desamparado, enjeitado: *Crianças abandonadas.* **4** Entregue, exposto a: *Abandonados ao seu destino.*
a.ban.do.nar (*germ bandon,* pelo *fr abandonner*) *vtd* **1** Deixar ao abandono, desamparar. *vtd* **2** Renunciar a, desistir de: *Abandonar uma religião, um cargo. vtd* **3** Desertar de: *Ele abandonou a tropa. vtd* **4** Deixar, entregar: *Abandonaram os filhos à própria sorte. vtd* **5** Afastar-se de, retirar-se de: *O criminoso abandonou a cidade. vpr* **6** Entregar--se, render-se: *Abandonou-se às imposições do padrasto. vtd* **7** *Inform* Apagar um documento, arquivo ou trabalho da memória do computador sem salvá-lo em disco. *Antôn* (acepção 1): *amparar.*
a.ban.do.no (de *abandonar*) *sm* **1** Ação ou efeito de abandonar. **2** Desamparo, desprezo. **3** Desistência, renúncia. **4** Imobilidade, indolência, moleza. *Ao abandono:* sem amparo, sem cuidados. *Antôn* (acepção 2): *amparo.*
a.ba.nei.ro (*abano+eiro*) *sm Bot* Arbusto de praia ou mangue, da família das gutiferáceas (*Clusia fluminensis*), conhecido também como abano, manga-da-praia e mangue-da-praia.
a.ba.ni.co (*abano+ico¹*) *sm* **1** Diminutivo de *abano.* **2** Leque.
a.ba.no (*a¹+lat vannu*) *sm* **1** Ação ou efeito de abanar. **2** Abanador, leque, ventarola. **3** *Bot V abaneiro.*
a.ba.rá (*ioruba abará*) *sm Cul* Prato comum na Bahia e no Rio de Janeiro, feito com uma massa de feijão-fradinho, camarão seco e cebola, pimenta e

azeite de dendê, enrolada em folha de bananeira e cozinhada em banho-maria.

a.bar.car (*lat *abbrachicare*) *vtd* **1** Abraçar, cingir com os braços. **2** Abranger, conter em si. **3** Compreender com o pensamento, entender, explicar. **4** Monopolizar, açambarcar: *Os comerciantes gananciosos abarcaram todo o açúcar*.

a.bar.ro.ta.do (*part* de *abarrotar*) *adj* **1** Cheio até os barrotes. **2** Muito cheio; repleto, superlotado. **3** Farto a mais não poder; empanturrado.

a.bar.ro.ta.men.to (*abarrotar+mento*) *sm* Ação ou efeito de abarrotar(-se).

a.bar.ro.tar (a^1+*barrote+ar^1*) *vtd* **1** Cobrir com barrotes, encher de barrotes. **2** Acabar de carregar, de encher até a boca. **3** Fartar-se de comida; empanturrar-se.

a.bas.ta.do (*part* de *abastar*) *adj* **1** Provido com abastança, que tem o de que precisa. **2** Rico, endinheirado.

a.bas.tan.ça (*abastar+ança*) *sf* **1** O bastante, o quanto necessário. **2** Abundância, fartura. **3** Riqueza. *Antôn: carência.*

a.bas.tar (a^1+*basto+ar^1*) *vtd* **1** Prover do que é bastante ou necessário. *vti* e *vint* **2** Bastar, ser bastante. *vpr* **3** Abastecer-se: *Abastava-se de mantimentos*.

a.bas.tar.dar (a^1+*bastardo+ar^1*) *vtd* **1** Alterar, degenerar, fazer ou tornar bastardo. *vpr* **2** Degenerar-se, corromper-se.

a.bas.te.cer (a^1+*basto+ecer*) *vtd* **1** Fornecer, munir com abundância, prover do bastante ou do necessário. *vtd* **2** Prover. *vpr* **3** Prover-se: *A horda abastecia-se com o produto do saque. Antôn: desprover.*

a.bas.te.ci.do (*part* de *abastecer*) *adj* Que se abasteceu; provido do necessário. *Antôn: desprovido.*

a.bas.te.ci.men.to (*abastecer+mento*) *sm* **1** Ato de abastecer. **2** Provimento.

a.ba.te (de *abater*) *sm* **1** Abatimento, desconto, redução. **2** Matança de gado. **3** Corte, derrubada de árvores.

a.ba.te.dor (*abater+dor^1*) *adj* + *sm* **1** Que, ou o que abate, deprime, diminui. **2** Aquele que abate as reses no matadouro.

a.ba.te.dou.ro (*abater+douro*) *sm* Lugar onde se abatem reses para o consumo público; matadouro. *Var: abatedoiro.*

a.ba.ter (*baixo-lat abbattuere*) *vtd* e *vpr* **1** Abaixar(-se), descer(-se). *vtd* e *vpr* **2** Derribar (-se), prostrar(-se): *Abateu o adversário. Abater-se de joelhos. vtd* **3** Sobrepujar, submeter: *Abater o orgulho. vtd* **4** Matar (reses). *vtd* **5** Cortar, derrubar (árvores). *vtd* e *vpr* **6** Humilhar(-se), rebaixar (-se). *vtd* e *vpr* **7** Debilitar(-se), enfraquecer(-se). *vtd* e *vint* **8** Descontar, diminuir (na altura, na intensidade, no preço): *A livraria abatera 30% no preço de livros velhos. vint* e *vpr* **9** Desmoronar, ir abaixo, cair: *Abateram-se nossos castelos.*

a.ba.ti.do (*part* de *abater*) *adj* **1** Enfraquecido, desanimado. **2** Humilhado, rebaixado. **3** Abaixado, arreado. **4** Morto (diz-se especialmente do gado). *Antôn* (acepção 3): *levantado.*

a.ba.ti.men.to (*abater+mento*) *sm* **1** Ação ou efeito de abater. **2** Depressão, enfraquecimento. **3** Abaixamento, afundamento. **4** Desconto, redução de preço. **5** Humilhação, rebaixamento. **6** Desânimo. *Antôn: vigor.*

a.ba.u.la.do (*part* de *abaular*) *adj* Que apresenta a forma convexa da tampa de baú; arqueado, curvado, bojudo.

a.ba.u.la.men.to (*abaular+mento*) *sm* **1** Ação ou efeito de abaular. **2** Arqueamento, curvatura. **3** Construção em arco de terraços e coberturas a fim de facilitar o escoamento das águas da chuva.

a.ba.u.lar (a^1+*baul*, forma *ant* de *baú+ar*) *vtd* e *vpr* Dar, ou apresentar forma convexa semelhante à da tampa de um baú. *Conjug – Pres indic: abaúlo, abaúlas, abaúla, abaulamos, abaulais, abaúlam; Pres subj: abaúle, abaúles, abaúle, abaulemos, abauleis, abaúlem.*

abc V *á-bê-cê.*

ab.di.ca.ção (*lat abdicatione*) *sf* **1** Ato ou efeito de abdicar. **2** Desistência, renúncia. **3** Documento em que alguém declara que abdicou.

ab.di.car (*lat abdicare*) *vtd* e *vint* **1** Renunciar à autoridade soberana: *D. Pedro I abdicou o trono dia 7 de abril de 1831. O rei abdicou. vtd, vti* e *vint* **2** Abrir mão, desistir: *Abdicar do direito.*

ab.do.me (*lat abdomen*) *sm* **1** *Anat* Cavidade que constitui a parte inferior do tronco e na qual se aloja a maior parte dos sistemas digestório e geniturinário. **2** Ventre, barriga; *pop* pança. **3** *Zool* Parte posterior dos insetos e de outros artrópodes. *Var: abdômen. Pl: abdomes.*

ab.dô.men (*lat abdomen*) *sm Anat* Forma alatinada de *abdome. Pl: abdômenes* (*erud*); *abdomens* (*pop*).

ab.do.mi.nal (*lat abdominale*) *adj m+f Anat* Pertencente ao abdome. • *sm* Exercício localizado para a região abdominal.

ab.du.ção (*lat abductione*) *sf* **1** Ato de abduzir. **2** Desvio, afastamento. **3** *Ictiol* Peixe que tem as barbatanas pélvicas ou ventrais sob o abdome e atrás das barbatanas peitorais. **4** *Entom* Insetos cujo abdome é maior do que o tórax.

ab.du.zir (*lat abducere*) *vtd* **1** Afastar, desviar. **2** Tirar, arrebatar com força e violência. **3** *Anat* Afastar um membro ou segmento de membro da linha média que se presume divide o corpo em duas partes iguais. Conjuga-se como *reduzir*.

á-bê-cê *sm* (*letras a, b, c*) **1** Alfabeto, abecedário. **2** Primeiras noções de qualquer ciência ou arte. *Pl: á-bê-cês. Var: abc.*

a.be.ce.dar (*letras, a, b, c, d+ar^1*) *vtd* Dispor conforme as letras do á-bê-cê; dispor em ordem alfabética.

a.be.ce.dá.rio (*lat abecedariu*) *adj* **1** Pertencente ou relativo ao á-bê-cê ou alfabeto. **2** Que está aprendendo o á-bê-cê. **3** Disposto em ordem alfabética. • *sm* **1** Á-bê-cê, alfabeto. **2** Cartilha para o ensino do alfabeto e rudimentos da leitura. **3** Elementos de qualquer ciência, arte ou indústria. **4** Conjunto de signos especiais para a expressão das ideias: *Abecedário dos cegos. Abecedário manual:* constituído por sinais executados com os dedos; usam-no principalmente os surdos-mudos.

a.be.lha (*ê*) (*lat apicula*) *sf Entom* Inseto que fabrica a cera e o mel. *Col: colmeia, enxame.* Voz: *zoa, zumbe, zune, zunzuna.*

a.be.lha-ma.cho *sf Apic* V *zangão. Pl: abelhas-machos. Var: abelha-macha.*

a.be.lha-mãe *V abelha-mestra*. *Pl: abelhas-mães*.
a.be.lha-mes.tra *sf Apic* A única fêmea fecundada de uma colmeia; rainha. *Pl: abelhas-mestras*.
a.be.lhão (*abelha+ão²*) *sm* **1** Aumentativo de *abelha*. **2** Abelha-macho, zangão. **3** *Entom* Espécie de abelha (*Apis violacea*), de cor violeta, que põe ovos em profundos buracos que abre na madeira; mamangaba.
a.be.lha-o.pe.rá.ria *sf Apic* Abelha fêmea estéril, que fabrica mel e constrói os favos; obreira. *Pl: abelhas-operárias*.
a.be.lhu.do (*abelha+udo¹*) *adj* **1** Intrometido, indiscreto; que entra em conversas a que não é chamado, que se envolve em negócios alheios, que tudo quer saber. **2** Astuto. **3** Habilidoso. *Antôn* (acepção 1): *discreto*.
a.ben.ço.ar (*a¹+bênção+ar¹*) *vtd* **1** Benzer, dar a bênção. *vtd* **2** Desejar o bem a. *vtd* **3** Bendizer, louvar. *vtd* **4** Amparar, proteger. *vpr* **5** Benzer-se, receber a bênção, fazendo o sinal da cruz. *Antôn: amaldiçoar*.
abend (*abênd*) (*ingl*) (sigla de *abnormal end*) *sm Inform* Fim anormal; interrupção inesperada de um programa em execução, por falha, erro ou falta de energia elétrica.
a.ben.dar (*ingl abend+ar¹*) *vtd Inform* Interromper abruptamente um programa que está sendo executado, por falha, erro ou falta de energia elétrica.
a.ber.ra.ção (*aberrar+ção*) *sf* **1** Ato ou efeito de aberrar. **2** Desvio de ideias, de juízo; extravagância de conceito. **3** Desarranjo, desordem: *Aberração mental*. **4** Afastamento, por algumas características, do tipo ou da espécie do mesmo gênero, tornando-se anomalia. **5** *Fís* Defeito de um espelho ou de uma lente que consiste em não produzir uma imagem que corresponda ao objeto. **6** *Eletrôn* Distorção de um feixe de luz ou imagem gerada em razão de defeitos no sistema óptico. **7** *Eletrôn* Distorção de uma imagem de televisão, provocada por um sinal corrompido ou ajuste incorreto.
a.ber.ran.te (de *aberrar*) *adj m+f* Que aberra ou se desvia das normas; anômalo.
a.ber.rar (*lat aberrare*) *vti* e *vpr* **1** Afastar-se do caminho reto, transviar-se. *vti* **2** Tornar-se anomalia de um sistema, afastando-se por quaisquer características do tipo ou das espécies do mesmo gênero. *vpr* **3** Tornar-se diferente.
a.ber.ta (*part* de *abrir*) *sf* **1** Abertura, fenda. **2** Lugar aberto entre outros ocupados por pessoas, edifícios, acidentes de terreno etc.; passagem. **3** Intervalo, folga. **4** Parte cultivada da floresta para lavoura ou pasto; clareira. **5** Estiagem. **6** Ocasião apropriada; ensejo. • *adj f* **1** *Gram* Qualificativo da vogal que exige para a sua emissão grande abertura dos maxilares. **2** Qualificativo da sílaba terminada por vogal.
a.ber.to (*part* de *abrir*) *adj* **1** Descerrado. **2** Exposto ao público, manifestado. **3** Declarado, visível. **4** Sem vegetação de porte; limpo, vasto: *Campo aberto*. **5** Cavado, escavado: *Túneis abertos na montanha*. **6** Lacerado, não cicatrizado: *Chagas abertas*. **7** Desabrochado, desabotoado. **8** Franco, leal; generoso, liberal. **9** Afastado, esticado: *Braços abertos*. **10** Desdobrado, desenrolado. **11** Acessível, livre: *Reunião aberta ao público*. **12** Começado: *Está aberta a sessão*. **13** Inaugurado. **14** Instaurado: *Inquérito aberto para apurar a verdade*. **15** Sem fecho ou invólucro, não selado: *Carta aberta*. **16** Descoberto, sem cobertura: *Carro aberto*. **17** Acentuado, agudo. **18** Em conta-corrente, não saldado: *A conta estava aberta no empório*. • *sm* Abertura. *Em aberto:* não definido.
a.ber.tu.ra (*lat apertura*) *sf* **1** Ação de abrir. **2** Fenda, buraco. **3** Início, princípio. **4** Instauração: *Abertura de falência*. **5** Franqueza, sinceridade. **6** Parte superior das vestes, por onde se abrem e abotoam. **7** Boca, entrada. **8** *Geom* Afastamento dos lados de um ângulo. **9** *Gram* Maior ou menor afastamento dos maxilares na pronúncia de um fonema. **10** *Mús* Peça que precedia uma obra de grandes dimensões, como uma ópera ou sinfonia. **11** Perfuração: *Abertura de um túnel*. **12** *neol Polít* Disposição para entendimentos, permissividade. **13** Inauguração. **14** *Ópt* Diafragma que controla a entrada de luz num sistema óptico. *Antôn* (acepção 12): *radicalidade, intolerância*.
a.bes.ta.lha.do (*a¹+besta+alho+ado¹*) *adj* Bestificado, estupidificado, pasmado, abobado.
a.bes.ta.lhar (*a¹+besta+alho+ar¹*) *vpr* **1** Tornar-se besta; bestificar-se. **2** Tornar-se tolo. **3** Tornar-se perplexo.
a.bes.to *V amianto*.
a.be.to (*ê*) (*lat abete*) *sm* **1** *Bot* Nome comum às árvores do gênero *Abies*, de porte alto e aparência típica e atraente, apreciadas por sua madeira e resina. **2** Nome comum a várias outras coníferas relacionadas. **3** A madeira dos abetos do gênero *Abies*, utilizada na fabricação do papel e marcenaria. **4** *Bot* Nome de diversas espécies de plantas pináceas, cultivadas como ornamentais.
a.bi.lo.la.do (*part* de *abilolar*) *adj pop* **1** Adoidado, atrapalhado, aloucado. **2** Apaixonado.
a.bis.coi.tar (*a¹+biscoito+ar¹*) *vtd* **1** Dar forma ou consistência de biscoito a. **2** Alcançar, arranjar, conseguir inesperadamente. **3** Roubar, surripiar. *Var: abiscoutar* e *biscoitar*.
a.bis.mal (*abismo+al¹*) *adj m+f* **1** Pertencente ou relativo ao abismo; abissal. **2** Aterrador, tétrico.
a.bis.mar (*abismo+ar¹*) *vtd* e *vpr* **1** Lançar(-se), precipitar(-se) no abismo. *vtd* **2** Causar admiração, confusão, espanto a. *vpr* **3** Encher-se de admiração, espanto. *vpr* **4** Degradar-se, despenhar-se no vício.
a.bis.mo (*lat semierudito abysmu*, em vez de *abyssu*) *sm* **1** Lugar profundo, precipício. **2** *Bíblia* O caos. **3** *Bíblia* Tudo o que é imenso. **4** Cavidade geralmente vertical, cuja abertura está na superfície da terra e cujo fundo é desconhecido. **5** Inferno. **6** *Heráld* O centro do escudo. **7** Profundezas do espírito.
a.bis.sal (*abisso+al¹*) *adj m+f* **1** Relativo ao abismo; abismal. **2** Das grandes profundidades marítimas. **3** Que vive no abismo. **4** Assombroso, espantoso. **5** *Geol* Sedimentos marinhos formados em profundidades abaixo de 2.000 metros.
a.bis.sí.nio (*top Abissínia+io*) *adj* Pertencente ou relativo à Abissínia, atual Etiópia (África). • *sm* **1** Habitante ou natural da Etiópia. **2** *Ling* Idioma falado na Etiópia. *Var: amárico* e *abexim*.

ab.je.ção (*lat abjectione*) *sf* Aviltamento, último grau da baixeza, torpeza, vileza. *Antôn: nobreza.*

ab.je.to (*lat abjectu*) *adj* Indigno, desprezível, vil. *Antôn: nobre.*

ab.ju.di.car (*lat abjudicare*) *vtd Dir* Desapossar, por mandado judicial, o detentor daquilo que pertence a outrem.

ab.ju.gar (*lat abjugare*) *vtd* **1** Tirar do jogo, separar. **2** Libertar, soltar. *Antôn: subjugar.*

ab.ju.ra.ção (*lat abjuratione*) *sf* Ato ou efeito de abjurar; renegação; retratação.

ab.ju.rar (*lat abjurare*) *vint* **1** Renunciar publicamente a uma religião ou crença. *vtd* **2** Renunciar a qualquer opinião ou doutrina. *vtd* **3** Recusar, rejeitar: *Não gostei desse livro, abjurei-o. vti* **4** Abandonar, renegar opinião ou doutrina.

a.bla.ção (*lat ablatione*) *sf* **1** Ato de tirar por força; ação de arrancar, arrebatar, cortar. **2** *Cir* Corte, extirpação, principalmente de tumores. **3** *Gram* Aférese. **4** *Geol* Diminuição do volume de uma geleira, motivada por degelo ou evaporação. *Ablação de terra:* erosão produzida pelos mares.

a.blu.ção (*lat ablutione*) *sf* **1** Ato de abluir. **2** *Liturg* Cerimônia, durante a missa, em que se faz a lavagem do cálice e dos dedos do sacerdote. **3** *Liturg* A água e o vinho de que se servem nessa cerimônia. **4** *Farm* Loção.

a.blu.ir (*lat abluire*, por *abluere*) *vtd* **1** Lavar, purificar. *vtd* **2** Limpar úlceras e feridas. *vpr* **3** Limpar-se, isentar-se de manchas. *Antôn: sujar. Part: abluído.*

ab.ne.ga.ção (*lat abnegatione*) *sf* **1** Ato de abnegar. **2** Desprezo ou sacrifício dos próprios interesses para atender ou satisfazer as necessidades alheias; altruísmo. *Antôn: egoísmo.*

ab.ne.ga.do (*part* de *abnegar*) *adj + sm* **1** Que, ou o que se sacrifica desinteressadamente por alguém ou alguma coisa. **2** Altruísta.

ab.ne.gar (*lat abnegare*) *vtd* e *vti* **1** Abster-se de, renunciar a. *vti* **2** Sacrificar-se a serviço de Deus ou em benefício do próximo. *vpr* **3** Renunciar à própria vontade, sacrificar-se.

a.bó.ba.da (*a¹+lat med volvita*) *sf* **1** *Arquit* Construção em arco, feita de pedras ou tijolos, colocados em cunha; cúpula. **2** Tudo o que tenha forma de teto arqueado: *Abóbada da gruta.* **3** *Anat* Estrutura côncava e arqueada interiormente e convexa e arredondada exteriormente. *Abóbada celeste:* o firmamento.

a.bo.ba.da.do (*part* de *abobadar*) *adj* **1** Construído em forma de abóbada. **2** Coberto com abóbada. **3** Abaulado, arqueado.

a.bo.ba.dar (*abóbada+ar¹*) *vtd* **1** Dar forma de abóbada a. *vtd* **2** Cobrir com abóbada. *vpr* **3** Arquear-se, recurvar-se: *O teto abobadava-se.*

a.bo.ba.do (*part* de *abobar*) *adj* **1** Que é bobo ou se finge de bobo. **2** Abobalhado, tolo.

a.bo.ba.lha.do (*part* de *abobalhar*) *adj* Amalucado, aparvalhado, pateta.

a.bo.ba.lhar (*a¹+bobo+alho+ar¹*) *pop V abobar.*

a.bo.bar (*a¹+bobo+ar¹*) *vtd* **1** Tornar bobo. *vpr* **2** Fingir-se bobo. *vpr* **3** Tornar-se bobo. *vpr* **4** Atoleimar-se.

a.bó.bo.ra (*lat apopores*) *sf* **1** *Bot* Fruto da aboboreira cuja polpa, de cor característica, é usada em numerosos pratos, doces e salgados. Sinônimo no Nordeste: *jerimum.* **2** *Bot V aboboreira.* **3** *fig* Mulher gorda. **4** *fig* Pessoa preguiçosa. *Cor de abóbora:* cor amarelo-alaranjada.

a.bo.bo.ral (*abóbora+al¹*) *sm* Plantação de aboboreiras. *Var pop: abobral.*

a.bo.bo.rei.ra (*abóbora+eira*) *sf Bot* Designação de muitas plantas do gênero *Cucurbita*, da família das cucurbitáceas, cujo fruto é a abóbora usada na culinária. *Var: abobreira.*

a.bo.bra (de *abóbora*, com *síncope*) *sf Var pop* de *abóbora.*

a.bo.brei.ra (*abobra+eira*) *V aboboreira.*

a.bo.bri.nha (*abobra+inha*) *sf* **1** *Bot* Variedade de abóbora pequena usada para fins culinários antes de ser amadurecida. **2** *gír* Bobagem, tolice.

a.bo.ca.nhar (*a¹+boca+anho+ar¹*) *vtd* **1** Apanhar com a boca ou com os dentes. *vtd* **2** Comer, devorar. *vtd* e *vint* **3** Morder, tirar pedaços com os dentes. *vtd* **4** *fig* Engolir, tragar. *vtd* **5** Alcançar, conseguir, obter. *vpr* **6** Morder-se um ao outro.

a.bo.li.ção (*lat abolitione*) *sf* Ato de abolir; extinção de qualquer instituição, lei, prática ou costume. *Dia da abolição:* diz-se do dia 13 de maio, em que foi sancionada, em 1888, a lei que pôs fim à escravidão negra no Brasil.

a.bo.li.ci.o.nis.mo (*ingl abolitionism*) *sm* Sistema de princípios sociais que defendia a extinção do tráfico e da escravatura dos negros.

a.bo.li.ci.o.nis.ta (*ingl abolitionist*) *adj m+f* Pertencente ou relativo à abolição ou ao abolicionismo. • *adj* e *s m+f* Partidário(a) do abolicionismo.

a.bo.lir (*lat abolere*) *vtd* **1** Anular, suprimir, revogar. **2** Afastar, pôr fora de uso, suprimir. *Conjug:* é defectivo; não tem a 1ª pessoa do singular do presente do indicativo (*aboles, abole, abolimos, abolis, abolem*) e todo o presente do subjuntivo, nem o imperativo negativo. Do imperativo afirmativo só há a 2ª pessoa do singular e do plural: *abole, aboli.*

a.bo.mi.na.ção (*lat abominatione*) *sf* **1** Ato de abominar. **2** Repulsa de qualquer ato ou pensamento contrário à moral ou ao bom senso. **3** Tudo o que é abominável.

a.bo.mi.nar (*lat *abominare*) *vtd* **1** Detestar, execrar, odiar, repelir com horror. *vpr* **2** Detestar-se, ter horror a si próprio. *Antôn: prezar.*

a.bo.mi.ná.vel (*lat abominabile*) *adj m+f* **1** Que merece ser abominado. **2** Detestável, odioso. *Abominável homem das neves:* ser que, dizem, existiria nas altas montanhas do Himalaia; segundo uns, seria um urso; segundo outros, um homem primitivo.

a.bo.mi.no.so (ô) (*lat abominosu*) *adj* Que merece abominação; abominável, detestável. *Pl: abominosos* (ó).

a.bo.na.ção (*abonar+ção*) *sf* **1** Ato de abonar; caução, fiança, garantia. **2** Informação, recomendação favorável. **3** *Dir* Reforço de fiança. **4** Aprovação, abonamento. **5** Frase ou trecho que se usa para abonar (acepção 8). *Antôn: desabono.*

a.bo.na.do (*part* de *abonar*) *adj* **1** Que se abonou. **2** Afiançado, havido por verdadeiro. **3** Abastado, que tem bastante dinheiro.

a.bo.na.dor (*abonar+dor*) *adj + sm* Que, ou o que

abona; fiador. • *sm Dir* Pessoa que se obriga a pagar a fiança fixada, no caso do não comparecimento do réu ao julgamento do processo.

a.bo.na.men.to (*abonar+mento*) *sm* V *abonação*.

a.bo.nar (a^1+*bom*+ar^1) *vtd* **1** Apresentar como bom. **2** Afiançar, garantir. **3** *Dir* Afiançar o fiador. **4** Confirmar, justificar, provar. **5** Lançar a crédito alguma quantia ou valor. **6** Adiantar dinheiro. **7** Justificar ou relevar as faltas no comparecimento ao trabalho. **8** Citar trecho de autor respeitável para comprovar a exatidão do significado de palavra ou locução. *Antôn: desabonar.*

a.bo.no (de *abonar*) *sm* **1** Quantia que se paga para início ou garantia de negócio; abonação. **2** Acréscimo num peso ou medida. **3** Defesa ou reforço (de opinião etc.). **4** Complemento de salário, em geral de caráter provisório, concedido pelas empresas, ou por órgãos governamentais, como forma de estímulo à produtividade ou para compensar aumento de custo de vida. **5** Relevar faltas, a fim de evitar o dèsconto dos dias de ausência do trabalho. *Antôn: desabono.*

a.bor.da.gem (*abordar+agem*) *sf* **1** Ação de abordar, de ir ou chegar a bordo. **2** Assalto de um navio pela tripulação de outro. **3** Ângulo pelo qual um assunto ou problema é abordado.

a.bor.dar (a^1+*bordo*+ar^1) *vtd* **1** Achegar o bordo a, tocar com o bordo: *Abordar uma nau.* *vtd* **2** Assaltar, saltando a bordo do navio inimigo. *vtd* **3** Aproximar-se de. *vti* **4** Encostar a embarcação à praia. *vtd* **5** Chegar à borda ou beira de alguma coisa. *vtd* **6** Achegar-se a uma pessoa, com o propósito de sondar a sua opinião ou tratar de qualquer assunto. *vtd* **7** Começar a tratar de (assunto, tema).

a.bo.rí.gi.ne (*lat aborigine*) *adj* m+f Originário da própria região, nativo, primitivo. • *sm pl* Primitivos habitantes de uma região; autóctones, indígenas. *Antôn: alienígena.*

a.bor.re.ce.dor (*aborrecer+dor*) *adj* + *sm* Que, ou o que aborrece ou causa aborrecimento.

a.bor.re.cer (*lat abhorrescere*) *vtd* **1** Abominar, detestar, ter aversão a. *vtd* e *vint* **2** Causar aborrecimento a, desgostar. *vpr* **3** Enfadar-se, entediar-se. *vpr* **4** Zangar-se. *Antôn* (acepção 1): *prezar;* (acepções 2, 3 e 4): *agradar.*

a.bor.re.ci.men.to (*aborrecer+mento*) *sm* **1** Ação ou efeito de aborrecer. **2** Desalento, desgosto. **3** Fastio, indisposição. **4** Repugnância, tédio.

a.bor.ta.do (*part de abortar*) *adj* **1** Que abortou. **2** *fig* Que não vingou. **3** Fracassado, frustrado. **4** *pop* Diz-se do indivíduo de sorte, feliz.

a.bor.tar (*lat abortare*) *vint* **1** Sofrer ou efetuar aborto. *vtd* **2** Produzir monstros, coisas más: *Raça degenerada, que abortara tarados.* *vtd* **3** Fracassar, frustrar, tornar sem efeito. *vtd* **4** Produzir imperfeitamente: *Maus frutos que a árvore abortou.* *vint* **5** Não ter bom êxito; fracassar. *vint* **6** Parar o desenvolvimento de alguma coisa de modo que ela permaneça rudimentar ou fique atrofiada. *vtd* **7** *Inform* Cancelar a execução de um programa ou comando do computador antes de sua finalização.

a.bor.ti.vo (*lat abortivu*) *adj* **1** Que produz abortamento. **2** Que não atingiu o seu natural desenvolvimento. **3** Que procede de abortamento. **4** Fracassado. • *sm Med* Substância capaz de provocar o abortamento.

a.bor.to (*ô*) (*lat abortu*) *sm* **1** *Med* e *Vet* Feto expulso em parto fora do tempo. **2** *Med* Interrupção da gravidez antes da 28.ª semana. **3** *Bot* Planta ou órgão vegetal que não chegou ao completo desenvolvimento. **4** Coisa monstruosa. **5** Empresa fracassada, negócio malsucedido.

a.bo.to.a.du.ra (*abotoar+dura*) *sf* **1** Coleção de botões para qualquer peça do vestuário. **2** Botões removíveis próprios para os punhos, o peito ou o colarinho da camisa.

a.bo.to.ar (a^1+*botão*+ar^1) *vtd* **1** Fechar com botões. *vtd* **2** Pregar botões em. *vpr* **3** Colocar os botões nas respectivas casas para fechar o vestuário. *vtd* **4** *Mar* Ligar um cabo a outro por meio de botões. *Abotoar o paletó, gír:* morrer.

a.bra.ca.da.bra (*gr abrakadábra*, de formação obscura) *sm* **1** Palavra que tem supostas virtudes mágicas. Suas letras deviam ser escritas em triângulo, para que a palavra pudesse ser lida em todos os sentidos. **2** Palavra ou frase sem sentido; linguagem ininteligível.

a.bra.çar (a^1+*braço*+ar^1) *vtd* e *vpr* **1** Apertar(-se), cingir(-se) com os braços. *vtd* **2** Cercar, rodear. *vtd* **3** Admitir, adotar, seguir: *Abraçar uma causa.* *vtd* **4** Abranger, conter. *vtd* **5** Admitir sem repugnância, receber bem. *vpr* **6** Entrelaçar-se.

a.bra.ço (de *abraçar*) *sm* **1** Ato de abraçar. **2** *Bot* Gavinha. *Abraço de tamanduá:* deslealdade, traição.

a.bran.da.men.to (*abrandar+mento*) *sm* **1** Ação ou efeito de abrandar. **2** *Gram* Passagem de um fonema surdo ao sonoro. **3** *Quím* Diz-se da eliminação dos sais que tornam dura a água.

a.bran.dar (a^1+*brando*+ar^1) *vtd* **1** Tornar brando, mole. *vtd* **2** Moderar, suavizar. *vtd* **3** Enternecer, tornar dócil ou humano. *vtd* **4** Diminuir a grandeza, a intensidade, a velocidade. *vpr* **5** Suavizar-se. *vpr* **6** Enternecer-se, tornar-se dócil ou humano. *vpr* **7** Diminuir a intensidade.

a.bran.gên.cia (*abranger+ência*) *sf* Capacidade ou qualidade de abranger.

a.bran.gen.te (de *abranger*) *adj* m+f Que abrange.

a.bran.ger *vtd* **1** Abraçar, cingir. *vtd* e *vpr* **2** Compreender(-se), encerrar(-se), incluir(-se): *Esses pontos se abrangem na sintaxe.* *vtd* **3** Abarcar: *O mar Egeu abrange numerosas ilhas.* *vtd* **4** Alcançar, chegar a. *vtd* **5** Compreender, entender: *Abranger questões.* *vtd* **6** Conter em sua área: *Nosso Estado abrange todos esses municípios.* *vint* **7** Atingir o alvo. *vint* **8** Perceber, apreender.

a.bra.sa.dor (*abrasar+dor*) *adj* **1** Que abrasa. **2** Calmoso. **3** Excitador.

a.bra.sa.men.to (*abrasar+mento*) *sm* **1** Ação ou efeito de abrasar. **2** Afogueamento, ardência, vermelhidão. **3** Ardor, entusiasmo, paixão.

a.bra.san.te (de *abrasar*) *adj* m+f Que abrasa; abrasador.

a.bra.são (*lat abrasione*) *sf* **1** Desgaste por fricção; raspagem. **2** Desgaste provocado pelo atrito. **3** *Geol* Desgaste do litoral pela ação do mar. **4** *Odont* Destruição dos tecidos duros dos dentes, pelo uso. **5** *Odont* Ação de tirar o tártaro dos dentes.

a.bra.sar (*a¹+brasa+ar¹*) *vtd* **1** Incendiar, queimar. *vtd* e *vint* **2** Aquecer, esquentar. *vtd* **3** Agitar, entusiasmar. *vpr* **4** Arder, queimar-se. *vpr* **5** Entusiasmar-se.

a.bra.si.lei.ra.do (*part* de *abrasileirar*) *adj* **1** Que se abrasileirou. **2** Com modos de brasileiro. **3** Próprio de brasileiro.

a.bra.si.lei.rar (*a¹+brasileiro+ar¹*) *vtd* **1** Dar caráter, feição ou modo brasileiro a. *vtd* **2** Fazer predominar o que é do Brasil. *vtd* **3** Considerar como brasileiro. *vpr* **4** Tomar caráter, feição ou modo brasileiro: *Estrangeiros que se abrasileiram. vtd* **5** *Dir* Nacionalizar.

a.bra.si.vo (*abrasar+ivo*) *adj* Que produz abrasão, que desgasta por fricção. • *sm* **1** Qualquer substância natural ou fabricada, para desbastar, afiar, polir, alisar ou limpar, em pó, pasta, ou sólida. **2** Material para desbastar, polir ou afiar feito dessa substância, tal como lixa etc.

a.bre-a.las *sm sing* e *pl* **1** Faixa ou carro alegórico que abre o desfile de uma escola de samba ou bloco carnavalesco. **2** Grupo de pessoas que levam o abre-alas.

a.bre.jei.rar (*a¹+brejeiro+ar¹*) *vtd* **1** Fazer ou tornar brejeiro. *vpr* **2** Tornar-se brejeiro.

a.breu.gra.fi.a (*Abreu, np+grafo+ia¹*) *sf Med* Método do cientista brasileiro Manuel de Abreu (1894-1962), para fixar fotograficamente e em tamanho reduzido a imagem observada na radioscopia.

a.breu.grá.fi.co (*Abreu, np+grafo+ico²*) *adj Med* Relativo à abreugrafia.

a.bre.vi.a.ção (*abreviar+ção*) *sf* **1** Ato de abreviar. **2** Substituição da forma plena de um vocábulo pela forma reduzida.

a.bre.vi.a.do (*part* de *abreviar*) *adj* Encurtado, resumido.

a.bre.vi.ar (*lat abbreviare*) *vtd* **1** Encurtar, reduzir. *vtd* **2** Compendiar, resumir. *vtd* e *vti* **3** Acabar, concluir em breve tempo. *vint* **4** Atalhar, encurtar conversa. *Antôn: alongar.*

a.bre.vi.a.tu.ra (*abreviar+ura*) *sf* **1** Fração de palavra que designa o vocábulo todo: *ingl* por *inglês*. **2** Cifras ou sinais que representam as palavras mais curtamente.

a.bri.có (*fr abricot*) *sm Bot* Fruto do abricoteiro, semelhante ao pêssego e menor que o damasco, de cor amarelo-alaranjada, de aroma e sabor muito apreciados. *Var: abricote.*

a.bri.co.tei.ro (*abricote+eiro*) *sm Bot* Árvore frondosa, da família das sapotáceas, de madeira própria para o uso em carpintaria e em construções e cujo fruto é o abricó; abricozeiro.

a.bri.co.zei.ro (*abricó+z+eiro*) *V abricoteiro.*

a.bri.dei.ra (*abrir+deira*) *sf* **1** *gír* Aperitivo; aguardente ou outra bebida alcoólica que se toma antes de qualquer refeição para abrir ou despertar o apetite. **2** *gír* Cachaça. **3** Máquina usada na indústria de fiação.

a.bri.dor (*abrir+dor*) *adj* Que abre. • *sm* **1** O que abre. **2** Instrumento para retirar a tampa metálica das garrafas de bebidas ou para abrir latas de conservas alimentícias, doces etc. **3** Cinzelador, entalhador. **4** *gír* Aperitivo.

a.bri.gar (*lat apricare*) *vtd* **1** Resguardar das inclemências do tempo. *vtd* **2** Acolher, dar abrigo. *vtd* **3** Amparar, defender, proteger. *vti* **4** Resguardar do vento e, em geral, do rigor do tempo. *vpr* **5** Resguardar-se de, acolher-se à proteção de: *Abrigar-se da chuva. vtd* **6** Manter no íntimo, nutrir: *Abrigar sentimentos negativos.*

a.bri.go (*lat apricu*) *sm* **1** Tudo que serve para abrigar das intempéries. **2** Cobertura, galpão. **3** Algo que oferece proteção ou refúgio contra exposição, dano físico, ataque, observação, perigo etc. **4** Guarida. **5** Proteção. **6** *Mil* Construção à prova de projéteis e bombas. *Abrigo antiaéreo:* estrutura subterrânea, construída especialmente para proteger pessoas contra ataques aéreos. *Abrigo de menores:* internato para educação e reeducação de crianças ou jovens abandonados.

a.bril (*lat aprile*) *sm* **1** Quarto mês do calendário juliano e gregoriano. **2** Segundo mês da primavera, no hemisfério norte, e do outono, no hemisfério sul. **3** Juventude, mocidade.

a.bri.lhan.ta.do (*part* de *abrilhantar*) *adj* **1** Tornado brilhante, reluzido. **2** Lapidado, facetado à semelhança de brilhante. **3** Ornado, embelezado.

a.bri.lhan.tar (*a¹+brilhante+ar¹*) *vtd* e *vpr* **1** Tornar(-se) brilhante. *vtd* **2** Dar maior realce a, ornamentar: *Abrilhantar uma comemoração. vpr* **3** Adornar-se, enfeitar-se.

a.bri.li.no (*abril+ino¹*) *adj* **1** Pertencente ou relativo ao mês de abril; aprilino. **2** Fresco, viçoso.

a.brir (*lat aperire*) *vtd* **1** Mover (porta, janela etc., fechada). *vtd* e *vpr* **2** Afastar(-se), separar(-se): *Abrir a caixa. vtd* **3** Desimpedir, desobstruir: *Abrir a passagem. vtd* **4** Rasgar a chancela, o selo: *Abrir cartas. vtd* **5** Desdobrar: *Abrir um mapa. vtd* **6** Estender, estirar: *Abrir os braços. vtd* e *vpr* **7** Cavar(-se), escavar(-se). *vtd* e *vpr* **8** Desvendar(-se), mostrar(-se). *vtd* e *vpr* **9** Começar, inaugurar(-se). *vtd* **10** Despertar, excitar: *Abrir o apetite. vtd, vti, vint* e *vpr* **11** Desabotoar, desabrochar (flor). *vtd* e *vpr* **12** Romper(-se). *vtd* **13** Estabelecer, fundar: *Abrir uma firma. vtd* **14** Folhear, manusear: *Abrir um livro. vti* e *vpr* **15** Dar comunicação: *A janela se abre para a praia. vtd* **16** *Inform* Acessar arquivo para ler, acrescentar ou alterar dados; criar novo arquivo. *vint* **17** Começar a funcionar: *A loja abre ao meio-dia. vpr* **18** Desabafar-se, fazer confidência: *Resolvi abrir-me com ela. vtd* **19** *Com* Criar: *Abrir novos mercados. vtd* **20** Construir: *Abrir novas estradas. Abrir caminho:* dar passagem; passar ou entrar com esforço ou violência. *Abrir mão de:* abandonar, deixar. *Abrir o bico:* abrir a boca. *Abrir fogo:* começar os tiros. *Abrir o jogo:* iniciar as jogadas; ser franco. *Abrir o olho:* atentar, observar, ter cautela. *Abrir os olhos:* cair em si, perceber; fazer ver; nascer; ensinar. *Part irreg: aberto.*

ab-ro.ga.ção (*lat abrogatione*) *sf* **1** Ato de ab-rogar. **2** *Dir* Revogação ou anulação de uma lei em todas as suas partes por ato do poder legislativo.

ab-ro.gar (*lat ab+rogar*) *vtd* **1** Anular, cassar, revogar (lei ou privilégio). **2** Pôr fora de uso, suprimir (costumes, hábitos). *Conjug – Pres indic: ab-rogo, ab-rogas, ab-roga* etc.

a.bro.lhar (*abrolho+ar¹*) *vtd* **1** Produzir abrolhos.

abrupto 8 **abstração**

vtd **2** Originar alguma coisa nociva: *Exemplos perniciosos abrolham delitos. vint* **3** Brotar. *vint* **4** Germinar, desabrochar.

ab.rup.to (*lat abruptu*) *adj* **1** Íngreme. **2** Inesperado, súbito. **3** Áspero, rude. *Antôn* (acepções 1 e 3): suave. *Var: ab-rupto*.

a.bru.ta.lhar (*a¹+bruto+alho+ar¹*) *vtd* e *vpr* **1** Abrutar(-se). **2** Embrutecer-se, tornar-se brutal.

a.bru.tar (*a¹+bruto+ar¹*) *vtd* e *vpr* **1** Tornar(-se) bruto, grosseiro; abrutalhar. **2** Tornar(-se) bronco, estúpido.

abs.ce.der (*lat abscedere*) *vint Med* Degenerar em abscesso; supurar.

abs.ces.so (*lat abscessu*) *sm Med* Acumulação de pus em uma cavidade existente ou formada acidentalmente nos tecidos, em consequência de inflamação.

abs.ci.dar (*lat abscidare,* em vez de *abscidere*) *vtd* **1** Cortar. **2** Eliminar a causa dos males.

abs.cis.sa (*lat abscissa*) *sf Mat* A coordenada horizontal de um ponto em um sistema plano de coordenadas cartesianas, a qual se obtém medindo a distância desse ponto ao eixo das ordenadas, paralelamente ao eixo das abscissas.

ab.sin.to (*lat absinthiu*) *sm* **1** *Bot* Planta da família das compostas (*Artemisia absinthium*), de sabor amargo e aromático, também chamada *losna*. **2** As folhas e inflorescências secas do absinto, antigamente usadas como tônico amargo e estomacal. **3** Óleo de absinto, usado como ingrediente de licor. **4** Bebida alcoólica preparada com losna, anis e outras plantas aromáticas. *Var: absíntio*.

ab.so.lu.ta.men.te (*absoluta+mente*) *adv* **1** De modo absoluto. **2** Emprega-se para reforçar as afirmações e principalmente as negações. **3** Após oração de sentido negativo é frequente aparecer com elipse da partícula de negação.

ab.so.lu.tis.mo (*absoluto+ismo*) *sm* **1** *Polít* Sistema de governo em que a autoridade do governante se investe de poderes ilimitados e absolutos. **2** Despotismo, tirania.

ab.so.lu.tis.ta (*absoluto+ista*) *adj m+f* Relativo ao absolutismo. • *s m+f* Pessoa partidária do absolutismo.

ab.so.lu.to (*lat absolutu*) *adj* **1** Que subsiste por si próprio. **2** Que não tem limites, que não sofre restrição. **3** Com sentido completo. **4** Autoritário, tirano. **5** Incondicional. **6** Incontestável. **7** *Álg* Diz-se do valor de uma quantidade, sem a preocupação de saber se deve ser somada ou subtraída. **8** *Gram* Diz-se do superlativo que exprime o mais alto grau, sem comparação definida. • *sm* **Absoluto** Deus.

ab.sol.ver (*lat absolvere*) *vtd* **1** *Dir* Relevar da culpa ou da pena. *vtd* **2** Perdoar pecados a. *vtd* **3** Desculpar, perdoar. *vtd* **4** Desobrigar, isentar. *vpr* **5** Desculpar-se, desonerar-se. *vpr* **6** Desobrigar--se, livrar-se. *vint* **7** Perdoar os pecados. *vint* **8** Absolver: *Os missionários confessavam, absolviam e davam comunhões. Antôn* (acepções 1, 2, 3, 4, 7 e 8): condenar.

ab.sol.vi.ção (*absolver+ção*) *sf* **1** Ato ou efeito de absolver. **2** Perdão, remissão. **3** *Dir* Sentença de um juiz civil ou eclesiástico, em que se isenta da culpa o indiciado. **4** *Liturg* Cerimônia fúnebre que precede o enterro dos defuntos. *Antôn* (acepções 1, 2 e 3): condenação.

ab.sol.vi.do (*part* de *absolver*) *adj* **1** *Dir* Julgado indelinquente e isento de qualquer penalidade. **2** Desobrigado, eximido. *Antôn: condenado*.

ab.sor.ção (*lat absorptione*) *sf* **1** Ato ou efeito de absorver. **2** Ato de impregnar-se de um líquido, gás etc. **3** *Fisiol* Penetração de uma substância através das mucosas ou da pele ou da membrana celular para o meio interno. **4** *Quím* Ato pelo qual um gás ou um vapor penetra intimamente em uma substância inorgânica. **5** Interceptação de ondas de luz ou de som. **6** Subtração das radiações caloríficas. **7** Consumo: *Absorção de energia*.

ab.sor.to (*lat absorptu*) *adj* **1** *V absorvido* (acepção 2). **2** Arrebatado, extasiado.

ab.sor.ven.te (de *absorver*) *sm Fís-Quím* Toda substância que tem a propriedade de absorver. • *adj m+f* **1** Que absorve. **2** Cativante. **3** Diz-se da faculdade de absorver os raios caloríficos, luminosos etc. *Absorvente higiênico:* tira composta por uma camada de algodão ou outro material absorvente e revestida com gaze fina, para proteger contra o fluxo menstrual ou corrimento. *Absorvente interno:* tampão higiênico interno que se expande lateralmente, adaptando-se aos contornos da vagina para absorver o fluxo menstrual.

ab.sor.ver (*lat absorbere*) *vtd* **1** Embeber-se de. *vtd* **2** Sorver. *vtd* **3** Consumir, dissipar. *vtd* **4** Concentrar. *vtd* **5** Arrebatar, entusiasmar. *vtd* **6** Dominar, ocupar. *vpr* **7** Aplicar-se, concentrar--se: *Absorver-se no trabalho. vtd* **8** Amortecer: *Absorver o choque*.

ab.sor.vi.do (*part* de *absorver*) *adj* **1** Engolido, tragado. **2** Aplicado exclusivamente a um assunto; absorto. **3** *V absorto* (acepção 2).

abs.tê.mio (*lat abstemiu*) *adj* **1** Pertencente ou relativo à pessoa que se abstém de bebidas alcoólicas. **2** Moderado, sóbrio. • *sm* Aquele que se abstém de bebidas alcoólicas.

abs.ten.ção (*lat abstentione*) *sf* **1** Ato ou efeito de se abster. **2** *Polít* Renúncia, eventual ou definitiva, ao direito de votar.

abs.ter (*lat abstinere*) *vtd* **1** Conter, deter, submeter. *vtd* e *vti* **2** Privar, impedir: *A cegueira abstém-na de ver. vpr* **3** Privar-se do exercício de um direito ou de uma função. *vpr* **4** Praticar a abstinência. *vpr* **5** Não intervir, não pronunciar, não resolver. *vpr* **6** Não comparecer às eleições. *vpr* **7** Conter-se, privar-se de. *Antôn* (acepções 3, 5, 6): *participar, envolver-se*. Conjuga-se como *ter;* recebem, porém, acento agudo os *ee* na 2ª e 3ª pessoas do singular do presente do indicativo: *absténs, abstém* e na 2ª pessoa do singular do imperativo afirmativo: *abstém(tu)*.

abs.ti.nên.cia (*lat abstinentia*) *sf* **1** Ato de se abster. **2** Privação de carne, ou caldo de carne, em cumprimento de preceito da Igreja, ou de voto especial. **3** Jejum. **4** Castidade.

abs.ti.nen.te (*lat abstinente*) *adj* e *s m+f* **1** Que, ou pessoa que pratica abstinência. **2** Abstêmio. **3** Casto. **4** Jejuador.

abs.tra.ção (*lat abstractione*) *sf* **1** Ato ou efeito de abstrair ou abstrair-se. **2** Concentração, meditação. **3** Devaneios. **4** Esquecimento. **5** *Filos* Ação do espírito que considera separadamente um elemento (qualidade ou relação) de uma representação ou de uma noção colocando especialmente a atenção sobre ele e negligenciando os demais.

abs.tra.ci.o.nis.mo (*abstração+ismo*) *sm Bel-art* **1** Princípios ou ideais da arte abstrata: aquela que procura dar a qualidade ou propriedade de uma coisa sem a representar sob forma definida. **2** Criação de abstrações na arte plástica. **3** *Filos* Tendência a atribuir às abstrações valor igual ao das realidades concretas.

abs.tra.ir (*lat abstrahere*) *vti* **1** Considerar um dos caracteres de um objeto separadamente. *vti* **2** Excluir, prescindir de; fazer abstração de. *vtd* **3** Afastar, apartar, separar. *vti* e *vpr* **4** Afastar-se, apartar-se, separar-se. *vtd* e *vpr* **5** Abster-se. *vpr* **6** Concentrar-se. Conjuga-se como *atrair*.

abs.tra.to (*lat abstractu*) *adj* **1** Que resulta de abstração. **2** Que significa uma qualidade com exclusão do sujeito. **3** Muito obscuro, vago. **4** Diz-se dos seres ou dos fatos imaginários. **5** *Mat* Diz-se do número considerado independentemente da natureza da unidade. *Antôn: concreto.* • *sm* Aquilo que se considera existente apenas no domínio das ideias, sem base material. *Arte abstrata:* arte que rejeita a representação figurativa total ou parcial de qualquer elemento encontrável na natureza.

ab.sur.do (*lat absurdu*) *adj* **1** Contrário e oposto à razão, ao bom senso. **2** Despropositado. *Antôn: sensato.* • *sm* **1** Coisa absurda. **2** Asneira, disparate, tolice. **3** *Filos* O que é contrário à razão.

a.bu.li.a (*gr aboulía*) *sf Psiq* Ausência de desejo ou vontade.

a.bú.li.co (*abulia+ico²*) *adj* **1** Relativo à abulia. **2** Afetado de abulia. • *sm* Indivíduo que sofre de abulia.

a.bun.dân.cia (*lat abundantia*) *sf* Fartura, grande quantidade. *Antôn: escassez.*

a.bun.dan.te (*lat abundante*) *adj m+f* **1** Que abunda. **2** Copioso, farto. **3** Opulento, rico. **4** *Gram* Diz-se do verbo que apresenta dupla ou tripla forma em qualquer de seus tempos ou pessoas. *Antôn* (acepções 1, 2, 3): *pobre.*

a.bun.dar (*lat abundare*) *vti* **1** Ter grande quantidade. *vint* **2** Haver em abundância. *vint* **3** Sobejar. *vtd* **4** Acrescentar. *Antôn: faltar, escassear.*

a.bur.gue.sar (*a¹+burguês+ar¹*) *vtd* **1** Dar hábitos ou modos de burguês a. *vpr* **2** Adquirir hábitos ou modos de burguês, fazer-se burguês.

a.bu.sa.do (*part de abusar*) *adj* **1** Que abusa. **2** Intrometido, atrevido. **3** Enfadonho, aborrecido. **4** Provocador.

a.bu.sar (*lat abusare*) *vtd* **1** Cometer abusos, exorbitar, exceder-se. *vti* **2** Prevalecer-se de alguém ou de alguma coisa, usar mal. *vti* e *vint* **3** Enganar. *vti* **4** Desonrar, estuprar. *vti* **5** Ridicularizar.

a.bu.si.vo (*lat abusivu*) *adj* **1** Em que há abuso. **2** Impróprio, inconveniente. **3** Contrário às leis, às prescrições.

a.bu.so (*lat abusu*) *sm* **1** Uso errado, excessivo ou injusto. **2** Prática contrária às leis e aos bons usos e costumes. **3** Descomedimento, excesso. **4** Defloramento, estupro. **5** Aborrecimento.

a.bu.tre (*a¹+lat vulture*) *sm* **1** *Ornit* Nome comum de várias aves de rapina, mais conhecidas no Brasil por *urubus;* essas aves, de cabeça quase nua, se nutrem de animais mortos. *Col: bando.* *Voz: crocita, grasna.* **2** Indivíduo cruel, sanguinário, sem escrúpulos. **3** Indivíduo avaro, usurário.

a.C. Abreviatura de *antes de Cristo*.

a.ça *adj* e *s m+f* **1** Diz-se de, ou a pessoa ou o animal albino. **2** Mestiço arruivado; sarará. *Var: aço.*

a.ca.ba.do (*part de acabar*) *adj* **1** Levado a cabo; terminado. **2** Completo. **3** Excelente, perfeito. **4** Arruinado, gasto. **5** Abatido, exausto. **6** Envelhecido, muito magro.

a.ca.ba.men.to (*acabar+mento*) *sm* **1** Ação ou efeito de acabar. **2** Remate, conclusão. **3** *Arquit* Arremate final de uma edificação.

a.ca.bar (*a¹+cabo+ar¹*) *vtd* **1** Levar a cabo, terminar. *vtd* **2** Dar cabo de, destruir, matar. *vtd* **3** Aperfeiçoar, dar a última demão, rematar. *vtd* **4** Consumir, exaurir. *vtd* **5** Pôr fim a uma relação amorosa. *vti* **6** Dar cabo de, matar. *vti* **7** Dar fim a, terminar: *Acabem com esse barulho.* *vti* **8** Findar, terminar em: *O dia acabou em chuva.* *vint* **9** Findar, terminar. *vint* **10** Esgotar, exaurir. *vlig* **11** Tornar-se: *Era bom, todavia acabou mau.* *vpr* **12** Chegar ao seu termo, ter fim: *Acabou-se a festa.*

a.ca.bo.cla.do (*part de acaboclar*) *adj* **1** Que tem aspecto de caboclo. **2** Que tem modos ou comportamento de caboclo. **3** Acaipirado.

a.ca.bo.clar (*a¹+caboclo+ar¹*) *vpr* **1** Atrigueirar-se, tomar a aparência, a cor, os modos de caboclo. **2** Tornar-se rústico.

a.ca.bru.nha.do (*part de acabrunhar*) *adj* **1** Abatido, prostrado. **2** Afligido, entristecido. **3** Desanimado.

a.ca.bru.nha.men.to (*acabrunhar+mento*) *sm* **1** Ação ou efeito de acabrunhar. **2** Abatimento, opressão. **3** Humilhação, vexame.

a.ca.bru.nhar (*a¹+lat caput proniare*) *vtd* **1** Abater, humilhar, oprimir. *vtd* e *vpr* **2** Afligir(-se), entristecer(-se). *vtd* e *vpr* **3** Desanimar(-se). *vint* **4** Causar acabrunhamento.

a.cá.cia (*a⁴+gr kakía, maldade*) *sf* **1** *Bot* Gênero de plantas da família das leguminosas-mimosáceas, com flores brancas ou amarelas. **2** Qualquer planta desse gênero.

a.ca.de.mi.a (*lat academia*) *sf* **1** Escola de instrução superior (faculdade). **2** Instituto ou agremiação científica, literária ou artística, particular ou oficial. **3** Lugar onde se praticam exercícios físicos, artes marciais, dança etc.

a.ca.de.mi.cis.mo (*acadêmico+ismo*) *sm* **1** Doutrinas ou princípios adotados ou ensinados pelos acadêmicos. **2** Estilo acadêmico. **3** Pedantismo, formalismo. *Var: academismo.*

a.ca.dê.mi.co (*lat academicu*) *adj* **1** Pertencente ou relativo a uma academia ou a seus membros. **2** *Bel-art* Que segue os modelos clássicos. **3** Forçado, pretensioso. **4** De que não se espera que produza um ato ou resultado prático imediato; especulativo, teórico: *Questão acadêmica.* • *sm* **1** Membro ou sócio de alguma academia. **2** Estudante de uma escola superior, faculdade ou universidade.

a.ca.de.mis.mo (*academia+ismo*) *sm* **1** Academicismo. **2** Cópia inexpressiva de obras de arte das antigas escolas.

a.ça.frão (*ár az-za'farân*) *sm* **1** *Bot* Planta bulbosa europeia da família das iridáceas (*Crocus sativus*); açafroeira. **2** *Bot* Flor dessa planta. **3** *Cul* Pó preparado com o estigma dessa flor, de cor amarelo-alaranjada, usado como corante e tempero culinário.

a.ça.í (*tupi yua saí*) *sm* **1** *Bot* Açaizeiro. **2** Fruto do açaizeiro do qual se faz uma espécie de papa que serve de alimento. **3** Refresco desse fruto.

a.cai.pi.ra.do (*part de acaipirar*) *adj* **1** De aparência, modos ou costumes de caipira. **2** Matuto, roceiro. **3** Acanhado, tímido.

a.cai.pi.rar (*a¹+caipira+ar¹*) *vpr* **1** Adquirir aparência, modos ou costumes de caipira. **2** Amatutar-se. **3** Mostrar-se acanhado, tímido.

a.ça.i.zal (*açaí+z+al¹*) *sm* Plantação de açaizeiros ou açaís.

a.ça.i.zei.ro (*açaí+z+eiro*) *sm Bot* Palmeira do Norte do Brasil, cujo fruto é o açaí.

a.ca.ju (*tupi akaiú*) *sm* **1***Bot* Nome de várias árvores tropicais, de diferentes famílias. Uma dessas árvores fornece preciosa madeira avermelhada para a fabricação de móveis finos. **2** O fruto dessas árvores e, por assimilação, também o fruto do cajueiro comum. *Cor de acaju:* cor da madeira do acaju.

a.ca.lan.to (de *acalantar, corr* de *acalentar*) *V acalento.*

a.cal.ca.nhar (*a¹+calcanh(ar)+ar¹*) *vtd* **1** Pisar com o calcanhar; calcar. **2** Humilhar; espezinhar.

a.ca.len.ta.do (*part de acalentar*) *adj* Embalado, adormecido. *Var: acalantado.*

a.ca.len.tar (*a¹+lat calente+ar¹*) *vtd* e *vpr* **1** Aquecer(-se) nos braços ou no peito; embalar (-se): *Acalentar o nenê.* *vtd* **2** Sossegar, tranquilizar. *vtd* **3** Aplacar, consolar. *vtd* **4** Animar, favorecer. *vtd* **5** Manter no íntimo, nutrir: *Acalentar esperanças.* *Var: acalantar.*

a.ca.len.to (de *acalentar*) *sm* **1** Ação de acalentar. **2** *Folc* Cantiga para adormecer as crianças. **3** Afago, carinho. *Var: acalanto.*

a.cal.mar (*a¹+calma+ar¹*) *vtd* e *vpr* **1** Tornar(-se) calmo, tranquilizar(-se). *vtd, vti* e *vint* **2** Abrandar, diminuir. *vtd* **3** Apaziguar, pacificar. *vint* e *vpr* **4** *Meteor* Amainar; serenar. *Antôn: agitar.*

a.ca.lo.ra.do (*part de acalorar*) *adj* **1** Cheio de calor. **2** Animado. • *sm* Aquele que tem calor; calorento.

a.ca.lo.rar (*a¹+calor+ar¹*) *vtd* **1** Aquecer. *vtd* **2** Entusiasmar, excitar, incitar. *vpr* **3** Excitar-se.

a.ca.ma.do (*part de acamar*) *adj* **1** Deitado na cama. **2** Doente de cama. **3** Disposto em camadas.

a.ca.mar (*a¹+cama+ar¹*) *vtd* **1** Deitar ou pôr na cama. *vtd* **2** Deitar o que está ereto, estender horizontalmente. *vtd* e *vpr* **3** Dispor(-se) em camas ou camadas. *vint* **4** Adoecer, cair de cama, ficar doente de cama.

a.ca.ma.ra.dar (*a¹+camarada+ar¹*) *vint* e *vpr* Tornar-se companheiro, camarada.

a.çam.bar.car (*a¹+sambarca+ar¹*) *vtd* **1** Chamar exclusivamente a si (qualquer coisa) em prejuízo de outros; monopolizar. **2** Apropriar-se ou assenhorear-se de.

a.cam.pa.do (*part de acampar*) *adj* Alojado em acampamento.

a.cam.pa.men.to (*acampar+mento*) *sm* **1** Ação de acampar; alojamento. **2** Lugar ocupado pela tropa ou turma de trabalhadores; arraial. *Levantar acampamento:* ir-se embora.

a.cam.par (*a¹+campo+ar¹*) *vtd* **1** Estabelecer em campo: *O marechal acampou o exército. vti, vint* e *vpr* **2** Estabelecer-se em campo; estacionar, com intenção de demorar: *Ali chegando, acamparam.*

a.ca.mur.ça.do (*part de acamurçar*) *adj* **1** Que tem aspecto, textura ou cor de camurça. **2** Preparado como camurça.

a.ca.mur.çar (*a¹+camurça+ar²*) *vtd* **1** Dar aspecto ou cor de camurça a. **2** Preparar (peles) como camurça.

a.ca.na.lhar (*a¹+canalha+ar¹*) *vtd* **1** Dar aparência de canalha a, tornar canalha, desprezível. *vpr* **2** Aviltar-se, tornar-se canalha.

a.ca.ne.lar (*a¹+canela+ar¹*) *vtd* **1** Dar cor de canela a. **2** Cobrir com pó de canela. **3** Dar pontapés na canela de.

a.ca.nha.do (*part de acanhar*) *adj* **1** Pouco desenvolvido, raquítico. **2** Apertado, diminuto. **3** Envergonhado, tímido. **4** Coagido, constrangido. **5** Covarde. **6** Avaro, sovina. **7** Lerdo. **8** Abatido, deprimido. **9** Humilde. *Antôn* (acepção 3): *desembaraçado;* (acepção 2): *amplo.*

a.ca.nha.men.to (*acanhar+mento*) *sm* **1** Ação ou efeito de acanhar. **2** Estado ou qualidade de acanhado. **3** Falta de desembaraço, timidez. **4** Avareza, mesquinhez. **5** Abatimento, desânimo. *Antôn* (acepção 3): *desembaraço.*

a.ca.nhar (*a¹+canho+ar¹*) *vtd* **1** Atrofiar, fazer ou tornar de tamanho inferior ao habitual; impedir o desenvolvimento de. *vtd* **2** Embaraçar, intimidar. *vtd* **3** Envergonhar, humilhar. *vtd* e *vpr* **4** Apertar (-se), fazer(-se) estreito. *vpr* **5** Acovardar-se. *vpr* **6** Mostrar-se tímido.

a.can.to (*gr ákanthos*) *sm* **1** *Bot* Gênero (*Acanthus*) de ervas espinhentas, acantáceas, da região mediterrânea, cujas flores têm brácteas em forma de espinhos. **2** *Bot* Planta espinhosa (*Acanthus mollis*), também conhecida por *erva-gigante.* **3** *Arquit* Ornato que representa folhas dessa planta.

a.ção (*lat actione*) *sf* **1** Resultado de uma força física ou moral. **2** Ato, feito, obra. **3** Faculdade ou possibilidade de executar alguma coisa. **4** Modo de proceder. **5** Atividade, movimento. **6** *Gram* O que alguns verbos exprimem na oração. **7** *Lit* Entrecho de um drama, poema, romance, peça teatral. **8** *Bel-art* Assunto geral de um quadro, grupo ou figura. **9** *Mil* Batalha. **10** *Dir* Demanda, processo forense. **11** *Com* Documento que representa uma parte do capital de uma sociedade.

a.ca.rá (*tupi akará*) *sm* **1** *Ictiol* Designação comum a vários peixes teleósteos de água doce, da família dos ciclídeos, muito procurados para criação em aquários. Os acarás caracterizam-se por esconderem os alevinos na boca, protegendo sua prole dos inimigos. **2** *Cul V acarajé.*

a.ca.ra.jé (*acará¹+ioruba je,* comer) *sm Cul* Bolinho feito de massa de feijão-fradinho, frito em azeite de dendê, e servido com molho de pimenta e camarão seco; acará.

a.ca.re.a.ção (*acarear¹+ção*) *sf* Ato ou efeito de acarear.

a.ca.re.ar (a^1+cara+e+ar^1) *vtd* **1** *Dir* Pôr cara a cara, frente a frente; confrontar os réus com as testemunhas, ou estas entre si: *Acarear testemunhas.* **2** Comparar, confrontar. Conjuga-se como *frear*.

a.ca.rí.a.se (*ácaro*+*íase*) *sf Med* **1** Infestação com ácaros. **2** Doença cutânea produzida por ácaros; sarna.

a.ca.ri.ci.ar (a^1+carícia+ar^1) *vtd* e *vint* **1** Fazer carícias a, acarinhar, afagar, amimar. *vtd* **2** Lisonjear. *vtd* **3** Roçar de leve. *vpr* **4** Afagar-se.

a.ca.ri.ci.da (*ácaro*+*cida*) *adj m+f Farm* Que destrói os ácaros. • *sm* Substância ou preparado que destrói os ácaros.

a.ca.ri.nhar (a^1+carinho+ar^1) *vtd* Dar carinho a, tratar com carinho.

a.car.nei.rar (a^1+carneiro+ar^1) *vtd* **1** Tornar dócil como carneiro. *vpr* **2** Fazer-se dócil.

á.ca.ro (*gr ákari*) *sm Zool* **1** Denominação que se dá aos aracnídeos da ordem dos acarinos, artrópodes pequenos que se desenvolvem nos mais diversos meios; alguns são parasitas de animais (carrapatos e micuins) ou de plantas. **2** Aracnídeo dessa ordem.

a.car.pe.ta.do (a^1+carpete+ado^1) *V carpetado*.

a.car.pe.tar (a^1+carpete+ar^1) *V carpetar*.

a.car.re.tar (a^1+carreta+ar^1) *vtd* **1** Transportar em carreta, carro ou carroça. **2** Carregar. **3** *fig* Causar, ocasionar.

a.car.to.nar (a^1+cartão+ar^1) *vtd* Fazer semelhante a cartão.

a.ca.sa.la.ção (*acasalar*+*ção*) *sf* Ato ou efeito de acasalar. *Var: acasalamento.*

a.ca.sa.lar (a^1+casal+ar^1) *vtd* e *vpr* **1** Reunir(-se) em casal. *vtd* **2** Emparelhar, irmanar. *vtd* e *vpr* **3** Juntar(-se) (macho e fêmea) para a procriação.

a.ca.so (a^1+caso) *sm* **1** Acontecimento incerto ou imprevisível; casualidade, eventualidade. **2** Caso fortuito. **3** Destino, sorte. • *adv* Porventura, quiçá, talvez. *Ao acaso:* sem reflexão; a esmo, à toa. *Por acaso:* casualmente, inesperadamente.

a.cas.ta.nhar (a^1+castanha+ar^1) *vtd* Dar cor de castanha a, tingir da cor de castanha.

a.cas.te.lar (a^1+castelo+ar^1) *vtd* **1** Construir em forma de castelo. *vtd* **2** Fortificar. *vtd* e *vpr* **3** Empilhar(-se). *vpr* **4** Precaver-se. *vpr* **5** refugiar-se em local seguro.

a.cas.te.lha.nar (a^1+castelhano+ar^1) *vtd* **1** Dar feição castelhana a. *vtd* e *vpr* **2** Tornar(-se) partidário dos castelhanos. *vpr* **3** Adquirir hábitos ou modos castelhanos.

a.ca.ta.men.to (*acatar*+*mento*) *sm* **1** Ação ou efeito de acatar. **2** Reverência, veneração. **3** Consideração, respeito.

a.ca.tar (*lat vulg acaptare*) *vtd* **1** Honrar, respeitar, venerar. **2** Cumprir, obedecer. *Antôn: desrespeitar.*

a.cau.ã (*tupi uakáuã*) *s m+f* **1** *Ornit* Ave de rapina falconiforme da família dos falconídeos (*Herpetotheres cachinnans gueribundus*); espécie de gavião que ataca os ofídios. **2** *Folc* No Amazonas crê-se que anuncia a chegada de um hóspede. É também prenúncio de desgraça iminente.

a.cau.te.la.men.to (*acautelar*+*mento*) *sm* **1** Ação ou efeito de acautelar(-se). **2** Cautela.

a.cau.te.lar (a^1+cautela+ar^1) *vtd* e *vpr* **1** Pôr de sobreaviso, precaver, prevenir. *vtd* **2** Tornar cauto ou prudente. *vtd* e *vpr* **3** Garantir, resguardar. *vtd* **4** Guardar com cautela. *vint* **5** Usar de cautela, agir com cautela. *Antôn: desacautelar, descuidar.*

a.ca.va.la.do (*part de acavalar*) *adj* **1** Semelhante a cavalo. **2** Diz-se de coisas sobrepostas umas às outras. **3** Grosseiro nas maneiras.

a.ca.va.la.men.to (*acavalar*+*mento*) *sm* **1** Ação ou efeito de acavalar(-se). **2** *Geol* Avanço de algumas centenas de metros de um terreno sobre outro, produzido tanto por meio de falhas como de dobras.

a.ca.va.lar (a^1+cavalo+ar^1) *vtd* **1** Amontoar, pôr umas coisas sobre outras, sobrepor. *vtd* **2** Pôr a cavalo. *vtd* **3** Montar em cavalo. *vpr* **4** Agrupar-se desordenadamente, amontoar-se.

ace (*eici*) (*ingl*) *sm Esp* Saque que, no tênis e no voleibol, é convertido em ponto porque o jogador adversário não consegue alcançar a bola.

a.ce.bo.la.do (a^1+cebola+ado^1) *adj* **1** Em forma de cebola. **2** Com sabor de cebola. **3** *Cul* Temperado com muita cebola.

a.ce.bo.lar (a^1+cebola+ar^1) *vtd* Temperar com cebola.

a.ce.der (*lat accedere*) *vti* e *vint* **1** Aderir, aquiescer, assentir (à opinião, ao convite, à proposta de alguém). *vti* **2** Conformar-se. *vtd* **3** Acrescer, ajuntar.

a.ce.fa.li.a (*acéfalo*+ia^1) *sf Terat* Ausência de cabeça ou parte dela (no embrião ou no feto).

a.cé.fa.lo (*gr aképhalos*) *adj* **1** Sem cabeça. **2** *fig* Que não tem ou não reconhece chefe ou autoridade superior. **3** *fig* Estúpido; pouco inteligente. **4** *Terat* Que apresenta acefalia.

a.cei.ro (*lat *aciariu*) *adj* **1** Relativo ao aço. **2** Agudo. • *sm* **1** Pessoa que trabalha em aço. **2** Limpeza destinada a impedir acesso do fogo a cercas, matas, casas etc., mediante roçada.

a.cei.ta.ção (*aceitar*+*ção*) *sf* **1** Ato ou efeito de aceitar. **2** Acolhimento por parte do público comprador. **3** Aplauso, aprovação. **4** *Com* Aceite. **5** Boa fama, crédito.

a.cei.tan.te (de *aceitar*) *adj m+f* Que aceita. • *s m+f Dir* Pessoa que põe a sua assinatura num título de crédito, reconhecendo a obrigação de pagá-lo no dia do vencimento.

a.cei.tar (*lat acceptare*) *vtd* **1** Receber (o que é dado ou oferecido). **2** Consentir em. **3** Aprovar, concordar com. **4** Admitir. **5** Obedecer, seguir. **6** Assinar duplicata ou letra de câmbio, obrigando--se a pagá-las no dia do vencimento. **7** Admitir, reconhecer, tomar. *Antôn: recusar, rejeitar. Part: aceitado, aceito* e *aceite.*

a.cei.tá.vel (*aceitar*+*vel*) *adj m+f* Digno ou suscetível de ser aceito. *Antôn: inaceitável.*

a.cei.te (*part irreg de aceitar*) *sm Dir* **1** Ato de aceitar uma letra de câmbio. **2** Assinatura, acompanhada, ou não, da palavra aceito, com que se aceita essa letra. • *adj V aceito.*

a.cei.to (*part irreg de aceitar*) *adj* **1** Admitido, recebido. **2** Benquisto, bem recebido. *Var: aceite. Antôn: recusado.*

a.ce.le.ra.ção (*lat acceleratione*) *sf* **1** Ato ou efeito de acelerar; aumento de velocidade. **2** *Fís* Variação de velocidade que, em cada unidade de tempo, sofre um corpo em movimento. **3** *Autom*

Variação crescente da velocidade do veículo, na unidade de tempo. **4** Pressa, precipitação. *Antôn* (acepções 1 e 3): *desaceleração*.

a.ce.le.ra.do (*part de acelerar*) *adj* **1** Apressado, ligeiro, rápido. **2** Precipitado. **3** Impetuoso, irascível. • *sm* Mil Passo da tropa que marcha a pé, mais rápido que o ordinário.

a.ce.le.ra.dor (*acelerar+dor*) *adj* Que acelera. • *sm* **1** Aquele ou aquilo que acelera. **2** *Autom* Dispositivo que comanda o suprimento de combustível e, com isso, a rotação do motor.

a.ce.le.rar (*lat accelerare*) *vtd* **1** Apressar o movimento de, aumentar a velocidade de. *vtd* **2** Abreviar. *vtd* **3** Adiantar, antecipar. *vpr* **4** Adquirir velocidade, precipitar-se. *vpr* **5** Ganhar em velocidade. *Antôn: desacelerar, retardar*.

a.cel.ga (*ár as-silqa*) *sf Bot* Planta herbácea (*Beta vulgaris*), da família das quenopodiáceas, apreciada como verdura.

a.cém (*ár as-simn*) *sm* Carne de bovino, entre a pá e a extremidade do pescoço.

a.ce.nar (*aceno+ar¹*) *vti* e *vint* **1** Fazer acenos para aprovar, avisar, chamar, mostrar etc. *vti* e *vpr* **2** Aludir; referir-se.

a.cen.de.dor (*acender+dor*) *adj* **1** Que acende. **2** Que incentiva ou incita. • *sm* Instrumento para acender; isqueiro.

a.cen.der (*lat accendere*) *vtd* **1** Atear chama a, incendiar, pôr fogo a, queimar. *vtd* **2** Acionar a chave que regula o circuito da instalação de energia elétrica: *Acender a luz. vtd* **3** Entusiasmar, estimular. *vtd* **4** Atiçar, instigar. *vtd* **5** Enlevar, transportar. *vtd* **6** Aquecer. *vint* **7** Arder. *vpr* **8** Inflamar-se, pegar fogo. *vpr* **9** Assanhar-se. *vpr* **10** Elevar-se, transportar-se. *Part:* acendido e aceso.

a.ce.no (*lat ad+signu*) *sm* **1** Sinal feito com a cabeça, as mãos, os braços, os olhos, para dar a conhecer o que desejamos. **2** Chamamento. **3** Convite.

a.cen.to (*lat accentu*) *sm* **1** Inflexão da voz na pronúncia das palavras. **2** Tom de voz. **3** Timbre. **4** Sotaque. **5** *Gram* Sinal com que se representa a acentuação de uma palavra. *Acento agudo:* sinal (´) que, sobreposto às vogais, indica que elas são tônicas; também abertas, quando se trata de *a, e* e *o*. *Acento circunflexo:* sinal (^) que se põe sobre as vogais *e* e *o* fechadas de certos monossílabos tônicos, ou quando pertencem a uma sílaba tônica; e sobre a vogal *a*, nasal, de certas palavras paroxítonas e proparoxítonas, para indicar que ela é tônica. *Acento gráfico* ou *ortográfico:* cada um dos três acentos: *agudo, circunflexo* e *grave. Acento grave:* sinal (`) que assinala as contrações da preposição *a* com o artigo *a* e com os adjetivos ou pronomes demonstrativos: *a, aquele, aquela, aqueles, aquelas, aqueloutro* e *aquilo*.

a.cen.tu.a.ção (*acentuar+ção*) *sf* **1** Ato ou efeito de acentuar na escrita ou na fala. **2** *Gram* Emprego dos acentos ortográficos. **3** Modo de acentuar uma palavra ou vogal. **4** Acento. *Acentuação gráfica:* emprego dos acentos ortográficos.

a.cen.tu.ar (*acento+ar¹*) *vtd* **1** Empregar os acentos gráficos em. *vtd* **2** Pronunciar com clareza e intensidade. *vtd* **3** Dar ênfase a certas palavras de uma frase. *vtd* e *vpr* **4** Dar relevo a, exprimir com vigor.

a.cep.ção (*lat acceptione*) *sf* Sentido em que se toma uma palavra; interpretação, significado.

a.ce.pi.pe (*ár az-zibîb*) *sm* Guloseima, comida delicada e apetitosa; petisco.

a.ce.rar (*cast acerar*, de *acero*) *vtd* **1** Converter (o ferro) em aço. **2** Afiar. **3** Tornar mordaz. **4** Robustecer.

a.cer.bar (*acerbo+ar¹*) *vtd* **1** Exacerbar, tornar acerbo. **2** Angustiar. *Antôn: desacerbar, suavizar*.

a.cer.bo (*lat acerbu*) *adj* **1** Acre, áspero ao gosto. **2** Áspero, duro, severo. **3** Cruel, terrível.

a.cer.ca (*ê*) (*a¹+cerca*, do *lat circa*) *adv* Junto, perto, próximo. *Acerca de:* a respeito de, quanto a, relativamente a, sobre.

a.cer.car (*a¹+lat circa+ar¹*) *vtd* e *vpr* Aproximar (-se), avizinhar(-se).

a.ce.ro.la (*ár az-zurur*, via *cast*) *sf* **1** *Bot* Arbusto da família das malpighiáceas (*Malpighia emarginata*), originário das Antilhas, cujo fruto, semelhante à cereja, é rico em vitamina A e C, ferro e cálcio. **2** O fruto da acerola. *Var: azerola*.

a.cer.tar (*a¹+certo+ar¹*) *vtd* **1** Fazer andar certo, pôr certo (o relógio). *vtd* **2** Corrigir. *vtd* **3** Alcançar, atingir. *vtd* **4** Ajustar, preparar antes de unir (peças). *vtd* **5** Combinar, igualar (*p ex*, o passo). *vtd* **6** Convencionar, deliberar. *vti* **7** Achar ao certo (*p ex*, acertar na escolha). *vint* **8** Bater no ponto o que se atirou, dar no alvo. *Antôn* (acepções 1, 2, 5 e 8): *desacertar, errar*.

a.cer.to (*ê*) (de *acertar*) *sm* **1** Ação ou efeito de acertar. **2** Juízo. **3** Ato ou dito acertado. **4** Prudência, sabedoria. **5** Ajustamento.

a.cer.vo (*lat acervu*) *sm* **1** Montão, pilha. **2** Patrimônio. **3** Conjunto das obras de um museu, de uma biblioteca etc. *Dim:* acervinho, acérvulo.

a.ce.so (*part irreg* de *acender*) *adj* **1** Acendido, abrasado, inflamado. **2** Avermelhado. **3** Arrebatado, veemente. **4** Excitado, furioso. **5** Brilhante, vivo. **6** *gír* Erótico.

a.ces.sa.do (*part* de *acessar*) *adj Inform* Diz-se quando se estabelece acesso a dados ou arquivos de um computador para fazer uso deles.

a.ces.são (*lat accessione*) *sf* **1** Ato ou efeito de aceder. **2** Acréscimo, adição. **3** Adesão. **4** Aquisição. **5** Acesso, promoção. **6** Aproximação, chegada. **7** Subida ao trono: *Acessão ao trono*.

a.ces.sar (*ingl access*) *vtd Inform* Utilizar ou obter dados, programas, arquivos, serviços etc., armazenados ou processados em computador.

a.ces.si.bi.li.da.de (*lat accessibilitate*) *sf* **1** Facilidade de acesso, de obtenção. **2** Facilidade no trato.

a.ces.sí.vel (*lat accessibile*) *adj m+f* **1** De fácil acesso. **2** A que se pode chegar. **3** Que se pode alcançar ou possuir. **4** Compreensível, inteligível. **5** Pessoa simpática e comunicativa. *Antôn* (acepções 1 e 2): *inacessível*.

a.ces.so (*lat accessu*) *sm* **1** Aproximação, chegada. **2** Passagem, trânsito. **3** *Med* Ataque repentino: *Acesso cardíaco*. **4** Arrebatamento: *Acesso de raiva*. **5** *Inform* Comunicação com unidade de armazenamento.

a.ces.só.rio (*lat accessoriu*) *adj* **1** Que não é principal. **2** Que se junta a alguma coisa, sem dela fazer parte integrante. **3** Complementar, suplementar. **4** Que não é essencial; acidental. **5** *Dir*

Que acompanha o principal e dele é dependente. • sm 1 O que suplementa, ajuda ou acompanha o principal. 2 O que se junta ao objeto principal ou dele é dependente. 3 Coisa de importância secundária ou subordinada. 4 Objeto ou dispositivo que não é essencial em si, mas aumenta a beleza, conveniência ou eficiência de qualquer coisa. 5 Gram Complemento não essencial ao sentido da frase, embora tenha a função de realçar alguma qualidade ou circunstância. sm pl 1 Pertences de qualquer instrumento ou máquina. 2 Apetrechos. 3 Utensílios, peças etc., para a execução de qualquer trabalho. 4 Peças complementares de um vestuário.

a.ce.ta.to ($aceto+ato^4$) sm Quím 1 Sal ou éster de ácido acético. 2 Acetato de celulose ou um dos seus produtos, tais como uma fibra têxtil ou um plástico para filmes.

a.cé.ti.co (lat aceticu) adj 1 Pertencente ou relativo ao vinagre; ácido, acre. 2 Quím Diz-se do ácido presente no vinagre.

a.ce.til.sa.li.cí.li.co (acetilo+salicílico) adj Quím Indica um ácido que se emprega em farmácia e em medicina; aspirina.

a.ce.ti.na.do (part de acetinar) adj 1 Que se acetinou; lustrado (papel, têxteis). 2 Diz-se de papel de superfície lisa e dura, que se assemelha ao cetim.

a.ce.ti.nar ($a^1+acetim+ar^1$) vtd Tornar macio e lustroso como o cetim.

a.ce.to (lat acetu) sm Quím Vinagre. • elem comp Indica que a substância designada deriva do ácido acético ou possui vinagre.

a.ce.to.na (fr acétone) sf Quím Líquido inflamável, que se evapora com facilidade, de cheiro forte, usado principalmente como solvente. Var: propanona.

a.cha (lat *ascla, por *astla, de astula) sf 1 Pedaço de madeira rachada para o fogo. 2 Arma antiga com forma de machado. 3 Heráld Timbre com que se indica a nobreza de origem militar. Sin: acha de armas.

a.cha.car (achaque+ar¹) vtd 1 Acusar. vtd 2 Maltratar, molestar. vint e vpr 3 Adoecer, cair doente. vtd 4 Extorquir dinheiro de.

a.cha.di.ço (achar+diço) adj + sm Que, ou o que se acha facilmente.

a.cha.do (part de achar) adj 1 Que se achou. 2 Descoberto, inventado. 3 Julgado, reconhecido. 4 Averiguado, verificado. • sm 1 Coisa encontrada. 2 Descoberta, invento. 3 Coisa que se obtém de forma imprevista e contribui para melhorar a situação de alguém. 4 Pechincha.

a.cha.nar ($a^1+chão+ar^1$) vtd 1 Aplanar, tornar chão. vtd 2 Remover obstáculos, vencer dificuldades. vtd e vpr 3 Tornar-se afável. vtd 4 Apaziguar.

a.cha.que (ár ash-shakâ) sm 1 Disposição doentia habitual e quase natural do indivíduo. 2 Defeito moral, imperfeição, vício. 3 Imputação infundada. Dim: achaquezinho, achaquilho.

a.char (lat afflare) vtd 1 Encontrar por acaso ou procurando. vtd 2 Descobrir, inventar. vtd 3 Conseguir, obter. vtd e vpr 4 Acreditar(-se), julgar(-se). vtd 5 Notar, perceber. vpr 6 Assistir, estar presente. vpr 7 Estar: Achava-se em perigo. Antôn: descrer; perder.

a.cha.ta.men.to ($achatar+mento^1$) sm Ação ou efeito de achatar. Achatamento salarial: manutenção de salário em um nível abaixo da taxa de aumento do custo de vida.

a.cha.tar ($a^1+chato+ar^1$) vtd 1 Aplanar, tornar chato ou plano. 2 Humilhar-se, fazer-se chato.

a.cha.vas.ca.do (part de achavascar) adj Rústico, grosseiro, tosco.

a.che.ga (ê) (de achegar) sf 1 Acréscimo, adição. 2 Ajuda, auxílio. 3 Pequeno lucro, rendimento acessório ou eventual. sf pl Apontamentos, notas.

a.che.gar ($a^1+chegar$) vtd e vpr 1 Aproximar(-se). vpr 2 Acolher-se, buscar auxílio de: Achegar-se a Deus. vpr 3 Acrescentar-se: Achegue-se este conceito à explanação. Antôn: desachegar, separar.

a.che.go (ê) (de achegar) sm 1 Ato ou efeito de achegar. 2 Amparo, proteção. 3 Lucro inesperado.

a.chin.ca.lhar ($a^1+chinquilho+ar^1$) vtd Escarnecer, ridicularizar, zombar de.

a.chin.ca.lhe (de achincalhar) sm Chacota, escárnio.

a.chi.ne.sar ($a^1+chinês+ar^1$) vtd 1 Dar forma ou feição chinesa a. vpr 2 Tornar-se chinês.

a.chis.mo (achar+ismo) sm gír Tendência em avaliar as situações segundo as próprias opiniões ou intenções, muitas vezes sem justificação.

a.cho.co.la.ta.do ($a^1+chocolate+ado^1$) adj 1 Parecido com chocolate. 2 Que tem chocolate. 3 pop Amulatado.

a.cho.co.la.tar ($a^1+chocolate+ar^1$) vtd 1 Dar cor ou sabor de chocolate a. 2 Temperar com chocolate.

a.ci.a.ri.a (lat aciariu+ia¹) sf Metal Fábrica de aço; usina siderúrgica.

a.ci.ca.tar (acicate+ar¹) vtd 1 Esporear o cavalo com acicates. 2 Excitar, estimular.

a.ci.ca.te (ár as-sikkât) sm 1 Antiga espora de um só aguilhão. 2 Estímulo, incentivo.

a.ci.den.ta.do (part de acidentar) adj 1 Em que houve acidentes. 2 Diz-se do terreno que tem altos e baixos. 3 Que foi vítima de acidente. 4 Desigual, irregular. 5 Cheio de peripécias. • sm Aquele que foi vítima de um acidente.

a.ci.den.tal (acidente+al¹) adj m+f 1 Casual, imprevisto. 2 Que não é essencial; acessório. Antôn (acepção 1): proposital; (acepção 2): essencial.

a.ci.den.tar (acidente+ar¹) vtd 1 Tornar acidentado, desigual ou irregular (o terreno). vtd 2 Ferir em acidente (p ex, pessoas). vpr 3 Sofrer alteração ou modificação, tornar-se irregular.

a.ci.den.te (lat accidente) sm 1 O que é casual, imprevisto. 2 Desastre, desgraça. 3 Disposição variada de um terreno. 4 Gram V flexão (acepção 2).

a.ci.dez (ácido+ez) sf 1 Qualidade do que é acre e picante ao gosto ou ao olfato. 2 Quím Propriedade que têm certos corpos de neutralizar as qualidades características de outros chamados bases.

a.ci.di.fi.ca.ção (acidificar+ção) sf Conversão em ácido.

a.ci.di.fi.car (ácido+ficar) vtd e vpr Converter em ácido. Antôn: desacidificar.

á.ci.do (lat acidu) adj 1 Azedo, picante. 2 fig Mordaz, desagradável. 3 Quím Que possui propriedade química dos ácidos, ou é derivado deles. Antôn (acepção 1): doce; (acepção 3): antiácido, alcalino. • sm 1 Substância azeda, 2 Quím Nome genérico dos compostos químicos orgânicos e inorgânicos que contêm um ou mais átomos de hidrogênio, os quais podem ser substituídos por um metal, para formar um sal; são azedos ao paladar e conduzem a corrente elétrica.

a.ci.du.la.ção (*acidular+ção*) *sf* Ato ou efeito de acidular.

a.ci.du.la.do (*part* de *acidular*) *adj* **1** Tornado ácido. **2** Que contém ácido. **3** Com sabor ácido.

a.ci.du.lar (*acídulo+ar*[1]) *vtd* **1** Tornar ácido. *vtd* **2** Irritar com ácido. *vpr* **3** Azedar-se.

a.cí.du.lo (*lat acidulu*) *adj* Levemente ácido.

a.ci.ma (*a*[1]+*cima*) *adv* **1** Em cima. **2** Da parte inferior para a superior. **3** Anteriormente, atrás: *Exemplo citado acima*. **4** Em grau ou categoria superior: *De quinze anos acima*. *Antôn: abaixo*. *Acima de*: em lugar superior a, por cima de, sobre; de preferência a; em graduação superior a.

a.cin.te (*lat accinte*) *adv* **1** Com intenção preconcebida. **2** Intencionalmente, propositadamente. **3** Maldosamente. *Antôn: acidentalmente*. • *sm* **1** Provocação. **2** Ação premeditada, com o propósito de contrariar, desgostar ou ofender alguém. *Por acinte*: de propósito.

a.cin.to.so (*ô*) (*acinte+oso*) *adj* **1** Em que há acinte. **2** Malévolo. *Pl: acintosos* (*ó*).

a.cin.tu.ra.do (*a*[1]+*cintura+ado*[1]) *V cinturado*.

a.cin.zen.ta.do (*part* de *acinzentar*) *adj* Que parece cinzento; acinzado.

a.cin.zen.tar (*a*[1]+*cinzento+ar*[1]) *vtd* **1** Dar cor levemente cinzenta a. *vpr* **2** Tornar-se de cor cinzenta.

a.ci.o.na.dor (*acionar+dor*) *adj* Que aciona. • *sm* **1** Aquele que aciona. **2** *Inform* Dispositivo mecânico, elétrico ou eletrônico, que aciona uma unidade de disco para nele ler informações ou armazenar dados.

a.ci.o.na.men.to (*acionar+mento*) *sm* **1** Ato ou efeito de acionar. **2** *Cin* Mecanismo que faz o filme avançar, quadro por quadro, na câmera ou no projetor.

a.ci.o.nar (*lat actione+ar*[1]) *vtd* **1** Demandar, processar, propor ação em juízo. **2** Pôr em ação; ligar.

a.ci.o.ná.rio (*acionar+ário*) *adj* Relativo ou mediante a posse de ações ou a posse da maioria de ações de uma empresa. • *adj* + *sm V acionista*.

a.ci.o.nis.ta (*acionar+ista*) *adj* e *s m+f* Que, ou pessoa que possui ações de sociedade anônima ou empresa por ações; acionário.

a.cir.ra.do (*part* de *acirrar*) *adj* **1** Irritado, exasperado. **2** Intransigente, obstinado. **3** Estimulado.

a.cir.ra.men.to (*acirrar+mento*) *sm* Ação ou efeito de acirrar(-se).

a.cir.rar (*voc onom*) *vtd* **1** Atiçar, incitar (*p ex*, cães). *vtd* **2** Irritar. *vtd* **3** Estimular, excitar. *vpr* **4** Irritar-se (*p ex*, os ânimos). *Antôn: abrandar*.

a.cla.ma.ção (*lat acclamatione*) *sf* **1** Ato ou efeito de aclamar. **2** Declaração conjunta e verbal de uma assembleia, aprovando algum ato, ou elegendo alguém, sem votação.

a.cla.mar (*lat acclamare*) *vtd* **1** Aplaudir ou aprovar com brados, saudar (alguém). *vtd* **2** Proclamar, reconhecer solenemente (um chefe de Estado). *vtd* **3** Exclamar em aprovação. *vtd* **4** Eleger. *vpr* **5** Fazer-se aclamar.

a.cla.rar (*a*[1]+*claro+ar*[1]) *vtd* e *vpr* **1** Tornar(-se) claro. *vtd* **2** Clarificar, limpar. *vtd* e *vpr* **3** Esclarecer (-se), explicar(-se). *vtd* **4** Averiguar, descobrir. *vint* e *vpr* **5** *Meteor* Desanuviar-se (o céu); melhorar o tempo. *Antôn: escurecer*.

a.cli.ma.ção (*aclimar+ção*) *sf* Ato ou efeito de aclimar(-se).

a.cli.mar (*a*[1]+*clima+ar*[1]) *vtd* e *vpr* **1** Acostumar a novo clima. *vpr* **2** Acostumar-se.

a.cli.ma.ta.ção (*aclimatar+ção*) *V aclimação*.

a.cli.ma.ta.do (*part* de *aclimatar*) *adj* **1** Adaptado a certo clima. **2** Adaptado, acostumado. *Var: aclimado*.

a.cli.ma.tar (*a*[1]+*climato+ar*[1]) *V aclimar*.

a.cli.ve (*lat acclive*) *adj m+f* Em forma de ladeira; íngreme. • *sm* Inclinação do terreno (considerada de baixo para cima); ladeira. *Antôn: declive*.

ac.ne (*gr ákhne*, erroneamente, por *akmé*) *sf Med* Qualquer uma de várias doenças inflamatórias das glândulas sebáceas e da pele; espinha.

a.ço (de *aceiro*) *sm* **1** *Metal* Liga de ferro com carbono que se torna extremamente dura quando, depois de aquecida, é esfriada repentinamente. **2** Arma branca. **3** Cor albina, aça. *Aço inoxidável*: aço resistente à corrosão. *De aço*: vigoroso, forte; duro, rigoroso.

a.co.ber.ta.do (*part* de *acobertar*) *adj* **1** Coberto. **2** Defendido, protegido. **3** Agasalhado. **4** Dissimulado.

a.co.ber.ta.men.to (*acobertar+mento*) *sm* Ação ou efeito de acobertar.

a.co.ber.tar (*a*[1]+*coberta+ar*[1]) *vtd* **1** Cobrir (com coberta, manto ou pano). *vtd* e *vpr* **2** Defender (-se), proteger(-se). *vtd* e *vpr* **3** Agasalhar(-se) contra o frio. *vtd* **4** Disfarçar, dissimular. *Antôn: descobrir; divulgar*. *Part: acobertado*.

a.co.bre.a.do (*part* de *acobrear*) *adj* Com aspecto ou cor de cobre.

a.co.bre.ar (*a*[1]+*cobre+ar*[1]) *vtd* Dar aparência ou cor de cobre a. Conjuga-se como *frear*.

a.co.cham.brar (de *acochar*) *vtd* Arranjar, ajeitar, arrumar; forjar.

a.co.char (*a*[1]+*cocha+ar*[1]) *vtd* e *vpr* **1** Apertar. *vpr* **2** Acocorar-se, agachar-se.

a.co.co.rar (*a*[1]+*cócoras+ar*[1]) *vpr* Abaixar-se, agachar-se, pôr-se de cócoras.

a.ço.da.do (*part* de *açodar*) *adj* **1** Apressado, precipitado. **2** Diligente.

a.ço.da.men.to (*açodar+mento*) *sm* **1** Ação ou efeito de açodar. **2** Precipitação, pressa.

a.ço.dar (*lat *esubitare*, de *subitus*) *vtd* e *vpr* **1** Apressar, precipitar. *vtd* **2** Ir ao encalço de, perseguir.

a.co.gu.lar (*a*[1]+*cogulo+ar*[1]) *vtd* **1** Encher (medida, vasilha) até transbordar. **2** Abarrotar.

a.coi.mar (*a*[1]+*coima+ar*[1]) *vtd* **1** Multar. *vtd* **2** Punir, castigar. *vtd* **3** Repreender, censurar. *vtd* e *vpr* **4** Acusar. *vint* **5** Vingar-se de dano recebido.

a.coi.ta.men.to (*açoitar+mento*) *sm* Ato ou efeito de açoitar. *Var: açoutamento*.

a.coi.tar (*a*[1]+*coito+ar*[1]) *vtd* **1** Dar coito ou guarida. *vtd* e *vpr* **2** Obrigar-se. *vtd* **3** Defender.

a.çoi.tar (*açoite+ar*[1]) *vtd* **1** Castigar com açoite. *vtd* **2** Castigar, punir. *vtd* **3** Espancar. *vtd* **4** Atormentar. *vpr* **5** Flagelar-se. *Var: açoutar*.

a.çoi.te (*ár as-saut*) *sm* **1** Chicote. **2** Pancada com esse instrumento de punição. **3** Calamidade, flagelo. *Var: açoute.*

a.co.lá (*lat eccu illac*) *adv* Além, ao longe, naquele lugar.

a.col.che.tar (*a¹+colchete+ar*) *vtd* **1** Unir com colchete. **2** Guarnecer de colchetes. *Antôn: desacolchetar.*

a.col.cho.a.do (*part* de *acolchoar*) *adj* **1** Almofadado, estofado. **2** Recheado como colchão. • *sm* **1** Coberta ou revestimento de tecido, chumaçada de algodão, lã ou espuma de borracha, e pespontados em xadrez. **2** Objeto, coberto ou guarnecido de estofo. **3** Edredom. *Var: edredão.*

a.col.cho.ar (*a¹+colchão+ar¹*) *vtd* **1** Encher (alguma coisa) de algodão, lã, ou outro material. **2** Estofar.

a.co.lhe.dor (*acolher+dor*) *adj* + *sm* **1** Que, ou o que acolhe bem. **2** Que, ou o que abriga ou ampara.

a.co.lher (*a¹+colher*) *vtd* **1** Hospedar, receber (alguém). *vtd* **2** Abrigar, dar acolhida a (alguém). *vtd* **3** Atender, deferir (pedido). *vpr* **4** Abrigar-se, refugiar-se.

a.co.lhi.da (*fem* do *part* de *acolher*) *sf* **1** Ato de acolher. **2** Abrigo, refúgio.

a.co.lhi.men.to (*acolher+mento*) *sm* **1** Ação ou efeito de acolher; acolhida. **2** Abrigo, asilo.

a.co.li.tar (*acólito+ar¹*) *vtd* e *vint* **1** Acompanhar como acólito. *vtd* **2** Acompanhar, seguir, ajudar.

a.có.li.to (*lat acolythu*) *sm* **1** *Ecles ant* O que, na carreira eclesiástica, tinha o quarto grau das ordens menores. **2** O que ajuda o sacerdote na celebração da missa.

a.co.me.ter (*a¹+lat committere*) *vtd* **1** Agredir, atacar. *vtd* **2** Abalroar. *vint* **3** Provocar, começar briga. *vpr* **4** Lançar-se com ímpeto contra. *vtd* **5** Manifestar-se repentinamente em (sono, doença etc.).

a.co.me.ti.men.to (*acometer+mento*) *sm* Ato ou efeito de acometer.

a.co.mo.da.ção (*lat accomodatione*) *sf* **1** Ato de acomodar. **2** Alojamento, aposentos. **3** Adaptação. **4** Conforto, comodidade. **5** Conciliação, entendimento. **6** Emprego, meio de vida. **7** *Ópt* Mudanças que se operam no globo ocular, para que se torne distinta a visão em distâncias diversas.

a.co.mo.da.do (*part* de *acomodar*) *adj* **1** Arrumado, acondicionado. **2** Alojado, hospedado. **3** Adequado, conveniente. **4** Resignado, conformado.

a.co.mo.dar (*lat accommodare*) *vtd* **1** Arrumar, dispor comodamente. *vtd* **2** Dar acomodação a. *vtd* **3** Apaziguar, conciliar. *vtd* **4** Alojar, hospedar (alguém). *vtd* **5** Adaptar, adequar. *vpr* **6** Adaptar-se. *vpr* **7** Reconciliar-se. *vpr* **8** Retirar-se para os aposentos.

a.co.mo.da.tí.cio (*lat accommodatitiu*) *adj* **1** Que se acomoda facilmente. **2** Condescendente. *Antôn* (acepção 2): *intransigente.*

a.com.pa.drar (*a¹+compadre+ar¹*) *vtd* **1** Tornar compadre ou amigo. *vpr* **2** Acamaradar-se.

a.com.pa.nha.do (*part* de *acompanhar*) *adj* Que tem companhia; que tem junto de si uma ou mais pessoas ou animais.

a.com.pa.nha.men.to (*acompanhar+mento*) *sm* **1** Ato ou efeito de acompanhar. **2** Cortejo composto de várias pessoas; comitiva; séquito. **3** *Mús* Parte da música destinada a acompanhar vozes ou instrumentos. **4** *Mús* Música instrumental para acompanhar a música vocal. **5** *Cul* Prato secundário que acompanha o principal. *Sin* (acepção 5): *guarnição.*

a.com.pa.nhan.te (de *acompanhar*) *adj* e *s m+f* Que ou quem acompanha. *Col: comitiva, cortejo.*

a.com.pa.nhar (*a¹+companha+ar¹*) *vtd* **1** Fazer companhia a, ir em companhia de. *vtd* **2** Tomar parte em (acompanhamento ou cortejo). *vtd* **3** Escoltar. *vtd* **4** Seguir a mesma direção de: *Acompanhe o trajeto do ônibus. vtd* **5** Imitar, seguir: *Acompanhar a moda. vtd* **6** *Mús* Seguir com instrumento (a parte cantante da música, ou o instrumento principal). *vtd* **7** Seguir com atenção, com o pensamento ou com o sentimento. *vtd* **8** Ser da mesma opinião. *vpr* **9** Fazer acompanhamento musical ao próprio canto. *vpr* **10** Cercar-se, rodear-se. *Antôn: afastar(-se); discordar; separar.*

a.con.che.gan.te (de *aconchegar*) *adj m+f* Que aconchega.

a.con.che.gar (*a¹+conchegar*) *V conchegar.*

a.con.che.go (*ê*) (de *aconchegar*) *sm* Ação ou efeito de aconchegar, conchego.

a.con.di.ci.o.na.do (*part* de *acondicionar*) *adj* **1** Embalado. **2** Dotado de certa condição ou qualidade. **3** Posto em condição conveniente. **4** Guardado convenientemente, preservado de deterioração. **5** Arranjado.

a.con.di.ci.o.na.men.to (*acondicionar+mento*) *sm* **1** Ato ou efeito de acondicionamento. **2** Embalagem, empacotamento.

a.con.di.ci.o.nar (*a¹+condição+ar¹*) *vtd* **1** Dar condição (estado físico ou moral). **2** Arranjar, arrumar. **3** Restaurar, consertar. **4** Guardar, preservar contra deterioração. **5** Embalar (objetos) para transporte.

a.con.se.lha.men.to (*aconselhar+mento*) *sm* Ato de aconselhar.

a.con.se.lhar (*a¹+conselho+ar¹*) *vtd* **1** Dar conselho a. *vtd* **2** Recomendar. *vtd* **3** Convencer, persuadir. *vint* **4** Dar conselhos. *vpr* **5** Consultar, pedir parecer de. *Antôn: desaconselhar.*

a.con.se.lhá.vel (*aconselhar+vel*) *adj m+f* Que pode ser aconselhado; recomendável.

a.con.te.cer (*a¹+lat contigescere* por *contingescere*) *vti* e *vint* Realizar-se, suceder, verificar-se. *Conjug:* verbo regular, mas não é usado no imperativo e conjuga-se, geralmente, nas 3ᵃˢ pessoas.

a.con.te.ci.do (*part* de *acontecer*) *adj* Que aconteceu; sucedido. • *sm* Aquilo que aconteceu; acontecimento.

a.con.te.ci.men.to (*acontecer+mento*) *sm* **1** Aquilo que acontece; sucesso, evento. **2** Fato memorável.

a.co.pla.men.to (*acoplar+mento*) *sm* **1** *Mec* Junção, união, junta (*p ex*, de extremidades de eixos). **2** *Astronáut* Junção, no espaço, de duas naves espaciais.

a.co.plar (*lat ad+copulare,* via *fr*) *vtd Mec* e *Astronáut* Estabelecer acoplamento em.

a.çor (*ô*) (*lat vulg acceptore, lat accipitre*) *sm Ornit* Ave de rapina do hemisfério norte, da família dos acipitrídeos, cujos hábitos são diurnos. *Pl: açores.*

a.ço.rar (*açor*+*ar*¹) *vtd* **1** Provocar tentações em. *vpr* **2** Sentir tentações.
a.cor.da.do (*part* de *acordar*) *adj* **1** Desperto do sono. **2** Lembrado. **3** Resolvido por acordo; combinado. **4** Afinado. **5** Prudente, esperto.
a.cór.dão (de *acordam*, 3ª pessoa *pl* do verbo *acordar*) *sm Dir* Sentença, resolução de recurso em tribunais coletivos. *Pl: acórdãos.*
a.cor.dar (*lat accordare*) *vtd, vti* e *vint* **1** Despertar alguém, interrompendo-lhe o sono. *vtd* e *vti* **2** Animar, avivar. *vtd* e *vpr* **3** Lembrar(-se). *vtd* e *vti* **4** Ajustar, combinar. *vtd* **5** *Mús* Afinar, pôr em harmonia (instrumentos). *vti* **6** Recobrar os sentidos, voltar a si. *vtd* **7** Acomodar, conciliar. *vpr* **8** Harmonizar-se, reconciliar-se. *Antôn: desacordar; desafinar; discordar.*
a.cor.de (de *acordar*, acepção 5) *adj m+f* **1** Harmonioso. **2** Que está de acordo. **3** *Mús* Afinado, ajustado ao tom. • *sm* **1** *Mús* Consonância de dois ou mais sons simultâneos. **2** Acordo, harmonia, união.
a.cor.de.ão (*al akkordion*, via *fr*) *sm Mús* Espécie de harmônio portátil formado de um teclado de lâminas metálicas postas em vibração por um fole. *Var: acordeom. Sin: harmônica, gaita, sanfona.*
a.cor.de.om (*al akkordion*, via *fr*) V *acordeão*.
a.cor.de.o.nis.ta (*acordeom*+*ista*) *s m+f* Quem toca acordeão, sanfonista.
a.cor.do (ô) (de *acordar*, acepção 4) *sm* **1** Harmonia de opiniões; concordância, concórdia. **2** Convenção, tratado, pacto. **3** Consciência. **4** *Dir Trab* Ajuste, combinação de vontades para determinado fim jurídico. *Antôn* (acepção 1): *desacordo, divergência, controvérsia. Pl: acordos* (ô). *De comum acordo:* com aprovação mútua.
a.ço.ri.a.no (*top Açores*+*ano*) *adj* Pertencente ou relativo aos Açores, arquipélago situado no Atlântico, a Oeste da Europa Meridional. • *adj + sm* Habitante ou natural dos Açores. *Sin: açoriense.*
a.ço.ri.en.se (*top Açores*+*ense*) V *açoriano*.
a.co.ro.ço.ar (*a*¹+*coração*+*ar*¹) *vtd* e *vpr* **1** Animar; encorajar. *vtd* **2** Induzir.
a.cor.ren.ta.do (*part* de *acorrentar*) *adj* **1** Preso com corrente; amarrado com corrente. **2** Comprometido.
a.cor.ren.tar (*a*¹+*corrente*+*ar*¹) *vtd* **1** Prender com corrente. *vtd* e *vpr* **2** Escravizar, subjugar.
a.cor.rer (*lat accurrere*) *vti* **1** Acudir, correr a algum lugar. *vti* **2** Auxiliar. *vti* **3** Recorrer à proteção de. *vti* **4** Ocorrer. *vpr* **5** Recorrer, servir-se de. *Antôn: abandonar.*
a.cos.sa.do (*part* de *acossar*) *adj* Perseguido, acuado.
a.cos.sa.men.to (*acossar*+*mento*) *sm* Ato de acossar.
a.cos.sar (*a*¹+*port ant cosso*, do *lat cursu*+*ar*¹) *vtd* **1** Ir no encalço de; perseguir de perto (a caça). **2** Atacar de perto, seguir, a fim de vencer (o inimigo).
a.cos.ta.men.to (*acostar*+*mento*) *sm* **1** Ato ou efeito de acostar. **2** Faixa que margeia uma rodovia e se destina principalmente a paradas de emergência dos veículos.
a.cos.tar (*a*¹+*costa*+*ar*¹) *vti* e *vpr* **1** Aproximar(-se), encostar(-se). *vtd* **2** Anexar, juntar. *vpr* **3** Deitar-se, recostar-se. *vpr* **4** *Náut* Navegar junto à costa.

a.cos.tu.ma.do (*part* de *acostumar*) *adj* **1** Que se acostumou; habituado. **2** Usual, costumeiro.
a.cos.tu.mar (*a*¹+*costume*+*ar*¹) *vtd* **1** Fazer adquirir um costume, habituar. *vpr* **2** Habituar-se.
a.co.ti.lé.do.ne (*a*⁴+*cotilédone*) V *acotiledôneo*.
a.co.ti.le.dô.neo (*a*⁴+*cotilédone*+*eo*) *adj* Que não tem cotilédones.
a.co.to.ve.la.men.to (*acotovelar*+*mento*) *sm* **1** Ato ou efeito de acotovelar. **2** Aglomeração muito densa de pessoas; aperto.
a.co.to.ve.lar (*a*¹+*cotovelo*+*ar*¹) *vtd* **1** Dar ou tocar com o cotovelo em. *vtd* **2** Dar sinal, tocando com o cotovelo. *vpr* **3** Achar-se em grande aperto, encontrar-se, tocar-se.
a.çou.gue (*ár as-sûq*) *sm* **1** Lugar onde se vende carne. **2** *ant* Matadouro.
a.çou.guei.ro (*açougue*+*eiro*) *sm* Dono de açougue.
a.co.var.dar (*a*¹+*covarde*+*ar*¹) *vtd* e *vpr* **1** Amedrontar(-se), atemorizar(-se), tornar(-se) covarde. **2** Desanimar. *Var: acobardar.*
a.cre (*ingl acre*) *sm* Medida agrária de superfície variável, usada em alguns países e baseada em uma unidade antiga que correspondia à área de terreno arado por uma junta de bois em um dia, o que equivale a 4.047 m². • *adj m+f* **1** De ação picante e corrosiva. **2** Áspero, irritante. **3** Azedo. **4** Irascível. *Sup abs sint: acérrimo* e *acríssimo*.
a.cre.a.no (*top Acre*+*ano*) V *acriano*.
a.cre.di.tar (*a*¹+*crédito*+*ar*¹) *vtd, vti* e *vint* **1** Crer, dar crédito a, ter como verdadeiro. *vtd* e *vpr* **2** Abonar(-se), tornar(-se) digno de estima. *vti* **3** Ter confiança. *Antôn: desacreditar, descrer, desabonar.*
a.cre-do.ce (*acre*+*doce*) V *agridoce*. *Pl: acre-doces*.
a.cres.cen.tar (*acrescer*+*entar*) *vtd* **1** Ampliar, aumentar. **2** Adicionar. **3** Dizer em aditamento ao que já se disse. *Antôn: diminuir; retirar.*
a.cres.cer (*lat accrescere*) *vtd* **1** Aumentar, fazer maior. *vti, vint* e *vpr* **2** Acrescentar-se, adicionar-se, ajuntar-se. *vtd* **3** Incluir, incorporar. *Antôn: decrescer, diminuir.*
a.crés.ci.mo (*red* de *acrescimento*) *sm* **1** Aumento, aquilo que se acrescenta. **2** *Astr* Aumento da massa de um objeto celeste devido às partículas do espaço.
a.cri.an.çar (*a*¹+*criança*+*ar*¹) *vpr* Proceder como criança; mostrar-se infantil.
a.cri.a.no (*Acre, np*+*ano*) *adj* Relativo ou natural do Estado do Acre. • *sm* O natural do Acre. *Var: acreano.*
a.cri.dí.deos (*gr Akrís*+*ídeos*) *sm pl Entom* Família (*Acridiidae*) de insetos ortópteros que inclui os gafanhotos. Frequentemente gregários e migradores, atacam a vegetação. Possuem, em geral, antenas curtas e patas posteriores longas.
a.crí.li.co (*fr acrylique*, do *lat acri*+*gr hýle*, madeira+*ico*²) *sm Quím* Diz-se das resinas sintéticas e transparentes, obtidas pela polimerização de derivados acrílicos como o ácido metacrílico.
a.cri.mô.nia (*lat acrimonia*) *sf* **1** Acidez, azedume. **2** Aspereza, dureza. **3** Ardor, veemência. **4** Mordacidade.
a.cri.mo.ni.o.so (*acrimônia*+*oso*) *adj* Áspero, duro, mordaz.
a.cro.ba.ci.a (*fr acrobatie*) *sf* **1** A arte do acrobata.

2 Equilibrismo. *Acrobacia aérea:* evolução não incluída nas manobras comuns do voo.

a.cro.ba.ta (*gr akróbatos*) *s m+f* **1** O que anda, salta ou faz exercícios ginásticos em corda. **2** Equilibrista. **3** *Aeron* Aviador que pratica acrobacias. *Var: acróbata.*
Veja nota em **hieróglifo.**

a.cro.bá.ti.co (*gr akrobatikós*) *adj* Próprio de acrobata; relativo a acrobata.

a.cro.fo.bi.a (*acro²+fobo+ia¹*) *sf Med* Receio mórbido de lugares muito altos.

a.cro.ma.ni.a (*acro²+mania*) *sf* Loucura incurável, caracterizada por grande atividade motora.

a.cro.má.ti.co (*a⁴+crômato+ico²*) *adj* **1** Que não tem cor. **2** Que reflete a luz sem dispersá-la em suas cores componentes.

a.cro.ma.top.si.a (*a⁴+crômato+gr óps, vista+ia¹*) *sf Oftalm* Impossibilidade de distinguir as cores, dando a retina unicamente a sensação do branco, do preto e dos matizes intermediários. *Var: daltonismo.*

a.cro.me.ga.li.a (*acro²+mégalo+ia¹*) *sf Med* Doença crônica de adultos, caracterizada pelo aumento gradual e permanente das extremidades do corpo (mãos, pés, nariz, órgãos abdominais, lábios e língua), causada por uma hiperatividade da hipófise.

a.cro.me.gá.li.co (*acro²+mégalo+ico²*) *adj* **1** Relativo à acromegalia. **2** Que sofre de acromegalia. • *sm* Aquele que sofre de acromegalia.

a.cro.mi.a (*a⁴+cromo+ia¹*) *sf Med* Ausência da pigmentação normal, especialmente nas células vermelhas do sangue e na pele.

a.cro.ni.a (*a¹+crono+ia¹*) *sf Ling* Em análise linguística, não consideração do fator tempo.

a.crô.ni.co (*a⁴+crono+ico²*) *adj* **1** Vespertino. **2** Eterno. **3** *Astr* Diz-se de um astro que aparece em lugar oposto ao do Sol.

a.cró.po.le (*gr akrópolis*) *sf Antig* Cidadela na parte mais elevada das cidades da Grécia, onde se erguiam os santuários.

a.crós.ti.co (*acro²+gr stíkhos*) *sm* Composição poética em que as letras iniciais (ou as mediais ou finais) de cada verso, reunidas, formam verticalmente um nome de pessoa ou coisa, uma frase ou palavra.

a.cro.to.mi.a (*acro²+tomo+ia¹*) *sf Cir* Amputação das extremidades dos membros.

ac.tí.nia (*actino+ia²*) *sf Zool* Gênero de antozoários que inclui as espécies vulgarmente chamadas no Brasil de anêmonas-do-mar.

ac.tí.nio (*actino+io*) *sm Quím* Elemento metálico trivalente, radioativo, de número atômico 89 e símbolo Ac.

a.çu (*tupi asú*) *elem comp* Entra na composição de nomes indígenas, com a ideia de grande, considerável: *acutipuruaçu, suaçu.* Antôn*: mirim.*

a.cu.a.ção (*acuar+ção*) *sf* **1** Ato ou efeito de acuar. **2** Perseguição e cerco à caça ou ao inimigo, obrigando-os a meter-se em lugar de onde não possam fugir.

a.cu.a.do (*part de acuar*) *adj* **1** Que se considerou vencido. **2** Acossado, ameaçado, cercado ou entocado por cães (falando de animais). **3** Em dificuldades. **4** Constrangido.

a.cu.ar (*a¹+cu+ar¹*) *vtd* **1** Impedir a fuga (da caça ou do inimigo), obrigando a enfrentar o perseguidor. *vint* **2** Parar diante do inimigo ou do perseguidor com medo ou cólera.

a.çú.car (*sânsc çarkarâ,* pelo *ár as-sukkar*) *sm* **1** Substância doce extraída da cana-de-açúcar ou da beterraba. **2** Substância doce de outros vegetais e de algumas secreções animais. **3** *Quím* Composto que, sob a influência da água e de um fermento, se converte em álcool e ácido carbônico.

a.çu.ca.ra.do (*part de açucarar*) *adj* **1** Adoçado com açúcar. **2** Que contém açúcar naturalmente. **3** Em que o açúcar se cristalizou, na superfície ou totalmente. **4** *fig* Suave, afável.

a.çu.ca.rar (*açúcar+ar¹*) *vtd* **1** Adoçar com açúcar. *vtd* **2** Tornar doce. *vtd e vpr* **3** Formar cristais ou grãos de açúcar (*p ex,* a calda de um doce, o mel). *vtd e vpr* **4** Converter em açúcar. *vtd e vpr* **5** Tornar agradável, suave (*p ex,* a pessoa, a voz).

a.çú.car-can.de *sm* Açúcar refinado, cristalizado e translúcido. *Pl: açúcares-cande(s).*

a.çu.ca.rei.ro (*açúcar+eiro*) *adj* **1** Que fornece açúcar. **2** Relativo ao fabrico de açúcar. **3** Diz-se das terras que produzem a cana-de-açúcar. • *sm* **1** Recipiente para açúcar. **2** Fabricante de açúcar. **3** Comerciante de açúcar por atacado.

a.çu.ce.na (*ár as-sûsânâ*) *sf Bot* **1** Planta liliácea (*Lilium candidum*), cultivada nos jardins e bastante apreciada pelo aroma e beleza das flores. **2** Nome comum a várias espécies da família das amarilidáceas, do gênero *Hippeastrum*, com várias espécies de flores de colorido variado.

a.çu.dar (*açude+ar¹*) *vtd* **1** Represar as águas de (um ou mais rios ou riachos), retendo-as para a formação de açude. *vint* **2** Construir açude.

a.çu.de (*ár as-sudd*) *sm* **1** Construção destinada a represar a água dos rios para ser utilizada na indústria, agricultura ou abastecimento das povoações. **2** Extensão de água represada artificialmente, em geral para irrigação de culturas em regiões sujeitas a secas.

a.cu.di.men.to (*acudir+mento*) *sm* Ato de acudir.

a.cu.dir (*lat vulg accutere*) *vti* **1** Ir em auxílio ou em socorro. *vti* **2** Obedecer a um chamamento ou mandado. *vti* **3** Afluir, concorrer. *vti* **4** Recorrer a, valer-se de alguém. *vti* **5** Atender. *vint* **6** Ir ao chamamento de alguém. *vint* **7** Responder logo. *Conjug irreg:* muda o *u* da raiz em *o* nas 2ª e 3ª pessoas do singular e na 3ª pessoa do plural do presente do indicativo e na 2ª pessoa do singular do imperativo: *acodes, acode, acodem; acode.*

a.cu.i.da.de (*fr acuité*) *sf* **1** Qualidade do que é agudo. **2** Agudeza do olhar, do espírito em observar e concluir, da percepção dos sentidos.

a.çu.la.do (*part de açular*) *adj* Instigado, irritado.

a.çu.la.men.to (*açular+mento*) *sm* Ato ou efeito de açular.

a.çu.lar (*a¹+ár saula+ar¹*) *vtd* **1** Incitar (cães) para que mordam. *vtd* **2** Despertar, provocar (*p ex,* o apetite). *vtd e vpr* **3** Enfurecer, irritar.

a.cú.leo (*lat aculeu*) *sm* **1** *Zool* Aguilhão; ferrão. **2** *Zool* Ferrão dos insetos himenópteros e dos escorpionídeos, ligado a uma glândula peçonhenta. **3** *Bot* Espinho que se desenvolve na casca de certos vegetais, como nas roseiras. **4** Estímulo; incentivo.

a.cul.tu.ra.ção (*aculturar+ção*) *sf Sociol* Mudan-

aculturado · adaptar

ças na cultura de um grupo social sob a influência de outro com que entra em contato.

a.cul.tu.ra.do (*part* de *aculturar*) *adj* Adaptado a outra cultura; que passou pelo processo de aculturação.

a.cul.tu.rar (a^1+*cultura*+ar^1) *vtd* **1** Fazer assimilar traços de outra cultura. *vpr* **2** Adaptar-se a outra cultura.

a.cum.pli.ci.ar (a^1+*cúmplice*+ar^1) *vtd* e *vpr* Tornar(-se) cúmplice.

a.cu.mu.la.ção (*acumular*+*ção*) *sf* **1** Ação ou efeito de acumular. **2** Acréscimo, aumento. **3** Armazenamento (de energia elétrica). **4** *Geol* Depósito. **5** Exercício simultâneo de várias funções ou empregos. *Var*: *acúmulo*.

a.cu.mu.la.da (*part fem* de *acumular*) *sf* Sistema de aposta em turfe, que consiste em jogar num grupo de cavalos, cada qual apontado em páreo diferente.

a.cu.mu.la.do (*part* de *acumular*) *adj* **1** Que se acumulou; ajuntado, amontoado. **2** *Quím* Em química orgânica, diz-se de duas duplas ligações que compartilham do mesmo átomo de carbono.

a.cu.mu.la.dor (*acumular*+*dor*) *adj* **1** Que acumula ou amontoa várias coisas. **2** Ajuntador. • *sm Fís* Aparelho elétrico que armazena energia para a restituir sob a forma de corrente.

a.cu.mu.lar (*lat accumulare*) *vtd* **1** Amontoar, pôr em cúmulo ou montão. *vtd* **2** Exercer simultaneamente (vários empregos). *vtd* **3** Armazenar (energia elétrica). *vti* e *vpr* **4** Concentrar numa só pessoa. *vint* **5** Amontoar riquezas. *vpr* **6** Suceder-se com frequência. *vpr* **7** Abarrotar-se, encher-se. *Antôn*: *desacumular*, *dispersar*, *dissipar*.

a.cu.mu.la.ti.vo (*acumular*+*ivo*) *adj* **1** Que se pode acumular. **2** Que tem a faculdade de acumular.

a.cú.mu.lo (de *acumular*) *V acumulação*.

a.cu.pun.tor (*ô*) (*acu*+*lat punctu*+*or*) *sm* Especialista em acupuntura.

a.cu.pun.tu.ra (*acu*+*puntura*) *sf Cir* **1** Picada feita com agulha. **2** Terapêutica de origem chinesa que consiste em introduzir uma ou várias agulhas metálicas finas em pontos cutâneos precisos do corpo humano para tratamento de perturbações funcionais, ou aliviar dores.

a.cu.pun.tu.rar (*acupuntura*+*ar*) *vtd p us Med* **1** Fazer acupuntura em. **2** Queimar (a carne) com uma agulha, para destruir os tecidos doentes.

a.cu.pun.tu.ris.ta (*acupuntura*+*ista*) *s m*+*f* Técnico ou médico especializado em acupuntura.

a.cu.ra.do (*part* de *acurar*) *adj* Esmerado, cuidadoso.

a.cu.rar (*lat acurare*) *vtd* **1** Cuidar de, tratar de (alguém) com cuidado, desvelo ou interesse. *vpr* **2** Esmerar-se em.

a.cu.sa.ção (*acusar*+*ção*) *sf* **1** Ação ou efeito de acusar. **2** Imputação de um delito. **3** Denúncia. **4** Exposição das culpas do réu. **5** A parte que acusa a outra. *Antôn*: *defesa*. *Var*: *acusamento*.

a.cu.sa.do (*part* de *acusar*) *adj* Denunciado ou processado como autor de um delito, crime ou falta. • *sm* Pessoa sobre quem recai a acusação; réu.

a.cu.sa.dor (*acusar*+*dor*) *adj* + *sm* **1** Que, ou o que acusa. **2** Delator, denunciante. *Antôn*: *defensor*.

a.cu.sar (*lat accusare*) *vtd* **1** Imputar erro, culpa ou crime (a alguém). *vtd* **2** Mostrar, denunciar. *vtd* **3** Participar, confessar: *Acusamos o recebimento da carta*. *vint* **4** Incriminar alguém. *vpr* **5** Declarar-se culpado. *Antôn*: *defender*.

a.cu.sa.ti.vo (*lat accusativu*) *adj* Relativo a acusação. • *sm Gram* Caso que indica principalmente o objeto dos verbos transitivos diretos, nas línguas em que os nomes possuem declinação.

a.cús.ti.ca (*gr akoustiké*) *sf Fís* Estudo dos sons. **2** Conjunto de qualidades de uma sala ou de um edifício que influem na propagação de sons.

a.cús.ti.co (*gr akoustikós*) *adj* Que se refere aos sons ou à audição.

a.cu.tân.gu.lo (*acuti*+*ângulo*) *adj* Que tem todos os ângulos agudos; oxígono.

a.cu.te.la.do (a^1+*cutelo*+ado^1) *adj* Em forma de cutelo.

a.cu.ti.la.do (de *acutilar*) *adj* **1** Que recebeu ferimento ou golpe de cutelo. **2** Experimentado.

a.cu.ti.lar (*corr* de *acutelar*) *vtd* e *vpr* Dar cutilada em, ferir(-se) com arma branca ou cutelo.

a.cu.tís.si.mo (*lat acutissimu*) *adj* Superlativo absoluto sintético de *agudo*; agudíssimo.

a.da.ga (*baixo-lat daga*, por *daca*) *sf* **1** Arma branca, curta, de dois gumes, ou, pelo menos, de ponta afiada, mais larga que o punhal. **2** Antiga espada curta e larga usada, principalmente na Idade Média, pelos povos bárbaros. *Dim*: *adagueta*.

a.da.gi.ar (*adágio*+ar^1) *vint* **1** Citar ou fazer adágios. *vtd* **2** Dar feição de adágio a.

a.dá.gio (*lat adagiu*) *sm* **1** Ditado, dito, provérbio, sentença. **2** *Mús* Trecho musical de andamento vagaroso.

a.da.ma.do (*part* de *adamar*) *adj* **1** Diz-se do homem ou parece uma dama, no falar, no gesto ou no vestir; efeminado. **2** Diz-se do vinho licoroso cujo teor alcoólico não vai além de 12%.

a.da.man.ti.no (*lat adamantinu*) *V adiamantino*.

a.da.mas.car (a^1+*damasco*+ar^1) *vtd* **1** Dar a cor avermelhada ou o lavor do damasco a (um tecido). **2** Forrar de damasco.

a.dâ.mi.co (*Adam*, por *Adão*, *np*+ico^2) *adj* **1** Relativo a Adão, o primeiro homem, segundo a Bíblia. **2** Primitivo.

a.dap.ta.bi.li.da.de (*adaptável*+*i*+*dade*) *sf* Qualidade de se adaptar.

a.dap.ta.ção (*lat med adaptatione*) *sf* **1** Ação ou efeito de adaptar(-se). **2** Acomodação. **3** *Biol* Poder normal do olho de ajustar-se às variações da intensidade da luz. **4** *Biol* Processo pelo qual os indivíduos (ou as espécies) passam a possuir caracteres adequados para viver em determinado ambiente. **5** *Lit* Transposição de uma obra literária para outro gênero. **6** *Arquit* Modificação feita numa edificação para atender a novas finalidades.

a.dap.ta.dor (*adaptar*+*dor*) *adj* Que adapta. • *sm* **1** Aquele que adapta. **2** *Tecn* Peça de ligação que serve para unir peças de uma máquina, aparelho ou instrumento. **3** *Inform* Dispositivo que permite a conexão de dois ou mais equipamentos incompatíveis.

a.dap.tar (*lat adaptare*) *vtd* **1** Pôr em harmonia. *vtd* **2** Fazer acomodar à visão. *vtd* e *vti* **3** Tornar apto. *vtd* **4** Combinar, encaixar, justapor. *vtd* e *vpr* **5** Ajustar (uma coisa a outra). *vpr* **6** Aclimatar-se, acostumar-se. *vpr* **7** Acomodar(-se), pôr(-se) em harmonia. *Antôn: desadaptar, desacomodar, desajustar.*

a.dap.tá.vel (*adaptar+vel*) *adj m+f* Que pode ser adaptado.

a.da.ti.li.a (*a⁴+datilo+ia¹*) *sf Med* e *Zool* Falta congênita dos dedos das mãos ou dos pés ou de ambos.

a.de.ga (*lat apotheca*) *sf* **1** Lugar térreo ou subterrâneo onde se guardam gêneros alimentícios e especialmente vinhos e outras bebidas. **2** Conjunto dos vinhos existentes numa adega.

a.de.jar (*lat ala, asa+ejar*) *vint* **1** Mover ou agitar as asas para manter-se em equilíbrio no ar. *vint* **2** Pairar. *vti* e *vint* **3** Esvoaçar. *vtd* **4** Agitar.

a.del.ga.ça.do (*part* de *adelgaçar*) *adj* Delgado; fino; afilado.

a.del.ga.ça.men.to (*adelgaçar+mento*) *sm* Ato ou efeito de adelgaçar(-se).

a.del.ga.çar (*a¹+lat vulg delicatiare*) *vtd* **1** Tornar fino ou sutil. *vtd, vti* e *vint* **2** Emagrecer. *vtd* e *vpr* **3** Tornar(-se) delgado, em lâmina ou fio. *vtd* **4** Tornar menos denso, tornar tênue ou quase transparente. *vint* e *vpr* **5** Estreitar-se, reduzir-se. *Antôn: engrossar, encorpar.*

a.de.mais (*a²+demais*) *adv* Além disso, demais.

a.de.ma.nes *sm pl* Gestos, modos afetados; trejeitos.

a.den.da (*lat addenda*) *sf* **1** O que se acrescenta ou é necessário ajuntar a uma obra ou a um livro. **2** Acréscimo, aditamento, complemento. **3** Caderno, livro de anotações suplementares e esclarecimentos.

a.den.do (*lat addendu*) *sm* **1** *Arit* Número a ser somado ao outro precedente. **2** Coisa adicionada; acréscimo. **3** *V* adenda.

a.de.ni.te (*adeno+ite¹*) *sf Med* Inflamação aguda ou crônica de uma glândula, e particularmente dos nódulos linfáticos; bubão.

a.de.noi.de (*ó*) (*adeno+oide*) *adj m+f Anat* **1** Em forma de gânglio ou de glândula. **2** Semelhante ao tecido de gânglio linfático. • *sf* Hipertrofia de vegetações adenoides.

a.de.no.ma (*adeno+oma*) *sm Med* Um tipo de tumor glandular benigno.

a.de.no.pa.ti.a (*adeno+pato+ia¹*) *sf Med* Moléstia das glândulas, em geral, e dos nódulos linfáticos, em particular; adenose.

a.de.no.se (*adeno+ose*) *V* adenopatia.

a.de.no.so (*ô*) (*adeno+oso*) *adj* **1** Glanduloso. **2** Semelhante a glândula. *Pl: adenosos (ó).*

a.de.no.ví.rus (*adeno+vírus*) *sm Patol* Vírus tropical transmitido pelas vias respiratórias que afeta certas glândulas, provocando um quadro gripal, com problemas nas vias respiratórias e conjuntivite.

a.den.sa.men.to (*adensar+mento*) *sm* Ato ou efeito de adensar.

a.den.sar (*a¹+denso+ar¹*) *vtd* e *vpr* **1** Tornar ou tornar-se denso, compacto, espesso. *vtd* **2** Aumentar em número. *vpr* **3** Acumular-se, avolumar-se. *Antôn: rarefazer.*

a.den.trar (*lat ad+entrare*) *vti* e *vpr* **1** Entrar, penetrar. *vtd* **2** Empurrar para dentro.

a.den.tro (*a¹+dentro*) *adv* **1** Para a parte interior. **2** Interiormente.

a.dep.to (*lat adeptu*) *sm* Partidário, admirador, seguidor.

a.de.qua.ção (*lat adaequatione*) *sf* **1** Ato de adequar(-se). **2** Qualidade ou estado de ser adequado.

a.de.qua.do (*part* de *adequar*) *adj* Acomodado, apropriado, conforme.

a.de.quar (*lat adaequare*) *vtd* Acomodar, apropriar. *Conjug:* é defectivo; usado só nas formas arrizotônicas. *Pres indic: adequamos, adequais; Pret perf: adequei, adequaste etc.; Imper: adequai(vós).*

a.de.re.ça.men.to (*adereçar+mento*) *sm* **1** Ato ou efeito de adereçar(-se). **2** *V* adereço.

a.de.re.çar (*adereço+ar¹*) *vtd* e *vpr* **1** Adornar(-se), enfeitar(-se), ornar(-se) com adereços. *vtd* **2** Aparelhar, preparar. *vtd* **3** Dirigir, endereçar (a correspondência).

a.de.re.ço (*rê*) (*ár at-tarsu*) *sm* Adorno, enfeite, ornamento pessoal. *sm pl* **1** Arreios de cavalo. **2** *Cin, Teat, Telev* Peças de vestuário ou objetos de decoração que compõem o cenário.

a.de.rên.cia (*aderir+ência*) *sf* **1** Ato de aderir; adesão. **2** Qualidade do que é aderente. **3** Junção de uma coisa a outra. **4** *Autom* Força de contato entre os pneus de um veículo e o solo. *Aderência elétrica, Fís:* afinidade de um mesmo corpo para outro devido a cargas dessemelhantes de eletricidade.

a.de.ren.te (*lat adhaerente*) *adj m+f* Que adere. • *s m+f* Pessoa que adere; partidário, seguidor.

a.de.rir (*lat adhaerere*) *vti* e *vint* **1** Tornar-se aderente, prender-se. *vti* **2** Tornar-se adepto. *vti* e *vint* **3** Conformar-se com alguma coisa, aprovando. *vti* **4** Fixar-se permanentemente. *vtd* **5** Adaptar, juntar, unir. *Antôn: separar-se, discordar.* Conjuga-se como *ferir.*

a.der.nar *vint* **1** Curvar-se ou inclinar-se de lado. **2** *Náut* Inclinar-se (a embarcação), deixando um lado debaixo da água por ação de onda, vento etc.

a.de.são (*lat adhaesione*) *sf* **1** Ação ou efeito de aderir. **2** Acordo. **3** Consentimento. **4** *Fís* Atração molecular que se manifesta entre os corpos em contato.

a.de.si.vo (*adeso+ivo*) *adj* **1** Que adere. **2** Que tem a capacidade de colar ou grudar coisas umas às outras. **3** Preparado para aderir, por exemplo, com revestimento com uma substância pegajosa. • *sm* **1** Substância adesiva. **2** Fita de várias larguras, revestida em um lado de uma substância adesiva e usada para muitos fins.

a.des.tra.ção (*adestrar+ção*) *V* adestramento.

a.des.tra.do (*part* de *adestrar*) *adj* Que se adestrou; destro; ensinado.

a.des.tra.men.to (*adestrar+mento*) *sf* Ato ou efeito de adestrar(-se); adestração.

a.des.trar (*a¹+destra+ar¹*) *vtd* e *vpr* **1** Amestrar, ensinar, treinar. *vtd* **2** Guiar, exercitar (*p ex*, o cavalo).

a.deus (*a¹+Deus*) *interj* **1** Fórmula de despedida com que se implora a proteção de Deus, para quem fica ou se afasta: *Boa viagem! Deus o acompanhe!* **2** Exclamação de pena ou saudade: *Adeus, tempos de estudante!* • *sm* Gesto, palavra, sinal de despedida. *Pl: adeuses. Dizer adeus a uma coisa:* renunciar a ela.

a.deu.si.nho (*dim* de *adeus*) *interj* V *adeus*. • *sm* Diminutivo de *adeus*.

a.di.á.fa.no (*a⁴+diáfano*) *adj* Que não se deixa atravessar pelos raios luminosos; opaco.

a.di.a.man.tar (*a¹+diamante+ar¹*) *vtd* **1** Tornar brilhante, ou luminoso, como o diamante. **2** Endurecer como o diamante. **3** Enfeitar com diamante.

a.di.a.man.ti.no (*a¹+diamante+ino*) *adj* **1** Da natureza do diamante. **2** Parecido com o diamante. *Var:* adamantino.

a.di.a.men.to (*adiar+mento*) *sm* Ato ou efeito de adiar.

a.di.an.ta.do (*part* de *adiantar*) *adj* **1** Colocado adiante. **2** Pago com antecipação. **3** Precoce. **4** Que se adiantou: *O relógio está adiantado*.

a.di.an.ta.men.to (*adiantar+mento*) *sm* **1** Ato ou efeito de adiantar ou de adiantar-se. **2** Estado do que se adianta ou se adiantou. **3** Progresso; avanço. **4** Pagamento antecipado. **5** Progresso nos estudos.

a.di.an.tar (*adiante+ar¹*) *vtd* **1** Mover para diante. *vtd* **2** Apressar. *vint* **3** Dar proveito, ser útil, resolver o caso em questão: *Não adianta falar com ele*. *vti* **4** Avantajar-se, melhorar. *vtd* **5** Dizer com antecipação. *vtd* **6** Pagar com antecipação. *vpr* **7** Andar depressa: *O relógio adianta-se muito*. *vpr* **8** Avançar, ganhar a dianteira. *Adiantar o relógio:* fazê-lo marcar hora mais avançada que a real.

a.di.an.te (*lat ad+de+in+ante*) *adv* **1** Na dianteira, na frente, em primeiro lugar. **2** No lugar imediato. **3** No futuro. **4** Posteriormente, sucessivamente. • *interj* À frente!, para a frente!, avante!

a.di.ar (*a¹+dia+ar¹*) *vtd* Deixar para outro dia, demorar, protelar, transferir.

a.di.ção (*lat additione*) *sf* **1** Ato ou efeito de adir. **2** *Arit* Operação que tem por fim, dados dois ou mais números, achar um outro que contenha tantas unidades quantas houver nos números dados; soma. **3** Acréscimo, aumento.

a.di.ci.o.nal (*adição+al¹*) *adj m+f* **1** Que se adiciona. **2** Complementar. • *sm* Aquilo que se adiciona.

a.di.ci.o.nar (*lat additionare*) *vtd* e *vint* Acrescentar, somar, juntar.

a.di.do (*part* de *adir*) *adj* Acrescentado. • *sm* **1** Funcionário não efetivo, não pertencente ao quadro respectivo. **2** Funcionário designado para exercer funções em uma embaixada como representante de assuntos específicos.

a.dim.ple.men.to (*ad+implemento*) *sm* Ato ou efeito de adimplir; cumprimento. *Antôn:* inadimplemento.

a.dim.plen.te (*lat adimplens*) *adj m+f Dir* Que cumpre suas obrigações contratuais no prazo certo. *Antôn:* inadimplente.

a.dim.plir (*lat adimplere*) *vtd Dir* Cumprir, dar adimplemento a, executar (contrato, obrigação). *Conjug:* é defectivo; só se emprega nas formas em que houver um *i* tônico; não tem o presente do subjuntivo nem o imperativo negativo. *Pres indic:* adimplimos, adimplis; *Imper afirm:* adimpli (vós).

a.di.nhei.ra.do (*part* de *adinheirar*) V *endinheirado*.

a.di.po.se (*ádipo+ose*) *sf* **1** *Med* Acumulação de gordura no tecido celular subcutâneo. **2** Obesidade, adiposidade.

a.di.po.si.da.de (*adiposo+i+dade*) *sf Med* Qualidade ou estado de ser gordo; obesidade; adipose.

a.di.po.so (*ô*) (*ádipo+oso*) *adj* **1** Que tem gordura; gordo. **2** Gorduroso. *Pl:* adiposos (*ó*).

a.dir (*lat adire*) *vtd* **1** *Dir* Entrar na posse de (bens ou herança). **2** Acrescentar, adicionar, juntar, somar, unir. Conjuga-se como *falir*.

a.di.ta.men.to (*aditar+mento*) *sm* Ato de aditar ou adicionar.

a.di.tar (*lat additum*, de *addere+ar¹*) *vtd* **1** Acrescentar, adicionar, juntar. **2** Fazer ditoso, tornar feliz.

a.di.tí.cio (*lat additiciu*) *adj* Que se juntou ao texto; acrescentado.

a.di.ti.va (*fem* de *aditivo*) *sf Gram* Qualquer uma das conjunções coordenativas (e, nem) que liga palavras ou orações de idêntica função: *O cavalo se aproximou da porteira e parou*.

a.di.ti.vo (*lat additivu*) *adj* **1** Que se soma. **2** *Mat* Diz-se da quantidade marcada com o sinal + que se deve juntar a outro número. • *sm* **1** Projeto de emenda, com acréscimos de artigos, a um projeto de lei. **2** *Quím* Substância adicionada a outra em quantidades relativamente pequenas para dar ou melhorar as propriedades desejáveis ou eliminar as indesejáveis. **3** Nome genérico de produtos que se adicionam à gasolina para torná-la mais detonante.

a.di.vi.nha (de *adivinhar*) *sf* **1** *Folc* Questão proposta como problema, muitas vezes em versos, de uma forma que dificulte a resposta; adivinhação, enigma. **2** Mulher que faz adivinhações; adivinhona.

a.di.vi.nha.ção (*a¹+lat divinatione*) *sf* **1** Ato ou efeito de adivinhar. **2** Arte de conhecer e predizer o passado, o presente ou o futuro. **3** Qualquer prática supersticiosa e ilusória destinada a explorar os ingênuos. **4** Adivinha; enigma.

a.di.vi.nha.dor (*adivinhar+dor*) *adj* + *sm* Que, ou o que adivinha. *Fem:* adivinhadora, adivinhadeira.

a.di.vi.nhão (*adivinho+ão²*) *sm pop* Adivinhador, adivinho. *Fem:* adivinhona.

a.di.vi.nhar (*lat addivinare*) *vtd* **1** Descobrir por meios hábeis ou sobrenaturais (o passado, o presente, o futuro). **2** Decifrar, desvendar (o que está oculto ou secreto). **3** Predizer, pressentir. **4** Supor, presumir.

a.di.vi.nho (*a¹+lat divinu*) *sm* **1** Homem de quem se diz que adivinha o passado, o presente, o futuro e as coisas ocultas. **2** Bruxo, feiticeiro. *Fem:* adivinha.

ad.ja.cên.cia (*lat adjacentia*) *sf* **1** Proximidade. **2** Situação aproximada de um lugar com outro. *sf pl* Localidades vizinhas, imediações, redondezas.

ad.ja.cen.te (*lat adjacente*) *adj m+f* **1** Próximo, vizinho, contíguo. **2** Situado nas imediações.

ad.ja.zer (*lat adjacere*) *vint* **1** Jazer, repousar. **2** Achar-se junto, estar próximo. Conjuga-se como *jazer*.

ad.je.ti.va.ção (*adjetivar+ção*) *sf* **1** Ação ou efeito de adjetivar. **2** Emprego de adjetivos.

ad.je.ti.va.do (*part* de *adjetivar*) *adj* **1** Tornado adjetivo. **2** Acompanhado de adjetivo.

ad.je.ti.var (*adjetivo+ar¹*) *vtd* **1** Usar como adjetivo (uma palavra). **2** Enfeitar com adjetivos. **3** Atribuir qualidade a.

ad.je.ti.vo (*lat adjectivu*) *sm Gram* Palavra que modifica um substantivo, atribuindo-lhe qualidade, estado, caráter ou modo de ser. • *adj* **1** Que se junta. **2** *Gram* Que tem a forma ou a função gramatical de adjetivo. **3** Derivado, secundário. **4** *Gram* Qualificativo da oração subordinada que vale por um adjetivo.
A disposição do **adjetivo** em português é, muitas vezes, uma questão de estilo; porém, nas línguas neolatinas, a tendência é colocá-lo depois do substantivo. Exemplos: *colônia francesa, estudantes estrangeiros, nevoeiro intenso.*
Normalmente, a anteposição ocorre com adjetivos que expressam qualidades (físicas ou morais) e gradação.
Paulo é um bom menino.
Marta sempre foi uma bela mulher.
As fortes chuvas de verão chegaram.
Estamos cansados, pois foi uma longa viagem.

ad.ju.di.ca.ção (*lat adjudicatione*) *sf* **1** Ação ou efeito de adjudicar. **2** *Dir* Ato, judicial ou administrativo, pelo qual se dá a alguém a posse de certos bens. **3** *Dir* Ato pelo qual os bens penhorados ao devedor e levados à praça, ou leilão, são transmitidos ao credor.

ad.ju.di.car (*lat adjudicare*) *vtd* **1** *Dir* Conceder, por sentença, a adjudicação. **2** *Dir* Dar posse, por decisão judicial, de coisa executada, antes ou depois da arrematação. **3** Atribuir. **4** Entregar.

ad.jun.ção (*lat adjunctione*) *sf* **1** Ação ou efeito de juntar, de adjungir. **2** *Dir* União ou justaposição de uma propriedade móvel a outra, formando um todo.

ad.jun.gir (*lat adjungere*) *vtd* Ajuntar, associar, reunir. *Conjug:* é defectivo; não tem a 1ª pessoa do singular do presente do indicativo e, consequentemente, nem o presente do subjuntivo e o imperativo negativo. *Pres indic: adjunges, adjunge, adjungimos, adjungis, adjungem.*

ad.jun.to (*lat adjunctu*) *adj* Contíguo, junto, perto, próximo, unido. • *sm* **1** Ajudante, auxiliar. **2** Associado. **3** Substituto. **4** *Gram* Termo acessório que se prende a outro, principal, para modificá-lo. **5** Funcionário auxiliar ou substituto. *Adjunto adnominal, Gram:* toda palavra ou expressão que, junto de um substantivo, modifica-lhe a significação. *Adjunto adverbial, Gram:* palavra ou expressão com valor de advérbio, ou seja, que indica uma circunstância ou modifica o sentido de um verbo, adjetivo ou outro advérbio.

ad.ju.rar (*lat adjurare*) *vtd* **1** Esconjurar, exorcizar. **2** Rogar com insistência. **3** Confirmar por juramento.

ad.ju.tor (*lat adjutore*) *sm* **1** O que ajuda. **2** Ajudante. *Fem: adjutriz.*

ad.ju.tó.rio (*lat adjutoriu*) *V* ajutório.

ad.ju.van.te (de *adjuvar*) *adj m+f* Que ajuda, que presta auxílio.

ad.mi.nis.tra.ção (*lat administratione*) *sf* **1** Ato de administrar. **2** Governo. **3** Direção de estabelecimento. **4** Casa onde se trata de assuntos de administração pública ou particular. **5** O corpo de funcionários administrativos de uma repartição pública ou de empresa particular. **6** Ato de ministrar sacramentos. **7** Ação de dar a tomar medicamentos.

ad.mi.nis.tra.dor (*lat administratore*) *adj* **1** Que administra. **2** Relativo ou pertencente à administração pública ou particular. • *sm* **1** O que tem a seu cargo a administração pública total ou parcial. **2** Bacharel em curso superior de Administração. **3** Representante do proprietário na direção de fazenda ou sítio. *Fem: administradora.*

ad.mi.nis.trar (*lat administrare*) *vtd* **1** Exercer (cargo, emprego, ofício). *vtd* **2** Dar, ministrar (medicamento e sacramento). *vtd* e *vint* **3** Governar, reger (negócios particulares ou públicos). *Administrar justiça:* aplicar as leis.

ad.mi.nis.tra.ti.vo (*lat administrativu*) *adj* Pertencente ou relativo à administração.

ad.mi.ra.ção (*lat admiratione*) *sf* **1** Ato de admirar. **2** Assombro, espanto, surpresa. **3** Afeição. **4** Respeito.

ad.mi.ra.do (*part* de *admirar*) *adj* **1** Que é objeto de admiração. **2** Que experimenta admiração; maravilhado. **3** Que sente espanto, assombro.

ad.mi.ra.dor (*admirar+dor*) *adj* **1** Que admira ou se admira. **2** Que causa admiração. • *sm* **1** Aquele que admira ou se admira. **2** Adorador, fã.

ad.mi.rar (*lat admirari*) *vtd* **1** Apreciar. *vtd* **2** Ter em grande apreço, considerar com respeito e simpatia. *vtd* **3** Ver com admiração, assombro ou espanto. *vtd* e *vint* **4** Causar admiração, assombro ou espanto em. *vpr* **5** Sentir admiração. Veja nota em **lembrar.**

ad.mi.rá.vel (*lat admirabile*) *adj m+f* **1** Que merece admiração. **2** Que assombra, que deixa estupefato. **3** Excelente, perfeito. *Sup abs sint: admirabilíssimo.* Antôn: detestável, execrável.

ad.mis.são (*lat admissione*) *sf* **1** Ato ou efeito de admitir. **2** Ingresso, entrada. *Antôn: demissão, eliminação, exclusão.*

ad.mis.si.bi.li.da.de (*admissível+i+dade*) *sf* Qualidade do que é admissível.

ad.mis.sí.vel (*lat admissibile*) *adj m+f* Que se pode admitir, capaz ou digno de ser admitido. *Antôn: inadmissível, reprovável.*

ad.mi.tir (*lat admittere*) *vtd* **1** Receber, acolher, deixar entrar. **2** Aceitar como bom ou válido. **3** Permitir. **4** Nomear, contratar, aceitar para uma atividade certa: *Admitir um funcionário.* Antôn: *demitir, dispensar, recusar.*

ad.mo.es.ta.ção (*admoestar+ção*) *sf* **1** Ato ou efeito de admoestar. **2** Advertência, aviso, conselho. **3** Censura, repreensão.

ad.mo.es.tar (*lat admoestare*) *vtd* **1** Advertir amigável ou bondosamente. **2** Censurar ou repreender suavemente. **3** Recomendar.

ad.no.mi.nal (*ad+nominal*) *adj m+f Gram* Diz-se de toda palavra ou expressão de valor adjetivo que, junto de um substantivo, modifica-lhe a significação: *Casa de pedra.*

a.do.be (ô) (*ár aT-Tûb*) *sm* **1** Terra argilosa usada para fazer tijolos crus e rebocos. **2** Tijolo grande desse barro, seco ao sol; tijolo cru.

a.do.ça.men.to (*adoçar+mento*) *sm* Ato de adoçar.

a.do.çan.te (de *adoçar*) *adj m+f* Que adoça. • *sm* Toda substância, natural ou sintética, empregada para adoçar alimentos, bebidas, medicamentos (como açúcar, sacarina etc.).

a.do.ção (*lat adoptione*) *sf* **1** Ação ou efeito de

adotar. **2** Aceitação legal como filho. **3** Aceitação; admissão. *Antôn: recusa, rejeição.*

a.do.çar (a^1+*doce*+ar^1) *vtd* **1** Tornar doce. **2** Açucarar. **3** Abrandar, suavizar. **4** Agradar a (alguém).

a.do.ci.ca.do (*part* de *adocicar*) *adj* **1** Levemente adoçado. **2** Algo doce. **3** Suave. **4** Afetado.

a.do.ci.car (a^1+*doce*+ico^2+ar^1) *vtd* **1** Tornar um tanto doce. *vtd* **2** Suavizar (a fala ou maneira). *vpr* **3** Afetar-se.

a.do.e.cer (a^1+*lat dolescere*) *vtd* **1** Tornar doente. *vti* e *vint* **2** Enfermar, ficar doente.

a.do.en.ta.do (*part* de *adoecer*) *adj* Doente, ou meio doente.

a.do.en.tar (a^1+*doente*+ar^1) *vtd* Tornar(-se) doente ou um pouco enfermo.

a.doi.da.do (a^1+*doido*+ado^1) *adj* Meio doido, extravagante.

a.doi.dar (a^1+*doido*+ar^1) *vtd* e *vpr* **1** Tornar(-se) doido ou um pouco doido. *vint* **2** Ficar amalucado ou doido.

a.do.les.cên.cia (*lat adolescentia*) *sf* **1** Período da vida humana que vai da puberdade à idade adulta, estendendo-se dos 12 aos 18 anos. **2** Juventude.

a.do.les.cen.te (*lat adolescente*) *adj* e *s m*+*f* Que, ou quem está na adolescência.

a.do.nai (*hebr Adonai*) *sm* Nome hebreu de Deus no Velho Testamento.

a.don.de (a^1+*donde*) *adv ant* e *pop* Aonde; para onde.

a.do.ra.ção (*lat adoratione*) *sf* **1** Ação de adorar. **2** Demonstração de afeto, respeito ou submissão. **3** Amor excessivo. **4** Quadro que representa a veneração dos magos ao menino Jesus.

a.do.ra.do (*part* de *adorar*) *adj* **1** Que se adora; cultuado. **2** Venerado, reverenciado. **3** Extremamente amado. *Antôn: detestado.*

a.do.rar (*lat adorare*) *vtd* **1** Reverenciar, venerar. **2** Amar extremamente, idolatrar. **3** Gostar muito de. **4** Prestar culto a; cultuar. *Antôn: detestar.*

a.do.rá.vel (*lat adorabile*) *adj m*+*f* **1** Digno de ser adorado. **2** Admirável.

a.dor.me.cer (*lat addormescere*) *vtd* **1** Fazer dormir. *vtd* **2** Entorpecer a sensibilidade de. *vtd* **3** Abrandar, enfraquecer. *vint* **4** Dormir. *vint* **5** Cessar a atividade. *vint* **6** Ficar inerte. *Antôn: acordar, despertar.*

a.dor.me.ci.do (*part* de *adormecer*) *adj* **1** Que adormeceu; que está dormindo. **2** Entorpecido, dormente. **3** Acalmado.

a.dor.me.ci.men.to (*adormecer*+*mento*) *sm* **1** Ação ou efeito de adormecer. **2** Dormência, sonolência. **3** Entorpecimento, insensibilidade.

a.dor.men.ta.do (*part* de *adormentar*) *adj* Adormecido.

a.dor.men.tar (a^1+*dormente*+ar^1) *vtd* **1** Adormecer, causar sono a, produzir sonolência em. **2** Abrandar, amortecer.

a.dor.nar (*lat adornare*) *vtd* **1** Enfeitar, ornar. *vtd* **2** Embelezar, enriquecer com conhecimentos ou qualidades. *vtd* e *vpr* **3** Tornar(-se) atraente.

a.dor.no (*ô*) (de *adornar*) *sm* Adereço, enfeite, ornamento.

a.do.tar (*lat adoptare*) *vtd* **1** Escolher, seguir ou tomar como critério: *Adotar um partido. vtd* **2** Tomar como próprio: *Adotar um nome. vtd* **3** Aceitar, admitir, reconhecer. *vtd* e *vint* **4** *Dir* Legitimar, tomar por filho.

a.do.ti.vo (*adotar*+*ivo*) *adj* **1** Que foi adotado. **2** Que adotou. **3** Diz-se da pátria escolhida por alguém para residir, sem ser o seu país.

ad.qui.ren.te (de *adquirir*) *adj* e *s m*+*f* Que, ou quem adquire alguma coisa.

ad.qui.rir (*lat acquirere*) *vtd* **1** Alcançar, conseguir, obter. **2** Ganhar (*p ex,* dinheiro). **3** Comprar. **4** Assumir, tomar (*p ex,* forma). **5** Contrair, pegar (*p ex,* doença). *Antôn: perder, dispor.*

a.dre.de (*ê*) (a^1+*lat directe*) *adv* **1** Diretamente, intencionalmente, de propósito. **2** Antecipadamente, com antecedência, previamente.

a.dre.na.li.na (*ad-renal*+*ina*) *sf* **1** *Farm* Hormônio principal elaborado pela medula das glândulas suprarrenais. **2** *gír* Emoção; excitação.

a.dri.á.ti.co (*gr adriatikós*) *adj* Pertencente ao mar Adriático (Europa).

a.dro (*lat atriu*) *sm* **1** Terreno em frente ou em redor de uma igreja. **2** Antigo cemitério, no próprio templo ou ao redor dele.

ad-ro.gar (*lat adrogare*) *vtd Dir rom* Adotar ou tomar por adoção uma pessoa que já é maior de idade. *Conjug – Pres indic:* ad-rogo, ad--rogas etc.

ads.cre.ver (*lat adscribere*) *vtd* e *vti* **1** Acrescentar ao que foi escrito. *vtd* e *vti* **2** Obrigar. *vtd* e *vti* **3** Registrar. *vpr* **4** Obrigar-se. *Part irreg:* adscrito.

ad.sor.ção (*lat adsorptione*) *sf Fís-Quím* Fixação de moléculas de substância gasosa ou líquida à superfície de corpos sólidos com os quais entram em contato.

ads.trin.gên.cia (*lat adstringentia*) *sf* Propriedade ou qualidade de adstringente.

ads.trin.gen.te (*lat adstringente*) *adj m*+*f* Que adstringe. • *sm* **1** *Farm* Medicamento que inibe as secreções dos tecidos. **2** Substância, agente ou remédio que detém muco ou soro causando o encolhimento do tecido. **3** Cosmético líquido para limpar a cútis e contrair os poros.

ads.trin.gir (*lat adstringere*) *vtd* **1** Apertar, estreitar, submeter, unir. *vtd* **2** Dar sabor de substância adstringente, tal como caqui verde. *vpr* **3** Obrigar-se.

a.du.a.na (*ár ad-diuânâ*) *sf* **1** Alfândega. **2** Organização alfandegária.

a.du.a.nei.ro (*aduana*+*eiro*) *adj* **1** Referente à aduana. **2** Alfandegário. • *sm* Empregado alfandegário.

a.du.ba.ção (*adubar*+*ção*) *sf* **1** Ato ou efeito de adubar. **2** Ato de condimentar ou temperar.

a.du.bar (*lat *addubare*) *vtd* **1** Preparar com adubos. **2** *Agr* Aplicar adubo ao solo; fertilizar. **3** *fig* Condimentar, temperar os alimentos.

a.du.bo (de *adubar*) *sm* **1** Substância, como estrume, ou algum outro produto mineral ou químico, usada para fertilizar ou regenerar os solos em que se fazem plantações. **2** *fig* Condimento, tempero.

a.du.ção (*lat ad*+*ductione*) *sf* **1** Ação ou efeito de aduzir. **2** Ação de conduzir as águas do ponto de captação até a rede de distribuição. **3** *Tecn* Entrada, fornecimento.

a.du.e.la (a^1+*cast duela*) *sf* **1** Tábua encurvada, que se emprega na fabricação de pipas e tonéis.

2 Pedra empregada nos arcos de uma abóbada. **3** Ripa que forra as ombreiras das portas e janelas.

a.du.la.ção (*adular*+*ção*) *sf* **1** Ato de adular. **2** Bajulação, lisonja.

a.du.la.dor (*adular*+*dor*) *adj* Que adula; bajulador. • *sm* Aquele que adula; bajulador.

a.du.lar (*lat adulare*) *vtd* **1** Bajular, lisonjear, elogiar por interesse. **2** *Reg* (GO e MG) Agradar, acariciar. *Antôn: desagradar, menosprezar.*

a.dul.te.ra.ção (*lat adulteratione*) *sf* Ato ou efeito de adulterar.

a.dul.te.ra.do (*part* de *adulterar*) *adj* **1** Falsificado. **2** Imitado com fins ilícitos.

a.dul.te.rar (*lat adulterare*) *vtd* e *vpr* **1** Falsificar (-se) (*p ex*, medicamentos, moedas, textos). *vint* **2** Cometer adultério. *vpr* **3** Corromper-se.

a.dul.te.ri.no (*lat adulterinu*) *adj* **1** Nascido de adultério. **2** Adulterado, falsificado. **3** Artificial.

a.dul.té.rio (*lat adulteriu*) *sm* **1** Infidelidade conjugal. **2** Adulteração, falsificação.

a.dúl.te.ro (*lat adulteru*) *adj* **1** Que viola a fidelidade conjugal. **2** Falso, fingido. **3** Corrupto, ilícito, vicioso. • *sm* Homem que mantém relações carnais com mulher que não a sua.

a.dul.to (*lat adultu*) *adj* + *sm* **1** Que, ou o que atingiu o máximo de seu crescimento e a plenitude de suas funções biológicas. **2** Que, ou o que chegou à maioridade.

a.du.nar (*lat adunare*) *vtd* **1** Reunir em um. *vtd* **2** Subordinar. *vpr* **3** Congregar-se.

a.dun.co (*lat aduncu*) *adj* Curvo ou recurvado em forma de gancho.

a.du.ren.te (*lat adurente*) *adj* Que queima, cáustico. • *sm* Produto farmacêutico ou químico que queima.

a.dus.tão (*lat adustione*) *sf* **1** *Med* Cauterização. **2** Calor excessivo.

a.du.tor (*lat adductore*) *adj* Que produz adução. *Antôn: abdutor.* • *sm* Canal, subterrâneo ou não, que conduz as águas de uma fonte para um reservatório; adutora.

a.du.to.ra (*fem* de *adutor*) *sf* V *adutor*.

a.du.zir (*lat adducere*) *vtd* **1** Apresentar, expor (*p ex*, exemplos, testemunhos). **2** Conduzir, introduzir. Conjuga-se como *reduzir*.

ad.ven.tí.cio (*lat adventiciu*) *adj* **1** Estrangeiro, chegado de fora. **2** Acidental, casual, imprevisto, inesperado. **3** Fora do tempo. *Antôn* (acepção 2): *previsto.* • *sm* Estrangeiro, forasteiro.

ad.ven.tis.mo (*ingl adventism*) *sm* Doutrina protestante professada pelos adventistas, fundada nos Estados Unidos, que enfatiza a segunda vinda de Cristo à Terra.

ad.ven.tis.ta (*ingl adventist*) *adj m+f* Pertencente ou relativo aos adventistas ou ao adventismo. • *s m+f* Membro da seita dos adventistas. *sm pl* Seita que dá grande ênfase à segunda vinda, que considera iminente, de Jesus à Terra, para salvar os justos e aniquilar os pecadores.

ad.ven.to (*lat adventu*) *sm* **1** Período das quatro semanas que precedem o Natal até as vésperas deste. **2** Aparecimento, chegada, início, vinda.

ad.ver.bi.al (*advérbio*+*al*¹) *adj m+f* **1** Referente a advérbio. **2** Que tem valor de advérbio: *Locução adverbial*.

ad.vér.bio (*lat adverbiu*) *sm Gram* Palavra invariável que expressa uma circunstância do verbo (de lugar, tempo, modo, negação, dúvida, intensidade e afirmação) ou a intensidade da qualidade dos adjetivos ou reforça outro advérbio e, em alguns casos, modifica substantivos: *O não cumprimento da lei acarretará uma pena severa ao réu.*
Na sua maioria, os **advérbios de modo** terminam em **-mente**: *delicadamente, divinamente, fielmente, levemente, rapidamente, suavemente* etc. Há, no entanto, outro grupo de **advérbios de modo**: *assim, bem, depressa, devagar, mal, melhor, pior.*
Observe que alguns advérbios, embora terminados em **-mente**, não são de modo: *certamente, efetivamente, realmente* (**advérbios de afirmação**) e *possivelmente, provavelmente* (**advérbios de dúvida**).

ad.ver.sar (*lat adversari*) *vtd* Contrariar, contradizer, combater. *Antôn: apoiar, defender.*

ad.ver.sá.rio (*lat adversariu*) *adj* **1** Que se opõe a. **2** Que luta contra. • *sm* **1** Concorrente, rival. **2** Pessoa que pertence a outro partido. **3** Parte contra quem se disputa. *Antôn: aliado.*

ad.ver.sa.ti.va (*lat adversativus*) *sf Gram* Conjunção coordenativa (*p ex*, mas, porém, todavia) que liga palavras ou orações, estabelecendo, entre elas, ideia de oposição, contraste, compensação: *A festa acabou, mas o barulho continuou.*

ad.ver.sa.ti.vo (*lat adversativu*) *adj* Adverso, contrário, oposto.

ad.ver.si.da.de (*lat adversitate*) *sf* **1** Desgraça, infelicidade, infortúnio. **2** Contrariedade, contratempo, revés.

ad.ver.so (*lat adversu*) *adj* **1** Contrário, desfavorável, inimigo. **2** Desgraçado, infeliz. **3** Que traz desgraça, infelicidade. • *sm* Adversário, antagonista. *Antôn: favorável.*

ad.ver.tên.cia (*lat advertentia*) *sf* **1** Ação ou efeito de advertir. **2** Aviso, conselho. **3** *Dir Trab* Penalidade aplicada ao empregado, em virtude de falta que tenha cometido.

ad.ver.tir (*lat advertere*) *vtd* **1** Admoestar, fazer advertência a. *vtd* **2** Prevenir, acautelar. *vtd* e *vti* **3** Observar, reparar em. *vtd* e *vti* **4** Avisar.

ad.vin.do (de *advir*) *adj* Que adveio ou sobreveio.

ad.vir (*lat advenire*) *vti* **1** Ocorrer como consequência, sobrevir. *vint* **2** Acontecer, suceder. Conjuga-se como *vir*; recebem, porém, acento agudo os *es* na 2ª e 3ª pessoas do presente do indicativo: *advéns, advém*, e na 2ª pessoa do singular do imperativo afirmativo: *advém(tu).*

ad.vo.ca.ci.a (*lat advocatu*+*ia*¹) *sf* **1** Ação de advogar. **2** Profissão de advogado.

ad.vo.ca.tí.cio (*lat advocatu*+*ício*) *adj* Relativo à advocacia.

ad.vo.ga.do (*lat advocatu*) *sm* **1** Profissional graduado em Direito, ou legalmente habilitado, que orienta e esclarece juridicamente a quem o consulta e age em juízo ou fora dele. **2** Defensor, protetor. *Fem: advogada.*

ad.vo.gar (*lat advocare*) *vtd* **1** Defender em juízo. *vtd* **2** Interceder a favor de. *vtd* **3** Defender com argumentos ou razões. *vint* **4** Exercer a profissão de advogado.

a.e.do (*gr aoidós*) *sm* Cantor ou poeta religioso ou épico da antiga Grécia, que se fazia acompanhar de lira, entre os quais Homero se incluía.

a.e.ra.ção (*aerar+ção*) *sf* **1** Ato de arejar, ventilação. **2** *Bot* Troca de gases entre os tecidos interiores e a atmosfera. **3** *Med* Troca de dióxido de carbono por oxigênio, que ocorre durante a passagem do sangue pelos pulmões.

a.é.reo (*lat aereu*) *adj* **1** Relativo ao ar, próprio dele, que tem sua natureza ou semelhança. **2** Que está no ar, nele se mantém ou nele se passa. **3** Que tem por veículo o ar. **4** Delicado, leve. **5** Fútil, vão. **6** *pop* Distraído.

a.e.rí.co.la (*aeri+cola*) *adj m+f* Que vive no ar.

a.e.ró.bi.ca (de *aeróbico*) *sf* Exercícios físicos rápidos e ritmados que aumentam a oxigenação dos tecidos; ginástica aeróbica.

a.e.ró.bi.co (*aero+bio+ico²*) *adj* **1** V *aeróbio*. **2** Relativo ou pertencente a aeróbios ou por eles induzido.

a.e.ró.bio (*aero+bio*) *adj Biol* Que tem necessidade de ar ou oxigênio livre para viver. • *sm Biol* Micro-organismo que somente se desenvolve em presença do ar. *Antôn:* anaeróbio.

a.e.ro.clu.be (*aero+clube*) *sm* Centro destinado à formação de pilotos civis, com fins práticos ou recreativos.

a.e.ro.di.nâ.mi.ca (*aero+dinâmica*) *sf Fís* Ramo da dinâmica que trata do movimento do ar e de outros fluidos gasosos e das forças que agem sobre corpos em movimento relativo a tais fluidos.

a.e.ro.di.nâ.mi.co (*aero+dinâmico*) *adj* **1** Pertencente ou relativo à aerodinâmica. **2** Diz-se dos veículos e aparelhos aéreos desenhados de modo a oferecer o mínimo de resistência ao ar.

a.e.ró.dro.mo (*aero+dromo*) *sm* **1** Superfície de terra ou de águas utilizada para chegada e partida de aeronaves. **2** Lugar com instalações próprias para o serviço de aeronaves e aeroplanos. **3** *Aeron* Aeroporto de uso particular.

a.e.ro.du.to (*aero+lat ductu*) *sm* Conduto de ar nas instalações de ventilação.

a.e.ro.es.pa.ci.al (*aero+espacial*) *adj m+f Aeron* **1** Relativo à Aeronáutica e ao espaço aéreo. **2** Relativo ao aeroespaço.

a.e.ro.es.pa.ço (*aero+espaço*) *sm Aeron* Região de lançamento e de controle de mísseis, foguetes e satélites espaciais.

a.e.ro.fa.gi.a (*aero+fago+ia¹*) *sf Med* Ato de engolir o ar, conscientemente ou não. O sintoma principal é a eructação, acompanhada de digestão difícil e palpitação.

a.e.ro.fó.lio (*aero+fólio*) *sm* **1** Corpo, tal como a asa de um avião ou a lâmina de uma hélice, destinado a criar uma força de reação desejada. **2** *Autom* Peça adaptada à traseira de um carro de corrida para aumentar a estabilidade.

a.e.ro.fo.to.gra.fi.a (*aero+foto+grafo+ia¹*) *sf* Fotografia tirada de uma aeronave.

a.e.rog.no.si.a (*aero+gnosia*) *sf Fís* Tratado das propriedades do ar e de suas funções na natureza.

a.e.ro.gra.fi.a (*aero+grafo+ia¹*) *sf Fís* **1** Descrição do ar. **2** Estudo do ar atmosférico.

a.e.ró.gra.fo (*aero+grafo*) *sm* **1** Quem estuda o ar e suas propriedades. **2** *Meteor* Instrumento para observações meteorológicas. **3** *Tip* Atomizador, muitas vezes com forma de lápis, para aplicar, mediante ar comprimido, uma fina camada de tinta, para colorir desenhos, cartazes etc. ou retocar fotografias.

a.e.ro.gra.ma (*aero+grama*) *sm* **1** Comunicação feita pelo ar ou pela telegrafia sem fio. **2** Papel de carta, vendido pelos correios, que dispensa selo e que, dobrado, se converte em envelope.

a.e.ró.li.to (*aero+lito¹*) *sm Astr* Pedra que cai do espaço sobre a superfície dos planetas e cuja queda é ordinariamente acompanhada de fenômenos luminosos e estrondo; meteorito.

a.e.rô.me.tro (*aero+metro¹*) *sm Fís* Instrumento para medir o peso ou a densidade do ar ou de outros gases.

a.e.ro.mo.ça (*aero+moça*) *sf* Moça que, nos aviões, serve refeições aos passageiros e lhes presta assistência; comissária de bordo.

a.e.ro.mo.ço (*aero+moço*) *sm* Masculino de aeromoça; comissário de bordo.

a.e.ro.mo.de.lis.mo (*aero+modelo+ismo*) *sm* **1** Ciência que trata da projeção e construção de aeromodelos. **2** *Esp* Prática ou esporte de fazer voar aeromodelos.

a.e.ro.mo.de.lo (*ê*) (*aero+modelo*) *sm* **1** Modelo de aeronave. **2** Aeronave em miniatura, para fins recreativos, esportivos ou experimentais, com propulsão a elástico, motor, ar comprimido, gasolina, vapor ou foguete, ou simplesmente planador.

a.e.ro.mo.tor (*aero+motor*) *sm* **1** Motor acionado pelo vento. **2** Motor de aeronave.

a.e.ro.nau.ta (*aero+nauta*) *s m+f* **1** Pessoa que tripula aeronaves. **2** *Dir Trab* Profissional que, habilitado pelo Ministério da Aeronáutica, exerce função remunerada a bordo de aeronave civil nacional.

a.e.ro.náu.ti.ca (*aeronauta+ica*) *sf* **1** *Aeron* Ciência que se ocupa dos princípios, normas e métodos de construção e condução de aeronaves. **2** Órgão integrante das Forças Armadas de um país; Força Aérea.

a.e.ro.náu.ti.co (*aero+nauta+ico²*) *adj* Que diz respeito à Aeronáutica.

a.e.ro.na.val (*aero+naval*) *adj m+f* Relativo ou pertencente a forças aéreas e navais combinadas ou que as envolve.

a.e.ro.na.ve (*aero+nave*) *sf Aeron* Nome genérico que abrange todo aparelho de navegação aérea.

a.e.ro.na.ve.ga.ção (*aero+navegação*) *sf* Navegação aérea.

a.e.ro.pla.no (*aero+plano*) *sm Aeron* Veículo aéreo mais pesado que o ar, com asas fixas ou operáveis, propulsionado por uma hélice ou a jato e suportado pela reação dinâmica do ar contra as asas; avião.

a.e.ro.por.to (*aero+porto*) *sm* **1** Campo de pouso e decolagem de aviões, com instalações para embarque e desembarque de passageiros e recebimento e despacho de carga. **2** Aeródromo. **3** Campo de aviação.

a.e.ro.por.tu.á.rio (*aero+portuário*) *adj* Relativo ou pertencente a aeroporto.

a.e.ro.pos.tal (*aero+postal*) *adj m+f* Diz-se do transporte de correspondência por via aérea.

a.e.ros.có.pio (*aero+scopo+io*) *sm* Instrumento para o exame microscópico do ar quanto à sua pureza.

a.e.ros.fe.ra (*aero+esfera*) *V atmosfera*.

a.e.ros.sol (*aero+sol*) *sm Quím* **1** Suspensão de partículas microscópicas sólidas ou fluidas em ar ou gás, tal como na fumaça ou neblina. **2** Coloide cujo meio de dispersão é um gás. **3** Solução bactericida que pode ser vaporizada para a esterilização do ar num aposento. **4** Solução de uma droga que pode ser vaporizada para terapia de inalação.

a.e.rós.ta.to (*aero+gr statós*) *sm Aeron* Aparelho que se eleva no ar graças à leveza do gás de que é cheio, e cuja dirigibilidade foi descoberta pelo brasileiro Alberto Santos Dumont (1873-1932); balão; dirigível.

a.e.ro.ter.res.tre (*aero+terrestre*) *adj m+f* **1** Relativo ao ar e à terra. **2** Referente às forças militares do ar e da terra.

a.e.ro.tro.pis.mo (*aero+tropismo*) *sm Bot* Influência do ar ou oxigênio na orientação do crescimento de um vegetal.

a.e.ro.vi.a (*aero+via*) *sf* **1** Espaço aéreo de largura determinada pela Aeronáutica, no qual se controla a navegação aérea. **2** Empresa de navegação aérea.

a.e.ro.vi.á.rio (*aero+via+ário*) *adj* Relativo a viagens aéreas. • *sm* Funcionário dessas empresas.

a.fã (de *afanar*) *sm* **1** Entusiasmo. **2** Empenho, esforço. **3** Trabalho. **4** Cansaço, fadiga.

a.fa.bi.li.da.de (lat. *affabilitate*) *sf* **1** Qualidade do que é afável. **2** Delicadeza, brandura. *Antôn: grosseria*.

a.fa.di.gar (a^1+*fadiga*+ar^1) *vtd e vint* **1** Causar fadiga. *vtd* **2** Importunar, incomodar, molestar. *vtd* **3** Acossar, perseguir. *vpr* **4** Apressar-se, cansar-se, entediar-se. *vpr* **5** Trabalhar com afã.

a.fa.gar (a^1+*ár hallaq*+ar^1) *vtd* **1** Acariciar, passar a mão por, tratar com afago. **2** Conservar com prazer na mente; nutrir, alimentar: *Afagar desejos*. **3** Roçar levemente: *A brisa afaga o meu rosto*. **4** Elogiar. **5** Alisar, aplainar. *Antôn: maltratar*.

a.fa.gi.a (a^4+*fago*+ia^1) *sf* Dificuldade ou impossibilidade de deglutir.

a.fa.go (de *afagar*) *sm* Ato de afagar; carícia, mimo.

a.fai.mar (a^1+lat *fame*+ar^2) *vtd* Causar fome a.

a.fa.ma.do (*part* de *afamar*) *adj* **1** Que tem fama. **2** Famoso, célebre.

a.fa.mar (a^1+*fama*+ar^1) *vtd* **1** Dar fama a, tornar célebre, famoso. *vpr* **2** Adquirir fama, tornar-se célebre, famoso.

a.fa.nar (lat **affannare*) *vint e vpr* **1** Cansar-se, esforçar-se, trabalhar com afã. *vtd* **2** *gír* Furtar.

a.fa.no (de *afanar*) *sm* **1** Ato de afanar. **2** *gír* Furto, roubo.

a.fa.si.a (a^4+gr *phásis*+ia^1) *sf Med e Psicol* Perda da palavra falada, escrita, ou dos gestos, causada por lesão no cérebro.

a.fá.si.co (*afasia*+ico^2) *adj Med* **1** Que sofre de afasia. **2** Pertencente ou relativo à afasia. • *sm* Pessoa que sofre de afasia. *Var: afático*.

a.fas.ta.men.to (*afastar*+$mento^2$) *sm* **1** Ato ou efeito de afastar. **2** Distância entre coisas consideradas.

a.fas.tar (a^1+*cast ant fasta*+ar^1) *vtd* **1** Tirar de perto. *vtd* **2** Pôr longe. *vtd* **3** Tirar do caminho. *vtd* **4** Impedir: *A cobiça afasta o medo*. *vpr* **5** Retirar-se: *Afastaram-se da cidade*. *vtd e vpr* **6** Desviar(-se). *vtd e vpr* **7** Distanciar-se. *Antôn* (acepções 1 e 2): *aproximar*.

a.fa.ve.cos *sm pl Reg* (Nordeste) **1** Cacaréus; cacarecos. **2** Peças de roupa em uso. **3** Preparos de viagem.

a.fá.vel (lat *affabile*) *adj m+f* **1** Delicado, cortês. **2** Benévolo. **3** Agradável nas maneiras e na conversação. *Antôn: intratável, grosseiro*.

a.fa.ve.la.do (a^1+*favela*+ado^1) *adj* Que tem aspecto de favela; que se tornou favela.

a.fa.zer (da expressão *a fazer*) *vtd e vpr* **1** Acostumar(-se), habituar(-se). *vpr* **2** Aclimatar-se, dar-se bem em terra estranha. Conjuga-se como *fazer*.

a.fa.ze.res (de *afazer*) *sm pl* **1** Trabalhos. **2** Ocupações. **3** Negócios.

a.fe.ar (a^1+*port ant feo*+ar^1) *vtd e vpr* **1** Tornar(-se) feio. *vtd* **2** Deslustrar. *vtd* **3** Deturpar. Conjuga-se como *frear*.

a.fec.ção (lat *affectione*) *sf* **1** *Med* Doença, enfermidade. **2** *Psicol* Modificação no estado moral ou psíquico de alguém, produzida por causas externas, gerando ora um sentimento agradável, ora desagradável. *Var: afeção*.

a.fe.ga.ne *adj m+f* Relativo ao Afeganistão (Ásia). • *s m+f* Pessoa natural do Afeganistão; afegão. *sm* Língua indo-europeia do ramo indo-iraniano falada no Afeganistão, nos países com os quais faz fronteira (Irã, Paquistão, Tadjiquistão) e nos Emirados Árabes Unidos.

a.fe.gão *V afegane*.

a.fei.ção (lat *affectione*) *sf* **1** Afeto. **2** Simpatia. **3** Sentimento de amor. **4** Amizade.

a.fei.ço.a.do (*part* de *afeiçoar*^{1}) *adj* **1** Que tem afeição. **2** Que tem feição ou forma. • *sm* Amigo.

a.fei.ço.ar (*afeição*+ar^1) *vtd* **1** Inspirar afeição a. *vpr* **2** Ter ou tomar afeição. *vpr* **3** Ter gosto especial ou inclinação a alguma coisa. *vtd* **4** Dar forma a; modelar. *vtd e vti* **5** Apropriar; adaptar.

a.fei.to (*part* de *afazer*) *adj* Acostumado, habituado.

a.fé.lio (*apo*+*hélio*^{2}) *sm Astr* O ponto mais afastado em que um planeta se encontra em relação ao Sol. *Antôn: periélio*. • *adj* Que atingiu o afélio: *Planeta afélio*.

a.fe.mi.na.do (*part* de *afeminar*) *V efeminado*.

a.fe.mi.nar (a^1+lat *femina*, mulher+ar^1) *V efeminar*.

a.fé.re.se (gr *aphaíresis*) *sf Gram* Eliminação de uma letra ou sílaba no princípio da palavra; ablação.

a.fe.ri.ção (*aferir*+*ção*) *sf* **1** Ação ou efeito de aferir. **2** Calibragem.

a.fe.ri.do (*part* de *aferir*) *adj* **1** Conferido com o padrão legal ou tecnicamente adotado. **2** Comparado, conferido, calibrado.

a.fe.rir (lat *afferere*, por *afferre*) *vtd* **1** Ajustar ao padrão, apurar a exatidão de, conferir, calibrar. *vtd* **2** Verificar, marcar a exatidão de (pesos, medidas, balanças e instrumentos de medição). *vtd* **3** Avaliar, julgar. *vtd e vti* **4** Comparar. Conjuga-se como *ferir*.

a.fer.rar (a^1+*ferro*+ar^1) *vtd* **1** Prender com ferro, segurar. *vtd e vti* **2** Ancorar. *vtd* **3** Arpoar. *vtd e vpr*

4 Agarrar(-se), prender(-se), segurar(-se) firmemente. *vti* e *vint* **5** Aportar. *vpr* **6** Entregar-se com afinco, obstinar-se: *Aferrar-se a uma opinião*.

a.fer.ro.ar (a^1+*ferrão*+ar^1) *vtd* **1** Picar com ferrão. **2** Torturar. **3** Tornodar. **4** Instigar.

a.fer.ro.lhar (a^1+*ferrolho*+ar^1) *vtd* **1** Fechar com ferrolho. *vtd* **2** Guardar com cuidado. *vtd* **3** Aprisionar. *vint* **4** Guardar dinheiro. *vpr* **5** Trancar-se.

a.fer.ven.tar (a^1+*fervente*+ar^1) *vtd* **1** Fazer ferver ligeiramente, mal ou pouco (*p ex*, a carne, o peixe). **2** Cozinhar com uma só fervura (*p ex*, o legume). **3** Estimular (*p ex*, o cérebro, o ódio).

a.fer.vo.rar (a^1+*fervor*+ar^1) *vtd* **1** Pôr em fervura. *vtd* **2** Despertar fervor em. *vpr* **3** Encher-se de zelo. *vpr* **4** Exaltar-se.

a.fe.ta.ção (*lat affectatione*) *sf* **1** Ato ou efeito de afetar. **2** Modo artificial de estar, falar ou agir. **3** Fingimento, simulação. **4** Vaidade. *Antôn: modéstia, naturalidade, simplicidade*.

a.fe.ta.do (*part* de *afetar*) *adj* **1** Que usa de afetação; vaidoso. **2** Que sofreu afecção.

a.fe.tar (*lat affectare*) *vtd* **1** Aparentar, fazer crer, fingir. *vtd* **2** Afligir, abalar, impressionar. *vtd* **3** Causar lesão ou moléstia a. *vtd* **4** Contagiar, contaminar. *vtd* **5** Dizer respeito a, interessar. *vtd* **6** Incomodar, provocar mal-estar em. *vpr* **7** Apurar-se ou esmerar-se muito, a ponto de tornar-se ridículo. *Part: afetado e afeto*.

a.fe.ti.vi.da.de (*afetivo*+*i*+*dade*) *sf* **1** Qualidade de quem é afetivo. **2** *Psicol* Suscetibilidade a quaisquer estímulos ou disposição para receber experiências afetivas.

a.fe.ti.vo (*lat affectivu*) *adj* **1** Que mostra afeição ou afeto; afetuoso. **2** *Psicol* Termo geral usado para indicar qualquer tipo de sentimento ou experiência emotiva.

a.fe.to (*lat affectu*) *sm* **1** Sentimento de afeição ou inclinação para alguém. **2** Amizade, paixão, simpatia. • *adj* **1** Afeiçoado. **2** Entregue ao estudo, ao exame ou à decisão de alguém.

a.fe.tu.o.si.da.de (*afetuoso*+*i*+*dade*) *sf* Qualidade de pessoa afetuosa; sentimento de afeição.

a.fe.tu.o.so (ô) (*lat affectuosu*) *adj* **1** Que tem ou indica afeto. **2** Carinhoso, terno. *Antôn: seco, indiferente. Pl: afetuosos* (ó).

a.fi.a.do (a^1+*fio*+ado^1) *adj* **1** Que tem fio; amolado, aguçado, cortante. **2** Apurado, esmerado (estilo). **3** Maligno, maldizente: *Língua afiada*. **4** Que domina com facilidade um assunto: *Afiado em matemática*.

a.fi.a.dor (*afiar*+*dor*) *adj* Que afia. • *sm* **1** Aquele que afia; amolador. **2** Instrumento ou aparelho que serve para afiar.

a.fi.an.ça.do (*part* de *afiançar*) *adj* **1** Abonado, digno de fé ou de crédito. **2** *Dir* Que deu fiança. **3** Assegurado. • *sm* Pessoa a favor da qual se presta ou se prestou fiança.

a.fi.an.çar (a^1+*fiança*+ar^1) *vtd* **1** Abonar, assumir a responsabilidade por, prestar fiança por. *vtd* **2** Afirmar, assegurar. *vtd* **3** Garantir. *vpr* **4** Abonar-se, pagar ou prestar fiança. *Antôn: desabonar, negar, desmentir*.

a.fi.ar (a^1+*fio*+ar^1) *vtd* **1** Dar o fio a; tornar mais cortante; amolar. *vtd* e *vpr* **2** Aperfeiçoar(-se).

a.fi.ci.o.na.do (*cast aficionado*) *adj* Afeiçoado, entusiasta. • *sm* O que gosta muito de determinadas artes ou espetáculos.

a.fi.dal.gar (a^1+*fidalgo*+ar^1) *vtd* e *vpr* **1** Tornar (-se) fidalgo. *vtd* **2** Enobrecer. *vpr* **3** Dar-se ares de fidalgo.

a.fi.gu.rar (a^1+*figura*+ar^1) *vtd* **1** Apresentar figura ou forma de. *vtd* **2** Representar, por escultura ou pintura, ou na imaginação. *vtd* **3** Aparentar, demonstrar. *vtd* **4** Expor, mostrar. *vpr* **5** Parecer.

a.fi.la.do (*part* de *afilar*) *adj* **1** Delgado, delicado. **2** Aguçado, pontudo.

a.fi.lar (a^1+*lat filu*+*ar*) *vtd* **1** Transformar em fio. *vtd* e *vpr* **2** Tornar(-se) fino. *vpr* **3** Terminar em ponta.

a.fi.lha.do (a^1+*filho*+ado^1) *sm* **1** O que recebe o batismo ou confirmação em relação ao padrinho ou madrinha. **2** Toda pessoa que tem padrinho. **3** Protegido.

a.fi.li.a.ção (*afiliar*+*ção*) *sf* **1** Ato de afiliar. **2** Associação a uma sociedade ou companhia. **3** Junção, união.

a.fi.li.ar (*lat a*+*filiu*+ar^1) *vtd* e *vpr* Agregar(-se); filiar(-se) como sócio ou membro.

a.fim (*lat affine*) *adj m*+*f* **1** Que tem afinidade, semelhança ou relação com. **2** Que possui parentesco por afinidade. **3** Próximo, vizinho. **4** Que tem a mesma origem. • *sm* **1** Parente por afinidade. **2** Adepto, partidário.

Usa-se **afim** (adjetivo ou substantivo) com o significado de semelhante.
Paulo e seu pai têm temperamentos afins (= semelhantes).
Afim (de) pode também expressar afinidade, além de semelhança.
O inglês, língua germânica, é um idioma afim do alemão.
Lembre-se de que **a fim de** (grafado separadamente) é uma locução prepositiva.
Ele viajou a fim de descansar um pouco (para descansar; com a intenção de descansar).

a.fi.na.ção (*afinar*+*ção*) *sf* **1** Ação ou efeito de afinar. **2** Purificação de metais. **3** *Mús* Correspondência de tom entre uma nota musical e outra. **4** *Mús* Harmonia perfeita entre todas as notas de um instrumento, orquestra, grupo vocal ou musical, ou da voz humana.

a.fi.na.do (*part* de *afinar*) *adj* **1** Que recebeu afinação (instrumento). **2** Purificado. **3** *Mús* Que se afinou; que está no devido tom. **4** Perito num serviço.

a.fi.nal (a^1+*final*) *adv* Finalmente, no final, por fim; afinal de contas.

a.fi.nar (a^1+*fino*+ar^1) *vtd* **1** Tornar fino ou mais fino. *vtd* **2** Purificar metais no crisol. *vtd* **3** *Mús* Ajustar o som de; dar tom musical a; temperar (o instrumento). *vti* **4** Ajustar, harmonizar. *vint* **5** Cantar ou tocar, ajustando o tom da voz ou da música.

a.fin.co (de *afincar*) *sm* **1** Conduta persistente. **2** Insistência, perseverança.

a.fi.ni.da.de (*lat affinitate*) *sm* **1** Qualidade de afim. **2** Parentesco que um cônjuge contrai com a família do outro cônjuge. **3** Conformidade, semelhança. *Afinidade eletiva, Quím:* força atra-

afirmação 27 **afrescalhar**

tiva pela qual uma substância une-se a outra, determinada, em vez de a uma terceira.
a.fir.ma.ção (*lat affirmatione*) *sf* **1** Ato de afirmar. **2** *Psicol V autoafirmação*.
a.fir.mar (*lat affirmare*) *vtd* e *vpr* **1** Tornar firme. *vtd* **2** Declarar com firmeza. *vtd* **3** Estabelecer a existência de fato. *vtd* **4** Confessar, reconhecer. *vtd* e *vint* **5** Certificar. *vtd* **6** Consolidar. *vtd* **7** Confirmar. *Antôn: desmentir, negar, ocultar*.
a.fir.ma.ti.va (de *afirmativo*) *sf* **1** Afirmação. **2** Proposição pela qual se afirma ou se sustenta que uma coisa é verdadeira. *Antôn: negativa*.
a.fir.ma.ti.vo (*lat affirmativu*) *adj* **1** Que afirma; que envolve afirmação. **2** Que sustenta uma coisa como verdadeira. **3** Que denota concordância. *Antôn: negativo*.
a.fi.ve.lar (a^1+*fivela*+ar^1) *vtd* **1** Apertar, prender ou segurar com fivela. **2** Colocar fivela em.
a.fi.xar (*cs*) (*afixo*+ar^1) *vtd* e *vpr* **1** *V fixar*. **2** *Dir* Pregar, em lugar visível ao público, qualquer edital, aviso ou citação.
a.fi.xo (*cs*) (*lat affixu*) *adj* Fixado, unido. • *sm Gram* Elemento que se agrega ao princípio ou ao fim das palavras e lhe traz modificação de sentido.

Afixos são morfemas gramaticais que acrescenta-dos ao radical alteram-lhe geralmente o sentido. Os **afixos** que são antepostos ao radical chamam-se *prefixos*; os que são pospostos denominam-se *sufixos*. Exemplos:
pre- (prefixo) + *ver* = *prever*
re- (prefixo) + *ação* = *reação*
pedra + -*eiro* (sufixo) = *pedreiro*
rancor + -*oso* (sufixo) = *rancoroso*

a.fleu.mar (a^1+*fleuma*+ar^1) *vtd* e *vpr* **1** Tornar(-se) fleumático, pachorrento. *vint* **2** *Med* Inchar, inflamar.
a.fli.ção (*lat afflictione*) *sf* **1** Ansiedade, inquietação. **2** Padecimento físico; tormento, tristeza. *Antôn: alegria, contentamento*.
a.fli.gir (*lat affligere*) *vtd* **1** Angustiar, causar aflição a. *vpr* **2** Sentir aflição. *vtd* **3** Desolar, devastar. *Part: afligido* e *aflito*.
a.fli.ti.vo (*aflito*+*ivo*) *adj* Que aflige, que produz aflição.
a.fli.to (*lat afflictu*) *adj* Que está com aflição; que está angustiado. • *sm* Pessoa aflita, angustiada.
a.flo.rar (a^1+*flor*+ar^1) *vtd* **1** Nivelar uma superfície com outra. *vtd* **2** Tocar a superfície de. *vtd* **3** Tocar ligeiramente. *vti* e *vint* **4** Aparecer, emergir à superfície.
a.flu.ên.cia (*lat affluentia*) *sf* **1** Ato ou efeito de afluir; afluxo. **2** Corrente abundante de água, de líquidos. **3** Grande quantidade de pessoas ou coisas.
a.flu.en.te (*lat afluente*) *adj m+f* **1** Que aflui, que corre. **2** Abundante. • *sm* Rio, riacho ou córrego que despeja suas águas em outro.
a.flu.ir (*lat affluere*) *vti* **1** Correr ou escorrer para um lugar ou para um lado. **2** Concorrer, vir em grande quantidade. *Part: afluído*.
a.flu.xo (*cs*) (*lat affluxu*) *sm* Ato de afluir, afluência.
a.fo.ba.ção (*afobar*+*ção*) *sf pop* Atrapalhação, pressa; afobamento. *Antôn: calma*.
a.fo.ba.do (*part* de *afobar*) *adj* **1** Apressado. **2** Atrapalhado, atarantado.
a.fo.ba.men.to (*afobar*+*mento*) *sm* Afobação.

a.fo.bar (*voc onom*) *vtd* **1** Causar afobação a. *vtd* e *vpr* **2** *pop* Apressar(-se), atrapalhar(-se).
a.fo.far (a^1+*fofo*+ar^1) *vtd* **1** Tornar fofo ou mole. *vint* e *vpr* **2** Ficar fofo.
a.fo.ga.di.lho (*afogado*+*ilho*) *sm* Precipitação, pressa. *De afogadilho:* apressadamente.
a.fo.ga.do (*part* de *afogar*) *adj* **1** Que se afogou. **2** Diz-se da voz baixa. **3** *Tecn* Diz-se do motor que não arranca, por estar com excesso de combustível nos cilindros. • *sm* O que se afogou.
a.fo.ga.dor (*afogar*+*dor*) *adj* Que afoga, que sufoca. • *sm* **1** Indivíduo que faz o afogamento. **2** *Autom* Dispositivo que permite enriquecer a mistura de ar e de combustível no carburador.
a.fo.gar (*lat affocare*, por *affacare*) *vtd* **1** Abafar, asfixiar, sufocar. *vtd* e *vpr* **2** Matar(-se) por submersão. *vtd* **3** Reprimir (*p ex*, gemidos). *vtd* **4** Embargar, entrecortar, interromper: *A dor afogou minha voz. vtd* **5** Ajustar ou apertar ao pescoço (*p ex*, o vestido). *vpr* **6** Matar-se ou morrer por asfixia causada por qualquer corpo líquido ou pastoso. *vpr* **7** *fig* Embebedar-se, embriagar-se. *vtd* **8** *Autom* Acionar o afogador de um veículo. *vint* e *vpr* **9** Parar (o motor do veículo), por excesso de combustível.
a.fo.gue.a.do (*part* de *afoguear*) *adj* **1** Posto em brasa. **2** Cor de fogo; vermelho. **3** Rubro, corado. **4** Entusiasmado, caloroso.
a.fo.gue.ar (a^1+*fogo*+*e*+ar^1) *vtd* **1** Pôr fogo em, queimar. *vtd* **2** Avermelhar, tornar corado. *vtd* **3** Entusiasmar, excitar. *vpr* **4** Incendiar-se, inflamar-se. Conjuga-se como *frear*.
a.foi.te.za (*afoito*+*eza*) *sf* **1** Qualidade do que é afoito. **2** Atrevimento, audácia, ousadia. *Antôn: timidez, pusilanimidade*.
a.foi.to (a^1+*lat fautu*) *adj* **1** Audaz, corajoso, destemido. **2** Apressado. • *sm* Pessoa que tem ou mostra afoiteza.
a.fo.ni.a (a^1+*fono*+ia^1) *sf Med* Diminuição ou perda da voz, determinada por inflamação, lesão ou paralisia do órgão vocal.
a.fô.ni.co (a^1+*fono*+ico^2) *adj* Que tem afonia.
a.fo.ra (a^1+*fora*) *adv V fora*. • *prep* À exceção de, além de, exceto.
a.fo.ra.men.to (*aforar*+*mento*) *V enfiteuse*.
a.fo.rar (a^1+*foro*+*ar*) *vtd* **1** Dar em aforamento. **2** Arrendar com foro. **3** Tomar em aforamento.
a.fo.ris.mo (*gr aphorismós*) *sm* **1** Sentença que, em poucas palavras, contém uma regra ou um princípio de grande alcance. **2** Dito sentencioso; máxima.
a.for.mo.se.ar (a^1+*formoso*+*e*+*ar*) *vtd* e *vpr* Tornar(-se) formoso; embelezar(-se); adornar(-se).
a.for.tu.na.do (*part* de *afortunar*) *adj* Feliz, ditoso, bem-aventurado. *Antôn: infeliz, desditoso*.
a.fo.xé (*ioruba afôshé*) *sm* **1** *Etnol* Festa pública, de caráter semirreligioso, realizada nos terreiros de candomblé. **2** Rancho carnavalesco na Bahia. **3** Candomblé tido como de qualidade inferior.
a.fran.ce.sar (a^1+*francês*+ar^1) *vtd* e *vpr* Dar modos de francês a, tornar(-se) semelhante a francês.
a.fre.gue.sar (a^1+*freguês*+ar^1) *vtd* **1** Tornar freguês. *vtd* **2** Adquirir fregueses para. *vpr* **3** Encher-se de fregueses. *vpr* **4** Tornar-se freguês.
a.fres.ca.lhar (a^1+*fresco*+*alho*+ar^1) *vtd* e *vpr vulg* Tornar(-se) fresco; efeminar(-se).

a.fres.car (a^1+*fresco*+ar^1) *vtd* e *vpr* Refrescar(-se).

a.fres.co (ê) (de *afrescar*) *sm* **1** *Art Plást* Gênero de pintura que consiste em revestir de argamassa uma parede e, sobre a massa ainda fresca, pintar em cores, possibilitando o embebimento da tinta. **2** Pintura feita desse modo.

a.fre.ta.men.to (*afretar*+*mento*) *sm* Aluguel de navio ou outro meio de transporte para transportar mercadorias, objetos etc.; fretamento.

a.fri.cân.der (*hol afrikaans*) *adj m+f* Relativo aos brancos, de origem holandesa, da África do Sul. • *s m+f* **1** Branco de origem holandesa, nascido na África do Sul, ou aí residente há muito tempo. **2** Filho de pai holandês e mãe hotentote (povo da África Meridional). *Pl: africânderes*.

a.fri.câ.ner (*hol afrikaans*) *sm Ling* Língua derivada do holandês do século XVII, falada na África do Sul, pelos africânderes. • *adj m+f* Relativo a essa língua.

a.fri.ca.ni.zar (*africano*+*izar*) *vtd* e *vpr* Dar aspecto ou feição de coisa africana a; tornar(-se) africano.

a.fri.ca.no (*lat africanu*) *adj* **1** Relativo à África. **2** Natural da África. • *sm* **1** O natural da África. **2** Indivíduo de raça negra. *Sin: áfrico, afro*.

a.fro (*lat afru*) *V africano*.

a.fro-bra.si.lei.ro *adj Etnol* Relativo aos africanos e aos brasileiros, simultaneamente. • *sm* Brasileiro descendente de africanos negros. *Pl: afro-brasileiros*.

a.fro.di.sí.a.co (*gr aphrodisiakós*) *adj* **1** *Med* Restaurador da potência. **2** Excitante sexual. **3** Libidinoso, voluptuoso. • *sm* Medicamento próprio para excitar o apetite sexual.

a.fro-lu.si.ta.no (*afro²+lusitano*) Que ao mesmo tempo diz respeito aos africanos e portugueses. • *adj+sm* Que, ou aquele que é resultante da união ou das relações de africano com português. *Pl: afro-lusitanos*.

a.fron.ta (de *afrontar*) *sf* **1** Injúria, insulto. **2** Desonra, infâmia. **3** Ataque, assalto.

a.fron.tar (a^1+*fronte*+ar^1) *vtd* e *vpr* **1** Atacar, encarar. *vtd* **2** Desprezar, insultar, fazer afronta a. *vtd* **3** *Dir* Acarear.

a.frou.xar (a^1+*frouxo*+ar^1) *vtd* **1** Tornar frouxo. *vtd* **2** Desapertar, soltar. *vtd* e *vint* **3** Diminuir a rapidez de: *Afrouxar o passo*. *vtd* **4** Abrandar, acalmar. *vint* **5** Alargar-se, soltar-se. *vint* **6** Enfraquecer. *vpr* **7** Fazer-se frouxo, relaxar-se.

af.ta (*gr áphtha*) *sf Med* Úlcera pequena, superficial, branco-acinzentada, de forma circular, que aparece na mucosa bucal.

af.to.sa (de *aftoso*) *sf Med* Designação vulgar da aftose. *V febre aftosa*.

af.to.se (*afta*+*ose*) *sf Med* Estado doentio caracterizado pela formação de aftas.

a.fu.gen.tar (a^1+*fugente*+ar^1) *vtd* **1** Afastar, fazer fugir, pôr em fuga. **2** Fazer desaparecer.

a.fun.da.do (*part* de *afundar*) *adj* **1** Posto ao fundo. **2** Posto a pique, que se fez afundar (embarcação). **3** Aprofundado. **4** Escavado fundamente.

a.fun.dar (a^1+*fundo*+ar^1) *vtd* **1** Pôr no fundo. *vtd* **2** Pôr a pique: *O torpedo afundou o navio*. *vtd* **3** Aprofundar, escavar fundamente. *vint* e *vpr* **4** Ir a pique, submergir-se: *O navio afundou*.

a.fu.ni.la.do (*part* de *afunilar*) *adj* **1** Com forma de funil. **2** Aguçado.

a.fu.ni.lar (a^1+*funil*+ar^1) *vtd* **1** Dar forma de funil a. *vpr* **2** Tomar forma de funil.

a.gá *sm* O nome da letra h. *Pl: agás* ou *hh*.

a.ga.cha.men.to (*agachar*+*mento*) *sm* Ato ou efeito de agachar(-se).

a.ga.char (*cast agachar*) *vpr* **1** Abaixar-se, acocorar-se. **2** Entregar-se, humilhar-se, sujeitar-se. *Antôn: levantar* (acepção 1); *reagir* (acepção 2).

a.ga.da.nhar (a^1+*gadanho*+ar^1) *vtd* e *vpr* **1** Agarrar, ferir(-se) com as unhas ou garras. *vtd* **2** Roubar. *vtd* **3** Aferrar com a gadanha. *vtd* **4** Prender.

a.ga.lo.ar (a^1+*galão*+ar^1) *vtd* **1** Guarnecer de galões. **2** Enaltecer.

á.ga.pe (*gr agápe*, amor) *sm* **1** Refeição em comum celebrada entre os primeiros cristãos. **2** Um dos nomes da Eucaristia. **3** Caridade e fraternidade entre os primeiros cristãos. **4** Festa de confraternização. **5** *poét* Íntima relação entre duas almas.

á.gar (*malaio ágar*) *sm* **1** *Bacter V ágar-ágar*. **2** *V gelatina*.

á.gar-á.gar (*malaio ágar-ágar*) *sm* **1** *Quím* Substância gelatinosa obtida de certas algas asiáticas utilizada em bacteriologia, para a solidificação de meios de cultura e como laxativo. No Oriente se emprega na preparação de sopas e geleias. **2** Alga de que se extrai essa substância. **3** Geleia suculenta que se extrai dessa alga e serve de alimentação entre vários povos asiáticos. *Pl: ágar-ágares*.

a.gá.ri.co (*gr agarikón*, tipo de cogumelo) *sm Bot* Gênero de cogumelos (*Agarius*), da família das agaricáceas, que inclui várias espécies comestíveis.

a.gar.ra-a.gar.ra *sm* **1** *pop V pega-pega*. **2** *vulg* Bolinação, bolinagem. *Pl: agarra-agarras*.

a.gar.ra.ção (*agarrar*+*ção*) *sf* **1** Ato ou efeito de agarrar. **2** Grande amizade, amizade inseparável.

a.gar.ra.do (*part* de *agarrar*) *adj* **1** Que se agarrou; seguro, preso. **2** *pop* Diz-se de pessoa, criança ou animal apegado demais a outro. **3** Teimoso. **4** Avarento.

a.gar.ra.men.to (*agarrar*+*mento*) *sm* **1** Ato ou efeito de agarrar. **2** Apego, união (entre pessoas). **3** Ato pelo qual duas ou mais pessoas se ficam segurando com intenções suspeitas; amasso. **4** Avareza.

a.gar.rar (a^1+*garra*+ar^1) *vtd* **1** Prender com garra. *vtd* e *vpr* **2** Segurar(-se). *vtd* **3** Prender ou segurar com força e por violência. *vtd* **4** Lançar mão de, valer-se de. *vtd* **5** Furtar. *vti* **6** Prender ou segurar. *vtd* **7** Ligar, prender. *Antôn: largar, soltar*.

a.ga.sa.lhar (*agasalho*+ar^1) *vtd* **1** Dar agasalho a; hospedar. *vtd* **2** Cobrir com agasalho, para abafar, aquecer ou resguardar da chuva ou do frio. *vpr* **3** Aquecer-se; vestir-se com roupas quentes. *vtd* **4** *fig* Guardar no íntimo, no coração; alimentar: *Agasalhar pensamentos maus*.

a.ga.sa.lho (*gót gasalja*) *sm* **1** Ação ou efeito de agasalhar. **2** Roupa de aquecer. **3** Calor, quentura. **4** Hospedagem. **5** Abrigo, proteção.

a.gas.tar (a^1+*gastar*) *vtd* e *vpr* Irritar(-se) por leves provocações; encolerizar(-se).

á.ga.ta (*gr akhátes*) *sf Miner* Variedade de calcedônia que apresenta faixas diversamente coloridas, utilizada na fabricação de joias.

a.ga.ta.nhar (*corr* de *agadanhar*) *vtd* e *vpr* Ferir (-se) com as unhas; arranhar(-se).

á.ga.te (*fr agate*) *sm* Ferro esmaltado.

a.ga.u.cha.do (*part* de *agauchar*) *adj* Que tem modos ou aparência de gaúcho.

a.ga.u.char (a^1+*gaúcho*+ar^1) *vpr* Tomar hábitos ou modos de gaúcho.

a.ga.ve (*gr agaué, np*) *sf Bot* **1** Gênero de plantas amarilidáceas, originárias da América tropical, que fornece o sisal. **2** Planta desse gênero.

a.gên.cia (*lat agentia*) *sf* **1** Estabelecimento que presta serviços públicos ou particulares: *Agência de publicidade. Agência de turismo.* **2** Sucursal de casas bancárias ou comerciais ou empresas fora das sedes. **3** Repartição ou seção de um serviço, público ou particular, em local diferente do da administração. **4** Local onde está estabelecido o agente. **5** Encargo, função de agente.

a.gen.ci.a.dor (*agenciar*+*dor*) *adj* + *sm* **1** Que, ou quem agencia. **2** Agente.

a.gen.ci.a.men.to (*agenciar*+*mento*) *sm* Ato ou efeito de agenciar.

a.gen.ci.ar (*agência*+ar^1) *vtd* **1** Negociar. **2** Servir de agente de. **3** Adquirir ou obter para si ou para outrem.

a.gen.da (*lat agenda*) *sf* Livro ou caderno em que se anota dia a dia o que se tem a fazer. *Agenda eletrônica:* equipamento eletrônico portátil computadorizado que permite registrar e consultar compromissos diários.

a.gen.dar (de *agenda*) *vtd* Fazer constar em agendas; incluir em agendas.

a.ge.ne.si.a (a^4+*gênese*+ia^1) *sf* **1** *Med* Incapacidade de procriar. **2** *Terat* Ausência ou formação incompleta de um órgão.

a.gen.te (*lat agente*) *adj m+f* Que age, que exerce alguma ação; que produz algum efeito. • *s m+f* **1** O que agencia ou trata de negócios alheios. **2** Pessoa encarregada da direção de uma agência. **3** Qualquer coisa, força ou substância que produz ou é capaz de produzir determinado efeito ou resultado. **4** *Gram* Ser que realiza a ação expressa pelo verbo. **5** Causa, razão, motivo. **6** *Med* Qualquer força, princípio ou substância capaz de agir sobre o organismo. *Agente da voz passiva, Gram:* termo integrante da oração na voz passiva, que indica o ser que pratica a ação expressa pelo verbo.

O **agente da passiva** é, em geral, introduzido pela preposição **por**.
*O texto foi revisado **por** Bárbara.*
*A encomenda foi feita **pelo** (por + o) gerente de compras.*
O **agente da passiva** é *omitido* quando é desconhecido ou quando sua identidade é clara no contexto.
Minhas malas foram roubadas.
Fumar é proibido.

a.ge.ra.si.a (a^4+*gr gêras*+ia^1) *sf Med* Estado da pessoa que mantém o vigor da juventude na velhice.

a.geu.si.a (*gr ágeustos*+ia^1) *V ageustia*.

a.geus.ti.a (*gr ágeustos*+ia^1) *sf Med* Diminuição ou abolição do sentido do paladar.

a.gi.gan.ta.do (*part* de *agigantar*) *adj* Tornado gigante; aumentado.

a.gi.gan.ta.men.to (*agigantar*+$mento^2$) *sm* Ato ou efeito de agigantar(-se).

a.gi.gan.tar (a^1+*gigante*+*ar*) *vtd* **1** Dar grandes dimensões ou formas gigantescas a. *vtd* **2** Engrandecer, exagerar muito. *vpr* **3** Aumentar, crescer muito. *Antôn: diminuir*.

á.gil (*lat agile*) *adj m+f* **1** Desembaraçado, ligeiro, vivo. **2** Flexível, leve. *Sup abs sint:* agílimo e agilíssimo. *Antôn: pesado, moroso*.

a.gi.li.da.de (*lat agilitate*) *sf* **1** Qualidade do que é ágil. **2** Desembaraço, presteza de movimentos. **3** Vivacidade, esperteza.

a.gi.li.za.ção (*agilizar*+*ção*) *sf* Ato ou efeito de agilizar(-se).

a.gi.li.zar (*ágil*+*izar*) *vtd* e *vpr* Tornar(-se) mais ágil; tornar(-se) mais ativo ou desembaraçado.

á.gio (*ital aggio*) *sm* **1** Diferença entre o valor nominal de uma moeda, ou de um título, e o seu valor real. **2** Lucro resultante de negócios de câmbio. **3** Especulação, quantia que se cobra além do juro; usura. **4** Especulação sobre títulos públicos ou ações de companhias, que se compram na baixa dos preços da bolsa de valores, para se venderem na alta.

a.gi.o.ta (de *agiotar*) *adj m+f* **1** Que se dedica à agiotagem. **2** Usurário. • *s m+f* Especulador de bolsa.

a.gi.o.ta.gem (*agiotar*+*agem*) *sf* **1** Especulação com fundos, mercadorias ou câmbios, com o propósito de obter lucros excessivos. **2** Especulação de bolsa. **3** Empréstimo de dinheiro a juros exagerados.

a.gi.o.tar (*fr agioter*) *vint* Praticar ou exercer a agiotagem; especular.

a.gir (*lat agere*) *vint* Atuar, proceder.

a.gi.ta.ção (*lat agitatione*) *sf* **1** Ato ou efeito de agitar. **2** Estremecimento, sacudidela violenta e prolongada. **3** Atividade ou excitação física ou moral. **4** Inquietação. **5** Perturbação política, revolução. **6** *Psiq* Estado psíquico traduzido por inquietação, nervosismo, angústia e insônia. *Antôn: tranquilidade, calma*.

a.gi.ta.di.ço (*agitar*+*diço*) *adj* Que se agita facilmente.

a.gi.ta.do (*part* de *agitar*) *adj* Diz-se do indivíduo inquieto. *Antôn: calmo*.

a.gi.ta.dor (*agitar*+*dor*) *adj* Que agita. • *sm* **1** O que agita. **2** O que excita as paixões populares para determinado fim, político ou religioso. **3** Instrumento ou aparelho para agitar, misturar, sacudir. *Fem: agitadora*.

a.gi.tar (*lat agitare*) *vtd* **1** Mover com violência e frequentemente; abalar. *vtd* **2** Mover brusca e irregularmente; sacudir. *vtd* **3** Excitar; comover fortemente. *vtd* e *vpr* **4** Inquietar(-se), preocupar (-se). *vtd* **5** Sublevar. *vtd* **6** Propor: *Agitar uma questão. vpr* **7** Alvoroçar-se, mover-se.

a.gi.to (de *agitar*) *sm gír* Agitação, excitação.

a.glo.me.ra.ção (*lat agglomeratione*) *sf* **1** Ação ou efeito de aglomerar(-se). **2** Ajuntamento ou multidão de coisas ou pessoas.

a.glo.me.ra.do (*part* de *aglomerar*) *adj* **1** Ajuntado, amontoado. **2** Acumulado. • *sm* **1** Conjunto de coisas amontoadas. **2** Qualquer material constituído de fragmentos de uma substância, ligados geralmente por prensagem. *Aglomerado de madeira:* derivado da madeira, fabricado em chapas planas por meio da prensagem a quente de fragmentos de madeira com um aglutinante.

a.glo.me.rar (*lat agglomerare*) *vtd* e *vpr* Acumular(-se), ajuntar(-se), amontoar(-se), reunir(-se) em massa. *Antôn: desagregar.*

a.glu.ti.ção (a^4+*lat glutire*+*ção*) *sf Med* Dificuldade ou impossibilidade de engolir ou deglutir.

a.glu.ti.na.ção (*aglutinar*+*ção*) *sf* **1** Ato ou efeito de aglutinar. **2** *Gram* Processo de formação de palavras compostas, em que os elementos ficam tão ligados que só podem ser percebidos por análise.

a.glu.ti.nan.te (de *aglutinar*) *adj m+f* **1** Que aglutina. **2** Que causa ou tende a causar adesão. • *sm* **1** Tudo o que aglutina. **2** Aglomerante; substância ativa que liga entre si as partículas de um agregado.

a.glu.ti.nar (*lat agglutinare*) *vtd* **1** Unir com cola ou grude. *vtd* e *vpr* **2** Causar aderência; unir(-se). *vtd* **3** *Ling* Juntar por aglutinação.

ag.nos.ti.cis.mo (a^4+*gnóstico*+*ismo*) *sm Filos* **1** Termo criado por T. H. Huxley (1825-1895), para designar a atitude do espírito de considerar fútil toda metafísica antológica. **2** Qualquer doutrina filosófica que afirma a impossibilidade de conhecer a natureza das coisas. **3** Doutrina que afirma a impossibilidade de conhecer Deus e a origem do Universo.

ag.nós.ti.co (a^4+*gnóstico*) *adj* Pertencente ou relativo ao agnosticismo. • *sm* **1** Partidário do agnosticismo. **2** O que ignora ou aparenta ignorar tudo o que não pode ser percebido pelos sentidos.

a.go.gô (do *ioruba*) *sm Folc* Instrumento de origem africana, usado no candomblé, constituído por duas campânulas de ferro em forma de U, e que se percutem com uma vareta de metal.

a.goi.ren.to (*agoiro*+*ento*) *V agourento.*

a.go.ni.a (*gr agonía*) *sf* **1** Estado em que o moribundo luta contra a morte. **2** Fase de decadência que anuncia o fim. **3** Aflição, angústia. **4** Desejo intenso de conseguir alguma coisa; ânsia. **5** *Reg* (Centro e Sul) Amolação, incômodo. **6** *Reg* (Nordeste) Pressa.

a.go.ni.a.do (*part* de *agoniar*) *adj* **1** Que sente agonia. **2** Aflito, ansiado. **3** Amargurado. **4** Indisposto, nauseado. **5** *Reg* (Nordeste) Apressado.

a.go.ni.ar (*agonia*+ar^1) *vtd* **1** Causar agonia a. *vtd* **2** Afligir. *vtd* e *vpr* **3** Amargurar(-se), atribular(-se). *vtd* e *vpr* **4** Entediar(-se), irritar(-se). *vpr* **5** Ansiar, sentir agonia.

a.go.ni.zan.te (de *agonizar*) *adj m+f* **1** Que agoniza, moribundo. **2** Que causa agonia. **3** Que declina rapidamente, que está em decadência. • *s m+f* O que está agonizando.

a.go.ni.zar (decalque do *gr agonízein*) *vtd* **1** Afligir, agoniar. *vint* **2** Estar moribundo, estar na agonia, prestes a morrer.

a.go.ra (*lat hac hora*) *adv* **1** Nesta hora, neste instante, neste momento. **2** Atualmente, presentemente. **3** Depois disto, em vista disto: *Você nos ofendeu, agora aguente as consequências.* • *conj* **1** Ora: *Agora mostra a mão direita, agora a esquerda.* **2** Mas, porém, entretanto: *Desculpo os seus erros, agora calúnias não admito. Agora mesmo:* ainda agora, neste mesmo instante.

á.go.ra (*gr agora*) *sf* **1** Praça pública onde os gregos celebravam as suas assembleias e aplicavam a justiça. **2** Praça do mercado.

a.go.ra.fo.bi.a (*ágora*+*fobo*+ia^1) *sf Psiq* Medo de se achar só num espaço livre e descoberto ou de atravessar uma praça pública, uma rua.

a.go.ri.nha (*agora*+*inha*) *adv pop* Agora mesmo; ainda agora; há poucos instantes.

a.gos.ti.ni.a.no (*Agostinho, np*+*i*+*ano*) *adj* **1** Relativo a Santo Agostinho (354-430), natural da África romana. **2** Pertencente ou relativo à odem ou às doutrinas de Santo Agostinho. • *sm* Frade da ordem de Santo Agostinho.

a.gos.to (*ô*) (*lat Augustu, np*) *sm* Oitavo mês do ano, nos calendários gregoriano e juliano, com 31 dias.

a.gou.rar (*agouro*+ar^1) *vtd* **1** Adivinhar, pressentir, prever. *vti* e *vint* **2** Profetizar pela observação de coisas ou por meio de cerimônias agoureiras. *vpr* **3** Prever o que está para acontecer a si mesmo.

a.gou.ren.to (*agouro*+*ento*) *adj* Que envolve mau agouro. *Var: agoirento.*

a.gou.ro (*lat auguriu*) *sm* **1** Augúrio, presságio, predição, profecia. **2** Predição através do canto ou voo das aves. **3** Qualquer sinal considerado como anúncio de acontecimentos futuros, bons ou maus.

a.gra.ci.ar (a^1+*graça*+ar^1) *vtd* **1** Conceder graças, condecorações ou honras a. **2** Anistiar, perdoar a pena. **3** Honrar com o título de. **4** Dar graça ou perfeição a.

a.gra.dar (a^1+*grado*+ar^1) *vti* **1** Contentar, satisfazer, ser agradável: *Agradar aos amigos. vint* **2** Causar ou inspirar complacência ou satisfação, deleitar, ser agradável. *vtd* **3** Fazer agrados, afagar: *João sempre agrada o afilhado. vpr* **4** Tomar-se de amores.

a.gra.dá.vel (*agradar*+*vel*) *adj m+f* **1** Que agrada. **2** Que satisfaz. **3** Cortês, delicado. *Sup abs sint: agradabilíssimo.*

a.gra.de.cer (a^1+*grado*+*ecer*) *vtd, vti* e *vint* Mostrar-se grato por (benefício recebido): *Agradecer um presente.*

a.gra.de.ci.do (*part* de *agradecer*) *adj* **1** Que demonstra gratidão. **2** Grato, obrigado, como fórmula de agradecimento, geralmente precedido de muito. *Antôn: ingrato.*

a.gra.de.ci.men.to (*agradecer*+*mento*) *sm* **1** Ação ou efeito de agradecer. **2** Gratidão, reconhecimento. **3** Recompensa.

a.gra.do (de *agradar*) *sm* **1** Ato ou efeito de agradar(-se). **2** Contentamento. **3** Cortesia, amabilidade. **4** *pop* Pagamento por algum favor; presente; gorjeta.

a.gra.fi.a (a^4+*grafo*+ia^1) *sf Med* Incapacidade de exprimir o pensamento por meio da escrita.

a.gra.ma.tis.mo (a^4+*grama*+*ismo*) *sm* **1** *Med* Vício de pronúncia que consiste na omissão de letras ou sílabas ou pela incapacidade de relacionar as palavras, formando frases. **2** Fase normal do desenvolvimento da criança.

a.grá.rio (*agro*+*ário*) *adj* Que pertence ou se refere ao campo; rural. • *sm* Agricultor.

a.gra.u.dar (*a*+*graúdo*+ar^1) *vtd* **1** Tornar graúdo.

agravado vint e vpr **2** Tornar-se graúdo. *Conjug – Pres indic:* agraúdo, agraúdas, agraúda, agraudamos, agraudais, agraúdam; *Pres subj:* agraúde, agraúdes, agraúde, agraudemos, agraudeis, agraúdem.

a.gra.va.do (*part* de *agravar*) *adj* Que se agravou.

a.gra.van.te (de *agravar*) *adj m+f* Que agrava. • *sm* Aquele ou aquilo que agrava. *sf* Circunstância que torna o crime ou o pecado mais grave.

a.gra.var (*lat aggravare*) *vtd* **1** Oprimir com peso ou carga; sobrecarregar. *vtd* **2** Aumentar a importância de. *vtd* **3** Piorar. *vtd* e *vpr* **4** Magoar(-se), ofender(-se). *vint* **5** Ficar pior do que estava. *vpr* **6** Tornar-se mais grave. *Antôn: desagravar, atenuar.*

a.gra.vo (de *agravar*) *sm* Afronta, injúria, ofensa.

a.graz (*agro+az*) *sm* Qualquer fruta (especialmente uva) muito amarga, de verde.

a.gre.dir (*lat aggredire*) *vtd* **1** Atacar, assaltar. **2** Insultar, ofender. **3** Espancar. **4** Irritar os sentidos. Conjuga-se como *prevenir*.

a.gre.ga.ção (*agregar+ção*) *sf* **1** Ação ou efeito de agregar. **2** Aglomeração, associação, conjunto, reunião.

a.gre.ga.do (*part* de *agregar*) *adj* Reunido, anexo, associado. • *sm* **1** Lavrador pobre que se estabelece nas terras de outros, com permissão dos proprietários. **2** O que vive em uma família como se fosse parente. **3** Serviçal, criado. **4** *Constr* Partículas de material granular inerte (areia, madeira, pedra etc.), ligadas entre si por um aglutinante para utilização na composição de argamassas e alvenarias.

a.gre.gar (*lat aggregare*) *vtd* **1** Congregar, reunir. *vtd* **2** Acumular, amontoar. *vtd* e *vti* **3** Juntar, associar, reunir: *Agregar um benefício a outro*. *vpr* **4** Associar-se, reunir-se.

a.gre.mi.a.ção (*agremiar+ção*) *sf* **1** Ação de agremiar(-se). **2** Associação, grêmio, sociedade.

a.gre.mi.ar (a^1+*grêmio*+ar^1) *vtd* e *vpr* Reunir(-se) em grêmio; associar(-se).

a.gres.são (*lat aggressione*) *sf* **1** Ação ou efeito de agredir. **2** Instigação, investida. **3** Ataque armado de um Estado a outro, sem se basear na legítima defesa.

a.gres.si.vi.da.de (*agressivo+i+dade*) *sf* **1** Disposição para agredir; qualidade de agressivo. **2** *Com* Dinamismo.

a.gres.si.vo (*lat aggressu+ivo*) *adj* **1** Que indica ou envolve agressão. **2** Que tende a ofender.

a.gres.sor (*lat aggressore*) *adj* Que agride. • *sm* O que agride.

a.gres.te (*lat agreste*) *adj m+f* **1** Que pertence ao campo ou a seus habitantes. **2** *Bot* Silvestre. **3** *fig* Rude, rústico, tosco. • *sm* **1** Homem rústico. **2** Zona geográfica do Nordeste, entre a mata e a caatinga, de solo pedregoso e vegetação escassa e de pequeno porte.

a.gri.ão (*cast agrión*) *sm* **1** *Bot* Planta herbácea, da família das crucíferas (*Nasturtium officinale*) aquática, comestível e medicinal. **2** *gír* Dinheiro.

a.grí.co.la (*lat agrícola*) *adj m+f* **1** Que diz respeito à agricultura ou ao agricultor. **2** Que se dedica à agricultura. • *sm* V *agricultor*.

a.gri.cul.tor (*lat agricultore*) *adj* Que trabalha na agricultura; agrícola. • *sm* **1** Lavrador. **2** Proprietário das terras que cultiva, explora ou lavra.

a.gri.cul.tu.ra (*lat agricultura*) *sf* Arte de cultivar a terra.

a.gri.do.ce (*agri+doce*) *adj m+f* **1** Agro e doce ao mesmo tempo. **2** Que causa prazer misturado de amargura. • *sm* Gosto doce e amargo ao mesmo tempo. *Var: acre-doce, agridulce, agro-doce.*

a.gri.lho.ar (a^1+*grilhão*+ar^1) *vtd* **1** Pôr grilhões em, prender com grilhões. *vtd* **2** Reprimir. *vtd* e *vint* **3** Escravizar. *vtd* e *vti* **4** Associar, ligar. *Antôn: libertar.*

a.gri.men.sor (*lat agrimensore*) *sm* **1** Medidor de campos ou propriedades rurais. **2** *Entom* Nome das larvas de certas borboletas da família dos geometrídeos, que se locomovem de forma peculiar.

a.gri.men.su.ra (*lat agrimensura*) *sf* Arte de medir a superfície dos terrenos, para fazer plantas.

a.gro (*lat *acru*, por *acre*) *adj* **1** Acre, azedo. **2** Áspero, desagradável. • *sm* **1** Sabor ácido. **2** Azedume. **3** *Ant* Campo ou terra lavradia. *Sup abs sint: agérrimo* e *agríssimo.*

a.gro-do.ce ($agro^1$+*doce*) *V agridoce*. *Pl: agro--doces.*

a.gro.e.co.lo.gi.a (*agro+ecologia*) *sf Ecol* Estudo da integração da atividade agrícola com a proteção do meio ambiente.

a.gro.in.dús.tria (*agro+indústria*) *sf* Atividade econômica da industrialização do produto agrícola.

a.gro.in.dus.tri.al (*agro+industrial*) *adj m+f* Que se refere ao mesmo tempo à agricultura e à indústria.

a.gro.lo.gi.a (*agro+logo+ia*^{1}) *sf* Ciência que trata do estudo dos solos em relação à agricultura.

a.grô.me.tro (*agro+metro*^{2}) *sm* Instrumento para facilitar as operações de agrimensura.

a.gro.no.mi.a (*agro+nomo+ia*^{1}) *sf Agr* Ciência que tem por objetivo o cultivo dos campos.

a.gro.nô.mi.co (*agro+nomo+ico*^{2}) *adj* Pertencente ou relativo à agronomia.

a.grô.no.mo (*gr agrónomos*) *sm* **1** O que tem diploma por escola de agronomia. **2** Especialista em agronomia.

a.gro.pe.cu.á.ria (*agro+pecuária*) *sf* Teoria e prática da agricultura associada à pecuária.

a.gro.pe.cu.á.rio (*agro+pecuário*) *adj* Pertencente ou relativo à agropecuária.

a.gro.pe.cu.a.ris.ta (*agro+pecuarista*) *s m+f* Pessoa que se dedica à agropecuária.

a.gro.tó.xi.co (*cs*) (*agro+tóxico*) *sm Quím* Produto químico usado no combate e prevenção de pragas da agricultura; defensivo agrícola.

a.gru.pa.men.to (*agrupar+mento*) *sm* **1** Ato ou efeito de agrupar(-se). **2** Grupo.

a.gru.par (a^1+*grupo*+ar^1) *vtd* e *vpr* Associar(-se), juntar(-se) ou reunir(-se) em grupo. *Antôn: dispersar, disseminar, espalhar.*

a.gru.ra (*agro+ura*^{1}) *sf* **1** Azedume, sabor agro. **2** Aspereza. **3** Amargura, desgosto.

á.gua (*lat aqua*) *sf* **1** Líquido formado de dois átomos de hidrogênio e um de oxigênio, sem cor, cheiro ou sabor e transparente. **2** Chuva. **3** Líquido aquoso. **4** Lágrimas. **5** Suor. **6** Aparência cristalina, limpidez. **7** *Arquit* Cada uma das vertentes do telhado de uma casa. *sf pl* **1** Designação coletiva de extensões de água, como mares, lagos, rios etc. **2** A água que ocupa determinado leito ou nele corre. **3** Designação genérica das nascentes de águas minerais e medicinais. Ruído: borbulhar, murmurar, rumorejar. *Água de cheiro, pop:* perfume; água-de-colônia. *Água mineral:* a que tem porcentagem de sais acima da habitual nas águas potáveis. *Água potável:* a que se pode beber. *Água que passarinho não bebe, pop:* cachaça. *Até debaixo d'água:* de qualquer modo, em qualquer condição ou situação. *Fazer água, Náut:* diz-se da embarcação onde entra água, por uma ou mais aberturas acidentais. *Ficar com água na boca:* ficar com vontade de comer alguma coisa ou possuir algo. *Ir por água abaixo:* arruinar-se, dar prejuízo.

á.gua-ben.ta *sf pop* Cachaça. *Pl: águas-bentas.*

a.gua.cei.ro (*aguaça+eiro*) *sm* Chuva forte, repentina e passageira; toró; pé-d'água.

a.gua.da (*água+ada^1*) *sf* **1** Provisão de água que o navio faz para a viagem. **2** Lugar onde se faz provisão de água para as embarcações. **3** *Art Plást* Pintura cuja tinta é temperada com água (aquarela, guache etc.). **4** *Encad* Mistura de água e clara de ovo, empregada pelos encadernadores. **5** Chuvada. **6** Lugar nos campos onde bebem os animais; bebedouro.

á.gua-de-co.lô.nia *sf* Álcool perfumado com diversas essências; água de cheiro. *Pl: águas-de-colônia.*

a.gua.dei.ro (*aguar+deiro*) *adj* Que deixa escorrer a água da chuva. • *sm* Homem que vende ou fornece água para o serviço doméstico.

a.gua.do (*part* de *aguar*) *adj* **1** Diluído em água, misturado com água. **2** Desvanecido, não carregado. **3** Diz-se do fruto que contém muita água. **4** *Reg* (Nordeste) Com pouco açúcar: *Café aguado.* **5** Insípido; sem graça. **6** *pop* Que está com água na boca. **7** *pop* Diz-se de quem ficou frustrado no desejo de comer ou possuir alguma coisa.

á.gua-for.te *sf* **1** *Quím* Nome vulgar do ácido nítrico. **2** Gravura a água-forte. *Pl: águas-fortes.*

á.gua-fur.ta.da *sf* Compartimento no último andar de uma casa, com janelas que abrem sobre o telhado, alterando o curso das águas. *Pl: águas-furtadas.*

a.gua.gem (*aguar+agem*) *sf* **1** Ação ou efeito de aguar. **2** Grande massa de água que corre impetuosamente por ocasião de enchentes.

á.gua-ma.ri.nha *sf Miner* Variedade de berilo, de cor verde-mar, mais ou menos clara, que passa ao azul-celeste e ao amarelo-claro. *Pl: águas-marinhas.*

á.gua-mor.na *s m+f pop* Pessoa pacata, indecisa, inofensiva ou mole. *Pl: águas-mornas.*

a.gua.pé (*água+pé*) *sf* **1** Bebida preparada com água e resto das uvas, depois de feito o vinho. **2** Vinho fraco. • *sm Bot* Nome comum a várias plantas que se criam à superfície das águas. Entre elas, as da família das pontederiáceas é considerada a mais comum.

a.guar (*água+ar^1*) *vtd* **1** Borrifar com água ou outro líquido, regar. *vtd* **2** Misturar água com qualquer outro líquido. *vtd* e *vpr* **3** Encher(-se) de água. *vtd* **4** Adulterar (um líquido) com água. *vtd* **5** Frustrar. *vtd* **6** *Pint* Suavizar (as cores) misturando água. *Conjug* – *Pres indic:* águo, águas, água, aguamos, aguais, águam; *Pret perf:* aguei, aguaste, aguou, aguamos, aguastes, aguaram; *Pres subj:* águe, águes, águe, aguemos, agueis, águem.

a.guar.dar (*a^1+guardar*) *vtd, vti* e *vint* **1** Esperar por: *Aguardo a sua chamada.* *vtd* **2** Acatar, respeitar. *vtd* **3** Guardar, velar.

a.guar.den.te (*água+ardente*) *sf* Bebida de teor alcoólico elevado, extraída da uva, da cana, dos cereais, da mandioca, das frutas doces e de quaisquer outros produtos fermentados; pinga; cachaça.

a.guar.do (de *aguardar*) *sm* Ato ou efeito de aguardar; espera.

á.gua-ré.gia *sf Quím* Mistura de três partes de ácido clorídrico e uma de ácido nítrico, que dissolve ouro e platina. *Pl: águas-régias.*

a.guar.rás (*água+lat rasis*) *sf Quím* **1** Essência de terebintina. **2** Produto artificial ou mineral com propriedades idênticas às da essência de terebintina e usado para os mesmos fins.

á.gua-vi.va *sf Zool* Nome popular dos celenterados na forma de medusa, da classe dos cifozoários. Seu aspecto é o de um guarda-chuva gelatinoso, mole e transparente; em contato com a pele, causa dor, queimadura e ardência. As espécies mais encontradas no litoral brasileiro são do gênero *Rhizostoma.* *Pl: águas-vivas.*

a.gu.ça.do (*part* de *aguçar*) *adj* **1** Afiado, cortante. **2** Afunilado, agudo. **3** Atento: *Ouvido aguçado.*

a.gu.ça.men.to (*aguçar+mento*) *sm* **1** Ato ou efeito de aguçar. **2** Esperteza, sutileza.

a.gu.çar (*lat acutiare*) *vtd* **1** Afiar, amolar. *vtd* **2** Tornar agudo. *vtd* **3** Avivar, tornar perspicaz: *Aguçar a inteligência.* *vtd* **4** Estimular: *Aguçar o apetite.* *vtd* **5** Animar, excitar: *Aguçar a raiva.* *vtd* **6** Aumentar a agudeza de: *Aguçar os olhos.* *vint* **7** Afunilar-se. *Antôn:* embotar.

a.gu.de.za (*agudo+eza*) *sf* **1** Qualidade do que é agudo. **2** Perspicácia, esperteza. **3** Acuidade. **4** Aspereza. **5** Estado agudo da doença. **6** *Mús* Altura ou elevação do som.

a.gu.do (*lat acutu*) *adj* **1** Afilado, aguçado, pontiagudo. **2** Esperto, perspicaz, vivo. **3** Divertido. **4** Forte, violento, vivo (dor, doença). **5** *Mús* Diz-se do som alto ou fino, oposto ao baixo. **6** *Gram* Diz-se da palavra ou do verso cujo acento tônico cai na última sílaba. *Sup abs sint:* acutíssimo e *agudíssimo.* • *sm Mús* Nota aguda. *Antôn:* embotado; grave.

a.guen.tar (*gwe*) (*ital agguantare*) *vtd* **1** Suportar, sustentar (carga, peso ou trabalho). *vtd* **2** Aturar, tolerar. *vtd* e *vint* **3** Resistir a. *vpr* **4** Arranjar-se: *Aguente-se, já que não quis ouvir os meus conselhos.* *vpr* **5** Manter-se firme, resistir.

a.guer.ri.do (*part* de *aguerrir*) *adj* **1** Acostumado à guerra. **2** Que tem modos belicosos; corajoso.

a.guer.rir (*fr aguerrir*) *vtd* e *vpr* **1** Habituar(-se) à guerra. *vpr* **2** Exercitar-se nas armas. *Conjug:* é defectivo; só se emprega nas formas em que houver um *i* tônico; não tem o presente do subjuntivo nem o imperativo negativo.

á.guia (*lat aquila*) *sf* **1** *Ornit* Designação comum a várias aves de rapina de grande porte, diurnas, notáveis pelo seu tamanho, força, figura imponente, agudeza de vista e voo poderoso. Voz: *crocita, grasna, grita, pia*. **2** Homem de grande inteligência ou talento. **3** *Astrol* Constelação do hemisfério boreal, nos confins da Via Láctea, que aparece dividida em dois braços, separados por uma faixa escura. • *sm pop* Pessoa astuta; espertalhão.

a.gui.lhão (*lat vulg aquileone*) *sm* **1** Ferrão com que picam a abelha e outros insetos. **2** Bico ou ponta aguçada. **3** Estímulo, incentivo. **4** Sofrimento. **5** *V acúleo*.

a.gui.lho.ar (*aguilhão+ar*) *vtd* **1** Ferir ou picar com aguilhão. **2** Estimular, incentivar. **3** Fazer sofrer.

a.gu.lha (*lat vulg acucula*) *sf* **1** Instrumento para costurar ou bordar à mão, consistindo numa haste fina, reta ou curva, de aço, pontiaguda numa extremidade e com um furo na outra, por onde se passa a linha. **2** Nome de certos objetos semelhantes a esse instrumento. **3** Instrumento de aço, semelhante, das máquinas de costura. **4** Haste fina, de aço, ferro, cobre ou outros materiais, com extremidades arredondadas ou um gancho em uma delas, usada para fazer meias, tricô, crochê, rendas etc. **5** *Cir* Instrumento delgado, oco, com uma extremidade pontiaguda e a outra aumentada para adaptação à seringa, usado para dar injeções. **6** Extremidade delgada de torre de igreja ou campanário. **7** Cume afilado de montanha. **8** Peça de aço de arma de fogo. **9** *Med* Instrumento para picar ou suturar. *Procurar agulha em palheiro:* procurar coisa muito difícil de achar.

a.gu.lha.da (*agulha+ada*[1]) *sf* **1** Ferimento ou pontada com agulha. **2** Dor fina, pontada. **3** Porção de fio que de cada vez se enfia na agulha.

a.gu.lhão (*agulha+ão*[2]) *sm Ictiol* Peixe marinho da família dos belonídeos (*Strongilura raphidoma*).

a.gu.lhar (*agulha+ar*[1]) *vtd* **1** Ferir com agulha. **2** Ferir, incomodar.

a.gu.lhei.ro (*agulha+eiro*) *sm* **1** Almofada, estojo ou tubo onde se guardam agulhas. **2** O que faz ou vende agulhas.

ah! *interj* Indica os mais variados sentimentos, como: alegria, prazer; admiração, surpresa; saudade; dor, sofrimento; indignação; terror; pedido.

A.h *Eletr* Símbolo de *ampère-hora*.

ah! ah! ah! *interj* Exprime o riso franco ou a gargalhada.

ai *sm* **1** Gemido triste e doloroso. **2** Instante: *Num ai*, ou seja, num instante. • **ai!** *interj* Exprime aflição ou dor.

a.í (*lat ad+hic*) *adv* **1** Em posição próxima à pessoa a quem se fala, nesse lugar. **2** No mundo. **3** Nessa matéria, nisso. **4** Nessa ocasião, nesse momento. **5** Em tal caso, nessa circunstância. **6** Em anexo, juntamente.

ai.a (de *aio*) *sf* **1** Criada que cuida da educação de crianças, em casa de famílias nobres ou ricas. **2** Dama de companhia. **3** Camareira, criada de quarto.

ai.a.to.lá (*ár ayatallah,* sinal de Allah na Terra) *sm* Entre os xiitas, o máximo líder religioso e espiritual.

ai.dé.ti.co (*AIDS+ético*) *adj* Quem contraiu o vírus da AIDS.

AIDS (do *ingl Acquired Immunological Deficiency Syndrome*) *V* síndrome de deficiência imunológica adquirida.

ai.ki.dô (do *jap*) *sm Esp* Jogo esportivo e de defesa pessoal difundido pelos japoneses, em que o peso do adversário é usado para imobilizá-lo.

ai.mo.ré *adj m+f Etnol* Relativo aos aimorés, indígenas que viviam entre a Bahia, Espírito Santo e Rio de Janeiro. • *s m+f* Indígena dessa tribo.

a.in.da (*a*[1]+*lat inde+ad*) *adv* **1** Até agora, até este momento. **2** Até então. **3** Além disso. **4** Não obstante, mesmo assim. **5** Também, além disso. **6** Até mesmo. **7** Algum dia (futuro). **8** Junto a advérbios ou locuções de tempo, serve para limitar o seu significado. *Ainda agora:* há pouco. *Ainda assim:* apesar disso. *Ainda bem:* felizmente. *Ainda que:* embora.

ai.o (*lat aviu*) *sm* **1** Encarregado da educação dos filhos de famílias nobres ou ricas. **2** Criado. **3** Camareiro. **4** Escudeiro.

ai.pim (*tupi aipý*) *Reg* (Sul, RJ, ES e BA) *V mandioca* (acepção 1).

ai.po (*lat apiu*) *sm Bot* Planta herbácea, da família das umbelíferas (*Apium graveolens*), de folhas e caules comestíveis e sementes usadas como tempero.

ai.ra.do (do *cast*) *adj* **1** Aéreo. **2** Extravagante, leviano. **3** Alucinado, desvairado. **4** Que é próprio de vadio. **5** Resfriado, constipado.

air bag (*ér bég*) (*ingl*) *sm Autom* Bolsa que se enche de ar à frente dos passageiros, no momento da colisão, usada como equipamento de segurança de veículos.

ai.ro.si.da.de (*airoso+i+dade*) *sf* Qualidade do que é airoso. Antôn: desaire.

ai.ro.so (*ô*) (do *cast*) *adj* **1** Elegante, esbelto. **2** Amável, delicado, gentil. **3** Decente, digno. *Pl:* airosos (*ó*).

a.ja.e.za.do (*part* de *ajaezar*) *adj* **1** Diz-se do cavalo bem arreado e enfeitado. **2** Enfeitado.

a.ja.e.zar (*a*[1]+*jaez+ar*[1]) *vtd* **1** Selar uma cavalgadura com todos os seus arreios e ornatos. *vpr* **2** Enfeitar-se.

a.jar.di.nar (*a*[1]+*jardim+ar*[1]) *vtd* Transformar em jardim, arrumar em forma de jardim.

a.jei.ta.do (*part* de *ajeitar*) *adj* **1** Posto a jeito. **2** Arrumado, arranjado. **3** Adaptado, acomodado. **4** De boa aparência.

a.jei.tar (*a*[1]+*jeito+ar*[1]) *vtd* **1** Arrumar, arranjar. *vtd* **2** Facilitar. *vtd* **3** Acomodar, adaptar. *vpr* **4** Acomodar-se.

a.jo.e.lhar (*a*[1]+*joelho+ar*[1]) *vtd* **1** Fazer dobrar os joelhos, pôr de joelhos. *vint* e *vpr* **2** Pôr-se de joelhos. *vint* e *vpr* **3** Submeter-se, humilhar-se.

a.jou.jar (*a*[1]+*lat jugiare*) *vtd* **1** Ligar ou prender com ajoujo. *vtd* **2** Avexar, oprimir, sobrecarregar. *vtd* **3** Aplicar atadura. *vtd* **4** Ajustar aparelho a (fratura reduzida). *vtd* e *vpr* **5** Unir(-se). *vpr* **6** Deixar-se dominar por outrem.

a.ju.da (de *ajudar*) *sf* **1** Ação ou efeito de ajudar. **2** Auxílio, assistência, socorro. **3** *Folc* Mutirão.

4 *Inform* Conjunto de instruções de uso e explicações específicas que um programa oferece para auxiliar o usuário.

a.ju.dan.te (de *ajudar*) *adj m+f* Que ajuda. • *s m+f* **1** Pessoa que ajuda. **2** Funcionário às ordens de outro; assistente, auxiliar. *Fem: ajudanta* (usado em Portugal).

a.ju.dar (*lat adjutare*) *vtd* e *vti* **1** Dar ajuda ou auxílio a, socorrer. *vtd* **2** Facilitar, promover: *Os passeios ajudam a digestão. vpr* **3** Aproveitar-se, valer-se. *vpr* **4** Auxiliar-se. *Antôn:* dificultar, prejudicar.

a.ju.i.za.do (*part* de *ajuizar*) *adj* **1** Que tem juízo; sensato, prudente. **2** Que se ajuizou; apreciado, julgado, avaliado. **3** *Dir* Submetido ao conhecimento do juiz; processado.

a.ju.i.zar (*a¹+juízo+ar¹*) *vtd* e *vti* **1** Formar juízo a respeito de, julgar, ponderar. *vtd* **2** Dar juízo a; tornar sensato. *vtd* **3** Calcular, supor. *vtd* **4** Levar a juízo, pôr em juízo, tornar objeto de processo ou demanda judicial. *vpr* **5** Considerar-se, julgar-se. *Conjug – Pres indic: ajuízo, ajuízas, ajuíza, ajuizamos, ajuizais, ajuízam; Pres subj: ajuíze, ajuízes, ajuíze, ajuizemos, ajuizeis, ajuízem.*

a.jun.ta.men.to (*ajuntar+mento*) *sm* **1** Ação ou efeito de ajuntar. **2** Aglomeração, agrupamento, reunião de pessoas.

a.jun.tar (*a¹+juntar*) *vtd* e *vti* **1** Juntar, pôr junto, unir. *vtd* **2** Colecionar, reunir. *vtd* e *vpr* **3** Aglomerar (-se), congregar(-se). *vtd* e *vpr* **4** Acrescentar (-se), adicionar(-se). *vtd* **5** Acumular, amontoar. *vtd* **6** Economizar. *vtd* **7** Acasalar, casar (animais). *vpr* **8** Amigar-se, unir-se em relação ilícita. *vpr* **9** Agregar, associar. *Antôn:* desajuntar, desunir, separar.

a.ju.ra.men.tar (*a¹+juramento+ar¹*) *vtd* **1** Fazer jurar. *vtd* **2** Deferir juramento a; tomar juramento de. *vpr* **3** Obrigar-se com juramento.

a.jus.ta.do (*part* de *ajustar*) *adj* **1** Acertado, regulado. **2** Combinado, contratado. **3** Exato, justo. **4** Acomodado, conformado. • *sm* Aquilo que se ajustou.

a.jus.ta.men.to (*ajustar+mento*) *sm* **1** Ato ou efeito de ajustar. **2** Contrato, convenção, pacto. **3** Liquidação de contas. **4** Reconciliação.

a.jus.tar (*a¹+justo+ar*) *vtd* **1** Tornar exato; acertar, regular: *Ajustar os relógios. vtd* **2** Tornar justo; apertar: *Ajustar os parafusos. vtd* **3** Combinar, contratar: *Ajustar o preço. vtd* e *vpr* **4** Adaptar (-se), acomodar(-se): *Ajustar-se à dignidade do cargo. vti* **5** Adaptar-se, convir: *A chave ajustou bem na fechadura. Ajustar contas:* pagá-las; vingar-se de alguém.

a.jus.te (de *ajustar*) *sm* **1** V *ajustamento.* **2** Contrato, convenção, acordo. *Ajuste de contas:* pagamento das contas; vingança contra alguém.

a.ju.tó.rio (*lat adjutoriu*) *sm pop* Auxílio mútuo que se prestam os agricultores, a serviço de um deles, por um dia ou mais; mutirão.

a.la (*lat ala*) *sf* **1** Filas ou fileiras, separadas por um espaço. **2** Alinhamento, fila, fileira. **3** Parte lateral de um edifício. **4** Cada um dos grupos de um partido político. **5** *Esp* Cada um dos lados da linha de ataque nos esportes como futebol e basquetebol.

a.la.bar.da (do *médio alto-al helmbarte,* via *ital*) *sf* Arma antiga que consiste numa haste comprida de madeira, terminada por um espigão de ferro atravessado por uma lâmina em forma de meia-lua.

a.la.bas.tro (*lat alabastru*) *sm* **1** *Miner* Pedra, branca ou clara, quase transparente, macia, parecida com mármore, e empregada em esculturas, lustres etc. **2** Brancura. **3** *Antig gr* e *rom* Pequeno vaso sem asas e com boca estreita, usado para queimar perfumes.

á.la.cre (*lat alacre*) *adj m+f* **1** Alegre. **2** Esperto, vivo. *Antôn* (acepção 1): tristonho.

a.la.do (*ala+ado¹*) *adj* **1** Que tem asas. **2** Em forma de asa.

a.la.ga.di.ço (*alagar+diço*) *adj* **1** Sujeito a ser alagado. **2** Encharcado, pantanoso. • *sm* Terreno baixo e úmido, sujeito a inundações.

a.la.ga.do (*part* de *alagar*) *adj* **1** Coberto de água; inundado. **2** Cheio ou molhado de água ou outro líquido. • *sm* Terreno inundado, pântano.

a.la.ga.men.to (*alagar+mento*) *sm* **1** Ato ou efeito de alagar. **2** Cheia, inundação.

a.la.gar (*a¹+lago+ar¹*) *vtd* e *vpr* **1** Transformar(-se) em lago, inundar(-se). **2** Encher(-se) de água ou de qualquer líquido. **3** *fig* Encher(-se), invadir(-se): *A aurora alaga o mundo de luz.*

a.la.go.a.no (*top Alagoas+ano*) *adj* **1** Do Estado de Alagoas. **2** Que é natural de Alagoas. • *sm* Homem nascido no Estado de Alagoas.

a.lam.bi.que (*ár al-'anbîq,* do *gr ámbix, -ikos*) *sm* **1** Aparelho de destilação constituído de três partes: caldeira, capacete e serpentina. **2** Fábrica para destilar; destilaria.

a.lam.bra.do (*part* de *alambrar*) *adj* Cercado com arame; aramado. • *sm* Cerca de arame; aramado.

a.la.me.da (*ê*) (*álamo+eda*) *sf* **1** Rua ou avenida plantada de álamos. **2** Rua ou avenida plantada de quaisquer árvores. **3** Parque. **4** Fileira de árvores.

á.la.mo (*cast álamo*) *sm Bot* Árvore ornamental, alta e delgada da família das salicáceas, do gênero *Populus*.

a.lar (*lat ala+ar¹*) *vtd* **1** Dar asas a. *vtd* **2** Arrumar em alas. *vpr* **3** Criar asas.

a.la.ran.ja.do (*part* de *alaranjar*) *adj* Que tem cor, gosto ou forma de laranja. • *sm* **1** Cada uma das cores intermediárias entre vermelho e amarelo. **2** Pigmento ou tinta de uma dessas cores.

a.lar.de (*ár al-'ard*) *sm* Ostentação de qualidades, virtudes. *Var: alardo. Antôn:* modéstia.

a.lar.de.ar (*alarde+ar¹*) *vtd* **1** Fazer alarde de, ostentar. *vint* **2** Contar vantagens. *vpr* **3** Exibir-se, gabar-se. *Conjuga-se como frear.*

a.lar.ga.men.to (*alargar+mento*) *sm* **1** Ação de alargar; dilatação, extensão. **2** *Gram* Desenvolvimento de uma vogal em ditongo.

a.lar.gar (*a¹+largo+ar¹*) *vtd* e *vpr* **1** Dar mais largura a, tornar(-se) mais largo. *vtd* e *vpr* **2** Ampliar (-se), aumentar(-se). *vtd* **3** Dar maior duração a, prolongar. *vtd* **4** Afrouxar, desapertar: *Alargar o cinto. vint* e *vpr* **5** Dilatar(-se). *vtd* **6** Estender, esticar. *vpr* **7** Gastar largamente.

a.la.ri.do (*ár al-garida*) *sm* **1** Gritaria ou ruído de combate. **2** Algazarra, berreiro, gritaria. **3** Choro, lamentação.

a.lar.ma (da expressão *ital all'arme*) *sm* **1** Grito

a.lar.man.te (de *alarmar*) *adj m+f* Que causa alarma.
a.lar.mar (*alarma+ar¹*) *vtd* e *vpr* Pôr(-se) de alarma; assustar(-se).
a.lar.me (*ital alle arme*) *V alarma*.
a.lar.mis.mo (*alarma+ismo*) *sm* Prática de alarmista.
a.lar.mis.ta (*alarma+ista*) *s m+f* Pessoa que espalha boatos alarmantes.
a.las.quen.se (do *top Alasca+ense*) *adj m+f* 1 Relativo ou pertencente ao território ou Estado do Alasca (EUA) ou a seus habitantes. 2 Característico do território ou Estado do Alasca ou de seus habitantes. • *adj* e *s m+f* Natural do Alasca.
a.las.tra.men.to (*alastrar+mento*) *sm* Ato de alastrar(-se).
a.las.trar (*a¹+lastro+ar¹*) *vti, vint* e *vpr* 1 Alargar(-se), estender(-se) aos poucos: *A mancha alastrou-se*. *vtd* e *vpr* 2 Espalhar(-se); propagar(-se): *O boato alastrou-se rapidamente*.
a.la.ti.nar (*a¹+latino+ar¹*) *vtd* 1 Dar forma latina à linguagem. *vpr* 2 Latinizar-se.
a.la.ú.de (*ár al-'aud*) *sm Mús* Instrumento de cordas, em forma de meia pera, semelhante à guitarra, usado desde a Antiguidade.
a.la.u.dis.ta (*alaúde+ista*) *s m+f* Pessoa que toca alaúde.
a.la.van.ca (*a¹+palanca*, por metátese) *sf* 1 *Mec* Barra inflexível, reta ou curva, que serve para mover, levantar ou sustentar qualquer corpo. 2 Qualquer barra usada para levantar ou mover volumes pesados. 3 Meio de ação.
a.la.van.car (*alavanca+ar¹*) *vtd* 1 Levantar ou mover com auxílio de alavanca. 2 *Telev* Usar programação de sucesso garantido para elevar a audiência de programas novos ou não tão bem-sucedidos.
a.la.zão (*ár al-'az'ar*) *adj* Que tem cor castanho-avermelhada (cavalo). • *sm* Equino de cor castanho-avermelhada. *Var: lazão*. *Fem: alazã*. *Pl: alazães* e *alazões*.
al.ba (*provençal auba*) *sf* 1 Aurora. 2 *Lit* Cantiga trovadoresca, de origem provençal, em que se cantavam cenas ocorridas ao romper da aurora; alva.
al.ba.nês (*top Albânia+ês*) *adj* Relativo à Albânia (Europa). • *sm* 1 Homem natural da Albânia. 2 Idioma falado na Albânia.
al.ba.troz (do *ingl albatross*) *sm Ornit* Nome comum das aves marinhas procelariformes, da família dos diomedeídeos; vivem no Atlântico e no Pacífico meridionais e nas costas do Brasil.
al.ber.gar (*albergue+ar¹*) *vtd* 1 Dar albergue a. *vtd* 2 Conter, encerrar. *vtd* e *vpr* 3 Recolher(-se) em albergue.
al.ber.gue (*gót *haribaígôn*, hospedar) *sm* 1 Lugar onde se abrigam pessoas. 2 Hospedagem, pousada. 3 Refúgio, resguardo.
al.bi.nis.mo (*albino+ismo*) *sm Med* Anomalia orgânica que tem como característica a ausência total ou parcial de pigmentação da pele, dos cabelos e pelos, da íris; os olhos são sensíveis à luz.
al.bi.no (*albi+ino¹*) *adj* + *sm Antrop* Que, ou aquele que tem albinismo.
al.bor.noz (*ár al-burnûs*) *sm* 1 Manto de lã com capuz, usado primeiro pelos árabes. 2 Casaco largo, com capuz ou com gola grande.
al.bu.gem (*lat albugine*) *sf* 1 Mancha esbranquiçada que se forma nas unhas. 2 Mancha esbranquiçada na córnea; belida.
ál.bum (*lat album*) *sm* 1 Livro em branco, destinado a recolher notas, pensamentos, poesias, autógrafos, impressões de viagem. 2 Caderno ou livro de folhas grandes, geralmente com capa ornamentada, para arquivo de fotografias, desenhos, gravuras, discos, músicas.
al.bu.me (*lat albumen*) *sm* Clara de ovo. *Var: albúmen*.
al.bú.men (*lat albumen*) *V albume*. *Pl: albúmenes* e *albumens*.
al.bu.mi.na (*albume+ina*) *sf Quím* Substância do grupo das proteínas, viscosa e esbranquiçada, levemente salgada, que forma quase toda a clara do ovo e o soro sanguíneo.
al.bur.no (*lat alburnu*) *sm Bot* Parte periférica da madeira do tronco das árvores, de cor clara, irrigada pela seiva ascendente, geralmente sem valor comercial.
al.ça (de *alçar*) *sf* 1 Presilha para levantar alguma coisa. 2 Suspensório. 3 Tira de pano com que se seguram nos ombros certas roupas. 4 Pedaço de sola que os sapateiros põem sobre a forma de sapatos para a tornar mais alta.
al.cá.cer (*ár al-qaSr*) *sm* 1 Castelo ou fortaleza. 2 Palácio. *Pl: alcáceres*.
al.ca.cho.fra (*ô*) (*ár al-Harshûfa*) *sf Bot* 1 Planta herbácea, da família das compostas (*Cynara scolymus*), de uso medicinal. 2 Fruto dessa planta, comestível, rico em vitamina C.
al.ca.çuz (*ár 'irq assûs*) *sm Bot* Planta medicinal, da família das leguminosas, cujo extrato é usado para disfarçar gostos desagradáveis de drogas ou para dar gosto agradável, por exemplo, a confeitos ou tabaco.
al.ça.da (de *alçar*) *sf* 1 Âmbito da ação ou influência de alguém. 2 Competência: *Não é da minha alçada*. 3 *Dir* Esfera da competência do juiz. 4 Jurisdição.
al.ça.do (*part* de *alçar*) *adj* Erguido, levantado.
al.ca.gue.ta (*gwê*) (de *alcaguetar*) *gír V alcaguete*.
al.ca.gue.ta.gem (*gwe*) (*alcaguete+agem*) *sf gír* Ato ou efeito de alcaguetar.
al.ca.gue.tar (*gwe*) (*alcaguete+ar²*) *vtd* e *vti gír* 1 Bater com a língua nos dentes. 2 Delatar ou denunciar alguém. 3 Fazer fuxico; mexericar. 4 Dedar. *Var: caguetar*.
al.ca.gue.te (*gwê*) (*ár al-qawwâd*) *s m+f gír* 1 Espião de polícia. 2 Delator, dedo-duro. 3 Mexeriqueiro, fuxiqueiro. *Var: alcagueta*.
al.cai.de (*ár al-qaid*) *sm* 1 Governador de castelo, província ou comarca, com autoridade civil e militar. 2 Prefeito. 3 Oficial de justiça. *Fem: alcaidessa* e *alcaidina*.
al.cai.des.sa (*alcaide+essa*) *sf* 1 Mulher de alcaide. 2 Mulher que exerce função de alcaide; alcaidina.
ál.ca.li (*ár al-qalí*) *sm Quím* Nome genérico dos hidróxidos de metais alcalinos, como potássio,

sódio, lítio, rubídio e césio. Solúveis em água, são bases fortes e dão sais em presença dos ácidos.

al.ca.li.ni.zar (*alcalino*+*izar*) *vtd* e *vpr* Tornar(-se) alcalino. *Var: alcalizar.*

al.ca.li.no (*álcali*+*ino²*) *adj Quím* **1** Relativo a álcali. **2** Que contém álcali. **3** Que tem as reações de um álcali; alcálico. **4** Diz-se dos metais monovalentes como o sódio, o potássio, o lítio, o césio e o rubídio.

al.ca.loi.de (*ó*) (*álcali*+*oide*) *sm Quím* Substância orgânica natural nitrogenada, capaz de se unir a ácidos, formando com eles combinações definidas (sais). Os alcaloides têm ação fisiológica intensa, podendo ser medicamentosa ou tóxica.

al.ça.men.to (*alçar*+*mento*) *sm* **1** Ação ou efeito de alçar. **2** Hasteamento, levantamento.

al.can.ça.do (*part* de *alcançar*) *adj* **1** Atingido, conseguido, obtido. **2** Compreendido. **3** Avistado. **4** Endividado. **5** Que sofreu ou praticou desfalque.

al.can.çar (*lat vulg incalceare*, de *calce*, calcanhar) *vtd* **1** Chegar a. *vtd* **2** Apanhar, encontrar ou tocar. *vtd* **3** Atingir. *vtd* **4** Conseguir, obter. *vtd* **5** Compreender, perceber. *vtd* **6** Abranger com a vista, avistar, ver. *vint* **7** Conseguir o que se pretende: *Quem espera sempre alcança.*

al.can.ce (de *alcançar*) *sm* **1** Ação ou efeito de alcançar. **2** Poder. **3** Importância. **4** Possibilidade de alcançar. **5** Extensão: *O alcance das palavras.* **6** Encalço: *Saiu no alcance do assassino.* **7** Inteligência, capacidade. **8** Distância que uma arma atinge com o seu projétil. **9** Desfalque. *Ao alcance de:* alcançável, acessível para. *Estar fora de alcance:* a) ser inatingível; b) inacessível por causa do preço elevado. *Pôr ao alcance de:* tornar acessível a.

al.can.til (de *alcantilado*) *sm* **1** Rocha talhada a pique. **2** Cume. **3** Lugar alto e íngreme.

al.can.ti.lar (*alcantil*+*ar*) *vtd* e *vpr* **1** Transformar (-se) em alcantil. **2** Tornar íngreme ou escarpado. **3** Erguer(-se) como alcantil.

al.ça.pão (*port ant* alça+*pom,* alça e põe) *sm* **1** *Constr* Porta ou tampa horizontal que se fecha de cima para baixo e liga um pavimento a outro, que está embaixo. **2** Abertura que comunica um pavimento com outro inferior. **3** Armadilha para apanhar passarinhos, que consiste em uma gaiola ou caixa com uma portinhola na parte superior, a qual se fecha para dentro pelo peso da vítima.

al.ca.par.ra (*ár al*+*gr kápparis*) *sf* **1** *Bot* Planta hortense da família das caparidáceas (*Capparis spinosa*); alcaparreira. **2** Botão de flor dessa planta, que se conserva em vinagre e se usa como tempero.

al.ça-pé (*alçar*+*pé*) *sm* **1** Armadilha para apanhar caça pelos pés. **2** Ato traiçoeiro em que o lutador mete o pé entre as pernas do adversário para o derrubar. **3** Ardil. *Pl:* alça-*pés*.

al.ça.pre.ma (*alça*+*prema,* do *ant premar*) *sf* **1** Alavanca ou barra para levantar peso. **2** Tenaz de dentista. **3** Escova.

al.çar (*lat altiare*) *vtd* **1** Erguer, elevar. *vtd* e *vpr* **2** Erguer(-se), levantar(-se). *vtd* **3** Suspender. *vtd* **4** Edificar, erigir. *Antôn* (acepções 1, 2 e 3): *baixar*.

al.ca.tei.a (*é*) (*ár al-qaTai'â*) *sf* **1** Bando de lobos. **2** Manada de quaisquer outros animais selvagens. **3** Quadrilha de malfeitores.

al.ca.ti.fa (*ár al-qaTîfa*) *sf* **1** Tapete grande. **2** Tudo o que cobre ou que se estende como tapete.

al.ca.tra (*ár al-qaTra*) *sf* **1** Lugar onde termina o fio do lombo do boi ou vaca. **2** Anca do boi. **3** O osso da anca do gado vacum. *Var: alcatre.*

al.ca.trão (*ár al-qaTrân*) *sm Quím* Substância produzida pela destilação do pinheiro ou da hulha.

al.ca.traz (*ár al-gaTTâs*) *sm* **1** *Ornit* Ave da família dos fregatídeos (*Fregata magnificens rothschildi*), de aspecto pelicaniforme, que se alimenta de peixes mortos, exercendo, portanto, no mar, as funções do urubu na terra. Faz seus ninhos nas ilhas do Pacífico e Atlântico, inclusive no litoral brasileiro. **2** Designação de várias espécies de pelicanos.

al.ca.tro.ei.ro (*alcatrão*+*eiro*) *sm* Fabricante ou vendedor de alcatrão.

al.ce (*lat alces*) *sm Zool* Maior cervídeo que se conhece, chegando a mais de 2 m de comprimento, com chifres ramificados; vive nas regiões polares da América do Norte, Europa e Ásia.

al.ce.a.men.to (*alcear*+*mento*) *sm* Ação ou efeito de alcear; levantamento.

al.ce.ar (*alça¹*+*e*+*ar¹*) *vtd* **1** Colocar alças em. **2** *Encad* Dispor ou ordenar para a encadernação (diz-se das folhas de um livro). **3** Alçar, levantar. Conjuga-se como *frear.*

al.eo.fa (*ô*) (*ár al-quffâ*) *sf* **1** Cesto de vime, de esparto ou folhas de palma, com asas e fundo redondo. **2** Alcoviteiro; leva e traz.

al.coi.ce (*ár al-kaus*) *sm* Prostíbulo; lupanar. *Var: alcouce.*

ál.co.ol (*ár hispânico al-kuhu, ár al-kuhl*) *sm* **1** *Quím* Denominação genérica de compostos orgânicos resultantes da substituição de um ou mais átomos de hidrogênio por um ou mais oxidrilos. **2** Bebida alcoólica. *Álcool etílico:* líquido incolor e inflamável, obtido por destilação de certas substâncias fermentadas. *Pl: alcoóis* e *alcoóis.*

al.co.ó.la.tra (*álcool*+*latra*) *adj m*+*f* Viciado em bebidas alcoólicas. • *s m*+*f* Pessoa viciada em bebidas alcoólicas.

al.co.ó.li.co (*álcool*+*ico²*) *adj* **1** Pertencente ou relativo ao álcool. **2** Que contém álcool. • *sm V alcoólatra.*

al.co.o.lis.mo (*álcool*+*ismo*) *sm* **1** Vício de ingerir bebidas alcoólicas. **2** *Med* Estado doentio que é causado pela ingestão habitual ou acidental de bebidas alcoólicas.

al.co.o.li.zar (*álcool*+*izar*) *vtd* **1** Adicionar álcool a (um líquido qualquer). *vtd* **2** Converter em álcool. *vtd* e *vpr* **3** Embriagar(-se), tornar(-se) alcoólico.

al.co.ô.me.tro (*alcoo*+*metro*) *sm Fís* Aparelho para medir a quantidade de álcool absoluto contida num líquido; alcoolômetro.

al.co.rão (*ár al-qur'ân*) *sm Rel* **1** **Alcorão** Livro sagrado que contém as doutrinas de Maomé (570- -632). **2** *V islamismo. Pl: alcorões* e *alcorães. Var* (acepção 1): *Corão.*

al.co.va (*ô*) (*ár al-qubba*) *sf* **1** Em casas antigas, pequeno quarto de dormir, geralmente sem janelas. **2** *por ext* Quarto de dormir. **3** Esconderijo.

al.co.vi.tar (*alcoveta*+*ar¹*) *vtd* **1** Servir como intermediário em relações amorosas. *vint* 2 Intrigar ou tramar como alcoviteiro.

al.co.vi.tei.ra (*alcovitar*+eira) *sf* 1 Feminino de alcoviteiro (acepção 1). 2 Proprietária de casa de prostituição. 3 Fofoqueira, mexeriqueira. *Sin* (acepções 1 e 3): *alcagueta*.

al.co.vi.tei.ro (*alcovitar*+eiro) *adj* 1 Intermediário de amores. 2 Fofoqueiro, mexeriqueiro. • *sm* 1 Aquele que alcovita. 2 Cafetão; corretor de prostitutas; rufião.

al.cu.nha (*ár al-kunyah*) *sf* Apelido dado a alguém, quase sempre indicando uma particularidade ou defeito.

al.cu.nhar (*alcunha*+ar) *vtd* Dar alcunha a, apelidar.

al.de.a.men.to (*aldear*+mento) *sm* 1 Ato de aldear. 2 Povoação de índios chefiada por missionário ou autoridade leiga.

al.de.ão (de *aldeia*+ão¹) *adj* 1 Relativo a aldeia. 2 Natural ou morador de aldeia. 3 Grosseiro, rústico. • *sm* O natural ou habitante de aldeia. *Fem*: *aldeã*. *Pl*: *aldeões, aldeãs, aldeãos*.

al.de.ar (*aldeia*+ar¹) *vtd* 1 Dividir em aldeias. 2 Reunir em aldeias. 3 Reduzir em uma só aldeia. Conjuga-se como *frear*.

al.dei.a (*ár al-Day'a*) *sf* 1 Pequena povoação, sem categoria de vila ou cidade. 2 Povoação rústica. 3 Agrupamento de índios, sob a direção de missionário ou autoridade leiga. *Dim*: *aldeazinha, aldeola, aldeota*.

al.de.í.do (do *lat cient al(cohol) dehyd(rogenatum)*, álcool sem hidrogênio) *sm Quím* Compostos orgânicos tipificados pelo acetaldeído, derivados dos álcoois primários por oxidação e que contêm o grupo CHO.

al.dra.ba (*ár al-dabba*) V *aldrava*.

al.dra.va (*ár al-dabba*) *sf Constr* 1 Tranca, para fechar porta ou janela. 2 Argola de ferro articulada, por fora da porta, que, batendo nesta, serve para chamar alguém. 3 Pequena tranca de ferro.

a.le.a.tó.rio (*lat aleatoriu*) *adj* 1 Que depende de acontecimentos incertos, favoráveis ou não a um determinado evento. 2 Eventual, fortuito.

a.le.crim (*ár al-iklîl*) *sm Bot* Arbusto da família das labiadas (*Rosmarinus officinalis*), de cheiro forte e agradável, usado como remédio e como condimento.

a.le.ga.ção (*alegar*+ção) *sf* 1 Ato ou efeito de alegar. 2 Citação de argumentos, fatos ou autoridades, como prova de alguma coisa.

a.le.gar (*lat allegare*) *vtd* 1 Citar como prova. *vtd* e *vti* 2 Apresentar como desculpa ou pretexto. *vtd* 3 Citar, referir. *vtd* 4 Fazer, em juízo, alegação.

a.le.go.ri.a (*gr allegoría*) *sf* 1 Expressão de uma ideia de forma figurada. 2 Representação de um objeto para dar ideia de outro. 3 Obra artística que cita uma coisa para sugerir outra.

a.le.gó.ri.co (*alegoria*+ico²) *adj* 1 Pertencente ou relativo à alegoria. 2 Que encerra alegoria.

a.le.go.ri.zar (*alegoria*+izar) *vtd* Apresentar ou explicar por meio de alegoria.

a.le.grar (*alegre*+ar¹) *vtd, vti, vint* e *vpr* 1 Tornar (-se) alegre. *vtd* 2 Dar aspecto alegre a. *vtd* 3 Dar viço a. *vtd* 4 Agradar a, ser aprazível a. *vtd* 5 Embriagar. *vpr* 6 Sentir alegria. *Antôn* (acepções 1 e 2): *entristecer*.

a.le.gre (*lat alacre*) *adj m+f* 1 Que sente alegria. 2 Contente. 3 Que causa ou traz alegria. 4 Ligeiramente bêbedo. 5 Vivo e brilhante: *Cores alegres*. *Antôn* (acepções 1, 2, 3 e 5): *triste*.

a.le.gri.a (*alegre*+ia¹) *sf* 1 Contentamento, prazer moral. 2 Divertimento, festa. 3 Acontecimento feliz. *Antôn* (acepções 1 e 3): *tristeza, desgosto*.

a.le.gro (*ital allegro*) *sm Mús* Composição musical cujo andamento é vivo ou ligeiro.

a.lei.a (*é*) (*fr allée*) *sf* 1 Passeio, rua ou carreira de árvores alinhadas. 2 Alameda. 3 Passagem entre dois muros.

a.lei.ja.do (*part* de *aleijar*) *adj* + *sm* Que, ou o que apresenta algum aleijão.

a.lei.jão (*lat laesione*) *sm* 1 Lesão, deformidade, mutilação; defeito físico. 2 Defeito grave de ordem mental ou moral. 3 Objeto malfeito, disforme.

a.lei.jar (*aleijão*+ar¹) *vtd* e *vpr* 1 Causar aleijão ou deformidade em. *vint* 2 Ficar aleijado ou mutilado. *vtd* e *vpr* 3 *fig* Magoar(-se) profundamente.

a.lei.ta.men.to (*aleitar*+mento) *sm* Ato ou efeito de aleitar; amamentação.

a.lei.tar (*a*¹+leite+ar¹) *vtd* 1 Criar ou alimentar com leite; amamentar. 2 Tornar semelhante a leite.

a.lei.ve (*a*¹+gól/lêwjan) *sm* 1 Aleivosia. 2 Calúnia.

a.lei.vo.si.a (*aleivoso*+ia¹) *sf* 1 Deslealdade, traição. 2 Dolo, fraude. 3 Calúnia.

a.lei.vo.so (*ô*) (*aleive*+oso) *adj* 1 Em que há aleive; fraudulento. 2 Que procede com aleive; traidor. 3 Calunioso. • *sm* Aquele que procede com aleive. *Pl*: *aleivosos* (*ó*).

a.le.lui.a (*hebr halleluiah*) *sm* 1 *Rel* Cântico de alegria, louvor e regozijo. 2 O tempo da Páscoa. 3 *Rel* O sábado da Ressurreição. 4 *Liturg* Breve trecho litúrgico que na missa vem após o gradual. 5 Exclamação de alegria. 6 *Entom* Pequena borboleta branca. 7 *Entom* Nome dado às formas aladas (macho e fêmea) do cupim, quando, na primavera, vão formar novas colônias; siriri.

a.lém (*lat ad*+illinc) *adv* 1 Da parte de lá, para o lado de lá, acolá. 2 Mais adiante. *Antôn*: *aquém*. *Além de*: mais adiante de; do outro lado de; mais acima de; superior a; para mais de; antes de; fora, exceto; a não ser; à exceção de; apesar de. *Além de que; além de tudo; além disso; além disto; além do mais; além do que*: demais, de mais a mais. • *elem comp* Anteposto a substantivos, exprime a ideia de além: *além-mar; além-túmulo*. • *sm* 1 Lugar distante, horizonte. 2 Outras terras. 3 O que vem depois da morte.

a.le.mã (*lat alemana*) *adj f* + *sf* Feminino de *alemão*.

a.le.ma.ni.zar (*alemão*+izar) *vtd* e *vpr* Dar feição alemã a, tornar(-se) alemão; germanizar(-se). *Var*: *alemoar*.

a.le.mão (*lat alemanu*) *adj* Relativo à Alemanha (Europa). *Pl*: *alemães*. *Fem*: *alemã, alemoa*. • *sm* 1 O natural da Alemanha. 2 Idioma oficial da Alemanha, Áustria, parte da Suíça, Luxemburgo e Liechtenstein (Europa).

a.lém-fron.tei.ras *adv* Do lado de lá das fronteiras, fora dos limites, fora do país.

a.lém-mar *adv* Além do mar. • *sm* As terras que ficam do outro lado do mar; ultramar. *Antôn: aquém-mar. Pl: além-mares.*
a.le.mo.a (*alemão+oa*) *sf pop* Feminino de *alemão.*
a.le.mo.ar (*alemão+ar¹*) *V* alemanizar. *Sin: germanizar.*
a.lém-tú.mu.lo *sm* O outro mundo; a vida após a morte. *Pl: além-túmulos.*
a.len.ta.dor (*alentar+dor*) *adj* + *sm* Que, ou o que alenta.
a.len.tar (*alento+ar¹*) *vtd* 1 Dar alento a. *vtd* 2 Animar. *vtd* 3 Alimentar. *vint* 4 Resfolegar, tomar alento. *vpr* 5 Animar-se, excitar-se. *Antôn: desalentar, desanimar.*
a.len.te.ja.no (*top Alentejo+ano*) *adj* Pertencente ou relativo ao Alentejo (Portugal). • *sm* O natural do Alentejo (Portugal).
a.len.to (*lat *alenitu,* por *anhelitu*) *sm* 1 Bafo, respiração; fôlego, hálito. 2 Sopro. 3 Coragem, valentia. 4 Alimento, sustento. 5 *Poét* Entusiasmo, inspiração. *Dar o último alento:* morrer.
a.ler.gê.nio (*alergeno+io*) *sm Med* Agente capaz de produzir alergia; alérgeno.
a.ler.gi.a (*alo+ergo+ia¹*) *sf* 1 *Med* Sensibilidade do organismo para certos agentes físicos, químicos ou biológicos. 2 *fig* Repulsa, aversão.
a.lér.gi.co (*alergia+ico²*) *adj Med* 1 Relativo à alergia. 2 Causado por alergia. 3 Afetado de alergia. 4 Da natureza da alergia. *Antôn: analérgico.*
a.ler.go.lo.gi.a (*alergo+logo+ia¹*) *sf Med* Ramo da medicina que estuda os fenômenos relacionados à alergia.
a.ler.ta (*ital all'erta*) *adv* Atentamente. • *adj* Atento, vigilante. • *sm* 1 Sinal ou aviso para estar vigilante. 2 Precaução, vigilância. • *interj* Atenção!, cautela!, cuidado!, olhe!, sentido!.
a.ler.tar (*alerta+ar²*) *vpr* e *vint* 1 Pôr-se alerta. *vtd* 2 Tornar alerta. *vtd* 3 Assustar.
a.le.ta (*ê*) (*ala+eta*) *sf* 1 Pequena ala. 2 Cada uma das asas do nariz. 3 Lâmina ou placa plana ou curva, exposta a um fluxo de ar, gás ou líquido, que se move ou gira ao redor de um eixo (*p ex,* numa turbina, num moinho de vento). 4 *Av* Elemento que dá equilíbrio lateral ao avião.
a.le.tri.a (*ár al-'iTriya*) *sf* 1 *Cul* Massa de farinha crua e seca em fios muito finos e enroscados, usada em sopas ou preparada com ovos, açúcar e leite. 2 *Ictiol V* manjuba.
a.le.vim (*fr alevin*) *sm Ictiol* Filhote de peixe. *Var: alevino.*
a.le.vi.no (*fr alevin*) *V* alevim.
a.le.xan.dri.no (*Alexandre, np+ino¹*) *adj* 1 Pertencente ou relativo a Alexandre III, o Grande (356-323 a.C.), conquistador da Antiguidade. 2 *Poét* Diz-se do verso de doze sílabas métricas, com acento na sexta e na duodécima, ficando partido ao meio; cada uma das metades chama-se hemistíquio.
a.le.xi.a (*a⁴+gr léxis+ia¹*) *sf Med* Incapacidade patológica de ler.
al.fa (*gr álpha*) *sm* 1 Primeira letra do alfabeto grego, corresponde ao *a* do latim e das línguas neolatinas. 2 Início, princípio, começo. 3 *Astr* Diz-se da primeira estrela de uma constelação, quanto à luminosidade.

al.fa.be.tar (*alfabeto+ar¹*) *vtd* Colocar em ordem alfabética.
al.fa.bé.ti.co (*alfabeto+ico²*) *adj* Organizado segundo a ordem das letras do alfabeto.
al.fa.be.ti.za.ção (*alfabetizar+ção*) *sf* Ato ou efeito de alfabetizar.
al.fa.be.ti.za.do (*part* de *alfabetizar*) *adj* Que sabe ler e escrever. • *sm* Aquele que aprendeu a ler e a escrever.
al.fa.be.ti.zar (*alfabeto+izar*) *vtd* 1 Ensinar a ler e a escrever. *vpr* 2 Aprender a ler por si mesmo.
al.fa.be.to (*gr álpha+béta*) *sm* Conjunto das letras usadas para escrever uma língua; abecedário.
al.fa.ce (*ár al-HaSa*) *sf Bot* Erva da família das compostas (*Lactuca sativa*), muito usada para fazer saladas.
al.fa.fa (*ár al-fasfaSa,* via *cast*) *sf Bot* Planta da família das leguminosas, subfamília papilionácea (*Medicago sativa*), usada como forragem.
al.fa.fal (*alfafa+al¹*) *sm* Plantação de alfafa.
al.fai.a (*ár al-Haja*) *sf* 1 Adornos, enfeites. 2 Artefatos ou joias caras. 3 Paramento de igreja.
al.fai.a.ta.ri.a (*alfaiate+aria*) *sf* Oficina de alfaiate.
al.fai.a.te (*ár al-Hayyât*) *sm* Indivíduo que corta e costura roupas para homem. *Fem: alfaiata.*
al.fân.de.ga (*ár al-funduk,* do *gr pandokheîon*) *sf* 1 Administração ou repartição pública onde se registram as mercadorias importadas e exportadas, cobrando os respectivos impostos; aduana. 2 O edifício onde funciona essa repartição.
al.fan.de.gá.rio (*alfândega+ário*) *V* alfandegueiro.
al.fan.de.guei.ro (*alfândega+eiro*) *adj* Relativo a alfândega; aduaneiro; alfandegário. • *sm* Funcionário da alfândega.
al.fan.ge *V* alfanje.
al.fan.je (*ár al-Hanjar*) *sm* Espada curva, curta e larga, com o fio no lado convexo da curva; gadanha. *Var: alfange.*
al.fa.nu.mé.ri.co (*alfa(bético)+numérico*) *sm Cib* Sistema de codificação em que se empregam grupos de letras e algarismos, além de outros caracteres convencionais, em que se combinam dois ou três desses grupos. • *adj* 1 Os dados ou informações codificados a partir desse sistema. 2 Os dispositivos de impressão, interpretação e tradução que, num computador, funcionam com base nesse sistema.
al.far.rá.bio (*ár Al-Farabi, np+io*) *sm* 1 Livro antigo, de leitura entediante. 2 Obra muito extensa, sem importância. *Cf calhamaço.*
al.far.ra.bis.ta (*alfarrábio+ista*) *sm* Indivíduo que lê, coleciona ou vende livros antigos ou usados.
al.fa.va.ca (*ár al-Habâgâ*) *sf Bot* Designação comum a várias plantas da família das labiadas, do gênero *Ocimum,* muitas das quais são cultivadas nos jardins por causa do aroma e da beleza das folhas.
al.fa.ze.ma (*ár al-Huzâmâ*) *sf Bot* Erva do Mediterrâneo, da família das labiadas (*Lavandula spica*), cujas flores têm propriedades medicinais. Dela se extrai o óleo de lavanda, empregado em perfumaria, na preparação de vernizes etc.
al.fe.nim (*ár al-fânîd*) *sm* 1 Massa de açúcar e óleo de amêndoas doces. 2 Confeito dessa massa. 3 *fig* Pessoa delicada, franzina ou afeminada.

al.fe.res (*ár al-fâris*) *sm* Antigo posto militar. No exército brasileiro, o nome foi substituído pelo de segundo-tenente. *Pl ant:* alféreses; *pl mod:* alferes.

al.fi.ne.ta.da (*alfinete+ada^1*) *sf* **1** Picada com alfinete. **2** Dor comparável à picada de alfinete. **3** *fig* Crítica, ironia, sátira.

al.fi.ne.tar (*alfinete+ar^1*) *vtd* **1** Fazer em forma de alfinete. **2** Picar com alfinete. **3** Prender, segurar com alfinete. **4** Criticar, satirizar. **5** Ferir com palavras.

al.fi.ne.te (*ê*) (*ár al-Hilâl+ete*, *pl* de *al-khilal*) *sm* **1** Pequenina haste de metal aguda numa ponta e terminando por uma cabeça na outra; serve para pregar, ou segurar, unidas, peças de vestuário, folhas de papel etc. **2** Objeto semelhante com que se prendem os cabelos das mulheres. **3** Broche. *Alfinete de segurança:* alfinete formado de duas partes articuladas: em uma delas há uma ponta que se prende em uma cavidade de uma cabeça que está na outra parte.

al.fi.ne.tei.ra (*alfinete+eira*) *sf* Caixa, ou almofadinha em que se guardam ou espetam alfinetes.

al.fo.bre (*ô*) (*ár al-Hufar*) *sm* **1** Viveiro de plantas. **2** Canteiro entre dois regos de água.

al.fom.bra (*ár al-Humra*) *sf* **1** Tapete, alcatifa. **2** Campo arrelvado, tapete de verdura.

al.for.je (*ár al-Hurj*) *sm* **1** Saco duplo, de couro, com abertura entre os dois compartimentos, pela qual se coloca no arreio, na sela ou nos ombros. **2** O que se leva no alforje.

al.for.ri.a (*ár al-hurriyah*) *sf* **1** Liberdade concedida ao escravo. **2** Libertação.

al.for.ri.a.do (*part* de *alforriar*) *adj* Que recebeu carta de alforria; forro.

al.for.ri.ar (*alforria+ar^1*) *vtd* **1** Dar alforria a. *vpr* **2** Libertar-se.

al.ga (*lat alga*) *sf Bot* Espécime da classe das algas.

al.ga.ra.vi.a (*ár al-'arabiyya*) *sf* **1** Linguagem árabe. **2** Linguagem confusa e ininteligível. **3** Confusão de vozes. *Var:* algravia.

al.ga.ris.mo (*ár al-Huwârizmî*, *np*) *sm* Nota ou sinal com que se representam os números. *Algarismos arábicos:* sinais de origem indiana, divulgados pelos árabes, para a escrita dos números: 1, 2, 3, 4, 5, 6, 7, 8, 9, 0. *Algarismos romanos:* sinais empregados pelos romanos para a escrita dos números: I (1), V (5), X (10), L (50), C (100), D (500), M (1.000).

al.ga.rít.mi.co (*algarismo+ico^2*) *adj* Relativo a algarismo.

al.gar.vi.o (*top* Algarve+io) *adj* **1** Natural do Algarve (Portugal); algarviense. **2** Relativo ao Algarve. **3** Palrador, tagarela. • *sm* O natural do Algarve; algarviense.

al.ga.zar.ra (*ár al-gazâra*) *sf* Gritaria, berreiro, barulho de vozes.

ál.ge.bra (*ár al-jabr*, pelo *lat med algebra*) *sf* **1** *Mat* Parte da Matemática que ensina a calcular, generalizando e simplificando as questões aritméticas, por meio de letras do alfabeto. **2** Tratado ou compêndio dessa matéria.

al.gé.bri.co (*álgebra+ico^2*) *adj* **1** Pertencente ou relativo à álgebra. **2** Preciso, rigoroso.

al.ge.ma (*ár al-jamâ'a*) *sf* **1** Ferro com que se prende alguém pelos pulsos ou pelos tornozelos. **2** Cadeia, corrente. **3** Opressão.

al.ge.mar (*algema+ar^1*) *vtd* **1** Prender com algemas. **2** Oprimir, prender moralmente. *Antôn* (acepção 1): libertar.

al.gi.a (*algo^1+ia^1*) *sf Med* Qualquer dor em órgão ou região do corpo.

al.gi.bei.ra (de *aljaveira*) *sf ant* Bolso que faz parte integrante do vestuário.

al.go (de *algo*) *adv* Um tanto, um pouco, algum tanto: *Algo romântico.* • *pron indef* Alguma coisa, qualquer coisa.

al.go.dão (*ár al-quTun*) *sm* **1** *Bot* Fibra vegetal muito branca e fina que envolve as sementes do algodoeiro. **2** Fio feito com essa fibra. **3** Tecido fabricado com esse fio. **4** *Bot V* algodoeiro.

al.go.dão-do.ce *sm* Doce de açúcar transformado, por rotação a alta velocidade em máquina especial, em fios finíssimos reunidos em flocos, parecidos com o algodão. *Pl:* algodões-doces.

al.go.do.al (*algodão+al^1*) *sm* Plantação de algodoeiros.

al.go.do.ei.ro (*algodão+eiro*) *sm* **1** *Bot* Nome comum às plantas malváceas do gênero *Gossypium* que produzem o algodão, das quais a mais cultivada é a *Gossypium herbaceum*. **2** Operário do algodão; plantador de algodão. **3** Fabricante de tecidos de algodão. • *adj* **1** Relativo ao algodão. **2** Que dá algodão.

al.gor (*lat algore*) *sm* Frio intenso.

al.go.rít.mi.co (*algoritmo+ico^2*) *adj* Pertencente ou relativo a algoritmo.

al.go.rit.mo (*ár al-Huwârizmî*) *sm Mat* **1** Sistema de uma sucessão de cálculos numéricos. **2** Operação ou processo de cálculo.

al.goz (*ô* ou *ó*) (*ár al-gozz*) *sm* **1** Executor da pena de morte ou de outras penas corporais. **2** Carrasco. **3** Pessoa desumana. **4** Perseguidor, torturador. **5** Coisa que aflige. *Pl:* algozes (*ô* ou *ó*).

al.guém (*lat aliquem*) *pron indef* **1** Alguma pessoa. **2** Pessoa digna de consideração. *Antôn:* ninguém.

al.gui.dar (*ár al-giDâr*) *sm* **1** Vaso em forma de cone invertido. **2** Vasilha tosca, utilizada em serviços domésticos.

al.gum (*lat vulg aliqu'unu*) *pron indef* **1** Um certo, dois ou mais. **2** Qualquer. **3** Regular, mediano; um pouco de: *Ela teve alguma sorte.* **4** Nenhum: *Não vejo livro algum na estante.* **5** Um: *Alguma vez o ofendi?* **6** Pouco: *Algum tempo depois.* • *sm gír* Dinheiro. *sm pl* Um número reduzido de gente; certa gente: *Alguns dizem, muitos acreditam. Alguma coisa:* um pouco, um tanto, algo. *Antôn:* nenhum.

al.gu.res (*arc algur;* do *lat alicubi*) *adv* Em algum lugar, em alguma parte. *Antôn:* nenhures.

a.lha.da (*alho+ada^1*) *sf* **1** Porção de alhos. **2** Conserva de alhos. **3** Guisado feito com alhos.

a.lhal (*alho+al^1*) *sm* Plantação de alhos.

a.lha.nar (*a^1+lhano+ar^1*) *vtd* e *vpr* **1** Tornar(-se) lhano, afável. *vtd* **2** Facilitar, resolver dificuldades. *vtd* e *vpr* **3** Nivelar(-se), tornar(-se) plano ou igual. *vpr* **4** Humilhar-se, abater-se.

a.lhe.a.do (*part* de *alhear*) *adj* **1** Absorto, enlevado. **2** Arrebatado, entusiasmado. **3** Alienado, doido, louco. **4** Cedido, transferido.

alheamento 40 alimentar¹

a.lhe.a.men.to (*alhear+mento*) *sm* Ato ou efeito de alhear(-se); alheação.
a.lhe.ar (*alheio+ar¹*) *vtd* e *vpr* 1 Tornar(-se) alheio, afastar(-se), desviar(-se). *vtd* e *vpr* 2 Passar(-se) para outro o domínio de. *vtd* 3 Indispor. *vpr* 4 Extasiar-se, entusiasmar-se. Conjuga-se como *frear*.
a.lhei.o (*lat alienu*) *adj* 1 Que é de outra pessoa. 2 Estrangeiro, estranho. 3 Distante, afastado. 4 Indiferente. 5 Isento, livre. 6 Ignorante, que não sabe de. 7 Absorto, enlevado, extasiado. *Antôn: próprio* (acepção 1); *próximo* (acepção 3). • *sm* O que pertence a outra pessoa. *sm pl* Os estranhos, os que não são parentes.
a.lhei.ro (*alho+eiro*) *sm* 1 Cultivador ou vendedor de alhos. 2 Viveiro de alhos.
a.lho (*lat alliu*) *sm Bot* 1 Gênero de ervas da família das liliáceas, que se distinguem por seu cheiro característico, flores brancas, amarelas ou vermelhas. 2 Bulbo de alho cultivado, composto de bulbos menores, os dentes, usado como condimento e em tratamentos homeopáticos e alopáticos. *Misturar alhos com bugalhos:* dizer ou fazer trapalhadas.
a.lho-po.ró *V alho-porro. Pl: alhos-porós.*
a.lho-por.ro (*ô*) *sm Bot* Alho de folhas largas. *Pl: alhos-porros.*
a.lhu.res (*provençal alhors*) *adv* Algures, noutro lugar, noutra parte.
a.li (*lat ad+illic*) *adv* 1 Naquele lugar, em lugar diferente ou distante do em que está a pessoa que fala. 2 Então, naquele tempo, naquela ocasião. *Antôn: aqui.*
a.li.á (*singalês aliyâ*) *sf* Fêmea do elefante.
a.li.a.do (*part de aliar*) *adj* Unido por aliança. • *sm* 1 Povo que fez aliança ou tratado de amizade. 2 Indivíduo ou partido ligado a outro para a realização de um fim comum. 3 Cúmplice. *sm pl* 1 Potências unidas que, na Primeira Guerra Mundial, lutaram contra a Alemanha, a Áustria-Hungria e a Turquia. 2 Potências que, na Segunda Guerra Mundial, estiveram unidas contra a Alemanha, a Itália e o Japão.
a.li.an.ça (*aliar+ança*) *sf* 1 Acordo, pacto. 2 Pacto de amizade celebrado entre estados ou povos. 3 Fusão ou união de coisas diferentes. 4 Matrimônio. 5 Coligação, confederação, união, liga. 6 Anel usado como símbolo de noivado ou casamento.
a.li.ar (*a¹+liar*) *vtd* e *vpr* 1 Associar(-se), juntar (-se), reunir(-se), ligar(-se). *vpr* 2 Conciliar-se, harmonizar-se. *vpr* 3 Unir-se por pacto, tratado ou convenção militar. *vpr* 4 Unir-se por casamento. *Antôn: desarmonizar, desunir, separar.*
a.li.ás (*lat alias*) *adv* 1 De outra maneira, de outro modo. 2 Ou melhor (usado em seguida a outra palavra ou frase escrita ou dita por engano, vindo depois a correção): *Dia 22 de março, aliás, de abril.* 3 Diga-se de passagem: *Não desejo esse lugar, que é aliás o ideal de muitos.* 4 Além disso: *Aliás não é este o seu primeiro erro.*
á.li.bi (*lat alibi*, em outro lugar) *sm* 1 *Dir* Alegação feita pelo réu, na sua defesa, mostrando que, no momento do crime, estava em outro lugar. 2 *pop* Justificação ou desculpa aceitável.
a.li.ca.te (*ár al-laqâT*) *sm* Pequena torquês para segurar, cortar ou prender objetos.

a.li.cer.çar (*alicerce+ar¹*) *vtd* 1 Preparar o alicerce de. *vtd* 2 Firmar, estabelecer em bases sólidas. *vpr* 3 Fundamentar-se.
a.li.cer.ce (*ár al-'isâs*) *sm* 1 Maciço de alvenaria que serve de base às paredes de um edifício. 2 Escavação, para assentar a parede. 3 Base, fundamento. 4 Raiz.
a.li.che (*ital alice*) *V anchova.*
a.li.ci.ar (*lat *alliciare,* por *allicere*) *vtd* 1 Atrair, convidar, seduzir. 2 Subornar. 3 Instigar, incitar.
a.li.e.na.ção (*lat alienatione*) *sf* 1 Ação ou efeito de alienar; alheação. 2 Cessão de bens. 3 Desordem mental. 4 Êxtase, arrebatamento. 5 Indiferença moral, política, social ou intelectual. *Antôn* (acepção 5): *engajamento, participação. Alienação mental:* loucura.
a.li.e.na.do (*part de alienar*) *adj* 1 Transferido ou cedido a outra pessoa. 2 Afastado, desviado, separado. 3 Extasiado, arrebatado, enlevado. 4 Endoidecido, enlouquecido. • *sm* Indivíduo atacado de alienação mental.
a.li.e.nar (*lat alienare*) *vtd* e *vint* 1 Tornar alheios determinados bens ou direitos, a título legítimo; transferir a outra pessoa. *vtd* e *vpr* 2 Alucinar (-se), perturbar(-se). *vtd* 3 Afastar, desviar. *vpr* 4 Endoidecer, enlouquecer. *Antôn* (acepção 1): *conservar, manter.*
a.li.e.ní.ge.na (*lat alienigena*) *adj* e *s m+f* De origem no estrangeiro; estranho, forasteiro. *Antôn: indígena.*
a.li.e.nis.ta (*lat alienu+ista*) *adj m+f* Que tem relação com a alienação mental ou seu tratamento. • *s m+f Med* Especialista no estudo e tratamento dos alienados; psiquiatra.
a.lí.fe.ro (*lat aliferu*) *adj + sm* Diz-se do, ou o animal provido de asas.
a.li.for.me (*ali+forme*) *adj m+f* Em forma de asa.
a.li.gá.tor (*ingl alligator*) *sm Zool* Gênero de crocodilos que só ocorre na América do Norte e na China; tem a cabeça mais larga e curta que a dos crocodilos africanos. *Pl: aligatores* (*ô*).
a.li.gei.ra.do (*part de aligeirar*) *adj* 1 Apressado, tornado leve ou ligeiro. 2 Adestrado, hábil. 3 Abreviado, moderado.
a.li.gei.rar (*a¹+ligeiro+ar¹*) *vtd* e *vpr* 1 Tornar(-se) ligeiro, apressar. *vtd* 2 Tornar menos pesado. *vtd* 3 Tornar destro ou hábil. *vtd* e *vpr* 4 Aliviar(-se), suavizar(-se).
a.li.jar (*fr alléger*) *vtd* 1 Livrar-se, aliviar-se de. *vpr* 2 Desembaraçar-se, desobrigar-se. *vtd* 3 Afastar: *Alijar o povo das decisões.*
a.li.má.ria (*lat *alimalia,* por *animalia*) *sf* 1 Animal irracional. 2 Bruto. 3 Pessoa estúpida.
a.li.men.ta.ção (*alimentar+ção*) *sf* 1 Ação ou efeito de alimentar(-se). 2 Alimento, sustento. 3 Tudo que serve para alimentar. 4 *Tecn* Abastecimento, fornecimento, de combustível a um motor, corrente a um circuito ou rede etc.). 5 *Art Gráf* Introdução do papel em equipamento gráfico.
a.li.men.tar¹ (*alimento+ar¹*) *vtd* e *vpr* 1 Dar alimento a, nutrir(-se), sustentar(-se). *vtd* 2 Incitar, estimular. *vtd* e *vpr* 3 Conservar(-se), manter(-se). *vtd* 4 Fornecer assunto a. *vtd* 5 *Eletr* Abastecer de corrente (um circuito ou rede). *vtd* 6 *Inform* Acrescentar informações à base de dados.

a.li.men.tar² (*alimento+ar²*) *adj m+f* **1** Que tem relação com os alimentos: *Regime alimentar.* **2** Próprio para nutrir; alimentício.

a.li.men.tí.cio (*alimento+ício*) *adj* Próprio para alimentar, ou que alimenta.

a.li.men.to (*lat alimentu*) *sm* Toda substância que, introduzida no organismo, serve para nutrição dos tecidos e para produção de energia.

a.lin.dar (*a¹+lindo+ar¹*) *vtd* e *vpr* Tornar(-se) lindo, embelezar(-se).

a.lí.nea (*lat alinea*) *sf* **1** Linha que marca a abertura de um novo parágrafo. **2** Subdivisão de artigo de lei ou regulamento. **3** Parágrafo.

a.li.nha.do (*part* de *alinhar*) *adj* **1** Disposto ou posto em linha reta. **2** Nivelado. **3** Enfeitado, adornado; vestido com capricho. **4** Apurado, esmerado. *Antôn: desalinhado, descuidado, desmazelado.*

a.li.nha.men.to (*alinhar+mento*) *sm* **1** Ação ou efeito de alinhar. **2** Apuro, esmero. **3** *Autom* Correção do paralelismo das rodas de um veículo ou da perpendicularidade dessas em relação ao chassi.

a.li.nhar (*a¹+linha+ar¹*) *vtd* e *vpr* **1** Dispor(-se) em linha. *vtd* **2** Pôr em linha reta com. *vpr* **3** Medir-se, nivelar-se. *vtd* **4** Aperfeiçoar, apurar. *vtd* **5** *Inform* Assegurar-se de que os caracteres a serem impressos estão espaçados e nivelados corretamente, seja vertical ou horizontalmente. *Antôn: desalinhar, desordenar.*

a.li.nha.var (*alinhavo+ar¹*) *vtd* **1** Coser com pontos largos. **2** Aprontar, preparar. **3** Fazer sem muito acabamento.

a.li.nha.vo (de *alinhavar*) *sm* **1** Ação ou efeito de alinhavar. **2** Pontos largos que se dão em uma peça de vestuário, para a segurar ou ajustar até que seja costurada definitivamente. **3** A costura que se está alinhavando. **4** Arranjo ligeiro. *sm pl* Artigo ou escrito feito à pressa ou imperfeitamente.

a.lí.pe.de (*lat alipede*) *adj m+f* **1** Que tem asas nos pés. **2** Muito ligeiro. **3** *Zool* Que tem os dedos das patas ligados por uma membrana, como os morcegos.

a.lí.quo.ta (*co*) (*lat aliquota*) *sf* Percentual de um tributo que é aplicado sobre o valor da coisa tributada: *As alíquotas do Imposto de Renda são de 15% e 27%.* Var: *alícota*.

a.li.sa.do (*part* de *alisar*) *adj* **1** Tornado liso. **2** Polido. **3** Amaciado. **4** Penteado.

a.li.sar (*a¹+liso+ar¹*) *vtd* **1** Tornar liso. *vtd* **2** Aplanar, igualar. *vtd* e *vpr* **3** Abrandar(-se), serenar (-se). *vtd* **4** Pentear. *vtd* **5** Passar a mão por: *Alisava a testa do filho.* *vtd* **6** *pop* Agradar, com interesse; bajular.

a.li.sio (*cast alisio*, de origem incerta) *adj* e *sm* Diz-se de, ou vento que sopra durante todo o ano nas regiões tropicais, vindo do Nordeste, no hemisfério Norte, e do Sudeste, no hemisfério Sul. *Antôn: contra-alísio.*

a.lis.ta.men.to (*alistar+mento*) *sm* Ação ou efeito de alistar. *Alistamento militar:* recrutamento para o Exército, Marinha ou Aeronáutica.

a.lis.tar (*a¹+lista+ar¹*) *vtd* **1** Pôr em lista; relacionar. *vtd* e *vpr* **2** Inscrever(-se). *vtd* e *vpr* **3** Recrutar(-se), engajar(-se).

a.li.te.ra.ção (*aliterar+ção*) *sf poét* Repetição das mesmas letras ou das mesmas sílabas, no início, meio ou fim das palavras que constituem uma ou mais frases em um ou mais versos.

a.li.te.rar (*lat alliterare*) *vint* **1** Formar uma aliteração. *vtd* **2** Dispor em aliteração.

a.li.vi.a.do (*part* de *aliviar*) *adj* **1** Livre de todo ou de parte de algum encargo, incômodo ou peso. **2** Consolado. **3** Abrandado, serenado. **4** Diminuído. **5** *gír* Furtado, roubado.

a.li.vi.ar (*lat alleviare*) *vtd* **1** Tornar leve ou mais leve; diminuir em peso. *vtd* **2** Descarregar, desembaraçar. *vtd* **3** Desoprimir: *Esta revelação me alivia o peito.* *vtd* e *vint* **4** Atenuar, diminuir: *Aliviar a dor.* *vtd* e *vpr* **5** Desobrigar(-se). *vtd* **6** *gír* Furtar, roubar. *Antôn: agravar, intensificar.*

a.lí.vio (de *aliviar*) *sm* **1** Diminuição de carga ou peso. **2** Diminuição de enfermidade, cansaço, sofrimento, trabalho. **3** Consolo, consolação.

al.ja.va (*ár al-ja'ba*) *sf* Coldre ou estojo onde se põem as setas e que se traz pendente do ombro.

al.jô.far (*ár al-jauhar*) *sm* **1** Pérolas miúdas, desiguais. **2** Orvalho da manhã. **3** *Poét* Lágrimas de mulher. *Pl:* aljôfares.

al.ma (*lat anima*) *sf* **1** Princípio imaterial da vida, do pensamento e da ação. **2** Coração, considerado como centro de afetos, de paixões; consciência; tudo o que dá vigor, força, expressão. **3** *Teol* Substância incorpórea, imaterial, invisível, criada por Deus à sua semelhança. **4** Indivíduo, pessoa: *Não havia lá viva alma.* **5** Núcleo, parte central. **6** *pop* Assombração, fantasma. *sf pl* Habitantes. *Alma do outro mundo*, *Folc:* fantasma. *Alma penada*, *Folc:* alma do purgatório, a qual, segundo a crença popular, vagueia às vezes na Terra.

al.ma.na.que (*ár hispânico al-manâH*) *sm* **1** Calendário. **2** Livro ou folheto que, além do calendário do ano, contém indicações úteis, trechos literários, poesias, anedotas.

al.mei.rão (*ár al-mîrûn*) *sm Bot* Planta hortense da família das compostas (*Chicorium endivia*); endívia; espécie de chicória.

al.me.jar (*alma+ejar*) *vtd* e *vti* Desejar ardentemente.

al.mi.ran.ta (de *almirante*) *sf* Mulher de almirante.

al.mi.ran.ta.do (*almirante+ado¹*) *sm* **1** Cargo ou posto de almirante. **2** Tribunal e administração superior da marinha militar.

al.mi.ran.te (*ár al-'amir* pelo *gr bizantino* e *lat med amiratus*, com influência do sufixo *-ante*) *sm* **1** Oficial de posto mais elevado na marinha. **2** Chefe supremo das forças navais. **3** Navio em que vai o almirante. **4** *Entom* Borboleta muito comum nos Estados Unidos e na Europa.

al.mís.car (*ár al-misk*) *sm* **1** Substância de cheiro penetrante, persistente, obtida de uma bolsa situada sob a pele do abdome do almiscareiro macho e usada principalmente em perfumes. **2** *Bot* Nome de duas plantas da família das burseráceas, que fornecem uma resina; almiscareira. **3** *pop* Sabor desagradável. **4** *Reg* (Nordeste) Cheiro de peixe.

al.mis.ca.ra.do (*part* de *almiscarar*) *adj* **1** Perfumado com almíscar. **2** Aromatizado, cheiroso, perfumado.

al.mis.ca.rei.ra (*almíscar+eira*) *V almíscar* (acepção 2).

al.mis.ca.rei.ro (*almíscar+eiro*) *sm Zool* Mamífero asiático da subordem dos ruminantes artiodátilos (*Moschus moschiferus*), do tamanho de um cabrito, que tem no ventre, perto do umbigo, uma bolsa onde se acumula o almíscar. Habita os vales e as serras próximas ao Himalaia (Ásia), além do Tibete (China) e da Sibéria (Federação Russa).

al.mo.çar (*almoço+ar¹*) *vtd* **1** Comer ao almoço. *vint* **2** Tomar a primeira refeição substancial do dia.

al.mo.ço (*ô*) (*lat vulg admordiu*) *sm* Primeira refeição importante do dia. *Pl: almoços (ô)*.

al.mo.cre.ve (*ár al-mukari*) *sm* Indivíduo que tem por ofício alugar ou conduzir bestas de carga; carregador.

al.mo.fa.da (*ár al-muHadda*) *sf* **1** Espécie de saco, cheio de qualquer substância mole ou elástica, que serve de travesseiro, encosto, assento, enfeite etc. **2** Retângulo de madeira, coberto de feltro, destinado à tinta com que se umedecem os carimbos. **3** Superfície saliente, numa obra de arquitetura ou marcenaria, de forma geralmente retangular e cercada por moldura filete.

al.mo.fa.dar (*almofada+ar¹*) *vtd* **1** Guarnecer de almofadas. **2** Rechear com material macio, como uma almofada.

al.mo.fa.di.nha (*almofada+inha*) *sf* Almofada pequena. *sm pop* e *ant* Homem elegante, que se veste com apuro; afeminado.

al.mo.fa.riz (*ár al-miHaras*) *sm* Vaso em que se esmaga ou tritura alguma coisa; pilão.

al.môn.de.ga (*ár al-bunduqa*) *sf Cul* Bolo de carne moída e temperada.

al.mo.rá.vi.das (*ár Al-mirâbiT*) *sm pl Hist* **1** Seita religiosa e política, entre os árabes. **2** Últimos mouros que dominaram na Espanha até a conquista de Granada (1492) pelos reis católicos.

al.mo.xa.ri.fa.do (*almoxarife+ado¹*) *sm* **1** Cargo ou ofício de almoxarife. **2** Depósito onde se guardam objetos pertencentes a um estabelecimento público ou particular, e é dirigido por um almoxarife. **3** Área de jurisdição do almoxarife.

al.mo.xa.ri.fe (*ár al-musharif*) *sm* **1** O encarregado da guarda, arrecadação e distribuição de objetos pertencentes a uma repartição pública ou estabelecimento particular. **2** Administrador do almoxarifado.

a.lô (*ingl hallo*) *sm pop* Aviso, pedido de atenção especificamente para determinado assunto. • *interj* Voz com que se chama a atenção de alguém ou se saúda.

a.lo.ca.ção (*lat ad+locatione*) *sf* **1** *Inform* Partilhamento de alguma coisa (memória, impressora, programa etc.) de várias maneiras. **2** Ato ou efeito de alocar.

a.lo.car (*lat ad+locus*, lugar+*ar¹*) *vtd* **1** Colocar em sequência. **2** Destinar verba para uma entidade ou um fim determinado. **3** *Inform* Dividir (um período de tempo ou uma porção de trabalho) de várias maneiras e compartilhar entre usuários. **4** *Inform* Reservar memória suficiente para execução de rotina ou programa.

a.lóc.to.ne (*alo+ctono*) *adj m+f* Que não é originário do país que habita. *Antôn: autóctone*.

a.lo.cu.ção (*lat allocutione*) *sf* **1** Discurso breve pronunciado em ocasião solene. **2** Discurso de um superior aos inferiores.

a.lo.é (*gr alóe*) *sm* **1** *Bot* Gênero de plantas liliáceas, cujas folhas contêm um suco amargo. **2** Suco amargo, estimulante, de várias espécies desse gênero. **3** Babosa. **4** Suco condensado dessa planta.

a.ló.ge.no (*alo+geno*) *adj* **1** Que é de outra raça. **2** *Geol* Que tem origem diferente.

a.loi.rar (*a¹+loiro+ar¹*) *V alourar*.

a.lo.ja.men.to (*alojar+mento*) *sm* **1** Ação ou efeito de alojar(-se). **2** Aposento, morada, pousada. **3** Acampamento. **4** Lugar onde alguém ou alguma coisa se aloja.

a.lo.jar (*a¹+loja+ar¹*) *vtd* **1** Pôr em loja. *vtd* **2** Pôr, acomodar dentro de alguma coisa que serve para conter ou guardar objetos. *vtd, vti* e *vint* **3** Agasalhar(-se), hospedar(-se). *vtd* **4** Comportar, conter.

a.lon.ga.men.to (*alongar+mento*) *sm* **1** Ação ou efeito de alongar(-se). **2** Demora, prolongamento. **3** Afastamento, extensão. **4** Apartamento, separação.

a.lon.gar (*a¹+longo+ar¹*) *vtd* e *vpr* **1** Tornar(-se) longo. *vtd* e *vpr* **2** Estender(-se), esticar(-se). *vtd* **3** Aumentar a duração de: *Alongar o prazo*. *Antôn: encurtar, reduzir*.

a.lo.pa.ta (*alo+pato*) *sm Med* Aquele que pratica a alopatia. *Antôn: homeopata*.

a.lo.pa.ti.a (*alo+pato+ia¹*) *sf Med* Método ou sistema de tratamento que consiste no emprego de remédios que produzem no organismo efeitos contrários aos da doença. *Antôn: homeopatia*.

a.lo.pá.ti.co (*alo+pato+ico²*) *adj Med* Pertencente ou relativo à alopatia. *Antôn: homeopático*.

a.lo.pe.ci.a (*gr alopekía*) *sf Med* **1** Queda geral ou parcial dos cabelos (da cabeça, da barba, das sobrancelhas), por doença ou qualquer acidente. **2** Calvície.

a.lo.pra.do *adj gír* Adoidado, muito inquieto.

a.lo.tro.pi.a (*alo+tropo+ia¹*) *sf Fís-Quím* Fenômeno pelo qual certos elementos se apresentam na natureza sob forma de mais de uma matéria simples. *P ex*: o diamante e a grafita são formas de carbono. *Var: alotropismo*.

a.lo.tro.pis.mo (*alo+tropo+ismo*) *V alotropia*.

a.lou.ca.do (*part* de *aloucar*) *adj* **1** Adoidado, amalucado. **2** Que tem modos de louco, que tende para a loucura.

a.lou.ra.do (*part* de *alourar*) *adj* De cor ligeiramente loura. *Var: aloirado*.

a.lou.rar (*a¹+louro+ar¹*) *vtd* e *vpr* Tornar(-se) louro ou semelhante a louro. *Var: aloirar*.

al.pa.ca (*quíchua p'aco*) *sf* **1** *Zool* Artiodáctilo ruminante da família camelídeos (*Lama pacos*), encontrado na América do Sul. **2** A lã desse animal. **3** Tecido feito com essa lã. **4** Qualquer uma de várias imitações desse tecido.

al.par.ga.ta (*ár hispânico al-bargât*) *sf* **1** Sandália, geralmente de tecido, com sola flexível de corda ou palha, que se ajusta ao pé por meio de correias ou cadarço. **2** Calçado leve, de lona, com sola de borracha, couro ou outro material.

al.pen.dre (provavelmente de *al+pender*) *sm* **1** Teto de uma só água sustentado de um lado por colunas e encostado pelo outro contra uma parede

alpestre 43 *alter-ego*

de edifício. **2** Cobertura suspensa por cima da porta principal de um edifício, para abrigo do sol, da chuva, ou simplesmente para enfeite. **3** Pátio coberto. **4** Galpão, barracão. *Var* (acepções 1 e 3): *varanda*.

al.pes.tre (*Alpes, np+estre*) *adj m+f* **1** Pertencente, relativo ou semelhante aos Alpes (Europa). **2** Rochoso, áspero, pedregoso. **3** Que nasce nas montanhas pouco elevadas; próprio das regiões montanhosas.

al.pí.co.la (*alpi+cola*) *adj m+f* Que vive ou cresce nos Alpes (Europa). • *s m+f* Pessoa que vive nos Alpes.

al.pi.nis.mo (*alpino+ismo*) *sm Esp* Esporte que consiste em escalar os Alpes (Europa) ou outras altas montanhas ou fazer nelas excursões. *Alpinismo esportivo:* modalidade urbana de esporte em que o praticante escala paredões e outras superfícies que imitam rocha.

al.pi.nis.ta (*alpino+ista*) *adj m+f* Pertencente ou relativo ao alpinismo. • *s m+f* **1** Pessoa que pratica o alpinismo. **2** Escalador de altas montanhas.

al.pi.no (*lat alpinu*) *adj* **1** Pertencente ou relativo aos Alpes, principal sistema montanhoso da Europa ocidental e meridional, ou às montanhas. **2** *Zool* e *Bot* Aplica-se aos animais e plantas que crescem e habitam nos Alpes ou nas altas montanhas. • *sm* O natural ou habitante dos Alpes.

al.pis.te (*al+lat pistu*) *sm Bot* **1** Planta gramínea (*Phalaris canariensis*). **2** Grãos dessa planta, que se dão aos passarinhos domésticos.

al.pon.dras (*al+pondras*) *sf pl* Pedras que se põem de margem a margem num rio ou riacho, para permitir a passagem.

al.por.que (de *alporcar*) *sm Agr* processo de reprodução de plantas que consiste em enterrar um ramo para fazê-lo criar raízes antes de destacá-lo da planta-mãe.

al.que.bra.do (*part* de *alquebrar*) *adj* **1** Abatido, fraco. **2** Que anda curvado, por velhice, doença ou cansaço. *Antôn*: *forte, vigoroso*.

al.que.brar (*al+lat crepare*) *vtd* **1** Curvar para baixo. *vtd* **2** Enfraquecer. *vint* e *vpr* **3** Tornar-se fraco ou abatido de corpo ou de espírito.

al.quei.re (*ár al-kayl*) *sm* Medida agrária equivalente a 48.400 m^2 em Minas Gerais, Goiás e Rio de Janeiro, a 24.200 m^2 em São Paulo e a 27.225 m^2 nos Estados nordestinos do Brasil.

al.quei.ve *sm* Terra lavrada cuja cultura foi interrompida por um ou mais anos para que se tornasse fértil.

al.qui.mi.a (*ár al-kîmiyâ*, do *khymeía*, mistura de líquidos) *sf* **1** Química da Idade Média. **2** Arte que procurava descobrir a pedra filosofal, que transformaria em ouro outras substâncias, e o remédio universal, que curaria todas as enfermidades.

al.quí.mi.co (*alquimia+ico*^{2}) *adj* Relativo ou pertencente à alquimia. • *sm* V *alquimista*.

al.qui.mis.ta (*alquimia+ista*) *s m+f* Pessoa que se dedica à alquimia; alquímico.

alt (ingl) (abreviatura de *alternate*) *sm Inform* Tecla de computador que, quando pressionada simultaneamente com outra, altera a função desta ou, em alguns programas, permite a execução de funções especiais.

al.ta (*fem* de *alto*) *sf* **1** *Com* Elevação ou aumento de preço ou valor. **2** A nata da sociedade. **3** Ordem dada a alguém para sair do hospital onde estava em tratamento. *Ter alta:* deixar o hospital, por estar melhorando, ou já curado. *Antôn* (acepção 1): *baixa*.

al.ta-cos.tu.ra *sf* **1** O conjunto dos grandes costureiros, dos mais famosos e renomados. **2** As roupas desenhadas por esses costureiros, de valor elevado, fabricadas com exclusividade ou em quantidades reduzidas. *Pl: altas-costuras*.

al.ta-fi.de.li.da.de *sf Eletrôn* **1** Conjunto de técnicas eletrônicas através das quais se reproduz e amplifica um impulso sonoro, sem distorção. **2** Toca-discos cujo funcionamento se baseia nessa técnica. *Pl: altas-fidelidades*.

al.tai.co (*Altai, np+ico*^{2}) *adj* **1** Relativo à cordilheira do Altai (Ásia Central). **2** Pertencente aos povos do Altai. **3** *Ling* Aplica-se ao grupo formado por línguas como a mongol.

al.ta.na.ri.a (*altaneiro+aria*) *sf* **1** Qualidade de altaneiro. **2** Pensamentos elevados, voos de imaginação. **3** Capacidade que têm certas aves de voar muito alto. **4** Caça das aves que voam alto, como falcões e outras.

al.ta.nei.ro (*lat altanu+eiro*) *adj* **1** Que se eleva muito, que voa muito alto. **2** Altivo, orgulhoso, vaidoso. **3** Elevado, empolado (estilo). *Antôn: baixo, humilde, modesto*.

al.tar (*lat altar*) *sm* **1** Espécie de mesa destinada aos sacrifícios e outras cerimônias religiosas, em qualquer religião. **2** Pedra retangular, mais ou menos do formato de uma mesa, sobre a qual se celebra a missa. **3** Lugar elevado para oferecer sacrifícios aos deuses ou heróis. **4** A religião, o culto religioso. *Levar ao altar uma mulher:* desposá-la.

al.tar-mor *sm* Altar principal, que fica ao fundo da igreja. *Pl: altares-mores*.

al.ta-ro.da *sf* A alta sociedade. *Pl: altas-rodas*.

al.ta-ten.são *sf Radiotécn* Tensão de alimentação da placa de uma válvula. *Pl: altas-tensões*.

al.te.a.do (*part* de *altear*) *adj* A que se deu maior altura; elevado, levantado, erguido.

al.te.ar (*alto+e+ar*^{1}) *vtd* e *vpr* **1** Tornar(-se) mais alto. *vtd* e *vpr* **2** Elevar(-se). *vtd* **3** Tornar mais excelente ou mais sublime: *Alteava o estilo. Antôn* (acepções 1 e 2): *abaixar*. Conjuga-se como *frear*.

al.te.ra.ção (*alterar+ção*) *sf* **1** Ação ou efeito de alterar. **2** Modificação, mudança. **3** Degeneração, deterioração. **4** Falsificação, adulteração. **5** Excitação, indignação.

al.te.ra.do (*part* de *alterar*) *adj* **1** Mudado, modificado. **2** Agitado, inquieto. **3** Irritado, nervoso. **4** Falsificado, adulterado. **5** Que está em estado de decomposição ou corrupção.

al.te.rar (*lat alterare*) *vtd* e *vpr* **1** Modificar(-se), mudar(-se). *vtd* **2** Desorganizar, perturbar. *vtd* **3** Adulterar. *vpr* **4** Irritar-se, encolerizar-se. *vtd* **5** Desassossegar, inquietar.

al.ter.ca.ção (*lat altercatione*) *sf* Ação ou efeito de altercar; bate-boca, disputa.

al.ter.car (*lat altercare*) *vti* e *vint* Argumentar, discutir, disputar.

alter-ego (lat) *sm* **1** Outro eu, pessoa em quem alguém deposita inteira confiança. **2** Aquele que substitui muito bem o outro.

alternação — alto-relevo

al.ter.na.ção (*lat alternatione*) *sf* Ação ou efeito de alternar; mudança, variação.

al.ter.na.do (*part* de *alternar*) *adj* **1** Alternativo, revezado. **2** Recíproco.

al.ter.na.dor (*alternar+dor*) *adj* Que alterna. • *sm* **1** Aquele que alterna ou combina vários objetos entre si. **2** *Eletr* Máquina produtora de correntes alternativas. **3** *Autom* Dispositivo que transforma corrente alternada em contínua, para carregar a bateria.

al.ter.nân.cia (*alternar+ância*) *sf* **1** Ação de alternar. **2** *Eletr* Mudança periódica do sentido da corrente alternada.

al.ter.nar (*lat alternare*) *vtd, vint* e *vpr* Suceder cada qual por sua vez, revezar, variar sucessivamente.

al.ter.na.ti.va (*alternar+ivo*, no *fem*) *sf* **1** Ação, direito, liberdade de alternar. **2** Opção entre duas ou mais coisas ou pessoas. **3** *Sociol* Elementos culturais partilhados apenas por uma pequena parcela dos membros de uma sociedade.

al.ter.na.ti.vo (*alternar+ivo*) *adj* **1** Que alterna. **2** Que se diz ou faz com alternação. **3** Diz-se de duas ou mais coisas que se sucedem, cada uma por sua vez e com certa continuidade. **4** Adoção de uma posição independente, não compartilhada pelas tendências dominantes.

al.te.ro.so (*ô*) (*alta+eiro+oso*) *adj* **1** De grande altura; elevado. **2** Altaneiro, altivo, orgulhoso. **3** Imponente, majestoso. *Pl: alterosos* (*ó*).

al.te.za (*ê*) (*alto+eza*) *sf* **1** Qualidade do que é alto; altura; elevação. **2** Elevação moral. **3** Excelência, grandeza. **4** Título honorífico dado antigamente aos reis e, posteriormente, apenas aos príncipes e infantes reais ou imperiais. **5** Título honorífico dado aos filhos de reis ou príncipes e de outros parentes próximos de uma casa real.

al.ti.lo.quên.cia (*qwe*) (*altiloquente+ia*) *sf* Linguagem ou estilo elevado e sublime.

al.tí.me.tro (*alti+metro*) *sm* Instrumento para medir as alturas ou as altitudes, geralmente em forma de um barômetro que registra alterações da pressão atmosférica que acompanham variações de altitude.

al.ti.pla.no (*alti+plano*) *sm* Planície sobre montes ou serra; planalto.

al.ti.po.ten.te (*alti+potente*) *adj m+f* **1** Muito poderoso. **2** Que tem grande poder.

al.tís.si.mo (*lat altissimu*) *adj* Superlativo absoluto sintético de *alto*; muito alto. • *sm* **Altíssimo** A divindade, Deus.

al.tis.so.nan.te (*alti+sonante*) *adj m+f* Que soa muito alto; altíssono; estridente, retumbante.

al.tís.so.no (*lat altisonu*) *adj* **1** Que soa alto; altissonante. **2** Que se ouve muito longe. **3** Sublime.

al.tis.ta (*alta+ista*) *adj* e *s m+f* **1** Que, ou quem especula na praça, jogando na alta do câmbio ou títulos. **2** Especulador que procura valorizar mercadorias ou títulos.

al.ti.to.nan.te (*lat altitonante*) *adj m+f* **1** Que troveja nas alturas; estrondoso. **2** *Mit* e *poét* Epíteto dado a Júpiter, como deus do trovão.

al.ti.tu.de (*lat altitudine*) *sf* **1** Altura na vertical de um lugar acima do nível do mar. **2** *Astr* Elevação de um corpo celeste acima do horizonte; altura.

al.ti.vez (*altivo+ez*) *sf* **1** Qualidade do que é altivo; altiveza. **2** Nobreza. **3** Orgulho; arrogância.

al.ti.vo (*alto+ivo*) *adj* **1** Alto, elevado. **2** Nobre, magnânimo. **3** Orgulhoso, arrogante. **4** Pomposo (estilo de um escritor).

al.to (*lat altu*) *adj* **1** Dotado de altura. **2** De grande estatura; grande: *Homem alto*. **3** Excelente, superior. **4** Ilustre, insigne. **5** Eminente, respeitável. **6** De posição social elevada: *Alta sociedade*. **7** Difícil. **8** De preço elevado; caro. **9** Elevado, sublime. **10** Grande, importante. **11** Que soa forte. **12** *Geogr* Diz-se da parte norte de uma região. **13** Agudo: *Som alto*. **14** *Geogr* Diz-se de um rio ainda longe de sua foz: *O alto Amazonas*. **15** Remoto, afastado no tempo: *Alta Antiguidade*. **16** *Geogr* Muito distante em direção a um dos polos, considerado a partir do equador: *Alta latitude*. **17** Avançado em horas: *Alta noite*. • *adv* **1** A grande altura. **2** Na parte mais alta. **3** Em som ou voz alta. **4** *pop* Em estado de semiembriaguez. • *sm* **1** Altura, elevação. **2** O ponto mais elevado; cume, cimo: *O alto da serra*. **3** *Mús* Cantor de altos. **4** Ato de parar ou suspender a marcha. *sm pl* Lugares altos. • *interj* Usa-se para mandar parar alguém, ou algum movimento. *Alto e bom som:* em voz alta e compreensível, sem recear as consequências. *Altos e baixos:* a) acidentes do terreno; b) desigualdades numa superfície; c) sucessos e fracassos, alternados; d) misto de predicados bons e maus. *Por alto:* superficialmente.

al.to-a.le.mão *adj* e *sm Ling* Diz-se de, ou um dos grupos de dialetos em que se divide a língua alemã, falado ao Sul da Alemanha, Suíça, Áustria e Liechtenstein. *Pl do adj: alto-alemães. Pl do sm: altos-alemães. Cf baixo-alemão.*

al.to-as.tral *sm gír* Situação ou circunstância favorável, atribuída à suposta influência astrológica positiva. *Pl: altos-astrais.* • *adj m+f gír* Diz-se de, ou da pessoa que está de bom humor, como se vivesse sob influência astral positiva. *Pl: alto-astrais.*

al.to-cú.mu.lo (*alto+cúmulo*) *sm Meteor* Nuvem ou formação de nuvens que consiste em pequenas nuvens, brancas ou esbranquiçadas, com porções sombreadas, e semelhantes aos cúmulos, mas de altitudes mais elevadas, a cerca de 4.000 m de altitude. *Pl: altos-cúmulos.*

al.to-fa.lan.te (de *alto+falar*) *sm* **1** Megafone; porta-voz, ampliador do som nos aparelhos radiofônicos. **2** *Eletrôn* Dispositivo eletromagnético que converte sinais elétricos em sinais audíveis. *Pl: alto-falantes.*

al.to-for.no (*alto+forno*) *sm* Forno destinado à fundição de minérios de ferro, sob alta temperatura. *Pl: altos-fornos.*

al.to-mar *sm* **1** A parte do mar afastada da costa, de onde não se vê a terra. **2** *Dir* Porção de mar além dos limites das águas territoriais de um Estado qualquer, sendo, portanto, livres para navegação, pesca etc. *Pl: altos-mares.*

al.to-re.le.vo (*ital alto-rilievo*) *sm* **1** Impressão ou gravura em que certas partes ficam salientes do fundo. **2** *Escult* Trabalho em que as figuras se destacam quase inteiramente sobre o fundo. *Pl: altos-relevos. Antôn: baixo-relevo.*

al.tru.ís.mo (fr *altruisme*) *sm* Amor ao próximo, abnegação. *Antôn:* egoísmo.

al.tru.ís.ta (fr *altruiste*) *adj m+f* **1** Relativo ao altruísmo. **2** Humanitário, filantrópico. *Antôn:* egoísta. • *s m+f* Quem professa o altruísmo; filantropo.

al.tru.ís.ti.co (*altruísta+ico²*) *adj* Relativo a altruísmo.

al.tu.ra (*alto+ura*) *sf* **1** Distância entre o ponto mais baixo e o ponto mais alto de alguma coisa ereta. **2** Distância entre o ponto mais baixo e o mais alto de um corpo, especialmente do homem; tamanho, estatura. **3** Distância entre a superfície da Terra e um corpo situado acima dela. **4** *Astr* V *altitude* (acepção 2). **5** O céu, o firmamento. **6** Estado de adiantamento: *Em que altura está o seu trabalho?* **7** Agudeza de um som. *sf pl* O céu, o firmamento. *Estar à altura de:* ser capaz de apreciar ou compreender; ser digno de.

a.lu.á (*bundo ualuá*) *sm* Bebida refrigerante fermentada em potes de barro, feita, no Norte, com farinha de arroz ou de milho torrado, com açúcar, e, em Minas Gerais, com cascas de abacaxi.

a.lu.a.do (*part* de *aluar*) *adj* **1** Influenciado pela Lua; lunático. **2** Que tem acessos de loucura. **3** Que está em período de cio (diz-se das fêmeas de alguns animais). **4** Insensato, imprudente.

a.lu.ar (*a¹+lua+ar¹*) *vpr* **1** Adoidar-se, ficar lunático. **2** Excitar-se, ficar no cio.

a.lu.ci.na.ção (*alucinar+ção*) *sf* **1** Ato ou efeito de alucinar(-se). **2** Delírio, devaneio, ilusão.

a.lu.ci.na.do (*part* de *alucinar*) *adj* Fora de si, louco por efeito de alucinação. • *sm* Indivíduo sujeito a alucinação.

a.lu.ci.nan.te (de *alucinar*) *adj m+f* **1** Que alucina. **2** Apaixonante.

a.lu.ci.nar (*lat allucinare*) *vtd* **1** Desvairar, privar do entendimento ou da razão. *vpr* **2** Perder momentaneamente a razão. *vint* **3** Causar delírio ou desvario. *vtd* **4** Fascinar, encantar.

a.lu.ci.nó.ge.no (*alucin(ar)+o+geno*) *sm Quím* e *Farm* Substância que produz alucinações.

a.lu.de (*cast alud,* de origem pré-romântica) *sm* Avalancha.

a.lu.di.do (*part* de *aludir*) *adj* Citado, mencionado, referido anteriormente ou de passagem.

a.lu.dir (*lat alludere*) *vti* Fazer alusão, referir-se.

a.lu.gar (*a¹+lat locare*) *vtd* **1** Dar ou tomar de aluguel. *vtd* e *vpr* **2** Assalariar(-se). *vtd* **3** *gír* Tomar o tempo e a atenção de alguém com assunto que não interessa ao ouvinte.

a.lu.guel (de *alugar,* com cruzamento com *alquiler* e assimilação) *sm* **1** Concessão ou uso de prédio, objeto ou serviço por tempo e preço combinados. **2** O preço dessa locação temporária.

a.lum.brar (*cast alumbrar*) V *alumiar.*

a.lu.me (*lat alumen*) *sm Quím* Termo genérico com que se designam os sulfatos duplos de um metal trivalente (alumínio, ferro, cromo) e de um metal alcalino (potássio, amônio). *Var: alúmen.*

a.lu.mi.ar (*lat vulg *alluminare*) *vtd, vint* e *vpr* **1** Projetar luz sobre, iluminar. *vtd* e *vpr* **2** Ilustrar (-se), instruir(-se). *vint* e *vpr* **3** Resplandecer. *Antôn* (acepção 1): *escurecer.*

a.lu.mí.nio (*alumini+io*) *sm Quím* Metal branco, leve, com o brilho da prata, maleável, muito usado na indústria; elemento metálico de número atômico 13 e símbolo Al.

a.lu.na.gem (*alunar+agem*) *sf Astronáut* Ato ou efeito de alunar; alunissagem.

a.lu.nar (*a¹+lat luna+ar¹*) *vint Astronáut* **1** Descer de astronave na Lua. *vtd* **2** Fazer descer astronave na Lua.

a.lu.no (*lat alumnu*) *sm* **1** O que recebe instrução em escola ou particularmente. **2** Aprendiz, discípulo.

a.lu.são (*lat allusione*) *sf* **1** Ação ou efeito de aludir. **2** Referência a alguma pessoa, coisa ou fato, sem mencioná-lo expressamente.

a.lu.si.vo (*alusão+ivo*) *adj* Que alude ou encerra alusão.

a.lu.vi.al (*lat alluviu+al¹*) *adj m+f* **1** Produzido por aluvião (falando-se de um terreno). **2** Pertencente ou relativo a aluvião. **3** Encontrado em aluvião.

a.lu.vi.a.no (*aluvião+ano¹*) *adj* Diz-se de terreno ou depósito geológico formado por aluvião.

a.lu.vi.ão (*lat alluvione*) *sf Geol* **1** Acumulação de materiais (areia, cascalho, lodo etc.), depositados nas costas ou praias, ou na foz e nas margens dos rios, por inundações ou enchentes. **2** Inundação, cheia.

al.va (*lat alba*) *sf* **1** A primeira luz que aparece no horizonte entre a escuridão da noite e a aurora; alvorada. **2** *Ecles* Veste talar de pano branco que os sacerdotes usam para celebrar os ofícios divinos. **3** V *esclerótica.* **4** V *alba* (acepção 2).

al.va.cen.to (*alvaç(ão)+ento*) *adj* Quase branco, um tanto alvo; esbranquiçado; alvar.

al.vai.a.de (*ár al-bayâD*) *sm Quím* **1** Designação genérica de carbonato de chumbo, carbonato de zinco, óxido de zinco, usado na fabricação de tintas e massas de pinturas exteriores. **2** Nome comum a vários pigmentos brancos venenosos que contêm chumbo.

al.var (*lat vulg *albare*) *adj m+f* **1** V *alvacento.* **2** Ingênuo, tolo. • *sm* Indivíduo tolo.

al.va.rá (*ár albarâ'a*) *sm* **1** Documento passado por uma autoridade a favor de alguém, ordenando alguma coisa ou reconhecendo certos atos ou direitos. **2** Licença oficial para realização de alguma atividade, ou para realização de obra arquitetônica.

al.ve.dri.o (*lat arbitriu*) *sm* Arbítrio, vontade.

al.ve.jan.te (de *alvejar*) *adj m+f* Que alveja ou branqueia. • *sm* Produto com que se branqueiam tecidos.

al.ve.jar (*alvo+ejar*) *vtd* **1** Tornar alvo ou branco. *vtd* **2** Tornar como alvo ou ponto de mira. *vint* **3** Branquejar, mostrar-se alvo. *vint* **4** Alvorecer, despontar: *Eis que já alveja a manhã.*

al.ve.na.ri.a (*alvener+ia¹*) *sf Constr* **1** Profissão de pedreiro. **2** Pedra tosca, tal como sai da pedreira. **3** Conjunto de pedras quebradas, que se ligam com argamassa numa construção. **4** Obra feita de pedras, tijolos ou outras pedras artificiais ligadas com argamassa, cimento etc.

ál.veo (*lat alveu*) *sm* Leito de rio ou de qualquer curso de água.

al.ve.o.lar (*alvéolo+ar¹*) *adj m+f Anat* **1** Pertencente ou relativo a alvéolo. **2** Que tem forma de alvéolo. **3** Formado por um ou mais alvéolos.

al.vé.o.lo (*lat alveolu*) *sm* **1** Qualquer pequena

alvião 46 **amalgamar**

cavidade ou depressão. **2** Célula onde as abelhas depositam as larvas e o mel. **3** *Bot* Poro de certos fungos. **4** *Anat* Cavidade onde se implantam os dentes. **5** Terminais das subdivisões brônquicas, cujas paredes possibilitam as trocas respiratórias.

al.vi.ão *sm* Espécie de picareta com uma parte larga terminando em gume e outra em ponta; enxadão.

al.vi.ne.gro (ê) (*alvi+negro*) *adj* Branco e preto. • *sm Esp* Designação que se dá a clubes esportivos que usam uniforme de cor branca e preta, *p ex*: Botafogo (RJ), Corinthians (SP) e Atlético Mineiro (MG).

al.vís.sa.ras (*ár al-bishârâ*) *sf pl* Prêmio ou recompensa que se dá ao portador de boas-novas, ou a quem restitui coisa que se perdera. • *interj* Exclamação que precede o anúncio de boas-novas.

al.vi.trar (*alvitre+ar*[1]) *vtd* **1** Aconselhar, propor, sugerir. **2** Arbitrar, julgar como árbitro.

al.vi.tre (*corr* de *arbítrio*) *sm* **1** Arbítrio. **2** Conselho, proposta, sugestão.

al.vi.ver.de (*alvi+verde*) *adj* **1** Branco e verde. **2** *Esp* Designação que se dá ao Curitiba Futebol Clube (PR) e Palmeiras (SP).

al.vo (*lat albu*) *adj* **1** Branco, claro. **2** Cândido, puro. • *sm* **1** A cor branca. **2** Ponto de mira em que se procura acertar atirando alguma coisa. **3** Objeto a que se dirige algum intento; objetivo, fim. *Sup abs sint*: *alvíssimo*.

al.vor (*lat albore*) *sm* **1** Alvorada. **2** Alvura, brancura. *Pl: alvores* (ô). *Var: albor*.

al.vo.ra.da (de *alvorar*) *sf* **1** Crepúsculo matutino, antes do romper da aurora. **2** *fig* O início da vida, a juventude. **3** *Mil* Toque militar nos quartéis, de madrugada, para acordar os soldados.

al.vo.re.cer (*alvor+ecer*) *vint* **1** Aparecer o alvor do dia. **2** Começar a revelar-se (ideias, qualidades, sentimentos). **3** Ter início. *Conjug:* verbo defectivo, impessoal; só se conjuga na 3ª pessoa do singular: *alvorece, alvorecia, alvoreceu* etc. • *sm* O romper do dia.

al.vo.ro.ça.do (*part* de *alvoroçar*) *adj* **1** Sobressaltado. **2** Amotinado, revolto. **3** Revoltoso, turbulento. **4** Apressado. **5** Agitado por alegria ou ansiedade. *Antôn: calmo*.

al.vo.ro.çar (*alvoroço+ar*[1]) *vtd* e *vpr* **1** Pôr(-se) em alvoroço. *vtd* e *vpr* **2** Alegrar(-se), entusiasmar (-se). *vtd* e *vpr* **3** Amotinar(-se), sublevar(-se). *vtd* **4** Espantar, assustar. *Antôn: acalmar*.

al.vo.ro.ço (ô) (*ár al-burûz*) *sm* **1** Entusiasmo, sobressalto. **2** Confusão, desordem, tumulto. **3** Pressa. **4** Gritaria. *Antôn: calma*. *Pl: alvoroços* (ô).

al.vu.ra (*alvo+ura*) *sf* **1** Qualidade do que é alvo; brancura. **2** Candura, pureza.

a.ma (*gr ámma*, pelo *lat amma*) *sf* **1** Mulher que amamenta filho alheio. **2** Aia, criada. **3** Senhora da casa, patroa (em relação aos criados). **4** Governanta. *Ama de leite*: a que amamenta criança alheia. *Ama de peito: V ama de leite*.

a.ma.bi.li.da.de (*lat amabilitate*) *sf* **1** Característico do que é amável. **2** Delicadeza. **3** Favor, fineza. **4** Dito ou ação gentil. **5** Elogio, lisonja. *Antôn: desatenção*.

a.ma.ça.ro.car (*a*[1]+*maçaroca+ar*[1]) *vtd* Dar forma de maçaroca a.

a.ma.ci.a.do (*part* de *amaciar*) *adj* Que se amaciou.

a.ma.ci.a.men.to (*amaciar+mento*) *sm* **1** Ato ou efeito de amaciar(-se). **2** *Tecn* Ato de amaciar um motor ou máquina novos.

a.ma.ci.an.te (de *amaciar*) *adj m+f* **1** Que amacia. **2** Diz-se de substância que amacia roupas, carnes etc. • *sm* Substância amaciante.

a.ma.ci.ar (*a*[1]+*macio+ar*[1]) *vtd* e *vpr* **1** Tornar(-se) macio. *vtd* **2** Adoçar, suavizar. *vtd* **3** Alisar. *vtd* e *vint* **4** *Tecn* Fazer andar uma máquina ou motor novos a uma velocidade apropriada e tempo suficiente, para que essa máquina ou motor possa ser usado satisfatoriamente sob condições normais de serviço.

a.ma.da (*fem* do *part* de *amar*) *sf* **1** A mulher a quem se ama. **2** Namorada.

a.ma.dei.rar (*a*[1]+*madeira+ar*[1]) *vtd* **1** Dar aspecto ou consistência de madeira a. **2** Cercar de madeira.

a.ma.do (*part* de *amar*) *adj* **1** Que é objeto de amor. **2** Querido. • *sm* Namorado. *Antôn: odiado, detestado*.

a.ma.dor (*amar+dor*) *adj* **1** Que ama. **2** Relativo a amador. **3** Que tem a condição de amador. **4** Praticado por amador. • *sm* **1** O que ama. **2** O que cultiva qualquer arte ou esporte, por prazer e não por profissão; curioso. **3** Aquele que entende superficialmente de alguma coisa, de regra, autodidata.

a.ma.do.ris.mo (*amador+ismo*) *sm* **1** Prática, características ou condição de um amador. **2** Distração, prazer. **3** Doutrina ou regime contrário ao profissionalismo.

a.ma.do.rís.ti.co (*amador+ístico*) *adj* Relativo ao, ou próprio de amadorismo.

a.ma.dri.nhar (*a*[1]+*madrinha+ar*[1]) *vtd* **1** Servir de madrinha a; proteger. **2** Habituar os animais a ficarem juntos, ou se habituarem a acompanhar outro.

a.ma.du.re.cer (*a*[1]+*maduro+ecer*) *vint* **1** Ficar maduro. *vtd* **2** Tornar maduro. *vint* **3** Chegar a completo desenvolvimento. *vtd* **4** Estudar, meditar.

a.ma.du.re.ci.men.to (*amadurecer+mento*) *sm* Ato ou efeito de amadurecer.

â.ma.go *sm* **1** *Bot* Medula das plantas. **2** A parte interna de alguma coisa. **3** O centro, a essência, o fundamento de qualquer coisa ou pessoa.

a.mai.nar *vtd* e *vint* **1** *Náut* Abaixar (vela de embarcação). *vtd, vint* e *vpr* **2** Abrandar, diminuir. *Antôn (acepção 2): aumentar, intensificar*.

a.mal.di.ço.a.do (*part* de *amaldiçoar*) *adj* **1** Maldito, abominado. **2** Mau. **3** Funesto. *Antôn: abençoado*.

a.mal.di.ço.ar (*a*[1]+*maldição+ar*[1]) *vtd* **1** Lançar maldição sobre. **2** Abominar. **3** Blasfemar contra. *Antôn: abençoar, bendizer*.

a.mál.ga.ma (*lat med amalgama*, de origem árabe) *sm* **1** *Quím* Liga de mercúrio com outro metal. **2** Mistura ou ajuntamento de pessoas ou coisas diferentes. **3** Confusão. **4** *Odont* Substância usada pelos dentistas para obturar os dentes, constituída do amálgama de mercúrio e pó de prata.

a.mal.ga.mar (*amálgama+ar*[1]) *vtd* **1** Combinar o mercúrio com outro metal. *vtd* e *vpr* **2** Aproximar(-se), juntar(-se) (coisas ou pessoas de diferentes classes e qualidades). *vpr* **3** Combinar-se, confundir-se.

a.ma.lu.ca.do (a^1+*maluco*+*ado*^{1}) *adj* Um tanto maluco.

a.ma.men.ta.ção (*amamentar*+*ção*) *sf* Ato ou efeito de amamentar; aleitamento.

a.ma.men.tar (a^1+*mama*+*mento*+*ar*^{1}) *vtd* Criar ao peito, dar de mamar; aleitar.

a.man.ce.bar (a^1+*mancebo*+*ar*^{1}) *vpr* **1** Juntar-se em mancebia com alguém; amasiar-se. **2** Fazer relações ilícitas.

a.ma.nei.rar (a^1+*maneira*+*ar*^{1}) *vtd* **1** Dar modo afetado, sem naturalidade. *vpr* **2** Adquirir modos afetados. *vtd* e *vpr* **3** Acomodar(-se), adaptar(-se).

a.ma.nhã (*lat vulg ad maneana*) *adv* **1** No dia seguinte ao atual. **2** Em época que segue depois de outra, no futuro. • *sm* **1** O dia seguinte. **2** O futuro.

a.ma.nhar (a^1+*mão*+*ar*^{1}) *vtd* **1** Dar amanho a, cultivar: *Amanhar a terra*. *vtd* e *vpr* **2** Ataviar(-se); enfeitar(-se).

a.ma.nhe.cer (a^1+*manhã*+*ecer*) *vint* **1** Começar a manhã, nascer o dia. **2** Acordar ou despertar de manhã. **3** Estar ou achar-se pela manhã em algum lugar: *...amanheceu no Rio de Janeiro*. **4** *fig* Começar. *Conjug:* verbo defectivo, impessoal; conjuga-se somente na 3ª pessoa do singular: *amanhece, amanhecia* etc. No sentido figurado é conjugado em todos os tempos: *Amanheci indisposto*. • *sm* **1** Ato ou efeito de amanhecer. **2** O princípio do dia. **3** O começo de alguma coisa.

a.ma.nho (de *amanhar*) *sm* **1** Ato ou efeito de amanhar. **2** Lavoura, cultivo (da terra).

a.man.sar (a^1+*manso*+*ar*^{1}) *vtd* e *vpr* **1** Tornar manso, dócil: *Amansar as feras*. *vtd* e *vpr* **2** Apaziguar(-se), sossegar(-se). *vtd* e *vpr* **3** Controlar(-se), moderar(-se). *vint* **4** Serenar. *Antôn:* enfurecer.

a.man.te (*lat amante*) *adj m+f* Que ama. • *s m+f* **1** Pessoa que ama. **2** Pessoa que mantém relações extraconjugais com outra.

a.man.tei.ga.do (a^1+*manteiga*+*ado*^{1}) *adj* **1** Amarelado, da cor de manteiga. **2** Que tem consistência de manteiga. **3** Que é feito com manteiga, ou em que se passou manteiga.

a.man.tei.gar (a^1+*manteiga*+*ar*^{1}) *vtd* **1** Dar cor ou sabor de manteiga a. **2** Passar manteiga em. **3** Tornar brando como manteiga.

a.ma.nu.en.se (*lat amanuense*) *s m+f* **1** Empregado de repartição pública, encarregado geralmente de fazer cópias, registros e alguma correspondência oficial. **2** Escrevente, secretário.

a.ma.pa.en.se (*top Amapá*+*ense*) *adj m+f* Relativo ao Estado do Amapá. • *s m+f* Pessoa natural ou habitante desse Estado.

a.mar (*lat amare*) *vtd, vint* e *vpr* **1** Ter amor, afeição, ternura por, querer bem a. *vtd* **2** Apreciar muito, estimar, gostar de. *vpr* **3** Fazer amor; copular. *Antôn:* detestar, odiar.

a.ma.ra.gem (*amarar*+*agem*) *sf* Ato de amarar; amerissagem.

a.ma.ran.to (*gr amárantos*, que não murcha) *sm* **1** *Bot* Gênero de plantas da família das amarantáceas, de inflorescências vermelho-escuras. **2** *Bot* Planta desse gênero. **3** Cor vermelho-púrpura.

a.ma.rar (a^1+*mar*+*ar*^{1}) *vint* **1** Baixar, descer o hidroavião ao mar, pousar na água; amerissar. *vpr* **2** Encher-se de lágrimas.

a.ma.re.la.do (*part* de *amarelar*) *adj* **1** Um tanto amarelo. **2** Descorado, pálido.

a.ma.re.lão (*amarelo*+*ão*^{2}) *V ancilostomíase*.

a.ma.re.lar (*amarelo*+*ar*^{1}) *vtd* **1** Tornar amarelo. *vint* **2** Ficar amarelo, empalidecer, perder o viço. *vtd* **3** Descorar. *vint* e *vpr* **4** Acovardar-se.

a.ma.re.le.cer (*amarelo*+*ecer*) *V amarelar*.

a.ma.re.li.nha (*fr marelle*, com etimologia popular) *sf* Jogo infantil que consiste em casas riscadas no chão pelas quais deve passar uma pedrinha tocada pelo jogador, que pula num pé só. Nem a pedrinha pode parar sobre os traços, nem o jogador pode pisá-los.

a.ma.re.lo (*lat hispânico amarellus*, de *amarus*) *adj* **1** Da cor da luz do Sol, da gema do ovo, do ouro. **2** Dourado, louro. **3** Descorado, pálido. **4** Feito com má vontade: *Riso amarelo*. • *sm* **1** Cor que no espectro solar está entre o verde e o alaranjado. **2** A cor amarela. **3** Substância que se usa para tingir ou corar de amarelo. **4** Homem de raça amarela. **5** Pessoa que sofre de impaludismo.

a.mar.fa.nhar *vtd* Amarrotar, amassar: *Amarfanhou as roupas quando caiu*.

a.mar.gar (de *amargo*) *vint* **1** Ter sabor amargo. *vtd* **2** Tornar amargo ou penoso. *vtd* **3** Padecer, sofrer. *vtd* **4** Causar sofrimento a. *vpr* **5** Causar amargura a si próprio.

a.mar.go (*lat *amaricu*, de *amaru*) *adj* **1** De sabor acre, desagradável, como o fel. **2** Doloroso, triste. **3** Áspero, cruel. **4** Ofensivo. *Antôn* (acepção 1): *doce;* (acepções 3 e 4): *agradável*. • *sm* **1** Sabor amargo. **2** Remédio amargo.

a.mar.gor (*amargo*+*or*) *sm* **1** Sabor amargo. **2** Qualidade do que é amargo.

a.mar.go.sa (*fem* de *amargoso*) *sf* **1** *Bot* Variedade de salsa. **2** Carqueja.

a.mar.go.so (*ô*) (*amargo*+*oso*) *adj V amargo*. *Pl: amargosos* (*ó*). • *sm V amargor*.

a.mar.gu.ra (*amargo*+*ura*) *sf* **1** Sabor amargo. **2** Aflição, angústia, dor moral. **3** Azedume. *sf pl* Desgostos, dissabores. *Antôn:* doçura, consolação.

a.mar.gu.ra.do (*part* de *amargurar*) *adj* Cheio de amargura; angustiado, triste.

a.mar.gu.rar (*amargura*+*ar*^{1}) *vtd* e *vpr* **1** Causar amargura a. *vtd* **2** Tornar amargo. *Antôn:* adoçar; consolar.

a.ma.ri.car (a^1+*maricas*+*ar*^{1}) *vpr* Tornar-se maricas, efeminar-se.

a.ma.rí.li.co (*lat hispânico amarillu*+*ico*^{2}) *adj Med* Relativo à febre amarela.

a.ma.ri.li.dá.ceas (*gr amaryllís, ídos*+*áceas*) *sf pl Bot* Família que compreende muitas espécies cultivadas em nossos parques e jardins, por causa de sua beleza, e também plantas silvestres.

a.ma.rí.lis (*gr amaryllís*) *sf sing* e *pl Bot* Gênero (*Amaryllis*) de plantas bulbosas da África do Sul, da família das amarilidáceas, com flores umbeladas.

a.ma.ro (*lat amaru*) *V amargo*. *Sup abs sint: amaríssimo*.

a.mar.ra (de *amarrar*) *sf* **1** Corda ou corrente grossa para prender o navio à âncora ou a um ponto

fixo; cabo. **2** Corda ou corrente com que se prende alguma coisa. **3** Proteção, apoio.
a.mar.ra.ção (*amarrar+ção*) *sf* **1** Ação de amarrar. **2** Sujeição. **3** *Náut* Ancoradouro. **4** Amarra. **5** *Náut* Conjunto de cordas, boia e corrente que prende a embarcação ao cais.
a.mar.ra.do (*part* de *amarrar*) *adj* **1** Ligado ou preso com amarra. **2** Seguro, fixo com corda, arame etc. **3** Acanhado, tímido. **4** *Náut* Atracado. **5** Ajustado, pactuado. **6** *pop* Casado. **7** Carrancudo. **8** Que sofreu a ação de amarrar (acepção 5). • *sm* **1** Embrulho, volume. **2** Coisas ligadas com amarra.
a.mar.rar (*fr amarrer*, e este do *hol aanmarren*) *vtd* **1** Segurar com amarra. *vtd* **2** Acorrentar, prender. *vtd* **3** Atar. *vint* **4** *Náut* Atracar. *vtd* **5** Segurar para si um negócio, por meio do pagamento de um sinal ou de outra forma, de modo que o proprietário do objeto não pode concluir o negócio com outra pessoa, sem sofrer prejuízo. *vtd* **6** Enrugar o rosto, carregar a expressão: *Amarrou a cara ao ver aquilo*. *vpr* **7** *pop* Casar-se. *vpr* **8** *gír* Apaixonar-se.
a.mar.ri.lho (*amarra+ilho*) *sm* Cordão ou fio com que se ata alguma coisa.
a.mar.ron.za.do (a^1+*marrom*+z+ado^1) *adj* Meio marrom.
a.mar.ro.ta.do (*part* de *amarrotar*) *adj* Enrugado, amassado.
a.mar.ro.tar (a^1+*manroto, roto com as mãos+ar^1) *vtd* **1** Amarfanhar, amassar: *Amarrotar o vestido*. **2** Contundir com pancadas: *Amarrotou-lhe os queixos*.
a.ma-se.ca *sf* A que trata de criança, mas não a amamenta; babá, na linguagem popular. *Pl: amas-secas*.
a.má.sia (*lat amasia*) *sf* Amante, concubina.
a.ma.si.ar (*amásia*+ar^1) *V amancebar*.
a.má.sio (*lat amasiu*) *sm* **1** Amante. **2** Indivíduo amancebado.
a.mas.sa.dei.ra (*amassar+deira*) *sf* **1** Mulher que amassa farinha para fazer pão. **2** Máquina de amassar. **3** Máquina de amassar barro nas olarias.
a.mas.sa.do (*part* de *amassar*) *adj* **1** Reduzido a massa. **2** Achatado.
a.mas.sa.dou.ro (*amassar+douro*) *sm* Lugar ou tabuleiro onde se amassa algo (pão, argamassa para construções etc.). *Var: amassadoiro*.
a.mas.sa.du.ra (*amassar+dura*) *sf* Ato ou efeito de amassar; amassamento.
a.mas.sar (a^1+*massa*+ar^1) *vtd* **1** Converter em massa ou pasta. **2** Misturar. **3** Amarrotar, amarfanhar. **4** Espancar: *Amassou o polegar com o martelo*. **5** *vulg* Bolinar.
a.mas.so (de *amassar*) *gír V agarramento* (acepção 3).
a.ma.ti.lhar (a^1+*matilha*+ar^1) *vtd* **1** Reunir (cães) em matilha. *vtd* e *vpr* **2** Congregar(-se), emparceirar(-se), reunir(-se).
a.ma.tro.nar (a^1+*matrona*+ar^1) *vpr* Ficar com aparência de matrona; engordar; envelhecer prematuramente.
a.ma.tu.tar (a^1+*matuto*+ar^1) *vpr* Fazer-se matuto.
a.má.vel (*lat amabile*) *adj m+f* **1** Cortês, delicado. **2** Agradável. **3** Digno de ser amado. *Sup abs sint: amabilíssimo*. *Antôn* (acepção 1): *grosseiro, áspero*.

a.ma.vi.os (de *amar*) *sm pl* **1** Filtros ou beberagens para suscitar amor. **2** Encantos, feitiços.
a.ma.ze.lar (a^1+*mazela*+ar^1) *vtd* e *vpr* Cobrir(-se) de mazelas; tornar(-se) mazelento.
a.ma.zo.na (*gr amazón, ónos*) *sf* **1** Mulher que monta a cavalo. **2** A artista que, nos circos, faz trabalho no cavalo. **3** Vestido de montar, para senhoras. *sf pl* Mulheres guerreiras da Antiguidade e da América do Sul, consideradas lendárias por alguns, reais por outros.
a.ma.zo.nen.se (*Amazonas, np+ense*) *adj m+f* **1** Pertencente ou relativo ao Estado do Amazonas. **2** Natural desse Estado. • *s m+f* Pessoa natural desse Estado.
a.ma.zô.ni.co (*lat amazonicu*) *adj* **1** Relativo à Amazônia. **2** Relativo a amazona. **3** Que se refere ao rio Amazonas. **4** Imenso, gigantesco.
âm.bar (*ár 'anbar*) *sm* **1** Resina fóssil, muito dura, de cor que vai do amarelo-pálido ao castanho, encontrada em regiões próximas às costas do Mar Báltico (Europa). É usada para fabricação de ornamentos como contas de colares, rosários etc. **2** *Quím* Substância geralmente cinzenta, de cheiro almiscarado, que se forma no intestino do cachalote, usada em perfumaria e medicina. **3** Cor do âmbar. **4** Cheiro suave, aroma.
am.bi.ção (*lat ambitione*) *sf* **1** Desejo de riquezas, de poder, de glória ou de honras. **2** Aspiração, desejo, pretensão. **3** Cobiça.
am.bi.ci.o.nar (*ambição*+ar^1) *vtd* **1** Desejar ardentemente, ter ambição de. **2** Pretender, desejar.
am.bi.ci.o.so (ó) (*lat ambitiosu*) *adj* **1** Que tem ambição. **2** Cobiçoso. **3** Audacioso. • *sm* Indivíduo que tem ambição ou é por ela dominado. *Pl: ambiciosos* (ó).
am.bi.des.tre.za (*ambidestro+eza*) *sf* Qualidade de ambidestro.
am.bi.des.tro (ê) (*lat ambidextru*) *adj* Que consegue usar tanto a mão direita quanto a esquerda com a mesma facilidade.
am.bi.ên.cia (*ambiente*+ia^2) *sf* **1** Qualidade do que é ambiente. **2** O meio em que vive um animal ou vegetal.
am.bi.en.tal (*ambiente*+al^1) *adj m+f* Relativo a ambiente.
am.bi.en.ta.lis.ta (*ambiental+ista*) *adj* Diz-se da pessoa, campanha ou instituição dedicada a preservar o meio ambiente. • *s m+f* Pessoa que por convicção ou profissão está ligada à preservação do meio ambiente e das condições de vida e existência no planeta.
am.bi.en.tar (*ambiente*+ar^1) *vtd* **1** Criar, proporcionar ambiente adequado a. *vpr* **2** Adaptar-se a um ambiente.
am.bi.en.te (*lat ambiente*) *adj m+f* **1** Que envolve os corpos por todos os lados. **2** Aplica-se ao meio em que vive cada um. • *sm* **1** O meio em que vivemos ou em que estamos. **2** *Inform* Conjunto de características gerais de um computador, sistema operacional ou programa; configuração.
am.bi.gui.da.de (*gwi*) (*lat ambiguitate*) *sf* **1** Dúvida, incerteza. **2** *Gram* Falta de clareza das palavras ou expressões, que pode causar várias interpretações; anfibologia. *Antôn: clareza, precisão, certeza*.

am.bí.guo (*lat ambiguu*) *adj* **1** Que pode ter diferentes significados. **2** Duvidoso, incerto. **3** *Gram* Anfibológico. *Antôn: claro, definido, preciso.*

âm.bi.to (*lat ambitu*) *sm* **1** Circuito, circunferência, recinto. **2** Campo de ação; esfera.

am.bi.va.lên.cia (*ambi+valência*) *sf* **1** Caráter do que tem dois valores. **2** *Psiq* Existência, ao mesmo tempo, de dois sentimentos opostos, por exemplo, amor e ódio à mesma pessoa.

am.bi.va.len.te (*ambi+valente*) *adj m+f* Em que há ambivalência.

am.bos (*lat ambo*) *num* Um e outro, os dois: *Ambos os alunos.* • *pron* Os dois de quem se fala; eles dois: *Ambos tiraram o 1º lugar.*
Ambos e ambas são sempre empregados quando os seres já foram anteriormente mencionados. *Lyn e Chang, atletas da delegação chinesa, fugiram da Vila Olímpica na calada da noite.* ***Ambos*** *solicitaram asilo político na embaixada do Canadá.*

am.bro.si.a (*gr ambrosía*, pelo *lat ambrosia*) *sf* **1** *Mit* Alimento dos deuses do Olimpo, que dava e conservava a imortalidade. **2** Manjar delicioso. **3** *Cul* Doce de leite e ovos, em calda de açúcar.

am.bro.si.a.no (*Ambrósio, np+ano*) *adj* **1** Relativo a Santo Ambrósio. **2** Referente à liturgia especial da Igreja de Milão (Itália). **3** Diz-se de um canto eclesiástico.

âm.bu.la (*lat ampulla*) *sf* **1** Pequeno vaso de gargalo estreito e bojo largo. **2** *Liturg* Cálice de metal com tampa, para a conservação das hóstias consagradas.

am.bu.lân.cia (de *ambulante*, por imitação do *fr ambulance*) *sf* **1** Carro para transporte de doentes aos hospitais. **2** Espécie de hospital móvel, que segue a tropa em campanha, e se estabelece a pequena distância do campo de batalha.

am.bu.lan.te (*lat ambulante*) *adj m+f* **1** Que está andando ou numa posição de andamento. **2** Que se move ou é capaz de ser movido de um lugar a outro. **3** Sem residência fixa. **4** Aplica-se ao indivíduo que percorre os lugares para oferecer as suas mercadorias e fazer negócio; mascate. • *s m+f* Vendedor que não tem ponto fixo.

am.bu.la.to.ri.al (*ambulatório+al*[1]) *adj m+f* Relativo ou pertencente a ambulatório.

am.bu.la.tó.rio (*lat ambulatoriu*) *adj* Relativo ao movimento, ao andar. • *sm* **1** Espécie de enfermaria fixa onde se fazem curativos, primeiros socorros e pequena cirurgia em doentes que podem caminhar. **2** Clínica especializada em diferentes doenças, em serviços públicos: *Ambulatório de tuberculose* etc.

a.me.a.ça (*a*[1]+*lat *minacia*) *sf* **1** Aceno, gesto, sinal ou palavra, cujo fim é advertir, amedrontar etc. **2** Promessa de castigo ou de malefícios. **3** Prenúncio de qualquer coisa má. *Sin: ameaço.*

a.me.a.ça.dor (*ameaçar+dor*) *adj + sm* Que, ou o que ameaça.

a.me.a.çar (*ameaça+ar*[1]) *vtd* e *vint* **1** Fazer ameaças a. *vtd* **2** Pôr em perigo. *vtd* **3** Estar prestes a, na iminência de: *O edifício ameaça desabar.*

a.me.a.ço (de *ameaçar*) *sm* **1** Sintoma ou princípio de doença ou de mudança de tempo. **2** *V ameaça.*

a.me.a.lha.do (*part* de *amealhar*) *adj* **1** Economizado pouco a pouco (dinheiro). **2** Dado, distribuído ou repartido em pequenas parcelas.

a.me.a.lhar (*a*[1]+*mealha+ar*[1]) *vtd* **1** Ajuntar, poupando aos pouquinhos. *vtd* **2** Distribuir em pequenas parcelas. *vint* **3** Regatear na compra.

a.me.ba (*gr amoibé*) *sf Zool* Gênero de protozoários unicelulares, bastante comuns na água doce ou salgada e em ambientes terrestres, causador da disenteria amebiana.

a.me.bi.a.no (*amebi+ano*[1]) *adj Med* **1** Relativo ou semelhante a ameba. **2** Em que há amebas ou é por elas causado.

a.me.bí.a.se (*ameba+íase*) *sf Med* Doença causada por amebas.

a.me.dron.tar (*a*[1]+ *port ant medorento+ar*[1]) *vtd, vint* e *vpr* Incutir medo; atemorizar. *Antôn: encorajar.*

a.mei.a (*a*[1]+ *lat mina*) *sf* **1** Cada um dos pequenos parapeitos denteados da parte superior das muralhas de castelos ou fortalezas. **2** A parte de cima de alguma coisa. **3** Lugar elevado.

a.mei.gar (*a*[1]+*meigo+ar*[1]) *vtd* **1** Fazer meiguices a. *vtd* e *vpr* **2** Abrandar(-se), suavizar(-se).

a.mei.xa (*a*[1]+ *lat vulg myxyla*, do *gr myxa*) *sf Bot* **1** Fruto da ameixeira. **2** *V ameixeira.*

a.mei.xal (*ameixa+al*[1]) *sm* Plantação de ameixeiras.

a.mei.xei.ra (*ameixa+eira*) *sf Bot* **1** Nome comum a várias árvores e arbustos do gênero pruno, cujos frutos, de tamanho médio e pele lisa, contêm uma semente achatada, lisa, alongada, dentro de um caroço. **2** Nome comum a várias árvores com frutos comestíveis que se assemelham a ameixas.

a.mé.lia (de *Amélia, np*) *sf bras pop* Mulher submissa que aceita privações e/ou tratamento desrespeitoso sem reclamar, por amor e fidelidade ao seu companheiro.

a.mém (*hebr 'amên*) *interj* Usada no fim de orações para expressar a ideia de assim seja, de anuência. • *sm* **1** Aprovação ou acordo incondicional. **2** Condescendência. *Dizer amém:* apoiar, aprovar.

a.mên.doa (*lat vulg amendula, gr amygdále*) *sf* **1** *Bot* Fruto da amendoeira. **2** Qualquer semente contida em caroço.

a.men.do.a.do (*amêndoa+ado*[1]) *adj* **1** Feito de amêndoa. **2** Que tem a cor ou a forma da amêndoa. **3** Diz-se de olhos repuxados para as têmporas.

a.men.do.ei.ra (*amêndoa+eira*) *sf* **1** *Bot* Árvore da família das rosáceas (*Amygdalus communis*), cuja semente é a amêndoa. **2** Nome comum de muitas árvores frutíferas.

a.men.do.im (*tupi manduuí*, em cruzamento com *amêndoa*) *sm* **1** *Bot* Planta herbácea anual da família das leguminosas, com vagens que contêm uma a três sementes comestíveis. **2** Semente comestível dessa planta, muito apreciada pelo seu paladar e rica em óleo de boa qualidade para a indústria e a alimentação.

a.me.ni.da.de (*lat amoenitate*) *sf* **1** Qualidade do que é ameno. **2** Doçura, suavidade.

a.me.ni.zar (de *ameno+izar*) *vtd* e *vpr* **1** Tornar(-se) ameno, suavizar(-se). **2** Tornar(-se) menos árduo, ou menos difícil.

a.me.no (*lat amoenu*) *adj* **1** Agradável, delicioso. **2** Delicado, doce, suave, sereno.

a.me.nor.rei.a (*éi*) (*a*[4]+*meno+reia*) *sf Med* In-

terrupção ou suspensão do fluxo menstrual na mulher.
a.mer.ce.ar (a^1+*mercê*+ar^1) *vtd* **1** Fazer mercê a. *vtd* **2** Comutar a pena de. *vpr* **3** Apiedar-se, comiserar-se, compadecer-se. Conjuga-se como *frear*.
a.me.ri.ca.ni.zar (*americano*+*izar*) *vtd* e *vpr* Tornar semelhante aos americanos, dar modos ou caráter de americano a.
a.me.ri.ca.no (*América*, *np*+ano^1) *adj* **1** Relativo à América. **2** Próprio ou natural da América. **3** Relativo ou pertencente aos Estados Unidos da América. • *sm* **1** O natural da América. **2** Cidadão dos Estados Unidos da América; norte-americano. **3** *Cul* Tipo de sanduíche em que o recheio é de churrasquinho, ovo frito, alface e tomate, e o pão, torrado ou tostado.
a.me.rí.cio (*top América*+*io*) *sm Quím* Elemento metálico, poderosamente radioativo, produzido pelo bombardeio de urânio com núcleos de hélio, de número atômico 95 e símbolo Am.
a.me.rín.dio (*américo*+*índio*) *adj Etnol* Pertencente ou relativo aos indígenas da América. • *sm pl* Indígenas da América.
a.me.ris.sa.gem (*fr amerissage*) *V amaragem*.
a.me.ris.sar (a^1+*fr mer(aterr)issar*) *V amarar* (acepção 1).
a.mes.qui.nhar (a^1+*mesquinho*+ar^1) *vtd* e *vpr* **1** Tornar(-se) mesquinho, depreciar(-se). *vpr* **2** Tornar-se mesquinho, avarento. *vpr* **3** Humilhar-se. *Antôn* (acepções 1 e 3): *enaltecer*.
a.mes.trar (a^1+*mestre*+ar^1) *vtd* e *vpr* **1** Tornar(-se) mestre. **2** Adestrar(-se), instruir(-se).
a.me.tal (a^4+*metal*) *sm Quím* Elemento químico eletronegativo, não metálico e mau condutor de calor e eletricidade, não metal.
a.me.tis.ta (*gr améthystos*) *sf Miner* Pedra semipreciosa, de cor violeta, variedade de quartzo.
a.me.tri.a (a^4+*metro*^{2}+ia^1) *sf* Ausência de medida.
a.mi.an.to (*gr amíantos*) *sm Miner* Silicato natural hidratado de cálcio e magnésio, de contextura fibrosa; asbesto.
a.mi.cís.si.mo (*lat amicu*+*íssimo*) *adj* Superlativo absoluto sintético de *amigo*; muito amigo.
a.mi.da (*am(oníaco)*+*ida*) *sf Quím* Nome de vários compostos orgânicos derivados de amônia pela substituição de dois átomos de hidrogênio por um metal.
a.mí.da.la (*gr amygdále*) *desus Anat V tonsila*.
a.mi.da.li.no (*amídala*+ino^1) *V amigdalino*.
a.mi.da.li.te (*amídala*+ite^1) *desus Med V tonsilite*.
a.mi.do (*gr ámylon*) *sm Quím* Substância branca existente em muitíssimas plantas, especialmente nos grãos de cereais, nas batatas e na mandioca. Constitui o principal elemento da alimentação humana, além de ser usado em cosméticos, produtos farmacêuticos etc.
a.mi.ei.ro (a^1+*lat minariu*) *sm Bot* Planta betulácea que cresce geralmente em lugares úmidos (*Alnus glutinosa*).
a.mi.e.li.a (a^4+*míelo*+ia^1) *sf Terat* Ausência de medula espinhal.
a.mi.ga (*fem de amigo*) *sf* **1** Mulher que tem amizade com alguém. **2** Colega, companheira. **3** Amante, amásia, concubina.

a.mi.ga.do (*part de amigar*) *adj* Amancebado, amasiado.
a.mi.gar (*amigo*+ar^1) *vtd* e *vpr* **1** Unir(-se) por amizade. *vtd* **2** Tornar amigo. *vpr* **3** Amancebar-se.
a.mi.gá.vel (*lat amicabile*) *adj* *m*+*f* **1** Próprio de amigo. **2** Que indica amizade ou afeição. **3** Afável, complacente. **4** Que se faz por bem, com o consentimento de todos: *Separação amigável*.
a.míg.da.la (*gr amygdále*) *desus Anat V tonsila*.
a.mig.da.li.no (*lat amygdalinu*) *adj* **1** Relativo a amêndoas. **2** Feito de amêndoas. **3** Relativo às tonsilas.
a.mig.da.li.te (*amígdala*+ite^1) *desus Med V tonsilite*.
a.mi.go (*lat amicu*) *adj* **1** Que tem gosto por alguma coisa; apreciador. **2** Aliado. **3** Complacente, favorável. **4** Dedicado, afeiçoado. • *sm* **1** Indivíduo unido a outro por amizade; pessoa que quer bem a outra. **2** Colega, companheiro. **3** Apreciador. **4** Amante, amásio. **5** Defensor, protetor. **6** Partidário, simpatizante. **7** Aliado. *Amigo da onça*: o que, ao invés de ajudar e beneficiar, atrapalha e prejudica. *Amigo do alheio*: ladrão. *Amigo do peito*: amigo muito querido. *Antôn*: *inimigo*, *adversário*. *Sup abs sint*: *amicíssimo*.
a.mi.go-o.cul.to *V amigo-secreto*. *Pl: amigos-ocultos*.
a.mi.go-se.cre.to *sm bras* Numa festa em que se trocam presentes (*p ex*, Natal), cada uma das pessoas que, após a distribuição de nomes, por sorteio, de todos os participantes, dá anonimamente um presente àquele que lhe coube, pelo sorteio; amigo-oculto. *Pl*: *amigos-secretos*.
a.mi.go-ur.so *V amigo da onça*. *Pl: amigos-ursos*.
a.mi.lá.ceo (*amilo*+*áceo*) *adj* **1** Referente ao amido. **2** Da natureza do amido. **3** Que contém amido.
a.mi.mar (a^1+*mimo*+ar^1) *vtd* **1** Fazer mimos a, tratar com mimo. **2** Atrair com agrados ou promessas, cativar com amabilidades. **3** Fazer festas a: *Amimar os cães*.
a.mi.mi.a (a^4+*mimo*+ia^1) *sf Med* **1** Ausência de mímica. **2** Perda da faculdade de expressão por sinais e gestos.
a.mi.na (*am(oníaco)*+*ina*) *sf Quím* Cada um dos compostos básicos derivados de amônia pela substituição de um ou mais dos átomos de hidrogênio por radicais de hidrocarboneto ou por radicais não ácidos.
a.mi.nei.rar (a^1+*mineiro*+ar^1) *vtd* **1** Dar caráter ou hábitos dos naturais do Estado de Minas Gerais. *vpr* **2** Adquirir hábitos ou aspectos dos naturais do Estado de Minas Gerais.
a.mi.no.á.ci.do (*amino*+*ácido*) *sm Quím* **1** Ácido orgânico com um ou mais radicais aminados (NH). **2** Qualquer ácido assim constituído.
a.mi.se.rar (a^1+*mísero*+ar^1) *vpr* **1** Apiedar-se, compadecer-se. **2** Considerar-se miserável.
a.mis.to.so (ô) (*cast amistoso*) *adj* **1** Amigável, próprio de amigo. **2** Que concilia. **3** *Esp* Diz-se de jogo, fora do campeonato, sem intenção de conseguir classificação. • *sm* Esse jogo. *Pl*: *amistosos* (ó).
a.mi.u.da.do (*part de amiudar*) *adj* Frequente, repetido.
a.mi.u.dar (a^1+*miúdo*+ar^1) *vtd* **1** Repetir, tornar

amiúde 51 amoroso

frequente. *vint* e *vpr* **2** Acontecer frequentemente. *vtd* **3** Tornar miúdo. *vint* **4** Cantar com intervalos menores (as aves). *Conjug – Pres indic:* amiúdo, amiúdas, amiúda, amiudamos, amiudais, amiúdam; *Pres subj:* amiúde, amiúdes, amiúde, amiudemos, amiudeis, amiúdem.

a.mi.ú.de (da expressão *a miúdo*) *adv* Repetidas vezes, frequentemente.

a.mi.za.de (*lat amicitate*) *sf* **1** Sentimento de amigo; afeto que liga as pessoas. **2** Reciprocidade de afeto. **3** Benevolência. **4** Amor. *Antôn:* inimizade, ódio, oposição. *Amizade colorida, gír:* relação íntima e amorosa, sem compromisso social. *Cf* amizade-colorida.

a.mi.za.de-co.lo.ri.da *sf gír* Amante. *Pl:* amizades--coloridas.

am.né.sia (*gr amnesía*) *sf Med* Diminuição grave ou perda total da memória. Veja nota em **hieróglifo**.

am.né.si.co (*amnésia+ico*[2]) *adj* Que, parcial ou totalmente, perdeu a memória. • *sm* Aquele que, por choque ou doença, perdeu a memória da própria personalidade anterior a esse acidente.

âm.nio (*gr amníon*) *sm Anat* Saco, cheio de líquido, que envolve o embrião dos vertebrados superiores (répteis, aves e mamíferos), a fim de protegê-los.

am.ni.o.ta (*âmnio+ota*) *sm Zool* Vertebrado (mamífero, ave ou réptil) cujo embrião se desenvolve dentro do âmnio.

am.ni.ó.ti.co (*fr amniotique*) *adj Med* **1** Relativo ou pertencente ao âmnio. **2** Caracterizado pelo desenvolvimento de um âmnio.

a.mo (de *ama*) *sm* **1** Dono da casa (em relação aos criados). **2** Patrão, senhor.

a.mo.dor.rar (*a*[1]+*modorra*+*ar*[1]) *vtd* **1** Causar modorra a; produzir sonolência em. *vpr* **2** Estranhar--se, mergulhar-se. *vpr* **3** Aferrar-se.

a.mo.fi.nar (*a*[1]+*mofino*+*ar*[1]) *vtd* e *vpr* Tornar(-se) mofino; incomodar(-se); apoquentar(-se).

a.moi.tar (*a*[1]+*moita*+*ar*[1]) *vpr* **1** Entrar em moita, ficar na moita. **2** Esconder-se atrás de um obstáculo qualquer. **3** Ficar calado, deixando de falar ou de responder a perguntas. *Var:* amoutar.

a.mo.la.ção (*amolar*+*ção*) *sf* **1** Aborrecimento, incômodo. **2** Ato ou efeito de amolar; amoladura, afiação.

a.mo.la.do (*part* de *amolar*) *adj* **1** Afiado, aguçado, tornado cortante. **2** Aborrecido, enjoado.

a.mo.la.dor (*amolar*+*dor*) *adj* Que amola. • *sm* **1** Indivíduo cuja profissão é afiar ferramentas ou instrumentos cortantes. **2** Indivíduo que aborrece; chato.

a.mo.lar (*a*[1]+*mola*+*ar*[1]) *vtd* **1** Tornar cortante por fricção; afiar, aguçar. *vtd* e *vpr* **2** Aborrecer(-se), entediar(-se). *vtd* **3** Molestar.

a.mol.da.do (*part* de *amoldar*) *adj* **1** Moldado. **2** Ajustado, habituado. **3** Ajustado ao molde. **4** Modelado.

a.mol.dar (*a*[1]+*molde*+*ar*[1]) *vtd* e *vpr* **1** Ajustar (-se) ao molde. **2** Modelar(-se). **3** Acostumar(-se), adaptar(-se), ajustar(-se).

a.mo.le.ca.do (*part* de *amolecar*) *adj* Que pratica atos de moleque.

a.mo.le.cer (*lat ad*+*mollescere*) *vtd* **1** Tornar mole. *vti* e *vint* **2** Ficar mole. *vtd* e *vint* **3** Comover, enternecer. *vtd* e *vint* **4** Enfraquecer o ânimo. *Antôn:* endurecer.

a.mo.le.ci.do (*part* de *amolecer*) *adj* **1** Frouxo, mole. **2** Comovido, enternecido.

a.mo.le.ci.men.to (*amolecer*+*mento*) *sm* **1** Ato ou efeito de amolecer(-se). **2** Brandura.

a.mol.gar (*lat admollicare*) *vtd* **1** Deformar. *vtd* **2** Derrotar, vencer. *vint* e *vpr* **3** Ceder. *vtd* **4** Sujeitar.

a.mô.nia (de *Ammon, np*+*ia*[2]) *sf Quím* Composto gasoso alcalino, incolor, de nitrogênio e hidrogênio, mais leve que o ar, de cheiro e gosto muito fortes, muito usado na medicina e na indústria.

a.mo.ní.a.co (*gr ammoniakón*, do *top Ámmon*) *sm Quím* Gás incolor, de cheiro pungente, muito solúvel em água, formado pela combinação de nitrogênio e hidrogênio.

a.mô.nio (*red* de *amoníaco*) *sm Quím* Íon derivado de amônia.

a.mo.ni.ta (*top Amon*+*ita*[2]) *adj m*+*f* Relativo ou pertencente aos amonitas, povo mencionado no Velho Testamento. • *s m*+*f* Pessoa desse povo. *sm* Língua semítica dos amonitas, estreitamente relacionada com o hebraico.

a.mon.to.a.do (*part* de *amontoar*) *adj* Posto em montão, junto em grande quantidade e sem ordem. • *sm* Quantidade ou monte de alguma coisa, reunião.

a.mon.to.a.men.to (*amontoar*+*mento*) *sm* Montão, acumulação.

a.mon.to.ar (*a*[1]+*montão*+*ar*[1]) *vtd* **1** Pôr em montão. *vpr* **2** Estar junto em grande quantidade e sem ordem. *vti* **3** Erguer-se à maneira de monte. *vpr* **4** Crescer em número, multiplicar-se. *Antôn* (acepções 1 e 2): *dispersar, disseminar*.

a.mor (*lat amore*) *sm* **1** Grande afeição de uma pessoa por outra. **2** Afeição, grande amizade, ligação espiritual. **3** Objeto dessa afeição. **4** Carinho, simpatia. **5** Desejo sexual. **6** Coisa ou pessoa bonita, preciosa, bem apresentada. *Antôn:* ódio, aversão. *sm pl* **1** Namoro. **2** O objeto amado. **3** O tempo em que se ama. *Amor platônico:* relação estreita entre duas pessoas sem realização de atos sexuais. *Pelo amor de Deus:* usa-se quando se suplica.

a.mo.ra (*lat moru*) *sf Bot* Fruto comestível da amoreira.

a.mo.ral (*a*[4]+*moral*) *adj m*+*f* Que está fora da noção de moral ou de seus valores.

a.mo.ra.li.da.de (*amoral*+*i*+*dade*) *sf* Qualidade ou procedimento de amoral.

a.mor.da.çar (*a*[1]+*mordaça*+*ar*[1]) *vtd* **1** Pôr mordaça em. **2** Reprimir. **3** Impedir de falar ou de emitir opinião.

a.mo.rei.ra (*amora*+*eira*) *sf Bot* Qualquer árvore do gênero moro, cujos frutos são amoras. De suas folhas é que se nutre o bicho-da-seda.

a.mo.rei.ral (*amoreira*+*al*[1]) *sm* **1** Plantio de amoreiras. **2** Lugar plantado de amoreiras.

a.mo.re.nar (*a*[1]+*moreno*+*ar*[1]) *vtd* e *vpr* Tornar (-se) moreno.

a.mor.fo (*gr ámorphos*) *adj* **1** Sem forma determinada, sem estrutura visível. **2** Sem natureza, caráter ou organização definidos.

a.mor.nar (*a*[1]+*morno*+*ar*[1]) *vtd* e *vpr* Tornar(-se) morno.

a.mo.ro.so (*ô*) (*amor*+*oso*) *adj* **1** Que sente amor.

2 Inclinado ao amor. **3** Brando, suave. *Pl: amorosos (ó)*.

a.mor-per.fei.to *sm Bot* Planta de jardim da família das violáceas (*Viola tricolor*). *Pl: amores-perfeitos*.

a.mor-pró.prio *sm* Orgulho, respeito de si mesmo; vaidade. *Pl: amores-próprios*.

a.mor.ta.lhar (a^1+*mortalha*+ar^1) *vtd* **1** Envolver em mortalha (um cadáver). *vtd* e *vpr* **2** Vestir(-se) como quem morreu para o mundo.

a.mor.te.ce.dor (*amortecer*+*dor*) *adj* + *sm* **1** Que, ou o que amortece. **2** Que, ou o que abafa (som). • *sm Mec* Dispositivo mecânico para diminuir ou anular os choques ou vibrações em máquinas e veículos.

a.mor.te.cer (a^1+*morte*+*ecer*) *vtd* e *vpr* **1** Tornar (-se) como morto. *vtd* **2** Tornar menos ativo ou menos violento: *Amortecer um choque. vtd, vint* e *vpr* **3** Abrandar(-se), diminuir de intensidade. *vtd* **4** Enfraquecer o som de: *A porta amortece o ruído do vizinho. vint* **5** Perder grande parte da força ou do impulso.

a.mor.te.ci.do (*part* de *amortecer*) *adj* **1** Quase morto. **2** Que tem aparência de morto. **3** Mortiço, quase extinto. **4** Que não tem vigor ou intensidade. **5** Moderado, suavizado.

a.mor.ti.za.ção (*amortizar*+*ção*) *sf* **1** Ato ou efeito de amortizar. **2** As quantias empregadas em parcelas para amortizar uma dívida.

a.mor.ti.za.do (*part* de *amortizar*) *adj* **1** Resgatado. **2** Amortecido, enfraquecido.

a.mor.ti.zar (a^1+*morte*+*izar*) *vtd* **1** Extinguir aos poucos ou em prestações (uma obrigação, tal como uma hipoteca). *vtd* **2** Diminuir aos poucos, nos livros de contabilidade, até a extinção total, o custo de um item de propriedade, por exemplo, de uma máquina. *vpr* **3** Amortecer, diminuir.

a.mor.zi.nho (*amor*+*z*+*inho*) *sm* Diminutivo de *amor*.

a.mos.tar.da.do (*part* de *amostardar*) *adj* **1** Temperado com mostarda. **2** Malicioso, picante, mordaz.

a.mos.tra (de *amostrar*) *sf* **1** Ato de mostrar; demonstração, mostra. **2** Pequena parte ou porção de alguma coisa que se dá para ver ou provar. **3** Exemplar, modelo. **4** Indício, sinal.

a.mos.tra.gem (*amostra*+*agem*) *sf* **1** Extração de amostras. **2** Técnica de pesquisa na qual um conjunto de amostras é considerado suficiente para representar o total pesquisado, com margem de erro aceitável.

a.mo.ti.nar (a^1+*motim*+ar^1) *vtd* e *vpr* Pôr(-se) em motim, revoltar(-se): *Os marinheiros amotinaram-se contra o capitão. Antôn: acalmar, pacificar*.

am.pa.rar (*lat anteparare*) *vtd* **1** Favorecer, proteger: *Ampara-me, ó Senhor. vtd* **2** Dar meios de vida a, sustentar: *Amparou os pais enquanto viveram. vtd* e *vpr* **3** Segurar(-se) para impedir de cair. *vtd* e *vpr* **4** Abrigar(-se), defender(-se), preservar(-se). *Antôn: desamparar*.

am.pa.ro (de *amparar*) *sm* **1** Proteção. **2** Coisa ou pessoa que ampara. **3** Abrigo, resguardo. **4** Refúgio, asilo.

am.pe.ra.gem (*ampère*+*agem*) *sf Fís* Intensidade de uma corrente elétrica em *ampères*.

am.pè.re (*fr Ampère, np*) *sm Fís* Unidade de medida de intensidade de corrente elétrica. *Símb:* A.

am.pe.re-ho.ra *sm Fís* Quantidade de eletricidade que passa num condutor elétrico durante uma hora, quando é de 1 ampère a intensidade da corrente. *Pl: amperes-hora(s)*.

am.pe.rí.me.tro (*ampère*+*i*+*metro*) *sm Fís* Instrumento para medida da amperagem de uma corrente elétrica. *Var: amperômetro*.

am.pe.rô.me.tro (*ampère*+*o*+*metro*) *V amperímetro*.

ampersand (*ampersandi*) (*ingl*) *sm* Nome do sinal gráfico (&) significando a conjunção *e*, a qual une substantivos ou locuções (*p ex*, Sousa & Filhos).

am.ple.xo (*cs*) (*lat amplexu*) *sm* Abraço.

am.pli.a.ção (*ampliar*+*ção*) *sf* **1** Ato ou efeito de ampliar. **2** Alargamento, dilatação. **3** *Fís* Poder de aumento dos instrumentos de visão; aumento. **4** *Fot* Cópia fotográfica maior que o negativo.

am.pli.ar (*lat ampliare*) *vtd* e *vpr* **1** Tornar(-se) amplo ou maior. *vtd* **2** Alargar, aumentar (em área), dilatar. *vtd* **3** Tornar extensivo a maior número de pessoas ou de coisas. *vtd* **4** Reproduzir em formato maior: *Ampliar uma foto. vint* **5** Ter o poder de fazer os objetos parecerem maiores do que são. *Antôn: diminuir, limitar, reduzir*.

am.pli.dão (*lat amplitudine*) *sf* **1** Qualidade do que é amplo. **2** Grandeza, vastidão. **3** O espaço, o céu.

am.pli.fi.ca.ção (*ampli*+*ficar*) *sf* **1** Ato ou efeito de amplificar. **2** *Fís* Aumento das correntes elétricas variáveis, por meio de aparelhos especiais.

am.pli.fi.ca.dor (*amplificar*+*dor*) *adj* Que amplifica. • *sm* **1** Aquele ou aquilo que amplifica. **2** *Eletrôn* Qualquer dispositivo para aumentar, no sinal de saída, um parâmetro do sinal de entrada.

am.pli.fi.car (*lat amplificare*) *vtd* **1** Tornar mais amplo ou maior. **2** Engrandecer o valor de.

am.pli.tu.de (*lat amplitudine*) *sf* **1** Estado do que é amplo. **2** Extensão, vastidão; amplidão. **3** O céu, o espaço.

am.plo (*lat amplu*) *adj* **1** Que ocupa vasto espaço. **2** Largo. **3** Grande. **4** Abundante, rico. **5** Que envolve grande número de pessoas ou de coisas. **6** Desenvolvido, extenso. *Antôn: estreito, reduzido*.

am.po.la (*ô*) (*lat ampulla*) *sf Farm* Recipiente pequeno, de vidro, fechado hermeticamente, em que se guardam medicamentos.

am.pu.lhe.ta (*ê*) (*cast ampolleta*) *sf* **1** Relógio de areia: instrumento composto de dois vasos cônicos, de vidro, que se comunicam nas pontas por pequeno orifício pelo qual a areia passa do vaso superior ao inferior. **2** Símbolo do tempo.

am.pu.ta.ção (*amputar*+*ção*) *sf* **1** Ato ou efeito de amputar. **2** Diminuição, restrição.

am.pu.ta.do (*part* de *amputar*) *adj* **1** Cortado. **2** Aleijado, mutilado. • *sm* O que sofreu amputação de membro.

am.pu.tar (*lat amputare*) *vtd* **1** *Cir* Cortar (um membro do corpo). **2** Mutilar. **3** Eliminar. **4** Reduzir, restringir.

ams.ter.da.mês (do *top* Amsterdam+*ês*) *adj* Natural ou habitante de Amsterdã, capital da Holanda (Europa). • *sm* O natural ou habitante de Amsterdã. *Fem: amsterdamesa. Pl: amsterdameses* e *amsterdamesas*.

a.mu.a.do (*part* de *amuar*) *adj* **1** Que tem amuo. **2** Guardado, entesourado (falando-se de dinheiro e riqueza).

a.mu.ar (*a¹+mu+ar¹*) *vint* e *vpr* **1** Desgostar-se por pequena ofensa e teimar em não tomar mais parte na conversa, brincadeira etc. em que se estava: *A criança amuou porque não a deixavam mexer nos brinquedos*. *vtd* **2** Aborrecer, importunar. *vtd* **3** Amontoar, guardar (dinheiro).

a.mu.la.tar (*a¹+mulato+ar¹*) *vpr* Tomar a cor de mulato.

a.mu.le.to (*ê*) (*lat amuletu*) *sm* **1** Objeto ao qual os supersticiosos atribuem o poder de desviar ou evitar males, desgraças e feitiços. **2** Talismã.

a.mu.o (de *amuar*) *sm* Tédio, mau humor ou aborrecimento, demonstrado na fisionomia, nos gestos, no tom de voz etc.

a.mu.ra.da (*a¹+muro+ada¹*) *sf Náut* Prolongamento do costado do navio, acima da parede interna do casco.

a.mu.ra.do (*part* de *amurar²*) *adj* Cercado de muros.

a.mu.ra.lhar (*a¹+muralha+ar¹*) *V amurar*.

a.mu.rar (*a¹+muro+ar¹*) *vtd* Cercar de muros; amuralhar.

a.nã (*a¹+lat nana*) *sf* **1** Feminino de *anão*. **2** *Bot* Espécie de bananeira do Brasil.

a.na.ba.tis.ta (*gr anabaptis(mós)+ista*) *adj m+f* e *sm Rel* Diz-se da, ou a seita protestante, do, ou o indivíduo pertencente a ela, que, na época da Reforma (século XVI), impunha a repetição do batismo a quem o recebera na infância e insistia na separação entre Igreja e Estado.

a.na.bó.li.co (*gr anabolé+ico²*) *adj Biol* **1** Relativo ao anabolismo. **2** Caracterizado por anabolismo.

a.na.bo.lis.mo (*gr anabolé+ismo*) *sm Biol* Parte do metabolismo em que predomina a formação de substâncias típicas do organismo a partir de substâncias mais simples, derivadas dos alimentos. *Antôn: catabolismo*.

a.na.bo.li.zan.te (de *anabolizar*) *adj m+f Quím* Diz-se da substância que, introduzida no organismo, melhora os processos de assimilação dos alimentos ingeridos. • *sm* Essa substância. *Antôn: catabolizante*.

a.na.bo.li.zar (*gr anabolé+izar*) *vint* Efetuar o anabolismo.

a.na.car.di.á.ceas (*anacárdio+áceas*) *sf pl Bot* Família de árvores e arbustos, largamente distribuídos nas regiões tropicais e temperadas; compreende os cajueiros e a mangueira.

a.na.co.lu.to (*gr anakoloúthon*) *sm Gram* Figura em que, na mesma frase, uma expressão não se liga a outra pelas regras de sintaxe; frase quebrada: *Os três reis orientais, é tradição da Igreja que um deles era negro*.

a.na.con.da (*tâmil anai-kondra*) *V sucuri*.

a.na.co.re.ta (*ê*) (*gr anakhorétes*) *sm* **1** Religioso ou penitente que vai viver na solidão. **2** Indivíduo que vive afastado da vida mundana.

a.na.crô.ni.co (*ana+crono+ico²*) *adj* **1** Que está fora do tempo, da moda ou de uso. **2** Diz-se de nota que apresenta erro de data.

a.na.cro.nis.mo (*ana+crono+ismo*) *sm* **1** Erro de data. **2** Coisa que não está de acordo com a época.

a.na.di.plo.se (*gr anadíplosis*) *sf Ret* Figura que consiste em repetir no começo de um verso ou frase a última palavra da frase ou verso anterior.

a.na.e.ró.bio (*an+aero+bio*) *adj Biol* **1** Que pode viver fora do ar. **2** Que acontece sem oxigênio (diz-se da respiração). • *sm* Micro-organismo que vive fora do ar. *Var: aneróbio*.

a.na.fi.lá.ti.co (*ana+filático*) *adj Med* **1** Relativo ou pertencente à anafilaxia. **2** Afetado de anafilaxia. **3** Que acompanha a anafilaxia.

a.na.fi.la.xi.a (*cs*) (*ana+filaxia*) *sf Med* Aumento da sensibilidade do organismo, quando exposto a uma substância determinada, com a qual já estivera anteriormente em contato.

a.ná.fo.ra (*gr anaphorá*) *sf* **1** *Ret* Repetição de uma ou mais palavras no início de uma sequência de frases ou versos, para efeitos retóricos ou poéticos: *Antes que aconteça alguma coisa..., antes que digam..., antes que seja tarde..., eu avisei*. **2** *Gram* Elemento linguístico cuja referência está ligada à de um termo antecedente.

a.na.gra.ma (*ana+grama*) *sm* Palavra ou frase formada pela transposição das letras de outra: *Roma-amor*.

a.ná.gua (do *taino naguas*, via *cast*) *sf* Saia de baixo.

a.nais (*lat annales*) *sm pl* **1** História de um povo contada ano por ano. **2** Publicação periódica anual. **3** Publicação referente aos atos e estudos de congressos científicos, literários ou de arte.

a.nal¹ (*ânus+a¹*) *adj m+f Anat* **1** Relativo ao ânus: *Abertura anal*. **2** Que se processa pelo ânus: *Evacuação anal*. **3** Que fica junto ao ânus: *Barbatana anal*.

a.nal² (*late annale*) *adj m+f V anual*.

a.nal.fa (*red* de *analfabeto*) *s m+f gír* Analfabeto.

a.nal.fa.be.tis.mo (*analfabeto+ismo*) *sm* Estado de analfabeto.

a.nal.fa.be.to (*gr analphábetos*) *adj* **1** Que não sabe ler nem escrever. **2** Sem instrução primária. **3** Que é muito ignorante. • *sm* **1** Indivíduo que ignora o alfabeto. **2** Indivíduo que não tem instrução primária. **3** Indivíduo muito ignorante. *Antôn* (acepção 3): *culto, polido*.

a.nal.ge.si.a (*gr analgesia*) *sf Med* Insensibilidade à dor; algia.

a.nal.gé.si.co (*analgesia+ico²*) *adj Med* Que alivia a dor por ação sobre o sistema nervoso, sem causar a perda da consciência. • *sm* Medicamento que produz esse efeito.

a.nal.gi.a (*an+ gr algía*) *V analgesia*.

a.na.li.sar (*análise+ar¹*) *vtd* **1** Determinar os componentes ou elementos fundamentais de alguma coisa. **2** Decompor em seus elementos. **3** Estudar vários aspectos, fatores ou elementos a fim de chegar a uma conclusão, resultado ou solução. **4** Examinar minuciosamente. **5** Pesquisar o caráter, os costumes, os sentimentos. **6** Criticar.

a.ná.li.se (*gr análysis*) *sf* **1** Decomposição ou separação de um todo em seus elementos constituintes. **2** Exame ou estudo da natureza de uma coisa complexa ou determinação de suas feições essenciais, por esse método. **3** Resumo, sumário. **4** *Psiq* Psicanálise. **5** Experiência, ensaio. **6** Crítica. *Antôn* (acepção 1): *síntese*. *Análise de sistemas*,

analista

Inform: análise de um processo ou sistema, para verificar se ele pode ser realizado com mais eficiência por um computador. *Análise literária:* decomposição de uma obra ou de trecho de obra literária para mostrar a ideia dominante e o plano, o método, os fins e os meios empregados. *Análise sintática, Gram:* desdobramento de um período em orações e de cada oração em seus membros, determinando-se as relações que unem entre si as orações e a função dos termos de cada sentença. *Em última análise:* depois de maduro exame.
a.na.lis.ta (*gr analystés*) *adj m+f* Que analisa. • *s m+f* **1** Pessoa que analisa ou é versada em análises. **2** Pessoa cujo ofício é fazer análises. *sm* Forma reduzida de psicanalista.
a.na.lí.ti.co (*gr analytikós*) *adj* **1** Relativo ou pertencente à análise. **2** Versado em análise ou que a segue. **3** *Ling* Que exprime as relações gramaticais em geral por meio de palavras auxiliares.
a.na.lo.gi.a (*gr analogía*) *sf* **1** Qualidade de análogo. **2** Semelhança de propriedades, particularidades, de funções etc., sem igualdade completa. **3** Proporção matemática ou igualdade de razões. *Antôn: diferença.*
a.na.ló.gi.co (*analogia+ico²*) *adj* **1** Relativo ou pertencente à analogia. **2** Baseado em analogia. **3** *Inform* Que pode assumir valores contínuos. *Antôn* (acepção 3): *digital.*
a.ná.lo.go (*gr análogos*) *adj* **1** Que tem analogia com outra coisa. **2** Similar por certo aspecto. **3** Diz-se dos órgãos que têm a mesma função biológica, mas de origem diferente.
a.nam.ne.se (*gr anámnesis*) *V anamnésia.*
a.nam.né.sia (*gr anámnesis*) *sf* **1** Reminiscência, recordação. **2** *Ret* Figura pela qual o orador simula lembrar-se, na ocasião, de coisas que iria esquecendo, para assim chamar a atenção sobre elas. **3** *Med* Histórico dos antecedentes de uma doença. *Var: anamnese.*
a.na.nás (*a¹+ tupi naná*) *sm Bot* **1** Planta da família das bromeliáceas da América tropical, com grandes frutos também conhecidos como abacaxi. **2** O fruto dessa planta. *Pl: ananases.*
a.na.na.sei.ro (*ananás+eiro*) *V ananás* (acepção 1).
a.nâ.ni.co (*anão+ico²*) *adj* Que parece anão ou tem forma de anão. *Var: ananico.*
a.não (*a¹+ lat manu*) *adj* De pequeno tamanho ou estatura. • *sm* Pessoa de crescimento atrofiado e, por isso, de estatura muito abaixo do normal. *Fem: anã. Pl: anões* e *anãos.*
a.nar.co (*red de anarquista*) *sm* Partidário do anarquismo; anarquista.
a.nar.qui.a (*gr anarkhía*) *sf* **1** Estado de um povo em que o poder público, ou de governo, tenha desaparecido. **2** Negação do princípio de autoridade. **3** Confusão, desordem. *Antôn* (acepção 3): *ordem.*
a.nár.qui.co (*anarquia+ico²*) *adj* **1** Relativo à anarquia ou ao anarquismo. **2** Desordenado, desorganizado. **3** Provocador de desordens.
a.nar.quis.mo (*anarquia+ismo*) *sm* Doutrina política que preconiza a abolição total do Estado e de toda autoridade, esperando eliminar as injustiças sociais e garantir a felicidade dos cidadãos. **2** Ação ou movimento anarquista.
a.nar.quis.ta (*anarquia+ista*) *adj m+f V anárqui-co.* • *s m+f* **1** Partidário do anarquismo. **2** Pessoa que se rebela contra qualquer autoridade, ordem estabelecida ou poder reinante.
a.nar.qui.zar (*anarquia+izar*) *vtd* **1** Desorganizar. **2** Pôr em desordem.
a.ná.te.ma (*gr anáthema*) *adj m+f* Amaldiçoado. • *sm* **1** *Rel Catól* Excomunhão. **2** Condenação. **3** Maldição. **4** Reprovação enérgica, repreensão solene.
a.na.te.ma.ti.zar (*gr anathematízein*) *vtd* **1** *Rel Catól* Fulminar com anátema. **2** Condenar, reprovar energicamente. **3** Banir, excluir.
a.na.tí.deo (*lat anas, anatis+ídeo*) *adj Ornit* Relativo ou pertencente aos anatídeos. • *sm* Espécime dos anatídeos. *sm pl* Família de aves anseriformes, na maioria aquáticas, de corpo relativamente pesado e pernas curtas, que inclui os patos, gansos, cisnes e formas relacionadas.
a.na.to.mi.a (*gr anatome+ia¹*) *sf* **1** *Biol* Disposição, forma e situação dos órgãos de um ser vivo. **2** *Med* Arte de dissecar os corpos a fim de estudar a estrutura dos órgãos e suas relações. **3** Tratado com as regras dessa arte ou os resultados de tal estudo. **4** Constituição física, compleição. **5** *fig* Análise minuciosa de uma obra qualquer, material ou de criação artística.
a.na.tô.mi.co (*anatomia+ico²*) *adj* **1** Relativo à anatomia. **2** Relativo à estrutura orgânica. **3** Relativo à representação artística do corpo humano ou animal. • *sm V anatomista.*
a.na.to.mis.ta (*anatomia+ista*) *adj m+f* Que estuda ou exercita a anatomia. • *s m+f* **1** Pessoa especializada no conhecimento da anatomia. **2** Pessoa que examina e analisa criticamente.
a.na.to.mi.zar (*anatomia+izar*) *vtd* e *vint* **1** Dissecar, praticar anatomia em. *vtd* **2** Analisar cientificamente, estudar profundamente.
a.na.va.lhar (*a¹+navalha+ar¹*) *vtd* **1** Dar aparência de navalha a. **2** Ferir com navalha. **3** Cortar como navalha.
an.ca (*germ hanka*) *sf Anat* **1** Região lateral do corpo humano, da cintura à articulação da coxa; quadril. **2** *Zool* Quarto traseiro dos quadrúpedes.
an.ces.tral (*fr ant ancestral*) *adj m+f* **1** Relativo aos antepassados. **2** Que se herda dos avós ou antepassados. **3** Remoto, muito antigo ou velho. • *sm pl* Os antepassados.
an.cho (*lat amplu*) *adj* **1** Amplo, largo. **2** Cheio de si, vaidoso.
an.cho.va (*ô*) (*cast anchova*) *V enchova.*
an.chu.ra (*ancho+ura*) *sf* **1** Largura. **2** Vaidade.
an.ci.ão (*lat vulg antianu*) *adj* **1** De idade avançada. **2** Respeitável, venerável. **3** Antiquado, velho. *Pl: anciãos, anciões* e *anciães.* • *sm* Homem velho e, em geral, respeitável. *Fem: anciã. Antôn: jovem.*
an.ci.los.to.mí.a.se (*ancilóstomo+íase*) *sf Med* Doença produzida por vermes, caracterizada por grave anemia e letargia. As larvas do parasita vivem na terra e entram no sistema digestório, diretamente, com alimentos contaminados, ou através da pele dos pés e das pernas. *Sin: amarelão. Var: ancilostomose.*
an.ci.lós.to.mo (*ancilo+estoma*) *sm Zool* **1** Gênero de vermes com fortes dentes semelhantes a ganchos, com os quais se fixam na mucosa do

ancilostomose 55 **androgênio**

homem e de vários mamíferos. **2** Verme desse gênero. *Ancilóstomo duodenal:* verme que produz a ancilostomíase.
an.ci.los.to.mo.se (*ancilo+estoma+ose*) *V ancilostomíase.*
an.ci.nho (*lat ancinu*) *sm* Instrumento agrícola dentado para ajuntar palha, feno etc.; rastelo.
ân.co.ra (*gr ágkyra*) *sf* **1** *Náut* Dispositivo de ferro ou aço preso a uma embarcação por um cabo ou corrente e lançado nas águas para manter o barco parado em determinado lugar, por meio de unhas que se cravam no fundo. **2** Qualquer objeto pesado, por exemplo, uma pedra ou um pedaço de concreto, usado com as funções do instrumento definido anteriormente. **3** *fig* Apoio seguro. **4** *fig* Loja que funciona como chamariz para outros pontos de venda. *s m+f* **1** *Telev* Profissional de destaque que apresenta telejornal, oferecendo credibilidade e identificação com os telespectadores. **2** Símbolo da esperança.
an.co.ra.dou.ro (*ancorar+douro*) *sm Náut* Lugar onde ancoram navios; amarração.
an.co.ra.gem (*ancorar+agem*) *sf Náut* **1** Ato de ancorar. **2** Taxa que paga um navio para poder parar num porto.
an.co.rar (*âncora+ar*[1]) *vtd* e *vint* **1** *Náut* Lançar âncora. *vtd* **2** Lançar ao mar com um peso, como se fosse uma âncora. *vti* **3** Basear-se, fundar-se. *vtd* **4** *Telev* Funcionar como chamariz para atrair atenção e credibilidade.
an.cu.do (*anca+udo*) *adj pop* Que tem ancas muito desenvolvidas.
an.da.ço (*andar+aço*) *sm* **1** Epidemia. **2** *pop* Diarreia, disenteria. **3** Incômodo ligeiro.
an.da.da (de *andar*) *sf* **1** Ato de andar. **2** Caminhada.
an.da.dor (*andar+dor*) *adj* **1** Que anda muito. **2** Ligeiro no andar. • *sm* **1** Caminhador. **2** Irmão de ordem religiosa que percorre as ruas para pedir esmolas pelas almas do purgatório. **3** Equipamento dotado de assento anatômico e rodinhas, usado para estimular os bebês a andar.
an.da.du.ra (*andar+dura*) *sf* **1** Modo de andar das cavalgaduras. **2** Intensidade no andar.
an.dai.me (*ár ad-d'âim*, por cruzamento com *andar*) *sf* **1** *Constr* Estrado de madeira ou metal provisório, de que se utilizam os pedreiros para erguer um edifício. **2** Armação de canos metálicos para o mesmo fim.
an.da.luz (do *top Andaluzia*) *adj* **1** Pertencente ou relativo à Andaluzia (Espanha). **2** Natural ou originário da Andaluzia. • *sm* Homem natural da Andaluzia. *Fem: andaluza.*
an.da.men.to (*andar+mento*) *sm* **1** Ação de andar. **2** Velocidade com que se anda. **3** Seguimento ou marcha de um negócio ou processo. **4** *Mús* Modo ou rapidez com que é executado um trecho de música. **5** Modo de andar das cavalgaduras.
an.dan.ça (*andar+ança*) *sf* **1** *p us* Ato de andar. **2** Aventura. **3** Faina, lida.
an.dan.te (de *andar*) *adj m+f* **1** Que anda; errante. **2** Que anda em busca de aventuras; aventureiro (diz-se especialmente dos velhos cavaleiros andantes). • *sm* **1** Homem que anda. **2** Mês corrente, mês em que se está. **3** *Mús* Movimento musical mais lento

que o *alegro* e mais rápido que o *adágio*. **4** *Mús* Trecho musical executado com esse movimento. • *adv Mús* Colocado no início de um trecho musical indica que a execução deve ser mais rápida que no *adágio*, porém mais lenta que no *alegro*.
an.dar (*lat ambitare, freq* de *ambire*) *vint* **1** Caminhar, dar passos. *vtd* **2** Percorrer a pé. *vint* **3** Avançar, mover-se. *vint* **4** Errar, vaguear. *vint* **5** Funcionar: *O motor não anda. vint* **6** Progredir, ter seguimento: *Este processo está andando muito devagar. vint* **7** Prosseguir, seguir. *vint* **8** Decorrer, ir passando (o tempo). *vint* **9** Ser conduzido ou transportado. *vint* **10** Ser acompanhado de alguém. *vint* **11** Apressar-se: *Ande com isso, menino! vint* **12** Ter relações carnais: *A criada andava com o chofer. vlig* **13** Indica o estado em que um ser se acha sucessiva ou continuamente: *Eu andava preocupado. Andar com a pulga atrás da orelha:* andar desconfiado, ou inquieto. *Andar em dia com:* estar ao corrente do que se passa; não ter em atraso algum trabalho de que esteja encarregado; ter as despesas bem reguladas. • *sm* **1** Andadura, andamento, os diversos tipos de marcha dos animais de sela. **2** Passagem, decurso (do tempo). **3** Carreira, ordem. **4** Cada um dos pavimentos superiores nas casas que têm mais de um pavimento.
an.da.ri.lho (de *andar*) *sm* Indivíduo que anda muito.
an.de.jo (*ê*) (de *andejar*) *adj* **1** Que anda muito. **2** Que não para em casa. **3** Errante; próprio de andarilho. • *sm* Pessoa ou animal que anda muito.
an.di.no (*top Andes+ino*[1]) *adj* **1** Pertencente ou relativo aos Andes (América do Sul). **2** Característico dos Andes. • *sm* Natural ou habitante dos Andes.
an.di.rá (*tupi andira*) *sm Zool* Morcego (termo usado na região amazônica).
an.dor (*malaiala andola*) *sm Liturg* Padiola portátil, enfeitada, sobre a qual se levam as imagens nas procissões. *Devagar com o andor, que o santo é de barro:* frase com que se recomenda atenção ou cuidado.
an.do.ri.nha (*lat vulg hirundina, lat hirundo*) *sf Ornit* Nome comum de certos passeriformes, da família dos hirundinídeos, utilíssimos pela caça que dão aos insetos. *Voz: chilreia, gorjeia.*
an.do.ri.nhão (*andorinha+ão*[2]) *sm Ornit* Nome de certas aves apodiformes, da família dos apodídeos. *Voz: crocita, pia.*
an.dor.ra.no (*top Andorra+ano*) *adj* **1** Relativo a Andorra (Europa). **2** Natural ou originário de Andorra. • *sm* Indivíduo natural de Andorra.
an.dra.jo (*cast andrajo*) *sm* Roupa esfarrapada, trapo.
an.dra.jo.so (*andrajo+oso*) *adj* Coberto de trapos.
an.dre.en.se (*top André+ense*) *adj m+f* Relativo a Santo André, cidade e município de São Paulo. • *s m+f* Pessoa natural ou habitante desse município.
an.dro.ceu (*andro+lat* (*gynae*)*ceu*) *sm Bot* Conjunto dos estames ou órgãos masculinos e seus apêndices.
an.dro.fo.bi.a (*andro+fobo+ia*[1]) *sf* Aversão ao sexo masculino.
an.dro.gê.nio (*andro+geno+io*) *sm Biol* Hormônio

sexual, como a androsterona e a testosterona, produzido especialmente nos testículos. Estimula o desenvolvimento das características sexuais no homem.

an.dró.ge.no (*andro+geno*) *adj* Relativo ao fator que origina ou que estimula os caracteres masculinos.

an.dro.gi.ni.a (*andrógino+ia¹*) *sf* **1** *Bot* Hermafroditismo em que predominam os caracteres masculinos. **2** *Bot* Reunião de flores masculinas e femininas na mesma inflorescência.

an.dró.gi.no (*gr andrógynos*) *adj* **1** Que reúne os dois sexos; hermafrodita. **2** *Bot* Diz-se das plantas que reúnem flores masculinas e femininas na mesma inflorescência. **3** Diz-se de tudo que é comum ao homem e à mulher. • *sm Biol* Hermafrodito.

an.droi.de (*ó*) (*andro+oide*) *adj m+f* Semelhante ao homem. • *sm* Robô com figura de homem e que imita os movimentos dos seres animados.

an.drô.me.da (de *Andrômeda*, *np*) *sf* **1** *Astr* Constelação boreal formada de cinquenta e nove estrelas. **2** *Bot* Arbustos sempre-verdes, boreais e árticos, da família das ericáceas.

an.dro.pau.sa (*andro+pausa*) *sf* Climatério masculino.

an.dros.te.ro.na (*andró(geno)+esterona*) *sf Biol* Andrógeno, muito menos ativo que a testosterona, encontrado na urina do homem e da mulher.

a.ne.do.ta (*gr anékdotos*) *sf* **1** Narração abreviada de um fato histórico. **2** No uso mais comum, história curta de efeito cômico; piada. *Anedota gráfica*: cartum.

a.ne.do.tá.rio (*anedota+ário*) *sm* **1** Livro ou coleção de anedotas. **2** Conjunto de fatos engraçados que se atribuem a uma dada pessoa.

a.ne.dó.ti.co (*anedota+ico²*) *adj* **1** Pertencente ou relativo a anedota. **2** Que contém anedotas.

a.ne.do.tis.ta (*anedota+ista*) *s m+f* **1** Quem coleciona anedotas. **2** Indivíduo que conta anedotas oralmente ou por escrito.

a.nel (*lat anellu*, por *anullu*) *sm* **1** Fita circular ou aro de metal, madeira, tecido, plástico, borracha, papel ou outro material, usado para rodear ou segurar qualquer coisa. **2** Elo circular de corrente. **3** Qualquer linha, figura ou objeto circulares. **4** Aro de metal usado no dedo, como enfeite ou símbolo de algum fato ou acontecimento, como noivado, casamento, formatura etc. **5** Caracol de cabelos, recurvado em forma de aro. **6** *Astr* Faixa da matéria cósmica que circunda um planeta na zona do equador. **7** *Zool* Cada uma das peças circulares que, juntando-se, formam a parte exterior dos anelados. *Pl: anéis*.

a.ne.la.do (*part* de *anelar¹*) *adj* **1** Em forma de anéis, encaracolado. **2** Envolvido por anéis. **3** *Zool* Que tem o corpo em anéis.

a.ne.lar (*anel+ar¹*) *vtd* **1** Dar forma de anel a. *vtd* **2** Cercar como anel. *vint* **3** Respirar com dificuldade; ofegar. *vtd* e *vti* **4** Aspirar a, desejar ardentemente.

a.ne.lí.deos (*lat annellus*, pequeno anel+*ídeo*) *sm pl Zool* Ramo de invertebrados que compreende animais de forma alongada e corpo segmentado, cada segmento com um par de nefrídeos, sendo seus principais representantes as minhocas e as sanguessugas.

a.ne.lo (*lat anhelu*) *sm* **1** Desejo intenso. **2** Sopro, vento.

a.ne.mi.a (*gr anaimía*) *sf* **1** *Med* Estado patológico caracterizado pela insuficiência de hemoglobina nos glóbulos sanguíneos, ou de glóbulos no sangue. **2** Fraqueza.

a.nê.mi.co (*anemia+ico²*) *adj* **1** *Med* Que sofre de anemia. **2** Sem viço, amarelado. **3** Enfraquecido. • *sm Med* O que padece de anemia.

a.ne.mô.me.tro (*anemo+metro¹*) *sm Meteor* Aparelho de medir a velocidade ou força dos ventos.

a.nê.mo.na (*gr anemóne*) *sf Bot* **1** Gênero de plantas herbáceas, da família das ranunculáceas, bastante comuns, especialmente nas regiões temperadas, frequentemente cultivadas por suas flores. **2** Planta desse gênero.

a.nê.mo.na-do-mar *sf Zool* Fitozoário que, aberto, se parece com as flores da anêmona; actínia. *Pl: anêmonas-do-mar*.

a.nen.ce.fa.li.a (*an+encéfalo+ia¹*) *sf Terat* Ausência total ou parcial do encéfalo.

a.ne.quim *sm Ictiol* Grande peixe marinho, que chega a alcançar até 12 metros de comprimento, considerado o maior e o mais feroz tubarão das águas do Pacífico, do Atlântico e até mesmo do Mediterrâneo.

a.ne.ró.bio (*an+aeróbio*) *V anaeróbio* (forma preferível).

a.nes.te.si.a (*an+estésio+ia¹*) *sf Med* Privação parcial ou total da sensibilidade. *Anestesia geral*: produção de inconsciência completa, relaxamento muscular e ausência da sensação da dor, usada em cirurgia. *Anestesia local*: a limitada a uma determinada parte do corpo.

a.nes.te.si.ar (*anestesia+ar¹*) *vtd* **1** Tirar ou diminuir a sensibilidade. **2** Submeter à influência de anestésicos.

a.nes.té.si.co (*an+estésio+ico²*) *adj* Que produz anestesia ou insensibilidade à dor. • *sm Med* Substância que suprime ou diminui a sensibilidade.

a.nes.te.sis.ta (*an+estésio+ista*) *adj m+f Med* Que anestesia. • *s m+f* Pessoa que prepara e administra a anestesia.

a.neu.ris.ma (*gr aneúrysma*) *sm Med* Dilatação que se forma no trajeto de uma artéria.

a.ne.xa.ção (*cs*) (*anexar+ção*) *sf* Ato ou efeito de anexar. *Antôn: desmembramento*.

a.ne.xar (*cs*) (*anexo+ar¹*) *vtd* **1** Juntar, como anexo, a uma coisa considerada como principal. *vtd* e *vpr* **2** Reunir(-se) (um país) a outro. *vtd* **3** *Inform* Vincular um arquivo a uma mensagem de correio eletrônico, para que ambos sejam recebidos juntos pelo destinatário. *Antôn: separar*.

a.ne.xim (*ár an-nashîd*) *sm* Ditado, adágio, dito sentencioso.

a.ne.xo (*cs*) (*lat annexu*) *adj* **1** Que se junta como acessório. **2** Incluso, incluído. • *sm* Coisa ligada a outra, considerada como principal.

an.fe.ta.mi.na (*anf(i)+et(il)+amina*) *sf Quím* e *Farm* Substância usada contra as afecções, por resfriado, das passagens nasais e dos tecidos mucosos próximos, contra a febre do feno, ou como estimulante do sistema nervoso central.

an.fí.bio (*gr amphíbios*) *adj* **1** *Biol* Diz-se de animais ou plantas que vivem ou crescem tanto em terra como na água. **2** Que tem dois modos de vida. **3** Que tem sentidos opostos. **4** *Av* Diz-se do avião que tanto pousa em terra como na água. • *sm pl Zool* Classe de vertebrados, em geral com pele nua, que durante as primeiras fases da vida respiram por meio de brânquias e, no estado adulto, através de pulmões. Inclui os sapos, as rãs, as pererecas e as salamandras.

an.fi.bo.lo.gi.a (*anfíbolo+logo+ia¹*) *sf Gram* Duplo sentido apresentado por uma construção defeituosa. *Ex: Está aqui a mãe da menina Rosa a quem procuravas* (não se sabe se procurava a mãe ou a filha).

an.fi.te.a.tro (*gr amphithéatron*, pelo *lat*) *sm* **1** Grande recinto, circular ou oval, para espetáculos. **2** Arquibancadas dispostas circularmente para aulas ou espetáculos. **3** Antigo circo para combates de feras ou gladiadores e para jogos e representações.

an.fi.tri.ão (*gr Amphitrýon, np*) *sm* **1** Pessoa que dá ou dirige festa ou banquete. **2** Dono da casa. **3** Indivíduo que recebe homenagens. **4** O que paga as despesas de uma festa. *Fem: anfitriã* e *anfitrioa.*

ân.fo.ra (*lat amphora*) *sf Antig* Grande jarro de barro cozido com gargalo estreito e duas asas, estreitando-se para baixo. Servia para conservar vinho, azeite, mel ou mesmo água. *Dim: anforeta, anforinha.*

an.ga.ri.ar (*lat angariare*) *vtd* **1** Obter, procurar, arranjar. **2** Atrair a si. **3** Recrutar.

an.gé.li.ca (*gr aggelikós*, no *fem*) *sf Bot* Gênero de ervas umbelíferas de propriedades medicinais, de uso no fabrico de licores e em confeitaria.

an.gé.li.co (*gr aggelikós*) *adj* **1** Relativo ou pertencente a anjos. **2** Semelhante a um anjo. **3** Condizente com um anjo. **4** Característico ou da natureza de um anjo. **5** Procedente de anjos ou por eles efetuado. **6** Bom, puro. *Antôn: diabólico.*

ân.ge.lus (do *lat*) *sm* **1** Ave-marias rezadas três vezes ao dia: às seis da manhã, ao meio-dia e às seis da tarde. **2** Toque de sino que lembra aos fiéis a hora da ave-maria.

an.ge.o.lo.gi.a (*contr* de *angelologia*) *sf* **1** Conjunto e hierarquia dos anjos. **2** Crença na existência e intervenção dos anjos.

an.gi.co *sm Bot* Planta da família das leguminosas, subfamília das mimosáceas, cujas sementes contêm substâncias narcóticas e sua casca é de uso medicinal.

an.gi.na (*lat angina*) *sf Med* Nome genérico das afecções inflamatórias da garganta e da faringe, caracterizadas por dificuldade mais ou menos intensa para engolir e, às vezes, respirar. *Angina do peito:* síndrome caracterizada por dor atrás do esterno, às vezes espalhando-se pelo ombro e braço.

an.gi.o.gra.fi.a (*ângio+grafo+ia¹*) *sf Anat* **1** Tratado sobre os vasos sanguíneos e linfáticos. **2** Visualização dos vasos sanguíneos, após injeção de uma substância.

an.gi.o.grá.fi.co (*ângio+grafo+ico²*) *adj Anat* Relativo à angiografia.

an.gi.ó.gra.fo (*ângio+grafo*) *sm* Indivíduo que se dedica à angiografia.

an.gi.o.ma (*ângio+oma*) *sm Med* Tumor constituído essencialmente por vasos sanguíneos ou linfáticos; tumor cujas células tendem a formar vasos sanguíneos ou linfáticos.

an.gi.o.pa.ti.a (*ângio+pato+ia¹*) *sf Med* Denominação genérica das doenças do aparelho vascular; angiose.

an.gi.os.cle.rose (*ângio+esclerose*) *sf Med* Esclerose combinada das artérias, veias e capilares.

an.gi.os.per.ma (*ângio+esperma*) *sf Bot* Planta das angiospermas. *sm pl* Em algumas classificações, subdivisão que compreende plantas produtoras de sementes incluídas num ovário (como as orquídeas e rosas).

an.gli.ca.nis.mo (*anglicano+ismo*) *sm* **1** Igreja dos anglicanos e religião oficial da Inglaterra desde Henrique VIII (1491-1547). **2** *V anglicismo.*

an.gli.ca.no (*ânglico+ano*) *adj* **1** Relativo ao anglicanismo. **2** *V inglês.* • *sm* Partidário do anglicanismo.

an.gli.cis.mo (*ânglico+ismo*) *sm Ling* Palavra ou expressão própria da língua inglesa, introduzida em outra língua; inglesismo.

an.gli.cis.ta (*ânglico+ista*) *adj m+f* Especializado na língua e literatura inglesas. • *s m+f* **1** Que usa anglicismos. **2** Amigo extremado da Inglaterra. **3** Especialista na língua e literatura inglesas.

an.glo-a.me.ri.ca.no *adj* **1** Relativo aos Estados Unidos da América do Norte e à Inglaterra. **2** Natural da América do Norte, mas de origem inglesa. *Pl: anglo-americanos.*

an.glo-bra.si.lei.ro *adj* Referente à Inglaterra e ao Brasil. *Pl: anglo-brasileiros.*

an.glo.fi.li.a (*anglo+filo²+ia¹*) *sf* Predileção pelas ideias ou costumes dos ingleses.

an.glo.fo.bi.a (*anglo+fobo+ia¹*) *sf* **1** Ódio aos ingleses. **2** Aversão ao que é inglês.

an.gló.fo.no (*anglo+fono*) *adj* + *sm* Diz-se de país, ou pessoa que fala inglês.

an.glo.ma.ni.a (*anglo+mania*) *sf* Admiração exagerada a tudo que é inglês.

an.glo-sa.xão *adj* Pertencente ou relativo aos germânicos (anglos, jutos e saxões) que invadiram a Grã-Bretanha (Europa) a partir da metade do século V. • *sm* **1** Indivíduo dos anglo-saxões. **2** Idioma dos anglo-saxões. *Fem: anglo-saxã. Pl: anglo-saxões.*

an.go.la.no (*top Angola+ano*) *V angolense.*

an.go.len.se (*top Angola+ense*) *adj m+f* Relativo ou natural de Angola (África). • *s m+f* **1** Pessoa que nasceu em Angola. **2** Membro de qualquer um dos povos bantos de Angola. *Var: angolano.*

an.go.rá (*top Angorá*) *adj m+f* **1** Pertencente a Ancara (*var: Angorá*), cidade da Turquia asiática. **2** Diz-se dos gatos, coelhos, cabras procedentes de Ancara, ou a estes semelhantes pela finura e comprimento do pelo. • *s m+f* Pelo do coelho angorá, da cabra angorá ou da alpaca.

an.gra (talvez *lat angra*) *sf Geogr* Pequena baía, enseada.

angs.tröm (do sueco *Ångström, np*) *sm Fís, Metr* Unidade de comprimento, equivalente à centésima milionésima parte do centímetro, utilizada para medir o comprimento da onda de luz, do raio

X, do raio ultravioleta, de distâncias atômicas etc. Sigla Å. *Var: angstrom*.
an.gu (*ioruba angu*) *sm* **1** *Cul* Papa espessa de fubá cozido. **2** *Cul* Papa espessa de farinha de mandioca, feita com caldo de carne. **3** *Cul* Banana cozida, formando massa compacta. **4** *Cul* Papa de farinha de milho, espessa, com ou sem açúcar. **5** Mistura. **6** *fig* Coisa embaraçada, confusa. **7** Intriga. **8** Briga. *Angu de caroço, pop:* a) complicação, confusão; b) barulho, briga, conflito.
an.gu.la.ção (*angular+ção*) *sf* **1** Ato ou efeito de angular. **2** Formação ou forma angular. **3** *Topogr* Medição de ângulos.
an.gu.lar (*ângulo+ar*¹) *adj m+f* **1** Que tem ou que forma um ou mais ângulos. **2** Pertencente a ângulos. **3** Situado na quina de um edifício. **4** Medido por um ângulo. **5** *fig* Que faz a força de uma instituição. • *vint* **1** Enviesar o andar, formando ângulo com uma linha, uma rua, um objeto. *vtd* **2** Tornar ou fazer angulado. *vpr* **3** Tornar-se angulado.
ân.gu.lo (*lat angulu*) *sm* **1** *Mat* Figura formada por duas semirretas que partem do mesmo ponto. **2** Aresta, canto, esquina, parte saliente ou reentrante. **3** Ponto de vista. *Ângulo agudo, Mat:* todo ângulo menor que o reto. *Ângulo obtuso, Mat:* todo ângulo maior que o reto e menor que o de meia-volta. *Ângulo reto, Mat:* ângulo cujos lados pertencem a retas perpendiculares.
an.gu.lo.so (*ô*) (*ângulo+oso*) *adj* **1** Que tem ângulos. **2** Que tem esquinas ou saliências pontiagudas; ossudo (parte do corpo humano). *Pl: angulosos* (*ó*).
an.gús.tia (*lat angustia*) *sf* **1** Espaço reduzido; estreiteza. **2** Aflição, sofrimento. **3** Aperto de coração, estado de exagerada ansiedade. **4** Carência, falta.
an.gus.ti.an.te (de *angustiar*) *adj m+f* Que causa angústia.
an.gus.ti.ar (*angústia+ar*¹) *vtd* **1** Causar angústia a, afligir, atormentar. *vpr* **2** Afligir-se, atormentar-se. *Conjug – Pres indic: angustio, angustias, angustia* etc. *Cf angústia*.
an.gus.ti.o.so (*ô*) (*angústia+oso*) *adj* **1** Cheio de angústia, que tem angústia, que nasce da angústia. **2** Que causa angústia ou aflição. *Pl: angustiosos* (*ó*).
an.gus.to (*lat angustu*) *adj* Apertado; estreito.
an.gus.tu.ra (*angusto+ura*) *sf* **1** Desfiladeiro, garganta, passagem estreita. **2** *Farm* Casca aromática, amarga, útil contra a febre, obtida de uma planta da família das rutáceas.
a.nhan.gá (*tupi añánga*) *sm Mit* **1** Na mitologia tupi-guarani, o espírito do mal; diabo. **2** Espírito que, segundo os indígenas brasileiros, protege os animais, tomando a forma de qualquer deles, para assustar o caçador.
a.nhan.gue.ra (*gwe*) (*anhanga+ tupi uéra*, que foi) *sm* **1** Palavra do tupi que significa "aquele que foi diabo". **2** *fig* Destemido, valente.
a.nho (*lat agnu*) *sm* Cordeiro.
a.ni.a.gem (*a*¹+*linhagem*) *sf* **1** Tecido grosseiro de algodão ou linho cru para sacos e fardos. **2** Tecido de juta para o mesmo fim.
a.ní.dri.co (*anidro+ico*²) *adj Quím* **1** Que não contém água. **2** Relativo ou pertencente a um anidrido.
a.ni.dri.do (*an+hidro+ido*) *sm Quím* Composto derivado de outro composto, especialmente um ácido, pela retirada de uma ou mais moléculas de água.
a.nil (*ár an-nîl*) *sm* **1** *Quím* Substância que tinge de azul, extraída da anileira e de algumas plantas leguminosas da família das papilionáceas; índigo. **2** Preparado para branquear a roupa ao ser lavada. **3** A cor azul.
a.ni.lar (*anil+ar*¹) *vtd* **1** Tingir ou corar com anil a. *vtd* **2** Azular, esmaltar ou pintar de azul. *vpr* **3** Tomar a cor azul.
a.ni.lei.ra (*anil+eira*) *sf Bot* Cada uma de várias plantas da família das leguminosas papilionáceas que fornecem anil; índigo.
a.ni.lha (*lat anicula*) *sf* Pequeno arco ou anel chatos; arruela.
a.ni.li.na (*anil+ina*) *sf* **1** Nome genérico dado, no comércio, a numerosas substâncias corantes. **2** *Quím* A mais simples das aminas fenólicas primárias, obtida do benzeno, que constitui base de numerosos corantes e outros produtos utilizados na indústria.
a.ni.ma.ção (*animar+ção*) *sf* **1** Ação de animar. **2** Alegria, entusiasmo. **3** Movimento. **4** Calor, vivacidade. **5** Brilho no olhar, cor viva nas faces ou vivacidade na expressão fisionômica. **6** Arrebatamento. *Antôn: frieza, desânimo*.
a.ni.ma.do (*part de animar*) *adj* **1** Dotado de animação. **2** Feito à maneira de um desenho animado. **3** Encorajado, estimulado.
a.ni.ma.dor (*animar+dor*) *adj* Que anima, que estimula. • *sm* **1** Aquele que anima ou estimula. **2** Apresentador de programas com variados temas, em rádio ou televisão, em geral de longa duração e com a participação do público. **3** Aquele que contribui para a produção de um desenho animado, por exemplo, como desenhista.
a.ni.mal (*lat animal*) *adj m+f* **1** Pertencente ao animal, aos seres animais, aos seres que vivem e têm sensibilidade e movimento próprio. **2** Próprio dos irracionais; que provém dos irracionais. **3** Derivado de animais. **4** Material, carnal. • *sm* **1** Ser vivo organizado, dotado de sensibilidade e movimento próprio. **2** Ser vivo irracional. **3** *pej* Indivíduo estúpido, grosseiro ou bruto. *Animal doméstico:* o que se cria em casa ou próximo dela. *Animal irracional:* todos os animais, exceto o homem. *Animal racional:* o homem. *Animais de tiro:* os que puxam carretas, carruagens etc.
a.ni.ma.les.co (*ê*) (*animal+esco*) *adj* **1** Relativo aos animais. **2** Que participa das qualidades dos animais.
a.ni.má.lia (*lat animalia*) *sf* **1** Animal irracional. **2** Fera.
a.ni.mar (*lat animare*) *vtd* **1** Dar alma ou vida a. *vtd* e *vti* **2** Dar ânimo, coragem ou valor a. *vtd* **3** Dar animação, vigor, vivacidade; incentivar. *vpr* **4** Ganhar vida, expressão ou movimento. *vtd* **5** Produzir na forma de um desenho animado. *vtd* **6** Produzir, construir ou equipar de modo que se produza um movimento automático, aparentemente espontâneo, semelhante ao natural. *Antôn: desanimar, desencorajar*.

a.ní.mi.co (*lat anima+ico²*) *adj* Concernente ou pertencente à alma; psíquico.

a.ni.mis.mo (*lat anima+ismo*) *sm* **1** Doutrina dos que consideram a alma como princípio ou causa de todos os fenômenos vitais. **2** Ideia que consiste em dar alma a coisas inanimadas. **3** Crença dos povos que supunham existirem espíritos em todos os seres da natureza.

a.ni.mis.ta (*lat anima+ista*) *adj m+f* Pertencente ao animismo, ou que se prende a ele. • *s m+f* Pessoa partidária ou que segue o animismo.

â.ni.mo (*lat animu*) *sm* **1** Alma, espírito, mente. **2** Gênio, índole. **3** Coragem, valor. **4** Desejo, intenção. **5** Consciência individual. **6** Disposição de alma ou de espírito. • *interj* Coragem! *Antôn* (acepção 3): *desânimo*.

a.ni.mo.si.da.de (*lat animositate*) *sf* **1** Ressentimento, inimizade. **2** Violência ou exaltação num debate, discussão ou polêmica.

a.ni.nhar (*a¹+ninho+ar¹*) *vtd* e *vpr* **1** Abrigar(-se), colocar(-se) ou recolher(-se) em ninho. *vtd* e *vpr* **2** Esconder(-se), recolher(-se). *vint* **3** Estar em ninho, fazer ninho.

â.ni.on (*ana¹+gr ión*, que vai) *sm Fís* Átomo de carga elétrica negativa que, na passagem da corrente elétrica, vai para o polo positivo.

a.ni.qui.la.ção (*aniquilar+ção*) *sf* **1** Ato de aniquilar. **2** Destruição, extinção. **3** Desperdício. *Var: aniquilamento*.

a.ni.qui.lar (*lat med annichilare, lat annihilare*) *vtd* e *vpr* **1** Destruir(-se), reduzir(-se) a nada. *vtd* **2** Matar. *vtd* **3** Abater moral e fisicamente; prostrar, deprimir. *vtd* e *vpr* **4** Abater(-se), humilhar(-se).

a.nis (*fr anis*, de origem grega) *sm* **1** *Bot* Erva umbelífera, originária do Egito, cultivada por suas sementes aromáticas, ou como hortaliça; também chamada *erva-doce*. **2** Semente dessa planta, usada em medicina e como tempero. **3** Nome comum a outras plantas de frutos aromáticos. **4** Licor de anis; anisete. *Pl: anises*.

a.ni.se.ta (*ê*) (*fr anisette*) *sf* **1** V *anisete*. **2** *Bot* Árvore frutífera.

a.ni.se.te (*ê*) (*fr anisette*) *sm* Licor de anis; aniseta.

a.nis.ti.a (*gr amnestía*) *sf* **1** Ato do poder legislativo pelo qual se extinguem as consequências de um fato punível e, em resultado, qualquer processo sobre ele; normalmente, é uma medida adotada após motins ou revoluções, para pacificar os ânimos. **2** Em sentido amplo, perdão.

a.nis.ti.a.do (*part* de *anistiar*) *adj* Beneficiado por anistia.

a.nis.ti.ar (*anistia+ar¹*) *vtd* **1** Conceder anistia a. **2** Desculpar, perdoar.

a.ni.ver.sa.ri.an.te (de *aniversariar*) *adj* e *s m+f* Que, ou pessoa que faz anos.

a.ni.ver.sa.ri.ar (*aniversário+ar¹*) *vint* **1** Fazer anos. **2** Comemorar aniversário. *Conjug – Pres indic: aniversario, aniversarias, aniversaria* etc. *Cf aniversário*.

a.ni.ver.sá.rio (*lat anniversariu*) *adj* Que faz lembrar de um fato ocorrido em igual dia, um ou vários anos antes. • *sm* **1** Dia em que se completa o tempo de um ou mais anos de um acontecimento. **2** Comemoração da volta anual de uma data em que aconteceu algo. *Aniversário natalício:* dia correspondente àquele em que nascemos.

an.jo (*lat angelu*) *sm* **1** *Teol* Ente puramente espiritual, dotado de personalidade própria, superior ao homem e aos demais seres terrenos, segundo algumas religiões. *Col: coro, falange, legião.* **2** *fig* Pessoa muito virtuosa, bondosa ou inocente. **3** *fig* Pessoa muito formosa. **4** Criança morta. *Anjo da guarda:* a) espírito celestial que, segundo a crença católica, vela pela pessoa de cada cristão; b) pessoa que nos tem afeição e nos dirige e defende, moral ou fisicamente. *Papo de anjo:* espécie de doce de ovos.

a.no (*lat annu*) *sm* **1** *Astr* Duração da revolução de um planeta em torno do Sol. **2** *Astr* Espaço de tempo correspondente à revolução da Terra em torno do Sol, desde 1º de janeiro até 31 de dezembro. **3** Espaço de 12 meses. **4** Período anual durante o qual se realiza certa atividade: *Ano escolar. Ano a ano:* cada ano que passa. *Ano bissexto:* o que tem 366 dias, contando-se em fevereiro 29 dias. *Ano civil:* o que se conta desde 1º de janeiro até 31 de dezembro. *Ano comercial:* o que é contado com 360 dias, ou seja, 12 meses de 30 dias, embora o ano tenha o início e o fim do civil. *Ano comum:* o que tem 365 dias. *Ano letivo:* o tempo que vai desde o início até o fim das aulas.

ano-base *sm Estat* Na descrição de um determinado fenômeno histórico, econômico ou financeiro, ano que é escolhido, por convenção, como ponto inicial de tempo. *Pl: anos-bases* e *anos-base*.

a.no-bom *sm* **1** V *ano-novo*. **2** Voto de prosperidade formulado no começo de novo ano. **3** Ano de abundância ou prosperidade. *Pl: anos-bons*.

a.nó.di.no (*an+ódino*) *adj* **1** *Farm* Que é capaz de acalmar ou fazer cessar as dores. **2** *fig* Insignificante, sem importância. **3** *fig* Inofensivo, que não desperta interesse. • *sm* **1** Medicamento que acalma as dores. **2** Qualquer coisa que acalma ou conforta.

â.no.do (*an+ gr hodós*) *sm Fís* Polo positivo de uma bateria elétrica.

a.noi.te.cer (*a¹+noite+ecer*) *vint* **1** Começar a noite, fazer-se noite. *vint* **2** Achar-se alguém em certo lugar ou situação ao pôr do Sol. *vtd* **3** Cobrir de trevas, escurecer. *vlig* **4** Chegar à noite em algum estado ou condição. Conjuga-se como *amanhecer*.

a.no.ja.do (*part* de *anojar*) *adj* **1** Enlutado. **2** Desgostoso, triste. **3** Nauseado, prestes a vomitar.

a.no.jar (*a¹+nojo+ar¹*) *vtd* **1** Causar nojo a. *vtd* **2** Causar tédio a, enfadar. *vtd* **3** Enojar, nausear. *vpr* **4** Aborrecer-se, desgostar-se. *vpr* **5** Pôr-se de nojo, tomar luto.

a.no-luz *sm Astr* Unidade astronômica de comprimento: distância percorrida pela luz em um ano. Corresponde aproximadamente a 9,461 x 10^{12} km (9 trilhões e 461 bilhões de quilômetros). *Pl: anos-luz*.

a.no.ma.li.a (*gr anomalía*) *sf* **1** Desvio acentuado de um padrão normal; anormalidade, irregularidade. **2** *Gram* Irregularidade ou exceção no uso de certas palavras ou de certas locuções, na formação e na conjugação de certos verbos. **3** Exceção à regra. *Antôn* (acepções 1 e 3): *regularidade*.

a.nô.ma.lo (*gr anómalos*) *adj* **1** Anormal, desigual, excepcional, irregular. **2** *Gram* Diz-se dos verbos cuja irregularidade na sua formação e conjugação se deve a alterações do radical (*p ex, ser* e *ir*). *Antôn* (acepção 1): *normal*.

a.no.mi.a (*anomo+ia*[1]) *sf* **1** Ausência de lei ou regra; anarquia. **2** Estado da sociedade no qual os padrões de comportamento e crença enfraqueceram ou desapareceram. **3** *Med* Perda da capacidade de nomear objetos ou de lembrar seus nomes.

a.no.ni.ma.to (*anônimo+ato*[3]) *sm* **1** Qualidade de anônimo. **2** Sistema de escrever sem assinar.

a.nô.ni.mo (*gr anónymos*) *adj* **1** Sem nome, ou que o não declara. **2** Sem denominação. **3** Aplica-se à sociedade comercial que não é designada pelo nome de nenhum dos associados nem por uma firma social, mas por uma denominação que designa o fim social ou a sua natureza. • *sm* **1** Indivíduo que não assina o que escreve. **2** Indivíduo desconhecido, sem fama.

a.no-no.vo *sm* **1** Ano-bom. **2** O ano que começa. *Pl: anos-novos* (*ó*).

a.no.ra.que (*esquimó anoraq*) *sm* **1** Agasalho de pele com capuz, comum entre os esquimós. **2** Agasalho três-quartos, com capuz, feito de pele ou lã.

a.no.réc.ti.co (*gr anórektos+ico*[2]) *adj* **1** Pertencente ou relativo à anorexia. **2** Sem apetite.

a.no.re.xi.a (*cs*) (*gr anorexía*) *sf Med* Falta de apetite; inapetência. *Anorexia nervosa*: condição nervosa grave, em que o paciente perde o apetite, emagrecendo muito. *Antôn: apetite*.

a.nor.mal (*a*[4]*+normal*) *adj m+f* **1** Que não é normal. **2** Que faz exceção à regra comum; anômalo, irregular. **3** Diz-se da pessoa cujo desenvolvimento físico, ou intelectual, ou social é defeituoso. **4** *Filos* Que foge ao ideal. **5** *Estat* Que se afasta dos valores mais frequentes, ou do tipo médio observado. • *s m+f* Pessoa que não é normal. *Antôn: comum, normal, regular*.

a.nor.ma.li.da.de (*anormal+i+dade*) *sf* **1** Qualidade do que é anormal. **2** Aquilo que está fora da norma. **3** Exceção à regra, irregularidade.

a.nor.qui.a (*an+órqui+ia*[1]) *sf Med* Ausência congênita dos testículos.

a.nor.rec.tal (*ânus+reto+al*[1]) *adj m+f Anat* Relativo ao ânus e ao reto.

a.no.ta.ção (*lat annotatione*) *sf* **1** Ato ou efeito de anotar. **2** Notas, por escrito. **3** Comentários, observações.

a.no.tar (*lat annotare*) *vtd* **1** Fazer anotações a, pôr notas em. **2** Esclarecer com comentários. **3** Tomar nota de.

an.sei.o (de *ansiar*) *sm* **1** Ato ou efeito de ansiar. **2** Desejo veemente. **3** Ambição.

an.se.ri.for.me (*lat anser+i+forme*) *adj m+f* Que tem a forma de ganso ou de pato. • *sm pl Ornit* Ordem de aves aquáticas, com pernas curtas e dedos reunidos por uma membrana, como os marrecos, patos, gansos e cisnes.

an.se.ri.no (*lat anserinu*) *adj* Concernente ou semelhante a ganso ou pato.

ân.sia (*lat anxia*) *sf* **1** Agonia. **2** Aflição, angústia. **3** Movimento do peito alternado e penoso de quem respira com dificuldade. **4** Ardor, calor. **5** Ansiedade; desejo intenso. **6** Náusea. *sf pl* Náuseas, prenúncios de vômito.

an.si.ar (*lat anxiare*) *vtd* **1** Causar ânsia ou ansiedade; angustiar, fazer sofrer. *vtd* e *vti* **2** Desejar com ânsia. *vint* e *vpr* **3** Ter ânsias. Conjuga-se como *odiar*.

an.si.e.da.de (*lat anxietate*) *sf* **1** Aflição, angústia, ânsia. **2** *Psicol* Atitude emotiva relativa ao futuro e que se caracteriza por alternativas de medo e esperança; medo vago. **3** Desejo ardente. **4** Impaciência.

an.si.o.so (*ô*) (*ânsia+oso*) *adj* **1** Que tem ânsias. **2** Aflito, cheio de ansiedade. **3** Que indica ansiedade. **4** Que deseja ardentemente alguma coisa. *Pl: ansiosos* (*ó*).

an.ta (*ár lamT*) *sf* **1** *Zool* Mamífero da família dos tapirídeos, um dos maiores animais da fauna brasileira, chegando a quase 2 metros de comprimento; tapir. *Voz: assobia*. **2** *gír* Pessoa pouco inteligente.

an.ta.gô.ni.co (*anti+gr agonikós*) *adj* Contrário, oposto.

an.ta.go.nis.mo (*anti+gr agón+ismo*) *sm* **1** Ação antagônica. **2** Oposição, antipatia. **3** Posição ou situação contrária. **4** Rivalidade, luta.

an.ta.go.nis.ta (*gr antagonistés*) *adj m+f* Que é oposto ou contrário a alguém ou alguma coisa. • *sm Anat* Músculo que age em oposição a outro. *s m+f* Pessoa que é contra alguém ou alguma coisa; adversário. *Antôn: amigo, aliado, partidário*.

an.ta.go.ni.zar (*antagôn(ico)+izar*) *vtd* **1** Agir em oposição a. *vtd* **2** Tornar antagônico. *vtd* **3** Provocar a hostilidade de. *vpr* **4** Incorrer na hostilidade de.

an.ta.nho (*cast antaño*) *adv* **1** No ano passado. **2** Nos tempos passados, outrora. • *sm* Tempos antigos.

an.tár.ti.co (*gr antarktikós*) *adj* **1** Relativo ao polo austral. **2** Que vive nas regiões glaciais do Sul. *Antôn: ártico, setentrional*.

an.te (*lat ante*) *prep* Compõe locução adverbial: *Pé ante pé*. Expressa relações de: **1** Posição na frente de (= *diante de*): *Parar ante o muro*. **2** Causa: *Envelhecido ante o peso dos anos*.

an.te.a.to (*lat anteactu*) *sm* Curta representação teatral encenada antes da peça principal. • *adj* Passado ou feito antes.

an.te.bra.ço (*ante+braço*) *sm Anat* Parte do braço entre o cotovelo e o punho.

an.te.câ.ma.ra (*ante+câmara*) *sf* **1** Sala que precede a sala principal. **2** *Náut* Parte anterior à câmara do navio, onde estão os camarotes dos oficiais superiores.

an.te.ce.dên.cia (*anteceder+ência*) *sf* **1** Ato de anteceder. **2** Anterioridade, precedência. **3** Antecipação, adiantamento.

an.te.ce.den.te (*lat antecedente*) *adj m+f* Que existiu ou aconteceu antes. *Antôn: consequente*. • *sm* **1** Coisa que existiu ou aconteceu antes. **2** Fato que determina outro posterior. **3** *Gram* Qualquer termo que, na frase, antecede a outro e a que este outro se refere; comumente, palavra que antecede um pronome relativo e à qual este se refere. **4** *Lóg* Primeira proposição de um raciocínio. *Antôn* (acepções 1, 2 e 3): *consequente*. *sm pl* Atos e fatos que revelam a conduta anterior a determinado fato.

an.te.ce.der (*lat antecedere*) *vtd* e *vti* **1** Vir antes ou na frente de. *vtd* **2** Exceder, ser superior a. *Antôn: suceder.*

an.te.ces.sor (*lat antecessor*) *sm* **1** O que antecede ou precede. **2** Indivíduo que ocupou cargo ou fez alguma coisa antes de outro; predecessor. **3** Aquele que viveu antes de outro; antepassado. *Antôn: sucessor.*

an.te.ci.pa.ção (*antecipar+ção*) *sf* **1** Ato de antecipar. **2** Empréstimo contraído por conta de rendas que ainda devem ser obtidas. **3** *Com* Pagamento antecipado de parte de mercadorias consignadas.

an.te.ci.par (*lat anticipare*) *vtd* **1** Realizar antes do tempo. *vpr* **2** Trazer alguma coisa antes de outra pessoa. *vpr* **3** Acontecer antes. *vtd* e *vpr* **4** Chegar antes de, tomar a dianteira. *vtd* **5** Prever, pressentir. *Antôn* (acepções 2, 3 e 4): *suceder.*

an.te.di.lu.vi.a.no (*ante+diluviano*) *adj* **1** Anterior ao dilúvio. **2** Muito antigo. **3** Que está fora de moda. • *sm* **1** O que viveu antes do dilúvio. **2** Indivíduo muito velho ou de modos e opiniões antiquados. *Antôn: pós-diluviano.*

an.te.go.zar (*ante+gozar*) *vtd* Gozar antecipadamente.

an.te.ló.quio (*lat anteloquiu*) *sm* Prefácio, prólogo.

an.te.ma.nhã (*ante+manhã*) *adv* Pouco antes do romper do dia. • *sf* Alvorada, alvorecer.

an.te.mão (*ante+mão*) *adv* Antecipadamente. Hoje em dia só se usa na locução adverbial *de antemão*.

an.te.me.ri.di.a.no (*ante+meridiano*) *adj* Que acontece ou se faz antes do meio-dia. *Antôn: pós-meridiano.*

an.te.na (*lat antena*) *sf* **1** *Entom* Cada um dos apêndices da cabeça dos artrópodes, os quais servem de órgãos de olfato, tato e, talvez, audição. **2** *Radiotécn* Dispositivo que consiste em uma haste ou fio metálico, montado em mastro ou torre, no alto de edifícios, em automóveis etc., que serve para transmissão ou recepção de ondas de rádio ou televisão. *Estar de antenas ligadas:* estar atento.

an.te.on.tem (*ante+ontem*) *adv* No dia que antecedeu o ontem.

an.te.pa.rar (*ante+parar*) *vtd* **1** Pôr antepara em. *vtd* e *vpr* **2** Defender(-se), resguardar(-se).

an.te.pa.ro (de *anteparar*) *sm* **1** Ato de anteparar. **2** O que se põe diante de alguma coisa para protegê-la, ou entre certa coisa e uma pessoa a fim de resguardar a esta (*p ex,* biombos, para-lamas, quebra-luzes).

an.te.pas.sa.do (*part de antepassar*) *adj* **1** Já passado ou decorrido. **2** Que viveu anteriormente. • *sm* **1** Pessoa que é ascendente de outra. **2** Pessoa que viveu antes de outra. *sm pl* Antecessores, avós.

an.te.pas.to (*ante+pasto*) *sm* Iguaria que se come antes de uma refeição propriamente dita, como aperitivo; acepipe.

an.te.pei.to.ral (*ante+peitoral*) *adj m+f Anat* Que pertence à parte anterior do peito.

an.te.pe.núl.ti.mo (*ante+penúltimo*) *adj* Que antecede o penúltimo.

an.te.por (*ante+pôr*) *vtd* e *vpr* **1** Pôr(-se) antes. *vpr* **2** Contrapor-se, opor-se. *vtd* **3** Dar preferência a. Conjuga-se como *pôr. Antôn* (acepção 1): *pospor.*

an.te.pro.je.to (*ante+projeto*) *sm* Esboço de projeto que vai ser estudado.

an.te.ra (*gr antherá*) *sf Bot* Parte dos estames, formada de pequenos sacos, em cujo interior se desenvolve o pólen.

an.te.ri.or (*lat anteriore*) *adj m+f* **1** Que existiu, sucedeu ou se fez antes. **2** Situado na frente ou na parte dianteira. *Antôn: posterior* e *ulterior.*

an.tes (*lat ante*) *adv* **1** Em tempo anterior. **2** Em lugar anterior. **3** De preferência. **4** Ao contrário, pelo contrário. • *adj* Contado de então para trás (tempo): *Dois anos antes. Antes de, loc prep:* em tempo anterior a; à frente de; lugar mais próximo de. *Antes de mais nada, loc adv:* imediatamente. *Antes de ontem, loc adv:* V *anteontem. Antes do tempo, loc adv:* antes de chegar a ocasião apropriada. *Antes que, loc conj:* primeiro que; de preferência a que.

an.tes.sa.la (*ante+sala*) *sf* **1** Sala que antecede a principal; sala de espera. **2** Antecâmara.

an.te.ver (*ante+ver*) *vtd* Ver antes, prever. Conjuga-se como *ver.*

an.te.vés.pe.ra (*ante+véspera*) *sf* Dia imediatamente anterior à véspera.

an.te.vi.são (*ante+visão*) *sf* Ato ou efeito de antever; previsão.

an.ti.a.bor.ti.vo (*anti+abortivo*) *adj Med* Que evita aborto.

an.ti.á.ci.do (*anti+ácido*) *adj Quím* Que age sobre os ácidos, neutralizando-lhes a ação. • *sm Med* Substância que atua contra a acidez gástrica.

an.ti.a.de.ren.te (*anti+aderente*) *adj* Que não adere, não gruda.

an.ti.a.é.reo (*anti+aéreo*) *adj Mil* Que diz respeito à defesa contra ataques aéreos.

an.ti.al.co.ó.li.co (*anti+álcool+ico²*) *adj* **1** Que combate os efeitos produzidos pelo álcool. **2** Diz-se das campanhas ou instituições que combatem o alcoolismo.

an.ti.a.lér.gi.co (*anti+alergia+ico²*) *adj Med* Que previne ou combate a alergia. • *sm* Droga contra a alergia.

an.ti.ál.gi.co (*anti+algia+ico²*) *adj Med* Que combate a dor; analgésico.

an.ti.a.nê.mi.co (*anti+anêmico*) *adj Med* Que combate a anemia. • *sm* Droga contra a anemia.

an.ti.bi.ó.ti.co (*anti+bio+t+ico²*) *adj* Que tende a impedir ou inibir a vida, ou produzir a morte. • *sm Biol* e *Farm* Substância produzida por célula viva (bactéria, mofo, levedura e outros vegetais), ou sinteticamente, capaz de impedir a proliferação de germes, ou causar-lhes a morte.

an.ti.cas.pa (*anti+caspa*) *adj m+f* Diz-se da substância que previne ou combate a caspa. • *s m+f* Essa substância.

an.ti.ci.clo.ne (*anti+ciclone*) *sm Meteor* Centro móvel de altas pressões.

an.ti.cle.ri.cal (*anti+clerical*) *adj m+f* Contrário ao clero. • *s m+f* Pessoa adversária do clero.

an.ti.clí.max (*cs*) (*anti+clímax*) *sm* **1** Falso clímax; ação marcante que antecede o verdadeiro clímax de uma narrativa. **2** *Ret* Emprego, numa mesma frase, de um grau descendente após um ascendente.

an.ti.co.a.gu.lan.te (*anti+coagulante*) *adj m+f Med* Que impede a coagulação do sangue. •

sm Med Substância ou medicamento com essa propriedade.
an.ti.con.cep.ci.o.nal (*anti+concepcional*) *adj m+f* Diz-se de métodos e processos que impedem a concepção dos filhos. • *sm Med* Medicamento que impede a concepção; contraceptivo.
an.ti.con.ge.lan.te (*anti+congelante*) *sm* Substância, tal como o álcool, adicionada a um líquido, para evitar congelamento.
an.ti.cons.ti.tu.ci.o.nal (*anti+constitucional*) *adj m+f Dir* Contrário à constituição política de um país.
an.ti.con.vul.si.vo (*anti+convulsivo*) *adj Med* Que combate as convulsões. • *sm Med* Substância com essa propriedade.
an.ti.cor.po (*ô*) (*anti+corpo*) *sm Biol* Substância, de origem celular, que torna inofensivas substâncias orgânicas capazes de produzir moléstias, quando introduzidas no organismo. *Pl: anti-corpos* (*ó*).
an.ti.cris.to (*anti+Cristo, np*) *sm* Personagem que, segundo certos passos do Novo Testamento, será o último inimigo de Cristo, cobrirá a Terra de crimes e maldades e, com a sua vinda, anunciará o fim do mundo.
an.ti.de.mo.cra.ta (*anti+democrata*) *adj m+f V antidemocrático*. • *s m+f* Pessoa adversária da democracia.
an.ti.de.mo.crá.ti.co (*anti+democrático*) *adj* Contrário à democracia.
an.ti.de.pres.si.vo (*anti+depressivo*) *adj + sm Psiq* **1** Que, ou o que atenua ou evita a depressão. **2** Que, ou o que estimula o ânimo de um paciente com depressão.
an.ti.der.ra.pan.te (*anti+derrapante*) *adj m+f* Que impede a derrapagem. • *sm Autom* Dispositivo que se adapta às rodas dos automóveis, caminhões etc. para impedir a derrapagem.
an.ti.dif.té.ri.co (*anti+diftérico*) *adj Med* Que previne ou combate a difteria. • *sm Med* Agente com essa propriedade.
an.ti.di.sen.té.ri.co (*anti+disentérico*) *adj Med* Indicado contra a disenteria. • *sm Med* Substância ou medicamento com essa propriedade.
an.ti.dis.tô.ni.co (*anti+distônico*) *adj + sm Med* Que, ou o medicamento que combate a distonia.
an.ti.di.u.ré.ti.co (*anti+diurético*) *adj Med* Que diminui ou impede a secreção de urina. • *sm* Droga com essa propriedade.
antidoping (*ingl*) (*anti+doping*) *adj + sm* **1** Que, ou aquele que é contra entorpecentes ou drogas que causem alterações no organismo. **2** Diz-se de, ou tudo aquilo que se opõe ao *doping* nos esportes.
an.tí.do.to (*lat antidotu*) *sm* **1** *Med* Medicamento empregado com o fim de neutralizar a ação de um veneno. **2** Medicamento que preserva de algum mal. **3** Coisa que previne ou corrige vício, defeito ou estado moral de depressão ou dor. *Antôn: veneno*.
an.ti.e.li.tis.ta (*anti+elitista*) *adj m+f* Diz-se de pessoa que é contrária ao elitismo. • *s m+f* Essa pessoa.
an.ti.e.pi.dê.mi.co (*anti+epidêmico*) *adj Med* Diz-se de medidas com que se procura acabar com uma epidemia.

an.ti.e.pi.lép.ti.co (*anti+epiléptico*) *adj + sm Med* Que, ou o que combate a epilepsia.
an.ti.es.pas.mó.di.co (*anti+espasmódico*) *adj + sm Med* Que, ou o que evita espasmos.
an.ti.es.por.ti.vo (*anti+esportivo*) *adj* **1** Que é contra o esporte ou seus interesses. **2** Que tem atitudes contrárias às de um bom esportista. *Var: antidesportivo*.
an.ti.es.té.ti.co (*anti+estético*) *adj* **1** Que não demonstra senso estético. **2** Que combate a estética.
an.ti.é.ti.co (*anti+ético*) *adj* Contrário à ética.
an.ti.fe.bril (*anti+febril*) *adj m+f Med* Próprio para combater a febre. • *sm* Substância que faz baixar a febre.
an.ti.fla.tu.len.to (*anti+flatulento*) *adj Med* Próprio para combater a formação de gases no tubo digestivo e facilitar a eliminação deles.
an.ti.flo.gís.ti.co (*anti+flogístico*) *adj + sm Med* Que, ou o que combate a inflamação. • *sm* Agente antiflogístico.
an.tí.fo.na (*gr antíphona*) *sf Liturg* **1** Versículo cantado ou recitado no princípio de um salmo e depois repetido em coro. **2** Canto, na missa, em que os coros se alternam.
an.ti.gê.ni.co (*antígeno+ico*²) *adj Med* **1** Que, inoculado no organismo, faz com que se produzam como reação anticorpos específicos. **2** Que tem as propriedades de um antígeno. **3** Relativo aos antígenos. **4** Produzido pelos antígenos.
an.tí.ge.no (*anti+geno*) *sm Med* Substância orgânica nociva que, inoculada no organismo, provoca, como reação, a produção de anticorpos específicos.
an.ti.go (*lat antiquu*) *adj* **1** Que existiu outrora. **2** Que existe ou é conhecido desde longo tempo. **3** Que não está mais em exercício ou atividade (num cargo ou profissão). **4** Que já foi. **5** Anterior, precedente. *Antôn: moderno, contemporâneo, novo*. • *sm pl* **1** Os homens que existiram em tempos precedentes ao atual. **2** Velhos, anciãos. *Antigo continente*: a Europa, a Ásia e a África, consideradas juntas.
an.ti.gri.pal (*anti+gripe+al*¹) *adj m+f* Que combate a gripe.
an.ti.gui.da.de (*gui* ou *gwi*) (*lat antiquitate*) *sf* **1** Qualidade de antigo. **2** Tempos muito antigos. **3** Prolongado desempenho de uma função ou dignidade: *Promovido por antiguidade*. **4 Antiguidade** Período que vai do fim dos tempos pré-históricos até a queda do Império Romano do Ocidente. *sf pl* Instituições, monumentos ou objetos antigos: *Loja de antiguidades*. *Antiguidade clássica*: período histórico desde a entrada da Grécia na História até a queda do Império Romano do Ocidente, no ano de 476.
an.ti-he.mor.rá.gi.co (*anti+hemorrágico*) *adj Med* Diz-se do medicamento que combate as hemorragias. • *sm* Esse medicamento. *Pl: anti--hemorrágicos*.
an.ti-he.rói (*anti+herói*) *sm* Aquele que, numa obra de ficção, tem atributos contrários do herói clássico. *Pl: anti-heróis*.
an.ti-hi.gi.ê.ni.co (*anti+higiênico*) *adj* **1** Contrário à higiene. **2** Pouco higiênico, contaminado, sujo. *Pl: anti-higiênicos*.

an.ti-hu.ma.no (*anti+humano*) *V* desumano. *Pl:* anti-humanos.

an.ti-in.fec.ci.o.so (*ô*) (*anti+infeccioso*) *adj* Contrário às infecções ou a uma determinada espécie de infecção. *Var:* anti-infecioso. *Pl:* anti-infecciosos (*ó*).

an.ti-in.fla.ci.o.ná.rio (*anti+inflacionário*) *adj* Que previne ou combate a inflação. *Pl:* anti-inflacionários.

an.ti-in.fla.ma.tó.rio (*anti+inflamatório*) *adj* Contrário às inflamações, ou a determinada espécie delas. • *sm Med* Medicamento com essa propriedade. *Pl:* anti-inflamatórios.

an.ti.ju.rí.di.co (*anti+jurídico*) *adj* Contrário aos princípios do Direito.

an.ti.lha.no (*Antilhas, np+ano*) *adj* **1** Pertencente ou relativo às Antilhas (América Central). **2** Natural das Antilhas. • *sm* O natural das Antilhas.

an.tí.lo.pe (*ingl antelope*, de origem grega) *sm Zool* Gênero de ruminantes, da família dos bovídeos, abundantes na África, com chifres ocos, que não caem. São notáveis pela elegância de formas, ligeireza de movimentos e rapidez da corrida.

an.ti.ma.té.ria (*anti+matéria*) *sf Fís* Matéria composta de partículas cujas cargas elétricas, e outras propriedades, são opostas às das partículas do nosso universo.

an.ti.me.ri.di.a.no (*anti+meridiano*) *sm* Círculo de longitude oposto ao círculo de longitude local. A parte que fica abaixo do horizonte.

an.ti.mi.có.ti.co (*anti+micótico*) *adj Quím* e *Farm* Diz-se do produto que age nas infecções provocadas por fungos patogênicos. • *sm* Esse produto.

an.ti.mís.sil (*anti+míssil*) *adj m+f* e *sm* **1** Que, ou o que é destinado ou usado para interceptar ou destruir mísseis em voo. **2** Que, ou o que é destinado a proteger contra mísseis.

an.ti.mo.nar.quis.mo (*anti+monarquismo*) *sm* Sistema contrário ao governo monárquico.

an.ti.mô.nio (*baixo-lat antimoniu*) *sm Quím* Elemento metálico branco-azulado, de número atômico 51 e símbolo Sb.

an.ti.na.tu.ral (*anti+natural*) *adj m+f* **1** Contrário às leis da natureza. **2** *pop* Contrário aos usos e costumes de uma localidade ou região.

an.ti.neu.rál.gi.co (*anti+neurálgico*) *adj* + *sm Med* Que, ou o que combate a neuralgia. *Var:* antinevrálgico.

an.ti.ne.vrál.gi.co (*anti+nevrálgico*) *V* antineurálgico.

an.ti.no.mi.a (*gr antinomía*) *sf* Contradição entre leis ou princípios.

an.ti.nô.mi.co (*antinomia+ico²*) *adj* Que apresenta antinomia ou contradição.

an.ti.o.fí.di.co (*anti+ofídico*) *adj Farm* Que se emprega contra o veneno de cobras. • *sm* Remédio contra os efeitos de mordida de cobras venenosas.

an.ti.o.xi.dan.te (*anti+oxidante*) *adj m+f* Que previne a oxidação. • *sm* Substância que previne a oxidação, ou inibe reações causadas por oxigênio ou peróxidos.

an.ti.pa.pa (*anti+papa*) *sm* Aquele que disputa o papado com papa eleito canonicamente.

an.ti.pa.pa.do (*antipapa+ado¹*) *sm* **1** Duração do governo do antipapa. **2** Função do antipapa.

an.ti.pa.ti.a (*gr antipátheia*) *sf* **1** Repulsa instintiva que afasta uma pessoa da outra. **2** Repulsa orgânica, aversão a alguma coisa. **3** Incompatibilidade. *Antôn:* simpatia.

an.ti.pá.ti.co (*gr antipathés+ico²*) *adj* **1** Que inspira antipatia ou aversão. **2** Incompatível. **3** Inimigo. *Sup abs sint:* antipaticíssimo. *Antôn:* simpático, afeiçoado.

an.ti.pa.ti.zar (*antipatia+izar*) *vti* Ter antipatia. *Antôn:* simpatizar.

an.ti.pa.tri.o.ta (*anti+patriota*) *adj* e *s m+f* Que, ou quem não tem amor à sua pátria.

an.ti.pa.tri.ó.ti.co (*anti+patriótico*) *adj* Contrário aos interesses da pátria.

an.ti.pe.da.gó.gi.co (*anti+pedagógico*) *adj* Contrário aos princípios da pedagogia.

an.ti.pers.pi.ran.te (*anti+perspirar*) *sm* Preparado cosmético, usado para impedir ou diminuir o suor excessivo.

an.ti.pi.ré.ti.co (*anti+pirético*) *adj Farm* Que combate a febre; antitérmico. • *sm* Substância ou medicamento com essa propriedade.

an.tí.po.da (*gr antípous, antípodos*) *adj* Que é oposto; contrário. • *sm* **1** Indivíduo que habita, no globo terrestre, lugar oposto a outro. **2** Qualquer ponto da Terra em relação ao que lhe fica oposto. **3** Lugar muito distante. **4** O contrário, o oposto.

an.ti.po.lu.en.te (*anti+poluente*) *adj m+f* Que combate e evita a poluição ambiental.

an.ti.pru.ri.gi.no.so (*ô*) (*anti+pruriginoso*) *adj* Que faz desaparecer ou alivia o prurido. *Pl:* antipruriginosos (*ó*).

an.ti.qua.do (*part de antiquar*) *adj* **1** Antigo. **2** Que saiu da moda ou do uso. *Antôn:* moderno, atual.

an.ti.quá.rio (*lat antiquariu*) *sm* **1** Colecionador e conhecedor de coisas antigas. **2** Vendedor de antiguidades.

an.ti.quís.si.mo (*qui* ou *qwi*) (*lat antiquissimu*) *adj* Superlativo absoluto sintético de *antigo*; muito antigo.

an.tir.rá.bi.co (*anti+rábico*) *adj Med* Contrário à raiva ou hidrofobia.

an.tir.ru.gas (*anti+rugas*) *adj sing* e *pl* Diz-se do produto, cosmético ou medicamento desenvolvido e utilizado para prevenir ou combater rugas faciais.

an.ti.se.mi.ta (*anti+semita*) *adj* e *s m+f* Inimigo dos semitas, e particularmente dos judeus.

an.tis.sep.si.a (*anti+sepse+ia¹*) *sf Med* Conjunto das medidas destinadas a impedir a reprodução de bactérias, pela inibição ou destruição de suas causas; desinfecção.

an.tis.sép.ti.co (*anti+séptico*) *adj Med* Que impede a atividade e multiplicação dos micróbios e a putrefação. • *sm* Agente com essa propriedade.

an.tis.so.ci.al (*anti+social*) *adj m+f* **1** *Sociol* Contrário às ideias, costumes ou interesses da sociedade. **2** *pop* Pessoa arredia de contatos sociais.

an.tis.so.ro (*anti+soro*) *sm Med* Soro que contém anticorpos; é usado no tratamento da doença causada pelo respectivo micro-organismo ou toxina.

an.ti.tér.mi.co (*anti+térmico*) *adj* Que faz descer a temperatura corporal. *Var:* antipirético.

an.tí.te.se (*anti+tese*) *sf* **1** *Ret* Figura pela qual duas palavras, expressões, pensamentos se tornam inteiramente contrários numa mesma frase. 2 Contraste, oposição. 3 Coisa ou ideia que se opõe; o contrário.

an.ti.te.tâ.ni.co (*anti+tetânico*) *adj Med* Que combate o tétano.

an.ti.tó.xi.co (*cs*) (*anti+tóxico*) *adj Med* Que reage contra a intoxicação. • *sm* Substância ou órgão que reage contra a intoxicação; antídoto.

an.ti.trus.te (*anti+truste*) *adj m+f* Que combate ou regulamenta os trustes.

an.ti.tus.sí.ge.no (*anti+tussígeno*) *adj* + *sm* Que, ou o que acalma ou combate a tosse.

an.ti.va.ri.ó.li.co (*anti+variólico*) *adj Farm* Que se aplica contra a varíola.

an.ti.ve.ne.no (*anti+veneno*) *sm Med* Anticorpo produzido no organismo para neutralizar a ação de um veneno.

an.ti.ve.né.reo (*anti+venéreo*) *adj Farm* Que previne ou cura as doenças venéreas.

an.ti.vi.ró.ti.co (*anti+virose+ico²*) *adj* Diz-se do medicamento ou tratamento para combater as moléstias causadas por vírus.

an.ti.ví.rus (*anti+vírus*) *sm* **1** *Med* Culturas de vírus, usadas para produzir imunidade local, e para fins profiláticos e terapêuticos. **2** *Inform* Programa que detecta e/ou elimina vírus de computador.

an.to.lhos (*ó*) (*ante+olhos*) *sm pl* **1** Vidros escuros que se põem diante dos olhos para protegê-los contra a luz. **2** Peça de couro que se põe ao lado dos olhos dos animais para impedi-los de olhar para os lados e, com isso, evitar que se assustem.

an.to.lo.gi.a (*gr anthología*) *sf* **1** *Bot* Parte da Botânica que estuda as flores. **2** *Lit* Coleção de trechos escolhidos de bons autores; seleta.

an.to.ló.gi.co (*antologia+ico²*) *adj* **1** Relativo à antologia. **2** Digno de constar em antologia. **3** Admirável, notável.

an.to.ní.mia (*anti+ânimo+ia¹*) *sf Gram* Oposição de sentido entre duas palavras: *bom* e *mau*, *branco* e *preto*.

an.tô.ni.mo (*anti+ânimo*) *adj* Que tem significação contrária. • *sm* Vocábulo que tem sentido oposto ao de outro. *Antôn: sinônimo*.

an.to.no.má.sia (*gr antonomasía*) *sf Ret* Figura que consiste em substituir o nome próprio por um nome comum ou por uma expressão que o dê a entender, e vice-versa: *Um Rui Barbosa* (para indicar uma pessoa de grande talento).

an.to.zo.á.rio (*anto¹+zoário*) *adj Zool* Relativo ou pertencente aos antozoários. • *sm* Animal da classe dos antozoários. *sm pl Zool* Classe de celenterados marinhos, que compreende os corais, anêmonas-do-mar e formas relacionadas.

an.traz (*gr ánthrax*) *sm Vet* e *Med* **1** Doença infecciosa, fatal ao gado bovino e a carneiros, causada por um estafilococo e transmissível ao homem. **2** Furúnculo do pescoço.

an.tro (*lat antru*) *sm* **1** Caverna, cova ou gruta natural, escura e profunda, que em geral serve de covil às feras. **2** Lugar perigoso ou de corrupção.

an.tro.po.cên.tri.co (*antropo+centro+ico²*) *adj Filos* Que considera o homem como fato central ou mais importante do universo.

an.tro.po.cen.tris.mo (*antropo+centro+ismo*) *sm Filos* Doutrina ou modo de ver antropocêntricos.

an.tro.po.fa.gi.a (*antropo+fago+ia¹*) *sf* Condição, estado ou ato de antropófago; canibalismo.

an.tro.po.fá.gi.co (*antropo+fago+ico²*) *adj* Relativo à antropofagia.

an.tro.pó.fa.go (*antropo+fago*) *adj* Que come carne humana. • *sm* Indivíduo que come carne humana; canibal.

an.tro.poi.de (*ó*) (*antropo+oide*) *adj m+f* Que tem semelhança de forma com o homem. • *sm* Espécime do grupo de macacos que se parecem com o homem, *p ex*, o gorila, o chimpanzé e o orangotango.

an.tro.po.lo.gi.a (*antropo+logo+ia¹*) *sf Antrop* Ciência que tem por objeto o estudo do homem como ser animal, social e moral, levando em conta a diversidade dos grupos em que se distribui. *Antropologia biológica ou física:* estudo da variação biológica evolutiva do ser humano. *Antropologia social ou cultural:* estudo dos traços socioculturais dos grupos humanos: costumes, crenças, estruturas de organização social, comportamentos etc.

an.tro.po.ló.gi.co (*antropo+logo+ico²*) *adj* Pertencente ou relativo à antropologia.

an.tro.po.lo.gis.ta (*antropo+logo+ista*) *V antropólogo*.

an.tro.pó.lo.go (*antropo+logo*) *sm* Indivíduo que se especializa no estudo da antropologia, antropologista.

an.tro.po.mor.fi.a (*antropo+morfo+ia¹*) *sf* Semelhança de forma com o homem.

an.tro.po.mór.fi.co (*antropo+morfo+ico²*) *adj* **1** Que apresenta semelhança de forma com o homem, ou é assim descrito ou concebido, antropomorfo. **2** Referente à antropomorfia ou aos antropomorfos.

an.tro.po.mor.fis.mo (*antropo+morfo+ismo*) *sm* **1** Atribuição de forma ou caráter humanos a objetos não humanos. **2** *Filos* e *Teol* Doutrina que concebe a divindade com forma, atributos e comportamentos humanos.

an.tro.po.mor.fo (*antropo+morfo*) *adj* Que, pela forma, se assemelha ao homem. • *sm* **1** *Zool* Mamífero da ordem dos primatas. **2** *Zool* Macaco superior que tem grande semelhança com o homem; antropoide.

an.tro.po.ní.mia (*antropo+ônimo+ia¹*) *sf Ling* Estudo dos antropônimos.

an.tro.pô.ni.mo (*antropo+ônimo*) *sm Ling* Nome próprio de pessoa ou ser personificado.

an.tro.po.pi.te.co (*antropo+piteco*) *sm Paleont* Homem-macaco hipotético, presumido como intermediário entre o macaco e o homem.

an.tro.po.zoi.co (*ó*) (*antropo+zoo+ico²*) *adj Geol* Diz-se do período geológico a partir do qual se registra a presença do homem na Terra.

an.tú.rio (*anto+gr ourá*, cauda) *sm Bot* **1** Gênero de ervas ou trepadeiras da América tropical, frequentemente cultivadas pela sua beleza. **2** Planta desse gênero.

a.nu (*tupi anú*) *sm Ornit* **1** Nome comum a várias aves da família dos cucos. **2** *Reg* (RS) Chupim. Voz: *pia*. Var: *anum*.

a.nu.al (*lat annuale*) *adj m+f* **1** Que dura um ano, ou que corresponde a um ano. **2** Que se faz, ou que ocorre todos os anos. **3** *Bot* Diz-se da planta que nasce, floresce e frutifica durante um só período, cuja duração não passa de um ano. *Var: anal.*

a.nu.á.rio (*fr annuaire*) *sm* **1** Publicação anual. **2** Registro dos principais acontecimentos ocorridos no ano anterior.

a.nu.ên.cia (*anuir+ência*) *sf* **1** Ato de anuir. **2** Aprovação, consentimento.

a.nu.ê.nio (*ano+ênio*) *sm Dir Trab* Salário pago a mais por ano de trabalho.

a.nu.en.te (*lat annuente*) *adj m+f* Que anui.

a.nu.i.da.de (*ânuo+i+dade*) *sf* **1** Transação que se paga anualmente. **2** Prestação anual, destinada a pagar certa importância em determinado prazo.

a.nu.ir (*lat annuere*) *vti* Estar de acordo com, aprovar, consentir em. Não admite a forma pronominal *lhe*: *Anuíram a ele* (não *anuíram-lhe*).

a.nu.la.ção (*anular+ção*) *sf* Ato de anular.

a.nu.la.dor (*anular+dor*) *adj + sm* Que, ou o que anula, invalida.

a.nu.lar (*a¹+nulo+ar¹*) *vtd* **1** Reduzir a nada. *vtd* **2** Destruir o efeito de. *vtd* **3** Declarar nulo, invalidar; cancelar; revogar; cassar. *vtd* **4** Tornar incapaz ou inútil. *vpr* **5** Fazer-se nulo, renunciar. *vpr* **6** Desfazer-se, destruir-se. *Antôn: manter.* • *adj m+f* **1** Relativo a anel. **2** Em que se põe anel: *Dedo anular.* **3** Que tem forma de anel. **4** Que apresenta anel. • *sm Anat* Quarto dedo da mão, entre o médio e o mínimo, em que mais se usa anel.

a.nu.la.tó.rio (*anular+ório*) *adj Jur* Que tem força ou poder de anular.

a.nu.lá.vel (*anular+vel*) *adj* Que se pode ou deve anular.

a.num (*tupi anú*) *V anu.*

a.nun.ci.a.ção (*anunciar+ção*) *sf* **1** Ato de anunciar. **Anunciação 2** *Teol* Mensagem do anjo Gabriel à Virgem Maria para lhe anunciar o mistério da Encarnação. **3** *Rel* Festa da Igreja em memória desse mistério.

a.nun.ci.an.te (de *anunciar*) *adj m+f* Que anuncia. • *s m+f* **1** Pessoa que anuncia. **2** *Propag* O responsável por um anúncio em jornal, revista ou outro processo de divulgação.

a.nun.ci.ar (*lat annuntiare*) *vtd* **1** Noticiar, pôr anúncio de, publicar. **2** Fazer conhecer, fazer saber, comunicar. **3** Iniciar, introduzir. **4** Predizer, prever. **5** Manifestar, revelar, servir de sinal.

a.nún.cio (de *anunciar*) *sm* **1** Aviso. **2** Mensagem de venda ou de instituição, destinada a influenciar os prováveis compradores de um produto ou serviço, transmitida por vários meios de comunicação com o público. **3** Indício, sintoma. **4** Presságio, prognóstico.

a.nu.re.se (*an+uro²+ese*) *sf Patol* Retenção de urina na bexiga.

a.nu.ro (*an+uro¹*) *adj Zool* Sem cauda. • *sm Zool* Espécime da ordem dos anuros. *sm pl Zool* Ordem dos anfíbios, constituída por animais de corpo curto, com quatro membros (mais longos os posteriores), cujas brânquias e cauda desaparecem ao fim das metamorfoses da fase juvenil (*p ex:* as rãs).

â.nus (*lat anus*) *sm sing* e *pl Anat* Abertura exterior do reto, que dá saída às fezes.

a.nu.vi.ar (*lat ânnubilare*) *vtd* e *vpr* **1** Cobrir(-se) de nuvens, nublar(-se). **2** Tornar(-se) triste ou melancólico.

an.ver.so (*ante+verso*) *sm* **1** *Numism* Face de medalha ou moeda em que está a efígie ou emblema. **2** Parte anterior de qualquer objeto que tenha dois lados opostos. *Antôn: verso, reverso.*

an.zol (*lat *hamiciolu*) *sm* **1** Pequeno gancho, terminado em farpa, a que se prende a isca para pescar. **2** *fig* Pessoa ou coisa que serve de meio para se obter o que se deseja.

ao *Gram* **1** Combinação da preposição *a* e do artigo *o*: *Dei ao pobre.* **2** Combinação da preposição *a* e do pronome demonstrativo *o*: *Ao que pedir, darei.*

a.on.de (*a+onde*) *adv* Para onde, para qual lugar. É empregado somente com os verbos que indicam movimento (*p ex,* ir), jamais com aqueles que encerram ideia de repouso (*p ex,* estar, ficar). Deve-se distinguir **aonde** de **onde**. **Aonde** indica movimento *para* um lugar, enquanto o advérbio **onde** indica permanência *em* um lugar.
*Não sei **onde** ele está.*
*Eu sei **aonde** quero ir.*

a.or.ta (*gr aorté*) *sf Anat* O mais importante vaso sanguíneo dos vertebrados. Parte do ventrículo esquerdo do coração e tem três segmentos: *aorta ascendente, arco aórtico* e *aorta descendente. Aorta abdominal:* parte da aorta que se estende do orifício diafragmático até a quarta vértebra lombar. *Aorta torácica:* parte da aorta que se estende da terceira vértebra dorsal ao orifício diafragmático.

a.pa.che *adj m+f Etnol* Relativo aos Apaches, índios peles-vermelhas que habitam nos Estados Unidos e o México. • *s m+f* Indígena dessa tribo.

a.pa.dri.nha.men.to (*apadrinhar+mento*) *sm* Ato ou efeito de apadrinhar.

a.pa.dri.nhar (*a¹+padrinho+ar¹*) *vtd* **1** Servir de padrinho a. *vtd* **2** Defender, favorecer, proteger. *vpr* **3** Pôr-se sob a proteção de.

a.pa.ga.do (*part de apagar*) *adj* **1** Que já não arde, que não tem fogo ou luz; extinto. **2** Escurecido, sem brilho. **3** Negro, sombrio. **4** Raspado, riscado. **5** Que não sobressai. **6** Débil, fraco: *Voz apagada.*

a.pa.ga.dor (*apagar+dor*) *adj* **1** Que apaga. **2** Que obscurece. • *sm* Aquele ou aquilo que apaga.

a.pa.gão (*apagar+ão²*) *pop V blecaute.*

a.pa.gar (*a¹+lat pacare*) *vtd* **1** Fazer desaparecer, desligar (fogo, luz). *vtd* **2** Extinguir a chama, o fogo de. *vpr* **3** Deixar de apresentar fogo ou luz: *As luzes apagaram-se. vtd* **4** Escurecer (o brilho). *vtd* **5** Desbotar. *vtd* **6** Fazer desaparecer o que estava escrito ou desenhado. *vtd* **7** Destruir, extinguir. *vtd* **8** *Inform* Deletar, eliminar ou suprimir informação, texto, arquivo. *vtd* **9** *gír* Matar, exterminar. *O assaltante apagou as testemunhas antes de fugir.* *vint* **10** *pop* Perder o ânimo, a vivacidade, esmorecer. *Dançou os dois primeiros dias de Carnaval; no terceiro, entretanto, apagou.* Antôn. (acepções 2, 4 e 5): *avivar;* (acepções 1 e 3): *acender.*

a.pai.xo.na.do (*part de apaixonar*) *adj* **1** Dominado por paixão. **2** Entusiasmado, exaltado. **3** Amigo. **4** Que defende com paixão pessoa ou coisa. **5** Irado, bravo. **6** Que está dominado por grande amor. **7** Aflito, pesaroso. • *sm* Amante, namorado.

a.pai.xo.nan.te (de *apaixonar*) *adj m+f* Que apaixona, cativa.

a.pai.xo.nar (*a¹+paixão+ar¹*) *vtd* **1** Causar ou inspirar paixão a. *vtd* **2** Entusiasmar, exaltar. *vpr* **3** Dedicar-se com ardor ou gosto a alguma coisa. *vpr* **4** Encher-se de paixão.

a.pa.ler.ma.do (*part de apalermar*) *adj* **1** Com aspecto de palerma. **2** Boquiaberto. *Antôn* (acepção 1): *perspicaz*.

a.pa.ler.mar (*a¹+palerma+ar¹*) *vtd* e *vpr* Tornar(-se) palerma.

a.pal.pa.de.la (*apalpar+dela*) *sf* **1** Ação de apalpar. **2** Investigação cautelosa.

a.pal.par (*a¹+palpar*) *vtd* e *vpr* **1** Tatear(-se), tocar(-se) com a mão. *vtd* **2** Examinar, experimentar. *vtd* **3** Tocar delicadamente.

a.pa.ná.gio (*fr apanage*) *sm* **1** O que é inerente a algum caso, atributo ou condição. **2** Traço característico. **3** Dotação, dote.

a.pa.nha.do (*part de apanhar*) *adj* **1** Colhido, recolhido com a mão. **2** Agarrado, alcançado. **3** Levantado do chão. • *sm* Resumo, síntese. *Bem apanhado:* bem composto, atraente. *Apanhado em flagrante:* surpreendido em falta ou transgressão.

a.pa.nha-mos.cas *sm sing* e *pl* Papel coberto com substância grudenta, que prende insetos pelas patas. *sf sing* e *pl Bot* **1** Planta que fecha as folhas quando algum inseto pousa sobre ela, apertando-o até o matar. **2** Planta cuja viscosidade prende os insetos que nela pousam.

a.pa.nhar (*cast apañar*) *vtd* **1** Colher, recolher. *vtd* **2** Pegar com a mão. *vtd* e *vpr* **3** Caçar(-se); pescar(-se). *vtd* **4** Alcançar. *vtd* **5** Capturar, prender. *vtd* **6** Contrair (doença). *vtd* **7** Surpreender. *vint* **8** Levar pancadas. *Apanhar alguém com a boca na botija, pop:* surpreender alguém em flagrante.

a.pa.ni.gua.do (*part de apaniguar*) *sm* **1** Afilhado, favorecido, protegido. **2** Adepto, sectário, partidário.

a.pa.ni.guar (*a¹+lat panicare*) *vtd* Favorecer, proteger. Conjuga-se como *apaziguar*.

a.pa.ra (de *aparar*) *sf* Sobra de material cortado.

a.pa.ra.de.la (*aparar+dela*) *sf* Ato ou efeito de aparar levemente. *Antes da festa, deu uma aparadela na unha e nos cabelos*.

a.pa.ra.do (*part de aparar*) *adj* **1** Tomado, recebido. **2** Cortado. **3** Igualado na borda. **4** Aguçado, apontado.

a.pa.ra.dor (*aparar+dor*) *sm* **1** Aquele que apara. **2** Peça de mobília da sala de jantar, espécie de mesa ou bufete, onde se põe a louça destinada ao serviço da mesa ou frutas, doces, vinhos.

a.pa.ra.fu.sar (*a¹+parafuso+ar¹*) *vtd* Apertar ou fixar com parafuso.

a.pa.rar (*a¹+parar*) *vtd* **1** Receber, segurar, tomar (coisa que cai ou que foi atirada): *Aparar a bola*. **2** Receber (golpe, coisa arremessada etc.). **3** Cortar alguma porção inútil de. **4** Cortar as bordas de. **5** Aguçar, apontar.

a.pa.ra.to (*lat apparatu*) *sm* **1** Disposição, preparativo para qualquer festividade ou cerimônia. **2** Esplendor, ostentação, pompa. **3** Enfeite, adorno. **4** Conjunto de instrumentos para fazer alguma coisa.

a.pa.re.cer (*lat apparescere*) *vti* e *vint* **1** Apresentar-se, mostrar-se, tornar-se visível. *vti* **2** Comparecer ou apresentar-se em algum lugar. *vti* e *vint* **3** Manifestar-se. *vti* e *vint* **4** Notar-se, revelar-se. *Antôn: desaparecer*.

a.pa.re.ci.men.to (*aparecer+mento*) *sm* **1** Ato ou efeito de aparecer. **2** Origem, princípio.

a.pa.re.lha.do (*part de aparelhar*) *adj* **1** Disposto, preparado, pronto. **2** Abastecido, provido. **3** Arreado.

a.pa.re.lha.gem (*aparelhar+agem*) *sf* **1** Ato de aparelhar madeira ou pedra para alguma obra. **2** Conjunto de aparelhos. **3** Instrumentos. **4** Equipamento.

a.pa.re.lha.men.to (*aparelhar+mento*) *sm* **1** Ato ou efeito de aparelhar. **2** Armas, instrumentos, utensílios, para certa ação.

a.pa.re.lhar (*aparelho+ar¹*) *vtd* e *vpr* **1** Dispor(-se), preparar(-se). *vtd* **2** Prover do que é necessário. *vtd* e *vpr* **3** Enfeitar(-se), ornar(-se). *vtd* **4** Arrear (a cavalgadura). *vtd* **5** Desbastar, aplainar pedra ou madeira.

a.pa.re.lho (*lat vulg *appariculu*) *sm* **1** Conjunto de peças, ferramentas, utensílios ou instrumentos, destinado a executar um trabalho ou prestar um serviço. **2** Preparativo. **3** *Aeron* Avião. **4** Receptor telefônico. **5** *Biol* Sistema ou grupo de órgãos que em conjunto exercem uma função especial: *Aparelho fonador*. **6** Conjunto de peças de serviço culinário; baixela. **7** *Rel* Médium que recebe um espírito nas manifestações espíritas, no candomblé, na umbanda. **8** Local destinado a reuniões e esconderijo de grupos políticos clandestinos. *Aparelho de surdez:* equipamento desenvolvido para diminuir ou eliminar problemas com o sentido da audição. *Aparelho de som:* conjunto de equipamentos destinado à reprodução sonora, geralmente composto de sintonizador de ondas de rádio, gravador, CD, amplificador e caixas acústicas.

a.pa.rên.cia (*lat apparentia*) *sf* **1** Aspecto exterior de alguma coisa. **2** Disfarce. *Manter ou salvar as aparências:* exteriorizar bondade, riqueza, amizade, honestidade etc., de modo a ocultar a realidade ou evitar situações constrangedoras, difíceis, vergonhosas etc.

a.pa.ren.ta.do (*part de aparentar*) *adj* **1** Que tem parentesco. **2** Que tem parentes poderosos e influentes. **3** Aliado, ligado.

a.pa.ren.tar (*aparente+ar¹*) *vtd* **1** Mostrar na aparência ou exteriormente. *vtd* e *vti* **2** Afetar, fingir, procurar aparência de. *vtd* e *vpr* **3** Tornar(-se) parente, estabelecer(-se) parentesco entre.

a.pa.ren.te (*lat apparente*) *adj m+f* **1** Que tem aparência de. **2** Fingido, imaginário. **3** Que aparece ou se mostra à vista; visível, evidente. **4** Provável. *Antôn* (acepção 2): *real*.

a.pa.ri.ção (*lat apparitione*) *sf* **1** Aparecimento, presença rápida e breve de pessoa ou coisa. **2** Espectro, fantasma. **3** Visão de um ser fantástico ou sobrenatural. **4** Origem, princípio.

a.par.ta.ção (*apartar+ção*) *sf* Ato ou efeito de apartar; apartamento (acepção 1).

a.par.ta.do (*part de apartar*) *adj* **1** Posto à parte; separado. **2** Desviado do caminho. **3** Retirado, solitário. **4** Separado (em briga).

a.par.ta.men.to (*apartar+mento*) *sm* **1** Ato ou efeito de apartar, separar; apartação. **2** Ausência, retiro, solidão. **3** Parte independente de um prédio de habitação coletiva, destinada a residência particular.

a.par.tar (a^1+*parte*+ar^1) *vtd* e *vpr* **1** Afastar(-se), desunir(-se), separar(-se). *vtd* **2** Escolher e separar conforme as qualidades. *vtd* **3** Apaziguar, separar (os que estão brigando). *vpr* **4** Ausentar-se, retirar-se. *Antôn* (acepção 1): *juntar, aproximar*.

a.par.te (a^1+*parte*) *sm* **1** Palavra ou frase com que se interrompe quem discursa, leciona ou conversa. **2** O que uma personagem diz em cena como que falando consigo ou com o público. **3** Conversa em segredo.

apartheid (*apartaidi*) (do *africânder*) *sm Polít* Política de segregação racial, adotada pela República Sul Africana, desde 1948 até 1995, entre seus habitantes, a qual pretendia o domínio pleno dos brancos sobre negros, mestiços e minorias de origem asiática.

a.part-ho.tel (*apartihotel*) (*apart*(*amento*)+*hotel*) *sm* Hotel que aluga apartamentos completos com serviços de hotelaria; *flat*. *Pl*: apart-hotéis.

a.par.ti.dá.rio (a^4+*partido*+*ário*) *adj* Que não segue nenhum partido.

a.par.va.lha.do (*part* de *aparvalhar*) *adj* **1** Abobalhado, idiota. **2** Atrapalhado, desnorteado.

a.par.va.lhar (a^1+*parvo*+*alho*+ar^1) *vtd* e *vpr* **1** Tornar(-se) parvo, idiota. **2** Tornar(-se) pasmado. **3** Atrapalhar(-se), desnortear(-se).

a.pas.cen.tar (a^1+*pascer*+*enta*+ar^1) *vtd* **1** Levar ao pasto ou pastagem. *vtd* **2** Pastorear. *vtd* e *vpr* **3** Deliciar(-se), entreter(-se), divertir(-se). *vtd* e *vpr* **4** Alimentar(-se), nutrir(-se).

a.pas.si.va.dor (*apassivar*+*dor*) *adj* **1** Que apassiva. **2** *Gram V partícula apassivadora*.

a.pas.si.var (a^1+*passivo*+ar^1) *vtd* e *vpr* **1** Tornar(-se) passivo, indiferente, inerte. *vtd* **2** *Gram* Empregar o verbo na voz passiva analítica: *A árvore foi derrubada pelo vento*; ou sintética (com a partícula *se*): *Derrubou-se a árvore*.

a.pa.te.tar (a^1+*pateta*+ar^1) *vtd* **1** Tornar pateta. **2** Deslumbrar, maravilhar.

a.pa.ti.a (*lat apátheia*) *sf* **1** Indiferença. **2** Indolência. **3** *Filos* Ausência de afetos e paixões. *Antôn* (acepção 2): *vivacidade*.

a.pá.ti.co (*apatia*+ico^2) *adj* **1** Que tem apatia. **2** Desleixado, indolente, preguiçoso. *Antôn* (acepção 2): *ativo, diligente, esperto*.

a.pá.tri.da (a^4+*pátri*+*ida*) *adj* e *s m+f Dir* Diz-se da, ou a pessoa sem pátria, sem nacionalidade definida.

a.pa.vo.ra.do (*part* de *apavorar*) *adj* Que sente pavor.

a.pa.vo.ran.te (de *apavorar*) *adj m+f* Que apavora.

a.pa.vo.rar (a^1+*pavor*+ar^1) *vtd* **1** Causar pavor a. *vint* **2** Ser pavoroso. *vpr* **3** Encher-se de pavor, sentir medo. *Antôn*: *aquietar, tranquilizar*.

a.pa.zi.guar (a^2+*lat pacificare*) *vtd* e *vpr* Pacificar(-se), pôr(-se) em paz; acalmar(-se), aquietar(-se). *Conjug – Pres indic*: apaziguo, apaziguas, apazigua, apaziguamos, apaziguais, apaziguam; *Pres subj*: apazigue, apazigues, apazigue, apaziguemos, apazigueis, apaziguem. *Antôn*: *inquietar, amotinar, indispor*.

a.pe.ar (a^1+*pé*+ar^1) *vtd* **1** Desmontar, fazer descer da cavalgadura, da carruagem, do carro, do trem. *vti, vint* e *vpr* **2** Descer do cavalo, da carruagem, do carro, do trem. *vtd* e *vpr* **3** *fig* Demitir(-se), destituir(-se) de cargo, emprego, ofício. Conjuga-se como *frear*.

a.pe.dre.jar (a^1+*pedra*+*ejar*) *vtd* **1** Matar a pedradas; lapidar. *vtd* **2** Atirar pedras. *vint* **3** *fig* Ofender.

a.pe.ga.do (*part* de *apegar*¹) *adj* **1** Pegado, unido. **2** Próximo, vizinho. **3** Agarrado, seguro. **4** Particularmente afeiçoado a alguma pessoa ou coisa.

a.pe.gar (a^1+*pegar*) *vtd* e *vpr* **1** Contagiar(-se), física ou moralmente. *vpr* **2** Atear-se (o fogo). *vtd* e *vti* **3** Agarrar, tocar ou tomar com a mão. *vpr* **4** Agarrar-se, segurar-se. *vpr* **5** Recorrer a, ou valer-se de. *vpr* **6** Afeiçoar-se, dedicar-se. *Antôn* (acepções 3 e 4): *deixar, largar*.

a.pe.go (ê) (de *apegar*) *sm* **1** Afeição, afeto. **2** Insistência, perseverança, afinco.

a.pe.la.ção (*lat appellatione*) *sf* **1** Ação ou efeito de apelar. **2** Nome ou título de alguma coisa. **3** *Dir* Recurso judicial à instância superior, pela parte vencida, para que o processo seja examinado novamente. **4** Recurso, refúgio de alguma coisa. **5** Truque para sair de alguma dificuldade.

a.pe.lar (*lat appellare*) *vti* **1** Recorrer, buscar remédio para alguma necessidade ou trabalho. *vti* e *vint* **2** *Jur* Recorrer por apelação a juiz ou tribunal de superior instância. *vti* **3** Valer-se de alguém ou de alguma coisa. *vti* **4** Chamar em auxílio, invocar. *vti* e *vint* **5** *gír* Recorrer à violência; apelar para a ignorância: *Para conseguir audiência, certos programas de televisão têm apelado*.

a.pe.li.dar (*lat appellitare*) *vtd* **1** Chamar, denominar, intitular, nomear. *vpr* **2** Ter apelido ou sobrenome. *vtd* **3** Pôr apelido em.

a.pe.li.do (de *apelidar*) *sm* **1** Alcunha. **2** Sobrenome familiar.

a.pe.lo (ê) (de *apelar*) *sm* **1** Chamamento, convocação. **2** Apelação, recurso.

a.pe.nas (da expressão *a penas*) *adv* **1** Só, somente, unicamente. **2** Mal, levemente: *O vento apenas move as folhas*. • *conj* Logo que: *Apenas chegue o trem, trate de entrar*.

a.pên.di.ce (*lat appendice*) *sm* **1** Coisa ligada a outra, da qual é acessória. **2** Parte saliente de um corpo. **3** *Anat* e *Zool* Parte de um órgão principal. **4** Complemento, suplemento no fim de uma obra. **5** *Anat* No corpo humano, pequeno canal sem função, ligado ao intestino. *Var*: *apêndix*.

a.pen.di.ci.te (*apêndice*+ite^1) *sf Med* Inflamação do apêndice (acepção 5).

a.pen.so (*lat appensu*) *adj* **1** Que está anexo ou junto. **2** Disposto; inclinado, propenso. **3** Pendente, pendurado. • *sm Dir* Documento anexado aos outros, sem deles fazer parte integrante.

a.pe.que.nar (a^1+*pequeno*+*ar*) *vtd* e *vpr* **1** Tornar(-se) pequeno. **2** Amesquinhar(-se).

a.per.ce.ber (a^1+*perceber*) *vtd* **1** Perceber, ver, notar, distinguir. *vpr* **2** Dar-se conta de.

a.per.ce.bi.do (*part* de *aperceber*) *adj* **1** Visto de perto. **2** Cauteloso, prevenido.

a.per.cep.ção (a^1+*lat perceptione*) *sf* **1** Ato de aperceber. **2** Intuição. **3** *Filos* Assimilação perfeita de uma noção ou conhecimento.

a.per.fei.ço.a.do (*part* de *aperfeiçoar*) *adj* Tornado perfeito.

a.per.fei.ço.a.men.to (*aperfeiçoar+mento*) *sm* **1** Ato ou efeito de aperfeiçoar(-se). **2** Retoque, última demão. **3** Melhoramento, progresso material ou moral.

a.per.fei.ço.ar (a^1+*perfeição*+ar^1) *vtd* e *vpr* **1** Fazer(-se) perfeito ou mais perfeito; polir(-se). *vtd* **2** Acabar, completar, dar a última demão. *vpr* **3** Adquirir maior grau de instrução ou aptidão.

a.pe.ri.ó.di.co (a^4+*periódico*) *adj* **1** De ocorrência irregular. **2** *Eletr* Diz-se de um circuito que não apresenta período de oscilação própria.

a.pe.ri.ti.vo (*lat aperitivu*) *adj* Que é próprio para abrir o apetite; aperiente. • *sm* **1** Qualquer bebida que desperta o apetite. **2** *Med* Medicamento para abrir o apetite ou combater a anorexia.

a.per.re.a.ção (*aperrear+ção*) *V aperreamento*.

a.per.re.a.do (*part* de *aperrear*) *adj* **1** Tratado como cão. **2** Atormentado, importunado. **3** *Reg* (Sul) Cansado, aborrecido, tristonho.

a.per.re.a.men.to (*aperrear+mento*) *sm* Ato ou efeito de aperrear; aperreação. *Var: aperreio*.

a.per.re.ar (a^1+*perro*+*e*+ar^1) *vtd* e *vpr* Atormentar(-se), importunar(-se), incomodar(-se), apoquentar(-se). Conjuga-se como *frear*.

a.per.rei.o (de *aperrear*) *Reg* (Norte) *V aperreamento*.

a.per.ta.do (*part* de *apertar*) *adj* **1** Posto em aperto. **2** Comprimido. **3** De pouca largura; acanhado, estreito. **4** Atormentado, atribulado. **5** Abafado. **6** Difícil, dificultoso. **7** *pop* Que sente forte desejo de defecar ou urinar. *Antôn* (acepção 2): *frouxo*; (acepção 3): *amplo*.

a.per.tão (*aperto*+$ão^2$) *sm* **1** Grande aperto. **2** Multidão de pessoas que se comprimem e acotovelam.

a.per.tar (a^1+*perto*+ar^1) *vtd* e *vint* **1** Aproximar, juntar ou unir-se muito. *vtd* **2** Comprimir. *vtd* **3** Cerrar ou estreitar fortemente nos braços. *vtd* **4** Segurar com força. *vtd* **5** Ajustar, abotoando, atando: *Apertar o colete*. *vtd* **6** Estreitar: *Apertar a roupa*. *vtd* **7** Diminuir, encurtar, restringir: *Apertar despesas*. *vtd* **8** Pôr em grave embaraço: *Apertou o orador com apartes muito sutis*. *vtd* **9** Apressar, tornar mais veloz: *Apertar o passo*. *vtd* **10** *Mec* Firmar, fixar com força um parafuso, uma porca ou qualquer coisa roscada; aparafusar. *vtd* **11** *Mec* Exercer pressão sobre alguma coisa. *Antôn* (acepção 1): *afastar*; (acepções 2, 5 e 9): *afrouxar*; (acepção 6): *alargar*; (acepção 7): *aumentar*.

a.per.to (ê) (de *apertar*) *sm* **1** Ato ou efeito de apertar. **2** Multidão compacta de gente. **3** Lugar apertado. **4** Constrição. **5** Estreitamento. **6** Desfiladeiro. **7** Breve espaço de tempo. **8** Perigos, trabalhos. **9** Pressa, urgência. **10** Desgraça, dificuldade. **11** Indigência, pobreza. **12** Aflição, agonia.

a.per.tu.ra (*lat apertura*) *V aperto*.

a.pe.sar (a^1+*pesar*) Usado nas locuções *apesar de* e *apesar de que*. *Apesar de:* não obstante, a despeito de: *Apesar de muito velho, entendia-se bem com os jovens*. *Apesar de que:* ainda que, embora, não obstante que: *Não lhe escrevia nunca, apesar de que o sabia apaixonado*.

a.pes.so.a.do (a^1+*pessoa*+ado^1) *adj* **1** De boa aparência. **2** Gentil. **3** Bem-vestido.

a.pe.te.cer (*lat appetere*+*ecer*) *vtd* **1** Ter apetite de. *vti* e *vint* **2** Causar, provocar apetite. *vtd* **3** Ambicionar, desejar muito.

a.pe.tên.cia (*lat appetentia*) *sf* **1** Vontade ou desejo de comer; apetite. **2** Impulso natural que leva o homem a desejar alguma coisa. *Antôn: inapetência*.

a.pe.ten.te (*lat appetente*) *adj m+f* Que apetece. *Antôn: inapetente*.

a.pe.ti.te (*lat appetitu*) *sm* **1** Vontade ou desejo de comer. **2** Luxúria, sensualidade. **3** Gosto, predileção. **4** Paixão ou afeto desordenado. *Antôn* (acepção 1): *anorexia, inapetência*.

a.pe.ti.to.so (ô) (*apetite*+*oso*) *adj* **1** Que desperta o apetite. **2** Gostoso, saboroso. **3** Cobiçoso, desejoso de alguma coisa. **4** Que tenta. **5** Que agrada. *Pl: apetitosos* (ó).

a.pe.tre.char (a^1+*petrecho*+ar^1) *vtd* e *vpr* Prover (-se) de utensílios necessários; petrechar(-se).

a.pe.tre.chos (a^1+*petrechos*) *V petrechos*.

a.pi.á.rio (*lat apiariu*) *adj* Concernente ou relativo às abelhas. • *sm* **1** Estabelecimento e instalações destinados à criação de abelhas. **2** Colmeia.

á.pi.ce (*lat apice*) *V auge*.

a.pi.cul.tor (*lat ape*+*cultor*) *sm* Criador ou tratador de abelhas.

a.pi.cul.tu.ra (*lat ape*+*cultura*) *sf* Criação de abelhas por processos racionais.

a.pi.e.dar (a^1+*piedade*+ar^1) *vtd* **1** Tratar com piedade, com dó e compaixão. *vtd* **2** Fazer sentir compaixão. *vpr* **3** Ter pena de, compadecer-se de, ter compaixão de. *Conjug:* nas formas rizotônicas muda em *a* o *e* do radical: *apiado-me, apiadas-te, apiada-se, apiademo-nos, apiedai-vos, apiadam-se*. Já se admite, entretanto, a conjugação regular: *apiedo-me, apiedas-te* etc. *Antôn: desapiedar*. *Var: apiadar*.

a.pi.men.ta.do (*part* de *apimentar*) *adj* **1** Temperado com pimenta. **2** Que excita o apetite; picante. **3** *fig* Aplica-se à linguagem mordaz em que há ditos picantes.

a.pi.men.tar (a^1+*pimenta*+ar^1) *vtd* **1** Temperar com pimenta. **2** Estimular, excitar. **3** *fig* Tornar (qualquer escrito) picante, malicioso ou mordaz.

a.pi.nha.do (*part* de *apinhar*) *adj* **1** Em forma de pinha. **2** Muito cheio. **3** Aglomerado, amontoado. • *sm Reg* (RS) Aglomeração, porção de coisas apinhadas.

a.pi.nhar (a^1+*pinha*+ar^1) *vtd* **1** Dar forma de pinha a. *vtd* **2** Aglomerar, apertar, juntar. *vtd* e *vpr* **3** Encher(-se). *vpr* **4** Unir-se muito apertadamente: *O povo apinhava-se na praça*.

a.pi.tar (a^1+*pito*+ar^1) *vint* **1** Assobiar com apito, tocar apito. *vtd* **2** *Esp* Marcar ou assinalar com apito: *O juiz apitou a falta*.

a.pi.to (de *apitar*) *sm* **1** Instrumento para assobiar, dirigir manobras, pedir socorro. **2** Som produzido por esse instrumento; assovio.

a.pla.car (a^1+*lat placare*) *vtd* **1** Apaziguar, acalmar. *vtd* **2** Abrandar, suavizar, moderar. *vint* e *vpr* **3** Ceder em força ou intensidade: *O vento aplacou*. *Antôn* (acepção 1): *alvoroçar, amotinar*.

a.plai.nar (a^1+*plaina*+ar^1) *vtd Carp* **1** Alisar com a plaina. *vtd* e *vpr* **2** Aplanar.

a.pla.nar (a^1+*plano*+ar^1) *vtd* Tornar plano; nivelar.

a.plau.dir (*lat applaudere*) *vtd* e *vint* **1** Aclamar,

festejar com demonstrações de aplausos. *vtd* e *vpr* **2** Aprovar(-se), elogiar(-se), louvar(-se). *Antôn* (acepção 1): *vaiar;* (acepção 2): *reprovar.*
a.plau.so (*lat applausu*) *sm* **1** Ato de aplaudir por gestos ou por palavras. **2** Aprovação, louvor. **3** Alegria com que se recebe alguém ou alguma coisa. **4** Elogio público.
a.pli.ca.ção (*lat applicatione*) *sf* **1** Ação ou efeito de aplicar. **2** Emprego, utilização, uso. **3** Atenção ou assiduidade no trabalho. **4** Ação de ministrar medicamentos. **5** Enfeite sobreposto a um vestido. **6** *Inform* V *aplicativo*. *Antôn* (acepção 3): *negligência.*
a.pli.ca.do (*part de aplicar*) *adj* **1** Sobreposto. **2** Aderente. **3** Empregado. **4** Diligente, estudioso.
a.pli.car (*lat applicare*) *vtd* **1** Adaptar, ajuntar, justapor. *vtd* **2** Empregar, usar, utilizar. *vtd* **3** Adequar, apropriar. *vtd* e *vti* **4** Atribuir. *vtd* **5** Administrar, receitar. *vtd* **6** Concentrar: *Aplicar os sentidos. vpr* **7** Dedicar-se, entregar-se com vontade a algum estudo ou trabalho: *Aplicava-se à pintura. vtd* **8** Impor, infligir: *Aplicar penalidades. vpr* **9** Vir a propósito: *Aplica-se, neste caso, o provérbio. Antôn: desaplicar.*
a.pli.ca.ti.vo (*aplicar+ivo*) *sm Inform* Programa de computador cuja finalidade é facilitar a realização de um trabalho específico pelas pessoas; aplicação.
a.pli.que (*der regressiva de aplicar*) *sm* Enfeite que se aplica numa parede, nos cabelos, na roupa.
ap.nei.a (*é*) (*gr apnoía*) *sf Med* Suspensão temporária da respiração.
ap.nei.co (*é*) (a^4+*pneo*+*ico^2*) *adj Med* **1** Relativo à apneia. **2** Que sofre de apneia.
a.po.ca.lip.se (*gr apokálypsis*) *sm* **1 Apocalipse** *Bíblia* O último livro do Novo Testamento, em que se acham registradas as revelações terríveis feitas a João Evangelista sobre o fim do mundo. **2** *fig* Cataclismo, flagelo terrível.
a.po.ca.líp.ti.co (*gr apokalyptikós*) *adj* **1** Que se refere ao Apocalipse. **2** Pavoroso, terrível. **3** Disforme, descomunal. *Var: apocalítico.*
a.po.co.par (*apócope*+*ar^1*) *vtd Gram* Fazer apócope em.
a.pó.co.pe (*gr apokopé*) *sf Gram* Supressão de fonema ou de sílaba no fim de uma palavra, como em *bel* (de *belo*), *mui* (de *muito*).
a.pó.cri.fo (*gr apókryphos*) *adj* **1** Não autêntico; falso. **2** Secreto, não revelado. **3** De autor desconhecido. • *sm pl* Livros da Septuaginta e da Vulgata, não aceitos como escritos genuínos do Velho Testamento pelos judeus e pelos protestantes.
á.po.de (*gr ápous, ápodos*) *adj m+f* **1** Sem pés, ou de pés muito curtos. **2** Sem patas. • *sm pl* **1** Designação de vários grupos de animais sem membros ou pés, tais como as sanguessugas, e de certos peixes sem barbatanas ventrais. **2** *Ictiol* Grupo de peixes alongados, que consiste nas enguias e que, em muitas classificações, inclui também as moreias e muitos outros peixes sem barbatanas no ventre.
a.po.de.rar (a^1+*poder*+*ar^1*) *vpr* **1** Apropriar-se de, meter-se na posse de. **2** Deixar-se possuir.
a.po.do (*ô*) (*de apodar*) *sm* **1** Comparação ridícula, gracejo, zombaria. **2** Alcunha, apelido.

a.po.dre.cer (a^1+*podre*+*ecer*) *vtd* **1** Tornar podre. *vti, vint* e *vpr* **2** Ficar podre. *vtd* **3** Corromper, estragar moralmente.
a.pó.fi.se (*gr apóphysis*) *sf Anat* Eminência ou saliência de um osso ou órgão.
a.po.geu (*gr apógeion*) *sm* **1** *Astr* Ponto na órbita de corpo celeste, em que é máxima a sua distância do centro da Terra. **2** *fig* O mais alto grau, o ponto culminante; auge, ápice. *Antôn* (acepção 1): *perigeu.*
a.poi.a.do (*part de apoiar*) *adj* **1** Amparado, encostado a alguma pessoa ou coisa. **2** Que obteve aprovação ou consentimento. **3** Protegido. • *sm* **1** Aprovação. **2** Aplauso. • *interj* Indica aprovação: *Muito bem! Bravo!*
a.poi.ar (*apoio*+*ar^1*) *vtd* **1** Dar apoio a. *vtd* e *vpr* **2** Assentar(-se), firmar(-se), segurar(-se). *vtd* e *vpr* **3** Fundamentar(-se), basear(-se). *vtd* **4** Proteger. *vtd* **5** Aplaudir, aprovar, dar apoio a. *Conjug* – *Pres indic:* apoio, apoias, apoia, apoiamos, apoiais, apoiam; *Pres subj:* apoie, apoies, apoie, apoiemos, apoieis, apoiem; *Imper:* apoia, apoie, apoiemos, apoiai, apoiem.
a.poi.o (*lat ad*+*podiu*) *sm* **1** Base, fundamento; tudo que serve para amparar, firmar, segurar. **2** *Mec* e *Constr* Base, suporte. **3** Amparo, auxílio, proteção. **4** Qualquer coisa que se autorize, ou se prove. **5** Aprovação, consentimento.
a.pó.li.ce (a^1+*fr police*) *sf* **1** Certificado escrito de uma obrigação mercantil. **2** Documento de seguro de vida, ou contra incêndios, riscos marítimos etc. **3** *Econ* Título de dívida pública.
a.po.lí.neo (*lat apollíneu*) *adj* **1** Pertencente ou relativo a Apolo, deus da luz, das artes, personificação do Sol. **2** Formoso como Apolo.
a.po.lí.ti.co (a^4+*político*) *adj* + *sm* **1** Que, ou o que não é político. **2** Diz-se do, ou do servidor público que não serve a interesses partidários.
a.po.lo.gi.a (*gr apología*) *sf* **1** Discurso ou escrito para justificar ou defender alguém ou alguma coisa. **2** Elogio, louvor. *Antôn* (acepção 2): *censura.*
a.pó.lo.go (*gr apólogos*) *sm* Alegoria moral, história, em que geralmente os animais ou coisas inanimadas falam e procedem como os homens; encerra uma lição de sabedoria como conclusão.
a.pon.ta.do (*part de apontar*) *adj* **1** Provido de pontas. **2** Indicado. **3** Lembrado. **4** Que termina em ponta. **5** Marcado com pontos, ou sinais ortográficos. **6** Alinhavado. **7** Assinalado com pontos ou sinais. **8** De que se tomou nota. **9** Posto em pontaria.
a.pon.ta.dor (*apontar^2*+*dor*) *adj* Que aponta. • *sm* **1** Encarregado de formar o rol dos operários, apontar as faltas e os serviços deles. **2** Livro em que se apontam serviços ou faltas de operários. **3** Aquele que serve de ponto nos teatros. **4** O que faz pontaria. **5** O que aponta no jogo. **6** Instrumento ou aparelho de fazer pontas em lápis.
a.pon.ta.men.to (*apontar*+*mento*) *sm* **1** Ato de apontar. **2** Nota, anotação. **3** Declaração breve, por escrito, do que cumpre fazer. **4** Plano ou esboço de obra. *sm pl* Resumo de aulas; apostilas.
a.pon.tar (a^1+*ponta*+*ar^1*) *vtd* e *vti* **1** Mostrar com o dedo ou com um ponteiro. *vtd* e *vti* **2** Indicar com a voz ou com o gesto. *vtd* **3** Citar, mencionar. *vtd* **4**

Alegar. *vtd* **5** Fazer ponta ou bico em. *vtd* **6** Dirigir contra alguém ou alguma coisa a ponta de (espada etc.). *vint* **7** Mostrar a ponta. *vint* **8** Germinar. *vti* e *vint* **9** Aparecer, mostrar-se, deixar-se ver. *vtd* **10** Assinalar, marcar o ponto. *vtd* **11** Anotar, tomar nota de. *vtd* **12** Fazer pontaria. *vti* **13** Dirigir-se para algum alvo. *vtd* **14** Registrar a presença ou ausência de (alunos, empregados, operários). *vtd* **15** Dizer em voz baixa (o papel de um ator enquanto ele representa, para lhe avivar a memória). *vtd* **16** Dirigir para um ponto.

a.po.plé.ti.co (*gr apoplektikós*) *adj* **1** *Med* Concernente ou relativo à apoplexia. **2** Causado por apoplexia. **3** *Med* Afetado de apoplexia. **4** *fig* Excitado pela paixão ou entusiasmo; irritado, acalorado. • *sm Med* Indivíduo atacado de apoplexia. *Var: apopléctico*.

a.po.ple.xi.a (*cs*) (*gr apoplexía*) *sf Med* Paralisia súbita e coma causados por sangue ou soro sanguíneo no cérebro ou na medula espinal.

a.po.quen.tar (a^1+*pouco*+*entar*) *vtd* e *vpr* Afligir(-se), importunar(-se), incomodar(-se), aborrecer(-se), em geral, com pequenas coisas.

a.por (*lat apponere*) *vtd* **1** Pôr juntamente. **2** Acrescentar, juntar. **3** Aplicar ou dar (assinatura) à lei, tratado etc. **4** *Gram* Empregar como aposto. Conjuga-se como *pôr*.

a.por.ri.nha.ção (*aporrinhar*+*ção*) *sf pop* Aborrecimento, aperreação, apoquentação.

a.por.ri.nhar (a^1+*porrinha*+*ar*^{1}) *vtd pop* **1** Afligir. **2** Aborrecer, aperrear, apoquentar.

a.por.tar (a^1+*porto*+*ar*^{1}) *vtd* **1** Conduzir ao porto (o navio). *vti* **2** Chegar ao porto, entrar no porto. *vti* **3** Desembarcar.

a.por.te (*fr apport*) *sm* **1** Segundo os ocultistas, manifestação da forma psíquica em que se apresentam fenômenos de transporte de objetos. **2** Subsídio de natureza moral, social, literária ou científica, usado para atingir algum fim; contribuição.

a.por.tu.gue.sa.men.to (*aportuguesar*+*mento*) *sm* **1** Ação ou efeito de aportuguesar(-se). **2** *Gram* Adaptação à grafia e à pronúncia portuguesa de palavras estrangeiras; *p ex*, *abajur* e *futebol* (do francês *abat-jour* e do inglês *football*).

a.por.tu.gue.sar (a^1+*português*+*ar*^{1}) *vtd* Acomodar ao uso português, dar forma portuguesa a, tornar português.

a.pós (*lat ad*+*post*) *prep* Indica relações de: **1** Posterioridade no tempo: *Voltou após uma semana*. **2** Posterioridade no espaço: *Minha casa fica após o cemitério*. **3** Sucessão no tempo: *Dia após dia*. • *adv* Depois: *Voltou após*.

a.po.sen.ta.do (*part* de *aposentar*) *adj* + *sm* Que, ou o que obteve aposentadoria.

a.po.sen.ta.do.ri.a (*aposentar*+*dor*+*ia*^{1}) *sf* **1** Ato de aposentar. **2** Estado daquele que se aposentou. **3** Direito que tem o empregado, depois de certo número de anos de atividade ou por invalidez, de retirar-se do serviço, recebendo uma mensalidade. **4** Mensalidade que o aposentado recebe.

a.po.sen.tar (a^1+*pouso*+*entar*) *vtd* e *vpr* Dar aposentadoria a, jubilar(-se), reformar(-se).

a.po.sen.to (*cast aposento*) *sm* **1** Casa de residência, moradia, pousada onde alguém vive ou se hospeda. **2** Compartimento de casa; quarto. *sm pl* Quarto(s) de uma casa, de uso privativo de alguma pessoa, ou utilizado(s) para algum fim específico: *Deixou a sala, retirando-se para seus aposentos*.

a.pos.sar (a^1+*posse*+*ar*^{1}) *vtd* **1** Dar posse a, pôr de posse. *vtd* **2** Tomar posse de. *vtd* **3** Dominar. *vpr* **4** Apoderar-se de. *vpr* **5** Cativar, prender a atenção: *Sua doçura se apossou de nós*.

a.pos.ta (de *apostar*) *sf* **1** Ajuste entre pessoas que teimam em conceitos ou hipóteses diferentes, devendo quem não acertar ou não tiver razão pagar ao outro quantia ou coisa determinada. **2** A quantia que se aposta. **3** Prêmio da coisa apostada. **4** Desafio.

a.pos.ta.dor (*apostar*+*dor*) *adj* + *sm* Que, ou o que aposta.

a.pos.tar (a^1+*posto*+*ar*^{1}) *vpr* **1** Pôr-se junto ou a par. *vtd* **2** Fazer aposta de. *vtd* **3** Afirmar, sustentar. *vtd* **4** Disputar.

a.pos.ta.si.a (*gr apostasía*) *sf* **1** Mudança de religião. **2** Ato de abandonar um partido, uma opinião ou religião.

a.pós.ta.ta (*gr apostátes*) *s m*+*f* Quem cometeu apostasia.

a.pos.ta.tar (*apóstata*+*ar*^{1}) *vti* e *vint* **1** Abandonar a religião que antes seguia. *vti* **2** Renunciar a, abandonar.

a posteriori (*lat*) *loc adv Filos* Expressão latina utilizada para indicar os dados do conhecimento posteriores à experiência: *Raciocinar a posteriori*. • *loc adj* Que é posterior à experiência: *Noção a posteriori*. *Julgamento a posteriori*. Antôn: *a priori*.

a.pos.ti.la (a^1+*lat post illa*) *sf* **1** Aditamento a diploma ou título oficial. **2** Comentário ou nota que se põe na margem de um livro, manuscrito, escritura. **3** Recomendação à margem de um requerimento ou memorial. **4** Resumo de lições professadas nos estabelecimentos de ensino. *Var: apostilha*.

a.pos.ti.lar (*apostila*+*ar*^{1}) *vtd* **1** Fazer apostilas a: *Apostilar um livro*. **2** Pôr em nota. **3** Corrigir, emendar. *Var: apostilhar*.

a.pos.ti.lha (a^1+*lat post illa*) *V* apostila.

a.pos.ti.lhar (*apostilha*+*ar*^{1}) *V* apostilar.

a.pos.to (ô) (*part* de *apor*) *adj* Acrescentado, junto, sobreposto, adjunto. • *sm Gram* Substantivo ou locução substantiva que, sem auxílio de preposição, modifica ou explica outro. *Pl: apostos* (ó).

Aposto é o termo da oração de natureza nominal que se junta a um substantivo ou a um pronome com a finalidade de identificá-lo ou resumi-lo.
Arnaldo, **o motorista do ônibus escolar**, *ganhou na loteria*.
Eles, **os pobres prisioneiros**, *foram torturados até a morte*.
Observe que o **aposto** é geralmente isolado dos demais termos da oração por uma pausa, que na linguagem escrita geralmente é assinalada por vírgulas.

a.pos.to.la.do (*part* de *apostolar*) *adj* Anunciado ou ensinado por apóstolo. • *sm* **1** Missão de apóstolo. **2** Congregação dos santos apóstolos. **3** Propagação ou ensino de uma doutrina.

a.pos.tó.li.co (*lat apostolicu*) *adj* **1** Pertencente ou relativo aos apóstolos. **2** Que vem dos apóstolos.

3 Criado pelos apóstolos. 4 Igual, conforme ou semelhante aos apóstolos. 5 Que pertence ao papa. 6 Que diz respeito à Santa Sé.

a.pós.to.lo (*gr apóstolos*) *sm* 1 *Rel* Cada um dos doze discípulos de Jesus Cristo escolhidos para serem testemunhas da sua vida e obra e enviados para pregar o Evangelho. 2 O que primeiro prega o Evangelho num país. 3 Missionário exemplar. 4 O que prega qualquer ideia, doutrina ou credo político.

a.pos.tro.far (*apóstrofo+ar^1*) *vtd* 1 *Gram* Pôr apóstrofo em. 2 Dirigir ou interromper alguém com apóstrofes.

a.pós.tro.fe (*gr apostrophé*) *sf Ret* 1 Interrupção que o orador ou o escritor faz, para se dirigir a seres reais ou fictícios. 2 Pergunta direta e imprevista. 3 Frase enérgica ou incisiva, dirigida inesperadamente a alguém.

a.pós.tro.fo (*gr apóstrophos*) *sm Gram* Sinal gráfico (') em forma de vírgula que indica elisão de letra ou letras.

a.po.te.o.se (*gr apothéosis*) *sf* 1 Glorificação dos heróis, pelos antigos gregos e romanos. 2 Honras extraordinárias prestadas a indivíduos que se tenham destacado. 3 Quadro final em representação teatral, no qual costuma tomar parte todo o elenco e cuja riqueza da montagem tem o objetivo de emocionar os espectadores.

a.po.te.ó.ti.co (*apoteose+ico^2*) *adj* 1 Relativo a apoteose. 2 Que elogia muito.

a.pou.car (*a^1+pouco+ar^1*) *vtd* e *vpr* 1 Reduzir (-se) a pouco, ou a poucos; restringir(-se). *vtd* 2 Diminuir. *vtd* 3 Abreviar, resumir. *vtd* 4 Menosprezar. *vtd* 5 Enfraquecer. *vpr* 6 Considerar-se incapaz para grandes coisas. *vtd* 7 Intimidar. *Antôn* (acepções 1, 2 e 3): *aumentar;* (acepções 4 e 6): *enaltecer.*

a.pra.za.do (*part* de *aprazar*) *adj* 1 Assinado, determinado. 2 Ajustado, combinado. 3 Adiado.

a.pra.zar (*a^1+prazo+ar^1*) *vtd* 1 Determinar, marcar (prazo ou tempo) para fazer alguma coisa. 2 Designar (lugar certo). 3 Delimitar o prazo de. 4 Convocar para ocasião determinada. 5 Ajustar, combinar (tempo, data).

a.pra.zer (*a^1+prazer*) *vti* 1 Causar prazer. *vpr* 2 Apreciar, contentar-se com, gostar de. *Antôn: desprazer. Conjug:* de conjugação completa, embora mais empregado nas 3as pessoas. Com o pronome, é usado em todas as formas. *Pret perf: aprouve, aprouveste, aprouve, aprouvemos, aprouvestes, aprouveram; Pret mais-que-perf: aprouvera, aprouveras* etc.; *Pret imp subj: aprouvesse, aprouvesses* etc. Nos demais tempos é regular.

a.pra.zí.vel (*aprazer+vel*) *adj m+f* 1 Que apraz, que dá prazer. 2 Apresentável, gracioso, vistoso. 3 Benévolo, favorável. 4 Harmonioso, sonoro. 5 Ameno, delicioso.

a.pre.çar (*a^1+preço+ar^1*) *vtd* 1 Ajustar ou perguntar o preço de. 2 Apreciar, prezar. 3 Colocar preço ou etiqueta de preço em.

a.pre.ci.a.ção (*apreciar+ção*) *sf* 1 Ato ou efeito de apreciar. 2 Avaliação do valor de alguma coisa. 3 Ligeira crítica literária, artística ou científica. 4 *Dir* Estudo para formação do juízo que precede o julgamento.

a.pre.ci.a.dor (*apreciar+dor*) *adj* + *sm* Que, ou o que aprecia.

a.pre.ci.ar (*lat appretiare*) *vtd* 1 Estimar, prezar. 2 Avaliar, julgar. 3 Considerar.

a.pre.ci.á.vel (*apreciar+vel*) *adj m+f* 1 Que se pode apreciar. 2 Digno de apreço. 3 Notável, considerável.

a.pre.ço (*ê*) (de *apreçar*) *sm* Estima, valor ou consideração em que é tida alguma pessoa ou coisa.

a.pre.en.der (*lat apprehendere*) *vtd* 1 Tomar posse de, segurar, agarrar. *vtd* 2 Assimilar na mente. *vpr* 3 Cismar, suspeitar.

a.pre.en.são (*lat apprehensione*) *sf* 1 Ato ou efeito de apreender. 2 Ação de retirar pessoa ou coisa do poder de alguém, por medida policial ou mandado judiciário. 3 Preocupação, receio, temor. 4 Preocupação, por medo do futuro. 5 Compreensão, percepção.

a.pre.en.si.vo (*lat apprehensivu*) *adj* 1 Que apreende. 2 Que concebe, que imagina. 3 Preocupado, receoso.

a.pre.go.ar (*a^1+pregoar*) *vtd* 1 Anunciar com pregão. *vtd* 2 Divulgar, espalhar, publicar. *vtd* e *vpr* 3 Proclamar(-se).

a.pren.der (*lat apprehendere*) *vtd, vti* e *vint* Ficar sabendo, reter na memória, tomar conhecimento de.

a.pren.diz (*fr ant apprentiz, mod apprenti*) *sm* 1 O que aprende arte ou ofício. 2 Novato, principiante. 3 Pessoa pouco hábil ou pouco inteligente. 4 Primeiro grau da maçonaria. *Fem: aprendiza.*

a.pren.di.za.do (*aprendiz+ado^1*) V *aprendizagem.*

a.pren.di.za.gem (*aprendiz+agem*) *sf* 1 Ação de aprender qualquer ofício, arte ou ciência. 2 O tempo gasto para aprender uma arte ou ofício. 3 *Psicol* Nome geral dado a mudanças permanentes de comportamento, como resultado de treino ou experiência anterior. *Var: aprendizado.*

a.pre.sa.men.to (*apresar+mento*) *sm* 1 Ato de apresar. 2 Captura, presa.

a.pre.sar (*a^1+presa+ar^1*) *vtd* 1 Tomar como presa; agarrar, aprisionar, capturar. 2 Agarrar como as aves de rapina. 3 Prender.

a.pre.sen.ta.ção (*apresentar+ção*) *sf* 1 Ato ou efeito de apresentar. 2 Porte pessoal; aparência externa. 3 *Com* Aspecto de uma mercadoria oferecida à venda, quanto a características como colorido, embalagem etc. 4 Aspecto gráfico de um livro. 5 *Dir* Ato de comparecer em juízo por si ou por outro. 6 *Com* Ato pelo qual o portador mostra letra de câmbio (ou duplicata) ao sacado (ou comprador), para que este o aceite.

a.pre.sen.ta.dor (*apresentar+dor*) *adj* Que apresenta. • *sm* 1 O que apresenta. 2 *Rád* e *Telev* Pessoa que apresenta as atrações de um espetáculo, especialmente no rádio ou na TV.

a.pre.sen.tar (*lat appraesentare*) *vtd* 1 Tornar presente. *vtd* 2 Pôr diante, à vista ou na presença de. *vtd* 3 Oferecer para ser visto ou recebido. *vtd* 4 Entregar. *vtd* 5 Entregar para que seja examinado, aprovado ou resolvido. *vtd* 6 Significar. *vtd* 7 Representar na imaginação. *vtd* 8 Mostrar. *vpr* 9 Comparecer, ser presente. *vpr* 10 Ir à presença de alguém. *vtd* 11 Fazer conhecer, introduzir na sociedade. *vtd* **12** Recomendar à estima. *vtd* **13** Exibir (título de crédito) para ser aceito ou pago. *vtd* **14** Produzir (documento, prova). *vpr* **15** Parecer.

a.pre.sen.tá.vel (*apresentar+vel*) *adj m+f* **1** Digno ou capaz de ser apresentado. **2** Que tem boa apresentação.

a.pres.sa.do (*part* de *apressar*) *adj* **1** Que está com pressa, que tem pressa. **2** Rápido, breve. **3** Ativo, impaciente. **4** Acelerado. **5** Precipitado. *Antôn* (acepções 1, 2, 4 e 5): *vagaroso, moroso*.

a.pres.sar (*a¹+pressa+ar¹*) *vtd* **1** Dar pressa a; acelerar. *vtd* **2** Abreviar, antecipar. *vtd* **3** Estimular, instigar. *vpr* **4** Tornar-se diligente, breve ou rápido.

a.pres.tar (*a¹+presto+ar¹*) *vtd* **1** Aprontar, dar o acabamento. *vtd* **2** Preparar. *vpr* **3** Dispor-se, preparar-se.

a.pri.mo.ra.men.to (*aprimorar+mento*) *sm* Ato ou efeito de aprimorar.

a.pri.mo.rar (*a¹+primor+ar¹*) *vtd* e *vpr* **1** Aperfeiçoar(-se), esmerar(-se), tornar(-se) primoroso. *vpr* **2** Esforçar-se para atingir a perfeição.

a priori (*lat*) *loc adv Filos* Expressão latina utilizada para indicar os dados do conhecimento anteriores à experiência: *Provar a priori*. • *loc adj* Que é anterior à experiência, não se fundamenta nos fatos: *Raciocínio a priori. Antôn: a posteriori.*

a.pri.si.o.na.men.to (*aprisionar+mento*) *sm* Ato ou efeito de aprisionar.

a.pri.si.o.nar (*a¹+prisão+ar¹*) *vtd* **1** Apresar, fazer prisioneiro, prender. **2** Encarcerar, meter em prisão. *Antôn: libertar.*

a.pro.ar (*a¹+proa+ar¹*) *vti* **1** *Náut* Virar a proa da embarcação para determinado rumo. *vti* e *vint* **2** *Náut* Dirigir-se a, chegar. *vti* **3** Encaminhar-se.

a.pro.fun.da.men.to (*aprofundar+mento*) *sm* **1** Ato de aprofundar. **2** Escavação, perfuração.

a.pro.fun.dar (*a¹+profundo+ar¹*) *vtd* e *vpr* **1** Fazer(-se) profundo ou tornar(-se) mais profundo. *vti* e *vpr* **2** Penetrar muito dentro. *vtd* e *vpr* **3** Estudar(-se), examinar(-se), investigar a fundo um tema, assunto, ideia.

a.pron.tar (*a¹+pronto+ar¹*) *vtd* e *vpr* **1** Dispor, preparar, aparelhar, arrumar. *vtd* **2** Concluir, terminar. *vtd* e *vpr* **3** Vestir(-se). *vtd, vti* e *vint* **4** Agir de forma inconveniente, escandalosa, jocosa, danosa; armar: *Depois da festa, aprontaram arruaças. Não quero mais vê-la; ela apronta com os amigos. As crianças aprontaram muito durante a excursão.*

a.pro.pri.a.ção (*apropriar+ção*) *sf* **1** Ato ou efeito de apropriar. **2** Acomodação, adaptação.

a.pro.pri.a.do (*part* de *apropriar*) *adj* **1** Próprio, apto, adequado, conveniente. **2** Acomodado, adaptado. **3** Oportuno. *Antôn* (acepção 1): *impróprio, inadequado, inconveniente;* (acepção 3): *inoportuno*.

a.pro.pri.ar (*lat appropriare*) *vtd* **1** Tornar próprio ou conveniente. *vtd* **2** Adaptar, adequar. *vpr* **3** Apoderar-se, apossar-se de alguma coisa como se fosse sua.

a.pro.va.ção (*aprovar+ção*) *sf* **1** Ato ou efeito de aprovar. **2** Aplauso, louvor. **3** Consentimento. **4** Confirmação.

a.pro.var (*lat approbare*) *vtd* **1** Dar aprovação a, considerar bom. **2** Julgar habilitado em exame. **3** Autorizar, sancionar. *Antôn* (acepção 1): *desaprovar;* (acepção 2): *reprovar;* (acepção 3): *vetar*.

a.pro.vei.ta.dor (*aproveitar+dor*) *adj* Que aproveita. • *sm* **1** Aquele que se aproveita. **2** Indivíduo que tira proveito indevido ou exagerado de uma atividade, principalmente comércio e indústria; explorador.

a.pro.vei.ta.men.to (*aproveitar+mento*) *sm* **1** Ato ou efeito de aproveitar(-se). **2** Utilização; emprego, exploração. **3** Rendimento nos estudos.

a.pro.vei.tar (*a¹+proveito+ar¹*) *vtd, vti, vint* e *vpr* **1** Tirar proveito. *vtd* e *vti* **2** Tornar proveitoso, útil ou rendoso. *vtd* **3** Empregar, utilizar. *vtd* e *vint* **4** Tirar proveito indevido ou exagerado; explorar. *vpr* **5** Servir-se de, valer-se de. *vpr* **6** Abusar. *vti* e *vint* **7** Ser útil. *vpr* **8** *pop* Violentar, deflorar, estuprar: *Aproveitou-se da jovem inocente. Antôn: desperdiçar.*

a.pro.vi.si.o.nar (*a¹+provisão+ar¹*) *vtd* e *vpr* Munir-se, abastecer, prover.

a.pro.xi.ma.ção (*aproximar+ção*) *sf* **1** Ato ou efeito de aproximar. **2** *Mat* Cálculo, valor não absolutamente exato, porém o mais próximo possível. *Antôn* (acepção 1): *afastamento*.

a.pro.xi.mar (*lat approximare*) *vtd* e *vpr* **1** Fazer com que (uma coisa) fique ou pareça estar perto de (outra). *vtd* e *vpr* **2** Unir(-se) intimamente. *vtd* **3** Avaliar com pouca diferença, fazer com que o erro cometido em cálculo seja o menor possível. *vtd* **4** Apressar, fazer chegar. *vtd* **5** Tornar acessível. *vpr* **6** Parecer-se, ter semelhança. *Antôn: afastar, apartar.*

a.pro.xi.ma.ti.vo (*aproximar+ivo*) *adj* **1** Que aproxima. **2** Feito por aproximação.

a.pru.ma.do (*part* de *aprumar*) *adj* **1** Posto a prumo; vertical. **2** Altivo, orgulhoso. **3** *fig* Bem vestido.

a.pru.mar (*a¹+prumo+ar¹*) *vtd* e *vpr* **1** Levantar(-se) a prumo ou em linha vertical. *vtd* e *vpr* **2** Endireitar(-se). *vpr* **3** *fig* Vestir-se com esmero. *vpr* **4** *pop* Melhorar de sorte, vida ou saúde: *Depois da falência da empresa, aprumou-se agora com a herança. Antôn* (acepções 1 e 2)*: abater, derrubar, inclinar*.

a.pru.mo (*a¹+prumo*) *sm* **1** Efeito de aprumar. **2** Posição vertical ou erguida. **3** *fig* Orgulho, altivez.

ap.ti.dão (*lat aptitudine*) *sf* **1** Qualidade que faz com que um objeto seja adequado ou acomodado para certo fim. **2** Capacidade para alguma coisa; habilidade, talento, tendência inata. *Antôn: inaptidão.*

ap.to (*lat aptu*) *adj* Capaz, hábil, idôneo. *Antôn: inapto.*

a.pu.nha.lar (*a¹+punhal+ar¹*) *vtd* e *vpr* **1** Ferir(-se) ou matar(-se) com punhal. *vtd* e *vint* **2** Magoar muito. *vtd* **3** *fig* Trair, enganar, lesar: *Foi apunhalado pelas costas na questão da divisão dos bens.*

a.pu.par (*voc onom*) *vtd* Zombar de, perseguir com vaias. *Antôn: aclamar, aplaudir.*

a.pu.po (*de apupar*) *sm* **1** Gritos fortes e desordenados; algazarra. **2** Vaia.

a.pu.ra.ção (*apurar+ção*) *sf* **1** Ato ou efeito de apurar. **2** Seleção do que é melhor. **3** Separação das partes heterogêneas de um corpo. 4 Refinação. 5 Contagem (de votos numa eleição). 6 Investigação, exame. 7 Liquidação de contas. 8 Aperfeiçoamento. *Var: apuramento.*

a.pu.ra.do (*part* de *apurar*) *adj* 1 Selecionado. 2 Aperfeiçoado. 3 Investigado, averiguado. 4 Crítico, difícil. 5 Asseado, limpo. 6 Pobre, sem recursos. 7 Que está em apuros ou dificuldades; aflito. 8 Obtido, conseguido. 9 Apressado. 10 Sobrecarregado de trabalho.

a.pu.rar (a^1+*puro*+ar^1) *vtd* e *vpr* 1 Purificar(-se), tornar(-se) puro. *vtd* e *vpr* 2 Aperfeiçoar(-se). *vtd* 3 Investigar, averiguar, indagar: *Apurar os fatos*. *vtd* 4 Ferver para concentrar: *Apurar o doce, o molho*. *vtd* 5 Conseguir, obter: *Apurou algum dinheiro com a venda dos móveis*. *vtd* 6 Aguçar, firmar: *Apurar o ouvido*. *vpr* 7 Vestir-se com primor e elegância estudada. *vtd* 8 Contar (votos). *vtd* 9 Calcular, contar quantias (de receita, ganho, lucro). *vpr* 10 Apressar-se: *Apure-se que o trem vai partir*.

a.pu.ro (de *apurar*) *sm* 1 Ação de apurar. 2 Esmero no falar, no vestir ou no escrever. 3 Aperto, dificuldade, situação penosa: *Ao perder o emprego, viu-se em apuros financeiros*. 4 Refinamento, requinte. 5 A coisa apurada. *Antôn* (acepções 2 e 4): *imperfeição*.

a.qua.lou.co (*lat aqua*+*louco*) *sm* Palhaço acrobata que se apresenta em exibições na água.

a.qua.pla.na.gem (*lat aqua*+*plano*+*agem*) *sf* 1 Pouso sobre água ou pista molhada. 2 Amerissagem. 3 Amaragem. 4 *gír* Pouso sobre pista molhada em condições arriscadas.

a.qua.re.la (*ital acquarela*) *sf* 1 Tinta especial que se dilui em água. 2 Pintura com tintas diluídas em água.

a.qua.re.lis.ta (*aquarela*+*ista*) *s m*+*f* Artista que pinta aquarelas.

a.qua.ri.a.no (*aquário*+*ano*) *sm Astrol* Pessoa nascida sob o signo de Aquário. • *adj Astrol* Relativo ou pertencente ao signo de Aquário, ou aos aquarianos.

a.quá.rio (*lat aquariu*) *sm* 1 Vaso ou tanque, comumente de vidro, onde se sustentam plantas ou animais que vivem em água doce ou salgada; viveiro. 2 Lugar ou estabelecimento, às vezes dependência de um zoológico, em que se mantêm e exibem coleções de plantas e animais aquáticos. 3 **Aquário** *Astr* Constelação do zodíaco. 4 **Aquário** *Astrol* Signo do zodíaco, relativo aos nascidos entre 21 de janeiro e 19 de fevereiro.

a.quar.te.la.do (*part* de *aquartelar*) *adj* Alojado em quartel.

a.quar.te.lar (a^1+*quartel*+ar^1) *vtd* 1 Alojar em quartéis. *vti* e *vpr* 2 Alojar-se em quartéis, tomar alojamento. *vpr* 3 Alojar-se, hospedar-se. *Antôn*: *desaquartelar*.

a.quá.ti.co (*lat aquaticu*) *adj* 1 Da água. 2 Que vive na água ou sobre ela.

a.que.ce.dor (*aquecer*+*dor*) *adj* Que aquece. • *sm* Aparelho que transmite calor ao ambiente (ar, água etc.), ou contém alguma coisa a ser aquecida.

a.que.cer (a^1+*lat calescere*) *vtd*, *vti* e *vint* 1 Tornar(-se) quente; esquentar(-se). *vint* 2 Dar calor. *vtd* e *vpr* 3 Animar(-se), entusiasmar(-se). *vtd* e *vpr* 4 Encolerizar(-se), irar(-se). *vtd* e *vpr* 5 *Esp* Exercitar(-se) antes da prova ou do treino. *Antôn* (acepções 1 e 2): *esfriar*; (acepção 3): *esmorecer, desanimar*; (acepção 4): *acalmar*.

a.que.ci.men.to (*aquecer*+*mento*) *sm* 1 Ato ou efeito de aquecer. 2 Foco de calor que eleva a temperatura de um ambiente ou que produz água quente. 3 *Econ* Fase de expansão da economia.

a.que.du.to (*lat aquaeductu*) *sm* 1 Canal, galeria ou encanamento destinado a conduzir a água de um lugar para outro. 2 *Arquit* Tipo de canais abertos ou cobertos, muitas vezes sobre pontes de arcos, usado desde a Roma antiga, para trazer água das nascentes das montanhas para as cidades.

a.que.la (*lat vulg eccu illa*) *pron dem* Feminino de *aquele*. • *sf pop* Acanhamento, cerimônia: *Entrou sem mais aquela*.

à.que.la Contração da preposição *a* com o pronome demonstrativo *aquela*.

a.que.le (*ê*) (*lat vulg eccu ille*) *pron dem* 1 Indica pessoa ou coisa que está um pouco distante da pessoa que fala e da pessoa a quem se fala, tanto na ordem de lugar como na de tempo: *Aquele carro na esquina*. 2 Refere-se, no discurso, ao termo mais afastado: *João estudou muito e Paulo, não; este foi reprovado no exame, aquele passou com ótimas notas*. 3 É usado também para dar ênfase: *O espetáculo foi aquele sucesso*.

à.que.le Contração da preposição *a* com o pronome demonstrativo *aquele*.

a.quém (*lat vulg eccu inde*) *adv* Do lado de cá: *A escola foi construída aquém da ponte*. *Aquém de:* a) do lado de cá; b) abaixo de, em grau inferior a: *O preço do carro está baixo; aquém do de seu concorrente*.

a.quê.nio (*lat cient achaeniu*, formado de a^4+ *khaínein*) *sm Bot* Certos tipos de fruto seco, como a semente do girassol.

a.quen.tar (a^1+*quente*+ar^1) *vtd* e *vpr* 1 Tornar(-se) quente; aquecer(-se), esquentar(-se). *vtd* 2 Dar coragem a; reanimar. *Antôn* (acepção 1): *esfriar*; (acepção 2): *desanimar*.

a.qui (*lat vulg eccu hic*) *adv* 1 Neste lugar. 2 Para este lugar. 3 Nesta ocasião, agora. 4 Nisto. *Aqui e ali:* ora num lugar, ora noutro. *Por aqui:* nesta vizinhança.

a.qui.es.cên.cia (*aquiescente*+ia^2) *sf* 1 Ação ou efeito de aquiescer. 2 Consentimento, anuência, concordância.

a.qui.es.cer (*lat acquiescere*) *vti* e *vint* Consentir, ceder, concordar. *Antôn: negar, opor-se, recusar*.

a.qui.e.tar (a^1+*quieto*+ar^1) *vtd* 1 Tornar quieto; pacificar, sossegar, tranquilizar. *vti, vint* e *vpr* 2 Ficar quieto, sossegar-se. *Antôn: inquietar, agitar*.

a.qui.la.ta.ção (*aquilatar*+*ção*) *sf* Ato ou efeito de aquilatar.

a.qui.la.tar (a^1+*quilate*+ar^1) *vtd* 1 Pesar, julgar, ponderar, medir. *vpr* 2 Aperfeiçoar-se.

a.qui.li.no (*lat aquilinu*) *adj* 1 Relativo à águia, ou próprio dela. 2 Curvo como o bico da águia: *Nariz aquilino*. 3 Penetrante como os olhos da águia: *Visão aquilina*.

a.qui.lo (*lat vulg eccu illud*) *pron dem* 1 Aquela coisa ou aquelas coisas. 2 *pej* Aquela pessoa: *Aquilo não tem caráter*.

à.qui.lo Contração da preposição *a* com o demonstrativo *aquilo*.
a.qui.nho.ar (*a¹+quinhão+ar¹*) *vtd* **1** Dar em quinhão, dividir em quinhões, repartir em quinhões. *vtd* **2** Compartilhar: *Posso aquinhoar seu sofrimento*. *vpr* **3** Tomar para si algum quinhão do que se reparte. *vtd* **4** Dotar: *A natureza aquinhoou-o com inteligência*.
a.qui.si.ção (*lat acquisitione*) *sf* **1** Ato ou efeito de adquirir; compra. **2** A coisa adquirida.
a.qui.si.ti.vo (*lat acquisitu+ivo*) *adj* **1** Relativo a aquisição. **2** Próprio para ser adquirido.
a.quo.so (*lat aquosu*) *adj* **1** Da natureza da água ou semelhante à água. **2** Que tem água.
ar (*lat aere*) *sm* **1** Mistura de gases invisível, transparente, sem cheiro, elástica, de que se compõe a atmosfera. **2** Atmosfera. **3** Vento. **4** Clima. **5** Espaço vazio. **6** Graça, elegância. **7** Expressão do rosto. **8** Modo de agir ou de apresentar-se. **9** Aparência. **10** Mostra, indício. **11** Semelhança. *Ar condicionado*: ar filtrado por aparelhos especiais e distribuído aos recintos com o grau de umidade e o de aquecimento ou refrigeração antecipadamente estabelecidos. *Cf ar-condicionado.*
a.ra (*lat ara*) *sf* Lugar reservado ao sacrifício; altar. *Pl: aras.*
á.ra.be (*ár 'arab*) *sm* **1** Indivíduo nascido na Arábia (Ásia). **2** Língua da Arábia e de outros povos muçulmanos. • *adj m+f* Pertencente ou relativo à Arábia ou aos seus habitantes.
a.ra.bes.co (*ê*) (*árabe+esco*) *sm* **1** Ornamento geométrico de origem árabe composto por folhagem, flores, frutos e figuras entrelaçadas, usado em pintura, baixos-relevos, mosaicos e tecidos. **2** Rabisco.
a.rá.bias *sf pl* Usado na expressão popular *das arábias*, que significa extraordinário, valente, capaz de qualquer proeza: *Homem das arábias*.
a.rá.bi.co (*árabe+ico²*) *adj* **1** Dos árabes ou da Arábia. **2** Diz-se dos algarismos difundidos pelos árabes: 0, 1, 2, 3, 4, 5, 6, 7, 8, 9.
a.ra.bis.ta (*árabe+ista*) *adj m+f* Que faz estudo especial da língua e cultura árabes. • *s m+f* Especialista na língua e cultura árabes.
a.ra.çá (*tupi arasá*) *sm* **1** *Bot V araçazeiro*. **2** Fruto do araçazeiro.
a.ra.ca.ju.a.no (*top Aracaju+ano*) *adj* Relativo a Aracaju, cidade e capital do Estado de Sergipe. • *sm* Pessoa natural dessa cidade. *Var: aracajuense.*
a.ra.ça.zei.ro (*araçá+z+eiro*) *sm Bot* Nome comum a vários arbustos, de folhas simples, aromáticas, e que fornecem o araçá, fruto comestível; araçá.
a.rac.ní.deos (*gr arákhne+ídeos*) *sm pl Zool* Classe de artrópodes com oito patas, na grande maioria terrestres, que compreende os escorpiões, aranhas, carrapatos, ácaros e outros.
a.ra.do (*lat aratru*) *sm* Utensílio agrícola puxado pelo homem ou por animal, ou motorizado, usado para cortar, levantar e virar o solo, preparando-o para semear e plantar; charrua. • *adj* **1** Lavrado. **2** Faminto, esfomeado.
a.ra.gem (*ar+agem*) *sf* **1** Vento suave e fresco. **2** *pop* Oportunidade.

a.ra.ma.do (*part de aramar*) *adj* Fechado por cercas de arame. • *sm* Cerca de arame.
a.ra.mai.co (*top Aram+a+ico²*) *adj* **1** Relativo ou pertencente aos arameus ou à sua língua. **2** Característico do aramaico. **3** Escrito em aramaico. • *sm* Língua dos arameus ou grupo de dialetos semíticos, dela derivados, que a partir de 1000 a.C. superaram as línguas mais antigas da Babilônia, Assíria, Síria e Palestina. Um desses dialetos era a língua falada por Cristo.
a.ra.me (*lat aeramen*) *sm* **1** Liga de cobre com zinco ou outros metais. **2** Fio muito delgado de ferro, aço, cobre ou qualquer outro metal ou liga de metais. **3** *gír* Dinheiro. *Arame farpado*: fio de dois ou mais arames torcidos, providos, de espaço a espaço, de farpas ou pontas agudas.
a.ran.de.la (*cast arandela*) *sf* **1** Peça que se põe na boca do castiçal para aparar os pingos da vela. **2** Braço para bico de gás, vela ou lâmpada elétrica, preso à parede. **3** Prato de barro, com água, no qual se põe vaso de flores que se quer preservar das formigas.
a.ra.nha (*lat aranea*) *sf Zool* Nome de vários animais articulados da classe dos aracnídeos, de grande abdome, com quatro pares de patas, geralmente oito olhos, capaz de tecer teias. *Aranha caranguejeira*: *V caranguejeira*.
a.ra.pon.ga (*tupi uirá pónga*, ave sonante) *sf* **1** *Ornit* Pássaro cujo canto imita as pancadas do ferreiro na bigorna. **2** *Ornit* Pássaro da Amazônia. Voz: *bigorneia, grita, martela, retine, soa, tine*. **3** *gír policial* Indivíduo que trabalha como detetive, alcaguete. **4** *pop* Ferreiro.
a.ra.pu.ca (*tupi uirá púka*) *sf* **1** Armadilha para caçar pássaros, feita de pauzinhos ou talas de bambu dispostas em forma de pirâmide. **2** *pop* Lugar de má fama. **3** *pop* Negócio para enganar os ingênuos; conto do vigário. **4** Cilada: *Cair numa arapuca*.
a.ra.que (*ár 'arak*) *sm gír* Elemento da expressão *de araque*, que significa pessoa ou coisa falsa, insignificante, de mentira, sem valor: *Administrador de araque*.
a.rar (*lat arare*) *vtd* e *vint* **1** Sulcar a terra com o arado; lavrar. *vtd* **2** Sulcar as águas de; navegar.
a.ra.ra (*tupi arára*) *sf* **1** *Ornit* Nome de várias aves que se distinguem pelo colorido das penas, em que prevalecem as cores mais vivas: amarelo, vermelho e azul; as penas da cauda alcançam tamanho considerável. Voz: *grasna, grita*. **2** *gír* Ficar irado, muito irritado: *Estar uma arara* ou *ficar uma arara*.
a.ra.ru.ta (*ingl arrowroot*) *sf Bot* Erva de cuja raiz se extrai um tipo de farinha usada como alimento.
a.rau.cá.ria (*top Arauco+ário*) *sf Bot* **1** Gênero de árvores altas da América do Sul e Austrália, com folhas rígidas, estreitas e pontudas, pinhas grandes e sementes comestíveis. **2** Árvore desse gênero, no Brasil, também chamada *pinheiro-brasileiro, pinheiro-do-paraná* ou *pinho-do-paraná*.
a.rau.to (*fr ant heraut*, de origem germânica) *sm* **1** Oficial que, na Idade Média, anunciava as decisões dos reis e outros governantes. **2** Correio, mensageiro. **3** Defensor: *Cristo foi um arauto da paz*.
ar.bi.tra.gem (*arbitrar+agem*) *sf* **1** *V arbitramento*. **2** *Dir* Poder concedido a pessoas determinadas

por lei ou escolhidas pelas partes, para decidirem questões entre essas partes. **3** *Dir* Decisão, pela qual uma terceira potência põe fim à disputa entre dois Estados. **4** Julgamento.

ar.bi.tra.men.to (*arbitrar+mento*¹) *sm* **1** Avaliação, decisão, julgamento por árbitros. **2** Decisão do juiz, quando segue a própria consciência, em pontos que a lei deixa a seu critério. *Var: arbitragem.*

ar.bi.trar (*lat arbitrare*) *vtd* **1** Decidir por arbitramento. **2** Resolver como árbitro. **3** Decidir, seguindo a própria consciência. **4** Determinar.

ar.bi.tra.ri.e.da.de (*arbitrário+e+dade*) *sf* **1** Ato ou comportamento arbitrário. **2** O que é fora da regra ou da lei. **3** Abuso, capricho. **4** Despotismo.

ar.bi.trá.rio (*lat arbitrariu*) *adj* **1** Resultante de arbítrio pessoal, ou sem fundamento em lei ou em regras. **2** Que não é permitido. **3** Caprichoso, que abusa do próprio poder de decisão.

ar.bí.trio (*lat arbitriu*) *sm* **1** Resolução que depende só da vontade. **2** Julgamento de árbitros. **3** Opinião.

ár.bi.tro (*lat arbitru*) *sm* **1** Aquele que, por acordo das partes adversárias, resolve uma questão. **2** Autoridade suprema; soberano. **3** *Dir* e *Esp* Juiz. *Fem: árbitra.*

ar.bó.reo (*lat arboreu*) *adj* **1** Relativo a árvore. **2** Semelhante a uma árvore.

ar.bo.rí.co.la (*lat arbore+cola*) *adj m+f* Que vive nas árvores.

ar.bo.ri.za.ção (*arborizar+ção*, via *fr*) *sf* **1** Ato de arborizar. **2** Plantação de árvores. **3** Estado da terra plantada com árvores.

ar.bo.ri.zar (*lat arbore+izar*, via *fr*) *vtd* **1** Plantar árvores em. **2** Transformar em bosque.

ar.bus.to (*lat arbustu*) *sm* **1** Planta que não cresce como uma árvore; árvore ainda pequena. **2** Planta, quase sem tronco, com muitos rebentos.

ar.ca (*lat arca*) *sf* **1** Caixa de grandes dimensões. **2** Cofre onde se guardam valores. **3** Tesouro de uma sociedade ou instituição. **4** Caixa torácica; peito. **5** Féretro. *Arca de noé*: embarcação em que, no dilúvio referido na Bíblia, se salvaram Noé, sua família e um casal de cada espécie de animal.

ar.ca.bou.ço (de *arca*) *sm* **1** Conjunto dos ossos do corpo; esqueleto. **2** Tórax. **3** Armação de uma construção. *Var: arcaboiço.*

ar.ca.buz *sm* Forma antiga de arma de fogo portátil, espécie de bacamarte, inventada nos meados do século XV, que se disparava apoiada sobre uma forquilha. Mais tarde tornou-se mais leve, de modo que podia ser disparada do ombro.

ar.ca.da (*arco+ada*¹) *sf* **1** *Arquit* Sequência de arcos suportados por colunas. **2** *Arquit* Passagem com coberta arqueada em curva. **3** Construção em forma de arco. *Arcada dentária, Anat:* arco formado pelas coroas dos dentes em sua posição normal.

ár.ca.de (*lat arcade*) *adj* **1** Relativo à Arcádia. **2** Natural da Arcádia (região da Grécia). • *sm* Membro das academias denominadas Arcádias.

ar.cá.dia (*árcade+ia*²) *sf* Academia literária dos séculos XVII e XVIII, cujos membros adotavam nome de pastores cantados na poesia grega ou latina. Houve diversas em Portugal e no Brasil. *Cf bucolismo.*

ar.ca.dis.mo (*arcádia+ismo*) *sm* Estilo literário característico das Arcádias.

ar.cai.co (*gr arkhaïkós*) *adj* **1** Antigo, velho. **2** Antiquado; que já não tem função. *Antôn* (acepção 1): *moderno*.

ar.ca.ís.mo (*gr arkhaismós*) *sm Ling* **1** Palavra ou locução arcaica, que caiu em desuso. **2** Maneira antiquada de falar ou escrever.

ar.ca.i.zan.te (de *arcaizar*) *adj m+f* **1** Referente a quem emprega arcaísmos. **2** Diz-se do que implica ou produz atraso cultural. *Antôn* (acepção 2): *modernizante*. • *s m+f* Pessoa que emprega arcaísmo.

ar.ca.i.zar (*gr arkhaîos+izar*) *vtd* e *vpr* **1** Tornar (-se) arcaico. *vtd* **2** Empregar arcaísmos em. *Conjug – Pres indic: arcaízo, arcaízas, arcaíza, arcaizamos, arcaizais, arcaízam; Pres subj: arcaíze, arcaízes, arcaíze, arcaizemos, arcaizeis, arcaízem.*

ar.can.jo (*lat archangelu*) *sm Teol* Anjo de ordem superior.

ar.ca.no (*lat arcanu*) *adj* **1** Que encerra mistério; enigmático. **2** Que está oculto; secreto. • *sm* **1** Segredo profundo. **2** O que está oculto sob um símbolo. **3** Mistério.

ar.car (*arca+ar*¹) *vti* **1** Lutar. *vti* e *vpr* **2** Lutar corpo a corpo. *vti* e *vint* **3** Arfar de cansaço. *vti* **4** Aguentar, assumir: *Arcar com as consequências.* **5** Arquear, dobrar em forma de arco.

ar.ce.bis.pa.do (*arcebispo+ado*¹) *sm* **1** Dignidade de arcebispo. **2** Território em que o arcebispo exerce a sua função. **3** Lugar onde mora o arcebispo. *Sin: arquiepiscopado.*

ar.ce.bis.pal (*arcebispo+al*¹) *adj m+f* Relativo ou referente a arcebispo. *Var: arquiepiscopal.*

ar.ce.bis.po (*lat archiepiscopu*) *sm* Bispo superior a outros bispos, que se sujeitam à sua autoridade. É responsável por uma arquidiocese.

ar.cho.te (*cast hachote*) *sm* Tocha de iluminação, usada principalmente ao ar livre, que consiste essencialmente em um pedaço de corda coberto de breu, em um pau com resina, ou em uma coisa semelhante; facho.

ar.co (*lat arcu*) *sm* **1** *Mat* Qualquer porção da circunferência; segmento da circunferência. **2** Aro, anel, cinta. **3** Designação de qualquer objeto que sugira, aproximadamente, a forma de um arco. **4** Arma feita de vara flexível, curvada e presa nas pontas por uma corda, para arremessar flechas. **5** *Mús* Vara provida de crina, com que se toam o violino e instrumentos semelhantes. **6** *Arquit* Curva de abóbada. **7** *Esp* A meta, no jogo de futebol e no de polo.

ar.co-da-ve.lha *sm* **1** *pop V arco-íris*. **2** Diz-se de coisas ou fatos espantosos ou inverossímeis: *Coisa do arco-da-velha. Pl: arcos-da-velha.*

ar.co-í.ris *sm sing* e *pl Meteor* Fenômeno luminoso, surge no céu com aparência de arcos coloridos nas cores do espectro solar: vermelho, alaranjado, amarelo, verde, azul, anil e violeta; resulta dos efeitos da luz do Sol em gotas de chuva. *Var: arco-da-velha.*

ar-con.di.ci.o.na.do *sm V condicionador* (acepção 2). *Pl: ares-condicionados.*

ar.dên.cia (*arder+ência*) *sf* **1** Estado ou qualidade do que está em fogo; ardor. **2** Sensação semelhante à causada por uma queimadura. 3 Sabor azedo de certas substâncias.

ar.den.te (*lat ardente*) *adj m+f* 1 Que está em chamas. 2 Que produz muito calor. 3 Com muito calor; febril. 4 Tomado de paixão. 5 Que tem gosto acre; azedo, picante. 6 Ativo, muito vivo. *Antôn* (acepções 2, 3 e 4): *frio;* (acepção 6): *indolente.*

ar.der (*lat ardere*) *vti* e *vint* 1 Estar em chama ou em fogo. *vint* 2 Estar aceso (*p ex,* vela). *vti* e *vint* 3 Inflamar-se. *vti* e *vint* 4 Brilhar, cintilar. *vint* 5 Sentir grande calor. *vint* 6 Criar ardência, ranço ou sabor azedo. *vti* e *vint* 7 Sentir-se apaixonado, irado ou entusiasmado. *vti* 8 Desejar ardentemente.

ar.di.do (*part* de *arder*) *adj* 1 Que ardeu; queimado. 2 Fermentado. 3 Que causa irritação, que incomoda. 4 Picante. • *sm pop* Pequena irritação ou afecção da pele; assadura.

ar.dil (*cat ardit,* através do *cast*) *sm* Ação em que há astúcia; manha, artimanha, estratagema. *Var: ardileza.*

ar.di.lo.so (*ô*) (*ardil+oso*) *adj* Que emprega ardis; astucioso, enganador, velhaco. *Pl: ardilosos* (*ó*).

ar.dor (*lat ardore*) *sm* 1 Calor intenso. 2 Amor excessivo; paixão. 3 Energia, entusiasmo, vivacidade. 4 Sensação de dor, como a causada por queimadura. 5 Sabor picante, como o de pimenta. *Antôn* (acepções 1, 2 e 3): *frieza.*

ar.do.ro.so (*ô*) (*ardor+oso*) *adj* Em que há ardor; ardente. *Pl: ardorosos* (*ó*).

ar.dó.sia (*fr ant ardoise,* de origem incerta) *sf* 1 *Geol* Pedra cinzento-escura ou azulada, usada para pisos residenciais ou para fazer quadros onde se escreve a giz. 2 Quadro-negro de ardósia; lousa.

ár.duo (*lat arduu*) *adj* 1 Escarpado, íngreme. 2 Custoso, difícil, trabalhoso.

a.re (*fr are*) *sm* Medida de superfície, equivalente a cem metros quadrados.

á.rea (*lat area*) *sf* 1 Superfície plana limitada. 2 Extensão indefinida. 3 Campo de ação de certa atividade, domínio. 4 *Geom* Medida de uma superfície limitada (como a de uma figura geométrica plana) ou ilimitada, mas finita (como a da esfera). 5 *Constr* Espaço descoberto na parte interna de um edifício. 6 Região, território. *Área de lazer:* espaço reservado em determinadas construções para brincadeiras, esportes e convívio social. *Área de transferência, inform:* área da memória do computador, capaz de armazenar, temporariamente, informações a ser utilizadas posteriormente.

a.re.a.do (de *arear*) *adj* 1 Coberto de areia. 2 Esfregado e limpo com areia ou outro pó. *Sin: arenoso.*

a.re.al (*areia+al*[1]) *sm* 1 Extensão de terreno em que há muita areia; areeiro. 2 Faixa de terra, encostada ao mar, coberta de areia; praia. 3 Grande quantidade de areia.

a.re.ar (*areia+ar*[1]) *vtd* e *vpr* 1 Cobrir(-se) ou encher(-se) de areia. *vtd* 2 Cobrir com pó, à maneira de areia. *vtd* 3 Polir, esfregando com areia ou qualquer outro pó. *vtd* 4 Limpar a jato de areia. Conjuga-se como *frear.*

a.re.ei.ro (*lat arenariu*) *sm* 1 Areal (acepção 1). 2 Lugar de onde se tira areia.

a.re.en.to (*areia+ento*) *adj* 1 Que contém areia. 2 Semelhante a areia. *Sin: arenoso.*

a.rei.a (*lat arena*) *sf* 1 *Geol* Substância mineral, em pequenos grãos ou em pó, proveniente de erosões rochosas. 2 Qualquer pó. 3 Praia. 4 *Med* Cálculo na bexiga ou nos rins. *sm* Tonalidade de bege semelhante à cor da areia. *Areia movediça:* banco de areia, comumente cheio de água, que consiste em pequenos grãos arredondados e lisos, que formam uma massa mole. Essa espécie de banco de areia cede facilmente à pressão e tende a engolir objetos, pessoas ou animais que nela caem ou pisam.

a.re.ja.men.to (*arejar+mento*) *sm* Ação ou resultado de arejar; ventilação, arejo.

a.re.jar (*ar+ejar*) *vtd* 1 Expor ao ar; ventilar. *vtd* 2 Renovar o ar em; ventilar. *vint* 3 Tomar ar novo. *vpr* 4 Tomar ar; refrescar-se.

a.re.na (*lat arena*) *sf* 1 Campo fechado onde se realizam lutas, corridas, jogos. 2 Circo. 3 Lugar de contenda ou discussão. 4 Terreno circular fechado, onde se realizam touradas ou outros espetáculos.

a.ren.ga (*lat med arenga,* de origem germânica) *sf* 1 Discurso dito em público. 2 Discurso longo e aborrecido. 3 Disputa, discussão.

a.ren.gar (*arenga+ar*[1]) *vti* e *vint* 1 Fazer discurso longo e aborrecido. *vint* 2 Discutir com vivacidade.

a.re.ni.to (*areni+ito*[2]) *sm* *Geol* Denominação comum a várias rochas sedimentares, compostas de grãos de quartzo ou feldspato, unidos por argila ou calcário, e contendo também partículas microscópicas de outros minerais.

a.re.no.so (ô) (*arena+oso*) *adj* 1 V *areado.* 2 V *areento.* 3 Misturado com areia. *Var: areoso. Pl: arenosos* (*ó*).

a.ren.que (*fr hareng,* de origem germânica) *sm Ictiol* 1 Peixe valioso, de aproximadamente 30 cm de comprimento, abundante no norte do Oceano Atlântico, onde nada em grandes cardumes. É bastante comercializado, fresco, conservado em salmoura ou defumado. 2 Nome comum a vários peixes de outras famílias, semelhantes a esse arenque.

a.ré.o.la (*lat areola, dim* de *area*) *sf* 1 Pequena área. 2 *Anat* Círculo, de coloração forte, ao redor do mamilo. 3 *Med* Círculo avermelhado em torno de bolhas na pele. 4 *Astr* Circunferência em redor da Lua. 5 *pop* Auréola (dos santos).

a.res.ta (*lat arista*) *sf* 1 Qualquer linha originada pelo encontro de duas superfícies. 2 *Geogr* Linha que separa as vertentes principais de uma cordilheira. 3 Canto, quina.

ar.fan.te (de *arfar*) *adj m+f* 1 Que arfa; ofegante. 2 *Náut* Que balança.

ar.far (*lat vulg arefare,* por *arefacere*) *vti* e *vint* 1 Estar ofegante, respirar com dificuldade. *vint* 2 *Náut* Balançar, oscilar (navio), abaixando ora a popa, ora a proa.

ar.ga.mas.sa *sf Constr* 1 Material de assentamento ou revestimento de alvenarias, preparado com areia, água e cal ou cimento. 2 Reboco.

ar.ge.li.no (*top Argel+ino*[1]) *adj* Referente à Argélia ou Argel (África). • *sm* 1 Natural da Argélia ou de Argel, capital da Argélia. 2 O dialeto árabe falado nesse país. *Var: argeliano.*

ar.gên.teo (*lat argenteu*) *adj* **1** Feito de prata. **2** Brilhante como prata. **3** Branco como a cor da prata. **4** Que soa como prata. *Var: argentino.*

ar.gen.ti.no (de *Argentina, np*) *adj* **1** Pertencente ou relativo à Argentina. **2** Natural da Argentina. **3** *V argênteo.* • *sm* Indivíduo que nasceu na Argentina.

ar.gen.to (*lat argentu*) *sm* Prata. *Argento vivo:* mercúrio.

ar.gi.la (*lat argilla*) *sf* Barro empregado na cerâmica.

ar.gi.lá.ceo (*lat argillaceu*) *adj* **1** Que contém argila. **2** Da natureza da argila. *Var: argiloso.*

ar.go.la (*ár al gulla*) *sf* **1** Anel metálico em que se enfia ou se amarra qualquer coisa. **2** Qualquer coisa de forma circular e vazia no meio. **3** Anel de metal ou outro material, usado como enfeite em partes do corpo. **4** *Esp* Aparelho de ginástica que consiste em duas argolas suspensas por cordas. *sf pl* Círculo de ouro ou de prata usado nas orelhas para enfeite; brincos.

ar.gô.nio (*gr árgon+io*) *sm Quím* Elemento gasoso incolor e inodoro, de número atômico 18 e símbolo Ar.

ar.gú.cia (*lat argutia*) *sf* **1** Finura de observação. **2** Raciocínio sutil. **3** Dito espirituoso.

ar.gu.ci.o.so (ô) (*argúcia+oso*) *adj* **1** Diz-se de quem emprega argúcias. **2** Em que há argúcia. *Sin: arguto, astuto. Pl: arguciosos (ó).*

ar.guei.ro *sm* Grãozinho, cisco.

ar.gui.ção (*gwi*) (*lat arguitione*) *sf* **1** Ação de arguir. **2** Argumentação. **3** *Dir* Interrogatório. **4** Censura, reprovação.

ar.guir (*gwi*) (*lat arguere*) *vtd* **1** Acusar, censurar, repreender. *vtd* **2** Criticar, reprovar. *vti* e *vint* **3** Argumentar, discutir. *vtd* **4** Alegar. *vtd* **5** Interrogar. *Conjug – Pres indic: arguo, arguis, argui, arguimos, arguis, arguem; Pret perf: argui, arguiste* etc.; *Pret imp: arguia, arguias, arguia, arguíamos, arguíeis, arguiam; Part: arguido.*

ar.gu.men.ta.ção (*lat argumentatione*) *sf* **1** Ato ou efeito de argumentar. **2** Reunião de argumentos. **3** *Filos* Série de argumentos com uma só conclusão.

ar.gu.men.tar (*lat argumentari*) *vti* e *vint* **1** Apresentar argumentos. *vint* **2** Servir de argumento, prova ou documento. *vtd* **3** Alegar, expor como argumento.

ar.gu.men.tis.ta (*argumento+ista*) *s m+f* Profissional que escreve argumentos para cinema.

ar.gu.men.to (*lat argumentu*) *sm* **1** Raciocínio de onde se tira uma conclusão. **2** Prova, demonstração. **3** Resumo de uma obra; sumário. **4** *pop* Discussão.

ar.gu.to (*lat argutu*) *V argucioso.*

á.ria (*sânsc ârya*) *sf Mús* Qualquer peça musical, vocal ou instrumental, para uma só voz. *sm* Indivíduo de alguma das três primeiras classes dos hindus. *sm pl* Povos muito antigos, que iniciaram a civilização indo-europeia; de seu idioma procederam as chamadas línguas arianas ou indo-europeias. • *adj* Pertencente ou relativo a esses povos.

a.ri.a.no (*ária+ano*) *sm* **1** Membro da divisão asiática da família indo-europeia, que ocupa a Índia e o Irã, ou dessa família toda que compreende os indianos, iranianos, gregos, italianos, celtas, eslavos e germânicos, cujas línguas são todas relacionadas. **2** A língua original dos árias ou arianos. **3** *Astrol* Pessoa nascida sob o signo de Áries. • *adj* **1** Relativo ou pertencente à família linguística indo-europeia. **2** Diz-se dos que falam uma língua indo-europeia. **3** Relativo ou pertencente a um tipo étnico descendente dos povos primitivos de línguas indo-europeias. **4** Relativo ou pertencente aos indo-iranianos ou à sua língua. **5** *Astrol* Relativo ou pertencente ao signo de Áries, ou aos arianos.

a.ri.dez (ê) (*árido+ez*) *sf* **1** Qualidade de árido. **2** Secura. **3** Falta de sensibilidade, de suavidade ou de graça.

á.ri.do (*lat aridu*) *adj* **1** Estéril, improdutivo, seco. **2** Em que não há umidade. **3** Cansativo. **4** Que não possui amenidade. *Antôn: fértil, ameno.*

Á.ries (*lat aries*) *sm* **1** *Astr* Constelação do zodíaco. **2** *Astrol* Signo do zodíaco, relativo aos nascidos entre 21 de março e 20 de abril.

a.rí.e.te (*lat ariete*) *sm* **1** Antiga máquina militar. **2** Madeira pesada, com ponta coberta de ferro, usada para romper portas de fortalezas.

a.ri.ra.nha (*tupi arerãia*) *sf Zool* Mamífero carnívoro que habita os grandes rios, de pelo macio e cinzento e maior que a lontra, a que se assemelha. *Voz: regouga.*

a.ris.co (por *areísco*, de *areia*) *adj* **1** Que não pode ser domesticado. **2** Arredio, tímido. **3** Desconfiado.

a.ris.to.cra.ci.a (*gr aristokratía*) *sf* **1** *Sociol* Sociedade na qual uma camada social privilegiada é a única que controla o Estado e as instituições. **2** A classe nobre. **3** Classe social dominante.

a.ris.to.cra.ta (*gr aristokrátes*) *s m+f* **1** Pessoa que tem título de nobreza; fidalgo, nobre. **2** Partidário da aristocracia. • *adj V aristocrático.*

a.ris.to.crá.ti.co (*gr aristokratikós*) *adj* **1** Relativo ou pertencente à aristocracia. **2** Próprio de aristocrata; nobre, distinto.

a.ris.to.té.li.co (*gr Aristotelikós*) *adj* **1** Relativo a Aristóteles, ou à sua doutrina. **2** Que participa da doutrina de Aristóteles, filósofo grego.

a.rit.mé.ti.ca (*gr arithmetiké*) *sf* **1** *Mat* Ramo da matemática que estuda as propriedades dos números e as operações que com eles se podem realizar. **2** Obra ou tratado sobre essa ciência.

a.rit.mé.ti.co (*lat arithmeticu*) *adj* **1** Que se refere à aritmética. **2** Que se apoia na aritmética. • *sm* Indivíduo que leciona ou sabe aritmética.

ar.le.quim (*ital arlecchino*) *sm* **1** *Teat* Personagem que, na comédia italiana, usava roupa feita de retalhos triangulares de várias cores. **2** Palhaço. **3** Indivíduo que muda de opinião a cada instante. **4** Um dos personagens do bumba meu boi. *Fem: arlequina.*

ar.ma (*lat arma*) *sf* **1** Instrumento de ataque ou de defesa. **2** Qualquer recurso ou meio. **3** Corpo do exército. **4** Representação em escudo das insígnias e divisa. *sf pl* **1** Profissão militar. **2** Armadura, aparelhamento de guerra. **3** Cornos, chifres. **4** Tropas. **5** Expedição ou empresa militar. **6** Combate, guerra. **7** Brasão, escudo. *Depor as armas:* render-se, capitular. *Pegar em armas:* guerrear, lutar.

ar.ma.ção (*armar+ção*) *sf* **1** Ato ou efeito de armar. **2** A coisa armada. **3** Estrutura. **4** Chifres. **5** *Constr* Vigamento de um edifício; esqueleto. **6** Qualquer estrutura de varetas de aço, arame ou de outro material rígido, que serve de esqueleto a um objeto revestido de tecido ou material semelhante: *Armação de guarda-chuva*. **7** Conjunto dos aros e hastes dos óculos. **8** *gír* Trapaça, tramoia.

ar.ma.da (de *armar+ada*[1]) *sf* Esquadra, frota, marinha de guerra.

ar.ma.di.lha (*cast armadilla*) *sf* **1** Qualquer aparelho ou artifício com que se apanha a caça. **2** *fig* Meio astuto de enganar alguém; cilada.

ar.ma.dor (*armar+dor*) *adj* Que arma. • *sm* **1** Indivíduo que arma. **2** Pessoa que, em qualquer porto, equipa e explora navio mercante.

ar.ma.du.ra (*lat armatura*) *sf* **1** Conjunto de armas. **2** *Constr* Reforço de varetas ou arame de ferro no concreto armado. **3** Revestimento de proteção, como chumbo, chapas de aço etc.; blindagem, couraça. **4** Couraça dos animais. **5** Conjunto de peças metálicas, articuladas entre si, com que se revestiam os guerreiros antigos, notadamente os da Idade Média.

ar.ma.men.tis.mo (*armamento+ismo*) *sm* Recomendação do aumento de material bélico de um país, ou dos países em geral.

ar.ma.men.tis.ta (*armamento+ista*) *adj m+f* Pertencente ou relativo ao armamentismo. • *s m+f* Pessoa partidária do armamentismo.

ar.ma.men.to (*lat armamentum*) *sm* **1** Ação de armar. **2** Conjunto de armas necessárias ao soldado ou à tropa. **3** Qualquer instrumento de guerra.

ar.mar (*lat armare*) *vtd* e *vpr* **1** Munir(-se), prover (-se) de armas. *vtd* **2** Abastecer de munições e apetrechos de guerra. *vtd* e *vpr* **3** Munir(-se) de algum objeto, de um sentimento: *Armou-se de um guarda-chuva. Armar-se de coragem. vtd* **4** Preparar uma arma, aparelho ou mecanismo para entrar em funcionamento: *Armar uma armadilha. vtd* **5** Montar: *Armar uma barraca. vpr* **6** Precaver-se, resguardar-se: *Armar-se contra o frio. vtd* **7** *fig* Tramar: *Armar intrigas, ciladas. vpr* **8** Preparar-se (fenômeno): *Armou-se uma tempestade*. Antôn: desarmar, desfazer, desmanchar.

ar.ma.ri.nho (*armário+inho*) *sm* **1** Pequeno armário. **2** Loja em que se vendem tecidos, aviamentos de costura e apetrechos femininos.

ar.má.rio (*lat armariu*) *sm* Móvel de madeira, aço ou outro material, com parte de uma ou duas folhas, com ou sem prateleiras ou gavetas, para guardar objetos ou para a proteção de aparelhos, no lar, oficinas, laboratórios etc.

ar.ma.zém (*ár al-maHzan*) *sm* **1** Lugar onde se guardam mercadorias; depósito. **2** Depósito de material bélico. **3** Casa onde se vendem bebidas e gêneros alimentícios.

ar.ma.ze.na.gem (*armazenar+agem*) *sf* **1** Ato de armazenar. **2** Cota que se paga às estradas de ferro e alfândegas, para se conservarem as mercadorias em depósito ou armazém.

ar.ma.ze.na.men.to (*armazenar+mento*) *sm* Ação de armazenar, armazenagem.

ar.ma.ze.nar (*armazém+ar*[1]) *vtd* **1** Guardar ou recolher em armazém. *vtd* **2** Conter em depósito.

vtd e *vpr* **3** Acumular(-se). *vtd* **4** *Inform* Introduzir dados na memória, em dispositivo físico, ou sistema digital, para posterior recuperação.

ar.mê.nio (*lat armeniu*) *adj* Que se refere à Armênia (Ásia), ou à língua dos armênios. • *sm* **1** Língua da Armênia, que constitui um dos ramos do indo-europeu. **2** Indivíduo natural da Armênia.

ar.mi.nho (*lat armeniu*) *sm* **1** *Zool* Carnívoro do hemisfério Norte, com o tamanho de um gato comum; sua pele, no inverno, adquire uma alvura imaculada, exceto a ponta da cauda, que é sempre preta. **2** Pele desse animal.

ar.mis.tí.cio (*lat armistitiu*) *sm* **1** Interrupção de guerra. **2** Trégua de pouca duração.

ar.mo.ri.al (*fr armorial*) *adj m+f* Referente à heráldica ou a brasões. • *sm* Livro de registro dos brasões de armas.

ar.nês (*fr ant herneis*, de origem germânica) *sm* **1** Antiga armadura completa. **2** Arreios de cavalo. **3** Proteção, amparo.

ar.ni.ca (*lat cient arnica*) *sf* **1** *Bot* Gênero extenso de ervas da família das compostas, do hemisfério Norte, mas aclimadas no Brasil. **2** *Bot* Planta desse gênero. **3** *Farm* Tintura dessa planta, usada principalmente para escoriações, luxações e inchaços dolorindos.

a.ro (*lat aruu*) *sm* **1** Arco pequeno. **2** Anel, argola. **3** Guarnição circular, metálica, exterior ou interna das rodas de certos veículos. **4** Círculo. **5** Molde em que se faz queijo. **6** Armação de óculos.

a.ro.ei.ra (*ár darû+eira*) *sf Bot* Nome comum a várias árvores ou arbustos. *Var:* aroeiro.

a.ro.ma (*gr ároma*) *sm* **1** Perfume agradável de certas substâncias: químicas, animais, vegetais. **2** Cheiro agradável, fragrância.

a.ro.má.ti.co (*gr aromatikós*) *adj* Que tem aroma; cheiroso, perfumado.

a.ro.ma.ti.za.do (*part* de *aromatizar*) *adj* Tornado cheiroso, aromático.

a.ro.ma.ti.za.dor (*aromatizar+dor*) *adj + sm* Que ou o que serve para aromatizar. *Var:* aromatizante.

a.ro.ma.ti.zan.te (de *aromatizar*) *V* aromatizador.

a.ro.ma.ti.zar (*lat aromatizare*) *vtd* **1** Tornar aromático, perfumar. **2** *Cul* Temperar.

ar.pão (*fr harpon*) *sm* Fisga (cabo com uma ponta de ferro com feitio de seta) empregada na pesca de peixes grandes e cetáceos.

ar.pe.jar (*arpejo+ar*[1]) *vint Mús* Produzir arpejos.

ar.pe.jo (ê) (*ital arpeggio*) *sm Mús* Acorde de sons sucessivos em instrumentos de cordas.

ar.po.ar (*arpão+ar*[1]) *vtd* Atirar o arpão em, ferir com o arpão (cetáceos ou peixes grandes).

ar.que.a.ção (*arquear+ção*) *sf* **1** Ação de arquear. **2** Curvatura de um arco.

ar.que.a.do (*part* de *arquear*) *adj* Em forma de arco; curvado.

ar.que.ar (*arco+e+ar*[1]) *vtd* e *vpr* Curvar(-se) em forma de arco; arcar(-se). Conjuga-se como *frear*.

ar.quei.ro (*arca+eiro*) *sm* **1** Fabricante ou vendedor de arcas. **2** Fabricante ou vendedor de arcos para pipas. **3** *Mil* O que luta com arco. **4** *Esp* Goleiro.

ar.que.jar (*arca+ejar*) *vti* e *vint* Respirar com dificuldade, sofrendo; ansiar, arfar, ofegar.

ar.que.jo (ê) (de *arquejar*) *sm* **1** Ato de arquejar. **2** Falta de fôlego. **3** Respiração ofegante; arquejamento.

ar.que.o.lo.gi.a (*arqueo+logo+ia*¹) *sf* **1** Ciência das coisas antigas. **2** Conhecimento dos monumentos da Antiguidade e da Idade Média. **3** Estudo das velhas civilizações, a partir dos monumentos e escavações.

ar.que.o.ló.gi.co (*arqueo+logo+ico*²) *adj* **1** Referente à Arqueologia. **2** Muito velho, antigo.

ar.que.ó.lo.go (*arqueo+logo*) *sm* Indivíduo perito ou versado em Arqueologia.

ar.que.tí.pi.co (de *arquétipo+ico*²) *adj* Relativo ou pertencente a arquétipo.

ar.qué.ti.po (*gr arkhétypon*) *sm* **1** Modelo dos seres criados. **2** O que serve de modelo ou exemplo, em estudos comparativos. **3** Protótipo.

ar.qui.ban.ca.da (*arqui+bancada*) *sf* Série de assentos dispostos em fileiras, em diversos planos, característica de estádios e circos, para acomodar grande quantidade de espectadores.

ar.qui.di.o.ce.sa.no (*arquidiocese+ano*) *adj* Que se refere à arquidiocese.

ar.qui.di.o.ce.se (*arqui+diocese*) *sf* Diocese comandada por um arcebispo; arcebispado.

ar.qui.du.ca.do (*arquiduque+ado*¹) *sm* **1** Dignidade de arquiduque. **2** Território pertencente a arquiduque.

ar.qui.du.que (*arqui+duque*) *sm* Título superior a duque. *Fem: arquiduquesa*.

ar.qui.du.que.sa (*arqui+duquesa*) *sf* **1** Mulher de um arquiduque. **2** Título das princesas austríacas.

ar.qui.e.pis.co.pa.do (*arqui+episcopado*) *V arcebispado*.

ar.qui.e.pis.co.pal (*arqui+episcopal*) *V arcebispal*.

ar.qui-i.ni.mi.go (*arqui+inimigo*) *adj + sm* Que, ou aquele que é mais inimigo; inimigo poderoso. *Pl: arqui-inimigos*.

ar.qui.mi.li.o.ná.rio (*arqui+milionário*) *adj + sm* Que, ou aquele que é muitas vezes milionário.

ar.qui.pé.la.go (*arqui+pélago*) *sm* Grupo de ilhas próximas umas das outras.

ar.qui.te.tar (*arquiteto+ar*¹) *vtd* **1** Edificar, construir (casa, palácio, templo etc.). **2** Idealizar, projetar.

ar.qui.te.to (*lat architectu*) *sm* **1** Aquele que projeta ou dirige construções de edifícios. **2** O que projeta ou idealiza qualquer coisa. **3** O que se graduou num curso de arquitetura. *Fem: arquiteta*.

ar.qui.te.tô.ni.co (*gr arkhitektonikós*) *adj* Relativo ou pertencente à arquitetura.

ar.qui.te.tu.ra (*lat architectura*) *sf* **1** Arte de projetar e construir prédios, edifícios ou outras estruturas. **2** Constituição do edifício. **3** Constituição de um todo. **4** Projeto, plano.

ar.qui.va.men.to (*arquivar+mento*) *sm* Ação ou efeito de arquivar.

ar.qui.var (*arquivo+ar*¹) *vtd* **1** Depositar, guardar em arquivo. **2** Recolher, reter na memória. **3** Interromper o andamento de (um processo, inquérito etc.). **4** *Inform* Guardar dados na memória de um computador.

ar.qui.vis.ta (*arquivo+ista*) *s m+f* Funcionário que cuida do arquivo e é responsável por ele.

ar.qui.vo (*lat archivu*, do *gr arkheîon*) *sm* **1** Casa ou móvel onde se conservam ou guardam documentos escritos. **2** Coleção de qualquer espécie de documentos ou materiais importantes, ou de valor histórico, como manuscritos, fotografias, correspondência etc. **3** Registro. **4** *Inform* Seção de dados num computador, como lista de endereços, textos, contas de clientes, na forma de registros individuais que podem conter dados, letras, números ou gráficos. *Arquivo morto:* o de documentos muito antigos, e que raramente é consultado. *Queimar o arquivo, gír:* matar uma testemunha ou sumir com documentos para eliminar provas de um crime ou denúncia.

ar.ra.bal.de (*ár ar-rabaD*) *sm* **1** Povoação que fica perto de uma cidade, da qual depende. **2** Arredores, cercanias. **3** Proximidade, vizinhança. **4** Subúrbio.

ar.rai.a (*a*¹*+raia*) *sf* **1** *Ictiol* Denominação vulgar de certos peixes, que apresentam corpo achatado, nadadeiras peitorais bastante grandes, cauda alongada com esporão agudo. A maioria vive no mar, mas muitos se adaptaram à água doce. **2** Papagaio de papel de seda. *Var: raia*.

ar.rai.al (*a*¹*+real*) *sm* **1** Pequena povoação. **2** Acampamento de militares. **3** Lugar de povoação temporária. **4** Lugar onde há festas e aglomeração popular.

ar.rai.a-mi.ú.da *sf* **1** Plebe, povo. **2** A classe mais pobre. *Pl: arraias-miúdas*.

ar.rai.gar (*a*¹*+lat radicare*) *vtd* **1** Firmar pela raiz; enraizar. *vint* e *vpr* **2** Lançar ou criar raízes; radicar-se. *vpr* **3** Firmar-se com segurança. *vtd* e *vpr* **4** Estabelecer(-se) em algum lugar, com ânimo de permanecer nele. *vtd* **5** Tornar permanente. *Conjug – Pres indic: arraigo, arraigas, arraiga* etc.; *Pres subj: arraigue, arraigues, arraigue, arraiguemos, arraigueis, arraiguem. Antôn: desarraigar, destruir*.

ar.ran.ca.da (*arrancar+ada*¹) *sf* **1** Ação de arrancar. **2** Investida. **3** Movimento repentino. **4** Partida na corrida de cavalos.

ar.ran.car *vtd* **1** Fazer sair puxando, tirar, extrair com força e violência. *vti, vint* e *vpr* **2** Partir ou sair de algum lugar com força, e de repente. *vti* **3** Avançar com força. *vtd* **4** Obter à força. *vtd* **5** Conseguir com muita insistência. *vpr* **6** *gír* Fugir: *Ao ver a polícia, se arrancou*. *Antôn* (acepção 1): *prender, segurar*.

ar.ran.ca-ra.bo *sm pop* **1** Discussão, bate-boca. **2** Barulho, briga, conflito, rolo. *Pl: arranca-rabos*.

ar.ran.co (de *arrancar*) *sm* **1** Ação ou efeito de arrancar. **2** Movimento violento para sair ou para atacar. **3** Empurrão.

ar.ra.nha-céu (*arranha+céu*) *sm* Edifício com grande número de andares, situado entre os mais altos de uma localidade. *Pl: arranha-céus*.

ar.ra.nha.du.ra (*arranhar+dura*) *sf* **1** Ação ou resultado de arranhar. **2** Ferida leve produzida por uma ponta aguda, unha etc., roçando fortemente a pele. *Var: arranhadela, arranhão*.

ar.ra.nhão (*arranhar+ão*²) *V arranhadura*.

ar.ra.nhar (*cast arañar*) *vtd* e *vpr* **1** Ferir(-se) ligeiramente roçando com as unhas ou com qualquer objeto pontudo. *vint* **2** Causar arranhão. *vtd* **3** Tocar mal (instrumento de música). *vtd* **4** Falar de modo imperfeito (uma língua).

ar.ran.ja.do (*part* de *arranjar*) *adj* **1** Arrumado, disposto em ordem, organizado, preparado. **2** *pop* Diz-se de quem é meio rico, de quem está em condições prósperas.

ar.ran.jar (*fr arranger*) *vtd* **1** Pôr em ordem; arrumar; ordenar. *vtd* e *vti* **2** Conseguir, obter. *vtd* **3** Consertar, reparar. *vpr* **4** Obter meios ou recursos, governar bem a vida, economicamente. *vtd* **5** Conciliar, resolver. *vtd* **6** *Mús* Fazer o arranjo de (uma composição). *vpr* **7** Arrumar-se. *Antôn* (acepção 1): *desarranjar, alterar*.

ar.ran.jo (de *arranjar*) *sm* **1** Ação ou efeito de arranjar; arrumação. **2** Acordo. **3** *Mús* Adaptação de uma composição a vozes ou instrumentos para os quais originalmente não havia sido escrita. *Antôn* (acepção 1): *desarranjo, transtorno*.

ar.ran.que (de *arrancar*) *sm* **1** Ato ou resultado de arrancar; arranco. **2** Ato ou efeito de arrancar, de tirar da terra (minério, pedras etc.). **3** Início de movimento de um motor ou máquina. **4** Início de marcha de um veículo a motor ou movido por máquina a vapor. **5** Ato de pôr em movimento motor ou máquina; arrancada.

ar.ras (*lat arrhas*) *sf pl* **1** *Dir* Sinal que uma das partes do contrato entrega à outra como garantia. **2** Garantia, penhor.

ar.ra.sa.do (*part* de *arrasar*) *adj* **1** Tornado raso. **2** Arruinado, destruído.

ar.ra.sa.dor (*arrasar+dor*) *adj* Que arrasa; arrasante. • *sm* Destruidor.

ar.ra.sar (a^1+*raso*+ar^1) *vtd* e *vpr* **1** Tornar(-se) raso. *vtd* **2** Demolir, derrubar (uma construção). *vtd* **3** Arruinar, estragar. *vtd* **4** Humilhar com ofensas e palavras violentas. *vtd* **5** Fazer perder os bens, a paz de espírito, a coragem. *vtd* e *vint* **6** *gír* Agradar, impressionar, destacar-se.

ar.ras.tão (*arrastar*+$ão^2$) *sm* **1** Esforço que faz quem arrasta. **2** Marca deixada no solo por coisa arrastada. **3** Rede em forma de saco, que, atrás das embarcações de pesca, se arrasta pelo fundo da água. **4** *gír* Furto praticado por turmas de pivetes em locais de grande concentração de pessoas, como praças públicas e praias, em geral sem violência física.

ar.ras.ta-pé (*arrastar+pé*) *sm pop* Baile popular. *Pl: arrasta-pés*.

ar.ras.tar (a^1+*rastro*+ar^1) *vtd* **1** Levar ou trazer de rastros ou à força. *vti, vint* e *vpr* **2** Ir roçando o corpo ou a maior parte dele pelo chão. *vtd* **3** Levar, puxar ou mover com dificuldade. *vpr* **4** Ir ou andar com dificuldade. *vtd* **5** Atrair, levar atrás de si. *vtd* **6** Rolar ou levar com força ou violência. *vtd* e *vint* **7** Roçar. *vtd* **8** Falar devagar, por preguiça ou dificuldade na pronúncia. *vpr* **9** Passar muito lentamente (tempo, aula, filme etc.). *vtd* **10** *Inform* Mover ícone, texto ou arquivo na tela, mantendo pressionado um dos botões do *mouse*.

ar.ras.to (de *arrastar*) *sm* Ação de arrastar.

ar.ra.zo.a.do (*part* de *arrazoar*) *adj* **1** Justo, sensato. **2** Certo, acertado. **3** Adequado, apropriado. **4** Argumentado, justificado. • *sm* Discurso oral ou escrito que tem por fim defender uma causa.

ar.ra.zo.ar (a^1+*razão*+ar^1) *vtd* **1** Expor o direito de (uma causa), dizendo as razões. *vint* **2** Raciocinar. *vti* e *vint* **3** Discutir, disputando.

ar.re! (*ár harre*) *interj* Indica raiva, aborrecimento.

ar.re.a.men.to (*arrear*+*mento*²) *sm* **1** Ação de arrear; arreação. **2** *V arreio*.

ar.re.ar (*arreio*+ar^1) *vtd* **1** Pôr arreio em (animal de montaria). *vtd* e *vpr* **2** Enfeitar(-se), adornar(-se). **3** *V arriar*. Conjuga-se como *frear*.

ar.re.ba.nhar (a^1+*rebanho*+ar^1) *vtd* **1** Juntar em rebanho, juntar o gado. **2** Reunir, juntar. *Antôn*: *dispersar*.

ar.re.ba.ta.dor (*arrebatar+dor*) *adj* **1** Que arrebata. **2** Sedutor, envolvente, excitante. • *sm* Aquele que arrebata.

ar.re.ba.ta.men.to (*arrebatar+mento*) *sm* **1** Ação de arrebatar. **2** Furor repentino; impulso. **3** Excitação.

ar.re.ba.tar (a^1+*rebate*+ar^1) *vtd* **1** Tirar com violência. *vtd* **2** Levar para longe e de repente. *vtd* **3** Levar para o outro mundo, matar. *vtd* **4** Raptar. *vtd* **5** Arrancar, arrastar ou transportar com força. *vtd* **6** Atrair, encantar. *vtd* e *vpr* **7** Levar ou deixar-se levar por raiva ou outra paixão violenta; enfurecer(-se). *vpr* **8** Entusiasmar-se, extasiar-se.

ar.re.ben.ta.ção (*arrebentar*+*ção*) *sf* **1** Ação de arrebentar. **2** Movimento de ondulação das ondas do mar, quando batem na praia ou num recife, formando espuma. **3** Local exato onde as ondas do mar quebram ao encontro da praia.

ar.re.ben.ta.do (*part* de *arrebentar*) *adj* **1** Que se arrebentou. **2** Inutilizado por grandes esforços. **3** Que está em más condições financeiras. **4** Falido, quebrado.

ar.re.ben.ta.men.to (*arrebentar*+*mento*) *sm* **1** Ação de arrebentar. **2** Estouro, explosão. **3** Ruído do que arrebenta. **4** Quebra.

ar.re.ben.tar (a^1+*rebentar*) *V rebentar*.

ar.re.bi.ta.do (*part* de *arrebitar*) *adj* **1** Virado para cima: *Nariz arrebitado*. **2** Atrevido, insolente.

ar.re.bi.tar (a^1+*rebitar*) *vtd* e *vpr* **1** Virar(-se) para cima, a ponta ou aba de. *vpr* **2** Levantar-se, erguer-se.

ar.re.bi.te (a^1+*rebite*) *sm* **1** Ímpeto, repente. **2** *V rebite*.

ar.re.bol (a^1+*lat rubore*) *sm* **1** Cor avermelhada das nuvens, ao nascer do dia ou no fim da tarde. **2** *fig* Princípio, início. *Pl: arrebóis*.

ar.re.ca.da.ção (*arrecadar+ção*) *sf* **1** Ação de arrecadar. **2** Cobrança de receitas e impostos. **3** Lugar onde se arrecadam coisas para depósito.

ar.re.ca.dar (a^1+*recadar*) *vtd* **1** Pôr em lugar seguro. **2** Cobrar, receber.

ar.re.ci.fe (*ár ar-raSîf*) *V recife*.

ar.re.da.do (*part* de *arredar*) *adj* Afastado, desviado, removido para trás.

ar.re.dar (*lat *ad retare*) *vtd* **1** Afastar, desviar. *vtd* e *vpr* **2** Remover(-se) para trás. *vint* e *vpr* **3** Afastar-se, pôr-se longe. *Antôn: aproximar*. *Arredar o pé*: sair de um lugar.

ar.re.di.o (*lat errativu*) *adj* **1** Que anda longe do lugar aonde costumava ir ou da companhia que tinha. **2** Que se afasta da sociedade, arisco. **3** Afastado.

ar.re.don.da.do (*part* de *arredondar*) *adj* **1** De forma algo redonda ou circular. **2** Curvo, obtuso.

ar.re.don.da.men.to (*arredondar+mento*) *sm* Ação de arredondar.
ar.re.don.dar (*a¹+redondo+ar¹*) *vtd* e *vpr* **1** Tornar(-se) redondo, dar forma de círculo a. *vtd* **2** Tornar curvo, obtuso, o que estava agudo. *vtd* **3** Exprimir por número redondo, cortando os quebrados; transformar em número redondo, cortando a fração.
ar.re.dor (*a¹+redor*) *adv* Ao redor, em redor, em volta de. • *adj* Vizinho. • *sm* Terreno vizinho. *sm pl* Vizinhanças, proximidades, cercanias.
ar.re.fe.cer (*a¹+lat refrigescere*) *vtd* **1** Abaixar a temperatura de; fazer esfriar. *vint* e *vpr* **2** Esfriar, tornar-se frio. *vtd* **3** Refrescar. *vtd* **4** Moderar. *vti* e *vint* **5** Desanimar. *Antôn: aquecer, animar, estimular, excitar*.
ar.re.fe.ci.men.to (*arrefecer+mento*) *sm* **1** Ação de arrefecer; esfriamento. **2** Estado de coisa arrefecida.
ar.re.ga.çar (*a¹+regaço+ar¹*) *vtd* **1** Juntar, puxar. *vtd* **2** Puxar para cima ou para trás; enrolar para cima (calça, saia, mangas etc.). *vint* **3** Ir para cima ou para trás (parte da roupa).
ar.re.ga.lar (*a¹+regalar*) *vtd* **1** Abrir muito (os olhos) por espanto ou satisfação. *vpr* **2** Usar plenamente, com prazer: *Arregalou-se com o doce.*
ar.re.ga.nha.do (*part* de *arreganhar*) *adj* Que arreganha os dentes por qualquer motivo.
ar.re.ga.nhar (*a¹+lat vulg *recaniare*) *vtd* Mostrar (os dentes), abrindo os lábios com expressão de raiva ou riso.
ar.re.ga.nho (de *arreganhar*) *sm* **1** Ação de arreganhar. **2** Abertura da boca, mostrando os dentes, como faz o cão, o tigre etc.
ar.re.gi.men.ta.ção (*arregimentar+ção*) *sf* Ação de arregimentar.
ar.re.gi.men.ta.do (*part* de *arregimentar*) *adj* **1** Que faz parte de um regimento. **2** Que está unido como sócio.
ar.re.gi.men.tar (*a¹+regimento+ar¹*) *vtd* e *vpr* **1** Mil Alistar(-se) ou reunir(-se) em regimento. **2** Reunir(-se) em bando, partido ou sociedade.
ar.re.go (*ê*) *sm* Usado na locução *pedir arrego*: pedir trégua; acovardar-se, dar-se por vencido.
ar.rei.o (de *arrear*) *sm* Adorno, enfeite, ornamento. *sm pl* **1** Conjunto das peças com que se arreia o cavalo para montaria. **2** Peças com que se preparam os animais de carga. *Var: arreamento*.
ar.re.li.a *sf* **1** Zanga, irritação. **2** Briga, rixa. **3** Barulho, vaia.
ar.re.li.ar (*arrelia+ar¹*) *vtd* **1** Provocar arrelia a; zangar, irritar. *vpr* **2** Zangar-se, aborrecer-se, irritar-se.
ar.re.ma.ta.ção (*arrematar+ção*) *sf* **1** Ação de arrematar. **2** Venda ou compra em leilão.
ar.re.ma.ta.do (*part* de *arrematar*) *adj* **1** Adquirido em leilão. **2** Diz-se do acabamento, ou do enfeite final de uma obra. **3** Feito para imitar alguma pessoa, animal ou coisa.
ar.re.ma.tar¹ (*a¹+rematar*) *vtd* **1** Adquirir em leilão. *vint* **2** Dar vendida a coisa que se pôs em leilão.
ar.re.ma.tar² (*a¹+remate+ar¹*) *vtd* **1** Acabar, terminar; rematar. *vtd* **2** Fazer remate de pontos em (costura). *vtd* **3** Dar o retoque final a. *vint* **4** Fut Terminar uma série de jogadas, atirando a bola com intenção de marcar ponto.
ar.re.ma.te (de *arrematar¹*) *sm* **1** Feira de animais, onde se fazem transações de compra e venda. **2** Compra em leilão. **3** Acabamento, conclusão, remate.
ar.re.me.dar (*a¹+remedar*) *vtd* **1** Imitar, fazendo gozação; remedar. **2** Copiar, produzir imitando. **3** Assemelhar.
ar.re.me.do (*mê*) (de *arremedar*) *sm* **1** Ação de arremedar. **2** Cópia, imitação. **3** Aparência, fingimento.
ar.re.mes.sa.dor (*arremessar+dor¹*) *adj* + *sm* Que, ou o que arremessa.
ar.re.mes.sar (*a¹+remessar*) *vtd* **1** Jogar, lançar com força. *vpr* **2** Jogar-se, atirar-se com força. *vpr* **3** Correr ou avançar com precipitação. *vpr* **4** Atacar, investir contra.
ar.re.mes.so (*mê*) (de *arremessar*) *sm* **1** Ação ou resultado de arremessar. **2** Ataque, investida. **3** *Esp* Lançamento de bola para a cesta no basquete; chute no futebol. *Var: arremessamento*.
ar.re.me.ter (*a¹+lat remittere*) *vti* e *vint* **1** Atacar ou assaltar com fúria ou ímpeto; investir. *vti* e *vint* **2** Avançar com força ou com ar ameaçador. *vti* **3** Entrar impetuosamente.
ar.re.me.ti.da (*part* de *arremeter*, no *fem*) *sf* **1** Ação de arremeter; arremesso; ataque. **2** Impulso.
ar.ren.da.do (*part* de *arrendar*) *adj* **1** Dado ou tomado de arrendamento. **2** Que paga renda anual. **3** Que tem boas rendas. **4** Que imita a renda. **5** Enfeitado de rendas.
ar.ren.da.dor (*arrendar+dor*) *sm* Aquele que dá em arrendamento. *Antôn: arrendatário*.
ar.ren.da.men.to (*arrendar+mento*) *sm* **1** Ato de arrendar. **2** Contrato pelo qual uma pessoa cede à outra, por prazo certo e mediante pagamento de aluguel, o uso e gozo de coisas como prédios, veículos etc. **3** O preço que se paga para arrendar.
ar.ren.dar (*a¹+renda¹+ar¹*) *vtd* **1** Dar em arrendamento. **2** Tomar em arrendamento. **3** Dar a forma de renda a. **4** Enfeitar com rendas; rendilhar.
ar.re.da.tá.rio (*arrendar+ário*) *sm* O que toma em arrendamento alguma coisa. *Antôn: arrendador*.
ar.re.ne.gar (*a¹+renegar*) *vtd* **1** Renegar, rejeitar. **2** Amaldiçoar. **3** Detestar, odiar.
ar.re.pen.der (*lat tepoenitere*) *vpr* **1** Ter mágoa ou dor pelos erros ou faltas cometidas. **2** Mudar de opinião ou intenção.
ar.re.pen.di.men.to (*arrepender+mento*) *sm* **1** Ato de arrepender-se; dor sincera por algum ato ou omissão. **2** Mudança de intenção. **3** Desistência de coisa feita.
ar.re.pi.an.te (de *arrepiar*) *adj m+f* **1** Que arrepia. **2** Assustador, terrível, pavoroso.
ar.re.pi.ar (*lat horripilare*) *vtd* **1** Levantar ou encrespar; fazer eriçar (cabelos, pelos etc.). *vpr* **2** Levantar-se, eriçar-se. *vtd* e *vpr* **3** Fazer tremer (ou tremer) de frio, horror, medo ou susto. *vint* **4** Causar arrepios. *vtd* **5** Causar horror a, dar medo em. *vtd* **6** *gír* Superar os demais, chamar a atenção, fazer sucesso. *Var: arrupiar*.
ar.re.pi.o (de *arrepiar*) *sm* **1** Ato ou efeito de arrepiar. **2** Direção inversa da que tem o cabelo, o pelo etc. **3** Calafrio.

ar.res.tar (*lat ad+restare*) *vtd* **1** *Dir* Fazer arresto em; sequestrar. **2** Confiscar.

ar.res.to (de *arrestar*) *sm Dir* **1** Apreensão, ordenada por juiz, da coisa que se disputa ou de bens suficientes para garantir o pagamento da dívida, até a decisão definitiva da ação. **2** *V embargo* (acepção 3).

ar.re.ta.do (*part* de *arretar*) *adj Reg* (Nordeste) Belo, grandioso, vistoso, bacana, legal.

ar.re.ve.sa.do (*part* de *arrevesar*) *adj* **1** Feito ao revés, contrário. **2** Confuso, obscuro. **3** Que não dá para entender.

ar.ri.a.men.to (*arriar+mento*) *sm* **1** Ação ou efeito de arriar. **2** Cansaço.

ar.ri.ar (*cast arriar*) *vtd* **1** Baixar, pôr no chão (objeto muito pesado). *vint* e *vtd* **2** Ceder, abaixar: *O assoalho arriou. Ele arriou as calças.* *vint* **3** Afrouxar: *Após tanto esforço, tinha de arriar.* *vtd* **4** Abater, prostrar. *Antôn* (acepção 2): *suspender*.

ar.ri.ba (*lat ad+ripa*) *adv* **1** Acima, para cima, para lugar elevado. **2** Adiante, para a frente. • *interj* Para cima! Avante! Adiante!

ar.ri.ba.ção (*arribar+ção*) *sf* **1** Ato ou efeito de arribar. **2** Migração de animais em busca de melhores condições de vida.

ar.ri.bar (*lat arripare*) *vint* **1** *Mar* Voltar ao porto (navio) devido a temporais. **2** Fugir, partir às ocultas. **3** Melhorar de sorte ou vida.

ar.ri.mar (a^1+*rima*+ar^1) *vtd* e *vpr* **1** Apoiar(-se), encostar(-se). *vtd* **2** Amparar, servir de arrimo a. *vpr* **3** Valer-se de.

ar.ri.mo (de *arrimar*) *sm* **1** Amparo, auxílio, encosto, proteção. **2** Pessoa que serve de amparo a outra.

ar.ris.ca.do (*part* de *arriscar*) *adj* **1** Que oferece risco. **2** Ousado.

ar.ris.car (a^1+*risco*+ar^1) *vtd* e *vpr* **1** Pôr(-se) em risco ou perigo. **2** Expor(-se) a bom ou mau sucesso; aventurar(-se).

ar.rit.mi.a (*gr arrhythmía*) *sf Med* Falta de regularidade nas pulsações.

ar.ri.vis.mo (*fr arrivisme*) *sm gal* Comportamento de quem procura conseguir posições e obter dinheiro, sem se importar com os meios.

ar.ri.vis.ta (*fr arriviste*) *s m+f* **1** Pessoa dada ao arrivismo. **2** Felizardo.

ar.ri.zo.tô.ni.co (*arrizo+tônico*) *adj Gram* Diz-se das palavras cuja sílaba tônica está na terminação ou na desinência e não na raiz.

ar.ro.ba (*ô*) (*ár ar-ruba'*) *sf* **1** Antiga unidade de medida de peso, ainda hoje usada no Brasil, equivalente a 14,688 kg. **2** *Inform* Nome do sinal gráfico @, utilizado em endereçamento eletrônico como separador entre a identificação do usuário e a de seu provedor.

ar.ro.char (*arrocho*+ar^1) *vtd* **1** Ligar, apertando. *vtd* **2** Apertar fortemente. *vpr* **3** Apertar-se, comprimir-se.

ar.ro.cho (*ô*) (de *arrochar*) *sm* **1** Ação de arrochar. **2** Aperto, opressão. **3** Situação difícil. *Arrocho salarial:* contenção de salário. *Dar, levar arrocho:* exercer ou sofrer pressão, coação.

ar.ro.gân.cia (*lat arrogantia*) *sf* Altivez, orgulho, presunção. *Antôn: amenidade, afabilidade.*

ar.ro.gan.te (*lat arrogante*) *adj m+f* **1** Altivo, orgulhoso, presunçoso. **2** Corajoso, valente. *Antôn* (acepção 1): *modesto.*

ar.ro.gar (*lat arrogare*) *vtd* **1** Apropriar-se de, tomar como próprio. *vpr* **2** Atribuir-se indevidamente, tomar como seu: *Arrogar-se o direito de mandar.*

ar.roi.o (*lat vulg arrugiu* por *arrugia*, de origem ibérica) *sm* **1** Pequena corrente de água, não permanente. **2** Ribeiro, regato.

ar.ro.ja.do (*part* de *arrojar*) *adj* **1** Audacioso, destemido, ousado, valente. **2** Arriscado, perigoso. **3** Agitado, fogoso, impetuoso.

ar.ro.ja.men.to (*arrojar+mento*) *sm* Ação de arrojar.

ar.ro.jar (*cast arrojar* e este do *lat vulgar ad+ *rotulare*) *vtd* e *vpr* **1** Lançar(-se) com força; arremessar(-se). *vtd* **2** Lançar fora ou ao lado. *vtd* **3** Levar ou trazer, arrastando. *vpr* **4** Andar arrastando-se. *vpr* **5** Atrever-se, lançar-se (a aventuras, negócios arriscados).

ar.ro.jo (*ô*) (de *arrojar*) *sm* **1** Ação de arrojar. **2** Ousadia, audácia.

ar.ro.la.men.to (*arrolar+mento*) *sm* **1** Ação de arrolar. **2** Levantamento, lista.

ar.ro.lar (a^1+*rol*+ar^1) *vtd* **1** Colocar em uma lista. *vtd* **2** Fazer relação de; inventariar. *vtd* **3** Classificar. *vtd* e *vpr* **4** Alistar(-se), recrutar(-se).

ar.ro.lhar (a^1+*rolha*+ar^1) *vtd* Tapar com rolha.

ar.rom.ba (de *arrombar*) *sf Mús* Canção para viola, muito viva e barulhenta. *De arromba:* diz-se de coisa muito boa ou que causa espanto.

ar.rom.ba.dor (*arrombar+dor*) *sm* Aquele que arromba; ladrão.

ar.rom.ba.men.to (*arrombar+mento*) *sm* Ação ou resultado de arrombar, rombo.

ar.rom.bar (a^1+*rombo*+ar^1) *vtd* **1** Fazer rombo em. **2** Despedaçar, quebrar. **3** Abrir com violência.

ar.ros.tar (a^1+*rosto*+ar^1) *vtd* **1** Encarar, olhar de frente. **2** Enfrentar sem medo.

ar.ro.tar (*lat eructare*) *vint* **1** Dar arrotos. *vtd* e *vti* **2** Ostentar, fazer alarde de: *Embora pobre, arrotava grandeza.*

ar.ro.to (*ô*) (de *arrotar*) *sm* Emissão com ruído, pela boca, de gases provenientes do estômago.

ar.rou.ba.men.to (*arroubar+mento*) *sm* **1** Ação de arroubar. **2** *V arrebatamento.* *Var: arroubo.*

ar.rou.bar (a^1+*roubo*+ar^1) *vtd* e *vpr* Entusiasmar(-se), extasiar(-se), arrebatar(-se).

ar.rou.bo (de *arroubar*) *V arrebatamento.* *Var: arroubamento.*

ar.ro.xe.a.do (*part* de *arroxar*) *adj* **1** Que se tornou roxo. **2** Que se aproxima do roxo.

ar.ro.xe.ar (a^1+*roxo*+*e*+ar^1) *vtd* e *vpr* Tornar(-se) roxo. Conjuga-se como *frear*.

ar.roz (*ár ar-ruz*) *sm* **1** *Bot* Planta muito cultivada em climas quentes e cujo grão é usado como alimento básico em vários países, sobretudo da Ásia, e também na maior parte do Brasil. **2** Grão produzido por essa planta. *Col: batelada, partida.* **3** Preparação culinária com que entram somente esses grãos, com ou sem tempero. *Arroz de festa:* pessoa que gosta de festas e as frequenta muito.

ar.roz-do.ce *sm Cul* Arroz cozido com leite, açúcar, casca de limão, canela, cravo etc. Servido, em geral, polvilhado com canela. *Pl: arrozes-doces.*

ar.ro.zal (*arroz+al*[1]) *sm* Terreno plantado de arroz.
ar.ru.a.ça (de *arruar*) *sf* Desordem nas ruas, tumulto popular.
ar.ru.a.cei.ro (*arruaça+eiro*) *sm* Sujeito que faz arruaça.
ar.ru.a.men.to (*arruar+mento*) *sm* **1** Ação de arruar. **2** Distribuição em ruas. **3** Disposição de prédio ao longo de uma rua.
ar.ru.ar (*a*[1]+*rua+ar*) *vtd* **1** Dividir ou distribuir em ruas. **2** Alinhar (ruas).
ar.ru.da (*a*[1]+*lat ruta*) *sf Bot* Erva europeia, de cujas folhas, que são verde-cinzentas, se obtém um óleo irritante e venenoso. Segundo a superstição, tem a qualidade de espantar o mau-olhado.
ar.ru.e.la (*a*[1]+*fr ant roelle*) *sf Mec* Anel de metal, couro, borracha etc., destinado a vedar uma junta ou o aperto de parafuso ou porca.
ar.ru.fo (de *arrufar*) *sm* Zanga passageira, amuo.
ar.ru.i.na.do (*part* de *arruinar*) *adj* **1** Destruído. **2** Desbaratado. **3** Empobrecido. **4** *pop* Inflamado, infeccionado: *A doença começou com a ferida arruinada*.
ar.ru.i.nar (*a*[1]+*ruína+ar*[1]) *vtd* **1** Destruir, pôr em ruína. *vint* e *vpr* **2** Cair em ruína, destruir-se. *vtd* **3** Prejudicar. *vtd* **4** Empobrecer. *vpr* **5** Ficar na miséria, perdendo ou desbaratando os bens. *vtd* **6** Fazer perder a saúde. *vpr* **7** Estragar-se. *vint* **8** *pop* Infeccionar, gangrenar. *Conjug:* recebe acento nas formas rizotônicas: *arruíno, arruínas, arruína, arruínam; arruíne, arruínes, arruínem*.
ar.rui.va.do (*a*[1]+*ruivo+ada*[1]) *adj* Meio ruivo.
ar.ru.lhar (*voc onom*) *vint* Produzir arrulhos, como as pombas e rolas. *Conjug:* com raras exceções, conjuga-se apenas na 3ª pessoa do singular e na 3ª do plural.
ar.ru.lho (de *arrulhar*) *sm* Som produzido pelas pombas e rolas.
ar.ru.ma.ção (*arrumar+ção*) *sf* **1** Ação ou efeito de arrumar. **2** Arranjo. **3** *pop* Esperteza.
ar.ru.ma.da (de *arrumar*) V *arrumadela*.
ar.ru.ma.dei.ra (*arrumar+deira*) *adj f* Diz-se da mulher incumbida da arrumação da casa. • *sf* **1** Mulher que tem cuidado com a arrumação das coisas de casa. **2** Empregada cujo serviço é arrumar a casa.
ar.ru.ma.de.la (*arrumar+dela*) *sf* **1** Arrumação rápida e superficial. **2** Arrumada.
ar.ru.ma.do (*part* de *arrumar*) *adj* **1** Arranjado, posto em ordem. **2** Dirigido a certo rumo. **3** Ajustado. **4** Em situação econômica razoável. **5** Vestido.
ar.ru.mar (*fr arrumer*, formado do *germ rûm*) *vtd* **1** Arranjar, pôr em ordem. *vtd* **2** Dirigir em determinado rumo. *vpr* **3** Arranjar-se: *Arrume-se como puder. vpr* **4** Tirar bom partido do emprego ou comissão. *vtd* e *vpr* **5** Casar. *Antôn* (acepção 1): *desarrumar*.
ar.se.nal (*ár dar-Sinâ'a*, através do *ital arsenale*) *sm* **1** Estabelecimento em que se fabricam ou se guardam armas, munições e apetrechos de guerra. **2** *fig* Grande quantidade.
ar.sê.ni.co (*gr arsenikón*) *adj Quím* Que contém arsênio. • *sm* V *arsênio*.
ar.sê.nio (*gr arsenikón*) *sm Quím* Elemento sólido que se apresenta sob forma metálica, de número atômico 33 e símbolo As. *Var: arsênico*.

ar.te (*lat arte*) *sf* **1** Conjunto de regras para dizer ou fazer com acerto alguma coisa. **2** Livro ou tratado que contém essas regras. **3** Obra didática que contém os princípios de alguma matéria. **4** Saber ou perícia em fazer alguma coisa. **5** Habilidade. **6** Artifício. **7** Maneira, modo, jeito. **8** Profissão, ofício. **9** Artimanha, astúcia. **10** Maldade, malícia. **11** Ação ruim. **12** *pop* Travessura de criança. *Arte culinária:* arte da preparação de alimentos. *Arte marcial:* conjunto de habilidades técnicas e corporais destinadas à defesa ou ataque, com ou sem o uso de armas. *Arte moderna:* designação comum a diversos movimentos da literatura, artes plásticas, arquitetura, música e dança surgidos a partir do fim do século XIX. *Artes gráficas:* a) artes e técnicas aplicadas para representação, decoração, escrita e impressão, em superfícies planas; b) gravura, fotografia etc., relacionadas à confecção de livros e outras publicações. *Artes plásticas:* artes como a escultura e a pintura em que se produzem formas tridimensionais ou que dão a impressão de ser tridimensionais.
ar.te.fa.to (*lat arte factu*) *sm* Nome dado a qualquer objeto produzido pelo trabalho manual ou pela indústria. *Artefato pirotécnico:* bombas ou fogos de artifício. *Var: artefacto*.
ar.te-fi.nal *sf* **1** *Art Gráf* Trabalho de arte, quando terminado e pronto para reprodução. **2** *Propag* Acabamento final dos desenhos para o anúncio. *Pl: artes-finais*.
ar.te-fi.na.lis.ta *s m+f Art Gráf* e *Propag* Profissional que executa artes-finais. *Pl: arte-finalistas*.
ar.tei.ro (*arte+eiro*) *adj* **1** Que tem arte; astuto, manhoso. **2** *pop* Que faz travessuras; travesso, peralta.
ar.te.lho (ê) (*lat articulu*) *sm* Dedo do pé.
ar.té.ria (*gr artería*) *sf* **1** *Anat* Nome dos vasos sanguíneos que levam o sangue dos ventrículos do coração às diferentes partes do corpo. **2** Grande via de comunicação.
ar.te.ri.al (*artéria+al*[1]) *adj m+f* **1** Relativo ou pertencente a uma artéria ou às artérias. **2** Relativo ao sangue vermelho-claro, presente na maioria das artérias e em algumas veias, que recebeu oxigênio durante sua passagem através dos pulmões ou brânquias.
ar.te.ri.os.cle.ro.se (*artério+esclero+ose*) *sf Med* Endurecimento das artérias.
ar.te.ri.os.cle.ro.so (ô) (*artério+esclero+oso*) *adj Med* Pertencente ou relativo à arteriosclerose. • *sm* Indivíduo que sofre de arteriosclerose. *Pl: arteriosclerosos* (ó).
ar.te.sã (*ital artigiana*) *sf* Feminino de *artesão*.
ar.te.sa.nal (*artesão+al*[1]) *adj m+f* Relativo ou pertencente a artesanato.
ar.te.sa.na.to (*artesão+ato*[1]) *sm* **1** Técnica do artesão. **2** Peça feita por artesão.
ar.te.são (*ital artigiano*) V *artífice*. *Pl: artesões*.
ar.te.si.a.no (*fr artesien*) *adj* **1** Relativo ao movimento de água para cima, sob pressão, em rochas ou solo: *Pressão artesiana*. **2** Que envolve tal pressão: *Poço artesiano*.
ár.ti.co (*lat arcticu*) *adj* **1** Que está situado na região do Polo Norte. **2** Relacionado à região do Polo Norte; boreal, setentrional. *Antôn: antártico, austral, meridional*.

ar.ti.cu.la.ção (*lat articulatione*) *sf* **1** Ato ou efeito de articular. **2** *Anat* Junta entre dois ossos ou cartilagens, no esqueleto de um vertebrado, que não permite movimento, ou permite movimento mais ou menos livre, conforme o tipo de ligação entre as partes. **3** *Mec* Ligação entre peças móveis de aparelho ou máquina; junta. **4** Qualquer peça que liga duas outras, rígidas, ou suas bordas, permitindo a estas dobrarem-se uma sobre a outra; dobradiça. **5** *Gram* Pronúncia das palavras. **6** *Fon* Produção dos sons pelo aparelho fonador. **7** *Bot* Ponto de união de dois segmentos de um caule; nó.

ar.ti.cu.la.do (*part de articular*) *adj* **1** Provido de articulação, reunido por articulação. **2** Pronunciado em sílabas distintas ou claras e de forma que se pode compreender. **3** *Biol* Que consiste em segmentos ligados por articulações: *Animais articulados*. **4** *Zool* Que pertence aos articulados. • *adj + sm Zool* Diz-se do, ou o indivíduo da classe dos articulados. • *sm* Invertebrado articulado. *sm pl Zool* Uma das grandes divisões do reino animal, compreendendo invertebrados cujo corpo é dividido em segmentos. Inclui os artrópodes, os anelídeos etc.

ar.ti.cu.lar (*lat articulare*) *vtd* **1** Unir por meio de uma ou mais articulações. *vtd* e *vpr* **2** Unir(-se) por articulação um osso com outro. *vtd* e *vpr* **3** Coordenar(-se), ligar(-se), unir(-se). *O conferencista articulou os argumentos com coerência. Articulou-se com os oposicionistas para sair vitorioso*. *vtd* **4** Pronunciar (sílabas ou palavras). *vint* **5** Pronunciar de forma clara e distinta.

ar.ti.cu.lis.ta (*artículo+ista*) *s m+f* Autor ou autora de artigos para jornais, revistas etc.

ar.ti.fi.ce (*lat artifice*) *sm* **1** Pessoa que se dedica a qualquer arte mecânica; operário. **2** Fabricante de artefatos. **3** Indivíduo que inventa. **4** Autor. *Var: artesão.*

ar.ti.fi.ci.al (*lat artificiale*) *adj m+f* **1** Produzido pelo homem e não por causas naturais. **2** Produzido, especialmente por processos químicos, para assemelhar-se a uma matéria-prima ou a um derivado dela; sintético: *Seda artificial*. **3** Que imita um objeto natural: *Flor artificial*. **4** Efetuado por meios que não são os naturalmente usados: *Inseminação artificial*. **5** Fingido, postiço. *Antôn: natural. Sin: artefato.*

ar.ti.fi.ci.a.li.da.de (*artificial+i+dade*) *sf* Qualidade do que é artificial. *Var: artificialismo.*

ar.ti.fi.ci.ar (*artifício+ar¹*) *vtd* Fazer com artifício. *Var: artificializar.*

ar.ti.fi.cio (*lat artificiu*) *sm* **1** Meios com que se consegue fazer um artefato. **2** Produto da arte. **3** Expediente hábil ou engenhoso. **4** Habilidade, esperteza. **5** Astúcia, ardil. **6** Simulação, fingimento.

ar.ti.fi.ci.o.so (*ô*) (*lat artificiosu*) *adj* Em que há artifício. *Pl: artificiosos (ó).*

ar.ti.go (*lat articulu*) *sm* **1** *Gram* Palavra curta usada antes dos substantivos, para indicá-los de modo preciso (*artigo definido, p ex, a* igreja, *os* amigos) ou de maneira vaga (*artigo indefinido, p ex, uma* igreja, *uns* amigos). **2** Cada um dos assuntos de que se compõe um texto. **3** Texto de jornal, mais longo que a notícia. **4** Cada uma das partes numeradas de uma lei ou de um trabalho escrito. **5** Objeto posto à venda; mercadoria. **6** Assunto.

O **artigo definido** (*o, a, os, as*) aplica-se a um ser determinado entre outros da mesma espécie. *O leão fugiu do circo ontem.*
Observe que nessa oração *o* leão é determinado e conhecido.
O **artigo indefinido** (*um, uma, uns, umas*) refere-se a um ser qualquer entre outros da mesma espécie.
Um leão fugiu do circo ontem.
Nessa oração, *um* leão é indeterminado e desconhecido.

ar.ti.lha.ri.a (*fr artillerie*) *sf* **1** Parte do material bélico que consiste em canhões e peças semelhantes, para atirar projéteis a grande distância. **2** Tropa de artilheiros. **3** Uma das armas do exército. **4** Poder de argumentação para um ataque verbal ou discussão. **5** Qualquer recurso poderoso para ataque ou defesa.

ar.ti.lhei.ro (*artilh(aria)+eiro*) *sm* **1** Soldado pertencente à artilharia. **2** *Esp* Jogador de futebol que marca o maior número de gols.

ar.ti.ma.nha (*arte+manha*) *sf* Ardil, astúcia, dolo, fraude.

ar.ti.o.dá.ti.los (do *gr ártios+dátilo*) *sm pl Zool* Subordem de animais cujo número de dedos é par, dos quais o 3º e o 4º têm função, e os demais são muito reduzidos ou nulos (*p ex*, boi, carneiro, porco etc.).

ar.tis.ta (*arte+ista*) *adj m+f* **1** Que usa a arte. **2** Engenhoso. **3** Astucioso, manhoso. • *s m+f* **1** Indivíduo que se dedica às belas-artes. **2** Aquele que faz da arte meio de vida. **3** O que revela sentimento artístico. **4** Artesão, artífice. *Col: elenco, grupo.*

ar.tís.ti.co (*artista+ico²*) *adj* **1** Relativo às artes. **2** Feito com arte. **3** De trabalho caprichado e original.

ar.tri.te (*artro+ite¹*) *sf Med* Inflamação dos tecidos de uma articulação; artritismo.

ar.trí.ti.co (*artrite+ico²*) *adj Med* **1** Relativo à artrite. **2** Que sofre de artrite. • *sm* Indivíduo que sofre de artritismo.

ar.tri.tis.mo (*artrite+ismo*) *sm Med* **1** Reumatismo nas articulações. **2** Estado de artrítico. **3** *V artrite.*

ar.tró.po.de (*artro+pode*) *adj m+f Zool* Relativo ou referente aos artrópodes. • *sm* Espécime dos artrópodes. *sm pl Zool* Filo que compreende animais invertebrados, com membros articulados, corpo dividido em segmentos, geralmente coberto de uma carapaça que é mudada em intervalos de tempo. Inclui os crustáceos, insetos, aranhas e animais relacionados.

ar.tro.se (*gr árthrosis*) *sf Med Patol* Doença de uma articulação.

ar.vo.ra.do (*part de arvorar*) *adj* **1** Plantado de árvores. **2** Hasteado.

ar.vo.rar (*árvore+ar¹*) *vtd* **1** Arborizar. *vtd* **2** Elevar, levantar. *vtd* **3** Hastear, soltar ao vento. *vpr* **4** Assumir por autoridade própria algum cargo, título ou missão: *Arvorou-se em chefe do bando*. *vtd* **5** *Náut* Colocar mastros em.

ár.vo.re (*lat arbore*) *sf* **1** *Bot* Vegetal de tronco alto, com ramos a maior ou menor altura do solo. *Col:*

arvoredo, bosque, floresta, mata, selva; específico da Amazônia: *hileia.* **2** *Mec, Autom* Peça, geralmente alongada, que transmite potência por torção; eixo, fuso. **3** *Náut* Mastro ou peça de mastro. *Árvore genealógica:* desenho que representa uma família, mostrando todos os parentes, ascendentes ou descendentes.

ar.vo.re.do (*árvore+edo*) *sm* **1** Aglomeração de árvores; bosque. **2** *Náut* Conjunto de mastros.

ás (*lat as*) *sm* **1** Carta de baralho, face de dado ou metade de peça de dominó marcados com um só ponto. **2** *fig* Indivíduo que se destaca numa classe, profissão ou esporte. *Pl: ases.*

às Contração da preposição *a* com o artigo ou pronome demonstrativo no plural *as.*

a.sa (*lat ansa*) *sf* **1** *Ornit* Membro das aves, coberto de penas, e que serve para voar. **2** *Zool* Apêndice de alguns insetos e mamíferos, que lhes serve para voar. **3** Parte saliente de certos utensílios, em geral curva e fechada, que serve para pegar neles. **4** *pop* Braço. **5** *Aeron* Planos de sustentação dos aviões. **6** *Anat* Parte ou apêndice com forma de asa: *Asas do nariz. sf pl* **1** Tudo o que, pela rapidez ou pela forma, lembra o voo ou os membros de voo das aves: *Nas asas da tempestade.* **2** Proteção: *Está sob as asas do governo. Aparar as asas:* restringir a liberdade de alguém. *Arrastar a asa a:* aproximar-se de alguém com intenções amorosas. *Bater asas:* fugir. *Criar asas:* sumir. *Dar asa a:* dar liberdade, expansão a. *Debaixo da asa:* sob proteção. *Estar de asa caída:* estar triste, abatido. *Ter asas nos pés:* muito veloz, rápido.

a.sa-del.ta (*asa+delta*) *sf Esp* Grande asa que consiste numa armação em forma de triângulo, coberta de tecido fino, com tubos metálicos ao centro, aos quais o praticante desse esporte se apoia, preso por tiras de lona, a fim de voar. *Pl: asas-delta* e *asas-deltas.*

as.bes.to (*lat asbestu*) *sm Miner* Mineral que não pega fogo e não é afetado por ácidos; é por isso usado para fabricar roupas de bombeiro, cortinas de palco, isolantes térmicos etc. *Sin: amianto.*

as.ca.rí.a.se (*gr askarís+íase*) *sf Med* **1** Infestação por ascarídeos. **2** Doença causada por ascarídeos. *Var: ascaridíase.*

as.ca.rí.deo (*gr askarís+ídeos*) *sm Zool* Espécime dos ascarídeos; ascáris. *sm pl Zool* Família de vermes, de grande porte, comumente parasita dos intestinos dos vertebrados; lombrigas.

as.ca.ri.dí.a.se (*ascáride+íase*) *V ascaríase.*

as.cá.ris (*gr askarís*) *sm* Qualquer espécie de verme do gênero dos ascarídeos.

as.cen.dên.cia (*lat ascendentes+ia²*) *sf* **1** Ação de elevar-se. **2** Linha dos ascendentes; antepassados. **3** Influência de alguém sobre uma outra pessoa. *Antôn* (acepções 1 e 2): *descendência.*

as.cen.den.te (*lat ascendente*) *adj m+f* **1** Que ascende ou se eleva. **2** Que vai aumentando, crescendo ou progredindo. *Antôn: descendente.* • *sm* **1** *Dir* Qualquer dos parentes de que uma pessoa descende. **2** Antepassado. *Antôn: descendente. sm pl* Os antepassados, os avós. *Antôn: descendentes.*

as.cen.der (*lat ascendere*) *vti* e *vint* Elevar-se, subir. *Antôn: descender, descer.*

as.cen.são (*lat ascensione*) *sf* **1** Ação de ascender; direção ou movimento para cima; elevação, subida. **2** *Ecles* Elevação de Jesus ao Céu, quarenta dias depois de ressuscitado. **3 Ascensão** *Ecles* Festa com que a Igreja comemora a subida de Jesus ao Céu. **4** Elevação a dignidade, posto, cargo ou poder: *Ascensão ao trono. Ascensão social, Sociol:* elevação, realizada por indivíduos ou grupos, na escala social.

as.cen.si.o.nal (*ascensão+al¹*) *adj m+f* **1** Referente ao movimento de ascensão. **2** Que faz subir. **3** Que tende a subir.

as.cen.so.ris.ta (*ascensor+ista*) *s m+f* Pessoa que maneja um elevador.

as.ce.se (*gr áskesis*) *sf* **1** Prática da devoção ascética. **2** Aspiração às mais altas virtudes.

as.ce.ta (*gr asketés*) *sm* Indivíduo que se dedica por completo aos exercícios espirituais; eremita, ermitão.

as.cé.ti.co (*lat asceticu*) *adj* **1** Relativo ao ascetismo ou aos ascetas. **2** Devoto. • *sm* Asceta.

as.ce.tis.mo (*asceta+ismo*) *sm Filos* Moral baseada no desprezo do corpo e de suas sensações, e que tende a assegurar, pelos sofrimentos físicos, o triunfo do espírito sobre os instintos e as paixões. *Var: asceticismo.*

as.ci.te (*gr askítes*, de *askós*) *sf Patol* Doença caracterizada pelo inchaço do abdome devido ao acúmulo de líquido. *Var pop: barriga-d'água.*

as.co (*red* de *ascoroso*, por *asqueroso*) *sm* **1** Enjoo, náusea, nojo. **2** Aversão, desprezo, rancor.

as.cór.bi.co (a^4+*escorb(uto)*+*ico²*, via *ingl*) *adj Quím* Referente ao ácido ascórbico ou vitamina C.

as.fal.ta.men.to (*asfaltar+mento*) *sm* Ação ou resultado de asfaltar.

as.fal.tar (*asfalto+ar¹*) *vtd* Cobrir ou revestir de asfalto (ruas, praças, telhados etc.).

as.fál.ti.co (*asfalto+ico²*) *adj* **1** Que contém asfalto. **2** Relativo ao asfalto.

as.fal.to (*gr ásphaltos*) *sm* **1** Mistura de certo tipo de rocha triturada e betume, ou de betume, cal e cascalho, ou de alcatrão mineral, cal e areia, usada para pavimentação de ruas e como cimento à prova de água, para pontes, telhados etc. **2** Superfície coberta com asfalto.

as.fi.xi.a (*cs*) (*gr asphyxía*) *sf Med* Suspensão da respiração e da circulação do sangue, seguida de morte, real ou aparente, causada por estrangulação, submersão, ação de gases etc.; morte por falta de respiração ou de ar respirável; sufocação.

as.fi.xi.an.te (*cs*) (de *asfixiar*) *adj m+f* **1** Que asfixia, que abafa ou sufoca; sufocante. **2** *fig* Que impede ou atrapalha a liberdade moral de alguém.

as.fi.xi.ar (*cs*) (*asfixia+ar²*) *vtd* e *vint* **1** Causar asfixia a, privar da respiração; sufocar. *vpr* **2** Suicidar-se por meio da asfixia. *vtd* **3** Abafar, sufocar. *vint* e *vpr* **4** Não poder respirar livremente. *vtd* **5** *fig* Proibir ou impedir (qualquer manifestação): *Asfixiar a imprensa.*

a.si.á.ti.co (*gr asiatikós*) *adj* Pertencente ou relativo à Ásia; próprio ou particular da Ásia ou de seus habitantes. • *sm* O natural da Ásia.

a.si.la.do (*part* de *asilar*) *adj* **1** Internado em asilo. **2** Que recebeu asilo; refugiado. • *sm* Indivíduo refugiado em algum lugar.

a.si.lar (*asilo+ar¹*) *vtd* **1** Dar asilo a. *vtd* e *vpr* **2**

Abrigar(-se) em asilo de caridade. *vpr* **3** Procurar abrigo, amparo ou proteção em lugar seguro; refugiar-se. *vtd* e *vpr* **4** Hospedar(-se).

a.si.lo (*gr ásylon*, através do latim) *sm* **1** Abrigo que os países ou suas embaixadas concedem aos estrangeiros perseguidos como criminosos políticos pelos respectivos governos. **2** Estabelecimento de caridade, onde se recolhem crianças, velhos, mendigos, inválidos etc. **3** Amparo, proteção.

a.si.ni.no (*lat asinino*) *adj* **1** Pertencente ou relativo a asno. **2** Que tem a raça ou as qualidades do asno. **3** *fig* Estúpido, pouco inteligente.

as.ma (*gr ásthma*) *sf Med* **1** Doença do aparelho respiratório, caracterizada por acessos recorrentes de falta de ar, que duram de alguns minutos a vários dias, com tosse e sensação de aperto. **2** Toda doença em que a respiração é difícil, curta e ofegante.

as.má.ti.co (*gr asthmatikós*) *adj Med* **1** Pertencente ou relativo à asma. **2** Que sofre de asma, sujeito a asma. • *sm* Indivíduo que padece de asma.

as.nei.ra (*asno+eira*) *sf* **1** Burrice, tolice. **2** Ato ou palavra que revela ignorância ou falta de senso.

as.no (*lat asinu*) *sm* **1** *Zool* Animal que não chega a 1,5 m de altura e que tem orelhas muito grandes. **2** *fig* Indivíduo ignorante ou que não tem senso comum; imbecil, tolo.

as.pa (*germ haspa*) *sf* **1** Instrumento de tortura em forma de X, ou cruz de Santo André. **2** Cruzamento de madeira com essa forma, para construções. **3** Chifres, cornos (quando ainda no animal). *sf pl* Sinais de pontuação (" ") que distinguem, em um trecho, uma citação ou palavra especial.

as.par.go (*gr aspáragos*) *sm Bot* **1** Nome comum a certas plantas. **2** Planta cuja raiz tem propriedades levemente diuréticas e os brotos são muito apreciados como alimento. *Var: esparg*o.

as.par.ta.me *sm Quím* Substância sintética 160 vezes mais doce que o açúcar, muito utilizada como adoçante.

as.pec.to (*lat aspectu*) *sm* **1** Aparência. **2** Feição, rosto, semblante, fisionomia. **3** Parte de uma superfície, vista de qualquer direção particular; ângulo. **4** Ponto de vista.

as.pe.re.za (*áspero+eza*) *sf* **1** Qualidade do que é áspero. **2** Acidez, amargor. **3** Desarmonia de sons. **4** Rigor, severidade. **5** Grosseria, malcriação. **6** Inclemência (do tempo). *Antôn* (acepção 1): *lisura*; (acepções 2 e 6): *suavidade*.

as.per.gir (*lat aspergere*) *vtd* e *vpr* Borrifar(-se) ou salpicar(-se) com pequenas gotas de água ou outro líquido: *O padre aspergiu água benta nos presentes à missa*. *Conjug:* é defectivo; faltam-lhe a 1ª pessoa do singular do presente do indicativo, o presente do subjuntivo e o imperativo negativo. *Imper afirm: asperge(tu); aspergi(vós); Part: aspergido e asperso*.

ás.pe.ro (*lat asperu*) *adj* **1** De superfície desigual, incômoda ao tato. **2** Duro, rijo. **3** Acidentado, irregular (terreno). **4** Desagradável ao paladar; azedo. **5** Desagradável ao ouvido. **6** Grosseiro, rude. **7** Rigoroso, severo. *Antôn* (acepção 1): *liso*; (acepções 2, 4, 5 e 7): *suave*; (acepção 3): *plano*. *Sup abs sint:* aspérrimo e asperíssimo.

as.per.são (*lat aspersione*) *sf* Ação ou resultado de aspergir; aspergimento, respingo.

as.pi.ra.ção (*lat aspiratione*) *sf* **1** Ação de aspirar; sucção. **2** Inalação, inspiração. **3** Desejo ardente. **4** *Gram* Pronunciação aspirada de uma letra. *Antôn* (acepção 2): *expiração*.

as.pi.ra.dor (*aspirar+dor*) *adj* Que aspira. • *sm* Aparelho ou instrumento para aspirar. *Aspirador de pó:* aparelho elétrico para aspirar a poeira dos móveis, tapetes, cortinas etc.

as.pi.ran.te (de *aspirar*) *adj m+f* Que aspira alguma coisa. • *s m+f* Pessoa que aspira a um título, cargo ou dignidade. *Fem p us: aspiranta*.

as.pi.rar (*lat aspirare*) *vtd* **1** Atrair o ar aos pulmões; inspirar. **2** *Fís* Atrair por meio da formação do vácuo. **3** Cheirar. **4** Absorver, chupar. **5** *Gram* Pronunciar um som com um sopro: *Aspirar o h*. *vti* **6** Desejar, pretender (título, honrarias, posto). *Antôn* (acepção 1): *expirar*.

O verbo **aspirar**, quanto à regência, é:
a) transitivo direto (acepções 1, 2, 3, 4 e 5):
*No campo podemos **aspirar** o ar puro.*
*Nos grandes centros urbanos **aspira-se um** ar poluído.*
***Aspirou o** perfume suave dos cabelos da namorada.*
*Os falantes da língua inglesa **aspiram** o h.*
b) transitivo indireto (acepção 6):
*Todos os jovens **aspiram a** um futuro brilhante.*
*Trabalhou muito porque **aspirava à** gerência da empresa.*
*O jovem ator **aspirava a** papéis condizentes com seu talento.*
Observe que, nesse sentido, rege obrigatoriamente a preposição *a* e não admite como complemento o pronome pessoal *lhe(s)*, devendo ser construído com *a ele(s)*, *a ela(s)*:
*Todos os jovens aspiram **a ele**.*
*Trabalhou muito porque aspirava **a ela**.*
*O jovem ator aspirava **a eles**.*
Observação: Quando empregado com objeto indireto, no sentido da acepção 6, *desejar, pretender (título, honrarias, posto)*, o verbo **aspirar** será transitivo indireto e, portanto, nunca deverá ser usado na voz passiva.

as.pi.ri.na (do *al Aspirin*, nome comercial) *sf* **1** *Farm* Composto branco-cristalino, usado em forma de comprimidos contra febre, dor, reumatismo e resfriados; ácido acetilsalicílico. **2** *Por ext* Comprimido de aspirina.

as.que.ro.so (ô) (de *ascoroso*) *adj* **1** Que causa asco; nojento. **2** Imundo, porco, sujo. **3** Baixo, indecente. *Antôn* (acepção 3): *nobre*. *Pl: asquerosos* (ó).

as.sa.dei.ra (*assar+deira*) *sf* Utensílio de louça ou metal em que se assa qualquer alimento.

as.sa.do (*part* de *assar*) *adj* **1** Que se assou; torrado, tostado. **2** Que tem a pele de alguma parte do corpo machucada pelo atrito da própria carne (pelo calor, por excesso de gordura, pelo andar etc.). • *sm* **1** Pedaço de carne assada. **2** Pedaço de carne crua, próprio para ser assado. *Assim assado:* de um modo e de outro.

as.sa.du.ra (*assar+dura*[1]) *sf* **1** Ação ou resultado de assar. **2** *Med* Inflamação cutânea por atrito ou calor.

as.sa.la.ri.a.do (*part* de *assalariar*) Que traba-

lha por salário. • *sm* Indivíduo que trabalha por salário; diarista.
as.sa.la.ri.ar (a^1+*salário*+ar^1) *vtd* **1** Contratar por salário os serviços de, dar salário a. *vpr* **2** Entrar para o serviço de alguém mediante salário ou paga.
as.sal.tan.te (de *assaltar*) *adj* e *s m+f* Que, ou pessoa que assalta, ataca ou investe contra alguém ou alguma coisa.
as.sal.tar (a^1+*saltar*) *vtd* **1** Atacar de repente, de surpresa, à traição. **2** Roubar. **3** Lembrar de repente, ocorrer.
as.sal.to (de *assaltar*) *sm* **1** Ação ou resultado de assaltar; ataque. **2** Ataque repentino de fera, ladrão etc., por cilada ou traição. **3** Roubo. **4** Acesso repentino de doença ou paixões. **5** *Esp* Período ou divisão, de duração determinada, de uma luta de boxe ou luta corporal qualquer regulamentada, entre dois competidores (raramente, mais de dois).
as.sa.nha.do (*part* de *assanhar*) *adj* **1** Que tem sanha; enfurecido, furioso, irritado. **2** Irrequieto, travesso. **3** Que não age de acordo com o decoro; que se atreve a certas liberdades ou as permite. **4** *pop* Erótico, lascivo. **5** *Reg* (Norte) Diz-se da pessoa cujos cabelos estão em desalinho.
as.sa.nha.men.to (*assanhar*+*mento*) *sm* **1** Ação de assanhar. **2** Raiva, fúria, cólera. **3** Comportamento em desacordo com o decoro.
as.sa.nhar (a^1+*sanha*+*ar*) *vtd* **1** Provocar raiva ou fúria de. *vtd* **2** Excitar, irritar. *vpr* **3** Enraivecer-se, irar-se. *vpr* **4** Ter modos contrários aos bons costumes; provocar sexualmente. *vpr* **5** *Reg* (Norte) Arrepiar-se (os cabelos) pelo vento, movimentos etc.
as.sar (*lat assare*) *vtd* **1** *Cul* Submeter à ação do calor, até ficar cozido e levemente tostado. *vint* **2** Preparar (o alimento) ao calor do fogo e em seco. *vtd* **3** Queimar. *vtd* e *vint* **4** Causar grande calor ou ardor a. *vtd* **5** Provocar assadura.
as.sas.si.nar (*assassino*+*ar*) *vtd* **1** Matar, praticar homicídio. **2** *fig* Tocar mal (um trecho de música), falar mal uma língua, representar mal uma peça: *Assassinou o francês, embora falasse bem o alemão.*
as.sas.si.na.to (*assassino*+*ato*²) *V assassínio.*
as.sas.sí.nio (*assassino*+*io*) *sm* **1** Ação ou resultado de assassinar. **2** Homicídio, assassinato.
as.sas.si.no (*ár Hashshashîn*, bebedor de haxixe, via *ital*) *sm* **1** Indivíduo que comete assassínio. **2** Destruidor. • *adj* **1** Que assassina. **2** Relativo a assassínio.
as.saz (*lat ad satie*) *adv* **1** Bastante, o quanto é preciso, suficientemente. **2** Muito: *Assaz famoso.*
as.se.a.do (*part* de *assear*) *adj* **1** Que tem asseio. **2** Esmerado, apurado, perfeito. **3** Que se veste com asseio. Antôn (acepção 1): *sujo.*
as.se.ar (*lat vulg* *assedare) *vtd* e *vpr* Tornar(-se) limpo; limpar(-se). Conjuga-se como *frear.*
as.se.cla (*lat assecla*) *sm* Partidário, seguidor.
as.se.di.ar (*assédio*+ar^1) *vtd* **1** Pôr assédio, cerco ou sítio a (praça ou lugar fortificado). **2** Cercar, envolver, rodear. **3** Perseguir com insistência. **4** Importunar, perturbar.
as.sé.dio (*baixo-lat assediu*) *sm* **1** Operações militares em frente ou ao redor de uma praça de guerra; sítio, cerco. **2** Importunação, perturbação de alguém, para conseguir alguma coisa. *Assédio sexual:* atos ou palavras que levem a constrangimento de natureza sexual.
as.se.gu.rar (a^1+*seguro*+ar^1) *vtd* **1** Tornar seguro; garantir. *vtd* **2** Afirmar com segurança ou certeza. *vpr* **3** Apoiar-se, afirmar-se. **4** Certificar-se.
as.sei.o (de *assear*) *sm* **1** Limpeza, higiene. **2** Correção, perfeição. **3** Elegância, esmero no vestir.
as.sel.va.jar (a^1+*selvagem*+ar^1) *vtd* e *vpr* Tornar (-se) selvagem, abrutalhar(-se), embrutecer(-se), tornar(-se) rude.
as.sem.blei.a (*é*) (*fr assemblé*) *sf* **1** Reunião de muitas pessoas para determinado fim. **2** Sociedade. **3** Congresso. *Assembleia legislativa:* a) reunião dos membros do poder legislativo de um Estado; parlamento; b) lugar ou casa onde se realiza essa reunião. *Assembleia constituinte:* reunião de parlamentares, encarregados de elaborar, redigir ou reformar a constituição.
as.se.me.lhar (*lat assimulare*) *vtd* e *vpr* **1** Tornar (-se) semelhante. *vtd* **2** Julgar semelhante; comparar. *vpr* **3** Parecer-se, ter semelhança.
as.se.nho.re.ar (a^1+*senhor*+*e*+*ar*) *vpr* **1** Apossar-se, tomar posse de. *vtd* **2** Dominar como senhor ou dono. Conjuga-se como *frear.*
as.sen.ta.do (*part* de *assentar*) *adj* **1** Sentado. **2** Baseado, fundamentado, posto sobre uma base. **3** Firmado, estabelecido com solidez. **4** Combinado. **5** Posto, colocado, pousado.
as.sen.ta.men.to (*assentar*+*mento*) *sm* **1** Ação ou efeito de assentar. **2** Nota, registro por escrito. **3** Coisa sobre a qual se coloca ou assenta outra; assento. **4** Local ou situação de uma extensão de terra. **5** Ajustamento ou colocação, nos respectivos lugares, das várias peças de uma construção ou de uma máquina. **6** Ajuste, combinação, convenção.
as.sen.tar (*assento*+*ar*¹) *vtd* **1** Pôr sobre o assento, fazer sentar. *vtd* **2** Estabelecer. *vint* e *vpr* **3** Sentar-se, tomar assento. *vti* **4** Basear-se, firmar-se, fundar-se. *vtd* **5** Colocar algo de modo que fique seguro. *vtd* **6** Aplicar, dar: *Assentou-lhe um tapa.* *vtd* **7** Armar, colocar (as diferentes peças de um aparelho ou máquina). *vtd* **8** Anotar, registrar. *vti* **9** Ajustar-se, ficar bem. *vint* **10** Cair lentamente ao fundo, dentro de um líquido. *vint* **11** Tornar-se plano (o chão), após acidentes.
as.sen.te (*part irr* de *assentar*) *adj m+f* **1** Apoiado, colocado, posto sobre alguma coisa. **2** Ajustado, combinado, determinado.
as.sen.ti.men.to (*assentir*+*mento*) *sm* Ação ou efeito de assentir; acordo, aprovação, consentimento, anuência.
as.sen.tir (*lat assentire*) *vti* e *vint* Concordar, consentir, dar consentimento ou aprovação, permitir. Conjuga-se como *ferir.*
as.sen.to (de *assentar*) *sm* **1** Tudo que serve para assentar-se (banco, cadeira, pedra etc.). **2** A parte da cadeira, do banco etc., em que assentam as nádegas. **3** Aquilo em que alguma coisa fixa está assentada; base, apoio, suporte. **4** Nádegas. **5** Estabilidade. **6** Registro, assentamento: *Assento do batismo.*
as.sep.si.a (a^4+*sepsia*) *sf Med* **1** Qualidade ou condição de ser asséptico. **2** Conjunto dos métodos de manter ou tornar asséptico.

as.sép.ti.co (*assepsia+ico²*) *adj Med* **1** Isento de todo germe; preservado de micro-organismos: *Curativo asséptico.* **2** Pertencente ou relativo à assepsia.
as.ser.ção (*lat assertione*) *sf* Afirmação, alegação enunciada como verdadeira.
as.ser.ti.va (*asserto+ivo*, no *fem*) *sf* Afirmativa; asserto, asserção.
as.ser.ti.vo (*asserto+ivo*) *adj* Que tem o caráter de asserto ou asserção; afirmativo.
as.ser.to (*lat assertu*) *sm* V *assertiva.*
as.ses.sor (*lat assessore*) *sm* Ajudante, assistente, auxiliar. *Assessor de imprensa:* aquele que intermedeia as relações entre empresas e instituições e o público.
as.ses.so.rar (*assessor+ar¹*) *vtd* **1** Servir de assessor a; assistir. **2** Auxiliar tecnicamente, em assuntos especializados.
as.ses.so.ri.a (*assessor+ia¹*) *sf* **1** Cargo ou função de assessor. **2** Órgão de uma empresa encarregado de assessorar (acepção 2).
as.se.ve.rar (*lat asseverare*) *vtd* **1** Afirmar com insistência ou segurança. **2** Provar.
as.se.xu.a.do (*cs*) (*a⁴+sexuado*) *adj* **1** Que não tem sexo ou órgãos sexuais. **2** Produzido sem ação ou diferenciação sexuais; assexual.
as.se.xu.al (*cs*) (*a⁴+sexual*) *V* assexuado.
as.si.du.i.da.de (*assídua+i+dade*) *sf* **1** Qualidade do que é assíduo; constância, frequência. **2** Presença ou assistência frequente junto de alguém. **3** Pontualidade no cumprimento de um dever, serviço ou hábito. **4** Aplicação constante a uma coisa. *Antôn* (acepções 1, 3 e 4): *irregularidade, negligência.*
as.sí.duo (*lat assiduu*) *adj* **1** Que aparece com frequência, em determinado lugar. **2** Que frequentemente se acha onde deve estar, para desempenhar as suas tarefas. **3** Que está sempre ocupado em determinado trabalho. **4** Aplicado, diligente. **5** Constante, contínuo, frequente.
as.sim (*lat ad sic*, com nasalização) *adv* **1** Deste, desse ou daquele modo. **2** De tal sorte, em tal grau. **3** Ao mesmo tempo, juntamente. **4** Do mesmo modo. **5** Tanto. **6** Indica estado, tamanho, quantidade etc., que não se pode bem explicar. • *conj* **1** Portanto, por consequência. **2** Pelo que, de sorte que. *Assim ou assado:* de qualquer maneira, deste ou daquele modo. *Assim seja!:* amém!
as.si.me.tri.a (*a⁴+simetro+ia¹*) *sf* **1** Falta de simetria. **2** Falta de proporção entre as partes de um objeto.
as.si.mé.tri.co (*a⁴+simetro+ico²*) *adj* Sem simetria.
as.si.mi.la.ção (*assimilar+ção*) *sf* **1** Ato de assimilar. **2** *Fisiol* Transformação do alimento em energia ou tecido. **3** Apropriação das ideias ou sentimentos alheios, apreendendo-lhes o sentido e incorporando-os ao próprio conhecimento.
as.si.mi.lar (*lat assimilare*) *vtd* e *vpr* **1** Tornar(-se) semelhante ou igual; assemelhar(-se). *vtd* **2** *Fisiol* Converter em energia ou substância própria os elementos nutritivos; produzir assimilação em. *vtd* **3** Absorver ideias, aprender. *vtd* **4** Tornar seu, apropriar-se.
as.si.na.lar (*a¹+sinal+ar¹*) *vtd* **1** Marcar com sinal, pôr sinal em. *vtd* **2** Dar indício ou sinal de. *vtd* **3** Apontar, marcar, notar. *vtd* **4** Marcar (o gado) por meio de cortes nas orelhas.
as.si.nan.te (de *assinar*) *s m+f* **1** Que assina. **2** Indivíduo que paga determinada quantia, para, durante certo tempo, gozar de certas regalias: *Assinante de um jornal.*
as.si.nar (*lat assignare*) *vtd* e *vti* **1** Pôr (alguém) seu nome ou sinal por baixo de; subscrever, firmar. *vtd* **2** Assinalar com o seu nome (uma obra), para se declarar autor: *Assinar um quadro.* *vtd* e *vti* **3** Fazer uma assinatura de: *Vamos assinar essa revista.* *vpr* **4** Escrever a própria assinatura.
as.si.na.tu.ra (*assinar+tura*) *sf* **1** Ação ou efeito de assinar. **2** Nome assinado, firma ou rubrica; nome ou sinal da pessoa, que confirma um ato, ou legaliza um documento. **3** Ajuste pelo qual, mediante o pagamento de certa quantia, se adquire o direito de receber um jornal, uma obra, uma revista, ou de assistir a certo número de espetáculos, ou de viajar em trem etc. **4** O preço desse ajuste.
as.sin.cro.ni.a (*a⁴+sincronia*) *sf* **1** Falta de sincronia. **2** Desacordo. **3** Descompasso.
as.sín.cro.no (*a⁴+síncrono*) *adj* Que não se realiza ao mesmo tempo. *Antôn:* síncrono.
as.sin.dé.ti.co (*assíndeto+ico²*) *adj Gram* Em que não aparece conjunção; em que há assíndeto. *Antôn:* sindético.
as.sín.de.to (*gr asýndeton*) *sm Gram* Ausência de conjunção coordenativa entre orações para dar mais rapidez e energia ao discurso: *Sorri, gesticula, canta, declama.*
as.sí.rio (do *top* Assíria) *adj* Pertencente ou relativo à antiga Assíria (Ásia). • *sm* **1** Indivíduo que nasceu na Assíria. **2** Língua falada na Assíria.
as.sis.tên.cia (*lat assistentia*) *sf* **1** Ato de assistir. **2** Ajuda, amparo, auxílio; favor, proteção; socorro. **3** Assiduidade em acompanhar alguém, cuidando dele. **4** Conjunto ou reunião de assistentes (de um espetáculo, filme, aula etc.).
as.sis.ten.ci.al (*assistência+al¹*) *adj m+f* **1** Que dá assistência. **2** Que auxilia, protege ou socorre.
as.sis.ten.te (*lat assistente*) *adj m+f* **1** Que assiste a alguém, cuidando dele. **2** Que ajuda alguém nas suas funções; auxiliar, assessor. **3** Diz-se do médico que trata de um enfermo e acompanha-lhe a doença. • *s m+f* **1** Pessoa que está presente a um ato ou cerimônia. **2** Ajudante, auxiliar. **3** Assessor. **4** Médico que trata de um doente. *Assistente social:* técnico de nível universitário que trabalha com assistência social.
as.sis.ti.do (*part* de *assistir*) *adj* Ajudado, auxiliado, socorrido.
as.sis.tir (*lat assistere*) *vti* **1** Comparecer, estar presente: *Assistir à missa; assistir à cerimônia.* *vti* **2** Acompanhar visualmente; testemunhar; ver: *Assistimos à apresentação teatral.* *vti* **3** Caber, competir, pertencer: *Não lhe assiste razão para isso.* *vtd* e *vti* **4** Ajudar, socorrer, proteger: *A irmandade assistirá (a)os pobres no inverno.* *vtd* e *vti* **5** Acompanhar, como ajudante, assessor ou assistente: *Todas as manhãs o professor dedicava duas horas para assitir (a)os alunos mais fracos.* *vtd* e *vti* **6** Acompanhar, para consolar ou tratar: *Assistir (a)o doente; assistir (a)o maribundo.*

vint **7** Morar, residir. *vint* **8** Estar presente, comparecer.
Observe a regência do verbo **assistir**:
a) transitivo direto ou indireto (ajudar, socorrer, proteger, acompanhar como ajudante, assessor ou assistente, acompanhar para consolar ou tratar):
O médico assistiu os doentes.
O médico assistiu aos doentes.
b) transitivo indireto (comparecer, estar presente, acompanhar visualmente, testemunhar):
Assisti ao jogo.
Não assisti à novela.
Nesse caso, tendo como complemento um pronome pessoal, não admitirá a forma *lhe(s)*, porém *a ele(s), a ela(s)*:
Não assisti a elas.
c) transitivo indireto (caber, competir, pertencer):
Trata-se de um direito que assiste ao aluno estudioso.
Não assiste ao cidadão o direito de destruir propriedade pública.
Nesse caso, tendo como complemento um pronome pessoal, admitirá a forma *lhe(s)*:
Trata-se de um direito que lhe assiste.
Não lhe assiste o direito de destruir propriedade pública.
d) intransitivo (morar, residir):
Embora possa ser encontrado frequentemente nos clássicos, nessa acepção, já caiu em desuso no português atual:
O Dr. Josias assistiu em Campinas durante toda a vida.
Observação: Quando empregado com o sentido de *comparecer, estar presente, acompanhar visualmente, testemunhar*, o verbo assistir não admite voz passiva porque é transitivo indireto (tem como complemento um objeto indireto).
Entretanto, embora incorretas conforme a língua padrão, o uso atual tem popularizado construções como:
O jogo foi assistido por milhares de telespectadores.
A peça será assistida pelos críticos do jornal.

as.so.a.lha.do (*part de assoalhar*) *adj* Coberto de soalho, que tem soalho. • *sm* Pavimento, piso.
as.so.a.lhar (a^1+*soalha*+ar^1) *vtd* **1** Unir e pregar as tábuas do soalho de (pavimento, estrado etc.). **2** Cobrir à semelhança de assoalho.
as.so.a.lho (a^1+*soalho*) *sm* Pavimento, piso.
as.so.ar (a^1+*soar*) *vtd* **1** Limpar o nariz de muco. *vpr* **2** Limpar-se do muco nasal, fazendo sair com força o ar pelas fossas nasais.
as.so.ber.bar (a^1+*soberba*+ar^1) *vtd* **1** Tratar com arrogância ou desprezo. *vtd* e *vpr* **2** Tornar(-se) orgulhoso. *vint* **3** Comportar-se com arrogância. *vtd* e *vpr* **4** Sobrecarregar(-se) de trabalho.
as.so.bi.ar (a^1+*lat sibilare*) *vint* **1** Soltar assobios. *vtd* **2** Executar assobiando (qualquer trecho de música). *vti* e *vint* **3** Zunir com som agudo e que imita assobio. *Var*: assoviar.
as.so.bi.o (de *assobiar*) *sm* **1** Som agudo que se obtém soprando por um pequeno intervalo dos lábios ou pelo orifício de algum instrumento apropriado. **2** Som agudo da serpente, de algumas aves ou do vento. **3** Som estridente do vapor ou gás, quando atravessa passagem estreita; apito. **4** Pequeno instrumento com que se assobia; apito. *Var*: assovio.
as.so.ci.a.ção (*associar*+*ção*) *sf* **1** Ato ou efeito de associar. **2** Organização de pessoas para um fim ou interesse comum; sociedade, clube, agremiação. **3** *Com* Sociedade comercial, firma ou razão social, companhia. *Antôn*: dissociação.
as.so.ci.a.do (*part de associar*) *sm* **1** Indivíduo que faz parte de uma associação ou sociedade; membro, sócio. **2** Pessoa que pertence a uma sociedade comercial, como sócio ou interessado.
as.so.ci.ar (a^1+*sócio*+ar^1) *vtd* e *vpr* **1** Ajuntar(-se), reunir(-se), unir(-se). *vtd* **2** Aceitar como sócio. *vpr* **3** Fazer sociedade, tornar-se sócio. *vpr* **4** Tomar parte. *Antôn*: dissociar.
as.so.lar (*baixo-lat assolare*) *vtd* **1** Arrasar, arruinar, destruir. *vtd* e *vint* **2** Devastar. *vtd* **3** Causar grande dor ou sofrimento a.
as.so.mar (*lat ad*+*summum*+ar^1) *vti* e *vpr* **1** Aparecer em ponto elevado e extremo. *vti* **2** Subir ao alto ou cume (de casa, monte). *vti* e *vint* **3** Deixar-se ver, mostrar-se. *vint* **4** Começar a mostrar-se ao longe, surgir.
as.som.bra.ção (*assombrar*+*ção*) *sf* **1** Pavor, susto ou terror, causado por alguma coisa sem explicação ou desconhecida. **2** Fantasma, alma do outro mundo, aparição.
as.som.bra.do (*part de assombrar*) *adj* **1** Que faz sombra, que tem sombra; sombreado, sombrio. **2** Em que há almas do outro mundo. **3** Aterrorizado, espantado, pasmado. **4** Admirado, impressionado. **5** Atordoado ou paralisado por grande comoção.
as.som.bra.men.to (*assombrar*+*mento*) *sm* **1** Cobertura de sombras. **2** Pavor, susto, terror. **3** Admiração, assombro, pasmo. **4** Aflição. **5** Atordoamento causado por grande comoção.
as.som.brar (a^1+*sombra*+ar^1) *vtd* **1** Fazer sombra a; encobrir. *vpr* **2** Cobrir-se de sombra. *vtd* e *vpr* **3** Tornar(-se) sombrio. *vtd* **4** Atormentar com sustos, fantasmas e visões. *vtd* e *vpr* **5** Assustar (-se), atemorizar(-se). *vtd* e *vpr* **6** Encher(-se) de assombro ou admiração; maravilhar(-se). *vti* e *vint* **7** Produzir assombro ou admiração. *vint* **8** Atordoar ou paralisar por grande comoção.
as.som.bre.ar (a^1+*sombra*+*e*+ar^1) *vtd* **1** Dar sombra a. *vtd* e *vpr* **2** Tornar(-se) sombrio. *vtd* e *vint* **3** Pôr o sombreado em (desenho, pintura). Conjuga-se como *frear*.
as.som.bro (de *assombrar*) *sm* **1** Grande espanto ou pasmo. **2** Medo, pavor, susto. **3** Coisa ou pessoa que causa admiração. **4** Maravilha.
as.som.bro.so (ô) (*assombro*+*oso*) *adj* **1** Que causa assombro. **2** Espantoso, extraordinário, maravilhoso. *Pl*: assombrosos (ó).
as.so.nân.cia (a^4+*sonância*) *sf* **1** Semelhança de sons em palavras ou sílabas. **2** *Poét* Rima imperfeita, que consiste apenas na identidade da última vogal acentuada. **3** Acordo, concordância. *Antôn*: dissonância.
as.so.nan.te (*lat assonante*) *adj m*+*f* Que produz assonância.
as.so.prar (a^1+*soprar*) *V* soprar.

as.so.pro (ô) (a¹+sopro) V sopro.
as.so.re.a.men.to sm (assorear+mento) 1 Amontoado de areia ou de terra, causado por enchentes ou por construções. 2 Ato de assorear.
as.so.re.ar (a¹+so+arear) vtd 1 Fechar, obstruir (rios, barras). vint 2 Obstruir-se, encher-se de areia. Conjuga-se como *frear*.
as.so.vi.ar (a¹+lat sibilare) V assobiar.
as.so.vi.o (de assoviar) V assobio.
as.su.mi.do (part de assumir) adj Diz-se daquele que assume sua ideologia, suas posições políticas ou posturas de vida. • sm Aquele que assume tais posições.
as.su.mir (lat assumere) vtd 1 Chamar para si, tomar para si: *Assumir a responsabilidade*. vtd 2 Encarregar-se de, tomar conta de: *Assumir o comando*. vtd 3 Apresentar, mostrar: *Assumiu um ar de pura santidade*. vtd 4 Chegar a ter; tomar: *Os estragos assumiram proporções enormes*. vtd e vpr 5 Aceitar um estado, condição, sorte: *Assumiu suas tendências negativas. Assumiu-se como pai*. vtd e vint 6 Entrar no exercício de: *Não assumiu o cargo hoje. Assumirá amanhã*.
as.sun.ção (lat assumptione) sf 1 Ação ou resultado de assumir. 2 Elevação a alguma dignidade ou cargo. 3 *Teol* Ato pelo qual a divindade encarnou em si a natureza humana. 4 *Teol* Elevação da Santíssima Virgem ao Céu. 5 *Teol* Comemoração desse trânsito, festejado pela Igreja em 15 de agosto.
as.sun.tar (assunto+ar¹) vtd 1 Prestar atenção a. vtd 2 Verificar. vti 3 Meditar. vint 4 Tomar conta de; vigiar.
as.sun.to (lat assumptu) sm Argumento, matéria, objeto, tema de que se trata.
as.sus.ta.di.ço (assustar+diço) adj Que se assusta facilmente.
as.sus.ta.do (part de assustar) adj 1 Que se assustou; amedrontado, apavorado, espantado. 2 Indeciso, tímido.
as.sus.ta.dor (assustar+dor) adj + sm Que, ou o que assusta.
as.sus.tar (a¹+susto+ar¹) vtd 1 Dar susto a, pregar susto em. vtd 2 Amedrontar, atemorizar, intimidar. vpr 3 Aterrar-se, intimidar-se, ter susto ou medo. vint 4 Dar motivos para susto ou medo.
as.ta.tí.nio sm *Quím* Elemento radioativo, obtido sinteticamente por fissão de urânio, de número atômico 85 e símbolo At. *Var*: astato.
as.te.ca (cast azteca) adj m+f *Etnol* Relativo aos astecas, povo que dominava o México (América Central) quando os espanhóis ali aportaram. • s m+f Pessoa desse povo.
as.te.ni.a (gr asthenía) sf *Med* Debilidade, fraqueza do organismo. *Antôn*: estenia.
as.tê.ni.co (asteno+ico²) adj *Med* 1 Que sofre de astenia. 2 Que tem os caracteres da astenia. 3 Pertencente ou relativo à astenia.
as.te.ris.co (gr asterískos) sm *Tip* Sinal em forma de estrela (*) que se emprega com ou sem parênteses para indicar uma nota no pé da página, a falta ou retirada de algum trecho, uma convenção, a separação de períodos etc.
as.te.roi.de (ó) (gr astér+oide) adj m+f Em forma de estrela. • sm *Astr* 1 Nome dado aos pequenos planetas que circulam no espaço, entre Marte e Júpiter, gravitando em torno do Sol. 2 Pequeno corpo cósmico que percorre o espaço, como as estrelas cadentes.
as.tig.má.ti.co (a⁴+estigmato+ico²) adj *Oftalm* 1 Pertencente ou relativo ao astigmatismo. 2 Que sofre de astigmatismo.
as.tig.ma.tis.mo (a⁴+estigmato+ismo) sm 1 *Oftalm* Perturbação visual, por defeito na curvatura do cristalino. 2 *Fís* Imperfeição do olho, ou de um instrumento óptico, de modo que a imagem de um ponto luminoso é uma mancha linear ou irregular.
as.tra.cã (do *top Astraçã*, np) sm 1 Pele de carneiro, preparada em Astracã (Ásia), ou segundo os processos usados nessa cidade. 2 Tecido lustroso de lã ou de lã e algodão, com pelo crespo, que imita o astracã.
as.trá.ga.lo (gr astrágalos) sm 1 *Anat* O maior osso do tarso, articulado com a tíbia. 2 *Arquit* Moldura circular com a qual se enfeita a parte superior de uma coluna. 3 *Bot* Gênero de ervas e arbustos da família das leguminosas.
as.tral (lat astrale) adj m+f 1 Relativo aos astros. 2 Que depende dos astros. 3 *Astr* Sideral: *Ano astral*. • sm 1 Segundo o ocultismo, plano intermediário entre o físico e o espiritual. 2 *pop* Estado de espírito influenciado pelos astros: *Hoje ele está com um astral excelente*. 3 *pop* Energia boa ou má de certos ambientes ou locais: *O mau astral da casa mudava o ânimo dos convivas*.
as.tro (lat astru) sm 1 *Astr* Nome geral dado a todos os corpos celestes, com ou sem luz própria, como estrelas, planetas, cometas etc. 2 *Astrol* Todo corpo celeste considerado em relação à influência que, segundo os astrólogos, exerce nos destinos humanos. 3 *fig* Pessoa muito bela ou ilustre. 4 *fig* Ator de fama, no teatro ou no cinema. *Astro rei*: o Sol.
as.tro.fí.si.ca (astro+física) sf *Astr* Ciência natural que trata da constituição, composição, estrutura e origem das estrelas e de outros corpos celestes.
as.tro.fí.si.co (astro+físico) adj Pertencente ou relativo à astrofísica. • sm Especialista em astrofísica.
as.tro.lá.bio (baixo-lat astrolabiu) sm *Astr ant* Instrumento em forma de globo terrestre que os antigos usavam para observar a posição dos astros e medir a latitude e a longitude.
as.tro.lo.gi.a (astro+logo+ia¹) sf Estudo da influência dos astros, especialmente de signos, sobre os fenômenos da natureza, destino e comportamento dos homens.
as.tro.ló.gi.co (astro+logo+ico²) adj 1 Pertencente ou relativo à astrologia. 2 Próprio das observações de astrologia.
as.tró.lo.go (astro+logo) sm 1 Pessoa que se dedica à astrologia. 2 *fig* Encantador, feiticeiro, mago.
as.tro.nau.ta (astro+nauta) s m+f 1 Pessoa que se ocupa de astronáutica. 2 Piloto de astronave. 3 Viajante de astronave.
as.tro.náu.ti.ca (astro+náutica) sf 1 Ciência que trata da construção e manobra de veículos destinados a viagens no espaço. 2 Ciência ou arte de dirigir um veículo espacial.
as.tro.na.ve (astro+nave) sf Veículo tripulado destinado a viagens interplanetárias; cosmonave.
as.tro.no.mi.a (astro+nomo+ia¹) sf Ciência que es-

astronômico — até

tuda a constituição e o movimento dos astros, suas posições e as leis que regem seus movimentos.

as.tro.nô.mi.co (*astro+nomo+ico²*) *adj* **1** Pertencente ou relativo à astronomia. **2** *fig* Diz-se do que é muito elevado, exorbitante (preço, número etc.).

as.trô.no.mo (*astro+nomo*) *sm* Pessoa que professa, pratica ou sabe astronomia.

as.tú.cia (*lat astutia*) *sf* **1** Manha, habilidade para o mal, ou para enganar alguém. **2** Estratagema. **3** Esperteza. **4** *pop* Travessura. Antôn (acepção 1): *franqueza, lealdade*.

as.tu.ci.o.so (*ô*) (*astúcia+oso*) *adj* **1** Que tem astúcia; ardiloso, astuto, esperto, manhoso. **2** Em que há astúcia. **3** *pop* Arteiro, travesso. *Pl: astuciosos (ó)*.

as.tu.to (*lat astutu*) *V astucioso* (acepção 1).

a.ta (*lat acta*) *sf* **1** Narração por escrito de sessão ou cerimônia de alguma corporação, assembleia etc. **2** *Jur* Registro escrito de um processo, de um julgamento etc. **3** *Bot* Fruto da ateira; pinha, fruta-do-conde.

a.ta.ba.lho.ar (*ár aT-Tabal+alho+ar¹*) *vtd* **1** Fazer ou dizer algo sem propósito, desordenadamente. *vtd* **2** Fazer mal e às pressas. *vtd e vpr* **3** Atrapalhar(-se), confundir(-se).

a.ta.ba.que (*ár aT-Tabaq*) *sm Folc* Instrumento de percussão usado nas danças e cerimônias afro-brasileiras, religiosas ou profanas; tambor.

a.ta.ca.dis.ta (*atacado+ista*) *s m+f* Negociante que compra artigos de sua especialidade no atacado, revendendo-os em grandes quantidades. • *adj* Relativo ao comércio por atacado. Antôn: *varejista*.

a.ta.ca.do (*part de atacar*) *sm* **1** Com Forma de venda ou compra de um mesmo artigo em grandes quantidades. **2** *Econ* Comércio em grande escala, realizado entre produtores e revendedores, que se encarregam de fazer chegar o produto aos consumidores finais. Antôn: *varejo*. • *adj* Que sofreu ataque; assaltado.

a.ta.can.te (de *atacar*) *adj m+f* Que ataca; agressor, assaltante. • *sm Fut* Jogador da linha de ataque. • *s m+f* Pessoa que ataca; agressor, assaltante.

a.ta.car (*a¹+taco+ar²*) *vtd* **1** Agredir, assaltar. *vpr* **2** Assaltar reciprocamente. *vtd* **3** Manifestar-se (diz-se de uma doença). Antôn (acepção 1): *defender, proteger*.

a.ta.char (*ingl to attach*) *vtd Inform* **1** Anexar um arquivo a uma mensagem a ser enviada por correio eletrônico. **2** Copiar na memória principal do computador informações armazenadas em dispositivo secundário.

a.ta.do (*part de atar*) *adj* **1** Amarrado, ligado, preso. **2** Impedido. **3** Dominado, subjugado. **4** Acanhado, tímido. **5** Indeciso. • *sm* Feixe, embrulho, trouxa.

a.ta.du.ra (*atar+dura*) *sf* **1** Ação de atar. **2** Faixa ou tira de gaze própria para curativos.

a.ta.lai.a (*ár aT-Talâ'i'a*) *sf* **1** Sentinela, vigia. **2** Ponto elevado, donde se vigia. **3** Observação, precaução. • *sm* Indivíduo que vigia. *De atalaia:* de sentinela, de vigia, de sobreaviso.

a.ta.lhar (*a¹+talho+ar¹*) *vtd* **1** Impedir de (andar, continuar, correr, crescer, propagar-se). *vtd* **2** Embaraçar, atrapalhar, interromper. *vtd* **3** Abreviar, encurtar. *vtd* **4** Cortar o passo de, atrapalhar o caminho de. *vtd* **5** Passar por diante de, tomar a dianteira de. *vtd* **6** Evitar por atalho. *vti* **7** Tomar por um atalho para encurtar o caminho. *vint* **8** Responder interrompendo quem está falando.

a.ta.lho (de *atalhar*) *sm* **1** Caminho, fora da estrada comum, para encurtar a distância entre dois lugares. **2** Empecilho, obstáculo. **3** Meio fácil ou rápido de conseguir alguma coisa. **4** Corte, termo. **5** *Inform* Conjunto de teclas ou ícone que, usados em combinação, permite acessar arquivos com rapidez e simplicidade sem utilizar o *mouse*; tecla de atalho.

a.ta.na.za.do (*part de atanazar*) **1** *V atazanado*. **2** *Reg* (AL) Enraivecido.

a.ta.pe.tar (*a¹+tapete+ar¹*) *vtd* **1** Cobrir com tapete. **2** Cobrir a modo de tapete.

a.ta.que (de *atacar*) *sm* **1** Ação ou efeito de atacar; assalto. **2** *Med* Acesso repentino de um mal: *Ataque cardíaco*. **3** Acusação, agressão, insulto, ofensa. **4** *Esp* Linha dianteira no jogo de futebol. **5** *Esp* Em futebol, ação de levar a bola em direção ao campo adversário, com o objetivo de fazer gol. Antôn (acepções 1 e 3): *defesa*. *Ter um ataque, gír:* exceder-se com alguém de modo agressivo e com palavras grosseiras.

a.tar (*lat aptare*) *vtd* **1** Cingir ou apertar com corda, cordão ou atadura; prender. *vtd* **2** Amarrar (corda, cordão etc.). *vtd* **3** Ligar, unir, vincular. *vtd* **4** Continuar (conversa ou discurso) após uma interrupção. *vtd e vpr* **5** Prender(-se), reprimir(-se). *Não atar nem desatar:* não decidir, não resolver. Antôn (acepções 1, 2 e 3): *desatar, soltar;* (acepção 5): *soltar(-se)*.

a.ta.ran.ta.do (*part de atarantar*) *adj* Atrapalhado, aturdido, estonteado, perturbado.

a.ta.ran.tar (*a¹+taranta*, por *tarântula+ar¹*) *vtd e vpr* Confundir(-se), estontear(-se), perturbar(-se).

a.ta.re.fa.do (*part de atarefar*) *adj* **1** Ocupado em trabalho ou tarefa. **2** Apressado. **3** Com muito trabalho a fazer.

a.ta.re.far (*a¹+tarefa+ar¹*) *vtd e vpr* Dar (ou ter) muito trabalho, muitas tarefas a fazer.

a.tar.ra.ca.do (*part de atarracar*) *adj* Baixo e grosso.

a.tar.ra.xar (*a¹+tarraxa+ar¹*) *vtd* Apertar com tarraxa; parafusar.

a.ta.ú.de (*ár at-tâbûr*) *sm* Caixão funerário, esquife.

a.ta.vi.ar (*a¹+gót taujan*) *vtd e vpr* Enfeitar(-se), adornar(-se).

a.tá.vi.co (*lat atavicu*) *adj* **1** Relativo ao atavismo. **2** Produzido por atavismo.

a.ta.vi.o (de *ataviar*) *sm* Enfeite, adorno.

a.ta.vis.mo (*lat atavu+ismo*) *sm* **1** Reaparecimento, nos descendentes, de certos caracteres físicos ou morais não presentes nas gerações imediatamente anteriores. **2** Semelhança com os avós ou antepassados.

a.ta.za.na.do (*part de atazanar*) *adj* Importunado, perturbado, azucrinado. *Var: atanazado*.

a.ta.za.nar (*metát de atanazar*) *vtd* Importunar, perturbar, azucrinar. *Var: atanazar, atenazar*.

a.té (*lat ad+tenus* ou *ár Hatta*) *prep* Expressa relações de: **1** Limitação no espaço: *Chegar até a janela*. **2** Limitação no tempo: *Até 20 de maio*. **3** Limitação: *Até 200 dólares*. *Até o fim*. *Comer até*

saciar-se. • adv de inclusão: ainda, também, mesmo, inclusive: *Respiravam e até transpiravam.*
a.te.ar (a^1+*lat taeda*+ar^2) *vtd* **1** Abrasar, acender, avivar (a chama, o fogo). *vpr* **2** Pegar (fogo) em alguma coisa que sirva de combustível. *vint* e *vpr* **3** Avivar-se (o fogo), inflamar-se. *vtd* e *vpr* **4** Espalhar(-se), propagar(-se) (a discórdia, a guerra, as paixões e tudo o que se pode comparar com um incêndio). Conjuga-se como *frear*.
a.tei.ra (*ata*+*eira*) *sf Bot* Arbusto brasileiro, frequentemente cultivado pelo seu fruto, a ata, que é muito apreciado; fruta-do-conde, pinha.
a.te.ís.mo (*ateu*+*ismo*) *sm* **1** Doutrina dos ateus. **2** Falta de crença em Deus. *Antôn: deísmo.*
a.te.ís.ta (*ateu*+*ista*) *V ateu.*
a.te.li.ê (*fr atelier*) *V atelier.*
atelier (*ateliê*) (*fr*) *sm* Oficina de pintor, escultor, fotógrafo etc., estúdio. *Var: ateliê.*
a.te.mo.ri.zar (a^1+*temor*+*izar*) *vtd* e *vpr* Causar ou sentir temor; intimidar(-se), aterrar(-se).
a.ten.ção (*lat attentione*) *sf* **1** Ação de aplicar o espírito a alguma coisa. **2** Aplicação, cuidado, meditação. **3** Consideração, cortesia, respeito. • *interj* Acautelem-se!, reparem!: *Atenção! O farol está vermelho.*
a.ten.ci.o.so (*ô*) (*atenção*+*oso*) *adj* **1** Que presta atenção. **2** Atento, cortês, delicado. **3** Feito com atenção e cuidado. *Antôn (acepção 2): descortês. Pl: atenciosos (ó).*
a.ten.den.te (de *atender*) *s m+f bras* **1** Pessoa que atende. **2** Pessoa que, em hospitais e clínicas, desempenha atividades simples e repetitivas, colaborando na preparação do ambiente de trabalho. São sempre atividades que não implicam riscos para si e para o paciente, tais como: ajuda na organização de prontuários, na preparação de pacotes de esterilização, na retirada de medicamentos para a unidade de trabalho etc.; atendente de enfermagem.
a.ten.der (*lat attendere*) *vtd* e *vti* **1** Dar ou prestar atenção a. *vti* e *vint* **2** Estar atento. *vtd, vti* e *vint* **3** Dar audiência a. *vti* **4** Deferir, aprovar. *vti* **5** Cuidar de. *vti* **6** Ter em vista, tomar em consideração. *vtd* **7** Servir: *Atenda o freguês! vtd* e *vti* **8** Escutar e responder: *Atendeu o telefone* ou *Atendeu ao telefone. Antôn (acepção 4): indeferir.*
a.ten.di.men.to (*atender*+*mento*) *sm* Ação ou efeito de atender.
a.te.neu (*gr athénaion*) *sm* **1** *Antig* Em Atenas, templo da deusa do mesmo nome, onde poetas e sábios liam as suas obras em público. Em Roma, escola de estudos filosóficos, literários etc., fundada por Adriano. **2** Associação científica ou literária. **3** Estabelecimento de instrução.
a.te.ni.en.se (*lat atheniense*) *adj m+f* Relativo à cidade de Atenas ou aos seus habitantes. • *s m+f* Habitante ou natural de Atenas, capital da Grécia.
a.ten.ta.do (de *atentar*) *sm* **1** Ofensa à lei ou à moral: *Atentado ao pudor.* **2** Ação criminosa. **3** Agressão violenta, principalmente contra personalidade ou entidade pública, instituição, princípio, norma etc.: *Atentado à gramática.* • *adj pop* **1** Endiabrado, levado: *Menino atentado.* **2** Atormentado: *Vive atentado com as críticas da sogra.*
a.ten.tar (*atento*+ar^1) *vtd* **1** Aplicar com atenção.

vti e *vint* **2** Considerar, dar atenção, tomar em consideração: *Atentar em* (ou *para*) *alguma coisa. vti* **3** Observar com atenção, olhar atentamente. *vtd* **4** Cometer, empreender. *vti* e *vint* **5** Cometer atentado. *vint* **6** *pop* Induzir sentimento ou intenção maléficos; tentar.
a.ten.to (*lat attentu*) *adj* **1** Que está com atenção em alguma coisa. **2** Aplicado, cuidadoso, estudioso. **3** Atencioso, reverente. *Antôn: desatento.*
a.te.nu.a.ção (*atenuar*+*ção*) *sf* **1** Ação ou resultado de atenuar. **2** Debilidade, enfraquecimento, fraqueza. **3** Diminuição.
a.te.nu.an.te (de *atenuar*) *adj m+f* Que atenua. • *sf Dir* Circunstância que diminui o grau de responsabilidade do réu e, consequentemente, a pena. *Antôn: agravante.*
a.te.nu.ar (*lat atenuare*) *vtd* **1** Afinar, aguçar. **2** Diminuir, enfraquecer. **3** Abrandar ou diminuir a gravidade de. *Antôn (acepção 3): agravar.*
a.ter (*lat attinere*) *vpr* **1** Aproximar-se, encostar-se. **2** Seguir, conformar-se. **3** Fiar-se, pôr confiança em alguma coisa. Conjuga-se como *ter;* recebem, porém, acento agudo os *ee* na 2ª e 3ª pessoas do singular do presente do indicativo: *aténs, atém* e na 2ª pessoa do singular do imperativo afirmativo: *atém(tu).*
a.ter.ra.do (*part* de *aterrar*) *adj* **1** Cheio ou coberto de terra. **2** Pousado em terra (diz-se dos aviões). **3** Tomado de terror. **4** Que causa terror. • *sm* Lugar que se aterrou.
a.ter.ra.gem (*aterrar*+*agem*) *sf* **1** Ação ou efeito de aterrar. **2** *Aeron* Ato de pousar um avião no solo; pouso, aterrissagem.
a.ter.rar (a^1+*terra*+ar^1) *vtd* **1** Derrubar, demolir. *vtd* e *vpr* **2** Encher(-se) de terra. *vtd* e *vpr* **3** Cobrir(-se) de terra. *vint* **4** *Aeron* Descer o avião ao solo; pousar, aterrissar, aterrizar. *vtd* e *vpr* **5** Amedrontar(-se), assustar(-se), aterrorizar(-se). *vti* e *vint* **6** Causar terror.
a.ter.ris.sa.gem (*fr atterrissage*) *V aterragem.*
a.ter.ris.sar (*fr atterrisser*) *V aterrar* (acepção 4).
a.ter.ri.zar (*fr atterrisser*) *V aterrar* (acepção 4).
a.ter.ro (*ê*) (de *aterrar*) *sm* **1** Ação ou efeito de aterrar; terraplenagem. **2** Terra ou entulho com que se nivela ou eleva um terreno, ou se torna seco um lugar alagadiço. **3** Lugar que se aterrou; aterrado; terrapleno.
a.ter.ro.ri.za.dor (*aterrorizar*+dor^1) *V aterrorizante.*
a.ter.ro.ri.zan.te (de *aterrorizar*) *adj m+f* Que aterroriza; aterrorizador.
a.ter.ro.ri.zar (a^1+*terror*+*izar*) *vtd* **1** Causar terror a; amedrontar, apavorar. *vpr* **2** Aterrorizar-se, apavorar-se.
a.tes.ta.ção (*atestar*+*ção*) *sf* **1** Ação ou efeito de atestar. **2** Atestado, certidão, testemunho.
a.tes.ta.do (*part* de *atestar*) *adj* Certificado, testemunhado. • *sm* **1** Documento em que se atesta alguma coisa. **2** *V atestação* (acepção 2). **3** Demonstração, prova. *Atestado de óbito:* atestado no qual o médico, após exame do cadáver, declara a causa da morte.
a.tes.tar (*lat attestare*) *vtd* **1** Passar atestado de, certificar por escrito. *vtd* e *vint* **2** Testemunhar. *vtd* **3** Demonstrar, provar.

a.teu (*gr átheos*) *adj* e *sm* Que ou quem não crê na existência de Deus; ateísta, ímpio. *Fem: ateia.* Antôn: *deísta.*
a.ti.ça.dor (*atiçar+dor*) *adj* Que atiça. • *sm* **1** O que atiça. **2** Instrumento com que se aviva o fogo.
a.ti.ça.men.to (*atiçar+mento*) *sm* **1** Ação ou efeito de atiçar. **2** Incitação, provocação.
a.ti.çar (*lat vulg* *attitiare*) *vtd* **1** Avivar (o fogo) soprando ou lançando combustível. *vtd* **2** Promover, provocar (discórdia, brigas, intriga, ódio). *vtd* **3** Estimular. *vtd* **4** Despertar (cobiça, fome, inveja, sede).
a.ti.la.do (*part* de *atilar*) *adj* **1** Bem-acabado, aperfeiçoado. **2** Exato, pontual. **3** Esperto. **4** Ajuizado, discreto. **5** Elegante. **6** Correto.
a.ti.la.men.to (*atilar+mento*) *sm* **1** Qualidade do que é atilado. **2** Esmero, cuidado. **3** Exatidão, pontualidade. **4** Discrição, juízo.
a.ti.lar *vtd* **1** Executar com cuidado e esmero. *vtd* e *vpr* **2** Tornar(-se) esperto, hábil. *vpr* **3** Vestir-se de maneira elegante.
a.ti.lho (*atar+ilho*) *sm* **1** Barbante, cordão, fita para atar. **2** Estopim. **3** Feixe de espigas de milho.
á.ti.mo (*corr* de *átomo*) *sm* Instante, momento. • *loc adv: Num átimo:* num segundo.
a.ti.nar (a^1+*tina*+ar^1) *vtd* e *vti* **1** Achar, descobrir por raciocínio, suposição ou indício; encontrar. *vint* **2** Dar com o que se procurava; acertar.
a.ti.nen.te (*lat atinente*) *adj m+f* Que diz respeito a, relativo, concernente, pertinente.
a.tin.gir (*lat attingere*) *vtd* **1** Pôr-se em contato com; tocar. *vtd* e *vti* **2** Chegar a. *vtd* **3** Dizer respeito a; interessar a. *vtd* e *vti* **4** Alcançar, conseguir, obter. *vtd* e *vti* **5** Compreender, perceber. *vtd* **6** Abranger, incluir.
a.tí.pi.co (a^4+*tipo*+ico^2) *adj* Que difere do tipo normal.
a.ti.ra.dei.ra (*atirar+deira*) *sf* Estilingue, bodoque, funda.
a.ti.ra.dor (*atirar*^{1}+*dor*) *adj* Que atira. • *sm* **1** O que atira. **2** Indivíduo que tem habilidade e destreza em atirar com arma de fogo ou de arremesso. **3** Fuzileiro.
a.ti.rar (a^1+*tiro*+ar^1) *vtd* e *vpr* **1** Arremessar(-se), jogar(-se), lançar(-se). *vti* e *vint* **2** Disparar arma de fogo ou de arremesso. *vpr* **3** Arremeter contra; atacar.
a.ti.tu.de (*fr attitude*) *sf* **1** Modo de ter o corpo; postura. **2** Norma de agir ou ponto de vista, em certas situações. **3** Propósito ou significado de um propósito. *Tomar uma atitude:* decidir-se por um ou outro procedimento ou opinião, e agir de acordo.
a.ti.va (*fem* de *ativo*) *sf* **1** A parte principal na realização de um ato. **2** Condição dos que se acham em atividade nas forças armadas. • *adj Gram* Diz-se do verbo, ou da voz deste, cujo sujeito é o autor da ação: *voz ativa.*
a.ti.va.ção (*ativar+ção*) *sf* Ato ou efeito de ativar(-se).
a.ti.var (*ativo*+ar^1) *vtd* **1** Tornar ativo ou mais ativo. *vtd* **2** *Quím* Tornar radioativa uma substância.
a.ti.vi.da.de (*lat activitate*) *sf* **1** Qualidade de ativo. **2** Grande quantidade de trabalhos ou ideias de um homem. **3** Diligência, prontidão. **4** Profissão.
5 Energia, força, vigor. *Antôn* (acepções 1 e 3): *inatividade.*
a.ti.vis.mo (*ativo+ismo*) *sm* **1** *Filos* Doutrina ou prática de dar ênfase à ação vigorosa, *p ex*, ao uso da força para fins políticos. **2** Militância política ou partidária.
a.ti.vis.ta (*ativo+ista*) *adj m+f* **1** Relativo ou pertencente ao ativismo. **2** Que tem as características do ativismo. **3** Que defende ou pratica o ativismo. • *s m+f* **1** Pessoa que defende ou pratica o ativismo. **2** Militante político ou partidário.
a.ti.vo (*lat activu*) *adj* **1** Que atua, que exerce ação. **2** Diligente, aplicado. **3** Contínuo. **4** *Inform* Que está sendo utilizado pelo sistema ou acessado por um programa. *Antôn* (acepção 2): *indolente.* • *sm* **1** Acervo de uma casa comercial. **2** Capital em circulação. *Antôn* (acepção 1): *passivo.*
a.tlân.ti.co (*lat atlanticu*) *adj* **1** Relativo ao Monte Atlas (África). **2** Pertencente ou relativo ao Oceano Atlântico. **3** *fig* Gigantesco, enorme, colossal.
a.tlas (*gr Atlas, np*) *sm sing* e *pl Geogr* Coleção de mapas ou cartas geográficas, em livro.
a.tle.ta (*gr athletés*) *s m+f* **1** Pessoa que se exercitava na luta, para combater nos jogos solenes, na Grécia e em Roma. **2** Homem forte e hábil em exercícios físicos. **3** *Esp* Pessoa treinada para competir, profissionalmente ou como amador, em exercícios, esportes ou jogos que requerem força, agilidade e resistência. **4** Pessoa de constituição robusta. **5** Defensor valoroso de uma causa ou partido.
a.tlé.ti.co (*gr athetikós*) *adj* **1** Relativo a atleta. **2** Próprio de atleta. **3** Forte, robusto, vigoroso. *Antôn* (acepção 3): *franzino, raquítico.*
a.tle.tis.mo (*atleta+ismo*) *sm* **1** Prática de esportes atléticos. **2** Denominação do conjunto de esportes atléticos, compreendendo corridas, saltos, arremessos etc.
at.mos.fe.ra (*atmo+esfera*) *sf* **1** *Meteor* Esfera gasosa que envolve a Terra, constituída essencialmente de oxigênio e nitrogênio. **2** *Astr* Camada gasosa que envolve qualquer corpo celeste. **3** O ar que respiramos. **4** *fig* Ambiente em que se vive. **5** *Fís* Unidade de pressão.
at.mos.fé.ri.co (*atmosfera*+ico^2) *adj* **1** Pertencente ou relativo à atmosfera. **2** Que forma a atmosfera. **3** Que se produz na atmosfera.
a.to (*lat actu*) *sm* **1** Aquilo que se fez, se faz ou se pode fazer; ação. **2** Decisão ou determinação do poder público. **3** *Rel* Manifestação de certos sentimentos, crenças, desejos ou propósitos. **4** *Rel* Prece que contém essa manifestação. **5** *Teat* Cada uma das partes em que se divide uma peça teatral. **6** Cerimônia, solenidade.
à toa^1 *adj invariável* **1** Feito sem pensar. **2** Sem objetivo ou fim. **3** Inútil. **4** Que não exige muito trabalho. **5** Desprezível, insignificante. *Aquele sujeitinho à toa precisa de um corretivo. Você está se desgastando por causa de um problema à toa.* **6** *pop* Mulher, moça que se prostitui.
à toa^2 *loc adv* **1** A esmo, ao acaso: *Pedro vive à toa e parece feliz.* **2** Sem pensar. **3** *Náut* Sem governo próprio.
a.to.a.lha.do (*part* de *atoalhar*) *adj* **1** Que imita a toalha. **2** Coberto ou guarnecido com toalha. • *sm* Pano de mesa, toalha.

a.to.a.lhar (*a¹+toalha+ar¹*) *vtd* **1** Cobrir com toalha. **2** Cobrir como se fosse uma toalha. **3** Dar aparência de toalha a (um pano).

a.to.char (*a¹+tocho+ar¹*) *vtd* **1** Fazer entrar, meter à força. *vtd* **2** Encher em excesso. *vti* **3** Entrar à força em um lugar. *Conjug – Pres indic: eu atocho (ó).*

a.tol (da língua das Ilhas Maldivas *atolu*) *sm* Ilha de coral que forma um círculo ou anel, mais ou menos contínuo, ao redor de um lago interior. *Pl:* atóis.

a.to.lar (*atol+ar¹*) *vtd* e *vpr* **1** Enterrar(-se) no lodo; meter(-se) em atoleiro: *O caminhão atolou na lama.* *vpr* **2** *fig* Entregar-se com excesso aos prazeres, aos vícios, às paixões ruins: *Atolava-se lentamente na bebida.* *vpr* **3** *fig* Meter-se em dificuldades: *Vive atolado em dívidas.*

a.to.lei.mar (*a¹+toleima+ar²*) *vtd* **1** Tornar tolo; transformar em pateta. *vpr* **2** Tornar-se ou transformar-se em tolo, pateta.

a.to.lei.ro (*atolar¹+eiro*) *sm* **1** Terreno lamacento, pantanoso; lamaçal, lodaçal, pântano. **2** Problema de que não é fácil sair. **3** Humilhação, rebaixamento moral. *Sair do atoleiro:* livrar-se de situação difícil ou perigosa.

a.tô.mi.co (*átomo+ico²*) *adj* **1** Pertencente ou relativo ao átomo. **2** Relativo ou pertencente a alterações no núcleo de um átomo, ou que utiliza energia liberada por tais alterações: *Bomba atômica.* **3** Que utiliza bombas atômicas: *Guerra atômica.* **4** Que resulta de uma bomba atômica: *Explosão atômica.*

a.to.mi.za.dor (*atomizar+dor*) *adj* e *sm* Diz-se de, ou aparelho com que se reduz um líquido a um borrifo muito fino; nebulizador.

a.to.mi.zar (*átomo+izar*) *vtd* **1** Reduzir a átomos. **2** Borrifar com atomizador. **3** Reduzir a pó ou a gotículas.

á.to.mo (*gr átomos*) *sm* **1** *Fís* e *Quím* Partícula de um corpo considerada indivisível e que constitui a menor quantidade de um elemento que pode entrar em combinação. O átomo é constituído por um núcleo de nêutrons e prótons, circundado por partículas materiais de elétrons que se movem seguindo determinadas órbitas. **2** Coisa excessivamente pequena.

á.to.mo-gra.ma *sm Quím* Peso atômico expresso em gramas. *Pl:* átomos-gramas e átomos-grama.

a.to.ni.a (*a⁴+tonia*) *sf* **1** *Med* Estado de relaxamento dos tecidos ou órgãos. **2** *Med* Debilidade geral, fraqueza. **3** Falta de atividade moral ou intelectual.

a.tô.ni.to (*lat attonitu*) *adj* **1** Admirado, maravilhado, pasmado. **2** Assombrado. **3** Extasiado. **4** Confuso, perturbado.

á.to.no (*gr átonos*) *adj* **1** Que não soa; mudo. **2** *Gram* Sem acento tônico.

a.tor (*lat actore*) *sm* **1** Indivíduo que pratica uma ação; agente. **2** Homem que representa em teatro. **3** *fig* Aquele que sabe fingir. *Fem:* atriz e atora (ó).

a.tor.do.a.do (*part de atordoar*) *adj* Abalado, aturdido, confundido, pasmado.

a.tor.do.a.men.to (*atordoar+mento*) *sm* **1** Ação de atordoar. **2** Perturbação dos sentidos em consequência de pancada, queda, estouro, grande emoção, álcool ou de algum narcótico. **3** Vertigem, tonteira.

a.tor.do.ar (*a¹+tordo+ar¹*) *vtd* **1** Causar atordoamento a. *vint* **2** Causar abalo ou perturbação dos sentidos. *vint* **3** Ficar tonto. *vtd* **4** Assombrar, maravilhar. *vtd* e *vint* **5** Importunar, molestar os ouvidos.

a.tor.men.ta.ção (*atormentar+ção*) *sf* **1** Ação de atormentar. **2** Aflição, tormento, tortura.

a.tor.men.ta.do (*part de atormentar*) *adj* **1** Submetido a tormentos; torturado. **2** Aflito, atribulado.

a.tor.men.ta.dor (*atormentar+dor*) *adj* + *sm* **1** Que, ou o que atormenta ou tortura. **2** Importuno.

a.tor.men.tar (*a¹+tormento+ar¹*) *vtd* **1** Infligir tormento a; molestar, torturar. *vtd* e *vpr* **2** Afligir (-se), preocupar(-se).

a.tó.xi.co (*cs*) (*a⁴+tóxico*) *adj* Que não contém tóxico, que não tem veneno. *Antôn:* tóxico.

a.tra.ca.ção (*atracar+ção*) *sf Náut* Ação ou efeito de atracar.

a.tra.ca.dou.ro (*atracar+douro*) *sm* Lugar onde se amarram embarcações. *Var:* atracadoiro.

a.tra.ção (*lat attractione*) *sf* **1** Ação de atrair. **2** Força que atrai. **3** Simpatia. **4** Espetáculo ou qualquer representação, pessoa ou coisa que atrai grande número de pessoas. *sf pl* Distrações, divertimentos, prazeres.

a.tra.car (*ital attracare*) *vtd* **1** Amarrar à terra ou fazer chegar a ela (um barco ou navio). *vint* **2** Aportar. *vpr* **3** Lutar, brigar.

a.tra.en.te (*lat attrahente*) *adj m+f* Que atrai; agradável, encantador. *Antôn: repelente.*

a.trai.ço.ar (*a¹+traição+ar*) *vtd* **1** Fazer traição a, enganar, trair. *vtd* **2** Aliar-se ao estrangeiro ou ao inimigo contra. *vtd* **3** Ser infiel a. *vtd* e *vpr* **4** Revelar o segredo de, denunciar.

a.tra.ir (*lat attrahere*) *vtd* **1** Fazer voltar-se ou dirigir-se para si: *Atrair a atenção, a sorte.* *vtd* **2** Chamar, incitar a aproximar-se: *Meu assobio atraiu o cachorro.* *vtd* **3** Fazer aderir a uma opinião, partido etc. *vtd* **4** Provocar, despertar: *Sua pureza atraía a simpatia de todos.* *vtd* **5** Encantar, seduzir, fascinar. *Antôn* (acepções 1 e 2): *repelir.* *Conjug – Pres indic:* atraio, atrais, atrai, atraímos, atraís, atraem; *Pret imp:* atraía etc.; *Pret mais-que-perf:* atraíra etc.; *Pret perf:* atraí, atraíste, atraiu etc.; *Pres subj:* atraia etc.; *Part:* atraído.

a.tra.pa.lha.ção (*atrapalhar+ção*) *sf* **1** Ação ou efeito de atrapalhar(-se). **2** Confusão, desordem, perturbação. **3** Acanhamento, embaraço.

a.tra.pa.lha.do (*part de atrapalhar*) *adj* **1** Que se atrapalhou. **2** Confuso, embaraçado, perturbado. **3** Feito à pressa, malfeito. **4** Desordenado.

a.tra.pa.lhar (*a¹+trapo+alho+ar¹*) *vtd* e *vpr* **1** Confundir(-se), embaraçar(-se), perturbar(-se). *vint* **2** Causar confusão ou embaraço.

a.trás (*lat ad+trans*) *adv* **1** No lugar precedente. **2** No tempo anterior. **3** Na parte posterior. **4** Detrás. *Antôn: adiante. Atrás de:* do lado ou lugar posterior a; após, em seguida de; depois de. *Não ficar atrás:* não valer menos, não ser inferior.

a.tra.sa.do (*part de atrasar*) *adj* **1** Que se atrasou; retardado. **2** Que ainda está longe do fim a que se destina. **3** Antigo, antiquado. **4** Pouco desenvolvido moral ou fisicamente. **5** Que não paga as contas com pontualidade. **6** Que não foi recebido no tempo devido. • *sm pl* Dívidas vencidas e ainda não pagas. *Antôn* (acepções 1, 2, 3, 4 e 6): *adiantado*.

a.tra.sar (*atrás+ar¹*) *vpr* **1** Ficar para trás. *vtd* **2** Fazer demorar, retardar, adiar. *vtd* **3** Impedir de crescer, de se desenvolver, de progredir ou prosperar. *vpr* **4** Não pagar na época própria. *vint* **5** Mover-se com menos velocidade do que se deve. *vpr* **6** Ser impontual, chegar tarde. *vtd* **7** Fazer (o relógio) marcar hora anterior à regular. *vtd* **8** Prejudicar: *Você atrasa a minha vida. Antôn* (acepções 2, 3, 5 e 7): *adiantar;* (acepções 5 e 6): *adiantar-se*.

a.tra.so (de *atrasar*) *sm* **1** Ação ou efeito de atrasar; demora, retardamento. **2** Falta ou demora de pagamento. **3** Falta de cultura ou de civilização. **4** Decadência. *Atraso de vida:* aquilo que ou quem atrapalha, causa prejuízo, atrasa: *Seu mau humor é um atraso de vida. Antôn* (acepções 1, 2 e 3): *adiantamento*.

a.tra.ti.vo (*lat attractivu*) *adj* **1** Atraente. **2** Simpático. • *sm* **1** Encanto, sedução. **2** Coisa que atrai. *sm pl* Graças, encantos.

a.tra.van.car (*a¹+travanca+ar¹*) *vtd* **1** Obstruir a passagem ou o acesso. **2** Acumular muitas coisas em (um lugar). **3** Embaraçar, impedir. *Antôn* (acepção 1): *desobstruir*.

a.tra.vés (*lat ad+transverse*) *adv* De lado a lado. *Através de:* de um para outro lado de; por entre; no decurso de; por intermédio ou interferência de.

a.tra.ves.sa.do (*part de atravessar*) *adj* **1** Posto de través. **2** Cruzado, oblíquo. **3** Passado de lado a lado, varado. **4** Percorrido. **5** *fig* Cheio de irritação, rancoroso, mal-intencionado: *Resposta atravessada.* **6** De esguelha, de través: *Seu olhar atravessado revelava péssimas intenções.*

a.tra.ves.sa.dor (*atravessar+dor*) *sm* **1** O que atravessa. **2** *Com* Indivíduo que se põe entre o produtor e o vendedor, comprando grandes quantidades de mercadorias destinadas ao mercado ou ao consumidor, guardando-as para forçar a alta dos preços e assim vendê-las com grandes lucros; intermediário.

a.tra.ves.sar (*a¹+lat transversare*) *vtd* **1** Passar através de, cruzar. **2** Traspassar, passar para o outro lado, varar, transpor. **3** Durar, prolongar-se no tempo, passar: *Atravessava a vida na absoluta miséria.* **4** Interferir, atrapalhar: *Sempre a sogra atravessara seus planos de liberdade.* **5** Comprar por atacado e revender com lucros: *Enriquecer atravessando gêneros de primeira necessidade.* **6** *pop* Comprar e vender clandestinamente, sem pagar impostos: *Atravessara muita bebida para engordar o bolso. vtd* e *vpr* **7** Opor, interpor. *vint* **8** Interromper a fala de alguém. *vtd* e *vint* **9** *pop* Quebrar o ritmo ou a melodia de uma música de escola de samba: *A escola desclassificou-se porque atravessou o samba. vpr* **10** Pôr-se de través ou de permeio.

a.tre.lar (*a¹+trela+ar¹*) *vtd* **1** Prender com trela, levar preso pela trela (cães de caça etc.). *vtd* **2** Prender (animais) ao veículo. *vtd* **3** Prender vagões e locomotiva uns aos outros para formar um trem. *vpr* e *vtd* **4** *fig* Vincular(-se), ligar(-se): *Atrelou a vida aos movimentos ecológicos.*

a.tre.ver (*a¹+lat tribuere*) *vpr* **1** Ousar, ter o atrevimento de. **2** Enfrentar(-se).

a.tre.vi.do (*part de atrever*) *adj* **1** Que se atreve; audacioso, ousado. **2** Descarado, insolente. *Antôn: tímido*.

a.tre.vi.men.to (*atrever+mento*) *sm* **1** Ação de atrever-se; audácia, ousadia. **2** Descaramento, insolência.

a.tri.bu.i.ção (*lat attributione*) *sf* **1** Ação de atribuir. **2** Privilégio. **3** Responsabilidade ligada a um cargo ou uma tarefa. *sf pl* Direitos, poderes ou jurisdição de certas autoridades.

a.tri.bu.ir (*lat attribuere*) *vtd* **1** Conceder, conferir. *vtd* **2** Considerar como autor, origem ou causa. *vpr* **3** Reclamar, exigir. *Part: atribuído*.

a.tri.bu.la.ção (*atribular+ção*) *V tribulação*.

a.tri.bu.la.do (*part de atribular*) *adj* **1** Que sofre atribulação; aflito, atormentado. **2** Doloroso.

a.tri.bu.lar (*a¹+lat tribulare*) *vtd* e *vpr* **1** Causar tribulação a; afligir(-se), angustiar(-se), atormentar (-se). *vint* **2** Causar tribulação, servir de tormento.

a.tri.bu.to (*lat attributu*) *sm* **1** Aquilo que é próprio ou peculiar de alguém ou de alguma coisa. **2** Condição, propriedade, qualidade. **3** Símbolo. **4** *Gram* Palavra que se junta ao substantivo para exprimir uma qualidade. **5** *Filos* Característica essencial de uma susbtância.

á.trio (*lat atriu*) *sm* **1** *Arquit* Pátio, vestíbulo. **2** *Anat* Aurícula do coração. **3** Sala de estar; saguão.

a.tri.tar (*atrito+ar¹*) *vtd* **1** Provocar atrito em. *vpr* **2** Friccionar-se, esfregar-se (um corpo com outro). *vpr* **3** Desentender-se.

a.tri.to (*lat attritu*) *sm* **1** *Fis* Resistência que um corpo desenvolve quando sobre ele se move outro corpo. **2** Fricção. **3** *fig* Briga, conflito. • *adj* Que tem atrição; arrependido, pesaroso de haver pecado.

a.triz (*lat actrice*) *sf* **1** Feminino de *ator*. **2** Mulher que representa em teatro, cinema, televisão etc., como profissional da arte dramática. **3** *fig* Mulher que finge bem o que não sente. *Pl: atrizes*.

a.tro.ci.da.de (*lat atrocitate*) *sf* **1** Qualidade do que é atroz; ferocidade, desumanidade. **2** Ação cruel. **3** Grande crime. **4** Tortura. **5** Espetáculo repugnante.

a.tro.fi.a (*a⁴+trofo+ia¹*) *sf* **1** *Med* Definhamento ou diminuição do tamanho, de uma célula, tecido, órgão ou parte do corpo, causados por defeito ou falha de nutrição, falta de uso, velhice, ferimento ou doença. **2** Enfraquecimento ou perda de alguma faculdade mental. **3** Decadência. **4** Falta de ação e energia.

a.tro.fi.a.do (*part de atrofiar*) *adj* **1** *Med* Que padece de atrofia. **2** Atrapalhado ou impedido no seu desenvolvimento. **3** Que não tem vitalidade. **4** Magro, definhado. *Antôn* (acepção 1): *hipertrofiado;* (acepções 3 e 4): *robusto, vigoroso*.

a.tro.fi.a.men.to (*atrofiar+mento*) *sm* Ação ou efeito de atrofiar.

a.tro.fi.ar (*atrofia+ar¹*) *vtd* **1** Causar atrofia a. *vtd* **2** Não deixar desenvolver. *vpr* **3** Cair em atrofia; definhar-se.

a.tro.pe.la.do (*part de atropelar*) *adj* **1** Que sofreu atropelamento. **2** Confuso, desordenado, precipitado.

a.tro.pe.la.men.to (*atropelar+mento*) *sm* **1** Ação ou efeito de atropelar. **2** Colisão, choque. **3** Acidente de trânsito por colisão ou choque de veículos. **4** Confusão, precipitação. *Var: atropelo*.
a.tro.pe.lar (*a¹+tropel+ar¹*) *vtd* **1** Pisar passando por cima. *vtd* **2** Derrubar com um encontrão; dar um encontrão em. *vtd* **3** Acotovelar, empurrar. *vpr* **4** Encontrar-se confusamente, reunir-se em desordem.
a.tro.pe.lo (*ê*) (de *atropelar*) *sm* **1** V *atropelamento*. **2** *pop* Aflição, tormento.
a.tro.pi.na (*gr átropos+ina*) *sf* Quím e Farm Substância cristalina, branca, venenosa, extraída da beladona ou outras plantas, ou obtida artificialmente. É usada principalmente para aliviar espasmos e dores ou dilatar a pupila.
a.troz (*lat atroce*) *adj m+f* **1** Cruel, desumano, feroz. **2** Monstruoso. **3** Doloroso. *Sup abs sint: atrocíssimo. Pl: atrozes*.
a.tu.a.ção (*atuar+ção*) *sf* Ação ou efeito de atuar.
a.tu.al (*lat actuale*) *adj m+f* **1** Que existe ou ocorre no momento em que falamos; presente. **2** Efetivo, real. **3** Moderno.
a.tu.a.li.da.de (*atual+i+dade*) *sf* **1** Natureza do que é atual. **2** Ocasião presente; o tempo presente. **3** Efetividade. *Antôn: inatualidade. sf pl* Informações ou notícias sobre o momento atual.
a.tu.a.li.za.ção (*atualizar+ção*) *sf* Ato ou efeito de atualizar(-se).
a.tu.a.li.zar (*atual+izar*) *vtd* e *vpr* **1** Tornar(-se) atual; modernizar(-se); inteirar-se sobre novidades, inovações. *vtd* **2** *Inform* Substituir ou complementar um programa, uma página na *Internet* ou um arquivo com dados mais recentes ou versão com mais recursos.
a.tu.al.men.te (*atual+mente*) *adv* Hoje, no momento presente.
a.tu.an.te (de *atuar*) *adj m+f* Que, ou pessoa que atua, ou está em ato ou exercício de sua atividade.
a.tu.ar (*baixo-lat actuare*) *vti* e *vint* Estar em atividade, exercer atividade.
a.tu.á.ria (de *atuário*) *sf Mat* e *Estat* Parte da matemática que estuda a teoria e o cálculo dos seguros em geral.
a.tu.a.ri.al (*atuário+al¹*) *adj m+f* Pertencente ou relativo a atuário; atuário.
a.tu.á.rio (*lat actuariu*) *adj V atuarial*. • *sm* **1** Indivíduo que faz os cálculos para as companhias de seguro de vida, estabelece as bases de suas operações e verifica os resultados. **2** Sujeito especializado em cálculos financeiros.
a.tu.lhar (*a¹+tulha+ar¹*) *vtd* **1** Encher até não caber mais. *vtd* **2** Introduzir coisas demais, à força. *vpr* **3** Ficar cheio ou repleto. *vtd* **4** Atrapalhar, impedir, enchendo ou acumulando.
a.tum (*ár at-tûn*, do *gr thýnnos*) *sm Ictiol* Denominação popular de um peixe, de carne muito saborosa, que ocorre nos mares do hemisfério Norte.
a.tu.rar (*lat vulg *atturare* por *obturare*) *vtd* **1** Sofrer com paciência; tolerar, suportar. *vtd* **2** Aguentar, sustentar. *vtd* **3** Continuar, persistir. *vint* **4** Durar, resistir.
a.tur.di.do (*part* de *aturdir*) *adj* **1** Atônito, atordoado, maravilhado. **2** Assustado. **3** Ensurdecido por barulho ou estampido.

a.tur.di.men.to (*aturdir+mento*) *sm* **1** Ação ou efeito de aturdir. **2** Desorientação, perturbação dos sentidos, tonteira. **3** Estado de quem se acha aturdido.
a.tur.dir (*a¹+tardo+ir*) *vtd* e *vpr* **1** Atordoar(-se). *vtd* **2** Assombrar, causar espanto a; surpreender. *Conjug*: verbo defectivo não conjugável nas formas em que ao *d* da raiz se segue *o* ou *a*; assim, não tem a 1ª pessoa do singular do presente do indicativo nem o presente do subjuntivo todo.
au-au (*voc onom*) *sm inf* **1** Cachorro. **2** Latido de cachorro. *Pl: au-aus*.
au.dá.cia (*lat audacia*) *sf* **1** Impulso da alma para atos difíceis ou perigosos. **2** Atrevimento, ousadia, valor. **3** Insolência, arrogância. *Antôn* (acepções 1 e 2): *timidez*.
au.da.ci.o.so (*ô*) (*audácia+oso*) *V audaz. Pl: audaciosos (ó)*.
au.daz (*lat audace*) *adj m+f* **1** Que tem audácia; atrevido, ousado, audacioso. **2** Que exige audácia; arriscado. *Sup abs sint: audacíssimo. Antôn: tímido. Var: audacioso*.
au.di.ção (*lat auditione*) *sf* **1** Percepção dos sons pelo ouvido; capacidade de ouvir. **2** Ação de ouvir ou escutar. **3** Audiência: *Audição de testemunhas*. **4** *Mús* Concerto, exibição musical.
au.di.ên.cia (*lat audientia*) *sf* **1** Atenção que se presta a quem fala. **2** Recepção dada por qualquer autoridade a pessoas que lhe desejam falar. **3** Número de pessoas que assistem a determinado programa de rádio ou de televisão. **4** *Dir* Sessão do tribunal em que o juiz interroga as partes, ouve os advogados e pronuncia o julgamento.
áu.dio (*lat audio*) *sm* **1** Parte sonora de um filme ou transmissão de televisão. **2** *Eletrôn* Reprodução eletrônica de um som. **3** Equipamento apropriado para tal fim.
au.di.o.li.vro (*audio+livro*) *sm* CD que traz gravadas as locuções de livros, jornais e revistas, usados principalmente por deficientes visuais.
au.di.o.vi.su.al (*audio+visual*) *adj m+f* **1** Relativo ou pertencente ao mesmo tempo à audição e à visão. **2** *Educ* Qualidade de programa ou método pedagógico caracterizado pela utilização simultânea de som e imagem como filmes, discos, televisão, livros. **3** Diz-se da mensagem que reúne som e imagem.
au.di.tar (*lat auditare*) *vtd* Fazer auditoria em.
au.di.ti.vo (*lat auditivu*) *adj* **1** Pertencente ou relativo à audição. **2** Que pode ouvir.
au.di.tor (*lat auditore*) *sm* **1** O que ouve; ouvinte. **2** Funcionário encarregado de informar um tribunal ou repartição sobre a aplicação das leis a casos ocorrentes; ouvidor. **3** *Cont* Contador especializado e encarregado de examinar e conferir livros contábeis.
au.di.to.ri.a (*auditor+ia¹*) *sf* **1** Cargo de auditor. **2** Casa ou tribunal onde o auditor desempenha as suas funções. **3** Função de auditor junto às empresas comerciais. **4** *Econ* Exame detalhado da contabilidade de uma empresa ou instituição.
au.di.tó.rio (*lat auditoriu*) *sm* **1** Assembleia ou reunião de pessoas que têm por objetivo ouvir um discurso ou assistir a uma sessão ou audiência;

assistência, ouvintes. **2** Lugar onde se agrupam os ouvintes. **3** Tribunal do juiz que dá audiência.
au.dí.vel (*lat audibile*) *adj m+f* Que se ouve, que se pode ouvir.
au.ê *sm gír* Confusão, agitação, tumulto.
au.fe.rir (*lat auferre*) *vtd* e *vint* Colher, obter, receber. Conjuga-se como *ferir*.
au.ge (*ár 'auj*) *sm* **1** O ponto mais elevado; apogeu. **2** O maior, o máximo grau; cúmulo.
au.gu.rar (*lat augurari*) *vtd* e *vint* **1** Predizer, prever (acontecimentos futuros) por meio de sinais; agourar. *vtd* **2** Supor, prever. *vtd* **3** Dar indício ou sinal.
au.gú.rio (*lat auguriu*) *sm* Previsão, adivinhação, agouro, prognóstico, presságio.
au.gus.to (*lat augustu*) *adj* **1** Digno de respeito. **2** Solene, imponente. **3** Venerável. • *sm Hist* Título dos imperadores romanos.
au.la (*lat aula*) *sf* **1** Sala em que se dão ou recebem lições; classe. **2** Lição de uma disciplina, preleção. *Aula magna:* aula inaugural de ano letivo, ministrada pelo reitor ou convidado de honra, no salão nobre de uma faculdade.
áu.li.co (*lat aulicu*) *adj* **1** Pertencente ou relativo à corte. **2** Pertencente à comitiva de um soberano. • *sm* Membro da corte; cortesão.
au.men.tar (*lat augmentare*) *vtd* **1** Tornar maior; acrescentar, ampliar, elevar. *vint* **2** Crescer, tornar-se maior. *vint* **3** Crescer, subir. *vti* **4** Melhorar, progredir. *vtd* **5** Agravar: *Aumentar a preocupação. Antôn* (acepções 1, 2 e 3): *diminuir, reduzir*.
au.men.ta.ti.vo (*aumentar+ivo*) *adj* Que aumenta. • *sm Gram* Grau em que o significado da palavra aparece aumentado. *P ex:* homem = homenzarrão; casa = casarão.
au.men.to (*lat augmentu*) *sm* **1** Ação ou resultado de aumentar; acréscimo, ampliação; elevação. **2** Crescimento. **3** Engrandecimento. **4** Melhoria, progresso. *Antôn* (acepções 1 e 2): *diminuição*.
au.ra (*lat aura*) *sf* **1** Vento brando e agradável; brisa. **2** Fama, popularidade. **3** Segundo os ocultistas, fluido que rodeia o corpo humano como uma luz, que pode ser observado principalmente ao redor da cabeça e na ponta dos dedos. **4** Halo luminoso dos santos cristãos. **5** *Med* Sensações que antecedem o ataque epiléptico.
áu.reo (*lat aureu*) *adj* **1** De ouro. **2** Da cor do ouro. **3** Abundante em ouro, rico de ouro. **4** Que foi misturado com folhas de ouro. **5** Muito valioso. **6** Brilhante, excelente: *Anos áureos da nossa vida*.
au.ré.o.la (*lat aureola*) *sf* **1** Círculo de luz com que se enfeita a cabeça dos santos, representado, nas esculturas, por um semicírculo de metal; halo. **2** Diadema. **3** Qualquer círculo luminoso que rodeia um objeto. **4** *fig* Brilho moral; glória, prestígio.
au.re.o.lar (*auréola+ar¹*) *adj m+f* **1** Em forma de auréola. **2** Que imita auréola. • *vtd* **1** Rodear de auréola; coroar. **2** Rodear, envolver.
au.rí.cu.la (*lat auricula*) *sf Anat* **1** Cada uma das cavidades superiores do coração. **2** Parte externa da orelha. *Var: aurículo*.
au.ri.cu.lar (*lat auriculare*) *adj m+f* **1** Relativo à orelha ou às aurículas. **2** Próprio para ser introduzido na orelha. • *sm* O dedo mínimo.

au.rí.fe.ro (*lat auriferu*) *adj* Que contém ou produz ouro.
au.ri.ver.de (*auri+verde*) *adj m+f* Que tem cor de ouro e verde; verde e amarelo.
au.ro.ra (*lat aurora*) *sf* **1** Claridade que precede no horizonte o nascer do Sol; alvorada. **2** *fig* A juventude. **3** *fig* Começo, princípio.
aus.cul.ta.ção (*auscultar+ção*) *sf Med* Método de diagnóstico baseado na percepção dos ruídos do interior do organismo, por meio da orelha ou do estetoscópio.
aus.cul.tar (*lat auscultare*) *vtd* **1** *Med* Aplicar a orelha ou o estetoscópio a (costas, peito, ventre etc.) para ouvir os ruídos que se fazem dentro do organismo. **2** Examinar com atenção, procurar conhecer, sondar.
au.sên.cia (*lat absentia*) *sf* **1** Afastamento de uma pessoa do lugar em que se deveria achar. **2** Falta de assistência ou comparecimento. **3** Inexistência, falta. *Antôn* (acepções 1 e 2): *presença*.
au.sen.ta.do (*part de ausentar*) *adj* Ausente, afastado, não presente.
au.sen.tar (*ausente+ar¹*) *vpr* **1** Afastar-se, deixar um lugar qualquer. **2** Ir-se, retirar-se.
au.sen.te (*lat absente*) *adj m+f* **1** Que não está presente. **2** Afastado do lugar em questão. **3** Distante. *Antôn* (acepções 1 e 2): *presente*.
aus.pi.ci.ar (*auspício+ar¹*) *vtd* Prever, predizer, pressentir, augurar.
aus.pí.cio (*lat auspiciu*) *sm* **1** Previsão, predição, presságio. **2** Bom ou mau agouro. **3** Prenúncio. *sm pl* Favor, proteção; patrocínio, assistência: *O projeto concluiu-se sob os auspícios das empresas*.
aus.pi.ci.o.so (*ô*) (*auspício+oso*) *adj* Com bom auspício, de bom agouro; esperançoso. *Antôn: desanimador*. *Pl: auspiciosos (ó)*.
aus.te.ri.da.de (*lat austeritate*) *sf* **1** Qualidade do que é austero. **2** Caráter de pessoa austera. **3** Disciplina rigorosa. **4** Dureza no trato. **5** Falta de luxo e coisas supérfluas, em escala nacional, para vencer uma crise econômica.
aus.te.ro (*é*) (*lat austeru*) *adj* **1** Rígido em opiniões, costumes ou caráter. **2** Severo, rigoroso. **3** Duro ou penoso para os sentidos. **4** Sério, sisudo. **5** Que vive de maneira econômica, sem luxo. **6** Sem enfeites (estilo, decoração).
aus.tral (*lat australe*) *adj m+f* Do lado do sul; meridional. *Antôn: boreal, setentrional*.
aus.tra.li.a.no (*top Austrália+ano*) *adj* Da ou relativo à Austrália. • *sm* Natural da Austrália.
aus.trí.a.co (*top Áustria+aco*) *adj* Da ou relativo à Áustria (Europa). • *sm* Natural da Áustria.
aus.tro (*lat austru*) *sm* **1** O sul. **2** *Poét* O vento do sul.
au.tar.qui.a (*gr autarkhía*) *sf* **1** V *autocracia*. **2** Independência econômica de um país. **3** Entidade com patrimônio próprio e vida autônoma, criada pelo Estado, para auxiliá-lo no serviço público (*p ex*, banco, órgão de fiscalização etc.).
au.tár.qui.co (*autarquia+ico²*) *adj* **1** Relativo ou pertencente a autarquia. **2** Economicamente independente; que produz o que necessita, autônomo.
au.ten.ti.ca.ção (*autenticar+ção*) *sf* Ato ou efeito de autenticar.
au.ten.ti.ca.do (*part de autenticar*) *adj* **1** Tornado

autenticar 98 autofecundação

autêntico. 2 Reconhecido segundo as exigências da lei. 3 Legalizado.

au.ten.ti.car (*autêntico+ar¹*) *vtd* 1 Tornar autêntico. 2 Reconhecer como próprio, verdadeiro ou legítimo (escrito ou documento). 3 Autorizar ou certificar segundo as fórmulas legais; legalizar.

au.ten.ti.ci.da.de (*autêntico+i+dade*) *sf* Qualidade do que é autêntico.

au.têm.ti.co (*gr authentikós*, pelo *lat authenticu*) *adj* 1 Do autor a quem se atribui. 2 Digno de fé ou de confiança. 3 Certo, que não pode ser contestado. 4 Feito pela própria pessoa: *Assinatura autêntica*. 5 Genuíno. 6 Que obedece às exigências da lei, certificado por testemunho público e solene. *Antôn* (acepção 1): *apócrifo*; (acepções 2, 3 e 4): *falso*.

au.tis.mo (*auto+ismo*) *sm Med* Estado mental caracterizado por devaneios e afastamento do mundo exterior.

au.tis.ta (*auto+ista*) *adj m+f* 1 Que se refere ao autismo. 2 Caracterizado por autismo. • *s m+f* Pessoa que sofre de autismo.

au.to (*lat actu*) *sm* 1 Solenidade ou ação pública. 2 *Jur* Narração escrita, autenticada, de qualquer ato judicial ou processo. 3 *Folc* Teatro popular, representado na rua ou em praça pública. 4 *Teat* Peça teatral medieval, com tema geralmente bíblico e personagens alegóricas. 5 (red. de *automóvel*) Abreviação de automóvel. *sm pl* Conjunto de peças pertencentes a um processo.

au.to.a.de.si.vo (*auto+adesivo*) *V autocolante*.

au.to.a.fir.ma.ção (*auto+afirmação*) *sf Psicol* Necessidade íntima do indivíduo de ser aceito pelas outras pessoas; afirmação.

au.to.a.ju.da (*auto+ajuda*) *sf* Método ou processo de aprimoramento que visa a solucionar problemas emocionais, comportamentais ou dificuldades e desconfortos físicos de ordem geral, sem recorrer à ajuda de outrem.

au.to.a.ná.li.se (*auto+análise*) *sf* Tentativa de compreender a própria personalidade sem auxílio de outra pessoa.

au.to.a.va.li.a.ção (*auto+avaliação*) *sf* 1 Ato ou efeito de autoavaliar-se. 2 Avaliação que se faz de si mesmo quanto a seu desempenho ou rendimento em determinada atividade ou situação.

au.to.a.va.li.ar (*auto+avaliar*) *vpr* Fazer avaliação de si mesmo; analisar-se.

au.to.bi.o.gra.far (*auto+bio+grafo+ar¹*) *vpr* Escrever a própria biografia.

au.to.bi.o.gra.fi.a (*auto+bio+grafo+ia¹*) *sf* Narração da vida de uma pessoa, escrita por ela própria.

au.to.bi.o.grá.fi.co (*auto+bio+grafo+ico²*) *adj* Relativo a autobiografia.

au.to.cen.su.ra (*auto+censura*) *sf* Capacidade de exercer censura sobre si mesmo: nas atitudes, palavras etc.

au.to.cla.ve (*auto+lat clave*) *sf* 1 Aparelho para desinfetar por meio do vapor submetido a alta pressão e temperatura. 2 Esterilizador.

au.to.co.lan.te (*auto+colante*) *adj e s m+f* Diz-se de, ou etiqueta, papel ou impresso com um dos lados cobertos de substância adesiva para permitir colagem instantânea. *Sin: autoadesivo*.

au.to.con.fi.an.ça (*auto+confiança*) *sf* Confiança em si mesmo.

au.to.con.fi.an.te (*auto+confiante*) *adj m+f* Confiante em si mesmo.

au.to.cons.ci.en.te (*auto+consciente*) *adj m+f* Consciente de si mesmo.

au.to.con.tro.le (*trô*) (*auto+controle*) *sm* Controle de si mesmo; domínio dos próprios impulsos, emoções e paixões.

au.to.cra.ci.a (*gr autokráteia*) *sf* 1 *Polít* Governo exercido por um só chefe, líder ou soberano, com poderes absolutos e ilimitados. 2 *Sociol* Dominação política exercida por uma pessoa ou um pequeno grupo de pessoas; autarquia.

au.to.cra.ta (*gr autokratés*) *sm* Chefe numa autocracia; soberano absoluto. *Fem: autocratiz*.

au.to.crá.ti.co (*autocrata+ico²*) *adj* Pertinente a autocrata ou a autocracia.

au.to.crí.ti.ca (*auto+crítica*) *sf* Crítica que alguém faz de si mesmo, ou de suas obras.

au.tóc.to.ne (*gr autókhthon*) *adj m+f* 1 Natural do país em que habita e proveniente das raças que ali sempre habitaram; aborígine, indígena. 2 Diz-se da primeira língua que se falou num país. 3 Sem qualquer elemento estrangeiro. • *sm* 1 Pessoa, animal ou planta originários do lugar que habitam. 2 Um dos habitantes primitivos de uma região; aborígine, indígena. *Antôn: alóctone*.

au.to.de.fe.sa (*auto+defesa*) *sf Dir* Defesa privada ou do próprio direito, para evitar a sua violação.

au.to.de.no.mi.na.ção (*auto+denominação*) *sf* Ato ou efeito de autodenominar-se.

au.to.de.no.mi.nar (*auto+denominar*) *vpr* 1 Nomear-se. 2 Dar nome a si mesmo.

au.to.des.tru.i.ção (*auto+destruição*) *sf* Ato ou efeito de um ser extinguir-se a si mesmo.

au.to.de.ter.mi.na.ção (*auto+determinação*) *sf* 1 *Polít* Capacidade de um povo determinar, pelo exercício do voto, o seu próprio destino político. 2 *Filos* Decisão tomada livremente, sem influência de outras pessoas.

au.to.di.da.ta (*gr autodídaktos*) *adj e s m+f* Que, ou pessoa que aprende sozinha, sem professores.

au.to.dis.ci.pli.na (*auto+disciplina*) *sf* Correção e regulação do modo de vida, de trabalho ou normas de moral que alguém impõe a si mesmo, ou aceita de outra pessoa.

au.to.do.mí.nio (*auto+domínio*) *sm* 1 Domínio de si mesmo. 2 Autocontrole.

au.tó.dro.mo (*auto+dromo*) *sm* Lugar onde se fazem corridas de automóveis.

au.to.e.lé.tri.co (*auto+elétrico*) *sm* Oficina especializada na manutenção dos componentes elétricos dos veículos.

au.to.es.co.la (*auto+escola*) *sf* Escola para habilitação e treinamento de motoristas.

au.to.es.ti.ma (*auto+estima*) *sf* 1 A aceitação que o indivíduo tem de si mesmo. 2 Amor-próprio.

au.to.es.tra.da (*auto+estrada*) *sf* Estrada para automóveis; autopista.

au.to.fe.cun.da.ção (*auto+fecundação*) *sf Biol* Fecundação efetuada por pólen ou esperma do mesmo indivíduo.

au.to.fla.ge.la.ção (*auto+flagelação*) *sf* **1** Ato ou efeito de flagelar a si mesmo. **2** Mortificação e tortura de si mesmo.

au.to.ges.tão (*auto+gestão*) *sf* Gerência de uma empresa pelos próprios empregados, representados por uma direção e por um conselho.

au.to.gra.far (*autógrafo+ar*[1]) *vtd* Pôr autógrafo em.

au.tó.gra.fo (*gr autógraphos*) *adj* **1** Que é escrito pelo próprio punho do autor. **2** Que reproduz os manuscritos. • *sm* **1** Qualquer escrito do próprio punho do autor. **2** Assinatura de uma pessoa, escrita pelo próprio punho.

au.to.i.ma.gem (*auto+imagem*) *sf* **1** Representação que o indivíduo elabora de si mesmo. **2** Conceito que se elabora a respeito do próprio valor.

au.to.lim.pan.te (*auto+limpante*) *adj* Diz-se do sistema de manutenção desenvolvido para facilitar o uso de certos eletrodomésticos, como forno e liquidificador.

au.to.lo.ca.do.ra (*auto(móvel)+locadora*) *sf* Estabelecimento onde se alugam automóveis.

au.to.ma.ção (*autôm(ariz)ar+ção*) *V automatização*.

au.to.má.ti.co (*autômato+ico*[2]) *adj* **1** Inconsciente, involuntário; próprio do autômato. **2** *Fisiol* Diz-se dos movimentos que dependem só do organismo e não da vontade. **3** *Mec* Provido de um mecanismo que executa uma determinada ação, movendo-se, regulando e operando por si mesmo. **4** Diz-se das armas de fogo que repetem os disparos dos projéteis enquanto se aperta o gatilho.

au.to.ma.tis.mo (*autômato+ismo*) *sm* **1** Qualidade ou estado do que é automático. **2** Realização de movimentos mecânicos, involuntários, inconscientes. **3** Conjunto de ações executadas sem a intervenção da vontade pessoal.

au.to.ma.ti.za.ção (*automatizar+ção*) *sf* **1** Ato ou efeito de automatizar. **2** Emprego da eletrônica nos processos de produção de fábricas e oficinas, de tal modo que dispensam a ação direta do homem. *Var: automação*.

au.to.ma.ti.za.do (*part de automatizar*) *adj* **1** Tornado automático. **2** Mecânico, feito de maneira inconsciente: *Gesto automatizado*.

au.to.ma.ti.zar (*autômato+izar*) *vtd e vpr* Tornar(-se) automático.

au.tô.ma.to (*gr autómatos*) *sm* **1** Figura que imita os movimentos dos seres animados. **2** *Mec* Máquina, aparelho ou dispositivo que executa certos trabalhos ou funções, tais como alimentar ou regular uma máquina, vender mercadorias etc., comumente efetuadas por uma pessoa. **3** Pessoa sem consciência e incapaz de ação própria, e que se deixa dirigir por outra pessoa.

au.to.me.di.ca.ção (*auto+medicação*) *sf* Ato ou efeito de automedicar-se.

au.to.me.di.car (*auto+medicar*) *vpr* **1** Medicar a si mesmo. **2** Escolher e tomar remédios por conta própria, sem auxílio de um médico.

au.to.mo.bi.lis.mo (*auto+móvel+ismo*) *sm* **1** Sistema de transporte por meio de automóveis. **2** Esporte que se pratica com automóveis.

au.to.mo.bi.lis.ta (*auto+móvel+ista*) *s m+f* **1** Indivíduo que se dedica ao automobilismo. **2** Pessoa que guia ou dirige um automóvel.

au.to.mo.bi.lís.ti.co (*automobilista+ico*[2]) *adj* Relativo ao automobilismo.

au.to.mo.ti.vo (*auto(móvel)+motivo*) *adj* Diz-se de sistemas ou de materiais usados em veículos automóveis.

au.to.mo.tor (*auto+motor*) *V automóvel* (acepção 1).

au.to.mo.triz (*auto+motriz*) *adj f* Que se move por si. *Pl: automotrizes*.

au.to.mó.vel (*auto+móvel*) *adj m+f* **1** Que contém em si mesmo os meios de propulsão; automotor. **2** Pertencente a veículos ou máquinas que têm movimento próprio, tais como os veículos a motor. • *sm* Veículo terrestre, de rodas com pneus, acionado por um motor de explosão. *Automóvel conversível*: automóvel cuja cobertura, ou capota, é móvel.

au.to.no.mi.a (*gr autonomía*) *sf* **1** Qualidade ou estado de autônomo. **2** *Sociol e Polít* Independência (até certos limites) de grupos como partidos, sindicatos, cooperativas etc., em relação ao seu país. **3** Liberdade moral ou intelectual.

au.tô.no.mo (*gr autónomos*) *adj* **1** Livre de poder externo, que se governa por leis próprias. **2** Independente, livre. **3** *Biol* Que age independentemente da vontade: *Sistema nervoso autônomo*. • *sm* Quem trabalha por conta própria.

au.to.pe.ça (*auto(móvel)+peça*) *sf Mec* **1** Peça de automóvel. **2** Loja onde se vendem autopeças.

au.to.pis.ta (*auto(móvel)+pista*) *V autoestrada*.

au.to.pre.ser.va.ção (*auto+preservação*) *sf* Preservação de si mesmo.

au.to.pro.mo.ção (*auto+promoção*) *sf* Ação de autopromover-se.

au.to.pro.mo.ver (*auto+promover*) *vpr* Promover a si mesmo.

au.tóp.sia (*gr autopsía*) *sf* **1** *Med* Abertura de um cadáver, para estudos médicos ou judiciais; necropsia. **2** Análise, exame detalhado.

au.top.si.ar (*autópsia+ar*[1]) *vtd* **1** Fazer autópsia em. **2** Analisar, examinar detalhadamente.

au.to.pu.ni.ção (*auto+punição*) *sf* Punição de si mesmo.

au.tor (*lat auctore*) *sm* **1** Aquele que é causa principal. **2** Aquele que faz uma ação; agente. **3** Fundador. **4** Escritor de obra literária, científica ou artística. **5** Inventor, descobridor. **6** *Jur* A parte que inicia uma ação penal; agente de um delito ou contravenção.

au.to.ral (*autor+al*[1]) *adj m+f* Que diz respeito aos autores de obras literárias, científicas ou artísticas.

au.to.ra.ma (*auto(móvel)+gr hórama*) *sm* Miniatura de pista de corrida com carrinhos de brinquedo.

au.to.ri.a (*autor+ia*[1]) *sf* **1** Qualidade ou condição de autor. **2** Invenção. **3** Causa. **4** *Dir* Responsabilidade por um ato.

au.to.ri.da.de (*lat auctoritate*) *sf* **1** Direito ou poder de mandar. **2** Poder político ou administrativo. **3** Representante do poder público. **4** Capacidade, poder. **5** Pessoa que tem grande conhecimento em determinado assunto. **6** Influência que uma pessoa tem sobre as outras.

au.to.ri.tá.rio (*lat auctoritas+ário*) *adj* **1** Relativo à autoridade. **2** Que tem caráter de autoridade. **3** Que se impõe pela autoridade. **4** Dominador. **5** Arrogante. **6** Violento.
au.to.ri.ta.ris.mo (*autoritário+ismo*) *sm* **1** Caráter ou sistema de governo autoritário. **2** Despotismo. **3** Ditatorialismo.
au.to.ri.za.ção (*autorizar+ção*) *sf* **1** Ação de autorizar. **2** Permissão, consentimento. **3** Poder que se recebeu para fazer alguma coisa. **4** Documento em que se concede permissão para alguma coisa. *Antôn* (acepções 1, 2 e 3): *proibição*.
au.to.ri.zar (*autor+izar*) *vtd* **1** Dar autoridade ou autorização para. *vtd* **2** Dar permissão a. *vtd* e *vpr* **3** Abonar(-se), justificar(-se). *vtd* **4** Aprovar, confirmar. *Antôn* (acepções 1 e 2): *proibir*.
au.tor.res.pei.to (*auto+respeito*) *sm* Respeito por si mesmo.
au.tor.re.tra.to (*auto+retrato*) *sm* Retrato de um indivíduo feito por ele mesmo.
au.tos.ser.vi.ço (*auto+serviço*) *sm* **1** Sistema utilizado em restaurante, lanchonete, loja ou outros estabelecimentos comerciais em que os clientes se servem sozinhos, sem a assistência de garçons, vendedores ou empregados desses estabelecimentos. **2** Estabelecimento que funciona nesse sistema.
au.tos.su.fi.ci.ên.cia (*auto+suficiência*) *sf* Qualidade ou estado de autossuficiente.
au.tos.su.fi.ci.en.te (*auto+suficiente*) *adj m+f* Que se basta a si mesmo.
au.tos.su.ges.ti.o.nar (*auto+sugestionar*) *vpr* Sugerir a si próprio.
au.tos.sus.ten.tá.vel (*auto+sustentável*) *adj* Capaz de sustentar-se, autossuficiente. *Desenvolvimento autossustentável*: desenvolvimento que não compromete ou destrói recursos naturais.
au.to.tes.te (*auto+teste*) *sm* **1** Teste que um indivíduo aplica em si mesmo e, em seguida, corrige, seguindo uma folha de respostas. **2** *Inform* Série de testes de *hardware* executados por um computador, ao ser ligado.
au.tu.a.ção (*autuar+ção*) *sf* Ato de autuar.
au.tu.a.do (*part* de *autuar*) *adj* **1** Que se autuou. **2** Contra quem se registrou a infração. • *sm* Pessoa contra quem se fez um auto de infração.
au.tu.ar (*auto+ar^1*) *vtd Dir* **1** Escrever (um auto). **2** Reunir (a petição e os documentos apresentados em juízo) em forma de processo. **3** Formar processo contra.
au.xi.li.ar (*ss*) (*lat auxiliari*) *vtd* Ajudar, prestar auxílio a, socorrer. *Antôn: atrapalhar, prejudicar*. • *adj m+f* Que auxilia. • *sm* Ajudante.
au.xí.lio (*ss*) (*lat auxiliu*) *sm* **1** Ajuda. **2** Amparo. **3** Socorro; assistência.
a.va.ca.lha.ção (*avacalhar+ção*) *sf pop* **1** Desmoralização. **2** Desleixo, relaxo.
a.va.ca.lha.do (*part* de *avacalhar*) *adj pop* **1** Desmoralizado. **2** Desleixado, relaxado.
a.va.ca.lha.men.to (*avacalhar+mento*) *pop V avacalhação*.
a.va.ca.lhar (*a^1+vaca+alho+ar^1*) *pop vtd* e *vpr* **1** Desmoralizar(-se). *vtd* **2** Fazer de maneira desleixada.

a.val (*fr aval*) *sm* **1** *Dir* Garantia dada, por assinatura, do pagamento de letra de câmbio ou de nota promissória, por pessoa que não é o devedor. **2** *fig* Apoio moral ou intelectual. *Pl: avais*.
a.va.lan.cha (*fr avalanche*) *sf* **1** Grande massa de neve, terra, cinza, lama etc. que rola das montanhas, derrubando tudo quanto encontra na sua passagem. **2** Queda repentina e barulhenta de coisas pesadas. **3** *fig* Invasão súbita de gente ou animais. *Var: avalanche*.
a.va.lan.che (*fr avalanche*) *V avalancha*.
a.va.li.a.ção (*avaliar+ção*) *sf* **1** Ato de avaliar. **2** Determinação do preço justo de qualquer coisa que pode ser vendida. **3** Valor de bens, determinado por avaliadores.
a.va.li.a.dor (*avaliar+dor*) *adj* Que avalia. • *sm* **1** Indivíduo que avalia. **2** Pessoa nomeada por autoridade judicial para avaliar bens, inventários etc.
a.va.li.ar (*a^1+valia+ar^1*) *vtd* e *vti* **1** Calcular ou determinar o valor, o preço ou o merecimento de. *vtd* **2** Reconhecer a grandeza, a intensidade, a força de. *vtd* **3** Apreciar. *vtd* **4** Calcular. *vpr* **5** Considerar-se, julgar-se.
a.va.lis.ta (*aval+ista*) *s m+f Dir* Pessoa que avaliza uma letra de câmbio ou nota promissória.
a.va.li.zar (*aval+izar*) *vtd Dir* Dar o aval a letra de câmbio ou promissória emitidas por outra pessoa.
a.van.ça.da (*avançar+ada^1*) *sf* Ação de caminhar para diante; avanço.
a.van.ça.do (*part* de *avançar*) *adj* **1** Que vai na ou para a frente. **2** Progressista; adiantado em relação a seu tempo e meio ambiente: *Moça avançada*. **3** Muito liberal. **4** Que tem muitos anos: *Idade avançada*. **5** *Mil* Que está mais próximo do inimigo. *Antôn* (acepções 1 e 5): *recuado*.
a.van.çar (*lat vulg *abantiare* pelo *cat*) *vti* e *vint* **1** Andar, caminhar para a frente. *vtd* **2** Fazer ir para a frente. *vtd* **3** Exceder, ser superior a. *vti* **4** Apropriar-se. *vti* **5** Adiantar-se, progredir. *vti* **6** Estender-se, prolongar-se. *Antôn* (acepções 1, 2 e 5): *recuar, retroceder*.
a.van.ço (de *avançar*) *sm* **1** Impulso para a frente. **2** Adiantamento, em caminho ou em tempo. **3** Evolução, progresso.
a.van.ta.ja.do (*part* de *avantajar*) *adj* **1** Que excede ou leva vantagem. **2** Maior que o normal; corpulento, volumoso, grande.
a.van.ta.jar (*a^1+vantagem+ar^1*) *vtd* e *vpr* **1** Levar vantagem sobre. *vtd* **2** Tornar superior a. *vpr* **3** Tornar-se maior, crescer.
a.van.te (*lat ab+ante*) *adv* **1** Adiante. **2** Para diante, para a frente. • *interj* Para a frente: *Avante!*
avant-première (*avan premiér*) (*fr*) *V pré-estreia*.
a.va.ran.da.do (*part* de *avarandar*) *adj* + *sm* Diz-se de, ou casa, sobrado ou prédio que tem varanda.
a.va.ren.to (*avaro+ento*) *V avaro*.
a.va.re.za (*lat avaritia*) *sf* **1** Apego ao dinheiro, exagerado e anormal; desejo ilimitado de adquirir e acumular riquezas. **2** Mesquinhez, sovinice.
a.va.ri.a (*ital avaria*, do *ár* 'auârîya) *sf* Dano, estrago, prejuízo.
a.va.ri.a.do (*part* de *avariar*) *adj* **1** Que sofreu avaria. **2** Danificado, estragado.
a.va.ri.ar (*avaria+ar^1*) *vtd* **1** Causar avaria a.

vtd e *vpr* **2** Danificar(-se), estragar(-se). *vint* **3** Sofrer avaria.

a.va.ro (*lat avaru*) *adj* **1** Que tem avareza. **2** Mesquinho, sovina. • *sm* **1** Indivíduo apegado demais ao dinheiro. **2** *pop* Sovina, pão-duro, muquirana, fominha, mão de vaca, unha de fome. *Sin:* avarento. *Antôn:* generoso, pródigo.

a.vas.sa.la.dor (*avassalar*+*dor*) *adj* + *sm* Que, ou o que avassala.

a.vas.sa.lar (a^1+*vassalo*+ar^1) *vtd* e *vpr* **1** Tornar (-se) submisso, obediente. *vtd* **2** Dominar, subjugar.

a.ve (*lat ave*) *sf Zool* **1** Espécime da classe das aves. **2** Animal vertebrado, ovíparo, de sangue quente, bico córneo, sem dentes, com a pele coberta de penas e os membros anteriores formando asas destinadas a voo. *sf pl Zool* Uma das cinco classes em que se dividem os vertebrados. *Ave de arribação:* ave que, em épocas específicas do ano, migra para buscar melhores condições de sobrevivência. *Ave de rapina:* ave caracterizada por bico curto, recurvado, unhas e garras. • *interj* Salve! (saudação).

a.vei.a (*lat avena*) *sf* **1** *Bot* Planta cultivada nas regiões temperadas, cuja semente é usada como alimento para o gado e também na alimentação humana. **2** As sementes dessa planta. **3** Sementes descascadas e cortadas da espécie cultivada de aveia, usadas como alimento humano.

a.ve.lã (*lat abellana*) *sf Bot* Fruto da aveleira.

a.ve.lei.ra (*avelã*+*eira*) *sf Bot* Planta que produz a avelã.

a.ve.lu.da.do (*part* de *aveludar*) *adj* **1** Que dá ao tato ou à vista a sensação de veludo. **2** Que tem felpa como o veludo. **3** Macio e lustroso como o veludo. **4** *fig* Meigo, suave: *Voz aveludada*.

a.ve.lu.dar (a^1+*veludo*+ar^1) *vtd* **1** Dar aspecto ou semelhança de veludo a. *vpr* **2** Suavizar.

a.ve-ma.ri.a (*lat ave Maria*) *sf* **1** Oração consagrada pelos católicos à Virgem Maria. **2** Cada uma das contas do rosário ou do terço, destinadas à contagem das vezes que se reza a oração à Virgem. *sf pl* **ave-marias** *V* ângelus.

a.ven.ca (a^1+*lat vinca*) *sf Bot* Designação de várias espécies de plantas, delicadas, usadas para decoração, muitas delas cultivadas no Brasil. Desenvolvem-se em locais úmidos.

a.ve.ni.da (*fr avenue*) *sf* **1** Alameda. **2** Rua larga, em geral arborizada. **3** Caminho reto que conduz a certo lugar.

a.ven.tal (de *avante*+al^1) *sm* **1** Peça de pano, couro ou plástico, que se usa sobre a roupa, para protegê-la. **2** Espécie de guarda-pó, comumente de tecido branco, usado no trabalho por certos profissionais, como farmacêuticos, dentistas etc.

a.ven.tar (a^1+*vento*+ar^1) *vtd* **1** Expor ao vento; agitar ao vento. *vtd* **2** Lembrar, sugerir. *vtd* **3** Pressentir, perceber de longe. *vpr* **4** Ocorrer, lembrar.

a.ven.tu.ra (*lat adventura*) *sf* **1** Acontecimento imprevisto. **2** Ação arriscada. **3** Conquista amorosa. **4** Acaso, sorte.

a.ven.tu.rar (*aventura*+ar^1) *vtd* e *vpr* **1** Expor(-se) à boa ou má sorte; arriscar(-se). *vint* **2** Tentar a sorte.

a.ven.tu.rei.ro (*aventura*+*eiro*) *adj* **1** Que se expõe a aventuras ou as procura. **2** Cheio de perigo; arriscado. • *sm* **1** Indivíduo que vive de aventuras. **2** Aquele que anda pelo mundo em busca de riqueza. **3** O que não tem meios certos de vida e confia tudo à sorte. **4** Indivíduo trapaceiro.

a.ver.ba.ção (*averbar*+*ção*) *V* averbamento.

a.ver.ba.men.to (*averbar*+*mento*) *sm* **1** Ato de averbar. **2** Declaração à margem de um documento, ou de um registro. *Var:* averbação.

a.ver.bar (a^1+*verba*+ar^1) *vtd* **1** Escrever (termo ou depoimento). *vtd* **2** Anotar, registrar. *vtd* **3** Anotar ou declarar à margem de um título ou de um registro.

a.ve.ri.gua.ção (*averiguar*+*ção*) *sf* Ação de averiguar(-se); investigação, verificação.

a.ve.ri.guar (a^1+*lat verificare*) *vtd* e *vti* **1** Examinar com cuidado. *vtd* **2** Apurar, verificar, investigar. Conjuga-se como *apaziguar*.

a.ver.me.lha.do (*part* de *avermelhar*) *adj* De tonalidade próxima ao vermelho.

a.ver.me.lhar (a^1+*vermelho*+ar^1) *vtd* **1** Dar cor vermelha a. *vint* e *vpr* **2** Fazer-se vermelho.

a.ver.são (*lat aversione*) *sf* **1** Repulsa, repugnância. **2** Antipatia. **3** Nojo, asco. *Antôn* (acepções 1 e 3): *atração*; (acepção 2): *simpatia, afeição*.

a.ves.sas (*ê*) (*lat adversu*) *sf pl* Aquilo que é contrário; coisas opostas. *Às avessas:* do avesso, inversamente, em sentido oposto.

a.ves.so (*ê*) (*lat adversu*) *adj* **1** Contrário, oposto. **2** Que fica do lado contrário à face principal (falando de um pano). **3** Mau, adverso, desfavorável. • *sm* **1** Lado oposto à parte principal (de pano ou outra coisa com duas faces opostas). **2** Lado mau, situação ou condição contrária. **3** Modo oposto ao que deve ser.

a.ves.truz (*lat avistruthio,* por *avis struthio*) *s m+f Ornit* Grande ave terrestre, incapaz de voar, mas muito veloz na corrida, com dois dedos em cada pé, mais de 100 quilos de peso e 2 metros de altura. Vive nos descampados da África e da Arábia. Voz: *grasna, ronca, ruge*. *Pl: avestruzes*. *Ter estômago de avestruz,* pop: diz-se da pessoa que come qualquer coisa, sem que lhe faça mal.

a.ve.xa.do (*part* de *avexar*) *adj* Envergonhado, humilhado.

a.ve.xar (a^1+*vexar*) *vtd* **1** Humilhar; vexar. *vpr* **2** Envergonhar-se; vexar-se.

a.vi.a.ção (*fr aviation*) *sf* **1** Sistema de navegação aérea realizada por meio de aparelhos mais pesados que o ar (aviões) ou de balões (dirigíveis). **2** Ciência que rege tal sistema de navegação.

a.vi.a.dor (*fr aviateur*) *adj* Que se ocupa de aviação, especializado em aviação: *Piloto aviador*. • *sm* **1** Pessoa que pratica a aviação. **2** Piloto de avião.

a.vi.a.men.to (*aviar*+*mento*) *sm* **1** Ato ou efeito de aviar. **2** Preparação de uma receita. • *sm pl* Forro, linha, botões e outros materiais utilizados em obras de costura.

a.vi.ão (*fr avion*) *sm* **1** Todo aparelho mais pesado que o ar, empregado em navegação aérea: aeroplanos, helicópteros etc. **2** *gír* Moça bonita e de formas perfeitas. **3** *gír* Entregador de drogas para o usuário. *Col:* esquadrilha, flotilha.

a.vi.ar (a^1+*via*+ar^1) *vtd* **1** Concluir, executar. *vtd* **2** *Farm* Preparar o medicamento prescrito em (receita). *vtd* **3** Despachar, mandar. *vint* e *vpr* **4** Apressar-se: *Avia-te que estamos atrasados*.

a.vi.á.rio (*lat aviariu*) *adj V avícola*. • *sm* **1** Viveiro de aves. **2** Lugar onde se criam aves. **3** Estabelecimento em que se vendem aves raras e domésticas. *Fem: aviária*.

a.ví.co.la (*avi*+*cola*) *adj m+f* Relativo às aves; aviário. • *sm V avicultor*.

a.vi.cul.tor (*avi*+*cultor*) *sm* Criador de aves, avícola.

a.vi.cul.tu.ra (*avi*+*cultura*) *sf* **1** Arte de criação e multiplicação de aves. **2** Comércio de aves domésticas.

a.vi.dez (*ávido*+*ez*) *sf* **1** Qualidade de ávido. **2** Ambição, cobiça, ganância de riquezas.

á.vi.do (*lat avidu*) *adj* **1** Que deseja ardentemente. **2** Ambicioso, cobiçoso, ganancioso de riquezas.

a.vil.ta.men.to (*aviltar*+*mento*) *sm* **1** Ato de aviltar. **2** Estado da pessoa ou coisa aviltada; desonra. **3** *Com* Baixa de preço de uma mercadoria. **4** Depreciação (de moeda). *Antôn* (acepções 1 e 2): *honra*.

a.vil.tan.te (de *aviltar*) *adj m+f* **1** Que avilta. **2** Humilhante. *Antôn: honroso*.

a.vil.tar (a^1+*lat vilitare*) *vtd* e *vpr* **1** Tornar(-se) vil, desprezível. *vint* **2** Causar humilhação. *vtd* e *vpr* **3** Desonrar(-se). *vtd* e *vpr* **4** Baixar o preço de; depreciar(-se). *Antôn* (acepções 1 e 3): *honrar*.

a.vi.na.grar (a^1+*vinagre*+a^1) *vtd* **1** Pôr vinagre em, temperar com vinagre. *vtd* **2** Dar sabor de vinagre a. *vtd* e *vpr* **3** Azedar(-se).

a.vi.sa.do (*part de avisar*) *adj* **1** Que recebeu aviso. **2** Ajuizado, prudente. **3** Acertado, razoável.

a.vi.sar (*lat advisare*) *vtd* **1** Dar aviso a; prevenir. *vtd* **2** *Com* Dirigir uma carta de aviso a. *vtd* **3** Informar, prevenir. *vtd* **4** Advertir, repreender: *Avisar alguém de seus erros*.

a.vi.so (*lat ad*+*visu*) *sm* **1** Comunicação, notícia. **2** Anúncio. **3** Recado. **4** Advertência, repreensão. **5** Recomendação. **6** Conselho. **7** Conceito, opinião.

a.vis.tar (a^1+*vista*+ar^1) *vtd* **1** Começar a distinguir ao longe, pela visão. *vtd* **2** Alcançar com a vista (o que está ao longe). *vpr* **3** Achar, encontrar. *vpr* **4** Ter entrevista ou conferência com. *vpr* **5** Encontrar-se por acaso.

a.vi.var (a^1+*vivo*+ar^1) *vtd* e *vpr* **1** Tornar(-se) mais vivo; animar(-se). *vtd* e *vpr* **2** Tornar(-se) mais ativo. *vtd* e *vpr* **3** Tornar(-se) mais intenso (sentimentos ou sensações). *vtd* **4** Despertar. *vtd* e *vpr* **5** Tornar(-se) mais brilhante ou visível.

a.vi.zi.nhar (a^1+*vizinho*+ar^1) *vtd* e *vpr* **1** Aproximar(-se), pôr(-se) perto de. *vti* e *vpr* **2** Estar próximo ou junto. *vpr* **3** Ser quase semelhante, muito parecido: *Esta obra avizinha-se daquela*.

a.vo (de (*oit*)*avo*) *sm Mat* Designa cada uma das partes iguais em que foi dividida a unidade e se emprega na leitura das frações cujo denominador é maior do que dez: *Três quinze avos*.

a.vó (*lat aviola*) *sf* **1** Mãe do pai ou da mãe. **2** Anciã. *Pl: avós*. • *sm pl* **1** Plural que compreende simultaneamente *avô* (*avós*) e *avó* (*avós*). **2** Ascendentes, antepassados; os que viveram antes (em relação a determinado tempo, ou pessoa). *Avó materna:* a mãe da mãe. *Avó paterna:* a mãe do pai.

a.vô (*lat aviolu*) *sm* **1** Pai do pai ou da mãe. **2** Ancião. *Avô materno:* pai da mãe. *Avô paterno:* pai do pai. *Avô torto:* padrasto do pai ou da mãe. *Pl: avós*.

a.vo.a.do (*part de avoar*) *adj* **1** Que anda com a cabeça no ar. **2** Trapalhão. **3** Imprudente. • *sm* **1** Indivíduo descuidado, imprudente. **2** Trapalhão.

a.vo.ar (a^1+*voar*) *vint pop* Voar.

a.vo.car (*lat avocare*) *vtd* **1** Atrair, chamar. *vpr* **2** Arrogar-se, atribuir-se.

a.vo.en.go (*avô*+*engo*) *adj* **1** Que procede ou é herdado dos avós. **2** Relativo aos avós. **3** Muito antigo. • *sm pl* **1** Os avós (avô, bisavô etc.). **2** Os que viveram antes; antepassados.

a.vo.lu.mar (a^1+*volume*+ar^1) *vtd* e *vpr* **1** Aumentar em volume. *vtd* e *vpr* **2** Aumentar em número ou quantidade. *vtd* e *vint* **3** Encher, obstruir, ocupando grande espaço.

a.vul.so (*lat avulsu*) *adj* **1** Arrancado ou separado à força. **2** Desligado do corpo ou da coleção de que faz parte. **3** Que não faz parte de coleção: *Papéis avulsos*. **4** Ocasional, que ocorre ou aparece às vezes. **5** Feito sem ser por assinatura: *Venda avulsa de jornais*.

a.vul.tar (a^1+*vulto*+ar^1) *vtd* **1** Representar em vulto ou em relevo. *vtd* **2** Aumentar, exagerar. *vti* **3** Realçar, sobressair, destacar-se. *vti* **4** Atingir, chegar a (quantidade, quantia). *vint* **5** Aumentar, crescer.

a.xa.dre.za.do (a^1+*xadrez*+ado^1) *adj* **1** Semelhante ao tabuleiro de xadrez. **2** Tecido com estampa em quadradinhos, assemelhando-se ao tabuleiro de xadrez.

a.xé (*ioruba àshe*) *sm bras* Cada um dos objetos sagrados do orixá (pedras, ferros, recipientes etc.) que ficam no santuário das casas de candomblé. • *interj* Boa sorte! Felicidades!

a.xi.al (*cs*) (*axe*+al^1) *adj m+f* **1** Referente a eixo. **2** Que serve como eixo. **3** Em forma de eixo.

a.xi.la (*cs*) (*lat axilla*) *sf* **1** *Anat* Cavidade sob a junção de um braço e do ombro. **2** *pop* Sovaco.

a.xi.o.ma (*cs* ou *ss*) (*lat axioma*) *sm* **1** *Filos* Princípio evidente, que não precisa ser demonstrado. **2** Máxima, sentença.

a.xi.o.má.ti.co (*cs* ou *ss*) (*gr axiomatikós*) *adj* Que tem caráter de axioma; claro, evidente.

a.za.do (*azar*+ado^1) *adj* **1** Cômodo, jeitoso. **2** Oportuno.

a.zá.fa.ma (*ár az-zaHma*) *sf* **1** Grande afã. **2** Aperto de gente. **3** Pressa. **4** Atrapalhação.

a.za.fa.ma.do (*part de azafamar*) *adj* **1** Apressado. **2** Atarefado. **3** Cansado.

a.za.fa.mar (*azáfama*+ar^1) *vtd* e *vpr* **1** Dar pressa a; apressar(-se). *vpr* **2** Trabalhar com grande atividade.

a.za.gai.a (*ár az-zagâya*) *sf* Lança de arremesso.

a.zá.lea (*gr azaléa*) *sf Bot* Arbusto de flores muito usadas para ornamentação. *Var: azaleia*.

a.za.lei.a (*ê*) (*gr azaléa*) *V azálea*.

a.zar (*ár az-zahr*) *sm* **1** Má sorte. **2** Desgraça, infortúnio. **3** Mau agouro. **4** Acaso.

a.za.ra.ção (*azarar*+*ção*) *sf gír* **1** Ato ou efeito de azarar. **2** Paquerar.

a.za.ra.do (*part* de *azarar*) *adj* **1** Que tem azar. **2** Que não tem sorte; infeliz, infortunado.
a.za.rão (*azar+ão²*) *sm* Cavalo sem possibilidades de vencer a corrida e que recebe poucas apostas.
a.za.rar (*azar+ar¹*) *vtd* **1** Dar azar a, dar má sorte a. *vint* **2** *gír* Cortejar, paquerar.
a.za.ren.to (*azar+ento*) *adj* **1** Que causa ou anuncia má sorte. **2** Azarado.
a.ze.dar (*azeda+ar¹*) *vtd* **1** Tornar azedo. *vint* e *vpr* **2** Tornar-se azedo. *vtd* e *vpr* **3** *fig* Irritar(-se), irar(-se). *Antôn* (acepções 1 e 2): *adoçar*.
a.ze.do (*ê*) (*lat acetu*) *adj* **1** Que tem sabor ácido como o do vinagre; ácido, acre. **2** Que tem ou adquiriu, pela fermentação, sabor desagradável; fermentado. **3** *fig* De mau humor; irado, irritado. **4** *fig* Áspero, rude. • *sm* **1** Sabor ácido. **2** Azedume.
a.ze.du.me (*azedo+ume*) *sm* **1** Qualidade do que é azedo. **2** Acidez, sabor azedo. **3** *fig* Irritação, mau humor. *Antôn* (acepções 1 e 2): *doçura*; (acepção 3): *brandura*.
a.zei.ta.do (*part* de *azeitar*) *adj* **1** Temperado com azeite. **2** Untado de azeite. **3** Lubrificado com qualquer óleo.
a.zei.tar (*azeite+ar¹*) *vtd* **1** Lubrificar com azeite. **2** Umedecer com azeite. **3** Temperar com azeite.
a.zei.te (*ár az-zait*) *sm* **1** Óleo que se extrai da azeitona. **2** Óleo extraído de outras plantas. **3** Óleo extraído da gordura de certos animais. *Azeite de dendê*: óleo extraído do fruto da palmeira do dendê.
a.zei.to.na (*ár az-zaiTûna*) *sf Bot* Fruto da oliveira do qual se extrai o azeite. *Pôr ou tirar a azeitona da empada, gir:* favorecer ou prejudicar alguém.
a.zê.mo.la (*ár az-zamila*) *sf* **1** Besta de carga. **2** *fig* Pessoa idiota, inútil.
a.ze.nha (*ár as-sâniya*) *sf* Moinho movido a água.
a.ze.vi.che (*ár az-zabaq*) *sm* **1** Variedade de lignita, dura, muito compacta, de cor negra e brilhante, com que se fabricam objetos de adorno. **2** *fig* Coisa muito preta.
a.zi.a (*contr* de *azedia*) *sf* **1** Acidez do estômago. **2** Arroto azedo.
a.zi.a.go (*lat aegyptiacu*) *adj* **1** Que anuncia ou faz recear desgraças. **2** Que é de mau agouro.
á.zi.mo (*a⁴+gr zýme*) *adj* Não fermentado, sem fermento. • *sm* Pão não levedado, sem fermento.
a.zi.nha.vre (*ár az-zinjafr*) *sm Quím* Substância venenosa, de cor verde, que se forma na superfície do cobre ou latão, quando expostos ao ar úmido.
a.zo (*provençal aize*) *sm* **1** Ensejo, ocasião, oportunidade. **2** Jeito, meio.
a.zo.a.da (*azoar+ada¹*) *sf* **1** Barulho; ruído semelhante ao zumbido que causa atordoamento. **2** Zoeira.
a.zor.ra.gue *sm* **1** Açoite, chicote. **2** Castigo, suplício.

a.zo.tar (*azoto+ar¹*) *vtd* Combinar, misturar com azoto.
a.zo.to (*ô*) (*a⁴+gr zoótes*) *sm obsol Quím* V *nitrogênio*.
a.zou.gue (*ár az-zauq*) *sm* **1** *Quím* Mercúrio. **2** *fig* Pessoa esperta ou inquieta.
AZT *sm* Sigla de azidotimidina, droga utilizada no tratamento da AIDS.
a.zu.cri.nar (*azucrim+ar¹*) *vtd* **1** Importunar, aborrecer. *vint* **2** Causar importunação.
a.zul (*persa lazawarq*, via *lat med*) *adj m+f* Da cor do anil ou do céu sem nuvens. • *sm* **1** Cor do espectro solar, primitiva, intermediária entre o verde e o violeta, e parecida à do céu sem nuvens. **2** Cada uma das gradações dessa cor. **3** O céu, os ares. *Estar tudo azul*: estar tudo em ordem. *Azul do céu:* V *azul-celeste*.
a.zu.lão (*azul+ão²*) *sm* **1** *Ornit* Nome comum a vários pássaros azuis. **2** Azul forte.
a.zu.lar (*azul+ar¹*) *vtd* **1** Dar cor azul a; anilar. *vint* e *vpr* **2** Tornar-se azul. *vint* **3** Apresentar cor azul, mostrar aparência azulada. *vint* **4** *pop* Fugir: *Depois da confusão, azulou.*
a.zul-ce.les.te *adj m+f sing* e *pl* Azul da cor do céu: *carro(s) azul-celeste; saia(s) azul-celeste*. • *sm* Essa cor. *Pl* do *sm: azuis-celestes*.
a.zul-cla.ro *adj* De um tom claro de azul: *blusa(s) azul-clara(s), olho(s) azul-claro(s)*. • *sm* Essa cor. *Pl* do *adj: azul-claros*. *Pl* do *sm: azuis--claros*.
a.zu.le.jar (*azulejo+ar¹*) *vtd* Guarnecer de azulejos; pôr ou assentar azulejos em.
a.zu.le.jis.ta (*azulejo+ista*) *sm* Indivíduo que faz ou assenta azulejos.
a.zu.le.jo (*ê*) (*ár hispânico az-zulaij*) *sm* Ladrilho vidrado, com desenhos de uma ou mais cores, para revestir ou guarnecer paredes.
a.zul-es.cu.ro *adj m+f sing* e *pl* De um tom escuro de azul: *saia(s) azul-escura(s), vestido(s) azul--escuro(s)*. • *sm* Essa cor. *Pl* do *adj: azul-escuros*. *Pl* do *sm: azuis-escuros*.
a.zul-ma.ri.nho *adj m+f sing+pl* De um azul semelhante ao do fundo do mar: *calça(s) azul-marinho, sapato(s) azul-marinho*. • *sm* Essa cor. *Pl* do *sm: azuis-marinhos*.
a.zul-pis.ci.na *adj m+f sing+pl* De um azul semelhante ao da água clorada da piscina: *maiô(s) azul-piscina, camisa(s) azul-piscina*. • *sm* Essa cor. *Pl* do *sm: azuis-piscina* e *azuis-piscinas*.
a.zul-tur.que.sa *adj m+f sing+pl* De uma cor azul com tonalidade semelhante à da turquesa: *brinco(s) azul-turquesa, cortina(s) azul-turquesa*. • *sm* Essa cor. *Pl* do *sm: azuis-turquesa* e *azuis--turquesas*.
a.zul.zi.nho (*azul+z+inho*) *adj* De um azul muito claro, suave. • *sm* Essa cor. *Pl: azuizinhos*.

b (*bê*) *sm* Segunda letra do alfabeto português, consoante. • *num* O segundo numa série indicada pelas letras do alfabeto: *a cadeira b, o livro b.* • *abrev Inform* Abreviatura de *bit*.
B 1 *Inform* Abreviatura de *byte*. **2** *Fís* Símbolo de indução magnética. **3** *Mús* A nota *si* na notação musical alfabética.
bá (*red de babá*) *V* babá.
ba.ba (*lat vulg baba*) *sf* **1** Saliva ou mucosidade que escorre da boca. **2** Secreção produzida por certos animais, como o bicho-da-seda, o caracol etc. **3** *gír* Lábia. *Baba de moça, Cul:* doce feito com ovos, açúcar e leite de coco.
ba.bá (*voc expressivo*) *sf* **1** Ama de leite. **2** Ama-seca. **3** *Rel* Pai de santo no candomblé.
ba.ba.ca (de *tabaca*, por assimilação) *sf vulg* Órgãos genitais externos da mulher; vulva. • *adj* e *s m+f gír* Tolo, bobo, boboca.
ba.ba.çu (*tupi yuá uasú*) *sm Bot* Nome de várias espécies da família das palmáceas, encontradas na região amazônica, no Brasil central e no Nordeste. De seus cocos oleaginosos é extraído um óleo que é usado na alimentação e se emprega como lubrificante ou combustível. *Var: baguaçu.*
ba.ba.çu.al (*babaçu+al*¹) *sm* Bosque de babaçus. *Var: babaçuzal.*
ba.ba.çu.zal (*babaçu+z+al*¹) *V* babaçual.
ba.ba.do (*part de babar*) *sm* **1** Tira de pano franzida ou pregueada, para guarnecer vestidos, saias etc. **2** *gír* Problema, dificuldade. **3** *gír* Ponto a esclarecer: *Qual é o babado?.* **4** Mexerico, conversa fiada.
ba.ba.dor (*babar+dor*) *adj* Que baba. • *sm* Peça do vestuário infantil, de tecido ou plástico, que se põe sobre o peito das crianças, preso ao pescoço, para não se sujarem ao comer ou beber.
ba.bão (*babar+ão*²) *adj + sm* **1** Que, ou aquele que baba. **2** Pateta, tolo. *Fem: babona. Pl: babões.*
ba.ba-o.vo *sm* Bajulador. *Pl: baba-ovos.*
ba.ba.qui.ce (*babaca+ice*) *sf* **1** Procedimento de babaca. **2** Asneira, idiotice.
ba.bar (*baba+ar*¹) *vint* e *vpr* **1** Derramar baba. *vtd* **2** Espumar, expelir como baba. *vtd* **3** Molhar ou umedecer com baba. *vpr* **4** *fig* Estar apaixonado, ter muito amor: *Juca se babava por Maria.*
ba.bau! (*tupi mbau*) *interj pop* Acabou-se!, era uma vez!, foi-se!
ba.bel (de *Babel, np*) *sf* **1** Confusão de línguas. **2** Lugar em que há grande confusão e desordem. **3** Grande algazarra. *Pl: babéis.*
ba.bi.lô.nia (do *top Babylonia, np*) *sf* **1** Grande confusão; balbúrdia. **2** Cidade grande com ruas desordenadas, sem planejamento urbano. **3** Edifício cujo tamanho causa admiração.
ba.bi.lô.ni.co (*top Babilônia+ico*²) *adj* **1** Relativo a babilônia ou à cidade da Babilônia (Iraque); babilônio. **2** Muito grande; majestoso. **3** *fig* De costumes dissolutos. **4** *fig* Confuso, desordenado.
ba.bi.lô.nio (do *top Babilônia*) *adj* **1** *V* babilônico. **2** Natural da Babilônia (Iraque). **3** Muito grande, imenso. **4** Formidável. • *sm* O natural da Babilônia.
ba.bo.sa (*baba+oso*, no *fem*) *sf Bot* Denominação comum a diversas plantas exóticas, liliáceas. *Var: aloés.*
ba.bo.sei.ra (*babosa+eira*) *sf* **1** Conversa fiada. **2** Bobagem, sandice, tolice, asneira.
ba.bu.cha (*persa pâ, pé+pûsh,* cobrir, via *fr*) *sf* Chinela oriental, bordada e sem salto, que deixa o calcanhar descoberto.
ba.bu.gem (*baba+ugem*) *sf* **1** Baba. **2** Espuma que se forma à flor da água. **3** Espuma que o mar deixa na beira-mar. **4** Resíduos de comida.
ba.bu.í.no (*ital babbuino*) *sm Zool* Nome de algumas espécies de macacos africanos, de focinho alongado, semelhante ao do cão.
baby (*bêibi*) (*ingl*) *sm* Bebê, nenê.
baby-doll (*bêibi-dól*) (*ingl*) *sm* Roupa feminina de dormir, uma espécie de camisolinha curta, feita com tecido leve. *Pl: baby-dolls.*
baby-sitter (*bêibi-síter*) (*ingl*) *s m+f* Pessoa contratada para tomar conta de crianças na ausência temporária dos pais, especialmente à noite. *Pl: baby-sitters.*
ba.ca.lhau (*fr cabillaud,* com metátese) *sm* **1** *Ictiol* Peixe marinho de regiões frias cuja carne, depois de seca e salgada, é muito utilizada em culinária. É objeto de pesca intensiva pela qualidade de sua carne e pela utilidade medicamentosa do óleo que lhe é extraído do fígado. **2** *pop* Pessoa muito alta e magra.
ba.ca.lho.a.da (*bacalhau+ada*¹) *sf* **1** Grande quantidade de bacalhau. **2** *Cul* Comida preparada com bacalhau.
ba.ca.mar.te (*fr braquemart*) *sm* **1** Arma de fogo de cano curto, alargado na boca. **2** Cavalo reles ou mau corredor. **3** *pop* Coisa inútil, imprestável.
ba.ca.na (do *genovês bacan*) *adj m+f gír* **1** Bom, excelente. **2** Bonito. **3** Notável. **4** Elegante. • *s m+f* Grã-fino. *Sup abs sint: bacanérrimo.*
ba.ca.nal (*lat bacchanale*) *adj m+f* **1** *Mitol* Relativo a Baco, deus do vinho. **2** Relativo a orgia • *sf* **1** Orgia; desordem. **2** Devassidão.
ba.can.te (*lat bacchante*) *sf* **1** Sacerdotisa de Baco.

bacará   105   **bafo-bafo**

2 *fig* Mulher dissoluta. *s m+f* Pessoa que participava de bacanais.

ba.ca.rá (*fr baccara*) *sm* Jogo de cartas em que um jogador ou banqueiro enfrenta todos os outros jogadores ou pontos.

ba.cha.rel (*fr ant bacheler*) *sm* **1** Estudante que se diploma numa faculdade: *Bacharel em direito, economia, filosofia* etc. **2** *pop* Indivíduo formado em direito; advogado. *Pl:* bacharéis. *Fem:* bacharela.

ba.cha.re.la (*fem de bacharel*) *sf* **1** Mulher que recebeu grau de bacharel. **2** *fig* Mulher tagarela, sabichona.

ba.cha.re.la.do (*part de bacharelar*) *adj* Que recebeu o grau de bacharel. • *sm* **1** O grau de bacharel. **2** O curso para obtenção do grau de bacharel. *Var: bacharelato.*

ba.cha.re.lan.do (*de bacharelar*) *sm* O que vai receber o grau de bacharel.

ba.cha.re.lar (*bacharel+ar*[1]) *vpr* Receber o título de bacharel.

ba.ci.a (*vulg baccinu*) *sf* **1** Recipiente redondo, pouco profundo, de bordas largas. **2** *Anat* Cavidade de paredes ósseas que servem de ponto de apoio para os membros inferiores; pelve. **3** Conjunto de vertentes que circundam um rio ou mar interior. **4** Depressão de um terreno. *Bacia sanitária:* vaso sanitário. *Na bacia das almas, pop:* muito barato: *Comprou a casa na bacia das almas.*

ba.ci.a.da (*bacia+ada*[1]) *sf* Conteúdo de uma bacia.

ba.ci.lo (*lat bacillu*) *sm Bacter* **1** Gênero de bactérias aeróbias em forma de bastonete que atuam na decomposição de matéria orgânica. **2** Espécime desse gênero. **3** Qualquer bactéria com forma de bastonete.

ba.ci.o (*lat vulg baccinu*) *sm V urinol.*

backing vocal (*béquin vocal*) (*ingl*) *sm Mús* Acompanhamento vocal.

backup (*becápe*) (*ingl*) *sm Inform* Cópia de um arquivo ou conjunto de dados mantidos por questão de segurança; arquivo reserva, cópia de segurança. *Backup temporizado, Inform:* backup que ocorre automaticamente depois de um período de tempo, ou num certo momento do dia. *Baixar backup:* recuperar informações armazenadas em unidade de backup. *Var: becape.*

ba.ço (*lat vulg opaciu*) *adj* **1** De cor escura, meio acobreada. **2** Descorado, embaçado, sem brilho. • *sm Anat* Víscera glandular ímpar, esponjosa, situada no lado esquerdo do abdome, entre o estômago e as falsas costelas.

bacon (*bêicon*) (*ingl*) *sm* Toicinho defumado.

ba.co.re.jar (*bácoro+ejar*) *vtd* **1** Adivinhar, prever. *vint* **2** Grunhir (o leitão).

ba.co.ri.nho (*bácoro+inho*) *sm* Bácoro, leitão.

bá.co.ro *sm* Leitão, porco novo.

bac.té.ria (*gr baktéria*) *sf Bacter* Nome dado a um vasto grupo de micro-organismos vegetais sem clorofila, unicelulares.

bac.te.ri.a.no (*bactéria+ano*) *adj* Relativo a bactérias.

bac.te.ri.ci.da (*bacteri+cida*) *adj m+f Farm* Que destrói as bactérias. • *sm* Qualquer agente que destrói bactérias.

bac.te.ri.o.lo.gi.a (*bactério+logo+ia*[1]) *sf* Ciência que se ocupa das bactérias.

bac.te.ri.o.lo.gis.ta (*bactério+logo+ista*) *s m+f* **1** Especialista em bacteriologia. **2** Pessoa que realiza exames microscópicos para investigação de bactérias.

bá.cu.lo (*lat baculu*) *sm* **1** Bastão episcopal. **2** Bordão alto, cajado. **3** Amparo, arrimo.

ba.cu.ri (*tupi yuakuri*) *sm* **1** *Bot* Árvore de fruto comestível. **2** Fruto dessa árvore. **3** *pop* Criança.

ba.da.la.ção (*badalar+ção*) *sf gír* **1** Ato de badalar; bajulação. **2** Agito social. *Var: badalo.*

ba.da.la.da (*badalo+ada*[1]) *sf* **1** Pancada de badalo. **2** Som produzido pelo toque do badalo no sino. **3** *gír* Bajulação.

ba.da.la.do (*part de badalar*) *adj pop* Muito comentado.

ba.da.lar (*badalo+ar*[1]) *vtd* **1** Tocar as badaladas, com badalo. *vtd* **2** Bater, soar: *O relógio da catedral badalou onze horas. vtd* **3** Agitar, sacudir: *Badalar uma campainha. vtd* e *vint gír* **4** Bajular: *Os políticos badalam os eleitores em época de eleições. Foi assim que badalaram.*

ba.da.lo (*lat vulg battuaculu*) *sm* **1** Haste de metal suspensa no interior do sino, sineta ou campainha, para os fazer soar. **2** *gír V badalação.* **3** *gír* Bajulador.

ba.de.jo (ê) (*cast abadejo*) *sm Ictiol* **1** Nome que se dá em Portugal a um peixe muito semelhante ao bacalhau. **2** Nome que se dá no Brasil a vários peixes da família dos serranídeos, que se assemelham às garoupas.

ba.der.na (*de Baderna, np*) *sf* **1** Pândega, boêmia, noitada. **2** Conflito, desordem, bagunça, confusão.

ba.der.nar (*baderna+ar*[1]) *vint* **1** Fazer baderna. *vtd* **2** Confundir, transformar em baderna.

ba.der.nei.ro (*baderna+eiro*) *adj* Que faz baderna, desordeiro.

ba.du.la.que (*cast badulaque*) *sm* **1** Guisado de fígado e bofes em pedaços pequenos. **2** Berloque, penduricalho. *sm pl* Trastes, cacarecos, miudezas sem valor.

ba.fa.fá (*voc onom*) *sm pop* Discussão, barulho, tumulto.

ba.fe.jar (*bafo+ejar*) *vtd* **1** Aquecer com o bafo. *vtd* **2** Estimular, incentivar: *Bafejar a vaidade. vtd* **3** Ajudar, favorecer: *Bafejava-o a fortuna. vint* **4** Soprar brandamente: *Não há vento; nem sequer bafeja.*

ba.fe.jo (ê) (*de bafejar*) *sm* **1** Ato de bafejar. **2** Sopro.

bâ.fer (*ingl buffer*) *sm Inform* Área de memória ou dispositivo que armazena dados temporariamente.

ba.fi.o (*bafo+io*) *sm* Cheiro desagradável, resultante da umidade e da falta de renovação do ar; mofo.

ba.fo (*voc onom*) *sm* **1** Ar exalado dos pulmões; hálito. **2** Sopro brando e quente. **3** Vapor de chaleira e de outros utensílios de cozinha. **4** Favor, proteção. **5** *gír* Papo, bazófia. *Bafo de onça:* hálito de mau cheiro.

ba.fo-ba.fo *sm* Jogo infantil que consiste em fazer virar uma figurinha com a palma da mão. *Pl: bafo-bafos.*

ba.fô.me.tro (*bafo+metro*) *sm Tecn* Aparelho que mede, utilizando o bafo expelido, o grau de concentração de bebida alcoólica no organismo humano.

ba.fo.ra.da (*bafo+r+ada*[1]) *sf* **1** Bafo prolongado e forte. **2** Quantidade de fumaça que se expele de cada vez, quando se fuma. **3** *fig* Bravata, fanfarronada.

ba.fo.rar (*bafo+r+ar*) *vint* **1** Expelir o bafo. *vint* **2** Bravatear, fanfarronear. *vtd* **3** Pronunciar: *Baforar obscenidades.*

ba.ga (*lat baca*) *sf* **1** *Bot* Nome genérico dos frutos simples, carnudos e sem caroço, mas com mais de uma semente, como o tomate, a uva etc. **2** Gota. **3** Pingo de suor. **4** Semente de mamona.

ba.ga.cei.ra (*bagaço+eira*) *sf* **1** Lugar onde se junta o bagaço. **2** Monte de bagaço, nos engenhos de açúcar. **3** Aguardente extraída do bagaço da uva. **4** *pop* Arraia-miúda, baixa sociedade, ralé.

ba.ga.ço (*baga+aço*) *sm* **1** Resíduo de frutos, ervas etc. depois de extraído o suco. **2** Parte fibrosa da cana-de-açúcar depois de espremida. **3** Coisa inútil ou muito usada, velha. **4** Bago vigoroso ou volumoso.

ba.ga.gei.ro (*bagagem+eiro*) *adj* Que carrega bagagens. • *sm* **1** A parte de um veículo destinada ao transporte de bagagens; porta-malas, porta-bagagem. **2** O carro que conduz as bagagens.

ba.ga.gem (*fr bagage*) *sf* **1** Conjunto de objetos empacotados ou postos em malas, que os viajantes levam consigo. **2** *Mil* As armas e equipagens da tropa. **3** Soma dos conhecimentos de alguém: *Bagagem cultural.* **4** Conjunto das obras de um escritor: *Bagagem literária.*

ba.ga.na (*gír*) *sf* **1** *gír* Ponta queimada de cigarro ou charuto; bituca. **2** Coisa velha, sem qualidade ou valor.

ba.ga.te.la (*ital bagatella*) *sf* **1** Coisa de pouco valor ou inútil. **2** Quantia insignificante, ninharia.

ba.go (de *baga*) *sm* **1** *Bot* Cada fruto do cacho de uvas. **2** *Bot* Qualquer pequeno fruto redondo e carnudo, semelhante à uva. **3** *Bot* Saco polposo que envolve o caroço da jaca. **4** Grão miúdo de chumbo. **5** *gír* Cada um dos testículos.

ba.gre *sm Ictiol* Nome comum à grande número de peixes de couro da subordem dos siluroides, de água doce e do mar.

ba.gua.çu (*tupi yua asú*) *V babaçu.*

ba.gue.te (*fr baguette*) *sf* **1** Sarrafinho de madeira com que se fazem molduras simples para quadros, diplomas, janelas etc. **2** Tipo de pão francês alongado e fino. **3** Desenho ornamental vertical, bordado no tecido na lateral das meias, até a altura dos tornozelos.

ba.gu.lho (*bago+ulho*) *sm* **1** *Bot* Semente de certos frutos, como a uva, a pera etc. **2** *gír* Restos; coisa insignificante ou malfeita. **3** *gír* Produto de furto ou roubo. **4** *gír* Droga. **5** *pop* Pessoa feia e desprezível. **6** *pop* Pessoa envelhecida, desgastada.

ba.gun.ça *sf* **1** *gír* Confusão, desordem, embaraço. **2** Máquina para remover aterro.

ba.gun.ça.do (*part* de *bagunçar*) *adj* Confuso, desordenado, anarquizado.

ba.gun.çar (*bagunça+ar*[1]) *vtd pop* **1** Fazer bagunça, desordem, anarquia. *vint* **2** Promover bagunça, confusão.

ba.gun.cei.ro (*bagunça+eiro*) *adj* + *sm* Desordeiro.

bah! *interj* Exprime espanto ou surpresa.

bai.a (*quimbundo ribaia*) *sf* **1** Compartimento individual para cavalgaduras numa cavalariça. **2** Boxe individual ou para várias pessoas nos escritórios de empresas.

ba.í.a (*baixo-lat baia*) *sf Geogr* **1** Pequeno golfo de entrada estreita. **2** Qualquer reentrância na costa onde se possa aportar. **3** Enseada.

bai.a.cu (*tupi uambaiakú*) *sm* **1** *Ictiol* Nome comum a vários peixes marinhos ou de água doce das famílias dos diodontídeos e triodontídeos, que podem inflar-se e flutuar na água e cuja carne é considerada venenosa. **2** *fig* Homem baixo, gordo e desajeitado.

bai.a.na (*fem* de *baiano*) *sf* **1** Mulher baiana, em especial a vendedora de quitutes típicos da Bahia, vestida com saia rodada, bata de renda, turbante, colares etc. **2** Fantasia inspirada nessa vestimenta. **3** Figura tradicional dos desfiles de escola de samba: *Ala das baianas.* • *Rodar a baiana, pop:* reagir escandalosamente, muitas vezes de forma agressiva em palavras e atitudes.

bai.a.na.da (*baiano+ada*[1]) *sf* Conjunto de baianos.

bai.a.ni.da.de (*baiano+i+dade*) *V baianismo.*

bai.a.nis.mo (*baiano+ismo*) *sm* **1** Maneiras e atitudes próprias de baiano. **2** Amor à Bahia, seu povo, seus costumes. *Sin: baianidade.*

bai.a.no (de *Bahia, np+ano*) *adj* **1** Pertencente ou relativo ao Estado da Bahia. **2** Que é natural da Bahia. • *sm* **1** Pessoa que é habitante ou natural da Bahia. **2** *pej* Indivíduo fanfarrão, sossegado, contador de vantagem.

bai.ão (*top Bahia+ão*[1]) *sm Folc* Dança e canto popular do Nordeste. *Baião de dois, Cul Reg:* (Nordeste) arroz e feijão, cozidos juntamente.

bai.la (de *bailar*) *sf* Usado na locução adverbial *à baila. Trazer à baila, vir à baila:* introduzir na conversa; mencionar; ser lembrado a propósito.

bai.la.do (*bailar+ado*[1]) *sm* **1** Dança artística executada por um dançarino ou por grupos, de ambos os sexos. **2** Qualquer dança. **3** Baile, balé.

bai.la.dor (*bailar+dor*) *adj* + *sm* Que, ou o que baila.

bai.lar (*lat ballare*) *vti* e *vint* **1** Mover o corpo segundo as regras da dança; dançar: *Antônio bailava com uma amiga. A garotada bailava alegremente. vtd* **2** Executar dançando: *Bailar o fado. vti* e *vint* **3** Oscilar, tremer, vacilar.

bai.la.ri.no (*bailar+ino*) *sm* **1** Aquele que se dedica ao bailado por profissão. **2** *pop* Indivíduo que dança bem; dançarino. *Fem:* bailarina.

bai.le (de *bailar*) *sm* **1** Reunião festiva cujo fim principal é a dança. **2** *gír* Briga, conflito. *Dar um baile em:* exibir superioridade. *Levar um baile de:* ter dificuldade, apanhar: *Levei um baile das questões de matemática.*

bai.le.co (*baileteco*) *sm* **1** Diminutivo irregular de *baile.* **2** *pop* Baile sem muita importância; arrasta-pé.

ba.i.nha (*lat vagina*) *sf* **1** Estojo longitudinal para proteger a lâmina de espada, punhal e outros objetos cortantes. **2** Barra dobrada e costurada, em peças feitas com tecido, malha etc., como casacos, vestidos, lençóis etc.

bai.o (*lat badiu*) *adj* Diz-se do cavalo castanho ou amarelado. • *sm* Cavalo que tem essa cor.

bai.o.ne.ta (*ê*) (*fr baïonnette*, de *Bayonne*, *np*) *sf* Arma de lâmina pontiaguda, que se adapta à extremidade do cano do fuzil e é empregada no combate corpo a corpo.

bair.ris.mo (*bairro+ismo*) *sm* **1** Qualidade de bairrista. **2** Amor, apego ao bairro; regionalismo exclusivista.

bair.ris.ta (*bairro+ista*) *adj + s m+f* **1** Diz-se de, ou pessoa que frequenta ou habita um bairro. **2** Que, ou quem defende interesses de seu bairro ou de sua terra. **3** *pop* Diz-se de, ou indivíduo que só vê qualidades em sua terra natal.

bair.ro (*ár barrî*) *sm* Cada uma das principais áreas urbanas em que se divide uma cidade.

bai.ta *adj m+f pop* **1** Muito grande. **2** Bom, bonito. **3** Famoso.

bai.u.ca (*ú*) (*cast bayuca*) *sf* Taberna pequena e malcuidada; bodega.

bai.xa (de *baixo*) *sf* **1** Diminuição de preço ou queda na cotação de mercadorias, títulos, câmbio. **2** Perda sofrida pelas forças armadas. **3** Depressão de terreno. **4** Redução de preço, altura ou valor. *Dar baixa:* ser dispensado ou deixar o serviço militar. *Dar baixa em:* cancelar; encerrar.

bai.xa.da (*baixar+ada¹*) *sf* **1** Descida. **2** Depressão do terreno. **3** Planície entre montanhas. *Aum: baixadão.*

bai.xa-mar (*baixo+mar, fem, no part ant*) *sf* Maré baixa, vazante da maré. *Pl: baixa-mares.*

bai.xar (*lat vulg *bassiare*) *vtd* **1** Abaixar, arrear, descer. *vtd* **2** Fazer pender; inclinar: *Baixar a cabeça*. *vtd* **3** Expedir ordens, avisos etc. a subalternos ou a órgãos subordinados. *vti* **4** Decair, diminuir: *A frequência aos espetáculos baixou a um terço do que era.* *vint* **5** Diminuir em altura, em cotação, em valor. *vti* **6** Internar-se em hospital: *José baixou à enfermaria.* *vti* **7** *Inform* Trazer, através de rede de computadores, um arquivo localizado em outra máquina distante. (Em inglês: *download, fazer um download.*) *vint* **8** *pop* Incorporar: *Baixou o santo.* *vint* **9** *gír* Aparecer: *Baixou lá em casa depois do jantar. Baixar a cabeça:* obedecer, submeter-se. *Baixar o cacete:* esbordoar. Veja nota em **abaixar**.

bai.xa.ri.a (*baixo+aria*) *sf gír* **1** Atitude ou dito inconveniente. **2** Comportamento deselegante. **3** Desconhecimento das normas sociais.

bai.xe.la (*lat vascella*) *sf* Conjunto de utensílios (copos, talheres etc.) para serviço de mesa ou para culto religioso.

bai.xe.za (*ê*) (*baixo+eza*) *sf* **1** Qualidade do que é baixo. **2** Inferioridade em caráter e sentimentos. **3** Indignidade, vilania. *Antôn* (acepções 2 e 3): *nobreza*.

bai.xi.o (*baixo+io*) *sm Geogr* **1** Banco de areia ou rochedo oculto sob a água. **2** Lugar raso no mar, rio etc.

bai.xo (*lat vulg bassu*) *adj* **1** Pequena altura ou estatura. **2** Voltado para o chão. **3** Inferior em condições sociais, poder aquisitivo: *Classe baixa*. **4** Grosseiro, vil. **5** Que mal se ouve: *Voz baixa*. • *sm* **1** *Mús* Som grave de uma voz ou instrumento. **2** *Mús* O cantor que tem essa voz. **3** *Mús* O instrumento mais grave de cada família de instrumentos. **4** A parte inferior. • *adv* **1** Em lugar pouco elevado. **2** Em voz sumida. *Por baixo:* em situação de inferioridade, difícil. *Antôn: alto, elevado, superior.*

baixo-alemão *adj Ling* Diz-se do alemão antigo, dividido em muitos dialetos, do qual se desenvolveu o alto-alemão. *Pl: baixo-alemães*. • *sm* **1** Esse alemão. **2** Um dos grupos de dialetos em que se divide a língua alemã e que compreende o baixo-saxônio e o baixo-alemão oriental, falados no Norte da Alemanha. *Pl: baixos-alemães.* Cf *alto-alemão*.

bai.xo-as.tral *adj m+f* Diz-se de pessoa mal-humorada, infeliz, queixosa. *Pl: baixo-astrais*. • *s m+f* Situação ou circunstância adversa, que sob má influência dos astros: *Estar em baixo-astral*. *Pl: baixos-astrais*. *Antôn: alto-astral*.

bai.xo-re.le.vo *sm* Escultura cujo desenho sobressai em pequena espessura da superfície que lhe serve de base. *Pl: baixos-relevos*. *Antôn: alto-relevo*.

bai.xo.te (*baixo+ote*) *adj* Diz-se do indivíduo um tanto baixo. *Fem: baixota.*

bai.xo-ven.tre *sm Anat* Parte inferior do ventre. *Pl: baixos-ventres.*

ba.ju.la.ção (*lat bajulatione*) *sf* **1** Ação de bajular. **2** Adulação interesseira.

ba.ju.la.dor (*bajular+dor*) *adj + sm* Que, ou o que bajula; puxa-saco.

ba.ju.lar (*lat bajulare*) *vtd* Adular, lisonjear de modo interesseiro.

ba.ju.la.tó.rio (*bajular+ório*) *adj* Que se caracteriza ou envolve bajulação.

ba.la (*ant alto-al balla*) *sf* **1** Projétil de arma de fogo. **2** Docinho de açúcar e outros ingredientes e solidificado. *Em ponto de bala, pop:* pronto para agir. *Mandar bala, gír:* pôr mãos à obra. *Sair feito uma bala, pop:* partir velozmente. *Uma bala, gír:* diz-se de quem está muito irritado, furioso.

ba.la.ço (*bala+aço²*) *sm* **1** Grande bala (acepção 1). **2** Tiro. *Sin: balázio*.

ba.la.co.ba.co *sm pop* Usado na expressão *do balacobaco:* excelente, ótimo.

ba.la.da (*provençal ballada*) *sf* **1** *Lit* Antigo gênero de poesia popular, originário do norte europeu, que narra um acontecimento real ou uma lenda. **2** *Mús* Peça instrumental de caráter romântico.

ba.la.do (*balar+ado¹*) *sm* Balido.

ba.lai.o (*fr balai*) *sm* **1** Cesto de cipó, palha ou taquara. **2** *Folc* Antiga dança, espécie de fandango, introduzida no Sul do Brasil pelos açorianos. *Balaio de gatos, pop:* conflito, briga, confusão em que se envolvem muitas pessoas.

ba.la.lai.ca (*tártaro balalaika*, via *russo*) *sf Mús* Espécie de bandolim triangular, de três cordas, muito usado pelos russos em sua música popular.

ba.lan.ça (*lat *bilancia*) *sf* **1** Instrumento para determinar o peso. **2** *fig* Equilíbrio, ponderação. **3 Balança** *Astr* e *Astrol V Libra* (acepção 4). **4** Emblema da Justiça. **5** Comparação, confronto.

Balança comercial, Econ: diferença entre o valor das importações e das exportações de mercadorias, durante um certo tempo. *Pesar na balança:* influir numa decisão. *Pôr na balança:* pesar, medir.
ba.lan.çar (*balanço+ar¹*) *vtd* e *vpr* **1** Fazer oscilar, pôr(-se) em balanço. *vint* **2** Oscilar; mover-se de um lado para outro: *O pêndulo balançava*. *vtd* **3** Comparar, examinar: *Balançar os prós e os contras*. *vtd* **4** Compensar, equilibrar. *vtd* **5** Abalar: *A presença do namorado balança seu coração*. *vti* **6** Hesitar: *Balançava entre duas decisões*. *Var: balancear*.
ba.lan.cê (*fr balancé*) *sm* Passo de dança em que o corpo oscila de um lado para outro sem tirar os pés do chão.
ba.lan.ce.a.do (*part de balancear*) *adj* **1** Que se balanceou. **2** Diz-se da alimentação ou ração que contém as substâncias necessárias ao metabolismo. • *sm* **1** Equilíbrio da carga no animal. **2** Ginga do corpo na dança, no andar etc.
ba.lan.ce.a.men.to (*balancear+mento*) *sm* **1** Ação de balancear; balanceio. **2** Movimento alternativo ou oscilatório de um corpo. *Autom: Balanceamento de rodas*, equilíbrio que se dá às rodas de um veículo para obter estabilidade na direção.
ba.lan.ce.ar (*balanço+e+ar¹*) **1** *V balançar*. *vint* **2** *Reg* (Centro e Sul) Conduzir boiada. *vtd* **3** *Inform* Ajustar o espaço entre pares de letras, para que fiquem mais juntas. *Conjuga-se como frear*.
ba.lan.cei.o (*de balancear*) *sm* Ato de balancear; embalo.
ba.lan.ce.te (*ê*) (*balanço+ete*) *sm* **1** *Com* Pequeno balanço, balanço parcial. **2** *Econ* Levantamento mensal e anual dos saldos de créditos e dívidas de uma empresa.
ba.lan.cim (*balanço+inho*, com apócope) *sm* **1** *Autom* Peça de movimento oscilatório que comanda a abertura das válvulas do motor. **2** Funcionário encarregado de pesar mercadorias em armazéns. **3** Pequena balança.
ba.lan.ço (*balanço*, no masc.) *sm* **1** Movimento alternado em sentidos opostos; oscilação. **2** Brinquedo para balançar que consiste em um banco suspenso por cordas ou correntes. **3** Abalo, solavanco. **4** *Econ* Demonstração das contas ativas e passivas de uma empresa comercial ou de uma instituição. **5** *fig* Avaliação de uma situação; verificação, exame.
ba.lan.gan.dã (*voc onom*) *sm* Adorno que as baianas usam em dias de festa; penduricalho.
ba.lan.gar (*de balançar*) *vtd, vpr* e *vint pop* Balançar.
ba.lão (*fr ballon*) *sm* **1** Artefato de papel fino que sobe impulsionado pelo ar interno ao ser aquecido por uma tocha presa à boca de arame. **2** *Aer* Aparelho que se eleva na atmosfera por efeito do gás, mais leve que o ar, com que é preenchido; aeróstato. **3** *pop* Balela, boato falso. **4** Bola de borracha inflável, muito fina, para diversão infantil. **5** Espaço destinado às falas das personagens nas histórias em quadrinhos. *Balão de ensaio:* a) pequeno balão utilizado para verificar a direção dos ventos; b) experiência, ensaio; c) *fig* boato que se coloca em circulação para testar e medir a opinião pública.
ba.lão-son.da *sm Meteor* Balão que sobe à atmosfera levando instrumentos destinados a captar e registrar as condições do tempo. *Pl: balões-sondas* e *balões-sonda*.
ba.lar (*lar balare*) *vint* Balir, dar balidos. *Conjug:* é defectivo; normalmente só se emprega nas 3ªs pessoas.
ba.la.us.tra.da (*balaústre+ada¹*) *sf* Fileira de balaústres formando grade de parapeito ou corrimão.
ba.la.ús.tre (*ital balaustro*) *sm* **1** *Arquit* Pequena coluna ou pilar que, compondo uma série, sustenta uma travessa ou corrimão. **2** Cada uma das pequenas colunas que adornam as costas de uma cadeira.
ba.lá.zio (*bala+ázio*) *V balaço*.
bal.bu.ci.an.te (*de balbuciar*) *adj m+f* **1** Que balbucia. **2** Hesitante na articulação das palavras.
bal.bu.ci.ar (*lat vulg *balbutiare*) *vtd* e *vint* Pronunciar imperfeitamente e com hesitação; gaguejar.
bal.bu.ci.o (*de balbuciar*) *sm* **1** Ato de balbuciar. **2** Ensaio, início.
bal.búr.dia *sf* Grande desordem; confusão, gritaria.
bal.cão (*ital balcone*) *sm* **1** *Arquit* Varanda que se prolonga do andar de um edifício ou do corpo de uma casa e se comunica com o exterior ou tem vista para fora; sacada. **2** *Com* Mesa sobre a qual ficam expostas as mercadorias nas lojas ou mercados. **3** Pequena galeria que, em cinemas e teatros, forma uma segunda plateia sobre o primeiro pavimento. *Balcão nobre:* primeiro balcão, logo acima da plateia de um teatro.
bal.co.nis.ta (*balcão+ista*) *s m+f* Empregado(a) de loja que atende os fregueses em balcão; caixeiro(a).
bal.da.do (*part de baldar*) *adj* Frustrado, malogrado, perdido. *Seus esforços foram baldados.*
bal.de *sm* Recipiente de metal ou plástico, em geral de forma cilíndrica e com alça, utilizado para guardar ou carregar líquidos e outros materiais: *balde de água, balde de lixo*.
bal.de.a.ção (*baldear+ção*) *sf* Ação ou efeito de baldear.
bal.de.ar (*balde+e+ ar¹*) *vtd* **1** Tirar com balde: *Baldear água de um poço*. **2** Passar líquidos de uma vasilha para outra. **3** Transferir pessoas ou objetos de um veículo para outro, ou de um lugar para outro. *Conjuga-se como frear*.
bal.di.o (*baldo+io*) *adj* **1** Inútil, sem proveito. **2** Agreste, estéril, inculto. • *sm* Terreno não cultivado e desaproveitado.
bal.dra.me *sm Constr* **1** Alicerce de alvenaria. **2** Base de parede ou muralha.
ba.lé (*fr ballet*) *sm* **1** Dança artística teatral executada geralmente por um grupo de bailarinos que, num cenário, com acompanhamento de música, representam um tema, uma história ou uma cena qualquer. **2** Conjunto de artistas que formam uma companhia de balé: *Balé Estadual de São Paulo*.
ba.le.a.do (*part de balear*) *adj* **1** Ferido a bala. **2** *pop* Que se deixa dominar pela bebida, pela paixão etc.

ba.le.ar (*bala+e+ar¹*) *vtd* Ferir com bala. Conjuga-se como *frear*.
ba.le.ei.ra (*baleia+eira*) *sf* Embarcação para a pesca de baleias.
ba.le.ei.ro (*baleia+eiro*) *adj* Relativo a baleias. • *sm* **1** V *baleeira*. **2** Tripulante de baleeira. **3** Pescador de baleias.
ba.lei.a (*lat balaena*) *sf* **1** *Zool* Mamífero marinho da ordem dos cetáceos. Voz: *bufa*. **2** *pej* Pessoa grande e gorda. **3** *pop* Designação a qualquer objeto de grande tamanho.
ba.lei.ro (*bala+eiro*) *sm* Vendedor de balas, doces.
ba.le.la *sf* **1** Boato falso. **2** Dito sem fundamento.
ba.le.o.te (*baleia+ote*) *sm Zool* Filhote de baleia.
ba.li.do (*balar+ido*) *sm* **1** Grito próprio da ovelha; balado. **2** *fig* Queixume de paroquianos contra o pároco.
ba.lir (de *balido*) *vint* Dar balidos; balar. *Conjug:* verbo defectivo, conjugado geralmente apenas nas 3ªs pessoas do presente do indicativo (*bale, balem*) e do presente do subjuntivo (*bala, balam*).
ba.lís.ti.ca (de *balístico*) *sf* Ciência que estuda o movimento e comportamento no espaço de projéteis arremessados. *Balística externa*: a que trata da trajetória do projétil depois de deixar o cano da arma de fogo. *Balística interna*: a que trata do que ocorre dentro do cano da arma de fogo.
ba.lís.ti.co (*gr ballístra+ico²*) *adj* Relativo à balística.
ba.li.za (*lat palitia*) *sf* **1** Marco, poste ou outro sinal que indica algum limite, como, *p ex*, o ponto de chegada numa corrida de cavalos ou numa regata. **2** *Esp* Em certos jogos, alvo que se deve alcançar com a bola; gol, meta. *s m+f* Pessoa que, em desfiles cívicos ou esportivos, abre a marcha e vai à frente, fazendo evoluções.
ba.li.za.do (de *balizar*) *adj* Marcado com balizas; delimitado por balizas; separado, restringido por balizas.
ba.li.za.men.to (*balizar+mento*) *sm* Ato de pôr balizas.
ba.li.zar (*baliza+ar¹*) *vtd* Marcar com balizas; delimitar com balizas.
bal.ne.á.rio (*lat balneariu*) *adj* Relativo a banho. • *sm* **1** Estabelecimento de banhos. **2** Estância de águas minerais.
ba.lo.ei.ro (*balão+eiro*) *sm* **1** Fabricante de balões. **2** Indivíduo que costuma soltar balões.
ba.lo.fo (*ô*) (cruzamento de *balão+fogo*) *adj* **1** Adiposo, mole. **2** Volumoso, mas de pouco peso; sem consistência. **3** Gordo. *Antôn* (acepção 1): *rijo, sólido*.
ba.loi.çar (*lat vulg *ballocciare*) V *balouçar*.
ba.loi.ço (de *baloiçar*) V *balouço*.
ba.lo.nis.mo (*balão+ismo*) *sm* **1** *Esp* Esporte de navegar em balão. **2** Hábito de soltar balões.
ba.lo.nis.ta (*balão+ista*) *sm+f* **1** Pessoa que viaja em balão. **2** Pessoa que faz e solta balão.
ba.lou.çar (*lat vulg *ballocciare*) *vtd, vint* e *vpr* Mover(-se) de um lado para outro; balançar(-se). *Var: baloiçar*.
ba.lou.ço (de *balouçar*) *sm* **1** Balanço, oscilação. **2** Armação suspensa para as pessoas se balançarem. *Var: baloiço*.

bal.ro.a (*cast barloa*) *sf Mar* Antigo gancho ou pequeno arpão acoplado a uma corrente utilizado para manter acostado um navio inimigo durante o combate.
bal.sa (*voc pré-romano*) *sf* **1** *Bot* Árvore de madeira leve, usada especialmente para fazer jangadas. **2** Madeira dessa árvore. **3** Jangada de grandes dimensões, usada na travessia de rios e canais.
bal.sâ.mi.co (*lat balsamicu*) *adj* **1** Que tem propriedades do bálsamo. **2** Aromático, odorífero, perfumado. **3** *fig* Animador, confortador.
bál.sa.mo (*gr bálsamon*, via *lat*) *sm* **1** Resina aromática extraída de alguns vegetais. **2** Infusão de plantas narcóticas em azeite, usada em fricções. **3** Aroma, perfume. **4** *fig* Alívio, consolo, lenitivo.
ba.lu.ar.te (*provençal baloart*) *sm* **1** *Mil* Estrutura de defesa sustentada por muralhas. **2** Pessoa ou lugar que oferece forte apoio no perigo. **3** *fig* Defesa. *Sin: bastião*.
bal.za.ca (de *Balzac, np*) *adj + sf pop* Forma abreviada de *balzaquiana*.
bal.za.qui.a.na (*fem* de *balzaquiano*) *adj + sf pop* Diz-se da, ou mulher que atingiu os trinta anos, em alusão ao romance de Balzac *A Mulher de Trinta Anos*.
bal.za.qui.a.no (*Balzac, np+ano*) *adj* Diz-se de personagem, ambiente ou estilo das obras de Honoré de Balzac.
bam.ba (*quimbundo mbamba*) *adj gír* **1** Desordeiro valente. **2** Perito, traquejado. **3** Pessoa que é autoridade em determinado assunto: *Ele é bamba em matemática*.
bam.bam.bã (*quimbundo mbamba mbamba*) *adj gír* **1** Valentão. **2** V *bamba*, acepções 2 e 3.
bam.be.ar (*bambo+e+ar¹*) *vtd* e *vint* **1** Tornar(-se) bambo, frouxo. *vtd* **2** Soltar, afrouxar. *vtd* **3** Hesitar, vacilar. *Antôn: esticar, enrijar*. Conjuga-se como *frear*.
bam.bo (*voc onom*) *adj* Frouxo, oscilante, pouco firme; cansado.
bam.bo.lê (de *bambolear*) *sm* Aro de plástico ou metal, usado como brinquedo, que se faz girar em torno do corpo, da perna ou de um braço.
bam.bo.le.ar (de *bambo*) *vtd, vint* e *vpr* **1** Agitar (-se), oscilar, abanar, vacilar. **2** Menear(-se), balançar o corpo; saracotear(-se); gingar: *Ela caminhava bamboleando o corpo*. Conjuga-se como *frear*.
bam.bo.lei.o (de *bambolear*) *sm* **1** Ato de bambolear. **2** Oscilação.
bam.bu (do *malaio*) *sm Bot* Nome comum a numerosas gramíneas, que se caracterizam pela altura excepcional do caule.
bam.bu.al (*bambu+al¹*) *sm* Bosque de bambus. *Var: bambuzal*.
bam.bu.zal (*bambu+z+al¹*) V *bambual*.
ba.nal (*fr banal*) *adj m+f* **1** Vulgar, trivial, comum. **2** Fútil, frívolo.
ba.na.li.da.de (*banal+i+dade*) *sf* Frivolidade, futilidade, trivialidade, vulgaridade.
ba.na.li.zar (*banal+izar*) *vtd* e *vpr* Tornar(-se) banal.
ba.na.na (de alguma indeterminada língua da Guiné) *sf* **1** *Bot* Fruto da bananeira. *Col: cacho, penca*. **2** *pop* Gesto que se faz com a mão fechada e o braço

flexionado. • *adj* e *s m+f* Diz-se de, ou pessoa mole, sem energia ou vontade própria; palerma.

banana boat (*banana bôut*) (*ingl*) *sm* Embarcação usada para pequenas travessias na orla marítima, geralmente para lazer.

ba.na.na.da (*banana+ada*[1]) *sf* Doce de banana, em forma de pasta ou barra.

ba.na.na-da-ter.ra *V banana-de-são-tomé*. *Pl: bananas-da-terra*.

ba.na.na-de-são-to.mé *sf* Variedade de banana, comestível em estado natural ou assada. *Pl: bananas-de-são-tomé*.

ba.na.nal (*banana+al*[1]) *sm* Lugar plantado com bananeiras.

ba.na.na-maçã *sf* Variedade de banana, comestível em estado natural, sem necessidade de cozimento. *Pl: bananas-maçãs* e *bananas-maçã*.

ba.na.na-na.ni.ca *sf* Variedade de banana, comestível em estado natural, sem necessidade de cozimento. *Pl: bananas-nanicas*.

ba.na.na-ou.ro *sf* Variedade de banana, comestível em estado natural, sem necessidade de cozimento. *Pl: bananas-ouros* e *bananas-ouro*.

ba.na.na-pão *sf* Variedade de banana, pouco doce, que se come cozida, assada ou frita. *Pl: bananas-pães* e *bananas-pão*.

ba.na.na-pra.ta *sf* Variedade de banana, comestível em estado natural, sem necessidade de cozimento. *Pl: bananas-pratas* e *bananas-prata*.

banana-split (*banana-ispliti*) (*ingl*) *sm* Banana partida ao meio, acompanhada de sorvete, creme *chantilly*, nozes ou castanhas de caju picadas e calda de chocolate ou morango.

ba.na.nei.ra (*banana+eira*) *sf Bot* Nome comum a várias plantas perenes do gênero Musa, originárias da Ásia tropical, cujos frutos nutritivos estão dispostos em cachos. *Bananeira que já deu cacho:* pessoa decadente, decrépita. *Plantar bananeira:* apoiar-se nas mãos e na cabeça, com as pernas esticadas para cima.

ban.ca (*ital banca*) *sf* **1** Mesa para escrever; carteira, secretária. **2** Escritório de advocacia. **3** Mesa para trabalhos em oficina. **4** Comissão examinadora em concursos e provas. **5** Instalações de feiras. **6** Bancada. *Botar banca, pôr banca:* fazer-se de importante.

ban.ca.da (*banco+ada*[1]) *sf* **1** Conjunto de bancos dispostos em certa ordem. **2** Banco comprido. **3** Conjunto de deputados ou senadores de um Estado ou partido político. **4** Balcão de cozinha.

ban.car (*banca+ar*[1]) *vint* **1** Ser banqueiro em jogo de azar. *vtd* **2** Dar-se ares de, fingir o que não é. *vtd* **3** Financiar.

ban.cá.rio (*banco+ário*) *adj* Relativo a banco. • *sm* Funcionário de banco ou casa bancária.

ban.car.ro.ta (*rrô*) (*ital banca rotta*) *sf* **1** Falência comercial; quebra. **2** Estado de não ter como pagar o que se deve. **3** Falência fraudulenta.

ban.co (*germ bank*) *sm* **1** Móvel, com ou sem encosto, que serve para assento. **2** Tábua em que se sentam os remadores. **3** *Geol* Ilhota de aluvião no meio dos rios. **4** *Econ* Estabelecimento de crédito. **5** Edifício onde se efetuam operações bancárias. **6** *Med* Lugar onde se armazena material ou tecido humano para uso futuro: *Banco de sangue*. *Banco central:* estabelecimento bancário oficial que tem o monopólio da emissão de papel-moeda e outras operações. *Banco 24 horas:* sistema implantado pela rede bancária para atendimento ininterrupto. *Não esquentar o banco:* ficar pouco tempo. *Sentar no banco, Esp:* ficar na reserva.

ban.da (*gót bandwa*) *sf* **1** Parte lateral; lado. **2** Facção, partido. **3** Conjunto de músicos. *sf pl* Direção, rumo. *Banda cambial:* faixa de variação para o valor do dólar, com limites prefixados pelo Banco Central. *Banda de rodagem:* a faixa de pneu que tem contato ou atrito com o solo. *Dar uma banda, gír:* dar uma volta. *Pôr de banda:* deixar de lado, desprezar. *Sair de banda:* fugir escondido, esquivar-se.

ban.da.gem (*banda+agem*) *sf* **1** Faixa, atadura. **2** Chumaços, compressas.

band-aid (*bandeide*) (*ingl*) *sm* Marca registrada de curativo antisséptico autoadesivo.

ban.da.lhei.ra (*bandalho+eira*) *sf* Ato imoral; indecência.

ban.da.lho (*bando+alho*) *sm* **1** Indivíduo sem caráter, brio, dignidade. **2** Patife.

ban.da.na (*hindu badhan*) *sf* **1** Grande lenço colorido de algodão ou seda, com desenhos simples e formas geométricas, originalmente produzido na Índia. **2** Faixa de tecido que os atletas amarram na testa para reter o suor.

ban.de.ar (*banda+e+ar*[1]) *vtd* **1** Juntar em bando: *Bandear eleitores*. *vpr* **2** Unir-se a, ou passar-se para (bando, partido): *Bandeou-se para a facção contrária*. *vtd* **3** *Reg* (Sul) Atravessar, traspassar. Conjuga-se como *frear*.

ban.dei.ra (*banda+eira*) *sf* **1** Estandarte simbólico de uma nação, corporação ou partido; pavilhão, pendão, lábaro. **2** Ideia que serve de guia ou símbolo a um movimento, cruzada, reivindicação. **3** Caixilho envidraçado no alto de portas ou janelas. **4** Expedição armada que, no Brasil, teve por objetivo explorar os sertões, descobrir minas e capturar índios. **5** Nos carros de praça, a parte móvel do taxímetro com que se dá a bandeirada. *Dar bandeira, pop:* mostrar algo que deveria estar oculto.

ban.dei.ra.da (*bandeira+ada*[1]) *sf* Cota fixa indicada no taxímetro dos carros de praça antes de iniciar a corrida.

ban.dei.ran.te (*bandeira+ante*) *adj m+f* Relativo ou pertencente ao bandeirantismo. • *sm* Homem que fazia parte das bandeiras, destinadas a desbravar os sertões do Brasil. *s m+f* Pessoa que é natural ou habitante do Estado de São Paulo. *sf* Membro da Federação de Bandeirantes do Brasil que pratica o bandeirantismo.

ban.dei.ran.tis.mo (*bandeirante+ismo*) *sm* Escoteirismo para meninas e moças.

ban.dei.ri.nha (*bandeira+inho*, no *fem*) *sf* Diminutivo de *bandeira*; pequena bandeira. *sm Esp* Aquele que, no futebol, auxilia o juiz da partida; juiz de linha.

ban.dei.ro.la (*bandeira+ola*) *sf* **1** Pequena bandeira usada em sinalização, balizamento etc. **2** Bandeirinha das trombetas de cavalaria. **3** Cada uma das bandeirinhas de papel colorido que enfeitam as festas juninas, infantis etc.

ban.de.ja (ê) (de *bandejar*) *sf* **1** Tabuleiro para serviço de comidas e bebidas ou transporte de louças. **2** *Esp* No basquete, modo de encestar em que o jogador praticamente põe a bola na cesta com a mão. *Bandeja de impressão*, *Inform:* bandeja em que é mantida uma quantidade de papel para ser utilizada na impressora. *Dar de bandeja, gír:* dar de graça, sem exigir nada em troca. *Pegar de bandeja, gír:* pegar em flagrante.

ban.de.jão (*bandeja*+*ão*[2]) *sm gír* Restaurante ou refeitório onde se serve em bandejas.

ban.di.do (*part* de *bandir*) *sm* **1** Indivíduo que vive na marginalidade, procurado pela justiça. **2** Assassino, facínora, malfeitor, assaltante, bandoleiro. *Trabalhar de bandido* (contra alguém), *gír:* fazer algo contra os interesses de uma pessoa. *Col pop:* bandidada. *Aum:* bandidaço.

ban.di.tis.mo (*ital banditismo*) *sm* Vida ou ato de bandido.

ban.do (de *banda*) *sm* **1** Ajuntamento de pessoas ou animais. **2** Facção, partido. **3** Tropa indisciplinada. **4** Quadrilha de malfeitores.

ban.dó (*fr bandeau*) *sm* Cada parte do cabelo nos penteados em que ele é dividido ao meio.

ban.dô (*fr bandeau*) *sm* Armação de madeira ou faixa de tecido que se coloca sobre a parte superior de uma cortina, para encobrir os trilhos.

ban.do.lei.ro (*cast bandolero*) *sm* Salteador de estradas; bandido. *Col:* caterva, corja, horda, malta, súcia, turba. • *adj* **1** Que não para em lugar nenhum. **2** Sem ocupação definida.

ban.do.lim (*ital mandolino*) *sm Mús* Instrumento de quatro cordas duplas, parecido no formato com o alaúde.

ban.do.li.nis.ta (*bandolim*+*ista*) *s m*+*f Mús* Tocador(a) de bandolim.

ban.du.lho (*bando*+*ulho*) *sm pop* Barriga, pança.

ban.ga.lô (*ingl bungalow*) *sm* **1** Casa de campo. **2** Pequena casa, de arquitetura graciosa, nos arredores da cidade.

ban.guê (*gwe*) (*quimbundo mbangé*) *sm* **1** Espécie de padiola utilizada para transportar bagaço de cana-de-açúcar nos engenhos ou para conduzir cadáveres de negros escravos. **2** Fornalha e tachos dos engenhos.

ban.gue-ban.gue (*voc onom*) *sm* **1** Tiroteio. **2** Filme de faroeste. *Pl:* bangue-bangues.

ban.gue.la (*top Benguela*) *adj m*+*f* Que não tem dentes na frente; desdentado. *Na banguela, pop:* deixar o automóvel em ponto morto, com a marcha desengatada, livre.

ba.nha *sf* **1** Gordura animal. **2** Gordura de porco derretida. **3** Adiposidade.

ba.nha.do (*part* de *banhar*) *adj* **1** Molhado, umedecido. **2** Regado. **3** Lavado. • *sm* **1** Charco encoberto por vegetação. **2** Pântano.

ba.nhar (*banho*+*ar*[1]) *vtd* e *vpr* **1** Dar banho a, pôr (-se) no banho: *Banhar os pés. Banharam-se no ribeirão.* *vtd* **2** Molhar, inundar: *As lágrimas banhavam o rosto da menina.* *vtd* **3** Cercar, correr por, passar em ou junto de (falando de rios, mares, lagos): *O São Francisco banha cidades e lugarejos.*

ba.nhei.ra (*banho*+*eira*) *sf* **1** Instalação sanitária para banho de imersão. **2** Mulher que prepara ou dá o banho. **3** *Fut* Jogador em posição de impedimento. **4** *pop* Automóvel muito grande.

ba.nhei.ro (*banho*+*eiro*) *sm* **1** Aposento ou quarto de banho. **2** Aposento com vaso sanitário; *water closet*, sanitário.

ba.nhis.ta (*banho*+*ista*) *s m*+*f* Pessoa que se banha em praia, estação balneária ou piscina.

ba.nho (*lat balneu*) *sm* **1** Ação de banhar. **2** Imersão total ou parcial do corpo em água. **3** A água em que uma pessoa se banha. **4** Imersão de tecidos em líquidos corantes. **5** Imersão de objetos em metal fundido para serem revestidos: *banho de ouro, de prata* etc. **6** Imersão de filmes fotográficos no líquido de fixação ou revelação. **7** *Esp gír* Derrota por grande diferença de pontos; lavada. *sm pl* Balneário. *Banho de cheiro:* banho em infusão de ervas, folhas, flores ou raízes como proteção contra malefícios. *Banho de loja, pop:* abastecer-se de cosméticos, roupas; colocar-se em dia com a moda. *Banho de sangue:* carnificina. *Banho turco:* banho em estufa, muito aquecida por vapor de água, seguido de mergulho em água fria.

ba.nho-ma.ri.a *sm Cul* Forma[1] de cozer ou aquecer qualquer substância, mergulhando o recipiente em que se encontra em outro com água fervente. *Pl:* banhos-marias e banhos-maria.

Banho-maria, termo comum em culinária, vem do francês *bain-marie*. O termo pede sempre a preposição *em*: *assar em banho-maria, cozinhar em banho-maria, ferver em banho-maria.*

ba.ni.do (*part* de *banir*) *adj* Expatriado por sentença; desterrado. **2** Proscrito. **3** Expulso.

ba.ni.men.to (*banir*+*mento*) *sm* Ação de banir.

ba.nir (*fr bannir*, do frâncico) *vtd* **1** Condenar a desterro; degredar, exilar, expulsar da pátria por sentença. **2** Expulsar de uma sociedade, excluir. **3** Afastar. *Conjug:* verbo defectivo; conjuga-se como *abolir*.

ban.jo (*ingl banjo*) *sm Mús* Instrumento musical de cordas, de origem norte-americana.

ban.quei.ro (*banco*+*eiro*) *sm* **1** O que executa operações bancárias. **2** Proprietário ou diretor de estabelecimento bancário. **3** O que banca jogos de azar.

ban.que.ta (ê) (*banco*+*eta*) *sf* **1** Pequeno banco sem encosto. **2** *Liturg* Primeiro degrau acima da mesa do altar, onde se colocam castiçais, tendo ao centro a cruz.

ban.que.te (ê) (*ital banchetto*) *sm* Refeição pomposa, festiva, dada a grande número de convidados em ocasiões especiais; festim. *Banquete sagrado:* a comunhão eucarística.

ban.que.te.ar (*banquete*+*e*+*ar*[1]) *vtd* **1** Dar banquete a ou em honra de; festejar com grandes jantares. *vpr* **2** Comer com abundância. Conjuga-se como *frear*.

ban.to (*cafre bantu*, homens) *sm* **1** *Etnol* Africano pertencente a um dos povos que fala uma das várias línguas bantas. **2** *Ling* Grupo linguístico africano que engloba diversas línguas faladas na região que se estende do sul da linha Camarões-Quênia (paralelo 5°) até a antiga Cidade do Cabo (República da África do Sul). **3** Escravos provenientes da África equatorial ou meridional e que, no Brasil, eram chamados de cabindas, benguelas, congos,

moçambiques e angolas. • *adj* Relativo ou pertencente aos bantos ou às línguas por eles faladas.
ban.zé *sm pop* **1** Festa ruidosa; folia. **2** Barulho, desordem, rolo, briga, tumulto.
ban.zo (de *banzar*) *sm* Nostalgia ou melancolia mortal dos negros africanos, quando escravizados e levados para longe de sua terra. • *adj* Abatido, atônito, pensativo, triste.
ba.o.bá (*fr baobab*) *sm Bot* Árvore de tronco relativamente baixo, mas de grossura extraordinária, chegando muitas vezes a atingir 9 metros de diâmetro. As fibras da casca dão cordas resistentes, e o óleo das sementes é de uso industrial e alimentício.
ba.que (*voc onom*) *sm* **1** Ruído produzido por um corpo que cai. **2** Choque, queda. **3** Desastre ou ruína súbita; contratempo.
ba.que.ar (*baque+e+ar¹*) *vint* **1** Cair de repente, levar baque. *vint* **2** Arruinar-se, desabar. *vpr* **3** Lançar-se abaixo; cair: *Perdendo o equilíbrio, baqueou-se pela escada. vint* **4** Desanimar, abater-se. Conjuga-se como *frear*.
ba.que.ta (*ê*) (*ital bacchetta*) *sf* **1** Pequeno bastão de madeira com que se percutem tambores e timbales. **2** Vareta de guarda-sol.
bar (*ingl bar*) *sm* **1** Balcão onde se servem bebidas. **2** Estabelecimento ou parte de estabelecimento destinado a esse comércio. **3** Móvel ou compartimento em que se guardam bebidas. **4** Botequim. *Pl: bares*.
ba.ra.fun.da *sf* **1** Multidão desordenada. **2** Confusão. **3** Algazarra, motim, trapalhada, tumulto.
ba.ra.lha.men.to (*baralhar+mento*) *sm* **1** Ação ou resultado de baralhar(-se). **2** Confusão, desordem.
ba.ra.lhar (*baralha+ar¹*) *vtd* e *vint* **1** Misturar (as cartas do baralho) para fazer o jogo. *vtd* e *vpr* **2** Confundir(-se), desordenar(-se), misturar(-se), pôr(-se) em desordem; embaralhar(-se).
ba.ra.lho (de *baralhar*) *sm* **1** Conjunto de cartas de jogar. **2** Jogo de cartas.
ba.rão (*frâncio *baro*) *sm* **1** Título de nobreza imediatamente inferior a visconde. **2** Varão. **3** Homem ilustre pelos seus feitos. **4** Variedade de laranja. *Fem: baronesa*.
ba.ra.ta (*lat blatta*) *sf Entom* Nome comum a todos os insetos ortópteros da família dos blatídeos, encontrados em quase todas as regiões do mundo. *Barata tonta*: pessoa atônita, confusa. *Entregue às baratas*: abandonado, sem atenção. *Ter sangue de barata, coloq*: não reagir nem se alterar quando provocado.
ba.ra.te.a.men.to (*baratear+mento*) *sm* **1** Ação de baratear. **2** Baixa de preço.
ba.ra.te.ar (*barato+e+ar¹*) *vtd* **1** Reduzir o preço. *vtd* e *vpr* **2** Dar pouco valor a; menosprezar(-se): *Ele barateava a importância da questão. vint* **3** Diminuir de valor. Conjuga-se como *frear*.
ba.ra.tei.ro (*barato+eiro*) *adj* Que vende ou compra barato. • *sm* **1** O que quer comprar ou vender barato. **2** Vendedor ambulante de miudezas.
ba.ra.ti.nar (de *barata*) *gír vtd* **1** Desorientar, perturbar. *vtd* **2** Ficar com barata tonta. *vint* e *vpr* **3** Ficar ou sentir-se alegre, eufórico ou agitado sob efeito do álcool ou de psicotrópicos.
ba.ra.ti.nha (*barata+inho*, no *fem*) *sf* **1** Barata pequena. **2** *pop ant* Nome dado aos automóveis de tipo esporte, pequenos e de um só assento.

ba.ra.to (de *baratar*) *adj* Que tem preço baixo. • *sm* **1** Comissão cobrada no jogo. **2** Concessão, benefício por preço baixo. **3** O que é fácil de conseguir ou realizar. **4** *gír* O que está na onda, o que é atual; curtição. • *adv* **1** Por baixo preço: *Esse negociante vende barato*. **2** Sem muito custo; facilmente. *Dar de barato, gír:* admitir sem discussão o que alguém afirma.
bar.ba (*lat barba*) *sf* **1** Pelos do rosto do homem. **2** Qualquer porção desses pelos. **3** *Zool* Pelos compridos que crescem no queixo ou no focinho de certos animais. *sf pl V barba* (acepção 1). *Nas barbas* (de alguém): diante de, na cara de alguém. *Pôr as barbas de molho:* precaver-se contra um perigo iminente.
bar.ba-a.zul *sm* **1** Homem que mata as mulheres com quem se casa. **2** Homem viúvo várias vezes. **3** Conquistador; homem de muitas mulheres. *Pl: barbas-azuis*.
bar.ba.da (*barba+ada¹*) *sf* **1** Beiço inferior do cavalo. **2** *gír* No turfe, páreo cujo ganhador se tem como certo. **3** *por ext* Qualquer vitória fácil.
bar.ba.do (*barba+ado¹*) *adj* Que tem barba; barbudo. • *sm* **1** Aquele que tem barbas. **2** *Zool* Denominação popular dos macacos sul e centro-americanos que têm barba grande; bugio, guariba. **3** *Ictiol* Designação comum de alguns peixes de água doce ou salgada.
bar.ban.te (de *Brabante, np*) *sm* Cordão para atar. • *adj gír* Ordinário, de má qualidade: *Cigarro marca barbante*.
bar.ba.ri.da.de (*bárbaro+i+dade*) *sf* **1** Ação própria de bárbaros. **2** Crueldade, desumanidade. **3** Expressão grosseira. • *interj* Exprime admiração, espanto ou estupefação, ideia de grande quantidade.
bar.bá.rie (*lat barbarie*) *sf* **1** Estado ou condição de bárbaro. **2** Crueldade, selvageria.
bar.ba.ris.mo (*lat barbarismu*) *sm* **1** *Gram* Palavras estranhas ao idioma, tanto na forma quanto na significação. **2** Emprego dessas palavras. **3** Escrita ou pronúncia incorreta das palavras. **4** Ordenação incorreta das palavras; solecismo. **5** Ação de gente bárbara; barbaridade, barbárie.
bar.ba.ri.zar (*bárbaro+izar*) *vtd* e *vpr* **1** *Gram* Fazer(-se) bárbaro, tornar(-se) bárbaro. *vtd* **2** Maltratar. *vtd* **3** Dizer ou escrever barbarismos.
bár.ba.ro (*gr bárbaros*) *adj* **1** Relativo aos bárbaros. **2** Inculto, rude, grosseiro. **3** Cruel, brutal, desumano. • *sm* Indivíduo dos bárbaros, povos antigos. *sm pl Hist* **1** Povos que invadiram o Império Romano durante os séculos III e IV. **2** Para os antigos gregos, povos que falavam língua diferente da sua. **3** Para os romanos, povos que não falavam nem grego nem latim. • *interj gír* Muito bom; muito bonito.
bar.ba.ta.na (de *barba*) *sf* **1** *Ictiol* Órgão externo membranoso de peixes e outros animais aquáticos, que serve para se deslocarem na água; nadadeira. **2** Lâmina ou vareta flexível, de metal ou plástico, que se usa na armação de colarinhos, cintas, coletes etc. **3** Cada uma das varetas de metal flexível que servem para a armação de guarda-chuvas.
bar.be.a.dor (*barbear+dor*) *sm* Aparelho para barbear.

bar.be.ar (*barba+e+ar*¹) *vtd* e *vpr* Fazer a barba. Conjuga-se como *frear*.

bar.be.a.ri.a (*barbear+aria*) *sf* Salão de barbeiro.

bar.bei.ra.gem (*barbeiro+a*¹*+agem*) *sf gír* **1** Ação de conduzir mal um veículo. **2** Imperícia.

bar.bei.ro (*barba+eiro*) *sm* **1** Indivíduo que, por ofício, barbeia e corta cabelo. **2** *gír* Motorista que dirige mal; navalha. **3** *gír* Quem não é hábil em sua profissão. **4** *Entom* Nome vulgar, no Brasil, de insetos que transmitem a doença de Chagas.

bar.bi.cha (*barba+suf icha*) *sf* **1** Pequena barba, rala e em ponta. **2** A barba do bode. *sm* Indivíduo que usa barbicha.

bar.bu.do (*lat barbutu*) *adj* Que tem muita barba. • *sm* Indivíduo que tem barba crescida.

bar.ca (*lat tardio barca*) *sf Náut* **1** Embarcação de fundo chato, para transporte de passageiros e carga. **2** Navio mercantil de três mastros. *Aum* (acepção 1): *barcaça*. *Dim* (acepção 1): *barquinha*.

bar.ca.ça (*barca+aça*) *sf Náut* **1** Grande barca; aumentativo de *barca*. **2** *Reg* (Norte) Embarcação costeira que se emprega no serviço de cabotagem. *Dim: barcacinha*.

bar.co (de *barca*) *sm Náut* **1** Qualquer embarcação. **2** Embarcação pequena e sem coberta. **3** Embarcação costeira, de um só mastro. *Barco furado:* esforços inúteis. *Deixar o barco correr:* não interferir no desenrolar dos acontecimentos. *Tocar o barco para a frente:* levar a vida para a frente, apesar das dificuldades.

bar.do (*lat bardu*) *sm Lit* **1** Poeta heroico ou lírico entre os celtas e gálios. **2** Trovador.

bar.ga.nha (de *barganhar*) *sf* **1** Troca de objetos de pouco valor. **2** Pechincha. **3** Transação fraudulenta; trapaça.

bar.ga.nhar (*fr ant bargaigner*) *vtd* Fazer barganha, trocar, negociar.

bá.rio (*lat cient barium*, formado do *gr barýs*) *sm Quím* Elemento metálico alcalinoterroso, de número atômico 56 e símbolo Ba.

ba.rí.to.no (*gr barýtonos*) *adj Mús* Diz-se do instrumento de sopro cujo registro se situa entre o tenor e o baixo. • *sm Mús* **1** Voz de homem entre o tenor e o baixo. **2** Cantor que possui essa voz.

bar.la.ven.to *sm Náut* Bordo do navio de onde sopra o vento. *A barlavento:* do lado do vento; em situação favorável. *Antôn:* sotavento.

barman (*bármên*) (*ingl*) *sm* Homem que serve bebidas num bar.

Barman, do inglês britânico, significa literalmente *homem do bar*. Trata-se do indivíduo que, atrás do balcão, prepara e serve os drinques à base de álcool.

bar.na.bé (de *Barnabé, np*) *sm gír* Funcionário público, em geral de categoria modesta.

ba.rô.me.tro (*baro+metro*) *sm* **1** *Meteor* Instrumento para medir a pressão atmosférica. **2** *fig* Conjunto de sinais que indicam o andamento de qualquer situação.

ba.ro.na.to (*barão+ato*¹) *sm* Título ou dignidade de barão.

ba.ro.ne.sa (*ê*) (*ital baronessa*) *sf* **1** Mulher que tem baronato. **2** Esposa de barão. **3** *pop* Mulher orgulhosa, vaidosa. **4** Mulher de porte aristocrático.

ba.ro.ne.te (*ê*) (*ingl baronet*) *sm* Título de nobreza superior ao de cavaleiro e inferior ao de barão que, na Inglaterra, é conferido pelo soberano.

bar.quei.ro (*lat barcariu*) *sm* Homem que dirige barco. *Fem:* barqueira.

bar.qui.nha (*barca+inho*, no *fem*) *sf* **1** Barca pequena. **2** Cesto que fica preso ao aeróstato e serve para transportar pessoas e instrumentos de observação.

bar.qui.nho (*barco+inho*) *sm* Barco pequeno.

bar.ra (*voc pré-romano*) *sf* **1** Peça estreita, alongada, geralmente retangular, de material sólido. **2** Aparelho de ginástica: *Barra fixa, barras paralelas*. **3** Tubo metálico preso à parede, no qual as bailarinas se apoiam ao fazer exercícios. **4** Borda inferior das saias, casacos, calças etc. **5** Traço inclinado. **6** *Geogr* Foz, desembocadura. **7** *Geogr* Entrada estreita de um porto. **8** Bloco de algum metal; lingote: *Ouro em barra*. **9** Pedaço ou bloco de sabão, chocolate, doces etc. *Aguentar a barra, gír:* suportar uma situação. *Barra de ação, Inform:* primeira linha da janela que exibe as opções do menu. *Barra de ferramentas, Inform:* janela que contém uma série de ícones que acessam ferramentas de diferentes programas. *Barra de menu, Inform:* lista de opções exibidas numa linha horizontal ao longo do topo de uma janela ou tela. *Barra de rolagem, Inform:* barra exibida ao lado de uma janela, com um marcador que indica quanto o usuário se moveu dentro de um arquivo. *Barra de status, Inform:* linha, no topo ou pé de uma tela, que informa sobre a tarefa que está sendo realizada (posição do cursor, número de linhas, nome do arquivo, hora etc.). *Forçar a barra, gír:* proceder de maneira inadequada, inconveniente. *Segurar a barra, gír:* manter uma situação. *Ser uma barra, gír:* ser difícil, penoso.

bar.ra.ca (*ital baraca*) *sf* **1** Tenda de acampamento. **2** Instalação comercial temporária, como a das feiras. **3** Guarda-sol de praia. **4** Morada provisória.

bar.ra.cão (*barraca+ão*²) *sm* **1** Grande barraca. **2** Abrigo para guardar utensílios ou depositar material de construção. **3** Estabelecimento de comércio ou habitação muito simples. **4** *Reg* (RJ) Barraco.

bar.ra.co (de *barraca*) *sm* Pequena casa de tijolo ou madeira, nos bairros pobres ou nos morros. *Armar o maior barraco, gír:* brigar, criar confusão.

bar.ra.do (*part* de *barrar*) *adj* **1** Feito em barras. **2** Diz-se do tecido que apresenta uma faixa com desenhos e cores diferentes do restante. **3** Proibido de entrar, passar ou fazer alguma coisa.

bar.ra.gem (*barrar+agem*) *sf* **1** Construção de pedra, ferro e cimento, para represar água. **2** Tapume feito com tronco de árvore e ramos entrelaçados dentro de um rio, para impedir a passagem dos peixes. **3** Impedimento, obstrução.

bar.ra-lim.pa *adj m+f* e *s m+f gír* Diz-se de, ou pessoa ou ação correta, decente, legal. *Pl:* barras-limpas.

bar.ran.ca (de *barranca*) *sf* **1** Margem de um rio. **2** V *barranco*.

bar.ran.co (*voc pré-romano*) *sm* **1** Escavação aberta pelas enxurradas ou pelo homem. **2** Ribanceira de um rio cuja margem é alta ou íngreme; barranca. **3** Precipício.

bar.ra-pe.sa.da *s m+f gír* Pessoa suspeita ou situação difícil, desfavorável. *Pl: barras-pesadas.*
bar.rar (*barra+ar¹*) *vtd* **1** Guarnecer com barra: *Barrar um vestido. Uma cadeia de montanhas barrava o horizonte.* **2** Impedir, frustrar: *O eleitorado esclarecido barra os políticos desonestos.* **3** Atravessar com barra.
bar.rei.ra (*barra+eira*) *sf* **1** Estacada feita além do muro da fortificação. **2** Posto fiscal para cobrança de taxas ou impostos e controle da circulação. **3** Impedimento, obstáculo. **4** *Esp* No futebol, formação de jogadores, em forma de barreira, destinada a impedir que a bola chutada atinja o gol.
bar.rei.ro (*barro+eiro*) *sm* **1** Lugar de onde se extrai barro. **2** Terra alagada. **3** Fosso escavado em terreno argiloso para reter e conservar a água das chuvas.
bar.ren.to (*barro+ento*) *adj* **1** Em que há muito barro: *Águas barrentas.* **2** Que é da natureza do barro. **3** Da cor do barro.
bar.re.te (*ê*) (*cat barret*) *sm* **1** Espécie de boné sem pala; gorro. **2** Cobertura com que os clérigos protegem a cabeça: preto para os padres, roxo para os bispos, vermelho para os cardeais e branco para o papa.
bar.ri.ca (*provençal barrica*) *sf* **1** Vasilha em forma de pipa. **2** *gír* Mulher baixa e gorda.
bar.ri.ca.da (*fr barricade*) *sf* Barreira improvisada com barricas cheias de terra, estacas, pedras, sacos de areia etc., para defender qualquer passagem.
bar.ri.ga (de *barrica*) *sf* **1** *Anat* Abdome, pança, ventre. **2** Gravidez. **3** Bojo. **4** *fig* Qualquer saliência. **5** *gír* Notícia ou informação falsa. *Barriga da perna:* parte mais grossa, curva, atrás da perna e abaixo do joelho; batata da perna; panturrilha. *Chorar ou falar de barriga cheia:* reclamar sem motivo. *Empurrar com a barriga:* ir adiando uma decisão; não dar importância a uma situação. *Tirar a barriga da miséria:* fartar-se, desfrutar muito.
bar.ri.ga.da (*barriga+ada¹*) *sf* **1** Pancada com a barriga. **2** Vísceras de animais abatidos. **3** Conjunto de filhotes nascidos de um só parto; ninhada.
bar.ri.ga-d'á.gua *pop V* ascite. *Pl: barrigas- -d'água.*
bar.ri.ga-ver.de *adj m+f s m+f V* catarinense. *Pl: barrigas-verdes.*
bar.ri.gu.da (*barriga+udo*, no *fem*) *adj + sf* Prenhe, grávida. • *sf* Paineira.
bar.ri.gu.do (*barriga+udo*) *adj* Que tem barriga grande; pançudo.
bar.ril (*provençal barril*) *sm* **1** Recipiente bojudo de madeira para transportar ou conservar vinho. **2** Tonel pequeno. **3** O conteúdo desse tonel. *Dim: barrilete.*
bar.ri.le.te (*ê*) (*barril+ete*) *sm* **1** Pequeno barril. **2** Peça de ferro com que os marceneiros, carpinteiros e entalhadores prendem ao banco a madeira que lavram. **3** O tambor que contém a mola, em relógios de pulso.
bar.rir (*lat barrire*) *vint* Soltar barritos (o elefante e outros animais). *Conjug:* verbo defectivo; conjuga-se como *abolir*; normalmente, porém, só se conjuga nas 3ªˢ pessoas.
bar.ri.to (*lat barritu*) *sm* Voz do elefante e de outros animais.

bar.ro (*voc pré-romano*) *sm* **1** Terra amolecida com água. **2** Essa terra utilizada em alvenaria nas casas populares. **3** Argila.
bar.ro.ca (*barro+suf oca*) *sf* **1** Escavação natural proveniente das erosões. **2** Monte ou rocha de barro. **3** Despenhadeiro, precipício. **4** Terreno desigual.
bar.ro.co (*ô*) (*ital barocco*) *adj* **1** *Bel-art* Relativo ou característico do estilo barroco. **2** Exagerado, extravagante. • *sm Bel-art* **1** Estilo de arquitetura e decoração que prevaleceu do século XVI ao século XVIII e influiu na ornamentação das igrejas coloniais do Brasil. Caracteriza-se pela profusão de detalhes. **2** Estilo artístico, literário e musical que predominou na Europa e na América Latina no século XVII e marcou o pensamento filosófico, religioso e político do período. Caracteriza-se pela complexidade na literatura e por efeitos contrastantes na música.
bar.ro.so (*ô*) (*barro+oso*) *adj* **1** Cheio de barro. **2** Da natureza do barro. **3** Diz-se do gado de cor semelhante à palha de milho ou de capim seco. *Pl: barrosos (ó).*
bar.ro.te (*fr barrot*) *sm* **1** Trave curta e grossa que se coloca transversalmente às tábuas de soalhos, tetos etc., para fins de sustentação. **2** *Bot* Em certas árvores frutíferas, pedúnculo que parte do dardo.
ba.ru.lhei.ra (*barulho+eira*) *sf* Grande barulho, confusão.
ba.ru.lhen.to (*barulho+ento*) *adj* **1** Que faz muito barulho. **2** Que gosta de barulho. **3** Desordeiro, turbulento. **4** Agitado.
ba.ru.lho (*de barulhar*) *sm* **1** Ruído, rumor forte. **2** Alarde, ostentação. **3** Desordem, motim, tumulto. **4** Atrapalhação, confusão. *Do barulho, gír:* fora do comum, excepcional.
ba.sál.ti.co (*basalto+ico²*) *adj* **1** Formado de basalto. **2** Da natureza do basalto.
ba.sal.to (*lat basalte,* por *basanites*) *sm Miner* Rocha ígnea densa ou finamente granulada, cuja cor vai do cinzento-escuro ao preto.
bas.ba.que (*cast babieca*) *adj + s m+f* **1** Diz-se de, ou pessoa que se espanta com tudo. **2** Tolo, idiota. • *sm* Aquele que espreita o cardume junto das armações para lançar a rede.
bas.ba.qui.ce (*basbaque+ice*) *sf* Ação ou comportamento de basbaque; tolice, asneira.
bas.co (*cast vasco*) *adj* De, pertencente ou relativo ao País Basco (Espanha). • *sm* **1** O natural ou habitante dessa região. **2** O dialeto basco. *Var: vasco.*
bas.cu.lan.te (de *báscula*) *adj m+f* Inclinável. • *sm* **1** Carroceria móvel de alguns veículos de carga, que se inclina para despejar a carga. **2** Caminhão equipado com esse dispositivo, usado para transportar areia, terra, entulhos etc. **3** Janela com folhas horizontais que se inclinam ao abrir.
ba.se (*gr básis*) *sf* **1** Aquilo que suporta o peso de um objeto ou lhe serve de fundamento. **2** Parte inferior de um objeto. **3** Fundamento principal. **4** Pedestal. **5** *Geom* Lado sobre o qual pode assentar-se uma figura. **6** *Quím* Corpo que, combinando-se com um ácido, produz um sal. **7** Preparo intelectual. **8** Primeira camada, sobre

a qual se assentam as demais. **9** Ingrediente principal. **10** Origem, início. **11** Centro, sede de operações: *base aérea, base militar, base naval, base espacial* etc. *Tremer nas bases, pop:* apavorar-se, ter muito medo.

ba.se.a.do (*part* de *basear*) *adj* **1** Firmado sobre a base. **2** Fundado, fundamentado. **3** Firme, resistente. • *sm gír* Cigarro de maconha.

ba.se.ar (*base*+*e*+*ar*¹) *vtd* **1** Estabelecer as bases de; firmar. *vpr* **2** Fundar-se, apoiar-se. *vpr* **3** Referir-se a; apoiar-se em; originar-se de. Conjuga-se como *frear*.

bá.si.co (*base*+*ico*²) *adj* **1** Que serve de base. **2** Essencial, principal, fundamental. **3** *Quím* Que tem reação alcalina.

ba.si.lar (*fr basilaire*) *adj m*+*f* **1** Que serve de base. **2** Que forma a base de um órgão. **3** Básico, fundamental.

ba.sí.li.ca (*gr basiliké*, pelo *lat*) *sf* **1** Título canônico conferido a igreja ou catedral. **2** Igreja católica com certos privilégios; igreja principal.

ba.sí.li.co (*gr basilikón*) *sm Bot* Nome comum a várias plantas aromáticas da família das labiadas, mais conhecidas por manjericão.

bas.que.te (*ingl basket*) *sm* **1** V basquetebol. **2** *gír* Trabalho pesado.

bas.que.te.bol (*ingl basket-ball*) V bola ao cesto.

bas.sê (*fr basset*) *sm* Raça de cão de corpo alongado, pernas curtas, orelhas grandes e caídas.

bas.ta! (de *bastar*) *interj* Cessar!, chega!, não mais!

bas.tan.te (de *bastar*) *adj m*+*f* **1** Que basta, suficiente. **2** Que satisfaz. • *adv* **1** Em quantidade. **2** Suficientemente. • *pron indef* Muito, numeroso.

bas.tão (*lat vulg* *bastone, por *bastu*) *sm* **1** Bordão para servir de apoio ou de arma. **2** Bengala grande. **3** Insígnia de comando militar. **4** *Quím* Haste de vidro para agitar líquidos. **5** *Inform* Dispositivo em forma de caneta, usado em realidade virtual (como pincel, *spray* etc.).

bas.tar (*gr bastázo*, via *lat med bastare*) *vti* e *vint* **1** Ser suficiente, ser tanto quanto necessário: *Meia palavra basta ao* (ou *para o*) *bom entendedor*. *vpr* **2** Ter suficiência própria: *Não dependia de ninguém; bastava-se a si mesmo naquele fim de mundo*.

bas.tar.do (*fr ant bastard*) *adj* **1** Diz-se do filho que nasceu de pais não casados. **2** Que se tornou diferente da espécie a que pertence. **3** *Biol* V híbrido. • *sm* **1** Filho ilegítimo. **2** Letra inclinada.

bas.ti.ão (*cast bastión*) *sm* **1** Parte saliente de uma fortificação que permite vigiar o lado externo da muralha. **2** V baluarte. *Pl:* bastiães e bastiões.

bas.ti.dor (*bastir*+*dor*) *sm* **1** Caixilho de madeira em que se prende uma tela com tecido para bordar. **2** Cada um dos cenários móveis que decoram as laterais do palco. *sm pl* **1** Enredos ou mexericos entre os artistas de teatro. **2** *fig* Coisas íntimas e particulares da política, das finanças etc. *Por trás dos bastidores:* discretamente, sem aparecer.

bas.to (de *bastar*) *adj* **1** Cerrado, espesso. **2** Abundante, copioso. **3** Numeroso. *Ex:* bastos cabelos.

bas.to.ne.te (*ê*) (*bastão*+*ete*) *sm* **1** Pequeno bastão; varinha. **2** *Bacter* Bacilo alongado e articulado.

ba.ta *sf* **1** *ant* Espécie de roupão feminino abotoado na frente. **2** Vestido inteiriço, solto. **3** Túnica larga. **4** Veste de tecido branco usada por profissionais da área médica no exercício de suas funções.

ba.ta.lha (*lat battualia*) *sf* **1** Combate entre exércitos ou armadas. **2** *fig* Combate, luta. **3** *fig* Esforço para vencer dificuldades. **4** *fig* Controvérsia, discussão. **5** *Bot* Árvore silvestre do Brasil, da família das lauráceas. **6** *gír* O que é ruim ou difícil de ser feito. *Batalha aérea:* a que é travada entre aviões. *Batalha campal:* a que acontece em campo aberto. *Batalha naval:* a que é feita entre navios.

ba.ta.lha.ção (*batalhar*+*ção*) *sf pop* Persistência de esforços; teimosia.

ba.ta.lha.dor (*batalha*+*dor*) *adj* + *sm* **1** Que, ou o que batalha. **2** Que, ou o que é defensor convicto de uma ideia, partido ou princípio.

ba.ta.lhão (*ital bataglione*) *sm* **1** *Mil* Unidade que faz parte de um regimento e está subdividida em companhias. **2** *pop* Grande número de pessoas.

ba.ta.lhar (*batalha*+*ar*¹) *vti* e *vint* **1** Lutar, combater, esforçar-se, pelejar: *Batalhamos contra as injustiças. Batalharia pela liberdade. Batalhou corajosamente*. *vti* **2** Argumentar, disputar, discutir incansavelmente: *Batalhar contra ideias preconceituosas*. *vtd* **3** Travar (batalha): "Batalhamos a boa batalha" (Otoniel Mota). *vtd* **4** *pop* Tentar conseguir: *Batalhar um salário maior*.

ba.ta.ta (do *taino*) *sf* **1** *Bot* Planta ereta originária dos planaltos da América do Sul e América Central, largamente cultivada por seus tubérculos comestíveis. **2** Tubérculo comestível dessa planta; batata-inglesa; batatinha. *Batata da perna:* barriga da perna. *Batata quente, pop:* situação difícil, complicada. *Ir plantar batatas, pop:* afastar, deixar em paz. *Na batata, gír:* com certeza. *Ser batata, gír:* não falhar.

ba.ta.ta.da (*batata*+*ada*¹) *sf* **1** Grande quantidade de batatas. **2** Doce de batata. **3** *gír* Tolice, besteira.

ba.ta.ta-da-ter.ra V batata-doce. *Pl:* batatas-da-terra.

ba.ta.ta-do.ce *sf Bot* Planta cultivada em todos os países de clima quente, cujas raízes são tubérculos comestíveis, têm gosto adocicado e alto valor nutritivo. *Pl:* batatas-doces.

ba.ta.ta-in.gle.sa *sf Bot* **1** Variedade de batata. **2** Batatinha. *Pl:* batatas-inglesas.

ba.ta.tal (*batata*+*al*¹) *sm* **1** Terreno em que crescem batatas. **2** Plantação de batatas.

ba.ta.ti.nha (*batata*+*inho*, no *fem*) *sf* **1** Diminutivo de *batata*; batata pequena. **2** *Bot* Planta medicinal. **3** Batata-inglesa.

ba.te-bo.ca *sm* **1** Discussão violenta; altercação. **2** Vozerio de briga. *Pl:* bate-bocas.

ba.te-bo.la *sm Esp* **1** Futebol jogado como diversão ou exercício. **2** Treino leve, para controle de bola. **3** Exercício que os jogadores costumam fazer minutos antes da partida, ou no seu intervalo, para aquecer os músculos. *Pl:* bate-bolas.

ba.te-co.xa *sm gír* Baile popular, baile reles, arrasta-pé. *Pl:* bate-coxas.

ba.te.dei.ra (*bater*+*deira*) *sf* **1** Aparelho para bater massas, misturas etc. **2** Aparelho com que se bate ou agita a nata, para obter manteiga. **3** Aparelho para bater o melado nos engenhos de açúcar. **4** *fig*

Palpitações do coração. **5** *Vet* Moléstia epidêmica, própria dos suínos. **6** *pop* Febre intermitente.

ba.te.dor (*bater+dor*) *adj* Que bate. • *sm* **1** Aquele ou aquilo que bate. **2** Utensílio de cozinha para bater ovos, nata etc. **3** Pessoa que faz parte de uma escolta e precede o veículo que conduz altas personalidades.

ba.te-es.ta.cas *sm sing* e *pl* **1** Aparelho para cravar estacas de fundação. **2** *gír* Indivíduo que anda muito empertigado.

ba.tei.a (*ê* ou *é*) (*ár bâTiya*) *sf* Vasilha de madeira em que se lavam areias ou cascalho no garimpo de ouro ou diamante.

ba.tel (*fr ant batel*, derivado do *anglo-saxão bat*) *sm* **1** Barco pequeno, bote, canoa. **2** Embarcação para transporte de peixe ou de passageiros. *Aum:* batelão. *Pl:* batéis.

ba.te.la.da (*batel+ada*[1]) *sf* **1** Carga de um batel. **2** Grande quantidade.

ba.ten.te (de *bater*) *adj m+f* Que bate. • *sm* **1** Ombreira em que a porta bate quando se fecha. **2** *gír* Trabalho.

ba.te-pa.po *sm* Conversa animada e amigável. *Bate-papo online, bate-papo virtual, Inform:* conversa através de rede de computadores (geralmente Internet) com troca de mensagens escritas. (Em inglês: *chat.*) *Pl:* bate-papos.

ba.ter (*lat battuere*) *vtd* e *vint* **1** Dar pancada em. *vtd* **2** Martelar, malhar: *Bater o ferro. vtd* **3** Agitar, remexer com força. *vtd* **4** Derrotar: *Ele sempre bateu os adversários. vint* **5** Incidir em; cair sobre: *Aqui bate muito sol. vti* **6** Esbarrar em. *vtd* **7** Cravar: *Bater estacas. vint* **8** Soar (sino, relógio). *vint* **9** Latejar, pulsar. *vtd* **10** Tirar (uma foto). *Bater as asas:* desaparecer. *Bate não quara, pop:* roupa de uso diário. *Bater caixa, gír:* conversar, papear, bater papo. *Bater com a cabeça pelas paredes:* estar doido, não fazer as coisas acertadamente. *Bater com a porta na cara:* recusar-se a atender alguém, ou a receber uma visita. *Bater no peito:* arrepender-se. *Bater o pé:* teimar, resistir. *Bater o queixo:* estar com frio, tremer. *Bater papo:* tagarelar, bater caixa. *Bater perna:* andar à toa. *Não bater bem:* não ter sanidade mental.

ba.te.ri.a (*fr batterie*) *sf* **1** *Mil* Conjunto das bocas de fogo. **2** Conjunto dos utensílios de cozinha. **3** *Eletr* Grupo de geradores (pilhas ou acumuladores) ligados em série. **4** *Mús* Conjunto de instrumentos de percussão numa banda ou orquestra. **5** *Mús* Conjunto articulado de bombo, pratos, caixa, caixeta e vassourinha, tocado por um só músico.

ba.te.ris.ta (*bateria+ista*) *sm* Tocador de bateria.

ba.te-sa.co *sm pop* **1** Cópula, coito. **2** Baile reles. *Pl:* bate-sacos.

ba.ti.da (de *bater*) *sf* **1** Ação de bater; batimento. **2** Rastro, pista. **3** Trilho estreito no mato. **4** Aperitivo com aguardente, açúcar e fruta. **5** Diligência policial. **6** Trombada.

ba.ti.do (*part* de *bater*) *adj* **1** Que levou pancada. **2** Espancado, sovado. **3** Calcado, pisado. **4** Vencido, derrotado. **5** Vulgar, trivial. **6** Desgastado. • *sm* V batimento.

ba.ti.men.to (*bater+mento*) *sm* **1** Ação de bater. **2** *Med* Pulsação, palpitação. *Var:* batido.

ba.ti.na (*lat vulg abbatina*) *sf* Veste dos eclesiásticos e estudantes de seminários.

ba.ti.que (*malaio batik*) *sm* **1** Processo de estampagem de tecido, com a utilização de corantes e máscaras de cera, originário da Indonésia (Ásia). **2** Tecido estampado por esse processo. **3** Imitação desse tecido.

ba.tis.ca.fo (*bati*[1]+*escafo*) *sm* Espécie de barco submarino destinado à exploração das grandes profundidades marinhas.

ba.tis.mo (*gr baptismós*) *sm* **1** *Teol* Um dos sacramentos da Igreja. **2** A administração desse sacramento. **3** Ato de dar nome a uma pessoa ou coisa. **4** Iniciação religiosa. **5** Adulteração de bebida com acréscimo de água. *Batismo de fogo:* a) primeira batalha e/ou ferimento de um militar; b) *por ext* diz-se de todas as dificuldades referentes a qualquer experiência inicial; iniciação.

ba.tis.ta (*gr baptistés*) *sm* Aquele que batiza. *s m+f Rel* Pessoa da religião dos batistas, na qual o batismo só é ministrado às pessoas adultas. • *adj m+f* Relativo aos batistas.

ba.tis.té.rio (*gr baptistérion*) *sm* **1** Lugar onde está a pia do batismo. **2** *pop* Certidão de batismo.

ba.ti.za.do (*part* de *batizar*) *adj* Que acaba de receber o batismo. • *sm Rel* **1** Cerimônia da administração do batismo. **2** Festa com que se celebra o batismo.

ba.ti.zar (*gr baptízein*, pelo *baixo-lat baptizare*) *vtd* **1** Administrar o batismo a: *Batizar crianças. vtdi* **2** Pôr nome, alcunha ou apelido em: *Batizou-o de Lulu. vtd* **3** *pop* Adulterar uma bebida, leite, acrescentando água.

ba.tom (*fr bâton*) *sm* Cosmético para pintar com os lábios, em forma de bastão.

ba.trá.quio (*gr bátrakhos*) *adj Zool* **1** Relativo ou pertencente aos batráquios. **2** Relativo a rãs ou sapos, ou que tem suas características. • *sm* Espécime dos batráquios. *sm pl* **1** Antiga denominação da classe dos anfíbios. **2** V anuros.

ba.tu.ca.da (*batuque+ada*[1]) *sf* **1** *Folc* Canção ou dança acompanhada pelo ritmo do batuque. **2** Batuque. **3** Festa ou reunião onde se toca samba em instrumentos de percussão.

ba.tu.car (*batuque+ar*[1]) *vint* **1** Dançar o batuque. **2** Bater repetidas vezes e com força; martelar. **3** *pop* Trabalhar muito.

ba.tu.que (de *bater*) *sm* **1** Ação de batucar, martelar com cadência. **2** *Folc* Dança afro-brasileira acompanhada de cantigas e de instrumentos de percussão. **3** Dança popular.

ba.tu.quei.ro (*batuque+eiro*) *sm* **1** Aquele que toca, dança ou canta batuques. **2** Frequentador de batuques.

ba.tu.ta (*ital battuta*) *sf* **1** *Mús* Pequeno bastão com que os maestros regem as orquestras. *s m+f pop* Pessoa habilidosa. • *adj* **1** Bom, bonito. **2** Destemido, esforçado. **3** Inteligente, sagaz. **4** Importante. **5** Valentão.

ba.ú (*fr ant bahur*) *sm* **1** Caixa de folha de flandres ou madeira, com tampa convexa. **2** Arca. **3** Mala.

bau.ni.lha (*cast vainila*) *sf* **1** *Bot* Nome comum a várias trepadeiras epífitas, da família das orquidáceas, de cujas vagens se extrai substância aromática. **2** Fruto dessas plantas. **3** Licor preparado com a essência desse fruto. **4** A essência produzida sinteticamente.

bau.ru (do *top Bauru*) *sm Cul* Sanduíche quente, com recheio de presunto, queijo e tomate.

bau.xi.ta (do *top Les Baux+ita³*) *sf Miner* **1** Principal minério de alumínio. **2** Principal matéria-prima para o fabrico de alumínio.

bá.va.ro (*lat Bajuvari*) *adj* **1** Da Baviera (Alemanha) ou a ela relativo. **2** Natural da Baviera. • *sm* **1** O natural ou habitante da Baviera. **2** Dialeto do alto-alemão, falado na Baviera e na Áustria.

ba.zar (*persa pâdzahr*, via *ár*) *sm* **1** Mercado público nos países árabes. **2** Loja de comércio de objetos variados, miudezas, quinquilharias. **3** Venda de objetos diversos, geralmente doados, em festas beneficentes.

ba.zó.fia (*ital bazzoffia*) *sf* Vaidade, vanglória, ostentação.

ba.zu.ca (*ingl bazooka*) *sf Mil* Arma antitanque, em forma de tubo, que se dispara apoiada ao ombro.

BBS (sigla de *Bulletin Board System*) (*ingl*) *sm Inform* Sistema de informações e mensagens, acessível via *modem* e em redes de computador; Sistema Eletrônico de Quadro de Mensagens.

BCG (sigla de *Bacilo de Calmette e Guérin*) *sm Med* Vacina contra a tuberculose e a lepra, usada também como imunoterapia contra tumores.

bê *sm* O nome da letra b. *Pl: bês* ou *bb.*

bê-á-bá (da soletração da sílaba *bá*) *sm* **1** Abecedário. **2** Exercício de soletração. **3** Primeiros conhecimentos de uma ciência ou arte. *Pl: bê-á-bás.*

be.a.ta (*lat beata*) *sf* **1** Mulher a quem a Igreja concedeu a beatificação. **2** *iron* Mulher que se entrega com exagero à oração e outras práticas religiosas. **3** *iron* Mulher que demonstra uma devoção que não sente.

be.a.ti.ce (*beato+ice*) *sf* **1** *iron* Ato de fingida devoção. **2** Hipocrisia religiosa. **3** Carolice.

be.a.ti.fi.ca.ção (*beatificar+ção*) *sf* Ato ou efeito de beatificar; santificação.

be.a.ti.fi.car (*lat beatificare*) *vtd* **1** *Rel* Tornar beato pela cerimônia da beatificação. *vtd* **2** Fazer beato ou bem-aventurado. *vtd* e *vpr* **3** *fig* Tornar(-se) feliz, bem-aventurado.

be.a.ti.tu.de (*lat beatitudine*) *sf* **1** Felicidade de quem se absorve em contemplações místicas. **2** Felicidade perfeita dos eleitos de Senhor. **3** Bem-aventurança celestial. **4** Alegria interior; gozo espiritual.

be.a.to (*lat beatu*) *adj* **1** Beatificado, bem-aventurado. **2** Ditoso, feliz. **3** *iron* Muito devoto, fanático. • *sm* **1** O que foi beatificado pela Igreja. **2** Homem muito devoto.

bê.ba.do (*lat bibitu*) *adj* + *sm pop* **1** Perturbado pelo excesso de bebida alcoólica, pelo fumo ou por entorpecentes. **2** Embriagado. **3** *fig* Atordoado, tonto. • *sm* **1** Indivíduo que tem o vício do alcoolismo. **2** Biltre, desavergonhado, patife. *Var: bêbado.*

be.bê (*ingl baby*) *sm* **1** Nenê. **2** Criança de peito. **3** Boneco ou boneca. *Bebê de proveta:* bebê resultante da fecundação fora do útero (*in vitro*) cujo óvulo resultante é, a seguir, introduzido no útero materno.

be.bê-con.for.to *sm* Assento anatômico para acomodar bebês em casa ou no carro. *Pl: bebês-conforto.*

be.be.dei.ra (*bêbedo+eira*) *sf* **1** Embriaguez, porre, pileque, pifão. **2** Exaltação dos sentidos resultante da ingestão de bebidas alcoólicas.

bê.be.do (*lat bibitu*) *V bêbado.*

be.be.dou.ro (*beber+douro*) *sm* **1** Recipiente ou tanque em que os animais bebem água. **2** Aparelho destinado ao fornecimento de água potável (gelada ou ao natural) provido de torneira ou esguicho, por onde se pode beber sem necessidade de um copo.

be.ber (*lat bibere*) *vtd* **1** Absorver, engolir, ingerir, tomar líquidos: *Bebeu o suco bem gelado. vtd* **2** *fig* Gastar em bebidas: *Bebe todo o ordenado. vti* **3** *fig* Receber conhecimentos: *Tudo o que sei bebi nas melhores fontes. vint* **4** Ter o hábito de ingerir bebidas alcoólicas. *Beber pelo mesmo copo:* ter intimidade ou confiança.

be.be.ra.gem (*fr ant bevrage*) *sf* **1** Preparação medicinal de ervas. **2** Bebida desagradável. **3** Remédio preparado por curandeiro; garrafada.

be.be.ri.car (*beber+ico¹+ar¹*) *vtd* **1** Beber aos poucos. **2** Beber pouco, mas com frequência.

be.ber.rão (*beber+ão²*) *adj* + *sm* Que, ou o que bebe demais. *Fem: beberrona.*

be.bes (de *beber*) *sm pl* Tudo o que se bebe. *Comes e bebes, pop:* comidas e bebidas.

be.bi.da (de *beber*) *sf* **1** Líquido que se bebe. **2** Qualquer líquido alcoólico, próprio para beber. *Bebida isotônica:* bebida que repõe água, sais minerais e carboidratos perdidos durante exercícios físicos.

be.bum (*beber+um*) *sm pop* Bêbado contumaz; beberrão.

be.ca *sf* **1** Veste preta usada por magistrados, professores universitários em ocasiões solenes e formandos de grau superior; toga. **2** Magistratura. **3** Ofício ou qualidade de magistrado togado. **4** Veste talar de alunos de alguns seminários.

be.ça *sf gír* Abundância, grande quantidade, profusão. Usa-se exclusivamente na locução adverbial *à beça.*

be.ca.pe (*ingl backup*) *V backup.*

be.ca.pe.ar (*becape+ār¹*) *vtd Inform* Fazer becape. Conjuga-se como *frear.*

be.cha.mel (de *Béchamel, np*) *sm Cul* Tipo de molho branco, feito com leite, manteiga, farinha, temperos etc. *Pl: bechaméis.*

be.chu.a.no (*top Bechuana+ano*) *V botsuanense.*

be.co (*ê*) *sm* **1** Rua estreita e curta, por vezes sem saída; viela. **2** Dificuldade, embaraço. *Beco sem saída:* situação difícil, sem solução. *Desinfetar o beco, pop:* sair, afastar-se.

be.del (*fr ant bedel*) *sm* Funcionário de escola que faz a chamada e aponta as faltas de alunos e professores. *Pl: bedéis.*

be.de.lho *sm* **1** Tranqueta ou ferrolho de porta. **2** Pequeno trunfo, no jogo. **3** Criançola, fedelho, rapazelho. *Meter o bedelho:* intrometer-se em assuntos em que não é chamado.

be.du.í.no (*ár badauîn*, via *ital*) *sm* Árabe nômade do deserto.

be.ge (*fr beige*) *adj m+f sing* e *pl* De cor amarelada, como a lã em seu estado natural. • *sm* Essa cor.

be.gô.nia (*Begon, np+ia²*) *sf Bot* **1** Gênero de plantas ornamentais, cultivadas em jardins pelo colorido de suas flores e folhas. **2** A flor dessas plantas.

bei.çar.rão (*beiço+arro+ão²*) *sm* Aumentativo de *beiço*; beiço grande.

bei.ci.nho (*beiço+inho*) *sm* **1** Diminutivo de *beiço*; beiço pequeno. **2** Lábio delicado. *Fazer beicinho:* dispor-se para chorar (falando-se de crianças).

bei.ço (*célt *baikkion*) *sm* **1** Cada uma das duas partes exteriores e carnudas que formam o contorno da boca; lábio. **2** Bordos de uma ferida. **3** Rebordo, ressalto. **4** *gír* Calote. **5** *gír* Mentira, logro (em jogo). *Andar de beiço caído por:* estar apaixonado. *Fazer beiço:* melindrar-se. *Dim: beicinho, beicito. Aum: beiçarrão, beiçola, beiçorra.*

bei.ço.la (*beiço+ola*) *sm* **1** Beiço grande. **2** Pessoa beiçuda. • *adj V beiçudo.*

bei.çu.do (*beiço+udo*) *adj+sm* Que, ou quem tem beiços grossos e grandes.

bei.ja-flor (*beijar+flor*) *sm Ornit* Nome comum às aves da família dos troquilídeos, que compreende várias centenas de espécies, quase todas da América do Sul; apenas nove espécies ocorrem nos Estados Unidos. São as menores aves que existem, velozes no voo e de bico alongado, também conhecidas por *colibri*. Alimentam-se do néctar das flores e de insetos minúsculos. Voz: *arrulha, cicia, rufla, sussurra. Pl: beija-flores.*

bei.ja-mão (*beijar+mão*) *sm* **1** Ação ou cerimônia de beijar a mão. **2** *Bot* Planta da família das compostas. *Ir ao beija-mão de alguém:* abaixar-se; prestar obediência; sujeitar-se. *Pl: beija-mãos.*

bei.jar (*lat basiare*) *vtd* **1** Dar beijo em. *vpr* **2** Trocar beijos. *Beijar a lona, Esp:* no boxe, ser abatido com socos. *Beijar o chão:* cair de rosto contra o chão.

bei.jo (*lat basiu*) *sm* **1** Carícia que se faz com os lábios. **2** Ato de tocar alguém ou alguma coisa com os lábios. *Beijo de judas:* beijo de traidor; falsa amizade.

bei.jo.ca (*beijo²+oca*) *sf* **1** Aumentativo de *beijo*. **2** *pop* Beijo em que os lábios se abrem fazendo estalido.

bei.jo.car (*beijoca+ar¹*) *vtd Hum* **1** Dar beijocas em. **2** Beijar repetidas vezes e com estalido.

bei.jo.ei.ro (*benjoim+eiro*) *V benjoeiro.*

bei.jo.im (*ár lubán jâwi*, resina de Java) *V benjoim.*

bei.jo.quei.ro (*beijoca+eiro*) *adj+sm* Que, ou quem gosta de beijar ou beijocar. *adj* Carinhoso, meigo.

bei.ju (*tupi mbeiú*) *sm Cul* Espécie de bolo de tapioca ou de massa de mandioca. *Var: biju.*

bei.ra (*red de ribeira*) *sf* **1** Borda, margem, orla, riba. **2** Proximidade, vizinhança. **3** Aba de telhado.

bei.ra.da (*beira+ada¹*) *sf* **1** *V beiral.* **2** Parte que está na beira. **3** Margem, borda. **4** Arredores, cercanias. **5** *pop* Oportunidade.

bei.ral (*beira+al¹*) *sm* **1** Beira do telhado. **2** Fileira de telhas que formam a parte mais baixa do telhado.

bei.ra-mar (*beira+mar*) *sf* **1** Borda do mar; litoral. **2** Costa. **3** Praia. *À beira-mar:* na praia, junto ao mar. *Pl: beira-mares.*

bei.rar (*beira+ar¹*) *vtd* **1** Caminhar à beira ou pela margem de: *Foi-se estrada abaixo, beirando o rio.* **2** Ter aproximadamente: *Beirava os trinta anos.*

bei.ru.te (do *top Beirute*) *sm Cul* Sanduíche feito com pão sírio, rosbife, peito de peru defumado ou presunto e complementos variáveis.

bei.se.bol (*ingl baseball*) *sm Esp* Jogo de bola muito popular nos Estados Unidos, disputado por dois times de nove jogadores cada um, num campo com quatro posições; consiste em lançar uma pequena bola que deve ser rebatida com um bastão e em corridas para atingir as outras posições.

be.la (*fem de belo*) *sf* **1** Feminino de *belo*. **2** Mulher formosa. **3** Jogo de cartas.

be.la.do.na (*ital bella donna*) *sf Bot* **1** Planta ornamental da família das solanáceas, venenosa, muito empregada em medicina por seu princípio ativo, a atropina. **2** O extrato dessa planta.

be.las-ar.tes *sf pl* Designação que compreende o conjunto das manifestações artísticas, com destaque para a pintura, escultura e arquitetura.

bel.da.de (*lat bellitate*) *sf* **1** Beleza, formosura. **2** Mulher bela.

be.le.guim *sm* Agente de polícia, meirinho.

be.le.léu *sm pop* Usado na locução *ir(-se) para o beleléu:* morrer; desaparecer, sumir; fracassar.

be.le.mi.ta (*top Belém+ita²*) *adj m+f* Relativo a Belém, cidade da Palestina (Cisjordânia). • *s m+f* Pessoa natural ou habitante dessa cidade.

be.le.nen.se (*top Belém+ense*) *adj m+f* Relativo a Belém, capital do Estado do Pará. • *s m+f* Pessoa natural ou habitante dessa cidade.

be.le.za (*belo+eza*) *sf* **1** Qualidade do que é belo. **2** Harmonia nos traços e nas formas. **3** Mulher bela. **4** Bondade, excelência. **5** Coisa bela ou muito agradável. *Cansar a beleza:* aborrecer.

be.le.zo.ca (*de beleza+oca*) *s m+f pop* Pessoa bonita e graciosa.

bel.ga (*lat belga*) *adj m+f* Relativo à Bélgica (Europa). • *s m+f* Pessoa natural ou habitante da Bélgica.

be.li.che (*malaio biliq kechil,* alcova pequena) *sm* **1** Conjunto de duas ou três camas superpostas. **2** Pequeno compartimento de navio em que se colocam camas. **3** Cama estreita e de fixação especial, instalada nas cabinas de trens e navios.

bé.li.co (*lat bellicu*) *adj* **1** Concernente à guerra. **2** Próprio da guerra.

be.li.co.so (*ô*) (*lat bellicosu*) *adj* **1** Guerreiro. **2** De ânimo aguerrido. **3** Habituado à guerra. **4** Com disposição para guerrear. **5** Que instiga à guerra. *Pl: belicosos (ó).*

be.li.da (do *lat velu*) *sf* Mancha esbranquiçada na córnea.

be.li.ge.rân.cia (*belígerante+ia²*) *sf* Qualidade, estado ou caráter do que é beligerante.

be.li.ge.ran.te (*lat belligerante*) *adj m+f* Que está em guerra, que faz guerra. • *adj + sm pl* Diz-se dos, ou os povos ou nações em guerra.

be.lis.cão (*beliscar+ão²*) *sm* Ação ou efeito de beliscar; pinicão. *Pl: beliscões.*

be.lis.car (*lat vulg *velliscare*) *vtd* e *vpr* **1** Apertar com a ponta dos dedos ou com as unhas a pele de. *vtd* e *vint* **2** Arrancar com a ponta dos dedos uma porção mínima de: *Não gostou do bolo, apenas o beliscou. Ela anda sem fome, apenas belisca.* *vtd* **3** Ferir de leve, sem fazer sangrar. *vtd* **4** Es-

belle époque (*bélepóque*) (*fr*) *sf* Os primeiros anos do século XX, considerados como uma época agradável e despreocupada. • *adj m+f sing* e *pl* Diz-se dos hábitos e estilos característicos dessa época.

be.lo (*lat bellu*) *adj* 1 Que tem beleza; formoso, lindo. 2 Que tem proporções harmônicas. 3 Agradável ao ouvido. 4 Ameno, aprazível. 5 Emprega-se com um sentido equivalente ao do indefinido *certo: Um belo dia, resolveu viajar.* 6 Bom, benfeito: *Fez uma bela exposição.* • *sm* Caráter ou natureza do que é belo.

be.lo-ho.ri.zon.ti.no (*top Belo Horizonte+ino*) *adj* Relativo a Belo Horizonte, capital de Minas Gerais. • *sm* Indivíduo natural dessa cidade. *Pl: belo-horizontinos.*

bel-pra.zer (*bel*, forma apocopada de *belo+prazer*) *sm* Arbítrio, vontade própria. *Pl: bel-prazeres.*

bel.tra.no (*cast Beltrano, np*) *sm* Designação vaga de alguém que não se pode ou não se quer nomear; normalmente usada com *fulano* e *sicrano*.

be.lu.ga (*rus bjeluga*) *sf* 1 *Ictiol* Esturjão branco, de cuja ova se faz caviar. 2 *Zool* Cetáceo da família dos delfinídeos, também chamado *baleia-branca*.

bel.ze.bu (*hebr ba'alzebub*, via *lat*) *sm* De acordo com o Novo Testamento, o príncipe dos demônios.

bem (*lat bene*) *sm* 1 Tudo o que é bom. 2 Benefício, favor. 3 Pessoa amada. 4 Proveito, utilidade. 5 Propriedade, domínio. • *adv* 1 De modo bom e conveniente. 2 Extremamente, muito. 3 Com saúde: *Ele está bem.* 4 Com perfeição. 5 Exatamente. 6 Com certeza, com segurança. *A bem da verdade:* para ser sincero. *Bem feito, interj:* indica satisfação com algo de ruim ocorrido com alguém. *Bem como:* da mesma forma. *Bem comum:* felicidade coletiva. *Bem de consumo:* objeto de valor econômico para uso pessoal. *Bem que:* ainda que. *Nem bem:* assim que. *Se bem que:* posto que.

> **Bem** aparece na formação de vários compostos e deve ser sempre seguido de hífen:
> bem-amado   bem-humorado
> bem-estar   bem-vindo

bem-acabado *adj* Feito com capricho, com perfeição. *Pl: bem-acabados. Antôn: mal-acabado.*

bem-a.ma.do *adj* Muito amado, muito querido, predileto. *Pl: bem-amados.*

bem-a.pa.nha.do *adj* Alinhado, de boa aparência. *Pl: bem-apanhados.*

bem-a.pes.so.a.do *adj* Bonito; charmoso. *Pl: bem-apessoados.*

bem-ar.ru.ma.do *adj* Bem-vestido, elegante. *Pl: bem-arrumados.*

bem-a.ven.tu.ra.do *adj* Muito feliz. • *sm* 1 O que tem a felicidade do Céu. 2 Santo. *Pl: bem-aventurados.*

bem-a.ven.tu.ran.ça *sf* 1 Felicidade perfeita. 2 *Teol* A felicidade eterna, de que os bem-aventurados gozam no Céu. *Pl: bem-aventuranças.*

bem-bom *sm* Conforto, comodidade. *Estar no bem-bom:* estar numa situação confortável. *Pl: bem-bons.*

bem-ca.sa.do *sm Cul* Bolinho duplo, com recheio doce cremoso. *Pl: bem-casados.*

bem-com.por.ta.do *adj* Que procede bem, comportado. *Pl: bem-comportados.*

bem-dis.pos.to (*ô*) *adj* Com boa disposição. *Pl: bem-dispostos.* (*ó*) *Antôn: maldisposto.*

bem-do.ta.do *adj* 1 Inteligente. 2 *pop* Que tem pênis grande. *Pl: bem-dotados.*

bem-e.du.ca.do *adj* Que tem boa educação; cortês, polido. *Pl: bem-educados. Antôn: mal-educado.*

bem-es.tar *sm* 1 Sensação agradável de corpo ou de espírito; tranquilidade. 2 Condição de vida despreocupada, cômoda. *Pl: bem-estares. Antôn: mal-estar.*

bem-fa.lan.te *adj m+f* 1 Que fala bem. 2 Fluente, eloquente. *Pl: bem-falantes.*

bem-hu.mo.ra.do *adj* Com boa disposição, de bom humor. *Pl: bem-humorados. Antôn: mal-humorado.*

bem-me-quer *sm Bot* Erva de flores amarelas; mal-me-quer. *Pl: bem-me-queres.*

bem-nas.ci.do *adj* 1 De boa família. 2 Nascido em boa hora; bem-vindo. 3 Ilustre de nascimento; nobre. *Pl: bem-nascidos.*

be.mol (*ital bemolle*) *adj Mús* Designativo da nota musical cuja entoação é um semitom mais baixa do que o seu tom natural. • *sm* Sinal indicativo de que a nota musical que está à direita deve baixar um semitom. *Pl: bemóis. Antôn: sustenido.*

bem-pas.sa.do *adj* Diz-se de carnes assadas ou fritas além do ponto: *Bife bem-passado. Pl: bem-passados. Antôn: malpassado.*

bem-que.rer (*bem+querer*) *vtd* 1 Querer bem. 2 Estimar muito. 3 Amar. • *sm* A pessoa amada. *Pl: bem-quereres.* Conjuga-se como *querer. Pres indic: bem-quero, bem-queres* etc.; *Part: benquerido* e *benquisto. Var: benquerer.*

bem-su.ce.di.do *adj* Que teve bom êxito: *Empresários bem-sucedidos. Pl: bem-sucedidos. Antôn: malsucedido.*

bem-te-vi (*voc onom*) *sm Ornit* 1 Pássaro insetívoro dos campos, da família dos tiranídeos. Voz: *canta, estridula, assobia.* 2 Nome de diversas outras espécies da mesma família. *Pl: bem-te-vis.*

bem-vin.do *adj* 1 Que chegou bem. 2 Bem recebido, acolhido com agrado. *Pl: bem-vindos.*

bem-vis.to *adj* Bem considerado, estimado, visto com agrado. *Pl: bem-vistos. Antôn: malvisto.*

bên.ção (*lat benedictione*) *sf* 1 Ação de benzer ou abençoar. 2 Favor divino; graça. 3 Sentimentos e expressões de gratidão. *Tomar a bênção a cachorro:* viver em uma situação de extrema miséria.

ben.di.to (*lat benedictu*) *adj* Abençoado, feliz. *Antôn: maldito.* • *sm Rel* Cântico religioso que começa por essa palavra.

ben.di.zer (*bem+dizer*) *vtd* 1 Dizer bem de; louvar. 2 Abençoar. 3 Glorificar. Conjuga-se como *dizer*.

be.ne.di.ti.no (*Benedito, np+ino*) *sm* 1 Frade da ordem de São Bento. 2 *fig* Homem erudito e muito paciente. • *adj* 1 Relativo aos beneditinos. 2 Próprio dos beneditinos: *Paciência beneditina.*

be.ne.fi.cên.cia (*lat beneficentia*) *sf* 1 Ação de beneficiar. 2 A prática de fazer o bem. 3 Caridade, filantropia. 4 Auxílio, ajuda. *Antôn: maleficência.*

be.ne.fi.cen.te (*lat beneficente*) *adj m+f* Que beneficia, que faz benefícios. *Antôn: maleficente.*

be.ne.fi.ci.a.do (*part* de *beneficiar*) *adj* 1 Que rece-

beneficiamento 120 **berço**

be benefício. **2** Que recebeu ajuda. **3** Favorecido. • *sm* **1** Indivíduo que tem benefício eclesiástico. **2** Pessoa ou entidade em favor de quem reverte o produto de um espetáculo beneficente.

be.ne.fi.ci.a.men.to (*beneficiar+mento*) *sm* Ato ou efeito de beneficiar.

be.ne.fi.ci.ar (*benefício+ar¹*) *vtd* **1** Fazer benefício a; favorecer: *A nova lei do ensino beneficia os estudantes pobres.* **2** Consertar, melhorar, reparar: *Beneficiaram o bairro com um novo teatro.* **3** Limpar, descascar cereais: *Beneficiar o arroz.* **4** Prover. *Antôn: prejudicar.*

be.ne.fi.ci.á.rio (*lat beneficiariu*) *adj* Diz-se daquele a quem foi concedido um benefício. • *sm* **1** O que goza de uma vantagem qualquer, concedida por lei mediante o reconhecimento do respectivo direito: seguro, doação, indenização etc. **2** Pessoa a favor da qual é emitida uma ordem de pagamento: cheque, letra de câmbio etc.

be.ne.fí.cio (*lat beneficiu*) *sm* **1** Benfeitoria. **2** Favor, graça, mercê, serviço gratuito. **3** Vantagem assegurada por leis trabalhistas: *Benefício por acidente no trabalho, aposentadoria* etc. **4** Ganho, proveito. **5** Espetáculo cuja renda líquida reverte em favor de alguém.

be.né.fi.co (*lat beneficu*) *adj* **1** Que faz bem. **2** Beneficente. **3** Bondoso. **4** Favorável, proveitoso, útil. *Sup abs sint: beneficentíssimo.*

be.ne.me.ren.te (*lat benemerente*) *adj m+f* **1** Que bem merece. **2** Digno de aplausos ou recompensas.

be.ne.mé.ri.to (*lat benemeritu*) *adj* **1** Que é digno de honras ou recompensas. **2** Distinto, ilustre. • *sm* Indivíduo que merece o bem.

be.ne.plá.ci.to (*lat beneplacitu*) *sm* **1** Aprovação de um ato ou de um pacto. **2** Consentimento, autorização.

be.ne.vo.lên.cia (*lat benevolentia*) *sf* **1** Qualidade do que é benévolo; boa vontade para com alguém. **2** Complacência, indulgência. *Antôn: malevolência.*

be.ne.vo.len.te (*lat benevolente*) *V benévolo. Antôn: malevolente.*

be.né.vo.lo (*lat benevolu*) *adj* **1** Que revela tendência para fazer o bem; benevolente, bondoso. **2** Que tem sentimentos benignos ou boa vontade. *Antôn: malévolo.*

ben.fa.ze.jo (*bem+fazer+ejo*) *adj* **1** Que pratica o bem; caridoso. **2** Bondoso, benevolente. **3** Que exerce influência útil. *Antôn: malfazejo.*

ben.fei.to *adj* Bem-acabado, bem conformado (animal ou pessoa). *Antôn: malfeito.*

ben.fei.tor (*lat benefactore*) *sm* **1** Aquele que pratica o bem; o que beneficia. **2** Aquele que faz benfeitorias. • *adj* Benéfico, útil.

ben.fei.to.ri.a (*benfeitor+ia¹*) *sf* Melhoramento feito em um bem móvel ou imóvel, para atender necessidades, dar mais conforto ou produzir maior rendimento. *Benfeitoria necessária:* a que conserva ou evita que o bem deteriore.

ben.ga.la (do *top Bengala*) *sf* **1** Pequeno bastão, feito de cana-da-índia, madeira etc. **2** *Reg* (SP) Pão alongado, mais fino que o filão. *Aum: bengalão.*

be.nig.no (*lat benignu*) *adj* **1** Que gosta de fazer o bem; benévolo. **2** Afetuoso, bondoso, complacente. **3** *Med* Que não é perigoso. *Antôn: maligno.*

ben.ja.mim (de *Benjamin, np*) *sm* **1** O filho predileto, em geral o mais moço. **2** Criança amimada. **3** O membro mais jovem de uma agremiação. **4** Extensão dupla ou tripla para tomadas elétricas.

ben.jo.ei.ro (*benjoim+eiro*) *sm Bot* **1** Árvore da família das estiracáceas, que produz o benjoim, uma resina aromática utilizada em farmácia. **2** Cada uma das árvores que fornecem o benjoim. *Var: beijoeiro.*

ben.jo.im (*ár lubân jâwi*) *sm Bot* Resina balsâmica obtida de várias árvores do gênero estiraque, encontradas principalmente nas regiões de Sumatra, Java e Tailândia. *Var: beijoim.*

ben.quis.to (*part de benquistar*) *adj* **1** Bem-aceito, estimado, prezado. **2** Que goza de boa reputação. **3** Que é recebido com cordialidade.

bens (de *bem*) *sm pl* **1** Propriedade de alguém. **2** Possessão, domínio. *Bens de consumo:* produtos industriais destinados diretamente ao consumo. *Bens de produção:* produtos industriais destinados à criação de outros produtos, como, por exemplo, máquinas e equipamentos. *Bens imóveis:* os que não podem ser deslocados. *Bens móveis:* os que podem ser transportados. *Bens públicos:* os que pertencem à União, Estados ou Municípios.

ben.to (*part irreg de benzer*) *adj* Consagrado pela bênção eclesiástica; benzido.

ben.ze.ção (*benzer+ção*) *sf* Ato de benzer.

ben.ze.dei.ra (*benzer+deira*) *sf* **1** Mulher que pretende curar doenças com benzeduras. **2** Bruxa, feiticeira.

ben.ze.dei.ro (*benzer+deiro*) *sm* **1** Homem que exerce a mesma função que a benzedeira. **2** Bruxo, feiticeiro.

ben.ze.dor (*benzer+dor*) *sm* Indivíduo que benze; benzedeiro.

ben.ze.du.ra (*benzer+dura*) *sf* Ação de benzer, acompanhada de rezas.

ben.ze.no (*lat cient benzoe+eno²*) *sm Quím* Hidrocarboneto líquido, volátil, incolor, inflamável e tóxico (C_6H_6), utilizado principalmente como solvente e como combustível de motor.

ben.zer (*lat benedicere*) *vtd* **1** Dar a bênção a, abençoar: *Benzer uma imagem.* *vpr* **2** Fazer o sinal da cruz. *vtd* **3** Fazer benzeduras em. *Conjug – Part: benzido* e *bento.*

ben.zi.do (*benz(eno)+ilo*) *adj* Bento.

ben.zi.men.to (*benzer+mento*) *sm* Ação de benzer.

ben.zi.na (*lat cient benzoe+ina*) *sf* **1** *Quím* Benzeno impuro, utilizado como solvente industrial. **2** *V benzeno.* **3** *V gasolina.*

be.ó.cio (*gr boiótios*) *adj* **1** Relativo à Beócia (região central da Grécia antiga). **2** Natural da Beócia. **3** *fig* Bronco, estúpido, ignorante. • *sm* **1** O habitante ou natural da Beócia. **2** Dialeto da Beócia. **3** *fig* Indivíduo ignorante.

be.que (*ingl back*) *V zagueiro.*

ber.çá.rio (*berço+ário*) *sm* **1** Nas maternidades e hospitais, sala com berços para recém-nascidos. **2** Denominação que, nas creches, se dá à divisão que atende crianças de até seis meses.

ber.ço (ê) (*fr ant bers*) *sm* **1** Pequeno leito para crianças de colo. **2** *fig* A mais tenra infância. **3**

fig Lugar de nascimento, origem ou procedência de uma pessoa ou coisa. **4** *fig* Nascente de rio.

be.re.ba (*tupi peréua*) *sf* **1** Irritação da pele. **2** Coceira. **3** Ferida com crosta.

ber.ga.mo.ta (*turco beg armûdi*, pera do príncipe, via *ital*) *sf* **1** *Bot* Variedade de pera com muito sumo e aroma. **2** *Reg* (SC e RS) *V tangerina*. *Var: vergamota*.

ber.ga.mo.tei.ra *sf* **1** *Bot* Árvore que produz a bergamota. **2** *Reg* (SC e RS) *V tangerineira*. *Var: vergamoteira*.

bergère (*bergér*) (*fr*) *sf* Poltrona de encosto alto, com as partes laterais largas, formando uma espécie de orelha.

be.ri.bé.ri (*cingalês beri-beri*) *sm Med* Enfermidade produzida pela carência de vitamina B1.

be.rí.lio (*lat cient berylliu*) *sm Quím* Elemento metálico, de número atômico 4 e símbolo Be.

be.ri.lo (*gr béryllos*) *sm Miner* Silicato natural de berílio e alumínio; pedra semipreciosa, de grande dureza, que ocorre em forma de prismas hexagonais verdes, verde-azulados, amarelos, cor-de-rosa ou brancos.

be.rim.bau (*quimbundo mbirimbau*) *sm Mús* e *Folc* Instrumento de percussão.

be.rin.je.la (do *persa*, via *ár bâdinjâna*) *sf Bot* **1** Planta solanácea, de fruto comestível. **2** O fruto dessa planta.

ber.lin.da (*fr berline*) *sf* **1** Pequeno coche de dois assentos e quatro rodas. **2** *Folc* Certo jogo de prendas. *Estar na berlinda:* ser objeto de comentários.

ber.li.nen.se (*top Berlim+ense*) *adj m+f* Relativo a Berlim, capital da Alemanha (Europa). • *s m+f* O natural ou habitante dessa capital; berlinês.

ber.li.nês (*top Berlim+ês*) *V berlinense*.

ber.lo.que (*fr berloque*) *sm* Enfeite que se traz pendente da corrente ou da pulseira; pingente, penduricalho.

ber.mu.da (*top Bermudas*) *sf* Tipo de calção que vai quase até os joelhos.

ber.mu.dão (*bermuda+ão²*) *sm* Tipo de bermuda longa e folgada.

ber.ne (*corr* de *verme*) *sm Entom* Larva de mosca que se desenvolve nos tecidos subcutâneos de vários animais, inclusive do homem, ocasionando a formação de um tumor que só desaparece quando o parasita abandona o hospedeiro.

ber.qué.lio (de *Berkeley, np*) *sm Quím* Elemento metálico radioativo, de número atômico 97 e símbolo Bk.

ber.ran.te (de *berrar*) *adj m+f* **1** Que berra. **2** Diz-se de cor muito viva ou que dá muito na vista; gritante. • *sm* **1** *gír* Revólver. **2** *Reg* (Centro e Sul) Buzina de chifre de boi com que os boiadeiros chamam o gado; emite um som semelhante ao mugido.

ber.rar (*berro+ar¹*) *vint* **1** Dar berros (a cabra, o boi e outros animais). *vtd, vti* e *vint* **2** Falar muito alto. *vint* **3** Bramir: *Berram as feras*.

ber.rei.ro (*berro+eiro*) *sm* **1** Berros altos e frequentes. **2** Gritaria. **3** Choro de criança impertinente. **4** Pranto ruidoso.

ber.ro (de *berrar*) *sm* **1** Voz de boi, cabrito, ovelha e outros animais. **2** Voz humana emitida em tom elevado e áspero. **3** Bramido, rugido. **4** *gír* Revólver.

be.sou.ro *sm Entom* Designação comum a todos os insetos coleópteros que zumbem fortemente ao voar. *Voz: zoa, zumbe, zune*.

bes.ta¹ (*é*) (*lat balista*) *sf* Antiga arma portátil, composta de arco, corda e cabo, com a qual se arremessavam setas.

bes.ta² (*ê*) (*lat bestia*) *sf* **1** Quadrúpede, especialmente dos muares; mula. **2** *fig* Pessoa bruta, estúpida, ignorante. **3** *Reg* (Norte) Égua. • *adj m+f* **1** Estúpido, sem juízo. **2** Ignorante, tolo. *Metido a besta:* prepotente, vaidoso, convencido.

bes.ta-fe.ra *s m+f* **1** Fera. **2** *fig* Pessoa grosseira, selvagem, animalesca. *Pl: bestas-feras*.

bes.ta.gem (*besta²+agem*) *sf* Besteira.

bes.ta.lhão (*besta²+alhão*) *sm* Indivíduo muito tolo; paspalhão. *Fem: bestalhona*.

bes.tei.ra (*besta²+eira*) *sf* Asneira, disparate, tolice.

bes.tei.ra.da (*besteira+ada¹*) *sf* Grande quantidade de besteiras.

bes.tei.ro (*besta¹+eiro*) *sm* **1** Soldado que manuseia a besta. **2** O que faz bestas.

bes.tei.rol (*besteira+ol¹*) *sm gír* Tendência cultural popular surgida nos anos 1990 na música, na literatura e no teatro, caracterizada por uma forma escrachada de humor, crítica social e política.

bes.ti.al (*lat bestiale*) *adj m+f* **1** Próprio de besta. **2** Brutal. **3** Boçal, estúpido, grosseiro.

bes.ti.a.li.da.de (*bestial+i+dade*) *sf* **1** Característica de bestial. **2** Brutalidade. **3** Ignorância grosseira. **4** Comportamento libidinoso com animais.

bes.ti.fi.car (*besta²+ficar²*) *vtd* e *vpr* Fazer(-se) semelhante à besta, tornar(-se) estúpido.

best-seller (*béstiséler*) (*ingl*) *sm* **1** O livro que mais se vendeu num dado período, na sua categoria. **2** Êxito de livraria.

be.sun.tar (*bes*(por *bis*)+*untar*) *vtd pop* Untar muito.

be.ta (*é*) (*gr bêta*) *sf* **1** A segunda letra do alfabeto grego; a letra grega β, B. **2** *Astr* Diz-se da estrela de segunda grandeza em uma constelação.

be.ta.max (*cs*) *sm sing* e *pl Telev* Formato doméstico da fita de gravação para videocassete de meia polegada de largura.

bet.chu.a.no (*top Betchua+ano*) *V botsuanense*.

be.ter.ra.ba (*fr betterave*) *sf* **1** *Bot* Erva da família das quenopodiáceas, de origem europeia, cujas raízes são ricas em açúcar e utilizadas como alimento. **2** A raiz dessa erva. *Beterraba de açúcar:* variedade de beterraba de raiz branca, cultivada como matéria-prima para a indústria açucareira, no hemisfério Norte.

be.to.nei.ra (*betão+eira*) *sf* Máquina usada no preparo de concreto.

bé.tu.la (*lat betula*) *sf Bot* Designação comum a várias árvores e arbustos ornamentais das regiões frias, de madeira dura e frutos semelhantes a nozes.

be.tu.me (*lat bitumen*) *sm Quím* Mistura de hidrocarbonetos, encontrados na natureza em diversas formas, como, por exemplo, asfalto ou petróleo cru.

be.xi.ga (*lat vesica*) *sf* **1** *Anat* Reservatório membranoso em que se acumula a urina, situado na parte inferior do abdome. **2** Balãozinho de borracha

bexigoso 122 **bicho**

colorida, utilizado como brinquedo e enfeite para festas infantis. *sf pl Med* 1 Varíola. 2 Marcas deixadas pela varíola.

be.xi.go.so (*bexiga+oso*) *adj* Que tem vestígios de varíola; bexiguento.

be.xi.guen.to (*bexiga+ento*) *adj* V bexigoso. • *sm* Doente de varíola.

be.zer.ro (*ê*) (*lat hispânico *ibicerra*) *sm* 1 Novilho, vitelo. Voz: *berra, muge*. 2 Pele de vitelo curtida, usada na confecção de calçados. 3 Designação que no Amazonas se dá ao filhote do peixe-boi. *Chorar como bezerro desmamado:* chorar com gritos, fazendo alarde.

bi.a.nu.al (*bi+anual*) *adj m+f* Que ocorre duas vezes por ano.

bi.be.lô (*fr bibelot*) *sm* 1 Pequeno objeto de adorno. 2 Objeto sem utilidade e de pouco valor. 3 *pej* Mulher sem préstimo, que é só aparência.

Bí.blia (*gr bíblia*) *sf* 1 Conjunto dos livros sagrados do Antigo e Novo Testamentos. 2 *bíblia fig* Livro muito importante.

bí.bli.co (*Bíblia+ico²*) *adj* Da Bíblia ou relativo a ela.

bi.bli.o.fi.li.a (*bíblio+filo²+ia¹*) *sf* Amor aos livros, especialmente os belos e raros.

bi.bli.ó.fi.lo (*bíblio+filo²*) *adj* Pertencente ou relativo à bibliofilia. • *sm* 1 Indivíduo que tem grande apreço por livros, especialmente edições raras. 2 Colecionador de livros. Antôn: bibliófobo.

bi.bli.ó.fo.bo (*bíblio+fobo*) *sm* Aquele que não gosta dos livros.

bi.bli.o.gra.fi.a (*bíblio+grafo+ia¹*) *sf* 1 Ciência que trata da história, descrição e classificação dos livros. 2 Inventário metódico dos livros. 3 Relação de obras recomendadas sobre determinado assunto. 4 Relação das obras consultadas pelo autor.

bi.bli.o.grá.fi.co (*bíblio+grafo+ico²*) *adj* Pertencente ou relativo à bibliografia.

bi.bli.o.te.ca (*gr bibliothéke*) *sf* 1 Coleção de livros. 2 Edifício público onde se instala essa coleção, para ser consultada pelos interessados. 3 Coleção de obras de um autor. 4 Coleção de obras sobre assuntos determinados. *Biblioteca circulante:* coleção de livros que vão passando por pequenas bibliotecas públicas e escolas ou que podem ser levados por empréstimo.

bi.bli.o.te.cá.rio (*lat bibliothecariu*) *sm* O que tem a seu cargo uma biblioteca.

bi.bli.o.te.co.no.mi.a (*biblioteca+nomo+ia¹*) *sf* Arte de organizar e dirigir bibliotecas.

bi.bo.ca (*tupi ymbý mbóka,* furo no chão) *sf* 1 Lugar distante e de difícil acesso. 2 Fenda ou rasgão do terreno. 3 Barroca. 4 Cova estreita e funda; grota. 5 Casinha coberta de palha. 6 Baiuca, bodega.

bi.ca (de *bico*) *sf* 1 Telha, pequeno canal ou tubo, por onde corre água. 2 Líquido que cai em fio. 3 Qualquer abertura por onde a água escorre; fonte. 4 *fig* Situação de que se tira vantagem. *Estar na bica:* prestes a acontecer. *Suar em bica(s):* suar excessivamente.

bi.ca.da (*bico+ada¹*) *sf* 1 Picada ou golpe com o bico. 2 Aquilo que uma ave leva no bico, de uma vez. 3 Gole. 4 *pop* Trago de aguardente que se engole de uma só vez.

bi.ca.ma (*bi+cama*) *sf* Cama de altura normal que abriga na parte inferior outra cama mais baixa, a qual desliza para fora quando necessário; sofá-cama.

bi.cam.pe.ão (*bi+campeão*) *adj* Diz-se do indivíduo, equipe ou grêmio esportivo campeão duas vezes. • *sm* Esse indivíduo, equipe ou grêmio. *Pl:* bicampeões. *Fem:* bicampeã.

bi.cam.pe.o.na.to (*bi+campeonato*) *sm* Campeonato alcançado pela segunda vez.

bi.cão (*bico+ão²*) *sm gír* Sujeito intrometido, aproveitador, bisbilhoteiro.

bi.car (*bico+ar¹*) *vtd* 1 Picar com o bico: *Bicou toda a fruta*. *vti* 2 Dar bicadas: *O frangote bicava no repolho*. *vint* 3 Bebericar: *Quase não bebo, só vou bicando*.

bi.car.bo.na.to (*bi+carbonato*) *sm Quím* Qualquer sal que tenha dois equivalentes de ácido carbônico por um de uma substância básica. *Bicarbonato de sódio:* sal cristalino usado principalmente no fermento em pó e nas bebidas efervescentes.

bi.ce.lu.lar (*bi+celular*) *adj m+f* Que tem duas células.

bi.cen.te.ná.rio (*bi+centenário*) *adj* Que tem dois séculos, ou duzentos anos. • *sm* O segundo centenário.

bí.ceps (*lat biceps*) *sm sing* e *pl Anat* Nome de diferentes músculos, cada um deles com dois ligamentos na parte superior. *Bíceps braquial:* situado verticalmente na parte anterior do braço. *Bíceps crural:* situado verticalmente na parte posterior da coxa.

bi.cha (*lat bestia*) *sf* 1 *Zool* Nome comum a vermes e répteis de corpo alongado, sem pernas; lombriga, sanguessuga, víbora. 2 *gír* Indivíduo efeminado. 3 *lus* Fila.

bi.cha-lou.ca *s m+f gír* Efeminado em excesso. *Pl: bichas-loucas*.

bi.cha.no (de *bicho*) *sm* 1 Gato manso. 2 Gato novo.

bi.chão (*bicho+ão²*) *sm* 1 Aumentativo de *bicho*; bicho grande. 2 Homem sabido, experiente. 3 Indivíduo forte, corpulento. • *adj* Disposto, experiente, traquejado, valente.

bi.char (*bicho+ar¹*) *vint* Encher-se de bichos (fruta, cereal etc.).

bi.cha.ra.da (*bicha+r+ada¹*) *V bicharia*.

bi.cha.ri.a (*bicho+aria*) *sf* Muitos bichos. *Var: bicharada*.

bi.chei.ra (*bicho+eira*) *sf Vet* Feridas nos animais em que se acumulam bichos, vermes, em geral larvas de moscas-varejeiras.

bi.chei.ro (*bicho+eiro*) *sm* 1 O que banca no jogo do bicho. 2 O que recebe as apostas feitas nesse jogo. 3 Frasco de vidro em que são guardadas sanguessugas. • *adj* Que se ocupa de ninharias; minucioso.

bi.chi.ce (*bicho+ice*) *sf gír* Atitudes próprias de bicha.

bi.cho (*lat vulg *bestiu*) *sm* 1 Designação genérica dos animais terrestres, sobretudo vermes e insetos. 2 Animal feroz. 3 *fig* Pessoa intratável. 4 *pej* Pessoa muito feia e vulgar. 5 Jogo de azar, à base de sorteios lotéricos. 6 *gír* Estudante novato; calouro. 7 Principiante em qualquer ofício. 8 *Esp gír* Gratificação recebida pelo jogador de futebol pela vitória alcançada. *Bicho de sete cabeças:* coisa muito complicada, difícil. *Bicho do mato:* a) fera; b) *fig* pessoa intratável ou amiga da solidão; c) *fig* indivíduo grosseiro. *Matar o bicho, gír:* ingerir bebida alcoólica. *Ver que bicho dá, gír:* aguardar o resultado, as consequências. *Virar bicho, gír:* mostrar-se agressivo, zangar-se.

bi.cho-ca.be.lu.do *sm* Taturana, lagarta peluda. *Pl: bichos-cabeludos.*

bi.cho-car.pin.tei.ro *sm Entom* **1** Inseto que rói a madeira onde vive. **2** Escaravelho. *Ter* ou *estar com bicho-carpinteiro, gír:* estar irrequieto, mover-se continuamente. *Pl: bichos-carpinteiros.*

bi.cho-da-se.da *sm Zool* Lagarta cuja larva secreta um fio para formar o casulo que é conhecido como seda ou seda natural. *Pl: bichos-da-seda.*

bi.cho-de-pé *sm* Pulga fêmea fecundada que penetra na carne de homens e animais, principalmente na do pé. *Pl: bichos-de-pé.*

bi.cho.na (*aum* de *bicha*) *sf gír* Efeminado.

bi.cho-pa.pão *sm* Monstro imaginário com que se amedrontam as crianças; ogro, papão. *Pl: bichos-papões.*

bi.ci.cle.ta (*é*) (*fr bicyclette*) *sf* **1** Velocípede de duas rodas iguais, movido a pedal. **2** *Fut* Lance em que o jogador com um salto se coloca de costas para o solo e, nesta posição, chuta a bola para trás, por cima da própria cabeça.

bi.ci.clo (*bi+ciclo*) *sm* Velocípede de duas rodas e pedal, precursor da bicicleta.

bi.co (*lat beccus,* de origem céltica) *sm* **1** Extremidade córnea da boca das aves e de alguns outros animais, como o peixe-agulha e a tartaruga. **2** *pop* Boca: *Calar o bico.* **3** Ponta ou extremidade aguçada de vários objetos. **4** *gír* Pequeno emprego, tarefa passageira; biscate. *Abrir o bico:* delatar. *Bico de papagaio, pop:* saliência óssea na coluna. *Bico de pena:* a) técnica de desenho e pintura executada com pena muito fina; b) a própria obra produto dessa técnica. *Bico de viúva:* bico que o limite de nascimento dos cabelos forma sobre a testa. *De bico, gír:* a) penetra; b) *Fut* chutar a bola com o bico da chuteira. *Molhar o bico, pop:* beber um trago. *Não ser para o seu bico:* não ser para o seu prazer, inadequado.

bi.co-de-la.cre *sm Ornit* Ave de penas cinzentas e bico vermelho. *Pl: bicos-de-lacre.*

bi.co-de-pa.pa.ga.io *sm Bot* Planta ornamental de flores vermelhas, amarelas e brancas. *Pl: bicos-de-papagaio.*

bi.co-do.ce *sm pop* Diz-se de quem tem lábia com mulheres ou é querido por elas. *Pl: bicos-doces.*

bi.co.lor (*bi+lat colore*) *adj m+f* De duas cores.

bi.co.ta (*bico+ota*) *sf* Beijo com estalo; beijoca.

bi.cu.do (*bico+udo*) *adj* **1** Que tem bico. **2** Aguçado, pontiagudo. **3** *pop* Complicado, difícil. • *sm Ornit* Nome comum a três espécies de aves canoras, passeriformes, da família dos fringilídeos.

bi.dê (*fr bidet*) *sm* **1** Aparelho sanitário para lavagem das partes inferiores do tronco. **2** *Reg* (Sul) V *criado-mudo.*

bi.di.men.si.o.nal (*bi+dimensional*) *adj m+f* Que tem duas dimensões.

bi.di.re.ci.o.nal (*bi+direcional*) *adj m+f* Que funciona em duas direções, comumente opostas.

bi.du *adj m+f gír* Esperto; que adivinha as coisas.

bi.e.la (*fr bielle*) *sf Mec* Haste rígida que transmite movimento entre duas peças numa máquina, por exemplo, do pino da manivela ao êmbolo; tirante.

bi.e.nal (*lat biennale*) *adj m+f* **1** Que dura dois anos. **2** Relativo ao espaço de dois anos. **3** Que acontece ou se faz de dois em dois anos. • *sf* Evento realizado a cada dois anos.

bi.ê.nio (*lat biennĭu*) *sm* Espaço de dois anos consecutivos.

bi.fe (*ingl beef*) *sm* **1** Fatia de carne, passada em frigideira ou grelha. **2** Qualquer prato feito com fatias de carne cortadas como bife. **3** *gír* Bofetão. *Bife a cavalo:* bife com ovos estrelados. *Bife a rolê:* bife enrolado.

bi.fo.cal (*bi+focal*) *adj m+f* **1** Que tem dois focos. **2** Diz-se das lentes de óculos que têm uma parte que corrige a visão próxima e outra para visão a distância. • *sm* Óculos bifocais.

bi.for.me (*lat biforme*) *adj m+f* **1** De duas formas. **2** Diz-se da pessoa que tem duas maneiras de pensar e duas opiniões ao mesmo tempo. **3** *Bot* Que tem duas qualidades de flores com formas diferentes. **4** *Miner* Designativo do cristal que, no conjunto das faces, apresenta a combinação de duas formas. **5** *Gram* Diz-se do adjetivo que tem uma forma para cada gênero.

bi.fur.ca.ção (*bifurcar+ção*) *sf* **1** Ação de bifurcar. **2** Ponto em que uma rodovia ou estrada se divide em dois ramos. **3** Divisão ou separação em dois braços, como forquilha. **4** *Bot* Ponto em que um eixo vegetal se separa em dois ramos.

bi.fur.car (*lat bifurcare*) *vtd* e *vpr* Abrir(-se) ou separar(-se) em dois ramos: *A estrada bifurca-se logo à frente.*

bi.ga (*lat biga*) *sf* Carro romano antigo de duas ou quatro rodas, atrelado a dois cavalos.

bi.ga.mi.a (*bígamo+ia*[1]) *sf Sociol* Estado matrimonial em que um homem convive com duas mulheres ou uma mulher convive com dois homens.

bí.ga.mo (*lat ecles bigamu*) *adj + sm* Que, ou o que é casado ao mesmo tempo com duas pessoas.

big-bang (*big beng*) (*ingl*) V *bigue-bangue.*

bi.go.de *sm* Parte da barba que cresce por cima do lábio superior.

bi.gor.na (*lat vulg *bicornia*) *sf* **1** Utensílio de ferro sobre o qual metais são malhados e moldados. **2** *Anat* Um dos ossinhos da orelha. *Entre a bigorna e o martelo:* entre duas grandes dificuldades.

bi.gue-ban.gue (*ingl big-bang*) *sm Cosm* Teoria segundo a qual o Universo, em seu estado inicial, apresentava-se sob forma bastante condensada quando sofreu violenta explosão. *Pl: bigue-bangues.*

bi.ju (*tupi mbeiú*) V *beiju.*

bi.ju.te.ri.a (*fr bijouterie*) *sf* **1** Peça delicada para enfeite. **2** Reprodução de joias verdadeiras, cujo material imita metais e pedras preciosas. **3** Berloques; quinquilharias.

bi.la.bi.al (*bi+labial*) *adj m+f Gram* Diz-se da consoante que se pronuncia com os dois lábios (*b, m, p*). • *sf* Consoante bilabial.

bi.la.te.ral (*bi+lateral*) *adj m+f* **1** Que tem dois lados. **2** Referente a lados opostos. **3** *Dir* Diz-se dos contratos em que as duas partes têm obrigações recíprocas. **4** *Biol* Disposto em duas séries ou fileiras.

bil.bo.quê (*fr bilboquet*) *sm* Jogo infantil que consiste em uma bola de madeira com um pequeno orifício no meio, presa a um cabo por um barbante grosso. Com um impulso o jogador deve encaixar a bola no cabo.

bi.le (*lat bile*) V *bílis*.

bi.lha (*fr bille*) *sf* Vaso bojudo de barro, com gargalo estreito; moringa.

bi.lhão (*fr billion*) *num* e *sm* **1** Mil milhões (no Brasil, América do Norte, França e outros países). **2** Um milhão de milhões (na Inglaterra, Alemanha, Portugal e outros países). *Var: bilião*.

bi.lhar (*fr billard*) *sm* **1** Jogo realizado em uma mesa retangular revestida de feltro verde, no qual pequenas bolas de marfim são impelidas uma contra as outras com um taco de madeira para dentro de caçapas; sinuca. **2** A mesa ou casa onde se joga bilhar.

bi.lhe.te (*fr billet*) *sm* **1** Carta simples e breve. **2** Senha que autoriza a entrada em espetáculos ou outras reuniões. **3** Impresso que dá direito a viajar em transportes coletivos; passagem. **4** Impresso que habilita o possuidor a concorrer a loteria ou rifa. *Bilhete azul:* dispensa do emprego. *Bilhete de loteria:* impresso numerado que dá ao possuidor o direito de receber o prêmio da loteria, caso o número sorteado coincida com o seu.

bi.lhe.tei.ro (*bilhete+eiro*) *sm* **1** O que vende ingressos para espetáculos públicos (cinema, teatro, estádios, *shows* musicais). **2** Indivíduo que vende bilhetes de loteria.

bi.lhe.te.ri.a (*bilhete+eria*) *sf* Lugar onde se vendem bilhetes de trem, ônibus, metrô, teatros, cinemas etc.

bi.li.ão (*fr billion*) V *bilhão*.

bi.li.ar (*bílis+ar*[1]) *adj m+f* Que se refere à bílis. *Var: biliário*.

bi.li.ar.dá.rio (*bilhar*, inspirado no *fr milliard* +*ário*) *adj* + *sm* Bilionário.

bi.li.á.rio (*lat biliariu*) V *biliar*.

bi.lín.gue (*gwe*) (*lat bilingue*) *adj m+f* **1** Que tem duas línguas. **2** Que fala duas línguas. **3** Diz-se do escritor que escreve em duas línguas ou da obra escrita em duas línguas.

bi.lin.guis.mo (*gwi*) (*bilíngue+ismo*) *sm* **1** Caráter de bilíngue. **2** Domínio de duas línguas, tanto na fala quanto na escrita e leitura.

bi.li.o.ná.rio (*bilhão+ário*) *adj* **1** Muito rico. **2** Multimilionário. • *sm* **1** Indivíduo bilionário. **2** Multimilionário.

bi.li.o.né.si.mo (*fr billion+ésimo*) *num* **1** Numeral fracionário que tem como numerador 1 e denominador um bilhão (1 sobre um bilhão). **2** *Mat* Número ordinal que corresponde a um bilhão. • *sm* **1** O correspondente a um bilhão em uma série numérica ou de coisas. **2** O quociente de uma unidade dividida por um bilhão.

bi.li.o.so (*ô*) (*lat biliosu*) *adj* **1** *Med* Decorrente da bílis ou relativo a ela. **2** *Med* Produzido por alteração ou abundância da bílis. **3** *Med* Com excesso de bílis. **4** *fig* Que tem mau gênio; colérico, irritadiço. *Pl: biliosos (ó)*.

bí.lis (*lat bilis*) *sf sing* e *pl* **1** *Fisiol* Líquido amargo, amarelo ou esverdeado, que é produzido no fígado e auxilia a digestão; fel. **2** *fig* Mau humor. *Var: bile*.

bil.ro (*lat pilulu*) *sm* **1** Pequena peça de madeira em forma de fuso ou pera com a qual se fazem rendas de almofada. **2** Espécie de renda antiga.

bil.tre (*fr bélître*) *adj* Ordinário, vil. • *sm* Homem desprezível, miserável, tratante. *Fem: biltra*.

bi.lu-bi.lu (*onom*) *sm* Agrado que se faz em crianças mexendo-lhes nos lábios com a ponta dos dedos. *Pl: bilu-bilus*.

bim.ba *sm* **1** *pop* Pênis de criança. **2** *vulg* Pênis pouco desenvolvido. **3** *vulg* Coxas. *sf pl* **1** Interior das coxas perto das virilhas. **2** As pernas.

bim.ba.da (*bimba+ada*[1]) *sf vulg* Coito, contato carnal; trepada.

bim.ba.lha.da (*bimbalhar+ada*[1]) *sf* Toque simultâneo de muitos sinos.

bim.ba.lhar (*bimba+alho+ar*[1]) *vint* Repicar, soar (o sino). • *sm* Ato de bimbalhar: *Ao longe, ouvia-se o bimbalhar dos sinos*.

bim.bar (*bimba+ar*[1]) *vtd* **1** Bater fortemente uma coisa contra outra; entrechocar (as coxas). **2** *vulg* Copular, dar uma bimbada, trepar.

bi.men.sal (*bi+mensal*) *adj m+f* Que aparece ou se realiza duas vezes por mês; quinzenal. *Cf bimestral*.

bi.mes.tral (*bimestre+al*[1]) *adj m+f* **1** Relativo ao espaço de dois meses. **2** Que aparece ou se faz de dois em dois meses. *Cf bimensal*.

bi.mes.tre (*lat bimestre*) *adj m+f* Que dura dois meses. • *sm* O período de dois meses.

bi.mo.tor (*bi+motor*) *adj* + *sm* Diz-se do, ou o veículo, especialmente o avião, com dois motores.

bi.ná.rio (*lat binariu*) *adj* **1** *Arit* Composto de duas unidades ou dois elementos. **2** *Geom* Que tem duas faces, dois lados, dois modos de ser. **3** *Quím* Composto de dois elementos. **4** *Mús* Que tem dois tempos: *Compasso binário*. • *sm* Qualquer coisa constituída de duas figuras ou partes.

bin.go (*ingl bingo*) *sm* **1** Jogo semelhante ao loto, com letras e números marcados em cartões e pedras. **2** Casa onde se joga o bingo. • *interj* Exprime satisfação, alegria por ter ganho algo.

bi.no.cu.lar (*bini+ocular*) *adj m+f* **1** Relativo a ambos os olhos. **2** Que serve aos dois olhos ou a dois óculos. **3** *Zool* Que se serve de dois olhos simultaneamente.

bi.nó.cu.lo (*lat mod binoculu*) *sm* *Ópt* Instrumento óptico portátil composto de duas lentes (dois óculos) para ver objetos ou pessoas a distância, principalmente nos teatros e em estádios de futebol.

bi.nô.mio (*lat med binomiu*) *sm* **1** *Mat* Expressão algébrica composta de dois termos. **2** Denominação científica formada por dois nomes.

bi.o.ci.ên.cia (*bio+ciência*) *sf* Nome genérico das ciências que investigam os seres vivos em seus diversos aspectos: biologia, bioquímica etc.

bi.o.com.bus.tí.vel (*bio+combustível*) *sm* Combustível de origem vegetal.

bi.o.de.gra.dá.vel (*bio+desagrável*) *adj m+f Quím* Diz-se da substância que se decompõe pela ação de micro-organismos.

bi.o.di.ver.si.da.de (*bio+diversidade*) *sf Ecol*

Existência de uma grande variedade de espécies (plantas e animais) em dada região.

bi.o.fí.si.ca (*bio+física*) *sf* Estudo dos fenômenos biológicos com base nos métodos da física.

bi.o.fí.si.co (*bio+físico*) *adj* **1** Relativo ou pertencente à biofísica. **2** Que envolve fatores ou aspectos biológicos e físicos. • *sm* Especialista em biofísica.

bi.o.gás (*bio+gás*) *sm Quím* Gás obtido pela fermentação de material orgânico de origem vegetal ou animal, como esterco, lixo etc.

bi.o.gê.ne.se (*bio+gênese*) *sf* **1** Teoria ou hipótese sobre a origem da vida. **2** *Biol* O princípio de que todo ser vivo provém de seres vivos preexistentes.

bi.o.ge.né.ti.co (*bio+genético*) *adj* **1** Relativo ou pertencente à biogênese. **2** Produzido por biogênese.

bi.o.gra.far (*biógrafo+ar¹*) *vtd* Fazer a biografia de. *Conjug – Pres indic*: biografo, biografas etc. *Cf biógrafo*.

bi.o.gra.fi.a (*bio+grafo+ia¹*) *sf* Descrição ou história da vida de uma pessoa.

bi.o.grá.fi.co (*biografia+ico²*) *adj* **1** Relativo à biografia. **2** Que contém ou se baseia em históricos de vida.

bi.ó.gra.fo (*bio+grafo*) *sm* Autor de biografia(s).

bi.o.lo.gi.a (*bio+logo+ia¹*) *sf* Ciência que estuda os seres vivos e as leis que regem a matéria viva.

bi.o.ló.gi.co (*bio+logo+ico²*) *adj* **1** Relativo à biologia. **2** Pertencente aos seres organizados.

bi.o.lo.gis.ta (*bio+logo+ista*) *adj m+f* Biólogo.

bi.o.lo.go (*bio+logo*) *sm* Especialista em biologia.

bi.om.bo (*jap byôbu*) *sm* **1** Tabique móvel, feito de caixilhos ligados por dobradiças, com que se dividem ambientes ou criam-se espaços mais reservados. **2** Compartimento formado por painéis articulados de madeira ou metal, revestidos com tecido ou outros materiais.

bi.o.me.di.ci.na (*bio+medicina*) *sf* Biociência relacionada à medicina.

bi.o.mé.di.co (*bio+médico*) *adj* Relativo à biomedicina. • *sm* Especialista em biomedicina.

bi.o.me.tri.a (*bio+metro+ia¹*) *sf* **1** Parte da ciência que estuda a mensuração dos seres vivos. **2** Ciência das medidas do corpo humano.

bi.o.mé.tri.co (*bio+metro+ico²*) *adj* Referente à biometria.

bi.ô.ni.ca (*bio+(eletr)ônica*) *sf Biol* Ciência e tecnologia que relaciona os fenômenos e funções de sistemas vivos ao desenvolvimento de sistemas artificiais. Procura criar modelos eletrônicos com base nas estruturas vivas ou nervosas e explicar os aspectos que ligam os dois sistemas.

bi.ô.ni.co (*bio+(eletr)ônico*) *adj* **1** Relativo à biônica. **2** *bras iron* Diz-se do político nomeado por decreto para cargos eletivos. • *sm pop* Pessoa que ocupa um cargo eletivo sem ter sido eleita.

bi.op.si.a (*bio+opse+ia¹*) *sf Med* Retirada de tecidos vivos para exame microscópico. *Var: biópsia*.

bi.óp.sia (*bio+opse+ia²*) *V biopsia*.

bi.o.quí.mi.ca (*bio+química*) *sf Biol* Estudo dos fenômenos químicos que ocorrem nos seres vivos.

bi.o.quí.mi.co (*bio+químico*) *adj* **1** Da bioquímica ou relativo a ela. **2** Que envolve reações químicas nos organismos vivos. • *sm* Especialista em bioquímica.

bi.or.rit.mo (*bio+ritmo*) *sm Biol* Ritmo biológico dos seres vivos: no homem, nos animais, nas plantas, nos micro-organismos e até nos vírus; qualquer ocorrência biológica cíclica.

bi.os.fe.ra (*bio+esfera*) *sf Ecol* Parte da Terra em que pode existir vida. Inclui parte da litosfera, da hidrosfera e da atmosfera.

bi.os.se.gu.ran.ça (*bio+segurança*) *sf Med* O conjunto de estudos e maneiras de proceder que têm como finalidade evitar ou controlar problemas que possam ser provocados por pesquisas biológicas ou pela aplicação dessas mesmas pesquisas.

bi.os.sín.te.se (*bio+síntese*) *sf Bioquím* Produção de um composto químico por um organismo vivo, seja por síntese (acepção 5), seja por degradação (acepção 8).

bi.os.sin.té.ti.co (*bio+sintético*) *adj Bioquím* Relativo a, próprio de ou originado por biossíntese.

bi.ó.ti.po (*bio+tipo*) *sm Biol* **1** Conjunto dos organismos que possuem a mesma constituição genética, ou genótipo. **2** Grupo de indivíduos com características psicológicas semelhantes.

bi.o.ti.po.lo.gi.a (*bio+tipo+logo+ia¹*) *sf Biol* **1** Estudo dos tipos constitucionais, temperamentos e caracteres; biologia diferencial. **2** Classificação dos indivíduos humanos em tipos; tipologia.

bi.ó.xi.do (*cs*) (*bi+óxido*) *sm Quím* Óxido que contém dois átomos de oxigênio na molécula; dióxido.

bi.pe (do *ingl beep, onom*) *sm* **1** *Inform* Sinal acústico ou eletrônico emitido por uma fita de gravador, a intervalos de tempo regulares ou não. **2** *Astronáut* Neologismo com que se designa um sinal perceptível à distância. **3** *Telecom V pager*.

bi.par (*bipe+ar¹*) *vtd* Fazer contato com alguém por meio de bipe (acepção 3).

bi.par.ti.ção (*bi+partição*) *sf* Ação de bipartir. *Var: bissecção, bisseção*.

bi.par.ti.da.ris.mo (*bi+partido+ar²+ismo*) *sm Polít* Sistema de governo em que só existem ou só atuam dois partidos políticos.

bi.par.ti.da.ris.ta (*bi+partido+ar²+ista*) *adj m+f sing e pl* **1** Diz-se de pessoa adepta do bipartidarismo. **2** Relativo ou pertencente ao bipartidarismo.

bi.par.tir (*bi+partir*) *vtd* Partir ou dividir em duas partes.

bí.pe.de (*lat bipede*) *adj m+f* **1** Que tem dois pés. **2** Que caminha sobre dois pés. • *sm Zool* Animal que anda sobre dois pés.

bi.po.lar (*bi+polar*) *adj m+f* **1** *Fís* Que tem dois polos. **2** Relativo a ambos os polos.

bi.po.la.ri.da.de (*bipolar+i+dade*) *sf Fís* **1** Qualidade ou estado de bipolar. **2** Estado de um corpo que, sob a influência eletromagnética, tem dois polos contrários.

bi.po.la.ri.za.ção (*bi+polar+izar+ção*) *sf* Ato ou efeito de tornar bipolar.

bi.quei.ra (*bico+eira*) *sf* **1** Extremidade ou ponta. **2** Peça colocada como reforço na ponta da sola do sapato ou da bota. **3** Ponteira. **4** Veio de água que cai do telhado. **5** Telha ou tubo por onde jorra essa água; goteira.

bi.quí.ni (do *top Bikini, np*) *sm* Maiô feminino de duas peças, muito reduzido.

bi.ri.ba (*tupi mbiríbi*) *sf* Jogo de cartas parecido com a canastra.
bi.ri.nai.te (*biriba+ingl night*, noite) *sm gír* Bebida alcoólica.
bi.ri.ta *sf bras gír* Designação para qualquer bebida alcoólica.
bi.ri.tar (*birita+ar*[1]) *vint bras gír* Beber birita.
bi.ri.tei.ro (*birita+eiro*) *adj* Que gosta de beber. • *sm* Indivíduo que se embriaga sempre; ébrio.
bir.ma.nês (*top Birmânia+ês*) *adj* **1** Pertencente ou relativo a Mianmar (ex-Birmânia). **2** Natural de Mianmar. • *sm* O habitante ou natural de Mianmar.
bi.rô (*fr bureau*) *sm* **1** Escrivaninha com gavetas. **2** Repartição, agência, escritório. **3** *Inform* Escritório que converte dados de um programa de editoração eletrônica ou gráfico, gravados em disco, em arte-final. *Birô de serviços, Inform:* empresa que oferece serviço especializado, a partir de arquivos gráficos.
bi.ros.ca *sf bras* **1** Botequim de baixa categoria. **2** Pequeno armazém onde se vendem gêneros de primeira necessidade e bebidas alcoólicas.
bi.ros.quei.ro (*birosca+eiro*) *sm bras* Dono ou frequentador de birosca.
bi.ro.te *sm bras* Penteado feminino que reúne e prende os cabelos no alto da cabeça.
bir.ra (do *leonês*) *sf* **1** *pop* Capricho, teima, teimosia, obstinação. **2** Antipatia, aversão. **3** Choradeira sem motivo das crianças.
bir.ren.to (*birra+ento*) *adj* **1** Que é dado a birra. **2** Insistente, obstinado, teimoso.
bi.ru.ta *sf Av* Saco em forma de cone, adaptado a um mastro, que indica a direção do vento nos aeroportos. • *adj* e *s m+f bras gír* Diz-se de, ou pessoa adoidada, amalucada, irrequieta.
bi.ru.ti.ce (*biruta+ice*) *sf bras gír* Ação ou dito de biruta; maluquice.
bis (*lat bis*) *sm* Repetição de palavras cantadas ou declamadas. • *adv* Duas vezes. • *interj* Mais!, Outra vez! *Bis! Bis!*.
bi.são (*gr bíson*) *sm Zool* **1** Gênero de grandes mamíferos bovídeos, recentes e extintos, de cabeça grande e chifres curtos. **2** Espécime recente desse gênero, especialmente o boi selvagem da América. *Var:* bisonte.
bi.sar (*bis+ar*[2]) *vtd* **1** Pedir repetição de (um trecho de música, uma cena de uma peça teatral etc.). **2** Repetir. *Conjug – Pres subj:* bise, bises, bise, bisemos, biseis, bisem.
bi.sa.vó (*bis+avó*) *sf* Mãe do avô ou da avó. *sm pl* Os pais do avô ou da avó.
bi.sa.vô (*bis+avô*) *sm* Pai do avô ou da avó.
bis.bi.lho.tar (*bisbilhot(eiro)+ar*[1]) *vint* **1** Intrometer-se na vida dos outros, fazer intrigas, mexericar, segredar: *Elas bisbilhotam tanto que estão criando confusões no trabalho.* *vtd* **2** Investigar com curiosidade, examinar.
bis.bi.lho.tei.ro (*ital bisbigliatore*) *adj* **1** Que gosta de bisbilhotar. **2** Curioso, intrometido, mexeriqueiro. • *sm* Indivíduo que procura saber da vida particular e das atividades alheias.
bis.bi.lho.ti.ce (*bisbilhot(eiro)+ice*) *sf* **1** Qualidade de bisbilhoteiro. **2** Ação de bisbilhotar. **3** Intriga, mexerico.

bis.ca (*ital bisca*) *sf* **1** Nome de diversos jogos com baralho. **2** A carta que tem sete pintas. **3** Pessoa de mau caráter: *Eu bem que o avisei a boa bisca que era João. Mas você não me ouviu...* • *adj m+f* Diz-se de pessoa má, de mau caráter.
bis.ca.te (de *bisca*) *sm bras pop* Serviço pequeno e avulso; bico, quebra-galho. *sf gír* Mulher fácil; prostituta.
bis.ca.te.a.dor (*biscatear+dor*) *sm bras* O que faz biscates; biscateiro.
bis.ca.te.ar (*biscate+e+ar*[1]) *vint* Fazer biscates, viver de biscates. *Conjuga-se como frear.*
bis.ca.tei.ro (*biscate+eiro*) *V biscateador.*
bis.coi.tar (*biscoito+ar*[1]) *V abiscoitar.*
bis.coi.tei.ra (*biscoito+eira*) *sf* Recipiente com tampa, para guardar biscoitos e bolachas. *Var:* biscouteira.
bis.coi.tei.ro (*biscoito+eiro*) *sm* O que faz ou vende biscoitos. *Var:* biscouteiro.
bis.coi.to (*lat biscoctu*) *sm Cul* **1** Massa de farinha ou fécula, assada no forno até ficar crocante. **2** *pop* Bolacha. **3** Bofetão, sopapo. *Var:* biscouto.
bis.cou.tei.ra (*biscouto+eira*) *V biscoiteira.*
bis.cou.tei.ro (*biscouto+eiro*) *V biscoiteiro.*
bis.cou.to (lat *biscoctu*) *V biscoito.*
bis.mu.to (*al Wismuth*) *sm Quím* Elemento metálico, de número atômico 83 e símbolo Bi.
bis.na.ga (*lat pastinaca*, via *maçárabe bishtinâqa*) *sf* **1** Tubo de folha de chumbo ou de matéria plástica, usado como embalagem de substâncias cremosas: pasta dentifrícia, tintas, cosméticos etc. **2** Pequeno esguicho de matéria plástica com que as crianças brincam no carnaval. **3** Tipo de pão fino e alongado; bengala.
bis.na.gar (*bisnaga+ar*[2]) *vtd* Borrifar com bisnaga, molhar.
bis.ne.to (*bis+neto*) *sm* Filho de neto ou neta.
bi.so.nho (*ital bisogno*) *adj* **1** Inexperiente, inábil. **2** Novato, principiante. **3** Acanhado, tímido. • *sm* Recruta sem experiência. *Antôn* (acepção 1): *experiente; hábil.*
bis.pa.do (*bispo+ado*[1]) *sm* **1** Área territorial administrada por um bispo; diocese. **2** Dignidade de bispo.
bis.pal (*bispo+al*[1]) *adj m+f* Pertencente ou relativo a bispo; episcopal.
bis.po (*gr epískopos*, pelo *lat*) *sm* **1** *Ecles* Prelado que dirige uma diocese; bispo residencial. **2** Peça do jogo de xadrez.
bis.sec.triz (*bi+*lat *sectrice*) *V bissetriz.*
bis.se.mes.tral (*bi+semestral*) *adj m+f* Que se publica, se realiza ou ocorre duas vezes em cada seis meses.
bis.se.triz (*bi+*lat *sectrice*) *sf Geom* Semirreta que, partindo do vértice de um ângulo, o divide em dois ângulos iguais. • *adj Geom* Qualificativo de uma linha que divide um espaço, um ângulo ou uma superfície em duas partes iguais. *Var: bissectriz.*
bis.sex.to (*ês*) (*lat bissextu*) *adj* Designativo do ano em que o mês de fevereiro tem vinte e nove dias. • *sm* **1** O dia que, de quatro em quatro anos, se acrescenta ao mês de fevereiro. **2** O ano em que há esse acréscimo.
bis.se.xu.a.do (*cs*) (*bi+sexuado*) *adj Biol* **1** Que tem ou apresenta caracteres dos dois sexos. **2** Com

órgãos reprodutores masculinos e femininos; hermafrodita.

bis.se.xu.al (cs) (bi+sexo+al[1]) adj m+f **1** Que reúne os dois sexos. **2** *Bot* Que tem ao mesmo tempo estames e pistilos; hermafrodita. **3** Referente ao comportamento sexual de quem sente atração tanto por homens quanto por mulheres. **4** Que tem esse comportamento. • sm+f Indivíduo bissexual.

bis.se.xu.a.li.da.de (cs) (bi+sexual+i+dade) sf Qualidade de bissexual.

bis.se.xu.a.lis.mo (cs) (bissexual+ismo) sm **1** Comportamento bissexual. **2** Bissexualidade.

bis.te.ca (ingl beefsteak) sf Corte de carne pronto para bife.

bis.trô (fr bistrot) sm Restaurante pequeno, simples e aconchegante.

bis.tu.ri (fr bistouri) sm Cir Instrumento cirúrgico de corte.

bit (ingl) (sigla de *BInary digiT*) sm *Inform* Dígito binário, menor unidade de informação com a qual um computador trabalha. *Var: bite.*

bi.te (ingl bit) V bit.

bi.te.lo adj pop **1** Grande. **2** Vistoso.

bí.ter (al bitter) V bitter.

bi.to.la sf **1** Medida ou modelo que serve de padrão, norma. **2** Largura de uma linha férrea. **3** Diâmetro de um arame ou de um cabo elétrico.

bi.to.la.do (part de bitolar) adj **1** Medido, modelado por bitola. **2** fig Limitado, de compreensão limitada.

bi.to.lar (bitola+ar[1]) vtd **1** Medir com bitola. vtd fig **2** Avaliar, julgar. vtd **3** Restringir. vpr **4** Tornar-se bitolado.

bi.tri.bu.ta.ção (bi+tributar+ção) sf *Econ* Cobrança de um mesmo imposto (tributo), por duas vezes, ao mesmo contribuinte.

bi.tri.bu.tar (bi+tributar) vtd Tributar duas vezes; impor bitributação a.

bitter (al bíter) sm Licor, geralmente alcoólico, preparado a partir da destilação de folhas, frutos, sementes ou raízes amargos.

bi.tu.ca (red de içabitu) sf pop Toco de cigarro apagado.

bi.va.lên.cia (bi+valência) sf **1** Qualidade ou estado de bivalente. **2** *Quím* Valência igual ao dobro da valência do hidrogênio, que é a unidade.

bi.va.len.te (bi+valente) adj m+f **1** Que vale por dois. **2** *Quím* Que possui duas valências. **3** *Biol* Diz-se de cromossomos iguais ou homólogos, associados aos pares. • sm *Biol* Um par de cromossomos associados.

bi.val.ve (bi+valva) adj m+f **1** *Bot* e *Zool* Diz-se do fruto ou concha que tem duas valvas. **2** *Zool* Que tem concha com duas valvas: *Molusco bivalve*.

bi.vi.te.li.no (bi+vitelino) adj Que tem duas gemas (ovo).

bi.zan.ti.ni.ce (bizantino+ice) sf **1** Esquisitice. **2** Futilidade, asneira, tolice.

bi.zan.ti.no (lat byzantinu) adj **1** Pertencente ou relativo a Bizâncio (antiga Constantinopla e atual Istambul, capital da Turquia) ou ao Baixo Império. **2** Aplica-se às artes e literatura que floresceram durante o Império Romano do Oriente. **3** Fútil, sutil como as questões teológicas da corte de Bizâncio. • sm **1** Estilo ou arte que se cultivou no Baixo Império. **2** O habitante ou natural de Bizâncio.

bi.zar.ri.a (bizarro+ia[1]) sf **1** Qualidade ou ação de bizarro. **2** Aparato, gala, pompa. **3** Bazófia, bravata, ostentação. **4** Esquisitice. *Var: bizarrismo.*

bi.zar.ris.mo (bizarro+ismo) V bizarria.

bi.zar.ro (cast bizarro) adj **1** Bem-apessoado, elegante, garboso. **2** Generoso, nobre. **3** Extravagante, excêntrico, esquisito.

blá-blá-blá (voc onom) sm gír Conversa sem conteúdo; papo-furado. *Pl: blá-blá-blás.*

black-tie (bléqui-tái) (ingl) V smoking.

blasé (blazê) (fr) adj + sm Diz-se do, ou o homem entediado, ou que demonstra tédio apenas por afetação. *Fem: blasée.*

blas.fe.ma.dor (blasfemar+dor[1]) adj +sm Que, ou o que blasfema.

blas.fe.mar (lat blasphemare) vint **1** Proferir blasfêmias. vti **2** Dizer palavras ofensivas a. vti **3** Praguejar, maldizer, amaldiçoar, imprecar.

blas.fe.ma.tó.rio (blasfemar+ório) adj Em que há blasfêmia.

blas.fê.mia (gr blasphemía) sf **1** Palavra ofensiva à divindade ou à religião. **2** Ultraje, heresia. **3** Praga, maldição, imprecação.

blas.fe.mo (ê) (gr blásphemos) adj + sm Que, ou o que profere blasfêmias.

bla.tí.deos (lat blatta+ídeos) sm pl *Entom* Família de insetos ortópteros que inclui as baratas caseiras.

blazer (bléiser) (ingl) V bléiser.

ble.cau.te (ingl black-out) sm **1** Escurecimento completo. **2** Durante a guerra, expediente para deixar tudo às escuras, como precaução contra ataques aéreos. **3** Colapso no sistema de transmissão de energia elétrica. **4** Perda temporária de visão.

ble.far (blefe+ar[2]) vtd e vint **1** Enganar no jogo, fingindo ter boas cartas. **2** Dissimular e dar falsa impressão; lograr.

ble.fe (ê) (ingl bluff) sm Ação de blefar.

blêi.ser (ingl blazer) sm Espécie de casaco; paletó, japona.

ble.nor.ra.gi.a (bleno+ragia) sf *Med* **1** Inflamação das membranas mucosas da uretra e do prepúcio no homem ou da uretra, vagina e vulva na mulher, acompanhada de secreção abundante. **2** V gonorreia.

ble.nor.rá.gi.co (blenorragia+ico[2]) adj *Med* Relativo ou pertencente à blenorragia.

blin.da.do (part de blindar) adj **1** Revestido com chapa de aço; couraçado. **2** *Mec* Protegido com chapas ou caixa de metal, geralmente de ferro, aço ou chumbo, no caso de fios elétricos. **3** Revestido por espessas camadas metálicas e paredes de concreto, como proteção contra radiações, no caso de material radiativo. *Carro blindado:* carro revestido com chapa de aço, à prova de bala.

blin.da.gem (blindar+agem) sf **1** Ação ou efeito de blindar. **2** Revestimento, caixa, carcaça de proteção. **3** Parede ou anteparo de blindagem em usinas nucleares. **4** Dispositivo que impede a travessia de determinada área por ondas de rádio, ondas magnéticas ou campos elétricos.

blin.dar (*fr blinder*) *vtd* **1** Cobrir ou revestir de chapas de aço; couraçar. *vtd* **2** Pôr ao abrigo (edifício, paiol, passagem etc.). *vtd* e *vpr* **3** *fig* Proteger(-se).

blitz (*blits*) (*al Blitzkrieg*, guerra-relâmpago) *sf* **1** Batida policial relâmpago, com grande número de policiais armados. **2** Mobilização para combater qualquer tipo de infração: *O governo está organizando uma blitz contra os sonegadores. Pl: blitze.* A palavra *blitz*, redução de *Blitzkrieg* (palavra composta do alemão, cujo significado é *guerra-relâmpago*), passou a ser usada na Segunda Guerra Mundial (1939-1945) para caracterizar o avanço rápido como um raio das tropas alemãs. *Blitz*, incorporada ao português desde então, designa atualmente uma rápida batida policial, geralmente de improviso.

blo.co (*al Block*) *sm* **1** Porção volumosa e sólida de um material pesado: *Bloco de pedra.* **2** Caderno de papel com folhas destacáveis. **3** Formação de uma frente ou um grupo de parlamentares para defender posições comuns. **4** Grupo carnavalesco. *Bloco de controle de arquivo, Inform:* área de memória, usada pelo sistema operacional, que contém informações a respeito dos arquivos em uso ou daqueles armazenados numa unidade de disco.

blo.que.a.do (*part* de *bloquear*) *adj* **1** Fechado por bloqueio. **2** Embaraçado, impedido, sitiado. **3** Imobilizado, travado.

blo.que.a.dor (*bloquear+dor*) *adj* Que bloqueia; bloqueante. • *sm* Aquele que bloqueia.

blo.que.an.te (de *bloquear*) *adj* Bloqueador.

blo.que.ar (*fr bloquer*) *vtd* **1** Fazer bloqueio a (porto, cidade, país etc.); sitiar, cercar. **2** Impedir passagem ou circulação: *Os motoristas bloquearam a rua com seus caminhões.* **3** *Esp* No voleibol, fazer bloqueio para defender ou neutralizar o adversário. Conjuga-se como *frear*.

blo.quei.o (de *bloquear*) *sm* **1** Ação de bloquear. **2** Cerco ou operação militar em uma área que interrompe as comunicações com o exterior. *Bloqueio de arquivo, Inform:* mecanismo de *software* que evita a atualização de um dado por dois usuários diferentes ao mesmo tempo. *Bloqueio econômico:* medida destinada a impedir o comércio de uma nação que não cumpriu um acordo ou convênio internacional.

blues (*blus*) (*ingl*) *sm* Gênero musical cadenciado e melódico que mescla a musicalidade afro-americana com as harmonias europeias. Esse gênero surgiu entre os negros norte-americanos no final da década de 1920.

blue.sei.ro (*bluzeiro*) (*ingl blues+eiro*) *sm neol* **1** Intérprete de *blues*. **2** Apreciador ou divulgador de *blues*.

bluesman (*blus-mên*) (*ingl*) *sm* Músico de *blues*.

blu.sa (*fr blouse*) *sf* **1** Peça do vestuário que cobre a parte superior do tronco. **2** Espécie de camisa solta.

blu.são (*blusa+ão²*) *sm* **1** Blusa longa e solta; túnica. **2** Camisão folgado, de tecido encorpado, geralmente usado em substituição ao paletó.

bo.a *adj + sf* **1** Feminino de *bom*. **2** *gír* V *boazuda*: *Estar numa boa, pop:* estar em uma situação vantajosa, prazerosa. *Fazer uma boa:* a) pregar uma peça, enganar; b) desconsiderar alguém.

bo.a-fé *sf* Tendência a acreditar em tudo e em todos. *Pl: boas-fés.*

bo.a-noi.te *sm* Cumprimento de chegada ou despedida que se faz à noite. *sf Bot* Planta ornamental cujas flores só se abrem à noite. *Pl: boas-noites.*

bo.a-no.va *sf* **1** Mensagem do Evangelho sobre a salvação do mundo pela palavra de Cristo. **2** *Entom* Espécie de borboleta branca. *Pl: boas-novas.*

bo.a-pin.ta *adj m+f pop* Diz-se da pessoa elegante e atraente. • *s m+f* Essa pessoa. *Pl: boas-pintas.*

bo.a-pra.ça *adj m+f pop* Diz-se da pessoa simpática e agradável. • *s m+f* Essa pessoa. *Pl: boas-praças.*

bo.as-en.tra.das *sf pl* Cumprimentos que se fazem no início de um novo ano.

bo.as-fes.tas *sf pl* Felicitação e votos que se fazem por ocasião das principais festividades de final de ano: Natal, Ano-Novo.

bo.as-vin.das *sf pl* Expressão de alegria pela chegada de alguém.

bo.a.tar (*boato+ar¹*) *vint* Lançar ou espalhar boatos.

bo.a-tar.de *sf* Cumprimento de chegada ou despedida que se faz no período da tarde. *Pl: boas-tardes.*

bo.a.ta.ri.a (*boato+aria*) *sf* Onda de boatos.

bo.a.te (do *fr boîte*) *sf* Casa noturna com serviços de bar e restaurante, onde se pode dançar e assistir a *shows*. *Var: boite.*

bo.a.tei.ro (*boato+eiro*) *adj + sm* Que, ou o que espalha boatos.

bo.a.to (*lat boatu*) *sm* **1** Notícia anônima que corre publicamente. **2** Balela.

bo.a-vi.da *adj m+f* e *s m+f pop* Pessoa folgada, sem preocupações e sem ocupação regular. *Pl: boas-vidas.*

bo.a.zu.da (*bom*, no *fem +z+udo²*) *adj + sf gír* Diz de, ou mulher muito atraente, de corpo bonito.

bob (*bóbi*) (*ingl*) V *bóbi*.

bo.ba.gem (*bobo+agem*) *sf* **1** Ação ou dito de bobo; bobice. **2** Fato ou palavra inconveniente. **3** Asneira; disparate. *Var: bobeira.*

bo.ba.ja.da (*bobagem+ada¹*) *sf* Um rol de bobagens; bobices.

bo.ba.lhão (*bobo+alho+ão²*) *sm* **1** Indivíduo muito bobo, ridículo. **2** Grande pateta.

bo.be.ar (*bobo+e+ar¹*) *vint* **1** Portar-se como bobo. **2** Errar por distração. **3** Perder oportunidade vantajosa. Conjuga-se como *frear*.

bo.bei.ra (*bobo+eira*) V *bobagem*. *Marcar bobeira, coloq:* comportar-se como um bobo; perder oportunidades; deixar-se enganar.

bó.bi (*ingl bob*) *sm* Pequeno cilindro oco, de plástico ou outro material, que se usa para enrolar o cabelo.

bo.bi.ce (*bobo+ice*) *sf* **1** Qualidade de bobo. **2** Asneira, bobagem, tolice.

bo.bi.na (*fr bobine*) *sf* **1** Grande rolo de papel contínuo, usado nas prensas rotativas, para impressões tipográficas de grande tiragem. **2** Pequeno cilindro em que se enrolam materiais flexíveis: fios, fitas, filmes etc.

bo.bi.na.gem (*bobinar+agem*) *sf* Operação de bobinar, de enrolar em bobina.

bo.bi.nar (*bobina+ar¹*) *vtd* **1** Colocar papel em bobina. **2** Enrolar, formando bobina.

bo.bo (ô) (*lat balbu*, via *cast*) *sm* **1** Indivíduo grotesco e ridículo que, na Idade Média, divertia príncipes e toda a nobreza; truão, bufo. **2** Indivíduo que diz asneiras. • *adj* Parvo, tolo.
bo.bó (*fongbê bovó*) *sm Cul* Iguaria de origem africana, preparada com feijão-mulatinho, banana-da-terra ainda não muito madura e de gosto adstringente, azeite de dendê e muita pimenta, e que se come com inhame ou mandioca.
bo.bo.ca (*bobo+oca*) *adj m+f* Diz-se da pessoa muito tola; babaca. • *s m+f* Essa pessoa.
bo.ca (*ô*) (*lat bucca*) *sf* **1** *Anat* Cavidade situada na parte inferior da face ou cabeça, entre as duas maxilas; contém a língua e os dentes e forma a primeira parte do sistema digestório. **2** *por ext* Qualquer abertura ou corte que dê a ideia de boca. **3** Órgão da fala. **4** *pop* Pequeno emprego; bico, oportunidade. *Boca de fogo:* peça de artilharia. *Boca de fumo, gír:* ponto de venda de droga. *Boca de lobo:* boqueirão de esgoto para águas pluviais, junto ao meio-fio; bueiro. *Boca do lixo:* zona, numa cidade, onde se aglomeram marginais, prostitutas, viciados e traficantes (de entorpecentes). *Aum:* bocaça, bocarra, boqueirão.
bo.ca.da (*boca+ada*¹) *sf* **1** Ação de apreender os alimentos. **2** Mordidela.
bo.ca.di.nho (*dim* de *bocado*) *sm* **1** Pouco tempo; curto espaço de tempo. **2** Um pouco de; uma pequena porção de: *Ele só comeu um bocadinho de legumes.*
bo.ca.do (*boca+ado*¹) *sm* **1** Porção de qualquer alimento que se leva à boca de uma vez. **2** Porção que se tira com os dentes. **3** Pedaço ou porção de qualquer coisa. **4** Breve intervalo de tempo.
bo.cal (*boca+al*¹) *sm* **1** Abertura de cano, tubo, castiçal, frasco, poço, vaso etc. **2** Embocadura de alguns instrumentos de sopro. **3** *Mec* Peça adaptada à extremidade de uma mangueira ou tubo, para esguichar, aspirar etc.
bo.çal (*lat vulg* *bucceu+al¹) *adj m+f* **1** Inexperiente; inculto; ignorante; grosseiro, estúpido, rude. **2** Dizia-se do escravo negro recém-chegado da África e desconhecedor da língua do país.
bo.ça.li.da.de (*boçal+i+dade*) *sf* **1** Qualidade de boçal. **2** Dito ou procedimento de pessoa boçal. **3** Estupidez, grosseria.
bo.ca-li.vre *sf* Festa onde se come e se bebe à vontade. *Pl:* bocas-livres.
bo.ce.jar (*boca+ejar*) *vint* **1** Dar bocejos. **2** Abrir involuntária e demoradamente a boca, em sinal de sono, cansaço ou aborrecimento.
bo.ce.jo (*ê*) (de *bocejar*) *sm* Abertura involuntária de boca com aspiração e depois longa expiração.
bo.ce.ta (*ê*) (*lat buxide*, via *ant fr*) *sf* **1** Pequena caixa de madeira ou papelão, para guardar objetos de valor. **2** Bolsa ou saquinho de borracha para guardar fumo picado. **3** *vulg V* vulva.
bo.cha (*ó*) (*ital boccia*) *sf* **1** Jogo de bolas de madeira, muito popular na Itália e nas regiões de imigração italiana. **2** Cada uma das bolas desse jogo.
bo.che.cha *sf Anat* Parte saliente e carnuda de cada uma das faces.
bo.che.char (*bochecha+ar*¹) *vtd* e *vint* Enxaguar a boca agitando um líquido com o movimento das bochechas.
bo.che.cho (*ê*) (de *bochechar*) *sm* **1** Ação de bochechar. **2** Pequena quantidade de qualquer líquido para bochechar.
bó.cio (*bossa+io*) *sm Med* Aumento exagerado da glândula tireoide; papeira, papo.
bo.có (de *boca*) *adj* e *s m+f* Diz-se do, ou o indivíduo tolo, pateta, bobo, idiota.
bo.cu.do (*boca+udo*) *adj* Que tem boca grande.
bo.da (*ô*) (*lat vota*, *pl* de *votum*) *sf V* bodas.
bo.das (*ô*) (*lat vota*, *pl* de *votum*) *sf pl* **1** Celebração de casamento. **2** A festa de casamento. *Bodas de ouro:* celebração do 50º aniversário de casamento. *Bodas de prata:* celebração do 25º aniversário de casamento.
bo.de *sm* **1** *Zool* Ruminante cavicórneo, macho da cabra. **2** *Vulg: bala, bale, berra, bodeja, gagueja.* **2** *fig* Indivíduo feio e repugnante. **3** *pop* Barulho, encrenca. *Amarrar o bode:* ficar aborrecido, contrariado, zangado. *Bode expiatório:* pessoa sobre quem cai a culpa.
bo.de.ar (*bode+ar*¹) *vint pop* Cair de sono, não aguentar em pé: *Hoje, estou bodeada; o bebê não me deixou dormir.* Conjuga-se como *frear*.
bo.de.ga (*lat apotheca*) *sf* **1** Taberna pouco asseada, bar. **2** Comida grosseira, malfeita. **3** Coisa suja, porcaria, imundície.
bo.de.guei.ro (*bodega+eiro*) *sm* **1** Dono de bodega. **2** O que frequenta bodega. **3** Sujo, porcalhão. **4** Pessoa desleixada.
bo.do.que (*ár bunduq*, de origem grega) *sm* **1** Arco com duas cordas para arremessar bolas de barro, pedra ou chumbo; atiradeira. **2** *Reg* (RJ) Estilingue.
bo.dum (*bode+um*) *sm* **1** Cheiro fétido de bode não castrado. **2** Transpiração malcheirosa de outros animais e também do homem. **3** Odor desagradável; catinga.
bo.e.mi.a (*top Boêmia*) *V* boêmia.
bo.ê.mia (*top Boêmia*) *sf* **1** Vida de boêmio. **2** Farra, vadiagem, vagabundagem. *Var:* boemia.
bo.ê.mio (*boêmia+ico*²) *adj* **1** Diz-se do indivíduo que leva a vida bebendo e farreando; farrista. **2** Natural da Boêmia (província da República Tcheca, na Europa). **3** Da Boêmia ou relativo a ela. • *sm* **1** Cigano. **2** O habitante ou natural da Boêmia. **3** Língua falada na Boêmia.
bô.er (*hol boer*) *adj* + *s m+f* Sul-africano descendente de holandês. *Pl:* bôeres.
bo.fe (*cast bofe*) *sm* **1** *pop* Pulmão. **2** *pop* Vísceras dos animais. **3** *bras* Pessoa feia, pouco atraente. **4** *pop* Meretriz da ralé. *sm pl* **1** Gênio, caráter, temperamento. **2** Pulmões. *Estar com os bofes de fora:* estar arquejante, esbaforido, cansado.
bo.fe.ta.da (*bofete+ada*¹) *sf* **1** Pancada no rosto, dada com a palma da mão. **2** *fig* Desfeita, insulto, injúria. *Bofetada com luvas de pelica:* revidar, verbalmente, a um insulto com ironia sutil.
bo.fe.tão (*bofete+ão*²) *sm* Grande bofetada; sopapo.
bo.fe.te (*ê*) (*fr ant bouffer*) *sm pop* Bofetada com pouca força; tabefe (acepção 2).
bo.fe.te.ar (*bofete+ar*¹) *vtd* Esbofetear, estapear. Conjuga-se como *frear*.
bo.go.ta.no (*top Bogotá+ano*) *adj* Relativo ou per-

tencente a Bogotá, capital da Colômbia (América do Sul). • *adj* + *sm* Natural ou habitante de Bogotá.
bóh.rio (*Bohr, np+io*) *sm* *Quím* Elemento de número atômico 107 e símbolo Bh.
boi (*lat bove*) *sm* **1** *Zool* Bovino doméstico, mamífero, artiodátilo, da família dos bovídeos. **2** Macho adulto bovino, castrado, empregado em serviço ou para corte. *Col: boiada, junta, manada, rebanho, tropa*. Voz: *muge, berra, bufa, arrua*. **3** *Folc* Peça rústica representada por ocasião de festividades religiosas. *Boi do divino, Folc:* boi que se oferece ao divino Espírito Santo por ocasião da respectiva festa.
bói (*ingl boy*) *sm* Rapaz que faz pequenos serviços dentro e fora do escritório, hotel etc.; mensageiro, contínuo.
boi.a (*ó*) (*fr ant dialetal baue* ou *boie*, hoje *bouée*) *sf* **1** *Náut* Corpo flutuante que marca o lugar de qualquer coisa submersa, como, por exemplo, uma âncora, ou indica perigo, passagem difícil. **2** Pedaço de cortiça, nas redes de pesca, para que elas não afundem. **3** Peça de material flutuante para natação. **4** Peça flutuante nas caixas-d'água; flutuador. **5** *pop* Qualquer comida; gororoba. *Boia de cabo:* boia usada para suportar um cabo submarino. *Boia de salvação: V salva-vidas*.
boi.a.da (*boi+ada¹*) *sf* Manada de bois.
boi.a.dei.ro (*boiada+eiro*) *sm* **1** Condutor de boiada. **2** *bras* Comprador de gado para revender.
boi.a-fri.a (*ó*) *adj* e *s m+f Reg* (SP) Diz-se do, ou o trabalhador que se desloca diariamente para a zona rural, no período das safras, para fazer serviços de mutirão. *Pl: boias-frias*.
boi.ar (*boia+ar¹*) *vtd* **1** Ligar à boia. *vint* **2** Flutuar, sobrenadar. *vint* **3** *fig* Hesitar, oscilar. *Boiar no assunto, gír:* não entender do que se trata. *Conjug – Pres indic:* boio, boias, boia, boiamos, boiais, boiam; *Pres subj:* boie, boies, boie, boiemos, boieis, boiem.
boi-bum-bá (*boi+bumbar*) *V* bumba meu boi. *Pl: bois-bumbás e bois-bumbá*.
boi.co.ta.gem (*boicotar+agem*) *sf* **1** Ação ou efeito de boicotar. **2** *Sociol* Medida punitiva que consiste em suspender relações, sobretudo econômicas e políticas; boicote.
boi.co.tar (*boicote+ar¹*) *vtd* **1** Fazer guerra ou oposição; punir. **2** Recusar-se a manter relações sociais ou comerciais com pessoa, classe ou país; criar embaraços aos negócios ou interesses de.
boi.co.te (*Boycott, np*) *V* boicotagem.
bo.í.deos (*tupi mboia+ídeos*) *sm pl Herp* Família de serpentes não venenosas, algumas muito grandes, com dentes em ambas as maxilas e vestígios de membros posteriores em forma de gancho ou espora. Jiboias, salamantas, anacondas, pítons e outras pertencem a essa família.
boi.na (do *basco*, via *cast*) *sf* Gorro chato ou boné sem aba, geralmente sem costuras.
boi.na-ver.de *sm* Membro das Forças Especiais do Exército dos EUA. *Pl: boinas-verdes*.
boi-su.ru.bi *V* bumba meu boi. *Pl: bois-surubis* e *bois-surubi. Var: boi-surubim*.
boi-su.ru.bim *V* bumba meu boi. *Pl: bois-surubins* e *bois-surubim. Var: boi-surubi*.
boi.ta.tá (tupi *mbaé tatá*, com influência de *boi²*) *sm*

Folc **1** Fogo-fátuo. **2** Figura com que se assustam crianças; papão.
boi.u.na (*ú*) (*boi+una*, preto) *sf* **1** *Herp* Na Amazônia, nome que se dá à sucuri. **2** *Folc* (Amazonas) Mãe-d'água. **3** *Folc* Embarcação ou navio mal-assombrado.
bo.jo (*ô*) (de *bojar*) *sm* **1** Saliência arredondada; barriga. **2** A parte mais íntima de uma coisa; âmago. **3** *Náut* Parte mais larga e arredondada do navio.
bo.la (*lat bulla*) *sf* **1** Esfera. **2** Objeto arredondado ou esférico. **3** Objeto esférico ou ovoide, inflado com ar comprimido, para várias modalidades de esportes. **4** *pop* Dinheiro proveniente de suborno. *Bater uma bola:* jogar futebol. *Dar bola, gír:* dar confiança, dar atenção. *Pisar na bola:* cometer um erro, escorregar. *Trocar as bolas:* enganar-se. *Bola ao cesto, Esp:* jogo disputado numa quadra, entre dois times de cinco jogadores cada; marcam pontos as jogadas que fazem passar a bola por dentro de um aro metálico na boca de uma cesta sem fundo. *Var: basquetebol*.
bo.la.cha (de *bolo*) *sf* **1** Bolo achatado de farinha e outros ingredientes, de diversas formas e tamanhos. **2** *pop* Biscoito. **3** *pop* Bofetada. **4** *bras gír* Lésbica, sapatão.
bo.la.da (*bola+ada¹*) *sf* **1** Pancada com bola. **2** *Esp* Arremesso de bola. **3** Grande bolo ou monte de dinheiro, ganho no jogo. **4** Grande soma de dinheiro.
bo.lão (*bola+ão²*) *sm* **1** Bola grande. **2** Bolo grande. **3** Bolada (acepção 3). **4** *pop* Aposta feita por várias pessoas em conjunto.
bo.lar (*bola+ar¹*) *vtd* **1** *bras pop* Arquitetar, planejar, imaginar, tramar. **2** Tocar com a bola; acertar com a bola.
bo.las *interj pop* Exprime desagrado, desaprovação, irritação: *Ora bolas!*
bol.che.vi.que (*russo bol'shevik*) *V* bolchevista.
bol.che.vis.mo (*russo bol'shevizm*) *sm Sociol* Doutrina política ou sistema econômico e social desenvolvido por Vladimir Ilitch Ulianov, o Lenin (1870-1924), com base nas teorias econômicas de Karl Marx (1818-1883), e implantado na Rússia em 1917; comunismo.
bol.che.vis.ta (*bolchev(ismo)+ista*) *adj m+f Sociol* **1** Relativo ao bolchevismo. **2** Partidário do bolchevismo; comunista. • *s m+f* **2** Pessoa que adota o bolchevismo; comunista. **2** Membro do partido comunista russo; bolchevique.
bol.do (*ô*) (*mapuche boldu*) *sm Bot* Arbusto sempre verde, do Chile, com fruto doce, comestível, e folhas e caules medicinais.
bo.lei.a (*é*) *sf* **1** Assento do cocheiro. **2** Cabina do motorista, no caminhão.
bo.lei.ra (*bolo+eira*) *sf* Mulher que faz ou vende bolos.
bo.le.ro (*é*) (*cast bolero*) *sm* **1** Dança espanhola. **2** Música que acompanha essa dança. **3** Casaquinho curto, com ou sem mangas.
bo.le.tim (*ital bolettino*) *sm* **1** Informação oficial dirigida ao público. **2** Órgão de divulgação periódica dos eventos empresariais, de circulação interna. **3** Artigo de jornal resumindo as notícias

do dia. **4** Registro de fatos e ocorrências militares. **5** Registro de notas de um aluno; caderneta escolar. *Boletim meteorológico:* registro das condições do tempo.

bo.lha (*ô*) (*lat bulla*, pelo *cast*) *sf* **1** *Med* Pequena elevação, cheia de água ou pus, à superfície da pele. **2** Pequenas bolinhas de ar nos líquidos em ebulição ou nas matérias em fermentação. **3** *pop* Pessoa importuna, chata.

bo.lhar (*bolhar+ar¹*) *vint* **1** Formar bolhas, borbulhar. **2** Amontoar-se, encastelar-se: "Sobem... (nuvens) incham bolhando em lentos... rebojos na altura" (Euclides da Cunha).

bo.li.che (*espanhol platino boliche*) *sm* **1** Jogo que consiste em atirar uma bola por uma pista estreita, em direção a um conjunto de balizas, em forma de garrafa. **2** Local onde é praticado esse jogo.

bó.li.de (*gr bolídos*) *s m+f* Meteorito de grande volume, que atravessa o espaço; aerólito. *Var: bólido.*

bo.li.na (*ingl bowline*) *sf* **1** Ato ou efeito de bolinar. **2** *Náut* Chapa plana e resistente que fica por baixo da quilha, nas embarcações de vela; ela reduz a inclinação da embarcação quando se está navegando à vela. **3** *vulg* Bolinação. *sm vulg* O que se dá à prática da bolinação.

bo.li.na.ção (*bolinar+ação*) *sf vulg* Ato de bolinar; contato libidinoso entre duas pessoas. *Var: bolinagem.*

bo.li.na.dor (*bolinar+dor*) *adj + sm* Que, ou o que bolina.

bo.li.nar (*bolina+ar¹*) *vint* **1** *Náut* Navegar à bolina. *vtd* **2** *vulg* Tocar fisicamente em alguém com intenção libidinosa (principalmente em aglomerações, ônibus, metrô, cinemas etc.).

bo.li.nha (*bola+inho*, no *fem*) *sf* **1** Pequena bola de vidro, ágata ou outro material, usada pelas crianças no jogo de gude. **2** *V* gude.

bo.li.nho (*bolo+inho*) *sm Cul* **1** Diminutivo de *bolo*. **2** Denominação de doces e salgados, geralmente em forma de bolinhas, feitos com ingredientes ou temperos diversos e quase sempre fritos em gordura.

bo.li.vi.a.no (*top Bolívia+ano*) *adj* **1** Da Bolívia ou relativo a esse país da América do Sul. **2** Natural da Bolívia. • *sm* **1** O habitante ou natural da Bolívia. **2** Unidade monetária básica da Bolívia até dezembro de 1964, quando foi substituída pelo peso boliviano ($b.).

bo.lo (*ô*) (de *bola*) *sm* **1** *Cul* Massa de farinha a que se adicionam açúcar, manteiga, ovos etc. e que é cozida no forno. **2** *pop* Rolo, confusão. **3** Soma de dinheiro. **4** Ajuntamento de gente. *Dar o bolo, bras:* faltar a um compromisso marcado.

bo.lo.nhês (*top Bolonha+ês*) *adj* De Bolonha (Itália) ou relativo a essa cidade. • *sm* **1** O habitante ou natural de Bolonha. **2** Dialeto falado em Bolonha.

bo.lor (de *balor*, dialetal, e este do *lat pallore*) *sm Bacter* Nome vulgar dos fungos que se desenvolvem, sob efeito da umidade e do calor, nas matérias orgânicas em decomposição; mofo.

bo.lo.rên.cia (*bolorento+ia²*) *sf* Qualidade de bolorento; mofo.

bo.lo.ren.to (*bolor+ento*) *adj* **1** Coberto ou cheio de bolor. **2** *fig* Decadente, velho, antiquado.

bo.lo.ta (*ár ballûTã*) *sf* **1** *Bot* Fruto do carvalho e do azinheiro. **2** Qualquer penduricalho. **3** Borla (acepção 1). **4** Calombo (acepção 2).

bol.sa (*ô*) (*gr býrsa*, via *lat*) *sf* **1** Carteira de couro, pano ou plástico, com fecho e alças, para levar dinheiro, documentos etc. **2** Sacola para viagem, compras etc. **3** Instituições públicas ou privadas em que se realizam operações financeiras com valores negociáveis: *Bolsa de comércio, bolsa de câmbio, bolsa de valores* etc. **4** Edifício onde se reúnem corretores para essas operações financeiras. **5** Pensão concedida a estudantes ou pesquisadores para custear estudos ou viagens culturais: *Bolsa de estudos.*

bol.são (*bolsa+ão²*) *sm* **1** Aumentativo de *bolsa* e *bolso*. **2** Área, numa cidade, reservada exclusivamente para estacionamento público de veículos ou para alguma atividade específica, como comércio ambulante.

bol.sis.ta (*bolsa+ista*) *adj m+f* Que se refere à bolsa (de estudos, viagem ou operações financeiras). • *s m+f* **1** Quem faz habitualmente operações na bolsa. **2** *bras* Quem recebeu bolsa de estudos ou de viagem.

bol.so (*ô*) (*lat bursa*) *sm* Pequeno saco de tecido aplicado na parte interna ou externa do vestuário, para guardar objetos pessoais; algibeira.

bom (*lat bonu*) *adj* **1** Que tem bondade; justo, caridoso. **2** Gostoso, agradável. **3** Lucrativo, rendoso. *Fem: boa. Sup abs sint: boníssimo* e *ótimo.* Comparativo de superioridade: *melhor.* Antôn (acepção 1): *mau, malévolo.* • *sm* **1** Pessoa benévola, bondosa. **2** Indivíduo competente, hábil, capaz.

Usamos **bom de** quando nos referimos a alguém que é muito hábil em alguma coisa.
Ronaldo é bom de bola.
Usamos **bom em** quando nos referimos à competência que alguém tem em determinada área de conhecimento.
Paulo é bom em matemática.
Júlia é boa em redação.

bom.ba (*ital bomba*) *sf* **1** Máquina para elevar ou fazer circular líquidos. **2** Cartucho de papel contendo pólvora, amarrado com barbante, que estoura ao inflamar-se; bombinha, fogo de artifício. **3** Projétil com carga explosiva. **4** Canudo metálico para sugar o mate na cuia. **5** *bras* Reprovação em exames. **6** *fig* Acontecimento desagradável ou surpreendente que se dá de forma inesperada. **7** *Cul* Doce de massa leve, recheado com creme. *Bomba atômica, Mil:* bomba de alto poder destrutivo, resultante da liberação repentina de energia atômica. *Bomba de combustível:* bomba que, em veículo a motor, impele o combustível do tanque para o carburador. *Cair como uma bomba, fig:* acontecer de surpresa: *A notícia do casamento da atriz caiu como uma bomba em Hollywood.*

bom.ba.chas (*espanhol platino*) *sf pl* Calças largas, apertadas acima dos tornozelos por meio de botões ou fivelas, usadas pelos gaúchos.

bom.ba.do (*part* de *bombar*) *adj* Reprovado, bombedo.

bom.bar *vtd* e *vint* **1** *V* bombear. *vti* **2** *bras* Ser reprovado; tomar bomba (em provas escolares).

bom.bar.da (*fr bombarde*) *sf* **1** Mil Máquina de guerra (ou canhão curto) usada na Idade Média para arremessar bolas de ferro ou pedra. **2** *Antig* Embarcação de fundo chato destinada a transportar peças de artilharia; canhoneira. **3** Antigo instrumento de madeira do qual se originou o oboé.

bom.bar.dão (*ital bombardone*) *sm Mús* Instrumento metálico de sopro; baixo, bombardino.

bom.bar.de.a.dor (*bombardear+dor*) *adj+sm* Que, ou o que bombardeia.

bom.bar.de.a.men.to (*bombardear+mento*) *sm* Mil e Fís Ação ou efeito de bombardear; bombardeio. *Bombardeamento aéreo:* ataque com aviões de bombardeio.

bom.bar.de.ar (*bombarda+e+ar¹*) *vtd* Atacar, arremessando bombas ou outros projéteis. Conjuga-se como *frear*.

bom.bar.dei.o (de *bombardear*) *V bombardeamento*.

bom.bar.dei.ro (*bombarda+eiro*) *adj* **1** Diz-se do avião de combate, destinado a fazer bombardeios. **2** Pertencente ou relativo à bombarda. • *sm* **1** *Antig* Artilheiro de bombarda. **2** *Antig* Marinheiro que conduzia a bombarda. **3** *Av* Avião de bombardeio. **4** *Av* Membro da tripulação de um avião de combate, cuja incumbência é sobrevoar o alvo e soltar as bombas.

bom.bar.di.no (*bombarda+ino*) *sm Mús* Instrumento metálico de três ou quatro pistões, espécie de trompa; barítono, bombardão.

bom.bás.ti.co (de *Bombast, np+ico²*) *adj* **1** Estrondoso. **2** *fig* Empolado, barroco (estilo), extravagante, pretensioso.

bom.be.a.ção (*bombear+ção*) *sf* **1** Ato de bombear, de tirar água com bomba. **2** Reprovação em provas.

bom.be.a.do (*part* de *bombear*) *adj* **1** Retirado com bomba. **2** Reprovado; bombado.

bom.be.a.dor (*bombear+dor*) *adj+sm* Que, ou aquele que bombeia; reprovador.

bom.be.a.men.to (*bombear+mento*) *sm* Ação de bombear.

bom.be.ar (*bomba+e+ar¹*) *vtd* e *vint* Extrair (líquido) com bomba; acionar bomba de mão para extrair água de poço. Conjuga-se como *frear*.

bom.bei.ro (*bomba+eiro*) *sm* Soldado que combate incêndios ou presta serviços de salvamento; o que trabalha com bombas de incêndio. *Bombeiro hidráulico:* encanador.

bom.bi.nha (*bomba+inho*, no *fem*) *sf* **1** Diminutivo de *bomba*. **2** Pequeno cartucho de papel contendo pólvora e pavio, que explode com forte estalo, quando aceso. Usada principalmente nas festas juninas.

bom.bo (*lat bombu*) *sm Mús* **1** Espécie de tambor grande, que é tocado em posição vertical e com uma única baqueta. **2** Aquele que toca o bombo. *Var: bumbo* e *zabumba*.

bom.bo.ca.do (*bom+bocado*) *sm Cul* Doce preparado com queijo ralado, leite de coco, gemas de ovo, açúcar etc., e assado em forminhas. *Pl: bons-bocados.*

bom.bom (*fr bonbon*) *sm Cul* Doce de chocolate com recheio de licor ou pedaços de frutas.

bom.bo.nei.ra (*fr bonbonière*) *sf* **1** Recipiente para guardar bombons. **2** Mulher que faz ou vende bombons. **3** Máquina de fazer bombons. **4** Pequeno balcão ou guichê, onde se vendem bombons.

bom.bo.ni.e.re (*fr bonbonnière*) *sf* **1** Loja onde se vendem bombons. **2** Recipiente em que se guardam bombons; bomboneira.

bom.bor.do (*hol bakboord*, via *fr*) *sm Náut* **1** Lado esquerdo de um navio, para quem o observa da popa para a proa. **2** Tudo o que fica do lado esquerdo do navio. *Antôn: estibordo* e *boreste*.

bom.bril (da marca registrada *Bombril*) *sm neol* Marca registrada de esponja de lã de aço, usada na limpeza de louças, vidros e metais.

bom-di.a *sm* Cumprimento que se dirige a alguém, na chegada ou na saída, na parte da manhã: *Saiu sem ao menos me dar bom-dia. Pl: bons-dias.*

bom-tom *sm* **1** Elegância de maneiras, boa educação. **2** Modos próprios da boa sociedade. *Pl: bons-tons.*

bo.na.chão (*bom+acho+ão²*) *adj + sm* **1** Que, ou o que tem bondade natural. **2** Que, ou o que é simples, ingênuo e paciente. *Pl: bonachões. Var: bonacheirão.*

bo.na.chei.ri.ce (*bonacheiro+ice*) *sf* Qualidade de bonachão.

bo.nan.ça (*cast bonanza*) *sf* **1** Condição do mar propícia à navegação. **2** Bom tempo, no mar, depois de uma tempestade. **3** *fig* Calma, sossego, tranquilidade: *Depois da tempestade vem a bonança.* • *adj* Bonançoso, calmo, sereno (o mar, o vento etc.).

bo.nan.ço.so (*bonança+oso*) *adj* **1** Que se encontra em bonança. **2** *fig* Tranquilo, calmo, sossegado.

bonbonnière (*bonboniér*) (*fr*) *V bomboniere.*

bon.da.de (*lat bonitate*) *sf* **1** Qualidade de bom. **2** Benevolência, brandura, indulgência. *Antôn: maldade.*

bon.de (*ingl bond*) *sm* Veículo elétrico de transporte coletivo, urbano e suburbano, que roda sobre trilhos: *Bonde elétrico. Tomar o bonde errado, bras gír:* enganar-se, frustrar-se.

bon.do.so (*contr* de *bondadoso*) *adj* **1** Que tem bondade. **2** Benévolo, benigno. **3** Humanitário.

bo.né (*fr bonnet*) *sm* Peça de vestuário para cobrir a cabeça, de copa redonda e com aba sobre os olhos.

bo.ne.ca (*voc pré-romano*) *sf* **1** Brinquedo feito de massa plástica, louça, tecido etc., com a figura de um bebê ou de uma criança pequena. **2** *fig* Mulher bela. **3** *fig* Mulher muito enfeitada. **4** *bras pop* Espiga de milho muito verde, ainda em formação. **5** *V boneco* (acepção 3).

bo.ne.co (de *boneca*) *sm* **1** Figura de menino para brinquedo de criança. **2** Homem muito enfeitado. **3** *Art Gráf* Modelo para confecção de livro, revista, álbum, folheto, catálogo ou qualquer projeto gráfico.

bo.ne.quei.ro (*boneco+eiro*) *sm* Fabricante de fantoches e bonecos para manipulação.

bon.gô *sm Mús* Instrumento de percussão, originário da África, que consiste em dois tambores ligados, de afinações diferentes, e tocados diretamente com as mãos.

bo.ni.fi.ca.ção (*bonificar+ção*) *sf* **1** Ação de bonificar. **2** Gratificação, prêmio. **3** Benefício ou vantagem que se recebe em títulos e ações de companhias e bancos.

bo.ni.fi.car (*lat bonu+ficar*) *vtd* **1** Conceder bonificação, bônus. **2** Gratificar, premiar, beneficiar.

bo.ni.tão (*bonito+ão²*) *adj* **1** *pop* Muito bonito. **2** Aplica-se ao indivíduo de belo porte. *Fem: bonitona.*

bo.ni.te.za (*ê*) (*bonito+eza*) *sf* **1** Qualidade de bonito. **2** Formosura; beleza.

bo.ni.to (*cast bonito*) *adj* **1** Agradável à vista, ao ouvido ou ao espírito. **2** De rosto agradável, belo, formoso. **3** Nobre, generoso. **4** Bom, apetecível. *Antôn* (acepções 1 e 2): *feio.* • *sm* **1** O que é belo. **2** *Ictiol* Nome comum a vários peixes dos mares tropicais. • *adv* De modo bonito; bem.

bo.no.mi.a (*fr bonhomie*) *sf* **1** Qualidade de quem é bom. **2** Bondade aliada à simplicidade. **3** Generosidade; credulidade, singeleza.

bon.sai (*jap bon*, tigela+*sai*, cultivo) *sm* **1** *Bot* Árvore anã plantada em vaso, produzida com métodos especiais de cultivo. **2** A arte de cultivar essa árvore.

bô.nus (*lat bonu*) *sm* **1** Prêmio, bonificação ou vantagem concedido por uma empresa a seus acionistas, ou a um colaborador em reconhecimento por seus serviços. **2** Abatimento ou desconto sobre produtos em promoção. **3** Título de dívida pública; papel de crédito emitido e garantido pelo governo.

bon vivant (*bõn vivãn*) (*fr*) *sm* Homem alegre, que curte os prazeres da vida.

bon.zo (*jap bozu,* dialetal *bonzu*) *sm* **1** Sacerdote budista. **2** Hipócrita.

book (*búqui*) (*ingl*) *sm* **1** Tipo de catálogo que reúne os principais trabalhos de uma pessoa, em geral para a apreciação de novos clientes. **2** V *bookmaker.*

bookmaker (*buquimêiquer*) (*ingl*) *sm Turfe* Pessoa que recebe apostas clandestinas em corridas de cavalos; *book.*

boom (*bum*) (*ingl*) *sm* **1** Período de expansão da economia. **2** Crescimento acelerado dos negócios ou da aceitação de um produto. **3** Súbita elevação nos preços.

bo.quei.ra (*boca+eira*) *sf pop* Inflamação nos cantos da boca.

bo.quei.rão (*boca+eira+ão²*) *sm* **1** Grande boca. **2** Grande abertura de rio ou canal.

bo.que.jar (*boca+ejar*) *vtd* **1** Murmurar, proferir entre dentes. *vti* **2** Falar mal. *vti* **3** Discutir.

bo.qui.a.ber.to (*boqui+aberto*) *adj* **1** De boca aberta. **2** Admirado, pasmado. **3** Deslumbrado.

bo.qui.lha (*boca+ilha²*) *sf* **1** Tubo em que se prende a ponta do cigarro ou charuto para fumar; piteira. **2** Parte destacável de cachimbo ou piteira, que se prende entre os dentes. **3** Embocadura de instrumento de sopro.

bo.qui.nha (*boca+inho,* no *fem*) *sf* **1** Diminutivo de *boca*; boca pequena. **2** Beijo, beijinho. **3** *Ictiol* Peixe de rio, parecido com a savelha, de boca muito pequena e pouca espinha. *Fazer uma boquinha, pop:* comer alguma coisa rapidamente.

bó.rax (*cs*) (*persa bôrak,* via *fr*) *sm Miner* e *Quím* Borato de sódio, usado como branqueador e antisséptico. *Pl: bóraces.*

bor.bo.le.ta (*ê*) (*lat vulg *belbellita*) *sf* **1** *Entom* Denominação aplicada somente aos insetos da ordem dos lepidópteros, cujas espécies são diurnas. *Col: bando.* **2** *fig* Pessoa leviana ou volúvel. **3** Ferragem que é fixada nas ombreiras de janelas do tipo guilhotina, para manter as folhas suspensas. **4** Catraca. **5** *Mec* Tipo de parafuso e de porca com duas saliências laterais, que lembram asas de borboleta. **6** *Esp* Estilo de natação.

bor.bo.le.te.a.dor (*borboletear+dor*) *adj + sm* Que, ou aquele que borboleteia; borboleteante.

bor.bo.le.te.an.te (*de borboletear*) *adj m+f* Borboleteador.

bor.bo.le.te.ar (*borboleta+e+ar¹*) *vti* e *vint* **1** Divagar como as borboletas: *Borboleteava pelas praias. vint* **2** *fig* Devanear sem fixar a atenção; fantasiar. *Conjuga-se como frear.*

bor.bo.rig.mo (*gr borborygmós*) *sm* Ruído causado pelo movimento de gases nos intestinos.

bor.bo.tão (*bombotar+ão²*) *sm* **1** Jato impetuoso e interrompido de um líquido ou gás. **2** Golfada, jorro. **3** Lufada.

bor.bo.tar (*de brotar*) *vint* **1** Jorrar com ímpeto, sair em borbotões. *vtd* **2** Lançar em borbotões: *A chaminé borbotava fumaça. vtd* **3** Dizer ou fazer em profusão.

bor.bu.lha (*de borbulhar*) *sf* **1** Bolha de fervura, de fermentação ou de bebida espumante. **2** *Med* Vesícula que se forma sob a epiderme, contendo secreção. **3** *Bot* Botão, gomo para enxerto.

bor.bu.lhan.te (*de borbulhar*) *adj m+f* Que borbulha; cheio de borbulhas. • *sf pop* Cachaça, uca, pinga.

bor.bu.lhar (*borbulha+ar¹*) *vti* e *vint* **1** Sair em borbulhas, em bolhas ou em gotas frequentes: *Da cavidade borbulhava uma água pura e fresca. Furado o tonel, o vinho borbulhou. vint* **2** *Bot* Cobrir-se de borbulhas; germinar. *vtd* **3** Fazer germinar: *O clima quente fez borbulhar as delicadas plantas.*

bor.da (de *bordo*) *sf* **1** Extremidade de uma superfície. **2** *Náut* Parte superior do costado do navio. **3** Aba, franja, orla. **4** Praia, margem. *Borda de janela, Inform:* conjunto de controles (incluindo os botões de minimizar e maximizar, barra de rolamento e título da janela) e contorno que cerca a área de uma janela.

bor.da.dei.ra (*bordar+deira*) *sf* **1** Mulher que borda. **2** Máquina de bordar.

bor.da.do (*part de bordar*) *adj* Guarnecido de bordado. • *sm* **1** Obra de bordadura. **2** Trabalho de agulha, em relevo, feito na roupa ou sobre tela, com fios de seda, algodão, lã, metalizados etc.

bor.da.du.ra (*bordar+dura*) *sf* **1** Efeito de bordar. **2** Enfeite que limita a superfície de um objeto; orla.

bor.dão (*lat burdone*) *sm* **1** Bastão, cajado, bengala, pau grosso. **2** *fig* Amparo, arrimo, proteção: *O amor pelos filhos é o seu único bordão.* **3** Argumento a que se recorre seguidamente. **4** Palavra ou frase que se repete muito, na conversa ou na escrita. O bordão é utilizado em teatro ou televisão para dar um efeito cômico na fala do personagem. **5** *Mús* Corda mais grossa dos instrumentos de cordas, que dá as notas graves.

bor.dar (*borda+ar¹*) *vtd* e *vint* **1** Fazer bordado em.

bordejar 134 **bosníaco**

vtd **2** Guarnecer, adornar, ornar: *Naquela noite, a lua bordava de prata as margens do rio*. *vtd* **3** Escrever com fantasia. *vtd* **4** *fig* Fantasiar; enfeitar.
bor.de.jar (*bordo+ejar*) *vint Náut* Conduzir o navio alternadamente para um e outro lado do rumo desejado, quando o vento não é favorável.
bor.de.jo (*ê*) (de *bordejar*) *sm Náut* Ato de bordejar.
bor.del (*fr bordel*) *sm* Casa de prostituição; prostíbulo.
bor.de.rô (*fr bordereau*) *sm Com* Nota na qual são discriminados quaisquer mercadorias ou valores entregues.
bor.do (*ó*) (*al Bord*) *sm* **1** Cada um dos lados de uma embarcação. **2** Beira, borda. **3** Interior do navio ou de aeronave. **4** Rumo que segue o navio, quando bordeja. *A bordo*: dentro da embarcação ou de uma aeronave.
A palavra **bordo**, no seu sentido original, só se referia a embarcações (barcos ou navios). Com o surgimento do trem, do ônibus e do avião, por extensão, passou-se a usá-la também para esses meios de transporte.
Todos os passageiros já estão a bordo do trem.
Aquele ônibus tem banheiro a bordo.
Vou pedir uma aspirina à comissária de bordo.
bor.dô (*top Bourdeaux*) *adj m+f sing* e *pl* **1** Da cor do vinho. **2** Diz-se dessa cor. • *sm* **1** Vinho da região de Bordéus (França). **2** A cor desse vinho.
bor.do.a.da (*bordão+ada*[1]) *sf* **1** Pancada com bordão. **2** Bengalada, cacetada, paulada.
bo.ré (*tupi mboré*) *sm* Espécie de trombeta dos índios.
bo.re.al (*lat boreale*) *adj m+f* **1** Do lado norte; setentrional. **2** Relativo ou pertencente às regiões limítrofes com a zona ártica.
bo.res.te (*bordo+este*) *V estibordo*.
bo.ri.ca.do (*bórico+ado*[1]) *adj* Que contém ácido bórico.
bó.ri.co (*boro+ico*[2]) *adj Quím* Relativo ou pertencente ao boro, ou dele derivado. Diz-se especialmente dos compostos em que esse elemento é combinado com oxigênio.
bor.la (*ó*) (*lat burrula*) *sf* **1** Ornamento com franjas usado em vestimentas, cortinas etc. **2** Tufo redondo constituído de fios ou pelos. **3** Rodela no topo dos paus de bandeira e dos mastros. **4** Barrete de doutor. **5** *fig* Grau de doutor.
bor.nal *sm* **1** Saco de pano ou couro para provisões, ferramentas etc. **2** Farnel. **3** Saco em que se prende o focinho das cavalgaduras, para nele comerem; embornal.
bo.ro (*ó*) (de *bórax*) *sm Quím* Elemento não metálico, de número atômico 5 e símbolo B.
bo.ro.co.xô *adj m+f pop* Diz-se da pessoa fraca, medrosa, mole, sem coragem.
bo.ro.go.dó *sm pop* Atrativo físico muito peculiar.
bo.ro.ro (*ôro*) *adj m+f Etnol* Relativo aos bororos, indígenas de Goiás e Mato Grosso. • *s m+f* Indígena dessa tribo. *sm* Língua dos bororos.
bor.ra (*ó*) (*lat burra*) *sf* **1** Parte em suspensão num líquido, que assenta quando este fica em repouso; sedimento, fezes. **2** Matéria de cor arroxeada, que se separa do vinho e fica depositada no fundo da garrafa. **3** Resíduos imprestáveis de qualquer coisa.

bor.ra.bo.tas *s m+f sing* e *pl* **1** Engraxate que trabalha mal. **2** *fig* Homem sem importância, reles, insignificante. **3** *fig* João-ninguém.
bor.ra.cha (*cast borracha*) *sf* **1** Substância obtida do látex de plantas tropicais, especialmente da seringueira (gênero Hévea); caucho, goma-elástica. **2** Cada uma das várias substâncias obtidas por processos químico-industriais, semelhantes à borracha natural e que, como esta, podem ser vulcanizadas. **3** Goma-elástica que serve para apagar a escrita, o desenho e outros traços.
bor.ra.cha.ri.a (*borracho+eira*) *sf* Oficina de borracheiro (acepção 1).
bor.ra.chei.ro (*borracha+eiro*) *sm* **1** Indivíduo que conserta pneus e câmaras de ar. **2** O que trabalha na fabricação de borracha. **3** Seringueiro. **4** Indivíduo que extrai o leite da seringueira.
bor.ra.chen.to (*borracha+ento*) *adj* Que lembra a consistência da borracha.
bor.ra.cho (*cast borracho*) *V bêbado*.
bor.ra.chu.do (*borracha+udo*) *adj* Inchado ou rotundo como borracha. • *sm Entom* Denominação popular de certos dípteros, vorazes sugadores de sangue. Criam-se em águas encachoeiradas, surgindo em bandos numerosos.
bor.ra.de.la (*borrar+dela*) *sf* **1** Borrão. **2** Camada de tinta aplicada grosseiramente. **3** Dejeção de mosca ou outro inseto.
bor.ra.lhei.ra (*borralha+eira*) *sf* Lugar onde se junta a cinza ou borralho do fogão à lenha. • *adj* Que gosta do borralho, de se aquecer junto ao braseiro.
bor.ra.lho (*borra+alho*) *sm* **1** Braseiro quase apagado, coberto de cinzas. **2** Cinzas quentes. **3** *fig* Lar, lareira.
bor.rão (*borrar+ão*[2]) *sm* **1** Mancha de tinta, na escrita. **2** Rascunho de um escrito ou desenho; esboço. **3** *fig* Mancha de caráter; nódoa, descrédito.
bor.rar (*borra+ar*[1]) *vtd* **1** Manchar com borrões. *vtd* **2** Rabiscar o que se escreveu, para tornar as palavras ilegíveis. *vtd* e *vpr* **3** Sujar(-se). *vtd* e *vpr* **4** Emporcalhar(-se) com matérias fecais. *vint* **5** *vulg* Defecar de medo.
bor.ras.ca (*ital burrasca*) *sf* **1** Tempestade de chuva ou neve, violenta e repentina, acompanhada de fortes rajadas de vento; temporal. **2** Tempestade no mar; tormenta. **3** *fig* Desgosto, inquietação, desgraça súbita.
bor.ras.co.so (*borrasca+oso*) *adj* **1** Diz-se do tempo em que há borrasca. **2** Que ameaça ou traz borrascas. **3** Tempestuoso.
bor.ri.fa.de.la (*borrifar+dela*) *sf* Ato ou efeito de borrifar de leve.
bor.ri.far (*borrifo+ar*[1]) *vtd* **1** Salpicar de pequenas gotas; aspergir, regar. *vtd* **2** Orvalhar. *vint* **3** Chuviscar.
bor.ri.fo (de *borrifar*) *sm* **1** Ação de borrifar; aspersão. **2** Difusão de pequenas gotas de água ou de outro líquido. **3** Chuvisco. **4** Conjunto de pequenos fios de água que passam pelos orifícios do regador. *sm pl* Pontinhos semelhantes a gotas; salpicos.
bor.ze.guim (*hol broseken*, via *fr ant*) *sm* Botinas de cano longo que se fecham por meio de cordões.
bos.ní.a.co (*top Bósnia+íaco*) *adj* Pertencente ou relativo à Bósnia-Herzegóvina (Europa), aos seus

habitantes ou à sua língua. • *sm* **1** O natural ou habitante da Bósnia. **2** Língua servo-croata dos bosníacos.

bós.nio (*top Bósnia*) V *bosníaco*.

bos.que (*cat bosc*) *sm* **1** Arvoredo que ocupa extensão considerável de terreno. **2** Mata, floresta. *Dim: bosquezinho* e *bosquete.*

bos.que.jar (*bosque+ejar*) *vtd* Delinear; esboçar.

bos.que.jo (ê) (de *bosquejar*) *sm* Esboço; plano geral de uma obra; rascunho.

bos.sa (*fr bosse*) *sf* **1** Inchaço devido a uma contusão; galo. **2** Corcunda, corcova. **3** Protuberância dorsal de alguns animais (camelo, dromedário, bisão). **4** Elevação arredondada na superfície dos ossos do crânio. **5** *fig* Tendência, aptidão, jeito, vocação. **6** *bras gír* Certas características de pessoas ou objetos que os fazem atraentes ou agradáveis.

bos.sa-no.va *sf pop* **1** Neologismo que qualifica tendências renovadoras da nossa música popular e, por extensão, dos costumes sociais. **2** Movimento musical surgido no Brasil no final da década de 1950, com influências do *jazz*, liderado por um grupo de músicos e cantores de classe média: Carlos Lira, Nara Leão, Roberto Menescal, Ronaldo Bôscoli, João Gilberto e outros. • *adj m+f sing* e *pl* Pertencente ou relativo à bossa-nova.

bos.ta (*lat bostar*, estábulo) *sf* **1** Excremento de qualquer animal. **2** *pop* Fezes, merda. **3** Trabalho ou coisa malfeita, sem qualidade. • *interj* Exclamação de desagrado ou contrariedade.

bo.ta (*fr botte*) *sf* Calçado de cano alto, que abrange parte da perna. *Bota alta:* bota com cano até os joelhos ou acima deles. *Bater a bota,* ou *bater as botas:* morrer. *Descalçar a bota:* sair de uma entalada, vencer uma dificuldade. *Lamber as botas de, pop:* bajular, adular, "puxar o saco".

bo.ta-fo.ra (*botar+fora*) *sm sing* e *pl* **1** Lançamento de navio ao mar. **2** Desperdício. **3** Ato ou reunião com que se festeja a despedida de alguém. **4** Ato de acompanhar amigos ou parentes, que vão viajar, até o local de embarque, aguardando a partida.

bo.tâ.ni.ca (*gr botaniké*) *sf* Ciência que estuda e classifica os vegetais. *Sin: fitologia.*

bo.tâ.ni.co (*gr botanikós*) *adj* Pertencente ou relativo à botânica. • *sm* Especialista em botânica.

bo.tão (*fr bouton*) *sm* **1** *Bot* Pequena saliência que, nos vegetais, dá origem a novos ramos; gomo, olho, rebento. **2** *Bot* Estado da flor antes de desabrochar. **3** Disco, globo ou pequena peça de qualquer formato, que passa através de uma abertura no tecido do vestuário, para abotoá-lo. **4** Peça geralmente esférica que facilita pegar ou puxar qualquer coisa ou, quando giratória, serve para regular ou ajustar qualquer aparelho. **5** *Inform* Num *mouse* ou *joystick*, tecla ou chave que dispara uma ação, quando pressionada. **6** *Inform* Pequeno círculo ou quadrado exibido numa caixa de diálogo, que dispara uma ou mais ações quando selecionado pelo ponteiro ou teclado.

bo.tar (*fr ant botter*, de origem germânica) *vtd* **1** Pôr. *vtd* **2** Lançar fora: *Sem que vissem, botava as cascas pela janela do trem.* *vint* **3** Pôr (a ave fêmea) ovos. *vpr* **4** Lançar-se, arremessar-se: *Botou-se nos braços da mãe. vpr* **5** Arrojar-se, atrever-se: *Botou-se a cantar uma ópera. Botar a boca no mundo:* gritar. *Botar a colher:* intrometer-se. *Botar as mangas de fora:* abusar. *Botar o pé na estrada:* partir.

bo.te (*ingl boat*) *sm Náut* **1** Pequena embarcação a remo ou a vela; escaler. **2** *Reg* (PE) Pequena jangada levada por pescadores dentro de outra maior. **3** Ataque da cobra. **4** Salto de um animal sobre a presa. **5** Investida. *Errar o bote:* falhar em alguma tentativa.

bo.te.co (*de botequim*) *sm pop* Pequeno botequim, barzinho.

bo.te.quim (*ital botteghino*) *sm* **1** Estabelecimento comercial onde se vendem bebidas. **2** *Com* Café.

bo.te.qui.nei.ro (*botequim+eiro*) *sm* **1** Dono de botequim. **2** Indivíduo que vende em botequim.

bo.ti.ca (*gr apothéke,* via *provençal*) *ant V farmácia.*

bo.ti.cão (*botica+ão²*) *sm Odont* Espécie de pinça com hastes resistentes utilizada pelos dentistas para arrancar dentes.

bo.ti.cá.rio (*botica+ário*) *sm ant* **1** Farmacêutico. **2** O que sabe preparar produtos farmacêuticos. **3** Dono de botica.

bo.ti.ja (*cast botija*) *sf* **1** Vasilha de barro, de boca estreita, com uma pequena asa. **2** *fig* Pessoa gorda. *Pegar* (alguém) *com a boca na botija:* pegar em flagrante.

bo.ti.jão (*botija+ão¹*) *sm* Recipiente metálico para entrega em domicílio de gás combustível; bujão.

bo.ti.na (*bota+ina*) *sf* Bota de cano curto; sapato ou calçado que cobre o tornozelo.

bo.to (ó) *sm Zool* Mamífero cetáceo da família dos delfinídeos. Os indígenas do Amazonas acreditam que o boto é encantado e seduz as jovens índias.

bo.to.cu.do (*botoque+udo*) *sm* **1** Indígena da tribo dos botocudos (Minas Gerais, Espírito Santo e Bahia). **2** Índio que usa botoque. • *adj* Relativo aos botocudos.

bo.to.que (*gascão bartoc*) *sm* Rodela que algumas tribos de botocudos usam embutida no lábio inferior ou nas orelhas. *Var: batoque.*

bot.su.a.nen.se (*top botsuana+ense*) *adj m+f* De Botsuana (antiga Bechuanalândia, África Austral). • *s m+f* O natural ou habitante de Botsuana. *Var: bechuano, betchuano* e *botsuanês.*

bo.tu.lis.mo (*lat botulu+ismo*) *sm Med* e *Vet* Envenenamento agudo por alimentos deteriorados, causado pela toxina de uma bactéria.

boudoir (*buduár*) (*fr*) *sm* Pequeno quarto feminino, decorado com elegância.

bo.ví.deo (*bove+ídeo*) *adj Zool* Relativo ou pertencente à família dos bovídeos. • *sm* Animal da família dos bovídeos. *sm pl Zool* Família de ruminantes que inclui o boi, os carneiros, as cabras e os antílopes.

bo.vi.no (*lat bovinu*) *adj Zool* **1** Relativo ou pertencente ao boi. **2** Que é da espécie do boi. **3** Que tem as características do boi. • *sm* Animal da família dos bovídeos.

bo.xe (cs) (*ingl box*) *sm* **1** Esporte de luta; pugilismo, pugilato. **2** Armadura de metal com quatro furos, que se introduz nos dedos, destinada a tornar o soco mais eficaz; soqueira, soco-inglês.

3 Compartimento de cavalariça para um só cavalo; de garagem, para um automóvel; de banheiro, para o banho de chuveiro etc. **4** *Jorn* Trecho que aparece destacado em livros, jornais e revistas, por resumir o conteúdo da matéria, tornando, ao mesmo tempo, a paginação mais leve e interessante. *Boxe tailandês:* V *kick boxing.*

bo.xe.a.dor (*cs*) (*boxear+dor*) *sm* Lutador de boxe; pugilista.

bo.xe.ar (*cs*) (*boxe+e+ar*^{1}) *vint* **1** Lutar boxe. *vint* **2** Ser boxeador. *vpr* **3** Esmurrar-se, como fazem os lutadores de boxe. Conjuga-se como *frear.*

bó.xer (*ó*) (*ingl boxer*) *sm* Cão de tamanho médio, robusto, de pelo curto, cuja raça é originária da Alemanha.

bo.xis.ta (*cs*) (*box+ista*) V *boxeador.*

boy (*bói*) (*ingl*) V *bói.*

bra.be.za (*brabo+eza*) *sf* Estado de brabo. *Var: braveza.*

bra.bo (de *bravo*) *adj pop* **1** V *bravo.* **2** Selvagem, irado, briguento, grosseiro.

bra.ça.da (*braço+ada*^{1}) *sf* **1** O que se pode envolver com os braços. **2** Movimento de levantar e estender um braço, depois o outro, sucessivamente. **3** Movimento dos braços em natação. *Às braçadas:* em grande quantidade.

bra.ça.dei.ra (*braçado+eira*) *sf* **1** Argola ou presilha que envolve e prende qualquer coisa. **2** Correia que os atletas usam em torno do pulso. **3** Alça de couro ou outro material, no interior de um veículo, para descansar o braço. **4** Distintivo, faixa envolvendo o braço.

bra.çal (*braço+al*^{1}) *adj m+f* **1** Pertencente ou relativo aos braços. **2** Que se faz com os braços; corporal, físico, muscular. **3** Que trabalha com os braços: *Trabalho braçal.*

bra.ce.jar (*braço+ejar*) *vint* Agitar os braços.

bra.ce.le.te (*ê*) (*fr bracelet*) *sm* **1** Adorno em forma de argola, usado no braço; pulseira. **2** Anel colorido colocado em algumas aves, na parte acima do pé, para identificação.

bra.cho.la (*ital braciola*) *sf Cul* Carne enrolada, recheada.

bra.ço (*lat brachiu*) *sm* **1** *Anat* Cada um dos membros superiores do corpo humano. **2** *Anat* Parte do membro superior que vai do ombro ao cúbito. **3** *Zool* Qualquer membro ou órgão, locomotor ou preênsil, semelhante a um braço, como um tentáculo de polvo, entre outros. **4** Apoio para os braços em poltrona, sofá etc. **5** *Geogr* Parte estreita de mar ou rio que avança terra adentro. **6** *fig* O homem considerado como mão de obra: *O que não falta aqui são braços para ajudar na colheita. Braço de ferro:* disputa de força muscular. *Dar o braço a torcer, bras:* estar convencido, aceitar. *De braços cruzados:* estar ocioso, sem fazer nada. *Estar nos braços de Morfeu:* estar dormindo. *Meter o braço em, bras:* dar pancada. *Não dar o braço a torcer:* não mudar de opinião, não se convencer.

bra.ço-di.rei.to *sm* Principal auxiliar de alguém. *Pl: braços-direitos.*

bra.dar (*lat vulg *balaterare*) *vtd* **1** Dizer em brados ou em voz alta; gritar, clamar. *vti* **2** Chamar ou pedir em altas vozes: *O povo bradava por justiça e reparação. vint* **3** Bramir, rugir: *Bradam os mares com o furor da tempestade.*

bra.do (de *bradar*) *sm* **1** Ato de bradar. **2** Clamor, grito. **3** Queixa, reclamação em voz alta.

bra.gui.lha (*braga+ilha*) *sf* Abertura na parte dianteira de calças e calções.

brai.le (de *Braile, np*) *sm* Sistema de escrita e impressão em relevo, criado pelo francês Louis Braille (1809-1852), para leitura dos cegos, que é feita pelo tato.

brâ.ma.ne (*sânsc brahmana*) *adj m+f* V *bramânico.* • *sm* Sacerdote hindu do bramanismo. *s m+f* Membro da primeira e mais elevada das quatro castas hindus, a dos homens livres.

bra.mâ.ni.co (*brâmane+ico*^{2}) *adj* Referente aos brâmanes ou ao bramanismo.

bra.ma.nis.mo (*brâmane+ismo*) *sm* **1** *Rel* Religião dos brâmanes e dos hindus ortodoxos, que constitui um desenvolvimento da religião dos Vedas. **2** Coletividade dos brâmanes.

bra.ma.nis.ta (*brâmane+ista*) *adj m+f* Relativo ao bramanismo. • *s m+f* Pessoa adepta do bramanismo.

bra.mar (*gót bramôn*) *vint* **1** Bramir, rugir (onça, tigre, veado etc.) *vint* **2** Gritar, vociferar. *vti* **3** Rogar, bradando em altas vozes: *Bramava por socorro. vti* **4** Enfurecer-se, zangar-se: *Bramou contra a injustiça. vint* **5** Bramir (como a trovoada, o mar, o vento etc.), fazer grande estrondo. *vint* **6** Estar no cio (diz-se dos veados e, por extensão, dos outros animais).

bra.mi.do (*part* de *bramir*) *sm* **1** Ação de bramir. **2** Rugido (de feras, do mar, do vento etc.). **3** Estampido, estrondo. **4** Grito enfurecido.

bra.mir (*gót bramôn*) *vint* **1** Dar bramidos; rugir (falando de feras). *vint* **2** Gritar como as feras (falando de gente). *vti* **3** Rogar, bradando em altas vozes. *vtd* **4** Exprimir em altas vozes: *Bramir insultos. vint* **5** Fazer grande estrondo; rugir (falando da artilharia, do mar, do trovão, do vento). *Conjug:* verbo defectivo; conjuga-se como *abolir.*

bran.co (*germ blank*) *adj* **1** Da cor do leite ou da neve; alvo, cândido. **2** Claro: *Vinho branco.* **3** Diz-se do indivíduo da raça branca. **4** Que é dessa raça. **5** Pálido: *Ficou branco quando viu o tio.* **6** Limpo. **7** Que não tem nada escrito. **8** Que não foi premiado (bilhete de loteria). • *sm* **1** A cor do leite ou da neve. **2** Indivíduo da raça branca. **3** Espaço livre deixado em uma escrita. *Em branco:* que ainda não foi escrito. *Dar branco, fig:* não se lembrar; não conseguir raciocinar.

bran.cu.ra (*branco+ura*) *sf* Qualidade do que é branco; alvura.

bran.dir (*provençal brandir*) *vtd* **1** Agitar uma arma antes de desferir o golpe; menear: *A mão direita brandia uma adaga. vtd* **2** Agitar (a mão, os punhos): "Furiosa, brandia os punhos" (Coelho Neto). *vtd* **3** Vibrar, oscilar: *As palmas dos coqueiros brandiam, como a dizer adeus. Conjug:* verbo defectivo; conjuga-se como *abolir.*

bran.do (*lat blandu*) *adj* **1** Que cede com facilidade à pressão e ao tato; macio, mole. **2** Meigo, terno, afável, agradável: *Palavras brandas.* **3** De pouca intensidade; moderado, fraco: *Vento brando,*

fogo brando. Antôn: duro (acepções 1 e 2); *forte* (acepção 3).
bran.du.ra (*brando+ura*) *sf* **1** Qualidade do que é brando; flexibilidade, maciez. **2** Meiguice, afabilidade, ternura. **3** Lentidão, moderação. *Antôn: dureza* (acepções 1 e 2).
bran.que.a.dor (*branquear+dor*) *adj + sm* **1** Que, ou o que branqueia. **2** Que, ou o que limpa a carne para o corte.
bran.que.a.men.to (*branquear+mento*) *sm* Ato ou efeito de branquear.
bran.que.ar (*branco+e+ar*¹) *vtd* **1** Tornar branco, ou mais branco. *vti* e *vint* **2** Tornar(-se) branco. *vtd* **3** Dar a cor branca a; caiar. Conjuga-se como *frear*.
bran.que.jar (*branco+ejar*) *vint* **1** Tomar a cor branca. **2** Alvejar.
bran.que.lo (de *branco*) *adj + sm pej* Que, ou o que é muito pálido, apagado.
brân.quia (*gr brágkhia*) *sf Zool* Órgão com que os animais aquáticos respiram. *sf pl* Aparelho respiratório dos animais que respiram debaixo d'água; guelras.
bran.qui.a.do (*brânquia+ado*¹) *adj Zool* Que tem brânquias. • *sm pl* Cada um de vários grupos de animais que têm brânquias: crustáceos, anfíbios, peixes e outros.
bran.qui.al (*brânquia+al*¹) *adj m+f* Relativo às brânquias.
bran.qui.dão (*branco+idão*) *sf* Brancura.
bran.qui.nha (*branco+inho*, no *fem*) *sf* **1** *Ictiol* Pequeno peixe prateado, de água doce. **2** *pop* Aguardente, cachaça, pinga.
bra.sa (*germ brasa*) *sf* **1** Carvão incandescente, sem chama. **2** Estado de incandescência. **3** Afogueamento, ardor. **4** Cólera, ira. **5** Qualquer coisa cujo contato oferece perigo. **6** Cachaça, pinga. *sf pl* Carvão de lenha miúda. *Brasa escondida:* pessoa dissimulada. *Mandar brasa, gír:* partir para a ação com vontade.
bra.são (*cast blasón*) *sm* **1** Emblema de pessoa ou família nobre. **2** Escudo de armas. **3** *fig* Fama, glória, honra.
bra.sei.ro (*brasa+eiro*) *sm* **1** Vaso de barro, louça ou metal para brasas. **2** Fogareiro. *Var: braseira.*
bra.si.lei.ri.ce (*brasileiro+ice*) *sf* Expressão abrasileirada; brasileirismo.
bra.si.lei.ris.mo (*brasileiro+ismo*) *sm* **1** Característico do brasileiro e do Brasil. **2** Expressão ou maneira de dizer peculiar aos brasileiros. **3** Modismo próprio da linguagem dos brasileiros. **4** Sentimento de amor ao Brasil.
bra.si.lei.ro (*top Brasil+eiro*) *adj* **1** Pertencente ou relativo ao Brasil (América do Sul); brasiliense. **2** Que possui ou adquiriu a nacionalidade brasileira. • *sm* **1** O habitante ou natural do Brasil. **2** *lus* Português que residiu no Brasil e retornou rico à sua pátria; homem muito rico.
bra.si.li.a.na (*fem de brasiliano*) *sf* Coleção de estudos sobre o Brasil (livros, publicações).
bra.sí.li.co (*top Brasil+ico*²) *adj* Que se refere a gente e coisas indígenas do Brasil.
bra.si.li.da.de (*top Brasil+i+dade*) *sf* **1** Expressão racial distintiva do brasileiro e do Brasil. **2** Amor às coisas do Brasil; brasileirismo.

bra.si.li.en.se (*top Brasília+ense*) *adj m+f* **1** Relativo ao Brasil. **2** Natural de Brasília, capital do Brasil desde 21 de abril de 1960. **3** Peculiar a Brasília ou a seus habitantes. • *s m+f* Pessoa natural ou habitante de Brasília.
bra.si.li.zar (*top Brasil+izar*) *vtd* e *vpr Sociol* Tornar(-se) brasileiro.
bra.va.ta (*ital bravata*) *sf* **1** Ameaça feita com arrogância. **2** Fanfarrice. **3** Presunção sem fundamento.
bra.va.te.ar (*bravata+e+ar*¹) *vint* **1** Dizer bravatas, fanfarronar. *vtd* **2** Ameaçar. *vtd* e *vti* **3** Ostentar, alardear: *Bravatear façanhas. Bravateou de corajoso.* Conjuga-se como *frear.*
bra.ve.za (*bravo+eza*) *sf* **1** Qualidade de bravo. **2** Coragem, valentia, bravura. **3** Estado ou qualidade de impetuoso. *Var: brabeza.*
bra.vi.o (*bravotio*) *adj* **1** Bravo, feroz, selvagem. **2** Não domesticado; bruto. **3** Brutal, rude. **4** Agreste, silvestre: "Verdes mares bravios de minha terra natal" (José de Alencar).
bra.vo (lat *barbaru*) *adj* **1** Que não teme o perigo; intrépido, valente, corajoso. **2** Admirável, extraordinário, generoso. **3** Tempestuoso, tormentoso. **4** Colérico, irado, furioso. **5** Feroz. • *sm* Pessoa valente. • *interj* Indicação de aplauso, aprovação; apoiado!, muito bem!
bra.vu.ra (*bravo+ura*) *sf* **1** Qualidade de bravo. **2** Braveza. **3** Arrojo, coragem, valentia. *Antôn* (acepção 3): *covardia.*
bre.ca *sf* **1** Traquinice, travessura. **2** *Med* Contração espasmódica e dolorosa dos músculos da perna; cãibra. **3** *Vet* Doença que dá em cabras e ovelhas e lhes faz cair os pelos. *Com a breca!:* exprime espanto; com os diabos! *Levado da breca:* endiabrado, traquinas, travesso.
bre.ca.da (*brecar+ada*¹) *sf* Ação de brecar ou frear; freada.
bre.car (*breque+ar*¹) *vtd* e *vint* **1** Acionar o breque ou freio de; frear. **2** Refrear.
bre.cha (*fr brèche*) *sf* **1** Abertura ou fenda feita em qualquer coisa. **2** Espaço vazio; cavidade, lacuna. **3** *fig* Dano, perda, prejuízo. **4** *pop fig* Ocasião, oportunidade, saída.
bre.chó *sm* **1** Coisa fora de moda ou usada. **2** Loja ou ponto de venda de artigos usados, principalmente vestuário ou antiguidades. *Estilo brechó:* moda que se utiliza de tecidos e outros materiais com aparência de velho, surrado ou usado.
bre.ga *adj m+f pop* **1** De gosto duvidoso, de mau gosto; cafona. **2** Diz-se de pessoa ou coisa deselegante, fora de moda. • *sf Reg* (Nordeste) Zona do meretrício.
bre.jei.ri.ce (*brejeiro+ice*) *sf* **1** Ação ou dito de brejeiro. **2** Travessura; malícia.
bre.jei.ro (*brejo+eiro*) *adj* **1** Malicioso, gaiato. **2** Ocioso, vadio. **3** Desonesto, patife. **4** Brincalhão, travesso. **5** Relativo ou pertencente a brejo • *sm* **1** Indivíduo que leva a vida na vadiagem. **2** Sujeito desonesto; patife. **3** Pessoa maliciosa, inclinada a obscenidades. **4** Brincalhão, travesso.
bre.jo (*é*) *sm* **1** Lugar baixo e úmido. **2** Terreno alagadiço ou pantanoso. **3** Terreno com rios mais ou menos permanentes; pântano, charco.
bre.que (*ingl break*) *sm* Freio, trava.

bre.tão (*lat Britone*) *adj* Relativo à Bretanha (França) ou à Grã-Bretanha (Europa). • *sm* **1** O habitante ou natural da Bretanha ou da Grã-Bretanha. **2** Dialeto dos bretões da França. **3** Membro do ramo britânico dos celtas. *Pl: bretões. Fem: bretã.*
breu (*fr ant brai*) *sm* **1** Pez negro, piche. **2** Matéria sólida semelhante ao pez negro, obtida pela destilação do alcatrão de hulha. **3** *fig* Escuridão.
bre.ve (*lat breve*) *adj m+f* **1** Que dura pouco. **2** Pouco extenso, curto. • *sm Rel Catól* **1** Carta ou escrito pontifício que contém deliberação de natureza particular. **2** Bentinho, escapulário. *sf Mús* Nota correspondente a duas semibreves. • *adv* Brevemente, dentro em breve, daqui a pouco, em pouco tempo.
bre.vê (*fr breve*) *sm* Diploma de aviador.
bre.vi.á.rio (*lat breviariu*) *sm* **1** *Rel Catól* Conjunto de orações e leituras diárias prescritas aos padres pela Igreja. **2** *Rel Catól* Livro que contém essas orações e leituras. **3** Resumo, sinopse.
bre.vi.da.de (*lat brevitate*) *sf* **1** Qualidade do que é breve. **2** Curta duração; concisão. **3** *Cul* Bolinho de polvilho, açúcar, ovos etc., assado no forno; sequilho.
bri.ba (*lat vipera*) *sf Zool Reg* (CE e PB) *V lagartixa.*
bri.co.la.gem (*fr bricolage*) *sf* Conjunto de trabalhos manuais ou de artesanato.
bri.da (*fr bride*) *sf* **1** Rédea, bridão. **2** Aquilo que dificulta alguma coisa. **3** Freio de animal. **4** *Cir* Aderências que se formam durante a cicatrização de um corte ou de uma ferida.
bri.dão (*brida+ão²*) *sm* **1** Brida grande; espécie de freio. **2** *por ext* Jóquei que utiliza o bridão.
bridge (*brídige*) (*ingl*) *sm* Jogo de cartas.
bri.ga (*ital briga*) *sf* **1** Ação de brigar; luta, peleja. **2** Rixa, disputa, contenda. **3** Desavença.
bri.ga.da (*ital brigata*) *sf* **1** *Mil* Corpo de tropa constituído de dois ou mais regimentos. **2** *pop* Reunião de pessoas para executar um serviço: *Brigada de incêndio.*
bri.ga.dei.ro (*brigada+eiro*) *sm* **1** *Mil* Comandante de uma brigada. **2** General da Aeronáutica. **3** *Cul* Doce feito à base de leite condensado e chocolate, enrolado em forma de bolinhas recobertas com chocolate granulado. *Céu de brigadeiro, bras:* céu tranquilo, que apresenta boas condições de voo.
bri.gão (*brigar+ão²*) *adj + sm* Que, ou o que vive a brigar; valentão.
bri.gar (*briga+ar¹*) *vti* e *vint* **1** Lutar, combater braço a braço: *Brigar com, brigar por. Vive brigando. vti* e *vint* **2** Contender, disputar. *vti* **3** Não combinar; destoar: *Essa gravata briga com a camisa.*
bri.guen.to (*briga+ento*) *V brigão.*
bri.lhan.te (*de brilhar*) *adj m+f* **1** Que brilha, cintilante. **2** Que se destaca. **3** Envolvente, cativante. • *sm* Diamante lapidado.
bri.lhan.ti.na (*brilhante+ina*) *sf* **1** Vaselina perfumada para o cabelo. **2** Cosmético para dar brilho ao cabelo.
bri.lhan.tis.mo (*brilhante+ismo*) *sm* Qualidade do que é brilhante; esplendor.
bri.lhar (*brilho+ar¹*) *vint* **1** Irradiar a luz, ter brilho; cintilar, fulgurar, reluzir. **2** *fig* Dar-se a conhecer, mostrar-se: *A cólera brilhava-lhe nos olhos.* **3** *fig* Sobressair, distinguir-se: *Os nossos heróis brilharam durante a guerra.* **4** *fig* Ter atuação excelente.
bri.lho (*lat berillu*) *sm* **1** Luz viva e cintilante das estrelas. **2** O resplendor que vem do fogo. **3** A intensidade da luz. **4** *fig* Vivacidade do estilo. **5** *fig* Celebridade, esplendor, glória.
bri.lho.so (*ô*) (*brilho+oso*) *adj* **1** Brilhante. **2** Lustroso, reluzente.
brim (*fr brin*) *sm* Tecido forte de algodão ou linho. *Brim cru:* o que ainda não foi molhado nem branqueado.
brin.ca.dei.ra (*brincar+deira*) *sf* **1** Ação de brincar. **2** Diversão. **3** Curtição, gracejo, zombaria. **4** *fig* Festa improvisada.
brin.ca.lhão (*brincar+alho+ão²*) *adj + sm* **1** Que, ou o que sente prazer em brincar. **2** Que, ou o que está sempre disposto a brincar, curtir, gozar, tirar sarro, zombar.
brin.car (*brinco+ar¹*) *vti* e *vint* **1** Divertir-se; entreter-se; folgar, curtir: *A garotinha brincava com o videogame. vti* **2** Não levar as coisas a sério; zombar: *Não brinque com assunto tão grave. vti* **3** Divertir-se representando o papel de: *Os meninos brincavam de astronautas. vti* **4** Divertir-se fingindo qualquer atividade: *Brincar de ler. Fazer uma coisa brincando:* fazer com facilidade. *Nem brincando!:* expressão de recusa a alguma coisa que incomoda.
brin.co (*lat vinculu*) *sm* **1** Adorno para as orelhas. **2** *por ext* Pessoa ou coisa delicada, bonita, benfeita, elegante. **3** Coisa ou lugar bem cuidado, limpo: *Depois da faxina, a cozinha ficou um brinco!*
brin.co-de-prin.ce.sa *sm* **1** Arbusto ornamental. **2** Flor desse arbusto de cor vermelha ou violácea. *Pl: brincos-de-princesa.*
brin.dar (*brinde+ar¹*) *vtd, vti* e *vpr* **1** Beber à saúde de: *Brindaram o aniversariante* (ou: *ao aniversariante*). *Encheram as taças e beberam, brindando-se mutuamente. vtd* **2** Oferecer um brinde a; presentear: *Neste Natal, brindamos nossos colaboradores. Brindaram o professor com uma caneta de ouro.*
brin.de (*al bring dir's*) *sm* **1** Ação de brindar. **2** Palavras de saudação a alguém erguendo uma taça de bebida. **3** Dádiva, oferta, presente.
brin.que.do (*brincar+edo*) *sm* **1** Objeto feito para divertimento de crianças. **2** Divertimento entre crianças, brincadeira. **3** Reunião em que há jogos de criança. **4** Festa, folia, passatempo.
brin.que.do.te.ca (*brinquedo+teca*) *sf* Recinto reservado aos brinquedos, geralmente em escolas, creches, instituições e magazines.
bri.o (*célt brigos*) *sm* **1** Sentimento da própria dignidade. **2** Coragem, valentia. **3** Ânimo forte, entusiasmo.
bri.o.che (*fr brioche*) *sm Cul* Pãozinho de massa muito leve, feita com farinha, manteiga e ovos.
bri.ó.fi.ta (*gr brýon+fito*) *sf Bot* Planta da classe das briófitas. *sf pl* Classe de plantas não florescentes que compreende os musgos.
bri.o.so (*brio+oso*) *adj* **1** Cheio de brios. **2** Corajoso, digno. **3** Altivo, orgulhoso. **4** Liberal, generoso. **5** Fogoso, garboso (cavalo).
bri.sa (*fr brise*) *sf* **1** *Geogr* Aragem, viração. **2** Vento

brando à beira-mar. **3** *gír* Falta de dinheiro; pindaíba. *Viver de brisa:* não ter dinheiro ou recursos para sobrevivência; estar na pindaíba.

bri.ta (de *britar*) *sf* **1** *Constr* Material resultante da trituração de pedras. **2** Ação de britar. **3** Pedra britada, triturada, usada em construção ou asfaltamento.

bri.ta.dei.ra (*britar+deira*) *sf* Máquina para britar pedra, carvão, minério etc.

bri.tâ.ni.co (*lat britannicu*) *adj* Referente à Grã--Bretanha (Europa). • *sm* **1** O habitante ou natural da Grã-Bretanha. **2** Características de temperamento ou comportamento que se admitem como típicas do inglês: *O humor britânico, a pontualidade britânica.*

bri.tar (*anglo-saxão brittian*) *vtd* **1** Quebrar (pedra) em fragmentos para fazer cascalho. **2** Triturar, despedaçar.

bro.a (*voc pré-romano*) *sf Cul* **1** Pão arredondado feito com fubá de milho. **2** Bolo de fubá de milho ou de trigo.

bro.ca (*lat vulg *brocca*, de origem *céltica*) *sf* **1** Instrumento com o qual são abertos buracos circulares. **2** Furo feito com broca. **3** *Odont* Instrumento destinado a abrir cavidades nos dentes cariados. **4** Moléstia que ataca o casco dos equinos. **5** Moléstia que dá no interior dos chifres dos bovinos. **6** *Entom* Toda larva de inseto que corrói um vegetal ou seu fruto.

bro.ca.do (*ital broccato*) *sm* Tecido de seda entremeado de fios de ouro ou de prata, com desenhos em relevo. • *adj* Furado com broca.

bro.cha (*fr broche*) *sf* Prego curto, de cabeça larga e chata; tacha. *Cf broxa.*

bro.char (*fr brocher*) *vtd Art Gráf* Dobrar, organizar e costurar as folhas de (livro). *Cf broxar.*

bro.che (*fr broche*) *sm* Adorno de fantasia ou de metal precioso, muitas vezes cravado de pedrarias, que as mulheres levam no peito, preso à blusa ou a outra peça do vestuário.

bro.chu.ra (*fr brochure*) *sf* **1** Processo pelo qual as folhas ou os cadernos de um livro são presos por meio de costura ou grampeamento, formando blocos que devem ser colados ao dorso da capa. **2** O livro produzido dessa forma. **3** Capa de livro, em papel ou cartolina. **4** Livro ou folheto em brochura. *Cf broxura.*

bró.co.lis (*ital broccoli*) *V brócolos.*

bró.co.los (*ital broccoli*) *sm pl Bot* Planta hortense da família das crucíferas, semelhante à couve-flor. *Var: brócolis.*

bro.ma.do (*bromo+ado^1*) *adj* Que contém bromo.

bro.me.li.á.cea (*bromélia+áceas*) *sf Bot* Planta da família das bromeliáceas. *sf pl* Família de plantas epífitas ou terrestres, que inclui muitas espécies economicamente importantes, quer pelo seu fruto, como o ananás, quer pelas fibras de suas folhas, como as do caroá, utilizadas na indústria têxtil.

bro.mo (*gr brômos*) *sm Quím* Elemento não metálico, líquido, usado principalmente na preparação de compostos, corantes e produtos farmacêuticos, de número atômico 35 e símbolo Br.

bron.ca (de *bronquear*) *sf pop* **1** Ato de bronquear. **2** Repreensão, reprimenda. **3** Protesto, reclamação.

bron.co (*ital bronco*) *adj* **1** Estúpido, grosseiro, rude. **2** Desajeitado, ignorante.

bron.co.pneu.mo.ni.a (*bronco+pneumonia*) *sf Med* Inflamação, por infecção microbiana, dos brônquios, bronquíolos e alvéolos pulmonares.

bron.que.ar (*bronca+e+ar^1*) *vint* e *vti pop* **1** Dar bronca. **2** Protestar, reclamar. **3** Repreender severamente; espinafrar. Conjuga-se como *frear.*

brôn.qui.co (*brônquio+ico^2*) *adj* Referente aos brônquios.

brôn.quio (*gr brógkhion*) *sm Anat* Cada um dos dois canais em que se bifurca a traqueia e que se ramificam nos pulmões.

bron.quí.o.lo (*bronco+íolo*) *sm Anat* Cada uma das ramificações terminais dos brônquios.

bron.qui.te (*bronco+ite^1*) *sf Med* Inflamação dos brônquios.

bron.quí.ti.co (*bronquite+ico^2*) *adj Med* **1** Relativo ou pertencente à bronquite. **2** Afetado de bronquite.

bron.tos.sau.ro (*bronto+sauro*) *sm Paleont* Cada um dos dinossauros do gênero Apotossauro, grandes répteis quadrúpedes e provavelmente herbívoros.

bron.ze (*ital bronzo*, via *fr*) *sm* **1** *Quím* Liga metálica de cobre, estanho e zinco. **2** Qualquer obra feita dessa liga. **3** *gír* Bronzeado: *Pegar um bronze.*

bron.ze.a.do (*part* de *bronzear*) *adj* **1** Da cor ou aparência do bronze. **2** Tostado pelo sol; produzido por exposição ao sol; amorenado. • *sm* **1** A cor do bronze. **2** *gír* A cor da pele tostada pelo sol.

bron.ze.a.dor (*bronzear+dor*) *adj* + *sm* Que, ou o que bronzeia. • *sm* Substância que escurece a pele das pessoas, mediante exposição ao sol.

bron.ze.a.men.to (*bronzear+mento*) *sm* **1** Ação ou efeito de bronzear(-se). **2** *Bot* Coloração característica do bronze, apresentada pela epiderme das folhas verdes.

bron.ze.ar (*bronze+e+ar^1*) *vtd* e *vpr* Dar ou obter a cor de bronze. Conjuga-se como *frear.*

brôn.zeo (*bronze+eo*) *adj* **1** Semelhante ao bronze ou que o sugere, especialmente na cor ou no brilho metálico. **2** Feito de bronze. **3** Relativo ao bronze. **4** Duro como o bronze.

bro.ta.men.to (*brotar+mento*) *sm* Ação de brotar.

bro.tar (*gót brûtôn*, via *provençal*) *vti* e *vint* **1** Desabrochar, germinar, nascer: *De boa semente brota boa planta. vti* e *vint* **2** Derivar, proceder, surgir: *Novas ideias brotaram de nossas divagações. vti* e *vint* **3** Sair de jato; jorrar: *Uma fonte brotava, cristalina. vti* **4** Sair fluentemente: *Generosas palavras brotavam de sua pena.*

bro.ti.nho (*broto+inho*) *sm* **1** Diminutivo de *broto.* **2** *pop* Garota ou garoto no início da puberdade; broto.

bro.to (*ô*) (de *brotar*) *sm* **1** Órgão que brota nos vegetais. **2** Gomo, rebento. **3** *pop* Brotinho. **4** *pop* Namorada ou namorado.

bro.to.e.ja (de *brotar*) *sf Med* Erupção cutânea, acompanhada de coceira.

bro.xa (*fr brosse*) *sf* Pincel grande e grosso para caiar, ou para pintura ligeira. • *adj* + *sm vulg* Diz-se do, ou o indivíduo sexualmente impotente. *Cf brocha.*

bro.xan.te (*broxa+ante*) *adj m+f* Que broxa. *sm*

1 Aprendiz de pintor, que apronta a tinta e faz as pinturas de menor responsabilidade. **2** *vulg* Fato ou acontecimento desagradável, capaz de interferir no desejo sexual. **3** *vulg* Situação que leva o homem a perder a ereção.

bro.xar (*broxa+ar¹*) *vtd* **1** Pintar ou caiar com broxa. *vtd* **2** Pincelar. *vint* **3** *vulg* Mostrar-se incapaz de praticar o ato sexual. *Cf brochar.*

bro.xu.ra (*broxa+ura¹*) *sf vulg* Estado de broxa; impotência sexual. *Cf brochura.*

bru.a.ca (*cast burjaca*) *sf* **1** Bolsa de couro para levar cereais e outros objetos sobre cavalgaduras. **2** Mulher feia e rabugenta. **3** *vulg* Prostituta.

bru.ce.lo.se (*brucela+ose*) *sf Med* Doença causada por uma bactéria do gênero Brucela, adquirida no contato direto com animais ou pela ingestão de produtos de origem animal contaminados.

bru.ços (de *buço*) *sm pl* Usado somente na locução *de bruços:* com o ventre e o rosto voltados para baixo.

bru.cu.tu *sm pop* **1** Carro de choque usado pela polícia na repressão de tumultos e conflitos. **2** Indivíduo grosseiro, rude.

bru.ma (*lat bruma*) *sf* **1** Nevoeiro, cerração no mar. **2** Atmosfera escura e chuvosa. **3** *fig* Falta de nitidez, de clareza; incerteza.

bru.mo.so (*bruma+oso*) *adj* **1** Coberto de brumas, nebuloso. **2** *fig* Vago, incerto.

bru.ne.a.no (*top Brunei+ano*) *adj* Relativo a Brunei, sultanato ao norte de Bornéu (Ásia). • *sm* O natural ou habitante de Brunei. *Var: bruneiano.*

bru.nir (*fr brunir*) *vtd* **1** Tornar brilhante; polir. **2** Passar o arroz a uma segunda fase do beneficiamento, para tirar a película do grão, tornando-o brilhante. **3** *fig* Aprimorar, aperfeiçoar (frase, estilo). Conjuga-se como *falir.*

brus.co (*voc pré-romano*) *adj* **1** Áspero, ríspido. **2** Arrebatado, precipitado. **3** Escuro, nublado (tempo). **4** *por ext* Imprevisto, rápido, repentino (movimento).

brus.qui.dão (*brusco+idão*) *sf* Caráter ou qualidade de brusco; aspereza.

bru.tal (*lat brutale*) *adj m+f* **1** Próprio de bruto. **2** Grosseiro. **3** Cruel, desumano: *Crime brutal.* **4** Impetuoso, violento.

bru.ta.li.da.de (*lat brutalitate*) *sf* **1** Ação própria de bruto. **2** Braveza, ferocidade: *Não venha com brutalidade! Isto não resolve a situação?* **3** Impetuosidade, violência, atrocidade. **4** Grosseria, incivilidade: *Nunca vi tamanha brutalidade!*

bru.ta.li.zar (*brutal+izar*) *vtd* e *vpr* **1** Tornar(-se) bruto ou estúpido; embrutecer(-se), bestificar(-se). *vtd* **2** Tratar com brutalidade.

bru.ta.mon.tes (*bruto+monte*) *sm sing* e *pl pop* **1** Homem de tamanho descomunal, forte e corpulento. **2** Indivíduo abrutalhado, grosseiro, rude.

bru.te.za (*bruto+eza*) *sf* **1** Qualidade de bruto; brutalidade. **2** Estado da matéria em bruto. **3** Falta de civilidade.

bru.to (*lat brutu*) *adj* **1** Que está como foi criado pela natureza: *Matéria bruta.* **2** Irracional, desprovido da razão. **3** Que ainda não foi lavrado ou trabalhado: *Pedra bruta.* **4** Grosseiro, mal-criado, rude. **5** Produto que não foi beneficiado. **6** Rendimento completo, sem descontos: *Renda bruta.* • *sm* **1** Animal irracional. **2** Indivíduo grosseiro, sem educação: *José, deixe de ser bruto; eu não mereço isto...* **3** Peso total.

bru.xa (*voc pré-romano*) *sf* **1** Mulher a quem se atribui a prática de bruxaria; feiticeira. **2** Boneca de pano. **3** *Entom* Nome vulgar de uma mariposa noturna, de cor escura, da família dos noctuídeos. **4** *gír* Mulher feia e malvada; megera.

bru.xa.ri.a (*bruxa+aria*) *sf* **1** Ação de bruxa ou bruxo. **2** Suposta arte de bruxas ou bruxos. **3** Feitiço, feitiçaria.

bru.xe.len.se (*top Bruxelas+ense*) *adj m+f* Relativo a Bruxelas, capital da Bélgica (Europa). • *s m+f* O habitante ou natural de Bruxelas.

bru.xis.mo (*bruxo+ismo*) *sm Med* Hábito de ranger os dentes durante o sono.

bru.xo (de *bruxa*) *sm* Homem a quem se atribui a prática de bruxaria; feiticeiro.

bru.xu.le.ar (*esp brujulear*) *vint* **1** Oscilar, tremular (a luz). **2** Brilhar fracamente; reluzir. Conjuga-se como *frear.*

bu.bão (*gr boubón*) *sm* **1** *Med* Inflamação de um nódulo linfático que ocorre particularmente nas virilhas ou axilas; íngua. **2** Adenite. *Pl: bubões.*

bu.bô.ni.co (*bubono+ico²*) *adj Med* **1** Pertencente ou relativo a bubão. **2** Caracterizado por bubões: *Peste bubônica.*

bu.cal (*lat buccale*) *adj m+f* Pertencente ou relativo à boca; oral.

bu.cha (*fr ant bousche*) *sf* **1** *ant* Porção de estopa ou papel para sustentar e comprimir a carga nas armas de fogo carregadas pela boca. **2** Espécie de rolha ou chumaço com que se tapam orifícios ou fendas em objetos de madeira. **3** *Bot* Planta da família das cucurbitáceas, cultivada por seu fruto, a bucha. **4** O fruto dessa planta usado como esponja. **5** Pequena peça de plástico com aletas, que se introduz em paredes ou outra superfície para firmar parafusos. *Na bucha, pop:* no mesmo instante; sem demora; *Ele nem vacilou; respondeu na bucha às suas críticas.*

bu.cha.da (*bucha+ada¹*) *sf* **1** Estômago e vísceras de animais (carneiro, cabra). **2** *Cul* Prato preparado com essas vísceras.

bu.chi.cho (*var de cochicho*) *sm gír* Burburinho; confusão; agitação; badalação: *Não vou com você porque pode dar buchicho. Qual é o buchicho?*

bu.cho (*lat musculu*) *sm* **1** *Anat* Estômago dos mamíferos. **2** *pop* Ventre, barriga, pança. **3** *bras gír* Mulher muito feia ou velha. *Cf buxo.*

bu.chu.da (*bucho+udo*, no *fem*) *adj f gír* Diz-se da fêmea grávida.

bu.ço (*lat bucceu*) *sm* **1** Primeiros pelos, finos e curtos, que nascem no lábio superior do homem. **2** Penugem no lábio superior de algumas mulheres. **3** Pelos do focinho dos animais.

bu.có.li.co (*gr boukolikós*, via *lat*) *adj* **1** Relativo ao bucolismo. **2** Referente à vida e costumes do campo e dos pastores. **3** Campestre. **4** Simples, singelo, natural. • *sm* Indivíduo que gosta do contato com a natureza.

bu.co.lis.mo (*bucól(ico)+ismo*) *sm* **1** Gênero literário que se caracteriza essencialmente pela representação da vida pastoril. *Cf arcádia.* **2** Dis-

buda 141 **bulício**

posição natural para essa poesia. **3** Vida pastoril. **4** Simplicidade da vida campestre.
bu.da (*sânsc buddha*) *sm* Representação, em estátua ou estatueta, do filósofo indiano Siddharta Gautama, o Buda.
bu.da.pes.ten.se (*top Budapeste, np+ense*) *adj m+f* De Budapeste, capital da Hungria (Europa). • *s m+f* O habitante ou natural de Budapeste.
bu.dis.mo (*buda+ismo*) *sm Rel* Doutrina religiosa e sistema ético-filosófico fundados na Índia por Siddharta Gautama (563-483 a.C.), o Buda, e difundidos pela Ásia central a partir do século VI a.C.
bu.dis.ta (*buda+ista*) *adj m+f Rel* Relativo ou pertencente a Buda ou ao budismo. • *s m+f* Seguidor do budismo.
bu.do.ar (*fr boudoir*) *sm* **1** Toucador. **2** Quarto de vestir decorado com elegância.
bu.ei.ro (*voc infantil lat bua*, água+*eiro*) *sm* **1** Cano para esgoto de águas. **2** Abertura nos muros e paredões através da qual a água escorre. **3** Tubulação subterrânea para escoamento das águas pluviais. **4** Caixa coletora com abertura gradeada, localizada junto às sarjetas, por onde entram as águas das chuvas que escorrem pelas ruas, indo alcançar as tubulações subterrâneas; boca de lobo. **5** Ralo de ventilação nos canos de esgoto.
bu.e.nai.ren.se (*top Buen(os) Air(es)+ense*) *adj m+f* De Buenos Aires, capital da Argentina (América do Sul). • *s m+f* O natural ou habitante dessa cidade; portenho.
bu.fa.da (*bufar+ada*[1]) *sf* Ação de bufar; bufo.
bu.fa.li.no (*lat bubalinu*) *adj* **1** Concernente ao búfalo. **2** Da natureza do búfalo.
bú.fa.lo (*lat tardio bufalu*, por *bubalu*) *sm Zool* **1** Designação comum a várias espécies de bois selvagens. **2** Mamífero artiodátilo bovino, de chifres achatados e virados para baixo. *Fem: búfala.* Voz: *berra, muge.*
bu.fan.te (*fr bouffant*) *adj m+f* Diz-se da roupa, ou parte dela, de corte folgado, com acabamento franzido e armado: *Manga bufante, calças bufantes.*
bu.fão (*bufo+ão*[2]) *sm* **1** Que bufa muito. **2** Fanfarrão. **3** *ant* Bobo, truão.
bu.far (*bufo+ar*[1]) *vtd* **1** Expelir, soltar com força o ar pela boca. *vint* **2** Expelir fumaça com barulho: *As velhas locomotivas passam bufando. vti* **3** Enfurecer-se: *Bufou de raiva quando viu que perdera o avião. vti* **4** Vangloriar-se, fanfarronear: *Bufou de valente.*
bu.fê (*fr buffet*) *sm* **1** Móvel para serviço de bebidas, comidas etc. **2** Serviço de comidas e bebidas oferecido em festas.
bu.fe.te (*ê*) (*fr buffet*) *sm* **1** V *bufê.* **2** Compartimento numa estação ferroviária, em teatro, cinema etc. onde se servem comidas e bebidas.
buffer (*bâfer*) (*ingl*) *sm Inform* **1** Área de armazenamento temporário de dados à espera de processamento. **2** Circuito que isola e protege um sistema contra danos nas entradas de circuitos ou periféricos. V *bâfer.*
bu.fo (de *bufar*) *sm* **1** Ação de bufar. **2** Sopro forte. **3** *Teat* Nas comédias, farsas e sátiras, o ator cômico que interpreta o personagem que faz o público rir; bufão, truão.

bu.fo.na.ri.a (*bufão+aria*) *sf* **1** Ação ou dito de bufão. **2** Palhaçada.
bu.fun.fa *sf gír* Dinheiro, grana.
bug (*bâgui*) (*ingl*) *sm Inform* **1** Erro de programação. **2** Defeito de execução de um programa.
bu.ga.lho (*célt *bullaca*) *sm* **1** Formação esférica que aparece no carvalho, produzida por ataques de insetos ou fungos. **2** Qualquer objeto de forma esférica. **3** *pop* Globo ocular. *Não confundir alhos com bugalhos*: não tomar uma coisa por outra.
bu.gi.ar (*bugio+ar*[2]) *vint* Fazer gestos e trejeitos de bugio, macaquices. *Conjug – Pres indic: bugio, bugias, bugia* etc.; *Pres subj: bugie, bugies, bugie* etc.
bu.gi.a.ri.a (*bugio+aria*) *sf* Gestos e trejeitos que lembram os modos de um bugio; macaquice.
bu.gi.gan.ga (*cast bojiganga*) *sf* Coisa de pouco valor ou sem utilidade; quinquilharia.
bu.gi.o (do *top Bugia*) *sm* **1** *Zool* Nome que se dá a várias espécies de macacos. **2** *fig* Indivíduo feio e engraçado, desengonçado.
bu.gra.da (*bugre+ada*[1]) *sf* **1** Conjunto de índios ou de bugres. **2** Ação de bugre.
bu.gre (*fr bougre*) *sm* **1** Nome genérico dado ao índio, especialmente àquele mais bravio ou selvagem. **2** *fig* Indivíduo rude, sem traquejo, desconfiado. *sm pl* Indígenas ferozes, principalmente os de origem tapuia (sul do Brasil). *Fem: bugra.*
bu.jão (*fr bouchon*) *sm* **1** *Mec* Bucha com que se tapam buracos; tampão, batoque. **2** Recipiente metálico para gás combustível ou outros produtos voláteis; botijão. **3** *Náut* Rolha de madeira para tapar bueiros ou fendas.
bu.la (*lat bulla*) *sf* **1** Impresso que acompanha um medicamento e que contém as indicações necessárias para o uso. **2** *Rel Catól* Documento papal.
bul.bar (*bulbo+ar*[3]) *adj* Relativo ao bulbo.
bul.bo (*lat bulbu*) *sm* **1** *Bot* Espécie de caule subterrâneo ou aéreo, provido de um broto central e uma coroa de raízes, como na cebola. **2** *Anat* Qualquer parte de um órgão de forma globular. **3** Invólucro de vidro ou metal, de válvula eletrônica ou de lâmpada incandescente.
bul.bo.so (*lat bulbosu*) *adj* **1** Que tem bulbo. **2** Em forma de bulbo. **3** Referente a bulbo.
bul.do.gue (*ingl bull dog*) *sm* Cão de fila de raça inglesa, de cabeça grande e arredondada.
bu.le (*malaio búli*) *sm* Recipiente, provido de asa e bico, que se usa para servir chá, café e outras bebidas.
bu.le.var (*fr boulevard*) *sm* Rua larga ou avenida arborizada; alameda.
búl.ga.ro (*lat bulgaru*) *adj* **1** Concernente à Bulgária (Europa). **2** Natural da Bulgária. **3** Proveniente desse país. • *sm* **1** O habitante ou natural da Bulgária. **2** O idioma dos búlgaros.
bu.lha (*cast bulla*) *sf* **1** Vozearia, gritaria. **2** Barulho, ruído: *Não faça bulha, o bebê está dormindo.*
bu.lhar (*bulha+ar*[1]) *vint* **1** Fazer bulha ou motim. *vti* **2** Brigar, discutir: *Joana bulhou com o marido até de madrugada.*
bu.lhu.fas *pron indef gír* Nada, coisa nenhuma: *Não entendi bulhufas do que o professor falou.*
bu.lí.cio (*bulir+ício*) *sm* **1** Ruído contínuo e confuso

de coisas que se agitam ou de vozes. **2** Murmúrio, sussurro. **3** Motim. **4** Agitação, desassossego.

bu.li.ço.so (*bulir+iço+oso*) *adj* **1** Que se move sem parar. **2** Inquieto, agitado. **3** Que bole muito. **4** Esperto, vivo.

bu.li.mi.a (*gr boulimía*) *sf* **1** *Psiq* Distúrbio mental, predominante em mulheres, que começa geralmente na adolescência, caracterizado pela ingestão de grande quantidade de alimento seguida de vômito. **2** *Med* Fome excessiva, insuportável, cujo nome popular é *fome canina*.

bu.lí.mi.co (*bulimia+ico²*) *adj Med* Relativo à bulimia.

bu.lir (*lat bullire*) *vint* e *vpr* **1** Mexer-se, mover-se de leve, mudar de posição. *vti* **2** Mexer, tocar com as mãos. *vti* **3** Aborrecer, incomodar: *Se alguém bulir com você, venha contar-me. vti* **4** Brincar, caçoar. Conjuga-se como *subir*.

bum.ba *interj* Indica barulho de queda, pancada, explosão. *Bumba meu boi, Folc:* bailado popular, em cortejo, cujas principais figuras são o boi, alguns outros animais, personagens humanos e outras fantásticas. *Var: boi-bumbá, boi-surubi, boi-surubim*.

bum.bo (*voc onom*) *V* **bombo**.

bum.bum (*voc onom*) *sm* **1** *pop* Bunda. **2** Som de zabumba ou bombo. **3** Estrondo repetido.

bu.me.ran.gue (*ingl boomerang*, de uma língua indígena da Austrália *womurrâng*) *sm* Lâmina de madeira dura, recurvada, que os indígenas australianos usam como arma de arremesso; lançado ao espaço, ela descreve um voo curvo e retorna ao ponto de partida. É usado também como brinquedo.

bun.da (*quimbundo mbunda*) *sf vulg* Nádegas. *Aum: bundaça, bundão, bundona.*

bun.da-mo.le *s m+f pop* Moleirão, pessoa sem coragem, sem iniciativa; bundão. *Pl: bundas-moles*.

bun.dão (*bunda+ão²*) *sm aum pop* **1** Bunda grande. **2** *V* **bunda-mole**.

bun.da-su.ja *s m+f vulg* Pessoa reles; joão-ninguém. *Pl: bundas-sujas*.

bun.do.na (*ô*) (*bunda+ona*) *sf aum pop V* **bundão**.

bun.du.do (*bunda+udo*) *adj pop* Que tem bunda grande; ancudo.

bungee-jumping (*bângui jâmpim*) (*ingl*) *sm Esp* Modalidade esportiva considerada radical em que o praticante, chamado de ioiô humano, se lança de uma plataforma preso por uma corda elástica.

bu.quê (*fr bouquet*) *sm* **1** Ramalhete de flores. **2** Aroma de café, chá e de certos vinhos.

bu.ra.ca.ma (*buraco+ama*) *V* **buraqueira**.

bu.ra.co *sm* **1** Furo, orifício. **2** Pequena abertura, geralmente circular. **3** Cavidade. **4** Cova, toca. **5** Certo jogo de cartas. **6** *vulg* O ânus. *Tapar buraco:* a) resolver pequenos problemas; b) pagar pequenas dívidas.

bu.ra.quei.ra (*buraco+eira*) *sf* **1** Terreno cheio de buracos; buracama. **2** Terreno acidentado, esburacado. **3** Cavidades abertas pela enxurrada. **4** Lugar descampado, distante.

bur.bu.ri.nho (gr *borborygmós*) *sm* **1** Som confuso de vozes. **2** Rumor. **3** Sussurro. **4** Desordem.

bureau (*birô*) (*fr*) *V* **birô**.

bur.go (*baixo-lat burgu*, de origem germânica) *sm* **1** Povoação de certa importância, menor que cidade; aldeia, vila. **2** *por ext* Arredores de cidade ou vila. **3** Casa nobre; paço. **4** Mosteiro rodeado de muralhas.

bur.guês (*baixo-lat burgense*) *adj* **1** Próprio da burguesia. **2** Concernente ou pertencente ao burgo. **3** Típico da classe média da sociedade. **4** Ordinário, vulgar, trivial. **5** Que não tem gosto nem distinção. • *sm* **1** Habitante do burgo. **2** Indivíduo convencional, de ideias acanhadas. **3** Pessoa abastada ou rica. **4** Homem pouco delicado, pretensioso.

bur.gue.si.a (*burguês+ia¹*) *sf* **1** Qualidade de burguês. **2** A classe média da sociedade, constituída de pequena e média burguesia. **3** *Sociol* O conjunto da sociedade, constituído pela classe média e pelas classes de alto poder econômico, a chamada *alta burguesia*, cujos interesses se interligam.

bu.ril (*ital art burino*) *sm Escult* e *gravação* **1** Instrumento com ponta de aço, para cortar e gravar em metal, lavrar pedra etc.; cinzel, ponteiro. **2** Peça gravada a buril. **3** Arte de gravar. **4** Estilo apurado. *Buril curvo:* instrumento com que se desbastam e vazam as pranchas de madeira.

bu.ri.la.do (*part* de *burilar*) *adj* **1** Gravado ou lavrado com buril. **2** *fig* Escrito em estilo enérgico ou brilhante.

bu.ri.lar (*buril+ar¹*) *vtd* **1** Gravar ou lavrar com buril. **2** *fig* Aprimorar, aperfeiçoar, lapidar (estilo). **3** *fig* Escrever ou compor com requintes de perfeição.

bu.ri.ti (*tupi mbyryrý*) *sm Bot* **1** Espécie de palmeira de cujo fruto, uma noz amarela, se obtém um broto terminal comestível, se produz uma bebida, o vinho de buriti, e se extrai um óleo; suas folhas fornecem fibras utilizáveis em trabalhos artesanais; buritizeiro, carandaí-guaçu, palmeira-de-vinho. **2** O fruto dessa palmeira.

bu.ri.ti.zal (*buriti+al¹*) *sm* Mata de buritizeiros.

bu.ri.ti.zei.ro (*buriti+z+eiro*) *sm Bot* Espécie de palmeira, também chamada *buriti*.

bur.la (de *burlar*) *sf* **1** Ato de burlar; logro, fraude. **2** Engano fraudulento; defraudação. **3** Dito jocoso; gracejo.

bur.lar (*burla+ar¹*) *vtd* **1** Enganar, fraudar, lesar. *vtd* e *vti* **2** Escarnecer, zombar. **3** Enganar, ludibriar.

bur.les.co (*ê*) (*ital burlesco*) *adj* **1** Cômico, grotesco, ridículo. **2** Próprio de quem burla. **3** Brincalhão, zombeteiro. • *sm Teat* O espetáculo ou o gênero burlesco, cômico.

bu.ro.cra.ci.a (*fr bureaucratie*) *sf* **1** Administração dos negócios públicos sujeita a regulamentos rígidos e a uma rotina complicada e lenta. **2** *por ext* Administração com excesso de formalidades e papelada. **3** A classe dos funcionários públicos. **4** O comando dos burocratas.

bu.ro.cra.ta (*fr bureaucrate*) *s m+f* **1** Funcionário público. **2** *deprec* Aquele que tem influência nas repartições públicas, de cujo pessoal faz parte.

bu.ro.crá.ti.co (*burocrata+ico²*) *adj* **1** Relativo à burocracia. **2** Próprio de burocrata.

bu.ro.cra.ti.zar (*burocrata+izar*) *vtd* Dar feição ou caráter burocrático a.

bur.qui.nen.se (*top Burquina+ense*) *adj m+f* De

ou relativo a Burquina Fasso (ex-Alto Volta, África ocidental). • *s m+f* O natural ou habitante desse país.

bur.ra (de *burro*) *sf* **1** Fêmea do burro. **2** Cofre para guardar valores.

bur.ra.da (*burro+ada*¹) *sf* **1** Porção ou ajuntamento de burros. **2** Asneira, burrice.

bur.ri.ce (*burro+ice*) *sf* **1** Asneira. **2** Estupidez, ignorância. **3** Implicância, teimosia. **4** Mau humor.

bur.ri.co (*burro+ico*¹) *sm* **1** Diminutivo de *burro*; burro pequeno, burrinho. **2** Jumento reprodutor.

bur.ri.nho (*burro+inho*) *sm* **1** Diminutivo de *burro*; burro pequeno, burrico. **2** *Mec* Bomba de freio dos automóveis. **3** Motor de pequena força, geralmente usado a bordo de navios para acionar bombas de incêndio. **4** Bomba para puxar líquidos.

bur.ro (*lat burru*, vermelho) *sm* **1** *Zool* Produto híbrido, resultante do cruzamento da égua com o jumento; mulo. **2** *Zool* V *jumento*. Col: lote, manada, récua, tropa. Voz: *azurra, ornea, orneja, rebusna, relincha, zorna, zuna, zurra*. **3** *pop* Indivíduo estúpido, grosseiro, teimoso ou muito ignorante. **4** Jogo de cartas muito apreciado por crianças. **5** O perdedor nesse jogo. • *adj* Estúpido, grosseiro, tolo. *Burro de carga, fig:* pessoa que trabalha em demasia. *Dar com os burros n'água, bras pop:* a) perder um negócio; b) fazer tolice. *Pra burro, gír:* em grande quantidade; muito.

bu.run.di.nês (*top Burundi+ês*) *adj* Relativo a Burundi (África central). • *sm* O natural ou habitante de Burundi. *Var: burundiano.*

bus.ca (de *buscar*) *sf* **1** Ação de buscar. **2** Exame, revista. **3** Investigação, pesquisa. **4** Batida policial. **5** Procura de pessoas desaparecidas ou acidentadas. **6** *Inform* Execução de um comando ou rotina para localizar determinada informação; consulta, rastreamento. *Dar busca:* revistar um local à procura de pessoa ou objeto.

bus.ca-pé (*buscar+pé*) *sm* Peça de fogo de artifício que arde girando e ziguezagueando pelo chão, até estourar. *Pl: busca-pés.*

bus.car *vtd* **1** Tratar de descobrir ou encontrar; procurar. *vtd* **2** Examinar, investigar: *Busquem os culpados!* *vtd* **3** Ir a algum lugar e trazer alguma coisa. *vtd* **4** Tratar de obter, de conseguir: *Buscar a fama, a sabedoria, a felicidade* etc. *vtd* **5** Recorrer a: *Buscava a proteção da lei.* **6** *Inform* Rastrear; consultar.

bús.so.la (*ital bussola*) *sf* **1** *Fís* Instrumento de orientação usado em navegação marítima ou aérea e também para estabelecer o rumo em terra. **2** *fig* Aquilo que serve de guia em assunto ou negócio difícil. **3** *Topogr* Agulha magnética e luneta, para medir ângulos sobre o terreno.

bus.ti.ê (*fr bustier*) *sm* Corpete sem alças.

bus.to (*lat bustu*) *sm* **1** O corpo humano da cintura para cima. **2** Escultura ou pintura que abrange essa parte. **3** V *seios*.

bu.ta.nês (*top Butão+ês*) *adj* Relativo ao Butão (Ásia). • *sm* O natural ou habitante de Butão.

bu.ta.no (*but(ílico)+ano*) *sm* *Quím* Hidrocarboneto saturado, gasoso, obtido comumente do petróleo ou do gás natural e utilizado como combustível.

bu.ti.que (*fr boutique*) *sf* Pequena loja que vende roupas, bijuterias etc.

buttom (*bóton*) (*ingl*) *sm* Broche de plástico, metal etc. com símbolos, dizeres ou figuras, utilizado para fins promocionais.

bu.tu.ca (*tupi mutúka*) *sf* **1** *Entom* V *mutuca* (acepção 1). **2** *gír* Usado na locução *estar de butuca:* estar atento, de sobreaviso; estar à espreita.

bu.xo (*lat buxu*) *sm* *Bot* **1** Gênero de arbustos e pequenas árvores sempre verdes, da família das buxáceas, com folhas inteiras opostas e fruto capsular. **2** Planta desse gênero. *Cf bucho.*

bu.zi.na (*lat bucina*) *sf* **1** Instrumento feito de chifre de boi; berrante. **2** Trombeta de metal retorcido. **3** *por ext* Instrumento elétrico sonoro, usado em veículos motorizados para dar sinais de advertência.

bu.zi.na.da (*buzina+ada*¹) *sf* Toque de buzina.

bu.zi.na.ço (*buzina+aço*²) *sm* *gír* Manifestação popular em que as buzinas são acionadas freneticamente, como demonstração de protesto ou adesão.

bu.zi.nar (*buzina+ar*¹) *vint* **1** Tocar buzina. *vint* **2** Soprar fortemente, imitando o som da buzina. *vtdi* **3** Aturdir com a repetição importuna de alguma coisa: *Buzinava aos ouvintes os defeitos do adversário.* *vint* **4** Zangar-se, enfurecer-se.

bú.zio (*lat bucinu*) *sm* **1** *Zool* Cada um dos numerosos moluscos gastrópodes, marinhos, da família dos bucinídeos. **2** *Zool* Gastrópode do gênero Bucino. **3** *Zool* Molusco gastrópode, marinho, de concha piramidal. **4** Buzina feita da concha desse molusco. **5** Cada uma das pequenas conchas de búzios jogadas em adivinhações.

byte (*baite*) (*ingl*) *sm* *Inform* Em processamento de dados, grupos de dígitos binários, geralmente oito, que o computador opera como uma unidade simples.

c (*cê*) *sm* Terceira letra do alfabeto português, consoante. • *num* O terceiro numa série indicada pelas letras do alfabeto: *Alínea C, livro C*.
C 1 *num* Na numeração romana, símbolo equivalente a 100. **2** *Quím* Símbolo do carbono. **3** *Mús* A nota *dó* na notação musical alfabética.
ºC *Fís* Símbolo de grau Celsius.
cá (*lat vulg eccu hac*) *adv* **1** Aqui, neste lugar. **2** Entre nós, nesta terra. • *sm* Nome da letra K. *Pl: cás ou kk*.
ca.a.po.ra (*caá+tupi póra,* habitante) *V caipora*.
ca.a.tin.ga (*caá+tupi tínga,* branco) *sf* **1** *Geogr* Mato pouco desenvolvido, característico do nordeste brasileiro. **2** Terra estéril. *Var: catinga*.
ca.ba.ça (*voc pré-romano*) *sf* **1** *Bot* Fruto grande da cabaceira que, depois de seco e limpo interiormente, é utilizado como cuia, vaso. **2** Esse vaso ou cuia.
ca.ba.cei.ra (*cabaça+eira*) *sf Bot* Planta da família das cucurbitáceas cujo fruto é a cabaça; é originária da África e cultivada em todos os países de clima quente. *Var: cabaceiro*.
ca.ba.ço (*quimbundo kabasu*) *sm* **1** *vulg* O hímen. **2** *vulg* A virgindade da mulher. **3** *vulg* A mulher ou homem virgem. **4** *por ext* Homem que ainda não manteve relação sexual. **5** O fruto da cabaceira. **6** Cuia (feita do fruto seco da cabaceira).
ca.bal (*cabo+al*) *adj m+f* **1** Completo, perfeito, pleno. **2** Decisivo, inegável. **3** Competente, idôneo. **4** Bastante, suficiente.
ca.ba.la (*hebr qabbâlâh*) *sf* **1** *Rel* Interpretação da Bíblia (Velho Testamento) feita pelos judeus. **2** Ciência oculta, esoterismo. **3** *fig* Trama, conspiração, maquinação.
ca.ba.lis.ta (*cabala+ista*) *s m+f* **1** O que é versado na cabala. **2** Indivíduo que faz cabala (acepção 3).
ca.ba.lís.ti.co (*cabalista+ico²*) *adj* **1** Que se refere à cabala ou à tradição dos judeus. **2** Que se refere à magia. **3** *fig* Enigmático, misterioso.
ca.ba.na (*lat tardio capanna*) *sf* Pequena casa rústica geralmente construída de madeira e coberta de palha; choupana; palhoça.
ca.ba.ré (*fr cabaret*) *V boate*.
ca.be.ça (*baixo-lat capitia*) *sf* **1** *Anat* Parte superior do corpo humano que contém o encéfalo, os olhos, as orelhas, o nariz e a boca. **2** *Anat* Parte superior do corpo nos animais bípedes e anterior dos outros animais (os vertebrados, a maioria dos artrópodes, moluscos e vermes). **3** *pop* A parte do crânio coberta de cabelos: *Ela não queria lavar a cabeça com aquele xampu*. **4** *fig* Sede do intelecto, da inteligência, da memória. **5** *fig* Bom senso, juízo. **6** *fig* Pessoa inteligente ou instruída: *Aquele professor é uma cabeça*. **7** Indivíduo (homem, mulher ou animal) considerado de forma numérica: *A despesa foi de R$ 30,00 por cabeça. Na minha fazenda há quinhentas cabeças de gado*. **8** *fig* A parte superior de certas coisas ou objetos: *Cabeça de prego*. **9** *fig* Começo, princípio. *sm* Líder. *Cabeça de coco, pop:* indivíduo distraído, esquecido ou desmiolado. *Cabeça de vento:* a) pessoa leviana; b) pessoa que não tem juízo.
ca.be.ça-cha.ta *s m+f pop* Pessoa natural do Ceará; *por ext:* nortista. *Pl: cabeças-chatas*.
ca.be.ça.da (*cabeça+ada¹*) *sf* **1** Pancada com a cabeça. **2** Disparate, erro. *Dar uma cabeçada:* fazer mau negócio; fazer tolice.
ca.be.ça-du.ra *s m+f pop* Pessoa bronca, estúpida, teimosa. *Pl: cabeças-duras*.
ca.be.ça.lho (*cabeça+alho*) *sm* **1** Parte superior da primeira página de um jornal, formada pelo título e outros dizeres. **2** Título e primeiros dizeres de um livro. **3** Dizeres impressos no alto de papel de carta, envelope, fatura, nota etc., com a indicação do nome, endereço e atividade do emitente; timbre.
ca.be.ça-o.ca *s m+f pop* **1** Pessoa desmemoriada. **2** Pateta, tolo. *Pl: cabeças-ocas*.
ca.be.ce.a.dor (*cabecear+dor*) *adj* Que cabeceia. • *sm* Aquele que cabeceia.
ca.be.ce.ar (*cabeça+e+ar*) *vtd* **1** Fazer com a cabeça (algum sinal). *vtd* e *vint* **2** No futebol, atirar com a cabeça (a bola). *vti* e *vint* **3** Deixar pender a cabeça alternadamente, por efeito de sono: *Vovô não podia ir ao cinema: durante todo o filme cabeceava de sono*. Conjuga-se como *frear*.
ca.be.cei.ra (*cabeça+eira*) *sf* **1** Lugar em que, na cama, se deita a cabeça. **2** Almofada para repousar a cabeça. **3** Lugar ocupado à mesa pelo chefe de família. **4** Nascente de rio ou riacho. **5** Dianteira, frente, vanguarda. **6** Parte frontal. *sf pl* Regiões vizinhas na nascente de um rio.
ca.be.ço.te (*cabeça+ote*) *sm* **1** *Mec* Parte do motor onde se encontram os cilindros e a câmara de combustão. **2** Cabeça de gravador (cápsula, agulha etc.).
ca.be.çu.do (*cabeça+udo*) *adj* **1** De cabeça grande. **2** Casmurro, obstinado, teimoso. • *sm* Homem teimoso.
ca.be.dal (*lat capitale*) *sm* **1** Bens; capital, riqueza. **2** Conhecimentos ou dotes morais.
ca.be.lei.ra (*cabelo+eira*) *sf* **1** Conjunto dos cabelos de uma cabeça, quando compridos. **2** Cabelos

postiços, peruca. **3** Crina. *sm* O que usa cabelos muito compridos.
ca.be.lei.rei.ro (*cabeleira+eiro*) *sm* **1** Homem que faz cabeleiras. **2** Homem que corta ou penteia cabelo. **3** Local comercial onde esses profissionais tratam e penteiam os cabelos dos clientes.
ca.be.lo (*lat capillu*) *sm* **1** Conjunto de pelos que recobrem a cabeça humana. *Col: chumaço, madeixa.* **2** Os pelos de qualquer parte do corpo humano. **3** Pelo comprido de alguns animais.
ca.be.lu.do (*cabelo+udo*) *adj* **1** Que tem muito cabelo. **2** Que tem cabelos compridos. **3** Que é coberto de cabelo. **4** *fig* Complicado, difícil. **5** *fig* Imoral, obsceno: *Puxa! Você conta piadas tão cabeludas!*
ca.ber (*lat capere*) *vti* e *vint* **1** Poder estar dentro; ter lugar: *A roupa não cabe na mala.* *vti* **2** Poder entrar: *O senhor não cabe por essa porta.* *vti* **3** Ter obrigação de; competir a: *Cabe ao professor verificar o conhecimento dos alunos.* *vti* **4** Ser da responsabilidade de; pertencer a: *Cabe a ele dizer o que pensa.* *vti* **5** Pertencer em partilha ou quinhão; tocar: *Cabe a ele a maior parte dos bens.* *vti* **6** Ser compatível com: *Esse assunto não cabe aqui.* *vint* **7** Vir a propósito; ter cabimento: *Sua reprovação cabe neste momento. Não caber em si* ou *não caber na pele de contente:* transbordar de contentamento ou de júbilo. *Conjug:* verbo irregular; muda o *a* do radical em *ai*, na 1ª pessoa do singular do presente do indicativo; em todo o presente do subjuntivo, no pretérito perfeito e mais-que-perfeito do indicativo e no pretérito imperfeito do subjuntivo. *Pres indic: caibo, cabes, cabe* etc.; *Pret imp indic: cabia, cabias, cabia, cabíamos, cabíeis, cabiam; Pret perf indic: coube, coubeste, coube* etc.; *Pret mais-que-perf: coubera, couberas, coubera, coubéramos, coubéreis, couberam; Fut pres indic: caberei, caberás* etc.; *Fut pret: caberia, caberias, caberia, caberíamos, caberíeis, caberiam; Pres subj: caiba, caibas, caiba* etc.; *Pret imp subj: coubesse, coubesses, coubesse, coubéssemos, coubésseis, coubessem; Fut subj: couber, couberes, couber* etc.; *Imper afirm: cabe (tu), caiba (você), caibamos (nós), cabei(vós), caibam(vocês); Ger: cabendo; Part: cabido.*
ca.bi.de (*ár qibâD*) *sm* **1** Móvel para pendurar chapéu, roupa etc. **2** Dispositivo de arame, plástico ou madeira, onde se pendura roupa. *Cabide de empregos, pop:* a) indivíduo que acumula vários empregos; b) lugar onde se arruma emprego fácil.
ca.bi.de.la (*cabo+dela*) *sf* **1** *Cul* Guisado feito com miúdos e sangue de ave. **2** Os miúdos da ave (fígado, moela, pescoço, asa etc).
ca.bi.do (*part de caber*) *adj* **1** Que tem cabimento. **2** Que tem aceitação ou valia. **3** Merecido. • *sm* Corporação dos cônegos de uma catedral.
ca.bi.men.to (*caber+mento*) *sm* **1** Aceitação, recebimento, valimento. **2** Conveniência, oportunidade. **3** Propósito, justificativa.
ca.bi.na (*fr cabine*) *sf* **1** Camarote, pequeno compartimento para passageiros em navios ou trens. **2** *Av* Compartimento fechado de um avião, para tripulação, passageiros ou carga. **3** Espécie de guarita em que ficam os sinaleiros, os vigias etc. **4** Compartimento reservado, em forma de grande armário, destinado a comunicações telefônicas. **5** Compartimento onde os banhistas trocam de roupa. **6** Compartimento fechado em caminhão, guindaste ou máquina semelhante, para motorista ou maquinista. *Var: cabine.*
ca.bi.ne (*fr cabine*) *V cabina.*
ca.bi.nei.ro (*cabina+eiro*) *adj* + *sm* **1** Que, ou o que toma conta de cabinas. **2** Ascensorista.
ca.bis.bai.xo (*lat capitis+baixo*) *adj* **1** *fig* Que traz a cabeça baixa ou inclinada. **2** *fig* Abatido, preocupado, humilhado, vexado.
ca.bí.vel (*caber+vel*) *adj* *m+f* **1** Que pode ter cabimento. **2** Admissível, oportuno.
ca.bo (*lat caput*) *sm* **1** Chefe, comandante. **2** Mil Graduação militar que, na hierarquia de nossas Forças Armadas, se situa acima de soldado, no Exército; de marinheiro de primeira classe, na Marinha; e de soldado de primeira classe, na Aeronáutica. **3** Parte de um instrumento ou objeto, por onde se agarra, segura ou maneja. **4** *Geogr* Ponta de terra que entra pelo mar adentro. **5** Extremo, fim. **6** *Eletr* Feixe de fios metálicos. **7** *Eletr* Fio grosso usado para transmissão de correntes elétricas de alta voltagem. **8** *Telev* Sistema de televisão com programação especial transmitida por cabo axial em lugar de antena, em circuito fechado ou apenas para telespectadores assinantes, mediante pagamento de uma taxa. *Ao cabo:* ao fim; por fim; finalmente. *Ao cabo de:* ao fim de; ao termo de; ao término de. *Dar cabo de:* acabar, destruir, gastar, matar. *De cabo a rabo:* do princípio ao fim.
ca.bo.cla.da (de *caboclo+ada¹*) *sf* **1** Bando ou grupo de caboclos. **2** Os caboclos.
ca.bo.clis.mo (*caboclo+ismo*) *sm* Ação ou sentimento de caboclo; caipirismo.
ca.bo.clo (*tupi kariuóka*) *sm* **1** Indígena brasileiro de cor acobreada. **2** Mestiço de branco com índio. **3** Caipira, roceiro, sertanejo. • *adj* **1** Da cor de cobre; acobreado. **2** Próprio de bugre, de caipira.
ca.bo.gra.ma (*cabo+grama*) *sm* Telegrama transmitido por cabo submarino.
ca.bo.ta.gem (*fr cabotage*) *sf Mar* Navegação costeira ou entre cabos ou portos do mesmo país.
ca.bo.ti.na.gem (*cabotino+agem*) *sf* Cabotinismo.
ca.bo.ti.nis.mo (*cabotino+ismo*) *sm* Ação, modos, costumes ou vida de cabotino; cabotinagem; charlatanismo.
ca.bo.ti.no (*fr cabotin*) *sm* **1** Charlatão, impostor, dissimulado; hipócrita. **2** Mau comediante. **3** Aquele que procura sempre chamar a atenção dos outros sobre si mesmo; literato que se autoelogia. • *adj* *fig* Que procede como cabotino (acepção 3).
ca.bra (*lat capra*) *sf* **1** *Zool* Gênero de mamíferos ruminantes da família dos Bovídeos, com chifres ocos, curvados para trás, que compreende a cabra comum e outras espécies relacionadas. **2** Fêmea do bode. *Col: fato, malhada, rebanho. Voz: bala, bale, barrega, berra, bezoa. sm* **1** Mulato. **2** Indivíduo valentão ou provocador. **3** Qualquer indivíduo. **4** Cangaceiro, capanga. *Cabra da peste, pej:* mau, desqualificado.
ca.bra-ce.ga *sf Folc* Jogo ou brinquedo em que

uma pessoa, de olhos vendados, procura apanhar outra dentre um grupo em círculo, para ser por esta substituída. *Pl: cabras-cegas.*

ca.bra-ma.cho *sm bras* Indivíduo destemido; valentão. *Pl: cabras-machos.*

ca.brei.ro (*cabra+eiro*) *adj* **1** Que guarda cabras. **2** Relativo a cabra; feito com leite de cabra. **3** *pop* Desconfiado, arisco, prevenido. • *sm* Pastor que guarda cabras.

ca.bres.tan.te *sm Náut* Máquina para mover ou levantar grandes pesos (*p ex,* âncoras).

ca.bres.te.ar (*cabresto+e+ar¹*) *vint* **1** Deixar-se (cavalgadura) conduzir pelo cabresto sem dificuldade. **2** *fig* Deixar-se guiar ou conduzir por alguém em qualquer assunto. Conjuga-se como *frear*.

ca.bres.to (*lat capistru*) *sm* Arreio com que se prendem ou conduzem cavalgaduras e outros quadrúpedes pela cabeça. *Andar de cabresto, Reg* (Sul): estar sujeito a alguém (geralmente controlado pela mulher).

ca.bri.o.la (*ital capriola,* de *capriolo*) *sf* **1** Salto de cabra; reviravolta. **2** Cambalhota.

ca.bri.ta (*cabra+ita¹*) *sf* **1** Cabra. **2** *pop* Mulata nova.

ca.bri.to (*cabro+ito¹*) *sm* **1** Pequeno bode. **2** *pop* Criança traquinas.

ca.bro.cha (de *cabra*) *s m+f* Mulato ou mulata jovem.

ca.bu.lar (*cábula+ar¹*) *vint* Faltar às aulas para vadiar.

ca.bu.lo.so (*ô*) (*cábula+oso*) *bras adj* **1** Que cabula. **2** *gír* Antipático. **3** Que é irritante; que dá azar. *Pl: cabulosos (ó).*

ca.ca (*lat cacare*) *sf pop* **1** Excremento humano. **2** *pop* Imundície, porcaria, sujeira: *Faça de novo. Isto é uma caca!*

ca.ça (de *caçar*) *sf* **1** Ato ou efeito de caçar. **2** Animais apanhados na caçada. **3** Perseguição ao inimigo. **4** Investigação. *sm Av* Avião de combate.

ca.ça.da (*caca+ada¹*) *sf* **1** Jornada ou diversão de caçadores. **2** Caça (acepção 2). **3** Perseguição, busca.

ca.ça.dor (*caçar+dor*) *adj* Que caça. • *sm* Indivíduo que caça, por hábito ou profissão.

ca.ça-do.tes *s m+f sing* e *pl* Indivíduo pobre que procura enriquecer casando-se com alguém rico.

ca.çam.ba (*quimbundo kisambu*) *sf* **1** Balde para tirar água dos poços. **2** *por ext* Qualquer balde. **3** Receptáculo ou parte da betoneira na qual se faz a mistura do cimento com areia e brita. **4** Receptáculo de escavadeiras, guindastes, dragas etc.

ca.ça-mi.nas *s m+f sing* e *pl* Barco apropriado para descobrir e destruir minas submarinas.

ca.ça-ní.queis *sm sing* e *pl* **1** Aparelho destinado a jogos de azar e a furtar os jogadores. **2** Empresa organizada para iludir a boa-fé dos acionistas. **3** Negócio arriscado.

ca.ção (*caçar+ão²*) *sm Ictiol* Designação geral de peixes de porte não muito grande; um tipo de tubarão pequeno.

ca.ça.pa *sf* Pequeno buraco com bolsa de tiras de couro ou malha que recebe as bolas impulsionadas pelo taco, no jogo de sinuca.

ca.çar (*lat vulg *captiare*) *vtd* **1** Perseguir (animais silvestres) para apanhar vivo ou matar. *vtd* **2** Perseguir, como se faz às feras. *vtd* **3** Apanhar. *vint*

4 Fazer caçada(s). *vtd* **5** Catar: *Caçar palavras. Cf Cassar.*

ca.ca.re.co (de *caco*) *V cacaréus.*

ca.ca.re.jar (*voc onom*) *vint* **1** Cantar (a galinha e as outras aves que lhe imitam o canto). *vint* **2** Falar monotonamente. *Conjug:* normalmente não se usa nas 1ªˢ pessoas.

ca.ca.re.jo (*ê*) (de *cacarejar*) *sm onom* **1** Canto da galinha. **2** Som semelhante ao canto da galinha.

ca.ca.réus (de *caco*) *sm pl* Trastes velhos e de pouco valor; cacarecos.

ca.ça.ro.la (*fr casserole*) *sf* Panela de ferro ou alumínio, com bordas altas, cabo e tampa.

ca.ca.tu.a (*malaio kakatûwa*) *sf Ornit* Gênero de papagaios brancos ou rosados, com penas eriçadas na cabeça, cujo tamanho varia de médio a muito grande, e que são largamente distribuídos nas regiões australianas.

ca.cau (*náuatle kakawatl*) *sm Bot* Fruto ovoide do cacaueiro que contém amêndoas empregadas no fabrico do chocolate e do qual se extrai uma substância gordurosa denominada manteiga de cacau.

ca.cau.ei.ro (*cacau+eiro*) *adj* Relativo ao cacau ou à árvore que o produz. • *sm Bot* Árvore da família das esterculiáceas, originária da parte tropical da América do Sul; cacauzeiro.

ca.cau.i.cul.tor (*cacau+i+cultor*) *sm* Plantador de cacau.

ca.cau.i.cul.tu.ra (*cacau+i+cultura*) *sf* Cultura de cacau.

ca.cau.zei.ro (*cacau+z+eiro*) *V cacaueiro.*

ca.ce.ta.da (*cacete+ada¹*) *sf* **1** Ação de bater com cacete; pancada de cacete. **2** *V caceteação.*

ca.ce.te (*ê*) (*fr casse-tête*) *sm* **1** Bordão, grosso em uma das extremidades. **2** Bengala, porrete. **3** *gír* Indivíduo maçante ou impertinente. **4** *vulg* Pênis. • *adj* Impertinente, importuno, maçante.

ca.ce.te.a.ção (*cacetear+ção*) *sf* Ato de cacetear.

ca.ce.te.ar (*cacete+e+ar¹*) *vtd* Aborrecer, importunar, maçar. Conjuga-se como *frear*.

ca.cha.ça *sf* Aguardente de cana, obtida da destilação da garapa. Tem inúmeros sinônimos regionalistas: *abrideira, água que passarinho não bebe, aguardente, bagaceira, birita, branquinha, cana, caninha, malvada, pinga.*

ca.cha.cei.ro (*cachaça+eiro*) *adj* Que bebe habitualmente cachaça. • *sm* Bêbado.

ca.cha.ço *sm* **1** Parte posterior do pescoço; nuca. **2** Pescoço grosso. **3** Reprodutor suíno.

ca.cha.lo.te (*fr cachalot*) *sm Zool* Grande cetáceo que tem numerosos dentes cônicos na mandíbula em vez de barbatanas.

ca.chê (*fr cachet*) *sm* Salário pago por dia aos figurantes e extras de um filme, no cinema, a tarefas de representação, no teatro e televisão, e de locução, no rádio.

ca.che.ar (*cacho+e+ar¹*) *vint* **1** Cobrir-se de cachos; produzir cachos. *vint* **2** Começar a espigar (falando de vegetais). *vtd* **3** Pentear (os cabelos) em forma de cacho. Conjuga-se como *frear* (com raras exceções), é conjugado apenas nas 3ªˢ pessoas.

ca.che.col (*fr cache-col*) *sm* Agasalho para o pescoço, usado embaixo da gola da jaqueta, do paletó ou do sobretudo.

ca.che.pô (*fr cachepot*) *sm* Recipiente, que pode ser de vários materiais, como cerâmica, metal, madeira etc., dentro do qual são colocados os vasos de plantas.

ca.che.ta (*ê*) (*cacha+eta*) *sf* Jogo de cartas semelhante ao pife-pafe.

ca.chim.ba.da (*cachimbo+ada*[1]) *sf* **1** Porção de tabaco que se põe no cachimbo. **2** Ato de aspirar a fumaça no cachimbo.

ca.chim.bar (*cachimbo+ar*[1]) *vint* Fumar cachimbo.

ca.chim.bo (*quimbundo kishimba*) *sm* **1** Aparelho para fumar, composto de um pequeno fornilho de gesso, louça, madeira etc., em que se coloca o tabaco ou outra substância, e ao qual está adaptado um tubo por onde se aspira o fumo. **2** Pito.

ca.cho (*lat capulu*, punhado) *sm* **1** *Bot* Conjunto de flores ou frutos, sustentados por pecíolos e pedúnculos, em torno de um eixo comum; penca. **2** Madeixas de cabelo, dispostas em anéis, canudos ou caracóis. **3** *gír* Ligação amorosa sem compromisso; caso.

ca.cho.ei.ra (*cachão+eira*) *sf Geogr* Queda de água, em rio ou ribeirão, cujo leito apresenta forte declive.

ca.cho.la (de *cachar*) *sf pop* Cabeça.

ca.chor.ra (*ô*) (*fem* de *cachorro*) *sf* **1** Cadela nova e pequena. **2** *fig* Mulher de gênio malicioso ou mau. *Estar com a cachorra bras, gír:* Estar de péssimo humor; furioso.

ca.chor.ra.da (*cachorro+ada*[1]) *sf* **1** Bando de cães. **2** Ato indigno ou indecoroso.

ca.chor.ri.nho (*cachorro+inho*) *sm* **1** Cachorro pequeno. **2** *pop* Modo espontâneo de nadar em que as mãos e os pés alternam-se puxando a água.

ca.chor.ro (*ô*) (*lat vulg *catlu+orro*) *sm* **1** *Zool* Cão novo ou pequeno. **2** *pop* Qualquer cão. **3** Homem de gênio mau ou malicioso.

ca.chor.ro-quen.te *sm Cul* Sanduíche de salsicha quente entre duas metades de pãozinho. *Pl: cachorros-quentes.*

ca.ci.fe (*ár qafīz*) *sm* **1** Valor da entrada de cada parceiro ao início da partida. **2** A quantia resultante dessas entradas: *Você não tem cacife para me sustentar!*

ca.cil.da (*corr* de *cacete*) *interj pop* V caramba.

ca.cim.ba (*quimbundo kishimba*) *sf* Cova feita no leito seco dos rios a fim de recolher água para usos domésticos; poço.

ca.ci.que (do *taino*, via *cast*) *sm* **1** Chefe, entre os indígenas americanos. **2** Chefe político, de influência, que dispõe dos votos de muitos eleitores. **3** Mandachuva, figurão.

ca.ci.quis.mo (*cacique+ismo*) *sm* Influência ou prepotência de caciques; regime de predomínio de caciques; despotismo de chefes políticos. *Var: caudilhismo.*

ca.co *sm* **1** Fragmento de telha, louça, vidro etc. **2** Traste velho. **3** Pessoa velha e doente. *Reinaldo só tem 25 anos e já está um caco.* **4** *gír* No teatro, o que o artista diz, fora do texto, às vezes, para produzir efeito cômico. *sm pl* **1** Fragmentos de telhas usados pelos pedreiros para aumentar a consistência da argamassa. **2** Cacaréus.

ca.ço.a.da (*caçoar+ada*[1]) *sf* **1** Ação de caçoar. **2** Escárnio, zombaria.

ca.ço.ar *vtd, vti* e *vint* **1** Fazer troça a, zombar de. *vint* **2** Mentir de brincadeira.

ca.co.e.te (*gr kakoéthes*) *sm* **1** *V* tique. **2** Palavra ou locução predileta que alguém repete na conversação. **3** Hábito, mania.

ca.có.fa.to (*gr kakóphaton*) *sm Gram* Toda cacofonia em que haja sugestão de palavras descabidas ou indecorosas. *Ex: Ela trina maviosamente.*

ca.co.fo.ni.a (*gr kakophonía*) *sf Gram* Qualquer efeito desagradável ao ouvido em uma sequência de palavras. *Cf cacófato.*

cac.to (*gr káktos*) *sm* Planta espinhosa, de caule suculento, esférico ou anguloso. Cresce sobretudo nos desertos e é muito resistente às secas.

ca.çu.la (*quimbundo kazúli*) *s m+f* O filho ou o irmão mais novo.

ca.cun.da (*corr* de *corcunda*) *sf* **1** Costas, dorso, corcova. **2** *V corcunda.*

ca.da (*gr katá* pelo *lat vulg cata*) *pron indef* (tem a função de *adj m+f*) **1** Qualquer dos elementos particulares de um conjunto ou categoria: *Cada terra tem seu uso.* **2** Pode referir-se a um grupo: *Ganha dez dólares em cada dez exemplares do seu livro.* **3** Que está muito fora do comum: *Este homem tem cada mania! Cada qual:* todo homem; toda pessoa ou toda coisa; cada um (*p ex, Cada qual sabe de si*). *Cada um: V cada qual. Cada hora, loc adv:* cada vez, sempre.

ca.da.fal.so (*provençal cadalfac*) *sm* Estrado alto para a execução de condenados; patíbulo.

ca.dar.ço (*gr kathartéon serikón*, seda que deve ser purificada) *sm* Cordão ou fita estreita, de seda, algodão, usado geralmente para ajustar o calçado aos pés.

ca.das.tral (*cadastro+al*[1]) *adj m+f* Relativo a cadastro.

ca.das.tra.men.to (*cadastrar+mento*) *sm* Ato ou efeito de cadastrar.

ca.das.trar (*cadastro+ar*[1]) *vtd* **1** Organizar o cadastro de imóveis pertencentes a um município, estado ou país. **2** Fazer o cadastro de.

ca.das.tro (*provençal cadastre*, via *ital*) *sm* **1** Registro público no qual se descrevem a extensão e o valor dos imóveis pertencentes a um município, estado ou país. **2** Registro que bancos e estabelecimentos comerciais mantêm de seus clientes.

ca.dá.ver (*lat cadaver*) *sm* **1** Corpo humano ou animal após a morte; defunto. **2** *pop* Indivíduo que, pelo seu estado de fraqueza física, está próximo da morte. *Cadáver ambulante:* cadavérico (acepção 2). *Ele mais parece um cadáver ambulante com aquele camisão preto!*

ca.da.vé.ri.co (*cadáver+ico*[2]) *adj* **1** Pertencente ou relativo a cadáver. **2** Que tem aspecto de cadáver. **3** Que parece moribundo.

ca.dê *contr* Forma popular interrogativa de: "Que é de?". Equivale a: "Onde está?" (em São Paulo, usa-se também *quedê*, no mesmo sentido: *Cadê* (*quedê*) *a vassoura?*).

ca.de.a.do (*lat catenatu*) *sm* Fechadura portátil, formada por um aro que se prende às peças que se quer unir ou fechar.

ca.dei.a (*lat catena*) *sf* **1** Corrente formada de anéis ou elos quaisquer. **2** Série de qualquer coisa, sequência. **3** Edifício público onde se prendem delinquentes e suspeitos; cárcere, casa de detenção. **4** *Quím* Conjunto de átomos de carbono ligados entre si, ou a átomos de elementos diferentes.

ca.dei.ra (*gr káthedra*, via *lat*) *sf* **1** Assento para uma só pessoa. **2** Disciplina ou matéria de um curso. *sf pl* Os quadris.

ca.de.la (*lat catella*) *sf* **1** Fêmea do cão. **2** *pop, pej* Mulher que se comporta mal; prostituta.

ca.dên.cia (*lat cadentia*) *sf* Regularidade (de movimentos, sons etc.); ritmo.

ca.den.ci.ar (*cadência+ar*[1]) *vtd* Dar cadência a; ritmar. *Conjug – Pres indic:* cadencio, cadencias, cadencia (*cí*). *Cf* cadência.

ca.den.te (*lat cadente*) *adj m+f* **1** Que cai ou vai caindo. **2** Que tem cadência; cadenciado.

ca.der.ne.ta (*caderno+eta*) *sf* **1** Caderno ou livro de apontamentos. **2** Registro das notas de frequência e comportamento de alunos.

ca.der.no (*lat quaternu*) *sm* **1** Porção de folhas de papel sobrepostas, em forma de pequeno livro de apontamentos ou exercícios escolares. **2** *Tip* Folha de impressão depois de dobrada, que se destina à encadernação. **3** *Tip* Parte de um jornal que se refere a uma determinada seção ou assunto.

ca.de.te (*fr cadet*) *sm* Aluno de academias militares ou da Escola de Aeronáutica; aspirante a oficial.

ca.di.nho (*cado+ilho*) *sm* **1** Vaso próprio para nele se fundirem metais e outros minerais; crisol. **2** Parte do forno em que se realiza a fusão.

cád.mio (*lat cient cadmium,* do *gr kadmeîon*) *sm Quím* Elemento metálico, de cor azul-acinzentada, utilizado em ligas, de número atômico 48 e símbolo Cd.

ca.du.car (*caduco+ar*[2]) *vint* **1** Tornar-se caduco; envelhecer. **2** Tornar-se amalucado em consequência de idade avançada; delirar, desvairar. **3** *Dir* Prescrever, ou ficar sem efeito (contrato, lei ou direito), por extinção do prazo fixado ou falta de cumprimento das condições.

ca.du.ceu (*lat caduceu*) *sm Mit* Vara delgada com duas serpentes enroscadas e com asas na extremidade superior (insígnia de Mercúrio, deus da mitologia grega).

ca.du.ci.da.de (*caduco+i+dade*) *sf* **1** Estado de caduco. **2** Decrepitude, velhice, caduquice.

ca.du.co (*lat caducu*) *adj* **1** Que perdeu o crédito, a validade, o viço, as forças. **2** Que perdeu a capacidade mental em virtude da idade. **3** *Dir* Que perdeu o valor, que se tornou nulo.

ca.du.qui.ce (*caduco+ice*) *V* caducidade.

ca.fa.jes.ta.da (*cafajeste+ada*[1]) *sf* **1** Grupo de cafajestes. **2** Ação de cafajeste.

ca.fa.jes.te *sm* **1** Indivíduo inútil, sem préstimo, sem maneiras, biltre. **2** Vagabundo, valentão.

ca.fé (*ár qahwah,* pelo *turco qahvé* e *ital caffe*) *sm* **1** Fruto do cafeeiro. **2** Bebida tônica e aromática feita por infusão da semente desse fruto torrada e moída. **3** Estabelecimento destinado a servir essa bebida. **4** Refeição matinal; desjejum. *Café com leite:* a) diz-se da cor pardo-clara (que puxa para o bege); b) essa cor.

ca.fé-con.cer.to *sm* Café com programa de música leve ou canções, ou de ambas. *Pl: cafés-concerto* e *cafés-concertos*.

ca.fe.ei.ro (*café+eiro*) *adj* Relativo ao café. • *sm Bot* Arbusto da família das Rubiáceas que produz o café.

ca.fe.i.cul.tor (*cafe+i+cultor*) *sm* Aquele que se dedica à cultura do café.

ca.fe.i.cul.tu.ra (*cafe+i+cultura*) *sf* Lavoura de café.

ca.fe.í.na (*café+ina*) *sf Quím* Alcaloide existente no café e no chá, no guaraná e na cola, estimulante do cérebro e do coração.

ca.fe.i.nar (*cafeína+ar*[1]) *vtd* Adicionar cafeína a. *Conjug – Pres indic:* cafeíno, cafeínas, cafeína, cafeinamos, cafeinais, cafeínam; *Pres subj:* cafeíne, cafeínes, cafeíne, cafeinemos, cafeineis, cafeínem.

ca.fé-pe.que.no *sm* **1** Café servido em xícara pequena. **2** *fig* Aquilo que alguém julga poder realizar facilmente. **3** *fig* Pessoa ou coisa sem importância. *Pl: cafés-pequenos.*

ca.fe.tão (*lunfardo cáften*) *gír V* cáften.

ca.fe.tei.ra (*café+t+eira*) *sf* Vasilha destinada à preparação do café ou a contê-lo depois de feito.

ca.fe.tei.ro (*café+t+eiro*) *sm* **1** Dono de estabelecimento onde se vende café. **2** Aquele que faz o café, em um estabelecimento deste gênero.

ca.fe.ti.na (*fem de cáften*) *gír V* caftina.

ca.fe.zal (*café+z+al*[1]) *sm* Plantação de cafeeiros.

ca.fe.zi.nho (*café+z+inho*) *sm bras* Café servido em xícara pequena.

cá.fi.la (*ár qâfila*) *sf* **1** Caravana, comboio de mercadores, no interior da Ásia e África. **2** Grande número de camelos conduzindo mercadorias. **3** *fig* Bando, corja.

ca.fo.na (*ital cafone*) *adj m+f gír* De mau gosto, brega. • *s m+f* Pessoa que se caracteriza pela falta de bom gosto, principalmente no trajar e nas coisas da vida cotidiana.

ca.fo.ni.ce (*cafona+ice*) *sf pop* **1** Condição de cafona. **2** Ato ou comportamento de cafona.

cáf.ten (*lunfardo cáften*) *sm* **1** Aquele que vive à custa de meretrizes. **2** Dono de bordel. *Fem: caftina. Pl: cáftens.*

caf.ti.na (*cáften+ina*) *sf* **1** Mulher que arranja prostituta para o homem, mediante paga; cafetina. **2** Mulher de baixos sentimentos. *Var:* cafetina.

caf.ti.na.gem (*caftinar+agem*) *sf* Ato de explorar mulheres na prostituição, ou de alugar prostitutas.

caf.ti.nar (*caftina+ar*[1]) *vint* Exercer o lenocínio, a prostituição.

ca.fu.a *sf* **1** Antro, caverna, cova, esconderijo. **2** Choça, rancho escuro e imundo. **3** Aposento que, nos colégios, servia de prisão aos alunos.

ca.fun.dó *sm* **1** Lugar deserto e distante, geralmente entre montanhas. **2** Lugar escuro da casa. **3** Quarto para prisão de colegiais; cafua. *Var:* cafundéu.

ca.fu.né (*quimbundo kafundu*) *sm bras* **1** Ato de coçar de leve a cabeça de alguém, para fazer-lhe carinho ou para adormecê-lo. **2** *pop* Carícia.

ca.fun.gar (*cafungo+ar*[1]) *vint* **1** *gír* Cheirar cocaína. **2** *gír* Fungar.

ca.fu.zo (*red de carafuzo*) *sm* Mestiço de negro e índio da América.

ca.ga.ço (*cagar+aço*[1]) *sm vulg* Medo, pavor, susto.

cá.ga.do *sm Zool* Nome genérico de vários répteis

da ordem dos Quelônios, que vivem ora na terra, ora na água doce.

ca.ga.nei.ra (de *cagar*) *sf vulg* Diarreia.

ca.gão (*cagar+ão*) *sm gír* **1** Criança ou adulto que defeca muito. **2** *pop* Indivíduo medroso. *Fem: cagona.*

ca.gar (*lat cacare*) *vulg vint* **1** Defecar. *vtd* **2** Expelir pelo ânus. *vpr* **3** Emporcalhar-se. *vpr* **4** *fig* Ter desprezo a qualquer coisa. *Cagar na retranca, gír:* fracassar feio.

ca.gue.tar (*gwe*) (de *alcaguetar*) *gír* V *alcaguetar.*

ca.gue.te (*gwê*) (de *alcaguete*) V *alcaguete.*

cai.a.ção (*caiar+ção*) *sf* Ato ou efeito de caiar.

cai.a.do (*part* de *caiar*) *adj* **1** Revestido de cal. **2** Branqueado com cosméticos. **3** Disfarçado, dissimulado.

cai.a.na (*top* Caiena) *sf* Variedade de cana-de-açúcar oriunda de Caiena.

cai.a.que (*esquimó q'ajaq*) *sm* Canoa esquimó, de pele de foca estendida sobre uma leve armação de madeira, toda coberta, com apenas uma abertura para o navegante sentado, e impelida com um remo de duas pás.

cai.ar (*lat vulg *caleare*) *vtd* **1** Pintar com cal diluída em água, só ou misturada com tinta. **2** Branquear (a pele) com cosméticos. **3** Disfarçar, encobrir, mascarar. *Conjug – Pres indic: caio, caias* etc.; *Pres subj: caie, caies, caie* etc.; *Pret perf: caiei, caiaste* etc. *Cf cair.*

cãi.bra (*frâncico *kramp,* via *fr*) *sf Med* Contração involuntária e dolorosa de um músculo ou grupo de músculos.

cai.bro (*lat capreu*) *sm Constr* Peça de madeira com formato retangular geralmente utilizada nas armações de telhados.

cai.ça.ra (*tupi kaaysá*) *s m+f* **1** Pescador que vive na praia; caipira do litoral. **2** Caboclo sem préstimo.

ca.í.da (de *cair*) *sf* **1** Queda. **2** Vertente de montes ou serras. **3** Declive. **4** Decadência, ruína moral.

ca.í.do (*part* de *cair*) *adj* **1** Que caiu, tombado pelo próprio peso. **2** Derrubado, prostrado. **3** Abatido, triste. **4** *fig* Apaixonado, dominado pelo amor. **5** *gír* Que não tem dinheiro algum.

ca.i.men.to (*cair+mento*) *sm* **1** Ação de cair. **2** Queda, ruína. **3** Decadência. **4** Abatimento, prostração. **5** Inclinação, ajuste.

ca.in.gan.gue *adj m+f Etnol* Relativo aos caingangues, indígenas do Estado de São Paulo, Paraná, Santa Catarina e Rio Grande do Sul. • *s m+f* Indígena dessa tribo.

cai.pi.ra (*corr* de *caipora*) *s m+f bras* **1** Pessoa da roça ou do mato; caboclo, capiau, jeca, matuto, roceiro, sertanejo. **2** Indivíduo tímido e acanhado. • *adj* Pertencente ou relativo ao caipira. *Festa caipira, música caipira.*

cai.pi.ra.da (*caipira+ada¹*) *sf* **1** Ato próprio de caipira. **2** Bando de caipiras.

cai.pi.ri.nha (*caipira+inho, no fem*) *s m+f* Caipira pequeno. *sf* Bebida popular em São Paulo, feita com limão-galego macerado, açúcar (ou mel), pinga e gelo.

cai.po.ra (*tupi kaá póra,* habitante da mata) *s m+f* **1** Morador do mato. **2** *Folc* Ente fantástico, de um só pé, que vive nas florestas. **3** Sujeito que, de acordo com a crendice popular, traz desgraça às pessoas de quem se aproxima. *sf* V *caiporismo.* • *adj m+f* **1** Que tem azar. **2** Infeliz em tudo o que faz. **3** Designativo da pessoa que, segundo a superstição popular, traz má sorte ou embaraços. *Var: caapora.*

cai.po.ris.mo (*caipora+ismo*) *sm* Estado de caipora; infortúnio; má sorte.

ca.ir (*lat cadere*) *vti* e *vint* **1** Ir ao chão; tombar. *vti* e *vint* **2** Deixar-se vencer, sucumbir. *vti* e *vint* **3** Decair, declinar, descambar, entrar em decadência. *vint* **4** Fraquejar, perder a força ou intensidade. *vti* **5** Atacar, chegar inesperadamente. *vti* **6** Acontecer, coincidir com. *vti* **7** Incorrer. *vint* **8** Perder o valor. *vti* e *vint* **9** Ser enganado, ser logrado. *vti* **10** Pender, inclinar-se. Conjuga-se como *atrair.*

cais (*fr quai*) *sm sing* e *pl* Parte da margem de um rio ou porto de mar em que atracam os navios e se faz o embarque ou desembarque de pessoas ou mercadorias.

cái.ser (*al Kaiser*) *sm* O nome dado ao imperador da Alemanha, da unificação (século XIX) até a república (Primeira Guerra Mundial). *Pl: cáiseres.*

cai.ti.tu (*tupi taytetú*) *sm bras* Espécie de porco-do-mato.

cai.xa (*lat capsa*) *sf* **1** Receptáculo para guardar, acondicionar ou transportar qualquer coisa ou mercadorias (em madeira, papelão, plástico etc.). **2** Arca. **3** Estojo. **4** Espécie de cofre, para receber dinheiro ou papéis: *Caixa do correio.* **5** Seção de um banco ou casa comercial em que se fazem os recebimentos e os pagamentos. *s m+f* Pessoa cuja ocupação em um banco ou casa comercial é receber ou pagar. *sm* Livro auxiliar de escrituração em que se registram as entradas e saídas de dinheiro. *A toque de caixa:* a toda a pressa. *Caixa automático* ou *eletrônico:* terminal eletrônico de banco de onde se pode retirar dinheiro e solicitar serviços usando o cartão magnético do cliente. *Caixa de ferramentas, Inform:* conjunto de rotinas ou funções predefinidas que são usadas durante a escrita de um programa. *Caixa do correio:* V *caixa postal. Caixa postal:* recipiente numerado e com chave própria que, mediante assinatura, se aluga, nas repartições de correio, para recebimento imediato da correspondência chegada pelas diversas malas postais. *Caixa torácica:* arca do peito; tórax.

cai.xa-d'á.gua *sf* Reservatório de água. *Pl: caixas-d'água.*

cai.xão (*caixa+ão²*) *sm* **1** Caixa grande. **2** Caixa comprida, com tampa abaulada, para depositar o corpo dos mortos e conduzi-los à sepultura; caixão funerário, ataúde, esquife, féretro.

cai.xa-pre.ta *sf* Espécie de gravador instalado em aeronaves e que tem a função de registrar as comunicações entre a cabine (piloto e copiloto) e a torre de comando, bem como os dados do avião e do voo. *Pl: caixas-pretas.*

cai.xei.ro (*caixa+eiro*) *sm* **1** Operário que faz caixas. **2** Empregado que tem a seu cargo as vendas a retalho, em uma casa comercial; balconista.

cai.xei.ro-vi.a.jan.te *sm* Empregado que tem por

caixilho   150   **calçar**

missão vender os produtos de um estabelecimento comercial em locais distantes; viajante. *Pl: caixeiros-viajantes.*

cai.xi.lho (*caixa+ilho*) *sm* **1** Armação de madeira ou metal que emoldura as almofadas de uma porta, vidraças de uma janela, painéis etc. **2** Moldura.

cai.xi.nha (*caixa+inho*, no *fem*) *sf* **1** Caixa pequena. **2** Coleta entre os interessados na obtenção de algum favor. **3** Montante das gorjetas que balconistas de bares, cafés, restaurantes etc. ganham dos fregueses; elas, geralmente, são guardadas numa pequena caixa até o fim do dia de trabalho (esses funcionários dividem o dinheiro entre si). **4** *por ext* Gorjeta.

cai.xo.te (*caixa+ote*) *sm* Caixa tosca, de tamanho mediano.

ca.já (*tupi akaiá*) *sm Bot* **1** Fruto da cajazeira. **2** Cajazeira, cajazeiro.

ca.ja.do (*lat vulg hispânico *cajatu*) *sm* **1** Bastão, bordão. **2** Bordão de pastor, com a extremidade superior arqueada. **3** Amparo, arrimo, esteio.

ca.ja.zei.ra (*cajá+z+eira*) *sf Bot* Árvore de frutos comestíveis, da família das anacardiáceas; cajazeiro.

ca.ja.zei.ro (*cajá+z+eiro*) *V cajazeira.*

ca.ju (*tupi akaiú*) *sm* **1** Fruto do cajueiro. **2** *V cajueiro.*

ca.ju.a.da (*caju+ada*[1]) *sf* **1** Bebida refrigerante, feita com sumo de caju, água e açúcar. **2** Doce de caju.

ca.ju.ei.ral (*cajueiro+al*[1]) *sm* Bosque ou moita de cajueiros. *Var: cajual.*

ca.ju.ei.ro (*caju+eiro*) *sm Bot* Árvore frutífera da família das anacardiáceas, originariamente brasileira, cultivada em todos os países de clima tropical; cajuzeiro. *Var: cajuzeiro.*

ca.ju.zei.ro (*caju+z+eiro*) *V cajueiro.*

cal (*lat calce*) *sf Quím* Substância branca obtida pela calcinação de pedras calcárias. É usada principalmente em construções na argamassa e reboco. *Pl: cales e cais.*

ca.la.bou.ço (*cast calabozo*) *sm* **1** Prisão subterrânea, cárcere. **2** *fig* Lugar sombrio, úmido.

ca.la.brês (*Calábria+ês*) *adj* Da, ou pertencente ou relativo à Calábria (Itália). • *sm* O natural ou habitante da Calábria, na Itália (Europa). *Fem: calabresa.*

ca.la.bre.sa (*Calábria+esa*) *sf* Diz-se de um tipo de linguiça, comercial, apimentada.

ca.la.da (*calar+ada*[1]) *sf* Silêncio profundo; calmaria. *Na calada da noite:* às altas horas da noite; nas horas de maior silêncio da noite.

ca.la.do (*part de calar*[1]) *adj* **1** Que não diz nada. **2** Silencioso. • *sm Náut* **1** Distância vertical da quilha do navio à linha de flutuação. **2** Espaço que o navio ocupa dentro da água.

ca.la.fe.ta.ção (*calafetar+ção*) *V calafetagem.*

ca.la.fe.ta.gem (*calafetar+agem*) *sf* **1** Ação de calafetar, calafetação. **2** Estopa ou outra substância com que se calafeta.

ca.la.fe.tar (*ital calafatare*) *vtd* **1** Entupir com estopa, feltro, panos ou papéis (qualquer fenda ou buraco). **2** Vedar de qualquer modo as fendas, as frestas ou os buracos de.

ca.la.fri.o (*lat cale(re),* sentir calor+*frio*) *sm* **1** Arrepio. **2** *Med* Tremor com sensação de frio, antes de um ataque febril. **3** Impressão causada por susto ou comoção violenta.

ca.la.mi.da.de (*lat calamitate*) *sf* **1** Grande mal comum a muita gente, infortúnio público; catástrofe. **2** Grande desgraça.

ca.la.mi.to.so (*ô*) (*lat calamitosu*) *adj* Que causa calamidade; catastrófico. *Pl: calamitosos (ó).*

ca.lan.go (*quimbundo kalanga*) *sm* **1** *Zool* Nome comum a vários lagartos. **2** Dança africana de rodopios e requebrados.

ca.lão (*cigano caló,* via *cast*) *sm Ling* **1** Linguagem especial, peculiar a ciganos, fadistas, ladrões, vadios etc. **2** Gíria; jargão. *Baixo calão:* linguagem caracterizada por termos obscenos ou grosseiros.

ca.lar (*lat tardio callare,* do *gr khalán*) *vint* e *vpr* **1** Guardar silêncio, não falar. *vint* e *vpr* **2** Cessar de falar, emudecer, não responder. *vtd* **3** Não dizer, ocultar. *vtd* **4** Impor silêncio a. *vtd* **5** Não divulgar. *vti* **6** Penetrar. *vtd* **7** Fazer penetrar: *Calar no espírito:* persuadir. *Calar a boca* ou *calar o bico:* deixar de falar, silenciar.

cal.ça (de *calçar*) *sf* Peça de vestuário que começa na cintura, dividindo-se por baixo do tronco em dois canos que cobrem as pernas mais ou menos até o tornozelo. *Var: calças.*

cal.ça.da (*part de fem de calçar*) *sf* **1** Caminho ou rua com pavimento de pedra. **2** Ladeira, rua em declive. **3** Passeio empedrado, atijolado ou cimentado, para trânsito de pedestres e geralmente ao longo das casas (acepção 3). **4** *Fut* Ato ou efeito de calçar; dar calço.

cal.ça.dão (*calçada+ão*[2]) *sm* Passeio extenso e largo nas cidades.

cal.ça.dei.ra (*calcar+deira*) *sf* Espécie de espátula empregada para calçar sapatos.

cal.ça.dis.ta (*calçada+ista*) *s m+f* Pessoa que fabrica calçados.

cal.ça.do (*part de calcar*) *sm* Peça de vestuário, geralmente de couro, que cobre e protege os pés: botas, botinas, sapatos etc. • *adj* **1** Que tem os pés metidos em botinas, sapatos etc. **2** Empedrado, lajeado. **3** Escorado, amparado.

cal.ça.men.to (*calcar+mento*[1]) *sm* **1** Ação de calçar. **2** Pavimentação de ruas, calcetamento.

cal.câ.neo (*lat calcaneu*) *adj Anat* Relativo ou pertencente ao osso do tarso, que forma o calcanhar. • *sm* **1** Esse osso. **2** Calcanhar.

cal.ca.nhar (*lat vulg *calcaneare*) *sm Anat* **1** Saliência posterior do pé humano, formada pelo calcâneo e pelos músculos e tendões que ligam o pé à perna. **2** Parte do calçado ou da meia correspondente a essa parte do pé. *Não chegar aos calcanhares de alguém:* não se lhe poder comparar. *Calcanhar de aquiles:* o ponto fraco, a parte vulnerável de alguém.

cal.ção (*calça+ão*[2]) *sm* Calça curta, que desce até os joelhos ou pouco acima deles. *Calção de banho:* calção, geralmente sem pernas, usado por homens em praias, piscinas etc.

cal.car (*lat calcare*) *vtd* **1** Pisar com os pés. **2** Tornar compacto. **3** Amassar por compressão; esmagar. **4** Forçar para dentro. **5** *fig* Desprezar, humilhar.

cal.çar (*lat calceare*) *vtd* **1** Introduzir os pés no calçado, as pernas nas calças, calção etc., as mãos nas luvas. *vtd* **2** Usar nos pés (botas, botinas, meias, sapatos etc.), nas pernas (calças, calção etc.), nas mãos (luvas). *vtd* **3** Dar ou fornecer calçado a. *vtd* **4** Formar o calçamento de. *vtd* **5** Fazer o calçamento de. *vtd* **6** Cobrir, revestir. *vtd* **7** Pôr calço ou cunha a. *vint* **8** Ajustar-se bem.

cal.cá.rio (*lat calcariu*) *adj* **1** Relativo à cal ou ao carbonato de cálcio. **2** Que contém cálcio ou um composto de cálcio. **3** Relativo ou pertencente a rochas que contêm carbonato de cálcio. • *sm Geol* Rocha formada pelo carbonato de cálcio.

cal.ças *sf pl* V *calça*.

cal.cei.ro (*calça+eiro*) *sm* **1** Fabricante de calças. **2** Alfaiate que faz calças.

cal.ce.ta.men.to (*calcetar+mento*) *sm* Ação ou efeito de calcetar; calçamento.

cal.ce.tar (de *calçar*) *vtd* Empedrar, calçar (vias públicas).

cal.ce.tei.ro (*calcetar+eiro*) *sm Constr* Operário que calça vias públicas.

cál.ci.co (*cálci+ico²*) *adj* **1** Pertencente ou relativo à cal ou ao cálcio. **2** Derivado de cálcio ou cal. **3** Que contém cálcio ou cal. **4** Rico em cálcio.

cal.ci.fi.ca.ção (*calcificar+ção*) *sf* **1** Ação de calcificar. **2** Conversão em carbonato de cálcio. **3** *Med* Ossificação anormal dos tecidos orgânicos moles, pelo depósito de sais calcários.

cal.ci.fi.car (*cálci+ficar*) *vtd* **1** Dar consistência e cor de cal a. *vpr* **2** *Med* Sofrer um processo de calcificação.

cal.ci.na.ção (*calcinar+ção*) *sf* Ação ou efeito de calcinar.

cal.ci.na.do (*part* de *calcinar*) *adj* **1** Transformado em cal ou óxido pela ação do fogo. **2** Reduzido a cinzas ou a carvão. **3** Extremamente seco pelo fogo ou pelo sol; queimado, torrado.

cal.ci.nar (*lat *calcinare*) *vtd* **1** *Quím* Transformar o carbonato de cálcio em cal por meio do fogo. **2** Secar ou reduzir a carvão ou a cinza pela ação do fogo. **3** Aquecer muito. **4** Abrasar, queimar.

cal.ci.nha (*dim* de *calça*) *sf* Calça curta que as mulheres usam como peça íntima. *Var: calcinhas*.

cal.ci.nhas (*dim* de *calças*) *sf pl* V *calcinha*.

cál.cio (*lat cient calciu*) *sm Quím* Elemento metálico cor de prata, um pouco mole, que queima com luz brilhante quando aquecido, de número atômico 20 e símbolo Ca.

cal.ço (de *calçar*) *sm* **1** Ato de calçar. **2** Cunha, pedaço de madeira, pedra ou qualquer outro material que se põe por baixo de algum objeto para o aprumar, nivelar, elevar, firmar ou ajustar.

cal.cu.la.dor (*calcular+dor*) *adj* Que calcula; que sabe calcular. • *sm* **1** Indivíduo que calcula. **2** O encarregado dos cálculos matemáticos nos observatórios. **3** Aquele que nada faz sem um fim útil e interesseiro; calculista.

cal.cu.la.do.ra (*calcular+dor*, no *fem*) *sf* Máquina de calcular.

cal.cu.lar (*lat calculare*) *vtd* **1** Determinar por meio de cálculo; computar; contar. *vti* e *vint* **2** Fazer cálculos. *vtd* **3** Avaliar; estimar. *vtd* **4** Prever.

cal.cu.lá.vel (*calcular+vel*) *adj m+f* Que se pode calcular.

cal.cu.lis.ta (*cálculo+ista*) *adj m+f* **1** Que calcula. **2** Interesseiro. • *s m+f* **1** Pessoa que faz cálculos matemáticos; calculador. **2** Pessoa que visa sempre a um fim útil e interesseiro.

cál.cu.lo (*lat calculu*) *sm* **1** Ato ou efeito de calcular; avaliação, cômputo. **2** *Mat* Resolução de problemas matemáticos. **3** *Med* Concreção sólida (pedra), comumente composta de sais minerais, e formada ao redor de matéria orgânica. Encontrada principalmente em órgãos como os rins, a bexiga etc.

cal.da (de *caldo*) *sf* **1** Dissolução de açúcar em ponto de xarope. **2** Resíduo da destilação do álcool ou da aguardente. **3** Sumo fervido de alguns frutos.

cal.de.a.men.to (*caldear+mento*) *sm* **1** Ato ou efeito de caldear. **2** Mistura; miscigenação.

cal.de.ar (*calda+e+ar¹*) *vtd* **1** Misturar substâncias sólidas com água ou outro líquido para formar calda. **2** Soldar, ligar (metais em brasa). *vpr fig* **3** Mestiçar(-se). **4** Misturar, amalgamar. Conjuga-se como *frear*.

cal.dei.ra (*lat caldaria*) *sf* Recipiente metálico de qualquer tamanho para aquecer água, produzir vapor, cozinhar alimentos etc.

cal.dei.ra.da (*caldeira+ada¹*) *sf* **1** Conteúdo de caldeira. **2** *Cul* Guisado de peixe à moda dos pescadores: *caldeirada de camarão*. **3** *Cul* Cozido de vários alimentos (legumes, mariscos etc).

cal.dei.rão (*caldeira+ão²*) *sm* **1** Caldeira de pés, para cozinha. **2** Panela grande, mais alta que larga.

cal.dei.ra.ri.a (*caldeira+aria*) *sf* **1** Fábrica que produz caldeiras. **2** Loja de caldeireiro.

cal.dei.rei.ro (*caldeira+eiro*) *sm* **1** Indivíduo que faz ou vende caldeiras e outros utensílios de cobre ou latão. **2** Operário que trabalha nas caldeiras de limpar açúcar. **3** Consertador de panelas.

cal.dei.ri.nha (*caldeira+inho*, no *fem*) *sf* **1** Caldeira pequena. **2** Vaso de metal para água benta. *Estar entre a cruz e a caldeirinha: gír* estar quase morrendo; estar entre duas dificuldades; estar em grande risco ou perigo.

cal.do (*lat calidu*) *sm* **1** Alimento líquido. **2** Suco que se extrai de frutos ou de outras partes de certas plantas.

ca.le.fa.ção (*lat calefactione*) *sf* **1** Ato de aquecer; aquecimento. **2** Aquecimento de recintos fechados.

ca.le.fa.tor (*lat calefactu+or*) *adj* Que aquece. • *sm* Aparelho de aquecimento.

ca.lei.dos.có.pio (*cali+gr eidós+scopo+io*) V *calidoscópio*.

ca.le.ja.do (*part* de *calejar*) *adj* **1** Que tem calos. **2** *fig* Experiente, matreiro.

ca.le.jar (*calo+ejar*) *vtd* **1** Formar calos, tornar caloso. *vtd* **2** *fig* Habituar ao sofrimento, tornar insensível. *vpr* **3** *fig* Insensibilizar-se.

ca.len.dá.rio (*lat calendariu*) *sm* Tabela, folhinha ou folheto com indicação dos dias, semanas e meses do ano, as fases da Lua, as festas religiosas e os feriados nacionais.

ca.len.das (*lat calendas*) *sf pl Antig* Primeiro dia de cada mês, entre os romanos. *Para as calendas gregas: iron* para o dia que nunca há de vir.

ca.lha (*lat canalia*) *sf* **1** Cano pelo qual se escoam as águas dos telhados. **2** Canalete aberto ou fechado, de lata ou outro material, para passagem de qualquer material líquido ou sólido, como água, cereais, minérios etc. **3** Pista ou canal em que alguma coisa desliza.

ca.lha.ma.ço (*corr* de *canhamaço*) *sm* Livro grande e antigo; alfarrábio.

ca.lham.be.que *sm* Qualquer carro, veículo em mau estado, velho.

ca.lhar (*calha+ar²*) *vint* **1** Entrar na calha ou deslizar sobre ela. *vti* **2** Acontecer, suceder. *Calhou de nos encontrarmos na praia*. *vti* e *vint* **3** Coincidir.

ca.lhau (*cast callao*) *sm* **1** Pedaço de rocha dura. **2** Pedra. **3** *gír Jorn* Texto de pouco interesse que se guarda para ocasião em que falta matéria melhor.

ca.lhor.da *sm* Indivíduo desprezível; cafajeste. • *adj m+f* Que tem características de calhorda.

ca.lhor.di.ce (*calhorda+ice*) *sf* **1** Qualidade de calhorda. **2** Ação de calhorda.

ca.li.bra.ção (*calibrar+ção*) *sf* **1** Ato de calibrar. **2** Estado de calibrado.

ca.li.bra.do (*part* de *calibrar*) *adj* **1** A que se deu calibre adequado ou cujo calibre foi medido. **2** Diz-se do pneu a que se deu conveniente pressão de ar. **3** *gír* Um pouco bêbado; tocado. *Ele saiu da festa meio calibrado.*

ca.li.bra.dor (*calibrar+dor²*) *adj* Que calibra. • *sm* **1** O que calibra. **2** Instrumento para medir espessura, diâmetros, calibres e distâncias entre superfícies.

ca.li.bra.gem (*calibrar+agem*) *sf* Ação de calibrar.

ca.li.brar (*calibre+ar²*) *vtd* **1** Dar calibre conveniente a. **2** Medir o calibre de. **3** Ajustar o calibre de.

ca.li.bre (*fr calibre*, de origem incerta) *sm* **1** Diâmetro interior de tubo. **2** Diâmetro de projétil. **3** Dimensão, tamanho, importância, volume.

cá.li.ce (*lat calice*) *sm* **1** Pequeno copo com pé, para licores ou bebidas fortes. **2** *Rel Catól* Vaso empregado na missa, para a consagração do vinho. **3** Sofrimento, dor: "*Pai, afasta de mim este cálice*". **4** *Bot* Invólucro exterior da flor, que contém a corola e os órgãos sexuais. *Var: cálix.*

ca.li.ci.da (*calo+i+cida*) *sm* Medicamento para remover calos.

ca.li.dez (ê) (*cálido+ez*) *sf* Estado ou qualidade de cálido.

cá.li.do (*lat calidu*) *adj* **1** Quente. **2** Ardente, fogoso.

ca.li.dos.có.pi.co (*calidoscópio+ico²*) *adj* Relativo ou pertencente a um calidoscópio.

ca.li.dos.có.pio (*cáli+eidós+scopo+io²*) *sm* **1** *Fís* Aparelho óptico formado por um tubo de cartão ou de metal, com pequenos fragmentos de vidro colorido que se refletem em pequenos espelhos inclinados, apresentando, a cada movimento, combinações variadas e agradáveis. **2** O que se assemelha a um calidoscópio, pela variabilidade do aspecto. *Var: caleidoscópio.*

ca.li.fa (*ár Halīfa*) *sm* Sucessor de Maomé como soberano temporal e espiritual dos muçulmanos.

ca.li.fa.do (*califa+ado²*) *sm* **1** Jurisdição de califa. **2** Território dessa jurisdição. **3** Tempo de duração do governo de um califa.

ca.li.fór.nio (*top Califórnia*, *np*) *sm Quím* Elemento artificial, radioativo, de número atômico 98 e símbolo Cf.

ca.li.gra.far (*cáli+grafo+ar¹*) *vtd* **1** Escrever com letra bonita. *Conjug: caligrafo, caligrafas* (*grá*) etc. *Cf calígrafo.*

ca.li.gra.fi.a (*cáli+grafo+ia¹*) *sf* **1** Arte de bem escrever à mão. **2** Maneira de escrever. **3** Forma de letra manuscrita.

ca.li.grá.fi.co (*cáli+grafo+ico²*) *adj* Relativo à caligrafia.

ca.lí.gra.fo (*cáli+grafo*) *sm* **1** O que escreve muito bem à mão. **2** Aquele que sabe ou ensina caligrafia.

ca.lis.ta (*calo+ista*) *s m+f* Pessoa que tem por profissão curar ou extrair calos; pedicure.

cal.ma (*gr kaûma*, via *ital*) *sf* **1** Calor atmosférico sem vento. **2** Hora do dia em que há mais calor. **3** Bonança, calmaria. **4** Quietude, serenidade, tranquilidade. *Antôn: agitação, tumulto.* • *interj* Expressão utilizada para serenar os ânimos (numa discussão) ou para diminuir o ritmo: *Calma! Dirija com cuidado.*

cal.man.te (de *calmar*) *adj m+f* Que acalma, que abranda, que tranquiliza, anódino, paregórico, sedativo. • *sm Med* Medicamento que acalma ou abranda dores ou excitações nervosas; anódino; sedativo.

cal.ma.ri.a (*calma+aria*) *sf* **1** Cessação do vento e quietação das ondas. **2** Calma. **3** Falta de notícias e de fatos importantes. **4** Tranquilidade geral. *Antôn: agitação.*

cal.mo (de *calma*) *adj* **1** Que está em calmaria. **2** Calmoso, quente. **3** Sereno, sossegado, tranquilo. *Antôn: excitado, inquieto.*

cal.mo.so (ô) (*calma+oso*) *adj* Em que há calma, calor (o tempo ou a atmosfera, sem vento ou brisa). *Pl: calmosos* (ó).

ca.lo (*lat callo*) *sm* **1** *Med* Endurecimento acidental da pele causado por atrito continuado. **2** *Med* Pequeno tumor duro, nos dedos do pé ou nos tornozelos. **3** *Med* Crosta dura que liga os ossos fraturados. **4** *fig* Insensibilidade, indiferença.

ca.lom.ben.to (*calombo+ento*) *adj* Cheio de calombos.

ca.lom.bo (*quimbundo kalumba*) *sm* **1** Inchaço ou tumor duro, saliente, em uma superfície, protuberância, caroço. **2** Quisto sebáceo; lobinho.

ca.lor (*lat calore*) *sm* **1** Qualidade daquilo que está quente. **2** Sensação que se experimenta na proximidade ou contato de um corpo quente. **3** *fig* Animação, entusiasmo, atividade, ardor, vivacidade. **4** *Fís* Forma de energia produzida pelos movimentos moleculares e que determina estado, temperatura e outras qualidades variáveis de um corpo. **5** Elevação de temperatura produzida pelo Sol. **6** Aumento de temperatura que experimenta o corpo animal por efeito de causas fisiológicas ou patológicas, como movimento, febres etc.

ca.lo.ra.ma (*calor+ama*) *sf* Muito calor; calorão.

ca.lo.rão (*calor+ão²*) *sm* Calor excessivo, calor forte, grande calor; calorama.

ca.lo.ren.to (*calor+ento*) *adj* **1** Quente. **2** Diz-se do indivíduo muito sensível ao calor.

ca.lo.ri.a (*calor+ia¹*) *sf* **1** *Fís* Unidade de medição

calórico 153 **câmara**

do calor: quantidade de calor necessária para aumentar de 14,5°C para 15,5°C a temperatura de um quilograma de água (grande caloria) ou de um grama (pequena caloria), sob pressão atmosférica normal. **2** *Fisiol* Unidade com que se mede o valor nutritivo dos alimentos.

ca.ló.ri.co (*calori+ico²*) *adj* **1** Relativo ou pertencente a calor; térmico. **2** Relativo ou pertencente a calorias.

ca.lo.rí.fi.co (*lat calorificu*) *adj* **1** Referente ao calor térmico. **2** Que produz calor. • *sm* Aparelho que produz calor; aquecedor. *Antôn: frigorífico.*

ca.lo.rí.fu.go *adj* Que faz fugir o calor.

ca.lo.ri.me.tri.a (*calori+metro+ia*) *sf Fís* **1** Parte da Física que se ocupa da medição da quantidade de calor específico dos corpos. **2** Essa medição.

ca.lo.ri.mé.tri.co (*calori+metro+ico²*) *adj Fís* Pertencente ou relativo à calorimetria.

ca.lo.rí.me.tro (*calori+metro*) *sm Fís* Instrumento com o qual se mede o calor específico dos corpos.

ca.lo.ro.so (*ô*) (*calor+oso*) *adj* **1** Cheio de calor. **2** Cheio de vivacidade ou zelo. **3** Entusiasta. **4** Ativo, enérgico, veemente. *Pl: calorosos (ó). Antôn: frio, glacial.*

ca.lo.si.da.de (*lat callositate*) *sf* **1** Calo de grande extensão. **2** Dureza calosa. **3** Qualidade daquilo que tem calos.

ca.lo.so (*ô*) (*lat callosu*) *adj* **1** Que tem calos ou calosidades. **2** Endurecido como calo ou calosidade. *Pl: calosos (ó).*

ca.lo.ta (*baixo-lat calota*) *sf* **1** *Geom* Parte da esfera compreendida entre um plano tangente e um secante. **2** *Anat* Parte superior da caixa craniana. **3** *Autom* Peça, com a forma aproximada de um prato, que protege as extremidades dos eixos dos automóveis.

ca.lo.te (*fr culotte*, do jogo de dominó) *sm* **1** Dívida contraída sem possibilidade de pagamento. **2** Falta de pagamento de uma dívida.

ca.lo.te.ar (*calote+ar*) *vint* **1** Contrair dívidas sem possibilidade de as pagar. *vtd* **2** Pregar calote a. Conjuga-se como *frear.*

ca.lo.tei.ro (*calote+eiro*) *sm* Indivíduo que caloteia; mau pagador.

ca.lou.ro (*gr moderno kalógeros*) *sm* **1** Aluno do primeiro ano de uma academia ou faculdade. **2** Estudante novato de qualquer curso. **3** Indivíduo novato em qualquer coisa. *Antôn: veterano* (acepção 2).

ca.lun.ga (*quimbundo kalunga*) *sf* **1** *Rel* Divindade secundária do culto banto. **2** Imagem dessa divindade. **3** *Folc* Figura de cera, pano, madeira, palha, barro ou metal com forma humana. **4** *Folc* Boneca usada no maracatu. **5** *Zool Reg* (BA) V *Camundongo.*

ca.lú.nia (*lat calumnia*) *sf* **1** Acusação falsa, que ofende a fama de alguém; mentira. **2** Difamação.

ca.lu.ni.ar (*lat calumniari*) *vtd* Difamar, fazendo acusações falsas contra alguém. *Conjug – Pres indic: calunio, calunias, calunia (ni)* etc. *Cf calúnia.*

ca.lu.ni.o.so (*ô*) (*lat calumniosu*) *adj* **1** Que envolve calúnia. **2** Que serve para caluniar. *Pl: caluniosos (ó).*

cal.va (*lat calva*) *sf* Parte da cabeça de onde caiu o cabelo; careca.

cal.vá.rio (*lat calvariu*) *sm* **1** *Rel* Lugar da crucificação de Cristo. **2** Elevação de terreno que representa esse lugar: *Monte Calvário.* **3** *Rel Catól* Altar em que se expõem a cruz e a Senhora das Dores, durante a Paixão. **4** Qualquer elevação de terreno, de ascensão difícil. **5** *fig* Martírio; trabalhos; aflições.

cal.ví.cie (*lat calvitie*) *sf* Estado ou qualidade de calvo; careca.

cal.vi.nis.mo (*Calvino, np+ismo*) *sm Rel* Sistema religioso, instituído por Calvino, reformador protestante francês (1509-1564).

cal.vi.nis.ta (*Calvino, np+ista*) *adj m+f* Pertencente ou relativo ao calvinismo. • *s m+f* Adepto do calvinismo.

cal.vo (*lat calvu*) *adj* Que não tem cabelos na cabeça ou em parte dela. • *sm* Indivíduo sem cabelos na cabeça ou em parte dela; careca.

ca.ma (*lat hispânico cama*) *sf* Móvel, constituído de um estrado no qual é colocado um colchão, em que a pessoa se deita para dormir ou descansar; leito. *Cama de gato:* a) *Esp Fut* posição em que um atleta fica por baixo do outro quando este salta para cabecear a bola; b) brincadeira com um barbante, a que se ligaram as duas pontas, e que duas pessoas vão tirando alternadamente um dos dedos da outra de modo a dar-lhe sempre novas disposições. *Cama e mesa:* morada e comida; pensão completa. *Estar de cama:* estar na cama por doença.

ca.ma.da (*cama+ada¹*) *sf* **1** Porção de material colocado ou espalhado uniformemente sobre uma superfície; revestimento. **2** Substância aplicada sobre outra ou entre duas outras. **3** Classe, categoria. *Camada de ozônio:* camada composta pelo gás ozônio que envolve a Terra e a protege das radiações ultravioleta do Sol. *Camada social, Sociol:* cada uma das classes em que a sociedade está dividida.

ca.ma.feu (*fr ant camaheu*) *sm* **1** Pedra preciosa, com camadas de diversos matizes e esculpida em relevo. **2** *pop* Mulher que tem as feições delicadas.

ca.ma.le.ão (*gr khamailéon*) *sm* **1** *Herp* Gênero de répteis que têm a curiosa faculdade de mudar de cor, acompanhando o colorido do ambiente. **2** *fig* Indivíduo que muda facilmente de opinião; hipócrita.

câ.ma.ra (*lat camera*) *sf* **1** Aposento destinado a uma pessoa (especialmente o quarto de dormir); compartimento de uma casa. **2** Corporação de senadores, deputados, vereadores ou comerciantes. **3** Edifício onde funciona qualquer dessas corporações. *Câmara dos deputados; câmara do comércio.* **4** *p ext* Qualquer recinto ou compartimento fechado. **5** *Fot* Parte opaca que forma o corpo da máquina fotográfica, tendo de um lado a objetiva, por onde penetra a imagem, e do outro, a superfície sensível. *Var: câmera.* **6** *Fot por ext* Máquina fotográfica. *Var: câmera.* **7** *Cin* Aparelho para fotografar sequência de imagens de um filme; máquina de filmar. *Var: câmera.* **8** *Telev* Aparelho que capta e transmite as imagens de televisão. *Var: câmera. Câmara de ar:* tubo de borracha vulcanizada, cheio de ar comprimido, usado nas rodas dos automóveis, caminhões, nas bolas de couro usadas em diferentes esportes.

ca.ma.ra.da (*fr camarade*) *s m+f* **1** Companheiro(a) de quarto. **2** Pessoa que convive bem com outra. **3** Colega; condiscípulo. **4** Amigo. **5** Indivíduo empregado no serviço de campo ou das fazendas.

ca.ma.ra.da.gem (*camarada+agem*) *sf* **1** Convivência amigável. **2** Intimidade. **3** Bando de camaradas.

ca.ma.rão (*lat vulg* *cammarone por *cammaru*, do *gr*) *sm Zool* Nome comum a várias espécies de crustáceos que constituem objeto de pesca intensa, por serem muito apreciados como alimento.

ca.ma.rei.ra (*câmara+eira*) *sf* **1** Arrumadeira de quartos em hotéis; criada de quarto. **2** Dama que presta serviços na câmara da rainha, da princesa etc.

ca.ma.ri.lha (*cast camarilla*) *sf* Grupo de pessoas que lisonjeiam os governantes ou administradores e influem nas suas decisões.

ca.ma.rim (*ital camerino*) *sm* **1** Pequena câmara. **2** Pequeno quarto de vestir. **3** Cada um dos compartimentos, nos teatros, onde os atores se vestem.

ca.ma.ri.nha (*câmara+inho*, no *fem*) *sf* Aposento, quarto de dormir.

ca.ma.ro.nês (*top Camarões+ês*) *adj* De Camarões (África). • *sm* O natural ou habitante de Camarões.

ca.ma.ro.te (*câmara+ote*) *sm* **1** Cada um dos compartimentos, dispostos em andares, em volta de uma sala de espetáculos de onde os espectadores podem assistir às representações. **2** Pequena câmara nos navios, para alojamento de oficiais e passageiros.

cam.ba.da (*cambo+ada*[1]) *sf* **1** Conjunto de objetos ou animais. **2** Grande quantidade. **3** Agrupamento de pessoas ou de animais. **4** *fig* Corja, canalha, súcia.

cam.ba.la.cho (de *cambalear*) *sm* **1** Troca ardilosa. **2** Ardil, tramoia, trapaça.

cam.ba.le.an.te (de *cambalear*) *adj m+f* Que cambaleia. Conjuga-se como *frear*.

cam.ba.le.ar (de *cambar*) *vint* Caminhar sem firmeza; oscilar, vacilar.

cam.ba.lei.o (de *cambalear*) *sm* Ação de cambalear.

cam.ba.lho.ta (de *cambale(ar)+ota*) *sf* **1** Exercício ou brincadeira que consiste em curvar-se uma pessoa para a frente até a cabeça atingir o chão e, nesta posição, dar ao corpo uma volta, rolando-o para a frente ou para trás; cambota. **2** Giro, feito no ar com o corpo, no qual os pés descrevem uma circunferência em torno da cabeça.

cam.bi.al (*câmbio+al*[1]) *adj m+f* Pertencente ou relativo a câmbio.

cam.bi.an.te (de *cambiar*) *adj m+f* **1** Que cambia. **2** Que muda de cor, que passa gradualmente de uma cor a outra. • *sm* **1** *fig* Gradação de cores. **2** Cor indecisa, que participa de duas ou mais.

cam.bi.ar (*câmbio+ar*[1]) *vtd* **1** Mudar, transformar. *vtd* **2** Trocar, permutar (moeda nacional por estrangeira e vice-versa). *vint* **3** Mudar de cores. *Conjug* – *Pres indic: cambio, cambias* (*bi*) etc. *Cf câmbio*.

câm.bio (*lat med cambiu*) *sm* **1** Troca, permuta. **2** Troca de moedas, notas de banco etc. entre praças do mesmo país ou de países diversos. **3** Diferença de preço na troca de moeda de uma nação pela de outra. **4** *Autom* Dispositivo pelo qual o motorista consegue alternar as marchas do veículo.

cam.bis.ta (*câmbio+ista*) *s m+f* **1** Pessoa que tem casa de câmbio. **2** Aquele que faz negócios de câmbio. **3** *bras pop* Aquele que vende ingressos com ágio à porta das casas de diversões.

cam.bi.to (*camba+ito*) *sm* **1** Perna fina. **2** Pernil de porco. **3** Gancho de pau. **4** *pop* Gambito. *Esticar o cambito, pop:* morrer.

cam.bo.ja.no (*top Camboja+ano*) *adj* Relativo a Camboja (Ásia). • *sm* O natural ou habitante do Camboja. *Var: cambojiano.*

cam.brai.a (*top fr Cambrai*) *sf* Tecido muito fino de algodão ou de linho.

cam.bri.a.no (*Câmbria, np+ano*) *adj Geol* Relativo ou pertencente ao período mais antigo da era paleozoica e ao sistema mais baixo de rochas paleozoicas. • *sm Geol* Esse período ou sistema de rochas.

cam.bu.rão *sm* **1** Vaso em que os presos conduzem as fezes, quando fazem faxina. **2** Vasilha fechada, com tampa de rosca, de material plástico, usada para transporte de líquidos. **3** *gír* Carro de polícia para transportar presos.

ca.mé.lia (*Kamel, np+ia*[2]) *sf Bot* Gênero de arbustos ou pequenas árvores tropicais, de flores comumente avermelhadas ou brancas.

ca.me.lo (ê) (*lat camellu*) *sm* **1** *Zool* Gênero que compreende os camelos verdadeiros e alguns animais relacionados distintos. **2** *Zool* Cada um de dois grandes mamíferos ruminantes, usados como animais de tiro e de sela em regiões desérticas, especialmente da África e da Ásia, e peculiarmente adaptados à vida desértica por sua capacidade de conservar água no corpo. São eles o camelo arábico, com uma só corcova no dorso, também chamado *dromedário*, e o camelo bactriano, com duas corcovas. *Col: cáfila, camelaria.*

ca.me.lô (*fr camelot*) *sm* Vendedor que expõe bugigangas, ou qualquer artigo vendável, nas calçadas ou em tabuleiros.

ca.me.ló.dro.mo (*camelo+dromo*) *sm gír* Local de concentração de pontos de venda para camelôs, em geral demarcado por autoridades municipais.

câ.me.ra (*gr kamára*, via *lat camera*) *sf V câmara*, acepções 5, 6, 7 e 8. *sm V cameraman.*

cameraman (*ingl*) *s m+f* Operador de câmara (acepção 8). *Pl: cameramen.*

ca.mi.ca.se (*jap kami*, deus+*kaze*, vento) *sm Hist* **1** Piloto japonês, pertencente a um corpo de voluntários que, no final da Segunda Guerra Mundial, recebia treinamento para desfechar um ataque suicida contra alvos inimigos. **2** O avião, carregado de explosivos, de um desses pilotos.

ca.mi.nha.da (*caminhar+ada*[1]) *sf* **1** Ação de caminhar. **2** Grande distância andada ou para andar a pé. **3** Jornada: *Caminhada ecológica.* **4** Passeio longo.

ca.mi.nhan.te (de *caminhar*) *adj m+f* Que caminha, caminheiro. • *s m+f* **1** Transeunte. **2** Viajante, viandante.

ca.mi.nhão (*fr camion*) *sm Autom* Veículo automóvel para transporte de carga. *Col: frota.*

ca.mi.nhar (*caminho+ar*) *vint* **1** Percorrer caminho a pé. **2** Pôr-se em movimento; rodar, seguir.

ca.mi.nhei.ro (*caminho+eiro*) *adj* Que caminha bem e depressa. • *sm* Andarilho, caminhante.

ca.mi.nho (*lat vulg camminu*) *sm* **1** Qualquer faixa de terreno destinada ao trânsito; atalho, estrada, rua. **2** Distância que se percorre caminhando. **3** Rumo, direção, destino: *Eu não sei chegar lá. Você pode me ensinar o caminho?* **4** *fig* Tendência, direção. **5** *Inform* Possível rota ou sequência de eventos ou instruções na execução de um programa. *Caminho de acesso, Inform:* descrição da localização de um arquivo dentro da estrutura de diretório de um disco.

ca.mi.nho.nei.ro (*caminhão*+eiro) *sm* Motorista de caminhão ou carreta.

ca.mi.nho.ne.te (*fr camionnette*) *sf* Veículo automóvel para transporte de pessoal ou de carga. *Var: caminhoneta*.

ca.mi.sa (*lat camisia*) *sf* **1** Peça de vestuário, com mangas curtas ou compridas, e que se veste ordinariamente sobre a pele e vai desde o pescoço até a altura dos quadris. *Camisa de força:* espécie de camisa de tecido resistente que tolhe os movimentos dos braços e impossibilita a ação de doidos furiosos ou de malfeitores. *Camisa de vênus: V preservativo*.

ca.mi.são (*camisa+ão²*) *sm* Camisa grande; blusão.

ca.mi.sa.ri.a (*camisa+aria*) *sf* Estabelecimento onde se fazem ou vendem camisas.

ca.mi.sei.ra (*camisa+eira*) *sf* **1** Costureira de camisas. **2** Móvel próprio para guardar camisas.

ca.mi.sei.ro (*camisa+eiro*) *adj* Próprio para camisas. • *sm* **1** Fabricante ou vendedor de camisas. **2** Móvel especial para guardar camisas.

ca.mi.se.ta (*ê*) (*camisa+eta*) *sf* Camisa de mangas curtas, ou sem mangas, geralmente de malha. *Camiseta regata:* camiseta sem mangas e de decote cavado, confeccionada em tecidos de cores vibrantes, indicada para práticas esportivas.

ca.mi.si.nha (*camisa+inho*, no *fem*) *sf* **1** Camisa pequena. **2** *V preservativo*.

ca.mi.so.la (*camisa+ola*) *sf* Traje de dormir feminino.

ca.mo.mi.la (*baixo-lat camomilla*, do *gr*) *sf Bot* **1** Nome de diversas espécies de ervas, de cujas flores de aroma agradável se prepara um chá medicinal. **2** A flor dessas plantas.

ca.mo.ni.a.no (*Camões, np+ano*) *adj* Pertencente ou relativo a Camões (poeta português, 1525-1580). • *sm* Estudioso da obra de Camões.

ca.mo.nis.ta (*Camões, np+ista*) *adj + s m+f* Camoniano; pessoa especializada em estudos camonianos.

ca.mor.ra (*ô*) (*ital camorra*) *sf* **1** Associação de malfeitores da antiga Nápoles. **2** *por ext* Qualquer associação de malfeitores ou exploradores. **3** Conchavo.

cam.pa *sf* **1** Pedra ou lousa que cobre a sepultura. **2** Cobertura rasa da sepultura. **3** Sepulcro.

cam.pa.i.nha (*lat campanea*) *sf* **1** Pequena sineta de mão. **2** Qualquer campânula elétrica, especialmente a que se afixa à entrada das residências.

cam.pal (*campo+al¹*) *adj m+f* **1** Referente ao campo. **2** Que se dá, realiza ou celebra no campo. **3** Relativo a acampamento.

cam.pa.ná.rio (*campana+ário*) *sm* **1** Torre com sinos. **2** Parte da torre em que estão suspensos os sinos.

cam.pa.nha (*lat campanea*) *sf* **1** Campo extenso; campina. **2** *Mil* Acampamento de tropas. **3** *Mil* Série de operações militares durante uma guerra. **4** *por ext* Esforços sistemáticos para a obtenção de um resultado específico. **5** Batalha, guerra. **6** *Propag* Conjunto de anúncios sobre um mesmo tema.

cam.pâ.nu.la (*lat campanula*) *sf* **1** Campainha; sino pequeno. **2** Qualquer coisa que tem a forma de sino.

cam.pe.ão (*longobardo kampio*, via *ital* e *fr*) *sm* Vencedor de qualquer torneio ou concurso. *Pl: campeões*.

cam.pe.ar (*campo+e+ar¹*) *vtd* **1** Procurar (animais) no campo ou no mato. *vint* **2** Estar ou viver no campo. *vtd* **3** *pop* Buscar, procurar. Conjuga-se como *frear*.

cam.pei.ro (*campo+eiro*) *adj* **1** Pertencente ou relativo ao campo. **2** Que é exclusivo do campo. **3** Que serve para usos campestres. • *sm* O que lida com o gado no campo; vaqueiro.

cam.pe.o.na.to (*campeão+ato¹*) *sm* Prova desportiva ou certame cujo vencedor recebe o título de campeão.

cam.pe.si.no (de *campo*) *adj* **1** Relativo ao campo; rural. **2** Que vive no campo. **3** Próprio do campo, campestre.

cam.pes.tre (*lat campestre*) *adj m+f* Relativo ao campo; rural, rústico.

cam.pi.na (*campo+ina*) *sf* **1** Campo extenso, pouco acidentado e sem arvoredos. **2** Planície. **3** Descampado.

cam.pis.mo (*campo+ismo*) *sm neol* A prática de acampar, vivendo vários dias em barracas ou tendas.

cam.po (*lat campu*) *sm* **1** Terreno extenso e plano. **2** Campina. **3** Extensão de terreno fora dos povoados. **4** Extensão ou superfície plana. **5** Área de terreno limpo, usada para cultura ou pastagem: *Campo de trigo*. **6** Região rural. **7** Área, categoria ou divisão na qual é efetuada determinada atividade. **8** Praça onde se realizam jogos desportivos. **9** Acampamento militar.

cam.po-gran.den.se (*top Campo Grande+ense*) *adj m+f* De, ou pertencente a Campo Grande, cidade do Estado de Alagoas e capital do Estado de Mato Grosso do Sul. • *s m+f* O natural ou habitante de Campo Grande. *Pl: campo-grandenses*.

cam.po.nês (*campo+n+ês*) *adj* **1** Próprio do campo. **2** Rústico. • *sm* O que mora ou trabalha no campo.

cam.pô.nio (*campo+ônio*) *V camponês* (usado, às vezes, de forma depreciativa).

campus (*lat campu*) *sm neol* Terreno e edifícios de uma universidade, colégio ou outra escola. *Pl: campi*.

ca.mu.fla.do (*part* de *camuflar*) *adj* **1** Dissimulado por camuflagem. **2** Escondido sob falsas aparências.

ca.mu.fla.gem (*fr camouflage*) *sf* Ato ou efeito de camuflar.

ca.mu.flar (*ital camouflare*, pelo *fr*) *vtd* **1** Dissimular, disfarçar. **2** Esconder sob falsas aparências.

ca.mun.don.go (*quimbundo kamundóngo*) *sm Zool* Pequeno rato doméstico, existente em todas as regiões habitadas do Brasil.

ca.mur.ça (*voc pré-rom*) *sf* **1** *Zool* Ruminante bovídeo das montanhas europeias, que tem os cornos revirados para trás. **2** Pele desse animal, preparada para arreios, calçados, luvas etc. • *adj* Que tem cor de camurça; amarelo-claro, semelhante a ocre.

ca.na (*lat canna*) *sf* **1** *Bot* Gênero de ervas perenes tropicais, que têm caules simples, grandes folhas alternadas. **2** Caule de várias plantas gramíneas: *Cana-de-açúcar*. **3** *pop* Aguardente, cachaça. **4** *pop* Embriaguez. **5** *gír* Prisão, xadrez. *Estar em cana, bras, gír:* estar preso, encarcerado.

ca.na-de-a.çú.car *sf Bot* Gramínea originária da Índia, da qual se extrai o açúcar. *Pl: canas-de-açúcar*.

ca.na.den.se (*top Canadá, np+ense*) *adj m+f* Do Canadá (América do Norte). • *s m+f* O natural ou habitante do Canadá.

ca.nal (*lat canale*) *sm* **1** Escavação ou fosso que conduz águas. **2** Porção de água ou estreito entre duas terras e ligando dois mares. **3** Braço de rio ou de mar. **4** Leito ou curso de rio. **5** Cavidade ou tubo que dá passagem a líquidos ou gases. **6** *Radiotécn* e *Telev* Faixa estreita de frequências reservada para uma estação de rádio ou televisão. **7** Orifício, conduto.

ca.na.le.ta (*canal+eta*) *V canalete*.

ca.na.le.te (ê) (*canal+ete*) *sm* **1** Canal pequeno. **2** Sulco, ranhura, calha.

ca.na.lha (*ital canaglia*) *sf* Gente vil, a ralé mais baixa. *s m+f* **1** Sujeito vil e infame. **2** Delator. • *adj m+f* Próprio de canalha.

ca.na.lhi.ce (*canalha+ice*) *sf* **1** Ação, modo ou dito próprios de canalha. **2** Delação.

ca.na.li.za.ção (*canalizar+ção*) *sf* **1** Ato de canalizar. **2** Conjunto de canais ou canos que formam uma rede. **3** Sistema de canais ou canos para condução ou distribuição de gás, água, vapor, ou para a proteção de condutores elétricos.

ca.na.li.zar (*canal+izar*) *vtd* **1** Abrir canais em. **2** Dirigir e encaminhar por meio de canais, valas ou canos. **3** Colocar canos de esgoto por baixo do solo de. **4** Encaminhar em certa direção o que vem de diversos pontos ou fontes; dirigir: *Canalizou para a matriz todas as encomendas das filiais.*

ca.na.li.zá.vel (*canalizar+vel*) *adj* Que pode ser canalizado.

ca.na.pé (*fr canapé*) *sm* **1** Assento com braços e recosto para duas ou mais pessoas; sofá. **2** *Cul* Fatia de pão pequena, com algum condimento, ou salgadinhos frios, servidos em festas ou reuniões de amigos. *Var: canapê.*

ca.na.pê (*fr canapé*) *V canapé* (acepção 2).

ca.ná.rio (de *Canárias, np*) *sm* **1** *Ornit* Pássaro canoro, pequeno, de plumagem geralmente amarela e canto melodioso, originário das Ilhas Canárias. *Voz: canta, dobra, modula, trila, trina*. **2** *fig* Pessoa que canta bem.

ca.nas.tra (de *canastro*) *sf* **1** Cesta larga e baixa com ou sem tampa. **2** Certo jogo de cartas.

ca.nas.trão (*canastra+ão²*) *sm* **1** Canastra grande.

2 Raça brasileira de porcos, os maiores nacionais, de cor preta ou vermelha. **3** *gír* Cavalo grande, sem energia. **4** *gír* Ator medíocre.

ca.na.vi.al (*cânave+al¹*) *sm* Plantação de cana-de-açúcar.

ca.na.vi.ei.ro (*cânave+eiro*) *adj* Relativo à cana-de-açúcar.

can.cã (*fr cancan*) *sm* Dança, de origem francesa, desempenhada por mulheres. Caracteriza-se pelos movimentos rápidos e por jogarem as dançarinas as pernas bem para o alto, enquanto mantêm a saia levantada à frente.

can.ção (*lat cantione*) *sf* **1** Composição poética, feita para ser cantada. **2** Canto.

can.ce.la (de *cancelo*) *sf* **1** Porta gradeada, de ferro ou madeira. **2** Portão. **3** Porteira. **4** Portinhola.

can.ce.la.men.to (*cancelar+mento*) *sm* Ação ou efeito de cancelar.

can.ce.lar (*lat cancellare*) *vtd* **1** Riscar (o que está escrito) para que fique sem efeito. **2** Declarar nulo ou sem efeito; invalidar. **3** Eliminar, excluir. *Antôn: restabelecer, restaurar.*

cân.cer (*lat cancer*) *sm* **1** *Med* Nome genérico dado aos tumores malignos. **2 Câncer** *Astr* Constelação do zodíaco. **3 Câncer** *Astrol* Signo do zodíaco, relativo aos nascidos entre 21 de junho e 20 de julho. *Pl: cânceres.*

can.ce.ri.a.no (*câncer+ano*) *sm Astrol* Pessoa nascida sob o signo de Câncer. • *adj Astrol* Relativo ou pertencente ao signo de Câncer, ou aos cancerianos.

can.ce.rí.ge.no (*cânceri+geno*) *adj Med* Capaz de produzir câncer.

can.ce.ro.so (ô) (*câncer+oso*) *adj Med* **1** Que tem natureza de câncer. **2** Afetado de câncer. • *sm* Homem que sofre de câncer. *Pl: cancerosos* (ó).

can.cha (*quíchua kantxa*, via *cast*) *sf* **1** Lugar em que se realizam corridas de cavalos. **2** Campo em que se realizam jogos esportivos (futebol etc.). *Ter cancha:* ter tarimba, experiência.

can.ci.o.nei.ro (*canção+eiro*) *sm* **1** Coleção de canções. **2** *Lit* Cada uma das coleções da antiga poesia lírica lusitana ou provençal.

can.ci.o.nis.ta (*canção+ista*) *s m+f* Pessoa que faz canções.

can.ço.ne.ta (*canção+eta*) *sf* Pequena canção.

can.cro (*lat cancru*) *sm* **1** *V câncer* (acepção 1). **2** *Med* Úlcera venérea. **3** *fig* Mal que vai arruinando progressivamente. **4** *pop* Centro e fonte de corrupção, aviltamento ou enfraquecimento: *A corrupção é o cancro de qualquer país.*

can.dan.go (*quimbundo kandungu*) *sm* **1** Nome com que os africanos designavam os portugueses. **2** Trabalhador braçal vindo de fora da região. **3** *por ext* Nome com que se designam os trabalhadores comuns que colaboraram na construção de Brasília. **4** *gír* Tipo desprezível; vicioso.

can.de (*ár qandí*) *adj* Diz-se do açúcar refinado, cristalizado e meio transparente. *Var: cândi.*

can.de.ei.ro (*candeia+eiro*) *sm* Utensílio de várias formas, em que se colocam azeite, querosene ou gás inflamável para iluminação.

can.dei.a (*lat candela*) *sf* **1** Utensílio de iluminação que se usa suspenso por um prego na parede e no qual se coloca azeite ou querosene para alimentar o lume na torcida ou mecha que sai por um bico. **2** Antigo nome de vela de cera. *sf pl Rel Catól* Festa religiosa, também chamada *candelária*.

can.de.la.bro (*lat candelabru*) *sm* Grande castiçal, com ramificações, para diversas luzes.

can.de.lá.ria (*lat candela+ária*) *sf* Festa da Purificação da Virgem Maria (2 de fevereiro); festa das candeias.

can.den.te (*lat candente*) *adj m+f* **1** Que está em brasa. **2** Quente. **3** Brilhante, resplandecente.

cân.di.da (*fem* de *cândido*) *sf* **1** *pop* Cachaça, pinga. **2** *pop* Marca de produto que se tornou sinônimo de água sanitária para as donas de casa.

can.di.da.tar (*candidato+ar¹*) *vpr* **1** Apresentar-se ou declarar-se candidato. **2** Concorrer (às eleições).

can.di.da.to (*lat candidatu*) *sm* **1** Pretendente a emprego. **2** O que se propõe ou é proposto para cargo de eleição. **3** Indivíduo que tem tendência, predisposição ou qualidades para conseguir alguma coisa.

can.di.da.tu.ra (*candidato+ura¹*) *sf* **1** Apresentação de candidato ao voto dos eleitores. **2** Pretensão do candidato.

cân.di.do (*lat candilu*) *adj* **1** Alvo. **2** Puro. **3** Sincero. **4** Ingênuo. **5** Inocente. *Antôn* (acepção 2): *impuro, vicioso*.

can.dom.blé (*quimbundo kandombe+ioruba ilé*, casa) *sm Rel* Religião africana introduzida no Brasil pelos nagôs, bantos etc., na qual há o culto dos grandes deuses que vivem em um mundo misterioso.

can.dor (*lat candore*) *V candura*.

can.du.ra (*cândido+ura*) *sf* **1** Qualidade do que é cândido. **2** Alvura. **3** Pureza. **4** Ingenuidade, simplicidade, inocência, candor.

ca.ne.ca (*lat canna+eca*) *sf* Recipiente com asa, que faz as vezes de copo; caneco.

ca.ne.co (*lat canna+eco*) *sm* **1** Caneca estreita e alta. **2** *Esp pop* Qualquer taça como prêmio de uma competição. **3** *por ext* Designação afetiva, no Brasil, à estatueta "Taça Jules Rimet", conquistada em caráter definitivo no Campeonato Mundial de Futebol de 1970.

ca.ne.la (*ital cannella*, via *fr ant*) *sf* **1** *Bot* Nome de árvores da família das lauráceas, que fornece madeira de alta qualidade. **2** Casca aromática da caneleira. **3** Madeira da caneleira. **4** Parte dianteira da perna entre o pé e o joelho.

ca.ne.la.da (*canela+ada¹*) *sf* Pancada na canela.

ca.ne.la.do (*canela+ado¹*) *adj* **1** Que tem sulcos. **2** Acanalado; em forma de canal.

ca.ne.lar (*canela+ar¹*) *vtd* **1** Lavrar caneluras em. *vtd* **2** Acanalar. **3** Dar pancada na canela.

ca.ne.lei.ra (*canela+eira*) *sf* **1** *Bot* Nome dado a várias árvores da família das lauráceas, especialmente às que fornecem madeira de lei; canela. **2** Polaina acolchoada com que os jogadores de futebol protegem as pernas.

ca.ne.lo.ne (*ital canellone*) *sm Cul* Massa que se recheia, enrola-se e leva-se ao forno, em molho e queijo ralado, para gratinar.

ca.ne.lu.do (*canela+udo¹*) *adj* Que tem canelas fortes e compridas.

ca.ne.lu.ra (*canela+ura*) *sf* **1** *Arquit* Sulco vertical nas colunas ou em outras partes da construção, em forma de pequeninas canaletas. **2** *Bot* Estria nos caules das plantas.

ca.ne.ta (*ê*) (*cana+eta*) *sf* Haste ou tubo de madeira ou de metal em que se adapta uma pena metálica, para que se possa escrever. *Caneta esferográfica:* caneta que em vez de uma pena tem uma pequena esfera de aço que gira em seu encaixe e se tinge automaticamente na base de um depósito interno de tinta; esferográfica.

ca.ne.ta-tin.tei.ro *sf* Caneta que traz em si a tinta. *Pl: canetas-tinteiro* e *canetas-tinteiros*.

cân.fo.ra (*ár kâfûr*, via *lat med*) *sf Quím* e *Farm* Substância aromática extraída da canforeira, usada em medicina em solução oleosa (óleo canforado) e na indústria.

can.fo.rar (*cânfora+ar¹*) *vtd* **1** Dissolver cânfora em. **2** Misturar com cânfora. **3** Cobrir de cânfora. *Conjug – Pres indic: canforo, canforas (ó)* etc. *Cf cânfora*.

can.fo.rei.ra (*cânfora+eira*) *sf Bot* Árvore da família das lauráceas, originária do Japão, frequentemente cultivada como árvore ornamental; cânfora.

can.ga (*célt *cambica*) *sf* **1** Peça de madeira com a qual se unem os bois pelo pescoço, ligando-os ao carro ou ao arado para puxarem juntos; jugo. *Var: carro de boi*. **2** Pau que se põe atravessado ao ombro de dois carregadores para suspender uma carga e assim transportá-la. **3** *fig* Domínio, opressão, sujeição. **4** *bras pop* Saída de banho.

can.ga.cei.ro (*cangaço+eiro*) *sm* Bandido, salteador do sertão brasileiro.

can.ga.ço (*canga+aço*) *sm* **1** Quadrilha de cangaceiros. **2** Vida ou ação de cangaceiro.

can.gar (*canga+ar*) *vtd* **1** Juntar, sujeitar à canga. **2** *fig* Dominar, subjugar, vencer.

can.go.te (*corr* de *cogote*) *sm* Parte posterior do pescoço; nuca. *Var: congote, cogote*.

ca.gu.çu (*tupi akánga usú*, cabeça grande) *s m+f bras Zool* Onça-pintada que tem a cabeça maior que as onças comuns; jaguar.

can.gu.ru (de *alguma língua australiana*, via *ingl ant kangooroo*) *sm Zool* Marsupial herbívoro, que só ocorre na região australiana; os cangurus apresentam as pernas traseiras, os pés e a cauda muito desenvolvidos, o que lhes faculta a locomoção aos saltos.

câ.nha.mo (*lat ibérico cannabu*, pelo *cast cáñamo*) *sm* **1** *Bot* Erva centro-asiática, frequentemente cultivada por ser importante fornecedora de fibras têxteis, resistentes, próprias para a fabricação de cordões e tecidos grossos. **2** Fio extraído dessa planta.

ca.nhão (*cast cañón*) *sm* **1** Peça de artilharia. **2** Parte superior do cano das botas. **3** Peça de metal que há em certas fechaduras. **4** *gír* Mulher feia ou sem atrativos. **5** *Fot Teat Telev* Refletor de grande alcance com base móvel, que é direcionado por operador durante a apresentação de um evento. *Canhão de luz:* equipamento usado para iluminação de *shows*, festas e outros eventos; holofote.

ca.nhes.tro (*ê*) (de *canho*) *adj* **1** Desajeitado. **2** Acanhado.

ca.nho.na.ço (*canhão+aço*) *sm* Tiro de canhão.

ca.nho.na.da (*canhão+ada*[1]) *sf* Descarga de canhões. *Var: canhoneio.*
ca.nho.ne.ar (*canhão+e+ar*[1]) *vtd* Dar tiros de canhão; bombardear. Conjuga-se como *frear*.
ca.nho.nei.o (de *canhonear*) *sm* Canhonada.
ca.nho.ta (*canho+ota*) *sf pop* Mão esquerda.
ca.nho.tei.ro (*canhoto+eiro*) *bras V canhoto* (acepção 2).
ca.nho.to (ô) (*canho+oto*) *adj* 1 Esquerdo. 2 Que se ajeita mais com a mão esquerda; canhoteiro. 3 Desajeitado, pouco hábil. • *sm* 1 Indivíduo que se serve, de preferência, da mão esquerda. 2 Parte esquerda de um talão de cheques, de guias de recebimento etc.
ca.ni.bal (*fr cannibal*, por sua vez do *cast caribal*, do *top Caribe*, com analogia com *cão*) *s m+f* 1 Selvagem antropófago. 2 *fig* Indivíduo bárbaro e cruel. • *adj m+f* 1 Canibalesco. 2 Que pratica o canibalismo.
ca.ni.ba.les.co (ê) (*canibal+esco*) *adj* 1 Próprio de canibal. 2 *fig* Cruel, feroz.
ca.ni.ba.lis.mo (*canibal+ismo*) *sm* 1 Estado de canibais. 2 Ação de canibal. 3 *Zool* Ato pelo qual um animal come a carne ou os ovos de qualquer outro da mesma espécie. 4 Ferocidade, selvajaria.
ca.ní.cie (*lat canitie*) *sf* 1 Aparecimento de cãs. 2 *fig* Velhice.
ca.ni.ço (*cana+iço*) *sm* 1 Cana delgada. 2 Nome comum a várias gramíneas altas, que têm talos delgados e crescem nas beiras dos rios, lagos e outros lugares úmidos. 3 Vara de pescar. 4 *gír* Magricela, magrelo.
ca.ni.cu.la (*lat cannicula*) *sf* 1 Grande calor atmosférico. 2 *Astr* Época do ano em que a estrela Síria (também chamada Canícula) e o Sol estão em conjunção.
ca.ni.cu.lar (*lat caniculare*) *adj m+f* 1 Relativo a canícula. 2 Muito quente, abrasador.
ca.ni.cul.tor (*cani+cultor*) *adj* Criador de cães.
ca.ni.cul.tu.ra (*cani+cultura*) *sf* Criação de cães.
ca.ní.deos (*cani+ídeos*) *sm pl Zool* Família de mamíferos carnívoros, que inclui os cães, lobos, chacais, raposas e animais extintos relacionados. • *adj sing* Pertencente ou relativo a eles.
ca.nil (*lat canil*) *sm* Alojamento de cães.
ca.ni.nha (*cana+inho*, no *fem*) *sf* 1 Cana pequena. 2 Caniço. 3 Cana-de-açúcar. 4 Aguardente de cana-de-açúcar, cachaça.
ca.ni.no (*lat caninu*) *adj* 1 Pertencente ou relativo a cão. 2 Próprio de cão. 3 Diz-se da fome insaciável: *Fome canina*. 4 *Anat* Diz-se dos dois dentes, de cada maxilar, situados entre os incisivos e os molares, próprios para cortar. • *sm V dente*.
ca.ni.ve.ta.da (*canivete+ada*[1]) *sf* Golpe ou picada de canivete.
ca.ni.ve.te (*fr ant canivet*) *sm* Espécie de navalha pequena, com uma ou várias folhas movediças, estreitas e afiadas.
can.ja (*malaiala kañji*, arroz com água) *sf* 1 *Cul* Caldo de galinha com arroz. 2 *fig* Coisa fácil de ser feita: *Você pensa que é canja fazer este exercício? Dar uma canja*: apresentar-se de graça (um artista).
can.ji.ca (*canja+ico*[1], no *fem*) *sf* 1 *Cul* Grãos amassados de milho, arroz, trigo etc. 2 Milho amassado que se come cozido em água e sal ou com leite e açúcar.
ca.no (de *cana*) *sm* 1 Tubo para condução de gases ou de líquidos. 2 Construção tubular subterrânea para condução de água, gás ou dejetos. 3 Tubo cilíndrico de arma de fogo por onde sai o projétil. 4 Parte tubular de bota que envolve o tornozelo ou a perna. *Dar o cano, pop:* faltar ao encontro marcado ou ao compromisso assumido. *Entrar pelo cano, gír:* sair-se mal, trumbicar-se.
ca.no.a (*cast canoa*, do *aruaque*) *sf* Pequena embarcação, sem coberta, impelida geralmente a remos. *Aum: canoão. Dim: canoazinha, canoinha. Não embarcar em canoa furada, gír:* não se meter em negócios arriscados. *Cf piroga* e *ubá* (acepção 1).
ca.no.a.gem (*canoar+agem*) *sf* 1 Exercício praticado em canoa. 2 Navegação em canoa.
ca.no.ei.ro (*canoa+eiro*) *adj + sm* Que, ou indivíduo que dirige uma canoa.
ca.no.ís.ta (*canoa+ista*) *sm* Pessoa que pratica canoagem.
câ.non (*gr kánon*, via *lat*) *sm* 1 Regra, preceito; princípio geral de onde se deduzem diferentes regras particulares ou especiais. 2 *por ext* Padrão, modelo, norma, regra: *Isto está fora dos cânones habituais*. 3 *Rel* Decisão da Igreja referente a princípios de fé ou disciplina. 4 *Rel Liturg* Parte central da missa católica entre o prefácio e o pai-nosso. 5 *Rel* Lista de santos reconhecidos pela Igreja. 6 *Rel* Catálogo dos livros considerados divinamente inspirados. *Pl: cânones. Var: cânone*.
câ.no.ne (*gr kánon*) *V cânon*.
ca.nô.ni.co (*lat canonicu*) *adj* 1 Conforme aos cânones da Igreja. 2 Que regula a disciplina eclesiástica. 3 Relativo a cânones.
ca.no.ni.sa (*canonê+isa*) *sf Rel* Religiosa com cargo correspondente ao do cônego; cônega.
ca.no.nis.ta (*cânone+ista*) *sm* Especialista em direito canônico.
ca.no.ni.za.ção (*canonizar+ção*) *sf* 1 Ação de canonizar. 2 *fig* Louvor exagerado; lisonja.
ca.no.ni.za.do (*part* de *canonizar*) *adj* Santificado, beatificado.
ca.no.ni.zar (*cânone+izar*) *vtd* 1 Inscrever no câ-non ou no rol dos santos. 2 *fig* Louvar em excesso, elogiar. 3 Consagrar, autorizar. 4 *Rel* Considerar ou declarar santo; santificar: *A Igreja canonizou-a como a santa padroeira do Brasil.*
ca.no.ni.zá.vel (*canonizar+vel*) *adj m+f* Digno de canonização.
ca.no.ro (ó) (*lat canoru*) *adj* Que canta; harmonioso; melodioso; suave.
can.sa.ço (*cansa+aço*) *sm* Fadiga causada por trabalho, exercício ou doença; canseira.
can.sa.do (*part* de *cansar*) *adj* 1 Que se cansou; fatigado. 2 Aborrecido, enfastiado.
can.sar (*lat campsare*) *vtd e vint* 1 Causar cansaço ou fadiga. *vtd* 2 Aborrecer, enfastiar. *vti, vint* e *vpr* 3 Ficar cansado ou aborrecido. *Antôn* (acepção 1): *descansar, repousar.*
can.sa.ti.vo (*cansar+ivo*) *adj* 1 Que cansa; fatigante. 2 Enfadonho; aborrecedor.
can.sei.ra (*cansar+eira*) *sf* 1 *V cansaço*. 2 Esforço persistente para conseguir alguma coisa.
can.ta.da (*cantar+ada*[1]) *sf* 1 Ato ou efeito de

cantar. 2 *pop* Tentativa de sedução, por meio de palavras hábeis. *Dar uma cantada:* tentar seduzir ou subornar usando lábia; engabelar.

can.ta.dor (*cantar+dor*) *adj* Que canta. • *sm Folc* Cantor popular que, cantando, narra a história dos homens e do ambiente que o cerca.

can.tan.te (de *cantar*) *adj m+f* **1** Que canta. **2** Próprio para se cantar. **3** Diz-se da parte da música destinada a ser cantada.

can.tão (*fr canton*) *sm* **1** Divisão territorial de algumas nações europeias, especialmente da Suíça. **2** Qualquer divisão de território.

can.tar (*lat cantare*) *vint* **1** Formar, emitir com a voz sons ritmados e musicais. *vtd* **2** Dizer ou exprimir por meio de canto ou poesia. *vtd* **3** Ludibriar, seduzir com palavras meigas e tentadoras. • *sm* Canto, cantiga. *Pl: cantares. Cantar a mesma cantiga:* repetir sempre a mesma coisa, insistir nos mesmos pedidos ou exigências. *Cantar de galo:* mostrar-se valente; provocar, impor, mandar. *Cantar vitória:* gabar-se de ter conseguido o que desejava.

cân.ta.ro (*gr kántharos*) *sm* Grande vaso, bojudo e de gargalo, para líquidos. *A cântaros:* torrencialmente; copiosamente: *Chover a cântaros.*

can.ta.ro.lar (*cantarola+ar¹*) *vtd* e *vint* **1** Cantar a meia voz, sem articular palavras. **2** Cantar desafinadamente e sem ritmo.

can.ta.ta (*ital cantada*) *sf* **1** Pequeno poema lírico. **2** *Mús* Composição musical composta de melodias distintas, entremeadas de pequenos poemas recitados e acompanhados de órgão ou outros instrumentos.

can.tei.ro (*canto+eiro*) *sm* **1** Jardim ou horta, geralmente retangular e um pouco elevado acima do solo, em que se plantam flores ou hortaliças. **2** Escultor que trabalha em pedra. *Canteiro de obras:* espaço ao redor de uma construção, onde os operários realizam serviços auxiliares.

cân.ti.co (*lat canticu*) *sm* **1** Hino consagrado a Deus ou aos seres divinos. **2** Canto, ode, poema.

can.ti.ga (*lat cantica*) *sf* Poesia cantada e geralmente dividida em estrofes iguais.

can.til *sm* **1** Pequena vasilha para transportar líquidos em viagem. **2** Frasco.

can.ti.le.na (*lat cantilena*) *sf* **1** Cantiga suave. **2** Pequena canção. **3** *bras pop* Narração enfadonha, lenga-lenga. **4** *bras pop* Lamúrias.

can.ti.na (*ital cantina*) *sf* **1** Lugar onde se fornecem comidas e bebidas. Espécie de lanchonete. **2** *Reg* (SP) Restaurante especializado em pratos italianos. **3** *Reg* (RS) Estabelecimento vinícola.

can.to (*lat cantu*) *sm* **1** Ação de cantar. **2** Música escrita para ser cantada. **3** Som musical produzido pela voz do homem ou de outro animal. **4** *Lit* Divisão de poema épico. **5** Ponto ou lugar em que dois lados, duas paredes etc., se encontram; esquina; quina; aresta. **6** Lugar retirado ou solitário. **7** Extremidade de abertura (de boca, olhos etc.): *Canto dos olhos; canto da boca. Canto gregoriano:* V *cantochão.*

can.to.chão (*canto+chão*) *sm Mús* Canto tradicional da Igreja Católica (do Ocidente), também chamado *canto gregoriano. Pl: cantochãos.*

can.to.nei.ra (*canto+eira*) *sf* **1** Armário ou prateleira que se adapta ao canto de uma casa. **2** Reforço metálico para quinas e cantos de móveis etc.

can.tor (*lat cantore*) *sm* **1** Indivíduo que canta. **2** Artista que canta por profissão. **3** Poeta que celebra algum herói ou feito épico. *Col: coro.*

can.to.ri.a (*cantor+ia¹*) *sf* **1** Ação de cantar. **2** Concerto de vozes, música vocal, cantarola. **3** *pej* Concerto vocal desafinado.

ca.nu.do (*cano+udo*) *sm* **1** Tubo comprido e estreito. **2** *por ext* O diploma de fim de curso superior (porque se guarda enfiado em um canudo).

câ.nu.la (*lat cannula*) *sf Med* Tubo de plástico, borracha ou metal para inserção em uma cavidade, canal ou vaso do corpo (*p ex*, para drenagem).

cão (*lat cane*) *sm* **1** *Zool* Mamífero quadrúpede da ordem dos carnívoros, da família dos canídeos, domesticado desde a pré-história, apresentando grande número de raças e variedades. *Col: matilha.* Voz: *ganir, ladrar, latir, rosnar, uivar, ulular.* **2** *pop* Designação que se dá a alguém por desprezo. **3** *pop* Indivíduo mau, rude, vil ou ingrato. **4** Peça que tange a cápsula nas armas de fogo portáteis. *Fem: cadela. Pl: cães. Aum: canzarrão; canaz. Dim: cãozinho, cãozito, canicho.*

ca.o.lho (ô) (*quimbundo ka,* pequeno+*olho*) V *zarolho.*

ca.os (*gr kháos*) *sm sing* e *pl* **1** Confusão geral dos elementos, antes da formação do mundo. **2** Total confusão ou desordem.

ca.ó.ti.co (*caos+ico²*) *adj* Em estado de caos; confuso, desordenado.

cão-ti.nho.so (ô) *sm pop* O diabo. *Pl: cães-tinhosos (ó).*

ca.o.ti.zar (*caót(ico)+izar*) *vtd* Tornar caótico, confuso, desordenado.

ca.pa (*lat tardio cappa*) *sf* **1** Agasalho, com ou sem mangas, em vários feitios e tamanhos, para abrigar do frio e da chuva; manto. **2** O que envolve ou cobre qualquer coisa: *capa de caderno.* **3** V *capação. Aum: capeirão.*

ca.pa.ção (*capar+ção*) *sf* **1** Ação de capar ou castrar animais; capa, castração. **2** *por ext* Época em que se procede a essa operação nas fazendas de criação.

ca.pa.ce.te (*cat cabasset*) *sm* **1** Armadura defensiva da cabeça; elmo. **2** Peça de metal ou outro material apropriado que protege a cabeça de certos operários, bombeiros, esportistas etc.

ca.pa.cho (*lat vulg *capaceu*) *sm* **1** Tapete em que se limpa a sola do calçado. **2** *fig* Indivíduo que se curva servilmente diante daqueles de quem depende.

ca.pa.ci.da.de (*lat capacitate*) *sf* **1** Poder de receber, conter ou acomodar. **2** Medida de conteúdo de líquido, gás ou sólido. **3** Poder, aptidão ou possibilidade de fazer ou produzir qualquer coisa. **4** Poder de receber impressões, assimilar ideias, analisar, raciocinar, julgar, enfrentar problemas; aptidão, habilidade mental. **5** *fig* Pessoa de grandes aptidões e saber. **6** *Jur* Aptidão legal.

ca.pa.ci.ta.ção (*capacitar+ção*) *sf* Ato ou efeito de capacitar(-se): *capacitação profissional.*

ca.pa.ci.ta.do (*part* de *capacitar*) *adj* **1** Capaz, habilitado. **2** Convencido, persuadido.

ca.pa.ci.tar (*lat capacitate+ar*) *vtd* **1** Tornar ca-

paz; habilitar. *vpr* **2** Ficar convencido. *vtd* **3** Fazer acreditar.
ca.pa.ci.tor (*capacit(ância)+or*) *V condensador.*
ca.pa.do (*part* de *capar*) *adj* Castrado. • *sm* **1** Porco adulto, na ceva; porco gordo. **2** *pop* Qualquer animal ou pessoa gordos.
ca.pan.ga (*quimbundo kapanga*) *sm* **1** Valentão a serviço de uma pessoa para protegê-la; guarda-costas, jagunço. **2** Indivíduo pago para assassinato, coerção ou ataque inescrupuloso; assassino profissional. *sf* Bolsa pequena usada por viajantes para conduzir pequenos objetos.
ca.pão (*lat capone*) *sm* **1** Animal castrado, especialmente o carneiro, o porco ou o frango. **2** Moita ou porção de mato isolado no meio do campo.
ca.par (*lat vulg *cappare*) *vtd* **1** Castrar. **2** Mutilar; cortar; decepar.
ca.pa.taz (*cast capataz*) *sm* **1** Empregado encarregado especialmente do policiamento. **2** Chefe de um grupo de trabalhadores. **3** Feitor de fazenda.
ca.paz (*lat capace*) *adj m+f* **1** Que tem capacidade. **2** Que tem competência. **3** Hábil. **4** Bom para o fim a que é destinado. **5** Honrado, sério. *Sup abs sint: capacíssimo.*
cap.ci.o.so (ô) (*lat captiosu*) *adj* **1** Que procura enganar. **2** Que tem sutileza para induzir em erro; ardiloso, manhoso. *Pl: capciosos* (ó).
ca.pe.a.men.to (*capear+mento*) *sm* Ato de revestir.
ca.pe.ar (*capa+e+ar¹*) *vtd* **1** Cobrir ou esconder com capa. **2** Disfarçar, encobrir, ocultar. **3** Enganar, iludir. Conjuga-se como *frear.*
ca.pe.la (*lat tardio cappella*) *sf* **1** Pequena igreja. **2** Ermida, santuário. **3** Cada uma das partes de uma igreja em que há um altar. **4** Lugar consagrado ao culto em colégios, hospitais etc.
ca.pe.lão (*lat tardio capellanu*) *sm* **1** Padre encarregado do serviço religioso de uma capela. **2** Sacerdote que dirige serviços religiosos e presta assistência espiritual em corporações militares, hospitais, colégios e comunidades religiosas. *Pl: capelães.*
ca.pe.le.te (ê) (*ital cappelletti*) *sm* Cul Iguaria de origem italiana que consiste em pequeno pastel enrolado, com recheio de carne, presunto ou queijo.
ca.pen.ga *adj m+f* **1** Coxo, manco, torto. *Antig* **2** Capuz de frade. **3** Chapéu de cardeal. • *s m+f* Pessoa coxa, manca, torta; perneta.
ca.pen.gar (*capenga+ar¹*) *vint* Coxear, mancar.
ca.pe.ta *adj* + *sm* **1** Diabo, demônio. **2** *pop* Traquinas.
ca.pe.ta.gem (*capeta+agem*) *sf bras* Ação ou procedimento de capeta; diabrura, traquinagem.
ca.pe.ti.nha (*capeta+inha*) *s m+f* Criança travessa ou traquinas.
ca.pi.au (do *guar*) *sm* Caipira, matuto. *Fem: capioa.*
ca.pi.lar (*lat capillare*) *adj m+f* **1** Relativo a cabelo. **2** Delgado como cabelo. **3** Relativo às ramificações de vasos, por onde o sangue passa das artérias para as veias.
ca.pi.la.ri.da.de (*capilar+i+dade*) *sf* **1** Qualidade do que é capilar. **2** *Fís* Fenômeno de atração e repulsão que se verifica no contato dos líquidos com um sólido e que o faz subir ou descer em tubo capilar acima ou abaixo da superfície do líquido em que está mergulhado. **3** Estudo desse fenômeno.
ca.pim (*tupi kapíi*) *sm Bot* Denominação de várias plantas gramíneas.
ca.pi.na (de *capinar*) *sf* Ato ou efeito de capinar.
ca.pi.na.ção (*capinar+ção*) *V capina.*
ca.pi.na.dei.ra (*capinar+deira*) *sf bras* Máquina para capina mecânica.
ca.pi.na.dor (*capinar+dor*) *adj* + *sm* Diz-se de, ou aquele que capina.
ca.pi.nar (*capim+ar¹*) *vtd* e *vint* Eliminar o capim ou qualquer outra erva do meio de uma plantação ou em um terreno. *Var: carpir.*
ca.pin.zal (*capim+z+al¹*) *sm* **1** Terreno coberto de capim abundante ou cerrado. **2** Capim plantado para o corte.
ca.pis.ta (*capa+ista*) *s m+f* Pessoa que desenha ou esboça capas de livros, revistas etc.
ca.pi.tal (*lat capitale*) *sf* Cidade ou povoação principal de um país, estado, província ou circunscrição territorial. *sm* **1** Posses, quer em dinheiro, quer em propriedades, empregados em uma empresa comercial ou industrial por um indivíduo, firma, corporação etc. **2** Importância que se põe a render juros. **3** Riqueza. • *adj m+f p us* **1** Relativo à cabeça. **2** Que é como que a cabeça de alguma coisa. **3** Essencial, fundamental. **4** Que acarreta a morte: *Pena capital.*
ca.pi.ta.lis.mo (*capital+ismo*) *sm* **1** Influência ou domínio do capital. **2** *Sociol* Organização econômica em que as atividades de produção e distribuição produzem uma divisão da sociedade em duas classes contrárias: a dos possuidores dos meios de produção (capital) e a do proletariado industrial e rural (trabalhadores).
ca.pi.ta.lis.ta (*capital+ista*) *adj m+f* Relativo a capital. • *s m+f* **1** Pessoa que vive do rendimento de um capital. **2** Pessoa muito rica.
ca.pi.ta.li.za.ção (*capitalizar+ção*) *sf* **1** Ato ou efeito de capitalizar. **2** Acumulação de capitais.
ca.pi.ta.li.zar (*capital+izar*) *vtd* **1** Ajuntar ao capital. *vint* **2** Acumular-se de modo que forme um capital; concentrar dinheiro.
ca.pi.ta.ne.ar (*capitão+e+ar¹*) *vtd* **1** Comandar como capitão. **2** Dirigir, governar. Conjuga-se como *frear.*
ca.pi.ta.ni.a (*capitão+ia¹*) *sf* **1** Dignidade ou posto de capitão. **2** Comando militar. **3** Designação das primeiras divisões administrativas do Brasil (século XVI), das quais se originaram as províncias e os Estados de hoje.
ca.pi.tâ.nia (*capitão+ia²*) *adj* Dizia-se da nau em que ia o comandante (capitão) de uma esquadra. • *sf* Essa nau.
ca.pi.tão (*lat medieval capitanu*) *sm* **1** *Mil* Oficial do Exército, de posto imediatamente inferior ao de major e imediatamente superior ao de primeiro-tenente. Corresponde, na Marinha, ao posto de capitão-tenente; na Aeronáutica, ao de capitão-aviador. **2** Comandante de navio mercante. **3** Chefe militar. **4** Caudilho, chefe. **5** *Esp* Jogador que, em certos desportos, comanda o time e o representa perante as autoridades que dirigem a partida. *Fem: capitã* e *capitoa. Pl: capitães.* Ca-

pitão de mar e guerra: posto de oficial superior da Marinha (corresponde a coronel no Exército, e a coronel-aviador, na Aeronáutica).

ca.pi.tel (*provençal capitel*) *sm Arquit* Remate ou coroamento de uma coluna, pilastra etc.

ca.pi.tu.la.ção (*lat capitulatione*) *sf* **1** Ato de capitular. **2** Rendição; ação de ceder.

ca.pi.tu.lar (*capítulo+ar¹*) *vint* **1** Entregar-se, render-se. *vint* **2** Ceder. *vtd* **3** Descrever por capítulos. • *adj m+f* **1** Pertencente a capítulo. **2** *Tip* Diz-se das letras grandes e ornadas no princípio dos capítulos de um livro. **3** Letra maiúscula.

ca.pí.tu.lo (*lat capitulu*) *sm* **1** Cada uma das principais divisões do texto de um livro, de um tratado ou de uma lei. **2** *Ecles* Assembleia de frades ou cônegos.

ca.pi.va.ra (*capim+tupi uára,* comedor) *sf Zool* Mamífero, o maior de todos os roedores.

ca.pi.xa.ba (*tupi kopisáua*) *adj m+f* **1** Natural de Vitória, capital do Espírito Santo. **2** *por ext* Natural do Estado do Espírito Santo; espírito-santense.

ca.pô (*fr capot*) *sm Autom* Tampa que protege o motor dos automóveis.

ca.po.ei.ra (*capão+eira*) *sf* **1** Mato ralo, de pequeno porte, que nasce em lugar do mato velho derrubado. **2** Espécie de jogo atlético tradicional no Brasil.

ca.po.ei.ris.ta (*capoeira+ista*) *s m+f* Praticante de capoeira.

ca.po.ta (*fr capote*) *sf* **1** Espécie de touca que cobre a cabeça e cai sobre os ombros. **2** Coberta de automóvel e outros veículos.

ca.po.ta.gem (*capotar+agem*) *sf* Ato de capotar.

ca.po.tar (*fr capoter*) *vint* **1** Cair ou tombar, virando sobre a capota. **2** *gír* Entrar, repentinamente, em sono profundo por causa de bebida alcoólica ou droga.

ca.po.te (*capa+ote*) *sm* **1** Capa comprida e larga, com capuz. **2** Casaco comprido que faz parte do uniforme militar.

ca.pri.char (*capricho+ar¹*) *vti* **1** Ter capricho. **2** Esmerar-se por capricho.

ca.pri.cho (*ital capriccio*) *sm* **1** Vontade súbita sem razão. **2** Obstinação; teimosia. **3** Brio. **4** Esmero, primor.

ca.pri.cho.so (*ô*) (*capricho+oso*) *adj* **1** Cheio de capricho. **2** Esmerado, aprimorado. **3** Teimoso, obstinado. *Pl:* caprichosos (*ó*).

ca.pri.cor.ni.a.no (*Capricórnio+ano*) *sm Astrol* Pessoa nascida sob o signo de Capricórnio. • *adj Astrol* Relativo ou pertencente ao signo de Capricórnio, ou aos capricornianos.

Ca.pri.cór.nio (*lat capricornu*) *sm* **1** *Astr* Constelação do zodíaco. **2** *Astrol* Signo do zodíaco, relativo aos nascidos entre 22 de dezembro e 20 de janeiro.

ca.pri.no (*lat caprinu*) *adj* Relativo ou semelhante à cabra ou ao bode.

ca.prum (*lat capra+um*) *adj* **1** Que se refere à cabra ou a bode; caprino. **2** Odor desses animais.

cáp.su.la (*lat capsula*) *sf* **1** Pequeno recipiente semelhante a uma caixa. **2** *Bot* Fruto seco que na maturidade solta suas sementes. **3** *Quím* Vaso de laboratório, em forma de calota esférica, o qual serve para evaporar ou fundir certas matérias. **4** *Mil* Pequeno cilindro que contém a carga das armas. **5** *Farm* Pequeno recipiente de goma ou gelatina em que se colocam medicamentos. **6** *Astronáut* Compartimento destacável para os espaçonautas, no foguete espacial.

cap.su.lar (*cápsula+ar¹*) *adj* Que tem a forma de cápsula. • *vtd* Encerrar em cápsula.

cap.ta.ção (*lat captatione*) *sf* Ação de captar.

cap.tar (*lat captare*) *vtd* **1** Atrair. **2** Conquistar por meios astuciosos. **3** Aproveitar ou desviar em proveito próprio (água corrente). **4** Descobrir ou receber pelo ouvido uma onda ou sinal de rádio.

cap.tor (*lat captore*) *adj + sm* Indivíduo que captura; capturador.

cap.tu.ra (*lat captura*) *sf* Ação de capturar.

cap.tu.ra.dor (*capturar+dor*) *V captor.*

cap.tu.rar (*capturar+ar¹*) *vtd* Aprisionar. *Antôn:* soltar, libertar.

ca.pu.chi.nho (*capucho+inho*) *sm* **1** Pequeno capuz. **2** *Ecles* Religioso da ordem franciscana. **3** Homem de vida austera e religiosa.

ca.puz (*baixo-lat *caputiu*) *sm* Peça de pano para resguardo da cabeça, geralmente presa ao casaco, hábito ou capa.

ca.qué.ti.co (*gr kakhektikós*) *adj* **1** Que padece de caquexia. **2** Pertencente ou relativo à caquexia. **3** *gír* Diz-se de, refere-se a, ou é próprio de indivíduo muito acabado ou envelhecido.

ca.que.xi.a (*cs*) (*gr kakhexía*) *sf Med* **1** Fraqueza profunda do organismo. **2** Abatimento devido à desnutrição ou à senilidade.

ca.qui (*jap kaki*) *sm Bot* **1** Fruto do caquizeiro. **2** *V caquizeiro. Cf cáqui.*

cá.qui (*hindustani khaki,* via *ingl*) *sm* Tecido de algodão, de cor de barro, muito usado em fardamentos militares. • *adj m+f* Que tem cor de poeira. *Cf caqui.*

ca.qui.zei.ro (*caqui+z+eiro*) *sm Bot* Árvore asiática, da família das ebenáceas, largamente cultivada em território brasileiro; caqui.

ca.ra (*gr kára*) *sf* **1** Rosto, face. **2** Expressão do rosto; fisionomia, semblante. **3** Aparência das pessoas ou coisas: *Hoje, a comida está com boa cara.* **4** Audácia, atrevimento, ousadia. **5** Face da moeda em que está representada em relevo a figura de uma personalidade, geralmente um chefe de Estado ou um soberano. *s m+f gír* Tratamento que se dá a uma pessoa; indivíduo. *Cara de pau, pop:* pessoa de fisionomia impassível e inexpressiva; caradura.

ca.rá (*tupi kará*) *sm* **1** *Bot* Tubérculo comestível de algumas plantas. **2** *Ictiol* Peixe de água doce, também denominado *acará*.

ca.ra.bi.na (*fr carabine*) *sf* **1** Espingarda de cano longo usada pela cavalaria. **2** Qualquer rifle leve de cano longo.

ca.ra.bi.nei.ro (*carabina+eiro*) *sm* **1** Fabricante ou vendedor de carabinas. **2** Soldado armado de carabina.

ca.ra.ca (*cara+aça*) *sf* **1** Máscara de papelão; carranca. **2** *fig* Cara larga e cheia, carão.

ca.ra.ca.rá (*tupi karakará*) *sm Ornit* Nome comum a várias grandes aves, semelhantes aos falcões e gaviões, na maioria sul-americanas. *Var: carcará.*

ca.ra.cí.deos (*gr kháras, akos+ídeos*) *sm pl Ictiol* Família de peixes de água doce constituída por um grande número de espécies, que se caracterizam, principalmente, por apresentarem corpo comprimido nos lados. Os principais representantes desta família são: lambari, traíra, dourado etc.

ca.ra.col sm **1** Zool Nome comum a todos os moluscos gastrópodes pulmonados, terrestres, providos de concha fina e de pequenas dimensões. **2** Caminho ou escada em hélice. **3** Madeixa de cabelo enrolado em espiral.

ca.ra.co.lar (caracol+ar¹) vtd Dar forma de caracol a.

ca.rac.te.re (gr kharaktér) sm Inform Qualquer tipo de notação: dígito numérico, letra ou símbolo. sm pl **1** Letras escritas; tipos de impressão. **2** Traços que individualizam uma pessoa ou coisa; peculiaridades.

ca.rac.te.rís.ti.ca (fem de característico) sf **1** Aquilo que caracteriza. **2** Traço, qualidade, propriedade que distinguem um indivíduo, grupo ou tipo. Var: caraterística.

ca.rac.te.rís.ti.co (gr kharakteristikós) adj **1** Que caracteriza. **2** Que distingue. • sm V característica. Var: caraterístico.

ca.rac.te.ri.za.ção (caracterizar+ção) sf Ato ou efeito de caracterizar. Var: caraterização.

ca.rac.te.ri.za.dor (caracterizar+dor) adj Que caracteriza ou serve para caracterizar; caracterizante. • sm Aquele ou aquilo que caracteriza; individualizador. Var: caraterizador.

ca.rac.te.ri.zan.te (de caracterizar) adj m+f Caracterizador; individualizante. Var: caraterizante.

ca.rac.te.ri.zar (caráter+izar) vtd **1** Determinar o caráter de. vtd **2** Assinalar, distinguir, indicar. vtd **3** Descrever, notando as propriedades características. vtd **4** Vestir e pintar (o ator) para representar a personagem que lhe corresponde em cena. vint **5** Retratar, delinear ou representar um caráter. Var: caraterizar.

ca.rac.te.ro.lo.gi.a (gr kharaktér+logo+ia¹) sf Psicol Estudo do caráter e da personalidade, e o seu desenvolvimento diferenciado nos diferentes indivíduos. Var: caraterologia.

ca.rac.te.ro.ló.gi.co (caracterologia+ico²) adj Pertencente à caracterologia. Var: caraterológico.

ca.ra.cu (guar karakú) sm **1** Zool Gado de pelo liso e curto. **2** Osso da perna do animal. **3** Medula dos ossos do boi.

ca.ra.du.ra (cara+duro) s m+f **1** Indivíduo desavergonhado. **2** Rosto sem expressão. **3** Pessoa de modos desembaraçados; pessoa cínica; cara de pau.

ca.ra.du.ris.mo (caradura+ismo) sm Cinismo, desembaraço, descaramento, falta de vergonha.

ca.ra.lho (lat *caraculu, pequena estaca) sm vulg Pênis, cacete, pica. • interj Usada para traduzir indignação ou admiração. Pra caralho: em grande quantidade.

ca.ram.ba! (do cast) interj pop Expressa admiração, ironia ou desagrado: Caramba! Você ainda não está pronta?

ca.ram.bo.la (fr carambole) sf Bot **1** Fruto um pouco ácido da caramboleira, cuja cor varia de verde a amarelo e cujo corte transversal tem forma de uma estrela. É largamente usada para fazer compota, vinho e refresco. **2** Caramboleira. **3** Bola de bilhar. **4** Batida de uma bola de bilhar sucessivamente em outras duas, de uma só tacada. **5** fig Embuste; tramoia.

ca.ram.bo.lar (carambola+ar²) vint **1** Fazer carambola (no bilhar). **2** Enganar; iludir; intrigar.

ca.ram.bo.lei.ra (carambola+eira) sf Bot Planta da Índia, largamente cultivada nas regiões tropicais.

ca.ram.bo.lei.ro (carambola²+eiro) adj + sm Trapaceiro; embusteiro; tratante.

ca.ram.bo.li.ce (carambola+ice) sf **1** Ação de caramboleiro. **2** Logro; trapaça.

ca.ra.me.la.do (part de caramelar) V caramelizado.

ca.ra.me.li.za.do (part de caramelizar) adj Diz-se do açúcar que foi derretido até o ponto de caramelo; aquilo que foi envolvido ou impregnado em calda de caramelo; caramelado.

ca.ra.me.li.zar (caramelo+izar) vtd Reduzir a caramelo (o açúcar).

ca.ra.me.lo (lat calamellu) sm **1** Calda de açúcar queimado. **2** Bala desse açúcar.

ca.ra-me.ta.de sf A esposa em relação ao marido. Pl: caras-metades.

ca.ra.min.guá (guar karãmengwã) sm Badulaque; cacaréus; mobília pobre. sm pl Notas de pouco valor; trocados.

ca.ra.mi.nho.la sf pop Cabelo entrançado no alto da cabeça. sf pl **1** fig Intrigas, mentiras. **2** fig Fantasias; tolices: Ela vive com a cabeça cheia de caraminholas depois que começou a namorar.

ca.ra.mu.jo sm **1** Zool Nome comum a todos os moluscos gastrópodes, aquáticos, de água doce ou salgada, providos de conchas espessas variadamente coloridas. **2** pop Caracol. **3** fig Indivíduo esquisito, ensimesmado, introvertido.

ca.ra.mu.nha (lat querimonia) sf **1** Choro de criança. **2** Lamúria, queixa. **3** Ar de choro, momice.

ca.ra.mu.nhar (caramunha+ar¹) vint Fazer caramunhas.

ca.ra.mu.nhei.ro (caramunha+eiro) adj **1** Que faz caramunhas. **2** Chorão.

ca.ran.cho (tupi karãi) sm O mesmo que caracará.

ca.ran.ga V carango.

ca.ran.go (de cancro, com metátese e epêntese) sm gír Automóvel. Var: caranga.

ca.ran.gue.jar (caranguejo+ar²) vint **1** Andar como o caranguejo. **2** fig Vacilar, hesitar.

ca.ran.gue.jei.ra (ingl greengage) sf Zool Nome comum a várias grandes aranhas cabeludas, temidas por sua picada dolorida.

ca.ran.gue.jo (cast cangrejo, e este dim de cangro, do lat cancru) sm Zool **1** Nome comum a vários crustáceos, na maioria marinhos. São muito apreciados como alimento, tanto frescos como salgados, enlatados ou conservados de outra maneira. **2** Astrol Signo do zodíaco, mais conhecido como Câncer. **3** fig Reg (MG) Indivíduo lerdo.

ca.ran.gue.jo.la (caranguejo+ola) sm **1** Zool Grande crustáceo, parecido com o caranguejo. **2** Armação de madeira de pouca solidez.

ca.rão (cara+ão²) sm **1** Cara grande ou feia. **2** Repreensão ou advertência em público.

ca.ra.pa.ça (*fr carapace*) *sf* **1** Cobertura que, como um escudo, protege o dorso ou parte do dorso de um animal (tartaruga, tatu, cágado etc.). **2** Qualquer cobertura protetora dura. **3** *fig* Maneira, atitude ou estado de espírito, tais como indiferença ou hostilidade, com que muitas pessoas pretendem proteger-se ou isolar-se de influências externas.

ca.ra.pa.nã (*tupi karapaná*) *sm* Mosquito; muriçoca; pernilongo.

ca.ra.pa.nã-ta.pui.a *adj m+f Etnol* Relativo aos carapanãs-tapuias, índios tucanos da região limitada pelos rios Papuri e Caiori. • *s m+f* Indígena dessa tribo. *Pl: carapanãs-tapuias*.

ca.ra.pi.nha *sf* Cabelo crespo peculiar à raça negra; pixaim.

ca.ra-pin.ta.da *adj + s m+f* Jovem que, com o rosto pintado, vai à rua em passeata protestando por algo. *Pl: caras-pintadas*.

ca.ra.pu.ça *sf* **1** Barrete ou gorro de forma cônica. **2** *fig* Alusão indireta, encerrando crítica ou censura que parece ajustar-se bem à pessoa com quem falamos ou à outra que nos ouve.

ca.ra.tê (*jap karate*) *sm Esp* Tipo de luta, procedente da China e do Japão, na qual se empregam as mãos e os pés desarmados; antiga arte marcial.

ca.ra.te.ca (*jap karateka*) *s m+f* Lutador de caratê.

ca.rá.ter (*gr kharaktér*) *sm* **1** Conjunto de traços particulares de um indivíduo. **2** Tipo que se usa na escrita, manuscrito ou de imprensa. **3** Cunho, distintivo, marca. **4** Índole, natureza, temperamento. *Pl: caracteres (é)*.

ca.ra.va.na (*persa kârwân*, via *fr*) *sf* **1** Grupo de pessoas que viajam ou passeiam juntas. **2** Tropa de animais de carga, especialmente camelos. **3** Grupo de veículos que viajam juntos em fila.

ca.ra.va.nei.ro (*caravana+eiro*) *adj + sm* Pessoa que participa de uma caravana; o guia da caravana.

ca.ra.ve.la (*cáravo+ela*) *sf* Pequena embarcação a vela.

ca.ra.ve.lei.ro (*caravela+eiro*) *sm* Tripulante de caravela.

car.be.to (*carbo+eto*) *sm Quím* Carboneto.

car.bo.i.dra.to (*carbo+hidro+ato⁴*) *sm Quím* Cada um dos compostos neutros de carbono, hidrogênio e oxigênio, que incluem os açúcares, amidos etc.; hidrato de carbono. *Var: carbo-hidrato*.

car.bo.na.ção (*carbonar+ção*) *sf* **1** Ato ou efeito de carbonar. **2** *V carburação*.

car.bo.na.do (*carbono+ado¹*) *adj* Que tem carbono.

car.bo.nar (*carbono+ar¹*) *vtd Quím* **1** Converter em um carbonato. **2** Combinar com o carbono ou impregnar de carbono; carburar.

car.bo.na.tar (*carbonato+ar¹*) *V carburar*.

car.bo.na.to (*carbôn(ico)+ato⁴*) *sm Quím* Sal ou éster de ácido carbônico.

car.bo.ne.to (*ê*) (*carboni+eto*) *sm Quím* Designação genérica para qualquer composto binário de carbono e outro elemento; carbureto.

car.bô.ni.co (*carbon+ico²*) *adj Quím* Relativo ou pertencente ao carbono.

car.bo.ní.fe.ro (*carboni+fero*) *adj* Que contém, produz ou extrai carvão.

car.bo.ni.zar (*carbone+izar*) *vtd* Reduzir a carvão ou a um resíduo de carvão.

car.bo.no (*lat carbone*) *sm* **1** *Quím* Elemento não metálico, largamente distribuído na natureza, que forma compostos orgânicos em combinação com hidrogênio, oxigênio etc., de número atômico 6 e símbolo C. **2** Papel-carbono.

car.bo.quí.mi.ca (*carbo+química*) *sf Quím* Química dos compostos provenientes do carvão, como, por exemplo, o alcatrão.

car.bu.ra.ção (*carburar+ção*) *sf* **1** Ação ou efeito de carburar. **2** Processo de misturar combustível (como a gasolina) com o ar, para formar uma mistura explosiva, especialmente para uso em motores de combustão interna; carbonação.

car.bu.ra.dor (*ingl carburetor*) *sm* **1** *Mec* Aparelho em que o combustível se mistura com o ar, em forma de mistura explosiva, fazendo o motor funcionar. **2** Aparelho que efetua a carburação.

car.bu.ran.te (de *carburar*) *adj m+f* e *sm* Diz-se de, ou combustível para motores de explosão.

car.bu.rar (*fr carburer*) *vtd* Misturar uma substância inflamável ao ar, a um líquido ou a uma substância sólida para lhes comunicar propriedades combustíveis ou explosivas; carbonatar.

car.bu.re.to (*ê*) (*fr carbure+eto*) *sm Quím* Carboneto.

car.ca.ça (*fr carcasse*) *sf* **1** Arcabouço; esqueleto. **2** Casco velho de navio. **3** Caixa que abriga um mecanismo. **4** Tronco de animal abatido, após a remoção do couro, cabeça, membros e vísceras. **5** *pop* Corpo alquebrado, cansado.

car.ca.ma.no (do *ital carcare la mano*) *sm pej* Designação jocosa que se dá aos italianos.

car.ca.rá (de *carcará*, com síncope) *sm* **1** *V caracará*. **2** *gír de motoristas* Botão de saída, no alto do capô dianteiro, do esguicho d'água para limpar o para-brisa.

car.ce.ra.gem (*carcerar+agem*) *sf* **1** Ato de encarcerar. **2** Despesa para a manutenção dos presos.

car.ce.rá.rio (*lat carcerariu*) *adj* Relativo a cárcere.

cár.ce.re (*lat carcere*) *sm* Lugar destinado a prisão; cadeia.

car.ce.rei.ro (*cárcere+eiro*) *sm* **1** Guarda de cárcere. **2** Chefe dos guardas de uma cadeia pública.

car.ci.no.ma (*gr karkínoma*) *sm Med* Tumor maligno; câncer.

car.ci.no.se (*cárcino+ose*) *sf Med* Disseminação de câncer pelo corpo.

car.co.ma (de *carcomer*) *sf* **1** Caruncho. **2** Pó de madeira carcomida. **3** Podridão. **4** *fig* Aquilo que consome, devora ou arruína.

car.co.mer (de *comer*) *vtd* **1** Destruir, desfazer em pó. **2** Arruinar, destruir. **3** Caranchar. *Conjug:* com raras exceções, conjuga-se apenas nas 3ᵃˢ pessoas.

car.co.mi.do (*part de carcomer*) *adj* **1** Roído pela carcoma; apodrecido; carunchoso; corroído. **2** Gasto, deteriorado. **3** *fig* Emagrecido, pálido.

car.cun.da (*corr* de *corcunda*) *sf* Corruptela de *corcunda*.

car.da (*der* regressiva de *cardar*) *sf* **1** Ação de cardar. **2** Utensílio (*p ex*, uma escova de arame), para levantar a felpa de um tecido. **3** Máquina que desembaraça fibras têxteis.

car.dá.pio (do *lat charta+dops, dapis+io²*) *sm* Relação dos pratos de uma refeição; menu.

car.dar (*cardo+ar¹*) *vtd* Destrinçar, desenredar ou pentear (a lã ou outro tipo de têxtil com a carda).

car.de.al (*lat cardinale*) *sm* **1** Prelado do Sacro Colégio pontifício. **2** *Ornit* Nome comum a vários pássaros da família dos fringilídeos (aves de cor vermelha). • *adj* Principal; fundamental; cardinal.

cár.dia (*gr kardía*) *sf Anat* Abertura superior do estômago.

car.dí.a.co (*gr katdiakós*) *adj Med* **1** Pertencente ou relativo ao coração; cardial. **2** Situado perto do coração. • *sm* Aquele que sofre do coração.

car.di.al (*cárdia+al¹*) *adj m + f* Pertencente ou relativo à cárdia; cardíaco.

car.di.gã (*ingl cardigan*) *sm* Blusão sem gola, aberto, em decote angular, reto ou curvo. *Var: cardigan.*

cardigan (*ingl*) *sm V cardigã.*

car.di.nal (*lat cardinale*) *adj m+f* **1** *Mat* Diz-se do número que indica quantidade, por oposição ao ordinal. **2** Principal, fundamental; cardeal.

car.di.na.la.to (*lat cardinale+ato¹*) *sm* Dignidade de cardeal (prelado).

car.di.na.lí.cio (*lat cardinale+ício*) *adj* Relativo a cardeal (prelado).

car.di.o.gra.fi.a (*cárdio+grafo+ia¹*) *sf* **1** *Med* Registro gráfico dos movimentos do coração. **2** *Anat* Parte da Anatomia em que se descreve o coração.

car.di.ó.gra.fo (*cárdio+grafo*) *sm Med* **1** Aparelho que, colocado sobre a região cardíaca, registra graficamente a força e a forma dos movimentos do coração. **2** Aquele que escreve sobre doenças do coração.

car.di.o.gra.ma (*cárdio+grama*) *sm Med* Gráfico obtido pelo cardiógrafo.

car.di.o.lo.gi.a (*cárdio+logo+ia¹*) *sf Med* Estudo acerca do coração.

car.di.o.ló.gi.co (*cárdio+logo+ico²*) *adj* Relativo à cardiologia.

car.di.o.lo.gis.ta (*cárdio+logo+ista*) *adj* e *s m+f* Especialista em cardiologia.

car.di.o.pa.ta (*cárdio+pato*) *adj* e *s m+f Med* Doente do coração; cardíaco.

car.di.o.pa.ti.a (*cárdio+pato+ia¹*) *sf Med* Qualquer moléstia do coração.

car.di.or.res.pi.ra.tó.rio (*cárdio+respiratório*) *adj Med* Relativo ou pertencente ao coração, aos pulmões e às suas funções.

car.di.os.co.pi.a (*cárdio+scopo+ia¹*) *sf Med* Exame pelo cardioscópio.

car.di.os.có.pi.co (*cárdio+scopo+ico²*) *adj Med* **1** Relativo ou pertencente à cardioscopia. **2** Efetuado mediante o cardioscópio.

car.di.os.có.pio (*cárdio+scopo+io²*) *sm Med* **1** Aparelho para inspecionar visualmente o interior do coração. **2** Aparelho que permite observação eletrocardiográfica contínua da ação cardíaca durante uma operação. **3** Aparelho de uma tela na qual podem ser representados, graficamente, a ação e os ruídos do coração.

car.di.o.vas.cu.lar (*cárdio+vascular*) *adj m+f Anat* **1** Relativo ou pertencente ao coração e aos vasos sanguíneos. **2** Que afeta o coração e os vasos sanguíneos.

car.do (*lat cardu*) *sm Bot* **1** Nome de plantas da família das compostas naturalizadas no Brasil. **2** Nome comum a vários grandes cactos, que podem alcançar uma altura de vinte metros, muitas vezes formando verdadeiras florestas em partes da América do Sul.

car.du.me (de *carda*) *sm* **1** Grande quantidade de peixes. **2** *fig* Bando, multidão.

ca.re.ca (de *carecer*) *adj m+f* Calvo. • *sf* Calva, calvície. *s m+f* Pessoa calva.

ca.re.cer (*lat carescere*) *vti* **1** Não possuir, não ter. **2** Sentir falta. **3** Necessitar, precisar.

ca.rei.ro (*caro+eiro*) *adj* Que vende caro.

ca.rên.cia (*lat carentia*) *sf* **1** Falta. **2** Necessidade. **3** Privação. *Antôn* (acepção 1): *fartura, abundância.*

ca.ren.te (*lat carente*) *adj m+f* **1** Que não tem. **2** Que precisa.

ca.res.ti.a (*lat med caristia*) *sf* **1** Escassez (de alimentos). **2** Encarecimento geral do custo de vida provocado por escassez.

ca.re.ta (*ê*) (*cara+eta*) *sf* **1** Contração do rosto; trejeito. **2** Máscara. **3** *gír* Qualquer pessoa antiquada.

ca.re.ti.ce (*careta+ice*) *sf pop* Qualidade, ação ou dito de careta.

car.ga (*port ant carrega*, der regressiva de *carregar*) *sf* **1** Tudo que é ou pode ser transportado por homem, animal, carro, navio, trem etc. **2** Ato de carregar; carregamento, carregação. **3** *fig* Fardo, peso. **4** Porção, grande quantidade. **5** *fig* Embaraço, opressão. **6** Encargo. **7** Quantidade de pólvora e projéteis que se metem de uma vez em uma arma de fogo. **8** *Eletr* Acumulação de eletricidade. *Antôn* (acepção 2): *descarga.*

car.gas-d'á.gua *sf pl pop* Motivo ignorado, razão misteriosa: *Não sei por que cargas-d'água ele desistiu da namorada.*

car.go (*port ant carrego*, de *carregar*) *sm* **1** Carga. **2** Encargo, incumbência. **3** Função em empresa pública ou privada. **4** Responsabilidade. **5** Despesa. **6** Obrigação.

car.guei.ro (*carga+eiro*) *adj* **1** Que guia bestas de carga. **2** Que transporta carga (navio, caminhão etc.). • *sm* Animal ou navio que transporta carga.

ca.ri.ar (*cárie+ar¹*) *vint* **1** Criar cárie. *vint* **2** Corromper-se, esfacelar-se. *vtd* **3** Encher de cárie, produzir cárie em. *Conjug:* normalmente é verbo defectivo; conjuga-se apenas nas 3ªs pessoas.

ca.ri.ca.to (*ital caricato*) *adj* **1** Semelhante a caricatura. **2** Burlesco, ridículo. • *sm* Ator que, nos dramas, tem o papel de ridicularizar.

ca.ri.ca.tu.ra (*ital caricatura*) *sf* **1** Representação que exagera jocosamente as peculiaridades ou defeitos de pessoas ou coisas; charge. **2** Imitação cômica ou ridícula. **3** Indivíduo ridículo pelo aspecto ou pelos modos.

ca.ri.ca.tu.ral (*caricatura+al¹*) *adj m+f* Relativo a caricatura.

ca.ri.ca.tu.rar (*caricatura+ar¹*) *vtd* Representar em caricatura ou grotescamente.

ca.ri.ca.tu.ris.ta (*caricatura+ista*) *s m+f* Indivíduo que faz caricaturas; chargista.

ca.rí.cia (*ital meridional carizia*) *sf* Demonstração de afeto; afago, carinho, meiguice.

ca.ri.ci.ar (*carícia+ar¹*) *vtd* Acariciar; acarinhar. *Conjug* – Pres indic: caricio, caricias, caricia (cf) etc. *Cf carícia*.
ca.ri.da.de (*lat caritate*) *sf* **1** Benevolência, bondade, bom coração, compaixão. **2** Beneficência, esmola.
ca.ri.do.so (*ô*) (*caridade+oso*) *adj* **1** Que pratica ou tem a virtude da caridade. **2** Em que há caridade. **3** Indulgente. *Pl: caridosos (ó)*.
cá.rie (*lat carie*) *sf Odont* Desintegração do esmalte e da dentina causada pela ação de ácidos provenientes da decomposição de alimentos; cárie dentária.
ca.ri.jó (*tupi kariió*) *adj m+f* **1** Pintado de branco e preto (galinha ou galo); sarapintado. **2** Relativo aos carijós, tribo indígena. • *s m+f* Indivíduo dessa tribo.
ca.ril (*tâmil kari*) *sm* **1** Pó indiano para temperos culinários. **2** Molho em que entra esse pó.
ca.ri.mã (*tupi karimã*) *sf Cul* **1** Bolo de farinha de mandioca. **2** Farinha seca e fina de mandioca.
ca.rim.ba.do (*part de carimbar*) *adj* **1** Marcado com carimbo. **2** *gír* Diz-se de algo ou alguém conhecido, comprovado.
ca.rim.bar (*carimbo+ar¹*) *vtd* **1** Marcar com carimbo. **2** Marcar, assinalar.
ca.rim.bo (*quimbundo karimbu*) *sm* **1** Peça de metal, madeira ou borracha que serve para marcar papéis de uso oficial ou particular, a tinta ou em relevo. **2** Selo, sinete.
ca.rim.bó *sm* **1** Tambor de origem africana no qual o tocador bate com as mãos. **2** *Folc* Dança regional maranhense, que se assemelha à capoeira baiana.
ca.ri.nho (*cast cariño*) *sm* **1** Afago, carícia. **2** Meiguice. **3** Cuidado.
ca.ri.nho.so (*ô*) (*carinho+oso*) *adj* **1** Que trata com carinho. **2** Em que há carinho. **3** Afável, afetuoso, meigo. *Pl: carinhosos (ó)*.
ca.ri.o.ca (*tupi kariuóka*) *s m+f* **1** Pessoa natural ou habitante da cidade do Rio de Janeiro. **2** Variedade de arroz. **3** Variedade de feijão. **4** Café pronto, ao qual se adiciona água. • *adj* Pertencente ou relativo à cidade do Rio de Janeiro.
ca.ri.o.ca.da (*carioca+ada¹*) *sf* **1** Grupo de cariocas; os cariocas. **2** Ação, ditos ou modos de carioca.
ca.ris.ma (*gr khárisma*) *sm* **1** *Sociol* Conjunto de qualidades excepcionais de certas pessoas. **2** *Teol* Dom da graça de Deus. **3** Dons e talentos de cada cristão para o desempenho de sua missão dentro da Igreja.
ca.ris.má.ti.co (*gr khárisma, atos+ico²*) *adj Sociol* Em que há carisma (acepção 1).
ca.ri.ta.ti.vo (*lat caritate+ivo*) *adj* Caridoso, compassivo, beneficente.
car.lin.ga (*fr carlingue*) *sf Av* Lugar onde fica o piloto; cabina.
car.ma (*sânsc karma*) *sm* **1** *Rel* Segundo o hinduísmo e o budismo, lei que opera tanto no plano físico como no moral. **2** *Filos* O conjunto de ações dos homens e suas consequências (filosofia indiana).
car.me.li.ta (*Carmelo, np+ita²*) *adj e s m+f Catól* Frade ou freira da ordem de Nossa Senhora do Carmo ou do Monte Carmelo.
car.me.sim (*ár hispânico qarmazí*) *adj m+f* Vermelho carregado, vermelho-cravo. • *sm* Cor de cravo, cor vermelha carregada.
car.mim (*fr carmin*) *sm* **1** Substância corante, carmesim, extraída principalmente da cochinilha. Usado para tingir alimentos, drogas e cosméticos. **2** Cor vermelha vivíssima. **3** *ant* Batom. **4** Vermelhão.
car.na.ção (*lat carnatione*) *sf* **1** Cor da carne. **2** Representação do corpo humano com o seu colorido natural.
car.na.du.ra (*carne+ar¹+dura¹*) *sf* O conjunto de músculos; parte carnosa do corpo.
car.nal (*lat carnale*) *adj m+f* **1** Relativo à carne; material. **2** Que é de carne. **3** Consanguíneo (diz-se de primo em primeiro grau). **4** Sensual.
car.na.li.da.de (*lat carnalitate*) *sf* Sensualidade.
car.na.ú.ba (*tupi karanaýua*) *sf* **1** *V carnaubeira*. **2** Cera extraída das folhas da carnaúba.
car.na.u.bal (*carnaúba+al¹*) *sm* Bosque de carnaúbas.
car.na.u.bei.ra (*carnaúba+eira*) *sf Bot* Planta da família das palmeiras. Tem raiz comestível e das folhas obtém-se também uma fibra útil.
car.na.val (*ital carnevale*) *sm* **1** *Folc* Período de três dias de folia que precede a quarta-feira de cinzas. **2** Folias e folguedos populares, com fantasias e máscaras, que se organizam nesses dias. **3** *bras pop* Confusão, desordem, trapalhada: *Não precisa fazer carnaval por uma coisa tão simples!*
car.na.va.les.co (*carnaval+esco*) *adj* Pertencente ou relativo a carnaval. • *sm* Pessoa que organiza e executa as diversas atividades ligadas ao carnaval, principalmente desfiles de escolas de samba.
car.ne (*lat carne*) *sf* **1** Tecido muscular do homem e dos animais. **2** Parte vermelha dos músculos. **3** Tecido muscular dos animais terrestres que serve para a alimentação do homem. **4** Natureza humana, do ponto de vista da sensibilidade. **5** Consanguinidade. **6** Concupiscência. **7** Polpa comestível dos frutos. *Carne de sol:* carne de vaca ligeiramente salgada e seca ao sol; charque, carne-seca. *Carne de vaca, pop:* coisa muito comum, rotineira.
car.nê (*fr carnet*) *sm* **1** Livro de notas e apontamentos. **2** Ficha pessoal onde são registrados os pagamentos mensais de compras a crédito, nas grandes lojas ou crediários.
car.ne.a.ção (*carnear+ção*) *sf* Ato de carnear.
car.ne.a.dor (*carnear+dor*) *adj+sm* Que, ou o que carneia.
car.ne.ar (*carne+ar¹*) *vint* **1** Abater o gado e esquartejá-lo. *vint* **2** Charquear. *vtd* **3** Abater, matar. Conjuga-se como *frear*.
car.ne.gão (*de carne*) *sm* A parte de matéria purulenta e dura que se forma nos furúnculos e outros tumores.
car.nei.ra.da (*carneiro+ada¹*) *sf* **1** Rebanho de carneiros. **2** Pequenas ondas espumosas que lembram rebanhos de carneiros. **3** *fig* Grupo de pessoas submissas, sem vontade própria.
car.nei.ro (*lat carnariu*) *sm* **1** *Zool* Nome comum a numerosos mamíferos ruminantes, há muito domesticados por sua carne, lã e outros produtos. *Col:* malhada, rebanho. *Voz:* bala, bale. **2** Carne desse animal. **3** *fig* Pessoa de índole demasiado mansa e cordata.

car.ne-se.ca *V carne de sol. Pl: carnes-secas.*
car.ni.ça (*carne+iça*) *sf* **1** Carne podre de animal. **2** Carnificina, matança, morticínio.
car.ni.cei.ro (*carniça+eiro*) *adj* **1** Que se alimenta de carne ou que prefere a carne como alimento. **2** *fig* Cruel, feroz, sanguinário. • *sm* **1** *pej* Cirurgião inábil. **2** Açougueiro.
car.ni.fi.ci.na (*lat carnificina*) *sf* **1** Matança, mortandade, morticínio. **2** Extermínio; massacre.
car.ní.vo.ro (*lat carnivoru*) *adj* Que se alimenta exclusivamente de carne. • *sm Zool* Aquele que se alimenta de outro animal.
car.no.si.da.de (*carnoso+i+dade*) *sf* **1** Qualidade de carnoso. **2** Formação anormal ou saliência de tecido carnoso.
car.no.so (*ô*) (*lat carnosu*) *adj* **1** Cheio ou coberto de carne, carnudo. **2** Feito de carne. **3** Com aparência de carne. **4** Que tem polpa espessa e suculenta. *Pl: carnosos* (*ó*).
car.nu.do (*carne+udo*) *adj* **1** Carnoso, musculoso. **2** Que tem muita carne ou polpa.
ca.ro (*lat caru*) *adj* **1** Que custa alto preço. **2** Preço de valor acima do real. **3** Que custa sacrifícios ou grandes despesas. **4** Precioso; estimado; querido: *Caro amigo.* • *adv* **1** A um alto preço: *Pagou caro aquela mentira.* **2** Com grande trabalho ou sacrifício. *Antôn* (acepções 1 e 2): *barato.*
ca.ro.cha (*ó*) *sf* **1** *Entom* Nome comum a numerosos insetos cujas larvas se alimentam da madeira deteriorada de árvores mortas. **2** Bruxa. **3** Carapuça de papel que se punha na cabeça das crianças que não sabiam a lição ou se portavam mal.
ca.ro.chi.nha *sf* Diminutivo de *carocha*, carocha pequena. *História da carochinha:* a) história para crianças; b) *por ext* contos, lendas.
ca.ro.ço (*ô*) (*lat vulg carudium*, do *gr*) *sm* **1** Parte dura de certos frutos, que é ou contém a semente. **2** Semente do algodão e de vários frutos. **3** *V calombo. Pl: caroços* (*ó*).
ca.ro.la (*lat corolla*, dim de *corona*) *sm* **1** Pessoa exageradamente assídua à igreja. **2** Pessoa que promove, com entusiasmo, festas de igreja, de associações etc. **3** *pej* Beato. • *adj* Muito beato, muito frequentador de igrejas.
ca.ro.li.ce (*carola+ice*) *sf* Qualidade ou maneira de proceder de carola; beatice.
ca.ro.lín.gio (*baixo-lat Carolus, np+íngio*) *adj* **1** Referente à segunda dinastia dos reis dos francos, de que o mais famoso foi Carlos Magno. **2** Do tempo de Carlos Magno.
ca.ro.na (*cast carona*) *sf* **1** Manta estofada que se põe por cima da sela. **2** *pop* Condução ou transporte gratuito em qualquer veículo. *sm por ext* Aquele que não paga a passagem (*p ex*, nos ônibus).
ca.ro.nei.ro (*carona+eiro*) *sm* Aquele que viaja de graça; carona (acepção do *sm*).
ca.ró.ti.da (*gr karotídes*) *sf Anat* Cada uma das duas grandes artérias que, da aorta, levam o sangue à cabeça. *Var: carótide.*
car.pa (*lat carpa*) *sf* **1** *Ictiol* Peixe de água doce. **2** Ação de carpir; capina.
car.pe.ta.do (*part* de *carpetar*) *adj* Em que se pôs carpete; acarpetado.
car.pe.tar (*ingl carpet+ar¹*) *vtd* Forrar ou cobrir com carpete.

car.pe.te (*ingl carpet*) *sm* Tapete que forra o piso de um cômodo.
car.pi.dei.ra (*carpir+deira*) *sf* **1** *ant* Mulher que chorava por dinheiro nos enterros; pranteadeira, choradeira. **2** *fig* Mulher que vive a lastimar-se. **3** Lamúria. **4** *Agr* Implemento para carpir, também chamado *bico de pato.* • *adj f* Que carpe ou lamenta.
car.pin.ta.ri.a (*lat carpentu+aria*) *sf* **1** Obra, ofício, trabalho de carpinteiro. **2** Oficina de carpinteiro.
car.pin.tei.ro (*lat carpentariu*) *sm* Ocupação qualificada daquele que constrói, monta e repara armações em geral, móveis, portas, janelas, venezianas, batentes, portões, bancos e outras peças de madeira.
car.pir (*lat carpere*) *vtd* **1** Capinar. *vtd* **2** Arrancar, colher. *vtd* e *vti* **3** Chorar, lastimar. Conjuga-se como *abolir.*
car.po (*gr karpós*) *sm* **1** *Anat* e *Zool* O pulso ou a parte dos membros dianteiros entre o antebraço e o metacarpo. **2** Conjunto dos oito ossinhos, dispostos em duas fileiras de quatro, que formam o carpo.
car.que.ja (*ê*) (*gr kolokasía*) *sf Bot* Nome de várias plantas medicinais da família das compostas: *chá de carqueja.*
car.qui.lha *sf* Dobra, prega, ruga.
car.ra.da (*carro+ada¹*) *sf* **1** Carga que um carro transporta de uma só vez. **2** *fig* Grande quantidade. *Ter carradas de razão:* ter toda a razão.
car.ra.man.chão (*câmara+acho+ão²*, com metátese) *V caramanchão.*
car.ran.ca (de *cara*) *sf* **1** Cara muito feia, que indica mau humor. **2** Máscara.
car.ran.cu.do (*carranca+udo²*) *adj* **1** Que faz ou tem carranca. **2** De semblante carregado, trombudo. **3** Que tem mau humor. *Antôn* (acepção 3): *alegre, expansivo.*
car.ran.que.ar (*carranca+ear*) *vint* Estar carrancudo; fazer carranca. Conjuga-se como *frear.*
car.ra.pa.ti.ci.da (*carrapato+cida*) *adj m+f* Diz-se de substância destinada a exterminar os carrapatos do gado. • *sm* Preparado carrapaticida.
car.ra.pa.to (*pré-romano caparra*, com metátese+*ato³*) *sm* **1** *Zool* Nome comum a vários aracnídeos que se fixam à pele e de cujo sangue se alimentam. **2** Nome da semente do rícino. **3** *fig* Aquele que é importuno.
car.ra.pi.cho (*carrap(ito)+icho*) *sm* **1** *Bot* Semente espinhosa ou invólucro espinhoso de sementes de certas plantas, que têm as pontas dos espinhos comumente providas de farpas ou ganchos com os quais se apegam ao pelo ou crina de animais ou a peças de roupa. **2** O atado do cabelo no alto da cabeça. **3** Cabelo pixaim.
car.ras.co (de *Carrasco, np*) *sm* **1** Executor da pena de morte; algoz, verdugo. **2** Aquele que aflige alguém; indivíduo tirano, cruel.
car.ras.pa.na *sf* Repreensão; pito.
car.re.ar (*carro+e+ar¹*) *vtd* **1** Conduzir em carro. *vint* **2** Guiar carros. *vtd* **3** Carregar. *vtd* e *vti* **4** Causar, ocasionar. *vtd* **5** Arrastar. Conjuga-se como *frear.*
car.re.a.ta (*carro+(pass)eata*) *sf* Procissão de veículos em sinal de adesão, protesto ou comemoração.

car.re.ga.ção (*carregar+ção*) *sf* **1** Ação de carregar; carregamento. **2** Carga. **3** Grande quantidade. **4** Qualquer coisa feita à pressa e mal-acabada.

car.re.ga.do (*part* de *carregar*) *adj* **1** Que recebeu carga; pesado. **2** Conduzido ou transportado em viatura ou nas costas ou nos braços de alguém. **3** Que tem carga de pólvora. **4** Que tem eletricidade (baterias, pilhas). **5** *fig* Oprimido, sobrecarregado; sombrio. **6** Carrancudo (rosto).

car.re.ga.dor (*carregar+dor*) *sm* **1** O que carrega bagagens de viajantes nas estações de estrada de ferro, em portos, hotéis etc. **2** Indivíduo que faz carretos. **3** Aquele que conduz carga ou passageiros. **4** Retificador para carregar pilhas. **5** Pente de balas (nas armas automáticas). • *adj* Que carrega.

car.re.ga.men.to (*carregar+mento*) *sm* **1** Ato de carregar. **2** Aquilo que forma a carga; carga.

car.re.gar (*lat vulg carricare*) *vtd* **1** Pôr a carga dentro de ou sobre. *vti* **2** Ter carga, suportar peso. *vtd* **3** Abastecer; alimentar, encher. *vtd* **4** Meter a pólvora ou os projéteis em. **5** Tornar(-se) sombrio ou severo. *vti* **6** Levar para lugar afastado ou distante. **7** *Fís* Acumular eletricidade em, renovar a carga de uma bateria. *vtd* **8** *Inform* Ler informações de um dispositivo secundário de armazenamento e copiar para a memória principal do computador; abrir. *Var* (acepção 8): *baixar*.

car.rei.ra (*lat vulg carraria*) *sf* **1** Corrida veloz. **2** Trilha. **3** Profissão. **4** Curso, trajetória. **5** Fileira; fila.

car.rei.ris.mo (*carreira+ismo*) *sm* Maneira de agir de quem, para vencer profissionalmente, lança mão de quaisquer recursos; oportunismo.

car.rei.ris.ta (*carreira+ista*) *s m+f* **1** Pessoa oportunista. **2** Pessoa que aprecia ou frequenta corridas de cavalos. • *adj m+f* Que pratica o carreirismo.

car.rei.ro (*carro+eiro*) *adj* Pertencente ou relativo a carro de bois. • *sm* **1** Condutor de carro de bois. **2** Caminho estreito.

car.re.ta (*ê*) (*carro+eta*) *sf* **1** Pequeno carro. **2** Caminhão grande, usado para transportar cargas pesadas; jamanta.

car.re.ta.gem (*carretar+agem*) *sf* **1** Carreto. **2** Importância paga por um carreto.

car.re.tei.ro (*carreto+eiro*) *sm* Aquele que conduz carro ou carreta ou faz carretos. *Arroz carreteiro, Cul:* prato típico do extremo Sul, em que o arroz é cozido com charque, em água e sal, sem refogar; arroz tropeiro.

car.re.tel (*carrete+el*) *sm* **1** Pequeno cilindro de madeira com rebordos, em que se enrola fio de aço ou qualquer metal, para cordas de instrumentos musicais, linha de coser, retrós, ou qualquer fio. **2** Molinete.

car.re.ti.lha (*carreta+ilha*) *sf* **1** Instrumento com roda denteada que corta. **2** Aparelho metálico da vara de pescar no qual se enrolam, por meio de manivela, muitos metros de linha; molinete. **3** Pequena roldana.

car.re.to (*ê*) (de *carretar*) *sm* **1** Ação de transportar mercadoria. **2** Frete. **3** Preço do frete. **4** Carregamento.

car.ril (*lat vulg carrile*) *sm* **1** Sulco que fazem no solo as rodas do carro. **2** Caminho de carro. **3** Trilho nas ferrovias.

car.ri.lhão (*fr carillon*) *sm* Conjunto de sinos afinados com que se tocam peças de música.

car.ri.nho (*carro+inho*) *sm* **1** Diminutivo de *carro*, pequeno carro. **2** Carro para crianças brincarem. **3** *Esp* Lance em que o futebolista se atira ao solo a fim de retirar com os pés a bola conduzida pelo adversário. **4** *Cin* e *Telev* Carrinho sobre rodas usado para segurar e mover uma câmera suavemente.

car.ro (*lat carru*) *sm* **1** Veículo de rodas para transportar pessoas ou carga. *Var: automóvel*. **2** Vagão, nas estradas de ferro.

car.ro.ça (*ital carrozza*, via *fr*) *sf* **1** Carro de duas ou quatro rodas, puxado por cavalo, burro ou boi, para transporte de cargas. **2** Pessoa lerda ou vagarosa.

car.ro.ção (*carroça+ão²*) *sm* **1** Aumentativo de *carroça*, grande carroça. **2** Grande carro de bois, coberto, que se usava para transporte de pessoas.

car.ro.ça.ri.a (*fr carrosserie*) *sf* A parte superior de um veículo, colocada sobre o chassi e destinada a abrigar o condutor e a transportar pessoas ou coisas. *Var: carroceria*.

car.ro.çá.vel (*carroça+vel*) *adj m+f* Que é próprio ao tráfego de carroças e outros veículos.

car.ro.cei.ro (*carroça+eiro*) *sm* **1** Condutor de carroça. **2** O que faz fretes com carroça.

car.ro.ce.ri.a (*carroça+eria*) *V carroçaria*.

car.ro.che.fe *sm* **1** Principal carro alegórico de um desfile. **2** Tudo aquilo que é o mais importante ou tem maior interesse. *Pl: carros-chefe* e *carros-chefes*.

car.ro.ci.nha (*carroça+inha*, no *fem*) *sf* **1** Diminutivo de *carroça*, pequena carroça. **2** Veículo para recolher os cães vadios, apanhados nas vias públicas.

car.ro-for.te *sm* Veículo blindado usado para transporte de grande quantidade de dinheiro ou valores. *Pl: carros-fortes*.

car.ro-guin.cho *sm* Veículo que serve de socorro para outro, rebocando-o ou puxando-o atrás de si; reboque. *Pl: carros-guincho* e *carros-guinchos*.

car.ro-lei.to *sm* Vagão-leito. *Pl: carros-leito* e *carros-leitos*.

car.ro-pi.pa *sm* Caminhão com tanque para transporte de água. *Pl: carros-pipa* e *carros-pipas*.

car.ros.sel (*fr carrousel*) *sm* Maquinismo geralmente encontrado em parques de diversões que consiste em uma plataforma circular com assentos (muitas vezes em forma de cavalos ou outros animais) que gira em torno de um centro fixo.

car.ro-tan.que *sm* Caminhão equipado com tanque para transporte de líquidos; caminhão usado para transporte de combustíveis. *Pl: carros-tanque* e *carros-tanques*.

car.ru.a.gem (*cat carruatge*) *sf* **1** Carro de caixa, sobre molas, com jogo dianteiro puxado por cavalos, destinado a transporte de pessoas; diligência. **2** Vagão de passageiros, nas estradas de ferro.

car.ta (*gr khártes*, pelo *lat*) *sf* **1** Escrito que se dirige a alguém; epístola, missiva. **2** Mapa geográfico ou topográfico. **3** Designação de diversos títulos ou documentos oficiais. **4** Cada um dos cartões, marcados em uma das faces com figuras ou pintas, e que formam o baralho. **5** *Reg* (SP) Carteira de motorista. **6** *Hist* Documento através do qual um governo toma decisões importantes no terreno político ou social.

car.ta.da (*carta+ada*[1]) *sf* **1** Lance no jogo de cartas; jogada. **2** Empreendimento arriscado, mas de que podem provir lucros; golpe, chance.

car.ta.gi.nês (*lat carthaginense*) *adj* De Cartago, antiga cidade-estado fundada pelos fenícios em 814 a.C., na região da atual cidade de Túnis (Norte da África), e destruída pelos romanos em 146 a.C. e pelos árabes em 698 d.C. • *sm* O natural ou habitante dessa cidade.

car.tão (*carta+ão*[2]) *sm* **1** Papel espesso para desenho ou pintura. **2** Cartolina. **3** Papelão. **4** Bilhete de visita. *Cartão de crédito:* cartão que permite compras a crédito. *Cartão de visita:* pequeno retângulo de cartolina, geralmente branco, no qual se encontram impressos o nome e por vezes o título ou profissão, endereço residencial ou comercial, número de telefone de uma pessoa e e-mail. *Cartão eletrônico:* cartão dotado de tarja magnética que possibilita leitura por terminais de computador. *Cartão magnético:* V *cartão eletrônico. Cartão telefônico:* cartão que substitui as fichas usadas para fazer chamadas telefônicas em aparelhos públicos.

car.tão-pos.tal *sm* Cartão com duas faces, sendo uma das faces ilustrada e a outra reservada para a escrita de alguma mensagem. *Pl: cartões-postais.*

car.taz (*gr khártes*, através do *ár qarTâs*) *sm* **1** Papel grande, com um ou mais anúncios, que se fixa em lugar público. **2** *pop* Fama, renome. **3** *pop* Popularidade, prestígio, notoriedade. **4** *Cin, Teat* Filme ou peça em exibição ou representação: *Qual é a peça em cartaz neste teatro?*

car.ta.zis.ta (*cartaz+ista*) *s m+f* Pintor ou pintora que se especializa em cartazes.

car.te (do *ingl kart*) *sm Esp* Pequeno veículo de quatro rodas, sem carroceria, com embreagem automática, sem caixa de mudanças nem suspensão; *kart.*

car.te.a.do (*part* de *cartear*) *adj* + *sm* Diz-se de, ou qualquer jogo de baralho.

car.te.ar (*carta+ear*) *vint* **1** Dar cartas, no jogo de baralho. *vtd* **2** Jogar com cartas. *vpr* **3** Ter correspondência por cartas. Conjuga-se como *frear.*

car.tei.o (de *cartear*) *sm* Ação de cartear.

car.tei.ra (*carta+eira*) *sf* **1** Bolsa de couro ou matéria plástica, com fechadura e divisões, para guardar dinheiro ou papéis. **2** Escrivaninha, secretária; escrivaninha escolar com banco. **3** Designação de várias seções dos estabelecimentos de crédito (bancos, institutos, caixas econômicas): *carteira de câmbio.* **4** Documento oficial, geralmente em forma de caderneta, contendo licença, autorização ou identificação: *Carteira de habilitação, carteira de trabalho.* **5** Maço, invólucro: *Carteira de cigarros.*

car.tei.ro (*lat chartariu*) *sm* Funcionário postal que distribui a correspondência pelos domicílios; correio.

car.tel (*ital cartello*, pelo *fr*) *sm* **1** Sindicato de empresas produtoras, as quais estabelecem monopólio, distribuindo entre si os mercados e determinando os preços. **2** Relação das lutas de um lutador profissional, contendo vários dados. *Pl: cartéis.*

car.te.la (*ital cartella*) *sf* **1** Invólucro de materiais diversos, no qual se acondicionam mercadorias miúdas. **2** Cartão numerado usado em jogo.

cár.ter (de *Carter, np*) *sm* **1** *Mec* Invólucro metálico do motor do automóvel (situa-se na parte inferior deste) e no qual fica depositado o óleo de lubrificação. **2** *por ext* Qualquer envoltório metálico que protege mecanismos, motores etc.

car.te.si.a.nis.mo (*cartesiano+ismo*) *sm Filos* Sistema filosófico de Descartes, filósofo, físico e geômetra francês (1596-1650).

car.te.si.a.no (*Cartesiu, np,* forma latinizada de *Descartes+i+ano*[2]) *adj* Pertencente ou relativo a Descartes, seus escritos, teorias ou métodos. • *sm* Partidário do cartesianismo.

car.ti.la.gem (*lat cartilagine*) *sf Anat* Tecido flexível, fibroso, que se encontra especialmente na extremidade dos ossos.

car.ti.la.gi.no.so (*ô*) (*lat cartilaginosu*) *adj* **1** Cheio de cartilagens. **2** Que tem cartilagens. *Pl: cartilaginosos (ó).*

car.ti.lha (*carta+ilha*[2]) *sf* **1** Livrinho em que se aprende a ler. **2** Tratado elementar de qualquer matéria.

car.tis.mo (*carta+ismo*) *sm Esp* Corrida disputada em cartes.

car.tis.ta (*carte+ista*) *s m+f Esp* Pessoa que pratica o cartismo.

car.tó.dro.mo *sm* Pista de corrida de cartes.

car.to.gra.fi.a (*carto+graf+ia*[1]) *sf* Arte de compor cartas geográficas ou mapas.

car.to.grá.fi.co (*carto+graf+ico*[2]) *adj* Relativo à cartografia.

car.tó.gra.fo (*carto+graf*) *sm* Indivíduo que traça cartas geográficas ou é versado em cartografia.

car.to.la (de *quartola*) *sf* Chapéu com copa alta, cilíndrica, usado por homens com traje a rigor. • *sm* **1** *gír* Indivíduo da alta sociedade; grã-fino. **2** *Esp gír* Maioral dos órgãos diretivos dos clubes futebolísticos.

car.to.li.na (*ital cartolina*) *sf* Folha cuja espessura é intermediária entre a do papel e a do papelão.

car.to.man.ci.a (*carto+mancia*) *sf* Arte de deitar cartas para pretensa adivinhação do futuro.

car.to.man.te (*carto+gr mántis*) *adj* e *s m+f* Diz-se da, ou a pessoa que pratica a cartomancia.

car.to.na.do (*cartão+ado*[1]) *adj* **1** Encadernado em cartão. **2** Com capa de papelão (livro).

car.to.na.gem (*cartão+agem*) *sf* **1** Artefato de cartão ou papelão. **2** Encadernação em cartão. **3** Caixa feita de cartão.

car.to.nar (*cartão+ar*[1]) *vtd* Encadernar em cartão.

car.to.rá.rio (*cartório+ário*) *adj* Relativo a cartório. • *sm* Funcionário ou guarda de cartório.

car.to.ri.al (*cartório+al*[1]) V *cartorário.*

car.tó.rio (*carta+ório*) *sm* **1** Lugar onde se arquivam cartas ou documentos de importância. **2** Lugar onde funcionam os tabelionatos, registros públicos etc. *Ter culpa no cartório:* ser culpado de alguma falta ainda não punida.

car.tu.chei.ra (*cartucho+eira*) *sf* **1** Bolsa de couro para cartuchos. **2** Cinturão com alças ou bolsos usado para carregar munições para armas de fogo portáteis.

car.tu.cho (*ital cartoccio*, via *fr*) *sm* **1** Saco de papel para embalagem de mercadorias. **2** Tubo de metal que contém uma carga completa para uma arma de fogo. **3** *pop* Proteção, pistolão.

car.tum (*ingl cartoon*) *sm* **1** Desenho humorístico através de caricatura e normalmente destinado a publicação em jornais e revistas; anedota gráfica. **2** Desenho animado. **3** História em quadrinhos.

car.tu.nis.ta (*cartum*+*ista*) *s m*+*f* Pessoa que cria ou desenha cartuns, tiras cômicas, histórias em quadrinhos de humor, desenhos ou ilustrações humorísticas.

ca.run.cha.do (*part* de *caruncher*) *adj* Carcomido, apodrecido.

ca.run.char (*caruncho*+*ar*^{1}) *vint* Encher-se de caruncho, ser atacado pelo caruncho.

ca.run.chen.to (*caruncho*+*ento*) *adj* Carunchoso; carcomido.

ca.run.cho (*cast ant caruncho*) *sm* **1** *Entom* Inseto que corrói madeira, feijão armazenado etc., reduzindo-os a pó; carcoma. **2** Podridão.

ca.run.cho.so (*ô*) (*caruncho*+*oso*) *adj* **1** Carcomido; podre. **2** Cheio de caruncho, carunchento. *Pl: carunchosos* (*ó*).

ca.ru.ru *sm* **1** *Cul* Apetitosa iguaria, preparada com carne de galinha, peixe, quiabos, azeite de dendê e pimenta. **2** *Bot* Denominação comum a várias plantas, algumas das quais se usam em culinária.

car.va.lhal (*carvalho*+*al*^{1}) *adj m*+*f* Pertencente, relativo ou semelhante a carvalho. • *sm* Arvoredo ou mata de carvalhos.

car.va.lho (*voc pré-rom*) *sm Bot* **1** Grande árvore, de madeira dura e muito empregada em construções. **2** Madeira dessa árvore.

car.vão (*lat carbone*) *sm* **1** Substância combustível, sólida, negra, obtida por meio de combustão incompleta da madeira (carvão vegetal) ou da calcinação de ossos e substâncias animais (carvão mineral); hulha (carvão de pedra). **2** Pedaço de madeira mal queimada. **3** Qualquer substância carbonizada pela ação do fogo. **4** Brasa extinta; tição. **5** *Pint* Lápis de carvão para desenho.

car.vo.a.ri.a (*carvão*+*aria*) *sf* **1** Estabelecimento em que se faz ou vende carvão vegetal. **2** Mina de carvão mineral. **3** Depósito de carvão. **4** Estabelecimento que vende carvão.

car.vo.ei.ro (*carvão*+*eiro*) *adj* **1** Pertencente ou relativo a carvão. **2** Que transporta carvão. • *sm* Indivíduo que faz, transporta ou vende carvão vegetal.

car.vo.en.to (*carvão*+*ento*) *adj* Que tem o aspecto ou tom do carvão; preto, escuro.

cãs (*lat canens*) *sf pl* Cabelos brancos.

ca.sa (*lat casa*) *sf* **1** Nome comum a todas as construções destinadas a moradia. **2** Moradia, residência, vivenda. *Col: casaria, casario, taba* (para casas de índios). **3** Estabelecimento, firma comercial. **4** Família, lar. **5** Repartição pública. **6** Abertura em que entram os botões do vestuário. **7** Lugar ocupado por um algarismo. **8** Sala que abriga máquinas. *Casa da mãe joana:* a) bordel, casa de tolerância; b) local em desordem, onde reina a bagunça.

ca.sa.ca (*fr casaque*) *sf* Peça de vestuário cerimonioso, para homem, com duas abas que descem a partir da cintura. *Ladrão de casaca:* ladrão bem-vestido e de boa aparência. *Virar a casaca:* mudar de ideias ou de partido.

ca.sa.cão (*casaca*+*ão*^{2}) *sm* **1** Casaco amplo e grande, para aquecer. **2** Sobretudo.

ca.sa.co (*de casaca*) *sm* **1** Peça de vestuário, com mangas e abas; sobretudo. **2** Paletó.

ca.sa.do (*part* de *casar*) *adj* **1** Ligado por casamento. **2** Afeiçoado, habituado. • *sm pl* Os cônjuges.

ca.sa.doi.ro (*casar*+*doiro*) *V casadouro*.

ca.sa.dou.ro (*casar*+*douro*) *adj* **1** Que tem propensão para o casamento. **2** Que trata de casar-se. *Var: casadoiro.*

ca.sa-gran.de *sf* **1** Casa em que morava o proprietário da fazenda ou do engenho, no Brasil colonial. **2** *por ext* Qualquer casa de proprietário de fazenda ou engenho. *Pl: casas-grandes.*

ca.sal (*casa*+*al*^{1}) *sm* **1** Pequeno povoado. **2** Pequena propriedade rústica. **3** Par composto de macho e fêmea, de homem e mulher.

ca.sa.men.tei.ro (*casamento*+*eiro*) *adj* **1** Que trata de casamentos, que arranja casamentos. **2** Que anima alguém a casar-se. **3** Relativo a casamento.

ca.sa.men.to (*casar*+*mento*) *sm* **1** União legítima de homem e mulher. **2** União legal entre homem e mulher, para constituir família. **3** Cerimônia ou festa nupcial. *Casamento civil:* o que é realizado perante a autoridade civil, com as solenidades e exigências determinadas pela lei. *Casamento religioso:* o que é contraído com as solenidades estabelecidas pela lei religiosa.

ca.sar (*casa*+*ar*^{1}) *vtd* **1** Ligar pelo casamento, promover o casamento de. *vtd* e *vpr* **2** Aliar(-se), ligar(-se). *vpr* **3** Combinar-se. *vtd* **4** Colocar junto (o dinheiro das apostas). *Antôn* (acepção 1): *divorciar, desquitar.*

ca.sa.rão (*casa*+*r*+*ão*) *sm* **1** Aumentativo de *casa*; casa grande. **2** Edifício de um só pavimento e sem divisões ou mal dividido.

ca.sa.réu (*de casa*) *sm* Casarão.

ca.sa.ri.o (*casa*+*ar*^{1}+*io*) *sm* Agrupamento ou série de casas.

cas.ca (*de cascar*) *sf* **1** Envoltório externo de plantas, frutos, ovos, tubérculos, sementes etc. **2** *Zool* Cobertura córnea das tartarugas. **3** Concha. **4** *fig* Exterioridade, aparência. • *adj* + *sm* Avarento, mesquinho. *Casca de ferida:* indivíduo implicante, de maus sentimentos.

cas.ca-gros.sa *adj m*+*f s m*+*f* Diz-se de, ou indivíduo rude, grosseiro ou mal-educado. *Pl: cascas-grossas.*

cas.ca.lhen.to (*cascalho*+*ento*) *adj* Que tem muito cascalho.

cas.ca.lho (*lat quisquilia*) *sm* Lascas de pedra; pedra britada.

cas.cão (*casca*+*ão*^{2}) *sm* **1** Casca dura e grossa. **2** Crosta. **3** Camada de sujeira na pele de uma pessoa. **4** Tipo de goiabada em que a superfície é açucarada.

cas.car (*lat vulg *quassicare*) *vtd* **1** Tirar a casca a; descascar. *vti* **2** Dar pancadas. *vti* **3** Dirigir palavras amargas.

cas.ca.ta (*ital cascata*) *sf* **1** Queda-d'água, natural ou artificial, que se precipita de pequena ou grande altura. **2** *gír* Conversa fiada, mentira: *Joana só diz cascatas.*

cas.ca.te.an.te (de *cascatear*) *adj* Que faz o ruído de uma cascata.

cas.ca.te.ar (*cascata+e+ar¹*) *vint* **1** Formar cascata. *vint* **2** *gír* Dizer futilidades, coisas sem importância; mentir. Conjuga-se como *frear.*

cas.ca.tei.ro (*cascata+eiro*) *adj* + *sm gír* Diz-se de, ou aquele que faz cascata (acepção 2).

cas.ca.vel (*provençal cascavel*) *sf* **1** *Herp* Nome comum a numerosas cobras que se caracterizam por uma série de anéis enfileirados na parte terminal da cauda, os quais, como um guizo, produzem um som chocalhante quando vibrados. **2** *fig* Mulher de mau gênio e linguaruda.

cas.co (de *casca*) *sm* **1** Casca. **2** Couro cabeludo, pele da cabeça. **3** Quilha e costado da embarcação. **4** Vasilhame para bebidas. **5** Envoltório córneo dos pés de vários paquidermes (elefante, cavalo etc.).

cas.cu.do (*casca+udo¹*) *adj* Que tem casca grossa ou pele dura. • *sm* **1** Pancada na cabeça, especialmente com os nós dos dedos; coque, croque. **2** Bofetada, soco. **3** *Ictiol* Nome comum a vários peixes fluviais sul-americanos.

ca.se.a.ção (*lat caseu+ar¹+ção*) *sf* **1** Transformação do leite em queijo. *Var: caseificação.* **2** Ação de casear.

ca.se.a.dei.ra (*casear+deira*) *sf* Mulher que faz casas de botões.

ca.se.a.do (*part* de *casear*) *adj* Que se caseou. • *sm* **1** Caseação. **2** O conjunto de casas de uma peça de vestuário ou calçado.

ca.se.a.dor (*casear+dor*) *sm* **1** Aquele que faz casas para botões. **2** Peça para casear.

ca.se.ar (*casa+e+ar¹*) *vtd* e *vint* Abrir e pontear casas para os botões de (vestuário). Conjuga-se como *frear.*

ca.se.bre (*é*) (de *casa*) *sm* **1** Casa pequena e velha ou em ruínas. **2** Casa pobre, humilde. **3** Cabana, choça, choupana.

Saiba que o sufixo **-ebre** só é usado com a palavra casa: *casa + -ebre = casebre.*

ca.se.í.na (*lat caseu+ina*) *sf* Bioquím Proteína existente no leite, extraída para fins industriais. É a principal constituinte do queijo, sendo usada para o fabrico de plásticos, colas, tintas, e para outros fins.

ca.sei.ro (*casa+eiro*) *adj* **1** Relativo a casa; doméstico. **2** Feito em casa. **3** Que se usa dentro de casa. **4** Que gosta de ficar em casa. • *sm* **1** O que cuida da plantação de pequena propriedade agrícola alheia. **2** O que se encarrega da guarda e conservação de casa de campo ou residência em local de veraneio.

ca.ser.na (*fr caserne*) *sf* **1** Habitação de soldados dentro de quartel ou praça. **2** Quartel, aquartelamento. **3** Vida militar.

ca.si.mi.ra (*fr casimir,* do *ingl cassimere* por *cashmere*) *sf* **1** Tecido de lã, fino e leve, para vestuário. **2** Caxemira.

ca.si.nha (*casa+inho*, no *fem*) *sf* **1** Diminutivo de *casa*, casa pequena. **2** *vulg* Latrina, privada.

cas.mur.ri.ce (*casmurro+ice*) *sf* Qualidade, teima ou dito de casmurro.

cas.mur.ro *adj* **1** Cabeçudo, obstinado, teimoso. **2** Calado, sorumbático, triste. • *sm* **1** Indivíduo teimoso. **2** Homem calado.

ca.so (*lat casu*) *sm* **1** Acontecimento, fato, ocorrência. **2** Eventualidade, hipótese. **3** Circunstância. **4** Acaso, casualidade. **5** Conto, história. **6** *pop* Aventura amorosa. **7** *pop* Desavença, motim, sururu. *De caso pensado:* com premeditação, propositadamente. *Não fazer caso:* desprezar. *Não vir ao caso:* não vir a propósito.

ca.só.rio (*casar+ório*) *sm pop* Casamento.

cas.pa *sf* Pequenas escamas que se criam na pele da cabeça e de outras partes do corpo.

cas.pen.to (*caspa+ento*) *adj* Que tem caspa.

cás.pi.te (*ital caspita*) *interj* Indica admiração (geralmente com um pouco de ironia); caramba!

cas.quen.to (*casco+ento*) *adj* Que tem casca grossa.

cas.qui.nha (*casca+inho*, no *fem*) *sf* **1** Diminutivo de *casca*, pequena casca, película. **2** Cone oco de biscoito para venda de sorvete; copinho. *Tirar uma casquinha:* tirar vantagem; ter também parte em alguma coisa boa e lucrativa.

cas.sa (*malaio kasa*) *sf* Tecido de algodão ou linho muito fino e transparente.

cas.sa.ção (*cassar+ção*) *sf* Ato de cassar; anulação.

cas.sar (*lat cassare*) *vtd* Tornar nulo ou sem efeito; anular, cancelar, invalidar. *Cf caçar.*

cas.sa.ta (*ital cassata*) *sf* Sorvete com camadas em diferentes sabores e cores.

cas.se.te (*fr cassette*) *sm* **1** Estojo que contém filme ou fita magnética prontos para funcionar, bastando introduzi-lo na câmera ou no gravador; cartucho. **2** *por ext* Gravador ou filme que utiliza esse sistema.

cas.se.te.te (*é*) (*fr casse-tête*) *sm* **1** Cacete curto. **2** Bastão revestido de borracha, usado por membros da polícia.

cas.si.no (*ital casino*) *sm* Casa ou lugar de reunião para jogar, dançar etc.

cas.si.te.ri.ta (*gr kassíteros+ita³*) *sf Miner* Minério de estanho.

cas.ta (*fem* de *casto*) *sf* **1** Qualquer classe social distintamente separada das outras por diferenças de raça, religião, riqueza, posição social ou privilégios hereditários, profissão, ocupação ou costumes particulares, e cujos membros casam-se entre si. **2** Geração, povo ou família, considerada nos caracteres físicos e morais que a distinguem das outras. **3** Qualidade, natureza, gênero.

cas.ta.nha (*lat castanea*) *sf* Fruto do castanheiro, ou do cajueiro. *Castanha de caju:* semente do fruto do cajueiro.

cas.ta.nha-do-pa.rá *sf bras* Fruto do castanheiro-do-pará. *Pl: castanhas-do-pará.*

cas.ta.nhal (*castanhal+al¹*) *sm* Plantação de castanheiros; castanhedo.

cas.ta.nhe.do (*ê*) (*castanha+edo*) *V castanhal.*

cas.ta.nhei.ra (*castanha+eira*) *sf* Castanheiro.

cas.ta.nhei.ro (*castanha+eiro*) *sm Bot* Nome da árvore que produz a castanha.

cas.ta.nhe.ta (ê) (*castanha+eta*) *sf* **1** Diminutivo de *castanha;* castanha pequena. **2** Estalo que se dá com o dedo médio e o polegar para chamar a atenção.

cas.ta.nho (*lat castaneu*) *adj* Da cor da castanha, marrom: *Cabelos castanhos.* • *sm* A cor castanha: *O castanho dos cabelos.*

cas.ta.nho.lar (*castanhola+ar¹*) *vint* **1** Fazer soar como castanholas. **2** Tocar castanholas.

cas.ta.nho.las (*castanha+ola*) *sf pl* Duas conchas de madeira ou marfim que o dançarino, ou dançarina, faz repicar na mão.

cas.tão (*fr ant caston*, do *germ*) *sm* Ornato ou remate de metal, osso ou marfim, no topo de uma bengala e de outros utensílios.

cas.te.lão (*lat castellanu*) *sm* **1** Governador de castelo. **2** V *alcaide*. • *adj* Pertencente ou relativo a castelo. *Fem: castelã. Var: castelhano. Pl: castelãos, castelães, castelões.*

cas.te.lha.no (*top Castela+ano*) *adj* **1** Pertencente ou relativo a Castela (Espanha). **2** Espanhol. **3** Relativo à Argentina ou ao Uruguai. • *sm* **1** Dialeto de Castela. **2** A língua espanhola. **3** O habitante ou natural de Castela. **4** *Reg* O natural do Uruguai ou da Argentina.

cas.te.lo (*lat castellu*) *sm* **1** Residência senhorial ou real fortificada. **2** Fortaleza com fosso, muralha, torres etc. **3** Lugar de defesa.

cas.ti.çal (*castiço+al¹*) *sm* Utensílio com bocal para fixação de vela de alumiar; candelabro.

cas.ti.çar (*castiço+ar¹*) *vtd, vint* Juntar (macho e fêmea) para reprodução; cruzar animais de várias raças.

cas.ti.ço (*casta+iço*) *adj* **1** De casta, de boa qualidade ou raça. **2** Que serve para reproduzir ou propagar a raça. **3** Diz-se da linguagem não viciada, pura.

cas.ti.da.de (*lat castitate*) *sf* **1** Qualidade de casto, isto é, daquele que se abstém dos prazeres sexuais. **2** Pureza.

cas.ti.gar (*lat castigare*) *vtd* **1** Aplicar castigo, dar castigo a; punir. **2** Admoestar, advertir, repreender. *Antôn: premiar.*

cas.ti.gá.vel (*castigar+vel*) *adj m+f* Que pode, ou merece ser castigado.

cas.ti.go (de *castigar*) *sm* **1** Sofrimento corporal ou moral infligido a um culpado. **2** Pena, punição. **3** Repreensão. *Antôn: prêmio, recompensa.*

cas.to (*lat castu*) *adj* **1** Que se abstém de quaisquer relações sexuais. **2** Puro.

cas.tor (*gr kástor*) *sm* **1** *Zool* Mamífero roedor, especialista em derrubar árvores com os dentes para construir diques nos rios onde habita. **2** O pelo desse animal.

cas.tra.ção (*castrar+ção*) *sf* Ação ou operação de castrar; capação.

cas.trar (*lat castrare*) *vtd* **1** Extrair os órgãos da reprodução animal (testículos ou ovários); capar. **2** *fig* Cercear, reprimir o desenvolvimento de.

ca.su.al (*lat casuale*) *adj m+f* **1** Que depende do acaso, que aconteceu por acaso. **2** Acidental, eventual, fortuito, ocasional. *Antôn: combinado, propositado.*

ca.su.a.li.da.de (*baixo-lat casualitate*) *sf* **1** Qualidade do que é casual ou acidental. **2** Acaso, contingência, eventualidade.

ca.su.la (*baixo-lat casula*) *sf Liturg* Veste usada por sacerdotes e bispos na celebração da missa.

ca.su.lo (*casa+ulo*) *sm* **1** *Bot* Cápsula que envolve as sementes. **2** *Entom* Invólucro dentro do qual a lagarta do bicho-da-seda se transforma em crisálida.

ca.ta (de *catar*) *sf* **1** Busca, procura. **2** Lugar cavado para mineração. **3** Ação de catar. **4** Separação dos grãos negros e defeituosos do café. *Andar à cata de:* andar à procura de.

ca.ta.clís.mi.co (*cataclismo+ico²*) *adj* **1** Pertencente ou relativo a cataclismo. **2** Sísmico.

ca.ta.clis.mo (*gr kataklysmós*) *sm* **1** *Geol* Transformação geológica. **2** Grande inundação. **3** Grande revolução social. **4** *fig* Derrocada, desastre. **5** Terremoto.

ca.ta.cum.ba (*baixo-lat catacumba*) *sf* **1** Nome dos subterrâneos, em Roma, onde se refugiavam os primitivos cristãos para a prática do seu culto e onde também sepultavam os seus mortos. **2** Gruta com ossuário, sepultura. *Var: catacumbas.*

ca.ta.cum.bas *sf pl* V *catacumba*.

ca.ta.du.pa (*gr katádoupos*, pelo *lat catadupa*) *sf* Catarata, queda-d'água.

ca.ta.guá *adj m+f Etnol* Relativo aos Cataguás, índios coroados que viviam nas selvas de Minas Gerais. • *s m+f* Indígena.

ca.ta.lão (*cat catalán*) *adj* Relativo ou pertencente à Catalunha, região do Nordeste da Espanha, aos seus habitantes ou à sua língua. • *sm* **1** O habitante ou natural da Catalunha. **2** Língua da Catalunha, Valência e Ilhas Baleares, estreitamente relacionada ao provençal. *Fem: catalã.*

ca.ta.lep.si.a (*gr katálepsis+ia¹*) *sf Med* Síndrome nervosa, de índole histérica, caracterizada pela extrema rigidez muscular, permanecendo o paciente na posição em que é colocado.

ca.ta.lép.ti.co (*gr kataleptikós*) *adj Med* **1** Doente de catalepsia. **2** Relativo à catalepsia. • *sm* Indivíduo atacado de catalepsia.

ca.ta.li.sa.ção (*catalisar+ção*) *sf Quím* Operação de catalisar.

ca.ta.li.sa.dor (*catalisar+dor*) *adj+sm Quím* Diz-se de, ou substância que provoca a catálise.

ca.ta.li.sar (*catálise+ar¹*) *vtd* **1** *Quím* Causar a catálise de uma reação química. **2** *Quím* Acelerar (uma reação química).

ca.tá.li.se (*gr katálysis*) *sf* **1** *Quím* Fenômeno que causa uma reação química ou a alteração de sua velocidade (geralmente, acelera) pela adição de uma substância (catalisador), que aparece inalterada quimicamente no fim da reação. **2** *Quím* Aceleração de uma reação química por tal processo.

ca.ta.lí.ti.co (*gr katalytikós*) *adj* Que se refere à catálise.

ca.ta.lo.ga.ção (*catalogar+ção*) *sf* Ação ou efeito de catalogar; classificação.

ca.ta.lo.gar (*catálogo+ar¹*) *vtd* Enumerar, relacionar em catálogo; classificar; inventariar. *Conjug – Pres indic: catalogo, catalogas (ló)* etc. *Cf catálogo.*

ca.ta.lo.ga.do (*part de catalogar*) *adj* Classificado; cadastrado; inventariado.

ca.ta.lo.ga.dor (*catalogar+dor*) *adj+sm* Diz-se de, ou o que cataloga; classificador; cadastrador.

ca.tá.lo.go (*gr katálogos*) *sm* **1** Relação geralmente em ordem alfabética, de coisas ou pessoas, com breve notícia a respeito de cada uma. **2** Lista ou fichário onde estão relacionados os livros e documentos de uma biblioteca.

ca.ta.plas.ma (*gr katáplasma*) *sf Med* Massa medicamentosa que se aplica, sobre a pele diretamente ou entre dois panos, a uma parte do corpo inflamada.

ca.ta.po.ra (*tupi tatapóra*) *sf Med* Doença infecciosa e contagiosa, que provoca febre acompanhada de pequenas bolhas; varicela.

ca.ta.pul.ta (*lat catapulta*) *sf* Antiga máquina de guerra, movida por cordas, para arremessar pedras e outros projéteis.

ca.tar (*lat captare*) *vtd* **1** Recolher um por um. *vtd* **2** Buscar, pesquisar. *vtd* e *vpr* **3** Buscar e matar os parasitos capilares a.

ca.ta.ra.ta (*gr katarráktes*, pelo *lat*) *sf* **1** Grande massa de água de um rio ou lago que se precipita de grande altura. **2** *Med* Perda de transparência parcial ou total do cristalino, ou da sua membrana, que impede a chegada dos raios luminosos à retina.

ca.ta.ri.nen.se (*top Catarina+ense*) *adj m+f* Pertencente ou relativo ao Estado de Santa Catarina. • *s m+f* Pessoa que habita ou que é natural de Santa Catarina; barriga-verde.

ca.tar.ral (*catarero+al¹*) *adj m+f* Relativo a catarro.

ca.tar.rei.ro (*catarro+eiro*) *sf vulg* Grande quantidade de catarro; constipação.

ca.tar.ren.to (*catarro+ento*) *adj* **1** Que tem catarro. **2** Propenso ao catarro. **3** Que tem bronquite crônica. **4** Sujeito a bronquites.

ca.tar.ro (*gr katárrhoos*, pelo *lat*) *sm* **1** *Med* Inflamação ou secreção das membranas. **2** Constipação; defluxo.

ca.tar.se (*gr kátharsis*) *sf* **1** Purgação, purificação. **2** *Psicol* e *Med* Método de purificação mental que consiste em trazer à consciência os estados afetivos recalcados, para aliviar o doente de desarranjos físicos e mentais.

ca.tár.ti.co (*gr kathartikós*) *adj* Relativo a catarse.

ca.tás.tro.fe (*gr katastrophé*) *sf* Acontecimento desastroso, grande desgraça; hecatombe.

ca.tas.tró.fi.co (*catástrofe+ico²*) *adj* **1** Que assume proporções de catástrofe. **2** Relativo a catástrofe. **3** Calamitoso. **4** Dramático.

ca.ta.tau *sm* **1** Indivíduo de baixa estatura. **2** Menino.

ca.ta-ven.to (*catar+vento*) *sm* **1** Bandeirinha de metal que, enfiada em uma haste e colocada em lugar alto, indica a direção em que sopram os ventos. **2** Ventilador. **3** Moinho de vento que puxa água. *Pl: cata-ventos.*

catchup (*kétchâp*) (*ingl*) *sm* Molho de tomate condimentado.

ca.te.cis.mo (*gr katekhismós*) *sm* **1** *Rel* Livro elementar de instrução religiosa. **2** Doutrinação elementar sobre qualquer ciência ou arte.

ca.te.cú.me.no (*gr katekhoúmenos*) *sm* Pessoa que se prepara para receber o batismo.

cá.te.dra (*lat cathedra*) *sf* **1** Cadeira de professor e cargo que lhe corresponde. **2** Disciplina, matéria de um currículo de estudo. **3** Cadeira pontifícia.

ca.te.dral (*cátedra+al¹*) *adj m+f* **1** Relativo à igreja principal de um bispado ou arcebispado. **2** Referente à cátedra. • *sf* Igreja principal, sede de um bispado ou arcebispado.

ca.te.drá.ti.co (*cátedra+t+ico²*) *adj* **1** Designativo do professor efetivo de escola secundária ou superior. **2** Relativo à cátedra. • *sm* **1** Professor titular de curso secundário ou superior. **2** Indivíduo que é muito entendido em determinado assunto.

ca.te.go.ri.a (*gr kategoría*) *sf* **1** Classe, grupo, série. **2** Posição social. *Categoria gramatical*, *Gram:* cada grupo em que se dividem as palavras conforme a função que desempenham: substantivo, adjetivo, verbo etc.

ca.te.gó.ri.co (*gr kategorikós*) *adj* **1** Relativo a categoria. **2** Claro, definido, terminante: *Resposta categórica*. Antôn (acepção 2): *equívoco, evasivo*.

ca.te.go.ri.za.do (*part* de *categorizar*) *adj* **1** Ordenado em categorias. **2** Que tem categoria. **3** De alta categoria; importante.

ca.te.go.ri.zar (*categoria+izar*) *vtd* **1** Dispor, distribuir por categorias. *vtd* e *vpr* **2** Situar(-se) em categoria elevada.

ca.te.gu.te (*ingl catgut*) *Cir* Fio animal, feito de tripa de carneiro, gato ou lebre e usado nas ligaduras e suturas cirúrgicas.

ca.te.que.se (*gr katékhesis*) *sf* **1** Instrução sobre religião. **2** Ação de catequizar, catequização; doutrinamento.

ca.te.quis.ta (*gr katekhistés*) *adj* e *s m+f* Diz-se de, ou a pessoa que ensina catecismo; catequizador.

ca.te.qui.za.ção (*catequizar+ção*) *sf* **1** Ato de catequizar. **2** Instrução sobre princípios sociais. **3** *pej* Aliciação; ato de atrair a si, de seduzir, de convencer.

ca.te.qui.za.dor (*catequizar+dor*) *V catequista.*

ca.te.qui.zar (*gr katekhízein*) *vtd* **1** Atrair por catequese. **2** Instruir, nos princípios de qualquer religião ou sobre princípios de organização social. **3** Procurar convencer; aliciar.

ca.te.re.tê *sm Folc* Dança de origem ameríndia, também conhecida por *catira*. Consiste em cantos, sapateados e palmas ao som de viola.

ca.ter.va (*lat caterva*) *sf* Multidão de pessoas, animais ou coisas; súcia, corja.

ca.te.te (*ê*) *sm Bot* Variedade de milho de espiga e grãos pequenos.

ca.te.ter (*tetér*) (*gr kathetér*) *sm Cir* e *Med* Instrumento tubular que é introduzido em canais, vasos ou cavidades do corpo para a retirada ou injeção de fluidos ou substâncias. *Pl: cateteres (teté).*

ca.te.te.ris.mo (*gr katheterismós*) *sm Med* Uso do cateter.

ca.te.te.ri.zar (*cateter+izar*) *vtd Cir* Introduzir um cateter em.

ca.te.to (*ê*) (*tupi taytetú*) *sm Geom* Cada um dos lados do ângulo reto no triângulo retângulo.

ca.tim.bó *sm bras* Práticas para cura, predição do futuro, oferta de orações, amuletos etc.

ca.tin.ga (*tupi kaatínga*) *sf* **1** Odor forte de corpo suado; fedor; bodum. **2** *V caatinga*.

ca.tin.gar (*catinga+ar¹*) *vint* Cheirar mal; exalar mau cheiro; feder.

ca.tin.guen.to (*catinga²+ento*) *adj* Que exala catinga.

ca.ti.ra (de *cateretê*) *sf* Cateretê.

ca.ti.ta *adj m+f vulg* Elegante, formoso. • *s m+f* Pessoa elegante ou bem-vestida.

ca.ti.van.te (de *cativar*) *adj m+f* **1** Que cativa ou seduz. **2** Que desperta muita gratidão ou simpatia.

ca.ti.var (*lat captivare*) *vtd* e *vpr* **1** Tornar(-se) cativo; prender(-se). *vtd* **2** Atrair; encantar, seduzir. *vpr* **3** Enamorar-se. *Antôn* (acepção 1): *libertar*.

ca.ti.vei.ro (*cativo+eiro*) *sm* **1** Estado ou tempo de cativo. **2** Lugar onde alguém está preso. **3** Perda da liberdade; clausura. **4** Escravidão.

ca.ti.vo (*lat captivu*) *adj* **1** Escravizado. **2** Diz-se do prisioneiro de guerra obrigado à servidão. **3** Apreendido, encarcerado, preso. **4** Atraído, dominado, seduzido. *Antôn* (acepção 1): *livre*. • *sm* **1** Escravo. **2** Prisioneiro de guerra obrigado à servidão.

ca.tó.di.co (*cátodo+ico²*) *adj* Relativo ao cátodo.

ca.tó.dio (*cátodo+io²*) *V cátodo*.

cá.to.do (*gr káthodos*) *sm Fís* Elétrodo ou polo negativo de um circuito (pilha elétrica; gerador elétrico). *Var*: *catódio*.

ca.to.li.ci.da.de (*católico+i+dade*) *sf* A totalidade dos católicos.

ca.to.li.cis.mo (*católico+ismo*) *sm* **1** *Rel* A fé ou a religião católica. **2** O povo católico. **3** Universalidade da religião católica.

ca.tó.li.co (*gr katholikós* pelo *lat*) *adj* **1** Da ou referente à religião católica. **2** Que professa o catolicismo. **3** *fig pop* São e perfeito: *Ontem, você não estava muito católico*. • *sm* O que segue a religião católica.

ca.tor.ze (*lat quattuordecim*) *num* e *sm* Quatorze. Algarismo cardinal.

ca.tra.ca (*voc onom*) *sf Mec* Armação rotativa usada em passagens estreitas que, movida ao passar alguém, registra numericamente o trânsito; borboleta.

ca.trai.a *sf* Pequeno barco, tripulado por um só homem.

ca.trai.ei.ro (*catraia+eiro*) *sm* Tripulante ou barqueiro de uma catraia.

ca.tre (*tâmil* ou *malaiala kattil*) *sm* **1** Cama pobre. **2** Cama de viagem, dobrável.

ca.tu.a.ba *sf* **1** *Bot* Planta com propriedades medicinais. **2** *bras* Bebida feita da catuaba.

ca.tu.car (de *cutucar*, com dissimilação) *vtd* Cutucar; tocar alguém ou algo de leve.

ca.tur.ra *adj* **1** Diz-se de pessoa teimosa, agarrada a velhos hábitos, que acha defeito em tudo ou discute por qualquer coisa. **2** Próprio de caturra. • *sm+f* Pessoa caturra.

ca.tur.rar (*caturra+ar¹*) *vint* **1** Mostrar-se caturra. *vti* **2** Teimar; discutir; questionar: *Acordou de mau humor, caturrando com os filhos*.

ca.tur.ri.ce (*caturra+ice*) *sf* **1** Ação ou atitude de caturra. **2** Teimosia; obstinação; turra.

cau.bói (*ingl cowboy*) *sm* **1** Vaqueiro do Oeste americano. **2** Condutor de gado.

cau.ção (*lat cautione*) *sf* **1** Depósito de valores para garantia de um contrato. **2** Garantia, segurança, responsabilidade. **3** Fiança.

cau.ca.si.a.no (*top Cáucaso+i+ano*) *V caucásico*.

cau.cá.si.co (*top Cáucaso+ico*) *adj* **1** Pertencente ou relativo ao Cáucaso. **2** Diz-se de uma família de línguas faladas na região do Cáucaso. **3** Diz-se da raça branca. • *sm* O habitante ou natural do Cáucaso.

cau.cho (de um idioma indígeno peruano *káuchu*) *sm Bot* **1** Árvore que fornece o látex para a borracha. **2** Látex coagulado dessa árvore; borracha.

cau.ci.o.nar (*caução+ar¹*) *vtd* **1** Dar como caução ou garantia. **2** Afiançar, garantir.

cau.da (*lat cauda*) *sf* **1** *Anat Zool* Prolongamento posterior, mais ou menos longo, do tronco dos animais; prolongamento da coluna vertebral nos quadrúpedes (rabo). **2** Extremidade traseira. **3** Traseira do avião. **4** Parte do vestido que se arrasta posteriormente.

cau.dal (*cauda+al¹*) *adj m+f* **1** Pertencente ou relativo a cauda. **2** Caudaloso, torrencial, abundante. • *s m+f* Torrente impetuosa; cachoeira.

cau.da.lo.so (*ô*) (*caudal+oso*) *adj* **1** Que leva água em abundância, que leva grande caudal. **2** Abundante. *Pl*: *caudalosos* (*ó*).

cau.da.tá.rio (*cauda+t+ário*) *sm* **1** Aquele que, em solenidades, levanta e carrega a cauda das vestes de autoridades eclesiásticas ou reais. **2** *fig* Indivíduo servil, sem opinião própria. • *adj* Diz-se de indivíduo subserviente, servil ou sem opinião: *Político caudatário*.

cau.di.lhis.mo (*caudilho+ismo*) *sm Polít* Regime de predomínio dos caudilhos; caciquismo.

cau.di.lho (*cast caudillo*) *sm* **1** Chefe de um bando ou partido que defende uma ideia. **2** Chefe militar. **3** *gír* Mandachuva.

cau.im (*tupi kauín*) *sm* Bebida preparada pelos índios com mandioca ou milho cozido e depois fermentado em certa porção de água.

cau.le (*lat caule*) *sm Bot* Haste das plantas.

cau.lim (*chin gâo líng*) *sm* Substância argilosa que serve para o fabrico da porcelana; argila branca.

cau.sa (*lat causa*) *sf* **1** Aquilo que determina a existência de uma coisa. **2** O que determina um acontecimento. **3** Agente. **4** Motivo, razão. **5** Origem, princípio. **6** Ação judicial, demanda.

cau.sa.dor (*causar+dor*) *adj* + *sm* Que, ou o que é causa de; ocasionador.

cau.sal (*lat causale*) *adj m+f* **1** Relativo a causa. **2** *Gram* Que exprime causa.

cau.sa.li.da.de (*causal+i+dade*) *sf* **1** Influência da causa sobre o efeito. **2** Relação entre causa e efeito.

cau.sar (*causa+ar¹*) *vtd* e *vti* Ser causa de; originar, produzir.

cau.sí.di.co (*lat causidicu*) *sm* Defensor de causas judiciais; advogado.

cau.so (*corr* de *caso*) *sm pop* Caso, história, conto.

caus.ti.can.te (de *causticar*) *adj m+f* Que caustica; que queima.

caus.ti.car (*cáustico+ar²*) *vtd* **1** Queimar, aquecer muito. *vint* **2** Aplicar cáustico.

cáus.ti.co (*gr kaustikós*, pelo *lat*) *adj* **1** Que caustica, que queima. **2** Capaz de destruir ou de corroer por ação química; corrosivo: *Soda cáustica*. **3** Irônico, mordaz. • *sm* **1** Substância que cauteriza. **2** *fig* Pessoa importuna, molesta, mordaz.

cau.te.la (*lat cautela*) *sf* **1** Cuidado, precaução, previdência. **2** Certificado de um título de propriedade (ação). **3** Documento provisório. *Antôn* (acepção 1): *imprudência, precipitação*.

cau.te.lo.so (ô) (*cautela+oso*) *adj* Que procede com cautela; cuidadoso, prudente. *Antôn: imprudente, precipitado. Pl: cautelosos* (ó).

cau.té.rio (*gr kautérion*, pelo *lat*) *sm* **1** *Med* Ferro quente que queima. **2** *fig* Castigo, correção enérgica. **3** Instrumento de cauterizar com que se desenha sobre a madeira.

cau.te.ri.za.ção (*cauterizar+ção*) *sf* **1** Ato de cauterizar. **2** *Med* Ato de queimar.

cau.te.ri.zar (*cautério+izar*) *vtd* **1** Queimar por meio de um cautério: *Cauterizar uma ferida*. **2** Afligir, penalizar em extremo. **3** Corrigir, emendar, empregando meios enérgicos.

cau.to (*lat cautu*) *adj* Que tem cautela; prudente, cauteloso.

ca.va (*lat cava*) *sf* **1** Ação de cavar. **2** Lugar cavado; cova, cavidade, valo, fossa. **3** Abertura do vestuário onde se pregam as mangas. **4** Decote.

ca.va.ção (*cavaco+ão¹*) *sf* **1** Ato ou efeito de cavar. **2** *pop* Arranjo. **3** *pop* Emprego ou negócio obtido por proteção.

ca.va.co *sm* **1** Lasca de madeira; apara. **2** *pop* Conversa amigável, simples e despretensiosa; bate-papo. **3** *Mús pop* Cavaquinho.

ca.va.dei.ra (*cavar+deira*) *sf* Peça de ferro que serve para cavar terra.

ca.va.do (*part* de *cavar*) *adj* **1** Aberto como cova, fundo. **2** Que tem cava, abertura (vestuário). • *sm* Lugar, cava, buraco, concavidade, cova.

ca.va.dor (*cavar+dor*) *adj* **1** Que cava. **2** *Zool* Diz-se dos animais que se enterram na areia ou em outro solo qualquer. • *sm* **1** Aquele que cava. **2** Trabalhador de enxada.

ca.va.la (*fem* de *cavalo*) *sf Ictiol* Peixe de alto valor nutritivo.

ca.va.lão (*cavalo+ão*) *sm* **1** Aumentativo de *cavalo*, cavalo grande. **2** *pop* Pessoa abrutalhada de modos, rude no trato. **3** *pop* Rapaz que cresceu muito. *Fem: cavalona*.

ca.va.lar (*cavalo+ar²*) *adj m+f* **1** Próprio de cavalo. **2** *fig* Exagerado, colossal.

ca.va.la.ri.a (*cavalo+aria*) *sf* **1** Reunião de cavalos. **2** Gente a cavalo. **3** Tropa que serve a cavalo. **4** Instituição militar dos cavaleiros da Idade Média.

ca.va.la.ri.ça (*cavalo+ário+iça*) *sf* Casa em que se recolhem cavalos; cocheira, estrebaria.

ca.va.la.ri.ço (*cavalo+ário+iço*) *sm* Aquele que tem a seu cargo cavalariças, coches etc.; estribeiro.

ca.va.lei.ro (*cavalo+eiro*) *adj* Que anda a cavalo. • *sm* **1** Homem que anda a cavalo; indivíduo que sabe e costuma andar a cavalo. *Col: cavalgada, cavalhada*. **2** Soldado de cavalaria. **3** Homem de armas montado, da Idade Média, comumente de nascimento nobre. **4** Homem nobre; paladino. *Fem: amazona* (acepção 1).

ca.va.le.te (ê) (*cavalo+ete*) *sm* **1** Armação sobre a qual se apoiam tela para pintar, quadro-negro para escrever, máquina fotográfica etc. **2** *Mús* Peça de madeira, marfim ou metal para levantar as cordas de instrumentos de corda. **3** *Constr* Peça de quatro pés para sustentação de tábuas, ou andaimes.

ca.val.ga.da (*cavalgar+ada¹*) *sf* **1** Grupo de pessoas a cavalo. **2** Passeio ou galope a cavalo.

ca.val.ga.du.ra (*cavalgar+dura*) *sf* **1** Besta que se pode cavalgar; montaria. *Col: cáfila, manada, récova, récua, tropa, tropilha*. **2** *fig* Pessoa estúpida, grosseira, ignorante, malcriada.

ca.val.gar (*baixo-lat caballicare*) *vint* **1** Andar a cavalo. *vtd* e *vti* **2** Montar sobre (cavalo ou outro animal). *vtd* e *vti* **3** Sentar-se escarranchado. *vtd* e *vti* **4** Galgar, passar por cima de.

ca.va.lha.da (*cast caballada*) *sf* Manada de cavalos. *sf pl Folc* Torneios realizados com participantes montados a cavalo.

ca.va.lhei.res.co (*cavalheiro+esco*) *adj* **1** Próprio de cavalheiro. **2** Nobre, distinto.

ca.va.lhei.ris.mo (*cavalheiro+ismo*) *sm* **1** Ação ou qualidade própria do cavalheiro. **2** Brio, distinção, nobreza.

ca.va.lhei.ro (*cast caballero*) *sm* **1** Homem de boas ações e sentimentos nobres. **2** Homem de boa sociedade e educação. **3** Parceiro de uma dama na dança. **4** Título de cortesia equivalente a senhor. • *adj* **1** Cavalheiresco. **2** Distinto, nobre.

ca.va.lo (*lat caballu*) *sm* **1** *Zool* Quadrúpede da família dos equídeos. Domestica-se facilmente e é dos mais úteis ao homem, desde épocas remotas, servindo de montaria, na tração de carruagens e nos trabalhos agrícolas. *Col: manada, tropa. Voz: bufa, funga, nitre, orneja, relincha, rifa, rincha*. **2** Peça de jogo de xadrez. **3** *Ictiol* Nome de vários peixes. **4** *pop* Pessoa rude, de modos abrutalhados. *Cavalo de pau*: a) cavalete para ginástica ou saltos; b) *Av* em aviação, giro violento do avião sobre si mesmo; c) *Autom* manobra rápida para fazer o veículo parar no sentido oposto ao que seguia, mediante súbita freada.

ca.va.lo-ma.ri.nho *sm Ictiol* Nome de diversos peixes cuja cabeça se assemelha à de um cavalo em miniatura. *Pl: cavalos-marinhos*.

ca.va.lo-va.por (do inglês *horse-power*) *sm Fís* Unidade dinâmica equivalente a 75 quilogrâmetros por segundo ou à força necessária para elevar a um metro de altura, em um segundo, um peso de 75 quilogramas. *Pl: cavalos-vapor*.

ca.va.nha.que (de Cavaignac, *np*) *sm* Parte da barba aparada em ponta no queixo; barbicha.

ca.va.que.a.dor (*cavaquear+dor*) *adj+sm* Conversador.

ca.va.que.ar (*cavaco+e+ar¹*) *vint* e *vti* **1** *pop* Estar ao cavaco; conversar singelamente em intimidade. *vint* **2** *Reg* (SP) Irritar-se com alguma brincadeira ou grosseria. Conjuga-se como *frear*.

ca.va.qui.nho (*cavaco+inho*) *sm* **1** Diminutivo de *cavaco*, cavaco pequeno. **2** *Mús* Pequena viola de quatro cordas.

ca.var (*lat cavare*) *vtd* **1** Revolver (a terra) com enxada, picareta etc. *vtd* **2** Fazer na terra (cova, fenda, sulco etc.). *vti* e *vint* **3** Abrir buraco ou sulco. *vtd* **4** Abrir cava em (vestuário). *vtd* e *vint* **5** *gír* Obter alguma coisa por meios mais ou menos ilícitos.

ca.vei.ra (*lat vulg *calavaria*) *sf* **1** Cabeça descarnada. **2** *fig* Rosto excessivamente magro. *Fazer a caveira, bras pop*: difamar; falar mal de alguém.

ca.ver.na (*lat caverna*) *sf* Cavidade de grandes dimensões em monte, rochedo ou sob a terra; gruta.

ca.ver.no.so (ô) (*caverna+oso*) *adj* **1** Que tem cavernas. **2** Cheio de cavidades. **3** Semelhante a caverna. **4** Que tem som abafado e rouco. *Pl: cavernosos* (ó).

ca.vi.ar (*fr caviar,* de origem turca) *sm* **1** Ovas de esturjão, espátula e outros peixes, conservadas em sal. **2** *Cul* Manjar muito apreciado, feito com essas ovas.

ca.vi.da.de (*lat cavitate*) *sf* **1** Espaço cavado ou vazio de um corpo sólido. **2** Buraco, depressão. **3** Concavidade, cova. **4** Caverna. *Cavidade bucal, Anat:* espaço entre os lábios, músculos da face, abóbada palatina, soalho da boca e véu palatino. *Cavidade craniana, Anat:* o oco do crânio. *Cavidade torácica* ou *cavidade do peito, Anat:* parte da cavidade do corpo situada acima do diafragma.

ca.vi.la.ção (*cavilar+ção*) *sf* **1** Astúcia para induzir em erro; sofisma. **2** Ardil. **3** Promessa dolosa. **4** Ironia maliciosa.

ca.vi.la.dor (*cavilar+dor*) *adj+sm* Enganador; sofista.

ca.vi.lha (*provençal cavilha*) *sf* Pino ou prego de madeira ou metal para juntar ou segurar madeiras ou chapas ou para tapar um orifício.

ca.vi.lo.so (ô) *adj* Em que há cavilação; capcioso. *Pl: cavilosos* (ó).

ca.vo (*lat cavu*) *adj* **1** Oco. **2** Escavado. **3** Cavernoso, rouco (som).

ca.vo.ca.dei.ra (*cavocar+deira*) *sf* Cavadeira. *Var: cavoucadeira.*

ca.vo.car (*cavouco+ar¹*) *V cavucar.*

ca.vou.ca.dei.ra (*cavoucar+deira*) *V cavocadeira.*

ca.vou.ca.do (*part* de *cavoucado*) *adj* Esburacado; cavado.

ca.vou.ca.dor (*cavoucar+dor*) *adj+sm* Diz-se de, ou o que abre buracos; cavador.

ca.vou.car (*cavouco+ar¹*) *vtd* **1** Abrir cavoucos ou buracos em. *vti* e *vint* **2** Abrir cavoucos.

ca.vou.co (de *cavo*) *sm* Buraco, vala, fosso.

ca.vou.quei.ro (*cavouco+eiro*) *sm* **1** Pessoa que abre cavoucos. **2** Aquele que escava pedreiras para extração de rochas. • *adj* **1** *Reg* (MT e MS) Mentiroso. **2** Diz-se da pessoa que tem más qualidades.

ca.vu.car (*cavouo+ar¹*) *vint* Cavar; escavar; covoucar.

ca.xam.bu *sm Folc* Grande tambor, de origem africana, usado na dança do mesmo nome.

ca.xan.gá *sm* **1** *Zool* Espécie de caranguejo; siri. **2** *Folc* Brinquedo, cantado, de crianças: *"Escravos de Jó jogavam caxangá / Tira, põe, deixa ficar".*

ca.xe.mir *V caxemira.*

ca.xe.mi.ra (de *Caxemira, np*) *sf* Tecido fino de lã, fabricado na Índia. *sm* Xale oriental de tecido fino e desenhos típicos.

ca.xi.as (de *Caxias, np*) *adj m+f sing* e *pl gír* Diz-se de pessoa disciplinada e estudiosa.

ca.xin.gó (de *caxingar*) *sm* Coxo.

ca.xin.gue.lê *sm Zool* Esquilo brasileiro, menor que o europeu e com muitos pelos compridos nas orelhas; serelepe.

ca.xum.ba *sf pop Med* Inflamação infecciosa e contagiosa das parótidas, papeira.

ca.xum.ben.to (*caxumba+ento¹*) *adj* Que está com caxumba.

ca.za.que *adj m+f* Pertencente ou relativo ao Cazaquistão (Ásia), cuja capital é Almá-Atá e tem como unidade monetária o tengue (Ásia). • *s m+f* **1** O natural ou habitante desse país. **2** O idioma cazaque.

CD (Sigla de *compact disc*) *sm Eletrôn* Disco plástico pequeno com sinais de áudio gravados na sua superfície, em forma digital.

CDF *adj* e *s m+f* Sigla de cu de ferro.

CD-player (*cedê plêier*) (*ingl*) *sm V toca-CDs.*

CD-ROM (*cedê rom*) (Sigla de *Compact Disc-Read Only Memory*) *sm Inform* Nome que se dá a um tipo de CD que contém dados referentes a imagens, sons e vídeos que podem ser animados e utilizados em computador.

CD-single (*cedê singal*) (*ingl*) *sm* CD composto de uma a quatro músicas; CD compacto.

cê *sm* O nome da letra *c. Pl: cês* ou *cc.*

ce.ar (*lat coenare*) *vint* **1** Comer a ceia. *vtd* **2** Comer na ocasião da ceia. Conjuga-se como *frear.*

ce.a.ren.se (*top Ceará+ense*) *adj m+f* Pertencente ou relativo ao Estado do Ceará (Brasil). • *s m+f* Pessoa habitante ou natural do Ceará.

ce.bo.la (*lat caepulla*) *sf* **1** *Bot* Planta hortense, bulbosa, da família das liliáceas, cujo bulbo entra como tempero em várias comidas. **2** Bulbo dessa planta. *Col:* cebolada, réstia. **3** *gír* Relógio de bolso, antigo e grande.

ce.bo.li.nha (*cebola+inho,* no *fem*) *sf Bot* Erva usada como tempero culinário, boa para conserva; cebola-de-cheiro.

cê-ce.di.lha *sm* Nome do *ç;* cê cedilhado. *Pl: cês--cedilha* e *cês-cedilhas.*

ce.ci.lí.deos (*lat caecília+ídeos*) *m pl Zool* Família de répteis anfíbios, do gênero das cecílias que vivem em terrenos humosos. São dessa família os minhocões ou cobras-de-duas-cabeças e as cobras-cegas.

ce.co (*lat caecu*) *sm Anat* Parte inicial e mais larga do intestino grosso. *Cf seco.*

ce.dê *V CD* e *CD-ROM.*

cê-dê-e.fe (das iniciais de *cu de ferro*) *s m+f V cu de ferro. Pl: cê-dê-efes.*

ce.den.te (*lat cedente*) *adj* e *s m+f* Que, ou pessoa que cede ou faz cessão.

ce.der (*lat cedere*) *vtd* **1** Dar, entregar. *vtd* **2** *Dir* Transferir a propriedade ou direito de uma coisa a outra pessoa. *vti* e *vint* **3** Dobrar-se ou curvar-se sob o peso ou pressão. *vti* e *vint* **4** Não resistir. *vti* e *vint* **5** Sucumbir. *vti* e *vint* **6** Conceder, concordar em. *Ceder terreno:* recuar.

ce.di.ço (*lat vulg *sediticiu*) *adj* **1** Estagnado, quase podre. **2** Sabido de todos. **3** Corriqueiro, rotineiro. **4** Gasto pelo uso.

ce.di.lha (*cast cedilla*) *sf* Sinal gráfico que se põe debaixo do *c,* quando tem o valor de *ss* antes de *a, o, u.*

ce.di.lha.do (*cedilha+ado¹*) *adj* Que tem o *c* com cedilha.

ce.di.lhar (*cedilha+ar¹*) *vtd* Pôr a cedilha no *c.*

ce.di.nho (*cedo+inho*) *adv* **1** Diminutivo de *cedo,* muito cedo. **2** Logo de manhã.

ce.do (ê) (*lat cito*) *adv* **1** Com antecedência. **2** Ao alvorecer, de madrugada. *Antôn: tarde.* • *sm* O tempo que ainda não é o mais próprio, mais adequado.

ce.dro (*ê*) (*lat cedru*) *sm Bot* **1** Nome comum a numerosas árvores coníferas, que se caracterizam pela fragrância e durabilidade de sua madeira. **2** A madeira dessa árvore.

cé.du.la (*lat schedula*) *sf* **1** Documento escrito. **2** Papel representativo de moeda; nota. **3** Papeleta com nome de candidato a cargo eletivo, a qual se coloca em uma urna, como voto. *Cédula única*: papeleta que contém os nomes de todos os candidatos a um cargo eletivo, e na qual o eleitor assinala o de sua preferência.

ce.fa.lei.a (*ê*) (*gr kephalé*) *sf Med* Dor de cabeça violenta.

ce.fá.li.co (*gr kephalikós*) *adj Med* Pertencente ou relativo à cabeça ou ao encéfalo.

ce.fa.ló.po.des (*céfalo+pode*) *sm pl Zool* Classe de moluscos marinhos que se distinguem pela cabeça, onde se implantam dois grandes olhos e da qual partem pés, que têm a forma de tentáculos com os quais mantêm seguras as vítimas ou se agarram onde precisam. Têm como representantes os polvos, as sibas, os calamares, os argonautas etc.

ce.gas (*lat caeca*) *sf pl* Elemento da locução adverbial *às cegas*: cegamente, inconscientemente.

ce.gar (*lat caecare*) *vtd* **1** Tornar cego. *vint* **2** Perder a vista. *vtd* e *vpr* **3** Deslumbrar(-se), fascinar (-se). *vtd* e *vti* **4** Fazer perder a razão; alucinar. *vtd* e *vpr* **5** Enganar(-se), iludir(-se). *vtd* **6** Embotar, tirar fio ou gume de (facas e outros instrumentos). *Cf segar.*

ce.go (*lat caecu*) *adj* **1** Que não vê. **2** *fig* Alucinado, transtornado. **3** *fig* Com fio ou gume gasto (faca etc.). **4** *fig* Nó difícil de ser desfeito. • *sm* Homem que não vê.

ce.go.nha (*lat ciconia*) *sf* **1** *Ornit* Nome dado a várias aves pernaltas, que constroem seus ninhos em chaminés e habitações humanas. *Voz:* glotera, grasna. **2** *bras* Caminhão com grande carroceria especial para transporte de carros. *Visita da cegonha*: imagem pela qual se designa o nascimento de uma criança.

ce.guei.ra (*cego+eira*) *sf* **1** Falta de vista; estado do que é cego; incapacidade de ver. **2** *fig* Ignorância. **3** *fig* Obcecação, fanatismo. **4** *fig* Extrema afeição a alguém ou alguma coisa.

cei.a (*lat cena*) *sf* **1** Refeição da noite, a última em cada dia. **2** O que se come na ceia. *Ceia do Senhor:* a) ceia pascal de Cristo com os apóstolos na qual instituiu a Eucaristia; b) quadro que a representa.

cei.fa (*ár sayfa*) *sf* **1** Ato de ceifar. **2** Colheita de cereais. **3** Carnificina, extermínio, mortandade.

cei.fa.dei.ra (*ceifar+deira*) *sf* **1** *Agr* Máquina agrícola para ceifar. **2** Mulher que ceifa.

cei.far (*ceifa+ar*[1]) *vtd* **1** Cortar hastes; segar. **2** Cortar com foice ou outro instrumento apropriado. **3** *fig* Arrebatar, tirar a vida.

cei.fei.ra (*ceifa+eira*) *sf* Ceifadeira.

cei.fei.ro (*ceifa+eiro*) *adj+sm* O que ceifa. • *adj* Relativo a ceifa.

ce.la (*lat cella*) *sf* **1** Cubículo. **2** Aposento de frades ou freiras, nos conventos. **3** Cubículo de condenado nas cadeias. *Cf sela.*

ce.le.bra.ção (*celebrar+ção*) *sf* Ato de celebrar.

ce.le.bran.te (*lat celebrante*) *adj m+f* Que celebra. • *s m+f* **1** Pessoa que celebra. **2** *Rel* Ministro que oficia cerimônia religiosa.

ce.le.brar (*lat celebrare*) *vtd* **1** Realizar com solenidade. *vtd* **2** Comemorar, festejar. *vtd* **3** Concluir (contrato, pacto etc.). *vtd* e *vint* **4** Dizer, rezar (missas).

cé.le.bre (*lat celebre*) *adj m+f* **1** Famoso, notável. **2** Conhecido; notório. *Antôn: desconhecido, obscuro. Sup abs sint: celebérrimo.*

ce.le.bri.da.de (*lat celebritate*) *sf* **1** Qualidade do que é célebre. **2** Grande fama. **3** Pessoa célebre. **4** Coisa célebre. **5** Notoriedade.

ce.le.bri.zar (*célebre+izar*) *vtd* e *vpr* **1** Tornar(-se) célebre. *vtd* **2** Celebrar, comemorar.

ce.lei.ro (*lat cellariu*) *sm* **1** Casa onde se guardam ou juntam cereais. **2** Depósito de provisões. *Cf seleiro.*

ce.len.te.ra.dos (*celo+êntero+ado*[1]) *sm Zool* Ramo constituído por animais que apresentam cavidade digestiva dividida em compartimentos, mas com uma única abertura (serve como boca e ânus), guarnecida de tentáculos.

ce.le.ra.do (*lat sceleratu*) *adj+sm* Criminoso; malfeitor; facínora.

cé.le.re (*lat celere*) *adj m+f* Ligeiro, veloz. *Sup abs sint: celeríssimo* ou *celérrimo. Antôn: lento, moroso.*

ce.le.ri.da.de (*lat celeritate*) *sf* Ligeireza, presteza, rapidez, velocidade. *Antôn: lentidão.*

ce.les.te (*lat caeleste*) *adj m+f* **1** Do céu. **2** Relativo ao céu. **3** Que está ou aparece no céu. **4** Da divindade ou a ela relativo. **5** Sobrenatural. **6** Divinal. **7** Delicioso, magnífico, perfeito. *Antôn* (acepções 1, 2, 3 e 4): *infernal.*

ce.les.ti.al (*lat caelestia+al*[1]) *V celeste.*

ce.les.ti.no (*lat caelestinu*) *adj* De cor azul-celeste.

ce.leu.ma (*lat celeuma*) *sf* **1** Vozearia de gente no trabalho. **2** Algazarra, barulho, gritaria, tumulto.

ce.lhas (*ê*) (*lat cilia, pl de ciliu*) *sf pl* **1** Cílios, pestanas. **2** *por ext* Sobrancelhas; supercílio (também empregado no singular).

ce.li.ba.tá.rio (*celibato+ário*) *adj + sm* **1** Que, ou aquele que não se casou. **2** Que, ou aquele que vive no celibato.

ce.li.ba.to (*lat caelibatu*) *sm* Estado de pessoa que se mantém solteira.

ce.lo (*ital violoncelo*) *sm Mús* Abreviatura de *violoncelo.*

ce.lo.fa.ne (*fr cellophane*) *sm* Película transparente, espécie de papel, comumente impermeabilizada contra a umidade por finos revestimentos especiais. Usada principalmente no acondicionamento de substâncias alimentícias e para outros fins. • *adj* Diz-se dessa película.

Cél.sius (*lat*) *adj V centígrado* (de Anders Célsius, astrônomo sueco, † 1744, inventor da escala centígrada). *Abrev:* °C.

cel.ta (*lat celta*) *adj m+f Etnol* Pertencente aos celtas, povo de raça caucásica que se espalhou na França, na Espanha, na Grã-Bretanha, na Irlanda e

cél.ti.co (*lat celticu*) *adj* Pertencente ou relativo aos celtas. • *sm* A língua dos celtas.

cé.lu.la (*lat cellula*) *sf* **1** *Biol* Cada uma das unidades microscópicas de protoplasmas que integram o corpo da maioria dos seres vivos, formadas por núcleo, citoplasma e membrana (e mais a parede celular, nos vegetais); unidade fundamental da matéria viva. *Col: tecido*. **2** Pequena cela. **3** *fig* Núcleo de atividade política.

ce.lu.lar (*célula+ar²*) *adj m+f* **1** Que se refere a célula. **2** Formado de células. **3** Redução de *telefone celular*.

ce.lu.li.te (*célula+ite¹*) *sf Med* Inflamação de tecido celular.

ce.lu.loi.de (*ó*) (*célula+oide*) *sm* Substância sólida transparente, elástica e inflamável, formada de uma mistura de cânfora com algodão-pólvora, empregada para fins industriais.

ce.lu.lo.se (*célula+ose*) *sf Quím* e *Biol* Substância orgânica que constitui a parte sólida dos vegetais. Extraída da madeira, utiliza-se na fabricação de papel.

cem (*lat centu*) *num* Dez vezes dez; uma centena.

ce.men.to (*lat coementu*) *sm Anat* Camada de tecido ósseo que cobre a raiz de um dente. *Cf cimento*.

ce.mi.té.rio (*gr koimetérion* pelo *lat*) *sm* Terreno destinado à sepultura dos cadáveres.

ce.na (*gr skené*, pelo *lat*) *sf* **1** Paisagem, vista, perspectiva, panorama. **2** Cada uma das divisões de uma peça de teatro, filme, novela etc. *Fazer cena:* dar escândalo. *Cf sena*.

ce.ná.cu.lo (*lat cenaculu*) *sm* **1** Sala em que se comia a ceia. **2** Sala em que Jesus Cristo teve a última ceia com os seus discípulos. **3** *fig* Agrupamento de indivíduos que têm as mesmas ideias ou os mesmos objetivos.

ce.ná.rio (*lat cena+ário*) *sm* **1** Conjunto de elementos que compõem uma realidade visual dos fatos que se querem representar em teatro, cinema etc. **2** Sequência das cenas, no cinema ou teatro. **3** Panorama. *Cf senário*.

ce.na.ris.ta (*cenário+ista*) *s m+f* Escritor ou escritora que faz a adaptação cinematográfica de um enredo ou escreve a sequência das cenas de uma fita. *Var: cenógrafo*.

ce.nho (*cast ceño*) *sm* **1** Rosto, semblante. **2** Aspecto severo, rosto carrancudo.

cê.ni.co (*cena+ico²*) *adj* Da cena ou referente a ela.

ce.no.gra.fi.a (*ceno⁴+grafo¹+ia¹*) *sf* **1** *Cin, Teat* e *Telev* Arte de desenhar ou pintar segundo as regras de perspectiva. **2** Arte de pintar decorações de teatros.

ce.no.grá.fi.co (*ceno³+grafo+ico²*) *adj* Referente à cenografia.

ce.nó.gra.fo (*ceno³+grafo*) *sm* Profissional de teatro que tem por atribuições criar os elementos próprios da arquitetura e da decoração cênicas, essenciais à caracterização da peça, inclusive iluminação e indumentária; cenarista.

ce.nou.ra (*ár safunâriya*) *sf Bot* Planta umbelífera hortense, de raiz comestível.

ce.no.zoi.co (*ó*) (*ceno⁴+zoo+ico²*) *adj Geol* Diz-se da era geológica que compreende os períodos Quaternário e Terciário, a cujos fósseis pertencem muitas espécies que vivem ainda hoje. É caracterizada pela evolução rápida de mamíferos, aves, gramíneas, arbustos e plantas floríferas e por poucas alterações nos invertebrados. • *sm* **1** Essa era. **2** Sistema de rochas que caracteriza essa era.

cen.si.tá.rio (*censo+lat itu+ário*) *adj* Referente a censo.

cen.so (*lat censu*) *sm* Contagem geral da população com todas as suas características; recenseamento. *Cf senso*.

cen.sor (*lat censore*) *sm* Aquele que censura o comportamento e as ações de outrem; crítico. *Cf sensor*.

cen.su.ra (*lat censura*) *sf* **1** Ato de censurar. **2** Cargo, dignidade e funções de censor. **3** Exame crítico de obras literárias científicas ou artísticas. **4** Corporação ou tribunal encarregado de censurar (livros, filmes etc.). **5** Instituição, sistema ou prática de censurar obras literárias, artísticas ou comunicações escritas ou impressas. **6** Crítica com o fim de corrigir. **7** Admoestração, repreensão. *Censura prévia:* ato de rever e julgar em tribunal competente qualquer obra antes de ser publicada.

cen.su.rar (*censura+ar¹*) *vtd* e *vti* **1** Exercer censura sobre. **2** Criticar. **3** Reprovar. **4** Condenar.

cen.tau.ro (*lat centauru*) *sm* **1** *Mitol* Monstro fabuloso, metade homem (parte superior), metade cavalo. **2** **Centauro** *Astr* Constelação austral.

cen.ta.vo (*cento+avo*) *num* Centésima parte; centésimo. • *sm* Moeda que é a centésima parte da unidade monetária do Brasil e de alguns outros países.

cen.tei.o (*lat centenu*) *sm Bot* Planta que fornece farinha para pão e farelo para forragem; usada também na fabricação de aguardente (uísque).

cen.te.lha (*lat scintilla*) *sf* **1** Partícula de fogo ou luminosa que se desprende de um corpo incandescente; chispa; faísca. **2** Brilho momentâneo. **3** *fig* Inspiração.

cen.te.na (*lat centena*) *num* Quantidade de cem; cento. • *sf Mat* Grupo de dez dezenas.

cen.te.ná.rio (*lat centenariu*) *num* **1** Que encerra o número de cem. **2** Relativo a cem. **3** Que tem cem anos; secular; centúria. • *sm* **1** Homem que já fez cem anos. **2** Espaço de cem anos.

cen.te.si.mal (*centésimo+al¹*) *num* **1** Designativo da fração cujo denominador é 100. **2** Dividido em cem partes iguais.

cen.té.si.mo (*lat centesimu*) *num* **1** Que, em uma série, ocupa o lugar de cem. **2** Referente a cem. • *sm* **1** Cada uma das cem partes em que se dividiu um todo. **2** Centésima parte de uma unidade.

cen.tí.gra.do (*cênti+grado*) *num* Dividido em cem graus (escala do termômetro). • *sm Fís* Um grau na escala de temperatura centesimal.

cen.ti.gra.ma (*cênti+grama*) *sm* A centésima parte do grama.

cen.tí.me.tro (*cênti+metro*) *sm* A centésima parte do metro. *Símb:* cm.

cên.ti.mo (*cast céntimo*) *sm* A centésima parte de diversas moedas como o dólar, o euro, a peseta, o franco etc.

cen.to (*lat centu*) *sm* **1** O número cem. **2** Centena. **3**

Coleção de cem unidades; grupo de cem objetos. • *num V cem. Por cento:* para cada cem, ou em cada cem (expressão usada para exprimir proporções, taxas de juros etc. *Símb: %*).

cen.to.pei.a (*é*) (*lat centu+pede*) *sf Zool* Designação comum a vários artrópodes alongados e achatados, na maioria noturnos, úteis como destruidores de insetos nocivos; lacraia.

cen.tral (*lat centrale*) *adj m+f* **1** Referente a centro. **2** Situado no centro. • *sf* **1** Estação distribuidora. **2** Sede, ponto principal. *Central elétrica:* usina elétrica. *Central telefônica:* estação central dos telefones, na qual são efetuadas as ligações das chamadas.

cen.tra.li.za.ção (*centralizar+ção*) *sf* Ato ou efeito de centralizar.

cen.tra.li.za.dor (*centralizar+dor¹*) *adj* + *sm* Que, ou aquele que centraliza.

cen.tra.li.zar (*central+izar*) *vtd* **1** Tornar central. *vtd* **2** Reunir em um centro. *vtd* **3** Fazer convergir para um centro. *vpr* **4** Concentrar-se.

cen.trar (*centro+ar¹*) *vtd* **1** Determinar um centro em. *vtd* **2** Colocar no centro; centralizar. *vtd* e *vint* **3** *Fut* Atirar (a bola) da ponta para a área do gol.

cên.tri.co (*gr kentrikós*) *adj* **1** Situado em um centro; central. **2** Que tem um centro. **3** Que tem partes agrupadas ao redor de um centro ou dirigidas para um centro.

cen.trí.fu.ga (*cêntri+fugo*) *sf* **1** Máquina para fazer centrifugação. **2** Aparelho que faz girar em alta velocidade.

cen.tri.fu.ga.ção (*centrifugar+ção*) *sf* Processo de separar as porções mais leves de uma solução, mistura ou suspensão, das mais pesadas, por meio da força centrífuga.

cen.tri.fu.gar (*cêntri+fugo+ar*) *vtd* **1** Efetuar a centrifugação. **2** Desviar do centro. **3** Extrair algo de alguma coisa por centrifugação. *Conjug – Pres indic: centrifugo, centrifugas, centrifuga (fu)* etc. *Cf centrífuga* e *centrífugo.*

cen.trí.fu.go (*centri+fugo*) *adj Fís* Que tende a afastar-se ou procura desviar-se do centro. *Antôn: centrípeto.*

cen.trí.pe.to (*cêntri+lat petere*) *adj* **1** *Fís* Que tende a aproximar-se do centro. **2** *Anat* Que cresce da periferia para o centro. *Antôn: centrífugo.*

cen.tris.mo (*cêntri+ismo*) *sm Polít* Posição ou tendência daqueles que se situam politicamente no centro.

cen.tris.ta (*cêntri+ista*) *adj m+f* Relativo ou pertencente a um partido do centro em uma assembleia legislativa. • *s m+f* Pessoa que pertence a um partido do centro.

cen.tro (*gr kéntron*, pelo *lat*) *sm* **1** *Geom* Ponto situado a igual distância de todos os pontos de uma circunferência ou da superfície de uma esfera. **2** Meio de qualquer espaço. **3** Fundo, profundeza, interior: *Centro da Terra*. **4** Local onde são tratados certos negócios ou executadas algumas atividades: *Centro comercial*. **5** *Polít* Legisladores que, nas assembleias, representam uma política moderada entre os partidários da direita (conservadores) e da esquerda (radicais). **6** *Fut* Ação ou efeito de centrar.

cen.tro-a.fri.ca.no (*centro+top África+ano*) *adj* Da, ou pertencente à República Centro-Africana. • *sm* O natural ou habitante desse país. *Pl: centro--africanos.*

cen.tro.a.van.te (*centro+avante*) *sm Esp* Futebolista que ocupa a posição central e dianteira do campo.

cen.tro.mé.dio (*centro+médio*) *sm Esp* Futebolista que atua no meio do campo.

Cen.tro-O.es.te *sm Geogr* Região do Brasil que compreende o Distrito Federal e os estados de Goiás, Mato Grosso e Mato Grosso do Sul.

cen.tu.pli.car (*lat centuplicare*) *vtd* **1** Multiplicar por cem ou tornar cem vezes maior. **2** Aumentar muito.

cên.tu.plo (*lat centuplu*) *num* Que vale cem vezes mais; centuplicado. • *sm* Produto da multiplicação por cem.

cen.tú.ria (*lat centuria*) *sf* **1** *Hist* Uma das divisões políticas dos romanos, composta de cem cidadãos. **2** Período de cem anos, século. **3** Grupo de cem objetos da mesma natureza; centena.

cen.tu.ri.ão (*lat centurione*) *sm Hist* Comandante de cem homens, ou de uma centúria, na milícia romana.

CEP *sm* (sigla de *C*ódigo de *E*ndereçamento *P*ostal) Código numérico das ruas e municípios do Brasil colocado nos envelopes das correspondências a serem enviadas.

ce.pa (*ê*) (de *cepo*) *sf* **1** *Bot* Tronco da videira. **2** *Bot* Parte do tronco de qualquer planta que está dentro da terra, unida às raízes. **3** *fig* Tronco ou origem de qualquer família ou linhagem; estirpe. *De boa cepa:* castiço, genuíno.

ce.pi.lho (*cast cepillo*) *sm* Plaina pequena com que os carpinteiros alisam a madeira.

ce.po (*ê*) (*lat cippu*) *sm* Pedaço de tronco de árvore, cortado transversalmente.

cep.ti.cis.mo (*céptico+ismo*) *sm* **1** Qualidade de quem é céptico. **2** *Filos* Doutrina filosófica dos que duvidam de tudo e afirmam não existir a verdade, que, se existisse, o homem seria incapaz de conhecê-la. **3** Estado de quem duvida de tudo. *Var: ceticismo.*

cép.ti.co (*gr skeptikós*) *adj* **1** Diz-se daquele que segue o cepticismo. **2** Que duvida de tudo. **3** Descrente. • *sm* **1** Partidário do cepticismo. **2** Aquele que duvida de tudo. **3** Indivíduo descrente. *Antôn: crente. Var: cético.*

ce.ra (*ê*) (*lat cera*) *sf* **1** Substância mole, amarelada, produzida pelas abelhas para a construção dos favos. **2** Velas dessa substância. **3** Substância vegetal, análoga à matéria com que as abelhas fabricam os favos. **4** Preparado para dar brilho aos assoalhos. *Fazer cera:* a) retardar a execução de uma tarefa; b) no futebol, prender a bola, chutar fora etc., a fim de ganhar tempo.

ce.râ.mi.ca (*gr keramiké*) *sf* **1** Arte ou processo de fazer artigos úteis ou ornamentais de argila ou barro, moldando-os e queimando-os depois a altas temperaturas. **2** Fábrica de produtos de cerâmica; olaria. **3** A matéria-prima dessa arte. **4** Produto dessa arte.

ce.râ.mi.co (*gr keramikós*) *adj* Da cerâmica ou relativo a ela.

ce.ra.mis.ta (*gr kéramos+ista*) *adj m+f* Relativo a cerâmica. • *s m+f* Pessoa que trabalha em cerâmica.

ce.ra.ti.na (*gr kéras, atos+ina*) *sf Biol* Constituinte principal da epiderme, cabelo, unhas, tecidos córneos e da matriz orgânica do esmalte dos dentes. Sua solução é usada para revestir pílulas e não é digerível pelo estômago.

cer.ca (*ê*) (*lat circa*) *adv* Junto, perto, próximo. *Cerca de, loc prep*: aproximadamente, quase. • *sf* Obra de madeira, arame etc. para demarcar limites de propriedades.

cer.ca.do (*part de cercar*) *adj* Rodeado com cerca, muro etc. • *sm* Terreno rodeado ou fechado por cerca, estacada, muro etc.

cer.ca.ni.a (*cast cercanía*) *sf* Proximidade, vizinhança. *sf pl* Arredores; subúrbios.

cer.car (*lat circare*) *vtd* **1** Fechar com cerca, muro etc. *vtd* **2** Pôr cerco militar a; sitiar. *vtd* **3** Estar em volta de, fazer círculo próximo. *vtd e vpr* **4** Fazer(-se) acompanhar.

cer.ce.a.men.to (*cercear+mento*) *sm* Ação ou efeito de cercear.

cer.ce.ar (*lat circinare*) *vtd* **1** Cortar pela base, cortar pela raiz, cortar rente. **2** Tornar menor; diminuir; limitar. Conjuga-se como *frear*.

cer.co (*ê*) (*gr kérkos*) *sm* **1** Ação de cercar. **2** Aquilo que cerca ou circunda. **3** Círculo ou roda em torno de uma coisa. **4** Disposição de tropas ao redor de uma cidade, fortaleza etc.

cer.da (*é*) (*cast cerda*) *sf* O pelo áspero e duro de certos animais como o porco, o javali etc. (Mais usado no plural.)

ce.re.al (*lat cereale*) *adj m+f* **1** Relativo às sementes farináceas de gramíneas, apropriadas para alimento do homem e de animais domésticos. **2** Relativo às plantas que produzem essas sementes. • *sm* Nome genérico das gramíneas cujos grãos servem para alimento do homem e dos animais domésticos (arroz, aveia, centeio, cevada, milho, trigo). *Col*: batelada.

ce.re.a.lí.fe.ro (*cereal+fero*) *adj* **1** Relativo a cereais. **2** Que produz cereais.

ce.re.a.lis.ta (*cereal+ina*) *s m+f* **1** Especialista no estudo dos cereais. **2** Comerciante e produtor de cereais.

ce.re.be.lo (*ê*) (*lat cerebellu*) *sm Anat* Parte posterior e inferior do encéfalo. Sua função consiste em coordenar os músculos e manter o equilíbrio do corpo.

ce.re.bral (*cérebro+al*[1]) *adj m+f* **1** *Anat* Pertencente ou relativo ao cérebro. **2** Relativo ou pertencente ao intelecto: *Atividade cerebral*. **3** Que afeta o cérebro. • *sm* Pessoa que se orienta principalmente pelo raciocínio.

ce.re.bri.no (*cérebro+ino*) *adj* **1** Imaginário; fantasioso. **2** *p us* Cerebral.

cé.re.bro (*lat cerebru*) *sm* **1** *Anat* Parte maior do encéfalo, separada do cerebelo, que ocupa a parte anterior e superior do crânio e consiste em duas porções iguais, chamadas hemisférios. **2** *fig* Inteligência, razão, espírito. **3** Cabeça.

ce.re.bros.pi.nal (*cérebro*[2]*+lat spina+al*[1]) *adj m+f Anat* Relativo ao cérebro e à medula espinhal.

ce.re.ja (*lat vulg *ceresia*) *sf* **1** Fruto da cerejeira. **2** Fruto de outras plantas parecido com o da cerejeira. **3** Fruto maduro do cafeeiro que faz lembrar uma cereja e que contém duas sementes, os grãos do café, encerrados em uma polpa. • *adj* Que tem a cor vermelha da cereja.

ce.re.jal (*cereja+al*[3]) *sm* **1** Pomar de cerejeiras. **2** Lugar onde crescem cerejeiras.

ce.re.jei.ra (*cereja+eira*) *sf Bot* **1** Nome comum a numerosas árvores cujo fruto, que varia do amarelo-pálido ao vermelho-escuro, quase preto, encerra um caroço liso. **2** Madeira castanho-avermelhada, muito usada em marcenaria.

cé.reo (*lat cereu*) *adj poét* **1** De cera. **2** Da cor da cera. **3** Semelhante à cera.

ce.rí.fe.ro (*céri+fero*) *adj* Que produz cera.

ce.ri.mô.nia (*lat coerimonia*) *sf* **1** Pompas de uma festa pública; solenidade. **2** Normas que presidem ao trato entre pessoas bem-educadas e não íntimas; etiqueta. **3** Forma exterior do culto religioso.

ce.ri.mo.ni.al (*lat coerimoniale*) *adj m+f* Referente a cerimônias. • *sm* **1** Conjunto de formalidades que devem ser observadas em qualquer ato solene ou festa pública ou religiosa. **2** Regra que estabelece essas formalidades. **3** Livro que as contém. **4** Etiqueta, protocolo.

ce.ri.mo.ni.o.so (*ô*) (*lat cerimoniosu*) *adj* **1** Pertencente à cerimônia. **2** Meticuloso na observância de cerimônias. **3** Diz-se da cortesia protocolar, ou de quem a usa. *Pl*: cerimoniosos (*ó*). *Antôn*: simples; informal.

cé.rio (*Ceres, np+io*) *sm Quím* Elemento metálico de número atômico 58 e símbolo Ce. *Cf sério*.

cer.ne (*fr cerne*) *sm* **1** Parte interna e mais dura do lenho das árvores. **2** *fig* Âmago; essência. **3** Medula. **4** Homem duro, invencível.

ce.rol (*cera+ol*[1]) *sm* **1** Massa de cera com que os sapateiros encerram as linhas. **2** Mistura de cera com vidro moído que se passa na linha dos papagaios ou pipas.

ce.rou.la (*ár sarâwîl*) *sf* Peça de vestuário que os homens usam por baixo das calças e que cobre as pernas quase até os tornozelos. *Var*: ceroulas.

ce.rou.las *sf pl* V ceroula.

cer.ra.ção (*cerrar+ção*) *sf* **1** Nevoeiro espesso. **2** Escuridão, trevas. *Cf serração*.

cer.ra.do (*part de cerrar*) *adj* **1** Encerrado, fechado, vedado. **2** Diz-se das cores carregadas. **3** Compacto, denso, espesso. **4** Apertado, unido. **5** Diz-se do céu completamente coberto de nuvens ou névoas. • *sm Fitogeogr* Vegetação dos planaltos com alguma cobertura herbácea. *Cf serrado*.

cer.rar (*cast cerrar*) *vtd* **1** Fechar. *vtd* **2** Cercar, vedar. *vtd e vpr* **3** Apertar(-se), unir(-se). *vtd* **4** Encobrir, tapar. *vpr* **5** Cobrir-se de nuvens (diz-se do céu, do dia). *vint e vpr* **6** Escurecer. *Cerrar os olhos à luz*: a) morrer; b) não querer admitir uma verdade; c) negar-se a acreditar. *Cf serrar*.

cer.ta (*fem de certo*) *sf* Feminino de *certo*. Usa-se na locução *na certa*: com certeza, sem dúvida.

cer.ta.me (*lat certamen*) *sm* **1** Combate, luta. **2** Debate, discussão. **3** Torneio.

cer.tei.ro (*certo+eiro*) *adj* **1** Que acerta bem; que fere o alvo. **2** Acertado.

cer.te.za (*ê*) (*certo+eza*) *sf* **1** Qualidade do que é

certo. 2 Convicção, segurança; exatidão. *Antôn:* dúvida.
cer.ti.dão (*lat certitudine*) *sf* Documento legal oficial que certifica alguma coisa de que se têm provas; atestado; certificado.
cer.ti.fi.ca.ção (*certificar+ção*) *sf* Ação de certificar; afirmação da realidade ou veracidade de um fato.
cer.ti.fi.ca.do (*part* de *certificar*) *adj* Dado por certo. • *sm* Documento legal em que se certifica alguma coisa; atestado, certidão.
cer.ti.fi.car (*baixo-lat certificare*) *vtd* e *vti* **1** Afirmar a certeza de. *vpr* **2** Convencer-se da certeza. *vtd* **3** Fazer ciente de. *vtd* **4** Assegurar. *vtd* **5** Passar certidão de.
cer.to (*lat certu*) *adj* **1** Verdadeiro. **2** Que não tem erro. **3** Evidente. **4** Infalível. **5** Combinado, determinado, fixado com antecedência. **6** Que sabe bem; convencido, inteirado. **7** Exato, preciso. • *pron indef* Qualquer, algum, um (antes do substantivo): *Certa distância; certo lugar; certo dia.* • *sm* Coisa certa. • *adv* Certamente, com certeza. *Antôn:* duvidoso.
ce.ru.me (*lat cerumen*) *sm* Cera dos ouvidos ou das orelhas.
cer.ve.ja (*lat cerevisia*) *sf* Bebida alcoólica fermentada, feita de lúpulo e cevada ou outros cereais.
cer.ve.ja.da (*cerveja+ada¹*) *sf* **1** *pop* Copo ou rodada de cerveja. **2** Grande quantidade de cerveja. **3** Reunião em que se bebe muita cerveja.
cer.ve.ja.ri.a (*cerveja+aria*) *sf* **1** Fábrica de cerveja. **2** Estabelecimento onde se vende cerveja.
cer.ve.jei.ro (*cerveja+eiro*) *adj* Referente a cerveja. • *sm* Aquele que fabrica ou vende cerveja.
cer.vi.cal (*lat cervicale*) *adj m+f Anat* Relativo ao pescoço, à cerviz ou ao colo do útero.
cer.viz (*lat cervice*) *sf* **1** *Anat* A parte posterior da cabeça, compreendendo a nuca e o pescoço. **2** Pescoço. **3** Cabeça.
cer.vo (*lat cervu*) *sm Zool* Designação popular do maior veado da nossa fauna; veado-galheiro.
cer.zi.dei.ra (*cerzir+deira*) *sf* Mulher que cirze; costureira.
cer.zi.do (*part* de *cerzir*) *adj* Que se cerziu. • *sm* Conserto em tecido rasgado.
cer.zi.du.ra (*cerzir+dura*) *sf* Ato ou efeito de cerzir; cerzimento.
cer.zi.men.to (*cerzir+mento*) *V* cerzidura.
cer.zir (*lat sarcire*) *vtd* **1** Coser, remendar (um tecido), de modo que não se note o conserto. **2** Unir, juntar. Conjuga-se como *prevenir*.
ce.sá.rea (*lat caesareu*) *V* cesariana.
ce.sá.reo (*lat caesareu*) *adj* **1** Relativo aos césares romanos. **2** Referente a rei ou imperador.
ce.sa.ri.a.na (*fr césarienne*) *adj f Cir* Diz-se da operação que consiste em extrair o feto vivo por meio de corte nas paredes do ventre e do útero da mãe. • *sf* Essa operação; cesárea.
cé.sio (*lat caesiu*) *sm Quím* Elemento metálico cor de prata, de número atômico 55 e símbolo Cs.
ces.sa.ção (*cessar+ção*) *sf* Ato ou efeito de cessar.
ces.sa.men.to (*cessar+mento*) *V* cessação.
ces.san.te (*lat cessante*) *adj m+f* **1** Que cessa. **2** Diz-se do lucro que não se recebeu.

ces.são (*lat cessione*) *sf* Ato de ceder. *Cf seção* e *sessão.*
Veja nota em **seção**.
ces.sar (*lat cessare*) *vti* e *vint* **1** Acabar, parar. *vtd* **2** Interromper; suspender. *Antôn: continuar. Sem cessar:* incessantemente, continuamente.
ces.sar-fo.go *sm* Em uma guerra, a interrupção dos combates. *Pl:* cessar-fogos.
ces.si.o.ná.rio (*lat cessione+ário*) *sm* Aquele em favor do qual alguém faz cessão de bens ou de direito.
ces.ta (*ê*) (*lat cista*) *sf* **1** Recipiente que serve para guardar ou transportar mercadorias, roupas etc. **2** *Esp* No basquetebol, rede de malha por onde se faz passar a bola. **3** *Esp* Ponto, no basquetebol, que o jogador faz quando acerta a bola. *s m+f Esp V cestinha. Cf sesta.*
ces.ta.ri.a (*cesto+aria*) *sf* **1** Grande quantidade de cestos ou cestas. **2** Indústria de cesteiro. **3** Estabelecimento onde se vendem cestos.
ces.tei.ro (*cesto+eiro*) *adj* **1** Pertencente ou relativo a cesto. **2** Próprio para cesto. • *sm* Fabricante ou vendedor de cestos ou cestas.
ces.ti.nha (*cesta+inho,* no *fem*) *s m+f Esp* Designação que se aplica ao jogador que fez mais pontos, ou cestas, para sua equipe, em uma partida de basquetebol; cesta.
ces.to (*ê*) (de *cesta*) *sm* **1** Cesta pequena. **2** Utensílio parecido com a cesta, porém mais fundo e às vezes com tampa.
ce.tá.ceo (*gr kêtos+áceo*) *sm* Mamífero aquático, como a baleia, golfinho, cachalote. • *adj* Relativo a esses animais.
ce.ti.cis.mo (*cético+ismo*) *V* cepticismo.
ce.ti.co (*lat skeptikós*) *V* céptico.
ce.tim (*ár zaitûnî*) *sm* Tecido de seda ou algodão macio e lustroso.
ce.tro (*lat sceptru*) *sm* **1** Bastão curto usado por reis e generais. **2** Insígnia de comando ou realeza. **3** *fig* Poder real. *Empunhar o cetro:* reinar, governar.
céu (*lat caelu*) *sm* **1** Espaço infinito onde se movem os astros. **2** Abóbada celeste, firmamento. **3** Os astros. **4** O ar, a atmosfera. **5** *Rel* Região, segundo a crença religiosa, habitada por Deus e os anjos e onde estão as almas dos justos. **6** Bem-aventurança, felicidade eterna.
ce.va (de *cevar¹*) *sf* **1** Ação de cevar(-se). **2** Alimento com que se engordam animais. **3** Lugar onde se depositam iscas para atrair animais.
ce.va.da (*cevar+ada¹*) *sf Bot* Cereal utilizado na alimentação do homem e de animais domésticos e no fabrico de bebidas alcoólicas, como cerveja, uísque etc.
ce.va.do (*part* de *cevar*) *adj* **1** Engordado na ceva. **2** Diz-se do animal já acostumado à ceva. **3** Gordo, bem nutrido. • *sm* Porco que esteve na ceva.
ce.var (*lat cibare*) *vtd* e *vpr* **1** Alimentar(-se), nutrir (-se). *vtd* e *vpr* **2** Tornar(-se) gordo; engordar (-se). *vint* **3** Fazer a ceva. *vtd* **4** Pôr isca em. *vtd* **5** Atrair, engordar.
chá (*chin chá*) *sm* **1** *Bot* Planta originária da Índia e da China, onde é grande seu valor econômico; chá-da-índia. **2** As folhas dessa planta, preparadas e secas. **3** Infusão dessas folhas. **4** Reunião em que se bebe o chá. **5** *Bot* Nome genérico de

várias plantas de que se faz infusão: *chá-da-índia, chá-mate*. **6** *Farm* Infusão de planta medicinal ou aromática: *chá de erva-cidreira*.

chã (*lat plana*) *sf* **1** Terreno plano; planície. **2** *bras* Carne da coxa, nos animais de talho: *chã de dentro; chã de fora*.

cha.cal (*turco çakal*) *sm Zool* Mamífero carniceiro, feroz, que vive nas regiões temperadas da Ásia, da África e sul da Europa. *Voz: ladra, uiva*.

chá.ca.ra (*quíchua ant chakra*, via *cast*) *sf* **1** Pequena propriedade agrícola nas cercanias de cidades para uma ou mais das seguintes atividades: cultivo de verduras e legumes, cultivo de árvores frutíferas, fabricação de laticínios, criação em pequena escala etc. **2** Casa de campo perto da cidade. *Dim: chacarazinha, chacarinha, chacrinha* e *chacarola. Cf xácara*.

cha.ca.rei.ro (*chácara+eiro*) *sm* Dono, administrador ou feitor de chácara. *Var: chacreiro*.

cha.ci.na (de *chacinar*) *sf* **1** Ato de chacinar. **2** Matança. **3** Morticínio. **4** Assassínio com mutilação do cadáver.

cha.ci.nar (*chacina+ar*[1]) *vtd* Assassinar, mutilando.

cha.co.a.lhar (de *chocalhar*, com metátese) *vtd* e *vint pop* Agitar, sacudir, sacolejar, chocalhar.

cha.co.ta (*cast chacota*) *sf* **1** Canção cômica ou satírica. **2** Escárnio, mofa, troça, zombaria.

cha.co.te.ar (*chacota+e+ar*[1]) *vint* **1** Fazer canções cômicas e satíricas. *vint* **2** Cantar chacotas. *vti* e *vint* **3** Escarnecer, zombar. *vtd* **4** Fazer mofa de. Conjuga-se como *frear*.

cha.cri.nha (*chacra+inho*, no *fem*) *sf* **1** *pop* Pequena chácara. **2** *gír* Bagunça, balbúrdia.

cha.di.a.no (*top Chad+i+ano*) *adj* De ou pertencente ou que se refere ao Chade (África central). • *sm* O natural ou habitante do Chade.

cha.fa.riz (*ár SaHrîj*) *sm* **1** Obra de alvenaria, com uma ou mais bicas, por onde corre água, para utilidade pública. **2** Bebedouro público.

cha.fun.dar (cruzamento de *chafurdar* com *afundar*) *vtd* **1** *pop* Enterrar no lodo. **2** Meter no fundo da água.

cha.fur.da (de *chafurdar*) *sf* **1** Chiqueiro. **2** Lamaçal em que se atolam os porcos. **3** Lugar imundo.

cha.fur.dar *vti* e *vint* **1** Afundar, atolar na lama. *vtd* **2** Enodoar, manchar: *Chafurdaram seu honrado nome*. *vti* **3** *fig* Perverter-se, atolar-se em: *Além de ambicioso e avarento, chafurda em vícios*.

cha.fur.di.ce (*chafurdar+ice*) *sf* **1** Ato ou efeito de chafurdar(-se). **2** Torpeza. **3** Imundície; chafurda.

cha.ga (*lat plaga*) *sf* **1** Ferida aberta; úlcera. **2** Cicatriz. **3** Aflição, mágoa.

cha.gar (*chaga+ar*[1]) *vtd* **1** Fazer chagas em. *vtd* e *vpr* **2** Ulcerar(-se). *vtd* **3** Molestar, torturar, martirizar.

cha.gá.si.co (*Chagas, np+ico*[2]) *adj Med* Que se refere à doença de Chagas. • *sm* Pessoa que sofre da doença de Chagas.

cha.la.ça (por *charlaça*, de *charlar*) *sf* Dito de zombaria; gracejo; troça.

cha.lé (*fr chalet*) *sm* **1** Casa pequena no estilo suíço, geralmente de madeira. **2** Casa rústica.

cha.lei.ra (*chá+l+eira*) *sf* **1** Vaso de metal, com bico, alça e tampa, em que se aquece água. **2** *Esp gír* Modo de rebater a bola, virando o calcanhar para fora e para cima.

cha.lei.rar (*chaleira+ar*[1]) *vtd vulg* Adular, bajular, lisonjear, ser puxa-saco.

chal.re.a.da (*chalrear+ada*[1]) *sf* **1** Ruído de vozes de muitas pessoas que falam e riem ao mesmo tempo; falatório. **2** Chilreada, gorjeio de muitos pássaros juntos.

chal.rei.o (de *chalrear*) *V chalreada*.

cha.lu.pa (*fr chaloupe*) *sf Náut* Barco de vela e remos.

cha.ma (*lat flamma*) *sf* **1** Luz resultante da combustão de gases. **2** Luz. **3** Labareda; língua de fogo. **4** *fig* Ardor, paixão.

cha.ma.da (*chamar+ada*[1]) *sf* **1** Ação de chamar; chamamento. **2** Ato de pronunciar em voz alta o nome de diferentes pessoas, para verificar se estão presentes. **3** *Mil* Convocação dos jovens alistados para o serviço militar. **4** Comunicação telefônica; telefonema. **5** Sinal de referência em um livro ou escrito para chamar a atenção de quem lê. **6** Repreensão, censura, observação. **7** *Rád* e *Telev* Apresentação do resumo de uma notícia antes ou ao iniciar um programa jornalístico, a fim de aguçar o interesse da audiência. **8** *Jorn* Síntese de um texto que sai na primeira página, com a finalidade de chamar a atenção do leitor para a matéria publicada em uma das seções do periódico.

cha.ma.do (*part* de *chamar*) *adj* **1** Que se chamou; convocado, invocado. **2** Denominado, apelidado. • *sm* **1** *V chamada*. **2** *V convocação*.

cha.mar (*lat clamare*) *vtd* **1** Invocar alguém pelo seu nome, para que se aproxime. *vtd* **2** Mandar vir (alguém). *vtd* **3** Anunciar os nomes de. *vtd* **4** Convocar por meio de toque de apito, buzina, campainha, sereia, sineta etc. *vti* **5** Invocar auxílio ou proteção. *vpr* **6** Apelidar-se, denominar-se, ter nome. *vtd* **7** Atrair, solicitar, puxar.

cha.ma.ris.co (*chamar+isco*) *bras V chamariz*.

cha.ma.riz (de *chamar*) *sm* **1** Ave que serve para, com seu pio, atrair outras que se procura caçar. **2** Coisa atraente, vistosa; apelo. **3** Engodo, isca.

cha.ma.ti.vo (*chamar+ivo*) *adj* Diz-se daquilo que chama demasiadamente a atenção.

cham.bre (*fr robe de chambre*) *sm* **1** Roupão caseiro que se veste ao levantar da cama. **2** Casaco para mulher, de uso doméstico.

cha.me.go (ê) (de *chama*) *sm bras* **1** Amizade muito íntima. **2** Namoro. **3** Excitação para atos libidinosos. **4** Paixão violenta.

cha.me.jan.te (de *chamejar*) *adj m+f* Que chameja.

cha.me.jar (*chama+ejar*) *vint* **1** Deitar chamas ou labaredas; arder. *vtd* **2** Passar pelas chamas, para desinfetar. *vint* **3** Cintilar, resplandecer; brilhar. *vtd* **4** Derramar chamas. *vint* **5** Arder em paixões.

cha.mi.né (*fr cheminée*) *sf* **1** Tubo que dá saída à fumaça. **2** Tubo de ferro ou de tijolo que serve à ventilação dos edifícios. **3** Parte do cachimbo onde se coloca o tabaco.

cham.pa.nha (*fr champagne*) *sm* **1** Vinho espumante, branco ou rosado, da região de Champagne, França. **2** Qualquer tipo de vinho espumante.

cham.pa.nhe (*fr champagne*) *sm V champanha*.

champignon (*champinhon*) (*fr*) *sm* Tipo de cogumelo comestível.
cha.mus.ca.da (*chamuscar+ada¹*) *sf* Ação de chamuscar.
cha.mus.ca.do (*part* de *chamuscar*) *adj* Levemente queimado.
cha.mus.car (de *chama²*) *vtd* Queimar ligeiramente.
chan.ce (*fr chance*) *sf* Oportunidade; ensejo.
chan.ce.la (*der* regressiva de *chancelar*) *sf* **1** Ato de chancelar. **2** Selo em alguns documentos oficiais. **3** Carimbo. **4** Rubrica.
chan.ce.lar (*fr chanceler*) *vtd* **1** Pôr chancela em, carimbar. **2** Aprovar.
chan.ce.la.ri.a (*fr chancellerie*) *sf* **1** Repartição onde se põe chancela em documentos. **2** Ministério administrado por um chanceler; em alguns países, o ministério das Relações Exteriores. **3** Coleção de documentos ou diplomas oficiais. **4** Cargo de chanceler.
chan.ce.ler (*fr chancelier*) *sm* **1** Primeiro-ministro, ou ministro das Relações Exteriores de um país. **2** Funcionário encarregado de chancelar documentos ou diplomas. *Chanceler da universidade:* oficial que põe os selos nas cartas de bacharel, de formatura etc.
chan.cha.da (*cast chanchada*) *sf* **1** Barulho, discussão. **2** *bras Cin* e *Teat* Peça teatral ou filme que visa apenas ao humorismo barato.
chan.fra.du.ra (*chanfrar+dura*) *sf* **1** Efeito de chanfrar; chanfro. **2** Recorte nas extremidades de um objeto ou terreno.
chan.frar (*fr chanfrer*) *vtd* **1** Cortar em semicírculo. **2** Fazer chanfros em. **3** Desfazer as arestas ou quinas de.
chan.fro (de *chanfrar*) *V chanfradura*.
chan.ta.ge.ar (*chantagem+ar²*) *vtd* **1** Fazer chantagem contra alguém. *vint* **2** Fazer chantagem. Conjuga-se como *frear*.
chan.ta.gem (*fr chantage*) *sf* Ação de extorquir dinheiro ou favores, sob a ameaça de revelações escandalosas, verdadeiras ou não.
chan.ta.gis.ta (*chantagem+ista*) *adj* e *s m+f* Diz-se da, ou a pessoa que pratica chantagens.
chan.ti.li (do *top Chantilly*) *sm Cul* Creme de leite batido com açúcar; creme chantili.
chão (*lat planu*) *sm* **1** O terreno em que pisamos. **2** Superfície da Terra; solo. **3** Pavimento. **4** Fundo de um escudo, de um quadro, de um tecido, de qualquer superfície colorida. **5** Lugar em que se está acostumado a viver. **6** Pequena propriedade em terra. **7** *pop* Distância. • *adj* **1** Liso, plano. **2** *fig* Tranquilo. **3** *fig* Franco, singelo.
cha.pa *sf* **1** Peça lisa, plana, relativamente fina, de espessura uniforme, de qualquer material. **2** Lâmina. **3** *Fot* Lâmina que, exposta à luz, dentro de um aparelho fotográfico, produz a imagem dos objetos fotografados. **4** Radiografia. **5** Dentadura postiça. **6** *pop* Parceiro, companheiro íntimo.
cha.pa.da (*chapa+ada¹*) *sf* **1** Planura. **2** Planalto. **3** Clareira. **4** Pancada em cheio. **5** *gír* Bofetada.
cha.pa.dão (*chapada+ão²*) *sm* **1** Aumentativo de *chapada;* grande chapada. **2** Série de chapadas.
cha.pa.do (*part* de *chapar*) *adj* **1** *pop* Completo, perfeito. **2** Aplanado, achatado; estendido. **3** *bras gír* Bêbado ou drogado.
cha.par (*chapa+ar¹*) *vtd* **1** Pôr chapa em. *vtd* **2** Segurar com chapa. *vtd* **3** Cunhar, marcar. *vtd* **4** Dar forma de chapa a. *vpr* **5** Cair de chapa; estatelar-se.
cha.pe.a.men.to (*chapear+mento*) *sm* Ação de chapear.
cha.pe.ar (*chapa+e+ar¹*) *vtd* e *vti* **1** Revestir de chapas. **2** Achatar, laminar, reduzir a chapa. Conjuga-se como *frear*.
cha.pe.lão (*chapéu+l+ão²*) *sm* Chapéu muito grande.
cha.pe.la.ri.a (*chapéu+l+aria*) *sf* **1** Indústria de chapéus. **2** Estabelecimento onde se fabricam ou vendem chapéus.
cha.pe.lei.ra (*chapéu+l+eira*) *sf* **1** Mulher de chapeleiro. **2** Mulher que faz ou vende chapéus. **3** Caixa própria para guardar e transportar chapéus. **4** Pequeno cabide portátil para chapéus.
cha.pe.lei.ro (*chapéu+l+eiro*) *sm* Aquele que faz ou vende chapéus.
cha.péu (*fr ant chapel*) *sm* **1** Cobertura para cabeça, de feltro, palha etc. e formada de copa e abas. **2** *Esp gír* Jogada na qual o futebolista passa a bola por cima do adversário e a retoma em seguida. *Tirar o chapéu:* cumprimentar. *Aum: chapelão* e *chapeirão*. *Pl: chapéus*. *Chapéu de coco:* chapéu de aba estreita e copa pequena e arredondada; chapéu-coco.
cha.pi.nhar (*voc onom chape+inho+ar¹*) *vtd* **1** Banhar com a mão ou com um pano embebido em líquido. *vti* e *vint* **2** Bater em substância líquida ou pastosa. *vti* e *vint* **3** Agitar-se na água com as mãos ou com os pés. *vti* e *vint* **4** Bater a água em alguma coisa, quando cai. *vint* **5** Escorregar na lama. *vti* **6** Atolar-se, atascar-se, chafurdar.
cha.pis.car (*chapisco+ar²*) *vtd* Aplicar chapisco em.
cha.pis.co (*voc onom chape+isco+ar¹*) *sm Constr* Argamassa de areia e cimento aplicada em superfície lisa para torná-la áspera e garantir melhor aderência do reboco.
cha.ra.da (*fr charade*) *sf* **1** Enigma. **2** Linguagem obscura.
cha.ra.dis.ta (*charada+ista*) *s m+f* Pessoa que compõe ou resolve charadas.
cha.ran.ga (*cast charanga*) *sf* **1** Banda de música composta principalmente por instrumentos de sopro. **2** *pop* Carro velho.
char.co (*voc pré-romano*) *sm* **1** Lugar onde há água parada e pouco profunda. **2** Atoleiro, poça, lodaçal.
char.ge (*fr charge*) *sf* Caricatura.
char.gis.ta (*charge+ista*) *s m+f* Pessoa que faz charges; caricaturista.
char.la.ta.ni.ce (*charlatão+ice*) *V charlatanismo*.
char.la.ta.nis.mo (*charlatão+ismo*) *sm* **1** Linguagem, comportamento ou obra de charlatão. **2** Enganação, trapaça ou logro. *Var: charlatanice*.
char.la.tão (*ital ciarlatano*) *sm* **1** Indivíduo que, nas praças públicas, vende drogas, exagerando-lhes as virtudes. **2** Aquele que explora a boa-fé do público. **3** Indivíduo com pretensões, comumente exageradas, de conhecimentos e habilidades; impostor, trapaceiro. **4** *pej* Médico incompetente. *Pl: charlatães* e *charlatões*. *Fem: charlatã* e *charlatona*.
char.me (*fr charme*) *sm* Encanto; sedução; graça; fascínio; beleza.

char.mo.so (*ô*) (*charme+oso*) *adj* Cheio de charme; encantador; sedutor; fascinante. *Pl: charmosos* (*ó*).

char.ne.ca (*voc pré-romano*) *sf* **1** Terreno inculto e árido onde há apenas vegetação arbustiva e rasteira. **2** Estilo árido ou monótono.

char.que (*cast charque*) *sm* V *carne de sol*.

char.que.a.da (*charquear+ada*[1]) *sf* Estabelecimento onde se prepara o charque.

char.que.ar (*charque+ar*) *vtd* e *vint* Preparar o charque. Conjuga-se como *frear*.

char.re.te (*é*) (*fr charrette*) *sf* Carro leve, de duas rodas altas, puxado por um cavalo.

char.re.tei.ro (*charrete+eiro*) *sm* Aquele que conduz os cavalos de uma charrete.

char.ru.a (*fr charrue*) *sf* **1** Arado grande. **2** Agricultura; vida de lavrador.

charter (*ingl*) *sm* **1** Fretamento ou aluguel de um meio de transporte. **2** Avião alugado.

cha.ru.ta.ri.a (*charuto+aria*) *sf* **1** Estabelecimento onde se vendem charutos, cigarros, tabaco e objetos de fumante. **2** V *tabacaria*.

cha.ru.tei.ro (*charuto+eiro*) *sm* **1** Fabricante de charutos. **2** Proprietário de charutaria. **3** Manipulador de charutos.

cha.ru.to (*tâmil shuruttu*, pelo *ingl cheroot*) *sm* Rolo de folhas secas de tabaco, preparado para se fumar.

chas.si (*fr chassis*) *sm* **1** *Autom* Parte do veículo que suporta a carroçaria. **2** Base metálica em que se montam as peças de um aparelho de rádio ou televisão.

cha.ta (de *chato*) *sf bras* Barcaça larga e de fundo chato.

cha.te.a.ção (*chatear+ção*) *sf* Ato ou efeito de chatear.

cha.te.ar (*chato+e+ar*[1]) *vint, vtd pop* Importunar, aborrecer. Conjuga-se como *frear*.

cha.ti.ce (*chato+ice*) *sf pop* Amolação, que incomoda.

cha.to (*lat vulg platu*) *adj* **1** Que não tem relevo; plano. **2** Sem saliência; liso. **3** *pop* Importuno, inconveniente. • *sm* Plano não acidentado.

chau.vi.nis.mo (*xô*) (*Chauvin, np+ismo*) *sm* **1** Patriotismo exagerado, quase desprezo aos estrangeiros. **2** Procedimento de chauvinista.

chau.vi.nis.ta (*xô*) (*Chauvin, np+ista*) *adj m+f* Relativo ao chauvinismo. • *s m+f* **1** Patriota exaltado. **2** Pessoa que assume qualquer posição radical.

cha.vão (*chave+ão*[2]) *sm* **1** Aumentativo de *chave*; chave grande. **2** Modelo, tipo, padrão. **3** *Gram* Palavra ou construção que se tornou desgastada pelo seu uso frequente; lugar-comum, clichê.

cha.ve (*lat clave*) *sf* **1** Peça de metal que movimenta a lingueta das fechaduras. *Col*: *molho* (*ó*), *penca*. **2** Instrumento com que se dá corda a relógios ou outros mecanismos acionados por mola espiral. **3** Utensílio que serve para aparafusar, apertar, estender, fixar etc. **4** *Mil* Lugar que, pela sua posição, pode ser ponto estratégico contra inimigos. **5** *fig* Aquilo que facilita ou explica qualquer questão. **6** Insígnia de posse ou de autoridade. **7** Sinal ortográfico; colchete. **8** *Esp* Certos golpes de jiu-jítsu e luta livre. **9** *Eletr* V *interruptor*. **10** *Mús* Cada uma das peças móveis com as quais o instrumentista abre e fecha os orifícios de certos instrumentos de sopro. **11** *Mús* V *clave*.

cha.vei.ro (*chave+eiro*) *sm* **1** O que guarda chaves. **2** Pessoa que faz chaves e conserta fechaduras. **3** Corrente ou arco para prender chaves. **4** Móvel ou quadro com pregos onde se dependuram as chaves de uma casa.

chá.ve.na (*jap chawan*) *sf* Xícara para chá, café e outras bebidas.

cha.ve.ta (*ê*) (*chave+eta*) *sf* **1** Pequena chave. **2** Peça que se mete na extremidade de um eixo, para não deixar sair a roda.

che.ca.gem (*checar+agem*) *sf pop* **1** Ato ou efeito de checar. **2** Controle; verificação; conferência.

che.ca.pe (*ingl check-up*) *sm Med* Conjunto de exames clínicos de toda espécie a que se submete um paciente, visando à completa análise de sua saúde e de possíveis propensões para certas enfermidades.

che.car (*ingl to check*) *vtd* Controlar; verificar; examinar; experimentar; conferir.

check-in (*tchequín*) (*ingl*) *sm Tur* **1** Ato de registrar-se (em hotel). **2** Ato de apresentar-se no aeroporto ou outro porto de embarque para mostrar a passagem e despachar a bagagem.

check-out (*tchecáuti*) (*ingl*) *sm Tur* Ato de pagar o conta, devolver as chaves e sair do hotel.

check-up (*tchecápi*) (*ingl*) V *checape*.

che.co (*fr tchéque*) V *tcheco*.

che.cos.lo.va.co (*tcheco cheskoslovaké*) V *tchecoslovaco*.

cheeseburguer (*chisbúrguer*) (*ingl*) *sm Cul* Hambúrguer que recebe uma ou mais fatias de queijo.

che.fão (*chefe+ão*) *sm* Mandão, político. *Fem*: *chefona*.

che.fa.tu.ra (*chefe+ar*[1]+*ura*[2]) *sf* Repartição onde o chefe dá expediente.

che.fe (*fr chef*) *sm* **1** Indivíduo que, entre outros, tem a autoridade ou a direção. **2** Capitão, caudilho. **3** Cabeça. **4** Empregado ou funcionário encarregado da direção ou supervisão de uma seção, departamento, repartição etc. **5** Fundador de uma dinastia, de uma instituição, de uma doutrina, de uma escola etc. *Aum*: *chefão*. *Dim*: *chefinho*. *Fem*: *chefa*.

che.fe.te (*chefe+ete*) *sm pej* **1** Chefe de pequena empresa. **2** Chefe sem prestígio ou autoridade.

che.fi.a (*chefe+ia*[1]) *sf* Direção, governo, comando, liderança.

che.fi.ar (*chefia+ar*[1]) *vtd* Dirigir como chefe, exercer a chefia de.

che.ga.da (*part fem* de *chegar*) *sf* Ato de chegar. *Antôn*: *partida*.

che.ga.do (*part fem* de *chegar*) *adj* **1** Próximo, contíguo. **2** Dado, propenso. *Antôn* (acepção 1): *afastado*.

che.gar (*lat plicare*) *vti* e *vint* **1** Vir. *vti* e *vint* **2** Aproximar-se de um ponto. *vtd* **3** Pôr ao alcance; aproximar. *vti* **4** Atingir, igualar. *vti* e *vint* **5** Ser suficiente; bastar. *vint* **6** Acontecer. *Antôn* (acepção 1): *partir*. *Chega pra lá, gír*: expressão que indica dispensa, negação.

chei.a (*fem* de *cheio*) *sf* **1** Enchente de rio. **2** Inundação. **3** Invasão. **4** Multidão. **5** Grande quantidade.

chei.o (*lat plenu*) *adj* **1** Completo, pleno, repleto. **2** Atarefado. **3** Nutrido, gordo. **4** *pop* Farto, aborrecido. *Antôn:* vazio. **Cheinho** (diminutivo de *cheio*, com sentido de completo): muito cheio. *Em cheio:* de chapa, plenamente.

chei.rar (*lat vulg flagrare,* por *fragrare*) *vtd* **1** Sentir o cheiro de. *vtd* **2** Introduzir no nariz, aspirando. *vtd* **3** Indagar, procurar. *vtd* **4** Suspeitar. *vti* **5** Ter aparência ou semelhança. *vti* **6** *pop* Agradar.

chei.ro (de *cheirar*) *sm* **1** Impressão produzida no olfato. **2** Aroma, odor, perfume. **3** Faro, olfato. *Cheiro-verde, Cul:* as ervas aromáticas, usadas entre temperos.

chei.ro.so (*ô*) (*cheiro+oso*) *adj* **1** Que exala cheiro. **2** Aromatizado, perfumado. *Pl: cheirosos* (*ó*).

che.ni.le (*fr chenille*) *sf* **1** Fio fofo de lã, algodão, seda ou raiom. **2** Tecido feito com esse fio.

che.que (*ingl check*) *sm Econ* Ordem de pagamento, à vista, sobre banco ou casa bancária, para pagar certa soma. *Cf xeque*[1] e *xeque*[2]. Veja nota em **xeque**.

cherry (*tchéri*) (*ingl*) *sm* Licor de cerejas.

chés.ter (*top Chester*) *sm neol Zool* Ave galinácea, modificada geneticamente, semelhante a um frango, porém bem maior.

chi.a.da (*chiar+ada*[1]) *sf* **1** Ato de chiar. **2** Vozearia aguda e desagradável. **3** Lamúria. **4** Pedido ou queixa repetida e impertinente.

chi.a.dei.ra (*chiar+deira*) *V chiada.*

chi.a.do (*part* de *chiar*) *adj* Que chia.

chianti (*quiânti*) (*ital*) *sm* Vinho de mesa seco, tinto ou branco, geralmente em garrafas verdes, bojudas e baixas, revestidas de vime produzido na região montanhosa de Chianti, Itália.

chi.ar (*onom chi+ar*[2]) *vint* **1** Dar chios, emitir grito agudo. **2** *bras* Reclamar, protestar. **3** Ranger. **4** *pop* Esbravejar de cólera. **5** Ralhar.

chi.ba.ta (de *chibo*) *sf* Vara comprida e delgada para fustigar animais ou pessoas.

chi.ba.ta.da (*chibatar+ada*[1]) *sf* Pancada com chibata.

chi.ba.tar (*chibata+ar*[1]) *vtd* **1** Bater com chibata em; castigar com chibata. **2** Fustigar com chibata.

chi.cle.te (*chicle+ete*, marca registrada) *V goma de mascar.*

chi.co *sm gír* Menstruação. *Estar de chico:* estar menstruada.

chi.có.ria (*gr kikhória,* pelo *lat*) *sf Bot* Planta pequena, da família da endívia, de flores azuis, com folhas crespas ou lisas, usada como salada ou cozida.

chi.co.ta.da (*chicote+ada*[1]) *sf* **1** Pancada de chicote. **2** Estímulo súbito e violento.

chi.co.tar (*chicote+ar*[1]) *V chicotear.*

chi.co.te (*fr chicot*) *sm* Tira ou trança de couro com cabo, geralmente para castigar animais. *Sin:* açoite, látego, rabo de tatu etc.

chi.co.te.ar (*chicote+e+ar*[1]) *vtd* Bater com chicote em; açoitar, flagelar; chibatar. Conjuga-se como *frear.*

chi.fra.da (*chifre+ada*[1]) *sf* Pancada com chifre; golpe de chifre; cornada.

chi.frar (*chifre+ar*[1]) *V cornear.*

chi.fre (*cast ant chifle*) *sm Zool* Cada um dos apêndices duros e recurvados que certos animais (adultos) têm na cabeça, como o boi e o bode; haste, toco, corno.

chi.fru.do (*chifre+udo*) *adj* **1** Que tem chifres grandes. **2** *pop* Marido enganado.

chi.le.no (*top Chile+eno*[1]) *adj* Pertencente ou relativo ao Chile (América do Sul). • *sm* O habitante ou natural do Chile.

chi.li.que *sm pop* **1** Perda dos sentidos; desfalecimento. **2** Crise nervosa.

chil.re.a.dor (*chilrear+dor*) *adj* + *sm* **1** Que, ou o que chilreia; chilreio. **2** Tagarela.

chil.re.ar (*chilro+e+ar*) *vint* **1** Gorjear, pipilar. *vint* **2** Tagarelar. *vtd* **3** Exprimir em gorjeio. Conjuga-se como *frear* (porém, com raras exceções, conjuga-se apenas nas 3ªˢ pessoas).

chil.rei.o (de *chilrear*) *sm* Ato de chilrear.

chil.ro (de *chilrar*) *sm* Som agudo e trinado dos pássaros.

chi.mar.rão (*cast cimarrón*) *sm Reg* (RS) Mate sem açúcar, tomado em cuia.

chim.pan.zé (*fr chimpanzé*) *sm* **1** *Zool* Nome comum do mais inteligente dos macacos antropomorfos, que vive nas florestas equatoriais da África. **2** Indivíduo muito feio e desajeitado. *Var: chipanzé.*

chi.na[1] (*top China*) *gír V chinês.*

chi.na[2] (*quíchua tchina*) *adj m+f* Moreno, tostado. • *sf* Mulher de índio, ou pessoa que apresenta alguns caracteres das mulheres indígenas.

chin.chi.la (*cast chinchilla*) *sf* **1** *Zool* Pequeno roedor, do tamanho de um grande esquilo, originário das montanhas do Peru e do Chile (América do Sul), mas agora extensamente criado em cativeiro por causa de sua pele, de pelo macio. **2** Pele desse animal, muito apreciada para agasalhos.

chi.ne.la (*ital genovês cianella*) *sf* Chinelo.

chi.ne.la.da (*chinela+ada*[1]) *sf* Pancada com chinela ou chinelo.

chi.ne.lo (*masc* de *chinela*) *sm* Calçado macio, normalmente sem salto, para uso doméstico.

chi.nês (*top China+ês*) *adj* Pertencente ou relativo à China (Ásia). • *sm* **1** O habitante ou natural da China. **2** *Ling* Língua falada na China.

chin.frim (*voc expressivo*) *sm* **1** *pop* Algazarra, balbúrdia, banzé, desordem. **2** Baile popular, arrasta-pé. • *adj* Insignificante, reles.

chi.o (de *chiar*) *sm* **1** Voz aguda dos pássaros, ratos e cigarras. **2** Som agudo produzido pelo eixo das rodas dos carros. **3** Chiado.

chip (*tchip*) (*ingl*) *sm Inform* Unidade microscópica composta de transistores interconectados e de outros componentes eletrônicos, que constitui a memória de um computador.

chi.pan.zé (*fr chimpanzé*) *V chimpanzé.*

chi.que (*fr chic*) *adj m+f* **1** Bonito, elegante, formoso. **2** Apurado, de bom gosto. • *sm* Elegância.

chi.quê (de *chique*) *sm gír* Elegância afetada.

chi.quei.ri.nho (*chiqueiro+inho*) *sm* **1** Diminutivo de *chiqueiro*. **2** Gradeado fechado onde se deixam crianças muito pequenas, para que não se machuquem andando pela casa.

chi.quei.ro (*ár shirkair,* via *cast*) *sm* **1** Curral de porcos. **2** Lodaçal. **3** *pop* Casa ou lugar imundo. **4** Curral de bezerros.

chir.ri.ar (*voc onom*) *vint* **1** Cantar (a coruja). **2** Produzir som como o canto da coruja. **3** Fazer soar à semelhança do canto da coruja. *Conjug*: com raras exceções, conjuga-se apenas nas 3ªˢ pessoas.

chis.pa (*voc onom*) *sf* **1** Centelha, fagulha, faísca que salta de uma substância em brasa. **2** Fulgor passageiro; lampejo.

chis.pa.da (*chispar+ada¹*) *sf* Corrida, disparada.

chis.par (*chispa+ar¹*) *vti* e *vint* **1** Lançar chispas. *vint* **2** *fig* Estar ardendo em ira. *vint* **3** *pop* Correr em disparada.

chis.te (*cast chiste*) *sm* Dito engraçado; piada, gracejo.

chis.to.so (*ô*) (*chiste+oso*) *adj* Cheio de chistes; engraçado, espirituoso. *Antôn*: *insípido*. Pl: *chistosos* (*ó*).

chi.ta (*hind chhît*) *sf* Pano ordinário, de algodão, estampado em cores.

chi.tão (*chita+ão*) *sm* Chita estampada de cores vivas ou de grandes ramagens.

cho.ça *sf* **1** Choupana. **2** Habitação rústica, humilde.

cho.ca (*baixo-lat clocca*, do *célt*) *sf pop* Vaca usada para guiar touros bravos.

cho.ca.dei.ra (*chocar+deira*) *sf* Aparelho para chocar ovos; incubadora.

cho.ca.do¹ (*part* de *chocar¹*, acepção 4) *adj* Abalado; comovido; ofendido.

cho.ca.do² (*part* de *chocar²*, acepção 2) *adj* Diz-se do ovo que está sendo coberto por uma ave, que o mantém com o calor necessário para desenvolver o germe.

cho.ca.gem (*chocar+agem*) *sf* Ato de chocar.

cho.ca.lhar (*chocalho+ar¹*) *vint* **1** Fazer soar (o chocalho). *vtd* **2** Agitar, fazendo soar como chocalho. *vtd* **3** Agitar (líquido contido em um vaso).

cho.ca.lho (*choca+alho*) *sm* **1** Espécie de campainha ou guizo que se põe ao pescoço de animais. **2** Cabaça ou vaso com pedras dentro, constituindo instrumento para produzir certos efeitos em determinadas músicas. **3** Guizo para brinquedo infantil.

cho.can.te (de *chocar*) *adj m+f* **1** Que choca, melindra, revolta; revoltante. **2** Escandaloso, indecente.

cho.car¹ (*choque+ar¹*) *vti* e *vpr* **1** Produzir choque, ir de encontro a; abalroar, colidir. *vpr* **2** Esbarrar. *vtd* **3** Bater de encontro. *vtd* **4** Desagradar a; ferir, ofender. *vpr* **5** Melindrar-se.

cho.car² (*choco+ar¹*) *vint* **1** Estar no choco; incubar. *vtd* **2** Fazer desenvolver o germe de ovos, cobrindo-os e aquecendo-os com o corpo (falando de aves).

cho.cho (*ô*) (*lat fluxu*) *adj pop* **1** Sem suco. **2** Sem miolo, sem grão. **3** Seco. **4** Oco. **5** Chato. **6** Enfraquecido, doente.

cho.co (*ô*) (*lat vulg *clocca*) *adj* **1** Diz-se do ovo em que se está desenvolvendo o germe. **2** Diz-se da ave que está incubando. **3** Podre, estragado. **4** Sem sabor. **5** Que perdeu a efervescência: *Cerveja choca*. • *sm* Ato de chocar, ou período de incubação.

cho.co.la.ta.ri.a (*chocolate+aria*) *sf* **1** Fábrica de chocolate. **2** Local onde se prepara e vende chocolate.

cho.co.la.te (do *nauatle*) *sm* **1** Produto alimentar feito de cacau, açúcar e várias substâncias aromáticas. **2** Bebida preparada com esse produto.

cho.co.la.tei.ro (*chocolate+eiro*) *sm* Fabricante ou vendedor de chocolate.

cho.fer (*fr chauffeur*) *sm* Condutor de automóvel; motorista.

cho.fre (*ô*) (*voc onom*) *sm* Choque repentino. *De chofre*: repentinamente, subitamente.

cho.pa.ri.a (*chope+(cervej)aria*) *sf neol* Estabelecimento público onde se vende chope. *Var*: *choperia*.

cho.pe (*ô*) (*al Schoppen*, via *fr chope*) *sm* Cerveja gelada de barril.

cho.pe.ri.a (*chope+eria*) *V choparia*.

cho.que (*fr choc*) *sm* **1** Encontro de dois corpos; impacto; colisão. **2** Comoção; abalo. **3** Encontro violento de forças militares. **4** Antagonismo, conflito, luta, oposição. **5** Efeito produzido pela passagem de uma corrente elétrica através do corpo; choque elétrico. **6** *Med* Estado de grande fraqueza. Caracteriza-se por palidez e umidade fria da pele, pressão sanguínea baixa, pulso fraco e rápido, respiração diminuída, inquietação, ansiedade e, às vezes, desmaio.

cho.ra.dei.ra (*chorar+deira*) *sf* **1** Ação de chorar muito. **2** Pedido lamuriento; lamúria.

cho.ra.min.gar (de *chorar*) *vint*, *vtd* e *vtdi* **1** Chorar com frequência. **2** Chorar em tom baixo. **3** Proferir em voz de lamúria.

cho.ra.min.gas (de *choramingar*) *s m+f sing* e *pl* Pessoa que choraminga.

cho.rão (*chorar+ão²*) *adj* Que chora muito. • *sm* **1** Indivíduo que chora muito. *Fem*: *chorona*. **2** *Bot* Árvore ornamental, frequentemente cultivada no Brasil.

cho.rar (*lat plorare*) *vti* e *vint* **1** Derramar ou verter lágrimas. *vint* **2** Lamentar, queixar-se. *vti* **3** Pedir com soluços, gemidos, lágrimas. *vti* **4** Sentir profundo pesar pela falta ou perda de alguém ou alguma coisa. *vtd* **5** Afligir-se com, condoer-se, lastimar. *vtd* **6** Ter arrependimentos ou remorsos de. *vti* **7** Pedir, reclamar. *Antôn*: *rir*.

cho.ri.nho (*choro+inho*) *sm* **1** *Mús* Música popular de andamento rápido, em que um instrumento faz o solo e os outros tocam o acompanhamento. **2** *pop* Fio d'água.

cho.ro (*ô*) (de *chorar*) *sm* **1** Ato de chorar; lamentação, pranto. **2** *Mús* Conjunto instrumental formado por flauta, violão, cavaquinho, pandeiro e reco-reco. **3** Música tocada por esse conjunto. **4** Baile. *Antôn* (acepção 1): *riso*.

cho.ro.ró (do *tupi xororó*) *sm Reg* (MT e MS) **1** Pequena cachoeira ou salto. **2** *Reg* (Sul e MG) Espécie de ave, como o inambu.

cho.ro.so (*ô*) (*choro+oso*) *adj* **1** Que chora ou chorou. **2** Que indica choro, lástima, tristeza ou dor. **3** Sentido, magoado. *Antôn* (acepção 1): *risonho*. Pl: *chorosos* (*ó*).

cho.ru.me.la (*chorume+ela*) *sf bras pop* Coisa de pouco valor; insignificância; ninharia.

chou.pa.na (de *choupo*) *sf* Casa rústica de madeira ou de ramos de árvores; cabana, casebre, choça.

chou.po (*lat populu*) *sm Bot* Espécie de árvore; álamo.

chou.ri.cei.ro (*chouriço+eiro*) *sm* Indivíduo que faz ou vende chouriço.

chou.ri.ço (*cast chorizo*) *sm* **1** *Cul* Espécie de linguiça feita de carne com gorduras ou sangue de porco e farinha, com temperos. **2** Saco comprido e cilíndrico, cheio de areia, para tapar as frestas inferiores das portas e janelas.

cho.ver (*lat vulg plovere*) *vint* **1** Cair chuva. **2** *fig* Cair em abundância, como a chuva. *Conjug:* verbo impessoal, conjugado só na 3ª pessoa do singular (só se conjuga em outras pessoas quando é utilizado em sentido figurado). *Chove não molha:* a) indivíduo indeciso, irresoluto; b) coisa que não ata nem desata; c) aquilo que não anda nem desanda.

chu.char (*lat suctiare*) *vtd* **1** Chupar, sugar. **2** Mamar. **3** Apanhar; levar, receber. **4** Tocar, cutucar.

chu.chu (*fr chouchou*) *sm* **1** *Bot* Trepadeira de fruto verde, comestível; chuchuzeiro, maxixe-francês. **2** O fruto dessa planta. **3** *gír* Moça ou mulher bonita. *Pra chuchu, pop:* muito, em grande quantidade.

chu.chu.zei.ro (*chuchu+z+inho*) *sm Bot* Planta hortense que dá o chuchu.

chu.cru.te (*fr choucroute*, do *al Sauerkraut*) *sm Cul* Repolho picado e fermentado.

chu.é (*ár hispânico shuî*) *adj pop* Sem classe; ordinário, reles: *Carro chué, pintor chué.*

chu.lé (*cigano chullí*) *sm gír* Mau cheiro característico dos pés sujos ou suados.

chu.le.a.do (*part de chulear*) *adj* Diz-se do tecido com ponto de chuleio. • *sm* Chuleio.

chu.le.ar (*lat subligare*) *vtd* **1** Costurar ligeiramente a orla de (qualquer tecido), para não se desfiar. **2** Costurar com ponto de chuleio. Conjuga-se como *frear*.

chu.lei.o (*der regressiva de chulear*) *sm* **1** Ato ou efeito de chulear. **2** Ponto de chulear.

chu.le.ta (*cast chuleta*) *sf* **1** Pedaço de carne. **2** *Reg* (RS) Costeleta.

chu.lo (*cast chulo*, do *ital (fan)ciullo*) *adj* **1** Baixo, grosseiro, rústico. **2** Diz-se de termos impróprios da linguagem educada.

chu.ma.ço (*lat plumaciu*) *sm* **1** Porção de coisas flexíveis e moles, que se põe entre os forros e o pano de um vestuário, para o tornar macio. **2** Substância com que se almofada ou estofa qualquer objeto.

chum.ba.da (*chumbar+ada*[1]) *sf* **1** Tiro de chumbo. **2** Porção de chumbo para um tiro. **3** Ferimento com tiro de chumbo miúdo.

chum.ba.do (*part de chumbar*) *adj* **1** Preso com chumbo. **2** Ferido por tiro de chumbo. **3** *pop* Embriagado, bêbado. **4** *Constr* Diz-se da peça embutida em bloco de pedra e soldada com cimento ou chumbo. **5** *pop* Reprovado em exame. **6** Fechado, tapado.

chum.bar (*chumbo+ar*[1]) *vtd* **1** Tapar com chumbo ou outro metal. **2** Ferir com chumbo. **3** Ferir com arma de fogo. **4** Fechar totalmente. **5** *pop* Reprovar em exame. **6** *Constr* Fixar com chumbo ou cimento uma peça a uma parede, uma trave etc.

chum.bo (*lat plumbu*) *sm* **1** *Quím* Elemento metálico azulado, maleável, mole, de número atômico 82 e símbolo Pb. **2** Grãos desse metal usados como projéteis para caça miúda e outros usos. **3** Coisa muito pesada. *Levar chumbo, pop:* fracassar ou ser malsucedido em alguma coisa.

chu.pa-ca.bra *sm Folc* Animal imaginário, representado, em geral, como um lobo horrendo, com patas e garras enormes, que ataca os animais domésticos da zona rural, sugando-lhes o sangue até levá-los à morte. *Pl: chupa-cabras.*

chu.pa.da (*chupar+ada*[1]) *sf* **1** Ato ou efeito de chupar. **2** *pop* Repreensão, bronca.

chu.pa.do (*part de chupar*) *adj pop* **1** Muito magro, magríssimo. **2** Embriagado.

chu.pão (*chupar+ão*[2]) *adj* Que chupa. • *sm* **1** Ação de chupar com força. **2** Beijo ruidoso. **3** Mancha resultante da sucção que se faz com a boca sobre a epiderme.

chu.par (*cast chupar*) *vtd* **1** Sorver, sugar. *vtd* **2** Extrair com a boca o suco de. *vtd* **3** Gastar, revolvendo na boca com a saliva. *vint* **4** *pop* Ingerir bebidas alcoólicas. *vtd* **5** Aproveitar, lograr, lucrar, tirar de outrem para si. *vtd* **6** Tirar pouco a pouco o dinheiro a. *vtd* **7** Consumir, gastar. *vtd* **8** *pop* Copiar um texto, pesquisa ou qualquer outra ideia de outrem para utilizar em benefício próprio.

chu.pe.ta (*ê*) (de *chupar*) *sf* **1** Espécie de mamilo de borracha para crianças. **2** Bico de mamadeira. **3** *vulg* Sexo oral.

chu.pim (*tupi xopí*) *sm* **1** *Ornit* Pássaro que põe ovos nos ninhos alheios para outras aves chocarem e cuidarem dos filhotes; parasita, vira-bosta. **2** *fig* Pessoa que vive à custa de outra.

chur.ras.ca.da (*churrasco+ada*[1]) *sf* Reunião de pessoas para comer churrasco.

chur.ras.ca.ri.a (*churrasco+aria*) *sf* Restaurante cujo prato típico é o churrasco.

chur.ras.co (*cast churrasco*) *sm* **1** Pedaço de carne assada em espeto ou na grelha, ao calor das brasas. **2** *V churrascada*.

chur.ras.que.ar (*churrasco+e+ar*[1]) *vint* Preparar churrasco para comer. Conjuga-se como *frear*.

chur.ras.quei.ra (*churrasco+eira*) *sf* Armação, com grelha, própria para fazer churrasco.

chur.ras.quei.ro (*churrasco+*eiro) *sm bras* Cozinheiro especialista em churrasco.

chus.ma (*lat celeusma*) *sf* **1** Gente que trabalha a bordo; tripulação. **2** Grande quantidade de pessoas; multidão. **3** Grande número de coisas; montão. **4** *Mús* Conjunto das vozes de um coro.

chu.tar (*chute+ar*[1]) *vtd* e *vint* **1** *Esp* No futebol, arremessar a bola com o pé. *vtd* e *vint* **2** *por ext* Arremessar qualquer coisa com o pé. *vtd* **3** *pop* Não ligar para; desprezar. *vtd* **4** *gír* Dizer algo sem ter certeza.

chu.te (*ingl shoot*) *sm* **1** Ato de chutar. **2** Pontapé.

chu.tei.ra (*chute+eira*) *sf* Botina apropriada para jogar futebol.

chutney (*tchãtnei*) (*ingl*) *sm Cul* Conserva picante de origem indiana em que vegetais ou frutas, ou ambos combinados, são cozidos junto com especiarias, vinagre e açúcar.

chu.va (*lat pluvia*) *sf* **1** *Meteor* Vapor d'água, condensada na atmosfera, que se precipita sobre a terra em forma de gotas. **2** Água que cai das nuvens. **3** Tudo o que cai do ar em abundância. **4** Abundância, ocorrência simultânea e sucessiva de muitas coisas. *Chuva de pedra, Meteor:* precipitação de granizo; saraiva, saraivada.

chu.va-de-ou.ro *sm Bot* **1** Certa espécie de acácia. **2** Certa espécie de orquídea amarela. *Pl: chuvas-de-ouro.*

chu.va.ra.da (*chuva+r+ada¹*) *sf* Chuva forte.

chu.vei.ro (*chuva+eiro*) *sm* Bocal cheio de furos, ou crivo, por onde jorra a água ao se tomar banho; local onde ele está instalado; crivo de regador.

chu.vis.car (*chuvisco+ar¹*) *vint* Cair chuvisco; chover pouco. *Conjug:* verbo impessoal, conjugado apenas na 3ª pessoa do singular.

chu.vis.co (*chuva+isco*) *sm* **1** Chuva em gotas muito pequenas; chuvisqueiro, peneira. **2** *Telev* e *Inform* Interferência que aparece em uma tela de televisão ou monitor, semelhante a chuvisco.

chu.vo.so (*ô*) (*lat pluviosu*) *adj* **1** De chuva. **2** Abundante em chuva. *Pl: chuvosos (ó).*

ci.a.ne.to (*cíano+eto*) *sm Quím* Sal do ácido cianídrico; cianureto.

ci.a.ní.dri.co (*ciano+hidro+ico²*) *adj Quím* Diz-se do ácido que é um líquido incolor, dispersa-se como um gás e é muito venenoso.

ci.a.no.se (*ciano+ose*) *sf Med* Coloração azulada, lívida ou escura, da pele e das mucosas, em virtude de oxigenação insuficiente do sangue.

ci.a.nu.re.to (*ê*) (*ciano+uro+eto*) *V cianeto.*

ci.á.ti.ca (de *ciático*) *sf Med* Enfermidade de origem incerta e caracterizada por dor no nervo ciático.

ci.á.ti.co (*lat sciaticu*) *adj Anat* **1** Relativo ou pertencente à região dos quadris. **2** Diz-se do nervo mais extenso da coxa. • *sm* O nervo ciático.

ci.be.res.pa.ço (*ingl cyberspace*) *sm* Espaço cibernético, constituído por tudo o que está relacionado com a internet ou que a compõe, isto é, pessoas, programas, *homepages*, *sites* etc.

ci.ber.né.ti.ca (*gr kybernetiké,* pelo *ingl cybernetics*) *sf* Estudo e técnica do funcionamento e controle das ligações nervosas nos organismos vivos e em máquinas.

ci.ber.né.ti.co (*gr kybernetikós*) *adj* **1** Relativo à cibernética. **2** Que é feito segundo os processos da cibernética.

ci.bó.rio (*gr kibórion*) *sm Rel* Vaso onde se guardam as hóstias.

ci.bor.gue (*ingl cyborg*) *sm* Cópia mecânica de um ser humano ao qual se adaptam dispositivos que comandam suas funções vitais.

ci.ca.dí.deos (*lat cicada+ídeos*) *sm pl Entom* Família de grandes insetos, cujas espécies são conhecidas pelo nome de *cigarras*.

ci.ca.triz (*lat cicatrice*) *sf* **1** Marca, sinal ou vestígio que fica das feridas e chagas, depois de curadas. **2** Sinal ou vestígio de estrago ou de destruição. **3** *fig* Impressão duradoura de uma ofensa ou desgraça. **4** *fig* Lembrança dolorosa.

ci.ca.tri.za.ção (*cicatrizar+ção*) *sf* Ato de cicatrizar; formação de cicatriz; fechamento de uma ferida.

ci.ca.tri.zan.te (de *cicatrizar*) *adj* e *s m+f* Que, ou aquilo que cicatriza, ou favorece a cicatrização.

ci.ca.tri.zar (*cicatriz+ar¹*) *vtd* e *vint* **1** Promover a cicatrização de. *vtd* **2** Encher de cicatrizes. *vint* e *vpr* **3** Sarar pela formação de uma cicatriz; fechar-se.

ci.ca.tri.zá.vel (*cicatrizar+vel*) *adj m+f* **1** Suscetível de cicatrizar. **2** Que se cicatriza facilmente.

ci.ce.ro.ne (*ital cicerone*) *sm* Guia que mostra aos turistas o que há de importante num local e dá-lhes as informações necessárias.

ci.ce.ro.ne.ar (*cicerone+ar¹*) *vtd* e *vti* Servir de cicerone. Conjuga-se como *frear*.

ci.ci.ar (*voc onom*) *vti* e *vint* **1** Pronunciar as palavras em voz branda. *vtd* **2** Pronunciar em voz muito baixa; segredar.

ci.ci.o (*der* regressiva de *ciciar*) *sm* **1** Murmúrio de palavras proferidas em tom muito baixo. **2** Som brando dos ramos movidos pela brisa. **3** *Gram* Vício de pronunciar o *z* por *ss*.

cí.cli.co (*gr kyklikós*) *adj* **1** Pertencente ou relativo a ciclo. **2** Que se move em ciclos.

ci.clis.mo (*ciclo+ismo*) *sm* Prática, ou esporte, que consiste em andar de bicicleta.

ci.clis.ta (*ciclo²+ista*) *s m+f* Pessoa que anda de bicicleta.

ci.clo (*gr kýklos*) *sm* **1** Período durante o qual se completa uma sequência de eventos ou fenômenos. **2** Fase; período. **3** Nome genérico de aparelhos de locomoção: bicicletas, velocípedes etc.

ci.clo.ne (*fr cyclone,* baseado no *gr kýklos*) *sm* **1** *Meteor* Vento muito forte que gira ao redor de um centro de baixa pressão atmosférica. Muitas vezes é acompanhado de chuva abundante. **2** *fig* Qualquer coisa que se assemelha a um ciclone, particularmente na violência e intensidade.

ci.clo.pe (*gr kýklops*) *sm Mit gr* Indivíduo de uma raça de gigantes com um só olho no meio da testa.

ci.cló.pi.co (*ciclope+ico²*) *adj* **1** Pertencente ou relativo aos ciclopes. **2** *fig* Enorme, gigantesco. **3** *fig* Pesado, rude.

ci.clo.vi.a (*ciclo+via*) *sf* Pista de uso exclusivo para bicicleta, que pode ser construída acompanhando o traçado de ruas e avenidas, como as ciclovias à beira-mar, ou dentro de parques públicos.

ci.cu.ta (*lat cicuta*) *sf Bot* **1** Gênero de planta venenosa. **2** Veneno extraído dessa planta.

ci.da.da.ni.a (*cidadão+ia¹*) *sf* Qualidade ou estado de cidadão.

ci.da.dão (*cidade+ão¹*) *sm* **1** Habitante de uma cidade. **2** Indivíduo no gozo dos direitos civis e políticos de um Estado. **3** *pop* Indivíduo, sujeito. *Fem: cidadã. Pl: cidadãos.*

ci.da.de (*lat civitate*) *sf* **1** Nome dado a uma povoação maior que uma vila, que possui um complexo demográfico formado por uma população urbana, não agrícola, que se dedica a atividades comerciais, industriais, financeiras, culturais etc. **2** O núcleo principal ou centro urbanístico dessa povoação, onde estão geralmente localizadas as casas comerciais mais importantes.

ci.da.de.la (*baixo-lat civitatella*) *sf* **1** Fortaleza que domina e defende uma cidade. **2** *Esp* Arco, meta, gol, no futebol e em outros esportes.

ci.dra (*lat citrea*) *sf* Fruto da cidreira.

ci.drei.ra (*cidra+eira*) *sf Bot* Árvore frutífera que dá a cidra.

ci.ên.cia (*lat scientia*) *sf* **1** Conjunto de conhecimentos organizados sobre determinado assunto. **2** Erudição, instrução, literatura. **3** Conhecimento, informação, notícia.

ci.en.te (*lat sciente*) *adj m+f* **1** Que tem ciência; douto, erudito, sábio. **2** Que tem conhecimento de alguma coisa; informado, inteirado, sabedor. • *sm* Anotação feita em comunicados, para efeito de controle do seu conhecimento.

ci.en.ti.fi.car (*ciente+ficar*) *vtd* Fazer ou tornar ciente.

ci.en.ti.fi.cis.mo (*científico+ismo*) *sm* **1** Esforço de certos cientistas e sábios para reduzir as teorias da ciência a fórmulas matemáticas. **2** *Filos* Doutrina que considera apenas os conhecimentos científicos.

ci.en.ti.fi.co (*lat scientificu*) *adj* **1** Relativo à ciência. **2** Que mostra ciência. **3** Que tem o rigor da ciência.

ci.en.tis.ta (*lat scientia+ista*) *s m+f* Homem ou mulher dedicado às ciências ou a uma ciência; sábio ou sábia.

ci.fra (*ár Sifr*) *sf* **1** Zero. **2** Importância total das operações comerciais. **3** Caracteres, sinais ou palavras convencionais de uma escrita que não deve ser compreendida por todos. **4** Chave ou explicação dessa escrita. *sf pl* **1** Contabilidade. **2** Cálculo aritmético; números. **3** *Mús* Caracteres numéricos que indicam acordes musicais.

ci.fra.ção (*cifrar+ação*) *sf Mús* Ato de marcar acordes musicais com cifras.

ci.fra.do (*part* de *cifrar*) *adj* Escrito em cifra ou em caracteres secretos.

ci.frão (*cifra+ão²*) *sm* Sinal ($) que, na numeração de quantias, indica a unidade monetária em vários países.

ci.frar (*cifra+ar¹*) *vtd* **1** Escrever em cifra ou em caracteres cifrados. *vtd* **2** *Mús* Assinalar com caracteres numéricos (as notas fundamentais do acompanhamento). *vtd* e *vpr* **3** Reduzir(-se), resumir(-se), sintetizar(-se).

ci.ga.na.da (*cigano+ada¹*) *sf* Bando de ciganos.

ci.ga.no (*fr tsigane*) *sm* **1** Indivíduo de um povo nômade, provavelmente originário da Índia, que entrou na Europa Central no século XIV ou XV. Os ciganos são agora encontrados principalmente na Turquia, Rússia, Hungria, Espanha, Inglaterra, América do Norte e, em menor proporção, em outros países. Mantém ainda em grande parte a sua vida de viajante. **2** Indivíduo que se assemelha a um membro desse povo, especialmente na aparência, maneiras ou modo de vida.

ci.gar.ra (*lat cicada+arro*, no *fem*) *sf* **1** *Entom* Nome comum a vários insetos da família dos cicadídeos; os machos desses insetos possuem aparelho que produz um som agudo, estridente, bem característico dessa espécie. *Voz: canta, chia, cicia, cigarreia, zune*. **2** *fig* Dispositivo elétrico que produz um zunido semelhante ao da cigarra.

ci.gar.rei.ra (*cigarro+eira*) *sf* Bolsa, caixa ou estojo para cigarros.

ci.gar.ri.lha (*cigarro+ilho*, no *fem*) *sf* **1** Cigarro com embalagem do próprio tabaco. **2** Pequeno charuto. **3** Pequeno tubo para aspirar.

ci.gar.ro (*cast cigarro*) *sm* Pequena porção de tabaco picado e enrolado em papel fino ou palha de milho, para se fumar.

ci.la.da (*ital celata*) *sf* **1** Emboscada. **2** Lugar oculto para espera do inimigo ou da caça. **3** Armadilha. **4** Traição.

ci.lha (*lat cingula*) *sf* **1** Correia larga ou faixa de tecido forte, que passa sob a barriga dos animais. **2** Faixa pregada sobre paus para formar o fundo de um leito, sofá, cadeira estofada e similares.

ci.lhar (*cilha+ar¹*) *vtd* **1** Apertar ou cingir com cilha. **2** Apertar, cingir.

ci.li.a.do (*cílio+ado¹*) *adj Zool* Provido de cílios. • *sm pl* Classe de protozoários que se distinguem por possuírem cílios.

ci.li.ar (*cílio+ar²*) *adj m+f* **1** Pertencente ou relativo aos cílios. **2** *Bot* Aplica-se à vegetação da beira dos rios, lagos e lagoas.

ci.lin.dra.da (*cilindro+ada¹*) *sf Mec* Volume máximo de gás admitido em um cilindro. Quando o motor tem mais de um cilindro, a cilindrada é equivalente à soma dos volumes de cada cilindro.

ci.lín.dri.co (*cilindro+ico²*) *adj* Em forma de cilindro.

ci.lin.dro (*lat cylindru*, do *gr kýlindros*) *sm* **1** *Geom* Corpo roliço, de diâmetro igual em todo o seu comprimento. **2** Tambor; rolo.

ci.lio (*lat ciliu*) *sm Anat* Cada um dos pelos que ornam as bordas das pálpebras; pestana.

ci.ma (*gr kýma*) *sf* **1** A parte mais elevada. **2** Cume, cumeeira. *Dar em cima de:* cortejar ou assediar. *Por cima de:* sobre.

ci.ma.lha (de *cima*) *sf* **1** Cimo, cume. **2** *Arquit* Saliência, no alto das paredes de um edifício, onde se assenta o beiral do telhado.

ci.mei.ra (*cima+eira*) *sf* **1** Cume, cumeeira. **2** Elmo, capacete.

ci.men.ta.ção (*cimentar+ção*) *sf* Ação de cimentar.

ci.men.ta.do (*part* de *cimentar*) *adj* **1** Pavimentado com cimento. **2** Unido ou ligado com cimento.

ci.men.tar (*cimento+ar¹*) *vtd* **1** Unir ou cobrir com cimento. **2** *fig* Consolidar, firmar.

ci.men.to (*lat caementu*) *sm* **1** Pó feito de alumina, sílica, cal, óxido de ferro e magnésio, queimados juntos em um forno e finamente pulverizados. Misturado com água, forma uma massa plástica que endurece por combinação química e por congelação e cristalização, usada como ingrediente em concreto. **2** Qualquer substância fabricada para unir objetos ou peças. *Cf cemento*.

ci.mi.tar.ra *sf* Espada turca, de lâmina muito larga e curva; espécie de alfanje.

ci.mo (*gr kýma*) *sm* Topo; cume. *Antôn: aba, sopé*.

cin.co (*lat quinque*) *num* Cardinal correspondente a cinco unidades. • *sm* O algarismo 5.

cin.dir (*lat scindere*) *vtd* **1** Dividir, separar. **2** Cortar.

ci.ne.as.ta (de *cine(ma)*) *s m+f* **1** Pessoa com sólidos conhecimentos da técnica e da estética cinematográficas. **2** Profissional que se dedica particularmente à atividade criativa do filme.

ci.ne.clu.be (*cine(ma)+clube*) *sm* Entidade que reúne apreciadores de cinema, para fins de estudo, debate ou lazer, e onde se exibem filmes de interesse cultural.

ci.né.fi.lo (*cine(ma)+filo²*) *sm* Indivíduo que gosta muito de cinema.

ci.ne.gra.far (*cine+grafo+ar¹*) *vtd* e *vint* Cinematografar, filmar.

ci.ne.gra.fi.a (*cine+grafo+ia¹*) *V cinematografia*.

ci.ne.grá.fi.co (*cine+grafo+ico²*) *adj* Relativo ou pertencente à cinegrafia; cinematográfico.

ci.ne.gra.fis.ta (*cine+grafo+ista*) *adj m+f* Que cinegrafa, filma. • *s m+f* Pessoa que opera com uma câmera cinematográfica.

ci.ne.jor.nal (*cine(ma)+jornal*) *sm* Programação jornalística filmada para exibição em cinemas.

ci.ne.jor.na.lis.mo (*cine(ma)+jornal+ismo*) *sm* Forma de jornalismo veiculado pelo cinema.

ci.ne.lân.dia (*cine(ma)+ingl land+ia²*) *sf* Zona no centro das grandes cidades onde se concentram os cinemas.

ci.ne.ma (*abrev de cinematógrafo*) *sm* **1** Arte ou ciência da cinematografia. **2** Estabelecimento ou sala de projeções cinematográficas.

ci.ne.ma.ni.a (*cine(ma)+mania*) *sf* Atração irresistível por tudo o que se relaciona com o cinema, desde filmes, atores, diretores, escolas de cinema etc.

ci.ne.mas.co.pe (*cinema+scopo*) *sm Cin* Processo cinematográfico que reproduz as imagens em grandes dimensões.

ci.ne.ma.te.ca (*cinema+teca*) *sf* **1** Lugar onde se guardam filmes cinematográficos. **2** Coleção de filmes; filmoteca.

ci.ne.má.ti.ca (*cinemato+ico²*) *sf Fís* Ciência que estuda os movimentos dos corpos.

ci.ne.ma.to.gra.far (*cinemato+grafo+ar¹*) *vtd* **1** Expor imagens por meio de cinematógrafo. **2** Filmar. *Conjug – Pres indic: cinematografo, cinematografas, cinematografa (grá)* etc. *Cf cinematógrafo.*

ci.ne.ma.to.gra.fi.a (*cinemato+grafo+ia¹*) *sf* Arte de fazer e projetar na tela filmes cinematográficos; cinegrafia.

ci.ne.ma.to.grá.fi.co (*cinemato+grafo¹+ico²*) *adj* Pertencente ou relativo à cinematografia.

ci.ne.ma.tó.gra.fo (*cinemato+grafo¹*) *sm* Aparelho que permite projetar em uma tela imagens ou cenas em movimento.

ci.ne.ra.ma (*ingl cinerama*) *sm* Variedade de projeção cinematográfica, sobre tela curvada, que dá ao espectador a ilusão de relevo, nas cenas, como se as imagens tivessem três dimensões.

ci.nes.có.pio (*cine+scopo+io*) *sm Eletr* Tubo de raios catódicos que serve para transformar impulsos eletromagnéticos em imagens visuais. Usado em televisão, radar, osciloscópio etc.

ci.nes.te.si.a (*cine+estésio+ia¹*) *sf Fisiol* Sentido que permite perceber os movimentos musculares, peso e posição dos membros etc.

ci.nes.té.si.co (*cine+estésio+ico²*) *adj Fisiol* Relativo ou pertencente à cinestesia.

ci.né.ti.ca (*gr kinetiké*) *sf* **1** Ramo da dinâmica que trata dos efeitos das forças sobre os movimentos dos corpos materiais. **2** Estudo que trata do grau de alteração em um sistema físico ou químico.

ci.né.ti.co (*gr kinetikós*) *adj* **1** Relativo ou pertencente ao movimento. **2** Que produz movimento.

cin.ga.lês (*ingl cingalese*) *adj* De, ou pertencente ou relativo ao Sri Lanka, antigo Ceilão (Ásia). • *sm* **1** O natural ou habitante do Sri Lanka. **2** *Ling* Idioma indo-europeu falado nesse país.

cin.ga.pu.ren.se (*top Cingapura+ense*) *adj* De, ou pertencente ou relativo a Cingapura (sudeste da Ásia). • *sm* O natural ou habitante de Cingapura.

cin.gir (*lat cingere*) *vtd* **1** Cercar, rodear, prender. *vtd* **2** Coroar, ornar. *vtd* **3** Pôr ao redor da cintura. *vtd* **4** Apertar, comprimir. *vpr* **5** Conformar-se, limitar-se, restringir-se.

cí.ni.co (*gr kynikós*) *adj* **1** Descarado, fingido. **2** Que denota cinismo.

ci.nis.mo (*gr kynismós*) *sm* Descaramento, falta de vergonha. *Antôn: candura, reserva, pudor.*

ci.nó.fi.lo (*cino+filo²*) *adj* Que gosta de cães.

ci.no.fo.bi.a (*cino+fobo+ia¹*) *sf Psicol* Medo mórbido de cães.

ci.no.lo.gi.a (*cino+logo+ia¹*) *sf* Estudo científico do cão.

ci.no.ló.gi.co (*cino+logo+ico²*) *adj* Relativo à cinologia.

ci.no.lo.gis.ta (*cino+logo+ista*) *s m+f* **1** Especialista em cinologia. **2** Pessoa especialista no tratamento e treinamento de cães.

cin.quen.ta (*qwe*) (*lat quinquaginta*) *num* Cardinal equivalente a cinco dezenas. • *sm* Algarismo que representa o número 50.

cin.quen.tão (*qwe*) (*cinquenta+ão²*) *sm pop* Indivíduo que tem ou aparenta entre 50 e 59 anos. *Fem: cinquentona.*

cin.quen.te.ná.rio (*qwe*) (*cinquentena+ário*) *sm* Celebração de cinquenta anos.

cin.ta (*lat cincta*) *sf* **1** Tira de pano, ferro ou couro para cingir. **2** Tira, geralmente de couro, para apertar na cintura; cinto. **3** Cintura, cós.

cin.tar (*cinta+ar¹*) *vtd* **1** Cercar de cinta ou cinto. *vtd* **2** Guarnecer em roda com arcos de madeira ou ferro, para segurança e consistência. *vtd* **3** Abraçar pela cintura. *vtd e vti* **4** Formar a cerca de; cercar. *Conjug – Pres indic: cinto, cintas, cinta* etc.; *Pres subj: cinte, cintes, cinte* etc. *Cf sentir* (no presente do indicativo e presente do subjuntivo).

cin.ti.la.ção (*lar scintillatione*) *sf* **1** Ato ou efeito de cintilar. **2** Vibração de raios luminosos. **3** Esplendor.

cin.ti.lan.te (*lat scintillante*) *adj m+f* **1** Que cintila. **2** Muito brilhante. **3** Faiscante. **4** Que causa deslumbramento.

cin.ti.lar (*lat scintillare*) *vint* **1** Brilhar como centelha ou faísca. *vti e vint* **2** Refletir a luz. *vint* **3** Emitir, desprender centelhas; faiscar.

cin.to (*lat cinctu*) *sm* **1** Correia ou tira que cerca a cintura. **2** Cós. *Cinto de segurança:* cinto ou correia para prender uma pessoa a alguma coisa, especialmente ao assento de um avião ou automóvel, a fim de preservá-la de danos, na eventualidade de choques etc.

cin.tu.ra (*lat cinctura*) *sf* **1** Parte mais estreita do tronco humano, imediatamente abaixo das costelas ou tórax. **2** Parte do vestido ou das calças que rodeia e aperta o meio do corpo. **3** Cós. **4** Medida em centímetros dessa parte do tronco humano. *Cintura de pilão, pop:* cintura muito fina.

cin.tu.ra.do (*cintura+ado¹*) *adj* **1** Que tem cintura. **2** Ajustado à cintura. *Sin: acinturado.*

cin.tu.rão (*cintura+ão²*) *sm* **1** Cinta larga, geralmente de couro, que se traz à cintura. **2** Faixa, zona.

cin.tu.rar (*cintura+ar¹*) *vtd* Construir algo ao redor de.

cin.za (*lat vulg *cinisia*) *sf* Resíduo mineral que resta após a combustão completa de substâncias combustíveis, tais como o carvão. • *adj m+f sing e pl* Que é dessa cor. • *sf pl* Restos mortais; memória dos finados; restos ou memórias de coisas extintas; mortificação.

cin.zei.ro (*cinza+eiro*) *sm* **1** Monte de cinzas. **2**

Objeto em que os fumantes deitam a cinza do tabaco. **3** Lugar onde cai ou se junta a cinza.

cin.zel (*cast cincel*) *sm* Instrumento cortante em uma das extremidades e que é usado principalmente por escultores e gravadores.

cin.ze.la.do (*part* de *cinzelar*) *adj* **1** Lavrado, sulcado, esculpido, gravado a cinzel. **2** Elaborado com esmero; aprimorado.

cin.ze.la.men.to (*cinzelar+mento*) *sm* Ação ou efeito de cinzelar.

cin.ze.lar (*cinzel+ar*[1]) *vtd* **1** Lavrar ou esculpir a cinzel. **2** Fazer com esmero e nitidez; aprimorar.

cin.zen.to (*cinza+ento*) *adj* Da cor da cinza.

ci.o (*gr zêlos*, pelo *lat*) *sm* **1** Apetite sexual dos animais em determinadas épocas. **2** *pop* Apetite sexual dos seres humanos.

ci.o.so (*ô*) (*cio+oso*) *adj* **1** Ciumento, zeloso. **2** Invejoso. **3** Cuidadoso ao extremo por afeição ou estima. **4** Que provém de ciúmes. **5** Que revela ciúme. *Pl: ciosos* (*ó*).

ci.pó (*tupi ysypó*) *sm Bot* Designação comum a todas as plantas sarmentosas e trepadeiras, de hastes delgadas e flexíveis que sobem pelas árvores, entrançando-se nelas.

ci.po.al (*cipó+al*[1]) *sm* **1** Mata abundante de cipós. **2** *bras fig* Dificuldade. **3** *bras fig* Negócio de solução difícil.

ci.pres.te (*gr kypárissos*) *sm Bot* Árvore conífera muito usada para ornamentação.

ci.pri.o.ta (*ital cipriota*) *adj m+f* **1** Pertencente ou relativo a Chipre, ilha do mediterrâneo oriental. **2** Característico de Chipre, de seus habitantes ou de sua língua. • *sm* Dialeto grego, antigo ou moderno, de Chipre. *s m+f* Habitante ou natural de Chipre.

ci.ran.da *sf* **1** Cantiga e dança infantil, de roda; cirandinha. **2** Peneira grossa.

ci.ran.dar (*ciranda+ar*[1]) *vtd* **1** Passar pela ciranda; peneirar. *vint* **2** Dançar a ciranda.

ci.ran.di.nha (*ciranda+inho*, no *fem*) *V* ciranda.

cir.cen.se (*lat circense*) *adj m+f* Pertencente ou relativo ao circo. • *sm pl* Espetáculos de circo.

cir.co (*lat circu*) *sm* **1** Área destinada a jogos públicos, na antiga Roma. **2** Pavilhão ou recinto circular, geralmente coberto de lona, para espetáculos de acrobacia, mágica, equitação, palhaçadas etc.

cir.cui.to (*lat circuitu*) *sm* **1** Linha que limita ou faz contorno em qualquer área. **2** Circunferência, periferia. **3** Giro, volta. **4** Cerca, muro, tapume. **5** Trajetória completa de uma corrente elétrica. **6** Grupo de cinemas que pertencem a uma mesma companhia.

cir.cu.la.ção (*lat circulatione*) *sf* **1** Ação de circular. **2** *Biol* Movimento do sangue através dos vasos, induzido pela ação de bomba do coração; serve para distribuir nutrientes e oxigênio a todas as partes do corpo e remover delas a matéria inútil. **3** Passagem de lugar a lugar, de pessoa a pessoa, de mão em mão. **4** Distribuição de exemplares de uma publicação entre leitores. **5** Movimento em roda. **6** Trânsito nas ruas ou em uma região.

cir.cu.la.dor (*circular+dor*) *adj* Que faz circular. • *sm* Aparelho circulador de água ou ar.

cir.cu.lan.te (de *circular*) *adj m+f* **1** Que circula ou está em circulação. **2** Que anda em movimento ou serviço.

cir.cu.lar[1] (*lat circulare*) *adj m+f* **1** Relativo a círculo. **2** Em forma de círculo. **3** Que volta ao ponto de onde partiu. **4** Diz-se de carta, manifesto ou aviso que, reproduzido em muitos exemplares, se dirige a muitas pessoas. • *sf* Exemplar de carta, manifesto ou ofício dirigido a muitas pessoas.

cir.cu.lar[2] (*lat circulare*) *vint* **1** Mover-se em círculo ou circuito. *vtd* **2** Percorrer ao redor; rodear. *vtd* **3** Cercar. *vint* **4** Passar por uma determinada trajetória e voltar ao ponto de partida. *vint* **5** Passar de lugar a lugar, de pessoa a pessoa, de mão em mão. *vint* **6** Ser disseminado; propagar-se; espalhar-se. *vint* **7** Transitar pelas ruas.

cir.cu.la.tó.rio (*lat circulatoriu*) *adj* **1** Relativo ao movimento circular. **2** Relativo à circulação sanguínea.

cír.cu.lo (*lat circulu*) *sm* **1** *Geom* Superfície plana, limitada por uma circunferência. **2** *por ext* Circunferência. **3** Anel, arco, aro, cinto. **4** Giro, rodeio. **5** *fig* Grupo de indivíduos pertencentes a algum campo de atividade ou ligados por algum interesse ou sentimento comum. **6** Assembleia, grêmio, ponto de reunião.

cir.cu.na.ve.ga.ção (*circunavegar+ção*) *sf* Ato ou efeito de circunavegar.

cir.cu.na.ve.gar (*lat circumnavigare*) *vtd* **1** Rodear navegando. **2** Viajar por mar ao redor da Terra.

cir.cun.ci.da.do (*part* de *circuncidar*) *V circunciso*.

cir.cun.ci.dar (*lat circumcidare*) *vtd* **1** Fazer circuncisão em; cortar o prepúcio. **2** Cortar o clitóris ou os lábios menores.

cir.cun.ci.são (*lat circumcisione*) *sf* **1** Ato ou efeito de circuncidar. **2** *Med* Corte do prepúcio, usado como rito religioso entre os judeus e muçulmanos e como medida sanitária na cirurgia moderna. **3** *por ext* Remoção do clitóris ou dos lábios menores da vulva, praticada entre alguns povos primitivos. **4** Corte, supressão.

cir.cun.ci.so (*lat circumcisu*) *adj* Que sofreu circuncisão. • *sm* **1** Homem circuncidado. **2** *pej* Judeu.

cir.cun.dar (*lat circumdare*) *vtd* **1** Cercar, cingir, rodear. **2** Andar à volta de.

cir.cun.fe.rên.cia (*lat circumferentia*) *sf* **1** *Mat* Linha curva, plana, fechada, cujos pontos ficam sempre à mesma distância em relação ao ponto interior chamado centro da circunferência. **2** Linha que delimita qualquer área. **3** Círculo.

cir.cun.fle.xão (*cs*) (*circumflexione*) *sf* Ato ou efeito de dobrar em arco.

cir.cun.fle.xo (*cs*) (*lat circumflexu*) *adj* **1** Recurvado como um arco. **2** *Gram* Diz-se do sinal gráfico (^) que torna fechado o som de uma vogal.

cir.cun.ló.quio (*lat circumloquiu*) *sm* **1** Uso excessivo de palavras para exprimir uma ideia. **2** Expressão indireta ou rodeio de palavras sem se chegar diretamente ao assunto.

cir.cuns.cre.ver (*lat circumscribere*) *vtd* **1** Descrever ou traçar em redor de. *vtd* **2** *Geom* Descrever (uma figura) por fora e em volta de outra. *vtd* **3** Abranger, conter. *vtd* e *vpr* **4** Limitar(-se), restringir(-se). *Conjug – Part irreg: circuncrito*.

cir.cuns.cri.ção (*lat circumscriptione*) *sf* **1** Ato de circunscrever, limitar. **2** Qualidade ou estado de circunscrito. **3** Limite da extensão de um corpo ou de uma área. **4** Divisão territorial.

cir.cuns.cri.to (*lat circumscriptu*) *adj* **1** Limitado de todos os lados por uma linha. **2** Limitado, restrito. **3** Localizado.

cir.cuns.pe.ção (*lat circumspectione*) *sf* **1** Qualidade de circunspeto. **2** Análise de alguma coisa, considerada por todos os lados. **3** Atenção prudente, cautela, ponderação. *Antôn: leviandade. Var: circunspecção.*

cir.cuns.pec.ção (*lat circumspectione*) *V circunspeção.*

cir.cuns.pec.to (*lat circumspectu*) *V circunspeto.*

cir.cuns.pe.to (*lat circumspectu*) *adj* **1** Que age com cautela; cauteloso, prudente. **2** Grave, respeitável, sério. *Var: circunspecto. Antôn: leviano, imprudente.*

cir.cuns.tân.cia (*lat circumstantia*) *sf* **1** Situação ou condição em que alguém ou alguma coisa se encontra em determinado momento. **2** Condição, requisito.

cir.cuns.tan.ci.al (*circunstância+al¹*) *adj m+f* Que se refere a uma circunstância.

cir.cuns.tan.ci.ar (*circunstância+ar¹*) *vtd* **1** Descrever com todas as circunstâncias. **2** Esmiuçar; pormenorizar.

cir.cun.vi.zi.nhan.ça (*circunvizinho+ança*) *sf* **1** Arredores, lugares vizinhos. **2** Arrabalde, subúrbio.

cir.cun.vi.zi.nho (*lat circumvicinu*) *adj* Situado em volta ou próximo; adjacente.

cir.cun.vo.lu.ção (*lat circumvolutione*) *sf* **1** Movimento circulatório. **2** Contorno, giro.

ci.re.neu (*lat cyrenaeu*) *sm* Ajudante, principalmente em trabalho árduo.

ci.rí.li.co (*Cirilo, np+ico²*) *adj* **1** Relativo a São Cirilo (827-869), apóstolo dos eslavos. **2** Relativo ao alfabeto eslavo, cuja invenção se atribui a São Cirilo.

cí.rio (*lat cereu*) *sm* **1** Vela grande de cera. **2** Procissão que leva essa vela de uma localidade a outra.

cir.ro¹ (*lat cirru*) *sm Meteor* Variedade de nuvem branca e tênue, em geral formada nas mais altas regiões, a altitudes de 6.000 a 12.000 metros, e que comumente consiste em diminutos cristais de gelo.

cir.ro² (*gr skírrhos*) *sm Med* Tumor canceroso duro, que, de ordinário, aparece nas glândulas.

cir.ro.se (*cirro+ose*) *sf* **1** *Med* Doença crônica progressiva do fígado, caracterizada pelo seu endurecimento. **2** *Med* e *Vet* Inflamação crônica em qualquer órgão que não o fígado que se assemelha à cirrose.

cir.ro.so (*ô*) (*cirro+oso*) *adj* **1** *Med* Semelhante ao cirro². **2** *Med* Que tem a natureza do cirro². **3** Que padece de cirrose. *Pl: cirrosos (ó).*

cir.ró.ti.co (*cirrose+ico²*) *adj Med* **1** Relativo à cirrose. **2** Causado por cirrose. **3** Afetado de cirrose.

ci.rur.gi.a (*gr kheirourgía*) *sf Med* **1** Ramo da medicina que trata das doenças por meios operatórios. **2** Operação cirúrgica.

ci.rur.gi.ão (*lat med *chirurgianu*) *sm* **1** Aquele que exerce a cirurgia; operador. **2** *pop* Médico. *Fem: cirurgiã. Pl: cirurgiões e cirurgiães.*

ci.rur.gi.ão-den.tis.ta *sm* Profissional que substitui ou repara dentes danificados ou perdidos. *Fem: cirurgiã-dentista; Pl: cirurgiões-dentista,*
cirurgiões-dentistas, cirurgiães-dentista e cirurgiães-dentistas.

ci.rúr.gi.co (*cirurgia+ico²*) *adj* Pertencente ou relativo à cirurgia.

ci.sal.pi.no (*lat cisalpinu*) *adj Geogr* Que está aquém dos Alpes (em relação a Roma). *Antôn: transalpino.*

ci.san.di.no (*cis+andino*) *adj Geogr* Que está aquém da Cordilheira dos Andes. *Antôn: transandino.*

ci.são (*lat scissione*) *sf* **1** Ação ou efeito de separar. **2** Divergência de opiniões, separação de interesses.

cis.car (*cisco+ar¹*) *vtd* **1** Afastar ou tirar ciscos, gravetos. *vtd* e *vint* **2** Remexer o solo (galinha) à procura de alimentos. *vtd* **3** Revolver o cisco. *vtd* **4** Provocar (cães). *vpr* **5** *pop* Safar-se, escapulir-se.

cis.co (*lat cinisculu*) *sm* **1** Pó ou miudezas de carvão. **2** Lixo. **3** Miudezas arrastadas pelas enxurradas ou pelas ondas.

cis.ma¹ (*de cismar*) *sf* **1** Ato de cismar. **2** Opinião errônea, sem fundamento. **3** Desconfiança, suspeita. **4** *bras* Implicância, antipatia.

cis.ma² (*gr skhísma*) *sm* **1** Dissidência religiosa, política ou literária. **2** *Hist* Separação do povo judeu em dois reinos.

cis.ma.do (*part* de *cismar*) *adj* Acautelado, desconfiado, prevenindo.

cis.mar (*cisma¹+ar¹*) *vint* **1** Ficar absorto em pensamentos; preocupar-se. *vint* **2** Desconfiar. *vtd* e *vti* **3** Pensar com insistência em.

cis.má.ti.co (*cismar+ico²*) *adj* **1** Que anda apreensivo, desconfiado. **2** Que se separou de uma religião. • *sm* Indivíduo que se separou de uma religião.

cis.ne (*lat cycnu*) *sm Ornit* Ave palmípede aquática, de perna curta e pescoço longo. *Voz:* grasna.

cis.pla.ti.no (*cis+top Plata+ino²*) *adj Geogr* Situado do lado de cá do rio da Prata, na América do Sul. *Antôn: transplatino.*

cis.su.ra (*lat scissura*) *sf* **1** Fenda, abertura, fissura, sulco. **2** *Anat* Abertura ou sulco natural na superfície de certos órgãos, especialmente do cérebro. **3** Quebra ou rompimento de relações, amistosas ou diplomáticas.

cis.ter.na (*lat cisterna*) *sf* **1** Reservatório de águas pluviais, abaixo do nível da terra. **2** Poço.

cis.ti.cer.co (*cisti+cerco*) *sm Zool* Forma larval das tênias, normalmente encontrada na musculatura do hospedeiro intermediário, desenvolvendo-se em adulto quando ingerida viva pelo hospedeiro definitivo.

cis.ti.cer.co.se (*cisticerco+ose*) *sf Med* e *Vet* Infestação com cisticercos ou doença por eles causada.

cís.ti.co (*cisto²+ico*) *adj* **1** *Anat* Que diz respeito à bexiga ou à vesícula biliar. **2** *Med* Relativo ou pertencente a um quisto. **3** Que contém um ou mais quistos. **4** Formado por quistos.

cis.ti.te (*cisto+ite¹*) *sf Med* Inflamação da bexiga urinária.

cis.to (*gr kýstis*) *sm Patol* Tumor, quisto.

ci.ta.ção (*citar+ção*) *sf* **1** Ato ou efeito de citar. **2** Texto ou opinião citada. **3** *Dir* Intimação judicial.

ci.ta.di.no (*ital cittadino*) *adj* Pertencente ou relativo à cidade. • *sm* Habitante de cidade.

ci.ta.do (*part* de *citar*) *sm* O que recebeu citação judicial. • *adj* Mencionado, referido.

ci.tar (*lat citare*) *vtd* **1** Intimar para comparecer perante uma autoridade ou cumprir uma ordem judicial. **2** Mencionar o nome de. **3** Transcrever parte de um texto em apoio do que se afirma.

cí.ta.ra (*gr kithára*) *sf Mús* Instrumento de cordas, semelhante à lira. *Dim: citarinha.*

ci.ta.ris.ta (*gr kitharistés*) *s m+f Mús* Pessoa que toca a cítara.

ci.te.ri.or (*lat citeriore*) *adj m+f erud* ou *Geogr* Que está do lado de cá; que está aquém de. *Antôn: ulterior.*

ci.to.lo.gi.a (*cito+logo+ia^1*) *sf Biol* Ramo da biologia que trata das células como unidades vitais.

ci.to.lo.gis.ta (*cito+logo+ista*) *s m+f* Especialista em citologia.

ci.to.plas.ma (*cito+plasma*) *sm Biol* Protoplasma da célula, exclusive o do núcleo.

ci.to.plas.má.ti.co (*cito+plasma+t+ico^2*) *adj Biol* **1** Relativo ao citoplasma; citoplásmico. **2** Que consiste em citoplasma.

ci.to.plás.mi.co (*cito+plasma+ico^2*) *V citoplasmático.*

cí.tri.co (*citri+ico^2*) *adj* **1** *Bot* Relativo ao limão, à laranja etc. **2** Diz-se de um ácido encontrado nessas frutas.

ci.tri.cul.tor (*citri+cultor*) *sm* Aquele que se dedica à citricultura.

ci.tri.cul.tu.ra (*citri+cultura*) *sf* Cultura de árvores cítricas, como a laranjeira, a tangerineira e o limoeiro.

ci.tri.no (*lat citrinu*) *adj* Da cor da cidra ou do limão. • *sm* **1** *Miner* Pedra semipreciosa amarela que se assemelha ao topázio. **2** Cor de cidra ou limão. **3** Nome dado à vitamina P porque foi encontrada em casca de limão.

ci.tro.ne.la (*fr citronelle*) *sf Bot* **1** Capim fragrante do sul da Ásia, do qual se extrai um óleo. **2** Designação comum a diversas plantas com aroma semelhante ao do limão.

ci.ú.me (*lat vulg *zelumen*) *sm* **1** Inquietação causada pela desconfiança ou rivalidade no amor ou em outra aspiração. **2** Ressentimento invejoso contra um rival ou suposto rival mais eficiente ou mais bem-sucedido.

ci.u.mei.ra (*ciúme+eira*) *sf pop* Ciúme exagerado.

ci.u.men.to (*ciúme+ento*) *adj* **1** Que tem ciúmes. **2** Suscetível de ter ciúmes. **3** Invejoso. • *sm* Aquele que tem ciúme.

cí.vel (*lat civile*) *adj m+f Dir* **1** Relativo ao direito civil. **2** Civil. • *sm* Jurisdição dos tribunais em que se julgam as causas cíveis. *Antôn: criminal.*

cí.vi.co (*lat civicu*) *adj* **1** Relativo ao cidadão, como membro do Estado. **2** Patriótico.

ci.vil (*lat civile*) *adj m+f* **1** Relativo às relações dos cidadãos entre si. **2** Sem caráter militar ou eclesiástico. **3** Civilizado. **4** Cortês, delicado, polido, social, urbano. **5** Que não tem caráter criminal. • *sm* **1** Jurisdição dos tribunais civis. **2** Indivíduo que não pertence à classe militar.

ci.vi.li.da.de (*lat civilitate*) *sf* **1** Conjunto de formalidades observadas pelos cidadãos entre si quando bem educados; boas maneiras. **2** Delicadeza. **3** Atenção, cortesia, etiqueta, polidez. *Antôn: grosseria.*

ci.vi.lis.ta (*civil+ista*) *adj m+f Dir* Relativo ao direito civil.

ci.vi.li.za.ção (*civilizar+ção*) *sf* **1** Estado de adiantamento e cultura social. **2** Ato de civilizar. **3** O conjunto de todas as características da vida de um país, quanto ao aspecto social, econômico, político e cultural.

ci.vi.li.za.do (*part* de *civilizar*) *adj* **1** Que possui civilização. **2** Integrado na civilização contemporânea. **3** Caracterizado por cortesia e boa educação. *Antôn: grosseiro.*

ci.vi.li.zar (*civil+izar*) *vtd* e *vpr* **1** Tornar(-se) civil ou cortês. **2** Converter(-se) ao estado de civilização.

ci.vis.mo (*lat cive+ismo*) *sm* **1** Dedicação pelo interesse público ou pela causa da pátria. **2** Patriotismo.

clã (*gaélico clann*, via *ingl*) *sm* **1** *Sociol* Grupos de famílias de descendência comum. **2** *fig* Sociedade, associação, partido.

cla.mar (*lat clamare*) *vtd* e *vint* **1** Bradar, gritar, proferir em altas vozes. *vti* e *vint* **2** Protestar, vociferar. *vtd* **3** Invocar, implorar. *vtd* **4** Exigir, reclamar.

cla.mor (*lat clamore*) *sm* **1** Ação de clamar. **2** Súplica proferida em altas vozes; lamentação.

cla.mo.ro.so (*ô*) (*clamor+oso*) *adj* **1** Dito com clamor; queixoso. **2** Muito evidente. *Pl: clamorosos (ó).*

clan.des.ti.ni.da.de (*clandestino+i+dade*) *sf* Caráter ou qualidade do que é clandestino.

clan.des.ti.no (*lat clandestinu*) *adj* **1** Feito às escondidas. **2** Ilegal, ilegítimo. • *sm* Passageiro que viaja escondido sem passagem nem documentos.

cla.que (*fr claque*) *sf* Grupo de indivíduos pagos ou combinados para aplaudir nos teatros ou nos comícios.

cla.que.te (*fr claquette*) *sf Cin* Pequeno quadro-negro que marca o início de cada cena e que facilita posteriormente a montagem.

cla.ra (*fem* de *claro*) *sf Biol* Albumina que envolve a gema do ovo.

cla.ra.boi.a (*ó*) (*fr claire-voie*) *sf* **1** Abertura, geralmente envidraçada, no alto de um edifício ou na parede externa de uma casa, para dar claridade interior. **2** Entrada ou boca de uma mina.

cla.rão (*claro+ão^2*) *sm* **1** Claridade intensa, luz viva. **2** Fulgor vivo e rápido. **3** *fig* Luz intelectual. **4** *adj* Assomo de um sentimento ou curta duração de um estado de espírito.

cla.re.ar (*claro+e+ar^1*) *vtd*, *vti* e *vint* **1** Tornar claro; aclarar. *vtd* **2** Abrir espaço em; rarear. *vint* **3** Encher-se de clareiras, lacunas ou vãos. *vint* **4** Alimpar-se de nuvens (o céu, o dia, o tempo). *vint* **5** Tornar-se lúcido, penetrante ou perspicaz. *vint* **6** Tornar-se inteligível. *Antôn* (acepções 1 e 4): *escurecer*. Conjuga-se como *frear*.

cla.rei.ra (*claro+eira*) *sf* **1** Lugar no meio de uma mata ou bosque onde rareiam ou faltam completamente as árvores. **2** Lacuna, vão.

cla.re.za (*claro+eza*) *sf* **1** Qualidade do que é claro ou inteligível. **2** Qualidade do que se percebe bem. **3** Limpidez, transparência.

cla.ri.da.de (*lat claritate*) *sf* **1** Efeito da luz. **2** Alvura, brancura. **3** Brilho luminoso. **4** Luz viva. **5** Foco luminoso. **6** Qualidade do que é claro.

cla.ri.fi.car (*lat clarificare*) *vtd* e *vpr* **1** Tornar(-se) claro, limpando ou purificando. *vpr* **2** Purificar-se, arrepender-se.

cla.rim (*cast clarín*) *sm Mús* Instrumento parecido com a corneta, de som agudo e claro.

cla.ri.ne.ta (*ê*) (*clarim+eta*) *V* clarinete.

cla.ri.ne.te (*ê*) (*clarim+ete*) *sm Mús* Instrumento de sopro com bocal de palheta e orifícios como os da flauta. *Var:* clarineta.

cla.ri.ne.tis.ta (*clarinete+ista*) *s m+f* Pessoa que toca clarinete.

cla.ri.vi.dên.cia (*claro+vidente+ia²*) *sf* Qualidade de clarividente.

cla.ri.vi.den.te (*claro+vidente*) *adj m+f* **1** Que vê com clareza. **2** Cauteloso, prudente.

cla.ro (*lat claru*) *adj* **1** Que ilumina. **2** Brilhante, luminoso, resplandecente. **3** Alumiado, iluminado. **4** Que recebe a luz do dia. **5** Que reflete bem a luz; lustroso, luzente. **6** Diz-se da parte do dia em que o Sol está acima do horizonte. **7** Diz-se da noite alumiada pelo luar. **8** Bem visível, distinto ou discriminável à vista: *Contornos claros*. **9** Transparente, translúcido. **10** Límpido, puro. **11** Sem nuvens; sereno (falando da atmosfera ou do tempo). **12** De cor alva. **13** Branco ou quase branco. **14** Fácil de entender. **15** Evidente, manifesto. • *sm* **1** Parte clara ou a mais alumiada de um objeto. **2** Espaço em branco; lacuna. *Às claras:* publicamente, sem rodeios.

cla.ro-es.cu.ro (decalque *ital chiaroscuro*) *adj+sm* Que, ou o que tem a transição do claro para o escuro. • *sm* **1** *Pint* Técnica que emprega apenas luz e sombra. **2** *Pint* Desenho ou pintura em preto e branco. **3** Distribuição ou combinação de luz e sombras em uma pintura. *Pl:* claros-escuros e claro-escuros.

clas.se (*lat classe*) *sf* **1** Grupo de pessoas, animais ou coisas com atributos semelhantes. **2** Categoria, ordem, ramo, seção. **3** Categoria de indivíduos classificada pela importância ou dignidade dos seus empregos ou ocupações; hierarquia. **4** Categoria de coisas considerada pela qualidade, preço ou valor. **5** Grupo de alunos ou estudantes de uma mesma sala de aula. **6** *Gram V categoria gramatical.* **7** Distinção existente nas passagens de certos meios de transporte, decorrente do maior ou menor conforto proporcionado ao passageiro.

clas.si.cis.mo (*clássico+ismo*) *sm* **1** Sistema dos que admiram o estilo dos escritores gregos e latinos. **2** Imitação do estilo clássico na arquitetura, na pintura, na música. **3** Frase ou estilo de clássicos. **4** A literatura clássica. **5** Qualidade do que é clássico.

clás.si.co (*baixo-lat classicu*) *adj* **1** Relativo à literatura grega ou latina. **2** Diz-se da obra ou do autor que é de estilo impecável e constitui modelo digno de imitação. **3** Que constitui modelo em belas--artes. **4** Tradicional. **5** *pop* Famoso, consagrado. • *sm* **1** Escritor grego ou latino. **2** Autor de obra literária ou artística digna de ser imitada. **3** *Fut* Jogo que envolve dois times grandes.

clas.si.fi.ca.ção (*classificar+ção*) *sf* **1** Ação ou efeito de classificar. **2** Distribuição por classes. **3** Apreciação do mérito de alguém. **4** Ato ou efeito de ser aprovado em concurso ou competição. **5** Posição em uma escala gradual de resultados de um concurso ou competição. **6** *Biol* Arranjo sistemático ou método de arranjo de plantas e animais em grupos ou categorias de acordo com suas afinidades ou caracteres comuns. *Classificação periódica dos elementos, Fís* e *Quím:* quadro em que os elementos são dispostos em ordem crescente de seus números atômicos, formando grupos com propriedades químicas semelhantes.

clas.si.fi.ca.do (*part* de *classificar*) *adj* **1** Catalogado, selecionado. **2** Que, em competição ou concurso, preencheu as condições preestabelecidas para aprovação. **3** Importante por sua condição ou classe social. • *sm Jorn* Anúncio separado conforme sua natureza ou assunto.

clas.si.fi.car (*lat classificare*) *vtd* e *vpr* **1** Distribuir (-se) em classes e em grupos. *vtd* **2** *Biol* Determinar a classe, ordem, família, gênero e espécie de. *vtd* **3** Pôr em ordem (coleções, documentos etc.); arrumar. *vtd* **4** Selecionar segundo qualidade, tamanho, ou outras propriedades ou qualidades. *vpr* **5** Preencher, em competição ou concurso, as condições preestabelecidas para aprovação.

clas.si.fi.ca.tó.rio (*classificar+tório*) *adj* Que classifica, que estabelece classes.

clas.sis.ta (*classe+ista*) *adj* e *s m+f* Que, ou pessoa que representa uma classe ou defende os direitos dela.

clas.su.do (*classe+udo*) *adj pop* Que tem muita classe; fino.

clau.di.can.te (de *claudicar*) *adj m+f* **1** Que claudica. **2** Que falta aos seus deveres. **3** Que comete erro de ofício. **4** Duvidoso, incerto, vacilante, hesitante.

clau.di.car (*lat claudicare*) *vti* e *vint* **1** Não ter firmeza em um dos pés; mancar. *vint* **2** Cometer falta, fraquejar intelectualmente. *vint* **3** Ter imperfeição, falha ou deficiência. *vint* **4** Faltar ao cumprimento dos seus deveres.

claus.tro (*lat claustru*) *sm* **1** Pátio interior descoberto, nos conventos ou edifícios. **2** Convento. **3** Vida monástica.

claus.tro.fo.bi.a (*claustro+fobo+ia¹*) *sf Psicol* Medo mórbido da clausura ou dos espaços fechados.

cláu.su.la (*lat clausula*) *sf* **1** Condição que faz parte de um tratado, de um contrato ou de qualquer outro documento público ou particular. **2** Artigo, preceito. **3** Condição.

clau.su.ra (*lat clausura*) *sf* **1** Recinto fechado. **2** Vida de claustro. **3** Reclusão conventual ou penal.

cla.va (*lat clava*) *sf* Pau curto e grosso numa das extremidades.

cla.ve (*lat clave*) *sf* **1** *Mús* Sinal colocado no princípio da pauta para indicar o nome das notas postas na mesma linha e o grau de som que elas representam. **2** Sinal para reunir sob uma designação diferentes termos; chave.

cla.ví.cu.la (*lat clavicula*) *sf* **1** Pequena chave. **2** *Anat* Osso par situado na parte dianteira do ombro e que articula com o esterno.

cle.mên.cia (*lat clementia*) *sf* **1** Virtude que modera o rigor da justiça, perdoando ofensas e minorando os castigos. **2** Bondade, indulgência. **3** Ameni-

dade, brandura, suavidade. *Antôn: inclemência, crueldade.*
cle.men.te (*lat clemente*) *adj m+f* **1** Que tem clemência. **2** Brando (especialmente falando do clima ou do tempo), suave, temperado. *Antôn: inclemente, rigoroso.*
clep.to.ma.ni.a (*gr kléptomania*) *sf Psicol* Impulso mórbido para o furto.
clep.to.ma.ní.a.co (*cleptomania+ico²*) *adj Psicol* Referente à cleptomania. • *sm* Aquele que padece de cleptomania.
cle.ri.cal (*baixo-lat clericu+al¹*) *adj m+f* **1** Pertencente ou relativo aos clérigos ou ao estado sacerdotal. **2** Que é favorável ao clero ou à Igreja.
clé.ri.go (*baixo-lat clericu*) *sm Rel* Indivíduo pertencente à classe eclesiástica; padre, prelado.
cle.ro (do *gr klêros*) *sm* Classe eclesiástica; corporação de todos os clérigos.
cli.car (*clique+ar¹*) *vtd* **1** Fotografar. *vti* **2** *Inform* Pressionar o botão do *mouse* após posicionar o cursor no comando pretendido.
cli.chê (*fr cliché*) *sm* **1** *Tip* Placa de metal, com imagem ou dizeres em relevo, destinada à impressão em máquina tipográfica. **2** *Jorn* Cada uma das edições que um jornal divulga no mesmo dia, com a inclusão de notícias de última hora. **3** *Fot* Chapa fotográfica negativa. **4** *fig* Chavão, lugar-comum.
cli.en.te (*lat cliente*) *sm* **1** Indivíduo que confia os seus interesses a um advogado, procurador ou tabelião. **2** Aquele que consulta habitualmente o mesmo médico, dentista etc. **3** Freguês.
cli.en.te.la (*lat clientela*) *sf* **1** Conjunto de clientes. **2** Freguesia.
cli.ma (*gr klîma*) *sm* **1** Conjunto de condições atmosféricas que caracterizam uma região ou um país. **2** *fig* Ambiente, meio.
cli.ma.té.rio (*gr klimaktér+io²*) *sm Med* **1** Cada um dos períodos da vida em que se verificam sensíveis mudanças no organismo (puberdade, menopausa etc.). **2** Término do período reprodutivo na mulher, caracterizado pela cessação gradual da função menstrual (menopausa) e muitas vezes acompanhado por desordens nervosas e endócrinas.
cli.má.ti.co (*clímato+ico²*) *adj* Relativo ao clima.
cli.ma.ti.za.do (*part* de *climatizar*) *adj* Adaptado ao clima, aclimatado.
cli.ma.ti.zar (*clímato+izar*) *vtd* e *vpr* Aclimatar; identificar-se com as condições de um clima.
clí.max (*cs*) (*gr klîmax*) *sm* O ponto mais alto ou período de maior intensidade; apogeu.
clí.ni.ca (*gr kliniké*) *sf* **1** Prática ou exercício da Medicina. **2** Estabelecimento onde são admitidos doentes para tratamento por um grupo de médicos de diversas especialidades, que praticam a Medicina em conjunto.
cli.ni.car (*clínico+ar²*) *vint* Exercer a profissão de clínico. *Conjug – Pres indic: clinico, clinicas, clinica (ní)* etc. *Cf clínica.*
clí.ni.co (*gr klinikós*) *adj* **1** Relativo ao tratamento médico dos doentes. **2** Observação profunda. • *sm* Médico.
cli.pe (*ingl clip*) *sm* **1** Pequeno prendedor de papéis de plástico ou metal. **2** *V videoclipe.*

cli.que (*voc onom*) *interj* e *sm* Termo onomatopeico que sugere estalido seco.
cli.tó.ris (*gr kleitorís*) *sm sing* e *pl Anat* Saliência carnuda e erétil na parte superior da vulva. Órgão equivalente ao pênis, mas muito menor.
clo.a.ca (*lat cloaca*) *sf* **1** Lugar (fossa, canal, tubo) destinado a receber dejetos; privada. **2** Lugar imundo. **3** *Zool* Câmara comum onde se abrem o canal intestinal, o aparelho urinário e os canais genitais das aves, répteis, anfíbios, muitos peixes e certos mamíferos.
clo.na.do (*part* de *clonar*) *adj* Diz-se de algo que passou pelo processo de clonagem; copiado.
clo.na.gem (*clone+agem*) *sf Eng Genét* **1** Processo para a obtenção de clones. **2** Introdução de um fragmento do material genético de uma célula em outra; engenharia genética.
clo.ne (*gr klón*, pelo *ingl*) *sm* **1** *Eng Genét* Cópia de um ser vivo originado de outro, com a mesma imagem e o mesmo código genético, produzida assexuadamente. **2** *Com* Cópia de um produto feita por empresa concorrente.
clo.rar (*cloro+ar¹*) *vtd* **1** *Quím* Combinar cloro com. **2** Esterilizar por meio de cloro (a água).
clo.re.to (*ê*) (*cloro+eto*) *sm Quím* **1** Composto de cloro com outro elemento. **2** Sal de ácido clorídrico. *Cloreto de sódio:* sal comum (NaCl).
clo.ro (*gr khlorós*) *sm Quím* Elemento não metálico, de número atômico 17 e símbolo Cl. É mais conhecido como gás pesado, elemento verde-amarelado, irritante e tóxico, de cheiro desagradável. É usado principalmente como poderoso agente branqueador, oxidante e desinfetante, na purificação de água e no fabrico de numerosos produtos, tais como pó de branquear roupa, solventes clorados, gases de guerra, inseticidas, herbicidas, resinas e plásticos clorados.
clo.ro.fi.la (*cloro+filo¹*) *sf Bot* Substância corante verde das plantas, essencial para a realização da fotossíntese. Ocorre apenas na presença de luz e onde há ferro disponível na célula.
clo.ro.fór.mio (*fr chlorophorme*) *sm Quím* Líquido volátil, incolor (CHCl), de forte cheiro e gosto adocicado, usado principalmente como anestésico.
close (*cloz*) (do *ingl close-up*) *V close-up.*
closet (*closet*) (*ingl*) *sm* Armário embutido anexo ao dormitório, às vezes um compartimento semelhante a um quarto, porém sem janelas, para guardar peças do vestuário, roupas de cama e calçados.
close-up (*cloz'áp*) (*ingl*) *sm Cin* e *Telev* Tomada de câmara de um pormenor, feita a pequena distância, para que ele seja mais facilmente notado ou para conseguir melhor efeito artístico; close.
clu.be (*ingl club*) *sm* **1** Sociedade recreativa. **2** Grêmio. **3** Associação política. **4** Local em que se reúnem essas agremiações.
clubber (*clâber*) (*ingl*) *adj m+f* Diz-se de pessoa, geralmente jovem, voltada à dança em clubes noturnos. • *s m+f* Pessoa, geralmente jovem, que adora dançar em clubes noturnos.
co.a (*ô*) (*de coar*) *sf* **1** *p us* Ação de coar. **2** Porção de líquido coado. **3** Nata que coalha à superfície do leite morno ou quente.

co.a.bi.tar (*baixo-lat cohabitare*) *vtd* **1** Habitar em comum. *vint* **2** Viver em comum. *vti* **3** Viver em comum, como marido e mulher.

co.a.ção (*lat coactione*) *sf* Ação de coagir ou obrigar alguém a fazer ou não fazer uma coisa.

co.ad.ju.van.te (*lat coadjuvante*) *adj e s m+f* Que, ou pessoa que ajuda, auxilia ou concorre para um fim comum.

co.ad.ju.var (*lat coadjuvare*) *vtd e vpr* Ajudar(-se), auxiliar(-se).

co.a.dor (*coar+dor*) *adj* Que coa ou serve para coar. • *sm* **1** Utensílio cujo fundo é crivado de orifícios muito estreitos, para deixar passar só a parte mais líquida ou fina de certas preparações. **2** Saco para coar café.

co.a.du.nar (*lat coadunare*) *vtd* **1** Ajuntar em um, reunir para formar um todo. *vtd e vti* **2** Incorporar, reunir. *vtd e vpr* **3** Combinar-se, harmonizar-se.

co.a.gi.do (*part de coagir*) *adj* **1** Forçado, obrigado. **2** Constrangido.

co.a.gir (*co+agir*) *vtd* **1** Forçar, obrigar. **2** Constranger. *Conjug* – *Pres indic:* coajo, coages etc.; *Pres subj:* coaja, coajas, coaja etc.

co.a.gu.la.ção (*lat coagulatione*) *sf* **1** Ato de coagular(-se). **2** Processo que consiste em fazer um líquido tornar-se viscoso, gelatinoso ou sólido.

co.a.gu.lan.te (*lat coagulante*) *adj m+f* Que coagula, que tem a propriedade de fazer coalhar. • *sm* Agente que causa coagulação.

co.a.gu.lar (*lat coagulare*) *vtd* **1** Promover a coagulação; coalhar. *vpr* **2** Passar por coagulação.

co.á.gu.lo (*lat coagulu*) *sm* **1** Parte coagulada ou coalhada de um líquido; coalho. **2** Substância que faz coagular.

co.a.la (*ingl koala*) *sm Zool* Pequeno marsupial originário da Austrália, que vive em árvores, de orelhas grandes, garras afiadas e pelagem cinza.

co.a.lha.da (*coalhar+ada¹*) *sf* Leite coalhado usado como alimento.

co.a.lha.do (*part de coalhar*) *adj* **1** Que coalhou. **2** *fig* Cheio, apinhado.

co.a.lhar (*lat coagulare*) *vtd* **1** Promover a coagulação de. *vint e vpr* **2** Coagular-se, solidificar-se.

co.a.lho (*lat coagulu*) *sm* Substância com que se coagula o leite, na fabricação do queijo.

co.a.li.zão (*fr coalition*) *sf* **1** Acordo político ou aliança de partidos. **2** Liga ou aliança de potências. **3** *Com* Cartel, truste.

co.a.li.zar (*fr coaliser*) *vpr* Fazer coalizão; aliar-se, unir-se.

co.ar (*lat colare*) *vtd* **1** Passar pelo coador, filtro, peneira etc. **2** Deixar passar através. *Conjug* – *Pres indic:* coo, coas, coa, coamos, coais, coam.

co.a.ti.vo (*co+ativo*) *adj* **1** Que coage, constrange ou obriga. **2** *Filos* Que impede o livre-arbítrio.

co.a.to (*lat coactu*) *adj* **1** Coagido, constrangido. **2** Sem livre-arbítrio.

co.a.tor (*co+ator*) *adj* + *sm* Que, ou aquele que coage, ou constrange por força.

co.au.tor (*co+autor*) *sm* **1** Aquele que é autor de uma obra ou trabalho em colaboração com outro ou outros: *Coautor de um dicionário.* **2** *Dir* O que, em uma causa cível ou no criminal, é autor juntamente com outro ou outros: *Coautor de um crime.*

co.au.to.ri.a (*co+autor+ia¹*) *sf* **1** Estado, qualidade ou caráter de coautor. **2** *Dir* Pluralidade de agentes num ato criminoso.

co.a.xar (*lat coaxare*) *vint* **1** Soltar a voz; gritar (a rã, o sapo). **2** Gritar como as rãs.

co.a.xi.al (*cs*) (*co+axial*) *adj m+f Eletr* Aquilo que tem um eixo em comum.

co.a.xo (de *coaxar*) *sm* **1** Ato de coaxar. **2** A voz das rãs e dos sapos.

co.bai.a (*lat cient cobaya*) *sf Zool* **1** Mamífero roedor da família dos cavídeos, vulgarmente chamado *porquinho-da-índia*, muito empregado em experiências médicas. **2** *fig* Qualquer animal ou pessoa que se submete, para fins científicos, a experiências semelhantes.

co.bal.to (*al kobalt*) *sm Quím* Elemento metálico branco-prateado, duro, de número atômico 27 e símbolo Co.

co.ber.ta (*lat cooperta*) *sf* **1** O que serve para cobrir ou envolver. **2** Cobertor, cobertura, colcha. **3** Abrigo, proteção. **4** Telhado, teto. **5** Tampo, tampa. **6** Capota.

co.ber.to (*lat coopertu*) *adj* **1** Abrigado, guardado, tapado. **2** Vestido. **3** Carregado. **4** Justificado. **5** Defendido, protegido. **6** Oculto. **7** Que tem cobertura. • *sm* Telheiro, alpendre.

co.ber.tor (*coberto+or*) *sm* **1** Coberta encorpada de lã ou de algodão com que se agasalha o corpo no leito. **2** Colcha.

co.ber.tu.ra (*lat coopertura*) *sf* **1** Ação de cobrir; cobrimento. **2** Aquilo que cobre ou serve para cobrir. **3** *Com* Garantia para uma operação mercantil ou financeira. **4** Reportagem radiofônica ou jornalística. **5** *Esp* Ato ou efeito de um jogador deslocar-se de sua posição para apoiar o outro. **6** Apartamento do último andar de um edifício que possui um grande terraço na laje de cobertura.

co.bi.ça (*lat cupiditia*) *sf* **1** Desejo veemente de conseguir alguma coisa. **2** Ânsia ou ambição de honras ou riquezas. **3** Avidez.

co.bi.çar (*cobiça+ar¹*) *vtd* **1** Ter cobiça de; desejar ardentemente. **2** Ambicionar, ter ambição de.

co.bi.ço.so (*ô*) (*cobiça+oso*) *adj* **1** Cheio de cobiça. **2** Ambicioso. *Pl:* cobiçosos (*ó*).

co.bol (sigla do *ingl* CO*mmon* B*usiness* O*riented* L*anguage*) *sm Inform* Tipo de linguagem utilizado na elaboração de programas de computador e destinado principalmente a empresas. *Pl:* cobóis.

co.bra (*lat colubra*) *sf* **1** *Zool* Serpente. **2** *Zool* Denominação dada pelos europeus às espécies asiáticas, venenosas, da subordem dos ofídios e pertencentes ao gênero naja. *Voz: assobia, chocalha, ronca, sibila, silva.* **3** Pessoa de má índole. • *adj e s m+f gír* Diz-se da, ou a pessoa de valor, que tem muitas qualidades, hábil.

co.bra-ce.ga *sf Zool* Anfíbio com até 1,5 m de comprimento semelhante a uma minhoca, de pele lisa e olhos pequenos situados soba apele. *Pl:* cobras-cegas.

co.bra-co.ral *sf Zool* Designação genérica a várias espécies de reptis ofídios, venenosos ou não, em geral de cores mistas, predominando o vermelho, o preto, o amarelo e o branco. *Pl:* cobras-corais e *cobras-coral.*

co.bra-d'á.gua *sf Zool* Nome comum dado a várias

espécies de serpentes de hábitos quase exclusivamente aquáticos. *Pl: cobras-d'água.*
co.bra.dor (*cobrar+dor*) *adj* Que cobra. • *sm* 1 O que cobra ou faz cobranças. 2 Recebedor de contribuições, prestações ou quaisquer dívidas. 3 Empregado que cobra as passagens em veículos de transporte coletivo; trocador.
co.bran.ça (*cobrar+ança*) *sf* 1 Ação de cobrar ou receber quaisquer dívidas ou donativos; arrecadação. 2 Quantias cobradas.
co.brar (*lat recuperare*) *vtd* 1 Proceder à cobrança, receber (o que nos pertence ou nos é devido). 2 Fazer ser pago. 3 Exigir o valor de.
co.bre (*lat cupru*) *sm* 1 *Quím* Elemento metálico, de cor característica castanho-avermelhada, de número atômico 29 e símbolo Cu; é um dos melhores condutores de eletricidade e calor. 2 Moeda desse metal. 3 *pop* Dinheiro. *sm pl* 1 Dinheiro. 2 Utensílios ou instrumentos de cobre.
co.brei.ro (*cobra+eiro*) *sm pop* Espécie de dermatose com feridas ou bolhas na pele que, segundo a crença popular, é causada pela passagem de alguma cobra pela roupa. É o nome popular do herpes-zóster.
co.brir (*lat cooperire*) *vtd* 1 Pôr cobertura em; tapar. *vtd* 2 Ocultar. *vpr* 3 Pôr o barrete, capuz ou chapéu na cabeça. *vtd* 4 Estender-se por cima de. *vtd* e *vpr* 5 Defender(-se), proteger(-se). *vtd* 6 Ocupar inteiramente (uma superfície). *vtd* 7 Espalhar ou derramar por. *vtd* 8 Envolver. *vtd* e *vpr* 9 Vestir(-se). *vtd* 10 Satisfazer; pagar. *vtd* 11 Percorrer, vencer. Conjuga-se como *dormir; Part irreg: coberto.*
co.ca (*quíchua kuka*) *sf* 1 *Bot* Arbusto frondoso, cujas folhas encerram vários alcaloides, sendo o principal a cocaína. 2 *pop* Cocaína.
co.ça (de *coçar*) *sf* 1 *pop* Ação de coçar. 2 Sova, surra.
co.ca.da (*coco+ada¹*) *sf* 1 Doce de coco ralado. 2 *pop* Cabeçada.
co.ca.í.na (*coca+ina*) *sf Quím* Alcaloide cristalino tóxico obtido das folhas de coca. Tem primeiro um efeito estimulante e depois narcotizante.
co.car (*fr cocard*) *sm* 1 Penacho ou plumas que adornam a cabeça, o chapéu ou o capacete. 2 Enfeite de plumas para a cabeça usado pelos índios.
co.çar (*lat vulg *coctiare*) *vtd* 1 Esfregar ou roçar com as unhas ou com um objeto áspero (a parte do corpo onde há comichão). *vpr* 2 Esfregar a própria pele para fazer cessar o prurido. *vtd* 3 *pop* Fustigar, sovar.
coc.ção (*lat coctione*) *sf* Ato ou efeito de cozinhar.
coc.cí.deos (*lat coccutídeos*) *sm pl Zool* Família de insetos providos de aparelho bucal sugador, que se alimentam de seiva e são considerados parasitos de vegetais, como a cochinilha.
cóc.cix (*lat coccyx*) *sm Anat* Pequeno osso da extremidade inferior da coluna vertebral.
có.ce.ga *sf V cócegas.*
có.ce.gas (de *coçar*) *sf pl* 1 Sensação particular que provoca deleite, riso, irritação ou movimentos convulsivos, causada por toques ou fricções leves e repetidas em alguns pontos da pele ou das mucosas. 2 Desejo, tentação. 3 Impaciência. (Também empregado no singular.) *Var pop: coscas.*

co.ce.guen.to (*cócegas+ento*) *adj* 1 Muito sensível a cócegas. 2 Muito desejoso.
co.cei.ra (*coçar+eira*) *sf* Forte comichão; prurido. *Estar com coceira para fazer uma coisa:* sentir desejo de fazê-la. *Ter coceira na língua:* estar com vontade de dizer algo.
co.che (*ô*) (*húngaro kocsi,* via *fr*) *sm* Carruagem de estilo antigo, usada em certas solenidades.
co.chei.ra (*coche+eira*) *sf* 1 Casa ou lugar onde se guardam coches ou outras carruagens; estrebaria. 2 Cavalariça.
co.chei.ro (*coche+eiro*) *sm* Aquele que guia os cavalos de uma carruagem.
co.chi.char (*cochicho+ar¹*) *vti* e *vint* 1 Falar em voz baixa. *vtd* 2 Dizer em voz baixa; contar, segredar.
co.chi.cho (de *cochichar*) *sm* Ato de cochichar.
co.chi.la.da (*cochilo+ada¹*) *sf* 1 Ação de cochilar. 2 Bobeada.
co.chi.lar (*quimbundo kukoxila*) *vint* Dormir levemente; dormitar.
co.chi.lo (de *cochilar*) *sm* 1 Ato de cochilar. 2 Sono leve. 3 Descuido, distração. *Cochilos homéricos* (ou *de Homero*): designação usada para grandes erros.
co.chi.ni.lha (*cast cochinilla*) *sf Entom* Nome comum dado aos insetos homópteros da família dos coccídeos, também chamados *piolhos-dos--vegetais. Var: cochonilha.*
co.cho (*ô*) *sm* Vasilha em que se põe água ou comida para o gado e que serve também para a lavagem da mandioca e fabrico da farinha.
co.cho.ni.lha (*cast cochinilla*) *V cochinilha.*
co.ci.en.te (*fr quotient*) *V quociente.*
cockpit (*cóq pit*) (*ingl*) *sm* Cabine ou espaço onde fica o piloto em avião, nave espacial e carros de corrida.
co.co (*ô*) *sm* 1 Fruto do coqueiro. 2 *pop* Cabeça.
co.cô (*voc expressivo*) *sm inf* Excremento. *Fazer cocô, inf:* defecar.
co.co-da-ba.í.a *sm bras Bot* 1 Palmeira de caule bem alto, dotada de inflorescência em cachos de flores brancas, cujo fruto é o coco. 2 Fruto arredondado, cuja polpa é muito usada em culinária e sua casca é utilizada para a fabricação de fibras. *Pl: cocos-da-baía.*
có.co.ras *sf pl* Usado na locução adverbial *de cócoras:* agachado; sentado sobre os calcanhares.
co.co.ri.car (*voc onom*) *vint* Cantar (o galo). *Conjug:* normalmente é conjugado somente nas 3ªs pessoas.
co.co.ri.có (*voc onom*) *sm* Voz imitativa do canto do galo. *Var: cocorocó.*
co.co.ro.có (*voc onom*) *V cocoricó.*
co.cu.ru.to (de *coco*) *sm* 1 O alto da cabeça. 2 Saliência de terra em forma de montículo. 3 Corcunda. 4 A corcunda do boi. 5 Inchaço. 6 Calombo. 7 O ponto mais elevado de uma coisa.
cô.dea (*lat cutina*) *sf* 1 A casca das árvores, dos frutos etc. 2 A parte exterior do pão, do queijo e das massas endurecidas pela cozedura. 3 Crosta. 4 Aspereza superficial e pardacenta que se forma na pele dos frutos, tubérculos e outros.
có.dex (*cs*) (*lat codex*) *V códice. Pl: códices.*
có.di.ce (*lat codice*) *sm* 1 Pergaminho manuscrito que contém obras de algum autor clássico ou

antigo. **2** Registro ou coleção de manuscritos, de documentos históricos ou de matérias legislativas. **3** Código antigo. *Pl:* códices.

co.di.fi.ca.ção (*codificar+ção*) *sf* Ação ou efeito de codificar; reunião de leis dispersas com forma de código.

co.di.fi.ca.do (*part* de *codificar*) *adj* Que se codificou; que possui código.

co.di.fi.car (*lat codi(ce)+ficar*) *vtd* **1** Reduzir a código; reunir em código. **2** Compilar, reunir em coleção.

có.di.go (*lat codice*) *sm* **1** Compilação de leis ou constituições. **2** Coleção metódica e ordenada de leis ou de disposições relativas a um assunto especial. **3** Coleção de regras ou de preceitos sobre qualquer matéria. **4** Norma, regra, lei. **5** Linguagem, secreta ou não, em que entram palavras, às quais, convencionalmente, se dão significações diferentes das que normalmente possuem. **6** Coleção sistemática de sinais, números ou abreviações, destinados a possibilitar brevidade de expressão ou economia de palavras, para vários fins.

co.di.no.me (*ingl code name*) *sm neol* Palavra que serve de disfarce, a fim de esconder a verdadeira identidade de uma pessoa.

co.dor.na (de *coroniz*) *sf Ornit* Ave galinácea da família dos tinamídeos, muito apreciada como caça; codorniz. *Voz:* pia, trila.

co.dor.niz (*lat coturnice*) *V* codorna.

co.e.di.ção (*co+edição*) *sf* Edição publicada por convênio entre editoras ou entre editoras e entidades culturais.

co.e.di.tar (*co+editar*) *vtd* Fazer a(s) coedição(ões) de. *Conjug – Pres indic:* coedito, coeditas etc. *Ger:* coeditando; *Part:* coeditado.

co.e.du.ca.ção (*co+educação*) *sf* **1** Educação em comum. **2** Educação conjunta de pessoas de ambos os sexos.

co.e.fi.ci.en.te (*lat coefficiente*) *sm* **1** *Fís* Quantidade numérica, constante para dada substância e usada para medir-lhe uma propriedade ou característica. **2** *Álg* Número ou letra que, colocado à esquerda de uma quantidade algébrica, lhe serve de multiplicador. **3** Multiplicador. **4** Valor relativo atribuído a cada uma das provas de um exame.

co.e.lho (*ê*) (*lat cuniculu*) *sm* **1** *Zool* Pequeno mamífero roedor originário da Europa. *Voz:* chia, guincha. **2** *Cul* Iguaria preparada com a carne desse animal.

co.en.tro (*gr koríandron*) *sm Bot* Planta hortense e aromática, usada como tempero.

co.er.ção (*lat coertione*) *sf* Ato de obrigar alguém a fazer alguma coisa; coação, repressão.

co.er.ci.ti.vo (*lat coercitivu*) *V* coercivo.

co.er.cí.vel (*fr coercible*) *adj m+f* Que pode ser reprimido ou coagido.

co.er.ci.vo (*coerção+ivo*) *adj* **1** Capaz de exercer coerção; que reprime. **2** *Dir* Que impõe pena.

co.er.dar (*co+herdar*) *vtd* Herdar juntamente com outro(s). *Conjug – Pres indic:* coerdo, coerdas etc.; *Ger:* coerdando; *Part:* coerdado.

co.er.dei.ro (*co+herdeiro*) *sm* Aquele que herda com outro(s).

co.e.rên.cia (*lat cohaerentia*) *sf* **1** Estado ou qualidade de coerente. **2** Ligação, harmonia, conexão ou nexo entre os fatos, ou as ideias. *Antôn:* incoerência.

co.e.ren.te (*lat cohaerente*) *adj m+f* **1** Que tem coerência. **2** Que tem nexo. **3** Lógico. **4** Conforme. **5** Que procede com coerência. *Antôn:* incoerente.

co.e.são (*lat cohaesione*) *sf* **1** União entre partes formando um todo. **2** Associação íntima, ligação moral. *Antôn:* cisão.

co.e.so (*ê*) (*lat cohaesu*) *adj* **1** Firmemente unido ou ligado. **2** Associado. **3** Harmônico.

co.e.tâ.neo (*lat coaetaneu*) *adj + sm* Que, ou o que tem a mesma idade; contemporâneo.

co.e.xis.tên.cia (*co+existência*) *sf* **1** Existência simultânea. **2** Convivência pacífica de sistemas políticos ou sociais contrários.

co.e.xis.ten.te (*co+existente*) *adj m+f* Que coexiste ou é simultâneo.

co.e.xis.tir (*co+existir*) *vti* e *vint* Existir juntamente ou ao mesmo tempo.

co.fi.ar (*fr coiffer*) *vtd* Afagar, alisar com a mão a barba ou o cabelo.

co.fre (*gr kóphinos*, pelo *fr coffre*) *sm* **1** Móvel onde se guardam valores. **2** Caixa de ferro com fechadura de segredo onde se guardam objetos de valor. **3** Recipiente blindado usado para transportar substâncias radioativas. **4** *Autom* Capa metálica que cobre o motor.

co.ges.tão (*co+gestão*) *sf Econ* Forma de participação dos trabalhadores na administração da empresa, por meio de representantes eleitos em votação direta.

co.gi.tar (*lat cogitare*) *vtd* **1** Imaginar. *vti* e *vint* **2** Pensar muito; refletir.

cog.na.to (*lat cognatu*) *adj + sm* **1** Que, ou o que é parente de mesmo tronco. **2** *Gram* Diz-se das, ou as palavras que provêm de uma raiz comum; congênere.

> Denominam-se **cognatos** os vocábulos que pertencem à mesma "família", visto que apresentam radical e significação comuns. Exemplos: *belo, beleza, belezoca, embelezamento, embelezar; pedra, pedrada, pedreira, pedregulho, pedregoso*.

cog.ni.ção (*lat cognitione*) *sf Filos* Ato de adquirir um conhecimento.

cog.no.me (*lat cognomen*) *sm* Apelido, alcunha.

cog.no.mi.nar (*lat cognominare*) *vtd* **1** Dar cognome a; alcunhar, apelidar. *vpr* **2** Ter ou adotar o cognome de.

co.go.te (*cast cogote*) *sm* **1** *pop* Região occipital. **2** Cachaço, nuca. *Var:* cangote.

co.gu.me.lo (*lat vulg *cucumellu*) *sm Bot* **1** *V* fungo. **2** Designação comum a vários fungos carnudos, alguns comestíveis e outros venenosos.

co.i.bir (*lat cohibere*) *vtd* **1** Impedir a continuação de; fazer parar. *vtd* **2** Impedir de fazer alguma coisa. *vpr* **3** Conter-se, reprimir-se. *vpr* **4** Abster-se, privar-se. *vtd* **5** Forçar, obrigar. *Conjug – Pres indic:* coíbo, coíbes, coíbe, coibimos, coibis, coíbem; *Pres subj:* coíba, coíbas, coíba, coibamos, coibais, coíbam; *Part:* coibido.

coi.ce (*lat calce*) *sm* **1** Pancada que dão os equídeos com as patas traseiras. **2** *pop* Pancada para trás com o pé. **3** *pop* Malcriação, brutalidade. **4** Recuo de arma de fogo, quando é disparada.

coi.fa (*baixo-lat cofia*) *sf* **1** Pequena rede com que as mulheres envolvem e suspendem os cabelos. 2 Chaminé, em forma de campânula, que recobre fogões ou aquecedores a gás.

co.im.brão (*top Coimbra+ão¹*) *adj* Relativo a Coimbra (Portugal). • *sm* Natural de Coimbra. *Var: coimbrense.*

co.im.bren.se (*top Coimbra+ense*) V *coimbrão*.

co.in.ci.dên.cia (*co+incidência*) *sf* 1 Ato de coincidir. 2 Estado de duas coisas que ocorrem ao mesmo tempo. 3 Simultaneidade. 4 Acaso.

co.in.ci.den.te (de *coincidir*) *adj m+f* 1 Que coincide. 2 Simultâneo.

co.in.ci.dir (*co+lat incidere*) *vint* 1 *Geom* Ajustar-se perfeitamente. *vti* 2 Acontecer, suceder ao mesmo tempo ou ocupar o mesmo período de tempo. *vti* e *vint* 3 Combinar, concordar.

coi.ó *adj gír* Bobo, idiota. • *sm* 1 Indivíduo tolo. 2 Namorado ridículo.

coi.o.te (*nauatle koyotl*) *sm Zool* Pequeno lobo da América do Norte.

coi.ro V *couro*.

coi.sa (*lat causa*) *sf* 1 Tudo o que existe ou pode existir; ente, objeto inanimado. 2 Aquilo em que se pensa. 3 Acontecimento, caso, circunstância, condição, estado, negócio. 4 Fato, realidade. 5 Assunto, matéria ou objeto de que se trata. 6 Essência, substância, fundo (em oposição a forma e a aparência). 7 Ato, empreendimento. 8 *Gram* Termo por oposição a pessoa. *sf pl* Bens, propriedades, negócios, ocupações, interesses. *Var: cousa. Coisa à toa:* a) pessoa sem caráter, desprezível; b) diabo, demônio.

coi.sa-fei.ta *sf bras* Feitiçaria, bruxaria, mandinga. *Pl: coisas-feitas.*

coi.sa-ru.im *sf bras* Diabo, demônio. *Pl: coisas--ruins.*

coi.si.ca (*coisa+ico¹*, no *fem*) *sf* 1 Coisa pequena. 2 *Reg* (MG) Coisa de somenos; bagatela; insignificância; pessoa insignificante. *Var: cousica.*

coi.so (de *coisa*) *sm pop* Qualquer indivíduo, fulano.

coi.ta.do (*part* do *port ant coitar*, do *lat coctare*) *adj* Desgraçado, infeliz, mísero. • *sm* Indivíduo desgraçado, infeliz, mísero. • *interj* Exclamação que exprime dó.

coi.to (*lat coitu*) *sm* Ato sexual. *Coito interrupto:* coito no qual o pênis é retirado da vagina antes da ejaculação; também chamado *coito incompleto*.

co.la¹ (*gr kólla*) *sf* 1 Substância proteínica dura que absorve água e forma uma solução viscosa ou espécie de geleia com fortes propriedades adesivas, usada para colar materiais. 2 Qualquer substância fortemente adesiva. *Cola branca:* cola feita de amido ou farinha de trigo; grude.

co.la² (*cast cola*) *sf* 1 Cauda dos animais. 2 Encalço, pegada, rasto. *Ir na cola de alguém:* ir-lhe no encalço.

co.la³ (*der* regressiva de *colar²*) *sf* 1 Apontamento, livro usado ocultamente pelo estudante, no decorrer da prova escrita. 2 Plágio, cópia.

co.la.bo.ra.ção (*colaborar+ção*) *sf* 1 Ato de colaborar; cooperação; ajuda. 2 Trabalho feito pelos colaboradores. 3 Conjunto dos colaboradores.

co.la.bo.ra.dor (*colaborar+dor*) *adj* Que colabora. • *sm* 1 Aquele que colabora ou ajuda outro em suas funções; cooperador. 2 Pessoa que, sem pertencer ao quadro de funcionários de uma empresa, trabalha para ela habitualmente ou esporadicamente.

co.la.bo.rar (*lat collaborare*) *vti* 1 Cooperar, ajudar. 2 Concorrer, cooperar para a realização de qualquer coisa. 3 Prestar serviços a uma empresa sem ser seu funcionário.

co.la.ção (*lat collatione*) *sf* Ato de conferir título, direito, grau ou benefício.

co.la.gem (*colar²+agem*) *sf* 1 Ação de colar². 2 *Pint* Composição artística de fragmentos de material impresso e outros materiais, colados sobre a superfície de um quadro. 3 Arte de fazer colagens; montagem.

co.lá.ge.no (*cola¹+geno*) *sm Histol* Substância proteica das fibras de várias estruturas do corpo, como pele, tendão, cartilagem, osso etc.

co.lap.so (*lat collapsu*) *sm* 1 *Med* Diminuição súbita da atividade nervosa e cerebral e demais funções que dependem do sistema nervoso; esgotamento. 2 Desmoronamento, ruína, desintegração, crise. *Colapso cardíaco:* cessação repentina e fatal da ação do coração.

co.lar¹ (*lat collare*) *sm* 1 Ornato usado ao redor do pescoço que consiste em uma fita, faixa, cadeia ou enfiada de contas, pérolas, sementes ou coisas semelhantes. 2 Gola. 3 Colarinho.

co.lar² (*cola¹+ar¹*) *vtd* 1 Fazer aderir com cola; grudar. *vtd* e *vpr* 2 Aplicar(-se), conchegar(-se), juntar(-se), unir(-se). *vint, vtd, vti* 3 Copiar às escondidas em provas ou exames. *vint* 4 *pop* Dar certo (mais usado na negativa): *Não colou*. *vtd* 5 *Inform* Inserir, em um arquivo, texto ou gráficos que foram copiados ou removidos de outro arquivo, ou ainda de uma parte para outra do mesmo arquivo.

co.la.ri.nho (*colar¹+inho*) *sm* 1 Gola de pano, costurada ou presa à camisa, ao redor do pescoço. 2 Moldura chata e estreita como uma fita, usada geralmente no alto das colunas. 3 *bras* Camada de espuma que cobre a cerveja ou o chope.

co.la.ri.nho-bran.co *sm* Funcionário público de alto nível, trabalhador administrativo ou outro profissional autônomo. *Pl: colarinhos-brancos.*

co.la.te.ral (*co+lateral*) *adj m+f* 1 Que está ao lado. 2 Que é parente, mas não próximo. 3 *Med* Diz-se de ação medicamentosa secundária; efeito colateral.

co.la-tu.do (*colar²+tudo*) *sm sing* e *pl* Substância adesiva que serve para ligar os mais diversos objetos quebrados.

col.cha (*fr ant colche*, hoje *couche*) *sf* Coberta de cama. *Colcha de retalhos:* a) coberta de cama feita de retalhos geralmente coloridos, na maioria das vezes costurados de forma geométrica; b) *fig* obra que consiste em trechos e partes de várias outras obras, às vezes sem unidade ou sentido.

col.chão (*colcha+ão²*) *sm* Grande almofada, estofada com alguma substância flexível (lã, penas, espuma de borracha) ou molas, que na cama se coloca sobre o estrado.

col.che.te (ê) (*fr crochet*) *sm* 1 Pequeno gancho de fio de arame que serve para ajustar os vestidos. 2 *Ort* Parêntese formado de linhas retas [ ].

col.cho.ne.te (*colchão+ete*) *sm* Pequeno colchão portátil.

col.dre (ô) *sm* Estojo de couro que serve para carregar pistolas ou outras armas.

co.le.ção (*lat collectione*) *sf* **1** Reunião de objetos da mesma natureza. **2** Ajuntamento.

co.le.ci.o.na.dor (*colecionar+dor*) *sm* Indivíduo que coleciona.

co.le.ci.o.nar (*lat collectione+ar*[1]) *vtd* **1** Fazer coleção de. **2** Compilar; reunir.

co.le.ga (*lat collega*) *s m+f* Pessoa que, em relação a outra, pertence à mesma comunidade, corporação, profissão etc.; companheiro.

co.le.gi.a.do (*colégio+ado*[2]) *adj* Relativo ou pertencente a certas instituições ou corporações de caráter coletivo, tais como colégio, universidade, colégio dos cardeais, tribunais etc. • *sm* **1** *Polít* Sistema de governo em que o poder executivo é exercido por um órgão constituído de vários membros, sob a direção de um presidente; esses membros, embora exercendo coletivamente um só poder, em igualdade de condições, têm cada um atribuições específicas na administração. **2** *Polít* Conjunto desses membros.

co.le.gi.al (*colégio+al*[1]) *adj m+f* Pertencente ou relativo a colégio. • *s m+f* Aluno ou aluna de colégio.

co.lé.gio (*lat collegiu*) *sm* **1** Estabelecimento de ensino; escola. **2** Reunião de pessoas com igual categoria ou dignidade. *Colégio eleitoral:* conjunto de eleitores.

co.le.guis.mo (*colega+ismo*) *sm* Lealdade ou procedimento próprio de colega; companheirismo.

co.lei.ra (*colo+eira*) *sf* **1** Armadura, resguardo para o pescoço. **2** Peça de couro ou metal que se põe em volta do pescoço dos cães e de outros animais. **3** *Ornit* Nome popular dado a várias espécies de pássaros, que têm na garganta uma espécie de gola negra; coleirinha.

co.lei.ri.nha (*dim* de *coleira*) *V* coleira.

co.le.óp.te.ros (*gr koleópteros*) *sm pl Entom* É a ordem mais abundante de insetos, conhecendo-se cerca de 300.000 espécies. Compreende os besouros e gorgulhos. Variam no tamanho de 10 cm de comprimento de algumas espécies tropicais a formas diminutas, e incluem numerosas pragas destrutivas de plantas cultivadas e de produtos armazenados (tais como as joaninhas e vaga-lumes).

có.le.ra (*gr kholéra*) *sf* **1** Impulso violento, ira, irritação forte que incita contra aquele que nos ofende. **2** Sentimento de justiça que se atribui a Deus, quando castiga as culpas dos homens. **3** Ferocidade de animais. **4** *Med* e *Vet* Nome comum a várias doenças do homem e dos animais domésticos, das quais um dos característicos são os graves sintomas gastrintestinais. **5** Ímpeto. *Antôn:* serenidade, moderação.

co.lé.ri.co (*lat cholericu*) *adj* **1** Propenso a encolerizar-se. **2** Encolerizado, indignado. **3** *Med* Atacado de cólera. • *sm* Indivíduo atacado de cólera. *Antôn:* calmo, moderado, sereno.

co.les.te.rol (*cole+gr stéar+ol*) *sm Quím* Substância existente nas células do corpo e nas gorduras animais responsável pela arterosclerose, pela grande parte do tipo mais frequente de cálculos biliares e pelo entupimento das artérias. *Pl: colesteróis.*

co.le.ta (*lat collecta*) *sf* **1** Quantia que se paga de imposto. **2** Cota para obra de beneficência ou para despesa comum. **3** Ato de coletar esmolas, donativos ou quaisquer outras contribuições. **4** *Rel Catól* Oração que o sacerdote diz na missa, em nome de todo o povo, antes das leituras.

co.le.tâ.nea (*lat collectanea*) *sf* Coleção de várias obras ou de várias coisas.

co.le.tar (*coleta+ar*[1]) *vtd* **1** Lançar contribuição sobre; tributar. **2** Reunir ou arrecadar (contribuições, donativos, cotas). **3** Recolher, colher (dados ou amostra) para análise ou estudo.

co.le.te (ê) (*colo+ete*) *sm* **1** Peça de vestuário, curta e sem mangas, que as pessoas usam por cima da camisa. **2** Espartilho.

co.le.ti.va (de *coletivo*) *sf* **1** *Jorn V* entrevista coletiva. **2** Exposição que reúne trabalhos artísticos de dois ou mais artistas.

co.le.ti.vi.da.de (*coletivo+i+dade*) *sf* **1** Qualidade ou estado do que é coletivo. **2** O povo, coletivamente.

co.le.ti.vo (*lat collectivu*) *adj* **1** Que abrange muitas coisas ou pessoas. **2** Pertencente ou relativo a muitas coisas ou pessoas. **3** *Gram* Que exprime o conjunto de muitos indivíduos da mesma espécie. • *sm* **1** *Gram* Substantivo comum que indica uma coleção de seres da mesma espécie. **2** Veículo para transporte coletivo, público ou particular.

> Observe que com os **coletivos** o verbo permanece no singular.
> *A turma passa sempre aqui aos domingos.*
> Porém, se houver um modificador para o coletivo (adjunto adnominal), existe a possibilidade de dupla concordância verbal (singular ou plural).
> *A turma de roqueiros passa sempre aqui aos domingos.*
> *A turma de roqueiros passam sempre aqui aos domingos.*

co.le.tor (*lar collectore*) *adj* Que reúne. • *sm* **1** Aquele que faz coleções. **2** O que lança ou recebe coletas. **3** Recebedor de impostos ou de rendimentos públicos. **4** Aparelho ou recipiente destinado a recolher alguma substância.

co.le.to.ri.a (*coletor+ia*) *sf* **1** Repartição fiscal arrecadadora de impostos. **2** Cargo de coletor.

co.lhão (*lat tardio coleone*) *sm vulg* Saco, testículo.

co.lhei.ta (*lat collecta*) *sf* **1** Ato de colher os produtos agrícolas. **2** Os produtos agrícolas colhidos no ano; safra. **3** O que se colhe, o que se ajunta.

co.lher[1] (ê) (*lat cochleare*) *sf* **1** Utensílio de mesa, consistindo geralmente em uma peça única de metal, com um cabo e uma parte côncava, e que serve para levar alimentos à boca, ou para misturar, mexer, provar ou servir alimentos. **2** Nome de outros objetos de feitio mais ou menos semelhante ao desse utensílio: *Colher de pedreiro.*

co.lher[2] (ê) (*lat colligere*) *vtd* **1** Tirar, desprender da planta (flores, folhas ou frutos), apanhar. **2** Conseguir, obter. **3** Acolher, receber. **4** Receber em paga, em recompensa.

co.lhe.ra.da (*colher+ada*[1]) *sf* **1** Conteúdo de uma colher; colher cheia. **2** *pop* Ato de intrometer-se.

co.lhu.do (*lat coleu*, testículo+*udo*[2]) *adj* **1** Que tem testículos grandes. **2** *bras* Indivíduo valentão. **3** *bras* Atrevido, abelhudo.

co.li.bri (*fr colibri*) *sm Ornit* Beija-flor.

có.li.ca (*coli+ica*) *sf Med* Dor abdominal aguda.

co.li.dir (*lat collidere*) *vti* e *vpr* **1** Bater(-se), ir de encontro, chocar. *vint* **2** Contradizer-se.

co.li.ga.ção (*lat colligatione*) *sf* **1** Liga, aliança de várias pessoas para um fim comum. **2** *Polít* Confederação, aliança de partidos políticos.

co.li.gar (*lat colligare*) *vtd* e *vpr* Unir(-se) por coligação.

co.li.gir (*lat colligere*) *vtd* **1** Reunir em coleção. **2** Juntar, reunir.

co.li.na (*lat colina*) *sf* Pequena elevação de terreno; outeiro; pequeno monte.

co.lí.rio (*gr kollýrion*) *sm* **1** *Farm* Medicamento que se aplica nos olhos. **2** *gír* Muito agradável à vista.

co.li.são (*lat collisione*) *sf* **1** Ato de colidir. **2** Choque de dois corpos. **3** Abalroamento de veículos. **4** Luta entre partidos ou facções. **5** Contrariedade. **6** Conflito.

co.li.seu (*baixo-lat coliseu*) *sm* **1** O maior anfiteatro romano, onde se realizavam os combates entre gladiadores e outras competições. **2** *ant* Local para competições de atletismo. **3** *ant* Circo. **4** *ant* Teatro.

co.li.te (*colo+ite¹*) *sf Med* Inflamação do cólon.

collant (*fr collant*) *sm* **1** Tipo de maiô usado em aulas de dança ou ginástica. **2** Roupa de baixo que combina, numa só peça, calcinha e sutiã.

col.mei.a (*é*) *sf* **1** Enxame de abelhas. **2** *fig* Acumulação ou grande porção de coisas ou pessoas.

col.mo (*ô*) (*lat culmu*) *sm* **1** *Bot* Caule das plantas gramíneas, entre a raiz e a espiga. **2** Palha comprida de que se tiraram os grãos e que serve para cobrir as habitações pobres nos campos. **3** Choupana.

co.lo¹ (*lat callu*) *sm* **1** *Anat* Parte do corpo humano formada pelo pescoço e ombros. **2** Regaço. **3** Parte mais estreita e apertada de um objeto; pescoço; gargalo; garganta. **4** *Bot* Linha de separação entre a haste de uma planta e a sua raiz. *Colo dental:* linha que separa a coroa e a raiz do dente, que fica ligeiramente recoberta pela gengiva. *Colo do útero* ou *colo uterino:* extremidade inferior, estreita, do útero; colo do útero.

co.lo² (*gr kôlon*) *V cólon.*

co.lo.ca.ção (*lat collocatione*) *sf* **1** Ato ou efeito de colocar. **2** Emprego; serviço. **3** Lugar de posição em uma classificação.

co.lo.car (*lat collocare*) *vtd* e *vpr* **1** Pôr(-se) em determinado lugar. *vtd* e *vpr* **2** Empregar(-se), conseguir trabalho. *vtd* **3** Estabelecer, instalar. *vtd* **4** Situar-se, tomar posição.

co.lo.fão (*gr kolophón*) *sm Edit* Indicação do nome do impressor e local e data de uma publicação.

co.lom.bi.a.no (*Colombo, np+i+ano*) *adj* **1** Pertencente ou relativo à Colômbia (América do Sul). **2** Natural da Colômbia. • *sm* O habitante ou natural da Colômbia.

co.lom.bi.na (*ital*) *sf* **1** Personagem principal feminina da comédia de arte italiana, companheira do Arlequim e do Pierrô. **2** Fantasia carnavalesca feminina, geralmente de seda ou de cetim brancos, composta de blusa, saia curta e um bonezinho.

có.lon (*gr kôlon*) *sm Anat* Porção do intestino grosso, entre o ceco e o reto. *Var: colo².*

co.lô.nia (*lat colonia*) *sf* **1** Povoação de colonos. **2** Grupo de pessoas da mesma nacionalidade que vive em uma região limitada de outro país. **3** Estado que está sob a autoridade de outro; possessão. **4** Grupo de trabalhadores que, saindo do seu estado, vão estabelecer-se e trabalhar noutro, dentro do seu país. **5** Conjunto de pessoas ou animais que vivem em comum. **6** *Biol* Coleção ou grupo de bactérias em uma cultura. **7** *Biol* Conjunto de indivíduos da mesma espécie vivendo em um determinado local. **8** *Reg* (Sul) Lugar distante de povoações, onde seus moradores, muito dispersos, são agricultores ou criadores.

co.lo.ni.al (*colônia+al¹*) *adj m+f* **1** Relativo a colônia ou colonos. **2** Com características ou condição de colônia.

co.lo.ni.a.lis.mo (*colonial+ismo*) *sm Hist* Tendência política em manter possessões ou protetorados dependentes, levando-se em conta os interesses políticos e econômicos dos colonizadores.

co.lo.ni.za.ção (*colonizar+ção*) *sf* **1** Ato ou efeito de colonizar. **2** Estado de colonizado.

co.lo.ni.za.dor (*colonizar+dor*) *adj + sm* Que, ou o que coloniza.

co.lo.ni.zar (*colono+izar*) *vtd* **1** Estabelecer colônia em. **2** Migrar para um território e nele se estabelecer, especialmente como seus primeiros ou principais habitantes.

co.lo.no (*lat colonu*) *sm* **1** Indivíduo que faz parte de uma colônia; o que habita uma colônia. **2** Indivíduo que se estabelece em um terreno inculto para desbravá-lo e cultivá-lo. **3** *Reg* (Sul) O que vive como agricultor ou criador em colônia.

co.lo.qui.al (*colóquio+al¹*) *adj m+f* Relativo a, ou próprio de colóquio.

co.lo.qui.a.lis.mo (*coloquial+ismo*) *sm Gram* **1** Expressão considerada mais apropriada para a conversação cotidiana do que a fala ou escrita formal. **2** Estilo de linguagem informal.

co.ló.quio (*lat colloquiu*) *sm* Conversação ou palestra entre duas ou mais pessoas.

co.lo.ra.ção (*colorar+ção*) *sf* **1** Ação de colorir. **2** Efeito produzido pelas cores.

co.lo.rau (*cast colorado*) *sm* Pó vermelho e condimento de pimentão seco ou também de urucu.

co.lo.ri.do (*part* de *colorir*) *adj* **1** Feito em cores. **2** Que tem cores vivas. **3** Brilhante, imaginoso. • *sm* **1** Cor ou combinação de cores. **2** Vivacidade, brilho. **3** *Pint* Matiz, tonalidade, tom.

co.lo.rir (*ital colorire*) *vtd* **1** Dar cor a, tingir ou matizar de cores. **2** Ornar, enfeitar. **3** Descrever brilhantemente; avivar. Conjuga-se como *abolir*.

co.lo.ri.za.ção (*colorizar+ção*) *sf* Ato ou efeito de colorizar.

co.lo.ri.zar (*colori+izar*) *vtd* **1** Colorir. **2** Cobrir ou matizar de cores, geralmente algo (foto ou filmes) que foi concebido em branco e preto.

co.los.sal (*colosso+al¹*) *adj m+f* **1** Que tem proporções de colosso; agigantado, enorme. **2** Imenso, vastíssimo. *Antôn: microscópico.*

co.los.so (*ô*) (*lat colossu*) *sm* **1** Estátua de grandeza extraordinária. **2** Pessoa corpulenta. **3** Objeto de grandes dimensões. **4** Pessoa de grande poderio ou valimento. **5** Império ou soberania muito poderosa. **6** *pop* Grande quantidade. **7** *pop* Coisa excelente, excepcional.

co.los.tro (ô) (*lat colostru*) *sm Fisiol* O primeiro líquido que sai da glândula mamária depois do parto. Difere do leite típico pelo conteúdo maior de proteínas e anticorpos, vitaminas e minerais, e pelo menor conteúdo de açúcares e gorduras.

col.pos.co.pi.a (*colpo+scopo+ia^1*) *sf Med* Exame do interior da vagina e do colo do útero por meio do colposcópio.

col.pos.có.pio (*colpo+scopo+io^2*) *sm Med* Instrumento destinado ao exame da vagina e do colo do útero.

co.lum.bá.rio (*lat columbariu*) *sm* Espécie de edifício com nichos onde se conservam as cinzas funerárias em cemitérios.

co.lum.bi.no (*lat columbinu*) *adj* **1** Pertencente ou relativo a pomba ou pombo. **2** Cândido, inocente, puro.

co.lu.na (*lat columna*) *sf* **1** *Arquit* Pilar cilíndrico, que sustenta abóbada, estátua etc. **2** Qualquer forma, estrutura ou formação semelhantes a uma coluna. **3** Esteio, sustentáculo. **4** Monumento comemorativo em forma de pilar. **5** *Edit* Subdivisão vertical das páginas de um jornal e de alguns livros e revistas. **6** Disposição vertical de itens impressos ou escritos, em uma página (em uma tabela, *p ex*). **7** Série de objetos empilhados. **8** *Mil* Disposição em que pessoas ou tropas em formatura se colocam umas atrás das outras. **9** *Anat* Estrutura ou parte anatômica que sugere uma coluna na forma. **10** *Anat* Reunião de vértebras sobrepostas. *Coluna espinhal* ou *coluna vertebral*: V *espinha dorsal*.

co.lu.ná.vel (*colunar+vel*) *adj* e *s m+f* Diz-se de, ou pessoa que é considerada digna de menção (ou realmente é mencionada) nas colunas sociais.

co.lu.nis.ta (*coluna+ista*) *s m+f Jorn* Cronista ou comentarista de periódico que tem sob sua responsabilidade seção de arte, literatura, notas sociais etc.; cronista.

com (*lat cum*) *prep* Partícula empregada em várias situações, como de companhia, união, associação; combinação, mistura; causa; objeto de comparação; oposição ou competição; contra; instrumento, meio; por conta de, ao cuidado de; com respeito a, concernente a; maneira; modo.

co.ma (*gr kôma*) *sm Med* Estado de inconsciência, com perda total da sensibilidade e da ação de mover-se, causado por certas doenças graves.

co.ma.dre (*lat comatu*) *sf* **1** Madrinha de uma pessoa, em relação aos pais desta. **2** Mãe de uma pessoa, em relação à madrinha e ao padrinho desta. **3** *pop* Parteira. **4** *pop* Pessoa mexeriqueira. **5** *pop* Recipiente achatado de metal ou louça, que substitui o urinol, para comodidade da pessoa doente.

co.man.da (de *comandar*) *sf* **1** Pedido de clientes que o garçom registra por escrito numa ficha e o encaminha ao bar ou à cozinha para posterior atendimento. **2** Ficha de controle de consumo em bares, lanchonetes e restaurantes populares.

co.man.dan.te (de *comandar*) *adj* Que comanda. • *sm* **1** O que tem um comando militar. **2** Título que se dá aos oficiais superiores da Marinha, quando chefes de esquadra naval ou navio.

co.man.dar (*com+mandar*) *vtd* **1** *Mil* Dirigir como comandante (agrupamento de soldados, navio etc.). *vtd* **2** Ordenar. *vtd* **3** Dominar. *vtd* **4** Acionar, manobrar (uma máquina etc.). *vint* **5** Governar, dirigir.

co.man.do (*fr commande*) *sm* **1** Ação de comandar; chefia; liderança. **2** Governo de uma divisão de tropas. **3** Autoridade, dignidade ou funções de quem comanda. **4** Acionamento. **5** Qualquer mecanismo que faz funcionar máquina ou dispositivo. **6** *Mil* Tropa selecionada para ação militar. **7** Equipe que inspeciona. **8** *Inform* Pulso ou sinal elétrico que inicia ou interrompe um processo. **9** *Inform* Palavra ou frase reconhecida por um sistema de computação que inicia ou termina uma ação.

co.mar.ca (*com+marca*) *sf* Cada uma das partes em que se divide o território de um Estado, sob a alçada de um juiz de direito.

com.ba.li.do (*part* de *combalir*) *adj* **1** Abalado, abatido. **2** Destruído de forças (físicas ou morais).

com.ba.lir *vtd* **1** Abalar. *vtd* **2** Tornar fraco. *vtd* **3** Deteriorar, tornar podre. *vpr* **4** Enfraquecer-se. Conjuga-se como *falir*.

com.ba.te (de *combater*) *sm* **1** Ação de combater. **2** Luta entre gente armada ou forças militares; batalha; peleja. **3** Embate, choque.

com.ba.ten.te (de *combater*) *adj m+f* Que combate ou está pronto para combater. • *sm* Aquele que combate ou pode combater; guerreiro.

com.ba.ter (*lat combattuere*) *vtd* **1** Bater-se com, contender, opor-se a. *vtd* **2** Fazer esforço por dominar, vencer ou extinguir. *vti* **3** Pelejar, lutar contra. *vpr* **4** Debater-se, estar em conflito.

com.ba.ti.vo (*combater+ivo*) *adj* **1** Que tem tendência para combater. **2** Que tem temperamento de combatente.

com.bi.na.ção (*combinar+ção*) *sf* **1** Ação ou efeito de combinar. **2** Disposição ordenada de quaisquer coisas ou objetos. **3** Conformidade. **4** Acordo, ajuste, contrato. **5** *Quím* Junção de substâncias diferentes, que produzem outra ou outras inteiramente diversas daquelas. **6** Peça do vestuário interior feminino, pouco mais curta que o vestido.

com.bi.na.do (*part* de *combinar*) *adj* **1** Formado por combinação. **2** Reunido em um todo. **3** Que resultou em um composto químico. **4** Ajustado, acordado; concertado. • *sm* **1** Acordo, ajuste. **2** *Quím* Corpo resultante de combinação. **3** *Esp* Time formado de jogadores pertencentes a clubes diferentes.

com.bi.nar (*lat combinare*) *vtd* **1** Agrupar, reunir em certa ordem; dispor metodicamente. *vtd* **2** Ajustar. *vtd* **3** *Quím* Determinar a combinação de. *vtd* **4** Arquitetar, calcular, formar planos para o êxito de algum empreendimento. *vtd* **5** Harmonizar. *vint* e *vpr* **6** Estar de acordo. *vtd* **7** Comparar.

com.boi.o (ô) (*fr ant convoi*) *sm* **1** Porção de carros de transporte que se dirigem ao mesmo destino. **2** *Mil* Carros de munições e mantimentos que acompanham forças militares. **3** Leva de feridos ou prisioneiros de guerra escoltados por tropas. **4** *Náut* Navios mercantes, escoltados por embarcações de guerra. **5** Grupo de animais cavalares que transportam carga; tropa.

com.bu.ren.te (*lat comburente*) *adj m+f* **1** *Quím* Diz-se do corpo que, combinando-se com outro, dá lugar à combustão. 2 Que faz arder; que produz ou auxilia a combustão. • *sm* Substância que produz ou auxilia a combustão.

com.bus.tão (*lat combustione*) *sf* 1 Ato de queimar. 2 Estado de um corpo que arde produzindo calor e luz. 3 *Autom* Queima da mistura ar-gasolina efetuada pelo carburador, a qual transforma a energia química em energia mecânica capaz de movimentar o veículo.

com.bus.tí.vel (*lat combustu+ir+vel*) *adj m+f* Que tem a propriedade de produzir combustão. • *sm* 1 Material, como lenha, carvão, gás, óleo, gasolina etc. usado para produzir calor ou força por combustão. 2 Qualquer material que alimenta fogo. 3 Qualquer material do qual pode ser liberada energia atômica, usado em reator nuclear; combustível nuclear.

com.bus.tor (*combusto+or*) *sm* Poste para iluminação pública.

co.me.çar (*lat cominitiare*) *vtd* e *vti* 1 Dar começo, início ou princípio a. *vti* e *vint* 2 Ter começo ou princípio. *Antôn: terminar, concluir.*

co.me.ço (*ê*) (de *começar*) *sm* 1 Ato de começar. 2 Origem, princípio. 3 Primeira parte de uma ação, coisa ou época. *sm pl* Primeiras experiências ou tentativas. *Antôn* (acepções do singular): *fim*.

co.mé.dia (*gr komoidía*) *sf* 1 Obra teatral ou cinematográfica em que predominam situações engraçadas e sátira. 2 Fato ridículo ou irrisório. *Comédia de arte, Teat*: gênero teatral popular, de origem italiana, que floresceu na Europa do século XVII. É repleta de ação, de gestos estereotipados e certa dose de improvisação.

co.me.di.an.te (de *comediar*) *s m+f* 1 Ator ou atriz de comédias. 2 Farsante, impostor.

co.mé.dia-pas.te.lão *sf Cin* Comédia com muita ação, movimentação rápida das personagens e frequentes quiproquós nos quais há perseguições e arremesso mútuo de tortas ou pastelões. *Pl:* comédias-pastelão e comédias-pastelões.

co.me.di.do (*part* de *comedir*) *adj* 1 Moderado, prudente, regulado. 2 Que sabe comedir-se. 3 Sóbrio. 4 Respeitoso.

co.me.di.men.to (*comedir+mento*) *sm* Caráter daquele ou daquilo que é comedido; moderação, modéstia.

co.me.dir (*com+medir*) *vtd* 1 Regular convenientemente. *vtd* e *vpr* 2 Moderar(-se), controlar(-se). *Conjug:* é defectivo; não se usa este verbo na 1.ª pessoa do singular do presente do indicativo e em todo o presente do subjuntivo. Nos demais tempos, conjuga-se como *medir*.

co.me.dor (*comer+dor*) *adj* Que come. • *sm* 1 Comilão, glutão. 2 Perdulário, esbanjador. 3 O que se enriquece à custa alheia.

co.me.doi.ro (*comer+doiro*) V *comedouro*.

co.me.dou.ro (*comer+douro*) *sm* Lugar ou recipiente onde comem os animais. *Var: comedoiro*.

co.me.mo.ra.ção (*lat commemoratione*) *sf* 1 Ação de comemorar. 2 Solenidade em homenagem ou memória de pessoa ilustre ou de fato histórico importante.

O substantivo **comemoração** pede sempre a preposição **de:**

A solenidade foi em comemoração dos cinquenta anos do Museu de Arte Moderna.

co.me.mo.rar (*lat commemorare*) *vtd* 1 Trazer à memória, fazer recordar. 2 Celebrar, festejar. 3 Solenizar a recordação de.

co.me.mo.ra.ti.vo (*lat commemoratu+ivo*) *adj* Que comemora.

O adjetivo **comemorativo** pede sempre a preposição **de:**
O Ministro das Comunicações afirmou que lançará um selo comemorativo do centenário do nascimento de Drummond.

co.men.da (*baixo-lat commenda*) *sf* 1 Antigo benefício honorífico concedido a eclesiásticos ou a cavaleiros de ordens militares. 2 Porção de terra com que oficialmente se recompensavam serviços, com obrigação de defesa e proteção contra inimigos e malfeitores. 3 Distinção puramente honorífica; condecoração. 4 Terceiro grau em algumas ordens militares. 5 Insígnia de comendador.

co.men.da.dor (*comendar+dor*) *sm* Aquele que tem comenda. *Fem: comendadeira* e *comendadora*.

co.men.sal (*lat med commensale*) *adj m+f* Relativo aos que habitualmente comem juntos. • *sm* Aquele que come à mesma mesa com outro ou outros.

co.men.su.rar (*lat commensurare*) *vtd* 1 *Mat* Medir com a mesma unidade (duas ou mais quantidades). *vtd* 2 Medir. *vtd* e *vti* 3 Comparar, proporcionar, igualar.

co.men.su.rá.vel (*comensurar+vel*) *adj m+f* 1 Que tem ou admite medida comum. 2 Que pode ser medido.

co.men.ta.dor (*comentar+dor*[2]) *adj* + *sm* Que, ou aquele que comenta. • *sm* Comentarista.

co.men.tar (*lat commentare*) *vtd* 1 Explicar, analisar, interpretar por meio de um comentário. 2 Fazer comentário a. 3 Criticar, analisar.

co.men.tá.rio (*lat commentariu*) *sm* 1 Série de notas ou observações, esclarecedoras ou críticas, sobre quaisquer assuntos. 2 Interpretação mais ou menos maliciosa que se dá aos atos ou palavras de outrem. 3 Análise.

co.men.ta.ris.ta (*comentário+ista*) *s m+f* Autor ou autora de comentários.

co.me-qui.e.to *sm bras pop* Indivíduo discreto, que não faz alarde a respeito de suas aventuras amorosas. *Pl: come-quietos*.

co.mer (*lat comedere*) *vtd* 1 Mastigar e engolir; tomar por alimento. *vtd* 2 Gastar, dissipar. *vpr* 3 Afligir-se, mortificar-se. *vtd* 4 Destruir, gastar, roer. *vtd* 5 Apagar, sumir, omitir. *vtd* 6 Ganhar no xadrez e nas damas (pedras do adversário). *vint* 7 Ganhar, lucrar, tirar proveito. *vtd* e *vint* 8 Roubar. *vtd* 9 *vulg* Copular com (uma mulher). • *sm* 1 Comida, alimento. 2 Refeição usual. *sm pl* Iguarias, banquetes. *Come e dorme, pop:* vagabundo, indivíduo que vive à custa de outrem.

co.mer.ci.al (*comércio+al*[1]) *adj m+f* 1 Relativo ao comércio. 2 Ocupado no comércio; que se dedica ao comércio. 3 Conveniente ou adequado para o comércio. 4 Feito unicamente com o objetivo de auferir lucro. • *sm* Anúncio publicitário veiculado por emissora de rádio ou televisão.

co.mer.ci.a.li.za.ção (*comercializar+ção*) *sf* Ação de comercializar.

co.mer.ci.a.li.zar (*comercial+izar*) *vtd* **1** Tornar comercial. *vtd* **2** Colocar no comércio. *vtd* e *vti* **3** Negociar com; comerciar.

co.mer.ci.an.te (de *comerciar*) *adj* e *s m+f* Que, ou pessoa que exerce o comércio; negociante.

co.mer.ci.ar (*comércio+ar*¹) *vint* **1** Exercer comércio, ter comércio; negociar. *vti* **2** Ter comércio com alguém. *Conjug – Pres indic: comercio, comercias (cí)* etc. *Cf comércio.*

co.mer.ci.á.rio (*comércio+ário*) *sm* Indivíduo que se dedica ao comércio, como empregado.

co.mér.cio (*lat commerciu*) *sm* **1** Negócio, tráfico que se faz comprando e vendendo. **2** O fato de vender mercadorias. **3** Ato de comprar mercadorias para as revender ou de fazer operações para este fim. **4** Relações de negócio. **5** A classe dos comerciantes. **6** Relações sexuais ilícitas. **7** A vila (distrito), no linguajar campônio.

co.mes (de *comer*) *sm pl* Tudo o que se come. *Comes e bebes, pop:* comidas e bebidas.

co.mes.tí.vel (*lat comestibile*) *adj m+f* Próprio para ser comido. • *sm pl* **1** Gêneros alimentícios. **2** Tudo o que é próprio para alimento.

co.me.ta (ê) (*gr kométes*) *sm Astr* Astro de cauda luminosa que descreve órbitas muito alongadas à volta do Sol.

co.me.ter (*lat committere*) *vtd* **1** Fazer, praticar. **2** Acometer, atacar. **3** Afrontar, empreender, tentar.

co.me.ti.da (*part* de *cometer*) *sf* Ataque, investida.

co.me.ti.men.to (*cometer+mento*) *sm* **1** Ação de cometer. **2** Ato cometido. **3** Empresa arrojada. **4** Acometimento.

co.me.zai.na (de *comer*) *sf pop* **1** Refeição abundante. **2** Reunião de comes e bebes.

co.me.zi.nho (de *comer*) *adj* **1** Bom para se comer. **2** Fácil de entender. **3** Caseiro, simples.

co.mi.chão (*lat comestione*) *sf* **1** Sensação na pele que obriga a coçar; prurido. **2** Grande desejo de fazer alguma coisa.

co.mi.char (*comich(ão)+ar*) *vtd* **1** Causar comichão a. *vint* **2** Sentir comichão, coceira.

co.mí.cio (*lat comitiu*) *sm* **1** Reunião de cidadãos para tratar de assuntos de interesse público ou de classe. **2** Assembleia popular.

cô.mi.co (*gr komikós*) *adj* **1** Relativo a comédia. **2** Burlesco, ridículo. **3** Diz-se de quem provoca riso espontâneo ou intencionalmente pela espirituosidade, humor ou atos burlescos. • *sm* Ator de comédias.

co.mi.da (*part* de *comer*) *sf* **1** Alimento, refeição. **2** Aquilo que se come. **3** O ato de comer. **4** *bras vulg* Mulher fácil.

co.mi.go (*com+lat mecum*) *pron* **1** A mim. **2** Em companhia de mim. **3** A respeito de mim. **4** De mim para mim.

co.mi.go-nin.guém-po.de *sm sing* e *pl Bot* Planta da família das aráceas, cujas folhas mostram desenhos coloridos muito ornamentais.

co.mi.lan.ça (*comilão+ança*) *sf pop* **1** Ato de comer muito. **2** Ladroagem, ladroeira, negociata, velhacaria.

co.mi.lão (*comer+l+ão*²) *adj + sm* **1** Que, ou o que come muito; glutão. **2** Que, ou o que se enriquece à custa alheia. *Fem: comilona.*

co.mi.nho (*lat cominu*) *sm* **1** *Bot* Planta da família das umbelíferas, cujos frutos são usados como condimento. **2** Semente dessa planta.

co.mi.se.ra.ção (*lat commiseratione*) *sf* **1** Ato de comiserar-se. **2** Compaixão, piedade.

co.mi.se.rar (*lat commiserari*) *vtd* **1** Inspirar comiseração a. *vpr* **2** Mover-se a comiseração; compadecer-se, apiedar-se.

co.mis.são (*lat commissione*) *sf* **1** Ato positivo de cometer ou de encarregar. **2** Encargo ou incumbência. **3** Pessoas encarregadas de tratar conjuntamente um assunto. **4** Gratificação ou retribuição paga. **5** Cada um dos grupos em que se dividem os membros das câmaras legislativas, para estudar os projetos de lei e sobre eles dar parecer. **6** Preenchimento provisório de cargo. *Comissão Interna de Prevenção de Acidentes (CIPA), Dir Trab:* comissão composta de representantes de empregados e de empregador, destinada a promover e fiscalizar, no âmbito de uma empresa, medidas de prevenção de acidentes.

co.mis.sá.ria (de *comissário*) *sf* Aeromoça; comissária de bordo.

co.mis.sa.ri.a.do (*comissário+ado*¹) *sm* **1** Cargo de comissário. **2** Repartição em que o comissário exerce suas funções.

co.mis.sá.rio (*lat med commissariu*) *sm* **1** Aquele que exerce comissão. **2** O que representa o Governo ou outra entidade junto de uma companhia ou em funções de administração. **3** Aquele que compra ou vende gêneros a comissão.

co.mis.si.o.na.do (*part* de *comissionar*) *adj* Diz-se daquele que exerce uma comissão. • *sm* Indivíduo que exerce uma comissão.

co.mis.si.o.na.men.to (*comissionar+mento*) *sm* Ação de comissionar.

co.mis.si.o.nar (*lat commisione+ar*¹) *vtd* e *vti* **1** Encarregar de comissões. *vtd* e *vti* **2** Confiar; encarregar. *vpr* **3** Tornar-se comissionado.

co.mi.tê (*fr comité*) *sm* **1** Junta governativa. **2** Reunião de membros escolhidos em uma assembleia, para examinar determinadas questões. **3** Comissão incumbida da realização de certos serviços.

co.mi.ti.va (*lat comitiva*) *sf* **1** Gente que acompanha. **2** Séquito, acompanhamento, cortejo.

commodity (*comôditi*) (*ingl*) *Com* Mercadoria em estado bruto ou produto básico de importância comercial, como café, cereais, algodão etc. cujo preço é controlado por bolsas internacionais.

co.mo (*lat quomodo*) *adv* **1** De que modo. **2** Quanto, quão. **3** A que preço, a quanto. • *conj* **1** Do mesmo modo que. **2** Logo que, quando. **3** Porque. **4** Na qualidade de. **5** Porquanto, visto que. **6** Se, uma vez que. *Como quê, loc adv:* incomparavelmente; em grande quantidade. *Como quer, loc adv:* possivelmente. *Como quer que, loc conj:* do modo como, tal como.

co.mo.ção (*lat commotione*) *sf* **1** Ato ou efeito de comover. **2** Abalo, sacudidela. **3** Abalo físico ou moral. **4** Choque, perturbação de ânimo. **5** Manifestação de viva sensibilidade. **6** Agitação popular, motim, revolta.

cô.mo.da (*fr commode*) *sf* Móvel com gavetas desde a base até a face superior.

co.mo.di.da.de (*lat commoditate*) *sf* **1** Qualidade do que é cômodo. **2** Aquilo que contribui para o bem-estar físico; conforto. **3** Oportunidade, ocasião favorável. **4** Meio fácil de fazer ou de usufruir alguma coisa. **5** Bem-estar.

co.mo.dis.mo (*cômodo+ismo*) *sm* Caráter, estado, modo de ser de comodista.

co.mo.dis.ta (*cômodo+ista*) *adj* e *s m+f* Diz-se da, ou a pessoa que atende principalmente às suas comodidades.

cô.mo.do (*lat commodu*) *adj* **1** Que oferece comodidade. **2** Adequado, próprio. **3** Que oferece facilidades. **4** Favorável. **5** Tranquilo. • *sm* **1** Aquilo que oferece comodidade. **2** Agasalho, hospitalidade. **3** Aposento de uma casa. **4** Pequena habitação.

co.mo.do.ro (*dó*) (*ingl commodore*) *sm* **1** Comandante de esquadra holandesa. **2** Oficial da marinha inglesa e americana. **3** Título honorífico do mais velho capitão ativo em certas companhias de navegação.

co.mo.ve.dor (*comover+dor*) *V comovente*.

co.mo.ven.te (*lat commovente*) *adj m+f* Que comove ou enternece.

co.mo.ver (*lat commovere*) *vtd* **1** Movimentar, deslocar. *vtd* e *vint* **2** Abalar, agitar, produzir comoção moral. *vtd* **3** Impelir, incitar pela comoção. *vpr* **4** Sentir comoção, enternecer-se.

co.mo.vi.do (*part* de *comover*) *adj* **1** Movido a compaixão; enternecido. **2** Abalado, estremecido, agitado. *Antôn: insensível*.

com.pac.tar (*compacto+ar¹*) *vtd* Tornar compacto, comprimir.

com.pac.to (*lat compactu*) *adj* **1** Que tem as partes componentes muito unidas. **2** Denso, espesso, comprimido, maciço. • *sm* Disco pequeno gravado, de vinil, com três a seis minutos de duração em cada face.

com.pac.tu.ar (*com+pactuar*) *vti* Pôr-se de acordo com.

com.pa.de.cer (*com+padecer*) *vtd* **1** Ter compaixão de. *vtd* **2** Inspirar compaixão em. *vpr* **3** Participar dos sofrimentos alheios; condoer-se.

com.pa.de.ci.do (*part* de *compadecer*) *adj* Que se compadece; que tende à compaixão.

com.pa.de.ci.men.to (*compadecer+mento*) *sm* **1** Ação de compadecer-se. **2** Compaixão.

com.pa.dre (*com+lat patre*) *sm* **1** Padrinho de uma pessoa em relação aos pais desta. **2** Pai de uma pessoa, em relação ao padrinho ou à madrinha desta. **3** *pop* Amigo íntimo. **4** Parceiro. *Fem: comadre*.

com.pa.dri.ce (*compadre+ice*) *V compadrio*.

com.pa.dri.o (*compadre+io*) *sm* **1** Relações amistosas entre compadres. **2** Familiaridade, intimidade. **3** Favoritismo.

com.pa.dris.mo (*compadre+ismo*) *sm* **1** Favoritismo entre setores de empresas ou instituições com o intuito de conceder vantagens. **2** Proteção excessiva; favoritismo.

com.pai.xão (*lat compassione*) *sf* Dor que nos causa o mal alheio; comiseração, dó, pena, piedade.

com.pa.nhei.ra (de *companheiro*) *sf* **1** Mulher que faz companhia. **2** Consorte, esposa. **3** Concubina. **4** A fêmea, em relação ao macho. **5** Coisa que acompanha outra.

com.pa.nhei.rão (*companheiro+ão²*) *sm pop* Bom companheiro. *Fem: companheirona*.

com.pa.nhei.ris.mo (*companheiro+ismo*) *sm* Convivência íntima; solidariedade, camaradagem.

com.pa.nhei.ro (*baixo-lat companariu*) *sm* **1** Aquele que acompanha. **2** Colega, condiscípulo. **3** Camarada. **4** Esposo, marido. **5** Amante. • *adj* Que acompanha.

com.pa.nhi.a (*companha+ia¹*) *sf* **1** Ação de acompanhar; acompanhamento. **2** Reunião de pessoas para um fim comum. **3** Convivência, relações sociais, trato íntimo. **4** Sociedade comercial ou industrial formada por acionistas. **5** Tropa de infantaria, sob o comando de um capitão. **6** *pop* Família, parentes de casa. **7** Conjunto de pessoas (artistas, diretores, cenaristas etc.), devidamente organizado para representações teatrais.

com.pa.ra.ção (*lat comparatione*) *sf* **1** Ação ou efeito de comparar; confronto; cotejo. **2** Faculdade de comparar as ideias. **3** Figura pela qual o orador aproxima e compara duas coisas ou ideias que se assemelham total ou parcialmente.

com.pa.ra.do (*part* de *comparar*) *adj* **1** Que se comparou. **2** Que compara. **3** Em que é empregado o método comparativo.

com.pa.rar (*lat comparare*) *vtd* **1** Examinar simultaneamente duas ou mais coisas, para lhes determinar semelhança, diferença ou relação; confrontar; cotejar. *vpr* **2** Igualar-se, pôr-se em confronto; rivalizar.

com.pa.ra.ti.vo (*lat comparativu*) *adj* **1** Que serve para estabelecer comparação. **2** Que emprega comparação. • *sm Gram* Grau de significação do adjetivo, que exprime a qualidade de um substantivo, comparando-a com outra qualidade a que é igual, superior ou inferior.

O **comparativo** é geralmente resultante da comparação de uma qualidade entre dois ou mais elementos. A comparação indica que a qualidade de um pode ser igual, superior ou inferior.
João é tão inteligente quanto Maria...
Luísa é mais graciosa que bonita.
Paulo é menos esforçado que Bruno.

com.pa.rá.vel (*lat comparabile*) *adj m+f* Que se pode comparar; análogo, parecido, semelhante.

com.pa.re.cer (*lat comparere+ecer*) *vti* e *vint* **1** Aparecer ou apresentar-se juntamente com outro ou outros em local determinado. **2** Apresentar-se no seu posto ou repartição, para exercer as suas funções.

com.pa.re.ci.men.to (*comparecer+mento*) *sm* **1** Ato de comparecer. **2** *Dir* Apresentação pessoal ou por via de procurador, perante juiz ou entidade oficial, após recebimento de aviso ou intimação.

com.par.sa (*ital comparsa*) *s m+f* **1** Pessoa que, entrando em uma representação de teatro ou cinema, pouco ou nada tem que dizer; figurante, extra. **2** Indivíduo que em um negócio representa papel insignificante. **3** *pop* Camarada, amigo. **4** Cúmplice; coautor de um delito ou crime.

com.par.ti.lha.men.to (*compartilhar+mento*) *sm* Ato ou efeito de compartilhar.

com.par.ti.lhar (*com+partilhar*) *vtd* Participar de, ter ou tomar parte em.

com.par.ti.men.to (*compartir+mento*) *sm* **1** Cada uma das divisões de uma caixa, carruagem, casa, gaveta etc. **2** Aposento, quarto.

com.par.tir (*lat compartiri*) *vtd* e *vti* **1** Tomar parte em; compartilhar. *vtd* **2** Dividir em compartimentos (um móvel, uma gaveta etc.). *vtd* **3** Distribuir, partilhar, repartir.

com.pas.sa.do (*part* de *compassar*) *adj* **1** Medido com compasso. **2** *Mús* Rítmico, cadenciado. **3** Pausado, vagaroso.

com.pas.sar (*lat vulg *compassare*) *vtd* **1** Medir com compasso. *vtd* **2** *Mús* Regular (a música), marcando o compasso. *vtd* **3** Dispor com exatidão simétrica. *vtd* **4** Espaçar. *vtd* **5** Moderar, regular. *vpr* **6** Mover-se pausadamente.

com.pas.si.vi.da.de (*compassivo+i+dade*) *sf* Qualidade de compassivo.

com.pas.si.vo (*lat compassivu*) *adj* Que tem ou revela compaixão. *Antôn: insensível.*

com.pas.so (de *compassar*) *sm* **1** Instrumento composto de duas hastes que serve para traçar circunferências ou tirar medidas. **2** *Náut* Bússola marítima. **3** *Mús* Regularidade no andamento de uma execução musical. **4** *Mús* Movimento cadenciado, andamento regular.

com.pa.ti.bi.li.da.de (*lat compatibile+i+dade*) *sf* **1** Qualidade do que é compatível. **2** Harmonia na convivência. **3** Tolerância mútua. **4** Possibilidade legal de acumulação de empregos públicos. **5** *Inform* Compatibilidade (de dois dispositivos de *hardware* ou *software*); capacidade para funcionar junto.

com.pa.ti.bi.li.zar (*compatível+izar*) *vtd* e *vti* Tornar compatível; conciliar.

com.pa.tí.vel (*lat compatibile*) *adj m+f* **1** Que pode existir conjuntamente com outro ou outros. **2** Que é conciliável com outro ou com outros (remédios, alimentos). **3** *Inform* Diz-se do dispositivo de *hardware* ou *software* capaz de funcionar corretamente junto com outro. *Antôn: incompatível.*

com.pa.tri.o.ta (*lat compatriota*) *adj* e *s m+f* Diz-se da, ou a pessoa que tem a mesma pátria ou a mesma naturalidade que outra.

com.pe.lir (*lat compellere*) *vtd* e *vti* **1** Constranger, forçar, obrigar. *vtd* **2** Empurrar, impelir. Conjuga-se como *ferir*.

com.pen.di.ar (*lat compendiare*) *vtd* **1** Reduzir a compêndio; resumir, sintetizar. **2** Publicar em compêndio. *Antôn: desenvolver.*

com.pên.dio (*lat compendiu*) *sm* **1** Tratado sucinto ou resumido sobre dada ciência ou disciplina. **2** Livro de texto para escolas.

com.pe.ne.tra.ção (*compenetrar+ção*) *sf* Ato de compenetrar(-se); convicção íntima.

com.pe.ne.tra.do (*part* de *compenetrar*) *adj* Convencido intimamente.

com.pe.ne.trar (*com+penetrar*) *vtd* **1** Fazer entender. *vtd* e *vpr* **2** Convencer(-se) intimamente. *vpr* **3** Dominar completamente um assunto, compreender a substância de alguma coisa ou o pensamento e a ideia de alguém.

com.pen.sa.ção (*lat compensatione*) *sf* **1** Ação ou efeito de compensar. **2** *Econ* Acerto de contas entre credores e devedores. **3** *Psicol* Mecanismo pelo qual uma pessoa substitui uma atividade por outra a fim de satisfazer motivos frustrados.

com.pen.sa.do (*part* de *compensar*) *adj* **1** Em que há compensação. **2** *Carp* Aplica-se às chapas constituídas de delgadas camadas de madeira, comprimidas e coladas umas às outras. • *sm* Madeira compensada.

com.pen.sa.dor (*compensar+dor*) *adj+sm* Que, ou o que compensa.

com.pen.sar (*lat compensare*) *vtd* **1** Recompensar, remunerar. **2** Contrabalançar, equilibrar. **3** Indenizar. **4** Suprir, substituir.

com.pen.sa.tó.rio (*lat compensatoriu*) *adj* Que envolve compensação.

com.pen.sá.vel (*compensar+vel*) *adj m+f* Que pode ser compensado.

com.pe.tên.cia (*lat competentia*) *sf* **1** Capacidade legal, habilidade, saber. **2** Faculdade para apreciar e resolver qualquer assunto. **3** Aptidão, idoneidade. *Antôn: incompetência.*

com.pe.ten.te (*lat competente*) *adj m+f* **1** Que tem competência. **2** Que tem capacidade ou aptidão para dar parecer em uma questão. **3** Suficiente, idôneo, hábil. **4** Que é devido. **5** Legal. **6** Adequado, próprio. *Antôn: incompetente.*

com.pe.ti.ção (*competir+ção*) *sf* **1** Ato ou efeito de competir. **2** Disputa por algum prêmio ou vantagem; certame; concurso; torneio. **3** Concorrência.

com.pe.ti.dor (*lat competitore*) *adj + sm* **1** Que, ou o que compete. **2** Concorrente. **3** Adversário, antagonista, rival.

com.pe.tir (*lat competere*) *vti* **1** Concorrer com outrem na mesma pretensão; rivalizar. **2** Ser da competência, da alçada ou da jurisdição; cumprir, caber, tocar. **3** Pertencer por direito. Conjuga-se como *ferir*.

com.pe.ti.ti.vi.da.de (*competitivo+i+dade*) *sf* Qualidade de competitivo.

com.pe.ti.ti.vo (*competir+ivo*) *adj* Que tem capacidade para competir.

com.pi.la.ção (*lat compilatione*) *sf* **1** Ação de compilar. **2** Reunião de textos sobre o mesmo assunto. **3** Obra composta de extratos de diversos escritos sobre um assunto. **4** Coleção ordenada de leis.

com.pi.la.dor (*compilar+dor*) *adj+sm* Que, ou aquele que compila. • *sm Inform* Programa utilizado para compilar; *software* que converte um programa codificado em um programa em código de máquina.

com.pi.lar (*lat compilare*) *vtd* Reunir (documentos, leis ou outros escritos).

com.pla.cên.cia (*baixo-lat complacentia*) *sf* **1** Desejo ou ato de comprazer; benevolência, condescendência. **2** Prazer, satisfação. **3** Apreciação lisonjeira.

com.pla.cen.te (*lat complacente*) *adj m+f* **1** Que tem complacência. **2** Em que há complacência. **3** Benévolo, bondoso.

com.plei.ção (*lat complexione*) *sf* **1** Constituição do corpo; organização física de alguém. **2** Temperamento. **3** Disposição de ânimo; inclinação.

com.ple.men.tar (*complemento+ar²*) *adj m+f* **1** Referente a complemento. **2** Que serve de complemento.

com.ple.men.to (*lat complementu*) *sm* **1** Ato de completar. **2** Aquilo que completa. **3** Acabamento, remate. **4** Filme de curta-metragem (documentário, desenho animado etc.), projetado antes do filme principal. **5** *Gram* Palavra ou oração que se junta a outra, para lhe completar o sentido.

com.ple.tar (*completo+ar¹*) *vtd* **1** Tornar completo. **2** Concluir, rematar. **3** Perfazer, preencher.

com.ple.to (*lat completu*) *adj* **1** A que não falta nada, ou não falta ninguém. **2** Preenchido. **3** Concluído. **4** Inteiro. **5** Perfeito. **6** Cheio. **7** Cumprido, satisfeito. *Antôn* (acepções 1, 2, 3 e 4): *incompleto.* • *sm* **1** Aquilo que está acabado, completo, perfeito. **2** Total.

com.ple.tu.de (*completo+ude*) *sf* Qualidade ou estado do que é completo.

com.ple.xa.do (*cs*) (*part* de *complexar*) *adj Psicol* Diz-se do indivíduo que tem complexo. • *sm Psicol* Indivíduo que tem algum tipo de complexo.

com.ple.xão (*cs*) (*lat complexione*) *sf* **1** União. **2** Conjunto. **3** Encadeamento de coisas.

com.ple.xi.da.de (*cs*) (*complexo+i+dade*) *sf* Qualidade do que é complexo.

com.ple.xo (*cs*) (*lat complexu*) *adj* **1** Que abrange ou encerra muitos elementos ou partes. **2** Que pode ser considerado sob vários pontos de vista. **3** Complicado, confuso. **4** *Quím* Combinação química formada pela união de substâncias mais simples. *Antôn* (acepção 3): *simples.* • *sm* **1** Ação de abranger. **2** Conjunto de coisas, fatos ou circunstâncias que entre si têm qualquer ligação. *Complexo de Édipo, Psicol:* amor sexual recalcado do filho, em relação à própria mãe. *Complexo de Eletra, Psicol:* amor sexual recalcado da filha, em relação ao pai.

com.pli.ca.ção (*complicar+ção*) *sf* **1** Ação ou efeito de complicar(-se). **2** Complexidade; coisa ou situação complicada. **3** Dificuldade; embaraço.

com.pli.ca.do (*part de complicar*) *adj* **1** Em que há complicação. **2** Difícil, embaraçado.

com.pli.ca.dor (*complicar+dor*) *adj* Que complica. • *sm* Aquele ou aquilo que complica.

com.pli.car (*lat complicare*) *vtd* **1** Tornar complexo, mais difícil. **2** Tornar confuso, dificultar a compreensão ou a resolução de. *Antôn: simplificar, facilitar.*

com.plô (*fr complot*) *sm* **1** Conspiração contra o Estado ou o poder constituído. **2** *por ext* Qualquer conspiração.

com.po.nen.te (*lat componente*) *adj m+f* Que compõe, ou entra na composição de alguma coisa; que contribui para formar; constituinte. • *s m+f* Parte constituinte.

com.por (*lat componere*) *vtd* **1** Formar de várias coisas um todo. **2** Entrar na composição de; fazer parte de. **3** Criar, por meio de trabalho mental ou artístico; produzir; escrever. **4** Arranjar, concertar, dispor com certa ordem e arte. **5** Apaziguar, reconciliar. Conjuga-se como *pôr.*

com.por.ta (*com+porta*) *sf* Porta ou tapume que sustém as águas de uma represa, dique, açude, ou eclusa.

com.por.ta.do (*part* de *comportar*) *adj* **1** Que se comporta (usado comumente com os advérbios *bem* ou *mal*). **2** Que se comporta bem, educado.

com.por.ta.men.to (*comportar+mento*) *sm* Maneira de se comportar; procedimento, conduta.

com.por.tar (*lat comportare*) *vtd* **1** Admitir, permitir, suportar. *vtd* **2** Conter em si. *vpr* **3** Portar-se, proceder.

com.po.si.ção (*lat compositione*) *sf* **1** Ação de compor. **2** O que resulta da reunião das partes componentes; todo. **3** Organização. **4** Coisa composta. **5** *Quím* Proporção em que os elementos se unem para formar um composto. **6** *Quím* Modo pelo qual as moléculas de um corpo se acham agrupadas. **7** *Farm* Preparado. **8** Conjunto de carros de um trem, nas estradas de ferro. **9** *Gram* Reunião de uma ou mais palavras em orações e destas em períodos do discurso. **10** *Mús* Obra musical escrita segundo as regras da arte. **11** Produção literária, científica ou artística. **12** *Tip* As linhas e páginas de caracteres, fios e vinhetas, juntados e combinados, para a impressão de qualquer trabalho. **13** *Dir* Acordo, conciliação, transação.

com.po.si.tor (*lat compositore*) *sm* **1** Aquele que compõe. **2** Autor de peça musical ou música. **3** *Tip* Compositor tipográfico; tipógrafo.

com.pos.to (*lat compositu*) *adj* **1** Que é formado por dois ou mais elementos. **2** *Quím* Designativo do corpo resultante da combinação de vários elementos. **3** *Gram* Diz-se do vocábulo constituído por mais de um elemento. **4** Ordenado, bem disposto. • *sm* **1** *Quím* Substância ou corpo composto. **2** Complexo de várias coisas combinadas. **3** Conjunto, todo.

com.pos.tu.ra (de *composto+ura*) *sf* **1** Composição; contextura. **2** Arranjo, conserto. **3** Seriedade ou maneiras comedidas.

com.po.ta (*fr compote*) *sf Cul* Conserva de fruta cozida em calda de açúcar.

com.po.tei.ra (*compota+eira*) *sf* Vaso em que se guarda ou que serve para guardar a compota.

com.pra (de *comprar*) *sf* **1** Ação de comprar; aquisição. **2** A coisa comprada. **3** *fig* Suborno.

com.pra.dor (*comprar+dor*) *adj* + *sm* Que, ou aquele que compra.

com.prar (*lat comparare*) *vtd* **1** Dar dinheiro para entrar na posse de alguma coisa; fazer compras; adquirir. **2** Proporcionar a si próprio. **3** *fig* Subornar. *Antôn* (acepção 1): *vender.*

com.prá.vel (*comprar+vel*) *adj m+f* **1** Que se pode adquirir por compra. **2** *fig* Subornável.

com.pra.zer (*lat complacere*) *vti* **1** Fazer a vontade ou o gosto de alguém; condescender. *vpr* **2** Deleitar-se, regozijar-se. Conjuga-se como *fazer* (mas o pretérito perfeito do indicativo e seus derivados possuem duas formas: *comprazi* ou *comprouve* etc.).

com.pre.en.der (*lat comprehendere*) *vtd* **1** Conter em si, constar de; abranger. *vpr* **2** Estar incluído ou contido. *vtd* **3** Alcançar com a inteligência; entender. *vtd* **4** Perceber as intenções de. *vtd* **5** Estender a sua ação a. *vtd* **6** Dar o devido apreço a.

com.pre.en.são (*lat comprehensione*) *sf* **1** Ato de compreender ou incluir. **2** Faculdade de compreender; percepção. *Antôn* (acepção 2): *incompreensão.*

com.pre.en.si.bi.li.da.de (*lat comprehensibile +dade*) *sf* **1** Qualidade do que é compreensível. **2** Aptidão para ser compreendido.

com.pre.en.sí.vel (*lat comprehensibile*) *adj m+f* Que pode ser compreendido.

com.pre.en.si.vo (*lat comprehensivu*) *adj* **1** Que compreende ou pode compreender. **2** Que tem a faculdade de entender; inteligente. **3** Que abrange ou contém. **4** Diz-se de quem tem a tendência para encontrar atenuantes razoáveis nas faltas alheias. **5** *Lóg* Relativo à compreensão.

com.pres.sa (*lat compressa*) *sf Med* Pedaço de pano, gaze ou algodão embebido em água ou medicamento, e que se aplica sobre ferida ou parte dolorida.

com.pres.são (*lat compressione*) *sf* Ato ou efeito de comprimir(-se).

com.pres.sor (*lat compressore*) *adj* Que comprime. • *sm* **1** Aquele ou aquilo que comprime. **2** *Cir* Instrumento próprio para comprimir nervos, vasos etc. **3** *Anat* Músculo que comprime alguma parte do corpo. **4** *Mec* Máquina destinada a comprimir gás, ar ou vapor. **5** Máquina de terraplenagem, rolo compressor.

com.pri.do (*part* do *port arc comprir*) *adj* Extenso, longo. *Antôn:* curto.

com.pri.men.to (*lat complementu*) *sm* **1** Extensão de um objeto de uma a outra extremidade, do princípio ao fim. **2** Extensão medida de um ponto a outro; distância. **3** Grandeza, tamanho.

com.pri.mi.do (*part* de *comprimir*) *adj* Que se comprimiu; compacto; compresso. • *sm Farm* Substância medicamentosa, comprimida em forma de tablete.

com.pri.mir (*lat comprimere*) *vtd* **1** Sujeitar a compressão; apertar. *vtd* e *vpr* **2** Reduzir(-se) a menor volume, apertando. *vtd* **3** Condensar. *Antôn:* dilatar, estender.

com.pro.ba.tó.rio (*lat comprobare+ório*) *adj* **1** Que contém a prova do que se diz. **2** Que comprova.

com.pro.me.te.dor (*comprometer+dor*) *adj+sm* **1** Que, ou o que compromete ou pode comprometer. **2** Que, ou o que expõe a algum perigo.

com.pro.me.ter (*lat compromittere*) *vpr* **1** Obrigar-se por compromisso. *vtd* e *vpr* **2** Expor a algum embaraço ou perigo. *vpr* **3** Envolver-se. *vtd* **4** Causar prejuízo a.

com.pro.me.ti.do (*part* de *comprometer*) *adj* **1** Que assumiu compromisso. **2** Que assumiu compromisso de casamento, ou deveres de lealdade para com quem mantém relações de simples namoro. **3** Que corre perigo de algum embaraço ou dano.

com.pro.me.ti.men.to (*comprometer+mento*) *sm* Ação de comprometer.

com.pro.mis.sa.do (*part* de *compromissar*) *adj neol* Que assumiu compromisso.

com.pro.mis.so (*lat compromissu*) *sm* **1** Comprometimento. **2** Ajuste, contrato, convenção. **3** Obrigação ou promessa mais ou menos solene. **4** Dívida a solver em determinado dia.

com.pro.va.ção (*lat comprobatione*) *sf* **1** Ato de comprovar. **2** Prova que acompanha outra; confirmação.

com.pro.van.te (de *comprovar*) *adj m+f* Que comprova. • *sm* **1** Documento, certificado. **2** Recibo.

com.pro.var (*lat comprobare*) *vtd* **1** Cooperar para provar. **2** Demonstrar, evidenciar, confirmar.

com.pul.são (*lat compulsione*) *sf* **1** Ato ou efeito de compelir. **2** *Psicol* Tendência à repetição.

com.pul.si.vo (*lat compulsu+ivo*) *adj* **1** Próprio ou destinado a compelir. **2** Irreprimível (em relação a impulso).

com.pul.só.ria (*fem* de *compulsório*) *sf* **1** *Dir* Sentença ou mandado de juiz superior para instância inferior. **2** Aposentadoria forçada de militares e civis, por limite de idade.

com.pul.só.rio (*lat compulsu+ório*) *adj* **1** Que compele. **2** Realizado por compulsória. **3** Forçoso, obrigatório.

com.pun.ção (*lat compunctione*) *sf* Arrependimento; pesar profundo.

com.pun.gir (*lat compungere*) *vtd* **1** Mover à compunção. *vtd* **2** Afligir; atormentar. **3** *vpr* Afligir-se. Conjuga-se como *jungir*.

com.pu.ta.ção (*computar+ção*) *sf* **1** Ação de computar; cômputo. **2** *Inform* Conjunto de operações matemáticas ou lógicas que se executam por meio de regras práticas previamente estabelecidas. **3** Utilização de computador para resolução de qualquer problema ou aplicação de qualquer espécie. **4** Cálculo. **5** Processamento de dados.

com.pu.ta.ci.o.nal (*computação+al*[1]) *adj m+f* Relativo a computação.

com.pu.ta.dor (*computar+dor*) *sm* **1** O que faz cômputos (pessoa ou máquina). **2** Calculista. *Computador de colo, Inform:* computador portátil; *laptop. Computador desktop, Inform:* computador, compatível com o PC, que pode ser colocado na mesa de um usuário. *Computador pessoal, Inform:* microcomputador de baixo custo planejado para utilização doméstica ou em escritórios. *Sigla:* PC.

com.pu.ta.do.ri.zar (*computador+izar*) *vtd* **1** Armazenar informações por computador ou sistema de computadores. **2** Fornecer dados por meio de computador.

com.pu.tar (*lat computare*) *vtd* **1** Fazer o cômputo de. **2** Calcular, contar, orçar.

côm.pu.to (*lat computu*) *sm* Conta, cálculo.

co.mum (*lat commune*) *adj m+f* **1** Pertencente a todos ou a muitos. **2** Feito em comunidade ou em sociedade. **3** Geral, universal. **4** Habitual, normal, ordinário. **5** *Gram* Diz-se do substantivo que possui com outros, da mesma espécie, qualidades em comum. **6** Vulgar, trivial. **7** De pouca importância, medíocre; insignificante. **8** Abundante. • *sm* **1** O geral, a maioria. **2** Qualidade do que é ordinário. *Comum de dois gêneros:* diz-se do substantivo que tem uma só forma para os dois gêneros, masculino e feminino.

co.mu.na (*fr comune*) *sf Sociol* **1** Agrupamento de estrangeiros, especialmente judeus e mouros, que eram obrigados a viver em locais determinados. **2** Corpo político ou governamental que adota princípios revolucionários ou comunistas. *s m+f pop* Comunista.

co.mun.gar (*lat communicare*) *vint* **1** *Teol* Receber o sacramento da eucaristia. *vtd* **2** Administrar o sacramento da eucaristia a; dar a comunhão a. *vti* **3** Ter as mesmas crenças religiosas, os mesmos ideais políticos, os mesmos princípios etc. *vti* **4** Ter entrado ou parte em; participar.

co.mu.nhão (*lat communione*) *sf* **1** Ato de comungar. **2** *Rel* O sacramento da eucaristia. **3** Comunidade de crenças ou opiniões. **4** Assembleia, reunião. **5** Propriedade em comum, copropriedade, condomínio. *Comunhão de bens:* regime de associação matrimonial em virtude do qual todos ou certos bens dos esposos são comuns entre eles. *Comunhão parcial:* regime de associação matrimonial em que apenas certos bens são comuns entre os cônjuges. *Comunhão universal:* regime de associação matrimonial em que todos os bens e dívidas se tornam comuns entre os cônjuges.

co.mu.ni.ca.ção (*lat communicatione*) *sf* **1** Ação, efeito ou meio de comunicar. **2** Aviso, informação; participação; transmissão de uma ordem ou reclamação. **3** *Mec* Transmissão. **4** Relação, correspondência fácil; trato, amizade. **5** *Sociol* Processo pelo qual ideias e sentimentos se transmitem de indivíduo para indivíduo, tornando possível a interação social. **6** Lugar por onde se passa de um ponto para outro.

co.mu.ni.ca.do (*part de comunicar*) *sm* **1** Aviso ou informação por meio de jornal, radiodifusão ou afixação em lugar público. **2** Informação, geralmente de interesse particular, publicada em jornal. *Comunicado oficial:* nota expedida por autoridade civil ou militar, associação ou partido político.

co.mu.ni.ca.dor (*lat communicatore*) *adj* Que comunica. • *sm* **1** Aquele que comunica. **2** Apresentador de um programa de rádio ou televisão.

co.mu.ni.car (*lat communicare*) *vtd* **1** Fazer saber; participar. *vtd* **2** Pôr em contato ou ligação; ligar, unir. *vtd* **3** Tornar comum; transmitir. *vpr* **4** Propagar-se, transmitir-se. *vti* **5** Conferenciar, falar.

co.mu.ni.ca.ti.vi.da.de (*comunicativo+i+dade*) *sf* Qualidade do que é comunicativo.

co.mu.ni.ca.ti.vo (*comunicar+ivo*) *adj* **1** Que se comunica facilmente. **2** Expansivo, extrovertido.

co.mu.ni.da.de (*lat communitate*) *sf* **1** Qualidade daquilo que é comum; comunhão. **2** Participação em comum; sociedade. **3** *Sociol* Agremiação de indivíduos que vivem em comum ou têm os mesmos interesses e ideais políticos, religiosos etc. **4** Lugar onde residem esses indivíduos. **5** Comuna. **6** Totalidade dos cidadãos de um país, o Estado.

co.mu.nis.mo (*comum+ismo*) *sm Econ polít* Doutrina ou sistema social que defende a comunidade de bens e a supressão da propriedade privada dos meios de produção (terras, minas, fábricas etc.).

co.mu.nis.ta (*comum+ista*) *adj m+f* Pertencente ou relativo a comunismo. • *s m+f* Pessoa partidária do comunismo.

co.mu.ni.tá.rio (*lat communita(te)+ário*) *adj* Designativo da formação dos povos, em que prevalece o sentimento de comunidade. • *sm* **1** Comunista. **2** *Polít* Aquele que, à iniciativa individual, prefere a centralização econômica estatal.

co.mu.ta.ção (*lat commutatione*) *sf* **1** Ato de comutar. **2** *Dir* Atenuação de pena. **3** Substituição. **4** *Eletr* Inversão de sentido da corrente elétrica.

co.mu.ta.dor (*comutar+dor*) *adj+sm* Que, ou o que comuta, substitui. *Comutador elétrico:* dispositivo que tem por fim inverter ou interromper a corrente elétrica.

co.mu.tar (*lat commutare*) *vtd* **1** Permutar, trocar. **2** *Dir* Mudar (pena ou castigo) em outro menor. **3** Inverter o sentido da corrente elétrica.

co.mu.ta.ti.vo (*comutar+ivo*) *adj* **1** Que comuta.

2 Relativo a troca de coisas equivalentes. **3** Que se pode trocar.

co.na.tu.ral (*lat connaturale*) *adj* Conforme à natureza de algo; congênito.

con.ca.te.na.ção (*lat concatenatione*) *sf* Ato ou efeito de concatenar; encadeamento, ligação.

con.ca.te.na.do (*part de concatenar*) *adj* Encadeado; ligado; relacionado.

con.ca.te.nar (*lat concatenare*) *vtd* **1** Encadear, prender. **2** Relacionar; ligar. *Antôn: desligar, soltar.*

con.ca.vi.da.de (*côncavo+i+dade*) *sf* **1** Forma ou disposição do que é côncavo. **2** Parte côncava de um objeto. **3** Cavidade. **4** Depressão de terreno. *Antôn: convexidade.*

côn.ca.vo (*lat concavu*) *adj* **1** Que tem superfície ao mesmo tempo cavada e esférica. **2** Cavado, escavado. **3** Sinuoso. • *sm* **1** Concavidade. **2** Cavidade. *Antôn* (acepção 2): *convexo.*

côn.ca.vo-con.ve.xo (*cs*) *adj* Côncavo de um lado e convexo do outro. *Pl: côncavo-convexos.*

con.ce.ber (*lat concipere*) *vtd, vti* e *vint* **1** Gerar. *vtd* **2** Formar ou representar no espírito ou coração; planejar; imaginar. *vtd* **3** Compreender, entender, perceber. *vtd* **4** Explicar, interpretar.

con.ce.bí.vel (*conceber+vel*) *adj m+f* Que se pode conceber. *Antôn: inconcebível.*

con.ce.der (*lat concedere*) *vtd* **1** Dar, outorgar. **2** Facultar, permitir. **3** Admitir como hipótese. *Antôn: negar, recusar.*

con.cei.ção (*lat conceptione*) *sf* **1** Ação de conceber; concepção. **2** *Rel* Dogma católico da concepção da Virgem Maria, sem mácula do pecado original. **3** *Conceição Rel* Festa com que a Igreja Católica celebra essa concepção, em 8 de dezembro.

con.cei.to (*lat conceptu*) *sm* **1** Aquilo que o espírito concebe ou entende; ideia; noção. **2** Expressão sintética. **3** Símbolo, síntese. **4** A mente, o entendimento, o juízo. **5** Reputação. **6** Consideração. **7** Opinião. **8** Dito engenhoso; máxima, sentença. **9** Conteúdo de uma proposição; moralidade de um conto.

con.cei.tu.a.ção (*conceituar+ção*) *sf* Ato ou efeito de conceituar.

con.cei.tu.a.do (*par de conceituar*) *adj* **1** Que é tido em certo conceito. **2** Que tem boa fama. **3** Avaliado, considerado.

con.cei.tu.al (*conceito+al*[1]) *adj m+f* Relativo a concepção ou à mente; teórico.

con.cei.tu.ar (*conceito+ar*[1]) *vtd* **1** Formar conceito acerca de; julgar, avaliar. **2** Concorrer para o bom ou mau conceito de.

con.cen.tra.ção (*concentrar+ção*) *sf* **1** Ato ou efeito de concentrar, convergir. **2** Estado de concentrado. **3** Reunião de muitas pessoas ou coisas em um ponto; concurso, convergência. **4** Condensação. **5** Isolamento. **6** Solidão. *Antôn* (acepção 2): *dispersão.*

con.cen.tra.do (*part de concentrar*) *adj* **1** Que se reúne em um centro; centralizado. **2** *Fís* Que se irradia ou transmite do foco. **3** *Quím* Forte, não diluído. **4** Não comunicativo, reservado. **5** Afastado da sociedade; isolado, retirado. **6** Oculto, latente. **7** Limitado, apertado. **8** Reunidos em um só. • *sm* **1** Qualquer coisa obtida por concentração;

substância concentrada. **2** Substância alimentícia rica em nutrientes digestíveis. **3** Alimento do qual se elimina toda a água ou parte dela.

con.cen.trar (*com+centro+ar*[1]) *vtd* e *vpr* **1** Reunir(-se) em um mesmo centro ou ponto. *vtd* **2** *Fís* Fazer convergir. *vtd* e *vpr* **3** Reunir(-se) nas mãos de uma ou de poucas pessoas (o poder). *vtd* **4** Tornar mais denso, mais forte ou mais ativo pela diminuição do volume; condensar. *vtd* **5** Separar impurezas ou substâncias estranhas de um material para obter um produto mais enriquecido da substância essencial. *vpr* **6** Aplicar a atenção a algum assunto; meditar profundamente. *vpr* **7** Ficar em silêncio. *Antôn* (acepções 1 e 2): *dispersar*.

con.cên.tri.co (*com+centro+ico*[2]) *adj* **1** *Geom* Diz-se dos círculos e das curvas que têm o mesmo centro e raios diferentes. **2** Diz-se das coisas que têm um eixo comum ou são formadas ao redor do mesmo eixo. *Antôn: excêntrico*[1].

con.cep.ção (*lat conceptione*) *sf* **1** Ato de conceber ou ser concebido. **2** Geração. **3** Faculdade de compreender as coisas; percepção. **4** Fantasia, imaginação. **5** Criação ou obra do espírito. **6** Imagem de uma coisa na mente.

con.cer.nên.cia (*lat concernente+ia*[2]) *sf* Qualidade de concernente; relação.

con.cer.nen.te (*lat concernente*) *adj m+f* **1** Que concerne. **2** Relativo, referente.

con.cer.nir (*lat concernere*) *vti* Dizer respeito, referir-se. Conjuga-se como *ferir*. (Normalmente, conjuga-se apenas nas 3ªs pessoas.)

con.cer.ta.do (*part* de *concertar*) *adj* Que forma consonância; compassado, harmonioso.

con.cer.tar (*lat concertare*) *vint* e *vpr* **1** Acompanhar com outro que toca ou canta; harmonizar(-se). *vtd* **2** Fazer soar. *vtd* **3** Conciliar, harmonizar. *vtd* **4** Ajustar, combinar, pactuar. *vti* e *vint* **5** Concordar. *vint* e *vpr* **6** Entrar em concertos, ajustes ou combinações; combinar-se. *Cf consertar*.

con.cer.ti.na (*fr concertine*) *sf Mús* Tipo de acordeão. *Sin pop: sanfona.*

con.cer.tis.ta (*concerto+ista*) *s m+f* Pessoa que dá concertos.

con.cer.to (*ê*) (de *concertar*) *sm* **1** Acordo, ajuste, convenção, pacto. **2** *Mús* Conjunto de trechos musicais executados por uma reunião de instrumentos ou vozes. **3** Composição musical destinada a fazer sobressair um instrumento, com acompanhamento de orquestra ou piano. **4** Harmonia de sons ou de vozes; ritmos. *Cf conserto*.

con.ces.são (*lat concessione*) *sf* **1** Ação ou efeito de conceder; licença, permissão. **2** Atribuição que o governo dá a particulares ou empresas, para a exploração de serviços de utilidade pública e particular.

con.ces.si.o.ná.ria (de *concessionário*) *sf* Empresa à qual foi dada uma concessão.

con.ces.si.o.ná.rio (*lat concessione*) *adj + sm* Que, ou o que obteve uma concessão ou atribuição.

con.cha (*lat conchula*) *sf* **1** *Zool* Invólucro duro e calcário, de certos animais, especialmente dos moluscos. **2** Objeto ou ornato de forma semelhante a esse invólucro. **3** Grande colher usada geralmente para servir sopa.

con.cha.va.do (*part* de *conchavar*) *adj* Combinado, tramado. • *sm Reg* (RS) **1** Trabalhador assalariado. **2** Peão (acepções 2 e 3).

con.cha.var (*baixo-lat conclavare*) *vtd* **1** Combinar, ajustar. *vtd* **2** Meter um objeto dentro de outros da mesma forma, mas de diferente grandeza; encaixar. *vpr* **3** Conluiar-se, mancomunar-se. *vpr* **4** *Reg* (RS) Contratar-se, ajustar-se como serviçal em uma residência ou na área rural, principalmente como peão.

con.cha.vo (de *conchavar*) *sm* **1** Ato de conchavar; acordo, ajuste, união. **2** Conluio, trama. **3** *Reg* (RS) Emprego ou serviço doméstico.

con.che.gar (*com+chegar*) *vtd* **1** Pôr em contato; aproximar. *vpr* **2** Apertar-se, unir-se. *vpr* **3** Chegar-se para achar conforto.

con.che.go (*ê*) (de *conchegar*) *sm* **1** Ação de conchegar. **2** Comodidade doméstica; conforto, agasalho. **3** Pessoa que proporciona o conforto e bem-estar de outra; amparo, arrimo.

con.ci.da.dão (*com+cidadão*) *sm* Indivíduo que, em relação a outro, é da mesma cidade ou do mesmo país. *Fem: concidadã. Pl: concidadão*s.

con.ci.li.á.bu.lo (*lat conciliabulu*) *sm* **1** Concílio de prelados católicos sem convocação ou confirmação papal. **2** Concílio de heréticos ou cismáticos.

con.ci.li.a.ção (*lat conciliatione*) *sf* **1** Ação ou efeito de conciliar. **2** Ato de harmonizar pessoas divergentes ou em conflito. **3** Acordo, congraçamento, concórdia.

con.ci.li.a.dor (*conciliar+dor*[1]) *adj + sm* Que, ou aquele que concilia, ou gosta de conciliar; pacificador.

con.ci.li.ar (*lat conciliare*) *vtd* e *vpr* **1** Pôr(-se) de acordo, pôr(-se) em harmonia; congraçar(-se). *vtd* e *vpr* **2** Combinar(-se), harmonizar(-se). *vtd* e *vpr* **3** Aliar(-se), unir(-se). *vtd* **4** Atrair, captar, conseguir, granjear.

con.ci.li.a.tó.rio (*conciliar+ório*) *adj* Próprio para conciliar, cujo fim é conciliar.

con.cí.lio (*lat conciliu*) *sm* **1** *Rel* Assembleia de prelados católicos presidida pelo Papa ou por seu legado, para deliberar sobre aspectos de doutrina ou de costumes da vida cristã. **2** Assembleia, reunião, conselho de líderes religiosos. **3** *por ext* Congresso, conselho, reunião.

con.ci.são (*lat concisione*) *sf* **1** Qualidade do que é conciso; brevidade. **2** Precisão, exatidão, apuro. *Antôn: prolixidade, difusão*.

con.ci.so (*lat concisu*) *adj* **1** Que expõe as ideias em poucas palavras. **2** Breve, resumido, sucinto. **3** Preciso, exato. *Antôn: prolixo, difuso, longo*.

con.ci.tar (*lat concitare*) *vtd* **1** Instigar à desordem ou ao tumulto. **2** Incitar, estimular, provocar.

con.cla.ma.ção (*lat conclamatione*) *sf* **1** Ato de conclamar. **2** Gritos simultâneos de muita gente.

con.cla.mar (*lat conclamare*) *vtd* **1** Bradar, clamar ao mesmo tempo. *vtd* **2** Clamar em tumulto; gritar. *vtd* **3** Aclamar conjuntamente; eleger. *vint* **4** Dar brados; vozear.

con.cla.ve (*lat conclave*) *sm* **1** Assembleia de cardeais para elegerem o Papa. **2** Lugar rigorosamente fechado onde se realiza essa eleição. **3** *por ext* Reunião de pessoas, feita para tratar de algum assunto de importância social.

con.clu.den.te (*lat concludente*) *adj m+f* **1** Que

conclui. 2 Que prova ou demonstra o que afirma; convincente.
con.clu.í.do (*part* de *concluir*) *adj* **1** Que se concluiu; acabado, terminado. **2** Ajustado. **3** Inferido, deduzido.
con.clu.ir (*lat concludere*) *vtd* **1** Pôr fim a; terminar, acabar. *vti* **2** Acabar-se, terminar-se. *vint* **3** Terminar de falar. *vtd* **4** Tirar por consequência; inferir, deduzir. *vint* **5** Tirar conclusões. *Antôn* (acepções 1, 2 e 3): *começar*. *Conjug – Part*: *concluído* e *concluso* (utilizado na linguagem forense).
con.clu.são (*lat conclusione*) *sf* **1** Ato de concluir. **2** Acabamento. **3** Termo. **4** Consequência de um argumento; dedução. **5** Ajuste definitivo.
con.clu.si.vo (*concluso+ivo*) *adj* **1** Que encerra conclusão. **2** Próprio para se concluir.
con.co.mi.tân.cia (*concomitante+ia²*) *sf* Qualidade do que é concomitante; simultaneidade.
con.co.mi.tan.te (*lat concommitante*) *adj m+f* **1** Que se verifica ao mesmo tempo que outro; simultâneo. **2** Que acompanha outro.
con.cor.dân.cia (*concordante+ia²*) *sf* **1** Ato de concordar. **2** Acordo, conformidade, harmonia. **3** *Gram* Acomodação flexional de uma palavra com outra a que esteja relacionada. **4** *Mús* Harmonia, consonância. **5** Identidade. *Antôn* (acepção 2): *discordância*.

Concordância é a harmonização (ou correspondência) de flexão entre termos de uma oração. Há dois tipos de concordância: verbal e nominal. Na verbal, o verbo concorda com o seu sujeito em número e pessoa.
*Maria e Joana **foram** ao cinema com Paulo.*
Na concordância nominal, os determinantes (artigo, pronome, numeral e adjetivo) concordam em gênero e número com o determinado (substantivo).
*Laura comprou roupas e sapatos **caros**.*

con.cor.dan.te (*lat concordante*) *adj m+f* **1** Que concorda, ou está de acordo. **2** *Mús* Harmônico. *Antôn* (acepção 1): *discordante*.
con.cor.dar (*lat concordare*) *vtd* **1** Pôr de acordo; conciliar, concertar. *vti* **2** *Gram* Estar em concordância. *vtd* **3** *Gram* Pôr em concordância. *vint* **4** Ajustar-se, estar de acordo, harmonizar(-se). *vti* e *vint* **5** Estar em relação ou proporção. *vti* e *vint* **6** Assentir, consentir.
con.cor.da.ta (*lat concordata*) *sf* **1** Convenção entre um país e a Santa Sé acerca de assuntos religiosos. **2** *Econ* Acordo entre o falido, isto é, entre o dono de uma empresa que fracassou e seus credores.
con.cor.da.tá.rio (*concordata+ário*) *adj* **1** Da concordata, ou a ela relativo. **2** Que propôs ou aceitou concordata. • *sm* Negociante falido que propôs ou obteve concordata.
con.cor.de (*lat concorde*) *adj m+f* **1** Que está de acordo. **2** Que é da mesma opinião. **3** Concordante, harmônico.
con.cór.dia (*lat concordia*) *sf* **1** Paz e harmonia entre pessoas que possuem espírito de compreensão e tolerância. **2** Paz; harmonia; entendimento.
con.cor.rên.cia (*concorrer+ência*) *sf* **1** Ato de concorrer. **2** Pretensão de mais de uma pessoa à mesma coisa; competição. **3** Afluência simultânea de pessoas ou coisas para um ponto ou lugar. **4** Confluência. **5** *Polít* Rivalidade entre produtores ou entre negociantes, fabricantes ou empresários.
con.cor.ren.te (*lat concurrente*) *adj m+f* Que concorre, ou coopera para um mesmo fim. • *s m+f* **1** Pessoa que concorre. **2** Competidor. **3** *Econ* Pessoa que, comercialmente, oferece ao público produtos ou serviços iguais ou semelhantes aos que outros oferecem.
con.cor.rer (*lat concurrere*) *vti* **1** Juntar-se para uma ação ou fim comum; contribuir, cooperar. *vti* e *vint* **2** Afluir ao mesmo lugar, ir juntamente com outros. *vti* **3** Estar habitualmente em companhia de outrem, de igual para igual. *vti* **4** Ir a concurso. *vti* **5** Apresentar-se como candidato. *vti* **6** Rivalizar com outrem na oferta de produtos. *vti* **7** Contribuir.
con.cor.ri.do (*part* de *concorrer*) *adj* Em que há grande concorrência de pessoas; muito frequentado.
con.cre.ção (*lat concretione*) *sf* Ação de se tornar concreto; solidificação.
con.cre.tar (*concreto+ar*) *vtd* **1** Tornar concreto; coagular, coalhar. **2** *Constr* Cobrir uma superfície com concreto.
con.cre.tis.mo (*concreto+ismo*) *sm Art Plást* e *Lit* Representação de coisas abstratas como concretas.
con.cre.ti.tu.de (*concreto+itude*) *sf Filos* Concretude, qualidade de concreto.
con.cre.ti.za.ção (*concretizar+ção*) *sf* Ato ou fato de concretizar.
con.cre.ti.zar (*concreto+izar*) *vtd* **1** Tornar concreto. *vtd* **2** Provar com fatos. *vtd* e *vpr* **3** Realizar (-se), materializar(-se).
con.cre.to (*lat concretu*) *adj* **1** Que tem consistência; condensado, solidificado. **2** Relativo à realidade; real. **3** Determinado, claro, definido. **4** *Gram* Qualificativo dos substantivos que exprimem seres materiais, percebidos por nossos sentidos. *Antôn: abstrato*. • *sm* **1** Aquilo que é concreto. **2** Concreção. **3** *Constr* Material de construção feito com cimento, areia, cascalho e água.
con.cre.tu.de (*concreto+itude*, com haplologia) *sf Filos* Qualidade de concreto, concretitude.
con.cu.bi.na (*lat concubina*) *sf* Mulher ilegítima; amásia, amante.
con.cu.bi.na.to (*lat concubinatu*) *sm* Estado de um homem e uma mulher que coabitam como cônjuges, sem ser casados.
con.cu.nha.do (*com+cunhado*) *sm* Cunhado de um dos cônjuges em relação ao outro.
con.cu.pis.cên.cia (*lat concupiscentia*) *sf* **1** Grande desejo de bens ou gozos materiais. **2** Apetite sexual.
con.cu.pis.cen.te (*lat concupiscente*) *adj m+f* Que tem concupiscência.
con.cur.sa.do (*concurso+ado*[1]) *adj* Aprovado em concurso público.
con.cur.sar (*concurso+ar*[1]) *vtd* Submeter (candidatos) a concurso (acepção 5).
con.cur.so (*lat concursu*) *sm* **1** Ato de concorrer. **2** Afluência de pessoas ao mesmo lugar. **3** Encontro. **4** Coincidência. **5** Prestação de provas ou apresentação de documentos ou títulos exigidos para admissão a um cargo público. **6** *Dir* Concorrência. **7** Ato de muitos concorrentes disputarem

entre si um prêmio, um emprego; competição. **8** Certame. **9** Cooperação para um resultado.
con.cus.são (*lat concussione*) *sf* **1** Abalo, choque, comoção violenta. **2** *Dir* Delito de funcionário público que, abusando da influência de suas funções, aceita vantagens não devidas; extorsão; coerção.
con.cus.si.o.ná.rio (*lat concussione+ário*) *adj* Diz-se daquele que pratica concussão (acepção 2). • *sm* Indivíduo que pratica concussão (acepção 2).
con.da.do (*lat comitatu*) *sm* **1** Dignidade de conde. **2** Solar do conde. **3** Território que está ou esteve sob jurisdição de um conde. **4** Divisão territorial existente na Inglaterra e nos EUA.
con.dão (do *arc condoar*) *sm* **1** Dom, faculdade, prerrogativa. **2** Virtude especial, poder misterioso.
con.de (*lat comite*) *sm* **1** Título nobiliárquico imediatamente inferior ao de marquês e superior ao de visconde. **2** Valete, nos baralhos comuns. **3** Chefe de uma quadrilha de ciganos. *Fem* (acepção 1): *condessa* (*ê*).
con.de.co.ra.ção (*condecorar+ção*) *sf* **1** Ato de condecorar. **2** Insígnia de ordem militar ou civil. **3** Insígnia honorífica.
con.de.co.ra.do (*lat condecoratu*) *adj* + *sm* Que, ou o que tem ou ostenta condecoração.
con.de.co.rar (*lat condecorare*) *vtd* **1** Distinguir com condecoração. **2** Dar designação honrosa ou um título a. **3** Nobilitar, enobrecer, realçar.
con.de.na.ção (*lat condemnatione*) *sf* **1** Ação ou efeito de condenar. **2** Pena imposta por sentença. **3** Indício de uma falta ou de um crime. **4** Reprovação, censura.
con.de.na.do (*part* de *condenar*) *adj* **1** Diz-se daquele que foi julgado criminoso. **2** Que sofreu condenação. **3** Diz-se do doente declarado incurável. • *sm* **1** Aquele que foi julgado criminoso. **2** O que sofreu condenação. **3** Doente declarado incurável.
con.de.nar (*lat condemnare*) *vtd* **1** *Dir* Proferir sentença condenatória contra. **2** Mostrar a criminalidade de. **3** Considerar em culpa ou erro. **4** Censurar, reprovar. **5** Julgar perdido. *Antôn* (acepções 1, 2 e 3): *absolver.*
con.de.na.tó.rio (*condenar+ório*) *adj* Que envolve condenação.
con.de.ná.vel (*lat condemnabile*) *adj m+f* Que merece condenação.
con.den.sa.ção (*lat condensatione*) *sf* **1** Ato ou efeito de condensar; tornar grosso; tornar resumido. **2** *Fís* Passagem do estado gasoso ao líquido. **3** *Quím* Reação que envolve união entre átomos.
con.den.sa.do (*part* de *condensar*) *adj* **1** Tornado mais denso ou espesso. **2** Reduzido do estado gasoso ao líquido. **3** Concentrado, especialmente por evaporação ou destilação. **4** Resumido, sucinto, conciso.
con.den.sa.dor (*condensar+dor*) *adj* Que condensa. • *sm* **1** Qualquer máquina, instrumento ou dispositivo que condensa alguma coisa. **2** Dispositivo que armazena cargas elétricas.
con.den.sar (*lat condensare*) *vtd* e *vpr* **1** *Fís* Tornar(-se) denso ou mais espesso. *vtd* **2** Liquefazer (gases ou vapores). *vtd* **3** Amontoar, juntar. *vtd* **4** Engrossar (líquidos). *vtd* **5** Resumir, sintetizar. *Antôn* (acepções 1 e 4): *diluir;* (acepção 1): *rarefazer.*

con.des.cen.dên.cia (*condescender+ência*) *sf* **1** Ação de condescender, tolerar. **2** Qualidade de quem é condescendente; propensão para condescender. **3** Complacência. **4** Transigência. *Antôn: intransigência.*
con.des.cen.den.te (de *condescender*) *adj m+f* Que condescende ou transige. *Antôn: intransigente.*
con.des.cen.der (*lat condescendere*) *vti* e *vint* **1** Ceder voluntária ou espontaneamente ao desejo ou pedido de alguém; consentir. *vti* **2** Transigir, tolerar.
con.des.sa (*ê*) (*lat med comitissa*) *sf* **1** Mulher de conde. **2** Senhora que recebeu título honorífico correspondente ao de conde.
con.di.ção (*lat conditione*) *sf* **1** Classe social a que pertence uma pessoa. **2** Maneira de viver que resulta das circunstâncias em que cada um se acha. **3** Caráter, gênio, índole. **4** Estado, modo de ser (das coisas). **5** Distinção. **6** Categoria. **7** Alguma coisa estabelecida ou combinada como exigência para que outra coisa aconteça. **8** Obrigação que se impõe ou se aceita como parte essencial de um acordo; cláusula. **9** Circunstância indispensável para um resultado; requisito.
con.di.ci.o.na.do (*part* de *condicionar*) *adj* + *sm* Que, ou o que depende de uma condição.
con.di.ci.o.na.dor (*condicionar+dor*) *adj+sm* Que, ou o que condiciona. • *sm* **1** Aparelho para condicionar ou regular a temperatura ambiente; condicionador de ar. **2** Creme para amaciar os cabelos durante o processo de lavagem.
con.di.ci.o.nal (*lat conditionale*) *adj m+f* **1** Dependente de condição. **2** Que envolve condição. • *sf* Condição.
con.di.ci.o.na.men.to (*condicionar+mento*) *sm* **1** Ato ou efeito de condicionar. **2** Conjunto das condições em que se realiza um fato; circunstâncias.
con.di.ci.o.nar (*lat conditione+ar*[1]) *vtd* **1** Pôr condição a, tornar dependente de condição. *vtd* **2** Pôr em condição apropriada ou desejada. *vpr* **3** Submeter-se ou adaptar-se a certas condições.
con.dig.ni.da.de (*condigno+i+dade*) *sf* Qualidade ou caráter de condigno.
con.dig.no (*lat condignu*) *adj* **1** Em que há dignidade. **2** Proporcional às qualidades de alguma pessoa ou coisa. **3** Devido, merecido.
con.di.lo.ma (*gr kondýloma*) *sm Med* Saliência carnuda e dolorosa, que se forma no ânus, no períneo ou nas partes genitais do homem e da mulher.
con.di.men.ta.ção (*condimentar+ção*) *sf* Ato ou efeito de condimentar.
con.di.men.tar (*condimento+ar*[1]) *vtd* Pôr condimento em; temperar.
con.di.men.to (*lat condimentu*) *sm* Qualquer substância que serve para temperar, aromatizar ou colorir alimentos; tempero.
con.di.zen.te (*lat condicente*) *adj m+f* Que condiz; adequado, ajustado, harmônico.
con.di.zer (*lat condicere*) *vti* e *vint* Dizer bem; estar em harmonia ou proporção. Conjuga-se como *dizer.*
con.do.er (*lat condolere*) *vtd* **1** Despertar compaixão em. *vpr* **2** Compadecer-se; ter dó. *Conjug – Pres indic: condoo, condóis, condói, condoemos* etc.; *Pret perf: condoí, condoeste* etc.; *Part: condoído.*

con.do.lên.cia (*lat condolentia*) *sf* **1** Estado de quem se condói; compaixão. **2** Expressão de pesar pela dor alheia. *sf pl* Pêsames.

con.do.len.te (*lat condolente*) *adj* Que tem ou revela compaixão; compassivo.

con.do.mí.nio (*com+domínio*) *sm* **1** Domínio ou propriedade que pertence a duas ou mais pessoas juntamente. **2** Direito de soberania exercido por duas ou mais potências sobre uma região.

con.dô.mi.no (*com+lat dominu*) *sm* **1** Coproprietário. **2** Sócio de um condomínio.

con.dor (*quíchua kuntur*) *sm Ornit* A maior ave de rapina que existe. *Voz: crocita, grasna.*

con.du.ção (*lat conductione*) *sf* **1** Ação, efeito ou meio de conduzir. **2** Transporte. **3** *pop* Viatura.

con.du.cen.te (*lat conducente*) *adj m+f* **1** Que conduz a um fim. **2** Tendente.

con.du.í.te (*fr conduite*) *sm* Tubo de ferro ou plástico, rígido ou flexível, usado em instalações elétricas para passagem de fios condutores de energia.

con.du.ta (*lat conducta*) *sf* Procedimento moral; comportamento.

con.du.tân.cia (*ingl conductance*) *sf Eletr* Medida da facilidade com que um dado condutor permite que uma corrente elétrica circule por ele.

con.du.ti.bi.li.da.de (*lat conductu*) *sf Fís* **1** Propriedade que certos corpos têm de ser condutores de calor, eletricidade etc. **2** Medida da capacidade de uma substância em conduzir corrente elétrica.

con.du.to (*lat conductu*) *adj* **1** Conduzido. **2** Trazido. **3** Levado. • *sm* **1** Caminho, via. **2** Tubo por onde passa um líquido.

con.du.tor (*lat conductore*) *adj* **1** Que conduz ou serve para conduzir. **2** Que serve para guiar. **3** *Eletr* Que é usado para conduzir eletricidade. • *sm* **1** Pessoa que conduz ou guia. **2** O que ensina o caminho; guia. **3** *Fís* Corpo que transmite a eletricidade, o calor, o som. **4** Meio de transmissão, de comunicação.

con.du.zir (*lat conducere*) *vtd* **1** Guiar, dirigir. *vtd* **2** Levar ou trazer; escoltar. *vtd* **3** Acompanhar por honra ou civilidade. *vtd* **4** Transportar de um lugar para outro; carregar. *vtd* **5** Dar rumo, direção; encaminhar, levar. *vtd* **6** Levar ou distribuir por condutos (água). *vti* **7** Ir ter a; chegar a. *vtd* **8** *Fís* Transmitir. *vpr* **9** Comportar-se, proceder.

co.ne (*gr kônos*) *sm* **1** *Geom* Sólido, de base circular, que diminui uniformemente seu diâmetro, terminado em ponta. **2** Objeto, parte ou estrutura cujo aspecto sugere o de um cone geométrico.

co.nec.tar (*lat connectere*) *vtd* **1** Conetar, ligar. **2** *Inform* Entrar na rede (internet).

co.nec.ti.vi.da.de (*conectivo+i+dade*) *sf Inform* Capacidade de um dispositivo de se conectar com outros dispositivos e transferir informação.

co.nec.ti.vo (*lat connect(ere)+ivo*) *adj* Que liga, ou une. • *sm Gram* Vocábulo que estabelece conexão entre palavras ou partes de uma frase. Em português são conectivos: conjunções, pronomes relativos e preposições.

co.nec.tor (*lat connect(ere)+or*) *sm* Peça ou dispositivo que serve para fazer ligações. *Var: conetor.*

cô.ne.go (*lat cononicu*) *sm Rel* Clérigo que é membro de um cabido. *Fem: cônega, canonisa.*

co.ne.tar (*lat connectere*) *vtd* Ligar ou unir diversos agentes para uma ação comum. *Var: conectar.*

co.ne.ti.vo (*lat connect(ere)+ivo*) *V conectivo.*

co.ne.tor (*lat connect(ere)+or*) *sm V conector.*

co.ne.xão (*cs*) (*lat connexione*) *sf* **1** Ligação de uma coisa com outra. **2** *Mec* Ligação entre duas peças, mecanismos, dispositivos etc. **3** *Eletr* Ligação de dois condutores de um circuito ou de um aparelho elétrico a um circuito. **4** Dependência, relação, nexo. **5** Analogia entre coisas diversas. **6** Coerência.

co.ne.xo (*cs*) (*lat connexu*) *adj* Ligado; unido; vinculado.

con.fa.bu.lar (*lat confabulare*) *vti e vint* Conversar.

con.fec.ção (*lat confectione*) *sf* **1** Ato de confeccionar; elaboração, preparação, fabricação. **2** Feitio. **3** Acabamento ou conclusão de uma obra. **4** Roupa confeccionada em fábrica, que se adquire pronta.

con.fec.ci.o.nar (*lat confectione+ar¹*) *vtd* **1** Fazer completamente; executar. **2** Criar e costurar roupas.

con.fe.de.ra.ção (*com+federação*) *sf* **1** Ação ou efeito de confederar. **2** Reunião de Estados reconhecendo um chefe comum. **3** Aliança, associação ou liga de várias nações.

con.fe.de.ra.do (*part de confederar*) *sm* Indivíduo associado a outro para um fim comum, geralmente político; coligado.

con.fe.de.rar (*lat tardio confoederare*) *vtd e vpr* **1** Unir(-se) em confederação. *vpr* **2** Unir-se ou associar-se para um fim comum, geralmente político.

con.fei.ta.do (*part de confeitar*) *adj* Coberto com glacê ou massa feita de água e açúcar.

con.fei.tar (*confeito+ar¹*) *vtd* **1** Cobrir de açúcar, como os confeitos. **2** Adoçar. **3** Preparar, fabricar.

con.fei.ta.ri.a (*confeito+aria*) *sf* Casa onde se fabricam ou vendem confeitos e outros doces.

con.fei.tei.ra (*confeito+eira*) *sf* **1** Mulher que faz ou vende doces. **2** Doceira. **3** Prato para servir doces.

con.fei.tei.ro (*confeito+eiro*) *sm* **1** Homem que fabrica ou vende confeitos e doces. **2** Doceiro.

con.fei.to (*lat confectu*) *sm* **1** Pequena semente coberta de açúcar, preparada em xarope e seca ao fogo. **2** Pequenos glóbulos de massa de açúcar, coloridos ou prateados, para enfeitar bolos ou doces.

con.fe.rên.cia (*lat conferentia*) *sf* **1** Ação de conferir; confrontação. **2** Conversação; colóquio. **3** Reunião de pessoas para discutirem um assunto importante. **4** Assembleia de delegados de diferentes países com o objetivo de tratar questões de interesse internacional. **5** Discurso ou preleção em público, sobre assunto literário ou científico.

con.fe.ren.ci.ar (*conferência+ar¹*) *vti e vint* Debater, discutir, tratar em conferência. *Conjug – Pres indic: conferencio, conferencias, conferencia (cí)* etc. *Cf conferencia.*

con.fe.ren.cis.ta (*conferente+ista*) *s m+f* Pessoa que faz conferências ou discorre em público sobre assuntos literários, científicos, sociais ou religiosos.

con.fe.ren.te (*lat conferente*) *adj m+f* Que confere. • *s m+f* **1** Conferencista. **2** O que faz parte de uma conferência ou nela toma assento. **3** O que confere alguma coisa.

con.fe.rir (*lat conferre*) *vtd* **1** Ver se está exato; comparar, confrontar. *vti* e *vint* **2** Estar certo ou conforme. *vtd* **3** Conceder, dar, outorgar. Conjuga-se como *ferir*.

con.fes.sar (*baixo-lat *confessare*) *vtd* **1** Declarar, revelar (culpa, defeito, falta, pecado etc.). *vtd* **2** Declarar perante o confessor ou a Deus só em oração particular (pecados etc.). *vtd* **3** Ouvir em confissão. *vint* e *vpr* **4** Fazer a confissão dos seus pecados. *vpr* **5** Declarar-se, reconhecer-se. *vtd* **6** Professar, seguir (uma religião, um sistema). *vtd* **7** Deixar perceber ou transparecer.

con.fes.si.o.nal (*lat confessione+al¹*) *adj m+f* Que diz respeito a uma crença religiosa.

con.fes.si.o.ná.rio (*lat confessione+ário*) *sm* **1** *Rel* Pequeno gabinete em forma de guarita, com assento e abertura gradeada, em um ou dois lados, dentro do qual o sacerdote ouve confissões através da grade. **2** Tribunal de penitência. **3** Sacramento da penitência.

con.fes.so (*é*) (*lat confessu*) *adj* **1** Que confessou suas culpas; que confessou o fato delituoso de que é acusado. **2** Convertido à religião cristã. • *sm* **1** Monge que vivia em mosteiro. **2** Confessor.

con.fes.sor (*lat confessore*) *sm* **1** Sacerdote que ouve confissões de penitentes. **2** Indivíduo que confessa a fé cristã.

con.fes.só.rio (*lat confessoriu*) *adj* Pertinente à confissão.

con.fe.te (*é*) (*ital confetti*) *sm* **1** Rodelinhas de papel de cores, que se atiram aos punhados, mais frequentemente no carnaval. **2** Confeitos coloridos recheados de chocolate. *Jogar confete, pop:* elogiar; adular.

con.fi.a.bi.li.da.de (*confiável+i+dade*) *sf* Qualidade ou estado daquele ou daquilo em que se pode confiar.

con.fi.a.do (*part* de *confiar*) *adj* **1** Que tem confiança. **2** Que se confiou. **3** Atrevido, descarado, malcriado. *Antôn* (acepções 1 e 2): *desconfiado;* (acepção 3): *respeitoso*.

con.fi.an.ça (*confiar+ança*) *sf* **1** Ação de confiar. **2** Segurança íntima. **3** Crédito, fé. **4** Boa fama. **5** Segurança e bom conceito. **6** Esperança firme. **7** Familiaridade. **8** *pop* Atrevimento, insolência, malcriação. *Antôn* (acepções 1, 2, 3 e 6): *desconfiança*.

con.fi.an.te (de *confiar*) *adj m+f* Que confia.

con.fi.ar (*lat confidere*) *vti* e *vint* **1** Ter confiança, acreditar, ter fé. *vtd* **2** Entregar com segurança. *vtd* **3** Incumbir, encarregar. *vtd* **4** Comunicar com confiança. *vpr* **5** Entregar-se cheio de confiança.

con.fi.á.vel (*confiar+ável*) *adj m+f* Em que se pode confiar; digno de confiança.

con.fi.dên.cia (*lat confidentia*) *sf* **1** Comunicação secreta; participação de um segredo. **2** Confiança na discrição e lealdade de alguém.

con.fi.den.ci.al (*confidência+al¹*) *adj m+f* **1** Secreto. **2** Que se diz ou que se escreve em confidência. • *sf* Comunicação ou ordem sob sigilo.

con.fi.den.ci.ar (*confidência+ar¹*) *vtd* **1** Contar em confidência; segredar. *vpr* **2** Trocar confidências. *Conjug – Pres indic: confidencio, confidencias, confidencia (cí)* etc. Cf *confidência*.

con.fi.den.te (*lat confidente*) *adj* e *s m+f* Diz-se da, ou a pessoa a quem se confia um segredo ou segredos.

con.fi.gu.ra.ção (*lat configuratione*) *sf* **1** Forma exterior de um corpo; aspecto, feitio, figura. **2** *Inform* Conjunto de parâmetros, componentes, periféricos e programas que determinam as possibilidades e a forma de funcionamento de um computador, de seu sistema operacional e de seus aplicativos.

con.fi.gu.rar (*lat configurare*) *vtd* **1** Dar a figura ou forma de; representar. *vpr* **2** Revestir-se dos atributos que caracterizam uma ação, um delito etc.

con.fi.na.men.to (*confinar+mento*) *sm* **1** Ato de confinar. **2** Estado de confinado. **3** Situação dentro de um aposento ou lugar fechado, por punição ou outro motivo, ou em uma cama, por doença. **4** *Zootecn* Sistema de engorda em que as reses ficam presas, recebendo rações especiais.

con.fi.nar (*confim+ar*) *vtd* **1** Limitar, restringir. **2** Clausurar, encerrar, prender.

con.fins (*lat confines*) *sm pl* **1** Fronteiras. **2** Lugar muito longe; fim de mundo.

con.fir.ma.ção (*lat confirmatione*) *sf* **1** Ato ou efeito de confirmar. **2** *Dir* Comprovação de um ato. **3** *Rel* Sacramento da crisma. *Antôn* (acepção 1): *desmentido*.

con.fir.mar (*lat confirmare*) *vtd* **1** Comprovar, demonstrar, mostrar a verdade de. **2** Conservar, firmar, manter, sustentar. **3** Aprovar. **4** *Teol* Conferir o sacramento da confirmação a. *Antôn* (acepção 1): *contradizer, desmentir*.

con.fis.car (*lat confiscare*) *vtd* **1** Apreender em proveito do fisco. **2** Apossar-se de algo, como em caso de confisco.

con.fis.cá.vel (*confiscar+vel*) *adj* Que se pode confiscar. *Pl: confiscáveis*.

con.fis.co (de *confiscar*) *sm* Ato ou efeito de confiscar.

con.fis.são (*lat confessione*) *sf* **1** Ato de confessar ou de se confessar. **2** *Rel* Declaração das próprias culpas ao confessor, no sacramento da penitência. **3** Declaração dos próprios erros ou culpas. **4** *Rel* Declaração de artigos de fé cristã. **5** Cada uma das seitas cristãs.

con.fla.gra.ção (*lat conflagratione*) *sf* **1** Incêndio que se alastrou. **2** Grande excitação de ânimo. **3** Revolução. **4** Veemência de sentimento ou paixão. **5** Guerra entre muitos países.

con.fla.grar (*lat conflagare*) *vtd* **1** Incendiar totalmente. *vtd* **2** Abrasar, excitar. *vtd* **3** Pôr em completa agitação, causar conflito. *vpr* **4** Entrar em conflito.

con.fli.tan.te (de *conflitar*) *adj m+f* Antagônico, contraditório; que está em conflito.

con.fli.tar (*conflito+ar¹*) *vti* e *vint* Entrar em conflito, fazer oposição. *A versão dela conflita com a sua. Os dois laudos conflitam.*

con.fli.to (*lat conflictu*) *sm* **1** Luta, combate. **2** Barulho, desordem, tumulto. **3** Momento crítico.

con.fli.tu.o.so (*ô*) (*conflito+oso*) *adj* **1** Concernente a conflito. **2** Que provoca conflitos. *Pl: conflituosos (ó)*.

con.flu.ên.cia (*lat confluentia*) *sf* **1** Qualidade de ser confluente. **2** Ponto de junção.

con.flu.en.te (*lat confluente*) *adj m+f* **1** Que se junta. **2** *Geogr* Diz-se dos rios que, juntando-se em um ponto, correm depois em leito comum. • *sm* Rio que deságua no mesmo ponto que outro.

con.flu.ir (*lat confluere*) *vti* Afluir, convergir, correr para o mesmo ponto. *Conjug – Part: confluído.*

con.for.ma.ção (*lat conformatione*) *sf* **1** Ato de conformar, ou de se conformar. **2** Forma. **3** Configuração. **4** Conformidade, resignação.

con.for.ma.do (*part* de *conformar*) *adj+sm* Que ou aquele que se conforma ou se conformou; resignado.

con.for.mar (*lat conformare*) *vtd* **1** Configurar, dar forma, dispor. *vtd* **2** Conciliar, harmonizar, tornar conforme. *vti* e *vpr* **3** Ajustar-se, corresponder, ser conforme. *vpr* **4** Acomodar-se, resignar-se. *vpr* **5** Proceder de acordo.

con.for.me (*lat conforme*) *adj m+f* **1** Que tem a mesma forma; análogo, idêntico, semelhante. **2** Concorde. **3** Condigno. **4** Conformado, resignado. • *sm pop* Condição, dependência. • *adv* De modo conforme, em conformidade. • *prep* De acordo com. • *conj* **1** Como, segundo, consoante. **2** Segundo as circunstâncias ou o modo de ver. *Antôn* (acepção 1): *diferente;* (acepção 2): *discordante;* (acepção 4): *inconformado.*

con.for.mi.da.de (*lat conformitate*) *sf* **1** Qualidade do que é conforme ou de quem se conforma. **2** Analogia, identidade, semelhança. **3** Resignação, submissão.

con.for.mis.mo (*conform(ar-se)+ismo*) *sm* Conformação com os costumes ou opiniões de outra pessoa ou com qualquer situação.

con.for.mis.ta (*conform(ar-se)+ista*) *adj* e *s m+f* Que, ou pessoa que aceita qualquer situação.

con.for.tar (*lat confortare*) *vtd* e *vpr* **1** Dar forças a, fortificar(-se). *vtd* **2** Dar conforto a. *vtd* **3** Consolar. *Antôn* (acepção 1): *debilitar.*

con.for.tá.vel (*confortar+vel*) *adj m+f* **1** Que conforta. **2** Que oferece conforto ou comodidade.

con.for.to (ô) (de *confortar*) *sm* **1** Ato ou efeito de confortar. **2** Bem-estar. **3** Comodidade material; aconchego. **4** Consolação ou auxílio nas aflições. *Antôn* (acepções 1, 2 e 3): *desconforto.*

con.fra.de (*lat med confratre*) *sm* **1** Irmão em confraria ou irmandade. **2** O que exerce a mesma profissão ou pertence à mesma categoria que outrem; camarada, colega. *Fem: confreira.*

con.fra.ri.a (*fr ant confrarie*) *sf* **1** Associação com fins religiosos. **2** Conjunto de pessoas que exercem a mesma profissão ou têm o mesmo modo de vida. **3** Sociedade, irmandade.

con.fra.ter.ni.da.de (*lat med confraternitate*) *sf* **1** Irmandade; convivência ou amizade como entre irmãos. **2** União fraterna.

con.fra.ter.ni.za.ção (*confraternizar+ção*) *sf* **1** Ato de confraternizar. **2** Demonstração de confraternidade.

con.fra.ter.ni.zar (*con+fraternizar*) *vtd* **1** Unir como irmãos. *vti* e *vint* **2** Conviver ou tratar como irmãos. *vti* e *vint* **3** Ter os mesmos sentimentos, crenças ou ideias.

con.frei.ra *sf* Feminino de *confrade.*

con.fron.ta.ção (*confrontar+ção*) *sf* **1** Ato de confrontar; comparação, cotejo. **2** *Dir* Acareação dos acusados ou das testemunhas. **3** Disputa armada. *sf pl* Extremos, limites de um prédio.

con.fron.tar (*con+fronte+ar*[1]) *vtd* e *vpr* **1** Pôr(-se) defronte reciprocamente. *vtd* **2** Acarear (as testemunhas ou os depoimentos, os réus, as vítimas do crime). *vtd* **3** Comparar, cotejar, conferir. *vti* e *vpr* **4** Defrontar(-se), fazer face.

con.fron.to (ô) (de *confrontar*) *sm* Ato ou efeito de confrontar; confrontação.

con.fu.ci.o.nis.mo (*Confúcio, np+n+ismo*) *sm Hist* e *Filos* Doutrina religiosa de Confúcio, filósofo chinês (551-479 a.C.).

con.fun.di.do (*part* de *confundir*) *adj* **1** Que se confundiu; posto em confusão. **2** Perturbado; aturdido. **3** Envergonhado, embaraçado.

con.fun.dir (*lat confundere*) *vtd* e *vpr* **1** Misturar (-se), reunir(-se), sem ordem. *vtd* **2** Perturbar, transtornar, atordoar. *vtd* **3** Não distinguir; tomar uma coisa ou pessoa por outra. *vpr* **4** Equivocar-se, atrapalhar-se.

con.fu.são (*lat confusione*) *sf* **1** Ação ou efeito de confundir. **2** Estado do que se acha atrapalhado. **3** Falta de ordem ou de método. **4** Tumulto, revolta, barulho. **5** Estado do que encontra dificuldade em discernir. **6** Falta de clareza. **7** Embaraço, causado pela vergonha de alguma falta. *Antôn* (acepções 2, 5, 6): *clareza;* (acepções 3 e 4): *ordem.*

con.fu.so (*lat confusu*) *adj* **1** Confundido, misturado, revolto. **2** Incerto, indistinto, obscuro. **3** Desordenado. **4** Embaraçado, indeciso.

con.fu.tar (*lat confutare*) *vtd* **1** Rebater, refutar. **2** Reprimir.

con.ga.da (*top Congo+ada*[1]) *V congado.*

con.ga.do (*top Congo+ado*[2]) *sm bras* Bailado popular dramático em que os negros representam, entre cantos e danças, a coroação de um rei do Congo. *Var: congada.*

con.ge.la.ção (*lat congelatione*) *sf* Ato de congelar, congelamento.

con.ge.la.do (*lat congelatu*) *adj + sm* **1** Que, ou o que sofreu congelação. **2** Que, ou o que é frio como gelo.

con.ge.la.dor (*congelar+dor*) *adj* Que congela. • *sm* **1** O que congela. **2** Compartimento nas geladeiras onde se produzem cubos de gelo e onde se conservam alimentos.

con.ge.la.men.to (*congelar+mento*) *sm* **1** Congelação. **2** *Econ* Ato governamental pelo qual são fixados os preços de utilidades e artigos de consumo ou os salários, para evitar a alta do custo de vida.

con.ge.lar (*lat congelare*) *vtd* **1** Fazer passar (um líquido) ao estado sólido por abaixamento de temperatura; gelar, tornar gelo. *vint* e *vpr* **2** Tornar-se gelo pelo frio. *vtd* **3** *Econ* Fixar preços ou salários.

con.gê.ne.re (*lat congenere*) *adj m+f* **1** Do mesmo gênero. **2** Que tem caracteres idênticos, que é semelhante.

con.gê.ni.to (*lat congenitu*) *adj* **1** Gerado simultaneamente. **2** O que se liga ao indivíduo depois de formado o ovo. **3** Nascido com o indivíduo. **4** Acomodado, apropriado. **5** Inato.

con.ges.tão (*lat congestione*) *sf* **1** *Med* Afluência anormal do sangue aos vasos de um órgão. **2** *pop* Indisposição estomacal causada por excesso de comida ou bebida; indigestão.

con.ges.ti.o.na.do (*part* de *congestionar*) *adj* **1** Em que há acumulação exagerada de sangue. **2** Diz-se das vias públicas nas quais o trânsito está parado por excesso de veículos.

con.ges.ti.o.na.men.to (*congestionar+mento*) *sm* **1** Ato ou efeito de congestionar. **2** *bras* Acúmulo de veículos, que dificulta o trânsito; engarrafamento.

con.ges.ti.o.nar (*lat congestione+ar^1*) *vtd* **1** Produzir congestão em. *vpr* **2** Acumular-se (o sangue ou outro líquido) nos vasos de um órgão. *vpr* **3** Ruborizar-se de cólera ou de indignação. *vtd* **4** *bras* Produzir congestionamento em via pública; engarrafar.

con.glo.bar (*lat conglobare*) *vtd* **1** Ajuntar em globo, dar a forma de globo a. *vpr* **2** Tomar a forma de globo ou novelo. *vtd* e *vpr* **3** Acumular(-se), amontoar(-se). *vtd* e *vpr* **4** Concentrar(-se); resumir(-se), sintetizar(-se).

con.glo.me.ra.ção (*lat conglomeratione*) *sf* **1** Ação ou efeito de conglomerar. **2** Reunião, multidão. **3** Conglomerado.

con.glo.me.ra.do (*part* de *conglomerar*) *adj* **1** Composto de materiais diferentes ou de várias fontes. **2** *Bot* Densamente agrupado. • *sm* **1** Qualquer coisa composta de materiais ou elementos heterogêneos; amontoado. **2** *Com* e *Econ* Grupo que mantém o controle de diversas empresas.

con.glo.me.rar (*lat conglomerare*) *vtd* **1** Fazer conglomeração de; amontoar. *vpr* **2** Reunir-se, unir-se.

con.go (*top Congo*) *sm* **1** V *conguês*. **2** *Folc* Dança de origem africana que se tornou folclórica na América do Sul e daí entrou nos salões de baile. **3** Dançador de congada.

con.go.lês (*top Congo+l+ês*) *V conguês*.

con.go.nha (do *tupi*) *sf Bot* **1** Nome de várias plantas de cujas folhas se faz chá. **2** *bras* Erva-mate preparada somente com as folhas secas à sombra, sem o calor do fogo.

con.go.te (de *cogote*, por analogia com *canga*) *V cangote*.

con.gra.ça.men.to (*congraçar+mento^2*) *sm* Ato ou efeito de congraçar.

con.gra.çar (*con+graça+ar^2*) *vtd* **1** Restituir à graça, à amizade; estabelecer a paz entre, harmonizar (os ânimos, os corações). *vpr* **2** Fazer amizade. *vpr* **3** Fazer as pazes, reatar as anteriores relações de amizade.

con.gra.tu.la.ção (*lat congratulatione*) *sf* **1** Ato de congratular-se. **2** Felicitação. *sf pl* Comumente usada no plural, como palavras de parabéns ou felicitações.

con.gra.tu.lar (*lat congratulari*) *vtd* **1** Apresentar congratulações, dirigir felicitações ou parabéns a. *vpr* **2** Regozijar-se com o bem ou a satisfação de outrem.

con.gre.ga.ção (*lat congregatione*) *sf* **1** Ato ou efeito de congregar. **2** Assembleia, reunião. **3** *Rel* Cada um dos diversos órgãos da Cúria Romana compostos de prelados, sob a presidência de um cardeal, auxiliares diretos do Papa, na solução de determinados problemas. **4** *Rel* Confraria devota sob a invocação de um santo. **5** *Rel* Companhia de sacerdotes, irmãos leigos ou irmãs submetidos à mesma regra. **6** Conselho de professores de escola secundária ou superior.

con.gre.ga.ci.o.nal (*congregação+al^3*) *adj m+f* Relativo ou pertencente a congregação.

con.gre.ga.do (*part* de *congregar*) *sm* Membro de congregação.

con.gre.gar (*lat congregare*) *vtd* e *vpr* **1** Juntar(-se), reunir(-se). *vtd* e *vpr* **2** Ligar(-se), unir(-se). *Antôn: desagregar, separar.*

con.gres.sis.ta (*congresso+ista*) *adj* Pertinente a congresso. • *sm* Membro de um congresso.

con.gres.so (*lat congressu*) *sm* **1** Reunião ou assembleia solene de pessoas competentes para discutirem alguma matéria. **2** Reunião de representantes de diversas potências para tratarem de negócios comuns. **3** Conjunto dos dois órgãos do Poder Legislativo (Senado e Câmara dos Deputados); parlamento. **4** Ajuntamento, encontro, ligação, reunião.

con.gres.su.al (*lat congressu+al^3*) *adj m+f* Referente a congresso.

con.gru.ên.cia (*lat congruentia*) *sf* **1** Qualidade de congruente. **2** Ato ou efeito de concordar, de coincidir. *Antôn: incongruência.*

con.gru.en.te (*lat congruente*) *adj m+f* **1** Que está harmoniosamente unido ou relacionado com. **2** Concordante, correspondente; coincidente. **3** Apropriado, conveniente. *Antôn: incongruente.*

con.guen.se (*top Congo+ense*) *V conguês*.

con.guês (*top Congo*, *np+ês*) *adj* **1** Relativo ou pertencente à região do Congo (África), ou a cada uma das duas nações do Congo (República do Congo e República Democrática do Congo – antigo Zaire), ou aos seus habitantes. **2** Característico dessa região, dessas repúblicas, ou de seus habitantes. • *adj + sm* Natural ou o habitante da região do Congo ou de uma das repúblicas do Congo. • *sm* Língua falada na região do Congo. *Sin: congo. Var: congolês.*

co.nha.que (*top fr Cognac*) *sm* **1** Aguardente de vinho fabricada em Cognac (França). **2** Bebida semelhante ao conhaque, produzida em qualquer outro país.

co.nhe.ce.dor (*conhecer+dor*) *adj + sm* Que, ou o que conhece; entendedor, perito.

co.nhe.cer (*lat cognoscere*) *vtd* **1** Ter ou chegar a ter conhecimento, ideia, noção ou informação de. *vtd* e *vpr* **2** Ter relações ou convivência com. *vtd* **3** Ser perito ou versado em. *vtd* **4** Ter experiência de. *vtd* **5** Discernir, distinguir, reconhecer. *vpr* **6** Ter ideia justa da própria capacidade. *vti* **7** Tomar conhecimento. *vtd* **8** Ter ligações sexuais com. *vtd* **9** Apreciar, julgar. *Antôn* (acepção 1): *ignorar*.

co.nhe.ci.do (*part* de *conhecer*) *adj* **1** Que muitos conhecem. **2** Que é sabido, de que há conhecimento. **3** Perito, versado, entendido. **4** Que é das relações sociais de alguém; que tem relações de amizade, negócios etc. **5** Experimentado. **6** Ilustre. • *sm* **1** Indivíduo com quem temos conhecimento. **2** Aquilo que se conhece.

co.nhe.ci.men.to (*conhecer+mento*) *sm* **1** Ato ou efeito de conhecer. **2** Faculdade de conhecer. **3** Ideia, noção; informação, notícia. **4** Consciência da própria existência. **5** Ligação entre pessoas que têm entre si algumas relações, menos estreitas que as de amizade. *sm pl* Saber, instrução, perícia.

cô.ni.co (*gr konikós*) *adj* **1** Em forma de cone. **2** Concernente ou relativo a cone.
co.ní.fe.ras (de *conífero*) *sf pl Bot* Categoria de árvores ou arbustos, como o pinheiro.
co.ní.fe.ro (*coni²+fero¹*) *adj Bot* Pertencente ou relativo às coníferas.
co.ni.vên.cia (*conivente+ia²*) *sf* Qualidade de conivente; cumplicidade.
co.ni.ven.te (*lat connivente*) *adj m+f* **1** Que finge não ver o mal que outrem pratica. **2** Cúmplice.
con.jec.tu.ra (*lat conjectura*) *sf* Conjetura, suposição.
con.jec.tu.ral (*lat conjecturale*) V *conjetural*.
con.jec.tu.rar (*lat conjecturare*) V *conjeturar*.
con.je.tu.ra (*lat conjectura*) *sf* **1** Juízo ou opinião. **2** Suposição, hipótese. *Var: conjectura.*
con.je.tu.ral (*lat conjecturale*) *adj m+f* Que se funda em conjeturas; hipotético. *Var: conjectural.*
con.je.tu.rar (*lat conjecturare*) *vtd* **1** Julgar por conjetura, presumir, prever, supor. *vint* **2** Fazer conjeturas. *vtd* **3** Antever, prever. *Var: conjecturar.*
con.ju.ga.ção (*lat conjugatione*) *sf* **1** *Gram* Flexão dos verbos, por modos, tempos, pessoas e números. **2** *Gram* Ato de conjugar verbos. **3** *Gram* Cada uma das classes em que se agrupam os verbos, de acordo com a terminação do infinitivo impessoal. **4** Estado de coisas conjugadas; junção, ligação.
con.ju.ga.do (*part* de *conjugar*) *adj* **1** Junto, ligado. **2** Emparelhado.
con.ju.gal (*lat conjugale*) *adj m+f* Que diz respeito à união entre os cônjuges.
con.ju.gar (*lat conjugare*) *vtd* e *vpr* **1** Prender(-se) ao mesmo jugo, reunir(-se), unir(-se). *vtd* **2** *Gram* Dizer ou escrever ordenadamente as flexões de um verbo. *vint* **3** *Biol* Unirem-se em pares; acasalarem-se.
côn.ju.ge (*lat conjuge*) *adj* e *s m+f* Diz-se de, ou cada um dos esposos em relação ao outro.
con.jun.ção (*lat conjunctione*) *sf* **1** União, ajuntamento. **2** Conjuntura. **3** Boa ocasião, ensejo favorável, oportunidade. **4** *Gram* Palavra ou expressão que liga orações ou frases.

É importante salientar que as **conjunções** são expressas por uma só palavra: *como, mas, logo, pois, que* etc. Portanto, sempre que tivermos mais de uma palavra com valor de conjunção, estaremos diante de uma **locução conjuntiva**: *a fim de, à medida que, de modo que, ao passo que* etc.

con.jun.ti.va (*lat conjunctiva*) *sf Anat* Membrana mucosa que forra a parte anterior do globo ocular, ligando-o às pálpebras.
con.jun.ti.vi.te (*conjuntiva+ite¹*) *sf Oftalm* Inflamação da conjuntiva.
con.jun.ti.vo (*lat conjunctivu*) *adj* **1** Que une. **2** *Gram* Que tem o valor de uma conjunção gramatical. **3** *Anat* Tecido que liga os órgãos entre si.
con.jun.to (*lat conjunctu*) *adj* **1** Junto simultaneamente. **2** Ligado, conjugado. **3** Anexo, contíguo, próximo. • *sm* **1** Reunião das partes que constituem um todo. **2** Totalidade. **3** Complexo. **4** Grupo de músicos ou cantores. **5** Equipe de futebol. **6** Conjunto residencial. **7** Traje, feminino ou masculino, composto de duas ou mais peças.
con.jun.tu.ra (*conjunto+ura*) *sf* **1** Coincidência ou concorrência de fatos ou circunstâncias.

2 Acontecimento, ato, ocasião. **3** Dificuldade, situação embaraçosa. **4** Ensejo, oportunidade. *Conjuntura econômica:* situação econômica de um país.
con.ju.ra (de *conjurar*) *sf* Conjuração; conspiração, trama.
con.ju.ra.ção (*lat conjuratione*) *sf* **1** Ato de conjurar. **2** Conspiração contra a autoridade estabelecida. **3** Combinação de várias pessoas para causar dano; conspiração, trama.
con.ju.ra.do (*part* de *conjurar*) *adj* Que conjura, conspira ou trama. • *sm* Indivíduo que participa ou participou de uma conjuração; conspirador.
con.ju.rar (*lat conjurare*) *vtd* **1** Convocar para uma conjuração, promover uma conjuração. *vtd* **2** Planejar em conjuração. *vti* e *vpr* **3** Conspirar. *vti* e *vpr* **4** Insurgir-se, levantar-se. *vtd* **5** Afastar, desviar. *vpr* **6** Lastimar-se, queixar-se.
con.ju.ro (de *conjurar*) *sm* **1** Invocação mágica. **2** Palavras autoritárias para afastar o demônio ou as almas do outro mundo; exorcismo.
con.lui.ar (*conluio+ar¹*) *vtd* **1** Unir ou reunir em conluio. *vtd* **2** Fraudar, de combinação com outrem. *vpr* **3** Combinar-se por conluio.
con.lui.o (*lat colludiu*) *sm* Combinação entre duas ou mais pessoas, para prejudicar outrem; maquinação, conspiração, trama.
co.nos.co (*com+lat nobiscum*) *pron* **1** Em nossa companhia. **2** A nosso respeito. **3** De nós para nós.
co.no.ta.ção (*com+notação*) *sf* Sentido secundário ou subjetivo que uma palavra ou expressão pode dar a entender.
co.no.tar (*com+notar*) *vtd* Ter como conotação.
co.no.ta.ti.vo (*conotar+ivo*) *adj* **1** Relativo a conotação. **2** Que conota. **3** Que representa uma ideia secundária ao mesmo tempo que a ideia principal.
con.quan.to (*com+quanto*) *conj* Exprime concessão, equivalendo a *ainda que, embora, não obstante, posto que*.
con.quis.ta (*part fem* do *port arc conquerir*) *sf* **1** Ato ou efeito de conquistar. **2** Coisa ou pessoa conquistada. **3** O que se obtém à força de trabalho. **4** *pop* Namorada, namorado.
con.quis.ta.do (*part* de *conquistar*) *adj* **1** Que se conquistou; adquirido ou submetido à força. **2** Obtido à força de trabalho ou esforço.
con.quis.ta.dor (*conquistar+dor²*) *adj* Que conquista. • *sm* **1** Aquele que conquista; triunfador. **2** *pop* O que é dado a conquistas amorosas.
con.quis.tar (*lat med conquistare*) *vtd* **1** Subjugar, submeter pela força das armas; vencer. **2** Adquirir à força de trabalho; alcançar. **3** Adquirir, ganhar, granjear (amizade, corações, ódio etc.). **4** *pop* Conseguir o amor de. **5** Atrair, seduzir.
con.sa.gra.ção (*lat consecratione*) *sf* **1** Ato de consagrar. **2** *Rel* Parte da missa em que se consagram a hóstia e o cálice. **3** Confirmação, ratificação. **4** Honras ou elogios extraordinários, dispensados pela opinião pública.
con.sa.gra.do (*part* de *consagrar*) *adj* **1** Que se consagrou; que recebeu consagração. **2** Aprovado, reconhecido. **3** Notável.
con.sa.grar (*lat consecrare*) *vtd* **1** Tornar sagrado. *vtd* **2** Dedicar, oferecer a Deus ou aos santos por culto ou voto; sagrar. *vtd* **3** Fazer a consagração de.

vtd **4** Oferecer por culto e homenagem. *vtd* e *vpr* **5** Dedicar(-se), prestar(-se). *vtd* **6** Imolar, sacrificar. *vtd* **7** Aprovar, adotar. *vtd* **8** Aclamar, eleger.

con.san.guí.neo (*gwi*) (*lat consanguineu*) *adj* **1** Que é do mesmo sangue. **2** *Dir* Diz-se do irmão que é filho de mãe diferente, em oposição a irmão uterino, que é filho de pai diverso. • *sm* Parente por consanguinidade.

con.san.gui.ni.da.de (*gwi*) (*lat consanguinitate*) *sf* **1** *Dir* Parentesco entre os que procedem do mesmo pai. **2** Parentesco por parte dos pais.

cons.ci.ên.cia (*lat conscientia*) *sf* **1** Capacidade que o homem tem de conhecer valores e mandamentos morais e aplicá-los em diferentes situações. **2** *Rel* Testemunho ou julgamento secreto da alma, aprovando ou reprovando os nossos atos. **3** Cuidado extremo com que se executa um trabalho. **4** Honradez, retidão. **5** Conhecimento. **6** *Psicol* Percepção imediata da própria experiência; capacidade de percepção em geral.

cons.ci.en.ci.o.so (*ô*) (*consciência+oso*) *adj* **1** Que tem consciência. **2** Em que há consciência, cuidado, escrúpulo. *Pl: conscienciosos* (*ó*).

cons.ci.en.te (*lat consciente*) *adj m+f* **1** Que tem consciência; cônscio. **2** Que sabe o que faz. **3** Que procede da consciência. **4** Que é feito com consciência. • *sm Psicol* Estado da mente, em vigília, o qual determina o conhecimento imediato. *Antôn: inconsciente.*

cons.ci.en.ti.za.ção (*conscientizar+ção*) *sf* Ato ou efeito de conscientizar.

cons.ci.en.ti.zar (*consciente+izar*) *vtd* **1** Tomar consciência de, ter noção de. *vtd* e *vti* **2** Dar ciência; alertar. *vpr* **3** Tornar-se ciente.

côns.cio (*lat consciu*) *adj* Que conhece bem o que faz ou o que lhe cumpre fazer; consciente.

cons.cri.ção (*lat conscriptione*) *sf* Alistamento para o serviço militar.

cons.cri.to (*lat conscriptu*) *adj* + *sm* Que, ou o que foi alistado, recrutado.

con.se.cu.ção (*lat consecutione*) *sf* **1** Ato ou efeito de conseguir. **2** Êxito favorável.

con.se.cu.ti.vo (*lat consecutiva*) *adj* **1** Que segue em série; um imediatamente após outro, com pequenos intervalos; sucessivo. **2** Que se segue imediatamente após; imediato.

con.se.guin.te (*lat consequente*) *adj m+f* **1** Que se segue; consequente. **2** Consecutivo. *Por conseguinte:* por essa razão, portanto.

con.se.guir (*lat consequi*) *vtd* **1** Alcançar, obter. **2** Dar em resultado, ter como consequência. Conjuga-se como *seguir*.

con.se.lhei.ro (*lat consiliariu*) *adj* Que aconselha. • *sm* **1** Aquele que aconselha. **2** Membro de um conselho ou de certos tribunais. **3** Título honorífico da época do Império.

con.se.lho (*lat consiliu*) *sm* **1** Juízo, opinião, parecer sobre o que convém fazer. **2** Aviso, ensino, lição, prudência. **3** Tribunal. **4** Reunião ou assembleia de ministros. **5** Corpo coletivo, com função consultiva ou deliberativa. **6** Reunião de pessoas que deliberam sobre negócios particulares. **7** Reunião do corpo docente de universidades, escolas superiores ou secundárias, presidida pelo reitor ou diretor, para tratar das questões do ensino.

con.sen.so (*lat consensu*) *sm* **1** Concordância de ideias. **2** Acordo; aprovação.

con.sen.su.al (*consenso+al*[1]) *adj m+f* Que diz respeito a consenso; que depende de consenso.

con.sen.ti.men.to (*consentir+mento*) *sm* **1** Ato de consentir; aceitação. **2** Licença, permissão. **3** Acordo, aprovação. **4** Tolerância.

con.sen.tir (*lat consentire*) *vtd* **1** Dar consenso ou aprovação a; permitir. *vti* e *vint* **2** Concordar, dar consentimento. *vtd* **3** Dar ocasião a, tornar possível. *Antôn* (acepções 1 e 2): *proibir*. Conjuga-se como *ferir*.

con.se.quên.cia (*qwe*) (*lat consequentia*) *sf* **1** Resultado natural, provável ou forçoso de um fato; conclusão. **2** Efeito, resultado. **3** Importância, alcance. *Antôn* (acepções 1 e 2): *causa.*

con.se.quen.te (*qwe*) (*lat consequente*) *adj m+f* **1** Que se deduz. **2** Que segue naturalmente. **3** Que raciocina com lógica. **4** Coerente. *Antôn* (acepção 2): *antecedente*; (acepções 3 e 4): *inconsequente.*

con.ser.tar (*lat vulg *consertare*) *vtd* **1** Fazer um conserto, remover defeitos, substituir ou unir o que está quebrado ou rasgado; reparar; arranjar. **2** Pôr em boa ordem; dar melhor disposição; ajustar. *Cf concertar.*

con.ser.to (*ê*) (*lat consertu*) *sm* **1** Ação ou efeito de consertar. **2** Remendo, reparo. *Cf concerto.*

con.ser.va (de *conservar*) *sf* **1** Calda ou líquido em que se conservam substâncias alimentícias. **2** Substância alimentícia conservada em lata hermeticamente fechada ou por qualquer outro processo. **3** *pop* Preparação feita com plantas aromáticas e açúcar.

con.ser.va.ção (*lat conservatione*) *sf* **1** Ação ou efeito de conservar. **2** Ato ou efeito de manter em bom estado ou no mesmo estado; manutenção. **3** Ato ou efeito de impedir a deterioração; preservação.

con.ser.va.ci.o.nis.ta (*conservação+ista*) *adj m+f* Diz-se da pessoa que defende a conservação dos recursos naturais. • *s m+f* Essa pessoa.

con.ser.va.do (*part* de *conservar*) *adj* **1** Que se manteve no mesmo estado; preservado. **2** Que não mostra os efeitos da idade.

con.ser.va.dor (*conservar+dor*) *adj* **1** Que conserva ou preserva. **2** Que é contrário a mudanças políticas e sociais. • *sm* **1** Aquele que se conserva. **2** Indivíduo que se opõe a inovações ou reformas.

con.ser.va.do.ris.mo (*conservador+ismo*) *V conservantismo.*

con.ser.van.tis.mo (*conservante+ismo*) *sm* **1** Atitude de quem é conservador (acepção 2). **2** O que é tradicional.

con.ser.var (*lat conservare*) *vtd* **1** Manter no mesmo estado ou lugar. *vtd* **2** Fazer durar, impedir que acabe ou se deteriore. *vtd* **3** Continuar a ter. *vtd* **4** Guardar cuidadosamente, ter em seu poder. *vtd* **5** Preservar. *vpr* **6** Continuar com boa disposição física, não perder a beleza nem as forças.

con.ser.va.tó.rio (*lat conservatoriu*) *sm* Estabelecimento de ensino destinado ao ensino de belas--artes, especialmente da música.

con.si.de.ra.ção (*lat consideratione*) *sf* **1** Ato de considerar. **2** Raciocínio, reflexão, opinião. **3** Estima ou importância que se dá a alguém. **4** Atenção. *sf pl* Ponderações, reflexões.

con.si.de.ra.do (*part* de *considerar*) *adj* **1** Apreciado, examinado. **2** Tido em boa conta; estimado, respeitado.

con.si.de.ran.do (*lat considerandu*) *sm* **1** Cada uma das razões ou fundamentos em que se apoiam uma lei, um decreto, uma sentença etc. **2** Argumento, motivo, razão.

con.si.de.rar (*lat considerare*) *vti* e *vint* **1** Meditar, pensar. *vtd* e *vpr* **2** Observar, ponderar, examinar. *vtd* **3** Apreciar. *vtd* **4** Conceber, imaginar. *vtd* **5** Ter em boa conta.

con.si.de.rá.vel (*considerar+vel*) *adj m+f* **1** Que se deve considerar. **2** Importante. **3** Muito grande. **4** Notável. *Antôn* (acepções 2, 3 e 4): *insignificante*.

con.sig.na.ção (*lat consignatione*) *sf* **1** Ação ou efeito de consignar. **2** *Com* Ato de confiar mercadorias a alguém para que as negocie mediante comissão.

con.sig.nar (*lat consignare*) *vtd* **1** Assinalar por escrito; afirmar, declarar, estabelecer. **2** *Com* Entregar (mercadorias) para serem vendidas por terceiros.

con.si.go (*com+lat secum*) *pron* **1** Em sua companhia. **2** De si para si.

con.sis.tên.cia (*lat consistentia*) *sf* **1** Estado ou qualidade de consistente. **2** Densidade ou coesão entre as partículas da massa de um corpo. **3** Dureza, espessura, fortaleza, solidez. **4** Estado de uma coisa que promete durar ou não ter mudança. **5** Perseverança.

con.sis.ten.te (*lat consistente*) *adj m+f* **1** Que consiste. **2** Que tem certo grau de consistência; espesso. **3** Duro, sólido. **4** Que subsiste. **5** Constante. **6** Estável, duradouro.

con.sis.tir (*lat consistere*) *vti* **1** Depender essencialmente de. **2** Fundamentar-se, basear-se. **3** Compor-se, constar, ser constituído.

con.so.an.te (*lat consoante*) *adj m+f* **1** Que tem consonância, que soa juntamente com. **2** *Fonol* Diz-se do fonema que resulta de um fechamento ou estreitamento em qualquer ponto acima da glote, que age como obstáculo para a passagem da corrente do ar. • *sf Fonol* **1** Fonema consoante em que a corrente de ar, emitida para a sua produção, enfrenta um obstáculo para sua passagem diante do fechamento momentâneo ou estreitamento dos órgãos da fala. **2** Letra que exprime esse som. *sm* Palavra que rima com outra. • *prep* e *conj* Conforme, segundo.

con.so.la.ção (*lat consolatione*) *sf* **1** Ação ou efeito de consolar. **2** Alívio, conforto. **3** Pessoa ou coisa que consola. **4** Motivo de satisfação e de alegria. **5** Prêmio que se dá àquele que mais se aproxima do vencedor; consolo. *Antôn* (acepção 2): *aflição, amargura*.

con.so.la.do (*part* de *consolar*) *adj* Conformado com a sorte; resignado. *Antôn: desconsolado*.

con.so.lar (*lat consolari*) *vtd* **1** Aliviar a aflição ou o sofrimento de. *vtd* **2** Receber consolação. *vpr* **3** Conformar-se, resignar-se. *vtd* **4** Dar prazer a; produzir sensação agradável em. *Antôn: afligir, angustiar*.

con.so.le (*fr console*) *sm* **1** *Inform* Unidade que permite que um operador se comunique com um sistema de computador. **2** Móvel sobre o qual se colocam vasos, objetos.

con.so.li.da.ção (*lat consolidatione*) *sf* **1** Ação ou efeito de consolidar. **2** Fusão de várias empresas industriais em uma só. **3** Reunião de leis, dispostas segundo sistema ou ordem estabelecida pelo autor.

con.so.li.da.do (*part* de *consolidar*) *adj* **1** Consistente, sólido. **2** Firme, seguro.

con.so.li.dar (*lat consolidare*) *vtd* e *vpr* **1** Tornar (-se) seguro, sólido, firme, estável. *vtd* **2** Fazer a consolidação de. *vint* **3** Tomar consistência.

con.so.lo (ô) (*fr console*) *V consolação*.

consommé (*consomê*) (*fr*) *sm Cul* Caldo de carne ou de galinha coado sem qualquer outro ingrediente e habitualmente servido com gema de ovo, fatias de pão torrado ou biscoitos salgados.

con.so.nân.cia (*lat consonantia*) *sf* **1** Reunião de sons harmônicos. **2** *Ret* Uniformidade de sons na terminação das palavras. **3** Poesia, rima. **4** Acordo, conformidade, harmonia. *Antôn* (acepções 1 e 4): *dissonância*.

con.so.nan.tal (*consonante+al^1*) *adj m+f* **1** Constituído por consoantes. **2** Referente a consoantes.

con.so.nân.ti.co (*lat consonante+ico^2*) *V consonantal*.

con.sor.ci.a.ção (*consorciar+ção*) *sf* Ação de consorciar(-se).

con.sor.ci.a.do (*part* de *consorciar*) *adj* **1** Que está de algum modo ligado a consórcio. **2** Diz-se daquele que faz parte de um grupo de consórcio.

con.sor.ci.ar (*consórcio+ar^1*) *vtd* e *vpr* **1** Associar (-se), ligar(-se), unir(-se). *vpr* **2** Unir-se em matrimônio, casar-se.

con.sór.cio (*lat consortiu*) *sm* **1** Associação, combinação, união. **2** Comunhão de interesses. **3** Associação de pessoas com patrimônio e interesses comuns em um negócio, ou empresa. **4** Casamento, matrimônio.

con.sor.te (*lat consorte*) *s m+f* **1** Companheiro ou companheira na sorte. **2** Cônjuge. **3** Pessoa que, com outra ou outras, participa dos mesmos direitos ou coisas.

cons.pi.cu.i.da.de (*conspícuo+i+dade*) *sf* **1** Qualidade de conspícuo. **2** Seriedade de caráter. **3** Distinção, nobreza.

cons.pí.cuo (*lat conspicuu*) *adj* **1** Que dá nas vistas. **2** Distinto, ilustre, notável.

cons.pi.ra.ção (*lat conspiratione*) *sf* **1** Ato de conspirar. **2** Plano formado secretamente contra os poderes públicos. **3** Conluio, maquinação, trama.

cons.pi.ra.dor (*conspirar+dor*) *adj* + *sm* Que, ou aquele que conspira; golpista.

cons.pi.rar (*lat conspirare*) *vtd* e *vint* **1** Maquinar, tramar. *vti* e *vint* **2** Planejar alguma coisa contra alguém. *vti* **3** Concorrer; tender ao mesmo fim.

cons.pur.car (*lat conspurcare*) *vtd* **1** Pôr nódoas em. *vtd* **2** Sujar. *vtd* e *vpr* **3** Macular(-se), manchar (-se). *vtd* e *vpr* **4** Aviltar(-se), corromper(-se).

cons.tân.cia (*lat constantia*) *sf* **1** Qualidade de constante. **2** Firmeza de ânimo; perseverança, coragem. **3** Duração. **4** Persistência. **5** Paciência. *Antôn* (acepções 1, 2 e 4): *inconstância*.

cons.tan.te (*lat constante*) *adj m+f* **1** Que não se desloca; firme, imutável. **2** Inalterável, invariável. **3** Incessante, contínuo. **4** Que conta ou consiste, que faz parte. **5** Consignado, mencionado, escrito. **6** Certo, indubitável. **7** Unânime, uníssono. • *sf*

Aquilo que não está sujeito a alteração quanto ao estado ou ação, ou que ocorre ou torna a ocorrer sempre.

cons.tar (*lat constare*) *vti* e *vint* **1** Correr como certo; ser notório. *vti* **2** Chegar ao conhecimento. *vtd* **3** Estar escrito ou mencionado. *vti* **4** Consistir em; ser composto ou formado por. *vti* **5** Fazer parte; incluir-se. *vti* **6** Deduzir-se, inferir-se.

cons.ta.ta.ção (*constatar+ção*) *sf* Ato de constatar; averiguação, verificação.

cons.ta.tar (*fr constater*) *vtd* Verificar e consignar a verdade ou o estado de; averiguar, verificar.

cons.te.la.ção (*lat constellatione*) *sf* **1** *Astr* Grupo de estrelas fixas que, ligadas por linhas imaginárias, formam diferentes figuras nos mapas celestes. **2** *Astrol* Os astros considerados quanto à influência sobre os destinos do homem. **3** *fig* Grupo, coleção ou reunião de coisas ou pessoas excelentes, brilhantes.

cons.te.lar (do *lat Constellatus*) *vtd* **1** Cobrir de constelações. *vtd* **2** Reunir em forma de constelação. *vpr* **3** Encher-se de estrelas. *vtd* **4** Elevar aos céus; divinizar. *vtd* e *vpr* **5** Ornar(-se) de objetos brilhantes, semelhantes a estrelas.

cons.ter.na.ção (*lat consternatione*) *sf* **1** Efeito de consternar; aflição, grande desalento, profundo abatimento de ânimo. **2** Dor, pesar, tristeza.

cons.ter.na.do (*part* de *consternar*) *adj* Pesaroso, triste, abatido.

cons.ter.nar (*lat consternare*) *vtd* **1** Afligir; causar profundo desgosto ou abatimento a; lançar em consternação. *vpr* **2** Horrorizar-se. *vpr* **3** Ficar prostrado pela dor.

cons.ti.pa.ção (*lat constipatione*) *sf* **1** *Med* Prisão de ventre. **2** *pop* Resfriado.

cons.ti.pa.do (de *constipar*) *adj* **1** Que sofre constipação (prisão de ventre). **2** Resfriado.

cons.ti.par (*lat constipare*) *vtd* **1** Causar constipação a. *vpr* **2** Tornar-se constipado.

cons.ti.tu.ci.o.nal (*lat constitutione+al*[1]) *adj m+f* **1** Pertencente à constituição. **2** Diz-se do regime político em que a esfera de ação do Executivo é limitada por uma constituição. **3** Que está em harmonia com a constituição de um estado ou país. **4** Próprio do temperamento do indivíduo. • *s m+f* Partidário ou partidária da constituição.

cons.ti.tu.ci.o.na.lis.mo (*constitucional+ismo*) *sm Polít* **1** Doutrina ou sistema de governo constitucional. **2** Adesão aos princípios de regime constitucional.

cons.ti.tu.ci.o.na.lis.ta (*constitucional+ista*) *adj* e *s m+f* Que ou pessoa que é partidária do constitucionalismo.

cons.ti.tu.ci.o.na.li.zar (*constitucional+izar*) *vtd* e *vpr* Tornar(-se) constitucional, converter(-se) ao regime constitucional.

cons.ti.tu.i.ção (*lat constitutione*) *sf* **1** Ação ou efeito de constituir. **2** Organização, formação. **3** Compleição do corpo humano. **4** Temperamento. **5** Coleção de leis ou preceitos que regem uma corporação, uma instituição. **6** *Jur* Lei fundamental que regula a organização política de uma nação soberana; carta constitucional. **7** Ordenação, estatuto, regra.

cons.ti.tu.í.do (*part* de *constituir*) *adj* **1** Que se constituiu. **2** Formado, organizado. **3** Estabelecido segundo as leis. *Poderes constituídos*: as autoridades estabelecidas e reconhecidas conforme as leis do país.

cons.ti.tu.in.te (de *constituir*) *adj m+f* **1** Que constitui. **2** Que faz parte de um organismo ou de um todo. **3** Que pugna pela formação de uma nova constituição nacional. • *s m+f* **1** Membro de uma assembleia constituinte. **2** Cidadão eleitor, relativamente aos seus representantes nas câmaras. **3** Pessoa que faz de outra seu procurador ou representante; mandante, outorgante. **4** Parte constituinte; componente. **5** *Ling* Unidade linguística (palavra ou construção) que faz parte de uma unidade maior.

cons.ti.tu.ir (*lat constituere*) *vtd* **1** Dar uma constituição ou organização a. *vtd* **2** Compor, formar; ser a base ou a parte essencial de. *vtd* **3** *Dir* Fazer procurador. *vtd* **4** Nomear, eleger. *vpr* **5** Formar-se, organizar-se. *vpr* **6** Reunir-se. *Conjug – Part: constituído.*

cons.ti.tu.ti.vo (*lat constitutivu*) *adj* **1** Que constitui ou integra. **2** Indispensável, essencial.

cons.tran.ger (*lat constringere*) *vtd* e *vti* **1** Obrigar por força; coagir. *vtd* **2** Apertar, dificultar os movimentos. *vtd* **3** Tolher; cercear; restringir. *Conjug – Pres indic: constranjo, constranges* etc.; *Pres subj: constranja, constranjas* etc.; *Part: constrangido.*

cons.tran.gi.do (*part* de *constranger*) *adj* Coagido, forçado, contrafeito.

cons.tran.gi.men.to (*constranger+mento*) *sm* **1** Ação ou efeito de constranger. **2** Acanhamento, embaraço. **3** Força exercida sobre alguém para obrigá-lo a agir contrariamente à sua vontade.

cons.tri.ção (*lat constrictione*) *sf* **1** Ato ou efeito de apertar. **2** *Med* Contratura; estrangulação. **3** Aperto.

cons.tri.to (*lat constrictu*) *adj* **1** Constrangido. **2** Apertado.

cons.tru.ção (*lat constructione*) *sf* **1** Ação de construir. **2** Arte de construir. **3** Edificação, edifício. **4** Modo como uma coisa é formada. **5** Compleição, organismo. **6** *Gram* Colocação sintática das palavras de um período, segundo as regras próprias. *Antôn* (acepção 1): *demolição, destruição*.

cons.tru.ir (*lat construere*) *vtd* **1** Dar estrutura a; edificar, fabricar. *vint* **2** Fazer construções. *vtd* **3** Arquitetar, dispor, organizar. *Antôn* (acepções 1 e 2): *demolir, destruir. Conjug – Pres indic: construo, constróis, constrói, construímos, construís, constroem; Pret imp indic: construía, construías, construía, construíamos, construíeis, construíam; Pret perf: construí, construíste, construiu, construímos, construístes, construíram; Pret mais-que-perf: construíra, construíras, construíra, construíramos, construíreis, construíram; Fut pres: construirei, construirás* etc.; *Fut pret: construiria, construirias, construiria, construiríamos, construiríeis, construiriam; Pres subj: construa, construas, construa* etc.; *Pret imp subj: construísse, construísses, construísse, construíssemos, construísseis, construíssem. Fut subj: construir, construíres, construirmos, construirdes, construírem; Imper afirm: constrói(tu); construa(você), construamos(nós),* *construí(vós) construam(vocês); Imper neg: não construas(tu), não construa(você)* etc.; *Infinitivo impess: construir; Ger: construindo; Infinitivo pess: construir, construíres, construir* etc.; *Part: construído.*

cons.tru.ti.vo (*lat constructivu*) *adj* **1** Próprio para construir. **2** *Gram* Que serve para coordenar as palavras, de acordo com as regras de sintaxe. **3** Que promove o melhoramento ou o progresso.

cons.tru.tor (*lat constructore*) *adj* **1** Que constrói. **2** Que se dedica à construção de edifícios. • *sm* **1** Aquele que constrói. **2** Aquele que constrói edifícios.

con.subs.tan.ci.a.ção (*consubstanciar+ção*) *sf* **1** União de dois ou mais corpos em uma só substância. **2** *Teol* Presença de Cristo na eucaristia.

con.subs.tan.ci.ar (*con+substância+ar*[1]) *vtd* e *vpr* Unir(-se) em uma única substância, consolidar(-se), ligar(-se), unificar(-se).

con.su.e.to (*lat consuetu*) *adj* Costumeiro, usual.

con.su.e.tu.di.ná.rio (*lat consuetudinariu*) *adj* **1** Costumado, habitual. **2** Fundado nos costumes, na prática ou no uso.

côn.sul (*lat consule*) *sm* Representante diplomático de uma nação, encarregado em país estrangeiro de proteger os súditos dessa nação, fomentar o respectivo comércio etc. *Fem: consulesa. Pl: cônsules.*

con.su.la.do (*lat consulatu*) *sm* **1** Cargo ou dignidade de cônsul. **2** Tempo durante o qual um indivíduo exerce esse cargo. **3** Repartição onde o cônsul exerce as suas funções. **4** Residência de cônsul.

con.su.lar (*lat consulare*) *adj m+f* Pertencente ou relativo a cônsul.

con.su.len.te (*lat consulente*) *adj* e *s m+f* **1** Que, ou pessoa que pede conselho. **2** Que, ou pessoa que consulta.

con.su.le.sa (*cônsul+esa*) *sf* **1** Feminino de cônsul. **2** Esposa de cônsul.

côn.sul-ge.ral *sm* Chefe ou dirigente de certas representações consulares de maior importância. *Pl: cônsules-gerais.*

con.sul.ta (de *consultar*) *sf* **1** Ação de consultar. **2** Pedido de opinião ou conselho. **3** Conselho ou opinião que se pede ou se dá sobre qualquer assunto. **4** Atendimento que médico, advogado ou técnico dá a clientes que os consultam.

con.sul.tar (*lat consultare*) *vtd* **1** Pedir conselho, instruções, opinião ou parecer a; aconselhar-se com. *vtd* **2** Sondar ou examinar, antes de decidir. *vpr* **3** Meditar, refletir; tomar conselho de consciência própria.

con.sul.ti.vo (*consulta+ivo*) *adj* **1** Relativo a consulta. **2** Que envolve conselho. **3** Que emite parecer.

con.sul.tor (*lat consultore*) *sm* **1** Aquele que dá conselhos ou emite parecer sobre determinado assunto de sua especialidade. **2** Aquele que consulta, analisando cuidadosamente.

con.sul.to.ri.a (*consultor+ia*[1]) *sf* **1** Cargo ou função de consultor; o conjunto dos consultores. **2** O lugar onde eles trabalham.

con.sul.tó.rio (*consulta+ório*[1]) *sm* Local onde se dão ou fazem consultas.

con.su.ma.ção[1] (*consumar+ção*) *sf* Ato de consumar; conclusão. *Consumação dos séculos:* o fim do mundo.

con.su.ma.ção[2] (*consumir+ção*) *sf* **1** Ato de consumir; gasto, consumo. **2** Consumo obrigatório de bebida ou comida em certos clubes e casas de diversões. **3** Despesa feita com esse consumo.

con.su.ma.do (*part* de *consumar*) *adj* **1** Que se consumou; acabado, terminado; realizado. **2** Extremamente hábil ou competente; abalizado, exímio, perfeito. **3** No mais alto grau. **4** Irremediável.

con.su.mar (*lat consummare*) *vtd* **1** Acabar, completar, terminar. *vtd* **2** Praticar, realizar. *vtd* **3** Chegar ao mais alto grau; aperfeiçoar. *vpr* **4** Adquirir perfeição; tornar-se exímio. *vpr* **5** Completar-se, ultimar-se.

con.su.mi.ção (*consumir+ção*) *sf* **1** Ato de consumir. **2** Desgosto, mortificação. **3** Apreensão, inquietude.

con.su.mi.do (*part* de *consumir*) *adj* **1** Utilizado para satisfação de necessidades ou desejos; gasto. **2** Desgastado, corroído, destruído.

con.su.mi.dor (*consumir+dor*) *adj* Que consome. • *sm* Aquele que compra para uso próprio.

con.su.mir (*lat consumere*) *vtd* e *vpr* **1** Destruir(-se), devorar(-se); corroer(-se), gastar(-se). *vtd* **2** Utilizar, para satisfação das próprias necessidades ou desejos, comida, bebida, vestuário etc. *vtd* **3** Abater, enfraquecer. *vtd* e *vpr* **4** Afligir(-se), desgostar(-se), mortificar(-se). *vtd* **5** Apagar, fazer esquecer. *vtd* **6** Empregar ou dedicar inteiramente. Conjuga-se como *subir*.

con.su.mis.mo (*consumo+ismo*) *sm Econ* Situação própria de países altamente industrializados, caracterizada pelo consumo exagerado de bens duráveis, sobretudo artigos supérfluos.

con.su.mis.ta (*consumo+ista*) *adj m+f* **1** Relativo ou pertencente ao consumismo. **2** Favorável a ele. • *s m+f* Pessoa que consome de forma exagerada.

con.su.mí.vel (*consumir+vel*) *adj m+f* Que pode ser consumido.

con.su.mo (de *consumir*) *sm* **1** Ato ou efeito de consumir; consumação, gasto, dispêndio. **2** Venda de mercadorias. **3** *Econ* Função da vida econômica que consiste na utilização direta das riquezas produzidas.

con.ta (de *contar*) *sf* **1** Ação ou efeito de contar. **2** Cálculo, cômputo, operação aritmética. **3** Nota do que se deve; fatura. **4** Atribuição, cuidado, encargo, responsabilidade. **5** Atenção, cautela, prevenção, sentido. **6** Notícia, participação. **7** *fig* Apreço, estimação, reputação. **8** Justificação. **9** Cada uma das peças minúsculas de vidro, marfim, metal, madeira etc., perfuradas para ser enfiadas por linha, arame ou cordel, que se usam na confecção de rosários, terços, colares e bordados.

con.tá.bil (*lat computabile*) *adj m+f* Relativo à contabilidade.

con.ta.bi.li.da.de (*contábil+i+dade*) *sf* **1** Arte de organizar os livros comerciais ou de escriturar contas. **2** Escrituração de receita e despesa de repartição do Estado, de casa comercial, industrial ou bancária, de qualquer administração pública ou particular. **3** Repartição do Estado, ou de empresas comerciais, onde se escrituram receitas e despesas etc. **4** Cálculo, computação.

con.ta.bi.lis.ta (*contábil+ista*) *s m+f Cont* **1** Profissional que atua na área contábil. **2** Contador. **3** Técnico em contabilidade.
con.ta.bi.li.za.ção (*contabilizar+ação*) *sf* Ato ou efeito de contabilizar.
con.ta.bi.li.za.do (*part* de *contabilizar*) *adj* Que se contabilizou; escriturado.
con.ta.bi.li.zar (*contábil+izar*) *vtd Cont* Registrar os lançamentos contábeis relativos a uma empresa nos livros apropriados.
con.ta-cor.ren.te *sf* Escrituração dos créditos e débitos da movimentação financeira de um cliente de instituição bancária que registra, entre outros, depósitos de importâncias várias, inclusive de salários, retiradas de dinheiro, emissão de cheques, transferências de valores para outras contas-correntes, pagamento de faturas, descontos de impostos etc. *Pl: contas-correntes*.
con.tac.tar (*contacto+ar¹*) *V contatar*.
con.tac.to (*lat contactu*) *V contato*.
con.ta.do (*part* de *contar*) *adj* **1** Calculado, computado, incluído na conta. **2** Narrado, referido. **3** Atribuído. *Ter os dias contados:* ter pouco tempo de vida ou duração.
con.ta.dor (*contar+dor*) *adj* Que conta. • *sm* **1** Aquele que conta. **2** *Cont* Profissional de nível universitário, geralmente bacharel em ciências contábeis, que exerce funções contábeis.
con.ta.do.ri.a (*contador+ia¹*) *sf* **1** Repartição onde se faz a contabilidade. **2** Pagadoria, tesouraria.
con.ta-fi.os *sm sing* e *pl* Pequena lupa usada para facilitar a contagem dos fios de um tecido, em que entram substâncias diferentes.
con.ta.gem (*contar+agem*) *sf* **1** Ação ou efeito de contar. **2** Salário de contador de tribunal pelo seu serviço. **3** Placar, escore.
con.ta.gen.se (*top Contagem+ense*) *adj m+f* Relativo a Contagem, cidade e município de Minas Gerais. • *s m+f* Pessoa natural ou habitante desse município.
con.ta.gi.an.te (de *contagiar*) *adj m+f* **1** Que contagia. **2** *fig* Que se espalha fácil e rapidamente de uma pessoa para outra.
con.ta.gi.ar (*contágio+ar¹*) *vtd* **1** Propagar, por meio de contágio, doença epidêmica ou males morais a. **2** *por ext* Comunicar, propagar (ideias, costumes etc.). *Conjug – Pres indic: contagio, contagias (gí)* etc. *Cf contágio*.
con.tá.gio (*lat contagiu*) *sm* **1** *Med* Transmissão de doença por contato mediato ou imediato. **2** *Med* Doença contagiosa. **3** *por ext* Transmissão de males ou vícios. **4** Imitação involuntária.
con.ta.gi.o.so (ô) (*lat contagiosu*) *adj* **1** *V contagiante*. **2** Que transmite doença infecciosa. *Pl: contagiosos (ó)*.
con.ta-gi.ros *sm sing* e *pl* Instrumento para medir velocidades, de um motor ou de um eixo; taquímetro, tacômetro.
con.ta-go.tas *sm sing* e *pl* Aparelho ou vidro que permite o escoamento de líquido gota a gota.
con.ta.mi.na.ção (*lat contaminatione*) *sf* **1** Ato ou efeito de contaminar; contágio, infecção por contato. **2** Poluição.
con.ta.mi.na.do (*part* de *contaminar*) *adj* **1** Infeccionado. **2** Corrompido, viciado, contagiado.

con.ta.mi.nar (*lat contaminare*) *vtd* **1** *Med* Infeccionar por contato; contagiar. **2** Tornar inferior ou impuro por contato ou mistura; poluir. **3** Corromper, viciar.
con.tan.to que *loc conj* Dado que; sob condição de que; uma vez que.
con.tar (*lat computare*) *vtd* **1** Verificar a conta ou o número de. *vtd* **2** Levar em conta de. *vint* **3** Fazer contas; calcular. *vti* **4** Confiar, esperar com segurança que alguma coisa se realize. *vtd* **5** Ter, possuir. *vtd* **6** Narrar, referir. *vti* **7** Fazer suposição, ter ideia. *vtd* **8** Propor-se a. *Contar as horas:* esperar com impaciência e inquietação.
con.ta.tar (*contato+ar¹*) *vtd* **1** Pôr em contato; estabelecer contato entre. *vtd* **2** Entrar ou estar em contato; tocar. *vtd* **3** Entrar em comunicação com. *vint* **4** Ter contato, tocar-se. *Var: contactar*.
con.ta.to (*lat contactu*) *sm* **1** Relação de proximidade entre dois ou mais corpos. **2** Ato ou efeito de contatar; toque. **3** Convivência, convívio, relação. *s m+f* Pessoa que serve como elemento de ligação entre a empresa em que trabalha e seu cliente; termo comum em agências de publicidade. *Var: contacto*.
con.tá.vel (*contar+vel*) *adj m+f* Que pode ser contado.
con.têi.ner (*ingl container*) *sm* Caixa grande que acondiciona carga para transporte e que tem como objetivo facilitar a locomoção e o manejo. *Pl: contêineres*.
con.tem.pla.ção (*lat contemplatione*) *sf* **1** Ação de contemplar. **2** Meditação profunda. **3** *Teol* Fase da meditação em que a pessoa se eleva ao nível do objeto contemplado, Deus. **4** *Teol* Estado místico da alma que se concentra em Deus e se mantém em completa receptividade em relação a Ele, desprendendo-se de tudo quanto a rodeia. **5** Atenção, benevolência, consideração, deferência.
con.tem.pla.dor (*lat contemplatore*) *adj* Que contempla. • *sm* Aquele que contempla; observador; admirador.
con.tem.plar (*lat contemplare*) *vtd* **1** Olhar, observar com atenção. *vtd* **2** Ver, admirar com o pensamento. *vtd* **3** Imaginar, supor. *vint* **4** Meditar, refletir. *vpr* **5** Mirar-se, ver-se ao espelho envaidecido. *vtd* **6** Presentear; premiar.
con.tem.pla.ti.vo (*lat contemplativu*) *adj* **1** Relativo a contemplação. **2** Dado à contemplação. **3** Que estimula a contemplação.
con.tem.po.ra.nei.da.de (*contemporâneo+i+dade*) *sf* Qualidade do que é contemporâneo.
con.tem.po.râ.neo (*lat contemporaneu*) *adj* **1** Que é do mesmo tempo; que vive na mesma época; coetâneo. **2** Que é do tempo atual. • *sm* **1** Homem do mesmo tempo. **2** Homem do nosso tempo.
con.tem.po.ri.zar (*com+temporizar*) *vtd* **1** Dar tempo a. *vtd* **2** Entreter para ganhar tempo. *vint* **3** Acomodar-se, transigir.
con.ten.ção¹ (*lat contentione*) *sf* Ato de contender; luta, contenda.
con.ten.ção² (*lat continere+ção*) *sf* Ato de conter ou conter-se.
con.ten.ci.o.so (ô) (*lat contentiosu*) *adj* **1** Em que há luta ou discórdia. **2** Sujeito a dúvidas e

contenda 222 continuidade

reclamações. • *sm Dir* Tudo o que é suscetível de contestação perante juízes. *Pl: contenciosos (ó)*.
con.ten.da (regressiva de *contender*) *sf* **1** Controvérsia, debate, disputa, litígio, demanda. **2** Combate, guerra, luta, peleja. **3** Esforço para conseguir alguma coisa.
con.ten.der (*lat contendere*) *vti* **1** Brigar, lutar, discutir. **2** Insultar, provocar. **3** Competir, rivalizar. **4** Causar irritação.
con.ten.dor (*lat contender+dor*, com haplologia) *adj+sm* Que, ou aquele que contende; adversário, rival.
con.ten.ta.men.to (*contentar+mento*) *sm* **1** Ação ou efeito de contentar. **2** Estado de quem está contente. **3** Alegria, satisfação.
con.ten.tar (*contente+ar¹*) *vtd* **1** Dar contentamento ou satisfação a; satisfazer. *vpr* **2** Ficar contente, satisfazer-se. *vtd* **3** Apaziguar, sossegar.
con.ten.te (*lat contentu*) *adj m+f* Que está satisfeito com a sua sorte ou com alguma coisa específica; alegre, prazenteiro.
con.ten.to (*lat contentu*) *sm* Contentamento. *A contento:* com agrado; de acordo com o pedido; segundo os desejos.
con.ter (*lat continere*) *vtd* **1** Encerrar, incluir, ter em si. *vtd* **2** Moderar o ímpeto de, ter em certos limites. *vpr* **3** Moderar-se, refrear-se, reprimir-se. *vpr* **4** Conservar-se, manter-se. Conjuga-se como *ter;* recebem, porém, acento agudo os *ee* na 2ª e na 3ª pessoas do singular do presente do indicativo: *conténs, contém,* e na 2ª pessoa do singular do imperativo afirmativo: *contém(tu)*.
con.ter.râ.neo (*lat conterraneu*) *adj + sm* **1** Que, ou aquele que é da mesma terra. **2** Compatrício, compatriota.
con.tes.ta.ção (*lat contestatione*) *sf* **1** Ação de contestar. **2** Contenda. **3** Confirmação de um testemunho com outro. **4** Altercação, debate, polêmica. **5** Negação. **6** Contradição.
con.tes.ta.do (*part* de *contestar*) *adj* Que sofre contestação; respondido, contrariado, contraditado. • *sm* Parte contra a qual se dirige a contestação. *Antôn: incontestado* e *inconteste*.
con.tes.ta.dor (*contestar+dor*) *adj + sm* Que, ou aquele que contesta; adversário; opositor.
con.tes.tar (*lat contestare*) *vtd* **1** Provar com o testemunho de outrem. *vtd* **2** Asseverar ou confirmar com razões. *vtd* **3** Negar a exatidão de. *vtd* **4** Contradizer. *vint* **5** Opor. *vtd* **6** Contender. *vtd* **7** Impugnar. *vint* **8** Altercar, discutir, questionar. *vint* **9** Dizer como resposta; replicar. *Antôn* (acepções 3, 4 e 5): *admitir*.
con.tes.ta.tó.rio (*contestar+tório*) *adj* Que implica contestação.
con.tes.tá.vel (*contestar+vel*) *adj m+f* **1** Que se pode contestar, sujeito a contestações. **2** Duvidoso, incerto. **3** Contraditório, controverso. *Antôn: incontestável*.
con.tes.te (*con+lat teste*) *adj m+f* **1** *Dir* Concorde em depoimento; que comprova ou afirma o que foi dito por outrem. **2** Comprovativo, afirmativo.
con.te.ú.do (*lat vulg contenutu*) *adj* Contido. • *sm* **1** Aquilo que está contido ou encerrado em algum recipiente. **2** Assunto, tema, matéria de carta, livro etc.; teor, texto.

con.tex.to (*ês*) (*lat contextu*) *sm* **1** Encadeamento de ideias de um escrito. **2** Argumento. **3** Composição, contextura.
con.tex.tu.al (*contexto+al¹*) *adj* Relativo a contexto.
con.tex.tu.a.li.zar (*contextual+izar*) *neol V contextuar*.
con.tex.tu.ar (*contexto+ar¹*) *vtd* Incluir ou intercalar num texto; contextualizar.
con.ti.go (*com+lat tecum*) *pron* **1** Na tua companhia. **2** De ti para ti. **3** Dirigido a ti.
con.ti.gui.da.de (*gwi*) (*contíguo+i+dade*) *sf* **1** Estado do que é contíguo; proximidade imediata, contato. **2** Vizinhança, adjacência.
con.tí.guo (*lat contiguu*) *adj* **1** Que está em contato. **2** Adjacente, imediato, junto, próximo; ao lado.
con.ti.nên.cia (*lat continentia*) *sf* **1** Abstinência ou restrição de prazeres sensuais; castidade. **2** Moderação nas palavras e nos gestos. **3** *Mil* Saudação regulamentar entre militares, feita com um gesto de mão ou movimento de arma.
con.ti.nen.tal (*continente+al¹*) *adj m+f* Pertencente ou relativo a continente.
con.ti.nen.te (*lat continente*) *adj m+f* **1** Que observa a continência. **2** Que sabe conter-se; moderado. **3** Contínuo. **4** Que contém alguma coisa. • *sm* **1** Aquilo que contém alguma coisa. **2** *Geogr* Cada uma das cinco grandes divisões da Terra: Europa, Ásia, África, América e Oceania. **3** *Geogr* Considerável espaço de terra que se pode percorrer sem ter de passar o mar.
con.tin.gên.cia (*lat contingentia*) *sf* **1** Qualidade do que é contingente. **2** Eventualidade. **3** Fato possível mas incerto.
con.tin.gen.te (*lat contigente*) *adj m+f* **1** Que pode, ou não, suceder ou existir; duvidoso, eventual, incerto. **2** Que pode acontecer a alguém ou tocar-lhe por sorte. **3** Que, entre muitos, compete a cada um. **4** *Filos* Que não é necessário ou essencial, mas depende das circunstâncias. • *sm* **1** Cota de uma contribuição, que se deve receber. **2** *Mil* Grupo de rapazes destacados de uma região para o serviço militar. **3** Porção de homens que uma povoação pode fornecer para certos serviços públicos. **4** *Mil* Porção de homens armados que se destaca de um batalhão para qualquer diligência; destacamento.
con.ti.nu.a.ção (*lat continuatione*) *sf* **1** Ato ou efeito de continuar. **2** Duração, prolongamento, prosseguimento.
con.ti.nu.a.do (*part* de *continuar*) *adj* **1** Sem interrupção. **2** Sucessivo, seguido. *Antôn: interrompido*.
con.ti.nu.ar (*lat continuare*) *vtd, vti* e *vint* **1** Levar por diante, não interromper, prosseguir. *vtd* **2** Seguir-se a, suceder, vir imediatamente depois de. *vtd, vint* e *vpr* **3** Estender(-se), prolongar(-se). *vlig* **4** Permanecer. *Antôn: cessar, interromper. Conjug – Pres indic: continuo, continuas, continua* etc. *Cf continuo*.
con.ti.nu.i.da.de (*lat continuitate*) *sf* **1** Qualidade daquilo que é contínuo. **2** Ligação ininterrupta das partes de um todo. **3** Série não interrompida. **4** Comunicação, contiguidade. **5** Repetição incessante. **6** *Cin* e *Telev* Relação minuciosa de todos os elementos necessários

con.ti.nu.ís.mo (*continu(ar)+ismo*) *sm Polít* Manobra política que consiste em fazer continuar no poder a mesma pessoa ou o mesmo grupo.

con.ti.nu.ís.ta (*continu(ar)+ista*) *Cin* e *Telev* Pessoa encarregada de tomar as providências necessárias para garantir encadeamento à sucessão de cortes visuais e sonoros em uma filmagem.

con.tí.nuo (*lat continuu*) *adj* **1** Que não tem as suas partes separadas umas das outras. **2** Ininterrupto na sua duração; em que não há interrupção. **3** Sucessivo, seguido. *Antôn: intermitente.* • *sm* Funcionário subalterno de uma repartição ou estabelecimento público que faz a introdução das pessoas estranhas e desempenha serviços internos.

con.tis.ta (*cont+ista*) *s m+f* **1** Autor(a) de contos literários. **2** Pessoa que passa contos do vigário.

con.to (de *contar*) *sm* **1** *Lit* Narrativa breve que possui apenas uma unidade dramática, concentrando-se a ação num único foco de interesse. **2** História ou historieta imaginadas. **3** Engodo, embuste. **4** A extremidade inferior da lança. *Cair no conto:* ser iludido. *Conto da carochinha:* conto popular para crianças; lenda. *Conto do vigário, pop:* roubo praticado por vigaristas, trapaceiro, espertalhão.

con.tor.ção (*lat contortione*) *sf* **1** Ação de contorcer ou torcer. **2** Contração muscular. **3** *Med* Movimento forçado e irregular dos membros. **4** Posição forçada, incômoda.

con.tor.cer (*lat contorquere*) *vtd* e *vpr* Torcer(-se), dobrar(-se), contrair(-se).

con.tor.ci.o.nar (*contorção+ar¹*) *vint* Fazer contorções.

con.tor.ci.o.nis.mo (*contorção+ismo*) *sm* Exibição de contorções.

con.tor.ci.o.nis.ta (*contorção+ista*) *s m+f* Acrobata ou ginasta que se distingue pelos exercícios de contorção.

con.tor.nar (*contorno+ar¹*) *vtd* **1** Traçar o contorno de. **2** Andar em volta de; rodear. **3** Estender-se em roda de. **4** Ladear.

con.tor.no (ô) (*com+torno*) *sm* **1** Linha ou superfície que limita exteriormente um corpo. **2** Periferia. **3** Perímetro. **4** Circuito. **5** O arredondado, o bem torneado dos membros.

con.tra (*lat contra*) *prep* **1** Em luta com; em oposição hostil a. **2** Em contradição com; em objeção a; em sentido oposto ao de. **3** Em direção oposta à de. **4** Com a frente para; defronte de; em situação oposta à de. **5** De encontro a. **6** Em direção a. **7** Para alívio ou extinção de. **8** Em contato com; junto de. **9** Em troca de. **10** Para prevenir prejuízos causados por. • *adv* **1** Em sentido contrário; contrariamente; em oposição. **2** Desfavoravelmente. • *sm* **1** Contradição, contrariedade, objeção. **2** Defeito, inconveniente, obstáculo. **3** O oposto.

con.tra-a.cu.sa.ção (*contra+acusação*) *sf* Acusação levantada contra o acusador. *Pl: contra-acusações.*

con.tra-al.mi.ran.te (*contra+almirante*) *adj m+f* e *sm Mil* Diz-se de, ou o posto da hierarquia da Marinha, imediatamente superior a capitão de mar e guerra e imediatamente inferior a vice-almirante. *Pl: contra-almirantes.*

con.tra-ar.gu.men.to (*contra+argumento*) *sm* Argumento de sentido contrário a outro. *Pl: contra-argumentos.*

con.tra-a.ta.can.te (*contra+atacante*) *adj* e *s m+f* Diz-se de, ou pessoa que contra-ataca. *Pl: contra-atacantes.*

con.tra-a.ta.car (*contra+atacar*) *vtd* Atacar depois de ter sido atacado. *Conjug – Pres indic: contra-ataco, contra-atacas* etc. (hífen em todas as pessoas e todos os tempos); *Ger: contra-atacando; Part: contra-atacado.*

con.tra-a.ta.que (*contra+ataque*) *sm* Ação de uma tropa, ou equipe esportiva, que passa subitamente da defensiva à ofensiva. *Pl: contra-ataques.*

con.tra-a.vi.so (*contra+aviso*) *sm* Aviso em sentido contrário ao de outro. *Pl: contra-avisos.*

con.tra.bai.xis.ta (*contrabaixo+ista*) *s m+f Mús* Pessoa que toca contrabaixo.

con.tra.bai.xo (*contra+baixo*) *sm Mús* **1** Voz de baixo profundo. **2** Cantor que tem essa voz. **3** Rabecão de três cordas ou quatro que em uma orquestra substitui ou acompanha a voz do contrabaixo. **4** Contrabaixista. **5** Instrumento de sopro, mais grave que o bombardino.

con.tra.ba.lan.çar (*contra+balançar*) *vtd* **1** Igualar em peso; equilibrar. **2** Compensar.

con.tra.ban.de.ar (*contrabando+e+ar¹*) *vtd* **1** Fazer contrabando. *vint* **2** Tornar-se contrabandista. Conjuga-se como *frear.*

con.tra.ban.dis.ta (*contrabando+ista*) *s m+f* Pessoa que faz contrabando; muambeiro.

con.tra.ban.do (*ital contrabbando*) *sm* **1** Importação ou exportação clandestina de mercadorias, sem pagar os direitos devidos. **2** Mercadorias ou produtos assim importados ou exportados; muamba. **3** Comércio proibido. **4** Ato mau, praticado às ocultas, e tudo o que não é lícito.

con.tra.ção (*lat contractione*) *sf* **1** Ação ou efeito de contrair; encolhimento; estreitamento; retração. **2** *Anat* Retraimento dos músculos ou dos nervos. **3** *Gram* Redução de duas ou mais sílabas a uma só, ou de duas vogais a uma; inclui, pois, a fusão ou crase da preposição *a* com o artigo *a* ou com os pronomes demonstrativos *aquele* e *aquilo*: à, às, àquele, àqueles e àquilo.

con.tra.ca.pa (*contra+capa*) *sf Art Gráf* O lado interno da capa de um livro, revista etc.

con.tra.ce.nar (*contracena+ar¹*) *vint* Representar, interpretar.

con.tra.cep.ção (*ingl contraception*) *sf Med* Prevenção da concepção; anticoncepção.

con.tra.cep.ti.vo (de *contracepção*) *adj Med* **1** Relativo a contracepção. **2** Usado para prevenir concepção; anticoncepcional. • *sm* Meio ou dispositivo contraceptivo.

con.tra.che.que (*contra+cheque*) *sm* Documento que especifica o salário de um empregado ou funcionário, com as deduções de impostos, contribuições previdenciárias e acréscimos como comissões, gratificações, salário-família etc., servindo também como autorização para o seu recebimento; holerite.

con.trác.til (*lat contractu+il*) *adj m+f* **1** Suscetível de contração, ou que se contrai facilmente. **2** Que determina contração. *Var: contrátil.*

con.trac.ti.li.da.de (*contráctil+i+dade*) *sf* Qualidade do que é contráctil. *Var: contratilidade.*

con.tra.cul.tu.ra (*contra+cultura*) *sf* Forma de cultura que visa a atacar os valores culturais vigentes.

con.tra.dan.ça (*ingl country dance*) *sf* **1** Dança de quatro ou mais pares, defrontando uns com os outros; quadrilha. **2** Música com que se acompanha essa dança. **3** Mudança frequente de lugar. **4** Instabilidade.

con.tra.di.ção (*lat contradictione*) *sf* **1** Ação de contradizer; afirmação em contrário do que foi dito. **2** Incoerência entre afirmações atuais e anteriores, entre palavras e ações. **3** Oposição entre duas proposições, das quais uma exclui necessariamente a outra.

con.tra.di.tó.rio (*lat contradictoriu*) *adj* **1** Que envolve contradição. **2** Incompatível, oposto.

con.tra.di.zer (*lat contradicere*) *vtd* **1** Dizer o contrário de; contrariar, impugnar. *vtd* **2** Contestar. *vint* **3** Alegar o contrário. *vpr* **4** Dizer o contrário do que anteriormente afirmara. *vpr* **5** Estar em desacordo. *vint* **6** Fazer oposição. Conjuga-se como *dizer*.

con.tra.en.te (*lat contrahente*) *adj m+f* Que contrai. • *s m+f* **1** Pessoa que celebra algum contrato. **2** Pessoa que contrai matrimônio.

con.tra.es.pi.o.na.gem (*contra+espionagem*) *sf* Atividade que objetiva a descoberta e frustração da espionagem inimiga.

con.tra.e.xem.plo (*contra+exemplo*) *sm* Exemplo que nega determinada afirmação.

con.tra.fa.ção (*contrafactione*) *sf* **1** Ação ou efeito de contrafazer. **2** Imitação fraudulenta de um produto industrial ou de uma obra de arte. **3** Falsificação de assinaturas, moedas, papéis de crédito, selos etc. **4** Edição de um livro feita sem autorização do autor ou do proprietário da obra e em seu prejuízo. **5** A obra reproduzida ou imitada fraudulentamente. **6** Disfarce, fingimento.

con.tra.fa.zer (*lat contrafacere*) *vtd* **1** Arremedar, imitar. *vtd* **2** Reproduzir imitando. *vtd* **3** Imitar por zombaria. *vtd* **4** Imitar por falsificação; praticar a contrafação. *vtd* **5** Desarranjar as feições de, desfigurar, mascarar. *vtd* e *vpr* **6** Disfarçar. *vpr* **7** Fingir-se. Conjuga-se como *fazer*.

con.tra.fei.to (*contra+feito*) *adj* **1** Falsificado, imitado por contrafação. **2** Que não está à vontade. **3** Constrangido, forçado.

con.tra.fi.lé (*contra+filé*) *sm* A parte média do dorso do boi, utilizada para bifes e rosbifes, por sua maciez.

con.tra.for.te (*contra+forte*) *sm* **1** *Arquit* Pilastra de reforço de muro ou parede que suporta alguma carga. **2** Reforço de muralha, reparo. **3** *Geogr* Cadeia secundária de montanhas que parece servir de apoio à cadeia principal. **4** Defesa, anteparo.

con.tra.gol.pe (*contra+golpe*) *sm* **1** Golpe resultante de outro ou oposto a outro. **2** Reação forte e provocada.

con.tra.gos.to (*ô*) (*contra+gosto*) *sm* Oposição feita ao gosto, à vontade. *A contragosto:* constrangido, contra a vontade.

con.tra.guer.ri.lha (*contra+guerrilha*) *sf* Luta ou conjunto de estratégias visando a combater as guerrilhas.

con.tra.í.do (*part* de *contrair*) *adj* **1** Que sofreu contração; apertado, estreitado, encolhido. **2** Assumido; contratado.

con.tra.in.di.ca.ção (*contra+indicação*) *sf* **1** Indicação contrária a outra já observada. **2** *Med* Conjunto de circunstâncias que não permitem empregar, em uma dada doença ou em um dado doente, certos medicamentos.

con.tra.in.di.ca.do (*part* de *contraindicar*) *adj* Impróprio, desaconselhado.

con.tra.in.di.car (*contra+indicar*) *vtd* **1** Indicar o contrário de. **2** Não recomendar; desaprovar. *Conjug – Pres indic: contraindico, contraindicas* etc.; *Ger: contraindicando; Part: contraindicado.*

con.tra.in.for.ma.ção (*contra+informação*) *sf Mil* Conjunto de medidas para neutralizar os meios de informações inimigas.

con.tra.ir (*lat contrahere*) *vtd* e *vpr* **1** Apertar (-se), encolher(-se), estreitar(-se). *vtd* **2** Adquirir (amizades, costumes, doenças, vícios etc.). *vtd* **3** Assumir, tomar sobre si. *vtd* **4** Contratar. *Contrair dívidas:* endividar-se. *Contrair matrimônio:* casar-se. *Antôn* (acepção 1): *descontrair, dilatar.*

con.tral.to (*ital contralto*) *sm Mús* **1** Voz feminina mais grave, entre soprano e tenor. **2** Cantora que tem essa voz.

con.tra.luz (*contra+luz*) *sf* Lugar oposto àquele em que a luz incide.

con.tra.mão (*contra+mão*) *sf* Direção oposta àquela que está determinada. • *adj pop* Diz-se do lugar ao qual se precisa ir, mas que fica muito afastado do itinerário ou que se tem em vista percorrer.

con.tra.mar.cha (*contra+marcha*) *sf* Marcha em sentido contrário ao da que se fazia.

con.tra.ma.ré (*contra+maré*) *sf* Corrente contrária à maré.

con.tra.mes.tre (*contra+mestre*) *sm* Substituto do mestre. *Fem: contramestra.*

con.tra.o.fen.si.va (*contra+ofensiva*) *sf* Ofensiva em reação a outra.

con.tra.o.fer.ta (*contra+oferta*) *sf* Oferta feita em oposição a outra já apresentada.

con.tra.or.dem (*contra+ordem*) *sf* Ordem oposta a outra já dada.

con.tra.or.de.nar (*contra+ordenar*) *vtd* Dar contraordem. *Conjug – Pres indic: contraordeno, contraordenas* etc.; *Ger: contraordenando; Part: contraordenado.*

con.tra.par.ti.da (*contra+partida*) *sf* **1** Parte que é correspondente e oposta a outra. **2** Compensação, equivalência.

con.tra.pe.lo (*ê*) (*contra+pelo*) *sm* Direção oposta à direção natural do pelo.

con.tra.pe.sar (*contrapesar*) *vtd* Equilibrar com peso adicional; contrabalançar.

con.tra.pe.so (*ê*) (*contra+peso*) *sm* **1** Peso adicional que se coloca em um dos pratos da balança, para equilibrar este com o outro. **2** Porção menor e de qualidade inferior de uma mercadoria. **3** Força que compensa ou contrabalança outra de sentido contrário.

con.tra.pi.so (*contra+piso*) *sm Constr* Cobertura

de argamassa para nivelamento de pisos, sobre a qual se põe o revestimento definitivo.

con.tra.pon.to (*contra+ponto*) *sm Mús* Arte de compor música para ser executada por dois ou mais instrumentos ou vozes.

con.tra.por (*lat contraponere*) *vtd* e *vpr* **1** Pôr(-se) contra ou em frente. *vtd* **2** Expor ou apresentar em oposição. *vtd* **3** Pôr em paralelo; comparar. Conjuga-se como *pôr*.

con.tra.po.si.ção (*contra+posição*) *sf* **1** Ação ou efeito de contrapor. **2** Posição ou disposição em sentido contrário.

con.tra.pos.to (*part* de *contrapor*) *adj* **1** Que se contrapôs. **2** Oposto, contrário.

con.tra.pro.du.cen.te (*contra+producente*) *adj m+f* **1** Que tem resultado contrário ao que se esperava. **2** Que prova o contrário do que se pretende demonstrar. **3** Que dá maus resultados.

con.tra.pro.por (*contra+propor*) *vtd* e *vint* Apresentar algo como contraproposta ou como nova proposta. Conjuga-se como *pôr*.

con.tra.pro.pos.ta (*contra+proposta*) *sf* Proposta feita para substituir outra.

con.tra.pro.va (*contra+prova*) *sf* **1** Segunda prova de qualquer conta ou operação. **2** *Dir* Impugnação dada à tentativa de acusação.

con.tra.pro.var (*contra+provar*) *vtd* Fazer a contraprova de; provar em contrário.

con.tra.ri.a.do (*part* de *contrariar*) *adj* **1** Que se contrariou. **2** Aborrecido, desgostoso.

con.tra.ri.ar (*contrário+ar*) *vtd* e *vpr* **1** Embaraçar (-se), estorvar(-se), fazer oposição a. *vtd* **2** Dizer, fazer ou querer o contrário de. *vpr* **3** Estar em contradição consigo mesmo, contradizer-se. *vtd* e *vint* **4** Contestar. *vtd* **5** Molestar. *Antôn* (acepções 1, 2 e 4): *anuir, admitir. Conjug – Pres indic*: contrario, contrarias, contraria (rí) etc. *Cf contrário*.

con.tra.ri.e.da.de (*lat contrarietate*) *sf* **1** Oposição de duas coisas contrárias. **2** Contratempo, dificuldade, embaraço. **3** Estorvo, obstáculo. **4** Aborrecimento, arrelia, desgosto.

con.trá.rio (*lat contrariu*) *adj* **1** Que é contra; que se opõe; antagônico; oposto. **2** Desfavorável. **3** Impróprio, inconveniente. *Antôn* (acepção 1): *favorável*. • *sm* **1** O que é oposto. **2** Adversário; inimigo. **3** *Esp* Indivíduo contra quem se joga. *Ao contrário*: contrariamente, de maneira oposta. *Do contrário*: senão; de outra forma. *Pelo contrário*: V *ao contrário*.

con.trar.re.for.ma (*contra+reforma*) *sf Rel* Reforma que contraria outra ou a neutraliza; especificamente, o movimento de reação e prevenção da Igreja de Roma contra o movimento reformador do século XVI.

con.trar.re.gra (*contra+regra*) *sm* **1** *Teat* Empregado que marca a entrada dos atores em cena. **2** *Cin, Rád* e *Telev* Encarregado de todos os acessórios indispensáveis a um programa, inclusive dos efeitos sonoros. **3** *Teat, Cin, Rád* e *Telev* Função exercida pelo contrarregra.

con.trar.re.gra.gem (*contra+regra+agem*) *sf Teat* Função exercida pelo contrarregra.

con.trar.re.vo.lu.ção (*contra+revolução*) *sf* Revolução imediata e oposta a outra.

con.trar.re.vo.lu.ci.o.ná.rio (*contra+revolução+ ário*) *adj* **1** Relativo a contrarrevolução. **2** Caracterizado por oposição ou antipatia a uma revolução em curso ou recente. • *sm* O que toma parte em uma contrarrevolução ou que a defende.

con.tras.se.nha (*contra+senha*) *sf* Palavra ou sinal com que se responde a uma senha ou outro sinal para identificar-se.

con.tras.sen.so (*contra+senso*) *sm* **1** Dito ou ato contrário ao bom senso. **2** Disparate, absurdo. **3** Falsa interpretação de um texto.

con.tras.tan.te (de *contrastar*) *adj m+f* **1** Que contrasta. **2** Em que há contraste.

con.tras.tar (*lat contrastare*) *vtd* **1** Opor-se a, ser contrário a. *vti* **2** Divergir essencialmente, estar em oposição. *vtd* **3** Afrontar, lutar contra, resistir a.

con.tras.te (de *contrastar*) *sm* **1** Desigualdade acentuada entre duas coisas, qualidades ou pessoas. **2** *Radiotécn, Fot* e *Cin* Diferença, em intensidade, entre as partes claras e escuras da imagem de um televisor, chapa fotográfica e filme cinematográfico.

con.tra.ta.ção (*contratar+ção*) *sf* Ato de contratar; contrato.

con.tra.ta.do (*part* de *contratar*) *adj* Que se contratou; que assinou um contrato de trabalho.

con.tra.ta.dor (*contratar+dor*) *adj* Que contrata. • *sm* Aquele que contrata alguém ou serviços.

con.tra.tar (*contrato+ar*[1]) *vtd* **1** Fazer contrato de; ajustar, combinar. *vti* e *vint* **2** Negociar. *vtd* **3** Dar emprego a; empregar, assalariar.

con.tra.tem.po (*contra+tempo*) *sm* **1** Acidente ou circunstância imprevista que estorva os projetos de alguém. **2** Dificuldade, embaraço, obstáculo. **3** Contrariedade. **4** Inconveniência. *A contratempo*: inoportunamente, fora de propósito.

con.trá.til (*lat contractu+il*) V *contráctil*.

con.tra.ti.li.da.de (*contrátil+i+dade*) V *contractilidade*.

con.tra.to (*lat contractu*) *sm* **1** Ato ou efeito de contratar. **2** Acordo ou convenção entre duas ou mais pessoas, para a execução de alguma coisa, sob determinadas condições. **3** Documento em que se registra esse acordo ou convenção. **4** Acordo, ajuste, combinação. **5** Promessa aceita.

con.tra.tor.pe.dei.ro (*contra+torpedeiro*) *sm Mar* Navio de guerra, destruidor de torpedeiros; destróier.

con.tra.tu.al (*contrato+al*) *adj m+f Dir* **1** Que diz respeito a contrato. **2** Que consta de contrato.

con.tra.tu.ra (*lat contractura*) *sf* **1** Ato ou efeito de contrair(-se). **2** *Med* Encolhimento muscular.

con.tra.ven.ção (*baixo-lat contraventione*) *sf* Transgressão, infração de leis, regulamentos etc.

con.tra.ve.ne.no (*contra+veneno*) *sm* **1** *Farm* Medicamento que neutraliza a ação do veneno; antídoto. **2** Remédio contra o mal.

con.tra.ven.tor (*lat contraventore*) *adj + sm* Que, ou aquele que comete contravenção; infrator, transgressor.

con.tra.vir (*lat contravenire*) *vtd* **1** Praticar contravenção; infringir, transgredir. *vint* **2** Infringir lei ou regulamento. *vint* **3** Retorquir, responder. *vtd* **4** Redarguir, responder. Conjuga-se como *vir*.

con.tri.bu.i.ção (*lat contributione*) *sf* **1** Ato de

contribuir. 2 Quantia com que cada um entra para uma despesa comum. 3 Imposto, tributo. 4 Ajuda, auxílio.

con.tri.bu.in.te (*lat contribuinte*) *adj* e *s m+f* Diz-se de, ou pessoa que contribui, ou paga contribuição.

con.tri.bu.ir (*lat contribuere*) *vti* 1 Concorrer para uma despesa comum. *vti* 2 Cooperar. *vti* 3 Ter parte em um resultado. *vti* e *vint* 4 Pagar contribuição, ter parte em uma despesa comum. *vtd* 5 Pagar como contribuinte.

con.tri.ção (*lat contritione*) *sf* 1 Estado de contrito. 2 *Teol* Arrependimento ou dor profunda de ter ofendido a Deus.

con.tris.ta.ção (*lat contristatione*) *sf* Ato ou efeito de contristar; aflição, pesar.

con.tris.tar (*lat contristare*) *vtd* 1 Causar tristeza a; entristecer, tornar triste. 2 Afligir, mortificar, penalizar. *Antôn: alegrar.*

con.tri.to (*lat contritu*) *adj* 1 Que tem contrição. 2 Que indica contrição. 3 Arrependido, pesaroso, triste.

con.tro.la.do (*part* de *controlar*) *adj* 1 Que se controla ou que se controlou. 2 Calmo, sereno. 3 Fiscalizado.

con.tro.la.dor (*controlar+dor*) *adj* + *sm* Que, ou aquele que controla, que exerce controle. • *sm* 1 *Eletr* Dispositivo elétrico para controlar a energia fornecida ao aparelho. 2 *Inform* Dispositivo de *hardware* ou *software* que controla um periférico, como uma impressora, ou monitores, e dirige a transmissão de dados em uma rede local.

con.tro.la.do.ri.a (*controlador+ia*[1]) *sf* 1 Órgão oficial de controle. 2 Funções de quem exerce controle.

con.tro.lar (*controle+ar*[1]) *vtd* 1 Exercer o controle de, submeter a controle: *Controlar os sentidos.* *vpr* 2 Manter-se sob controle. *vtd* 3 *pop* Usar de expedientes para vigiar o cônjuge fora de casa.

con.tro.le (ô) (*fr contrôle*) *sm* 1 Ato de dirigir qualquer serviço, fiscalizando-o e orientando-o do modo mais conveniente. 2 Aparelho que regula o mecanismo de certas máquinas; comando. 3 *Tecn* Dispositivo ou sistema (como alavancas, cabos, partes móveis) que controla os movimentos de um automóvel ou avião. 4 Fiscalização e domínio de alguém ou alguma coisa. *Controle de natalidade:* controle ou limitação do nascimento de crianças, quer evitando a concepção por meios naturais, quer pelo uso de meios anticoncepcionais. *Controle remoto:* a) *Eletrôn:* aparelho utilizado para operar outros aparelhos a distância; b) *Inform:* sistema que permite que um usuário controle um computador a distância (executando programas, copiando arquivos etc.).

con.tro.vér.sia (*lat controversia*) *sf* Contestação, debate, impugnação de argumentos, polêmica.

con.tro.ver.so (*lat controversu*) *adj* 1 Que se controverteu ou se controverte. 2 Controvertido; questionável.

con.tro.ver.ter (*baixo-lat controvertere*) *vtd* 1 Discutir, disputar, rebater. 2 Pôr objeções ou dúvidas a.

con.tro.ver.ti.do (*part* de *controverter*) *adj* Posto em dúvida; discutido.

con.tu.do (*com+tudo*) *conj* Entretanto; mas; não obstante; porém; todavia.

con.tu.má.cia (*lat contumacia*) *sf* Grande teimosia; obstinação, pertinácia.

con.tu.maz (*lat contumace*) *adj m+f* 1 Que tem contumácia. 2 Afincado ao seu parecer; teimoso. 3 Reincidente. *Sup abs sint: contumacíssimo.*

con.tun.dên.cia (*lat contundente+ia*[2]) *sf* Qualidade do que é contundente.

con.tun.den.te (*lat contundente*) *adj m+f* 1 Que contunde, ou produz contusão. 2 Capaz de produzir contusão. 3 Decisivo; muito agressivo.

con.tun.di.do (*part* de *contundir*) *adj* Que sofreu contusão; machucado.

con.tun.dir (*lat contundere*) *vtd* 1 Produzir contusão em; machucar. *vpr* 2 Ferir-se, machucar-se.

con.tur.ba.ção (*lat conturbatione*) *sf* 1 Ato ou efeito de conturbar; agitação, perturbação. 2 Motim; revolta.

con.tur.ba.do (*part* de *conturbar*) *adj* Em que há conturbação, agitação; agitado.

con.tur.bar (*lat conturbare*) *vtd* e *vpr* Perturbar(-se), confundir(-se), agitar(-se).

con.tu.são (*lat contusione*) *sf* 1 Efeito de contundir. 2 *Med* Lesão superficial.

con.va.les.cen.ça (*lat convalescentia*) *sf Med* 1 Recuperação gradual da saúde e das forças após uma doença aguda. 2 Estado dessa recuperação. *Var: convalescência.*

con.va.les.cên.cia (*lat convalescentia*) V *convalescença*.

con.va.les.cen.te (*lat convalescente*) *adj* e *s m+f* Que, ou pessoa que está em convalescença.

con.va.les.cer (*lat convalescere*) *vti* e *vint* 1 Entrar em convalescença; ir recuperando a saúde gradativamente. *vtd* 2 Fazer entrar em convalescença; fortalecer, fortificar. *vtd* 3 *Dir* Convalidar.

con.va.li.da.ção (*convalidar+ção*) *sf Dir* Ato ou efeito de convalidar.

con.va.li.dar (*com+válido*) *vtd Dir* 1 Tornar válido. 2 Restabelecer a validade ou eficácia de.

con.ven.ção (*lat conventione*) *sf* 1 Acordo, ajuste, combinação; convênio. 2 O que é aceito e tornado costume na prática. 3 *Polít* Reunião nacional para modificar as instituições políticas.

con.ven.cer (*lat convincere*) *vtd* 1 Persuadir com argumentos, razões ou fatos. *vpr* 2 Ficar persuadido. *vtd* 3 Considerar, provando ou demonstrando.

con.ven.ci.do (*part* de *convencer*) *adj* 1 Que adquiriu convicção; persuadido. 2 Vaidoso, presumido, presunçoso.

con.ven.ci.men.to (*convencer+mento*) *sm* 1 Ato de convencer. 2 Falta de modéstia, presunção.

con.ven.ci.o.na.do (*part* de *convencionar*) *adj* 1 Estabelecido por convenção. 2 Combinado, estipulado.

con.ven.ci.o.nal (*lat conventione+al*[1]) *adj m+f* 1 Concernente a convenção. 2 Resultante de convenção. 3 Admitido geralmente; usual. • *sm* Partidário ou membro de uma convenção.

con.ven.ci.o.nar (*lat conventione+ar*[1]) *vtd* Estabelecer por convenção; ajustar, combinar, estipular.

con.ve.ni.a.do (*conveniar+ado*[1]) *adj* + *sm* Diz-se de, ou aquele que convenia ou que firma convênio.

con.ve.ni.ar (*convênio+ar*[1]) *vtd* Firmar ou fazer

convênio sobre. *Conjug* – *Pres indic:* convenio, convenias, convenia *(ní)* etc. *Cf* convênio.

con.ve.ni.ên.cia *(lat convenientia) sf* **1** Qualidade do que é conveniente. **2** Interesse, utilidade, vantagem. **3** Conformidade, semelhança. **4** Decência, decoro. *sf pl* Acomodações aos usos sociais; convenções. *Antôn:* inconveniência.

con.ve.ni.en.te *(lat conveniente) adj m+f* **1** Que convém ou se conforma. **2** Útil, vantajoso. **3** Decente, decoroso. **4** Acomodado às circunstâncias; apropriado; adequado, oportuno. *Antôn:* inconveniente.

con.vê.nio *(lat conveniu) sm* **1** Convenção ou pacto internacional. **2** Acordo, ajuste, convenção.

con.ven.to *(lat conventu) sm* **1** Moradia de comunidade religiosa. **2** Essa comunidade. **3** Internato de moças sob a direção de religiosas.

con.ver.gên.cia *(convergente+ia) sf* **1** Ato ou efeito de convergir. **2** Estado ou propriedade de convergente. **3** Direção comum para o mesmo ponto.

con.ver.gen.te *(lat convergente) adj m+f* Que converge.

con.ver.gir *(baixo-lat convergere) vti* **1** Dirigir-se, tender para um ponto comum. *vti* **2** Concorrer, afluir ao mesmo lugar. *vtd* **3** Concentrar. Conjuga-se como *divergir*.

con.ver.sa *(der* regressiva de *conversar) sf* **1** Conversação. **2** *pop* Palavreado. **3** *pop* Falsidade, mentira. **4** Entendimento, ajuste de contas.

con.ver.sa.ção *(lat conversatione) sf* **1** Ação de conversar; conversa, colóquio. **2** Convivência, familiaridade.

con.ver.são *(lat conversione) sf* **1** Ação ou efeito de converter. **2** Ação de voltar. **3** Movimento que faz voltar. **4** Mudança de forma ou de natureza. **5** Transformação. **6** Mudança ou substituição de uma obrigação por outra. **7** Abandono de uma religião ou seita, para se abraçar outra. **8** Mudança de mau para bom procedimento. **9** Mudança de opiniões, sobretudo para melhor.

con.ver.sar *(lat conversari) vti* e *vint* **1** Discorrer, falar com alguém. *vtd* **2** Entabular conversa com. *vtd* **3** Entreter-se em conversa sobre. *vti* **4** Ter trato íntimo. *vtd* **5** Tratar com familiaridade ou amizade.

con.ver.sí.vel *(lat conversibile) adj m+f* **1** Suscetível de conversão. **2** Transmutável. **3** Que pode trocar por outros valores. • *adj* + *sm Autom* Diz-se do, ou o automóvel cuja capota pode ser arriada.

con.ver.sor *(converso+or) adj* Que converte. • *sm Eletr* Aparelho para modificar a forma ou a natureza de uma corrente elétrica.

con.ver.ter *(lat convertere) vtd* e *vti* **1** Transformar (uma coisa) em outra, mudando seu estado, sua forma ou propriedade. *vtd* **2** Comutar, substituir. *vtd* **3** Fazer mudar de crença, de opinião ou de partido. *vpr* **4** Abraçar novo credo religioso ou político. *vpr* **5** Transformar-se, mudar-se. *vint* **6** *Esp* Acertar o arremesso à cesta em jogo de basquetebol; encestar. *vti* e *vti* **7** *Inform* Modificar um arquivo, dando-lhe outro formato ou alterando sua versão, sem alterar seu conteúdo.

con.ver.ti.do *(part* de *converter) sm* Indivíduo que se converteu.

con.vés *(cast combés) sm* **1** *Náut* Pavimento superior do navio onde os passageiros passeiam e conversam. **2** Área da primeira cobertura do navio.

con.ves.co.te *(conv(ívio)+escote) sm p us V piquenique*.

con.ve.xi.da.de *(cs) (lat convexitate) sf* **1** Qualidade de convexo. **2** Curvatura exterior de uma linha ou superfície convexa; abaulamento. *Antôn:* concavidade.

con.ve.xo *(cs) (lat convexu) adj* **1** Curvo ou arredondado para a parte externa. **2** Bojudo. *Antôn:* côncavo.

con.vic.ção *(lat convictione) sf* **1** Ação ou efeito de convencer. **2** Reconhecimento da própria culpa. **3** Certeza obtida por fatos ou razões que não deixam dúvida nem dão lugar a objeção. **4** Persuasão, convencimento.

con.vic.to *(lat convictu) adj* Que tem convicção de alguma coisa; convencido, persuadido.

con.vi.da.do *(part* de *convidar) sm* Indivíduo que recebeu convite (acepções 2 e 3).

con.vi.dar *(lat med convitare) vtd* **1** Convocar, pedir o comparecimento de. **2** Solicitar, pedir. **3** Provocar, desafiar. **4** Atrair, seduzir.

con.vi.da.ti.vo *(convidar+ivo) adj* **1** Que convida. **2** Atraente, provocante. **3** Apetitoso.

con.vin.cen.te *(de convencer) adj m+f* Que convence; persuasivo.

con.vir *(lat convenire) vti* **1** Ser próprio ou conforme; servir; trazer conveniência ou proveito. *vti* e *vint* **2** Concordar, estar de acordo. *vti* e *vint* **3** Entrar em ajuste; pactuar. *vti* e *vint* **4** Importar, ser útil. *vti* **5** Ajustar-se, condizer, conformar-se. Conjuga-se como *vir*; fica, porém, acento agudo na 2ª e 3ª pessoas do singular do presente do indicativo: convéns, convém, e na 2ª pessoa do singular do imperativo afirmativo: convém(tu).

con.vi.te *(cat convit) sm* **1** Ato de convidar. **2** Solicitação para comparecer a determinado ato. **3** Cartão ou papel com mensagem onde se convida. **4** Meio de convidar. **5** Dádiva, presente.

con.vi.va *(lat conviva) s m+f* Pessoa que participa com outras de uma festa, jantar, banquete etc.

con.vi.vên.cia *(convivente+ia²) sf* **1** Ação ou efeito de conviver. **2** Familiaridade, intimidade. **3** Reunião de pessoas que convivem na mais estreita harmonia.

con.vi.ver *(lat convivere) vti* e *vint* Ter convivência, ter intimidade, viver com outrem.

con.ví.vio *(lat conviviu) sm* **1** Convivência. **2** Camaradagem, familiaridade. **3** Banquete, festim.

con.vo.ca.ção *(lat convocatione) sf* **1** Ato ou efeito de convocar. **2** Convite. **3** *Mil* Ato ou efeito de convocar rapazes para prestação do serviço militar.

con.vo.car *(lat convocare) vtd* **1** Chamar ou convidar para reunião. **2** Constituir, fazer reunir. **3** Convidar. **4** Pedir, implorar. **5** *Mil* Chamar para prestação do serviço militar.

con.vos.co *(com+lat vobiscum) pron* **1** Em vossa companhia. **2** De vós para vós. **3** Em relação a vós. **4** Entre vós.

con.vul.são *(lat convulsione) sf* **1** Ato ou efeito de convulsar. **2** Agitação violenta e desordenada. **3** Grande agitação ou transformação. **4** *Med* Contração violenta e involuntária dos músculos acompanhada de abalos mais ou menos violentos. **5** Cataclismo. **6** Revolução.

con.vul.sar (*convulso+ar¹*) *vint* Revolucionar, convulsionar.
con.vul.si.o.nar (*lat convulsione+ar¹*) *vtd* **1** Pôr em convulsão. *vtd* **2** Excitar. *vtd* **3** Revolucionar. *vpr* **4** Tornar-se agitado ou conturbado.
con.vul.si.vo (*convulso+ivo*) *adj* **1** *Med* Concernente a convulsão. **2** Em que há convulsão. **3** Semelhante a convulsão.
co.o.pe.ra.ção (*cooperar+ção*) *sf* Ato de cooperar; colaboração; prestação de auxílio para um fim comum; solidariedade.
co.o.pe.ra.do (*cooperar+ado¹*) *adj+sm* Que, ou quem faz parte de uma cooperativa; cooperador.
co.o.pe.ra.dor (*lat cooperatore*) *adj + sm* Que, ou aquele que coopera; colaborador; cooperado.
co.o.pe.rar (*lat cooperari*) *vti* **1** Agir ou trabalhar junto com outro ou outros para um fim comum; colaborar. • **2** Agir conjuntamente para produzir um efeito; contribuir.
co.o.pe.ra.ti.va (*fem de cooperativo*) *sf* Associação de consumidores ou de produtores que exerce quaisquer atividades econômicas em benefício comum.
co.o.pe.ra.ti.vis.mo (*cooperativo+ismo*) *sm Econ* Sistema econômico e social em que a cooperação é a base sobre que se constroem todas as atividades econômicas (industriais, comerciais etc.).
co.o.pe.ra.ti.vis.ta (*cooperativa+ista*) *adj m+f* Relativo às sociedades cooperativas ou ao cooperativismo. • *s m+f* Pessoa adepta do cooperativismo.
co.o.pe.ra.ti.vo (*lat cooperativu*) *adj* **1** Que coopera. **2** Em que há cooperação.
co.or.de.na.ção (*lat coordenatione*) *sf* **1** Ação ou efeito de coordenar. **2** Disposição ou classificação na mesma ordem, classe, divisão, categoria, dignidade etc. **3** Estado das coisas coordenadas. **4** Colaboração harmoniosa de partes e sequência normal de funções. **5** *Gram* União de elementos linguísticos (palavras, frases ou orações) que apresentam equivalência sintática.
co.or.de.na.da (de *coordenado*) *sf* **1** Qualquer referência que determina a posição de um ponto no espaço. (Muito usado no plural.) **2** *Gram* Oração coordenada. *sf pl fig* Informações, dados.
co.or.de.nar (*co+ordenar*) *vtd* **1** Dispor ou classificar em ordem. *vtd* **2** Dispor ou arranjar na devida ordem ou na posição própria. *vtd* e *vpr* **3** Combinar(-se); harmonizar(-se). **4** *Gram* Unir ou ligar por coordenação (acepção 5).
co.or.de.na.ti.va (de *coordenativo*) *sf Gram* Conjunção coordenativa.
co.or.de.na.ti.vo (*coordenar+ivo*) *adj* **1** Que estabelece coordenação. **2** Relativo a coordenação.
co.pa (*ô*) (*lat cuppa*) *sf* **1** Dependência da casa onde se guardam gêneros alimentícios, louças, talheres, roupa de mesa e se fazem refeições; copeira. **2** Baixela. **3** *Bot* Parte convexa e superior da ramagem das árvores. **4** Parte do chapéu que cobre a cabeça. **5** Copo, taça, vaso. **6** *Esp* Taça ornamental oferecida como prêmio, especialmente como símbolo de um campeonato. **7** *Cul* Espécie de salame italiano, feito principalmente de carne de porco condimentada com malagueta. *sf pl* Naipe das cartas de jogar, no qual cada um dos pontos tem a figura de um coração encarnado.

co.par (*copa+ar¹*) *vtd* e *vpr* **1** Dar forma de copa a; tornar convexo. *vint* e *vpr* **2** Formar copa.
co.pei.ra (*copa+eira*) *sf* **1** Copa. **2** Mulher que cuida da copa. **3** Mulher que serve à mesa.
co.pei.ro (*copa+eiro*) *sm* **1** Indivíduo que cuida da copa. **2** Aquele que faz doces ou licores para a copa. **3** Criado que serve à mesa. **4** Aparador para copos e garrafas.
co.pe.que (*é*) (*russo kopéjka*) *sm* Unidade monetária russa que vale a centésima parte do rublo.
có.pia (*lat copia*) *sf* **1** Reprodução textual; transcrito, traslado. **2** Imitação, transcrito, ou reprodução de uma obra original. **3** Imitação, plágio. **4** Pessoa ou coisa semelhante a outra. **5** Abundância, grande número, grande quantidade. *Cópia de segurança, Inform:* backup. *Cópia heliográfica: V* fotocópia. *Cópia pirata:* cópia, feita ilegalmente, de um CD, fita de vídeo, programa de computador ou outro artigo com direito autoral.
co.pi.a.dor (*copiar+dor*) *sm* **1** Aquele que copia; copista. **2** Aparelho com que se copiam escritos. **3** *Fot* Dispositivo provido de uma fonte de luz destinado a tirar cópias fotográficas. **4** Imitador.
co.pi.a.do.ra (*fem de copiar+dor*) *sf* Termo genérico para máquinas que produzem cópias.
co.pi.ar (*cópia+ar¹*) *vtd* **1** Fazer a cópia de; transcrever, trasladar. *vtd* **2** Reproduzir. *vtd* **3** Fazer a sua obra a exemplo de; inspirar-se em. *vtd* **4** Imitar, plagiar. *vtd* e *vti* **5** *Inform* Copiar (dado ou objeto selecionado) para a área de transferência, possibilitando, assim, sua posterior inserção em outro local, mediante o procedimento de colar; copiar arquivo para outro diretório ou para outro dispositivo de memória. *Conjug – Pres indic: copio, copias, copia (pí)* etc. *Cf* cópia.
co.pi.des.car (*copidesque+ar*) *vtd Edit* e *Jorn* Fazer trabalho de copidesque em.
co.pi.des.que (*ingl copy desk*) *sm Edit* e *Jorn* **1** Redação final, melhorada, de uma matéria jornalística ou de qualquer texto escrito dentro das normas e critérios editoriais, gramaticais etc. **2** *por ext* Aquele que executa o copidesque. **3** Seção de jornal, editora etc. em que se faz o copidesque.
co.pi.lo.to (*co+piloto*) *sm Av* Piloto auxiliar que eventualmente substitui o comandante da aeronave.
co.pi.o.so (*ô*) (*lat copiosu*) *adj* **1** Abundante. **2** Extenso, grande. *Pl: copiosos (ó)*.
co.pis.ta (*cópia+ista*) *s m+f* **1** Pessoa que copia. **2** Escrevente. **3** Pessoa que faz cópias de partituras de peças musicais. **4** Plagiário. **5** Pessoa que copiava manuscritos antes da invenção da imprensa.
co.po (de *copa*) *sm* **1** Pequeno vaso para beber, sem asa e de forma cilíndrica. **2** Conteúdo de um copo. **3** Qualquer objeto semelhante a um copo.
co.po-de-lei.te *sm Bot* Tipo de planta herbácea, frequentemente cultivada por causa de suas flores alvas, muito ornamentais. *Pl: copos-de-leite*.
co.pro.ces.sa.dor (*co+processador*) *sm Inform* Processador adicional, que pode funcionar como uma CPU principal, para aumentar a velocidade de execução.
co.pro.du.ção (*co+produção*) *sf* Produção realizada em conjunto com alguém.

co.pro.du.tor (*co+produtor*) *sm* Indivíduo que produz algo em conjunto com alguém.

co.pro.du.zir (*co+produzir*) *vtd* Produzir algo juntamente com alguém. Conjuga-se como *reduzir*; Ger: *coproduzindo*; Part: *coproduzido*.

co.pro.pri.e.tá.rio (*co+proprietário*) *sm* O que participa com outra pessoa de uma propriedade.

cop.ta (*ó*) (*ár quft*, do *copta gýptios*, egípcio) *adj m+f Etnol* Relativo aos coptas, raça egípcia que conserva os caracteres dos antigos habitantes. • *s m+f* Pessoa da raça copta.

có.pu.la (*lat copula*) *sf* **1** Ligação, união. **2** Ato sexual; coito.

co.pu.lar (*lat copulare*) *vtd* **1** Ligar, unir. *vtd* **2** Acasalar. *vti* e *vint* **3** Ter cópula.

co.pu.la.ti.vo (*lat copulativu*) *adj* Que copula, ou serve para copular; que liga, que serve para ligar.

co.que (*voc onom*) *sm* **1** Pancada leve na cabeça com os nós dos dedos; cascudo. **2** Penteado feminino que consiste em prender os cabelos em nó, na parte de trás da cabeça. **3** *Quím* Carvão resultante da destilação do carvão mineral ou hulha.

co.quei.ral (*coqueiro+al¹*) *sm* Mata ou plantação de coqueiros.

co.quei.ro (*coco+eiro*) *sm Bot* **1** Planta palmácea que produz cocos. **2** Nome comum a várias outras plantas da família das palmeiras que produzem fruto comestível, ou de utilização industrial.

co.que.lu.che (*fr coqueluche*) *sf* **1** *Med* Moléstia infecciosa aguda caracterizada por acessos de tosse convulsiva; tosse comprida. **2** Coisa, hábito ou pessoa que goza, por algum tempo, da preferência ou atenção pública.

co.que.te (*é*) (*fr coquette*) *adj f* Diz-se da mulher que, pelo prazer de ser admirada, procura despertar o interesse amoroso dos homens. • *sf* Mulher coquete.

co.que.te.ar (*coquete+ar¹*) *vint* Proceder como coquete. Conjuga-se como *frear*.

co.que.tel (*ingl cock-tail*) *sm* **1** Bebida alcoólica preparada com a mistura de várias outras, gelo, açúcar, às vezes suco de frutas etc. **2** Reunião social, realizada para celebrar algum acontecimento, na qual há consumo de coquetéis e outras bebidas acompanhadas de salgados ou doces. **3** *fig* Qualquer mistura de vários elementos.

co.que.te.lei.ra (*coquetel+eira*) *sf* Vasilha para a mistura dos diversos ingredientes do coquetel.

cor¹ (*ó*) (*lat cor*) *sm* **1** *ant* Coração. **2** Vontade, inclinação. *De cor*: de memória. *De cor e salteado*: perfeitamente, com grande facilidade.

cor² (*ô*) (*lat colore*) *sf* **1** *Fís* Impressão variável que a luz refletida pelos corpos produz no órgão da visão. **2** Qualquer colorido, exceto o branco e o preto. **3** Coloração escura. **4** Rubor das faces. *Cores básicas*: o vermelho, o amarelo e o azul, cores que, combinadas entre si, dão origem a todas as outras.

co.ra.ção (*lat vulg *coratione*) *sm* **1** *Anat* Órgão muscular de forma cônica, situado na cavidade torácica e que é o centro motor da circulação do sangue. **2** Parte anterior do peito onde se sente pulsar esse órgão. **3** Sede suposta da sensibilidade moral, das paixões e sentimentos. **4** *fig* Conjunto das faculdades afetivas. **5** *fig* Amor ou afeição completa. **6** *fig* Generosidade. **7** *fig* Pressentimento. **8** *fig* Sentimento. **9** *fig* A pessoa ou o objeto amado. **10** *fig* Centro. **11** Objeto em forma de coração. **12** *fig* Coragem, energia de alma.

co.ra.do (*part* de *corar*) *adj* **1** Que tem cor; colorido, tinto. **2** Branqueado ou tornado branco pela exposição à luz solar. **3** Que tem as faces vermelhas (diz-se das pessoas). **4** Vermelho ou rubro pela afluência do sangue à pele. **5** Cheio de pudor; envergonhado.

co.ra.dou.ro (*corar+douro*) *sm* Lugar onde se colocam roupas para alvejar.

co.ra.gem (*fr ant corage*) *sf* **1** Força ou energia moral ante o perigo; bravura; ousadia. **2** Constância, perseverança. **3** Desembaraço, franqueza, resolução. *Antôn*: covardia, medo.

co.ra.jo.so (*ô*) (*coragem+oso*) *adj* Que tem coragem; bravo, destemido. *Pl*: *corajosos* (*ó*). *Antôn*: covarde.

co.ral¹ (*gr korállion*) *sm* **1** *Zool* Esqueleto calcário duro, branco, preto, vermelho ou de outras cores. **2** Agregado gigantesco desses esqueletos, formando recife, ilha etc. **3** Pedaço de material calcário desses esqueletos, especialmente o coral vermelho, usado em joalheria. **4** A cor vermelha intensa. **5** *Herp* Cobra-coral.

co.ral² (*coro+al¹*) *adj m+f* Pertencente ou relativo a coro. • *sm* Canto coral, canto em coro.

co.ra.li.no (*coral+ino*) *adj* **1** Da cor de coral. **2** Relativo a coral. **3** Semelhante a coral. **4** Composto de coral ou de coralinas.

co.ran.te (de *corar*) *adj m+f* **1** Que cora, ou dá cor. **2** Que enrubesce. • *sm* Substância usada para corar.

co.rão (*ár Qur'ân*) *V alcorão* (acepção 1).

co.rar (*lat colorare*) *vtd* **1** Dar cor a; colorir, tingir. *vtd* **2** Enrubescer, fazer assomar a cor vermelha a (face, rosto). *vint* e *vpr* **3** Enrubescer-se, tornar-se corado.

cor.be.lha (*fr corbeille*) *sf* Cestinho onde se colocam flores ou frutas, ou se guardam brindes.

cor.ça (*ô*) (*fem* de *corço*) *sf Zool* **1** Fêmea de corço. **2** Fêmea de veado.

cor.cel (*cast corcel*) *sm* **1** *Zool* Cavalo de raça de campanha. **2** Cavalo que corre muito.

cor.ço (*ô*) (*lat vulg *curtiare*) *sm Zool* **1** Pequeno cervídeo, de cor marrom-avermelhada no verão e cinzenta no inverno, que tem chifres curtos. **2** *pop* Pequeno veado. *Fem*: *corça*.

cor.co.va (de *corcovar*) *sf* **1** Curva saliente. **2** *V corcunda*.

cor.co.va.do (*corcova+ado¹*) *adj* **1** Que tem corcova. **2** Curvado, curvo.

cor.cun.da (*corr* de *corcova*) *sf* Curvatura anormal da coluna, com proeminência nas costas ou no peito; corcova; giba. *s m+f* Pessoa que tem corcunda. • *adj m+f* Que tem corcunda. *Var*: cacunda; carcunda.

cor.da (*gr khordé*) *sf* Objeto comprido, esguio, flexível, aproximadamente cilíndrico, feito de fios de fibras naturais ou artificiais (tais como cânhamo, sisal, juta, linho, algodão, náilon) ou de arames, unidos e torcidos ou trançados, e usado para amarrar, ligar, apertar ou prender. *Corda bamba*: dificuldades. *Corda de relógio*: fio ou lâmina que dá o movimento ao maquinismo do

relógio. *Cordas vocais:* faixas membranosas na laringe, que vibram com a passagem do ar proveniente dos pulmões e produzem os sons da voz.
cor.da.me (*corda+ame*) *sm* Conjunto de cordas. *Sin: cordoalha.*
cor.dão (*fr cordon*) *sm* **1** Objeto comprido e flexível de fibras têxteis, torcidas, trançadas ou tecidas, mais grosso que um fio de linha, usado para atar, amarrar e fixar; barbante, cadarço. **2** Corrente que se usa ao pescoço. **3** Fileira de muitas coisas, colocadas umas após outras. **4** Sociedade carnavalesca que sai à rua, com músicos, cantores e passistas, apresentando, geralmente, vistosas fantasias. *Cordão umbilical, Anat:* feixe vascular flexível, que une o feto ao corpo materno, por intermédio da placenta.
cor.da.to (*lat cordatu*) *adj* **1** Prudente. **2** Circunspecto, sisudo. **3** Que tem bom senso.
cor.dei.ro (*lat vulg *cordariu*) *sm Zool* Carneiro ainda novo e tenro. *Voz:* bala, bale. • *adj fig* Diz-se da pessoa mansa, bondosa, inocente. *Cordeiro de Deus:* Jesus Cristo.
cor.del (*corda+el*) *sm* Corda muito delgada; barbante, cordão. *De cordel:* relativo ou pertencente à literatura de cordel.
cor-de-ro.sa *adj m+f sing* e *pl* Da cor da rosa silvestre; vermelho desmaiado. *Vestido cor-de-rosa, vestidos cor-de-rosa.* • *sm sing* e *pl* Essa cor.
cor.di.al (*lat cordiale*) *adj m+f* **1** Relativo ao coração. **2** Afetuoso, franco, sincero. **3** Que estimula o coração. **4** Estimulante, vigorante. • *sm* **1** Estimulante cardíaco. **2** Medicamento, bebida ou comida estimulantes ou vigorantes.
cor.di.a.li.da.de (*cordial+i+dade*) *sf* **1** Afeição sincera. **2** Amenidade e franqueza de trato.
cor.di.lhei.ra (*cast cordillera*) *sf* **1** *Geogr* Cadeia ou série de montanhas; serrania. **2** Grande extensão de mato ao longo da barranca dos rios.
cor.do.a.lha (*cordo+alha*) *V cordame.*
cor.do.vão (*top córdova+ão¹*) *sm* Couro de cabra curtido para a confecção de calçados, bolas etc.
co.re.a.no (*top Coreia+ano*) *adj* Da, ou relativo à Coreia do Norte e à Coreia do Sul (Ásia). • *sm* **1** O habitante ou natural das Coreias. **2** Língua falada nas duas Coreias.
co.re.o.gra.fi.a (*córeo+grafo+ia¹*) *sf* **1** Arte de compor e conceber a sequência de movimentos e gestos de um bailado. **2** Arte de dançar, especialmente no palco.
co.re.o.grá.fi.co (*córeo+grafo+ico²*) *adj* Pertencente ou relativo à coreografia.
co.re.ó.gra.fo (*córeo+grafo*) *sm* Especialista em coreografia.
co.re.to (*ê*) (*coro+eto*) *sm* **1** Pequeno coro. **2** Espécie de palanque ou coro, construído ao ar livre, para concertos musicais.
co.ri.feu (*gr koryphaîos*) *sm* **1** Mestre do coro no teatro da Grécia antiga. **2** Indivíduo principal de uma classe, partido ou profissão. **3** Caudilho, chefe.
co.rin.do (*tâmil kurundam,* via *fr*) *V coríndon.*
co.rín.don (*tâmil kurundam,* via *fr*) *sm Miner* Óxido natural de alumínio que ocorre em forma compacta ou de cristais coloridos, incluindo as gemas rubi, safira, ametista oriental, esmeralda oriental e topázio oriental. *Var: corindo.*

co.rín.tio (*top Corinto+io²*) *adj* **1** Pertencente ou relativo a Corinto (Grécia). **2** Natural de Corinto. **3** *Arquit* Designativo da terceira e mais rica das ordens da arquitetura antiga. • *sm* O natural de Corinto.
co.rin.to (*top Corinto*) *sm* **1** Variedade de uvas de que se fazem passas. **2** Passa feita com essa uva. **3** Espécie de videira que produz essa uva.
co.ris.car (*lat coruscare*) *vint* **1** Faiscar, fuzilar, relampejar. *vtd* **2** Dardejar, lançar. *vint* **3** Mover-se (um animal ou alguém) com impressionante agilidade. *Var: coruscar. Conjug:* normalmente conjuga-se nas 3ªs pessoas.
co.ris.co (de *coriscar*) *sm* **1** *Meteor* Centelha produzida nas nuvens eletrizadas, sem que se ouçam trovões. **2** *Meteor* Raio. **3** Faísca elétrica.
co.ris.ta (*coro+ista*) *s m+f* **1** Pessoa que faz parte dos coros teatrais. **2** Pessoa que canta no coro das igrejas.
co.ri.za (*gr kóryza*) *sf Med* Inflamação da mucosa nasal acompanhada de corrimento, em princípio aquoso e mais tarde mucoso ou purulento.
cor.ja (*malaiala korchchu*) *sf pej* Multidão de pessoas desclassificadas; súcia.
Em malaiala – língua falada na costa de Malabar, Índia – *Korchchu* (**corja**) significa "um conjunto de vinte coisas da mesma natureza". Esse vocábulo foi incorporado ao português com o significado de "multidão de pessoas desclassificadas".
cor.na.da (*corno+ada¹*) *V chifrada.*
cor.na.li.na (*fr cornaline*) *sf Miner* Espécie de ágata, meio transparente e avermelhada.
cor.ne (*ó*) (*ingl korn*) *sm Mús* Trompa (acepção 1).
cór.nea (*fem de córneo*) *sf Anat* Membrana transparente situada na parte anterior do olho, na frente da pupila.
cor.ne.al (*córnea+al¹*) *adj m+f Anat* Relativo ou pertencente à córnea.
cor.ne.ar (*corno+ear*) *vtd* **1** Ferir com os chifres. **2** *pop* Ser infiel à pessoa com quem se mantém vínculo amoroso; chifrar. *Conjuga-se como frear.*
cór.neo (*lat corneu*) *adj* **1** Feito de corno. **2** Resistente ou duro como corno. **3** Relativo a corno. **4** Semelhante a corno.
cór.ner (*ingl corner*) *sm Fut* **1** Escanteio, tiro de canto. **2** Cada um dos quatro cantos do campo.
cor.ne.ta (*ê*) (*ital cornetta*) *sm* O que toca corneta; corneteiro. *sf* **1** *Mús* Instrumento de sopro, em princípio feito de chifre ou marfim. **2** *Mús* Instrumento músico militar, de latão, com embocadura e pavilhão largo. **3** Buzina, trombeta. **4** *pop* Nariz.
cor.ne.tei.ro (*corneta+eiro*) *sm* **1** O que toca corneta em um batalhão. **2** *fig* Pessoa que espalha aos quatro ventos tudo o que vê ou ouve; boateiro.
cor.ne.tim (*corneta+im*) *sm* **1** Pequena corneta com apenas três chaves. **2** Indivíduo que toca esse instrumento.
cor.ni.ja (*ital cornigio*) *sf* Ornamento saliente que acompanha a parte superior de uma porta, de um móvel etc.
cor.no (*ô*) (*lat cornu*) *sm* **1** *V chifre.* **2** *Zool* Cada uma das antenas dos insetos, cada um dos tentáculos dos caracóis etc. **3** *pop* Homem a quem a pessoa amada é infiel. *Pl: cornos (ó).*

cor.nu.có.pia (*lat cornucopia*) *sf* **1** Vaso, em forma de corno, cheio de flores e frutos, e que antigamente era o símbolo mitológico da fortuna ou abundância e hoje simboliza a agricultura e o comércio. **2** Qualquer fonte de riqueza ou felicidade.

cor.nu.do (*corno+udo*) *adj* **1** Que tem grandes cornos. **2** *pop* V *corno* (acepção 3).

co.ro (*ô*) (*gr khorós*) *sm* **1** Grupo de pessoas que cantam juntas. **2** Música para ser executada em conjunto. **3** Lugar, nas igrejas, destinado ao canto. **4** Estribilho dos hinos. *Pl: coros (ó)*.

co.ro.a (*lat corona*) *sf* **1** Ornamento ou coberta para a cabeça, símbolo da soberania de um rei ou imperador, comumente feito de metal precioso e incrustado de pedras preciosas. **2** Aro de folhas ou flores entrelaçadas, conferido a uma pessoa para cingir-lhe a cabeça, como distintivo de honra, triunfo ou estima. **3** Arranjo de folhagem ou flores. **4** Poder ou domínio imperial ou real; realeza, soberania. **5** Recompensa de vitória ou sinal de honra. **6** *pop* Calvície no alto ou meio da cabeça. **7** *Odont* Parte do dente que fica fora do alvéolo. **8** Unidade monetária básica da Dinamarca, Noruega, Suécia e Islândia. **9** *pop* Pessoa madura ou idosa.

co.ro.a.ção (*coroar+ção*) *sf* Ação de coroar.

co.ro.a.do (*part* de *coroar*) *adj* Que tem coroa.

co.ro.ar (*lat coronare*) *vtd* **1** Cingir de coroa, pôr coroa. *vpr* **2** Cingir a si mesmo uma coroa. *vtd* **3** Aclamar, eleger; elevar à dignidade de rei ou pontífice. *vtd* **4** Recompensar, dando uma coroa ou outro prêmio. *vtd* **5** Guarnecer em redor; cingir.

co.ro.ca (*tupi kurúka*) *adj m+f* **1** Adoentado. **2** Decrépito, caduco. • *s m+f* Pessoa velha e feia.

co.roi.de (*ó*) (*gr khorioeidés*) *sf Anat* Membrana do olho, fina e pigmentada, situada entre a esclerótica e a retina.

co.ro.i.nha (*dim* de *coroa*) *sf* Diminutivo de *coroa*. *sm* Menino que acompanha e ajuda o sacerdote na celebração da missa e nos serviços do altar.

co.ro.la (*lat corolla*) *sf Bot* Conjunto das pétalas de uma flor.

co.ro.lá.rio (*lat corrollariu*) *sm* **1** Afirmação deduzida de uma verdade já demonstrada. **2** Consequência; dedução.

co.ro.ná.ria (*lat coronaria*) *sf Anat* Cada uma das artérias que irrigam o coração.

co.ro.na.ri.a.no (*coronário+ano*) *adj* Relativo às coronárias.

co.ro.ná.rio (*lat coronariu*) *adj* **1** Concernente a coroa. **2** Em forma de coroa. **3** *Anat* Que circunda à maneira de uma coroa (usado para qualificar vasos, nervos, ligamentos etc.). **4** *Med* Relativo aos vasos coronários do coração ou que os afeta.

co.ro.nel (*ital colonello*, via *fr*) *sm* **1** *Mil* Posto da hierarquia do Exército imediatamente superior ao de tenente-coronel e imediatamente inferior ao de general de brigada. **2** Oficial que detém esse posto. **3** Chefe político e poderoso proprietário de terras, que exerce influência sobre o povo simples. *Pl: coronéis. Fem: coronela*.

co.ro.ne.lis.mo (*coronel+ismo*) *sm* Influência do coronel (acepção 3), na vida política e social, em algumas partes do país.

co.ro.nha (*cast ant curueña*) *sf* Parte posterior das armas de fogo portáteis, pela qual são empunhadas.

co.ro.nha.da (*coronha+ada¹*) *sf* Pancada com a coronha.

cor.pa.ço (*corpo+aço*) *sm* Corpanzil, corpo grande.

cor.pan.zil (de *corpo*) *sm* **1** Aumentativo de corpo. **2** *pop* Grande estatura; grande corpo, corpação. **3** Pessoa corpulenta.

cor.pe.te (*corpo+ete*) *sm* Peça do vestuário feminino que se ajusta ao peito; sutiã.

cor.pi.nho (*corpo+inho*) *sm* Corpo pequeno.

cor.po (*ô*) (*lat corpu*) *sm* **1** Tudo o que tem extensão e forma. **2** A estrutura física do homem ou do animal. **3** O tronco, para distingui-lo da cabeça e dos membros. **4** Parte principal e central. **5** *Tip* Tamanho dos caracteres tipográficos. **6** Consistência, densidade. **7** *Mil* Parte de um exército. **8** Corporação, classe, assembleia. **9** Comunidade ou associação. *Corpo de baile:* dançarinos e dançarinas de um teatro ou de uma escola. *Corpo de bombeiros:* corporação organizada para extinguir incêndios ou prestar serviços de salvamento. *Corpo de delito:* conjunto dos elementos materiais da existência do fato criminoso (a vítima, as armas e outros objetos usados no crime). *Corpo diplomático:* os diplomatas credenciados junto a um governo. *Corpo discente:* a coletividade dos alunos de um estabelecimento de ensino. *Corpo docente:* a coletividade dos professores de um instituto de ensino. *Pl: corpos (ó). Aum: corpaço* e *corpanzil*.

cor.po.ra.ção (*fr corporation*) *sf* **1** Grupo de pessoas submetidas às mesmas regras ou estatutos. **2** Conjunto de indivíduos que administram negócios de interesse público. **3** Associação, agremiação.

cor.po.ral (*lat corporale*) *adj* Do, ou próprio do corpo.

cor.po.ra.ti.vis.mo (*corporativo+ismo*) *sm* **1** Sistema político-econômico baseado no agrupamento das classes produtoras em corporações, sob a fiscalização do Estado. **2** Prática de organização social que tem como base entidades que representam interesses de certos grupos profissionais.

cor.po.ra.ti.vis.ta (*corporativo+ista*) *adj* e *s m+f* Diz-se da, ou a pessoa partidária do corporativismo.

cor.po.ra.ti.vo (*fr corporatif*) *adj* **1** Disposto ou fundado em corporações. **2** Relativo a corporações.

cor.pó.reo (*lat corporeu*) *adj* **1** Corporal. **2** Que tem corpo ou consiste em um corpo material ou físico. **3** Que tem existência física ou material; material; palpável. *Antôn: espiritual*.

cor.po.ri.fi.ca.ção (*corporificar+ção*) *sf* Ação de corporificar. *Var: corporização*.

cor.po.ri.fi.car (*lat corpore+ficar*) *vtd* **1** Atribuir corpo a. *vtd* **2** Reunir, em um só corpo, substâncias diversas. *vpr* **3** Tomar corpo; solidificar-se. *vtd* **4** Transformar em fatos; realizar. *Var: corporizar*.

cor.po.ri.za.ção (*corporizar+ção*) *V corporificação*.

cor.pu.lên.cia (*lat corpulentia*) *sf* Qualidade daquele ou daquilo que é corpulento; obesidade.

cor.pu.len.to (*lat corpulentu*) *adj* **1** Que tem grande corpo; obeso. **2** Alto e grosso. *Antôn* (acepção 1): *magro, delgado*.

corpus (*lat*) *sm* **1** Reunião de documentos, dados e informações sobre um assunto. **2** Toda a obra atribuída a um escritor. **3** *Ling* Conjunto de material recolhido e bem delimitado no tempo e no espaço apto a servir para a descrição linguística.

cor.pús.cu.lo (*lat corpusculu*) *sm* **1** Corpo pequeníssimo ou elementar. **2** Fragmento de matéria em estado de poeira.

cor.re.ção (*lat correctione*) *sf* **1** Ação ou efeito de corrigir; retificação, revisão. **2** Qualidade do que é correto. **3** Castigo, punição, pena, reprimenda.

cor.re.ci.o.nal (*lat correctione+al¹*) *adj m+f* Que diz respeito à correção. • *sm* Jurisdição de tribunais correcionais.

cor.re-cor.re (de *correr*) *sm* **1** Correria, grande afã. **2** Debandada. *Pl:* corre-corres e corres-corres.

cor.re.dei.ra (*correr+deira*) *sf* Trecho de um rio em que as águas, por diferença de nível, correm mais velozes.

cor.re.di.ça (*fem* de *corrediço*) *sf* **1** Encaixe sobre o qual deslizam os batentes de uma porta ou janela, a tampa de uma caixa etc. **2** Peça que desliza ao longo de encaixe, trilho ou outra peça; cursor. **3** Folha de porta corrediça. **4** Janela corrediça. **5** Bastidor de teatro. **6** Cortinas de correr sobre um varão ou vara cilíndrica.

cor.re.di.ço (*correr+diço*) *adj* Que se move ou corre facilmente.

cor.re.dor (*correr+dor*) *adj* Que corre. • *sm* **1** Aquele que corre muito. **2** Galeria estreita que circunda um edifício. **3** Passagem estreita e comprida no interior de uma casa. **4** Caminho coberto. **5** *bras* Raça de cavalos de corrida. **6** Passeio de um jardim. **7** *Esp* Atleta que toma parte em uma corrida de velocidade, a pé ou em veículo.

cor.re.ge.dor (*corregcr+dor*) *sm Dir* Magistrado superior que fiscaliza a distribuição da justiça, o exercício da advocacia e o bom andamento dos serviços forenses.

cor.re.ge.do.ri.a (*corregedor+ia¹*) *sf Dir* **1** Cargo ou jurisdição de corregedor. **2** Área da sua jurisdição.

cór.re.go (*lat *corrugu*) *sm* **1** Sulco aberto pelas águas correntes. **2** Regato de pequeno caudal; riacho.

cor.rei.a (*lat corrigia*) *sf* Tira de couro para atar, prender ou cingir.

cor.rei.ção (*lat correctione*) *sf* **1** Ato de corrigir; correção. **2** Emendas de erros, vícios ou abusos. **3** *Dir* Visita feita pelo corregedor aos cartórios da sua alçada. **4** *Dir* O distrito da alçada do juiz. **5** Os funcionários da prefeitura encarregados de conduzir à sua repartição os animais que encontrarem vagueando nas ruas da cidade. **6** *pop* Desfilada de formigas ou outros insetos que se deslocam em sucessão.

cor.rei.o (*cat ant correu*) *sm* **1** Pessoa enviada expressamente com despachos, correspondência etc.; carteiro. **2** Repartição pública para recepção e expedição da correspondência oficial e particular. **3** Mala em que se transporta a correspondência. **4** Aquele que traz notícias. *Correio eletrônico, Inform: V* e-mail (acepção 1).

cor.re.la.ção (*co+relação*) *sf* **1** Ato de correlacionar. **2** Relação mútua entre pessoas, coisas, ocorrências etc.

cor.re.la.ci.o.nar (*co+relacionar*) *vtd* Dar correlação a; estabelecer correlação entre.

cor.re.la.ti.vo (*co+relativo*) *adj* **1** Que tem correlação. **2** Que constitui um dos termos de relação mútua. **3** *Gram* Diz-se das palavras que mostram a mútua dependência de duas ou mais frases, como *tanto, quanto; tal, qual*. • *sm* Palavra ou coisa correlativa.

cor.re.la.to (*co+lat relatu*) *V correlativo*.

cor.re.li.gi.o.ná.rio (*co+lat religione+ário*) *adj* + *sm* Que, ou aquele que tem a mesma religião, partido ou sistema que outrem. *Col: convenção* (em assembleia).

cor.ren.te (*lat corrente*) *adj m+f* **1** Que corre, que não está estagnado (diz-se das águas). **2** Que corre bem, que não encontra embaraço. **3** Em estilo fluente. **4** Fácil, expedito. **5** Comum, vulgar. **6** Que tem curso legal. **7** Geralmente aceito; em que todos ou quase todos concordam. **8** Atual. **9** Contínuo, constante. • *adv* Correntemente. • *sf* **1** Curso de água. **2** Rio, ribeiro, regato. **3** Correnteza. **4** Vento. **5** Curso, direção. **6** Série continuada e sucessiva. **7** Série de elos ou anéis, comumente de metal, ligados ou entrelaçados um com outro; cadeia. **8** Série de elos, comumente de metal precioso, usada como ornamento ou insígnia; colar. *Corrente de ar:* ar encanado, direção do vento. *Corrente elétrica:* movimento de partículas elétricas positivas ou negativas (tais como elétrons). *Corrente marítima:* movimento de uma grande massa de águas do mar em certa direção, devido principalmente à diferença de temperatura.

cor.ren.te.za (*corrente+eza*) *sf* Corrente de águas.

cor.ren.tis.ta (*corrente+ista*) *adj* e *s m+f* **1** *bras* Diz-se de, ou pessoa a cujo cargo está o livro de contas correntes. **2** Diz-se de, ou pessoa que tem conta corrente num banco.

cor.rer (*lat currere*) *vint* **1** Andar ou caminhar com velocidade. *vint* **2** Participar de uma corrida. *vti* **3** Dirigir-se apressadamente a algum lugar. *vti* **4** Acudir apressadamente. *vtd* **5** Percorrer. *vti* e *vint* **6** Cair, descer, escoar-se, escorrer. *vti* e *vint* **7** Deslizar, escorregar, passar. *vtd* **8** Fazer deslizar; mover, empurrando ou puxando, o que é corrediço. *vint* **9** Mover-se em certo sentido (o ar). *vti* **10** Ir no encalço. *vtd* **11** Expulsar. *vint* **12** Decorrer, passar (o tempo). *vlig* **13** Passar-se, suceder. *vtd* **14** Examinar, tocar, ver um por um. *vint* **15** Divulgar-se, propalar-se. *vti* **16** Ficar atribuído. *vtd* **17** Estar exposto ou sujeito a (perigo ou risco). • *sm* **1** Curso, direção. **2** Fileira, série.

cor.re.ri.a (*correr+ia¹*) *sf* **1** Corrida desordenada e ruidosa. **2** Assalto súbito de inimigo. **3** Roubos ou ataques a mão armada.

cor.res.pon.dên.cia (*lat correspondentia*) *sf* **1** Ação de corresponder. **2** Troca de cartas, telegramas etc., entre duas pessoas. **3** Relações entre pessoas ausentes. **4** Cartas, telegramas etc. que se recebem ou que se expedem. **5** Artigos de jornal em forma de carta aos redatores. **6** Correlação; relação entre as coisas.

cor.res.pon.den.te (de *corresponder*) *adj m+f* **1** Que corresponde. **2** Adequado, apropriado. **3** Oportuno. **4** Correlativo, proporcionado, simétrico. • *s m+f* **1** Pessoa que se corresponde com alguém.

2 Pessoa que escreve para um jornal ou periódico, ou os representa em determinado lugar. **3** Pessoa encarregada de redigir a correspondência.

cor.res.pon.der (*co+responder*) *vtd* e *vint* **1** Ser adequado, próprio, simétrico. *vpr* **2** Estar em correlação ou em equivalência. *vti* **3** Estar em equivalência. *vtd* e *vti* **4** Retribuir.

cor.res.pon.sá.vel (*co+responsável*) *adj* Responsável juntamente com outro(s).

cor.re.ta.gem (*corretar+agem*) *sf* Remuneração, comissão ou serviço de corretor.

cor.re.ti.vo (*lat correctivu*) *adj* Que tem a virtude de corrigir, ou é próprio para corrigir. • *sm* **1** Aquilo com que se corrige. **2** Repreensão; punição, castigo.

cor.re.to (*lat correctu*) *adj* **1** Sem erros. **2** Corrigido, emendado. **3** Exato, irrepreensível. **4** Digno, honesto, íntegro. **5** Esmerado, perfeito. *Antôn* (acepções 1, 3 e 5): *incorreto*.

cor.re.tor[1] (*lat correctore*) *sm* **1** O que corrige, ou castiga. **2** Revisor de provas de imprensa.

cor.re.tor[2] (*provençal corratier*) *sm* Agente comercial que serve de intermediário entre vendedor e comprador.

cor.re.to.ra (*fem* de *corretor*) *sf* Instituição que atua no mercado de capitais e que detém o monopólio das operações nas bolsas de valores, além de outras atividades financeiras.

cor.ri.da (*part fem* de *correr*) *sf* **1** Ação de correr. **2** Carreira. **3** Correria. **4** Espaço percorrido. **5** Percurso de um veículo. **6** Competição de velocidade (cavalos, automóveis etc.). *Corrida de táxi:* trajeto percorrido por táxi.

cor.ri.gir (*lat corrigere*) *vtd* e *vpr* **1** Emendar (-se), reformar(-se). *vtd* **2** Melhorar; retificar. *vtd* **3** Reparar (agravo ou injustiça). *vtd* **4** Castigar, censurar, repreender. *vtd* **5** Regularizar por compensação; temperar. *Conjug – Part:* corrigido e *correto* (usado quase sempre como adjetivo).

cor.ri.mão (*corre+mão*) *sm* **1** Barra, comumente de madeira ou de metal, que corre ao longo de uma escadaria, ponte estreita para pedestres e outras passagens, nas quais há perigo de se cair e em que se pode apoiar a mão ou segurar. **2** *Náut* Barrotes que servem de encosto ou parapeito. *Pl: corrimões* e *corrimãos*.

cor.ri.men.to (*correr+mento*) *sm* **1** Ato de correr. **2** *Med* Secreção patológica que escorre de alguma parte do corpo.

cor.ri.o.la (*correia+ola*) *sf gír* Bando, quadrilha, grupo.

cor.ri.quei.ro (*corricar+eiro*) *adj* **1** Que corre ou circula habitualmente; trivial, vulgar. **2** *bras* Afetado, presumido, vaidoso.

cor.ro.bo.ra.ção (*corroborar+ção*) *sf* Ato de corroborar.

cor.ro.bo.rar (*lat corroborare*) *vtd* Comprovar, confirmar.

cor.ro.er (*lat corrodere*) *vtd* **1** Roer a pouco e pouco; carcomer; gastar. **2** Danificar, destruir progressivamente. **3** Depravar, desnaturar. *Conjug – Pres indic:* corroo, corróis, corrói, corroemos etc.; *Pret imp indic:* corroía, corroías, corroía, corroíamos, corroíeis, corroíam; *Pret perf:* corroí, corroeste etc.; *Part:* corroído.

cor.rom.per (*lat corumpere*) *vtd* e *vpr* **1** Decompor (-se), estragar(-se), tornar(-se) podre. *vtd* e *vpr* **2** Alterar(-se), desnaturar(-se), mudar(-se) para mal. *vtd* e *vpr* **3** Depravar(-se), perverter(-se), viciar(-se). *vtd* **4** Induzir ao mal; seduzir. *vtd* **5** Subornar.

cor.ro.são (*fr corrosion*) *sf* **1** Ação ou efeito de corroer. **2** *Quím* Alteração química corrosiva, como, por exemplo, a que se verifica em certos processos de oxidação. **3** Decomposição de rochas e solos pela ação de água, vento etc. **4** *Med* Destruição lenta de tecido pela ação de um corrosivo.

cor.ro.sí.vel (*lat corrosibile*) *adj* Que pode ser corroído; que está sujeito a corrosão.

cor.ro.si.vo (*lat corrosivu*) *adj + sm* **1** Que, ou aquilo que corrói. **2** Que, ou aquilo que destrói, ou desorganiza.

cor.ru.í.ra (*tupi kuruíra*) *sf Ornit bras* Nome comum dado a várias espécies de pássaros.

cor.rup.ção (*lat corruptione*) *sf* **1** Ação ou efeito de corromper; decomposição, putrefação. **2** Depravação, desmoralização, devassidão. **3** Suborno.

cor.ru.pi.ão (*voc onom*) *sm Ornit* Pássaro da família dos icterídeos, de cabeça, parte anterior do dorso e asas negras, sendo que estas apresentam uma mancha branca; o peito e o ventre são amarelo-alaranjados. *Voz: canta, gorjeia, trina*.

cor.ru.pi.ar (*corrupio+ar*[2]) *vint* **1** Andar à maneira de corrupio; rodopiar. *vtd* **2** Fazer andar às voltas.

cor.ru.pi.o (de *correr*) *sm* **1** Jogo infantil que consiste em duas crianças, frente a frente, se darem as mãos e, juntando os pés, voltearem rapidamente. **2** Nome de vários outros jogos infantis que consistem essencialmente em fazer rodopiarem ou voltearem pessoas ou objetos. **3** *pop* Roda-viva, pressa.

cor.rup.te.la (*lat corruptela*) *sf* **1** Corrupção. **2** Coisa capaz de corromper. **3** Abuso. **4** *Gram* Palavra que se escreve ou pronuncia erradamente. *Var:* corrutela.

cor.rup.tí.vel (*lat corruptibile*) *adj m+f* Suscetível de corrupção.

cor.rup.to (*lat corruptu*) *adj* **1** Que sofreu corrupção; corrompido, podre. **2** Adulterado. **3** Errado, viciado. **4** Depravado, devasso. **5** Que prevarica, que se deixa subornar. • *sm* Indivíduo que suborna ou aceita subornos.

cor.rup.tor (*lat corruptore*) *adj* Que corrompe, ou é próprio para corromper. • *sm* Subornador.

cor.ru.te.la (*lat corruptela*) *V* corruptela.

cor.sá.rio (*corso+ário*) *sm* **1** Navio particular autorizado a dar caça às embarcações mercantes de uma nação inimiga. **2** Capitão desse navio. **3** Navio armado por piratas. **4** Pirata. • *adj* Pertencente ou relativo a corso ou a corsário.

cór.si.co (*lat corsicu*) *adj* Relativo à Córsega (ilha francesa do Mediterrâneo). • *sm* O habitante ou natural da Córsega; corso[2].

cor.so[1] (*ô*) (*ital corso*) *sm* **1** Excursão de navios armados para correr sobre as embarcações mercantes do inimigo. **2** Pirataria. **3** Desfile de carruagens. **4** Cardume de sardinhas.

cor.so[2] (*ô*) (*lat corsu*) *adj* **1** Pertencente ou relativo à Córsega (ilha francesa do Mediterrâneo). **2**

Natural da Córsega. • *sm* O habitante ou natural da Córsega; córsico. *Fem: corsa (ô).*
cor.ta.da (*cortar+ada*¹) *sf* Ato ou efeito de cortar.
cor.ta.do¹ (*part de cortar*) *adj* 1 Que se cortou ou sofreu corte. 2 Separado do todo a que pertencia. 3 Interrompido. 4 Suprimido.
cor.ta.do² (*part de cortar*) *sm* 1 Apuros, roda-viva. 2 Lavor que se faz, cortando; recorte. *Andar num cortado:* andar a braços com dificuldades. *Trazer num cortado:* perseguir atrozmente.
cor.ta.dor (*cortar+dor*) *adj* 1 Que corta, ou rasga. 2 Que fende, ou abre caminho. 3 Devastador. • *sm* Aquele que corta.
cor.ta-luz *sm bras Fut* O ato de colocar-se entre o adversário e o companheiro de time que vai chutar a bola. *Pl: corta-luzes.*
cor.tan.te (*de cortar*) *adj m+f* 1 Que corta; que tem gume. 2 Agudo, estridente (diz-se do som). 3 Frio, gélido. 4 Pungente, lancinante.
cor.tar (*lat curtare*) *vtd* 1 Dividir com instrumento cortante. *vtd* 2 Tirar, com instrumento cortante, parte de; aparar. *vtd* 3 Separar, com instrumento de corte, uma parte de um todo. *vtd* 4 Fazer incisão em. *vtd* 5 Abater, derrubar com ferramenta cortante, como serra ou machado. *vtd* 6 Ceifar, segar. *vtd* 7 Afeiçoar (tecido, papel ou semelhantes) a um modelo; talhar. *vtd e vti* 8 Atravessar, cruzar, fazer caminho. *vtd* 9 Cancelar, suprimir. *vtd* 10 Encurtar o trajeto, atravessando o terreno entre uma volta de estrada ou caminho. *vtd* 11 Impedir, interceptar, obstar a. *vtd* 12 Causar impressão dolorosa a (alma, coração); atormentar. *vtd* 13 Dividir (o baralho) antes do carteio. *vtd e vint* 14 *Esp* No vôlei e no tênis, bater com força na bola, para que esta caia na parte da quadra do adversário. *vtd* 15 Dispensar. *Cortar e colar, Inform:* recurso de edição de página, comum em processadores de texto ou programas de editoração eletrônica, que consiste em tirar um trecho de um ponto e inseri-lo em outro.
cor.te¹ (*ô*) (*de cortar*) *sm* 1 Ação ou efeito de cortar. 2 Golpe, incisão ou talho com instrumento cortante. 3 Fio ou gume de instrumento cortante. 4 Derrubada de árvores. 5 Modo de talhar uma roupa. 6 Porção de pano necessária para fazer uma peça de vestuário. 7 Redução, diminuição. 8 Interrupção. 9 Supressão. 10 Abate.
cor.te² (*ô*) (*lat cohorte*) *sf* 1 Residência de um soberano. 2 Gente que habitualmente rodeia o soberano. 3 Cidade ou lugar onde reside o soberano. 4 Círculo de aduladores. 5 *Jur* Denominação dada aos tribunais. 6 Assiduidade junto de uma pessoa, para lhe ganhar as boas graças; galanteio. *sf pl* 1 Parlamento. 2 Edifício onde este funciona. *Corte celeste:* os anjos e os santos. *Corte de apelação:* Supremo Tribunal de Justiça. *Corte marcial:* conselho de guerra.
cor.te.ja.dor (*cortejar+dor*) *adj + sm* 1 Que, ou aquele que corteja. 2 Que, ou aquele que dispensa muitas amabilidades a uma senhora; galanteador.
cor.te.jar (*corte+ejar*) *vtd* 1 Fazer cortesias; cumprimentar, saudar. 2 Fazer a corte; galantear. 3 Obsequiar para obter alguma coisa; lisonjear.
cor.te.jo (*ê*) (*de cortejar*) *sm* 1 Ação de cortejar. 2 Cumprimentos solenes. 3 Comitiva pomposa.

4 Acompanhamento, procissão, séquito. 5 Homenagem.
cor.tês (*corte+ês*) *adj m+f* 1 Que usa de cortesia ou urbanidade. 2 Bem-educado, delicado, polido. *Antôn: grosseiro.*
cor.te.sã (*fem de cortesão*) *sf* 1 Feminino de *cortesão*. 2 Mulher dissoluta, que vive luxuosamente. 3 Prostituta, meretriz.
cor.te.são (*ital cortigiano*) *adj* 1 Pertencente ou relativo à corte. 2 Palaciano. 3 Cortês, delicado. 4 Gracioso, elegante. • *sm* 1 Homem da corte. 2 Homem adulador ou lisonjeiro. 3 Homem de maneiras distintas e amáveis. *Fem: cortesã. Pl: cortesãos e cortesões.*
cor.te.si.a (*cortês+ia*¹) *sf* 1 Qualidade do que ou de quem é cortês. 2 Civilidade, maneiras delicadas, polidez, urbanidade. 3 Cumprimento, reverência. 4 Presente ou oferta dada aos clientes por estabelecimentos comerciais.
cór.tex (*cs*) (*lat cortex*) *sm* 1 *Bot* Casca de árvore. 2 *Anat* Camada superficial do cérebro e outros órgãos. *Var: córtice. Pl: córtices.*
cor.ti.ça (*lat corticea*) *sf* 1 Casca espessa e leve de árvores com a qual se fabricam rolhas, boias etc. 2 Boia com que se aprende a nadar. 3 *Bot* Nome de algumas plantas.
cor.ti.cal (*lat corticale*) *adj m+f* 1 Relativo à cortiça ou à casca das árvores. 2 *Bot* Diz-se das plantas parasitas que nascem e vegetam na casca de outros vegetais. 3 *Anat* Diz-se da substância de cor cinzenta que reveste externamente a substância medular esbranquiçada do cérebro.
cór.ti.ce (*lat cortice*) *V córtex.*
cor.ti.ço (*de cortiça*) *sm* 1 Caixa cilíndrica, de cortiça, dentro da qual as abelhas fabricam cera e mel. 2 Colmeia. 3 Habitação coletiva das classes pobres.
cor.ti.na (*lat cortina*) *sf* Peça de pano suspensa para adornar ou resguardar janela ou outra coisa.
cor.ti.na.do (*cortina+ado*³) *sm* 1 Conjunto de cortinas com a respectiva armação. 2 Cortina.
cor.ti.nar (*cortina+ar*²) *vtd* 1 Guarnecer de cortina. 2 Encobrir.
cor.ti.nei.ro (*cortina+eiro*) *sf* 1 Indivíduo que fabrica cortinas. 2 *Teat* Indivíduo encarregado de abrir e fechar a cortina.
cor.ti.so.na (*córtex+ona*) *sf Quím* e *Farm* Hormônio produzido pelas suprarrenais, que age principalmente sobre o metabolismo de carboidratos. É produzido artificialmente e empregado contra artrite reumatoide, febre reumática e certas doenças alérgicas.
co.ru.ja *sf* 1 *Ornit* Nome comum a várias aves de rapina, geralmente noturnas e úteis por darem caça a pequenos roedores. *Voz: chirria, pia, sussurra.* 2 *pop* Mulher velha e feia; bruaca, canhão. *s m+f gír* Pessoa que exerce ou pratica sua profissão ou passatempo à noite, ou que começa essas atividades muito cedo, pela manhã. • *adj pop* Diz-se dos pais que gabam pretensas qualidades dos filhos.
co.rus.ca.ção (*lat coruscatione*) *sf* 1 Ato de coruscar. 2 *Fís* Fulgor súbito e breve. 3 Brilho repentino. 4 *Med* Sensação de corisco diante dos olhos.
co.rus.car (*lat coruscare*) *vti* e *vint* 1 Flamejar, relampejar, reluzir. *vtd* 2 Fazer relampejar.

cor.ve.ta (ê) (fr *corvette*) sf *Náut* **1** Antigo navio de guerra, de três mastros, semelhante à fragata, porém menor que ela. **2** Navio de combate usado para caçar submarinos.

cor.ví.deos (*corvo+ideos*) sm pl *Ornit* Família de aves que inclui as gralhas da fauna brasileira e o corvo.

cor.vi.na (*cast corvina*) sf *Ictiol* Peixe marinho cuja carne é bastante apreciada.

cor.vo (ô) (lat *corvu*) sm *Ornit* Gênero típico da família dos corvídeos, constituído de grandes pássaros, ave de rapina, de cor comumente preta, lustrosa. *Voz: crocita, grasna. Pl: corvos* (ó).

cós (provençal *cors*) sm sing e pl **1** Tira de pano que remata certas peças de vestuário, especialmente calças e saias, no lugar em que cingem a cintura. **2** Parte do vestuário em que se ajusta essa tira de pano. **3** Tira que remata as mangas ou o peitilho da camisa, e sobre a qual se ajustam os punhos e o colarinho.

cos.ca (ó) (de *cócega*, com síncope) V *cócegas*.

co.ser (lat *consuere*) vtd **1** Ligar, unir com pontos de agulha. vint **2** Fazer trabalho de costura; costurar. vpr **3** Consertar ou remendar sua própria roupa. *Cf cozer*.

co.si.do (*part* de *coser*) adj Que foi costurado. • sm A costura propriamente dita. *Cf cozido*.

cos.sig.na.tá.rio (*co+signatário*) sm Indivíduo que assina um documento juntamente com outrem. *Pl: cossignatários.*

cos.mé.ti.co (gr *kosmetikós*) adj Que serve para embelezar ou preservar a beleza, especialmente do rosto. • sm Substância ou preparado para embelezar, preservar ou alterar a aparência do rosto de uma pessoa ou para limpar, colorir, amaciar ou proteger a pele, cabelo, unhas, lábios, olhos ou dentes.

cós.mi.co (gr *kosmikós*) adj Pertencente ou relativo ao universo, ao cosmo.

cos.mo (gr *kósmos*) sm O universo, a natureza, considerados como um todo organizado e harmonioso. *Var: cosmos*.

cos.mo.gê.ne.se (*cosmo+gênese*) V *cosmogonia*.

cos.mo.go.ni.a (*cosmo+gono+ia^1*) sf **1** Criação ou origem do universo, especialmente como objeto de estudo ou de especulação; cosmogênese. **2** Cada uma das diferentes teorias filosófico-religiosas, criadas pelo homem através dos tempos, que pretendem explicar a origem do universo. **3** *Astr* Estudo da origem e desenvolvimento do universo e dos seus componentes.

cos.mo.gô.ni.co (*cosmo+gono+ico^2*) adj *Astr* Relativo à cosmogonia.

cos.mo.gra.fi.a (*cosmo+grafo+ia^1*) sf *Astr* **1** Descrição geral do universo. **2** Livro que trata desse assunto.

cos.mo.nau.ta (*cosmo+lat nauta*) V *astronauta*.

cos.mo.náu.ti.ca (*cosmo+nauta+ico^2*) V *astronáutica*.

cos.mo.na.ve (*cosmo+nave*) sf Astronave, espaçonave.

cos.mo.po.li.ta (gr *kosmopolítes*) s m+f **1** Pessoa que se considera cidadão do mundo. **2** Pessoa que vive ora num país, ora em outro, e adota facilmente os usos das diversas nações. **3** Ser distribuído por todo o mundo. • adj **1** Que é de todas as nações. **2** Que não reside fixamente em um lugar. **3** Que se acomoda aos usos estrangeiros. **4** Que apresenta aspectos comuns a vários países.

cos.mos sm sing e pl V *cosmo*.

cos.qui.nhas (*dim* de *coscas*) V *cócegas*.

cos.sa.co (russo ant *kozak'*, via *fr*) sm **1** Indivíduo pertencente a um grupo étnico dos campos russos. Povo nômade e guerreiro. **2** Antigo soldado de cavalaria constituída de homens desse grupo étnico.

cos.se.no (*co+seno*) sm *Trigon* Seno de complemento de um ângulo ou arco dados.

cos.ta (lat *costa*) sf **1** *Geogr* Borda do mar, região próxima do mar; litoral, praia. **2** *Geogr* Porção de mar próxima da terra. **3** Margem do rio, lagoa, banhado, oceano ou mato. **4** Zona marginal de qualquer região, mata ou planície. **5** Declive, encosta. **6** Parte da cadeira que serve para apoio das costas. sf pl *Anat* Parte posterior do corpo do homem e dos animais bípedes e superior dos outros vertebrados, desde as espáduas até os rins. **2** Dorso. **3** Parte oposta ao gume. **4** Reverso, verso. *Costas da mão:* a parte externa da mão, oposta à palma.

cos.ta-a.bai.xo sf *bras* Descida de um morro ou encosta; declive, descida. *Pl: costas-abaixo*.

cos.ta-a.ci.ma sf *bras* Subida de um morro ou encosta; aclive, subida. *Pl: costas-acima*.

cos.ta.do (*costa+ado^3*) sm **1** *pop* Dorso do corpo humano; costas, espinhaço. **2** *Náut* Parte externa do casco do navio. **3** Encosta. sm pl **1** Região dorsal. **2** Os quatro avós em genealogia. *Dos quatro costados:* genuíno; da gema.

cos.tão (*costa+ão^1*) sm **1** Costa que permite a aproximação do navio. **2** Costa desabrigada e sem enseada.

cos.ta-ri.que.nho (top *Costa Rica+enho*) adj Relativo ou pertencente à Costa Rica (América Central) ou a seus habitantes. • sm O natural desse país. *Pl: costa-riquenhos*.

cos.te.ar (*costa+e+ar^1*) vtd **1** Navegar junto da costa de. vint **2** Navegar chegado à praia ou segundo a direção da costa próxima. vtd **3** Percorrer em torno; rodear. *Conjuga-se como frear*.

cos.tei.ro (*costa+eiro*) adj **1** Relativo à costa. **2** *Náut* Que navega junto à costa, ou de porto a porto na mesma costa; de cabotagem. • sm Homem do mar que se emprega na navegação da costa.

cos.te.la (*costa+ela*) sf *Anat* Cada um dos ossos pares, chatos, alongados e curvos, que se estendem das vértebras ao esterno e cujo conjunto forma a caixa torácica dos vertebrados. *Costela de Adão:* a primeira mulher.

cos.te.le.ta (ê) (*costela+eta*) sf **1** *Cul* Costela de certos animais, separada com carne aderente. **2** *Cul* Iguaria preparada com essa costela. **3** Faixa de barba de cada lado do rosto.

cos.tu.mar (*costume+ar^1*) vtd **1** Ter por costume ou hábito. vtd e vpr **2** Acostumar(-se), habituar(-se). vint **3** Ficar habituado.

cos.tu.me (lat vulg **consuetudine*) sm **1** Prática antiga e geral; uso. **2** Hábito. **3** Particularidade.

4 Moda. 5 Traje adequado ou característico. *sm pl* 1 Comportamento, procedimento. 2 Regras ou práticas que se observam nos diferentes países.

cos.tu.mei.ro (*costume+eiro*) *adj* Estabelecido pelo costume; consuetudinário, usual. • *sm* 1 O que é usual. 2 Livro de usos e costumes.

cos.tu.ra (*lat vulg *consutura*) *sf* 1 Ação de coser. 2 Arte ou profissão de coser. 3 União de duas peças por meio de pontos.

cos.tu.rar (*costura+ar¹*) *V* coser.

cos.tu.rei.ra (*costura+eira*) *sf* 1 Mulher que costura por profissão. 2 Modista. 3 *gír Mil* Metralhadora.

co.ta¹ (*lat quota*) *sf* 1 Quantia com que cada indivíduo contribui para determinado fim. 2 Determinada porção. 3 Quinhão. 4 Prestação. *Var: quota.*

co.ta² (*franco *kotta*, via *fr*) *sf* 1 Vestimenta que os cavaleiros antigos usavam sobre a armadura. 2 Espécie de gibão. 3 *Ecles* Veste litúrgica, semelhante à sobrepeliz, da qual difere por ter as mangas mais curtas. *Aum: cotão.*

co.ta.ção (*cotar+ção*) *sf* 1 Ação ou efeito de cotar. 2 *Com* Preço corrente das mercadorias, dos papéis de crédito, títulos da dívida pública etc. 3 Indicação desses preços. 4 Apreço, conceito, conta.

co.ta.do (*part de cotar*) *adj* 1 Avaliado. 2 Conceituado. 3 Apreciado.

co.tan.gen.te (*co+tangente*) *sf Trigon* Tangente do complemento de um ângulo.

co.tão (*fr coton*) *sm* 1 Lanugem de alguns frutos. 2 Conjunto de fibras como o algodão. 3 Pelo que se desprende do pano, pelo uso ou pelo atrito. 4 Partículas que se juntam às paredes, aos móveis etc.

co.tar (*cota+ar¹*) *vtd* 1 Assinalar por meio de cota, pôr cota em. 2 *Com* Fixar o preço ou taxa de. 3 Avaliar, taxar.

co.te.jar (*cota¹+ejar*) *vtd* 1 Examinar (cotas) confrontando. 2 Confrontar, comparar.

co.te.jo (*ê*) (de *cotejar*) *sm* Ação ou efeito de cotejar; confrontação.

co.te.lê (*fr côtelé*) *adj* Veludo tecido em listras em relevo e outras rasas, alternadas.

co.ti.di.a.no (*lat quotidianu*) *adj* De todos os dias; diariamente. • *sm* Aquilo que se faz ou sucede todos os dias. *Var: quotidiano.*

co.ti.lé.do.ne (*gr kotyledón*) *s m+f Bot* Parte da semente que rodeia o embrião de um vegetal; primeiras folhas desenvolvidas pelo embrião de uma planta.

co.ti.le.dô.neo (*cotilédone+eo*) *adj Bot* Que tem cotilédones.

co.tis.ta (*cota+ista*) *adj e s m+f* Diz-se de, ou pessoa que possui cotas integrativas do capital das sociedades mercantis de responsabilidade limitada. *Var: quotista.*

co.ti.za.ção (*cotizar+ção*) *sf* 1 Ação de cotizar. 2 Contribuição, cota, tributo. *Var: quotização.*

co.ti.zar (*cota+izar*) *vtd* 1 Distribuir por cota. *vtd* 2 Fixar o preço de. *vpr* 3 Reunir-se a outros a fim de contribuir para uma despesa comum. *Var: quotizar.*

co.to (*ô*) (*lat cubitu*) *sm* 1 Pedaço ou resto de archote, tocha, vela etc. 2 Parte do braço ou da perna que permanece depois da amputação.

co.tó *s m+f* 1 Pessoa aleijada de braço ou perna. 2 Pessoa de pequena estatura. 3 Namorado desprezado. • *adj* 1 Mutilado de braço ou perna. 2 Que não tem rabo; pitoco. 3 Curto.

co.to.ne.te (*é*) (*ingl cotton+ete*) *sm* Marca registrada de palito plástico com duas pequenas porções de algodão nas extremidades, usado para higiene, principalmente das orelhas.

co.to.ni.fí.cio (do *ital*) *sm* Fábrica de tecidos de algodão.

co.to.ve.la.da (*cotovelo+ada¹*) *sf* Pancada com o cotovelo.

co.to.ve.lar (*cotovelo+ar¹*) *vtd, vint* e *vpr* Acotovelar.

co.to.ve.lei.ra (*cotovelo+eira*) *sf* 1 Deformação na manga produzida pelo cotovelo. 2 Peça utilizada por esportistas para proteger o cotovelo.

co.to.ve.lo (*ê*) (*lat cubitellu*) *sm* 1 Anat desus *V cúbito.* 2 Coisa semelhante a um cotovelo. 3 Ângulo saliente; canto, esquina. *Dor de cotovelo:* ciúme. *Falar pelos cotovelos, pop:* falar demais, falar sem parar.

co.to.vi.a (*voc onom*) *sf Ornit* Nome comum a várias aves canoras campestres de plumagem cinzenta com pintas escuras. *Voz:* canta, gorjeia.

co.tur.no (*gr kóthournos*, pelo *lat*) *sm* 1 Meia curta. 2 Meia sem pé, que cobre a perna desde o joelho aos artelhos. 3 *bras* Bota de cano baixo.

country (*cântri*) (*ingl*) *adj* Diz-se daquilo que é ligado ao campo. • *sm* Estilo característico dos meios rurais norte-americanos que se manifesta em diversos setores, como na música, na decoração, no vestuário etc.

cou.ra.ça (*lat coriacea*) *sf* 1 Armadura para as costas e o peito. 2 Invólucro protetor de certos animais. 3 Revestimento de aço com que se protegem os navios encouraçados contra a artilharia; blindagem. 4 O que serve de amparo ou resguardo contra a maledicência e má sorte.

cou.ra.ça.do (*couraça+ado¹*) *adj* 1 Revestido de alguma substância espessa e resistente. 2 Blindado. • *sm* 1 Navio de guerra da classe dos maiores e mais pesadamente blindados e armados. 2 *Ictiol* Peixe semelhante ao cascudo.

cou.ra.çar (*couraça+ar¹*) *vtd* 1 Pôr couraça. *vtd* 2 Revestir de aço ou de metal (navios); blindar. *vpr* 3 Revestir-se de couraça. *vpr* 4 Tornar-se invulnerável.

cou.ra.ma (*couro+ama*) *sf* 1 Lote de couros. 2 Vestuário de couro, usado pelos vaqueiros.

cou.rei.ro (*couro+eiro*) *sm* 1 Vendedor de couros para consumo. 2 Quem trabalha com couro.

cou.ri.nho (*dim* de *couro*) *sm* 1 Torresmo de couro. 2 Rodela de couro para vedação de torneiras.

cou.ro (*lat coriu*) *sm* 1 Pele espessa e dura de alguns animais. 2 Pele de certos animais, depois de curtida. 3 *pop* A pele da cabeça humana. 4 Pele. 5 *bras* Bola de futebol. *sm pl* Peças do vestuário de couro que usam os sertanejos. *Var: coiro. Couro cabeludo:* a pele da cabeça, onde nascem os cabelos.

cou.sa (*lat causa*) *V* coisa.

cou.ve (*lat caule*) *sf Bot* Planta hortense com muitas variedades, cultivada como comestível.

cou.ve-de-bru.xe.las *sf Bot* Variedade de couve

em cujo caule brotam folhas que se constituem em diminutos repolhos. *Pl: couves-de-bruxelas.*

cou.ve-flor *sf Bot* Planta hortense de caule curto, cujos pedúnculos formam uma espécie de flor comestível. *Pl: couves-flor* e *couves-flores.*

cou.ve-tron.cha *sf Bot* Variedade de couve que possui um caule central e várias hastes com folhas que têm as bordas onduladas. *Pl: couves-tronchas.*

co.va (*lat vulg* *cova) *sf* **1** Abertura, escavação, buraco que se faz na terra para se plantar uma árvore, ou lançar alguma semente. **2** Depressão em qualquer superfície. **3** Caverna, antro. **4** Sepultura. *Estar com os pés na cova, pop:* estar prestes a morrer.

cô.va.do (*lat cubitu*) *sm* Medida de comprimento, antiga, igual a três palmos ou 66 centímetros.

co.var.de (*fr ant coart*) *adj* **1** Que não tem coragem; medroso; pusilânime. **2** Fraco de caráter; desleal. • *s m+f* Pessoa covarde.

co.var.di.a (*covarde+ia¹*) *sf* Medo, falta de coragem; pusilanimidade. *Var: covardice.*

co.var.di.ce (*covarde+ice*) *V covardia.*

co.vei.ro (*cova+eiro*) *sm* **1** Indivíduo que abre covas para defuntos. **2** *fig* Aquele que contribui para a ruína, queda ou desaparecimento de qualquer coisa.

cover (*côver*) (*ingl*) *s m+f* Aquele que tem semelhança com alguém ou o copia de alguma forma. • *adj* Diz-se do indivíduo que é ou se faz sósia de alguém.

cover-girl (*côver gãl*) (*ingl*) *sf* Mulher que posa para capas de revistas (e muitas vezes também com fotos nas páginas internas). *Pl: cover-girls.*

co.vil (*lat cubile*) *sm* **1** Cova de feras; toca. **2** *fig* Refúgio de ladrões, de salteadores. **3** *fig* Choça escura e miserável; casebre.

co.vi.nha (*cova+inho*, no *fem*) *sf* **1** Diminutivo de *cova*. **2** Pequena depressão natural no queixo ou na face.

co.xa (*ô*) (*lat coxa*) *sf Anat* Parte da perna entre a virilha e o joelho.

co.xão (*coxa+ão²*) *sm* Designa, no comércio de carne bovina, a parte traseira, acima das coxas do animal, sendo: *coxão duro,* as partes laterais; *coxão mole,* as posteriores.

co.xe.ar (*coxo+e+ar¹*) *vint* **1** Andar manquejando; claudicar. **2** Vacilar. **3** Estar incompleto, ser imperfeito. Conjuga-se como *frear*.

co.xi.a (*ital corsia*) *sf* **1** Passagem estreita entre duas fileiras de bancos, de ramas ou de outros objetos. **2** Espaço para cada cavalo na estrebaria. **3** Os corredores que contornam o palco teatral.

co.xi.lha (*cast cuchilla*) *sf* Campina com pequenas e grandes elevações, em geral coberta de pastagem.

co.xo (*ô*) (*lat coxa*) *adj* **1** Que coxeia. **2** Que tem uma perna mais curta do que a outra. **3** Diz-se de qualquer objeto a que falta um pé ou uma perna. **4** *fig* Imperfeito, truncado. • *sm* **1** Indivíduo que coxeia. **2** *pop* Diabo, demônio.

co.xo.fe.mo.ral (*coxa+femoral*) *adj m+f Anat* Concernente à articulação do fêmur com o osso ilíaco.

co.ze.du.ra (*cozer+dura*) *sf* **1** Ação ou efeito de cozer. **2** Ação de preparar por meio do fogo diversas matérias empregadas na indústria. **3** Concentração de um xarope. **4** Quantidade de matérias que se coze de uma vez no forno.

co.zer (*lat cocere*) *vtd* e *vint* **1** Preparar (alimentos) ao fogo ou calor; cozinhar. *vtd* **2** Submeter à ação do fogo ou do calor. *vtd* **3** Reduzir ao estado de cozido. *Cf coser.*

co.zi.do (*part de cozer*) *adj* Que se cozeu. • *sm Cul* Prato de origem ibérica que no Brasil varia um pouco de acordo com a região. Seus ingredientes mais habituais são: carne de vaca, linguiça, carne de porco, verduras e batatas. *Cf cosido.*

co.zi.men.to (*cozer+mento*) *sm* Ação de cozer.

co.zi.nha (*lat cocina*) *sf* **1** Compartimento onde se preparam os alimentos. **2** Arte ou maneira de preparar os alimentos.

co.zi.nha.do (*part de cozinhar*) *adj* Que se cozinhou; cozido. • *sm* **1** Aquilo que se cozinhou. **2** Comida, guisado.

co.zi.nhar (*cozinha+ar¹*) *vtd* e *vint* **1** Cozer. *vtd* **2** Pôr em ordem; preparar.

co.zi.nhei.ra (*cozinha+eira*) *sf* **1** Mulher que cozinha. **2** Criada de cozinha; copeira.

co.zi.nhei.ro (*cozinha+eiro*) *sm* Homem que cozinha; mestre-cuca. *Cozinheiro de forno e fogão:* cozinheiro criativo e muito experiente.

CPD *sm Inform* Sigla de Centro de Processamento de Dados. *Pl: CPDs.*

CPI *sf* Sigla de Comissão Parlamentar de Inquérito. *Pl: CPIs.*

CPU (sigla de C*entral* P*rocessing* U*nit*) *sf Inform* Unidade central de processamento: grupo de circuitos que executam as funções básicas de um computador composto de três partes: a unidade de controle, a unidade lógica e aritmética e a unidade de entrada/saída. *Pl: CPUs.*

cra.ca *sf Zool* Nome comum aos crustáceos que vivem nos rochedos, nos cascos dos navios e sobre tartarugas e baleias.

cra.chá (*fr crachat*) *sm* Cartão com foto e dados pessoais que se usa preso ao peito para a identificação do indivíduo.

crack (*cráq*) (*ingl*) *sm* Narcótico produzido a partir da pasta-base da cocaína, bicarbonato de sódio e outras substâncias, apresentado em forma de pedras, as quais são fumadas em cachimbos improvisados. *Var: craque.*

cra.ni.a.no (*crânio+ano*) *adj Anat* Pertencente ou relativo ao crânio.

crâ.nio (*lat craniu*) *sm* **1** *Anat* Caixa óssea que encerra e protege o encéfalo. **2** Caveira. *Apertar o crânio:* dar o que pensar. *Ser um crânio:* ser pessoa muito inteligente.

crá.pu.la (*lat crapula*) *sf* **1** Modo extravagante de vida. **2** Desregramento no beber, comer, jogar etc. **3** Devassidão, libertinagem. *sm* Indivíduo vil, calhorda, canalha. • *adj* Diz-se desse indivíduo.

cra.pu.lo.so (*ô*) (*lat crapulosu*) *adj* **1** Que se refere a crápula. **2** Devasso. *Pl: crapulosos* (*ó*).

cra.que¹ (*ingl crack*) *sm* **1** Série de falências bancárias. **2** Abalo financeiro causado por essas falências. **3** Insolvência.

cra.que² (*ingl crack,* pelo *ital*) *sm* **1** Cavalo de corrida afamado. **2** Jogador de futebol que se tornou célebre. **3** Indivíduo ou coisa admirável pela excelência ou perfeição. **4** *Crack.*

cra.que.lê *(fr craquelé) sm* Rachadura no esmalte, verniz ou óleo pela contração ou dilatação do suporte, formando um conjunto de raias finas e irregulares. • *adj Cul* Diz-se da massa preparada especialmente para apresentar pequenas rachaduras, após o cozimento.

cra.se *(gr krásis) sf Gram* **1** Contração ou fusão de duas vogais idênticas numa só: *dor (door); ler (leer).* **2** Contração da preposição *a* com o artigo definido *a: Vou (a+a) à casa de Paulo.* **3** Contração da preposição *a* com o pronome demonstrativo *aquele, aquela, aquilo: Maria referiu-se àquele homem de terno cinza; Depois nos dirigimos àquela senhora da biblioteca; Nunca me reportei àquilo que você me confessou.* **4** A indicação de crase, por meio do acento grave.
Crase é a fusão (ou contração) de duas vogais idênticas numa só. Em linguagem escrita, a **crase** é indicada pelo acento grave.
Vamos à (a preposição + *a* artigo) *cidade logo depois do almoço.*
Observe que o verbo *ir* requer a preposição *a* e o substantivo *cidade* pede o artigo *a.*

cra.se.ar *(crase+ar¹) vtd* Colocar o sinal de crase em. Conjuga-se como *frear.*

cras.so *(lat crassu) adj* **1** Espesso, denso. **2** Grosseiro, grave (erro).

cra.te.ra *(gr kratéra) sf* **1** Abertura larga por onde um vulcão em erupção expele as lavas. **2** Buraco gigantesco causado pela erosão do solo.

cra.va.ção *(cravar+ção) sf* **1** Ação ou efeito de cravar. **2** Engaste de pedras preciosas.

cra.var *(lat clavare) vtd* **1** Fazer entrar ou penetrar. *vtd* e *vpr* **2** Embeber(-se), enterrar(-se), fincar (-se). *vtd* **3** Prender, segurar, pregar. *vtd* e *vpr* **4** Fitar(-se), fixar(-se).

cra.ve.ja.dor *(cravejar+dor) sm* **1** Indivíduo que craveja. **2** Indivíduo que faz cravos para ferradura.

cra.ve.ja.men.to *(cravejar+mento) sm* Ação ou efeito de cravejar.

cra.ve.jar *(cravo+ejar) vtd* **1** Fixar por meio de cravos. **2** Engastar, pregar.

cra.ve.lha *(ê) (lat clavicula) sf Mús* Pequena clave, nas extremidades dos instrumentos de cordas, onde estas se prendem, enrolam e retesam.

cra.vis.ta *(cravo+ista) s m+f* **1** *Mús* Pessoa que toca cravo. **2** Pessoa que fabrica cravos.

cra.vo *(lat clavu) sm* **1** Prego de ferradura. **2** Prego com que se fixavam na cruz as mãos e os pés dos supliciados. **3** Flor do craveiro. **4** *Bot* Planta cariofilácea, também chamada *craveiro.* **5** *Mús* Instrumento musical de cordas semelhante a um piano antigo, com um ou dois teclados.

cra.vo-da-ín.dia *sm Bot* **1** Árvore tropical originária da Indonésia (Ásia), que produz flores vermelhas e um pequeno fruto ovalado. **2** Condimento aromático, também usado na fabricação de perfume, que consiste nos botões florais secos dessa árvore. *Pl: cravos-da-índia.*

crawl *(cráu) (ingl) sm Esp* Nado livre.

cre.che *(fr crèche) sf* Instituição que abriga, durante o dia, crianças cujas mães trabalham fora de casa.

cre.den.ci.al *(credência+al¹) adj m+f* **1** Digno de crédito. **2** Que confere crédito ou poderes para representar o país perante o governo de outra nação. • *sf pl* **1** Carta que um ministro ou um embaixador entrega ao chefe de um Estado, ao qual é enviado, para se fazer acreditar junto dele. **2** Ações ou títulos que abonam um indivíduo.

cre.den.ci.ar *(credência+ar¹) vtd* Conferir credenciais a, fazer merecedor.

cre.di.á.rio *(crédi(to)+ário) sm* Sistema de vendas a crédito, com pagamento a prestações.

cre.di.bi.li.da.de *(lat credibilitate) sf* **1** Qualidade do que é crível. **2** Confiabilidade. *Antôn: incredibilidade.*

cre.di.tar *(crédito+ar¹) vtd* **1** Lançar em crédito. **2** Inscrever como credor. **3** Garantir, segurar. Antôn (acepções 1 e 2): *debitar. Conjug – Pres indic: credito, creditas (dí)* etc. *Cf crédito.*

cré.di.to *(lat creditu) sm* **1** Confiança que inspiram as boas qualidades de uma pessoa. **2** Boa fama. **3** Consideração, influência, valimento. **4** Autoridade, importância, valia. **5** *Com* Confiança de que uma dívida será paga. **6** Prazo para pagamento. **7** *Econ* Dinheiro posto à disposição de alguém numa casa bancária ou comercial. **8** Direito de receber o que se emprestou. **9** Fé, crença. *Antôn: débito.*

cre.do *(lat credo) sm* **1** *Rel* Fórmula doutrinária cristã, chamada popularmente de *creio em deus padre,* que começa, em latim, pela palavra Credo, que significa Creio. **2** *Rel* Profissão de fé cristã. **3** Doutrina, programa ou princípios pelos quais se governa uma pessoa, um partido, uma seita. • *interj V cruz-credo!*

cre.dor *(lat creditore) sm* **1** *Dir* Indivíduo ou pessoa jurídica a quem se deve. **2** Pessoa que, por qualquer motivo, é merecedora de consideração, estima ou respeito. *Antôn: devedor.*

cre.du.li.da.de *(lat credulitate) sf* **1** Qualidade de quem é crédulo. **2** Ingenuidade, simplicidade.

cré.du.lo *(lat credulu) adj + sm* **1** Que, ou aquele que crê facilmente. **2** Ingênuo, simples.

crei.om *(fr crayon) sm* **1** Lápis de grafita. **2** Desenho feito com esse tipo de lápis.

cre.ma.ção *(lat crematione) sf* Ato de destruir pelo fogo, especialmente cadáveres humanos; incineração.

cre.ma.lhei.ra *(fr crémaillière) sf* **1** Barra dentada para levantar ou baixar uma peça móvel. **2** Peça munida de dentes em relógios e outros maquinismos.

cre.mar *(lat cremare) vtd* Incinerar (cadáveres).

cre.ma.tó.rio *(lat crematu+ório) adj* **1** Relativo a cremação. **2** Diz-se dos fornos em que se faz a cremação. • *sm* Forno ou edifício onde se queimam cadáveres.

cre.me *(fr crème) sm* **1** Substância gordurosa e amarela do leite da qual se extrai a manteiga; nata. **2** Substância semelhante a creme no aspecto ou consistência. **3** *Farm* Cosmético com consistência pastosa usado na limpeza, amolecimento, alisamento ou proteção da pele. **4** *Cul* Manjar feito de leite, farinha, ovos e açúcar. **5** Cor amarelada, como a da nata. **6** Licor com a consistência de xarope. **7** O que há de melhor; nata, elite. • *adj m+f* De cor levemente amarelada, como a da nata do leite.

cre.mo.si.da.de (*cremoso+i+dade*) *sf* Qualidade ou estado de cremoso.

cre.mo.so (*ô*) (*creme+oso*) *adj* **1** Rico em creme. **2** De consistência do creme. *Pl: cremosos* (*ó*).

cren.ça (*lat credentia*) *sf* **1** Ato ou efeito de crer. **2** Fé religiosa. **3** Opiniões que se adotam com fé e convicção. *Antôn: descrença*.

cren.di.ce (de *crer*) *sf* **1** Crença popular. **2** Superstição (acepção 5).

cren.te (*lat credente*) *adj* e *s m+f* **1** Que, ou pessoa que tem fé religiosa. **2** Seguidor de uma religião. **3** *pej* Que leva tudo demasiado a sério. *Antôn: descrente.*

cre.o.li.na (*fr créoline*) *sf Quím* Nome comercial de um líquido antisséptico, desodorante e desinfetante.

cre.pe (*fr crêpe*) *sm* **1** Tecido leve de várias fibras (como, *p ex*, seda ou algodão), com superfície levemente encrespada, obtido pelo uso de linhas muito torcidas. **2** Fita ou tecido negro usado em sinal de luto. **3** *Cul* Panqueca fina também preparada com massa fina e leve à base de farinha, leite e ovos e servida com recheio doce ou salgado. *Deu crepe:* encrencou; por analogia com encrespar, ficar difícil.

cre.pe.ri.a (*crepe+eria*) *sf* Casa comercial onde se fabricam, vendem e servem crepes.

cre.pi.ta.ção (*lat crepitatione*) *sf* **1** Ação ou efeito de crepitar. **2** Estalos da chama que lança faíscas.

cre.pi.tar (*lat crepitare*) *vint* **1** Estalar como as faíscas que ressaltam da madeira incendiada, ou como o sal que se deita ao fogo. **2** Fazer ruído anormal o ar (nos pulmões).

cre.pom (*fr crépon*) *sm* Crepe pesado com superfície fortemente encrespada ou franzida. • *adj +sm* V *papel crepom*.

cre.pus.cu.lar (*crepúsculo+ar¹*) *adj m+f* Pertencente ou relativo ao crepúsculo.

cre.pús.cu.lo (*lat crepusculu*) *sm* **1** Claridade frouxa, que precede o nascer do sol ou persiste algum tempo depois de ele se pôr. **2** *fig* Decadência, ocaso. *Crepúsculo da vida:* a velhice.

crer (*lat credere*) *vtd* **1** Acreditar, ter como verdadeiro. *vint* **2** Ter crença, ter fé. *vti* e *vint* **3** Ter confiança, ter fé. *vtd* **4** Aceitar como verdadeiras as palavras de. *vtd* e *vpr* **5** Julgar(-se), presumir (-se). *Antôn* (acepções 1 a 4): *descrer. Conjug:* verbo irregular; intercala-se um *i* eufônico após o *e* do radical na primeira pessoa do singular do presente do indicativo e nas formas dele derivadas. *Pres indic:* creio, crês, crê, cremos, credes, creem; *Pret imp indic:* cria, crias, cria, críamos, críeis, criam; *Pret perf:* cri, creste, creu, cremos, crestes, creram; *Pret mais-que-perf:* crera, creras, crera, crêramos, crêreis, creram; *Fut pres:* crerei, crerás etc.; *Fut pret:* creria, crerias, creria, creríamos, creríeis, creriam; *Pres subj:* creia, creias etc.; *Pret imp subj:* cresse, cresses, cresse, crêssemos, crêsseis, cressem; *Fut subj:* crer, creres, crer etc.; *Imper afirm:* crê(tu), creia(você), creiamos(nós), crede(vós), creiam(vocês); *Imper neg:* não creias(tu), não creia(você) etc.; *Infinitivo impess:* crer, crermos, crerdes, crerem; *Ger:* crendo; *Infinitivo pess:* crer, creres, crer, crermos, crerdes, crerem; *Part:* crido.

cres.cen.do (*ital crescendo*) *sm* **1** *Mús* Aumento progressivo de sonoridade. **2** Progressão, gradação.

cres.cen.te (*lat crescente*) *adj m+f* Que cresce ou vai crescendo. • *sf* Enchente de rio ou maré. *sm* **1** Forma da Lua, quando ela nos aparece menor que um semicírculo. **2** Aquilo que tem forma de meia-lua.

cres.cer (*lat crescere*) *vint* **1** Aumentar em volume, extensão, grandeza, intensidade. *vint* **2** Aumentar em estatura ou altura. *vint* **3** Aumentar em duração. *vint* **4** Aumentar em número ou em quantidade. *vint* **5** Inchar. *vti* e *vint* **6** Tornar-se melhor ou superior. *vti* **7** Investir contra alguém. *Antôn* (acepções 1 a 5): *diminuir.*

cres.ci.men.to (*crescer+mento*) *sm* Ação ou efeito de crescer. *Crescimento econômico:* aumento da capacidade produtiva da economia de determinado país ou área econômica.

cres.par (*crespo+ar¹*) *vtd* e *vpr* Encrespar(-se), tornar(-se) crespo.

cres.pi.dão (*crespo+idão*) *sf* **1** Qualidade ou estado de crespo. **2** Aspereza; rudeza.

cres.po (*ê*) (*lat crispu*) *adj* **1** Que tem superfície áspera; rugoso. **2** Encaracolado, frisado. **3** Agitado (diz-se do mar). **4** Escabroso, escarpado. **5** Diz-se do estilo de construção difícil. **6** Arrogante, ameaçador. • *sm pl* Franzidos, pregas, rugas. *Antôn* (acepções 1 e 2): *liso, macio.*

cres.tar (*lat crustare*) *vtd* **1** Queimar levemente a superfície de; chamuscar, tostar. *vtd* **2** Amorenar, bronzear. *vpr* **3** Queimar-se de leve. *vtd* **4** Dar a cor de queimado a.

cres.to.ma.ti.a (*gr khrestomátheia*) *sf* **1** Coleção de trechos e trabalhos seletos de vários autores, especialmente de línguas estrangeiras, com notas e explicações, para servir de auxílio no estudo de línguas. **2** Volume de trechos ou histórias de um autor. **3** Antologia.

cre.tá.ceo (*lat cretaceu*) *adj Geol* Relativo ou pertencente ao último período da Era Mesozoica e ao correspondente sistema de rochas. • *sm* Período ou sistema de rochas cretáceas.

cre.ten.se (*top Creta+ense*) *adj* De Creta (ilha do Mediterrâneo). • *s m+f* Habitante ou natural de Creta.

cre.ti.ni.ce (*cretino+ice*) *sf* Qualidade ou ação de cretino.

cre.ti.nis.mo (*cretino+ismo*) *sm* **1** *Med* Doença crônica caracterizada por parada de desenvolvimento físico e mental. **2** Burrice, imbecilidade.

cre.ti.no (*fr crétin*) *sm Patol* **1** Indivíduo que sofre de cretinismo. **2** Indivíduo que apresenta acentuada deficiência mental; idiota, imbecil.

cre.to.ne (*fr cretonne*) *sm* Pano forte e encorpado, de algodão ou de linho, usado principalmente para lençóis e fronhas, mas também para cortinados e móveis estofados.

cri.a (de *criar*) *sf* **1** Animal de mama, ou que está no período de criação. **2** *bras* Pessoa pobre, criada de pequena a expensas de alguém. **3** *bras* Irmão de criação.

cri.a.ção (*lat creatione*) *sf* **1** Ação ou efeito de criar, de tirar do nada. **2** Totalidade dos seres criados. **3** O universo visível. **4** Produção, obra, invento. **5**

Estabelecimento, formação, fundação, instituição. 6 Amamentação de uma criança. 7 Educação. 8 Animais domésticos que se criam para alimento do homem. 9 Propagação da espécie.

cri.a.da (*fem* de *criado*) *sf* Mulher contratada para trabalhos domésticos; empregada.

cri.a.da.gem (*criado+agem*) *sf* 1 Conjunto dos criados de uma casa. 2 Classe dos criados e criadas.

cri.a.do (*part* de *criar*) *sm* 1 Homem contratado para serviços domésticos; servo. 2 Expressão cortês de quem se põe à disposição de alguém. • *adj* 1 Que se criou. 2 Alentado, gordo, nutrido.

cri.a.do-mudo *sm* Mesa de cabeceira. *Pl: criados-mudos*.

cri.a.dor (*lat criatore*) *adj* 1 Que cria ou criou. 2 Que serviu para a criação. 3 Fecundo. 4 Inventivo. • *sm* 1 Aquele que cria ou criou. 2 Aquele que tira ou tirou do nada. 3 Deus. 4 Inventor, primeiro autor. 5 Lavrador que se dedica à criação de gado de qualquer espécie, mas particularmente de animais de grande porte; pecuarista.

cri.a.doi.ro (*criar+doiro*) *V criadouro*.

cri.a.dou.ro (*criar+douro*) *adj* 1 Que dá esperanças de se desenvolver. 2 Capaz de receber nutrição. • *sm* Viveiro de plantas. *Var: criadoiro*.

cri.an.ça (*criar+ança*) *sf* 1 Ser humano no período da infância; menino ou menina. 2 Pessoa que se entretém com coisas pueris ou não trata os negócios com seriedade. *Criança de peito:* a que ainda mama.

cri.an.ça.da (*criança+ada*[1]) *sf* 1 Grupo de crianças. 2 Criancice.

cri.an.ci.ce (*criança+ice*) *sf* 1 Ato, dito ou modos próprios de criança. 2 Leviandade.

cri.an.ço.la (*criança+ola*) *sm* Indivíduo que, já não sendo criança, procede como criança.

cri.ar (*lat creare*) *vtd* 1 Dar existência a, tirar do nada. 2 Dar origem a; formar, gerar. 3 Imaginar, inventar, produzir, suscitar. 4 Estabelecer, fundar, instituir. 5 Começar a ter. 6 Fazer, formar. 7 Amamentar. 8 Alimentar, sustentar (uma criança). 9 Cultivar (plantas). 10 Educar. *Antôn* (acepções 1, 2, 4, 6 e 9): *destruir*.

cri.a.ti.vi.da.de (*criativo+i+dade*) *sf* 1 Qualidade ou estado de ser criativo. 2 Capacidade de criar.

cri.a.ti.vo (*criar+ivo*) *adj* Criador, engenhoso.

cri.a.tu.ra (*lat creatura*) *sf* 1 Efeito de criar. 2 Todo ser criado. 3 Homem, indivíduo.

cri.ca *sf pop bras* Vulva.

cri-cri (*voc onom*) *sm* Canto do grilo. • *adj* e *s m+f gír* Diz-se de, ou a pessoa importuna, chata, inconveniente. *Pl: cri-cris*.

cri.cri.lar (*voc onom*) *vint* Cantar (o grilo). *Conjug:* verbo defectivo; conjugado somente nas 3ªˢ pessoas.

cri.me (*lat crimen*) *sm* 1 *Dir* Violação dolosa ou culposa da lei penal. 2 *Sociol* Violação das regras que a sociedade considera indispensáveis à sua existência. 3 Infração moral grave; delito. 4 Vida de criminoso. 5 Os criminosos. *Crime capital:* crime a que corresponde a pena de morte. *Crime do colarinho-branco:* tipo de contravenção que ocorre nas esferas econômica e financeira e que leva a danos sociais. *Crime hediondo:* crime que não dá ao criminoso direito a fiança, liberdade provisória ou anistia, como estupro, latrocínio, extorsão seguida de morte, sequestro etc. *Crime passional:* aquele que resulta de uma paixão desordenada e irreprimível, e a que o agente é arrastado quase sempre pelo ciúme.

cri.mi.nal (*lat criminale*) *adj m+f* 1 Que diz respeito a crime. 2 Relativo ao julgamento dos crimes; penal. 3 Criminoso.

cri.mi.na.li.da.de (*criminal+i+dade*) *sf* 1 Qualidade ou estado de criminoso. 2 Os crimes. 3 Grau de crime. 4 A história e estatística dos crimes.

cri.mi.na.lis.ta (*criminal+ista*) *adj* e *s m+f Dir* 1 Diz-se de, ou advogado ou jurisconsulto que se dedica especialmente a assuntos criminais. 2 Diz-se de, ou jurado que sistematicamente condena os réus.

cri.mi.na.lís.ti.ca (*criminalista+ica*) *sf Dir* Estudo que tem por objetivo desvendar os crimes e identificar seus autores.

cri.mi.no.lo.gi.a (*crímino+logo+ia*[1]) *sf* 1 Ciência que estuda o crime e os criminosos como fenômenos sociais. 2 Conjunto de teorias sobre o Direito Penal.

cri.mi.no.so (*ô*) (*lat criminosu*) *adj* 1 Que cometeu crime. 2 Cheio de crimes. 3 Inspirado por uma ideia de crime. 4 Pertencente ou relativo ao crime. 5 Que concebe o crime ou serve para o executar. 6 Em que há crime. 7 Contrário às leis morais ou sociais. • *sm* 1 Indivíduo que, por ação ou omissão, infringiu a norma penal. 2 Réu. *Pl: criminosos* (*ó*).

cri.na (*lat crine*) *sf Zool* Pelos compridos e flexíveis, do pescoço e da cauda do cavalo e de outros animais.

cri.ou.lo *sm* 1 Indivíduo descendente de europeus, nascido nas colônias europeias. 2 Negro nascido na América, por oposição ao originário da África. 3 Indivíduo de raça negra. 4 *Ling* Língua mista formada pelo contato de línguas europeias (espanhol, francês, inglês, português etc.) com línguas nativas e que se transforma em língua materna de uma comunidade. • *adj* 1 Pertencente ou relativo aos nativos de uma região. 2 Originário do país onde vive; aborígine, autóctone. 3 Diz-se da língua de certas regiões onde ocorre(m) o(s) crioulo(s).

crip.ta (*lat crypta*) *sf* 1 Galeria subterrânea. 2 Lugar onde se enterravam mortos em algumas igrejas; catacumbas. 3 Caverna, gruta.

críp.ti.co (*cripta+ico*[2]) *adj* 1 *Biol* Que vive em cavernas. 2 Secreto, oculto, escondido. 3 Enigmático, misterioso, obscuro.

crip.tó.ga.mo (*cripto+gamo*) *adj* + *sm Bot* Diz-se de, ou cada um dos vegetais inferiores que se reproduzem por meio de espórios e que não produzem flores ou sementes (como os fetos, musgos, algas ou fungos).

crip.to.gra.far (*cripto+grafo+ar*[1]) *vtd* Tornar, por meio de normas prescritas num código ou cifra, um texto incompreensível para aqueles que desconhecem esse código ou cifra.

crip.to.gra.fi.a (*cripto+grafo+ia*[1]) *sf* Arte ou processo de escrever em caracteres secretos ou em cifras.

crip.to.grá.fi.co (*cripto+grafo+ico²*) *adj* **1** Pertencente ou relativo à criptografia. **2** Que emprega ou em que foi empregada a criptografia.

crip.to.gra.ma (*cripto+grama*) *sm* **1** Escrita em cifra, ou com arranjo secreto das letras ou das palavras. **2** Representação ou figura com sentido oculto; figura simbólica.

crip.tô.nio (*gr kryptón+io*) *sm Quím* Elemento que é um gás inerte, incolor, usado em lâmpadas elétricas para obter iluminação extremamente brilhante. Número atômico 36 e símbolo Kr.

crí.que.te (*ingl cricket*) *sm Esp* Jogo desportivo, de origem inglesa, realizado entre dois partidos, de onze jogadores cada um, com bastões, pequena bola de madeira e postezinhos.

cri.sá.li.da (*gr khrysallís, ídos*) *sf* **1** *Entom* Pupa de um inseto. **2** *Entom* Casulo da pupa. **3** Coisa que, antes de tomar nova fase ou ação, se acha no estado ou período de recolhimento ou imobilidade.

cri.sân.te.mo (*gr khrysántemon*) *sm Bot* Gênero da família das compostas e respectiva flor. Há variedades ornamentais, outras que são daninhas e, finalmente, outras de importância econômica, como fontes de medicamentos e inseticidas.

cri.se (*gr krísis*) *sf* **1** *Med* Momento decisivo em uma doença, quando toma o rumo da melhora ou do desenlace fatal. **2** Momento crítico ou decisivo. **3** Situação aflitiva; base difícil; colapso. **4** *fig* Conjuntura perigosa, situação anormal e grave. *Crise de nervos:* ataque de nervos.

cris.ma (*gr khrîsma*) *sm Rel* Óleo perfumado com bálsamo, que se usa para unção na ministração de alguns sacramentos e em outras cerimônias religiosas; santos óleos. *sf* Sacramento da confirmação.

cris.mar (*crisma+ar¹*) *vtd Rel* Conferir a crisma a; confirmar na fé.

cri.sol (*cast ant cresol*) *sm* **1** Cadinho. **2** *fig* Aquilo que serve para experimentar e patentear as boas qualidades do indivíduo. *Pl*: *crisóis*.

cris.pa.ção (*crispar+ção*) *sf* **1** Ação ou efeito de crispar, franzir. **2** Enrugamento, por efeito da aproximação do fogo, ou causado pelo frio ou pelo vento. **3** *Med* Contração dos músculos.

cris.par (*lat crispari*) *vtd* e *vpr* **1** Encrespar(-se), franzir(-se). *vtd* **2** Contrair. *vpr* **3** Contrair-se em espasmo.

cris.ta (*lat crista*) *sf* **1** *Zool* Saliência carnosa na cabeça das aves, principalmente dos galos. **2** Penacho. **3** Aresta de montanha; espinhaço de monte; cume. **4** *Fís* Parte mais alta da onda. *Erguer a crista:* mostrar arrogância. *Na crista da onda:* em situação eminente; na moda.

cris.tal (*lat crystallu*) *sm* **1** *Fís* Corpo sólido, comumente limitado por faces planas, que se forma em condições favoráveis ao passar uma substância do estado líquido ao sólido. **2** Vidro de qualidade superior, muito transparente, que contém óxido de chumbo. **3** *poét* Limpidez, transparência. **4** Água límpida. **5** *pop* Chope claro. *sm pl* Objetos de cristal de rocha ou de vidro, geralmente lapidados. *Cristal de rocha:* quartzo transparente ou quase transparente, incolor ou levemente colorido. *Cristal líquido:* substância como um cristal e com viscosidade tão baixa que se comporta fisicamente como um líquido.

cris.ta.lei.ra (*cristal+eira*) *sf* Armário ou móvel onde se guardam objetos de cristal, copos etc.

cris.ta.li.no (*cristal+ino¹*) *adj* **1** Referente a cristal. **2** Que tem a natureza do cristal. **3** Puro como cristal; límpido. **4** *Miner* Pertencente aos cristais. **5** *Geol* Composto de cristais ou fragmentos de cristais. • *sm Anat* Corpo transparente, na parte anterior do humor vítreo do olho.

cris.ta.li.za.ção (*cristalizar+ção*) *sf* **1** *Quím* Ação ou efeito de cristalizar. **2** Corpo formado por uma agregação de cristais.

cris.ta.li.za.do (*part de cristalizar*) *adj* **1** Formado em cristais. **2** Revestido com cristais, especialmente de açúcar: *Frutas cristalizadas*.

cris.ta.li.zar (*gr krystallízein*) *vti, vint* e *vpr* **1** Condensar-se ou transformar-se em cristal ou cristais. *vtd* **2** Fazer tomar forma e contextura cristalinas. *vti* **3** Permanecer em determinado estado. *vtd* **4** Converter de modo definido.

cris.tan.da.de (*lat christianitate*) *sf* **1** Conjunto dos povos ou dos países cristãos. **2** Qualidade de ser cristão.

cris.tão (*lat christianu*) *adj* **1** *Teol* Que professa o cristianismo. **2** Conforme ao cristianismo, ou a ele relativo. **3** *fig* Claro, conveniente, próprio, razoável. • *sm* **1** Sectário do cristianismo. **2** *pop* Ente, pessoa. *Fem*: *cristã*. *Pl*: *cristãos*. *Sup abs sint*: *cristianíssimo*.

cris.tão-no.vo *sm* Judeu convertido (do judaísmo) à fé cristã. *Fem*: *cristã-nova*. *Pl*: *cristãos-novos*.

cris.tão-ve.lho *sm* Cristão que nunca foi judeu. *Fem*: *cristã-velha*. *Pl*: *cristãos-velhos*.

cris.ti.a.nis.mo (*lat christianu+ismo*) *sm Rel* **1** Doutrina de Cristo. **2** A religião de Cristo. **3** Conjunto das confissões religiosas com base nos ensinamentos de Jesus Cristo. **4** Moral fundada no preceito de amor a Deus sobre todas as coisas, e ao próximo ou a todos os homens, como criaturas de Deus.

cris.ti.a.ni.zar (*lat christianu+izar*) *vtd* e *vpr* **1** Tornar(-se) cristão; converter(-se) à fé cristã. **2** Dar(-se) ou atribuir(-se) sentimentos, ideias ou costumes cristãos a. **3** Incluir(-se) na disciplina ou na prática dos cristãos.

cris.to (*gr khristós*, ungido) *sm* **1 Cristo** *Rel* Aquele que é ungido do Senhor. **2** *Rel* Imagem de Jesus Cristo. **3** *pop* A vítima de enganos, ciladas ou maus-tratos. *Bancar o cristo:* sacrificar-se, pagar pelos outros. *Ser o cristo:* ser a vítima que paga as faltas de outros.

cri.té.rio (*gr kritérion*) *sm Filos* **1** Aquilo que serve de norma para julgar, decidir ou proceder. **2** Caracteres que servem para distinguir a verdade do erro. **3** Faculdade ou modo de apreciar, de distinguir, de conhecer a verdade; discernimento. **4** Raciocínio, juízo. **5** Faculdade de apreciar e distinguir o bem do mal. **6** *Bel-art* e *Filos* Faculdade de apreciar e distinguir o belo do defeituoso. **7** Modo de apreciar pessoas ou coisas; ponto de vista.

cri.te.ri.o.so (ô) (*critério+oso*) *adj* **1** Que tem bom critério, que revela juízo claro e seguro. **2** Sensato. *Pl: criteriosos* (ó).

crí.ti.ca (de *crítico*) *sf* **1** Apreciação minuciosa. **2** Apreciação desfavorável. **3** Censura, maledicência. **4** Discussão para elucidar fatos e textos. **5** Exame do valor dos documentos. **6** Arte ou faculdade de julgar o mérito das obras científicas, literárias e artísticas. **7** Conjunto dos críticos; sua opinião.

cri.ti.car (*crítico+ar*[1]) *vtd* **1** Dizer mal de; censurar. **2** Examinar como crítico, notando a perfeição ou os defeitos de (obra literária ou artística). **3** Analisar.

crí.ti.co (*gr kritikós*) *adj* **1** Pertencente ou relativo à crítica. **2** Que tem tendência para censurar. **3** *Med* Que indica uma crise de doença ou de idade. **4** Difícil, penoso; embaraçoso, grave. **5** Perigoso. **6** Decisivo. • *sm* **1** Indivíduo que acha defeitos em tudo; maldizente. **2** Aquele que julga produções científicas, literárias ou artísticas.

cri.va.do (*part* de *crivar*) *adj* **1** Perfurado em muitos pontos. **2** Atravessado.

cri.var (*lat cribare*) *vtd* **1** Passar por crivo. *vtd* **2** Furar em muitos pontos. *vti* **3** Encher. *vpr* **4** Encher-se, ficar crivado.

crí.vel (*crer+vel*) *adj m+f* Que se pode crer; acreditável, verossímil. *Sup das sint:* credibilíssimo.

cri.vo (*lat cribru*) *sm* **1** Peneira de fio metálico. **2** Coador. **3** Acessório de regador para borrifar com água. **4** Qualquer coisa cheia de furos em toda a superfície. **5** *fig* Prova, teste, seleção.

cro.a.ta (*servo-croata hrvat*) *adj m+f* Relativo à Croácia (Europa). • *s m+f* Pessoa natural da Croácia.

cro.can.te (de *crocar*) *adj m+f* Que produz ruído seco e característico ao ser mordido. • *sm* Qualquer guloseima preparada com castanhas, amendoim, nozes etc. e açúcar caramelado.

cro.chê (*fr crochet*) *sm* Renda ou malha que se faz com uma só agulha especial.

cro.che.tar (*fr crochet+ar*[2]) *vint* Fazer crochê.

cro.ci.tar (*lat crocitare*) *vint* **1** Emitir a voz (o abutre, o corvo e aves semelhantes). **2** Imitar a voz do corvo; corvejar. *Conjug:* verbo defectivo; conjugado, com raras exceções, nas 3[às] pessoas.

cro.ci.to (de *crocitar*) *sm* A voz do abutre, do corvo e de outras aves.

cro.co.di.li.a.no (*crocodilo+i+ano*) *adj Zool* **1** Relativo ou pertencente a crocodilo ou à ordem dos crocodilianos. **2** Característico de crocodilo. **3** Com forma de crocodilo. • *sm* Animal da ordem dos crocodilianos.

cro.co.di.lo (*gr krokódeilos*) *sm Zool* **1** Grande réptil anfíbio das regiões quentes. *Voz:* brame. **2** *fig* Indivíduo fingido, traidor.

croissant (*croassan*) (*fr*) *sm* Pãozinho de massa folhada.

cro.ma.ção (*cromar+ção*) *sf* Ato de cromar.

cro.ma.do (*cromo*[1]+*ado*[1]) *adj* **1** Que tem cromo. **2** Revestido de cromo. • *sm* Revestimento de cromo.

cro.mar (*cromar+ar*[1]) *vtd Quím* Revestir de cromo.

cro.má.ti.co (*crômato+ico*[2]) *adj* **1** *Quím* Relativo ou pertencente a cores ou a fenômenos ou sensações coloridos. **2** Altamente colorido. **3** *Mús* Composto de uma série de semitons.

cro.ma.ti.na (*crômato+ina*) *sf Fisiol* Porção do núcleo celular que mais facilmente se colore.

cro.ma.tis.mo (*gr khromatismós*) *sm* **1** *Bot* Coloração anormal de partes vegetais que normalmente são verdes. **2** Propriedade que possuem os corpos transparentes de dispersar e decompor a luz que os atravessa; dispersão da luz. **3** Recomposição da luz que atravessou corpos transparentes.

crô.mio (*cromo+io*) *sm V cromo*.

cro.mo (*gr khrôma*) *sm* **1** *Quím* Elemento metálico branco-acinzentado, duro, quebradiço, resistente à corrosão e oxidação, de número atômico 24 e símbolo Cr. **2** *Art Gráf* Desenho impresso em cores. **3** Couro curtido por impregnações de sais de cromo, usado para o fabrico de calçados. **4** *Fot* Fotografia colorida.

cro.mos.sô.mi.co (*cromo+somo+ico*[2]) *adj Biol* Relativo ou pertencente a cromossomos.

cro.mos.so.mo (*cromo+somo*) *sm Biol* Cada um dos corpúsculos de cromatina, mais ou menos semelhantes a um bastonete, de cor escura, que aparecem no núcleo de uma célula na época de sua divisão, particularmente na mitose. São considerados a sede dos genes, e seu número, em qualquer espécie, é comumente constante. *Cromossomo sexual:* cromossomo transmitido de modo diferente nos dois sexos, que determina o sexo. *Cromossomo X:* cromossomo sexual portador de fatores de feminilidade. *Cromossomo Y:* cromossomo sexual que ocorre comumente apenas no zigoto e célula masculinos.

cro.mo.te.ra.pi.a (*cromo+terapia*) *sf Med* Tratamento de doenças por meio de luzes de várias cores.

cro.mo.te.rá.pi.co (*cromo+terapia+ico*[2]) *adj Med* Relativo à cromoterapia.

crô.ni.ca (*gr khronikós*, via *lat*) *sf* **1** *Lit* Narração histórica pela ordem do tempo em que se deram os fatos. **2** *Jorn* Seção ou artigo especiais sobre arte, literatura, assuntos científicos, esporte, notas sociais, humor etc., em jornal ou outro periódico. **3** Pequeno conto sem enredo determinado.

crô.ni.co (*gr khronikós*) *adj* **1** Que dura há muito tempo. **2** *Med* Diz-se das doenças que, em oposição às agudas, têm longa duração. **3** Arraigado, inveterado.

cro.nis.ta (*crono+ista*) *s m+f* Aquele que escreve crônicas.

cro.no.gra.ma (*crono+grama*) *sm* Gráfico demonstrativo do início e do término das diversas fases de um processo operacional, dentro das faixas de tempo previamente determinadas.

cro.no.lo.gi.a (*crono+logo+ia*[1]) *sf* Ciência das divisões do tempo e da determinação da ordem e sucessão dos acontecimentos.

cro.no.ló.gi.co (*crono+logo+ico*[2]) *adj* Relativo ou pertencente à cronologia.

cro.no.me.tra.gem (*crono+metragem*) *sf* **1** Ato ou efeito de cronometrar. **2** Determinação do tempo gasto por uma pessoa para realizar sua tarefa.

cro.no.me.trar (*cronômetro+ar*[1]) *vtd* Verificar pelo cronômetro a duração de um fato. *Conjug – Pres indic:* cronometro, cronometras (*mé*) etc. *Cf cronômetro*.

cro.no.me.tris.ta (*crono+metro+ista*) *s m+f* **1** Pessoa que, nas provas desportivas, faz a contagem oficial dos tempos. **2** Pessoa que tem por profissão a cronometragem industrial. **3** Pessoa que fabrica ou vende cronômetros.

cro.nô.me.tro (*crono+metro*) *sm* **1** Instrumento para medir o tempo. **2** Relógio que tem um ponteiro que pode ser acionado ou parado à vontade, para registrar o tempo exato, até frações de segundo, decorrido durante qualquer ação.

crooner (*crúner*) (*ingl*) *s m+f* Cantor ou cantora principal de orquestra ou grupo musical.

cro.que (*fr croc*) *sm* Cascudo, coque.

cro.que.te (*fr croquette*) *sm Cul* Bolinho de carne moída, galinha ou camarão recoberto de massa de farinha de rosca e frito.

cro.qui (*fr croquis*) *sm* Esboço de desenho ou pintura.

cross-country (*crós-cântri*) (*ingl*) *sm Esp* Corrida realizada ao ar livre, sem pistas convencionais, na qual os competidores têm de ultrapassar obstáculos naturais, como riachos, lamaçais etc. *Pl: cross-countries.*

cross-training (*crós-trêinin*) (*ingl*) *sm* **1** Treinamento cruzado: expressão usada para se referir ao treinamento de funcionários em funções diferentes das que exercem normalmente. **2** Prática de mais de uma modalidade esportiva.

cros.ta (*ô*) (*lat crusta*) *sf* **1** Camada superficial e dura que envolve um corpo; casca, invólucro, côdea. **2** *Med* Denominação vulgar de pequenas escamas, mais ou menos duras, que se formam na pele, em seguida a um ferimento. **3** Tudo que endurece sobre alguma coisa. *Crosta terrestre:* conjunto das camadas superficiais do globo terrestre.

cro.ta.lí.deos (*gr krótalon+ídeos*) *sm pl Herp* Família de serpentes venenosas, cujas espécies se distinguem pela existência de um orifício (fosseta lacrimal) situado na cabeça, entre os olhos e as narinas; compreendem a cascavel, a jararaca, a jararacuçu, o urutu e o surucucu.

cru (*lat crudu*) *adj* **1** Que está por cozer. **2** Que está por curtir. **3** Que está no estado de simples esboço. **4** Incipiente. **5** Sem disfarce. **6** Áspero, duro, ofensivo. **7** *Pint* Diz-se da pintura cujas cores são exageradamente vivas, sem transição suave para as que são próximas.

cru.ci.al (*lat cruciale*) *adj m+f* **1** Em forma de cruz. **2** Decisivo. **3** Importante para o destino.

cru.ci.an.te (de *cruciar*) *adj m+f* Que crucia; aflitivo.

cru.ci.ar (*lat cruciare*) *vtd* **1** Crucificar. **2** Atormentar, torturar. **3** Afligir muito; mortificar.

cru.ci.fi.ca.ção (*crucificar+ção*) *sf* **1** Ação ou efeito de crucificar. **2** Suplício da cruz.

cru.ci.fi.ca.do (*part* de *crucificar*) *adj + sm* Diz-se do, ou o que padeceu o suplício da cruz. • *sm Rel* **Crucificado** Jesus Cristo.

cru.ci.fi.car (*lat crucifigere*) *vtd* **1** Pregar na cruz; submeter ao suplício da cruz. **2** Atormentar moralmente; mortificar. **3** Acusar ou condenar injustamente.

cru.ci.fi.xão (*cs*) (*lat crucifixione*) *sf* Crucificação.

cru.ci.fi.xar (*cs*) (*crucifixo+ar¹*) Crucificar.

cru.ci.fi.xo (*cs*) (*lat crucifixu*) *sm* Imagem de Cristo pregado na cruz.

cru.de.lís.si.mo (*lat crudelissimu*) *adj* Superlativo absoluto sintético de *cruel;* muito cruel; cruelíssimo.

cru.el (*lat crudele*) *adj m+f* **1** Que se compraz em ver ou em causar sofrimento. **2** Desumano, sanguinário. **3** Que aflige, que tortura. **4** Doloroso. **5** Sanguinolento. **6** Duro, insensível, intratável. **7** Rigoroso, severo. *Sup abs sint: crudelíssimo, cruelíssimo.*

cru.el.da.de (*lat crudelitate*) *sf* **1** Qualidade do que é cruel. **2** Ato cruel. **3** Rigor excessivo. **4** Barbaridade, desumanidade.

cru.e.lís.si.mo (*lat crudelissimu*) *adj* Crudelíssimo.

cru.en.to (*lat cruentu*) *adj* **1** Banhado em sangue; ensanguentado, sanguinolento. **2** Que gosta de derramar sangue; cruel, sanguinário. **3** Que fere; pungente. *Antôn* (acepção 1): incruento.

cru.e.za (*ê*) (*cru+eza*) *sf* **1** Estado ou qualidade de cru. **2** Indisposição do estômago causada por alimentos de má qualidade ou de difícil digestão. **3** *Pint* Efeito dos tons crus. **4** Crueldade.

cru.pe (*fr croup*) *sm Med* Doença caracterizada por respiração dificultada, espasmos laríngeos e às vezes pela deposição local de falsas membranas; difteria.

cru.pi.ê (*fr croupier*) *sm* Empregado que auxilia o banqueiro nas casas de jogo, recolhendo o dinheiro das paradas e pagando os ganhos.

crus.tá.ceo (*crusta+áceo*) *adj* **1** Que tem crosta; coberto de crosta. **2** *Zool* Pertencente ou relativo à classe dos crustáceos. • *sm Zool* Espécime da classe dos crustáceos.

crus.tá.ceos (*crusta+áceo*) *sm pl Zool* Classe de artrópodes de respiração branquial, quase sempre aquáticos (lagostas, camarões, caranguejos, cracas e pulgas-d'água), e alguns terrestres (tatuzinho).

cruz (*lat cruce*) *sf* **1** Figura formada por duas hastes que se cortam perpendicularmente. **2** Instrumento de suplício formado geralmente de duas peças atravessadas uma sobre a outra e ao qual, na Antiguidade, pregavam-se os criminosos condenados à morte. **3** Objeto em forma de cruz. **4** O madeiro em que Jesus Cristo foi pregado. **5** *Rel* A paixão e a morte de Cristo. **6** *Rel* O cristianismo. **7** Símbolo da religião cristã. **8** Aflição, infortúnio, penas, trabalhos. **9** Insígnia de algumas ordens de cavalaria.

cru.za.da (*cruzar+ada¹*) *sf* Campanha em favor de uma ideia ou em defesa de um interesse. *sf pl* Expedições militares e religiosas que, entre os anos de 1095 e 1269, diversos Estados fizeram à Palestina, com o fim de expulsar os muçulmanos, e cujos cavaleiros traziam por distintivo uma cruz de pano cosida sobre a roupa.

cru.za.do (*part* de *cruzar*) *adj* **1** Disposto em cruz. **2** Atravessado. • *sm* **1** Guerreiro que participa de uma cruzada. **2** *Esp* Contra-ataque, no boxe, em que o soco passa por cima do braço do oponente. **3** Padrão monetário brasileiro, vigente no período compreendido entre fevereiro de 1986 e janeiro de 1989. *Cruzado novo:* padrão monetário brasileiro que vigorou de janeiro de 1989 a março de 1990.

cru.za.dor (*cruzar+dor*[1]) *adj* Que cruza. • *sm* Navio de guerra.

cru.za.men.to (*cruzar+mento*) *sm* 1 Ação ou efeito de cruzar. 2 Ponto em que duas vias se cortam. 3 Travessia. 4 *Biol* Reprodução entre indivíduos de raças e variedades diferentes.

cru.zar (*cruz+ar*[1]) *vtd* 1 Dispor em forma de cruz. *vti* 2 Fazer cruz. *vtd* 3 Atravessar, cortar (falando de caminho, de linha). *vpr* 4 Colocar-se através, estar atravessado. *vtd* 5 Passar através de; penetrar. *vtd* e *vpr* 6 Acasalar(-se) (animais de raças diferentes). *vti* 7 Encontrar-se, em trânsito.

cruz-cre.do! (*cruz+lat credo*) *interj* Exprime espanto, horror ou repulsa. *Var: cruzes!* e *credo!*

cru.zei.ro (*cruz+eiro*) *adj* Que tem cruz; marcado com uma cruz. • *sm* 1 Grande cruz fincada nos jardins de algumas igrejas, cemitérios etc. 2 Excursão marítima de turistas em visita a vários portos. 3 Constelação austral: *Cruzeiro do Sul*. 4 Unidade monetária brasileira vigente durante três períodos: a) novembro de 1942 a fevereiro de 1967; b) maio de 1970 a fevereiro de 1986; e c) março de 1990 a maio de 1993. *Símb.: Cr$. Cruzeiro novo:* unidade monetária brasileira que vigorou em substituição ao cruzeiro, no período de fevereiro de 1967 a maio de 1970. *Símb.: NCr$. Cruzeiro real:* unidade monetária brasileira que vigorou de agosto de 1993 a junho de 1994. *Símb.: Cr$.*

cru.ze.ta (*ê*) (*cruz+eta*) *sf* Pequena cruz.

cu (*lat culu*) *sm pop* 1 Ânus. 2 Nádegas. *Cu de ferro*, *gír*: diz-se de estudante aplicado e assíduo às aulas ou de pessoa que se empenha com seriedade no cumprimento de deveres e compromissos; cdf; cê-dê-efe. *Cu de judas, pop:* lugar distante; cafundó.

cu.ba (*lat cupa*) *sf* 1 Tonel grande em que se guarda vinho nas adegas; tina. 2 Vasilha grande, que serve para vários usos nas indústrias. 3 Recipiente de vidro ou louça usado nos laboratórios. 4 Reservatório de mercúrio nos termômetros. 5 Bacia de pia.

cu.ba.no (*top Cuba+ano*) *adj* Pertencente ou relativo à Ilha de Cuba (América Central). • *sm* O habitante ou natural de Cuba.

cu.bar (*cubo+ar*[1]) *vtd* 1 Multiplicar (um número) duas vezes por si mesmo. 2 Elevar ao cubo. 3 Medir (volume de sólidos).

cú.bi.co (*cubo+ico*[2]) *adj* 1 Referente a cubo. 2 Em forma de cubo. 3 Pertencente a cubo. 4 *Mat* Expresso em unidades representadas por um cubo de determinado tamanho. 5 *Mat* Multiplicado duas vezes por si mesmo; tomado três vezes como fator; na terceira potência.

cu.bí.cu.lo (*lat cubiculu*) *sm* Quarto ou compartimento de pequenas dimensões.

cu.bis.mo (*cubo+ismo*) *sm Pint* Escola de arte moderna que procura representar os objetos sob formas geométricas, com predomínio das linhas retas.

cu.bis.ta (*cubo+ista*) *adj m+f* Concernente ao cubismo. • *s m+f* Pessoa que pratica o cubismo ou é partidária dele.

cú.bi.to (*lat cubitu*) *sm Anat* Articulação que une braço e antebraço (nome antigo: cotovelo).

cu.bo (*lat cubu*) *sm* 1 *Geom* Sólido limitado por seis faces quadradas iguais. 2 *Mat* Terceira potência de uma quantidade.

cu.ca (*corr* de *coca*) *sf* 1 Personagem com que se faz medo às crianças; papão. 2 *gír* Cabeça, cérebro. *Fundir a cuca:* virar a cabeça, transtornar o juízo. • *sm Cul* 1 Cozinheiro, mestre-cuca. 2 Variedade de pão doce.

cu.co (*lat cuculu*) *sm Ornit* Ave trepadora europeia, insetívora e migradora, e que põe os seus ovos nos ninhos de outras aves. *Voz:* canta, cucula. • *adj+sm* Diz-se de, ou relógio de parede que imita o canto dessa ave, quando dá horas.

cu.cui.a *sf pop* Usado na locução *ir para a cucuia:* a) morrer, falecer; b) falhar, malograr-se.

cu.cu.lar (*lat cuculare*) *vint* Cantar (o cuco).

cu.cur.bi.tá.ceas (*lat cucurbita+áceas*) *sf pl Bot* Família de plantas rastejantes, muitas vezes herbáceas, que inclui plantas alimentícias, medicinais e ornamentais, tais como a abóbora, o melão, a melancia, o pepino etc.

cu-do.ce *s m+f pop* Pessoa cheia de luxo, dengues e não me toques. *Pl: cus-doces.*

cu.e.ca (de *cu*) *sf* Peça de roupa que os homens usam por baixo das calças desde a cintura até parte das coxas ou até as virilhas.

cu.ei.ra *sm Bot* Árvore baixa de caule torto e de grandes flores multicoloridas, cuja madeira é utilizada em marcenaria; os frutos maduros também são utilizados como vasilhas, cuias ou instrumentos musicais.

cu.ei.ro (*cu+eiro*) *sm* Faixa ou pano em que se envolve o corpo dos bebês da cintura para baixo, especialmente as nádegas.

cui.a (*tupi kúia*) *sf* 1 Fruto da cuieira, de que se obtém uma tinta preta e de cuja casca se fazem vasilhas diversas. 2 Casca desse fruto, depois de seca; cabaça. *sf pl* Conchas da balança.

cui.a.ba.no (*top Cuiabá+ano*) *adj* De Cuiabá, cidade, município e capital de Mato Grosso. • *sm* Aquele que é natural desse município.

cu.í.ca (*tupi kuíka*) *sf Zool* 1 Denominação comum às espécies de marsupiais de tamanho pequeno. 2 *Mús* Instrumento musical rústico, de origem africana, feito de um tronco oco, com uma das bocas tapada por uma pele bem esticada, em cujo centro há um bastão preso por dentro, o qual, quando friccionado com a mão, produz um ronco cavo.

cui.da.do (*part* de *cuidar*) *adj* 1 Pensado, meditado, refletido. 2 Bem trabalhado, benfeito, apurado. *Antôn: descuidado*. • *sm* 1 Desvelo, diligência, solicitude, atenção. 2 Precaução, vigilância. 3 Conta, incumbência, responsabilidade. 4 Inquietação de espírito; preocupação. 5 Pessoa ou coisa objeto de desvelos, precauções ou inquietações. • *interj* Atenção! cautela! *Ao(s) cuidado(s) de:* usado abreviadamente (A/C) nas remessas postais.

cui.da.do.so (*ô*) (*cuidado+oso*) *adj* 1 Que tem cuidado. 2 Diligente, solícito. 3 Cauteloso, precavido. 4 Meticuloso. *Antôn* (acepções 1, 3 e 4): *descuidado*. *Pl: cuidadosos (ó)*.

cui.dar (*lat cogitare*) *vtd*, *vti* e *vint* 1 Cogitar, imaginar, pensar, refletir. *vtd* 2 Julgar, supor. *vpr* 3 Considerar-se. *vti* 4 Ocupar-se de, tratar de. *vti* 5 Precaver-se de. *vti* 6 Zelar pelo bem-estar ou pela saúde de; tratar da saúde de; sustentar. *vpr* 7 Tratar da própria saúde ou zelar pelo próprio bem-estar.

cu.jo (*lat cuju*) *pron adj* De que, de quem, do qual,

da qual. • *sm pop* Nome que substitui outro que não se quer dizer: *O dito-cujo; o cujo*.
cu.la.tra (*ital culatta*) *sf Mil* Fecho na parte posterior do cano de arma de fogo.
cu.li.ná.ria (*fem* de *culinário*) *sf* Arte de cozinhar.
cu.li.ná.rio (*lat culinariu*) *adj* Da cozinha ou a ela relativo.
cu.li.na.ris.ta (*culinária*+*ista*) *sm*+*f* **1** Especialista em culinária. **2** Monitor de arte culinária. **3** Mestre-cuca; cozinheiro de forno e fogão. **4** Profissional experiente em arte culinária que atesta e divulga a qualidade de novos produtos alimentícios e cria novas receitas.
cul.mi.na.ção (*culminar*+*ção*) *sf* **1** *Astr* A maior elevação de um astro acima do horizonte. **2** Apogeu, auge, culminância.
cul.mi.nân.cia (*culminar*+*ância*) *sf* **1** O ponto mais alto; culminação. **2** Auge. **3** Situação social ou política em destaque.
cul.mi.nan.te (*lat culminante*) *adj m*+*f* Que é o mais elevado.
cul.mi.nar (*lat culminare*) *vti* e *vint* Atingir seu ponto culminante, mais elevado.
cu.lo.te (*fr culotte*) *s m*+*f* **1** Espécie de calça para montaria, muito larga na parte superior e justa a partir do joelho. **2** Concentração de gordura localizada na parte externa da parte alta das coxas.
cul.pa (*lat culpa*) *sf* **1** Ato repreensível ou criminoso. **2** Responsabilidade por um ato ou omissão repreensíveis ou criminosos. **3** Consequência de se ter feito o que não se devia fazer. **4** Delito, crime. *Ter culpa no cartório:* ser responsável por algum delito.
cul.pa.bi.li.da.de (*culpável*+*i*+*dade*) *sf* Estado ou qualidade do que é culpável.
cul.pa.do (*lat culpatu*) *adj* **1** Que praticou culpa ou crime. **2** Causador. • *sm* O que tem culpa; acusado, criminoso, réu. *Antôn: inocente.*
cul.par (*lat culpare*) *vtd* e *vti* **1** Lançar culpa sobre; acusar, incriminar. *vpr* **2** Confessar-se culpado; sentir-se responsável. *vpr* **3** Revelar involuntariamente a própria culpa.
cul.po.so (*ô*) (*culpa*+*oso*) *adj* **1** Cheio de culpas. **2** Que cometeu culpa. **3** Em que há culpa. **4** *Dir* Diz-se do crime quando da parte do agente não há intenção de praticar um mal, mas apenas imprudência, negligência ou imperícia; involuntário. *Pl: culposos* (*ó*).
cul.ti.va.do (*part* de *cultivar*) *adj* **1** Fertilizado. **2** Obtido por cultura. **3** Culto.
cul.ti.va.dor (*cultivar*+*dor*) *sm* **1** O que cultiva. **2** Agricultor, lavrador. **3** *Agr* Instrumento de tração animal ou a trator, para arar o solo a fim de arejá-lo, conservar a sua umidade ou para eliminar ervas daninhas, como a tiririca.
cul.ti.var (*lat med cultivare*) *vtd* **1** Fertilizar, preparar a terra para que ela produza. *vtd* **2** Fazer que nasça e se desenvolva (uma planta). *vint* **3** Exercer a agricultura. *vtd* **4** *Biol* Fazer propagar-se artificialmente micro-organismos. *vtd* **5** Formar, educar ou desenvolver pelo exercício ou estudo. *vpr* **6** Desenvolver-se; aperfeiçoar-se; formar-se pela educação. *vtd* **7** Aplicar-se ou dedicar-se a; aperfeiçoar-se em. *vtd* **8** Procurar manter ou conservar.

cul.ti.vo (de *cultivar*) *sm* Preparo da terra, cultura.
cul.to (*lat cultu*) *adj* **1** Que se cultivou; cultivado. **2** Ilustrado, instruído, sabedor. **3** Civilizado. **4** Esmerado. *Antôn: inculto.* • *sm* **1** Forma pela qual se presta homenagem à divindade; liturgia. **2** A religião. **3** Cerimônias religiosas. **4** *fig* Veneração.
cul.tor (*lat cultore*) *sm* **1** Cultivador. **2** O que se aplica a determinado estudo. **3** Partidário, sectário.
cul.tu.ar (*culto*+*ar*¹) *vtd* **1** Render culto a. **2** Tornar objeto de culto: *Cultuam a memória do pai.*
cul.tu.ra (*lat cultura*) *sf* **1** Ação, efeito, arte ou maneira de cultivar a terra ou certas plantas. **2** Terreno ou produto cultivado. **3** Aplicação do espírito a uma coisa; estudo. **4** Desenvolvimento intelectual. **5** Adiantamento, civilização. **6** *Sociol* Sistema de ideias, conhecimentos, técnicas e artefatos, de padrões de comportamento e atitudes que caracteriza uma determinada sociedade. **7** *Antrop* Estado ou estágio do desenvolvimento cultural de um povo ou período, caracterizado pelo conjunto das obras, instalações e objetos criados pelo homem desse povo ou período; conteúdo social.
cul.tu.ral (*cultura*+*al*¹) *adj m*+*f* Referente a cultura.
cum.bu.ca (*tupi kuiambúka*) *sf* **1** Vasilha feita de cabaça. **2** Concha de tirar água do pote. *Colocar a mão em cumbuca:* envolver-se em confusão.
cu.me (*lat culmen*) *sm* **1** Ponto mais elevado de um monte; cimo, crista, píncaro, tope. **2** *fig* Apogeu, auge.
cu.me.a.da (*cume*+*ada*¹) *sf* **1** Linha formada por cumes de montanhas. **2** Cumeeira. **3** Caminho pelo alto do monte.
cu.me.ei.ra (*cume*+*eira*) *sf* Parte mais alta de uma montanha ou de um telhado.
cúm.pli.ce (*lat tard complice*) *adj* e *s m*+*f Dir* Que, ou aquele que tomou parte num delito ou crime cometido por outra pessoa. **2** Que, ou aquele que colabora ou toma parte com outrem nalgum fato.
cum.pli.ci.da.de (*cúmplice*+*i*+*dade*) *sf* **1** Ato ou qualidade de cúmplice. **2** Participação na execução ou tentativa de um crime.
cum.pri.do (*part* de *cumprir*) *adj* Realizado, executado.
cum.pri.dor (*cumprir*+*dor*¹) *adj* Que cumpre, que executa, que observa. • *sm* Executor; testamenteiro.
cum.pri.men.tar (*cumprimento*+*ar*¹) *vtd* e *vti* **1** Apresentar, dirigir ou fazer cumprimentos a. **2** Elogiar, louvar.
cum.pri.men.to (*cumprir*+*mento*) *sm* **1** Ação ou efeito de cumprir. **2** Ação de cumprimentar; saudação. **3** Formalidade de deferência de umas pessoas para com outras; cerimônia. *sm pl* Termo de civilidade empregado para uma pessoa se recomendar a outra; palavras ou modos cerimoniosos.
cum.prir (*lat complere*) *vtd* e *vti* **1** Desempenhar, executar pontualmente, satisfazer; obedecer. *vtd* e *vpr* **2** Completar(-se), findar(-se), preencher(-se), realizar(-se); vencer. *vtd* **3** Sujeitar-se a. *vti* e *vint* **4** Ser conveniente, necessário, proveitoso; convir. *vti* **5** Competir, pertencer.
cu.mu.lar (*lat cumulare*) *vtd, vint, vti* e *vpr* Acumular. *Conjug – Pres indic: cumulo, cumulas (mú)* etc. *Cf cúmulo.*
cu.mu.la.ti.vo (*lat cumulatu*) *adj* Que se faz ou se exerce por acumulação.

cú.mu.lo (*lat cumulu*) *sm* **1** Conjunto de coisas sobrepostas; amontoamento. **2** Grande quantidade; montão. **3** Acréscimo, aumento. **4** Ponto mais alto; auge. **5** *Meteor* Nome dado às nuvens que lembram flocos de algodão.

cu.nei.for.me (*lat cuneu+forme*) *adj m+f* **1** Em forma de cunha. **2** *Bot* Diz-se dos órgãos que se vão alargando da base para o vértice. **3** *Ling* Diz-se de uma escrita dos assírios, persas e medos usada em pedras e tabuinhas de barro cozido e cujos caracteres tinham a forma de cunha. • *sm* Nome dos caracteres em forma de cunha, usados pelos assírios, persas e medos.

cu.nhã (*tupi kuñã*) *sf Reg* (AM) Mulher jovem.

cu.nha (de *cunho*) *sf* Peça de ferro ou madeira, cortada em ângulo agudo, para rachar lenha, pedras etc., ou para apertar, calçar ou levantar objetos sólidos ou pesados.

cu.nha.da (*lat cognata*) *sf* Irmã de um dos cônjuges, relativamente ao outro.

cu.nha.do (*lat cognatu*) *sm* Irmão de um dos cônjuges, em relação ao outro.

cu.nha.gem (*cunhar+agem*) *sf* **1** Ação ou efeito de cunhar. **2** Fabrico de moeda.

cu.nhar (*cunho+ar*[1]) *vtd* Imprimir o cunho em (moedas).

cu.nho (*lat cuneu*) *sm* **1** Peça de ferro, gravada e temperada, para marcar moedas ou medalhas. **2** Sinal impresso pelo cunho nas moedas e nas medalhas. **3** *fig* Selo, marca, distintivo, feição, caráter.

cu.ni.cul.tor (*cuni+cultor*) *sm* Criador de coelhos.

cu.ni.cul.tu.ra (*cuni+cultura*) *sf* Criação de coelhos.

cu.pão (*fr coupon*) *sm* Cupom. *Pl: cupões.*

cu.pê (*fr coupé*) *sm* **1** Carruagem fechada, de quatro rodas e geralmente de dois lugares. **2** Tipo de automóvel.

cu.pi.dez (*cúpido+ez*) *sf* **1** Caráter ou qualidade de cúpido. **2** Ambição, cobiça.

cu.pi.do (*lat Cupido, np*) *sm* **1** O amor personificado. **2** Amor. **3** *Cupido Mit* Divindade romana que representa o amor.

cú.pi.do (*lat cupidu*) *adj* Ambicioso, ávido, cobiçoso, desejoso. *Antôn: desinteressado, generoso.*

cu.pim (*tupi kupií*) *sm Entom* **1** Denominação comum dada aos insetos da ordem dos isópteros, que constroem ninhos na madeira, sobre as árvores, no interior da terra ou em sua superfície, estes com a forma de montículos de terra endurecida. **2** Denominação também aplicada ao próprio ninho desses insetos; cupinzeiro. **3** Corcova do zebu. **4** Saliência grossa no pescoço dos bois.

cu.pin.cha *s m+f pop* Pessoa protegida de político influente; afilhado; comparsa.

cu.pin.zei.ro (*cupim+z+eiro*) *sm Entom* Ninho de cupim.

cu.pom (*fr coupon*) *sm* **1** Parte destacável de uma ação ou obrigação ao portador e que se corta na ocasião do pagamento de dividendos, bonificações, juros etc. **2** Cada um dos pequenos impressos que se devem colecionar para ter direito a algo predeterminado. **3** Cédula em concursos populares. *Pl: cupons.*

cú.preo (*lat cupreu*) *adj* Da cor dó cobre.

cú.pri.co (*lat cupru*) *adj* **1** De cobre. **2** Em que há cobre.

cu.pu.a.çu (*tupi kupuasú*) *sm* **1** *Bot* Árvore malvácea. **2** Fruto dessa árvore, de cuja polpa se fabricam compotas, doces e sorvetes, e cuja semente fornece uma espécie de chocolate.

cú.pu.la (*lat cupula*) *sf* **1** *Arquit* Coberta abobadada em forma de taça com a abertura voltada para baixo; abóbada. **2** Tudo o que tem o aspecto de uma abóbada. **3** *fig* Direção de uma organização, chefia de um partido etc.

cu.ra (*lat cura*) *sf* **1** Ação ou efeito de curar. **2** Tratamento da saúde. **3** Restabelecimento da saúde. **4** Emenda, melhora, regeneração. **5** Processo de curar ou secar ao sol ou ao calor do fogo (queijo, chouriço etc.). • *sm* **1** Pároco de aldeia. **2** Ajudante de pároco.

cu.ra.çau (*top Curaçao*) *sm* Licor alcoólico e estomacal feito da casca da laranja-amarga.

cu.ra.do (*part de curar*) *adj* **1** Restabelecido de doença; sarado. **2** Diz-se do queijo ao atingir certo amadurecimento. **3** Seco ao sol ou ao calor do lume. **4** Preservado do veneno das cobras ou de ferimentos. • *sm* Aquele que, graças a práticas de feitiçaria, se supõe invulnerável a qualquer doença, perigo, veneno ou infortúnio.

cu.ra.dor (*lat curator*) *sm* **1** Indivíduo encarregado judicialmente de administrar ou fiscalizar bens ou interesses de outra pessoa. **2** *pop* Curandeiro, feiticeiro. *Curador de menores:* o que defende os interesses de menores.

cu.ra.do.ri.a (*curador+ia*[1]) *sf Dir* Cargo, poder e função ou administração de curador; curatela.

cu.ran.dei.ris.mo (*curandeiro+ismo*) *sm* **1** Atividade de curandeiro. **2** Conjunto de práticas dos curandeiros.

cu.ran.dei.ro (de *curar*) *sm* **1** Aquele que cura; indivíduo a quem é atribuído o poder ou conhecimento para curar. **2** Aquele que cura, sem título nem conhecimentos científicos, geralmente por meio de rezas e rituais de feitiçaria.

cu.rar (*lat curare*) *vtd* **1** Restabelecer a saúde de. *vpr* **2** Curar a doença, aplicando remédios; recuperar a saúde. *vpr* **3** Emendar-se de algum defeito moral ou hábito prejudicial. *vint* **4** Fazer a cura. *vint* **5** Exercer a medicina. *vti* **6** Cuidar, tratar. *vtd* **7** Secar ao fumeiro, ao sol ou simplesmente ao ar.

cu.ra.re *sm* Veneno muito forte preparado pelos índios sul-americanos, com a casca de certos cipós, para envenenar flechas.

cu.ra.te.la (*lat tardio curatella*) *sf* Curadoria.

cu.ra.ti.vo (*curar+ivo*) *adj* **1** Que cura. **2** Relativo a cura. • *sm* **1** Ação ou meio de curar. **2** Tratamento. **3** Aplicação de remédios, ataduras ou aparelhos num ferimento.

cu.rau *sm* **1** *Cul* Papa de milho verde moído ou ralado e cozido com açúcar. **2** *pop* Caipira, matuto.

cu.rá.vel (*curar+vel*) *adj m+f* Que se pode curar.

cu.re.ta (*ê*) (*fr curette*) *sf Cir* Instrumento em forma de colher ou pá, com que se remove, por meio de raspagens, formações mórbidas ou outra matéria, para fins diagnósticos.

cu.re.ta.gem (*curetar+agem*) *sf Cir* Ato de curetar.

cu.re.tar (*cureta+ar*[1]) *vtd Cir* Raspar com a cureta.

cú.ria (*lat curia*) *sf Ecles* Conjunto de organismos e entidades eclesiásticas que cooperam com o bispo na direção da diocese. *Cúria Romana:* a) conjunto de corporações, tribunais, oficiais e ministros que formam o governo da Igreja Católica, auxiliando o Papa; b) corte papal.

cu.rin.ga (*quimbundo kurínga*) *sm* **1** Carta que, em certos jogos, muda de valor, de acordo com a combinação que o jogador tem em mão. **2** *gír* Maioral, mandão. **3** *Esp* Jogador versátil que atua em várias posições. **4** *Teat* Ator que interpreta várias personagens numa mesma peça.

cú.rio (de *Curie, np*) *sm Quím* Elemento metálico radioativo, de número atômico 96 e símbolo Cm.

cu.ri.ó (*tupi kurió*) *sm Ornit* Pássaro canoro, da família dos fringilídeos, de cor preta na parte superior do corpo, e castanho-avermelhada na parte inferior.

cu.ri.o.sa (*fem* de *curioso*) *sf pop* Parteira sem habilitação legal.

cu.ri.o.si.da.de (*lat curiositate*) *sf* **1** Qualidade de curioso; desejo de desvendar, saber ou ver. **2** Indiscrição. **3** Objeto raro ou original. **4** *pop* Trabalho ligeiro e recreativo. **5** Gosto das coisas raras ou originais. *sf pl* Objetos raros ou originais.

cu.ri.o.so (ô) (*lat curiosu*) *adj* **1** Que tem desejo de ver, aprender, saber etc. **2** Indiscreto. **3** Cuidadoso, zeloso. **4** Inspirado ou guiado pela curiosidade. **5** Digno de admiração; interessante, singular. **6** Raro. *Antôn* (acepção 1): *indiferente;* (acepção 2): *discreto;* (acepção 5): *desinteressante.* • *sm* **1** Indivíduo curioso. **2** Indivíduo que cultiva uma arte sem fazer dela profissão; amador. **3** Indivíduo hábil que, sem conhecimentos teóricos, executa qualquer serviço. **4** Profissional sem diploma. *Pl: curiosos* (ó).

cu.ri.ti.ba.no (*top Curitiba+ano*) *adj* Relativo a Curitiba, capital e município do Paraná. • *sm* O natural desse município.

cur.ra *sf gír* Violência praticada contra pessoa, em geral com fins sexuais, por grupo de indivíduos.

cur.ral (*curro+al¹*) *sm* **1** Lugar em que se junta e recolhe o gado. **2** *pop* Lugar onde os políticos reuniam os eleitores no dia das eleições, para daí saírem direto para votar.

cur.rar (*curra+ar¹*) *vint gír* Aplicar a curra.

cur.rí.cu.lo (*lat curriculu*) *sm* **1** Curso, carreira. **2** Conjunto das matérias de um curso escolar. **3** *V curriculum vitae*.

curriculum vitae (*currículu vite*) (*lat*) *sm* Conjunto de dados pessoais, educacionais e profissionais de quem se candidata a um emprego ou a um curso de pós-graduação de uma universidade. *Var: currículo. Pl: curricula vitae.*

cur.sar (*lat cursare*) *vtd* **1** Seguir o curso de. **2** Fazer os estudos em (uma escola). **3** Frequentar, viver em. **4** Andar, percorrer.

cur.si.nho (*curso+inho*) *sm pop* Curso de preparação para o vestibular.

cur.si.vo (*curso+ivo*) *adj* Executado sem esforço; ligeiro. • *sm* **1** Forma de letra manuscrita, miúda e ligeira. **2** *Tip* Tipo que imita a letra manual.

cur.so (*lat cursu*) *sm* **1** Ação de correr; carreira, movimento rápido. **2** Caminho, rumo, rota, percurso. **3** Trajetória, direção. **4** Movimento real ou aparente dos astros. **5** Direção de um líquido corrente. **6** Leito de rio ou ribeira. **7** *fig* Seguimento, sucessão (do tempo ou das coisas). **8** Tratado que contém uma série de lições sobre um assunto. **9** Conjunto de matérias professadas numa universidade, numa escola ou que habilitam para uma profissão. *Em curso:* em andamento; em circulação; corrente; atual.

cur.sor (*lat cursore*) *adj* Que corre ao longo de. • *sm* **1** Peça que corre para a frente e para trás. **2** *Inform* Marcador num dispositivo de vídeo que mostra onde o próximo caractere vai aparecer.

cur.ta *sm Cin* e *Telev V* curta-metragem.

cur.ta-me.tra.gem *sm Cin* e *Telev* Filme de curta duração rodado para fins artísticos, educativos ou comerciais. *Pl: curtas-metragens.*

cur.te.za (*curto+eza*) *sf* **1** Qualidade de curto. **2** Escassez. **3** Timidez. **4** Falta de inteligência.

cur.ti.ção (*curtir+ção*) *sf* **1** Ato ou efeito de curtir. **2** *gír* Prazer intenso, intelectual, moral ou material.

cur.ti.do (*part* de *curtir*) *adj* **1** Que se curtiu. **2** Preparado por curtimento; surrado. **3** *fig* Experimentado. **4** *fig* Calejado, endurecido.

cur.ti.men.to (*curtir+mento*) *sm* **1** Ação ou efeito de curtir. **2** Tratamento de pele animal com substâncias químicas ou orgânicas, a fim de evitar que se estrague e transformá-la em couro.

cur.tir *vtd* **1** Preparar (couro, pelo) de modo que não apodreça e torne-se mais macio; surrar. *vtd* **2** Preparar alimento pondo-o de molho em líquido adequado. *vtd* **3** Conservar em salmoura. *vpr* **4** *fig* Tornar-se calejado, endurecido, insensível. *vtd* **5** Padecer, sofrer. *vtd* **6** *gír* Desfrutar com grande prazer.

cur.to (*lat curtu*) *adj* **1** De pequeno comprimento. **2** De pouca duração, que passa rapidamente. **3** Que abrange pouco espaço. **4** Em pequeno número. **5** Acanhado, limitado. **6** *fig* Bronco, pouco inteligente, falto de compreensão. **7** Breve, resumido. **8** Pronto, fácil. **9** Conciso. *Antôn: longo, demorado.*

cur.to-cir.cui.to *sm Eletr* Contato entre fios de um mesmo circuito em tensões diferentes, com produção de calor, que pode pôr em perigo a instalação ou o respectivo aparelho, ou causar incêndio se o circuito não for interrompido por fusíveis. *Pl: curtos-circuitos.*

cur.tu.me (*curtir+ume*) *sm* **1** Curtimento. **2** Lugar em que se faz o curtimento de peles.

cu.ru.mi (*tupi kunumín*) *sm Reg* (AM) **1** Indiozinho. **2** Menino, moleque, rapazinho. *Var: curumim.*

cu.ru.pi.ra (*tupi kurupíra*) *sm Folc* Ente fabuloso que, segundo a superstição popular, habita as matas e tem os calcanhares voltados para a frente e os dedos dos pés para trás.

cu.ru.ru (*tupi kururú*) *sm Zool* Designação popular dada aos grandes sapos do gênero bufo.

cur.va (de *curvo*) *sf* **1** No sentido mais comum, linha que não é reta em nenhuma de suas porções. **2** Linha sinuosa. **3** *Arquit* Peça de metal, plástico, madeira ou outro material em forma de arco. **4** Flexão, numa estrada, rua, caminho ou outra via; volta.

cur.va.do (*part* de *curvar*) *adj* **1** Dobrado. **2** Incli-

nado. **3** Arqueado. **4** Subjugado. **5** Curvo. *Antôn* (acepções 1, 2 e 3): *ereto*.
cur.var (*lat curvare*) *vtd* **1** Dobrar, tornar curvo; encurvar. *vti* **2** Tomar a forma curva; vergar. *vtd* e *vpr* **3** Submeter(-se).
cur.va.tu.ra (*curvar+ura*) *sf* **1** Ato ou efeito de curvar(-se). **2** Estado do que é curvo ou curvado. **3** Curva, arqueadura. **4** Forma curva de qualquer corpo.
cur.ve.ta (*ê*) (*fr courbette*) *sf* **1** Movimento do cavalo ao erguer e dobrar as patas dianteiras, baixando a garupa. **2** Pinote.
cur.vi.lí.neo (*lat curvu+líneo*) *adj* **1** Formado de linhas curvas. **2** Que tem forma curva. **3** Que segue direção curva.
cur.vo (*lat curvu*) *adj* **1** Em forma de arco; curvado, encurvado, recurvado. **2** Que não é reto, nem formado de retas; sinuoso. **3** Que não é plano, nem formado de superfícies planas. **4** Inclinado para diante. *Antôn: reto.*
cus.cuz (*ár kuskus*) *sm Cul* Denominação genérica de pratos brasileiros, especialmente formados por massa de farinha de mandioca ou de milho, ou de mistura de ambas, a que se junta galinha, ou peixe, ou camarão etc., todos com sal e que se coze ao vapor d'água, como um bolo. O cuscuz também se apresenta como doce: cuscuz de milho, ou de tapioca, com leite de coco. *Pl: cuscuzes.*
cus.cu.zei.ra (*cuscuz+eira*) *sf* Vasilha ou forma de fazer cuscuz; aparelho para preparar cuscuz, com depósito de água para produzir vapor.
cus.pa.ra.da (*cuspo+ar²+ada¹*) *sf* Porção de cuspe.
cus.pe (de *cuspir*) *pop V cuspo*.
cús.pi.de (*lat cuspide*) *sf* **1** Extremidade aguda. **2** Ponta alongada. **3** *Bot* Ponta aguda e rija das folhas de algumas plantas. **4** Parte mais elevada das plantas. **5** Ápice, cume, píncaro.
cus.pi.dei.ra (*cuspir+deira*) *sf* Vaso em que se cospe; escarradeira.
cus.pi.nhar (*cuspinho+ar*) *vint* Cuspir com frequência e pouco de cada vez.
cus.pir (*lat conspuere*) *vtd*, *vti* e *vint* **1** Expelir cuspe, lançar da boca cuspe ou outra coisa. *vtd* **2** Lançar em rosto, proferir (afrontas, injúrias). *vtd* **3** *fig* Arremessar, lançar, arrojar, atirar. Conjuga-se como *subir*.
cus.po (de *cuspir*) *sm* Humor segregado pelas glândulas salivares; saliva. *Var: cuspe.*
cus.ta (de *custar*) *sf* **1** Custo. **2** Trabalho. *sf pl* Despesas feitas em processo judicial. *À custa de:* a expensas de; a preço de; com sacrifício de.
cus.tar (*lat constare*) *vtd* **1** Importar em, causar a despesa de; valer. *vtd* **2** Obter-se por meio de, a troco, à custa de. *vti* **3** Causar incômodo, mágoa, trabalho. *vti* **4** Ser custoso, difícil. *vint* **5** Tardar, demorar.
cus.te.ar (*custo+e+ar¹*) *vtd* Arcar com a despesa feita com. Conjuga-se como *frear*.
cus.tei.o (de *custear*) *sm* **1** Ação de custear. **2** Gasto; relação de despesa.
cus.to (de *custar*) *sm* **1** Preço por que se compra uma coisa. **2** Valor em dinheiro. **3** Trabalho com que se consegue alguma coisa. **4** Dificuldade, esforço. *sm pl Econ* Avaliação em unidades de dinheiro de todos os bens materiais e imateriais, trabalhos e serviços consumidos pela empresa na produção de bens industriais, bem como aqueles consumidos na manutenção de suas instalações. *A custo:* dificilmente. *Custo de vida:* total estimado dos gastos habituais de uma família média, em certa faixa de renda.
cus.tó.dia (*lat custodia*) *sf* **1** *Dir* Estado de quem é preso pela autoridade policial, para averiguações, ou conservado sob segurança e vigilância. **2** *Dir* Lugar a que essa pessoa é recolhida. **3** *Dir* Guarda ou detenção de coisa alheia, que se administra e conserva, até a entrega ao seu dono legítimo. **4** *Liturg* Vaso sagrado que consiste numa caixinha redonda, com moldura de metal precioso. Destina-se a expor a hóstia grande consagrada à adoração dos fiéis. **5** Guarda, proteção.
cus.to.di.ar (*custódia+ar¹*) *vtd* Guardar com muito cuidado, pôr ou ter em custódia. *Conjug – Pres indic: custodio, custodias (dí)* etc. *Cf custódia.*
cus.to.so (*ô*) (*custo+oso*) *adj* **1** De grande custo; caro. **2** Difícil, demorado. **3** Árduo, trabalhoso. *Pl: custosos (ó).*
cu.tâ.neo (*lat cutaneu*) *adj Anat* Pertencente ou relativo à pele ou à epiderme.
cu.te.la.ri.a (*cutelo+aria*) *sf* Arte, obra, oficina, loja de cuteleiro.
cu.te.lei.ro (*cutelo+eiro*) *sm* Fabricante ou vendedor de instrumentos cortantes, como tesouras, facas, navalhas, instrumentos cirúrgicos etc.
cu.te.lo (*lat cultellu*) *sm* Espécie de faca de lâmina retangular, pesada, usada nos açougues.
cu.ti.a (*tupi akutí*) *sf Zool* Nome comum aos mamíferos roedores, com pelo rijo acastanhado ou grisalho.
cu.tí.cu.la (*lat cuticula*) *sf* Película que se destaca da pele em torno das unhas.
cu.ti.cu.lar (*cutícula+ar¹*) *adj m+f* Relativo à cútis ou à cutícula.
cu.ti.la.da (*corr* de *cutelada,* de *cutelo*) *sf* Golpe com instrumento de ponta.
cú.tis (*lat cutis*) *sf sing* e *pl* Pele de pessoa, pele do rosto; epiderme, tez.
cu.tu.ca.da (*cutucar+ada¹*) *sf bras pop* **1** Ato ou efeito de cutucar. **2** Cutilada.
cu.tu.cão (*cutucar+ão*) *sm bras pop* **1** *V cutucada.* **2** *V cutilada.*
cu.tu.car (*tupi kutúka+ar¹*) *vtd bras pop* **1** Tocar alguém com o cotovelo, dedo, pé etc., para fazer uma advertência ou por provocação. **2** Dar cutilada leve.
czar (*tçar*) (*russo car*) *sm* Título que se dava ao imperador da Rússia, antes da revolução de 1917. *Fem: czarina. Pl: czares.*
cza.ré.vi.che (*russo carevich*) *sm* Filho do czar, herdeiro do trono. *Fem: czarevna.*
cza.rev.na (*russo carevna*) *sf* Título que se dava à princesa herdeira da Rússia.
cza.ri.na (*czar+ina*) *sf* Título que se dava à imperatriz da Rússia.
cza.ris.mo (*czar+ismo*) *sm* Sistema político que vigorou na Rússia, durante o período dos czares.
cza.ris.ta (*czar+ista*) *adj m+f* Relativo ou favorável ao czarismo. • *s m+f* Pessoa partidária do czarismo.

d (*dê*) *sm* Quarta letra do alfabeto português, consoante. • *num* O quarto numa série indicada pelas letras do alfabeto: *Poltrona d, fileira d.*

D (*dê*) **1** Na numeração romana, símbolo equivalente a 500. **2** Abreviatura de *dom, dona.* **3** *Mús* A nota *ré* na notação musical alfabética.

da *Gram* Combinação da preposição *de* com o artigo definido ou pronome demonstrativo feminino *a*.

dá.blio (*ingl double u*) *sm* O nome da letra w.

dá.di.va (*lat med dativa*) *sf* **1** Dom, presente. **2** Donativo.

da.di.vo.so (*ô*) (*dádiva+oso*) *adj* **1** Amigo de dar; presenteador. **2** Liberal; generoso. *Pl: dadivosos (ó).*

da.do (*lat datu*) *adj* **1** Concedido, facultado, lícito, permitido. **2** Gratuito. **3** Acostumado, habituado. **4** Afável, tratável. **5** Propenso: *Dado ao vício.* • *sm* **1** *Mat* Elemento, princípio ou quantidade conhecida que serve de base à solução de um problema. **2** Ponto de partida de uma discussão. **3** Princípio ou base para se entrar no conhecimento de algum assunto. **4** Pequeno cubo de osso, marfim ou outro material, usado em certos jogos, que apresenta em cada face marcas ou pontos de 1 a 6. *sm pl* **1** Conjunto de informações disponíveis para análise. **2** *Cib* Representação de fatos, conceitos e instruções por meio de sinais, de maneira que possam ser transmitidos ou processados pelo homem ou por máquinas (computadores). *Dado o caso:* suposto, admitido o caso; no caso em que, no caso de. *Dado que:* posto que, suposto que. *A cavalo dado não se olham os dentes:* o que se recebe de graça não permite exigências.

da.í *Gram* Contração da preposição *de* com o advérbio *aí*. Desse lugar: *Saia daí.* Desse tempo: *A partir daí não mais se encontraram.* Por esse motivo, por isso: *Daí se desentenderem.* Disso: *Que se conclui daí? Daí avante, loc adv:* V *daí em diante. Daí em diante, loc adv:* desde esse momento. *Daí por diante, loc adv:* V *daí em diante.*

da.lai-la.ma (tibetano *dalai blama*) *sm* Chefe supremo do lamaísmo. *Pl: dalai-lamas.*

da.li *Gram* Contração da preposição *de* com o advérbio *ali*.

dá.lia (*Dahl, np + ia²*) *sf Bot* **1** Gênero da família das compostas, constituído de ervas originárias do México e América Central, amplamente cultivadas por suas flores, de colorido variado e vistoso. **2** Qualquer planta desse gênero. **3** A flor dessas plantas.

dál.ma.ta (*lat dalmata*) *adj m+f* **1** Relativo à Dalmácia (Croácia). **2** Natural dessa região. • *s m+f* O natural da Dalmácia. *sm* **1** *Ling* Língua românica morta, falada outrora nesse país. **2** *Zool* Cão de grande porte e pelo curto, branco, com malhas pretas ou castanhas do tamanho de moedas, cuja raça se supõe originária da Dalmácia.

dal.tô.ni.co (*Dalton, np+ico²*) *adj* **1** Relativo ou pertencente ao químico inglês John Dalton (1766-1844) ou a suas teorias. **2** Relativo ao daltonismo. • *sm* Aquele que sofre de daltonismo.

dal.to.nis.mo (*Dalton, np+ismo*) *sm Oftalm* Incapacidade congênita para distinguir certas cores, principalmente o vermelho e o verde.

da.ma (*fr dame*) *sf* **1** Mulher nobre. **2** Mulher que participa de uma dança, formando par com um cavalheiro. **3** Atriz. **4** Figura feminina no baralho. **5** Peça do jogo de damas que atingiu a oitava carreira, condição que lhe faculta maior poder e é assinalada com a sobreposição de outra peça da mesma cor. **6** *Reg* (Nordeste, MG e GO) Meretriz. *sf pl* Jogo entre dois parceiros, em tabuleiro quadrado de 64 casas brancas e pretas alternadas, com 24 pequenas peças iguais, chamadas pedras ou tábulas, sendo 12 de uma cor e 12 de outra; jogo de damas. *Dama de honra, bras:* menina que acompanha a noiva na cerimônia de casamento.

da.mas.co (*do top Damasco*) *sm* **1** *Bot* Fruto do damasqueiro; abricó. **2** Tecido de seda com flores ou desenhos em relevo, outrora fabricado em Damasco, na Síria. **3** Tecido que imita o damasco (acepção 2); adamascado. **4** Cor amarelo-avermelhada.

da.mas.quei.ro (*damasco+eiro*) *sm Bot* Árvore que produz o damasco.

da.na.ção (*lat damnatione*) *sf* **1** Ato ou efeito de danar(-se). **2** Fúria, raiva. **3** Condenação às penas eternas; maldição. **4** *Reg* (Nordeste) Balbúrdia, confusão, trapalhada. **5** *Reg* (Sul) Diabrura, traquinagem, inquietação.

da.na.do (*part de danar*) *adj* **1** Condenado, maldito. **2** Furioso, irado, raivoso, zangado. **3** Disposto, esperto, hábil, jeitoso, valente. **4** Extraordinário; levado da breca. • *sm* **1** Alienado. **2** Indivíduo ousado, capaz de vencer quaisquer dificuldades.

da.nar (*lat damnare*) *vtd* **1** Causar irritação ou cólera a. *vtd* **2** Corromper física ou moralmente: *Os vícios danam o corpo e o espírito. vtd* e *vti* **3** Causar dano a, prejudicar. *vint* e *vpr* **4** Desesperar-se, encolerizar-se, irritar-se. *Danar a:* começar: *Danou a correr ao ver o ladrão. Danar do juízo:* endoidecer, perder o domínio próprio, tornar-se

violento, impulsivo. *Pra danar, pop:* muito, demais: *É caro pra danar.*
dan.ça (de *dançar*) *sf* **1** Ato ou efeito de dançar. **2** Baile. **3** Sequência de movimentos característicos, mais ou menos rítmicos, executados habitualmente por um animal em resposta a um estímulo particular (*p ex*, a dança de cortejo de certas aves ou a dança da colheita das abelhas). **4** *fig* Negócio intricado; embrulhada. *Dança clássica:* dança cujos movimentos obedecem rigidamente a técnicas desenvolvidas no ensino coreográfico e que são aplicadas em espetáculos. *Dança de roda:* aquela em que os pares dão as mãos uns aos outros fazendo uma roda, e se movem ao som de cantigas apropriadas. *Dança do ventre:* dança de origem oriental, executada por mulheres e caracterizada por movimentos ondulantes do ventre. *Dança moderna:* forma de dança contemporânea, oposta à dança clássica, que se orienta pela liberdade de expressão e de movimentos. *Entrar na dança:* ser incluído, meter-se em.
dan.çan.te (de *dançar*) *adj m+f* **1** Que dança. **2** Em que há dança.
dan.çar (*fr danser*) *vtd* **1** Executar dança: *Dançar uma valsa.* *vint* **2** Saltar, saltitar, girar sobre uma superfície, sobre a água ou no ar: *A barquinha dança na corrente.* *vti* e *vint* **3** Executar só ou com mais pessoas uma sucessão de passos e movimentos do corpo, de acordo com o ritmo de uma música: *Não dançarei com você. Adalgisa gostava de dançar.* *vti* e *vint* **4** Mover-se ligeira e repetidamente para cima e para baixo ou ao redor; saltitar. *Dançar conforme a música:* acompanhar o que é sensato, conveniente, oportuno. *Dançar na corda bamba:* a) executar (um equilibrista) movimentos de dança sobre uma corda, esticada a certa altura do solo; b) *fig* defender-se, mover-se entre dificuldades e perigos. *Dançar, gír:* sair(-se) mal, fracassar: *O negócio dançou.*
dan.ça.ri.na (*dançar+ino*, no *fem*) *sf* **1** Mulher que dança por ofício; bailarina. **2** Nome popular dado à gripe epidêmica de 1918.
dan.ça.ri.no (*dançar+ino*) *adj* Relativo a dança. • *sm* Homem que dança por ofício.
dan.ce.te.ri.a (*dança+teria*) *sf* Lugar onde se dança.
dancing (*dâncing*) (*ingl*) *sm* Estabelecimento dotado de instalações adequadas para dançar ou aprender a dançar.
dân.di (*ingl dandy*) *sm* Indivíduo que se traja com apuro exagerado; janota.
da.ni.fi.ca.do (*part de danificar*) *adj* Que se danificou; que sofreu dano; avariado, estragado.
da.ni.fi.car (*lat damnificare*) *vtd* **1** Causar dano a; estragar, prejudicar. *vpr* **2** Sofrer dano.
da.ni.nho (de *dano*) *adj* Que causa dano, mal ou prejuízo.
da.no (*lat damnu*) *sm* **1** Mal ou ofensa que se faz a outra pessoa. **2** *Dir* Prejuízo moral ou material causado a alguém. **3** Estrago. **4** Perda.
da.no.so (*ô*) (*lat damnosu*) *adj* Daninho. *Pl: danosos(ó).*
dan.tes (*de+antes*) *adv* **1** Antes, antigamente. **2** *Gram* Contração da preposição *de* com o advérbio *antes.*
dan.tes.co (*Dante, np+esco*) *adj* **1** Relativo a Dante Alighieri, poeta italiano (1265-1321), autor, entre outras, da obra *A Divina Comédia.* **2** *fig* Infernal, horrível, terrível.
da.que.les *Gram* Contração da preposição *de* com o pronome demonstrativo *aqueles.* • *adj pop* Fora do comum; extraordinário; indizível: *Ele estava com um humor daqueles.*
da.qui *Gram* Contração da preposição *de* com o advérbio *aqui.*
da.qui.lo *Gram* Contração da preposição *de* com o pronome demonstrativo *aquilo.*
dar (*lat dare*) *vtd* **1** Ceder gratuitamente, fazer doação de. *vtd* **2** Bater, soar (horas): *O relógio deu nove horas.* *vtd* **3** Brotar, exalar, produzir: *Essa flor dá um cheiro agradável.* *vtd* **4** Emitir, soltar: *Dar um assobio, dar gargalhadas, dar vivas.* *vtd* **5** Divulgar, publicar: *Tal é a notícia que os jornais deram.* *vtd* **6** Causar, originar, ocasionar: *Isso dá muito trabalho.* *vtd* **7** Ser sorteado (na loteria ou em outros jogos): *Que bicho deu hoje?* *vtd* **8** Virar, voltar: *Em vez de responder, deu-lhe as costas.* *vtd* **9** Considerar, fazer passar. *vti* **10** Encontrar, topar: *Deu com o amigo ao virar a rua.* *vti* **11** Notar, perceber. *vti* **12** Arremessar, atirar, fazer bater. *vti* **13** Castigar corporalmente; bater. *vti* **14** Chegar, parar, terminar: *Subindo esta rua, você dá no mercado.* *vti* **15** Defrontar, estar voltado, ter comunicação, ter vista: *A janela do quarto dá para a rua.* *vti* **16** Reduzir-se, resultar, tornar-se: *Seus planos deram em nada.* *vti* e *vint* **17** Bastar, chegar, ser suficiente: *Seu ordenado mal dá para sustentá-la.* *vti* e *vint* **18** Ter relações sexuais: "... ela dá pra qualquer um / maldita Geni" (Chico Buarque). "*Dizia que era donzela / Nem isso não era ela / Era uma moça que dava*" (Vinícius de Moraes). *vpr* **19** Entregar-se, render-se: *Deram-se ao Senhor.* *vpr* **20** Combinar-se, entender-se, harmonizar-se: *Os dois amigos dão-se muito bem.* *vpr* **21** Considerar-se, julgar-se: *A justiça se deu por satisfeita.* *vpr* **22** Declarar(-se) ou admitir(-se) que é: *Dar-se por vencido. Dar à luz:* a) parir; b) publicar, editar (uma obra). *Dar a mão à palmatória:* dar-se por convencido; reconhecer que errou. *Dar andamento:* fazer que siga os devidos trâmites. *Dar a palavra:* a) obrigar-se solenemente a alguma coisa; b) permitir que fale. *Dar a palavra de honra:* fazer depender o seu crédito e dignidade da realização do que se afirma ou promete. *Dar ares de:* parecer-se um tanto com. *Dar as cartas:* a) em qualquer jogo de baralho, distribuí-las aos jogadores; b) *fig* estar por cima; dominar (uma situação). *Dar a vida:* morrer; sacrificar-se. *Dar a vida por:* gostar muito de. *Dar baile:* provocar desordens. *Dar baixa:* a) ter abatimento, diminuição, quebra; b) acabar o seu tempo de serviço militar, despedir-se dele ou ser despedido. *Dar cabeçada:* fazer tolice. *Dar cabo de:* acabar, destruir, extinguir, gastar, matar. *Dar com a língua nos dentes:* falar indiscretamente, revelar um segredo. *Dar com a porta na cara:* não querer receber alguém. *Dar com o nariz na porta:* não encontrar ninguém em casa. *Dar com os burros n'água:* fracassar num empreendimento. *Dar corda:* a) provocar alguém para falar sobre qualquer assunto; b) corresponder ao namoro.

Dar duro: trabalhar muito. *Dar em cima de:* agir com o objetivo de uma conquista amorosa. *Dar murro em ponta de faca:* pretender o impossível. *Dar na veneta:* vir à ideia. *Dar na vista:* a) tornar-se público e notório; b) tornar-se escandaloso. *Dar o braço a torcer:* a) concordar com uma opinião contrária à própria; b) confessar fraqueza ou ignorância. *Dar o cano:* faltar ao compromisso ou encontro programado. *Dar o fora:* a) fugir, ir embora; b) quebrar um trato; acabar um namoro. *Dar o troco:* responder a uma ofensa. *Dar para trás:* voltar atrás. *Dar parte de:* denunciar crime ou delito cometido por. *Dar uma vista de olhos:* ver de passagem. *Dar um tilt, gír:* a) quebrar, apresentar um defeito. b) tomar ou provocar uma resolução, geralmente de modo intempestivo. *Conjug – Pres indic:* dou, dás, dá, damos, dais, dão; *Pret imp indic:* dava, davas etc.; *Pret perf:* dei, deste, deu, demos, destes, deram; *Pret mais-que-perf:* dera, deras etc.; *Fut pres:* darei, darás etc.; *Fut pret:* daria, darias etc.; *Pres subj:* dê, dês, dê, demos, deis, deem; *Pret imp subj:* desse, desses etc.; *Fut:* der, deres etc.; *Imper afirm:* dá, dê, demos, dai, deem; *Imper neg:* não dês, não dê etc.; *Infinitivo impess:* dar; *Ger:* dando; *Part:* dado; *Infinitivo pess:* dar, dares, dar etc.

Observe que a expressão **dar à luz** (= parir) nunca é preposicionada.
Paula deu à luz uma linda garotinha.
No sentido figurado, a regência continua a mesma.
Ele dará à luz um novo romance.

dar.de.jan.te (de *dardejar*) *adj m+f* **1** Que dardeja. **2** Que irradia fortemente. **3** *pop* Colérico, raivoso.
dar.de.jar (*dardo+ejar*) *vtd* **1** Atirar dardos a, ferir com dardo. *vtd* **2** Arremessar como dardo. *vint* **3** Arremessar dardos. *vti* e *vint* **4** Cintilar, brilhar muito, chamejar.
dar.do (*fr dard*) *sm* **1** Arma de arremesso, delgada e curta, com ponta aguda de ferro. **2** *Esp* Aparelho de arremesso, em atletismo, que consiste numa haste cilíndrica de madeira com as extremidades em ponta, sendo uma delas de aço ou ferro. **3** *fig* Tudo o que fere como se fosse lança; o que magoa. **4** Dito picante ou mordaz. **5** Ramo curto, capaz de dar um botão de fruto no ano seguinte e que se respeita na poda da macieira.
dar.wi.ni.a.no (*Darwin, np+i+ano*) *adj* Relativo a Charles Darwin, célebre naturalista inglês (1809-1882), ou a sua doutrina.
dar.wi.nis.mo (*Darwin, np+ismo*) *sm Zool* e *Biol* Teoria de Charles Darwin que estabelece a origem das espécies por meio da seleção natural; na luta pela sobrevivência, as espécies menos adaptadas tendem ao desaparecimento.
da.ta (*lat data*) *sf* **1** Tempo assinalado (em carta etc.). **2** Indicação da época, ano, mês ou dia em que uma coisa sucedeu ou foi feita. **3** Doação. **4** Grande porção. **5** *Reg* (MG, SP e PR) Porção de terreno com 800 a 880 m².
da.ta-ba.se (*data+base*) *sf Econ* Data (dia e mês) considerada marco para a concessão de reajustes salariais obrigatórios: *A data-base da categoria é primeiro de setembro. Pl:* datas-base e datas-bases.

da.ta.ção (*datar+ção*) *sf* Ato ou efeito de datar.
da.ta.do (*part* de *datar*) *adj* **1** Que se datou. **2** Assinalado com data. **3** Que se iniciou.
da.tar (*data+ar¹*) *vtd* **1** Pôr data em. *vtd* **2** Indicar a data de. *vtd* **3** Assinalar a época de. *vti* **4** Começar a contar-se, ter princípio: *O meu gosto por esse gênero de leitura data da minha mocidade.*
da.ti.lo.gra.far (*dátilo+grafo+ar¹*) *vtd* Escrever à máquina. *Conjug – Pres indic:* datilografo, datilografas, datilografa (grá) etc. *Cf* datilógrafo.
da.ti.lo.gra.fi.a (*dátilo+grafo+ia¹*) *sf* **1** Arte de escrever à máquina. **2** Datiloscopia.
da.ti.lo.grá.fi.co (*dátilo+grafo+ico²*) *adj* **1** Relativo ou pertencente à datilografia. **2** Datiloscópico.
da.ti.ló.gra.fo (*dátilo+grafo*) *sm* **1** *ant* Máquina de escrever. **2** Indivíduo que escreve com essa máquina. **3** Especialista em datilografia (acepção 2).
da.ti.los.co.pi.a (*dátilo+scopo+ia¹*) *sf* Estudo das impressões digitais com fins de identificação.
da.ti.los.có.pi.co (*dátilo+scopo+ico²*) *adj* Relativo à datiloscopia.
da.ti.los.co.pis.ta (*dátilo+scopo+ista*) *s m+f* **1** Pessoa que é especializada em datiloscopia. **2** Funcionário encarregado da tarefa de recolher impressões digitais.
d.C. Abreviatura de *depois de Cristo*.
de (*lat de*) *prep* Partícula de grande emprego na língua portuguesa, designando várias relações: **1** Posse: *A boneca de Iraci.* **2** Lugar: *O porto de Santos.* **3** Tempo: *De manhã.* **4** Modo, circunstância: *Caído de costas. Atrasado de novo.* **5** Meio: *Viajou de avião.* **6** Caracterização, segundo material, forma, idade, natureza etc.: *Chapéu de feltro.* **7** Emprego, fim: *Sala de jantar.* **8** Procedência: *Vento do norte.* **9** Ponto de partida: *De hoje em diante.* **10** Situação, estado inicial: *De amarelo tornou-se branco.* **11** Alvo, meta, fim, destino: *Anseio do poder.* **12** Causa, motivo: *Doente de malária.* **13** Dimensão, tamanho, medida, número, valor: *Terreno de dez metros por vinte.* **14** Comparação: *O maior de todos.* **15** Profissão, ocupação: *Trabalhar de pajem.* **16** Conteúdo: *Canecão de cerveja.* • *loc adv: de longe; de mansinho; de cócoras.* • *loc adj: de ferro* (= férreo); *de gênio* (= genial); *de luar* (= enluarado); • *loc prep: longe de, perto de, apesar de.*
dê *sm* O nome da letra d. *Pl:* dês ou dd.
de.ão (*lat decanu*, pelo *fr ant*) *sm* Dignitário eclesiástico, presidente do cabido. *Fem:* deã. *Pl:* deões, deões, deães.
de.bai.xo (*de+baixo*) *adv* **1** Em situação inferior. **2** Em decadência; sujeito a, na dependência de.
de.bal.de (*de+ár baTil*) *adv* Em vão, inutilmente.
de.ban.da.da (*fem* do *part* de *debandar*) *sf* **1** Ação ou efeito de debandar(-se). **2** Fuga desordenada.
de.ban.dar (*de+bando+ar¹*) *vtd* **1** Pôr em fuga desordenada e confusa: *A chegada da polícia debandou os agitadores.* *vti* e *vint* **2** Dispersar-se, fugir, pôr-se em fuga desordenada: *Estalado o tiro, a passarada debandou pelo espaço. A matilha debandou, espavorida. vint* e *vpr* **3** Sair da ordem; desordenar-se.
de.ba.te (de *debater*) *sm* **1** Contenda por meio de palavras ou argumentos; discussão; contestação.

2 Briga por meio de argumentos; controvérsia, altercação.

de.ba.te.dor (*debater+dor*) *adj+sm* Diz-se de, ou pessoa que debate ou discute.

de.ba.ter (*de+bater*) *vtd* **1** Discutir ou examinar uma questão, a partir de vários argumentos. *vtd* **2** Discutir (assunto de interesse público) em assembleia legislativa. *vint* **3** Participar de um debate. *vpr* **4** Agitar-se, resistindo ou procurando soltar-se: *Debateu-se tanto que conseguiu se livrar das cordas. vti* e *vint* **5** Contender por meio de palavras ou argumentos; disputar, contestar, discutir, arguir.

de.be.lar (*lat debellare*) *vtd* **1** Dominar, subjugar, sujeitar, vencer: *Debelamos os nossos inimigos*. **2** Combater, destruir, extinguir. **3** Curar: *Disse qual era a doença e como a debelaria*.

de.bên.tu.re (*ingl debenture*) *sf* Título de dívida amortizável que rende juros e correção monetária.

dé.bil (*lat debile*) *adj m+f* **1** Que tem pouca força ou energia; fraco, franzino. **2** Pusilânime. **3** Pouco distinto, quase imperceptível. **4** Insignificante, diminuto. *Débil mental, Med:* o que sofre de debilidade mental. *Antôn:* forte, vigoroso.

de.bi.li.da.de (*lat debilitate*) *sf* **1** Qualidade ou estado de débil. **2** Enfraquecimento, fraqueza. **3** Prostração de forças. *Debilidade mental, Med:* deficiência físico-psíquica que incapacita para atos de vida normal. *Antôn:* robustez, vigor.

de.bi.li.ta.ção (*lat debilitatione*) *sf* **1** Ato ou processo de debilitar. **2** Estado de debilitado; fraqueza, languidez.

de.bi.li.tan.te (*lat debilitante*) *adj m+f* Que debilita, debilitador. • *sm* Medicamento que tem o efeito secundário de diminuir a energia vital dos órgãos do corpo humano e particularmente as forças musculares. *Antôn:* tônico, reconfortante.

de.bi.li.tar (*lat debilitare*) *vtd* **1** Tornar débil, tirar as forças a; enfraquecer. *vtd* **2** Causar perdas a, tirar os recursos de. *vpr* **3** Enfraquecer-se, perder as forças.

de.bi.loi.de (*ó*) (*débil+oide*) *adj* e *s m+f pop* Aquele que é chamado depreciativamente de débil mental.

de.bi.ta.do (*part de debitar*) *adj* **1** Que se debitou. **2** Lançado a débito.

de.bi.tar (*débito+ar¹*) *vtd*, *vtdi* e *vpr* **1** Constituir (-se) ou inscrever(-se) como devedor. **2** Lançar (-se) a débito. *Conjug – Pres indic: debito, debitas (bí)* etc. *Cf débito*.

dé.bi.to (*lat debitu*) *sm* Aquilo que se deve; dívida. *Lançar a débito de (alguém):* escriturar como dívida de (alguém). *Antôn:* crédito.

de.bo.cha.do (*part de debochar*) *adj* **1** Crápula, devasso, libertino. **2** Gaiato, zombeteiro.

de.bo.char (*fr débaucher*) *vtd* e *vti* **1** Fazer troça ou zombaria de; escarnecer de: *Debochou a (ou da) simplória moça. vpr* **2** Corromper-se, prostituir-se, tornar-se vicioso.

de.bo.che (*fr débauche*) *sm* **1** Excesso de desregramento de costumes; devassidão, libertinagem. **2** Caçoada; pouco caso.

de.bru.ça.do (*part de debruçar*) *adj* Que se debruçou; posto de bruços; curvado para a frente.

de.bru.çar (*de+bruços+ar¹*) *vpr* **1** Curvar-se, inclinar-se para a frente. *vtd* e *vpr* **2** Pôr(-se) de bruços.

de.brum (*dobra+um*) *sm* **1** Bainha de roupa. **2** Tira que se costura dobrada à borda de um tecido, geralmente como arremate.

de.bu.lha.do (*part de debulhar*) *adj* **1** Que se debulhou. **2** Descascado. **3** Desfeito em: *Debulhado em lágrimas*.

de.bu.lha.dor (*debulhar+dor*) *adj* Que debulha. • *sm* **1** Aquele que debulha. **2** Máquina para debulhar.

de.bu.lhar (*lat vulg *depoliare*, por *despoliare*) *vtd* **1** Tirar os grãos ou sementes de: *Debulhar o milho*. *vtd* **2** Tirar a pele ou casca de; descascar. *vpr* **3** Cobrir-se de bolhas. *vtd* **4** Desatar-se, desfazer-se: *Debulhar-se em lágrimas*.

de.bu.tan.te (*fr débutante*) *adj* e *s m+f* Diz-se de, adolescente que faz sua estreia na vida social.

de.bu.tar (*fr débuter*) *vint* **1** Estrear-se, iniciar-se. **2** Estrear-se na vida social. **3** Começar.

de.bu.xar (*debuxo+ar¹*) *vtd* Esboçar.

de.bu.xo (do *cast dibujo*) *sm* Esboço.

dé.ca.da (*gr dekás, ádos*) *sf* **1** Série de dez; dezena. **2** Espaço de dez anos, decênio.

de.ca.dên.cia (*baixo-lat decadentia*) *sf* **1** Estado do que decai. **2** Estrago; corrupção. **3** Declínio. **4** Humilhação. **5** Época em que alguma coisa decaiu ou se corrompeu. *Antôn* (acepções 1, 3 e 5): *progresso*.

de.ca.den.te (*de+cadente*) *adj m+f* Que decai, definha ou se corrompe.

de.ca.e.dro (*deca+hedro*) *adj* Que tem dez faces. • *sm Geom* Poliedro com dez faces.

de.cá.go.no (*deca+gono*) *sm Geom* Polígono que tem dez ângulos e dez lados.

de.ca.í.da (*fem* do *part* de *decair*) *sf* **1** Ação ou efeito de decair. **2** Prostituta.

de.ca.í.do (*part* de *decair*) *adj* **1** Que decaiu. **2** Decadente. **3** Decrépito. **4** Estragado.

de.ca.ir (*de+cair*) *vti* **1** Sofrer diminuição. *vti* **2** Perder a posse ou posição. *vint* **3** Ir em decadência, ir-se arruinando pouco a pouco. *vint* **4** Cair a uma situação inferior. *vint* **5** Estragar-se, perder as forças ou o vigor. *Antôn* (acepções 1, 2, 3 e 4): *progredir;* (acepção 5): *avigorar*. Conjuga-se como *atrair*. *Part: decaído*.

de.cal.car (*decalque+ar¹*) *vtd* **1** Copiar figura através de papel transparente posto sobre o modelo, seguindo-lhe os traços com lápis. **2** Copiar relevos ou inscrições em relevo pressionando-os sobre um papel úmido.

de.cal.co.ma.ni.a (*fr décalcomanie*) *sf* **1** Arte ou processo de transferir desenhos de um papel especialmente preparado para porcelana, vidro, mármore etc., ou para papel comum, calcando-os com a mão, após molhá-los. **2** Esse papel com desenho.

de.ca.li.tro (*deca+litro*) *sm* Medida de capacidade equivalente a dez litros. *Abrev: dal*.

de.cá.lo.go (*gr dekálogos*) *sm* **1** *Rel* Os dez mandamentos da lei de Deus. **2** *por ext* Conjunto de dez princípios ou bases de uma doutrina, filosofia, moral etc.

de.cal.que (*de decalcar*) *sm* **1** Ação de decalcar. **2** Cópia, reprodução.

de.ca.no (*lat decanu*) *sm* O membro mais velho ou mais antigo de uma classe ou corporação.

de.can.ta.ção (*decantar+ção*) *sf* Ação ou efeito de decantar (líquidos).

de.can.tar (*lat decantare*) *vtd* **1** *Quím* Separar, por gravidade, resíduos e impurezas sólidos contidos num líquido: *Decantar a água*. *vtdi* **2** *fig* Limpar, purificar: *Decantar a alma do sedimento dos vícios*. *vtdi* **3** Cantar em versos.

de.ca.pi.ta.ção (*decapitar+ção*) *sf* Ação ou efeito de decapitar; degolação, degola.

de.ca.pi.ta.do (*part de decapitar*) *adj* Que sofreu decapitação; degolado.

de.ca.pi.tar (*lat decapitare*) *vtd* **1** Cortar a cabeça de; degolar. **2** *fig* Privar do líder, do chefe: *Matando Lampião, decapitaram o bando*.

de.cas.sé.gui (*jap dekasegu*) *adj* e *s m+f* Diz-se do, ou o estrangeiro, geralmente descendente de japoneses, que vai trabalhar no Japão.

de.cas.sí.la.bo (*gr dekasýllabos*) *adj* Decassilábico. • *sm Metrif* Verso de dez sílabas.

de.ca.tle.ta (*deca+atleta*) *sm Esp* Atleta cuja especialidade é o decatlo.

de.ca.tlo (*deca+gr âthlon*) *sm Esp* Competição atlética que compreende dez provas: *corridas:* de 100 metros, 110 sobre barreiras, 400 e 1.500 metros; *saltos:* em extensão, em altura e com vara; *arremessos:* de peso, de disco e de dardo.

de.ce.nal (*lat decennale*) *adj m+f* **1** Que dura dez anos. **2** Que se realiza em períodos de dez anos.

de.cên.cia (*lat decentia*) *sf* **1** Qualidade do que é decente. **2** Compostura. **3** Decoro, honestidade. **4** Asseio. *Antôn* (acepções 1, 2 e 3): *indecência*.

de.cê.nio (*lat decenniu*) *sm* Período de dez anos; década.

de.cen.te (*lat decente*) *adj m+f* **1** De acordo com a decência; conforme as condições do bom viver, da boa sociedade; decoroso, honesto. **2** Adequado, conveniente. **3** Asseado, limpo. *Antôn* (acepção 1): *indecente*.

de.ce.par (*de+cepo+ar¹*) *vtd* **1** Separar do tronco, por meio de instrumento cortante: *A justiça decepou-lhe a cabeça*. **2** Amputar, mutilar; decapitar, degolar.

de.cep.ção (*lat deceptione*) *sf* **1** Frustração, desilusão; desapontamento. **2** Surpresa desagradável. **3** Logro.

de.cep.ci.o.na.do (*part* de *decepcionar*) *adj* Que se decepcionou, desiludido; desapontado.

de.cep.ci.o.nan.te (de *decepcionar*) *adj m+f* Que causa decepção.

de.cep.ci.o.nar (*decepção+ar¹*) *vtd* Causar decepção a; desenganar, desiludir.

de.cer.to (*de+certo*) *adv* Com certeza.

de.ci.bel (*bél*) (*deci+bel*) *sm Fís* Unidade de medida da intensidade do som. É o som mais fraco audível pelo ouvido humano, que pode perceber até cerca de 130 decibéis; símbolo *dB*.

de.ci.di.do (*part de decidir*) *adj* **1** Que se decidiu. **2** Arrojado, corajoso. **3** Determinado. *Antôn: indeciso, hesitante*.

de.ci.dir (*lat decidere*) *vtd* **1** Dar solução a; resolver. *vtd* **2** Ser causa imediata de: *A morte do marido decidiu a sua entrada para o convento*. *vpr* **3** Inclinar-se a favor de ou contra; escolher. *vtd, vti* e *vtd e vtdi* **4** Julgar, sentenciar; deliberar, determinar (-se), resolver(-se).

de.ci.frar (*de+cifra+ar¹*) *vtd* **1** Ler ou compreender uma coisa obscura ou em escrita cifrada. **2** Traduzir.

de.ci.frá.vel (*decifrar+vel*) *adj m+f* Que pode ser decifrado. *Antôn: indecifrável*.

de.ci.gra.ma (*deci+grama*) *sm* Medida de massa equivalente à décima parte de um grama. *Abrev: dg*.

de.ci.li.tro (*deci+litro*) *sm* Medida de capacidade equivalente à décima parte de um litro. *Abrev: dl*.

de.ci.mal (*décimo+al¹*) *adj m+f* **1** Relativo a dez ou à décima parte. **2** *Mat* Qualificativo do sistema de numeração cujas unidades procedem de múltiplos ou submúltiplos de dez. • *sf* Cada um dos algarismos de uma fração decimal.

de.ci.me.tro (*deci+metro¹*) *sm* Medida de comprimento equivalente à décima parte de um metro. *Abrev: dm*.

dé.ci.mo (*lat decimu*) *num* Ordinal e fracionário correspondente a dez. • *sm* A décima parte.

de.ci.são (*lat decisione*) *sf* **1** Ação ou efeito de decidir(-se); determinação, resolução. **2** Coragem, intrepidez. *Antôn: indecisão*.

de.ci.si.vo (*lat decisivu*) *adj* Que decide; que determina, resolve ou põe fim a.

de.ci.só.rio (*decis(ão)+ório*) *adj Dir* Que tem o poder de decidir (diz-se de fato ou prova de que se torna dependente a decisão de um processo judicial).

de.cla.ma.ção (*lat declamatione*) *sf* **1** Ação, maneira ou arte de declamar. **2** Palavreado afetado e otco.

de.cla.ma.dor (*lat declamatore*) *adj + sm* **1** Que, ou aquele que declama. **2** Orador ou escritor enfático.

de.cla.mar (*lat declamare*) *vtd* **1** Recitar em voz alta, com gestos e entonação apropriados e convenientes. *vtd* **2** Falar enfaticamente. *vint* **3** Discursar com afetação; falar em tom solene.

de.cla.ma.tó.rio (*lat declamatoriu*) *adj* **1** Que diz respeito à declamação. **2** Em que há declamação. **3** Empolado, enfático.

de.cla.ra.ção (*lat declaratione*) *sf* **1** Ação ou efeito de declarar. **2** Aquilo que se declara; afirmação formal, depoimento. **3** Documento em que se declara alguma coisa: *Declaração de rendimentos*. **4** *Dir* Ato diplomático pelo qual duas ou mais potências afirmam seu acordo sobre determinado assunto.

de.cla.ra.do (*part* de *declarar*) *adj* **1** Manifesto, confessado. **2** Claro, evidente.

de.cla.ran.te (*lat declarante*) *adj* e *s m+f* **1** Que, ou pessoa que declara. **2** Depoente.

de.cla.rar (*lat declarare*) *vtd* **1** Dizer, expor, manifestar, patentear. *vtd* **2** Inclinar-se, pronunciar-se a favor de ou contra. *vtd e vtdi* **3** Enunciar, explicar, expressar. *vtd e vtdi* **4** Anunciar, publicar. *vtd e vtdi* **5** Anunciar, intimar. *vtd* e *vpr* **6** Confessar(-se).

de.cli.nar (*lat declinare*) *vtd* **1** *Gram* Fazer passar por todos os seus casos e flexões (nome, pronome ou adjetivo). *vti* **2** Afastar-se, desviar-se: *Muito amiúde, nas discussões, declinava do assunto em debate*. *vti* **3** Não aceitar, recusar, rejeitar: *Eleito presidente do congresso, declinou da honra*. *vtd* **4** Revelar, enunciar (o nome): *A apresentadora declinou o nome do ganhador*. *vint* **5** Desviar-se ou afastar-se de um ponto ou direção. *vint* **6** Descer

para o poente; inclinar-se, abaixar-se: *O Sol já vai declinando*. *vint* **7** Aproximar-se do fim: *Assim, aquele império declinou*. *vtd* e *vtdi* **8** Desistir de, eximir-se a, rejeitar: *Declinar (de) uma herança*. *vti* e *vint* **9** Decair, diminuir em atividade, força, intensidade, vigor: "*O comendador foi declinando com a idade... depois a gripe declinou, a normalidade foi-se restabelecendo*" (Monteiro Lobato). *Antôn* (acepções 6 e 7)*: subir, progredir.*
de.clí.nio (*lat decline+io*) *sm* Aproximação do fim; decadência.
de.cli.ve (*lat declive*) *adj m+f* Inclinado. • *sm* Declividade, inclinação de terreno. *Antôn: aclive.*
de.co.di.fi.ca.ção (*decodificar+ção*) *sf Comun* Interpretação de uma mensagem em código por um receptor. *Var: descodificação.*
de.co.di.fi.ca.do (*part* de *decodificar*) *V descodificado.*
de.co.di.fi.ca.dor (*decodificar+dor*) *adj* Diz-se daquilo que faz decodificação. • *sm* **1** *Eletrôn* Dispositivo que recebe e decodifica sinais de vídeo, transmitidos sob forma codificada para impedir assistência não autorizada. É um método usado por tevês por assinatura. **2** *Comun* Aquele que decodifica ou interpreta mensagens, como receptor. *Var: descodificador.*
de.co.di.fi.car (*de+codificar*) *V descodificar.*
de.co.la.gem (*fr décollage*) *sf Aeron* Ação de decolar.
de.co.lar (*fr décoller*) *vint Aeron* Despregar-se da terra ou do mar; levantar voo (aeronave). *Var: descolar.*
de-co.mer (*de+comer*) *sm* **1** Alimentação. **2** Comida, farnel. *Pl: de-comeres.*
de.com.por (*de+compor*) *vtd* **1** Dividir, separar os componentes de. *vtd* **2** Analisar, estudar ou examinar por partes. *vtd* **3** *Mat* Reduzir. *vtd* e *vpr* **4** Separar(em-se) os elementos ou partes constitutivas de um corpo. *vtd* e *vpr* **5** Alterar (-se), deformar(-se), modificar(-se), transtornar (-se): *Decompusera todo o sistema de trabalho.* *vtd* e *vpr* **6** Corromper(-se): *Esta temperatura decompõe os alimentos. Decompor a luz:* fazer que, por meio da refração, apareçam as sete cores fundamentais que compõem a luz branca. Conjuga-se por *pôr*.
de.com.po.si.ção (*de+composição*) *sf* **1** Ação ou efeito de decompor. **2** Redução a elementos simples. **3** Análise. **4** *fig* Desorganização. **5** Corrupção, putrefação. **6** *Geol* Degradação das rochas pela ação de agentes químicos ou intemperismo.
de.com.pos.to (*ô*) (*de+composto*) *adj* **1** Que sofreu decomposição. **2** Deteriorado, apodrecido. *Pl: decompostos (ó).*
décor (*decór*) (*fr*) *sm* Decoração da cena de um teatro.
de.co.ra.ção (*decorar*¹*+ção*) *sf* **1** Ação, ou efeito de decorar ou ornar. **2** Adorno, enfeite, ornamentação. **3** Aspecto geral. **4** *Teat* Cenário. **5** Ação de reter na memória.
de.co.ra.dor (*lat decoratore*) *adj+sm* Que, ou o que adorna, decora casas, palcos, vitrines etc.
de.co.rar¹ (*lat decorare*) *vtd* Adornar com decoração; embelezar, enfeitar, ornamentar.

de.co.rar² (*de+cor+ar*¹) *vtd* Aprender de cor, reter na memória.
de.co.ra.ti.vo (*decorar*¹*+ivo*) *adj* **1** Próprio para decorar. **2** Que enfeita, embeleza, ornamenta. **3** *fig* Destinado apenas a efeito externo ou convencional: *Ela tem apenas um cargo decorativo na empresa.*
de.co.re.ba (de *decorar*²) *sf gír* Mania de decorar².
de.co.ro (*ô*) (*lat decoru*) *sm* **1** Brio, dignidade moral, honradez, nobreza. **2** Respeito de si mesmo e dos outros. **3** Acatamento, decência. **4** Conformidade do estilo com o assunto.
de.co.ro.so (*ô*) (*lat decorosu*) *adj* **1** Conforme ao decoro. **2** Decente. **3** Digno, honesto. *Antôn: indecoroso (ô). Pl: decorosos (ó).*
de.cor.rên.cia (*lat decurrentia*) *sf* **1** Decurso. **2** Derivação, consequência, resultante.
de.cor.ren.te (*lat decurrente*) *adj m+f* **1** Que decorre (de). **2** *Bot* Diz-se do pecíolo ou da folha com prolongamentos abaixo do nível de inserção desses órgãos.
de.cor.rer (*lat decurrere*) *vti* **1** Derivar, resultar: *Muitas vezes a felicidade decorre da pureza de costumes.* *vint* **2** Passar (o tempo): *Decorreram meses sem qualquer notícia.* *vint* **3** Passar-se, suceder (diz-se dos acontecimentos): *O que decorreu depois é indescritível.* • *sm* Decurso, transcurso: *No decorrer dos acontecimentos, a situação da garota se definiu.* *Conjug:* conjuga-se, com raras exceções, apenas nas 3ªˢ pessoas.
de.co.ta.do (*part* de *decotar*) *adj* Que tem ou usa decote.
de.co.tar (*de+co(r)tar*) *vtd* **1** Cortar por cima, ou em volta. *vtd* **2** Cortar um vestido de maneira que fiquem o peito e as costas mais ou menos a descoberto. *vpr* **3** Ficar com o pescoço e ombros descobertos.
de.co.te (de *decotar*) *sm* **1** Ação ou efeito de decotar. **2** Corte no vestuário, deixando a descoberto o colo e parte do busto ou das costas. *Decote careca:* decote redondo, liso, sem ornatos.
de.cré.pi.to (*lat decrepitu*) *adj* **1** Muito velho. **2** Debilitado pela idade avançada; caduco. **3** Arruinado. **4** Gasto. **5** Enfraquecido.
de.cre.pi.tu.de (*decrépito+ude*) *sf* **1** Estado de uma pessoa decrépita. **2** Extrema velhice. **3** Caducidade.
de.cres.cen.te (de *decrescente*) *adj m+f* Que decresce.
de.cres.cer (*lat descrecere*) *vint* **1** Abater; ceder: *Uma certa apatia mostrava que seu interesse pelo negócio decresceu.* *vti* e *vint* **2** Tornar-se menor; diminuir: *Decrescer no zelo. A cólera decrescia.*
de.crés.ci.mo (de *decrescer*) *sm* **1** Decrescimento. **2** Diminuição.
de.cre.ta.do (*part* de *decretar*) *adj* **1** Que se decretou. **2** Estabelecido por decreto. **3** Determinado por lei.
de.cre.tar (*decreto+ar*¹) *vtd* **1** Ordenar por decreto. *vtd* **2** Prescrever. *vtdi* **3** Destinar, designar. *vtd* e *vtdi* **4** Determinar, estabelecer, ordenar.
de.cre.to (*lat decretu*) *sm* **1** Determinação escrita de uma autoridade superior, ou do poder executivo representado pelo chefe do Estado e seus ministros, sobre um determinado assunto. **2** Ato

decreto-lei 255 **defeituoso**

de autoridade eclesiástica. **3** Ordem, decisão. **4** Vontade, intenção, desígnio. *Nem por decreto:* de modo nenhum.

de.cre.to-lei *sm* Decreto, com força de lei, que num período ditatorial é promulgado pelo chefe de Estado, que concentra em suas mãos as atribuições do Poder Legislativo. *Pl:* decretos-lei e decretos-leis.

de.cú.bi.to (*lat decubitu*) *sm* Posição de quem está deitado. *Decúbito dorsal, Med:* posição de quem está deitado de costas. *Decúbito ventral:* posição de quem está deitado sobre o ventre.

de.cur.so (*lat decursu*) *adj* Decorrido, passado. • *sm* **1** Tempo de duração; sucessão. **2** Percurso. **3** *Med* Declínio de uma doença.

de.dal (*lat digitale*) *sm* Utensílio que se encaixa no dedo médio para empurrar a agulha, quando se costura.

de.dão (*aum* de *dedo*) *sm pop* Dedo polegar.

de.dar (*dedo+ar¹*) *vtd* **1** *gír* Apontar, indicar com o dedo. **2** *gír* Delatar, incriminar, dedurar.

de.dei.ra (*dedo+eira*) *sf* **1** Pedaço de couro ou pano com que se reveste a ponta do dedo. **2** Espécie de dedal de couro usado pelos sapateiros para não se cortarem quando apertam o fio. **3** *Mús* Peça para o tocador de violão usar no polegar, a fim de percutir as cordas graves. **4** *Tip* Entalhe no aparo dos livros que têm índice de dedo, correspondente a cada uma das letras que o constituem e onde se enfia o polegar para abri-los.

de.de.ti.za.ção (*dedetizar+ção*) *sf* Ato ou efeito de dedetizar.

de.de.ti.za.do (*part* de *dedetizar*) *adj* Em que se fez dedetização.

de.de.ti.zar (*DDT+izar*) *vtd* Espargir DDT (sigla de **Di**cloro-**Di**fenil-**T**ricloroetano, um forte inseticida) ou outro inseticida em.

de.di.ca.ção (*lat dedicatione*) *sf* **1** Ação de dedicar. **2** Qualidade de quem se dedica. **3** Afeto extremo, devoção.

de.di.ca.do (*part* de *dedicar*) *adj* Constante em servir; devotado, serviçal.

de.di.car (*lat dedicare*) *vtdi* **1** Destinar, empregar, votar, com afeto ou sacrifício, em favor de. *vtdi* **2** Oferecer por dedicação. *vtdi* **3** Pôr sob a proteção ou invocação de. *vpr* **4** Devotar-se, oferecer-se ao seviço de, sacrificar-se por; entregar-se.

de.di.ca.tó.ria (de *dedicar*) *sf* Inscrição ou palavras escritas, com que se dedica ou oferece a alguém uma produção literária ou artística, uma fotografia etc.

de.di.lhar (*dedo+ilho+ar¹*) *vtd* **1** Fazer vibrar com os dedos as cordas de (instrumento de música). **2** Executar (trecho de música) em instrumento de cordas que se toca com os dedos (harpa, violão etc.). **3** Mover com os dedos as teclas de instrumento de sopro. **4** Bater com os dedos; tamborilar.

de.do (*lat digitu*) *sm* Cada um dos prolongamentos articulados das mãos e os pés do homem e de outros animais. *Cheio de dedos:* a) *gír* diz-se do indivíduo convencido de seus méritos quando em geral não os tem, ou que se presume intocável; b) cheio de trejeitos; amaneirado; c) confuso, atrapalhado. *Dedo anular:* quarto dedo da mão, entre o médio e o mínimo, no qual se costuma usar o anel; anular. *Dedo auricular:* o mínimo. *Dedo de Deus:* manifestação da vontade divina. *Dedo indicador:* o que está situado entre o polegar e o dedo médio; fura-bolo. *Dedo médio:* o que está entre o anular e o indicador. *Dedo mindinho:* o menor dedo na mão. *Dedo minguinho:* dedo mindinho. *Dedo polegar:* o mais curto e grosso da mão; mata-piolho. *Pôr o dedo na ferida:* mostrar ou tocar o ponto fraco.

de.do-du.rar (*dedo+duro+ar¹*) *bras pop* V *dedar* (acepção 2) e *dedurar*.

de.do-du.ro *adj m+f* e *sm bras pop* Diz-se de, ou delator, alcaguete. *Pl:* dedos-duros.

de.du.ção (*lat deductione*) *sf* **1** Ação de deduzir. **2** Consequência tirada de um princípio. **3** *Filos* Modo ou processo de raciocinar, partindo da causa para os efeitos, do princípio para as consequências, do geral para o particular. **4** Subtração, diminuição. **5** Abatimento. *Antôn* (acepção 3): *indução;* (acepções 4 e 5): *aumento, acréscimo*.

de.du.rar (*dedo+duro+ar¹*, com haplologia) *vtd* e *vint gír* Alcaguetar, delatar alguém; dedo-durar, dedar.

de.du.tí.vel (*lat deductivus*) *adj m+f* **1** Capaz de ser deduzido; que é permitido deduzir; descontável. **2** Deduzível.

de.du.ti.vo (*lat deductivu*) *adj* Que procede por dedução.

de.du.zir (*lat deducere*) *vtd* e *vint* **1** Tirar dedução; tirar como consequência. *vtd* e *vtdi* **2** Descontar, diminuir, subtrair, tirar: *Deduzir despesas, gastos*. Conjuga-se como *reduzir*.

de.du.zí.vel (*deduzir+vel*) *adj m+f* Capaz de ser deduzido; derivável por raciocínio como resultado ou consequência lógica. *Var:* dedutível.

de.fa.sa.do (*part* de *defasar*) *adj* Que apresenta defasagem.

de.fa.sa.gem (*defasar+agem*) *sf* **1** *Fís* e *Eletr* Diferença de fase entre duas oscilações ou frequências; deslocamento de fase. **2** *fig* Diferença, discrepância.

de.fa.sar (*de+fase+ar¹*) *vtd* **1** *Fís* e *Eletr* Pôr fora de fase. **2** *Fís* e *Eletr* Introduzir diferença de fase. **3** *fig* Ficar desatualizado.

default (*difôut*) (*ingl*) *sm* **1** *Inform* Ação ou valor predefinidos, que são assumidos como válidos a menos que o operador os altere. **2** *Inform* Valor que é usado por um programa, se o usuário não quiser fazer qualquer alteração à configuração.

de.fe.ca.ção (*lat defecatione*) *sf* **1** Ação de defecar. **2** *Fisiol* Expulsão natural dos excrementos pelo ânus; evacuação.

de.fe.car (*lat defecare*) *vint* Expelir naturalmente os excrementos.

de.fec.ti.vo (*lat defectivu*) *adj* **1** A que falta alguma coisa; defeituoso, imperfeito. **2** *Gram* Diz-se do verbo de conjugação incompleta.

de.fei.to (*lat defectu*) *sm* **1** Imperfeição (física ou moral); deformidade, mancha, vício. **2** Irregularidade que, num objeto, lhe estraga a aparência ou lhe causa enfraquecimento ou lhe prejudica ou impede a utilização; falha, imperfeição. **3** Falta ou escassez de algo essencial à perfeição ou integridade de alguma coisa; deficiência.

de.fei.tu.o.so (*ô*) (*defeito+oso*) *adj* Que tem ou em

que há defeito; imperfeição. *Antôn: perfeito. Pl: defeituosos (ó).*
de.fen.der (*lat defendere*) *vpr* **1** Livrar-se, preservar-se, resguardar-se. *vpr* **2** Repelir ataque ou agressão (física ou moral); opor defesa, resistir. *vtd* e *vtdi* **3** Dar auxílio a, proteger. *vtd* e *vtdi* **4** Falar a favor de, interceder por, procurar desculpar ou justificar. *vtd* e *vtdi* **5** Agir, como advogado, em defesa de alguém numa demanda. *vtd* e *vtdi* **6** Apresentar ou sustentar argumentos ou razões em favor de uma causa. *vtd* e *vtdi* **7** Abrigar, preservar, resguardar. *vtd* e *vpr* **8** Conseguir, obter, arranjar (-se): *Defendeu a comida. Foi para São Paulo e lá se defende. Conjug – Part: defendido e defeso* (é usado no sentido de proibido).
de.fen.sá.vel (*defensar+vel*) *adj m+f* **1** Que está em condições de poder ser defendido. **2** *ant* Defensivo.
de.fen.si.va (de *defensivo*) *sf* **1** Conjunto de meios de defesa. **2** Situação, estado ou posição de quem se defende. **3** Operação militar que se limita à defesa. *Antôn* (acepções 2 e 3): *ofensiva*.
de.fen.si.vo (*defensa+ivo*) *adj* Feito para defesa; próprio para defesa. • *sm* Aquele que preserva ou defende. *Defensivo agrícola*: agrotóxico.
de.fen.sor (*lat defensore*) *adj* + *sm* Que ou quem defende ou protege. • *sm* Advogado da defesa.
de.fe.rên.cia (*lat deferentia*) *sf* Acatamento, atenção, condescendência, consideração, respeito.
de.fe.ren.te (*lat deferente*) *adj m+f* **1** Que defere; acatador, atencioso, condescendente. **2** Obsequioso, cortês. **3** *Anat* Que conduz para baixo ou para fora: *Canal deferente.*
de.fe.ri.do (*part de deferir*) *adj* Despachado favoravelmente; concedido.
de.fe.ri.men.to (*deferir+mento*) *sm* Ação de deferir.
de.fe.rir (*lat deferere*, por *deferre*) *vtd* **1** Dar deferimento, despachar favoravelmente. *vtdi* **2** Estar de acordo com o que se pede ou requer; conceder, conferir, outorgar. *Antôn: indeferir.* Conjuga-se como *ferir.*
de.fe.sa (ê) (*lat defensa*) *sf* **1** Ação de defender ou de defender-se. **2** Tudo o que serve para defender. **3** Resistência a um ataque. **4** *Dir* Exposição dos fatos e produção de provas em favor de um réu. **5** O advogado que defende um réu em juízo. **6** Impedimento, proibição. **7** Preservativo, proteção, resguardo. **8** *Esp* Sexteto defensivo num time de futebol.
de.fi.ci.ên.cia (*lat deficientia*) *sf* **1** Falta, lacuna. **2** Imperfeição, insuficiência. *Deficiência mental*: falta de desenvolvimento mental devido a fatores diversos.
de.fi.ci.en.te (*lat deficiente*) *adj m+f* **1** Que tem deficiência, falho, imperfeito, incompleto. **2** Escasso. • *sm* Pessoa portadora de deficiência física ou psíquica.
deficit (*déficit*) (*lat*) *sm* **1** O excesso da despesa em relação à receita, em um orçamento; saldo negativo entre a receita e a despesa num orçamento. **2** O que falta numa conta, provisão, receita etc. *Antôn: superávit.*
de.fi.ci.tá.rio (*lat deficit+ário*) *adj* Em que há *deficit*; que dá sempre *deficit*.
de.fi.nhar (*lat vulg *definare*) *vtd* **1** Tornar-se magro ao extremo. *vti* e *vint* **2** Abater, decair,
murchar, secar. *vtd* e *vpr* **3** Afligir(-se), consumir (-se): "*Não a definha a penúria porque tem celeiro*" (Coelho Neto). *Definhava-se de saudade.*
de.fi.ni.ção (*lat definitione*) *sf* **1** Ação de definir. **2** Explicação precisa. **3** Palavras com que se define. **4** Decisão. **5** Grau de nitidez de uma imagem, em televisão, filme, revista etc.
de.fi.ni.do (*lat definitu*) *adj* **1** Determinado, fixo. **2** Exato, preciso. **3** *Gram* Diz-se do artigo que se junta ao nome, individualizando-o de modo preciso. *Antôn: indefinido.*
de.fi.nir (*lat definire*) *vtd* **1** Determinar, fixar, dar a definição de; dar o significado preciso de. *vtd* **2** Interpretar: *Não vejo como definir essa homenagem. vpr* **3** Tomar uma resolução ou partido: *A esse respeito já nos definimos.*
de.fi.ni.ti.vo (*lat definitivu*) *adj* **1** Que define. **2** Que não volta a repetir-se; decisivo, terminante. **3** Final. *Antôn* (acepções 2 e 3): *provisório.*
de.fla.ção (*lat deflare+ção*) *sf Econ* **1** Fenômeno econômico que acarreta contração da oferta da moeda e do crédito com queda de preços, de produção e aumento de desemprego. **2** Ato ou efeito de reduzir a inflação. *Antôn: inflação.*
de.fla.ci.o.nar (*deflação+ar¹*) *vtd Econ* Fazer reduzir a inflação.
de.fla.ci.o.ná.rio (*deflação+ário*) *adj* **1** Relativo a deflação. **2** Que produz deflação.
de.fla.gra.ção (*lat deflagratione*) *sf* **1** Ato ou efeito de deflagrar. **2** Combustão violenta com chama intensa e explosão. **3** Início repentino.
de.fla.grar (*lat deflagrare*) *vtd* **1** Causar ou iniciar deflagração de. *vint* **2** Arder ativamente com chama intensa e com explosão. *vint* **3** Irromper de repente como incêndio: *A guerra deflagrou. vti* e *vint* **4** Produzir centelhas: *A tempestade deflagrou em relâmpagos e raios. Retumbantes descargas deflagraram, antes que a chuva desabasse.*
de.flo.ra.ção (*lat deflorati one*) *sf* **1** Ato ou efeito de deflorar. **2** Queda natural das flores de uma planta. **3** Violação da virgindade da mulher.
de.flo.rar (*lat deflorare*) *vtd* **1** Tirar as flores de. **2** Violar a virgindade de (uma mulher); desvirginar.
de.flu.xo (*cs* ou *ss*) (*lat defluxu*) *sm Med* **1** Catarro nasal. **2** Escoamento de humores, provenientes de coriza ou inflamação das mucosas nasais.
de.for.ma.ção (*lat deformatione*) *sf* **1** Ação de deformar. **2** Alteração ou irregularidade de forma. **3** *Med* Deformidade.
de.for.ma.do (*part de deformar*) *adj* Que se deformou; deforme, disforme.
de.for.mar (*lat deformare*) *vtd* **1** Reproduzir inexatamente: *O repórter deformou o pensamento do entrevistado. vtd* e *vpr* **2** Mudar a forma de, tornar(-se) deforme.
de.for.me (*lat deforme*) *adj* Deformado, disforme.
de.for.mi.da.de (*lat deformitate*) *sf* **1** Irregularidade desagradável de forma; malformação; deformação; desfiguração. **2** Depravação, vício.
de.fron.tar (*defronte+ar¹*) *vtd* **1** Pôr-se defronte de. *vtdi* **2** Confrontar. *vti* e *vpr* **3** Estar situado defronte: *Nessa avenida defrontam-se dois cinemas. vti* e *vpr* **4** Arrostar(-se), enfrentar(-se): *Defronta(-se) com o inimigo.*
de.fron.te (*de+fronte*) *adv* **1** Em frente de. **2** Em

face; face a face. *Defronte de:* em confronto com; em oposição a; em frente de.

de.fu.ma.do (*part* de *defumar*) *adj* **1** Que se defumou. **2** Exposto, curado ou seco ao fumo. **3** Enegrecido com fumo. **4** Aromatizado, perfumado, com fumo de substâncias aromáticas.

de.fu.mar (*de+fumo+ar¹*) *vtd* **1** Curar ou secar ao fumo (carne, peixe, linguiça etc.). *vtd* **2** Enegrecer com fumo. *vtd* **3** Perfumar com o fumo de substâncias aromáticas: *Varreu e defumou a casa. vtd* **4** Queimar ervas e raízes aromáticas a fim de proteger (pessoas, casa, objetos) de malefícios: *Defumou-o nove vezes com erva-santa e trevo, para lhe quebrar o feitiço. vpr* **5** Perfumar-se: *"Nunca me deito sem me defumar com as mais deliciosas essências"* (Mário Barreto). *vtd* e *vpr* **6** Expor(-se) ao fumo.

de.fun.to (*lat defunctu*) *adj* **1** Que faleceu; morto. **2** Extinto. • *sm* **1** Cadáver de uma pessoa. **2** Indivíduo que morreu.

de.ge.lar (*de+gelo+ar¹*) *vtd* **1** Derreter (o que estava congelado): *O calor degelou a neve. vtd* e *vpr* **2** Aquecer(-se), reanimar(-se): *Degelaram(-se) os corações. Antôn:* gelar.

de.ge.lo (de *degelar*) *sm* **1** Ação de degelar; descongelação. **2** Fusão natural do gelo ou neve.

de.ge.ne.ra.do (*part* de *degenerar*) *adj* **1** Que degenerou. **2** Corrompido, depravado. • *sm* Indivíduo degenerado.

de.ge.ne.rar (*lat degenerare*) *vtd* **1** Alterar, deturpar. *vti* e *vint* **2** Perder qualidades que tinha ao ser gerado (falando-se de raças, indivíduos, animais, plantas). *vtd, vti, vint* e *vpr* **3** Alterar-se, modificar-se para pior, corromper-se, estragar-se.

de.glu.ti.ção (*lat deglutitione*) *sf* Ação de deglutir.

de.glu.tir (*lat deglutire*) *vtd* e *vint* Engolir.

de.go.lar (*lat decollare*) *vtd* **1** Cortar a garganta ou o pescoço a; decapitar. *vpr* **2** Cortar a garganta a si próprio.

de.gra.da.ção (*degradar+ção*) *sf* **1** Ação ou efeito de degradar. **2** Destituição aviltante de um cargo, dignidade ou grau. **3** Aviltamento, baixeza. **4** Depravação. **5** Corrupção gradual. **6** Deterioração. **7** *Geol* Modificação na natureza do solo, em consequência de modificações climáticas. **8** *Quím* Transformação de composto químico em outro menos complexo.

de.gra.da.do (*part* de *degradar*) *adj* **1** Que sofreu degradação. **2** Aviltado, rebaixado, desgraduado. **3** *ant* Degredado.

de.gra.dan.te (de *degradar*) *adj m+f* **1** Que degrada, ou rebaixa. **2** Aviltante, infamante.

de.gra.dar (*lat degradare*) *vtd* **1** Rebaixar na dignidade, graduação ou categoria. *vtd* **2** Destituir do grau, dignidade ou cargo. *vtd* e *vpr* **3** Aviltar(-se), tornar(-se) desprezível.

dégradé (*degradê*) (*fr*) *sm* Gradação da cor.

de.grau (*lat vulg *degradu*) *sm* **1** Cada uma das partes da escada, em que se põe o pé, para subir ou descer. **2** Grau. **3** *fig* Meio de elevar-se (em dignidade, emprego etc.).

de.gre.da.do (*part* de *degredar*) *adj* Condenado a degredo, desterrado. • *sm* Indivíduo que sofre a pena de degredo, ou foi condenado a degredo.

de.gre.dar (*degredo+ar¹*) *vtd* **1** Condenar a degredo. **2** Desterrar, exilar.

de.gre.do (*lat decretu*) *sm* **1** Pena de desterro que a justiça impõe aos criminosos. **2** A terra onde se cumpre essa pena. **3** Desterro, exílio.

de.grin.go.lar (*fr dégringoler*) *vint* Cair, desmantelar-se; arruinar-se.

de.gus.ta.ção (*lat degustatione*) *sf* **1** Ação de degustar. **2** Processo de classificação pelo paladar. *Prova de degustação:* sistema de prova a que se submetem alguns produtos (café, chá, vinho), experimentando-lhes o aroma e o sabor, a fim de determinar sua classificação comercial.

de.gus.ta.dor (*degustar+dor*) *sm* Aquele que classifica certos produtos com base no paladar.

de.gus.tar (*lat degustare*) *vtd* Tomar o gosto ou sabor de, por meio do paladar.

dei.da.de (*lat deitare*) *sf* Divindade mitológica; deusa.

deis.cên.cia (*lat dehiscentia*) *sf Bot* Abertura espontânea das válvulas ou poros de um órgão vegetal de propagação, para a saída do seu conteúdo.

deis.cen.te (*lat dehiscente*) *adj m+f Bot* Diz-se dos órgãos vegetais que se abrem espontaneamente por linhas de deiscências (suturas), quando chega a maturação: *Fruto deiscente.*

dei.ta.do (*part* de *deitar*) *adj* **1** Estendido horizontalmente; reclinado. **2** Estendido na cama para repousar ou dormir.

dei.tar (*lat dejectare*) *vtd* e *vtdi* **1** Estender ao comprido; pôr ou dispor horizontalmente. *vtd* e *vtdi* **2** Fazer com que repouse estendido horizontalmente na cama. *vtd* **3** Criar, produzir: *As árvores deitavam novos ramos na primavera. vtd* **4** Entornar, verter: *Deitou fora o vinho. vtd* **5** Derramar, emitir, lançar de si: *O ferido deitava sangue pela boca. vtdi* **6** Dirigir (a vista): *Deitou os olhos para a exuberante e pitoresca paisagem. vtdi* **7** Atribuir, imputar (alguma falta ou culpa): *Deitavam a culpa ao governo. vti* **8** Dar entrada ou saída, ter comunicação, ter vista para: *As janelas do seu quarto deitam para a rua. vti* **9** Começar subitamente: *Deitar a correr. vpr* **10** Estender-se para dormir ou descansar. *Deitar e rolar:* abusar de uma posição, oportunidade ou situação privilegiada.

dei.xa-dis.so *sm sing* e *pl pop* Designação dada às pessoas que, numa briga, apartam os brigões. Empregado na locução: *A turma do deixa-disso.*

dei.xar (*lat laxare*) *vtd* **1** Largar, não continuar a reter, soltar. *vtd* **2** Interromper, suspender: *Às 18 horas deixava o trabalho. vtd* **3** Desistir, prescindir de, renunciar a. *vtd* **4** Demitir-se de: *Deixar um emprego. vtd* **5** Não insistir em: *Deixemos esse assunto. vtd* **6** Abandonar, desamparar. *vtd* **7** Produzir, dar: *Deixar um lucro de 30%. vtd* **8** Instituir: *Deixou os enteados por herdeiros de suas propriedades. vtd* **9** Ausentar-se de: *Deixou a pátria, logo que atingiu a maioridade. vtd* **10** Separar-se de: *Deixou a sociedade e abriu sua própria empresa. vtd* **11** Comunicar, imprimir, infundir, transmitir: *Esta cerveja deixa um sabor muito amargo. vtd* **12** Poupar, respeitar: *Os assaltantes levaram o dinheiro mas deixaram as relíquias. vtd* **13** Consentir, permitir: *Não o deixem fugir. vtd* **14** Omitir: *Não o expôs cabalmente, pois deixou os pormenores. vtd* **15** Dar lugar a,

facultar, tornar possível: *O crepúsculo vespertino mal deixava entrever os objetos.* vtd **16** Esperar: *Não saia já, deixe melhorar o tempo.* vtd **17** Não ocupar: *Deixar espaço.* vti **18** Cessar: *Deixar de estar em vigor.* vtd e vtdi **19** Desistir de, optar ou trocar por outro: *Deixou o estudo. Deixou a medicina pelo direito.* vtd e vtdi **20** Legar: *Deixou uma fortuna. Deixa disso!*: fala para impedir ato indébito ou inconveniente, geralmente briga. *Deixar barato, gír:* não se importar, não ligar. *Deixar como está para ver como fica:* ironia para sugerir não interferência em. *Deixar correr:* não fazer caso de. *Deixar em paz:* não importunar, não molestar. *Deixar estar:* deixar ficar como está, não empreender nada. *Deixar pra lá:* esquecer, abandonar, desistir.
déjà vu (*dejá vü*) (*fr*) *sm* Banal, trivial, vulgar.
de.je.ção (*lat dejectione*) *sf* **1** Fisiol Evacuação de matérias fecais. **2** As próprias matérias fecais.
de.je.to (*lat dejectu*) *sm* Fisiol **1** Ação de evacuar excrementos. **2** As próprias matérias fecais expelidas de uma vez. **3** Nome comum a todos os produtos de desassimilação eliminados pelo organismo, qualquer que seja a via de expulsão.
de.la *Gram* Combinação da preposição *de* com o pronome *ela*.
de.la.ção (*lat delatione*) *sf* Ação de delatar; denúncia.
de.la.pi.dar (*lat delapidare*) *vtd* **1** Estragar, arruinar, demolir. **2** *fig* Gastar desmedidamente, desperdiçar, esbanjar. *Var: dilapidar.*
de.la.tar (*lat delatare*) *vtd* **1** Apontar o responsável por infração, crime ou ato reprovável qualquer, com intuito de comprometer o denunciado, ou auferir vantagens. *vpr* **2** Denunciar-se como culpado.
de.la.tor (*lat delatare*) *adj+sm* Diz-se de, ou aquele que delata.
de.le (*ê*) *Gram* Combinação da preposição *de* com o pronome *ele*.
de.le.ção (*lat deletione*) *sf* **1** *Inform* Corte efetuado num documento. **2** *Inform* Texto removido de um documento.
de.le.ga.ção (*lat delegatione*) *sf* **1** Ação de delegar. **2** Comissão dada a uma ou mais pessoas para representar quem a dá. **3** Conjunto de pessoas delegadas para representar outras (em um congresso, *p ex*). **4** *Dir* Cessão, cedência. **5** Delegacia.
de.le.ga.ci.a (*lat delegatu+ia*[1]) *sf* **1** Cargo ou jurisdição de um delegado. **2** Repartição onde o delegado desempenha as funções de seu cargo.
de.le.ga.do (*lat delegatu*) *sm* **1** Aquele que tem autorização de outrem para representá-lo. **2** Comissário. **3** Numa delegacia, a maior autoridade policial.
de.le.gar (*lat delegare*) *vtd* **1** Transmitir por delegação (poderes). **2** Incumbir.
de.lei.tar (*lat delectare*) *vtd* **1** Agradar, causar prazer a, deliciar, proporcionar deleite a. *vpr* **2** Experimentar ou receber grande prazer. *Antôn: aborrecer.*
de.lei.tá.vel (*deleitar+vel*) *adj m+f* Muito agradável.
de.lei.te (*de deleitar*) *sm* **1** Delícia, gosto, regalo. **2** Prazer suave e demorado. **3** Voluptuosidade.
de.lei.to.so (*ô*) (*deleite+oso*) *adj* Que deleita; que dá prazer; que é muito agradável. *Pl: deleitosos* (*ó*).
de.le.tar (*ingl to delete+ar*[1]) *vtd Inform* Apagar, remover, cancelar, destruir.

de.le.té.rio (*gr deletérios*) *adj* **1** Que corrompe, que destrói. **2** Nocivo à saúde. **3** Danoso, desmoralizador. *Antôn* (acepção 2): *salubre.*
del.fim (*lat delphinu*) *sm* **1 Delfim** *Astr* Constelação do hemisfério setentrional. **2** *Zool* Denominação popular que se aplica a todos os cetáceos de tamanho não muito grande; golfinho. **3** Título do herdeiro do trono, na antiga monarquia francesa.
del.fi.ní.deo (*Delfim+ídeo*) *sm* Espécime dos delfinídeos, família de cetáceos de focinho curto como os botos.
del.ga.do (*lat delicatu*) *adj* **1** Pouco espesso, tênue. **2** Pouco encorpado (diz-se de vinhos). **3** Magro, fino. **4** De pouco volume: *Voz delgada.*
de.li.be.ra.ção (*lat deliberatione*) *sf* **1** Ação ou efeito de deliberar. **2** Debate oral de um assunto entre muitas pessoas. **3** Resolução que se toma após uma discussão, ou após um período de reflexão.
de.li.be.ra.do (*part* de *deliberar*) *adj* Que se deliberou; decidido, resolvido, assente.
de.li.be.rar (*lat deliberare*) *vtd* **1** Decidir ou resolver (algo) após discussão e exame. *vpr* **2** Determinar-se, resolver-se consideradamente. *vti e vint* **3** Tomar decisão consultando consigo ou com alguém.
de.li.be.ra.ti.vo (*lat deliberativu*) *adj* **1** Que envolve deliberação: *Voto deliberativo.* **2** Concernente a deliberação.
de.li.ca.de.za (*delicado+eza*) *sf* **1** Qualidade do que ou de quem é delicado. **2** Brandura, ductilidade, maciez, moleza. **3** Debilidade, fraqueza. **4** Fragilidade. **5** Delgadeza, finura. **6** Doçura, suavidade, ternura. **7** Mimo. **8** Delícia, voluptuosidade. **9** Apuro, esmero, perfeição, primor. **10** Escrúpulo, melindre, sensibilidade. **11** Atenção minuciosa, cuidado, discrição. **12** Dificuldade, embaraço, sutileza. **13** Qualidade daquilo que se sente e exprime de maneira delicada. *Antôn* (acepção 6): *grosseria.*
de.li.ca.do (*lat delicatu*) *adj* **1** Brando, dúctil, macio, mole. **2** Débil, fraco, precário. **3** Frágil. **4** Detalhe fino. **5** Doce, suave. **6** Meigo, terno. **7** Mimoso. **8** Delicioso, voluptuoso. **9** Apurado, esmerado, perfeito, primoroso. **10** Escrupuloso, melindroso, sensível. **11** Atencioso, cuidadoso, discreto. **12** Complicado, difícil, sutil. **13** Embaraçoso. **14** Afável, cortês, elegante, obsequioso. **15** Agradável a um paladar educado. **16** Que julga ou aprecia com fino critério. **17** De fácil alteração: *Manteiga é produto delicado.*
de.lí.cia (*lat delicia*) *sf* **1** Sensação agradável ou deleitosa. **2** Aquilo que causa deleite. **3** Prazer intenso. **4** Encanto, gozo, prazer. **5** Voluptuosidade.
de.li.ci.ar (*lat deliciari*) *vtd* **1** Causar delícia a. *vtd* **2** Sentir delícia de. *vpr* **3** Sentir delícia, deleitar-se.
de.li.ci.o.so (*ô*) (*lat deliciosu*) *adj* **1** Que causa delícia. **2** Agradável, aprazível. **3** Encantador, excelente, magnífico. **4** Voluptuoso. **5** Bem-acabado, perfeito. *Antôn* (acepções 2 e 3): *execrável. Pl: deliciosos* (*ó*).
de.li.mi.tar (*lat delimitare*) *vtd* **1** Fixar os limites de; extremar, demarcar. **2** Circunscrever, restringir, limitar.
de.li.ne.ar (*lat delineare*) *vtd* **1** Esboçar, projetar, fazer os traços gerais de. **2** Delimitar, demarcar; dispor as partes principais de. **3** Dar ideia geral ou

sucinta de: *São muitas as virtudes que delineiam esse vulto ilustre.* Conjuga-se como *frear*.
de.lin.quên.cia (*qwe*) (*lat delinquentia*) *sf* Estado ou qualidade de delinquente.
de.lin.quen.te (*qwe*) (*lat delinquente*) *adj e s m+f* Que, ou quem delinquiu.
de.lin.quir (*qwi*) (*lat delinquere*) *vti e vint* Cometer delito. Conjuga-se como *abolir*. *Ger: delinquindo; Part: delinquido.*
de.li.ran.te (*lat delirante*) *adj m+f* **1** Que delira. **2** Extravagante, insensato, semelhante ao delírio. **3** *pop* Que entusiasma; que arrebata; que encanta. **4** Excessivo. **5** Extraordinário.
de.li.rar (*lat delirare*) *vint* **1** *Med* Estar em delírio. **2** Exaltar-se, ficar fora de si. **3** Disparatar: *Isso é absurdo! Você está delirando. vti e vint* **4** Tresvariar: *Delirar de prazer.*
de.lí.rio (*lat deliriu*) *sm* **1** Exaltação de espírito, alucinação. **2** Excesso de paixão ou sentimento. **3** *fig* Entusiasmo, excessivo. **4** *Psiq* Desvairamento, perturbação temporária das faculdades intelectuais, motivada por moléstia e caracterizada por excitação mental, desassossego, desorientação, incoerência da fala e muitas vezes alucinações.
de.li.to (*lat delictu*) *sm* **1** Fato ofensivo às leis ou aos preceitos do direito e da moral; crime, culpa, falta. **2** Infração de preceito ou regra estabelecida. *Flagrante delito*: delito em que o agente que o pratica é surpreendido.
de.li.tu.o.so (*ô*) (*delito+oso*) *adj* Em que há delito. *Pl: delituosos (ó).*
de.lon.ga (de *delongar*) *sf* **1** Demora. **2** Embaraço para demorar a execução de algum ato. *Antôn: pontualidade.*
de.lon.gar (*de+longo+ar¹*) *vtd* **1** Demorar, retardar. **2** Adiar.
del.ta (*gr délta*) *sm* **1** Quarta letra do alfabeto grego (Δ, δ). **2** *Geogr* Foz de um rio, ramificada em forma triangular ou em leque, com terra aluvial entre os braços.
de.ma.go.gi.a (*gr demagogía*) *sf* **1** Governo ou predomínio das facções populares. **2** Opinião ou política que favoreçe as paixões populares e promete sem poder cumprir. **3** Excitação das paixões populares por promessas vãs ou irrealizáveis.
de.ma.gó.gi.co (*gr demagogikós*) *adj* Pertencente ou relativo à demagogia.
de.ma.go.go (*ô*) (*gr demagogós*) *sm* **1** Partidário ou sectário da demagogia. **2** Agitador ou revolucionário que excita as paixões populares, dizendo-se defensor dos seus interesses.
de.mais (*de+mais*) *adv* Em demasia ou excesso: *Ficou rouco porque gritou demais.* • *conj* Ademais, além disso: *Não devia ter-se metido na polêmica. Demais, ninguém pediu sua opinião.* • *adj* Demasiado, excessivo: *Isso é demais!* • *pron adj indef* **1** Outros(as), restantes: *Li os demais livros. pron subst indef* **2** Outro(a, os, as), restante(s): *Aproveite o que é bom e jogue fora o demais.*
de.man.da (de *demandar*) *sf* **1** Ação de demandar. **2** *Dir* Ação judicial proposta e disputada contenciosamente; causa, litígio, pleito. **3** Disputa, discussão. **4** *Econ* Procura, pela indústria e pelo comércio, de produtos e serviços. *Em demanda de:* à procura de, à cata de; em busca de.

de.man.dar (*lat demandare*) *vtd* **1** Intentar ação judicial contra. *vtd* **2** Pedir, requerer: *Demandar justiça. vtd* **3** Exigir: *A construção desse edifício demandará muito tempo. vtd* **4** Precisar de, ter necessidade de: *A casa demandava nova pintura. vtd* **5** Procurar: *Demandar asilo. vint* **6** Propor demanda. *vint* **7** Disputar.
de.mão (*de+mão*) *sf* **1** Cada camada de tinta ou cal que se aplica sobre uma superfície, parede, móvel etc. **2** Cada uma das vezes em que se retoma um trabalho ou um assunto. **3** Ajuda, auxílio. *Pl: demãos.*
de.mar.ca.ção (*de+marcação*) *sf* **1** Ação de demarcar. **2** Determinação de limites por meio de marcos ou balizas; delimitação. **3** Distinção, separação.
de.mar.car (*de+marcar*) *vtd* **1** Marcar, determinar os limites de; delimitar. **2** Constituir o limite de: *Um muro de terra batida demarcava a chácara.*
de.ma.si.a (*demais+ia¹*) *sf* **1** O que é demais, o que excede, o que sobeja. **2** Desregramento, abuso, excesso. *Em demasia:* excessivamente.
de.ma.si.a.do (*part de demasiar*) *adj* **1** Que é demais; excessivo. **2** Supérfluo. **3** Desregrado, imoderado. • *adv* Excessivamente.
de.mên.cia (*lat dementia*) *sf* **1** *Psiq* Forma adquirida de loucura, caracterizada por incoerência de ideias e ações, o que, por isso, torna seu portador psiquicamente inadaptável à convivência social e juridicamente incapaz de cuidar de sua pessoa e seus bens. **2** Insensatez, loucura. **3** Procedimento insensato.
de.men.te (*lat demente*) *adj e s m+f* **1** Que, ou quem sofre de demência. **2** Louco. **3** Insensato.
de.mé.ri.to (*de+mérito*) *adj* Falto de mérito; que perdeu o merecimento. • *sm* Falta de mérito; desmerecimento.
de.mis.são (*lat demissione*) *sf* **1** Ato ou efeito de demitir, ou de se demitir. **2** Exoneração, destituição. *Pl: demissões.*
de.mis.si.o.ná.rio (*demissão+ário*) *adj* **1** Que se demitiu. **2** Que pediu demissão.
de.mi.ti.do (*part de demitir*) *adj* + *sm* Que, ou o que teve ou recebeu demissão.
de.mi.tir (*lat demittere*) *vtd* **1** Despedir, exonerar. *vtd* **2** Afastar, renunciar. *vtd e vpr* **3** Destituir(-se) de um emprego, cargo ou dignidade.
de.mo (*gr daímon*, pelo *lat*) *sm* **1** Demônio, diabo. **2** Pessoa turbulenta. **3** Homem de mau gênio. **4** Pessoa ardilosa, astuciosa. **5** Versão não finalizada para demonstração de fitas (áudio ou vídeo) ou programa de computador.
de.mo.cra.ci.a (*gr demokratía*) *sf* **1** *Polít* Governo do povo. **2** *Polít* Sistema político baseado no princípio da participação do povo: 1) na continuação do poder governamental por meio do voto e 2) na divisão equitativa do poder. **3** O povo, as classes populares.
de.mo.cra.ta (*demo+crata*) *adj* **1** Que professa princípios democráticos. **2** Popular, sem cerimônia, simples no trato. • *s m+f* **1** Pessoa partidária da democracia. **2** Pessoa que pertence à classe popular ou que não gosta da aristocracia.
de.mo.crá.ti.co (*gr demokratikós*) *adj* **1** Que se refere a democracia, ou lhe pertence. **2** Popular. • *sm* Partidário da democracia.
de.mo.cra.ti.za.ção (*democratizar+ção*) *sf* Ação ou efeito de democratizar.

de.mo.cra.ti.za.do (*part* de *democratizar*) *adj* **1** Que se converteu à democracia. **2** Popularizado.

de.mo.cra.ti.zar (*lat democratizare*) *vtd* **1** Dar feição democrática a. **2** Popularizar.

de.mo.dê (*fr demodé*) *adj* Fora de moda.

de.mo.gra.fi.a (*demo+grafo+ia*[1]) *sf Sociol* Estudo estatístico da população no que se refere a nascimento, falecimento, emigração etc.

de.mo.grá.fi.co (*demógrafo+ia*[1]) *adj* Concernente à demografia.

de.mó.gra.fo (*demo+grafo*) *sm* Indivíduo que se ocupa de demografia.

de.mo.li.ção (*lat demolitione*) *sf* Ação ou efeito de demolir. *Antôn: construção.*

de.mo.li.dor (*lat demolitore*) *adj + sm* Que, ou o que pratica demolição.

de.mo.lir (*lat *demolire,* por *demoliri*) *vtd* **1** Derrubar, desmantelar (construção, edifício). **2** *fig* Aniquilar, arruinar, destruir. *Conjug:* é defectivo; conjuga-se como *abolir.*

de.mo.ní.a.co (*lat daemoniacu*) *adj* **1** Do demônio; diabólico, satânico. **2** Endemoninhado, possesso.

de.mô.nio (*gr daímon*) *sm* **1** *Rel* Nas religiões judaica e cristã, anjo caído, rebelado contra Deus; anjo do mal, Lúcifer, Satanás, Belzebu, Diabo. **2** A própria personificação do mal. **3** *fig* Pessoa má, perversa; diabo. **4** *fig* Criança travessa.

de.mons.tra.ção (*lat demonstratione*) *sf* **1** Ação de demonstrar. **2** Raciocínio de que se conclui a verdade de uma proposição. **3** Prova. **4** Lição prática e experimental. **5** Manifestação, mostra (de algum sentimento ou intenção).

de.mons.trar (*lat demonstrare*) *vtd* **1** Provar com um raciocínio convincente. *vtd* **2** Descrever e explicar de maneira ordenada e pormenorizada, com auxílio de exemplos, espécimes ou experimentos. *vtd* e *vtdi* **3** Indicar ou mostrar mediante sinais exteriores; manifestar, fazer ver: *Demonstrar antipatia, aversão, despeito. vtd* e *vpr* **4** Dar(-se) a conhecer, revelar(-se): *Esse fato demonstra o seu erro.*

de.mons.tra.ti.vo (*lat demonstrativu*) *adj* Que demonstra ou serve para demonstrar. • *adj + sm Gram* Diz-se dos, ou os pronomes que determinam o nome, ajuntando-lhe a ideia de posição ou identidade: *este, esse, aquele, isto, isso, aquilo, mesmo, próprio, tal.*

de.mons.trá.vel (*lat demonstrabile*) *adj m+f* Que se pode demonstrar.

de.mo.ra (*de+mora*) *sf* **1** Ação de demorar. **2** Atraso, delonga, detença, tardança. **3** Paragem, pausa, espera (com referência ao tempo). **4** Permanência. *Antôn* (acepção 2): *brevidade, pressa.*

de.mo.ra.do (*part* de *demorar*) *adj* Que demora, tardio, moroso.

de.mo.rar (*lat demorari*) *vtd* **1** Delongar, deter, levar muito tempo. *vtd* **2** Atrasar, retardar. *vti, vint* e *vpr* **3** Custar, tardar. *vti* e *vpr* **4** Ficar, permanecer: *Demorou no Rio vinte dias. Demora-se em São Paulo poucos dias. Antôn* (acepções 1, 2 e 3): *apressar.*

de.mo.ver (*lat demovere*) *vtd* **1** Deslocar. *vtd* e *vtdi* **2** Dissuadir, fazer renunciar a uma opinião: *Ninguém o demoverá. É meu dever demovê-la dessa tenebrosa ideia. vpr* **3** Dissuadir-se, renunciar a uma pretensão: *Com essas razões apenas não se demoverá de seu objetivo. vpr* **4** Abalar-se: *Nem se demoveu a ouvir-nos.*

den.dê (*quimbundo ndende*) *sm* **1** V *dendezeiro.* **2** O fruto do dendezeiro.

den.de.zei.ro (*dendê+z+eiro*) *sm Bot* Palmeira alta, originária da África, mas aclimada no Brasil, que dá o dendê.

de.ne.ga.ção (*lat denegatione*) *sf* **1** Ação de denegar. **2** Recusa. **3** Declaração pela qual se sustenta que um fato é falso.

de.ne.gar (*lat denegare*) *vtd* **1** Negar: *Denegar um crime. vtd* **2** Indeferir. *vtd* **3** Não admitir: *O juiz denegou a homologação requerida. vtd* **4** Renegar. *vtd* **5** Desmentir. *vpr* **6** Recusar-se: *Denegou-se a subscrever o abaixo-assinado.*

de.ne.gri.do (*part* de *denegrir*) *adj* **1** Que se denegriu. **2** Enegrecido, fosco.

de.ne.grir (*de+negro+ir*) *vtd* **1** Macular, manchar, infamar. *vtd* e *vpr* **2** Tornar(-se) negro ou escuro: *As chamas denegriram a parede. A sua pele denegriu-se. Conjuga-se como prevenir.*

den.go.so (*ó*) (*dengo+oso*) *adj* **1** Cheio de dengues. **2** De gestos e maneiras afetados. **3** Birrento, choraminges (diz-se de crianças). *Pl:* dengosos (*ó*).

den.gue (*quimbundo ndenge*) *adj* **1** Afetado, dengoso, presumido. **2** Vaidoso. **3** Mulherengo. • *sm* **1** Birra de criança, choradeira. **2** Melindre feminino. **3** Faceirice, requebro. *sf Med* Doença febril infecciosa, cujos sintomas sobrevêm repentinamente e se caracteriza por fortes dores na cabeça, olhos, músculos e articulações, inflamação da garganta, sintomas catarrais e às vezes erupções cutâneas e inchações doloridas. É causada por um vírus filtrável, transmitido por duas espécies de mosquitos, o *Aedes aegypti* e o *Aedes albopictus.*

den.gui.ce (*dengue+ice*) *sf* **1** Qualidade de quem é dengoso. **2** Afetação, requebro. **3** Melindre feminino.

de.no.mi.na.ção (*lat denominatione*) *sf* **1** Ação de denominar. **2** Designação, nome.

de.no.mi.na.dor (*lat denominatore*) *adj + sm* Que ou o que denomina, dá o nome ou designa pelo nome. • *sm Mat* Termo de uma fração que se escreve por baixo do traço, e indica em quantas partes foi dividida a unidade. *Denominador comum, Mat:* Múltiplo de todos os denominadores de uma série de frações ordinárias.

de.no.mi.nar (*lat denominare*) *vtd* **1** Dar nome ou apelido a; nomear. *vpr* **2** Ter ou atribuir-se o nome ou apelido de; ser chamado de; chamar-se.

de.no.ta.ção (*lat denotatione*) *sf* **1** Ação de denotar. **2** Indicação, sinal.

de.no.tar (*lat denotare*) *vtd* **1** Designar por meio de notas ou sinais; indicar, mostrar, revelar. **2** Significar, simbolizar.

de.no.ta.ti.vo (*denotar+ivo*) *adj* **1** Que tem a faculdade de denotar. **2** Que denota; indicativo, designativo.

den.si.da.de (*lat densitate*) *sf* **1** Qualidade ou estado do que é denso. **2** *Fís* Relação entre a massa de um corpo e o seu volume; massa específica. **3** *Sociol* Concentração de população: *A Itália tem grande densidade. Densidade demográfica:* número médio de habitantes por quilômetro quadrado; população relativa. *Densidade de tráfego:* quantidade de tráfego de determinada via de transporte, em uma dada unidade de tempo. *Densidade populacional:* número médio de indivíduos por unidade de superfície de um país.

den.so (*lat densu*) *adj* **1** Cerrado. **2** Compacto. **3** Espesso. **4** Carregado, escuro, negro. **5** Diz-se de um corpo que pesa muito ou tem muita matéria, comparado com outros corpos de mesmo volume. *Antôn* (acepção 5): *rarefeito*.

den.ta.da (*dente+ada¹*) *sf* **1** Ferimento com os dentes; mordidela. **2** Sinal da mordedura. **3** *gír* Pedido de dinheiro; facada.

den.ta.do (*dente+ado¹*) *adj* **1** Provido de dentes. **2** Recortado em dentes. **3** Que foi ferido com os dentes.

den.ta.du.ra (*dentar+dura*) *sf* **1** Conjunto dos dentes, nas pessoas e nos animais. **2** Prótese dentária (ponte etc.). **3** Conjunto dos dentes de uma roda ou outra peça dentada de uma engrenagem.

den.tal (*lat dentale*) *adj m+f* Pertencente ou relativo aos dentes.

den.tar (*dente+ar¹*) *vtd* **1** Dar dentada em; morder. **2** Dentear, recortar.

den.tá.rio (*lat dentariu*) *adj* Pertencente ou relativo aos dentes.

den.te (*lat dente*) *sm Anat* Cada um dos órgãos ósseos, duros e lisos que guarnecem as maxilas do homem e de certos animais, servindo especialmente para a divisão e trituração dos alimentos. *Dentes caninos:* os que ficam entre os pré-molares e os incisivos. *Dentes de engrenagem:* saliências de uma peça que entram nas cavidades de outra de um aparelho, para lhe comunicar movimentos. *Dentes de leite:* os da primeira dentição. *Dentes do siso:* os quatro últimos molares, que geralmente só rompem na idade adulta. *Dentes incisivos:* os quatro situados entre os dois caninos ou presas de cada maxila. *Dentes molares:* os que guarnecem a parte posterior do rebordo alveolar. *Dentes permanentes:* no homem, os trinta e dois dentes da segunda dentição. *Dentes pré-molares:* os que ficam situados entre os caninos e os molares; dentes bicúspides. *Armado até os dentes:* muito armado. *Bater os dentes:* tremer de frio ou de medo. *Mostrar os dentes:* a) ameaçar; b) rir-se. *Não caber na cova de um dente:* ser coisa muito pequena. *Tem dente de coelho:* há algo suspeito. **2** Proeminência por meio da qual se unem duas peças.

den.te.a.do (*part* de *dentear*) *adj* Recortado em forma de dentes; orlado de saliências em forma de dentes.

den.te.ar (*dente+e+ar¹*) *vtd* **1** Formar dentes em. **2** Recortar, chanfrar. Conjuga-se como *frear*.

den.ti.ção (*lat dentitione*) *sf Odont* **1** Formação e nascimento dos dentes. **2** O conjunto dos dentes. *Dentição de leite:* primeira dentição. *Dentição permanente:* segunda dentição.

den.ti.frí.cio (*lat dentifriciu*) *adj + sm* Que, ou o que serve para limpar os dentes.

den.ti.na (*dente+ina*) *sf Odont* Substância ou tecido principal dos dentes, semelhante a osso, porém mais dura e densa, que circunda a polpa e é coberta pelo esmalte nas partes expostas e pelo cemento na parte implantada no maxilar; marfim.

den.tis.ta (*dente+ista*) *s m+f* Profissional que trata de moléstias dentárias e restaura ou substitui dentes danificados ou perdidos.

den.tre (*de+entre*) *prep* **1** Do meio de. **2** No meio de.

den.tro (*lat de intro*) *adv* **1** Interiormente. **2** Na parte interior. *Estar por dentro:* estar informado, ciente.

den.tu.ça (de *dentuço*) *sf pop* Conformação dentária que apresenta os dentes incisivos grandes e salientes. *s m+f* Pessoa que tem dentes grandes e malfeitos ou salientes.

den.tu.ço (*dento+uço*) *adj + sm* Que, ou aquele que tem dentuça.

de.nún.cia (de *denunciar*) *sf* **1** Ação de denunciar. **2** Delação. **3** Indício ou sinal de alguma coisa oculta. **4** Exposição escrita pelo representante do Ministério Público ao juiz criminal competente, indicando o autor de um crime e pedindo para ele as penas prescritas em lei. *Denúncia vazia, Dir:* direito que um locador tem de rescindir o contrato de um aluguel, sem necessidade de outra justificativa a não ser sua própria conveniência.

de.nun.ci.ar (*lat denuntiare*) *vtd* e *vtdi* **1** Dar ou fazer denúncia de; delatar; dar parte de. *vtd* e *vtdi* **2** Noticiar, participar (o que era secreto). *vtd* e *vtdi* **3** Anunciar, declarar, publicar. *vtd* e *vpr* **4** Dar(-se) a conhecer. *vpr* **5** Mostrar-se, revelar-se.

de.pa.rar (*de+parar*) *vtd* e *vpr* Fazer achar ou encontrar, fazer aparecer de repente; defrontar-se.

de.par.ta.men.tal (*departamento+al¹*) *adj m+f* Pertencente ou relativo a departamento.

de.par.ta.men.to (*fr département*) *sm* **1** Repartição pública. **2** Divisão, seção de uma empresa. **3** Circunscrição marítima dividida em capitanias de portos. **4** Divisão administrativa da França e de alguns outros países.

de.pau.pe.ra.do (*part* de *depauperar*) *adj* **1** Empobrecido. **2** Exausto, esgotado. **3** Extenuado, debilitado.

de.pau.pe.rar (*lat depauperare*) *vtd* e *vpr* **1** Tornar(-se) pobre. **2** Esgotar(em-se) as forças, os recursos de; extenuar(-se).

de.pe.na.do (*part* de *depenar*) *adj* **1** A que tiraram as penas, ou que as perdeu. **2** *pop* Que ficou sem dinheiro.

de.pe.nar (*de+pena+ar¹*) *vtd* **1** Tirar as penas a: *Depenar um frango*. **2** *pop* Espoliar astuciosamente; extorquir. **3** *pop* Retirar as peças de um veículo abandonado ou roubado.

de.pen.dên.cia (*lat dependentia*) *sf* **1** Estado de dependente. **2** Conexão, correlação. **3** Anexo de outro. **4** Domínio, possessão, colônia. **5** Subordinação, sujeição. **6** Edificação anexa a outra principal. **7** *por ext* Cada uma das divisões de uma casa; compartimento. *Antôn* (acepções 1, 2 e 5): *independência, autonomia*.

de.pen.den.te (*lat dependente*) *adj m+f* **1** Que depende. **2** Subordinado. **3** Que tem conexão ou relação imediata. **4** Anexo. **5** Sujeito. **6** Que depende da autoridade ou do poder de alguém. **7** Sem bens próprios ou com poucos haveres. • *s m+f* **1** Pessoa que não sobrevive sozinha. **2** Pessoa viciada em drogas, bebidas ou medicamentos. *Antôn* (acepções 1, 2, 5, 6 e 7): *independente*.

de.pen.der (*lat dependere*) *vti* **1** Estar na dependência de. **2** Estar subordinado ou sujeito a. **3** Estar sob

o arbítrio, domínio ou influência. **4** Derivar, proceder, resultar: *O lucro da empresa dependerá do volume do investimento.* **5** Estar ligado, fazer parte.
de.pen.du.rar (*de+pendurar*) *V pendurar.*
de.pi.la.ção (*depilar+ção*) *sf* **1** Ação ou efeito de depilar. **2** Queda dos cabelos ou dos pelos.
de.pi.la.dor (*depilar+dor*) *adj* Depilatório; que depila. • *sm* Preparado químico ou aparelho utilizado na remoção de pelos.
de.pi.lar (*lat depilare*) *vtd* **1** Arrancar, remover ou destruir o pelo ou o cabelo de. *vpr* **2** Raspar-se.
de.pi.la.tó.rio (*depilar+ório*) *adj* Que depila. • *sm* **1** Cosmético para a remoção temporária de pelos indesejáveis. **2** Preparação química usada para remover pelos, lã ou cerdas de peles.
de.plo.ra.ção (*lat deploratione*) *sf* **1** Ato de deplorar. **2** Palavras com que se deplora.
de.plo.rar (*lat deplorare*) *vtd* **1** Lamentar, lastimar, prantear: *Vendo-os assim, quem não os deplorará? vtd* **2** Censurar, julgar mal. *vpr* **3** Lamentar-se, lastimar-se, prantear-se.
de.plo.rá.vel (*lat deplorabile*) *adj m+f* **1** Digno de deploração; lamentável, lastimável. **2** Penoso, funesto. **3** Detestável, inferior, péssimo.
de.po.en.te (*lat depoente*) *adj m+f* **1** Que depõe. **2** *Gram* Diz-se de verbos ou expressões verbais que, embora aparentemente de forma passiva, têm significação ativa: *Pedro é viajado* (Pedro viajou muito). • *adj* e *s m+f Dir* Que, ou quem depõe em juízo; testemunha, declarante.
de.po.i.men.to (*depoer+mento*) *sm* **1** Ação ou efeito de *depor* (acepção 5). **2** *Dir* O que uma ou mais testemunhas, ou as partes em um processo, afirmam verbalmente em juízo. **3** Auto ou escrito onde consta a prova testemunhal. **4** Lição: *O depoimento das Escrituras Sagradas.*
de.pois (*de+lat post*) *adv* **1** Posteriormente; em seguida (no tempo e no espaço). **2** Expressão interrogativa com que convidamos alguém a prosseguir numa narração. **3** Além disso. *Depois de, loc prep:* em seguida a, atrás ou após de (no tempo ou no espaço); em posição inferior a. *Depois que, loc conj:* desde o tempo em que, posteriormente ao tempo que; logo que, quando.
de.por (*lat deponere*) *vtd* **1** Pôr de parte, ou no chão (alguma coisa que se trazia): *Depor as armas. vti* **2** Fornecer indícios ou provas. *vtdi* **3** Colocar, depositar: *Depôs o seu dinheiro em um banco. vtdi* **4** Confiar, entregar: *Depôs a sua saúde nas mãos do médico. vint* **5** *Dir* Fazer depoimento em juízo. *vtd* e *vtdi* **6** Demitir, despojar, destituir de cargo, dignidade, ou emprego: *As forças armadas depuseram o governo. vpr* **7** Depositar-se: *Quando a água finalmente parou de se agitar, os sais depuseram-se todos no fundo da banheira. Depor a coroa:* abdicar. *Depor as armas:* render-se. Conjuga-se como *pôr.*
de.por.ta.ção (*lat deportatione*) *sf* Ação ou efeito de deportar; degredo, desterro, exílio, expatriação.
de.por.ta.do (*lat deportatu*) *adj + sm* Que, ou o que foi condenado a deportação.
de.por.tar (*lat deportare*) *vtd* Impor a pena de expatriação a; degredar, desterrar, exilar, banir.
de.po.si.ção (*lat depositione*) *sf* **1** Ato ou efeito de depor(-se). **2** Exoneração, destituição.

de.po.si.ta.do (*part* de *depositar*) *adj* Que se depositou; posto em depósito.
de.po.si.tan.te (de *depositar*) *adj* e *s m+f* Que, ou quem faz um depósito.
de.po.si.tar (*depósito+ar*[1]) *vtd* **1** Pôr em depósito num banco ou estabelecimento semelhante. *vtd* **2** Entregar em um depósito para guardar. *vtd* **3** Colocar, pôr. *vtd* **4** Comunicar, confiar: *Não tinha um amigo em cujo coração pudesse depositar o segredo do seu destino. vpr* **5** Formar depósito no fundo de um líquido; sedimentar-se, assentar-se, precipitar-se.
de.po.si.tá.rio (*lat depositariu*) *sm* **1** Aquele que recebe em depósito. **2** Aquele que detém (a posse de algo); detentor. **3** Confidente.
de.pó.si.to (*lat depositu*) *sm* **1** Ação de depositar. **2** Aquilo que se depositou. **3** Alguma coisa dada como penhor ou garantia do cumprimento de uma obrigação. **4** Lugar onde guardam provisoriamente certas mercadorias e materiais; armazém: *Depósito de materiais de construção.* **5** Reservatório (de água). **6** Impurezas ou outros materiais que se depõem no fundo de um líquido; sedimento. **7** Matéria depositada por algum processo natural: *A enchente deixou grandes depósitos de areia nas margens do rio.*
de.pos.to (*ô*) (*part* de *depor*) *adj* Que se depôs; destituído de cargo ou dignidade. *Pl: depostos (ó).*
de.pra.va.ção (*lat depravatione*) *sf* **1** Ação ou efeito de depravar. **2** Corrupção, degeneração. **3** *Med* Alteração mórbida.
de.pra.va.do (*part* de *depravar*) *adj* **1** Corrompido, corrupto, pervertido, devasso. **2** Malvado, perverso. **3** Estragado.
de.pra.var (*lat depravare*) *vtd* **1** Corromper, perverter (no sentido físico e moral): *Os maus hábitos depravam o homem. vtd* **2** *Med* Alterar: *Certas iguarias depravam a digestão. vtd* **3** Falsificar: *Depravou seus documentos pessoais. vpr* **4** Degenerar, estragar-se, perverter-se: *Essa gente deprava-se em orgias continuadas.*
de.prê (*red* de *depressivo*) *adj gír* **1** Deprimido: *Hoje estou meio deprê.* **2** Depressivo: *O filme é totalmente deprê.*
de.pre.ci.a.ção (*depreciar+ção*) *sf* **1** Ação ou efeito de depreciar. **2** Baixa de preço ou de valor; desvalorização; deságio. **3** *fig* Rebaixamento, menosprezo. *Antôn:* valorização.
de.pre.ci.a.do (*part* de *depreciar*) *adj* Que sofre depreciação.
de.pre.ci.ar (*lat depretiare*) *vtd* **1** Causar depreciação a; rebaixar o valor de; desvalorizar: *Depreciar os méritos de uma pessoa, depreciar um livro. vtd* **2** Desestimar, desprezar, menosprezar: *Depreciar lembranças, recordações. vpr* **3** Perder em consideração, estima, valor: *Foi ingrato, depreciou-se. Antôn:* valorizar, enaltecer.
de.pre.ci.a.ti.vo (*depreciar+ivo*) *adj* Que envolve depreciação, desvalorização.
de.pre.da.ção (*lat depraedatione*) *sf* **1** Ação de depredar. **2** *Dir* Ato de invadir violentamente a propriedade alheia, e ali praticar roubo ou causar quaisquer outros danos materiais graves. **3** Esbanjamentos numa administração.

de.pre.da.dor (*lat depraedatore*) *adj + sm* Que, ou o que pratica depredação. *Col: horda.*

de.pre.dar (*lat depredari*) *vtd* **1** Devastar, estragar, assolar. **2** Espoliar, roubar, saquear.

de.pre.en.der (*lat deprehendere*) *vtd* **1** Compreender, perceber. **2** Deduzir, inferir: *Dessa resposta depreendeu que o amigo já não era o mesmo.*

de.pres.sa (*de+pressa*) *adv* **1** Com pressa, rapidamente, sem demora. **2** Em pouco tempo. *Antôn: devagar.*

de.pres.são (*lat depressione*) *sf* **1** Ação de deprimir (-se). **2** Abaixamento de nível. **3** Achatamento, sulco ou cavidade pouco profunda. **4** *Geol* Extensão de terreno abaixo do nível do solo circundante; baixa; concavidade: *Os vales dos rios são depressões do terreno.* **5** *fig* Abatimento (físico ou moral). **6** Diminuição. **7** *Meteor* Baixa pressão atmosférica. **8** *Econ polít* Período de baixa atividade econômica geral, caracterizado por desemprego em massa, deflação, uso decrescente de recursos e baixo nível de investimentos. **9** *Mec* Pressão insuficiente. **10** *Psiq* Estado mental patológico caracterizado por ansiedade, apatia, desespero etc., com falta de ânimo quanto a qualquer atividade.

de.pres.si.vo (*lat depresu+ivo*) *adj* **1** Deprimente. **2** Que causa depressão. **3** Que revela depressão. **4** *Med* Que diminui a atividade funcional. • *sm* Medicamento que reduz a atividade funcional e as energias vitais em geral pela produção de relaxamento muscular.

de.pri.men.te (de *deprimir*) *adj m+f* **1** Que deprime; depressivo. **2** Que abate as forças. **3** Aviltante. **4** Humilhante.

de.pri.mi.do (*part* de *deprimir*) *adj* **1** Que apresenta depressão. **2** Abatido, debilitado.

de.pri.mir (*lat deprimere*) *vtd* **1** Causar depressão em; abaixar, abater, achatar: *Sucessivos golpes deprimiram a grande massa de argila.* *vtd* **2** Debilitar, enfraquecer: *Este clima deprime o organismo.* *vtd* **3** Menosprezar: *Exaltar o passado e deprimir o presente é próprio de velhos.* *vpr* **4** Sofrer depressão: *O pulso deprimiu-se.* *vtd* e *vpr* **5** Aviltar(-se), humilhar(-se): *Procurou deprimir a fama de um grande escritor. É tão modesto e acanhado que se deprime.* *Antôn* (acepções 3 e 5): *elevar, exaltar.*

de.pu.ra.ção (*depurar+ção*) *sf* **1** Ação de depurar (-se). **2** Separação espontânea das fezes de um líquido. **3** Limpeza. **4** *Med* Ato pelo qual o organismo se liberta de substâncias inúteis ou nocivas.

de.pu.ra.do (*part* de *depurar*) *adj* Que se depurou; purificado, limpo.

de.pu.rar (*lat med depurare*) *vtd* **1** Limpar: *A destilação é um processo capaz de depurar a água.* *vtd*, *vtdi* e *vpr* **2** Purificar(-se), tornar(-se) puro ou mais puro: *Depurou-se pelo trabalho e pelo altruísmo. O arrependimento depura-nos de intenções culposas.*

de.pu.ra.ti.vo (*depurar+ivo*) *adj + sm* **1** Que, ou o que depura. **2** *Med* Diz-se de, ou medicamento (ou ato fisiológico) que tem a propriedade de limpar o organismo de substâncias nocivas ou inúteis a seu bom funcionamento. *Var: depuratório.*

de.pu.ta.ção (*lat deputatione*) *sf* **1** Ato de deputar. **2** Grupo de pessoas encarregadas de uma missão.

de.pu.ta.do (*part* de *deputar*) *sm* **1** Aquele que, em comissão, trata de negócios alheios. **2** Membro de assembleia legislativa. *Fem: deputada.*

de.pu.tar (*lat deputare*) *vtdi* Encarregar alguém de uma missão; delegar, incumbir: *Deputou alguns capangas a amedrontar as fazendas vizinhas.*

de.que (*ingl deck*) *sm* **1** *Mar* Piso de convés de embarcações. **2** *por ext Arquit* Terraço ou plataforma com tábuas.

derby (*dérbi*) (*ingl*) *sm Turfe* A mais importante e tradicional corrida de cavalos inglesa, disputada em Epsom pela primeira vez no séc. XVII, e que veio a dar nome ao primeiro clube brasileiro voltado para esse esporte, no Rio de Janeiro, depois substituído por Jóquei Club.

de.ri.va (de *derivar*) *sf* **1** *Náut* Desvio do rumo. **2** *Náut* Flutuação do navio ao sabor da corrente ou do vento: *O navio flutuava à deriva.* **3** *Náut* Movimento unidirecional ou correnteza fraca da água superficial oceânica, devido a vento ou diferença de temperatura. **4** *Aeron* Deslocamento lateral de um avião em voo, devido a correntes de ar. **5** Desvio lateral de um projétil, causado por fatores estranhos, tais como vento ou resistência do ar. *À deriva:* perdido; sem rumo, ao sabor da corrente: *O barco andava à deriva.*

de.ri.va.ção (*lat derivatione*) *sf* **1** Ação ou efeito de derivar ou de desviar as águas do curso que seguiam. **2** Ramificação, bifurcação, ramal. **3** Objeto que deriva ou procede de outro. **4** *Gram* Processo de formação de palavras por meio da ampliação ou abreviação de uma palavra base (primitiva).

de.ri.va.da (de *derivado*) *sf Mat* Limite de aumento de variação de uma função com relação ao aumento da variável, quando este tende para zero. *Derivada ordinária:* a derivada de uma função variável única. *Derivada parcial:* a derivada de uma função de diversas variáveis em relação a apenas uma delas, quando as demais permanecem constantes.

de.ri.var (*lat derivare*) *vtd* **1** Desviar do seu curso; mudar de direção. *vtdi* **2** Fazer provir ou resultar; tirar a origem de. *vtdi* **3** Resultar, seguir-se. *vti* e *vpr* **4** Descender, originar-se, provir, tirar a sua origem: *Esta palavra deriva do latim.*

de.ri.va.ti.vo (*lat derivativu*) *adj* Relativo à derivação. • *sm* Ocupação com objetivo de distrair e divertir para tentar esquecer de acontecimentos desagradáveis ou situações preocupantes.

der.ma (*gr dérma*) *sm* **1** *Anat* Tecido que forma a camada de pele subjacente à epiderme. **2** Pele, couro. *Var: derme.*

der.ma.ti.te (*dérmato+ite*[1]) *sf Med* Inflamação da pele, caracterizada por vermelhidão, inchamento, supuração, incrustação ou escamação.

der.ma.to.lo.gi.a (*dérmato+logo+ia*[1]) *sf Med* Ramo da medicina que estuda a pele, sua estrutura, funções e doenças.

der.ma.to.ló.gi.co (*dérmato+logo+ico*[2]) *adj* Relativo à dermatologia.

der.ma.to.lo.gis.ta (*dérmato+logo+ista*) *adj m+f* Versado em dermatologia. • *s m+f* **1** Pessoa versada em dermatologia. **2** Médico especialista em doenças da pele.

der.ma.to.se (*dérmato+ose*) *sf Med* Designação genérica de todas as doenças da pele.

der.me (*gr dérma*) *V* derma. (A palavra *derme* é muito usada por causa da analogia com *epiderme*.)

der.ra.dei.ro (*lat vulg *derretrariu*) *adj* **1** Que fica ou vem atrás ou depois. **2** Extremo, final, último. Antôn (acepção 2): *primeiro*.

der.ra.ma (de *derramar*) *sf* Espécie de imposto, dividido proporcionalmente aos rendimentos individuais, que é cobrado de uma comunidade; tributo.

der.ra.ma.men.to (*derramar+mento*) *sm* **1** Ação ou efeito de derramar(-se). **2** Difusão, espargimento. **3** Divulgação, propagação. **4** Efusão.

der.ra.mar (*de+ramo+ar*) *vtd* **1** Aparar, cortar os ramos de. *vtd* **2** Entornar, verter, fazer correr (líquido) para fora. *vtd* e *vtdi* **3** Deixar correr por fora (um líquido); verter. *vtd* e *vtdi* **4** Espalhar, espargir. *Derramar lágrimas:* chorar. *Derramar o sangue de:* ferir, matar. *Derramar o seu sangue:* ser ferido ou morrer. *Derramar(-se) em lágrimas:* chorar muito.

der.ra.me (de *derramar*) *sm* **1** *V* derramamento. **2** Lombada de morro; vertente. **3** *Med* Excesso de secreção de líquidos nas cavidades normais. **4** *pop* Acidente hemorrágico cerebral. **5** *Geol* Extravasamento de lava. **6** *Geol* A lava solidificada.

der.ra.pa.gem (*fr dérapage*) *sf* Ato de derrapar.

der.ra.pan.te (de *derrapar*) *adj m+f* Que derrapa; escorregadio.

der.ra.par (*fr déraper*) *vint* **1** Escorregar (diz-se quando as rodas do automóvel deslizam sem aderir ao solo). **2** *gír* Fugir, dar o fora.

der.re.ar (*lat *derenare*) *vtd* **1** Fazer vergar com o peso de. *vtd* **2** Prostrar, abater. *vpr* **3** Curvar-se, prostrar-se, cansar-se. Conjuga-se como *frear*.

der.re.dor (*de+redor*) *adv* À roda, em torno, em volta. • *sm ant* Roda, circuito. *Ao derredor de* ou *em derredor de:* em volta de.

der.re.ter (*de+re+lat terere*) *vtd* **1** Fazer passar do estado sólido ao estado líquido; fundir. *vpr* **2** Liquefazer-se, tornar-se líquido; fundir-se. *vpr* **3** Apaixonar-se, enternecer-se. *vtd* e *vpr* **4** Comover(-se), enternecer(-se) profundamente. *Derreter em lágrimas, derreter os olhos:* afligir, enternecer; fazer chorar, inundar em lágrimas.

der.re.ti.do (*part* de *derreter*) *adj* **1** Dissolvido, liquefeito. **2** *pop* Requebrado, enamorado.

der.re.ti.men.to (*derreter+mento*) *sm* **1** Ação de derreter; fusão. **2** Estado daquilo que se derrete. **3** *pop* Afetação, denguice, requebro.

der.ro.ca.da (*derrocar+ada*[1]) *sf* Ação de derrocar; desabamento, desmoronamento, destruição, ruína.

der.ro.car (*de+roca+ar*[1]) *vtd* **1** Abater, arrasar, demolir, destruir. *vtd* **2** Abater, humilhar: *Derrocar o orgulho. vpr* **3** Desmoronar-se.

der.ro.ta (de *derrotas*) *sf* **1** Ação ou efeito de derrotar. **2** Destroço de um exército. **3** Grande revés; fracasso. **4** Grande estrago. **5** Desastre, insucesso, perda. Antôn (acepções 2, 3 e 5): *vitória*.

der.ro.ta.do (*part* de *derrotar*) *adj* **1** Vencido. **2** Extenuado. **3** *Náut* Que se afastou da rota.

der.ro.tar (*derrota+ar*[1]) *vtd* **1** Mil Desbaratar, destroçar, vencer: *Derrotaram os seus antagonistas*. **2** Desfazer, destruir. **3** Vencer em competência, discussão ou jogo. **4** Cansar, fatigar muito, prostrar. **5** Desviar da rota.

der.ro.tis.mo (*derrota+ismo*) *sm* **1** Tendência dos que só preveem derrotas. **2** Pessimismo. **3** Negativismo.

der.ro.tis.ta (*derrota+ista*) *adj* e *s m+f* Que, ou quem possui a tendência do derrotismo.

der.ru.ba.da (*fem* do *part* de *derrubar*) *sf* **1** Ação de derrubar grandes árvores, com o fim de preparar o terreno para plantações. **2** *pop* Demissão, em massa, de empregados ou funcionários públicos. *Var: derribada*.

der.ru.ba.do (*part* de *derrubar*) *adj* Que se derrubou; deitado abaixo; derribado.

der.ru.bar (*lat med dirupare*) *vtd* **1** Abater, deitar abaixo, fazer cair, prostrar. **2** Jogar ao chão. **3** Deixar cair ou pender. **4** Destituir: *A oposição quer derrubar o presidente*. **5** Extenuar, prostrar: *A gripe derrubou muita gente*. **6** Subjugar, vencer. **7** *bras gír* Destruir, aniquilar. *Var: derribar*. Antôn (acepções 2 e 3): *erguer*.

de.sa.ba.far (*des+abafar*) *vtd* **1** Expor ao ar. *vtd* **2** Desimpedir. *vtd* **3** Dizer com franqueza, expandir; desafogar-se com alguém para aliviar uma contenção moral. *vint* **4** Respirar livremente. *vti*, *vint* **5** Desafogar-se.

de.sa.ba.fo (de *desabafar*) *sm* **1** Ação ou efeito de desabafar. **2** Alívio, desafogo. **3** Manifestação de sentimentos longamente contidos. **4** Pequena vingança.

de.sa.ba.lar (*des+abalar*) *vint pop* Fugir precipitadamente.

de.sa.ba.men.to (*desabar+mento*) *sm* Ação ou efeito de desabar.

de.sa.bar (*des+aba+ar*[1]) *vtd* **1** Abater a aba de: *Costumava desabar o chapéu*. *vti* **2** Abater-se, cair: *Com a notícia, ele desabou ali mesmo no sofá*. *vtdi* **3** Dar, vibrar: *Eles desabaram pancadas no pobre bicho*. *vti* e *vint* **4** Ruir, desmoronar; vir abaixo (diz-se especialmente de construções e terra de barrancos ou declives): *Os casebres desabaram pelo morro*. *vti* e *vint* **5** Desencadear--se: *Ventos adversos desabam sobre os viajantes*.

de.sa.bi.li.tar (*des+habilitar*) *vtd* Tornar inábil ou inapto.

de.sa.bi.ta.do (de *desabitar*) *adj* **1** Que não é habitado. **2** Em que não está ninguém. **3** Deserto, ermo.

de.sa.bi.tar (*des+habitar*) *vtd* **1** Deixar de habitar. **2** Deixar sem moradores; tornar despovoado.

de.sa.bi.tu.a.do (*part* de *desabituar*) *adj* Que se desabituou; que perdeu o hábito.

de.sa.bi.tu.ar (*des+habituar*) *vtd* **1** Fazer perder o hábito ou o costume. *vpr* **2** Perder o hábito: *Desabituar-se de fumar*.

de.sa.bo.na.do (*part* de *desabonar*) *adj* **1** Desacreditado. **2** Sem abonador ou abonação. **3** Falta de crédito, recursos.

de.sa.bo.nar (*des+abonar*) *vtd* **1** Depreciar: *Certos homens desabonam o que deveriam aplaudir*. *vtd* e *vpr* **2** Desacreditar(-se): *Tal atitude o desabona. Desabonaram-se pelos próprios atos*.

de.sa.bo.to.a.do (*part* de *desabotoar*) *adj* **1** A que se desabotoou: *Blusa desabotoada*. **2** Desabrochado.

de.sa.bo.to.ar (*des+abotoar*) *vtd* **1** Tirar da casa os botões de. *vtd* **2** Abrir ou desapertar, desabotoando. *vtd* **3** Abrir, descerrar. *vti*, *vint* **4** Desabrochar (diz-se dos botões das flores). *vpr* **5** Desprender--se do botão.

de.sa.bri.do (forma com síncope do *ant dessabrido*) *adj* Grosseiro, rude.

de.sa.bri.ga.do (*part* de *desabrigar*) *adj* **1** Sem abrigo. **2** Exposto às intempéries. **3** Desamparado, desprotegido.

de.sa.bri.gar (*des+abrigar*) *vtd* **1** Tirar o abrigo a; descobrir. *vtd* **2** Abandonar, desamparar, desproteger. *vpr* **3** Sair do abrigo.

de.sa.bro.char (*des+abrochar*) *vtd* **1** Abrir, desapertar (o que estava preso com broche ou outro fecho parecido). *vtd* **2** Fazer abrir ou brotar. *vtd* **3** Desvendar. *vint* **4** Principiar a manifestar-se. *vti*, *vint* e *vpr* **5** Brotar, crescer, desenvolver-se.

de.sa.bu.sa.do (*part* de *desabusar*) *adj* **1** Atrevido, confiado. **2** Sem preconceitos. **3** Desiludido.

de.sa.bu.sar (*des+abusar*) *vtd* e *vpr* **1** Livrar(-se) de preconceitos. **2** Desenganar(-se), desiludir(-se).

de.sa.ca.tar (*des+acatar*) *vtd* **1** Faltar ao respeito devido a: *Não desacato a crença de ninguém*. **2** Tratar com irreverência; desrespeitar: *Desacatar uma autoridade*. **3** Afrontar. **4** Desprezar: *Ele desacata as normas internas ao agir daquela forma*.

de.sa.ca.to (de *desacatar*) *sm* **1** Ação de desacatar. **2** Falta de acatamento ou de respeito. **3** Escândalo.

de.sa.ce.le.ra.ção (*des+aceleração*) *sf Fís* e *Astronáut* **1** Perda de velocidade de um corpo em movimento. **2** Medida dessa perda.

de.sa.ce.le.rar (*des+acelerar*) *vtd* Fazer mover-se progressivamente mais devagar; diminuir a velocidade; retardar.

de.sa.cer.tar (*des+acertar*) *vtd* **1** Errar, falhar: *Desacertou o tiro*. **2** Desarranjar, desmanchar, tirar da ordem ou acerto: *O cantor desacertou o compasso*. *vtd* e *vint* **3** Dizer, fazer ou usar desacertada ou inoportunamente: *Desacertou a manobra e quebrou a máquina. Foi assim que ele desacertou*. *vpr* **4** Deixar de regular bem, sair da ordem ou acerto: *O cronômetro desacertou-se*. *vpr* **5** Frustrar-se: *Desacertara-se o ardil dos caçadores*.

de.sa.cer.to (*ê*) (de *desacertar*) *sm* **1** Falta de acerto. **2** Erro por ignorância ou inadvertência. **3** Tolice.

de.sa.co.mo.dar (*des+acomodar*) *vtd* **1** Desalojar; tirar a acomodação de. *vtd* **2** Incomodar. *vpr* **3** Incomodar-se, inquietar-se.

de.sa.com.pa.nha.do (*part* de *desacompanhar*) *adj* Sem companhia, só.

de.sa.com.pa.nhar (*des+acompanhar*) *vtd* **1** Deixar a companhia de. **2** Deixar de prestar auxílio ou apoio: *Desacompanhou-o numa questão muito séria*. **3** Deixar de estar de acordo ou em harmonia com: *Desacompanhou-o no protesto*.

de.sa.con.se.lha.do (*part* de *desaconselhar*) *adj* **1** Sem conselho, desprevenido. **2** Que não se aconselha; contraindicado: *Remédio desaconselhado*. **3** Dissuadido, despersuadido.

de.sa.con.se.lhar (*des+aconselhar*) *vtd* e *vtdi* Despersuadir, dissuadir: *A esposa desaconselhou a compra. Desaconselhou ao editor a publicação da novela*.

de.sa.con.se.lhá.vel (*des+aconselhável*) *adj m+f* Que não é aconselhável.

de.sa.cor.ço.a.do (*part* de *desacorçoar*) *V desacoroçoado*.

de.sa.cor.ço.ar (*des+acorçoar*) *ant* e *pop V desacoroçoar*.

de.sa.cor.da.do (*part* de *desacordar*) *adj* Que perdeu os sentidos; desmaiado, desfalecido.

de.sa.cor.dar (*des+acordar*) *vtd* **1** Pôr em desacordo, em dissidência ou em oposição. *vtd* **2** Fazer perder os sentidos. *vint* **3** Discordar, dissentir. *vint* **4** Perder a lembrança, o acordo, os sentidos. *vpr* **5** Deixar de estar de acordo. *Conjug – Pres indic: desacordo, desacordas* (*ó*) etc. *Cf desacordo* (*ô*).

de.sa.cor.do (*ô*) (*des+acordo*) *sm* **1** Falta de acordo; dissentimento, divergência. **2** Desarmonia, desconformidade.

de.sa.cos.tu.ma.do (*part* de *desacostumar*) *adj* Não habitual; desabituado; desusado.

de.sa.cos.tu.mar (*des+acostumar*) *vtd* **1** Fazer perder um costume; desabituar. *vpr* **2** Perder o costume.

de.sa.cre.di.ta.do (*part* de *desacreditar*) *adj* **1** Sem crédito. **2** Malconceituado. **3** Que perdeu a reputação. **4** Depreciado.

de.sa.cre.di.tar (*des+acreditar*) *vtd* **1** Fazer perder o crédito ou a reputação: *As más companhias o desacreditaram. Ofendeu a moral e com isso desacreditou o próprio nome*. *vtd* **2** Não acreditar em: *Desacreditar um milagre, uma história, uma notícia*. *vtd* **3** Difamar. *vpr* **4** Perder o crédito, ou a reputação: *Desacreditar-se com tal procedimento*.

de.sa.fei.ço.a.do (*part* de *desafeiçoar*) *adj* **1** Desafeto, inimigo. **2** Que não tem afeição a alguém ou a alguma coisa.

de.sa.fei.ço.ar (*des+afeiçoar*) *vtdi* **1** Tirar a afeição de. *vpr* **2** Perder a afeição.

de.sa.fei.to (*des+afeito*) *adj* Desabituado, desacostumado.

de.sa.fe.to (*des+afeto*) *adj* **1** Desafeiçoado. **2** Adverso, contrário, oposto. • *sm* **1** Falta de afeto. **2** Adversário, inimigo.

de.sa.fi.a.dor (*desafiar+dor*) *adj + sm* Que, ou o que desafia; provocador, tentador.

de.sa.fi.an.te (de *desafiar*) *V desafiador*.

de.sa.fi.ar (*ital disfidare*) *vtd* **1** Chamar a desafio; provocar. **2** Propor duelo ou combate a. **3** Incitar, instigar.

de.sa.fi.na.ção (*desafinar+ção*) *sf* **1** Ação de desafinar. **2** Qualidade ou estado de desafinado; desarmonia, dissonância.

de.sa.fi.na.do (*part* de *desafinar*) *adj* Que não está afinado; dissonante, destoante. *Antôn: afinado*.

de.sa.fi.nar (*des+afinar*) *vtd* **1** Fazer perder a afinação. *vti* **2** *fig* Destoar, ser diferente: *Aparência simples desafinava do luxo do ambiente*. *vint* **3** Perder a afinação, produzir sons discordantes: *O piano desafinou*. *vti* e *vpr* **4** Irar-se, pôr-se de mau humor; destemperar(-se): *Desafinar* (ou *desafinar-se*) *com qualquer contrariedade*.

de.sa.fi.o (de *desafiar*) *sm* **1** Ação de desafiar. **2** Competição. **3** Provocação. **4** *Folc* Cantoria sertaneja em duelo, feita com versos improvisados.

de.sa.fi.ve.lar (*des+afivelar*) *vtd* Abrir, soltar, desapertando a fivela.

de.sa.fo.ga.do (*part* de *desafogar*) *adj* **1** Aliviado, desembaraçado. **2** Amplo, bem arejado. **3** Que vive com abastança; folgado.

de.sa.fo.gar (*des+afogar*) *vtd* **1** Libertar do que afoga,

desafogo 266 **desalojar**

sufoca ou oprime. *vtd* **2** Despertar. *vtd* **3** Desabafar, dizer (o que pensa ou sente). *vtd* **4** Descarregar; tornar mais leve. *vpr* **5** Aliviar-se, desoprimir-se.

de.sa.fo.go (ô) (de *desafogar*) *sm* **1** Ação de desafogar ou de desafogar-se; alívio. **2** Desembaraço, franqueza. **3** Abastança, independência.

de.sa.fo.ra.do (*part* de *desaforar*) *adj* Atrevido, insolente.

de.sa.fo.ro (ô) (de *desaforar*) *sm* **1** Ação contrária ao decoro; pouca-vergonha; escândalo. **2** Atrevimento, insolência, petulância.

de.sa.for.tu.na.do (*des+afortunado*) *adj* Desamparado pela fortuna; desventurado, infeliz. *Antôn: venturoso, feliz.*

de.sa.fron.ta (de *desafrontar*) *sf* **1** Ato ou efeito de desafrontar. **2** Justificação que se pede de uma afronta.

de.sa.fron.tar (*des+afrontar*) *V* desagravar.

de.sa.ga.sa.lha.do (*des+agasalhado*) *adj* Sem agasalho; insuficientemente vestido; descoberto ou insuficientemente coberto (com cobertores).

de.sa.ga.sa.lhar (*des+agasalhar*) *vtd* **1** Privar de agasalho. *vtd* **2** Deixar sem abrigo, sem conforto. *vtd* **3** Descobrir, destapar. *vpr* **4** Descobrir-se, não se resguardar do frio.

de.sá.gio (*des+ágio*) *sm* **1** Diferença, para menos, entre o valor nominal e o preço de compra de um título de crédito. **2** Perda de ágio. **3** Depreciação.

de.sa.gra.dar (*des+agradar*) *vti* **1** Causar descontentamento ou desgosto; desgostar, descontentar. *vpr* **2** Aborrecer-se, descontentar-se. *Antôn: satisfazer.*

de.sa.gra.dá.vel (*desagradar+vel*) *adj m+f* **1** Que desagrada. **2** Feio. **3** Repugnante.

de.sa.gra.do (*des+agrado*) *sm* **1** Ação ou efeito de desagradar. **2** Falta de agrado. **3** Descontentamento. **4** Repugnância.

de.sa.gra.var (*des+agravar*) *vtd* **1** Vingar de agravo: *Desagravou a própria honra.* *vtd* **2** Reparar (ofensa ou insulto). *vtd* **3** Atenuar, tornar menos grave ou culposo: *Um crime não desagrava outro, senão que o faz maior.* *vpr* **4** Desafrontar-se, vingar-se: *Sempre achava um jeito de se desagravar. Desagravar-se de uma ofensa.*

de.sa.gra.vo (*des+agravo*) *sm* **1** Ação de desagravar. **2** Reparação de um agravo. **3** Desafronta. **4** *Dir* Emenda ou reparação de agravo por sentença de juízo superior.

de.sa.gre.ga.do (*part* de *desagregar*) *adj* Separado, desligado, desunido.

de.sa.gre.ga.dor (*desagregar+dor*) *adj* Que desagrega. • *sm* Aquilo que desagrega, separa.

de.sa.gre.gar (*des+agregar*) *vtd* e *vpr* **1** Separar o que estava agregado; separar(-se) em suas partes componentes: *Desagregar as peças de uma máquina. Alguns arenitos desagregaram-se facilmente.* *vtdi* **2** Arrancar, desarraigar: *E os retirantes desagregaram as famílias daquele sertão agreste.*

de.sa.gua.dou.ro (*desaguar+douro*) *sm* Rego, sarjeta ou vala para escoamento de águas.

de.sa.guar (*des+aguar*) *vtd* **1** Esgotar a água de. *vtd* **2** Drenar, enxugar: *Desaguar um pântano.* *vti* **3** Lançar as águas em (falando dos cursos dos rios): *Há rios que deságuam em lagos.* *vint* **4** *pop* Urinar. *vpr* **5** Despejar-se, esvaziar-se, vazar-se: *Estes rios deságuam-se no mar.* *Conjug* – *Pres indic: deságuo, deságuas, deságua, desaguamos, desaguais, deságuam; Pres subj: deságue, deságues, deságue, desaguemos, desagueis, deságuem.*

de.sai.ro.so (ô) (*des+airoso*) *adj* Indecoroso, inconveniente. *Pl*: *desairosos* (ó).

de.sa.jei.ta.do (*des+a¹+jeito+ado¹*) *adj* **1** Sem jeito, inábil. **2** Desastrado. **3** Bronco, estúpido. *Antôn* (acepção 1): *destro, hábil.*

de.sa.jei.tar (*des+ajeitar*) *vtd* **1** Tirar o jeito a. *vtd* **2** Desmanchar o que estava ajeitado. *vtd* **3** Deformar. *vpr* **4** Perder o jeito.

de.sa.ju.i.za.do (*part* de *desajuizar*) *adj* **1** Sem juízo. **2** Insensato. **3** Estroina, imprudente.

de.sa.ju.i.zar (*des+ajuizar*) *vtd* **1** Tirar o juízo a. **2** Entontecer. *Conjug* – *Pres indic: desajuízo, desajuízas, desajuíza, desajuizamos, desajuizais, desajuízam; Pres subj: desajuíze, desajuízes, desajuíze, desajuizemos, desajuizeis, desajuízem; Part: desajuizado.*

de.sa.jus.ta.do (*part* de *desajustar*) *adj* Desordenado, transtornado, desarranjado. • *sm Biol, Psicol* e *Sociol* Organismo ou pessoa que manifesta desajustamento (acepções 2 e 3).

de.sa.jus.ta.men.to (*des+ajustar+mento*) *sm* **1** Desajuste. **2** *Psicol* e *Sociol* Inadaptação do indivíduo ao meio familiar ou à comunidade de que faz parte, no que diz respeito à sua maneira de pensar, agir e relacionar-se. **3** *Biol* Inadaptação de um organismo ao meio ambiente.

de.sa.jus.tar (*des+ajustar*) *vtd* **1** Desordenar, desarranjar (uma coisa que estava disposta ou ordenada de certo modo). *vtd* **2** Descompor, transtornar. *vtd* **3** Despertar. *vtd* **4** Romper (o ajuste ou pacto convencionado). *vpr* **5** Desfazer(-se). *vtd* e *vpr* **6** Desunir(-se), separar(-se) (duas ou mais coisas que estavam unidas ou justapostas).

de.sa.jus.te (de *desajustar*) *sm* **1** Ação de desajustar. **2** Rompimento de um ajuste, convenção ou pacto.

de.sa.len.ta.do (*part* de *desalentar*) *adj* **1** Abalado, cansado, extenuado. **2** *V desanimado* (acepção 2).

de.sa.len.ta.dor (*desalentar+dor*) *adj* Que desalenta.

de.sa.len.tar (*des+alentar*) *vtd* e *vint* **1** Tirar o alento, o ânimo de. *vint* e *vpr* **2** Desanimar-se, esmorecer-se, perder o alento. *Antôn: animar.*

de.sa.len.to (*des+alento*) *sm* **1** Falta de alento; abatimento, desânimo. **2** Esmorecimento. **3** Desesperança.

de.sa.li.nha.do (*part* de *desalinhar*) *adj* **1** Que está fora do alinhamento; sem alinho. **2** Desarranjado, desordenado. **3** Descuidado; desmazelado.

de.sa.li.nhar (*des+alinhar*) *vtd* **1** Afastar, desviar ou tirar do alinhamento. **2** Desarranjar, desordenar.

de.sa.li.nho (*des+alinho*) *sm* **1** Falta de alinhamento ou de alinho. **2** Desarranjo, desleixo, desmazelo, desordem.

de.sal.ma.do (*des+alma+ado¹*) *adj* **1** Desnaturado, desumano, perverso. **2** Que não tem consciência. **3** Que mostra maus sentimentos. *Antôn: caridoso, compassivo.*

de.sa.lo.jar (*des+alojar*) *vtd* **1** Lançar fora do alojamento; expulsar, repelir: *Conseguiram desalojar o inimigo.* *vtd* **2** Fazer sair do lugar ocupado. *vtd* **3** Tirar do lugar onde estava posto ou guardado:

Dali o desalojaram. vint **4** Abandonar o posto; levantar o acampamento.

de.sa.mar.rar *(des+amarrar) vtd* **1** Soltar (o que estava amarrado). *vtd* **2** Desprender da amarra. *vpr* **3** Desatar-se, soltar-se.

de.sa.mar.ro.tar *(des+amarrotar) vtd* Alisar, estender (aquilo que estava amarrotado).

de.sa.mas.sar *(des+amassar) vtd* e *vint* Endireitar, alisar (o que estava amassado).

de.sam.bi.en.ta.do *(part* de *desambientar) adj* **1** Que está fora do seu ambiente. **2** Que ainda não se adaptou ao ambiente em que passou a viver.

de.sam.bi.en.tar *(des+ambientar) vtd* **1** Tirar do seu ambiente. *vpr* **2** Ficar em desarmonia com o ambiente.

de.sa.mon.to.ar *(des+amontoar) vtd* Desfazer um montão de, separar (o que está em montão); desacumular.

de.sa.mor *(des+amor) sm* **1** Falta de amor; desapego, desprezo. **2** Crueldade. *Antôn: amor, afeição.*

de.sam.pa.ra.do *(des+amparado) adj* **1** Que não tem amparo; abandonado, carente de auxílio ou de socorro. **2** Solitário, ermo.

de.sam.pa.rar *(des+amparar) vtd* **1** Deixar de amparar, faltar com o auxílio, socorro ou proteção a: *Os amigos o desampararam. vtd* **2** Deixar de sustentar, de segurar, de resguardar: *Desmoronando, a grade desamparou os pedestres. vtd* **3** Privar daquilo que sustenta, segura ou resguarda: *Demitindo-o, ele desamparou toda uma família. vpr* **4** Deixar de firmar; largar aquilo a que se apoiava ou arrimava. *Antôn* (acepções 1, 2 e 3): *auxiliar.*

de.sam.pa.ro *(des+amparo) sm* **1** Ação ou efeito de desamparar. **2** Falta de auxílio ou de proteção. **3** Falta de meios. *Ao desamparo:* sem auxílio, sem proteção.

de.san.car *(des+anca+ar¹) vtd* **1** Derrear com pancadas. **2** Surrar, dar muitas pancadas, sovar. **3** Criticar severamente.

de.san.dar *(des+andar) vtd* **1** Fazer andar para trás. *vtd* **2** Percorrer em sentido contrário. *vint* **3** Piorar, tornar-se mau: *Tudo desandou depois da morte dos pais. vint* **4** Alterar-se (alimento) por mistura incompatível de ingredientes ou outros fatores. *vint* **5** *pop* Apresentar diarreia.

de.sa.ni.ma.ção *(des+animação) sf* **1** Falta de animação ou de ânimo. **2** Desalento, desânimo. **3** Falta de entusiasmo; esmorecimento, frieza.

de.sa.ni.ma.do *(des+animado) adj* **1** Sem animação. **2** Que perdeu o ânimo, a coragem, o valor.

de.sa.ni.ma.dor *(des+animar+dor) adj* Que provoca desânimo; desalentador.

de.sa.ni.mar *(des+ânimo+ar¹) vtd* **1** Tirar o ânimo de; desacorçoar, desalentar, desencorajar. *Desanimava-o o retardamento daquela providência. vti* e *vint* **2** Desalentar-se, perder o ânimo: *Desanima com qualquer obstáculo. O doente parecia tão mal, que os médicos desanimavam. vpr* **3** Perder o ânimo, a coragem, o valor ou alento: *Avante, não se desanimem! Desanimavam-se com a demora dos recursos.*

de.sâ.ni.mo *(des+ânimo) sm* Falta de ânimo; abatimento, desalento. *Antôn: entusiasmo.*

de.sa.nu.vi.a.do *(part* de *desanuviar) adj* **1** Limpo de nuvens. **2** Livre de preocupações; desassombrado, sereno.

de.sa.nu.vi.ar *(des+anuviar) vtd* **1** Dissipar as nuvens de, limpar de nuvens. *vpr* **2** Tornar-se claro (o céu), limpar-se de nuvens (o céu, o tempo): *Depois do temporal, o céu desanuviou-se. vtd* e *vpr* **3** Desassombrar(-se), serenar(-se): *Desanuviar o rosto. O seu aspecto, até aí carregado, desanuviou-se.*

de.sa.pa.ra.fu.sar *(des+aparafusar) vtd* **1** Tirar os parafusos de: *Desaparafusar a tampa. vpr* **2** Tornar-se lasso e mal seguro (o que estava aparafusado). *Sin: desatarraxar. Var: desparafusar.*

de.sa.pa.re.cer *(des+aparecer) vint* **1** Sumir subitamente (pessoas ou coisas): *A paz e a segurança desapareceram dos centros urbanos.* **2** Afastar-se, retirar-se: *Certo dia desapareceu de casa.* **3** Extraviar-se, perder-se: *Alguns papéis desapareceram do cofre. Antôn: surgir.*

de.sa.pa.re.ci.do *(part* de *desaparecer) adj + sm* Que, ou o que desapareceu.

de.sa.pa.re.ci.men.to *(desaparecer+mento) sm* **1** Sumiço, extravio. **2** Morte.

de.sa.pe.ga.do *(des+apegado) adj* **1** Que perdeu o interesse por pessoa ou entidade etc.; desafeiçoado, indiferente, insensível. **2** Desinteressado por, não ambicioso de: *Desapegado do dinheiro.*

de.sa.pe.gar *(des+apegar) vtd* e *vpr* **1** Soltar(-se), desunir(-se). **2** Desafeiçoar(-se): *Com a separação, ela desapegou-se do pai.* **3** Desprender(-se), desgrudar(-se): *Com cuidado, consegui desapegar as folhas grudadas sem estragar o livro.*

de.sa.pe.go *(ê) (des+apego) sm* **1** Falta de afeição, desamor, indiferença. **2** Desinteresse. **3** Desprendimento. *Antôn* (acepções 1 e 2): *amor, interesse.*

de.sa.per.ce.ber *(des+aperceber) vtd* **1** Deixar de aperceber. *vtd* **2** Despojar ou privar de provisões ou munições. *vpr* **3** Descuidar-se, desprevenir-se, desprover-se.

de.sa.per.ce.bi.do *(des+apercebido) adj* **1** Desprevenido. **2** Desprovido, desguarnecido.

> Cuidado para não confundir **desapercebido** com **despercebido**.
> **Desapercebido** significa desprevenido; não prevenido; desprovido.
> *Diante de todos os gastos, fiquei **desapercebido** de dinheiro.*
> **Despercebido** significa sem ser notado; ignorado; impercebido.
> *Bill Gates, de chapéu preto e óculos escuros, transitou pelo aeroporto de Cumbica completamente **despercebido**.*

de.sa.per.tar *(des+apertar) vtd* **1** Afrouxar, alargar (o que estava apertado); soltar. *vtd* **2** Desabotoar, desacolchetar, desafivelar. *vtd* **3** Aliviar, desoprimir: *Desapertar o coração. vpr* **4** Tornar folgado o próprio vestuário. *vtd* e *vpr* **5** Afrouxar(-se), enfraquecer(-se), relaxar(-se). *vtdi* e *vpr* **6** Livrar(-se), soltar(-se). *Antôn* (acepção 3): *afligir.*

de.sa.pi.e.da.do *(des+apiedado) adj* **1** Sem piedade ou compaixão. **2** Cruel, desumano.

de.sa.pi.e.dar *(des+apiedar) vtd* **1** Tirar a piedade a; tornar insensível: *O sofrimento desapiedou Maria. vtd* e *vpr* **2** Tornar(-se) duro ou cruel.

de.sa.pon.ta.do *(part* de *desapontar) adj* **1** Não apontado. **2** Que sofreu desapontamento; desiludido, logrado.

de.sa.pon.ta.men.to (*ingl disappointment*) *sm* **1** Surpresa desagradável que se sente ao ver falhar uma coisa com que se contava. **2** Decepção, desilusão.

de.sa.pon.tar (*ingl disappoint+ar¹*) *vtd* **1** Causar desapontamento a: *Você nos desapontou*. *vint* e *vpr* **2** *pop* Ficar desapontado.

de.sa.pre.ço (*ê*) (*des+apreço*) *sm* **1** Falta de apreço. **2** Menosprezo.

de.sa.pren.der (*des+aprender*) *vtd*, *vti* e *vint* Esquecer (o que tinha aprendido): *Não desaprenda as lições recebidas. Seus olhos desaprenderam de chorar. Desaprendemos na velhice*.

de.sa.pro.pri.a.ção (*des+apropriação*) *sf* **1** Ação ou efeito de desapropriar; expropriação. **2** *Dir* Transmissão forçada e definitiva da propriedade, de um particular para o domínio público, em virtude de necessidade ou utilidade coletiva.

de.sa.pro.pri.a.do (*des+apropriado*) *adj* Que foi objeto de desapropriação: *Esse é o terreno desapropriado pela Prefeitura*. • *sm* Aquele que sofreu desapropriação: *O desapropriado foi vítima de grande abalo*.

de.sa.pro.pri.ar (*des+apropriar*) *vtd* **1** Tirar ou fazer perder a propriedade; desapossar: *O poder público desapropriará as glebas abandonadas*. *vtdi* **2** Desapossar: *Naquela área, o governo pode desapropriar todos os imóveis de seus donos*. *vpr* **3** Privar-se do que é seu: *Desapropriou-se de legítimos direitos*.

de.sa.pro.va.ção (*des+aprovação*) *sf* Ação de desaprovar; censura, reprovação.

de.sa.pro.va.do (*part* de *desaprovar*) *adj* Que não obteve aprovação; reprovado, rejeitado.

de.sa.pro.var (*des+aprovar*) *vtd* Não aprovar, reprovar, censurar, rejeitar: *Ele desaprovou minha sugestão*.

de.sa.pru.mar (*des+aprumar*) *vtd* **1** Tirar do prumo: *O vento desaprumou o cercado*. *vint* e *vpr* **2** Desviar-se do prumo; inclinar-se, pender: *A parede desaprumou por causa da chuva. Desaprumaram-se as colunas*.

de.sa.que.cer (*des+aquecer*) *vtd* Fazer esfriar.

de.sa.que.ci.men.to (*des+aquecer+mento*) *sm* **1** Ato ou efeito de desaquecer. **2** *Econ* Fase de retração da economia, com restrição ao crédito, aumento nas taxas de juros e diminuição na procura de bens e serviços.

de.sar.bo.ri.zar (*des+arborizar*) *vtd* Arrancar ou cortar árvores; desflorestar.

de.sar.ma.do (*part* de *desarmar*) *adj* **1** Sem armas; indefeso. **2** Desmontado. **3** Que desarmou; tornado inofensivo ou incapacitado para ação imediata: *Bomba desarmada*.

de.sar.ma.men.to (*des+armamento*) *sm* **1** Ato ou efeito de desarmar(-se). **2** Licenciamento ou redução de tropas.

de.sar.mar (*des+armar*) *vtd* **1** Tirar, fazer depor as armas. *vtd* **2** Desguarnecer de armamento, de quaisquer meios de ataque ou defesa. *vtd* **3** Fazer saltar ou cair a arma da mão. *vtd* **4** Tirar a munição da arma. *vtd* **5** Separar as peças componentes (aparelho ou máquina); desmontar. *vtd* **6** Apaziguar, aplacar, serenar. *vint* **7** Depor as armas, deixar de permanecer em pé de guerra. *vpr* **8** Deixar-se enternecer, voltar ao bom humor. *vpr* **9** Deixar as armas.

de.sar.mo.ni.a (*des+harmonia*) *sf* **1** *Mús* Falta de harmonia; dissonância. **2** *fig* Desacordo, discordância, divergência, oposição.

de.sar.mô.ni.co (*des+harmônico*) *adj* Em que há desarmonia.

de.sar.mo.ni.zar (*des+harmonizar*) *vtd* **1** Produzir a desarmonia. **2** Pôr em desacordo, tornar incompatível. *vint* e *vpr* **3** Estar em desacordo; destoar, discordar.

de.sar.qui.var (*des+arquivo+ar¹*) *vtd* **1** Tirar do arquivo. **2** Desentranhar (processo).

de.sar.ra.i.ga.do (*des+arraigado*) *adj* **1** Arrancado pela raiz. **2** Extirpado, extraído. *Var: desenraizado* e *desraizado*.

de.sar.ra.i.gar (*des+arraigar*) *vtd* **1** Arrancar pela raiz ou com raízes. **2** Extinguir, extirpar, erradicar. *Var: desenraizar* e *desraizar*.

de.sar.ran.ja.do (*part* de *desarranjar*) *adj* **1** Que não está arranjado. **2** Em desordem, desordenado; desarrumado. **3** Com as vestes ou aparência em desalinho; descuidado, desmazelado. **4** Enguiçado, quebrado. **5** *pop* Que está com desarranjo (acepção 7).

de.sar.ran.jar (*des+arranjar*) *vtd* **1** Pôr em desordem. *vtd* **2** Alterar, embaraçar. *vpr* **3** Desacomodar-se. *vpr* **4** Transtornar-se. *vpr* **5** *pop* Ficar desarranjado (com diarreia).

de.sar.ran.jo (*des+arranjo*) *sm* **1** Ação ou efeito de desarranjar. **2** Desalinho, desordem. **3** *fig* Desconserto; enguiço. **4** Confusão. **5** Contratempo, incômodo, transtorno. **6** *pop* Mau governo, desperdício. **7** *pop* Diarreia.

de.sar.ra.zo.a.do (*des+arrazoado*) *adj* **1** Que não segue a razão; absurdo, disparatado. **2** Injusto. **3** Despropositado. *Antôn: razoável*. • *sm* **1** Falta de razões. **2** Amontoado de documentos ou provas mal preparados, sem nexo nem lógica. *Antôn: arrazoado*.

de.sar.ra.zo.ar (*des+arrazoar*) *vint* Ir, falar ou proceder contra a razão ou com falta de bom senso; disparatar.

de.sar.ro.char (*des+arrochar*) *vtd* Desapertar.

de.sar.ru.mar (*des+arrumar*) *vtd* Tirar da ordem, pôr fora de seu lugar; desarranjar, desordenar.

de.sar.ti.cu.la.ção (*desarticular+ção*) *sf* **1** Ação ou efeito de desarticular. **2** Falta de articulação.

de.sar.ti.cu.la.do (*part* de *desarticular*) *adj* Que se desarticulou; desconjuntado.

de.sar.ti.cu.lar (*des+articular*) *vtd* **1** Fazer sair da articulação. *vtd* **2** Impedir planos ou combinações; perturbar o que estava planejado. *vtd* e *vpr* **3** Desfazer(-se) uma articulação.

de.sar.vo.ra.do (*des+árvore+ado¹*) *adj* **1** *Náut* Diz-se da embarcação sem mastros (árvores). **2** *Náut* Que navega sem governo. **3** *bras pop* Desorientado, desnorteado, sem rumo. **4** Carente: *Desarvorado de meios*.

de.sar.vo.rar (*des+arvorar*) *vtd* **1** Abater, arriar (o que estava elevado, suspenso). *vint* **2** Fugir desordenadamente. *vpr* **3** *bras pop* Desnortear-se, desorientar-se.

de.sas.som.bra.do (*part* de *desassombrar*) *adj* **1** Corajoso. **2** Franco, sem hesitações.

de.sas.som.bro (*des+assombro*) *sm* **1** Estado ou qualidade do que não se assombra. **2** Afoiteza, destemor, intrepidez, ousadia. **3** Confiança, franqueza.

de.sas.sos.se.ga.do (*part* de *desassossegar*) *adj* Que perdeu o sossego; inquieto, aflito, sobressaltado. *Antôn:* tranquilo.

de.sas.sos.se.gar (*des+assossegar*) *vtd* **1** Tirar o sossego a; inquietar: *Era o senso de culpa que o desassossegava*. *vpr* **2** Perder o sossego; inquietar-se.

de.sas.sos.se.go (*ê*) (de *desassossegar*) *sm* **1** Falta de sossego. **2** Inquietação, agitação, ansiedade. **3** Receio.

de.sas.tra.do (*desastre+ado¹*) *adj* **1** Que resultou de desastre ou de uma fatalidade extraordinária. **2** Que redundou em desastre. **3** Funesto. **4** Desajeitado, imprudente, desatinado. **5** Desairoso, deselegante, desgracioso. *Antôn* (acepções 4 e 5): *jeitoso*.

de.sas.tre (*fr désastre*) *sm* **1** Acidente funesto. **2** Desgraça, sinistro. **3** Fatalidade. **4** Grande revés.

de.sas.tro.so (*ô*) (*desastre+oso*) *adj* **1** Em que há desastre. **2** Que causa desastre. **3** Funesto, desgraçado. *Pl: desastrosos (ó)*.

de.sa.ta.do (*part* de *desatar*) *adj* **1** Não atado; desligado; desamarrado. **2** Desobrigado. **3** Liberto, desencadeado. **4** Livre, em abundância.

de.sa.tar (*des+atar*) *vtd* **1** Desfazer, tirar o nó ou laço. **2** Libertar, livrar. *vpr* **3** Desligar-se, desprender-se, soltar-se. **4** Manifestar-se livremente. *Antôn* (acepções 1, 2 e 3): *amarrar*.

de.sa.tar.ra.xar (*des+atarraxar*) *vtd* **1** Tirar a tarraxa a. **2** Desaparafusar.

de.sa.ta.vi.ar (*des+ataviar*) *vtd* e *vpr* **1** Retirar os atavios, os enfeites de. **2** Tornar(-se) mais singelo, sem enfeites.

de.sa.ten.ção (*des+atenção*) *sf* **1** Falta de atenção. **2** Desconsideração, descortesia, indelicadeza.

de.sa.ten.ci.o.so (*ô*) (*des+atencioso*) *adj* **1** Que não dá atenção; que não tem atenções. **2** Descortês, indelicado. *Pl: desatenciosos (ó)*.

de.sa.ten.to (*des+atento*) *adj* **1** Desprovido de atenção; distraído. **2** Leviano.

de.sa.ter.rar (*des+aterrar*) *vtd* **1** Desfazer um aterro. **2** Fazer escavações em; escavar. **3** Desobstruir ou aplanar (terreno).

de.sa.ter.ro (*ê*) (de *desaterrar*) *sm* **1** Ação ou efeito de desaterrar. **2** O terreno que se desaterrou. **3** Grande escavação.

de.sa.ti.na.do (*part* de *desatinar*) *adj* Sem tino; desvairado, louco.

de.sa.ti.nar (*des+atinar*) *vtd* **1** Fazer perder o tino ou a razão; enlouquecer: *Os problemas desatinaram José*. *vti* **2** Não atinar, não dar com o que se procura: *Tendo-se excedido no vinho, desatinava no que dizia*. *vint* **3** Dizer, fazer ou praticar desatinos: *Enquanto conversávamos, inesperadamente ela desatinou e começou a gritar palavrões*. *vti* e *vint* **4** Perder o tino ou a razão: *Desatinou sempre em seus ataques a pessoas e coisas da religião. Optava por um discreto silêncio, para não correr o perigo de desatinar.*

de.sa.ti.no (de *desatinar*) *sm* **1** Falta de juízo. **2** Atos ou palavras sem tino. **3** Disparate; loucura.

de.sa.ti.var (*des+ativar*) *vtd* **1** Tornar (algo) inativo, tirar da atividade: *Os proprietários desativaram a danceteria*. **2** Mil Privar (um engenho) dos meios de explosão: *A bomba foi desativada a tempo*.

de.sa.tra.van.car (*des+atravancar*) *vtd* **1** Retirar obstáculos ou empecilhos a: *A ventania desatravancou o caminho*. **2** *fig* Remover impedimentos, facilitar: *Ele conseguiu desatravancar o andamento dos papéis*. *Var: destravancar*. *Antôn:* obstruir.

de.sa.tre.lar (*des+atrelar*) *vtd* e *vpr* **1** Desprender (-se) (animais atrelados a um carro): *Desatrelar a parelha*. **2** Desengatar(-se): *O vagão desatrelou-se do comboio*. *Var: destrelar*.

de.sa.tu.a.li.za.do (*part* de *desatualizar*) *adj* Sem atualização.

de.sa.tu.a.li.zar (*des+atual+izar*) *vtd* **1** Fazer perder o caráter de atualidade. *vpr* **2** Tornar-se desatualizado; perder a atualidade: *Vivendo naquele fim de mundo, ele desatualizou-se*.

de.sau.to.ri.za.do (*part* de *desautorizar*) *adj* **1** Que se desautorizou; desacreditado. **2** Que sofreu descrédito; rebaixado.

de.sau.to.ri.zar (*des+autorizar*) *vtd* **1** Não autorizar; tirar a autorização a: *Várias razões o desautorizam*. *vtd* **2** Tirar a autoridade ou o prestígio a, rebaixar; desacreditar: *Tal procedimento os desautorizou*. *vpr* **3** Perder a autoridade ou o prestígio; desacreditar-se: *Algumas vezes se desautorizou por impulsos de seu temperamento apaixonado*.

de.sa.ven.ça (*des+avença*) *sf* **1** Rixa ou discórdia entre pessoas que eram amigas, ou estavam de acordo. **2** Contenda. **3** Inimizade.

de.sa.ver.go.nha.do (*part* de *desavergonhar*) *adj* +*sm* Que, ou o que é desprovido de pudor; sem-vergonha, descarado, insolente.

de.sa.ver.go.nhar (*des+a¹+vergonha+ar¹*) *vtd* **1** *p us* Fazer perder a vergonha; tornar descarado ou cínico. *vpr* **2** Tornar-se descarado.

de.sa.vir (*des+avir*) *vtd* e *vpr* **1** Pôr(-se) em desavença ou discórdia; indispor(-se). *vpr* **2** Discordar.

de.sa.vi.sa.do (*part* de *desavisar*) *adj* **1** Sem juízo ou prudência; indiscreto, leviano. **2** Precipitado. *Antôn:* prudente, sensato.

des.ban.car (*des+banca+ar¹*) *vtd* **1** Num jogo, ganhar o total do dinheiro apostado: *Meteu-se a jogar e desbancou a mesa*. **2** Levar vantagem sobre; suplantar, vencer.

des.ba.ra.ta.do (*part* de *desbaratar*) *adj* **1** Derrotado, destroçado, vencido. **2** Dissipado, esbanjado. **3** Desfeito, destruído, estragado, arruinado.

des.ba.ra.ta.men.to (*desbaratar+mento*) *sm* **1** Ato de desbaratar. **2** Derrota. **3** Desperdício.

des.ba.ra.tar (*des+barato+ar¹*) *vtd* **1** Dissipar, esbanjar: *Desbaratou a herança com os amigos*. *vtd* **2** Desfazer, destruir, estragar: *Desbaratou a saúde em toda sorte de desregramento*. *vtd* **3** Bater, derrotar, destroçar em batalha: *Com poucos soldados, desbaratou o exército inimigo*. *vpr* **4** Arruinar-se, destroçar-se: *A malícia, por si, se desbarata*.

des.bar.ran.ca.do (*des+barranco+ado¹*) *adj* Diz-se do terreno em que houve desbarrancamento. • *sm* **1** Corte, erosão, escavação num terreno. **2** Abismo, despenhadeiro, precipício. **3** Queda de terras.

des.bar.ran.ca.men.to (*desbarrancar+mento*) *sm* Ação ou efeito de desbarrancar.

des.bar.ran.car (*des+barranco+ar¹*) *vtd* **1** Tirar a terra, desfazendo o barranco. *vtd* **2** Escavar profundamente; desaterrar. *vtd* **3** Fazer barrancos em. *vint* e *vpr* **4** Cair o solo de uma ribanceira.

des.bas.tar (*des+basto+ar¹*) *vtd* **1** Tornar menos basto, menos espesso: *Desbastar o cabelo*. **2** Aperfeiçoar, tornar menos grosseira, afinar uma peça (de madeira, mármore ou pedra) cortando-a ou polindo-a: *Desbastou as arestas de alguns blocos de pedra*.

des.bei.çar (*des+beiço+ar¹*) *vtd* **1** Cortar o beiço ou os beiços de. **2** Cortar ou quebrar as bordas de.

des.blo.que.ar (*des+bloquear*) *vtd* **1** Levantar o bloqueio; romper o cerco. **2** *Inform* Liberar o acesso de outros usuários a um arquivo ou um sistema. Conjuga-se como *frear*.

des.blo.quei.o (*der* regressiva de *desbloquear*) *sm* Ato de desbloquear.

des.bo.ca.do (*part* de *desbocar*) *adj* Que usa de linguagem inconveniente ou obscena.

des.bo.ta.do (*part* de *desbotar*) *adj* **1** Diz-se de coisa cuja cor perdeu a nitidez ou o brilho. **2** Desmaiado, esmaecido. *Antôn: vivo, corado*.

des.bo.tar (*des+boto+ar¹*) *vtd* **1** Fazer desvanecer ou apagar (a cor, o brilho): *A tristeza desbotava suas faces*. *vtd* **2** Tornar menos viva a cor de: *Uma prolongada seca desbotou a folhagem*. *vint* **3** Esmaecer (diz-se de cor ou de algo, com relação a sua cor): *Este pano desbota facilmente*. *vpr* **4** Amortecer(-se), apagar(-se): *Sua inteligência e presença de espírito jamais se desbotaram*. *Antôn* (acepções 1, 2 e 3): *avivar*.

des.bra.ga.da.men.te (*desbragado*, no *fem+mente*) *adv* De uma maneira desbragada, com desbragamento; descaradamente, impudicamente.

des.bra.ga.do (*part* de *desbragar*) *adj* Descomedido, impudico, indecoroso.

des.bra.ga.men.to (*desbragar+mento*) *sm* **1** Ação de desbragar. **2** Emprego de linguagem desbragada.

des.bra.gar (*des+braga+ar¹*) *vtd* e *vpr* Tornar(-se) desbragado ou dissoluto.

des.bra.va.dor (*desbravar+dor*) *adj + sm* Que ou o que desbrava.

des.bra.va.men.to (*desbravar+mento*) *sm* Ação de desbravar.

des.bra.var (*des+bravo+ar¹*) *vtd* **1** Amansar, domar: *Desbravar um animal*. **2** Explorar (terras desconhecidas). **3** Pôr um terreno em estado de ser cultivado: *Desbravou aqueles campos e animou-os de imensas plantações*. **4** Limpar, abrir (caminho etc.).

des.bun.da.do (*part* de *desbundar*) *adj gír* Diz-se daquele que desbundou.

des.bun.dan.te (de *desbundar*) *adj m+f gír* Que desbunda.

des.bun.dar (*des+bunda+ar¹*) *gír vint* **1** Perder o autocontrole sob o efeito de drogas; perder as estribeiras. *vint* **2** Causar espanto ou admiração. *vint* **3** Perder o disfarce, mostrar a verdadeira personalidade. *vtd* **4** Causar impacto em.

des.bun.de (de *desbundar*) *sm gír* **1** Ato ou efeito de desbundar. **2** Loucura, desvario.

des.bu.ro.cra.ti.za.ção (*desburocratizar+ção*) *sf* Ato ou efeito de desburocratizar.

des.bu.ro.cra.ti.zan.te (de *desburocratizar*) *adj* Que desburocratiza.

des.bu.ro.cra.ti.zar (*des+burocratizar*) *vtd* **1** Perder o caráter ou os hábitos burocráticos. *vpr* **2** Perder o caráter burocrático; simplificar-se: *A Secretaria da Educação está se desburocratizando*.

des.ca.ba.çar (*des+cabaço+ar¹*) *vtd pop* Desvirginar.

des.ca.be.ça.do (*part* de *descabeçar*) *adj* **1** Que se descabeçou; a que tiraram a cabeça; decepado: *Peixe descabeçado*. **2** *fig* Que não tem cabeça; desmiolado, maluco.

des.ca.be.çar (*des+cabeça+ar¹*) *vtd* **1** Cortar, tirar a cabeça a. **2** Cortar a ponta de; despontar.

des.ca.be.la.do (*part* de *descabelar*) *adj* **1** Sem cabelo ou com pouco cabelo. **2** *pop* Desgrenhado, despenteado. **3** Que não vem a propósito; disparatado: *Mentira descabelada*.

des.ca.be.lar (*des+cabelo+ar¹*) *vtd* **1** Tirar os cabelos a. *vtd* **2** Descompor, desconcertar os cabelos. *vpr* **3** Arrancar os cabelos; arrepelar-se. *vpr* **4** Irritar-se.

des.ca.bi.do (*part* de *descaber*) *adj* **1** Que não tem cabimento. **2** Inoportuno. **3** Inconveniente.

des.ca.í.do (*part* de *descair*) *adj* **1** Caído, pendente; inclinado. **2** Abatido, prostrado. **3** Decadente, decrépito. **4** Degenerado. *Antôn* (acepções 2 e 3): *vigoroso*.

des.ca.ir (*des+cair*) *vtd* **1** Deixar pender ou cair: *Descair os braços*. *vti* **2** Desandar, descambar: *Seu linguajar frequentemente descai na gíria*. *vti* **3** Passar pouco a pouco; mudar: *Alguns costumes descaem para o esquecimento*. *vti* e *vint* **4** Cair, pender: *A cabeça descaiu sobre o peito*. *Suas pálpebras descaíram*. *vti* e *vint* **5** Baixar, declinar: *Já descai o Sol no horizonte*. *Seu vigor descaía*. Conjuga-se como *atrair*.

des.ca.la.bro (*descalabro*) *sm* **1** Grande dano. **2** Perda, ruína. **3** Desgraça. **4** Derrota.

des.cal.çar (*des+calçar*) *vtd* **1** Tirar, despir (o que estava calçado): *Descalçar o sapato*. *vtd* **2** Tirar o calço ou o calçado a: *Descalçar a roda do carro*. *vtd* **3** Tirar o calçamento de: *Descalçar uma rua*. *vpr* **4** Tirar o próprio calçado: *Ao entrar no templo, descalçava-se*. *Conjug – Part: descalçado e descalço*.

des.cal.ço (*des+lat calceu*) *adj* **1** Sem calçado. **2** Com os pés nus, ou só calçados de meias. **3** *fig, pop* Desprevenido. **4** Que não tem calçamento (caminho ou rua). **5** Diz-se de certas ordens religiosas cujos membros usam somente sandálias nos pés: *Carmelita descalço*. *Antôn* (acepções 1 e 4): *calçado*.

des.ca.ma.ção (*descamar+ção*) *sf* **1** Ação de descamar. **2** *Med* Escamação e queda do tecido superficial da pele. **3** *Geol* Separação em forma de escamas das partes exteriores de uma rocha.

des.ca.mar (*lat disquamare*) *vtd* e *vpr* Tirar as escamas de; escamar.

des.cam.bar (*des+cambar*) *vtd* **1** Fazer cair, descer: *Descambar uma tempestade*. *vti* **2** Cair ou inclinar-se para um lado: *Na estradinha, o carro começou a descambar para a direita*. *vti* **3** Degenerar, descair: *Em seus escritos, ele nunca descamba para a vulgaridade*. *vint* **4** Cair, declinar: *O sol já descambava quando partimos*.

des.ca.mi.nho (*des+caminho*) *sm* **1** Extravio. **2** *fig* Erro, mau passo, perdição moral.

des.ca.mi.sa.do (*part* de *descamisar*) *adj* **1** Aquele que não tem camisa. **2** *pop* Que não dispõe de recursos, pobre, humilde.

des.cam.pa.do (*des+campo+ado*[1]) *adj* Diz-se do lugar aberto, desabrigado. • *sm* Campo de relva com vegetação alta, muito rala ou inexistente, aberto e desabitado.

des.can.sa.do (*part* de *descansar*) *adj* **1** Repousado. **2** Tranquilo, vagaroso. **3** Sossegado, lento (o falar). *Antôn* (acepção 2): *agitado*.

des.can.sar (*des+cansar*) *vtd* **1** Dar descanso a, fazer repousar, aliviar da fadiga ou trabalho. **2** Livrar de fadiga, aflição ou trabalho. **3** Jazer. **4** Tranquilizar. **5** Apoiar-se: *O edifício descansa em sólidas colunas de concreto*. *vint* **6** Dormir. **7** *pop* Falecer, morrer. *Antôn* (acepções 1 e 2): *fatigar*. *Descansar de alguém:* ter confiança nessa pessoa. • *interj* Voz de comando militar para que o soldado, avançando o pé esquerdo, descanse sobre o direito: *Ao final do dia, era um alívio para a tropa ouvir o sargento gritar: –Alto! Descansar!*

des.can.so (de *descansar*) *sm* **1** Ação ou efeito de descansar. **2** Cessação da fadiga, do movimento, do trabalho; folga. **3** Repouso. **4** Sossego. **5** Lentidão. **6** Repouso de quem dorme; sono. **7** Alívio, bem-estar, estado cômodo. **8** Ócio, vagar. **9** Paz. **10** Coisa sobre a qual outra se apoia ou assenta; suporte. **11** Sítio para repousar; pouso. *Descanso eterno:* o que se segue à morte.

des.ca.pi.ta.li.za.ção (*descapitalizar+ção*) *sf* **1** Ato resultante da diferença entre a receita e a despesa de uma empresa, que então é forçada a despender seu capital, para atender às exigências de caixa, gastando os valores capitalizados. **2** Diminuição do capital ou do patrimônio de uma empresa.

des.ca.pi.ta.li.za.do (*part* de *descapitalizar*) *adj* Que se descapitalizou.

des.ca.pi.ta.li.zar (*des+capitalizar*) *vtd* Despender, desviar, pôr em circulação (quantias ou valores capitalizados): *A inflação descapitaliza as empresas*.

des.ca.rac.te.ri.za.ção (*descaracterizar+ção*) *sf* Ação ou efeito de descaracterizar.

des.ca.rac.te.ri.zar (*des+caracterizar*) *vtd* **1** Tirar o verdadeiro caráter; disfarçar: *Os edifícios descaracterizam o lugar*. *vtd* **2** Desfazer a caracterização de. *vpr* **3** Perder as características. *vpr* **4** Apagar a própria caracterização.

des.ca.ra.do (*part* de *descarar*) *adj* Desavergonhado, insolente. • *sm* Indivíduo desavergonhado, insolente.

des.ca.ra.men.to (*des+cara+ar*[1]*+mento*) *sm* Qualidade de quem é descarado.

des.ca.rar (*des+cara+ar*[1]) *vpr* Perder a vergonha; tornar-se descarado.

des.car.ga (*des+carga*) *sf* **1** Ação ou trabalho de descarregar; descarregamento. **2** *Med* Evacuação. **3** Disparo simultâneo ou consecutivo de várias armas de fogo. **4** Tiro de arma de fogo. **5** Descargo. **6** Quantidade de água que se escoa por segundo.

des.car.go (*des+cargo*) *sm* **1** Ação de desobrigar--se. **2** Desobrigação de cargo. **3** Cumprimento ou desempenho total de um encargo ou obrigação. **4** Alívio, desabafo. *Sin: desencargo*.

des.car.na.do (*part* de *descarnar*) *adj* **1** Bastante magro. **2** Com poucas carnes. **3** Diz-se dos dentes que têm as gengivas retraídas.

des.car.nar (*des+carne+ar*[1]) *vtd* **1** Despegar ou separar da carne (os ossos). **2** Cortar as carnes de: *Descarnar uma rês*. **3** Separar do caroço (a polpa de um fruto) ou da casca. **4** Despegar da gengiva (um dente). **5** Fazer emagrecer: *Uma doença descarnou o rapaz*. *vpr* **6** Emagrecer.

des.ca.ro.ça.do (*part* de *descaroçar*) *adj* Sem caroço.

des.ca.ro.ça.dor (*descaroçar+dor*) *adj* Que descaroça. • *sm* **1** Aquele que descaroça. **2** Instrumento ou máquina para descaroçar frutos ou fibras de algodão.

des.ca.ro.ça.do.ra (*descaroçador*, no *fem*) *sf* Máquina que separa as fibras de algodão das sementes; descaroçador.

des.ca.ro.çar (*des+caroço+ar*[1]) *vtd* Tirar ou extrair o caroço de.

des.car.re.ga.do (*part* de *descarregar*) *adj* **1** De que se tirou a carga; vazio. **2** Disparado, desfechado. **3** Desonerado, aliviado.

des.car.re.ga.men.to (*descarregar+mento*) *sm* Ação de descarregar.

des.car.re.gar (*des+carregar*) *vtd* **1** Proceder à descarga de (qualquer veículo). *vtd* **2** Aliviar, desoprimir. *vtd* **3** Extrair a carga de (arma de fogo). *vtd* e *vtdi* **4** Disparar (arma de fogo). *vtd* e *vtdi* **5** Desonerar. *vtd* e *vtdi* **6** Desabafar, desafogar. *vtd* e *vtdi* **7** Despejar, evacuar. *vpr* **8** Livrar-se, aliviar--se, desobrigar-se.

des.car.ri.la.men.to (*descarrilar+mento*) *sm* Ação de descarrilar. *Var: desencarrilhamento, desencarrilamento, descarrilhamento.*

des.car.ri.lar (*des+carril+ar*[1]) *V descarrilhar*.

des.car.ri.lhar (*des+carril+ar*[1]) *vtd* **1** Fazer sair, tirar do carril. *vint* **2** Sair do carril, dos trilhos (uma carruagem). *vint* **3** *fig* Desorientar-se, desviar-se do bom caminho. *vint* **4** Disparatar. *vint* **5** Portar-se mal. *Var: desencarrilar, desencarrilhar, descarrilar.*

des.car.tar (*des+carta+ar*[1]) *vtd* e *vpr* **1** Rejeitar, no jogo, uma ou mais cartas que não convêm: *Descartar um rei. Descartou-se de copas.* *vtd* **2** Jogar fora após o uso. *vtd* **3** Afastar, pôr de lado, não levar em conta: *O professor descartou a possibilidade de outras provas.* *vpr* **4** *fig* Livrar-se de pessoas ou coisas desagradáveis ou incômodas: *Ele descartou-se daqueles livros.*

des.car.tá.vel (*descartar+vel*) *adj* Que se usa e joga fora.

des.car.te (de *descartar*) *sm* **1** Ação de se descartar. **2** As cartas que o jogador despreza ou rejeita. **3** *pop* Evasiva.

des.ca.sa.do (*part* de *descasar*) *adj* Que descasou; divorciado, separado.

des.ca.sar (*des+casar*) *vtd* **1** Anular ou desfazer o casamento de: *Aquele advogado descasou Pedro e Rita.* *vtd* e *vpr* **2** Separar(-se) (pessoas casadas ou animais acasalados). *vtd* e *vpr* **3** Separar(-se) de pessoa ou coisa habitual. *vint* e *vpr* **4** Divorciar(-se).

des.cas.ca.do (*part* de *descascar*) *adj* Que se descascou; sem casca.

des.cas.ca.dor (*descascar+dor*) *adj* Que descasca. • *sm* **1** Aquele que descasca. **2** Máquina agrícola, para descascar cereais.

des.cas.car (*des+casca+ar*[1]) *vtd* **1** Tirar a casca de. *vtd* **2** *pop* Repreender severamente. *vtd* **3** *pop* Falar mal; falar com franqueza. *vint* **4** Largar ou perder a casca. *vint* **5** Perder o casco (o animal). *vint* **6** Descamar-se. *vpr* **7** *pop* Sair a pele crestada pelo sol; desprender-se a cutícula. *vtd* e *vpr* **8** *Reg* (RS) Desembainhar (arma branca): *"O capataz descascou o facão e esperou o bicho. Ela gritara assustada, e logo facões se descascaram e o tempo escureceu"* (João Fontoura).

des.ca.so (*des+caso*) *sm* **1** Desatenção. **2** Desprezo. **3** Inadvertência.

des.cen.dên.cia (*descendente+ia*[2]) *sf* Série de indivíduos que procedem de um tronco comum. *Antôn: ascendência.*

des.cen.den.te (*lat descendente*) *adj m+f* **1** Que desce. **2** Que descende. **3** *Arit* Que decresce ou cujos termos vão decrescendo. • *sm* Indivíduo considerado oriundo de outro ou de certa raça: *Geralmente, o descendente de italianos gosta de macarrão. sm pl* Indivíduos que constituem uma descendência: *A coroa inglesa e seus descendentes têm sido alvo de fotógrafos e tabloides sensacionalistas.*

des.cen.der (*lat descendere*) *vti* **1** Proceder, provir por geração: *Um e outro descendem de troncos paulistas. vti* **2** Originar-se: *Esta palavra descende do latim. Antôn: ascender.*

des.cen.tra.do (*part* de *descentrar*) *adj* Fora da linha de centro de um eixo; excêntrico.

des.cen.tra.li.za.ção (*descentralizar+ção*) *sf* **1** Ação ou efeito de descentralizar. **2** Distribuição de funções e poderes de um governo ou autoridade centrais por seus órgãos administrativos regionais ou locais, dando a estes marcante autonomia.

des.cen.tra.li.zar (*des+centralizar*) *vtd* e *vpr* **1** Afastar(-se), desviar(-se) do centro. *vtd* **2** Dispersar ou distribuir entre órgãos da administração as funções ou poderes que normalmente caberiam a um governo central. *vtd* **3** Fazer dispersar-se do centro ou lugar de concentração.

des.cer (*lat descendere*) *vtd* e *vint* **1** Percorrer, vir de cima para baixo. *vtd* **2** Abaixar, pôr embaixo, passar de cima para baixo. *vtd* **3** Dirigir para baixo (a vista, os olhos). *vtd* **4** *Mús* Fazer passar a tom mais grave. *vtdi* **5** Apear, desmontar. *vti* **6** Dirigir-se a um lugar mais baixo. *vti* **7** Formar ladeira, ter declive. *vti* **8** Desembarcar. *vti* **9** Degradar-se, rebaixar-se. *vint* **10** *fig* Baixar de nível; declinar. *Antôn: subir, elevar. Descer a lenha, gír:* a) dar pancadas em alguém; b) falar mal de alguém; repreender, admoestar. *Descer ao túmulo, à sepultura, à terra:* morrer; ser sepultado. *Descer do trono:* abdicar, ou perder o poder régio.

des.cer.ra.men.to (*descerrar+mento*) *sm* Ato de descerrar.

des.cer.rar (*des+cerrar*) *vtd* e *vpr* **1** Abrir(-se) (o que estava cerrado ou unido). *vtd* **2** Descobrir, divulgar, manifestar, patentear: *Descerrar um segredo. Antôn* (acepção 1): *fechar.*

des.ci.da (*fem* do *part* de *descer*) *sf* **1** Ação de descer. **2** Ladeira, quando se desce. **3** Abaixamento, diminuição. **4** Decadência. **5** Desvalorização. *Antôn* (acepções 1, 2 e 3): *subida.*

des.clas.si.fi.ca.ção (*desclassificar+ção*) *sf* Ação de desclassificar.

des.clas.si.fi.ca.do (*part* de *desclassificar*) *adj* **1** Que não teve classificação. **2** Indigno, desprezível. • *sm* Indivíduo desclassificado.

des.clas.si.fi.car (*des+classificar*) *vtd* **1** Não atribuir qualificação a. **2** Eliminar participante, de prova esportiva ou concurso, que não tenha observado o regulamento respectivo. **3** Humilhar, degradar, desacreditar.

des.co.ber.ta (*fem* de *descoberto*) *sf* **1** Ato ou efeito de descobrir; descobrimento. **2** Ato ou efeito de achar ou passar a conhecer algo cuja existência era desconhecida: *A Alexander Fleming deve-se a descoberta da penicilina.* **3** Coisa que se descobriu; invento.

des.co.ber.to (*des+coberto*) *adj* **1** Que não está coberto. **2** Divulgado. **3** Denunciado. **4** Achado, inventado. **5** *Mil* Exposto a ataques, não defendido. • *sm* Descampado. *A descoberto:* a) claramente; sem abrigo; sob o fogo inimigo; b) sem garantia, sem caução, sem ter adiantado fundos: *Sacar a descoberto.*

des.co.bri.dor (*descobrir+dor*) *adj* + *sm* Que, ou o que descobre.

des.co.bri.men.to (*descobrir+mento*) *sm* Ação ou efeito de descobrir; descoberta.

des.co.brir (*des+cobrir*) *vtd* **1** Tirar a cobertura (véu, chapéu etc.) a. *vtd* **2** Achar ou passar a conhecer algo cuja existência era desconhecida. *vtd* **3** *pop* Inventar. *vtd* **4** Encontrar. *vtd* **5** Expor aos golpes do adversário. *vtd* **6** Adivinhar, resolver. *vtd* **7** Chegar a saber de. *vtd* **8** Manifestar, revelar. *vtd* **9** Identificar, reconhecer. *vpr* **10** Aparecer à vista; mostrar-se. Conjuga-se como *dormir. Part irreg: descoberto.*

des.co.di.fi.ca.ção (*descodificar+ção*) *sf* Decodificação.

des.co.di.fi.ca.do (*part* de *descodificar*) *adj* Que tem mensagem redigida em código convertida em linguagem comum. *Var: decodificado.*

des.co.di.fi.ca.dor (*descodificar+dor*) *adj* Decodificador.

des.co.di.fi.car (*des+codificar*) *vtd* Converter em linguagem comum mensagem (como telegrama) redigida em código; decifrar código. *Var: decodificar.*

des.co.la.do (*part* de *descolar*) *adj* **1** Que se despegou ou desuniu. **2** *gír* Diz-se de pessoa que se dá bem no que fez.

des.co.lar (*des+colar*) *vtd* **1** Desunir. *vtd* **2** *gír* Conseguir, arranjar: *Só agora descolei o dinheiro. vti* **3** *Aeron* V *decolar.*

des.co.lo.ra.ção (*descolorar+ção*) *sf* **1** Ato ou efeito de descolorar; descoramento, desbotamento. **2** Falta ou perda de cor.

des.co.lo.rar (*des+colorar*) *vtd* **1** Alterar ou apagar a cor; descorar; desbotar: *Ela descolorou os cabelos.* **2** Privar da cor. *Var: descolorir.*

des.co.lo.ri.do (*part* de *descolorir*) *adj* Que descoloriu; descorado, desbotado.

des.co.lo.rir (*des+colorir*) *vtd* **1** V *descolorar. vint* **2** Perder a cor; descorar; desbotar: *O quadro ficou muito tempo exposto ao sol e descoloriu.*

des.co.me.di.do (*part* de *descomedir*) *adj* **1** Sem moderação, excessivo. **2** Inconveniente.

des.co.me.dir (*des+comedir*) *vpr* Não se comedir, praticar excessos; mostrar-se grosseiro, ser inconveniente, desmoderar-se: *O rapaz descomediu-se em seus desabafos*. *Conjug:* é verbo defectivo; conjuga-se como *abolir*.

des.com.pas.sa.do (*part* de *descompassar*) *adj* **1** Que não é compassado; irregular, desordenado. **2** Desmedido, enorme.

des.com.pas.sar (*des+compasso+ar*[1]) *vtd* **1** Executar sem regularidade nem boa proporção. **2** *Mús* Sair do compasso.

des.com.pas.so (*des+compasso*) *sm* Falta de compasso, medida, ordem, regularidade.

des.com.pli.car (*des+complicar*) *vtd* Fazer cessar a complicação.

des.com.por (*des+compor*) *vtd* **1** Desarranjar, desordenar, tirar ou pôr fora do seu lugar. *vtd* **2** Dar ou passar uma descompostura (acepção 1). *vtd* e *vpr* **3** Alterar(-se), transtornar(-se). *vtd* e *vpr* **4** Descobrir(-se), desnudar(-se). *vpr* **5** Descomedir-se. Conjuga-se como *pôr*.

des.com.pos.tu.ra (*des+compostura*) *sf* **1** Censura áspera, reprimenda. **2** Falta de compostura. **3** Desarranjo, desordem, negligência.

des.com.pro.me.ter (*des+comprometer*) *vpr* Fazer cessar compromisso assumido.

des.co.mu.nal (*des+comunal*) *adj m+f* **1** Fora do comum. **2** Extraordinário. **3** Desproporcionado, enorme, excessivo.

des.con.cen.tra.ção (*desconcentrar+ção*) *sf* Ato ou efeito de desconcentrar.

des.con.cen.trar (*des+concentrar*) *vtd* **1** Tirar a concentração de. *vtd* **2** Descentralizar. *vpr* **3** Deixar de ficar concentrado: *Aquele tumulto fez com que ele se desconcentrasse da leitura*.

des.con.cer.ta.do (*part* de *desconcertar*) *adj* **1** Descomposto. **2** Envergonhado, encafifado.

des.con.cer.tan.te (*part* de *desconcertar*) *adj m+f* **1** Que desconcerta. **2** Que atordoa, atrapalha, embaraça.

des.con.cer.tar (*des+concertar*) *vtd* **1** Fazer perder o concerto, pôr em desacordo. *vtd* **2** Fazer sair das regras. *vtd* **3** Perturbar, confundir; tornar perplexo: *Essa falta desconcertou seus planos*. *vint* **4** Disparatar. *vpr* **5** Não concordar, discrepar: *Desconcertaram-se no preço e o negócio não se realizou*.

des.con.cer.to (*ê*) (de *desconcertar*) *sm* **1** Ação ou efeito de desconcertar. **2** Falta de concerto. **3** Desordem, perturbação. **4** Desarmonia, discórdia. **5** Absurdo, disparate.

des.co.ne.xo (*cs*) (*des+conexo*) *adj* **1** Sem conexão; desunido. **2** Incoerente.

des.co.nec.tar (*des+conectar*) *vtd* Desfazer a conexão existente em; desunir, desligar.

des.con.fi.a.do (*part* de *desconfiar*) *adj* **1** Que desconfia ou exprime desconfiança. **2** Que se melindra facilmente.

des.con.fi.an.ça (*des+confiança*) *sf* **1** Falta de confiança. **2** Qualidade de desconfiado. **3** Temor de ser enganado.

des.con.fi.an.te (de *desconfiar*) *adj m+f* Que tem desconfiança.

des.con.fi.ar (*des+confiar*) *vtd* **1** Conjecturar, suspeitar, imaginar, supor. *vti* **2** Deixar de ter confiança; duvidar, suspeitar. *vint* **3** Mostrar-se desconfiado; duvidar.

des.con.fi.ô.me.tro (*desconfiar+metro*) *sm pop* Capacidade para perceber quando se é inoportuno ou maçante.

des.con.for.me (*des+conforme*) *adj m+f* **1** Não conforme. **2** Desproporcionado, enorme.

des.con.for.mi.da.de (*des+conformidade*) *sf* **1** Falta de conformidade. **2** Desproporção.

des.con.for.tá.vel (*des+confortável*) *adj m+f* **1** Que não oferece conforto. **2** Incômodo.

des.con.for.to (*ô*) (*des+conforto*) *sm* **1** Falta de conforto. **2** Desânimo, desconsolo. *Pl: desconfortos* (*ô*).

des.con.ge.la.men.to (*descongelar+mento*) *sm* Ato ou efeito de descongelar(-se).

des.con.ge.lar (*des+congelar*) *vtd* **1** Derreter, fundir (o que estava congelado). *vtd* **2** *Econ* Liberar o que estava congelado (preços, salários etc.). *vpr* **3** Cessar de estar congelado.

des.con.ges.ti.o.nan.te (de *descongestionar*) *adj m+f* Que descongestiona. • *sm Farm* Substância que alivia a congestão.

des.con.ges.ti.o.nar (*des+congestionar*) *vtd* **1** Livrar de congestão. **2** Desacumular. **3** Tornar fluente o trânsito que se congestionou por acúmulo de veículos.

des.co.nhe.cer (*des+conhecer*) *vtd* **1** Não conhecer ou reconhecer. **2** Ignorar, não saber. **3** Estranhar, não se lembrar de (pessoa ou coisa). **4** Não aceitar, não admitir como tal: *Este desconhece o medo*.

des.co.nhe.ci.do (*part* de *desconhecer*) *adj* **1** Não conhecido; ignorado, incógnito ou misterioso. **2** De nome ignorado. **3** Ingrato. • *sm* Pessoa cuja identidade se desconhece. *Antôn* (acepção 3): reconhecido.

des.co.nhe.ci.men.to (*desconhecer+mento*) *sm* **1** Ação de desconhecer. **2** Falta de conhecimento, ignorância. **3** Falta de agradecimento, ingratidão.

des.con.jun.ta.do (*part* de *desconjuntar*) *adj* Que se desconjuntou; desarticulado, desfeito.

des.con.jun.tar (*des+conjuntar*) *vtd* **1** Tirar fora das juntas ou articulações; desarticular, deslocar, desengonçar: *Desconjuntou o braço direito*. *vtd* **2** Desfazer, desmanchar: *Desconjuntaram o estratagema*. *vpr* **3** Abalar-se, arruinar-se: *O edifício desconjuntou-se e desmoronou*. *vpr* **4** Descompor-se: *Desconjuntava-se numa agitação frenética*. *vtd* e *vpr* **5** Desunir(-se), separar(-se).

des.con.ser.tar (*des+consertar*) *vtd* **1** Desfazer o conserto. *vtd* **2** Desarranjar, desordenar: *O solavanco desconsertou os objetos da prateleira*. *vtd* **3** Desacertar, desajustar. *vtd* e *vpr* **4** Tornar(-se) impróprio para a serventia; desfazer(-se) a boa disposição das partes; tornar(-se) defeituoso; estragar(-se), quebrar(-se): *Desconsertou o relógio ao tentar abri-lo. Com o uso contínuo o aparelho se desconsertara*.

des.con.ser.to (*ê*) (*des+conserto*) *sm* **1** Ação ou efeito de desconsertar. **2** Falta de conserto. **3** Desarranjo, defeito.

des.con.si.de.ra.ção (*desconsiderar+ção*) *sf* **1** Falta de consideração ou atenção; desrespeito. **2** Ofensa.

des.con.si.de.ra.do (*part* de *desconsiderar*) *adj* **1** Que não é considerado; desrespeitado. **2** Irrefletido, impensado.

des.con.si.de.rar (*des+considerar*) *vtd* **1** Tratar sem consideração: *Não desconsideremos quem quer que seja*. *vtd* **2** Não considerar, não examinar convenientemente. *vpr* **3** Perder a consideração ou o respeito dos outros: *Com esse procedimento, desconsiderou-se perante os colegas*.

des.con.so.la.ção (*desconsolar+ção*) *sf* **1** Falta de consolação, desconsolo. **2** Desânimo.

des.con.so.la.do (*des+consolado*) *adj* **1** Sem consolo; consternado, triste. **2** *pop* Sem graça nem animação; insípido.

des.con.so.lar (*des+consolar*) *vtd* e *vint* **1** Causar desconsolação: *O dia cinzento desconsolava a menina. Esses dissabores desconsolam*. *vpr* **2** Não ter consolação nem alegria: *Desconsolaram-se de ver frustrados os seus planos*. *Antôn: confortar*.

des.cons.ti.tu.ci.o.na.li.zar (*des+constitucional+izar*) *vtd Polít* Retirar um artigo da Constituição, para que o assunto de que trata seja regulamentado por meio de leis complementares ou ordinárias.

des.cons.tru.ir (*des+construir*) *vtd* Desfazer a construção de; destruir. Conjuga-se como *construir*.

des.con.ta.mi.nar (*des+contaminar*) *vtd* Tornar (local ou área) inócuo para habitantes desprotegidos, por meio da remoção, destruição ou neutralização de agentes contaminantes, como gases provenientes de combustão, de guerra biológica ou química, ou de material radioativo.

des.con.tar (*des+contar*) *vtd* **1** Abater, deduzir, tirar de uma conta ou quantidade. **2** Não fazer caso de, não levar em conta. **3** *pop* Revidar, responder: *Vingativo, descontava as ofensas de forma cruel. Descontar um cheque, Com:* receber, em estabelecimento de crédito, o valor especificado em um cheque. *Antôn* (acepção 1): *aduzir, acrescentar*.

des.con.ten.ta.men.to (*descontentar+mento*) *sm* **1** Falta de contentamento. **2** Desagrado, desgosto, desprazer. *Antôn: satisfação*.

des.con.ten.tar (*des+contentar*) *vtd* e *vti* **1** Causar descontentamento ou desprazer a; desagradar, desgostar: *Esse despacho nos descontentou. Contentava a uns, mas descontentava a outros*. *vpr* **2** Estar descontente; sentir desgosto: *Os espectadores descontentaram-se*.

des.con.ten.te (*des+contente*) *adj m+f* **1** Que não está contente ou satisfeito. **2** Aborrecido, desgostoso. **3** Contrariado, mal-humorado.

des.con.ti.nu.ar (*des+continuar*) *vtd* Não continuar, interromper, suspender.

des.con.ti.nu.i.da.de (*des+continuidade*) *sf* **1** Falta de continuidade; interrupção. **2** Qualidade de descontínuo.

des.con.tí.nuo (*des+contínuo*) *adj* **1** Não contínuo. **2** Interrompido.

des.con.to (de *descontar*) *sm* **1** Ação ou operação de descontar. **2** Diminuição ou redução de uma soma ou quantidade. **3** Aquilo que se deduz ou abate; abatimento.

des.con.tra.ção (*des+contração*) *sf* **1** Ato ou estado inversos da contração; relaxamento. **2** Ato de descontrair-se; desembaraço: *Depois de algumas doses de vodca, houve uma descontração completa*.

des.con.tra.í.do (de *descontrair*) *adj* **1** Espontâneo, natural. **2** Relaxado, em repouso.

des.con.tra.ir (*des+contrair*) *vtd* **1** Fazer cessar a contração: *Agora, descontraia este músculo*. *vtd* **2** Eliminar o constrangimento: *João estava um pouco tenso, mas a brincadeira das crianças o descontraiu*. *vpr* **3** Perder o constrangimento; tornar-se natural: *Maria descontraiu-se com a chegada das amigas*. Conjuga-se como *atrair*.

des.con.tro.la.do (*part* de *descontrolar*) *adj* Que se descontroliou; desequilibrado, desgovernado.

des.con.tro.lar (*des+controlar*) *vtd* e *vpr* Desequilibrar(-se), desgovernar(-se).

des.con.tro.le (*ô*) (*des+controle*) *sm* Falta de controle; desgoverno.

des.con.ver.sar (*des+conversar*) *vint bras* Fugir ao assunto da conversa; mudar de assunto.

des.co.ra.do (*part* de *descorar*) *adj* **1** Sem cor; pálido. **2** De cor alterada.

des.co.rar (*des+corar*) *vtd* **1** Fazer perder parcial ou totalmente a cor: *O sol descorou este vestido*. *vint* e *vpr* **2** Empalidecer, desmaiar: *Isso eu não admito, disse, descorando. Com o susto, o rosado de suas faces se descorou*. *Antôn* (acepção 2): *enrubescer*.

des.co.ro.ço.a.do (*part* de *descoroçoar*) *adj* **1** Sem coragem. **2** Desalentado, desanimado. *Var: desacorçoado*.

des.co.ro.ço.ar (*des+coração+ar¹*) *vtd* **1** Tirar a coragem ou o ânimo a: *O favoritismo descoroçoa os íntegros e esforçados*. *vti* e *vint* **2** Perder a coragem, desanimar. *Var: desacorçoar*. *Antôn: animar*.

des.cor.tês (*des+cortês*) *adj m+f* Em que não há cortesia; grosseiro, indelicado. *Antôn: polido*.

des.cor.te.si.a (*des+cortesia*) *sf* **1** Ação descortês. **2** Falta de cortesia; grosseria, indelicadeza.

des.cor.ti.nar (*des+cortina+ar¹*) *vtd* **1** Abrir as cortinas de: *Descortinou as janelas*. *vtd* **2** Avistar, descobrir ao longe: *Da sacada descortinei uma paisagem deslumbrante*. *vtd* **3** Descobrir, distinguir, notar: *Já podemos descortinar no horizonte a queda definitiva das ditaduras imperialistas*. *vtd* **4** Atinar, descobrir. *vtd* e *vpr* **5** Patentear(-se), revelar(-se): *O telescópio descortina mundos admiráveis. Só então tudo se descortinou claramente*.

des.co.ser (*des+coser*) *vtd* **1** Desfazer uma costura; descosturar. *vtd* **2** Desconjuntar: *O choque descoseu a armação*. *vint* e *vpr* **3** Desfazer-se a costura: *Aos poucos, descosia-se a barra da saia*.

des.co.si.do (*part* de *descoser*) *adj* **1** Que se descoseu. **2** Despregado, solto. **3** *fig* Sem nexo, desordenado, irregular.

des.cos.tu.ra.do (*part* de *descosturar*) *adj* Descosido (acepção 1).

des.cos.tu.rar (*des+costurar*) *vtd* **1** Desfazer a costura de: *Marta descosturou a barra da saia para encompridá-la*. *vint* **2** Tornar-se descosido ou com a costura desfeita: *A manga de minha camisa descosturou*.

des.cre.den.ci.ar (*des+credenciar*) *vtd* Fazer cessar ou cortar o crédito: *O banco descredenciou as empresas devedoras*.

des.cré.di.to (*des+crédito*) *sm* **1** Diminuição, falta, ou perda de crédito. **2** Depreciação. **3** Desonra, má fama.

des.cren.ça (*des+crença*) *sf* **1** Falta ou perda de crença. **2** Falta de fé; irreligiosidade. **3** Ceticismo, incredulidade.

des.cren.te (*des+crente*) *adj m+f* **1** Que não crê, ou perdeu a crença. **2** Cético, incrédulo. **3** Irreligioso, sem fé. • *s m+f* Pessoa descrente, incrédula, ou que perdeu a crença, a fé.

des.crer (*des+crer*) *vtd* **1** Não crer; negar: *Já não podemos descrer isso*. *vti* **2** Perder a confiança: *Descria de tudo e todos. Acabou descrendo nos amigos*. *vti* e *vint* **3** Deixar de crer, não acreditar: *Impossível é descrer em* (ou *de*) *Deus. Não vacilou nem descreu*. Conjuga-se como *crer*.

des.cre.ver (*lat describere*) *vtd* **1** Fazer a descrição de; representar por meio de palavras: *Descreveu a casa onde morava*. *vtd* **2** Percorrer: *Seus movimentos descreviam uma reta perfeita*. *vtd* **3** *Mat* Traçar: *Descrevi um círculo*. *vtdi* **4** Contar, expor minuciosamente: *Descreva ao doutor, com rápidas palavras, o que está sentindo*. *Conjug – Part irreg: descrito*.

des.cri.ção (*lat descriptione*) *sf* **1** Ação ou efeito de descrever. **2** *Lit* Tipo de texto que consiste em relacionar as qualidades essenciais de um ser, para que o leitor ou ouvinte tenha deste a imagem mais exata possível. **3** Enumeração, relação de qualidades ou características de (algo ou alguém). *Cf discrição*.

des.cri.mi.nar (*des+lat crimine+ar*[1]) *vtd* Absolver de crime; inocentar, tirar a culpa a. *Cf discriminar*.

des.cri.tí.vel (*lat descriptu+vel*) *adj m+f* Que se pode descrever. Antôn: *indescritível*.

des.cri.ti.vo (*lat descriptivu*) *adj* **1** Que descreve. **2** Que serve para descrever. **3** Relativo a descrições.

des.cri.to (*lat descriptu*) *adj* Contado, exposto ou narrado minuciosamente.

des.cru.zar (*des+cruzar*) *vtd* Desfazer a cruz formada por: *Descruzar os braços*.

des.cui.da.do (*part* de *descuidar*) *adj* **1** Sem cuidado. **2** Desleixado, indolente. **3** Irrefletido, precipitado. **4** Sereno, tranquilo, indiferente: *Olhar descuidado*.

des.cui.dar (*des+cuidar*) *vtd* **1** Não ter cuidado com, tratar sem cuidado. *vtd* **2** Não fazer caso de: *Descuidou o mais importante*. *vti* e *vpr* **3** Não cuidar(-se), não fazer caso; descurar(-se), negligenciar(-se): *Descuidava do filho, deixava-o na rua. Não nos descuidemos de nossas dívidas*. *vpr* **4** Deixar de ser pontual, perfeito ou rigoroso em algum ato, desleixar-se, relaxar-se: *Pelo que me diz respeito não me descuido. Descuidou-se do horário*.

des.cui.do (de *descuidar*) *sm* **1** Falta de cuidado; negligência. **2** Esquecimento, inadvertência, irreflexão. **3** Erro, falta, lapso. **4** *gír* Furto feito graças à inadvertência da vítima, ou à falta de vigilância.

des.cul.pa (*des+culpa*) *sf* **1** Ação de desculpar ou desculpar-se. **2** Alegação atenuante ou justificativa de culpa. **3** Absolvição. **4** Escusa. **5** Evasiva. **6** Pretexto. **7** Indulgência, perdão.

des.cul.par (*des+culpa+ar*[1]) *vtd* **1** Justificar, atenuar, perdoar ou eliminar a culpa. *vtd* e *vti* **2** Perdoar: *Foi difícil desculpar-lhe a atitude tão cruel*. *vpr* **3** Expor as atenuantes da culpa; pedir desculpas: *Desculpou-se pelo atraso e iniciou a reunião*.

des.cul.pá.vel (*des+culpável*) *adj m+f* Que se pode desculpar.

des.cum.prir (*des+cumprir*) *vtd* Deixar de cumprir: *Descumpriu as ordens do pai*.

des.cu.pi.ni.za.ção (*descupinizar+ção*) *sf* Ato ou efeito de descupinizar.

des.cu.pi.ni.zar (*des+cupim+izar*) *vtd* Destruir os cupins de: *Chamei um técnico para descupinizar meus armários*.

des.cu.rar (*des+curar*) *vtd* **1** Tornar negligente: *O futebol descura-os*. *vtd* **2** Não curar de; descuidar, negligenciar: *Descuraram a educação do menino*. *vti* **3** Não cuidar, não tratar. *vpr* **4** Descuidar-se, desmazelar-se.

des.de (*lat de+ex+de*) *prep* A começar de, a contar de, a partir de. Expressa relações de: **1** ponto de partida no espaço: *Perseguido desde a casa do avô*. **2** ponto de partida no tempo: *Tomo pílulas desde o mês passado. Desde agora, loc adv:* desde este momento. *Desde então, loc adv:* desde esse tempo. *Desde já, loc adv:* a partir deste momento, de agora em diante. *Desde logo, loc adv:* desde aquele momento, para logo. *Desde que, loc conj:* desde o tempo em que; depois que; uma vez que, já que, visto que. *Desde que o mundo é mundo, loc adv:* desde os mais remotos tempos.

des.dém (*provençal desdenh*) *sm* **1** Desprezo com superioridade. **2** Altivez, arrogância. *Pl: desdéns*.

des.de.nhar (*lat desdignare*) *vtd* **1** Repudiar com desdém: *Desdenhava a bajulação*. *vtd* **2** Menosprezar: *Sempre desdenhou as coisas do país*. *vti* **3** Mostrar ou ter desdém por: *Às vezes, desdenhamos daquilo que não compreendemos*.

des.de.nho.sa.men.te (*desdenhado*, no *fem+mente*) *adv* Com desdém, soberbamente.

des.de.nho.so (*ô*) (*desdenhar+oso*) *adj* Que mostra desdém. *Pl: desdenhosos (ó)*.

des.den.ta.do (*part* de *desdentar*) *adj* Que tem falta de alguns dentes. • *sm Zool* Espécime dos desdentados. *sm pl Zool* Ordem de mamíferos na qual se incluem os tatus, tamanduás e preguiças.

des.di.ta (*des+dita*) *sf* Desgraça, desventura, infelicidade, infortúnio. Antôn: *felicidade, ventura*.

des.di.zer (*des+dizer*) *vtd* **1** Contradizer alguém no que afirma; desmentir: *Desdissera o acusado*. *vti* **2** Estar em contradição; não convir, discordar: *O último artigo não desdiz dos outros*. *vti* **3** Degenerar: *Esse tipo desdisse da raça*. *vint* e *vpr* **4** Negar o que havia dito; retratar-se: *Esse professor diz e desdiz: ora perdoa, ora castiga. Não me desdigo habitualmente*. Conjuga-se como *dizer*.

des.do.bra.do (*part* de *desdobrar*) *adj* **1** Aberto, estendido. **2** Que se estende. **3** Distribuído, dividido. **4** Que se ativa ou intensifica. **5** Desenvolvido, incrementado. **6** Prolongado no espaço e no tempo. **7** *Quím* Dissociado.

des.do.bra.men.to (*desdobrar+mento*) *sm* **1** Ação de desdobrar. **2** Desenvolvimento de uma situação.

des.do.brar (*des+dobrar*) *vtd* **1** Abrir, estender (o que estava dobrado): *Desdobrar uma toalha*. *vtd* **2** Dar maior atividade ou intensidade a: *Desdobrar a vontade*. *vpr* **3** Desenvolver-se, tomar incremento: *Essas regras se desdobram em outras*. *vpr* **4**

Prolongar-se no espaço e no tempo. *vpr* **5** *Quím V dissociar*. *vtd* e *vpr* **6** Estender(-se): *O cafezal desdobrava-se a perder de vista*. *vtd* e *vpr* **7** Distribuir(-se), dividir(-se): *Desdobrar uma turma, um curso. A sua individualidade desdobra-se.*
des.do.brá.vel (*desdobrar+vel*) *adj m+f* Que se pode desdobrar.
de.se.jar (*desejo+ar*[1]) *vtd* **1** Ter desejo de; ter gosto em; ambicionar: *Cristo desejou a paz na Terra*. *vtd* **2** Cobiçar: *Desejar coisas alheias*. *vtd* **3** Querer possuir: *Não a amava, desejava-a*. *vtdi* **4** Querer para algum fim: *Desejava-a para secretária*. *vtdi* **5** Exprimir (a alguém) o desejo de: *Ao despedir-se, desejou-lhe boa viagem*. *vint* **6** Sentir desejos: *Sente fome o espírito de quem deseja. Deixar a desejar*: não satisfazer completamente.
de.se.já.vel (*desejar+vel*) *adj m+f* Que é digno de ser desejado.
de.se.jo (*baixo-lat desidiu*) *sm* **1** Ação de desejar. **2** O que se deseja. **3** Anseio, aspiração veemente. **4** Cobiça. **5** Apetite, vontade de comer ou de beber. **6** Apetite sexual. **7** Desígnio, intenção. **8** *pop* Vontade exagerada que, na gravidez, a mulher tem de comer ou beber determinadas coisas.
de.se.jo.so (*ô*) (*desejo+oso*) *adj* Que tem desejo. *Desejoso de*: ávido de, cobiçoso de. *Pl: desejosos (ó)*.
de.se.le.gân.cia (*des+elegância*) *sf* **1** Falta de elegância. **2** Incorreção.
de.se.le.gan.te (*des+elegante*) *adj m+f* **1** Sem elegância. **2** Inconveniente; incorreto. **3** Desajeitado.
de.se.ma.ra.nhar (*des+emaranhar*) *vtd* **1** Desembaraçar, desenredar (o que estava emaranhado): *Desemaranhar o cipó*. *vtd* **2** Desfazer (o enredo); aclarar, esclarecer (um mistério); explicar (algo difícil ou confuso). *vpr* **3** Deixar de estar emaranhado; tornar-se menos confuso, mais fácil de compreender-se.
de.sem.ba.çar (*des+embaçar*) *vtd* Tirar a cor baça ou a palidez a.
de.sem.ba.i.nhar (*des+embainhar*) *vtd* **1** Tirar da bainha: *Desembainhar a espada*. **2** Descoser, desmanchar (a bainha da costura).
de.sem.ba.lar (*des+embalar*) *vtd* **1** Tirar da embalagem. **2** Tirar a bala de: *Desembalar um cartucho*.
de.sem.ba.ra.ça.do (*part* de *desembaraçar*) *adj* **1** Livre de embaraços. **2** Esperto, ágil, expedito. **3** Desenvolto. **4** Desobstruído, desimpedido.
de.sem.ba.ra.çar (*des+embaraçar*) *vtd* **1** Desemaranhar, desenredar: *Desembaraçar o cabelo*. *vpr* **2** Soltar-se, andar ou trabalhar com ligeireza: *A balconista desembaraçou-se dos clientes*. *vtd* e *vpr* **3** Livrar(-se) de embaraço: *Desembaraçar o trânsito. Por um derradeiro e súbito arranco pôde desembaraçar-se*. *vtd* e *vpr* **4** Tornar(-se) expedito.
de.sem.ba.ra.ço (*des+embaraço*) *sm* **1** Ação de desembaraçar. **2** Agilidade, presteza. **3** Facilidade; desenvoltura. **4** Coragem.
de.sem.ba.ra.lhar (*des+embaralhar*) *vtd* **1** Pôr em ordem (o que estava embaralhado). **2** Desembaraçar.
de.sem.bar.car (*des+embarcar*) *vtd* **1** Tirar do barco, do vagão etc. *vtd* **2** Pôr em terra: *Desembarcar tropas*. *vti* e *vint* **3** Sair ou deixar uma embarcação ou outro meio de transporte: *Desembarcou na estação do Norte. Desembarcou do cruzador no Rio de Janeiro*.
de.sem.bar.ga.dor (*desembargar+dor*) *adj* Que desembarga. • *sm* Juiz do Tribunal de Justiça.
de.sem.bar.gar (*des+embargar*) *vtd* **1** *Dir* Levantar, tirar o embargo ou impedimento a. **2** Desembaraçar, despachar: *Desembargar um casamento*.
de.sem.bar.go (*des+embargo*) *sm* **1** Ação de desembargar. **2** *Dir* Levantamento de embargo ou de arresto. **3** Despacho, desimpedimento.
de.sem.bar.que (*des+embarque*) *sm* Ação de desembarcar.
de.sem.bes.tar (*des+embestar*) *vti* **1** Arremessar-se com ímpeto; partir como uma seta: *Desembestou pela estrada sem perder tempo*. *vti* **2** Iniciar ação arrebatada: *Desembestou a cantar*. *vtd* **3** Proferir com violência: *Desembestar injúrias, insultos*. *vtd* e *vint* **4** Arremessar, atirar algo com besta[1] ou como com besta[1]: *O índio desembestou a flecha. Seus ataques desembestaram*.
de.sem.bo.ca.du.ra (*desembocar+dura*) *sf* **1** Ação de desembocar. **2** Lugar onde um rio desemboca; embocadura; foz.
de.sem.bo.car (*des+embocar*) *vti* e *vint* **1** Sair de um lugar relativamente estreito para outro mais largo: *Desembocou de um beco juntamente com alguns indivíduos mal-encarados. O cortejo já vinha desembocando*. *vti* **2** Desaguar: *O Tietê desemboca no Paraná*. *vti* **3** Ir ter, terminar: *Esta rua desemboca na Praça da Sé*.
de.sem.bol.sar (*des+embolsar*) *vtd* **1** Tirar da bolsa. **2** Gastar. *Conjug – Pres indic: desembolso, desembolsas (ó)* etc. *Cf desembolso (ô)*.
de.sem.bol.so (*ô*) (*des+embolso*) *sm* **1** Ação de desembolsar. **2** Quantia que se desembolsou ou gastou.
de.sem.bre.a.do (*part* de *desembrear*) *adj* Desengatado; desengrenado; solto.
de.sem.bre.a.gem (*des+embreagem*) *sf* Ato ou efeito de desembrear; desengate.
de.sem.bre.ar (*fr désembrayer*) *vtd* e *vint* Soltar a embreagem, num automóvel ou máquina operatriz; desengrenar. Conjuga-se como *frear*.
de.sem.bru.lhar (*des+embrulhar*) *vtd* **1** Desfazer um embrulho; tirar o envoltório de (algo que esteja embrulhado): *Desembrulhar um pacote*. **2** *pop* Aclarar, esclarecer; desenredar: *Desembrulhar uma trapalhada*.
de.sem.bu.char (*des+embuchar*) *vtd* **1** Tirar o que embucha. *vtd* **2** Expandir, expor com franqueza (o que se pensa): *Vamos! Desembuche o que sente!* *vint* **3** Desabafar, falando; dizer o que sabe ou sente: *Por mais que o interpelassem, não desembuchava*.
de.sem.bu.tir (*des+embutir*) *vtd* Tirar do embutido.
de.sem.pa.car (*des+empacar*) *vtd* **1** *bras* Desemperrar (a cavalgadura): *Só depois de um bom tempo conseguimos desempacar a mula*. *vtd* **2** *fig* Fazer andar algo que estava engavetado ou preterido: *O novo diretor desempacou o projeto*. *vint* **3** Deixar de estar empacado: *Nosso processo desempacou*.
de.sem.pa.co.ta.do (*part* de *desempacotar*) *adj* Que se tirou do pacote; desembrulhado.

de.sem.pa.co.tar (*des+empacotar*) *vtd* Tirar do pacote; desembrulhar.

de.sem.pa.lhar (*des+empalhar*) *vtd* **1** Tirar da palha ou do palheiro. **2** Tirar a palha que envolve ou que enche.

de.sem.pa.re.lhar (*des+emparelhar*) *vtd* **1** Separar (aquilo que estava emparelhado). **2** Desunir.

de.sem.pa.tar (*des+empatar*) *vtd* **1** Tirar o empate; decidir o que estava empatado: *Desempatar votos*. **2** Resolver: *Desempatar uma dúvida*.

de.sem.pe.na.dei.ra (*desempenar+deira*) *sf* **1** *Constr* Peça retangular de madeira ou metal, provida de alça, com que o pedreiro espalha e alisa o reboco, ou em que coloca a argamassa, a qual depois retira com a colher. **2** *Carp* Máquina para aparelhar tábuas.

de.sem.pe.na.do (*part* de *desempenar*) *adj* **1** Que se desempenou. **2** Que não está empenado; direito. **3** Esbelto. **4** Desembaraçado, ágil, expedito.

de.sem.pe.nar (*des+empenar*) *vtd* **1** Tirar o empeno a. *vpr* **2** Perder o empeno; endireitar-se.

de.sem.pe.nhar (*des+empenhar*) *vtd* **1** Resgatar o que estava empenhado: *Desempenhar uma casa*. *vtd* **2** Cumprir: *Desempenhar uma tarefa*. *vtd* **3** *Teat* Representar em cena: *Só desempenhava papéis importantes*. *vtd* **4** Exercer: *Desempenhar uma função, um cargo*. *vpr* **5** Cumprir as suas obrigações ou compromissos: *Desempenhemo-nos de nossas obrigações*. *vtd* e *vpr* **6** Desobrigar(-se).

de.sem.pe.nho (*des+empenho*) *sm* **1** Ação ou efeito de desempenhar. **2** Resgate do que estava empenhado. **3** Cumprimento de obrigação ou promessa. **4** *Teat* Qualidade da representação ou interpretação de um artista. **5** *Inform* Rendimento total que, juntamente com a facilidade de utilização, constitui um dos principais fatores determinantes da produtividade dos componentes de um sistema de computação.

de.sem.per.rar (*des+emperrar*) *vtd* **1** Desfazer o emperramento, tornar lasso (o que estava difícil de abrir ou fechar): *Desemperrar a fechadura, a gaveta, a porta*. *vtd* **2** Tirar o mau humor ou a teima a. *vtd* **3** *Reg* (Sul e Centro) Desempacar o animal. *vint* **4** Expandir-se: *Era de pouco falar, mas, quando bebia um pouco, desemperrava*. *vint* e *vpr* **5** Tornar-se lasso (o que estava emperrado).

de.sem.pi.lhar (*des+empilhar*) *vtd* Desarrumar, tirar dos seus lugares (o que estava empilhado).

de.sem.po.ei.rar (*des+empoeirar*) *vtd* **1** Tirar o pó a. *vpr* **2** Limpar-se do pó, sacudir de si o pó. *Var: desempoar*.

de.sem.po.lei.rar (*des+empoleirar*) *vtd* **1** Tirar do poleiro. **2** *pop* Fazer descer de posição elevada.

de.sem.pre.ga.do (*des+empregado*) *adj + sm* Que, ou o que está sem emprego.

de.sem.pre.gar (*des+empregar*) *vtd* **1** Tirar o emprego a. *vtd* **2** Demitir do emprego; destituir, exonerar. *vpr* **3** Perder o emprego, ou ficar sem ele.

de.sem.pre.go (*des+emprego*) *sm* **1** Ação de desempregar. **2** Falta de emprego. **3** Estado de desempregado. **4** *Econ* Situação de falta de emprego para a força de trabalho de uma região, estado, nação etc.

de.sen.ca.de.a.do (*part* de *desencadear*) *adj* **1** Desatado, desprendido, solto. **2** Excitado, irritado. **3** Que começa violentamente.

de.sen.ca.de.a.men.to (*desencadear+mento*) *sm* Ação de desencadear.

de.sen.ca.de.ar (*des+encadear*) *vtd* **1** Causar, provocar: *As reivindicações territoriais desencadearam a guerra*. *vpr* **2** Começar impetuosa e violentamente; romper; rebentar: *Desencadeou-se a ventania*. *vtd* e *vpr* **3** Desatar(-se), desprender (-se), soltar(-se) (o que estava encadeado). Conjuga-se como *frear*.

de.sen.cai.xar (*des+encaixar*) *vtd* **1** Tirar do encaixe ou da caixa: *O movimento desencaixou as peças que já estavam soltas. Desencaixava chapéus*. *vtd* **2** Fazer sair; desconjuntar. *vpr* **3** Sair do encaixe, sair fora; deslocar-se.

de.sen.cai.xo.tar (*des+encaixotar*) *vtd* Tirar de um caixote, de uma caixa: *Desencaixotar os livros*.

de.sen.ca.la.crar (*des+encalacrar*) *vtd* **1** Livrar de apuros; desentalar. **2** Pagar as suas dívidas; livrar-se de dificuldades de dinheiro.

de.sen.ca.lha.do (*part* de *desencalhar*) *adj* **1** *Náut* Tirado ou saído de encalhe. **2** Livre de obstáculos; desimpedido, desobstruído.

de.sen.ca.lhar (*des+encalhar*) *vtd* **1** *Náut* Tirar do encalhe (uma embarcação): *Desencalhar um navio*. *vtd* **2** Remover ou livrar de obstáculos a; desimpedir, desobstruir (caminho). *vint* **3** Sair de onde estava encalhado: *O navio desencalhará na maré cheia*. *vint* **4** *bras pop* Conseguir vender ou escoar um estoque de mercadoria encalhada. *vint* **5** *bras pop* Encontrar casamento (solteirão ou solteirona).

de.sen.ca.mi.nha.do (*part* de *desencaminhar*) *adj* **1** Que se desencaminhou; desviado do caminho próprio ou do seu verdadeiro fim ou destino. **2** Corrompido, pervertido, desmoralizado.

de.sen.ca.mi.nha.men.to (*desencaminhar+mento*) *sm* **1** Ação ou efeito de desencaminhar. **2** Desvio, erro de caminho, extravio.

de.sen.ca.mi.nhar (*des+encaminhar*) *vtd* **1** Perder, sumir; extraviar: *Quem desencaminhou esse papel?* *vtd* e *vpr* **2** Desviar(-se), tirar(-se) ou sair do caminho que trilhava; atrair para o mal, corromper, perverter.

de.sen.can.ta.do (*part* de *desencantar*) *adj* **1** Desiludido, desenganado. **2** De que se tirou o encantamento; desenfeitiçado.

de.sen.can.tar (*des+encantar*) *vtd* e *vpr* **1** Tirar o encanto ou encantamento de; desenfeitiçar(-se): *O mágico desencantou-a. Desencantou-se de festas e boêmias*. *vtd*, *vtdi* e *vpr* **2** Desenganar(-se), desiludir(-se): *Suas maneiras vulgares desencantaram todos os presentes. O livro desencantou-o dos sonhos da mocidade. Ao conhecê-la pessoalmente, desencantou-se*. *vtd* **3** Achar ou fazer aparecer, como por encanto, algo perdido. *vint* **4** *bras pop* Concluir ou executar um trabalho que há muito era esperado e já deveria ter sido feito: *Enfim seu relatório desencantou!*

de.sen.can.to (de *desencantar*) *sm* Ação ou efeito de desencantar. *Var: desencantamento*.

de.sen.ca.par (*des+encapar*) *vtd* **1** Tirar a capa de. **2** Tirar do invólucro; desembrulhar.

de.sen.car.ce.ra.do (*part* de *desencarcerar*) *adj* Que se desencarcerou; que foi solto.

de.sen.car.ce.rar (*des+encarcerar*) *vtd* **1** Tirar do

cárcere; pôr em liberdade. *vpr* **2** Sair do cárcere. *Antôn* (acepção 1): *prender.*
de.sen.car.dir (*des+encardir*) *vtd* **1** Lavar ou limpar o que estava encardido. *vtd* **2** Branquear, clarear (a roupa encardida). *vtd* e *vtdi* **3** Lavar; limpar.
de.sen.car.go (*des+encargo*) *V descargo.*
de.sen.car.na.do (*part* de *desencarnar*) *adj + sm* Espir Que, ou aquele que deixou a carne ou matéria; que passou para o mundo espiritual; desincorporado.
de.sen.car.nar (*des+encarnar*) *vint* **1** Deixar a carne; passar para o mundo espiritual. **2** *pop* Morrer.
de.sen.car.re.gar (*des+encarregar*) *vtd* **1** Desobrigar ou livrar do encargo: *Fechou o estabelecimento e desencarregou os empregados.* **2** Aliviar: *Desencarregar a consciência.*
de.sen.cas.que.tar (*des+encasquetar*) *vtd* **1** *pop* Tirar da cabeça (a mania ou teima). *vtdi* **2** Dissuadir: *Só ela conseguiria desencasquetar Marcelo da viagem.* **3** Despreocupar: *Eles o desencasquetaram quanto ao resultado de sua prova.*
de.sen.ca.var (*des+encavar*) *vtd* **1** Escavar. **2** *bras pop* Descobrir.
de.sen.con.tra.do (*part* de *desencontrar*) *adj* **1** Que se desencontrou. **2** Oposto, contrário: *Rumos desencontrados.* **3** Diferente, diverso, desigual. **4** Discordante, incompatível.
de.sen.con.trar (*des+encontrar*) *vtd* **1** Fazer com que duas ou mais pessoas ou coisas não se encontrem ou se ajustem. *vpr* **2** Seguir direções contrárias, opostas ou que não coincidem entre si: *Os garotos se desencontraram no parque.* *vint* e *vpr* **3** Discordar, ser incompatível: *As nossas opiniões desencontram. Os nossos pontos de vista desencontram-se.*
de.sen.con.tro (*des+encontro*) *sm* **1** Ação ou efeito de desencontrar. **2** Falta de coincidência. **3** Discrepância. **4** Oposição.
de.sen.co.ra.ja.men.to (*desencorajar+mento*) *sm* **1** Ato ou efeito de desencorajar. **2** Falta de coragem. **3** Desânimo.
de.sen.co.ra.jar (*des+encorajar*) *vtd* **1** Tirar a coragem a. *vpr* **2** Perder a coragem. *Sin:* desanimar.
de.sen.cos.ta.do (*part* de *desencostar*) *adj* Afastado ou privado do encosto: *Com o tronco desencostado e a cabeça firme.*
de.sen.cos.tar (*des+encostar*) *vtd* **1** Desviar ou privar de um encosto. **2** Afastar. **3** Separar (coisas ou pessoas que estavam encostadas). **4** Endireitar.
de.sen.cra.var (*des+encravar*) *vtd* **1** Tirar o que estava encravado: *Desencravar uma unha.* **2** Arrancar, tirar um cravo ou prego. **3** Tirar de apuros: *Desencravei-o de suas dívidas.*
de.sen.cur.var (*des+encurvar*) *vtd* **1** Desfazer a curvatura, tornar direito (aquilo que era curvo). **2** Aplainar.
de.sen.fai.xar (*des+enfaixar*) *vtd* **1** Soltar ou tirar as faixas a: *O médico desenfaixou sua perna.* **2** Livrar-se de faixas: *Desenfaixou metade da mão para poder escrever.*
de.sen.fas.ti.ar (*des+enfastiar*) *vtd* **1** Tirar o fastio a, despertando-lhe o apetite: *Uma boa caminhada ao ar livre desenfastiou-o.* *vtd* **2** Alegrar, distrair: *O cinema já não o desenfastia.* **3** Amenizar, suavizar: *Desenfastiar uma conferência.* *vpr* **4** Ganhar apetite: *Desenfastie-se com estas delícias.*

de.sen.fei.ti.çar (*des+enfeitiçar*) *vtd* **1** Livrar de feitiço; desencantar. *vpr* **2** Livrar-se de uma paixão amorosa.
de.sen.fei.xa.do (*part* de *desenfeixar*) *adj* Tirado de um feixe.
de.sen.fei.xar (*des+enfeixar*) *vtd* **1** Tirar de um feixe. **2** Desatar um feixe, desmanchá-lo. **3** Desunir.
de.sen.fer.ru.ja.do (*part* de *desenferrujar*) *adj* **1** Limpo de ferrugem; desoxidado. **2** Desemperrado. **3** *fig* Sem amarras; solto: *Língua desenferrujada.*
de.sen.fer.ru.jar (*des+enferrujar*) *vtd* **1** Limpar da ferrugem; desoxidar: *Desenferrujar uma caldeira.* *vtd* **2** *fig* Dar exercício a: *Andei de bicicleta para desenferrujar as pernas.* *vpr* **3** Perder-se a ferrugem: *Com a aplicação do produto, as peças de metal se desenferrujaram.* *vtd* e *vpr* **4** *fig* Aperfeiçoar(-se), instruir(-se), polir(-se): *Na viagem, ela desenferrujou seu inglês. Ele desenferrujou-se quanto a novidades da informática.*
de.sen.for.ma.do (*part* de *desenformar*) *adj* Tirado da forma[2].
de.sen.for.mar (*des+enformar*) *vtd* Tirar da forma[2].
de.sen.fre.a.do (*des+enfreado*) *adj* **1** Que está sem freio. **2** Que não obedece ao freio. **3** Alvoroçado, amotinado, exaltado. **4** Descomedido.
de.sen.fre.a.men.to (*desenfrear+mento*) *sm* **1** Ação ou efeito de desenfrear ou desenfrear-se. **2** Desregramento, libertinagem, dissolução de costumes. **3** Desaforo, descaramento. **4** Arrebatamento, furor.
de.sen.fre.ar (*des+enfrear*) *vtd* **1** Tirar o freio a: *Desenfreou a cavalgadura.* *vtd* **2** Soltar: *Desenfrear as paixões, os vícios.* *vpr* **3** Arremessar-se com arrebatamento: *Ele se desenfreia em questões do coração.* *vpr* **4** Encolerizar-se, enfurecer-se. *vpr* **5** Descomedir-se, exceder-se: *Desenfreou-se em injúrias.* *vpr* **6** Entregar-se à devassidão. *vtd* e *vpr* **7** Soltar(-se) com ímpeto. Conjuga-se como *frear.*
de.sen.gai.o.la.do (*part* de *desengaiolar*) *adj* **1** Que se tirou da gaiola. **2** Que se pôs em liberdade; solto.
de.sen.gai.o.lar (*des+engaiolar*) *vtd* **1** Tirar da gaiola. **2** Pôr em liberdade; soltar.
de.sen.ga.ja.do (*des+engajado*) *adj + sm* **1** Diz-se de, ou militar que reside fora do quartel. **2** Diz-se de, ou aquele que não assumiu posição política ou ideológica, ou que abdicou da que assumira.
de.sen.ga.jar (*des+engajar*) *vtd* Anular o que estava engajado, desfazer o engajamento.
de.sen.ga.na.do (*des+enganado*) *adj* **1** Desiludido, sem esperança. **2** Diz-se de doente portador de mal grave e a respeito de quem os médicos não dão esperança de cura; que está à morte.
de.sen.ga.nar (*des+enganar*) *vtd* **1** Tirar do engano: *Com poucas palavras, ela o desenganou.* *vtd* **2** Tirar as esperanças de salvação de: *Os médicos a desenganaram.* *vtd* e *vpr* **3** Desiludir(-se): *Essa carta o desenganou. Você vai desenganar-se a respeito dele.*
de.sen.gan.char (*des+enganchar*) *vtd* **1** Separar, soltar (o que estava preso com gancho). **2** Desprender.
de.sen.ga.no (*des+engano*) *sm* **1** Ação ou efeito de desenganar. **2** Descoberta do engano ou erro em que se estava. **3** Desilusão.

de.sen.gar.ra.fa.do (*part* de *desengarrafar*) *adj* **1** Que se tirou da garrafa. **2** Desembaraçado, livre (diz-se do trânsito de veículos).

de.sen.gar.ra.far (*des+engarrafar*) *vtd* **1** Tirar da garrafa. **2** Fazer cessar o congestionamento de trânsito.

de.sen.gas.gar (*des+engasgar*) *vtd* e *vpr* Tirar(-se) o engasgo a; desentalar(-se).

de.sen.gas.gue (de *desengasgar*) *sm* Ato ou efeito de desengasgar.

de.sen.ga.tar (*des+engatar*) *vtd* e *vpr* **1** Soltar(-se) o que estava engatado. **2** Desatrelar(-se).

de.sen.ga.te (de *desengatar*) *sm* **1** Ato de desengatar. **2** Peça ou engrenagem que se desengata. **3** Ponto de estrada de ferro onde se desengata o comboio da locomotiva.

de.sen.ga.ti.lhar (*des+engatilhar*) *vtd* **1** Desarmar mecanismo que estava engatilhado. **2** Desarmar o gatilho. **3** Desfechar, disparar: *Desengatilhou a espingarda.*

de.sen.ga.ve.ta.do (*part* de *desengavetar*) *adj* Que se tirou da gaveta.

de.sen.ga.ve.tar (*des+engavetar*) *vtd* Tirar da gaveta.

de.sen.gon.ça.do (*part* de *desengonçar*) *adj* **1** Tirado fora das dobradiças ou articulações. **2** Que tem dobradiças ou articulações frouxas. **3** Desconjuntado. **4** Que, ao andar, move desajeitadamente braços e pernas; desajeitado.

de.sen.gon.çar (*des+engonçar*) *vtd* **1** Tirar fora das juntas, dobradiças ou articulações: *Não pode desengonçar o portão.* *vtd* **2** Afrouxar dobradiças ou articulações de. *vpr* **3** Desunir-se, desconjuntar-se. *vpr* **4** Andar como se estivesse desconjuntado: *Desengonçava-se, quando caminhava ao lado dela.*

de.sen.gor.du.ran.te (de *desengordurar*) *adj m+f* Que tira gordura. • *sm* Agente desengordurante.

de.sen.gor.du.rar (*des+engordurar*) *vtd* **1** Tirar a camada gordurosa ou as manchas de gordura a. **2** Tirar a gordura a.

de.sen.gra.xan.te (de *desengraxar*) *adj m+f Quím* Diz-se de substância que tem a propriedade de retirar a graxa de uma superfície.

de.sen.gra.xar (*des+engraxar*) *vtd* **1** Tirar a graxa ou o lustre de. **2** Fazer perder o brilho.

de.sen.gre.na.do (*part* de *desengrenar*) *V desembreado.*

de.sen.gre.na.gem (*des+engrenagem*) *V desembreagem.*

de.sen.gre.nar (*des+engrenar*) *V desembrear.*

de.se.nhar (*lat designare*) *vtd* **1** Fazer o desenho de. *vtd* **2** Descrever: *O texto desenhava com perfeição as cenas e os personagens.* *vtd* **3** Projetar, conceber, delinear. *vint* **4** Traçar desenhos.

de.se.nhis.ta (*desenho+ista*) *s m+f* Pessoa que exerce a arte de desenhar.

de.se.nho (*lat designu*) *sm* **1** Arte de representar objetos por meio de linhas e sombras. **2** Objeto desenhado. **3** Traçado dos contornos de figuras. **4** Delineamento ou traçado geral de um quadro. **5** *Arquit* Plano ou projeto de edifício etc. **6** Figura de ornatos, em tecidos, vasos etc.

de.sen.la.çar (*des+enlaçar*) *vtd* **1** Desatar o que está enlaçado. *vtd* **2** Aclarar, desenredar: *Desenlaçar uma intriga, um mistério.* *vtd* **3** Dar desfecho a: *Desenlaçar uma comédia, um drama.* *vpr* **4** Soltar--se do laço: *O animal desenlaçou-se e desapareceu.*

de.sen.la.ce (*des+enlace*) *sm* **1** Desfecho, epílogo. **2** Solução. **3** Falecimento. **4** Ato ou efeito de desenlaçar.

de.sen.qua.drar (*des+enquadrar*) *vtd* Tirar do enquadramento ou da moldura.

de.sen.ra.i.za.do (*des+enraizado*) *V desarraigado.*

de.sen.rai.zar (*des+enraizar*) *V desarraigar.* Conjuga-se e grafa-se como *enraizar.*

de.sen.ras.car (*des+enrascar*) *vtd* **1** Desembaraçar (o que estava enrascado). **2** Livrar de dificuldade.

de.sen.re.dar (*des+enredar*) *vtd* **1** Desembaraçar, separar, desemaranhar: *Ela desenredava impacientemente os cabelos.* *vtd* **2** Resolver: *Desenredar uma intriga, uma questão complicada, um negócio intricado.* *vtd* **3** Descobrir, penetrar, perscrutar: *Desenredou ali tenebrosas negociatas.* *vpr* **4** Desenlaçar-se, soltar-se (o que estava enredado). *vpr* **5** Tornar-se claro, perceptível: *O caso começa a desenredar-se.* *vtd* e *vpr* **6** Desembaraçar(-se), livrar(-se) de apuros.

de.sen.ro.la.men.to (*desenrolar+mento*) *sm* **1** Ação ou efeito de desenrolar. **2** Desenvolvimento.

de.sen.ro.lar (*des+enrolar*) *vtd* **1** Desfazer o rolo de, estender (o que estava enrolado): *Desenrolar um pergaminho.* *vpr* **2** Desdobrar-se, desenroscar--se: *Desenrolou-se a bela bandeira do mastro.* *vpr* **3** Estender-se, projetar-se, prolongar-se: *Seu discurso desenrolava-se em períodos intermináveis.* *vpr* **4** Realizar-se, passar-se, suceder, decorrer: *Muitas comédias se desenrolam no cenário político.* • *sm* Sucessão, decorrência: *O desenrolar dos acontecimentos justificou sua atitude.*

de.sen.ros.car (*des+enroscar*) *vtd* **1** Estender (o que estava enroscado); desfazer as roscas de: *O marceneiro desenroscou o parafuso e acomodou a prateleira do armário.* *vtd* **2** Desaparafusar. *vtd* e *vpr* **3** Estender(-se), estirar(-se): *Desenrosca as pernas, ergue-se e anda. Desenrosquei-me no sofá, levantei e atendi a porta.*

de.sen.ru.gar (*des+enrugar*) *vtd* Desfazer as rugas ou as pregas de; alisar: *Desenrugar a fronte, o semblante, o vestido.*

de.sen.ta.la.do (*part* de *desentalar*) *adj* **1** Desprendido, quando se faz sair (o que estava entalado). **2** Desengasgado.

de.sen.ta.lar (*des+entalar*) *vtd* **1** Desprender, fazer sair (o que estava entalado): *Com esforço, desentalou o pão do buraco e continuou a comer.* *vtd* **2** Desengasgar: *Só depois de muito tempo consegui desentalar a garganta.* *vtd* e *vpr* **3** Livrar(-se) de dificuldades: *Desentalou dos soluços um grande brado. Desentalar-se de uma aflição.*

de.sen.ten.der (*des+entender*) *vtd* **1** Não entender. *vtd* **2** Fingir que não entende: *Ela desentendia as indiretas.* *vpr* **3** Não se entender mutuamente; estar em desacordo: *Os torcedores se desentenderam depois do jogo.*

de.sen.ten.di.do (*des+entendido*) *adj + sm* **1** Que, ou aquele que não entende. **2** Que, ou aquele que não é compreendido. *Fazer-se de desentendido:* fingir que não entende; não fazer caso de alguma coisa que se lhe diz.

de.sen.ten.di.men.to (*desentender+i+mento*) *sm* **1** Falta de entendimento; desacordo, desinteligência. **2** Estupidez, inépcia.

de.sen.ter.ra.do (*part* de *desenterrar*) *adj* Que se desenterrou; exumado.

de.sen.ter.ra.men.to (*desenterrar+mento*) *sm* **1** Ato ou efeito de desenterrar. **2** Exumação. *Antôn* (acepção 2): *inumação*.

de.sen.ter.rar (*des+enterrar*) *vtd* **1** Tirar da terra: *Desenterrar um tesouro*. **2** Exumar: *Desenterrar um cadáver*. **3** *fig* Descobrir: *Só com muita pesquisa pôde desenterrar a história de seus avós*. **4** *fig* Trazer à luz o que estava esquecido: *Desenterrava palavras obsoletas*.

de.sen.to.car (*des+entocar*) *vtd* **1** Tirar da toca: *Desentocar tatus*. *vpr* **2** Sair da toca: *As feras desentocaram-se, para procurar alimento*.

de.sen.tor.pe.cer (*des+entorpecer*) *vtd* **1** Curar do entorpecimento, fazer sair do torpor: *Desentorpecer as pernas*. *vtd* **2** Excitar, reanimar: *Desentorpecer o entendimento*. *vpr* **3** Sair do torpor; reanimar-se: *Com a gravidade da agressão inimiga, a nação desentorpeceu-se*.

de.sen.tor.pe.ci.do (*part* de *desentorpecer*) *adj* Que se desentorpeceu; que saiu do torpor; reanimado, revigorado.

de.sen.tor.pe.ci.men.to (*desentorpecer+mento*) *sm* Ação ou efeito de desentorpecer.

de.sen.tor.tar (*des+entortar*) *vtd* Tirar a qualidade de torto a; endireitar.

de.sen.tra.nhar (*des+entranhar*) *vtd* **1** Arrancar as entranhas a; estripar. *vtd* **2** Tirar das entranhas. *vtd* **3** *Dir* Tirar, de processo judicial ou administrativo, elemento que o integra. *vtd* **4** Fazer sair de seu íntimo; soltar de dentro de si; tirar das próprias entranhas: *Desentranhar suspiros*. *vtdi* **5** Arrancar do íntimo de, tirar de lugar oculto: *Dizendo isto, desentranha da bolsa um maço de documentos*. *vpr* **6** Sair das entranhas: *Um choro há muito contido desentranhou-se dela*.

de.sen.tro.sa.do (*part* de *desentrosar*) *adj* Sem entrosamento; desligado, solto.

de.sen.tro.sar (*des+entrosar*) *vtd* **1** Fazer cessar o entrosamento; desencaixar, desligar. *vint* e *vpr* **2** Perder o entrosamento; desencaixar-se.

de.sen.tu.lhar (*des+entulhar*) *vtd* **1** Tirar o entulho. **2** Tirar da tulha. **3** Limpar, desobstruir.

de.sen.tu.pi.do (*part* de *desentupir*) *adj* Aberto, desimpedido.

de.sen.tu.pi.dor (*desentupir+dor*) *adj + sm* Que, ou o que desentope.

de.sen.tu.pi.men.to (*desentupir+mento*) *sm* Ação ou efeito de desentupir.

de.sen.tu.pir (*des+entupir*) *vtd* **1** Abrir, desimpedir (o que estava entupido): *Ele conseguiu desentupir a passagem das águas*. *vtd* e *vpr* **2** Desobstruir (-se): *Aquele produto desentope o encanamento. O rego já se desentupiu*. Conjuga-se como *entupir*.

de.sen.vol.to (*ô*) (*part irreg* de *desenvolver*) *adj* **1** Que não é acanhado; desembaraçado, expedito. **2** Inquieto, travesso.

de.sen.vol.tu.ra (*desenvolto+ura*) *sf* **1** Qualidade de desenvolto. **2** Falta de acanhamento; desembaraço. **3** Agilidade; vivacidade.

de.sen.vol.ver (*des+envolver*) *vtd* **1** Fazer crescer. **2** Adiantar, aumentar, melhorar, aperfeiçoar, fazer progredir. **3** Empregar: *Aqui você desenvolverá os recursos de sua inteligência e sua capacidade de trabalho*. **4** Produzir, gerar: *O carro desenvolve até 200 km/h*. **5** Expor extensa ou minuciosamente. **6** Passar-se, desenrolar-se: *A ação se desenvolve em vários episódios*. **7** Crescer: *Este menino está se desenvolvendo depressa*.

de.sen.vol.vi.do (*part* de *desenvolver*) *adj* **1** Ampliado: *Projeto desenvolvido*. **2** Crescido: *Criança desenvolvida para a idade*. **3** Adiantado: *País desenvolvido*. **4** Exposto com minúcias: *Aqui temos uma biografia desenvolvida do grande brasileiro*.

de.sen.vol.vi.men.tis.mo (*desenvolvimento+ismo*) *sm bras* Política voltada para o desenvolvimento (acepção 5).

de.sen.vol.vi.men.tis.ta (*desenvolvimento+ista*) *adj m+f* Em que há ou que visa ao desenvolvimento. • *s m+f bras* Pessoa adepta do desenvolvimentismo.

de.sen.vol.vi.men.to (*desenvolver+mento*) *sm* **1** Ato ou efeito de desenvolver. **2** Crescimento ou expansão gradual; aumento. **3** Passagem gradual de um estágio inferior a um estágio mais aperfeiçoado. **4** Adiantamento, progresso. **5** *Sociol* Estágio econômico-social de uma comunidade caracterizado por altos índices de rendimento dos recursos naturais, do trabalho etc. **6** Extensão, prolongamento, amplitude. *Desenvolvimento sustentável:* processo de desenvolvimento que defende o crescimento econômico sem acarretar prejuízos ao meio ambiente, preservando-o para as futuras gerações.

de.sen.xa.bi.do (*part* de *desenxabir*) *adj* **1** Insípido. **2** Que não tem graça nem animação.

de.sen.xa.bir (*des+enxab(ido)+ir*) *vtd* Tornar desenxabido, monótono; desenxavir.

de.sen.xa.vi.do (*des+lat vulg *insapidu*) *V desenxabido*.

de.sen.xa.vir (*des+enxav(ido)+ir*) *V desenxabir*.

de.sen.xo.va.lha.do (*part* de *desenxovalhar*) *adj* **1** Que desenxovalhou; asseado, limpo. **2** Desamarrotado; liso. **3** Desafrontado, vingado.

de.sen.xo.va.lhar (*des+enxovalhar*) *vtd* **1** Tornar asseado; limpar, lavar. **2** Desamarrotar. **3** Desafrontar, vingar. *Conjug – Pres indic: desenxovalho, desenxovalhas* etc.; *Pres subj: desenxovalhe, desenxovalhes* etc.

de.se.qui.li.bra.do (*part* de *desequilibrar*) *adj + sm* **1** Que, ou o que não está equilibrado. **2** Que, ou o que não tem o juízo equilibrado.

de.se.qui.li.brar (*des+equilibrar*) *vtd* **1** Desfazer o equilíbrio de: *As fortes correntes aéreas desequilibraram a aeronave*. *vtd* **2** Quebrar a proporcionalidade entre uma coisa e outra: *O aumento do funcionalismo desequilibrou o orçamento da União*. *vpr* **3** Perder o equilíbrio ou sair dele: *Desequilibrou-se e caiu do caminhão*.

de.se.qui.lí.brio (*des+equilíbrio*) *sm* **1** Perda ou falta de equilíbrio. **2** Ausência das condições normais indispensáveis a qualquer organismo (físico, mecânico, financeiro, social ou de outra natureza); instabilidade: *Desequilíbrio social; desequilíbrio econômico*. **3** *Psicol* Distúrbio psíquico caracterizado pela instabilidade de humor e excessiva emotividade, acarretando inadaptação social.

de.ser.ção (*lat desertione*) *sf* Ato de desertar.

de.ser.da.do (*part* de *deserdar*) *adj* Que foi privado de herança, bens ou qualidades. • *sm* Aquele que em tudo é desfavorecido, ou que nada recebeu.

de.ser.dar (*des+herdar*) *vtd* Privar do direito a uma herança ou sucessão: *Deserdou o filho indigno*.

de.ser.tar (*deserto+ar*[1]) *vtd* **1** Tornar deserto; despovoar: *Pouco a pouco foram desertando o sítio*. *vtd* **2** Abandonar, deixar, desistir de: *Desertara os encargos do clube*. *vti* **3** Afastar-se: *Muitos políticos desertam da sua missão*. *vti* e *vint* **4** Fugir, retirar-se, acovardar-se: *Um belo dia desertou de casa. O soldado valeu-se da ocasião para desertar*.

de.sér.ti.co (*deserto+ico*[2]) *adj* **1** Diz-se de terreno ou região que se parece com um deserto. **2** Diz-se de clima regional que se caracteriza por secas muito prolongadas.

de.ser.ti.fi.ca.ção *sf* Ato de desertificar.

de.ser.ti.fi.car *vtdi* Transformar em deserto.

de.ser.to (*lat desertu*) *adj* **1** Desabitado, despovoado, solitário. **2** Em que não vive gente; pouco frequentado. • *sm* **1** *Geogr* Região árida e despovoada, com vegetação pobre, adaptada à escassez de chuva. **2** Lugar solitário ou pouco frequentado; ermo. *Pregar no deserto:* não ser ouvido; pregar em vão.

de.ser.tor (*lat desertore*) *sm* **1** Aquele que abandona seus deveres. **2** *Mil* Soldado que comete o delito de abandonar o serviço militar sem a devida autorização.

de.ses.pe.ra.do (*part* de *desesperar*) *adj* **1** Entregue ao desespero; que perdeu a esperança. **2** Que não dá qualquer esperança de melhora, sucesso, cura ou salvação; desenganado. **3** Obstinado. **4** Arrebatado, precipitado. **5** Enraivecido. • *sm* **1** Indivíduo que perdeu a esperança. **2** Indivíduo furioso ou alucinado.

de.ses.pe.ra.dor (*desesperar+dor*) *adj* + *sm* Que, ou o que causa desespero; que não permite esperança.

de.ses.pe.ran.ça (*des+esperança*) *sf* Falta ou perda de esperança; desespero.

de.ses.pe.ran.ça.do (*part* de *desesperançar*) *adj* **1** Que perdeu a esperança; desenganado, desanimado, desalentado. **2** Desesperado. *Antôn:* esperançado, confiante.

de.ses.pe.ran.çar (*des+esperançar*) *vtd* Tirar a esperança a; desanimar.

de.ses.pe.rar (*des+esperar*) *vtd* **1** Fazer perder a esperança; desalentar, desanimar, desenganar. *vtd* **2** Causar desespero a; irritar. *vtd* **3** Afligir muito. *vpr* **4** Afligir-se. *Conjug – Pres indic:* desespero, desesperas (*pé*) etc. *Cf desespero* (*ê*).

de.ses.pe.ro (*ê*) (de *desesperar*) *sm* **1** Ato ou efeito de desesperar; desesperança. **2** Aflição, angústia, ânsia. **3** Ódio, cólera. **4** Contrariedade, desprazer, aborrecimento. **5** Coisa insuportável ou que faz desesperar.

de.ses.ta.bi.li.za.ção (*desestabilizar+ção*) *sf* Ato ou efeito de desestabilizar.

de.ses.ta.bi.li.za.do (*part* de *desestabilizar*) *adj* Em que houve desestabilização.

de.ses.ta.bi.li.zar (*des+estabilizar*) *vtd* **1** Fazer perder a estabilidade: *A inflação desestabiliza a economia*. *vpr* e *vint* **2** Perder a estabilidade: *Se não conseguirmos trabalho, nossa vida vai se desestabilizar. A moeda desestabilizou*.

de.ses.ta.ti.za.ção (*desestatizar+ção*) *sf* Ato ou efeito de desestatizar.

de.ses.ta.ti.za.do (*part* de *desestatizar*) *adj* Que sofreu desestatização.

de.ses.ta.ti.zar (*des+estatizar*) *vtd* **1** Fazer cessar a estatização: *O governo vai desestatizar algumas hidrelétricas*. *vpr* **2** Perder a estatização: *A companhia telefônica vai desestatizar-se*.

de.ses.ti.mu.lan.te (de *desestimular*) *adj* m+f Que perde o estímulo.

de.ses.ti.mu.lar (*des+estimular*) *vtd* **1** Fazer perder o estímulo: *Os preços altos desestimulam as compras*. *vpr* **2** Perder o estímulo: *Pedro é medroso, desestimula-se facilmente*.

de.ses.tí.mu.lo (*des+estímulo*) *sm* Falta de estímulo.

de.ses.tru.tu.ra.ção (*desestruturar+ção*) *sf* Ato de desestruturar.

de.ses.tru.tu.rar (*des+estrutura+ar*[1]) *vtd* **1** Fazer perder a estrutura; desorganizar. *vpr* **2** Perder a estrutura.

des.fa.ça.tez (*desfaçar+t+ez*) *sf* Atrevimento, cinismo, descaramento, falta de vergonha, impudência, insolência.

des.fal.ca.do (*part* de *desfalcar*) *adj* **1** Que sofreu desfalque. **2** De que falta algo: *Coleção desfalcada de um volume*.

des.fal.car (*ital defalcare*) *vtd* **1** Tirar parte de: *Desfalcava o eleitorado*. *vtd* **2** Diminuir, reduzir: *Desfalcar as forças*. *vtd* e *vtdi* **3** Fraudar, espoliar, dissipar; roubar: *Desfalcar o erário. Desfalcou a empresa em quase cem mil dólares*.

des.fa.le.cer (*des+falecer*) *vtd* **1** Fazer perder as forças; enfraquecer: *A má notícia tinha desfalecido os ânimos*. *vint* **2** Diminuir de brilho ou de intensidade: *Já desfalece o dia*. *vti* e *vint* **3** Desmaiar: *Desfaleceu de fraqueza. Tomou-a nos braços e sentiu-a desfalecer*. *vti* e *vint* **4** Esmorecer, prostrar-se: *Desfalecia em tristeza profunda. Assim ia ele desfalecendo*.

des.fa.le.ci.do (*part* de *desfalecer*) *adj* **1** Que desfaleceu. **2** Sem forças; abatido; desmaiado.

des.fa.le.ci.men.to (*desfalecer+mento*) *sm* **1** Ação ou efeito de desfalecer. **2** Desmaio; fraqueza.

des.fal.que (de *desfalcar*) *sm* **1** Ação ou efeito de desfalcar. **2** Falta de parte de uma quantidade. **3** Quantia desfalcada. **4** Dedução, diminuição, supressão. **5** Apropriação fraudulenta, por uma pessoa, de dinheiro alheio que lhe foi confiado em razão de suas funções ou cargo.

des.fa.ve.lar (*des+favela+ar*[1]) *vtd* Desfazer as favelas.

des.fa.vor (*des+favor*) *sm* **1** Desprezo, desconsideração. **2** Inimizade. **3** Falta de graça, de proteção.

des.fa.vo.rá.vel (*des+favorável*) *adj* m+f **1** Não favorável. **2** Adverso, contrário, oposto. **3** Prejudicial.

des.fa.vo.re.cer (*des+favorecer*) *vtd* **1** Deixar de favorecer; deixar de ajudar: *Desfavorecer a indústria, as artes, o comércio*. **2** Ser desfavorável a; contrariar: *Parece que a escritura o desfavorecia*. **3** Tirar o favor a: *O rei os desfavoreceu*.

des.fa.vo.re.ci.do (*part* de *desfavorecer*) *adj* **1** Não favorecido. **2** Sem ajuda. **3** Prejudicado.

des.fa.zer (*des+fazer*) *vtd* **1** Despedaçar, quebrar, *vtd* 2 Desvanecer, dissipar. *vtd* 3 Arruinar, gastar. *vtd* 4 Anular, revogar. *vti* 5 Desdenhar. *vtdi* 6 Derreter, diluir. *vpr* 7 Despojar-se ou privar-se de. *vtd* e *vpr* 8 Desmanchar(-se), anular-se. Conjuga-se como *fazer*.

des.fe.char (*des+fechar*) *vtd* 1 Tirar o fecho ou o selo a; abrir. *vtd* 2 Descarregar, disparar (arma de fogo) ou vibrar (golpes, pancadas). *vtd* 3 Arremessar, lançar (dardos, setas, tiros). *vtd* 4 Lançar (a vista, o olhar) com expressão de ameaça. *vtd* 5 Soltar: *Desfechar uma gargalhada*. *vpr* 6 Desengatilhar-se, disparar-se (a arma, acidentalmente). *vti* e *vint* 7 Desencadear-se, romper: *As nuvens desfecharam em chuva. A jovem desfechou em pranto. Já desfechara o temporal*. *vti* e *vint* 8 Concluir, rematar, ter desenlace: *A história desfechou em casório. Desfechou a novela*.

des.fe.cho (*ê*) (de *desfechar*) *sm* 1 Termo, resultado final, conclusão. 2 *Lit* Última parte da narrativa, na qual se resolve o nó ou o enredo da ação.

des.fei.ta (*fem* de *desfeito*) *sf* 1 Desconsideração. 2 Ofensa, insulto, ultraje.

des.fei.te.ar (*desfeita+e+ar¹*) *vtd* Fazer desfeita. Conjuga-se como *frear*.

des.fei.to (*part* de *desfazer*) *adj* 1 Que se desfez. 2 Desmanchado, destruído. 3 Anulado. 4 Aniquilado, desvanecido, dissipado, esvaecido. 5 Derretido, diluído, dissolvido. 6 Derrotado. 7 Descomposto, desfigurado. 8 Inutilizado.

des.fe.rir (*des+ferir*) *vtd* 1 Emitir, lançar. 2 Abrir, levantar: *Do alto da montanha a águia desferiu o voo*. 3 Desfechar: *Desferiu-lhe um golpe sobre o coração*. 4 Fazer vibrar (cordas de um instrumento): *Desferir uma harpa*. 5 Emitir (sons): *Começou a desferir gritos ao vê-lo*. Conjuga-se como *ferir*.

des.fi.a.do (*part* de *desfiar*) *adj* 1 Que se desfiou. 2 Transformado em fios.

des.fi.ar (*des+fio+ar¹*) *vtd* 1 Tirar do fio: *Desfiar um colar*. *vtd* 2 Passar de conta em conta: *Desfiar um rosário*. *vtd* 3 Referir minuciosamente: *Desfiava mil e um sintomas de seus males imaginários*. *vtd* e *vpr* 4 Desfazer(-se), desmanchar(-se) em fios, reduzir(-se) a fios: *Desfiar o cabelo. A toalha desfiara-se toda. Desfiar a meada*: expor, narrar, referir um caso com todos os seus pormenores.

des.fi.bra.do (*part* de *desfibrar*) *adj* 1 Que se desfibrou. 2 Que perdeu a fibra, ou energia; enfraquecido. 3 Insensível, desnaturado.

des.fi.bra.dor (*desfibrar+dor*) *adj* Que desfibra. • *sm* 1 O que desfibra. 2 *V desfibradora*.

des.fi.bra.do.ra (*desfibrar+dor*, no *fem*) *sf* 1 Máquina usada nas fábricas de papel, para converter a madeira em pasta. 2 Máquina para desfibrar plantas. *Var: desfibrador*.

des.fi.brar (*des+fibra+ar¹*) *vtd* 1 Separar em fibras (madeira, papel de refugo etc.). *vtd* 2 Extrair, separar, tirar as fibras de: *Desfibrar raízes, legumes*. *vpr* 3 Separarem-se as fibras de: *Tecidos tão delicados, em geral, desfibram-se depois de muitos anos*.

des.fi.gu.ra.do (*part* de *desfigurar*) *adj* 1 Que se desfigurou; alterado, deturpado. 2 Que mudou as feições para pior; transtornado.

des.fi.gu.rar (*des+figura+ar¹*) *vtd* 1 Deformar, alterar a figura de: *As bexigas desfiguram o rosto*. *vtd* 2 Alterar, deturpar: *Desfigurar a verdade, as intenções, o caráter, o pensamento*. *vtd* e *vpr* 3 Alterar(-se), mudar(-se) (a figura, a forma, as feições, o aspecto de): *A prolongada enfermidade a desfigurou. Desfigurou-se de terror*.

des.fi.la.dei.ro (*desfilar+deiro*) *sm* Passagem estreita entre montanhas; garganta.

des.fi.lar (*des+fila+ar¹*) *vint* 1 Marchar ou passar em filas: *As tropas desfilaram garbosamente pela avenida*. *vint* 2 Seguir-se um ao outro, suceder-se: *Transportes de toda espécie desfilam pelas ruas da cidade*. *vtd* 3 Exibir, ostentar: *A festa era uma oportunidade para as jovens desfilarem seus modelos extravagantes*.

des.fi.le (de *desfilar*) *sm* 1 Ação de desfilar. 2 Apresentação de coleção de moda, joias, penteados etc. 3 *pop* Apresentação de escola de samba.

des.flo.res.ta.men.to (*desflorestar+mento*) *sm* Ação ou efeito de desflorestar.

des.flo.res.tar (*des+floresta+ar¹*) *vtd* Destruir as florestas de. *Sin: desarborizar, desmatar*.

des.fo.car (*des+foco+ar¹*) *vtd Fot, Cin* e *Telev* Tirar uma imagem de foco, de modo que fica borrada e indistinta.

des.fo.lhar (*des+folha+ar¹*) *vtd* 1 Arrancar ou tirar as folhas ou as pétalas a: *A ventania desfolha as árvores*. *vpr* 2 Perder as folhas ou as pétalas: *O arbusto desfolha-se*.

des.for.ra (*ó*) (de *desforrar*) *sf* 1 Vingança. 2 Recuperação do que se perdeu. 3 Ação de desforrar(-se). *Tirar a desforra*: vingar-se.

des.for.rar (*des+forro+ar¹*) *vtd* e *vpr* 1 Vingar(-se). *vtd* 2 Indenizar-se de: *Não desforrou os prejuízos*. *vtd* 3 Tirar o forro a: *Desforrar o paletó. Desforrar perdas*: recuperar o que se perdeu.

des.frag.men.ta.ção (*des+fragmentar+ção*) *sf Inform* Ação de reorganizar um arquivo espalhado por setores diversos de um disco rígido, regravando suas partes em sequência.

des.fral.dar (*des+fralda+ar¹*) *vtd* 1 Deferir, largar, soltar ao vento (velas): *Os veleiros desfraldaram as velas e, a seguir, a regata começou*. *vtd* 2 Soltar: *Desfraldar uma bandeira*. *vpr* 3 Tremular: *Bandeiras desfraldavam-se pelos mastros*.

des.fru.tar (*des+fruto+ar¹*) *vtd* 1 Conseguir, obter os frutos de: *Os invasores desfrutaram quintas e fazendas*. 2 Usufruir: *Desfrutava tudo o que podia obter do bom nome e do dinheiro da mulher*. 3 Apreciar: *Das arquibancadas desfrutamos todo o espetáculo*. 4 Viver à custa ou tirar proveito de.

des.fru.tá.vel (*desfrutar+vel*) *adj m+f* Que se pode desfrutar. • *s m+f* Pessoa dada a desfrutes.

des.fru.te (de *desfrutar*) *sm* 1 Ação de desfrutar. 2 *pop* Ação ridícula, escandalosa, de pessoa que se presta a desfrutar. *Var: desfruto*.

des.gar.rar (*des+garrar*) *vtd* e *vint* 1 Desviar do rumo ou perdê-lo. *vti, vtdi, vint* e *vpr* 2 Desviar(-se), extraviar(-se); desencaminhar(-se), perverter(-se).

des.gas.ta.do (*part* de *desgastar*) *adj* Consumido, destruído, gasto.

des.gas.tar (*desgaste+ar¹*) *vtd* 1 Consumir pelo atrito ou fricção: *Vou desgastar estas bordas para não me ferir*. *vtd* e *vpr* 2 Destruir(-se), gastar(-se) pouco a pouco: *O tempo e o uso desgastam*

qualquer coisa. *Não se desgaste por coisas tão pequenas.*
des.gas.te (de *desgastar*) *sm* Ato ou efeito de desgastar.
des.gos.tar (*des+gostar*) *vtd* **1** Causar ou dar desgosto ou aborrecimento a; desagradar, descontentar, magoar, melindrar: *Tinha por norma não desgostar ninguém. vti* e *vpr* **2** Não gostar: *Não desgosto da minha profissão. Desgostou-se das colegas por serem um tanto fúteis. vpr* **3** Perder o gosto: *Desgostou-se da vida. vpr* **4** Magoar-se, melindrar-se: *Desgostou-se com a brincadeira.*
des.gos.to (*ô*) (*des+gosto*) *sm* **1** Ausência de gosto ou prazer. **2** Mágoa, pesar, sentimento. **3** Aversão, desagrado, descontentamento, repugnância. *Antôn: prazer, contentamento.*
des.gos.to.so (*ô*) (*des+gostoso*) *adj* **1** Que sente desgosto; descontente. **2** Que desgosta; enfastiado, aborrecido. **3** De mau sabor. *Pl: desgostosos (ó).*
des.go.ver.na.do (*part* de *desgovernar*) *adj* **1** Que não tem governo. **2** Mal governado. **3** Desregrado, desorganizado. **4** Desnorteado, desorientado.
des.go.ver.nar (*des+governar*) *vtd* **1** Fazer mau governo, imprimir má orientação a. *vtd* **2** Desviar do bom caminho; corromper: *As paixões desgovernam os fracos. vint* **3** *Náut* Navegar sem governo: *Sobrevindo o vendaval, o iate desgovernou. vpr* **4** Perder o governo de si próprio, portar-se mal: *Exorbitando do regulamento, desgovernou-se. vint* e *vpr* **5** Não obedecer (os cavalos, o automóvel, o avião etc.) a quem (os) guia: *O carro desgovernou-se e bateu.*
des.go.ver.no (*ê*) (*des+governo*) *sm* **1** Falta de governo. **2** Desorientação, desnorteamento. **3** Mau governo ou má administração. **4** Desregramento.
des.gra.ça (*des+graça*) *sf* **1** Má sorte, infortúnio, desventura, infelicidade. **2** Acontecimento funesto; calamidade, catástrofe. *Antôn* (acepção 1): *ventura, felicidade.*
des.gra.ça.da.men.te (*desgraçado*, no *fem+mente*) *adv* De um modo desgraçado; infelizmente.
des.gra.ça.do (*part* de *desgraçar*) *adj* **1** Infeliz. **2** Deplorável, lamentável. **3** Que anuncia desgraça; funesto. **4** Malsucedido, desventurado. **5** Miserável, pobre. *Antôn: feliz, ditoso.* • *sm* **1** Indivíduo que vive na miséria. **2** Homem desprezível, vil. **3** *pop* Indivíduo astuto, danado.
des.gra.çar (*desgraça+ar¹*) *vtd* e *vpr* Causar desgraça a, tornar(-se) desditoso: *Desgraçaram-no as más leituras. Viciado na bebida, desgraçou-se até ao extremo de mendigar.*
des.gra.cei.ra (*desgraça+eira*) *sf bras pop* Série de desgraças.
des.gre.nha.do (*part* de *desgrenhar*) *adj* Qualificativo do cabelo despenteado, emaranhado ou revolto.
des.gre.nhar (*des+grenha+ar¹*) *vtd* **1** Desarranjar (o cabelo). *vtd* e *vpr* **2** Despentear(-se): *Tentou desgrenhar-lhe a cabeleira. Vencida pela dor, desgrenhava-se inconsolavelmente.*
des.gru.dar (*des+grudar*) *vtd* **1** Descolar, despregar (o que estava grudado): *Desgrudar um cartaz. vti* e *vpr* **2** Afastar-se, apartar-se: *Meu filho não desgruda da televisão. Desde que começaram a namorar, os dois não se desgrudam.*

des.guar.ne.cer (*des+guarnecer*) *vtd* **1** Privar de guarnição. *vtd* **2** Desprover de forças militares ou de munições. *vtd* **3** Tirar os enfeites. *vpr* **4** Privar-se de guarnição, enfeites.
de.si.dra.ta.ção (*des+hidratar+ção*) *sf* **1** Ação de desidratar. **2** *Med* Perturbação causada pela perda excessiva de água do organismo, acompanhada da perda de sais minerais e orgânicos.
de.si.dra.ta.do (*part* de *desidratar*) *adj* + *sm* **1** Que, ou aquele que se desidratou. **2** *Med* Que perdeu líquido por disenteria; que está com desidratação: *Doente desidratado.*
de.si.dra.tan.te (de *desidratar*) *adj m+f* Que desidrata. • *sm* Substância (*p ex*, gel de sílica) própria para desidratar outra.
de.si.dra.tar (*des+hidratar*) *vtd* **1** Separar ou extrair a água de. **2** *Med* Perder líquidos por disenteria; ter desidratação.
design (*dizáin*) (*ingl*) *sm* **1** Concepção de um projeto ou modelo; planejamento. **2** O produto desse planejamento.
de.sig.na.ção (*designar+ção*) *sf* **1** Ação ou efeito de designar. **2** Nome, denominação.
de.sig.na.do (*part* de *designar*) *adj* Que se designou; apontado, indicado, assinalado, denominado.
de.sig.nar (*lat designare*) *vtd* **1** Apontar, indicar, nomear: *A presidência designou o seu representante. vtd* **2** Assinalar, marcar: *Essa lei designava as várias zonas eleitorais. vtd* **3** Ser o símbolo de; significar: *A violeta designa a modéstia. vtd* **4** Denominar, qualificar: *O patrão designa-o feitor. E feitor ele era. vtdi* **5** Escolher, nomear: *Confiou-se a missão ao homem que o rei designou. Designou-o para o cargo. vtdi* **6** Determinar, fixar: *Já foi designado o prazo para a entrega dos papéis.*
designer (*dizáiner*) (*ingl*) *s m+f* Profissional que planeja ou concebe um projeto ou modelo.
de.síg.nio (*lat designiu*) *sm* **1** Plano, projeto. **2** Intenção, propósito. **3** Destino.
de.si.gual (*des+igual*) *adj m+f* **1** Que não é igual, que faz diferença; diferente, diverso. **2** Incerto, inconstante, mudável, vário, volúvel. **3** Irregular. **4** Maior ou menor; desproporcionado. **5** Injusto, parcial. **6** Que não é liso ou plano; acidentado, escabroso. **7** *p us* Extraordinário, extravagante.
de.si.gua.lar (*des+igualar*) *vtd* **1** Estabelecer diferença ou distinção entre, tornar desigual: *A idade os desigualava muito. vtdi* **2** Distinguir, diferenciar: *Inteligência e aplicação desigualavam-no dos seus colegas. vti* **3** Ser desigual: *Este compêndio desiguala daquele. vpr* **4** Tornar-se desigual: *Com o correr do tempo, desigualaram-se.*
de.si.gual.da.de (*desigual+dade*) *sf* **1** Condição, estado, qualidade daquele ou daquilo que é desigual; diferença, diversidade. **2** *Mat* Relação entre os membros de um conjunto, marcada pelos sinais "maior que" ou "menor que".
de.si.lu.di.do (*part* de *desiludir*) *adj* Que sofreu desilusão.
de.si.lu.dir (*des+iludir*) *vtd* **1** Causar desilusão ou decepção a: *A realidade os desiludiu. vpr* **2** Desenganar-se, perder ilusões: *Desanimou, desiludiu-se.*
de.si.lu.são (*des+ilusão*) *sf* **1** Efeito de desiludir. **2** Perda da ilusão. *Sin: desengano.*

de.sim.pe.di.do (*part* de *desimpedir*) *adj* Que se desimpediu; que não tem impedimento; desembaraçado, desobstruído, franqueado, livre.

de.sim.pe.dir (*des+impedir*) *vtd* **1** Tirar o impedimento, o estorvo, o obstáculo a; desobstruir. *vtd* **2** Facilitar, afastando o que impede ou embaraça. *vpr* **3** Tornar-se desimpedido. Conjuga-se como *pedir*.

de.sin.cha.do (*part* de *desinchar*) *adj* **1** Que se desinchou. **2** De orgulho abatido.

de.sin.char (*des+inchar*) *vtd* **1** Desfazer a inchação de. *vtd* **2** Tirar de alguma coisa aquilo que incha ou intumesce. *vint* e *vpr* **3** Desaparecer a inchação.

de.sin.com.pa.ti.bi.li.za.ção (*des+incompatibilizar+ção*) *sf* Ação ou efeito de desincompatibilizar.

de.sin.com.pa.ti.bi.li.zar (*des+incompatibilizar*) *vtd* **1** Fazer que deixe de estar incompatibilizado. *vtd* **2** Fazer desaparecer as incompatibilidades; reconciliar: *Tratou de desincompatibilizar os amigos. vpr* **3** Desfazer-se da incompatibilidade.

de.sin.cor.po.ra.ção (*desincorporar+ção*) *sf* Ação de desincorporar.

de.sin.cor.po.ra.do (*part* de *desincorporar*) *adj* **1** Privado do caráter ou dos poderes de corporação. **2** Separado, tirado da corporação ou do corpo de que fazia parte. **3** Espir V *desencarnado*.

de.sin.cor.po.rar (*des+incorporar*) *vtd* **1** Privar do caráter ou dos poderes de corporação. *vtd* e *vpr* **2** Separar(-se), sair de uma corporação ou de um corpo (associação, assembleia etc.). *vpr* **3** Espir V *desencarnar*.

de.sin.cum.bi.do (*part* de *desincumbir*) *adj* **1** Livre de incumbência; desencarregado: *Desincumbido da tarefa por negligência.* **2** Cumprido, pronto: *Trabalho bem desincumbido.*

de.sin.cum.bir (*des+incumbir*) *vtd* **1** Tirar a incumbência dada a; desencarregar. *vpr* **2** Cumprir uma incumbência; desencarregar-se: *Procurei desincumbir-me logo de minhas tarefas.*

de.sin.de.xa.ção (*cs*) (*des+indexar+ção*) *sf* Econ Ato de desindexar.

de.sin.de.xar (*cs*) (*des+indexar*) *vtd* Econ **1** Desfazer a indexação. **2** Extinguir a relação entre valores. **3** Extinguir o reajuste (de um valor) segundo determinado índice.

de.si.nên.cia (*lat desinentia*) *sf* **1** Gram Terminação, colocada depois do radical, que indica a flexão das palavras: gênero, número, pessoa, modo, tempo etc. **2** Bot Extremidade de um órgão. **3** Extremidade, fim, termo.

de.sin.fec.ção (*des+infecção*) *sf* Med Ação de desinfetar ou o seu resultado.

de.sin.fec.ci.o.na.do (*part* de *desinfeccionar*) *adj* Desinfetado.

de.sin.fec.ci.o.nar (*desinfecção+ar*[1]) *vtd* Praticar a desinfecção em; desinfetar.

de.sin.fes.tar (*des+infestar*) *vtd* Livrar de insetos, roedores ou outros animais infestantes, capazes de transmitir infecção, e que estão presentes numa pessoa ou no meio em que vive.

de.sin.fe.ta.do (*part* de *desinfetar*) *adj* Que se desinfetou.

de.sin.fe.ta.dor (*desinfetar+dor*) *adj* Que desinfeta ou é próprio para desinfetar. • *sm* **1** O que desinfeta. **2** Aparelho para desinfecção.

de.sin.fe.tan.te (de *desinfectar*) *adj m+f* Que desinfeta. • *sm* Preparado químico que desinfeta, principalmente pela destruição de micro-organismos patogênicos.

de.sin.fe.tar (*des+infetar*) *vtd* **1** Med Esterilizar um ambiente, um instrumento, ou livrar de infecção uma parte do corpo, pela destruição ou inativação de substâncias ou organismos patogênicos. *vint* **2** *bras gír* Sair de um lugar onde se incomoda alguém: *Desinfete daí! Desinfete a zona:* ir embora, sumir-se de dado lugar.

de.sin.fla.ção (*des+inflação*) *sf Econ* Ato ou efeito de desinflacionar; deflação.

de.sin.fla.ci.o.nar (*des+inflacionar*) *vtd* Conter a inflação; fortificar a moeda nacional.

de.sin.fla.ci.o.ná.rio (*des+inflacionário*) *adj* Que promove a desinflação.

de.sin.fla.ma.ção (*desinflamar+ção*) *sf Med* Ação ou efeito de desinflamar.

de.sin.fla.mar (*des+inflamar*) *vtd* **1** Tirar a inflamação a. *vtd* **2** Fazer diminuir a inflamação de. *vpr* **3** Deixar de estar inflamado. *Conjug:* conjuga-se, geralmente, nas 3as pessoas.

de.sin.flar (*des+inflar*) *vtd* Fazer que deixe de estar inflado: *Desinflar um balão.*

de.sin.for.ma.ção (*des+informação*) *sf* Estado de uma pessoa ou grupo de pessoas não informadas ou mal informadas a respeito de determinada coisa; falta de informação.

de.sin.for.ma.do (*des+informar+ado*[1]) *adj* Que, a respeito de determinada coisa, não está informado, ou está mal informado.

de.sin.for.mar (*des+informar*) *vtd* e *vint* Informar mal; fornecer informações inverídicas, intencional ou impensadamente.

de.si.ni.bi.ção (*des+inibição*) *sf* Cessação de inibição.

de.si.ni.bi.do (*part* de *desinibir*) *adj* Que se desinibiu; desembaraçado.

de.si.ni.bir (*des+inibir*) *vtd* **1** Tirar a inibição de, fazê-la cessar. *vpr* **2** Tornar-se desembaraçado.

de.sin.qui.e.tar (*desinquieto+ar*[1]) *vtd* **1** Inquietar, tirar a paz. **2** Importunar, incomodar.

de.sin.se.tar (*des+inseto+ar*[1]) *vtd* Livrar de insetos; desinsetizar.

de.sin.se.ti.za.ção (*des+inseto+izar+ção*) *sf* Exterminação de insetos.

de.sin.se.ti.za.do (*part* de *desinsetizar*) *adj* Livrado de insetos.

de.sin.se.ti.zar (*des+inseto+izar*) *V desinsetar*.

de.sin.te.gra.ção (*desintegrar+ção*) *sf* **1** Ato ou efeito de desintegrar. **2** Fís Transformação de uma partícula elementar em outras mais simples (*p ex,* de um nêutron em próton e um elétron).

de.sin.te.gra.do (*part* de *desintegrar*) *adj* **1** Que se reduz a fragmentos ou que se decompõe em elementos constituintes. **2** Que passa por desintegração (átomo). **3** Que perde a integralidade; dividido.

de.sin.te.grar (*des+integrar*) *vtd* **1** Reduzir a fragmentos ou decompor em elementos constituintes. *vtd* **2** Tirar a qualidade de integral a. *vpr* **3** Fís Passar por desintegração (núcleo atômico, nêutron ou méson). *vpr* **4** Dividir-se, perder a integralidade. *vtd* e *vpr* **5** Geol Reduzir(-se) (rocha) a partículas:

As intempéries pouco a pouco desintegram as rochas. Desintegraram-se no decorrer do tempo.
de.sin.te.li.gên.cia (*des+inteligência*) *sf* 1 Divergência. 2 Inimizade.
de.sin.ter.di.tar (*des+interditar*) *vtd* Acabar com a proibição de.
de.sin.te.res.sa.do (*part* de *desinteressar*) *adj* 1 Que não tem interesse. 2 Desprendido, abnegado. 3 Imparcial. *Antôn* (acepções 2 e 3): *interesseiro*.
de.sin.te.res.san.te (*des+interessante*) *adj m+f* Que não é interessante.
de.sin.te.res.sar (*des+interessar*) *vpr* Não fazer empenho, perder o interesse para com; desistir de: *Desinteressou-se do negócio*.
de.sin.te.res.se (*ê*) (*des+interesse*) *sm* 1 Ausência de interesse. 2 Desprendimento.
de.sin.to.xi.ca.ção (*cs*) (*des+intoxicar+ção*) *sf* 1 Redução das propriedades tóxicas de venenos. 2 Cura de uma intoxicação. 3 *Med* Tratamento a que se submete um indivíduo viciado para se livrar da droga.
de.sin.to.xi.car (*cs*) (*des+intoxicar*) *vtd Med* 1 Remover o poder tóxico de uma substância. 2 Curar uma intoxicação.
de.sis.tên.cia (*lat desistentia*) *sf* Ação ou efeito de desistir; renúncia.
de.sis.ten.te (*lat desistente*) *adj* e *s m+f* Que, ou aquele que desiste ou desistiu.
de.sis.tir (*lat desistire*) *vti* e *vint* 1 Não continuar, não prosseguir (num intento); renunciar: *Desisto de o mandar à aula. Desanimou um pouco, mas não desistiu. vti* 2 Desdizer-se, retratar-se: *Desistiu de tudo quanto disse ou escreveu*. 3 Exonerar-se: *Desistiu do emprego*.
des.je.ju.ar (*des+jejum+ar*¹) *vint* Tomar o desjejum, comer pela primeira vez no dia; quebrar o jejum. *Var: dejejuar*.
des.je.jum (*des+jejum*) *sm bras* Primeira refeição do dia. *Var: dejejum*.
des.lan.char (*des+lanchar*) *vtd* 1 Fazer ir para a frente, dar andamento a: *A propaganda conseguiu deslanchar a campanha governamental. vint* 2 *pop* Dar a partida (no automóvel); partir: *O automóvel deslanchou apenas quando o sinal abriu. vint* 3 Ir para a frente, evoluir: *Depois que mudou de empresário, sua carreira deslanchou*.
des.la.va.do (*part* de *deslavar*) *adj* 1 Atrevido, descarado, petulante. 2 Que perdeu a cor; desbotado.
des.le.al (*des+leal*) *adj m+f* 1 Que não é leal; infiel, pérfido. 2 Que revela perfídia, traidor. *Antôn: fiel, leal*.
des.le.al.da.de (*des+lealdade*) *sf* 1 Falta de lealdade. 2 Ato desleal. 3 Infidelidade, perfídia, traição.
des.lei.xa.do (*part* de *desleixar*) *adj* Descuidado, negligente, relaxado.
des.lei.xar (*des+leixar*) *vtd* 1 Descuidar-se de; descurar, negligenciar. *vpr* 2 Tornar-se desleixado.
des.lei.xo (de *desleixar*) *sm* 1 Ação de desleixar-se. 2 Descuido, negligência.
des.li.ga.do (*part* de *desligar*) *adj* 1 Que se desligou. 2 Que não se ligou. 3 Desunido, separado. 4 *pop* Sem pensar em.
des.li.ga.men.to (*desligar+mento*) *sm* 1 Ato ou efeito de desligar. 2 Falta de ligamento.
des.li.gar (*des+ligar*) *vtd* 1 *Eletr* Tirar do circuito; parar. *vtd* 2 *Eletr* Interromper a corrente de: *Desligar a eletricidade. vtd* 3 Desembrear, desengatar, desacoplar: *Desligar a máquina. vtd* 4 Desatar, soltar; desunir, separar. *vpr* 5 Desprender-se, separar-se. *vtd* e *vpr* 6 Desobrigar (-se), isentar(-se).
des.lin.dar (*des+lindar*) *vtd* 1 Apurar, averiguar, descobrir: *Deslindar um enigma*. 2 Estabelecer a situação exata de; desenredar: *Deslindar a meada, as ideias*. 3 Demarcar: *Deslindar uma fazenda*.
des.li.za.men.to (*deslizar+mento*) *sm* Ação de deslizar; deslize.
des.li.zan.te (de *deslizar*) *adj m+f* Que desliza.
des.li.zar *vti, vint* e *vpr* 1 Derivar ou escorregar mansamente; resvalar. *vint* 2 Passar levemente sobre um assunto, resvalar; ou omiti-lo, desviar-se dele. *vint* 3 Cometer deslize, falta. *vint* 4 Decorrer: *Sua vida deslizou entre venturas e satisfação*.
des.li.ze (de *deslizar*) *sm* 1 *V deslizamento*. 2 Quebra do bom procedimento; falta. 3 Incorreção involuntária; engano.
des.lo.ca.do (*part* de *deslocar*) *adj* 1 Que está fora do lugar. 2 *Med* Luxado. 3 Fora de propósito; impróprio. 4 Diz-se de pessoa que se sente constrangida em ambiente que não lhe é habitual.
des.lo.ca.men.to (*deslocar+mento*) *sm* 1 Ato ou efeito de deslocar(-se). 2 Mudança de direção. 3 Trânsito de um lugar para outro.
des.lo.car (*des+lat locare*) *vtd* 1 Mudar ou tirar do lugar. *vtd* 2 Transferir. *vpr* 3 Mudar de lugar. *vpr* 4 Mover-se. *vtd* e *vpr* 5 Desconjuntar(-se), desmanchar(-se).
des.lum.bra.do (*part* de *deslumbrar*) *adj* 1 Que se deslumbrou. 2 Assombrado, fascinado.
des.lum.bra.men.to (*deslumbrar+mento*) *sm* 1 Ação ou efeito de deslumbrar. 2 Ofuscação momentânea causada por uma luz muito forte. 3 Assombro, fascinação, maravilha.
des.lum.bran.te (de *deslumbrar*) *adj m+f* Que deslumbra ou ofusca. 2 Esplêndido, maravilhoso; luxuoso, suntuoso. 3 Que encanta, fascina ou seduz. 4 Que alucina ou ofusca o entendimento. *Antôn* (acepções 2 e 3): *humilde, modesto*.
des.lum.brar (*cast deslumbrar*) *vtd* 1 Ofuscar a vista pela ação de muita ou repentina luz. *vtd* 2 Perturbar o entendimento de: *Aquele milagre deslumbrou-o. vtd* 3 Ofuscar, suplantar: *Sua brilhante oração deslumbrou as anteriores. vtd* 4 Causar assombro a; maravilhar: *A imensidão cósmica nos deslumbra. vtd* 5 Fascinar, seduzir. *vpr* 6 Deixar-se fascinar ou seduzir: *Deslumbrou-se com as palavras do namorado. vti* e *vint* 7 Causar deslumbramento; encantar: *As joias deslumbravam com seus brilhos coloridos. A beleza da paisagem deslumbra*.
des.mag.ne.ti.zar (*des+magnetizar*) *vtd* 1 Privar de propriedades magnéticas. *vpr* 2 Perder as propriedades magnéticas.
des.mai.a.do (*part* de *desmaiar*) *adj* 1 Que desmaiou ou perdeu os sentidos; desfalecido. 2 Desbotado; esmaecido. 3 Descorado, pálido (diz-se de pessoas, cores).
des.mai.ar (*lat *exmagare*) *vint* 1 Perder os sentidos; desfalecer: *A igreja estava abafada*

desmaio   286   **desmilitarizar**

e algumas mulheres desmaiaram. *vtd* **2** Fazer descorar; empalidecer: *A enfermidade desmaiou o semblante da donzela.* *vti* e *vint* **3** Perder o alento; desanimar: *Jamais desmaiou com as fadigas da luta.* *vint* e *vpr* **4** Perder a cor, o brilho, o viço: *No outono a exuberante folhagem desmaiava.*

des.mai.o (de *desmaiar*) *sm* **1** Ação ou efeito de desmaiar; desfalecimento. **2** Perda gradual da cor. **3** Abatimento de espírito; desânimo. **4** Esmorecimento de brilho.

des.ma.ma (de *desmamar*) *sf* **1** Ato de desmamar. **2** Época de desmamar. *Var*: desmame.

des.ma.mar (*des+mamar*) *vtd* Fazer perder o hábito de mamar.

des.man.cha-pra.ze.res *s m+f sing* e *pl pop* Pessoa que se intromete e estorva divertimentos alheios.

des.man.char (*fr démanchar*) *vtd* **1** Demolir, desfazer. *vtd* **2** Inutilizar, destruir. *vtd* **3** Fazer falhar: *Desmanchar um ajuste, um casamento.* *vtd* **4** Desconjuntar: *Desmanchar uma estrutura.* *vtd, vint* e *vpr* **5** Pôr(-se) em desalinho; desarranjar (-se), desfazer(-se): *Desmanchou-se-lhe o cabelo.*

des.man.che *sm gír* Oficina que desmancha carros, geralmente roubados, para venda de peças avulsas.

des.man.dar (*des+mandar*) *vtd* **1** Dar extraordem a. *vtd* **2** Privar do mando, tirar o mando a: *Desmandar os prepotentes.* *vpr* **3** Descomedir-se, exceder-se: *Desmandar-se no beber.* *vpr* **4** Desviar-se excepcionalmente da normalidade: *Perdeu o autodomínio habitual, desmandou-se.*

des.man.do (de *desmandar*) *sm* **1** Ação ou efeito de desmandar-se. **2** Infração de ordens. **3** Abuso, desregramento. **4** Ato de indisciplina.

des.man.te.lar (*des+mantel+ar¹*) *vtd* **1** Arruinar, demolir (fortificações, muralhas). *vpr* **2** Desmoronar-se, vir abaixo: *A fábrica explodiu e desmantelou-se.* *vtd* e *vpr* **3** Descompor(-se), desmanchar(-se).

des.mar.ca.do (*part* de *desmarcar*) *adj* **1** Que se desmarcou. **2** Desmedido, muito grande. **3** Cancelado, revogado: *Compromisso desmarcado.*

des.mar.car (*des+marcar*) *vtd* **1** Tirar as marcas ou os marcos a. **2** Tornar enorme, desmedido. **3** Cancelar, anular (compromisso, evento etc.). **4** Transferir, adiar: *Desmarcar o casamento.*

des.mas.ca.rar (*des+máscara+ar¹*) *vtd* **1** Tirar a máscara a. *vtd* **2** Remover aparência falsa ou enganadora de: *Desmascarou-lhe as pretensões hipócritas.* *vpr* **3** Tirar a si mesmo a máscara: *Acabado o baile, todos se desmascararam.* *vtd* e *vpr* **4** Mostrar(-se) tal qual é: *As testemunhas o desmascararam. Acabou se desmascarando.*

des.ma.ta.men.to (*desmatar+mento*) *sm* Ato ou efeito de desmatar; desflorestamento.

des.ma.tar (*des+mato+ar¹*) *vtd* Limpar ou tirar o mato ou a mata a (terreno); desflorestar.

des.ma.te.ri.a.li.zar (*des+material+izar*) *vtd* **1** Tornar imaterial. *vpr* **2** Espir Perder a suposta forma material (diz-se do espírito que, antes, se materializara).

des.ma.ze.la.do (*part* de *desmazelar*) *adj* Que se desmazela; desleixado, negligente.

des.ma.ze.lar (*des+medir*) *vpr* Não cuidar de si, de suas vestes ou de seus encargos; desleixar-se, descuidar-se, negligenciar-se.

des.ma.ze.lo (*ê*) (*der* regressiva de *desmazelar*) *sm* Ação ou efeito de desmazelar-se; desleixo; descuido.

des.me.di.do (*part* de *desmedir*) *adj* **1** Que excede as medidas. **2** Excessivo, extraordinário, imenso.

des.me.dir *vpr* Descomedir-se, desregrar-se, exceder-se, exorbitar: *"Em seus descuidos se desmede"* (Luís de Camões). Conjuga-se como *medir*.

des.mem.bra.do (*part* de *desmembrar*) *adj* **1** Que se desmembrou. **2** *fig* Desfalecido, derreado.

des.mem.bra.men.to (*desmembrar+mento*) *sm* Ato ou efeito de desmembrar-se.

des.mem.brar (*des+membro+ar¹*) *vtd* **1** Cortar os membros ou algum membro de um corpo. *vtd* e *vpr* **2** Dividir(-se), separar(-se) uma ou mais partes de um todo: *Desmembrar um império. Por vezes os impérios corrompem-se e desmembram-se.* *vpr* **3** Desconjuntar-se. *vpr* **4** Desligar-se, separar-se.

des.me.mo.ri.a.do (*part* de *desmemoriar*) *adj* Sem memória; sujeito a esquecer-se. • *sm* Indivíduo desmemoriado.

des.me.mo.ri.ar (*des+memória+ar¹*) *vtd* **1** Fazer perder a memória a. *vpr* **2** Perder a memória.

des.men.ti.do (*part* de *desmentir*) *adj* Que se desmentiu; contradito, negado. • *sm* Declaração com que se desmente o que outrem afirma; contradita, refutação.

des.men.tir (*des+mentir*) *vtd* **1** Declarar que são falsas as afirmações de alguém; contradizer, contraditar; refutar: *Desmentiu-o várias vezes.* *vtd* **2** Não corresponder a; destoar de, divergir de: *Os fatos desmentiram as teorias.* *vtd* e *vpr* **3** Contradizer(-se), destoar de, discrepar de: *Seus atos desmentem suas palavras. Desmentira-se involuntariamente.* *Antôn* (acepção 1): *confirmar.* Conjuga-se como *ferir*.

des.me.re.cer (*des+merecer*) *vtd* **1** Não merecer; deixar de merecer; ser indigno de. *vti* **2** Não ser digno. *vtd* **3** Apoucar, desfazer de, rebaixar: *Costuma desmerecer o trabalho alheio.* *vti* e *vint* **4** Perder a estima, o prestígio, ou a consideração de que gozava. *Antôn* (acepção 3): *elogiar.*

des.me.re.ci.men.to (*des+merecimento*) *sm* **1** Ação ou efeito de desmerecer. **2** Falta de merecimento. **3** Perda de crédito ou de estima.

des.mé.ri.to (*des+mérito*) *sm* Falta de mérito; demérito.

des.me.su.ra.do (*part* de *desmesurar*) *adj* Desmedido, enorme.

des.me.su.rar (*des+mesurar*) *vtd* **1** Exceder as medidas de. *vtd* **2** Estender demasiadamente. *vpr* **3** Descomedir-se, descomportar-se.

des.me.su.rá.vel (*desmesurar+vel*) *adj m+f* **1** Que não se pode medir. **2** Imenso, desmedido, enorme. *Sin*: *imensurável*.

des.mi.lin.guir (*gwi*) *vpr pop* **1** Desmanchar-se todo, derreter-se todo por alguma coisa. **2** Enfraquecer-se, debilitar-se.

des.mi.li.ta.ri.za.ção (*desmilitarizar+ção*) *sf* Ação de desmilitarizar.

des.mi.li.ta.ri.za.do (*part* de *desmilitarizar*) *adj* **1** Que se desmilitarizou ou perdeu o caráter militar. **2** Privado da guarnição militar.

des.mi.li.ta.ri.zar (*des+militarizar*) *vtd* **1** Tirar o caráter de militar de. **2** Desguarnecer das tropas. **3** Privar de armamentos.

des.mi.o.la.do (*part* de *desmiolar*) *adj* 1 Que não tem miolo. 2 *fig* Sem juízo. • *sm* Indivíduo sem juízo.

des.mis.ti.fi.ca.ção (*desmistificar+ção*) *sf* Ato ou efeito de desmistificar.

des.mis.ti.fi.car (*des+mistificar*) *vtd* Tirar a mistificação de.

des.mo.bi.li.a.do (*part* de *desmobiliar*) *adj* Em que não há mobília.

des.mo.bi.li.ar (*des+mobiliar*) *vtd* Retirar a mobília de (uma casa, um aposento). Conjuga-se como *mobiliar*.

des.mo.bi.li.za.ção (*desmobilizar+ção*) *sf* Ação ou efeito de desmobilizar.

des.mo.bi.li.za.do (*part* de *desmobilizar*) *adj* Que deixou de estar mobilizado.

des.mo.bi.li.zar (*des+mobilizar*) *vtd* 1 Fazer cessar a mobilização de (um exército). 2 Dissolver um exército ou parte dele.

des.mon.ta.do (*part* de *desmontar*) *adj* 1 Apeado. 2 Que está sem a montaria ou apeado dela. 3 Diz-se de máquina ou aparelho que não tem as peças colocadas ou dispostas nos lugares competentes; desarmado, desmanchado. 4 Desorganizado, desarranjado.

des.mon.ta.gem (*desmontar+agem*) *sf* Ato ou efeito de desmontar.

des.mon.tar (*des+montar*) *vtd* 1 Fazer apear ou descer de uma cavalgadura: *Desmontou a jovem e colocou-a longe do lamaçal*. *vtd* 2 *Tecn* Separar algum mecanismo, máquina ou outra construção técnica sistematicamente em suas partes componentes; desarmar. *vtd* 3 Desconcertar, transtornar: *Desmontar um plano político*. *vtd* 4 *Inform* Remover um disco de uma unidade de disco. *vtd* 5 *Inform* Instruir o sistema operacional para que não considere mais ativa uma unidade de disco. *vti*, *vint* e *vpr* 6 Descer da cavalgadura ou da carruagem; apear-se: *Desmontou do cavalo. Ela já desmontara. Desmontou-se agilmente*.

des.mon.tá.vel (*desmontar+vel*) *adj m+f Constr* e *Mec* Que se pode desmontar ou desarmar; desarmável.

des.mo.ra.li.za.do (*part* de *desmoralizar*) *adj* 1 Que se desmoralizou. 2 Que perdeu a força moral; desautorizado, desacreditado. 3 Pervertido, depravado, corrupto, imoral. 4 Desanimado, descoroçoado.

des.mo.ra.li.zar (*des+moralizar*) *vtd* 1 Tirar o bom nome de; desmerecer. *vtd* 2 Fazer perder a força moral; desautorizar, desacreditar. *vtd* 3 Fazer perder a coragem ou a confiança; desanimar: *A demissão o desmoralizou*. *vpr* 4 Perder a reputação; aviltar-se: *Envolvido no escândalo, o deputado desmoralizou-se*. *vtd* e *vpr* 5 Tornar(-se) imoral, corromper(-se), perverter(-se).

des.mo.ro.na.men.to (*desmoronar+mento*) *sm* 1 Ação ou efeito de desmoronar. 2 Derrocada, desabamento.

des.mo.ro.nar (*cast desmoronar*) *vtd* 1 Abater, demolir, derrubar: *Desmoronar igrejas, lares, prédios*. *vpr* 2 Desabar, ruir: *Mais um castelo se desmorona*. *vint* 3 Arruinar-se: *Aos poucos foram desmoronando essas instituições*.

des.mo.ti.va.do (*des+motivado*) *adj* 1 Sem motivo ou fundamento; infundado. 2 Sem motivação, ou estímulo. 3 Sem justificação.

des.mo.ti.var (*des+motivar*) *vtd* 1 Tirar os motivos, o estímulo. *vtd* 2 Tornar infundado. *vtd* 3 Tornar sem atrativo (um trabalho): *As novas normas internas desmotivam os funcionários da seção*. *vpr* 4 Desinteressar-se.

des.mu.nhe.ca.do (*part* de *desmunhecar*) *adj bras gír* Efeminado.

des.mu.nhe.car (*des+munheca+ar*¹) *vtd* 1 Cortar, quebrar ou luxar a munheca de: *Durante a luta, o boxeador desmunhecou o adversário*. 2 Enfraquecer o pulso, por excessivo esforço: *Esse dicionário desmunheca a gente com o peso*. *vint* 3 *bras gír* Tornar-se efeminado.

des.na.ci.o.na.li.za.ção (*desnacionalizar+ção*) *sf* 1 Ação ou efeito de desnacionalizar. 2 *Dir* Perda da nacionalidade originária ou adquirida. 3 *Econ polít* Participação do capital estrangeiro nas empresas de um país, em tal escala que isto constitui uma forma de domínio econômico daquele sobre este, ou num grau em que se pode perceber ameaça desse estado de coisas.

des.na.ci.o.na.li.zar (*des+nacionalizar*) *vtd* e *vpr* Tirar (ou perder) o caráter ou a feição nacional a: *Desnacionalizar os costumes. Por muito viajar, desnacionalizaram-se*.

des.na.sa.li.zar (*des+nasalizar*) *vtd Gram* Tirar o som nasal a. *Var: desnasalar*.

des.na.ta.do (*part* de *desnatar*) *adj* Que perdeu a nata: *Leite desnatado*.

des.na.tar (*des+nata+ar*¹) *vtd* Tirar a nata a.

des.na.tu.ra.do (*part* de *desnaturar*) *adj* 1 Contrário à natureza ou aos sentimentos naturais. 2 Desumano, cruel. 3 *Quím* Diz-se do álcool e do sal que contêm substâncias que os tornam impróprios para o consumo. • *sm* Pessoa desnaturada. *Antôn* (acepção 2): *humano, compassivo*.

des.ne.ces.sá.rio (*des+necessário*) *adj* 1 Não necessário. 2 Dispensável, supérfluo.

des.ní.vel (*des+nível*) *sm* Diferença de nível; desnivelamento, desigualdade.

des.ni.ve.la.do (*part* de *desnivelar*) *adj* 1 Que se desnivelou. 2 Que apresenta diferença de nível; desigual.

des.ni.ve.lar (*des+nivelar*) *vtd* 1 Tirar do nível. 2 Desigualar, diferençar, distinguir.

des.nor.te.a.do (*part* de *desnortear*) *adj* 1 Que anda sem norte, sem rumo; desorientado, tonto. 2 Desequilibrado, maluco.

des.nor.te.ar (*des+nortear*) *vtd* 1 Desviar do norte ou rumo; fazer perder o rumo a. *vtd* 2 Desorientar, embaraçar: *Desnortear a justiça*. *vint* e *vpr* 3 Perder o rumo, ou o governo de si mesmo; desorientar-se. *Antôn* (acepção 2): *nortear, orientar*. Conjuga-se como *frear*.

des.nu.dar (*lat denudare*) *vtd* e *vpr* 1 Pôr(-se) nu. 2 Pôr(-se) a descoberto, revelar.

des.nu.do (*des+lat nudu*) *adj* Despido, nu.

des.nu.tri.ção (*des+nutrição*) *sf* 1 Falta de nutrição. 2 *Med* Enfraquecimento (por nutrição deficiente).

des.nu.tri.do (*part* de *desnutrir*) *adj* 1 Que se desnutriu. 2 Não nutrido; magro.

des.nu.trir (*des+nutrir*) *vtd* e *vpr* 1 Nutrir(-se) mal, ou não (se) nutrir. *vpr* 2 Emagrecer.

de.so.be.de.cer (*des+obedecer*) *vti e vint* **1** Não obedecer: *Não desobedeça a seu pai. Dessa forma, é impossível desobedecer.* *vti* **2** Infringir, transgredir: *Desobedecer à lei. Antôn: cumprir.* Veja nota em **obedecer**.

de.so.bri.ga.do (*part* de *desobrigar*) *adj* **1** Que se desobrigou. **2** Desembaraçado, livre. **3** Que está à vontade; que nada deve.

de.so.bri.gar (*des+obrigar*) *vtdi e vpr* **1** Isentar(-se), livrar(-se) da obrigação. *vpr* **2** Cumprir uma obrigação.

de.sobs.tru.ção (*des+obstrução*) *sf* **1** Ato ou efeito de desobstruir. **2** Liberação.

de.sobs.tru.ir (*des+obstruir*) *vtd* **1** Desatravancar, desembaraçar, desimpedir. **2** Desentupir. **3** Desimpedir, removendo ou tirando o que obstrui ou estorva.

de.so.cu.pa.ção (*desocupar+ção*) *sf* **1** Ato ou efeito de desocupar(-se). **2** Estado de quem ou que não está ocupado. **3** Falta de ocupação; ociosidade.

de.so.cu.pa.do (*part* de *desocupar*) *adj* **1** Que não está ocupado. **2** Não habitado; vazio, livre: *Casa desocupada.* **3** Que não tem ocupação; desempregado. • *sm* **1** Aquele que não tem ocupação; desempregado. **2** Vadio.

de.so.cu.par (*des+ocupar*) *vtd* **1** Deixar de ocupar um lugar; deslocar-se, mudar-se: *Já desocupamos a casa.* *vtd* **2** Remover de um lugar; desimpedir: *Eu desocupei os armários.* *vpr* **3** Desembaraçar-se, livrar-se, isentar-se: *Desocupar-se de encargos.*

de.so.do.ran.te (de *desodorar*) *adj m+f* Que desodoriza. • *sm* **1** Preparado que elimina odores desagradáveis. **2** Cosmético ou aerossol que neutraliza o odor da perspiração. *Var: desodorizante.*

de.so.do.ri.zan.te (de *desodorizar*) *adj m+f* Que desodoriza. • *sm* V **desodorante**.

de.so.do.ri.zar (*des+odor+izar*) *vtd* Eliminar ou neutralizar odores desagradáveis. *Var: desodorar.*

de.so.la.ção (*lat desolatione*) *sf* **1** Ação ou efeito de desolar. **2** Destruição, devastação, ruína completa. **3** Aflição, consternação, grande tristeza.

de.so.la.do (*part* de *desolar*) *adj* **1** Solitário, abandonado. **2** Ermo, deserto. **3** Entristecido, desconsolado, aflito.

de.so.la.dor (*desolar+dor*) *adj + sm* Que, aquilo ou aquele que causa desolação.

de.so.lar (*lat desolare*) *vtd* **1** Causar desolação. *vtd* **2** Assolar, despovoar, devastar. *vpr* **3** Despovoar-se.

de.so.ne.rar (*des+onerar*) *vtd e vtdi* **1** Tirar o ônus a; desobrigar. *vtd e vtdi* **2** Eximir, isentar. *vtd e vtdi* **3** Aliviar. *vpr* **4** Desobrigar-se.

de.so.nes.ti.da.de (*desonesto+i+dade*) *sf* **1** Falta de honestidade. **2** Indignidade, torpeza. **3** Obscenidade.

de.so.nes.to (*des+honesto*) *adj* **1** Que prevaricou; sem probidade, infiel. **2** Contrário ao decoro, à honestidade, ao pudor. **3** Devasso, impudico, indecoroso.

de.son.ra (*des+honra*) *sf* **1** Falta de honra. **2** Perda da honra. *Var: desonradez.*

de.son.ra.do (*part* de *desonrar*) *adj* Que perdeu a honra.

de.son.rar (*des+honrar*) *vtd* **1** Ofender a honra, o pudor ou o crédito de. *vtd* **2** *pop* Desvirginar, deflorar, violar. *vpr* **3** Perder a honra, a honestidade, desacreditar-se. *vtd e vint* **4** Deslustrar, infamar.

de.son.ro.so (*ô*) (*des+honroso*) *adj* Que desonra ou degrada. *Antôn: dignificante, nobilitante.* *Pl: desonrosos* (*ó*).

de.so.pi.lar (*des+opilar*) *vtd Med* Desobstruir. *Desopilar o fígado:* fazer esquecer tristezas; rir-se à vontade. *Antôn: obstruir.*

de.so.pres.são (*des+opressão*) *sf* **1** Ação ou efeito de desoprimir. **2** Alívio, desafogo.

de.so.pri.mir (*des+oprimir*) *vtd e vpr* **1** Livrar(-se) da opressão. *vint* **2** Causar alívio.

de.so.ras (*des+horas*) *sf pl* Na locução adverbial *a desoras:* fora de hora, inoportunamente, tarde da noite.

de.sor.dei.ro (*des+ordeiro*) *adj + sm* Que, ou quem costuma promover desordens; que, ou quem gosta de arruaças. *Col: caterva, corja, malta, pandilha, súcia, troça, turba.*

de.sor.dem (*des+ordem*) *sf* **1** Falta de ordem. **2** Confusão. **3** Irregularidade. **4** Desalinho. **5** Barulho, briga, rixa.

de.sor.de.na.do (*part* de *desordenar*) *adj* **1** Que não tem ordem. **2** Descoordenado, desorganizado. **3** Desarranjado, desarrumado. **4** Desenfreado, desabalado. **5** Excessivo, desmedido. **6** Extravagante. **7** Irregular, desigual: *Pulso desordenado.*

de.sor.de.nar (*des+ordenar*) *vtd* **1** Pôr em desordem. *vtd* **2** Embaralhar, confundir, desarranjar. *vpr* **3** Sair da ordem: *O batalhão desordenou-se ao sair do quintal.* *vpr* **4** Descomedir-se (nos prazeres, nos gastos).

de.sor.ga.ni.za.ção (*desorganizar+ção*) *sf* **1** Ação ou efeito de desorganizar. **2** Falta de boa organização. **3** Estado do que se acha desorganizado. **4** Desordem.

de.sor.ga.ni.za.do (*part* de *desorganizar*) *adj* **1** Que não tem boa organização. **2** Diz-se de pessoa cujo procedimento carece de ordem, método, iniciativa etc.

de.sor.ga.ni.zar (*des+organizar*) *vtd* **1** Desfazer a organização de. *vtd* **2** Desfazer a boa união ou combinação de; desordenar: *Visitas inesperadas desorganizaram as atividades normais da casa.* *vtd* **3** Dissolver, licenciar: *O diretor pode desorganizar o conselho.* *vpr* **4** Ficar com a sua organização destruída: *Desorganizou-se com a derrota.* *vpr* **5** Desfazer-se, dissolver-se: *A empresa desorganizou-se.*

de.so.ri.en.ta.ção (*des+orientação*) *sf* **1** Ato ou efeito de desorientar. **2** Falta de orientação, de direção ou rumo certos; desnorteamento. **3** Perplexidade; indecisão. **4** Atrapalhação. **5** Insensatez.

de.so.ri.en.ta.do (*part* de *desorientar*) *adj* **1** Que se desorientou; que perdeu a orientação ou o rumo. **2** Perplexo, indeciso. **3** Embaraçado, desconcertado. **4** Desvairado, desatinado.

de.so.ri.en.tar (*des+orientar*) *vtd* **1** Fazer perder o rumo que se segue ou a noção do lugar em que se acha; desnortear: *Os acontecimentos o desorientaram.* *vpr* **2** Perder a orientação; ficar sem saber onde está, para onde há de ir, ou o que há de fazer: *Com os novos prédios na região ele desorientou-se.* *vtd e vpr* **3** Perturbar(-se), desnortear(-se): *A beleza da torcedora desorientava todo o time. Fique calmo, não há razão para você se desorientar.*

de.sos.sar (*des+osso+ar¹*) *vtd* Tirar os ossos a.

de.so.va (de *desovar*) *sf* **1** Ação de desovar. **2** *Ictiol* Época de desovar.

de.so.var (*des+ovo+ar¹*) *vint* **1** Pôr ovos (diz-se especialmente dos peixes). **2** *bras gír* Abandonar em determinado lugar o cadáver de pessoa que foi assassinada em local diferente.

de.so.xi.dar (*cs*) (*des+oxidar*) *vtd* **1** Tirar o óxido a. **2** Tirar a ferrugem a.

de.so.xi.ge.nar (*cs*) (*des+oxigenar*) *vtd* Remover oxigênio (livre ou fracamente combinado) de; desoxidar.

des.pa.cha.do (*part* de *despachar*) *adj* **1** Que obteve despacho; deferido. **2** Aviado, pronto: *Receita despachada*. **3** Despedido do emprego: *Criada despachada*. **4** Sem papas na língua; franco, afoito. **5** Ativo, expedito. **6** *pop* Morto, assassinado. *Antôn* (acepção 4): *tímido, acanhado*.

des.pa.chan.te (de *despachar*) *adj m+f* Que despacha. • *s m+f* **1** Pessoa que tem por ofício requerer, encaminhar e promover o expediente de papéis, zelando pelos interesses das partes junto de certas repartições públicas (recebedorias, polícia, prefeitura, alfândega etc.). **2** Pessoa que despacha.

des.pa.char (*provençal despachar*) *vtd* **1** Pôr despacho em, deferindo ou indeferindo. **2** Dar solução a; resolver. **3** Resolver a pretensão de; atender. **4** Mandar embora; despedir. **5** Enviar, expedir, mandar.

des.pa.cho (de *despachar*) *sm* **1** Ação de despachar. **2** Resolução da autoridade pública sobre requerimento etc. **3** Carta ou ofício relativo a negócios públicos que um ministro envia a outro. **4** Cumprimento das formalidades e operações necessárias para tirar mercadorias da alfândega. **5** *Rel* Oferenda, às vezes embrulhada, a alguma divindade de macumba, para ela influir sobre alguém; feitiço. **6** *pop* Desenvoltura, desembaraço.

des.pau.té.rio (de *Despautère, np*) *sm* Tolice graúda; despropósito.

des.pe.da.ça.do (*part* de *despedaçar*) *adj* **1** Partido, quebrado, dilacerado. **2** Lancinado, pungido.

des.pe.da.çar (*des+pedaço+ar¹*) *vtd* e *vpr* **1** Partir (-se) em pedaços, quebrar(-se), dilacerar(-se). **2** Lancinar(-se), pungir(-se).

des.pe.di.da (*fem* do *part* de *despedir*) *sf* **1** Ação de despedir ou despedir-se; separação, partida, adeus. **2** Conclusão, final, termo. **3** *Folc* Parte final do cerimonial das folias de reis, do Divino, do bumba meu boi e das danças rústicas como o fandango. *sf pl* Expressões corteses ou saudosas de quem se despede.

des.pe.dir (*de lat expedire*) *vtd* **1** Dispensar os serviços de. *vtd* **2** Licenciar, dar baixa a (soldados, gente de guerra). *vtd* **3** Mandar sair. *vtd* **4** Separar-se de alguém. *vtd* **5** Desfechar, expedir, arremessar. *vtd* **6** Desprender, exalar, soltar. *vpr* **7** Ir-se embora, retirar-se cumprimentando. *vpr* **8** Deixar um emprego. Conjuga-se como *pedir*.

des.pei.ta.do (*part* de *despeitar*) *adj* Que tem despeito; ressentido, magoado.

des.pei.tar (*despeito+ar¹*) *vtd* **1** Causar despeito a. *vtd* e *vpr* **2** Tornar(-se) amuado.

des.pei.to (*lat despectu*) *sm* **1** Desgosto causado por ofensa leve ou desfeita; pesar, melindre. **2** Ressentimento, mesclado de inveja, pela preferência dada a outrem. *A despeito de, em despeito de:* apesar de.

des.pe.ja.do (*part* de *despejar*) *adj* **1** Desocupado, vazio: *Balde despejado*. **2** Arremessado, jogado: *Lixo despejado*. **3** Sem-vergonha, descarado. **4** *pop* Desembaraçado, resoluto no falar.

des.pe.jar (*des+pejo+ar¹*) *vtd* **1** Desocupar, esvaziar. **2** Vazar o que está contido em. **3** Expulsar. **4** Fazer alguém desocupar, ou a própria pessoa desocupar, uma casa, por ordem judicial.

des.pe.jo (*ê*) (de *despejar*) *sm* **1** Ação ou efeito de despejar. **2** Aquilo que se despeja. **3** Lixo de dejetos. **4** *Dir* Ato judicial para desocupar uma casa alugada. *Ordem de despejo:* mandado judicial, pelo qual se intima o locador de um imóvel a desocupá-lo. *Quarto de despejo:* compartimento de uma casa onde se guardam utensílios velhos ou de pouco uso.

des.pe.lar (*des+pele+ar¹*) *vtd* **1** Tirar os pelos a; pelar. *vint* **2** Largar, perder a pele ou o pelo.

des.pen.car (*des+penca+ar¹*) *vtd* e *vpr* **1** Separar (-se) do cacho (pencas de bananas etc.). *vint* e *vpr* **2** Cair desastradamente de grande altura. *vint* **3** *pop* Iniciar uma ação: *Despencou a falar, a correr*. *vint* **4** *bras gír* Aparecer; chegar de muito longe: *Despencou do Ceará, na casa da tia, com a família toda*.

des.pen.der (*lat dispendere*) *vtd* e *vtdi* **1** Fazer dispêndio de; gastar. **2** Empregar.

des.pe.nha.dei.ro (*despenhar+deiro*) *sm* **1** Lugar alto e escarpado; alcantil. **2** Precipício. **3** Perigo ou desgraça horrível.

des.pen.sa (*lat dispensa*) *sf* **1** Casa ou compartimento onde se guardam comestíveis. **2** Copa.

des.pen.sei.ro (*despensa+eiro*) *sm* O encarregado da despensa.

des.pen.te.ar (*des+pentear*) *vtd* **1** Desmanchar o penteado de. *vpr* **2** Desfazer, desmanchar o próprio penteado. Conjuga-se como *frear*.

des.per.ce.ber (*des+perceber*) *vtd* **1** Não perceber. **2** Não dar atenção a. **3** Não notar. *Antôn: notar, atentar*.

des.per.ce.bi.do (*part* de *desperceber*) *adj* **1** Que não se viu nem ouviu. **2** Que não se deu atenção. **3** Que não se sentiu: *Picada despercebida*. *Antôn: notado, observado*.

des.per.di.ça.do (*part* de *desperdiçar*) *adj* Dissipado; gasto sem proveito.

des.per.di.çar (*des+perder+iço+ar¹*) *vtd* **1** Não aproveitar, perder: *Desperdiçar tempo*. *vtd* e *vint* **2** Gastar inutilmente; dissipar: *Desperdiçar o salário. Gozava de todo o conforto, mas sem desperdiçar*. *Antôn: economizar, aproveitar*.

des.per.dí.cio (de *desperdiçar*) *sm* **1** Ato ou efeito de desperdiçar; esbanjamento. **2** O que não se aproveita; resto, resíduo, rebotalho, refugo. **3** Perda (por vazamento, encolhimento, desaproveitamento etc.): *Desperdício de calor*.

des.per.so.na.li.za.ção (*despersonalizar+ção*) *sf* **1** Ação de despersonalizar-se. **2** *Psicol* "Perturbação consciente da personalidade, na qual o sujeito experimenta sentimentos de estranheza, em relação a si mesmo e ao mundo exterior" (A. Cuvillier). **3** *Med* Perda do senso da identidade pessoal ou da posse das partes do seu próprio corpo.

des.per.so.na.li.zar (*des+personalizar*) *vtd* **1** Fazer perder a personalidade, a originalidade; tornar igual aos demais. *vtd* **2** Tornar impessoal. *vpr* **3** Perder a própria personalidade, proceder contrariamente ao seu caráter.

des.per.ta.dor (*despertar+dor*) *adj* **1** Que desperta. **2** Que estimula, que provoca. • *sm* **1** Aquele que desperta. **2** Relógio com um alarme para soar em hora determinada.

des.per.tar (*des+lat *expertare*) *vtd* e *vtdi* **1** Tirar do sono; acordar. *vtd* e *vtdi* **2** Tirar do estado de torpor ou de inércia, excitar. *vtd* e *vtdi* **3** Dar ocasião a; provocar, suscitar, causar. *vtd* e *vtdi* **4** Animar, avivar, estimular, excitar. *vpr* **5** Manifestar-se, revelar-se, surgir. *vti* e *vint* **6** Sair do sono; acordar.

des.pe.sa (*lat dispensa*) *sf* **1** Ação ou efeito de despender. **2** Aquilo que se despende. **3** Gasto, dispêndio.

des.pe.ta.la.do (*part* de *despetalar*) *adj* **1** Que não tem pétalas. **2** A que se tiraram as pétalas.

des.pe.ta.lar (*des+pétala+ar*[1]) *vtd* **1** Tirar as pétalas a. *vpr* **2** Perder as pétalas.

des.pi.do (*part* de *despir*) *adj* **1** Que se despiu completamente ou em parte; nu. **2** Livre de; destituído, isento: *Despido de culpa*. Antôn: *vestido*.

des.pir (*de+lat expedire*) *vtd* e *vtdi* **1** Tirar do corpo (o vestuário). *vtd* e *vtdi* **2** Despojar. *vpr* **3** Tirar a roupa, os vestidos. *Sin: desvestir*. *Antôn* (acepção 1): *vestir*. Conjuga-se como *ferir*.

Observe que em latim *expedire*, que deu origem a **despir**, significa livrar-se de armadilhas; desvencilhar-se de amarras. Há certa lógica semântica, pois, antigamente, tirar a roupa implicava desfazer muitos laços e nós.

des.pi.ro.ca.do (*part* de *despirocar*) *adj gír* Desvairado, enlouquecido, doido.

des.pi.ro.car (*des+piroca+ar*[1]) *vint gír* Enlouquecer, desvairar.

des.pis.tar (*des+pista+ar*[1]) *vtd* **1** Fazer perder a pista; desnortear. **2** Iludir, desfazendo as suspeitas; dissimular.

des.plan.te (de *desplantar*) *sm* **1** Atrevimento, audácia, ousadia, arrojo. **2** *Esgr* Posição do corpo descaída sobre a perna esquerda, um tanto curvada e com o pé firmado atrás da perna direita.

des.pois (*lat de+ex+post*) *adv ant* e *pop* Depois.

des.po.ja.do (*part* de *despojar*) *adj* Que se despojou; desapossado, espoliado.

des.po.ja.men.to (*despojar+mento*[1]) *sm* Ação ou efeito de despojar.

des.po.jar (*cast despojar*) *vtd* **1** Roubar, saquear: *As tropas romanas despojaram as cidades gregas sitiadas*. *vtdi* **2** Desapossar, espoliar. *vtd* e *vtdi* **3** Privar do que adornava ou revestia; despir, desnudar. *vpr* **4** Privar-se; deixar, largar: *A jovem noviça despojou-se das vaidades materiais*.

des.po.jo (*ô*) (de *despojar*) *sm* **1** Ação ou efeito de despojar. **2** Espólio. **3** Presa de guerra. **4** Aquilo que caiu ou foi arrancado, tendo servido de revestimento ou adorno. **5** Pele, penas e escamas de animais, folhas, flores e frutos de plantas, ou qualquer revestimento, adorno ou cobertura, depois que caem ou são arrancados. *sm pl* Restos. *Despojos mortais*: cadáver humano. *Pl: despojos* (*ó*).

des.po.lu.en.te (*des+poluente*) *adj m+f* Que faz cessar a poluição.

des.po.lu.í.do (*part* de *despoluir*) *adj* Em que se tirou a poluição; purificado, higienizado.

des.po.lu.ir (*des+poluir*) *vtd* Tirar a poluição de; purificar, higienizar. *Conjug – Part: despoluído*.

des.pon.tar (*des+ponta+ar*[1]) *vtd* **1** Aparar, cortar ou gastar a ponta de. *vti* **2** Lembrar, ocorrer: *Vários pensamentos despontaram ao ver a cena*. *vint* **3** Começar a aparecer; nascer, surgir: *Eis que o sol desponta!* *vpr* **4** Ficar sem ponta: *A lança despontou-se*.

des.por.tis.mo (*desporte+ismo*) *sm V esportismo*.

des.por.tis.ta (*desporte+ista*) *adj* e *s m+f V esportista*.

des.por.ti.vo (*desporte+ivo*) *adj V esportivo*.

des.por.to (*ô*) (*fr ant desport*) *sm V esporte. Pl: desportos* (*ó*).

des.po.sa.do (*part* de *desposar*) *adj* **1** Que contraiu esponsais; casado. **2** Prometido em casamento; noivo. • *sm* **1** Homem recém-casado. **2** Noivo.

des.po.sar (*de+esposar*) *vtd* **1** Casar, esposar. *vpr* **2** Receber como esposa ou esposo. *vtd* e *vpr* **3** Unir(-se).

dés.po.ta (*gr despótes*) *adj m+f V despótico*. • *sm* **1** Soberano que exerce autoridade arbitrária e absoluta. **2** Aquele que oprime; tirano. **3** Pessoa que abusa de sua autoridade.

des.pó.ti.co (*déspota+ico*[2]) *adj* **1** Próprio de déspota. **2** Que usa despotismo.

des.po.tis.mo (*déspota+ismo*) *sm* **1** Forma especial do absolutismo. **2** Poder absoluto e arbitrário. **3** Ato próprio de um déspota. **4** Mando absoluto, arbitrário.

des.po.vo.a.do (*part* de *despovoar*) *adj* **1** Que se despovoou. **2** Desabitado, ermo. • *sm* Lugar desabitado.

des.po.vo.ar (*des+povoar*) *vtd* **1** Diminuir, suprimir a povoação de; tornar desabitado ou deserto. *vtd* **2** Desguarnecer, desornar de (objetos ou gado, tidos como habitantes): *Despovoar a praça de árvores, de automóveis; o campo de reses etc*. *vpr* **3** Ficar sem habitante; tornar-se deserto.

des.pra.zer (*des+prazer*) *vti* e *vint* **1** Não aprazer. **2** Desagradar, descontentar, desgostar. Conjuga-se como *aprazer* (porém somente nas 3ªˢ pessoas; é conjugado em todas as pessoas quando usado como verbo pronominal. • *sm* **1** Falta de prazer. **2** Desgosto.

des.pre.ga.do (*part* de *despregar*) *adj* **1** Que se despregou. **2** Desfraldado. **3** Desenfreado, solto. **4** Atrevido, insolente.

des.pre.gar (*des+pregar*) *vtd* **1** Arrancar os pregos de: *Despregar um caixote*. *vtdi* **2** Desviar (a vista, os olhos); apartar: *Enfim, ele despregou os olhos dela*. *vtd* e *vpr* **3** Separar o que estava preso, unido ou pregado; desunir(-se).

des.pren.der (*des+prender*) *vtd* **1** Soltar, libertar, ceder: *Desprender calor*. *vtd* **2** Desviar: *Não desprendia a vista dela*. *vtd* **3** Desferir: *Desprender voo*. *vpr* **4** Despegar-se. *vtd* e *vpr* **5** Desamarrar(-se), desatar(-se), desligar(-se), separar(-se), soltar(-se) (o que estava preso). *vtd* e *vpr* **6** Exalar (-se): *O alimento deteriorado desprendia mau cheiro. Suave odor desprendia-se do arbusto florido*.

des.pren.di.do (*part* de *desprender*) *adj* **1** Que se desprendeu. **2** Desatado, desamarrado. **3** Solto, desapegado, desunido. **4** Independente. **5** Que pouco se importa com; indiferente a: *Desprendido de riquezas.*

des.pren.di.men.to (*desprender+i+mento*) *sm* **1** Ação ou efeito de desprender. **2** Independência. **3** Altruísmo. **4** Indiferença.

des.pre.o.cu.pa.ção (*despreocupar+ção*) *sf* Estado de quem se acha despreocupado.

des.pre.o.cu.pa.do (*part* de *despreocupar*) *adj* **1** Que não tem preocupações. **2** Indiferente, desatento.

des.pre.o.cu.par (*des+preocupar*) *vtd* **1** Livrar ou isentar de preocupações. *vpr* **2** Deixar de se preocupar.

des.pre.pa.ra.do (*des+preparado*) *adj* **1** Que não tem o preparo necessário. **2** Inculto, ignorante. **3** Não aparelhado.

des.pre.pa.ro (*des+preparo*) *sm* **1** Falta de preparo. **2** Desarranjo, desorganização.

des.pres.su.ri.za.ção (*despressurizar+ção*) *sf* Ato ou efeito de despressurizar.

des.pres.su.ri.za.do (*part* de *despressurizar*) *adj* Que sofreu despressurização.

des.pres.su.ri.zar (*des+pressurizar*) *vtd* **1** Interromper a pressurização: *O choque despressurizou a cabine de comando.* *vpr* **2** Perder a pressurização: *O compartimento despressurizou-se por causa da pressão externa.*

des.pres.ti.gi.a.do (*part* de *desprestigiar*) *adj* Privado de prestígio.

des.pres.ti.gi.ar (*des+prestígio+ar*) *vtd* **1** Tirar o prestígio a. *vpr* **2** Perder o prestígio.

des.pre.ten.si.o.so (*ô*) (*des+pretensioso*) *adj* Que não tem pretensões; modesto, simples, singelo, franco, desafetado. *Pl: despretensiosos* (*ó*).

des.pre.ve.ni.do (*part* de *desprevenir*) *adj* **1** Que não se preveniu ou não está prevenido. **2** Desapercebido. **3** Não preparado ou informado. **4** Desapetrechado, desprovido.

des.pre.ve.nir (*des+prevenir*) *vtd* **1** Não prevenir. *vtd* **2** Não ter cautela. *vpr* **3** Desaperceber-se, descuidar-se. Conjuga-se como *prevenir*.

des.pre.zar (*des+prezar*) *vtd* **1** Tratar com desprezo, sem respeito nem consideração; não prezar, menosprezar. **2** Não dar importância a, não fazer caso de. **3** Não levar em conta; passar por alto; não considerar.

des.pre.zí.vel (*desprezo+ível*) *adj m+f* **1** Que merece desprezo. **2** Abjeto, miserável, vergonhoso.

des.pre.zo (*ê*) (de *desprezar*) *sm* **1** Falta de apreço; desdém. **2** Ação de desprezar. *Antôn: respeito, estima.*

des.pro.por.ção (*des+proporção*) *sf* **1** Falta de proporção. **2** Desconformidade com as proporções ou dimensões ordinárias; desarmonia. **3** Desigualdade. **4** Monstruosidade.

des.pro.por.ci.o.nal (*des+proporcional*) *adj m+f* Fora de proporção.

des.pro.po.si.ta.do (*part* de *despropositar*) *adj* **1** Que não vem a propósito; inoportuno. **2** Que não tem propósito; exagerado, desarrazoado. **3** Imprudente. **4** Arrebatado no falar. *Antôn* (acepções 2 e 3): *sensato, arrazoado.*

des.pro.po.si.tar (*despropósito+ar*[1]) *vint* **1** Proceder sem propósito; desatinar. **2** Falar de modo rude.

des.pro.pó.si.to (*des+propósito*) *sm* **1** Dito ou ato fora de propósito. **2** Desatino, imprudência. **3** Disparate, absurdo. **4** *bras* Coisa descomunal em qualidade ou em quantidade.

des.pro.te.ger (*des+proteger*) *vtd* **1** Não proteger. **2** Desamparar.

des.pro.te.gi.do (*part* de *desproteger*) *adj* **1** Que se desprotegeu; que não tem proteção. **2** Desamparado, abandonado. **3** Desfavorecido.

des.pro.ver (*des+prover*) *vtd* **1** Deixar de prover. **2** Privar de provisões ou de coisas necessárias. Conjuga-se como *prover*.

des.pro.vi.do (*part* de *desprover*) *adj* **1** Sem provisões, sem recursos. **2** Privado ou carente de. **3** Desprevenido.

des.pu.dor (*des+pudor*) *sm* **1** Falta de pudor. **2** Cinismo. *Var: impudor.*

des.pu.do.ra.do (*des+pudor+ado*[1]) *adj + sm* Que, ou quem não tem pudor; obsceno.

des.qua.li.fi.ca.do (*part* de *desqualificar*) *adj* **1** Que perdeu ou não tem qualificação. **2** Desclassificado. **3** Inábil.

des.qua.li.fi.car (*des+qualificar*) *vtd* **1** Tirar ou fazer perder as qualidades. *vtd* **2** Excluir de prova, torneio ou certame; desclassificar. *vtd* e *vpr* **3** Tornar(-se) indigno por violação das leis da honra, inabilitar(-se).

des.qui.ta.do (*part* de *desquitar*) *adj* Estado da pessoa que se separou do cônjuge por desquite.

des.qui.tar (*des+quitar*) *vtd* e *vpr* Separar em desquite amigável ou judicial (os cônjuges).

des.qui.te (de *desquitar*) *sm* **1** Ato ou efeito de desquitar. **2** *Dir* Ato jurídico que promove a separação de corpos sem dissolução do vínculo matrimonial anteriormente celebrado. *Desquite amigável:* o que resulta de acordo entre os cônjuges. *Desquite judicial:* o que é decretado pelo juiz em sentença proferida em processo contencioso; desquite litigioso. *Cf divórcio.*

des.ra.i.za.do (*part* de *desraizar*) V *desarraigado.*

des.ra.i.zar (*des+raiz+ar*[1]) V *desarraigar.*

des.ra.ti.za.ção (*desratizar+ção*) *sf* Ação de desratizar.

des.ra.ti.zar (*des+rato+izar*) *vtd* Destruir os ratos.

des.re.gra.do (*part* de *desregrar*) *adj* **1** Que está fora das regras. **2** Desordenado. **3** Imoderado, irregular. **4** Libertino, devasso. *Antôn* (acepções 2 e 3): *sóbrio, moderado.*

des.re.gra.men.to (*desregrar+mento*) *sm* **1** Falta de regra, regularidade ou método. **2** Abuso, excesso. **3** Anarquia, desordem. **4** Devassidão, intemperança.

des.re.grar (*des+regrar*) *vtd* e *vpr* Afastar(-se) da regra, tornar(-se) irregular, descomedido ou inconveniente.

des.res.pei.tar (*des+respeitar*) *vtd* Faltar ao respeito a; desacatar.

des.res.pei.to (*des+respeito*) *sm* Falta de respeito; desacato, irreverência.

des.res.pei.to.so (*ô*) (*des+respeitoso*) *adj* Que não é respeitoso; desrespeitador. *Pl: desrespeitosos* (*ó*).

des.sa.cra.li.za.ção (*dessacralizar+ção*) *sf* Ato ou efeito de dessacralizar.

des.sa.cra.li.za.do (*part* de *dessacralizar*) *adj* Que perdeu o caráter sagrado.

des.sa.cra.li.zar (*des+sacralizar*) *vtd* **1** Fazer perder o caráter sagrado: *A Igreja dessacralizou São Jorge*. *vpr* **2** Perder o caráter sagrado, as ordens sacras: *O casamento dessacralizou-se no mundo moderno*.

des.sa.li.ni.za.do (*part* de *dessalinizar*) *adj* Que tem removido ou reduzido o conteúdo salino.

des.sa.li.ni.zar (*des+salinizar*) *vtd* Remover ou reduzir o conteúdo salino de: *Certos países orientais dessalinizam a água para beber*.

des.se (*ê*) Combinação da preposição *de* com o pronome demonstrativo *esse*.

des.se.car (*lat desiccare*) *vtd* **1** Secar completamente; enxugar: *Dessecar um tanque*. *vtd* **2** Tornar árido: *O excessivo sol desseca os campos*. *vpr* **3** Tornar-se seco; secar-se. *vtd* e *vpr* **4** Tornar(-se) frio ou insensível: *O infortúnio desseca o coração*. *Cf dissecar*.

des.se.me.lhan.ça (*des+semelhança*) *sf* Falta de semelhança.

des.se.me.lhan.te (*des+semelhante*) *adj m+f* Que não é semelhante; desigual, diferente.

des.se.me.lhar (*des+semelhar*) *vtd* e *vpr* **1** Tornar (-se) dessemelhante. *vti* e *vint* **2** Ser dessemelhante, ou diferente.

des.ser.vi.ço (*des+serviço*) *sm* Mau serviço.

des.ser.vir (*des+servir*) *vtd* **1** Fazer desserviço a. *vint* **2** Não servir. Conjuga-se como *ferir*.

des.ta Combinação da preposição *de* com o pronome demonstrativo *esta*.

des.ta.ca.do (*part* de *destacar*) *adj* **1** Que não está unido ou agrupado. **2** Só, isolado. **3** Desligado, solto. **4** Designado para serviço especial. **5** Que sobressai; saliente.

des.ta.ca.men.to (*destacar+mento*) *sm* **1** Ato ou efeito de destacar. **2** *Mil* Porção de tropa que se separa de sua unidade para serviço fora da sede do mesmo regimento. **3** *Mar* Grupo de navios que se separam da esquadra, para um serviço especial.

des.ta.car (*fr détacher*) *vtd* **1** Enviar, expedir (porção de tropas, que formam destacamento). *vtd* **2** Pôr em destaque; fazer sobressair; salientar. *vpr* **3** Separar-se. *vpr* **4** Distinguir-se, sobrelevar, sobressair.

des.ta.cá.vel (*destacar+vel*) *adj m+f* **1** Que se pode destacar. **2** Digno de se pôr em destaque.

des.tam.pa.do (*part* de *destampar*) *adj* Sem tampa.

des.tam.par (*des+tampa+ar¹*) *vtd* Tirar a tampa a; destapar.

des.ta.pa.do (*part* de *destapar*) *adj* Que se destapou; que não está tapado; destampado.

des.ta.par (*des+tapar*) *vtd* Descobrir o que estava tapado; destampar.

des.ta.que (*de destacar*) *sm* Qualidade do que se destaca ou sobressai; realce.

des.tar.te (*desta+arte*) *adv* Assim, desta forma, deste modo.

des.te (*ê*) Combinação da preposição *de* com o pronome demonstrativo *este*.

des.te.lhar (*des+telha+ar¹*) *vtd* Tirar as telhas de (casa, prédio).

des.te.mi.do (*part* de *destemer*) *adj* **1** Que não tem temor. **2** Valente, intrépido.

des.te.mor (*des+temor*) *sm* Falta de temor; audácia, intrepidez.

des.tem.pe.ra.do (*part* de *destemperar*) *adj* **1** Que se destemperou. **2** Desregrado, desordenado. **3** Descomedido. **4** Desafinado. **5** Aguado, alterado (vinho). **6** *Pint* Diluída (tinta) em água para ficar mais fraca. **7** Que perdeu a têmpera; sem têmpera (aço). **8** *pop* Com diarreia.

des.tem.pe.rar (*des+temperar*) *vtd* **1** Fazer perder a têmpera (falando do ferro ou aço). *vtd* **2** Diminuir a força ou a temperatura de: *Destemperar água quente*. *vtd* **3** Alterar o sabor de, tornando-o menos pronunciado. *vtd* **4** *Pint* Enfraquecer uma tinta, diluindo-a em água. *vtd* **5** Aguar, alterar (vinho). *vtd* **6** Desafinar (instrumento). *vtd* **7** Desconcertar, desordenar: *Destemperar o ânimo*. *vint* **8** Disparatar. *vint* **9** *pop* Ter ou dar diarreia. *vpr* **10** Desarranjar-se, desorganizar-se. *vint* e *vpr* **11** Perder a têmpera (o aço). *vint* e *vpr* **12** Descomedir-se, exceder-se, irar-se, desafinar.

des.tem.pe.ro (*ê*) (de *destemperar*) *sm* **1** Ato ou efeito de destemperar. **2** Desarranjo, desorganização. **3** *Mús* Desafinação. **4** Despropósito, disparate. **5** Descomedimento, arrebatamento, fúria. **6** Diarreia; disenteria.

des.ter.ra.do (*part* de *desterrar*) *adj* **1** Que foi banido da pátria. **2** Exilado.

des.ter.rar (*des+terra+ar¹*) *vtd* **1** Expulsar da pátria ou da residência, por castigo; banir, exilar. *vtd* **2** Condenar a desterro. *vtd* **3** Afastar, afugentar. *vpr* **4** Ausentar-se; emigrar. *vpr* **5** Isolar-se.

des.ter.ro (*ê*) (de *desterrar*) *sm* **1** Ato ou efeito de desterrar. **2** *Dir* Pena que obriga o réu a permanecer fora de sua terra; degredo. **3** Lugar onde se expia essa pena. **4** Lugar onde vive o desterrado. **5** Lugar solitário, ermo; solidão.

des.ti.la.ção (*lat destillatione*) *sf* **1** Ato de destilar. **2** Exsudação, gotejamento. **3** Processo de volatilizar líquidos ou sólidos pelo aquecimento e condensar produtos líquidos.

des.ti.la.do (*part* de *destilar*) *adj* Obtido por destilação. • *sm* Produto de destilação.

des.ti.lar (*lat destillare*) *vtd* **1** Proceder à destilação de. *vtd* **2** Deixar cair em gotas. *vtd* **3** *fig* Infundir pouco a pouco; insinuar: *Essas palavras destilam veneno*. *vint* **4** Cair gota a gota.

des.ti.la.ri.a (*destilar+ia¹*) *sf* **1** Fábrica onde se pratica a destilação. **2** Alambique.

des.ti.nar (*lat destinare*) *vtd* **1** Fixar de antemão o destino de. *vtd* **2** Designar o objeto ou fim de: *Destinou uma quantia para a educação dos filhos*. *vtd* **3** Reservar. *vpr* **4** Consagrar-se, dedicar-se, propor-se a (certo destino ou fim): *Destinou-se a causas humanitárias desde jovem*.

des.ti.na.tá.rio (*lat destinatu+ário*) *sm* Pessoa a quem se endereça ou destina alguma coisa.

des.ti.no (de *destinar*) *sm* **1** Encadeamento de fatos supostamente fatais; fatalidade. **2** Fado, sorte. **3** Objetivo, fim para que se reserva ou destina alguma coisa. **4** Lugar a que se dirige ou para onde é expedida alguma pessoa ou coisa. **5** Entidade misteriosa que determina as vicissitudes da vida. **6** Direção: *Partiu com destino a São Paulo*. **7** Emprego, aplicação. *Sem destino*: ao acaso.

des.ti.tu.i.ção (*lat destitutione*) *sf* Ato ou efeito de destituir; demissão, posição.

des.ti.tu.í.do (*part* de *destituir*) *adj* **1** Demitido (de um cargo). **2** Falto, privado.

des.ti.tu.ir (*lat destituere*) *vtd* e *vtdi* **1** Privar de autoridade, dignidade ou emprego; demitir, depor. *vtdi* e *vpr* **2** Privar-se, demitir-se. *Conjug – Part: destituído*.

des.ti.tu.í.vel (*destituir+vel*) *adj m+f* Que se pode destituir.

des.to.an.te (de *destoar*) *adj m+f* Que destoa.

des.to.ar (*des+toar*) *vint* **1** Sair do tom, soar mal. **2** Desafinar. *vti* **3** Não condizer, não se conformar, não ser próprio, discordar.

des.tor.cer (*des+torcer*) *vtd* **1** Torcer em sentido oposto àquele em que estava torcido (corda etc.). *vpr* **2** Desmanchar-se a torcedura de.

É comum a confusão que se faz entre **destorcer** e **distorcer**, palavras com significados opostos. **Destorcer** é tornar direito ou desfazer a torcedura; **distorcer** é mudar a direção ou o sentido.
Ele destorceu o fio que estava emaranhado.
O jornalista distorceu os fatos e causou grande embaraço às pessoas envolvidas.

des.tor.ci.do (*part* de *destorcer*) *adj* Que se destorceu; endireitado.

des.tou.tro (*deste+outro*) Combinação de *deste* com o pronome indefinido ou demonstrativo *outro*.

des.tra (*lat dextra*) *sf* A mão direita.

des.tram.be.lha.do (*part* de *destrambelhar*) *adj* **1** Que se destrambelhou. **2** Disparatado. **3** Desorganizado. **4** Desnorteado. **5** Descomedido. **6** Adoidado, tantã.

des.tram.be.lhar (*des+trambelhar*) *vint* **1** Desarranjar-se, escangalhar-se. **2** Disparatar. **3** Portar-se mal, viver irregularmente.

des.tran.car (*des+trancar*) *vtd* Tirar a tranca ou trancas a; abrir.

des.tra.ta.do (*part* de *destratar*) *adj* **1** Que se destratou; descombinado. **2** Maltratado, insultado.

des.tra.tar (*des+tratar*) *vtd* **1** Maltratar com palavras. **2** Insultar. **3** Desfazer um trato, um acordo.

des.tra.va.do (*part* de *destravar*) *adj* **1** Que se destravou; solto, desembaraçado. **2** A que se tiraram as travas; sem travas.

des.tra.var (*des+travar*) *vtd* **1** Afrouxar, soltar, desapertar os freios ou travões de; desbrecar. *vint* **2** Derivar, descambar. *vint* **3** Perder o juízo; variar. *vint* **4** Deixar de ser adstringente; perder o travo: *Banana só destrava depois de madura*.

des.trei.na.do (*part* de *destreinar*) *adj* **1** Que perdeu o treino; desabituado, desacostumado. **2** Que está sem treino.

des.trei.nar (*des+treinar*) *vtd* **1** Fazer que deixe de estar treinado. *vpr* **2** Perder o treino.

des.tre.za (*destro+eza*) *sf* **1** Qualidade do que é destro. **2** Agilidade. **3** Aptidão, arte. **4** Disposição jeitosa do corpo.

des.trin.char (*des+lat vulg *strictiare*) *bras vtd* **1** Resolver (um problema, uma complicação, uma dificuldade). **2** Separar os fios de. **3** Expor com minúcia. *Var pop: destrinçar*.

des.tro (*lat dextru*) *adj* **1** Que fica do lado direito. **2** Hábil, como é, no comum dos indivíduos, a mão direita. **3** Perito. **4** Ágil. **5** Astuto, sagaz.

des.tro.ça.do (*part* de *destroçar*) *adj* **1** Que se destroçou; despedaçado. **2** Dispersado, debandado. **3** Desbaratado. **4** Devastado, arruinado. **5** Esbanjado. *Var: estroçado*.

des.tro.car (*des+trocar*) *vtd* Desmanchar a troca.

des.tro.çar (*lat *destructiare*) *vtd* **1** Dividir em troços (por meio da força). **2** Debandar, dispersar. **3** Desbaratar. **4** Arruinar, devastar. **5** Dar cabo de, esbanjar. *Var: estroçar*.

des.tro.ço (*ô*) (de *destroçar*) *sm* **1** Ato ou efeito de destroçar; derrota. **2** Devastação, desolação. **3** Destruição. *sm pl* Objetos provenientes de naufrágios; coisas partidas; restos do que se partiu. *Pl: destroços (ó)*.

des.trói.er (*ingl destroyer*) *sm bras V* contratorpedeiro. *Pl: destróieres*.

des.tro.na.do (*part* de *destronar*) *adj* **1** Que se destronou. **2** Deposto do trono. **3** Que perdeu a liderança; que deixou de ser o melhor.

des.tro.nar (*des+trono+ar¹*) *vtd* **1** Destituir da soberania, apear do trono. *vtd* **2** *fig* Abater, humilhar. *vpr* **3** Perder o trono.

des.tron.ca.do (*part* de *destroncar*) *adj* **1** Que está separado do tronco. **2** Desmembrado, mutilado, decapitado. **3** Desconjuntado, deslocado.

des.tron.car (*des+tronco+ar¹*) *vtd* **1** Separar do tronco. **2** Desmembrar, decepar. **3** Separar, na árvore abatida, os ramos do eixo principal. **4** Tirar da articulação; luxar.

des.tru.i.ção (*destruir+ção*) *sf* **1** Ato ou efeito de destruir. **2** Extinção. **3** Ruína, aniquilamento. *Antôn (acepção 1): construção*.

des.tru.i.dor (*destruir+dor*) *adj + sm* Que, ou o que destrói; destrutivo.

des.tru.ir (*lat destruere*) *vtd* **1** Causar destruição em. *vtd* **2** Arruinar, demolir, derribar (qualquer construção). *vtd* **3** Dar cabo de, fazer desaparecer. *vtd* **4** Exterminar, matar, extinguir. *vtd* **5** Desarranjar, desfazer, desorganizar, transtornar. *vtd* **6** Fazer cessar; anular. *vtd* **7** Derrotar, desbaratar, vencer. *vtd* **8** Assolar, devastar. *vint* **9** Causar ruína. *vint* **10** *bras gír* Exibir um excelente desempenho. *Antôn* (acepções 1 e 2): *construir*. Conjuga-se como *construir*.

des.tru.tí.vel (*destruir+vel*) *adj m+f* Que pode ser destruído.

des.tru.ti.vo (*lat destructivu*) *adj* Que tem a propriedade de destruir.

de.su.ma.ni.da.de (*des+humanidade*) *sf* **1** Falta de humanidade. **2** Ato desumano, dureza, crueldade.

de.su.ma.ni.zar (*des+humano+izar*) *vtd* e *vpr* Tornar-se desumano. *Var: desumanar*.

de.su.ma.no (*des+humano*) *adj* **1** Que não é humano. **2** Que denota crueldade; bestial, cruel, feroz. *Antôn: humano*.

de.su.mi.di.fi.ca.ção (*desumidificar+ção*) *sf Quím* **1** Remoção da umidade (vapor de água) do ar. **2** Aplica-se, algumas vezes, para designar processos análogos de remoção de vapor duma mistura gasosa.

de.su.mi.di.fi.car (*des+úmido+ficar*) *vtd* Remover umidade de. *Var: desumedecer*.

de.su.nir (*des+unir*) *vtd* **1** Desfazer a união de; separar; desligar. **2** Produzir discórdia em.

de.su.so (*des+uso*) *sm* Cessação do uso; falta de uso, de costume. *Antôn: uso*.

des.vai.ra.do (*part* de *desvairar*) *adj* **1** Diferente, que discorda. **2** Que perdeu o juízo; variado. **3** Desnorteado. **4** Alucinado. **5** Confuso, dissonante. • *sm* Estroina.

des.vai.rar (*des*+*variar*, com metátese) *vtd* **1** Aconselhar mal; enganar, iludir: *O pior abuso que se pode fazer do ofício de escritor é desvairar a opinião pública*. *vtd* **2** Perverter: *Desvairar o gosto*. *vpr* **3** Errar, vagar: *As nuvens, impelidas pelo vento, desvairavam-se pelos ares*. *vtd* e *vint* **4** Causar alucinação a: *As tentações da grandeza e da vaidade a desvairaram. Sua ambição é daquelas que desvairam*. *vint* e *vpr* **5** Perder a cabeça, praticar ou dizer desatinos: *Perante tal quadro, ela desvairou* (ou *desvairou-se*).

des.va.li.do (*part* de *desvaler*) *adj* **1** Pobre, infeliz, desgraçado. **2** Desamparado, desprotegido. *Antôn* (acepção 2): *protegido*.

des.va.lo.ri.za.ção (*des*+*valorização*) *sf* **1** Perda de valor. **2** Depreciação. **3** Baixa do valor da moeda de um país em relação ao ouro.

des.va.lo.ri.za.do (*part* de *desvalorizar*) *adj* **1** Que se desvalorizou, que perdeu o valor, ou cujo valor baixou; depreciado. **2** Que perdeu o mérito, a estima.

des.va.lo.ri.zar (*des*+*valorizar*) *vtd* **1** Tirar o valor a; depreciar. *vtd* **2** Diminuir o valor de (moedas). *vpr* **3** Perder o próprio valor. *vpr* **4** Diminuir em valor ou mérito; depreciar-se: *O real desvaloriza-se a todo momento*.

des.va.ne.cer (*des*+*lat evanescere*) *vtd* **1** Fazer desaparecer; apagar, dissipar, extinguir. *vtd* **2** Causar vaidade a. *vtd* **3** Frustrar, baldar. *vpr* **4** Apagar-se, desaparecer, passar, sumir-se. *vpr* **5** Desfazer-se, dissolver-se.

des.va.ne.ci.men.to (*desvanecer*+*mento*) *sm* **1** Ato ou efeito de desvanecer. **2** Orgulho, vaidade. **3** Esmorecimento.

des.van.ta.gem (*des*+*vantagem*) *sf* **1** Falta de vantagem; inferioridade. **2** Dano. **3** Inconveniência. **4** Prejuízo. *Antôn: proveito*.

des.van.ta.jo.so (ô) (*des*+*vantajoso*) *adj* **1** Que oferece desvantagem. **2** Inconveniente, prejudicial. **3** Inferior, desigual. *Pl: desvantajosos* (ó).

des.vão (*des*+*vão*) *sm* **1** Recanto; esconderijo. **2** Espaço entre o telhado e o forro de uma casa. *Pl: desvãos*.

des.va.ri.o (de *desvariar*) *sm* **1** Ato de loucura. **2** Delírio. **3** Extravagância. **4** Desacerto, erro.

des.ve.lar (*des*+*velar*) *vtd* **1** Causar vigília a, tirar o sono a: *Esse problema desvelou os estudiosos*. *vtd* **2** Passar ou fazer passar o tempo sem dormir ou em claro: *Noites e noites desvelou-as sobre os livros*. *vpr* **3** Encher-se de zelo; ter grande cuidado; vigiar: *Desvelava-se muito de seus filhos*. *vpr* **4** Esforçar-se, esmerar-se: *Desvelou-se em não prejudicar ninguém*.

des.ve.lo (ê) (*desvelar*) *sm* **1** Ato ou efeito de desvelar-se; cuidado carinhoso. **2** Vigilância, cuidado, zelo, atenção. **3** Dedicação, afeição. **4** Objeto dessa afeição: *Seus desvelos têm sido os filhos*.

des.ven.ci.lhar (*des*+*vencilhar*¹) *vtd* **1** Desatar, desprender, soltar: *O chefe desvencilhou o prisioneiro*. *vtd* **2** Desatar; desembaraçar, desenredar: *Desvencilhar a meada*. *vtd* **3** Apurar, deslindar: *Desvencilhou mistérios*. *vpr* **4** Desprender-se, livrar-se, soltar-se: *Desvencilhou-se dos assaltantes que o agarraram*.

des.ven.dar (*des*+*vendar*) *vtd* **1** Tirar a venda a. *vtd* e *vpr* **2** Patentear(-se), revelar(-se). *Antôn* (acepção 2): *ocultar*.

des.ven.tu.ra.do (*part* de *desventurar*) *V desafortunado*.

des.ves.tir (*des*+*vestir*) *V despir*.

des.vi.a.do (*part* de *desviar*) *adj* **1** Que se desviou. **2** Longe do caminho; fora de mão; afastado, apartado, remoto. • *adj* + *sm* Que ou quem se desviou do bom caminho; transviado. *Antôn* (acepção 2): *perto, próximo*.

des.vi.ar (*des*+*via*+*ar*¹) *vtd* **1** Tirar do caminho, rumo ou destino. *vtd* **2** Afastar do ponto em que se encontrava, mudar a direção de. *vtd* **3** Apartar, arredar; pôr em distância, separar. *vpr* **4** Afastar-se, apartar-se, separar-se.

des.vin.cu.la.do (*part* de *desvincular*) *adj* Que se desvinculou.

des.vin.cu.lar (*des*+*vincular*) *vtd* **1** Tornar alienáveis (bens de vínculo). *vtd* **2** Desatar ou desligar (aquele ou aquilo que estava vinculado). *vpr* **3** Desligar-se.

des.vi.o (de *desviar*) *sm* **1** Ação ou efeito de desviar. **2** Mudança de direção. **3** Rodeio, sinuosidade, volta de um caminho, rio etc. **4** Perda do caminho; caminho errado; caminho afastado. **5** Culpa, falta. **6** Destino ou aplicação errada, indevida.

des.vi.rar (*des*+*virar*) *vtd* Voltar de dentro para fora; voltar do avesso; voltar de baixo para cima.

des.vir.gi.nar (*des*+*lat virgine*+*ar*¹) *vtd* Tirar a virgindade a.

des.vir.tu.ar (*des*+*lat virtus*+*ar*¹) *vtd* **1** Tirar a virtude, o merecimento a; depreciar, desprestigiar. *vtd* **2** Julgar desfavoravelmente (um fato ou acontecimento). *vtd* **3** Tomar em mau sentido; deturpar. *vpr* **4** Perder a virtude; depravar-se.

des.vi.ta.li.zar (*des*+*vitalizar*) *vtd* Privar da vitalidade; tirar a vitalidade de; enfraquecer, depauperar.

de.ta.lha.do (*part* de *detalhar*) *adj* **1** Que se detalhou; pormenorizado, particularizado. **2** Planejado, delineado.

de.ta.lhar (*fr détailler*) *vtd* **1** Narrar minuciosamente; pormenorizar. **2** Delinear, planear.

de.ta.lhe (*fr détail*) *sm* **1** Ato ou efeito de detalhar. **2** Pormenor. **3** Particularidade, minúcia.

de.ta.lhis.ta (*detalhe*+*ista*) *adj* e *s m*+*f* **1** Diz-se de, ou pessoa que detalha. **2** Diz-se de, ou quem descreve pormenorizadamente um assunto.

de.tec.tar (*lat detectu*+*ar*¹) *vtd* Descobrir, revelar ou determinar a existência ou a presença de.

de.tec.tor (*detectar*+*or*) *adj* Que detecta. • *sm* Aparelho para detectar a presença de alguma coisa ou a existência de certa condição. *Detector de mentiras*: aparelho para detectar ou revelar mentiras, usado em investigações policiais.

de.ten.ção (*lat detentione*) *sf* **1** Ato ou efeito de deter. **2** Demora. **3** *Dir* Prisão preventiva. **4** *Dir* A simples posse ou ocupação de um objeto, sem intenção de apropriar-se dele. **5** *Dir* Posse ilícita de coisa alheia. **6** *Dir* Pena de encarceramento temporário de um condenado.

de.ten.to (*lat detentu*) *sm* **1** Aquele que se acha preso em casa de detenção ou penitenciária; preso, prisioneiro. **2** *Dir* O que cumpre pena de detenção.

de.ten.tor (*lat detentore*) *adj* + *sm* **1** Que, ou aquele que detém. **2** *V depositário*. **3** Que, ou o que tem a simples posse de uma coisa. **4** *Esp* Diz do, ou o esportista que detém um recorde; recordista. • *sm* Parte de um mecanismo (tal como gatilho, lingueta, fiador, escape etc.) que trava ou destrava um movimento.

de.ter (*lat detinere*) *vtd* **1** Fazer parar, não deixar ir por diante; sustar. *vtd* **2** Fazer cessar; interromper, suspender, suster. *vtd* **3** Conservar em seu poder; reter. *vtd* **4** Demorar. *vtd* **5** Prender. *vpr* **6** Parar. *vpr* **7** Deixar-se estar; ficar, demorar-se. *vpr* **8** Conter-se, reprimir-se. Conjuga-se como *ter*; recebem, porém, acento agudo os *ee* na 2ª e 3ª pessoas do singular do presente do indicativo: *deténs, detém,* e na 2ª pessoa do singular do imperativo afirmativo: *detém* (*tu*).

de.ter.gen.te (*lat detergente*) *adj m+f* Que deterge. • *sm* **1** Agente de limpeza por enxaguadura. **2** Sabão.

de.ter.gir (*lat detergere*) *vtd* Limpar, lavar ou purificar por meio de detergente. Conjuga-se como *divergir* (entretanto, geralmente, só é usado nas 3ªs pessoas).

de.te.ri.o.ra.do (*part* de *deteriorar*) *adj* **1** Que se deteriorou. **2** Alterado, adulterado. **3** Danificado, estragado, arruinado. **4** Degenerado.

de.te.ri.o.rar (*lat deteriorare*) *vtd* **1** Danificar, estragar. *vtd* e *vpr* **2** Pôr(-se) em piores condições de qualidade ou de aspecto. *vtd* e *vpr* **3** Adulterar(-se), alterar(-se), estragar(-se).

de.ter.mi.na.ção (*lat determinatione*) *sf* **1** Ato ou efeito de determinar. **2** Definição, indicação ou explicação exata. **3** Demarcação. **4** Ordem superior; prescrição. **5** Resolução, decisão. **6** Afoiteza, coragem.

de.ter.mi.na.do (*part* de *determinar*) *adj* **1** Que se determinou. **2** Decidido, resolvido. **3** Definido, demarcado, delimitado, fixo. **4** Estabelecido. **5** Motivado, causado. **6** Específico, distinto, certo. **7** Resoluto, decidido. Antôn (acepções 2, 3, 4 e 5): *incerto, vago;* (acepção 7): *indeciso*.

de.ter.mi.nan.te (*lat determinante*) *adj m+f* Que determina. • *sf* **1** Causa, motivo. **2** *Genét* Conjunto de partículas mínimas de substância viva em que residiria a hereditariedade de um caráter. **3** *Mat* Soma algébrica de todos os produtos em que entrem um elemento de cada coluna e um elemento de cada linha, tirados dentre n^2 elementos dispostos em n colunas e n linhas.

de.ter.mi.nar (*lat determinare*) *vtd* **1** Delimitar, demarcar, localizar. *vtd* **2** Indicar com exatidão; precisar, definir, estabelecer, fixar, assentar. *vtd* **3** Diferençar, discriminar, distinguir. *vtd* **4** Decidir, resolver. *vpr* **5** Decidir-se por, resolver-se.

de.ter.mi.nis.mo *sm* (*determinar+ismo*) *Filos* Teoria segundo a qual todos os fenômenos naturais ou sociais são considerados como consequências necessárias de condições antecedentes.

de.tes.tar (*lat detestari*) *vtd* **1** Ter horror a; abominar. *vtd* **2** Repelir com reprovação, aversão, antipatia, aborrecimento; não suportar. *vpr* **3** Aborrecer-se a si próprio. Antôn (acepções 1 e 2): *amar*.

de.tes.tá.vel (*detestar+vel*) *adj m+f* **1** Que merece ser detestado; que se deve detestar; abominável. **2** Péssimo. **3** Insuportável. Antôn: *ótimo, adorável*.

de.te.ti.ve (*ingl detective*) *V investigador*.

de.ti.do (*part* de *deter*) *adj* **1** Que se deteve. **2** Retardado por alguma parada forçada; retido. **3** Preso provisoriamente. • *sm* Indivíduo preso provisoriamente.

de.to.na.ção (*lat detonatione*) *sf* **1** Ato ou efeito de detonar. **2** Explosão violenta. **3** Ruído causado por explosão.

de.to.na.dor (*detonar+dor*) *adj* Que detona. • *sm* **1** Aquilo que detona. **2** Artifício que provoca a detonação das cargas nas peças de artilharia.

de.to.nar (*lat detonare*) *vtd* **1** Explodir quase instantaneamente. *vint* **2** Estrondear, explodindo. *vtd* **3** Causar a detonação de. *vtd* **4** *fig* Dar tom a, prejudicar: *Sua atitude perdulária detonou com a verba da exposição*.

de.trás (*lat de+trans*) *adv* **1** Na parte posterior ou oposta à face ou frente principal; posteriormente. **2** Depois de, em seguida a. *Por detrás, loc adv,* e *por detrás de, loc prep:* a coberto de; do outro lado; pela retaguarda. *Dizer mal de alguém por detrás:* dizer mal de alguém na sua ausência.

de.tri.men.to (*lat detrimentu*) *sm* **1** Perda. **2** Dano, prejuízo.

de.tri.to (*lat detritu*) *sm* **1** Resto, resíduo de uma substância orgânica. **2** Produto de qualquer desintegração ou desgaste. **3** Fragmento ou material fragmentário. (Mais usado no plural.)

de.tur.pa.do (*part* de *deturpar*) *adj* **1** Desfigurado, estragado. **2** Corrompido, viciado.

de.tur.par (*lat deturpare*) *vtd* **1** Tornar feio. **2** Estragar. **3** Corromper, viciar. **4** Desfigurar.

Deus (*lat deus*) *sm* **1** Ser supremo; o espírito infinito e eterno, criador e preservador do Universo. **2** *Teol* Ente tríplice e uno, infinitamente perfeito, livre e inteligente, criador e regulador do Universo. **3** Cada uma das pessoas da Santíssima Trindade. **4** *deus pop* Indivíduo ou personagem que, por qualidades extraordinárias, se impõe à adoração ou ao amor. **5** *deus* Objeto de um culto, ou de um desejo ardente que se antepõe a todos os outros desejos ou afetos. **6** *deus* Cada uma das divindades masculinas do politeísmo. *Pl: deuses. Fem: deusa. Deus nos acuda, pop:* balbúrdia, desordem, tumulto.

deu.sa (*fem* de *deus*) *sf* **1** Cada uma das divindades femininas do politeísmo. **2** Mulher adorável; mulher muito formosa.

deus-da.rá *sm* Na locução adverbial *ao deus-dará:* à toa, descuidadamente, a esmo, ao acaso.

deu.té.rio (*dêutero+io*) *sm* *Quím* Isótopo do hidrogênio, do símbolo D, com número de massa 2, incolor e gasoso.

dêu.te.ron (*gr deúteros+on*) *sm Fís nucl* Núcleo do átomo do deutério; partícula resultante da fusão de um próton com um nêutron.

Deu.te.ro.nô.mio (*gr deuteronómion*) *sm Bíblia* Quinto livro do Pentateuco.

de.va.gar (*de+vagar*) *adv* Vagarosamente, lentamente, sem pressa. *Devagar se vai ao longe:* dito que prescreve paciência no esforço.

de.va.ne.ar (*de+lat vanu+e+ar¹*) *vtd* **1** Fantasiar, imaginar. *vti* **2** Refletir, pensar. *vint* **3** Dizer ou imaginar coisas sem nexo; delirar. Conjuga-se como *frear*.

de.va.nei.o (de *devanear*) *sm* **1** Ato de devanear. **2** Imaginação, fantasia, sonho. **3** Desvanecimento. *Var: devaneação, desvaneio.*

de.vas.sa (de *devassar*) *sf* **1** Ato ou efeito de devassar. **2** *Dir* Ato judicial no qual se inquirem testemunhas e se procuram provas para apurar e revelar um fato delituoso. **3** *Dir* Sindicância. **4** Inquirição.

de.vas.sar *vtd* **1** Invadir ou observar (aquilo que é defeso ou vedado). **2** Ter vista para dentro de. **3** Descobrir, penetrar, esclarecer. **4** Submeter a devassa.

de.vas.si.dão (*devasso+idão*) *sf* **1** Qualidade daquele ou daquilo que é devasso. **2** Libertinagem, depravação, corrupção. *Pl: devassidões.*

de.vas.so (*part* de *devassar*) *adj* Libertino, licencioso. • *sm* **1** Homem devasso. **2** Devassado, franqueado à vista ou à entrada.

de.vas.ta.ção (*lat devastatione*) *sf* **1** Ato ou efeito de devastar. **2** Ruína. *Pl: devastações.*

de.vas.ta.do (*part* de *devastar*) *adj* **1** Que se devastou. **2** Assolado, arruinado, destruído.

de.vas.tar (*lat devastare*) *vtd* **1** Danificar, arruinar, destruir. **2** Assolar. **3** Tornar deserto; despovoar. **4** Causar grande mortandade.

de.ve (de *dever*) *sm Cont* Débito ou despesa de um estabelecimento comercial. *Antôn:* haver.

de.ve.dor (*lat debitore*) *adj + sm* Que, ou aquele que deve. *Antôn:* credor.

de.ver (*lat debere*) *vtd* **1** Ter obrigação de. *vtd* **2** Ter de pagar. *vtd* **3** Estar em agradecimento de. *vtd* **4** Ter intenção de. *vtd* **5** Ter de. *vti* **6** Ser provável. *vint* **7** Ter dívidas. *Dever a Deus e a todo o mundo:* dever a muita gente. *Dever a vida a:* ter sido salvo da morte por. *Dever obrigações a:* dever favores, serviços a. *Dever os cabelos da cabeça* ou *os olhos da cara:* dever uma quantia muito alta. • *sm* **1** Obrigação de fazer ou deixar de fazer alguma coisa, imposta por alguma lei, pela moral, pelos usos e costumes, ou pela própria consciência. **2** Em sentido absoluto, conjunto das obrigações: *Ser fiel ao dever. sm pl* Obrigações prescritas pela lei, pela moral, por um contrato etc.: *Deveres de pai.*

de.ve.ras (*de+veras*) *adv* **1** Verdadeiramente. **2** Realmente. **3** Em alto grau: *Tem sofrido deveras.*

de.ver.bal (*fr déverbal*) *adj + sm Gram* Diz-se de, ou o substantivo formado de verbo por derivação regressiva, sem junção de sufixo, como *combate* (de combater) e *venda* (de vender).

de.vi.do (*part* de *dever*) *adj* Que se deve. • *sm* Aquilo que se deve: *Pagar o devido. Devido a:* em razão de, por causa de, graças a: *O tempo refrescou, devido à chuva.*

de.vir (decalque do *fr devenir*) *vint* Tornar-se; vir a ser. Conjuga-se como *vir*.

de.vo.ção (*lat devotione*) *sf* **1** Sentimento religioso; dedicação às coisas religiosas; culto especial a um santo; práticas religiosas. **2** Observação espontânea dessas práticas. **3** Dedicação íntima. **4** Afeto. **5** Veneração. **6** Objeto de especial veneração: *Você é a minha devoção. Pl: devoções.*

de.vo.lu.ção (*lat devolutione*) *sf* **1** Ato ou efeito de devolver. **2** Ação de reenviar: *Devolução de uma encomenda.* **3** *Dir* Transferência de propriedade ou de direito de uma pessoa para outra. *Pl: devoluções.*

de.vo.lu.to (*lat devolutu*) *adj* **1** *Dir* Adquirido por devolução. **2** Desabitado. **3** Vazio. **4** Desocupado: *Casa devoluta.* **5** *Dir* Aplica-se às terras que, não sendo próprias nem adequadas ao uso público, não foram incorporadas ao domínio privado.

de.vol.ver (*lat devolvere*) *vtd* **1** Restituir. **2** Mandar de volta. **3** Dizer em resposta; retrucar: *Devolver uma fala.* **4** Transferir propriedade ou direito a. **5** Não aceitar; recusar, rejeitar: *Devolver uma mercadoria.*

de.vo.ni.a.no (*top ingl Devon(shire)+i+ano²*) *adj Geol* O quarto dos seis períodos da era paleozoica, caracterizado pelo surgimento de samambaias, musgos e anfíbios.

de.vo.rar (*lat devorare*) *vtd* **1** Comer com voracidade, tragar sofregamente. **2** Consumir, destruir. **3** Assolar, devastar. **4** Gastar, dissipar. **5** Ler avidamente. **6** Afligir, atormentar. **7** Engolfar, submergir. **8** Cobiçar: *Devorou-a com os olhos.*

de.vo.ta.men.to (*devotar+mento*) *sm* **1** Ato ou efeito de devotar-se. **2** Dedicação.

de.vo.tar (*lat devotare*) *vtd* **1** Oferecer em voto. *vtd* **2** Dedicar, consagrar, tributar. *vpr* **3** Aplicar-se, dedicar-se.

de.vo.to (*lat devotu*) *adj* **1** Que tem devoção; piedoso, religioso. **2** Que inspira devoção. **3** Que encerra devoção. **4** Afeiçoado às práticas religiosas; muito religioso. • *sm* **1** Pessoa devota. **2** Amigo dedicado.

dex.tro.se (*ês*) (*dextro+ose*) *sf Quím* e *Farm* Açúcar encontrado em muitas frutas doces e no sangue e tecido animais, usado principalmente em alimentos, bebidas, caramelos e ainda em injeções intravenosas, como nutriente.

dez (*é*) (*lat dece*) *Num* Nove mais um. • *sm* **1** O algarismo arábico 10 ou a letra romana X. **2** Aquele ou aquilo que ocupa o décimo lugar numa série.

de.zem.bro (*lat decembre*) *sm* Duodécimo mês dos calendários gregoriano e juliano.

de.ze.na (*lat decena*) *num* **1** *Mat* Grupo formado de dez unidades. **2** *Mat* Unidade de segunda ordem no sistema decimal de numeração. • *sf* Grupo ou conjunto de dez.

de.ze.no.ve (*dez+e+nove*) *num* Cardinal formado de dez mais nove. • *sm* **1** O que ocupa o décimo nono lugar. **2** Grupo de algarismos que representa dezenove.

de.zes.seis (*dez+e+seis*) *num* Cardinal formado de dez mais seis. • *sm* **1** O que ocupa o décimo sexto lugar. **2** Representação, em algarismos, do número dezesseis.

de.zes.se.te (*dez+e+sete*) *num* Cardinal formado de dez mais sete. • *sm* **1** O que ocupa o décimo sétimo lugar. **2** Grupo de algarismos que representa dezessete.

de.zoi.to (*dez+e+oito*) *num* Cardinal formado de dez mais oito. • *sm* **1** O que ocupa o décimo oitavo lugar. **2** Representação, em algarismos, do número dezoito.

di.a (*lat vulg *dia,* por *dies*) *sm* **1** Em oposição a noite, tempo em que há luz natural do Sol. **2** Tempo que decorre desde o nascer ao pôr do sol. **3** Espaço de 24 horas. **4** Claridade que o Sol dá à Terra. **5** Ocasião oportuna, própria. **6** Tempo: *Algum dia, em outro tempo.* **7** As horas que o trabalhador, o operário, tem de trabalhar para ganhar o seu salário. **8** Atualidade: *Assunto do dia. Dia a dia:* a) o viver cotidiano; a sucessão dos dias: *O meu dia a dia tem sido bastante atribulado;* b) todos os dias, cotidianamente: *Esta é uma tarefa que não pode ser feita de repente, porém dia a dia. Dia cheio:* aquele em que se esteve sempre ocupado. *Dia D:* Dia escolhido para o início de uma operação militar. *Dia da(de) semana:* qualquer dia, exceto os domingos, feriados e os dias santos. *Dia de anos:* aniversário natalício. *Dia de gala:* dia em que se celebra alguma festa nacional. *Dia de São Nunca:* expressão humorística, com a qual designamos um dia que nunca chegará: *Pagará no dia de São Nunca. Dia do juízo:* segundo o Evangelho, aquele em que as almas se hão de reunir aos corpos e comparecer à presença de Deus para serem julgadas. *Dia do Senhor:* o sábado, entre os judeus; o domingo, entre os cristãos. *Dia santificado* ou *santo:* o consagrado ao culto e no qual a Igreja proíbe o trabalho. *Dias gordos:* os três dias de carnaval e os três próximos anteriores. *Dia útil:* dia de trabalho ou qualquer dia da semana, excetuando os domingos e dias santificados.

di.a.be.te (*gr diabétes*) *s m+f Med* Cada uma das várias condições anormais caracterizadas pela excreção habitual de quantidades anormais de urina. *Var: diabetes.*

di.a.be.tes (*gr diabétes*) *s m+f sing* e *pl V diabete.*

di.a.bé.ti.co (*diabete+ico²*) *adj Med* **1** Relativo ou pertencente à diabete. **2** Afetado de diabete. • *sm* Aquele que sofre de diabete.

di.a.bo (*lat diabolu, gr diábolos*) *sm* **1** Gênio do mal em geral. **2** Satanás, o anjo rebelde que, segundo a crença cristã, foi banido do Céu e sepultado no inferno. **3** Cada um dos anjos rebeldes e malditos como Satanás. *Col: legião.* **4** *fig* Pessoa de más qualidades. **5** *fig* Pessoa feia. **6** *fig* Rapaz travesso e petulante. **7** *fig* Desordem, confusão. *Var: diacho.*

di.a.bó.li.co (*gr diabolikós*) *adj* **1** Concernente ao diabo. **2** Próprio do diabo. **3** Inspirado pelo diabo. **4** Detestável. **5** Infernal. **6** Maligno. **7** Árduo, difícil. **8** Intricado.

di.a.bru.ra (*lat diabolu+ura*) *sf* **1** Obra do diabo. **2** Coisa diabólica. **3** Travessura. **4** Maldade. **5** Coisa desagradável.

di.a.cho (*corr de diabo*) *sm* **1** *pop V diabo.* **2** Forma eufemística de *diabo.*

di.a.co.na.to (*lat diaconatu*) *sm* **1** Grau, na hierarquia eclesiástica católica; aquele que o possui deve auxiliar o bispo na ministração dos sacramentos e na assistência aos pobres. **2** Os encargos do religioso, em algumas igrejas protestantes; as principais atribuições são a assistência aos pobres e a manutenção da ordem nos cultos. *Var: diaconia.*

di.a.co.ni.a (*diácono+ia¹*) *V diaconato.*

di.á.co.no (*gr diákonos*, pelo *lat*) *sm* Clérigo que recebeu o grau imediatamente inferior ao do padre. *Fem: diaconisa.*

di.a.crí.ti.co (*gr diakritikós*) *adj* **1** *Med* Diz-se dos sintomas pelos quais uma doença se distingue de outra. **2** *Gram* Diz-se dos sinais gráficos com que se distingue a modulação das vogais, ou a pronúncia de certas palavras, para evitar confusões. São eles: os acentos agudo, grave e circunflexo, o til, a cedilha, o apóstrofo e o hífen.

di.a.de.ma (*gr diádema*, pelo *lat*) *sm* **1** Ornato de metal, pedras preciosas ou estofo com que os reis e as rainhas cingiam a cabeça; coroa. **2** Ornato semelhante usado pelas mulheres. *Var: tiara.*

di.á.fa.no (*gr diaphanés*) *adj* **1** Que, sendo compacto, dá passagem à luz e permite que se distinga a forma dos objetos; translúcido. **2** Transparente. **3** Claro, límpido.

di.a.frag.ma (*gr diáphragma*) *sm* **1** *Anat* Músculo de grande superfície, côncavo-convexo, que separa a cavidade torácica da abdominal e intervém ativamente na respiração. **2** Qualquer placa ou membrana entre duas cavidades ou duas partes da mesma cavidade. **3** Placa ou dispositivo apropriado para interceptar os raios de luz ou a comunicação do calor. **4** Membrana vibrátil de certos aparelhos de acústica, a qual serve para fixar e reproduzir o som. **5** Dispositivo contraceptivo circular que se introduz na vagina obstruindo o colo do útero e bloqueando a entrada dos espermatozoides.

di.ag.no.se (*gr diágnosis*) *V diagnóstico.*

di.ag.nos.ti.car (*diagnóstico+ar¹*) *vtd* e *vint* Fazer o diagnóstico de. *Conjug – Pres indic: diagnostico, diagnosticas (tí)* etc. *Cf diagnóstico.*

di.ag.nós.ti.co (*gr diagnostikós*) *adj* Relativo à diagnose. • *sm Med* Qualificação dada por um médico a uma enfermidade ou ao estado fisiológico, com base nos sinais que observa: *Diagnóstico da nefrite; diagnóstico da gravidez.*

di.a.go.nal (*lat diagonale*) *adj + sf* **1** *Geom* Diz-se do, ou o segmento de reta que, num polígono ou poliedro, une vértices de ângulos não situados sobre o mesmo lado ou sobre a mesma face. **2** Diz-se da, ou a direção oblíqua ou transversal. *Em diagonal:* obliquamente. *Pl: diagonais.*

di.a.gra.ma (*gr diágramma*) *sm* **1** Representação gráfica de certos dados por meio de figuras geométricas (pontos, linhas, áreas etc.); gráfico, esquema. **2** Desenho mecânico que mostra o plano de uma máquina ou instalação, a posição e interação de suas partes etc., sem representá-las exatamente.

di.a.gra.ma.ção (*diagramar+ção*) *sf* **1** Ato ou efeito de diagramar. **2** *Art Gráf* Projeto gráfico. *Pl: diagramações.*

di.a.gra.ma.dor (*diagramar+dor*) *adj+sm Art Gráf* Diz-se de, ou programador visual ou técnico que se ocupa da diagramação de impressos.

di.a.gra.mar (*diagrama(ção)+ar¹*) *vtd Art Gráf* **1** Determinar a disposição dos elementos gráficos (textos, fotos, ilustrações etc.) num impresso (livro, jornal, cartaz etc.), definindo-se também o formato das páginas, o tamanho das colunas etc.; fazer a diagramação de. **2** Distribuir numa página, de acordo com um projeto gráfico, o que deverá ser impresso.

di.al (*gr dial*) *sm Radiotécn* **1** Mostrador graduado dos aparelhos de rádio, com ponteiro indicador de sintonia. **2** Botão que sintoniza as emissoras indicadas nesse mostrador.

di.a.lé.ti.ca (*lat dialectia*) *sf Filos* **1** A arte de discutir. **2** Argumentação dialogada, segundo a filosofia antiga.

di.a.lé.ti.co (*gr dialektikós*) *adj* Concernente à dialética. • *sm* Aquele que argumenta bem.

di.a.le.to (*lat dialectu*) *sm* Modalidade regional de uma língua, caracterizada por certas peculiaridades fonéticas, gramaticais ou léxicas. Dialeto é uma variação regional ou social de uma língua. É uma forma própria de uma língua, praticada por falantes de uma certa região ou de uma classe social específica, com diferenças linguísticas na pronúncia, na construção gramatical e na sintaxe, bem como no uso do vocabulário.

di.a.lo.gar (*diálogo+ar¹*) *vtd* **1** Conversar com outra pessoa ou com outro grupo. *vti* e *vint* **2** *Lit* Dizer ou escrever em forma de diálogo: *Dialogar uma parábola. Conjug – Pres indic: dialogo, dialogas (ó)* etc. *Cf diálogo*.

di.á.lo.go (*gr diálogos*) *sm* **1** Conversação entre duas ou mais pessoas. **2** Obra literária ou científica em forma dialogada. **3** *Mús* Composição em que as vozes ou instrumentos se alternam ou respondem.

di.a-luz *sm* Distância que a luz percorre em um dia, a qual equivale a 26 bilhões de quilômetros. *Pl: dias-luz*.

di.a.man.te (*gr adámas, -antos*) *sm* **1** *Miner* A mais dura pedra preciosa, de grande brilho, formada por carbono puro cristalizado. **2** Joia em que está engastado um diamante. **3** Utensílio para cortar vidro, que consiste em uma ponta de diamante fixa na extremidade de uma pequena haste. **4** *Esp* Quadrilátero que delimita o campo de beisebol.

di.a.man.tí.fe.ro (*diamante+fero*) *adj* Que contém diamantes.

di.a.man.ti.no (*diamante+ino*) *adj* **1** Que se parece com o diamante pela dureza e pelo brilho. **2** Duro. **3** Precioso.

di.a.me.tral (*diâmetro+al¹*) *adj m+f* **1** Relativo a diâmetro. **2** Que divide uma superfície em duas partes equivalentes. **3** Transversal.

di.a.me.tral.men.te (*diametral+mente*) *adj* **1** No sentido do diâmetro; transversalmente. **2** Diretamente; absolutamente, inteiramente: *Concepções diametralmente opostas*.

di.â.me.tro (*gr diámetros*) *sm* **1** *Geom* Linha reta que passa pelo centro de um círculo, terminando de ambos os lados na circunferência, e assim o divide em duas partes iguais. **2** Dimensão transversal. **3** *Geom* Eixo da esfera.

di.an.te (*lat de+in+ante*) *adv* **1** Antes, em lugar ou tempo. **2** Na frente. **3** Que aparece primeiro. *Diante de, loc prep:* a) defronte de, em presença de, na frente de; b) em consideração a, à vista de; c) em comparação de, em confronto com. *Para diante, loc adv:* para a frente. *Por diante, loc adv:* depois, em seguida, para o futuro. *Diante dos olhos:* à vista, em presença.

di.an.tei.ra (*diante+eira*) *sf* **1** O ponto mais avançado; vanguarda. *Tomar a dianteira:* passar à frente, distanciar-se; afastar-se, deixando os outros atrás. **2** A frente, a parte anterior de alguma coisa.

di.an.tei.ro (*diante+eiro*) *adj* **1** Que está ou vai adiante ou em primeiro lugar. **2** *Esp* Diz-se, em futebol, da linha formada pelos cinco jogadores mais adiantados, com a missão principal de fazer gols. • *sm Esp* Futebolista da linha de ataque; atacante.

di.a.pa.são (*gr diapasôn,* pelo *lat*) *sm* **1** Totalidade dos sons praticáveis em cada voz ou em cada instrumento. **2** Pequeno instrumento que dá uma nota constante e serve para por ele se aferirem as vozes e instrumentos musicais. **3** Nota estabelecida fixamente por esse instrumento. **4** Flauta diminuta com palheta, para aferição de vozes. *Pl: diapasões*.

di.a.po.si.ti.vo (*dia+positivo*) *sm* **1** *Fot* Reprodução fotográfica em uma chapa transparente, própria para projeção. **2** Anúncio projetado nas telas de cinema.

di.á.ria (de *diário*) *sf* **1** Ganho correspondente ao trabalho de um dia. **2** Preço que se paga por um dia num hotel pelo quarto e comida, ou só por uma das coisas. **3** Auxílio pecuniário, para alimentação, transporte etc., pago a um funcionário em serviço fora da sede fixa da empresa, de acordo com o número de dias que ele despender nessa atividade.

di.á.rio (*lat diariu*) *adj* De todos os dias; cotidiano. • *sm* **1** Relação do que se faz ou do que sucede em cada dia. **2** Jornal que se publica todos os dias. **3** Livro pessoal em que se anotam diariamente acontecimentos, observações etc. **4** *Com* Livro principal da contabilidade de uma empresa em que são lançados o débito e o crédito de suas transações cotidianas. *Diário de bordo:* livro em que se descrevem dia a dia as ocorrências de viagem do navio.

di.a.ris.ta (*diário(a)+ista*) *adj m+f* Que se refere ao dia a dia. • *s m+f* **1** Trabalhador cujo salário é calculado por dia. **2** Trabalhador sem salário fixo, que recebe somente nos dias em que trabalha. **3** Redator de jornal diário.

di.ar.rei.a (*é*) (*gr diárrhoia*) *sf Med* Sintoma de muitas moléstias, que consiste em evacuações frequentes e liquefeitas.

di.ás.po.ra (*gr diasporá*) *sf* **1** *Hist* Dispersão dos judeus no mundo antigo, especialmente após o exílio babilônico. **2** Dispersão de povos, por motivos políticos ou religiosos.

di.ás.to.le (*lat diastole, gr diastolé*) *sf Fisiol* Movimento de dilatação do coração, quando o sangue penetra em sua cavidade. *Antôn: sístole*.

di.a.tér.mi.co (*dia+termo+ico*) *adj* Diz-se dos corpos que transmitem facilmente o calor.

di.á.te.se (*gr diáthesis*) *sf Med* Condição do organismo para ser atacado por determinadas doenças ou estado mórbido geral manifestado por elas.

di.a.tô.mi.co (*di+átomo+ico²*) *adj Quím* Formado por dois átomos.

di.ca (de *indica*) *sf gír* Boa indicação ou informação. *Dar a dica:* dar a alguém a indicação que lhe serve para realizar o que pretende.

dic.ção (*lat dictione*) *sf* **1** Maneira de dizer. **2** Vocábulo. **3** *Ret* Maneira de dizer, considerada quanto à conveniência dos termos, quanto à sua disposição gramatical e quanto à pronúncia. *Pl: dicções*.

di.ci.o.ná.rio (*lat dictione*) *sm* Coleção de vocábulos de uma língua, de uma ciência ou arte, dispostos em ordem alfabética, com o seu significado ou equivalente na mesma ou em outra língua. *Sin: léxico, vocabulário, glossário*.

di.ci.o.na.ris.ta (*dicionário+ista*) *adj m+f* Que dicionariza. • *s m+f* Autor ou autora de dicionário ou dicionários. *Sin: lexicógrafo.*

di.ci.o.na.ri.zar (*dicionário+izar*) *vtd* **1** Organizar sob a forma de dicionário. **2** Incluir em dicionário.

di.co.ti.le.dô.neo (*di+cotilédone+eo*) *adj Bot* Portador de dois cotilédones.

di.co.to.mi.a (*gr dikha+tomo+ia¹*) *sf* **1** Classificação em que se divide cada coisa ou cada proposição em duas, subdividindo-se cada uma destas em outras duas, e assim sucessivamente. **2** Divisão em dois ramos.

di.co.to.mi.zar (*gr dikha+tomo+izar*) *vtd* **1** Dividir em duas partes, classes ou grupos. *vint* **2** Separar-se facilmente em dois grupos ou classes. *vint* e *vpr* **3** Formar uma dicotomia ou crescer em forma de dicotomia.

di.da.ta (*gr didaktós*) *s m+f* Pessoa que ensina.

di.dá.ti.ca (*gr didaktiké*) *sf* **1** Técnica de ensinar. **2** O estudo dessa técnica.

di.dá.ti.co (*gr didaktikós*) *adj* **1** Relativo ao ensino. **2** Próprio para instruir.

di.da.tis.mo (*didata+ismo*) *sm* Qualidade do que é didático.

di.e.dro (*di+hedro*) *adj Geom* **1** Que tem duas faces planas ou é formado por duas faces planas que se interceptam: *Ângulo diedro.* **2** Que pertence a um ângulo diedro ou tem um ângulo diedro. • *sm* Ângulo diedro.

di.e.lé.tri.co (*dia+elétrico*) *adj Eletr* Que não conduz corrente elétrica. • *sm* Substância dielétrica.

diesel (*dísel*) (*Diesel, np*) *sm Mec* Designação geral dos motores de combustão interna inventados por Rodolfo Diesel (1858-1913), engenheiro alemão, caracterizados por funcionarem sob alta compressão, alimentados a óleo; motor *diesel.*

diet (*dáiet*) (*ingl*) *adj* Diz-se do alimento ou cardápio isento de componentes como açúcar, sal ou gordura, destinado ao consumo por pessoas que apresentem distúrbios físicos ou metabólicos (hipertensão, diabetes, problemas cardíacos e outros).

di.e.ta (*gr díaita*, pelo *lat*) *sf* **1** Regime alimentício prescrito a um doente ou convalescente. **2** Privação de todos ou de alguns alimentos, em caso de doença. **3** Emprego metódico de alimentos úteis para a conservação da saúde. **4** Predominância de um alimento na nutrição.

di.e.té.ti.ca (de *dietético*) *sf Med* Parte da medicina que se ocupa da dieta.

di.e.té.ti.co (*gr diaitetikós*) *adj* Relativo ou pertencente a dieta.

di.e.tis.ta (*dieta+ista*) *adj* e *s m+f* Referente a, ou nutricionista.

di.fa.ma.ção (*lat diffamatione*) *sf* **1** Ação ou efeito de difamar; calúnia. **2** Perda de boa fama; descrédito. *Pl: difamações.*

di.fa.mar (*lat diffamare*) *vtd* **1** Tirar a boa fama ou o crédito a; caluniar. *vti* **2** Falar mal de. *vpr* **3** Perder a reputação, desacreditar-se.

di.fe.ren.ça (*lat differentia*) *sf* **1** Qualidade ou estado de diferente; desigualdade. **2** Propriedade ou característica pela qual pessoas ou coisas diferem. **3** Alteração. **4** Divergência de opiniões; desacordo, discordância, dissensão, controvérsia. **5** Prejuízo. *sf pl* Contendas, desavenças. *Antôn* (acepção 1): *semelhança. Fazer diferença a:* causar incômodo, transtorno a.

di.fe.ren.çar (*diferença+ar*) *vtd* **1** Estabelecer diferença entre, assinalar por alguma diferença. *vtd* **2** Discriminar, distinguir. *vtd* **3** Ver bem; divisar. *vpr* **4** Apresentar-se diferente; distinguir-se por alguma diferença. *Var: diferenciar.*

di.fe.ren.ci.a.do (*part* de *diferenciar*) *adj* **1** Que se diferenciou. **2** *Bot* Diz-se dos órgãos cujas partes são bem distintas.

di.fe.ren.ci.al (*lat differentia+al¹*) *adj m+f* **1** Relativo a diferença. **2** Que constitui diferença. **3** Que estabelece diferença ou distinção entre indivíduos, classes ou coisas; que discrimina. **4** *Mat* Diz-se da quantidade ou do cálculo que procede por diferenças infinitamente pequenas. • *sm Mec* Engrenagem de um automóvel que permite às rodas traseiras moverem-se com velocidade diferente uma da outra nas curvas.

di.fe.ren.ci.ar (*lat differentia+ar¹*) *V diferençar.*

di.fe.ren.te (*lat differente*) *adj m+f* **1** Que difere; que não é semelhante. **2** Desigual. **3** Que é diverso; dessemelhante. **4** Alterado, mudado, modificado. **5** Variado. • *pron indef* e *adj pl* Alguns, diversos: *Diferentes pessoas falaram. Serviram bebidas diferentes. Antôn* (acepções 1, 2 e 3): *semelhante, análogo. Estar diferente com (alguém):* estar aborrecido com alguém.

di.fe.rir (*lat *differere*, por *differre*) *vtd* **1** Adiar, prorrogar, retardar, dilatar: *Diferir uma viagem. vti* e *vint* **2** Ser diferente; distinguir-se. *vti* e *vint* **3** Ser de opinião diferente; discordar, divergir. Conjuga-se como *ferir.*

di.fí.cil (*lat difficile*) *adj m+f* **1** Que não é fácil, que custa a fazer, que dá trabalho. **2** Penoso. **3** Árduo, laborioso. **4** Complicado. **5** Intricado. **6** Custoso de contentar; exigente. **7** Pouco possível; improvável. *Antôn: fácil. Pl: difíceis.*

di.fi.ci.li.mo (*lat difficilimu*) *adj* Superlativo absoluto sintético de *difícil;* muito difícil.

di.fi.cul.da.de (*lat difficultate*) *sf* **1** Qualidade do que é difícil. **2** Aquilo que é difícil ou torna difícil uma coisa. **3** Embaraço, estorvo, impedimento. **4** Obstáculo. **5** Objeção, dúvida. **6** Relutância. **7** Situação crítica. *Antôn* (acepções 1, 2 e 3): *facilidade.*

di.fi.cul.tar (*lat difficultare*) *vtd* **1** Pôr impedimentos ou obstáculos a; embargar, estorvar. *vpr* **2** Fazer-se difícil, mostrar-se difícil; não ceder, não condescender. *vtd* e *vpr* **3** Apresentar(-se) como difícil, tornar(-se) difícil. *Antôn: facilitar.*

di.fi.cul.to.so (*ô*) (*lat difficultosu*) *adj* Em que há dificuldade; difícil. *Pl: dificultosos (ó).*

dif.te.ri.a (*diphthéra+ia¹*) *sf Med* Doença infecciosa epidêmica e contagiosa, causada por um bacilo que se localiza de preferência nas mucosas da boca e garganta, onde determina a formação de falsas membranas.

di.fun.di.do (*part* de *difundir*) *adj* Disseminado, espalhado.

di.fun.dir (*lat diffundere*) *vtd* **1** Espalhar. *vtd* **2** Esparramar. *vtd* **3** Emitir, irradiar. *vtd* e *vpr* **4** Disseminar(-se), espargir(-se) (perfume, prazer, tristeza etc.). *vtd* e *vpr* **5** Divulgar(-se), propagar(-se).

di.fu.são (*lat diffusione*) *sf* **1** Ato ou efeito de difundir. **2** Dispersão, espalhamento. **3** *Fís* e

Ópt Reflexão da luz por uma superfície refletora áspera. **4** *Fís* e *Ópt* Transmissão da luz através de um material translúcido. **5** *Rádiotécn* Irradiação de uma estação de rádio. **6** Dispersão de elementos linguísticos ou culturais de uma área, tribo ou povo por outras, através de contato. **7** *fig* Divulgação, propagação. *Pl: difusões.*

di.fu.si.o.nis.mo (*lat diffusione+ismo*) *sm Etnol* Teoria que considera o desenvolvimento cultural resultante de um processo de difusão de elementos culturais, que se comunicariam de um a outro povo.

di.fu.so (*lat diffusu*) *adj* **1** Em que há difusão. **2** Derramado, disseminado. **3** Prolixo, superabundante em palavras. **4** *Med* Não circunscrito: *Inflamação difusa. Antôn* (acepção 3): *conciso, resumido.*

di.ge.rir (*lat digerere*) *vtd* **1** *Fisiol* Fazer a digestão de. *vtd* **2** Estudar com atenção e proveito: *Digeria a ciência rapidamente. vtd* **3** Suportar: *Não consegui digerir tanto desaforo. vint* **4** Fazer a digestão dos alimentos. Conjuga-se como *ferir.*

di.ge.rí.vel (*digerir+vel*) *adj m+f* **1** Que se pode digerir. **2** De fácil digestão.

di.ges.tão (*lat digestione*) *sf* **1** Ato de digerir. **2** *Fisiol* Elaboração dos alimentos nas vias digestivas para depois ser deles assimilada a parte útil e expelidos os resíduos. **3** *fig* Estudo refletido; meditação. *Pl: digestões.*

di.ges.ti.vo (*lat digestivu*) *adj Med* **1** Relativo a digestão. **2** Que facilita a digestão. **3** De fácil digestão. • *sm Med* e *Farm* Substância ou medicamento digestivo.

di.gi.ta.ção (*digitar+ção*) *sf Inform* Ato ou efeito de digitar. *Pl: digitações.*

di.gi.ta.dor (*digitar+dor*) *sm Inform* Pessoa que digita dados.

di.gi.tal (*lat digitale*) *adj m+f Anat* **1** Relativo ou pertencente aos dedos. **2** Diz-se da impressão deixada pelos dedos. **3** Que tem analogia com os dedos. **4** Relativo a dígito. **5** *Eletrôn* Que se utiliza de um conjunto de dígitos, em vez de ponteiros ou marcas numa escala, para mostrar informações numéricas: *Termômetro digital.* **6** *Eletrôn* Diz-se dos dados contínuos separados em unidades distintas, para facilitar a sua transmissão, processamento etc. **7** *Eletrôn* Diz-se da transmissão (*p ex*, de som) assim realizada. **8** *Inform* Diz-se de computador que opera com quantidades numéricas ou informações expressas por algarismos. • *sf* Impressão deixada pelos dedos.

di.gi.ta.li.zar (*digital+izar*) *vtd Inform* Converter para o código digital dados analógicos ou contínuos, por meio de um *scanner* ou de um dispositivo de conversão de sinal.

di.gi.tar (*lat digitu+ar¹*) *vtd* **1** Dar forma de dedo a. **2** Prover de dedos. **3** *Inform* Introduzir dados num computador por meio de um teclado; teclar.

dí.gi.to (*lat digitu*) *sm* **1** *Arit* Qualquer um dos algarismos arábicos de zero a nove. **2** *Mat* Cada um dos elementos que se combinam para formar números em um sistema que não o decimal. *Dígito binário, Inform: V bit.*

di.gla.di.ar (*lat digladiari*) *vint* e *vpr* **1** Combater com a espada. **2** Contender, disputar, discutir calorosamente.

dig.nar (*lat dignari*) *vpr* Condescender em, haver por bem, ser servido, ter a bondade de. Usa-se como fórmula de deferência: *Digne-se V. Exa. aceitar as nossas homenagens.*

dig.ni.da.de (*lat dignitate*) *sf* **1** Modo de proceder que infunde respeito. **2** Elevação ou grandeza moral. **3** Honra. **4** Autoridade. **5** Qualidade daquele ou daquilo que é nobre e grande. **6** Honraria. **7** Título ou cargo de graduação elevada. **8** Respeitabilidade. **9** Seriedade. **10** Nobreza. *Antôn* (acepções de 1 a 5): *indignidade.*

dig.ni.fi.car (*lat dignificare*) *vtd* **1** Elevar a uma dignidade. *vtd* **2** Honrar, nobilitar. *vpr* **3** Alcançar o maior grau de dignidade; nobilitar-se. *vtd* e *vpr* **4** Tornar(-se) digno.

dig.ni.tá.rio (*lat dignitariu*) *sm* Indivíduo que exerce um cargo elevado ou goza de um título proeminente.

dig.no (*lat dignu*) *adj* **1** Merecedor. **2** Habilitado. **3** Capaz. **4** Honrado. **5** Que convém; apropriado, conforme. **6** Exemplar. **7** Que vale a pena. **8** Ilustre. *Antôn* (acepções 1 e 4): *indigno.*

dí.gra.fo (*di+grafo*) *V digrama.*

di.gra.ma (*di+grama*) *sm Gram* Grupo de duas letras que representa um único som ou um só fonema (*lh, nh, rr, ss* etc.).

di.gres.são (*lat digressione*) *sf* **1** Desvio do rumo; excursão, passeio. **2** Desvio do assunto ou tema de conversa, divagação. **3** Evasiva, subterfúgio. **4** *Astr* Desvio de um planeta relativamente ao Sol. *Pl: digressões.*

di.la.ção (*lat dilatione*) *sf* **1** Prorrogação, adiamento. **2** Demora, tardança. **3** Tempo de espera, prazo. *Antôn:* (acepções 1 e 2): *presteza.*

di.la.ce.ra.do (*part de dilacerar*) *adj* **1** Rasgado com força; despedaçado. **2** Aflito, mortificado.

di.la.ce.ran.te (*lat dilacerante*) *adj m+f* **1** Que dilacera. **2** Que produz aflição profunda; pungente.

di.la.ce.rar (*dilacerare*) *vtd* **1** Rasgar com força; despedaçar. *vtd* **2** Arranhar. *vtd* **3** Difamar. *vtd* e *vpr* **4** Afligir(-se) muito; mortificar(-se), torturar(-se).

di.la.pi.da.ção (*dilapidar+ção*) *sf* **1** Ato ou efeito de dilapidar. **2** Desperdício, esbanjamento. **3** Estrago. *Pl: dilapidações.*

di.la.pi.da.do (*part de dilapidar*) *adj* **1** Que se dilapidou. **2** Estragado, danificado, arruinado. **3** Esbanjado, dissipado.

di.la.pi.dar (*lat dilapidare*) *vtd* **1** Gastar desmedidamente; dissipar, esbanjar. **2** Arruinar, demolir. **3** Estragar. *Var: delapidar. Antôn* (acepção 1): *poupar.*

di.la.ta.ção (*lat dilatatione*) *sf* **1** Ação ou efeito de dilatar. **2** *Fís* Aumento de volume de um corpo pela ação do calor. **3** Alargamento, ampliação. **4** Desenvolvimento, incremento. **5** Propagação, expansão. **6** Aumento de duração; prorrogação. **7** *Med* Aumento normal de que é suscetível um órgão. *Antôn* (acepções 2 e 4): *contração, compressão. Pl: dilatações.*

di.la.ta.do (*part de dilatar*) *adj* **1** Que se dilatou; amplo, extenso, largo. **2** Aumentado. **3** Demorado, duradouro. *Antôn* (acepções 1 e 2): *limitado, comprimido.*

di.la.tar (*lat dilatare*) *vtd* **1** Divulgar, propagar. *vtd* e *vpr* **2** Derramar-se, espalhar-se. *vtd* e *vpr* **3** Aumentar(-se) o volume de. *vpr* **4** Distender(-se). *vpr* **5** Prolongar(-se).

di.le.ma (*gr dílemma*) *sm* Situação embaraçosa com duas soluções, ambas difíceis ou penosas.

di.le.tan.te (*ital dilettante*) *adj* e *s m+f* **1** Amador de belas-artes, especialmente de música. **2** Que, ou pessoa que exerce uma arte ou se dedica a um assunto exclusivamente por gosto e não por ofício ou obrigação. **3** *pej* Que, ou pessoa que trata de um assunto de forma medíocre e superficial, mas satisfeita com sua mediocridade.

di.le.to (*lat dilectu*) *adj* **1** Preferido na estima e no afeto. **2** Muito amado.

di.li.gên.cia (*lat diligentia*) *sf* **1** Cuidado ativo, presteza em fazer alguma coisa. **2** Zelo. **3** Pesquisa. **4** Investigação oficial, fora da delegacia policial. **5** *Dir* Execução de certos serviços judiciais, fora dos auditórios ou cartórios. **6** *Mil* Serviço extraordinário e urgente fora do quartel. **7** Grande carruagem de transporte coletivo (antes da era das estradas de ferro).

di.li.gen.ci.ar (*diligencia+ar¹*) *vtd* **1** Procurar com diligência; empenhar-se em, esforçar-se por: *Estuda e diligencia melhorar sempre a expressão. vti* **2** Empregar os meios para: *Diligenciava por terminar sempre bem as suas obras*.

di.li.gen.te (*lat diligente*) *adj m+f* **1** Que tem diligência; zeloso, cuidadoso. **2** Ativo, pronto, rápido. **3** Vigilante, atento. **4** Aplicado, trabalhador. *Antôn* (acepção 2): *indolente, moroso*.

di.lu.í.do (*part* de *diluir*) *adj* Que se diluiu; dissolvido, desfeito.

di.lu.ir (*lat diluere*) *vtd* **1** Dissolver. *vtd* **2** Tornar mais fluido. *vtd* **3** Tornar mais fraco, menos concentrado. *vtdi* e *vpr* **4** Desfazer(-se) em um líquido.

di.lu.vi.a.no (*dilúvio+ano*) *adj* **1** Que se refere ao dilúvio universal ou a outro qualquer. **2** Muito abundante, torrencial.

di.lú.vio (*lat diluviu*) *sm* **1** Inundação extraordinária. **2** Castigo imposto por Deus aos homens no tempo de Noé e relatado no Velho Testamento. **3** Grande quantidade de líquidos. **4** Chuva copiosa e torrencial.

di.ma.nar (*lat dimanare*) *vti* e *vint* **1** Correr serenamente; fluir, derivar. *vti* **2** Nascer, originar-se.

di.men.são (*lat dimensione*) *sf* **1** Extensão em qualquer sentido; tamanho, medida, volume. **2** *Álg* Grau de potência ou de uma equação em álgebra. **3** *Geom* Cada uma das três extensões (comprimento, largura e altura) que se consideram na geometria euclidiana. **4** Valor, importância. *Pl: dimensões*.

di.men.si.o.nar (*dimensão+ar¹*) *vtd* Achar a dimensão.

di.mi.nu.en.do (*lat diminuendu*) *sm Arit* Número ou termo de que se subtrai o subtraendo na operação da diminuição ou subtração; minuendo.

di.mi.nu.i.ção (*diminuir+ção*) *sf* **1** Ação de diminuir, de tornar menor em dimensões ou em quantidade, grau, intensidade etc.; redução. **2** *Arit* Operação de diminuir ou subtrair um número ou parcela de outro; subtração. **3** Abatimento. *Antôn* (acepção 1): *acréscimo. Pl: diminuições*.

di.mi.nu.í.do (*part* de *diminuir*) *adj* **1** Que se diminuiu. **2** Que decresceu; reduzido. **3** Subtraído.

di.mi.nu.ir (*lat diminuere*) *vtd* **1** Tornar menor em dimensões, quantidade, grau, intensidade etc.; reduzir a menos; apoucar. **2** Fazer parecer menos ou menor. **3** Abaixar, abater, deprimir. **4** Deduzir, subtrair. *Antôn: aumentar. Conjug – Part: diminuído*.

di.mi.nu.ti.vo (*lat diminutivu*) *adj* **1** Que diminui. **2** *Gram* Diz-se da palavra que indica um grau inferior, em grandeza ou importância, da ideia representada por outra, da qual deriva (florzinha, riacho etc.). • *sm* **1** *Gram* Palavra ou desinência diminutiva. **2** Objeto semelhante a outro, mas em ponto menor; miniatura.

di.mi.nu.to (*lat diminutu*) *adj* **1** Reduzido a pequenas dimensões. **2** Muito pequeno. **3** Escasso.

di.na.mar.quês (*top Dinamarca+ês*) *adj* **1** Pertencente ou relativo à Dinamarca (Europa). **2** Nascido ou naturalizado na Dinamarca. • *sm* **1** O habitante ou natural da Dinamarca. **2** A língua desse país. **3** Cão corpulento, de pelo rente e malhado, originário da Dinamarca. *Fem: dinamarquesa. Pl: dinamarqueses (ê)*.

di.nâ.mi.ca (de *dinâmico*) *sf* **1** *Fís* Parte da mecânica que trata do movimento dos corpos sob a influência de forças. **2** *Mat* Parte da matemática que trata do movimento ou do estudo das forças.

di.nâ.mi.co (*gr dinamikós*) *adj* **1** Referente a dinâmica, a movimento, a força. **2** Diz-se de todo organismo vivo, em virtude de ser fonte da energia particular que constitui a vida. **3** Ativo, enérgico.

di.na.mis.mo (*dínamo+ismo*) *sm* **1** Grande atividade. **2** Ação das forças. **3** Estado dinâmico; expansão das forças. **4** *Filos* Sistema filosófico que não reconhece nos corpos e nos elementos materiais outra coisa senão a combinação de forças, de onde resultam as suas diversas propriedades.

di.na.mi.tar (*dinamite+ar²*) *vtd* **1** Destruir ou danificar por meio de dinamite. *vtd* **2** Aplicar dinamite a, para efetuar algum trabalho.

di.na.mi.te (*dínamo+ite*) *sf Quím* Matéria explosiva formada de nitroglicerina misturada com areia de quartzo.

di.na.mi.zar (*dínamo+izar*) *vtd* **1** Dar caráter dinâmico a. **2** Aumentar, em homeopatia, a ação dos medicamentos.

dí.na.mo (*gr dýnamis*) *sm Fís* Nome dado às máquinas geradoras de corrente elétrica, especialmente corrente contínua; gerador. **2** Máquina eletrodinâmica que converte força mecânica em corrente elétrica.

di.nar (*ár dinar*) *sm* Unidade monetária básica da Argélia, Iraque, Iugoslávia, Jordânia, Líbia e Tunísia.

di.nas.ti.a (*gr dynasteía*) *sf* **1** Série de soberanos pertencentes à mesma família. **2** Série de pessoas aliadas ou de condição semelhante que exercem sucessivamente algum poder ou influência.

din.di.nho *sm inf* Padrinho. *Fem: dindinha*.

di.nhei.ra.ma (*dinheiro+ama*) *sf pop* Muito dinheiro.

di.nhei.ro (*lat denariu*) *sm* **1** Moeda corrente. **2** Valor representativo de qualquer quantia. **3** Nome comum a todas as moedas. **4** Numerário, quantia, soma. **5** Todo e qualquer valor comercial (cheques, letras, notas de banco etc.).

di.nos.sau.ro (*gr deinós+sauro*) *adj Paleont* Relativo ou pertencente aos dinossauros. • *sm* **1** Espécime dos dinossauros. **2** Cada um de vários grandes répteis extintos. *sm pl Paleont* Denominação aplicada a duas ordens de répteis fósseis:

diocesano / direto

a dos saurísquios, com quadril de lagarto, e a dos aonitsísquios, com quadril de ave.

di.o.ce.sa.no (*diocese+ano*) *adj* Que se refere a diocese. • *sm* Indivíduo que pertence a uma diocese.

di.o.ce.se (*gr dioíkesis*) *sf* Ecles **1** Circunscrição territorial sujeita à administração eclesiástica de bispo, arcebispo ou patriarca. **2** Antiga circunscrição administrativa em certas províncias romanas.

di.o.do (*ô*) (*gr díodos*) V *díodo*.

dí.o.do (*gr díodos*) *sm* Fís Válvula eletrônica de dois elementos; filamento e placa (cátodo e ânodo). *Díodo emissor de luz, Eletrôn*: díodo semicondutor que emite luz quando uma corrente é aplicada; usado em mostradores de relógios, calculadoras e outros aparelhos, podendo ser visto no escuro. Sigla: *LED. Var: diodo.*

di.oi.co (*ó*) (*di+gr oîkos*) *adj* Biol Que tem os órgãos reprodutores masculinos em um indivíduo e os femininos em outro.

di.o.ni.sí.a.co (de *Dioniso*, *np*) *adj* **1** Relativo a Dioniso, deus do vinho, entre os gregos. **2** De natureza vibrante, por alusão a Dioniso. **3** Concernente ao rei português D. Dinis (1261-1325) ou ao seu tempo.

di.ó.xi.do (*cs*) (*di+óxido*) *sm* V *bióxido*.

di.plo.ma (*gr díploma*) *sm* **1** Título ou documento oficial com que se confere um cargo, dignidade, mercê ou privilégio. **2** Documento expedido por uma instituição de ensino que afirma as habilitações de, ou confere um grau a alguém. **3** Título de contrato. *Diploma legal, Dir*: a) lei, decreto ou regulamento de qualquer espécie; b) publicação governamental que os contém.

di.plo.ma.ci.a (*fr diplomatie*) *sf* **1** Ciência e arte referentes às relações entre os Estados. **2** Relações internacionais por meio de embaixadas ou legações. **3** Profissão de diplomata. **4** Corpo de diplomatas. **5** Circunspeção ou discrição observada na vida particular, à semelhança da que se usa entre diplomatas. **6** Procedimento diplomático; cerimônia, habilidade, tato.

di.plo.ma.do (*part* de *diplomar*) *adj + sm* Que, ou aquele que tem diploma ou título certificante de certas habilitações científicas ou literárias.

di.plo.mar (*diploma+ar*[1]) *vtd* **1** Conferir diploma a. *vpr* **2** Graduar-se em estabelecimento de ensino, obter diploma.

di.plo.ma.ta (*fr diplomate*) *sm* **1** Aquele que trata de diplomacia. **2** Aquele que faz parte do pessoal diplomático. **3** Funcionário que representa um governo junto de outro governo. **4** *fig* Homem hábil ou astuto em tratar de negócios melindrosos.

di.plo.má.ti.co (*fr diplomatique*) *adj* **1** Relativo a diplomacia. **2** Relativo a diploma. **3** *fig* Discreto, grave. **4** *fig* Cortês, elegante.

dip.so.ma.ni.a (*dipso+mania*) *sf* Méd Impulso mórbido, periódico e incontrolável para bebidas alcoólicas.

díp.te.ro (*gr dípteros*) *adj* **1** Zool Que tem duas asas ou apêndices semelhantes a duas asas. **2** *Entom* Relativo ou pertencente aos dípteros. • *sm Entom* Inseto da ordem dos dípteros. *sm pl* Ordem a que pertencem os insetos que se caracterizam por possuírem duas asas com nervuras e aparelho bucal adaptado para sugar ou lamber; compreende as moscas, mosquitos, mutucas, pernilongos e borrachudos.

di.que (*hol dijk*) *sm* **1** Construção que serve para represar águas correntes; açude, barragem. **2** Estrutura de terra, pedras, concreto etc., erguida ao longo das margens de um rio ou da beira do mar, e destinada a impedir alagamento. **3** Reservatório cercado de paredes sólidas ou bacia artificial, em comunicação com um porto ou rio, provido de meios para regular a altura do nível da água e destinado à recepção de navios a serem consertados; doca.

di.re.ção (*directione*) *sf* **1** Ação ou efeito de dirigir ou dirigir-se. **2** Indicação de rumo a seguir. **3** Conjunto de pessoas encarregadas de dirigir uma sociedade, um estabelecimento etc.; diretoria. **4** *Mec* Sistema que permite conduzir um veículo na direção desejada; volante. *Em direção a*: para o lado de. *Pl: direções.*

di.re.ci.o.nal (*direção+al*[1]) *adj m+f* **1** Relativo à direção. **2** *Radiotécn* Que é altamente seletivo quanto à direção na emissão ou recepção de sinais: *Antena direcional*. **3** Apto a funcionar obedecendo a uma direção determinada: *Som direcional*. **4** *Mec* Nos veículos automotores, lanternas que indicam o lado para o qual eles vão virar.

di.re.ci.o.nar (*direção+ar*[1]) *vtd* Dar direção a; encaminhar, dirigir.

di.rei.ta (de *direito*) *sf* **1** A mão direita. **2** Lado direito. **3** Nas assembleias políticas, a parte do parlamento que fica à direita do presidente; os conservadores. **4** *Polít* Regime ou partido político de tendências totalitárias e capitalistas. **5** *Esp* Golpe de punho direito, no boxe.

di.rei.tis.ta (*direita+ista*) *adj m+f* **1** Partidário da direita parlamentar. **2** Relativo à direita parlamentar. **3** Partidário dos regimes da direita.

di.rei.to (*lat directu*) *adj* **1** Que segue ou se estende em linha reta; reto. **2** Que não é curvo. **3** Plano, liso, desempenado. **4** Vertical, aprumado: *A Torre de Pisa não é direita.* **5** Diz-se do lado do corpo humano no qual, normalmente, os músculos são mais ágeis e os membros mais destros. **6** Correto, justo, honrado, íntegro. • *sm* **1** O que é justo e conforme com a lei e a justiça. **2** Faculdade legal de praticar ou não praticar um ato. **3** *Dir* Ciência das normas obrigatórias que disciplinam as relações dos homens numa sociedade; jurisprudência. **4** Prerrogativa, privilégio. **5** Taxa, imposto, tributo: *Direitos alfandegários.* **6** O lado principal ou mais perfeito de um tecido, por oposição ao avesso. **7** *Esp* Murro ou golpe do braço direito no boxe. • *adv* **1** Em linha reta, sem desvio: *Este caminho vai direito à fonte.* **2** Acertadamente: *Não pensou direito. De direito*: com justiça, em virtude da lei, legitimamente. *Em direito, em bom direito*: conforme as regras do direito, da equidade ou da justiça.

di.re.ti.va (*fem* de *diretivo*) *sf* **1** Diretriz. **2** Norma de conduta.

di.re.to (*lat directu*) *adj* **1** Que está em linha reta; direito, reto. **2** Sem rodeios ou circunlóquios; claro, franco. **3** Que não tem intermediário; imediato. **4** Que no faz escala; que não para em nenhum porto, aeroporto ou estação intermediários. *Antôn* (acepções 2 e 3): *indireto.* • *sm* **1** *Esp* No boxe, golpe direto dado pela distensão violenta do antebraço para a frente. **2** *pop* Soco que acerta em cheio. • *adv* Sem fazer escalas, sem tocar em nenhum porto ou aeroporto intermediários; sem parar em nenhuma estação intermediária.

di.re.tor (*lat directore*) *adj* Que dirige, regula ou determina; diretivo. • *sm* **1** Aquele que dirige ou administra. **2** Membro de um diretório ou de uma diretoria.

di.re.to.ri.a (*diretor+ia¹*) *sf* **1** Ação de dirigir. **2** Cargo, ofício ou lugar de diretor. **3** Os membros encarregados de uma direção.

di.re.tó.rio (*lat directoriu*) *sm* **1** Comissão diretora de um partido. **2** Conselho encarregado da administração de negócios públicos. **3** *Inform* Método de organização de arquivos armazenados num disco. Um diretório contém um grupo de arquivos ou subdiretórios de mesmo tipo ou de mesma finalidade.

di.re.triz (*lat diretrice*) *adj* Feminino de *diretor.* • *sf* **1** Linha fixa, ao longo ou em volta da qual se imagina correr outra linha ou uma superfície, para produzir uma figura plana ou um sólido. **2** Linha segundo a qual se traça um plano de qualquer caminho. **3** Conjunto de instruções ou indicações para se levar a termo um negócio ou uma empresa.

di.ri.gen.te (de *dirigir*) *adj m+f* Que dirige. • *s m+f* **1** Pessoa que dirige. **2** Diretor ou diretora.

di.ri.gi.bi.li.da.de (*dirigir+vel*) *sf* Qualidade de poder ser dirigido.

di.ri.gir (*lat dirigere*) *vtd* **1** Dar direção a, encaminhar. *vtd* **2** Guiar. *vtd* **3** Comandar, governar. *vpr* **4** Ir ter com, encaminhar-se a.

di.ri.gí.vel (*dirigir+vel*) *adj m+f* Que se pode dirigir. • *sm* Balão ou aeronave que se pode dirigir; aeróstato. *Pl: dirigíveis.*

di.ri.mir (*lat dirimere*) *vtd* **1** Anular. **2** Dissolver, extinguir, suprimir. **3** Decidir, resolver.

dis.ca.gem (*discar+agem*) *sf* Ato ou possibilidade de discar.

dis.car (*disco+ar¹*) *vtd* e *vint* **1** Marcar um número no disco ou no teclado do telefone para estabelecer ligação. *vti* **2** Estabelecer ligação com, usando telefone.

dis.cen.te (*lat discente*) *adj m+f* **1** Que aprende. **2** Que se refere a alunos.

dis.cer.ni.men.to (*discernir+mento*) *sm* **1** Ato de discernir. **2** Faculdade de discernir; juízo, entendimento, critério. **3** Apreciação. **4** Prudência.

dis.cer.nir (*lat discernere*) *vtd* **1** Ver distintamente; discriminar, distinguir, conhecer. *vtd* **2** Avaliar bem; apreciar, medir. *vtdi* **3** Estabelecer diferença entre; distinguir, separar. Conjuga-se como *ferir* (porém só se usa nas 3ªˢ pessoas).

dis.cer.ní.vel (*discernir+vel*) *adj m+f* Que se pode discernir.

dis.ci.pli.na (*lat disciplina*) *sf* **1** *obsol* Ensino, instrução e educação. **2** Relação de subordinação do aluno para com o professor; observância de preceitos ou ordens escolares: *Disciplina escolar.* **3** Observância estrita das normas de uma organização: *Disciplina militar.* **4** Ramos do conhecimento científico, artístico etc., que se professam em cada cadeira de um estabelecimento escolar; matéria. **5** Obediência à autoridade. **6** Procedimento correto.

dis.ci.pli.na.do (*part* de *disciplinar*) *adj* **1** Que se disciplinou ou que tem disciplina. **2** Sujeito a regras ou normas; regulado, ordenado. **3** Sujeito à disciplina; obediente, comedido.

dis.ci.pli.na.dor (*lat disciplinatore*) *adj* **1** Amigo da disciplina. **2** Que faz observar a disciplina. • *sm* Aquele que disciplina.

dis.ci.pli.nar (*lat disciplinare*) *vtd* **1** Desenvolver metodicamente; cultivar, adestrar. *vtd* **2** Fazer obedecer (pessoas ou coisas); acomodar, sujeitar. *vtd* **3** Estabelecer algo segundo determinados princípios: *Ela disciplinou o horário das refeições.* *vtd* e *vpr* **4** Sujeitar(-se) à disciplina. • *adj m+f* Que diz respeito à disciplina: *Conselho disciplinar.*

dis.ci.pu.la.do (*lat discipulatu*) *sm* **1** Estado de quem é discípulo. **2** Conjunto de alunos duma escola. **3** Tempo durante o qual alguém é discípulo. **4** Aprendizado.

dis.cí.pu.lo (*lat discipulu*) *sm* **1** Aquele que recebe ensino de alguém; aquele que aprende; aluno. **2** Sectário que professa as doutrinas propagadas por outro. **3** Afeiçoado, devoto: *Um discípulo da verdade. Discípulo amado:* S. João Evangelista. *Discípulos do Evangelho:* aqueles que pregavam e propagavam a doutrina evangélica.

disc-jó.quei *s m+f* (*ingl disc jockey*) *V* discotecário. *Abrev.: dj. Pl: disc-jóqueis.*

dis.co (*gr dískos*) *sm* **1** Qualquer peça circular e chata. **2** *Esp* Chapa redonda, para arremesso, na ginástica. **3** Superfície aparente dos astros: *O disco da Lua, do Sol.* **4** Placa na qual estão gravados sons, para serem reproduzidos. **5** *Inform* Unidade de armazenamento de dados. *Disco a laser interativo, Inform:* disco compacto que contém som, dados, vídeo e texto. *Disco de inicialização, Inform:* disquete que contém o sistema operacional e os arquivos de configuração do sistema; pode, no caso de falha do disco rígido, ser usado para inicializar o computador. *Disco flexível, Inform:* disquete. *Disco óptico, Anat:* área quase circular da retina, por onde lhe entra o nervo óptico. *Disco rígido, Inform:* disco magnético rígido, fixo na unidade de disco e capaz de armazenar várias vezes mais dados que um disquete. *Disco voador:* termo empregado para designar objetos aéreos não identificados. *Mudar o disco:* dizer outra coisa; não se repetir.

dis.co.gra.fi.a (*disco+grafo+ia¹*) *sf* **1** História ou descrição da música gravada em discos. **2** Lista de discos fonográficos de um compositor ou de um artista.

dis.coi.de (*ó*) (*disco+oide*) *adj m+f* Que tem forma de disco.

dis.cor.dân.cia (*lat discordantia*) *sf* **1** Estado daquele ou daquilo que discorda. **2** Desacordo, discrepância. **3** Disparidade. **4** Desproporção. **5** Incompatibilidade. **6** *Mús* Falta de acordo entre os sons; desafinação, desarmonia. Antôn (acepções 1, 2, 3 e 6): *concordância.*

dis.cor.dan.te (de *discordar*) *adj m+f* **1** Que discorda ou está em desacordo. **2** Divergente. **3** Desarmônico.

dis.cor.dar (*lat discordare*) *vti* e *vint* **1** Estar em desacordo, não concordar; divergir. *vti* e *vint* **2** Não estar em proporção, não se combinar. *vint* **3** *Mús* Desafinar, destoar. Antôn: *concordar.*

dis.cór.dia (*lat discordia*) *sf* **1** Discordância. **2** Desavença. **3** Desinteligência entre duas ou mais pessoas. **4** Desarmonia. **5** Dissensão, luta, discussão. **6** Contradição. *Antôn* (acepções 2, 3, 4 e 5): *concórdia*.
dis.cor.rer (*lat discurrere*) *vti* e *vint* **1** Correr em diferentes direções; derramar-se, difundir-se, espalhar-se. *vti* **2** Divagar com o pensamento. *vint* **3** Decorrer. *vint* **4** Raciocinar. *vti* e *vint* **5** Discursar, discutir, tratar. *vtd* **6** Analisar, examinar.
dis.co.te.ca (*disco+teca*) *sf* **1** Lugar em que se conservam discos fonográficos. **2** Coleção de discos fonográficos. **3** Conjunto da produção de discos de um autor ou empresa. **4** Danceteria.
dis.co.te.cá.rio (*discoteca+ário*) *sm* Indivíduo que superintende uma discoteca; disc-jóquei.
dis.cre.pân.cia (*lat discrepantia*) *sf* **1** Estado ou qualidade do que discrepa. **2** Divergência. **3** Disparidade. *Antôn*: *concordância*.
dis.cre.pan.te (*lat discrepante*) *adj m+f* **1** Que discrepa. **2** Divergente, diverso.
dis.cre.par (*lat discrepare*) *vti* **1** Discordar, dissentir. **2** Ser diverso; divergir.
dis.cre.ta.men.te (*discreta*, no *fem+mente*) *adv* Com discrição; racionalmente, prudentemente.
dis.cre.to (*lat discretu*) *adj* **1** Que sabe guardar segredo; reservado. **2** Atento, circunspecto, prudente. **3** Modesto, recatado. **4** Moderado, sem alarde. **5** Que não ofende o recato ou a modéstia de outrem. **6** *Med* Que se manifesta por sinais separados.
dis.cri.ção (*lat discretione*) *sf* **1** Qualidade daquele ou daquilo que é discreto. **2** Qualidade de quem sabe guardar segredo; reserva. **3** Ato de discernir; capacidade para discernir; discernimento. **4** Circunspeção, prudência. *Cf descrição. Pl: discrições*.
dis.cri.ci.o.ná.rio (*fr discrétionnaire*) *adj* **1** Deixado à discrição; livre de condições; não limitado. **2** Arbitrário, caprichoso.
dis.cri.mi.na.ção (*lat discriminatione*) *sf* **1** Ato de discriminar. **2** Apartação, separação. *Pl: discriminações*.
dis.cri.mi.nar (*lat discriminare*) *vtd* **1** Discernir. *vtd* **2** Classificar especificando; especificar. *vtd* **3** Tratar de modo preferencial. *vtd* e *vtdi* **4** Diferençar, distinguir. *vtd* e *vtdi* **5** Separar. *Cf descriminar*.
dis.cur.sar (*lat discursare*) *vint* **1** Fazer discurso, falar em público. *vtd* **2** Tratar, explicar. *vti* **3** Discorrer, discutir, raciocinar.
dis.cur.si.vo (*discurso+ivo*) *adj* **1** Que procede por meio de raciocínios. **2** Dedutivo. **3** Que gosta de discursar; falador.
dis.cur.so (*lat discursu*) *sm* **1** Fala proferida para o público; oração. **2** *ant* Raciocínio lógico. **3** Exposição didática de um assunto. *Discurso direto*: aquele em que um escritor refere na primeira pessoa os diálogos ou discursos das personagens. *Discurso indireto*: aquele em que um escritor cita na terceira pessoa as falas das suas personagens, em vez de reproduzir na primeira pessoa as próprias palavras destas.
dis.cus.são (*lat discussione*) *sf* **1** Ato ou efeito de discutir. **2** Exame de um assunto por meio de argumentos; argumentação que tem por fim chegar à verdade ou elucidar dificuldades; debate: *Da discussão nasce a luz*. **3** Contenda, disputa. **4** Controvérsia, polêmica. **5** Altercação, briga. *Pl: discussões*.
dis.cu.tir (*lat discutere*) *vtd* **1** Debater, examinar, investigar, tendo em vista provas e razões pró e contra. *vtd* **2** Pôr em discussão; contestar. *vint* **3** Participar de uma discussão.
dis.cu.tí.vel (*discutir+vel*) *adj m+f* **1** Que pode ser discutido. **2** Suscetível de discussão. **3** Não evidente; duvidoso, incerto, problemático.
di.sen.te.ri.a (*gr dysentería*) *sf Med* Infecção, bacilar ou amebiana, dos intestinos, de que resultam evacuações frequentes; diarreia.
dis.far.ça.do (*part* de *disfarçar*) *adj* **1** Simulado, fingido, falso. **2** Mascarado, encoberto.
dis.far.çar (*cast disfrazar*) *vtd* **1** Encobrir, ocultar, tapar defeitos, imperfeições, deficiências. *vtd* **2** Conservar oculto o conhecimento de. *vtd* **3** Alterar, modificar, mudar, para fingir ou tornar desconhecido. *vint* e *vpr* **4** Ocultar suas percepções, seus sentimentos ou seus intentos; dissimular, fingir. *vpr* **5** Vestir-se de modo diferente, para não ser reconhecido.
dis.far.ce (de *disfarçar*) *sm* **1** Ato de disfarçar ou de disfarçar-se. **2** Aquilo que serve para disfarçar. **3** Fingimento, artifício. **4** Dissimulação, falsa aparência.
dis.for.me (*dis¹+forme*) *adj m+f* **1** De forma descomunal; desproporcionado, desconforme. **2** De forma irregular; deforme, deformado. **3** Monstruoso.
dis.fun.ção (*dis¹+função*) *sf Med* Perturbação do funcionamento de um órgão ou aparelho. *Pl: disfunções*.
dis.jun.tor (*lat disjunctu+or*) *sm Eletr* Interruptor automático que desliga um circuito elétrico toda vez que ocorre sobrecarga de corrente na rede.
dis.la.te (*cast dislate*) *sm* Disparate, asneira.
dis.le.xi.a (*cs*) (*dis³+gr léxis+ia¹*) *sf Med* Dificuldade de ler e compreender as palavras, devida à lesão no sistema nervoso central.
dis.lé.xi.co (*dislexia+ico²*) *adj* **1** Referente à dislexia. **2** Que tem dislexia. • *sm* Aquele que tem dislexia.
dís.par (*lat dispare*) *adj m+f* Desigual, diferente.
dis.pa.ra.da (de *disparar*) *sf* **1** Estouro de um rebanho. **2** Corrida célere. **3** Fugida desenfreada. **4** Corrida irrefreável da montaria; desembestada.
dis.pa.ra.do (*part* de *disparar*) *adj* **1** Que disparou. **2** Arrojado, destemido, atrevido, ousado. **3** Diz-se do animal que vai fugindo a grande velocidade. *Ganhar disparado*: distanciar-se muito à frente dos competidores.
dis.pa.rar (*lat disparare*) *vtd* e *vtdi* **1** Arremessar, arrojar, atirar, impelir, lançar. *vtd* e *vti* **2** Fazer fogo com, dar tiro com; descarregar. *vtd* **3** Dirigir com veemência; soltar com força. *vti* **4** Partir à disparada, fugir desabaladamente. **5** *Inform* Ativar ou executar um programa; lançar.
dis.pa.ra.ta.do (*part* de *disparatar*) *adj* **1** Que pratica ou diz disparates. **2** Em que há disparate; despropositado, absurdo. **3** Contrário ao bom senso; inconveniente, desarrazoado.
dis.pa.ra.tar (*lat *disparatare*, suposto frequentativo de *disparare*) *vint* **1** Dizer disparates, ou fazê-los. **2** Despropositar. **3** Desvairar.
dis.pa.ra.te (de *disparatar*) *sm* **1** Despropósito.

2 Desatino. 3 Desvario. 4 Tolice. 5 Absurdo. 6 Grande quantidade. • *interj* Muitíssimo.
dis.pa.ri.da.de (*dispar+i+dade*) *sf* 1 Desigualdade, desproporção. 2 Despropósito, absurdo. *Antôn* (acepção 1): *paridade*.
dis.pa.ro (de *disparar*) *sm* 1 Ato de disparar; tiro, descarga. 2 Estampido de tiro. 3 *Tecn* Aceleração anormal de uma máquina ou motor; fuga. 4 *Astronáut* Início de combustão e, daí, início do funcionamento de qualquer dispositivo que opere por processo de combustão, tal como na liberação de foguete ou astronave.
dis.pên.dio (*lat dispendiu*) *sm* 1 Consumo, despesa, gasto. 2 Dano, detrimento, perda, prejuízo.
dis.pen.di.o.so (*ô*) (*lat dispendiosu*) *adj* 1 Custoso. 2 Que exige grande despesa. 3 Caro. *Pl*: *dispendiosos* (*ó*).
dis.pen.sa (de *dispensar*) *sf* 1 Ato de dispensar ou de ser desobrigado. 2 Licença para não fazer alguma coisa a que se estava obrigado. 3 Autorização que isenta do cumprimento de um preceito legal. 4 Requerimento ou ato em que se pede dispensa.
dis.pen.sar (*lat dispensare*) *vtd* 1 Dar dispensa a. *vtd* 2 Não precisar de, prescindir de. *vtdi* 3 Desobrigar, isentar, eximir. 4 Conferir, dar, distribuir. *vtdi* 5 Ceder; dar de empréstimo, emprestar. *vtdi* 6 Prestar, ministrar. *Antôn* (acepção 2): *exigir*; (acepção 3): *obrigar*.
dis.pen.sá.rio (*dispensa+ário*) *sm* Estabelecimento onde se dispensam cuidados gratuitos a doentes que podem ser tratados no domicílio.
dis.pen.sá.vel (*la med dispensabile*) *adj m+f* 1 Que pode obter dispensa. 2 Que se pode dispensar. 3 Que não é de utilização forçada.
dis.pep.si.a (*gr dyspepsía*) *sf Med* Má digestão, dificuldade na digestão.
dis.per.são (*lat dispersione*) *sf* 1 Ato ou efeito de dispersar. 2 Estado do que está disperso. 3 *Fís* Separação de luz branca em suas cores constituintes, por refração ou difração (*p ex*, mediante um prisma), com formação de um espectro. 4 *Tecn* Disseminação de energia de qualquer espécie no meio ambiente e sua consequente perda. 5 Debandada. *Pl*: *dispersões*.
dis.per.sar (*lat dispersu+ar¹*) *vtd* 1 Impelir em diversas direções; disseminar, espalhar. *vtd* 2 Fazer debandar; pôr em desordem. *vtd* 3 *Mil* Separar e distribuir (*p ex*, tropas ou aviões) por uma grande área para evitar que ofereçam ao inimigo um alvo concentrado. *vpr* 4 Não se concentrar. *Antôn*: *concentrar(-se)*.
dis.per.si.vo (*disperso+ivo*) *adj* 1 Próprio para dispersar. 2 Que não se concentra, que se espalha. 3 Que produz dispersão.
dis.per.so (*lat dispersu*) *adj* 1 Que se dispersou; espalhado, disseminado. 2 Desordenado. 3 Em debandada. *Var*: *dispersado*. *Antôn* (acepções 1 e 3): *concentrado, reunido*.
dis.pla.si.a (*dis³+plaso+ia¹*) *sf Med* Desenvolvimento anormal de órgãos e tecidos que ocasiona deformidades (gigantismo, cretinismo, infantilismo etc.), muitas vezes por hereditariedade.
display (*displêi*) (*ingl*) *sm* 1 Mostruário destinado a atrair a atenção do comprador. 2 Peça de propaganda, geralmente pequeno cartaz montado em papelão, com ou sem suporte.
dis.pli.cên.cia (*lat displicentia*) *sf* 1 Estado de quem se acha descontente. 2 Desgosto, desprazer, desagrado. 3 Tédio. 4 Insipidez. 5 Descuido, desleixo, negligência. 6 Desinteresse, indiferença.
dis.pli.cen.te (*lat displicente*) *adj m+f* 1 Que causa displicência; desagradável. 2 Que revela, ou em que há displicência ou descaso; desmazelado, desleixado, negligente. *Antôn* (acepção 1): *agradável*.
disp.nei.a (*é*) (*gr dyspnoía*) *sf Med* Dificuldade na respiração.
dis.po.ni.bi.li.da.de (*disponível+i+dade*) *sf* 1 Qualidade daquele ou daquilo que é ou está disponível. 2 Coisa ou coisas disponíveis. 3 Situação dos militares e funcionários públicos civis que, estando fora do serviço ativo, podem todavia ser chamados em qualquer ocasião. 4 Estado do indivíduo que está desempregado ou sem ter o que fazer. *sf pl Com* Conjunto dos valores reais e efetivos (dinheiro em caixa, depósitos em bancos etc.) de uma empresa, como aparecem no ativo do balanço.
dis.po.ni.bi.li.zar (*disponível+izar*) *vtd* 1 Tornar disponível. 2 *Inform* Oferecer ao público determinado serviço ou informação, possibilitando o uso ou acesso (*p ex*, por meio da internet).
dis.po.ní.vel (*lat disponere+vel*) *adj m+f* 1 De que se pode dispor. 2 Livre de encargo ou trabalho: *Amanhã espero estar disponível*. 3 Diz-se da mercadoria que pode ser entregue imediatamente ao comprador. 4 Diz-se da pessoa desvinculada de interesses imediatistas, disposta a cooperar. *Antôn*: *indisponível*.
dis.por (*lat disponere*) *vtd* 1 Pôr, colocar ou distribuir ordenadamente; ordenar, arranjar. *vtd* 2 Coordenar. *vtd* 3 Planejar. *vtd* 4 Armar, forjar, maquinar, tecer. *vtd* 5 Determinar, prescrever, regular legislativamente. *vtdi* 6 Predispor, inclinar. *vtdi* 7 Aliciar, incitar, induzir. *vtdi* 8 Aproveitar, empregar, utilizar. *vti* 9 Servir-se, utilizar-se. *vti* 10 Deixar em testamento; legar, testar. *vti* 11 Ter, possuir. *vpr* 12 Estar pronto ou resolvido; decidir-se. Conjuga-se como *pôr*. • *sm* Alvitre, disposição. *Dispor de si*: estar disponível. *Dispor o espírito*: acostumar-se, habituar-se. *Dispor-se para o que der e vier*: preparar-se para enfrentar, corajosa ou pacientemente, tudo quanto possa acontecer de desagradável, inconveniente ou nocivo.
dis.po.si.ção (*lat dispositione*) *sf* 1 Ato ou efeito de dispor; ordenação, arrumação, arranjo. 2 Colocação por determinada ordem. 3 Situação. 4 Modo por que se dispôs. 5 Subordinação, dependência: *Ficar à disposição de alguém*. 6 Constituição plástica. 7 Temperamento. 8 Preceito, prescrição legal. 9 Tendência, vocação. 10 Desígnio, intenção, vontade. 11 Estado físico e mental de uma pessoa. 12 *Med* Tendência, quer física, quer psíquica, para contrair certas doenças. *sf pl* 1 Arranjos, preparativos. 2 Regras, regulamentos, prescrições. *Pl*: *disposições*.
dis.po.si.ti.vo (*lat dispositu+ivo*) *adj* 1 Próprio para dispor. 2 Que contém ordem, prescrição, disposição; determinativo. • *sm* 1 Regra, preceito. 2 *Dir* Artigo de lei. 3 Qualquer peça ou mecanismo de uma máquina destinados a uma função especial.

Dispositivo periférico, Inform: Qualquer dispositivo ligado a componentes centrais de um computador (CPU, memória principal, circuitos de barramento) e que complementa as suas funções, como, *p ex,* o teclado, a tela, a impressora etc.

dis.pos.to (*lat dispositu*) *adj* **1** Que se dispôs, arrumou, arranjou, preparou. **2** Inclinado, tendente, propenso. **3** *pop* Animado, brincalhão. **4** Que nunca diz não; pronto. *Estar bem* (ou *mal*) *disposto:* sentir-se bem (ou mal).

dis.pró.sio (*lat cient disprosium*) *sm Quím* Elemento metálico, de número atômico 66 e símbolo Dy.

dis.pu.ta (de *disputar*) *sf* **1** Contenda, discussão. **2** Altercação, rixa. **3** Competição literária, científica, esportiva etc.; concurso, prova, certame. **4** *Esp* Realização de uma prova ou certame.

dis.pu.ta.do (*part* de *disputar*) *adj* **1** Que se disputou. **2** Que provocou disputa, contenda, rivalidade. **3** Pretendido, ambicionado, desejado.

dis.pu.tar (*lat disputare*) *vtd* **1** Lutar pela posse de; pleitear. *vtd* **2** Sustentar, em combate ou discussão. *vtd* **3** *Esp* Efetuar uma competição esportiva. *vtdi* **4** Rivalizar. *vti* e *vint* **5** Discutir, questionar.

dis.que.te (*fr disquette*) *sm Inform* **1** Dispositivo de armazenamento secundário, na forma de um disco flexível, plano e circular, protegido por um invólucro de plástico flexível, no qual os dados podem ser armazenados em forma magnética; disco flexível, *floppy disk.* **2** *Cib* Disco de vinil inserido num envelope plástico que o protege contra danos durante o manuseio; disco flexível. **3** Pequeno disco.

dis.rit.mi.a (*dis³+ritmo+ia¹*) *sf Med* Perturbação do ritmo. *Disritmia cerebral:* perturbação do ritmo das ondas cerebrais, revelada por eletroencefalograma.

dis.sa.bor (*dis¹+sabor*) *sm* **1** Desgosto, desprazer. **2** Acontecimento incômodo ou desagradável. **3** Contratempo. **4** Mágoa.

dis.se.ca.ção (*lat dissecatione*) *sf* **1** *Cir* e *Anat* Ação de dissecar. **2** Operação em que se separam cirurgicamente as partes de um corpo ou órgão; retalhação anatômica. **3** *fig* Análise minuciosa de alguma coisa.

dis.se.car (*lat dissecare*) *vtd* **1** *Anat* Fazer a dissecação de; anatomizar. **2** Cortar, retalhar. **3** Analisar, examinar miudamente. *Cf dessecar.*

dis.se.mi.na.ção (*lat disseminatione*) *sf* **1** Ato ou efeito de disseminar, dispersão, derramamento. **2** Difusão, propagação. *Pl: disseminações.*

dis.se.mi.na.do (*part* de *disseminar*) *adj* **1** Que se disseminou; espalhado, disperso, semeado. **2** Difundido, propagado, vulgarizado.

dis.se.mi.nar (*lat disseminare*) *vtd* **1** Semear, ou espalhar por muitas partes. *vtd* **2** Difundir, propagar, vulgarizar. *vpr* **3** Dispersar-se, espalhar-se.

dis.sen.são (*lat dissensione*) *sf* **1** Ato ou de dissentir. **2** Divergência, discrepância; desavença, discórdia. *Antôn* (acepção 1): *assentimento. Pl: dissensões.*

dis.sen.ti.men.to (*dissentir+mento*) *V dissensão.*

dis.sen.tir (*lat dissentire*) *vti* Não concordar; discrepar, divergir. Conjuga-se como *ferir.*

dis.ser.ta.ção (*lat dissertatione*) *sf* **1** Breve tratado sobre qualquer tema especulativo ou de aplicação. **2** Exame, desenvolvimento e exposição, escrita ou oral, sobre um ponto de uma matéria estudada. **3** Trabalho escrito, apresentado por candidato ao grau de mestre a uma banca examinadora. **4** Discurso. *Pl: dissertações.*

dis.ser.tar (*lat dissertare*) *vti* e *vint* **1** Fazer dissertação. **2** Discorrer, discursar.

dis.si.dên.cia (*lat dissidentia*) *sf* **1** Dissensão. **2** Cisão entre os membros de uma corporação ou de uma seita. **3** Discordância, divergência de opiniões. **4** Partido integrado por dissidentes.

dis.si.den.te (*lat dissidente*) *adj m+f* **1** Que dissente, diverge, não concorda, não se conforma. **2** Separado. • *s m+f* Pessoa que diverge da opinião ou crença gerais.

dis.sí.dio (*lat dissidiu*) *sm* Desinteligência, dissensão. *Dissídio coletivo, Dir:* divergência entre empregados e empregadores, motivada por choque de interesses, sujeita obrigatoriamente à conciliação da Justiça do Trabalho.

dis.sí.la.bo (*dis³+sílaba*) *adj* Composto de duas sílabas. • *sm* Palavra de duas sílabas.

dis.si.mu.la.ção (*lat dissimulatione*) *sf* **1** Ato ou efeito de dissimular. **2** Fingimento, disfarce, falsa aparência. *Antôn: franqueza. Pl: dissimulações.*

dis.si.mu.la.do (*part* de *dissimular*) *adj* **1** Que tem por costume dissimular; calado, fingido. **2** Oculto, encoberto, disfarçado. **3** Astuto, manhoso, pérfido. *Antôn* (acepção 2): *patente, franco.*

dis.si.mu.lar (*lat dissimulare*) *vtd* **1** Não dar a perceber; calar. *vtd* **2** Não deixar aparecer; ocultar, disfarçar, encobrir. *vtd* **3** Afetar com artifício; fingir. *vti* **4** Usar de dissimulação. *vint* **5** Não revelar seus sentimentos ou desígnios; ter reserva. *vpr* **6** Esconder-se, ocultar-se.

dis.si.pa.ção (*lat dissipatione*) *sf* **1** Ato ou efeito de dissipar. **2** Dispersão. **3** Esbanjamento de bens. **4** Devassidão, libertinagem, vida desregrada. *Antôn* (acepção 3): *economia. Pl: dissipações.*

dis.si.pa.do (*part* de *dissipar*) *adj* **1** Que dissipa; gastador (referindo-se somente a pessoa; forma passiva com significado ativo, comum nas línguas latinas, como em *experimentado, ousado, poupado* etc.). **2** Que se dissipou (referindo-se a coisa). **3** *Reg* (Nordeste) Desmazelado, desleixado, sem método. • *sm* Dissipador, perdulário.

dis.si.pa.dor (*dissipar+dor*) *adj* + *sm* Que, ou quem dissipa; esbanjador, perdulário. *Antôn: econômico.*

dis.si.par (*lat dissipare*) *vtd* **1** Fazer desaparecer ou cessar. *vtd* **2** Destruir. *vtd* **3** Desperdiçar, esbanjar. *vpr* **4** Apagar(-se), desaparecer, cessar. *vtd* e *vpr* **5** Dispersar(-se), espalhar(-se).

dis.so.ci.a.do (*part* de *dissociar*) *adj* **1** Que se dissociou; desassociado, separado, desunido. **2** *Quím* Decomposto, desagregado. **3** *Psicol* Que manifesta dissociação ou é por ela caracterizado: *Ideias dissociadas.*

dis.so.ci.ar (*lat dissociare*) *vtd* **1** Separar elementos associados. *vtd* **2** *Quím* Submeter a dissociação. *vtd* e *vpr* **3** Desagregar(-se), desunir(-se). *Antôn* (acepções 1 e 3): *associar(-se);* (acepção 2): *combinar.*

dis.so.lu.ção (*lat dissolutione*) *sf* **1** Ato ou efeito de dissolver. **2** *Quím* Desagregação de moléculas. **3** Decomposição. **4** Dissociação. **5** *Dir* Extinção de contrato ou sociedade. **6** Corrupção, depravação de costumes, devassidão, libertinagem. **7** Aniquilamento, destruição. *Pl: dissoluções.*

dis.so.lu.to (*lat dissolutu*) *adj* **1** Dissolvido; desfeito. **2** Solto de costumes; libertino. **3** Corrupto, pervertido. *Antôn* (acepções 2 e 3): *austero*.

dis.sol.ven.te (*lat dissolvente*) *adj m+f* Que dissolve; solvente.

dis.sol.ver (*lat dissolvere*) *vtd* **1** Reduzir à forma líquida; liquefazer, fundir. *vtd* **2** Fazer cessar a coesão molecular de uma substância em contato com um líquido de modo a formar com este uma mistura homogênea: *Dissolver açúcar em água*. *vtd* **3** Fazer evaporar; desagregar, dispersar. *vtd* **4** Anular, invalidar, romper (pacto ou contrato). *vpr* **5** Tornar-se líquido, liquefazer-se: *O sal facilmente se dissolve em ambiente úmido*. *vpr* **6** Entrar em dissolução; desmembrar-se, desorganizar-se: *O cadáver dissolvia-se*. *vtd e vpr* **7** Destituir(-se), extinguir(-se) (assembleia ou corporação): *Dissolver o congresso*. *Antôn* (acepções 3 e 6): *reunir(-se), combinar(-se)*.

dis.sol.vi.do (*part* de *dissolver*) *adj* **1** Que se dissolveu; liquefeito, derretido. **2** Desfeito, dissoluto.

dis.so.nân.cia (*lat dissonantia*) *sf* **1** Falta de consonância ou de harmonia. **2** *Mús* Perturbação de um conjunto sonoro harmonioso por um ou mais sons que representam conjuntos diferentes. **3** *Mús* Desafinação. **4** Desarmonia entre as partes de um todo, nas cores, no estilo, nas formas etc. **5** *Gram* Junção de sílabas ou de palavras que soam mal. *Antôn: assonância*.

dis.so.nan.te (*lat dissonante*) *adj m+f* **1** Que produz ou apresenta dissonância; desarmônico, discordante. **2** Que soa mal.

dis.su.a.dir (*lat dissuadere*) *vtd* **1** Fazer mudar de opinião, tirar de um propósito; despersuadir, desaconselhar. *vpr* **2** Mudar de opinião, parecer ou propósito; despersuadir-se. *Antôn: persuadir*.

dis.su.a.são (*lat dissuasione*) *sf* Ato ou efeito de dissuadir; despersuasão. *Pl: dissuasões*.

dis.tân.cia (*lat distantia*) *sf* **1** Relação, estado ou fato de ser ou estar distante ou remoto no espaço. **2** Extensão, em linha reta, do espaço entre pessoas ou objetos. **3** Lapso de tempo entre dois momentos, fases ou épocas. **4** Afastamento, separação. **5** Grande diferença. *A distância, em distância*: um tanto longe (no espaço ou no tempo). *Guardar as distâncias, manter-se a distância*: conservar o devido respeito, não se familiarizar.

dis.tan.ci.a.do (*part* de *distanciar*) *adj* **1** Que se distanciou. **2** Colocado de distância em distância; espaçado. **3** Separado.

dis.tan.ci.a.men.to (*distanciar+mento*) *sm* **1** Ato ou efeito de distanciar-se; afastamento, apartamento. **2** Espaçamento.

dis.tan.ci.ar (*distancia+ar*[1]) *vtd, vtdi e vpr* **1** Pôr(-se) distante; afastar(-se), apartar(-se). *vtd* **2** Colocar de distância em distância; espaçar. *Antôn: aproximar*.

dis.tan.te (*lat distante*) *adj m+f* **1** Que dista, ou está a certa distância. **2** Remoto. *Antôn: próximo, contíguo*.

dis.tar (*lat distare*) *vti e vint* **1** Estar, ficar, ser distante. *vti* **2** Diferençar-se, divergir.

dis.ten.der (*lat distendere*) *vtd* **1** Estender para vários lados: *A planta distende suas tênues folhas*. *vtd* **2** Desenvolver: *Distender um assunto*, *um comentário*. *vpr* **3** Afrouxar-se, relaxar-se: *A custo se lhe distendem as pernas*. *vtd e vpr* **4** Estirar(-se), retesar(-se): *Então, ele distendeu a corda*. **5** Aumentar(-se), dilatar(-se): *O excesso de alimentação distende o estômago*.

dis.ten.di.do (*part* de *distender*) *adj* **1** Que se distendeu; dilatado, estirado. **2** *Med* Que sofreu distensão.

dis.ten.são (*lat distensione*) *sf* **1** Ato ou efeito de distender. **2** *Med* Tensão demasiada; estiramento. **3** *Med* Torção violenta dos ligamentos de uma articulação. **4** Dilatação. **5** Afrouxamento, relaxação. **6** Prolongamento. *Pl: distensões*.

dís.ti.co (*gr dístikhos*) *sm Metrif* Grupo de dois versos.

dis.tin.ção (*lat distinctione*) *sf* **1** Ato ou efeito de distinguir. **2** Percepção da diferença entre pessoas ou coisas. **3** Sinal ou qualidade por que uma coisa se diferencia de outra. **4** Diferença, separação. **5** Conjunto de qualidades sociais superiores. **6** Sinal exterior destinado a evitar a confusão entre pessoas ou coisas. **7** Agraciamento, honraria, condecoração. **8** Civilidade. **9** Educação apurada. **10** Nobreza de porte. **11** Correção de procedimento. **12** Classificação notável em lição, exame ou concurso. **13** Prerrogativa, preferência, honra. **14** Elegância. **15** Clareza, nitidez. *Pl: distinções*.

dis.tin.guir (*lat distinguere*) *vtd* **1** Avistar, divisar. *vtd* **2** Perceber, ouvir. *vtd* **3** Tornar notável; caracterizar, destacar, assinalar. *vpr* **4** Tornar-se notável; assinalar-se, extremar-se: *Distinguia-se pela vasta cultura*. *vtd e vtdi* **5** Mostrar consideração especial a, preferência por: *Nós o distinguíamos com a maior consideração*. *vtdi* **6** Condecorar: *O governo distinguiu-o com a medalha de ouro*. *vtdi e vti* **7** Perceber a diferença entre pessoas ou coisas; diferenciar, não confundir. *Conjug*: suprime-se o *u* antes de *a* e de *o*. *Pres indic*: *distingo, distingues, distingue* etc.; *Pres subj*: *distinga, distingas* etc.

dis.tin.ti.vo (*lat distinctu+ivo*) *adj* Próprio para distinguir. • *sm* Sinal característico; insígnia, emblema.

dis.tin.to (*lat distinctu*) *adj* **1** Que difere de outrem ou de outra coisa; que não se confunde. **2** Que tem distinção. **3** Diverso, diferente. **4** Claro, perceptível, inteligível. **5** Ilustre, notável. **6** Escolhido. **7** Elegante, gentil. *Antôn* (acepção 4): *confuso*; (acepção 5): *vulgar, medíocre*.

dis.to Combinação da preposição *de* com o pronome demonstrativo *isto*.

dis.to.ni.a (*dis*[3]+*tono*+*ia*[1]) *sf Med* Distúrbio de tonicidade de músculos.

dis.tor.ção (*lat distortione*) *sf* **1** Ato ou efeito de distorcer. **2** *Psicol* Em certas psicopatias, deformação da percepção dos objetos. **3** *Med* Deslocamento de uma parte do corpo; torção. **4** *Med* Estrabismo. **5** *neol e Angl* Deformação, deturpação. **6** *Fís* Falta de proporcionalidade entre dimensões correspondentes da imagem óptica de um objeto. **7** *Radiotécn* Deformação na reprodução acústica. *Pl: distorções*.

dis.tor.cer (*lat distorquere*) *vtd* **1** Causar distorção em; deformar. *vtd* **2** Mudar a direção de. Conjuga-se como *torcer*. *Cf destorcer*.

dis.tor.ci.do (*part* de *distorcer*) *adj* Que sofreu distorção; deformado.

dis.tra.ção (*lat distractione*) *sf* **1** Ato ou efeito de distrair. **2** Estado em que a atenção está dividida entre vários assuntos ou ações; falta de atenção; desatenção. **3** Irreflexão, inadvertência. **4** Esquecimento. **5** Palavra ou ato irrefletido. **6** Divertimento, entretenimento, recreação. *Antôn* (acepções 2 e 3): *atenção*. *Pl: distrações*.

dis.tra.í.do (*part* de *distrair*) *adj* **1** Diz-se de pessoa sujeita a distrações. **2** Entretido, recreado. **3** Descuidado. *Antôn* (acepções 1 e 3): *atento, aplicado*.

dis.tra.ir (*lat distrahere*) *vtd* **1** Causar distração a. *vtd* **2** Atrair a um ponto diverso; separar em diversas direções; dividir: *Distrair as forças inimigas*. *vtd* e *vtdi* **3** Atrair, chamar (a atenção) de um ponto para outro. *vtd* e *vtdi* **4** Divertir, entreter, recrear. *vpr* **5** Ficar alheio ao abstrato. *vpr* **6** Entregar-se a distrações ou divertimentos. Conjuga-se como *atrair*.

dis.tra.tar (*lat distractu+ar¹*) *vtd* Anular, desfazer contrato ou pacto.

dis.tri.bu.i.ção (*lat distributione*) *sf* **1** Ato ou efeito de distribuir; repartição. **2** Classificação. **3** *Lit* Disposição, ordenamento. **4** Arranjo, disposição interior de uma casa. **5** Repartição dos vários papéis de uma peça teatral ou de um filme, entre os artistas. **6** *Com* Fornecimento ou transporte de mercadorias, jornais etc., dos pontos de produção para os de uso ou consumo. **7** *Eletr* Parte de um sistema de suprimento elétrico entre as fontes de energia (usinas elétricas ou estações de transformação) e as instalações dos consumidores. *Distribuição geográfica*: distribuição natural das várias formas de animais e plantas nas diversas regiões da Terra. *Pl: distribuições*.

dis.tri.bu.í.do (*part* de *distribuir*) *adj* **1** Que se distribuiu. **2** Repartido. **3** Espalhado, disseminado.

dis.tri.bu.ir (*lat distribuere*) *vtdi* **1** Dar ou entregar a diversas pessoas; repartir. **2** Administrar (justiça). **3** Pôr em diversos lugares; espalhar. **4** Dividir, separar, dispor, arranjar em classes, ordens, gêneros, espécies ou segundo determinado critério; classificar, ordenar. *Conjug – Part: distribuído*.

dis.tri.to (*lat districtu*) *sm* **1** Área territorial em que se exerce o governo, jurisdição ou inspeção de uma autoridade administrativa, judicial ou fiscal; circunscrição. **2** Cada uma das partes em que se divide o território do município. **3** Alçada, competência. *Distrito federal*: território que é a sede do governo em uma república federativa.

dis.tro.fi.a (*dis³+trofo+ia¹*) *sf Med* Nutrição deficiente de órgãos ou parte do corpo, principalmente muscular. *Antôn: eutrofia*.

dis.tró.fi.co (*dis³+trofo+ico²*) *adj* **1** *Med* Relativo a distrofia. **2** Que prejudica a nutrição. **3** Que se alimenta mal. *Antôn: eutrófico*.

dis.túr.bio (*baixo-lat disturbiu*) *sm* **1** Perturbação. **2** Agitação. **3** Desordem. **4** Motim.

di.ta (*lat dicta*) *sf* Fortuna, sorte feliz, ventura; felicidade. *Antôn: desdita*.

di.ta.do (*part* de *ditar*) *adj* **1** Que se ditou. **2** Sugerido, inspirado. **3** Imposto, prescrito. • *sm* Aquilo que se dita ou se ditou.

di.ta.dor (*lat dictatore*) *adj* Que dita. • *sm* **1** Indivíduo que reúne em si todos os poderes públicos. **2** *fig* Indivíduo arrogante que pretende impor aos demais a sua vontade. **3** Antigo magistrado que, em Roma, exercia poder absoluto.

di.ta.du.ra (*lat dictatura*) *sf* **1** Nos modernos governos representativos, o exercício temporário e anormal do poder legislativo pelo poder executivo. **2** Despotismo, tirania.

di.ta.me (*lat med dictamen*) *sm* **1** Aquilo que se dita. **2** Aquilo que a consciência e a razão indicam que deve ser. **3** Doutrina. **4** Aviso. **5** Regra. **6** Ordem. **7** Conselho, preceito, sentença.

di.tar (*lat dictare*) *vtdi* **1** Sugerir, inspirar. *vtd* e *vtdi* **2** Prescrever, impor: *Ditar ordens*. *vtdi* e *vint* **3** Dizer em voz alta o que outrem há de escrever.

di.ta.to.ri.al (*lat dictatore*) *adj m+f* **1** Concernente a ditador ou ditadura. **2** Promulgado em ditadura.

di.to (*lat dictu*) *adj* **1** Aludido, citado, mencionado, referido. **2** Combinado: *Está dito*. **3** Que se disse: *Tenho dito*. • *sm* Conceito, máxima; sentença.

di.to-cu.jo *sm pop V cujo*. *Pl: ditos-cujos*.

di.ton.go (*gr díphthongos*, pelo *lat*) *sm Gram* Reunião de duas vogais que, proferidas numa só emissão de voz, formam, portanto, uma só sílaba; uma, mais aberta, tem função vocálica e é chamada *vogal silábica*, ou *base*, e a outra, mais fechada, tem função consonântica e chama-se *assilábica* ou *semivogal*. *Cf hiato*.

Os **ditongos** podem ser decrescentes ou crescentes. O **ditongo decrescente** ocorre quando a vogal antecede a semivogal: *caixa, céu, herói*. Quando a semivogal antecede a vogal, temos o **ditongo crescente**: *língua, cárie, frequente*.

di.to.so (ô) (*dita+oso*) *adj* **1** Que tem dita; feliz, venturoso. **2** Fértil, rico. *Antôn* (acepção 1): *infeliz, desditoso*. *Pl: ditosos (ó)*.

diu (sigla de D*ispositivo* I*ntra*U*terino*) *sm* Aparelho contraceptivo, de plástico ou metal, de aplicação intrauterina.

di.u.re.se (*lat mod diuresis*, formado sobre o *gr* diouréo) *sf Med* Secreção de urina normal ou abundante, natural ou provocada.

di.u.ré.ti.co (*gr diouretikós*) *adj Farm* Que aumenta ou facilita a secreção da urina. • *sm Farm* Medicamento com essas propriedades.

di.ur.no (*lat diurnu*) *adj* **1** Próprio do dia (em oposição a *noturno*). **2** Que só aparece ou se realiza de dia (diz-se de animais que só aparecem de dia, de flores que só se abrem de dia). *Antôn: noturno*.

di.u.tur.no (*lat diuturnu*) *adj* **1** Que dura muito. **2** Que vive muito tempo.

di.va (*lat diva*) *sf* **1** Deusa, divindade. **2** Mulher formosa. **3** Cantora notável.

di.vã (*persa divan*) *sm* **1** Espécie de sofá sem encosto nem braços, que se pode utilizar como cama. **2** Conselho de Estado na Turquia. **3** Sala onde se reúne esse conselho. **4** O governo turco. **5** A sala das casas particulares entre os orientais. **6** Espécie de almofada em que os orientais costumam sentar-se. **7** Cancioneiro oriental.

di.va.ga.ção (*divagar+ção*) *sf* **1** Ato de divagar. **2** Afastamento do tema de conversa ou de qualquer fala; digressão. *Pl: divagações*.

di.va.gar (*lat divagari*) *vint* **1** Afastar-se do assunto que vinha tratando. *vti* e *vint* **2** Andar errante, caminhar ao acaso; vaguear. *vint* **3** Devanear, fantasiar. *vint* **4** Discorrer sem nexo.

di.ver.gên.cia (*lat divergentia*) *sf* **1** Ato ou efeito de divergir. **2** *Fís* e *Geom* Posição de duas linhas ou raios que se separam progressivamente. **3** Afastamento na maneira de proceder ou de sentir. **4** Desacordo, discordância. **5** Desvio. *Antôn:* convergência.

di.ver.gen.te (de *divergir*) *adj m+f* **1** Que diverge. **2** Em que há divergência. **3** Que se afasta: *Linhas divergentes*. **4** Não conforme, diferente, discordante. **5** Que faz afastar: *Lentes divergentes*. *Antôn* (acepções 2 e 3): *convergente*.

di.ver.gir (*di+lat vergere*) *vint* **1** Mover-se ou estender-se em direções diferentes a partir de um ponto comum; afastar-se progressivamente um do outro a partir de um ponto de partida comum. *vint* **2** Diferir na forma, caráter ou opinião. *vti* e *vint* **3** Não se combinar; discordar. *Antôn* (acepção 1): *convergir*. *Conjug:* o *e* do radical muda-se em *i* na 1ª pessoa do singular do presente do indicativo e nas formas que dela derivam. O *g* muda-se em *j* quando seguido do *a* e de *o*. *Pres indic:* divirjo, diverges, diverge etc.; *Pret imp indic:* divergia, divergias etc.; *Pret perf indic:* divergi, divergiste etc.; *Pret mais-que-perf:* divergira, divergiras etc.; *Fut pres indic:* divergirei, divergirás etc.; *Fut pret:* divergiria, divergirias etc.; *Pres subj:* divirja, divirjas, divirja, divirjamos, divirjais, divirjam; *Pret imp subj:* divergisse, divergisses, divergisse etc.; *Fut subj:* divergir, divergires etc.; *Imper afirm:* diverge(tu), divirja(você), divirjamos(nós), divergi(vós), divirjam(vocês); *Imper neg:* não divirjas(tu), não divirja(você) etc.; *Infinitivo impess:* divergir; *Ger:* divergindo; *Infinitivo pess:* divergir, divergires etc.; *Part:* divergindo.

di.ver.são (*lat diversione*) *sf* **1** Ato ou efeito de divertir. **2** Distração, passatempo, recreio. **3** Desvio do espírito para coisas diferentes das que o preocupam. **4** Desvio da atenção do assunto em que está concentrada. **5** Aquilo que desvia o espírito das coisas que o preocupam ou a atenção do assunto em que está concentrada. *Pl: diversões*.

di.ver.si.da.de (*lat diversitate*) *sf* **1** Qualidade daquele ou daquilo que é diverso. **2** Diferença, dessemelhança. **3** Variedade. **4** Contradição, oposição. *Antôn* (acepção 2): *unidade;* (acepção 4): *harmonia*.

di.ver.si.fi.ca.ção (*diversificar+ção*) *sf* Ato ou efeito de diversificar. *Pl: diversificações*.

di.ver.si.fi.ca.do (*part* de *diversificar*) *adj* Que diversifica ou varia.

di.ver.si.fi.car (*lat diversu+ficar*) *vtd* **1** Tornar diverso; fazer variar. *vti* e *vint* **2** Ser diverso; variar.

di.ver.so (*lat diversu*) *adj* **1** Diferente. **2** Que oferece vários aspectos. **3** Distinto. **4** Discordante. **5** Alterado, mudado. • *pron indef pl* Alguns, muitos, vários.

di.ver.ti.do (*part* de *divertir*) *adj* **1** Alegre, engraçado, folgazão, recreativo. **2** *ant* Distraído.

di.ver.ti.men.to (*divertir+mento*) *sm* **1** Ato ou efeito de divertir. **2** Entretenimento. **3** Distração, recreação.

di.ver.tir (*lat divertere*) *vtd* **1** Fazer mudar de fim, de objeto, de aplicação; distrair, desviar. *vtd, vtdi* e *vpr* **2** Distrair(-se), entreter(-se), recrear(-se). *Antôn: enfadar, aborrecer*.

dí.vi.da (*lat debita*) *sf* **1** O que se deve. **2** Obrigação de pagar alguma quantia de dinheiro a outrem. **3** A quantia que é objeto de tal obrigação. **4** *por ext* Toda obrigação de dar ou fazer uma determinada coisa. **5** Culpa, pecado. *Dívida externa:* aquela que o Estado contrai no exterior, em nome do interesse público. *Dívida nacional:* a acumulada pelo governo, interna e/ou externa. *Dívida pública:* conjunto das obrigações de natureza financeira, contraídas pelo Estado.

di.vi.den.do (*lat dividendu*) *sm* **1** O que se deve dividir ou se há de dividir. **2** *Arit* O número dado para se dividir (na operação da divisão). **3** *Com* Parcela de lucro distribuída em dinheiro aos acionistas de uma empresa.

di.vi.di.do (*part* de *dividir*) *adj* **1** Que se dividiu. **2** Separado em partes ou pedaços; partido. **3** Que consiste em partes ou divisões distintas; partilhado. **4** Separado em divisões, seções, classes ou grupos distintos; repartido, distribuído, classificado. **5** Separado em lados ou grupos opostos; apartado.

di.vi.dir (*lat dividere*) *vtd* **1** Demarcar, limitar. *vtd* **2** Cortar, sulcar. *vtd* **3** Classificar. *vtd* **4** Repartir. *vtd* **5** Compartilhar. *vpr* **6** Discordar, discrepar, dissentir, divergir. *vtd* e *vtdi* **7** Apartar, separar. *vtdi* e *vint* **8** Efetuar uma divisão.

di.vi.na.ção (*lat divinatione*) *V* adivinhação. *Pl: divinações*.

di.vi.nal (*lat divinale*) *adj m+f* **1** Divino. **2** *fig* Excelente, sublime, muito bom.

di.vi.na.tó.rio (*lat divinatoriu*) *adj* **1** Que se refere à adivinhação. **2** Que tem a faculdade de adivinhar.

di.vin.da.de (*lat divinitate*) *sf* **1** Qualidade de divino. **2** Natureza ou essência divina. **3** Pessoa ou coisa divinizada. **4** Mulher formosa; deidade. **5** *Mit* Qualquer deus ou deusa do paganismo.

di.vi.ni.zar (*lat divinizare*) *vtd* **1** Tornar sublime; elevar, exaltar. *vpr* **2** Tornar-se incomunicável, insociável, intratável, por arrogância, orgulho ou soberba. *vtd* e *vpr* **3** Atribuir (a alguém ou a si) caráter divino, considerar(-se) divino, converter (-se) em deus.

di.vi.no (*lat divinu*) *adj* **1** De Deus ou a Ele concernente. **2** Proveniente de Deus. **3** Consagrado a Deus. **4** Inspirado por Deus. **5** Sobrenatural. **6** *fig* Excelente, magnífico, perfeito, sublime. • *sm* **1** Designativo que se dá ao Espírito Santo, nas festas populares. **2** Divindade. **3** Coisas sagradas.

di.vi.sa (*lat divisa*) *sf* **1** *Geogr* Linha divisória entre dois países, zonas administrativas, ou propriedades. **2** Sinal que divide; marco. **3** Sentença ou frase que exprime a ideia ou sentimento predominante de alguém, o nome de um partido etc.; emblema. **4** Insígnia. **5** *Mil* Distintivo de pano, indicativo da posição hierárquica das praças.

di.vi.sa.do (*part* de *divisar*) *adj* **1** Que se divisou; avistado. **2** Notado, observado. **3** Delimitado.

di.vi.são (*lat divisione*) *sf* **1** Ato, efeito ou operação de dividir. **2** Fragmentação. **3** Parte de um todo que se dividiu. **4** *Mat* Operação com que se procura achar quantas vezes um número se contém em outro. **5** *Mil* Parte de um exército formada por duas ou mais brigadas. **6** Parte de uma esquadra composta de alguns navios. **7** Classe, grupo. **8** Partilha. **9**

Porção. **10** Discórdia, dissensão. **11** Compartimento de um prédio. **12** Conjunto de clubes filiados a uma associação desportiva. *Antôn* (acepção 4): *multiplicação;* (acepção 10): *união. Divisão celular, Biol:* processo pelo qual as células e os organismos se multiplicam. *Divisão de poderes:* princípio político, nos regimes representativos, que estabelece a distinção entre os órgãos da soberania nacional, harmônicos entre si, cada um deles com suas funções específicas: *poder executivo, poder legislativo, poder judiciário. Pl: divisões.*

di.vi.sar *(lat divisare)* vtd **1** Avistar, enxergar, descobrir, distinguir. **2** Notar, observar. **3** Delimitar, marcar.

di.vi.sas *sf pl Econ* Disponibilidade de moeda estrangeira que um país possui.

di.vi.si.o.ná.rio *(lat divisione+ário) adj* **1** Que diz respeito a divisão militar. **2** *bras* Diz-se da moeda destinada a trocos.

di.vi.sí.vel *(lat divisibile) adj m+f* **1** Que se pode dividir. **2** *Arit* Diz-se de um número em relação a outro pelo qual se divide exatamente, sem deixar resto: *20 é divisível por 5.*

di.vi.sor *(lat divisore) adj + sm* Que, ou o que divide. • *sm Arit* Número pelo qual se divide outro que se chama *dividendo. Divisor comum:* número que divide exatamente diversos números diferentes, ou de que diferentes números são múltiplos; assim *4 é divisor comum de 8, 12 e 16. Máximo divisor comum:* o maior dos números que dividem exatamente dois ou mais outros; assim, *6 é o máximo divisor comum de 12 e 18.*

di.vi.só.ria *(lat divisu+ória) sf* **1** Linha que divide ou separa. **2** *Arquit* Tapume, parede ou biombo que divide um compartimento numa casa ou outro espaço qualquer.

di.vi.só.rio *(lat divisu+ório) adj* **1** Que divide. **2** Relativo a divisão. **3** Que delimita.

di.vor.ci.a.do *(part de divorciar) adj* **1** Que se divorciou. **2** Que se separou. **3** *Dir* Indicativo do estado civil de quem se divorciou.

di.vor.ci.ar *(divórcio+ar¹) vtd* **1** Decretar o divórcio ou provocá-lo. *vpr* **2** Separar-se judicialmente (os cônjuges). *vtd e vpr* **3** Desunir(-se), separar(-se), afastar(-se).

di.vór.cio *(lat divortiu) sm* **1** *Dir* Dissolução absoluta do vínculo matrimonial celebrado anteriormente. **2** Desunião, separação. **3** Desacordo, desavença. *Cf desquite.*

di.vul.ga.ção *(lat divulgatione) sf* **1** Ato ou efeito de divulgar. **2** Difusão, propagação. *Pl: divulgações.*

di.vul.ga.dor *(lat divulgatore) adj + sm* Que ou o que divulga.

di.vul.gar *(lat divulgare) vtd* **1** Fazer conhecido, tornar público; apregoar, difundir: *Aquela revista costuma divulgar os progressos da ciência. vpr* **2** Tornar-se conhecido ou público; propagar-se: *"Divulgou-se em Lisboa a notícia"* (Camilo Castelo Branco).

di.zer *(lat dicere) vtd* **1** Exprimir por palavras, por escrito ou por sinais. *vtd* **2** Proferir, pronunciar. *vtd* **3** Exclamar, bradar. *vtd* **4** Recitar. *vtd* **5** *Rel* Entoar, rezar. *vtd* **6** Celebrar. *vtd* **7** Confessar. *vtd* **8** Determinar, mandar, prescrever. *vtd* **9** Afirmar, asseverar. *vtd* **10** Significar. *vint* **11** Falar. *vpr* **12** Ter-se na conta de; julgar-se. *vtd e vtdi* **13** Narrar, expor, referir. *Conjug:* verbo irregular. *Pres indic:* digo, dizes, diz, dizemos, dizeis, dizem; *Pret imp indic:* dizia, dizias, dizia, dizíamos, dizíeis, diziam; *Pret perf indic:* disse, disseste, disse etc.; *Pret mais-que-perf:* dissera, disseras etc.; *Fut pres indic:* direi, dirás, dirá etc.; *Fut pret indic:* diria, dirias, diria etc.; *Pres subj:* diga, digas, diga etc.; *Pret imp subj:* dissesse, dissesses, dissesse, disséssemos, dissésseis, dissessem; *Fut subj:* disser, disseres etc.; *Imper afirm:* diz(eu) dize(tu), diga(você), digamos(nós), dizei(vós), digam(vocês); *Imper neg:* não digas(tu), não diga(você) etc.; *Infinitivo impess:* dizer; *Ger:* dizendo; *Infinitivo pess:* dizer, dizeres, dizer etc.; *Part:* dito. *A bem dizer:* falando a verdade; falando com exatidão. *Até dizer chega:* muito, em grande quantidade. *Dizer cobras e lagartos de:* difamar, injuriar. *Dizer com os seus botões:* dizer consigo. *Dizer consigo:* formular palavras só no pensamento, sem as proferir; pensar. *Dizer duas palavras:* fazer ligeira observação. *Dizer respeito a:* pertencer ou referir-se a; ter relação com. *Disse me disse:* V *diz que diz que. É um modo de dizer:* não é bem assim. *Falou e disse, gír:* redundância expletiva. *O que ele diz não se escreve:* é o dizer de um irresponsável. *Quem diria?!, loc interj:* exprime pasmo e surpresa por um fato inesperado. • *sm* **1** Linguagem falada, pronúncia, maneira de exprimir: *Correto no dizer.* **2** Estilo: *No dizer é elegante.* **3** Palavra, dito, expressão. *Diz que diz que, pop:* boato, falatório, mexerico. *Var: diz-que, diz que diz. sm pl* Legenda, letreiro, inscrição.

dí.zi.ma *(lat decima) sf* **1** Contribuição, imposto equivalente à décima parte de um rendimento. **2** Fração decimal que resulta de uma fração ordinária.

di.zi.mar *(lat decimare) vtd* **1** Mil Matar um em cada grupo de dez. **2** Destruir grande número de. **3** Diminuir o número de; desfalcar.

dí.zi.mo *(lat decimu) sm* **1** A décima parte; décimo. **2** Contribuição que se pagava à Igreja e que correspondia à décima parte dos frutos recolhidos. **3** A décima parte de qualquer salário ou rendimento, a qual se doa, voluntariamente, em várias Igrejas protestantes.

DNA (sigla do *ingl* D*esoxiribo*N*ucleic* A*cid*) Sigla de *ácido desoxirribonucleico.*

do 1 Combinação da preposição *de* com o artigo definido *o.* **2** Combinação da preposição *de* com o pronome demonstrativo *o; daquele.* **3** Combinação da preposição *de* com o pronome neutro *o; daquilo.*

dó *(lat dolu) sm* **1** Compaixão, lástima, comiseração: *Temos muito dó do rapaz.* **2** Tristeza. **3** *Mús* Primeira nota da escala musical. **4** *Mús* Sinal representativo dessa nota.

do.a.ção *(lat donatione) sf* **1** Ato ou efeito de doar. **2** Aquilo que se doa. **3** Contrato ou documento que assegura e legaliza a doação. *Pl: doações.*

do.a.do *(part de doar) adj* Que se doou; transferido por doação; legado. • *sm* Donativo.

do.a.dor *(lat donatore) adj+sm* **1** Que, ou aquele que doa ou faz doação. **2** *Med* Diz-se de, ou pessoa que doa parte de seu próprio material biológico: *Doador de sangue. Antôn* (acepção 1): *donatário.*

do.ar *(lat donare) vtdi* **1** Fazer doação: *Doou-me os seus haveres.* **2** Transmitir gratuitamente a outros um bem, quantia ou objeto que constituía sua propriedade: *Doara um terreno à Igreja.*

do.ber.mann (*al Dobermann*) *sm* Raça de cão de guarda de origem alemã, esguio e musculoso, de pelo curto, macio, negro ou castanho-avermelhado e pernas dianteiras compridas.

do.bra (de *dobrar*) *sf* **1** Prega. **2** Vinco. **3** Parte dum objeto que faz volta, sobrepondo-se a outra parte. **4** Ângulo que formam algumas coisas: *dobra do braço, do joelho etc.* **5** Antiga moeda de ouro portuguesa, no valor de 12.800 réis, emitida primeiro por D. João V, no século XVIII.

do.bra.di.ça (de *dobradiço*) *sf* **1** Peça de metal formada de duas chapas unidas por um eixo comum e sobre a qual gira a janela, porta etc. **2** Gonzo. **3** *Reg* (PE) Passo do frevo no qual o homem leva uma dama em cada braço.

do.bra.di.nha (*dim* de *dobrada*) *sf* **1** Parte dos buchos de boi ou vaca usada para guisados. **2** *Cul* Guisado preparado com essas vísceras. **3** Qualquer jogo ou trato pelo qual duas pessoas combinam ação conjunta: *Fui eleito em dobradinha com fulano.*

do.bra.do (*part* de *dobrar*) *adj* **1** V *duplicado*. **2** Voltado sobre si. **3** Enrolado. **4** Qualifica o terreno acidentado. • *sm* **1** Marcha militar. **2** Terreno acidentado, de altos e baixos, de morros e vales.

do.bra.du.ra (*dobrar+dura*) *sf* **1** Ação ou efeito de dobrar; dobragem. **2** Curvatura. **3** Prega. **4** Vinco. **5** Trabalho manual didático que consiste em se fazerem certos objetos dobrando-se papéis.

do.brar (*lat duplare*) *vtd* e *vint* **1** Duplicar(-se), tornar(-se) duas vezes maior. *vtd* **2** Fazer dobras em. *vtd* **3** Fazer pender, inclinar, voltar para baixo: *Dobrar o pescoço.* *vtd* **4** Passar além de, torneando ou costeando: *Dobrar uma esquina.* *vtd* **5** Abaixar, abater: *Dobrar o orgulho.* *vtd* **6** Coagir, obrigar: *Não há razões que me argumentem que o dobrem.* *vint* **7** Soar (o sino). *vtd* e *vpr* **8** Submeter(-se). *vtd* **9** Dissuadir, demover. *Dobrar a língua:* falar com respeito. *Dobrar a parada:* acrescentar outro tanto a; fazer jogo dobrado. *Dobrar o joelho:* ajoelhar; submeter-se. *Dobrar o passo:* andar mais depressa.

do.brá.vel (*dobrar+vel*) *adj m+f* Que se pode dobrar. *Pl: dobráveis.*

do.bro (*ô*) (*lat duplu*) *sm* Duplicação de uma coisa; o duplo.

do.ca (*hol ant docke*) *sf* **1** Parte de um porto de mar ladeada de muros ou cais, onde as embarcações tomam ou deixam carga. **2** *V dique.*

do.ça.ri.a (*doce+aria*) *sf* **1** Grande porção de doces. **2** Lugar onde se vendem ou fabricam doces; doceria.

do.ce (*lat dulce*) *adj m+f* **1** Que tem sabor agradável como o do açúcar ou do mel. **2** Temperado com açúcar, mel ou qualquer ingrediente sacarino. **3** Que exerce nos sentidos uma impressão agradável. **4** Suave. **5** Benigno. **6** Ditoso, feliz, risonho. **7** Simultaneamente fraco e agradável (falando de sons e de luz). **8** Calmo, sereno. **9** Que agrada ao coração, ao espírito. *Sup abs sint: dulcíssimo.* • *adv* Docemente. • *sm* Preparação culinária em que entra o açúcar ou em que o elemento principal é o açúcar ou qualquer outra substância sacarina. *Fazer a boca doce a alguém:* ameigá-lo, acariciá-lo, geralmente em proveito próprio.

do.cei.ra (de *doceiro*) *sf* Mulher que faz ou vende doces; confeiteira.

do.cei.ro (*doce+eiro*) *sm* **1** Homem que faz ou vende doces. **2** O que tem confeitaria; confeiteiro.

do.ce.men.te (*doce+mente*) *adv* Com doçura, com suavidade; sem agitação, com tranquilidade; com ternura, com meiguice.

do.cên.cia (*docente+ia²*) *sf* **1** Qualidade de docente. **2** Ensino.

do.cen.te (*lat docente*) *adj m+f* **1** Que ensina. **2** Relativo a professores. • *s m+f* Professor ou professora. *Antôn: discente.*

do.ce.ri.a (*doce+eria*) *sf* V *doçaria.*

dó.cil (*lat docile*) *adj m+f* **1** Obediente, submisso. **2** Que se guia; que aprende; que se curva facilmente. **3** Que se pode lavrar ou obrar com facilidade. *Sup abs sint: docilíssimo, docílimo. Pl: dóceis.*

do.cu.men.ta.ção (*documentar+ção*) *sf* **1** Ação ou efeito de documentar. **2** Conjunto de documentos destinado a uma comprovação: *Documentação de propriedade. Pl: documentações.*

do.cu.men.ta.do (*part* de *documentar*) *adj* **1** Fundado, provado com documentos. **2** Acompanhado de documentos.

do.cu.men.tal (*documento+al¹*) *adj m+f* **1** Fundado em documentos. **2** Relativo a documentos.

do.cu.men.tar (*documento+ar¹*) *vtd* **1** Provar por meio de documentos. **2** Juntar documentos (a processo, requerimento etc.).

do.cu.men.tá.rio (*documento+ário*) *adj* **1** Que se refere a documentos. **2** Que tem o valor de documentos. • *sm* **1** Exposição de fatos, baseada em documentos. **2** Coleção de documentos. **3** *Cin* Filme que registra e comenta um determinado assunto.

do.cu.men.ta.ris.ta (*documentário+ista*) *adj* e *s m+f Cin* Diz-se de, ou cineasta ou técnico especializado em documentários.

do.cu.men.to (*lat documentu*) *sm* **1** *Dir* Instrumento escrito que, por direito, faz fé daquilo que atesta; escritura, título, contrato, certificado, comprovante. **2** Escrito ou impresso que fornece informação ou prova. **3** Qualquer fato e tudo quanto possa servir de prova, confirmação ou testemunho. **4** Escrito oficial de identificação pessoal: *Documento de identidade. Tamanho não é documento:* a superioridade (ou inferioridade) física não é prova de capacidade. **5** *Inform* Qualquer arquivo com dados gerados por um aplicativo, geralmente criado em processador de textos.

do.çu.ra (*doce+ura¹*) *sf* **1** Qualidade daquilo que é doce. **2** Brandura, suavidade. **3** Simplicidade. **4** Meiguice, ternura. *sf pl* Amenidades, prazeres, regalos.

do.de.ca.e.dro (*dodeca+hedro*) *sm Geom* Poliedro de doze faces.

do.de.cá.go.no (*dodeca+gono*) *sm Geom* Polígono de doze lados.

do.de.cas.sí.la.bo (*dodeca+sílabo*) *adj* Que tem doze sílabas. • *sm* Palavra ou verso de doze sílabas.

do.dói (redobro expressivo de *dói*, do verbo *doer*) *sm* **1** *inf* Dor. **2** *inf* Doença. **3** *pop* Algo ou alguém muito querido. **4** *pop* Pessoa muito suscetível; pessoa que por pouco se magoa. **5** *inf* Lugar dolorido.

do.en.ça (*lat dolentia*) *sf* **1** Falta de saúde, achaque, enfermidade, indisposição, moléstia. **2** *Med* Processo mórbido definido, com sintomas característicos, que pode afetar o corpo todo ou uma ou várias de suas partes. **3** Mal. **4** Defeito, vício. **5** Mania. **6** Alterações patológicas das plantas. *Doença aguda:* a que evolui rapidamente, atingindo logo a crise. *Doença alérgica:* a causada por alergia. *Doença contagiosa:* doença transmissível por contato com pessoa afetada, pelos materiais excretados ou por objetos de seu uso pessoal. *Doença crônica:* a que evolui lentamente, apresentando longa duração; também chamada *enfermidade crônica*. *Doença de Chagas:* forma de tripanossomíase do homem e de tatus, nas Américas Central e do Sul, descoberta por Carlos Chagas, médico brasileiro. É causada por um tripanossomo, transmitido por vários insetos e percevejos vulgarmente chamados *barbeiros*. Entre outros sintomas, caracteriza-se por febre alta prolongada e aumento de tamanho do coração, onde o tripanossomo atinge as próprias fibras musculares, e é regularmente fatal. *Doenças venéreas:* as que se contraem especialmente nas relações sexuais (blenorragia, sífilis etc.).

do.en.te (*lat dolente*) *adj m+f* **1** Que tem doença. **2** Débil, fraco. **3** Maníaco, apaixonado. • *s m+f* Pessoa enferma. *Antôn* (acepção 1): *são*. *Doente por:* que gosta muito de: *Doente por uma pescaria*.

do.en.ti.o (*doente+io*) *adj* **1** Que adoece facilmente; enfermiço. **2** Débil. **3** Em que há mania ou achaque moral. **4** Mórbido. **5** Nocivo à saúde; insalubre.

do.er (*lat dolere*) *vti* **1** Estar sentindo uma dor. *vint* **2** Custar muito. *vti* e *vint* **3** Causar dor ou pena. *vpr* **4** Condoer-se. *vpr* **5** Julgar-se ofendido; agravar-se. *vpr* **6** Arrepender-se. *Doer-se por:* tomar as dores de. *Conjug:* como *vti* e *vint* só se conjuga nas 3ªs pessoas; como *vpr* conjuga-se em todas as pessoas e segue a conjugação de *moer*. *Pres indic:* dói, doem; *Pret imp indic:* doía, doíam; *Pret perf:* doeu, doeram; *Pret mais-que-perf:* doera, doeram; *Pres subj:* doa, doam; *Pret imp subj:* doesse, doessem; *Fut subj:* doer, doerem; *Infinitivo pess:* doer, doerem; *Infinitivo impess:* doer; *Ger:* doendo; *Part:* doído.

dog.ma (*gr dógma*) *sm* **1** Ponto ou princípio de fé definido pela Igreja. **2** Conjunto das doutrinas fundamentais do cristianismo. **3** Fundamento ou pontos capitais de qualquer sistema ou doutrina. **4** *fig* Proposição apresentada como incontestável e indiscutível.

dog.má.ti.co (*dogma+t+ico²*) *adj* **1** Relativo a dogma. **2** Conforme a um dogma. **3** Decisivo. **4** Que se pretende impor com autoridade; autoritário. **5** Pedante. **6** Aplica-se ao filósofo que professa o dogmatismo. • *sm* Sectário do dogmatismo.

dog.ma.tis.mo (*lat dogmatismu*) *sm* **1** Atitude presunçosa dos que querem que suas afirmações sejam tidas por verdades incontestáveis. **2** Atitude sistemática para crer, afirmar ou negar categoricamente. **3** *Filos* Doutrina, oposta ao cepticismo, que afirma a existência de verdades que se podem provar indiscutíveis.

doi.da (de *doido*) *sf* **1** Feminino de *doido*. **2** Mulher atacada de doidice. *À doida:* sem juízo; estouvadamente.

doi.dão (*doido+ão²*) *adj* + *sm* **1** Que, ou o que é muito doido. **2** *gír* Diz-se de quem está sob o efeito de entorpecentes. *Fem:* doidona. *Pl:* doidões.

doi.dei.ra (*doido+eira*) *V* doidice.

doi.di.ce (*doido+ice*) *sf* **1** Estado do que é doido. **2** Extravagância, excesso. **3** Palavras ou atos próprios de doidos. **4** Leviandade, imprudência, estouvamento. *Antôn* (acepção 4): *juízo, prudência*.

doi.di.va.nas (de *doido*) *s m+f sing* e *pl* Pessoa que tem pouco juízo.

doi.do *adj* **1** Que perdeu o uso da razão; alienado, louco. **2** Exaltado, temerário. **3** Extravagante. **4** Insensato. **5** Extraordinariamente afetuoso: *Doido por crianças*. **6** Arrebatado, entusiasta: *Doido por música*. **7** Muito contente. **8** Oposto à razão, à moderação, à prudência (falando de coisas): *Pensamento doido. Corrida doida*. *Antôn* (acepção 4): *sensato, prudente*. • *sm* **1** Indivíduo que perdeu o uso da razão. **2** Alienado, louco. *Doido varrido:* totalmente doido, doido rematado.

do.í.do (*part* de *doer*) *adj* **1** Que sente dor. **2** Dorido. **3** Magoado. **4** Apiedado, condoído.

doi.do.na (*aum* de *doida*) *sf* Mulher muito doida.

doi.ra.do (*part* de *doirar*) *adj* Dourado.

doi.rar (de *deaurare*) *V* dourar.

dois (*lat duo*) *num* **1** Cardinal correspondente a duas unidades. **2** Segundo. *Fem:* duas. • *sm* **1** Algarismo que representa o numeral cardinal formado de duas unidades. **2** Pessoa ou coisa que numa série ocupa o segundo lugar.

dois-to.ques *sm sing* e *pl Esp* No futebol, cobrança de falta efetuada dando-se dois toques na bola.

dó.lar (*ingl dollar*) *sm* **1** Unidade monetária básica, dividida em 100 centavos, dos seguintes países: Estados Unidos da América, Canadá (América) e Libéria (África), *símb:* $; Etiópia (África), *símb:* $Eth; Hong-Kong (Ásia), *símb:* HK$; Malásia (Ásia), *símb:* M$ ou Mal$; Singapura (Ásia) (escrita chinesa). **2** Moeda ou cédula que representa 1 dólar. *Pl:* dólares.

do.la.ri.za.ção (*dolarizar+ção*) *sf Econ* Utilização do dólar dos Estados Unidos da América como forma de pagamento ou unidade de valor, em lugar da moeda nacional. *Pl:* dolarizações.

do.la.ri.zar (*dólar+izar*) *vtd Econ* Adotar a dolarização em.

do.lei.ro (*dól(ar)+eiro*) *sm* Aquele que faz transação no mercado paralelo (câmbio negro), comprando ou vendendo dólares americanos.

do.len.te (*lat dolente*) *adj m+f* **1** Que revela dor. **2** Lastimoso. **3** Magoado. **4** Plangente (música). **5** Embalador, de ritmo macio.

dól.mã (*turc dolaman*, pelo *fr*) *sm* **1** Casaco justo dos militares, hoje chamado *túnica*. **2** Qualquer casaco semelhante a esse.

dól.men (bretão *taol, mesa+men, pedra* via *fr*) *sm* Monumento megalítico constituído de uma grande pedra chata sobre outras verticais. *Pl:* dolmens e dólmenes.

do.lo (*ó*) (*lat dolu*) *sm* **1** Engano, fraude. **2** Astúcia. **3** Traição, má-fé. **4** *Dir* Ação praticada com a intenção de violar o direito alheio.

do.lo.ri.do (*lat dolore+ido*) *adj* **1** Magoado. **2** Em que há dor. **3** Dorido.

do.lo.ro.so (ô) (*lat dolorosu*) *adj* **1** Que causa dor física ou moral. **2** Que revela ou exprime dor; provocado pela dor. **3** Cheio de dor; angustiado, amargurado, aflito. **4** Que infunde grande tristeza ou compaixão; lastimável, lamentável. **5** Que faz sofrer; pungente, cruel. *Pl: dolorosos (ó).*

do.lo.so (ô) (*lat dolosu*) *adj* **1** Causado por dolo. **2** Em que há dolo (falando de coisas). **3** Que procede com dolo (falando de pessoas); pérfido, enganador. *Pl: dolosos (ó).*

dom[1] (*lat donu*) *sm* **1** Dádiva, presente. **2** Merecimento, mérito. **3** Dote natural; talento, aptidão, faculdade, capacidade, habilidade especial para. **4** *Teol* Bem espiritual proporcionado por Deus; graça, mercê. *Dom das línguas:* capacidade para falar muitas línguas; poliglotismo. *Dons de Baco:* as uvas, o vinho. *Dons de Ceres:* as colheitas. *Dons de Flora:* as flores.

dom[2] (*lat dominu*) *sm* **1** Título honorífico que precede os nomes próprios masculinos em certas categorias sociais, mas hoje desusado no Brasil. **2** *Ecles* Título honorífico atribuído a dignitários revestidos de caráter episcopal. *Fem: dona.*

do.ma (de *domar*) *sf* **1** A ação de subjugar algo indócil. **2** Ato de amansar um animal, processo longo e metódico que, ao fim de vários meses, o torna adaptado às funções para as quais foi preparado.

do.ma.dor (*domar+dor*) *adj + sm* Que, ou o que doma.

do.mar (*lat domare*) *vtd* **1** Amansar, domesticar. *vtd* **2** Dominar, subjugar, vencer. *vtd* **3** Refrear, reprimir (paixões). *vpr* **4** Conter-se, dominar-se.

do.més.ti.ca (de *doméstico*) *sf* Mulher que se emprega em trabalhos caseiros; criada.

do.mes.ti.ca.ção (*domesticar+ção*) *sf* **1** Ato de domesticar(-se). **2** Prática, usada pelo homem, de submeter os animais, primitivamente selvagens, para os empregar em atividades de seu próprio proveito. *Pl: domesticações.*

do.mes.ti.car (*doméstico+ar*[1]) *vtd* **1** Domar, sujeitar. *vtd* e *vpr* **2** Tornar(-se) doméstico (um animal selvagem ou bravio). *vtd* e *vpr* **3** Civilizar(-se), tornar(-se) culto, sociável. Conjuga-se como *trancar.*

do.mes.ti.cá.vel (*domesticar+vel*) *adj m+f* Que se pode domesticar.

do.més.ti.co (*lat domesticu*) *adj* **1** Concernente à vida da família; familiar, caseiro, íntimo. **2** Que pertence ao interior de um país; civil (por oposição a estrangeiro). **3** Aplica-se ao animal que vive ou é criado em casa; manso. **4** Diz-se do animal criado pelo homem a fim de lhe servir no trabalho ou fornecer-lhe seus produtos: lã, leite, ovos etc. • *sm* Indivíduo que, mediante salário, serve em casa de outrem; criado.

do.mi.ci.li.a.do (*part* de *domiciliar*) *adj* Que se domiciliou; residente, morador.

do.mi.ci.li.ar (*domicílio+ar*[2]) *adj m+f V domiciliário.* • *vtd* **1** Dar domicílio a, recolher em domicílio. *vpr* **2** Estabelecer o seu domicílio.

do.mi.ci.li.á.rio (*domicílio+ário*) *adj* Relativo a domicílio; domiciliar. *Fem: domiciliária.*

do.mi.cí.lio (*lat domiciliu*) *sm* **1** Casa de residência; habitação, morada. **2** *Dir* Povoação ou lugar em que se reside com permanência. *Domicílio de origem:* o dos pais, no tempo do nascimento da criança. Observe os exemplos:
Fazemos entrega em domicílio.
Lúcia dá aulas de inglês em domicílio.
No entanto, com verbos de movimento (*enviar, levar, mandar* etc.) não se usa a preposição *em*:
Enviaram-lhe um fisioterapeuta a domicílio.
Mandaram-me assistência médica a domicílio.

do.mi.na.ção (*lat dominatione*) *sf* **1** Ato ou efeito de dominar. **2** Soberania, poder absoluto, predomínio, domínio. *sf pl* Um dos nove coros de anjos admitidos pela teologia. *Pl: dominações.*

do.mi.na.do (*part* de *dominar*) *adj* Que se dominou; subjugado, vencido.

do.mi.na.dor (*lat dominatore*) *adj + sm* **1** Que, ou o que domina; conquistador, prepotente. **2** Que, ou o que infunde respeito: *Olhar dominador.* **3** Que, ou o que sobressai.

do.mi.nân.cia (*dominar+ância*) *sf* Qualidade de dominante.

do.mi.nan.te (*lat dominante*) *adj m+f* **1** Que domina, governa, prevalece. **2** Que sobressai, predominante; preponderante, principal. **3** *Biol* Diz-se do caráter hereditário que se manifesta ou se torna aparente. • *s m+f* Pessoa que domina; dominador. *sf Mús* Nota que domina o tom, ou quinta nota acima da tônica.

do.mi.nar (*lat dominare*) *vtd* **1** Conter, refrear, reprimir, subjugar, vencer. *vtd* e *vti* **2** Exercer domínio sobre; ter autoridade ou poder em ou sobre. *vtd* **3** Ocupar inteiramente. *vpr* **4** Conter-se, vencer as próprias inclinações ou paixões. **5** *vtd* Estar sobranceiro a: *O jequitibá dominava a planície.*

do.min.go (*lat dominicu*) *sm* Primeiro dia da semana, considerado pela maior parte dos cristãos como dia de descanso e de culto ao Senhor. *Domingo de Ramos:* primeiro dia da semana santa.

do.min.guei.ra (*domingo+eira*) *sf* Festinha ou espetáculo que se faz, eventual ou habitualmente, aos domingos.

do.min.guei.ro (*domingo+eiro*) *adj* **1** Próprio do domingo. **2** Festivo, alegre. **3** Que se usa aos domingos.

do.mi.ni.cal (*lat dominicale*) *adj m+f* **1** Relativo a Deus. **2** Relativo ao domingo.

do.mi.ni.ca.no (*lat dominicanu*) *adj* **1** Relativo a São Domingos ou à ordem por ele fundada. **2** Relativo à República Dominicana (Antilhas) ou a seus habitantes. **3** Da espécie ou estilo prevalecentes na República Dominicana (Antilhas). • *sm pl* Frades da ordem de São Domingos.

do.mí.nio (*lat dominiu*) *sm* **1** *V dominação.* **2** Qualidade de proprietário. **3** Faculdade de dispor de alguma coisa como senhor dela. **4** Autoridade. **5** Espaço ocupado, habitação, lugar. **6** Possessão. **7** Território extenso que pertence a um indivíduo ou Estado. **8** Âmbito de uma arte ou ciência: *No domínio da medicina.* **9** Conhecimento: *Ela tem domínio da situação.* **10** Influência: *Use seu domínio sobre ela. Domínio de si (mesmo):* autodomínio; sangue-frio; força de vontade. *Ser de domínio público:* ser sabido de todos; constar em público.

do.mi.nó (da expressão em *lat benedicamus domino,*

louvemos ao Senhor) *sm* **1** Disfarce carnavalesco, formado de uma longa túnica com capuz e mangas. **2** Pessoa assim disfarçada. **3** Jogo composto de 28 peças (pedras) chatas, retangulares, de madeira, osso, marfim ou matéria plástica, marcadas com certo número de pontos de um a seis.

dom-juan (*cast* Don Juan) *sm* Homem sedutor, irresistível às mulheres; conquistador. *Pl: dom-juans.*

dom.ju.a.nes.co (*Don Juan, np+esco*) *adj* Próprio de, ou que tem modos de *don juan*. *Pl: dom-juanescos.*

dom.ju.a.nis.mo (*Don Juan, np+ismo*) *sm* Comportamento típico de *don juan*; mania de conquistador. *Pl: dom-juanismos.*

do.na (*lat domina*) *sf* **1** Feminino de *dom*². **2** Título e tratamento honorífico que precede os nomes próprios das senhoras. **3** Senhora de alguma coisa; proprietária. **4** Mulher casada; esposa. **5** Senhora nobre; dama. *Dona de casa:* a) mulher que, na direção do seu lar, executa trabalhos de arrumação e limpeza; b) brinquedo infantil feminino em que as meninas imitam suas mães em todas as tarefas domésticas.

do.nai.re (*lat med donariu*, pelo *cast donaire*) *sm* **1** Garbo, elegância, gentileza, graça. **2** Enfeite, adorno.

do.na.tá.rio (*lat donatu+ário*) *sm* **1** Senhor de uma capitania. **2** Indivíduo que recebeu alguma doação.

do.na.ti.vo (*lat donativu*) *sm* **1** Dom, dádiva. **2** Doação em dinheiro ou espécie, com fim beneficente.

don.de Combinação da preposição *de* com o advérbio *onde*. *Gram* **1** Advérbio que indica lugar, origem, procedência etc.; do qual lugar; de que lugar; do quê. **2** Conjunção conclusiva, com o significado geral dessas conjunções: *logo, pois* etc.

don.do.ca *sf pop* Mulher de boa colocação social, ociosa e fútil.

do.ni.nha (*dim* de *dona*) *sf* **1** Diminutivo de *dona*; senhorinha. **2** *Zool* Denominação comum dada pelos portugueses a um carnívoro mustelídeo brasileiro que é parecido com espécies correspondentes europeias; a doninha do Brasil é um pequeno carnívoro de corpo alongado, com pernas curtas, de pelo avermelhado com faixa ventral branca, que ocorre no Pará e se nutre de aves e ratos. **3** *Ictiol* Grande peixe marítimo do Brasil.

don juan (*dom ruã*) (*cast*) *V* dom-juan.

do.no (*lat dominu*) *sm* Proprietário, senhor. *O que é seu a seu dono:* o que é de justiça na outorga ou repartição. *Dono de casa:* o chefe da casa, aquele que a governa.

don.ze.la (*lat vulg *dominicella*) *sf* **1** Virgem. **2** Mulher solteira.

don.ze.li.ce (*donzela+ice*) *sf* **1** Estado de donzela. **2** *pop* Ato mimoso, próprio de moça.

don.ze.lo (*masc* de *donzela*) *sm pop* Rapaz virgem.

do.pa.do (*part* de *dopar*) *adj* **1** Que se dopou. **2** Que fez uso de droga.

do.par (*dope+ar*¹) *vtd* **1** Administrar, ilicitamente, uma droga estimulante ou estupefaciente para aumentar ou diminuir a velocidade, melhorar ou piorar a atuação (de cavalo ou esportista); drogar. *vtd* **2** *Med* Ministrar anestésico para intervenções cirúrgicas, quando não é possível ou não se deseja a anestesia geral. *vpr* **3** Drogar-se.

doping (*dópin*) (*ingl*) *sm* **1** *Esp* Uso ilegal, por um atleta, de substâncias químicas que lhe aumentem o desempenho. **2** *Turfe* Aplicação ilegal de substâncias químicas num cavalo, para aumentar seu desempenho na corrida.

dor (*lat dolore*) *sf* **1** *Med* Sensação desagradável ou penosa, causada por um estado anômalo do organismo ou pela sede; sofrimento físico. **2** Sofrimento moral. **3** Pena, compaixão. **4** Remorso. *sf pl pop* Os sofrimentos do parto. *Dar dor de cabeça:* dar aborrecimento. *Dor de corno, gír:* dor de cotovelo. *Dor de cotovelo, gír:* despeito amoroso; ciúme. *Tomar as dores por alguém:* ficar uma pessoa sentida com ofensa feita a outra, assumindo-lhe a defesa; doer-se por.

do.ra.van.te (*de+ora+avante*) *adv* Daqui em diante, de hoje para o futuro.

dor-d'o.lhos *sf pop* Nome genérico de várias afecções oculares: *conjuntivite, tracoma* etc. *Pl: dores-d'olhos.*

dor.mên.cia (*dormir+ência*) *sf* **1** *Med* Carência de sensibilidade com sensação de formigamento, principalmente nas extremidades. **2** Entorpecimento, modorra, sonolência. **3** *Biol* Parada temporária do crescimento, do desenvolvimento ou de outra atividade biológica. **4** *Biol* Estado de inação dos processos fisiológicos normais como ocorre, por exemplo, na hibernação.

dor.men.te (*de dormir*) *adj m+f* **1** Que dorme. **2** Adormecido, entorpecido. **3** Calmo, sereno, quieto. **4** Estagnado. **5** Diz-se de plantas cujas folhas se enrolam durante a noite. **6** *Biol* Que não está em estado de germinação ou crescimento; inativo fisiologicamente. • *s m+f* Pessoa que está dormindo. *sm* **1** Trave. **2** *Constr* Cada uma das traves em que se prega o soalho. **3** Cada uma das travessas em que se assentam os trilhos de estrada de ferro.

dor.mi.da (*fem* do *part* de *dormir*) *sf* **1** Ação de dormir, de pernoitar em determinado lugar. **2** Pousada em que se pernoita.

dor.mi.nho.co (ó) (de *dorminhar*) *adj+sm pop* Que, ou quem dorme muito. *Fem: dorminhoca* (ó). *Pl: dorminhocos* (ó).

dor.mir (*lat dormire*) *vtd* **1** Descansar no sono. *vti* **2** Passar a noite. *vti* **3** Passar a noite na mesma cama que outrem. *vti* **4** Ter relações sexuais. *vint* **5** Pegar no sono. *vint* **6** Estar entregue ao sono. *vint* **7** Estar ou ficar entorpecido. *vint* **8** Deixar passar a boa oportunidade; descuidar-se. *Conjug:* verbo irregular; o *e* do radical muda-se em *u* na 1ª pessoa do singular do presente do indicativo e nas formas que dela derivam. *Pres indic: durmo, dormes, dorme, dormimos, dormis, dormem; Pret imp indic: dormia, dormias* etc.; *Pret perf indic: dormi, dormiste, dormiu* etc.; *Pret mais-que-perf: dormira, dormiras* etc.; *Fut pres indic: dormirei, dormirás* etc.; *Fut pret: dormiria, dormirias, dormiria, dormiríamos, dormiríeis, dormiriam; Pres subj: durma, durmas* etc.; *Pret imp subj: dormisse, dormisses, dormisse* etc.; *Fut subj: dormir, dormires* etc.; *Imper afirm: dorme(tu), durma(você), durmamos(nós), dormi(vós),* *durmam (vocês); Imper neg: não durmas(tu), não durma(você)* etc.; *Infinitivo impess: dormir; Ger: dormindo; Infinitivo pess: dormir, dormires* etc.; *Part: dormido. Dormir à cabeceira de:* estar atento junto ao leito de. *Dormir a sesta:* dormir após o almoço. *Dormir a sono solto:* dormir profundamente. *Dormir com um olho fechado e outro aberto:* fingir que dorme. *Dormir de botina* ou *dormir de touca:* deixar-se enganar. *Dormir e acordar com alguém:* não se separar dele nem de dia nem de noite. *Dormir fora:* passar a noite fora de sua casa. *Dormir no ponto:* desleixar-se; esquecer; ficar inerte.

dor.mi.tar (*lat dormitare*) *vtd* e *vint* **1** Dormir levemente, a pequenos intervalos; cochilar. *vint* **2** Estar em sossego, por instantes. *vint* **3** Atuar descuidadamente como se estivesse com sono.

dor.mi.tó.rio (*lat dormitoriu*) *sm* **1** Lugar onde se dorme. **2** Sala grande com várias camas, em colégios etc. **3** Quarto de dormir. **4** Mobília para esse quarto.

dor.so (*lat dorsu*) *sm* **1** *Anat* Parte posterior do tronco humano, entre os ombros e os rins; costas. **2** *Anat* Parte superior ou posterior do corpo dos animais. **3** *Anat* Nos vertebrados, parte ao longo da qual corre a coluna vertebral. **4** Parte convexa de um livro; lombada. *Dorso da mão: V costas da mão.*

do.sa.do (*part* de *dosar*) *adj* Que se dosou; medido ou distribuído em doses.

do.sa.gem (*dosar+agem*) *sf* **1** Ato de dosar. **2** Medição em doses. **3** Proporção dos diversos componentes de uma mistura; teor. **4** *Quím* Conjunto de operações para determinar esta proporção numa dada mistura.

do.sar (*dose+ar¹*) *vtd* **1** *Med* Determinar a quantidade de medicamento para tomar-se duma só vez. **2** *Quím* Misturar ou combinar nas proporções devidas. **3** Distribuir em doses, aos poucos.

do.se (*gr dósis*) *sf* **1** Quantidade, porção. **2** *Farm* Quantidade fixa de uma substância que entra na composição de um medicamento ou em uma combinação química. **3** *Med* Quantidade de um medicamento a ser tomada de uma só vez ou em um período de tempo.

do.sí.me.tro (*dose+metro*) *sm* Instrumento para medir doses de raios X ou radiação.

dos.sel (*cast ant dosser*) *sm* Armação ornamental que se coloca sobre altares, tronos, camas etc.

dos.si.ê (*fr dossier*) *sm* Coleção de documentos relativos a um processo, a um indivíduo e, por extensão, a qualquer assunto.

do.ta.ção (*dotar+ção*) *sf* **1** Ação de dotar. **2** Renda destinada à manutenção de uma pessoa, estabelecimento etc. *Pl: dotações.*

do.ta.do (*part* de *dotar*) *adj* **1** Que recebeu dote ou dotação. **2** Que possui algum dote natural; prendado.

do.tar (*lat dotare*) *vtd* e *vtdi* **1** Dar dote a. *vtd* **2** Estabelecer uma renda a, fazer dotação a. *vtd* **3** Beneficiar com algum dom.

do.te (*lat dote*) *sm* **1** *Dir* Bens próprios e exclusivos de mulher casada. **2** Dinheiro ou propriedades que se dão a noivos. **3** Bens que as freiras levavam para o convento. **4** Merecimento; dom natural.

dou.ra.ção (*dourar+ção*) *sf* **1** Ato ou efeito de dourar. **2** *Encad* Arte de ornamentar as capas dos livros a ouro. *Pl: dourações.*

dou.ra.do (*part* de *dourar*) *adj* **1** Revestido de camada de ouro. **2** Ornado de ouro. **3** Com a cor ou o brilho do ouro. **4** Alegre, feliz. **5** De aparência bela, mas ilusória; enganoso, falaz. • *sm* **1** Camada aderente de ouro que reveste um objeto. **2** *Ictiol* Nome comum a várias espécies de peixes de água doce, pertencentes ao gênero salmino, muito apreciadas pelo sabor de sua carne. *Var: doirado.*

dou.ra.dor (*lat deauratore*) *adj* + *sm* Que, ou quem doura.

dou.rar (*lat deaurare*) *vtd* **1** Revestir com camada de ouro. *vtd* **2** Cobrir, guarnecer com ornatos de ouro. *vtd* **3** Dar a cor do ouro a. *vtd* **4** Tornar feliz; alegrar. *vtd* e *vpr* **5** Embelezar(-se), realçar(-se), tornar(-se) brilhante. *Var: doirar.*

dou.to (*lat doctu*) *adj* **1** Que revela erudição. **2** Erudito, muito instruído, sábio.

dou.tor (*lat doctore*) *sm* **1** Aquele que concluiu o doutorado em uma universidade. **2** *por ext* Bacharel, advogado. **3** *pop* Médico. **4** Aquele que ensina. **5** *iron* Homem que tem presunção de sábio. *Doutor honoris causa:* distinção que as universidades ou faculdades conferem a pessoas ilustres. *Fem: doutora.*

dou.to.ra.do (*doutor+ado²*) *adj* **1** Que recebeu o grau de doutor. **2** Diplomado. • *sm* **1** O grau de doutor. **2** Curso de pós-graduação que se faz após o mestrado.

dou.to.ran.do (de *doutorar*) *sm* Aquele que se prepara para receber o grau de doutor.

dou.to.rar (*doutor+ar¹*) *vtd* **1** Conferir a alguém o grau de doutor. *vpr* **2** Receber o grau de doutor.

dou.tri.na (*lat doctrina*) *sf* **1** Conjunto de princípios em que se baseia um sistema religioso, político ou filosófico. **2** Ensino que se dá sobre qualquer matéria. **3** Instrução. **4** Opinião em assuntos científicos. **5** Opinião de autores.

dou.tri.nar (*doutrina+ar¹*) *vtd* **1** Pregar à maneira de doutrina. *vtd* **2** Instruir em uma doutrina. *vtd* **3** Ensinar, instruir. *vti* e *vint* **4** Transmitir a doutrina cristã.

dou.tro Combinação da preposição *de* com o adjetivo ou pronome indefinido *outro.*

dou.tro.ra Combinação da preposição *de* com o advérbio *outrora.*

download (*dóunlâud*) (*ingl*) *sm Inform* Em uma rede de computadores, obtenção de cópia ê um arquivo localizado em máquina remota.

do.ze (ô) (*lat duodecim*) *num* **1** Diz-se do número cardinal formado por doze unidades. **2** Décimo segundo (representa-se, em algarismos arábicos, por 12 e, em algarismos romanos, por XII). • *sm* Pessoa ou coisa que ocupa o décimo segundo lugar numa série.

drac.ma (*gr drakhmé*) *sf* Unidade monetária e moeda da Grécia.

dra.co.ni.a.no (de *Drácon, np+i+ano*) *adj* **1** Relativo às leis severas, promulgadas por Drácon (séc. VII a.C.), legislador ateniense. **2** Muito severo, excessivamente rigoroso, como as leis de Drácon.

dra.ga (*ingl drag*) *sf* **1** Máquina, geralmente montada numa barcaça, munida de esteira, baldes ou caçambas, ou de um tubo de sucção, para limpar o fundo das águas de areia, lama, depósitos etc., que aí se formam, ou para tirar quaisquer objetos que tenham submergido. **2** Qualquer instrumento para tirar objetos ou terra do fundo das águas. **3** *gír* Revólver. *sf pl* **1** Balaustrada, parapeito da amurada do barco. **2** Escoras que se firmam no costado do navio para o suster, quando se encontra em seco.

dra.gão (*gr drákon,* via *lat*) *sm* **1** Ser fabuloso, com cauda de serpente, garras e asas. **2** *Heráld* Emblema ou insígnia em forma de um dragão. **3** *Zool* Nome comum a vários pequenos lagartos arbóreos, brilhantemente coloridos, da Índia e Ásia meridional. **4** *pop* Pessoa de má índole. **5** *Astr* Constelação do hemisfério boreal. **6** *gír* Comprador de objetos roubados. **7** *Ornit* Pássaro da família dos icterídeos. **8** *Mil ant* Soldado de cavalaria que também combatia a pé. *Dragão infernal:* o demônio. *Fem:* dragoa. *Pl:* dragões.

dra.gar (*draga+ar¹*) *vtd* **1** Limpar com draga. **2** Extrair por meio de draga.

drá.gea (*fr dragée*) *sf* **1** *Farm* Medicamento em forma de pílula recoberta de substância doce. **2** *Cul* Amêndoa recoberta de açúcar endurecido.

dra.go.na (*fr dragone*) *sf* Pala ornada de franjas douradas que os militares usam em cada ombro, como distintivo.

drag queen (*drég kuín*) (*ingl*) *sf* Homem que se veste de mulher, utilizando-se de roupas exóticas e maquilagem carregada, como diversão, ou a trabalho, normalmente em bares e casas de espetáculo.

dra.ma (*gr dráma*) *sm* **1** *Teat* Peça teatral. **2** *Teat* Gênero de composição teatral que ocupa o meio-termo entre a tragédia e a comédia, quando não participa de ambas. **3** Peça literária para ser representada. **4** Acontecimento comovente. **5** Desastre, desgraça, catástrofe.

dra.ma.lhão (*drama+alho+ão²*) *sm Teat pej* Drama de pouco valor, abundante em lances de grande perversidade, ou de situações complicadas ou inverossímeis. *Pl:* dramalhões.

dra.má.ti.co (*lat dramaticu*) *adj* **1** *Teat* Relativo a drama. **2** Comovente.

dra.ma.ti.za.ção (*dramatizar+ção*) *sf* Ato ou efeito de dramatizar. *Pl:* dramatizações.

dra.ma.ti.zar (*lat dramatizare*) *vtd* **1** Tornar dramático, interessante ou comovente como um drama. **2** Dar forma de drama a.

dra.ma.tur.gi.a (*gr dramaturgía*) *sf Teat* Arte dramática ou arte de compor peças para o teatro.

dra.ma.tur.go (*gr dramatourgós*) *sm* **1** Autor de obras dramáticas. **2** Teatrólogo.

dra.pe.ar (*fr draper*) *vtd* **1** Dispor de modo harmonioso (as dobras de pano ou vestimenta). *vint* **2** Agitar-se, ondular. Conjuga-se como *frear*.

drás.ti.co (*gr drastikós*) *adj* **1** *Med* De ação muito enérgica ou radical. **2** Enérgico (diz-se de medidas de depuração, economia etc.). • *sm Farm* Purgante enérgico.

dre.nar (*fr drainer*) *vtd* **1** Fazer escoar, por meio de tubos e valas, as águas em excesso num terreno. *vtd* **2** *Cir* Colocar um ou vários tubos de borracha ou gaze numa ferida, abscesso ou cavidade orgânica, para facilitar a saída de secreções ou de pus. *vtdi* **3** Desviar, derivar.

dre.no (de *drenar*) *sm* **1** Vala, fosso ou tubo para drenagem. **2** *Cir* Tubo, gaze ou qualquer outro material, usado para assegurar a drenagem.

dri.blar (*ingl to drible*) *vtd* **1** Enganar, iludir. **2** *Esp* Enganar os adversários no futebol com a bola ou com o corpo; fintar.

dri.ble (de *driblar*) *sm Esp* Ato ou efeito de driblar.

drin.que (*ingl drink*) *sm* Bebida alcoólica tomada em outro horário que não seja o das refeições.

drive (*dráive*) (*ingl*) *sm Inform* Parte de um computador que opera um disco ou fita; unidade de disco ligada fisicamente a um computador.

drive-in (*draiv in*) (*ingl*) *sm* Estabelecimento comercial (cinema, restaurante, banco etc.) no qual se pode entrar de automóvel, permanecendo sentado neste, e assistir a um filme ou ser atendido.

driver (*draiver*) (*ingl*) *sm Inform* Programa ou rotina utilizada como interface e para gerenciar um dispositivo de entrada ou saída, ou outros periféricos.

dro.ga (*fr drogue*) *sf* **1** Designação comum a todas as substâncias ou ingredientes aplicados em tinturaria, química ou farmácia. **2** Qualquer medicamento ou substância excitante, entorpecente etc. utilizada de maneira ilícita, com o objetivo de alterar temporariamente a personalidade. **3** *gír* Coisa de pouco valor ou desagradável. **4** *Reg* (Nordeste) Diabo. • *interj* Exclamação que exprime frustração no que se está fazendo.

dro.ga.do (*part* de *drogar*) *adj* Pessoa que consome droga.

dro.gar (*droga+ar¹*) *vtd* **1** Administrar droga a; medicar. **2** Fazer ingerir droga.

dro.ga.ri.a (*droga+aria*) *sf* **1** Loja onde se vendem drogas. **2** Quantidade de drogas.

dro.me.dá.rio (*baixo-lat dromedariu*) *sm Zool* Nome vulgar de um mamífero ruminante, nativo da África do norte, de pescoço curto e uma só corcova no dorso.

dro.pe (*ingl drop*) *sm* Espécie de bala. *Var:* dropes.

dro.pes (*ingl drops*) *sm pl* V drope.

dru.pa (*lat druppa*) *sf Bot* Fruto carnoso, como a cereja, a ameixa, o pêssego e a manga, provido de um caroço muito duro e lenhoso, o qual contém, em geral, uma só semente.

DST Sigla de *Doença Sexualmente Transmissível.*

du.al (*lat duale*) *adj* **1** Relativo a dois; duplo, dobrado. **2** *Gram* Diz-se do número que, em algumas línguas, como a grega e a sanscrítica, designa duas coisas ou duas pessoas. Um exemplo em nossa língua é a palavra *ambos*. • *sm* Número dual.

du.a.li.da.de (*lat dualitate*) *sf* Caráter daquilo que é dual ou duplo.

du.a.lis.mo (*dual+ismo*) *sm Filos* Todo sistema filosófico ou religioso que admite a coexistência de dois princípios, geralmente opostos, como matéria e espírito, corpo e alma, bem e mal.

du.as (*lat duas*) *num* Feminino de dois.

du.as-pe.ças *sm sing* e *pl* Conjunto feminino composto de saia e blusa e usado como vestido.

dú.bio (*lat dubiu*) *adj* **1** Duvidoso. **2** Difícil de se definir; indefinível; vago. **3** Hesitante; indeciso, irresoluto. *Antôn* (acepções 1 e 2): *certo, positivo;* (acepção 3): *seguro.*

du.bi.ta.ti.vo (*lat dubitativu*) *adj* Em que há dúvida.

du.bla.dor (*dublar+dor*) *adj* Que dubla. • *sm* Ator

que grava a fala de um personagem no processo de dublagem.

du.bla.gem (*fr doublage*) *sf Cin* **1** Execução da parte falada por um ator diferente daquele que está em ação, quando a voz deste não se presta à reprodução. **2** Num filme, substituição dos diálogos originais por traduções feitas em outra língua. **3** Em televisão, gravação de diálogos, após a filmagem ou a animação de desenhos, sincronizada com o movimento dos lábios dos atores ou das figuras em movimento.

du.blar (*ingl to double*+*ar*[1]) *vtd Cin* Fazer dublagem.

du.blê (*fr doublé*) *s m+f* **1** *Cin* Pessoa que, pela sua semelhança com um ator, o substitui em cenas perigosas em filmagens de cinema e televisão. **2** *por ext* Pessoa que exerce determinada função, apesar de não ter formação profissional específica para essa função.

dúb.nio *sm Quím* Elemento artificial, de número atômico 105 e símbolo Db.

du.ca.do (*duque*+*ado*[2]) *sm* **1** Território sob o domínio de um duque. **2** Estado cujo soberano é um duque. **3** Título e dignidade de duque. **4** Nome dado a várias moedas de ouro usadas antigamente em diversos países da Europa.

du.cen.té.si.mo (*lat ducentesimu*) *num* Ordinal de duzentos. • *sm* **1** Cada uma das duzentas partes iguais em que se divide um todo. **2** Que ocupa o último lugar numa série de 200.

du.cha (*fr duche*) *sf* **1** Jorro de água lançado sobre o corpo com fins higiênicos; banho de chuveiro. **2** *Med* Jorro d'água, gás ou vapor, dirigido sobre o corpo ou parte dele, ou dentro de uma cavidade do corpo, com fins terapêuticos. **3** Dispositivo para dar ou tomar duchas; chuveiro. **4** Tudo o que acalma excitação. *sf pl* Estabelecimento onde se aplicam duchas.

dúc.til (*lat ductile*) *adj m+f* **1** Que pode ser batido, comprimido, estirado, sem se partir; maleável, forjável, estirável. **2** Flexível, elástico. **3** Que se amolda às conveniências. **4** Que cede facilmente; dócil. *Sup abs sint*: *ductílimo* e *ductilíssimo*. *Pl*: *dúcteis*.

duc.ti.li.da.de (*dúctil*+*i*+*dade*) *sf* Propriedade ou qualidade daquilo que é dúctil; flexibilidade, maleabilidade.

du.e.lar (*duelo*+*ar*[1]) *vti e vint* Bater-se em duelo.

du.e.lo (*lat duellu*) *sm* **1** Combate entre dois indivíduos precedido por desafio. **2** Luta com armas iguais. **3** Contenda entre dois indivíduos.

du.en.de (*cast duende*) *sm* Ser imaginário que a superstição faz supor que de noite habita e comete travessuras dentro das casas.

du.e.to (ê) (*ital duetto*) *sm Mús* Composição musical cantada por duas vozes ou tocada por dois instrumentos.

dul.ci.fi.car (*lat dulce*+*ficar*) *vtd* **1** *pop* Tornar doce; adoçar. **2** Abrandar, mitigar, suavizar.

dum Combinação da preposição *de* com o numeral, o artigo ou o pronome *um*. *Flex*: *duma*, *duns*, *dumas*.

du.na (*fr dune*) *sf Geol* Elevação de areia acumulada pela ação dos ventos, característica de desertos e litorais muito arenosos.

du.o.dé.ci.mo (*lat duodecimu*) *num* Décimo segundo. • *sm* **1** Cada uma das doze partes em que se pode dividir o todo. **2** Pessoa ou coisa que ocupa o duodécimo lugar.

du.o.de.nal (*duodeno*+*al*[1]) *adj m+f* Relativo ao duodeno.

du.o.de.no (*lat duodenu*) *sm Anat* Zona inicial do intestino delgado dos mamíferos, entre o piloro e o jejuno.

du.pla (de *duplo*) *sf gír* **1** Grupo de duas pessoas que atuam em comum. **2** Grupo de duas pessoas que andam sempre unidas por laços de amizade ou mancomunadas.

dú.plex (cs) (*lar duplex*) *num* Duplo. • *adj* **1** Que tem duas partes ou dois elementos. **2** Que serve para dois fins. **3** Diz-se de apartamento que tem dois pavimentos. **4** *Mec* Diz-se da máquina-ferramenta ou de outro dispositivo que tem duas partes que atuam simultaneamente ou da mesma maneira, quando a forma mais simples tem uma parte só: *Forno dúplex*. *Pl*: *dúplices*.

du.pli.ca.ção (*lat duplicatione*) *sf* Ato ou efeito de duplicar. *Pl*: *duplicações*.

du.pli.ca.do (*part* de *duplicar*) *adj* **1** Que se duplicou. **2** Aumentado outro tanto; dobrado. **3** Multiplicado por dois; em dobro. • *sm* Reprodução de um documento; cópia, traslado.

du.pli.car (*lat duplicare*) *vtd* **1** Multiplicar por dois, tornar duas vezes maior; dobrar. *vtd* **2** Tirar cópia de, ou repetir algo. *vint* **3** Aumentar, crescer. *vtd* e *vpr* **4** Ativar(-se), aumentar(-se), fortificar (-se), intensificar(-se).

du.pli.ca.ta (*lat duplicata*) *sf* **1** V *duplicado*. **2** Título de crédito, negociável, pelo qual o comprador se obriga a pagar no prazo estipulado a importância da fatura.

du.plo (*lat duplu*) *num* Formado de duas coisas análogas; dobrado. • *sm* **1** Produto de uma quantidade ou número duplicado; dobro. **2** Réplica.

du.que (*lat duce*) *sm* **1** Título nobre, imediatamente superior ao de marquês. **2** Chefe de um ducado. **3** Carta de baralho que tem dois pontos. **4** Variedade de videira. *sm pl* Repetição do dois em ambos os dados, no jogo de gamão. *Fem*: *duquesa*.

du.ra.bi.li.da.de (*lat durabilitate*) *sf* Qualidade daquilo que é durável.

du.ra.ção (*lat duratione*) *sf* **1** Espaço de tempo entre o princípio e o fim de uma coisa. **2** Qualidade ou estado daquilo que dura certo período de tempo. **3** Constituição da existência; vida. **4** Prazo de validade. **5** *Fon* Tempo empregado na produção de um determinado som ou sílaba. **6** *Mús* Tempo durante o qual se prolonga um som e que constitui o elemento essencial do ritmo. *Pl*: *durações*.

du.ra.dou.ro (*durar*+*douro*[2]) *adj* Que dura ou pode durar muito; durável. *Antôn*: *passageiro*, *efêmero*.

du.ra.lu.mí.nio (*duro*+*alumínio*) *sm Metal* Liga metálica composta de alumínio, cobre, manganês, magnésio, com muitas aplicações graças à sua leveza e grande resistência.

du.ra-má.ter (*dura*+*máter*) *sf Anat* A mais forte e externa das três meninges que envolvem o sistema nervoso central. *Pl*: *dura-máteres*.

du.ran.te (*lat* de *durante*) *prep* Expressa relações

durão 318 **DVD**

de: **1** Duração no tempo: *Morreu durante a guerra.* **2** Delimitação de um espaço de tempo: *Discutiu durante 2 horas.*
du.rão (*duro+ão²*) *sm* **1** Valentão. **2** Quem resiste a esforço, emoção ou sofrimento. *Pl: durões.*
du.ra.que (*top Durak*) *sm* Espécie de sarja forte que se utilizava especialmente no calçado de senhoras.
du.rar (*lat durare*) *vint* **1** Conservar-se, mantendo as mesmas qualidades. **2** Não se gastar. **3** Continuar a existir. **4** Prolongar-se. **5** Continuar a viver. **6** Ser suficiente; bastar, chegar. *Antôn* (acepções 1, 2, 3, 5 e 6): *acabar.*
du.rá.vel (*lat durabile*) *V duradouro. Pl: duráveis.*
du.rex (*cs*) (de *Durex*, marca comercial) *sm* Fita adesiva usada para colar papel ao se fazerem pacotes etc.
du.re.za (*ê*) (*lat duritia*) *sf* **1** Qualidade daquilo que é duro. **2** Ação dura; crueldade. **3** Rigor, severidade. **4** Dificuldade de percepção; diminuição da faculdade de perceber pelos sentidos. **5** *Miner* Resistência que um mineral oferece à penetração de uma ponta aguda que tente riscá-lo: *A dureza do diamante.* **6** Grau de têmpera: *A dureza do aço. Antôn* (acepção 3): *brandura.*
du.ro (*lat duru*) *adj* **1** Difícil de penetrar, de cortar, de desgastar-se. **2** Sólido. **3** Rijo. **4** Consistente. **5** Desagradável ao ouvido: *Ele usou palavras duras.* **6** Árduo, áspero. **7** Enérgico, forte. **8** Rigoroso, cruel, implacável: *Que dura sorte!* **9** Custoso, difícil: *A vida está cada dia mais dura.* **10** Ereto. **11** *gír* Valente, resistente. **12** *Mús* e *Lit* Pouco harmonioso. *Antôn* (acepção 1): *mole;* (acepção 7): *brando. Água mole em pedra dura tanto bate até que fura:* a persistência vence todos os obstáculos. *Dar um duro:* proceder com rigor; trabalhar muito. *Duro de roer:* a) custoso de admitir, ou de sofrer; b) indigno, intolerável. *Duro na queda:* a) bom no que faz; b) de decisões vigorosas. *Estar duro, gír:* não ter dinheiro. *No duro:* com toda certeza; sem sombra de dúvida.
du.to (*lat ductu*) *sm* Conduto, canal, cano.
dú.vi.da (de *duvidar*) *sf* **1** Ato ou efeito de duvidar. **2** Incerteza acerca da realidade de um fato ou da verdade de uma asserção. **3** Dificuldade para se decidir; hesitação. **4** Dificuldade em acreditar; ceticismo, descrença. **5** Objeção. **6** Discussão, questão, altercação. **7** Suspeita. *Antôn* (acepção 2): *certeza, convicção.*
du.vi.dar (*lat dubitare*) *vtd* **1** Estar em dúvida sobre, ter dúvida de. *vint* **2** Altercar, discutir, questionar. *vtd* e *vint* **3** Não acreditar, não admitir. *vti* e *vint* **4** Estar na dúvida ou incerteza, não estar convencido da verdade ou da existência de; não saber. *vti* e *vint* **5** Não confiar, ter suspeitas; descrer. *vti* **6** Hesitar. *Antôn* (acepções 1 e 3): *crer. Conjug – Pres indic: duvido, duvidas, duvida* (*ví*) etc. *Cf dúvida.*
du.vi.do.so (*ô*) (de *dúvida+oso*) *adj* **1** Que oferece dúvidas; incerto. **2** Que duvida; indeciso, hesitante. **3** Que não merece inteira confiança; suspeito. **4** Desconfiado, receoso. **5** Pouco seguro; arriscado, perigoso. **6** Equivocado, ambíguo. **7** Problemático. *Pl: duvidosos* (*ó*).
du.zen.tos (*lat ducentos*) *num* **1** Duas vezes cem. **2** Número que corresponde a essa quantidade. (Representa-se, em algarismos arábicos, por 200 e, em algarismos romanos, por CC).
dú.zia (*lat vulg *duocina*) *sf* Quantidade de doze objetos da mesma natureza. *sf pl* Número indeterminado, grande ou pequeno, mas maior que doze. *Às dúzias:* em grande quantidade; muitos. *Meia dúzia:* a) seis unidades; b) em pequeno número; poucos: *Encontrei meia dúzia de gatos pingados.*
DVD (*ingl*) (sigla de D*igital* V*ideo* D*isk*) sm Tipo de CD capaz de armazenar imagens, sons e arquivos de computador em quantidade superior à do CD-ROM (de 4,7 a 17 GB).

e[1] (*é* ou *ê*) *sm* Quinta letra do alfabeto português, vogal. • *num* O quinto numa série indicada pelas letras do alfabeto.

e[2] *conj* **1** Conjunção aditiva, que se usa para unir duas palavras ou orações. **2** Conjunção adversativa, quando equivale a *mas, contudo*. **3** No início da oração, pode servir como marcador discursivo em orações interrogativas.

E 1 *Fís* Símbolo de *energia*. **2** *Mús* A nota *mi* na notação musical alfabética.

é.ba.no (*gr ébenos*) *sm* **1** *Bot* Árvore da família das ebenáceas, de madeira escura, pesada e resistente. **2** Cor preta muito carregada.

e.be.ná.ceas (*gr ébenos+áceas*) *sf pl Bot* Família de plantas que compreende árvores e arbustos, como o ébano e o caquizeiro.

e.bo.ni.te (*ingl ebonite*) *sf Quím* Borracha vulcanizada, utilizada na indústria elétrica e na preparação de vários objetos.

é.brio (*lat ebriu*) *adj + sm* Embriagado, bêbado.

e.bu.li.ção (*lat ebullitione*) *sf* **1** *Fís* Transformação de um líquido em vapor. **2** Ato de ferver. *Pl: ebulições*.

e.búr.neo (*lat eburneu*) *adj* **1** Feito de marfim. **2** Semelhante ao marfim na aparência.

e.char.pe (*fr écharpe*) *sf* Faixa de tecido que se usa ao redor do pescoço.

éclair (*êclér*) (*fr*) V *ecler*.

e.cler (*é*) (*fr éclair*) *sm* Zíper.

e.cle.si.al (*gr ekklesía+al*[3]) *adj m+f* Relativo à Igreja; eclesiástico.

E.cle.si.as.tes (*gr ekklesiastés*) *sm Bíblia* Livro do Antigo Testamento, cuja autoria é atribuída a Salomão.

e.cle.si.ás.ti.co (*gr ekklesiastikós*) *adj* Relativo ou pertencente à Igreja ou ao clero. • *sm* Sacerdote, padre, clérigo.

e.clé.ti.co (*gr eklektikós*) *adj* **1** Relativo ao ecletismo. **2** Composto por elementos colhidos de várias fontes: *Gosto eclético*. • *sm* Indivíduo eclético.

e.cle.tis.mo (*gr ekletismós*) *sm* **1** *Filos* Método filosófico ou científico que procura conciliar diversas teses de sistemas distintos. **2** Hábito ou liberdade de escolher o que se julga melhor, na política, nas artes etc.

e.clip.sar (*eclipse+ar*) *vtd* **1** Interceptar a luz de. *vtd* **2** Encobrir, esconder. *vtd* **3** Exceder, vencer: *Eclipsou os concorrentes. vpr* **4** Esconder-se, ocultar-se (um astro).

e.clip.se (*gr éklepsis*) *sm Astr* Ocultação total ou parcial de um astro por outro corpo celeste.

e.clíp.ti.ca (*gr ekliptiké*) *sf Astr* Caminho aparentemente percorrido pelo Sol em torno da Terra.

e.clo.dir (*lat ecludere*) *vint* **1** Desabrochar, nascer. **2** Aparecer, surgir. *Conjug:* é defectivo; conjuga-se apenas nas 3as pessoas. *Pres indic: eclode, eclodem; Pres subj: écloda, eclodam; Pret perf: eclodiu, eclodiram*.

é.clo.ga (*gr eklogé*) *sf Lit* Poesia pastoril dialogada. *Var: égloga*.

e.clo.são (*fr eclosion*) *sf* **1** Aparecimento. **2** Desenvolvimento ao nascer. *Pl: eclosões*.

e.clu.sa (*fr écluse*) *sf* Cada um de uma série de diques, em um trecho de rio ou canal, usado para elevar ou descer embarcações de um nível de água a outro.

e.co (*gr ekhó*) *sm* **1** *Fís* Repetição de um som refletido por um corpo. **2** *por ext* Som, rumor: *O jogador ainda podia ouvir os ecos da torcida*.

e.co.ar (*eco+ar*[1]) *vint* **1** Fazer eco, ressoar. *vtd* **2** Repetir.

e.co.car.di.o.gra.fi.a (*eco*[1]+*cárdio*+*grafo*+*ia*[1]) *sf Med* Método que investiga, através de ultrassom, a posição e a movimentação de certas partes internas do coração para detectar doenças.

e.co.car.di.o.grá.fi.co (*ecocardiografia*+*ico*[2]) *adj* Relativo à ecocardiografia.

e.co.car.di.ó.gra.fo (*eco*[1]+*cárdio*+*grafo*[1]) *sm* Aparelho usado para registrar o ecocardiograma.

e.co.car.di.o.gra.ma (*eco*[1]+*cárdio*+*grama*) *sm Med* Registro gráfico obtido pelo ecocardiógrafo.

e.co.lo.gi.a (*eco*[2]+*logo*+*ia*[1]) *sf Biol* Parte da biologia que estuda as relações dos organismos com o meio ambiente.

e.co.lo.gis.ta (*eco*[2]+*logo*+*ista*) *s m+f* Especialista em ecologia.

e.co.no.mês (*economia*+*ês*) *sm deprec* Linguagem própria dos economistas. *Pl: economeses (ê)*.

e.co.no.mi.a (*gr oikonomía*) *sf* **1** Ciência que estuda a produção, distribuição e consumo das riquezas. **2** Moderação nas despesas; poupança. **3** *fig* Uso eficiente de qualquer recurso para evitar desperdício: *Economia de espaço*. *sf pl* Dinheiro acumulado por poupança. *Economia informal*, *Econ:* a que não é registrada legalmente, não pagando taxas e impostos.

e.co.nô.mi.co (*gr oikonomikós*) *adj* **1** Relativo à economia. **2** Diz-se de quem controla os gastos.

e.co.nô.mi.co-fi.nan.cei.ro *adj* Relativo ou pertencente à economia e às finanças ao mesmo tempo. *Pl: econômico-financeiros*.

e.co.no.mis.ta (*econom(ia)*+*ista*) *s m+f* **1** Especialista em questões econômicas. **2** Bacharel em ciências econômicas.

e.co.no.mi.zar (*economia+izar*) *vtd* **1** Gastar com moderação; poupar. *vtd* **2** Administrar economicamente. *vint* **3** Fazer economia.

e.cos.sis.te.ma (*eco²+sistema*) *sm Ecol* Conjunto de relações entre uma comunidade de organismos e seu meio ambiente.

e.cos.sis.tê.mi.co (*ecossistema+ico²*) *adj* Relativo ao ecossistema.

e.co.tu.ris.mo (*eco²+turismo*) *sm* Tipo de turismo que respeita o meio ambiente natural.

ecstasy (*êcstase*) (*ingl*) *sm* Nome de uma droga sintética chamada metilenodioximetanfetamina, que é um coquetel de estimulantes e alucinógenos. Seu uso contínuo provoca estados depressivos.

ec.to.pa.ra.si.to (*ecto+parasito*) *sm Biol* Parasita que vive na superfície externa de seu hospedeiro. *Antôn: endoparasito*.

ec.to.plas.ma (*ecto+plasma*) *sm* **1** *Biol* Película externa do citoplasma na célula. **2** *Espir* Substância visível de origem psíquica que emana de certos médiuns.

e.cu.mê.ni.co (*gr oikoumenikós*) *adj* Universal, mundial.

ec.ze.ma (*gr ékzema*) *sm Med* Doença inflamatória da pele, que se caracteriza por vesículas e crostas.

e.de.ma (*gr oídema*) *sm Med* Infiltração anormal de líquido no tecido conjuntivo, na pele ou em um órgão.

é.den (*hebr 'êden*) *sm* **1** Paraíso terrestre, segundo a Bíblia. **2** *fig* Lugar de delícias. *Pl: edens*.

e.di.ção (*lat editione*) *sf* **1** Ato ou efeito de editar. **2** *Edit* Publicação de uma obra literária, científica ou artística. **3** *Art Gráf* Conjunto dos exemplares de uma obra impressos na mesma ocasião. **4** *Cin, Rád e Telev* Seleção e montagem do que foi gravado ou filmado para realização de um filme, programa etc. *Pl: edições*.

e.dí.cu.la (*lat aedicula*) *sf Constr* Pequena casa construída nos fundos da casa principal.

e.di.fi.ca.ção (*lat aedificatione*) *sf* **1** Ato ou efeito de edificar; construção. **2** Edifício, prédio.

e.di.fi.ca.do (*part* de *edificar*) *adj* **1** Construído, erguido. **2** Induzido à virtude.

e.di.fi.can.te (*lat aedificante*) *adj m+f* **1** Que edifica moralmente. **2** Instrutivo.

e.di.fi.car (*lat aedificare*) *vtd* **1** Construir, erguer (um edifício). *vint* **2** Infundir sentimentos morais e religiosos. *vtd* **3** Induzir à virtude pelos bons exemplos: *Seu exemplo de dedicação edifica os outros alunos*.

e.di.fí.cio (*lat aedificiu*) *sm* Construção que serve para habitação, estabelecimento de fábrica, comércio etc.; prédio.

e.di.fí.cio-ga.ra.gem *sm* Edificação com rampas e elevadores, usada exclusivamente como estacionamento de veículos. *Pl: edifícios-garagem* e *edifícios-garagens*.

e.dil (*lat aedile*) *sm* **1** Magistrado administrativo na Roma antiga. **2** Vereador.

e.di.pi.a.no (*Édipo, np+ano*) *adj* Relativo a Édipo ou ao complexo de Édipo. • *sm* Indivíduo que tem esse complexo.

e.di.tal (*édito+al¹*) *sm* Ordem oficial afixada em lugares públicos ou anunciada na imprensa.

e.di.tar (*lat editare*) *vtd* **1** Publicar uma obra literária, científica ou artística; editorar. **2** Selecionar textos, músicas, filmes etc. para posterior publicação ou apresentação. **3** *Inform* Montar ou escrever texto a partir de blocos já escritos, utilizando programa de processador de textos. *Conjug* – *Pres indic*: edito, editas (*í*) etc. *Cf edito* e *édito*.

e.di.to (*lat edictu*) *sm Jur* Decreto, ordem ou lei determinada por autoridade máxima. *Cf édito*.

é.di.to (*lat editu*) *sm Jur* Ordem judicial publicada por anúncios ou editais. *Cf edito*.

e.di.tor (*lat editore*) *sm* **1** Aquele que edita. **2** Proprietário de uma empresa que publica livros ou periódicos. **3** O que é responsável pela supervisão e/ou preparação das obras de uma editora ou de textos especializados de jornais, revistas etc. *Editor de texto, Inform*: Programa provido de recursos para redação e edição de textos.

e.di.to.ra (*ô*) (*fem* de *editor*) *sf* Estabelecimento que se dedica à edição de livros. *Pl: editoras* (*ô*).

e.di.to.ra.ção (*editorar+ção*) *sf* Preparação técnica de originais para publicação de uma obra. *Editoração eletrônica, Inform:* projeto e disposição gráfica dos elementos de um documento por meio de computador.

e.di.to.rar (*editor+ar¹*) *vtd* **1** Editar. **2** Fazer a editoração de.

e.di.to.ri.a (*editor+ia¹*) *sf* Cada uma das seções de assuntos específicos de jornais, revistas etc.

e.di.to.ri.al (*ingl editorial*, via *fr*) *adj m+f* **1** Relativo a editor ou a edições. **2** Relativo a editoração. • *sm Jorn* Artigo que expressa a opinião de um órgão da imprensa (jornal, revista etc.), geralmente escrito pelo chefe da redação.

e.di.to.ri.a.lis.ta (*editorial+ista*) *s m+f* Pessoa que escreve o editorial.

e.dre.dão (*fr édredon*) *V edredom*. *Pl: edredões*.

e.dre.dom (*fr édredon*) *sm* Coberta acolchoada para cama. *Var: edredão*. *Pl: edredons*.

e.du.ca.ção (*lat educatione*) *sf* **1** Desenvolvimento das faculdades físicas, intelectuais e morais do ser humano. **2** Desenvolvimento e aperfeiçoamento de uma função pelo próprio exercício: *Educação musical*. **3** Ensino. **4** Civilidade, delicadeza, cortesia. *Pl: educações*.

e.du.ca.ci.o.nal (*educação+al¹*) *adj m+f* Educativo.

e.du.ca.do (*part* de *educar*) *adj* **1** Que recebeu educação; instruído, ensinado. **2** Delicado, cortês. **3** Adestrado (o animal). *Antôn* (acepção 2): *malcriado, mal-educado*.

e.du.can.dá.rio (*lat educandu+ário*) *sm* Estabelecimento onde se ministra educação.

e.du.car (*lat educare*) *vtd* **1** Dar educação a. *vtd* **2** Formar a inteligência e o caráter de: *Educar bem os filhos*. *vpr* **3** Cultivar a inteligência; instruir-se.

e.du.ca.ti.vo (*educar+ivo*) *adj* **1** Relativo à educação. **2** Que produz educação. **3** Instrutivo.

e.fe (*éfe*) *sm* O nome da letra f. *Pl: efes* ou *ff*.

e.fei.to (*lat eflectu*) *sm* **1** Resultado ou produto de uma ação qualquer. **2** Consequência. **3** Finalidade, destino. **4** Eficácia. *Com efeito*: efetivamente, realmente. *Efeito estufa*: aquecimento da biosfera causado pelo excesso de gás carbônico e outros poluentes na atmosfera.

e.fe.me.rí.deos (*gr ephemerís+ídeos*) *sm pl Entom* Família de insetos, constituída por espécies cuja forma alada tem vida efêmera, ao passo que as larvas necessitam de longo período de vida aquática.

e.fe.mé.ri.des (*gr ephemerís*) *sf pl* **1** Relação de fatos dia por dia. **2** Tábuas astronômicas que indicam, dia a dia, a posição dos planetas no zodíaco.

e.fê.me.ro (*gr ephémeros*) *adj* **1** Que dura pouco. **2** Passageiro, transitório. • *sm Zool* Inseto efemerídeo que serve de alimento aos peixes.

e.fe.mi.na.do (*lat effeminatu*) *adj* **1** Que tem modos de mulher. **2** Excessivamente delicado. • *sm* Indivíduo efeminado; maricas.

e.fe.mi.nar (*lat effeminare*) *vtd* e *vpr* **1** Tornar (-se) efeminado. *vtd* **2** Fazer perder a energia a; tornar fraco.

e.fer.ves.cên.cia (*lat effervescentia*) *sf* **1** Ebulição, fervura. **2** *fig* Perturbação, exaltação.

e.fer.ves.cen.te (*lat effervescente*) *adj m+f* **1** Que tem efervescência. **2** *fig* Exaltado; irascível.

e.fer.ves.cer (*lat effervescere*) *vint* **1** Entrar em efervescência, ferver. **2** Excitar-se.

e.fe.ti.var (*efetivo+ar¹*) *vtd* **1** Tornar efetivo. **2** Levar a efeito; realizar.

e.fe.ti.vo (*lat effectivu*) *adj* **1** Real, verdadeiro. **2** Que produz efeito. **3** Permanente. • *sm* Número real de indivíduos, soldados etc.

e.fe.tu.ar (*lat effectu*) *vtd* **1** Levar a efeito; realizar, executar. *vpr* **2** Realizar-se.

e.fi.cá.cia (*lat efficacia*) *sf* Qualidade daquilo que é eficaz; eficiência.

e.fi.caz (*lat efficace*) *adj m+f* Que produz o efeito desejado; eficiente. *Antôn: ineficaz*. *Sup abs sint: eficacíssimo*.

e.fi.ci.ên.cia (*lat efficientia*) *sf* Ação, capacidade de produzir um efeito; eficácia.

e.fi.ci.en.te (*lat efficiente*) *V eficaz*.

e.fí.gie (*lat effigie*) *sf* **1** Figura, representação de uma pessoa real ou simbólica; imagem. **2** Retrato em relevo.

e.flo.res.cên.cia (*lat efflorescentia*) *sf Bot* Desabrochamento da floração.

e.flo.res.cer (*lat efflorescere*) *vint* **1** Apresentar eflorescência. **2** Começar a florescer.

e.flú.vio (*lat effluviu*) *sm* **1** Emanação de um fluido; exalação. **2** *poét* Aroma, perfume.

e.fu.são (*lat effusione*) *sf* **1** Extravasamento, expansão. **2** *fig* Expressão ou demonstração intensa dos sentimentos íntimos. *Pl: efusões*.

e.fu.si.vo (*efuso+ivo*) *adj* Que manifesta efusão; expansivo.

é.gi.de (*gr aigís, ídos*) *sf* **1** Amparo, defesa, proteção. **2** Patrocínio.

e.gíp.cio (*lat Aegyptiu*) *adj* Pertencente ou relativo ao Egito (África). • *sm* **1** O habitante ou natural do Egito. **2** Língua e sistema de escrita do Egito antigo.

e.gip.to.lo.gi.a (*egipto+logo+ia¹*) *sf* Estudo das coisas antigas do Egito (África), seus monumentos, sua literatura etc.

e.gip.tó.lo.go (*egipto+logo*) *sm* Especialista em egiptologia.

é.glo.ga (*gr eklogé*) *V écloga*.

e.go (*lat ego*) *sm Psicol* **1** O eu de um indivíduo. **2** Experiência que o indivíduo possui de si mesmo.

e.go.cên.tri.co (*ego+centro+ico²*) *adj* Que considera seu próprio eu como centro de tudo.

e.go.cen.tris.mo (*ego+centro+ismo*) *sm Psicol* Estado da pessoa especialmente interessada em si mesma e em tudo que lhe diz respeito.

e.go.ís.mo (*ego+ismo*) *sm* Amor exclusivo a si mesmo e a seus interesses, sem considerar os interesses dos outros. *Antôn: altruísmo*.

e.go.ís.ta (*ego+ista*) *adj* e *s m+f* Que, ou quem trata só de seus interesses. *Antôn: altruísta*.

e.gré.gio (*lat egregiu*) *adj* **1** Ilustre, distinto. **2** Admirável.

e.gres.so (*lat egressu*) *adj* **1** Que saiu. **2** Que deixou uma comunidade. • *sm* **1** Saída, retirada. **2** Indivíduo que saiu da cadeia ou do convento.

é.gua (*lat equa*) *sf Zool* Fêmea do cavalo.

eh-eh! *interj Reg* (Sul) Manifesta espanto, surpresa, receio etc.

ei.a! (*lat eia*) *interj* **1** Emprega-se para animar, excitar. **2** Exprime espanto.

ei-lo Contração do advérbio *eis* com o pronome *lo*. *Flex: ei-la, ei-los, ei-las*.

eins.têi.nio (*Einstein, np+io²*) *sm Quím* Elemento artificial, radioativo, metálico, de número atômico 99 e símbolo Es.

ei.ra (*lat area*) *sf* Porção de terreno em que se secam e limpam cereais e legumes. *Não ter eira nem beira*: ser extremamente pobre, estar na miséria.

eis (*lat ecce*) *adv* Aqui está.

ei.to (*lat ictu*) *sm* **1** Seguimento ou sucessão de coisas que estão na mesma direção. **2** Roça onde trabalhavam escravos. **3** *por ext pop* Trabalho intenso. *A eito*: a fio, a seguir, sem interrupção.

ei.var (*eiva+ar*) *vtd* **1** Produzir manchas em. *vtd* **2** Contaminar (física ou moralmente). *vpr* **3** Rachar-se. *vpr* **4** Começar a apodrecer. *vpr* **5** Enfraquecer-se.

ei.xo (*gr áxon, pelo lat vulg *axu*) *sm* **1** Linha reta que passa pelo centro de um corpo e em torno da qual esse corpo executa o movimento de rotação. **2** Peça em torno da qual giram as rodas de um veículo ou de uma máquina. **3** Peça que articula uma ou mais partes de um mecanismo que descrevem movimento circular em torno dela. **4** *fig* Essência, ponto principal. **5** Aliança entre nações de princípios idênticos. *Entrar nos eixos*: retomar o bom caminho; voltar a ter juízo. *Sair dos eixos*: agir sem domínio de si mesmo; exceder-se.

e.ja.cu.la.ção (*ejacular+ção*) *sf* **1** Expulsão repentina e abundante de líquido. **2** Emissão de esperma. *Pl: ejaculações*.

e.ja.cu.lar (*lat ejaculare*) *vtd* **1** Lançar de si. **2** Derramar com força. **3** Emitir esperma.

e.je.tar (*lat ejectu+ar¹*) *vtd* **1** Lançar para fora ou fazer sair; expelir, expulsar. **2** *Inform* Expelir discos ou fitas por meio de botões.

e.je.tor (*lat ejectore*) *adj* Que ejeta. • *sm* Mecanismo ou dispositivo que ejeta qualquer coisa.

e.lã (*fr élan*) *sm* Ímpeto, impulso, entusiasmo.

e.la.bo.rar (*lat elaborare*) *vtd* **1** Preparar, organizar gradualmente. *vtd* **2** Pôr em ordem. *vpr* **3** Operar-se, formar-se, produzir-se.

e.las.ti.ci.da.de (*elástico+i+dade*) *sf Fís* Propriedade de certos corpos sólidos de retornarem a sua forma original depois de interrompida uma ação que lhes causou uma deformação.

e.lás.ti.co (*gr elastós+ico²*) *adj* **1** Que tem elasticidade. **2** Flexível. • *sm* **1** Tecido formado por fios de borracha. **2** Tira de borracha para prender objetos.

el.do.ra.do (*cast El Dorado*) *sm* **1** País lendário e cheio de riquezas. **2** *fig* Lugar cheio de delícias e riquezas.

e.le[1] (*éle*) *sm* O nome da letra l. *Pl: eles* ou *ll*.

e.le[2] (*ê*) (*lat ille*) Pronome pessoal masculino da 3ª pessoa do singular.

e.lec.tro.fo.rí.deos (*electro+foro+ídeos*) *sm pl Ictiol* Família de peixes que inclui apenas uma espécie fluvial, o poraquê ou peixe-elétrico, cuja cauda emite descargas elétricas.

e.le.fan.te (*gr eléphas, antos*) *sm Zool* Mamífero paquiderme, da família dos elefantídeos, cuja tromba apresenta orifícios nasais abertos na extremidade. *Fem: elefanta.*

e.le.fan.tí.a.se (*gr elephantíasis*) *sf Med* Moléstia caracterizada por um inchaço volumoso e duro da pele e do tecido adiposo.

e.le.fan.tí.deos (*elefante+ídeos*) *sm pl Zool* Família de proboscídeos da África e Índia (Ásia) que inclui os elefantes.

e.le.gân.cia (*lat elegantia*) *sf* **1** Graça e distinção no traje, no porte, nas maneiras. **2** Bom gosto. **3** Distinção na linguagem e no estilo sem afetação.

e.le.gan.te (*lat elegante*) *adj m+f* **1** Que tem elegância. **2** Harmonioso.

e.le.ger (*lat eligere*) *vtd* **1** Escolher, nomear por votação. **2** Escolher, preferir entre dois ou mais. *Conjug* – *Pres indic*: elejo, eleges, elege etc.; *Pres subj*: eleja, elejas etc.; *Imper afirm*: elege(*tu*), eleja(*você*), elejamos(*nós*), elegei(*vós*), elejam(*vocês*); *Part*: elegido e eleito.

e.le.gi.a (*gr elegeía*) *sf Poét* Poema lírico pequeno, consagrado ao luto ou à tristeza.

e.le.gi.bi.li.da.de (*elegível+i+dade*) *sf* Capacidade para ser eleito.

e.lei.ção (*lat electione*) *sf* Ato ou efeito de eleger.

e.lei.to (*lat electu*) *adj* **1** Que venceu uma eleição. **2** Escolhido, preferido. • *sm* O que foi eleito.

e.lei.tor (*lat electore*) *adj + sm* Que, ou aquele que elege ou pode eleger.

e.lei.to.ra.do (*eleitor+ado*[2]) *sm* Conjunto de eleitores.

e.lei.to.ral (*eleitor+al*[1]) *adj m+f* Relativo a eleições ou ao direito de eleger.

e.lei.to.rei.ro (*eleitor+eiro*) *adj pej* Que busca apenas conquistar votos numa eleição, sem considerar o real interesse da comunidade.

e.le.men.tar (*elemento+ar*[1]) *adj m+f* **1** Relativo a elemento. **2** Relativo ou pertencente às primeiras noções de uma arte ou ciência. **3** Rudimentar, simples. **4** Principal, fundamental.

e.le.men.to (*lat elementu*) *sm* **1** Cada uma das partes que compõem um todo. **2** Ambiente, meio: *A água é o elemento dos peixes*. **3** Dado, informação. **4** Cada uma das substâncias básicas: fogo, ar, água e terra. **5** *Quím* Cada uma das substâncias formadas por uma só espécie de átomos, as quais não podem ser decompostas. *sm pl* Primeiras noções; rudimentos.

e.len.co (*gr élegkhos*) *sm* **1** Catálogo, lista. **2** Conjunto de artistas de um espetáculo de teatro, cinema, televisão etc.

e.le.pê (das primeiras letras de *long-play*) V *long-play*.

e.le.ti.vo (*lat electu+ivo*) *adj* Feito ou nomeado por eleição.

e.le.tra.cús.ti.ca (*eletro+acústica*) *sf Fís* Parte da Física que trata da produção, amplificação, gravação, reprodução e transformação de energia elétrica em sons, e vice-versa. *Var: eletroacústica.*

e.le.tra.cús.ti.co (*eletro+acústico*) *adj* Relativo à eletracústica.

e.le.tri.ci.da.de (*elétrico+i+dade*) *sf Fís* Nome que se dá aos fenômenos em que estão envolvidas cargas elétricas em movimento ou em repouso.

e.le.tri.cis.ta (*elétrico+ista*) *s m+f* Pessoa que trabalha com instalações elétricas.

e.le.tri.ci.tá.rio (*lat cient eletricitate+ário*) *sm* Trabalhador que exerce qualquer profissão ligada à geração e distribuição de eletricidade.

e.lé.tri.co (*eletro+ico*[2]) *adj* **1** Que tem eletricidade, que é resultado de eletricidade. **2** Que se refere à eletricidade. **3** *fig* Rápido nos movimentos. **4** *fig* Agitado.

e.le.tri.fi.ca.do (*part* de *eletrificar*) *adj* Provido de instalação elétrica.

e.le.tri.fi.car (*eletro+ficar*) *vtd* **1** Adaptar ou aplicar eletricidade a motores, casas, lugares etc. *vpr* **2** Tornar-se elétrico.

e.le.tri.zar (*eletro+izar*) *vtd* e *vpr* **1** Carregar(-se) de eletricidade. **2** Excitar(-se). **3** Exaltar(-se), inflamar(-se) (as pessoas, os ânimos).

e.le.tro.a.cús.ti.ca (*eletro+acústica*) V *eletracústica*.

e.le.tro.car.di.o.gra.fi.a (*eletro+cardio+grafo+ia*[1]) *sf Med* Método de registro, em forma de gráfico, das correntes elétricas do coração.

e.le.tro.car.di.ó.gra.fo (*eletro+cardio+grafo*) *sm Med* Instrumento com que se realiza a eletrocardiografia.

e.le.tro.car.di.o.gra.ma (*eletro+cardio+grama*) *sm Med* Registro gráfico feito pelo eletrocardiógrafo.

e.le.tro.cho.que (*eletro+choque*) *sm Med* Método de tratamento de algumas doenças mentais por meio de choque elétrico.

e.le.tro.cu.ção (*eletro+(exe)cução*) *sf* **1** Morte causada por eletricidade. **2** Ato de executar por meio de uma corrente elétrica. *Pl: eletrocuções.*

e.le.tro.cu.tar (*eletro+(exe)cutar*) *vtd* **1** Matar por eletricidade. **2** Executar na cadeira elétrica.

e.le.tro.di.nâ.mi.ca (*eletro+dinâmica*) *sf Fís* Ramo da Física que estuda as noções, o comportamento e os efeitos das correntes elétricas.

e.le.tro.di.nâ.mi.co (*eletro+dinâmico*) *adj Fís* Relativo ou pertencente à eletrodinâmica.

e.le.tro.do (*ô*) (*ingl electrode*) *sm Fís* Condutor usado para estabelecer contato elétrico. *Var: elétrodo.*

e.lé.tro.do (*ingl electrode*) V *eletrodo*.

e.le.tro.do.més.ti.co (*eletro+doméstico*) *adj + sm* Diz-se do, ou aparelho elétrico de uso doméstico, como geladeira, liquidificador, ferro elétrico etc.

e.le.tro.e.le.trô.ni.co (*eletro+eletrônico*) *adj + sm* Diz-se do, ou aparelho eletrônico de uso doméstico, como televisor, videocassete, aparelho de som etc.

e.le.tro.en.ce.fa.lo.gra.fi.a (*eletro+encéfalo+grafo+ia*[1]) *sf Med* Método de registro, em forma de gráfico, das oscilações elétricas associadas às atividades do cérebro.

e.le.tro.en.ce.fa.ló.gra.fo (*eletro+encéfalo+grafo*) *sm Med* Instrumento com que se realiza a eletroencefalografia.

e.le.tro.en.ce.fa.lo.gra.ma (*eletro+encéfalo+grama*) *sm Med* Registro gráfico feito pelo eletroencefalógrafo.

e.le.tro.fo.rí.deos (*eletro+foro+ídeos*) *V electroforídeos*.

e.le.tro.ge.ra.dor (*eletro+gerador*) *sm* Máquina que produz eletricidade; gerador elétrico.

e.le.tro.í.mã (*eletro+ímã*) *sm Fís* Instrumento usado para magnetizar um núcleo de ferro pela passagem de corrente elétrica. *Pl: eletroímãs*.

e.le.tró.li.se (*eletro+lise*) *sf* **1** *Quím* Processo de produzir alterações químicas pela passagem de uma corrente elétrica. **2** *Cir* Destruição de tumores, raízes de cabelos etc., por meio de uma corrente elétrica.

e.le.tro.lí.ti.co (*eletrólito+ico²*) *adj* Relativo ou produzido por eletrólise.

e.le.tró.li.to (*eletro+lito*) *sm* **1** *Fís* Condutor elétrico, líquido ou sólido, no qual uma corrente é conduzida pelo movimento de íons. **2** *Quím* Qualquer das substâncias que tornam condutora a água em que se dissolvem.

e.le.tro.mag.né.ti.co (*eletro+magnético*) *adj* Relativo a eletromagnetismo.

e.le.tro.mag.ne.tis.mo (*eletro+magnetismo*) *sm Fís* Parte da Física que estuda os fenômenos que envolvem campos elétricos e magnéticos.

e.le.tro.me.câ.ni.ca (*eletro+mecânica*) *sf Fís* Ramo da eletrodinâmica que trata das forças mecânicas provocadas por comandos elétricos e da construção de aparelhos para a utilização dessas forças.

e.le.tro.me.câ.ni.co (*eletro+mecânico*) *adj* **1** Relativo à eletromecânica. **2** *Fís* Diz-se de dispositivo em que comandos elétricos provocam efeitos mecânicos, ou vice-versa. • *sm* Profissional que confecciona e conserta aparelhos elétricos.

e.le.trô.me.tro (*eletro+metro*) *sm Eletr* Instrumento para a medição de voltagens, correntes ou cargas elétricas.

e.lé.tron (*gr élektron*) *sm Fís* Partícula carregada de eletricidade negativa que entra na constituição do átomo.

e.le.trô.ni.ca (*elétron+ico²*) *sf Fís* Ciência que trata das propriedades e do comportamento de circuitos elétricos e de seus processos de fabricação e montagem.

e.le.trô.ni.co (*elétron+ico²*) *adj* Que se refere à eletrônica.

e.le.tro.quí.mi.ca (*eletro+química*) *sf Fís-Quím* Ciência que trata das relações entre a energia elétrica e os fenômenos químicos.

e.le.tro.quí.mi.co (*eletro+químico*) *adj* Relativo ou pertencente à eletroquímica. • *sm* Especialista em eletroquímica.

e.le.tros.co.pi.a (*eletro+scopo+ia¹*) *sf Fís* Aplicação do eletroscópio.

e.le.tros.có.pio (*eletro+scopo+io*) *sm* Aparelho com que se reconhece a presença de eletricidade em um corpo.

e.le.tros.tá.ti.ca (*eletro+estática*) *sf Eletr* Estudo das leis e fenômenos da eletricidade estática, isto é, independente de pilha e corrente.

e.le.tros.tá.ti.co (*eletro+estático*) *adj* Relativo ou pertencente à eletrostática.

e.le.tro.téc.ni.ca (*eletro+técnica*) *sf Eletr* Ciência e técnica da produção e aplicação prática da eletricidade; eletrotecnia.

e.le.tro.te.ra.pi.a (*eletro+terapia*) *sf Med* Método de tratamento de doenças por meio da eletricidade.

e.le.tro.ter.mi.a (*eletro+termo+ia¹*) *sf Med* **1** Transformação de energia elétrica em calor. **2** Emprego medicinal do calor de origem elétrica.

e.le.tro.tér.mi.co (*eletro+termo+ico²*) *adj* Que diz respeito à eletrotermia.

e.le.va.do (*part de elevar*) *adj* **1** Que se elevou. **2** Sublime. **3** Exagerado, excessivo: *Preço elevado*. • *sm* Via urbana construída em nível superior ao do solo.

e.le.va.dor (*elevar+dor*) *adj* Que eleva. • *sm* **1** Cabina ou plataforma móvel para subir ou descer pessoas ou cargas. **2** *lus* Ascensor.

e.le.var (*lat elevare*) *vtd* e *vpr* **1** Erguer(-se), levantar(-se). *vtd* **2** Aumentar. *vtd* **3** Tornar mais forte ou mais alto: *Elevar a voz*. *Antôn: abaixar*.

e.li.dir (*lat elidere*) *vtd* **1** Eliminar, suprimir. **2** *Gram* Fazer a elisão de.

e.li.mi.nar (*lat eliminare*) *vtd* **1** Fazer desaparecer; suprimir, excluir. **2** Fazer sair do organismo: *Pela transpiração eliminamos as toxinas*. **3** Matar.

e.lip.se (*gr élleipsis*) *sf* **1** *Geom* Seção de um cone circular reto por um plano oblíquo em relação ao eixo do cone. **2** *Gram* Omissão de palavras facilmente subentendidas.

e.li.são (*lat elisione*) *sf* **1** Eliminação, suspensão. **2** *Gram* Supressão da vogal átona final de um vocábulo, quando o seguinte começa por vogal ou por *h* seguido de vogal: *deste = de este*; *outrora = outra hora*. *Pl: elisões*.

e.li.te (*fr élite*) *sf* Aquilo que há de melhor na sociedade, num grupo, em uma classe; escol, nata.

e.li.tis.mo (*elite+ismo*) *sm* Sistema que favorece as elites, em prejuízo da maioria.

e.li.xir (*ár al'ikhîr*) *sm Farm* **1** Preparação líquida açucarada composta de substâncias aromáticas e medicamentosas. **2** *fig* Substância que tem efeito mágico. *Pl: elixires*.

el.mo (*é*) (*gót hilms*) *sm* Peça de armadura para a cabeça, espécie de capacete.

e.lo (*é*) (*lat anellu*) *sm* **1** Argola de corrente. **2** *fig* Ligação.

e.lo.cu.ção (*lat elocutione*) *sf Ret* Forma de exprimir o pensamento por meio de palavras escritas ou orais. *Pl: elocuções*.

e.lo.gi.ar (*lat elogiare*) *vtd* Fazer elogio de.

e.lo.gi.o (*lat elogiu*) *sm* Louvor, panegírico.

e.lon.ga.ção (*lat elongare+ção*) *sf Astr* **1** Distância entre um planeta e o Sol, ou o ângulo formado pelos raios visuais que partem do olho do observador para o planeta e para o Sol. **2** Distância entre um satélite e seu planeta. *Pl: elongações*.

e.lo.quên.cia (*qwe*) (*lat eloquentia*) *sf Ret* **1** Faculdade de falar ou escrever de maneira agradável, convincente e persuasiva. **2** Capacidade de expressar-se bem.

e.lo.quen.te (*qwe*) (*lat eloquente*) *adj m+f* Convincente, expressivo, persuasivo.

e.lu.ci.dar (*lat elucidare*) *vtd* Esclarecer, explicar.

e.lu.cu.bra.ção (*lat elucubratione*) *V lucubração*. *Pl: elucubrações*.

e.lu.si.vo (*lat elusu+ivo*) *adj* **1** Que tem tendência a fugir; furtivo, esquivo. **2** De difícil compreensão.
em (*lat in*) *prep* Expressa relação de: **1** Lugar: *Vivo em Campinas*. **2** Tempo: *Cheguei lá em duas horas*. **3** Avaliação ou cálculo: *A casa foi avaliada em duzentos e cinquenta mil dólares*. **4** Modo: *Tudo estava em boa ordem*. **5** Quantidade: *Foi dividido em três partes*. **6** Fim: *Foi pedida em casamento*. **7** Forma: *Revista em quadrinhos*. **8** Tempo presente: *Projeto em exame*. Participa da composição de adjuntos adnominais que especificam o significado do substantivo.
e.ma *sf* Ave corredora sul-americana, muito parecida com o avestruz. Voz: *grasna, ronca*.
e.ma.ci.a.ção (*emaciar+ção*) *sf Med* Emagrecimento excessivo.
e.ma.ci.a.do (*part* de *emaciar*) *adj* Emagrecido, macilento.
e.ma.ci.ar (*lat emaciare*) *vtd* **1** Tornar macilento, fazer emagrecer. *vint* e *vpr* **2** Tornar(-se) macilento ou magro.
e.ma.gre.cer (*em+magro+ecer*) *vtd* e *vint* Tornar (-se) magro. *Antôn: engordar*.
e-mail (*imêil*) (redução do *ingl eletronic mail*) *sm Inform* **1** Sistema para envio e recepção de mensagens por meio de comunicação eletrônica; correio eletrônico. **2** Essa mensagem. **3** Endereço na internet para onde essa mensagem é enviada.
e.ma.na.ção (*lat emanatione*) *sf* **1** Procedência, origem. **2** Exalação.
e.ma.nar (*lat emanare*) *vti* **1** Originar-se, proceder, provir, sair de. **2** Desprender-se.
e.man.ci.par (*lat emancipare*) *vtd* e *vpr* **1** Livrar (-se) do poder paternal ou de tutela: *O pai emancipou o filho, que ainda era menor. Luísa queria emancipar-se*. **2** Libertar(-se), tornar(-se) livre.
e.ma.ra.nha.do (*part* de *emaranhar*) *adj* Misturado desordenadamente, embaraçado. • *sm* Aquilo que é emaranhado.
e.ma.ra.nhar (*e+maranha+ar¹*) *vtd* **1** Misturar desordenadamente, embaraçar, enredar. *vtd* e *vpr* **2** Confundir(-se), complicar(-se).
e.mas.cu.lar (*e+másculo+ar¹*) *vtd* e *vpr* Tirar a virilidade a, ou perdê-la.
em.ba.çar (*em+baço+ar¹*) *vtd, vint* e *vpr* **1** Embaciar. *vtd* **2** Tirar o prestígio a. *vtd* e *vpr* **3** Enganar (-se), iludir(-se). *vint* **4** *gír* Atrasar propositadamente.
em.ba.ci.ar (*em+bacia+ar¹*) *vtd* **1** Provocar a perda do brilho ou da transparência: *A água gelada embaciou o copo*. *vint* e *vpr* **2** Perder o brilho ou a transparência: *Seus olhos se embaciaram*. *Var: embaçar*.
em.ba.i.nhar (*em+bainha+ar¹*) *vtd* **1** Colocar na bainha: *Embainhar a espada*. **2** Fazer bainha em: *A costureira embainhou a calça*.
em.bai.xa.da (*fr ambassade*) *sf* **1** Cargo ou missão de embaixador. **2** Missão junto a um governo. **3** Edifício onde o embaixador exerce suas funções. **4** *Esp* No futebol, lance em que o jogador mantém a bola dominada por algum tempo, cabeceando-a ou chutando-a sucessivamente, sem deixá-la tocar no chão.
em.bai.xa.dor (*embaixar+dor*) *sm* **1** A posição mais elevada de representante diplomático de um governo, junto de outro governo. **2** Pessoa encarregada de missão pública ou particular. *Fem: embaixadora* (representante diplomática) e *embaixatriz* (mulher de embaixador).
em.bai.xa.do.ra (*fem* de *embaixador*) *sf* Mulher que exerce as funções de embaixador. *Cf embaixatriz*.
em.bai.xa.triz (*embaixa(dor)+triz*) *sf* Mulher de embaixador. *Cf embaixadora*.
em.bai.xo (*em+baixo*) *adv* Na parte inferior.
em.ba.la.do (*part* de *embalar*) *adj* Que se guardou em embalagem. • *adv* Com grande velocidade: *O carro vinha embalado*.
em.ba.la.dor (*embalar+dor*) *adj* + *sm* **1** Que, ou aquele que faz embalagens de mercadorias. **2** Que, ou aquele que embala.
em.ba.la.gem (*fr emballage*) *sf* **1** Ato ou efeito de embalar. **2** Acondicionamento, empacotamento.
em.ba.lar¹ *vtd* **1** Balançar o berço, acalentar para adormecer. *vtd* e *vpr* **2** Acelerar(-se).
em.ba.lar² (*fr emballar*) *vtd* Acondicionar, empacotar.
em.ba.lo (*de embalar*) *sm* **1** Balanço. **2** Precipitação, impulso. **3** *gír* Festa movimentada e barulhenta.
em.bal.sa.ma.do (*part* de *embalsamar*) *adj* **1** Que sofreu o processo de embalsamamento. **2** Perfumado.
em.bal.sa.ma.men.to (*embalsamar+mento*) *sm* Ato ou efeito de embalsamar.
em.bal.sa.mar (*em+bálsamo+ar¹*) *vtd* **1** Preparar cadáveres para evitar sua decomposição. *vtd* e *vpr* **2** Perfumar-se.
em.ba.na.na.do (*part* de *embananar*) *adj gír* **1** Confuso, embaraçado, complicado. **2** Que está em dificuldades ou em situação embaraçosa.
em.ba.na.nar (*em+banana+ar¹*) *vtd* e *vpr gír* **1** Tornar(-se) confuso, complicar(-se). **2** Colocar (-se) em dificuldades ou em situação embaraçosa.
em.ban.dei.rar (*em+bandeira+ar¹*) *vtd* e *vpr* Ornar(-se) com bandeiras.
em.ba.ra.çar (*em+baraca+ar¹*) *vtd* **1** Causar, pôr embaraço a; impedir. *vtd* **2** Complicar. *vpr* **3** Embrulhar-se, sentir embaraços.
em.ba.ra.ço (*de embaraçar*) *sm* **1** Impedimento, obstáculo, dificuldade. **2** Perturbação, hesitação.
em.ba.ra.ço.so (ô) (*embaraço+oso*) *adj* Que causa embaraço. *Pl: embaraçosos* (ó).
em.ba.ra.fus.tar (*em+barafusta+ar¹*) *vti* Entrar, penetrar, transpor em desordem: *Embarafustou pela casa adentro*.
em.ba.ra.lha.do (*part* de *embaralhar*) *adj* **1** Misturado. **2** Que se acha em desordem.
em.ba.ra.lhar (*em+baralho+ar¹*) *vtd* e *vpr* **1** Misturar(-se), confundir(-se). *vtd* e *vint* **2** Misturar as cartas do baralho.
em.bar.ca.ção (*embarcar+ção*) *sf* Qualquer veículo destinado a navegar no mar, lagos ou rios. *Pl: embarcações*.
em.bar.ca.dou.ro (*embarcar+douro*) *sm* Lugar onde se embarca; porto; cais.
em.bar.car (*em+barco+ar¹*) *vtd* **1** Pôr dentro de uma embarcação: *Embarcar mercadorias*. *vti, vint* e *vpr* **2** Entrar em embarcação ou em qualquer outro veículo para viajar: *Embarcamos no navio. É hora de embarcar. Assim que chegou, embarcou-se no primeiro avião*. *vti* **3** *gír* Deixar-se enganar: *Embarcou na conversa do trapaceiro, que acabou*

levando seu dinheiro. vint **4** *gír* Morrer. Conjuga-se como *trancar.*

em.bar.gar (*lat vulg* *imbarricare) *vtd* Impedir o uso de; pôr obstáculos a.

em.bar.go (de *embargar*) *sm* Obstáculo, impedimento.

em.bar.que (de *embarcar*) *sm* **1** Ato de embarcar (-se). **2** Lugar onde se embarca.

em.bar.ri.gar (*em+barriga+ar¹*) *vint* **1** Tornar-se barrigudo (o animal). **2** Engravidar.

em.ba.sa.men.to (*embasar+mento*) *sm* **1** Base de edifício ou construção. **2** *fig* Fundamento, base: *Embasamento teórico.*

em.ba.sar (*em+base+ar¹*) *vtd* **1** Fazer o embasamento de. *vpr* **2** Fundar-se, basear-se.

em.bas.ba.car (*em+basbaque+ar¹*) *vtd* **1** Causar espanto a. *vint* e *vpr* **2** Ficar boquiaberto; pasmar-se.

em.ba.te (de *embater*) *sm* Choque, colisão, impacto, encontrão.

em.ba.ter (*em+bater*) *vti* e *vint* **1** Provocar choque. *vti, vint* e *vpr* **2** Encontrar(-se) violentamente.

em.ba.tu.ca.do (*part* de *embatucar*) *adj* Calado; embaraçado.

em.ba.tu.car (*em+batoque+ar¹*) *vint* Calar-se; não poder falar.

em.ba.tu.mar (*em+betume+ar¹*) *vtd* Encher excessivamente.

em.be.be.dar (*em+bêbedo+ar¹*) *vtd* e *vpr* Embriagar(-se); tornar(-se) bêbado.

em.be.ber (*em+beber*) *vtd* **1** Fazer penetrar um líquido em. *vtd* **2** Absorver. *vpr* **3** Encharcar-se.

em.bei.çar (*em+beiço+ar¹*) *vtd* e *vpr* Tornar-se apaixonado; enamorar(-se).

em.be.le.zar (*em+beleza+ar¹*) *vtd* e *vpr* **1** Tornar (-se) belo. *vtd* **2** Ornar, enfeitar.

em.bes.tar (*em+besta¹+ar¹*) *vtd* **1** Tornar estúpido. *vpr* **2** Teimar, obstinar-se.

em.be.ve.cer (*em+beber+ecer*) *vtd* **1** Cativar, enlevar. *vpr* **2** Ficar encantado, extasiado.

em.be.ve.ci.do (*part* de *embevecer*) *adj* Extasiado, encantado, fascinado.

em.be.zer.rar (*em+bezerro+ar¹*) *vint* e *vpr pop* **1** Zangar-se, emburrar. **2** Teimar, obstinar-se.

em.bi.car (*em+bico+ar¹*) *vtd* **1** Dar a forma de bico a; erguer em ponta. *vti* **2** Esbarrar, encostar. *vti* e *vpr* **3** Dirigir-se, encaminhar-se: *Embicou para a rua. Todos se embicaram para a saída.*

em.bir.rar (*em+birra+ar¹*) *vti* **1** Teimar muito. *vti* **2** Antipatizar, implicar. *vint* **3** Ficar birrento.

em.bir.ren.to (*embirrar+ento*) *adj* **1** Antipático. **2** Teimoso, birrento.

em.bi.ru.tar (*em+biruta+ar¹*) *vint gír* Enlouquecer.

em.ble.ma (*gr émblema*) *sm* **1** Insígnia, símbolo. **2** Símbolo de um conceito ou sentimento.

em.bo.a.ba *s m+f* **1** Apelido dado pelos descendentes dos bandeirantes paulistas da época colonial aos forasteiros portugueses e brasileiros de outras regiões que entravam no sertão em busca de ouro e pedras preciosas. **2** *por ext* Forasteiro.

em.bo.ca.du.ra (*embocar+dura*) *sf* **1** Parte do freio que entra na boca do cavalo. **2** Entrada de rua, de estrada. **3** Foz de rio. **4** Posição dos lábios no bocal dos instrumentos de sopro.

em.bo.car (*em+boca+ar¹*) *vtd* **1** Pôr na boca ou chegar a ela (um instrumento de sopro). *vtd* **2** Esvaziar, bebendo: *Embocaram muitos copos de suco. vti* **3** Entrar: *O jipe embocou pela estrada estreita.*

em.bo.la.da (*part fem* de *embolar*) *sf Folc* Forma poético-musical do Nordeste brasileiro, usada nas peças com refrão ou dialogadas (como os desafios).

em.bo.lar (*em+bola+ar¹*) *vint* **1** Cair de repente, rolando como uma bola. *vint* **2** *gír* Engalfinhar-se, rolando com o adversário por terra. *vpr* **3** Juntar-se confusamente: *As pessoas se embolaram na porta do cinema.*

em.bo.li.a (*gr embolé+ia¹*) *sf Med* Obstrução de uma artéria ou veia por coágulo sanguíneo.

êm.bo.lo (*gr émbolos*) *sm* **1** *Mec* Disco ou cilindro móvel de seringas, bombas, cilindros de motores etc.; pistão. **2** *Med* Partícula anormal sólida, líquida ou gasosa que entra na corrente sanguínea.

em.bo.lo.rar (*em+bolor+ar¹*) *vtd* e *vint* Criar bolor.

em.bo.lo.tar (*em+bolota+ar¹*) *vtd* **1** Encaroçar. *vint* **2** Criar caroço.

em.bol.sar (*em+bolsa+ar¹*) *vtd* **1** Colocar na bolsa ou no bolso. **2** Receber; entrar na posse de. **3** Pagar o que se deve a.

em.bol.so (*ô*) (de *embolsar*) *sm* Pagamento, reembolso. *Pl: embolsos* (*ô*).

em.bo.ne.car (*em+boneca+ar¹*) *vtd* e *vpr* Enfeitar (-se) muito.

em.bo.ra (da expressão *em boa hora*) *adv* Em boa hora: *Vá embora!* • *conj* Ainda que, conquanto, se bem que: *Continuou a andar, embora estivesse cansado.*

em.bor.car (*em+borco+ar¹*) *vtd* **1** Pôr boca para baixo. *vtd* **2** Derramar na boca, bebendo. *vint* e *vpr* **3** Cair de barriga para baixo.

em.bor.nal (*em+bornal*) *sm* **1** Saco ou bolsa com alça, que se leva pendurada no ombro, para transporte de comida, ferramentas etc. **2** Saco que se põe no focinho das bestas. *Pl: embornais.*

em.bor.ra.char (*em+borracha+ar¹*) *vtd* e *vpr* Embebedar(-se), embriagar(-se).

em.bos.ca.da (*part fem* de *emboscar*) *sf* **1** Ato de esperar, às escondidas, aquele a quem se quer agredir ou matar. **2** Cilada, tocaia.

em.bos.car (*em+bosque+ar¹*) *vtd* **1** Armar emboscada. *vtd* **2** Tocaiar. *vpr* **3** Pôr-se em emboscada.

em.bos.te.ar (*em+bosta+e+ar¹*) *vtd vulg* Sujar de bosta; emporcalhar. Conjuga-se como *frear.*

em.bo.tar (*em+boto+ar¹*) *vtd* **1** Tirar o corte, o fio ou gume a: *Embotar uma faca. vtd* e *vpr* **2** Enfraquecer(-se). *vtd* e *vpr* **3** Tornar(-se) insensível.

em.bran.de.cer (*em+brando+ecer*) *vtd* **1** Tornar brando, mole, flexível. *vtd* e *vpr* **2** Comover(-se), enternecer(-se).

em.bran.que.cer (*em+branco+ecer*) *vtd, vint* e *vpr* Tornar(-se) branco.

em.bran.que.ci.men.to (*embranquecer+mento*) *sm* Ato ou efeito de embranquecer(-se).

em.bra.ve.cer (*em+bravo+ecer*) *vtd* **1** Tornar bravo, feroz: *A falta de alimento embravecia os animais. vint* e *vpr* **2** Irritar(-se), enfurecer(-se).

em.bra.ve.ci.do (*part* de *embravecer*) *adj* Que se tornou bravo ou feroz; enfurecido.

em.bre.a.gem (*fr embrayage*) *sf Mec* Dispositivo que libera o motor para a mudança das marchas.

em.bre.ar (*fr embrayer*) *vtd* e *vint* Acionar a embreagem de. Conjuga-se como *frear*.
em.bre.nhar (*em+brenha+ar¹*) *vtd* e *vpr* Introduzir(-se), esconder(-se) dentro do mato.
em.bri.a.ga.do (*part* de *embriagar*) *adj* 1 Bêbado. 2 *fig* Encantado, extasiado.
em.bri.a.ga.dor (*embriagar+dor*) *adj* Que embriaga.
em.bri.a.gar (*lat vulg *ebriacare*) *vint* 1 Produzir embriaguez: *Bebida forte embriaga depressa. vtd* 2 Causar embriaguez a: *Vários copos de vinho embriagaram o rapaz. vpr* 3 Ingerir bebidas alcoólicas, embebedar-se. *vtd* e *vpr* 4 *fig* Encantar(-se), extasiar(-se), maravilhar(-se).
em.bri.a.guez (*embriag(ar)+ez*) *sf* 1 Estado de quem se acha embriagado. 2 *fig* Encanto, êxtase.
em.bri.ão (*gr émbryon*) *sm* 1 *Biol* Ser vivo nas primeiras fases do desenvolvimento. 2 *fig* Começo, origem. *Pl: embriões.*
em.bri.o.lo.gi.a (*êmbrio+logo+ia¹*) *sf Biol* Ciência que estuda a formação e o desenvolvimento do embrião.
em.bri.o.ná.rio (*embrião+ário*) *adj* 1 *Biol* Referente ao embrião. 2 Que está em vias de formação; que começa a desenvolver-se.
em.bro.mar (*cast embromar*) *vtd* 1 Fazer muito devagar. *vint* 2 Demorar a cumprir o que se prometeu. *vtd* 3 Enganar, iludir.
em.bru.lha.da (*part fem* de *embrulhar*) *sf pop* 1 Confusão, desordem. 2 Embaraço, dificuldade.
em.bru.lhão (*embrulhar+ão*) *adj pop* Complicado, confuso, atrapalhado. • *sm pop* Aquele que complica ou dificulta as coisas. *Fem: embrulhona. Pl: embrulhões.*
em.bru.lhar (*lat vulg *involucrare*) *vtd* 1 Envolver em pano, papel etc.; empacotar. *vtd* 2 Complicar, confundir, dificultar: *Ele embrulhou suas explicações. vtd* 3 Enjoar, ter náuseas. *vtd* 4 Enganar, ludibriar. *vpr* 5 Complicar-se, embaraçar-se.
em.bru.lho (de *embrulhar*) *sm* 1 Objeto embrulhado; pacote. 2 Embaraço, embrulhada.
em.bru.te.cer (*em+bruto+ecer*) *vtd*, *vint* e *vpr* Tornar(-se) bruto ou estúpido.
em.bu.çar (*embuço+ar¹*) *vtd* e *vpr* 1 Disfarçar(-se). 2 Cobrir(-se) até aos olhos.
em.bu.char (*em+bucho+ar¹*) *vtd* 1 *gír* Encher o bucho com. *vint* 2 Fartar-se de comida. *vint* 3 Sufocar por não conseguir engolir a comida que se tem na boca. *vint* 4 Estar aborrecido, descontente. *vtd* 5 *Mec* Colocar uma peça dentro de outra, para diminuir a folga.
em.bur.rar (*em+burro+ar¹*) *vtd* 1 Tornar estúpido. *vint* 2 Ficar mal-humorado, aborrecido.
em.bus.te *sm* 1 Mentira. 2 Engano propositado; logro, ardil.
em.bus.tei.ro (*embuste+eiro*) *adj + sm* 1 Que, ou aquele que usa de embuste. 2 Impostor, trapaceiro.
em.bu.ti.do (*part* de *embutir*) *adj* 1 Introduzido à força. 2 Que foi encaixado num vão de parede, formando com esta uma superfície mais ou menos contínua. • *sm* Denominação genérica de preparações alimentícias feitas com carne picada temperada, colocada em tripas, como a linguiça, a salsicha etc.
em.bu.tir (*fr emboutir*) *vtd* 1 Introduzir à força. 2 Construir, encaixar ou montar como parte integrante de alguma coisa.
e.me (*êma*) *sm* O nome da letra m. *Pl: emes* ou *mm.*
e.men.da (de *emendar*) *sf* 1 Ato de emendar(-se). 2 Lugar onde uma peça se junta a outra, para corrigir algum defeito, aumentar sua dimensão etc.; remendo. 3 Modificação de projeto ou anteprojeto de lei que se acha em discussão numa câmara legislativa.
e.men.da.do (*part* de *emendar*) *adj* 1 Corrigido, alterado, modificado. 2 Colado, ligado, unido.
e.men.dar (*lat emendare*) *vtd* 1 Corrigir, alterar, modificar. *vtd* 2 Ligar, unir, para formar um todo. *vpr* 3 Arrepender-se, corrigir-se.
e.men.ta (*lat ementa, pl* de *ementu*) *sf* 1 Resumo. 2 Apontamento.
e.mer.gên.cia (*lat emergentia*) *sf* 1 Ato de emergir. 2 Situação crítica. 3 Caso de urgência.
e.mer.gen.ci.al (*emergência+al¹*) *adj m+f* Relativo a, ou que se caracteriza como emergência.
e.mer.gen.te (*lat emergente*) *adj m+f* 1 Que emerge. 2 Que procede ou resulta.
e.mer.gir (*lat emergere*) *vint* 1 Sair de onde estava mergulhado. 2 Manifestar-se, tornar-se evidente. *Antôn: imergir. Conjug:* conjuga-se como *divergir;* porém é comum substituir-se a 1ª pessoa do singular do presente do indicativo, *emirjo* (em desuso), por *emerjo* e desta derivar o presente do subjuntivo: *emerja, emerjas* etc. *Part: emergido* e *emerso.*
e.mé.ri.to (*lat emeritu*) *adj* Que tem muita experiência numa ciência, arte ou profissão; sábio.
e.mer.são (*lat emersione*) *sf* Ato de sair de um líquido. *Antôn: imersão. Pl: emersões.*
e.mé.ti.co (*gr emetikós*) *adj Med* Que provoca vômitos.
e.mi.gra.ção (*emigrar+ção*) *sf* Ato de emigrar. *Pl: emigrações. Cf imigração.*
e.mi.gran.te (*lat emigrante*) *adj* e *s m+f* Que, ou aquele que emigra. *Cf imigrante.*
e.mi.grar (*lat emigro*) *vint* Deixar um país (geralmente o de origem) para ir estabelecer-se em outro.

> O verbo **emigrar** não tem apenas o significado de permanência, visto que certos animais mudam anualmente de país, temporariamente, para fugir dos rigores do clima.
> *As andorinhas norte-americanas **emigram** para o Brasil para fugir do inverno do hemisfério norte e retornam ao lar, meses depois, sem perder o rumo.*

e.mi.nên.cia (*lat eminentia*) *sf* 1 Altura, elevação. 2 Excelência, superioridade. 3 Tratamento dado aos cardeais. *Cf iminência.*
e.mi.nen.te (*lat eminente*) *adj m+f* 1 Que se eleva acima do que o rodeia; alto, elevado. 2 Excelente, sublime. *Cf iminente.*
e.mir (*ár 'amîr*, via *fr*) *sm* 1 Cada um dos descendentes de Maomé. 2 Chefe de algumas tribos muçulmanas.
e.mi.ra.do (*emir+ado²*) *sm* 1 Território governado por um emir. 2 Cargo de emir.
e.mis.são (*lat emissione*) *sf* 1 Ato de emitir. 2 Ação de pôr em circulação uma nova moeda, selos, ações etc. *Pl: emissões.*
e.mis.sá.rio (*lat emissariu*) *sm* 1 Aquele que é mandado a cumprir uma missão. 2 Mensageiro.

e.mis.so.ra (fem de *emissor*) *sf* Estação que transmite programas de televisão ou rádio.

e.mi.ten.te (de *emitir*) *s m+f Com* Pessoa que emite cheque, nota promissória, duplicata, criando uma obrigação de pagamento.

e.mi.tir (*lat emittere*) *vtd* **1** Enviar, expedir: *Emitir um cartão-postal*. **2** Soltar de si, desprender: *As estrelas emitem raios luminosos*. **3** Exprimir, enunciar, dizer (opinião, ideia, palavra). **4** Produzir, formar (som). **5** Pôr em circulação: *O governo emitiu dinheiro*.

e.mo.ção (*fr émotion*) *sf* Reação repentina, intensa e passageira causada por surpresa, medo, alegria etc. *Pl: emoções*.

e.mo.ci.o.nal (*emoção+al¹*) *adj m+f* Que tem ou revela emoção.

e.mo.ci.o.nan.te (de *emocionar*) *adj m+f* Que causa emoção; comovente.

e.mo.ci.o.nar (*emoção+ar¹*) *vtd* **1** Causar emoção; comover. *vpr* **2** Sentir emoção; comover-se.

e.mol.du.rar (*em+moldura+ar¹*) *vtd* **1** Pôr em moldura. **2** Adornar, enfeitar, guarnecer.

e.mo.li.en.te (*lat emoliente*) *adj + sm Med* Diz-se do, ou o medicamento que abranda uma inflamação.

e.mo.lu.men.to (*lat emolumentu*) *sm* **1** Gratificação, retribuição. **2** Ganho, proveito. *sm pl* Lucros obtidos ocasionalmente, além do rendimento fixo.

e.mo.ti.vo (*lat emotu+ivo*) *adj* **1** Que tem tendência a se emocionar. **2** Que tem ou revela emoção.

em.pa.car (*cast empacarse*) *vint* **1** Não querer caminhar mais (o animal), firmando as patas no chão. **2** *pop* Não prosseguir; parar ou manter-se parado.

em.pa.char (*provençal empachar*) *vtd e vpr* Encher(-se) muito, empanturrar(-se) (de comida).

em.pa.ço.car (*em+paçoca+ar¹*) *vtd* **1** Amarrotar. **2** Embaraçar, emaranhar.

em.pa.co.tar (*em+pacote+ar¹*) *vtd* **1** Pôr em pacote; embrulhar, embalar. *vint* **2** *gír* Morrer.

em.pa.da (de *empanada*) *sf Cul* Iguaria de massa, com recheio, coberta com a própria massa, assada em forma.

em.pá.fia *sf* Orgulho excessivo; vaidade, arrogância.

em.pa.la.ção (*empalar+ção*) *sf* Suplício antigo que consistia em espetar um condenado, pelo ânus, numa estaca aguda que lhe atravessava as entranhas, deixando-o morrer.

em.pa.lar (*cast empalar*) *vtd* Aplicar o suplício da empalação a.

em.pa.lhar (*em+palha+ar¹*) *vtd* **1** Forrar ou cobrir com palha. **2** Tecer com palha. **3** Rechear a pele de animais mortos, de modo que conservem a forma externa.

em.pa.li.de.cer (*em+pálido+ecer*) *vtd e vint* Tornar(-se) pálido; perder a cor ou o brilho.

em.pa.li.de.ci.do (*part* de *empalidecer*) *adj* Que ficou pálido; que perdeu a cor ou o brilho.

em.pa.nar (*em+pano+ar¹*) *vtd* **1** Cobrir com panos. **2** Ocultar, esconder. **3** Tirar o brilho; embaciar. **4** *Cul* Passar (carne, peixe etc.) no ovo e na farinha de rosca ou de trigo.

em.pan.tur.rar (*em+panturra+ar¹*) *vtd e vpr* Encher(-se) de comida.

em.pan.zi.nar (*em+pança+ino+ar¹*) *vtd e vpr* Encher(-se) de comida; empanturrar(-se).

em.pa.par (*em+papa+ar¹*) *vtd* **1** Cobrir de papas. *vtd* **2** Tornar mole, fazendo entrar um líquido em. *vtd e vpr* **3** Ensopar(-se), encharcar(-se).

em.pa.pu.ça.do (*part* de *empapuçar*) *adj* **1** Cheio de papos ou pregas: *Calça empapuçada*. **2** Inchado: *Olhos empapuçados*.

em.pa.pu.çar (*em+papo+uço+ar¹*) *vtd e vpr* **1** Encher(-se) de papos ou pregas. *vpr* **2** Tornar-se inchado. *vpr* **3** *gír* Tomar drogas em demasia.

em.pa.re.dar (*em+parede+ar¹*) *vtd e vpr* Encerrar (-se) entre paredes.

em.pa.re.lhar (*em+parelha+ar¹*) *vtd* **1** Reunir, juntar com outro: *Emparelhar animais*. *vtd* **2** Tornar igual: *A morte emparelha o pobre ao rico*. *vti e vint* **3** Ficar lado a lado: *Logo emparelhou com seu adversário. Os carros em-parelharam*.

em.pas.tar (*em+pasta+ar¹*) *vtd* **1** Transformar em pasta. *vtd* **2** Cobrir de pasta. *vpr* **3** Formar pasta.

em.pas.te.lar (*em+pastel+ar¹*) *vtd* **1** Misturar confusamente (caracteres ou outro material tipográfico). **2** Destruir as oficinas de um jornal, revista etc., geralmente por motivos políticos. **3** Estragar.

em.pa.tar (*ital impattare*) *vtd* **1** Interromper o seguimento de. *vtd* **2** Empregar (dinheiro) sem obter lucros imediatos. *vtd e vti* **3** Igualar em votos. *vtd, vti e vint* **4** Chegar ao final de (competição ou jogo) sem que haja vencedor.

em.pa.te (de *empatar*) *sm* Conclusão de competição ou de votação sem vencedor.

em.pa.ti.a (*gr empátheia*) *sf Psicol* Tendência para sentir o mesmo que outra pessoa.

em.pa.vo.nar (*em+pavão+ar¹*) *vtd e vpr* Tornar(-se) ou mostrar(-se) muito vaidoso.

em.pe.ci.lho (*empec(er)+ilho*) *sm* Obstáculo, embaraço, impedimento.

em.pe.der.ni.do (*part* de *empedernir*) *adj* **1** Duro como pedra; endurecido. **2** *fig* Duro, insensível, cruel.

em.pe.der.nir (*em+lat tardio petrinu+ir*) *vtd* **1** Endurecer como pedra, petrificar. *vtd, vint e vpr* **2** Tornar(-se) duro, insensível, cruel. *Conjug:* verbo defectivo; conjuga-se como *falir*.

em.pe.drar (*em+pedra+ar¹*) *vtd* Calçar ou revestir com pedras.

em.pe.lo.tar (*em+pelota+ar¹*) *vtd* Reduzir a pelotas.

em.pe.nar (*empena+ar¹*) *vtd e vint* **1** Entortar(-se), torcer(-se) (a madeira) sob a ação da umidade ou do calor. *vtd* **2** Enfeitar com penas. *vint e vpr* **3** Criar penas.

em.pe.nhar (*lat vulg *impegnare*) *vtd* **1** Dar em penhor, em garantia. *vpr* **2** Dedicar todo o empenho em alguma coisa.

em.pe.nho (de *empenhar*) *sm* **1** Ato de dar ou receber em penhor, em garantia. **2** Recomendação, intervenção a favor de. **3** Grande interesse, dedicação. *Ter* (ou *pôr*) *empenho em:* importar-se muito com; estar muito interessado em.

em.pe.no (de *empenar*) *sm* Curvatura causada na madeira, por exposição ao calor ou à umidade.

em.pe.pi.nar (*em+pepino+ar¹*) *vint pop* Tornar-se difícil de resolver.

em.pe.ri.qui.ta.do (*part* de *emperiquitar*) *adj* Muito enfeitado.

em.pe.ri.qui.tar (*em+periquito+ar¹*) *vpr* Enfeitar-se demais.

em.per.rar (*em+perro+ar¹*) *vtd* **1** Entravar, impedir o movimento de: *A falta de lubrificação emperrou a engrenagem. vint* **2** Ficar difícil de mover-se: *A gaveta emperrou.*

em.per.ti.gar (*em+pertiga+ar¹*) *vpr* **1** Endireitar--se. **2** Encher-se de vaidade, de orgulho, de arrogância.

em.pes.te.ar (*em+peste+ar¹*) *vtd* e *vpr* **1** Infectar(-se) com peste, tornar(-se) pestilento. *vtd* **2** Corromper, depravar. Conjuga-se como *frear*.

em.pe.te.car (*em+peteca+ar¹*) *vtd* e *vpr bras* Enfeitar(-se) ou vestir(-se) exageradamente, com mau gosto.

em.pi.lha.dei.ra (*empilhar+deira*) *sf* Máquina destinada a empilhar as cargas de fábricas, depósitos etc.

em.pi.lhar (*em+pilha+ar¹*) *vtd* **1** Colocar em pilha. *vpr* **2** Ficar amontoado em pilhas.

em.pi.nar (*em+pino+ar¹*) *vtd* **1** Erguer: *Empinar o peito. vtd* **2** Fazer subir muito alto: *Empinar papagaio. vpr* **3** Levantar-se sobre as patas traseiras (a cavalgadura). *vpr* **4** *fig* Encher-se de presunção ou vaidade.

em.pi.po.car (*em+pipoca+ar¹*) *vint Med* Criar bolhas ou pústulas (no corpo). *Conjug:* normalmente é verbo defectivo; usado somente nas 3ᵃˢ pessoas.

em.pí.ri.co (*gr empeirikós*) *adj* Que se baseia somente na experiência, e não no estudo.

em.pi.ris.mo (*empiria+ismo*) *sm Filos* Doutrina segundo a qual o conhecimento prático está baseado somente na experiência.

em.pla.car (*em+placa+ar¹*) *vtd* **1** Colocar placa em. **2** *pop* Atingir, alcançar (certo ano ou idade).

em.plas.trar (*emplasto+ar¹*) *vtd* **1** Aplicar emplastro em. **2** Espalhar (tinta, por exemplo) às camadas.

em.plas.tro (*gr émplastron*) *sm* **1** *Farm* Medicamento de uso externo, adesivo ao corpo. **2** *fig* Pessoa doente e incapacitada. **3** *pop* Pessoa insuportável, inconveniente.

em.plu.mar (*em+pluma+ar¹*) *vtd* e *vpr* **1** Enfeitar(-se) de plumas ou penas. **2** Criar penas, cobrir--se de penas.

em.po.ar (*em+pó+ar¹*) *vtd* e *vpr* Cobrir(-se) de pó.

em.po.bre.cer (*em+pobre+ecer*) *vtd, vint* e *vpr* Tornar(-se) pobre. *Antôn:* enriquecer. Conjuga-se como *crescer*.

em.po.bre.ci.do (*part* de *empobrecer*) *adj* Tornado pobre.

em.po.bre.ci.men.to (*empobrecer+mento²*) *sm* **1** Ato de empobrecer(-se). **2** Perda dos bens.

em.po.çar (*em+poça+ar²*) *vint* Formar poça. *Cf empossar.*

em.po.ei.rar (*em+poeira+ar¹*) *vtd* e *vpr* Cobrir(-se) ou encher(-se) de poeira.

em.po.la (*ô*) (*lat ampulla*) *sf* **1** Ampola. **2** Bolha na pele. *Pl: empolas* (*ô*).

em.po.la.do (*part* de *empolar*) *adj* **1** Que tem empolas. **2** Cheio de pompa; exagerado: *Linguagem empolada.*

em.po.lar (*empola+ar²*) *vtd* **1** Produzir empolas, bolhas em: *O cabo da enxada empolou suas mãos. vint* e *vpr* **2** Criar empolas, bolhas: *A queimadura empolou* (ou *empolou-se*). *vtd* **3** Tornar exagerado, pomposo: *Empolar o estilo.*

em.po.lei.rar (*em²+poleiro+ar²*) *vtd* e *vpr* **1** Pôr(-se) em poleiro: *Empoleirou o frango.* As ga-

linhas *empoleiraram-se. vpr* **2** Subir a um lugar alto: *O garoto empoleirou-se no telhado.*

em.pol.ga.ção (*empolgar+ção*) *sf* Grande animação; entusiasmo. *Pl: empolgações.*

em.pol.gar (*lat vulg *impollicare*, de *pollex*) *vtd* **1** Tomar com a mão; segurar. *vtd* **2** Tirar com violência, arrancar. *vtd* **3** Atrair, prender a atenção de; comover. *vpr* **4** Entusiasmar-se.

em.pom.bar (*em+pomba+ar¹*) *vti* e *vpr pop* Zangar-se.

em.por.ca.lhar (*em+porco+alho+ar¹*) *vtd* e *vpr* Tornar(-se) imundo, sujar(-se).

em.pó.rio (*gr empórion*) *sm* **1** Loja de secos e molhados; venda. **2** Centro de comércio internacional.

em.pos.sar (*em+posse+ar¹*) *vtd* **1** Dar posse a. *vpr* **2** Tomar posse. *Cf empoçar.*

em.pos.ta.do (*part* de *empostar*) *adj* Diz-se da voz emitida corretamente: *Ator com voz empostada.*

em.pos.tar (*em+posto+ar¹*) *vtd* Emitir (a voz) corretamente.

em.pre.en.de.dor (*empreender+dor*) *adj* + *sm* Que, ou quem tenta realizar algo difícil ou fora do comum; ativo, arrojado.

em.pre.en.der (*em+lat prehendere*) *vtd* **1** Tentar realizar algo difícil ou fora do comum. **2** Pôr em execução; realizar.

em.pre.en.di.men.to (*empreender+mento²*) *sm* **1** Ato de empreender. **2** Realização.

em.pre.ga.do (*part* de *empregar*) *adj* **1** Que está empregado; usado, aplicado. **2** Que tem emprego. • *sm* Aquele que presta serviços mediante salário.

em.pre.ga.dor (*empregar+dor*) *adj* Que empregado. *sm* Proprietário de estabelecimento ou empresa, em relação aos empregados; patrão.

em.pre.gar (*lat implicare*) *vtd* **1** Dar emprego ou aplicação a. *vtd* **2** Dar emprego ou colocação a. *vpr* **3** Obter emprego: *Depois de muito tempo, ele conseguiu empregar-se. vtd* **4** Fazer uso de; aproveitar: *Empregou bem o tempo.*

em.pre.ga.tí.cio (*empregado+ício*) *adj* Relativo a emprego (acepção 2).

em.pre.go (*ê*) (de *empregar*) *sm* **1** Uso, aplicação. **2** Função, cargo. **3** O local onde se está empregado.

em.pre.guis.mo (*emprego+ismo*) *sm* Tendência para dar empregos públicos por interesses políticos.

em.prei.ta.da (*part fem* de *empreitar*) *sf* **1** Obra a cargo de uma ou mais pessoas com pagamento previamente combinado. **2** Empreendimento, tarefa desagradável ou difícil.

em.prei.tar (*em+preito+ar¹*) *vtd* Tomar ou fazer trabalho por empreitada.

em.prei.tei.ra (*emprei+(ada)+eira*) *sf bras* Empresa que executa empreitadas.

em.pre.nhar (*em+prenhe+ar¹*) *vtd* **1** Tornar prenhe (mulher ou fêmea). *vint* **2** Engravidar.

em.pre.sa (*ê*) (*ital impresa*) *sf* **1** Empreendimento. **2** Sociedade organizada para a produção ou venda de mercadorias ou serviços em indústria ou comércio; estabelecimento: *Empresa industrial. Empresa mercantil. Empresa de transportes. Empresa fantasma:* empresa sem registro nos órgãos competentes, que emite notas fiscais e outros documentos falsos.

em.pre.sa.ri.a.do (*empresário+ado¹*) *sm* A classe dos empresários; os empresários.

em.pre.sá.rio (*empresa+ário*) *sm* **1** Pessoa que se estabelece com uma empresa. **2** Pessoa que se encarrega da vida profissional e dos interesses de um artista, atleta etc. *Fem: empresária.*

em.pres.tar (*em+prestar*) *vtd* e *vti* **1** Entregar, dar alguma coisa a outra pessoa com a obrigação de devolvê-la depois: *Emprestou um disco ao colega.* *vtd* e *vti* **2** *pop* Tomar emprestado: *Emprestava livros dos amigos. vtd* **3** Dar a juros (dinheiro).

em.prés.ti.mo (do *part arc empréstido*, com influência de *préstimo*) *sm* **1** Ato de emprestar. **2** Aquilo que foi emprestado. **3** Entrega de dinheiro a pessoa ou empresa para devolução em tempo previamente determinado, com acréscimo de juros.

em.pro.ado (*part* de *emproar*) *adj* Vaidoso, pretensioso, orgulhoso.

em.pu.nhar (*em+punho+ar¹*) *vtd* **1** Segurar pelo punho ou cabo: *Empunhava um machado.* **2** Pegar, segurar: *O assaltante empunhava a arma com ambas as mãos.*

em.pur.ra-em.pur.ra *sm bras* Ação de um grande número de pessoas que se empurram para sair de ou entrar em algum lugar. *Pl: empurras-empurras* e *empurra-empurras.*

em.pur.rão (*empurrar+ão²*) *sm* Impulso violento. *Pl: empurrões.*

> O substantivo **empurrão** implica a ideia de movimento e pede a preposição **a**.
> *O moleque deu um **empurrão à** garotinha.*
> *O bêbado foi preso porque deu um **empurrão ao** policial.*
> Por outro lado, **dar um pontapé** (murro, safanão etc.) pede a preposição **em**.
> *O lutador foi desclassificado por ter **dado um murro no** juiz.*

empur.rão.zi.nho (*empurrão+zinho*) *sm fig* Auxílio, ajuda.

em.pur.rar (*cast empujar*) *vtd* **1** Impulsionar com força: *Empurrar o carro, a porta. vtd* **2** Dar encontrões em: *Empurrava as pessoas no meio do caminho. vint* e *vpr* **3** Dar encontrões: *Não precisa empurrar! Os meninos empurravam-se. vtd* e *vti* **4** *pop* Forçar ou obrigar a aceitar: *O vendedor empurrou-me esta roupa malfeita. A mãe empurrava a comida nos filhos.*

em.pu.xo (de *empuxar*) *sm* Força que empurra ou impulsiona; impulsão.

e.mu.de.cer (*em+mudo+ecer*) *vint* **1** Tornar-se mudo; calar-se: *A multidão emudeceu. vtd* **2** Fazer calar: *Com aquela resposta emudeceu o colega. vint* **3** Deixar de se fazer ouvir: *O aparelho de som de repente emudeceu.*

e.mu.la.ção (*lat aemulatione*) *sf* **1** Rivalidade, competição. **2** Estímulo, incentivo. *Pl: emulações.*

e.mu.lar (*lat aemulare*) *vti* **1** Rivalizar. *vti* **2** Empenhar-se na mesma pretensão: *Várias organizações emulam em conservar o meio ambiente. vpr* **3** Competir, rivalizar: *Emulavam-se os cuidados para a execução do trabalho. vtd* **4** *Inform* Copiar ou comportar-se (programa ou equipamento) como alguma outra coisa: *Esta impressora emula vários tipos de impressora.*

ê.mu.lo (*lat aemulu*) *sm* **1** Aquele que tem emulação. **2** Contrário, adversário, rival.

e.mul.são (*fr émulsion*) *sf Farm* Preparação medicamentosa de aparência leitosa, que apresenta, em suspensão, substâncias gordurosas.

e.mur.che.cer (*em+murcho+ecer*) *vtd* **1** Fazer murchar; fazer perder a frescura, o viço. *vint* e *vpr* **2** Tornar-se murcho; perder a frescura, o viço.

e.nal.te.cer (*en+alto+ecer*) *vtd* Exaltar, engrandecer: *Enaltecer as qualidades de alguém.* Antôn: depreciar.

e.na.mo.rar (*en+amor+ar¹*) *vtd* e *vpr* Apaixonar (-se), encantar(-se).

en.ca.bar (*en+cabo+ar¹*) *vtd* Enfiar no cabo (um instrumento).

en.ca.be.çar (*en+cabeça+ar¹*) *vtd* **1** Dirigir, liderar, ser o cabeça de (ideias, movimento, revolta etc.). **2** Vir à frente de: *Encabeçar um desfile, uma passeata..*

en.ca.bres.tar (*en+cabresto+ar¹*) *vtd* **1** Pôr o cabresto a. **2** Conduzir os animais com a ajuda dos cabrestos. **3** Sujeitar, subjugar.

en.ca.bu.la.do (*part* de *encabular*) *adj* Envergonhado, acanhado.

en.ca.bu.lar (*en+cábula+ar¹*) *vtd, vint* e *vpr* **1** Acanhar(-se), envergonhar(-se). *vtd* **2** Aborrecer, zangar.

en.ca.cho.ei.ra.do (*part* de *encachoeirar*) *adj* **1** Que tem cachoeiras. **2** Parecido com cachoeira.

en.ca.cho.ei.rar (*en+cachoeira+ar¹*) *vtd* e *vpr* Transformar(-se) em cachoeira; formar cachoeira.

en.ca.de.a.men.to (*encadear+mento*) *sm* **1** Dependência de coisas da mesma natureza; conexão, ligação. **2** Ordem, série, sucessão.

en.ca.de.ar (*en+cadeia+ar¹*) *vtd* **1** Acorrentar, prender. *vtd* **2** Coordenar (ideias, argumentos etc.). *vpr* **3** Formar série, ligar-se a outros: *Encadearam-se rapidamente os acontecimentos.* Conjuga-se como *frear.*

en.ca.der.na.ção (*encadernar+ção*) *sf* **1** Ato ou efeito de encadernar. **2** Capa de livro. *Pl: encadernações.*

en.ca.der.nar (*en+caderno+ar¹*) *vtd* Juntar as folhas ou cadernos de (um livro), dando-lhe a forma de volume e sobrepondo-lhe uma capa resistente.

en.ca.fi.fa.do (*part* de *encafifar*) *adj pop* **1** Encabulado, envergonhado. **2** Encucado. **3** Cismado.

en.ca.fi.far (*en+cafife+ar¹*) *vtd* **1** Ter ideia fixa; encasquetar, encucar. *vti* **2** Cismar.

en.ca.fu.a.do (*part* de *encafuar*) *adj* Escondido, oculto.

en.ca.fu.ar (*en+cafua+ar¹*) *vtd* **1** Colocar em cafua. *vtd* e *vpr* **2** Esconder(-se), ocultar(-se).

en.cai.xar (*en+caixa+ar¹*) *vtd* e *vpr* **1** Ajustar(-se) uma coisa em outra: *Encaixou a tampa. As duas peças encaixaram-se. vtd* **2** Colocar uma coisa ou pessoa entre outras: *Encaixou trechos de outro livro. vint* **3** Vir a propósito, ser apropriado: *Essas atitudes não encaixam. vpr* **4** Adaptar-se, ajustar-se, enquadrar-se. *vtd* **5** *V encaixotar.*

en.cai.xe (de *encaixar*) *sm* **1** Ato de encaixar(-se). **2** Cavidade, ranhura, fenda etc. destinada a receber uma peça saliente. **3** Junta, união.

en.cai.xo.tar (*en+caixota+ar¹*) *vtd* **1** Colocar em caixote ou caixa. **2** *gír* Enterrar, sepultar.

en.ca.la.crar (*en+calacre+ar¹*) *vtd* **1** Atrapalhar, entalar, lograr. *vtd* e *vpr* **2** *pop* Colocar(-se) em dificuldades.

en.cal.ço (de *encalçar*) *sm* **1** Ato de seguir de perto. **2** Rastro, pista, pegada.

en.ca.lhar (*en+calha+ar¹*) *vti* e *vint* **1** *Náut* Tocar (embarcação) na praia ou em banco de areia; dar em seco. *vti* e *vint* **2** Encontrar obstáculos ou impedimentos; parar: *O plano encalhou em várias dificuldades. As obras do edifício encalharam.* *vint* **3** Não encontrar comprador (a mercadoria). *vint* **4** *pop* Ficar sem achar casamento, depois de certa idade.

en.ca.lhe (de *encalhar*) *sm* **1** Ato ou efeito de encalhar. **2** Estorvo, obstáculo, obstrução. **3** Mercadoria que não encontrou comprador.

en.ca.mi.nhar (*en+caminho+ar¹*) *vtd* **1** Mostrar o caminho a; pôr a caminho. *vpr* **2** Dirigir-se a algum lugar. *vtd* **3** Orientar. *vtd* **4** Conduzir pelos meios competentes: *Encaminhar um projeto.* *vtd* **5** Endereçar, enviar.

en.cam.par (*en+campo+ar¹*) *vtd* **1** Anular contrato de aluguel. **2** Tomar (o governo) posse de uma empresa após acordo em que se ajusta uma indenização.

en.ca.na.do (*part* de *encanar*) *adj* **1** Fornecido e distribuído por canos: *Água encanada. Gás encanado.* **2** Diz-se do ar que circula entre duas aberturas. **3** *gír* Preso, aprisionado. **4** *gír* Preocupado.

en.ca.na.dor (*encanar+dor*) *sm* Profissional que instala ou conserta encanamentos de distribuição de água e de gás, bem como lavatórios, pias, aparelhos sanitários etc.

en.ca.na.men.to (*encanar+mento*) *sm* Sistema de canos ou tubos para distribuição de água ou gás.

en.ca.nar (*en+cana+ar*) *vtd* **1** Conduzir, dirigir por cano ou canal (água, gás etc.). **2** *Cir* Pôr (o osso fraturado) em posição própria, entre canas ou talas, para a consolidação. **3** *gír* Prender, colocar na prisão. **4** *gír* Preocupar.

en.ca.ne.cer (*lat incandescere*) *vtd* **1** Tornar branco pouco a pouco (o cabelo, a barba): *A idade encanece os cabelos.* *vint* **2** Tornar-se branco (o cabelo, a barba). *vint* **3** Envelhecer.

en.can.gar (*en+canga+ar*) *vtd* Pôr canga em.

en.can.ta.do (*part* de *encantar*) *adj* **1** Enfeitiçado. **2** Fascinado, seduzido, enlevado.

en.can.ta.dor (*encantar+dor*) *adj* Que encanta; fascinante, esplêndido. • *sm* Aquele que faz encantamentos; mágico.

en.can.ta.men.to (*lat incantamentu*) *sm* **1** Feitiçaria, bruxaria. **2** Enlevo, sedução. **3** Maravilha: *Aquela festa foi um encantamento.*

en.can.tar (*lat incantare*) *vtd* **1** Enfeitiçar. *vtd* **2** Maravilhar, seduzir, cativar. *vtd* **3** Causar enlevo ou imenso prazer a. *vpr* **4** Maravilhar-se, deslumbrar-se, tomar-se de encanto.

en.can.to (de *encantar*) *sm* **1** Coisa ou pessoa que encanta. **2** Encantamento.

en.ca.par (*en+capa+ar¹*) *vtd* **1** Envolver em capa. **2** Revestir de capa.

en.ca.pe.lar (*en+capela+ar¹*) *vtd* **1** Conceder o capelo de doutor a. *vtd* **2** Agitar, levantar (o mar, as ondas): *O vento encapela as ondas.* *vint* e *vpr* **3** Agitar-se (o mar), formando ondas muito grandes.

en.ca.pe.ta.do (*part* de *encapetar*) *adj pop* Endiabrado, travesso, traquinas.

en.ca.pe.tar (*en+capeta+ar¹*) *vpr pop* Tornar-se endiabrado, travesso, traquinas.

en.ca.po.tar (*en+capote+ar¹*) *vtd* e *vpr* **1** Cobrir (-se) com capote ou capa. *vtd* **2** Disfarçar, dissimular.

en.cap.su.lar (*en+cápsula+ar¹*) *vtd* Incluir, proteger em uma cápsula ou como em uma cápsula.

en.ca.pu.zar (*en+capuz+ar¹*) *vtd* e *vpr* Cobrir(-se) com capuz.

en.ca.ra.co.lar (*en+caracol+ar¹*) *vtd* **1** Dar forma de caracol a. *vti*, *vint* e *vpr* **2** Enrolar-se em forma de caracol.

en.ca.ra.me.lar (*en+caramelo+ar¹*) *vtd*, *vint* e *vpr* Transformar(-se) em caramelo.

en.ca.ra.mu.jar (*en+caramujo+ar¹*) *vpr* **1** Encolher-se como o caramujo. **2** Entristecer-se.

en.ca.ra.pi.nhar (*en+carapinha+ar¹*) *vtd* **1** Fazer carapinha em. *vtd* **2** Encrespar como carapinha. *vint* e *vpr* **3** Tornar-se (o cabelo) crespo.

en.ca.ra.pi.tar (*en+carrapito+ar¹*) *vtd* e *vpr* Pôr (-se) em lugar alto.

en.ca.ra.pu.çar (*en+carapuça+ar¹*) *vtd* **1** Pôr carapuça em. *vtd* e *vpr* **2** Pôr a carapuça; cobrir-se.

en.ca.rar (*en+cara+ar¹*) *vtd* **1** Olhar de cara ou de frente com atenção: *Encarou o adversário.* **2** Analisar, considerar, estudar: *Encaramos o assunto em todos os detalhes.* **3** Enfrentar: *Encarar perigos.*

en.car.ce.rar (*baixo lat incarcerare*) *vtd* Prender(-se), encerrar(-se) em cárcere, em prisão.

en.car.di.do (*part* de *encardir*) *adj* **1** Mal lavado. **2** Sujo. **3** *pop* Impertinente, importuno.

en.car.dir (*en+card(in)a+ir*) *vint* **1** Ficar repleto de sujeira. *vtd* **2** Não lavar bem. *vint* e *vpr* **3** Sujar(-se).

en.ca.re.cer (*en+caro+ecer*) *vtd* e *vint* **1** Tornar (-se) caro. *vtd* **2** Exaltar, elogiar excessivamente: *Encareceu a beleza da garota.*

en.ca.re.ci.men.to (*encarecer+mento*) *sm* **1** Alta de preço. **2** Recomendação, elogio.

en.car.go (de *encargar*) *sm* **1** Obrigação, responsabilidade. **2** Ocupação, cargo. **3** Incumbência, missão. **4** Imposto, tributo.

en.car.na.ção (*lat ecles incarnatione*) *sf* **1** Ato de encarnar. **2** *Teol* Mistério segundo o qual Deus se transformou em homem. **3** *Espir* Cada uma das existências do espírito quando unido ao corpo. *Pl: encarnações.*

en.car.na.do (*part* de *encarnar*) *adj* **1** Que se encarnou. **2** Da cor da carne; vermelho muito vivo. • *sm* A cor vermelha.

en.car.nar (*lat ecles incarnare*) *vti*, *vint* e *vpr* **1** *Teol* Humanizar-se, transformar-se em carne humana (no mistério da Encarnação). *vpr* **2** *Espir* Entrar (o espírito) em um corpo. *vtd* **3** Dar rubor a; avermelhar. *vtd* **4** Ser a personificação, o modelo ou o tipo de. *vpr* **5** Representar (o ator) um personagem.

en.car.nei.rar (*en+carneiro+ar¹*) *vint* e *vpr* **1** Encrespar-se, agitar-se (o mar) em pequenas e numerosas ondas, como um rebanho de carneiros. **2** Cobrir-se (o céu) de muitas nuvens pequenas e brancas. *Conjug:* com raras exceções, conjuga-se apenas nas 3as pessoas.

en.car.ni.ça.do (*part* de *encarniçar*) *adj* **1** Sanguinário, feroz. **2** Cruel. **3** Intenso, exaltado: *Debate encarniçado.*

en.car.ni.çar (*en+carniça+ar¹*) *vtd* **1** Tornar feroz (um animal em briga). *vtd* **2** Provocar para a crueldade; excitar, incitar. *vpr* **3** Encher-se de raiva, encolerizar-se. Conjuga-se como *laçar*.

en.ca.ro.çar (*en+caroço+ar¹*) *vint* Formar ou produzir caroços.

en.ca.ro.cha.do (*part de acarochar¹*) *adj* Enfeitiçado, encantado: *Criança encarochada pela história*.

en.ca.ro.char (*en+carocho+ar¹*) *vtd* Enfeitiçar, encantar.

en.car.qui.lha.do (*part de encarquilhar*) *adj* **1** Cheio de rugas, enrugado. **2** *por ext* Ressecado.

en.car.qui.lhar (*en+carquilha+ar¹*) *vtd* e *vpr* Encher(-se) de rugas; enrugar(-se).

en.car.ra.pi.cha.do (*part de encarrapichar*) *adj* **1** Cheio de carrapicho. **2** Semelhante a carrapicho.

en.car.ra.pi.char (*en+carrapicho+ar¹*) *vpr* Encher-se de carrapicho.

en.car.re.ga.do (*part de encarregar*) *adj* + *sm* Que, ou aquele que tem a incumbência de alguma coisa (serviço, negócio etc.).

en.car.re.gar (*en+carregar*) *vtd* **1** Dar como cargo, missão, ocupação etc.; incumbir. *vpr* **2** Tomar encargo, obrigação, responsabilidade; incumbir-se. *Conjug – Part: encarregado e encarregue (lus)*.

en.car.ri.lhar (*corr de encarrilhar*) *vtd* **1** Colocar nos trilhos. *vtd* **2** Pôr no bom caminho. *vint* **3** Tomar o caminho certo. *Antôn* (acepção 1): *descarrilhar*.

en.car.tar (*en+carta+ar¹*) *vtd* **1** Fazer o encarte de. *vint* **2** Jogar sobre uma carta jogada do mesmo naipe.

en.car.te (*fr encart*) *sm* **1** Anúncio de duas ou mais páginas inserido em uma publicação. **2** Ato de intercalar o encarte numa publicação.

en.car.vo.ar (*en+carvão+ar¹*) *vtd* e *vpr* **1** Transformar(-se) em carvão. **2** Sujar(-se) com carvão.

en.ca.sa.car (*en+casaca+ar¹*) *vpr* **1** Vestir casaca ou casaco. **2** Pôr traje cerimonioso.

en.cas.que.tar (*en+casquete+ar¹*) *vtd* Ter ideia fixa; colocar na cabeça; encafifar: *Encasquetou que ia à festa de qualquer jeito*.

en.cas.te.lar (*en+castelo+ar¹*) *vtd* **1** Dar forma ou semelhança de castelo a: *Ela gostava de encastelar os pedaços de pão na mesa*. *vtd* **2** Fortificar com castelos ou construções altas: *Encastelar uma povoação*. *vpr* **3** Recolher-se em castelo ou lugar forte para proteger-se. *vtd* e *vpr* **4** Acumular(-se), amontoar(-se).

en.cas.to.ar (*en+castão+ar¹*) *vtd* Pôr castão em.

en.ca.su.lar (*en+casulo+ar¹*) *vtd* **1** Colocar em casulo. *vtd* e *vpr* **2** *fig* Isolar(-se); enclausurar(-se).

en.ca.va.do (*part de encavar*) *adj* **1** A que se abriu cava ou cavidade: *Solo encavado*. **2** Encaixado: *Pedra encavada no morro*.

en.ca.va.lar (*en+cavalo+ar¹*) *vtd* Amontoar, pôr umas coisas sobre outras; sobrepor.

en.ca.var (*en+cava+ar¹*) *vtd* **1** Colocar em cava ou cavidade. **2** Abrir cava.

en.ca.vi.lhar (*en+cavilha+ar¹*) *vtd* **1** Colocar cavilhas em. **2** Apertar, segurar com cavilhas. **3** Embutir, encaixar.

en.ce.fa.li.te (*encéfalo+ite¹*) *sf Med* Inflamação do encéfalo.

en.cé.fa.lo (*gr egképhalos*) *sm Anat* Parte do sistema nervoso central contida no crânio.

en.ce.fa.lo.gra.fi.a (*encéfalo+grafo+ia¹*) *sf Med* Radiografia do encéfalo.

en.ce.fa.lo.gra.ma (*encéfalo+grama*) *sm Med* Imagem radiográfica do encéfalo.

en.ce.na.ção (*encenar+ção*) *sf* **1** Montagem e execução de cena teatral ou cinematográfica. **2** Conjunto de atitudes para impressionar ou iludir alguém. **3** *gír* Fingimento. *Pl: encenações*.

en.ce.nar (*en+cena+ar¹*) *vtd* **1** Fazer representar. *vtd* **2** Pôr em cena. *vint* **3** Fingir, simular, ludibriar.

en.ce.ra.dei.ra (*encerar+deira*) *sf* Aparelho para encerar assoalhos.

en.ce.ra.do (*part de encerar*) *adj* **1** Coberto de cera. **2** Lustrado com cera. • *sm* Pano impermeável revestido ou impregnado de cera; oleado.

en.ce.rar (*en+cera+ar¹*) *vtd* Untar, cobrir ou polir com cera.

en.cer.ra.men.to (*encerrar+mento*) *sm* Conclusão, término.

en.cer.rar (*en+cerrar*) *vtd* e *vpr* **1** Pôr(-se) em lugar fechado e escondido. *vtd* **2** Conter, incluir. *vtd* **3** Concluir, terminar.

en.ces.tar (*en+cesto+ar¹*) *vtd* **1** Guardar em cesto. **2** No basquete, fazer (a bola) passar pela cesta.

en.ce.tar (*lat inceptare*) *vtd* **1** Começar, iniciar. *vpr* **2** Fazer alguma coisa em primeiro lugar ou pela primeira vez.

en.cha.pe.lar (*en+chapéu+ar¹*) *vpr* Cobrir-se com chapéu.

en.char.car (*en+charco+ar¹*) *vtd* e *vpr* **1** Converter(-se) em charco. *vtd* e *vpr* **2** Alagar(-se), inundar(-se). *vtd* e *vpr* **3** Ensopar(-se), molhar (-se) muito. *vpr* **4** *pop* Beber demais. Conjuga-se como *trancar*.

en.che.ção (*encher+ção*) *sf gír* Amolação, aborrecimento, chateação. *Pl: encheções*.

en.chen.te (*de encher*) *sf* **1** Inundação. **2** Cheia de rio que transborda.

en.cher (*lat implere*) *vtd* e *vpr* **1** Tornar(-se) cheio. *vtd* **2** Preencher, ocupar. *vtd* **3** Espalhar-se por: *A música enchia o espaço*. *vpr* **4** Empanturrar-se. *vtd* **5** *gír* Amolar, aborrecer, chatear. *Conjug – Part: enchido e cheio*.

en.chi.do (*part de encher*) *adj* Cheio. • *sm* Embutido; chouriço.

en.chi.men.to (*encher+mento*) *sm* Coisa com que se enche ou recheia; chumaço.

en.chou.ri.çar (*en+chouriço+ar*) *vtd* **1** Dar feitio de chouriço a. *vpr* **2** Tomar a forma de chouriço. *vpr* **3** *fig* Ficar de mau humor; aborrecer-se. Conjuga-se como *laçar*.

en.cho.va (*ô*) (*genovês ancioa*) *sf Ictiol* Peixe marinho semelhante ao arenque, de carne saborosa. *Var: anchova*.

en.cí.cli.ca (*fem de encíclico*) *sf Rel* Carta do Papa ao mundo católico.

en.ci.clo.pé.dia (*gr egkyklopaideía*) *sf* **1** Obra que contém informação sobre todos os ramos do conhecimento, organizada em ordem alfabética. **2** *fig* Pessoa que possui conhecimentos muito variados.

en.ci.clo.pé.di.co (*enciclopédia+ico²*) *adj* **1** Referente a enciclopédia. **2** Que abrange todos os ramos do conhecimento humano.

en.ci.clo.pe.dis.ta (*enciclopédia+ista*) *s m+f* Autor de obra enciclopédica.

en.ci.lha.men.to (*encilhar+mento*) *sm* Especulação

financeira ocorrida no Brasil, no início da República (1889-1891).

en.ci.mar (*en+cima+ar¹*) *vtd* **1** Pôr em cima; colocar sobre. *vtdi* **2** Alçar, elevar.

en.ci.u.mar (*en+ciúme+ar¹*) *vtd* **1** Encher de ciúme; provocar ciúme. *vpr* **2** Criar ou ter ciúme. *Conjug – Pres indic:* enciúmo, enciúmas, enciúma, enciumamos, enciumais, enciúmam; *Pres subj:* enciúme, enciúmes, enciúme, enciumemos, enciumeis, enciúmem; *Part:* enciumado.

en.clau.su.ra.do (*part* de *enclausurar*) *adj* **1** Isolado em clausura ou recinto fechado; confinado. **2** Separado do convívio social.

en.clau.su.rar (*en+clasura+ar¹*) *vtd* e *vpr* **1** Pôr (-se) em clausura. *vtd* **2** Isolar em recinto fechado; confinar. *vtd* e *vpr* **3** Separar(-se) do convívio social.

ên.cli.se (*gr égklisis*) *sf Gram* **1** Junção, na pronúncia, que subordina um vocábulo átono ao acento tônico do outro. **2** Posição do pronome oblíquo depois do verbo: *Diga-lhe a verdade*.

en.co.ber.to (*part* de *encobrir*) *adj* **1** Escondido, oculto. **2** Disfarçado, dissimulado. **3** Coberto de névoa, nublado, enevoado (o tempo).

en.co.brir (*en+cobrir*) *vtd* **1** Esconder, ocultar. *vtd* **2** Disfarçar, dissimular: *Não pode encobrir a tristeza*. *vtd* **3** Não deixar ver ou ouvir: *O barulho do motor encobria as vozes. A árvore encobria a paisagem da casa*. *vint* **4** Carregar-se, cobrir-se de nuvens (o céu, o tempo): *O dia encobriu*. Conjuga-se como *dormir*. *Part irreg: encoberto*.

en.co.lei.rar (*en+coleira+ar¹*) *vtd* Colocar coleira em.

en.co.le.ri.za.do (*part* de *encolerizar*) *adj* Zangado, enraivecido, colérico.

en.co.le.ri.zar (*en+cólera+izar*) *vtd* **1** Causar cólera; irritar, irar. *vpr* **2** Zangar-se, irritar-se. *Antôn: acalmar, serenar*.

en.co.lher (*en+colher*) *vtd, vpr* e *vint* **1** Contrair (-se), diminuir(-se), encurtar(-se); retrair(-se): *Encolhia-se de frio. A roupa encolheu*. *vpr* **2** Mostrar-se tímido. *Encolher os ombros:* deixar de responder; mostrar indiferença.

en.co.men.da (de *encomendar*) *sf* O que se encomenda. *De encomenda:* a) a pedido, especialmente; b) como desejado, a propósito.

en.co.men.da.do (*part* de *encomendar*) *adj* De encomenda; recomendado.

en.co.men.dar (*en+lat commendare*) *vtd* **1** Mandar fazer. *vtdi* **2** Incumbir, encarregar. *vtd* **3** Rezar pela salvação de (alma de pessoa falecida).

en.co.mi.ar (*encômio+ar¹*) *vtd* Dirigir encômios a; elogiar, gabar, louvar. *Antôn: depreciar, censurar*.

en.cô.mio (*gr egkómion*) *sm* Elogio, louvor, panegírico.

en.com.pri.dar (*en+comprido+ar¹*) *vtd* **1** Tornar mais comprido. **2** Demorar, alongar.

en.con.trão (*encontro+ão²*) *sm* Empurrão, embate, choque. *Pl: encontrões*.

en.con.trar (*lat incontrare*) *vtd* **1** Achar, descobrir. *vtd* **2** Deparar, topar, dar de cara com: *Encontrou o amigo por acaso*. *vti* e *vpr* **3** Chocar(-se) contra. *vpr* **4** Estar, achar-se em: *No dia seguinte, o navio já se encontrava em alto-mar*. *vpr* **5** Juntar-se no mesmo lugar: *Nunca se encontram aqui*.

en.con.tro (de *encontrar*) *sm* **1** Reunião de pessoas. **2** Choque, embate, encontrão, colisão. **3** Briga, duelo.

Observe que as locuções prepositivas **ao encontro de** e **de encontro a** apresentam significados opostos. A locução **ao encontro de** indica conformidade, situação favorável.
*Os planos da empresa vêm **ao encontro dos** meus anseios* (= atingem ou satisfazem os meus anseios).
Por outro lado, a locução **de encontro a** exprime contrariedade, oposição, choque.
*Os planos da minha empresa vêm **de encontro aos** meus anseios* (= contrariam ou estão em oposição aos meus anseios).

en.co.ra.jar (*en+coragem+ar¹*) *vtd* **1** Dar coragem a. **2** Animar, estimular. *Antôn: desanimar, acovardar*.

en.cor.do.a.men.to (*encordoar+mento*) *sm* O conjunto das cordas de um instrumento musical.

en.cor.do.ar (*en+cordão+ar¹*) *vtd* **1** *Mús* Colocar as cordas em: *Encordoar o violão*. **2** Prover de cordas ou cordões.

en.cor.pa.do (*part* de *encorpar*) *adj* **1** Desenvolvido de corpo. **2** Forte, consistente. **3** Grosso (papel).

en.cor.par (*en+corpo+ar¹*) *vtd* **1** Dar mais corpo a. *vint* e *vpr* **2** Tomar corpo. *vint* **3** Crescer, engrossar.

en.cor.ti.çar (*en+cortiça¹*) *vtd* **1** Cobrir com cortiça. **2** Dar aparência de cortiça a.

en.cor.ti.nar (*en+cortina+ar¹*) *vtd* Pôr cortinas em.

en.co.ru.jar (*en+coruja+ar¹*) *vpr bras* **1** Esconder-se como as corujas; retrair-se, isolar-se. *vtd* **2** Ficar triste, melancólico.

en.cos.ta (*en+costa*) *sf* **1** Face inclinada de montanha. **2** Ladeira, rampa.

en.cos.tar (*en+costa+ar¹*) *vtd* **1** Pôr junto a. *vtd* **2** Pôr de lado; não fazer caso de: *Encostou as roupas que estavam fora de moda*. *vtd* e *vpr* **3** Apoiar(-se), firmar(-se). *vtd* **4** Fechar (janela, porta etc.). *vpr* **5** Procurar a proteção de alguém. *vtd* **6** Estacionar. *vtd* **7** V *Recostar*.

en.cos.to (*ô*) (de *encostar*) *sm* **1** Lugar ou peça a que alguém ou alguma coisa se encosta. **2** Apoio, proteção, amparo. **3** Costas de um assento. **4** *Espir* Espírito que está ao lado de um ser vivo para ajudá-lo ou prejudicá-lo. *Pl: encostos (ô)*.

en.cou.ra.ça.do (*part* de *encouraçar*) *adj + sm* Navio protegido por blindagens; couraçado.

en.co.va.do (*part* de *encovar*) *adj* **1** Colocado em cova; enterrado. **2** Escondido, oculto. **3** Diz-se dos olhos afundados nas órbitas ou do rosto que tem olhos assim.

en.co.var (*en+cova+ar¹*) *vtd* **1** Introduzir em cova; enterrar. *vtd* e *vpr* **2** Esconder(-se), ocultar(-se). *vtd* e *vpr* **3** Tornar(-se) encovado (os olhos ou o rosto).

en.cra.va.do (*part* de *encravar*) *adj* **1** Fixado com cravos ou pregos. **2** Situado dentro de outros (prédio, terreno) sem comunicação com via pública. **3** Diz-se de unha que cresceu, penetrando na pele.

en.cra.var (*en+cravo+ar¹*) *vtd* **1** Segurar com cravo ou prego; pregar. *vtd* **2** Embutir, engastar (pedras preciosas etc.). *vtd* **3** Impedir o movimento ou ação de; travar, emperrar. *vpr* **4** Envolver-se em dificuldades financeiras; endividar-se.

en.cren.ca (de *encrencar*) *sf gír* **1** Situação difícil, complicada; dificuldade, embaraço. **2** Intriga. **3** Desordem, motim.

en.cren.car (*encrenca+ar*[1]) *vtd gír* **1** Pôr alguém em encrenca. *vtd* **2** Complicar, dificultar (uma situação). *vtd* **3** Encalhar, impedir. *vti* **4** Armar encrenca: *Encrencou com os colegas*. *vint* **5** Enguiçar; deixar de funcionar. *vpr* **6** Complicar-se.

en.cren.quei.ro (*encrenca+eiro*) *adj + sm gír* Que, ou aquele que arma encrencas.

en.cres.par (*lat incrispare*) *vtd e vpr* **1** Tornar(-se) crespo (o cabelo etc.). *vtd* **2** Fazer pregas ou rugas em; enrugar. *vtd e vpr* **3** Tornar(-se) agitado (o mar). *vpr* **4** Alterar-se, irritar-se. *Antôn* (acepções 1 e 2): *alisar*.

en.cru.ar (*en+cru+ar*) *vtd* **1** Fazer endurecer, deixar cru (o que se estava cozinhando). *vtd e vint* **2** Tornar(-se) insensível, cruel; empedernir-se. *vint* **3** *fig* Não crescer, não progredir.

en.cru.zi.lha.da (de *encruzilhar*) *sf* **1** Lugar onde dois ou mais caminhos se cruzam. **2** *fig* Situação difícil de explicar.

en.cu.ca.ção (*encucar+ção*) *sf gír* Ato ou efeito de encucar.

en.cu.ca.do (*part de encucar*) *adj gír* **1** Transtornado, confuso. **2** Com ideia fixa.

en.cu.car (*en+cuca+ar*[1]) *vtd* **1** Atrapalhar, confundir: *Aquele problema de matemática encucou os alunos*. *vti* **2** Ter ideia fixa; encafifar.

en.cur.ra.la.do (*part de encurralar*) *adj* **1** Recolhido em curral. **2** Cercado.

en.cur.ra.lar (*en+curral+ar*[1]) *vtd* **1** Recolher em curral: *Encurralar o gado*. *vtd e vpr* **2** Encerrar(-se) em lugar estreito sem saída. *vtd* **3** Cercar (o inimigo).

en.cur.tar (*en+curto+ar*[1]) *vtd e vpr* **1** Tornar(-se) curto. *vtd e vpr* **2** Diminuir(-se), reduzir(-se). *vtd* **3** Limitar, restringir.

en.cur.var (*lat incurvare*) *vtd* **1** Dar forma de arco a; tornar curvo. *vint e vpr* **2** Tornar-se curvo. *vtd e vpr* **3** Submeter(-se), humilhar(-se).

en.de.mi.a (*gr endemía*) *sf Med* Doença que ocorre constantemente em determinada região.

en.de.mo.ni.nha.do (*part* de *endemoninhar*) *adj* **1** Possuído pelo demônio. **2** Inquieto, levado, travesso: *Menino endemoninhado*.

en.de.mo.ni.nhar (*en+demônio+ar*[1]) *vtd* **1** Colocar o demônio no corpo de. *vtd e vpr* **2** Enfurecer(-se), enraivecer(-se).

en.de.re.çar (*lat vulg *indirectiare*) *vtd* **1** Pôr endereço em. *vtdi* **2** Dirigir, enviar.

en.de.re.ço (*ê*) (de *endereçar*) *sm* **1** Residência de alguém. **2** Indicação de residência em remessa postal etc. **3** *Inform* Expressão numérica que identifica e possibilita localizar uma informação específica na memória de computador.

en.dér.mi.co (*en+derma+ico*) *adj Med* Que age por absorção através da pele.

en.deu.sa.do (*part de endeusar*) *adj* **1** A que se atribuem qualidades divinas; divinizado. **2** Adorado.

en.deu.sa.men.to (*endeusar+mento*) *sm* **1** Ato ou efeito de endeusar. **2** Orgulho, presunção, altivez.

en.deu.sar (*en+deus+ar*[1]) *vtd* **1** Atribuir qualidades divinas a; divinizar: *As fãs endeusaram o cantor*. *vtd e vpr* **2** Tornar(-se) altivo, orgulhoso. *vpr* **3** Encher-se de orgulho. *Conjug* – *Pres indic*: *endeuso, endeusas, endeusa* etc.; *Pres subj*: *endeuse, endeuses* etc.

en.di.a.bra.do (*part* de *endiabrar*) *adj + sm* **1** Que, ou aquele que é travesso, levado, encapetado. **2** Que, ou aquele que é mau, terrível.

en.di.a.brar (*en+gr diábollos+ado*[1]) *vtd e vpr* Tornar(-se) endiabrado.

en.di.nhei.ra.do (*part* de *endinheirar*) *adj* Que tem muito dinheiro; rico.

en.di.nhei.rar (*en+dinheiro+ar*[1]) *vtd e vpr* Encher(-se) de dinheiro; enriquecer(-se).

en.di.rei.tar (*en+direito+ar*[1]) *vtd e vpr* **1** Pôr(-se) direito, tornar(-se) reto. *vtd* **2** Dispor convenientemente; arrumar. *vtd e vpr* **3** Corrigir(-se). *vpr* **4** Retomar o bom caminho: *Esse menino não se endireita*.

en.dí.via (*gr tardio entýbia*) *sf Bot* Escarola; chicória.

en.di.vi.da.men.to (*endividar+mento*) *sm Econ* Aumento das dívidas de uma pessoa, empresa ou governo.

en.di.vi.dar (*en+dívida+ar*[1]) *vtd* **1** Fazer com que alguém tenha dívidas. *vpr* **2** Contrair dívidas.

en.do.cár.dio (*endo+cárdio*) *sm Anat* Membrana lisa que reveste interiormente o coração.

en.do.car.di.te (*endocárdio+ite*[1]) *sf Med* Inflamação do endocárdio.

en.do.car.po (*endo+carpo*) *sm Bot* Membrana interna do pericarpo dos frutos em contato com a semente.

en.dó.cri.no (*endo+gr krínein*) *adj Anat* Relativo ou pertencente às glândulas de secreção interna.

en.do.cri.no.lo.gi.a (*endócrino+logo+ia*[1]) *sf Med* Ciência ou estudo das glândulas de secreção interna.

en.do.cri.no.lo.gis.ta (*endócrino+logo+ista*) *s m+f* Especialista em endocrinologia.

en.do.don.ti.a (*endo+odonto+ia*[1]) *sf Odon* Parte da odontologia que cuida do tratamento da parte interna dos dentes.

en.do.don.tis.ta (*endo+odonto+ista*) *s m+f* Especialista em endodontia.

en.do.ga.mi.a (*endo+gamo+ia*[1]) *sf Sociol* Casamento entre indivíduos de um grupo específico de uma tribo ou povo, exigido por lei ou costume.

en.dó.ge.no (*endo+geno*) *adj* **1** Que cresce de dentro de. **2** Originado dentro do organismo. *Antôn*: *exógeno*.

en.doi.dar (*en+doido+ar*[1]) *vtd e vint* Endoidecer.

en.doi.de.cer (*en+doido+ecer*) *vtd* **1** Tornar doido. *vint* **2** Ficar ou tornar-se doido. *Sin*: *endoidar*.

en.do.mé.trio (*endo+metro*[2]+*io*) *sm Anat* Mucosa interna do útero.

en.do.pa.ra.si.to (*endo+parasito*) *sm Biol* Parasita que vive no interior do organismo de um hospedeiro. *Antôn*: *ectoparasito*.

en.dor.fi.na (*endo+(m)orfina*) *sf Med* Cada uma das substâncias produzidas pelo cérebro capazes de aliviar a dor.

en.dos.co.pi.a (*endo+scopo+ia*[1]) *sf Med* Exame visual feito por meio do endoscópio.

en.dos.có.pio (*endoscópio+ico*[2]) *sm Med* Instrumento destinado a examinar visualmente o interior de certos órgãos ou cavidades do corpo.

en.dos.per.ma (*endo+esperma*) *sm Bot* Tecido nutritivo que envolve o embrião; albume.

en.dos.sar (*fr endosser*) *vtd* **1** Pôr endosso em. **2** Aprovar, apoiar: *Os pais endossaram a decisão do filho*.

en.dos.sá.vel (*endossar+vel*) *adj m+f* Que pode ser transferido por endosso. *Pl: endossáveis*.

en.dos.so (*ô*) (de *endossar*) *sm* Transferência de um papel negociável (letra de câmbio, ação etc.) para outra pessoa, normalmente com a assinatura do proprietário no verso. *Pl: endossos* (*ô*).

en.do.té.lio (*endo+télio*, por *epitélio*) *sm* Anat Camada celular que reveste interiormente as estruturas do coração e dos vasos.

en.do.tér.mi.co (*endo+térmico*) *adj Quím* Que é acompanhado de absorção de calor. *Antôn: exotérmico*.

en.do.ve.no.so (*ô*) (*endo+venoso*) *adj* Que se aplica no interior de uma veia; intravenoso. *Pl: endovenosos* (*ó*).

en.du.re.cer (*lat indurescere*) *vtd, vint* e *vpr* **1** Tornar(-se) duro; enrijecer(-se). *vtd* e *vpr* **2** Tornar (-se) insensível. *Antôn* (acepção 1): *amolecer*.

en.du.ro (*ingl endurance*) *sm Esp* Prova de motociclismo realizada em terreno acidentado.

e.ne (*êne*) *sm* O nome da letra n. *Pl: enes* ou *nn*.

e.ne.a.go.nal (*eneágono+al¹*) *adj m+f* Que tem nove ângulos.

e.ne.á.go.no (*ênea+gono*) *sm* Polígono de nove lados.

e.ne.gre.cer (*en+negro+ecer*) *vtd, vint* e *vpr* **1** Tornar(-se) negro; escurecer(-se): *A umidade enegrecia a parede. De repente, o céu enegreceu* (ou: *enegreceu-se*). *vtd* **2** Difamar.

e.ne.gre.ci.do (*part* de *enegrecer*) *adj* Que se tornou negro; escurecido.

ê.neo (*lat aeneus*) *adj* De bronze.

e.ner.gé.ti.ca (*fem* de *energético*) *sf* Ramo da física que trata da energia e suas transformações.

e.ner.gé.ti.co (*gr energetikós*) *adj* **1** Relativo ou pertencente à energética ou à energia. **2** Diz-se de alimentos de grande poder calórico.

e.ner.gi.a (*enérgeia*) *sf* **1** Capacidade dos corpos para produzir um trabalho ou desenvolver uma força. **2** Força física, vigor. **3** Força moral, firmeza de caráter: *Costuma agir com grande energia*. *Antôn* (acepções 2 e 3): *fraqueza*. *Energia atômica, Fís:* energia liberada por alterações no núcleo de um átomo; energia nuclear. *Energia nuclear:* energia atômica.

e.nér.gi.co (*energia+ico²*) *adj* **1** Que tem energia. **2** Decidido, resoluto.

e.ner.gi.za.ção (*energizar+ção*) *sf* Ato ou efeito de energizar.

e.ner.gi.za.do (*part* de *energizar*) *adj* Que contém energia; que sofreu os efeitos da energização.

e.ner.gi.zar (*energia+izar*) *vtd* **1** *neol* Dar energia a. **2** *Eletr* Fazer com que uma corrente elétrica circule em um circuito.

e.ner.gú.me.no (*gr energoúmenos*) *sm pop* Imbecil, idiota.

e.ner.van.te (*lat enervante*) *adj m+f* Que enerva, irrita; irritante.

e.ner.var (*lat enervare*) *vtd* e *vpr* **1** Fazer perder ou perder a força física ou moral; debilitar(-se), enfraquecer(-se). **2** Irritar(-se), enfurecer(-se), encolerizar(-se).

e.né.si.mo (*ene+ésimo*) *adj pop* Que corresponde a um grande número de vezes.

e.ne.vo.ar (*en+névoa+ar¹*) *vtd* e *vpr* **1** Cobrir(-se) de névoa, neblina ou nevoeiro. **2** Tornar(-se) baço, sem brilho, opaco. **3** Tornar(-se) triste. *Conjug:* com raras exceções, conjuga-se somente nas 3ªs pessoas.

en.fa.dar (*enfado+ar¹*) *vtd* e *vint* **1** Causar enfado, aborrecimento a; entediar: *O longo discurso enfadou o auditório. Muita tagarelice enfada. vpr* **2** Aborrecer-se, irritar-se.

en.fa.do (de *enfadar*) *sm* **1** Aborrecimento, zanga. **2** Cansaço. **3** Impressão desagradável, mal-estar, tédio.

en.fa.do.nho (*enfado+onho*) *adj* **1** Que cansa, aborrece. **2** Que incomoda.

en.fai.xar (*en+faixa+ar¹*) *vtd* e *vpr* Embrulhar, envolver, ligar com faixas.

en.fa.rar (*en+faro+ar¹*) *vtd* **1** Causar aborrecimento ou repugnância a. *vti* e *vpr* **2** Enjoar, enfastiar-se de uma comida: *Enfarar da carne. Enfarar-se dela.*

en.far.dar (*en+fardo+ar¹*) *vtd* **1** Juntar em fardo. **2** Embrulhar, embalar, empacotar.

en.fa.ri.nhar (*en+farinha+ar¹*) *vtd* **1** Polvilhar com farinha. *vtd* e *vpr* **2** Cobrir(-se) de farinha. *vtd* e *vpr* **3** Converter(-se) em farinha.

en.fa.ro (de *enfarar*) *sm* **1** Aborrecimento, tédio. **2** Enjoo.

en.far.pe.lar (*en+farpela+ar¹*) *vtd* e *vpr* Vestir(-se) com roupa nova.

en.far.tar (*enfarte+ar¹*) *vtd* **1** Causar enfarte em. *vtd* e *vpr* **2** Encher(-se) de comida; empanturrar (-se). *vtd* e *vpr* **3** Entupir(-se), obstruir(-se). *vint* **4** Sofrer um enfarte.

en.far.te (de *enfartar*) *sm* **1** Entupimento, obstrução. **2** *Med* Necrose de um órgão (o coração, por exemplo), em consequência do entupimento de uma artéria. *Var: enfarto, infarte, infarto*.

en.far.to (de *enfartar*) *V enfarte*. *Var: infarto, infarte*.

ên.fa.se (*gr émphasis*) *sf* **1** Exagero no modo de se exprimir. **2** Destaque, realce. **3** Entonação especial para dar destaque a uma palavra ou expressão.

en.fas.ti.a.do (*part* de *enfastiar*) *adj* **1** Sem apetite. **2** Aborrecido, entediado.

en.fas.ti.ar (*en+fastio+ar¹*) *vtd* e *vint* **1** Causar fastio ou aborrecimento a. *vtd* e *vpr* **2** Enfadar(-se), aborrecer(-se).

en.fá.ti.co (*gr emphatikós*) *adj* Que tem ênfase.

en.fa.ti.o.tar (*en+fatiota+ar¹*) *vpr* Vestir-se com apuro.

en.fa.ti.zar (*gr emphat(ikós)+izar*) *vtd* **1** Dar ênfase a (falando ou escrevendo). **2** Realçar, destacar.

en.fa.tu.ar (*en+fátuo+ar¹*) *vtd* e *vpr* Tornar(-se) arrogante, envaidecido, presunçoso; envaidecer(-se).

en.fe.ar (*en+feio+ar¹*) *vtd* e *vpr* Tornar(-se) feio. Conjuga-se como *frear*.

en.fei.tar (*lat infectare*) *vtd* **1** Pôr enfeites em. *vtd* **2** Dar boa aparência a. *vtd* e *vpr* **3** Embelezar (-se); adornar(-se).

en.fei.te (de *enfeitar*) *sm* Aquilo que se acrescenta a uma pessoa ou coisa para embelezá-las; adorno, ornamento.

en.fei.ti.ça.do (*part* de *enfeitiçar*) *adj* **1** Que se enfeitiçou. **2** Fascinado, encantado, seduzido.

en.fei.ti.çar (*en+feitiço+ar¹*) *vtd* **1** Fazer feitiço em. *vtd* **2** Atrair, cativar, por meio de bruxarias ou feitiços. *vtd* e *vpr* **3** Encantar(-se), fascinar(-se).

en.fei.xar (*en+feixe+ar¹*) *vtd* **1** Juntar, prender em feixe. **2** Juntar, reunir.

en.fer.ma.gem (*enfermar+agem*) *sf* **1** Arte ou função de tratar dos enfermos. **2** Serviços de enfermaria. **3** Conjunto dos enfermeiros.

en.fer.ma.ri.a (*enfermo+aria*) *sf* Local destinado ao tratamento de enfermos.

en.fer.mei.ra (*fem* de *enfermeiro*) *sf* Mulher que tem curso de enfermagem.

en.fer.mei.ro (*enfermo+eiro*) *sm* **1** Aquele que tem curso de enfermagem. **2** Aquele que cuida de enfermos.

en.fer.mi.ço (*enfermo+iço*) *adj* Que fica doente frequentemente.

en.fer.mi.da.de (*lat infirmitate*) *sf* Alteração da saúde; doença, moléstia.

en.fer.mo (*ê*) (*lat infirmu*) *adj + sm* Que, ou aquele que tem doença; doente. *Antôn: são.*

en.fer.ru.jar (*en+ferrugem+ar¹*) *vtd* **1** Fazer, criar ferrugem; oxidar. *vint* e *vpr* **2** Encher-se de ferrugem; oxidar-se. *vint* **3** Deixar de ser tão bom como antes. *vint* **4** *pop* Ficar fora de forma.

en.fe.za.do (*part* de *enfezar*) *adj* **1** Pouco desenvolvido, pequeno, raquítico. **2** Aborrecido, irritado.

en.fe.zar (*en+fez(es)+ar¹*) *vtd* **1** Dificultar, impedir o desenvolvimento de; tornar raquítico. *vtd* e *vpr* **2** Irritar(-se), impacientar(-se).

en.fi.a.da (*part* de *enfiar*) *sf* **1** Quantidade de coisas atravessadas pelo mesmo fio: *Uma enfiada de pérolas.* **2** Série de coisas postas em fileira: *Uma enfiada de cadeiras.* **3** *bras gír Fut* Goleada.

en.fi.ar (*en+fio+ar¹*) *vtd* **1** Fazer passar um fio pelo orifício de uma agulha. **2** Fazer entrar, introduzir. **3** Colocar em série atravessando por um fio (contas, pérolas etc.). **4** Atravessar de lado a lado (espada, lança etc.). **5** Vestir ou calçar: *Enfiar o vestido. Enfiar as botas.*

en.fi.lei.ra.do (*part* de *enfileirar*) *adj* Que se dispôs em fileira, em linha.

en.fi.lei.rar (*en+fileira+ar¹*) *vtd* **1** Dispor, organizar em fileira, em linha. *vint* e *vpr* **2** Entrar na fileira.

en.fim (*en+fim*) *adv* Afinal, finalmente.

en.fi.se.ma (*gr emphýsema*) *sm Med* Inchaço de um órgão em razão da presença anormal de ar no próprio tecido.

en.fi.teu.se (*gr emphýteusis*) *sf Dir* Cessão do domínio útil, com reserva do domínio direto, de uma propriedade imóvel, rústica ou urbana, pelo seu dono ao enfiteuta mediante o pagamento de pensão ou foro anual; aforamento, emprazamento.

en.fi.ve.lar (*en+fivela+ar¹*) *V afivelar.*

en.fla.ne.lar (*en+flanela+ar¹*) *vtd* Forrar ou cobrir de flanela.

en.fo.car (*en+foco+ar¹*) *vtd* **1** *Fot* Pôr em foco. **2** Pôr em enfoque; fazer voltar a atenção para (um assunto, uma questão etc.).

en.fo.gar (*en+fogo+ar¹*) *vtd* **1** Pôr em fogo; tornar ardente. **2** Abrasar, afoguear.

en.fo.que (de *enfocar*) *sm* Modo de considerar ou de entender um assunto ou uma questão; ponto de vista.

en.for.ca.do (*part* de *enforcar*) *adj* **1** Morto por enforcamento. **2** Diz-se do dia útil que fica entre dois feriados e no qual se deixa de trabalhar ou de ir à aula. **3** *pop* Em má situação financeira; apertado.

en.for.car (*en+forca+ar¹*) *vtd* **1** Fazer morrer alguém na forca: *Mandava enforcar os assassinos. vtd* **2** Estrangular: *O ladrão enforcou a mulher com uma corda. vpr* **3** Suicidar-se por estrangulamento, suspendendo-se pelo pescoço: *Judas enforcou-se. vtd* **4** Deixar de trabalhar ou de ir à aula em dia útil que fica entre dois feriados: *Enforcar a sexta-feira. vpr* **5** *pop* Casar-se.

en.for.mar (*en+forma+ar¹*) *vtd* Pôr na forma. *Cf informar.*

en.for.nar (*baixo+lat infurnare*) *vtd* Pôr no forno. *Cf enfurnar.*

en.for.qui.lhar (*en+forquilha+ar¹*) *vtd* **1** Dar forma de forquilha a. **2** Abrir ou separar em dois ramos; bifurcar.

en.fra.que.cer (*en+fraco+ecer*) *vtd, vint* e *vpr* **1** Tornar(-se) fraco; debilitar-se. *vint* e *vpr* **2** Perder as forças ou a energia. *Antôn: fortalecer.*

en.fren.tar (*en+frente+ar¹*) *vtd* e *vti* **1** Estar em frente de; defrontar. *vtd* **2** Encarar. *vtd* **3** Atacar de frente. *vtd* **4** Competir com, em disputa esportiva: *O Palmeiras enfrentou o Flamengo.*

en.fro.nhar (*en+fronha+ar¹*) *vtd* **1** Revestir com a fronha (almofada ou travesseiro). *vtdi* e *vpr* **2** Tornar(-se) versado, instruído; instruir(-se). *vpr* **3** Tomar conhecimento de um assunto; instruir-se.

en.fu.ma.çar (*en+fumaça+ar¹*) *vtd* Cobrir ou encher de fumaça.

en.fu.na.do (*part* de *enfunar*) *adj* **1** Cheio, inflado. **2** Envaidecido, orgulhoso. **3** *pop* Irritado, zangado.

en.fu.nar (*en+lat fune+ar¹*) *vtd* e *vpr* **1** Encher (-se) (de vento); inflar(-se). *vtd* e *vpr* **2** Tornar (-se) orgulhoso; encher(-se) de vaidade. *vpr* **3** *pop* Irritar-se, zangar-se.

en.fu.re.cer (*en+lat furere+ecer*) *vtd* e *vpr* **1** Tornar(-se) furioso: *A derrota enfureceu-o. Ao saber daquilo, enfureceu-se. vpr* **2** Agitar-se muito, encapelar-se (o mar ou as ondas).

en.fu.re.ci.do (*part* de *enfurecer*) *adj* **1** Furioso, cheio de raiva. **2** Agitado, encapelado (o mar ou as ondas). *Antôn: calmo, sereno.*

en.fur.na.do (*part* de *enfurnar*) *adj* **1** Escondido, oculto, guardado. **2** *pop* Afastado do convívio social.

en.fur.nar (*en+furna+ar¹*) *vtd* e *vpr* **1** Esconder (-se), ocultar(-se). *vpr* **2** *pop* Afastar-se do convívio social. *Cf enfornar.*

en.ga.be.lar *vtd* **1** Enganar ou iludir jeitosamente: *O político engabelou os eleitores.* **2** Ser agradável para enganar. *Var: engambelar.*

en.gai.o.lar (*en+gaiola+ar¹*) *vtd* **1** Colocar em gaiola. **2** *pop* Colocar na cadeia; prender.

en.ga.ja.do (*part* de *engajar*) *adj + sm* **1** Que, ou aquele que foi contratado para determinados serviços. **2** Que, ou aquele que é solidário a ideias ou ações coletivas.

en.ga.ja.men.to (*engajar+mento*) *sm* **1** Ato de engajar(-se). **2** Contrato para determinados serviços. **3** Situação de quem é solidário a ideias ou ações coletivas.

en.ga.jar (*fr engager*) *vtd* e *vpr* **1** Contratar para determinados serviços: *Engajar colonos. Engajou-se como empregado da casa. vpr* **2** Ser solidário a ideias ou ações coletivas: *Engajou-se na luta pela indiscriminação racial.*

en.ga.la.nar (*en+gala+ar¹*) *vtd* e *vpr* Pôr galas em; enfeitar(-se), ornamentar(-se).

en.gal.fi.nhar *vpr* **1** *pop* Agarrar-se ao adversário. **2** Brigar corpo a corpo. **3** Travar polêmica muito acalorada.

en.gam.be.lar *V engabelar*.

en.ga.na.do (*part* de *enganar*) *adj* **1** Iludido, ludibriado. **2** Traído.

en.ga.nar (*lat vulg *ingannare*) *vtd* **1** Fazer cair em erro; iludir. *vpr* **2** Cair em erro; equivocar-se. *vtd* **3** Ser infiel a. *vtd* **4** Procurar alívio a; fazer passar ou atenuar: *Enganar a fome*.

en.gan.char (*en+gancho+ar¹*) *vtd* **1** Apanhar, prender, segurar, suspender com gancho. *vpr* **2** Ficar preso como em gancho. *vtd* e *vpr* **3** Enlaçar(-se) como dois ganchos.

en.ga.no (de *enganar*) *sm* **1** Falta de verdade no que se supõe certo. **2** Erro, equívoco, ilusão. **3** *bras* Ligação telefônica errada.

en.ga.no.so (*ô*) (*engano+oso*) *adj* **1** Falso, ilusório. **2** Fingido, simulado. *Pl: enganosos (ó)*.

en.gar.ra.fa.do (*part* de *engarrafar*) *adj* **1** Acondicionado ou fechado em garrafa. **2** Bloqueado, obstruído. **3** *fig* Congestionado (trânsito).

en.gar.ra.fa.men.to (*engarrafar+mento¹*) *sm* **1** Ato ou efeito de engarrafar. **2** *fig* Acúmulo de veículos que dificulta o trânsito; congestionamento.

en.gar.ra.far (*en+garrafa+ar¹*) *vtd* **1** Acondicionar ou fechar em garrafa. **2** *fig* Produzir engarrafamento de veículos; congestionar.

en.gas.gar (*en+onom gasg+ar¹*) *vtd* **1** Causar engasgo a, entupir a garganta de. *vint* e *vpr* **2** Ficar com a garganta entupida. *vtd* **3** Impedir de falar: *A raiva o engasgou*.

en.gas.go (de *engasgar*) *sm* **1** Obstáculo à respiração, devido à presença de corpo estranho na garganta. **2** Aquilo que impede a fala.

en.gas.tar (*cast engastar*) *vtd* Introduzir no engaste; encravar (pedras) em ouro, prata etc.

en.gas.te (de *engastar*) *sm* Aro ou guarnição de metal que prende as pedras nas joias.

en.ga.ta.do (*part* de *engatar*) *adj* **1** Ligado, preso. **2** Engrenado.

en.ga.tar (*en+gato+ar¹*) *vtd* **1** Ligar, prender. **2** Pôr marcha em um automóvel.

en.ga.ti.lhar (*en+gatilho+ar¹*) *vtd* **1** Armar o gatilho de. **2** Preparar para disparar (uma arma de fogo).

en.ga.ti.nhar (*en+gatinhas+ar¹*) *vint* **1** Andar com as mãos no chão; andar de gatinhas. *vti* **2** Ser principiante (em alguma arte ou ciência).

en.ga.ve.ta.do (*part* de *engavetar*) *adj* **1** Fechado ou guardado em gaveta. **2** *fig* Parte de um veículo que entrou em outro, num acidente de trânsito.

en.ga.ve.ta.men.to (*engavetar+mento*) *sm* Ato ou efeito de engavetar.

en.ga.ve.tar (*en+gaveta+ar¹*) *vtd* **1** Fechar ou guardar em gaveta. *vpr* **2** *fig* Em desastre de trânsito, fazer entrar parte de um veículo em outro.

en.ga.zo.par *vtd* **1** Enganar, iludir. *vtd* **2** Meter em prisão. *vint* **3** *pop* Encharcar de combustível (o carburador do automóvel).

en.gen.drar (*lat ingenerare*) *vtd* **1** Formar, gerar, produzir: *Engendrou um plano*. **2** Inventar: *Engendrar uma fórmula*.

en.ge.nhar (*engenho+ar¹*) *vtd* **1** Projetar, planejar. **2** Armar, maquinar, traçar: *Engenhar uma emboscada*.

en.ge.nha.ri.a (*engenho+aria*) *sf* **1** Arte de aplicar conhecimentos científicos à criação, construção, instalação ou aperfeiçoamento de estruturas, máquinas e equipamentos para atender às necessidades humanas. **2** Ciência ou arte de construções civis, militares e navais.

en.ge.nhei.ro (*engenho+eiro*) *sm* Pessoa que tem diploma de curso de engenharia.

en.ge.nho (*lat ingeniu*) *sm* **1** Talento, aptidão natural. **2** Qualquer máquina ou aparelho. **3** Conjunto de máquinas e outros dispositivos utilizados na preparação do álcool e do açúcar. **4** Propriedade agrícola onde se cultiva e se industrializa a cana-de-açúcar.

en.ge.nho.ca (de *engenho*) *sf* **1** *pop* e *pej* Qualquer máquina ou maquinismo. **2** Pequeno engenho de cana movido à mão.

en.ge.nho.so (*ô*) (*lat ingeniosu*) *adj* Inventivo, criativo. *Pl: engenhosos (ó)*.

en.ges.sa.do (*part* de *engessar*) *adj* **1** Branqueado com gesso. **2** Coberto com gesso. **3** Diz-se das partes do corpo fraturadas envolvidas em gesso.

en.ges.sar (*en+gesso+ar²*) *vtd* **1** Branquear com gesso. **2** Cobrir com gesso. **3** Envolver parte fraturada do corpo em tiras de gaze embebidas em gesso.

en.glo.bar (*en+globo+ar¹*) *vtd* **1** Reunir em um todo. **2** Dar forma de globo a.

en.go.dar (*engodo+ar¹*) *vtd* **1** Atrair por meio de engodo. **2** Enganar com promessas que não se cumprem.

en.go.do (*ô*) *sm* **1** Isca para apanhar aves ou peixes. **2** Coisa com que se engoda ou se induz alguém. *Pl: engodos (ô)*.

en.gol.far (*en+golfo+ar¹*) *vpr* **1** Absorver-se, mergulhar-se (em estudos, meditações ou negócios). **2** Penetrar, entranhar-se: *Engolfou-se pela mata*.

en.go.lir (*en+lat gula+ir*) *vtd* **1** Passar da boca ao estômago; ingerir. **2** Fazer desaparecer; sorver, tragar: *O mar engoliu os náufragos*. **3** Acreditar em: *Engoliu a mentira*. **4** Aguentar, sofrer, suportar: *Engolir injustiças*. *Engolir a saliva*: não ousar dizer palavra. *Engolir em seco*: não responder a um insulto; ser obrigado a não dizer o que se queria. Conjuga-se como *dormir*.

en.go.mar (*en+goma+ar*) *vtd* Pôr goma em e depois alisar com ferro quente: *Engomar a roupa*.

en.gor.da (de *engordar*) *sm* Ação ou efeito de engordar animais.

en.gor.dar (*en+gordo+ar¹*) *vtd* e *vint* **1** Tornar(-se) gordo. *vti* **2** Enriquecer, prosperar. *Antôn* (acepção 1): *emagrecer*.

en.gor.da.ti.vo (*engordar+ivo*) *adj Med* Diz-se do alimento ou refeição que engorda.

en.gor.du.ra.do (*part* de *engordurar*) *adj* Sujo de gordura.

en.gor.du.rar (*en+gordura+ar¹*) *vtd* e *vpr* Sujar(-se) com gordura.

en.gra.ça.di.nho (*dim* de *engraçado*) *adj pop* **1** Atrevido. **2** Importuno, inconveniente.

en.gra.ça.do (*part* de *engraçar*) *adj* Que tem graça, espirituoso.

en.gra.çar (*en+graça+ar¹*) *vtd* **1** Tornar gracioso, alegre, jovial. *vti* **2** Ver com bons olhos; gostar,

engradado 337 **enlear**

simpatizar: *A criança engraçou com ele.* vpr **3** pop Ser inconveniente; desrespeitar: *Não se engrace comigo, não!*

en.gra.da.do (part de *engradar*) sm Armação para proteger objetos ou animais no transporte.

en.gra.dar (*en+grade+ar¹*) vtd **1** Fazer em forma de grade. **2** Fechar com grades.

en.gran.de.cer (*lat ingrandescere*) vtd e vint **1** Tornar(-se) grande ou maior. vtd **2** Valorizar.

en.gra.va.tar (*en+gravata+ar¹*) vpr **1** Pôr gravata. **2** Mostrar-se bem-vestido.

en.gra.vi.dar (*en+grávida+ar¹*) vtd e vint Tornar(-se), ficar grávida.

en.gra.xa.do (part de *engraxar*) adj **1** Que se engraxou. **2** Lubrificado. **3** pop Subornado.

en.gra.xar (*en+graxa+ar¹*) vtd **1** Passar graxa e lustrar (o calçado). **2** Lubrificar com graxa. **3** fig Bajular, adular. **4** gír Subornar.

en.gra.xa.te (de *engraxar*) sm Aquele que engraxa calçados.

en.gre.na.gem (*fr engrenage*) sf **1** Conjunto de rodas ou peças dentadas destinadas a transmitir movimentos num maquinismo. **2** fig Organização. Pl: *engrenagens.*

en.gre.nar (*fr engrener*) vtd e vint **1** Mec Encaixar(-se) os dentes de uma roda dentada nos de outra roda ou peça dentada para produzir movimento. vtd **2** Engatar. vtd **3** fig Começar, iniciar, encetar: *Engrenar uma conversa.*

en.gri.pa.do (part de *engripar*) adj **1** Que está com gripe. **2** pop Que não funciona por avaria ou obstrução: *Motor engripado.*

en.gri.par¹ (*en+gripe+ar¹*) vtd **1** Causar gripe a. vpr **2** Adoecer com gripe.

engripar² (*en+ingl grip+ar¹*) vint e vpr Não funcionar (um motor), por avaria ou obstrução.

en.gro.lar (*lat incrudare*) vtd **1** Pronunciar confusamente. **2** Fazer mal (um serviço).

en.gros.sa.men.to (*engrossar+mento*) sm **1** Ação de engrossar, de tornar grosso. **2** Estado do que engrossou. **3** pop Bajulação, adulação.

en.gros.sar (*en+grosso+ar¹*) vtd **1** Aumentar a grossura de. vtd **2** Tornar grosso, denso, consistente, espesso: *Engrossar a sopa.* vint e vpr **3** Tornar-se grosso ou mais grosso. vtd **4** Tornar mais numeroso: *Outras pessoas engrossaram a fila.* vtd **5** Dar volume e timbre mais grave à voz. vti e vint **6** gír Mostrar-se grosseiro, indelicado: *O cliente engrossou com o vendedor. Quando ouve uma opinião, ela logo engrossa.*

en.gru.pir vtd gír Enganar, tapear, ludibriar.

en.gru.vi.nha.do (de *grou*) adj Desalinhado, desgrenhado, desarrumado.

en.gui.a (*lat vulg *angu ila*) sf Ictiol Nome comum a vários peixes parecidos com cobra, fluviais e marinhos.

en.gui.çar (*lat vulg *iniquitare*) vtd **1** Causar enguiço a. vint **2** Sofrer pane (diz-se de máquina, motor etc.); encrencar: *Aquele carro enguiçou.* vti e vint **3** pop Discutir, encrencar: *Enguiçou com o guarda. Os dois enguiçaram.*

en.gui.ço (de *enguiçar*) sm **1** Obstáculo, empecilho, estorvo. **2** Mec Pane. **3** pop Encrenca.

en.gu.lho (de *engulhar*) sm Náusea, ânsia de vômito.

e.ní.co.la (*eni+cola*) adj m+f Que trata ou faz comércio de vinhos.

e.nig.ma (*gr aínigma*) sm Aquilo que dificilmente se compreende; mistério. *Chave do enigma:* explicação daquilo que não se compreende.

e.nig.má.ti.co (*gr aínigma, atos+ico²*) adj Que dificilmente se compreende; incompreensível, misterioso: *Palavras enigmáticas.*

en.jam.brar vti Empenar(-se), torcer(-se).

en.jau.la.do (part de *enjaular*) adj **1** Colocado na jaula. **2** Encarcerado, preso.

en.jau.lar (*en+jaula+ar¹*) vtd **1** Colocar na jaula. **2** Encarcerar, prender.

en.jei.ta.do (part de *enjeitar*) adj Abandonado, rejeitado. • sm Criança que foi abandonada ou rejeitada pelos pais.

en.jei.tar (*lat ejectare*) vtd **1** Não aceitar; recusar, rejeitar, desprezar: *Enjeitar uma oferta, um emprego.* **2** Abandonar, rejeitar (a criança ou o filho).

en.jo.a.do (part de *enjoar*) adj **1** Que tem enjoo; enojado. **2** Maçante, chato. **3** Antipático, mal-humorado.

en.jo.a.men.to (*enjoar+mento*) sm **1** Aborrecimento, amolação. **2** Frescura.

en.jo.ar (de *enojar,* com metátese) vtd **1** Causar enjoo ou náuseas a. vtd **2** Sentir enjoo ou repugnância por (alimento, remédio): *Enjoou o bolo.* vint **3** Sofrer de enjoo, ter náuseas: *No navio, algumas pessoas enjoam.* vpr **4** Aborrecer-se, entediar-se: *Enjoou-se com aquela vida.*

en.jo.a.ti.vo (*enjoar+ivo*) adj **1** Que causa enjoo. **2** Cansativo, chato.

en.jo.o (de *enojo,* com metátese) sm **1** Princípio de náusea. **2** Mal-estar que às vezes algumas pessoas sentem ao viajar em navio, avião, carro etc. **3** Náusea que algumas mulheres sentem durante a gravidez.

en.la.çar (*en+laço+ar¹*) vtd **1** Prender, unir com laço. vtd **2** Prender nos braços; abraçar. vti **3** Ligar, unir.

en.la.ce (de *enlaçar*) sm **1** União. **2** Casamento, matrimônio.

en.lam.bu.za.do (part de *enlambuzar*) adj Sujo, emporcalhado (principalmente de comida); lambuzado.

en.lam.bu.zar (*corr* de *enlambujar*) vtd e vpr Sujar(-se), emporcalhar(-se) (principalmente de comida); lambuzar(-se).

en.la.me.a.do (part de *enlamear*) adj **1** Sujo de lama. **2** fig Conspurcado; desacreditado.

en.la.me.ar (*en+lama+e+ar¹*) vtd e vpr **1** Sujar(-se) com lama. vtd **2** fig Manchar a reputação; conspurcar. Conjuga-se como *frear.*

en.lan.gues.cer (*en+languescer*) vti e vpr Tornar-se lânguido; perder as forças; enfraquecer-se.

en.la.ta.do (part de *enlatar*) adj Colocado ou conservado em lata. • sm **1** Alimento conservado em lata. **2** pej Filme importado, geralmente de baixa qualidade, para veiculação em televisão.

en.la.tar (*en+lata+ar¹*) vtd Colocar em lata.

en.le.a.do (part de *enlear*) adj **1** Emaranhado, entrelaçado. **2** pop Atrapalhado, perturbado, confuso.

en.le.ar (*lat illigare*) vtd e vpr **1** Envolver(-se), prender(-se): *Enleou o colega naquela discussão. Enleou-se em sérias dificuldades.* vtd **2** Deixar con-

enleio 338 enrolamento

fuso, indeciso: *Aquela atitude enleou o rapaz. vpr* **3** Estar confuso, ficar indeciso e perplexo: *Enleou-se diante do problema.* Conjuga-se como *frear*.

en.lei.o (de *enlear*) *sm* **1** Embaraço, acanhamento. **2** Indecisão, confusão, perturbação. **3** Enlevo; deleite.

en.le.var (*en+levar*) *vtd* e *vint* **1** Encantar(-se), extasiar(-se). *vpr* **2** Maravilhar-se, extasiar-se.

en.le.vo (*ê*) (de *enlevar*) *sm* Aquilo que enleva; encanto, deleite, êxtase. *Pl: enlevos* (*ê*).

en.lou.que.cer (*en+louco+ecer*) *vtd* **1** Tirar o uso da razão a; tornar louco: *Você é quem enlouquece o professor.* *vint* **2** Tornar-se louco, perder o uso da razão: *Depois do acidente, ele enlouqueceu.*

en.lou.ra.do (*part* de *enlourar*) *adj* **1** Adornado ou coroado de louros. **2** Vitorioso.

en.lou.rar (*en+louro+ar*[1]) *vtd* e *vpr* **1** Tornar(-se) louro ou quase louro; alourar(-se). *vtd* **2** Adornar ou coroar de louros.

en.lou.re.cer (*en+louro+ecer*) *vtd* e *vpr* Tornar(-se) louro ou quase louro; alourar(-se).

en.lu.a.ra.do (*part* de *enluarar*) *adj* Iluminado pelo luar.

en.lu.tar (*en+luto+ar*[1]) *vtd* e *vpr* **1** Cobrir(-se), vestir(-se) de luto. **2** Sofrer ou causar grande mágoa.

en.lu.var (*en+luva+ar*[1]) *vtd* e *vpr* Calçar, colocar luvas.

e.no.bre.cer (*en+nobre+ecer*) *vtd, vint* e *vpr* **1** Tornar(-se) nobre por ações ou feitos. *vtd* **2** Embelezar, enriquecer: *A nova estátua enobreceu a praça.*

e.no.do.a.do (*part* de *enodoar*) *adj* **1** Cheio de nódoas, manchado. **2** Desonrado, difamado.

e.no.do.ar (*en+nódoa+ar*[1]) *vtd* e *vpr* **1** Encher(-se) de nódoas, manchar(-se). *vtd* **2** Desonrar, difamar.

e.no.ja.do (*part* de *enojar*) *adj* **1** Nauseado. **2** Aborrecido, entediado, enfastiado.

e.no.jar (*lat tardio inodiare*) *vtd* **1** Causar nojo a. *vpr* **2** Sentir nojo ou enjoo; nausear-se. *vpr* **3** Aborrecer-se.

e.no.jo (*ô*) (de *enojar*) *sm* **1** Enjoo, náusea. **2** Aborrecimento. **3** Luto, tristeza. *Pl: enojos* (*ô*).

e.no.li.na (*enol+ina*) *sf* Quím Substância que dá cor ao vinho tinto.

e.no.lo.gi.a (*eno+logo+ia*[1]) *sf* Ciência e arte de tudo o que se refere ao vinho.

e.no.lo.gis.ta (*eno+logo+ista*) *s m+f* Especialista em enologia; enólogo.

e.nó.lo.go (*eno+logo*) *V* enologista.

e.nor.me (*lat enorme*) *adj m+f* **1** Muito grande: *Um prédio enorme.* **2** Muito grave: *Crime enorme.*

e.no.ve.lar (*en+novelo+ar*[1]) *vtd* **1** Dar forma de novelo a. *vtd* e *vpr* **2** Enrolar(-se) em novelo, fazer(-se) em novelo. *vtd* **3** Tornar confuso: *Enovelar informações.*

en passant (*ãmpassã*) (*fr*) *loc adv* De passagem; por alto.

en.qua.drar (*en+quadro+ar*[1]) *vtd* **1** Pôr em quadro; emoldurar. *vpr* **2** Adaptar-se, ajustar-se. *vtd* **3** Tornar quadrado. *vtd* **4** *gír* Punir. *vtd* **5** Incriminar.

en.quan.to (*en+quanto*) *conj* **1** No tempo em que. **2** Ao passo que. *Por enquanto, loc adv:* por ora; até agora.

enquete (*anquét'*) (*fr*) *sf* Pesquisa.

en.quis.ta.do (*part* de *enquistar*) *adj* **1** Transformado em cisto (quisto). **2** Encaixado.

en.quis.tar (*en+quisto+ar*[1]) *vint* **1** Criar, formar cisto (quisto). *vpr* **2** Converter-se em cisto (quisto). *vpr* **3** Introduzir-se, encaixar-se.

en.ra.bar (*en+rabo+ar*[1]) *vtd* **1** Segurar pelo rabo. **2** Andar sempre junto ou atrás de (outra pessoa). **3** *vulg* Ter relação sexual anal com.

en.ra.bi.cha.do (*part* de *enrabichar*) *adj* Apaixonado, gamado.

en.ra.bi.char (*en+rabicho+ar*[1]) *vtd* **1** Dar forma de rabicho a (falando-se do cabelo). *vpr* **2** Apaixonar-se, enamorar-se.

en.rai.ve.cer (*en+raiva+ecer*) *vtd, vint* e *vpr* **1** Encher(-se) de raiva; encolerizar(-se), irar(-se). *vtd* **2** Causar raiva a.

en.rai.ve.ci.do (*part* de *enraivecer*) *adj* Cheio de raiva; encolerizado, irado.

en.ra.i.za.do (*part* de *enraizar*) *adj* **1** Preso pelas raízes. **2** *fig* Que se fixou, se firmou: *Manias enraizadas.*

en.ra.i.zar (*en+raiz+ar*[1]) *vint* **1** Criar raízes. *vtd* e *vpr* **2** Fixar(-se) pelas raízes. *vint* e *vpr* **3** Prender-se, fixar-se. *Conjug – Pres indic: enraízo, enraízas, enraíza, enraizamos, enraizais, enraízam; Pres subj: enraíze, enraízes, enraíze, enraizemos, enraizeis, enraízem.*

en.ras.ca.da (*part fem* de *enrascar*) *sf* Situação difícil; embaraço, dificuldade.

en.ras.car (*en+rasca+ar*[1]) *vtd pop* **1** Fazer cair em cilada. *vtd* **2** Enganar. *vpr* **3** Pôr-se em dificuldades; atrapalhar-se.

en.re.dar (*en+rede+ar*[1]) *vtd* **1** Colher, prender na rede. *vtd* e *vpr* **2** Emaranhar(-se), embaraçar(-se). *vtd* **3** Armar intrigas a.

en.re.do (*ê*) (de *enredar*) *sm* **1** Ato de enredar(-se). **2** Mexerico, intriga. **3** Conjunto dos episódios que constituem uma obra de ficção.

en.re.ge.lar (*en+regelo+ar*[1]) *vtd* **1** Tornar muito frio: *A chuva fina enregelou seu corpo.* **2** Fazer perder o ânimo.

en.ri.ja.do (*part* de *enrijar*) *adj* Tornado rijo, duro.

en.ri.jar (*en+rijo+ar*[1]) *vtd, vint* e *vpr* **1** Tornar(-se) rijo, duro, forte; endurecer(-se). *vint* **2** Tomar forças; fortalecer-se. *Sin: enrijecer.*

en.ri.je.cer (*en+rijo+ecer*) *V* enrijar.

en.ri.que.cer (*en+rico+ecer*) *vtd, vint* e *vpr* **1** Tornar(-se) rico: *A herança o enriqueceu. Não consegue enriquecer com aquele trabalho. Vendeu toda a mercadoria e enriqueceu-se.* *vtd* **2** Melhorar, desenvolver: *As novas atividades enriqueceram sua aula.* Antôn (acepção 1): empobrecer.

en.ri.que.ci.do (*part* de *enriquecer*) *adj* **1** Que se tornou rico. **2** Melhorado.

en.ro.di.lhar (*en+rodilha+ar*[1]) *vpr* Torcer-se, enrolar-se: *A cobra enrodilhava-se para dormir.*

en.ro.la.di.nho (*dim* de *enrolado*) *sm* Cul Carne, peixe, verdura ou massa enrolada em torno de um recheio.

en.ro.la.do (*part* de *enrolar*) *adj* **1** Que forma rolo. **2** *gír* Confuso, complicado.

en.ro.la.dor (*enrolar+dor*) *adj pop* **1** Diz-se de quem torna as coisas complicadas. **2** Que engana, ludibria, tapeia. • *sm pop* Indivíduo enrolador.

en.ro.la.men.to (*enrolar+mento*) *sm* Conjunto

de fios enrolados numa bobina ou num motor elétrico.

en.ro.lar (*en+rolo+ar¹*) *vtd* **1** Dar forma de rolo a: *Enrolar a lã*. *vtd* e *vpr* **2** Envolver(-se): *Enrolou o presente. Deitou-se e enrolou-se no cobertor*. *vtd* **3** *pop* Tornar complicado, confuso: *Enrolou a explicação*. *vtd* **4** *pop* Enganar, ludibriar, tapear: *Foi demitido porque enrolava o chefe*.

en.ros.car (*en+rosca+ar¹*) *vtd* **1** Mover à maneira de rosca. *vtd* **2** Dar forma de rosca; enrolar. *vpr* **3** Encolher-se, dobrar-se.

en.rou.par (*en+roupa+ar¹*) *vtd* e *vpr* Agasalhar (-se), cobrir(-se) com roupa.

en.rou.que.cer (*en+rouco+ecer*) *vtd, vint* e *vpr* Tornar(-se) rouco.

en.ru.bes.cer (*en+lat rubescere*) *vtd, vint* e *vpr* Tornar(-se) vermelho ou rubro; corar; ruborizar(-se).

en.ru.gar (*en+ruga+ar¹*) *vtd* **1** Fazer rugas em: *Quando ficava sério, enrugava a testa*. *vtd* e *vpr* **2** Encher(-se) de rugas; encarquilhar(-se).

en.rus.ti.do *adj bras* **1** Muito introvertido. **2** Homossexual que não assume sua condição.

en.sa.bo.ar (*en+sabão+ar¹*) *vtd* e *vpr* **1** Lavar(-se) com água e sabão: *Ensaboar a roupa. Ensaboou-se no banho*. *vtd* **2** *fig* Castigar, repreender.

en.sa.car (*en+saco+ar¹*) *vtd* Pôr em saco. Conjuga-se como *trancar*.

en.sai.ar (*ensaio+ar¹*) *vtd* **1** Exercitar, experimentar, praticar: *A criança já ensaia os primeiros passos*. *vpr* **2** Aperfeiçoar-se, aprimorar-se. *vtd* **3** Repetir (composição musical ou coreográfica, drama ou comédia) para uma perfeita apresentação ao público.

en.sai.o (*baixo-lat exagiu*) *sm* **1** Prova, experiência. **2** Exame, análise. **3** Repetição de uma composição musical ou coreográfica, drama ou comédia para fazer uma perfeita apresentação ao público. **4** *Lit* Estudo literário sobre determinado assunto, menor e menos aprofundado que um tratado.

en.sa.ís.ta (*ensaio+ista*) *s m+f Lit* Pessoa que escreve ensaios.

en.san.de.cer (*en+sandeu+ecer*) *vtd* e *vint* Fazer perder ou perder a razão; endoidecer, enlouquecer.

en.san.de.ci.do (*part de ensandecer*) *adj* Que perdeu a razão; endoidecido, enlouquecido.

en.san.guen.tar (*gwe*) (*en+lat sanguinem+entar*) *vtd* e *vpr* Cobrir(-se) ou manchar(-se) de sangue: *O ferimento ensanguentou sua camisa. Ensanguentaram-se as linhas de combate*.

en.sa.ri.lhar (*en+sarilho+ar¹*) *vtd* Emaranhar, embaraçar.

en.se.a.da (de *ensear*) *sf* **1** Pequena baía ou porto. **2** Área próxima à costa marítima.

en.se.ba.do (*part* de *ensebar*) *adj* **1** Coberto de sebo. **2** Gorduroso, sujo.

en.se.bar (*en+sebo+ar²*) *vtd* **1** Cobrir com sebo; engordurar. **2** Manchar. **3** Sujar com o uso: *Ensebou a calça*.

en.se.jar (*ensejo+ar¹*) *vtd* **1** Dar ensejo a. **2** Esperar a ocasião de.

en.se.jo (*lat exagiu*) *sm* Ocasião apropriada; oportunidade.

en.si.lar (*en+silo+ar¹*) *vtd* Armazenar (cereais) em silos.

en.si.mes.ma.do (*part* de *ensimesmar*) *adj* Voltado para si mesmo; introvertido, concentrado.

en.si.mes.mar (*cast ensimismar*) *vpr* **1** Concentrar-se, meditando. **2** Voltar-se para si mesmo; introverter-se.

en.si.na.men.to (*ensinar+mento*) *sm* **1** Ato ou efeito de ensinar. **2** Doutrina, preceito.

en.si.nar (*lat insignare*) *vtd* **1** Instruir sobre: *Ensinar matemática*. *vtd* **2** Transmitir conhecimentos a; educar: *Ensinar crianças*. *vint* **3** Dar aulas. *vint* **4** Doutrinar, pregar.

en.si.no (de *ensinar*) *sm* **1** Transmissão de conhecimentos; educação. **2** Forma organizada de ensinar em escolas. *Ensino fundamental:* antigo primeiro grau, tem como objetivo a educação de crianças e pré-adolescentes, com duração de nove anos. *Ensino médio:* corresponde ao antigo segundo grau e tem como objetivo a formação geral do adolescente, normalmente com duração de três anos. *Ensino superior:* o de grau universitário.

en.so.ber.be.cer (*en+soberba+ecer*) *vtd* e *vpr* Tornar(-se) soberbo, arrogante, vaidoso; envaidecer(-se).

en.so.la.ra.do (*en+solar+ado¹*) *adj* Banhado de sol.

en.som.bra.do (*part* de *ensombrar*) *adj* Com sombra.

en.som.brar (*en+sombra+ar¹*) *vtd* e *vpr* **1** Cobrir(-se) de sombras. **2** Tornar(-se) triste; entristecer(-se).

en.so.pa.di.nho (*dim* de *ensopado*) *sm Cul* Ensopado.

en.so.pa.do (*part* de *ensopar*) *adj* Muito molhado; encharcado. • *sm Cul* Prato de carne, peixe etc. preparado com muito molho.

en.so.par (*en+sopa+ar¹*) *vtd* e *vpr* **1** Molhar(-se) muito; encharcar(-se). *vtd* **2** *Cul* Cozinhar em caldo (carne, peixe etc.).

en.sur.de.ce.dor (*ensurdecer+dor*) *adj* **1** Que ensurdece. **2** Que faz grande barulho ou estrondo.

en.sur.de.cer (*en+surdo+ecer*) *vtd* e *vint* **1** Tornar (-se) surdo: *O estrondo ensurdeceu o menino. Ele ensurdeceu*. *vtd* **2** Abafar, amortecer o som de: *Sapatos de sola de borracha que ensurdeciam os passos*. *vtd* **3** Perturbar os ouvidos de; atordoar: *O barulho ensurdecia os convidados*.

en.ta.bu.ar (*en+tábua+ar¹*) *vtd* Cobrir de tábuas.

en.ta.bu.lar (*en+lat tabula+ar¹*) *vtd* Começar, iniciar, encetar, empreender: *Entabular conversa. Entabular um negócio*.

en.ta.la.do (*part* de *entalar*) *adj* **1** Que está entre talas. **2** Apertado. **3** Que está em grande dificuldade; seriamente comprometido.

en.ta.lar (*en+tala+ar¹*) *vtd* **1** Colocar em talas: *Entalou o braço fraturado*. *vtd* e *vpr* **2** Pôr(-se) em lugar apertado. *vtd* e *vpr* **3** Pôr(-se) em dificuldades, em apuros. *vint* e *vpr* **4** Engasgar.

en.ta.lha.do (*part* de *entalhar*) *adj* A que se fez entalhe; gravado, esculpido.

en.ta.lhar (*en+talha+ar¹*) *vtd* Fazer cortes em (madeira); gravar, esculpir.

en.ta.lhe (de *entalhar*) *sm* **1** Escultura ou gravura de madeira. **2** Peça com figura entalhada. **3** Incisão, corte na madeira.

en.tan.to (*contr* de *entretanto*) *adv* Entretanto, neste meio tempo. *No entanto, loc conj:* todavia.

en.tão (*lat in tunc*) *adv* Nesse ou naquele tempo:

Ontem estava chovendo e não pude sair então. • **conj** Pois, à vista disso: *Esse funcionário tem cumprido seu dever; não deve, então, ser demitido.* • **interj** Denota admiração, espanto: *Então, é possível. Até então:* até esse tempo. *Desde então:* desde esse tempo. *E então?:* e depois?; e que há nisso (de mal)? *Pois então:* nesse caso.

en.ta.ra.me.la.do (*part* de *entaramelar*) *adj* Diz-se de quem pronuncia as palavras com dificuldade; hesitante: *Aluno entaramelado.*

en.ta.ra.me.lar (*en+taramela+ar*[1]) *vtd* e *vpr* Tornar(-se) hesitante; embaraçar(-se), enredar(-se).

en.tar.de.cer (*en+lat tardescere*) *vint* Ir caindo a tarde; ir escurecendo. *Conjug:* verbo impessoal; só se conjuga na 3ª pessoa do singular: *entardece, entardecia* etc. • *sm* O cair da tarde, o pôr do sol.

en.te (*lat ente*) *sm* **1** O que existe ou pode existir; coisa, objeto, substância. **2** Pessoa. *Ente supremo:* Deus.

en.te.a.do (*lat ante natu*) *sm* Aquele cuja mãe ou cujo pai se casou novamente, em relação ao seu padrasto ou à sua madrasta.

en.te.di.a.do (*part* de *entediar*) *adj* Que está com tédio; aborrecido, chateado, enfadado.

en.te.di.ar (*en+tédio+ar*[1]) *vtd* **1** Causar tédio a. *vtd* e *vpr* **2** Tornar(-se) aborrecido; aborrecer(-se), chatear(-se), enfadar(-se).

en.ten.der (*lat intendere*) *vtd* **1** Ter ideia clara de; compreender: *Não entendeu o que eu lhe disse. vtd* **2** Ser hábil, experiente ou prático em: *Entende vários idiomas. vtd* **3** Pensar, achar: *Entendo que você conseguirá. vtd* **4** Interpretar, julgar: *Entende que a amiga não está bem. vtd* **5** Ouvir, perceber: *Entendi mal o que me disse. vpr* **6** Começar a ter ou manter entendimento com; combinar-se: *Raramente se acham dois amigos que se entendam tão bem. vti* **7** Ter prática ou teoria: *A velha entendia de curas.* *Antôn* (acepção 1): *ignorar.* • *sm* Opinião, entendimento, juízo. *Dar a entender:* insinuar.

en.ten.di.do (*part* de *entender*) *adj* **1** Compreendido, percebido. **2** Instruído, sabedor. **3** Acertado, certo: *Estamos entendidos.* **4** *gír* Que entende as variações do comportamento sexual, particularmente do homossexualismo, podendo ou não as praticar. • *sm* Pessoa que se especializou em algum assunto. *Bem entendido:* com certeza.

en.ten.di.men.to (*entender+i+mento*) *sm* **1** Capacidade de compreender as coisas. **2** Capacidade de julgar, de entender. **3** Opinião, juízo. **4** Acordo, ajuste.

enter (*ênter*) (*ingl*) *sm Inform* Tecla usada para fazer o computador processar ou registrar informações que lhe são fornecidas.

en.té.ri.co (*êntero+ico*) *adj Med* Que se refere aos intestinos; intestinal.

en.te.ri.te (*êntero+ite*[1]) *sf Med* Inflamação do intestino.

en.ter.ne.cer (*en+terno+ecer*) *vtd* e *vpr* **1** Tornar(-se) terno, amoroso, brando, compassivo. **2** Sensibilizar(-se).

en.ter.ne.ci.do (*part* de *enternecer*) *adj* **1** Tocado de ternura. **2** Abrandado, sensibilizado.

en.ter.ne.ci.men.to (*enternecer+i+mento*) *sm* **1** Ternura, meiguice. **2** Compaixão.

en.ter.rar (*en+terra+ar*) *vtd* **1** Pôr debaixo da terra; sepultar: *Enterrar os mortos. vtd* **2** Pôr dentro da terra; cobrir de terra: *Enterrou a semente da planta. vtd* **3** Fazer entrar profundamente: *Enterrou a faca no corpo da vítima. vpr* **4** *fig* Retirar-se do mundo; isolar-se: *Largou tudo e se enterrou em um convento. vtd* **5** *fig* Provocar a derrota, a ruína de: *O mau desempenho do jogador enterrou o time. A falta de clientes enterrou seu negócio. vpr* **6** *fig* Arruinar-se financeiramente.

en.ter.ro (*ê*) (de *enterrar*) *sm* Ato de enterrar um cadáver; sepultamento, funeral. *Pl:* enterros (*ê*).

entertainer (*intertêiner*) (*ingl*) *s m+f* Pessoa que faz apresentações, profissionalmente, para a diversão de outros (por exemplo, um ator ou cantor).

en.ti.da.de (*lat med entitate*) *sf* **1** Aquilo que existe ou imaginamos que existe; ente, ser. **2** Indivíduo de importância. **3** Grupo ou sociedade que dirige as atividades de uma categoria: *Entidade artística.*

en.to.a.ção (*entoar+ção*) *sf* **1** *Mús* Ato ou efeito de entoar um canto. **2** Modulação variada na voz. *Pl: entoações.*

en.to.ar (*en+tom+ar*[1]) *vtd* **1** Dar o tom para se cantar. **2** Começar (um canto).

en.to.car (*en+toca+ar*[1]) *vtd* e *vpr* **1** Colocar(-se) em toca, em cova. **2** Esconder(-se).

en.to.ja.do (*part* de *entojar*) *adj* **1** Enojado, enjoado. **2** Vaidoso, presunçoso, convencido.

en.to.jar (*entojo+ar*[1]) *vtd* **1** Causar nojo, repugnância a; enojar. *vint* **2** Sentir entojo.

en.to.jo (*ô*) (cruzamento de *entejo* com *nojo*) *sm* **1** Nojo, repugnância. **2** O que provoca repugnância, antipatia ou irritação. **3** Nojo que a mulher sente durante a gravidez. *Pl: entojos* (*ô*).

en.to.mo.lo.gi.a (*entomo+logo+ia*[1]) *sf* Parte da zoologia que trata dos insetos.

en.to.mo.lo.gis.ta (*entomo+logo+ista*) *s m+f* Especialista em entomologia.

en.to.na.ção (*entonar+ção*) *sf* **1** Modulação da voz de quem fala ou recita. **2** Canto num determinado tom. *Pl: entonações.*

en.to.nar (*en+tom+ar*[1]) *vtd* **1** Exibir com imponência. *vpr* **2** Mostrar-se arrogante, soberbo; ensoberbecer-se.

en.ton.te.cer (*en+tonto+ecer*) *vtd* **1** Causar tonturas a: *A surpresa entonteceu-o. vint* **2** Sentir tonturas: *Olhando daquela altura, entonteceu. vtd* e *vint* **3** Tornar(-se) tonto, estúpido, idiota.

en.tor.nar (*lat tornare*) *vtd* **1** Virar, emborcar, despejando o conteúdo: *Entornar um balde de água.* **2** Derramar, despejar (líquidos ou coisas miúdas): *Entornou o leite. Entornou o pó de café na vasilha.* **3** Fazer transbordar: *Encheu a xícara até entornar o chá.* **4** Tomar bebida alcoólica. *Entornar o caldo:* agravar uma situação, por falta de cuidado ou capacidade.

en.tor.pe.cen.te (de *entorpecer*) *adj m+f* Que entorpece. • *sm* Substância tóxica que entorpece o sistema nervoso e provoca a dependência do organismo.

en.tor.pe.cer (*en+lat torpescere*) *vtd* **1** Causar entorpecimento ou torpor a. *vtd* **2** Tirar a energia a; enfraquecer. *vtd* **3** Impedir a ação ou o movimento de: *O frio entorpeceu suas mãos. vpr* **4** Perder a atividade ou a energia: *Depois da caminhada, seus pés entorpeceram-se.*

en.tor.pe.ci.do (*part* de *entorpecer*) *adj* **1** Enfraquecido. **2** Desanimado, cansado.

en.tor.pe.ci.men.to (*entorpecer+mento¹*) *sm* **1** Falta de ação. **2** Desânimo, preguiça.

en.tor.se (*fr entorse*) *sf Med* Distensão violenta que rompe os ligamentos de uma articulação.

en.tor.tar (*en+torto+ar¹*) *vtd*, *vint* e *vpr* **1** Tornar (-se) torto; dobrar(-se), curvar(-se). *vtd*, *vint* e *vpr* **2** Afastar(-se) do bom caminho. *vpr* **3** *pop* Embebedar-se. *Antôn* (acepções 1 e 2): *endireitar*.

en.tra.da (*part fem* de *entrar*) *sf* **1** Admissão, ingresso. **2** Abertura de qualquer cavidade. **3** Portão, porta. **4** Começo, princípio: *Entrada do ano, entrada do inverno*. **5** *Com* Primeiro pagamento na venda e compra a prestações. **6** Bilhete de ingresso em teatro, cinema etc. **7** *Cul* Numa refeição, o primeiro prato. **8** Parte lateral da cabeça que não apresenta cabelo. **9** *Hist* Expedição que, no período colonial, tinha como objetivo encontrar minas de ouro ou prender índios para escravizá-los. *Antôn* (acepção 1): *saída*. *Entrada de serviço*: dependência de acesso, nos edifícios, para empregados e fornecedores. *Entrada franca*: ingresso gratuito.

en.tran.çar (*en+trança+ar¹*) *vtd* **1** Dar forma de trança a: *Entrançar o cabelo*. *vtd* e *vpr* **2** Unir(-se), prender(-se) um no outro; entrelaçar(-se).

en.trân.cia (*lat entrantia*) *sf Dir* Categoria das circunscrições judiciárias de um Estado ou tribunal: *Comarca de primeira entrância, de segunda entrância* etc.

en.tra.nha (*lat interanea*) *sf* Qualquer víscera do tórax ou do abdome. *sf pl* **1** Conjunto das vísceras do tórax ou do abdome. **2** *fig* Índole, caráter. **3** Coração, sentimento: *É uma pessoa má, não tem entranhas*. **4** *fig* A parte mais profunda da terra ou do mar.

en.tra.nha.do (*part* de *entranhar*) *adj* **1** Arraigado, inveterado. **2** Profundo, íntimo.

en.tra.nhar (*entranha+ar¹*) *vtd* **1** Colocar nas entranhas. *vtd* e *vpr* **2** Introduzir(-se) profundamente em: *Entranhou a espada no adversário. As raízes entranharam-se na terra*. *vpr* **3** Dedicar-se profundamente a: *Entranhou-se nos estudos*.

en.trar (*lat intrare*) *vti* e *vint* **1** Ir para dentro, passar de fora para dentro: *A luz do sol entrava na sala. Entrem, por favor*. *vtd* **2** Passar para dentro de; penetrar em: *O explorador entrou na mata*. *vti* **3** Comparecer no lugar em que se cumpre um dever (trabalho, escola etc.): *Os alunos têm de entrar às 8 horas*. *vti* **4** Ser parte componente, estar incluído: *Todas estas substâncias entram na fórmula*. *vti* **5** Ingressar ou ser admitido (como membro, sócio ou empregado) em: *Entrou na empresa no ano passado*. *vti* **6** Envolver-se: *Ele não entrou na confusão*. *vti* **7** Começar, iniciar: *Entrar em negociação*. *vti* **8** Contribuir, subscrever: *Entro com parte do dinheiro*. *Antôn* (acepções 1, 2 e 5): *sair*. *Entra e sai*: entrada e saída contínua de pessoas. *Entrar bem*: sair-se mal, ter prejuízo, fracassar. *Entrar com o pé direito*: ser bem-sucedido, ter boa sorte em algum negócio, empreendimento etc. *Entrar na dança*: envolver-se em um negócio, empreendimento ou assunto.

en.tra.var (*en+travar*) *vtd* **1** Pôr entraves ou obstáculos a um movimento. *vtd* **2** Fazer parar; impedir. *Antôn* (acepção 1): *desembaraçar*; (acepção 2): *desimpedir*.

en.tra.ve (de *entravar*) *sm* Impedimento, obstáculo, empecilho.

en.tre (*lat inter*) *prep* **1** No intervalo de (espaço, tempo, quantidade etc.): *Entre São Paulo e Rio de Janeiro. Entre 1995 e 1997. Entre 100 e 150 participantes*. **2** No meio de: *Entre as flores*. **3** Inclusão de pessoas ou coisas num total: *Quase 200 pessoas entre bailarinos, músicos, coreógrafos*. **4** Dentro de: *Entre quatro paredes*. **5** Indica meio-termo, que se toma de um pouco de cada um dos atributos a que se refere: *Assiste ao jogo entre preocupado e esperançoso*.

en.tre.a.ber.to (*part* de *entreabrir*) *adj* Um pouco aberto.

en.tre.a.brir (*entre+abrir*) *vtd* **1** Abrir pouco: *Entreabrir a porta*. *vint* e *vpr* **2** Desanuviar-se, ficar claro (o tempo). *vint* e *vpr* **3** Começar a desabrochar. *Conjug – Part irreg*: entreaberto.

en.tre.a.to (*entre+ato*) *sm* Intervalo entre os atos de uma peça teatral ou musical.

en.tre.cho (*ê*) (*ital intreccio*) *sm* Enredo de uma obra literária.

en.tre.cho.car (*entre+chocar*) *vpr* **1** Chocar-se um no outro: *As espadas entrechocaram-se*. **2** *fig* Estar em contradição: *Suas ideias entrechocam-se*.

en.tre.cor.ta.do (*part* de *entrecortar*) *adj* Cortado ou interrompido a espaços: *Respiração entrecortada*.

en.tre.cor.tar (*entre+cortar*) *vtd* **1** Interromper a intervalos. *vpr* **2** Cortar-se ou cruzar-se reciprocamente.

en.tre.cru.zar (*entre+cruzar*) *vpr* Cruzar-se reciprocamente.

en.tre.gar (*lat integrare*) *vtd* **1** Passar para a posse de alguém: *Entregar jornais, cartas*. *vtd* e *vti* **2** Devolver, restituir: *Entregou o quadro roubado ao dono*. *vpr* **3** Confiar-se à guarda ou proteção de alguém: *Como não conhecia aquele lugar, entregou-se à experiência do guia*. *vpr* **4** Dedicar-se inteiramente: *Entrega-se aos estudos*. *vpr* **5** Render-se, submeter-se: *Entregou-se à polícia*. *vtd* **6** Denunciar, trair: *O acusado entregou o parceiro*. *Antôn* (acepção 1): *receber*. *Entregar os pontos*: considerar-se vencido; desanimar. *Conjug – Part*: entregado e entregue.

en.tre.gue (*part irreg* de *entregar*) *adj m+f* **1** Disposto nas mãos ou na posse de. **2** Delicado.

en.tre.la.çar (*entre+laçar*) *vtd* **1** Unir, ligar um no outro: *Entrelaçaram as mãos*. *vpr* **2** Ligar-se, unir-se.

en.tre.li.nha (*entre+linha*) *sf* **1** *Tip* Espaço entre duas linhas. **2** *Mús* Intervalo ou espaço entre as linhas da pauta. *sf pl fig* Sentido subentendido, implícito.

en.tre.li.nhar (*entrelinha+ar¹*) *vtd* **1** *Tip* Colocar entrelinhas em (uma composição); espacejar. **2** Comentar ou traduzir (o texto) nas entrelinhas.

en.tre.me.ar (*entremeio+ar¹*) *vtd* **1** Colocar entre pessoas ou coisas. *vint* e *vpr* **2** Estar ou pôr-se entre coisas ou pessoas. *Conjuga-se como frear*.

en.tre.mei.o (*entre+meio*) *adj* Que está entre dois.
• *sm* Espaço, coisa ou tempo entre dois limites.

en.tre.men.tes (*entre+mentes*) *adv* Neste intervalo de tempo; entretanto.

en.tre.mos.trar (*entre+mostrar*) *vtd* e *vpr* Deixar (-se) entrever, mostrar(-se) incompletamente.

en.tre.o.lhar (*entre+olhar*) *vpr* Olhar-se reciprocamente. *Conjug:* usado apenas no plural, pois indica ação recíproca entre duas ou mais pessoas ou animais.

en.tre.per.nas (*entre+pernas*) *sf pl* Parte da calça situada entre as coxas. • *adv* Entre uma perna e outra.

en.tre.pos.to (*ô*) (*part* de *entrepor*) *sm* Armazém onde se depositam mercadorias para futura venda, exportação etc. *Pl:* entrepostos (*ó*).

en.tres.sa.fra (*entre+safra*) *sf Agr* Período entre uma safra e outra de determinado produto.

en.tre.tan.to (*entre+tanto*) *adv* Entrementes, neste intervalo de tempo, no entanto. • *conj* Contudo, todavia.

en.tre.te.la (*entre+tela*) *sf* Tela ou tecido encorpado que se usa entre a fazenda e o forro de uma peça de roupa.

en.tre.tem.po (*entre+tempo*) *sm* Tempo intermediário; meio tempo.

en.tre.te.ni.men.to (*entretener+mento*) *sm* Distração, passatempo, divertimento.

en.tre.ter (*entre+ter*) *vtd* **1** Distrair, desviando a atenção: *Entreteve o pai enquanto o irmão pegava o pacote de balas. vtd* e *vpr* **2** Divertir(-se). *vpr* **3** Demorar-se em algum lugar. Conjuga-se como *ter;* recebem, porém, acento agudo os *ee* na 2ª e 3ª pessoas do singular do presente do indicativo: *entreténs, entretém,* e na 2ª pessoa do singular do imperativo afirmativo: *entretém*(tu).

en.tre.tí.tu.lo (*entre+título*) *sm Jorn* Cada um dos títulos que subdividem um texto extenso (notícia, artigo, entrevista).

en.tre.va.do (*part* de *entrevar*) *adj* + *sm* Que, ou aquele que não se pode mover; paralítico.

en.tre.var (*corr* de *entravar*) *vtd, vint* e *vpr* **1** Tornar(-se) paralítico. *vtd* e *vpr* **2** Cobrir(-se) de trevas.

en.tre.ver (*entre+ver*) *vtd* **1** Ver sem muita clareza: *Entreviu as crianças brincando atrás das árvores. vtd* **2** Prever, pressentir: *Entrevia o sucesso da música. vpr* **3** Ver-se de passagem: *Entreviram-se numa estação do metrô.* Conjuga-se como *ver*.

en.tre.ve.ro (*ê*) (de *entreverar*) *sm* **1** Mistura, desordem, confusão entre pessoas, animais ou objetos. **2** Luta em que as tropas inimigas se misturam desordenadamente, lutando individualmente. *Pl:* entreveros (*ê*).

en.tre.vis.ta (decalque do *fr entrevue*) *sf* **1** Encontro combinado. **2** Conferência de duas ou mais pessoas em lugar previamente combinado. **3** Impressões ou comentários dados a jornalista para divulgação em jornal, televisão etc. *Entrevista coletiva, Jorn:* entrevista durante a qual são respondidas perguntas feitas por repórteres de vários jornais, revistas, emissoras de TV ou rádio.

en.tre.vis.ta.dor (*entrevistar+dor*) *adj* + *sm* Que, ou quem entrevista.

en.tre.vis.tar (*entrevista+ar*^{1}) *vtd* Ter entrevista com.

en.trin.chei.rar (*en+trincheira+ar*^{1}) *vtd* e *vpr* Fortificar(-se) ou defender(-se) com trincheiras.

en.tris.te.cer (*en+triste+ecer*) *vtd* **1** Dar aspecto triste a, causar tristeza a, tornar triste. *vint* e *vpr* **2** Tornar-se triste. *Antôn: alegrar.*

en.tron.ca.men.to (*entroncar+mento*) *sm* Ponto de encontro de duas ou mais coisas, de dois ou mais caminhos.

en.tron.car (*en+tronco+ar*^{1}) *vint* e *vpr* **1** Criar tronco. **2** Reunir-se um caminho a outro.

en.tro.ni.zar (*en+trono+izar*) *vtd* **1** Elevar ao trono. *vtd* e *vpr* **2** Pôr(-se) no trono. *vtd* **3** Exaltar.

en.tro.sa.do (*part* de *entrosar*) *adj* **1** Que se entrosou. **2** Organizado, ordenado. **3** Que está a par daquilo que se propôs fazer.

en.tro.sa.men.to (*entrosar+mento*) *sm* Ato ou efeito de entrosar(-se); adaptação, ajuste.

en.tro.sar (*entrosa+ar*^{1}) *vtd* **1** Adaptar a um meio ou a uma situação: *O professor tentou entrosar os novos alunos. vtd* **2** Ordenar bem (coisas complicadas). *vpr* **3** Harmonizar-se: *Entrosam-se bem.*

en.tru.do (*lat introitu*) *sm* **1** Carnaval. **2** Antiga brincadeira de carnaval que consistia em jogar água, farinha etc. uns nos outros.

en.tu.lhar (*en+tulha+ar*^{1}) *vtd* **1** Meter em tulha. **2** Encher de entulho. **3** Encher muito; abarrotar. **4** Acumular, amontoar, atravancar.

en.tu.lho (de *entulhar*) *sm* **1** Coisas inúteis ou de material imprestável; lixo. **2** Fragmentos provenientes da construção ou demolição de uma obra. **3** *fig* Aquilo que atravanca ou fica ocupando um lugar.

en.tu.pi.do (*part* de *entupir*) *adj* Obstruído, fechado.

en.tu.pir *vtd* e *vpr* **1** Embaraçar(-se), obstruir(-se). *vtd* e *vpr* **2** Encher(-se) de materiais que impedem a passagem: *A ferrugem entupiu o encanamento. O ralo entupiu-se. vpr* **3** Encher-se, empanturrar-se. *Conjug:* verbo irregular; admite formas para a 2ª e 3ª pessoas do plural do presente do indicativo e 2ª pessoa do singular do imperativo afirmativo. *Pres indic:* entupo, entopes ou entupes, entope ou entupe, entupimos, entupis, entopem ou entupem; *Imper afirm:* entope ou entupe(tu). Nos demais tempos, conjuga-se como *subir*.

en.tur.var (*en+turvo+ar*^{1}) *vtd* e *vpr* Tornar(-se) turvo; turvar(-se).

en.tu.si.as.ma.do (*part* de *entusiasmar*) *adj* **1** Cheio de entusiasmo. **2** Cheio de ânimo e alegria.

en.tu.si.as.mar (*entusiasmo+ar*^{1}) *vtd* **1** Causar entusiasmo ou admiração a. *vint* e *vpr* **2** Encher-se de entusiasmo; empolgar-se.

en.tu.si.as.mo (*gr enthousiasmós*) *sm* **1** Alegria intensa. **2** Paixão; dedicação. **3** Exaltação.

en.tu.si.as.ta (*gr enthousiastés*) *adj* e *s m+f* **1** Que, ou quem se entusiasma. **2** Que, ou quem se dedica intensamente a uma coisa: *Entusiasta pela música.*

en.tu.si.ás.ti.co (*entusiasta+ico*^{2}) *adj* Que tem ou revela entusiasmo.

e.nu.me.ra.ção (*lat enumeratione*) *sf* **1** Exposição ou relação de coisas uma a uma. **2** Conta, cálculo. *Pl:* enumerações.

e.nu.me.rar (*lat enumerare*) *vtd* **1** Especificar um a um: *Enumera os produtos que chegam.* **2** Narrar minuciosamente: *Enumerou sintomas da doença.*

e.nun.ci.a.ção (*lat enunciatione*) *sf* **1** Aquilo que é enunciado; declaração. **2** *Ling* Ato individual de utilização de uma língua. **3** *Lóg* Aquilo que

enunciado   343   **enxamear**

pode ser verdadeiro ou falso; juízo expresso por palavras. *Pl: enunciações*.

e.nun.ci.a.do (*part* de *enunciar*) *adj* Expresso por palavras. • *sm* Breve exposição, proposição: *Enunciado de um problema de matemática*.

e.nun.ci.ar (*lat enuntiare*) *vtd* 1 Expor, exprimir (os pensamentos). *vpr* 2 Exprimir-se, falar.

en.vai.de.cer (*en+vaid(oso)+ecer*) *vtd* e *vpr* Encher(-se) de vaidade, de presunção sem fundamento; vangloriar(-se).

en.vai.de.ci.do (*part* de *envaidecer*) *adj* Que se encheu de vaidade.

en.ve.lhe.cer (*en+velho+ecer*) *vtd* 1 Tornar velho. *vtd* 2 Fazer que pareça velho: *A vida agitada o envelheceu prematuramente*. *vint* 3 Tornar-se desusado ou inútil.

en.ve.lhe.ci.do (*part* de *envelhecer*) *adj* 1 Que envelheceu. 2 Que parece mais velho do que é.

en.ve.lo.pa.men.to (*envelopar+mento*) *sm* Ato ou efeito de envelopar.

en.ve.lo.par (*envelope+ar¹*) *vtd* Colocar ou guardar em envelope.

en.ve.lo.pe (*fr enveloppe*) *sm* 1 Invólucro para enviar ou guardar qualquer papel (cartas, documentos etc.). 2 *Inform* Em correio eletrônico, nome para o dado que contém uma mensagem com a informação do endereço de destino.

en.ve.ne.na.do (*part* de *envenenar*) *adj* 1 Que tem veneno. 2 Que tomou veneno. 3 *fig* Que envolve má intenção. 4 *pop* Diz-se do motor ou do carro preparado para alcançar maior velocidade que os outros de sua série.

en.ve.ne.nar (*en+veneno+ar¹*) *vtd* 1 Dar veneno a: *A bruxa envenenou a princesa*. *vtd* 2 Misturar veneno em: *Envenenou a comida*. *vpr* 3 Tomar veneno para se suicidar. *vtd* 4 Interpretar em mau sentido; deturpar: *Envenenar as palavras de alguém*. *vtd* 5 Modificar o motor do carro, com o fim de melhorar seu desempenho.

en.ve.re.dar (*en+vereda+ar¹*) *vint* 1 Tomar caminho, dirigir-se a um lugar: *Enveredou por ali*. *vtd* 2 Encaminhar, guiar: *Enveredou a filha para o bem*.

en.ver.ga.du.ra (*envergar+dura*) *sf* 1 Dimensão, extensão, alcance: *Um plano de grande envergadura*. 2 Largura das asas abertas, nas aves. 3 *Av* Largura entre as pontas das asas de um avião. 4 *fig* Magnitude, importância, alcance.

en.ver.gar (*en+verga+ar¹*) *vtd* e *vpr* 1 Curvar(-se), arquear(-se), dobrar(-se). *vtd* 2 Vestir: *Envergava um bonito vestido*.

en.ver.go.nhar (*en+vergonha+ar¹*) *vtd* 1 Encher de vergonha: *O escândalo envergonhou a família*. *vpr* 2 Ficar com vergonha; ficar acanhado, tímido: *A menina envergonhou-se ao ouvir os elogios*. *vtd* 3 Comprometer: *O analfabetismo envergonha o país*.

en.ver.ni.zar (*en+verniz+ar¹*) *vtd* 1 Cobrir ou lustrar com verniz. 2 Dar polimento a; polir.

en.vi.a.do (*part* de *enviar*) *adj* Mandado, remetido, expedido. • *sm* 1 Mensageiro. 2 Encarregado de negócios do Estado em país estrangeiro, com poder inferior ao do embaixador.

en.vi.ar (*lat inviare*) *vtd* e *vti* 1 Fazer seguir; expedir, remeter, dirigir: *Enviar uma carta*. *Enviou a encomenda ao amigo*. *vtd* 2 Mandar (alguém) para cumprir uma missão: *Enviamos um representante*. *vtd* 3 Desfechar, atirar, arremessar: *Enviar um soco*. *Enviar uma pedrada*.

en.vi.dar (*lat invitare*) *vtd* 1 Empregar com muita dedicação. 2 Provocar, desafiar. 3 Num jogo, apostar quantia maior e desafiar o parceiro a aceitar a parada.

en.vi.dra.çar (*en+vidraça+ar¹*) *vtd* 1 Pôr vidraças ou vidros em. 2 Dar a aparência de vidro a.

en.vi.e.sar (*en+viés+ar¹*) *vtd* e *vpr* 1 Pôr(-se) ao viés, em diagonal, obliquamente. *vtd* 2 Envesgar. *vtd* 3 Dar má direção a.

en.vi.le.cer (*en+vil+ecer*) *vtd* e *vpr* 1 Tornar(-se) vil; tornar(-se) desprezível. *vint* e *vpr* 2 Diminuir o preço; baratear. *Antôn* (acepção 1): *enobrecer*

en.vi.u.var (*en+viúvo+ar¹*) *vint* Ficar viúvo. *Conjug – Pres indic:* enviúvo, enviúvas, enviúva, enviuvamos, enviuvais, enviúvam; *Pres subj:* enviúve, enviúves, enviúve, enviuvemos, enviuveis, enviúvem.

en.vol.to (*ô*) (*part irreg* de *envolver*) *adj* Enrolado, embrulhado.

en.vol.tó.rio (*envolto+ório*) *sm* Aquilo que envolve; invólucro.

en.vol.ven.te (de *envolver*) *adj m+f* 1 Que envolve ou abrange. 2 Atraente, sedutor, cativante.

en.vol.ver (*lat involvere*) *vtd* e *vpr* 1 Enrolar(-se), embrulhar(-se): *Envolveu o presente num bonito papel*. *Com muito frio, envolveu-se nos cobertores*. *vtd* 2 Abranger: *Esta função ainda envolve outras responsabilidades*. *vtd* 3 Cercar, rodear, circundar: *Envolvia o doente cuidadosamente*. *vtd* 4 Comprometer, enredar: *A mentira envolvia todo o grupo*. *vpr* 5 Incluir-se, comprometer-se: *Envolver-se em trapaças*. *vtd* 6 Cativar, seduzir. *vpr* 7 Relacionar-se sexual e/ou afetivamente com. *Conjug – Part:* envolvido e envolto.

en.xa.da (*lat vulg *asciata*) *sf* Ferramenta usada na lavoura para carpir, revolver a terra etc.

en.xa.da.da (*enxada+ada¹*) *sf* Golpe de enxada.

en.xa.dão (*enxada+ão²*) *sm* Ferramenta semelhante à enxada usada para abrir buracos, derrubar barrancos etc. *Pl: enxadões*.

en.xa.dris.mo (*en+xadr(ez)+ismo*) *sm* Ciência do jogo de xadrez.

en.xa.dris.ta (*en+xadr(ez)+ista*) *adj m+f* Relativo ao jogo de xadrez. • *s m+f* Pessoa que joga xadrez.

en.xa.drís.ti.co (*en+xadr(ez)+ístico*) *adj* Relativo ou pertencente ao enxadrismo.

en.xa.gua.do (*part* de *enxaguar*) *adj* 1 Lavado ligeiramente. 2 Lavado várias vezes. 3 Passado por água limpa.

en.xa.guar (*lat vulg *exaquare*) *vtd* 1 Lavar ligeiramente. 2 Lavar repetidas vezes. 3 Passar por água limpa ou agitar em água limpa o que foi lavado. *Conjug – Pres indic:* enxáguo, enxáguas, enxaguamos, enxaguais, enxáguam; *Pres subj:* enxágue, enxágues, enxágue, enxaguemos, enxagueis, enxáguem; *Pret perf:* enxaguei, enxaguaste etc.

en.xá.gue (*gwe*) (de *enxaguar*) *sm* Ato ou efeito de enxaguar.

en.xa.me (*lat examen*) *sm* 1 Grupo de abelhas de uma colmeia. 2 *por ext* Grande quantidade de pessoas ou de animais.

en.xa.me.ar (*enxame+e+ar¹*) *vtd* 1 Pôr na colmeia, ou reunir em cortiço (as abelhas). *vint* e *vpr* 2 Formar enxame. *vint* **3** Aparecer em grande número. Conjuga-se como *frear*.

en.xa.que.ca (*ê*) (*ár ashshaqîqa*) *sf Med* Dor de cabeça que se repete com intervalos regulares, acompanhada, às vezes, de distúrbios digestivos e oculares. *Pl: enxaquecas* (*ê*).

en.xer.ga (*ê*) (*en+lat serica*) *sf* **1** Colchão pequeno e grosseiro. **2** Almofada cheia de palha. **3** Cama pobre. *Pl: enxergas* (*ê*).

en.xer.gar *vtd* **1** Ver, avistar, descortinar, divisar, entrever. **2** Notar, observar, perceber: *Enxergou certa ironia no cumprimento*. **3** Pressentir, adivinhar: *Enxergou o perigo*. **4** Supor, julgar, considerar: *Enxerga o castigo como uma boa maneira de educar os filhos*.

en.xe.ri.do (*part* de *enxerir*) *adj + sm* Que, ou aquele que toma parte naquilo que não lhe diz respeito; intrometido.

en.xe.rir (*lat inserere*) *vpr* Tomar parte naquilo que não lhe diz respeito; intrometer-se. Conjuga-se como *ferir*.

en.xer.tar (*lat insertare*) *vtd* **1** Fazer enxerto em. *vtd* e *vpr* **2** Inserir(-se), introduzir(-se).

en.xer.to (*ê*) (de *enxertar*) *sm* **1** Implantação de tecido ou órgão vivo em outro organismo da mesma espécie. **2** Aquilo que se enxerta ou insere. *Pl: enxertos* (*ê*).

en.xo.fre (*ô*) (*lat sulfure*) *sm Quím* Elemento não metálico, de número atômico 16 e símbolo S.

en.xo.tar (*en+xote+ar*[1]) *vtd* **1** Afugentar: *Enxotou o cachorro*. **2** Pôr fora à força; expulsar: *Enxotaram-no de casa*.

en.xo.val (*ár ashshuwâr*) *sm* Conjunto de roupas e outros objetos de uma noiva ou de um recém-nascido. *Pl: enxovais*.

en.xo.va.lhar (*enxova+alho+ar*[1]) *vtd* **1** Emporcalhar, sujar, manchar: *Enxovalhou o vestido*. **2** *fig* Desonrar, macular: *Enxovalhar a reputação*. **3** *fig* Ofender, insultar, injuriar: *Sua declaração enxovalhou muitas pessoas*.

en.xo.vi.a (*ár ashshâwîa*) *sf* Cárcere térreo ou subterrâneo, escuro e úmido.

en.xu.gar (*lat exsucare*) *vtd*, *vint* e *vpr* **1** Secar(-se): *Enxugar a louça. A roupa enxugou. Enxugou-se numa toalha macia*. *vtd* **2** *pop* Esgotar, bebendo: *Enxuga em pouco tempo várias garrafas*. *vtd* **3** *Polít* e *Econ* Reduzir, para diminuir os gastos: *O governo decidiu enxugar o quadro de funcionários*. *Conjug* – *Part: enxugado* e *enxuto*.

en.xur.ra.da (*enxurro+ada*[1]) *sf* **1** Corrente das águas da chuva. **2** *fig* Grande quantidade: *Uma enxurrada de palavrões*.

en.xu.to (*lat exsuctu*) *adj* **1** Seco. **2** *fig* Nem gordo nem magro. *Antôn* (acepção 1): *molhado*.

en.zi.ma (*en+gr zýme*) *sf Bioquím* Fermento ou outra substância que se forma no organismo vivo para decompor os alimentos ou a matéria orgânica.

e.o.ce.no (*gr eós+ceno*[4]) *adj + sm Geol* Diz-se da, ou à época do período terciário, ou era cenozoica, que se seguiu ao paleoceno, em que se desenvolveram os mamíferos.

e.ó.li.co (*gr aiolikós*) *adj* Que se refere ou se relaciona ao vento.

e.ó.lio (*gr aiólios*) *adj* **1** Que se refere ou se relaciona ao vento. **2** Diz-se de motor movido pelo vento.

e.pên.te.se (*gr epénthesis*) *sf Gram* Inclusão de um ou mais fonemas no meio de uma palavra.

e.pi.car.po (*epi+carpo*) *sm Bot* Camada externa do pericarpo dos frutos.

e.pi.ce.no (*gr epíkoinos*) *adj Gram* Diz-se do substantivo que tem uma só forma para ambos os gêneros, sendo a distinção do sexo feita com o auxílio das palavras *macho* e *fêmea*.

e.pi.cen.tro (*epi+centro*) *sm Geol* Ponto da superfície terrestre atingido primeiro e com maior intensidade pelos terremotos.

é.pi.co (*gr epikós*) *adj* **1** Que se refere a epopeias e a heróis. **2** Heroico. • *sm* Autor de epopeias.

e.pi.cu.ris.ta (*Epicuro, np+ista*) *adj* e *s m+f* Diz-se de, ou pessoa dada às delícias da mesa e do amor.

e.pi.de.mi.a (*gr epidemía*) *sf* **1** *Med* Doença que ataca ao mesmo tempo muitas pessoas da mesma região. **2** *fig* Coisa que se difunde rapidamente e é adotada por muitas pessoas: *Epidemia de minissaias*.

e.pi.de.mi.o.lo.gi.a (*epidêmio+logo+ia*[1]) *sf Med* Ramo de ciência que trata das epidemias.

e.pi.der.me (*gr epidermís*) *sf* **1** *Anat* Camada superficial da pele. **2** *Bot* Camada celular externa dos órgãos vegetais novos ou macios.

e.pi.dí.di.mo (*epi+dídimo*) *sm Anat* Pequeno corpo situado na parte superior de cada testículo e que conduz o esperma ao canal deferente.

e.pi.fa.ni.a (*gr epipháneia*) *sf Rel* Manifestação ou aparição divina.

e.pí.fi.to (*epi+fito*) *adj + sm Bot* Diz-se de, ou o vegetal que nasce sobre outro, sem dele tirar sua alimentação.

e.pi.gás.trio (*gr epigástrios*) *sm Anat* Parte superior do abdome, entre os dois hipocôndrios.

e.pi.glo.te (*gr epiglottís*) *sf Anat* Válvula que fecha a comunicação da faringe com a glote durante a deglutição.

e.pí.go.no (*gr epígonos*) *sm* **1** Discípulo tardio de um grande mestre nas letras, artes, ciências etc.

e.pi.gra.far (*epígrafe+ar*[1]) *vtd* **1** Colocar epígrafe em. **2** Nomear, intitular. *Conjug* – *Pres indic: epigrafo* (*á*), *epigrafas* (*á*) etc.; *Pres subj: epigrafe* (*á*), *epigrafes* (*á*) etc. *Cf epígrafe*.

e.pí.gra.fe (*gr epigraphé*) *sf* **1** Sentença colocada no início de um capítulo de livro, de um discurso, de uma composição poética etc. **2** Inscrição colocada no ponto mais visível de um edifício. **3** Frase ou título que serve de tema a um assunto.

e.pi.gra.ma (*gr epígramma*) *sm* **1** *Lit* Pequena poesia que tem por fim censurar ou ridicularizar. **2** Alusão crítica e mordaz.

e.pi.lep.si.a (*gr epilepsía*) *sf Patol* Doença nervosa caracterizada por breves ataques de convulsão e perda da consciência.

e.pi.lép.ti.co (*gr epileptikós*) *adj Patol* **1** Relativo a epilepsia. **2** Que sofre de epilepsia. • *sm* Pessoa que sofre de epilepsia.

e.pí.lo.go (*gr epílogos*) *sm* **1** Fim, remate. **2** Conclusão de um livro, poema ou discurso.

e.pis.co.pa.do (*lat episcopatu*) *sm* **1** Cargo e jurisdição de bispo. **2** Conjunto de bispos e arcebispos.

e.pis.co.pal (*lat episcopale*) *adj* Próprio de, ou relativo a bispo. *Pl: episcopais*.

e.pi.só.dio (*gr epeisódios*) *sm* **1** Fato relacionado

epistemologia

com a ação principal numa obra literária ou artística. **2** Fato, acontecimento.
e.pis.te.mo.lo.gi.a (*gr epistéme+logo+ia*[1]) *sf Filos* Estudo crítico dos métodos empregados nas ciências; teoria da ciência.
e.pís.to.la (*gr epistolé*) *sf* **1** *Rel* Cada uma das cartas dos apóstolos no início do cristianismo: *Epístolas de São Paulo*. **2** *Lit* Poema em forma de carta.
e.pis.to.lar (*lat epistolare*) *adj m+f* Que se refere a epístola.
e.pi.tá.fio (*gr epitáphios*) *sm* Inscrição num túmulo.
e.pi.ta.lâ.mio (*gr epithalámios*) *sm Lit* e *Mús* Canto ou poema em que se celebra o casamento de alguém.
e.pi.te.li.al (*epitélio+al*[1]) *adj m+f Anat* Pertencente ou relativo ao epitélio. *Pl: epiteliais*.
e.pi.té.lio (*lat cient epithelliu*) *sm Anat* Tecido que reveste as superfícies externas e internas do corpo.
e.pí.te.to (*gr epíthetos*) *sm* **1** Palavra ou frase que se junta a um nome de pessoa ou coisa para qualificá-los ou realçar a sua significação. **2** Apelido, alcunha, cognome.
é.po.ca (*gr epokhé*) *sf* **1** Espaço de tempo assinalado por algum acontecimento notável: *Época da Independência*. **2** *Geol* Espaço de tempo que se seguiu a cada uma das grandes alterações do globo terrestre; subdivisão do período. **3** O momento em que uma coisa sucede. **4** O tempo em que se vive. **5** Período, temporada, estação: *Época de chuvas*.
e.pô.ni.mo (*gr epónymos*) *adj* Que dá ou empresta seu nome a alguma coisa. • *sm* **1** Nome de personagem mítico ou histórico do qual se derivou ou supõe-se ter sido derivado o nome de um país ou povo: *Ítalo, Rômulo, Bolívar são epônimos de Itália, Roma, Bolívia*. **2** Nome próprio ou comum que deu origem ao nome de alguma coisa: *zepelim, abreugrafia*.
e.po.pei.a (*é*) (*gr epopoiia*) *sf Lit* Poema longo que narra ações grandiosas e heroicas.
e.pó.xi (*cs*) (*ingl epoxy*) *sm Quím* Resina sintética usada como revestimento, adesivo, cola, esmalte etc.
ép.si.lon (*gr épsilon*) *sm* Quinta letra do alfabeto grego, correspondente ao nosso *e*.
e.qua.ção (*lat aequatione*) *sf Mat* Afirmação da igualdade de duas expressões ligadas pelo sinal =, que só se verifica para determinados valores das incógnitas nela contidas. *Pl: equações*.
e.qua.ci.o.nar (*equação+ar*[1]) *vtd* **1** Pôr em equação. **2** Apresentar os dados de (uma questão qualquer) para tentar encontrar sua solução: *Equacionaram os problemas da seca*.
e.qua.dor (*lat aequatore*) *sm* Círculo imaginário que divide a Terra igualmente nos hemisférios Norte e Sul.
e.qua.li.za.ção (*equalizar+ção*) *sf* Correção eletrônica de sinais de gravação e de reprodução para diminuir a distorção e fazer com que o som reproduzido se assemelhe ao original. *Pl: equalizações*.
e.qua.li.za.dor (*equalizar+dor*) *sm Eletr* Circuito eletrônico destinado ao processo da equalização.
e.qua.li.zar (*lat aequu+al*[1]+*izar*) *vtd* Uniformizar, igualar.
e.qua.ni.mi.da.de (*lat aequanimitate*) *sf* **1** Sere-

equipamento

nidade de espírito em qualquer circunstância. **2** Imparcialidade: *Equanimidade em julgar*.
e.qua.to.ri.al (*lat aequatore*) *adj m+f* Que está situado ou que cresce ao redor do equador: *Plantas equatoriais*.
e.qua.to.ri.a.no (*top Equador+i+ano*) *adj* Relativo ou pertencente ao Equador (América do Sul). • *sm* Habitante ou natural do Equador.
e.ques.tre (*qwe*) (*lat equestre*) *adj m+f* Que se refere à cavalaria ou à equitação.
e.qui.da.de (*qwi*) (*lat aequitate*) *sf* **1** Reconhecimento imparcial do direito de cada um. **2** Igualdade, justiça, retidão.
e.quí.deo (*qwi*) (*equi+ídeo*) *adj Zool* Relativo ou semelhante ao cavalo. • *sm* Espécime dos equídeos. *sm pl Zool* Família de mamíferos que têm um só dedo funcional, à qual pertencem o cavalo, o asno e a zebra.
e.qui.dis.tân.cia (*qwi*) (*equi*[2]+*distância*) *sf* Igualdade de distância.
e.qui.dis.tan.te (*qwi*) (*equi*[2]+*distante*) *adj m+f* Diz-se de coisas que estão a igual distância de outra.
e.qui.dis.tar (*qwi*) (*equi*[2]+*distar*) *vti* Estar à mesma distância de dois ou mais pontos: *Este marco equidista de outros dois*. *Conjug:* conjuga-se, com raras exceções, apenas nas 3ªs pessoas. *Pres indic:* equidista, equidistam; *Pret perf:* equidistou, equidistaram.
e.qui.lá.te.ro (*qui* ou *qwi*) (*lat aequilateru*) *Geom* Que tem os lados iguais entre si.
e.qui.li.brar (*baixo-lat aequilibrare*) *vtd* e *vpr* **1** Pôr(-se) ou manter(-se) em equilíbrio: *Equilibrava dois copos, um sobre o outro. O bebê já conseguia se equilibrar*. *vtd* e *vti* **2** Compensar, contrabalançar: *Equilibrar tristezas com alegrias*.
e.qui.lí.brio (*lat aequilibriu*) *sm* **1** *Fís* Estado de um corpo que se mantém sobre um apoio sem se inclinar para nenhum dos lados. **2** *fig* Harmonia, boa proporção: *Equilíbrio das cores*. **3** *fig* Moderação, comedimento, prudência: *Diante das situações difíceis, age com equilíbrio*. **4** *fig* Estabilidade emocional.
e.qui.li.bris.ta (*equilibrar+ista*) *adj* e *s m+f* **1** Diz-se da, ou pessoa que se mantém em equilíbrio, em posições difíceis e movimentos arriscados. **2** Malabarista.
e.qui.mo.se (*gr egkhýmosis*) *sf Med* Mancha escura ou avermelhada, que pode aparecer na pele em virtude de uma pancada.
e.qui.nó.cio (*lat aequinoctiu*) *sm Astr* Cada uma das duas épocas em que o Sol passa pelo equador, registrando uma duração igual do dia e da noite em toda a Terra (ocorre em 21 de março e 23 de setembro).
e.qui.no.cul.tu.ra (*qwi*) (*equino+cultura*) *sf* Criação de cavalos de raça.
e.qui.pa.gem (*equipar+agem*) *sf* **1** Conjunto de tripulantes de navio ou avião. **2** Conjunto das coisas que se levam em excursões ou viagens. *Pl: equipagens*.
e.qui.pa.men.to (*equipar+mento*) *sm* Conjunto de instrumentos necessários para executar um trabalho ou praticar determinada atividade: *Equipamento de informática. Equipamento de mergulho*.

e.qui.par (*fr équiper*) *vtd* **1** Prover do necessário. *vtd* **2** *Náut* Guarnecer (uma embarcação) do pessoal necessário para a manobra. *vpr* **3** Apetrechar-se, prover-se do necessário: *Equipou-se para escalar a montanha.*

e.qui.pa.rar (*lat aequiparare*) *vtd* e *vti* **1** Igualar comparando, tornar igual: *Equiparou os dois funcionários. Alguns produtos nacionais equiparam-se aos importados.* *vpr* **2** Comparar-se, igualar-se: *No comportamento, equipara-se ao irmão.*

e.qui.pe (*fr équipe*) *sf* **1** Conjunto de pessoas que, juntas, tomam parte em uma competição esportiva. **2** Grupo de pessoas que se dedicam a uma mesma tarefa.

e.qui.ta.ção (*lat equitatione*) *sf* Arte de montar a cavalo. *Pl: equitações.*

e.qui.ta.ti.vo (*qwi*) (*lar aequitativu*) *adj* **1** Caracterizado por equidade. **2** Que é justo.

e.qui.va.lên.cia (*equivalente+ia¹*) *sf* Igualdade de valor entre duas coisas; correspondência.

e.qui.va.len.te (*lat aequivalente*) *adj* e *s m+f* Que, ou aquilo que tem valor igual.

e.qui.va.ler (*lat aequivalere*) *vti* e *vpr* Ser igual no valor, no peso, na força etc.: *Um quilo equivale a mil gramas. Os dois jogadores equivalem-se.* Conjuga-se como *valer.*

e.qui.vo.car (*equívoco+ar¹*) *vpr* Confundir-se, enganar-se, cair em erro.

e.quí.vo.co (*lat aequivocu*) *adj* **1** Que pode ser interpretado de várias maneiras: *Palavras equívocas.* **2** Que é objeto de suspeita; ambíguo: *Atitude equívoca. Antôn* (acepção 1): *inequívoco.* • *sm* Engano ou erro.

e.ra (*baixo-lat aera*) *sf* **1** *Geol* Divisão do tempo geológico, compreendendo vários períodos. **2** Série de anos que se inicia num grande acontecimento histórico: *Era cristã.* **3** Período que dá início a uma nova ordem de coisas: *Era da informática.* **4** Época, tempo: *Ele parece estar em outra era.*

e.rá.rio (*lar aerariu*) *sm* **1** Tesouro público. **2** Edifício onde se guarda o dinheiro público.

ér.bio (*top Itterby+io²*) *sm Quím* Elemento metálico, de número atômico 68 e símbolo Er.

e.re.ção (*lat erectione*) *sf* **1** Ato de erigir(-se) ou erguer(-se). **2** Estado do pênis ereto e duro.

e.re.mi.ta (*gr eremités*) *s m+f* Pessoa que evita a convivência social ou que vive solitária; ermitão.

e.re.to (*lat erectu*) *adj* **1** Erguido verticalmente. **2** Aprumado, direito, teso. **3** Duro (pênis).

e.re.tor (*lat erectore*) *adj+sm* Diz-se de, ou o que erige. • *adj Anat* Diz-se de músculo que produz ereções ou que mantém ereta uma parte do corpo. *Fem: eretriz.*

er.go.me.tri.a (*ergo+metro¹+ia¹*) *sf Med* Método de medição do trabalho de um grupo muscular.

er.gô.me.tro (*ergo+metro¹*) *sm Med* Aparelho para medir o trabalho executado por um grupo de músculos.

er.go.no.mi.a (*ergo+nomo+ia¹*) *sf* **1** Estudo dos problemas relacionados à organização do trabalho em função dos objetivos propostos e da relação homem-máquina. **2** *Inform* A ciência de projetar *software* ou *hardware* que seja confortável e seguro de usar.

er.guer (*lat erigere*) *vtd* **1** Elevar, levantar: *Erguer os braços.* *vtd* **2** Construir, edificar: *Erguer um prédio de apartamentos.* *vpr* **3** Levantar-se, pôr-se em pé. *vtd* **4** Dirigir para o alto: *Erguer os olhos. Erguer a voz:* falar mais alto, com autoridade.

e.ri.çar (*lat vulg *ericiare*) *vtd* e *vpr* **1** Arrepiar(-se), encrespar(-se), ouriçar(-se). **2** Encolerizar(-se), irritar(-se).

e.ri.gir (*lat erigere*) *vtd* **1** Construir, levantar; criar, fundar, instituir: *Erigir um monumento. Erigir uma vila. vtd* e *vti* **2** Erguer, levantar: *Erigiram um túmulo ao soldado desconhecido. Conjug – Pres indic: erijo, eriges, erige etc.; Pret perf: erigi, erigiste etc.; Pres subj: erija, erijas etc.; Part: erigido e ereto.*

e.ri.si.pe.la (*gr erysípelas*) *sf Med* Doença infecciosa da pele e do tecido subcutâneo, causada por estreptococo hemolítico.

e.ri.te.ma (*gr erýthema*) *sm Med* Denominação comum a muitas variedades de vermelhidão da pele.

er.mi.da (de *ermo*) *sf* **1** Capela ou pequena igreja isolada do povoado. **2** Pequena igreja.

er.mi.tão (*ermita+ão¹*) *sm* **1** Eremita. **2** Aquele que trata de uma ermida. *Fem: ermitã* e *ermitoa. Pl: ermitãos, ermitães* e *ermitões.*

er.mo (*ê*) (*gr éremos*) *adj* Deserto, desabitado. *Fem: erma (ê).* • *sm* Lugar deserto, sem habitantes.

e.ro.dir (*lat erodere*) *vtd* Produzir erosão em. *Conjug*: com raras exceções, conjuga-se somente nas 3ᵃˢ pessoas.

e.ro.são (*lat erosione*) *sf* Desgaste produzido na camada terrestre por agentes externos, como vento, mares, chuva etc. *Pl: erosões.*

e.ró.ti.co (*gr erotikós*) *adj* **1** Relativo ao amor sexual. **2** Que provoca ou tende a provocar desejos sexuais.

e.ro.tis.mo (*eroto+ismo*) *sm* **1** Amor sexual. **2** Indução ou tentativa de indução de desejos sexuais.

e.ro.ti.za.ção (*eroto+izar+ção*) *sf* Ato ou efeito de erotizar(-se).

e.ro.ti.zar (*eroto+izar*) *vtd* **1** Causar erotismo em: *Filmes pornôs erotizam certas pessoas.* *vpr* **2** Ficar excitado: *Pedro erotizou-se diante da cena de nu.*

er.ra.di.car (*lar erradicare*) *vtd* **1** Extinguir completamente; destruir: *Erradicar uma doença.* *vtd* e *vti* **2** Fazer sair: *Erradicaram os invasores da região.*

er.ran.te (*lat errante*) *adj m+f* **1** Que anda sem destino certo; vagabundo. **2** Que não tem residência fixa; nômade.

er.rar (*errare*) *vtd* **1** Cometer erro; não acertar em: *Errar a soma. vti* **2** Enganar-se em: *Não costuma errar nas contas. vint* **3** Falhar; cometer erro: *Admitiu que errou. vint* **4** Andar sem destino certo; vaguear: *Errava pelas ruas. vti* **5** Não acertar a escolha. *Errar o alvo:* não conseguir seu objetivo; não ter êxito.

er.ra.ta (*lat errata*, *pl de erratum*) *sf* Lista dos erros descobertos após a impressão de uma obra, com indicação das correções em página final ou separada.

er.re (*érre*) *sm* O nome da letra r. *Pl: erres* ou *rr.*

er.ro (*ê*) (*de errar*) *sm* **1** Equívoco, engano. **2** Uso impróprio ou indevido. **3** Conceito errado ou juízo falso. **4** Culpa, falta. *Pl: erros (ê).*

e.ruc.ta.ção (*lat eructatione*) *sf* Arroto.
e.ruc.tar (*lat eructare*) *vtd, vti* e *vint* Arrotar.
e.ru.di.ção (*lat eruditione*) *sf* Instrução ampla e variada. *Pl: erudições*.
e.ru.di.to (*dí*) (*lat eruditu*) *adj + sm* Que, ou quem tem instrução ampla e variada.
e.rup.ção (*lat eruptione*) *sf* **1** Saída súbita e violenta. **2** *Med* Aparecimento de manchas ou bolhas na pele. Erupção vulcânica: saída violenta de lavas e outras substâncias pela cratera de um vulcão. *Pl: erupções*.
er.va (*lat herba*) *sf* **1** *Bot* Planta cheia de folhas que conserva o caule sempre verde e tenro. **2** Planta venenosa de pastagens. **3** *gír* Maconha. *Erva daninha*: a que cresce entre as plantas cultivadas, prejudicando-lhes o desenvolvimento.
er.va-ci.drei.ra *sf Bot* Planta de cujas folhas prepara-se uma infusão de efeito calmante para os nervos; melissa. *Pl: ervas-cidreiras*.
er.va-do.ce *sf Bot* Planta aromática utilizada em culinária e de cujas folhas se faz chá. *Pl: ervas-doces*.
er.va-ma.te *sf Bot* Planta de cujas folhas se prepara um chá saboroso e saudável. *Pl: ervas-mates* e *ervas-mate*.
er.vi.lha (*lat ervilia*) *sf Bot* **1** Planta leguminosa que produz sementes redondas, comestíveis e ricas em proteína. **2** Semente dessa planta.
er.vi.lhal (*ervilha+al¹*) *sm* Plantação de ervilhas. *Pl: ervilhais*.
es.ba.fo.ri.do (*part de esbaforir*) *adj* **1** Com respiração difícil; ofegante. **2** Afobado, apressado.
es.ba.fo.rir (*es+bafo+r+ir*) *vint* e *vpr* Ficar ofegante, com respiração difícil. Conjuga-se como *falir*.
es.ba.ga.çar (*es+bagaço+ar¹*) *vtd* e *vpr* **1** Reduzir (-se) a bagaço. **2** Dissipar(-se) (bens).
es.ban.jar *vtd* **1** Gastar em excesso. **2** Consumir à toa; desperdiçar. **3** Ter em excesso (talento, saúde etc.).
es.bar.rar (*es+barra+ar¹*) *vti* **1** Tocar de leve em. *vti* e *vpr* **2** Ir de encontro a, chocar-se com.
es.bel.to (*ital svelto*) *adj* **1** De formas bem proporcionadas. **2** Elegante.
es.bo.çar (*esboço+ar¹*) *vtd* **1** Fazer o esboço de; delinear: *Esboçar um quadro*. **2** Não mostrar completamente; deixar entrever: *Esboçar um sorriso*.
es.bo.ço (*ô*) (*ital sbozzo*) *sm* **1** Os traços iniciais de um desenho ou pintura. **2** Resumo, sinopse. *Pl: esboços* (*ô*).
es.bo.de.gar (*es+bodega+ar¹*) *vtd* **1** Estragar, arruinar, escangalhar. *vpr* **2** Cansar-se, esbaforir-se. *vpr* **3** Desleixar-se, não cuidar de si mesmo.
es.bo.fe.te.ar (*es+bofetão+e+ar¹*) *vtd* Dar bofetões ou bofetadas em. Conjuga-se como *frear*.
es.bor.do.ar (*es+bordão+ar¹*) *vtd* Dar bordoadas em.
es.bór.nia (*ital sbornia*) *sf* Festa licenciosa, contrária aos costumes; orgia, bacanal.
es.bo.ro.ar (*es+boroa*, por *broa+ar¹*) *vtd* e *vpr* **1** Reduzir(-se) a pó. **2** Desmoronar(-se).
es.bor.ra.char (*es+borracha+ar¹*) *vtd* **1** Fazer arrebentar ou estourar, apertando, comprimindo ou pisando. *vtd* e *vpr* **2** Achatar(-se), esmagar(-se): *O peso esborrachou-o*. *Caindo daquela altura, esborrachara-se*. *vtd* **3** Esbofetear.
es.bor.ri.far (*es+borrifar*) *vtd* Molhar com pequenas gotas; borrifar.

es.bran.qui.ça.do (*part de esbranquiçar*) *adj* **1** Um tanto branco, quase branco. **2** Sem cor, descorado.
es.bran.qui.çar (*es+branco+içar*) *vtd* Tornar quase branco ou sem cor; descorar.
es.bra.se.ar (*es+brasa+e+ar¹*) *vtd* e *vint* **1** Tornar (-se) em brasa; aquecer(-se). *vtd* e *vpr* **2** Corar (-se), ruborizar(-se). Conjuga-se como *frear*.
es.bra.ve.jar (*es+bravo+ejar*) *vtd* **1** Exprimir com fúria: *Esbravejar desaforos*. *vti* e *vint* **2** Berrar, gritar irritadamente: *Esbravejou contra a bagunça que fizeram*. *Esbraveja sem cessar*. *Conjug – Pres indic: esbravejo, esbravejas* etc.; *Pres subj: esbraveje, esbravejes* etc.; *Pret perf: esbravejei, esbravejaste* etc.
es.bu.ga.lhar (*es+bugalho+ar¹*) *vtd* Abrir muito (os olhos); arregalar.
es.bu.ra.car (*es+buraco+ar¹*) *vtd* e *vpr* Encher(-se) de buracos.
es.ca.be.che (*é*) (*ár 'iskabâj*) *sm* Molho de vinagre e outros temperos, para peixe ou carne.
es.ca.bi.o.se (*lat scabie+ose*) *sf Med* Sarna.
es.ca.bi.o.so (*ô*) (*lat scabiosu*) *adj Med* **1** Relativo, pertencente ou semelhante à sarna. **2** Que tem sarna; sarnento. *Pl: escabiosos* (*ó*).
es.ca.bre.a.do (*part de escabrear*) *adj* **1** Irritado, zangado. **2** Agitado. **3** Desconfiado.
es.ca.bro.so (*ô*) (*lat scabrosu*) *adj* **1** De acesso difícil; irregular, desigual, acidentado: *Estrada escabrosa*. **2** Difícil: *Problema escabroso*. **3** Indecoroso, imoral: *Atitudes escabrosas*. *Pl: escabrosos* (*ó*).
es.ca.da (*lat scalata*) *sf* **1** Série de degraus para subir ou descer. **2** *fig* Meio de alguém vencer ou se elevar: *A língua estrangeira foi a escada para o sucesso de sua carreira. Escada rolante*: a que, acionada por um motor, sobe e desce automática e continuamente.
es.ca.da.ri.a (*escada+aria*) *sf* **1** Série de lanços de escadas separadas por patamares. **2** Escada larga e comprida.
es.ca.fan.dris.ta (*escafandro+ista*) *s m+f* Mergulhador vestido de escafandro.
es.ca.fan.dro (*escafo+andro*) *sm* Vestimenta impermeável, munida de aparelho respiratório, própria para o mergulhador ficar muito tempo debaixo da água.
es.ca.fe.der *vpr* **1** Fugir apressadamente, com medo. **2** Esgueirar-se, safar-se.
es.ca.foi.de (*ó*) (*escafo+oide*) *sm Anat* Osso do tarso ou do carpo.
es.ca.la (*ital scala*) *sf* **1** Proporção entre as medidas e distâncias de um desenho, planta ou mapa geográfico e as medidas ou distâncias reais correspondentes. **2** Registro que indica a ordem de serviço para cada indivíduo. **3** Categoria, graduação: *Escala social. Escala de valores*. **4** *Mús* Série de notas que se sucedem em ordem ascendente ou descendente. **5** Lugar de parada de um meio de transporte para receber carga ou passageiros ou para reabastecer: *O avião fez escala no Rio de Janeiro*.
es.ca.la.ção (*escalar+ção*) *sf* Ato ou efeito de escalar. *Pl: escalações*.
es.ca.la.fo.bé.ti.co *adj gír* Desajeitado, desengonçado.
es.ca.lão (*escala+ão²*) *sm* **1** Nível, grau. **2** Nível

de hierarquia em empresa pública ou privada. *Pl: escalões.*

es.ca.lar (*escala+ar*[1]) *vtd* **1** Subir, galgar, com ou sem auxílio de escada: *Escalar uma montanha.* **2** Designar (pessoas) para tarefa ou serviço em diversos horários ou lugares: *Escalou dois funcionários para o turno da noite.* **3** Escolher (atletas, grupo de pessoas etc.) para desempenhar determinada tarefa ou função: *O técnico já escalou o time.*

es.cal.da.do (*part* de *escaldar*) *adj* **1** Em que se jogou água quente. **2** *fig* Que tem conhecimento de algo por duras experiências. • *sm Cul* Prato popular do Nordeste feito de farinha de mandioca escaldada com caldo de peixe, de caranguejo ou de carne de vaca.

es.cal.dan.te (de *escaldar*) *adj m+f* Muito quente.

es.cal.da-pés *sm sing* e *pl Med* Banho terapêutico que se dá aos pés com água bem quente.

es.cal.dar (*lat excaldare*) *vtd* **1** Queimar com líquido ou vapor quente. *vtd* **2** Colocar em líquido fervente. *vpr* **3** Queimar-se. *vti* e *vint* **4** Apresentar-se muito quente ou febril: *Escaldar em febre. A sopa escaldava.*

es.ca.le.no (*gr skalenós*) *adj Geom* Diz-se do triângulo que tem todos os lados desiguais.

es.ca.ler (*é*) *sm Mar* Pequeno barco de um navio ou de uma repartição marítima.

es.ca.lo.nar (*escalão+ar*[1]) *vtd* **1** Dar forma de escala a. **2** Dispor (as tropas) em escalão.

es.ca.lo.pe (*fr escalope*) *sm* Pequena fatia de filé, cortada transversalmente e preparada como bife.

es.cal.pe.lar (*escalpelo+ar*[1]) *vtd* **1** Rasgar ou dissecar com escalpelo. **2** Cortar ou arrancar o couro cabeludo do crânio, como certas tribos de índios faziam aos inimigos.

es.cal.pe.lo (*ê*) (*lat scalpellu*) *sm Cir* Pequena faca reta utilizada em dissecações; bisturi. *Pl: escalpelos (ê).*

es.cal.po (*ingl scalp*) *sm* Couro cabeludo cortado ou arrancado do crânio e que algumas tribos de índios usavam como troféu de guerra.

es.ca.ma (*lat squama*) *sf* **1** *Zool* Cada uma das pequenas lâminas que recobrem o corpo de peixes e répteis. **2** *Med* Película que se destaca do corpo em certas doenças de pele.

es.ca.mar (*escama+ar*[1]) *vtd* **1** Tirar as escamas a: *Escamava bem os peixes. vpr* **2** *Med* Desprender em forma de escamas ou folhas; descascar-se, descamar-se: *Sua pele escamava-se.*

es.cam.bo (*es+câmbio*) *sm Econ* Troca de mercadorias ou serviços sem intermediação do dinheiro.

es.ca.mo.so (*ô*) (*escama+oso*) *adj* **1** Coberto de escamas. **2** Que tem escamas. **3** *pop* Que inspira antipatia ou aversão (pessoa, atitude, gesto, palavra); intolerável, intragável. *Pl: escamosos (ó).*

es.ca.mo.te.a.ção (*escamotear+ção*) *sf* Furto hábil, sutil, que não se percebe. *Pl: escamoteações.*

es.ca.mo.te.ar (*fr escamoter*) *vint* **1** Fazer desaparecer um objeto sem que os outros percebam: *O mágico escamoteava os objetos diante da plateia. vtd* **2** Furtar com destreza: *Escamotear uma carteira. vtd* **3** Encobrir com subterfúgios. Conjuga-se como *frear.*

es.can.ca.rar (*es+câncaro,* por *cancro+ar*[1]) *vtd*

e *vpr* Abrir(-se) completamente: *Escancarou os olhos de espanto. A porta escancarou-se com o vento. Antôn: fechar, cerrar.*

es.can.da.li.zar (*lar scandalizare*) *vtd* **1** Causar escândalo a: *Sua atitude escandalizou a família. vint* **2** Fazer escândalo; proceder mal. *vtd* e *vpr* **3** Ofender(-se), melindrar(-se): *O palavrão escandalizou-a. Escandaliza-se por nada.*

es.cân.da.lo (*gr skándalon*) *sm* **1** Aquilo que pode induzir a erro, pecado ou mau procedimento. **2** Fato imoral. **3** Irritação, indignação, perplexidade ou sensação provocadas por mau exemplo. **4** Tumulto, desordem, alvoroço.

es.can.da.lo.so (*lat scandalosu*) *adj* Que escandaliza; vergonhoso. *Pl: escandalosos (ó).*

es.can.di.na.vo (*fr scandinave*) *adj* Pertencente ou relativo à Escandinávia (Suécia, Noruega, Islândia e Dinamarca). • *sm* Habitante ou natural da Escandinávia.

es.cân.dio (*top lat Scandia+io*) *sm Quím* Elemento metálico, branco, escasso mas largamente distribuído em forma combinada, de número atômico 21 e símbolo Sc.

es.can.dir (*lat scandere*) *vtd* **1** Medir ou contar as sílabas de (versos). **2** Pronunciar com destaque (as sílabas de verso ou palavras). Conjuga-se como *falir.*

es.ca.ne.ar (*ingl to scan+e+ar*[1]) *vtd Inform* Converter uma imagem ou fotografia impressa para a forma digital com um *scanner* óptico. Conjuga-se como *frear.*

es.can.ga.lhar (*es+cangalho+ar*[1]) *vtd* e *vpr* **1** Desarranjar(-se), desconjuntar(-se), desmantelar (-se): *Escangalhou tudo o que estava na prateleira. O eletrodoméstico escangalhou-se. vtd* **2** Arruinar, estragar: *O cigarro escangalha a saúde.*

es.ca.nho.ar (*es+canhão+ar*[1]) *vpr* Fazer a barba com todo o cuidado, passando a lâmina pelo rosto uma segunda vez.

es.ca.ni.nho (*ital scanetto*) *sm* Pequena divisão em caixa, cofre, escrivaninha etc.

es.can.são (*lat scansione*) *sf* Ato ou efeito de escandir. *Pl: escansões.*

es.can.tei.o (de *escantear*) *sm* No futebol, lance em que a bola sai do campo pela linha de fundo.

es.ca.pa.da (*escapar+ada*[1]) *sf* **1** Ato de fugir a um dever para se divertir. **2** Fuga apressada e às escondidas. **3** Aventura extraconjugal.

es.ca.pa.men.to (*escapar+mento*) *sm* Cano que, nos automóveis, dá saída aos gases produzidos pelo motor.

es.ca.par (*lat vulg *excappare*) *vti* e *vint* **1** Livrar-se, salvar-se de algum perigo ou situação difícil: *Escapar de um acidente sério. Ninguém escapará!* **2** Escapulir(-se), evadir(-se); fugir: *A fera escapou da jaula. Os presos escaparam.* **3** Passar despercebido: *Os erros não escapavam ao professor. Muitos detalhes escaparam.*

es.ca.pa.tó.ria (*cast escapatoria*) *sf pop* Desculpa, pretexto, subterfúgio.

es.ca.pe (de *escapar*) *sm* **1** Fuga, saída. **2** Escapamento.

es.cá.pu.la (*lat scapula*) *sf* **1** Prego pontiagudo, de cabeça dobrada em ângulo reto ou em curva, para suspender ou sustentar qualquer objeto. **2** *Anat*

Osso largo e triangular situado na parte posterior do ombro (nome antigo: omoplata).

es.ca.pu.lá.rio (*lat scapulariu*) *sm* Tira de pano que freiras e frades de algumas ordens usam pendentes sobre o peito.

es.ca.pu.li.da (*part de escapulir*) *V escapada*.

es.ca.pu.lir (de *escapar*) *vti, vint* e *vpr* **1** Escapar, fugir. *vint* **2** Acontecer por descuido. Conjuga-se como *subir*.

es.ca.ra (*gr eskhára*) *sf Med* Crosta de ferida.

es.ca.ra.be.í.deos (*lat scarabaeu+ídeos*) *sm pl Zool* Família de besouros que se nutrem de matéria orgânica em decomposição.

es.ca.ra.fun.char (*lat vulg *scariphunculare*) *vtd* Procurar ou investigar pacientemente: *Escarafunchou todas as gavetas*.

es.ca.ra.mu.ça (*ital scaramuccia*) *sf* **1** Combate de pequena importância. **2** Briga, conflito.

es.ca.ra.ve.lho (*ê*) (*lat vulg *scarabiculu*) *sm Entom* Nome comum a vários besouros de cor negra ou escura, da família dos escarabeídeos, que vivem de excrementos de mamíferos herbívoros.

es.car.céu *sm* **1** Grande onda que se forma quando o mar está revolto. **2** Gritaria; algazarra. *Fazer escarcéu*: dar importância demais a pequenas dificuldades.

es.car.la.te (*fr escarlate*) *adj m+f* De cor vermelha muito viva. • *sm* **1** A cor escarlate. **2** Tecido que tem cor escarlate.

es.car.la.ti.na (*escarlate+ina*) *sf Med* Doença infecciosa caracterizada por vermelhidão na pele e febre.

es.car.ne.cer (*escárnio+ecer*) *vtd* **1** Fazer escárnio de; zombar de; ridicularizar: *Os colegas o escarneceram*. *vti* **2** Zombar, ridicularizar, troçar: *Era um coitado, de quem muitos escarneciam*.

es.car.ni.nho (de *escárnio*) *adj* Em que há escárnio; zombador.

es.cár.nio (de *escarnir*) *sm* Zombaria, troça, desdém.

es.ca.ro.la (*cast escarola*) *sf Bot* Variedade de chicória de folhas inteiras, encrespadas; endívia.

es.car.pa (*germ *skarps*) *sf* **1** Rampa ou declive de terreno, deixado pela erosão. **2** Ladeira íngreme.

es.car.pa.do (*part de escarpar*) *adj + sm* Diz-se do, ou o terreno íngreme, ladeirento.

es.car.ra.dei.ra (*escarrar+deira*) *sf* Recipiente em que se escarra; cuspideira.

es.car.ra.pa.char *vtd* **1** Abrir muito as pernas. *vpr* **2** Estatelar-se. *vpr* **3** Sentar-se muito à vontade.

es.car.rar (*lat exscreare*) *vint* **1** Expelir o escarro; expectorar. *vti* **2** Deixar cair escarro sobre: *Escarrou no vaso sanitário*. *Escarrar sangue*: esforçar-se muito que alguém acredite em determinada coisa.

es.car.ro (de *escarrar*) *sm* Matéria viscosa produzida pelas vias respiratórias e expelida pela boca; catarro.

es.car.se.ar (*escasso+e+ar¹*) *vint* Tornar-se escasso; ir faltando; minguar: *Com as chuvas, as verduras escassearam*. Conjuga-se como *frear*.

es.cas.sez (*escasso+ez*) *sf* **1** Qualidade de escasso. **2** Carência, falta, míngua. *Antôn: fartura, abundância*.

es.cas.so (*lat excarpsu*) *adj* **1** De que há pouco, que não abunda. **2** Desprovido. **3** Minguado, parco, diminuto. *Antôn: abundante*.

es.ca.to.lo.gi.a¹ (*escato¹+logo+ia¹*) *sf* **1** Estudo que trata dos excrementos. **2** Literatura obscena.

es.ca.to.lo.gi.a² (*escato²+logo+ia¹*) *sf Teol* Doutrina do destino último do homem (morte, ressurreição, juízo final) e do mundo (estado futuro).

es.ca.va.ção (*escavar+ção*) *sf* **1** Ato ou efeito de escavar. **2** Trabalho de desaterro ou desentulho, para nivelar um terreno. **3** *fig* Pesquisa, investigação. *Pl: escavações*.

es.ca.va.dei.ra (*escavar+deira*) *sf* Máquina para fazer escavação.

es.ca.var (*es+cavar*) *vtd* **1** Formar cavidade em; cavar. **2** Tirar a terra de. **3** *fig* Pesquisar, investigar.

es.cla.re.cer (*es+claro+ecer*) *vtd* **1** Tornar claro, iluminar: *O sol esclareceu a praia*. *vint* **2** Alvorecer, iluminar-se, tornar-se claro: *O dia esclareceu*. *vtd* **3** Tornar compreensível; elucidar: *Esclarecer um tema*. *vtd* **4** Dar explicações a: *Saiu de casa sem esclarecer os pais*. *vpr* **5** Informar-se, inteirar-se. *Antôn* (acepções 1 e 2): *escurecer*.

es.cla.re.ci.do (*part de esclarecer*) *adj* **1** Claro, iluminado. **2** Explicado, elucidado. **3** Informado.

es.cla.re.ci.men.to (*esclarecer+mento*) *sm* **1** Explicação. **2** Informação.

es.cle.ro.sa.do (*part de esclerosar*) *adj* **1** *Med* Afetado de esclerose. **2** *pop* Diz-se de pessoa amalucada, caduca, geralmente em razão da idade; gagá.

es.cle.ro.sar (*esclerose+ar¹*) *vtd* **1** Causar esclerose. *vpr* **2** Adquirir esclerose.

es.cle.ro.se (*esclero+ose*) *sf Med* Cada uma de várias doenças caracterizadas por endurecimento dos tecidos, principalmente em órgãos que sofreram processo inflamatório.

es.cle.ró.ti.ca (*gr sklerótes+ica*) *sf Anat* Membrana densa, opaca, branca que encerra o globo ocular; branco do olho.

es.co.a.dou.ro (*escoar+dura*) *sm* Canal, cano, vala, para escoamento de águas e detritos.

es.co.ar (*lat excolare*) *vtd* **1** Fazer correr (um líquido). *vpr* **2** Escorrer. *vpr* **3** Esvaziar-se, esvair-se. *vint* e *vpr* **4** Decorrer, seguir a sua evolução (o tempo): *Os dias escoavam* (ou: *escoavam-se*) *devagar*. *vint* **5** Desaparecer.

es.co.cês (*top Escócia+ês*) *adj* Referente ou relativo à Escócia (Grã-Bretanha). • *sm* **1** Habitante ou natural da Escócia. **2** Dialeto do inglês falado na Escócia. **3** Língua céltica do grupo gaélico falada na Escócia. *Fem: escocesa* (*ê*). *Pl: escoceses* (*ê*), *escocesas* (*ê*).

es.coi.ce.ar (*es+coice+ar¹*) *vint* **1** Dar coices. *vtd* **2** Tratar com brutalidade; insultar. Conjuga-se como *frear*.

es.coi.mar (*es+coima+ar¹*) *vtd* **1** Livrar de censura ou defeito: *Escoimar uma obra literária*. *vtd* **2** Livrar de impureza; purificar: *Escoimar a água*. *vpr* **3** Livrar-se, escapar: *Escoimou-se de censuras*.

es.col (de *escolha*) *sm* **1** O mais distinto em um grupo ou série. **2** A flor, a nata; elite. *Pl: escóis*.

es.co.la (*lat schola*) *sf* **1** Estabelecimento público ou privado para o ensino de ciências, letras ou artes. **2** Conjunto dos alunos e professores. **3** Qualquer concepção técnica e estética de arte, seguida por vários artistas: *Escola surrealista*. **4** Conjunto dos adeptos ou discípulos de um mestre em filosofia, ciência ou arte: *Escola de Freud.* **5** Doutrina, seita, sistema. **6** *pop* Vivência, experiência.

es.co.la.do (*escola+ado*¹) *adj pop* **1** Experiente. **2** Esperto, astuto, sabido.

es.co.lar (*escola+ar*²) *adj m+f* Pertencente ou relativo à escola. • *s m+f* Pessoa que frequenta uma escola; aluno, estudante.

es.co.la.ri.da.de (*escolar+i+dade*) *sf* Aprendizado escolar.

es.co.la.ri.zar (*escolar+izar*) *vtd* e *vpr* Adaptar(-se) ao ensino escolar: *Escolarizou as crianças da fazenda.*

es.co.lás.ti.ca (*lat scholastica*) *sf Filos* e *Teol* Sistema teológico-filosófico surgido nas escolas da Idade Média e caracterizado pela coordenação entre teologia e filosofia, sobretudo quanto à relação entre fé e razão. Manteve-se em alguns estabelecimentos até os fins do século XVIII.

es.co.lás.ti.co (*lat scholasticu*) *adj* **1** Relativo à escolástica. **2** Relativo às escolas. **3** Relativo a estudante. • *sm* **1** Partidário da escolástica. **2** Estudante.

es.co.lha (de *escolher*) *sf* **1** Ato ou efeito de escolher. **2** Preferência. **3** Grãos de café de qualidade inferior.

es.co.lher (*lat excolligere*) *vtd* **1** Separar segundo qualidade, tamanho, cor etc.; selecionar, classificar: *Escolher ovos.* **2** Separar impurezas ou produto de má qualidade de: *Escolher arroz.* **3** Preferir; optar: *Escolher um vestido.* **4** Eleger, nomear: *Escolheram-no embaixador.*

es.co.lhi.do (*part* de *escolher*) *adj* **1** Selecionado. **2** Preferido, predileto. • *sm* O que se escolheu.

es.co.li.o.se (*escólio+ose*) *sf Med* Curvatura lateral da coluna vertebral.

es.co.lo.pen.dra (*gr skolópendra*) *sf Zool* Centopeia, lacraia.

es.col.ta (*ital scorta*) *sf* **1** Destacamento de tropas, embarcações, aviões etc. para escoltar pessoas ou coisas. **2** Acompanhamento, séquito.

es.col.tar (*escolta+ar*¹) *vtd* **1** Acompanhar em grupo para defender ou guardar: *Escoltaram os presos até a cadeia.* **2** Acompanhar; ir junto de: *Escoltou a amiga até sua casa.*

es.com.brí.deos (*gr skómbros+ídeos*) *sm pl Ictiol* Família de peixes marinhos constituída por espécies como o atum e a cavala.

es.com.bros (*cast escombros*) *sm pl* **1** Destroços, ruínas. **2** Entulho.

es.con.de-es.con.de (de *esconder*) *sm* Brincadeira infantil em que uma criança procura outras que se esconderam. *Pl:* esconde-escondes e escondes--escondes.

es.con.der (*lat abscondere*) *vtd* e *vpr* **1** Colocar(-se) onde não possa ser visto ou encontrado; ocultar (-se): *Esconder um tesouro. Esconder-se do inimigo. vtd* **2** Não mostrar; disfarçar: *Esconder o rosto. vtd* **3** Não dizer; não revelar: *Esconder a idade. Esconder o pensamento. vpr* **4** Disfarçar-se, mascarar-se: *Sua tristeza escondia-se por trás do sorriso. vpr* **5** Proteger-se: *Escondia-se do sol. Esconder o jogo:* disfarçar os meios de que se utiliza para alcançar um objetivo; dissimular.

es.con.de.ri.jo (de *esconder*) *sm* Lugar onde se esconde uma coisa ou pessoa.

es.con.di.das (de *esconder*) *sf pl* Elemento usado na locução adverbial *às escondidas:* ocultamente, sem ninguém ver.

es.con.ju.rar (*es+conjurar*) *vtd* **1** Fazer jurar ou prometer; tomar juramento a: *Esconjurou-o a guardar segredo.* **2** Afugentar com esconjuro; exorcizar: *Esconjurar um fantasma.* **3** Rogar pragas a; amaldiçoar: *Esconjurava os que exploravam do povo. Sin: desconjurar.*

es.con.ju.ro (de *esconjurar*) *sm* **1** Juramento ou promessa sob súplicas. **2** Exorcismo.

es.con.so (*lat abscunsu*) *adj* **1** Escondido, oculto. **2** Que tem declive, inclinado.

es.co.pe.ta (*ê*) (*ital schioppeto*) *sf* Espingarda antiga de cano curto.

es.co.po (*ô*) (*gr skopós*) *sm* **1** Alvo, mira. **2** Objetivo, propósito, intuito.

es.co.ra (*hol med schore,* via *fr ant escore*) *sf* **1** Peça que ampara alguma coisa; esteio. **2** *fig* Amparo, proteção, arrimo.

es.co.ra.men.to (*escorar+mento*) *sm* **1** Ato ou efeito de escorar. **2** Conjunto de escoras para sustentar uma parede que ameaça desmoronar.

es.co.rar (*escora+ar*¹) *vtd* **1** Pôr escoras a. *vtd* e *vpr* **2** Amparar(-se), suster(-se). *vtd* **3** Enfrentar, suportar, resistir valentemente: *Escorar os problemas. vpr* **4** Firmar-se, fundamentar-se: *Escorei-me em livros especializados.*

es.co.rbu.to (*hol scheurbuik,* via *ital scorbuto*) *sm Med* Doença causada pela falta de vitamina C, caracterizada por hemorragias e apodrecimento das gengivas.

es.cor.chan.te (de *escorchar*) *adj m+f* Que está acima do justo valor; extorsivo: *Preços escorchantes.*

es.cor.char (*es+corcha+ar*¹) *vtd* **1** Tirar a casca, a pele, o revestimento exterior de (planta, animal, qualquer objeto). *vtd* e *vti* **2** Tirar, despojar, roubar: *Escorcharam o banco. Escorchou-a de dinheiro e joias. vtd* **3** Cobrar preços muito altos a: *A loja escorchava os clientes.*

es.co.re (*ingl score*) *sm* Resultado de uma partida esportiva; placar: *A partida terminou por um escore de 6 a 3.*

es.có.ria (*lat scoria*) *sf* **1** Metal Resíduos da fusão de metais ou da redução de minérios. **2** *fig* A parte mais desprezível: *Escória social:* gente da camada inferior da sociedade; ralé.

es.co.ri.ar (*lat excoriare*) *vtd* e *vpr* Ferir(-se) de leve; esfolar(-se): *Escoriar a pele. Escoriou-se com os espinhos.*

es.cor.pi.a.no (*escorpião+ano*) *adj Astrol* Relativo ou pertencente ao signo de Escorpião, ou aos escorpianos. • *sm Astrol* Pessoa nascida sob o signo de Escorpião.

es.cor.pi.ão (*lat scorpione*) *sm* **1** *Zool* Nome comum a vários aracnídeos com cauda terminada em ferrão, através do qual lançam veneno para atacar a vítima. **2 Escorpião** *Astr* Constelação do zodíaco. **3 Escorpião** *Astrol* Signo do zodíaco, relativo aos nascidos entre 23 de outubro e 21 de novembro. *Pl:* escorpiões.

es.cor.ra.çar (*lat vulg *excorruptiare*) *vtd* **1** Expulsar violentamente; pôr fora com desprezo: *Escorraçou o bêbado.* **2** Não fazer caso de; rejeitar: *Escorraçou a oportunidade de viajar.*

es.cor.re.dor (*escorrer+dor*) *sm* Utensílio que serve para escorrer louça e talheres depois de lavados ou para eliminar a água em que se cozinhou algum alimento, como macarrão.

es.cor.re.ga.de.la (*escorregar+dela*) *sf* **1** Ato ou efeito de escorregar. **2** Escorregão leve. **3** *fig* Erro, deslize, lapso.

es.cor.re.ga.di.o (*part* de *escorregar+io²*) *adj* **1** Em que se escorrega facilmente. **2** *fig* Diz-se de pessoa habituada a evasivas, a não deixar claras suas intenções.

es.cor.re.ga.dor (*escorregar+dor*) *adj* Que escorrega. • *sm* Brinquedo pelo qual as crianças deslizam num plano inclinado.

es.cor.re.gão (*escorregar+ão²*) *sm* Escorregadela inesperada. *Pl: escorregões*.

es.cor.re.gar (*lat vulg *excurricare*) *vti* e *vint* **1** Mover-se, impelido pelo próprio peso, em superfície lisa; deslizar: *Escorregou na* (ou *pela*) *prancha, inabilmente. Caminho liso e úmido, onde a gente escorrega*. *vint* **2** Decorrer, passar com rapidez (as horas, o tempo). *vti* **3** *fig* Cometer erros, faltas, deslizes: *Escorregou no exercício do cargo*.

es.cor.rei.to (*lat vulg *excorrectu*) *adj* **1** Perfeito, sem defeito. **2** De boa compleição, boa figura; bem-apessoado. **3** Correto, apurado, castiço (estilo, linguagem).

es.cor.rer (*lat excurrere*) *vtd* **1** Fazer correr ou esgotar (um líquido): *Escorreu a água da banheira*. *vtd* **2** Fazer sair completamente o líquido de: *Escorrer o macarrão*. *vint* **3** Correr em fio; gotejar: *A água escorria das roupas no varal*. *vti* **4** Suar em bica: *Escorria debaixo do sol do meio-dia*.

es.cor.ri.do (*part* de *escorrer*) *adj* **1** Que se escorreu. **2** *pop* Diz-se do cabelo liso, sem ondulações.

es.co.tei.ro (*escote+eiro*) *sm* Indivíduo filiado ao escotismo.

es.co.ti.lha (*cast escotilla*) *sf Náut* Abertura de comunicação entre o convés e o porão do navio.

es.co.tis.mo (*Scotus*, *np+ismo*) *sm* Sistema educativo criado por Baden Powell (1857-1941) em 1908, que tem por objetivo desenvolver nas crianças e adolescentes o sentimento do dever cívico.

es.co.va (*ô*) (*lat scopa*) *sf* Peça com pelos, cerdas de náilon ou outro material que serve para limpar, alisar, lustrar.

es.co.vão (*escova+ão²*) *sm* Escova grande, com cabo, para esfregar piso ou assoalho. *Pl: escovões*.

es.co.var (*escova+ar¹*) *vtd* **1** Limpar, alisar ou lustrar com escova: *Escovar os dentes. Escovar os cabelos. Escovar a madeira*. **2** *fig* Censurar, repreender.

es.cra.cha.do (*part* de *escrachar*) *adj gír* **1** Diz-se de indivíduo identificado criminalmente e cuja fotografia fica registrada na polícia. **2** Evidente, claro. **3** Desmoralizado, desmascarado. **4** Desleixado, esculachado. **5** Pervertido, depravado.

es.cra.char (*es+crachá+ar¹*) *vtd gír* **1** Fotografar e registrar na polícia (um criminoso). **2** Desmoralizar, desmascarar. **3** Esculachar, esculhambar.

es.cra.va.tu.ra (*escravo+ar¹+ura*) *sf* **1** Comércio de escravos. **2** Escravidão.

es.cra.vi.dão (*escravo+idão*) *sf* **1** Condição de quem é escravo; servidão. **2** Falta de liberdade. **3** Regime social em que se sujeita alguém a certos trabalhos, sem remuneração, tornando-o propriedade particular. *Antôn: liberdade. Pl: escravidões*.

es.cra.vi.zar (*escravo+izar*) *vtd* **1** Tornar escravo: *Escravizavam os índios*. *vtd* e *vpr* **2** Tornar(-se) dependente; subjugar(-se), sujeitar(-se). *vtd* **3** Dominar. *vtd* **4** Cativar, enlevar, encantar: *Doçura e gentileza que escravizam a gente*. *Antôn* (acepções 1, 2 e 3): *libertar*.

es.cra.vo (*baixo-lat sclavu*) *adj* + *sm* **1** Que, ou o que vive em absoluta sujeição a um senhor. **2** Que, ou aquele que está dominado por alguém ou por alguma coisa: *Escravo dos seus deveres*.

es.cra.vo.cra.ta (*escravo+crata*) *s m+f* **1** Aquele que defende a escravatura, o seu princípio. **2** Dono de escravos.

es.cre.te (*ingl scratch*) *sm* Grupo formado pelos melhores atletas para representar um Estado, país etc. em competição esportiva; seleção, selecionado.

es.cre.ven.te (*lat scribente*) *s m+f* **1** Empregado de cartório que auxilia o escrivão. **2** Escriturário, copista.

es.cre.ver (*lat scribere*) *vint* **1** Representar por meio da escrita: *Já lia e escrevia com desembaraço*. *vtd* **2** Exprimir-se por escrito em: *Escreve muito bem o idioma inglês*. *vtd* **3** Compor ou redigir (obra literária, científica etc.): *Monteiro Lobato escreveu muitos livros*. *vtd* **4** Dirigir bilhete, carta etc. a alguém: *Escreveu uma carta à mãe*. *vpr* **5** Corresponder-se: *Há muito que se escrevem*. *Conjug – Part irreg: escrito*.

es.cre.vi.nha.ção (*escrevinhar+ção*) *sf* Ato ou efeito de escrevinhar. *Pl: escrevinhações*.

es.cre.vi.nha.dor (*escrevinhar+dor*) *adj+sm* Que, ou o que escrevinha. • *sm pop* Mau escritor.

es.cre.vi.nhar (*escrever+inhar*) *vtd* **1** Escrever mal. *vint* **2** Escrever futilidades, coisas insignificantes: *Fechada no quarto, lia e escrevinhava*. *vtd* **3** Compor obras de pouco valor.

es.cri.ba (*lat scriba*) *s m+f* **1** *Antig* Aquele que, entre os judeus, interpretava as leis. **2** *Antig* Aquele cuja profissão era copiar manuscritos. **3** *pop* Mau escritor.

es.cri.ta (*fem* de *escrito*) *sf* **1** Representação de palavras ou ideias mediante o uso de sinais. **2** Aquilo que se escreve. **3** Escrituração mercantil. **4** Estilo. **5** Caligrafia. *Escrita ideográfica*: aquela em que se representam as ideias por meio de símbolos.

es.cri.to (*part irreg* de *escrever*) *adj* Que se escreveu. • *sm* **1** Bilhete, missiva. **2** Composição escrita.

es.cri.tor (*lat scriptore*) *adj+sm* Que, ou o que escreve. • *sm* Autor de obras literárias ou científicas.

es.cri.tó.rio (*lat scriptoriu*) *sm* **1** Compartimento de uma casa destinado à leitura ou a trabalho intelectual. **2** Lugar onde se realizam trabalhos administrativos, se trata de negócios etc.

es.cri.tu.ra (*lat scriptura*) *sf* Documento autêntico, feito por oficial público, especialmente título de propriedade imóvel. *Sagrada Escritura*: a Bíblia. *sf pl* **Escrituras** A Bíblia.

es.cri.tu.ra.ção (*escriturar+ção*) *sf* **1** Escrita dos livros comerciais. **2** Registro metódico e sistemático das contas de um estabelecimento comercial. *Pl: escriturações*.

es.cri.tu.rar (*escritura+ar¹*) *vtd* **1** Fazer a escritura-

escriturário 352 **esfarrapado**

ção de. *vtd* **2** Contratar por escritura pública. *vpr* **3** Contrair obrigações mediante escritura pública.

es.cri.tu.rá.rio (*escritura+ário*) *sm* **1** Aquele que trabalha em escritório. **2** Escrevente.

es.cri.va.ni.nha (de *escrivão*) *sf* Mesa em que se escreve.

es.cri.vão (*baixo-lat scribane*) *sm* Oficial público que escreve documentos legais. *Fem: escrivã. Pl: escrivães.*

es.cro.to (ô) (*lat scrotu*) *sm Anat* Bolsa de pele em que estão instalados os testículos. • *adj vulg* Sem valor, reles, ordinário, baixo.

es.crú.pu.lo (*lat scrupulu*) *sm* **1** Dúvida de consciência, remorso: *Não ficou com escrúpulos depois do que fez.* **2** Muita atenção; zelo: *Corrigiu as provas com escrúpulo.* **3** Delicadeza de caráter: *Pessoa de escrúpulos.*

es.cru.pu.lo.so (ô) (*escrúpulo+oso*) *adj* **1** Cheio de escrúpulos. **2** Cuidadoso, minucioso, rigoroso. **3** Íntegro. *Pl: escrupulosos (ó).*

es.cru.tar (*lat scrutari*) *vtd* Pesquisar, investigar.

es.cru.ti.nar (*escrutínio+ar*[1]) *vint* **1** Verificar o número dos votos na urna e confrontá-lo com o número dos votantes. *vtd* **2** Contar os votos que teve cada candidato numa eleição.

es.cru.tí.nio (*lat scrutiniu*) *sm* **1** Votação em urna. **2** Apuração ou contagem de votos. **3** Urna em que se recolhem os votos. **4** Exame minucioso.

es.cu.dei.ro (*lat scutariu*) *sm* **1** Indivíduo armado de lança e escudo, que fazia guarda aos imperadores. **2** Rapaz que, na Idade Média, servia a um cavaleiro, levando-lhe o escudo nas viagens.

es.cu.de.ri.a (*fr scudérie*) *sf Autom* Organização, proprietária de carros de corrida, que contrata pilotos e técnicos altamente qualificados.

es.cu.do (*lat scutu*) *sm* **1** Peça usada para defesa contra flechas ou golpes de lança ou espada. **2** Peça que se representam as armas de uma nação ou os brasões de uma família nobre. **3** Meio de defesa. **4** *Zool* Placa dura que cobre o corpo de certos animais. **5** Antiga unidade monetária de Portugal (Europa) e Cabo Verde (Oceano Atlântico).

es.cu.la.cha.do (*part* de *esculachar*) *adj gír* **1** Esculhambado, desmoralizado. **2** Desleixado, relaxado.

es.cu.la.char *vtd gír* Desmoralizar, esculhambar.

es.cu.la.cho (de *esculachar*) *sm gír* Ato ou efeito de esculachar.

es.cu.lham.ba.ção (*esculhambar+ção*) *sf vulg* **1** Anarquia, confusão, desordem. **2** Desmoralização. **3** Crítica áspera; descompostura. *Pl: esculhambações.*

es.cu.lham.bar (*es+culhão+b+ar*[1]) *vtd vulg* **1** Danificar, estragar: *A menina esculhambou a boneca.* **2** Desmoralizar, desprestigiar (alguém), esculachar. **3** Criticar asperamente.

es.cul.pir (*lat sculpere*) *vtd* **1** Entalhar figuras ou ornamentos em: *Esculpir uma estátua. Esculpiu-a no mármore.* **2** Modelar em argila ou cera: *Esculpiu um vaso.* Conjuga-se como *falir.*

es.cul.tor (ô) (*lat sculptore*) *sm* Artista que faz esculturas.

es.cul.tu.ra (*lat sculptura*) *sf* **1** Arte de esculpir. **2** Obra que resulta do exercício dessa arte.

es.cul.tu.ral (*escultura+al*[1]) *adj m+f* **1** Relativo à escultura. **2** *fig* De formas perfeitas: *Corpo escultural. Pl: esculturais.*

es.cu.ma (*frâncico skûma*) *V espuma.*

es.cu.ma.dei.ra (*escumar+deira*) *sf* Colher com vários orifícios para tirar a escuma dos líquidos; espumadeira.

es.cu.man.te (de *escumar*) *adj m+f* Que produz escuma; espumante.

es.cu.mar (*escuma+ar*[1]) *V espumar.*

es.cu.mi.lha (*escuma+ilho*, no *fem*) *sf* **1** Chumbo miúdo para caçar pássaros. **2** Tecido muito fino, transparente, de lã ou seda.

es.cu.na (*ingl schooner*) *sf* Embarcação ligeira de dois mastros e velas.

es.cu.re.cer (*escuro+ecer*) *vtd, vint* e *vpr* **1** Tornar (-se) escuro: *Escureceu o quarto. O horizonte escureceu* (ou *escureceu-se*). *vtd* **2** *fig* Apagar o brilho de; eclipsar: *Escurecer a fama, o prestígio, a glória. Escurecer a razão, o entendimento. vint* **3** Anoitecer: *Começa a escurecer; vamos para casa. vtd* **4** Tornar obscuro. *Antôn* (acepção 1): *clarear.*

es.cu.ri.dão (*escuro+idão*) *sf* **1** Ausência de luz; escuro. **2** Noite. **3** *fig* Ignorância. *Pl: escuridões.*

es.cu.ro (*lat obscuru*) *adj* **1** Em que não há luz. **2** Quase negro. **3** Diz-se de pessoa negra ou mulata. *Antôn: claro.* • *sm* **1** Escuridão. **2** Pessoa negra ou mulata. *Escuro como breu:* extremamente escuro.

es.cu.sa (de *escusar*) *sf* Desculpa, justificativa, pretexto.

es.cu.sar (*lat excusare*) *vtd* **1** Desculpar, perdoar: *Escusou meus erros. vpr* **2** Desculpar-se: *Escusou--se com bons pretextos. vtd* **3** Dispensar. *vpr* **4** Negar-se.

es.cu.ta (de *escutar*) *sf* **1** Ato de escutar. **2** Local onde se escuta. *s m+f* Pessoa encarregada de escutar conversações alheias. *À escuta:* atentamente; alerta.

es.cu.tar (*lat auscultare*) *vtd* e *vint* **1** Prestar atenção para ouvir. *vtd* **2** Dar atenção a. *vtd* e *vint* **3** Ouvir. *vtd* **4** Atender aos conselhos de. *vtd* **5** *Med* Auscultar. *vtd* **6** Espionar.

es.drú.xu.lo (*ital sdrucciolo*) *adj* **1** *Gram* Proparoxítono. **2** Excêntrico, esquisito.

es.fa.ce.lar (*esfacelo+ar*[1]) *vtd* e *vpr* **1** Arruinar(-se), estragar(-se). *vpr* **2** Desfazer-se, despedaçar-se.

es.fai.ma.do (*part* de *esfaimar*) *V esfomeado.*

es.fai.mar (*es+lat fame+ar*[1], com metátese) *vtd* **1** Obrigar que tenha fome. **2** Matar de fome. **3** Causar fome a.

es.fa.le.cer (*es+falecer*) *V desfalecer.*

es.fal.fa.men.to (*esfalfar+mento*) *sm* Perda de forças causada por excesso de trabalho ou doença; cansaço.

es.fal.far *vtd* e *vpr* Cansar(-se), fatigar(-se), tornar (-se) fraco em consequência de trabalho excessivo ou doença.

es.fa.que.ar (*es+faca+e+ar*[1]) *vtd* **1** Dar facadas, golpear ou matar com faca. **2** *pop* Cobrar preço excessivo. Conjuga-se como *frear.*

es.fa.re.lar (*es+farelo+ar*[1]) *vtd* e *vpr* **1** Reduzir(-se) a farelos ou a migalhas. *vpr* **2** Desmoronar-se.

es.fa.ri.nhar (*es+farinha+ar*[1]) *vtd* **1** Reduzir a farinha ou a pó. *vpr* **2** Desfazer-se.

es.far.ra.pa.do (*part* de *esfarrapar*) *adj* **1** Que tem as roupas em farrapos; maltrapilho. **2** Incoerente, inconsistente: *Desculpa esfarrapada.* • *sm* Aquele que tem as roupas em farrapos; maltrapilho.

es.far.ra.par (*es+farrapo+ar¹*) *vtd* Reduzir a farrapos, rasgar.

es.fe.nis.cí.deos (*gr sphenískos+ídeos*) *sm pl* Ornit Família de aves marinhas, incapazes de voar, que compreende todos os pinguins existentes.

es.fe.noi.de (*ó*) (*gr sphenoeidés*) *sm* Anat Osso localizado entre os ossos da base do crânio.

es.fe.ra (*gr sphaîra*) *sf* **1** Geom Corpo cujos pontos têm igual distância de um ponto interior (centro). **2** Globo, bola. **3** Globo terrestre. **4** Meio em que se vive, círculo: *Ela não pertence a sua esfera de amizades.* **5** Área de atividade: *Destaca-se na esfera da biologia. Dim: esférula.*

es.fé.ri.co (*esfera+ico²*) *adj* Com forma de esfera.

es.fe.ro.grá.fi.ca (*esfero+grafo+ico²*) *sf* Caneta com esfera de aço na ponta que controla a saída da tinta.

es.fi.a.par (*es+fiapo+ar¹*) *vtd* Desfazer em fiapos.

es.fi.ha (*ár sfiha*) V *esfirra*.

es.fínc.ter (*gr sphigktér*) *sm* Anat Músculo que serve para abrir ou fechar vários orifícios ou canais naturais do corpo. *Pl: esfíncteres.*

es.fin.ge (*gr sphígx*) *sf* **1** Mit Monstro imaginário com cabeça humana e corpo de leão alado e que propunha enigmas aos viajantes, devorando-os, se não os decifrassem. **2** *fig* Pessoa enigmática, misteriosa.

es.fir.ra (*ár sfiha*) *sf* Cul Iguaria árabe de origem sírio-libanesa, feita com farinha, recheada com carne moída e assada, podendo ser aberta ou fechada.

es.fo.la.du.ra (*esfolar+dura*) *sf* **1** Ato ou efeito de esfolar(-se). **2** Levantamento da pele causado por instrumento agudo ou cortante, que fere de raspão.

es.fo.lar (*lat vulg *exfollare*) *vtd* **1** Tirar a pele de. *vtd* e *vpr* **2** Arranhar(-se), ferir(-se) levemente. *vtd* **3** Vender ou cobrar muito caro.

es.fo.le.gar (*es+fôlego+ar¹*) *vint* **1** Tomar fôlego. **2** Resfolegar. *Conjug – Pres indic:* esfolego, esfolegas, esfolega, esfolegamos, esfolegais, esfolegam; *Pret perf:* esfoleguei, esfolegaste, esfolegou, esfolegamos, esfolegastes, esfolegaram; *Pres subj:* esfolegue, esfolegues, esfolegue, esfoleguemos, esfolegueis, esfoleguem.

es.fo.lhar (*es+folha+ar¹*) *vtd* **1** Tirar as folhas a; desfolhar. *vpr* **2** Perder as folhas.

es.fo.me.a.do (*part* de *esfomear*) *adj* + *sm* Que, ou o que tem fome; esfaimado.

es.fo.me.ar (*es+fome+ar¹*) *vtd* **1** Causar fome. **2** Privar de alimento, causando fome a. *Conjuga-se como* frear.

es.for.ça.do (*part* de *esforçar*) *adj* **1** Que não poupa esforços para o desempenho de suas tarefas; trabalhador, diligente. **2** Destemido, valente. • *Antôn*: displicente, fraco, negligente.

es.for.çar (*esforço+ar¹*) *vtd* e *vint* **1** Animar (-se), encorajar(-se). *vpr* **2** Empregar toda a energia e força para conseguir alguma coisa: *Esforçou-se para dominar-se. Esforcem-se em aprender.*

es.for.ço (*ô*) (de *esforçar*) *sm* **1** Emprego de força ou energia para que se consiga alguma coisa. **2** Ânimo, coragem. *Pl: esforços* (*ó*).

es.fran.ga.lhar (*es+frangalho+ar¹*) *vtd* **1** Reduzir a frangalhos, a trapos. **2** Rasgar.

es.fre.ga (de *esfregar*) *sf* **1** Ato de esfregar. **2** *pop* Sova, surra.

es.fre.gão (*esfrega+ão²*) *sm* Objeto próprio para esfregar. *Pl: esfregões.*

es.fre.gar (*lat vulg *exfricare*) *vtd* **1** Mover repetidas vezes a mão ou outro objeto sobre a superfície de, para limpar, produzir calor etc.; friccionar: *Esfregar o chão. Esfregar as mãos. vpr* **2** Coçar-se, friccionar-se, roçar-se. *vpr* **3** *vulg* Roçar com intenção libidinosa.

es.fri.ar (*es+frio+ar¹*) *vtd* **1** Abaixar a temperatura de: *Esfriar o forno. vint* e *vpr* **2** Perder o calor; tornar-se frio: *A comida esfriava na mesa. Esfriaram-se os dias. vtd* **3** Desanimar, desalentar: *A saída do líder esfriou seus seguidores. vint* e *vpr* **4** Perder a esperança, o ânimo, o entusiasmo: *Não convivendo como antes, a amizade esfriou. Esfriou-se a fé de muitos.*

es.fu.ma.ça.do (*part* de *esfumaçar*) *adj* **1** Cheio de fumaça. **2** Diz-se do alimento defumado.

es.fu.ma.çar (*es+fumaça+ar¹*) *vtd* **1** Encher de fumaça. *vtd* **2** Enegrecer com fumaça. *vtd* **3** Defumar alimentos. *vpr* **4** Desaparecer.

es.fu.ma.do (*part* de *esfumar*) *adj* + *sm* Diz-se do, ou o desenho de cores e sombras atenuadas a esfuminho.

es.fu.mar (*es+fumo+ar¹*) *vtd* **1** Enegrecer com fumaça. *vtd* **2** Tornar escuro. *vtd* **3** Sombrear com esfuminho (um desenho). *vpr* **4** Alastrar-se e desaparecer pouco a pouco.

es.fu.mi.nho (*ital sfumino*) *sm* Utensílio de papel, feltro etc. enrolado sobre si mesmo, para esfumar as sombras de um desenho.

es.fu.zi.an.te (de *esfuziar*) *adj m+f* Muito alegre; radiante; muito comunicativo.

es.ga.na.ção (*esganar+ção*) *sf* **1** Gula. **2** *pop* Desejo intenso de ter alguma coisa; avidez, sofreguidão. **3** *fig* Avareza. *Pl: esganações.*

es.ga.na.do (*part* de *esganar*) *adj* **1** Estrangulado, sufocado. **2** Faminto, esfomeado. **3** Desejoso ao extremo; ávido, sôfrego. • *sm* **1** Indivíduo faminto, ávido, sôfrego. **2** Avaro.

es.ga.nar (*es+gana+ar¹*) *vtd* **1** Matar por sufocação apertando o pescoço; estrangular. *vtd* **2** Apertar muito: *Em ônibus superlotado esganam a gente. vpr* **3** Enforcar-se; estrangular-se: *Judas esganou-se. vpr* **4** *fig* Mostrar-se avarento.

es.ga.ni.çar (*es+gan(ir)+iço+ar¹*) *vint* e *vpr* **1** Tornar (a voz) aguda como o ganir do cão. *vtd* **2** Tornar aguda ou estridente (a voz).

es.gar (*fr ant esgart*) *sm* Gesto de escárnio; trejeito, careta.

es.gar.çar (*lat exquartiare*) *vtd* **1** Rasgar, afastando os fios de um tecido. *vint* **2** Abrir-se (o tecido) pelo fio, desfiando-se: *A saia esgarçou.*

es.ga.ze.ar (*es+gázeo+ar¹*) *vtd* **1** Virar (os olhos) de modo que quase só apareça o branco. **2** Arregalar (os olhos) por espanto, perturbação etc. *Conjuga-se como* frear.

es.go.e.lar (*es+goela+ar¹*) *vpr* Gritar muito; berrar.

es.go.ta.do (*part* de *esgotar*) *adj* **1** Que se esgotou. **2** *fig* Exausto; muito cansado. **3** Vendido até o último exemplar.

es.go.ta.men.to (*esgotar+mento*) *sm* Exaustão, extenuação.

es.go.tan.te (de *esgotar*) *adj m+f* **1** Que esgota, que faz perder as forças. **2** Extenuante, cansativo.

es.go.tar (*es+gota+ar*¹) *vtd* **1** Tirar até a última gota de: *Esgotou a garrafa*. *vtd* **2** Tirar todo o conteúdo de: *Esgotou o cofre*. *vtd* **3** Enxugar, secar: *Esgotar um brejo*. *vint* **4** Exaurir-se, secar-se, esgotar completamente. *vtd* **5** Consumir, gastar: *Esgotamos todos os recursos*. *vtd* **6** Não ter mais que dizer a respeito de: *Esgotei o assunto*. *vpr* **7** Ficar exausto, perder as forças. *vpr* **8** Vender-se até o último exemplar de uma obra ou mercadoria: *O livro esgotou-se em uma semana*.

es.go.to (ô) (de *esgotar*) *sm* Canalização principal a que se ligam os canos de despejo de águas servidas e dejetos. *Pl: esgotos (ô)*.

es.gri.ma (*provençal escrima*) *sf* Arte de manejar a espada e outras armas brancas.

es.gri.mir (*frâncico skermjan*, pelo *cat esgrimir*) *vtd*, *vti* e *vint* **1** Jogar, manejar (armas brancas): *Esgrimir a espada. Não tinha parceiro com que esgrimir. Gostava de esgrimir*. *vint* **2** Argumentar, discutir: *Na Assembleia, esgrimiam os parlamentares*.

es.gri.mis.ta (*esgrimir+ista*) *s m+f* Pessoa que pratica esgrima.

es.guei.rar *vpr* Retirar-se às escondidas, sorrateiramente: *Esgueirou-se pela porta*.

es.gue.lha *sf* Obliquidade, soslaio, direção oblíqua. *De esguelha:* em direção oblíqua; atravessadamente: *Olhou-o de esguelha*.

es.gui.char *vtd* **1** Expelir com força por um tubo ou orifício (um líquido). *vti* e *vint* **2** Sair com ímpeto (um líquido); sair em esguicho: *A água esguichou pela torneira. Rompida a veia, o sangue esguichou*.

es.gui.cho (de *esguichar*) *sm* **1** Ato de esguichar. **2** Jato de um líquido.

es.gui.o (*lat exiguu*) *adj* **1** Alto e magro: *Homem esguio*. **2** Comprido e fino: *Torre esguia*.

es.lai.de (*ingl slide*) *sm* Dispositivo fotográfico montado em moldura, para projeção.

es.la.vo (*gr biz sklábos*) *sm* **1** Ramo etnográfico da família indo-europeia, constituído pelos poloneses, tchecos, eslovacos, russos, ucranianos, bielo-russos, búlgaros, sérvios, croatas e eslovenos. **2** Indivíduo pertencente a esse ramo. • *adj* Relativo aos eslavos.

es.ma.e.cer (*esmair+ecer*) *vint* e *vpr* **1** Perder a cor ou o vigor. *vint* **2** Enfraquecer, esmorecer.

es.ma.e.ci.do (*part* de *esmaecer*) *adj* **1** Que perdeu a cor ou o vigor. **2** Enfraquecido.

es.ma.e.ci.men.to (*esmaecer+mento*) *sm* **1** Ato ou efeito de esmaecer. **2** Desmaio, esmorecimento.

es.ma.ga.dor (*esmagar+dor*) *adj* **1** Que esmaga. **2** *fig* Indiscutível, irrefutável: *Provas esmagadoras de sua culpa*. **3** *fig* Opressivo, tirânico.

es.ma.gar (*es+gót maga+ar*¹) *vtd* **1** Comprimir até rebentar ou achatar: *Esmagou o inseto com uma pisada*. **2** Triturar, moer: *Esmagar a cana*. **3** *fig* Oprimir, prostrar, abater, aniquilar: *O exército esmagava as populações conquistadas*.

es.mal.tar (*esmalte+ar*¹) *vtd* Aplicar esmalte a; revestir de esmalte.

es.mal.te (*cat esmalt*) *sm* **1** Substância líquida, transparente ou de cores variadas, que se aplica em vários objetos para ornamentá-los ou protegê-los de poeira, ferrugem etc. **2** *Odont* Substância branca, dura, que reveste a coroa dos dentes. **3** Cosmético de cores variadas que se aplica sobre as unhas.

es.me.ral.da (*gr smáragdos*) *sf* **1** *Miner* Pedra preciosa translúcida, geralmente verde. **2** A cor dessa pedra. • *adj m+f sing* e *pl* Da cor da esmeralda.

es.me.rar (*es+lat meru+ar*) *vtd* **1** Fazer com esmero, com perfeição; aperfeiçoar: *Esmerar o trabalho. Esmerar o estilo*. *vpr* **2** Trabalhar com esmero, com perfeição. *vpr* **3** Aperfeiçoar-se, aplicar-se.

es.me.ril (*ital smeriglio*) *sm* **1** Substância que contém óxido de ferro, usada em forma de pó, grãos ou massa compacta, para polir metais, pedras preciosas etc. **2** Pequena pedra destinada a polir metais, pedras preciosas etc.

es.me.ri.lhar (*ital smerigliare*) *vtd* **1** Polir com esmeril. *vtd* **2** Aperfeiçoar. *vpr* **3** Esmerar-se em alguma coisa. *vtd* **4** Investigar, procurar minuciosamente: *Esmerilhar a origem de uma palavra*.

es.me.ro (ê) (de *esmerar*) *sm* **1** Cuidado extremo em fazer alguma coisa. **2** Apuro, perfeição, cuidado. *Antôn: desleixo*. *Pl: esmeros (ê)*.

es.mi.ga.lhar (*es+migalha+ar*¹) *vtd* e *vpr* Reduzir (-se) a migalhas; desfazer(-se) em muitos pedaços; despedaçar(-se).

es.mi.u.çar (*es+miúça+ar*¹) *vtd* **1** Dividir em partes muito pequenas. **2** Analisar, pesquisar, investigar: *Esmiuçava as origens do escritor*. **3** Explicar com todos os detalhes, minuciosamente: *Esmiuçou a matéria da prova. Conjug – Pres indic: esmiúço, esmiúças, esmiúça, esmiuçamos, esmiuçais, esmiúçam; Pres subj: esmiúce, esmiúces, esmiúce, esmiucemos, esmiuceis, esmiúcem*.

es.mo (ê) (de *esmar*) *sm* **1** Cálculo aproximado; estimativa. **2** Avaliação por cima. *A esmo:* ao acaso; à toa. *Pl: esmos (ê)*.

es.mo.la (*gr eleemosýne*) *sf* O que se dá por caridade a quem precisa.

es.mo.lam.ba.do (*part* de *esmolambar*) *adj + sm* Que, ou o que tem a roupa velha ou em farrapos.

es.mo.lam.bar (*es+molambo+ar*¹) *vint* **1** Andar esfarrapado, maltrapilho, malvestido: *Esmolamba pelas ruas*. *vtd* **2** *gír* Ridicularizar, desmoralizar: *Esmolambou o colega diante de todos*.

es.mo.lar (*esmola+ar*¹) *vint* **1** Pedir esmola: *Mendigos esmolavam por ali*. *vint* **2** Dar esmolas a: *Generoso coração, que muito esmolava*. *vtd* **3** Pedir como esmola: *Esmolar atenções, cumprimentos. Esmolar o pão para os filhos*.

es.mo.re.cer (*es+morrer+ecer*) *vint* **1** Perder o ânimo, o entusiasmo. *vtd* **2** Desalentar, desanimar: *A concorrência desleal esmoreceu o fabricante*. *vint* **3** Perder os sentidos; desfalecer, desmaiar. *vint* **4** Definhar, perder as forças, enfraquecer-se.

es.mo.re.ci.do (*part* de *esmorecer*) *adj* Desanimado, abatido.

es.mo.re.ci.men.to (*esmorecer+mento*) *sm* **1** Desânimo, abatimento. **2** Enfraquecimento.

es.mur.rar (*es+murro+ar*¹) *vtd* Dar murros em.

es.no.bar (*ingl snob+ar*¹) *vtd gír* **1** Mostrar-se esnobe com. *vint* **2** Proceder com esnobismo.

es.no.be (*ingl snob*) *adj* e *s m+f* Que, ou quem demonstra esnobismo.

es.no.bis.mo (*ingl snobism*) *sm* **1** Preocupação de imitar as pessoas de classe superior ou de grande prestígio. **2** Sentimento de superioridade exagerado. **3** Admiração excessiva a tudo que entra em moda.

és-nor.des.te (*este+nordeste*) *sm* Ponto do horizonte determinado pelo ângulo formado entre os rumos leste e nordeste. *Abrev:* E.N.E. *Pl:* és-nordestes.

e.so.fa.gi.te (*esôfago+ite¹*) *sf Med* Inflamação do esôfago.

e.sô.fa.go (*gr oisophágos*) *sm Anat* Tubo muscular que conduz alimentos etc. da faringe ao estômago.

e.so.té.ri.co (*gr esoterikós*) *adj* **1** Relativo ao esoterismo. **2** Reservado a poucas pessoas. **3** Ligado ao ocultismo. **4** *fig* Difícil de entender; obscuro. *Cf exotérico.*

e.so.te.ris.mo (*gr esóteros+ismo*) *sm* **1** *Filos* Doutrina secreta que alguns filósofos antigos comunicavam apenas a alguns discípulos, escolhidos por sua moral e/ou inteligência. **2** *por ext* Qualquer ensinamento reservado a poucas pessoas. **3** Ocultismo. *Cf exoterismo.*

es.pa.çar (*espaço+ar¹*) *vtd* **1** Deixar espaço entre dois ou mais objetos. **2** Adiar, demorar, prorrogar: *Tentou espaçar a decisão.*

es.pa.ce.jar (*espaço+ejar*) *vtd* **1** Espaçar (acepção 1). **2** *Tip* Pôr espaços (entre linhas, letras ou palavras).

es.pa.ci.al (*espaço+i+al¹*) *adj m+f* Relativo ou pertencente ao espaço. *Pl:* espaciais.

es.pa.ço (*lat spatiu*) *sm* **1** *Astr* O universo todo. **2** Extensão limitada: *Esta mala ocupa pouco espaço. O prédio ocupa um espaço de 160 m².* **3** Distância linear entre duas coisas, objetos etc.; intervalo: *Árvores plantadas a espaços iguais.* **4** *Tip* Intervalo em branco entre palavras ou linhas em um texto impresso. **5** Intervalo de tempo. *Espaço aéreo:* a) espaço situado acima da Terra ou acima de determinada área de terra ou mar; b) *Astronáut:* o que pertence à camada atmosférica da Terra e à zona acima dela.

es.pa.ço.na.ve (*espaço+nave*) *sf Astronáut* Veículo destinado a viagens interplanetárias; nave espacial, astronave, cosmonave.

es.pa.ço.so (*ô*) (*espaço+oso*) *adj* Amplo, dilatado, largo, extenso. *Pl:* espaçosos (*ó*).

es.pa.da (*gr spáthe*) *sf* Arma branca com lâmina comprida e pontiaguda, com um ou dois gumes. *sf pl* Um dos quatro naipes do baralho.

es.pa.da.chim (*ital spadaccino*) *sm* **1** O que briga armado de espada. **2** Valentão, brigão. *Pl:* espadachins.

es.pa.da.ú.do (*espádua+udo¹*) *adj* Que tem as espáduas largas.

es.pá.dua (*lat spathula*) *sf Anat* Parte do corpo que corresponde à escápula; ombro.

es.pa.du.ar (*espádua+ar¹*) *vtd* **1** Deslocar ou distender a espádua de. *vint* e *vpr* **2** Ficar com a espádua deslocada ou distendida. *Conjug – Pres indic:* espaduo (*ú*), espaduas (*ú*), espadua (*ú*) etc. *Cf espádua.*

es.pa.gue.te (*ital spaghetti*) *sm* Espécie de macarrão em fios finos, feito com sêmola de trigo.

es.pai.re.cer (*es+pairar+ecer*) *vtd, vint* e *vpr* Distrair(-se), entreter(-se). Conjuga-se como crescer.

es.pal.dar (*espalda+ar²*) *sm* Encosto de cadeira.

es.pa.lha.fa.to (de *espalhar*) *sm* **1** Gritaria, barulho. **2** Desordem. **3** Alarde exagerado; estardalhaço. **4** Qualquer ostentação exagerada.

es.pa.lha.fa.to.so (*ô*) (*espalhafato+oso*) *adj* **1** Em que há espalhafato. **2** Que atrai muito a atenção; extravagante. *Pl:* espalhafatosos (*ó*).

es.pa.lhar (*es+palha+ar¹*) *vtd* **1** Lançar para diferentes lados; dispersar, derramar: *Espalharam as roupas pelo chão. Espalhou as sementes no canteiro.* *vtd* **2** Tornar público; divulgar: *Logo espalhou a notícia.* *vtd* **3** Afastar para diversas direções: *O temporal espalhou muitas folhas de árvore.* *vpr* **4** Dispersar-se. *vpr* **5** Divulgar-se. *vtdi* **6** Incutir.

es.pal.ma.do (*part* de *espalmar*) *adj* Aberto ou plano como a palma da mão.

es.pal.mar (*es+palma+ar¹*) *vtd* **1** Abrir a palma da mão, estendendo os dedos. *vtd* e *vpr* **2** Tornar(-se) plano como a palma da mão. *vint* **3** *Fut* Rebater a bola com a palma das mãos.

es.pa.na.dor (*espanar+dor*) *adj* Que espana. • *sm* Utensílio próprio para limpar o pó, feito de fios de lã, penas etc.

es.pa.nar (*es+pano+ar¹*) *vtd* **1** Limpar o pó com espanador; sacudir o pó de. *vint* e *vpr* **2** Desgastar-se (parafuso, rosca) a ponto de não mais segurar.

es.pan.car (*es+panca+ar¹*) *vtd* **1** Dar pancadas violentas em. **2** Surrar, bater.

es.pa.nhol (*cast español*) *adj* Pertencente ou relativo à Espanha (Europa). • *sm* **1** Habitante ou natural da Espanha. **2** O idioma desse país. *Pl:* espanhóis.

es.pa.nho.lis.mo (*espanhol+ismo*) *sm Ling* Expressão do espanhol transportado para outro idioma. *Sin:* hispanismo.

es.pan.ta.lho (de *espantar*) *sm* **1** Boneco que se coloca entre as plantações para espantar pássaros. **2** *pop* Pessoa malvestida e feia. **3** Pessoa inútil.

es.pan.tar (*lat vulg *expaventare*) *vtd* **1** Causar espanto a; assustar: *A renúncia do presidente espantou o povo.* *vint* **2** Causar espanto, admiração: *O elefante espanta.* *vtd* **3** Fazer fugir; afugentar: *Não espante os passarinhos.* *vpr* **4** Ficar espantado, admirado ou aterrorizado: *O garoto espantou-se com o tamanho do elefante.*

es.pan.to (de *espantar*) *sm* **1** Susto, sobressalto. **2** Admiração, pasmo. **3** Coisa imprevista; surpresa.

es.pan.to.so (*ô*) (*espanto+oso*) *adj* **1** Que causa espanto. **2** Maravilhoso, estupendo. **3** Surpreendente, extraordinário. *Pl:* espantosos (*ó*).

es.pa.ra.dra.po (*ital sparadrappo*) *sm* Faixa com uma face recoberta de material adesivo usada para manter curativos no lugar.

es.par.gir (*lat spargere*) *vtd* **1** Espalhar ou derramar (um líquido) em gotas ou borrifos: *Espargir água benta.* *vtd* **2** Difundir, irradiar: *Espargir a luz.* *vpr* **3** Derramar-se, difundir-se. *Conjug – Pres indic:* esparjo, esparges, esparge, espargimos, espargis, espargem; *Pres subj:* esparja, esparjas etc.; *Part:* espargido e esparso *esparso* é usado como adjetivo, com o significado de "espalhado": *Folhas esparsas sobre a relva.*

es.par.ra.mar (*es+parra+(ra)ma+ar²*) *vtd, vint* e *vpr* **1** Dispersar(-se), espalhar(-se): *Esparramou* *as peças do jogo na mesa. Ali chegando, os retirantes esparramaram* (ou: *esparramaram-se*). *vint* e *vpr* 2 Estatelar-se, esborrachar-se.

es.par.ra.me (de *esparramar*) *sm* 1 Espalhafato, ostentação. 2 Briga, desordem, banzé.

es.par.re.la *sf* 1 Armadilha para caçar pássaros. 2 *pop* Cilada, engano, logro.

es.par.so (*lat sparsu*) *adj* Espalhado, disperso, solto.

es.par.ta.no (*top Esparta+ano*) *adj* 1 Relativo a Esparta (Grécia antiga). 2 *fig* Severo, austero, sóbrio, rigoroso. • *sm* 1 Natural ou habitante de Esparta. 2 Indivíduo severo, rigoroso.

es.par.ti.lho (*esparto+ilho*) *sm* Colete com barbatanas usado antigamente pelas mulheres para comprimir a cintura e dar elegância ao corpo.

es.par.to (*gr spártos*) *sm* 1 *Bot* Nome de duas plantas das quais se fazem cordas, sapatos, esteiras etc. 2 Fibra dessas plantas.

es.pas.mo (*gr spasmós*) *sm* 1 *Med* Contração involuntária, violenta e súbita de um músculo ou grupo de músculos. 2 Êxtase, encanto, enlevo.

es.pa.ti.far (*es+patife+ar¹*) *vtd* e *vpr* 1 Fazer(-se) em pedaços; despedaçar(-se): *Espatifou a louça. Espatifaram-se os copos. vtd* 2 Esbanjar, dissipar: *Espatifou tudo o que tinha.*

es.pá.tu.la (*lat spathula*) *sf* Utensílio semelhante a uma faca, sem gume, usado para misturar substâncias moles (tintas, pastas, produtos farmacêuticos etc.), para levantar qualquer coisa mole (por exemplo, um alimento na frigideira) ou para abrir cartas. *Dim: espatuleta.*

es.pa.ven.tar (*espavento+ar¹*) *vtd* 1 Causar susto, espanto, sobressalto a. *vpr* 2 Assustar-se, espantar-se, sobressaltar-se. *vtd* 3 Tocar para longe.

es.pa.vo.rir (*es+pavor+ir*) *vtd* e *vpr* Amedrontar (-se), apavorar(-se), assustar(-se). Conjuga-se como *falir*.

es.pe.ci.al (*lat speciale*) *adj m+f* 1 Próprio de uma coisa ou pessoa; exclusivo. 2 Fora do comum; excelente, notável.

es.pe.ci.a.li.da.de (*lat specialitate*) *sf* 1 Produto especial de uma casa comercial, ou destinado a determinado fim. 2 Coisa superior, distinta, fora do comum. 3 Trabalho, profissão, estudo ou ramo de atividade específicos de cada um: *Pediatria é a sua especialidade.*

es.pe.ci.a.lis.ta (*especial+ista*) *adj* e *s m+f* 1 Que, ou quem se dedica a um determinado trabalho, estudo ou ramo da profissão: *Especialista em doenças de coração*. 2 Perito, conhecedor profundo de determinada coisa: *Especialista em cães.*

es.pe.ci.a.li.za.ção (*especializar+ção*) *sf* Curso de pós-graduação que possibilita o estudo aprofundado de uma área do conhecimento e que requer uma monografia de conclusão. *Pl: especializações.*

es.pe.ci.a.li.zar (*especial+izar*) *vtd* 1 Citar ou tratar de modo especial; particularizar. *vpr* 2 Fazer uma especialização: *Especializou-se em cardiologia*. *vpr* 3 Tornar-se especial; distinguir-se.

es.pe.ci.a.ri.a (*espécie+aria*) *sf* Nome comum a certas substâncias aromáticas usadas como condimento (pimenta, cravo, canela, noz-moscada etc.).

es.pé.cie (*lat specie*) *sf* 1 Qualidade, natureza, tipo: *Objetos da mesma espécie*. 2 Casta, condição: *Gente de toda espécie*. 3 *Biol* Conjunto de organismos, animais ou vegetais, intimamente relacionados e fisicamente semelhantes, com determinadas características comuns: *Espécie humana*. 4 Subdivisão do gênero nas classificações dos seres vivos. 5 Aquilo que, quando não se consegue definir exatamente, se compara com outra coisa: *Uma espécie de linho*. 6 Dinheiro: *Pagou o que devia em espécie. Causar espécie*: intrigar, surpreender, causar estranheza: *Sendo tão gentil, causa espécie a agressividade com que agiu.*

es.pe.ci.fi.car (*baixo-lat specificare*) *vtd* 1 Indicar a espécie de. 2 Descrever com minúcia; esmiuçar: *Especificou todos os fatos*. 3 Determinar de modo preciso e explícito: *Especificar um diagnóstico.*

es.pe.cí.fi.co (*baixo-lat specificu*) *adj* Peculiar, característico; exclusivo, especial.

es.pé.ci.me (*lat specimen*) *sm* 1 Amostra, modelo. 2 *Bot* e *Zool* Representante de uma espécie e, por extensão, de gênero ou outra categoria animal, vegetal ou mineral; exemplar.

es.pec.ta.dor (*lat spectatore*) *adj* + *sm* 1 Que, ou o que observa ou vê qualquer ato. 2 Que, ou quem assiste a um espetáculo. *Col*: assistência, auditório. *Cf* expectador.

es.pec.tral (*espectro+al¹*) *adj m+f* Relativo ou semelhante a espectro ou fantasma. *Pl: espectrais.*

es.pec.tro (*lat spectru*) *sm* 1 *Fís* Feixe de luz refratado em um prisma de cristal. 2 Figura imaginária. 3 Fantasma. *Espectro solar*: faixa luminosa resultante da decomposição da luz solar, ao atravessar um prisma de cristal, e que tem as sete cores do arco-íris.

es.pe.cu.la.ção (*lat speculatione*) *sf* 1 Ato ou efeito de especular². 2 Contrato ou negócio em que uma das partes abusa da boa-fé da outra. *Pl: especulações.*

es.pe.cu.la.dor (*especular+dor*) *adj* + *sm* Que, ou quem especula. • *sm* Indivíduo que age de má-fé para obter certas vantagens.

es.pe.cu.lar¹ (*lat speculare*) *adj m+f* 1 Relativo a espelho. 2 Diz-se de brilho semelhante ao do espelho. 3 Diáfano, transparente.

es.pe.cu.lar² (*lat speculari*) *vtd* 1 Estudar com atenção e minúcia; investigar: *Especular causas e origens de acontecimentos*. *vint* 2 Meditar, raciocinar: *Deixe de especular; aja de uma vez! vti* 3 Colher informações minuciosas: *Especulou sobre a vida anterior do seu pretendente*. *vint* 4 Fazer negócios visando apenas os lucros.

es.pe.da.çar (*es+pedaço+ar¹*) *vtd* e *vpr* Partir(-se) em pedaços; despedaçar(-se).

es.pe.lhar (*espelho+ar¹*) *vtd* 1 Tornar liso, polido, cristalino como um espelho: *Espelhar metais*. *vtd* 2 Refletir como um espelho: *O rio espelha as árvores ao redor. Aquela carta espelhava toda a sua tristeza*. *vpr* 3 Refletir-se: *A lua espelhava-se na lagoa*. *vpr* 4 Tomar como exemplo; mirar-se em alguma coisa: *Espelhe-se nesse caso bem-sucedido*. *vpr* 5 Tornar-se evidente; mostrar-se: *Espelham-se em seus livros as tendências da época.*

es.pe.lha.ri.a (*espelho+aria*) *sf* Fábrica ou loja de espelhos.

es.pe.lhei.ro (*espelho+eiro*) *sm* O que faz ou vende espelhos.

es.pe.lho (*ê*) (*lat speculu*) *sm* **1** Superfície polida que reflete luz ou imagem. **2** *fig* Tudo o que reflete ou reproduz um sentimento. **3** *fig* Ensinamento, exemplo, modelo. **4** Chapa que guarnece as tomadas elétricas. *Espelho retrovisor:* espelho instalado nos automóveis destinado a dar uma visão ao motorista do que está atrás. *Espelho sem aço, pop:* pessoa que atrapalha a visão de outra. *Pl: espelhos* (*ê*).

es.pe.lo.te.a.do (*part* de *espelotear*) *adj* + *sm* Diz-se de, ou indivíduo desmiolado, insensato.

es.pe.lun.ca (*lat spelunca*) *sf* Lugar, em geral sujo e escondido, frequentado por pessoas de comportamento duvidoso.

es.pe.ra (de *esperar*) *sf* **1** Ato de esperar. **2** Esperança, expectativa. **3** Demora.

es.pe.ra.do (*part* de *esperar*) *adj* **1** Desejado. **2** Provável, previsto. *Antôn: inesperado.*

es.pe.ran.ça (de *esperar*) *sf* **1** Ato de esperar o que se deseja. **2** Confiança em conseguir o que se deseja. **3** O que se espera ou deseja: *Sua esperança é que passe no vestibular.*

es.pe.ran.çar (*esperança+ar*¹) *vtd* **1** Dar esperanças a. *vpr* **2** Ter esperanças.

es.pe.ran.ço.so (*ô*) (*esperança+oso*) *adj* **1** Que dá esperanças. **2** Cheio de esperanças. *Pl: esperançosos* (*ó*).

es.pe.ran.to (do *esperanto esperi*, ter esperança) *sm* Idioma artificial criado em 1887 pelo médico judeu-polonês Dr. Ludwig Lazar Zamenhof (1859-1917), para que pudesse servir como língua universal.

es.pe.rar (*lat sperare*) *vtd* **1** Ter esperança em, contar com: *É insensato esperar gratidão.* *vtd* **2** Estar à espera de, aguardar: *Esperava que o médico a atendesse.* *vint* **3** Estar na expectativa: *Cansaram de esperar.* *vtd* **4** Ter como certo ou muito provável conseguir; confiar: *Espero entrar em férias mês que vem.*

es.per.ma (*gr spérma*) *sm* Biol Líquido fecundante, segregado pelos testículos, no qual se encontram os espermatozoides; sêmen.

es.per.ma.tó.fi.tas (*espérmato+fito*) *sf pl* Bot Divisão do reino vegetal que compreende todas as plantas que produzem sementes.

es.per.ma.to.zoi.de (*ó*) (*espérmato+zoo+oide*) *sm* Biol Célula móvel masculina para reprodução, produzida nos testículos; gameta masculino.

es.per.mi.ci.da (*esperma+i+cida*) *adj* e *s m+f* Diz-se de, ou substância que destrói espermatozoides.

es.per.ne.ar (*es+perna+e+ar*¹) *vint* **1** Agitar muito as pernas. **2** *fig* Desobedecer às ordens impostas; revoltar-se. Conjuga-se com *frear.*

es.per.ta.lhão (*esperto+alho+ão*²) *adj* + *sm* Que, ou aquele que tem esperteza maliciosa. *Fem: espertalhona. Pl: espertalhões.*

es.per.ta.lho.na (*ô*) (*esperto+alho+ona*) *adj* + *sf* Feminino de *espertalhão.*

es.per.tar (*esperto+ar*¹) *vtd* **1** Tirar do torpor e da inércia; estimular, despertar: *É necessário espertar esses preguiçosos.* *vint* e *vpr* **2** Sair do sono; despertar: *Espertou* (ou *espertou-se*) *ao toque do despertador.*

es.per.te.za (*esperto+eza*) *sf* **1** Qualidade, ação ou dito de pessoa esperta. **2** Astúcia, sagacidade. **3** Habilidade maliciosa.

es.per.to (*lat vulg *expertu*, por *experrectu*) *adj* **1** Acordado, desperto. **2** Inteligente, perspicaz. **3** Espertalhão, velhaco.

es.pes.sar (*lat spissare*) *vtd* e *vpr* Tornar(-se) espesso ou denso.

es.pes.so (*ê*) (*lat spissu*) *adj* **1** Grosso, denso. **2** Sólido, compacto. **3** Basto, cerrado: *Mata espessa. Antôn: ralo.*

es.pes.su.ra (*espesso+ura*) *sf* **1** Qualidade de espesso. **2** Grossura, densidade.

es.pe.ta.cu.lar (*espetáculo+ar*²) *adj m+f pop* **1** Que constitui espetáculo. **2** Grande, notável, importante.

es.pe.tá.cu.lo (*lat spectaculu*) *sm* **1** Tudo o que atrai a vista ou prende a atenção. **2** Representação teatral, cinematográfica, circense etc. *Dar espetáculo:* a) escandalizar; b) expor-se ao ridículo (a pessoa).

es.pe.ta.cu.lo.so (*ô*) (*espetáculo+oso*) *adj* **1** Que é muito evidente; que dá na vista. **2** Grandioso, ostentoso, pomposo. *Pl: espetaculosos* (*ó*).

es.pe.ta.da (*part* de *espetar* no *fem*) *sf* **1** Ato ou efeito de espetar. **2** Ferimento causado por espeto.

es.pe.tar (*espeto+ar*¹) *vtd* **1** Colocar no espeto: *Espetou a carne para o churrasco.* *vtd* e *vpr* **2** Furar(-se) com espeto ou com instrumento pontiagudo e perfurante: *Espetou o dedo na agulha. Espetei o pé num caco de vidro. Espetara-se na própria espada.*

es.pe.to (*ê*) (*gót *spitus*) *sm* **1** Haste de ferro ou de madeira em que se coloca carne, peixe etc. para assar. **2** Pau afiado. **3** *fig* Pessoa esguia, muito alta e magra. **4** *bras* Coisa difícil de fazer. **5** *fig* Contratempo, espiga.

es.pe.vi.ta.do (*part* de *espevitar*) *adj fig* **1** Vivo, petulante, ousado. **2** Pretensioso, presunçoso.

es.pe.vi.tar (*es+pevide+ar*¹) *vtd* **1** *fig* Despertar, estimular, avivar. *vtd* **2** Espiar, espreitar: *As comadres espevitam a vizinhança.* *vpr* **3** Mostrar afetação na maneira de agir ou de falar.

es.pe.zi.nha.do (*part* de *espezinhar*) *adj* **1** Tratado com muita severidade ou rigor; oprimido. **2** Desprezado, maltratado, humilhado.

es.pe.zi.nhar (*es+pezinho+ar*¹) *vtd* **1** Pisar; calcar aos pés. **2** Desprezar, maltratar, humilhar. **3** Tratar com muita severidade ou rigor; oprimir.

es.pi.a (*gót *spaiha*) *s m+f* Pessoa que, às escondidas, espreita as ações de alguém; espião.

es.pi.ã (de *espião*) *sf* Feminino de *espião. Pl: espiãs.*

es.pi.a.da (*espia+ada*¹) *sf* Ato de espiar rapidamente; olhada.

es.pi.ão (*fr espion*) *adj+sm* Diz-se de, ou indivíduo encarregado de observar secretamente e relatar os atos de alguém. *Fem: espiã. Pl: espiões.*

es.pi.ar (*gót *spaihôn*) *vtd* **1** Observar secretamente; espreitar, espionar: *Espiar o inimigo.* *vti* e *vint* **2** Olhar, observar: *Espiou o céu. Espiava por trás da porta.* *Cf expiar.*

es.pi.ca.çar (*es+pico+aço+ar*¹) *vtd* **1** Ferir com o bico (diz-se da ave). **2** Picar com instrumento agudo. **3** Incitar, instigar, estimular: *Espicaçar a curiosidade.*

es.pi.char (*espicho+ar¹*) *vtd* e *vpr* **1** Esticar(-se), alongar(-se), estender(-se): *Espichou os braços. Espichava-se na areia da praia.* *vint* **2** *pop* Morrer. *vpr* **3** Deitar-se, estirando-se.

es.pi.ga (*lat spica*) *sf* **1** *Bot* Parte do milho, do trigo, do arroz e de outras gramíneas que contém os grãos. **2** *fig* Maçada, contratempo.

es.pi.ga.do (*part de espigar*) *adj* **1** Que criou espiga. **2** *fig* Muito alto e magro. **3** *fig* Arrepiado: *Cabelo espigado.*

es.pi.gão (*espiga+ão²*) *sm* **1** Linha mais elevada do telhado, a qual separa as águas. **2** Pico de rochedo, monte ou serra. **3** Edifício com vários andares. *Pl: espigões.*

es.pi.gar (*espiga+ar¹*) *vint* **1** Criar espiga (o milho, o arroz etc.). *vtd* **2** Fazer criar espiga: *A chuva espiga o milharal.* *vint* **3** Crescer, desenvolver-se: *Seu filho já espigava.*

es.pi.na.frar (*espinafre+ar¹*) *vtd pop* Desmoralizar, repreender severamente; ridicularizar: *Espinafrou o pobre garçom.*

es.pi.na.fre (*persa ispânâH,* via *ór hispânico*) *sm Bot* Planta originária da Ásia e cultivada em todo o mundo, de ótimo sabor e alto valor nutritivo.

es.pin.gar.da (*fr ant espringarde*) *sf* Arma de fogo de cano comprido.

es.pi.nha (*lat spina*) *sf* **1** *Anat* Designação comum a todas as saliências ósseas alongadas do corpo humano; coluna vertebral. **2** Osso de peixe, exceto os da coluna vertebral e da cabeça. **3** *Med* Borbulha que nasce na pele, principalmente no rosto. *Espinha dorsal, Anat* e *Zool:* série articulada de vértebras que em quase todos os vertebrados forma o eixo de suporte do corpo e uma proteção para a medula espinhal.

es.pi.nha.ço (*espinha+aço*) *sm* **1** *pop* Espinha dorsal, coluna vertebral. **2** *pop* Costas, dorso. **3** Monte alto.

es.pi.nhar (*espinha+ar¹*) *vtd* **1** Picar ou ferir com espinho. *vtd* e *vpr* **2** *pop* Irritar(-se), melindrar (-se), ofender(-se).

es.pi.nhei.ro (*espinho+eiro*) *sm Bot* Arbusto da família das rutáceas, cuja casca tem valor medicinal.

es.pi.nhel (*fr ant espinel*) *sm* Aparelho de pesca, constante de uma extensa corda da qual pendem, a espaços, linhas providas de anzóis. *Pl: espinhéis.*

es.pi.nhe.la (*espinha+ela*) *sf* Nome vulgar do apêndice cartilaginoso do esterno.

es.pi.nhen.to (*espinha+oso*) *adj* Cheio de espinhos ou espinhas.

es.pi.nho (*lat spinu*) *sm* **1** Saliência dura e aguda do caule ou das folhas de algumas plantas. **2** *Zool* Cerda rija de alguns animais, como o ouriço e o porco-espinho. **3** *fig* Dificuldade, embaraço, tormento.

es.pi.nho.so (*ô*) (*lat spinosu*) *adj* **1** Que tem ou cria espinhos ou espinhas. **2** *fig* Árduo, difícil. *Pl: espinhosos* (*ó*).

es.pi.o.na.gem (*fr espionnage*) *sf* **1** Encargo de espião. **2** Conjunto de espiões. *Espionagem industrial, Econ:* ação de copiar ilegalmente fórmulas de produtos ou procedimentos industriais de uma empresa.

es.pi.o.nar (*espião+ar¹*) *vtd* **1** Espiar, espreitar ou investigar como espião. *vint* **2** Praticar atos de espião.

es.pi.ra (*fr speíra*) *sf* **1** O feitio da espiral. **2** Cada uma das voltas da espiral. **3** Rosca de parafuso.

es.pi.ral (*espira+al¹*) *adj m+f* Que tem forma de espira ou de caracol. • *sf Geom* Curva plana que faz uma ou mais voltas em torno de um ponto, do qual vai se afastando pouco a pouco. *Pl: espirais.*

es.pi.ra.la.do (*part de espiralar*) *adj* Que tem forma de espiral.

es.pi.ra.lar (*espiral+ar¹*) *vpr* **1** Subir em espiral. *vtd* **2** Dar forma de espiral a. *vpr* **3** Tomar a forma de espiral.

es.pí.ri.ta (*fr spirite*) *s m+f* Pessoa partidária do espiritismo. • *adj m+f* Que é próprio do espiritismo; relativo ao espiritismo.

es.pi.ri.tei.ra (*espírito+eira*) *sf* Pequeno fogareiro a álcool.

es.pi.ri.tis.mo (*espírito+ismo*) *sm Rel* **1** Doutrina segundo a qual os espíritos dos mortos se comunicam com os vivos, principalmente pela ação dos médiuns. **2** Culto religioso fundado nessa doutrina e prática.

es.pí.ri.to (*lat spiritu*) *sm* **1** A parte não material do homem; alma. **2** Ser imaginário ou sobrenatural, como os anjos e os duendes. **3** Inteligência, imaginação, engenho. **4** Ideia predominante: *O espírito da lei.* **5** Tendência característica: *O espírito de classe.* **6** Humor, graça: *Piada sem espírito.*

es.pí.ri.to-san.ten.se (*top Espírito Santo+ense*) *adj m+f* Relativo ou pertencente ao Estado do Espírito Santo. • *s m+f* Habitante ou natural desse Estado. *Pl: espírito-santenses. Sin: capixaba.*

es.pi.ri.tu.al (*lat spirituale*) *adj m+f* **1** Relativo ao espírito. **2** Imaterial, incorpóreo. **3** Sobrenatural, místico. *Antôn* (acepções 1 e 2): *material. Pl: espirituais.*

es.pi.ri.tu.a.li.da.de (*lat spiritualitate*) *sf* **1** Qualidade do que é espiritual. **2** *Rel* Tendência para o desenvolvimento das capacidades espirituais da alma.

es.pi.ri.tu.a.lis.mo (*espiritual+ismo*) *sm* **1** *Filos* e *Rel* Doutrina que reconhece a independência e a prioridade do espírito sobre a matéria. **2** Tendência para a vida espiritual.

es.pi.ri.tu.a.lis.ta (*espiritual+ista*) *adj m+f* Relativo ao espiritualismo. • *s m+f* Pessoa que segue a doutrina do espiritualismo.

es.pi.ri.tu.a.li.za.ção (*espiritualizar+ção*) *sf* Ato ou efeito de espiritualizar(-se).

es.pi.ri.tu.a.li.zar (*espiritual+izar*) *vtd* **1** Dar feição superior ou espiritual a: *Espiritualizar o amor.* *vpr* **2** Identificar-se com as coisas espirituais. *vtd* **3** Buscar a espiritualidade.

es.pi.ri.tu.o.so (*ô*) (*espírito+oso*) *adj* **1** Que tem ou revela graça. **2** Que contém álcool (bebida). *Pl: espirituosos* (*ó*).

es.pir.ra.dei.ra (*espirrar+deira*) *sf bras Bot* Arbusto ornamental que produz cachos de flores cor-de-rosa.

es.pir.rar (*lat exspirare*) *vint* **1** Dar espirros. *vint* **2** Esguichar, jorrar (qualquer líquido). *vtd* **3** Soltar subitamente: *Espirrou um risinho irônico.*

es.pir.ro (*de espirrar*) *sm* Expiração de ar violenta e ruidosa pelo nariz e pela boca, provocada por uma irritação das mucosas nasais.

es.pla.na.da (decalque do *ital spianata*) *sf* **1** Campo largo e descoberto. **2** Chapada, planalto.

es.plan.de.cen.te (de *esplandecer*) *adj m+f* Que esplandece; resplandecente.

es.plan.de.cer (*lat splendeo+ecer*) *vint* Resplandecer.

es.plên.di.do (*lat splendidu*) *adj* **1** Brilhante, luminoso. **2** Luxuoso. **3** Admirável, grandioso. **4** *pop* Excelente. *Sup abs sint*: esplendidíssimo e esplendíssimo.

es.plen.dor (*lat splendore*) *sm* **1** Brilho intenso. **2** Pompa, luxo. **3** Grandeza.

es.plê.ni.co (*esplênio+ico²*) *adj Anat* Relativo ou pertencente ao baço.

es.ple.ni.te (*espleno+ite¹*) *sf Med* Inflamação do baço.

es.po.car (*es+tupi poka+ar¹*) *vint bras* Arrebentar; explodir, estourar; pipocar. *Conjug*: normalmente é defectivo, conjugado somente nas 3ªs pessoas. *Part: espocado*.

es.po.le.ta (*lê*) (*ital spolenta*) *sf* Dispositivo destinado a produzir o fogo da carga dos projéteis no momento certo. *s m+f* **1** Pessoa que fala muito; tagarela. **2** Pessoa irrequieta, muito agitada.

es.po.li.a.ção (*lat spoliatione*) *sf* Ato ou efeito de espoliar.

es.po.li.a.do (*part* de *espoliar*) *adj* Despojado; que sofreu espoliação.

es.po.li.a.dor (*espoliar+dor*) *adj* Que espolia. • *sm* Indivíduo que pratica a espoliação.

es.po.li.ar (*lat spoliare*) *vtd* e *vti* Privar alguém, por violência ou fraude, de seus bens ou direitos legais; roubar, despojar.

es.pó.lio (*lat spoliu*) *sm* **1** Bens que alguém deixou por sua morte. **2** Restos, despojos.

es.pon.ja (*gr spoggiá*) *sf* **1** *Zool* Nome comum a um grande grupo de animais, a maioria marinhos, cujo corpo é provido de numerosos poros, por onde entra e sai água. **2** Material poroso usado para lavar louça, tomar banho etc. **3** *gír* Pessoa que se embriaga frequentemente. *Passar a esponja em* ou *sobre*: esquecer, perdoar.

es.pon.jo.so (*ô*) (*lat spongiosu*) *adj* **1** Que tem poros como a esponja. **2** Parecido com a esponja. *Pl*: esponjosos (*ó*).

es.pon.sais (*lat sponsales*) *sm pl* **1** Promessa ou contrato de casamento. **2** Cerimônias antes das núpcias.

es.pon.sal (*lat sponsale*) *adj m+f* Pertencente ou relativo aos esposos.

es.pon.ta.nei.da.de (*espontâneo+i+dade*) *sf* Qualidade daquilo que é espontâneo.

es.pon.tâ.neo (*lat spontaneu*) *adj* **1** Que se pratica de livre vontade; voluntário. **2** Que ocorre sem causa exterior aparente. **3** Sem artifício; natural.

es.po.ra (*gót *spaúra*) *sf* Instrumento de metal que se adapta à parte posterior do calçado para incitar o animal que se monta.

es.po.ra.da (*espora+ada¹*) *sf* Picada com espora.

es.po.rá.di.co (*gr sporadikós*) *adj* Que ocorre apenas ocasionalmente; casual, acidental.

es.po.rân.gio (*esporo+gr ággos+io²*) *sm Biol* Receptáculo dentro do qual se formam esporos.

es.po.rão (*provençal ant esporon*) *sm* Saliência córnea e aguçada da parte posterior do pé dos machos galináceos, como o galo e o peru.

es.po.re.a.do (*part* de *esporear*) *adj* **1** Picado de espora. **2** Animado, estimulado.

es.po.re.ar (*espora+e+ar¹*) *vtd* **1** Estimular com espora (a montaria). **2** Animar, estimular. Conjuga-se como *frear*.

es.po.ri.nha (*dim* de *espora*) *sf Bot* Planta ornamental que produz um tipo de espiga que se abre em flores roxas, azuis ou rosas.

es.por.ra.do (*part* de *esporrar*) *vulg* V esporreado.

es.por.rar (*es+porra+ar¹*) *vulg* V esporrear.

es.por.re.a.do (*part* de *esporrear*) *adj vulg* Sujo de esperma; esporrado.

es.por.re.ar (*es+porra+e+ar¹*) *vint vulg* Ejacular, emitir esperma; esporrar. Conjuga-se como *frear*.

es.por.ro (*ô*) (de *esporrar*) *sm vulg* **1** Esperma. **2** Repreensão violenta. **3** Desordem, bagunça.

es.por.te (*ingl sport*) *sm* **1** Prática metódica de exercícios físicos, individual ou em equipe; desporto. **2** Passatempo, divertimento: *Ele faz isso por esporte*.

es.por.tis.mo (*esporte+ismo*) *sm* **1** Prática ou gosto pelo esporte. **2** Conjunto de jogos esportivos. *Var*: desportismo.

es.por.tis.ta (*esporte+ista*) *adj* e *s m+f* Que, ou pessoa que pratica esporte ou se interessa por ele. *Var*: desportista.

es.por.ti.vi.da.de (*esportivo+i+dade*) *sf* Qualidade ou procedimento do esportista.

es.por.ti.vo (*esporte+ivo*) *adj* **1** Relativo ao esporte. **2** Que pratica ou se interessa por esporte.

es.po.sa (*ô*) (*lat sponsa*) *sf* Mulher casada (em relação ao marido).

es.po.sa.do (*part* de *esposar*) *adj* Desposado, casado.

es.po.sar (*esposo* ou *esposa+ar¹*) *vtd* **1** Unir em casamento. *vtd* **2** Receber por esposo ou esposa; desposar. *vpr* **3** Casar-se. *vtd* **4** Adotar, defender (ideias, princípios).

es.po.so (*ô*) (*lat sponsu*) *sm* Homem casado (em relação à mulher); marido. *Pl*: esposos (*ó*).

es.po.te (*ingl spot*) *sm Propag* **1** Anúncio por meio de textos curtos em forma dramatizada na televisão ou no rádio. **2** *Rád* e *Telev* Fração de tempo destinada à transmissão de um comercial, dentro da programação de uma emissora.

es.prai.ar (*es+praia+ar¹*) *vpr* **1** Estender-se pela praia (a maré, o rio). *vtd* **2** Alastrar, estender: *A lagoa espraiava as suas águas pelas margens*. *vpr* **3** Distrair, espairecer: *Fui à festa espraiar meus problemas*. *vpr* **4** Desenvolver exaustivamente um assunto: *Falando, espraiava-se em minúcias*. *vtd* **5** Estender ou alongar (a vista, os olhos).

es.pre.gui.çar (*es+preguiça+ar¹*) *vtd* **1** Tirar a preguiça a. *vpr* **2** Estender os braços e as pernas, bocejando.

es.prei.ta (de *espreitar*) *sf* **1** Ato ou efeito de espreitar. **2** Espionagem, observação, vigia. *À espreita*: olhando para avistar ou descobrir.

es.prei.tar (*lat explicitare*) *vtd* **1** Estar à espreita de; espiar, observar às ocultas: *Cuidado! Estão nos espreitando*. **2** Indagar, investigar minuciosamente: *Aí vem ele espreitar o serviço*. **3** Estudar, analisar: *Alguns espreitam meios de viver sem trabalhar*.

es.pre.me.dor (*espremer+dor*) *adj + sm* Que, ou aquele que espreme. • *sm* Utensílio para espremer frutas.

es.pre.mer (*lat exprimere*) *vtd* **1** Apertar, compri-

mir para extrair um líquido ou suco: *Espremer laranjas, limões etc. vtd* e *vpr* **2** Apertar(-se), comprimir(-se): *Espremeram a pobre mulher no ônibus superlotado. Espremia-se de dor. vtd* **3** Interrogar com insistência para fazer falar: *Espremeu-o até que contasse a verdade.*
es.pre.mi.do (*part* de *espremer*) *adj* **1** Apertado, comprimido. **2** Extraído por meio de pressão.
es.pu.ma (*lat spuma*) *sf* **1** Pequenas bolhas que se formam sobre um líquido que se agita, fermenta ou ferve. **2** Saliva com pequenas bolhas. *Var: escuma.*
es.pu.ma.dei.ra (*espumar+deira*) *sf* Escumadeira.
es.pu.man.te (*lat spumante*) *adj m+f* **1** Que forma espuma. **2** *fig* Raivoso, enfurecido. *Var: escumante.*
es.pu.mar (*lat spumare*) *vti* **1** Fazer espuma: *Ondas agitadas, que espumam. vtd* **2** Cobrir de espuma. *vtd* **3** Tirar a espuma de: *A cozinheira espumava a panela no fogo. Espumar de raiva:* estar tomado de grande cólera; enfurecer-se, enraivecer-se. *Var: escumar.*
es.pu.mo.so (*ó*) (*lat spumosu*) *adj* **1** Que faz ou tem espuma. **2** Que tem aparência ou consistência de espuma. *Pl:* espumosos (*ó*).
es.pú.rio (*lat spuriu*) *adj* **1** Não genuíno; simulado. **2** Ilegítimo, ilegal. **3** Falsificado, adulterado.
es.qua.dra (*ital squadra*) *sf* **1** Mil Parte de uma companhia de infantaria. **2** Seção de uma divisão ou circunscrição policial. **3** *Náut* Grupo de navios de guerra comandados por oficial superior. **4** *Av* Conjunto de aviões militares.
es.qua.drão (*ital squadrone*) *sm* Mil **1** Unidade tática de cavalaria. **2** Unidade administrativa de navios de guerra ou aviões do mesmo tipo. *Esquadrão da morte:* grupo de justiceiros que assassinam pessoas supostamente ligadas ao crime.
es.qua.dre.jar (*esquadro+ejar*) *vtd* Serrar ou cortar em esquadria.
es.qua.dri.a (*esquadro+ia¹*) *sf* **1** Corte em ângulo reto. **2** Instrumento com que se traçam ou medem ângulos retos. **3** Designação genérica de portas e janelas com seus batentes e folhas.
es.qua.dri.lha (*esquadra+ilha*) *sf* **1** *Náut* Esquadra composta de navios de guerra de pequenas dimensões. **2** *Av* Pequena esquadra de aviões.
es.qua.dri.nhar (*lat vulg *scrutiniare*) *vtd* **1** Examinar com atenção e minúcia: *Seria curioso esquadrinhar esse caso.* **2** Investigar, analisar.
es.qua.dro (*ital squadro*) *sm* Instrumento para medir ou traçar ângulos retos e tirar linhas perpendiculares.
es.quá.li.do (*lat squalidu*) *adj* **1** Pálido e fraco. **2** Macilento, magro. **3** Sujo, desalinhado.
es.quar.te.ja.do (*part* de *esquartejar*) *adj* **1** Partido em quartos. **2** Despedaçado, retalhado.
es.quar.te.ja.men.to (*esquartejar+mento*) *sm* Antigo suplício que consistia em prender um cavalo a cada pé e braço do condenado, obrigando os animais a puxarem em direções opostas até que os membros fossem separados do tronco.
es.quar.te.jar (*es+quarto+ejar*) *vtd* **1** Partir em quartos. **2** Fazer sofrer o suplício do esquartejamento. **3** Despedaçar, retalhar.
es.que.cer (*lat vulg *excadescere*) *vtd* **1** Deixar sair da memória; tirar da lembrança: *O povo esquece tudo. vpr* **2** Perder a lembrança: *Esqueceu-se dos que o ajudaram. vtd* **3** Não fazer caso de, pôr de lado: *Nunca esquece os amigos. vti* e *vint* **4** Escapar da memória, ficar em esquecimento: *Esqueceu-lhe o final do discurso. Seu prestígio foi momentâneo, passou e esqueceu. vtd* **5** Perder a estima a: *Esqueça essa ingrata. vtd* **6** Deixar por descuido ou falta de atenção: *Esqueceu o livro na escola. Antôn.* (acepções 1, 2, 3 e 4): *lembrar, recordar.* Veja nota em **lembrar**.
es.que.ci.do (*part* de *esquecer*) *adj* **1** Que se esqueceu; que saiu da lembrança. **2** Que tem a memória fraca. **3** Que perdeu a sensibilidade, o movimento: *Tenho uma perna esquecida.* • *sm* Pessoa que se esquece facilmente, que tem a memória fraca.
es.que.ci.men.to (*esquecer+mento*) *sm* **1** Ato ou efeito de esquecer. **2** Falta de lembrança, de memória. **3** Descuido, omissão. **4** Perda de sensibilidade ou movimento de qualquer parte do corpo.
es.que.lé.ti.co (*esqueleto+ico²*) *adj* Muito magro.
es.que.le.to (*gr skeletós*) *sm* **1** *Anat* Estrutura óssea que serve de arcabouço ao corpo dos vertebrados; carcaça, ossatura. **2** Conjunto de sustentação de um edifício, embarcação etc. **3** *fig* Esboço de obra artística ou literária. **4** *pop* Pessoa muito magra.
es.que.ma (*gr skhêma*) *sm* **1** Representação gráfica, resumida, de coisas e suas relações ou funções; diagrama. **2** Resumo, esboço. **3** Plano, programa.
es.que.ma.ti.zar (*gr skhêma, atos+izar*) *vtd* **1** Fazer o esquema de. **2** Representar por meio de esquema.
es.quen.ta.do (*part* de *esquentar*) *adj* **1** Aquecido. **2** *fig* Exaltado, irritado.
es.quen.ta.dor (*esquentar+dor*) *adj* Que esquenta. • *sm* Aparelho que produz grande calor; aquecedor.
es.quen.ta.men.to (*esquentar+mento*) *sm* Ato ou efeito de esquentar ou esquentar-se.
es.quen.tar (*es+quente+ar¹*) *vtd, vint* e *vpr* **1** Tornar(-se) quente ou mais quente; aquecer(-se): *Esquentar a comida. O dia esquentou. Esquentou-se com vários cobertores. vtd* e *vpr* **2** Encolerizar(-se), enfurecer(-se). *vpr* **3** Tornar-se pior ou mais grave; acirrar-se: *Esquentou-se a discussão. vint* **4** *pop* Preocupar-se.
es.quer.da (*fem* de *esquerdo*) *sf* **1** Lado esquerdo. **2** A mão esquerda. **3** *Polít* A oposição parlamentar. **4** *por ext* Conjunto de indivíduos ou grupos políticos a favor de reformas trabalhistas, sociais etc.
es.quer.dis.ta (*esquerdo+ista*) *adj* e *s m+f* *Polít* **1** Que, ou quem faz parte da esquerda (numa assembleia parlamentar). **2** Que, ou quem adota opiniões dos partidos da esquerda.
es.quer.do (*vasconço ezker*) *adj* **1** Que fica do lado oposto ao direito. **2** Diz-se daquele que tem mais habilidade em usar a mão esquerda; canhoto. **3** Desastrado, desajeitado. *Entrar com o pé esquerdo:* não estar com sorte no início.
es.que.te (*ê*) (*ingl sketch*) *sm Teat, Rád* e *Telev* Peça de curta duração e poucos atores, quase sempre de cunho cômico.
es.qui (*norueguês ski*) *sm* **1** Patim alongado, com a ponta recurvada, para deslizar sobre a neve. **2** O esporte praticado com esquis. *Esqui aquático:* esporte em que a pessoa, com esquis, desliza sobre a água com a ajuda de uma lancha.

es.qui.ar (*esqui+ar*[1]) *vint* Praticar esqui.
es.qui.fe (*ital schifo*) *sm* **1** Caixão de defunto. **2** *ant* Barco a remo, leve.
es.qui.lo (*gr skíouros*) *sm Zool* Nome comum a vários roedores de porte médio, da família dos ciurídeos, com cauda espessa e membros posteriores compridos e fortes; caxinguelê, serelepe.
es.qui.mó (*fr esquimaux*) *sm Etnol* **1** Indivíduo dos esquimós, povo nativo do Canadá setentrional, Groenlândia, Alasca e Sibéria oriental. **2** *Ling* Idioma dos esquimós. • *adj* Pertencente ou relativo aos esquimós ou às suas línguas.
es.qui.na (*germ *skîna*) *sf* **1** Canto exterior de dois planos que se cortam (paredes de uma construção, lados de uma caixa ou outro objeto). **2** Canto onde duas vias públicas se cortam: *O terreno é de esquina.*
es.qui.si.ti.ce (*esquisito+ice*) *sf* **1** *pop* Qualidade do que é esquisito. **2** Extravagância, excentricidade.
es.qui.si.to (*lat exquisitu*) *adj* **1** Que não é vulgar; raro. **2** Extravagante, excêntrico, original. **3** Incomodado, adoentado. **4** Estranho, fora do comum.
es.quis.tos.so.mo (*gr skhistós+somo*) *sm Zool* Verme da classe dos trematódeos, causador da esquistossomose.
es.quis.tos.so.mo.se (*esquistossomo+ose*) *sf Patol* Infecção produzida por esquistossomos, que pode causar lesões irreversíveis, em especial no fígado, e hemorragias.
es.qui.var (*esquivo+ar*[2]) *vtd* **1** Evitar (pessoa ou coisa): *Esquivar dificuldades.* *vtd* e *vpr* **2** Evitar a conversação ou a convivência com: *Esquivar os fanáticos. Esquiva-se das pessoas inconvenientes.* *vpr* **3** Eximir-se, livrar-se: *Esquivar-se a uma responsabilidade.* *vpr* **4** Escapar: *Esquivou-se à prisão.*
es.qui.vo (*germ *skiuh*) *adj* **1** Que rejeita afetos ou carinhos; arisco. **2** Reservado, retraído, insociável.
es.qui.zo.fre.ni.a (*esquizo+freno+ia*[1]) *sf Psicol* Distúrbio mental caracterizado pela perda de contato com a realidade e predominância do mundo imaginário.
es.qui.zo.frê.ni.co (*esquizo+freno+ico*[2]) *adj Psicol* Relativo à esquizofrenia. • *sm* Doente de esquizofrenia.
es.sa (*lat ipsa*) *pron dem* Feminino de *esse*[2].
es.se[1] (*ésse*) *sm* O nome da letra s. *Pl: esses* ou *ss*.
es.se[2] (*ê*) (*lat ipse*) *pron dem* Designa a pessoa ou coisa próxima daquela com quem falamos ou a quem escrevemos, ou que tem relação com ela.
es.sên.cia (*lat essentia*) *sf* **1** Natureza íntima das coisas; aquilo que constitui a natureza de uma coisa. **2** Significação especial. **3** Ideia principal. **4** Óleo fino e aromático que se extrai de certos vegetais.
es.sen.ci.al (*lat essentiale*) *adj m+f* **1** Relativo à essência; que constitui a essência. **2** Necessário, indispensável. • *sm* O ponto mais importante.
és-su.des.te (*este*[1]+*sudeste*) *V és-sueste*.
és-su.do.es.te (*este*[1]+*sudoeste*) *sm* Ponto do horizonte determinado pelo ângulo formado entre os rumos leste e sudoeste. *Abrev: E.S.W.* ou *E.S.O. Pl: és-sudoestes.*
és-su.es.te (*este*[1]+*sueste*) *sm* Ponto do horizonte determinado pelo ângulo formado entre os rumos leste e sueste. *Abrev: E.S.E. Pl: és-suestes.*

es.ta (*lat ista*) *pron dem* Feminino de *este*[2]. *E esta agora!, pop:* expressão que indica surpresa e perplexidade.
es.ta.ba.na.do (*es+lat tabanu+ado*[1]) *adj* **1** Que faz tudo com muita pressa e sem cuidado; estouvado. **2** Desastrado, desajeitado.
es.ta.be.le.cer (*lat vulg *stabiliscere*) *vtd* **1** Tornar estável ou firme: *Estabelecer a reputação.* *vtd* **2** Dar existência a; fundar, instituir: *Estabelecer uma empresa.* *vtd* **3** Determinar, estipular, fixar: *Estabeleceu as regras do jogo.* *vtd* **4** Dar forma estável a; organizar: *Estabelecer a paz.* *vpr* **5** Adquirir forma estável; organizar-se: *Estabeleceu-se finalmente a ordem.* *vpr* **6** Abrir estabelecimento comercial ou industrial: *Estabeleceu-se com um mercado.* *vpr* **7** Fixar residência: *Não se estabelece em lugar nenhum.*
es.ta.be.le.ci.do (*part* de *estabelecer*) *adj* **1** Estável, firme. **2** Fundado, instituído. **3** Determinado, estipulado, fixado. **4** Que possui estabelecimento próprio, industrial ou comercial.
es.ta.be.le.ci.men.to (*estabelecer+mento*) *sm* **1** Ato ou efeito de estabelecer. **2** Fundação, instituição. **3** Casa comercial.
es.ta.bi.li.da.de (*lat stabilitate*) *sf* **1** Qualidade daquilo que é estável. **2** Equilíbrio, firmeza, segurança. **3** *Dir Trab* Situação de um empregado que não pode ser demitido, senão nos casos previstos na lei.
es.ta.bi.li.za.ção (*estabilizar+ção*) *sf* Conservação do valor da moeda em nível mais ou menos invariável.
es.ta.bi.li.za.dor (*estabilizar+dor*) *adj* Que estabiliza. • *sm* **1** Aquele ou aquilo que estabiliza. **2** *Fís* Dispositivo que assegura a constância da corrente elétrica num circuito.
es.ta.bi.li.zar (*estável+izar*) *vtd* e *vpr* **1** Tornar (-se) estável, inalterável: *Estabilizar a moeda. Estabilizou-se a situação.* *vpr* **2** Tornar-se firme, sólido: *Estabilizou-se a construção.*
es.tá.bu.lo (*lat stabulu*) *sm* Galpão coberto onde se recolhe o gado.
es.ta.ca (*gót *stakka*) *sf* **1** Pau aguçado que se introduz na terra para diferentes usos. **2** *Constr* Pilar fincado no solo para alicerce.
es.ta.ca.da (*estaca+ada*[1]) *sf* **1** Série de estacas. **2** Lugar fechado por estacas. **3** Curral, estábulo.
es.ta.ção (*lat statione*) *sf* **1** Lugar determinado onde param trens, ônibus etc. para embarque e desembarque de passageiros e carga. **2** Temporada, época. **3** Posto policial. **4** Cada um dos quatro períodos (primavera, verão, outono e inverno) em que o ano está dividido. **5** *Rád* e *Telev* Lugar próprio para transmissão de programas de rádio e televisão. *Pl: estações.*
Os nomes das **estações** do ano dispensam o uso do artigo definido quando são precedidos da preposição **de**: *cheiro* **de** *primavera, chuvas* **de** *verão, manhãs* **de** *inverno, vento* **de** *outono.*
es.ta.car (*estaca+ar*[1]) *vtd* **1** Amparar ou segurar com estacas: *Estacar uma planta.* *vint* **2** Parar subitamente: *Muito espantado, ele estacou.* *vint* **3** Ficar parado ou imóvel: *Ali estacara, feito uma estátua.*
es.ta.ci.o.na.do (*part* de *estacionar*) *adj* **1** Que se estacionou; parado. **2** Que não progrediu.

es.ta.ci.o.na.men.to (*estacionar+mento*) *sm* **1** Ato ou efeito de estacionar. **2** Lugar onde se estacionam veículos.

es.ta.ci.o.nar (*lat statione+ar¹*) *vti* e *vint* **1** Parar: *Estacionou na praça. É proibido estacionar.* *vint* **2** Ficar na mesma situação, não progredir: *Felizmente a epidemia estacionou.* *vtd* **3** Deixar parado (automóvel) por certo tempo em algum lugar: *Estacionar o carro.*

es.ta.ci.o.ná.rio (*lat stationariu*) *adj* **1** Que não avança nem recua. **2** Parado, imóvel, fixo. **3** Não sujeito a variações; invariável.

es.ta.da (*estar+ada¹*) *sf* **1** Tempo durante o qual uma pessoa se demora em algum lugar. **2** Permanência, parada (de pessoa).

es.ta.di.a (*estada+ia¹*) *sf* **1** Parada forçada que os navios fazem no porto. **2** Permanência de avião no aeroporto ou hangar, ou de automóveis em garagem ou estacionamento.

Lembre-se de que o vocábulo **estadia** deve ser sempre usado para meios de transporte (navio, avião, carro etc.). **Estadia** é o tempo de permanência de um meio de transporte em um determinado lugar.
*Paguei muito caro pelos dias de **estadia** do meu automóvel naquele estacionamento.*
Para pessoas, deve-se dizer **estada**. **Estada** é o tempo de permanência de uma pessoa em determinado lugar.
*A sua **estada** na prisão deixou-lhe marcas profundas.*
*A nossa **estada** em Roma foi maravilhosa.*

es.tá.dio (*gr stádion*) *sm* Lugar onde se realizam competições esportivas, com arquibancadas para o público.

es.ta.dis.ta (*estado+ista*) *s m+f* Pessoa de destacada atuação nos negócios políticos; homem ou mulher de Estado.

es.ta.do (*lat statu*) *sm* **1** Modo de ser ou estar. **2** Situação em que se acha uma pessoa ou coisa: *Estado de saúde*. **3** *Fís* Maneira que a matéria apresenta: *Estado sólido, líquido, gasoso.* **4** Posição social ou profissional; condição. **5** *Dir* Nação politicamente organizada por leis próprias. **6** Conjunto de poderes políticos de uma nação; governo. **7** Divisão territorial de certos países, como o Brasil e os Estados Unidos. *Estado civil*: situação jurídica de uma pessoa dentro da família e da sociedade, resultante de filiação, nascimento, sexo etc. (casado, solteiro, viúvo, filho natural etc.). *Estado de sítio*: suspensão, por certo tempo, dos direitos e garantias dos cidadãos. *Estado interessante*: estado em que se encontra a mulher grávida; gravidez.

es.ta.do-mai.or *sm* **1** Mil Corporação de oficiais militares especializados que não comandam diretamente, mas que têm a seu cargo tudo o que diz respeito à estratégia. **2** *fig* Conjunto das pessoas mais importantes de um grupo. *Pl: estados-maiores.*

es.ta.du.al (*estado+al¹*) *adj m+f* Pertencente ou relativo a estado.

es.ta.du.ni.den.se (*top Estados Unidos+ense*) *adj m+f* Relativo aos Estados Unidos; norte-americano. • *s m+f* Habitante ou natural desse país; norte-americano.

es.ta.fa (*ital staffa*) *sf* **1** Extremo cansaço provocado por trabalho muscular ou intelectual muito intenso; esgotamento. **2** Cansaço, fadiga.

es.ta.fan.te (de *estafar*) *adj m+f* Que produz estafa; cansativo.

es.ta.far (*ital staffare*) *vtd, vint* e *vpr* **1** Cansar(-se), fatigar(-se): *Estafara (ou: estafara-se) inutilmente.* *vtd* **2** Importunar, enfadar: *Estafou-o com uma longa conversa.*

es.ta.fer.mo (*ê*) (*ital stà fermo*) *sm* **1** Espantalho. **2** Pessoa feia e desajeitada. **3** Pessoa inútil.

es.ta.fe.ta (*ê*) (*ital staffetta*) *sm* **1** Correio a cavalo, que levava despachos, cartas ou encomendas de uma estação para a seguinte, onde as entregava a outro correio. **2** *bras* Aquele que entrega cartas, telegramas etc.

es.ta.fi.lo.co.co (*estáfilo+coco¹*) *sm Bacter* Bactéria que se apresenta em colônias semelhantes a cachos de uva, em geral causadora de doenças.

es.tag.fla.ção (*ingl stag(nation)+(in)flation*) *sf Econ* Estado de estagnação das atividades econômicas com inflação elevada.

es.ta.gi.ar (*estágio+ar¹*) *neol vint* Fazer estágio (acepção 2) em.

es.ta.gi.á.rio (*estágio+ário*) *sm* Aquele que está fazendo estágio.

es.tá.gio (*fr ant estage*) *sm* **1** Período, fase, etapa: *Estágio da doença.* **2** Tempo de prática para o exercício de certa profissão.

es.tag.na.ção (*estagnar+ção*) *sf* **1** Estado do que estagnou. **2** Inércia, paralisação, imobilidade.

es.tag.nar (*lat stagnare*) *vtd* **1** Fazer parar de correr (um líquido). *vti* e *vpr* **2** Ficar empoçada ou presa (a água de um tanque, lago, poço). *vtd* **3** Fazer cessar; paralisar. *vpr* **4** Ficar em estado estacionário; paralisar-se.

es.ta.lac.ti.te (*gr stalaktós+ite¹*) *sf Geol* Concreção de forma alongada que se forma nos tetos das cavidades subterrâneas pela ação de águas ricas em cálcio.

es.ta.la.gem (*provençal ostalatge*) *sf* Pousada, hospedaria.

es.ta.lag.mi.te (*estalagmo+ite¹*) *sf Geol* Concreção formada no solo das cavidades subterrâneas por pingos de água caídos do teto.

es.ta.la.ja.dei.ro (*estalagem+ar¹+deiro*) *sm* Aquele que tem ou administra estalagem.

es.ta.lar (*lat vulg *astella+ar¹*) *vtd* **1** Produzir estalo: *Estalar a língua no céu da boca.* *vint* **2** Arrebentar, romper-se com ruído: *O vidro estalou.* *vint* **3** Dar estalos; crepitar: *A lenha estalava.* *Var: estralar.*

es.ta.lei.ro (*lat vulg *astella+eiro*) *sm* Lugar onde se constroem ou consertam navios.

es.ta.li.do (de *estalo*) *sm* **1** Ruído daquilo que estala. **2** Estalos repetidos.

es.ta.lo (de *estalar*) *sm* **1** Som seco e breve provocado por coisa que de repente se choca com outra, quebra, racha, explode etc. **2** *pop* Bofetada. *De estalo*: de repente; de improviso, por inspiração. *Var: estralo.*

es.ta.me (*lat stamen*) *sm Bot* Órgão masculino da flor formado pelo filamento que sustenta a antera, a qual contém o pólen.

es.tam.pa (de *estampar*) *sf* **1** Imagem impressa ou gravada. **2** Gravura, ilustração, figura, desenho.

es.tam.pa.do (*part* de *estampar*) *adj* Que se estampou. • *sm* Tecido com desenhos.

es.tam.pa.gem (*estampar+agem*) *sf* Ato ou efeito de estampar; estamparia; impressão.

es.tam.par (*fr estamper*) *vtd* **1** Imprimir letras, desenhos etc. em (papel, tecido, plástico etc.): *Estampar a embalagem de um produto*. *vtd* **2** Deixar vestígio ou marca de; marcar: *Estampou as mãos sujas na parede*. *vpr* **3** Mostrar-se, tornar-se evidente: *Tristeza que se estampava no rosto*.

es.tam.pa.ri.a (*estampa+aria*) *sf* Fábrica ou departamento de fábrica onde se estampam tecidos, plásticos etc.

es.tam.pi.do (*provençal ant estampida*, de *estampir*) *sm* **1** Som repentino, forte e seco, como o produzido por uma arma de fogo. **2** Grande estrondo.

es.tam.pi.lha (*cast estampilla*) *sf* **1** Selo postal ou do tesouro público. **2** Estampa pequena.

es.tam.pi.lhar (*estampilha+ar¹*) *vtd* Pôr estampilha em; selar.

es.tan.car (*cast estancar*) *vtd* **1** Deter ou fazer parar o curso ou fluxo de (em geral um líquido): *Estancar o sangue*. *vtd* **2** Pôr fim a; fazer parar: *A notícia estancou seu sofrimento*. *vint* e *vpr* **3** Deixar de correr: *A lava, esfriando, estancou* (ou: *estancou-se*).

es.tân.cia (*lat stantia*) *sf* **1** Morada, residência. **2** *Reg* (RS) Fazenda para criação de gado. **3** *Reg* (MG) Estação de águas minerais. **4** *Lit* Estrofe.

es.tân.dar (*ingl standard*) *adj* Sem nenhuma característica especial; *standard*. • *sm* Tipo ou modelo uniforme de produção; padrão, *standard*.

es.tan.dar.di.za.ção (*estandardizar+ção*) *sf* Redução de objetos do mesmo gênero a um só tipo, de acordo com um modelo ou padrão; padronização.

es.tan.dar.di.zar (*ingl standard*) *vtd* Produzir estandardização em; padronizar, uniformizar.

es.tan.dar.te (*fr estandart*) *sm* **1** Bandeira de guerra. **2** Distintivo ou insígnia de uma corporação civil, militar ou religiosa.

es.tan.de (*ingl stand*) *sm* Local reservado a cada participante de uma exposição ou feira de amostras; *stand*.

es.ta.nhar (*estanho+ar¹*) *vtd* Cobrir com uma fina camada de estanho.

es.ta.nho (*lat stannu*) *sm Quím* Elemento metálico, branco, um pouco azulado, lustroso, maleável, usado puro ou em ligas, de número atômico 50 e símbolo Sn.

es.tan.que (de *estancar*) *adj m+f* **1** Que não corre ou flui; estagnado, parado. **2** Que não deixa entrar ou sair líquido; vedado, tapado: *Compartimento estanque*.

es.tan.te (*lat stante*) *sf* **1** Móvel com prateleiras, em que se expõem livros, papéis, objetos de decoração etc. **2** Armação inclinada para livros, partituras musicais etc., a fim de facilitar a leitura.

es.ta.pa.fúr.dio *adj* **1** Fora do comum. **2** *pop* Excêntrico, esquisito.

es.ta.pe.ar (*es+tapa+e+ar¹*) *vtd* Dar tapas em, esbofetear. Conjuga-se como *frear*.

es.ta.que.ar (*estaca+e+ar¹*) *vtd* **1** Colocar estacas verticalmente para a construção de (cercas). **2** Guarnecer de, ou segurar com estacas. **3** Bater com estaca em. Conjuga-se como *frear*.

es.tar (*lat stare*) *vlig* **1** Ser num dado momento; encontrar-se (em certa condição): *Ela está doente. O tempo esteve frio*. *vlig* **2** Sentir-se: *Estou feliz*. *vlig* **3** Encontrar-se, achar-se (em certa colocação, posição ou postura): *Estávamos sentados*. *vlig* **4** Ficar, permanecer: *Estive cansado*. *vint* **5** Ficar, esperar: *Esteja aí até que ela venha*. *vti* **6** Achar-se num dado lugar: *Eles estão na cidade*. *vti* **7** Comparecer: *Esteve na reunião*. *vint* **8** Ter obrigação ou plano de realizar certo ato dentro de pouco tempo: *Estar de saída, estar de viagem*. *vti* **9** Ter vontade ou disposição: *Ninguém está para te aturar! vti* **10** Fazer companhia; conversar, visitar: *Estive com o professor*. Conjug: verbo irregular – Pres indic: estou, estais, está, estamos, estais, estão; Pret imp indic: estava, estavas, estava, estávamos, estáveis, estavam; Pret perf: estive, estiveste, esteve, estivemos, estivestes, estiveram; Pret mais-que-perf: estivera, estiveras etc.; Fut pres: estarei, estarás etc.; Fut pret: estaria, estarias etc.; Pres subj: esteja, estejas, esteja, estejamos, estejais, estejam; Pret imp subj: estivesse, estivesses etc.; Fut subj: estiver, estiveres, estiver, estivermos, estiverdes, estiverem; Imper afirm: está(tu), esteja(você); estejamos(nós), estai(vós), estejam(vocês); Imper neg: não estejas(tu), não esteja(você) etc.; Infinitivo impess: estar; Infinitivo pess: estar, estares, estar, estarmos, estardes, estarem; Ger: estando; Part: estado.

es.tar.da.lha.ço *sm pop* **1** Grande barulho, confusão de sons. **2** Alarde exagerado; espalhafato.

es.tar.re.cer (*lat vulg *exterrescere*) *vtd* **1** Apavorar, aterrorizar: *O escuro estarrecia o menino*. *vint* e *vpr* **2** Assustar-se muito: *A moça estarreceu de pavor. Aquele quadro fazia qualquer pessoa estarrecer-se*.

es.ta.tal (*lat statu+al¹*) *adj m+f* Do Estado ou relativo a ele. • *sf* Empresa do Estado.

es.ta.te.lar *vpr* **1** Cair de comprido; esborrachar-se: *Escorregou de repente e estatelou-se*. *vtd* **2** Bater com; estender-se com: *Estatelou o corpo no chão*.

es.tá.ti.ca (*gr statiké*) *sf* **1** Ramo da física que trata das relações das forças que produzem equilíbrio entre corpos materiais. **2** *Radiotécn* Ruídos causados pela eletricidade atmosférica nos aparelhos de rádio.

es.tá.ti.co (*gr statikós*) *adj* **1** Relativo ou pertencente à estática. **2** Em repouso; imóvel, parado. *Cf: extático*.

es.ta.tís.ti.ca (*fr statistique*) *sf* **1** *Mat* Ciência que tem por objeto a coleta, análise e interpretação de dados numéricos relacionados à população ou a um grupo específico, fazendo então predições com base nesses dados. **2** Conjunto de elementos numéricos relacionados a um determinado fato social.

es.ta.tís.ti.co (*fr statistique*) *adj* Relativo à estatística.

es.ta.ti.za.ção (*estatizar+ção*) *sf* Ato ou efeito de estatizar.

es.ta.ti.zan.te (de *estatizar*) *adj m+f* Que estatiza ou denota estatização.

es.ta.ti.zar (*lat statu+izar*) *vtd* Transformar propriedades particulares (serviços, instituições, empresas etc.) em organizações de propriedade do Estado.

es.tá.tua (*lat statua*) *sf* Peça esculpida ou moldada em substância sólida, como mármore, bronze ou madeira, representando um homem, uma mulher, um animal ou uma divindade. *Dim: estatuazinha, estatueta.*

es.ta.tu.á.ria (de *estatuário*) *sf* **1** Coleção de estátuas. **2** Arte de fazer estátuas.

es.ta.tu.á.rio (*lat statuariu*) *sm* Escultor de estátuas.

es.ta.tu.e.ta (*ê*) (*estátua+eta*) *sf* Pequena estátua.

es.ta.tu.ir (*lat statuere*) *vtd* **1** Estabelecer por meio de estatuto. **2** Apresentar, estabelecer como preceito. *Conjug* – Pres indic: estatuo (ú), estatuis (ú), estatui (ú), estatuímos, estatuís, estatuem (ú); Pres subj: estatua (ú), estatuas (ú), estatua (ú) etc.; *Part: estatuído. Cf estátua.*

es.ta.tu.ra (*lat statura*) *sf* **1** Tamanho de uma pessoa, da cabeça aos pés, em posição vertical. **2** Altura.

es.ta.tu.to (*lat statutu*) *sm* Lei orgânica de um Estado, associação ou qualquer corpo coletivo em geral; regulamento.

es.tá.vel (*lat stabile*) *adj m+f* **1** Em repouso. **2** Não sujeito a mudanças. **3** Firme, sólido. *Antôn* (acepções 2 e 3): *instável.*

es.te[1] (*ê*) (*ingl east, via fr*) *sm* **1** Ponto cardeal onde nasce o Sol; leste, Oriente. *Abrev: E.* **2** Vento que sopra desse ponto.

es.te[2] (*ê*) (*lat iste*) *pron dem* **1** Designa a pessoa ou coisa presente e próxima de quem fala. **2** Designa a pessoa ou coisa a que por último nos referimos. **3** Designa o momento atual.

es.tei.o *sm* **1** Peça com que se ampara ou sustém alguma coisa; escora. **2** Apoio, amparo, proteção.

es.tei.ra (*lat storea*) *sf* **1** Tecido grosso de junco, taquara etc. que serve para cobrir o chão. **2** Rastro de espuma deixado pelo navio na água, quando navega. **3** Rumo, direção, caminho: *Na esteira do sucesso.* **4** Vestígio, marca, rastro. *Ir na esteira de alguém:* seguir-lhe os passos ou o exemplo.

es.te.la (*gr stéle*) *sf* **1** Obra ou monumento feito de uma só pedra; monólito. **2** Pedra destinada a ter inscrições ou esculturas.

es.te.lar (*lat stellare*) *adj m+f* **1** Pertencente ou relativo a estrelas. **2** Que se parece com uma estrela.

es.te.li.o.na.tá.rio (*estelionato+ário*) *sm* Quem pratica estelionato.

es.te.li.o.na.to (*lat stellionatu*) *sm* **1** *Jur* Fraude de quem cede, vende ou hipoteca uma coisa, ocultando que esta já estava cedida, vendida ou hipotecada a outra pessoa. **2** Ato de obter, para si ou outrem, vantagem ilícita, em prejuízo alheio, enganando ou induzindo ao erro alguém mediante manobra fraudulenta.

es.tên.cil (*ingl stencil*) *sm Art Gráf* Papel parafinado com o qual se prepara uma matriz para produzir cópias em mimeógrafo.

es.ten.der (*lat extendere*) *vtd* e *vpr* **1** Alargar (-se), alongar(-se), estirar(-se). *vtd* **2** Desdobrar, desenrolar, esticar. *vtd* **3** Oferecer, apresentando: *Estendeu a mão ao visitante. vpr* **4** Entrar, internar-se, prolongar-se: *O riacho estendia-se pelo bosque adentro. vpr* **5** Deitar-se, estirar-se: *Estendiam-se sobre a relva, para descansar. vtd* **6** Tornar mais amplo; prolongar: *Estender a duração de uma aula.*

es.te.no.gra.far (*esteno+grafo+ar*[1]) *vtd* Escrever em sinais estenográficos; taquigrafar. *Conjug* –

Pres indic: estenografo (á), estenografas (á), estenografa (á) etc. *Cf estenógrafo.*

es.te.no.gra.fi.a (*esteno+grafo+ia*[1]) *sf* Método de escrever tão rápido quanto se fala, por meio de sinais e abreviaturas; taquigrafia.

es.te.no.grá.fi.co (*esteno+grafo+ico*[2]) *adj* Pertencente ou relativo à estenografia; taquigráfico.

es.te.nó.gra.fo (*esteno+grafo*) *sm* Aquele que escreve por meio de estenografia; taquigráfico.

es.te.no.se (*esteno+ose*) *sf Med* Estreitamento de qualquer canal, conduto ou orifício orgânicos.

es.te.pe[1] (*rus step'*, pelo *fr*) *sf Geogr* Grandes zonas de campos planos, secos, com árvores de pouco crescimento, onde predominam as gramíneas.

es.te.pe[2] (*ingl step*, de *Stepney*, nome da rua em que se localizava a oficina que fabricou as primeiras rodas sobressalentes) *sm Autom* Pneu sobressalente.

és.ter (de *éter*) *sm Quím* Cada um de certos compostos formados por um ácido orgânico ou inorgânico e um álcool ou fenol, pela remoção de água.

es.ter.car (*esterco+ar*[1]) *vtd* **1** Adubar com esterco; estrumar. *vint* **2** Defecar (animais).

es.ter.çar (*ital sterzare*) *vtd* Mover o volante de um veículo à direita ou à esquerda.

es.ter.co (*ê*) (*lat stercu*) *sm* **1** Adubo vegetal para o solo. **2** Excremento de animal; estrume.

es.ter.cu.li.á.ceas (*lat sterculia+áceas*) *sf pl Bot* Família que compreende árvores, arbustos, ervas e cipós.

es.te.re.o.fo.ni.a (*estéreo+fono+ia*[1]) *sf* Técnica de transmissão de sons que, por meio de alto-falantes convenientemente instalados, dá, a quem os ouve, a sensação de distribuição espacial.

es.te.re.o.fô.ni.co (*estéreo+fono+ico*[2]) *adj* **1** Relativo a estereofonia. **2** Diz-se do som transmitido por estereofonia.

es.te.re.o.ti.pa.do (*part* de *estereotipar*) *adj* **1** Que se estereotipou. **2** *fig* Que é sempre igual, que não se altera.

es.te.re.o.ti.par (*estéreo+tipo*[2]+*ar*[1]) *vtd* **1** Tip Imprimir por estereotipia. **2** Tornar(-se) inalterável, fixo.

es.te.re.o.ti.pi.a (*estereótipo+ia*[1]) *sf Tip* Processo de duplicação de uma composição tipográfica, transformando-a numa chapa metálica inteiriça (clichê).

es.te.re.ó.ti.po (*estereótipo+ico*[2]) *sm* **1** Argumento ou ideia já muito conhecida e repetida a respeito de um acontecimento ou pessoa. **2** Coisa trivial; lugar-comum, chavão.

es.té.ril (*lat sterile*) *adj m+f* **1** Que não produz; improdutivo: *Solo estéril.* **2** Incapaz de procriar: *Mulher estéril.* **3** *Med* Livre de micróbios. *Antôn* (acepção 1): *fértil;* (acepção 2): *fecundo.*

es.te.ri.li.da.de (*lat sterilitate*) *sf* **1** Incapacidade de procriar. **2** Aridez, escassez, falta, penúria.

es.te.ri.li.za.ção (*esterilizar+ção*) *sf* **1** Eliminação de micróbios de instrumental médico e outros objetos. **2** Destruição dos germes nocivos de produtos animais e vegetais. **3** Operação que torna uma pessoa estéril.

es.te.ri.li.za.do (*part* de *esterilizar*) *adj* Que sofreu esterilização.

es.te.ri.li.za.dor (*esterilizar+dor²*) *adj* Que esteriliza. • *sm* Aparelho para esterilizar.

es.te.ri.li.zar (*estéril+izar*) *vtd* e *vpr* **1** Tornar(-se) estéril. *vtd* **2** *Med* Destruir qualquer tipo de micro-organismo vivo.

es.ter.no (*gr stérnon*) *sm Anat* Osso situado na parte anterior do tórax e que se articula com as costelas.

es.ter.quei.ra (*esterco+eira*) *sf* Lugar onde se guarda o esterco; estrumeira.

es.ter.tor (*lat stertore*, de *stertere*) *sm* Som rouco que caracteriza a respiração das pessoas que estão morrendo.

es.te.ta (*gr aisthetés*) *s m+f* **1** Pessoa que coloca a estética (beleza) acima de qualquer coisa. **2** Especialista em estética.

es.té.ti.ca (*gr aisthetiké*) *sf* **1** Estudo que determina o caráter do belo nas produções artísticas. **2** Harmonia das formas. **3** Beleza física.

es.te.ti.cis.ta (*estética+ista*) *s m+f* Profissional que se dedica a assuntos de beleza, como tratamento de pele, maquiagem, penteado etc.

es.té.ti.co (*gr aisthetikós*) *adj* **1** Relativo à estética, ao sentimento ou apreciação do belo. **2** Harmonioso, belo.

es.te.tos.có.pio (*gr stêtho+scopo+io²*) *sm Med* Instrumento para auscultação do corpo, em especial do peito.

es.ti.a.da (*estio+ada¹*) *sf* Parada temporária de chuva; estiagem.

es.ti.a.gem (*fr étiage*) *sf* **1** Falta de chuva; seca. **2** Nível mais baixo das águas de um rio, lago ou canal.

es.ti.ar (*estio+ar¹*) *vint* **1** Parar de chover. **2** Abaixar-se a água da cheia. **3** Afrouxar-se, rebaixar-se. *Conjug:* nas acepções 1 e 2 só é conjugado na 3ª pessoa do singular.

es.ti.bor.do (*fr ant estribord*) *sm Mar* Lado direito do navio, olhando da popa para a proa. *Antôn: bombordo*.

es.ti.ca.da (*esticar+ada¹*) *sf* Ato ou efeito de esticar.

es.ti.car *vtd* **1** Estender ou puxar com força: *Esticar a corda*. *vtd* e *vpr* **2** Alongar(-se), estender(-se): *Esticar o pescoço. Esticou-se no chão*. *vtd* **3** *pop* Estender a outros lugares os programas de diversão.

es.tig.ma (*gr stígma*) *sm* **1** Marca que não desaparece; cicatriz. **2** Cada uma das marcas das cinco chagas de Cristo, que alguns santos traziam no corpo. **3** Marca produzida por ferrete, com que antigamente se marcavam escravos, criminosos etc. **4** *fig* Aquilo que marca: *Os estigmas da literatura*. **5** *fig* Mancha na reputação. **6** *Bot* Porção terminal do gineceu, que serve para receber o pólen.

es.tig.ma.tis.mo (*estígmato+ismo*) *sm Ópt* Propriedade de certos sistemas ópticos (lentes, por exemplo) que faz corresponder um objeto a uma imagem exata.

es.tig.ma.ti.zar (*estígmato+izar*) *vtd* **1** *ant* Marcar com estigma (acepção 3): *Estigmatizar um criminoso*. **2** Assinalar com cicatrizes ou manchas: *A varíola estigmatizou-o*. **3** Censurar, condenar, acusar de ação infame: *Estigmatizaram esse procedimento como traição*.

es.ti.le.te (*ê*) (*estilo+ete*) *sm* **1** Instrumento de lâmina fina. **2** *Bot* Parte que prolonga o ovário para cima.

es.ti.lha.ça.do (*part* de *estilhaçar*) *adj* Partido em estilhaços; fragmentado, despedaçado.

es.ti.lha.çar (*estilhaço+ar¹*) *vtd* e *vpr* Partir(-se) em estilhaços; fragmentar(-se), despedaçar(-se).

es.ti.lha.ço (*estilha+aço*) *sm* **1** Parte de um objeto que foi atirado com violência. **2** Fragmento, pedaço.

es.ti.lin.ga.da (*estilingue+ada¹*) *sf* Arremesso de pedras com estilingue.

es.ti.lin.gue (*ingl sling*) *sm* Pequena forquilha, geralmente de ramo de árvores e em forma de Y, munida de dois elásticos, presos a um pedaço de couro, no qual se colocam pedras para atirar; atiradeira.

es.ti.lis.ta (*estilo+ista*) *s m+f* **1** Escritor que tem estilo próprio. **2** Pessoa que escreve com estilo elegante. **3** Especialista em moda. • *adj m+f* Diz-se de quem escreve com estilo elegante.

es.ti.lís.ti.ca (*fem* de *estilístico*) *sf* Estudo do uso dos recursos da linguagem quanto à capacidade de comunicar, emocionar e sugestionar.

es.ti.lís.ti.co (*estilista+ico²*) *adj* Relativo ou pertencente a estilo ou à estilística.

es.ti.li.za.do (*part* de *estilizar*) *adj* **1** Que se estilizou. **2** Feito com estilo.

es.ti.li.zar (*estilo+izar*) *vtd* **1** Dar estilo ou forma estética a. **2** Modificar algo, acrescentando-lhe elementos que contribuam para o seu aprimoramento estético.

es.ti.lo (*lat stilu*) *sm* **1** Feição especial, caráter de uma produção artística de certa época ou certo povo. **2** Maneira de dizer, escrever, compor, pintar ou esculpir de cada um. **3** Costume, uso.

es.ti.lo.so (*ó*) (*estilo+oso*) *adj pop* Elegante; bonito. *Pl:* estilosos (*ó*).

es.ti.ma (de *estimar*) *sf* **1** Sentimento de importância dado a alguém; apreço, consideração. **2** Afeição, amizade. *Antôn* (acepção 1): *desprezo*.

es.ti.ma.ção (*lat aestimatione*) *sf* Ato ou efeito de estimar (acepção 3); avaliação.

es.ti.ma.do (*part* de *estimar*) *adj* **1** Determinado por estimação; avaliado: *Valor estimado*. **2** Que se tem em estima, que se aprecia; querido: *Estimado amigo*.

es.ti.mar (*lat aestimare*) *vtd* e *vpr* **1** Ter estima, afeição ou amizade a: *Estimava-o como filho. Estimam-se como irmãos*. *vtd* **2** Apreciar: *Os políticos estimam a publicidade*. *vtd* **3** Determinar o valor ou preço de; avaliar: *Era perito em estimar pedras preciosas. Estimaram seus bens em cerca de três milhões de dólares*. *Antôn* (acepções 1 e 2): *desprezar*.

es.ti.ma.ti.va (*fem* de *estimativo*) *sf* **1** Avaliação, apreciação. **2** Cálculo, cômputo.

es.ti.mu.lan.te (de *estimular*) *adj m+f* Que estimula. • *sm Farm* Medicamento que estimula uma função orgânica ou mental.

es.ti.mu.lar (*lat stimulare*) *vtd* **1** Excitar, instigar, ativar: *O cheiro da comida estimulou meu apetite*. *vtd* **2** Encorajar, animar: *Os elogios estimularam o menino*. *vtd* e *vti* **3** *Fisiol* Incitar à atividade fisiológica característica (um nervo ou músculo, por exemplo).

es.tí.mu.lo (*lat stimulu*) *sm* **1** Qualquer coisa que torna mais ativa a mente, ou incita à atividade ou a um aumento de atividade. **2** *fig* Brio, dignidade.

es.ti.o (*lat aestivu*) *sm* Verão.

es.ti.o.lar (*fr étioler*) *vtd* e *vpr* Tornar(-se) pálido e abatido; debilitar(-se).

es.ti.pe (*lat stipe*) *sm Bot* Caule ou tronco sem ramificação, como o das palmeiras.

es.ti.pên.dio (*lat stipendiu*) *sm* Salário, remuneração.

es.tí.pu.la (*lat stipula*) *sf Bot* Apêndice da base do pecíolo da folha.

es.ti.pu.lar (*lat stipulare*) *vtd* **1** Ajustar, contratar, convencionar: *Estipular condições.* **2** Determinar, estabelecer, pôr como condição.

es.ti.ra.men.to (*estirar+mento*) *sm* Ação ou efeito de estirar.

es.ti.rar (*es+tirar*) *vtd* **1** Estender, esticar puxando: *Estirar um cordão.* *vtd* e *vpr* **2** Pôr(-se) ao comprido; espichar(-se): *Estirou-o com uma rasteira. Estirava-se preguiçosamente à sombra da árvore.*

es.tir.pe (*lat stirpe*) *sf* **1** Parte da planta que se desenvolve na terra. **2** Ascendência, linhagem, origem.

es.ti.va (*ital stiva*) *sf Náut* **1** Primeira porção de carga de um navio. **2** *bras* Carregamento e arrumação da carga nos navios ou armazéns dos portos.

es.ti.va.dor (*estivar+dor*) *adj+sm Náut* Diz-se de, ou operário que trabalha nos portos, no serviço de carga e descarga de navios, transportando as mercadorias ou arrumando-as.

es.to.ca.da (*estoque+ada¹*) *sf* **1** Golpe com estoque¹, florete ou ponta de espada. **2** *fig* Surpresa desagradável ou dolorosa. **3** *fig* Astúcia para fazer mal.

es.to.ca.gem (*estocar+agem*) *sf* Ato ou efeito de estocar².

es.to.car¹ (*estoque¹+ar²*) *vtd* Dar estocada em, ferir com estoque¹.

es.to.car² (*estoque²+ar²*) *vtd Com* Formar estoque².

es.to.fa.do (*part* de *estofar*) *adj* Guarnecido de estofo.

es.to.fa.dor (*estofar+dor*) *adj+sm* Diz-se de, ou pessoa que tem por ofício estofar móveis.

es.to.fa.men.to (*estofar+mento*) *sm* **1** Ação de estofar. **2** Estrutura interna (estofo, molas, madeirame, espuma) de um móvel estofado. **3** Estofo (acepção 2).

es.to.far (*estofo+ar¹*) *vtd* **1** Cobrir ou guarnecer com estofo: *Estofar uma cadeira.* **2** Colocar estofo entre o forro e o tecido de: *Estofar uma capa.*

es.to.fo (*ô*) (de *estofa*) *sm* **1** Tecido de lã, seda ou algodão, normalmente usado em revestimento de sofás, cadeiras etc. **2** Lã, algodão ou outro material que se coloca sob esse tecido.

es.toi.cis.mo (*estoico+ismo*) *sm* **1** *Filos* Sistema filosófico fundado por Zenão de Cítio (342-270 a.C.), filósofo grego, que aconselha a indiferença e o desprezo pelos males físicos e morais. **2** Rigidez de princípios morais; austeridade. **3** Resignação na dor ou na adversidade.

es.toi.co (*ó*) (*gr stoikós*) *adj* **1** Que se refere ao estoicismo. **2** Rígido, austero. **3** Impassível, resignado.

es.to.jo (*ô*) (de *estojar*) *sm* **1** Caixa com forma e divisão interna apropriadas para guardar determinados objetos: *Estojo de joias, de lápis, de violino.* **2** Espécie de bolsa de couro, papelão etc., em que se guardam objetos.

es.to.la (*ó*) (*gr stolé*) *sf* **1** *Ecles* Larga tira de pano usada por diáconos, padres e bispos. **2** Peça de vestuário feminino semelhante à estola dos sacerdotes e geralmente de pele.

es.to.ma.cal (*lat stomachale*) *adj m+f* Do estômago ou que lhe diz respeito.

es.to.ma.gar (*lat stomachare*) *vtd* e *vpr* Escandalizar(-se), indignar(-se), ofender(-se): *A observação estomagou-o. Estomagava-se facilmente.*

es.tô.ma.go (*gr stómakhos*) *sm* **1** *Anat* Órgão da digestão situado entre o esôfago e o duodeno. **2** *fig* Disposição, ânimo: *Não tenho estômago para aturar isso. Enganar o estômago*: comer alguma coisa para poder esperar a hora da refeição.

es.to.ma.ti.te (*gr stóma, atos+ite¹*) *sf Med* Inflamação da mucosa da boca.

es.ton.te.a.do (*part* de *estontear*) *adj* Um pouco tonto, atordoado, zonzo.

es.ton.te.ar (*es+tonto+e+ar¹*) *vtd* e *vpr* Atordoar (-se), aturdir(-se), perturbar(-se). Conjuga-se como *frear*.

es.to.pa (*ô*) (*lat stuppa*) *sf* **1** A parte mais grossa de uma fibra têxtil antes de esta ser cardada. **2** Tecido fabricado de estopa. **3** Restos de fios da indústria de tecelagem usados para limpeza.

es.to.pim (*cast estopí*) *sm* Fios embebidos em substância inflamável, para acionar fogo a peças pirotécnicas, bombas, minas etc.

es.to.que¹ (*fr ant estoc*) *sm* Espada longa, estreita e pontiaguda.

es.to.que² (*ingl stock*) *sm* **1** Depósito de mercadorias para venda ou exportação. **2** Quantidade de mercadorias de que se dispõe.

es.to.quis.ta (*estoque²+ista*) *s m+f* **1** Comerciante que estoca mercadoria. **2** O encarregado de cuidar do estoque².

es.tó.ria (*gr historía*) *sf V* **história**.

Recomenda-se apenas o uso de **história**, tanto ao referir-se à ciência quanto à narrativa de ficção, geralmente de cunho popular.

es.tor.nar (*ital stornare*) *vtd Com* Lançar em débito ou em crédito uma quantia igual à outra que, indevidamente, tinha sido lançada em crédito ou em débito.

es.tor.no (*ô*) (de *estornar*) *sm* **1** *Com* Ato ou efeito de estornar. **2** A quantia que se estorna.

es.tor.ri.ca.do (*part* de *estorricar*) *adj* **1** Muito seco. **2** Quase torrado ou queimado. *Var*: *esturricado.*

es.tor.ri.car (*es+torra+ico+ar²*) *vtd, vint* e *vpr* Secar(-se) excessivamente, torrando ou quase queimando: *O sol daquele verão estorricou as plantas. A carne estorricou* (ou: *estorricou-se*). *Var*: *esturricar.*

es.tor.var (*lat exturbare*) *vtd* **1** Importunar, incomodar: *Pediu que não o estorvassem enquanto estudava.* **2** Dificultar, impedir, embaraçar: *O carro quebrado estorvava o trânsito.*

es.tor.vo (*ô*) (de *estorvar*) *sm* **1** Embaraço, empecilho, obstáculo. **2** Aquilo ou aquele que estorva.

es.tou.ra.do (*part* de *estourar*) *adj* **1** Que estourou. **2** Que diz o que tem vontade, sem medir as consequências. **3** Que se irrita por qualquer coisa. **4** *fig* Muito cansado, exausto.

es.tou.rar (*voc onom*) *vint* **1** Dar estouro, arrebentar com estrondo: *A bomba estourou!* *vint* **2** Soar com estrondo; ribombar, estrondar: *O trovão estourava nessa hora.* *vtd* **3** Fazer rebentar ou estalar: *Estourar pipocas.* *vint* **4** Ficar em pedaços; rebentar:

A panela de pressão estourou. vint **5** Desabafar; expandir-se: *Estourar de riso, de raiva. vint* **6** Dispersar-se em estouro (o gado).

es.tou.ro (de *estourar*) *sm* **1** Ruído de coisa que rebenta; estrondo. **2** Discussão violenta. **3** *pop* Acontecimento imprevisto; sucesso. **4** Dispersão de boiada em pânico.

es.tou.va.do (*corr* de *estavanado*) *adj* **1** Que faz as coisas sem cuidado ou com muita pressa; estabanado. **2** Imprudente.

es.trá.bi.co (*gr strabós+ico²*) *adj* + *sm* Diz-se do, ou o indivíduo afetado de estrabismo; vesgo.

es.tra.bis.mo (*gr strabismós*) *sm Oftalm* Desvio de um ou de ambos os olhos do seu eixo normal.

es.tra.ça.lha.do (*part* de *estraçalhar*) *adj* Feito em pedaços; despedaçado.

es.tra.ça.lhar (*es+traço+alho+ar¹*) *vtd* e *vpr* Fazer(-se) em pedaços; despedaçar-se: *Irritado, estraçalhou a carta.*

es.tra.da (*lat strata*) *sf* **1** Caminho mais ou menos largo para o trânsito de pessoas e veículos. **2** *por ext* Qualquer via de trânsito de veículos: *Estrada fluvial, estrada marítima. Estrada de ferro:* sistema de transporte sobre trilhos. *Estrada de rodagem:* estrada para automóveis, caminhões etc.

es.tra.dei.ro (*estrada+eiro*) *adj bras* Que viaja com frequência. • *sm* Velhaco; trapaceiro.

es.tra.di.vá.rio (de *Stradivarius, np*) *sm* Violino que tem excelente qualidade de som, em alusão aos violinos fabricados por Antonius Stradivarius (Itália, século XVII).

es.tra.do (*lat stratu*) *sm* **1** Estrutura, em geral de madeira, um pouco acima do chão, sobre a qual se coloca uma cama, uma mesa etc. **2** A parte da cama sobre a qual se coloca o colchão.

es.tra.ga.do (*part* de *estragar*) *adj* **1** Danificado, inutilizado. **2** Podre, deteriorado. **3** *pop* Mimado.

es.tra.gão (*fr estragon*) *sm Bot* Erva aromática usada como condimento.

es.tra.gar (*lat vulg *stragare*) *vtd* **1** Pôr em mau estado; danificar, inutilizar. *vpr* **2** Arruinar-se, danificar-se, deteriorar-se. *vtd* **3** Tirar o prazer de: *Sua presença estragou a festa. vtd* **4** Assolar, destruir. *vtd* e *vpr* **5** Colocar(-se) no mau caminho; corromper(-se), perverter(-se): *Os maus companheiros estragaram o rapaz.*

es.tra.go (de *estragar*) *sm* Dano, avaria, deterioração, prejuízo.

es.tra.la.da (*estralar+ada¹*) *sf* Barulho, gritaria, desordem.

es.tra.lar (*lat vulg *astella+ar¹*) *vint* Dar muitos estalos; estalar.

es.tra.lo (de *estralar*) *sm* Estalo.

es.tram.bó.li.co (*corr* de *estrambótico*) *pop V estrambótico.*

es.tram.bó.ti.co (*estrambote+ico²*) *adj pop* **1** Fora do comum; esquisito, extravagante. **2** Afetado, ridículo.

es.tran.gei.ra.do (*part* de *estrangeirar*) *adj* **1** Que imita ou faz lembrar coisa estrangeira. **2** Que tem nos modos ou fala de estrangeiro.

es.tran.gei.ri.ce (*estrangeiro+ice*) *sf* **1** Coisa dita ou feita ao gosto ou costume de estrangeiros. **2** Afeição exagerada às coisas estrangeiras.

es.tran.gei.ris.mo (*estrangeiro+ismo*) *sm* Emprego de palavra ou frase estrangeira.

O **estrangeirismo** constitui um vício de linguagem quando é usado sem necessidade, isto é, quando no vernáculo já existe um termo equivalente ou aportuguesado.
A performance de Vera está magnífica.
(estrangeirismo = vício de linguagem)
O desempenho de Vera está magnífico.
(palavra de formação portuguesa)
O show agradou a todos.
(estrangeirismo = vício de linguagem)
O espetáculo agradou a todos.
(palavra de formação portuguesa)

es.tran.gei.ro (*fr ant estranger*) *adj* Que é natural ou pertencente a país diferente daquele em que se acha. • *sm* **1** Pessoa que não é natural do país onde se acha. **2** Conjunto de todos os países, exceto aquele de que se fala.

es.tran.gu.la.ção (*lat strangulatione*) *sf* **1** Ato ou efeito de estrangular. **2** Sufocação, asfixia. **3** Pressão circular que diminui o diâmetro de um corpo ou objeto. *Sin: estrangulamento.*

es.tran.gu.la.men.to (*estrangular+mento¹*) *V estrangulação.*

es.tran.gu.lar (*lat strangulare*) *vtd* **1** Matar apertando o pescoço até impedir a respiração; sufocar. *vpr* **2** Suicidar-se por estrangulação. *vtd* **3** Apertar, estreitar muito: *O vestido justo estrangulava seu corpo.*

es.tra.nhar (*estranho+ar¹*) *vtd* **1** Julgar estranho, oposto aos costumes, aos hábitos: *Estranhava aquele povo, aquele país.* **2** Achar diferente, novo, pouco familiar: *Estranhar a cama, a comida.* **3** Notar com estranheza: *Estranhei aquela atitude.* **4** Fugir de, manifestar timidez ou repulsão a: *Pedrinho estranhou os convidados.*

es.tra.nhe.za (*estranho+eza*) *sf* **1** Qualidade daquilo que é estranho. **2** Sentimento de admiração, espanto ou surpresa.

es.tra.nho (*lat extraneu*) *adj* **1** Que não se conhece; desconhecido. **2** Fora do comum; anormal. **3** Que é de fora; externo. **4** Esquisito, singular. • *sm* Pessoa que não pertence ao meio em que se vive: *Não converse com estranhos.*

es.tran.ja (de *estrangeiro*) *sf gír* Países estrangeiros: *Foram passear na estranja.* • *s m+f gír* Pessoa estrangeira.

es.tra.ta.ge.ma (*gr stratágema*) *sm* **1** Mil Ação planejada com o objetivo de enganar o inimigo. **2** Astúcia, manha.

es.tra.té.gia (*gr strategía*) *sf* **1** *Mil* Arte de conceber operações de guerra. **2** Arte de usar os meios disponíveis ou as condições que se apresentam para atingir determinados objetivos. **3** Ardil, manha, estratagema.

es.tra.té.gi.co (*gr strategikós*) *adj* **1** Relativo a estratégia. **2** Ardiloso, hábil, astucioso.

es.tra.te.gis.ta (*estratégia+ista*) *s m+f* Especialista em estratégia.

es.tra.ti.fi.ca.ção (*estratificar+ção*) *sf* **1** Disposição de coisas em camadas sucessivas. **2** *Geol* Disposição dos terrenos em camadas superpostas. **3** *Sociol* Formação de classes sociais.

es.tra.ti.fi.ca.do (*part* de *estratificar*) *adj* Disposto em camadas sucessivas.

es.tra.ti.fi.car (*estrato+ficar*) *vtd* **1** *Geol* Sedimen-

estrato 368 **estreptococo**

tar em forma de estratos. *vtd* e *vpr* **2** Dispor(-se) em estratos ou camadas.

es.tra.to (*lat stratu*) *sm* **1** *Geol* Cada uma das camadas dos terrenos sedimentares. **2** *Meteor* Nuvem baixa que se apresenta em camadas horizontais e paralelas, com aspecto de nevoeiro. **3** *Sociol* Cada uma das classes de uma sociedade. *Cf extrato*.

es.tra.to-cir.ro *sm Meteor* Nuvem situada a grandes altitudes e que dá a impressão de um véu esbranquiçado. *Pl*: estratos-cirros e estratos-cirro.

es.tra.to-cú.mu.lo *sm Meteor* Variedade da nuvem chamada *estrato*, a qual se apresenta com o aspecto de lâminas ou rolos acinzentados, com partes mais escuras. *Pl*: estratos-cúmulos e estratos-cúmulo.

es.tra.tos.fe.ra (*estrato+esfera*) *sf Meteor* Camada da atmosfera situada a cerca de 100 quilômetros acima da superfície da Terra.

es.tre.an.te (de *estrear*) *adj* e *s m+f* Que, ou quem estreia; principiante.

es.tre.ar (*estreia+ar*[1]) *vtd* **1** Empregar, usar pela primeira vez: *Estrear uma roupa nova*. *vtd* **2** Inaugurar, pôr em função ou em exercício pela primeira vez: *Estrear uma loja, um cinema, um espetáculo*. *vti* e *vpr* **3** Fazer alguma coisa pela primeira vez: *Estrear na carreira jornalística*. *Conjug*: conjuga-se como *frear*; porém o ditongo *ei* é pronunciado aberto na 1ª, 2ª e 3ª pessoas do singular e 3ª pessoa do plural do presente do indicativo e do subjuntivo e 2ª e 3ª pessoas do singular e 3ª pessoa do plural do imperativo afirmativo e negativo. *Pres indic*: estreio, estreias, estreia, estreamos, estreais, estreiam; *Pres subj*: estreie, estreies, estreie, estreemos, estreeis, estreiem; *Imper afirm*: estreia(tu), estreie(você), estreemos(nós), estreai(vós), estreiem(vocês); *Imper neg*: não estreies(tu), não estreie(você), não estreemos(nós), não estreeis(vós), não estreiem(vocês).

es.tre.ba.ri.a (*lat stabula+aria*) *sf* Galpão onde se recolhem cavalos; cocheira.

es.tre.bu.char (*es+fr trébucher*) *vint* **1** Agitar muito (braços e pernas). *vpr* **2** Debater-se. *vtd* **3** Agitar com violência.

es.trei.a (*é*) (*lat strena*) *sf* **1** Primeiro uso que se faz de uma coisa. **2** Primeiro trabalho de um autor, artista (ator, músico etc.) ou conjunto de artistas. **3** Primeira apresentação de uma peça de teatro, de um filme, de um balé etc.

es.trei.ta.men.to (*estreitar+mento*) *sm* **1** Ato ou efeito de estreitar. **2** Diminuição, redução.

es.trei.tar (*estreito+ar*[1]) *vtd*, *vint* e *vpr* **1** Tornar (-se) estreito ou apertado: *Estreitar um espaço*. *A passagem estreitou* (ou: *estreitou-se*). *vtd* **2** Diminuir, reduzir, restringir: *Estreitar despesas*. *vtd* **3** Abraçar; apertar contra si: *Estreitou a criança com carinho*. *vtd* e *vpr* **4** Tornar(-se) mais íntimo: *Esse fato estreitou mais a nossa amizade. Estreitou-se a nossa amizade*. *vtd* e *vpr* **5** Tornar (-se) mais apertado, mais rigoroso, mais severo: *Estreitar a disciplina. Estreitou-se a vigilância*. *Antôn* (acepção 1): *alargar*; (acepção 2): *ampliar*.

es.trei.te.za (*estreito+eza*) *sf* **1** Falta de espaço ou largura. **2** Escassez, carência, falta: *Estreiteza de conhecimentos*. **3** Rigor, severidade: *Estreiteza das regras*.

es.trei.to (*lat strictu*) *adj* **1** Que tem pouca largura. **2** Fino. **3** Sem espaço; restrito, limitado. *Antôn*: *largo, amplo*. • *sm Geogr* Canal natural que une dois mares ou duas partes do mesmo mar.

es.tre.la (*ê*) (*lat stella*) *sf* **1** *Astr* Astro que tem luz própria, cintilante, parecendo sempre fixo no firmamento. *Col*: constelação. **2** Destino, sorte. **3** *Cin, Teat* e *Telev* Artista famoso de teatro, televisão ou cinema. *Estrela cadente*: meteorito que à noite deixa, por alguns instantes, um rastro luminoso, dando a impressão de uma estrela que cai. *Estrela de Davi*: emblema dos judeus, constituído por dois triângulos equiláteros sobrepostos e invertidos, formando uma estrela de seis pontas.

es.tre.la-d'al.va *sf Astr* O planeta Vênus. *Pl*: estrelas-d'alva.

es.tre.la.do (*part* de *estrelar*) *adj* **1** Cheio de estrelas. **2** Com forma de estrela. **3** Diz-se do ovo frito, não mexido.

es.tre.la-do-mar *sf Zool* Animal marinho com forma de estrela e grande capacidade regenerativa. *Pl*: estrelas-do-mar.

es.tre.lar (*estrela+ar*[1]) *vtd* **1** Encher ou ornar de estrelas. *vpr* **2** Encher-se de estrelas. *vint* **3** Brilhar, cintilar, luzir. *vtd* **4** Representar o papel principal em peça teatral ou filme cinematográfico. *vtd* **5** Fritar (ovos) sem os mexer.

es.tre.la.to (*estrela+ato*[1]) *sm* Condição de destaque das estrelas e astros de cinema, televisão ou de pessoa de grande prestígio e popularidade.

es.tre.li.nha (*estrela+inho*, no *fem*) *sf* **1** Asterisco. **2** *Cul* Massa para sopa, em forma de diminutas estrelas.

es.tre.lis.mo (*estrela+ismo*) *sm* Maneira de proceder própria de estrelas ou de pessoas de destaque da vida pública (artes, política etc.).

es.tre.me.cer (*es+tremer+ecer*) *vtd* **1** Fazer tremer; sacudir: *Uma leve brisa fazia estremecer as folhas das árvores*. *vtd* **2** Impor medo a; assustar: *Os gritos estremeciam as crianças*. *vint* **3** Sofrer abalo rápido: *O muro estremeceu*. *vint* **4** Ser acometido de tremor súbito e passageiro: *Estremecer de medo*.

es.tre.me.ci.do (*part* de *estremecer*) *adj* **1** Abalado; assustado. **2** Muito amado. **3** Com a amizade abalada.

es.tre.mu.nhar *vtd* **1** Acordar de repente (a quem está dormindo). *vint* e *vpr* **2** Despertar de repente, ainda tonto de sono.

es.tre.par (*estrepe+ar*[1]) *vtd* e *vpr* **1** Ferir(-se) com estrepe. *vpr* **2** *pop* Sair-se mal, fracassar.

es.tre.pe (*lat stirpe*) *sm* **1** Espinho. **2** Pequena lasca aguçada que se solta da madeira. **3** *fig* Embaraço, dificuldade. **4** *pop* Pessoa incômoda ou má. **5** *gír* Pessoa feia e malproporcionada.

es.tre.pi.tar (*estrepito+ar*[1]) *vint* Vibrar, soar com estrépito.

es.tré.pi.to (*lat strepitu*) *sm* **1** Estrondo, ruído forte. **2** Grande confusão; desordem, bagunça. **3** Ostentação, pompa.

es.tre.pi.to.so (*ô*) (*estrépito+oso*) *adj* **1** Estrondoso, ruidoso. **2** Cheio de ostentação; pomposo. **3** Que dá na vista, que é notório. *Pl*: estrepitosos (*ó*).

es.trep.to.co.co (*gr streptós+coco*[1]) *sm* Bacter Bactéria esférica, que forma associações em série ou cadeia.

es.trep.to.mi.ci.na (*gr streptós+mýkes+ina*) *sf Farm* Antibiótico usado para combater a tuberculose e outras doenças infecciosas.

es.tres.sa.do (*part de estressar*) *adj* Que tem estresse.

es.tres.san.te (de *estressar*) *adj m+f* Que causa estresse.

es.tres.sar (*estresse+ar*[1]) *vtd* **1** Causar estresse a. *vint* e *vpr* **2** Chegar ao estresse.

es.tres.se (*ingl stress*) *sm Med* Reação do organismo a influências nocivas de ordem física, psíquica ou infecciosa capazes de perturbar o equilíbrio interno; *stress*.

es.tri.a (*lat stria*) *sf* **1** *Arquit* Cada um dos sulcos com filetes que ornam as colunas e as pilastras. **2** *por ext* Linha fina formada sobre a pele.

es.tri.ar (*estria+ar*[1]) *vtd* Abrir ou fazer estrias em: *Estriar uma peça*.

es.tri.ba.do (*part de estribar*) *adj* **1** Firmado em estribo, ou apoiado em qualquer objeto. **2** Baseado, fundamentado.

es.tri.bar (*estribo+ar*[1]) *vtd* **1** Firmar (os pés) no estribo. *vint* e *vpr* **2** Firmar os pés nos estribos, segurar-se nos estribos: *Estribou* (ou: *estribou-se*) *e montou agilmente*. *vtd, vti* e *vpr* **3** *fig* Basear(-se), fundamentar(-se): *Estribou seus argumentos em fatos reais. Estribam-se em várias opiniões.* *vtd* e *vti* **4** Apoiar, firmar: *Estribou a parede em duas colunas*.

es.tri.bei.ra (*estribo+eira*) *sf* Correia que prende o estribo ao arreio. *Perder as estribeiras*: fazer coisas fora de propósito; desnortear-se.

es.tri.bi.lho (*cast estribillo*) *sm* **1** Versos que se repetem depois de uma ou mais estrofes de uma composição. **2** *fig* Palavra ou expressão que alguém repete a propósito de tudo.

es.tri.bo (*gót striups*) *sm* **1** Cada uma das peças curvas, de ferro, metal ou couro, com base horizontal, que pendem de cada lado da sela, onde o cavaleiro firma os pés, quando cavalga. **2** Degrau de automóveis, trens etc. **3** *Anat* Pequeno osso da orelha.

es.tric.ni.na (*gr srtýkhnos+ina*) *sf Quím* Substância cristalina, branca, venenosa, extraída da noz-vômica. É usada em medicina, sobretudo como estimulante do sistema nervoso central.

es.tri.den.te (*lat stridente*) *adj m+f* Que tem som agudo e áspero: *Voz estridente*.

es.tri.lar (*estrí(du)lo+ar*[1]) *vint* **1** Soltar som estridente. **2** *pop* Zangar-se, exasperar-se, irritar-se: *Ele não é pessoa de estrilar*. **3** *pop* Proferir em voz alta; bradar, vociferar. **4** *pop* Reclamar, protestar.

es.tri.par (*es+tripa+ar*[1]) *vtd* **1** Tirar as tripas a. **2** Abrir o ventre a. **3** Fazer carnificina em.

es.tri.pu.li.a (*es+tropelia*) *sf bras* **1** Desordem, confusão. **2** Travessura, traquinagem.

es.tri.to (*lat strictu*) *adj* **1** Apertado; estreito. **2** Restrito; rigoroso.

es.tro.bos.co.pi.a (*estrobo+scopo+ia*[1]) *sf Fís* Estudo das fases sucessivas de um movimento rápido e periódico, mediante o estroboscópio.

es.tro.bos.có.pi.co (*estrobo+scopo+ico*[2]) *adj* Que se refere à estroboscopia.

es.tro.bos.có.pio (*estrobo+scopo+io*[2]) *sm Fís* Instrumento óptico para a observação e reconhecimento das características de cada fase de um movimento rápido e periódico, como a passagem das imagens sucessivas de um filme cinematográfico diante de uma fonte de luz.

es.tro.fe (*gr strophé*) *sf Lit* Grupo de versos; estância (acepção 4).

es.tró.ge.no (*gr oístros+geno*) *adj + sm Biol* Nome genérico de hormônios sexuais produzidos nos ovários que estimulam o desenvolvimento dos caracteres femininos.

es.tro.go.no.fe (de *Stroganoff, np*) *sm Cul* Prato preparado com carne (de boi, galinha ou outras), molho de tomate, conhaque, creme de leite e cogumelo.

es.troi.na (*ó*) *adj* e *s m+f* Diz-se de, ou pessoa dissipadora, perdulária, que gasta em excesso.

es.trôn.cio (*lat cient strontiu*) *sm Quím* Elemento metálico, maleável, de número atômico 38 e símbolo Sr.

es.tron.dar (*estrondo+ar*[1]) *vint* **1** Fazer estrondo ou ruído: *Os canhões estrondaram*. **2** Clamar, esbravejar, vociferar: *Impacientes, as pessoas estrondavam*.

es.tron.de.ar (*estrondo+e+ar*[1]) *V estrondar*.

es.tron.do (*lat vulg *extronitu*) *sm* **1** Grande ruído, estouro. **2** Grande luxo; pompa, ostentação.

es.tron.do.so (*ô*) (*estrondo+oso*) *adj* **1** Que faz estrondo. **2** Que é famoso, muito falado. **3** Em que há grande luxo; pomposo, suntuoso. *Pl: estrondosos* (*ó*).

es.tro.pi.a.do (*part de estropiar*) *adj* **1** Aleijado, mutilado. **2** Diz-se do cavalo com os cascos gastos por longa viagem. **3** Muito cansado.

es.tro.pi.a.men.to (*estropiar+mento*) *sm* **1** Ação ou efeito de estropiar. **2** Mutilação.

es.tro.pi.ar (*ital stroppiare*) *vtd* **1** Cortar um membro a; aleijar, mutilar. *vpr* **2** Aleijar-se, mutilar-se: *Estropiara-se na guerra*. *vtd* **3** Cansar, fatigar excessivamente: *O longo dia de trabalho estropiou-o*.

es.tro.pí.cio (*ital stropiccio*) *sm* Dano, maldade, malefício.

es.tru.gir *vtd* **1** Fazer estremecer com estrondo; estrondar. *vtd* **2** *Cul* Refogar; cozinhar com refogado. *vint* **3** Vibrar estrondosamente. *Conjug*: geralmente só é conjugado nas 3as pessoas.

es.tru.mar (*strume+ar*[1]) *vtd* **1** Espalhar estrume em; adubar, estercar. *vint* **2** Fazer estrumeira.

es.tru.me (*lat vulg *strumen* por *stramen*) *sm* **1** Qualquer substância orgânica que serve para fertilizar o solo; adubo, fertilizante. **2** Adubo feito com esterco e folhas ou ramos apodrecidos.

es.tru.mei.ra (*estrume+eira*) *sf* Lugar onde se acumula e prepara o estrume; esterqueira.

es.tru.pí.cio (*ital stropiccio*) *sm pop* **1** Desordem, alvoroço, algazarra. **2** Grande quantidade: *Havia na festa um estrupício de pessoas*. **3** Coisa de grandes dimensões. **4** Asneira, tolice.

es.tru.tu.ra (*lat structura*) *sf* **1** Organização das partes ou dos elementos que formam um todo: *Estrutura óssea. Estrutura de um livro*. **2** *Arquit* Esqueleto ou armação de um edifício.

es.tru.tu.rar (*estrutura+ar*[1]) *vtd* Formar a estrutura de.

es.tu.á.rio (*lat eastuariu*) *sm Geogr* Braço de mar formado pela desembocadura de um rio.

es.tu.car (*estuque+ar*[1]) *vtd* Revestir com estuque.

es.tu.da.do (*part* de *estudar*) *adj* **1** Que se estudou. **2** Analisado, examinado detidamente; considerado ou preparado cuidadosamente. **3** *fig* Afetado, artificial, simulado.

es.tu.dan.te (de *estudar*) *adj* m+f Diz-se de quem estuda. • *s* m+f Pessoa que estuda; aluno.

es.tu.dar (*estudo*+*ar*[1]) *vtd* **1** Aplicar a inteligência ao estudo de: *Estudar uma língua estrangeira*. *vtd* **2** Analisar, examinar detidamente. *vtd* **3** Aprender de cor, fixar na memória: *O ator estuda o seu papel*. *vint* **4** Adquirir conhecimentos. *vtd* e *vint* **5** Frequentar aulas de, ser estudante: *Ele estuda engenharia. Faço de tudo para que eles estudem. Estudar o terreno:* sondar as intenções de alguém.

es.tú.dio (*lat studiu*) *sm* **1** Oficina de artista (escultor, fotógrafo, pintor). **2** Local próprio para gravação e transmissão de programas de rádio ou televisão, filmagem, gravação de discos etc.

es.tu.di.o.so (*ô*) (*lat studiosu*) *adj* + *sm* **1** Que, ou o que é aplicado ao estudo. **2** Que, ou o que gosta de estudar. *Pl: estudiosos* (*ó*).

es.tu.do (*lat studiu*) *sm* **1** Ação de estudar. **2** Trabalho ou aplicação da inteligência no sentido de aprender. **3** Conhecimentos adquiridos por meio desta aplicação. **4** Investigação, pesquisa acerca de determinado assunto. **5** Obra em que um autor estuda e explica uma questão.

es.tu.fa (de *estufar*) *sf* **1** Recinto fechado em que se criam artificialmente condições especiais para diversos fins, como secagem, murcha, germinação, culturas de fungos ou micróbios etc. **2** Forno que serve apenas para aquecer os alimentos ou conservá-los aquecidos. **3** Aparelho destinado à esterilização de material cirúrgico. **4** *por ext* Ambiente muito quente.

es.tu.far[1] (*ital stufare*) *vtd* **1** Colocar ou aquecer em estufa. **2** Assar ou cozinhar (carne) lentamente.

es.tu.far[2] (*corr* de *estofar*) *vtd* **1** Aumentar de volume; inflar, inchar: *Estufou o peito*. *vpr* **2** Encher(-se) de comida; empanturrar(-se). *vint* **3** Ter o volume aumentado: *Com a doença, o coração estufou*.

es.tul.ti.ce (*lat stultitia*) *V* estultícia.

es.tul.tí.cia (*lat stultitia*) *sf* Qualidade de estulto; estultice.

es.tul.to (*lat stultu*) *adj* Sem inteligência, estúpido, tolo.

es.tu.pe.fa.ção (*lat stupefactione*) *sf* **1** *Med* Adormecimento de uma parte do corpo suspendendo mais ou menos o movimento e a sensibilidade. **2** *fig* Espanto, pasmo, assombro.

es.tu.pe.fa.ci.en.te (*lat stupefaciente*) *adj* m+f *Med* Que causa estupefação. • *sm* Entorpecente, narcótico.

es.tu.pe.fa.to (*lat stupefactu*) *adj* Atônito, pasmado, assombrado.

es.tu.pen.do (*lat stupendu*) *adj* **1** Admirável, assombroso, maravilhoso. **2** Fora do comum, extraordinário. *Antôn* (acepção 2): *vulgar*.

es.tu.pi.dez (*ê*) (*estúpido*+*ez*) *sf* **1** Falta de inteligência, de juízo, de discernimento. **2** Brutalidade, grosseria, indelicadeza.

es.tú.pi.do (*lat stupidu*) *adj* **1** Imbecil, idiota, tolo. **2** Que causa tédio, que aborrece: *Trabalho estúpido*. **3** Bruto, grosseiro, indelicado.

es.tu.por (*ô*) (*lat stupore*) *sm* **1** *Med* Condição em que o doente, imóvel, não reage a qualquer estímulo externo. **2** Imobilidade repentina causada por espanto ou medo. **3** Pessoa ou animal de péssima aparência. *Pl: estupores* (*ô*).

es.tu.po.rar (*estupor*+*ar*[1]) *vtd* **1** Causar estupor em: *O terror estuporou-o*. *vpr* **2** Ter estupor: *Estuporou-se com a trágica notícia*.

es.tu.pra.dor (*estuprar*+*dor*) *adj* + *sm* Que, ou quem comete estupro.

es.tu.prar (*lat stuprare*) *vtd* Cometer estupro contra; violar, violentar.

es.tu.pro (*lat stupru*) *sm* Relação sexual sem consentimento e com emprego de força; violação.

es.tu.que (*fr stuc*) *sm* **1** Espécie de argamassa preparada com gesso, água e cola. **2** Revestimento interno de teto feito com esse material.

es.tur.jão (*fr esturgeon*) *sm Ictiol* Nome comum a gênero de peixes de cujas ovas se faz o caviar.

es.tur.ri.car (*es*+*torr*(*ar*)+*ico*+*ar*[1]) *V* estorricar.

es.tur.ro (de *esturrar*) *sm* **1** *bras* Urro de onça. **2** Estrondo, estouro. **3** Estado ou cheiro de coisa queimada.

es.va.e.cer (*lat vulg* *exvanescere) *vtd* e *vpr* **1** Desfazer(-se), apagar(-se), dissipar(-se): *O sol esvaecea a cerração. Esvaeceram-se as esperanças*. *vint* e *vpr* **2** Desanimar, esmorecer, desmaiar: *Esvaecera* (ou: *esvaecera-se*) *quando soube que falira*. *Var*: *esvanecer*.

es.va.e.ci.do (*part* de *esvaecer*) *adj* Desfeito, dissipado, enfraquecido. *Var*: *esvanecido*.

es.va.ir (*lat vulg* *exvanere) *vtd* **1** Fazer desaparecer, dissipar: *O vento esvaiu o nevoeiro*. *vpr* **2** Desaparecer, dissipar-se: *Aquela triste lembrança esvaiu-se com o tempo*. *vpr* **3** Desfalecer, desmaiar, esmorecer. *vpr* **4** Decorrer, escoar-se, passar com rapidez: *Esvaem-se os melhores anos de nossa vida*. *vpr* **5** Desbotar-se, perder a cor: *Esse amarelo esvai-se muito depressa*. Conjuga-se como *atrair*.

es.va.ne.cer (*lat vulg* * *exvanescere*) *V* esvaecer.

es.va.ne.ci.do (*part* de *esvanecer*) *V* esvaecido.

es.va.zi.a.men.to (*esvaziar*+*mento*) *sm* Ato ou efeito de esvaziar.

es.va.zi.ar (*es*+*vazio*+*ar*[1]) *vtd* e *vpr* **1** Tornar(-se) vazio. *vtd* **2** Despejar, esgotar.

es.ver.de.a.do (*part* de *esverdear*) *adj* Tirante a verde.

es.ver.de.ar (*es*+*verde*+*e*+*ar*[1]) *vtd* **1** Dar cor esverdeada ou verde a. *vint* e *vpr* **2** Adquirir cor esverdeada ou verde. Conjuga-se como *frear*.

es.vo.a.çar (*es*+*voo*+*aço*+*ar*[1]) *vint* **1** Bater (a ave) as asas para erguer o voo; voar com voo curto e rasteiro. *vint* e *vpr* **2** Tremular ao vento; flutuar.

ET *adj* + *sm* Abreviatura de *extraterrestre*.

e.ta (*ê*) *interj bras* Exprime alegria, animação, entusiasmo.

e.ta.nol (*ét*(*er*)+*ano*+*ol*[1]) *sm Quím* Álcool etílico.

e.ta.pa (*fr étape*) *sf* **1** Distância entre dois lugares de parada em qualquer percurso. **2** *fig* Fase, estágio.

e.tá.rio (*lat aetate*+*ário*, com haplologia) *adj* Que se refere à idade.

etc. Abreviatura da expressão latina *et caetera/cetera*, que significa *e o mais, e outras coisas, e assim por diante*.

é.ter (*gr aithér*) *sm* **1** *Quím* Líquido de cheiro

característico, incolor, volátil e inflamável. **2** Atmosfera, o espaço celeste.

e.té.reo (*lat aethereu*) *adj* **1** Relativo ou pertencente ao éter. **2** Sublime, puro, elevado. **3** Celeste, celestial.

e.ter.ni.da.de (*lat aeternitate*) *sf* **1** Qualidade do que é eterno. **2** Tempo muito longo, duração prolongada: *Você levou uma eternidade para chegar.* **3** Segundo as pessoas crentes, a vida depois da morte.

e.ter.ni.zar (*eterno+izar*) *vtd* **1** Tornar eterno. *vtd* e *vpr* **2** Prolongar(-se) indefinidamente. *vtd* e *vpr* **3** Tornar(-se) célebre; imortalizar(-se). *vpr* **4** Durar muito.

e.ter.no (*lat aeternu*) *adj* **1** Que dura sempre. **2** Que não morre; imortal. **3** Imortalizado, célebre. • *sm* **Eterno** Deus.

é.ti.ca (*gr ethiké*) *sf* **1** *Filos* Parte da Filosofia que estuda os valores morais e os princípios ideais da conduta humana. **2** Conjunto de princípios morais que devem ser respeitados no exercício de uma profissão.

é.ti.co (*gr ethikós*) *adj* **1** Relativo ou pertencente à ética. **2** De acordo com a ética.

e.tí.li.co (*ét(er)+il+ico²*) *adj Quím* Diz-se de composto que contém etilo.

e.ti.lo (*ét(er)+ilo*) *sm Quím* Radical orgânico que entra na composição do álcool e do éter.

é.ti.mo (*lar étymon*) *sm* **1** Palavra que é a origem de outra. **2** Etimologia.

e.ti.mo.lo.gi.a (*gr etymología*) *sf Gram* **1** Estudo da origem e formação das palavras de determinada língua. **2** Origem de uma palavra: *A etimologia de lobo é o latim* lupu.

e.ti.mo.ló.gi.co (*étimo+logo+ico²*) *adj* **1** Relativo à etimologia. **2** Que trata da etimologia.

e.ti.mo.lo.gis.ta (*étimo+logo+ista*) *s m+f* Especialista em etimologia; etimólogo.

e.ti.mó.lo.go (*étimo+logo*) *V* etimologista.

e.ti.o.lo.gi.a (*gr aitiología*) *sf* **1** A ciência da origem das coisas. **2** *Med* Investigação das causas de determinada doença.

e.ti.o.ló.gi.co (*etio+logo+ico²*) *adj* Que se refere à etiologia.

e.tí.o.pe (*gr aithíops*) *adj m+f* Relativo ou pertencente à Etiópia (África). • *s m+f* Habitante ou natural da Etiópia.

e.ti.que.ta (*ê*) (*fr étiquette*) *sf* **1** Conjunto de cerimônias adotadas na alta sociedade; formalidade. **2** Normas entre pessoas bem-educadas: *Ela segue a etiqueta em qualquer ocasião.* **3** Pedaço de papel, cartolina ou outro material, adesivo ou não, para indicar conteúdo, procedência, uso, preço etc.

e.ti.que.tar (*fr étiquetter*) *vtd* Pôr etiqueta em. *Conjug – Pres indic: etiqueto (qué), etiquetas (qué), etiqueta (qué)* etc. *Cf* etiqueta.

et.ni.a (*etno+ia¹*) *sf Sociol* Mistura de raças com a mesma cultura.

ét.ni.co (*etno+ico²*) *adj* Relativo ou pertencente a raça ou povo.

et.no.gra.fi.a (*etno+grafo+ia¹*) *sf* **1** *Antrop* Ramo da antropologia que trata da origem e filiação de raças e culturas. **2** Estudo e descrição da cultura de um determinado povo.

et.nó.gra.fo (*etno+grafo*) *sm* Especialista em etnografia.

et.no.lo.gi.a (*etno+logo+ia¹*) *sf* **1** *Antrop* Ciência que trata da divisão da humanidade em raças, sua origem, distribuição e relações, e das peculiaridades que as caracterizam. **2** *bras* O estudo antropológico dos povos indígenas.

et.no.lo.gis.ta (*etnólogo+ista*) *V etnólogo.*

et.nó.lo.go (*etno+logo*) *sm* Especialista em etnologia; etnologista.

e.trus.co (*lat etruscu*) *adj* Relativo ou pertencente à Etrúria, antiga região da Itália central. • *sm* **1** Habitante ou natural da Etrúria. **2** Língua dos etruscos.

eu (*lat ego*) *pron* Pronome pessoal da primeira pessoa do singular. • *sm* A individualidade da pessoa que fala.

eu.ca.lip.to (*eu+gr kalyptós*) *sm Bot* Designação comum a várias espécies de árvores, a maioria de grande porte e crescimento rápido, de propriedades medicinais, que fornecem madeira para marcenaria e construção, resinas, óleos etc.

eu.ca.lip.tol (*eucalipto+ol¹*) *sm Farm* Substância incolor, de cheiro semelhante ao da cânfora, encontrada em muitas folhas, principalmente nas de eucalipto, e muito usada como expectorante.

eu.ca.ris.ti.a (*gr eukharistía*) *sf Rel* **1** Sacramento em que, segundo a Igreja Católica, o corpo e o sangue de Jesus Cristo estão presentes sob as formas do pão e do vinho. **2** O ato de administrar e receber a comunhão.

eu.ca.rís.ti.co (*eucaristia+ico²*) *adj* Que se refere à eucaristia.

eu.cli.di.a.no (*Euclides, np+ano²*) *adj* **1** Que se refere a Euclides, geômetra da Grécia antiga (século III a.C.). **2** Que se refere ao escritor brasileiro Euclides da Cunha (1866-1909).

eu.fe.mis.mo (*gr euphemismós*) *sm Ling* Maneira pela qual se suavizam expressões tristes ou desagradáveis empregando outras mais suaves e delicadas.

Eufemismo é um recurso de linguagem que consiste no emprego de expressões adequadas, a fim de atenuar ou mesmo evitar termos rudes ou desagradáveis.
*Ele **entregou a alma a Deus**. (= morreu)*
*Joana **faltou com a verdade**. (= mentiu)*
*Eles têm uma criança **com deficiência física**. (= aleijada)*

eu.fo.ni.a (*eu+fono+ia¹*) *sf* **1** Som agradável, que resulta da combinação das consoantes e vogais de uma palavra ou da união das palavras na frase. **2** *Mús* Som agradável de uma só voz ou de um só instrumento. **3** Elegância, suavidade na pronúncia. *Antôn* (acepção 1): *cacofonia.*

eu.fô.ni.co (*eufonia+ico²*) *adj* Melodioso, agradável ao ouvido.

eu.fo.ri.a (*gr euphoría*) *sf* **1** Sensação de ótimo bem-estar. **2** Grande disposição de ânimo. **3** Muita alegria.

eu.fó.ri.co (*euforia+ico²*) *adj* **1** Que traz euforia; caracterizado por euforia. **2** Que sente euforia.

eu.ge.ni.a (*eu+geno+ia¹*) *sf Med* Ciência que estuda as condições que tendem a melhorar as qualidades físicas e morais da raça humana.

eu.la.li.a (*eu+lalo+ia¹*) *sf* Boa dicção, boa maneira de falar.

eu.nu.co (*gr eunoûkhos*) *sm* **1** Homem castrado que, no Oriente, era guardião de mulheres, prin-

cipalmente nos haréns. 2 *fig* Homem impotente, estéril.
eup.nei.a (*é*) (*eu+pneo+ia¹*) *sf Med* Respiração normal. *Antôn: dispneia.*
eu.ra.fri.ca.no (*euro(peu)+africano*) *adj* De, ou pertencente ou relativo à Europa e à África. • *sm* Indivíduo mestiço de pai europeu e mãe africana, ou vice-versa.
eu.ra.si.a.no (*top Eur(opa)+top Ásia+ano²*) *V eurásio.*
eu.ra.si.á.ti.co (*eur(opeu)+asiático*) *adj* + *sm* Eurásio. *Var: euro-asiático.*
eu.rá.sio (*top Eur(opa)+top Ásia*) *adj* **1** De, ou pertencente ou relativo à Europa e à Ásia. **2** De ascendência europeia e asiática. • *sm* Indivíduo descendente de raças europeias e asiáticas.
eu.re.ca! (*gr héureka*) *interj V heureca!*.
eu.ro (*lat euru*) *sm Econ* Unidade monetária comum aos vários países que compõem a União Europeia.
eu.ro-a.fri.ca.no (*top Eur(opa)+top África+ano*) *adj* Que se refere à Europa e à África. *Pl: euro-africanos. Var: eurafricano.*
eu.ro-a.si.á.ti.co (*top Eur(opa)+asiático*) *adj* + *sm* Eurásio. *Pl: euro-asiáticos. Var: eurasiano, eurásio.*
eu.ro.dó.lar (*top Euro(pa)+dólar*) *sm Econ* Dólar estadunidense depositado em bancos europeus para empréstimo ao mercado financeiro internacional. *Pl: eurodólares.*
eu.ro.i.e.ne (*top Euro(pa)+iene*) *sm Econ* Iene (unidade monetária do Japão) aplicado na Europa, de maneira semelhante à dos eurodólares e com a mesma finalidade.
eu.ro.pei.a (*é*) (*gr europaîa*) *adj* + *sf* Feminino de *europeu.*
eu.ro.pe.i.zar (*europeu+izar*) *vtd* e *vpr* **1** Tornar (-se) europeu. *vtd* **2** Dar feição europeia a. *vpr* **3** Adaptar-se ao estilo ou modo de vida dos europeus. *Conjug – Pres indic: europeízo, europeízas, europeíza, europeizamos, europeizais, europeízam; Pres subj: europeíze, europeízes, europeíze, europeizemos, europeizeis, europeízem; Imper afirm: europeíza (tu), europeíze(você), europeizemos(nós), europeizai(vós), europeízem(vocês).*
eu.ro.peu (*gr europaîos*) *adj* Pertencente ou relativo à Europa. • *sm* Habitante ou natural da Europa. *Fem: europeia.*
eu.ró.pio (*top Europa+io*) *sm Quím* Elemento metálico, de número atômico 63 e símbolo Eu.
eus.ta.si.a (*eu+stásis,* levantamento+*ia¹*) *sf* Variação do nível dos mares decorrente da capacidade de mudanças das bacias oceânicas ou do volume de água do oceano.
eu.ta.ná.sia (*gr euthanasía*) *sf Med* **1** Morte serena, sem sofrimento. **2** Prática ilegal pela qual se procura, sem dor ou sofrimento, pôr fim à vida de um doente considerado irremediavelmente incurável.
e.va.cu.ar (*lat evacuare*) *vtd* **1** Esvaziar, desocupar, abandonar (um lugar): *As pessoas evacuaram o prédio rapidamente.* *vint* **2** Expelir as fezes; defecar.
e.va.dir (*lat evadere*) *vtd* **1** Fugir a; desviar, evitar: *Evadir o perigo.* *vpr* **2** Escapar, fugir às ocultas. *vpr* **3** Sumir-se; desaparecer.

E.van.ge.lho (*gr euaggélion*) *sm* **1** *Rel* Doutrina de Jesus Cristo. **2** *Rel* Cada um dos quatro primeiros livros principais do Novo Testamento. **3** *Rel* Trecho desses livros que se lê na missa. **4 evangelho** Coisa digna de inteiro crédito: *Acredita naquilo como em um evangelho.*
e.van.gé.li.co (*Evangello+ico²*) *adj* **1** Do Evangelho ou a ele relativo. **2** Que segue os princípios do Evangelho. **3** Pertencente ou relativo aos grupos religiosos não católicos que afirmam seguir os Evangelhos. • *sm* Membro de um desses grupos.
e.van.ge.lis.mo (*evangelho+ismo*) *sm* **1** Doutrina político-religiosa baseada no Evangelho. **2** Pregação e propagação do Evangelho.
e.van.ge.lis.ta (*lat evangeliu+ista*) *sm* **1** Autor de um dos quatro Evangelhos (São Mateus, São Marcos, São Lucas e São João). **2** Sacerdote que canta ou recita o Evangelho na missa. • *s m+f* Pessoa que evangeliza.
e.van.ge.li.za.ção (*evangelizar+ção*) *sf* Ato ou efeito de evangelizar.
e.van.ge.li.zar (*gr euaggelízein*) *vtd* **1** Pregar o Evangelho a. *vtd* **2** Divulgar ou recomendar uma ideia ou doutrina. *vpr* **3** Tornar-se cristão, cristianizar-se.
e.va.po.ra.ção (*lat evaporatione*) *sf* Passagem lenta de um líquido ao estado de vapor.
e.va.po.rar (*lat evaporare*) *vtd, vint* e *vpr* **1** Reduzir(-se) (um líquido) ao estado de vapor: *O calor evaporou o orvalho. A água evaporou* (ou: *evaporou-se). vtd* **2** Emitir, exalar: *As paredes evaporam umidade. vpr* **3** Desfazer-se, dissipar-se: *Evaporaram-se as ilusões. vpr* **4** Consumir-se inutilmente, perder-se: *Seu salário evaporou-se em poucos dias. Nossas energias evaporaram-se nesse trabalho exaustivo. vpr* **5** *fig* Fugir, desaparecer: *Os maus pagadores evaporam-se.*
e.va.são (*lat evasione*) *sf* Ato de evadir-se; fuga.
e.va.si.va (*fem de evasivo*) *sf* **1** Desculpa ardilosa. **2** Escapatória, pretexto, subterfúgio.
e.va.si.vo (*lat evasu+ivo*) *adj* **1** Que facilita a evasão. **2** Que serve de subterfúgio, para escapar de uma situação difícil: *Deu uma resposta evasiva.*
e.ven.to (*lat eventu*) *sm* **1** Acontecimento. **2** Acaso.
e.ven.tu.al (*evento+al¹*) *adj m+f* **1** Que depende do acaso, de acontecimento incerto. **2** Casual, fortuito.
e.ven.tu.a.li.da.de (*eventual+i+dade*) *sf* Acontecimento incerto; acaso.
e.vic.ção (*lat evictione*) *sf Dir* Perda da posse de algo por ordem da justiça, em consequência de reivindicação judicial do verdadeiro proprietário.
e.vic.to (*lat evictu*) *adj* Sujeito a evicção. • *sm* Indivíduo que sofreu evicção.
e.vi.dên.cia (*lat evidentia*) *sf* Qualidade daquilo que é evidente, que é incontestável, que todos podem ver e verificar. *Estar em evidência:* ocupar posição de destaque.
e.vi.den.ci.ar (*evidência+ar¹*) *vtd* e *vpr* Tornar (-se) evidente. *Conjug – Pres indic: evidencio* (cí), *evidencias* (cí), *evidencia* (cí) etc. *Cf evidência.*
e.vi.den.te (*lat evidente*) *adj m+f* **1** Que se compreende sem dificuldade nenhuma, que não oferece dúvidas. **2** Claro, manifesto, patente, óbvio.
e.vis.ce.rar (*lat eviscerare*) *vtd* Tirar as vísceras a; estripar.

e.vi.tar (*lat evitare*) *vtd* **1** Desviar-se de, fugir a: *Evitei prosseguir no assunto. Saiu do país, para evitar a prisão.* **2** Atalhar, impedir: *Não foi possível evitar aquele aborrecimento.*

e.vi.tá.vel (*evitar+vel*) *adj m+f* Que pode ser evitado.

e.vo.ca.ção (*lat evocatione*) *sf* **1** Ato de evocar. **2** *Psicol* Função da memória pela qual as lembranças são chamadas de novo à consciência.

e.vo.car (*lat evocare*) *vtd* **1** *Magia* Chamar, invocar, para que apareçam (almas, espíritos, demônios). **2** Chamar à memória, reproduzir na imaginação ou no espírito: *Evocar a infância.*

e.vo.ca.ti.vo (*lat evocativu*) *adj* Que serve para evocar.

e.vo.lu.ção (*lat evolutione*) *sf* **1** Progresso. **2** Transformação lenta e progressiva de uma ideia, fato, ação etc. **3** Processo pelo qual todo organismo vivo, a partir de um estado rudimentar e por meio de uma série de alterações gradativas, vai adquirindo as características que o distinguem. **4** Qualquer movimento destinado a efetuar um novo arranjo, pela passagem de uma posição a outra, dos componentes de um grupo (integrantes de uma escola de samba, dançarinos, patinadores etc.).

e.vo.lu.í.do (*part de evoluir*) *adj* Que evoluiu, que progrediu.

e.vo.lu.ir (*fr évoluer*) *vint* **1** Executar evoluções. *vti* **2** Passar por uma série progressiva de transformações. *Conjug – Part: evoluído.*

e.vo.lu.ti.vo (*evoluto+ivo*) *adj* **1** Relativo ou pertencente a evolução. **2** Que promove evolução.

ex- (*lat ex*) *pref* Exprime movimento para fora de, saída, intensidade etc.: *êxodo, expatriar, expurgar.* O prefixo **ex-** pode indicar estado ou condição anterior e também cessação. Nesses casos, é sempre ligado por hífen à palavra que o segue: *ex-marido, ex-sócio, ex-patrão* etc.

e.xa.cer.ba.do (*part de exacerbar*) *adj* **1** Agravado. **2** Irritado.

e.xa.cer.bar (*lat exacerbare*) *vtd* e *vpr* **1** Tornar (-se) mais veemente, mais intenso; agravar(-se). **2** Exasperar(-se), irritar(-se).

e.xa.ge.ra.ção (*lat exaggeratione*) *sf* **1** Exagero. **2** Abuso, excesso. **3** Falta de naturalidade.

e.xa.ge.ra.do (*part de exagerar*) *adj* **1** Em que há exagero ou exageração. **2** De formas ou proporções fora do comum. • *adj + sm* Diz-se de, ou quem tem o hábito de exagerar.

e.xa.ge.rar (*lat exaggerare*) *vtd* **1** Apresentar ou descrever fatos ou coisas maiores do que são realmente: *Exagerar as dificuldades. vtd* e *vint* **2** Exprimir com ênfase, dando importância demais: *Exagerar uma queixa. Ao elogiar, ela sempre exagera. vint* e *vpr* **3** Ser exagerado nos gestos, nos modos, na maneira de dizer etc. *vtd* **4** Aparentar mais do que sente: *Exagerar a dor, o desgosto. vti* **5** *bras* Usar com excesso: *Ela sempre exagera na pimenta.*

e.xa.ge.ro (*ê*) (*de exagerar*) *sm* **1** Ato ou efeito de exagerar; exageração. **2** Excesso.

e.xa.la.ção (*lat exhalatione*) *sf* Qualquer coisa que se exala (cheiro, vapor etc.).

e.xa.lar (*lat exhalare*) *vtd* **1** Emitir ou soltar de si (cheiro, vapor etc.): *As flores exalavam um doce perfume. vpr* **2** Desprender-se, sair: *Delicioso aroma exalava-se do pomar.*

e.xal.ta.ção (*lat exaltatione*) *sf* **1** Ato ou efeito de exaltar. **2** Irritação, cólera. **3** Excitação de espírito; entusiasmo.

e.xal.ta.do (*part de exaltar*) *adj* **1** Ardente, apaixonado. **2** Excessivo, exagerado. **3** Que se irrita facilmente.

e.xal.tar (*lat exaltare*) *vtd* e *vpr* **1** Tornar(-se) sublime, grandioso; engrandecer(-se), glorificar (-se). *vtd* **2** Louvar, enaltecer, elogiar: *Exaltar uma qualidade. vpr* **3** Atingir o mais alto grau de intensidade ou energia: *Exaltar-se o entusiasmo. vtd* e *vpr* **4** Irritar(-se) profundamente, enfurecer(-se).

e.xa.me (*lat examen*) *sm* **1** Observação minuciosa e atenta; verificação, inspeção. **2** Investigação, pesquisa, análise. **3** Prova oral ou escrita a que alguém é submetido para demonstrar sua capacidade ou seus conhecimentos em determinado assunto; teste. **4** *Med* Inspeção do corpo de um doente.

e.xa.mi.na.dor (*lat examinatore*) *adj + sm* Que, ou quem examina.

e.xa.mi.nan.do (*lar examinandu*) *sm* Aquele que tem de ser examinado ou está sendo examinado.

e.xa.mi.nar (*lat examinare*) *vtd* **1** Inspecionar com atenção e minuciosamente. *vtd* **2** Estudar, meditar a respeito de; ponderar: *Examine bem o assunto. vtd* **3** Investigar a aptidão ou capacidade de: *Examinava com rigor os candidatos. vtd* **4** Observar: *Examinar os outros. vpr* **5** Fazer exame de consciência, observar-se com atenção. *vtd* **6** *Med* Inspecionar para diagnosticar doença ou anormalidade.

e.xan.gue (*lat exangue*) *adj m+f* **1** Sem sangue. **2** Enfraquecido, sem forças.

e.xâ.ni.me (*lat exanime*) *adj m+f* **1** Desfalecido; morto. **2** Sem ânimo, sem forças.

e.xan.te.ma (*gr exánthema*) *sm Med* Nome genérico das erupções de pele caracterizadas, principalmente, por uma vermelhidão mais ou menos intensa.

e.xan.te.má.ti.co (*exantema+t+ico²*) *adj Med* **1** Que tem a natureza do exantema. **2** Que se refere ao exantema.

e.xa.rar (*lat exarare*) *vtd* **1** Gravar, talhar: *Exarar uma inscrição.* **2** Registrar por escrito; lavrar: *Exarar uma ata.*

e.xas.pe.ra.ção (*lat exasperatione*) *sf* **1** Desespero, aflição. **2** Irritação.

e.xas.pe.ra.do (*part de exasperar*) *adj* Enfurecido, encolerizado, muito irritado.

e.xas.pe.rar (*lat exasperare*) *vtd* e *vpr* **1** Tornar (-se) enfurecido; irritar(-se) muito, encolerizar (-se). *vtd* **2** Irritar ou importunar alguém até levá-lo ao desespero. *vtd* e *vpr* **3** Agravar(-se), exacerbar(-se).

e.xa.ti.dão (*exato+idão*) *sf* **1** Rigor na determinação de medida, peso, valor etc.; precisão. **2** Esmero, perfeição. **3** Cumprimento rigoroso.

e.xa.to (*lat exactu*) *adj* **1** Correto, certo. **2** Rigoroso, preciso. **3** Perfeito, impecável.

e.xau.rir (*lat exhaurire*) *vtd* e *vpr* **1** Esgotar completamente: *Exauriram todo o vinho da garrafa. Por fim, exauriram-se as lágrimas. vtd* **2** Gastar até a última gota: *Exauriu todos os recursos.*

vpr **3** Cansar-se, extenuar-se: *Esforçou-se até exaurir-se.* Conjuga-se como *abolir. Part: exaurido* e *exausto.*
e.xau.rí.vel (*exaurir+vel*) *adj m+f* Que se pode exaurir.
e.xaus.tão (*lat exhaustione*) *sf* **1** Ato ou efeito de exaurir. **2** Esgotamento, cansaço excessivo.
e.xaus.ti.vo (*exausto+ivo*) *adj* **1** Que esgota. **2** Muito cansativo: *Tarefa exaustiva.*
e.xaus.to (*lat exhaustu*) *adj* **1** Que se exauriu. **2** Acabado, extenuado. **3** Esgotado, muito cansado.
e.xaus.tor (*la exhaustu+or*) *sm* Aparelho para tirar o ar viciado de um ambiente.
ex.ce.ção (*lat exceptione*) *sf* **1** Aquilo que se exclui de uma regra, lei, princípio ou ordem. **2** Exclusão. **3** Prerrogativa, privilégio.
ex.ce.den.te (de *exceder*) *adj m+f* Que excede, que sobra. • *sm* Diferença para mais; excesso, sobra.
ex.ce.der (*lat excedere*) *vtd* e *vti* **1** Ir além de; ultrapassar (em valor, peso, extensão, talento, virtude etc.): *Esse preço excede o* (ou: *excede ao*) *da tabela. Ninguém o excedeu em força. vpr* **2** Ir além do que é natural, justo ou conveniente; cometer excesso: *Não se exceda em nada. vpr* **3** Irritar-se, enfurecer-se: *A discussão os levou a excederem-se.*
ex.ce.dí.vel (*exceder+vel*) *adj m+f* Que se pode exceder.
ex.ce.lên.cia (*lat excellentia*) *sf* **1** Superioridade de qualidade. **2** Tratamento dado a autoridade política ou social etc. *Por excelência:* acima de tudo; no mais alto grau.
ex.ce.len.te (*lat excellente*) *adj m+f* **1** Ótimo, excepcional. **2** Primoroso, bem-acabado, perfeito. **3** Notável, sublime.
ex.ce.len.tís.si.mo (*lat excellentissimu*) *adj* **1** Superlativo absoluto sintético de *excelente.* **2** Tratamento dado a autoridades ou pessoas de alta hierarquia social, política etc.
ex.cel.so (*lat excelsu*) *adj* **1** Elevado, grandioso, sublime. **2** Maravilhoso, excelente.
ex.cen.tri.ci.da.de[1] (*excêntrico*[1]+*i*+*dade*) *sf* Afastamento ou desvio do centro.
ex.cen.tri.ci.da.de[2] (*excêntrico*[2]+*i*+*dade*) *sf* Extravagância, originalidade.
ex.cên.tri.co[1] (*lat med excentricu*) *adj* **1** Que está fora do centro. **2** Que tem centro diferente (como dois círculos ou duas esferas cujos centros não coincidem). *Antôn* (acepção 2): *concêntrico.*
ex.cên.tri.co[2] (*ingl eccentric*) *adj + sm* Diz-se de, ou indivíduo extravagante, original, esquisito.
ex.cep.ci.o.nal (*lat exceptione+al*[1]) *adj m+f* **1** Em que há exceção. **2** Muito bom, extraordinário, excelente. • *adj* e *s m+f* Diz-se de, ou pessoa portadora de alguma deficiência física ou mental.
ex.cer.to (*lat excerptu*) *adj* Tirado, extraído. • *sm* Trecho, extrato.
ex.ces.si.vo (*excesso+ivo*) *adj* Exagerado, demasiado, exorbitante.
ex.ces.so (*lat excessu*) *sm* **1** Diferença para mais; excedente, sobra. **2** Grau elevado; exagero. **3** Falta de moderação; abuso, desregramento. **4** Desmando, violência.
ex.ce.to (*lat exceptu*) *prep* À exceção de, com exceção de, afora, menos, salvo.

ex.ce.tu.ar (*lat exceptu+ar*[1]) *vtd* **1** Fazer exceção de, pôr fora de, excluir: *Este regulamento não excetua ninguém. vpr* **2** Excluir-se ou desobrigar-se de. *Antôn* (acepção 1): *incluir.*
ex.ci.pi.en.te (*lat excipiente*) *sm Farm* Substância que serve para ligar, dissolver ou disfarçar o sabor de outras substâncias que constituem um medicamento.
ex.ci.são (*lat excisione*) *sf Cir* Extração de parte de um todo; amputação; retirada.
ex.ci.ta.ção (*lat excitatione*) *sf* **1** Ato ou efeito de excitar. **2** Agitação, exaltação. **3** Irritação, exasperação. **4** Desejo sexual.
ex.ci.tan.te (*lat excitante*) *adj m+f* Que excita, estimula ou anima.
ex.ci.tar (*lat excitare*) *vtd* **1** Ativar a ação de: *Excitar uma glândula. vtd* **2** Despertar, estimular: *Excitar o apetite. vtd, vint* e *vpr* **3** Produzir erotismo em. *vtd* e *vpr* **4** Enfurecer(-se), encolerizar (-se), exaltar(-se). *vtd* e *vpr* **5** Animar(-se): *A boa notícia os excitou. Excitaram-se com a chegada das férias.*
ex.cla.ma.ção (*lat exclamatione*) *sf* **1** Grito súbito de admiração, alegria, dor, surpresa etc. **2** *Gram* Ponto de exclamação.
ex.cla.mar (*lat exclamare*) *vti* e *vint* **1** Soltar exclamações; bradar, gritar, vociferar: *Exclamar contra a impunidade. Na praça, a multidão revoltada exclamava. vtd* **2** Pronunciar em voz alta; bradar, gritar, vociferar.
ex.cla.ma.ti.vo (*exclamar+ivo*) *adj* Que encerra ou envolve exclamação.
ex.clu.den.te (*lat excludente*) *adj* Que exclui.
ex.clu.í.do (*part* de *excluir*) *adj* **1** Que sofreu exclusão; deixado de lado. **2** Eliminado.
ex.clu.ir (*lat excludere*) *vtd* e *vpr* **1** Deixar(-se) de fora, não incluir(-se): *Excluiu seu nome da lista. vtd* **2** Impedir a entrada de; recusar, rejeitar: *A escola não excluí ninguém. vtd* **3** Privar da posse de alguma coisa: *O tio excluiu-o da herança. vtd* **4** Afastar, desviar: *As provas excluíram todas as suspeitas. Antôn* (acepção 1): *incluir;* (acepção 2): *admitir. Conjug – Part: excluído.*
ex.clu.são (*lat exclusione*) *sf* **1** Ato ou efeito de excluir. **2** Exceção. *Antôn: inclusão.*
ex.clu.si.ve (*lat*) *adv* De modo exclusivo. *Antôn: inclusive.*
ex.clu.si.vi.da.de (*exclusivo+i+dade*) *sf* Qualidade daquilo que é exclusivo.
ex.clu.si.vis.mo (*exclusivo+ismo*) *sm* Costume de quem exclui qualquer coisa contrária a sua opinião ou que quer tudo para si.
ex.clu.si.vis.ta (*exclusivo+ista*) *adj* e *s m+f* Diz-se de, ou pessoa que pratica o exclusivismo.
ex.clu.si.vo (*excluso+ivo*) *adj* **1** Que exclui. **2** Especial, privativo, restrito.
ex.clu.so (*lat exclusu*) *adj* Que está de fora.
ex.co.mun.ga.do (*part* de *excomungar*) *adj* **1** *pop* Maldito, amaldiçoado. **2** *Rel* Que sofreu excomunhão. • *sm* **1** Indivíduo que é odiado, que procede mal. **2** *Rel* Indivíduo que sofreu excomunhão. **3** *pop* Diabo, demônio.
ex.co.mun.gar (*lat ecles excommunicare*) *vtd* **1** *Rel* Impor a excomunhão a. **2** Reprovar, censurar

excomunhão 375 **exibido**

severamente, condenar. **3** Isolar da comunidade. **4** Amaldiçoar, esconjurar.

ex.co.mu.nhão (*lat ecles excommunicatione*) *sf Rel* Pena eclesiástica que exclui o fiel da Igreja Católica.

ex.cre.ção (*lat excretione*) *sf Fisiol* **1** Expulsão de resíduos inúteis ao organismo. **2** Matéria excretada (urina, fezes, suor etc.).

ex.cre.men.to (*lat excrementu*) *sm* **1** Resíduos não absorvidos da digestão, que o animal lança periodicamente para o exterior. **2** Matérias fecais; dejetos, fezes.

ex.cres.cên.cia (*lat excrescentia*) *sf* **1** Saliência, elevação acima de uma superfície. **2** O que cresce a mais. **3** *Med* Tumor saliente sobre a superfície de um órgão (*p ex*, verrugas).

ex.cre.tar (*lat excretu+ar¹*) *vtd* **1** Expelir do corpo (suor, urina, fezes). *vint* **2** Sair por excreção.

ex.cre.tor (*excreto+or*) *adj* Que opera ou efetua a excreção.

ex.cur.são (*lat excursione*) *sf* **1** Passeio de instrução ou de recreio. **2** *por ext* Viagem de recreio.

ex.cur.si.o.nar (*lat excursione+ar¹*) *vint* Fazer excursão.

ex.cur.si.o.nis.ta (*lat excursione+ista*) *adj* e *s m+f* Que, ou quem toma parte em excursões.

e.xe.cra.ção (*lar exsecratione*) *sf* **1** Maldição, imprecação. **2** Aversão profunda.

e.xe.cra.do (*part* de *execrar*) *adj* **1** Que se execrou. **2** Odiado, detestado.

e.xe.cran.do (*lat exsecrandu*) *V execrável*.

e.xe.crar (*lat exsecrari*) *vtd* **1** Abominar, detestar, amaldiçoar: *Execrar a mentira*. *vtd* **2** Desejar mal a. *vpr* **3** Detestar-se, ter horror a si mesmo.

e.xe.crá.vel (*lat exsecrabile*) *adj m+f* **1** Digno de execração. **2** Abominável, detestável.

e.xe.cu.ção (*lat executione*) *sf* **1** Ato ou efeito de executar. **2** Realização. **3** Desempenho, interpretação. **4** *Dir* Cumprimento de sentença judicial. **5** Cumprimento de pena de morte.

e.xe.cu.ta.do (*part* de *executar*) *adj* Que se executou. • *sm* **1** Aquele que sofreu a pena de morte. **2** *Dir* Aquele que é réu, numa execução judicial.

e.xe.cu.tan.te (de *executar*) *adj* e *s m+f* **1** Que, ou quem executa, canta ou toca. **2** *Dir* Autor num processo de execução.

e.xe.cu.tar (*lat exsecutu+ar¹*) *vtd* **1** Levar a efeito; realizar, fazer, efetuar: *Executar um trabalho*. *vtd* **2** Representar em cena; interpretar: *O ator executou bem o seu papel*. *vtd* e *vint* **3** *Mús* Tocar, cantar: *Cada um executou um trecho diferente. A orquestra executava muito bem*. *vtd* **4** Aplicar (penalidade, punição, morte) em cumprimento da lei: *Executar uma sentença de prisão. Executaram o traidor em praça pública*. *vtd* **5** *Inform* Fazer funcionar um programa ou um processo de computador.

e.xe.cu.ti.va (*z*) (de *executivo*) *sf* **1** Comissão executiva: *A executiva do partido*. **2** Feminino de *executivo* (acepção 2).

e.xe.cu.ti.vo (*executar+ivo*) *adj* **1** Que executa; executor. **2** Que está encarregado de executar leis. • *sm* **1** Um dos três poderes do Estado democrático, ao qual cabe a execução das leis. **2** Pessoa que ocupa uma posição de responsabilidade administrativa, de diretoria ou de gerência, numa organização comercial, industrial ou oficial.

e.xe.cu.tor (*lat exsecutore*) *adj+sm* Que, ou quem executa.

e.xe.ge.se (*z-gé*) (*gr exégesis*) *sf* Comentário, explicação de textos (especialmente a interpretação gramatical e histórica da Bíblia).

e.xe.ge.ta (*z-gé*) (*gr exegetés*) *s m+f* Pessoa que faz exegeses.

e.xe.gé.ti.ca (*z*) (*fem* de *exegético*) *sf Teol* Parte da teologia que trata da exegese bíblica.

e.xem.plar (*lat exemplare*) *adj m+f* Que serve ou pode ser tomado como exemplo. • *sm* **1** Modelo original que se deve imitar ou copiar. **2** Cada um dos livros, revistas, jornais ou outros impressos pertencentes a uma mesma tiragem. **3** Cada indivíduo da mesma variedade ou espécie animal, vegetal ou mineral; espécime.

e.xem.plá.rio (*lat exemplariu*) *sm* Coleção ou livro de exemplos.

e.xem.pli.fi.car (*exemplo+ficar*) *vtd* **1** Explanar, mostrar com exemplos. **2** Aplicar como exemplo.

e.xem.plo (*lat exemplu*) *sm* **1** Tudo o que pode ou deve servir para ser imitado; modelo. **2** Pessoa que se toma ou se pode tomar como modelo. **3** Aquilo que serve de lição. **4** Fato, sentença ou palavras com que se procura confirmar uma regra ou demonstrar alguma coisa.

e.xé.quias (*lat exsequias*) *sf pl* Cerimônias ou honras fúnebres.

e.xe.qui.bi.li.da.de (*qwi*) (*exequível+dade*) *sf* Qualidade de exequível.

e.xe.quí.vel (*qwi*) (*lat exsequi+vel*) *adj m+f* Que se pode executar.

e.xer.cer (*lat exercere*) *vtd* **1** Desempenhar as funções inerentes a (cargo, emprego, ofício etc.). **2** Pôr em ação; praticar. **3** Fazer sentir; levar a efeito.

e.xer.cí.cio (*lat exercitiu*) *sm* **1** Desempenho de um cargo, um emprego ou ocupação profissional. **2** Atividade corporal. **3** Trabalho escolar para treinar o aluno. **4** Manobra militar. **5** *Fin* Período de tempo limitado de dois balanços sucessivos de uma administração, ou entre dois orçamentos da receita e despesa pública: *Exercício de 1971*. *Exercício aeróbico, Esp:* qualquer exercício físico ritmado e que exige alto consumo de oxigênio, como caminhada, natação ou ciclismo.

e.xer.ci.tar (*lat exercitare*) *vtd* **1** Pôr em atividade. *vtd* e *vpr* **2** Procurar adquirir força, agilidade, perícia, por meio de exercícios no estudo: *Exercitar o corpo, a inteligência. Exercitar-se no piano*.

e.xér.ci.to (*lat exercitu*) *sm* **1** Conjunto de forças armadas terrestres. **2** As tropas dispostas para a guerra. **3** *fig* Grande número, multidão.

ex.fo.li.a.ção (*lat exfoliare+ção*) *sf Med* Desprendimento sob a forma de escamas ou camadas.

e.xi.bi.ção (*lat exhibitione*) *sf* **1** Apresentação, demonstração. **2** Representação de peça teatral. **3** Projeção de filme cinematográfico. **4** *fig* Ostentação.

e.xi.bi.ci.o.nis.mo (*lat exhibitione+ismo*) *sm* **1** Mania de ostentação. **2** Preocupação em se mostrar. **3** *Psicol* Tendência para exibir as partes sexuais.

e.xi.bi.ci.o.nis.ta (*lat exhibitione+ista*) *adj m+f* Relativo, pertencente ou dado ao exibicionismo. • *s m+f* Pessoa dada ao exibicionismo.

e.xi.bi.do (*z*) (*part* de *exibir*) *adj* Que está ou esteve em exibição. • *adj* + *sm pop* Diz-se de, ou pessoa que gosta de se mostrar; exibicionista.

e.xi.bi.dor (*exibir+dor*) *adj* Que exibe. • *sm* **1** Aquele que exibe ou faz exibição. **2** bras Proprietário de cinema.

e.xi.bir (*lat exhibere*) *vtd* e *vpr* **1** Apresentar(-se), mostrar(-se); tornar(-se) patente. *vtd* **2** Apresentar em uma exposição. *vtd* **3** Fazer exibição ostentosa de; mostrar com orgulho ou vaidade.

e.xi.gên.cia (*lat exigentia*) *sf* **1** Ato de exigir. **2** Pedido urgente e repetido. **3** Pedido importuno.

e.xi.gen.te (*lat exigente*) *adj m+f* **1** Difícil de satisfazer, de contentar. **2** Impertinente.

e.xi.gir (*lat exigere*) *vtd* **1** Reclamar ou requerer com direito legítimo: *O doente exige muita atenção.* **2** Impor como obrigação ou dever: *Exigir segredo.* **3** Carecer de; precisar: *A música exige talento.* **4** Mandar, ordenar: *Exigiu que fosse à escola.* **5** Determinar, prescrever: *A moda exige o uso de saia.*

e.xí.guo (*lat exiguu*) *adj* **1** Escasso, minguado. **2** Pequeno, diminuto, limitado.

e.xi.la.do (*part* de *exilar*) *adj* + *sm* Que, ou aquele que foi expulso da pátria; expatriado, desterrado.

e.xi.lar (*fr exiler*) *vtd* **1** Expulsar da pátria, mandar para o exílio: *A República exilou Dom Pedro II.* *vpr* **2** Condenar-se a exílio voluntário; expatriar--se: *Decepcionado, exilou-se na Europa.*

e.xí.lio (*lat exiliu*) *sm* **1** Expulsão ou saída voluntária da pátria; expatriação. **2** Degredo, desterro. **3** Lugar onde vive o exilado.

e.xí.mio (*lat eximiu*) *adj* **1** Muito ilustre. **2** Excelente, magnífico. **3** Notável, insigne.

e.xi.mir (*lat eximere*) *vtd* e *vpr* Desobrigar(-se), dispensar(-se), isentar(-se), livrar(-se): *Eximir alguém de uma responsabilidade. Eximiu-se de um dever, mas perdeu um privilégio.*

e.xis.tên.cia (*lat existentia*) *sf* **1** Fato de existir. **2** Vida. **3** Modo de vida. **4** Ente, ser.

e.xis.ten.ci.al (*lat existentiale*) *adj m+f* Que se refere à existência individual.

e.xis.ten.ci.a.lis.mo (*existencial+ismo*) *sm Filos* Termo usado para designar as doutrinas que afirmam que o homem tem existência concreta e finita, descartando questões como a imortalidade.

e.xis.ten.ci.a.lis.ta (*existencial+ista*) *adj m+f* Relativo ou pertencente ao existencialismo. • *s m+f* Pessoa partidária do existencialismo.

e.xis.ten.te (de *existir*) *adj* e *s m+f* Que, ou aquilo que existe ou vive.

e.xis.tir (*lat existere*) *vint* **1** Ter existência real. **2** Viver. **3** Durar, permanecer, subsistir.

ê.xi.to (*lat exitu*) *sm* Resultado feliz, sucesso final.

e.xó.cri.no (*exo+crino*) *adj Fisiol* Relativo ou pertencente às glândulas de secreção externa.

ê.xo.do (*gr éxodos*) *sm* **1** Emigração de um povo. **2** Saída em massa. **3 Êxodo** *Bíblia* Segundo livro do Pentateuco, que narra a saída dos hebreus do Egito.

e.xó.ge.no (*exo+geno*) *adj* **1** Que cresce exteriormente ou para fora. **2** Que se encontra na superfície.

e.xo.ne.ra.ção (*lat exoneratione*) *sf* **1** Ato ou efeito de exonerar ou exonerar-se. **2** Destituição; demissão.

e.xo.ne.rar (*lat exonerare*) *vtd* **1** Destituir de emprego; demitir. *vpr* **2** Demitir(-se). *vpr* **3** Desobrigar-se, isentar-se.

e.xo.ne.rá.vel (*exonerar+vel*) *adj m+f* Que pode ser exonerado.

e.xor.bi.tân.cia (*lat exorbitantia*) *sf* **1** Demasia, excesso. **2** Preço excessivo.

e.xor.bi.tan.te (de *exorbitar*) *adj m+f* **1** Que ultrapassa os limites do justo e razoável. **2** Excessivo, demasiado.

e.xor.bi.tar (*lat exorbitare*) *vti* e *vint* Exceder-se, passar além dos justos limites, transgredir a norma ou regra estabelecida: *Exorbitar de suas funções. Seja prudente, não exorbite.*

e.xor.cis.mo (*lat exorcismu*) *sm* Oração ou cerimônia religiosa para livrar alguém do demônio ou de espíritos maus; esconjuro.

e.xor.cis.ta (*lat exorcista*) *s m+f* **1** Pessoa que pratica o exorcismo. **2** *Teol* Clérigo que recebeu a terceira ordem menor.

e.xor.ci.zar (*lat exorcizare*) *vtd* Afugentar com exorcismo; esconjurar.

e.xór.dio (*lat exordiu*) *sm* Introdução de um discurso; preâmbulo.

e.xor.ta.ção (*lat exhortatione*) *sf* **1** Palavras com que se procura melhorar os atos, costumes ou opiniões de alguém. **2** Conselho, advertência.

e.xor.tar (*lat exhortari*) *vtd* e *vti* **1** Procurar convencer por meio de palavras; aconselhar, persuadir: *Exortava-os ao estudo.* *vtd* **2** Animar, encorajar, incitar: *Exortava os candidatos antes das provas.*

e.xos.fe.ra (*exo+esfera*) *sf Geofís* Camada mais alta da atmosfera.

e.xo.té.ri.co (*gr exoterikós*) *adj* Diz-se de ensinamento que se expõe ao público, principalmente doutrinas filosóficas. *Cf esotérico.*

e.xo.te.ris.mo (*exotér(ico)+ismo*) *sm* Qualidade de exotérico. *Cf esoterismo.*

e.xo.tér.mi.co (*exo+termo+ico²*) *adj Quím* Diz--se das reações que se produzem com desenvolvimento de calor.

e.xó.ti.co (*gr exotikós*) *adj* **1** Diz-se do animal ou da planta procedente de outro país. **2** De mau gosto. **3** Extravagante, excêntrico.

e.xo.tis.mo (*exót(ico)+ismo*) *sm* **1** Qualidade ou estado de exótico. **2** Coisa exótica.

ex.pan.di.do (*part* de *expandir*) *adj* **1** Dilatado, estendido. **2** Aumentado em extensão, tamanho, superfície etc.

ex.pan.dir (*lat expandere*) *vtd* e *vpr* **1** Dilatar(-se), estender(-se), ampliar(-se): *O vento expandiu as velas do barco. Sua atenção expandiu-se a todos que o cercavam.* *vpr* **2** Desabafar, desafogar-se: *Após expandir-se com o amigo, ele se acalmou.*

ex.pan.são (*lat expansione*) *sf* Ato ou efeito de expandir(-se).

ex.pan.si.o.nis.mo (*lat expansione+ismo*) *sm* **1** Processo ou sistema de se expandirem coisas ou ideias. **2** Tendência de um país em aumentar seus territórios.

ex.pan.si.vo (*lat expansu+ivo*) *adj* **1** Que se pode expandir; expansível. **2** Comunicativo, afável, franco.

ex.pa.tri.a.ção (*expatriar+ção*) *sf* Ato ou efeito de expatriar.

ex.pa.tri.a.do (*part* de *expatriar*) *adj* + *sm* Que, ou aquele que foi expatriado; desterrado, exilado.

ex.pa.tri.ar (*lat med expatriare*) *vtd* **1** Expulsar da pátria; desterrar, exilar. *vpr* **2** Ir para o exílio, sair voluntariamente da pátria.

ex.pec.ta.dor (*lat expectatore*) *sm* Aquele que está na expectativa. *Cf espectador.*

ex.pec.tan.te (*lat expectante*) *adj m*+*f* **1** Que espera em observação. **2** *Med* Diz-se do tratamento que envolve alívio imediato de um sofrimento.

ex.pec.tar (*lat expectare*) *vint* Estar na expectativa.

ex.pec.ta.ti.va (*lat exspectare*+*ivo*) *sf* **1** Aguardo de alguma coisa que pode ou vai acontecer ou se realizar. **2** Probabilidade: *Expectativa de vida.*

ex.pec.to.ran.te (*lat expectorante*) *adj* + *sm Farm* Que, ou o que provoca ou facilita a expectoração.

ex.pec.to.rar (*lat expectorare*) *vtd* **1** Expelir, soltar do peito. *vint* **2** Escarrar.

ex.pe.di.ção (*lat expeditione*) *sf* **1** Envio, remessa. **2** *Mil* Remessa de tropas com um fim determinado. **3** *por ext* Excursão, em geral científica, destinada a explorar, pesquisar ou estudar uma região. **4** Seção responsável pelo despacho de mercadorias.

ex.pe.di.ci.o.ná.rio (*lat expeditione*+*ário*) *adj* Que faz parte de uma expedição. • *sm* **1** Aquele que toma parte em uma expedição. **2** Integrante da Força Expedicionária Brasileira; pracinha.

ex.pe.di.da (*part* de *expedir,* no *fem*) *sf* Licença para sair ou expedir.

ex.pe.di.en.te (*lat expediente*) *sm* **1** Meio de sair de um embaraço, de vencer uma dificuldade. **2** Período de funcionamento de repartições públicas, escritórios, estabelecimentos comerciais etc. **3** A rotina de trabalho de uma pessoa, ou respectivo andamento. *Ter muito expediente:* ser muito desembaraçado. *Viver de expedientes:* não ter modo certo de vida e recorrer a todos os meios, inclusive ilícitos, para viver.

ex.pe.dir (*lat expedire*) *vtd* **1** Enviar, remeter: *Expedir a correspondência. vtd* **2** Fazer partir, mandar com determinado fim: *Expedir um representante, um procurador. vtd* e *vpr* **3** Despachar, resolver prontamente: *Expedir um assunto. vtd* e *vpr* *expediu-se em redigir o manifesto. vtd* **4** Promulgar, publicar oficialmente (decreto, portaria, bula). Conjuga-se como *pedir.*

ex.pe.di.to (*lat expeditu*) *adj* Ativo, desembaraçado, diligente.

ex.pe.lir (*lat expellere*) *vtd* **1** Pôr para fora com violência; expulsar: *Expelir o inimigo.* **2** Lançar de si: *Alguns animais expelem veneno.* **3** Arremessar longe: *Expelir pedras, setas* etc. Conjuga-se como *ferir. Part: expelido* e *expulso.*

ex.pen.der (*lat expendere*) *vtd* **1** Expor, explicar com minúcia e ponderação. **2** Gastar, despender.

ex.pen.sas (*lat expensas*) *sf pl* Constituinte da locução prepositiva *a expensas de:* à custa de.

ex.pe.ri.ên.cia (*lat experientia*) *sf* **1** Ato ou efeito de experimentar(-se); experimentação, experimento. **2** Conhecimento das coisas pela prática ou observação. **3** Ensaio prático para descobrir ou determinar um fenômeno, um fato ou uma teoria; tentativa, prova. **4** Perícia, habilidade que se adquire pela prática. *Antôn* (acepções 2 e 4): *inexperiência.*

ex.pe.ri.en.ci.ar (*experiência*+*ar*[1]) *vtd* Experimentar: *A moça experienciou uma sensação indescritível.*

ex.pe.ri.en.te (*lat experiente*) *adj* e *s m*+*f* Que, ou aquele que tem experiência.

ex.pe.ri.men.ta.ção (*experimentar*+*ção*) *sf* Ato ou efeito de experimentar.

ex.pe.ri.men.tal (*experimento*+*al*[1]) *adj m*+*f* **1** Baseado na experiência; empírico. **2** Derivado da experiência ou por ela descoberto; prático: *Resultados experimentais.*

ex.pe.ri.men.tar (*experimento*+*ar*[1]) *vtd* **1** Submeter a experiência; pôr à prova: *Experimentar um invento.* **2** Pôr em prática; executar: *Experimentar uma nova maneira de dar aulas.* **3** Sentir, sofrer, suportar: *Experimentar dores.* **4** Vestir (roupa) ou calçar (sapatos) para verificar se servem ou se agradam.

ex.pe.ri.men.to (*lat experimentu*) *sm* **1** Ensaio científico. **2** Experiência, experimentação.

expert (*écspert*) (*ingl*) *V experto.*

ex.per.to (*lat expertu*) *adj* Que tem experiência. • *sm* Especialista; conhecedor; perito: *Ele é experto em música barroca.*

ex.pi.a.ção (*lat expiatione*) *sf* Penitência, castigo.

ex.pi.ar (*lat expiare*) *vtd* **1** Reparar (crimes ou faltas) por meio de penitência ou cumprindo pena. **2** Sofrer as consequências de; padecer. **3** Obter perdão; reparar, resgatar. *Cf espiar.*

ex.pi.ra.ção (*lat expiratione*) *sf* **1** *Fisiol* Tempo da respiração que consiste na expulsão do ar pelos pulmões. **2** *fig* Fim, termo, vencimento: *Expiração de um prazo.*

ex.pi.rar (*lat expirare*) *vtd* **1** Expelir (o ar) dos pulmões. *vtd* **2** Exalar. *vint* **3** Morrer, falecer. *vint* **4** *fig* Acabar, findar, terminar.

ex.pla.na.ção (*lat explanatione*) *sf* Ato de explanar; narração minuciosa, explicação.

ex.pla.nar (*lat explanare*) *vtd* **1** Explicar, esclarecer. **2** Expor verbalmente; narrar minuciosamente.

ex.ple.ti.vo (*lat expletivu*) *adj* **1** Que serve para preencher ou completar. **2** *Gram* Diz-se da palavra ou frase desnecessária, mas que dá mais força ou realce à linguagem. • *sm Gram* Palavra ou frase expletiva.

ex.pli.ca.ção (*lat explicatione*) *sf* **1** Ato ou efeito de explicar(-se). **2** Esclarecimento.

ex.pli.car (*lat explicare*) *vtd* **1** Tornar claro ou inteligível; interpretar: *Explicou o sentido do texto. vtd* **2** Dar explicações a; ensinar: *Explicava gramática. vtd* **3** Esclarecer: *Explicou o motivo de sua atitude. vtd* **4** Exprimir, manifestar: *Não conseguia explicar seus sentimentos. vpr* **5** Fazer-se compreender: *Queira explicar-se. vtd* **6** Desculpar, justificar: *A falta de dinheiro explica seu mau humor.*

ex.pli.cá.vel (*explicar*+*vel*) *adj m*+*f* Que tem explicação ou pode ser explicado.

ex.pli.ci.tar (*explícito*+*ar*[1]) *vtd* Tornar explícito.

ex.plí.ci.to (*lat explicitu*) *adj* **1** Claro, expresso. **2** Formulado em palavras. *Antôn: implícito.*

ex.plo.dir (*lat explodere*) *vint* **1** Estourar, arrebentar. *vtd* **2** Causar a explosão de. *vint* **3** Manifestar-se ruidosamente: *Um grito de alegria explodiu depois do gol. vtd* **4** Proferir em voz alta; bradar,

vociferar. *Conjug:* é verbo defectivo; conjuga-se como *abolir.*
ex.plo.ra.ção (*lat exploratione*) *sf* **1** Ato ou efeito de explorar. **2** Pesquisa, análise, investigação. **3** Tentativa ou ato de tirar utilidade de alguma coisa; aproveitamento, utilização: *Exploração dos recursos naturais.* **4** Abuso da boa-fé, da ignorância ou da especial situação de alguém, para obter vantagens.
ex.plo.ra.do (de *explorar*) *adj* **1** Que se explorou. **2** Que sofreu exploração por ser ingênuo ou ter boa-fé. **3** Discutido; estudado, investigado.
ex.plo.ra.dor (*explorar+dor*[1]) *adj* Que explora. • *sm* **1** Aquele que viaja à procura de informações geográficas ou científicas. **2** Aquele que abusa da boa-fé, da ignorância ou da especial situação de alguém, para obter vantagens.
ex.plo.rar (*lat explorare*) *vtd* **1** Ir à descoberta de. **2** Percorrer com o objetivo de fazer descobertas geográficas ou científicas. **3** Observar, examinar (uma região) com fins comerciais ou militares. **4** Estudar, analisar, pesquisar. **5** Perscrutar, sondar. **6** Tirar proveito ou utilidade de: *Está agora explorando uma granja.* **7** Abusar da boa-fé, da ignorância ou especial situação de alguém, para obter vantagens: *Explorava não só os clientes, mas até os amigos.*
ex.plo.são (*lat explosione*) *sf* **1** Expansão violenta ou arrebentação, acompanhada de estrondo, causada por repentina liberação de uma força ou pelo escape de gases ou vapores sob grande pressão. **2** Estouro, detonação. **3** Manifestação repentina e intensa: *Explosão de risos, de raiva.*
ex.plo.si.vo (*lat explosu+ivo*) *adj* **1** Que é capaz de explodir ou causar explosão. **2** Impetuoso, impulsivo. • *sm* Qualquer substância inflamável capaz de produzir explosão.
ex.po.en.te (*lat exponente*) *s m+f* Pessoa de grande importância ou destaque no âmbito de suas atividades. *sm Mat* Número colocado à direita e um pouco acima de outro número ou símbolo, para indicar a que potência este deve ser elevado. *Ex:* 10[6].
ex.po.nen.ci.al (*lat exponente+al*[1]) *adj m+f* **1** Distinto, ilustre. **2** *Mat* Que tem expoente.
ex.po.nen.te (*lat exponente*) *s m+f* Pessoa que expõe ou explica alguma coisa.
ex.por (*lat exponere*) *vtd* **1** Pôr à mostra; apresentar, mostrar: *Expor mercadorias, obras artísticas* etc. *vtd* **2** Dizer, narrar: *Expus o que sabia. vtd* **3** Explanar, explicar: *Expôs sua teoria. vtd* e *vti* **4** Submeter à ação de (agentes físicos): *Expor o corpo ao sol. vtd* **5** Tornar conhecido ou evidente: *Expusemos os motivos. vpr* **6** Exibir-se, mostrar-se: *Ela não gosta de se expor. vtd* e *vpr* **7** Colocar (-se) em perigo: *Arriscou-se, porém sem expor quem quer que fosse. A criança muitas vezes se expõe sem saber. vpr* **8** Submeter-se, sujeitar-se: *Expor-se a uma prova, a um inquérito* etc. Conjuga-se como *pôr.*
ex.por.ta.ção (*lat exportatione*) *sf* **1** Venda ou saída de produtos de um país para o exterior. **2** Os produtos exportados.
ex.por.tar (*lat exportare*) *vtd* **1** Vender para fora do país (produtos nacionais). **2** *Inform* Salvar os dados em um formato de arquivo diferente do pré-selecionado. *Antôn: importar.*
ex.po.si.ção (*lat expositione*) *sf* **1** Ato de expor; exibição. **2** Lugar onde se expõem obras de arte, peças de artesanato, fotografias, produtos industrializados etc. **3** Narração minuciosa, explanação.
ex.po.si.tor (*lat expositore*) *adj* Que expõe. • *sm* **1** Aquele que expõe seus produtos ou trabalho em exposição pública. **2** Espécie de estante, quase sempre giratória, destinada à exposição de produtos, especialmente livros.
ex.pos.to (*lat expositu*) *adj* Que está à vista, à mostra. • *sm* Aquilo que está exposto.
ex.pres.são (*lat expressione*) *sf* **1** Maneira de exteriorizar pensamentos e sentimentos por meio de gestos ou palavras escritas ou faladas. **2** Aspecto do rosto, determinado pelo estado físico ou emocional; semblante. **3** Frase, sentença, locução.
ex.pres.sar (*expresso+ar*[1]) *V exprimir.*
ex.pres.si.o.nis.mo (*fr expressionisme*) *sm* **1** Expressão dos sentimentos, sensações ou impressões pessoais do artista. **2** *Bel-art* Tendência artística, do fim do século XIX e início do século XX, que teve por objetivo representar não a realidade objetiva, mas as emoções e reações subjetivas do artista.
ex.pres.si.vi.da.de (*expressivo+i+dade*) *sf* **1** Qualidade de expressivo. **2** Energia de expressão.
ex.pres.si.vo (*expresso+ivo*) *adj* **1** Que exprime. **2** Significativo, enérgico.
ex.pres.so (*lat expressu*) *adj* **1** Explícito, categórico: *Ordem expressa.* **2** Enviado diretamente: *Carta expressa.* **3** Que se manifesta por palavra, por escrito ou por outros sinais evidentes: *Vontade expressa.* **4** Diz-se de meio de transporte coletivo que vai diretamente ao destino, sem paradas: *Ônibus expresso.* • *sm* Trem expresso.
ex.pri.mir (*lat exprimere*) *vtd* **1** Dar a entender; manifestar, revelar: *Seu rosto exprimia tristeza. vpr* **2** Fazer-se compreender; explicar-se, expressar-se. *vpr* **3** Manifestar-se, mostrar-se. *vtd* **4** Representar em obra de arte conceitos, sentimentos, estados de consciência ou movimentos interiores. *vtd* **5** Representar, significar: *Suas palavras exprimiam todo o seu carinho. Conjug – Part: exprimido* e *expresso.*
ex.pro.bra.ção (*exprobrar+ção*) *sf* **1** Ato ou efeito de exprobrar. **2** Censura, repreensão.
ex.pro.brar (*lat exprobrare*) *vtd* e *vti* **1** Censurar, lançar em rosto: *Exprobrei-lhe a traição. vtd* **2** Censurar com veemência; repreender: *Exprobrou sua falta de atitude.*
ex.pro.pri.a.ção (*expropriar+ção*) *sf* **1** Ato ou efeito de expropriar. **2** Coisa expropriada.
ex.pro.pri.ar (*ex+próprio+ar*[1]) *vtd Dir* Privar alguém da propriedade de algo por meios legais, mediante indenização; desapropriar.
ex.pul.são (*lat expulsione*) *sf* **1** Ato ou efeito de expulsar. **2** Saída forçada.
ex.pul.sar (*lat expulsare*) *vtd* e *vti* **1** Pôr fora à força: *Expulsou os alunos. Expulsou-os da aula. vtd* **2** Lançar fora; expelir, eliminar. *Conjug – Part: expulsado* e *expulso.*
ex.pul.so (*lat expulsu*) *adj* Que se expulsou; posto fora à força.

ex.pur.ga.do (*part* de *expurgar*) *adj* Que sofreu expurgação.

ex.pur.gar (*lat expurgare*) *vtd* **1** Retirar ou separar do que é nocivo ou prejudicial. **2** Limpar de erros; corrigir, emendar. **3** *Agr* Tornar imune (plantas, sementes etc.).

ex.pur.go (de *expurgar*) *sm* Ato ou efeito de expurgar.

ex.su.da.ção (*lat exsudatione*) *sf* **1** Ato ou efeito de exsudar. **2** Transpiração. **3** Líquido que, atravessando os poros vegetais ou animais, toma certa consistência na superfície em que aparece.

ex.su.dan.te (*lat exsudante*) *adj m+f* Que provoca exsudação.

ex.su.dar (*lat exsudare*) *vtd* **1** Emitir, exalar em forma de gotas ou de suor: *A seringueira exsuda látex*. *vint* **2** Sair, gotejar em forma de suor: *O sangue exsudava*.

ex.su.da.ti.vo (*exsudar+ivo*) *adj* **1** Relativo ou pertencente à exsudação. **2** Caracterizado por exsudação.

ex.su.da.to (*lat exsudatu*) *sm Med* Matéria serosa resultante de processo inflamatório.

ex.sur.gir (*lat exsurgere*) *vint* **1** Levantar-se, erguer-se. *vtd* **2** Levantar.

êx.ta.se (*gr ékstasis*) *sm* Encanto, enlevo, arroubo, maravilha.

ex.ta.si.a.do (*part* de *extasiar*) *adj* **1** Encantado, arrebatado. **2** Assombrado, pasmado.

ex.ta.si.an.te (de *extasiar*) *adj m+f* Que extasia.

ex.ta.si.ar (*êxtase+ar¹*) *vtd* **1** Pôr em êxtase. *vtd* **2** Arroubar, encantar: *Extasiava-o a beleza*. *vpr* **3** Cair em êxtase.

ex.tá.ti.co (*gr ekstatikós*) *adj* **1** Em estado de êxtase; enlevado, absorto. **2** Causado por êxtase. **3** *pop* Maravilhado, pasmado, boquiaberto. *Cf estático*.

ex.tem.po.ra.nei.da.de (*extemporâneo+dade*) *sf* Qualidade do que é extemporâneo.

ex.tem.po.râ.neo (*baixo-lat extemporaneu*) *adj* **1** Impróprio da ocasião ou que se faz ou sucede; inoportuno. **2** Que é fora de tempo. *Antôn* (acepção 1): *oportuno*.

ex.ten.são (*lat extensione*) *sf* **1** *Fís* Propriedade que têm os corpos de ocupar certa porção do espaço. **2** Grandeza, força, intensidade: *A extensão da desgraça*. **3** Aumento, ampliação. **4** Comprimento. **5** Superfície, área: *A extensão de um terreno*. **6** Ramal telefônico. **7** Amplitude, alcance. **8** *Inform* Informação adicional após o nome do arquivo, indicando o seu tipo ou uso, como *txt* ou *doc* para arquivos de texto etc. *Por extensão:* ação de estender por analogia a significação de uma palavra: *É por extensão que se diz que uma serra tem dentes*.

ex.ten.si.vo (*lat extensivu*) *adj* **1** Que se pode estender. **2** Que pode ou deve ser aplicado a mais de um caso.

ex.ten.so (*lat extensu*) *adj* **1** Vasto, espaçoso, largo. **2** Duradouro. *Por extenso:* por inteiro; sem abreviaturas.

ex.te.nu.a.ção (*lat extenuatione*) *sf* Debilitação das forças físicas; esgotamento, enfraquecimento, prostração.

ex.te.nu.ar (*lat extenuare*) *vtd* e *vpr* **1** Cansar (-se), enfraquecer(-se) ao extremo. *vtd* **2** Diminuir, gastar, exaurir (bens, fortuna etc.).

ex.te.ri.or (*lat exteriore*) *adj m+f* **1** Da parte ou do lado de fora. **2** Relativo às nações estrangeiras. • *sm* **1** As nações estrangeiras; o estrangeiro. **2** Aparência, aspecto, exterioridade. *Antôn: interior*.

ex.te.ri.o.ri.da.de (*exterior+i+dade*) *sf* Qualidade daquilo que é exterior.

ex.te.ri.o.ri.zar (*exterior+izar*) *vtd* **1** Mostrar, apresentar para o exterior; externar: *Exteriorizou seus sentimentos*. *vpr* **2** Manifestar-se, externar-se: *Apesar do medo, conseguiu exteriorizar-se*.

ex.ter.mi.nar (*lat exterminare*) *vtd* **1** Destruir. Eliminar matando, fazer desaparecer: *Exterminar insetos nocivos*. **3** Extirpar; acabar com: *Exterminar um vício*.

ex.ter.mí.nio (*lat exterminiu*) *sm* **1** Ato ou efeito de exterminar. **2** Ruína total. **3** Assolação, destruição.

ex.ter.nar (*externo+ar1*) *V exteriorizar*.

ex.ter.na.to (*lat externatu*) *sm* Estabelecimento de ensino somente para alunos externos. *Antôn: internato*.

ex.ter.no (*lat externu*) *adj* **1** Que está do lado de fora ou vem de fora. **2** De país estrangeiro. **3** *Farm* Diz-se do medicamento que é aplicado sobre o corpo (por oposição ao *interno*, que é ingerido ou injetado). **4** Diz-se do aluno que não mora no colégio onde estuda. *Antôn: interno*.

ex.tin.ção (*lat extinctione*) *sf* **1** Ação ou efeito de extinguir. **2** Destruição, fim.

ex.tin.guir (*lat exstinguere*) *vtd* e *vpr* **1** Apagar (-se) (fogo, incêndio): *Os bombeiros extinguiram as chamas. O fogo na lareira extinguiu-se*. *vtd* **2** Fazer desaparecer; aniquilar, destruir. *vtd* **3** Abolir, suprimir: *Extinguir um vício*. *vtd* e *vpr* **4** Dissolver(-se); desfazer(-se): *Extinguir um partido. Acaba de extinguir-se a desordem*. *vpr* **5** Acabar, cessar, desaparecer. *Conjug:* suprime-se o *u* antes de *a* e de *o*. *Pres indic: extingo, extingues, extingue* etc.; *Pres subj: extinga, extingas* etc.; *Part: extinguido* e *extinto*.

ex.tin.to (*lat exstinctu*) *adj* **1** Que deixou de existir: *Língua extinta*. **2** Apagado (fogo).

ex.tin.tor (*lat exstinctore*) *adj* Que extingue. • *sm* Aparelho para apagar incêndios.

ex.tir.par (*lat exstirpare*) *vtd* **1** Arrancar pela raiz; desarraigar. **2** *Cir* Extrair (órgão ou membro enfermo). **3** Exterminar, extinguir, destruir.

ex.tor.quir (*lat extorquere*) *vtd* **1** Obter por violência, ameaças ou ardil. **2** Obter por extorsão (acepção 1). Conjuga-se como *abolir*.

ex.tor.são (*lat extorsione*) *sf* **1** Contribuição forçada. **2** Emprego de força ou ameaça para a obtenção de bens alheios.

ex.tor.si.vo (*extors(ão)+ivo*) *adj* **1** Em que há extorsão. **2** Que pratica extorsão.

ex.tra (de *extraordinário*) *adj m+f* **1** Forma abreviada de *extraordinário: Edição extra*. **2** Adicional, suplementar. **3** De qualidade superior. • *s m+f* **1** Ator figurante. **2** Pessoa que presta serviço suplementar.

ex.tra.ção (*lat extractione*) *sf* **1** Ato ou efeito de extrair. **2** Aquilo que se extrai. **3** Separação de um minério, ou de um mineral, de uma jazida; desmonte. **4** *Cir* Remoção de corpos estranhos ou de partes orgânicas: *Extração de dentes*. **5** Na loteria, o ato do sorteio para determinar quais são os premiados.

ex.tra.con.ju.gal (*extra+conjugal*) *adj m+f* Fora dos deveres ou dos direitos conjugais; extramatrimonial.

ex.tra.con.ti.nen.tal (*extra+continente+al³*) *adj m+f* Que está fora do continente.

ex.tra.con.tra.tu.al (*extra+contrato+al³*) *adj m+f* Que não depende de contrato.

ex.tra.cur.ri.cu.lar (*extra+curricular*) *adj m+f* Diz-se de atividades que não constam do currículo.

ex.tra.di.ção (*fr extradition*) *sf Dir* Ato ou efeito de extraditar.

ex.tra.di.ta.do (*part* de *extraditar*) *sm* Aquele cuja extradição foi concedida.

ex.tra.di.tar (decalque do *fr extrader*) *vtd Dir* Entregar um refugiado ou criminoso ao governo estrangeiro que o reclama.

ex.tra.ga.lác.ti.co (*extra+galáctico*) *adj Astr* Situado fora da nossa galáxia. *Var: extragalático.*

ex.tra.ga.lá.ti.co (*extra+galático*) V *extragaláctico.*

ex.tra-hu.ma.no (*extra+humano*) V *sobre-humano.*

ex.tra.ir (*lat extrahere*) *vtd* **1** Tirar, puxar (alguma coisa) para fora de onde estava. **2** Separar ou obter (suco, ingrediente, princípio etc.) por pressão, destilação etc. **3** Separar um minério ou um mineral de uma jazida. **4** *Cir* e *Odont* Praticar a extração de; arrancar: *Extrair um tumor. Extrair um dente.* **5** Tirar, copiar de um livro, documento, registro etc. Conjuga-se como *atrair.*

ex.tra.ju.di.ci.al (*extra+judicial*) *adj m+f* Feito sem processo ou formalidade judicial; extrajudiciário.

ex.tra.ju.di.ci.á.rio (*extra+judiciário*) V *extrajudicial.*

ex.tra.ju.rí.di.co (*extra+jurídico*) V *extralegal.*

ex.tra.le.gal (*extra+legal*) *adj m+f* Que está fora dos meios legais ou da legalidade; ilegal, extrajurídico.

ex.tra.lin.guís.ti.co (*gwi*) (*extra+linguístico*) *adj* Relativo a tudo que serve à comunicação, mas que não pertence ao sistema linguístico em si mesmo considerado.

ex.tra.ma.tri.mo.ni.al (*extra+matrimônio+al¹*) V *extraconjugal.*

ex.tra.mo.le.cu.lar (*extra+molécula+ar²*) *adj m+f Quím* **1** Que fica fora da molécula. **2** Que vai além dos limites de uma molécula.

ex.tra.nu.me.rá.rio (*extra+número+ário*) *adj* **1** Fora do número certo e determinado. **2** Diz-se daquele que não pertence ao quadro efetivo ou permanente dos funcionários.

ex.tra.o.fi.ci.al (*extra+oficial*) *adj m+f* **1** Estranho a negócios públicos. **2** Que não tem origem oficial.

ex.tra.o.fi.ci.al.men.te (*extra+oficialmente*) *adv* De maneira extraoficial.

ex.tra.or.di.na.ri.a.men.te (*extra+ordinário+mente*) *adv* **1** De maneira extraordinária, fora do comum. **2** Em altíssimo grau; ao extremo, em excesso.

ex.tra.or.di.ná.rio (*extra+ordinário*) *adj* **1** Fora do comum. **2** Adicional, suplementar. **3** Admirável, espantoso, grandioso. **4** Muito distinto. **5** Excessivo. **6** Estranho, raro, esquisito. • *sm* **1** Acontecimento imprevisto ou inesperado. **2** Despesa além do que é habitual.

ex.tra.po.la.ção (*extrapolar+ção*) *sf* Ato ou efeito de extrapolar.

ex.tra.po.lar (*extra+(inter)polar*) *vtd* **1** Ir além dos limites de; exceder, ultrapassar. **2** Situar-se além de.

ex.tra.pro.fis.si.o.nal (*extra+profissional*) *adj m+f* Que está fora da profissão, que não pertence à profissão.

ex.tra.pro.gra.ma (*extra+programa*) *adj m+f sing* e *pl* Que está fora do programa. • *sm* Qualquer incidente com que não se contava.

ex.tras.sen.sí.vel (*extra+sensível*) *adj m+f* **1** Que não é percebido pelos sentidos. **2** Excessivamente sensível.

ex.tras.sen.so.ri.al (*extra+sensorial*) *adj m+f* **1** Situado fora ou além dos sentidos. **2** Não limitado aos sentidos.

ex.tra.ter.re.no (*extra+terra+eno²*) *adj* Que está fora da Terra.

ex.tra.ter.res.tre (*extra+terrestre*) *adj* e *s m+f* Diz-se de, ou pessoa ou aquilo que é de fora da Terra.

ex.tra.ter.ri.to.ri.al (*extra+território+al¹*) *adj m+f* Situado fora dos limites territoriais.

ex.tra.tex.tu.al (*extra+textual*) *adj m+f* Que não pertence a um determinado texto ou contexto.

ex.tra.ti.vo (*extrato+ivo*) *adj* **1** Que envolve extração ou faz uso dela. **2** Relativo a extração.

ex.tra.to (*lat extractu*) *sm* **1** Substância extraída de outra. **2** Produto industrial formado por essência aromática. **3** Resumo de um escrito. **4** Fragmento, trecho. **5** Reprodução, cópia. *Cf estrato.*

ex.tra.u.te.ri.no (*extra+útero+ino*) *adj Med* **1** Que se encontra fora do útero. **2** Que se realizou fora do útero: *Gravidez extrauterina.*

ex.tra.va.gân.cia (*extravagar+ância*) *sf* **1** Qualidade daquele ou daquilo que é extravagante. **2** Ato ou efeito próprio do que é extravagante. **3** Excentricidade, esquisitice.

ex.tra.va.gan.te (de *extravagar*) *adj* e *s m+f* **1** Que, ou quem se afasta do habitual; excêntrico, original, singular. **2** Que, ou quem gasta em excesso; estroina.

ex.tra.va.sa.men.to (*extravasar+mento*) *sm* Ato ou efeito de extravasar.

ex.tra.va.sar (*extra+vaso+ar¹*) *vtd* **1** Fazer transbordar. *vtd, vint* e *vpr* **2** Derramar(-se), transbordar(-se): *O canal extravasava água cheia de lama. As águas do dique extravasaram. O rio extravasou-se.*

ex.tra.vi.a.do (*part* de *extraviar*) *adj* **1** Perdido no caminho, sumido no caminho: *Carta extraviada.* **2** Que desapareceu por fraude. **3** Desencaminhado dos bons costumes; pervertido.

ex.tra.vi.ar (*extra+via+ar¹*) *vtd* **1** Tirar do caminho; desencaminhar: *A tempestade extraviou o navio.* *vtd* **2** Fazer desaparecer, subtrair por fraude: *Espiões extraviaram importantes documentos.* *vpr* **3** Perder-se, sumir-se no caminho: *Algumas pessoas extraviaram-se da excursão.* *vtd* **4** Induzir ao erro, ao mal; perverter: *A má companhia o extraviou.*

ex.tra.vi.o (de *extraviar*) *sm* **1** Ato ou efeito de extraviar(-se). **2** Desvio. **3** Sumiço, perda.

ex.tre.ma-di.rei.ta *sf Esp* Posição no futebol de quem atua na extremidade direita da linha dianteira; ponta-direita. *s m+f* Quem ocupa essa posição; ponta-direita. *Pl: extremas-direitas.*

ex.tre.ma.do (*part* de *extremar*) *adj* **1** Extraordinário, excepcional. **2** Distinto, notável.

ex.tre.ma-es.quer.da *sf Esp* Posição no futebol de quem atua na extremidade esquerda da linha dianteira; ponta-esquerda. *s m+f* Quem ocupa essa posição; ponta-esquerda. *Pl: extremas-esquerdas.*

ex.tre.mar (*extremo+ar¹*) *vtd* e *vpr* **1** Tornar(-se) extremo. **2** Distinguir(-se), enaltecer(-se).

ex.tre.mas (de *extremo*) *sm pl Esp* Palavra com que, em futebol, se designam ao mesmo tempo o extrema-direita e o extrema-esquerda.

ex.tre.ma-un.ção *sf Teol* Sacramento da Igreja destinado a perdoar os pecados do enfermo que está quase morrendo. *Pl: extremas-unções.*

ex.tre.mi.da.de (*lat extremitate*) *sf* **1** Parte ou ponto em que qualquer coisa termina. **2** Fim, limite. **3** Orla, beira.

ex.tre.mis.mo (*extremo+ismo*) *sm* Doutrina que é favorável à adoção de medidas extremas para a resolução dos problemas sociais; radicalismo.

ex.tre.mis.ta (*extremo+ista*) *adj m+f* Relativo ao extremismo. • *s m+f* Pessoa partidária do extremismo; radical.

ex.tre.mo (*lat extremu*) *adj* **1** Situado no ponto mais distante. **2** Afastado, remoto, longínquo. **3** Último, derradeiro. **4** Perfeito, exímio. **5** Excessivo, exagerado. • *sm* **1** O ponto mais distante; extremidade, raia, limite. **2** *Mat* Primeiro ou último termo numa proporção aritmética ou geométrica. *sm pl* **1** Carinho excessivo; demonstração de estima. **2** Último meio para resolver um problema.

ex.tre.mo.so (*ô*) (*extremo+oso*) *adj* **1** Excessivo em afeto; muito carinhoso. **2** Que tem extremos. **3** Que chega a extremos. *Pl: extremosos (ó).*

ex.trín.se.co (*s=c*) (*lat extrinsecu*) *adj* **1** Que é exterior. **2** Que não é essencial. *Antôn: intrínseco.*

ex.tro.ver.são (*lat extro(rsu)+versu+suf ione*) *sf* Atitude de quem dirige seus interesses sobretudo para os fatos externos, naturais ou sociais, mais que para experiências íntimas, ideias e sentimentos. *Antôn: introversão.*

ex.tro.ver.ter (*lat extro(rsu)+vertere*) *vpr* Proceder como extrovertido; mostrar-se comunicativo.

ex.tro.ver.ti.do (*part* de *extroverter*) *adj + sm* Diz de, ou aquele que é expansivo, comunicativo, sociável.

ex.tru.são (*fr extrusion*) *sf* **1** *Geol* Emersão forçada de lava ou magma (através de fenda, por exemplo) na superfície da Terra. **2** *Geol* Matéria assim forçada a emergir na superfície da Terra.

E.xu (*ch*) (*ioruba èsu*) *sm bras* **1** *Rel* Orixá ou mensageiro dos orixás, representado por um falo ereto, que é responsável pela reprodução humana. **2** *exu pop* Demônio, espírito maligno.

e.xu.be.rân.cia (*lat exuberantia*) *sf* **1** Abundância excessiva. **2** Vigor, intensidade.

e.xu.be.ran.te (*lat exuberante*) *adj m+f* **1** Copioso ou excessivamente abundante. **2** Viçoso, vigoroso. **3** Repleto, cheio. **4** Cheio de vigor; animado.

e.xu.be.rar (*lat exuberare*) *vti* e *vint* **1** Existir em abundância: *O pomar exubera de frutas. Ali exuberavam vinhedos.* *vtd* **2** Manifestar exuberância: *Sua atlética aparência exuberava vitalidade.*

e.xul.ta.ção (*lat exsultatione*) *sf* Alegria, júbilo, regozijo.

e.xul.tan.te (de *exultar*) *adj m+f* Que exulta; muito alegre.

e.xul.tar (*lat exsultare*) *vti* e *vint* Alegrar-se ou regozijar-se ao extremo: *Exultar de felicidade. Exultou pelo nascimento do filho. Recebendo a boa notícia, exultamos.*

e.xu.ma.ção (*z*) (*exumar+ção*) *sf* Remoção de um cadáver da sepultura. *Antôn: inumação, sepultamento.*

e.xu.ma.do (*z*) (*part* de *exumar*) *adj* Que se exumou; desenterrado.

e.xu.mar (*z*) (*ex+humo+ar¹*) *vtd* **1** Tirar da sepultura; desenterrar. **2** *fig* Tirar do esquecimento.

ex-vo.to (*ex+voto*) *sm* Imagem, quadro, objeto que se coloca em capela ou igreja, para comemorar um voto ou promessa feita em ocasião de perigo ou doença. *Pl: ex-votos.*

f *sm* Sexta letra do alfabeto português, consoante. • *num* O sexto numa série indicada pelas letras do alfabeto.

F *Mús* A nota *fá* na notação musical alfabética.

fá *sm Mús* **1** Quarta nota da escala musical. **2** Sinal representativo dessa nota.

fã (*ingl fan*, apócope de *fanatic*) *s m+f* Admirador exaltado de pessoas públicas (artistas, esportistas, políticos etc.).

fá.bri.ca (*lat fabrica*) *sf* **1** Estabelecimento ou lugar onde se fabrica alguma coisa. **2** O pessoal desse estabelecimento. **3** Fabricação, fabrico.

fa.bri.ca.ção (*lat fabricatione*) *sf* Ação, modo ou arte de fabricar; manufatura. *Fabricação em série:* fabricação em grande escala.

fa.bri.can.te (*lat fabricante*) *s m+f* **1** Pessoa que fabrica ou dirige a fabricação. **2** Pessoa que arranja, organiza ou inventa.

fa.bri.car (*lat fabricari*) *vtd* **1** Produzir, fazer por processos mecânicos; manufaturar: *Fabricar papel*. **2** Engendrar; inventar: *O criminoso fabricou um álibi*. **3** Cunhar: *O governo fabricou moedas*. **4** Maquinar: *Fabricaria poesias modernas*. **5** Causar, provocar: *Fabricar a falência de sua empresa*.

fa.bri.co (de *fabricar*) *V fabricação*.

fa.bril (*lat fabrile*) *adj m+f* Relativo a fábrica ou fabricante.

fá.bu.la (*lat fabula*) *sf* **1** História curta que contém um ensinamento moral e que traz pessoas, animais e seres inanimados como personagens. **2** Ficção, mito, lenda. **3** Preço exorbitante. *Dim: fabulazinha*.

fa.bu.lis.ta (*fábula+ista*) *s m+f* **1** Pessoa que compõe fábulas. **2** *fig* Pessoa que mente.

fa.bu.lo.so (*ô*) (*fábula+oso*) *adj* **1** Relativo a fábula. **2** Pertencente aos tempos mitológicos. **3** Imaginário, inventado. **4** Maravilhoso, grandioso, incrível. *Pl: fabulosos* (*ó*).

fa.ca *sf* **1** Instrumento cortante formado por uma lâmina com cabo. **2** *Cir* Instrumento para cirurgias. *Aum: facão*. *Entrar na faca, pop:* ser operado. *Meter a faca a* (ou *em*), *pop:* cobrar muito caro por alguma mercadoria ou trabalho. *Ter a faca e o queijo na mão, pop:* estar em situação de vantagem; ter poder.

fa.ca.da (*faca+ada*¹) *sf* **1** Golpe de faca. **2** *fig* Surpresa dolorosa. **3** *bras gír* Pedido de dinheiro. *Dar uma facada, gír:* pedir dinheiro emprestado a alguém.

fa.ça.nha (*cast ant fazaña*) *sf* **1** Feito heroico, proeza. **2** Ação extraordinária, maravilhosa. **3** Ato heroico. **4** *iron* Ação perversa, ato desonroso.

fa.cão (*faca+ão*²) *sm* **1** Faca grande e pesada. **2** Sabre, espada.

fac.ção (*lat factione*) *sf* **1** Partido político. **2** Parte que diverge dentro de um partido político ou grupo.

fac.ci.o.so (*ô*) (*lat factiosu*) *adj* **1** Que só julga certo o que está de acordo com o pensamento de sua facção ou grupo. **2** Parcial. **3** Conspirador, sedicioso. *Pl: facciosos* (*ó*).

fa.ce (*lat facie*) *sf* **1** A parte da frente da cabeça, desde a testa até o queixo; cara, rosto. **2** A maçã do rosto. **3** Cada um dos lados do rosto. **4** Superfície da Terra. **5** Superfície, lado. **6** *Geom* Cada uma das superfícies planas de um poliedro. **7** Lado das medalhas ou moedas em que está a figura; cara. **8** O lado da frente. *Face a face:* frente a frente. Observe o uso correto da locução prepositiva **em face de** (= diante de; na presença ou vista de). *O senador decidiu renunciar ao cargo,* **em face das** *evidências do seu envolvimento em falcatruas*. *O que a protegeu,* **em face do** *perigo, foi sua costumeira calma*. Lembre-se de que a construção **em face a** é estranha a nossa língua e deve ser evitada.

fa.cei.ri.ce (*faceiro+ice*) *sf* **1** Elegância. **2** Vaidade.

fa.cei.ro (*face+eiro*) *adj m+f* **1** Vistoso. **2** Que gosta de se enfeitar; vaidoso. • *sm* **1** Pessoa vaidosa. **2** Aquele que é dado a ostentar elegância.

fa.ce.ta (*ê*) (*fr facette*) *sf* **1** Pequena face **2** Cada uma das faces de uma pedra preciosa lapidada. **3** Cada uma das características ou qualidades de uma pessoa ou coisa.

fa.ce.tar (*faceta+ar*¹) *vtd* **1** Dividir em facetas. **2** Lapidar.

fa.cha.da (*ital facciata*) *sf* **1** Frente de um edifício. **2** Rosto de um livro. **3** *pop* A aparência de uma pessoa. *É só fachada:* é só aparência.

fa.cho (*lat *fascula*) *sm* **1** Archote. **2** Luzeiro, lanterna. **3** *Náut* Farol.

fa.ci.al (*lat faciale*) *adj m+f* Que pertence à face ou que tem relação com ela.

fá.cil (*lat facile*) *adj m+f* **1** Que se faz ou se consegue sem trabalho ou sem custo. **2** Simples. **3** Que exige pouco raciocínio. **4** Que resiste pouco às seduções. *Pl: fáceis. Sup abs sint: facílimo. Antôn: difícil*.

fa.ci.li.da.de (*lat facilitate*) *sf* **1** Qualidade daquilo que é fácil. **2** Ausência de dificuldade. *sf pl* Prazos de pagamento.

fa.ci.li.tar (*fácil+itar*) *vtd* **1** Tornar fácil. *vtd* **2** Auxiliar, ajudar, desimpedir. *vtd* **3** Colocar à disposição ou ao alcance. *vpr* **4** Estar disposto, prontificar-se. *vint* **5** Agir sem cuidado. *vtd* **6** Conceder prazo para pagamento.

fa.cí.no.ra (*lat facinora*) *sm* Indivíduo perverso e criminoso.

fã-clu.be *sm* **1** O conjunto dos fãs de um artista. **2** O conjunto dos admiradores de uma pessoa ou coisa: *O fã-clube do fusca*. *Pl*: *fã-clubes*.

fac-sí.mi.le (*lat fac+simìle*) *sm* Reprodução exata de uma assinatura, escrita, estampa etc.

fac.tí.vel (*lat factu+i+vel*) *adj m+f* Que pode ser feito; possível.

factoring (*féctorin*) (*ingl*) *sm* Com Fomento mercantil; prestação de serviços de apoio aos clientes (exclusivamente pessoas jurídicas) como, por exemplo, acompanhamento de contas a pagar e receber, conjugada com a aquisição de créditos de empresas resultantes de suas vendas mercantis ou de prestação de serviços realizadas a prazo.

fac.tó.tum (*lat fac totum*) *sm* **1** Pessoa encarregada de resolver todos os negócios de outrem. **2** Pessoa que realiza qualquer tipo de serviço. **3** *pej* Pessoa que se julga capaz de fazer ou resolver tudo.

fac.tu.al (*lat factu+al¹*) *adj m+f* Que se baseia em fatos. *Var: fatual.*

fa.cul.da.de (*lat facultate*) *sf* **1** Poder de efetuar uma ação física ou mental; capacidade. **2** Direito, permissão. **3** Função inerente ao espírito. **4** Estabelecimento de ensino superior.

fa.cul.tar (*lat facult(ate)+ar¹*) *vtd* **1** Dar a faculdade, o poder de fazer algo. **2** Possibilitar; permitir. **3** Oferecer; pôr à disposição de.

fa.cul.ta.ti.vo (*facultar+ivo*) *adj* **1** Que dá faculdade ou poder. **2** Que depende da vontade; não obrigatório. • *sm ant* Aquele que exerce a medicina; médico. *Ponto facultativo:* dia em que o funcionário público é dispensado de assinar o ponto, isto é, de comparecer ao trabalho.

fa.da (*lat fata*) *sf* **1** Ser imaginário, do sexo feminino, a quem se atribuem poderes sobrenaturais. **2** Mulher muito formosa, que seduz ou encanta.

fa.da.do (*fado+ado¹*) *adj* Predestinado; destinado.

fa.dar (*fado+ar¹*) *vtd* **1** Desejar algo de bom a alguém. **2** Destinar. **3** Dotar, favorecer; conceber dons a.

fa.di.ga (*der regressiva* de *fadigar*) *sf* **1** Cansaço resultante do trabalho. **2** Trabalho árduo. **3** Perda de elasticidade de um material ou diminuição de sensibilidade de aparelhos, máquinas etc.

fa.di.gar (*fadiga+ar¹*) *V fatigar.*

fa.dis.ta (*fado+ista*) *sm* **1** Aquele que toca ou canta o fado. **2** *lus* Desordeiro, rufião. *sf* Mulher que canta ou toca o fado.

fa.do (*lat fatu*) *sm* **1** Destino, sorte. **2** *Mús* Canção popular portuguesa, geralmente triste e de caráter fatalista.

fa.gó.ci.to (*fago+cito*) *sm Biol* Qualquer célula que ingere material estranho, como tecido em estado de decomposição ou bactérias.

fa.go.ci.to.se (*fago+cito+ose*) *sf Biol* Processo pelo qual uma célula (protozoários, leucócitos) envolve uma partícula estranha (alimentos, micróbio etc.) com seu próprio corpo, para destruí-la.

fa.go.te (*ital fagotto*) *sm Mús* Instrumento de sopro, usado na orquestra moderna e na banda militar.

fa.go.tis.ta (*fagote+ista*) *s m+f Mús* Pessoa que toca fagote.

fa.guei.ro (*fag(ar)+eiro*) *adj* **1** Que afaga ou faz meiguices. **2** Suave, agradável. **3** Carinhoso, meigo.

fa.gu.lha (*lat vulg *facucula*) *sf* Centelha, chispa, faísca. *s m+f pop* Pessoa irrequieta, ativa.

fa.gu.lhar (*fagulha+ar1*) *vint* **1** Emitir fagulhas; faiscar. **2** Brilhar, cintilar. *Conjug:* com raras exceções, é conjugado somente nas 3ªs pessoas.

fai.a (*lat fagea*) *sf* **1** *Bot* Árvore europeia de grande porte, caracterizada pela casca lisa, cinzenta, madeira dura de textura fina, folhagem verde-escura, flores em forma de pêndulo e frutos comestíveis. **2** *Bot* Pequena árvore brasileira, de flores amarelas por fora e roxas por dentro. **3** Madeira dessas árvores.

fai.an.ça (*fr faïence*) *sf* Louça de barro envernizado ou esmaltado.

fai.na (*cat faena*) *sf* **1** Trabalho, lida. **2** Serviço a bordo de navios. **3** Qualquer trabalho náutico.

fai.são (*gr phaisanós*) *sm Ornit* Ave comestível natural da Ásia, de plumagem multicolorida e longas penas na cauda. *Fem: faisã* e *faisoa*. *Pl: faisães* e *faisões*.

fa.ís.ca (*germ falaviska*) *sf* **1** Centelha, chispa. **2** *Eletr* Efeito luminoso da descarga elétrica. **3** A descarga em uma vela de ignição. **4** Raio, corisco. **5** Aquilo que pode comunicar fogo.

fa.is.can.te (de *faiscar*) *adj m+f* Que lança faíscas.

fa.is.car (*faísca+ar¹*) *vtd* **1** Fazer lançar faíscas. *vint* **2** Lançar faíscas. *vint* **3** Brilhar, cintilar. *Conjug – Pres indic: faísco, faíscas, faísca, faiscamos, faiscais, faíscam; Pres subj: faísque, faísques, faísque, faisquemos, faisqueis, faísquem.*

fai.xa (*lat fascia*) *sf* **1** Tira de pano para amarrar a cintura. **2** Atadura. **3** Qualquer coisa em forma de tira. **4** Superfície estreita e comprida. **5** *Astr* Zona em volta de um planeta. *Faixa de frequência*, *Radiotécn:* gama de frequências, entre duas outras, definidas, que são consideradas os limites máximo e mínimo da faixa. *Faixa de onda*, *Radiotécn:* canal de rádio. *Faixa fronteiriça:* porção do território nacional, com cento e cinquenta quilômetros de largura, ao longo das fronteiras do país, reservada para garantir a segurança destas e provida de fortificações militares, estradas de ferro e outros meios de comunicação estratégicos.

fa.ju.to *adj gír* **1** Falso, adulterado. **2** De má qualidade; ruim.

fa.la (de *falar*) *sf* **1** Ato ou capacidade de falar. **2** Aquilo que se fala, que se exprime por palavras. **3** Diálogo, conversa. **4** Discurso.

fa.la.ção (*falar+ção*) *sf pop* Fala, discurso.

fa.lá.cia (*lat fallacia*) *sf* **1** Engano, burla. **2** Palavra ou ato enganoso.

fa.la.ci.o.so (ô) (*falácia+oso*) *adj* Enganoso, falaz, ilusório. *Pl: falaciosos* (ó).

fa.la.do (*part* de *falar*) *adj* **1** Comentado, discutido. **2** Conhecido, famoso. **3** Combinado, ajustado verbalmente.

fa.la.dor (*falar+dor*) *adj + sm* **1** Que, ou quem fala muito. **2** Que, ou quem diz o que não devia. *Fem: faladeira.*

fa.lan.ge (*gr phálagx*, pelo *lat*) *sf* **1** Corpo de infantaria, na antiga Grécia. **2** *poét* Qualquer corpo de tropas. **3** Multidão, legião. **4** *Anat* Cada um dos ossos dos dedos das mãos e dos pés.

fa.lan.ge.ta (*ê*) (*falange+eta*) *sf Anat ant* A terceira falange.

fa.lan.gi.nha (*dim* de *falange*) *sf Anat ant* A falange média.

fa.lan.te (de *falar*) *adj m+f* Que fala, ou que imita a voz humana. • *s m+f Ling* Pessoa que fala uma língua. *Bem falante:* eloquente; que usa bem as palavras.

fa.lar (*lat fabulari*) *vtd* **1** Exprimir por meio de palavras; dizer, comentar. *vtd* e *vti* **2** Manifestar ideias acerca de; discorrer. *vint* **3** Conversar, discursar. *vti* **4** Dialogar, ter entrevista com alguém. *vtd* **5** Saber exprimir (em idioma estrangeiro) as ideias e os pensamentos. *vint* **6** Pronunciar palavras. *vtd* **7** Anunciar, ensinar, pregar. *vtd* **8** Combinar. *vint* **9** Ordenar. *vint* **10** Imitar (a ave) a voz humana. *vti* **11** Inspirar: *Deus lhe falou. vint* **12** Descobrir, revelar. *vpr* **13** Estar em boas relações de amizade. *Falar ao coração:* comovê-lo. *Falar às massas:* discursar em público. *Falar com os olhos:* revelar no olhar os sentimentos e pensamentos. *Falar com os próprios botões:* a) falar só; b) consultar a si mesmo antes de tomar uma resolução. *Falar como um livro:* usar de linguagem corretíssima. *Falar de cadeira:* saber bem o que diz. *Falar grosso:* a) falar com altivez, com gestos ameaçadores; b) falar com autoridade ou com razão. *Falar no deserto:* não ser escutado ou atendido pelas pessoas a quem se dirige. *Falar para dentro:* pronunciar de modo que não se ouve ou não se entende. *Falar pelo nariz:* falar fanhoso. *Falar pelos cotovelos:* falar muito. *Falar pouco e bem:* dizer em poucas palavras a verdade sobre um fato.

> O verbo **falar** não admite o artigo definido antes dos substantivos *verdade* e *mentira* quando estes exercem a função de objeto direto e não podem ser determinados.
> *Por favor, Maria,* ***fale verdade****, você pegou o dinheiro?*
> *Não se deixe levar pela conversa de Paulo; ele só* ***fala mentira****.*
> Porém, emprega-se o artigo quando a *verdade* (ou a *mentira*) pode ser determinada.
> *Ele só* ***falará a verdade*** *na presença de seu advogado.*
> *João* ***falou a mentira*** *que havia sido combinada com os amigos.*
>
> **Falar com** significa dirigir-se a alguém, expressando-se por meio de palavras, e pressupõe que ambos falam.
> *Maria* ***falou com*** *a mãe hoje de manhã.*
> *Por favor, não* ***fale com*** *eles sobre os meus problemas.*
> **Falar a** significa discursar ou relatar.
> *O Presidente* ***falou ao*** *povo sobre a crise energética.*
> *Ele* ***falará aos*** *jornalistas hoje à noite.*

fa.la.tó.rio (*falar+ório*) *sm* **1** Conversa de assunto sem importância. **2** Boato, fofoca. **3** Vozerio de muitas pessoas falando ao mesmo tempo.

fa.laz (*lat fallace*) *adj m+f* **1** Enganador, mentiroso. **2** Ilusório.

fal.cão (*lat falcone*) *sm Ornit* Nome comum de várias espécies de aves de rapina da família dos falconídeos. Voz: crocitar, piar.

fal.ca.tru.a *sf* Engano proposital; fraude.

fal.co.ní.deos (*lat falcone+ídeos*) *sm pl Ornit* Família de aves de rapina que agem durante o dia. As espécies brasileiras recebem várias denominações: *cara-cará* ou *carcará, ximango, gavião-de--coleira* etc.

fal.co.ni.for.mes (*lat falcone+forme*) *sm pl Ornit* Ordem de aves de rapina caracterizadas pelo formato do bico, encurvado, e pelas garras pontiagudas. Carnívoras, alimentam-se de presas (gaviões, águias, falcões, reunidos em várias famílias) ou de cadáveres em decomposição (urubus).

fa.le.cer (*lat vulg *fallescere, inc* de *fallere*) *vint* **1** Morrer. **2** Faltar, escassear. **3** Não existir, ou deixar de existir.

fa.le.ci.do (*part* de *falecer*) *adj* Morto. • *sm* O que morreu.

fa.le.ci.men.to (*falecer+mento*) *sm* Ato de falecer; morte, passamento.

fa.lên.cia (*lat fallentia*) *sf* **1** Ato ou efeito de falir. **2** *Dir* e *Com* Situação, reconhecida pelo tribunal, na qual uma empresa não tem como saldar suas dívidas; bancarrota, quebra. **3** Erro, engano, falta.

fa.lé.sia (*fr falaise*) *sf* Declive íngreme à beira--mar.

fa.lha (*lat vulg *fallia*) *sf* **1** Ato ou efeito de falhar. **2** Defeito. **3** Parte não preenchida. **4** Falta, omissão. **5** Aquilo que falta em alguma coisa. *Falha de hardware, Inform:* falha num dispositivo de *hardware* ou *hardware* que parou de funcionar apropriadamente.

fa.lhar (*falha+ar*[1]) *vint* **1** Não dar o resultado desejado; não ser como se esperava. *vtd* **2** Não acertar, errar. *vti* **3** Faltar à obrigação; não cumprir os compromissos. *vint* **4** Negar fogo, não acertar (arma, tiro). *vti* **5** Não acorrer, não acudir. *vtd* **6** Fender, lascar, rachar.

fa.lho (de *falha*) *adj* **1** Que tem falha. **2** Defeituoso. **3** Que não tem efeito.

fá.li.co (*gr phallikós*) *adj* Que se refere ao pênis.

fa.li.do (*part* de *falir*) *adj* **1** Que faliu. **2** Contra quem é decretado, por sentença de juiz competente, o estado de falência; quebrado. • *sm* Aquele que faliu; empresário falido.

fa.lir (*lat fallere*) *vint* **1** Suspender os pagamentos e faltar aos compromissos comerciais. *vint* **2** Ser malsucedido, fracassar. *vti* **3** Faltar, minguar. *Conjug:* verbo defectivo; só se conjuga nas formas em que ao *l* da raiz se segue a vogal *i* da terminação. *Pres indic: falimos, falis; Pret imp: falia, falias, falia, falíamos, falíeis, faliam; Pret perf: fali, faliste, faliu* etc.*; Fut pres: falirei, falirás* etc.*; Fut pret: faliria, falirias* etc.*; Pret imp subj: falisse, falisses, falisse, falíssemos, falísseis, falissem; Fut subj: falir, falires, falir, falirmos, falirdes, falirem; Imper afirm: fali(vós); Infinitivo impess: falir; Infinitivo pess: falir, falires* etc.*; Ger: falindo; Part: falido.*

fa.lí.vel (*lat med fallibile*) *adj m+f* **1** Que pode falhar. **2** Que pode enganar-se.

fa.lo (*gr phallós*) *sm* **1** *Anat* Pênis. **2** Representação do pênis que alguns povos antigos adoravam como símbolo da fecundidade da natureza.

fal.sá.rio (*lat falsariu*) *sm* **1** Aquele que falsifica; falsificador. **2** Aquele que jura falso.

fal.se.ar (*falso+e+ar¹*) *vtd* **1** Ser falso para com; enganar. *vtd* **2** Tornar falso. *vint* **3** Pisar em falso. *vtd* **4** *Mús* Dar à voz o tom de falsete. Conjuga-se como *frear*.

fal.se.te (*ê*) (*ital falsetto*) *sm* Voz aguda, imitando a voz de soprano ou a de meninos.

fal.si.da.de (*lat falsitate*) *sf* Coisa falsa; mentira, calúnia.

fal.si.fi.car (*lat falsificare*) *vtd* **1** Alterar, imitar com o objetivo de enganar. **2** Adulterar (alimentos, remédios etc.). **3** Dar ou referir como verdadeiro o que não é.

fal.so (*lat falsu*) *adj* **1** Oposto à verdade. **2** Infundado. **3** Em que há mentira, fingimento. **4** Falsificado (dinheiro). **5** Fingido, disfarçado, simulado. • *sm* **1** O que não é verdadeiro. **2** Pessoa de má-fé. • *adv* Falsamente. *Em falso:* sem firmeza; errando o passo, o alvo.

fal.so-tes.te.mu.nho *sm* Acusação falsa; calúnia. *Pl: falsos-testemunhos.*

fal.ta (*lat vulg *fallita,* de *fallere*) *sf* **1** Carência, privação. **2** Ausência. **3** Morte, falecimento. **4** Infração leve contra o dever, contra a lei. **5** Pecado, erro. **6** *Esp* Transgressão de uma regra no jogo. *À falta de:* à míngua, no caso de carência. *Falta de palavra:* não cumprimento da palavra dada. *Sem falta:* com toda a certeza; infalivelmente.

fal.tar (*falta+ar¹*) *vti* e *vint* **1** Não haver, não existir. *vint* **2** Não se achar; notar-se a ausência ou falta de. *vint* **3** Morrer. *vti* **4** Deixar de cumprir ou de fazer. *vti* **5** Não comparecer.

fal.to (de *falta*) *adj* Que não tem alguma coisa; desprovido, necessitado.

fal.to.so (*ô*) (*falt(ar)+oso*) *adj* **1** Que cometeu falta. **2** Que costuma faltar. **3** Ausente. *Pl: faltosos* (*ó*).

fa.ma (*lat fama*) *sf* **1** Celebridade, renome. **2** Glória. **3** Reputação, nome.

fa.mi.ge.ra.do (*lat famigeratu*) *adj* Que tem fama; célebre, famoso. (Mais usado com sentido pejorativo: *Fulano foi um famigerado falsificador.*)

fa.mí.lia (*lat familia*) *sf* **1** Pessoas do mesmo sangue, que vivem ou não em comum. **2** Conjunto de ascendentes, descendentes, colaterais e afins de uma linhagem. **3** O pai, a mãe e os filhos. **4** *Hist nat* Grupo constituído de um ou mais gêneros vegetais ou animais e em que todos os organismos que a ele pertencem se ligam por caracteres comuns. *Em família:* familiarmente, sem cerimônia. *Sagrada Família:* representação do Menino Jesus com a Virgem Maria e São José.

fa.mi.li.al (*família+al¹*) *adj* Que diz respeito à família; familiar.

fa.mi.li.ar (*lat familiare*) *adj m+f* **1** Da família. **2** Que vive na mesma casa. **3** Íntimo. **4** De bons costumes. **5** Habitual, conhecido. • *sm* Membro da família.

fa.mi.li.a.ri.da.de (*lat familiaritate*) *sf* **1** Qualidade daquele ou daquilo que é familiar. **2** Confiança; intimidade.

fa.mi.li.a.ri.zar (*familiar+izar*) *vtd* e *vpr* **1** Tornar(-se) familiar. *vtd* e *vpr* **2** Acostumar(-se), habituar(-se). *vpr* **3** Perder o medo.

fa.min.to (*lat fame+ento*) *adj* **1** Que tem fome; esfomeado. **2** Ansioso, ávido.

fa.mo.so (*ô*) (*lat famosu*) *adj* **1** Que tem fama. **2** Que é muito conhecido. **3** Célebre. *Pl: famosos* (*ó*).

fa.ná.ti.co (*lat fanaticu*) *adj + sm* **1** Que, ou aquele que tem fanatismo. **2** Que, ou aquele tem paixão por uma causa ou pessoa.

fa.na.tis.mo (*fanáti(co)+ismo*) *sm* **1** Excessivo zelo religioso ou partidário. **2** Dedicação excessiva a alguém, ou a alguma coisa; paixão. **3** Adesão cega a uma doutrina, crença ou sistema.

fa.na.ti.zar (*fanát(ico)+izar*) *vtd* e *vpr* **1** Tornar(-se) fanático. *vtd* **2** Inspirar fanatismo.

fan.dan.go (*cast fandango*) *sm Folc* **1** Dança popular espanhola. **2** Música que acompanha essa dança. **3** *bras* Baile popular, na zona rural, ao som de sanfona e viola.

fa.ne.ró.ga.mo (*gr phanerós+gamo*) *sm Bot* Planta que tem órgãos reprodutivos evidentes.

fan.far.ra (*fr fanfare*) *sf* **1** Banda de música, com instrumentos de metal; charanga. **2** Música executada em instrumentos de metal, como trompas, trombetas etc.

fan.far.rão (*cast fanfarrón*) *adj + sm* Que, ou aquele que alardeia de valente ou exagera o próprio valor. *Fem: fanfarrona.*

fan.far.ri.ce (*fanfarra+ice*) *sf* Ato, dito ou qualidade de fanfarrão.

fan.far.ro.nar (*fanfarrão+ar¹*) *vint* Exagerar no próprio valor, dizer fanfarrices.

fa.nha (*voc onom*) *adj m+f pop V fanhoso.* • *s m+f pop* Pessoa fanhosa.

fa.nho (*voc onom*) *V fanhoso.*

fa.nho.so (*ô*) (*fanha+oso*) *adj* Que fala ou parece falar pelo nariz; fanho. *Pl: fanhosos* (*ó*).

fa.ni.qui.to (*fanico+ito¹*) *sm pop* Ataque de nervos.

fan.ta.si.a (*gr phantasía*) *sf* **1** Capacidade humana de imaginar, criar. **2** Obra de imaginação; devaneio. **3** Traje fantasioso que se usa no carnaval. **4** Joia falsa de preço baixo.

fan.ta.si.ar (*fantasia+ar¹*) *vtd* **1** Imaginar, inventar. *vpr* **2** Vestir fantasia de carnaval.

fan.ta.si.o.so (*ô*) (*fantasia+oso*) *adj* **1** Que envolve fantasia. **2** Imaginoso. **3** Que existe na imaginação. **4** Que revela imaginação. *Pl: fantasiosos* (*ó*).

fan.tas.ma (*gr phántasma*) *s m+f* **1** Visão apavorante que é produto da fantasia. **2** Coisa medonha. **3** Suposta aparição de pessoa morta. **4** *Telev* Falha no sinal de vídeo que exibe na tela uma segunda imagem, fraca, ao lado da imagem principal. **5** *Inform* Termo usado para designar os itens de um menu que são exibidos em cinza, mas não estão disponíveis aos usuários.

fan.tas.ma.go.ri.a (*fr fantasmagorie*) *sf* **1** Cenário fantástico de figuras e de luzes. **2** Arte de fazer ver figuras luminosas na escuridão. **3** Fantasma.

fan.tas.ma.gó.ri.co (*fantasmagoria+ico²*) *adj* **1** Que se refere à fantasmagoria. **2** Ilusório, irreal.

fan.tás.ti.co (*gr phantastikós*) *adj* **1** Que só existe na fantasia, na imaginação. **2** Incrível. • *sm* O que só existe na imaginação.

fan.to.che (*fr fantoche*) *sm* **1** Boneco movido

por meio de fios ou arames, ou com as mãos. 2 Pessoa que procede e fala ao mando de outra; títere, marionete.

fan.zi.ne (*ingl fan+(maga)zine*) *sm* Publicação de imprensa alternativa, geralmente dedicada a assuntos musicais e outras manifestações culturais.

fan.zo.ca (*fã+z+oca*) *s m+f pop* Fã apaixonado ou exaltado.

fa.quei.ro (*faca+eiro*) *sm* 1 Fabricante de facas; cuteleiro. 2 Estojo para guardar talheres e outros apetrechos de mesa.

fa.quir (*ár faqîr*) *sm* 1 Monge muçulmano ou hindu. 2 Indivíduo que se exibe suportando dores ou jejuns prolongados sem dar sinais de sensibilidade.

fa.ra.ó (*egípcio pera'a*, via *gr pharaó*) *sm* Título dos reis do antigo Egito.

fa.ra.ô.ni.co (*faraó+n+ico²*) *adj* 1 Que se refere aos faraós ou à sua época. 2 *fig* Grandioso, exagerado.

far.da (*ár fardâ*, via *cat*) *sf* Uniforme militar ou de corporação.

far.dão (*farda+ão²*) *sm* 1 Farda vistosa. 2 Veste de gala dos membros da Academia Brasileira de Letras.

far.dar (*farda+ar²*) *vtd* 1 Prover de farda. *vpr* 2 Vestir a farda.

far.del (*provençal fardel*) *sm* Saco de provisões; farnel.

far.do (*ital fardo*) *sm* 1 Carga, volume. 2 Pacote. 3 *fig* Aquilo que é difícil de suportar. 4 *fig* O que exige cuidados e responsabilidades.

fa.re.jar (*faro+ejar*) *vtd* 1 Cheirar; descobrir ou seguir pelo faro. *vint* 2 Tomar o faro: *O cão farejava, pressentindo o perigo*. *vtd* 3 *fig* Adivinhar, pressentir.

fa.re.jo (*ê*) (de *farejar*) *sm* Ato de farejar.

fa.re.lo (*lat vulg *farellu*, *dim* de *far*) *sm* A parte dos grãos moídos, separados da farinha por peneiramento.

far.fa.lha.da (*farfalhar+ada¹*) *sf* Ruído semelhante ao do vento nas ramagens.

far.fa.lhar (*cast farfallar*) *vint* Fazer ruído semelhante ao do vento nas ramagens.

fa.ri.ná.ceo (*lat farinaceu*) *adj* 1 Da natureza da farinha. 2 Que contém farinha ou fécula. 3 Com aparência de farinha. 4 Relativo a farinha. • *sm* Substância que contém fécula ou amido.

fa.rin.ge (*gr pháryx*) *sf Anat* Tubo fibromuscular afunilado que se comunica, em cima, com as fossas nasais e a boca, e, embaixo, com a laringe e o esôfago.

fa.rin.gi.te (*faringe+ite¹*)*sf Med* Inflamação da faringe.

fa.ri.nha (*lat farina*) *sf* 1 Pó obtido pela trituração de cereais e outras sementes e raízes, usado na panificação e em preparações culinárias em geral. 2 Substância moída: *Farinha de ossos*. *Farinha de peixe:* farinha feita de peixe e usada como adubo e em alimentos de animais. *Farinha de rosca:* pão torrado e moído como farinha, que se usa para empanar. *Ser farinha do mesmo saco:* ser pessoa da mesma laia que outra.

fa.ri.nhen.to (*farinha+ento¹*) *adj* 1 Que se esfarela. 2 Que contém farinha. 3 Semelhante à farinha.

fa.ri.seu (*gr pharisaîos*) *sm* 1 Membro de um antigo grupo judaico que se preocupava exageradamente em cumprir as regras religiosas. 2 *fig* Indivíduo hipócrita, falso.

far.ma.cêu.ti.co (*gr pharmakeutikós*) *adj* Que se refere a farmácia. • *sm* Aquele que fez o curso de farmácia; boticário.

far.má.cia (*gr pharmakía*, pelo *lat*) *sf* 1 Arte de preparar os medicamentos. 2 Estabelecimento onde se preparam ou vendem medicamentos. 3 Coleção de medicamentos.

fár.ma.co (*gr phármakon*) *sm Farm* Substância química utilizada como medicamento.

far.ma.co.lo.gi.a (*fármaco+logo+ia¹*) *sf Farm* Estudo científico dos medicamentos e seu uso.

far.ma.co.lo.gis.ta (*fármaco+logo+ista*) *s m+f Farm* Pessoa que estuda farmacologia.

far.ma.co.pei.a (*é*) (*gr pharmakopoïïa*) *sf* 1 Livro que ensina a preparar os medicamentos. 2 Coleção de receitas de medicamentos.

far.nel *sm* 1 Alimentos levados em pequena viagem. 2 Saco para esses alimentos; fardel. *Pl: farnéis*.

fa.ro *sm* 1 Olfato dos animais. 2 *fig* Intuição, pressentimento.

fa.ro.es.te (*ingl Far-West*) *sm* 1 *Cin* Bangue-bangue. 2 *fig* Região violenta, onde há muitos crimes.

fa.ro.fa (*quimbundo farofa*) *sf* Farinha de mandioca torrada, temperada com toicinho ou manteiga e, às vezes, misturada com ovos, carne etc.

fa.ro.fei.ro (*farofa+eiro*) *sm bras* Indivíduo que leva seu lanche ou comida na praia, normalmente frango com farofa.

fa.rol (*gr Pháros*, *np*) *sm* 1 Espécie de torre com luz no alto, para dar sinais luminosos aos navegantes. 2 Semáforo, sinal. 3 Candeeiro ou projetor de bordo, para iluminação e transmissão de sinais. 4 Lanterna de automóvel. 5 Coisa que ilumina. 6 *gír* Fita, fingimento. *Pl: faróis*.

fa.ro.lei.ro (*farol+eiro*) *sm* 1 Guarda de farol. 2 *gír* Que conta vantagem.

fa.ro.le.te (*ê*) (*farol+ete*) *sm* 1 Pequeno farol. 2 Luz traseira dos automóveis e outros veículos. 3 Pequena lâmpada elétrica portátil, a pilha; lanterna.

far.pa (*cast farpa*) *sf* 1 Saliência pontiaguda (como no arame farpado). 2 Pequena lasca de madeira.

far.pa.do (*part* de *farpar*) *adj* Que tem farpa.

far.par (*farpa+ar¹*) *vtd* 1 Pôr farpas em. *vtd* 2 Recortar em forma de farpa. *vpr* 3 Rasgar-se, romper-se.

far.pe.ar (*farpa+ear*) *vtd* 1 Ferir com farpa. 2 Apanhar com arpão ou fisga. 3 *fig* Dirigir farpas a. Conjuga-se como *frear*.

far.pe.la (*farrapo+ela*) *sf* Espécie de gancho agudo em que terminam de um lado as agulhas de meia ou de crochê.

far.ra (*lunfardo farra*) *sf* 1 Folia. 2 Baile muito alegre; festa licenciosa. 3 *pop* Brincadeira; caçoada.

far.ra.po *sm* 1 Trapo. 2 Peça de vestuário muito velha e rota. 3 Apelido depreciativo (depois tornou-se honroso) dado ao indivíduo que participou da revolução sul-rio-grandense de 1835; farroupilha.

far.re.ar (*farra+e+ar¹*) *vint* Andar na farra, fazer farra. Conjuga-se como *frear*.

far.ris.ta (*farra+ista*) *adj m+f* Diz-se da pessoa

que toma parte em farra. • *s m+f* Pessoa que é dada a farras.
far.rou.pi.lha (*farroupa+ilho*, no *fem*) *s m+f* **1** Pessoa malvestida; maltrapilho. **2** *Hist* Farrapo (acepção 3).
far.sa (*fr farce*) *sf* **1** Peça cômica de teatro. **2** Pantomima, burla. **3** Arremedo: *Esta cerimônia é uma farsa.*
far.san.te (de *farsa*) *s m+f* **1** Artista que representa farsas. **2** Pessoa que pratica atos ridículos ou burlescos. **3** Trapaceiro, vigarista.
far.ta (*fem* de *farto*) *sf* Usado na locução adverbial *à farta*: com abundância.
far.tar (*farto+ar¹*) *vtd* **1** Saciar completamente, satisfazer a fome ou a sede de. *vtd* **2** Prover abundantemente; abarrotar. *vtd* **3** Causar aborrecimento, enfado ou fastio a. *vpr* **4** Comer ou beber até saciar-se; satisfazer-se. *Conjug – Part: fartado* e *farto.*
far.to (*lat fartu*) *adj* **1** Satisfeito, saciado. **2** Que tem alguma coisa em abundância. **3** Cheio. **4** Aborrecido, entediado, cansado.
far.tu.ra (*lat fartura*) *sf* **1** Estado de farto. **2** Abundância.
fas.cí.cu.lo (*lat fasciculu*) *sm* **1** *Edit* Folheto de obra publicada por partes. **2** *Anat* e *Zool* Feixe de fibras musculares ou nervosas.
fas.ci.na.ção (*lat fascinatione*) *sf* **1** Ato ou efeito de fascinar. **2** Atração pela beleza. **3** Encanto, enlevo. **4** Feitiço.
fas.ci.nar (*lat fascinare*) *vtd* **1** Paralisar com o olhar. *vtd, vti* e *vint* **2** Atrair irresistivelmente; encantar, deslumbrar, seduzir.
fas.cí.nio (de *fascinar*) *sm* Fascinação; encantamento; forte atração.
fas.cis.mo (*ital fascismo*) *sm Polít* Sistema nacional, antiliberal, imperialista e antidemocrático, fundado na Itália, logo após o término da Primeira Guerra Mundial, por Benito Mussolini (1883-1945).
fas.cis.ta (*ital fascista*) *adj m+f* Pertencente ou relativo ao fascismo. • *s m+f* Pessoa partidária do fascismo.
fa.se (*gr phásis*) *sf* **1** *Astr* Cada um dos aspectos da Lua e de alguns planetas. **2** Cada uma das mudanças sucessivas que se notam no desenvolvimento de uma pessoa. **3** Lapso de tempo, período.
fa.si.a.ní.deos (*lat phasianu+ídeos*) *sm pl Ornit* Família de aves galináceas que inclui os faisões, as galinhas domésticas e as selvagens, as perdizes da Europa e também os perus e a galinha-d'angola.
fast-food (*fést-fúd*) (*ingl*) *sf* Nome dado às refeições rápidas, como os sanduíches. Aplica-se comumente à comida vendida em lanchonetes.
fas.ti.di.o.so (*ô*) (*lat fastidiosu*) *adj* **1** Que causa tédio. **2** Enfadonho. *Pl: fastidiosos* (*ó*).
fas.ti.o (*lat fastidiu*) *sm* **1** Falta de apetite. **2** Aborrecimento, tédio.
fa.tal (*lat fatale*) *adj m+f* **1** Marcado pelo destino. **2** Decisivo, irrevogável. **3** Improrrogável, inadiável. **4** Inevitável. **5** Que causa desgraças; desastroso. **6** Que causa a morte; mortal, letal.
fa.ta.li.da.de (*lat fatalitate*) *sf* **1** Qualidade do que é fatal. **2** Acontecimento trágico, imprevisível, inevitável. **3** Desastre; desgraça.
fa.ta.lis.mo (*fatal+ismo*) *sm Filos* Doutrina que considera que todos os acontecimentos da vida são decididos pelo destino e nada se pode fazer para mudá-los.
fa.ta.lis.ta (*fatal+ista*) *adj m+f* Que se refere ao fatalismo. • *s m+f* Pessoa que acredita no fatalismo.
fa.ti.a (*ár fitâtâ*) *sf* **1** Pedaço de pão, de presunto etc. cortado em forma de lâmina fina. **2** *pop* Bom lucro, grande quinhão. **3** Pedaço, porção. *Aum: fatiaça. Dim: fatiazinha.*
fa.ti.ar (*fatia+ar¹*) *vtd* Cortar em fatias. *Conjug – Pres indic: fatio, fatias* etc.
fa.tí.di.co (*lat fatidicu*) *adj* **1** Que traz desgraças. **2** Fatal. **3** Sinistro.
fa.ti.gar (*lat fatigare*) *vtd* **1** Causar fadiga a, cansar. *vtd* e *vpr* **2** Cansar(-se). *vtd* **3** *Eng* Sobrecarregar um material. *Var: fadigar.*
fa.ti.o.ta (de *fato¹*) *sf* Roupa, fato, vestuário.
fa.tí.vel (*lat factuti+vel*) *V factível.*
fa.to¹ (*gót fat*) *sm* **1** Roupa. **2** Vísceras de gado.
fa.to² (*lat factu*) *sm* **1** Acontecimento, sucesso. **2** Aquilo de que se trata. **3** O que é real. *De fato:* com efeito. *Estar ao fato:* estar ciente, ser sabedor.
fa.tor (*lat factore*) *sm* **1** Aquele que determina ou faz uma coisa. **2** Aquilo que concorre para um resultado. **3** *Mat* Cada uma das quantidades que se multiplicam para formar um produto. *Fator primo, Mat:* o que é representado por um número primo.
fa.to.rar (*fator+ar¹*) *vtd* **1** *Arit* Decompor um número em seus fatores primos. **2** *Álg* Transformar um polinômio em um produto de fatores.
fa.to.ri.al (*fator+i+al¹*) *sm Mat* **1** Produto cujos fatores estão em progressão aritmética. **2** Produto de vários números consecutivos, sendo o primeiro a unidade.
fa.tu.al (*fato²+al¹*) *V factual.*
fá.tuo (*lat fatuu*) *adj* **1** Convencido, pretensioso. **2** Petulante. **3** Insensato.
fa.tu.ra (*lat factura*) *sf* Relação que acompanha a remessa de mercadorias expedidas e que contém a designação de quantidades, marcas, pesos, preços e importâncias. *Fatura fiscal:* nota fiscal.
fa.tu.rar (*fatura+ar¹*) *vtd* **1** Fazer a fatura de mercadorias vendidas. **2** Incluir na fatura (uma mercadoria). **3** *gír* Ganhar qualquer vantagem, financeira ou outra.
fau.na (*lat Fauna, np*) *sf* **1** *Zool* Conjunto das espécies animais de um país, região, distrito, estação ou, ainda, período geológico. **2** *pej* Grupo de pessoas; gente.
fau.no (*lat Fauno, np*) *sm Mit* Figura imaginária (entre os antigos romanos), com pés e chifres de bode.
faus.to (*lat faustu*) *adj* Próspero. • *sm* Ostentação, grande pompa, luxo.
faus.to.so (*ô*) (*fausto+oso*) *adj* Cheio de ostentação, pomposo. *Pl: faustosos* (*ó*).
fa.va (*lat faba*) *sf Bot* **1** Erva da família das leguminosas, de vagens e sementes comestíveis. **2** Fruto com aspecto de bainha. *Favas contadas:* coisas certas, inevitáveis. *Mandar à fava* ou *às favas:* a) despedir, mandar embora; b) irritar-se com alguém.
fa.ve.la (de *Favela, np*) *sf bras* Aglomerado de casas muito pobres ou barracos, feitos em geral de madeira e cobertos de zinco.

fa.ve.la.do (*favela+ado¹*) *sm* Habitante de favela.
fa.vo (*lat favu*) *sm* **1** Alvéolo ou conjunto de alvéolos onde as abelhas depositam o mel. **2** Coisa doce, agradável. *Favo de mel:* a) fruta de uma doçura muito agradável; b) pessoa muito meiga.
fa.vor (*lat favore*) *sm* **1** Benefício, obséquio. **2** Ajuda, colaboração. **3** Indulgência. **4** Proteção. *De favor:* sem pagamento, de graça; gratuito. *Por favor:* por atenção pessoal.
fa.vo.rá.vel (*lat favorabile*) *adj m+f* **1** Que favorece; propício. **2** Que é em favor de alguém ou de algo.
fa.vo.re.cer (*favor+ecer*) *vtd* **1** Fazer favor, auxiliar, proteger. *vtd* **2** Dotar de boas qualidades. *vpr* **3** Auxiliar-se, valer-se.
fa.vo.re.ci.do (*part* de *favorecer*) *adj* **1** Que é beneficiado por ato de outra pessoa. **2** Protegido, auxiliado. • *sm* **1** Pessoa ou entidade em cujo nome se encontra um título ou direito; beneficiário. **2** Aquele a quem se destina o pagamento da obrigação; credor.
fa.vo.ri.tis.mo (*favorito+ismo*) *sm* **1** Preferência ou proteção dada a alguém. **2** Proteção parcial ou escandalosa.
fa.vo.ri.to (*ital favorito*) *adj* **1** Preferido. **2** *Esp* Diz-se do atleta, da equipe, do cavalo etc. que tem maiores oportunidades de vencer. • *sm* Indivíduo predileto, que goza do favor de alguém.
fax (*ingl fac simile*) *sm Telecom* **1** Sistema de telecomunicações que permite a transmissão e reprodução de textos e imagens. **2** A cópia obtida por esse sistema.
fa.xi.na (*ital fascina*) *sf* Limpeza geral.
fa.xi.nei.ro (*faxina+eiro*) *sm* Aquele que faz o serviço de faxina.
fax-mo.dem (*ingl*) *sm Inform* Dispositivo de comunicação para computadores, que reúne tanto as funções de um modem convencional como as de emissão e recepção de fax.
fa.zen.da (*lat facienda*) *sf* **1** Grande estabelecimento rural, de lavoura ou criação de gado. **2** Propriedade imóvel, rústica ou urbana. **3** Tecido, pano. **4** Rendimentos públicos, finanças. *Fazenda pública:* o estado financeiro; os rendimentos do país; o tesouro público. *Dim* (acepções 1 a 3): *fazendinha, fazendola*.
fa.zen.da-mo.de.lo *sf* Fazenda que serve de modelo para outras. *Pl: fazendas-modelo*.
fa.zen.dá.rio (*fazenda+ário*) *adj* Relativo à fazenda pública; financeiro.
fa.zen.dei.ro (*fazenda+eiro*) *adj* Pertencente ou relativo a fazenda. • *sm* **1** Proprietário de fazenda, ou fazendas. **2** O que tem ou cultiva fazenda, ou fazendas.
fa.zer (*lat facere*) *vtd* **1** Criar, produzir. *vtd* **2** Fabricar: *Fazer papel*. *vtd* **3** Construir, edificar: *Fizera uma casinha na praia*. *vtd* **4** Cortar e costurar: *Faz duas calças por dia*. *vtd* **5** Executar, realizar. *vtd* **6** Esculpir, gravar, pintar: *Fazer uma estátua, um quadro, um retrato*. *vtd* **7** Compor, escrever: *Fazer versos*. *vtd* **8** Representar: *Quem faz o galã nesse filme? v impess* **9** Estar, existir, haver (indicando o estado da atmosfera): *Faz calor, faz frio. v impess* **10** Ter decorrido; haver, completar-se (falando do tempo). *Conjug:* verbo irregular. *Pres indic: faço, fazes, faz, fazemos, fazeis, fazem; Pret imp indic: fazia, fazias* etc.; *Pret perf: fiz, fizeste, fez (ê), fizemos, fizestes, fizeram; Pret mais-que-perf: fizera, fizeras,* etc.; *Fut pres: farei, farás* etc.; *Fut pret: faria, farias* etc.; *Pres subj: faça, faças* etc.; *Pret imp subj: fizesse, fizesses* etc.; *Fut subj: fizer, fizeres* etc.; *Imper afirm: faze* ou *faz(tu), faça(você), façamos (nós), fazei(vós), façam(vocês); Imper neg: não faças(tu), não faça(você)* etc. *Infinitivo impess: fazer; Infinitivo pess: fazer, fazeres,* etc.; *Ger: fazendo; Part: feito*. *Faz de conta:* imaginação, fantasia. *Fazer a cama a alguém, pop:* denunciar, acusar alguém. *Fazer a caveira de alguém, pop:* fazer a cama a alguém. *Fazer arte:* traquinar. *Fazer as pazes:* reconciliar-se. *Fazer as vezes de:* substituir; servir para o mesmo fim. *Fazer cenas, pop:* a) dar escândalos; b) fazer figura ridícula. *Fazer cera, pop:* a) fingir que trabalha; b) *Esp* segurar o jogo, para garantir um resultado; c) *gír* enrolar. *Fazer cerimônia:* a) estar acanhado; b) não usar de franqueza. *Fazer das tripas coração, pop:* fazer das fraquezas forças. *Fazer feio:* fazer má figura; parecer mal. *Fazer horas, pop:* passar tempo. *Fazer rolo, pop:* armar desordem. *Fazer-se rogado:* só concordar depois de muitos pedidos ou convites, para parecer importante.

> O verbo **fazer**, usado para indicar tempo ou duração de tempo, é sempre impessoal e, portanto, não se flexiona, sendo sempre empregado na terceira pessoa do singular.
> *Faz um ano que moramos aqui.*
> *Ele chegou faz quinze minutos*
> *Faz cinco meses que ele faleceu.*

faz-tu.do *s m+f sing* e *pl* **1** Indivíduo que exerce diferentes atividades. **2** Aquele que se ocupa de variados serviços.
fé (*lat fide*) *sf* **1** Crença. **2** Crença nas doutrinas de alguma religião. **3** Fidelidade a compromissos e promessas; confiança.
fe.al.da.de (*lat tardio *foedalitate*) *sf* Qualidade daquele ou daquilo que é feio; feiura.
fe.bre (*lat vulg febre*) *sf* **1** *Med* Estado físico caracterizado pela aceleração do pulso e aumento da temperatura. *Dim: febrícula e febrinha*. **2** Ânsia de possuir: *Febre de ouro*. **3** Exaltação. *Febre aftosa, Vet:* doença febril aguda, contagiosa, causada por um vírus filtrável, que afeta principalmente animais fissípedes e se caracteriza por vesículas ulcerosas ou aftas na boca, ao redor dos cascos e no úbere. É transmissível ao homem. Também chamada mal de vaso e mal dos cascos.
fe.brí.fu.go (*febre+fugo*) *adj + sm* Diz-se de, ou medicamento que combate a febre.
fe.bril (*lat febrile*) *adj m+f* **1** Que tem febre. **2** Com febre, em estado de febre. **3** *fig* Exaltado, excitado.
fe.cal (*fr fécal*) *adj m+f* Que se refere as fezes.
fe.cha.du.ra (*fechar+dura*) *sf* Peça metálica acionada por chave que fecha portas, gavetas etc.
fe.cha.men.to (*fechar+mento*) *sm* Ação de fechar, encerrar, concluir.
fe.char (*fecho+ar¹*) *vtd* **1** Fixar por meio de chave, tranca etc. (porta, gaveta etc.). *vtd* **2** Unir as duas partes de um objeto: *Fechar o livro*. *vtd* **3** Pôr em recinto cerrado: *Fechar o rebanho*. *vtd* **4** Impedir,

obstruir: *Fechar o caminho*. *vtd* **5** Limitar, demarcar: *Fechar um pasto*. *vtd* **6** Concluir, terminar: *Fechar um capítulo do livro*. *vint* e *vpr* **7** Cicatrizar, sarar: *As feridas fecharam* (ou *fecharam-se*). *vtd* **8** Tornar carrancudo: *Fechar a cara*. *vtd* **9** Impedir ou dificultar a passagem: *O caminhão fechou o ônibus*. *Fechar a boca:* fazer calar por meio de argumentos ou razões. *Fechar a porta a:* a) não deixar entrar; b) não permitir que alguém frequente a sua casa ou fazer com que a ela não volte. *Fechar a sete chaves:* guardar, esconder, ocultar com muito cuidado. *Fechar com chave de ouro:* terminar bem.

fe.cho (*ê*) (de *fechar*) *sm* **1** Trava da porta. **2** Tudo que serve para fechar ou cerrar. **3** Acabamento, fim, remate.

fe.cho-e.cler (*fecho+fr éclair*) *sm* Zíper. *Pl: fechos-ecler* e *fechos-ecleres*.

fé.cu.la (*lat faecula*) *sf* **1** Substância farinácea de certas sementes e tubérculos. **2** *pop* Amido; polvilho.

fe.cun.da.ção (*lat fecundatione*) *sf* **1** Ato ou efeito de fecundar ou de ser fecundado. **2** Geração, reprodução. **3** *Biol* União entre o espermatozoide e o óvulo. *Fecundação artificial:* fecundação realizada por interferência de processos não naturais.

fe.cun.dar (*lat fecundare*) *vtd* **1** Tornar fecundo: *A chuva fecundou a terra*. *vint* e *vpr* **2** Tornar-se fecundo. *vtd* **3** Tornar capaz para a procriação. *vtd* **4** *Biol* Fertilizar, gerar.

fe.cun.di.da.de (*lat fecunditate*) *sf* **1** Qualidade de ser fecundo. **2** *Biol* Capacidade de produzir descendentes. **3** Fertilidade, abundância. **4** Facilidade de imaginar ou de produzir.

fe.cun.do (*lat fecundu*) *adj* **1** Capaz de procriar. **2** Que dá muitos e grandes resultados. **3** Inventivo, criador. **4** Fértil, frutífero. **5** Que produz muitas obras.

fe.de.go.so (*ô*) (de *feder*) *adj* Que fede; fétido. • *sm Bot* Nome comum dado a várias plantas leguminosas que possuem propriedades medicinais. *Pl: fedegosos* (*ó*).

fe.de.lho (*ê*) (de *feder*) *sm* Criança com pretensões de adulto.

fe.den.ti.na (de *feder*) *sf* Fedor, mau cheiro.

fe.der (*lat foetere*) *vint* **1** Exalar mau cheiro. **2** *fig* Causar má impressão. *Conjug:* O *e* do radical é aberto nas formas rizotônicas em que o *d* vem seguido de *e: fedes, fede, fedem,* e fechado nas formas em que ao *d* se segue *o* ou *a: fedo, fedas* etc. Alguns gramáticos consideram defectivo o verbo *feder:* segundo eles, não possui a 1ª pessoa do singular do presente do indicativo e, consequentemente, todo o presente do subjuntivo e todo o imperativo negativo. Esses tempos, porém, são usados na linguagem popular.

fe.de.ra.ção (*lat foederatione*) *sf* **1** *Polít* União política de nações; liga. **2** Associação de entidades para um fim comum.

fe.de.ral (*fr fédéral*) *adj m+f* Relativo a federação.

fe.de.ra.lis.mo (*federal+ismo*) *sm* Sistema político que consiste na associação de vários Estados numa federação.

fe.de.ra.ti.vo (*federar+ivo*) *adj* Que se refere a uma federação ou a uma confederação.

fe.di.do (*part* de *feder*) *adj* Malcheiroso, fedorento.

fe.dor (*lat foetore*) *sm* Mau cheiro; cheiro nauseabundo.

fe.do.ren.to (*fedor+ento*) *adj* **1** Que tem mau cheiro; fétido. **2** *pop* Rabugento, esquisito.

fe.é.ri.co (*fr féerique*) *adj* **1** Que diz respeito a fadas. **2** Maravilhoso, deslumbrante.

fei.ção (*lat factione*) *sf* **1** Forma, jeito. **2** Aspecto, aparência. **3** Modo, maneira. **4** Índole, caráter.

fei.jão (*gr phaséolos*) *sm* **1** *Bot* Semente ou vagem do feijoeiro. **2** O feijão cozido. **3** *fig* Alimento essencial. *Feijão com arroz, pop:* tudo que é habitual ou muito comum.

fei.jo.a.da (*feijão+ada¹*) *sf Cul* Prato da culinária brasileira, preparado com feijão, toicinho, carne-seca, paio e, também, pés, orelhas, beiços e rabos de porco.

fei.jo.ei.ro (*feijão+eiro*) *sm Bot* Nome genérico das plantas da família das leguminosas que produzem feijões.

fei.o (*lat foedu*) *adj* **1** De aspecto desagradável. **2** Desproporcionado, disforme. **3** Indecoroso, torpe. • *sm* **1** Homem de feições desagradáveis. **2** Coisa feia. **3** Fealdade. *Feio de doer:* muito feio, horroroso.

fei.o.so (*ô*) (*feio+oso*) *adj* Um pouco feio. • *sm* Indivíduo feioso. *Pl: feiosos* (*ó*).

fei.ra (*lat feria*) *sf* **1** Lugar público em que se expõem e vendem mercadorias: *Feira de livros*. **2** Nome complementar dos cinco dias do meio da semana. **3** Confusão, balbúrdia, falatório. *Feira livre:* feira onde se vendem frutas, legumes etc. normalmente em dias fixos.

fei.ran.te (de *feirar*) *s m+f* Pessoa que vai à feira vender.

fei.ta (de *feito*) *sf* **1** Ato, obra, ação. **2** Ocasião, vez.

fei.ti.ça.ri.a (*feitiço+aria*) *sf* **1** Arte mágica. **2** Obra de feiticeiros; bruxaria. **3** *fig* Enlevo, sedução.

fei.ti.cei.ro (*feitiço+eiro*) *adj* Que enfeitiça, atrai, encanta ou seduz. • *sm* Aquele que faz feitiços; bruxo.

fei.ti.cis.mo (*feitiço+ismo*) *sm* Culto e prática de feitiços.

fei.ti.ço (*feito+iço*) *adj* **1** Artificial, postiço. **2** Fictício. • *sm* **1** Bruxaria, malefício de feiticeiro ou feiticeira. **2** Amuleto ou objeto a que se atribuem qualidades sobrenaturais. **3** *fig* Encanto, fascinação. *Virar o feitiço contra o feiticeiro:* recair sobre uma pessoa o mal que ela tentara fazer a outra.

fei.ti.o (*feito+io²*) *sm* **1** Forma. **2** Maneira. **3** Feição. **4** Corte de roupa. **5** Caráter. **6** Qualidade.

fei.to (*lat factu*) *adj* **1** Realizado, terminado, pronto. **2** Formado. **3** Exercitado. **4** Perfeito, completo. **5** Adulto, completamente desenvolvido. **6** Decidido, resolvido. **7** Maduro. • *sm* **1** Fato. **2** Façanha. *Dito e feito:* com presteza, rapidamente.

fei.tor (*lat factore*) *sm* **1** Administrador de empregados ou bens alheios. **2** Chefe de grupo de trabalhadores braçais; capataz.

fei.to.ri.a (*feitor+ia¹*) *sf* **1** Administração exercida pelo feitor. **2** Cargo de feitor. **3** *ant* Estabelecimento comercial.

fei.tu.ra (*lat factura*) *sf* **1** Ato ou modo de fazer; execução. **2** Obra, trabalho. **3** Efeito. **4** Feição, talho.

fei.u.ra (*ú*) (*feio+ura*) *sf* Fealdade.
fei.xe (*lat fasce*) *sm* **1** Reunião de várias coisas da mesma espécie, no sentido do comprimento; atado, molho. **2** Braçada, porção. *Feixe de ossos:* magro ao extremo. *Feixe de paralelas, Geom:* sistema de três ou mais retas paralelas. *Feixe luminoso, Fís:* conjunto de raios luminosos partidos do mesmo ponto.
fel (*lat felle*) *sm* **1** *pop* Bílis, vesícula biliar. **2** *fig* Mau humor, azedume. **3** *fig* Amargor. *Pl: féis e feles.*
fe.la.ção (*lat fellare+ção*) *sf* Sexo oral.
felds.pa.to (*Feldspath, np*) *sm Miner* Nome comum dado a várias espécies de minerais componentes das rochas cristalinas.
fe.li.ci.da.de (*lat felicitate*) *sf* **1** Estado de quem é feliz. **2** Bem-estar, contentamento. **3** Bom resultado, bom êxito. *Felicidade eterna:* bem-aventurança.
fe.li.ci.da.des (de *felicidade*) *sf pl* Votos de sucesso; congratulações.
fe.li.ci.ta.ções (*felicitar+ação*) *V felicidades.*
fe.li.ci.tar (*lat felicitare*) *vtd* **1** Dirigir cumprimento ou parabéns a. *vpr* **2** Aplaudir-se, congratular-se.
fe.lí.deos (*lat félis+ídeo*²) *sm pl Zool* Família de mamíferos carnívoros, de corpo flexível, pelo macio e garras afiadas. Abrange os leões, os tigres, as onças, os leopardos e os gatos em geral.
fe.li.no (*lat felinu*) *adj* **1** Que se refere ao gato. **2** Semelhante ao gato. **3** *fig* Flexível, ágil. **4** *fig* Fingido, traiçoeiro.
fe.liz (*lat felice*) *adj m+f* **1** Favorecido pela boa sorte. **2** Que tem um sentimento de bem-estar. **3** Ditoso. **4** Satisfeito. **5** Que teve bom êxito. *Sup abs sint:* felicíssimo.
fe.li.zar.do (de *feliz*) *adj* + *sm* **1** Que, ou pessoa que é feliz por ajuda alheia. **2** Que, ou o que tem muita sorte.
fel.pa (*ê*) (*fr ant feupe*) *sf* **1** Tecido felpudo com fios levantados à maneira de pelo. **2** *Zool* Penugem das aves. **3** *Zool* Pelo curto e basto dos animais. *Cf ferpa.*
fel.tro (*ê*) (*ital feltro*) *sm* Tecido de lã ou de pelos, empregado no fabrico de chapéus, discos de polimento etc.
fê.mea (*lat femina*) *sf* **1** Animal do sexo feminino. **2** Mulher. **3** Peça circular na qual se encaixa o macho.
fe.mi.ni.li.da.de (*feminil+i+dade*) *sf* O que é próprio de mulher.
fe.mi.ni.no (*lat femininu*) *adj* **1** Próprio de mulher ou de fêmea. **2** Que não é macho. **3** *Gram* Diz-se do gênero de palavras que designam seres femininos.
fe.mi.nis.mo (*lat femina+ismo*) *sm Sociol* Movimento que tem por objetivo a igualdade de direitos entre homens e mulheres.
fe.mi.nis.ta (*lat femina+ista*) *adj m+f* Relativo ao feminismo. • *s m+f* Pessoa partidária do feminismo.
fe.mi.ni.zar (*lat femina+izar*) *vtd* **1** Dar feições ou caráter feminino a. *vtd* **2** Atribuir o gênero feminino a. *vpr* **3** Assumir ou ter qualidades femininas.
fê.mur (*lat femur*) *sm Anat* Osso da coxa dos vertebrados. *Pl: fêmures.*
fen.da (de *fender*) *sf* **1** Abertura estreita; racha, fresta, fissura. **2** Ranhura, entalhe como na cabeça dos parafusos. **3** Junta aberta entre duas tábuas etc.

fen.der (*lat findere*) *vtd* **1** Abrir fenda em; rachar. *vint* e *vpr* **2** Abrir-se em fendas ou rachas. *vtd* **3** Rasgar, cortar. *vtd* **4** Passar através de.
fe.ne.cer (*lat tardio finiscere*) *vint* **1** Acabar, extinguir-se. **2** Morrer. **3** Murchar (flor, planta).
fe.ne.ci.men.to (*fenecer+mento*) *sm* **1** Ato ou efeito de fenecer. **2** Morte.
fe.ní.cio (*gr phoeínikes*) *adj* Relativo à Fenícia (Ásia antiga) ou aos seus habitantes. • *sm* **1** Habitante ou natural da Fenícia. **2** Idioma semítico antigo falado pelos fenícios.
fê.nix (*s*) (*gr phoînix*) *sf sing* e *pl* **1** *Mit* Ave mitológica, símbolo da alma e da imortalidade, que, segundo os antigos, ressurgia de suas próprias cinzas. **2** Fênix *Astr* Constelação austral.
fe.no (*lat foenu*) *sm* Erva cortada e seca para alimento do gado.
fe.nol (*gr phaíno+ol*) *sm Quím* Substância química usada como desinfetante e também no fabrico de resinas e plásticos, produtos farmacêuticos (como a aspirina) e como solvente para fabricação de óleos lubrificantes.
fe.no.me.nal (*fenômeno+al*¹) *adj m+f* Extraordinário, surpreendente.
fe.nô.me.no (*gr phainómenon*) *sm* **1** Qualquer acontecimento. **2** Tudo o que pode ser percebido pelos sentidos ou pela consciência. **3** Maravilha. **4** Pessoa que se distingue por algum dote extraordinário.
fe.no.me.no.lo.gi.a (*fenômeno+logo+ia*¹) *sf Filos* Sistema filosófico que trata da descrição e classificação dos fenômenos.
fe.nó.ti.po (*feno*²+*tipo*²) *sm Biol* Aspecto geral dos seres (animais e vegetais) que se parecem com outros da mesma espécie. *Antôn: genótipo.*
fe.ra (*lat fera*) *sf* **1** Qualquer animal feroz e carnívoro. **2** *fig* Pessoa bárbara, cruel. **3** *gír* Indivíduo corajoso, valente. **4** *gír* Pessoa que tem muitos conhecimentos em determinada matéria: *Fera em português.*
fé.re.tro (*lat feretru*) *sm* Ataúde, caixão de defunto.
fé.ria (*lat feria*) *sf* **1** Soma dos salários de uma semana. **2** Salário de operário. **3** Valor diário das vendas de uma casa comercial. *sf pl* Período de descanso, de repouso.
fe.ri.a.do (*lat feriatu*) *adj* Em que há férias, em que há descanso. • *sm* Dia em que se suspende o trabalho para descanso por prescrição civil ou religiosa. *Feriado estadual:* o decretado pelo governo de um Estado e que vigora somente nele. *Feriado municipal:* o decretado por um prefeito e que vigora somente no respectivo município. *Feriado nacional:* o que vigora em todo o país.
fe.ri.da (de *ferido*) *sf* **1** Lesão corporal produzida por trauma; ferimento. **2** Chaga, ulceração. **3** *fig* Dor, mágoa. **4** *fig* Pessoa maldosa.
fe.ri.do (*part* de *ferir*) *adj* + *sm* **1** Que, ou que recebeu ferimento. **2** Ofendido, magoado.
fe.ri.men.to (*ferir+mento*) *sm* Ferida, golpe.
fe.ri.no (*lat ferinu*) *adj* **1** Semelhante a uma fera. **2** Cruel, desumano. **3** Sarcástico, irônico.
fe.rir (*lat ferire*) *vtd* **1** Causar ferimento a. *vpr* **2** Fazer em si uma ferida; cortar-se. *vtd* **3** Cortar, rasgar. *vtd* **4** Tocar (instrumento de cordas). *vtd*

5 Causar sofrimento a; magoar. *vpr* **6** Magoar-se, ofender-se. *Conjug:* é verbo irregular; o *e* do radical muda-se em *i* na 1ª pessoa do singular do presente do indicativo e nas formas que dela derivam. *Pres indic: firo, feres, fere* etc.; *Pret imp indic: feria, ferias, feria* etc.; *Pret perf: feri, feriste* etc.; *Pret mais-que-perf: ferira, feriras, ferira, feríramos, feríreis, feriram; Fut pres: ferirei, ferirás* etc.; *Fut pret: feriria, feririas, feriria, feriríamos, feriríeis, feririam; Pres subj: fira, firas, fira* etc.; *Pret imp subj: ferisse, ferisses, ferisse, feríssemos, ferísseis, ferissem; Fut subj: ferir, ferires, ferir, ferirmos, ferirdes, ferirem; Imper afirm: fere(tu), fira(você), firamos(nós), feri(vós), firam(vocês); Imper neg: não firas(tu), não fira(você)* etc.; *Infinitivo impess: ferir; Infinitivo pess: ferir, ferires* etc.; *Ger: ferindo; Part: ferido.*

fer.men.ta.ção (*fermentar+ção*) *sf* **1** Reação de um corpo orgânico a um fermento que o decompõe. **2** *fig* Agitação, efervescência.

fer.men.tar (*lat fermentare*) *vtd* **1** Produzir fermentação em, fazer levedar. *vint* **2** Levedar, crescer (massa). *vint* **3** Decompor-se pela fermentação. *vtd* **4** Agitar, excitar, fomentar: *Fermentar ódios, paixões.*

fer.men.to (*lat fermentu*) *sm* **1** Agente capaz de produzir fermentação, como levedura. **2** Massa de farinha sem sal que azedou e que, misturada à massa de pão, excita a fermentação nesta; levedura. **3** *fig* Causa remota, germe: *O fermento da revolução.*

fér.mio (*Fermi, np+io*) *sm Quím* Elemento metálico radioativo, produzido artificialmente (pelo bombardeio de plutônio com nêutrons, *p ex*), de número atômico 100 e símbolo Fm.

fe.ro.ci.da.de (*lat ferocitate*) *sf* **1** Qualidade ou caráter de feroz. **2** Ação feroz.

fe.ro.mô.nio (*gr phéro*, trazer+*hormônio*) *sm Quím* Substância secretada por insetos, que serve de meio de comunicação entre indivíduos da mesma espécie ou para atração sexual.

fe.roz (*lat feroce*) *adj m+f* **1** Que tem natureza de fera. **2** Cruel, perverso. *Sup abs sint: ferocíssimo.*

fer.pa (*ê*) (*corr de felpa*) *sf* Fragmento de madeira em forma de palito ou agulha. *Cf felpa.*

fer.ra.do (*part* de *ferrar*) *adj* **1** Provido de ferradura. **2** Marcado a ferro quente. **3** *pop* Que levou a pior, que se saiu mal. **4** *fig* Aferrado, obstinado, teimoso.

fer.ra.du.ra (*ferrar+dura*) *sf* Peça de ferro forjada para adaptar-se ao casco de alguns animais, fixada por meio de cravos.

fer.ra.gem (*ferro+agem*) *sf* **1** Peças de ferro ou de outro metal que entram na construção de uma obra. **2** As ferraduras com que se calçam os animais. **3** Conjunto de objetos de ferro. **4** *Vet* Operação ou maneira de pôr as ferraduras nos animais.

fer.ra.men.ta (*lat ferramenta*) *sf* Qualquer instrumento ou utensílio. *Ferramenta de seleção, Inform:* ícone dentro de uma barra de ferramentas que permite ao usuário selecionar uma área de uma imagem.

fer.ra.men.tal (*ferramenta+al¹*) *sm* Conjunto de ferramentas.

fer.ra.men.tei.ro (*ferramenta+eiro*) *sm* **1** Guarda ou inspetor de ferramentas. **2** Operário qualificado que fabrica, conserva e repara ferramentas.

fer.rão (*ferro+ão²*) *sm* **1** Aguilhão. **2** Ponta de ferro. **3** *Zool* Órgão picador de certos insetos.

fer.rar (*ferro+ar¹*) *vtd* **1** Pôr ferraduras em, pregar ferro em. *vtd* **2** Marcar com ferro quente (bois, cavalos etc.). *vpr* **3** *gír* Sair-se mal. *vtd* **4** *gír* Causar dano a alguém.

fer.ra.ri.a (*ferro+aria*) *sf* **1** Fábrica de ferragens. **2** Loja de ferreiro.

fer.rei.ro (*ferro+eiro*) *sm* **1** Aquele que faz ou vende obras de ferro. **2** O que tem estabelecimento de fabrico ou venda dessas obras. **3** Trabalho especializado daquele que faz e conserta peças de aço.

fer.re.nho (de *ferro*) *adj* **1** Duro, inflexível, despótico. **2** Obstinado. **3** Intransigente.

fér.reo (*lat ferreu*) *adj* **1** Feito de ferro. **2** *fig* Inflexível, ferrenho.

fer.re.te (*ê*) (*ferro+ete*) *sm* **1** Ferro com letra para marcar gado e, antigamente, escravos e criminosos. **2** Sinal de desonra.

fer.ro (*lat ferru*) *sm* **1** *Quím* Elemento metálico, número atômico 26 e símbolo Fe. **2** Metal de cor cinzento-azulada, duro, maleável e dúctil, fortemente atraído pelos ímãs e facilmente oxidável em ambiente úmido. **3** Instrumento ou utensílio de ferro: *Ferro de passar roupa.* **4** *Farm* Qualquer composto de ferro para servir de medicamento. *A ferro e fogo:* por todos os meios possíveis. *Coração de ferro:* coração insensível. *Homem de ferro:* homem extremamente forte e resistente. *Malhar em ferro frio:* perder o tempo insistindo com pessoa irredutível ou muito ignorante.

fer.ro.a.da (*ferrão+ada¹*) *sf* **1** Picada com ferrão. **2** *fig* Censura severa.

fer.ro.ar (*ferrão+ar¹*) *vtd* Dar ferroadas em, picar com o ferrão; aguilhoar.

fer.ro-gu.sa *sm Metal* O ferro que se obtém diretamente do alto-forno, geralmente com alto teor de carbono e muitas impurezas. *Pl: ferros-gusas* e *ferros-gusa.*

fer.ro.lho (*ô*) (*lat veruculu*, com influência de *ferro*) *sm* Pequena tranca de ferro com que se fecham portas ou janelas.

fer.ro.so (*ó*) (*ferro+oso*) *adj* **1** Que contém ferro. **2** *gír* Cruel, insensível. *Pl: ferrosos* (*ó*).

fer.ro.vi.a (*ferro+via*) *sf* Caminho de ferro, estrada de ferro, via férrea.

fer.ro.vi.á.rio (*ferrovia+ário*) *adj* Relativo a caminho de ferro. • *sm* Indivíduo empregado em estrada de ferro.

fer.ru.gem (*lat ferrugine*) *sf* **1** Camada de óxido que se forma sobre metais ferrosos, especialmente quando expostos ao ar úmido. **2** *Bot* Designação de várias doenças de plantas cultivadas.

fer.ru.gi.no.so (*ô*) (*ferrugem+oso*) *adj* **1** Da natureza do ferro ou do seu óxido. **2** Que contém ferro ou óxido de ferro. **3** Da cor do ferro ou da ferrugem. • *sm Farm* Remédio que contém ferro. *Pl: ferruginosos* (*ó*).

fértil   392   fibra

fér.til (*lat fertile*) *adj m+f* **1** *Biol* Capaz de procriar; não estéril. **2** Que produz muito e com facilidade; fecundo. *Pl: férteis. Antôn: estéril.*

fer.ti.li.da.de (*lat fertilitate*) *sf* **1** Estado ou qualidade de ser fértil. **2** Abundância de frutos. **3** Propriedade de produzir muito. **4** Abundância. *Antôn: esterilidade.*

fer.ti.li.za.ção (*fertilizar+ção*) *sf* Ato ou efeito de fertilizar; fecundação.

fer.ti.li.zan.te (de *fertilizar*) *adj m+f* **1** Que fertiliza. **2** Próprio para fertilizar. • *sm Agr* Adubo.

fer.ti.li.zar (*fértil+izar*) *vtd* **1** Tornar fértil (o solo) pela aplicação de adubos. *vtd* **2** *fig* Tornar produtivo. *vtd* **3** *Biol* Fecundar (um ovo, óvulo ou célula feminina) pela união com o elemento masculino. *vtd* **4** *Bot* Tornar frutífera (uma planta) por meio de pólen. *vint* **5** Tornar-se fértil, produtivo.

fer.ver (*lat fervere*) *vint* **1** Entrar ou estar em ebulição. *vtd* **2** Cozer em um líquido em ebulição. *vint* **3** Agitar-se ou mover-se como um líquido em ebulição. *vint* **4** Animar-se; excitar-se.

fer.vi.lhar (*ferver+ilho+ar*[1]) *vint* **1** Ferver constantemente. **2** Concorrer em grande número ou em grande quantidade; pulular, estar repleto.

fer.vor (*lat fervore*) *sm* **1** Ardor. **2** Ímpeto. **3** Zelo ardente em questões de religião.

fer.vo.ro.so (ô) (*fervor+oso*) *adj* **1** Que tem fervor. **2** Cheio de fervor religioso. **3** Ativo, diligente. *Pl: fervorosos (ó).*

fer.vu.ra (*ferver+ura*) *sf* **1** Ebulição. **2** Efervescência, agitação de ânimos. *Deitar água na fervura:* fazer abrandar o ânimo, moderar a exaltação.

fes.ta (*lat festa*) *sf* **1** Solenidade. **2** Celebração, comemoração. **3** Dia feriado, de descanso, dia santificado. *sf pl* **1** Carícias, meiguices, afagos. **2** O dia de Natal e o ano-novo. *Ar de festa:* aparência alegre e prazenteira.

fes.tan.ça (de *festa*) *sf* **1** Festa animada. **2** Grande divertimento.

fes.tão (*ital festone*) *sm* **1** Ornato geralmente em forma de grinalda; grinalda, ramalhete. **2** Festança.

fes.tei.ro (*festa+eiro*) *adj* **1** Amigo de festas. **2** Acariciador. • *sm* **1** Aquele que faz ou dirige uma festa. **2** Frequentador de festas.

fes.te.jar (*festa+ejar*) *vtd* **1** Fazer festa a. **2** Fazer festa em honra de. **3** Celebrar, comemorar. **4** Acariciar, afagar.

fes.te.jo (ê) (de *festejar*) *sm* **1** Ato ou efeito de festejar. **2** Carícias, afagos.

fes.tim (*festa+im*) *sm* **1** Pequena festa. **2** Banquete, festa em família. **3** Cartucho com pouco explosivo, que se queima com o disparo, fazendo apenas barulho.

fes.ti.val (*festivo+al*[1]) *sm* **1** Grande festa. **2** Espetáculo em honra e benefício de alguém. **3** Espetáculo artístico. **4** *fig* Grande quantidade.

fes.ti.vi.da.de (*lat festivitate*) *sf* **1** Festa religiosa. **2** Demonstração de alegria.

fes.ti.vo (*lat festivu*) *adj* **1** Próprio de festa. **2** Divertido, contente, alegre.

fe.tal (*feto*[1]+*al*[1]) *adj m+f Embr* Que se refere ao feto[1].

fe.ti.che (*fr fétiche*) *sm* Objeto a que se presta culto ou a que se atribuem poderes sobrenaturais.

fe.ti.chis.mo (*fetiche+ismo*) *sm* Culto a fetiche.

fe.ti.chis.ta (*fetiche+ista*) *adj* e *s m+f* Diz-se de, ou pessoa que presta culto a fetiche.

fé.ti.do (*lat foetidu*) *adj* Que exala mau cheiro, que fede; fedorento.

fe.to[1] (*lat fetu*) *sm Embr* **1** Fase do desenvolvimento intrauterino que se segue à do embrião até o nascimento. **2** O próprio indivíduo nessa fase.

fe.to[2] (*lat filictu*) *sm Bot* Nome comum a diversas plantas, conhecidas como *samambaias* ou *sambambaias*.

feu.dal (*lat med feudale*) *adj m+f* Que se refere a feudo ou a feudalismo.

feu.da.lis.mo (*feudal+ismo*) *sm Hist* Organização social, econômica e política da Idade Média, em que um nobre se obrigava a prestar serviços especiais e em troca recebia do rei terras e privilégios.

feu.do (*frâncico *fëhu ôd*, via *lat med feudu*) *sm* **1** Terra concedida pelo rei ou senhor e que obrigava o vassalo à prestação de certos serviços e ao pagamento de impostos. **2** Posse exclusiva.

fe.zes (*lat faeces*) *sf pl* **1** Borra; sedimento. **2** Excrementos; matérias fecais.

fe.zi.nha (*fé+z+inho*, no *fem*) *sf pop* Jogo feito por palpite.

fi.a.ção (*fiar*[1]+*ção*) *sf* **1** Ato, modo ou trabalho de fiar. **2** Fábrica, lugar onde se fia ou tece qualquer matéria têxtil. **3** *Eletr* Conjunto de fios e conexões de uma instalação elétrica.

fi.a.da (*fiar*[1]+*ada*[1]) *sf* **1** Fileira horizontal de pedras ou tijolos da mesma altura, colocados uns sobre outros e assentes em argamassa. **2** Fila, fileira. **3** Enfiada.

fi.a.do (*part* de *fiar*[2]) *adj* **1** Que se fiou. **2** Comprado ou vendido a crédito. • *adv* A crédito: *Comprar, vender fiado.*

fi.a.dor (*fiar*[2]+*dor*) *sm* Pessoa que se responsabiliza pelo cumprimento de uma obrigação ou dever por outra pessoa; abonador.

fi.am.bre (*cast fiambre*) *sm* Carne, geralmente presunto, preparada para se comer fria; presunto cozido.

fi.an.ça (*fiar*[2]+*ança*) *sf* **1** Obrigação assumida por uma pessoa, que se responsabiliza total ou parcialmente pelo cumprimento da obrigação de outra. **2** Quantia correspondente a essa obrigação. **3** *Dir* Garantia prestada pelo réu, ou alguém por ele, perante a autoridade policial ou judiciária, a fim de poder defender-se em liberdade, nos casos permitidos pela lei.

fi.an.dei.ra (de *fiar*[1]) *sf* **1** Máquina de fiar. **2** Mulher que fia, tece.

fi.an.dei.ro (de *fiar*[1]) *sm* Indivíduo que fia, tece.

fi.a.po (de *fio*) *sm* **1** Fiozinho. **2** *pop* Quantidade ou porção insignificante.

fi.ar[1] (*lat filare*) *vtd* **1** Reduzir a fio, fazer fio, preparar o fio. *vint* **2** Torcer, reduzir a fio qualquer matéria têxtil. *vtd* **3** Fazer arame.

fi.ar[2] (*lat fidare*) *vtd* **1** Entregar sob confiança; confiar. *vti* e *vpr* **2** Depositar confiança em. *vtd* **3** Ser fiador de. *vtd* e *vpr* **4** Vender a crédito.

fi.as.co (*ital fiasco*) *sm* **1** Mau êxito, malogro, fracasso. **2** Má figura.

fi.bra (*lat fibra*) *sf* **1** Nome que se dá a qualquer estrutura alongada, delgada, em forma de fio.

2 *fig* Energia, firmeza de caráter, valor moral: *Homem de fibra.*

fi.bri.na (de *fibrino*) *sf Fisiol* Proteína fibrosa, insolúvel, que constitui a parte essencial do coágulo sanguíneo.

fi.bri.no.so (ô) (*fibrina+oso*) *adj* **1** Relativo a fibrina. **2** Formado de fibrina. **3** Que possui propriedade da fibrina. **4** Caracterizado pela presença de fibrina. *Pl: fibrinosos (ó).*

fi.bro.ma (*fibra+oma*) *sm Patol* Tumor benigno que consiste principalmente em tecido fibroso.

fi.bro.mus.cu.lar (*fibra+muscular*) *adj m+f Anat* Constituído de tecido fibroso e muscular.

fi.bro.so (ô) (*fibra+oso*) *adj* **1** Relativo ou semelhante a fibras. **2** Composto de fibras; que contém fibras. *Pl: fibrosos (ó).*

fí.bu.la (*lat fibula*) *sf Anat* Osso comprido e delgado, situado na parte externa da perna, junto à tíbia (nomes antigos: perônio ou perôneo).

fi.car (*lat vulg *ficigare, freq* de *figere*) *vti* e *vint* **1** Conservar-se em algum lugar. *vlig* e *vpr* **2** Permanecer. *vint* **3** Estar situado. *vint* **4** Ser deixado ou abandonado. *vti* e *vint* **5** Restar, sobrar. *vint* **6** Sobreviver. *v lig* **7** Continuar como era ou estava. *vti* e *vint* **8** *gír* Namorar por pouco tempo, sem compromisso. *Ficar de mal:* ficar de relações cortadas. *Ficar sujo, gír:* perder a cotação, desmerecer no conceito de alguém.

fic.ção (*lat fictione*) *sf* **1** Ato ou efeito de fingir. **2** Simulação. **3** Arte de imaginar. **4** Coisas imaginárias. *Ficção científica, Lit* e *Cin:* obra de ficção cujo enredo se baseia no desenvolvimento científico e no fantástico.

fi.cha (*fr fiche*) *sf* **1** Objeto para marcar pontos no jogo. **2** Cartão em que se anotam documentos arquivados, livros catalogados de bibliotecas etc. **3** Cartão com dados pessoais, guardado em fichários para ser eventualmente consultado. *Na ficha, pop:* a dinheiro.

fi.char (*ficha+ar¹*) *vtd* Anotar, registrar em fichas; catalogar.

fi.chá.rio (*ficha+ário*) *sm* **1** Caixa, gaveta, móvel onde se guardam fichas. **2** Coleção de fichas de anotação.

fic.tí.cio (*lat ficticiu*) *adj* **1** Que só existe na imaginação. **2** Simulado. **3** Imaginário. **4** Fabuloso.

fí.cus (*lat ficu*) *sm sing* e *pl Bot* Nome comum dado a vários tipos de árvores semelhantes às figueiras.

fi.dal.go (da expressão *filho de algo*) *sm* **1** Homem que tem título de nobreza. **2** *pop* Aquele que se veste bem e vive dos seus rendimentos, sem trabalhar. • *adj* **1** Que tem modos de fidalgo. **2** Nobre, generoso.

fi.dal.gui.a (*fidalgo+ia¹*) *sf* **1** Classe dos fidalgos. **2** Qualidade de quem é fidalgo. **3** Ação própria de fidalgo. **4** Generosidade, nobreza de caráter.

fi.de.dig.no (*lat fide+digno*) *adj* Que é digno de fé, de confiança; que merece crédito.

fi.de.li.da.de (*lat fidelitate*) *sf* **1** Lealdade. **2** Semelhança entre o original e a cópia. **3** Afeição constante.

fi.ei.ra (*fio+eira*) *sf* **1** Cordel com que se faz girar pião. **2** Fileira, linha, ala. **3** *pop* Linha de pescar.

fi.el (*lat fidele*) *adj m+f* **1** Leal. **2** Que cumpre aquilo a que se obriga. **3** Exato, pontual. **4** Verídico. **5** Constante, firme, perseverante. *Sup abs sint: fidelíssimo.* • *sm* **1** Pessoa a quem se confia a guarda de valores. **2** Membro de religião ou seita. *Ser o fiel da balança:* ser aquele ou aquilo de quem ou de que depende uma decisão. *Pl: fiéis.*

fi.ga (*lat tardio *fica*) *sf* **1** Amuleto ou talismã, em forma de mão fechada, com o polegar entre os dedos indicador e médio. **2** Sinal feito com a mão, pondo os dedos como na figa, para esconjurar ou repelir malefícios ou doenças.

fi.ga.dal (*fígado+al¹*) *adj m+f* **1** Que se refere ao fígado; hepático. **2** *fig* Entranhado, profundo.

fí.ga.do (*lat ficatu*) *sm Anat* Órgão glandular que, entre outras funções, exerce a de secretar a bílis.

fi.go (*lat ficu*) *sm* Fruto da figueira.

fi.guei.ra (*lat ficaria*) *sf Bot* **1** Árvore que produz figos. **2** Árvore muito grande, nativa do Brasil e cultivada em outros países.

fi.gu.ra (*lat figura*) *sf* **1** Forma exterior de qualquer corpo. **2** Imagem, gravura, estampa. **3** Pessoa, vulto. *Figura difícil, pop:* pessoa que gosta de fazer-se de difícil. *Mudar de figura:* variar, tomar outro aspecto (um caso): *Depois de nossa conversa, o caso mudou de figura.*

fi.gu.ra.do (*part* de *figurar*) *adj* **1** Representado por figuras. **2** Alegórico. **3** Hipotético.

fi.gu.ran.te (*lat figurante*) *adj* e *s m+f Cin, Teat* e *Telev* Diz-se de, ou personagem que entra em cena sem falar.

fi.gu.rão (*figura+ão²*) *sm pop* Personagem importante; medalhão.

fi.gu.rar (*lat figurare*) *vtd* **1** Fazer a figura de; representar por meio de figura. *vtd* **2** Significar, simbolizar. *vti* **3** *Cin, Teat* e *Telev* Aparecer em cena; destacar-se. *vti* **4** Fazer parte de.

fi.gu.ra.ti.vo (*lat figurativu*) *adj* **1** Que figura, que representa. **2** Simbólico.

fi.gu.ri.nha (*dim* de *figura*) *sf* **1** Estatueta pequena e delicada. **2** Pequenas gravuras que são colecionadas ou coladas em álbum.

fi.gu.ri.nis.ta (*figurino+ista*) *adj* e *s m+f* Diz-se de, ou desenhista de figurinos.

fi.gu.ri.no (*ital figurino*) *sm* **1** Figura ou estampa que representa o traje da moda. **2** Revista de modas. **3** Modelo, exemplo.

fi.la¹ (*fr file*) *sf* **1** Série de coisas, animais ou pessoas dispostos ao lado ou atrás uns dos outros. **2** Pessoas colocadas uma atrás da outra por ordem de chegada. *Fila de impressão, Inform:* área de memória que armazena *jobs* de impressão prontos para serem enviados para a impressora.

fi.la² (de *filar*) *sf* Raça brasileira de cão de guarda, notável pelo tamanho e pela fidelidade.

fi.la.men.to (*lat filamentu*) *sm* **1** Fio de diâmetro muito pequeno. **2** *Bot* Fios tênues que nascem das raízes das plantas. **3** Nas lâmpadas elétricas, fio que produz a iluminação.

fi.lan.te (de *filar*) *s m+f gír* Pessoa que fila, isto é, que procura obter as coisas sem pagamento ou sem gastar dinheiro.

fi.lan.tro.pi.a (*gr philanthropía*) *sf* **1** Amor à humanidade. **2** Caridade. *Antôn: misantropia.*

fi.lan.tró.pi.co (*gr philanthropikós*) *adj+sm* Que, ou quem é inspirado pela filantropia; humanístico. *Antôn: misantrópico.*

fi.lan.tro.po (ô) (gr *philánthropos*) adj + sm Que, ou o que é dotado de filantropia; humanitário.
fi.lão (fr *filon*) sm **1** Geol Massa de minério que enche uma fenda de rocha; veio. **2** Caso que se explora facilmente. **3** Reg (SP) Pão comprido.
fi.lar (lat vulg **pilliare*, pelo port arc *filhar*) vtd pop Conseguir de graça; fazer que outro pague: *Filar o lanche de alguém.*
fi.lar.mô.ni.ca (fem de *filarmônico*) sf **1** Sociedade musical. **2** Orquestra ou banda de música.
fi.la.te.li.a (*filo²+gr ateleía*) sf Estudo e coleção metódica dos selos postais dos diversos países.
fi.la.te.lis.ta (*filatelia+ista*) adj e s m+f Diz-se de, ou pessoa que coleciona selos postais.
fi.lé (fr *filet*) sm **1** Bife de carne. **2** Fatia sem espinhas da carne de um peixe. *Filé mignon:* a) melhor porção da carne de boi; b) bife que se faz dessa carne; c) pop algo muito especial pela qualidade.
fi.lei.ra (*fila¹+eira*) sf Fila, carreira.
fi.le.tar (*filete+ar¹*) vtd **1** Ornar com filete. **2** Fazer os filetes ou roscas dos parafusos; roscar. *Conjug – Pres subj: filete (é), filetes (é), filete (é)* etc. *Cf filete.*
fi.le.te (ê) (fr *filet*) sm **1** Fio delgado, fiozinho. **2** Edit Ornato dourado ou prateado que se põe na encadernação dos livros. **3** Bot Parte fina do estame, em que se apoia a antera.
fi.lha (lat *filia*) sf Pessoa do sexo feminino, considerada em relação aos pais.
fi.lha.ra.da (*filho+ar²+ada*) sf pop Conjunto de muitos filhos.
fi.lho (lat *filiu*) sm **1** Pessoa do sexo masculino, considerada em relação aos pais. **2** Descendente. **3** Rel O ser humano em relação ao Criador (Deus). • adj Procedente, resultante. *Filho de santo, Rel:* indivíduo votado ao culto de um santo ou orixá, nas religiões de origem africana.
fi.lhó (lat *foliola*) s m+f Cul Massa de farinha e ovos, estendida e frita em azeite e geralmente passada por calda de açúcar; filhós.
fi.lho.te (*filho+ote*) sm **1** Cria de animal. **2** pop Pessoa protegida por outra. **3** pop Filho pequeno.
fi.li.a.ção (lat *filiatione*) sf **1** Relação de parentesco entre os pais e seus filhos. **2** Nome dos pais de uma pessoa. **3** Ato de perfilhar. **4** Conexão, dependência.
fi.li.al (lat *filiale*) adj m+f Relativo a filho. • sf Estabelecimento dependente de outro ou da sede de outro; sucursal.
fi.li.ar (lat *filiare*) vtd **1** Adotar como filho. vpr **2** Derivar, originar-se. vtd **3** Admitir em corporação, partido, seita etc. vpr **4** Entrar em uma corporação, partido, seita etc.
fi.li.for.me (*lat filum+forme*) adj m+f **1** Fino como um fio. **2** Que tem a forma de fio.
fi.li.gra.na (ital *filigrana*) sf **1** Obra em forma de renda tecida com fios de ouro ou prata, soldados com extrema delicadeza. **2** Letras ou figuras que se desenham nos moldes para marcar o papel durante a fabricação, visíveis somente contra a luz; também chamadas *marca-d'água*.
fi.lis.teu (hebr *Pelishtî*) adj + sm Que, ou o que era natural da Filisteia, região costeira da Palestina antiga. *Fem:* filisteia.
fil.ma.do.ra (*filmar+dor*, no fem) sf Máquina de filmar.

fil.ma.gem (*filmar+agem*) sf Ato ou efeito de filmar.
fil.mar (*fime+ar¹*) vtd Registrar acontecimentos, ou cenas representadas, em filme cinematográfico.
fil.me (ingl *film*) sm **1** Fot e Cin Rolo de película de celuloide que se utiliza para registrar imagens. **2** Cin Qualquer obra cinematográfica; fita, película.
fil.mo.te.ca (*filme+teca*) sf **1** Lugar onde se arquivam filmes cinematográficos ou microfilmes em geral. **2** Coleção de filmes.
fi.lo (gr *phýllon*) sm Biol **1** Linhagem direta de descendência, dentro de um grupo, presumivelmente de um único ponto de origem. **2** Grupo que constitui tal linhagem.
fi.ló (do lat *filu*) sm Tecido fino e reticular, de fios de seda ou algodão.
fi.lo.ge.ni.a (*filo³+geno+ia¹*) sf Biol História genealógica de uma espécie ou de um grupo biológico.
fi.lo.lo.gi.a (*filo²+logo+ia¹*) sf **1** Ciência que, por meio de textos escritos, estuda a língua, a literatura e a cultura de um povo. **2** Estudo dos textos antigos e da sua transmissão até o aparecimento da imprensa.
fi.lo.so.far (lat *philosophari*) vint **1** Raciocinar a respeito de assuntos que dizem respeito à filosofia e à vida. vti **2** Argumentar ou discutir com sutileza. *Conjug – Pres indic: filosofo (só), filosofas (só), filosofa (só)* etc. *Cf filósofo.*
fi.lo.so.fi.a (gr *philosophía*) sf **1** Estudo geral sobre a natureza de todas as coisas e suas relações entre si. **2** Conjunto de doutrinas de uma escola ou época. **3** Sabedoria; razão.
fi.ló.so.fo (gr *philósophos*) adj + sm **1** Que, ou quem é versado em filosofia. **2** Que, ou o que tem penetrante espírito filosófico.
fil.trar (*filtro+ar¹*) vtd **1** Passar um líquido ou gás pelo filtro; coar. vint e vpr **2** Passar através do filtro; atravessar o filtro.
fil.tro (lat med *filtru*) sm **1** Artigo ou material poroso, como pano, papel, areia, carvão vegetal etc., através do qual se faz passar um líquido ou gás que se quer purificar. **2** Utensílio para purificar líquidos; talha. **3** Fot Lâmina colorida e transparente adaptada à objetiva de uma máquina fotográfica para modificar ou corrigir o colorido da imagem, eliminar reflexos, modificar a intensidade de luz ou corrigir distorções de cor. *Filtro de linha, Eletrôn:* dispositivo que elimina ruídos e variações bruscas de tensão da rede elétrica.
fim (lat *fine*) sm **1** Termo, conclusão, remate. **2** Extremidade, limite de espaço, extensão ou tempo. **3** Intenção, propósito. **4** Alvo, objeto, mira. **5** Morte. *A fim de:* para; com intenção de. *No fim de contas:* afinal; em conclusão. *Por fim:* finalmente.
fím.bria (lat *fimbria*) sf **1** Franja. **2** Orla. **3** Guarnição (do vestido).
fi.mo.se (gr *phímosis*) sf Med Estreitamento da abertura do prepúcio, que impede seu recuo sobre a glande.
fi.na.do (part de *finar*) adj Que morreu. • sm Morto; falecido; defunto, pessoa morta.
fi.nal (lat *finale*) adj m+f **1** Do fim, terminal. **2** Último, derradeiro. • sm Fim, última parte. sf A prova decisiva de concurso ou competição esportiva.

fi.na.li.da.de (*lat finalitate*) *sf* Fim em vista; intuito, objetivo.
fi.na.lís.si.ma (*final+issimo*, no *fem*) *sf* A prova ou partida final de concurso ou competição esportiva.
fi.na.lis.ta (*final+ista*) *adj* e *s m+f* **1** Diz-se de, ou estudante que está no último ano de um curso. **2** Diz-se de, ou concorrente que disputa provas finais em campeonato ou concurso.
fi.na.li.zar (*final+izar*) *vtd* **1** Dar ou pôr fim a; rematar, terminar. *vint* e *vpr* **2** Acabar-se, ter fim.
fi.nan.ças (*fr finances*) *sf pl* **1** Erário, tesouro público. **2** Estado financeiro de um país ou de uma pessoa. **3** Estudo dos problemas financeiros. **4** A ciência que ensina o manejo do dinheiro público. **5** O dinheiro de que se dispõe.
fi.nan.cei.ra (*fem* de *financeiro*) *sf* Com Sociedade de crédito, financiamento e investimento.
fi.nan.cei.ro (*finança+eiro*) *adj* Relativo a finanças.
fi.nan.ci.a.men.to (*financiar+mento*) *sm* **1** Ato de financiar. **2** Concessão de prazo para o pagamento de dívidas comerciais. **3** Empréstimo de dinheiro.
fi.nan.ci.ar (*finança+ar¹*) *vtd* Bancar; custear.
fi.nan.cis.ta (*finança+ista*) *adj* e *s m+f* Diz-se de, ou especialista em finanças.
fi.nar (*lat fine+ar¹*) *vpr* **1** Definhar-se; consumir-se. *vint* **2** Morrer; falecer.
fin.car (*lat vulg *figicare*, de *figere*) *vtd* **1** Cravar, pregar. **2** Apoiar com força. **3** Enterrar.
fin.dar (*findo+ar¹*) *vint* e *vpr* **1** Ter fim, acabar. *vtd* e *vti* **2** Pôr fim a; finalizar, terminar. *Conjug – Part: findado* e *findo*.
fin.do (*lat finitu*) *adj* Que findou; concluído.
fi.ne.za (*fino+eza*) *sf* **1** Obséquio, favor. **2** Delicadeza.
fin.gi.do (*part* de *fingir*) *adj* Falso, hipócrita, simulado.
fin.gi.men.to (*fingir+mento*) *sm* Ação ou efeito de fingir; hipocrisia, falsidade.
fin.gir (*lat fingere*) *vtd* **1** Aparentar, simular. *vtd* **2** Fantasiar, supor (o que não é). *vint* **3** Dissimular. *vpr* **4** Passar pelo que não é. *Conjug – Pres indic: finjo, finges, finge* etc.; *Pres subj: finja, finjas, finja* etc.
fi.ni.nho (*fino+inho*) *adj* Muito fino. *Sair de fininho, pop:* sair devagar e esgueirando-se; fugir.
fi.ni.to (*lat finitu*) *adj* **1** Que tem fim. **2** Limitado. *Antôn: infinito.*
fin.lan.dês (*top Finlândia+ês*) *adj* Pertencente ou relativo à Finlândia (Europa). • *sm* **1** Habitante ou natural da Finlândia. **2** A língua desse país. *Pl: finlandeses* (ê).
fi.no (*lat fine*) *adj* **1** Que não é grosso; delgado. **2** Acabado, perfeito. **3** Que revela bom gosto. **4** Agudo, vibrante. **5** Bem-educado. • *sm* Coisa fina, delicada. *Tirar um fino, gír de motoristas:* passar muito próximo a outro veículo.
fi.nó.rio (*fino+ório*) *adj* Astucioso, manhoso, esperto. • *sm* Esse indivíduo.
fin.ta (*ital finta*) *sf* **1** *Esp* Drible. **2** Engano, logro.
fin.ta.dor (*fintar+dor*) *adj* Que finta. • *sm* **1** *Esp* Driblador. **2** Trapaceiro, vigarista.
fin.tar (*finta+ar¹*) *vtd* **1** *Esp* Executar uma finta. **2** Lograr, enganar.
fi.nu.ra (*fino+ura*) *sf* **1** Qualidade de fino. **2** Delicadeza, sutileza. **3** Malícia, astúcia.

fi.o (*lat filu*) *sm* **1** Linha fiada e torcida. **2** Filete de água. **3** Gume de um instrumento cortante. **4** *Eletr* Condutor elétrico. *Achar o fio da meada:* descobrir a maneira de esclarecer o que está confuso. *Estar por um fio:* prestes a quebrar-se, a morrer. *Fio dental:* fio próprio para retirar fragmentos de alimento de entre os dentes. *Cf fio- -dental.*
fi.o-den.tal *sm pop* Parte inferior do biquíni que deixa as nádegas nuas. *Pl: fios-dentais.*
fi.or.de (*norueg fjord*) *sm Geogr* Golfo estreito e profundo, na Noruega, Suécia e Finlândia.
fir.ma (de *firmar*) *sf* **1** Assinatura. **2** Estabelecimento comercial ou industrial; empresa.
fir.ma.men.to (*lat firmamentu*) *sm* **1** Fundamento, alicerce. **2** A abóbada celeste; céu.
fir.mar (*lat firmare*) *vtd* **1** Tornar firme; estabilizar, fixar. *vtd* **2** Apoiar, fincar. *vtd* **3** Assegurar. *vtd* e *vpr* **4** Pôr a firma em; assinar, subscrever. *vtd* **5** Ajustar, contratar, pactuar.
fir.me (*lat firmu*) *adj m+f* **1** Fixo. **2** Seguro. **3** Que não treme; inabalável. **4** Sólido; estável. **5** Constante.
fir.me.za (*firme+eza*) *sf* **1** Estabilidade, solidez. **2** Resolução, decisão.
fis.cal (*lat fiscale*) *adj m+f* Pertencente ou relativo ao fisco. • *sm* **1** Empregado do fisco que zela pelo cumprimento das leis de imposto. **2** Guarda da alfândega. **3** Funcionário encarregado de fiscalizar o cumprimento de leis, regulamentos etc.
fis.ca.li.zar (*fiscal+izar*) *vint* **1** Exercer o ofício de fiscal. *vtd* **2** Examinar, verificar. *vtd* **3** Velar por; vigiar.
fis.co (*lat fiscu*) *sm* **1** Fazenda pública, erário. **2** Parte da administração pública encarregada da cobrança dos impostos.
fis.ga (de *fisgar*) *sf* Arpão com a forma de garfo, para pescar.
fis.ga.da (*fisga+ada¹*) *sf* **1** Golpe de fisga. **2** Dor violenta e passageira; pontada.
fis.gar (*lat vulg *fixicare*) *vtd* **1** Agarrar, pescar com fisga ou arpão. **2** Deter, prender (quem ia fugindo). **3** Apanhar depressa, perceber logo; pegar no ar. **4** *pop* Despertar amor ou paixão em.
fi.si.a.tra (*gr phýsis+iatro*) *s m+f Med* Médico especialista em fisiatria.
fi.si.a.tri.a (*gr phýsis+iatro+ia¹*) *sf Med* Forma de tratamento de doença mediante o emprego de agentes físicos (água, calor, eletricidade) ou o uso de aparelhos mecânicos.
fí.si.ca (*gr physiké*) *sf* Ciência que estuda as propriedades gerais da matéria.
fí.si.co (*gr physikós*, pelo *lat*) *adj* Material; corpóreo. • *sm* **1** Conjunto das qualidades externas do ser humano; aspecto. **2** Homem que se dedica ao estudo da física.
fi.si.o.lo.gi.a (*físio+logo+ia¹*) *sf* Ciência que estuda o funcionamento do organismo vivo.
fi.si.o.ló.gi.co (*fisio+logo+ico²*) *adj* **1** Que se refere à fisiologia. **2** Relativo ao fisiologismo ou à pessoa (na área de política, por exemplo) que age apenas em função de seus interesses.
fi.si.o.lo.gis.mo (*fisio+logo+ismo*) *sm* Preocupação apenas com os próprios interesses.

fi.si.o.lo.gis.ta (*fisio+logo+ista*) *s m+f* Pessoa que se dedica à fisiologia.

fi.si.o.no.mi.a (*gr physiognomonía*) *sf* **1** Feições do rosto. **2** Aspecto, semblante.

fi.si.o.no.mis.ta (*fisio+nomo+ista*) *adj e s m+f* Diz-se de, ou pessoa que memoriza facilmente fisionomias.

fi.si.o.te.ra.peu.ta (*fisio+terapeuta*) *s m+f Med* Especialista em fisioterapia.

fi.si.o.te.ra.pi.a (*fisio+terapia*) *sf Med* Tratamento de doenças por meio de agentes físicos e mecânicos (como massagens, exercícios, água, luz, calor, eletricidade).

fis.são (*lat fissione*) *sf Fís* Ruptura de um núcleo atômico pelo bombardeio com nêutrons, acompanhada da liberação de grande quantidade de energia.

fís.sil (*lat fissile*) *adj m+f* Que se pode fender ou que facilmente se divide. *Pl: físseis*.

fis.su.ra (*lat fissura*) *sf* **1** Fenda, abertura. **2** *Med* Fenda ou fratura nos ossos. **3** *gír* Paixão, fanatismo.

fis.su.ra.ção (*fissura+ar¹+ção*) *sf* **1** Estado do que está fendido ou rachado. **2** Formação de sulcos.

fis.su.ra.do (*part* de *fissurar*) *adj* **1** Que tem fissura; rachado. **2** *gír* Ansioso, ávido. **3** *gír* Apaixonado, fanático.

fis.su.rar (*fissura+ar¹*) *vtd* Causar fissura em; rachar.

fís.tu.la (*lat fistula*) *sf Patol* Canal estreito e profundo, que permite a passagem de secreções diversas.

fi.ta (*lat vitta*) *sf* **1** Tecido estreito e comprido, que serve para enfeitar, amarrar etc.; faixa, tira. **2** Tira estreita de qualquer material flexível. **3** *V filme*. **4** Coisa que une; laço. **5** *pop* Fingimento.

fi.tar (*lat vulg *fictare*) *vtd e vpr* **1** Fixar a vista, cravar ou pregar os olhos em. *vtd* **2** Olhar com persistência. *vpr* **3** Fixar-se, cravar-se.

fi.tei.ro (*fita+eiro*) *adj + sm pop* Que, ou o que faz fitas, que finge.

fi.ti.lho (*fita+ilho*) *sm* Fita estreita, usada especialmente para atar embrulhos.

fi.to (de *fitar*) *adj* **1** Cravado, fixo. **2** Ereto, firme. **3** Muito atento. • *sm* **1** Alvo, mira. **2** Objetivo, intuito.

fi.to.ge.ni.a (*fito+geno+ia¹*) *sf Bot* Origem ou formação das plantas.

fi.to.ge.o.gra.fi.a (*fito+geo+grafo¹+ia¹*) *sf* Ramo diferenciado da botânica que trata do modo de distribuição das plantas no meio e das razões dessa distribuição.

fi.to.gra.fi.a (*fito+grafo+ia¹*) *sf* Parte da botânica que trata da descrição das plantas.

fi.to.te.ra.pi.a (*fito+terapia²*) *sf Med* Tratamento com remédios feitos de plantas.

fi.ve.la (*lat vulg *fibella*) *sf* **1** Peça que serve para segurar a ponta de uma correia, cinto, arreio etc. **2** Enfeite semelhante a essa peça.

fi.xa.ção (*cs*) (*fixar+ção*) *sf* **1** Ato de fixar. **2** *Biol* Adaptação de um ser vivo a um novo *habitat*. **3** *Fot* Processo com que uma imagem fotográfica se torna inalterável à luz.

fi.xa.dor (*cs*) (*fixar+dor*) *adj* Que possui a propriedade de fixar. • *sm* **1** *Fot* Solução química que impede que a imagem fotográfica desbote. **2** Produto usado para fixar o penteado. **3** Substância usada em perfumaria, para evitar que a essência dos perfumes evapore.

fi.xar (*cs*) (*fixo+ar¹*) *vtd e vpr* **1** Tornar(-se) fixo, firme ou estável. *vtd* **2** Cravar, pregar. *vtd* **3** Prender, segurar. *vtd* **4** Assentar, estabelecer. *vtd* **5** Determinar. *vtd* **6** Marcar uma data, um prazo. *vtd e vpr* **7** Fitar(-se). *vtd* **8** Estabelecer residência. *vtd* **9** *Fot* Tornar a imagem fotográfica inalterável à luz por meio do uso de fixador. *Conjug – Part: fixado e fixo.*

fi.xo (*cs*) (*lat fixu*) *adj* **1** Cravado, estável, firme. **2** Imóvel. **3** Que não perde a cor. **4** Determinado, em dia certo. *Ideia fixa:* a que não varia; dominante.

flã (*fr flan*) *sm Cul* Pudim feito de leite e ovos e assado no forno.

fla.ci.dez (*flácido+ez*) *sf* Estado de flácido.

flá.ci.do (*lat flacidu*) *adj* **1** Brando, lânguido. **2** Frouxo, mole, murcho. **3** Sem elasticidade.

fla.ge.la.ção (*lat flagellatione*) *sf* **1** Ato ou efeito de flagelar. **2** Sofrimento. **3** Suplício, tormento.

fla.ge.la.do (*part* de *flagelar*) *adj* **1** Açoitado. **2** Torturado. **3** Que é vítima de um flagelo. • *sm* Pessoa afligida pela seca ou outra calamidade.

fla.ge.lar (*lat flagellare*) *vtd* **1** Açoitar com flagelo, chicotear ou castigar por qualquer outro modo. *vpr* **2** Açoitar-se, mortificar-se. *vtd* **3** Atormentar, torturar.

fla.ge.lo (*lat flagellu*) *sm* **1** Chicote. **2** Tortura. **3** Castigo. **4** Calamidade. **5** Coisa ou pessoa que incomoda. **6** *Biol* Órgão de locomoção, em forma de açoite, de muitos protozoários.

fla.gra (*der* regressiva de *flagrante*) *sm gír* Flagrante.

fla.gran.te (*lat flagrante*) *adj m+f* **1** Acalorado, ardente, inflamado. **2** Que é observado ou surpreendido. **3** Evidente, manifesto. • *sm* **1** Feito que se observa e/ou comprova no exato momento em que ocorre. **2** Registro ou documentação desse feito. **3** *pop* Ensejo, momento.

Flagrante significa ardente, acalorado, inflamado.
Marisa tem uma paixão flagrante por Carlos.
Significa, também, evidente, manifesto.
O julgamento mostrou uma injustiça flagrante.
Flagrante é, ainda, o que se diz do ato que a pessoa é surpreendida a praticar.
Ele foi pego em flagrante delito.
Fragrante, por outro lado, significa aromático, odorífero, perfumado.
As flores fragrantes traziam para casa o cheiro do campo.

fla.grar (*lat flagare*) *vint* **1** Arder, inflamar-se. *vtd* **2** *pop* Prender em flagrante.

fla.ma (*lat flamma*) *sf* **1** Chama, labareda. **2** Ardor. **3** Vivacidade.

flam.bar (*fr flamber*) *vtd Cul* Entornar bebida alcoólica sobre o prato pronto e atear-lhe fogo em seguida.

flam.bo.ai.ã (*fr flamboyant*) *sm Bot* Nome de árvore de belas flores, das regiões tropicais.

fla.me.jan.te (de *flamejar*) *adj m+f* **1** Que flameja. **2** Chamejante, brilhante, resplandecente. **3** Ostentoso, vistoso.

fla.me.jar (*flama+ejar*) *vint* **1** Lançar chamas; estar inflamado; arder. **2** Brilhar, luzir, resplandecer. *Conjug:* com raras exceções, é conjugado apenas nas 3ªs pessoas.

fla.men.co (*cast flamenco*) *sm* Música e dança típicas da Espanha.

fla.men.go (*provençal flamenc*) *adj* **1** Que se refere a Flandres (região da Europa entre a França e a Bélgica). **2** Natural de Flandres. • *sm* **1** O natural ou habitante de Flandres. **2** Idioma holandês falado em parte da Bélgica e da França.

fla.min.go (*provençal flamenc*) *sm Ornit* Ave palmípede de pernas muito longas, pescoço comprido, bico curvado e plumagem rósea, com tendência para o vermelho.

flâ.mu.la (*lat flammula*) *sf* **1** Pequena chama. **2** Bandeirinha triangular sem haste, com emblema ou divisa de clube, escola etc.

fla.nar (*fr flaner*) *vint* Passear ociosamente; vadiar.

flan.co (*fr flanc*) *sm* **1** Lado. **2** *Anat* Região lateral do tronco entre as costelas e o ilíaco; ilharga. **3** *Zool* Lado do corpo dos animais entre as costelas e a anca.

flan.dres (do *top Flandres*) *sm sing* e *pl* **1** Folha de flandres. **2** Folha de ferro estanhado; lata.

fla.ne.la (*fr flanelle*) *sf* **1** Tecido macio de lã, felpudo em um ou nos dois lados. **2** Tecido de algodão, que imita aquele.

fla.ne.li.nha (*dim* de *flanela*) *sm gír* Guardador de carros.

flan.que.ar (*flanco+e+ar*[1]) *vtd* **1** Estar ao flanco de. **2** Marchar ao lado de outro corpo de tropa. **3** Atacar de flanco (o inimigo). **4** Defender um ponto fortificado.

fla.pe (*ingl flap*) *sm Aeron* Dispositivo localizado na parte inferior da asa de um avião, que ajuda a controlar a aterrissagem.

flash (*fléch*) (*ingl*) *sm* **1** *Fot* Lâmpada elétrica de luminosidade intensa e instantânea para tirar fotografias em lugares de iluminação insuficiente. **2** *Fot* Luminosidade dessa lâmpada. **3** *Jorn* Informação de forma resumida. **4** *Cin* e *Telev* Cena muito curta.

flash-back (*fléch-béc*) (*ingl*) *sm* **1** Menção a um ato ou acontecimento passado, numa narrativa literária, filme ou peça. **2** *por ext* Lembrança, recordação, memória. *Pl: flash-backs.*

flat (*flét*) (*ingl*) *sm* Apartamento com serviços incluídos (camareira, lavadeira etc.).

fla.tu.lên.cia (*fr flatulence*) *sf* Acúmulo de gases no estômago ou nos intestinos; ventosidade.

flau.ta (*fr ant flaüte*) *sf* **1** *Mús* Instrumento musical de sopro. **2** Pífano. **3** *pop* Indolência, vadiação. *Andar* ou *viver na flauta:* vadiar, não ter ocupação certa.

flau.te.ar (*flauta+e+ar*[1]) *vint* **1** Tocar flauta. *vtd* **2** *pop* Tentar iludir por meio de subterfúgios. *vint* **3** *bras* Vadiar, vagabundear. Conjuga-se como *frear.*

flau.tim (*flauta+im*) *sm Mús* Instrumento musical de sopro menor que a flauta.

flau.tis.ta (*flauta+ista*) *s m+f* **1** Pessoa que toca flauta. **2** Fabricante de flautas.

fle.bi.te (*flebo+ite*[1]) *sf Med* Inflamação da membrana interna das veias.

fle.cha (*fr flèche*) *sf* **1** Arma arremessada com arco; seta. **2** Objeto com forma de flecha. **3** Sinal que consiste num desenho de flecha, usado como indicador de direção.

fle.cha.da (*flecha+ada*[1]) *sf* **1** Ato ou efeito de flechar. **2** Ferimento de flecha.

fle.char (*flecha+ar*[1]) *vtd* **1** Ferir com flecha. *vint* **2** Arremessar flechas. *vint* **3** Atravessar ou passar como flecha.

fler.tar (*flerte+ar*[1]) *vti* e *vint* Ter flerte com; namoricar.

fler.te (*ingl flirt*) *sm* Namoro ligeiro, sem consequência.

fleu.ma (*lat flegma*) *s m+f* **1** Serenidade. **2** Impassibilidade. **3** Lentidão.

fleu.má.ti.co (*gr phlegmatikós*) *adj* **1** Sereno. **2** Impassível. **3** Sem pressa.

fle.xão (*cs*) (*lat flexione*) *sf* **1** Ato de curvar-se ou dobrar-se. **2** *Gram* Variação das desinências nas palavras.

fle.xi.bi.li.zar (*cs*) (*flexível+izar*) *vtd* Tornar flexível.

fle.xi.o.nar (*cs*) (*lat flexione+ar*[1]) *vtd* **1** *Gram* Fazer a flexão de. **2** Curvar ou dobrar uma parte do corpo.

fle.xí.vel (*cs*) (*lat flexibile*) *adj m+f* **1** Que se pode curvar ou dobrar. **2** Fácil de dobrar ou curvar sem quebrar; maleável.

fle.xor (*cs, ô*) (*lat flexore*) *adj* Que faz dobrar. • *sm Anat* Músculo responsável pela flexão dos membros.

fli.pe.ra.ma (*ingl flipper+ama*) *sm* **1** Máquina de jogo, geralmente com vídeo e dispositivos de controle. **2** Estabelecimento comercial onde há essas máquinas.

flo.co (*lat floccu*) *sm* **1** Pequeno tufo. **2** *Zool* Tufo de cabelos que alguns animais têm na cauda. **3** Partícula de neve que esvoaça e cai lentamente.

floppy disk (*flópi disc*) (*ingl*) *V* disquete.

flor (*lat flore*) *sf* **1** *Bot* Órgão reprodutor das plantas. Quando completo, é constituído por cálice, corola, androceu e gineceu. *Col:* braçada, ramalhete. **2** *fig* A parte mais nobre de um conjunto ou de uma coletividade; nata. **3** *fig* A primavera da vida, a juventude. **4** *fig* Coisa ou pessoa bela, agradável. *À flor de:* à superfície de.

flo.ra (de *Flora, np*) *sf* **1** O reino vegetal. **2** Conjunto da vegetação de um país ou de uma região.

flo.ra.ção (*florar+ção*) *sf* **1** Desenvolvimento de flor; florescência. **2** Estado das plantas em flor.

flo.ra.da (*florar+ada*[1]) *sf* **1** Florescência; floração de uma planta. **2** Conjunto de flores.

flo.ral (*lat floral*) *adj m+f* Que se refere a flor. • *sm Med* Substância líquida feita com diferentes tipos de flores, usada para o bem-estar da pessoa.

flo.ra.lis.ta (*floral+ista*) *s m+f Med* Pessoa especializada no uso de florais.

flo.rão (de *flor*) *sm* **1** *Arquit* Ornamento, representando flor ou folhas, no centro do teto. **2** Joia, enfeite.

flo.re.a.do (*part* de *florear*) *adj* **1** Ornado de flores. **2** Adornado, enfeitado. • *sm* **1** Ornato. **2** *Mús* Variação musical que o executante adiciona ao trecho que interpreta.

flo.re.ar (*flor+e+ar*[1]) *vint* **1** Produzir flores. *vtd* **2** Fazer brotar flores em. *vtd* **3** Ornar com flores; enfeitar. *vtd* **4** Ornar com imagens ou recursos literários: *Florear um discurso. vint* **5** Apresen-

tar-se com garbo e elegância. Conjuga-se como *frear*.
flo.rei.o (*der* regressiva de *florear*) *sm* **1** Ato de florear. **2** Floreado.
flo.rei.ra (*flor+eira*) *sf* **1** Mulher que vende flores; florista. **2** Mulher que fabrica flores artificiais. **3** Vaso ou jarra para flores.
flo.res.cên.cia (*lat florescentia*) *sf* **1** Ato de florescer. **2** Tempo em que as flores desabrocham. **3** Força, pujança. **4** Esplendor, brilho.
flo.res.cer (*lat florescere*) *vint* **1** Deitar ou produzir flores. *vtd* **2** Cobrir de flores, enflorar, fazer brotar flores. *vint* **3** *fig* Frutificar, prosperar.
flo.res.ta (*fr ant forest*, com influência de *flor*) *sf* Vegetação cerrada constituída de árvores de grande porte, cobrindo grande extensão de terreno; mata. *Floresta virgem:* floresta primitiva e muito cerrada, que o homem ainda não abriu ou desbravou.
flo.res.tal (*floresta+al¹*) *adj m+f* **1** Que se refere a floresta. **2** Que tem a seu cargo as florestas. **3** Que contém florestas.
flo.re.te (*ê*) (*ital fioretto*, pelo *fr*) *sm* Arma branca, semelhante a uma espada de lâmina quadrangular sem gume e pontiaguda, usada na esgrima.
flo.ri.cul.tor (*flor+i+cultor*) *adj* Que se refere à floricultura. • *sm* Aquele que se dedica à floricultura.
flo.ri.cul.tu.ra (*flor+i+cultura*) *sf* **1** Arte de cultivar flores. **2** Casa onde se vendem flores.
flo.ri.do (*part* de *florir*) *adj* **1** Que está em flor, coberto de flores. **2** Adornado de flores.
flo.rí.fe.ro (*lat floriferu*) *adj* Que produz, que tem ou traz flores.
flo.ri.lé.gio (*flori+lat legere*) *sm* **1** Coleção de flores. **2** *fig* Compilação literária; antologia.
flo.rir (*provençal florir*) *vint* **1** Cobrir-se de flores. *vint* **2** Desabrochar (a flor). *vtd* **3** Adornar, enfeitar de flores. *Conjug:* verbo defectivo; conjuga-se como *falir*.
flo.ris.ta (*flor+ista*) *s m+f* **1** Pessoa que vende flores; floreiro. **2** Pessoa que faz ou pinta flores artificiais.
flo.ti.lha (*cast flotilla*) *sf* **1** Pequena frota. **2** Frota de pequenos navios.
flu.ên.cia (*lat fluentia*) *sf* **1** Qualidade de fluente. **2** Espontaneidade. **3** Facilidade e clareza no falar ou no escrever.
flu.en.te (*lat fluente*) *adj m+f* **1** Que flui; corrente, fluido. **2** Natural. **3** Espontâneo. **4** Que corre facilmente (um líquido).
flu.i.dez (*fluido+ez*) *sf* **1** Qualidade do que é fluido. **2** Facilidade de estilo ou de linguagem.
flu.i.di.fi.car (*fluido+ficar*) *vtd vint* e *vpr* Reduzir (-se) a fluido; diluir(-se).
flui.do (*lat fluidu*) *adj* **1** Que corre como um líquido; fluente. **2** Corrente, fácil, claro. • *sm* Nome genérico de qualquer líquido ou gás.
flu.ir (*lat fluere*) *vint* **1** Correr em estado líquido. *vti* **2** Manar, derivar, proceder.*Conjug – Part: fluído. Cf fluido.*
flu.mi.nen.se (*lat flumine+ense*) *adj m+f* **1** Relativo a rio; fluvial. **2** Do Estado do Rio de Janeiro ou relativo a ele. • *s m+f* Habitante ou natural do Estado do Rio de Janeiro.
flú.or (*lat fluore*) *sm Quím* Elemento de número atômico 9 e símbolo F, normalmente um gás tóxico, amarelado e muito reativo. A presença de excesso de flúor na água potável causa manchas no esmalte dos dentes, enquanto uma deficiência dele pode levar a índice aumentado de cárie dentária.
flu.o.ra.ção (*fluorar+ção*) *sf Odont* Tratamento com flúor, a fim de evitar cárie dentária.
flu.o.rar (*flúor+ar¹*) *vtd* **1** Tratar com, ou fazer combinar-se com flúor ou com qualquer composto de flúor. **2** Adicionar flúor (à água de abastecimento) para profilaxia da cárie dentária.
flu.o.res.cên.cia (*fluorescente+ia²*) *sf* Iluminação que certas substâncias apresentam quando expostas à ação dos raios luminosos. *Cf fosforescência.*
flu.o.res.cen.te (de *fluorescer*) *adj m+f* **1** Dotado de fluorescência. **2** Que tem a propriedade de fluorescência. *Cf fosforescente.*
flu.o.res.cer (*flúor+escer*) *vint* Emitir radiação de fluorescência.
flu.o.re.to (*ê*) (*flúor+eto*) *sm Quím* Composto de flúor com outro elemento.
flu.tu.a.dor(*flutuar+dor*) *adj* Flutuante. • *sm* **1** Corpo leve que flutua; boia. **2** Cais de madeira, flutuante, para atracação de pequenas embarcações.
flu.tu.an.te (*lat fluctuante*) *adj m+f* **1** Que flutua. **2** Que paira, oscila ou balança.
flu.tu.ar (*lat fluctuare*) *vint* **1** Manter-se à superfície de um líquido; boiar. **2** Pairar no ar. **3** Agitar-se ao vento.
flu.vi.al (*lat fluviale*) *adj m+f* **1** Que se refere a rio. **2** Que vive nos rios. **3** Próprio dos rios. **4** Produzido pela ação dos rios.
flu.vi.ô.me.tro (*flúvio+metro¹*) *sm* Aparelho utilizado para medir a altura das enchentes fluviais, ou o nível de um rio canalizado.
flu.xo (*cs*) (*lat fluxu*) *sm* **1** Enchente ou vazante das águas do mar. **2** Ato ou efeito de fluir. **3** Abundância, torrente. **4** Curso, corrente, vazão, descarga. *Fluxo de trabalho, Inform:* programa de rede projetado para melhorar o fluxo de documentos eletrônicos de um usuário para outro, na rede de um escritório.
flu.xo.gra.ma (*cs*) (*fluxu+grama*) *sm Inform* **1** Diagrama para representação de um algoritmo. **2** Representação gráfica, por símbolos especiais, da definição, análise ou método de solução de um problema.
fo.bi.a (*fobo+ia¹*) *sf Psicol* **1** Aversão a alguma coisa. **2** Medo mórbido.
fó.bi.co (*fobo+ico²*) *adj* **1** Relativo a fobia. **2** Em que há fobia.
fo.ca (*gr phóke*) *sf Zool* Gênero de mamíferos carnívoros marinhos, encontrados em todos os oceanos e principalmente nas regiões polares. *s m+f Jorn* Repórter ou jornalista novato.
fo.cal (*foco+al¹*) *adj* Que se refere a foco.
fo.ca.li.zar (*focal+izar*) *vtd* **1** Ópt Ajustar o sistema óptico para conseguir imagens nítidas. **2** *fig* Pôr em foco ou evidência. *Sin: focar.*
fo.car (*foco+ar¹*) *V focalizar*.
fo.ci.nhei.ra (*focinho+eira*) *sf* **1** Correia ou laçada que circunda o focinho do animal. **2** Focinho de porco.
fo.ci.nho (*lat vulg *faucinu*) *sm Zool* Parte da

cabeça do animal, compreendendo boca, ventas e queixo. *Torcer o focinho, pop:* mostrar enfado ou desagrado.

fo.co (*lat focu*) *sm* **1** *Ópt* Ponto para onde convergem os raios de luz. **2** Fonte de luz. **3** Ponto de convergência. **4** *Med* Ponto principal de qualquer infecção. *Estar em foco:* estar em evidência.

fo.da (de *foder*) *sf vulg* **1** Cópula; relação sexual. **2** Coisa desagradável ou insuportável.

fo.der (*lat futuere*) *vint* e *vti vulg* **1** Ter relações sexuais, copular. *vtd* **2** *fig* Prejudicar. *vpr* **3** *fig* Sair-se mal.

fo.di.do (*part* de *foder*) *adj vulg* Que se saiu mal; arruinado, prejudicado.

fo.fo (*ô*) (*voc onom*) *adj* **1** Brando, macio, mole. **2** *pop* Bonito, gracioso.

fo.fo.ca *sf pop* Fuxico, mexerico.

fo.fo.car (*fofoc+ar*¹) *vint pop* Fazer fofoca; bisbilhotar.

fo.fo.quei.ro (*fofoca+eiro*) *sm pop* Quem faz fofocas.

fo.fu.ra (*fofoca+ura*) *sf* **1** Qualidade de fofo. **2** Pessoa, animal ou coisa fofa.

fog (*fóg*) (*ingl*) *sm* Nevoeiro espesso, que chega quase até o chão.

fo.ga.ça (*ital focacia*) *sf* Grande bolo ou pão cozido.

fo.ga.cho (de *fogo*) *sm* **1** Pequena labareda. **2** Chama súbita. **3** Explosão de carga detonante destinada a quebrar pedras nas pedreiras. **4** *Med* Sensação repentina e breve de calor, com vermelhidão da pele.

fo.gão (*fogo+ão*²) *sm* **1** Caixa de alvenaria, de ferro ou de chapa, com ou sem chaminé, para cozinhar. **2** Fornalha para aquecer o ambiente; lareira.

fo.ga.rei.ro (*fogar+eiro*) *sm* Pequeno fogão portátil, de barro ou de ferro, para cozinhar ou aquecer.

fo.ga.réu (de *fogar*) *sm* Fogacho, fogueira, fogo intenso.

fo.go (*ô*) (*lat focu*) *sm* **1** Combustão acompanhada de luz, calor e chamas. **2** Labareda. **3** Fogueira, lume. **4** Incêndio. **5** Fogão, lareira. **6** *fig* Ardor, energia, vivacidade. **7** *fig* Sentimento veemente. *Pl: fogos* (*ó*). *Brincar com fogo:* tratar com descuido as coisas perigosas. *Comer fogo:* estar furioso. *Cuspir fogo:* ficar colérico. *Estar entre dois fogos:* ser atacado de dois lados. *Fogo de palha:* entusiasmo passageiro. *Negar fogo:* falhar. *Pegar fogo:* inflamar-se, incendiar-se. *Pôr as mãos no fogo por alguém:* responsabilizar-se por essa pessoa. *Ser fogo:* ser difícil ou de gênio difícil.

fo.go-fá.tuo *sm* **1** Labareda espontânea proveniente de gases das sepulturas e de pântanos. **2** *fig* Prazer ou glória de curta duração. *Pl: fogos-fátuos*.

fo.go-sel.va.gem *sm Med* Doença potencialmente letal, caracterizada por grandes bolhas na pele e nas membranas das mucosas, que provoca coceira e ardência. *Pl: fogos-selvagens*.

fo.go.so (*ô*) (*fogo+oso*) *adj* **1** Que tem fogo ou calor. **2** Ardente. **3** Animado, veemente, vivo. **4** Impetuoso, violento. **5** Irrequieto. **6** Caloroso. *Pl: fogosos* (*ó*).

fo.guei.ra (*fogo+eiro*) *sf* **1** Matéria combustível em chamas. **2** Monte de lenha em chamas.

fo.gue.te (*fogo+ete*) *sm* **1** Objeto pirotécnico que estoura no ar; rojão. **2** Veículo espacial a propul-são. **3** *Mil* Engenho bélico usado para lançar uma carga explosiva contra um alvo a grande distância.

fo.gue.tei.ro (*foguete+eiro*) *sm* **1** Fabricante de foguetes. **2** *pop* Contador de lorotas. • *adj* Assanhado.

fo.gue.tó.rio (*foguete+ório*) *sm* Festa em que se queimam foguetes.

fo.guis.ta (*fogo+ista*) *sm bras* O que tem a seu cargo alimentar o fogo das caldeiras de máquinas a vapor.

foi.ce (*lat falce*) *sf* Instrumento agrícola para ceifar ou segar. *Como briga de foice no escuro, pop:* valendo tudo, de modo bárbaro, impiedoso, sumamente perigoso.

fol.clo.re (*ingl folk-lore*) *sm* **1** Conjunto das tradições, conhecimentos ou crenças populares, expressos em lendas, canções e costumes. **2** Parte da antropologia cultural que estuda esses elementos.

fol.clo.ris.ta (*folclore+ista*) *s m+f* **1** Pessoa versada ou interessada em folclore. **2** Especialista em folclore.

fôl.der (*ô*) (*ingl*) *sm Art Gráf* Encarte em jornal ou revista, geralmente promocional, constituído de uma folha solta com duas ou mais dobras. *Pl: fôlderes*.

fo.le (*lat folle*) *sm* Utensílio que produz vento para ativar fogo ou limpar cavidades.

fô.le.go (de *folegar*) *sm* **1** Movimento de aspiração e expiração do ar. **2** Ânimo, coragem. **3** Resistência à fadiga (de animal ou pessoa). *Obra de fôlego:* trabalho de grande valor.

fol.ga (de *folgar*) *sf* **1** Ato de folgar. **2** Tempo de descanso. **3** Interrupção no trabalho. **4** Desafogo. **5** *Mec* Espaço que permanece entre duas peças ajustadas uma à outra.

fol.ga.do (*part* de *folgar*) *adj* **1** Que tem folga. **2** Amplo, largo. **3** Sossegado, descansado. **4** *bras pop* Confiado. **5** *bras* Que se furta ao trabalho ou obrigações. • *sm* Indivíduo confiado ou folgado.

fol.gan.ça (de *folgar*) *sf* **1** Ato de folgar. **2** Folga. **3** Folguedo.

fol.gar (*lat follicare*) *vtd* **1** Dar folga, descanso a. *vtd* **2** Alargar, desapertar, desencolher. *vti, vint* e *vpr* **3** Ter alívio ou descanso nos cuidados, trabalhos etc. *vint* **4** Alegrar-se, regozijar-se, ter prazer. *vint* **5** Estar desafogado ou livre. *vint* **6** Brincar, divertir-se. *vint* **7** *Folc* Cantar moda de viola improvisada. *vint* **8** *Folc* Dançar fandango.

fol.ga.zão (*folgar+az+ão*²) *adj* + *sm* **1** Que, ou aquele que é amigo de brincar; brincalhão, folião. **2** Que, ou aquele que gosta de folgar. • *sm Folc* **1** Cantador de modas de viola. **2** Improvisador. **3** Dançador de fandango.

fol.gue.do (*ê*) (*folgar+edo*) *sm* **1** Ato de folgar. **2** Brincadeira, divertimento.

fo.lha (*ô*) (*lat folia*) *sf* **1** *Bot* Órgão, geralmente verde, constituído por uma lâmina (limbo), sustentado por um pedúnculo (pecíolo), que se desenvolve nos ramos e no caule das plantas, e no qual se processa a elaboração da matéria nutritiva pela fotossíntese. **2** *Bot* Parte da flor que nasce do cálice e cerca os estames e o pistilo; pétala. **3** Lâmina de metal. **4** Lâmina dos instrumentos e armas cortantes. **5** Nome que se dá a objetos largos, chatos e delgados. **6** Pedaço de papel de forma quadrada ou retangular. **7** Parte móvel da porta ou janela. **8** Lista de salários. **9** Registro de serviços prestados. **10** Cada uma das unidades de que se compõe um livro, uma revista, um manual etc. *Folha corrida:* certidão emitida por autoridades policiais pela qual se atesta a ausência ou não de antecedentes criminais do requerente. *Folha de flandres:* folha de ferro estanhada, usada na fabricação de vários utensílios. *Folha solta:* folha de papel impressa e que se espalha ou distribui em propaganda. *Novo em folha:* ainda não usado ou servido. *Virar a folha:* mudar de assunto.

fo.lha.do (*folha+ado*[1]) *adj* **1** Cheio de folhas. **2** Em forma de folhas. **3** Diz-se da massa de torta estendida com gordura ou manteiga. **4** Revestido de folha ou lâmina de metal precioso ou de outro material. • *sm* **1** Ação ou efeito de folhar. **2** Massa folhada. **3** *fig* Palavras ocas, vãs.

fo.lha.gem (*folhar+agem*) *sf* **1** Conjunto das folhas de uma ou mais plantas. **2** Quantidade de folhas. **3** Ornato imitando folhas. **4** Nome dado às plantas ornamentais de folhas coloridas que não produzem flores.

fo.lhar (*folha+ar*[1]) *vtd* **1** Ornar com folhagem. *vtd* **2** Lavrar ou pintar folhagem em. *vtd* **3** Revestir de folhas ou lâminas de metal precioso ou de outro material. *vint* e *vpr* **4** Cobrir-se, ornar-se de folhas.

fo.lhe.a.do (*part de folhear*) *adj* **1** Provido de folhas. **2** *Geol* Disposto em camadas como o xisto. **3** *Marc* Revestido de folha de madeira de qualidade melhor.

fo.lhe.ar (*folha+e+ar*[1]) *vtd* **1** Percorrer, ler por cima as folhas de (livro, revista etc.). **2** Ler ou examinar. **3** Prover de folha; folhar. **4** *Marc* Revestir de folha de madeira de qualidade melhor. **5** Cortar ou dividir em folhas. Conjuga-se como *frear.*

fo.lhe.tim (*cast folletín*) *sm* **1** *Jorn* Seção literária de um periódico. **2** Fragmento de romance que aparece diariamente num jornal.

fo.lhe.ti.nes.co (*ê*) (*folhetim+esco*) *adj* Próprio de folhetim.

fo.lhe.ti.nis.ta (*folhetim+ista*) *s m+f* Pessoa que escreve folhetins.

fo.lhe.to (*ê*) (*folha+eto*) *sm Edit* e *Propag* Impresso de poucas folhas; panfleto.

fo.lhi.nha (*folha+inha*) *sf* **1** Folha pequena. **2** Folha de papel com o calendário impresso.

fo.lho.so (*ô*) (*folha+oso*) *adj* Coberto de folhas; folhado. *Pl: folhosos* (*ó*).

fo.li.a (*fr folie*) *sf* **1** Dança rápida ao som do pandeiro. **2** Espetáculo ou dia festivo. **3** Brincadeira ruidosa; festança. **4** *Folc* Grupo de cantadores e tocadores que saem a serviço de um festeiro para angariar ofertas para a realização de uma festa.

fo.li.ão (*de folia*) *sm* **1** Amigo da folia. **2** Membro de bloco carnavalesco.

fo.li.ar[1] (*lat folia+ar*[1]) *adj m+f* Que diz respeito a folhas.

fo.li.ar[2] (*folia+ar*[1]) *vint* **1** Andar em folias; dar-se a brincadeiras ou festas. **2** Dançar folias; pular, saltar.

fo.lí.cu.lo (*lat folliculu*) *sm* **1** *Anat* Pequena depressão do epitélio na pele ou mucosa. **2** *Anat* Pequena glândula simples ou pouco ramificada. **3** Pequena folha ou lâmina. **4** *Anat* Vesícula.

fo.lí.o.lo (*lat foliolu*) *sm Bot* **1** Cada limbo parcial da folha composta. **2** Pequena folha. *sm pl* Sépalas do cálice.

fo.me (*lat fame*) *sf* **1** Sensação causada pela necessidade de comer. **2** Falta, míngua de víveres. **3** *fig* Avidez, sofreguidão, desejo insaciável. *Juntar a fome com a vontade de comer, pop:* juntarem-se dois interessados na mesma coisa e agirem de parceria. *Varado de fome, bras:* com muita fome.

fo.men.tar (*lat fomentare*) *vtd* **1** Estimular, incitar; promover o desenvolvimento ou o progresso de. **2** Desenvolver, excitar. **3** Friccionar (a pele) com medicamento líquido, pomada ou unguento.

fo.men.to (*lat fomentu*) *sm* **1** Ação de fomentar. **2** Proteção, auxílio. **3** Incitação, estímulo. **4** Alívio, refrigério.

fo.na.ção (*fono+ar*[1]+*ção*) *sf Fisiol* Produção dos sons articulados (voz) pelo aparelho fonador.

fo.na.do (*fono+ado*[1]) *adj* Diz-se do telegrama cujo texto é passado por telefone, do remetente ao servidor dos correios, para ser transmitido.

fo.na.dor (*fono+ar*[1]+*dor*) *adj* Que produz os sons vocais ou a voz.

fondue (*fondü*) (*fr*) *sf Cul* Prato típico suíço, consistindo em queijo derretido com vinho branco, numa panela aquecida num fogareiro, onde se mergulham pedaços de pão espetados em garfos. *Fondue de carne:* cubos de carne crua, mergulhados em óleo fervente, em seguida comidos com molhos diversos. *Fondue de chocolate:* pedaços de fruta mergulhados no chocolate fervente.

fo.ne (*gr phoné*) *sm* **1** Abreviatura de *telefone.* **2** Peça do telefone que se leva ao ouvido.

fo.ne.ma (*gr phónema*) *sm Gram* A menor unidade distintiva do sistema sonoro de uma língua.

fo.né.ti.ca (*gr phonetiké*) *sf Gram* Estudo dos fonemas, de sua produção, classificação, representação etc.

fo.ne.ti.cis.ta (*fonético+ista*) *s m+f* Especialista em fonética.

fo.né.ti.co (*gr phonetikós*) *adj Gram* Relativo à fonética ou ao fonema.

fon.fom (*voc onom*) *sm* O som da buzina do automóvel.

fo.ni.a.tra (*fono+iatro*) *s m+f Med* Especialista em foniatria.

fo.ni.a.tri.a (*fono+iatro+ia*[1]) *sf Med* Ramo da medicina que se ocupa dos problemas da fonação e de seu tratamento.

fô.ni.co (*fono+ico*[2]) *adj* **1** Relativo à voz ou ao som. **2** Diz-se dos sinais que representam os sons da voz.

fono- (*gr phoné*) *elem comp* Entra na formação de várias palavras com a significação de som ou voz.

fo.no.au.di.o.lo.gi.a (*fono+áudio+logo+ia*[1]) *sf Med* Estudo da fala e da audição, diagnóstico de suas perturbações e realização de tratamento.

fo.no.au.di.ó.lo.go (*fono+áudio+logo*) *sm* Especialista em fonoaudiologia.

fo.nó.gra.fo (*fono+grafo*) *sm* **1** Antigo instrumento de gravação e reprodução de voz e outros sons. **2** Aparelho que reproduz sons gravados em discos sob a forma de sulcos em espiral.

fo.no.gra.ma (*fono+grama*) *sm* **1** Sinal gráfico

fonologia   401   **formalizar**

que representa um som. **2** Telegrama que se dita por telefone.

fo.no.lo.gi.a (*fono+logo+ia*[1]) *sf Ling* Parte da gramática que estuda o sistema sonoro de uma língua.

fo.no.lo.gis.ta (*fono+logo+ista*) *V fonólogo.*

fo.nó.lo.go (*fono+logo*) *sm* Especialista em fonologia; fonologista.

fon.ta.ne.la (*lat fontanella*) *sf Anat* Espaço membranoso da caixa craniana de crianças, antes da sua completa ossificação; moleira.

fon.te[1] (*lat fonte*) *sf* **1** Manancial de água que brota do solo; nascente. **2** Chafariz. **3** Bica por onde corre água ou outro líquido. **4** Causa, origem, princípio. **5** Texto original de uma obra. *Fonte luminosa:* fonte iluminada por focos elétricos. *Fonte termal:* nascente que verte água quente.

fon.te[2] (*fr fonte*) *sf* **1** *Tip* Conjunto de sinais, letras e espaços de mesmo caráter e corpo. **2** *Inform* Conjunto de caracteres, todos no mesmo estilo, tamanho e face.

fo.ra (*lat foras*) *adv* **1** Exteriormente, na face externa. **2** Em lugar diferente do da residência habitual. **3** Para longe. **4** Em país estrangeiro. • *prep* **1** Exceto, menos. **2** Afastado de. **3** Além de. • *interj* Arreda!, sai! *Dar o fora, pop:* ir-se embora. *Dar um fora, pop:* cometer uma gafe. *Fora da lei:* referente a, ou indivíduo que vive à margem da sociedade ou da lei. *Fora de propósito:* impróprio da ocasião; inconveniente, inoportuno.

fo.ra.gi.do (*cast forajido*, do *lat foras exitu*) *adj* + *sm* **1** Que, ou o que se esconde para escapar à justiça. **2** Perseguido.

fo.ra.gir (de *foragido*) *vpr* Esconder-se para escapar à justiça; fugir à justiça. Conjuga-se como *falir.*

fo.ras.tei.ro (*cat foraster*) *adj* + *sm* **1** Estrangeiro. **2** Estranho. **3** Peregrino.

for.ca (*ô*) (*lat furca*) *sf* **1** Aparelho que servia para o suplício do enforcamento. **2** Cadafalso. **3** *fig* Laço, armadilha. **4** Corda com que alguém se enforca. **5** *Art Gráf* Linha quebrada no início de uma página.

for.ça (*ô*) (*lat fortia*) *sf* **1** *Fís* Qualquer causa capaz de produzir ou acelerar movimentos, oferecer resistência aos deslocamentos ou determinar deformações dos corpos. **2** *Mec* Potência, agente, ação, causa que gera movimentos. **3** Faculdade de operar, de mover ou mover-se. **4** Robustez, vigor muscular. **5** Violência. **6** Esforço, intensidade, veemência. **7** Necessidade, obrigação. **8** Autoridade, influência, poder. **9** Impulso, incitamento. **10** Virtude. **11** Auge. **12** Abundância. **13** Energia moral. **14** Mil Contingente, destacamento de militares. *sf pl Mil* Tropas. • *interj* Serve para animar, apoiar ou encorajar. *À força:* por meios violentos. *Força aérea:* a aviação militar. *Força bruta:* a que é contrária à força do direito ou da razão, manifestando-se por atos arbitrários ou despóticos. *Força de vontade:* poder de controlar as próprias ações ou emoções. *Força maior:* acontecimento imprevisto que cria obstáculos ou impede que se faça algo. *Força policial:* corporação militar a que incumbe manter a ordem e a segurança públicas. *Forças Armadas:* tropas de um Estado; o Exército, a Marinha e a Aeronáutica. *Por força de:* em virtude de, por causa de.

for.ca.do (*forca+ado*[1]) *sm* Utensílio de lavoura formado de uma haste terminada em duas ou mais pontas de ferro; garfo, garfão.

for.çar (*lat med fortiare*) *vtd* **1** Obrigar: *Forçou o filho a tomar o remédio.* *vtd* **2** Conquistar, conseguir, obter por força. *vtd* **3** Arrombar, quebrar. *vtd* **4** Entrar à força em. *vpr* **5** Constranger-se, obrigar-se a fazer alguma coisa.

for.ce.jar (*força+ejar*) *vti* **1** Empregar esforços; empenhar-se. **2** Fazer esforços; lutar.

fór.ceps (*lat forceps*) *sm sing* e *pl Cir* Instrumento em forma de pinça, usado nos partos difíceis para ajudar a criança a nascer.

for.ço.so (*ô*) (*força+oso*) *adj* Necessário, inevitável. *Pl:* forçosos (*ó*).

for.çu.do (*força+udo*) *adj pop* **1** Que tem força. **2** Robusto, forte.

fo.rei.ro (*foro+eiro*) *adj* **1** Relativo a foro. **2** Que paga foro. • *sm* Aquele que usa uma propriedade pagando uma espécie de aluguel ao seu proprietário.

fo.ren.se (*lat forense*) *adj m+f* **1** Que se refere ao foro judicial. **2** Relativo aos tribunais.

for.ja (*fr forge*) *sf* **1** Conjunto de fornalha, fole e bigorna, de que se servem os ferreiros e outros artífices que trabalham em metal. **2** Oficina de ferreiro; ferraria.

for.ja.dor (*forjar+dor*) *adj* Que forja. • *sm* **1** Aquele que forja. **2** Mestre de forja; ferreiro. **3** Autor ou promotor de falsidades ou intrigas.

for.jar (*forja+ar*[1]) *vtd* **1** Trabalhar na forja (ferro ou outro metal). **2** Fazer, fabricar. **3** Imaginar, inventar, maquinar. **4** Falsificar.

for.ma (*lat forma*) *sf* **1** Figura ou aspecto exterior dos corpos materiais. **2** Modo particular de ser. **3** Modelo, norma. **4** Modo, maneira. **5** Alinhamento de tropas. *De outra forma:* ao contrário. *Em forma:* em boas condições de saúde e treino.

fôr.ma *sf* **1** Modelo, molde de qualquer coisa. **2** Vasilha em que se assam bolos e pudins. **3** Peça de madeira que imita o pé, usada por sapateiros. **4** Peça de madeira que imita a cabeça, usada por chapeleiros. (Atenção: o acordo ortográfico de 1990 admite o uso do acento circunflexo na palavra *fôrma* para desfazer ambiguidades, como na frase: *a forma da fôrma retangular é a melhor.*)

for.ma.ção (*lat formatione*) *sf* **1** Caráter, constituição. **2** Modo pelo qual uma coisa se forma. **3** Disposição ordenada.

for.ma.do (*part de formar*) *adj* **1** Em ordem; alinhado. **2** Feito, constituído. **3** Que concluiu a formatura. • *sm* Aquele que colou grau numa escola superior; graduado.

for.mal (*lat formale*) *adj m+f* **1** Genuíno. **2** Evidente, positivo. **3** Declarado. **4** Cerimonioso, protocolar.

for.ma.li.da.de (*formal+i+dade*) *sf* **1** Aquilo que é de praxe. **2** Maneira de proceder publicamente; etiqueta. **3** Cumprimento de qualquer exigência burocrática sem importância.

for.ma.lis.mo (*formal+ismo*) *sm* **1** Preocupação excessiva com os ritos, as cerimônias e as formas externas da religião. **2** Excesso de formalidades.

for.ma.li.zar (*lat formalizare*) *vtd* Realizar de acordo com as formalidades; fazer de acordo com as regras.

for.man.do (de *formar*) *sm* Aquele que está recebendo formatura.

for.mão (de *forma*) *sm* Ferramenta para talhar madeira, com uma extremidade chata e cortante e a outra embutida num cabo de madeira.

for.mar (*lat formare*) *vtd* **1** Fabricar, fazer. *vtd* **2** Conceber, engendrar. *vtd* **3** Dispor em certa ordem, ou em linha. *vpr* **4** Concluir a formatura.

for.ma.ta.ção (*formatar+ação*) *sf Inform* Ato ou efeito de formatar.

for.ma.tar (*ingl to format*) *vtd* **1** *Inform* Estabelecer a disposição (ordem, extensão e codificação) dos registros de um arquivo de dados, ou a disposição dos parágrafos, tipos de letras, números de páginas etc. de um arquivo de texto. **2** Determinar o formato de.

for.ma.ti.vo (*formar+ivo*) *adj* Que dá forma a algo.

for.ma.to (*lat formatu*) *sm* **1** Feitio, forma, tamanho. **2** Tamanho de livro, jornal, revista, anúncio etc. **3** *Inform* Em geral, a estrutura ou aparência de uma unidade de dados. **4** *Inform* A organização do texto do modo como ele vai aparecer impresso no papel. **5** *Rád* e *Telev* A estrutura ou forma de apresentação de um programa.

for.ma.tu.ra (*lat formatura*) *sf* **1** Ação ou efeito de formar(-se). **2** Graduação em escola superior ou em outros cursos.

fór.mi.ca (nome comercial) *sf* Material sintético laminado, usado principalmente para revestimento de móveis e paredes.

for.mi.ci.da (*lat formica+cida*) *sm* Preparado químico para matar formigas.

for.mi.cí.deos (*lat formica+ídeos*) *sm pl Entom* Família de insetos himenópteros que inclui as formigas.

for.mi.dá.vel (*lat formidabile*) *adj m+f* **1** Notável, extraordinário. **2** Gigantesco, imenso. **3** *pop* Que desperta admiração ou entusiasmo. **4** *pop* Excelente, ótimo.

for.mi.ga (*lat formica*) *sf* **1** *Entom* Nome genérico de insetos da família dos formicídeos, os quais vivem em sociedade, debaixo da terra, em ninhos sobre árvores, no oco dos paus etc. *Col: correição, formigueiro*. **2** *fig* Pessoa diligente e econômica. **3** *pop* Pessoa que tem paixão pelos doces.

for.mi.ga.men.to (*formigar+mento*) *sm* Sensação de picadas como de formigas numa parte do corpo; comichão.

for.mi.gar (*formiga+ar¹*) *vint* **1** Sentir picadas, como de formigas. *vti* **2** Haver em abundância; pulular, estar repleto.

for.mi.guei.ro (*formiga+eiro*) *sm* **1** Buraco ou toca de formigas. **2** Colônia de formigas que vivem nesse buraco ou toca. **3** *por ext* Grande multidão, grande quantidade.

for.mi.nha (*ô*) (*dim* de *forma*) *sf* **1** Pequena forma². **2** Forma² muito pequena, de feitios diversos, para assar empadas, bolinhos e outros doces.

for.mol (*form(aldeído)+(álco)ol*) *sm Farm* Solução química, usada como antisséptico, bactericida ou para conservar cadáveres.

for.mo.so (*ô*) (*lat formosu*) *adj* **1** De feições ou formas perfeitas, de aspecto agradável. **2** Belo, bonito. *Pl: formosos* (*ó*).

for.mo.su.ra (*formoso+ura*) *sf* Beleza, perfeição, proporção das partes com o todo.

fór.mu.la (*lat formula*) *sf* **1** Modo já estabelecido para explicar, pedir, executar ou resolver uma coisa com palavras determinadas. **2** Receita do médico, ou receita para preparar alguma coisa. **3** *Mat* Expressão que serve para resolver todos os problemas semelhantes. **4** *Quím* Expressão indicadora das quantidades de corpos simples que entram num corpo composto.

for.mu.lar (*fórmula+ar¹*) *vtd* **1** Pôr em fórmula. **2** Redigir na forma habitual. **3** Receitar medicamentos; aviar receitas. **4** Manifestar, exprimir. *Conjug – Pres indic: formulo, formulas, formula (ú) etc. Cf fórmula.*

for.mu.lá.rio (*lat formulariu*) *sm* **1** Coleção de fórmulas. **2** Modelo impresso de fórmula (acepção 1) em que apenas se preenchem os dados particulares ou pessoais.

for.na.da (*forno+ada¹*) *sf* **1** Aquilo que um forno coze de uma vez. **2** Quantidade de coisas que se fazem de uma vez.

for.na.lha (*lat fornacula*) *sf* **1** Forno grande. **2** Parte de uma máquina ou de um fogão em que arde o combustível. **3** *fig* Lugar muito quente. **4** *fig* Calor intenso.

for.ne.ce.dor (*fornecer+dor*) *adj + sm* Que, ou o que fornece quaisquer mercadorias; abastecedor.

for.ne.cer (*fornir+ecer*) *vtd* **1** Abastecer. **2** Dar, proporcionar ou facilitar. **3** Produzir.

for.ni.car (*baixo-lat fornicare*) *vti* e *vint* Ter relações sexuais com; copular com.

for.no (*ô*) (*lat furnu*) *sm* **1** Aparelho para cozer pão, alimentos etc. **2** Construção análoga para cozer louça, cal, telha etc. **3** Espécie de tacho para torrar a massa de mandioca ou de milho no fabrico da farinha. **4** Parte de fogão onde se fazem assados. **5** *fig* Lugar muito quente.

fo.ro¹ (*lat foru*) *sm* Lugar onde funcionam os órgãos do poder judiciário. *Var: fórum*.

fo.ro² (*ó*) (*gr phóros*) *sm* **1** Tribunal de justiça. **2** Jurisdição; alçada. *sm pl* Direitos, privilégios, imunidades. *Foro competente:* juízo onde a causa deve ser tratada. *Foro comum:* juízo perante o qual se tratam as causas em geral. *Foro criminal:* juízo que julga os autores de crimes. *Foro íntimo:* julgamento de si próprio; juízo da própria consciência. *Pl: foros* (*ó*).

for.qui.lha (*forca+ilho*, no *fem*) *sf* **1** Pequeno forcado de duas ou mais pontas. **2** Peça do estilingue, de extremidade bifurcada. **3** Vara bifurcada com que se ampara um arbusto ou árvore flexível. **4** Estilingue.

for.ra (*der* regressiva de *(des)forrar*) *pop V desforra*.

for.ra.gei.ro (*forragem+eiro*) *adj* Que se refere a forragens.

for.ra.gem (*fr fourrage*) *sf* Nome genérico de plantas ou partes de plantas, verdes ou secas, que servem de alimentação ao gado.

for.rar¹ (*fr ant forrer*) *vtd* **1** Pôr forro em; cobrir. **2** Reforçar com entretela; revestir interiormente com um tecido. *Forrar o estômago:* comer algo, à guisa de refeição.

for.rar² (*forro²+ar¹*) *vtd* Tornar forro ou livre; alforriar.

for.ro¹ (ô) (der regressiva de *forrar*¹) *sm* **1** Aquilo com que se forra. **2** Revestimento.
for.ro² (der regressiva de *forrar*²) *adj* **1** Que teve alforria; alforriado; liberto. **2** Livre, isento.
for.ro (red de *forrobodó*) *sm bras pop* Arrasta-pé; baile popular.
for.ro.bo.dó (de *forró*) *sm* **1** Baile popular; forró. **2** Confusão, desordem.
for.ro.zei.ro (*forró+z+eiro*) *sm* Dançador e/ou frequentador de forrós.
for.ta.le.ce.dor (*fortalecer+dor*) *adj + sm* Que, ou o que fortalece.
for.ta.le.cer (*cast fortalecer*) *vtd* e *vpr* **1** Tornar(-se) forte, robustecer(-se). *vtd* **2** Tornar mais firme; corroborar. *vtd* **3** Dar coragem a; inspirar ânimo ou valor a. *vtd* **4** *Mil* Guarnecer com forças militares e outros meios de defesa.
for.ta.le.za (ê) (provençal *ant fortaleza*) *sf* **1** Qualidade de ser forte; vigor, robustez. **2** Segurança. **3** Solidez. **4** *Mil* Fortificação; praça de guerra; forte.
for.ta.le.zen.se (top *Fortaleza+ense*) *adj m+f* Relativo a Fortaleza, capital, cidade e município do Ceará. • *s m+f* Pessoa natural desse município.
for.te (lat *forte*) *adj m+f* **1** Que tem força. **2** Valente. **3** Robusto. **4** Poderoso. **5** Enérgico. **6** Entendido, muito instruído. **7** De alto teor alcoólico. • *sm* **1** Castelo, fortificação. **2** Aquilo em que uma pessoa mostra mais conhecimentos ou aptidão. **3** O que predomina. • *adv* Com força, rijamente.
for.ti.fi.ca.ção (lat *fortificatione*) *sf* **1** Ato ou efeito de fortificar. **2** Arte de fortificar e defender uma praça, um acampamento etc. **3** Construção adequada para facilitar a defesa; forte, fortaleza.
for.ti.fi.can.te (lat *fortificante*) *adj* Que fortifica. • *sm Farm* Medicamento para fortalecer o organismo; tônico.
for.ti.fi.car (lat *fortificare*) *vtd* e *vpr* **1** Fortalecer (-se). *vtd* **2** Auxiliar, reforçar. *vpr* **3** Manter-se firme.
for.tim (*forte+im*) *sm* Pequeno forte (acepção 1).
for.tui.to (lat *fortuitu*) *adj* Que ocorre por acaso; casual.
for.tu.na (lat *fortuna*) *sf* **1** Aquilo que sucede por acaso. **2** Boa sorte, ventura, felicidade. **3** Destino, fado, sina. **4** *bras* Bens, riqueza.
fó.rum (lat *forum*)V *foro*¹.
fos.co (ô) (lat *fuscu*) *adj* Embaçado, sem brilho ou transparência.
fos.fa.to (*fosfo+ato*⁵) *sm Quím* **1** Composto que contém fósforo e que desempenha papel importante no metabolismo. **2** Composto de fósforo usado em fertilizantes.
fos.fo.res.cên.cia (*fosforescente+ia*²) *sf* Propriedade dos corpos fosforescentes de brilhar no escuro, sem emitir calor. *Fosforescência do mar*: fosforescência devida à presença, nas águas dos mares, de plantas e animais microscópicos dotados de propriedades luminosas. *Cf fluorescência*.
fos.fo.res.cen.te (de *fosforescer*) *adj m+f* Que brilha no escuro, sem calor nem combustão. *Cf fluorescente*.
fos.fo.res.cer (de *fósforo+escer*) *vint* Emitir brilho fosforescente; apresentar fosforescência. *Conjug*: com raras exceções, conjuga-se apenas nas 3ªˢ pessoas.

fos.fó.ri.co (*fósforo+ico*²) *adj* **1** Relativo ou pertencente ao fósforo. **2** Que brilha como o fósforo. **3** Diz-se de vários compostos que contêm fósforo.
fos.fo.ri.zar (*fósforo+izar*) *vtd* Tornar fosfórico.
fós.fo.ro (gr *phosphóros*) *sm* **1** *Quím* Elemento não metálico, de número atômico 15 e símbolo P. **2** Palito cuja cabeça se inflama por meio de atrito ou fricção.
fos.qui.nha (dim de *fosca*) *sf bras pop* **1** Provocação, careta. **2** Trejeito, momice. **3** Disfarce, fingimento.
fos.sa (lat *fossa*) *sf* **1** Cova, buraco, cavidade. **2** *Anat* Nome que se dá a depressões ou cavidades do corpo humano: *Fossa nasal, fossa parietal*. **3** Poço no qual são lançados os esgotos domésticos. *Estar na fossa, gír*: sentir-se deprimido.
fós.sil (lat *fossile*) *adj m+f iron* Aplica-se a pessoa de ideias antiquadas, a coisa obsoleta. • *sm Paleont* Qualquer resto ou vestígio petrificado de seres vivos de épocas geológicas anteriores à atual. *Pl*: *fósseis*.
fos.si.li.zar (*fóssil+izar*) *vtd* Tornar fóssil; petrificar.
fos.so (ô) (lat *fossu*) *sm* **1** Cova. **2** Valeta que se abre ao longo das estradas para receber as águas das chuvas. **3** Vala profunda que rodeia acampamentos, fortificações etc. *Pl*: *fossos* (ó).
fo.to (red de *fotografia*) *sf* Redução de *fotografia*.
fo.to.com.po.si.ção (*foto+composição*) *sf Art Gráf* Sistema de composição gráfica que produz textos em filmes ou em papel fotográfico.
fo.to.con.du.tor (*foto*¹*+condutor*) *adj Eletrôn* Diz-se do material que, no escuro, é isolante elétrico, mas não quando exposto à luz.
fo.to.có.pia (*foto*²*+cópia*) *sf Art Gráf* Reprodução fotográfica de documentos, livros, fotografias etc.
fo.to.co.pi.a.do.ra (fem de *fotocopiar+dor*) *sf* Máquina para tirar fotocópias.
fo.to.fo.bi.a (*foto*¹*+fobo+ia*¹) *sf Patol* **1** Intolerância à luz. **2** Medo mórbido da luz.
fo.to.gê.ni.co (*foto*¹*+geno+ico*²) *adj* Que sai bem em fotografia.
fo.to.gra.far (*foto*¹*+grafo+ar*²) *vtd* **1** Reproduzir por meio de fotografia (uma imagem qualquer); retratar. *vtd* **2** Tirar fotografias ou retratos com aparelho fotográfico. *vint* **3** Sair (bem ou mal) em fotografia. *Conjug – Pres indic*: *fotografo (á), fotografas (á), fotografa (á)* etc. *Cf fotógrafo*.
fo.to.gra.fi.a (*foto*¹*+grafo+ia*¹) *sf* **1** Arte ou processo de produzir imagens pela ação da luz em filmes. **2** Reprodução dessas imagens; retrato, foto.
fo.tó.gra.fo (*foto*¹*+grafo*) *sm* Aquele que se dedica à fotografia como profissional ou amador.
fo.to.gra.ma (*foto*¹*+grama*) *sm Fot* Cada uma das imagens registradas em filme fotográfico ou cinematográfico.
fo.to.gra.vu.ra (*foto*²*+gravura*) *sf Art Gráf* **1** Processo fotomecânico para produção de pranchas gravadas para impressão. **2** Estampa assim obtida.
fo.to.jor.na.lis.mo (*foto*²*+jornalismo*) *sm Jorn* **1** Trabalho jornalístico realizado por repórter fotográfico. **2** Gênero de jornalismo em que o material fotográfico é o principal elemento informativo.
fo.to.li.to (*foto*¹*+lito*¹) *sm Art Gráf* Filme para reprodução de texto e ilustrações.

fo.to.me.tri.a (*foto*[1]+*metro*[1]+*ia*[1]) *sf Ópt* Parte da óptica que trata da medição da intensidade de luz.
fo.tô.me.tro (*foto*[1]+*metro*[1]) *sm Fís* Instrumento para medir a intensidade da luz.
fo.to.mon.ta.gem (*foto*[2]+*montagem*) *sf Fot* 1 Processo de organizar fotografias, umas ao lado das outras, acompanhadas ou não de texto escrito e gráficos. 2 O painel que resulta desse processo e que pode ser reproduzido por via fotográfica.
fo.to.no.ve.la (*foto*[2]+*novela*) *sf* História em quadrinhos na qual os desenhos são substituídos por imagens fotográficas.
fo.tor.re.por.ta.gem (*foto*[2]+*reportagem*) *sf Jorn* Reportagem feita (quase) exclusivamente por fotografias, acompanhadas de breves legendas.
fo.tos.fe.ra (*foto*[1]+*esfera*) *sf Astr* Camada solar, praticamente esférica, que emite a maioria das suas radiações.
fo.tos.sín.te.se (*foto*[1]+*síntese*) *sf* 1 *Quím* e *Fisiol* Síntese de um composto por meio da luz. 2 *Bot* Formação de carboidratos, a partir de bióxido de carbono e água, nas células clorofiladas de plantas verdes, sob a influência da luz.
fo.to.te.ra.pi.a (*foto*[1]+*terapia*[2]) *sf Med* Tratamento médico que utiliza a ação da luz no paciente.
foz (*lat fauce*) *sf* Ponto onde um rio desemboca no mar, noutro rio ou corrente; embocadura, desembocadura.
fra.ção (*baixo-lat fractione*) *sf* 1 Ato de dividir ou quebrar. 2 Parte de um todo. 3 *Mat* Número que exprime uma ou mais partes iguais em que foi dividida uma unidade. 4 *Arit* Quociente indicado de dois números inteiros.
fra.cas.sar (*fr fracasser*) *vint* 1 Ser malsucedido; não ter o efeito desejado; falhar. *vtd* 2 Despedaçar com forte ruído. *vtd* 3 Quebrar, arruinar.
fra.cas.so (*der* regressiva de *fracassar*) *sm* 1 Ruína, desgraça. 2 Insucesso, mau êxito.
fra.ci.o.nar (*lat fractione*+*ar*[1]) *vtd* e *vpr* Dividir (-se) em frações ou partes.
fra.ci.o.ná.rio (*lat fractione*+*ário*) *adj Arit* 1 Em que há fração ou número quebrado. 2 Diz-se do número composto de um número inteiro e de uma fração.
fra.co (*lat flaccu*) *adj* 1 Que não tem força, débil. 2 Sem importância. 3 Que não tem solidez. • *sm* Indivíduo fraco.
fra.co.te (*fracote*) *adj* Um pouco fraco. • *sm* Indivíduo fracote. *Fem: fracota*.
fra.de (*lat fratre*) *sm* Homem de ordem ou congregação religiosa católica que vive em comunidade com outros frades, seguindo as regras estabelecidas.
fra.ga.ta (*ital fregata*) *sf Mar* Navio de guerra, de porte médio.
frá.gil (*lat fragile*) *adj m+f* 1 Fácil de quebrar. 2 Fraco. 3 Que tem pouca duração. *Pl: frágeis. Sup abs sint: fragílimo* e *fragilíssimo*.
fra.gi.li.zar (*frágil*+*izar*) *vtd* e *vpr* 1 Tornar(-se) frágil; debilitar(-se). 2 Abater(-se) emocionalmente.
frag.men.ta.ção (*fragmentar*+*ção*) *sf* Ato ou efeito de fragmentar, de reduzir a fragmentos ou pedaços.
frag.men.tar (*fragmento*+*ar*[1]) *vtd* Reduzir a fragmentos, partir em pedaços; fracionar.

frag.men.to (*lat fragmentu*) *sm* 1 Pequena fração; pedaço. 2 Cada um dos pedaços de um objeto partido ou quebrado. 3 Estilhaço. 4 Parte de uma obra literária, discurso etc.
fra.gor (*lat fragore*) *sm* 1 Estrondo, estampido. 2 Ruído forte de coisa que se quebra.
fra.grân.cia (*lat fragrantia*) *sf* Aroma, perfume, odor.
fra.gran.te (*lat fragrante*) *adj m+f* 1 Que exala odor agradável. 2 Aromático, perfumado.
fra.jo.la *adj m+f gír* Bem-vestido, elegante.
fral.da (*germ faldo*) *sf* 1 Parte inferior da camisa. 2 Pano ou outro material macio, usado para absorver fezes e urina; cueiro. 3 Parte inferior de montanha; sopé. *Fralda geriátrica:* fralda utilizada por pessoas de idade avançada que sofrem de incontinência.
fram.bo.e.sa (*ê*) (*fr ant framboise*) *sf Bot* Fruto da framboeseira.
fram.bo.e.sei.ra (*framboesa*+*eira*) *sf Bot* Planta trepadeira, cultivada em virtude de seus frutos muito saborosos, as framboesas.
fran.cês (*fr ant franceis*) *adj* Que pertence ou se refere à França (Europa). • *sm* 1 O habitante ou natural da França. 2 O idioma francês.
fran.ce.sis.mo (*francês*+*ismo*) *V galicismo*.
frân.cio *sm Quím* Elemento radioativo, de número atômico 87 e símbolo Fr.
fran.cis.ca.no (*Francisco, np*+*ano*) *adj* 1 Relativo aos franciscanos ou à ordem fundada, na Itália (Europa), por São Francisco de Assis (1182--1226). 2 Pertencente à ordem franciscana. 3 *pop* Diz-se de pobreza ou miséria extrema. • *sm* Frade da ordem franciscana.
fran.co (*frâncico frank*) *adj* 1 Aberto, sem restrições. 2 Que diz o que pensa; sincero. 3 Livre de pagamento ou de impostos. 4 Relativo à França (Europa). • *sm* Unidade monetária de vários países, como França, Suíça, Bélgica e Luxemburgo (todos localizados na Europa).
fran.co-a.ti.ra.dor *adj*+*sm* 1 Diz-se de, ou indivíduo que se esforça ou luta por alguma ideia, sem pertencer a qualquer grupo, organização ou partido, agindo por conta própria. 2 Diz-se de, ou pessoa que luta com armas de modo isolado. *Pl: franco-atiradores*.
fran.ga (*fem* de *frango*) *sf* Galinha nova, que ainda não põe ovos. *Soltar a franga, pop:* desinibir-se.
fran.ga.lho (*do lat frango*) *sm* 1 Farrapo, trapo. 2 *fig* Coisa inútil. 3 *fig* Pessoa arruinada e desprezível.
fran.go (*der* regressiva do *port frângão*) *sm* 1 O galo quando ainda novo. 2 *Esp* No futebol, bola fácil de defender que o goleiro deixa passar. 3 *bras* Rapazola, rapazinho.
fran.go.te (*frango*+*ote*) *sm* 1 Pequeno frango. 2 *bras* Rapazinho, adolescente.
fran.guei.ro (*frango*+*eiro*) *adj* + *sm Esp gír* Diz--se do, ou o goleiro que deixa passar frango[2].
fran.ja (*fr frange*) *sf* 1 Remate de um tecido, de fios soltos, em toalhas, roupas, tapetes etc. 2 Cabelo que cai sobre a testa.
fran.jar (*franja*+*ar*[1]) *vtd* 1 Guarnecer com franjas. 2 Desfiar, dividir em franjas.
fran.que.a.do (*part* de *franquear*) *adj* 1 Aberto, desimpedido; desembaraçado, livre. 2 De porte

franqueador 405 **freio**

pago, selado. • *sm Econ* Pessoa que adquire a franquia de uma empresa.
fran.que.a.dor (*franquear+dor*) *adj+sm Econ* Diz-se de, ou empresa que oferece uma franquia a empreendedores interessados.
fran.que.ar (*franco+e+ar¹*) *vtd* **1** Tornar franco ou livre. **2** Facilitar a entrada de. **3** Isentar do pagamento de direitos ou outros impostos. **4** Pôr selo postal em; pôr carimbo de franquia postal em. **5** Pôr à disposição de. **6** *Econ* Oferecer uma franquia a. Conjuga-se como *frear*.
fran.que.za (*franco+eza*) *sf* **1** Qualidade de franco. **2** Candura, lealdade, lisura. **3** Generosidade, liberalidade.
fran.qui.a (*franco+ia¹*) *sf* **1** Isenção de direitos ou taxas. **2** Pagamento do transporte pelos Correios. **3** Liberdade. **4** *Econ* Operação que consiste em ceder o direito de uso, numa determinada área geográfica, do nome de uma empresa já existente.
fran.zi.do (*part* de *franzir*) *adj* Pregueado, enrugado. • *sm* Parte pregueada de alguma coisa.
fran.zi.no (*franzir+ino²*) *adj* **1** Delgado de corpo; miúdo, fraco. **2** Débil, delicado, tênue.
fran.zir (*lat frangere*) *vtd* **1** Enrugar, fazer pregas em. *vtd* e *vpr* **2** Dobrar(-se) em, pregar(-se), enrugar(-se).
fra.que (*fr frac*, do *ingl frock*) *sm* Traje de cerimônia masculino, longo na frente, com abas que formam duas pontas compridas atrás.
fra.que.jar (*onom fraco+ejar*) *vint* **1** Mostrar-se fraco, abatido. **2** Mostrar fraqueza; desencorajar-se.
fra.que.za (*fraco+eza*) *sf* **1** Qualidade de fraco. **2** Falta de força, de ânimo para o trabalho físico ou mental. **3** Falta de firmeza, de resistência.
fras.co (*gót flaskô*) *sm* Vidro pequeno ou garrafinha para remédio, loções, perfumes etc.
fra.se (*gr phrásis*) *sf Gram* **1** Reunião de palavras que formam sentido completo; oração. **2** Expressão, locução.
fra.se.a.do (*part* de *frasear*) *sm* **1** Modo de dizer ou de escrever. **2** Palavreado.
fra.se.ar (*frase+ar¹*) *vtd* **1** Exprimir em frases. *vint* **2** Fazer frases, dispô-las.
fra.se.o.lo.gi.a (*frase+o+logo+ia¹*) *sf Gram* **1** Estudo ou coleção das frases de uma língua. **2** Estudo da construção da frase. **3** Construção de frase peculiar a uma língua ou a um escritor.
fras.quei.ra (*frasco+eira*) *sf* **1** Móvel ou caixa onde se guardam frascos. **2** Maleta para transporte de objetos de toalete e outras miudezas, por ocasião de viagens.
fra.ter.nal (*fraterno+al¹*) *adj m+f* **1** Próprio de irmãos. **2** Fraterno.
fra.ter.ni.da.de (*lat fraternitate*) *sf* **1** Parentesco entre irmãos. **2** Solidariedade de irmãos. **3** União ou convivência como de irmãos. **4** Amor ao próximo. **5** Harmonia entre os seres humanos.
fra.ter.ni.zar (*fraterno+izar*) *vtd* **1** Unir com amizade estreita, como entre irmãos. *vint* **2** Travar íntima amizade. *vti* **3** Partilhar as mesmas ideias.
fra.ter.no (*lat fraternu*) *adj* **1** Relativo a irmãos. **2** Próprio de irmãos; como de irmãos; fraternal.
fra.tri.ci.da (*lat fratricida*) *s m+f* Quem assassina irmão ou irmã. • *adj m+f* **1** Que concorre para a morte ou ruína de irmãos, compatriotas ou povos do mesmo sangue. **2** Que se refere a guerras civis.
fra.tri.cí.dio (*lat fratricidiu*) *sm* **1** Crime de quem mata irmã ou irmão. **2** Guerra civil.
fra.tu.ra (*lat fractura*) *sf Cir* Quebra ou ruptura de um osso ou de uma cartilagem dura.
fra.tu.rar (*fratura+ar¹*) *vtd* **1** Fazer fratura em, partir osso. *vpr* **2** Quebrar-se, partir-se.
frau.dar (*lat fraudare*) *vtd* Cometer fraude contra; lesar por meio de fraude.
frau.da.tó.rio (*lat fraudatoriu*) *adj* **1** Relativo a fraude. **2** Em que há fraude.
frau.de (*lat fraude*) *sf* **1** Ação com má-fé, logro, como quando se altera um produto ou se deixa de pagar um imposto. **2** Engano; logro.
frau.du.len.to (*lat fraudulentu*) *adj* **1** Que é propenso à fraude. **2** Em que há fraude.
fre.a.da (*frear+ada¹*) *sf bras* Ato ou efeito de frear; brecada.
fre.ar (*freio+ar¹*) *vtd* **1** Apertar o freio de. *vint* **2** Apertar o freio de veículo; brecar. *vpr* **3** Conter-se. *Conjug*: verbo irregular. Intercala-se um *i* eufônico após o *e* do radical nas formas rizotônicas (na 1ª, 2ª e 3ª pessoas do singular e 3ª pessoa do plural do presente do indicativo e do subjuntivo e 2ª e 3ª pessoas do singular e 3ª pessoa do plural do imperativo afirmativo e negativo). Quando a desinência de uma forma arrizotônica começa por *e*, a forma verbal possui dois *ee*, mas nenhum leva acento gráfico. *Pres indic*: freio, freias, freia, freamos, freais, freiam; *Pret imp indic*: freava, freavas etc.; *Pret perf*: freei, freaste, freou etc.; *Pret mais-que-perf*: freara, frearas etc.; *Fut pres*: frearei, frearás etc.; *Fut pret*: frearia, frearias etc.; *Pres subj*: freie, freies, freie, freemos, freeis, freiem; *Pret imp subj*: freasse, freasses, freasse, freássemos, freásseis, freassem; *Fut subj*: frear, freares etc.; *Imper afirm*: freia(tu), freie(você), freemos(nós), freai(vós), freiem(vocês); *Imper neg*: não freies(tu), não freie(você); *Infinitivo impess*: frear; *Infinitivo pess*: frear, freares etc.; *Ger*: freando; *Part*: freado.
fre.á.ti.co (*gr phreatikós*) *adj* Diz-se dos lençóis de água subterrâneos.
free-lance (*frí léns*) (*ingl*) *s m+f* Pessoa que executa serviços profissionais por conta própria e sem vínculo empregatício; frila.
freezer (*frízer*) (*ingl*) *sm* Eletrodoméstico para o congelamento de alimentos.
fre.guês (*lat filiu ecclesiae*) *sm* **1** Habitante de uma freguesia ou paróquia. **2** Comprador, cliente. **3** *gír* Indivíduo, pessoa.
fre.gue.si.a (*freguês+ia¹*) *sf* **1** Paróquia. **2** Conjunto dos paroquianos. **3** O total dos fregueses de um estabelecimento comercial; clientela.
frei (*provençal ant fraire*) *sm* Forma equivalente a *frade*, usada somente diante de nomes. *Fem*: soror.
frei.o (*lat frenu*) *sm* **1** Peça metálica, presa às rédeas, que serve para guiar os animais. **2** *Mec* Dispositivo para retardar, parar ou travar o movimento; breque. **3** *fig* Tudo o que reprime, modera ou contém. *Não ter freio na língua, fig*: falar demais, ter a língua solta. *Soltar o freio, pop*: dar ampla liberdade.

frei.ra (*fem* de *freire*) *sf* **1** Mulher que faz parte de comunidade religiosa. **2** Monja, irmã, madre.
frei.re (*provençal fraire*) *sm ant* Membro das antigas ordens religiosas e militares.
fre.mên.cia (*fremente+ia²*) *sf neol* **1** Estado ou qualidade do que é fremente. **2** Frêmito.
fre.men.te (*lat fremente*) *adj m+f* **1** Que freme. **2** Agitado, trêmulo. **3** Comovido agradavelmente. **4** Que faz ruído como o mar, o vento etc.
fre.mir (*lat fremere*) *vint* **1** Vibrar, agitar-se ligeiramente. *vti* **2** Estremecer. *vint* **3** Bramir, rugir. *Conjug:* verbo defectivo; não tem a 1ª pessoa do singular do presente do indicativo nem o presente do subjuntivo.
frê.mi.to (*lat fremitu*) *sm* **1** Ruído de coisa que treme. **2** Estremecimento de alegria; vibração.
fre.na.gem (*frenar+agem*) *sf* Ato de frenar, de frear. *Frenagem pneumática:* frenagem efetuada pela ação de ar comprimido.
fre.nar (*lat frenare*) *vtd* **1** Frear, conter. **2** *fig* Moderar, reprimir.
fre.ne.si (*gr phrénesis,* pelo *fr frénésie*) *sm* **1** Delírio. **2** Excitação, arrebatamento, entusiasmo muito vivo.
fre.né.ti.co (*gr phrenetikós*) *adj* **1** Que tem frenesi. **2** Impaciente, inquieto. **3** Agitado.
fre.ni.te (*freno+ite¹*) *sf Med* Inflamação do diafragma.
fren.te (*cast frente*) *sf* **1** Lado dianteiro de qualquer parte do corpo ou coisa. **2** Fachada de edifício. *Frente fria, Meteor:* massa de ar frio, muitas vezes reconhecível pela queda da temperatura. *À frente:* a) na dianteira, na vanguarda; b) na direção, no comando. *Em frente:* defronte.
fren.tis.ta (*frente+ista*) *s m+f bras* Atendente de posto de gasolina que trabalha na bomba, na troca de óleo ou na calibragem de pneus.
fre.quên.cia (*qwe*) (*lat frequentia*) *sf* **1** Ação de frequentar. **2** Repetição com curtos intervalos de fatos ou acontecimentos. **3** *Fís* Número de oscilações de um movimento vibratório por segundo.
fre.quen.ta.dor (*qwe*) (*frequentar+dor*) *adj + sm* Que, ou aquele que frequenta, ou tem o hábito de frequentar.
fre.quen.tar (*qwe*) (*lat frequentare*) *vtd* **1** Visitar repetidas vezes. **2** Cursar, estudar, seguir (um curso). **3** Conviver com.
fre.quen.te (*qwe*) (*lat frequente*) *adj m+f* **1** Repetido. **2** Assíduo. **3** Habitual.
fre.sa (*fr fraise*) *sf Mec* Máquina de fresar.
fre.sar (*fresa+ar¹*) *vtd* Desbastar metais ou madeira com a fresa, para formar superfícies planas ou curvas, peças, roscas, engrenagens etc.
fres.ca (*ê*) (*fem* de *fresco*) *sf* **1** Ar fresco. **2** Aragem agradável que sopra ao cair da tarde dos dias quentes.
fres.co (*germ frisk*) *adj* **1** Que é um pouco frio, que tem frescor. **2** Bem arejado. **3** Recente. **4** Ainda vivo na memória. **5** Que não está estragado ou alterado. **6** Cozido há pouco. **7** *bras* Efeminado. **8** *bras* Enjoado.
fres.co.bol (*fresco+ingl ball*) *sm* Jogo para dois parceiros, praticado ao ar livre, geralmente na praia, jogado com raquetes e bola de borracha.

fres.cor (*fresco+or*) *sm* **1** Verdor, viço. **2** Beleza, vivacidade.
fres.cu.ra (*fresco+ura*) *sf pop* Enjoamento; chatice.
fres.ta (*lat fenestra*) *sf* Abertura comprida e estreita; fenda, vão.
fre.tar (*frete+ar¹*) *vtd* **1** Dar ou tomar de frete. **2** Alugar (barco, carro etc.) para condução de pessoas ou coisas. **3** Carregar, equipar.
fre.te (*hol ant vrecht,* pelo *fr*) *sm* **1** Preço do transporte. **2** Carregamento. **3** Aquilo que se paga pelo transporte de alguma coisa; carreto.
fre.vo (*ê*) (*der regressiva de ferver,* com metátese) *sm bras* Dança e música do carnaval pernambucano.
fri.a (*fem* de *frio*) *sf gír* Situação difícil. *Entrar numa fria, gír:* envolver-se numa complicação.
fri.a.gem (*frio+agem*) *sf* **1** Frialdade. **2** Ar frio.
fri.al.da.de (*frial+dade*) *sf* **1** Tempo frio; friagem. **2** Desinteresse, indiferença.
fri.á.vel (*lat friabile*) *adj m+f* Que pode reduzir-se facilmente a fragmentos ou pó.
fri.cas.sê (*fr fricassé*) *sm Cul* Prato preparado com peixe ou carne, com vários temperos e gemas de ovos para engrossar o molho.
fric.ci.o.nar (*lat frictione+ar¹*) *vtd* **1** Esfregar, atritar. **2** Roçar.
fri.co.te *sm gír* **1** Manha, dengue, luxo. **2** Afetação de maneiras, de linguagem etc.
fri.co.tei.ro (*fricote+eiro*) *adj* Que tem ou faz fricotes.
fri.ei.ra (*frio+eira*) *sf* **1** *Med pop* Inflamação causada pelo frio. **2** *Med pop* Afecção da pele, especialmente localizada nos dedos dos pés, acompanhada de ardor e pequenas feridas.
fri.e.za (*frio+eza*) *sf* **1** Frialdade, indiferença. **2** Acolhimento frio.
fri.gi.dei.ra (*frigir+deira*) *sf* Utensílio de cozinha pouco fundo, para fritar.
fri.gi.dez (*frígido+ez*) *sf* **1** Frieza, indiferença. **2** *Psicol* Ausência de desejo sexual.
frí.gi.do (*lat frigidu*) *adj* **1** Gelado, gélido. **2** *Psicol* Que não tem desejo sexual. *Sup abs sint: frigidíssimo.*
fri.gir (*lat frigere*) *vtd* Fritar. *No frigir dos ovos:* na hora decisiva. *Conjug – Pres indic: frijo, freges, frege, frigimos, frigis, fregem; Imper afirm: frege(tu), frigi(você)* etc.; *Part: frigido* e *frito;* nos outros tempos é regular.
fri.go.bar (*frigo+bar*) *sm* Geladeira com bebidas e alimentos nos quartos de hotel.
fri.go.rí.fi.co (*lat frigorificu*) *adj* Que mantém o frio. • *sm* **1** Aparelho para produzir baixa temperatura; congelador. **2** Câmara para manter gêneros alimentícios congelados.
fri.la *gír V free lance.*
frin.gi.lí.deos (*lat fringilla+ídeos*) *sm pl Ornit* Família de pequenos pássaros canoros, de bico curto e cônico, como o canário, o pardal, o pintassilgo etc.
fri.o (*lat frigidu*) *adj* **1** Que não tem calor. **2** Inerte, gélido. **3** Indiferente, insensível. **4** Apático. *Sup abs sint: fríssimo.* • *sm* **1** Ausência de calor. **2** Baixa temperatura. **3** Indiferença. *sm pl* Produtos como queijo, presunto etc. *A sangue frio:* serenamente. *Frio de rachar:* frio intenso, que parece cortar a pele.

fri.o.ren.to (*frio+r+ento*) *adj* Muito sensível ao frio.
fri.sa (do *top* Frísia) *sf* Camarote quase ao nível da plateia.
fri.sa.do (*part* de *frisar*) *adj* **1** Que tem frisos. **2** Encrespado. • *sm* Penteado no qual o cabelo é encrespado ou encaracolado.
fri.sa.dor (*frisar+dor*) *adj* Que frisa. • *sm* **1** Cabeleireiro que frisa os cabelos. **2** Ferro para frisar o cabelo.
fri.sar (*friso* ou *frisa+ar*[1]) *vtd* **1** Pôr frisos ou frisas em. *vtd* **2** Encrespar. *vpr* **3** Pentear-se, encrespando ou encaracolando o cabelo. *vtd* **4** Citar, destacar. *vtd* **5** Tornar saliente ou patente.
fri.so (*ital friso*) *sm* **1** Faixa pintada numa parede, geralmente na parte superior. **2** Barra formada de uma fileira de azulejos de cor diferente, que remata em cima o revestimento. **3** Filete estampado em capa ou lombada de livros.
fri.ta.da (*fritar+ada*[1]) *sf* **1** Aquilo que se frita de uma vez. **2** *Cul* Ovos batidos e fritos sobre camarões, picadinho de carne ou legumes.
fri.tar (*frito+ar*[1]) *vtd* Cozer em gordura. *Conjug – Part: fritado* e *frito*.
fri.tas (*fr frites*) *sf pl bras* Porção de batatas fritas.
fri.to (*lat frictu*) *adj* Que se fritou. *Estar frito:* estar em situação difícil, em maus lençóis.
fri.tu.ra (*frito+ura*) *sf* Qualquer coisa frita.
fri.vo.li.da.de (*frívolo+i+dade*) *sf* Qualidade ou ato de frívolo.
frí.vo.lo (*lat frivolu*) *adj* **1** Sem valor, sem importância. **2** Leviano, volúvel.
fron.de (*lat fronde*) *sf* A copa das árvores.
fron.do.so (*ô*) (*lat frondosu*) *adj* **1** Que tem fronde. **2** Diz-se de tudo o que tem muitas ramificações. *Pl: frondosos* (*ó*).
fro.nha *sf* Capa que envolve o travesseiro ou a almofada.
front (*frónt*) (*ingl*) *sm* Frente de batalha.
fron.tal (*lat frontale*) *adj m+f* Pertencente ou relativo a frente ou fronte. • *sm* **1** *Anat* Osso situado na região anterior do crânio. **2** *Arquit* Ornato sobre portas e janelas.
fron.tão (*fr fronton*) *sm* **1** *Arquit* Remate ornamental em cima de portas e janelas ou da entrada principal de um edifício. **2** Quadra ou prédio onde se joga a pelota, jogo que é parecido com o tênis. **3** Parede contra a qual se joga a pelota.
fron.te (*lat fronte*) *sf* Porção dianteira e superior da cabeça; testa.
fron.tei.ra (*fronte+eira*) *sf* **1** Limite ou linha divisória entre dois países, dois Estados etc. **2** Confins, extremos. *Fronteira natural:* a que acompanha um acidente topográfico, rio, montanha etc.
fron.tei.ri.ço (*fronteira+iço*) *adj* Que vive ou está na fronteira ou perto dela. • *sm* O que nasce nas fronteiras.
fron.tei.ro (*fronte+eiro*) *adj* **1** Situado em frente de outra coisa. **2** Situado na fronteira.
fron.tis.pí.cio (*baixo-lat frontispiciu*) *sm* **1** Fachada principal de um edifício. **2** Primeira página de um livro, na qual estão impressos o título, o nome do autor etc.; folha de rosto. **3** A reprodução dessa página na capa.
fro.ta (*fr flotte*) *sf* **1** Conjunto de navios de guerra ou mercantes. **2** Conjunto dos veículos de uma empresa. **3** Conjunto de aviões de guerra ou mercantes. *Dim irreg: flotilha*.
fro.tis.ta (*frota+ista*) *s m+f* Quem tem frota ou trabalha em frota.
frou.xi.dão (*frouxo+idão*) *sf* **1** Qualidade de frouxo. **2** Moleza. **3** Falta de energia. **4** Irresolução, dúvida.
frou.xo (*lat fluxu*) *adj* **1** Pouco apertado. **2** Mole. **3** Sem energia. **4** Medroso. **5** Fraco, débil.
fru-fru (*fr frou-frou*) *sm* Ruído de folhas, de vestidos ou de asas no voo. *Pl: fru-frus*.
fru.gal (*lat frugale*) *adj m+f* **1** Que come pouco. **2** Que se alimenta de frutos. **3** Moderado.
fru.gí.vo.ro (*lat fruge+voro*) *adj* Que se alimenta de frutos; frutívoro.
fru.ir (*lat fruere*) *vtd* **1** Estar na posse de; possuir. *vti* **2** Desfrutar; usufruir. *Conjug – Part: fruído*.
frus.trar (*lat frustrare*) *vtd* **1** Enganar a expectativa de; iludir. *vtd* **2** Fazer falhar, tornar inútil. *vpr* **3** Não acontecer o que se esperava; malograr-se, falhar.
fru.ta (*lat fructa*, pl de *fructu*) *sf Bot* Designação genérica dos frutos comestíveis. *Col: penca*.
fru.ta-do-con.de *sf Bot* Ata, pinha. *Pl: frutas-do--conde*.
fru.ta-pão *sf Bot* **1** Árvore de grande porte, de flores sem pétalas muito pequenas, que produz frutos comestíveis. **2** Fruta grande, arredondada, sem semente, que quando assada assemelha-se ao pão em cor e sabor. *Pl: frutas-pães* e *frutas-pão*.
fru.tei.ra (*fruta+eira*) *sf* **1** Árvore frutífera. **2** Prato ou cesto para frutas.
fru.tei.ro (*fruta+eiro*) *adj* Frutífero. • *sm* **1** Homem que vende frutas. **2** Cestinho para frutas.
fru.ti.cul.tor (*fruto+i+cultor*) *sm* O que se dedica à fruticultura.
fru.ti.cul.tu.ra (*fruto+i+cultura*) *sf* Cultura de árvores frutíferas.
fru.tí.fe.ro (*lat fructiferu*) *adj* **1** Que produz fruto. **2** Proveitoso, útil, produtivo, fecundo.
fru.ti.fi.ca.ção (*lat fructificatione*) *sf* **1** Ato ou efeito de frutificar. **2** Produção de frutos. **3** Época em que as árvores dão frutos.
fru.ti.fi.car (*lat fructificare*) *vint* **1** Produzir frutos; estar carregado de frutos (planta). *vint* **2** Dar resultado, dar lucro. *vtd* **3** Produzir bom resultado. *Conjug:* com raras exceções, normalmente é conjugado nas 3as pessoas.
fru.ti.gran.jei.ro (*fruto+i+granja+eiro*) *adj* Diz-se dos produtos de pomares e granjas.
fru.tí.vo.ro (*fruto+i+voro*) *V frugívoro*.
fru.to (*lat fructu*) *sm* **1** *Bot* Órgão das plantas, resultante do desenvolvimento do ovário após a fecundação, até a maturidade. **2** *Bot* Parte produtiva do vegetal, que sai da flor; fruta. **3** *fig* Filho, prole. **4** *fig* Lucro, resultado, produto. **5** *fig* Consequência, resultado. *sm pl* Produtos alimentares da terra. *Fruto proibido:* aquilo em que não se deve tocar.
fru.to.se (*fruto+ose*) *sf Quím* Açúcar das frutas.
fru.tu.o.so (*ô*) (*fruto+oso*) *adj* **1** Que produz muitos frutos. **2** *fig* Que dá bons resultados. **3** *fig* Vantajoso, lucrativo. *Pl: frutuosos* (*ó*).
fu.bá (*quimbundo fuba*) *sm* Milho moído, reduzido a farinha.

fu.be.ca.da (*fubecar+ada*[1]) *sf bras gír* **1** Reprimenda. **2** Surra.
fu.ça (*der* regressiva de *focinho*) *sf gír* Focinho, ventas, cara.
fu.cá.ceas (*lat fucu+áceas*) *sf pl Bot* Família de algas marinhas pardas, que crescem principalmente em rochas entre os limites das marés.
fu.çar (*fuça+ar*[1]) *vtd bras* **1** Revolver a terra com o focinho. **2** Remexer, revolver. **3** Bisbilhotar.
fu.ga (*lat fuga*) *sf* **1** Saída, retirada, partida rápida para escapar a perseguições. **2** Escape de um gás ou líquido do recipiente. **3** Lugar (rombo, fenda etc.) por onde escapa algum líquido ou gás de um recipiente. **4** Escapatória, subterfúgio. **5** *Mús* Peça musical na qual se desenvolve um tema. **6** *Eletr* Perda de energia elétrica ou magnética. *Pôr em fuga:* afugentar. *Pôr-se em fuga:* fugir.
fu.gaz (*lat fugace*) *adj m+f* **1** Que foge com rapidez. **2** Rápido, veloz. **3** Que passa rapidamente, transitório. *Sup abs sint: fugacíssimo.*
fu.gi.da (*part fem* de *fugir*) *sf* **1** Fuga; evasão. **2** Ato de ir rapidamente a um lugar. *De fugida:* de corrida, às pressas.
fu.gi.di.o (de *fugir*) *adj* **1** Que foge; acostumado a fugir. **2** Fugitivo. **3** Esquivo, arisco.
fu.gir (*lat fugere*) *vint* **1** Pôr-se em fuga; afastar-se rapidamente. *vti* **2** Apartar-se, desviar-se, afastar-se. *Fugir do mundo:* afastar-se da sociedade; procurar o silêncio. *Conjug* – verbo irregular: 1º) o *u* do radical muda-se em *o* (aberto) na 2ª e 3ª pessoas do singular e 3ª pessoa do plural do presente do indicativo e 2ª pessoa do singular do imperativo afirmativo (esse *o* não tem acento gráfico); 2º) o *g* muda-se em *j* quando seguido de *a* e de *o. Pres indic: fujo, foges, foge* etc.; *Pret imp indic: fugia, fugias* etc.; *Pret perf: fugi, fugiste, fugiu* etc.; *Pret mais-que-perf: fugira, fugiras* etc.; *Fut pres: fugirei, fugirás* etc.; *Fut pret: fugiria, fugirias, fugiria* etc.; *Pres subj: fuja, fujas, fuja, fujamos, fujais, fujam; Pret imp subj: fugisse, fugisses, fugisse* etc.; *Fut subj: fugir, fugires, fugir, fugirmos, fugirdes, fugirem; Imper afirm: foge(tu), fuja(você), fujamos(nós), fugi(vós), fujam(vocês); Imper neg: não fujas(tu), não fuja(você)* etc.; *Infinitivo impess: fugir; Infinitivo pess: fugir, fugires, fugir* etc.; *Ger: fugindo; Part: fugido.*
fu.gi.ti.vo (*lat fugitivu*) *adj* **1** Que foge, ou fugiu. **2** Transitório; rápido. • *sm* Indivíduo que foge, ou fugiu.
fu.i.nha (*fr fouine*) *sf Zool* Pequeno animal carnívoro da Europa e da Ásia, que ataca os galinheiros e os pombais. *s m+f* **1** Pessoa muito magra. **2** Pessoa bisbilhoteira e curiosa.
fu.jão (*fugir+ão*[2]) *adj* • *sm* Que, ou o que costuma fugir. *Fem: fujona. Pl: fujões.*
fu.la.no (*ár fulân*) *sm* Designação vaga de alguém que não se pode ou não se quer nomear; normalmente usada com *beltrano* e *sicrano.*
ful.cro (*lat fulcru*) *sm* **1** Sustentáculo, apoio, amparo. **2** Ponto de apoio de uma alavanca.
fu.lei.ro (*cast fulero*) *adj gír* Sem valor; insignificante. • *sm* Indivíduo reles.
ful.gên.cia (*fulgente+ia*[2]) *sf* Fulgor, esplendor, brilho.
ful.gir (*lat fulgere*) *vint* **1** Brilhar, resplandecer,

fulgurar. **2** *fig* Sobressair, salientar-se. *Conjug:* verbo defectivo; não tem a 1ª pessoa do singular do presente do indicativo nem o presente do subjuntivo.
ful.gor (*lat fulgore*) *sm* Brilho, resplendor, cintilação.
ful.gu.ra.ção (*lat fulguratione*) *sf* Brilho, cintilação rápida, fulgor, clarão.
ful.gu.ral (*lat fulgurale*) *adj m+f* Que se refere ao raio ou ao relâmpago.
ful.gu.rar (*lat fulgurare*) *vint* **1** Relampejar; cintilar. **2** Brilhar, resplandecer. **3** *fig* Distinguir-se, realçar, destacar.
fu.li.gem (*lat fuligine*) *sf* **1** Substância preta que a fumaça deposita nas paredes e no teto das cozinhas ou nos canos das chaminés. **2** Mancha preta encontrada, às vezes, nas frutas.
fu.li.gi.no.so (*ô*) (*lat fuliginosu*) *adj* **1** Escurecido pela fuligem. **2** Semelhante a fuligem ou fumo. **3** Que tem crosta escura. *Pl: fuliginosos* (*ó*).
ful.mi.na.ção (*lat fulminatione*) *sf* **1** Ato ou efeito de fulminar. **2** Detonação de matérias fulminantes.
ful.mi.na.do (*part* de *fulminar*) *adj* **1** Que foi morto por descarga elétrica ou por raio. **2** Morto instantaneamente.
ful.mi.nan.te (*lat fulminante*) *adj m+f* **1** Que fulmina. **2** Que destrói instantaneamente. **3** Cruel, terrível. **4** *Med* Que sobrevém de repente e com extrema severidade.
ful.mi.nar (*lat fulminare*) *vtd* **1** Ferir como o raio. *vtd* **2** Ferir, ofender, destruir. *vint* **3** Lançar (raios, faíscas). *vtd* **4** Atacar, ferir ou matar instantaneamente. *vtd* **5** Aniquilar, destruir.
fu.lo (*lat fulvu*) *adj bras gír* Irritado, irado.
ful.vo (*lat fulvu*) *adj* **1** Que tem cor amarelo-tostada. **2** Alourado.
fu.ma.ça (de *fumo*) *sf* **1** Grande quantidade de fumo. **2** Quantidade de fumo absorvida pelo fumante. **3** *fig* Vaidade, presunção.
fu.ma.cei.ra (*fumaça+eira*) *sf* Grande quantidade de fumaça.
fu.ma.cen.to (*fumaça+ento*) *adj* Repleto de fumaça.
fu.ma.da (*fumo+ada*[1]) *sf* **1** Fumaça. **2** Tragada de cigarro, charuto ou cachimbo. **3** Fumaça que se faz para sinal de alarme.
fu.man.te (*lat fumante*) *adj m+f* Que fuma. • *s m+f* Pessoa que fuma habitualmente. *Fumante passivo:* pessoa que, apesar de não fumar, está sujeita aos efeitos do fumo, por conviver ou encontrar-se próxima de fumantes.
fu.mar (*lat fumare*) *vint* **1** Aspirar e expelir fumaça de cigarros, charutos etc. *vtd* **2** Aspirar o fumo ou tabaco de. *vtd* **3** Curar ao fumeiro; defumar.
fu.mê (*fr fumé*) *adj* **1** Diz-se da cor esfumaçada, próxima do cinza-escuro ou marrom-escuro. **2** Diz-se do vidro dessa cor, que, embora transparente, contribui para suavizar a passagem da luz.
fu.me.gar (*lat fumigare*) *vint* **1** Lançar fumo ou fumaça. **2** Exalar vapores. **3** Atear-se, inflamar-se.
fu.mei.ro (*fumo+eiro*) *sm* **1** Cano de chaminé, condutor de fumo. **2** Espaço entre o telhado e o fogão, onde se penduram carne, linguiça, toicinho, pernil etc., para defumar. **3** Quem faz fumo de rolo.
fu.mi.cul.tor (*fumo+i+cultor*) *sm* O que se dedica à fumicultura.

fu.mi.cul.tu.ra (*fumo+i+cultura*) *sf* Cultura do tabaco ou fumo.

fu.mi.gar (*lat fumigare*) *vtd* **1** Expor à ação da fumaça ou do vapor. *vtd* **2** Desinfetar ou destruir pragas por meio de fumo ou fumaça.

fu.mo (*lat fumu*) *sm* **1** Vapor visível que se desprende dos corpos em combustão ou muito quentes. **2** Folhas do tabaco, devidamente preparadas, usadas para fumar ou mascar. **3** Tabaco. **4** *gír* Maconha.

fu.nâm.bu.lo (*lat funambulu*) *sm* Artista que anda ou dança na corda ou no arame; equilibrista.

fun.ção (*lat functione*) *sf* **1** Ação de um órgão, aparelho ou máquina. **2** Atividade especial, serviço, encargo, cargo, emprego, missão. **3** Utilidade, serventia. **4** Festa, festividade, solenidade. *Função gramatical:* finalidade das classes de palavras.

fun.cho (*lat vulg *fenunculu*) *sm Bot* Planta aromática medicinal usada também na culinária; erva-doce.

fun.ci.o.nal (*lat functione+al¹*) *adj m+f* **1** Prático. **2** Relativo a funcionários públicos. **3** *Med* Que altera a função, mas não a estrutura. **4** *Biol* Que exerce ou é capaz de exercer sua função regular.

fun.ci.o.na.lis.mo (*funcional+ismo*) *sm* A classe dos funcionários públicos.

fun.ci.o.nar (*lat functione+ar¹*) *vint* **1** Exercer a sua função; estar em exercício de algum cargo ou emprego. **2** Estar em atividade. **3** Mover-se bem e com regularidade.

fun.ci.o.ná.rio (*lat functione+ário*) *sm* **1** Empregado. **2** Empregado público.

fun.da (*lat funda*) *sf* **1** Arma para arremesso de pedras, consistindo em um pedaço de couro e duas cordas. **2** *Med* Utensílio ortopédico para conter hérnias.

fun.da.ção (*lat fundatione*) *sf* **1** Conjunto de obras necessárias para segurar e assentar os fundamentos de uma edificação; fundamento, alicerce. **2** Princípio, origem de alguma coisa. **3** Instituição dedicada à beneficência ou de utilidade pública.

fun.da.do (*lat fundatu*) *adj* **1** Que tem fundamento. **2** Baseado em boas razões.

fun.da.men.tal (*fundamento+al¹*) *adj m+f* **1** Que serve de fundamento ou de alicerce. **2** Que serve de base. **3** Essencial, necessário.

fun.da.men.tar (*fundamento+ar¹*) *vtd* **1** Lançar os fundamentos ou alicerces de. *vtd* **2** Assentar em bases sólidas. *vtd* **3** Documentar, justificar com provas ou razões. *vpr* **4** Apoiar-se, basear-se.

fun.da.men.to (*lat fundamentu*) *sm* **1** Sustentáculo. **2** Base, alicerce. **3** Motivo, razão, justificativa.

fun.dão (*fundo+ão²*) *sm* **1** Lugar afastado e distante. **2** Lugar ermo.

fun.dar (*lat fundare*) *vtd* **1** Criar, estabelecer, instituir. *vtdi* **2** Apoiar, basear. *vtdi* **3** Estabelecer, firmar com razões ou sobre princípios. *vpr* **4** Basear-se.

fun.de.ar (*fundo+e+ar¹*) *vint Náut* **1** Tocar no fundo. **2** Lançar ferro; ancorar. Conjuga-se como *frear*.

fun.di.á.rio (*lat fundu+ário*) *adj* **1** Que se refere a terrenos; agrário. **2** Que diz respeito a imóveis.

fun.di.ção (*fundir+ção*) *sf* **1** Ato, efeito ou arte de fundir metais. **2** Oficina onde se fundem metais. **3** Ferro fundido.

fun.di.dor (*fundir+dor*) *sm* Operário que trabalha em fundição, que tem por ofício fundir.

fun.di.lho (*fundo+ilho*) *sm* **1** Parte das calças, cuecas etc. correspondente ao assento. **2** Remendo nessa parte.

fun.dir (*lat fundere*) *vtd* e *vpr* **1** Derreter(-se) ou liquefazer(-se). *vtd* **2** Executar em metal fundido, lançar no molde. *vtd* e *vpr* **3** Fazer(-se) num só; incorporar(-se). *vtd* **4** Conciliar, juntar, unir. *vtd* **5** Esbanjar, dissipar.

fun.dis.ta (*fundo+ista*) *adj* e *s m+f Esp* Diz-se de, ou atleta que participa de provas de corrida de longa distância.

fun.do (*lat fundu*) *adj* **1** Que tem fundura. **2** Cavado, profundo. • *sm* **1** Parte que numa cavidade ou num objeto fica mais distante da abertura ou da superfície. **2** Parte sólida que fica sob a água. **3** Distância desde a frente até a parte posterior. **4** A extremidade da agulha, que se opõe à ponta. **5** *Pint* A parte do quadro onde se representam os objetos em distância. **6** *Econ* Recursos financeiros. *sm pl Com* Capital, haveres, meios, bens. • *adv* Dentro, para dentro. *A fundo:* intimamente, profundamente. *Fundo de pensão:* fundo criado e mantido por uma empresa, com a finalidade de conceder benefícios, num plano de pensão, a seus empregados e/ou membros.

fun.du.ra (*fundo+ura*) *sf* **1** Distância vertical desde a superfície até o fundo. **2** Profundidade.

fú.ne.bre (*lat funebre*) *adj m+f* **1** Que se refere à morte ou a funeral. **2** Sombrio, triste.

fu.ne.ral (*lat funerale*) *sm* **1** Enterro. **2** Pompas fúnebres, cerimônias do enterro.

fu.ne.rá.rio (*lat funerariu*) *adj* **1** Que se refere a funeral. **2** Fúnebre, mortuário. **3** Em que repousam os restos mortais (urnas etc.).

fu.né.reo (*lat funereu*) *V fúnebre*.

fu.nes.to (*lat funestu*) *adj* **1** Que prevê desgraça. **2** Que traz, que causa, que produz a morte. **3** Desastroso, nocivo.

fun.ga.da (*fungar+ada¹*) *sf* Ato ou efeito de fungar.

fun.gar (*voc onom*) *vint* **1** Produzir som ao absorver o ar, muco, rapé etc. pelo nariz. **2** Chorar, respirando só pelo nariz.

fun.gi.ci.da (*fungo+i+cida*) *adj m+f* Que destrói fungos. • *sm Agr* Substância usada para destruir fungos.

fun.go (*lat fungu*) *sm Bot* Cada um dos numerosos organismos vegetais desprovidos de clorofila, como os bolores, fermentos, bactérias, cogumelos etc.

fu.nil (*do provençal fonilh*, *do lat fundibulu*) *sm* Utensílio utilizado para colocar líquidos ou pós em recipientes de boca estreita.

fu.ni.la.ri.a (*funil+aria*) *sf* Loja ou oficina de funileiro.

fu.ni.lei.ro (*funil+eiro*) *sm* **1** Aquele que faz ou repara objetos de folha de flandres ou folha de lata, tais como utensílios e vasilhames de cozinha. **2** Aquele que conserta ou desamassa carros; lanterneiro.

funk (*fânc*) (*ingl*) *sm Mús* Gênero de música popular dançante, sincopada, com letras que abordam os problemas do cotidiano, de origem norte-americana.

fun.kei.ro (*fanqueiro*) (*funk+eiro*) *neol sm* **1** Cantor de *funk*. **2** Qualquer membro de um grupo de frequentadores dos chamados bailes *funk*.

fu.ra-bo.lo (*furar+bolo*) *s m+f* Pessoa que se intromete em tudo. *sm pop* Dedo indicador. *Pl: fura-bolos.*

fu.ra.cão (do taino *hurakán*, pelo *cast*) *sm* **1** Vento muito forte (superior a 105 km por hora); tufão. **2** *fig* Tudo o que, como o furacão, tem força para derrubar ou para destruir. **3** *fig* Ímpeto veemente.

fu.ra.dei.ra (*furar+deira*) *sf* Máquina de furar; perfuratriz.

fu.ra.do (*part* de *furar*) *adj* **1** Que tem buraco ou furo; esburacado, perfurado. **2** *gír* Diz-se de tudo que é ruim, ultrapassado, malfeito e perigoso.

fu.ra.dor (*furar+dor*) *adj* Que fura. • *sm* Utensílio para fazer furos; vazador.

fu.rão (*lat fur+ão²*) *adj* Desembaraçado, trabalhador. • *sm* **1** *Zool* Mamífero carnívoro sul-americano. **2** Pessoa curiosa e bisbilhoteira. **3** *gír* Indivíduo ativo, empreendedor, que se vale de expedientes para granjear recursos. **4** *gír* Repórter ativo, sagaz.

fu.rar (*lat forare*) *vtd* **1** Fazer furo, perfurar. *vint* **2** Abrir caminho, passar, penetrar. *vti* **3** Irromper, sair. *vint* **4** *Esp gír* Não atingir a bola, no chute ou na interceptação. *vtd* **5** *Jorn* Estabelecer furo jornalístico. *Furar a fila:* antecipar-se na fila, em vez de colocar-se no fim dela e esperar sua vez.

fur.gão (*fr fourgon*) *sm* Pequeno caminhão fechado para transporte de mercadorias.

fú.ria (*lat furia*) *sf* **1** Acesso de furor. **2** Cólera, ira, raiva. **3** Ímpeto. **4** Entusiasmo, furor.

fu.ri.bun.do (*lat furibundu*) *adj* Furioso, enfurecido, colérico.

fu.ri.o.so (*ô*) (*lat furiosu*) *adj* **1** Tomado de fúria; furibundo. **2** Arrebatado, cheio de ira, enraivecido. **3** Possuído de paixão excessiva por alguma coisa; entusiasta. **4** Forte, violento. *Pl: furiosos* (*ó*).

fur.na.ri.í.deos (*lat funaria+ídeos*) *sm pl Ornit* Família de pássaros da América tropical, à qual pertence o joão-de-barro.

fu.ro (*der* regressiva de *furar*) *sm* **1** Abertura, buraco, orifício. **2** *bras* Notícia dada em primeira mão nos jornais, rádio ou televisão.

fu.ror (*lat furore*) *sm* **1** Grande exaltação de ânimo. **2** Fúria, ira exaltada. **3** Entusiasmo. **4** Impetuosidade. *Fazer furor:* causar sensação, causar entusiasmo.

fur.ta-cor (*furta+cor*) *adj m+f* Que apresenta cor variada, segundo a projeção da luz; cambiante. • *sm* Cor cambiante. *Pl: furta-cores.*

fur.tar (*furto+ar¹*) *vtd* **1** Apoderar-se de coisa alheia; roubar sem violência. *vint* **2** Praticar furtos. *vtd* **3** Apresentar como seu (obra, pensamento, trabalho de outrem). *vtd* e *vpr* **4** Desviar(-se), esquivar(-se), retirar(-se). *vtd* **5** Trapacear no jogo.

fur.ti.vo (*lat furtivu*) *adj* **1** Que se faz às ocultas. **2** Clandestino, oculto, secreto.

fur.to (*lat furtu*) *sm* **1** Ato ou efeito de furtar. **2** A coisa furtada.

fu.rún.cu.lo (*lat furunculu*) *sm Med* Inflamação em torno de uma glândula sebácea ou de um pelo.

fu.run.cu.lo.se (*furúnculo+ose*) *sm Med* Erupção simultânea de vários furúnculos.

fu.são (*lat fusione*) *sf* **1** Ato ou efeito de fundir(-se). **2** Derretimento de metais ou de outros sólidos pela ação do calor. **3** *Fís* e *Metal* Passagem de um corpo do estado sólido ao líquido. **4** *Polít* Aliança, coalizão. **5** *Dir* Reunião de duas ou mais sociedades ou empresas, que se extinguem, formando outra nova.

fus.co (*lat fuscu*) *adj* Escuro, pardo.

fu.se.la.gem (*fr fuselage*) *sf Aeron* Estrutura externa do avião à qual são fixadas as asas, a cauda e os motores.

fu.sí.vel (*lat fusu+ível*) *adj m+f* **1** Que se pode fundir. **2** Que se funde a baixa temperatura. • *sm Eletr* Dispositivo de segurança das instalações elétricas e aparelhos eletrônicos, que se funde ou desarma, interrompendo o circuito, quando uma corrente ultrapassa uma intensidade segura.

fu.so (*lat fusu*) *sm* **1** Instrumento de fiar em que se enrola o fio torcido à mão. **2** Nome de vários objetos que têm forma de tronco de cone. *Fuso horário:* cada uma das 24 divisões longitudinais nas quais foi dividida a Terra, para estabelecer uma sequência regular de mudança da hora legal.

fu.sô (*fr fouseau*) *sm* Calça comprida feminina, de material elástico, presa sob o calcanhar.

fus.tão *sm* Pano forte, de algodão, com nervuras em relevo.

fus.te (*lat fuste*) *sm* **1** *Arquit* Tronco da coluna entre a base e o capitel. **2** Parte do tronco da árvore desprovida de ramos.

fus.ti.gar (*baixo-lat fustigare*) *vtd* **1** Castigar, maltratar com varas. **2** Açoitar. **3** Maltratar por qualquer modo, física ou moralmente. **4** Estimular, excitar.

fu.te.bol (*ingl foot-ball*) *sm Esp* Jogo de bola, disputado por duas equipes de onze jogadores cada uma, com uma bola de couro, num campo que possui um gol em cada uma das extremidades, e cujo objetivo é fazer a bola entrar no gol do adversário. *Futebol de praia, Esp:* variante do futebol de salão, jogada na areia. *Futebol de salão, Esp:* modalidade de futebol, criada no Brasil na década de 30, jogada por duas equipes de cinco jogadores, praticada em quadra.

fu.te.bo.lis.ta (*futebol+ista*) *adj m+f* Referente a futebol. • *s m+f bras* **1** Especialista em futebol. **2** Jogador de futebol.

fu.te.vô.lei (*ingl foot+volley*) *sm* Espécie de voleibol jogado com os pés e com a cabeça, geralmente praticado em quadra de areia.

fú.til (*lat futile*) *adj m+f* **1** Leviano, frívolo. **2** Que tem pouca ou nenhuma importância. *Pl: fúteis.*

fu.ti.li.da.de (*lat futilitate*) *sf* **1** Qualidade de fútil. **2** Ninharia, bagatela. **3** Coisa de pouco valor.

fu.ti.li.zar (*fútil+izar*) *vint* **1** Tratar de futilidades. *vint* **2** Dizer palavras ocas. *vtd* **3** Tornar fútil.

fu.tri.ca (de *futre*) *sf bras* **1** Intriga, mexerico, fuxico. **2** *pop* Provocação.

fu.tri.car (*futrica+ar¹*) *vtd* e *vint bras* Intrigar, fuxicar, fazer futricas.

fu.tri.quei.ro (*futrica+eiro*) *sm bras* Pessoa que faz intriga; fuxiqueiro.

fut.sal *sm Esp* Abreviatura de *futebol de salão*.

fu.tu.car *vtd bras* **1** Cutucar. **2** Fuxicar. **3** Aborrecer, importunar.

fu.tu.ris.mo (*futuro+ismo*) *sm Art Plást* e *Lit* Movimento modernista em arte, música e literatura, que rejeita tradição e convenção.

fu.tu.ris.ta (*futura+ista*) *adj m+f* Que se refere ao futurismo. • *s m+f* Pessoa que segue as doutrinas do futurismo.

fu.tu.ro (*lat futuru*) *adj* Que está para ser ou acontecer. • *sm* **1** O que há de suceder depois do presente. **2** *Gram* Tempo dos verbos que designa uma ação que está por vir. **3** Posteridade. **4** Bem-estar. *Ter futuro:* ser prometedor, ter probabilidade de progresso.

Em linguagem coloquial padrão, o **futuro do presente** (*chegarei, beberei, irei*) pode também ser expresso pelo **presente** (*chego, bebo, vou*) quando há uma expressão de tempo que indica futuro. *Vou ao teatro no próximo domingo. Sílvia chega da Europa amanhã.*

fu.tu.ro.lo.gi.a (*futuro+logo+ia*[1]) *sm* Ciência que pretende prever, com dados do presente, o desenvolvimento futuro dos países e da humanidade.

fu.tu.ró.lo.go (*futuro+logo*) *sm* Especialista em futurologia.

fu.xi.car *vtd* e *vint* Intrigar, mexericar, futricar.

fu.xi.co (de *fuxicar*) *sm* Mexerico, intriga, futrica.

fu.xi.quei.ro (*fuxico+eiro*) *adj + sm* Que, ou o que faz fuxicos, intrigas; futriqueiro.

fu.zar.ca (de *fuzo*) *sf* **1** Desordem, confusão. **2** Farra, folia.

fu.zil (*fr fusil*) *sm* **1** Arma de fogo de cano comprido; carabina, espingarda. **2** Relâmpago, clarão.

fu.zi.la.men.to (*fuzilar+mento*) *sm* **1** Ação ou efeito de fuzilar. **2** *Dir Mil* Execução da sentença de morte, a tiros.

fu.zi.lar (*fuzil+ar*[1]) *vint* **1** Expedir luz à maneira de raios. *vti* e *vint* **2** Brilhar muito. *vtd* **3** Matar com tiros. *vint* **4** *fig* Tornar-se ameaçador; anunciar ódio, rancor, vingança.

fu.zi.la.ri.a (*fuzil+aria*) *sf* **1** Descargas simultâneas de espingardas. **2** Tiroteio.

fu.zi.lei.ro (*fuzil+eiro*) *sm* Soldado armado de fuzil.

fu.zu.ê (de *fuzo*) *sm bras gír* **1** Barulho, confusão, desordem. **2** Festa.

g¹ (*gê*) *sm* Sétima letra do alfabeto português, consoante. • *num* O sétimo numa série indicada pelas letras do alfabeto: *Livro G, folha G.*
g² *Fís* Símbolo de gravidade da Terra.
G *Mús* A nota *sol* na notação musical alfabética.
ga.bar (*provençal gabar*) *vtd* **1** Elogiar, enaltecer; louvar. *vpr* **2** Vangloriar-se.
ga.bar.di.na (*cast gabardina*) *sf* Tecido de lã ou outras fibras, com trama em diagonal. *Var: gabardine.*
ga.bar.di.ne (*cast gabardina*) *V gabardina.*
ga.ba.ri.ta.do (de *gabarito+ado*¹) *adj bras* **1** Que possui gabarito (acepção 3). **2** Competente; talentoso.
ga.ba.ri.tar (*gabarito+ar*¹) *vtd* Dar gabarito a.
ga.ba.ri.to (*fr gabarit*) *sm* **1** Medida padrão. **2** Instrumento que serve para verificar essa medida. **3** Tabela de respostas corretas de uma prova. **4** *fig* Categoria, qualidade, classe, nível.
ga.ba.ro.la (de *gabar*) *adj* e *s m+f* Que, ou quem se gaba de si mesmo; gabola.
ga.bi.ne.te (ê) (*ital gabinetto*) *sm* **1** Sala de trabalho. **2** Sala reservada para funcionários superiores ou para certas funções. **3** Conselho de ministros de Estado.
ga.bi.ro.ba (*tupi yuá ueráua*) *V guabiroba.*
ga.bi.ro.bei.ra (*gabiroba+eira*) *V guabiroba.*
ga.bi.ru *adj* **1** *pop* Velhaco, patife. **2** Conquistador de mulheres. **3** Sujeito desajeitado. *Fem: gabirua.*
ga.bo.la (de *gabar*) *V gabarola.*
ga.da.nha (*cast guadaña*) *sf* Foice de cabo comprido para cortar erva.
ga.da.nhar (*gadanha+ar*¹) *vtd* **1** Cortar (feno) com a gadanha. **2** Arranhar com as unhas.
ga.do (do *ant gãado*, do *gót ganan*) *sm* **1** Reses em geral, criadas no campo, para serviços agrícolas e consumo doméstico, ou para fins industriais e comerciais. **2** Rebanho. *Gado bovino:* o que compreende vacas, bois e novilhos. *Conhecer seu gado, pop:* saber com quem lida.
ga.do.lí.nio (de *Gadolin, np+io*) *sm Quím* Elemento metálico, magnético, de número atômico 64 e símbolo Gd.
ga.fa.nho.to (ô) (de *gafa*) *sm Zool* Inseto saltador, voraz, de antenas curtas, que causa grandes estragos às plantações.
ga.fe (*gr gaffe*) *sf* Ação ou palavras inconvenientes; mancada; rata.
ga.fi.ei.ra (de *gafa+eira*) *sf* **1** Salão onde são realizados bailes populares. **2** Baile popular; arrasta-pé.
gag (*gágui*) (*ingl*) *sf Teat, Cin* e *Telev* Qualquer efeito cômico, inserido numa representação.
ga.gá (*fr gaga*) *adj m+f pop* Caduco; decrépito.

ga.go (*onom*) *adj* + *sm* Que, ou o que gagueja; tartamudo.
ga.guei.ra (*gago+eira*) *sf* Embaraço fônico característico dos gagos; tartamudez. *Var: gaguice.*
ga.gue.jar (*gago+ejar*) *vint* **1** Pronunciar as palavras com dificuldade, repetindo as sílabas. *vtd* **2** Pronunciar com hesitação.
ga.gue.jo (ê) (de *gaguejar*) *sm* Ato ou efeito de gaguejar.
ga.gui.ce (*gago+ice*) *V gagueira.*
gai.a.ti.ce (*gaiato+ice*) *sf* Ações ou dizeres próprios de gaiato.
gai.a.to (de *gaio*) *sm* Rapaz travesso e brincalhão. • *adj* **1** Amigo de travessuras. **2** Malicioso.
gai.o (*fr gai*) *adj* **1** *p us* Alegre, jovial. **2** *Ornit* Ave europeia semelhante ao corvo.
gai.o.la (*lat caveola*) *sf* **1** Pequena jaula feita de junco, madeira, arame etc., onde se encerram aves. **2** *fig* Cárcere, prisão. *sm bras* Pequeno vapor para navegação fluvial.
gai.o.lei.ro (*gaiola+eiro*) *sm* Quem faz ou vende gaiolas.
gai.ta *sf* **1** Instrumento musical de sopro. **2** *bras gír* Dinheiro, grana.
gai.te.ar (*gaita+e+ar*¹) *vint* **1** Tocar gaita. **2** Andar em festas e folias. **3** Mugir (o gado). Conjuga-se como *frear.*
gai.tei.ro (*gaita+eiro*) *adj* **1** Tocador de gaita. **2** Folião, festeiro.
gai.vo.ta (*lat gavia+ota*) *sf Ornit* Ave larídea palmípede e aquática, geralmente marinha. Voz: *grasna.*
ga.jo (regressivo de *gajão*) *sm pop* **1** Qualquer indivíduo cujo nome não se quer citar. **2** Sujeito à toa. **3** *gír* Malandro. • *adj* Finório, velhaco.
ga.la (*fr gale*) *sf* **1** Traje ou vestido próprio para as ocasiões solenes ou dias festivos. **2** Festividade de caráter oficial. **3** Fecundação dos ovos das aves. **4** Germe esbranquiçado que se destaca, mais sólido, na clara do ovo.
ga.lã (*cast galán*) *sm* **1** *Cin, Teat* e *Telev* Ator que faz o papel principal. **2** *fig* Namorado, galanteador.
ga.lác.ti.co (*galacto+ico*²) *adj* Relativo a uma galáxia.
ga.la.do (*part* de *galar*) *adj* Diz-se do ovo de galinha fecundado.
ga.lai.co-por.tu.guês (*lat gallaecu + português*) *adj* Relativo aos galegos e portugueses. *Pl: galaico-portugueses.*
ga.la.li.te (*fr galalithe*) *sf* Material plástico obtido da caseína pura, tratada com formol.
ga.la.nar (*galã + ar*¹) *V galanear.*

ga.la.ne.ar (*galã+e+ar¹*) *vint* **1** Trajar com fidalguia. *vtd* **2** Vestir-se com garbo. *Var:* galanar.

ga.lan.te (*fr galant*) *adj* **1** Elegante, gracioso. **2** Amável para com as mulheres. • *sm* Raça bovina do Mato Grosso e Mato Grosso do Sul. *s m+f* Pessoa galante.

ga.lan.te.a.dor (*galantear+dor*) *adj* Que galanteia. • *sm* **1** O que galanteia. **2** O que diz galanteios.

ga.lan.te.ar (*galante+e+ar¹*) *vtd* **1** Tratar com amabilidade; fazer a corte a (damas). *vint* **2** Dizer galanteios. Conjuga-se como *frear*.

ga.lan.tei.o (de *galantear*) *sm* Ato ou efeito de galantear; atenções amorosas.

ga.lan.te.ri.a (*galante+eria*) *sf* **1** Arte de galantear. **2** Dito galante. **3** Graça, delicadeza.

ga.lão (*ingl gallon*) *sm* **1** Medida de capacidade usada na Inglaterra e nos Estados Unidos, equivalente a 4,546 e 3,785 litros, respectivamente. **2** Fita ou tira entrançada para debruar ou enfeitar. **3** Tira prateada ou dourada, distintivo de certas patentes militares, ou ornamento de uniformes.

ga.lar.dão (*germ widarlon*) *sm* **1** Recompensa de serviços importantes. **2** Glória, honra, prêmio.

ga.lá.xia (*cs*) (*gr galaxías*) *sf Astr* Cada um dos bilhões de grandes sistemas de estrelas que constituem o universo.

ga.lé (*gr biz galaía*) *sf Náut* Antiga embarcação movida a vela e remos. *sm* **1** Indivíduo condenado às galés. **2** O sentenciado a trabalhos forçados.

ga.le.ão (de *galé*) *sm Náut* Antigo navio mercante ou de guerra. **2** Aparelho de pesca de cerco.

ga.le.go (*ê*) (*lat gallaecu*) *adj* Da Galiza (Espanha) ou relativo a ela. • *sm* **1** O habitante ou natural da Galiza. **2** A língua falada na Galiza. **3** *bras pej* Português (acepção 1).

ga.le.ra (*lat med galera*, por *galea*) *sf* **1** *Náut* Antiga embarcação movida a remos e a vela. **2** *Náut* Embarcação mercante de três mastros. **3** *bras pop* O conjunto de pessoas que aplaude e incentiva um grupo em competição; torcida. **4** *bras pop* Conjunto de amigos, turma.

ga.le.ri.a (*ital galleria*) *sf* **1** Local para a exposição de objetos de arte. **2** Coleção de retratos, estátuas, bustos ou quadros. **3** Corredor subterrâneo. **4** Armação de madeira ou metal para cortinados.

ga.le.to (*ital galleto*) *sm* **1** Frango ainda novo. **2** *por ext* Frango assado.

gal.gar (*galgo+ar*) *vtd* **1** Passar para o outro lado, transpor, ultrapassar. *vtd* **2** Subir, trepar. *vtd* **3** Percorrer. *vti* **4** Pular, saltar, subir rapidamente.

gal.go (*lat gallicu*) *sm Zool* Cão esguio e muito veloz geralmente empregado na caça das lebres.

ga.lha.da (*galho+ada¹*) *sf* **1** Os chifres dos ruminantes. **2** Ramagem de arvoredo.

ga.lhar.di.a (*galhardo+ia¹*) *sf* **1** Beleza, elegância, gentileza. **2** Generosidade, grandeza de ânimo. **3** Ânimo, bravura, coragem, valor.

ga.lhar.do (*provençal ant galhart*) *adj* **1** Elegante, garboso. **2** Gentil, generoso.

ga.lha.ri.a (*galho+aria*) *sf* Porção de galhos.

ga.lhei.ro (*galho+eiro*) *sm Zool* O maior veado sul-americano, de chifres grandes e ramificações. • *adj pop* Homem cuja mulher lhe é infiel; corno.

ga.lhe.ta (*ê*) (*cast galleta*) *sf* **1** Pequeno vaso de vidro com gargalo, que se põe na mesa com azeite ou vinagre. **2** Pequeno vaso que contém o vinho ou a água para o serviço da missa. **3** Instrumento de vidro, usado em laboratórios químicos.

ga.lhe.tei.ro (*galheta+eiro*) *sm* Utensílio onde se colocam as galhetas, o pimenteiro, o saleiro etc., para servir à mesa.

ga.lho (*lat vulg *galleu*) *sm* **1** Ramo de árvore. **2** Chifre dos ruminantes. **3** *pop* Ligação amorosa ilícita. **4** *pop* Complicação, confusão. *Pular de galho em galho, pop:* não parar num lugar; não ter estabilidade. *Quebrar um galho, gír:* ajudar a resolver uma situação difícil.

ga.lho.fa (*cast gallofa*) *sf* **1** Alegria, brincadeira, gracejo. **2** Escárnio. *Fazer galhofa:* escarnecer.

ga.lho.far (*galhofa+ar¹*) *vint* **1** Fazer galhofa. *vint* **2** Divertir-se ruidosamente. *vti* **3** Zombar.

ga.lho.fei.ro (*galhofa+eiro*) *adj + sm* **1** Que, ou quem é dado a galhofas. **2** Alegre, brincalhão, folião, zombeteiro.

ga.lhu.do (*galho+udo¹*) *adj* **1** Que tem galhos. **2** Que tem chifres grandes. **3** *bras vulg* Corno, cornudo. • *sm bras vulg* Marido ou namorado traído; corno, cornudo.

ga.li.cí.nio (*lat galliciniu*) *sm* **1** O canto do galo. **2** A hora do amanhecer, em que os galos cantam.

ga.li.cis.mo (*gálici+ismo*) *sm* Palavra ou construção afrancesada; francesismo.

ga.li.for.me (*gali¹+forme*) *adj* **1** Semelhante ao galo. **2** *Ornit* Pertencente aos galiformes. • *sm pl Ornit* Ordem (*Galliformes*) de aves que compreende numerosas espécies terrestres, de bico curto e forte. *Sin:* galináceos.

ga.li.leu (*lat galilaeu*) *adj* Da Galileia, região da antiga Palestina (Ásia). • *sm* **1** O natural da Galileia. **2** Nome que se dava a Jesus e aos cristãos, nos primeiros séculos. *Fem:* galileia.

ga.li.ná.ceo (*lat gallinaceu*) *adj* De, ou relativo às aves galiformes (galinhas, perus, faisões etc.).

ga.li.nha (*lat gallina*) *sf* **1** *Ornit* Fêmea do galo. **2** *gír* Mulher que se entrega facilmente; biscate. **3** *gír* Pessoa covarde. *sm pop* Indivíduo extremamente inconstante em seus relacionamentos amorosos ou sexuais. *Cantar de galinha, pop:* acovardar-se. *Deitar-se com as galinhas:* ir para a cama cedo. *Quando as galinhas tiverem dentes:* nunca, em tempo algum.

ga.li.nha.da (*galinha+ada¹*) *sf bras* Iguaria feita de galinha cozida no arroz com açafrão.

ga.li.nha-d'an.go.la *sf Ornit* Ave galiforme originária da África. *Pl:* galinhas-d'angola.

ga.li.nha.gem (*galinha+agem*) *sf pop* Brincadeira de agarramento com intenção de bolinação recíproca.

ga.li.nhei.ro (*lat gallinariu*) *sm* **1** Cercado onde se criam ou alojam galinhas. **2** Negociante de galinhas.

ga.li.ni.cul.tor (*lat gallina+cultor*) *sm* Indivíduo que se dedica à criação de galinhas.

gá.lio *sm Quím* Elemento metálico raro, usado em ligas, de número atômico 31 e símbolo Ga.

ga.lo (*lat gallu*) *sm Zool* Galináceo doméstico de bico pequeno, crista carnuda e asas curtas e largas. **2** O macho da galinha. *Voz: cacareja, canta, cocorica.* **3** *pop* Pequena inchação resultante de pancada ou contusão, particularmente na cabeça. *Cantar de galo, pop:* considerar-se vitorioso.

Cozinhar o galo, pop: matar o tempo. *Ouvir cantar o galo mas não saber onde:* ter noção vaga de uma coisa. *Galo de briga:* a) raça de galos de combate; b) indivíduo briguento. *Galo do relógio:* cata-vento em forma de galo, no topo de alguns campanários. *Fem: galinha.*

ga.lo.cha (*fr galoche*) *sf* Calçado de borracha ou outro material impermeável para proteger os sapatos da umidade, da água e do barro.

ga.lo.pa.da (*galope+ada¹*) *sf* **1** Ação de galopar. **2** Corrida a galope.

ga.lo.pan.te (de *galopar*) *adj* Que galopa rápido. • *sf fig* Tuberculose pulmonar galopante.

ga.lo.par (*galope+ar¹*) *vint* **1** Andar ou cavalgar a galope. **2** *fig* Correr ou fugir desabaladamente.

ga.lo.pe (*fr galop*) *sm* **1** A carreira mais rápida do cavalo e de outros quadrúpedes. **2** Ato de galopar.

gal.pão (do *asteca kalpulli*, pelo *cast*) *sm bras* **1** Varanda, alpendre. **2** Construção coberta, fechada nas laterais por paredes ou tapumes, usada como depósito ou para fins industriais.

gal.va.ni.za.ção (*galvanizar+ção*) *sf* **1** *Fís* Ato ou efeito de galvanizar. **2** *Med* Aplicação terapêutica das correntes contínuas. **3** *Metal* Operação de recobrir uma peça metálica com uma camada de zinco ou outro metal que a torne mais resistente à corrosão.

gal.va.ni.zar (*ital Galvani, np+izar*) *vtd* Revestir ferro ou aço com uma tênue camada de zinco.

ga.ma (*gr gámma*) *sm* Terceira letra do alfabeto grego, correspondente à letra g do alfabeto português. *sf* **1** *Mús* Escala; sucessão de sons de uma oitava musical. **2** Sucessão ou série de coisas, sentimentos, cores etc., em gradação natural; escala. **3** *fig* Série de ideias, teorias etc.

ga.ma.ção (*gamar+ção*) *sf bras gír* **1** Inclinação afetiva. **2** Paixão.

ga.ma.do (*gamar+ado¹*) *adj bras gír* Apaixonado, enamorado.

ga.mão (*cast gamón*) *sm* **1** Jogo de azar e cálculo, praticado sobre um tabuleiro, entre dois parceiros, usando-se dados e tábulas. **2** Tabuleiro sobre o qual se joga o gamão.

ga.mar *vti* e *vint bras gír* Ficar encantado; encantar-se; apaixonar-se.

gam.bá *sm* **1** *Zool* Mamífero marsupial noturno comum nas Américas. *Voz: chia, guincha.* **2** *pop* Indivíduo dado ao alcoolismo; beberrão. *Bêbedo como um gambá:* muito bêbedo.

gam.bi.ar.ra *sf* **1** *Teat* Ribalta de luzes na parte anterior e superior dos palcos. **2** *pop* Serviço com a finalidade de obter energia elétrica de maneira ilegal. **3** Quebra-galho.

gam.bi.to (*ital gambetto*) *sm pop* Perna fina; cambito.

ga.me.la (*lat camella*) *sf* Vasilha de madeira ou de barro. *sm gír* Pedreiro metido a construtor.

ga.me.ta (*ê*) (*gr gamétes*) *sm Biol* Cada uma das duas células sexuais maduras em que ocorre a fecundação: *gameta masculino,* ou espermatozoide, e *gameta feminino,* ou óvulo.

ga.me.tó.ci.to (*gr gamétes+cito*) *sm Biol* Célula da qual se origina um gameta, quando ela é diferente dos indivíduos ordinários da espécie.

ga.mo (*lat gammu*) *sm Zool* Animal ruminante semelhante ao veado. *Fem: gama.*

ga.na (*cast gana*) *sf* **1** Grande apetite ou vontade. **2** Fome. **3** Desejo de vingança. **4** Má vontade contra alguém.

ga.nân.cia (*cast ganancia*) *sf* **1** Ambição desmedida. **2** Ganho ilícito.

ga.nan.ci.o.so (*ô*) (*ganância+oso*) *adj* Relativo a lucros excessivos. • *adj + sm* **1** Que, ou o que só visa a lucros, lícitos ou ilícitos. **2** Que, ou o que tem ambição de ganhar. *Pl:* gananciosos (*ó*).

gan.cho (*cast gancho*) *sm* **1** Instrumento de metal, madeira etc., curvo, que serve para agarrar ou suspender. **2** Anzol. **3** *gír* Casa de penhor; prego. **4** *Esp* No boxe, golpe em que o braço, semiflexionado, descreve um arco de circunferência. **5** Suporte para o telefone. **6** *Jorn* Início de uma matéria jornalística feito para prender a atenção do leitor. **7** *Telev* Situação criada pelo novelista para prender a atenção do telespectador.

gan.dai.a (*cast gandaya*) *sf pop* **1** Ociosidade, vadiagem. **2** Farra. *Cair na gandaia, pop:* vadiar; farrear; viver ao deus-dará.

gan.dai.ar (*gandaia+ar¹*) *vint pop* Viver na gandaia; vadiar, farrear.

gan.du.la *s m+f Esp* Pegador(a) de bolas que saem do campo ou da quadra durante um jogo.

gân.glio (*gr gágglion*) *sm Anat* **1** Massa de substância nervosa que contém células e fibras e se encontra ao longo de um nervo ou vaso linfático. **2** *por ext* Qualquer órgão de aparência nodosa.

gan.gor.ra (*ô*) *sf* Brinquedo de crianças composto de uma tábua resistente, apoiada em um eixo, sobre a qual as crianças se sentam, nas suas extremidades, e balançam para cima e para baixo.

gan.gre.na (*gr gangraína,* pelo *lat*) *sf* **1** *Med* Necrose de tecidos causada por falta de sangue, seguida de decomposição e apodrecimento. **2** *Bot* Enfermidade das árvores que ataca e destrói a casca, o tronco e a medula. **3** *fig* Corrupção moral.

gan.gre.nar (*gangrena+ar¹*) *vtd* **1** Produzir gangrena em. *vint* e *vpr* **2** Tornar-se gangrenoso. *vtd* **3** *fig* Corromper, desmoralizar. *Conjug:* com raras exceções, conjuga-se apenas nas 3ªˢ pessoas.

gângs.ter (*ingl gangster*) *sm* Indivíduo que faz parte de uma gangue; bandido, criminoso. *Pl:* gângsteres.

gan.gue (*ingl gang*) *sf* **1** Turma, grupo. **2** Bando de malfeitores; quadrilha.

ga.nha-pão (*ganhar+pão*) *sm* **1** Ofício, trabalho. **2** Modo de vida. **3** Aquilo que dá os meios de subsistência. *Pl:* ganha-pães.

ga.nhar (*germ waidanjan*) *vtd* **1** Adquirir, obter. *vtd* **2** Conquistar, conseguir por acaso. *vtd* **3** Alcançar, chegar a. *vtd* **4** Receber, por emprego ou por funções exercidas. *vtd* **5** Vencer. *vtd, vti e vint* **6** Auferir lucro, proveito ou vantagem. *vti* **7** Exceder, levar vantagem. *Conjug – Part irreg:* ganho. *Ganhar a dianteira:* passar para diante de. *Ganhar ânimo:* animar-se; cobrar forças; perder o medo. *Ganhar bem:* ganhar muito; merecer o que ganha. *Ganhar juízo:* tornar-se comedido, sério. *Ganhar longe:* ganhar por grande diferença. *Ganhar mundos e fundos:* obter lucros extraordinários; tornar-se milionário. *Ganhar o jogo:* vencer o parceiro contrário, no resultado do jogo ou da partida. *Ganhar tempo:* demorar, aguardando ensejo favorável. *Ganhar terreno:* avançar; espalhar-se, propagar-se. *Ganhar uma aposta:* acertar o palpite.

O verbo **ganhar** apresenta duplo particípio, podendo-se empregar tanto a forma irregular **ganho** como a regular **ganhado**. Esta última deve ser usada com os auxiliares **ter** e **haver**.
Tenho ganhado pouco dinheiro ultimamente.

ga.nho (*part irreg* de *ganhar*) *adj* Que se ganhou. • *sm* Lucro, proveito, vantagem. *Antôn: perda. Ganhos e perdas, Com:* lucros e perdas. *Ganhos eventuais:* ganhos incertos e variáveis.

ga.ni.do (*lat gannitu*) *sm* 1 Choro, gemidos dos cães. 2 Voz esganiçada.

ga.nir (*lat gannire*) *vint* 1 Soltar ganidos (o cão). *vtd* 2 Gemer como os cães. *vtd* 3 Soltar como um ganido. Verbo defectivo. Conjuga-se como *abolir*.

gan.so (*gót gans*) *sm Ornit* Ave doméstica da família dos anatídeos. Voz: *grasna*.

gan.zá (*quimbundo nganza*) *sm bras* 1 Espécie de chocalho de formas variadas, geralmente fabricado de folha de flandes. 2 Reco-reco.

ga.ra.ge (*fr garage*) *V* garagem.

ga.ra.gem (*fr garage*) *sf* 1 Abrigo para carros. 2 Oficina para conserto de automóveis. *Var: garage.*

ga.ra.gis.ta (*garagem+ista*) *s m+f* Pessoa encarregada de garagem.

ga.ra.nhão (*germ wranjo, -ons*) *sm* 1 Cavalo escolhido para reprodução. 2 *vulg* Indivíduo libidinoso, sensual.

ga.ran.ti.a (*garante+ia¹*) *sf* 1 Ação de garantir. 2 Compromisso que o vendedor assume de entregar ao comprador a mercadoria sem defeitos. 3 *por ext* O tempo de validade desse documento. 4 Abonação, fiança, caução, penhor. 5 Meio pelo qual o credor se previne contra o devedor de quaisquer riscos que a transação possa acarretar. *sf pl* Direitos, privilégios, isenções que a constituição de um país confere aos cidadãos.

ga.ran.ti.do (*part* de *garantir*) *adj* Que está sob garantia.

ga.ran.tir (de *garante*) *vtd* 1 Abonar, afiançar, responsabilizar-se por. *vtd* 2 Comprometer-se a pagar (uma dívida) na falta do devedor. *vtd* 3 Comprometer-se a aceitar a devolução de um objeto, se ele apresentar defeito. *vtd e vti* 4 Defender, livrar. *vtd e vti* 5 Dar proteção segura.

ga.ra.pa (*tupi*) *sf* Caldo de cana.

ga.ra.pei.ro (*garapa+eiro*) *sm* Aquele que prepara ou vende garapa.

ga.ra.tu.ja (*ital grattugia*) *sf* 1 Rabisco. 2 Desenho malfeito. 3 Escrita com letras malfeitas e pouco legíveis (muito usado no plural).

ga.ra.tu.jar (*ital grattugiare*) *vtd e vint* 1 Rabiscar. 2 Cobrir com garatujas.

gar.bo (*ital garbo*) *sm* 1 Elegância. 2 Distinção, primor.

gar.bo.so (*ô*) (*garbo+oso*) *adj* 1 Que tem garbo. 2 Elegante, distinto. 3 Galhardo. *Pl: garbosos* (*ó*).

gar.ça (*lat vulg *gartia*) *sf Ornit* Nome comum das aves ciconiformes, aquáticas e pernaltas, de bico e pescoço compridos e que se alimentam de peixes. Voz: *gazeia, grasna*.

gar.ção (*garça+ão²*) *V* garçom.

gar.çom (*fr garçon*) *sm* Empregado que serve à mesa em bar, café, restaurante etc.; garção. *Fem: garçonete*.

gar.ço.ne.te (*fr garçonete*) *sf* Mulher que serve à mesa em restaurante, bar, café etc.

gar.dê.nia (*Garden, np+ia²*) *sf Bot* Planta ornamental, da família das rubiáceas, com flores vistosas, perfumadas, brancas ou amarelas.

gar.fa.da (*garfo+ada¹*) *sf* Quantidade de comida que um garfo apanha de cada vez.

gar.far (*garfo+ar¹*) *vtd* 1 Espetar com garfo. 2 *bras gír* Prejudicar, lesar.

gar.fo (*ár garfa*) *sm* 1 Utensílio que se usa para levar alimentos sólidos à boca. 2 Forquilha da roda dianteira da bicicleta.

gar.ga.lha.da (*gargalhar+ada¹*) *sf* Risada franca e prolongada.

gar.ga.lhar (de *garg*, radical de *garganta*) *vint* Dar ou soltar gargalhadas, rir gargalhando.

gar.ga.lo *sm* 1 Parte superior e estreita de garrafa ou de outra vasilha. 2 Entrada estreita.

gar.gan.ta (do tema *garg*) *sf* 1 *Anat* Parte anterior do pescoço, pela qual os alimentos passam da boca para o estômago; goela. 2 Colo, laringe, pescoço. 3 Abertura estreita. 4 *Geogr* Desfiladeiro, estreito, passagem estreita e apertada entre duas montanhas. 5 *pop* Mentira, fanfarronice. • *adj* Diz-se de, ou pessoa mentirosa, que conta vantagem. *Trazer alguém atravessado na garganta:* ter-lhe ódio, aversão.

gar.gan.tão (*garganta+ão²*) *sm* Indivíduo fanfarrão e mentiroso.

gar.gan.ti.lha (*cast gargantilla*) *sf* Colar rente ao pescoço.

gar.ga.re.jar (do tema *garg*) *vtd* 1 Agitar na garganta (um líquido). *vint* 2 Fazer gargarejos.

gar.ga.re.jo (*ê*) (de *gargarejar*) *sm* 1 Ato ou efeito de gargarejar. 2 *Med* Líquido com o qual se gargareja. *A turma do gargarejo:* a que se senta na primeira fila de cinemas, teatros etc.

gár.gu.la (do tema *garg*) *sf* 1 Abertura por onde escoa a água de uma fonte ou cascata. 2 *Arquit* Biqueira, muitas vezes com forma de uma figura ou animal grotesco, por onde escoa a água das calhas, longe das paredes. 3 Buraco por onde escoa a água da chuva.

ga.ri (de *Gary, np*) *sm bras* Empregado da limpeza pública; varredor de rua. *Fem:* margarida.

ga.rim.pa.gem (*garimpar+agem*) *sf* Ação ou prática de garimpar.

ga.rim.par (*garimpo+ar¹*) *vint* Exercer a profissão de garimpeiro.

ga.rim.pei.ro (*garimpar+eiro*) *sm* 1 Aquele que anda à cata de pedras ou metais preciosos. 2 Indivíduo que trabalha na exploração de diamantes.

ga.rim.po (*der* regressiva de *garimpar*) *sm* Lugar onde se exploram pedras e metais preciosos.

gar.ni.sé (*top Guernsey*) *adj e s m+f* Diz-se de, ou uma espécie de galinha muito pequena, originária da Inglaterra (Europa). • *sm bras pop* Indivíduo baixo e briguento.

ga.ro.a (*ô*) *sf* Chuva fina e persistente; chuvisco.

ga.ro.ar (*garoa+ar²*) *vint* Cair garoa, chuviscar. *Conjug:* impessoal, só se conjuga na 3ª pessoa do singular.

ga.ro.ta (*ô*) *sf* 1 Feminino de *garoto*. 2 Mocinha. 3 *pop* Namorada. *Garota de programa:* mulher que se prostitui, em geral, fazendo o contato inicial por telefone.

ga.ro.ta.da (*garoto+ada*[1]) *sf* Ajuntamento ou bando de garotos.
ga.ro.ta-pro.pa.gan.da *sm* Feminino de *garoto-propaganda*. *Pl: garotas-propaganda* e *garotas-propagandas*.
ga.ro.to (*ô*) *sm* Rapaz novo, menino. *Garoto de programa:* versão masculina da garota de programa.
ga.ro.to-pro.pa.gan.da *sm* Rapaz que faz publicidade pelos meios de comunicação. *Pl: garotos-propaganda* e *garotos-propagandas*.
ga.rou.pa (*lat clupea*) *sf Ictiol* Nome comum a numerosos peixes marinhos da família dos serranídeos.
gar.ra (*célt *garra*) *sf* **1** Unha recurvada e pontuda de feras, roedores e aves de rapina. **2** *por ext* As unhas, os dedos, as mãos. **3** Nome de vários objetos parecidos com a garra das aves de rapina. **4** *fig* Vontade férrea, fibra. **5** *fig* Tirania, poder. **6** *fig* Força, intensidade. **7** *fig* Forte disposição na execução de qualquer ato. **8** *Bot* Apêndice em forma de gancho com que algumas plantas trepadeiras se seguram aos corpos vizinhos; gavinha. **9** *Mec* Dispositivo para agarrar um objeto. **10** Caçamba dentada de um guindaste.
gar.ra.fa (*ár garrâf*) *sf* **1** Vaso geralmente de vidro, de gargalo estreito, destinado a líquidos. **2** O líquido desse vaso. **3** Medida de capacidade para líquidos, correspondente a dois terços de litro.
gar.ra.fa.da (*garrafa+ada*[1]) *sf* **1** Conteúdo de uma garrafa. **2** Pancada com garrafa. **3** *Folc* Beberagem que os curandeiros preparam e vendem às garrafas.
gar.ra.fal (*garrafa+al*[1]) *adj* Diz-se da letra grande, graúda e muito legível (letreiro).
gar.ra.fão (*garrafa+ão*[2]) *sm* **1** Garrafa grande. **2** *Esp* Área na quadra de basquete, próxima à cesta.
gar.ra.fei.ro (*garrafa+eiro*) *sm* **1** Comprador e vendedor ambulante de garrafas. **2** Fabricante de garrafas.
gar.ran.cho (*cast garrancho*) *sm* **1** Letra ruim, difícil de ler. **2** Arbusto ou ramo tortuoso. **3** Galho fino de árvore ou arbusto; graveto.
gar.ri.di.ce (*garrido+ice*) *sf* **1** Qualidade de garrido. **2** Requinte excessivo no vestir. **3** Brilho, elegância.
gar.ri.do *adj* **1** Elegante, faceiro. **2** Alegre, brilhante, vistoso.
gar.ro.te (*fr garrot*) *sm* **1** Método de execução espanhol feito com um pau curto com o qual se apertava a corda até estrangular a vítima. **2** Instrumento com o qual é feita essa execução. **3** *Med* Torniquete que torna a veia saliente bastante na aplicação de injeção endovenosa. **4** Qualquer faixa ou tira com que se impede a passagem do sangue. **5** Bezerro de dois a quatro anos de idade.
gar.ru.cha (*cast garrucha*) *sf* Pistola de dois canos.
gar.ru.lar (*gárrulo+ar*[1]) *vint* Palrar, tagarelar.
gar.ru.li.ce (*gárrulo+ice*) *sf* Qualidade de quem é gárrulo; tagarelice.
gár.ru.lo (*lat garrulu*) *adj* Que fala ou canta muito. • *sm* Aquele que fala ou canta muito.
ga.ru.pa (*gót kruppa*) *sf* **1** Parte superior do cavalo e de outros quadrúpedes, entre a cauda e o lombo; ancas. **2** *por ext* Espaço atrás da sela ou arreio, ou do selim de bicicletas e motos.

gás (*fr gaz* a partir do *gr kháos*) *sm* **1** *Fís* Substância muito fluida e altamente compressível, que ocupa uniformemente o recipiente que a contém. **2** Produto da destilação da hulha usado como combustível doméstico. **3** *gír* Força, resistência para continuar a agir, entusiasmo, animação. *sm pl* Arrotos, ventosidades. *Gás de cozinha: V gás liquefeito de petróleo. Gás de rua:* gás distribuído por meio de encanamento, como a água, e usado hoje quase exclusivamente como combustível em fogões de cozinha, aquecedores de água e similares. *Gás engarrafado: V gás liquefeito de petróleo. Gás inflamável:* hidrogênio. *Gás liquefeito de petróleo:* gás usado em residências e estabelecimentos comerciais, vendido em botijões. *Sin: gás de cozinha.* Sigla: *GLP. Gás natural:* gás que sai da crosta da Terra através de orifícios naturais ou de poços perfurados. *Pl: gases.*
ga.sei.fi.ca.ção (*gaseificar+ção*) *sf* Ato ou efeito de se transformar em gás. *Var: gasificação.*
ga.sei.fi.car (*gáse+i+ficar*) *vtd* e *vpr* **1** Converter (-se) em gás. *vtd* **2** Introduzir gás em. *Var: gasificar. Conjug – Pres indic: gaseifico, gaseificas* etc.; *Pres subj: gaseifique, gaseifiques* etc.
ga.sei.for.me (*gáse+i+forme*) *adj* Que se apresenta em estado gasoso.
ga.si.fi.ca.ção (*gasificar+ção*) *V gaseificação.*
ga.si.fi.car (*gás+i+ficar*[2]) *V gaseificar.*
ga.so.du.to (*gás+o+duto*) *sm* Canalização, a longa distância, de gás natural ou derivados de petróleo.
ga.so.li.na (*fr gazoline*) *sf* **1** Mistura líquida, inflamável, que constitui a parte mais volátil do petróleo bruto e é usada como combustível. **2** *gír* Dinheiro.
ga.so.me.tri.a (*gás+o+metro*[1]+*ia*[1]) *sf* Medida dos volumes gasosos, da densidade dos gases etc.
ga.sô.me.tro (*gás+o+metro*[1]) *sm* **1** Aparelho para medir gás. **2** Fábrica de gás. **3** Reservatório de gás para iluminação.
ga.so.sa (*ó*) (de *gasoso*) *sf* Limonada gasosa; soda.
ga.so.so (*ô*) (*gás+oso*) *adj* **1** Da natureza do gás. **2** Saturado de gás. **3** Que contém gás de ácido carbônico. *Pl: gasosos* (*ó*).
gas.ta.dor (*gastar+dor*[2]) *adj* + *sm* Que, ou aquele que gasta muito; dissipador, perdulário e pródigo.
gas.tan.ça (*gastar+ança*) *sf* Excesso de gastos.
gas.tão (de *gastar*) *sm* Gastador, perdulário.
gas.tar (*lat vastare*) *vtd* **1** Tornar menor, pelo atrito, o volume de. *vtd* **2** Consumir, destruir. *vtd* **3** Arruinar, estragar, deteriorar pelo uso. *vtd* **4** Empregar, usar. *vti* **5** Desperdiçar, dissipar. *vtd* e *vint* **6** Despender (dinheiro, bens, forças etc.). *vpr* **7** Acabar, extinguir-se. *Conjug – Part irreg: gasto* (alguns autores admitem a forma regular *gastado*). *Gastar palavras:* falar em vão; falar sem necessidade.
gas.to (*part irreg* de *gastar*) *adj* **1** Que se gastou. **2** Estragado, danificado, deteriorado pelo uso. **3** Consumido, despendido. • *sm* **1** Ação ou efeito de gastar. **2** Consumo. **3** Despesa.
gas.tren.té.ri.co (*gastro+entero+ico*[2]) *adj* Que se refere ao estômago e aos intestinos.
gas.tren.te.ri.te (*gastro+enterite*) *sf Med* Inflamação simultânea do estômago e dos intestinos.

gás.tri.ca (de *gástrico*) *sf pop* Febre no estômago.

gás.tri.co (*gastro+ico²*) *adj* Relativo ao estômago.

gas.trin.tes.ti.nal (*gastro+intestino+al¹*) *adj Med* Relativo ao estômago e aos intestinos.

gas.tri.te (*gastro+ite¹*) *sf Med* Inflamação aguda ou crônica do estômago.

gas.tro.du.o.de.nal (*gastro+duodeno+al¹*) *adj* Referente ao estômago e ao duodeno.

gas.tro.no.mi.a (*gr gastronomía*) *sf* **1** Arte de cozinhar e preparar as iguarias. **2** Arte de escolher e saborear os melhores pratos.

gas.trô.no.mo (*gastro+nomo*) *sm* O que aprecia os bons pratos e procura os maiores prazeres da mesa.

gas.tro.vas.cu.lar (*gastro+vascular*) *adj* **1** *Anat* Que se refere ao tubo digestivo e aos vasos. **2** *Biol* Que tem função tanto na digestão quanto na circulação.

ga.ta (de *gato*) *sf* **1** Fêmea do gato. **2** *gír* Moça bonita e atraente. **3** *gír* Namorada. *Gata borralheira:* mulher sempre ocupada nos serviços da cozinha e da casa e que não gosta de sair.

ga.tão (*gato+ão²*) *sm* **1** Gato grande, gatarrão. **2** *pop* Onça. **3** *gír* Homem bonito.

ga.ti.lho (*gato+ilho*) *sm* Peça de arma de fogo que se puxa para disparar. *Gatilho salarial, Econ:* aumento de salário concedido automaticamente aos trabalhadores sempre que a inflação de um período atinge um certo patamar.

ga.ti.nha (*dim* de *gata*) *sf* **1** Pequena gata. **2** Garotinha bonita e atraente.

ga.to (*lat cattu*) *sm* **1** *Zool* Mamífero carnívoro doméstico da família dos felídeos, grande caçador de ratos. Voz: *mia, ronrona, rosna*. **2** Todo animal felídeo. **3** *Tip* Erro tipográfico ou omissão de revisor. **4** *gír* (Sul) Gatuno. **5** *gír* Homem bonito e atraente; gatão. **6** *gír* Namorado. **7** *pop* Ligação clandestina para usar água, luz ou TV a cabo de outras pessoas, sem pagar. *Gato de botas:* pessoa exagerada, mentirosa. *Gato escaldado:* indivíduo castigado que, por isso mesmo, não cai em logro. *Comer gato por lebre:* deixar-se ludibriar. *À noite todos os gatos são pardos:* às escuras não é fácil diferençar a aparência de pessoas ou coisas. *Quem não tem cachorro caça com gato:* com recursos próprios, com o que tiver disponível. *Viver como gato e cachorro:* viver em briga constante.

ga.to.na (*gato+ona*) *sf gír* Mulher muito bonita.

ga.to-pin.ga.do *sm* **1** Diz-se das pessoas que estão em pequeno número em uma festa ou reunião. **2** Pessoa insignificante. *Pl: gatos-pingados*.

ga.to-sa.pa.to *sm* Usado na locução *fazer gato-sapato de:* tratar com pouco-caso. *Pl: gatos-sapato* e *gatos-sapatos*.

ga.tu.nar (*gatuno+ar¹*) *vtd* e *vint* **1** Furtar ou roubar por hábito. **2** Vadiar, gandaiar.

ga.tu.no (*cast gatuno*) *adj* Que rouba. • *sm* Larápio, ladrão, trapaceiro.

ga.u.cha.da (*gaúcho+ada¹*) *sf* **1** Ação própria de gaúcho. **2** Grande número de gaúchos. **3** Ardil, astúcia. **4** Fanfarronada.

ga.ú.cho (*esp platino gaucho*) *sm* Designação dos habitantes da zona de fronteira no Rio Grande do Sul e, por extensão, dos habitantes e naturais desse Estado; sul-rio-grandense; rio-grandense-do-sul. • *adj* Relativo ao Estado do Rio Grande do Sul; sul-rio-grandense; rio-grandense-do-sul.

gáu.dio (*lat gaudiu*) *sm* Alegria, júbilo, regozijo.

gá.vea (*lat cavea*) *sf Náut* **1** Vela que ocupa o lugar imediatamente superior à vela maior. **2** Espécie de plataforma a certa altura de um mastro e atravessada por ele.

ga.ve.ta (ê) (*lat gabata*, pelo *provençal*) *sf* **1** Caixa corrediça, sem tampa, que se introduz em mesa, prateleira etc. e se abre puxando para fora. **2** Caixa de madeira ou papelão destinada a acondicionar ovos ou certas frutas, como figos, pêssegos etc.

ga.ve.tei.ro (*gaveta+eiro*) *sm* **1** Fabricante de gavetas. **2** Peça que se coloca dentro de um móvel para sustentar gavetas.

ga.vi.ão (*cast gavilán*) *sm* **1** *Ornit* Nome comum a várias aves de rapina falconiformes. Voz: *crocita, grasna*. **2** *gír* Conquistador, dom-juan. **3** Indivíduo esperto, ladino.

ga.vi.ão-de-co.lei.ra *sm Ornit* Ave de rapina da América cisandina, de dorso preto, cabeça cinzenta, fronte vermelha, peito e abdome vermelhos e cauda listrada. *Pl: gaviões-de-coleira*.

ga.vi.nha *sf Bot* Órgão preensor de certas plantas, com o qual elas se prendem a outras ou a uma superfície (mais usado no plural).

gay (*guêi*) (*ingl*) *adj + sm V* guei.

ga.ze (*hind gazi*) *sf* **1** Tecido leve e transparente, feito de seda ou linho e também de fio de ouro ou prata, com o qual se fazem véus e enfeites. **2** *Med* Tecido de algodão usado em curativos.

ga.ze.ar *vint* **1** Faltar à aula ou a uma obrigação para passear ou se divertir. *vint* **2** Cantar, chilrear (a ave). *vtd* **3** Não frequentar por vadiação (escola ou trabalho). *Var: gazetear*. Conjuga-se como *frear*.

ga.ze.la (*ár vulg gazâl*) *sf* **1** *Zool* Espécie de antílope, gracioso e ligeiro, da África e Ásia. **2** Moça bonita e elegante.

ga.ze.ta (ê) (*ital gazzetta*) *sf* Publicação periódica, noticiosa, literária, artística e política.

ga.ze.tal (*gazeta+al¹*) *adj* Que diz respeito a gazetas. *Var: gazetário*.

ga.ze.tá.rio (*gazeta+ário*) *V gazetal*.

ga.ze.te.ar (*gazeta+e+ar*) *V gazear*.

ga.ze.tei.ro (*gazeta+eiro*) *sm* **1** Estudante que mata aula. **2** Pessoa que redige ou publica gazetas. **3** *pej* Jornalista, noticiarista. • *adj + sm* Que, ou o que costuma gazear ou fazer gazeta.

ga.ze.tis.mo (*gazeta+ismo*) *sm* Influência ou domínio exercido pela imprensa jornalística.

ga.zu.a (*basco gantzua*, pelo *cast*) *sf* **1** Chave falsa. **2** Ferro curvo, ou de gancho, com que se podem abrir fechaduras.

gê *sm* O nome da letra g. *Pl: gês* ou *gg*.

ge.a.da (*lat gelata*) *sf* Orvalho congelado, que forma uma camada branca onde está depositado.

ge.ar (*lat gelare*) *vint* **1** Cair geada. *vtd* **2** Congelar. *Conjug:* impessoal, só se conjuga na 3ª pessoa do singular. Segue o paradigma de *frear*.

gêi.ser (*top islandês Geysir*) *sm Geol* Fonte termal em forma de esguicho, de origem vulcânica, que lança água e vapor a alturas que podem ultrapassar 60 m. *Pl: gêiseres*.

gel (de *gelatina*) *sm* **1** *Quím* Substância de consis-

tência gelatinosa. 2 Precipitado gelatinoso. *Pl: géis* e *geles*.
ge.la.dei.ra (*gelar+deira*) *sf* 1 Móvel termicamente isolado, para conservação de gêneros alimentícios e resfriamento de líquidos; refrigerador. 2 Lugar muito frio.
ge.la.do (*part* de *gelar*) *adj* 1 Muito frio; congelado, gélido, glacial. 2 Desanimado, sem entusiasmo. 3 Paralisado, entorpecido. • *sm* 1 Sorvete. 2 Qualquer bebida gelada.
ge.la.du.ra (*gelar+dura*) *sf Med* Lesão causada pela ação de frio intenso.
ge.lar (*lat gelare*) *vint* e *vpr* 1 Congelar-se, converter-se em gelo. *vint* e *vpr* 2 Esfriar-se muito; resfriar. *vtd* 3 Tornar bem frio, à semelhança do gelo. *vtd* 4 Tornar sólido (um líquido) por meio do frio. *vtd* 5 Destruir, matar pela ação do frio. *vint* 6 *fig* Ficar com medo; entorpecer-se, emudecer. *vti* 7 *fig* Ficar assombrado e atônito.
ge.la.si.no (*gr gelasînos*) *sm ant* Covinha que certas pessoas formam no rosto quando riem.
ge.la.ti.na (*ital gelatina*) *sf* 1 Substância transparente, incolor, inodora e insípida que se extrai dos ossos e tecidos fibrosos de animais. 2 Essa substância preparada para uso alimentar.
ge.la.ti.no.so (*ô*) (*gelatina+oso*) *adj* 1 Que contém gelatina. 2 Que tem a natureza ou o aspecto da geleia. 3 *fig* Mole como gelatina. *Pl: gelatinosos* (*ó*).
ge.lei.a (*é*) (*fr gelée*) *sf* Alimento preparado à base de frutas e açúcar que adquire, pelo resfriamento, consistência gelatinosa.
ge.lei.ra (*gelo+eira*) *sf* 1 *Geol* Grande massa de gelo que se forma nas montanhas. 2 *Geol* Montanha flutuante de gelo que se forma nas regiões polares e se desloca vagarosamente. 3 Lugar onde há gelos permanentes. 4 Planície gelada. 5 Lugar muito frio.
gé.li.do (*lat gelidu*) *adj* 1 Muito frio, congelado. 2 *fig* Que paralisa, que entorpece. 3 *fig* Sem animação. 4 *fig* Insensível.
ge.lo (*ê*) (*lat gelu*) *sm* 1 Solidificação de água ou outro líquido pelo frio. 2 *fig* Frio excessivo. 3 *fig* Frieza, indiferença, insensibilidade.
ge.lo-se.co *sm* Anidrido carbônico sólido. *Pl: gelos-secos*.
ge.lo.si.a (*ital gelosia*) *sf* Grade de madeira que se coloca no vão das janelas e através da qual se pode ver sem ser visto.
ge.ma (*lat gemma*) *sf* 1 *Zool* Parte amarela do ovo. 2 *Bot* Parte do vegetal que pode reproduzir; botão, gomo. 3 *Min* Qualquer pedra preciosa. 4 *fig* Parte íntima, central.
ge.ma.da (de *gemado*) *sf* Gema de ovo batida com açúcar, a que se pode juntar ou não um líquido quente, normalmente leite ou vinho.
ge.me.dei.ra (*gemer+deira*) *sf* Grande rumor de gemidos.
gê.meo (*lat geminu*) *adj* 1 Que nasceu do mesmo parto que outrem. 2 Diz-se dos frutos que nasceram unidos. 3 Idêntico, igual. • *sm* Filho do mesmo parto que outro filho ou filha. *Gêmeos fraternos:* os que provêm de óvulos diferentes, podendo ser de sexos diferentes. *Gêmeos idênticos* ou *univitelinos:* os que provêm da divisão de um mesmo óvulo.

Gê.meos (*lat gemenos*) *sm pl* 1 *Astr* Constelação do zodíaco. 2 *Astrol* Signo do zodíaco, relativo aos nascidos entre 21 de maio e 20 de junho.
ge.mer (*lat gemere*) *vint* 1 Exprimir, por meio de gemidos, dor moral ou física. *vint* 2 Lastimar-se, soltar lamentações, queixas ou imprecações. *vint* 3 Produzir ruído lento e monótono; ranger ou vibrar tristemente. *vtd* 4 Dizer ou proferir entre gemidos.
ge.mi.do (*lat gemitu*) *sm* 1 Ato de gemer. 2 Som lastimoso ou plangente, que provém de dor física ou moral. 3 Sons tristes dos instrumentos.
ge.mi.na.ção (*lat geminatione*) *sf* 1 Disposição aos pares. 2 *Gram* Duplicação de consoantes.
ge.mi.na.do (*part* de *geminar*) *adj* 1 Duplicado, dobrado. 2 *Bot* Diz-se dos órgãos dispostos dois a dois. 3 *Constr* Diz-se das casas de paredes--meias, construídas duas a duas.
ge.mi.nar (*lat germinare*) *vtd* 1 Duplicar ou dobrar unindo. 2 *Gram* Duplicar consoantes.
ge.mi.ni.a.no (*gemini+ano*) *sm Astrol* Pessoa nascida sob o signo de Gêmeos. • *adj Astrol* Relativo ou pertencente ao signo de Gêmeos, ou aos geminianos.
gen.ci.a.na *sf Bot* Planta europeia cuja raiz, amarga, tem propriedades tônicas.
ge.ne (do radical *gr gígnesthai*) *sm Biol* Cada uma das partículas cromossômicas que encerram os caracteres hereditários.
ge.ne.a.lo.gi.a (*gene+a+logo+ia^1*) *sf* 1 Estudo da origem das famílias. 2 Linhagem, estirpe. 3 Série de progenitores e ascendentes de cada indivíduo.
ge.ne.a.ló.gi.co (*gene+a+logo+ico^2*) *adj* Relativo a genealogia.
ge.ne.bra (*fr genièvre*) *sf* Bebida alcoólica feita de cereais, com bagas de zimbro nela destiladas e maceradas.
ge.ne.ral (*lat generale*) *sm* 1 *Mil* Posto militar imediatamente superior a coronel. 2 *Mil* Estabelecimento ocupado pelos oficiais-generais e seu estado-maior: *Quartel-general*. 3 Caudilho, chefe.
ge.ne.ra.la (de *general*) *sf* 1 *Mil* Toque para chamar tropas às armas ou a postos. 2 *pop* Esposa de general.
ge.ne.ra.la.to (*general+ato^2*) *sm* Posto de general.
ge.ne.ra.li.da.de (*lat generalitate*) *sf* 1 Qualidade de geral. 2 Totalidade. 3 O maior número. *sf pl* 1 Princípios elementares; rudimentos. 2 Frases ou expressões vagas.
ge.ne.ra.lís.si.mo (*lat generale+íssimo*) *adj* 1 Superlativo absoluto sintético de *geral*. 2 Supremo. • *sm* 1 Chefe supremo de um exército. 2 Título do soberano de uma nação, em relação ao exército.
ge.ne.ra.li.za.ção (*generalizar+ação*) *sf* 1 Ato ou efeito de generalizar. 2 Extensão de um princípio ou de um conceito a todos os casos a que pode se aplicar. 3 *Med* Estado de uma doença que de local passou a geral.
ge.ne.ra.li.zar (*lat generale+izar*) *vtd* e *vpr* 1 Tornar(-se) geral, desenvolver(-se), difundir(-se), propagar(-se). *vint* 2 Fazer generalizações. *vpr* 3 Tornar-se comum.
ge.né.ri.co (*gênero+ico^2*) *adj* 1 Relativo a gênero.

2 Que tem o caráter de generalidade. *Antôn: específico.*

gê.ne.ro (*lat *generu*, por *genus*) *sm* **1** *Gram* Flexão pela qual se exprime o sexo dos seres. **2** *Biol* Divisão de família botânica e zoológica. **3** Agrupamento de indivíduos que possuem caracteres comuns. **4** Espécie, casta, raça, variedade, categoria, estilo etc. **5** *Lit* e *Bel-art* Maneira característica de expressão que distingue as obras de um autor ou dos autores de uma época. **6** Assunto ou natureza comum a diversas produções artísticas ou literárias. *sm pl* Quaisquer mercadorias ou produtos, especialmente agrícolas. *Gênero bucólico:* o que descreve assuntos da vida campestre. *Gênero de vida:* modo de viver ou de proceder. *Gênero feminino, Gram:* flexão das palavras femininas. *Gênero humano:* a humanidade. *Gênero masculino, Gram:* flexão das palavras masculinas. *Gênero neutro, Gram:* o que compreende os nomes que não são masculinos nem femininos. *Gêneros alimentícios:* substâncias empregadas na alimentação do homem (cereais, frutas, ovos etc.).

ge.ne.ro.si.da.de (*lat generositate*) *sf* **1** Bondade; qualidade de generoso. **2** Ação generosa. **3** Liberalidade. *Antôn: mesquinhez.*

ge.ne.ro.so (*ô*) (*lat generosu*) *adj* **1** Que sente prazer em presentear; pródigo. **2** Que tem qualidades ou sentimentos nobres. **3** Que tem grandeza de alma. **4** Liberal, franco, benevolente. **5** Grandioso, sublime. **6** Forte e de boa qualidade (vinho). *Pl: generosos (ó).*

gê.ne.se (*lat genese, gr génesis*) *sf* **1** Geração; formação; constituição. **2** Formação dos seres desde a origem. **3** Gênese *V Gênesis.*

Gê.ne.sis (*gr génesis*) *sm Bíblia* Primeiro livro do Pentateuco, onde se descreve a criação do Universo e do homem. *Var: Gênese.*

ge.né.ti.ca (*gr genetikós*) *sf Biol* Ramo da biologia que trata da hereditariedade, das suas causas e dos mecanismos e leis da sua evolução. *Engenharia genética:* parte da genética que modifica a estrutura dos genes.

ge.ne.ti.cis.ta (*genético+ista*) *s m+f* Pessoa especializada em genética.

ge.né.ti.co (*gr genetikós*) *adj* **1** Que diz respeito à genética; que se refere à genética. **2** Relativo à gênese. *Var: genésico, genesíaco.*

gen.gi.bre (*gr ziggíberis*, via *lat*) *sm Bot* Planta medicinal da família das zingiberáceas. Sua raiz é usada como tempero.

gen.gi.va (*lat gingiva*) *sf Anat* Tecido fibromuscular coberto de mucosa, onde estão implantados os dentes.

gen.gi.vi.te (*gengiva+ite¹*) *sf Med* Inflamação das gengivas.

ge.ni.al (*lat geniale*) *adj m+f* **1** Dotado de gênio. **2** Que revela gênio. **3** Próprio de um gênio. **4** *pop* Excelente, ótimo, formidável: *Genial esta sua ideia!*

ge.ni.a.li.da.de (*genial+i+dade*) *sf* Qualidade de genial.

gê.nio (*gr génos+io*) *sm* **1** Modo de ser e caráter de cada pessoa. **2** Índole, caráter, temperamento. **3** *fig* Pessoa de grande poder criativo, de inteligência fora do comum. **4** *ant* Espírito benigno ou maligno que acompanhava a pessoa desde o nascimento até a morte; anjo tutelar. **5** Irascibilidade.

ge.ni.o.so (*ô*) (*gênio+oso*) *adj* Que tem mau gênio; irritável. *Pl: geniosos (ó).*

ge.ni.tal (*lat genitale*) *adj m+f* **1** Que se refere à geração. **2** Que serve para a geração. **3** Que se refere aos órgãos sexuais humanos.

ge.ni.tá.lia (*genital+ia²*) *sf Biol* O conjunto de órgãos de reprodução, principalmente os órgãos sexuais externos; órgãos genitais.

ge.ni.tor (*lat genitore*) *sm* O pai; aquele que gera ou gerou. *Fem: genitora, genetriz.*

ge.ni.to.ra (de *ge nítor*) *sf* A mãe; aquela que gera ou gerou.

-geno- (*gr génos*) *elem comp* Exprime a ideia de origem; de extração; de nascimento; de raça; de nação; de espécie; de gênero.

ge.no.ci.da (*geno+cida*) *adj m+f* Que produz genocídio. • *s m+f* Pessoa que cometeu genocídio.

ge.no.cí.dio (*geno+cídio*) *sm* **1** *Sociol* Extermínio ou desintegração de grupos humanos, por motivos raciais, religiosos, políticos etc. **2** *Dir* Crime de quem mata o próprio pai ou mãe.

ge.no.ma (*geno+oma*) *sm Genét* Qualquer material genético contido nos cromossomos de um determinado organismo.

ge.nó.ti.po (*geno+tipo*) *sm Biol* Constituição hereditária de um indivíduo, animal ou vegetal.

ge.no.vês (*top Gênova+ês*) *adj* De Gênova, Itália (Europa). • *sm* O natural ou habitante dessa cidade.

gen.ro (*lat generu*) *sm* Marido da filha em relação aos pais dela. *Fem: nora.*

gen.ta.lha (*gente+alha*) *sf pej* Gente ordinária; ralé; plebe. *Var: gentaça.*

gen.te (*lat gente*) *sf* **1** Pessoas em geral. **2** Homem, pessoa, ser humano. **3** População: *A gente de São Paulo.* **4** Povo, nação. **5** Na linguagem familiar, precedido do artigo *a*, exprime o agente indeterminado, equivalendo a nós. • *interj* Designativa de grande admiração ou surpresa. *Gente à toa:* a ralé. *Gente branca:* os brancos. *Gente de cor:* os negros.

gen.til (*lat gentile*) *adj m+f* **1** Nobre, cavalheiresco, cortês. **2** *fig* Amável, delicado. *Sup abs sint: gentilíssimo* e *gentílimo. Pl: gentis.*

gen.ti.le.za (*ê*) (*gentil+eza*) *sf* **1** Qualidade de gentil. **2** Favor, obséquio. **3** Cortesia, delicadeza, urbanidade. **4** Amabilidade. *sf pl* Galanteios.

gen.tí.li.co (*lat gentilicu*) *adj* **1** Que pertence ou se refere aos gentios. **2** *Gram* Diz-se da palavra que indica a nacionalidade: *Adjetivo gentílico.* • *sm* Idioma dos gentios da Índia.

gen.ti.li.da.de (*gentil+i+dade*) *sf* Os gentios (pagãos).

gen.ti.li.zar (*gentil+izar*) *vtd* Tornar gentio, dar caráter ou feição de gentio a.

gen.ti.nha (*gente+inha*) *sf pej* **1** Gentalha, ralé. **2** Pessoas mexeriqueiras.

gen.ti.o (*gente+io*) *adj + sm* **1** Que, ou quem segue o paganismo. **2** Que não é civilizado. **3** *por ext* O indígena.

gentleman (*gentlemã*) (*ingl*) *sm* Cavalheiro, homem de boas maneiras, bem-educado.

ge.nu.flec.tir (*genu+flectir*) *vint* **1** Dobrar o joelho; ajoelhar. *vtd* **2** Dobrar pelo joelho. *Var: genufletir.* Conjuga-se como *abolir.*

ge.nu.flec.tor (*genu+flector*) *adj* Que faz genuflexões. • *sm* Adulador. *Var: genufletor.*

ge.nu.fle.tir (*genu+fletir*) *V genuflectir.*

ge.nu.fle.tor (*genu+fletor*) *V genufletir.*

ge.nu.fle.xão (*cs*) (*genu+flexão*) *sf* **1** Ato de dobrar o joelho ou de ajoelhar. **2** *fig* Bajulação, lisonja. *Pl:* genuflexões.

ge.nu.fle.xo (*cs*) (*genu+flexo*) *adj* Posto de joelhos; ajoelhado.

ge.nu.fle.xó.ri.o (*cs*) (*genu+lat flexoriu*) *sm* Estrado com encosto no qual as pessoas se ajoelham para orar.

ge.nu.í.no (*lat genuinu*) *adj* **1** Puro, sem mistura nem alteração. **2** Natural. **3** Próprio, verdadeiro. **4** Autêntico, original. *Antôn* (acepção 1): *impuro, adulterado.*

geo- (*gr gê*) *elem comp* Exprime a ideia de terra: *geociência.*

ge.o.cên.tri.co (*geo+centro+ico²*) *adj Astr* **1** Que situa a Terra no centro do mundo: *Sistema geocêntrico.* **2** Relativo ao centro da Terra. **3** Medido a partir do centro da Terra. **4** Como se fosse observado do centro da Terra.

ge.o.cen.tris.mo (*geo+centro+ismo*) *sm Astr ant* Teoria sustentada por Ptolomeu no século II, segundo a qual os astros giram em torno da Terra. *Cf heliocentrismo.*

ge.o.ci.ên.cia (*geo+ciência*) *sf* **1** Conjunto das ciências que tratam da Terra: geologia, geografia física, geomorfologia, geofísica e geoquímica. **2** Cada uma dessas ciências.

ge.o.dé.sia (*gr geodaisía*) *sf* **1** *Geol* Ciência que tem por fim a medição e representação da superfície terrestre. **2** Arte de medir e dividir terras; agrimensura. *Var: geodesia.*

ge.o.fa.gi.a (*geo+fago+ia¹*) *sf Med* Hábito de comer terra, especialmente argila.

ge.ó.fa.go (*geo+fago*) *adj* + *sm* Que, ou o que tem o hábito de comer terra.

ge.o.fí.si.ca (*geo+física*) *sf Geol* Ciência que trata das características físicas da Terra e que inclui a meteorologia, hidrologia, oceanografia, sismologia, vulcanologia e magnetismo.

ge.o.gra.fi.a (*gr geographía*) *sf Geogr* Ciência que tem por objeto a descrição da Terra na sua forma (acidentes físicos, clima, produções, populações, divisões políticas etc.). *Geografia biológica:* estudo dos seres vivos, animais e vegetais que habitam a Terra; biogeografia. *Geografia econômica:* ramo da geografia que estuda, sob o ponto de vista de suas produções, as diferentes partes da Terra. *Geografia física:* parte da geografia que estuda a descrição da Terra. *Geografia histórica:* ramo da geografia que estuda as diversas fases da constituição de cada país. *Geografia política:* ramo da geografia em que se estuda tudo o que diz respeito às diferentes nações, extensões do seu território, população, língua, religião, governo, grau de civilização, riqueza etc. *V geopolítica.*

ge.o.grá.fi.co (*gr geographikós*) *adj* Que diz respeito à geografia.

ge.ó.gra.fo (*geo+grafo*) *sm* Especialista em geografia; perito em geografia.

ge.oi.de (*ó*) (*geo+oide*) *sm* Corpo geométrico que tem a forma semelhante à da Terra.

ge.o.lo.gi.a (*geo+logo+ia¹*) *sf* **1** *Geol* Ciência que trata da origem e constituição da Terra. **2** Características geológicas de uma região.

ge.o.ló.gi.co (*geo+logo+ico²*) *adj* Que se refere à geologia.

ge.ó.lo.go (*geo+logo*) *sm* Especialista em geologia.

ge.ô.me.tra (*geo+metro*) *s m+f* **1** Pessoa especialista em geometria. **2** Matemático.

ge.o.me.tri.a (*geo+metro+ia¹*) *sf Mat* Parte da matemática que estuda as propriedades e medidas de extensão das figuras e dos sólidos.

ge.o.mé.tri.co (*lat geometricu*) *adj* Relativo à geometria.

ge.o.me.tri.zar (*geometria+izar*) *vtd* Dar forma geométrica a.

ge.o.po.lí.ti.ca (*geo+política*) *sf Geogr* Estudo da influência do meio físico de uma nação sobre sua vida política.

ge.o.quí.mi.ca (*geo+química*) *sf* Conjunto de conhecimentos químicos que se referem à crosta terrestre.

ge.or.gi.a.no (*Geórgia, np+ano*) *adj* De ou pertencente à Geórgia (Europa). • *sm* **1** O natural ou habitante desse país. **2** O idioma da Geórgia.

ge.os.fé.ri.co (*geo+esférico*) *adj Astr* Que representa o globo terrestre.

ge.o.ter.mal (*geo+termal*) *adj* **1** Relativo ao calor do interior da Terra; geotérmico. **2** Aquecido por esse calor: *Águas geotermais.*

ge.o.ter.mi.a (*geo+termo+ia¹*) *sf* Calor interno do globo terrestre.

ge.o.tér.mi.co (*geo+termo+ico²*) *adj* Referente ao calor interno do globo terrestre.

ge.o.tro.pis.mo (*geo+tropo+ismo*) *sm Biol* Ação e efeito da gravidade da Terra sobre o sentido e a direção do crescimento de raízes e caules dos vegetais.

ge.ra.ção (*lat generatione*) *sf* **1** Ato ou efeito de gerar ou gerar-se. **2** Sucessão de descendentes em linha reta (pais, filhos, netos). **3** *por ext* O espaço de tempo entre uma geração e outra (por volta de 25 anos). *Rád e Telev* Transmissão de sinais de áudio e vídeo, em circuito fechado.

ge.ra.dor (*ô*) (*lat generatore*) *adj* Que gera. • *sm* **1** O que gera, ou produz. **2** Pai, genitor. **3** Autor, criador. *Fem: geradora e geratriz. Gerador de eletricidade:* aparelho que transforma energia mecânica em elétrica; dínamo. *Gerador de gás:* aparelho destinado a produzir gás combustível.

ge.ra.do.ris.ta (*gerador+ista*) *sm Cin* e *Telev* Técnico encarregado do funcionamento e da manutenção dos geradores necessários a filmagens fora do estúdio.

ge.ral (*lat generale*) *adj* **1** Que se refere à totalidade; universal. **2** Comum a um grande número ou à maior parte. *Antôn: particular. Sup abs sint: generalíssimo.* • *sm* **1** A maior parte. **2** O comum, o normal. **3** *ant V general. sm pl* Campos do planalto central do Brasil. *sf* A localidade de menor preço nos teatros, circos, estádios desportivos etc. *Em geral:* geralmente, por via de regra.

ge.râ.nio (*gr geránion*) *sm Bot* Designação comum a várias plantas ornamentais de folhas aromáticas e flores com simetria radial. As flores são, geralmente, vermelhas, roxas, róseas ou brancas.

ge.rar (*lat generare*) *vtd* **1** Procriar, reproduzir-se em. *vtd* **2** Causar, fazer aparecer, formar. *vtd*

3 Fazer produzir, tornar fecundo. *vint* e *vpr* 4 Desenvolver-se, formar-se. *vtd* 5 *Rád* e *Telev* Fazer a geração de (programa).

ge.ra.triz (*lat generatrice*) *adj* Feminino de *gerador*. • *sf* 1 Aquela que gera. 2 *Geom* Linha cujo movimento gera uma superfície.

ge.rên.cia (*gerir+ência*) *sf* 1 Ação de gerir, dirigir ou administrar. 2 Funções de gerente.

ge.ren.ci.a.dor (*gerenciar+dor²*) *adj* Que gerencia. • *sm Inform* Utilitário que organiza as funções dentro de um computador.

ge.ren.ci.a.men.to (*gerenciar+mento*) *sm* Ato de administrar, dirigir uma organização ou uma empresa.

ge.ren.ci.ar (*gerência+ar¹*) *vtd* 1 Dirigir uma empresa como gerente. 2 Exercer as funções de gerente. *Conjug* – Pres indic: gerencio (í), gerencias (í), gerencia (í) etc. Cf gerência. V gerir.

ge.ren.te (de *gerir*) *adj* e *s m+f* Que, ou aquele que dirige ou administra bens, negócios ou serviços; gestor. *Gerente de informação pessoal, Inform*: utilitário de *software* que armazena e gerencia os dados do dia a dia de um usuário, como diário, números de telefone, livro de endereços e notas.

ger.ge.lim (*ár hispânico jijilân, clássico juljulân*) *sm* 1 *Bot* Planta medicinal, de sementes oleaginosas. 2 Semente dessa planta.

ge.ri.a.tra (*gero+iatrós*, médico) *sm* Médico especializado em geriatria.

ge.ri.a.tri.a (*gero+iatra+ia¹*) *sf Med* Ramo da medicina que se ocupa das doenças e das condições gerais da vida das pessoas idosas.

ge.ri.á.tri.co (*geriatria+ico²*) *adj* Relativo à geriatria.

ge.rin.gon.ça (*cast jerigonza*) *sf* 1 Coisa malfeita, sujeita a fácil destruição. 2 Engenhoca.

ge.rir (*lat gerere*) *vtd* Ter gerência sobre; administrar, dirigir, gerenciar, governar. Conjuga-se como *ferir*.

ger.mâ.ni.co (*lat germanicu*) *adj* Relativo à Germânia ou à Alemanha. • *sm* Conjunto das línguas dos povos germânicos.

ger.mâ.nio (de *Germânia, np*) *sm Quím* Elemento metaloide duro, quebradiço, usado na manufatura de dispositivos eletrônicos, de número atômico 32 e símbolo Ge.

ger.ma.nis.mo (*lat Germania, np+ismo*) *sm* 1 Palavra, expressão ou construção própria da língua alemã. 2 Predileção a tudo que procede da Alemanha. 3 Imitação de maneiras e costumes alemães.

ger.ma.ni.zar (*germano+izar*) *vtd* Dar caráter ou feição alemã a.

ger.me (*lat germen*) *sm* 1 *Bot* Parte da semente que reproduz o vegetal. 2 *por ext* Causa, origem, princípio de qualquer coisa. 3 Micróbio.

gér.men (*lat germen*) *sm* Forma alatinada de *germe*. *Pl*: germens e gérmenes.

ger.mi.ci.da (*germe+cida*) *adj* Que destrói germes. • *sm* Substância com essa propriedade.

ger.mi.na.ção (*lat germinatione*) *sf* 1 Ato ou efeito de germinar. 2 *Bot* Início do desenvolvimento do germe ou semente. 3 Desenvolvimento, expansão lenta, evolução.

ger.mi.nal (*lat germen+al¹*) *adj* 1 Que se refere ao germe. 2 Que está no primeiro estágio de desenvolvimento; incipiente, embrionário.

ger.mi.nan.te (*lat germinante*) *adj* Que germina; germinativo.

ger.mi.nar (*lat germinare*) *vint* 1 Começar a se desenvolver e a vegetar (sementes, tubérculos etc.). *vint* 2 *fig* Nascer, ter princípio: *Outras formas de ver o mundo germinaram na década de sessenta.* *vtd* 3 Dar causa a; gerar, originar, produzir: *Ideias tolas germinam tolices.* *Conjug*: conjuga-se, geralmente, apenas nas 3ᵃˢ pessoas. Só é conjugado integralmente quando em sentido figurado.

ger.mi.na.ti.vo (*germinar+ivo*) *adj* 1 Relativo à germinação. 2 Que tem a capacidade de germinar.

ge.ron.to.cra.ci.a (*geronto+cracia*) *sf* 1 *Antrop* e *Sociol* Sistema político que se baseia na autoridade dos membros mais velhos do grupo. 2 Governo dos velhos ou anciãos.

ge.ron.to.lo.gi.a (*geronto+logo+ia¹*) *sf Med* Tratado, estudo do processo do envelhecimento.

ge.rún.dio (*lat gerundiu*) *sm Gram* Forma nominal do verbo, invariável, terminada em *ndo: falando, partindo.*

ges.sar (*gesso+ar¹*) *vtd* 1 Revestir com gesso, para pintar ou dourar. 2 Envolver com gesso um membro quebrado. V *engessar*.

ges.so (*ê*) (*gr gýpsos*, pelo *lat*) *sm* 1 Sulfato de cálcio hidratado, incolor. 2 Massa que se faz com essa matéria para cobrir, fazer estátuas ou figuras e é usada no preparo de faixas para fraturas. 3 *por ext* Estátuas, objetos de arte, baixos e altos-relevos moldados em gesso.

ges.ta (*lat gesta*) *sf* 1 Proeza, façanha, feitos guerreiros. 2 Canção que celebra esses feitos. 3 Acontecimento histórico.

ges.ta.ção (*lat gestatione*) *sf* 1 Período de tempo em que se desenvolve o embrião no útero, desde a concepção até o nascimento. 2 Tempo necessário para produzir ou formar qualquer coisa.

ges.tan.te (*lat gestante*) *adj* Que está em gestação. • *sf* Mulher em período de gravidez.

ges.tão (*lat gestione*) *sf* 1 Ato de gerir. 2 Administração, direção.

ges.tar (*lat gestare*) *vtd* e *vint* Gerar, conceber.

ges.ta.tó.rio (*lat gestatoriu*) *adj* 1 Relativo à gestação. 2 Que pode ser levado ou conduzido. 3 Diz-se da cadeira em que o papa é conduzido.

ges.ti.cu.la.ção (*lat gesticulatione*) *sf* Ato ou efeito de gesticular.

ges.ti.cu.lar (*lat gesticulari*) *vint* 1 Fazer gestos. 2 Acompanhar a linguagem com gestos. 3 Exprimir-se por gestos ou mímica.

ges.to (*lat gestu*) *sm* 1 Movimento do corpo para exprimir ideias ou sentimentos. 2 Aceno, mímica, sinal. 3 Ação, ato, atitude: *Gesto de afeto; gesto generoso*. V *gesticulação*.

ges.tor (*lat gestore*) *sm* 1 V *gerente*. 2 Indivíduo que, sem mandato, administra negócios alheios.

gi.ba (*lat gibba*) *sf* V *corcunda*.

gi.bão (de *jubão*, de *aljuba*) *sm* 1 *bras* Espécie de colete de couro usado pelos vaqueiros nordestinos para se protegerem contra os espinhos das caatingas. 2 *Zool* Nome comum a macacos grandes, de focinho alongado e calosidades nas nádegas que vivem no Sudeste da Ásia. *Pl*: gibões.

gi.bi *sm* 1 Revista em quadrinhos infantojuvenil. 2 *por ext* Qualquer revista em quadrinhos. *Não estar no gibi*: ser fora do comum.

gi.bi.te.ca (*gibi+teca*) *sf neol* 1 Conjunto de gibis

(para estudo ou pesquisa). 2 Local onde ficam esses gibis.
gi.bo.si.da.de (*giboso+dade*) *sf* Corcunda, corcova, giba.
gi.bo.so (ô) (*lat gibbosu*) *adj* Que tem giba; corcunda. *Pl:* gibosos (ó).
gigabyte (*gigabaite*) (*ingl*) *sm Inform* Unidade de medida de computação (corresponde a 1000 megabytes).
gi.ga-hertz (*gigarrértis*) (*gr* gígas+hertz) *sm Fís* Unidade de medida de frequência, igual a 10^9 hertz. *Símb:* GHz.
gi.gan.te (*gr gígas*, pelo *lat gigante*) *sm* Homem de extraordinária estatura. *Fem: giganta. Antôn: pigmeu, anão.* • *adj* Gigantesco; enorme.
gi.gan.tes.co (*gigante+esco*) *adj* **1** Relativo a gigante. **2** Que tem a estatura de um gigante. **3** Colossal, descomunal. **4** Extraordinário, prodigioso.
gi.gan.tis.mo (*gigante+ismo*) *sm* Desenvolvimento extraordinário e anormal de qualquer ser vivo ou de parte dele.
gi.go.lô (*fr gigolo*) *sm vulg* Homem que vive à custa de mulher.
gi.le.te (de *Gillete, np*) *sf* **1** Nome comercial de lâmina de barbear; lâmina. **2** Aparelho de barbear. • *adj* e *s m+f pop* Que, ou aquele que é bissexual.
gim (*ingl gin*) *sm* Aguardente de alto teor alcoólico, feita de cereais (cevada, trigo, aveia) e aromatizada com bagos de zimbro.
gi.na.si.al (*ginásio+al¹*) *adj* Que se refere a ginásio.
gi.na.si.a.no (*ginásio+ano*) *adj* + *sm ant* Que, ou o que cursava o ginásio, que hoje é parte do ensino fundamental.
gi.ná.sio (*gr gymnásion*) *sm* **1** Lugar onde se praticam exercícios de ginástica. **2** *desus* Designação antiga da 5ª à 8ª série do primeiro grau; ginasial. **3** Estabelecimento de ensino que ministrava esse curso.
gi.nas.ta (*gr gymnastés*) *s m+f* **1** Pessoa que pratica a ginástica. **2** Pessoa hábil em ginástica; acrobata.
gi.nás.ti.ca (de *ginástico*) *sf* Arte de exercitar o corpo, para desenvolvê-lo e fortificá-lo. *Ginástica aeróbica:* sistema de ginástica que consiste em exercícios enérgicos, rápidos e repetidos. *Ginástica localizada:* ginástica cujos exercícios concentram seus efeitos numa determinada parte do corpo. *Ginástica rítmica:* a que visa a graça e harmonia dos movimentos, geralmente acompanhada de música.
gin.ca.na (*ingl gymkhana*, do *hind gedkhâna*) *sf Esp* **1** Competição em que destreza e rapidez contribuem para a classificação. **2** Disputa cultural, com problemas imprevistos, considerados difíceis.
gi.ne.ceu (*gr gynaikeîon*) *sm* **1** Parte da habitação destinada às mulheres na Grécia antiga. **2** *Bot* Conjunto dos órgãos femininos de uma flor.
gi.ne.co.lo.gi.a (*gineco+logo²+ia¹*) *sf Med* Ramo da medicina que trata da constituição e das doenças femininas.
gi.ne.te (ê) (*ár zanâti*) *sm* **1** Cavalo adestrado para montaria. **2** *por ext* Cavaleiro que é bom e experiente nas diferentes situações de equitação. *Fem: gineta.*
gi.ne.te.ar (*ginete+e+ar¹*) *vint* Aguentar, sem cair, os pinotes do cavalo. Conjuga-se como *frear*.

gin.ga (de *gingar*) *sf* Ato de gingar; requebro do corpo ao andar.
gin.gar *vint* **1** Inclinar-se para um e para outro lado, ao andar; bambolear-se; requebrar-se. **2** Caçoar. **3** Negar-se, com desdém, à satisfação de um pedido.
gin.ja (*cast guinda*) *sf* **1** Fruto da ginjeira. **2** Bebida feita desse fruto.
gin.jei.ra (*ginja+eira*) *sf Bot* Variedade de cerejeira.
gíp.seo (*lat gypseu*) *adj* **1** Relativo ao gesso. **2** Feito de gesso.
gip.si.ta (*gipsi+ita³*) *sf Miner* Sulfato de cálcio hidratado; minério do qual se extrai o gesso que é comercializado.
gir (*top Gir*) *adj* Diz-se de uma raça de gado zebu. • *s m+f* Espécime dessa raça.
gi.ra (*der* regressiva de *girar*) *adj pop* Pessoa meio maluca, aluada.
gi.ra.fa (*ital giraffa*) *sf* **1** *Zool* Grande mamífero africano, o quadrúpede mais alto que ainda vive, com pescoço muito comprido e pernas dianteiras compridas e fortes. **2** *gír* Aparelho que movimenta o microfone nas estações de rádio e televisão e nos estúdios cinematográficos. • *adj* e *s m+f pop* Pessoa alta e de pescoço comprido.
gi.rân.do.la (*ital girandola*) *sf* Roda ou travessão com orifícios para foguetes, que sobem simultaneamente ou em rápida sucessão.
gi.rar (*lat gyrare*) *vint* **1** Mover-se ao redor do seu centro ou eixo central. *vint* **2** *fig* Ficar gira, maluco; endoidecer. *vtd* **3** Fazer rodar: *Gostava de girar o pião.*
gi.ras.sol (*girar+sol*) *sm Bot* Planta composta ornamental, de sementes oleaginosas, cujas flores se voltam para o sol. *Pl: girassóis.*
gi.ra.tó.rio (*girar+t+ório¹*) *adj* Que gira; rotatório.
gí.ria *sf Ling* **1** Linguagem especial usada por certos grupos sociais pertencentes a uma classe ou a uma profissão; jargão. **2** Linguagem de malandros, ladrões, malfeitores etc. para não serem compreendidos por pessoas que não sejam do meio. **3** Linguagem de forte potencial expressivo, nascida em um determinado grupo social, que se dissemina pelas demais camadas da sociedade, sendo usada, em especial, na fala familiar e informal. **4** Palavra ou expressão originária de uma dessas linguagens.
gi.ri.no (*gr gyrínos*) *sm Zool* Designação comum à larva dos anfíbios anuros; larva dos batráquios (na fase de metamorfose).
gi.ro (*lat gyru*, de *gr gýros*) *sm* **1** Ato ou efeito de girar. **2** Circuito, rotação, volta. **3** Circulação da moeda, ou títulos de crédito. **4** *pop* Passeio, pequena excursão.
gi.ros.có.pi.co (*giro+scopo+ico²*) *adj* **1** Que pertence ou se refere ao giroscópio. **2** Que se apresenta com as características do giroscópio.
gi.ros.có.pio (*giro+scopo+io*) *sm Fís* Instrumento inventado por Foucault (1852) para provar o movimento de rotação da Terra.
giz (*ár jibs*) *sm* **1** Substância calcária. **2** Bastonete ou lápis feito dessa substância usado para escrever em quadros-negros. **3** Talco com que os alfaiates riscam o pano para dirigir o corte. *Pl: gizes.*
gi.zar (*giz+ar¹*) *vtd* Riscar ou traçar com giz.

gla.bro (*lat glabru*) *adj* **1** *Bot* De superfície lisa, desprovido de pelos e de glândulas. **2** Calvo. **3** Sem barba.

gla.cê (*fr glacé*) *adj m+f* **1** Lustroso, polido (diz-se de um tipo de seda lustrosa com reflexo prateado). **2** Diz-se das frutas secas e cobertas de açúcar cristalizado. • *sm Cul* Cobertura de bolo feita com glaçúcar e outros ingredientes (manteiga, clara batida etc.).

gla.ci.a.ção (*glaciar+ção*) *sf Geol* **1** Ato ou efeito de cobrir-se de gelo ou geleiras (certas áreas da Terra). **2** Ação exercida pelas geleiras sobre a superfície da Terra.

gla.ci.al (*lat glaciale*) *adj* **1** Gelado, extremamente frio. **2** Diz-se da zona mais vizinha dos polos. **3** *fig* Reservado, sem animação; insensível.

gla.ci.á.rio (*lat glacie+ário*) *adj* **1** Relativo ao gelo ou às geleiras. **2** *Geol* Aplica-se ao período em que grande parte do hemisfério norte se cobriu de espessa camada de gelo (na era Cenozoica, período Pleistoceno).

gla.çú.car (*glacê+açúcar*) *sm Cul* Açúcar especial usado na culinária no preparo de glacê para cobertura de bolos etc.

gla.di.a.dor (*ô*) (*lat gladiatore*) *adj* Que gladia. • *sm Antig* **1** Homem que, nos circos romanos, lutava contra outros homens ou feras, para divertir o público. **2** Duelista.

gla.di.ar (*lat gladiari*) *V* digladiar.

glá.dio (*lat gladiu*) *sm* **1** Espada de dois gumes. **2** Punhal. **3** Força, poder.

glamour (*glâmur*) (*ingl*) *sm* Encanto pessoal; fascínio; charme.

glan.de (*lat glande*) *sf* **1** O fruto do carvalho; bolota. **2** *Anat* A cabeça do pênis. **3** *Anat* A ponta do clitóris.

glân.du.la (*lat glandula*) *sf* **1** Pequena glande. **2** *Anat* Célula ou grupo de células especializadas na função de preparação e secreção de líquidos orgânicos, ou de elementos celulares. *Glândula pituitária: V* hipófise. *Glândulas endócrinas:* as que lançam secreções diretamente na circulação sanguínea. *Glândulas exócrinas:* as que lançam as secreções para fora do corpo. *Glândulas gástricas:* as que se localizam nas paredes do estômago e segregam o suco gástrico. *Glândulas salivares:* as que segregam a saliva. *Glândulas sebáceas:* pequenas glândulas da pele. *Glândulas sexuais: V* gônada. *Glândulas sudoríparas:* tubos compridos que servem para a secreção do suor. *Glândulas suprarrenais:* par de glândulas endócrinas, situadas perto da borda anterior medial de cada rim.

glan.du.lar (*glândula+ar²*) *adj* **1** Relativo a glândulas. **2** Com função secretora.

glau.co (*lat glaucu*) *adj* Da cor verde-mar; esverdeado.

glau.co.ma (*gr glaúkoma*) *sm Oftalm* Enfraquecimento da vista com dilatação e deformação da pupila e diminuição dos movimentos da íris.

glau.co.ma.to.so (*ô*) (*gr glaúkoma, -atos+oso*) *adj* **1** Que tem glaucoma. **2** Da natureza de um glaucoma. *Pl:* glaucomatosos (*ó*).

gle.ba (*lat gleba*) *sf* **1** Terreno próprio para cultura. **2** Qualquer porção de terra. **3** Área de terra não urbanizada.

gli.ce.mi.a (*glico+hemo+ia¹*) *sf Med* Teor de glicose no sangue.

gli.cé.ri.co (*glícero+ico²*) *adj Quím* Que tem por base a glicerina.

gli.ce.ri.na (*glícero+ina*) *sf Quím* Substância líquida, incolor e viscosa. *Var:* glicerol.

gli.ce.ri.na.do (*glicerina+ado¹*) *adj* Que contém glicerina.

gli.ce.ri.nar (*glicerina+ar¹*) *vtd* Untar com glicerina.

gli.cí.deo (*glico+ídeo*) *sm Quím* Nome dado aos açúcares, carboidratos e substâncias análogas a eles.

gli.cí.nia *sf Bot* Arbusto ornamental, cultivado por suas flores roxas em grandes cachos pendentes.

gli.co.se (*glico+ose*) *sf Quím* **1** Açúcar que existe nos frutos açucarados, no mel, no sangue, no suco de alguns vegetais etc.; dextrose. **2** Açúcar de amido. *Var:* glucose.

glo.bal (*globo+al¹*) *adj* Considerado por inteiro ou em conjunto; total; integral.

glo.ba.lis.mo (*global+ismo*) *sm* Aquisição de conhecimentos em conjunto e não parcelados.

glo.ba.li.za.ção (*gobalizar+ção*) *sf* **1** Ato ou efeito de globalizar. **2** Percepção confusa, sem consciência de detalhes, frequente nas crianças. **3** *Econ* Fenômeno observado na atualidade que consiste na maior integração entre os mercados produtores e consumidores (mercadorias, serviços, difusão de informações etc.). *Pl:* globalizações.

glo.ba.li.zar (*global+izar*) *vtd* **1** Dispor ao redor de um ponto, considerado como centro de uma esfera; totalizar. *vtd* **2** Diz-se de associações múltiplas em torno de uma ideia ou assunto. *vpr* **3** *Econ* Sofrer processo de globalização.

glo.bo (*ô*) (*lat globu*) *sm* **1** Corpo esférico; bola. **2** O planeta em que habitamos. **3** Representação esférica do sistema planetário. **4** Quebra-luz de vidro, de forma esférica, ou quase esférica. *Dim irreg: glóbulo. Globo celeste:* o céu. *Globo ocular, Anat:* órgão do sentido da visão. *Globo terrestre:* a Terra.

glo.bu.lar (*glóbulo+ar²*) *adj* **1** Com forma de globo. **2** Reduzido a globo.

glo.bu.li.zar (*glóbulo+izar*) *vtd* **1** Transformar em glóbulos. **2** Prover de glóbulos.

gló.bu.lo (*lat globulu*) *sm* **1** Pequeno globo. **2** *Fisiol* Corpúsculo unicelular que se encontra em muitos líquidos do corpo dos vertebrados, principalmente no sangue. **3** Pequena pílula. *Glóbulo sanguíneo:* cada uma das células do sangue. *Glóbulos brancos:* leucócitos. *Glóbulos vermelhos:* hemácias.

gló.ria (*lat gloria*) *sf* **1** Celebridade adquirida por grande mérito. **2** Brilho, esplendor, fama. **3** A bem-aventurança; o Céu. **4** *por ext* Pessoa famosa, célebre.

glo.ri.ar (*lat gloriari*) *vtd* Cobrir de glória; glorificar.

glo.ri.fi.ca.ção (*glorificar+ção*) *sf* **1** Ato de glorificar. **2** Elevação à glória eterna.

glo.ri.fi.ca.dor (*glorificar+dor¹*) *adj + sm* Que, ou o que glorifica.

glo.ri.fi.can.te (de *glorificar*) *adj* Que glorifica.

glo.ri.fi.car (*lat glorificare*) *vtd* **1** Dar glória ou honra a. *vtd* **2** Beatificar, canonizar a. *vpr* **3** Alcançar glória. *Antôn* (acepção 1): *humilhar*

glo.rí.o.la (*lat gloriola*) *sf* Glória decorrente de fatos pouco significativos; glória vã.
glo.ri.o.so (ô) (*lat gloriosu*) *adj* **1** Cheio de glória. **2** Que conquistou glória. **3** Honroso, heroico, vitorioso. **4** Ilustre, notável. *Pl: gloriosos* (ó).
glo.sa (*lat glossa*, do *gr glóssa*) *sf* **1** Explicação, interpretação ou comentário de um texto obscuro ou difícil de entender. **2** Comentário, anotação. **3** Censura. **4** *Poét* Composição poética em que cada estrofe termina por um dos versos de um mote. *V mote*.
glo.sa.dor (*glosar+dor*) *adj+sm* Diz-se de, ou aquele que glosa.
glo.sar (*glosa+ar*) *vtd* **1** Anotar, comentar, explicar por meio de glosas. *vtd* **2** Anular ou rejeitar (parte de uma conta, de um orçamento). *vtd* **3** Censurar, criticar. *vtd* **4** *pop* Suprimir (parte de um escrito). **5** *vint* Fazer glosas.
glos.sá.rio (*lat glossariu*) *sm* **1** Livro ou vocabulário em que se dá a explicação de palavras pouco usadas ou obscuras. **2** Espécie de vocabulário que se coloca no fim de uma obra para esclarecer palavras.
glo.te (*gr glottís*) *sf Anat* Abertura entre as cordas vocais, na parte superior da laringe.
glo.te.rar (*lat glottorare*) *vint* Emitir a sua voz (a cegonha). *Var: glotorar*. *Conjug*: conjugado apenas nas 3ªs pessoas.
glo.to.rar (*lat glottorare*) *V gloterar*.
GLP Sigla de *Gás Liquefeito de Petróleo*.
glu.co.se (*gr glykýs+ose*) *V glicose*.
glu-glu (*onom*) *sm* Som imitativo da voz do peru. *Pl: glu-glus*.
glu.tão (*lat gluttone*) *adj + sm* Comilão. *Fem: glutona*.
glu.te (*lat gluten*) *sm* Substância rica em proteínas que constitui a parte interna de sementes de cereais, especialmente do trigo. Obtém-se essa substância quando se separa dela o amido. *Var: glúten*.
glú.ten (*lat gluten*) *V glute*. *Pl: glutens*.
glú.teo (*gr gloutós, ou+eo*) *adj Anat* Que se refere às nádegas.
glu.ti.no.so (ô) (*lat glutinosu*) *adj* Que tem glute ou possui a consistência dele; viscoso; grudento. *Pl: glutinosos* (ó).
glu.to.na.ri.a (*lat gluttone*) *sf* Qualidade de glutão; gula. *Var: glutoneria*.
glu.to.ne.ri.a (*glutão+eria*) *V glutonaria*.
gnais.se (*al Gneiss, np*) *sm Geol* Rocha composta de feldspato, xistosa e cristalina.
gnáis.si.co (*gnaisse+ico*^{2}) *adj* Que se refere ao gnaisse.
gno.mo (*gr gnómon*) *sm Folc* Cada um dos pequenos espíritos (anõezinhos) que, segundo os cabalistas, governam todas as riquezas da Terra.
gno.se (*gr gnôsis*) *sf* **1** *Filos* e *Rel* Conhecimento especial das verdades espirituais. **2** Saber por excelência. **3** Filosofia dos magos.
gno.si.a (*gnose+ia*^{1}) *sf* Faculdade de perceber e reconhecer as coisas.
gno.si.o.lo.gi.a (*gnosio+logo+ia*^{1}) *sf Filos* Teoria da natureza, validade e limites do conhecimento humano; epistemologia.
gnu (*boxímane nqu*) *sm Zool* Mamífero artiodátilo, africano, de cabeça grande como a de um boi, crina curta, cauda comprida e chifres curvados para baixo e para fora e depois para cima.

go.dê (*fr godet*) *sm* Peça de um vestuário cortada enviesadamente, principalmente saia, resultando em uma circunferência muito maior na parte inferior que na superior. • *adj* Diz-se do vestuário confeccionado dessa maneira: *Saia godê*.
go.e.la (*lat vulg *gulella*) *sf pop* Garganta. *Molhar a goela*: tomar um trago de bebida alcoólica.
go.e.lar (*goela+ar*^{1}) *vint* **1** Gritar. **2** Falar muito. **3** Abrir as goelas.
goe.thi.a.no (*gue*) (*Goethe, np+ano*) *adj* **1** Pertencente ou relativo ao poeta alemão Goethe (1749- -1832) ou à sua obra. **2** Que tem características de Goethe ou de sua obra.
go.fra.dor (*gofrar+dor*) *adj* Que gofra. • *sm* Instrumento para gofrar.
go.frar *vtd* **1** *Encad* Marcar por pressão, sem tinta, desenhos e letras nas lombadas e pastas de pano, couro etc. (de livros ou outro material que se encaderna); estampar a frio; estampar a seco. **2** Fazer as nervuras de folhas ou flores artificiais.
go.gó (*red* da primeira sílaba de *goela*) *sm* **1** *pop* Pomo de adão (atual proeminência laríngea). **2** Garganta. **3** *gír* Gargalo de garrafa.
gói (*hebr goy*) *adj* e *s m+f* Nome que os judeus dão àqueles que não pertencem a seu povo.
goi.a.ba (*cast guayaba*) *sf Bot* Fruto da goiabeira.
goi.a.ba.da (*goiaba+ada*^{1}) *sf* Doce de goiaba, em pasta.
goi.a.bal (*goiaba+al*^{1}) *sm* Plantação de goiabeiras.
goi.a.bei.ra (*goiaba+eira*) *sf Bot* Planta mirtácea de fruto comestível, a goiaba branca ou vermelha, casca rica em tanino e folhas medicinais.
goi.a.mum (*tupi uañumý*) *V guaiamu*.
goi.a.ni.en.se (*Goiânia, np + ense*) *adj* Relativo a Goiânia, cidade, município e capital de Goiás. • *s m+f* Pessoa natural ou habitante de Goiânia.
goi.a.no (*top Goiás+ano*) *adj* Relativo ao Estado de Goiás e à cidade e município de mesmo nome. • *sm* O natural ou habitante desse Estado e desse município.
goi.ta.cá *adj m+f Etnol* Relativo ou pertencente aos goitacás, grupo indígena que até meados do século XVII vivia no litoral brasileiro, do Espírito Santo ao rio Paraíba do Sul. • *s m+f* Indígena desse grupo. *Pl: goitacás* e *goitacases*. *Var: guaitacá*.
goi.va (*lat gubia*) *sf Carp* Espécie de formão côncavo, usado para entalhar ou esculpir madeira. *V formão*.
goi.vei.ro (*goivo+eiro*) *sm Bot* **1** Certa planta ornamental (família das crucíferas). **2** A flor dessa planta. *Var: goivo*.
goi.vo (*lat gaudiu*) *V goiveiro*.
gol (ô) (*ingl goal*) *sm Esp* **1** No futebol, ponto que se marca pela transposição da bola pelas balizas do adversário. **2** Balizas, geralmente com rede, no futebol; arco, meta. *Gol de placa*: golaço. *Fechar o gol*: praticar defesas difíceis. *Pl: gols*.
go.la (*lat gula*) *sf* Parte do vestuário que cinge o pescoço ou está junto dela. *Gola rulê*: gola dupla e alta enrolada sobre si mesma.
go.la.ço (*gol+aço*) *sm pop* Gol marcado com muita perícia ou arte.
go.la.da (*gol+ada*^{1}) *sf V gole*.
go.le (regressivo de *engolir*) *sm* Porção de líquido

que se engole de uma vez; sorvo, trago. *Var:* *golada, goleta, golo.*

go.le.a.da (*golear+ada*[1]) *sf Fut* Grande quantidade de gols marcados por uma equipe numa só partida, contra nenhum ou poucos gols da equipe adversária; vitória conseguida por larga margem de gols.

go.le.a.dor (*golear+dor*) *adj + sm* Diz-se de, ou o atacante que goleia.

go.le.ar (*gol+e+ar*[1]) *vint* e *vtd* Fazer muitos gols, no futebol; vencer por larga margem de gols. Conjuga-se como *frear*.

go.lei.ro (*gol+eiro*) *sm* Jogador que, no futebol, defende o gol; arqueiro.

go.le.lha (*ê*) (de *golo*) *sf* Esôfago.

gol.fa.da (*golfar+ada*[1]) *sf* 1 Porção de líquido ou vômito que sai com ímpeto de uma só vez. 2 Jorro, jato.

gol.far (*golfo+ar*[1]) *vtd* Expelir, lançar às golfadas; vomitar.

gol.fe (*ô*) (*ingl golf*) *sm Esp* Jogo esportivo, de origem escocesa, que consiste em tocar com um taco uma bolinha maciça, para que ela entre, sucessivamente, numa série de buracos, abertos em um enorme terreno.

gol.fi.nho (*lat delphinu*) *sm Zool* Cada um de vários cetáceos carnívoros com dentes pequenos, da família dos delfinídeos; delfim, golfim.

gol.fis.ta (*golfe+ista*) *s m+f* Jogador de golfe.

gol.fo (*ô*) (*lat vulg colpu, gr kólpos*) *sm Geogr* Braço de mar que penetra na terra e cuja abertura é geralmente bastante larga.

gol.pe (*gr kólaphos*, pelo *lat vulg*) *sm* 1 Ferimento ou pancada com instrumento cortante ou contundente. 2 Desgraça, infortúnio. 3 Esperteza. 4 *pop* Manobra traiçoeira. *Golpe baixo:* a) *Esp:* em lutas, golpe na região genital, ou uma mordida, um puxão de cabelo, uma cabeçada ou dedo nos olhos; b) *fig* ação desleal para prejudicar alguém. *Golpe de vento:* súbita rajada de vento. *Golpe de vista:* olhar rápido e abrangente. *Golpe do baú:* casamento por interesse financeiro. *Dar o golpe:* agir traiçoeiramente. *Errar o golpe:* falhar na tentativa.

gol.pe.an.te (de *golpear*) *adj* Que golpeia.

gol.pe.ar (*golpe+e+ar*[1]) *vtd* 1 Dar golpes em. 2 Ferir com golpes. 3 Açoitar, fustigar. Conjuga-se como *frear*.

gol.pis.mo (*golpe+ismo*) *sm* 1 Sistema de dar golpes. 2 *Polít* Tendência a dar golpes de Estado. 3 *Polít* Atitude favorável a golpe de Estado.

gol.pis.ta (*golpe+ista*) *adj* e *s m+f* 1 Diz-se de, ou pessoa acostumada a dar golpes. 2 *Dir* Diz-se de, ou pessoa que se aproveita do ajuntamento de outras ou do descuido de alguém, para lhe roubar alguma coisa.

go.ma (*lat med gumma*, por *cummi*) *sf* 1 Seiva de certas árvores. 2 Amido. 3 Cola de amido para engomar roupa. *Goma de mascar:* pastilha de mascar, adocicada e aromatizada; chiclete.

go.ma-a.rá.bi.ca *sf* 1 *Bot* Árvore gumífera que produz goma. 2 *Quím* Cola feita da resina produzida por diferentes árvores do gênero acácia. *Pl: gomas-arábicas.*

go.ma.do (*part* de *gomar*) *adj* Que contém goma, cola ou outro adesivo seco: *Papel gomado, fita gomada.*

go.ma-la.ca *sf Quím* Laca; resina de cor vermelho-escura, de diversas plantas da Índia, empregada na fabricação de vernizes etc. *Pl: gomas-laca* e *gomas-lacas.*

go.mar (*goma+ar*[1]) *vtd* 1 Passar goma ou cola em. *vint* 2 Lançar gomos ou rebentos; abrolhar.

go.mo *sm* 1 *Bot* Botão, gema. 2 Cada uma das partes em que naturalmente se dividem certos frutos, como a laranja, o limão. 3 Divisão de nó a nó das canas.

go.mo.so (*ô*) (*goma+oso*) *adj* 1 Que tem gomos. 2 Que produz ou contém goma. 3 Consistente como a goma, viscoso. *Pl: gomosos* (*ó*).

gô.na.da (*gr gónos+ada*[2]) *sf Anat* Glândula produtora de gametas. Se estes são masculinos, a gônada chama-se *testículo*; se femininos, *ovário*. *Sin: glândula sexual.*

gôn.do.la (*ital gondola*) *sf* 1 Embarcação comprida, graciosa e ligeira, impelida a um ou dois remos e algumas vezes a vela, peculiar nos canais de Veneza. 2 Espécie de prateleira onde se colocam os produtos nos supermercados.

gon.do.lei.ro (*gôndola+eiro*) *sm* Remador ou tripulante de góndola.

gon.go (*malaio gong*) *sm Mús* Instrumento de percussão, originário do Oriente, que consiste num disco metálico convexo, que se faz vibrar, batendo-o com uma baqueta.

gon.gó.ri.co (*Góngora, np+ico*[2]) *adj* 1 Que se refere ao gongorismo. 2 Diz-se do estilo rebuscado e afetado semelhante ao de Gôngora, poeta espanhol. *V gongorismo.*

gon.go.ris.mo (*Góngora, np+ismo*) *sm Lit* 1 Escola literária, caracterizada pelo estilo pretensioso, cheio de ornatos, metáforas e trocadilhos, introduzido na literatura espanhola como imitação das obras de frei Luís de Góngora y Argote (1561-1627). 2 Maneira de escrever dessa escola literária.

go.no.có.ci.co (*gonococo+ico*[2]) *adj* 1 Que se refere ao gonococo. 2 Produzido pelo gonococo.

go.no.co.co (*gr gónos+coco*[1]) *sm Bacter* Bactéria esférica, produtora de pus e causadora da gonorreia.

go.nor.rei.a (*é*) (*gr gónos +reia*) *sf Med* Corrimento mucoso ou cheio de muco e pus pelo canal da uretra provocado por infecção gonocócica; blenorragia. *V gonococo.*

gon.zo (*gr gómphos*, pelo *fr ant gons*) *sm* Dobradiça de porta ou janela.

go.rar (*goro+ar*[1]) *vint* 1 Corromper-se (o ovo) na incubação. *vtd* 2 Tornar goro; não chegar ao término a incubação do ovo. *vint* e *vpr* 3 *fig* Estragar, inutilizar. *vint* e *vpr* 4 *fig* Abortar, frustrar-se, inutilizar-se, malograr-se, não ter efeito.

gor.do (*ô*) (*lat gurdu*) *adj* 1 Que tem muita gordura; adiposo, graxo. 2 Semelhante à gordura. 3 Cheio de gordura. • *sm* Homem gordo, obeso. *Nunca ter visto mais gordo:* ter total desconhecimento de uma pessoa.

gor.du.cho (de *gordo*) *adj* Um tanto gordo.

gor.du.ra (*gordo+ura*) *sf* 1 Designação das substâncias constituídas de glicerina e ácidos graxos, encontradas nos tecidos adiposos dos animais e em diversos óleos vegetais. 2 Banha. 3 Sebo. 4 Obesidade.

gor.du.ro.so (ô) (*gordura+oso*) *adj* **1** Que tem a consistência ou a natureza da gordura. **2** Cheio de gordura; gordurento. *Pl: gordurosos* (ó).

gor.go.le.jar (de *gargarejar*) *vint* **1** Produzir som semelhante ao do gargarejo. *vtd* **2** Beber, produzindo o ruído do gargarejo. *Var: grogolejar.*

gor.go.mi.lo *sm pop* Garganta, goela (também usado no plural).

gór.go.ne (*gr Gorgónes*) *sf* **1** *Mit* Cada uma das três fúrias (Esteno, Euríale e Medusa) que tinham serpentes como cabelos e que transformavam em pedra aqueles que as encaravam. **2** *por ext* Mulher horrenda, perversa, repulsiva.

gor.gon.zo.la (*ital*) *sm* Queijo italiano, feito de leite de cabra, de gosto forte e picante.

gor.go.rão (*fr gourgouran*) *sm* Tecido encorpado, em cordões, de seda, lã ou algodão. *Pl: gorgorões.*

gor.gu.lho (*lat gorgulio*) *sm Zool* Inseto que ataca os cereais; caruncho.

go.ri.la (*lat cient gorilla*) *sm Zool* Grande macaco antropoide da África equatorial, o mais corpulento de todos.

gor.ja (*fr gorge*) *sf* **1** *V garganta.* **2** *pop* Forma reduzida de *gorjeta.*

gor.je.ar (*gorja+e+ar*[1]) *vint* **1** Soltar sons agradáveis (os passarinhos); cantar, trilar. *vtd* **2** Exprimir em gorjeio. *vtd* e *vint* **3** *fig* Cantar com voz melodiosa. *Conjug:* só se conjuga nas 3ªs pessoas. Em sentido figurado, sua conjugação é integral e segue *frear.*

gor.jei.o (de *gorjear*) *sm* **1** Ato ou efeito de gorjear. **2** Trinado dos pássaros. **3** O chilrear das crianças.

gor.je.ta (ê) (de *gorja*) *sf* **1** Dinheiro com que se gratifica um pequeno serviço, além do preço estipulado. **2** Gratificação, propina. Escreve-se com **j**, pois relaciona-se com *gorja* (garganta). É uma pequena gratificação, para molhar a garganta com uma bebida.

go.ro (ô) *adj* Que gorou.

go.ro.ro.ba (roró) *sf* **1** *Bot* Planta leguminosa. **2** *gír* Comida malfeita ou de má qualidade. **3** *pop* Comida, boia.

go.ro.vi.nhas (*lat crumina*) *sf pl* Pregas ou rugas no vestido.

gor.ro (ô) (*bosco gorri*) *sm* Boné sem pala, espécie de boina; barrete.

gos.ma (ó) *sf* **1** *pop* Mucosidades expelidas da boca ou do estômago. **2** *Vet* Doença que ataca a língua das aves.

gos.mar (*gosma+ar*[1]) *vint* **1** Expelir gosma. *vtd* **2** *pop V escarrar.*

gos.men.to (*gosma+ento*) *adj* Em que há gosma.

gos.tar (*lat gustare*) *vti* **1** Achar bom gosto ou sabor. *vti* **2** Saborear, tomar o gosto. *vti* **3** Achar bom ou belo. *vti* **4** Ter amizade, amor ou simpatia. *vti* **5** Ter inclinação ou tendência para alguma coisa. *vtd* **6** Provar, experimentar.

gos.to (ô) (*lat gustu*) *sm* **1** Um dos sentidos pelo qual se percebe e distingue o sabor das coisas. **2** Paladar. **3** Sabor. **4** Prazer em comer e beber. **5** Deleite, gozo, prazer, satisfação. *A gosto:* à vontade; de bom grado. *Sentir gosto de cabo de guarda-chuva:* mau gosto na boca no dia seguinte após comer ou beber em excesso.

gos.to.são (*gostoso+ão*[2]) *sm gír* Indivíduo alto, forte e bonito.

gos.to.so (ô) (*gosto+oso*) *adj* **1** Que tem gosto bom, saboroso. **2** Que dá gosto. **3** Alegre, contente. *Pl: gostosos* (ó).

gos.to.so.na (*gostoso+ona*) *sf gír* Mulher muito bonita, boazuda.

gos.to.su.ra (*gostoso+ura*) *sf pop* **1** Qualidade de gostoso. **2** Prazer intenso.

go.ta (ô) (*lat gutta*) *sf* **1** Porção mínima de um líquido; pingo. **2** *Med* Moléstia caracterizada por excesso de ácido úrico e ataques de artrite aguda. **3** *Farm* Medida de certos medicamentos líquidos. *Gota a gota:* aos pingos. *Ser a gota d'água que transborda o cálice:* ser um pequeno acontecimento que provoca indignação, repulsa, há longo tempo contidos. *Ser uma gota d'água no oceano:* coisa sem valor. *Dim: gotícula* ou *gotinha.*

go.tei.ra (*gota+eira*) *sf* **1** Fenda ou buraco por onde cai água dentro de casa, quando chove. **2** Cano que recebe a água da chuva que cai nos telhados. **3** Telha de beiral, por onde escorre a água pluvial.

go.te.ja.men.to (*gotejar+mento*) *sm* Ação ou efeito de gotejar.

go.te.jan.te (de *gotejar*) *adj* Que goteja.

go.te.jar (*gota+ejar*) *vti* e *vint* **1** Cair em gotas; pingar. **2** Deixar cair gota a gota.

gó.ti.co (*lat goticu*, melhor que *gothicu*) *adj* **1** Gênero de arquitetura, também chamado *ogival.* **2** *Tip* Caracteres que eram empregados nas primeiras tentativas tipográficas.

go.tí.cu.la (*lat gutticula*) *sf* Gota pequenina.

go.to (ô) (*lat guttur*) *sm Anat* Entrada da laringe. *Cair no goto:* engasgar.

gourmand (*gurmã*) (*fr*) *sm* Apreciador de boa comida; guloso.

gourmet (*gurmê*) (*fr*) *sm* Apreciador e conhecedor de iguarias finas; gurmê. *V gastrônomo.*

go.ver.na.dor (*governar+dor*) *adj* Que governa. • *sm* Aquele que governa um Estado, uma região administrativa.

go.ver.na.men.tal (*governamento+al*[1]) *adj* Do governo ou relativo a ele.

go.ver.nan.ta (de *governante*) *sf* Mulher encarregada de governar uma casa. *Var: governante.*

go.ver.nan.te (de *governar*) *adj* Que, ou quem governa. • *sf V* governanta.

go.ver.nar (*lat gubernare*) *vtd* **1** Exercer o governo de; ter autoridade sobre. *vtd* **2** Administrar, dirigir. *vtd* **3** Conduzir. *vint* **4** Ter mando ou direção. *vpr* **5** Gerir seus próprios negócios. *Conjug – Pres indic: governo* (é), *governas* etc. *Cf governo.*

go.ver.nis.ta (*governo+ista*) *adj* e *s m+f* Diz-se de, ou o partidário do governo, ou partidária do governo.

go.ver.no (ê) (de *governar*) *sm* **1** Poder supremo do Estado. **2** A autoridade administrativa encarregada do supremo poder executivo. **3** Regência, administração. **4** *Polít* Sistema segundo o qual está organizada a administração de um país. **5** Tempo durante o qual alguém governa. *Governo popular:* aquele em que a autoridade está nas mãos do povo. *Governo representativo:* aquele em que a nação delega ao chefe do governo e aos membros do parlamento os seus direitos e poderes.

go.za.ção (*gozar+ção*) *sf pop* Caçoada, zombaria.

go.za.do (*part* de *gozar*) *adj* **1** *pop* Que faz rir; engraçado. **2** Alegre, divertido.
go.za.dor (*gozar*+*dor*) *adj*+*sm* Que, ou o que goza.
go.zar (*gozo*+*ar*¹) *vtd* e *vti* **1** Aproveitar, desfrutar as vantagens de. *vtd* **2** Ter, possuir (coisa agradável, útil, vantajosa). *vint* **3** Levar vida de prazeres. *vint* **4** Zombar, caçoar, troçar. *vint* **5** *pop* Sentir prazer; atingir o orgasmo.
go.zo (*ô*) (*lat gaudiu*) *sm* **1** Ação de gozar. **2** *pop* Motivo de alegria. **3** Orgasmo.
go.zo.so (*zô*) (*gozo*+*oso*) *adj* Que tem gozo ou prazer. *Pl*: *gozosos* (*zó*).
grã (*lat grana*, de *granu*) *V* grão¹.
gra.al (*fr graal*, do *lat gradale*) *sm ant V gral*.
gra.ça (*lat gratia*) *sf* **1** Favor, mercê. **2** Perdão, indulgência, indulto. **3** Gracejo, humor. **4** *Teol* Dom sobrenatural, concedido por Deus como meio de salvação. **5** Favor concedido por Deus a uma pessoa; milagre. **6** Elegância no estilo de uma pessoa. **7** Aparência agradável, atraente, encantadora. *Dar graças*: agradecimento. *De graça*: grátis, gratuitamente. *Graças a Deus!:* exclamação de alívio ao sair de uma dificuldade. *Qual é sua graça?*: qual é seu nome?.
gra.ce.jar (*graça*+*ejar*) *vtd* e *vint* **1** Dizer graças ou gracejos. *vint* **2** Não falar sério.
gra.ce.jo (*ê*) (de *gracejar*) *sm* Piada; graça.
grá.cil (*lat gracile*) *adj* *m*+*f* **1** Delicado; fino; delgado. **2** Sutil. *Sup abs sint*: *gracilíssimo*, *gracílimo*. *Pl*: *gráceis*.
gra.ci.nha (*graça*+*inha*) *sf* Gracejo, piada.
gra.ci.o.si.da.de (*gracioso*+*i*+*dade*) *sf* Qualidade de gracioso; elegância.
gra.ci.o.so (*ô*) (*lat gratiosu*) *adj* **1** Que tem graça. **2** Engraçado. **3** Feito ou dado de graça. **4** Elegante. *Pl*: *graciosos* (*ó*).
grã-cruz (*grão*¹+*cruz*) *sf* Cruz com que os governos condecoram militares e civis por serviços relevantes. *s m*+*f* Pessoa condecorada com a grã-cruz. *Pl*: *grã-cruzes*. *Var*: *grão-cruz*.
gra.da.ção (*lat gradatione*) *sf* Aumento ou diminuição sucessiva e gradual.
gra.dar (*grade*+*ar*¹) *vtd* **1** *Agr* Aplanar a terra arada com a grade. *vint* **2** Crescer. *Var*: *gradear*.
gra.da.ti.vo (*lat *gradativu*) *adj* Em que há gradação; gradual.
gra.de (*lat crate*) *sf* Armação de barras, de ferro ou ripas, destinada a proteger ou vedar algum lugar. *sf pl pop* Cadeia, prisão.
gra.de.a.do (*part* de *gradear*) *adj* Que tem grade(s). • *sm V gradeamento*.
gra.de.a.men.to (*gradear*+*mento*) *sm* **1** Ato ou efeito de gradear. **2** Grade que cerca ou veda jardins, parques, janelas etc.; gradeado; gradil.
gra.de.ar (*grade*+*e*+*ar*¹) *vtd* **1** Fechar ou vedar com grades. **2** Prover de grades. Conjuga-se como *frear*.
gra.di.en.te (*lat gradiente*) *sm* **1** Alteração no valor de uma quantidade (como luz, temperatura, pressão ou intensidade de som); grau. **2** Distância entre dois lugares expressa em graus de latitude.
gra.dil (*grade*+*il*) *sm* Grade ornamental separatória ou de proteção.
gra.do (*lat granatu*) *adj* **1** Bem desenvolvido, graúdo. **2** Importante, notável. • *sm* **1** Gosto, vontade. **2** Centésima parte do quadrante, na divisão centesimal da circunferência. *De bom grado*: de boa vontade. *De mau grado*: de má vontade.
gra.du.a.ção (*graduar*+*ção*) *sf* **1** Ato ou efeito de graduar(-se). **2** Divisão do círculo em graus, minutos e segundos. **3** *Educ* Grau do ensino superior; bacharelado.
gra.du.a.do (*part* de *graduar*) *adj* **1** Dividido em graus. **2** Que tem grau universitário; diplomado. • *sm* **1** Indivíduo que é diplomado ou tem grau superior. **2** Que tem posto ou posição elevada.
gra.du.al (*lat ecles graduale*) *adj* Que aumenta ou diminui progressivamente; gradativo. • *sm Liturg* Parte da missa entre a Epístola e o Evangelho.
gra.du.an.do (*ger* de *graduar*) *sm* Indivíduo que frequenta o último ano de um curso universitário.
gra.du.ar (*lat gradu*+*ar*¹) *vtd* **1** Marcar os graus divisórios de. *vtd* **2** Regular de modo gradual. *vtd* **3** Conferir grau universitário a. *vpr* **4** Diplomar-se (em nível universitário).
grã-du.ca.do (*grã-duque* + *ado*) *V grão-ducado*. *Pl*: *grã-ducados*.
grã-du.que (*grão*¹+*duque*) *V grão-duque*. *Pl*: *grã--duques*.
gra.far (*grafo*+*ar*²) *vtd* Escrever.
gra.fi.a (*grafo*+*ia*¹) *sf* Maneira de escrever letras e palavras; caligrafia, ortografia.
grá.fi.ca (de *gráfico*) *sf* Oficina de artes gráficas; oficina onde se imprimem livros, revistas, jornais etc.
grá.fi.co (*gr graphikós*) *adj* Que pertence ou se refere à grafia ou às artes gráficas. • *sm* **1** Representação gráfica; diagrama, esquema. **2** Empregado que trabalha em um estabelecimento gráfico.
grã-fi.na.gem (*grã-fino*+*agem*) *sf* A classe dos grã--finos. *Pl*: *grã-finagens*.
grã-fi.no (*grão*+*fino*) *adj* + *sm* Que, ou quem é rico, elegante; bacana. *Pl*: *grã-finos*.
gra.fis.mo (*grafo*+*ismo*) *sm* **1** Forma de representar as palavras. **2** Capacidade de grafar ou desenhar.
gra.fi.ta (*grafo*+*ita*³) *sf Miner* Variedade de carbono preto, usada para fazer bastõezinhos de lápis. *Var*: *grafite*.
gra.fi.ta.do (*grafita*+*ado*¹) *adj* Que está coberto de grafita.
gra.fi.tar (*grafita*+*ar*¹) *vtd* **1** Revestir ou impregnar de grafita. **2** Converter em grafita.
gra.fi.te (*fr graphite*) *sf* **1** Lápis próprio para desenhar; grafita. **2** Palavras, frases ou desenhos, em muros e paredes.
gra.fi.tei.ro (*grafite*+*eiro*) *sm* Aquele que produz grafites (acepção 2).
grafo- (*gr graphein*) *elem comp* Exprime a ideia de escrita, traço, gravura: *grafologia*, *grafoteca*.
gra.fo.lo.gi.a (*grafo*+*logo*+*ia*¹) *sf* **1** Arte de interpretar o caráter ou a índole de uma pessoa por sua letra. **2** Ciência da escrita.
gra.fo.lo.gis.ta (*grafo*+*logo*+*ista*) *V grafólogo*.
gra.fó.lo.go (*grafo*+*logo*) *sm* Especialista em grafologia. *Var*: *grafologista*.
gra.fo.te.ca (*grafo*+*teca*) *sf* **1** Coleção de gravuras. **2** Local onde se guardam essas coleções.
gra.fo.téc.ni.ca (*grafo*+*técnica*) *sf* **1** Conjunto dos recursos técnicos para estudo da escrita. **2** Técnica de grafar ou escrever.

gral (*fr graal*, do *lat gradale*) *sm* O mesmo que *santo gral:* vaso sagrado de que se serviu Jesus na última ceia e no qual José de Arimateia teria recolhido seu sangue.

gra.lha (*lat gracula*) *sf* **1** *Ornit* Nome comum a várias aves passeriformes, corvídeas; espécie de corvo, cuja voz é estridente. Voz: *crocita, gralha, grasna*. **2** *fig* Mulher tagarela.

gra.lhar (*gralha*+*ar*¹) *vint* **1** Diz-se do crocitar ou grasnar da gralha e de outras aves. **2** *fig* Tagarelar; falar confusamente. *Conjug:* só se conjuga nas 3ªs pessoas. Em sentido figurado, sua conjugação é integral.

gra.ma (*lat gramina, pl* por *gramen*) *sm Fís* **1** Milésima parte do quilograma. **2** Unidade de peso no sistema métrico decimal. *sf Bot* Designação comum a várias plantas gramíneas, usadas em jardins, campos de esporte etc.

Deve-se distinguir **o grama** de **a grama**. A palavra é masculina quando designa unidade de peso e feminina quando significa relva.
Ela comprou duzentos gramas de presunto.
Ele cortou a grama do jardim.

gra.ma.do (*part* de *gramar*) *sm* **1** Terreno coberto de grama. **2** *por ext* Campo de futebol.

gra.ma-for.ça *sm Fís* Unidade de medida de força. *Símb:* gf. *Pl: gramas-forças.*

gra.ma.gem (*gr grámma*+*agem*) *sf Tip* Peso em gramas de um papel que serve para comparação com outros papéis. *Var: gramatura.*

gra.mar (*grama*+*ar*²) *vtd* **1** Cobrir de grama. **2** *pop* Aguentar, suportar, aturar, sofrer.

gra.má.ti.ca (*lat grammatica*) *sf* **1** Estudo dos elementos de uma língua (sons, formas, palavras, construções e recursos expressivos). **2** Livro em que se expõe esse estudo.

gra.ma.ti.cal (*lat grammaticale*) *adj* Que se refere à gramática.

gra.má.ti.co (*lat grammaticu*) *adj* Relativo à gramática; gramatical. • *sm* Aquele que se dedica a estudos gramaticais ou escreve a respeito de gramática.

gra.ma.tu.ra (*gr grámma*+*t*+*ura*²) *V gramagem.*

grã-mes.tre (*grão*¹+ *mestre*) *V grão-mestre*. *Pl: grã-mestres.*

gra.mí.neas (*lat gramineas*) *sf pl Bot* Família de plantas monocotiledôneas com caule geralmente oco e articulado por nós sólidos, de folhas longas e estreitas (trigo, arroz, capim, cana-de-açúcar etc.).

gra.mí.neo (*lat gramineu*) *adj* **1** Que tem a natureza de grama. **2** Pertencente ou relativo às gramíneas.

gram-ne.ga.ti.vo (de *Gram np*+*negativo*) *adj* Diz-se das bactérias ou tecidos que perdem a coloração pelo tratamento com álcool, quando tingidos pelo método de Gram. *Pl: gram-negativos.*

gra.mo.fo.ne (*gr grámma*+*fone*) *sm* **1** Fonógrafo. *Var: gramofono.* **2** *gír* Repetitivo, maçante.

gram.pe.a.dor (*grampear*+*dor*) *adj* Que grampeia. • *sm* **1** Empregado que trabalha na máquina de grampear. **2** Pequeno aparelho manual para grampear papéis.

gram.pe.a.do.ra (*grampear*+*dor*, no *fem*) *sf Tip* Máquina usada em oficinas de encadernação e tipografias, para grampear folhetos ou revistas.

gram.pe.a.men.to (*grampear*+*mento*) *sm Art Gráf* Ato de brochar com fio metálico; grampeação.

gram.pe.ar (*grampo*+*e*+*ar*¹) *vtd* **1** Prender com grampo. **2** *gír* Furtar. **3** *gír* Interferir nas ligações telefônicas para ouvir ou gravar conversações. Conjuga-se como *frear.*

gram.po (*germ* **krampa*, via *ital*) *sm* **1** Pequena peça em metal, em plástico ou de osso, com forma de U, para prender os cabelos. **2** *Agr* Prego em forma de U, próprio para prender arames nas cercas. **3** Pequeno pedaço de arame fino, com as pontas dobradas em ângulo reto, usado em grampeadores. **4** *gír* Aparelho colocado numa linha telefônica para interceptar e gravar ligações; grampo telefônico.

gram-po.si.ti.vo (de *Gram, np*+*positivo*) *adj* Diz-se das bactérias ou tecidos que conservam a coloração pelo tratamento com álcool, quando tingidos pelo método de Gram. *Pl: gram-positivos.*

gra.na *sf gír* Dinheiro.

gra.na.da (*fr grenade*) *sf* Projétil explosivo que se dispara com uma peça de artilharia. *Granada de mão:* a que se arremessa com a mão, nas lutas a curta distância, e que é provida de cabo ou tem a forma de uma bola ou ovo.

gra.na.dei.ro (*granada*+*eiro*) *sm* **1** Soldado da companhia que vai na dianteira de cada regimento. **2** *ant* Nome que se dava ao soldado que lançava granadas.

gra.na.di.no (*top Granada*+*ino*) *adj* De, ou que se refere a Granada (Espanha ou América do Sul (ilha do Caribe oriental)). • *sm* O natural ou habitante de Granada.

gra.nar (*lat granu*) *vtd* Dar forma de grão a; granular.

gran.da.lhão (*grande*+*alho*+*ão*²) *adj* Que é muito grande, muito alto. • *sm* Indivíduo muito grande, muito alto. *Fem:* grandalhona. *Var:* grandaço, *grandão.*

gran.dão (*grande*+*ão*²) *adj + sm V grandalhão*. *Fem: grandona.*

gran.de (*lat grande*) *adj* **1** Que tem dimensões acima do normal. **2** Imenso, infinito. **3** Magnífico, soberbo. **4** Notável, importante. **5** Poderoso. *Sup abs sint: grandíssimo.* • *sm* Pessoa rica e influente, poderosa.

gran.de.za (*ê*) (*grande*+*eza*) *sf* **1** Qualidade de grande. **2** Tudo o que se pode comparar ou diminuir. **3** Magnitude. *Grandeza aparente:* a de um astro tal como se apresenta à vista.

gran.dí.lo.co (*lat grandiloqui*) *V grandiloquente.*

gran.di.lo.quên.cia (*qwe*) (*lat grandiloquentia*) *sf* Qualidade do estilo elevado, grandioso, muito eloquente.

gran.di.lo.quen.te (*qwe*) (*lat grandiloquente*) *adj* Que tem a linguagem elevada, pomposa, muito eloquente. *Sup abs sint: grandiloquentíssimo.* *Var: grandíloco, grandíloquo.*

gran.dí.lo.quo (*co*) (*lat grandiloqui*) *V grandiloquente.*

gran.di.o.si.da.de (*grandioso*+*i*+*dade*) *sf* Qualidade de grandioso; magnificência.

gran.di.o.so (*ô*) (*cast grandioso*) *adj* **1** Muito grande, nobre, imponente, elevado. **2** Magnificente, pomposo. *Antôn: medíocre. Pl: grandiosos* (*ó*).

gra.nel (*cast graner*) *sm* Celeiro, tulha. *A granel:* em grande quantidade; sem embalagem; solto. *Pl: granéis.*

gra.ní.ti.co (*granito*+*ico*²) *adj* **1** Da natureza do granito. **2** Formado de granito.

gra.ni.to (*ital granito*) *sm* **1** *Miner* Rocha eruptiva, granular e cristalina, formada de feldspato, quartzo e mica. **2** Pequeno grão; grânulo.

gra.ní.vo.ro (*gr granu+i+voro*) *adj* Que se alimenta de grãos ou sementes.

gra.ni.zo (*cast granizo*) *sm Meteor* Chuva de pedra.

gran.ja (*fr grange*, do *lat vulg *granica*) *sf* Propriedade rural pequena onde se criam pequenos animais para abate (aves, coelhos etc.), venda de ovos, hortaliças etc.

gran.je.ar (*granja+e+ar¹*) *vtd* **1** Adquirir, conquistar, obter com trabalho ou esforço próprio. **2** Atrair, conquistar. Conjuga-se como *frear*.

gran.jei.o (de *granjear*) *sm* **1** Ato ou efeito de granjear. **2** Ganho, proveito.

gran.jei.ro (*granja+eiro*) *sm* **1** O que cultiva uma granja. **2** Dono de granja.

gra.no.la (*der* do *lat granu*) *sf* Mistura de grãos, aveia, frutas secas, nozes etc., com mel ou açúcar mascavo, consumida geralmente no café da manhã.

gra.nu.la.ção (*lat granulatione*) *sf* **1** Ato ou efeito de granular. **2** Aglomeração em pequenos grãos. **3** *Metal* Redução de um metal a grãos.

gra.nu.la.do (*part* de *granular*) *adj* **1** Que se granulou; que apresenta granulações. **2** *Farm* Que se apresenta sob a forma de grânulos.

gra.nu.lar (*grânulo+ar¹*) *vtd* **1** Dar forma de grânulo a. **2** Reduzir a pequenos grãos. • *adj* **1** Que se assemelha ao grão; granuloso. **2** Composto de pequenos grãos.

grâ.nu.lo (*lat granulu*) *sm* **1** Pequeno grão. **2** Glóbulo. **3** Pequena pílula.

gra.nu.lo.so (*ô*) (*grânulo+oso*) *adj* **1** Formado de grânulos. **2** Que tem superfície áspera. *Pl: granulosos* (*ó*).

grão¹ (*lat granu*) *adj* Forma apocopada de *grande*. É invariável em número. *Var: grã*.

grão² (*lat grande*) *sm* **1** Fruto ou semente das gramíneas e de alguns legumes. **2** Partícula dura de qualquer substância (açúcar, sal, areia etc.). **3** *pop* Testículo.

grão-cruz (*grão¹+cruz*) *V grã-cruz. Pl: grão-cruzes.*

grão-de-bi.co *sm* **1** *Bot* Planta leguminosa de sementes comestíveis e folhas medicinais. **2** Fruto dessa planta. *Pl: grãos-de-bico*.

grão-du.ca.do (*grão¹+ducado*) *sm* **1** País governado por um grão-duque. **2** Dignidade de grão-duque. *Pl: grão-ducados. Var: grã-ducado*.

grão-du.que (*grão¹+duque*) *sm* **1** Título de alguns príncipes reinantes. **2** Príncipe da família imperial russa e da austríaca. *Fem: grã-duquesa. Pl: grão-duques. Var: grã-duque*.

grão-mes.tre (*grão¹+mestre*) *sm* **1** Principal dignitário ou chefe de uma ordem religiosa ou de cavalaria. **2** O chefe supremo da maçonaria. *Pl: grão-mestres*.

grão-vi.zir (*grão¹+vizir*) *sm* Primeiro-ministro do antigo Império Otomano. *Pl: grão-vizires*.

gras.na.da (*grasnar+ada¹*) *sf* Vozearia de aves; grasnido.

gras.nar (*lat hispânico *gracinare*) *vint* **1** Soltar a voz (a rã, o corvo, o pato). **2** *fig* Gritar com voz desagradável como a do corvo. *Var: grasnir. Conjug:* com raras exceções, conjuga-se somente nas 3ªˢ pessoas.

gras.ni.do (*part* de *grasnir*) *sm V grasnada*.

gras.nir (*lat hispânico *gracinire*) *V grasnar*.

gras.no (de *grasnar*) *V grasnada*.

gras.sar (*lat grassari*) *vint* **1** Alastrar-se, difundir-se, propagar-se. **2** Espalhar-se. *Conjug:* só se conjuga nas 3ªˢ pessoas.

gra.ti.dão (*lat gratitudine*) *sf* Agradecimento, reconhecimento.

gra.ti.fi.ca.ção (*lat gratificatione*) *sf* **1** Ato ou efeito de gratificar. **2** Gorjeta. **3** Retribuição de serviço extraordinário.

gra.ti.fi.can.te (de *gratificar*) *adj* Compensador; que gratifica.

gra.ti.fi.car (*lat gratificare*) *vtd* e *vti* **1** Pagar o serviço extraordinário de; premiar, remunerar; recompensar. *vtd* **2** Dar gorjeta a. *vti* **3** Mostrar gratidão a; dar alegria ou prazer a.

gra.ti.na.do *adj Cul* Diz-se de certos pratos de forno sobre cuja superfície polvilha-se queijo ralado, farinha de rosca etc., para que se forme uma crosta (surgida pela ação do calor): *Lasanha gratinada*. • *sm* Prato gratinado.

gra.ti.nar *vtd* e *vint Cul* Fazer tostar queijo ralado, farinha de rosca etc. em cima de uma massa, torta ou outro tipo de prato que vai ao forno, para nele formar uma crosta.

grá.tis (*lat gratis*) *adv* De graça, gratuitamente.

gra.to (*lat gratu*) *adj* Que tem gratidão; agradecido, reconhecido. *Antôn: ingrato*.

gra.tui.da.de (*gratui(to)+dade*) *sf* Qualidade daquilo que é gratuito.

gra.tui.to (*lat gratuitu*) *adj* **1** Feito ou dado de graça. **2** Sem fundamento, sem razão: *Agressão gratuita*.

A palavra **gratuito** é paroxítona, portanto a sílaba tônica é *tui*, tal como *circuito, fluido, fortuito* e *intuito*.

grau (*lat gradu*) *sm* **1** Intensidade, força. **2** *Geom* Cada uma dos 360 partes iguais em que se divide a circunferência. **3** *Fís* Cada uma das divisões da escala de alguns instrumentos (termômetro, higrômetro etc.). **4** *Arit* Expoente de uma potência. **5** Título obtido em escola superior ao se completar o curso. **6** Distância ou número de gerações que separam os parentes: *Grau de parentesco*. **7** *Gram* Flexão com que se dá a uma palavra o sentido de intensidade. **8** Unidade de medida de ângulo (*símb:* °). **9** Unidade de medida de temperatura (*símb:* °). **10** Unidade de medida de concentração de uma solução. *Grau Celsius: V grau centígrado. Grau centígrado:* unidade termométrica da escala centesimal ou centígrada. *Graus de latitude, Geogr:* o espaço compreendido entre dois paralelos. *Graus de longitude, Geogr:* o espaço compreendido entre dois meridianos. *Em alto grau:* enormemente; muitíssimo.

gra.ú.do (*lat *granutu*) *adj* Grande, desenvolvido, muito crescido. • *sm* Indivíduo importante; poderoso, rico.

gra.ú.na (*tupi yurá úna*) *sf Ornit* Pássaro da família dos icterídeos, todo preto. *Var: garaúna*.

gra.va.ção (*lat gravatione*) *sf* **1** Ato ou efeito de gravar. **2** Reprodução de desenho ou ilustração em metal. **3** Registro de som, ou imagem, por meio de fita magnética. **4** *Inform* Ato de salvar arquivo de dados.

gra.va.dor (*ô*) (*lat gravatore*) *adj* Que grava. • *sm* **1** Artista que grava em madeira, aço, cobre, prata etc. **2** Dispositivo para gravar sons em disco, fita ou filme.

gra.va.do.ra (de *gravador*) *sf* Indústria ligada à produção de gravações comerciais.
gra.va.me (*lat gravamen*) *sm* 1 Vexame. 2 Imposto pesado. 3 Ofensa; agravo.
gra.var (*fr graver*) *vtd* 1 Abrir, esculpir com buril ou cinzel. *vtd* 2 Assinar ou marcar com selo ou ferrete. *vtd* 3 Fazer gravação. *vtd* e *vpr* 4 Imprimir(-se), estampar(-se), fixar(-se). *Gravar na memória*: reter na mente, decorar.
gra.va.ta (*fr cravate*) *sf* 1 Tira de tecido que se põe em volta do pescoço, formando laço ou nó na parte da frente. 2 Golpe sufocante no pescoço.
gra.va.tá (*tupi karauatá*) *sm Bot* Nome comum a várias plantas da família das bromeliáceas, que dão frutos ácidos em cachos.
gra.ve (*lat grave*) *adj* 1 Rígido, severo. 2 Circunspecto, sério. 3 Intenso, profundo. 4 Doloroso, penoso. 5 *Gram* Qualificativo do acento (`) com que se indica a crase. 6 Diz-se da voz grossa em oposição à aguda. • *sm Mús* Nota grave ou baixa.
gra.ve.to (*ê*) (de *garaveto*) *sm* Pedaço de lenha miúda.
gra.vi.da.de (*lat gravitate*) *sf* 1 Qualidade de grave. 2 *Fís* Força que atrai todos os corpos para o centro da Terra. 3 Circunspecção, seriedade, compostura. 4 Intensidade, força. 5 Estado ou qualidade daquilo que pode ter sérias consequências. 6 Importância.
gra.vi.dez (*ê*) (*grávido+ez*) *sf* Gestação. *Pl*: *gravidezes*. *Gravidez ectópica*: aquela em que o ovo se aloja fora do útero. *Gravidez tubária*: aquela em que o feto se desenvolve nas tubas uterinas.
grá.vi.do (*lat gravidu*) *adj* 1 Que se encontra em estado de gravidez. 2 Repleto, cheio.
gra.vi.o.la *sf* Fruta comestível do Nordeste brasileiro, da mesma família da fruta-do-conde.
gra.vi.ta.ção (*gravitar+ção*) *sf Fís* Força de atração mútua das massas; atração universal.
gra.vi.ta.ci.o.nal (*gravitação+al¹*) *adj* 1 Que se refere à gravitação. 2 Causado por gravitação. *Var*: *gravítico*.
gra.vi.tar (*gravi+itar*) *vint* 1 Movimento em volta de um astro, atraído por ele. *vti* 2 *Fís* Tender para determinado ponto ou centro, pela força da gravitação. *vti* 3 *fig* Seguir (uma pessoa ou coisa) o destino de outra.
gra.vo.so (*ô*) (*grave+oso*) *adj* 1 Que produz gravame. 2 Que oprime; que vexa. *Pl*: *gravosos* (*ó*).
gra.vu.ra (*gravar+ura²*) *sf* Estampa, ilustração, imagem, figura.
gra.xa (*lat vulg *crassa, der de crassu*) *sf* 1 V gordura. 2 Substância para engraxar e polir o sapato e outros artefatos de couro. 3 Pasta para lubrificar máquinas. 4 *gír* Propina, a título de suborno.
gra.xo (*lat vulg *grassu*) *adj* Gordo, gordurento, oleoso, gorduroso.
gre.co-la.ti.no (*lat graecu + latino*) *adj* Relativo ao grego e ao latim. *Fem*: *greco-latina*. *Pl*: *greco-latinos*.
gre.co-ro.ma.no (*lat graecu + romano*) *adj* Comum à Grécia e a Roma, aos gregos e aos romanos. *Fem*: *greco-romana*. *Pl*: *greco-romanos*.
gre.ga (*ê*) (de *grego*) *sf Arquit* e *Des* Cercadura composta de linhas retas artisticamente entrelaçadas.
gre.gá.rio (*lat gregariu*) *adj* Que vive em bando: *Aves gregárias*.
gre.go (*ê*) (*lat graecu*) *adj* 1 De, ou relativo à Grécia (Europa). 2 *pop* Enigmático; ininteligível, incompreensível, obscuro: *Isso é grego para mim*. • *sm* 1 Natural ou habitante da Grécia. 2 A língua dos gregos. *Sin*: *heleno*.
gre.go.ri.a.no (*Gregório, np+ano*) *adj* Relativo a qualquer dos papas Gregórios I, VII ou XIII. *Canto gregoriano*: *V cantochão*.
grei (*lat grege*) *sf* 1 Rebanho de gado miúdo. 2 Conjunto dos paroquianos ou diocesanos. 3 *fig* Partido, sociedade.
gre.la.do (*part* de *grelar¹*) *adj* 1 Que tem grelo. 2 Que começou a grelar. 3 Que lançou espiga; espigado.
gre.lar (*grelo+ar¹*) *vint* 1 Deitar grelo; germinar, brotar. 2 Crescer, aumentar.
gre.lha (*ê*) (*lat craticula*, pelo *fr greille*) *sf* 1 Pequena grade de ferro sobre a qual se assa algum alimento. 2 Grade sobre a qual se acende o carvão nos fornos, fornalhas, fogareiros etc.
gre.lha.do (*part* de *grelhar*) *adj* Assado ou torrado na grelha: *Bife grelhado*. • *sm Cul* Prato de carne ou peixe assado ou torrado na grelha: *O grelhado estava ótimo*.
gre.lha.gem (*grelhar+agem*) *sf* Ação ou efeito de grelhar.
gre.lhar (*grelha+ar¹*) *vtd* Assar ou torrar na grelha.
gre.lo (*ê*) *sm* 1 *Bot* Gema que se desenvolve na semente, bulbo ou tubérculo e vem surgindo da terra; broto. 2 *vulg* Clitóris.
grê.mio (*lat gremiu*) *sm* 1 Corporação de sócios; associação de indivíduos (sujeitos a regulamentos e estatutos) com interesses ou atividades comuns. 2 A sede desta corporação.
gre.mis.ta (*grêmio+ista*) *adj* e *s m+f* Que, ou aquele que se relaciona a grêmio.
gre.ná (*fr grenat*) *adj* 1 Da cor vermelha da romã. 2 Diz-se dessa cor. • *sm* Essa cor.
gre.nha (*germ grenn*) *sf* 1 Cabelo emaranhado. 2 Juba de leão. 3 Mata espessa; matagal.
gre.ta (*ê*) (de *gretar*) *sf* Abertura estreita; fenda; vão.
gre.tar (*lat crepitare*) *vint* e *vpr* Fender-se, rachar-se.
gre.ve (*fr grève*) *sf* Ato de funcionários, estudantes etc., que recusam trabalhar ou estudar, enquanto não chegam a um acordo. *Greve de fome*: a recusa de alguém em se alimentar, como protesto.
gre.vis.ta (*greve+ista*) *adj m+f* Referente a greve. • *s m+f* Pessoa que promove uma greve ou dela participa.
grid (*grídi*) (*ingl*) *sm Autom* A posição de largada de cada um dos competidores, numa corrida: *Grid de largada*.
gri.far (*grifo+ar¹*) *vtd* Sublinhar.
gri.fe (*fr griffe*) *sf* Nome que um fabricante dá a seu produto e que se torna sua marca característica. *De grife*: que tem marca.
gri.fo (*lat med gryphu, gr gryps*) *adj* Itálico. • *sm* 1 Letra itálica. 2 Traço por baixo de letras ou palavras. 3 Ferramenta própria para apertar ou desapertar parafusos; chave de cano, chave grifo.
gri.la.do (*grilo+ado¹*) *adj gír* Que está com grilo (ideia fixa, obsessão).
gri.la.gem (*grilar+agem*) *sf* Posse ilegal de terra, mediante documentos falsos.
gri.lar (*grilo+ar¹*) *vtd* 1 *pop* Apoderar-se ilicitamente de terras alheias por meio de escrituras falsas. *vtd* 2 Fazer títulos falsos de (terras). *vpr* 3 *gír* Ficar preocupado ou cismado.

gri.lei.ro (*grilo+eiro*) *sm* Indivíduo que, mediante falsas escrituras de propriedade, procura apossar-se de terras alheias.

gri.lhão (*cast grillón, aum* de *grillo*) *sm* **1** Corrente de metal formada de anéis encadeados. **2** Corrente que prende os condenados. **3** Algema. *Var: grilho.*

gri.lí.deos (*grilo+ídeos*) *sm pl* Família de insetos da ordem dos ortópteros, que compreende os grilos.

gri.lo (*lat grillu*) *sm* **1** *Zool* Nome comum a vários insetos saltadores, da família dos grilídeos, de cor geralmente parda, com longas antenas. Voz: *chirria, cricrila, estridula, estrila, guizalha, trila, tritila, tritina.* **2** Propriedade territorial legalizada com título falso. **3** *gír* Ideia fixa, obsessão, grande preocupação ou cisma.

gri.nal.da (*cast guirnalda, fr ant garlande* etc.) *sf* **1** Coroa de flores naturais ou artificiais. **2** Enfeite de flores entrançadas e dispostas em curva. *V guirlanda.*

grin.go (*cast gringo*) *sm pej* Estrangeiro.

gri.pa.do (*gripe+ado*[1]) *adj* Diz-se do indivíduo atacado de gripe. • *sm* Esse indivíduo.

gri.pal (*gripe+al*[1]) *adj* Referente a gripe.

gri.par (*gripe+ar*[1]) *vtd* e *vpr* Tornar(-se) doente de gripe.

gri.pe (*fr grippe*) *sf Med* Doença infecciosa e muito contagiosa, acompanhada de febre, sensação de tremor etc., produzida por vírus; influenza.

gris (*fr gris*) *adj* e *s m+f* Diz-se da, ou a cor cinzenta tirante a azul.

gri.sa.lho (*fr grisaille*) *adj* **1** Diz-se da barba ou cabelo entremeados de fios brancos. **2** Que tem cabelos grisalhos.

gri.se.ta (*ê*) *sf* Peça metálica das lâmpadas ou das lamparinas, na qual se enfia a torcida.

gri.su (*fr grisou*) *sm Quím* **1** Mistura de gases explosivos, principalmente metano, que se forma nas minas de carvão. **2** *V metano.*

gri.ta (de *gritar*) *sf* Gritaria, alarido.

gri.ta.dor (*gritar+dor*) *adj* + *sm* Que, ou aquele que grita ou fala em voz muito alta.

gri.ta.lhão (*gritar+alho+ão*[2]) *sm* O que grita muito.

gri.tan.te (de *gritar*) *adj* **1** Que grita. **2** Diz-se da cor muito viva; berrante. **3** Evidente.

gri.tar (*lat quiritare*) *vint* **1** Soltar gritos. *vint* **2** Falar em voz muito alta; berrar. *vti* e *vint* **3** Queixar-se, protestar, reclamar. *vti* **4** Bradar, dizer em voz alta, chamar aos gritos.

gri.ta.ri.a (*grito+aria*) *sf* Gritos repetidos ou simultâneos; berreiro. *Var: gritada.*

gri.to (de *gritar*) *sm* **1** Voz aguda e muito elevada. **2** Exclamação forte e sonora com que se pede socorro ou exprime dor ou raiva. **3** Brado, clamor. *O grito do Ipiranga:* o brado "Independência ou Morte!", dado por D. Pedro às margens do Ipiranga em 7 de setembro de 1822. *No grito:* à força.

gro.gue (*ingl grog*) *sm* Bebida alcoólica, misturada com água quente, açúcar e suco de limão. • *adj m+f* Diz-se de quem está cambaleante, como quem tomou bebida alcoólica em excesso. Nesse sentido, é muito usado no boxe.

gro.sa (*ital grossa*) *sf* **1** Doze dúzias (144 unidades). **2** *Carp* Instrumento semelhante à lima, usado para desbastar madeira ou o casco das cavalgaduras. **3** Faca de fio embotado, para descarnar peles.

gro.se.lha (*é*) (*fr groseille*) *sf* **1** Fruto da groselheira. **2** Xarope feito com esse fruto. • *adj* Que tem a cor acerejada da groselheira-vermelha.

gro.se.lhei.ra (*groselha+eira*) *sf Bot* Planta que produz a groselha. *Var: groselheiro.*

gros.sei.rão (*grosseiro+ão*[2]) *adj* **1** Muito grosseiro. **2** De má qualidade. • *sm* Indivíduo mal-educado.

gros.sei.ro (*grosso+eiro*) *adj* **1** De má qualidade. **2** Malfeito, rude, tosco. **3** Áspero, mal polido. **4** Diz-se do indivíduo indelicado, malcriado; grosso. • *sm* Sujeito mal-educado.

gros.se.ri.a (*grosseiro+ia*[1]) *sf* Ação ou expressão grosseira, indelicada; grossura. *Antôn: delicadeza.*

gros.so (*ô*) (*lat grossu*) *adj* **1** Que tem grande circunferência ou volume. **2** Consistente, denso, espesso, pastoso, pesado (diz-se de líquidos). **3** Grave (som, voz). **4** Grosseiro. • *sm* **1** A parte mais espessa. **2** A maior parte. **3** Indivíduo grosseiro. **4** Indivíduo que comete erros grosseiros.

Grosso modo é uma expressão latina, por isso não deve ser antecedida da preposição **a** e deve ser grafada em itálico.

gros.su.ra (*grosso+ura*) *sf* **1** Qualidade de grosso. **2** Espessura. **3** *gír* Grosseria.

gro.ta (*gr krýpte*, pelo *lat crypta*) *sf* **1** Abertura provocada pelas enchentes, na ribanceira ou nas margens de um rio. **2** Vale profundo.

gro.tão (*grota+ão*[2]) *sm* Grota enorme; depressão funda entre montanhas. *Pl:* grotões.

gro.tes.co (*ê*) (*ital grottesco*) *adj* **1** Caricato, ridículo. **2** Que provoca risos.

grou (*lat *gruu*, por *grue*) *sm Ornit* Ave pernalta da família dos gruídeos. Voz: *grasna, grugrulha, grui, grulha. Fem:* grua.

gru.a (*lat grua*) *sf* **1** *Ornit* Fêmea do grou. **2** Máquina para introduzir água nas locomotivas. **3** Tipo de guindaste que se movimenta em todas as direções.

gru.dar (*grude+ar*[1]) *vtd* **1** Colar, ligar, unir com grude. *vtd* **2** Fazer aderir a uma superfície. *vpr* **3** Brigar corpo a corpo, engalfinhar-se. *vint* e *vpr* **4** Pegar-se, unir-se com grude. *vint* e *vpr* **5** *pop* Agarrar-se e não cair.

gru.de (*lat gluten*) *sm* **1** Espécie de cola para unir e pregar peças de madeira. **2** *gír* Comida, refeição. **3** *fig* Amizade estreita. **4** Cola feita de farinha de trigo ou de polvilho.

gru.den.to (*grude+ento*) *adj* Pegajoso, viscoso.

gru.gu.le.jar (*onom*) *vint* **1** Soltar a voz (o peru). **2** Imitar a voz do peru. *Conjug:* só se conjuga nas 3as pessoas.

gru.í.deos (*lat gruu+ídeos*) *sm pl Ornit* Família de grandes aves pernaltas de asas largas que vivem geralmente em alagadiços.

gru.me.te (*ê*) *sm* Marinheiro principiante na armada; primeira graduação na hierarquia da Marinha.

gru.mo (*lat grumu*) *sm* **1** *Med* Pequeno coágulo de albumina. **2** Grânulo; nódulo. **3** *Cul* Caroço que se forma na pasta ou massa mal diluída.

gru.mo.so (*ô*) (*grumo+oso*) *adj* Cheio de grumos; granuloso. *Pl: grumosos* (*ó*).

gru.na *sf* **1** Depressão causada pelas águas das ribanceiras de alguns rios. **2** Escavação funda feita por garimpeiros. **3** Gruta.

gru.nhi.do (*lat grunnitu*) *sm* **1** Voz do porco ou do javali. **2** *fig* Resmungo.

gru.nhir (*lat grunnire*) *vint* **1** *onom* Soltar grunhidos (o porco ou o javali). *vint* **2** Imitar a voz do porco. *vtd* **3** Proferir em grunhidos. *Conjug:* só se conjuga nas 3ªs pessoas. Em sentido figurado, sua conjugação é integral e segue *abolir.*

gru.pal (*grupo+al*¹) *adj* **1** Relativo a grupo. **2** Próprio de grupo.

gru.pa.men.to (*grupar+mento*) *sm* **1** Ato ou efeito de grupar. **2** Ajuntamento de pessoas. **3** *Mil* Organização militar, operacional ou administrativa, na qual se agrupam elementos de comando e de combate.

gru.par (*grupo+ar*¹) *V agrupar.*

gru.po (*ital gruppo,* do *germ*) *sm* **1** Certo número de pessoas reunidas. **2** Reunião de objetos. **3** Cada conjunto de 4 dezenas (de 00 a 99) representativo de cada um dos animais do jogo do bicho. **4** *gír* Mentira. **5** *Inform* Numa rede, coleção de usuários convenientemente identificados por um nome. *Grupo escolar:* estabelecimento de ensino (primário) que compreendia as quatro primeiras séries do 1º grau. *Grupo sanguíneo, Biol:* um de vários tipos ou grupos em que o sangue pode ser classificado.

gru.ta (*lat vulg crypta*) *sf* Caverna natural ou artificial.

gua.bi.ro.ba (*tupi yuá ueráua*) *sf* **1** *Bot* Nome comum a diversas árvores e arbustos mirtáceos. **2** Fruto dessas plantas. *Var: gabiroba, gabirobeira, guabiraba* e *guabirobeira.*

gua.bi.ro.bei.ra (*guabiroba+eira*) *sf V guabiroba* (acepção 1).

gua.bi.ru (*tupi uauirú*) *sm* **1** *Zool* Espécie de rato grande. **2** Gatuno, ladrão.

gua.ca.mo.le *sm Cul* Prato mexicano feito com abacate amassado e temperado com sal, limão, azeite, chile (pimenta mexicana picante), cebola e tomates picados.

gua.che (*fr gouache*) *sm* **1** *Pint* Preparação feita com substâncias corantes trituradas em água e misturadas com uma preparação de goma. **2** Quadro pintado com essa preparação. *Cf guaxe.*

guai.a.ca (*quíchua huayaca*) *sf* Cinturão largo de couro ou de camurça com bolsos e nos quais o campeiro guarda dinheiro, armas, objetos miúdos etc. *Faquear a guaiaca, Reg* (RS): pedir dinheiro. *Var: goiaca, guaiara.*

guai.a.mu (*tupi uañumý*) *sm Zool* Espécie de caranguejo, de coloração azulada, que vive em lugares lamacentos, à beira-mar. Sua pinça maior pode chegar a 30 cm, e a carapaça mede 11 cm. *Var: goiamum.*

guai.cu.ru *adj Etnol* Relativo aos guaicurus. • *s m+f* Indígena da tribo dos guaicurus. *sm* Idioma falado por essa tribo. *sm pl Etnol* Tribo indígena que vivia em Mato Grosso do Sul e no Paraguai.

gua.po (*cast guapo*) *adj* **1** Corajoso, valente, ousado. **2** *pop* Airoso, belo, elegante.

gua.rá (*tupi auará*) *sm* **1** *Ornit* Ave ciconiforme de coloração vermelho-viva; flamingo. **2** *Zool* O maior canídeo brasileiro, de pelos avermelhados; lobo.

gua.ra.ná (*tupi uaraná*) *sm* **1** *Bot* Arbusto trepador, que se encontra nas regiões entre os rios Tapajós e Madeira. **2** Resina dessa planta. **3** Pasta seca comestível, rica em cafeína e tanino, que os índios maués, do Amazonas, preparam com as sementes dessa planta. **4** Bebida gasosa e refrigerante fabricada com o pó dessa pasta.

gua.ra.ni *adj Etnol* Pertencente ou relativo aos guaranis. • *s m+f* Indígena dos guaranis. *sm* **1** Língua dos guaranis. **2** Unidade monetária do Paraguai. *sm pl Etnol* Nação indígena da América do Sul, aparentada aos tupis e que dominou grande parte do Sul do Brasil, Paraguai e Uruguai.

gua.râ.nia (de *guarani*) *sf Mús* Música e canto muito melódicos considerados de origem paraguaia.

guar.da (de *guardar*) *sf* **1** Ação ou efeito de guardar. **2** Cuidado, vigilância. **3** *fig* Abrigo, amparo. **4** Sentinela. **5** Corpo de tropa que faz o serviço de vigia, proteção ou policiamento. **6** Os militares que fazem este serviço. **7** *Esgr* Posição defensiva. *sm* Vigia. *sf pl* Peitoris ou anteparos de um e outro lado da ponte. *Em guarda:* em atitude de defesa. *Guarda municipal:* corpo de polícia organizado e mantido pela municipalidade. *Guarda nacional:* corpo de infantaria e cavalaria encarregado da conservação da ordem no país.

guar.da-chu.va *sm* Armação de varetas móveis, coberta de pano, para proteger da chuva e do sol; guarda-sol. *Pl: guarda-chuvas.*

guar.da-co.mi.da *sm* Armário para guardar comida. *Pl: guarda-comidas.*

guar.da-cos.tas *sm sing* e *pl* **1** *Mar* Navio que percorre a costa marítima, a fim de evitar contrabando. **2** *fig* Pessoa que acompanha outra para defendê-la de algufma agressão. **3** *V capanga.*

guar.da.dor (*guardar+dor*) *adj* **1** Que guarda. **2** Que observa ou cumpre certos preceitos. • *sm* Aquele que guarda ou vigia alguma coisa. *Guardador de carros:* pessoa que toma conta dos automóveis estacionados na rua enquanto os proprietários estão ausentes e deles recebe gorjetas.

guar.da-flo.res.tal *sm* Funcionário do Estado encarregado de vigiar as florestas contra derrubadas, caças ilegais e incêndios. *Pl: guardas-florestais.*

guar.da-li.vros *s m+f sing* e *pl* Pessoa encarregada da escrituração dos livros comerciais; contabilista.

guar.da-ma.ri.nha *sm Mil* Na hierarquia da Marinha, primeiro degrau, entre os oficiais. Corresponde ao aspirante a oficial do Exército ou da Aeronáutica. *Pl: guardas-marinhas, guardas-marinha* e *guarda-marinhas.*

guar.da-mor *sm* Chefe da polícia aduaneira de um porto. *Pl: guardas-mores.*

guar.da.mo.ri.a (*guarda-mor+ia*¹) *sf* **1** Cargo de guarda-mor. **2** Repartição aduaneira dirigida pelo guarda-mor.

guar.da.na.po (*fr gardenappe*) *sm* Pano ou papel com o qual, à mesa, se limpa a boca.

guar.da-no.tur.no *sm* Vigilante noturno. *Pl: guardas-noturnos.*

guar.da-pó *sm* Capa que se veste por cima de toda a roupa, a fim de resguardá-la do pó. *Pl: guarda-pós.*

guar.dar (*germ *wardon*) *vtd* **1** Vigiar, para conservar, defender ou proteger. *vtd* **2** Conservar, manter em bom estado. *vtd* **3** Ter em depósito; tomar conta. *vtd* **4** Não revelar; ocultar. *vtd* **5**

Observar, cumprir. *vpr* **6** Abrigar-se. *vpr* **7** Abster-se. *Guardar silêncio:* calar-se; não falar.

guar.da-rou.pa *sm* **1** Móvel no qual se guarda a roupa; roupeiro. **2** Conjunto do vestuário de uma pessoa, de uma peça de teatro, de um gênero dramático etc. *Pl: guarda-roupas.*

guar.da-sol *sm* Amplo guarda-chuva que protege as pessoas contra o sol, na praia ou à beira de uma piscina; guarda-chuva. *Pl: guarda-sóis.*

guar.da-va.la *sm Fut* Goleiro; arqueiro. *Pl: guarda-valas.*

guar.da-vo.lu.mes *sm sing* e *pl* Local onde se guardam volumes, por tempo determinado.

guar.di.ão *(cast guardián) sm* **1** Superior de algumas comunidades religiosas. **2** *V* goleiro. *Fem: guardiã. Pl: guardiães* e *guardiões.*

guard-rail *(guárdi-rêil) (ingl) sm* Barreira de proteção usada nas estradas e pistas de competição (de concreto, metal, madeira etc.).

gua.ri.ba *(tupi uaríua) sf gír de motoristas* Limpeza e renovação de um carro para ser vendido. *sm Zool* Nome de vários macacos da América do Sul e Central providos de barba; bugio.

gua.ri.da *(de guarir) sf* **1** Abrigo, refúgio. **2** Proteção, asilo.

gua.ri.ro.ba *(tupi uariróua) sf Bot* Palmeira que fornece um palmito ligeiramente amargo, também denominada *coqueiro-amargoso* ou *gara-roba. Var: guarirova.*

gua.ri.ro.va *(tupi uariróua) V* guariroba.

gua.ri.ta *(der* de *gót warjan) sf* **1** Cabina em que, à margem das estradas de ferro ou de rodagem, ficam os vigias, sinaleiros etc. **2** Casinha para abrigo de sentinelas.

guar.ne.cer *(do ant guarnir,* do *germ *warnjan) vtd* **1** Colocar guarnição em, enfeitar, pôr ornato na borda de. **2** Equipar, prover do necessário. **3** Fortalecer, pôr forças militares em.

guar.ne.ci.do *(de guarnecer) adj* **1** Ornado, enfeitado. **2** Munido; fortalecido.

guar.ne.ci.men.to *(guarnecer+mento²) sm* **1** Ação ou efeito de guarnecer. **2** Guarnição. **3** Adorno, ornato.

guar.ni.ção (do *ant guarnir+ção) sf* **1** Conjunto das tropas necessárias para guarnecer uma praça. **2** Conjunto de tropas acantonadas em uma cidade. **3** Tudo o que se pode aplicar a um objeto para o adornar ou enfeitar. **4** Conjunto de partes que resguardam ou cobrem alguma coisa; jogo: *Guarnição de mesa. Guarnição de cama.* **5** Enfeite da barra ou das outras extremidades de um vestido. **6** Enfeite em beirada.

gua.te.ma.len.se *(top Guatemala+ense) adj* e *s m+f V* guatemalteco.

gua.te.mal.te.co *(cast guatemalteco) adj* Relativo à Guatemala (América Central). • *sm* Habitante ou natural da Guatemala; guatemalense.

gua.xe *(tupi uaixó) sm Zool* Ave icterídea preta e vermelha. *Cf* guache.

gu.de *sm* **1** Jogo infantil praticado com bolinhas de vidro. **2** Cada uma dessas bolinhas.

gue.de.lha *(ê) (lat viticula) sf* Cabelo crescido e desgrenhado. *Var: gadelha, gadelho, guedelho.*

gue.de.lho *(ê) (lat viticula) sm V* guedelha.

gue.de.lhu.do *(guedelha+udo) adj* Que tem muita guedelha. *Var: gadelhado, gadelhudo.*

guei *(ingl gay) sm* **1** *pop* Homossexual masculino. **2** *vulg* Veado, bicha.

guei.me *(ingl game) sm* Forma reduzida de videogueime.

guei.xa *(jap geisha) sf* Mulher jovem que, nos estabelecimentos públicos do Japão, dança, canta, conversa ou serve o chá, para agradar ou distrair os frequentadores.

guel.ra *sf Zool* Aparelho respiratório dos animais que respiram o oxigênio dissolvido na água; brânquia.

guer.ra *(germ *werra) sf* **1** Luta armada entre nações. **2** *fig* Hostilidade, oposição. **3** *por ext* Arte militar. **4** *fig* Discórdia, rixa, briga. *Guerra aberta:* guerra declarada. *Guerra biológica:* guerra por meio de micro-organismos: bactérias, fungos, vírus, toxinas etc. *Guerra civil, Sociol:* conflito armado entre diferentes grupos dentro da mesma nação. *Guerra de nervos:* meios usados por uma pessoa para preocupar e irritar outra. *Guerra naval:* guerra no mar. *Nome de guerra:* pseudônimo por que uma pessoa é conhecida.

guer.re.ar *(guerra+e+ar¹) vtd* **1** Fazer guerra a. *vtd* **2** Combater, hostilizar, opor-se a. *vti* **3** Disputar, lutar. Conjuga-se como *frear.*

guer.rei.ro *(guerra+eiro) adj* **1** Belicoso. **2** Que gosta de guerra. • *sm* **1** Aquele que guerreia. **2** Combatente.

guer.ri.lha *(guerra+ilha) sf* **1** Forma de guerra paramilitar que consiste, em geral, em atacar o inimigo de emboscada para interromper suas linhas de comunicação ou destruir suprimentos. **2** Ações militares executadas por guerrilheiros.

guer.ri.lhar *(guerrilha+ar¹) vint* **1** Fazer guerrilha. **2** Levar vida de guerrilheiro.

guer.ri.lhei.ro *(guerrilha+eiro) sm* Aquele que pertence a uma guerrilha.

gue.to *(ê) (it ghetto) sm* Bairro onde se reúnem grupos de indivíduos marginalizados pela sociedade.

gui.a *(de guiar) sf* **1** Documento que acompanha mercadorias, para poderem transitar livremente. **2** Meio-fio. *s m+f* **1** Pessoa que guia, orienta. **2** Pessoa que acompanha turistas, viajantes etc.; cicerone. *sm* **1** Livro para orientar visitantes numa região ou cidade (situação de ruas, lugares pitorescos, horários de trens etc.). **2** Animais que vão na frente, para ensinar o caminho.

gui.a.nen.se *(gúi) (top Guianas+ense) adj m+f* Da Guiana (América do Sul). • *s m+f* O natural ou habitante desse país. *Var: guianês.*

gui.a.nês *(gúi) (top Guianas+ês) adj* + *sm* Guianense.

gui.ar *(guia+ar¹) vtd* **1** Conduzir, dirigir, encaminhar. *vtd* **2** Aconselhar. *vtd* **3** Dirigir, proteger: *Deus te guie! vtd* e *vint* **4** Dirigir (veículo).

gui.chê *(fr guichet) sm* Portinhola pela qual os funcionários de repartições, casas bancárias, bilheterias etc. atendem ao público.

gui.dão *(fr guidon) V* guidom.

gui.dom *(fr guidon) sm* Barra de direção das bicicletas, motocicletas, lambretas. *Var: guidão.*

gui.lho.ti.na *(fr guillotine) sf* **1** Instrumento que serve para decapitar os condenados à morte. **2**

Máquina para cortar papel. **3** Tipo de vidraças para janelas, com movimento semelhante ao da guilhotina.
gui.lho.ti.nar (*giolhotina+ar¹*) *vtd* **1** Decapitar, cortar com guilhotina. **2** Cortar papel com a guilhotina.
gui.na.da (*anglo-sax winan*) *sf* **1** Desvio de navio ou avião. **2** *por ext* Mudança repentina e radical numa situação. **3** Salto do cavalo para se furtar ao castigo do cavaleiro.
gui.nar (*anglo-sax winan*) *vint* **1** Mover-se às guinadas. *vtd* **2** Virar rapidamente.
guin.char (*guincho+ar¹*) *vint* **1** Dar guinchos. *vtd* **2** Soltar gritos à maneira de guincho. *vtd* **3** Arrastar, levar a reboque (um veículo) com o guincho. *Conjug:* nas acepções 1 e 2 só se conjuga nas 3ᵃˢ pessoas.
guin.cho *sm* **1** *pop* Grito agudo. **2** Veículo munido de guindaste, próprio para prestar auxílio; reboque, socorro.
guin.dar (*fr guinder*, do *escand vinda*) *vtd* **1** Erguer, içar, levantar. *vtd* **2** Elevar a alta posição.
guin.das.te (*fr ant guindas*, de origem nórdica) *sm* **1** Máquina para levantar ou descer grandes pesos; grua. **2** *Tip* Alavanca, nas máquinas de compor, que transporta as matrizes.
gui.ne.a.no (*top Guiné+ano*) *adj* Da Guiné e da Guiné-Bissau (África). • *sm* O natural ou habitante desses países.
gui.ne.en.se (*top Guiné+ense*) *adj m+f* Da Guiné-Bissau (África). • *s m+f* O natural ou habitante desse país.
gui.néu-e.qua.to.ri.a.no *adj* Da Guiné equatorial (África). • *sm* O natural ou habitante desse país. *Pl: guinéus-equatorianos.*
guir.lan.da (*fr guirlande*) *sf* Cordão ornamental de flores, folhagem etc. *Var: grinalda.*
gui.sa (*germ* wîsa*) *sf* Feição, maneira, modo. Usado na locução *à guisa de:* à maneira de.
gui.sa.do (*part* de *guisar*) *sm* **1** *Cul* Picadinho refogado de carne fresca ou de charque. **2** *por ext* Qualquer iguaria refogada de improviso.
gui.sar *vtd Cul* Cozinhar refogando o alimento; refogar.
gui.tar.ra (*ár kîtâra*, este do *gr kithára*) *sf Mús* Instrumento de cordas semelhante ao violão.
gui.tar.ris.ta (*guitarra+ista*) *s m+f* Pessoa que toca, ou ensina a tocar guitarra.
gui.zo *sm* **1** Pequena esfera oca, de metal, cujo interior contém uma ou mais bolinhas maciças, que produzem som quando a esfera é agitada. **2** Sininho para animais. **3** Parte terminal da cauda da cascavel, que produz ruído característico quando ela se excita.

gu.la (*lat gula*) *sf* **1** Excesso na comida e bebida. **2** Vício de beber ou comer demais; esganação. *Sin: gulodice.*
gu.lo.di.ce (de *gulosice*) *sf* **1** O vício de gula. **2** Doce ou iguaria muito apetitosa que se come fora das refeições; guloseima.
gu.lo.sei.ma (de *guloso*) *V gulodice* (acepção 2).
gu.lo.so (*ô*) (*gula+oso*) *adj* + *sm* **1** Que, ou o que tem o vício da gula. **2** Que, ou o que gosta de gulodices. *Pl: gulosos (ó).*
gu.me (*lat acumen*) *sm* **1** Lado afiado de uma lâmina ou instrumento cortante; corte, fio. **2** Fio da espada, da faca etc.
gu.ri (do *tupi*) *sm bras* Criança, menino, rapazola. *Var: uri.*
gu.ri.a (de *guri*) *sf* **1** Feminino de *guri*. **2** Menina pequena. **3** Namorada, garota.
gu.ri.za.da (*guri+z+ada¹*) *sf pop* Grande número de guris; meninada.
gur.mê (*fr gourmet*) *V gourmet.*
gu.ru (*hind gurû*) *sm* Guia espiritual.
gu.ru.pés (*fr beaupré*) *sm sing* e *pl Náut* Mastro na extremidade da proa do navio.
gu.sa (do *al ant Göse*, *pl* de *Gans*, via *fr guese*) *sf* Forma reduzida de *ferro-gusa*.
gu.sa.no (*cast gusano*) *sm Zool* Verme que se desenvolve onde há matéria orgânica em decomposição.
gus.ta.ção (*lat gustatione*) *sf* **1** Ato de provar. **2** Percepção do sabor de uma coisa. **3** Sentido do gosto.
gus.ta.ti.vo (*lat gustatu*) *adj* Que se refere ao sentido do gosto.
gu.ta (*malaio getah*) *sf* **1** *V guta-percha.* **2** Látex coagulado usado para fazer guta-percha e goma de mascar.
gu.ta-per.cha (*malaio getah perchah*, via *ingl*) *sf Bot* Substância plástica, semelhante à borracha, usada especialmente como isolador elétrico para cabos submarinos; em odontologia, para obturações temporárias; e em medicina, para emplastros e material de bandagens. *Pl: gutas-perchas* e *guta-perchas.*
gu.ti.fe.rá.cea (*gutífera+ácea*) *V gutíferas.*
gu.tí.fe.ras (*lat gutta+i+fero*) *sf pl Bot* Família de árvores e arbustos com folhas geralmente opostas ou verticiladas, flores unissexuais, seiva resinosa e bolotas oleosas.
gu.tu.ral (*lat guttur+al¹*) *adj* **1** Que se refere à garganta. **2** *Gram* Diz-se do som ou fonema modificado na garganta.
gu.tu.ra.li.zar (*gutural+izar*) *vtd Gram* **1** Tornar gutural. **2** Dar inflexão gutural.
gu.ze.ra.te *sm* Língua indo-europeia falada na região de Guzerate, na Índia. *s m+f* Habitante ou natural de Guzerate.

h[1] (*agá*) *sm* Oitava letra do alfabeto português, consoante. • *num* O oitavo numa série indicada pelas letras do alfabeto.
h[2] Símbolo de *hora* ou *horas*.
ha Símbolo de *hectare*.
hã! *interj* Que designa ou significa admiração, indecisão, moleza, preguiça, distração, reflexão.
habeas corpus (*ábeas córpus*) (*lat*) *Jur* Locução latina que significa *que tenhas teu corpo*. Dispositivo legal que garante e protege a liberdade de um cidadão.
há.bil (*lat habile*) *adj m+f* **1** Que tem capacidade para fazer uma coisa com perfeição e conhecimento do que executa. **2** Que revela destreza ou engenho. **3** Competente; apto; inteligente. **4** *pej* Manhoso. *Pl*: *hábeis*.
ha.bi.li.da.de (*lat habilitate*) *sf* **1** Qualidade de hábil. **2** Capacidade; inteligência; aptidão; competência. **3** Destreza. **4** *pej* Astúcia, manha.
ha.bi.li.do.so (*ô*) (*habilid(ade)+oso*) *adj* **1** Que tem ou revela habilidade, jeitoso. **2** *pej* Espertalhão, manhoso. *Pl*: *habilidosos* (*ó*).
ha.bi.li.ta.ção (*habilitar+ção*) *sf* **1** Ato ou efeito de habilitar(-se), de tornar-se capaz ou apto. **2** Aptidão, capacidade. **3** Documento ou título que habilita alguém para alguma coisa: *Carta de habilitação* (carta de motorista). *sf pl* Cabedal de conhecimentos.
ha.bi.li.ta.do (*part* de *habilitar*) *adj* **1** Que se habilitou para alguma coisa, que se tornou capaz de fazer determinada coisa. **2** Apto, competente.
ha.bi.li.tar (*lat habilitare*) *vtd* e *vpr* **1** Tornar(-se) hábil, apto, capacitado, preparado para alguma coisa: *A escola técnica habilitou uma grande turma. Habilitou-se para o trabalho estudando português.* *vtd* e *vpr* **2** Dispor(-se), preparar(-se): *Quem se habilita a fazer esta pesquisa?* *vtd* **3** Fornecer ou prover do necessário para determinado fim: *Habilitou o empregado para a longa jornada.* *vtd* e *vpr* **4** *Dir* Tornar(-se) ou declarar(-se) juridicamente apto para um objetivo. *vtd* e *vpr* **5** *Dir* Justificar com documentos legais a(sua) habilitação jurídica: *O advogado habilitou o cliente*.
ha.bi.ta.bi.li.da.de (*habitável+i+dade*) *sf* Qualidade de habitável, que pode ser habitado.
ha.bi.ta.ção (*lat habitatione*) *sf* **1** Ato ou efeito de habitar. **2** Lugar em que se habita. **3** Casa, moradia, residência. **4** *Habitat*. **5** Designação do local onde os animais se recolhem.
ha.bi.ta.ci.o.nal (*habitação+al*[1]) *adj* Que se refere a habitação.
ha.bi.tá.cu.lo (*lat habitaculu*) *sm* Habitação pequena e acanhada.
ha.bi.tan.te (*lat habitante*) *adj* e *s m+f* Que, ou quem reside habitualmente num lugar; morador. *Col*: *gente, nação, povo*.
ha.bi.tar (*lat habitare*) *vtd* **1** Residir (em), morar (em), ocupar, viver em: *Desde que habito este apartamento, não fui ao clube.* *vtd* **2** Povoar, ocupar. *vint* **3** Residir, morar, viver: *Onde você habita?* *vti* **4** Coabitar, morar (com), residir (com): *Habitava com os filhos em um casebre*.
habitat (*ábitat*) (*lat habitat*) *sm* **1** *Biol* Lugar ou meio em que cresce ou vive normalmente qualquer ser organizado; ambiente natural. **2** *Sociol* Área que é ou pode ser habitada por seres vivos. **3** Meio geográfico ou ambiente restrito em que uma sociedade possa sobreviver. *Pl*: *habitats*.
ha.bi.tá.vel (*lat habitabile*) *adj* **1** Que se pode habitar. **2** Próprio para habitação.
ha.bi.te-se (*habitar+se*[1]) *sm Dir* Documento fornecido pela Prefeitura que autoriza a ocupação e uso de uma casa ou prédio recém-construído.
há.bi.to (*lat habitu*) *sm* **1** Inclinação ou disposição para agir do mesmo modo em determinadas situações: *O hábito de tomar um copo de leite antes de dormir.* **2** Comportamento particular, costume, jeito: *Ele tem o hábito de falar alto.* **3** Traje característico dos eclesiásticos e das congregações religiosas: *Desde que vestiu o hábito deixou de visitar os amigos.* **4** *Psicol* Forma de reação adquirida, que em geral não varia; um dos resultados finais da aprendizagem. **5** *Sociol* Modo padronizado de pensar, sentir ou agir, que foi adquirido e tornou-se em grande parte inconsciente e automático.
ha.bi.tu.a.do (*part* de *habituar*) *adj* Que se habituou; que se acostumou.
ha.bi.tu.al (*lat habituale*) *adj* **1** Que acontece ou se faz por hábito. **2** Frequente; comum; usual.
ha.bi.tu.ar (*lat med habituare*) *vtd* **1** Fazer com que se adquira o hábito de: *Habituou o corpo a longas caminhadas.* *vtd* e *vpr* **2** Acostumar(-se): *Já me habituei à sua camaradagem.*

> O verbo **habituar-se** deve ser seguido da preposição **a**.
> *Já me **habituei a** trabalhar.*

ha.chu.ra (de *hachurar*) *sf Bel-art* Conjunto de traços paralelos e com distância igual empregados em desenhos e gravuras para sombrear ou dar efeito de meio-tom. Podem representar, também, o relevo em cartas topográficas.
ha.chu.rar (*fr hachurer*) *vtd* Fazer hachuras em.
hacker (*ráker*) (*ingl*) *s m+f Inform* Pessoa viciada em computadores, com conhecimentos de infor-

mática, que utiliza esse conhecimento a favor ou contra as pessoas que usam o sistema.

ha.do.que (*ingl haddock*) *sm Ictiol* Peixe, semelhante ao bacalhau, alimentício, das águas frias e temperadas do Atlântico Norte.

háf.nio (*lat cient hafniu*) *sm Quím* Elemento metálico, opaco, quimicamente semelhante ao zircônio, muito usado em filamentos de lâmpadas incandescentes, de número atômico 72 e símbolo Hf.

ha.gi.o.gra.fi.a (*hagio+grafo+ia*[1]) *sf* **1** História dos santos e das coisas santas. **2** Biografia dos santos.

ha.gi.o.grá.fi.co (*hagio+grafo+ico*[2]) *adj* Relativo à hagiografia.

ha.gi.ó.gra.fo (*hagio+grafo*) *sm* Autor que narra a vida dos santos.

hai.cai (*jap haikai*) *sm Lit* Pequena composição poética japonesa, em que se cantam as variações da natureza e sua influência na alma do poeta. É composta de três versos divididos em grupos de cinco, sete, cinco.

hai.ti.a.no (*top Haiti+ano*) *adj* Que se refere ao Haiti (América Central). • *sm* Habitante ou natural do Haiti.

há.li.to (*lat halitu*) *sm* **1** Ar que sai dos pulmões durante a expiração. **2** Cheiro da boca; exalação; bafo. **3** *poét* Brisa, viração, zéfiro.

ha.li.to.se (*halito+ose*) *sf Med* Hálito desagradável; mau hálito.

hall (*ól*) (*ingl*) *sm* Sala de entrada de um edifício; vestíbulo, átrio, saguão.

ha.lo (*gr hálos*) *sm* **1** Círculo ou arco ao redor de um corpo luminoso; pode ser branco ou suavemente colorido. **2** Círculo ou anéis luminosos em torno do Sol ou da Lua, causados por névoas de cristais de gelo na atmosfera. **3** *fig* Glória, prestígio. **4** *V auréola*.

ha.lo.gê.neo (*gr háls, halo+geno+eo*) *adj Quím* Diz-se de cada um dos cinco elementos – bromo, cloro, flúor, iodo e astatínio – que existem em estado livre. • *sm* Elemento halogêneo. *Var: halogênio, halógeno, halogênico.*

hal.ter (*é*) (*gr haltéres*) *sm Esp* **1** Instrumento para ginástica em uma só peça, geralmente de ferro, constituído de duas esferas nas extremidades de uma haste que serve de pegadouro. Seu tamanho varia: existem os chamados halteres curtos, que são manejados com um só braço, e os de haste longa, mais pesados, para ambos os braços. **2** Aparelho constituído de discos de ferro, de vários tamanhos, que se adaptam às extremidades de uma haste de aço. *Var: haltere. Pl* (de ambas as formas): *halteres.*

hal.te.re (*gr haltéres*) *V halter. Pl: halteres.*

hal.te.ro.fi.lis.mo (*halter+o+filo+ismo*) *sm Esp* Prática de esporte com halter.

hal.te.ro.fi.lis.ta (*halter+o+filo+ista*) *adj m+f* Relativo ao halterofilismo. • *s m+f* Pessoa que pratica o halterofilismo.

ham.búr.guer (*ingl hamburger*) *sm Cul* **1** Massa de carne moída de forma arredondada e chata que se frita ou grelha. **2** Sanduíche feito de pãozinho redondo com essa massa grelhada ou frita. *Pl: hambúrgueres.*

hamster (*rãmster*) (*al*) *sm Zool* Nome comum a numerosos mamíferos roedores da Europa oriental e da Ásia ocidental. São semelhantes ao rato, mas têm cauda curta e caracterizam-se por bolsas faciais internas muito grandes nas quais transportam alimentos para suas tocas subterrâneas.

han.de.bol (*rénd-ból*) (*ingl handball*) *sm Esp* Jogo semelhante ao futebol, mas que se joga com as mãos.

han.gar (*fr hangar*) *sm gal* **1** *Av* Abrigo fechado para aviões, balões, dirigíveis etc. **2** Abrigo ou armazém aberto para mercadorias; galpão; barracão.

han.se.ni.a.no (*Hansen, np+i+ano*) *adj* Relativo a Armauer Gerhard Hansen, médico e botânico norueguês (1841-1912). • *adj + sm* Que, ou quem sofre de hanseníase.

han.se.ní.a.se (*Hansen, np+íase*) *sf Patol* Doença crônica que afeta principalmente a pele, as mucosas e os nervos e é produzida por bacilo específico, chamado *bacilo de Hansen;* morfeia, lepra.

happy hour (*répi áuer*) (*ingl*) *sm* Horário, após o expediente de trabalho, em que as pessoas se reúnem em bares, clubes etc., para beber, comer e conversar.

ha.ra.qui.ri (*jap harakiri*) *sm* Entre os japoneses, suicídio de honra que consiste no suicida abrir horizontalmente o próprio ventre com um sabre ou uma faca.

ha.ras (do *fr haras*) *sm sing* e *pl* Local, geralmente no campo, onde se criam cavalos para competições.

hard disk (*rárdi disqui*) (*ingl*) *sm Inform* Disco rígido.

hardware (*rárd-uér*) (*ingl*) *sm Inform* Conjunto de unidades físicas de um computador ou seus periféricos, com componentes, circuitos integrados, discos e mecanismos. *Cf software.*

ha.rém (*fr harem, do ár Haram*) *sm* **1** Parte da casa muçulmana destinada exclusivamente às mulheres. **2** Conjunto de mulheres legítimas, concubinas, parentas e serviçais de uma casa muçulmana. **3** Prostíbulo, bordel. **4** *Zool* Grupo de fêmeas associadas a um só macho.

har.mo.ni.a (*gr harmonía,* pelo *lat*) *sf* **1** *Mús* Sucessão de acordes governada pelas leis da modulação. **2** Disposição equilibrada entre as partes de um todo. **3** Conjunto dos princípios e regras musicais. **4** Conjunto das qualidades de sons que resultam em algo agradável ao ouvido. **5** Acordo, concórdia; coerência, combinação agradável. **6** Paz e amizade entre pessoas. *Viver em harmonia:* viver em paz e amizade.

har.mô.ni.ca (*lat harmonica*) *sf Mús* **1** Instrumento musical, espécie de caixa de ressonância com lâminas de vidro ou metal que se tocam com uma baqueta. **2** Gaita de boca. **3** Acordeão, sanfona.

har.mô.ni.co (*lat harmonicu*) *adj* **1** Que tem harmonia. **2** Que diz respeito à harmonia. **3** Coerente, conforme, bem-proporcionado, regular, simétrico.

har.mo.ni.o.so (*ô*) (*harmonia+oso*) *adj* **1** Que produz efeito agradável. **2** Melodioso. **3** Que tem harmonia. **4** Coerente, bem-proporcionado, regular. *Pl: harmoniosos (ó).*

har.mo.ni.za.ção (*harmonizar+ção*) *sf* Ato ou efeito de harmonizar: *Harmonização de ambiente.*

har.mo.ni.za.dor (*harmonizar+dor*) *adj + sm* **1** Apaziguador. **2** *Mús* Diz-se de, ou músico encarregado de fazer a harmonização de uma melodia.

har.mo.ni.zar (*harmonia+izar*) *vtd* **1** *Mús* Dividir (uma melodia) em partes harmônicas. *vtd* **2** Compor ou entoar em harmonia: *Harmonizar vozes.* *vint* **3** Compor harmonia. *vtd* **4** Tornar harmônico: *Harmonizar uma situação.* *vtd* **5** Colocar em harmonia; congraçar: *O contato mais estreito com a natureza harmoniza os seres humanos.* *vtd* **6** Conciliar: *Conseguia habilmente harmonizar os temperamentos exaltados.* *vti, vint* e *vpr* **7** Estar de acordo, estar em harmonia: *Os gramáticos não harmonizam* (ou: *não se harmonizam*). *vpr* **8** Conviver em boa harmonia, pôr-se de acordo: *Sempre se harmonizaram perfeitamente.*

har.pa (*germ harpa*) *sf Mús* Instrumento de cordas, de forma mais ou menos triangular, tocado com os dedos; conhecido desde a mais remota antiguidade, continua em uso e hoje tem pedais para a elevação dos sons fundamentais.

har.pe.ar (*harpa+e+ar¹*) *vint* Tocar harpa. Conjuga-se como *frear.*

har.pi.a (*i*) (*gr Hárpyia*) *sf Mit* Monstro com cabeça e rosto de mulher, corpo de abutre, garras e asas de gavião.

har.pis.ta (*harpa+ista*) *s m+f* Pessoa que toca ou ensina a tocar harpa.

hás.sio *sm Quím* Elemento de número atômico 108 e símbolo Hs.

has.ta (*lat hasta*) *sf* **1** Lança. **2** Leilão. *Hasta pública, Dir:* leilão promovido pela Justiça.

has.te (*lat hasta*) *sf* **1** Vara de madeira ou de ferro, que serve para nela se fixar alguma coisa. **2** Pau da bandeira. **3** Parte do vegetal que se eleva do solo e serve de suporte aos ramos, às folhas e às flores.

has.te.a.do (*part de hastear*) *adj* **1** Posto em haste; arvorado. **2** Içado ao topo de uma haste.

has.te.a.men.to (*hastear+mento*) *sm* Ato de hastear: *Hasteamento de uma bandeira, de um símbolo.*

has.te.ar (*haste+e+ar¹*) *vtd* **1** Elevar ou prender na ponta elevada de uma haste; içar, guindar, erguer alto: *Hastearam a cabeça do condenado para atemorizar seus cúmplices.* *vtd* **2** Desfraldar: *Hastear uma bandeira.* *vpr* **3** Içar-se, levantar-se. Conjuga-se como *frear.*

hau.rir (*lat haurire*) *vtd* **1** Tirar de lugar profundo: *Haurir diamantes das profundezas.* **2** Esgotar, esvaziar: *Haurir uma taça de champanha.* **3** Aspirar, sorver: *Haurir perfumes. Hauria o prazer de coisas simples e comuns.* **4** Imaginar: *Haurir argumentos, objeções.* Conjuga-se como *abolir.*

hau.rí.vel (*haurir+vel*) *adj m+f* Que se pode haurir ou esgotar. *Pl: hauríveis.*

haus.to (*lat haustu*) *sm* **1** Ato de haurir. **2** Trago, sorvo, gole.

ha.vai.a.no (*top Havaí+ano*) *adj* Relativo às ilhas de Havaí, ao norte da Oceania. • *sm* Habitante ou natural dessas ilhas.

ha.va.na (*top Havana*) *sm* **1** Charuto de Havana. **2** A cor castanho-clara. • *adj m+f* Diz-se da cor havana.

ha.va.nês (*top Havana+ês*) *adj* Pertencente ou relativo a Havana, capital de Cuba. • *sm* Habitante ou natural de Havana. *Pl: havaneses.*

ha.ver¹ (*lat habere*) *vtd* **1** *p us* Ter, possuir. *vtd* **2** Considerar, entender, julgar: *Houveram que a obra era igual a um dos trabalhos de Hércules.* *vtd* **3** *p us* Alcançar, obter, conseguir. *vtd impess* **4** Existir: *Não havia vinte pessoas naquela festa.* *vtd impess* **5** Acontecer, suceder: *Houve vários acidentes automobilísticos no fim de semana.* *vtd impess* **6** Realizar-se: *Haverá palestras e reuniões durante todo o mês.* *vtd impess* **7** Ter decorrido: *Há dias que não o vejo.* *vtd* e *vti* **8** Obter, conseguir, alcançar: *O advogado houve da justiça um habeas corpus para o prisioneiro.* *vpr* **9** Comportar-se, portar-se, proceder: "Houve-se amor comigo tão brando" (Luís de Camões). *vpr* **10** Avir-se: *Se ele te desobedecer, comigo se haverá.* Conjug – Pres indic: hei, hás, há, havemos (hemos), haveis (heis), hão; Pret imp indic: havia, havias, havia etc.; Pret perf: houve, houveste, houve, houvemos, houvestes, houveram; Pret mais-que-perf: houvera, houveras etc.; Fut pres: haverei, haverás etc.; Fut pret: haveria, haverias etc.; Pres subj: haja, hajas etc.; Pret imp subj: houvesse, houvesses etc.; Fut subj: houver, houveres etc.; Imper afirm: há(tu), haja(você), hajamos(nós), havei(vós), hajam(vocês); Imper neg: não hajas(tu), não haja(você) etc.; Infinitivo impess: haver; Infinitivo pess: haver, haveres etc.; Ger: havendo; Part: havido.

Não use expressões como **há duas semanas atrás**, pois temos aí uma redundância. Prefira: *há duas semanas* ou *duas semanas atrás.*
Veja outra nota em **ter**.

ha.ver² (de *haver¹*) *sm* A parte do crédito, na escrituração comercial. *sm pl* Bens, propriedades, riqueza.

ha.xi.xe (*ár Hashîsh,* via *fr*) *sm* **1** Flores do cânhamo índico, secas, usadas para fumar, mascar ou diluir em bebida, que provocam intensa alteração psíquica, como euforia, inebriamento, alegria exagerada e sensação de expansão. **2** Licor intoxicante extraído do cânhamo.

heb.do.ma.dá.rio (*lat hebdomadariu*) *adj* **1** Semanal. **2** Publicado uma vez por semana. • *sm* Publicação periódica semanal; semanário.

he.brai.co (*lat hebraicu*) *adj* Relativo aos hebreus. • *sm* **1** Idioma dos hebreus. **2** Hebreu.

he.brai.zar (*hebrai(co)+izar*) *vint* **1** Consagrar-se ao estudo do hebraico. **2** Praticar a religião dos hebreus ou seguir suas doutrinas; judaizar. Conjug – Pres indic: hebraízo, hebraízas, hebraíza, hebraizamos, hebraizais, hebraízam; Pres subj: hebraíze, hebraízes, hebraíze, hebraizemos, hebraizeis, hebraízem.

he.breu (*lat hebraeu*) *adj* Que pertence ou se refere aos hebreus, antigo povo judaico. • *sm* **1** A língua hebraica; hebraico. **2** Indivíduo de raça hebraica. *sm pl* Primitivo nome do povo judaico. *Fem: hebreia.*

he.ca.tom.be (*gr hekatómbe,* pelo *lat*) *sf* **1** Antigo sacrifício de cem bois, na Grécia antiga. **2** *por ext* Sacrifício de grande número de vítimas. **3** *fig* Matança humana, mortandade, carnificina.

hec.ta.re (*hecto+are*) *sm* Medida agrária equivalente a cem ares ou dez mil metros quadrados. *Símb: ha.*

hec.to.gra.ma (*hecto+grama*) *sm* Cem gramas (medida de massa).

hec.to.li.tro (*hecto+litro*) *sm* Medida de capacidade equivalente a cem litros.

hec.tô.me.tro (*hecto+metro*) *sm* Medida de extensão equivalente a cem metros.
he.di.on.do (*cast hediondo*, do *lat foetibundu*) *adj* **1** Que provoca repulsão; repugnante; horrível. **2** Sinistro; medonho; pavoroso.
he.do.nis.mo (*gr hedoné+ismo*) *sm Filos* Doutrina originada entre os antigos gregos que afirma que só no prazer ou principalmente nele está a felicidade da vida.
he.do.nis.ta (*gr hedoné+ista*) *adj m+f* Que diz respeito ao hedonismo. • *s m+f* Pessoa partidária do hedonismo.
he.ge.mo.ni.a (*gr hegemonía*) *sf* **1** *Antig* Supremacia de um povo nas federações da Grécia antiga. **2** *mod* Predomínio de uma cidade ou povo sobre outros povos ou cidades. **3** *fig* Preponderância, supremacia, superioridade.
he.ge.mô.ni.co (*gr hegemonikós*) *adj* **1** Que tem a hegemonia, a supremacia. **2** Relativo à hegemonia.
hé.gi.ra (*ár hijrah*) *sf* **1** A fuga de Maomé de Meca para Medina, em 622 a.C.; esse ano foi adotado como o primeiro da era muçulmana. **2** Essa mesma era. **3** *fig* Fuga.
hein! *V hem!.*
he.lê.ni.co (*gr hellenikós*) *adj* Que se refere à Hélade ou à Grécia antiga. • *sm* O grego antigo.
he.le.nis.mo (*gr hellenismós*) *sm* **1** *Gram* Palavra, locução, construção próprias da língua grega. **2** Conjunto das ideias e costumes da Grécia, especialmente da Grécia antiga; a civilização grega.
he.le.nis.ta (*gr hellenistés*) *s m+f* Especialista na língua e na civilização da Grécia antiga. • *adj m+f* Relativo ao helenismo.
he.le.nís.ti.co (*helenista+ico²*) *adj* **1** Que se refere ao helenismo ou a helenista. **2** *Hist* Designativo do período histórico que vai das conquistas de Alexandre Magno à conquista romana (séc. III ao séc. I a.C.).
he.le.ni.zar (*gr hellenízein*) *vtd* **1** Tornar conforme ao caráter grego. *vint* **2** Dedicar-se ao estudo do idioma grego ou da civilização grega.
he.le.no (*gr héllen, enos*) *adj + sm poét* Grego. • *sm pl* Povos que povoaram a Grécia; gregos.
hé.li.ce (*gr hélix, ikos*) *sf* **1** Linha em forma de rosca, traçada em volta de um cilindro ou de um cone; espiral. **2** *Náut* e *Astronáut* Peça com várias pás, que gira em torno de um eixo, para a propulsão de navios, aviões, torpedos etc. *Dim: helicezinha.*
he.li.coi.dal (*helicoide+al*) *adj m+f* **1** Em forma de hélice. **2** Que se assemelha a hélice. **3** Em caracol.
he.li.coi.de (*ó*) (*hélice+oide*) *adj m+f* Que tem a forma de hélice; helicoidal.
he.li.cóp.te.ro (*hélice+o+ptero*) *sm Aeron* Aparelho de aviação que se desloca tanto no sentido horizontal como no vertical e se sustenta por meio de hélices horizontais.
hé.lio (*gr hélios*) *sm Quím* Elemento gasoso inerte, incolor, muito leve. O mais difícil dos gases para liquefazer-se, ocorre em todas as partes do universo; pertence aos gases nobres e pode ser extraído de certos gases naturais. É usado para inflar dirigíveis e balões, em soldas nos processos metalúrgicos e químicos, como na diluição do oxigênio para respiração (de pacientes e mergulhadores). Número atômico 2 e símbolo He.

he.li.o.cên.tri.co (*hélio+centro+ico²*) *adj Astr* Que se refere ao Sol como centro.
he.li.o.cen.tris.mo (*hélio+centro+ismo*) *sm Astr* Teoria de Nicolau Copérnico (1543) segundo a qual os astros giram em torno do Sol. *Cf geocentrismo.*
he.li.o.gra.vu.ra (*hélio+gravura*) *sf Art Gráf* **1** Processo de gravar que utiliza a luz solar, pelo qual se faz gravura em relevo. **2** Gravura obtida por esse processo.
he.li.pon.to (*heli(cóptero)+ponto*) *sm Aeron* Espaço reservado para o pouso e decolagem de helicópteros.
he.li.por.to (*ô*) (*heli(cóptero)+porto*) *sm Aeron* Espaço destinado a pouso e decolagem de helicópteros. *Pl: heliportos (ó).*
help (*rélpi*) (*ingl*) *Inform V ajuda.*
hem! (*lat hem*) *interj* **1** Indica que a pessoa não ouviu bem; como?; o quê?. **2** Expressa reação de surpresa ou de indignação.
he.má.cia (*fr hématie*) *sf Anat* Glóbulo vermelho do sangue.
he.ma.tó.fa.go (*hêmato+fago*) *adj* Que se alimenta de sangue: *Nem todos os morcegos são hematófagos.*
he.ma.tó.fo.bo (*hêmato+fobo*) *adj + sm* Que, ou quem tem horror a sangue.
he.ma.to.lo.gi.a (*hêmato+logo+ia¹*) *sf* **1** *Biol* Ramo da biologia que trata da morfologia do sangue e dos tecidos que o formam. **2** Tratado acerca do sangue.
he.ma.to.ló.gi.co (*hêmato+logo+ico²*) *adj* Que diz respeito à hematologia, a sangue.
he.ma.tó.lo.go (*hêmato+logo*) *sm* Especialista em hematologia.
he.ma.to.ma (*hêmato+oma*) *sm Med* Acumulação de sangue localizada, formando mancha escura, que resulta de uma contusão ou de ruptura de varizes.
he.ma.to.se (*gr haimátosis*) *sf Fisiol* Mudança do sangue venoso em arterial.
he.me.ro.te.ca (*gr hêmero+teca*) *sf* **1** Conjunto de revistas, jornais e outras publicações periódicas (para estudo ou consulta). **2** Lugar onde se arquivam essas publicações.
he.mi.ci.clo (*gr hemikýklion*) *sm* **1** Semicírculo. **2** Espaço semicircular onde ficam espectadores.
he.mis.fé.ri.co (*hemisfério+ico²*) *adj* Em forma de hemisfério.
he.mis.fé.rio (*gr hemisphaírion*) *sm* **1** Metade de uma esfera; semiesfera. **2** Cada uma das duas metades norte e sul do globo terrestre, imaginariamente separadas pela linha do equador. **3** *Anat* Cada uma das duas metades laterais do cérebro e cerebelo.
he.mis.tí.quio (*gr hemistíkhion*) *sm poét* e *Metrif* Cada uma das metades de um verso.
he.mo.cen.tro (*hemo+centro*) *sm* Banco de sangue.
he.mo.di.á.li.se (*hemo+diálise*) *sf Med* Purificação do sangue realizada por um aparelho especial que funciona como um rim artificial.
he.mo.fi.li.a (*hemo+filo²+ia¹*) *sf* **1** *Med* Doença congênita, hereditária, que afeta apenas os homens e que se caracteriza pela incapacidade do organismo para coagular o sangue. **2** *fig* Afeição a espetáculos cruéis, com derramamento de sangue.

he.mo.fí.li.co (*hemo+filo²+ico²*) *adj* **1** *Med* Pertencente ou relativo à hemofilia, da sua natureza, ou afetado por essa doença. **2** Que gosta de sangue. **3** Que vive no sangue.

he.mo.glo.bi.na (*hemo+globo+ina*) *sf* **1** *Fisiol* Pigmento das células vermelhas do sangue, que fixa o oxigênio do ar e o leva para os tecidos do corpo. **2** *Farm* Medicamento que contém ferro usado no tratamento de anemias.

he.mo.gra.ma (*hemo+grama*) *sm Med* Diagrama ou exame de sangue para a contagem dos glóbulos vermelhos e brancos, a partir do qual se estabelecem diagnósticos e tratamentos médicos.

he.mó.li.se (*hemo+lise*) *sf Biol* Dissolução dos corpúsculos vermelhos do sangue quando se libera sua hemoglobina.

he.mor.ra.gi.a (*gr haimorrhagía*) *sf Med* Derramamento de sangue para fora dos vasos sanguíneos. *Hemorragia cerebral:* derramamento de sangue para dentro do cérebro ou que ocorre no interior do crânio. *Hemorragia interna:* aquela na qual o sangue extravasado fica dentro do corpo.

he.mor.rá.gi.co (*gr haimorragikós*) *adj* **1** Que diz respeito à hemorragia. **2** Que sofre de hemorragia.

he.mor.roi.dal (*hemorroida+al¹*) *adj* **1** Pertencente ou relativo a hemorroidas. **2** Qualificativo dos nervos, artérias e veias do ânus.

he.mor.roi.das (*ó*) (*gr haimorrhoïdes*) *sf pl Med* Dilatação dolorida das veias do ânus ou do reto, com fluxo de sangue ou sem ele. *Var: hemorroides.*

A palavra **hemorroidas** deve ser empregada sempre no plural, a exemplo de *fezes* e *óculos*, entre outras.

he.mor.roi.des (*ó*) (*gr haimorrhoïdes*) V *hemorroidas.*

he.mós.ta.se (*hemo+estase*) *sf Med* **1** Estancamento do sangue em um vaso ou parte do corpo. **2** Estancamento de uma hemorragia por medicamentos ou por cirurgia.

he.mos.tá.ti.ca (*hemo+gr statiké*, estática) *sf Med* **1** Detenção do fluxo do sangue. **2** Conjunto das leis do equilíbrio do sangue nos respectivos vasos.

he.mos.tá.ti.co (*gr haimostatikós*) *adj Med* **1** Que serve para interromper hemorragia. **2** Que se refere à hemóstase. • *sm Med* Instrumento ou medicamento para interromper hemorragias.

he.mo.te.ra.pi.a (*hemo+terapia*) *sf Med* Emprego de sangue ou de produtos do sangue, como o plasma sanguíneo, no tratamento de certas enfermidades.

he.mo.te.rá.pi.co (*hemoterapia+ico²*) *adj* Relativo à hemoterapia.

he.na *sf* **1** *Bot* Arbusto cujas flores, brancas e perfumadas, são usadas por budistas e maometanos em suas cerimônias religiosas. **2** Corante laranja-avermelhado, obtido das folhas dessa planta. **3** Pasta usada no Oriente para tingir de vermelho os cabelos ou as unhas. **4** Cor castanho-alaranjada.

hen.de.ca.e.dro (*hêndeca+gr hédra*) *adj* + *sm Geom* Diz-se de, ou poliedro de onze faces.

hen.de.cá.go.no (*hêndeca+gono*) *sm Geom* Polígono de onze lados.

hen.de.cas.sí.la.bo (*gr hendekassýllabos*) *adj poét* e *Metrif* Que tem onze sílabas. • *sm* Verso de onze sílabas.

he.pa! (*ê*) *interj Reg* (Sul) **1** Equivalente a *alto lá, basta!.* **2** Designa também admiração ou surpresa: *Hepa! Quase caí.*

he.pá.ti.co (*gr hepatikós*) *adj* Pertencente ou relativo ao fígado. • *sm* Aquele que sofre do fígado.

he.pa.ti.te (*gr hepatîtis*) *sf Med* Inflamação aguda ou crônica do fígado, infecciosa (por vírus) ou sérica (transmitida pelo sangue).

he.pa.to.lo.gi.a (*hépato+logo+ia¹*) *sf Med* **1** Estudo do fígado. **2** Tratado a respeito do fígado.

he.pa.to.lo.gis.ta (*hépato+logo+ista*) *s m+f* Especialista em hepatologia.

hep.ta.cam.pe.ão (*hepta+campeão*) *sm* Indivíduo, time ou grêmio sete vezes campeão.

hep.ta.cam.pe.o.na.to (*hepta+campeonato*) *sm* Campeonato realizado pela sétima vez.

hep.ta.e.dro (*hepta+hedro*) *sm Geom* Poliedro de sete faces.

hep.tá.go.no (*hepta+gono*) *sm Geom* Polígono de sete lados.

hep.tas.sí.la.bo (*hepta+sílabo*) *adj Metrif* Designativo do verso de sete sílabas. • *sm* **1** Verso de sete sílabas. **2** Palavra com sete sílabas.

he.ra (*lat hedera*) *sf Bot* **1** Planta trepadeira e rastejante, sempre verde, cujo caule se agarra a paredes e troncos de árvores por numerosas raízes aéreas e muito finas. **2** Nome de várias outras plantas da mesma família ou semelhantes à hera verdadeira.

he.rál.di.ca (*de heráldico*) *sf* **1** Arte e ciência das figuras e cores do escudo de armas. **2** Conjunto dos emblemas de brasão.

he.rál.di.co (*heraldo+ico²*) *adj* **1** Que diz respeito à heráldica. **2** Relativo a brasões. **3** Nobre, aristocrático. • *sm* Especialista em heráldica.

he.ral.dis.ta (*heraldo+ista*) *adj* e *s m+f* Diz-se do, ou o especialista em heráldica.

he.ran.ça (*lat haerentia,* com alteração do infixo) *sf* **1** Aquilo que se herda por testamento ou por via de sucessão. **2** *Dir* Conjunto dos bens e direitos, ativos e passivos, que uma pessoa deixa ao morrer. **3** Legado. **4** Sucessão. **5** *Biol* Caracteres ou qualidades transmitidos ao descendente; hereditariedade. *Herança social, Sociol:* a cultura que uma geração transmite a outra.

her.bá.ceo (*lat herbaceu*) *adj Bot* **1** Que diz respeito a erva. **2** Diz-se da planta que tem as características da erva.

her.ba.ná.rio (*lat herba+n+ário*) *sm* **1** Estabelecimento onde se vendem ervas medicinais. **2** Indivíduo que vende ou conhece ervas medicinais.

her.bá.rio (*lat herbariu*) *sm Bot* Coleção científica de plantas secas.

her.bi.ci.da (*lat herba+i+cida*) *sm* Agente (*p ex,* um preparado químico) usado para destruir plantas ou inibir-lhes o crescimento; especificamente, agente destruidor de plantas daninhas. • *adj m+f* Que destrói ervas daninhas.

her.bí.co.la (*lat herba+i+cola*) *adj* Que vive ou cresce sobre plantas herbáceas.

her.bí.fe.ro (*lat herba+i+fero*) *adj* Que produz erva.

her.bí.vo.ro (*lat herba+i+voro*) *adj* Que se alimenta exclusiva ou principalmente de ervas. • *sm* Animal herbívoro.

her.bo.ri.zar (*fr herboriser*) *vint* Colher plantas para herbário, ou para aplicações medicinais.

her.cú.leo (*Hércules, np+eo*) *adj* **1** Que pertence ou se refere a Hércules. **2** Que tem ou revela força extraordinária. **3** Valente. **4** *fig* Trabalho ou missão difícil de executar.

hér.cu.les (de *Hércules, np*) *sm sing* e *pl* **1** Homem de força extraordinária. **2** Indivíduo valente. **3** Homem musculoso. **4 Hércules** *Astr* Constelação do hemisfério boreal.

her.da.de (*lat hereditate*) *sf* Em Portugal, grande propriedade rústica, que inclui habitação, animais de montaria e terras para cultivo; quinta.

her.dar (*lat hereditare*) *vtd* **1** Obter, receber ou ter direito a receber por herança: *De quem herdou esses móveis?* **2** Receber por transmissão: *As novas gerações herdarão o amor à natureza?* **3** Adquirir por parentesco ou hereditariedade (virtudes ou vícios): *De quem teria herdado tanto atrevimento?* **4** Deixar herança, legar.

her.dei.ro (*lat hereditariu*) *sm* **1** Pessoa que herda, ou tem direito de suceder na posse dos bens, ou parte deles, após a morte do proprietário. **2** Sucessor. **3** Legatário. **4** O que herda por parentesco ou consanguinidade certas particularidades físicas ou morais. *Herdeiro direto:* aquele que se acha imediatamente ligado à pessoa que deixou a herança. *Herdeiro legítimo:* aquele a quem a lei atribuiu essa qualidade. *Herdeiro universal:* o que herda todos os bens de uma pessoa.

he.re.di.ta.ri.e.da.de (*hereditário+dade*) *sf* **1** Qualidade de hereditário. **2** Sucessão. **3** Transmissão das qualidades físicas ou morais de alguém aos seus descendentes. **4** *Biol* Propriedade dos seres vivos de transmitir determinados caracteres morfológicos, psíquicos ou patológicos aos seus descendentes.

he.re.di.tá.rio (*lat hereditariu*) *adj* **1** Que se refere à hereditariedade. **2** Diz-se daquilo que revela a hereditariedade: *Caracteres hereditários.* **3** Diz-se daquilo em que reside a hereditariedade: *Fatores hereditários.* **4** Que se transmite por herança de uma geração para a geração seguinte.

he.re.ge (*provençal heretge*, do *baixo-lat haereticu*) *adj m+f* Que professa uma heresia. • *s m+f* **1** Pessoa que professa ideias contrárias às geralmente admitidas. **2** *pop* Quem não pratica os deveres religiosos.

he.re.si.a (*gr haíresis+ia¹*) *sf* **1** Doutrina que se opõe aos dogmas da Igreja. **2** *fig* Absurdo, contrassenso, disparate: *Não diga tamanha heresia!* **3** Ato ou palavra ofensiva à religião.

he.ré.ti.co (*baixo-lat haereticu*) *adj* Que se refere a, ou em que há heresia. • *sm* Herege.

her.ma.fro.di.ta (*gr Hermês, np+Aphrodíte, np*) *adj* e *s m+f* V *hermafrodito*.

her.ma.fro.di.tis.mo (*hermafrodita+ismo*) *sm* Qualidade de hermafrodita.

her.ma.fro.di.to (*gr hermaphróditos, np*) *adj Biol* Diz-se do ser (pessoa, animal ou planta) que tem os caracteres e os órgãos, ou somente os órgãos, dos dois sexos; andrógino. • *sm Biol* Organismo bissexual, que possui os órgãos reprodutores dos dois sexos. *Var: hermafrodita.*

her.me.neu.ta (*gr hermeneutés*) *s m+f* Especialista em hermenêutica.

her.me.nêu.ti.ca (*gr hermeneutiké*) *sf* **1** Arte de interpretar o sentido das palavras, das leis, dos textos etc. **2** Interpretação dos textos s agrados e dos que têm valor histórico.

her.me.nêu.ti.co (*gr hermeneutikós*) *adj* Que diz respeito à hermenêutica.

her.mé.ti.co (*lat hermeticu*) *adj* **1** Completamente fechado, de modo que não deixe o ar entrar nem escapar (compartimentos, vasos, panelas etc.); estanque. **2** *fig* De compreensão muito difícil.

her.me.tis.mo (*gr Hermês, np+ismo*) *sm* **1** Qualidade de hermético. **2** Esoterismo.

hér.nia (*lat hernia*) *sf* **1** *Patol* Passagem total ou parcial de um órgão através do orifício natural ou adquirido na parede da cavidade que contém esse órgão. **2** *pop* Quebradura, quebra, rendidura.

he.rói (*lat heros*, do *gr héros*) *sm* **1** *Mit gr* Denominação dada aos descendentes de divindades e seres humanos da era pré-homérica (semideuses). **2** Homem que se distingue por coragem extraordinária na guerra ou diante de qualquer perigo. **3** Homem que suporta exemplarmente um destino incomum, como, por exemplo, um extremo infortúnio ou sofrimento, ou que arrisca sua vida abnegadamente pelo seu dever ou pelo próximo. **4** O protagonista de qualquer aventura histórica (literatura, filme), drama real ou situação de momento. *Fem: heroína.*

he.roi.co (*ó*) (*gr heroïkós*) *adj* **1** Próprio de herói ou de heroína. **2** Que denota heroísmo. **3** Que se comporta com heroísmo. **4** Relativo aos heróis da mitologia e antiguidade gregas ou aos seus tempos: *Idade heroica.*

he.ro.í.na¹ (*gr heroine*) *sf* **1** Feminino de *herói*. **2** Mulher de valor, beleza ou talento extraordinários.

he.ro.í.na² (*nome comercial*) *Farm* Narcótico cristalino, branco, amargo, derivado da morfina e mais poderoso que ela. Sua importação e venda são proibidas na maioria dos países, por ser um entorpecente perigoso, que vicia com muita rapidez e mata com facilidade.

he.ro.ís.mo (*herói+ismo*) *sm* **1** Qualidade característica de um herói ou daquilo que é heroico. **2** Ato heroico, de grande bravura.

her.pes (*lat herpes*, do *gr hérpes, etos*) *s m+f sing* e *pl Patol* Doença aguda provocada por vírus. Caracteriza-se pela formação de pequenas feridas aquosas na pele e nas membranas mucosas, como bordas dos lábios, narinas (herpes labial) e nas superfícies mucosas genitais (herpes genital).

her.pes-zós.ter *sm Med* Doença inflamatória aguda dos gânglios e nervos medulares, caracterizada por erupção de grupos de pequenas vesículas sobre a base inflamada nas regiões cutâneas onde se situam as ramificações dos troncos de nervos afetados. *Sin pop:* cobreiro. *Pl: herpes-zósteres.*

hertz (de *Hertz, np*) *sm Fís* Unidade de frequência igual a um ciclo por segundo. Símbolo: *Hz*.

her.tzi.a.no (*hertz+i+ano*) *adj* Designativo de tudo o que se relaciona com as experiências e respectivas descobertas do físico alemão Heinrich Hertz (1857-1894) (principalmente as ondulações eletromagnéticas): *Ondas hertzianas.*

he.si.ta.ção (*lat haesitatione*) *sf* **1** Ação de hesitar. **2** Estado de quem hesita.

he.si.tan.te (*lat haesitante*) *adj* **1** Que hesita. **2** Que vacila, vacilante.

he.si.tar (*lat haesitare*) *vti* e *vint* **1** Estar incerto ou em dúvida a respeito do que dizer ou fazer: *Não hesitarei na hora de decidir*. *vti* e *vint* **2** Deter-se indeciso, não se decidir: *O viajante hesita no que há de admirar mais na paisagem*. *vti* **3** Duvidar, vacilar: *O professor não hesitou em punir os bagunceiros*. *vint* **4** Não se definir ou pronunciar com clareza e precisão: *Vamos consultá-lo sobre o assunto; se ele hesitar, procuraremos um advogado*. *vint* **5** Gaguejar; titubear: *Hesitava sempre que falava comigo*.

he.te.ro.do.xi.a (*cs*) (*heterodoxo+ia¹*) *sf* Qualidade de heterodoxo; opõe-se a *ortodoxia*.

he.te.ro.do.xo (*cs*) (*gr heteródoxos*) *adj* Diz-se de doutrinas, livros etc. contrários a algum padrão ou dogma estabelecido, ou diferentes dele; herético; não ortodoxo. *Antôn: ortodoxo.*

he.te.ro.ge.nei.da.de (*heterogêneo+i+dade*) *sf* **1** Caráter ou qualidade de heterogêneo. **2** *Sociol* Qualidade de uma população cujos integrantes revelam características diferentes e acentuadas do ponto de vista biológico e cultural. *Antôn: homogeneidade.*

he.te.ro.gê.neo (*gr heterogenés+eo*) *adj* Composto de partes diferentes quanto à espécie, qualidades ou características; misturado; desigual; dessemelhante. *Antôn: homogêneo.*

he.te.ro.mor.fo (*gr heterómorphos*) *adj Biol* **1** Que tem forma ou estrutura anormal. **2** Que tem forma diferente em épocas diferentes. **3** Diz-se dos cromossomos que diferem em tamanho, forma e estrutura.

he.te.rô.ni.mo (*hétero+ônimo*) *adj* **1** Qualificativo de uma obra que um autor publica sob nome real ou suposto de outra pessoa. **2** Designativo de um autor que escreve em nome de outra pessoa. • *sm* **1** Autor que escreve assinando com o nome de outra pessoa. **2** Essa assinatura.

he.te.ros.se.xu.al (*cs*) (*hétero+sexual*) *adj m+f* **1** *Biol* Relativo ou pertinente aos dois sexos. **2** Que se refere à afinidade, atração ou comportamento sexual entre indivíduos de sexo oposto. • *s m+f* Indivíduo que tem essa afinidade ou comportamento. *Antôn: homossexual.*

he.te.ros.se.xu.a.li.da.de (*cs*) (*hétero+sexualidade*) *sf* Qualidade de heterossexual. *Antôn: homossexualidade.*

he.te.ros.se.xu.a.lis.mo (*cs*) (*heterossexual+ismo*) *sm* Inclinação sexual pelo sexo oposto. *Antôn: homossexualismo.*

heu.re.ca! (*gr heuréka*) *interj* Já achei! Já encontrei! (exclamação atribuída a Arquimedes, ao descobrir a lei do peso específico dos corpos).

heu.rís.ti.ca (*gr heuristiké*) *sf* **1** Ciência ou arte do procedimento heurístico. **2** Método de ensino que promove condições para que o educando chegue à verdade por seus próprios meios. **3** Ramo da ciência histórica que consiste na pesquisa de documentos do passado.

heu.rís.ti.co (*gr heurisco*, achar) *adj* Que diz respeito à heurística.

he.xa.cam.pe.ão (*cs*) (*hexa+campeão*) *sm* Indivíduo, time ou grêmio seis vezes campeão.

he.xa.cam.pe.o.na.to (*cs*) (*hexa+campeonato*) *sm* Campeonato realizado pela sexta vez.

he.xa.de.ci.mal (*cs*) (*hexa+decimal*) *adj m+f* Que se refere ou pertence ao sistema de numeração que emprega dezesseis algarismos. *Pl: hexadecimais.*

he.xa.e.dro (*cs*) (*hexa+hedro*) *sm Geom* Sólido que tem seis faces planas. • *adj* Relativo a esse sólido.

he.xa.go.nal (*cs*) (*hexágono+al¹*) *adj* **1** Relativo ao hexágono. **2** Que tem a forma de um hexágono. **3** Que tem um hexágono como base.

he.xá.go.no (*cs*) (*gr hexágonos*) *adj Geom* Que tem seis ângulos e seis lados. • *sm* Figura que tem seis ângulos e seis lados. *Hexágono regular:* o que tem os seis lados e os seis ângulos iguais.

he.xas.sí.la.bo (*cs*) (*gr hexassýllabos*) *adj* Que tem seis sílabas. • *sm* **1** *Gram* Palavra de seis sílabas. **2** *Metrif* Verso de seis sílabas.

hi.a.to (*lat hiatu*) *sm* **1** *Gram* Conjunto de duas vogais, pronunciadas separadamente, cada uma pertencendo a sílabas diferentes, como em *beato, moinho, goela*. Cf *ditongo*. **2** Fenda na terra. **3** *Anat* Fenda ou abertura no corpo humano: *Hiato esofagiano*. **4** *fig* Lacuna, falha; intervalo.

hi.ber.na.ção (*lat hibernatione*) *sf Zool* e *Bot* **1** Ato de hibernar. **2** Período de repouso prolongado durante o qual certos animais ou parte de certas plantas reduzem suas atividades ao mínimo; nesse período, geralmente no inverno, os animais dormem praticamente o tempo todo. **3** Sono hibernal. *Pl: hibernações.*

hi.ber.nal (*lat vulg hibernale*) *adj m+f* **1** Que se produz durante o inverno. **2** Que se refere ao inverno; invernal.

hi.ber.nar (*lat hibernare*) *vint* **1** *Zool* Passar (um animal) o inverno em sua toca ou caverna, numa espécie de sono, em que há entorpecimento total ou parcial. **2** *Bot* Passar o inverno em estado de repouso, sem vegetar, como os espórios, gomos e outras partes de certas plantas.

hi.bis.co (*gr ibískos*) *sm Bot* Nome comum de certas flores da família das malváceas, muito usadas em cercas vivas. Tem folhas denteadas e forma arbustos ou pequenas árvores com flores grandes e vistosas.

hi.bri.da.ção (*hibridar+ção*) *sf* Ato ou processo de hibridar; hibridização.

hi.bri.dar (*híbrido+ar¹*) *vtd* **1** Cruzar, fazer produzir híbridos. *vint* **2** Produzir híbridos. *Sin: hibridizar*. *Conjug – Pres indic: hibrido (brí), hibridas (brí), hibrida (brí)* etc. Cf *híbrido*.

hi.bri.dez (*híbrido+ez*) *sf* Estado ou qualidade do que é híbrido.

hi.bri.dis.mo (*híbrido+ismo*) *sm* **1** V *hibridez*. **2** Qualidade do que provém de naturezas diferentes. **3** *Gram* Palavra formada com elementos provenientes de línguas diferentes.

hi.bri.di.za.ção (*híbrido+izar+ção*) V *hibridação*.

hi.bri.di.zar (*híbrido+izar*) V *hibridar*.

hí.bri.do (*lat hybridu*) *adj* **1** Que resulta do cruzamento de espécies, raças ou variedades diferentes. **2** *Gram* Composto de elementos provenientes de línguas diversas: *Vocábulo híbrido, língua híbrida*. • *sm* Animal ou planta híbridos.

hi.dra (*gr hýdra*) *sf* **1** *Mit gr* Serpente de sete cabeças que renasciam quando decepadas, a não ser que fossem cortadas com um só golpe. Foi morta por Hércules. **2** Serpente de água doce que devora peixes miúdos.

hi.dra.má.ti.co (ingl hydramatic) adj Autom **1** Diz-se do comando acionado automaticamente por meio de um sistema hidráulico. **2** Diz-se do automóvel com esse comando.

hi.dran.te (ingl hydrant) sm Boca de cano de água, com válvula, em via pública, a que se liga mangueira para apagar incêndios.

hi.dra.ta.ção (hudratar+ção) sf Ato ou efeito de hidratar, ou de se hidratar.

hi.dra.ta.do (part de hidratar) adj **1** Que foi tratado pela água. **2** Que contém água combinada ou misturada.

hi.dra.ta.dor (hidratar+dor) adj + sm Hidratante.

hi.dra.tan.te (de hidratar) adj m+f Que produz hidratação. • sm Aquilo que hidrata; hidratador: Preciso comprar um hidratante; minha pele está ressecada.

hi.dra.tar (hidrato+ar[1]) vtd **1** Combinar com a água ou seus elementos. vtd **2** Dar tratamento à pele para que mantenha ou recupere a umidade natural. vpr **3** Passar ao estado de hidrato.

hi.dra.tá.vel (hidratar+vel) adj m+f Que se pode hidratar. Pl: hidratáveis.

hi.dra.to (hidro+ato[4]) sm Quím Composto formado pela união da água com outra substância e representado nas fórmulas como se realmente contivesse água: Hidrato de carbono.

hi.dráu.li.ca (gr hydraulikós) sf **1** Fís Ramo da engenharia que trata do fluir de águas ou outros líquidos através de canos, canais etc. **2** Direção dos serviços hidráulicos.

hi.dráu.li.co (gr hydraulikós) adj **1** Que diz respeito à hidráulica. **2** Que aciona ou é acionado, movido ou efetuado por meio da água. **3** Constr Que se solidifica embaixo da água: Cimento hidráulico. **4** Mec Diz-se de qualquer máquina ou dispositivo que funciona pela resistência oferecida por água, óleo ou outro líquido forçado através de um orifício relativamente pequeno: Prensa hidráulica; freio hidráulico. • sm **1** Engenheiro ou construtor de obras hidráulicas. **2** Especialista em hidráulica.

hi.dra.vi.ão (hidro+avião) sm Aeroplano munido de flutuadores que lhe permitem decolar e pousar sobre a água. Var: hidroavião, hidroplano.

hi.dre.lé.tri.ca (hidro+elétrica) sf **1** Companhia de energia elétrica. **2** Usina hidrelétrica. Var: hidroelétrica.

hi.dre.lé.tri.co (hidro+elétrico) adj Relativo à produção de corrente elétrica por meio de força hidráulica. Var: hidroelétrico.

hí.dri.co (hidro+ico[2]) adj **1** Constituído de água: Recursos hídricos. **2** Referente ao hidrogênio ou à água: Dieta hídrica.

hi.dro.a.vi.ão (hidro+avião) V hidravião.

hi.dro.car.bo.ne.to (hidro[1]+carboneto) sm Quím Composto orgânico formado apenas de carbono e hidrogênio, como as parafinas, olefinas, membros da série dos acetilenos, que ocorrem em petróleo, gás natural, carvão de pedra e betume.

hi.dro.car.bô.ni.co (hidro+carbônico) adj Quím Que contém carbono e hidrogênio.

hi.dro.e.lé.tri.ca (hidro+elétrica)V hidrelétrica.

hi.dro.e.lé.tri.co (hidro+elétrico) V hidrelétrico.

hi.dró.fi.lo (hidro+filo[2]) adj **1** Que gosta de água. **2** Que absorve facilmente a água: Algodão hidrófilo. **3** Bot Que é polinizado por intermédio da água. **4** Quím e Fís Que tem forte afinidade pela água.

hi.dró.fi.to (hidro+fito) adj Bot Que cresce na água ou em solo saturado de água. • sm Planta hidrófita.

hi.dro.fo.bi.a (gr hydrophobía) sf Patol **1** Horror doentio aos líquidos. **2** Doença, também chamada raiva, produzida pelo vírus rábico, que é transmitido pela mordida ou pela saliva de animais raivosos, especialmente o cão.

hi.dro.fó.bi.co (hidrófobo+ico[2]) adj Que se refere à hidrofobia.

hi.dró.fo.bo (gr hydrophóbos) adj **1** Que tem horror à água. **2** Que sofre de hidrofobia. **3** Que evita ou repele a água. **4** Quím e Fís Que não absorve facilmente a água ou reage mal a ela. • sm Pessoa que tem hidrofobia.

hi.dro.ge.na.do (part de hidrogenar) adj **1** Combinado com hidrogênio. **2** Que contém hidrogênio. **3** Tratado com hidrogênio.

hi.dro.ge.nar (hidro+geno+ar[2]) vtd e vpr Combinar(-se) com o hidrogênio.

hi.dro.gê.nio (hidro+geno+io) sm Quím O mais leve e simples dos elementos, gás incolor e altamente inflamável. Em estado livre, existe de modo disperso na Terra e em sua atmosfera, mas é abundante no Sol, em muitas estrelas e nebulosas. Número atômico 1 e símbolo H.

hi.dro.gi.nás.ti.ca (hidro+ginástica) sf Esp Tipo de ginástica praticada em piscinas. A água ajuda a sustentar o peso dos praticantes, diminuindo o impacto dos movimentos.

hi.dro.gra.fi.a (hidro+grafo+ia[1]) sf **1** Geogr Ciência e descrição dos mares, lagos, rios etc., com referência especial ao seu uso para fins de navegação e comércio. **2** Conjunto das águas correntes ou estáveis de uma região.

hi.dro.grá.fi.co (hidrógrafo+ico[2]) adj Que pertence ou se refere à hidrografia.

hi.dro.gra.fo (hidro+grafo[1]) sm Especialista em hidrografia.

hi.dro.li.sa.ção (hidrolisar+ção) sf Quím Ato ou efeito de hidrolisar.

hi.dro.li.sar (hidrólise+ar[1]) vtd **1** Submeter à hidrólise. vtd **2** Transformar pela hidrólise. vint **3** Passar por hidrolisação. Conjug – Pres subj: hidrolise (lí), hidrolises (lí), hidrolise (lí) etc. Cf hidrólise.

hi.dró.li.se (hidro+lise) sf Decomposição de uma molécula pela ação da água

hi.dro.mas.sa.gem (hidro+massagem) sf Massagem feita por meio de jatos de água.

hi.drô.me.tro (hidro+metro) sm **1** Instrumento para medir a velocidade ou o escoamento de água. **2** Instrumento para medir o consumo de água. **3** Escala para medir a altura de um nível de água; escala fluviométrica.

hi.dro.mi.ne.ral (hidro+mineral) adj Que diz respeito às águas minerais: Estância hidromineral.

hi.dro.nu.cle.ar (hidro+nuclear) adj Diz-se do teste nuclear realizado sob as águas do mar.

hi.dro.pla.no (hidro+(aero)plano) sm V hidravião.

hi.dro.pô.ni.ca sf Bot Ciência ou arte de cultivar plantas em meio líquido.

hi.dros.fe.ra (*hidro+esfera*) *sf* A camada líquida do globo terrestre, que inclui os oceanos, lagos, rios, águas subterrâneas e o vapor aquoso da atmosfera.
hi.dros.fé.ri.co (*hidrosfera+ico²*) *adj* Que se refere à hidrosfera.
hi.dros.so.lú.vel (*hidro+solúvel*) *adj* **1** Diz-se de toda substância solúvel em água. **2** Que se dissolve na água.
hi.dros.tá.ti.ca (*hidro+estática*) *sf Fís* Estudo das condições de equilíbrio dos líquidos sob a ação de forças exteriores, principalmente da gravidade.
hi.dros.tá.ti.co (*hidro+estático*) *adj* Que se refere à hidrostática.
hi.dro.te.ra.pi.a (*hidro+terapia²*) *sf Med* Tratamento das doenças pela água, especialmente duchas, banhos e compressas.
hi.dro.te.rá.pi.co (*hidro+terapia+ico²*) *adj* Referente à hidroterapia.
hi.dro.tér.mi.co (*hidro+termo+ico²*) *adj* Relativo à água e ao calor.
hi.dro.vi.a (*hidro+via*) *sf* Via líquida (mar, rio, lago etc.) usada para transporte.
hi.dro.vi.á.rio (*hidrovia+ário*) *adj* Que se faz por hidrovia.
hi.dró.xi.do (*cs*) (*hidro+óxido*) *sm Quím* Combinação da água com um óxido.
hi.e.na (*gr hýaina*) *sf* **1** *Zool* Gênero de mamíferos carnívoros digitígrados (que andam nas pontas dos dedos), de tamanho aproximado ao do lobo, mas com dorso muito decaído, o que lhes dá aparência e andar deselegantes; têm cabeça grande, pescoço grosso, dentes fortes. Levam vida noturna, têm fama de medrosos, mas são os únicos que enfrentam os leões, disputando com eles a caça já morta. Por isso costuma-se dizer que as hienas se alimentam de cadáveres. Vivem em grupos barulhentos, liderados por uma fêmea, e emitem um uivo agudo e entrecortado que lembra risadas. Col: *alcateia*. Voz: *uivo*. **2** *fig* Pessoa de índole vil e baixa.
hi.e.ní.deo (*hiena+ídeo*) *adj* Relativo aos hienídeos. • *sm* Espécie dos hienídeos. *sm pl Zool* Família de mamíferos carnívoros, que tem por tipo o gênero hiena.
hi.e.rar.qui.a (*gr hierárkhios+ia¹*) *sf* **1** Ordem, graduação, categoria existente numa corporação qualquer, nas Forças Armadas, nas classes sociais. **2** *Rel Catól* Totalidade do clero e a sua graduação.
hi.e.rár.qui.co (*hierarquia+ico³*) *adj* **1** Que se refere à hierarquia. **2** Que provém da hierarquia. **3** De acordo com a hierarquia.
hi.e.rar.qui.za.ção (*hierarquia+izar+ção*) *sf* Ato ou efeito de hierarquizar.
hi.e.rar.qui.zar (*hieraquia+izar*) *vtd* Organizar de acordo com uma ordem hierárquica.
hi.e.ro.glí.fi.co (*gr hieroglyphikós*) *adj* **1** Relativo a hieróglifo. **2** De explicação difícil, misteriosa.
hi.e.ro.gli.fo (*glí*) (*gr hieroglýphos*) *V* hieróglifo.
hi.e.ró.gli.fo (*gr hieroglýphos*) *sm* **1** Cada um dos sinais da escrita pictográfica dos antigos egípcios e de outros povos, como os maias. **2** *fig* Letra ilegível; garranchos. **3** *por ext* Qualquer sinal ou caráter difícil de decifrar.
Essa palavra pode ser tanto proparoxítona quanto paroxítona: **hieróglifo** ou **hieroglifo**, a exemplo de *acróbata* e *acrobata*, *amnésia* e *amnesia*, *homília* e *homilia* etc.
hí.fen (*lat hyphen*) *sm Gram* Sinal gráfico (-) que une: os elementos de uma palavra composta (*guarda-chuva*); um verbo a pronomes oblíquos átonos (*amá-lo*); e indica divisão de sílabas de um vocábulo. *Pl*: hifens e hífenes.
hi.fe.ni.za.ção (*hifenizar+ção*) *sf* Separação ou ligação de sílabas ou palavras por hifens. *Hifenização automática, Inform:* recurso de um programa que procura em um dicionário eletrônico a hifenização correta das palavras.
hi.fe.ni.zar (*hífen+izar*) *vtd* Separar ou ligar por meio de hífen.
high-tech (*rái téqui*) (*ingl*) *adj* Diz-se de equipamento de alta tecnologia.
hi.gi.dez (*hígido+ez*) *sf* Estado daquilo que é hígido; são.
hí.gi.do (*gr hygiés+ido*) *adj* **1** Relativo à saúde, salutar. **2** São, sadio.
hi.gi.e.ne (*gr hygieinós*, pelo *fr hygiène*) *sf* **1** Asseio; limpeza. **2** Cuidados para a conservação da saúde. **3** Parte da medicina que estuda os diversos meios de conservar e promover a saúde; ciência sanitária. **4** Sistema de princípios ou regras para evitar doenças e conservar a saúde. *Higiene individual:* a que compreende os cuidados de asseio corporal e do ambiente e um modo de viver, de se vestir e de habitar propício à saúde. *Higiene mental:* a que trata do desenvolvimento de reações e hábitos mentais saudáveis. *Higiene pública:* conjunto de conhecimentos e preceitos destinados a preservar e promover a saúde da coletividade.
hi.gi.ê.ni.co (*higiene+ico²*) *adj* **1** Que se refere à higiene. **2** De acordo com os preceitos da higiene. **3** Que tem por fim a conservação da saúde. **4** Favorável ou propício à saúde. **5** Próprio para limpeza.
hi.gi.e.nis.ta (*higiene+ista*) *adj* Que se refere a higiene. • *s m+f* **1** Especialista em higiene. **2** Professor de higiene.
hi.gi.e.ni.za.ção (*higienizar+ção*) *sf* Ato ou efeito de higienizar, de desinfetar.
hi.gi.e.ni.za.do (*part* de *higienizar*) *adj* Desinfetado.
hi.gi.e.ni.zar (*higiene+izar*) *vtd* **1** Tornar higiênico, saudável. **2** Aplicar a higiene a.
hi.gro.me.tri.a (*higro+metro+ia¹*) *sf* Parte da Física que trata da determinação do grau de umidade do ar.
hi.grô.me.tro (*higro+metro*) *sm Fís* Instrumento para medir o grau de umidade do ar.
hi.gros.có.pi.co (*higro+scopo+ico²*) *adj* **1** Que se refere ao higroscópio. **2** Indicado pelo higroscópio. **3** Que facilmente absorve e retém a umidade. **4** Que facilmente se cobre de umidade atmosférica, como o vidro etc. **5** *Bot* Sensível à umidade, como certos tecidos ou órgãos.
hi.gros.có.pio (*higro+scopo+io*) *sm* Instrumento simples que indica variação na umidade do ar.
hí.la.re (*lat hilare*) *adj* **1** *poét* Alegre, contente, risonho, engraçado. **2** Que provoca hilaridade.
hi.la.ri.an.te (de *hilariar*) *adj* **1** Que produz alegria. **2** Que produz riso: *Situação hilariante*.
hi.la.ri.ar (*hílare+ar¹*) *V* hilarizar.
hi.la.ri.da.de (*lat hilaritate*) *sf* **1** Vontade de rir. **2** Alegria súbita. **3** Explosão de risos.

hi.lá.rio (*gr hiláros*) *adj* Que provoca riso, hilariante.
hi.la.ri.zar (*lat hilarizare*) *vtd* **1** Provocar hilaridade. **2** Alegrar.
hi.lei.a (*é*) (*gr hýle*) *sf Hist nat* Nome proposto pelo sábio alemão Humboldt (1769-1859) para designar a floresta equatorial que vai das encostas orientais dos Andes, por todo o vale do Amazonas, até as Guianas.
hi.lí.deos (*lat hila+ídeos*) *sm pl Zool* Família de anuros, vulgarmente chamados pererecas, de dedos dilatados na extremidade, que vivem nas matas ou perto da água.
hí.men (*gr hymén*) *sm* **1** *Bot* Membrana que envolve a corola ainda em botão e que se rompe na época do desabrochamento. **2** *Anat* Dobra de membrana mucosa que, nas mulheres virgens, fecha em parte a entrada da vagina; membrana virginal. **3** *pop* Cabaço. *Pl: himens* e *hímenes* (*p us* no Brasil).
hi.me.nal (*hímen+al³*) *adj* Relativo ao hímen.
hi.me.neu (*hyménaios*) *sm* Casamento; bodas.
hi.me.nóp.te.ros (*hímen+o+ptero*) *sm pl Entom* Ordem de insetos que abrange as abelhas, vespas, formigas e uma infinidade de espécies minúsculas; a maioria possui quatro asas membranosas (muitas formas, porém, não são aladas).
hi.ná.rio (*lat med hymnariu*) *sm* **1** Coleção de hinos. **2** Livro de hinos religiosos.
hin.di (*hind hindî*) *sm Ling* Língua falada por cerca de 150 milhões de habitantes do norte da Índia (considerada língua oficial).
hin.du *adj m+f* **1** Relativo ao hinduísmo. **2** Relativo à Índia; indiano. • *s m+f* **1** Partidário do hinduísmo. **2** Membro de uma das raças nativas da Índia. **3** Natural ou habitante da Índia; indiano.
hin.du.ís.mo (*hindu+ismo*) *sm* Religião e sistema social da maior parte da população da Índia.
hin.du.ís.ta (*hindu+ista*) *adj m+f* **1** Relativo ou pertencente ao hinduísmo. **2** Que segue ou estuda o hinduísmo. • *s m+f* Seguidor ou estudante do hinduísmo. *Sin: hindu.*
hi.no (*gr hýmnos*) *sm* **1** Canto de louvor ou adoração, especialmente religioso. **2** Canto musicado em exaltação de uma nação, de um partido, de uma instituição pública ou instituto particular, agremiação e semelhantes. **3** Canção, canto, coro. *Col: hinário.*
hip *interj* Usada geralmente antes de *hurra: Hip, hip, hurra! V hurra.*
hi.pe.ra.ci.dez (*hiper+acidez*) *sf Med* Excesso de acidez, em geral referente à acidez gástrica.
hi.pe.rá.ci.do (*hiper+ácido*) *adj* Excessivamente ácido.
hi.pe.ra.ti.vi.da.de (*hiper+atividade*) *sf* Atividade excessiva ou patológica.
hi.pér.ba.to (*gr hyperbatón*) *sm Gram* Inversão da ordem natural das palavras ou orações.
hi.pér.bo.le (*gr hyperbolé*) *sf* **1** *Ret* Figura que engrandece ou diminui exageradamente a realidade, com o objetivo de produzir maior impressão: *Nossa vida é um mar de rosas.* **2** Exagero. **3** *Geom* Lugar geométrico dos pontos de um plano, cuja diferença das distâncias a dois pontos fixos desse mesmo plano é constante.
hi.per.bó.li.co (*gr hyperbolikós*) *adj* **1** *Ret* Referente à hipérbole. **2** *Geom* Relativo ou pertencente à hipérbole.
hi.per.ca.ló.ri.co (*hiper+calórico*) *adj* De alto teor calórico, com muitas calorias.
hi.per.cor.re.ção (*hiper+correção*) *sf* Correção excessiva; preciosismo.
hi.per.crí.ti.co (*hiper+crítico*) *adj* + *sm* Que, ou aquele que critica com exagero.
hi.per.de.sen.vol.vi.men.to (*hiper+desenvolvimento*) *sm* Desenvolvimento exagerado.
hi.per.do.sa.gem (*hiper+dosagem*) *sf* Dosagem superior à normal.
hi.per.gli.ce.mi.a (*hiper+glicemia*) *sf Med* Quantidade de glicose no sangue superior à normal.
hi.pe.rin.fla.ção (*hiper+inflação*) *sf Econ* Inflação galopante e descontrolada, em que os preços aumentam tanto que as pessoas não procuram reter dinheiro pela rapidez com que cai seu poder de compra. *Pl: hiperinflações.*
hi.per.mer.ca.do (*hiper+mercado*) *sm* Supermercado que ocupa enorme área, onde se vendem, além dos produtos comuns de mercado, eletrodomésticos, móveis etc.
hi.per.me.tro.pi.a (*hiper+metro+opo+ia¹*) *sf Med* Desordem da visão que consiste na impossibilidade de o paciente ver com nitidez objetos a curta distância. *Cf miopia.*
hi.per.mí.di.a (*hiper+mídia*) *sf Inform* Documento em hipertexto que também pode mostrar imagens e som. *V hipertexto.*
hi.per.sen.si.bi.li.da.de (*hiper+sensibilidade*) *sf* Qualidade de hipersensível.
hi.per.sen.sí.vel (*hiper+sensível*) *adj m+f* Extremamente sensível.
hi.per.ten.são (*hiper+tensão*) *sf* **1** *Med* Tensão arterial acima da normal; pressão arterial alta. **2** Elevação, acima do normal, da pressão no interior de um sistema. *Antôn: hipotensão. Pl: hipertensões.*
hi.per.ten.so (*hiper+tenso*) *adj* + *sm* Que, ou aquele que tem hipertensão.
hi.per.ter.mi.a (*hiper+termo+ia¹*) *sf* Febre.
hi.per.tex.to (*hiper+texto*) *sm Inform* Sistema de organização da informação no qual certas palavras de um documento, quando selecionadas, exibem texto de outros documentos.
hi.per.tro.fi.a (*hiper+trofo+ia¹*) *sf Med* Desenvolvimento exagerado de um órgão ou parte dele, com aumento do peso e volume, devido a um aumento de tamanho das células que o constituem.
hi.per.tro.fi.a.do (*part de hipertrofiar*) *adj* **1** Afetado de hipertrofia. **2** Excessiva ou anormalmente desenvolvido.
hi.per.tró.fi.co (*hiper+trofo+ico²*) *adj* Relativo à hipertrofia.
hi.per.vi.ta.mi.no.se (*hiper+vitamina+ose*) *sf Med* Perturbação causada pelo consumo exagerado de vitaminas. *Antôn: hipovitaminose.*
hí.pi.co (*gr hippikós*) *adj* Que se refere ao cavalo.
hi.pis.mo (*gr hipo¹+ismo*) *sm Esp* Conjunto de esportes praticados a cavalo, como corrida, com obstáculos ou sem eles, polo etc.; turfe.
hi.pis.ta (*hipo¹+ista*) *adj* e *s m+f* Diz-se de, ou pessoa que pratica hipismo.
hip.no.se (*hipno+ose*) *sf Med* Estado semelhante

ao sono profundo e no qual o paciente só age induzido pelas sugestões do hipnotizador; sono hipnótico.

hip.nó.ti.co (*gr hypnotikós*) *adj* **1** Relativo à hipnose ou ao hipnotismo. **2** Que produz sono. • *sm Farm* Medicamento que produz sono; narcótico.

hip.no.tis.mo (*hipno+t+ismo*) *sm* **1** Conjunto de processos que produzem hipnose. **2** Ato de fazer dormir por sugestão. **3** Sono provocado por hipnose.

hip.no.ti.za.ção (*hipnotizar+ção*) *sf* Ato ou efeito de hipnotizar.

hip.no.ti.za.dor (*hipnotizar+dor²*) *sm* Aquele que hipnotiza.

hip.no.ti.zar (*hipnót(ico)+izar*) *vtd* **1** Provocar sono hipnótico em. *vtd* **2** *fig* Atrair, encantar, magnetizar: *Sua beleza era tanta que hipnotizava todos à sua volta*. *vtd* e *vpr* **3** Entorpecer(-se).

hip.no.ti.zá.vel (*hipnotizar+vel*) *adj* Que pode ser hipnotizado.

hi.po.cam.po (*gr hippókampos*) *V cavalo-marinho*.

hi.po.con.dri.a (de *hipocôndrio*) *sf Med* **1** Depressão; melancolia profunda. **2** Preocupação mórbida com saúde, muitas vezes associada com uma doença imaginária. **3** Mania de doença.

hi.po.con.drí.a.co (*gr hypokhondriakós*) *adj* **1** Que se refere à hipocondria. **2** Afetado de hipocondria. **3** Triste, melancólico. • *sm* Indivíduo que sofre de hipocondria.

hi.po.côn.dri.co (*hipocôndrio+ico²*) *adj Anat* Relativo ou pertencente ao hipocôndrio.

hi.po.côn.drio (*gr hypokhóndrios*) *sm Anat* Cada uma das partes laterais do abdome, logo abaixo das falsas costelas.

hi.po.cri.si.a (*gr hypókrisis+ia¹*) *sf* Manifestação de fingidas virtudes, sentimentos bons, devoção religiosa, compaixão etc.; fingimento, falsidade, simulação.

hi.pó.cri.ta (*gr hypokrités*) *adj* e *s m+f* **1** Que, ou quem tem hipocrisia. **2** Falso, fingido.

hi.po.der.me (*hipo²+derme*) *sf Zool* Tecido situado abaixo da derme. • *adj* Que vive sob a pele.

hi.po.dér.mi.co (*hipo²+derma+ico²*) *adj* **1** Relativo à hipoderme; subcutâneo. **2** Que se aplica ou se pratica sob a pele. **3** Que está sob a pele.

hi.pó.dro.mo (*gr hippódromos*) *sm* **1** *ant gr* Pista oval para corridas de cavalos e de carros, com arquibancadas para os espectadores. **2** *Esp* Pista para corridas de cavalos com arquibancadas para os espectadores e demais instalações pertinentes.

hi.pó.fi.se (*hipo²+gr phýsis*) *sf Anat* Glândula de secreção interna situada na base do cérebro e cujas perturbações de desenvolvimento produzem alterações no crescimento, assim como perturbações no funcionamento das outras glândulas de secreção interna; glândula pituitária.

hi.po.gli.ce.mi.a (*hipo²+glico+hemo+ia¹*) *sf Med* Condição anormal caracterizada pela diminuição de glicose no sangue.

hi.po.pó.ta.mo (*hipo¹+pótamo*) *sm* **1** *Zool* Mamífero anfíbio, herbívoro, ungulado, de pele muito grossa e sem pelo, patas, cauda curta, cabeça muito grande e truncada num focinho largo e arredondado. Vive às margens dos rios africanos. **2** *pop* Indivíduo gordo e desajeitado.

hi.po.te.ca (*gr hypothéke*) *sf* **1** Transferência dos direitos sobre um imóvel como garantia de pagamento de uma dívida ou um empréstimo. **2** Dívida garantida por esses direitos. *Hipoteca convencional:* a que resulta de um acordo de ambas as partes, credor e devedor, para garantir o cumprimento da obrigação. *Hipoteca legal:* a que a lei institui como garantia de um pagamento.

hi.po.te.ca.do (*hipoteca+ado³*) *adj* Diz-se de um bem que está sob hipoteca.

hi.po.te.car (*hipoteca+ar²*) *vtd* **1** Sujeitar a hipoteca, onerar com hipoteca. **2** Garantir com hipoteca. **3** *fig* Assegurar, garantir (apoio, solidariedade etc.): *Hipotequei a ele toda a minha solidariedade*.

hi.po.ten.são (*hipo²+tensão*) *sf* **1** *Med* Tensão arterial abaixo do normal; pressão arterial baixa. **2** Diminuição, abaixo do normal, da pressão no interior de um sistema. *Antôn:* hipertensão.

hi.po.ten.so (*hipo²+tenso*) *adj+sm* Que, ou aquele que tem hipotensão. *Antôn:* hipertenso.

hi.po.te.nu.sa (*lat hypotenusa*) *sf Geom* Lado oposto ao ângulo reto (no triângulo retângulo).

hi.po.ter.mi.a (*hipo²+termo+ia¹*) *sf Med* Temperatura do corpo abaixo do normal. *Antôn:* hipertermia.

hi.pó.te.se (*gr hypóthesis*) *sf* **1** Suposição que se faz de alguma coisa possível ou não, e da qual se tiram conclusões que serão verificadas. **2** Conjunto de condições que se toma como ponto de partida para desenvolver o raciocínio. **3** Suposição, conjetura: *Formular hipóteses*. *Na hipótese de:* no caso de. *Na melhor das hipóteses:* nas condições mais favoráveis.

hi.po.té.ti.co (*gr hypothetikós*) *adj* **1** Que se refere a hipótese. **2** Tudo o que é objeto de suposição e por isso necessita ser comprovado. **3** Aquilo que se imagina.

hi.po.vi.ta.mi.no.se (*hipo²+vitamina+ose*) *sf Med* Deficiência de vitaminas no organismo. *Antôn:* hipervitaminose.

hippie (*rípi*) (*ingl*) *s m+f* Membro de um grupo não conformista, geralmente de classe média, que, na década de 1960, rompeu com a sociedade regular, especialmente no modo de vestir-se e nos hábitos de vida, tendo como lema paz e amor. • *adj m+f sing* e *pl* Relativo ou próprio de *hippie*: *Moda hippie, comunidade hippie*.

hip.si.lão (*gr hypsílon*) *V hipsilo*.

hip.si.lo (*gr hypsílon*) *sm* Nome da letra grega que se representa por *y*. *Var*: ípsilon, hipsilão. *Pl:* hipsilos ou *yy*.

hir.ci.no (*lat hircinu*) *adj* Relativo ao bode.

hir.su.to (*lat hirsutu*) *adj* **1** Coberto de pelos rijos, longos e abundantes. **2** Cabeludo. **3** Hirto. **4** Diz-se do pelo dos mamíferos, ereto e rijo. **5** Arrepiado, crespo, eriçado, ouriçado, teso. **6** *fig* Intratável, ríspido.

hir.to (*lat hirtu*) *adj* **1** Retesado; ereto. **2** Imóvel, teso. **3** Crespo, eriçado. **4** Hirsuto.

hi.run.di.ní.deos (*lat hirundine+ídeos*) *sm pl Ornit* Família de aves passeriformes, a que pertencem as várias espécies de andorinhas. Têm asas longas e pontudas e, na maioria, a cauda bifurcada.

hi.run.di.no (*lat hirundo+ino*) *adj* Relativo à andorinha, próprio da andorinha.

his.pâ.ni.co (*lat hispanicu*) *adj* Que se refere à Espanha (Europa) ou aos antigos habitantes da Península Ibérica. *Var: hispano.*
his.pa.ni.da.de (*lat Hispanu+i+dade*) *sf* **1** Qualidade do que é espanhol. **2** Conjunto das tradições e sentimentos nacionais do povo espanhol.
his.pa.no (*lat hispanu*) *V hispânico.*
his.pa.no-a.me.ri.ca.no *adj* **1** Relativo à Espanha (Europa) e à América de língua espanhola. **2** Que se refere às nações de língua espanhola na América. • *sm* Habitante ou natural de qualquer dessas nações. *Pl: hispano-americanos.*
his.so.pe (*ó*) (*gr hýssopos*) *sm Liturg* Instrumento para aspergir água benta; aspersório.
his.te.ri.a (*hístero+ia¹*) *sf* **1** *Med* Psiconeurose que se observa principalmente nas mulheres e se caracteriza por falta de controle de atos e emoções e por diversos outros sintomas (paralisias, distúrbios visuais, crises semelhantes a ataques epiléticos) que podem ocorrer por sugestão ou por autossugestão. **2** Índole caprichosa ou desequilibrada. *Var: histerismo.*
his.té.ri.co (*gr hysterikós*) *adj* **1** Que se refere à histeria. **2** Afetado de histeria. • *sm* **1** Ataque histérico. **2** Aquele que sofre de histeria.
his.te.ris.mo (*hístero+ismo*) *sm* Estado de quem está com histeria.
his.to.lo.gi.a (*histo+logo+ia¹*) *sf* Ramo da biologia que estuda a estrutura microscópica de tecidos e órgãos.
his.to.ló.gi.co (*histo+logo+ico²*) *adj* Que se refere à histologia.
his.tó.ria (*gr historía*) *sf* **1** Narração ordenada, escrita, dos fatos e acontecimentos (sociais, políticos, econômicos e culturais) na vida dos povos, de uma localidade ou da humanidade, em geral, ocorridos no passado: *História antiga, História medieval, História moderna.* **2** Registro cronológico desses acontecimentos (em livros, principalmente), analisado e explicado. **3** O conjunto das obras referentes à história. **4** Ramo da ciência que se ocupa com a natureza animada e inanimada: *História natural* (estudo geral da vida animal e vegetal e dos corpos inorgânicos). **5** Estudo acerca da origem e desenvolvimento de uma nação, ciência, arte etc.: *História da pintura renascentista, História da França no século XII.* **6** Exposição de fatos, sucessos ou particularidades relativos a determinado assunto digno de atenção pública. **7** Narrativa; conto; aventura; trama; enredo: *História em quadrinhos.* **8** Invenção; mentira: *Esta garota conta cada história!* **9** Amolação; chateação; complicação: *Menino, deixe de história, vá já tomar banho! Dim: historieta. Passar à história:* deixar marcada sua presença por um feito importante (*p ex: Com a construção de Brasília, Juscelino Kubistchek passou à história*). *Que história!:* exprime dúvida e reprovação, descrédito.
his.to.ri.a.dor (*historiar+dor*) *adj* + *sm* Que, ou aquele que escreve história ou sobre história; historiógrafo.
his.to.ri.ar (*história+ar¹*) *vtd* **1** Fazer a história de; contar, narrar: *Historiar acontecimentos.* **2** *pop* Adornar, enfeitar: *Historiava qualquer aconteci-*mento. *Conjug – Pres indic: historio (rí), historias (rí), historia (í) etc. Cf história.*
his.tó.ri.co (*lat historicu*) *adj* **1** Pertencente ou relativo à história. **2** Real, por oposição a fictício ou maravilhoso, fantasioso. **3** Que se liga a algum fato da história. **4** Relativo a épocas em que a história já era registrada por escrito. **5** Confirmado, atestado pela história. • *sm* **1** Resumo dos acontecimentos relacionados com um fato. **2** Relação de fatos na ordem cronológica: *Histórico escolar.*
his.tó.ri.co-ge.o.grá.fi.co *adj* Relativo à história e à geografia. *Pl: histórico-geográficos.*
his.to.ri.e.ta (*ê*) (*história+eta*) *sf* Narração de um fato curto e pouco importante; conto.
his.to.ri.o.gra.fi.a (*histório+grafo+ia¹*) *sf* **1** Arte de escrever a história. **2** Estudos críticos sobre história.
his.to.ri.o.grá.fi.co (*histório+grafo+ico²*) *adj* Que se refere à historiografia.
his.to.ri.ó.gra.fo (*histório+grafo*) *sm* Quem se dedica à historiografia; historiador.
his.tri.ão (*lat histrione*) *sm* **1** Comediante, cômico, palhaço, bufão. *fig* **2** Vil, charlatão. **3** Hipócrita. **4** Homem desprezível pelo seu procedimento. *Pl: histriões.*
his.tri.o.nar (*histrião+ar¹*) *vtd neol* Dar aspecto cômico ou burlesco a algo ou alguém.
his.tri.o.ni.a (*histrião+ia¹*) *sf* **1** Ato ou dito próprio de histrião. **2** Palhaçada, farsa.
his.tri.ô.ni.co (*histrião+ico²*) *adj* **1** Próprio de histrião. **2** Relativo a histrião. **3** Cômico.
hit (*rít*) (*ingl*) *sm* O que está na moda, que faz sucesso: *Sua música foi um dos hits do verão passado.*
hi.ti.ta *adj+sm* Que, ou aquele que se refere aos hititas, povo antigo da Ásia Menor, frequentemente mencionado no Velho Testamento e que constituiu um poderoso império no 2º milênio a.C.
hi.tle.ris.mo (*Hitler, np+ismo*) *V nazismo.*
hi.tle.ris.ta (*Hitler, np+ista*) *s m+f* Pessoa partidária do hitlerismo. *V nazista* e *nazismo.* • *adj* Relativo a Adolf Hitler (1889-1945) ou ao hitlerismo.
HIV (*ingl human immuno-deficiency virus*) *sm* Vírus da Aids.
hobby (*róbi*) (*ingl*) *sm* Atividade praticada nas horas de lazer.
ho.di.er.no (*lat hodiernu*) *adj* Relativo ao dia de hoje; moderno, atual.
ho.je (*lat hodie*) *adv* No dia em que estamos, no dia corrente; atualmente. *De hoje para amanhã:* de um momento para outro. *De hoje em diante:* para o futuro. *Hoje em dia:* atualmente; nos tempos de agora.
ho.lan.dês (*top Holanda+ês*) *adj* Que pertence ou se refere à Holanda (Europa). • *sm* **1** Habitante ou natural da Holanda. **2** Dialeto neerlandês, falado na Holanda. *Pl: holandeses* (*ê*). *Fem: holandesa* (*ê*).
ho.lan.de.sa (*top Holanda+esa*) *sf* **1** Mulher nascida na Holanda (Europa). **2** Tanque de forma oval onde se prepara a pasta destinada à fabricação do papel. **3** *Zootecn* Raça de gado bovino, originária da Holanda, mas disseminada por todos os países temperados, e considerada a melhor produtora de leite do mundo.
holding (*rôldin*) (*ingl*) *sm Econ polít* Companhia

ho.le.ri.te (ingl *hollerith*) *sm* Documento que uma empresa comercial ou repartição pública entrega aos funcionários, no qual está especificado o pagamento; contracheque.

sem atividade produtora própria, mas que possui grande número de ações de outras companhias, o que lhe assegura o controle comercial dessas companhias: *Empresa holding*.

ho.lis.mo (*holo+ismo*) *sm* **1** *Biol* Doutrina que considera o organismo vivo como um todo impossível de ser decomposto e onde cada parte interfere nas outras. **2** *Filos* Compreensão da realidade em totalidades integradas onde cada elemento reflete e contém todas as dimensões do todo, destacando que a parte está no todo, assim como o todo está na parte, numa interrelação constante e dinâmica.

ho.lís.ti.ca (*holo+istica+ico²*) *adj* **1** Referente ao holismo. **2** Que considera o todo e as interrelações dinâmicas de suas partes: *Visão holística do mundo, do ser humano*.

hol.ly.wo.o.di.a.no (*Hollywood, np+ano*) *adj Cin* Relativo ao pertencente a Hollywood, parte da cidade de Los Angeles conhecida pela produção cinematográfica.

hól.mio *sm Quím* Elemento metálico de número atômico 67 e símbolo Ho.

ho.lo.caus.to (*gr holókauston*) *sm* **1** Sacrifício, entre os antigos hebreus, em que as vítimas (animais) eram inteiramente queimadas; imolação. **2** *por ext* Sacrifício, imolação; expiação: *Oferecer em holocausto*. **3** *Hist* Execução em massa de judeus e de outras minorias (homossexuais, ciganos etc.) durante o nazismo.

ho.lo.ce.no (*holo+ceno⁴*) *sm Geol* A época mais recente do Período Quaternário, em que se dá o desenvolvimento e a expansão da civilização humana.

ho.lo.fo.te (*holo+foto*) *sm* Aparelho que usa lentes e refletores para projetar ao longe poderoso feixe de luz. É usado nos faróis marítimos, na defesa antiaérea noturna, nos espetáculos noturnos etc.; projetor.

ho.lo.gra.fi.a (*holo+grafo+ia¹*) *sf Fís* Processo de produzir imagens, sem o uso de lentes, pela reconstrução do campo de ondas ópticas. O objeto é iluminado por meio de luz coerente (laser), e suas irregularidades superficiais a refletem em direção ao filme que será o holograma.

ho.lo.grá.fi.co (*holo+grafo+ico²*) *adj* Relativo à holografia.

ho.lo.gra.ma (*holo+grama*) *sm* Chapa ou filme fotográfico em que é fixada a figura tirada por holografia.

hom.bri.da.de (*cast hombredad*) *sf* **1** Qualidade de varão; virilidade. **2** Dignidade; nobreza ou grandeza de caráter; brio.

ho.mem (*lat homine*) *sm* **1** O ser humano em geral, mamífero bípede, dotado de capacidade de raciocinar e se expressar de modo articulado. **2** Indivíduo da espécie humana. **3** Ser humano do sexo masculino, macho. **4** Aquele que possui hombridade: *Só ele era homem para enfrentar aquela situação*. **5** *pop* Marido ou amante. *sm pl* A humanidade, os mortais. *De homem para homem*: com franqueza e seriedade. *Homem de bem*: de procedimento correto; honesto, bondoso. *Homem de fibra*: que corajosamente enfrenta adversidades e perigos. *Homem de palavra*: de caráter firme ou íntegro, que cumpre o que diz ou promete; que não mente. *Homem de pulso*: firme, enérgico, que sabe se impor. *Homem feito*: adulto, chegado ao uso da razão. *Homem público*: que se consagra à vida pública ou está ligado a ela, político. *Seja homem*: expressão com que se manda alguém reagir, ou suportar com coragem uma situação difícil. *Aum*: homenzarrão. *Dim*: homenzinho; homúnculo (deprec).

ho.mem-rã *sm* Nome dado ao membro de um grupo de mergulhadores, equipado e preparado para trabalhos submarinos. *Pl*: homens-rã e homens-rãs.

ho.me.na.ge.a.do (*part* de *homenagear*) *adj* Que é alvo de homenagem: *Professores homenageados*. • *sm* Pessoa a quem se presta uma homenagem: *Nosso homenageado é uma pessoa importante*.

ho.me.na.ge.ar (*homenagem+ar¹*) *vtd* Prestar homenagem a. Conjuga-se como *frear*.

ho.me.na.gem (*provençal homenatge*) *sf* **1** *Antig* Promessa de fidelidade que o vassalo fazia ao senhor feudal. **2** Demonstração ou prova de respeito e consideração.

ho.men.zar.rão (*homem+z+arro+ão²*) *sm* **1** Aumentativo de *homem*. **2** Homem muito encorpado, alto e forte. **3** Homem distinto.

ho.men.zi.nho (*homem+z+inho*) *sm* **1** Diminutivo de *homem*. **2** Homem de pequena estatura. **3** Homem insignificante e sem importância. **4** Rapaz que vai entrando na adolescência ou que já tem modos de homem.

ho.me.o.pa.ta (*homeo+pato*) *adj* e *s m+f* **1** Que, ou quem é partidário da homeopatia. **2** Que, ou pessoa que cura pelo sistema homeopático. *Antôn*: alopata.

ho.me.o.pa.ti.a (*homeo+pato+ia¹*) *sf Med* Sistema terapêutico criado por Christian Friedrich Samuel Hahnemann (1755-1843) que consiste em tratar doenças por meio de susbtâncias ministradas em doses muito diluídas, a ponto de se tornarem infinitesimais, capazes de produzir em pessoa sã os mesmos sintomas que os doentes a serem tratados apresentam. O lema da escola homeopática é "os semelhantes curam-se pelos semelhantes". *Antôn*: alopatia.

ho.me.o.pá.ti.co (*homeo+pato+ico²*) *adj* **1** Referente à homeopatia. **2** *Farm* Fornecido em pequenas porções, como por gotas: *Doses homeopáticas*.

homepage (*romipeij*) (ingl) *sf Inform* Páginas de abertura de um *site* na Internet.

ho.mé.ri.co (*Homero, np+ico²*) *adj* **1** Que pertence ou se refere ao poeta grego Homero, às suas obras ou ao seu estilo. **2** Grandioso ou gigantesco como as personagens ou as proezas dos poemas de Homero. **3** *fig* Grande, épico; retumbante.

home-theather (*romitíater*) (ingl) *sm* **1** Local da casa reservado para lazer equipado com equipamentos de imagem e som. **2** Esses equipamentos.

ho.mi.ci.da (*lat homicida*) *adj m+f* **1** Relativo a homicídio. **2** Que pratica homicídios. **3** Que causa a morte de uma pessoa: *Arma homicida*. • *s m+f* Pessoa que pratica homicídio, assassino.

ho.mi.cí.dio (*lat homicidiu*) *sm* Ação de matar uma pessoa, voluntária ou involuntariamente; assassínio. *Homicídio culposo:* aquele em que não existiu intenção, que resultou de uma negligência ou foi acidental; também chamado *homicídio involuntário. Homicídio doloso:* aquele em que a intenção era mesmo tirar a vida de alguém; também chamado *homicídio voluntário. Homicídio involuntário:* V *homicídio culposo. Homicídio voluntário:* V *homicídio doloso.*
ho.mi.li.a (*lat homilia*) *sf Rel* Sermão, prédica. Veja nota em **hieróglifo**.
ho.mi.li.ar (*homilia+ar*[1]) *vint* Escrever ou fazer homilias. *Conjug – Pres indic: homilio, homilias, homilia* etc.
ho.mi.ní.deo (*lat homine+ídeo*) *adj* **1** *Zool* Pertencente aos hominídeos. **2** Semelhante ao homem; antropoide. • *sm pl Zool* Família de mamíferos da ordem dos primatas, a que pertence o gênero humano.
ho.mo.fo.bi.a (*homo(ssexual)+fobo+ia*[1]) *sf* **1** Preconceito contra os homossexuais. **2** Ódio aos homossexuais, muitas vezes levando à violência física.
ho.mo.fo.ni.a (*homo+fono+ia*[1]) *sf* **1** Qualidade de ser homófono; igualdade de som (*p ex, conserto* e *concerto*). **2** *Mús* Uníssono.
ho.mo.fô.ni.co (*homo+fono+ico*[2]) *V homófono.*
ho.mó.fo.no (*homo+fono*) *adj* **1** Que tem o mesmo som. **2** Que tem a mesma pronúncia. *Var: homofônico.*
ho.mo.ge.nei.da.de (*homogêneo+dade*) *sf* **1** Qualidade de homogêneo, de igualdade, de semelhança. **2** *Sociol* Qualidade característica de uma população quando os indivíduos que a compõem têm semelhanças biológicas ou culturais. *Antôn: heterogeneidade.*
ho.mo.ge.nei.za.ção (*homogeneizar+ção*) *sf* **1** Ato ou efeito de homogeneizar. **2** Tratamento dado ao leite para evitar que seus elementos se decantem.
ho.mo.ge.nei.za.do (*part* de *homogeneizar*) *adj* **1** Que sofreu homogeneização. **2** Que foi igualado.
ho.mo.ge.nei.zar (*homogêneo+izar*) *vtd* **1** Tornar homogêneo. **2** Assemelhar, igualar-se. **3** Misturar líquidos que não se misturam naturalmente.
ho.mo.gê.neo (*gr homogenés*) *adj* **1** Que tem a mesma natureza, ou é do mesmo gênero que outro objeto. **2** Idêntico no seu todo. **3** Diz-se daquilo cujas partes são ou estão intimamente ligadas. **4** Que consiste em partes ou elementos da mesma natureza: *Líquido homogêneo.* **5** Referente às partes que não apresentam ou quase não apresentam diferenças: *A turma da minha classe forma um grupo homogêneo. Antôn: heterogêneo.*
ho.mó.gra.fo (*homo+grafo*) *adj* + *sm Gram* Diz-se de, ou palavra que tem a mesma grafia de outra, mas sentido diferente.
ho.mo.lo.ga.ção (*homologar+ção*) *sf* **1** Ato ou efeito de homologar. **2** *Dir* Decisão pela qual o juiz aprova ou confirma certos atos ou pedidos para que tenham força obrigatória. **3** Aprovação dada por uma autoridade judicial ou administrativa.
ho.mo.lo.gar (*homólogo+ar*[1]) *vtd* **1** Confirmar ou aprovar por autoridade judicial ou administrativa. **2** Aprovar, ratificar: *Homologar um pedido de divórcio. Conjug – Pres indic: homologo (ló), homologas (ló), homologa (ló)* etc. *Cf homólogo.*
ho.mo.lo.ga.tó.rio (*homologar+ório*) *adj* Que produz homologação.
ho.mó.lo.go (*gr homólogos*) *adj* Correspondente; equivalente; similar.
ho.mô.ni.mo (*homo+ônimo*) *adj* + *sm* **1** Diz-se de, ou pessoas que têm nome e sobrenome idênticos. **2** *Gram* Diz-se de, ou palavra que tem a mesma pronúncia que outra, mas se escreve de maneira diferente: *acerto* (ajuste) e *asserto* (afirmação); *conserto* (reparo) e *concerto* (espetáculo musical).
ho.móp.te.ros (*homo+ptero*) *sm pl Entom* Ordem de insetos caracterizados por dois pares de asas membranosas e aparelho bucal sugador, na qual se incluem as cigarras e os pulgões dos vegetais.
ho.mos.se.xu.al (*cs*) (*homo+sexo+al*[1]) *s m+f* Pessoa que tem afinidade ou pratica atos sexuais com indivíduos do mesmo sexo. • *adj* **1** Do mesmo sexo. **2** Referente à afinidade ou a atos sexuais entre indivíduos do mesmo sexo. **3** *pej* Veado, bicha. *Antôn: heterossexual.*
ho.mos.se.xu.a.li.da.de (*cs*) (*homossexual+i+dade*) *sf* Qualidade de homossexual; homossexualismo. *Antôn: heterossexualidade.*
ho.mos.se.xu.a.lis.mo (*cs*) (*homossexual+ismo*) *sm* Prática de atos homossexuais. *Antôn: heterossexualismo.*
hon.du.re.nho (*top Honduras+enho*) *adj* Que pertence ou se refere a Honduras (América Central). • *sm* Habitante ou natural de Honduras.
ho.nes.tar (*honesto+ar*[1]) *vtd* **1** Tornar honesto. *vtd* **2** Honrar. *vtd* e *vpr* **3** Adornar(-se), embelezar (-se). *vpr* **4** Portar-se com decência e honestidade.
ho.nes.ti.da.de (*honesto+i+dade*) *sf* **1** Qualidade de honesto. **2** Honradez, probidade. **3** Decoro. **4** Retidão de comportamento.
ho.nes.to (*lat honestu*) *adj* **1** Honrado, probo. **2** Reto, correto, consciencioso, sério, digno de confiança. **3** Justo, escrupuloso. **4** Imparcial. **5** Decente, decoroso, virtuoso.
ho.no.ra.bi.li.da.de (*lat honorabile*) *sf* **1** Qualidade daquele ou daquilo que é digno de receber honras. **2** Respeitabilidade, probidade.
ho.no.rá.rio (*lat honorariu*) *adj* **1** V *honorífico.* **2** Que dá honras sem proveito material. • *sm pl* Retribuição que os exercem uma profissão liberal; remuneração.
ho.no.rá.vel (*honorar+vel*) *adj* Digno de honra; benemérito, respeitável.
ho.no.ri.fi.car (*lat honorificare*) *vtd* Agraciar, honrar.
ho.no.rí.fi.co (*lat honorificu*) *adj* **1** Que dá honras; honroso. **2** Honorário.
hon.ra (de *honrar*) *sf* **1** Sentimento que leva o ser humano a procurar merecer e manter a consideração pública. **2** Sentimento de dignidade própria. **3** Probidade. **4** Fama, glória; dignidade. **5** Pessoa que por talento ou virtudes engrandece a classe, a instituição, o país a que pertence. **6** *fig* Castidade; pureza, virgindade. *sf pl* **1** Honraria. **2** Título honorífico de um cargo, que se confere a quem o exerceu, mas sem vencimentos. **3** Manifestações exteriores de respeito ou de saudade: *Honras fúnebres. Fazer as honras da casa:* receber as visitas

ou os convidados como anfitrião. *Por honra da firma:* aceitar, pagar etc., contra a vontade, só para não se desmoralizar, só para salvar as aparências.

hon.ra.dez (*honrado+ez*) *sf* **1** Caráter ou qualidade de honrado. **2** Integridade de caráter.

hon.ra.do (*part* de *honrar*) *adj* **1** Que tem honra. **2** Honesto, correto.

hon.rar (*lat honorare*) *vtd* **1** Conferir honras a. *vtd* **2** Dignificar, distinguir, penhorar. *vtd* **3** Reverenciar, tratar com respeito, venerar; homenagear. *vtd* **4** Exaltar, glorificar: *Honrar a Deus. Honrar a pátria.* *vtd* **5** Não desmerecer de: *Sempre honrou o nome de seus pais.* *vpr* **6** Alcançar honra ou distinção. *vpr* **7** Exaltar-se, enobrecer-se, lisonjear-se, ufanar-se, vangloriar-se.

hon.ra.ri.a (*honrar+ia*[1]) *sf* **1** Concessão de título honorífico. **2** Dignidade, distinção. *sf pl* Honras.

hon.ro.so (*ô*) (*honra+oso*) *adj* **1** Que dá honra(s). **2** Digno de honra(s). **3** Que enobrece ou dignifica. **4** Que torna respeitado. *Pl:* honrosos (*ó*).

hó.quei (*ingl hockey*) *sm Esp* Jogo disputado entre duas equipes, de onze jogadores cada, e cujo objetivo é introduzir em gols opostos uma pequena bola, empurrando-a ou batendo-a com um bastão recurvado, chamado *estique* (do inglês *stick*). *Hóquei sobre gelo:* variedade de hóquei praticada numa quadra coberta de gelo, por jogadores usando patins com lâmina. *Hóquei sobre patins:* variedade de hóquei praticada numa quadra comum, por jogadores usando patins com rodas.

ho.ra (*lat hora*) *sf* **1** Cada uma das 24 partes em que se divide o dia civil e que tem a duração de 60 minutos. Símbolo: *h*. **2** Número de mostrador de relógio. **3** Badalada no sino do relógio, indicando horas. **4** Ocasião ou tempo em que ordinariamente se faz ou se deve fazer uma coisa: *Hora do almoço, do jantar* etc. **5** Instante, momento. **6** Oportunidade, ocasião, ensejo: *Ainda não chegou a hora de ajustarmos as contas. sf pl* **1** Período indeterminado. **2** *Rel* Livro de orações para certas horas do dia. *A toda hora:* em qualquer ocasião, sempre. *Contar as horas:* esperar com impaciência, com inquietação. *De hora em hora:* a) com intervalos de uma hora: *Uma colher de sopa de hora em hora;* b) a cada momento: *De hora em hora fala de sua viagem à Europa. De hora em hora Deus melhora:* dito de esperança e estímulo. *Em boa hora:* em tempo oportuno; no momento certo. *Em cima da hora:* sem mais prazo. *Fazer hora:* matar o tempo; entreter-se com alguma coisa. *Hora de a onça beber água, pop:* momento crítico; momento de perigo. *Hora extra:* hora trabalhada além do expediente normal do empregado. *Hora h:* hora decisiva. *Horas e horas:* durante muito tempo. *Pela hora da morte:* a preço exorbitante.

A abreviatura de **hora(s)** não tem **s** nem **ponto**. Em expressões como **das 9h às 12h**, o acento grave é obrigatório.

ho.rá.rio (*lat horariu*) *adj* **1** Que pertence ou se refere a horas. **2** Relativo a cada um dos doze círculos máximos traçados num globo celeste através dos polos e que dividem o equador celeste em 24 espaços de 15° ou uma hora. • *sm* Tabela ou conjunto das horas determinadas para qualquer atividade. *Horário de pico:* horário que atinge o ápice no tráfego. *Horário político:* horário reservado, na programação das emissoras de rádio e TV, para propaganda de partidos políticos.

hor.da (*fr horde*) *sf* **1** Tribo nômade, selvagem, que vive nos campos, florestas etc. **2** Bando indisciplinado e malfeitor. **3** Multidão desordenada; bando.

ho.ris.ta (*hora+ista*) *adj* e *s m+f* Que, ou pessoa que é paga por hora de serviço prestado (o salário é calculado por hora trabalhada).

ho.ri.zon.tal (*horizonte+al*[1]) *adj* **1** Paralelo ou relativo ao horizonte. **2** Que segue a direção das águas em repouso. **3** Deitado. • *sf* Linha paralela ao plano do horizonte.

ho.ri.zon.ta.li.da.de (*horizontal+i+dade*) *sf* Qualidade do que é horizontal; direção horizontal.

ho.ri.zon.te (*gr horízon, ontos*) *sm* **1** Linha circular onde termina a vista do observador, e na qual parece que o céu se junta com a terra ou com o mar. **2** Extensão ou espaço que a vista alcança. **3** Espaço: *Ergue-se um balão no horizonte.* **4** *fig* Futuro, perspectiva: *Expandir os horizontes.* **5** Limite ou âmbito de percepção, de experiência ou de visão: *Homem de horizonte estreito.*

hor.mo.nal (*hormônio+al*[1]) *adj* Relativo a hormônios.

hor.mô.nio (*gr hormôn, part* de *hormáo+io*) *sm* **1** *Fisiol* Cada uma das várias substâncias segregadas por glândulas endócrinas (tireoide, ovários, testículos, hipófise, suprarrenais etc.) que, passando para os vasos sanguíneos, têm efeito específico sobre as atividades de outros órgãos. **2** *Farm* Medicamento feito com essas substâncias.

hor.mo.no.te.ra.pi.a (*hormônio+terapia*) *sf Med* Tratamento com hormônios.

ho.rós.co.po (*gr horoskópos*) *sm Astrol* **1** Posição dos astros, ou o mapa do céu no momento em que nasce uma criança. **2** Estudo da influência dos astros na personalidade e na vida das pessoas, a partir da data, hora e local de seu nascimento. **3** Prognóstico feito pelos astrólogos de circunstâncias favoráveis ou desfavoráveis no cotidiano das pessoas com base no trânsito ou movimento dos astros e a influência que esse movimento exerce sobre cada pessoa.

hor.ren.do (*lat horrendu*) *adj* **1** Que horroriza, que faz medo: *Noite horrenda.* **2** Muito feio: *Mulher horrenda.* **3** Medonho, horroroso, horrível. **4** Terrível, cruel.

hor.ri.pi.la.ção (*lat horripilatione*) *sf* **1** Ato ou efeito de arrepiar-se. **2** *Med* Calafrio que antecede a febre e durante o qual os cabelos do corpo se arrepiam. **3** Contração dos músculos eretores dos pelos, provocada pelo frio, por sensações desagradáveis, medo etc.

hor.ri.pi.lan.te (*lat horripilante*) *adj* **1** Que produz horripilação. **2** Que arrepia. **3** Que horroriza, aterroriza, apavora.

hor.ri.pi.lar (*lat horripilare*) *vtd* **1** Causar horripilação a; horrorizar, apavorar. *vpr* **2** Arrepiar-se. *vpr* **3** Apavorar-se, aterrorizar-se.

hor.rí.vel (*lat horribile*) *adj* **1** Que causa horror; horroroso. **2** Muito feio. **3** Péssimo. *Sup abs sint:* horribilíssimo.

hor.ror (*lat horrore*) *sm* **1** Estremecimento ou agitação causada por coisa espantosa, assustadora. **2** Aquilo que causa medo. **3** Susto, pavor, aversão. **4** Caráter do que é medonho, sinistro. **5** *pop* Grande número, quantidade espantosa de coisas: *Hoje tenho um horror de coisas para fazer.*
hor.ro.ri.zar (*horror+izar*) *vtd* **1** Causar horror a; horripilar. *vpr* **2** Encher-se de horror ou pavor.
hor.ro.ro.so (*ô*) (*horror+oso*) *adj* **1** Que causa horror. **2** Muito feio, horrendo. *Pl: Horrorosos* (*ó*).
horse-power (*rórse-páuer*) (*ingl*) *V cavalo-vapor. Símb: HP.*
hor.ta (de *horto*) *sf* Terreno em que se cultivam plantas alimentares, como verduras (hortaliças), legumes e certos frutos, como tomate e pimentão.
hor.ta.li.ça (*part ant hortal+iça* ou do *cast hortaliza*) *sf* Nome genérico dos vegetais alimentares, geralmente cultivados em horta (couves, alface, cenoura, nabo, tomate, pimentão etc.); verdura.
hor.te.lã (*lat hortulana*) *sf Bot* Nome comum a várias ervas rasteiras da família das labiadas. As do gênero *menta* são aromáticas e usadas como condimento; sua essência, principalmente a da hortelã-pimenta, é muito empregada para dar gosto a licores, bombons, dentifrícios etc.
hor.te.lão (*lat hortulanu*) *sm* **1** O que cultiva ou trata de uma horta. **2** Trabalhador rural especializado na cultura da horta. *Fem: horteloa.*
hor.te.lã-pi.men.ta *sf Bot* Planta medicinal, da família das labiadas, de ótimo sabor e propriedades refrescantes bem conhecidas. *Pl: hortelãs--pimentas* e *hortelãs-pimenta*.
hor.ten.se (*lat hortense*) *adj* **1** Relativo a horta. **2** Produzido em horta; hortícola.
hor.tên.sia (*lat hortensia*) *sf Bot* **1** Nome comum a várias plantas da família das saxifragáceas, originárias da China e do Japão. Formam arbustos bastante ornamentais em virtude de suas flores brancas, azuladas ou rosadas, dispostas em forma de buquê. **2** Qualquer planta desse gênero.
hor.tí.co.la (*horti+cola*) *adj m+f* Que pertence ou se refere a horta ou à horticultura; hortense.
hor.ti.cul.tor (*horti+cultor*) *sm Agr* **1** Aquele que se dedica ao cultivo das hortas. **2** Especialista em horticultura.
hor.ti.cul.tu.ra (*horti+cultura*) *sf* **1** Ramo da agricultura que se ocupa com o cultivo de verduras, legumes, plantas ornamentais, flores e frutas. **2** Cultura ou cultivo de horta.
hor.ti.fru.ti.gran.jei.ro (*horti+fruta+i+granja+eiro*) *adj + sm* Diz-se de, ou os produtos de hortas, pomares e granjas.
hor.ti.gran.jei.ro (*horti+granjeiro*) *adj + sm* Diz-se de, ou os produtos de hortas e granjas.
hor.to (*ô*) (*lat hortu*) *sm* **1** Pequeno espaço de terreno onde se cultivam as plantas próprias de jardim. **2** Bosque; jardim. *Pl: hortos* (*ô*). *Horto florestal:* grande terreno, geralmente de propriedade do Estado, com matas nativas preservadas e viveiros de plantas para venda ou distribuição gratuita de mudas e para estudos de silvicultura.
ho.sa.na (*lat hosanna* e este, pelo *gr* do *hebr hôshî'ânnâ*, salva-nos) *sm Rel Catól* **1** Aclamação litúrgica na língua hebraica introduzida na liturgia católica. **2** Hino eclesiástico que se canta no Domingo de Ramos. **3** Canto ou grito de alegria ou de triunfo. **4** Aclamação, saudação, louvor. • *interj* Ave!, Salve!.

hos.pe.da.gem (*hospedar+agem*) *sf* **1** Ato ou efeito de hospedar. **2** Hospedaria. **3** Hospitalidade.
hos.pe.dar (*lat hospitari*) *vtd* **1** Receber por hóspede, dar hospedagem, dar pousada a. *vtd* **2** Acolher mediante pagamento ou sem ele em casa particular, em hospedaria ou hotel próprio. *vtd* **3** Abrigar, alojar. *vpr* **4** Instalar-se como hóspede em alguma casa, hotel, pousada etc. *Conjug* – *Pres indic: hospedo* (*é*), *hospedas* (*é*), *hospeda* (*é*) etc.; *Pres subj: hospede* (*pé*), *hospedes* (*pé*) etc. *Cf hóspede.*
hos.pe.da.ri.a (*hospedar+ia*[1]) *sf* Casa onde se recebem hóspedes mediante retribuição; albergue, estalagem.
hós.pe.de (*lat hospite*) *sm* **1** Pessoa que se recebe geralmente mediante pagamento em hospedaria, hotel ou casa particular. **2** Pessoa que vive durante algum tempo em casa alheia. **3** *Biol* Parasito em relação ao organismo que o hospeda. • *adj* **1** Alheio, estranho. **2** Ignorante de alguma coisa: *Está hóspede nesta matéria. Fem: hóspeda.*
hos.pe.dei.ro (*hospede+eiro*) *adj* **1** Relativo a hóspede. **2** Que hospeda. **3** Acolhedor, hospitaleiro. • *sm* Aquele que tem hospedaria ou dá hospedagem. *Hospedeiro definitivo, Biol:* hospedeiro no qual se dá a reprodução sexual de um parasito. *Hospedeiro intermediário, Biol:* o que hospeda parasito larval ou assexual.
hos.pí.cio (*lat hospitiu*) *sm* **1** Hospital para loucos, manicômio. **2** Recolhimento ou casa de caridade onde se tratam pessoas pobres; asilo.
hos.pi.tal (*lat hospitale*) *sm* Estabelecimento onde se recebem e se tratam doentes; nosocômio. *Pl: hospitais.*
hos.pi.ta.lar (*lat hospitale+ar*[2]) *adj* Pertencente ou relativo a hospital.
hos.pi.ta.lei.ro (*baixo-lat hospitalariu*) *adj* **1** Que trabalha em hospital. **2** *fig* Acolhedor. • *adj + sm* **1** Que, ou o que dá hospedagem por generosidade ou bondade. **2** Que ou quem acolhe com satisfação hóspedes ou visitantes. *Fem: hospitaleira.*
hos.pi.ta.li.da.de (*lat hospitalitate*) *sf* **1** Ato de hospedar. **2** Qualidade de hospitaleiro. **3** Bom acolhimento dispensado a alguém.
hos.pi.ta.li.za.ção (*hospitalizar+ção*) *sf* **1** Ato ou efeito de hospitalizar. **2** Transformação, conversão em hospital.
hos.pi.ta.li.za.do (*part de hospitalizar*) *adj* Internado em hospital: *Doente hospitalizado.*
hos.pi.ta.li.zar (*hospital+izar*) *vtd* **1** Internar em hospital. **2** Transformar, converter em hospital.
hos.te (*lat hoste*) *sf* **1** Tropa, exército. **2** *fig* Bando, chusma, multidão.
hós.tia (*lat hostia*) *sf* **1** *Rel Catól* Lâmina circular de massa de trigo sem fermento que o sacerdote consagra e oferece a Deus na ocasião da missa; pão eucarístico. **2** *Farm* Pasta muito fina feita de trigo, para envolver certos medicamentos.
hos.ti.á.rio (*hóstia+ário*) *sm Rel Catól* Caixa para hóstias ainda não consagradas.
hos.til (*lat hostile*) *adj* **1** Adverso, contrário; inimi-

go: *Situação hostil, pessoa hostil.* **2** Provocante. **3** Agressivo.

hos.ti.li.da.de (*lat hostilitate*) *sf* **1** Qualidade de hostil. **2** Ação de hostilizar. **3** Ato hostil. **4** Atitude agressiva. **5** *Dir* Qualquer ação, com uso de armas, de uma nação contra outra.

hos.ti.li.zar (*hostil+izar*) *vtd* **1** Tratar com hostilidade. *vtd* **2** Opor-se a. *vtd* **3** Guerrear. *vtd* **4** Causar dano a. *vpr* **5** Combater-se mutuamente.

hot-dog (*róti-dógui*) (*ingl*) *V cachorro-quente.*

ho.tel (*fr hôtel*) *sm* Estabelecimento onde se alugam quartos ou apartamentos mobiliados, incluindo ou não refeições. *Pl: hotéis.*

ho.te.la.ri.a (*hotel+aria*) *sf* **1** Conjunto de hotéis. **2** Arte ou técnica de dirigir e/ou administrar hotéis.

ho.te.lei.ro (*hotel+eiro*) *adj* Que diz respeito a hotel: *Indústria hoteleira, complexo hoteleiro.* • *sm* O dono ou o administrador de um hotel.

hot money (*róti mânei*) (*ingl*) *sm Econ* Dinheiro que é transferido repentinamente de um país para outro, para aproveitar condições que tornam essa transferência vantajosa do ponto de vista financeiro.

house organ (*ráuzi órgan*) (*ingl*) *sm* Jornal de empresa; periódico editado por empresa, direcionado para os seus funcionários, ou para determinada faixa de seus clientes.

HP Símbolo de H*orse-*P*ower.*

hui! *interj* Designativo de dor, susto ou surpresa. *V ui.*

hu.lha (*fr houille*) *sf Miner* Carvão natural constituído por matérias vegetais fossilizadas da época carboniana; carvão de pedra. *V carvão.*

hum! *interj* **1** Exprime desconfiança, dúvida, hesitação, impaciência: *Hum! Não sei não.* **2** Exprime satisfação, em particular diante de um alimento com aspecto e aroma convidativos: *Hum! Que delícia!*

hu.ma.nar (*humano+ar*[1]) *vtd* **1** Tornar humano, benévolo, afável; dar a condição de homem a. *vtd* **2** Civilizar. *vpr* **3** Tornar-se humano, afável; humanizar-se. *Var: humanizar.*

hu.ma.ni.da.de (*lat humanitate*) *sf* **1** A natureza humana. **2** O gênero humano. **3** Sentimento de clemência de um ser para outro: *Tratar alguém com humanidade.* **4** Benevolência. **5** Compaixão. *sf pl* O estudo de letras clássicas.

hu.ma.nis.mo (*humano+ismo*) *sm* **1** Sentido novo que tomou a cultura na época do Renascimento, inteiramente orientado para o estudo do homem e para o desenvolvimento da sua personalidade, das suas faculdades criadoras, exaltação e satisfação da sensibilidade e máximo proveito dos recursos naturais. **2** O estudo ou quaisquer atividades relacionadas com as letras clássicas ou humanidades.

hu.ma.nis.ta (*humano+ista*) *adj m+f* Relativo ao humanismo. • *s m+f* **1** Pessoa versada em humanidades, em letras clássicas. **2** Estudante de humanidades. **3** Adepto do humanismo da Renascença.

hu.ma.nís.ti.ca (de *humanístico*) *sf* Conjunto de teorias e documentos relacionados às humanidades ou belas-letras.

hu.ma.nís.ti.co (*humanista+ico*[2]) *adj* Que diz respeito aos humanistas ou às humanidades.

hu.ma.ni.tá.rio (*lat humanitariu*) *adj* **1** De bons sentimentos para com o gênero humano; humano. **2** Que interessa a toda a humanidade. **3** Que diz respeito à humanidade. • *sm* Indivíduo que deseja e trabalha para o bem da humanidade; filantropo.

hu.ma.ni.ta.ris.mo (de *humanitário*) *sm* Sistema filosófico daqueles que colocam acima de tudo o amor à humanidade; filantropia.

hu.ma.ni.za.ção (*humanizar+ção*) *sf* Ato ou efeito de humanizar.

hu.ma.ni.zar (*humano+izar*) *V humanar.*

hu.ma.no (*lat humanu*) *adj* **1** Que pertence ou se refere ao ser humano. **2** Humanitário. **3** Bondoso, compassivo, caridoso. • *sm pl* O gênero humano, os homens, os mortais.

hu.ma.noi.de (*ó*) (*humano+oide*) *adj* Que tem caracteres humanos; que é semelhante ao homem. • *sm* Criatura humanoide.

hu.mil.da.de (*lat humilitate*) *sf* **1** Virtude pela qual reconhecemos nossas limitações. **2** Modéstia. **3** Pobreza. **4** Demonstração de respeito, de submissão.

hu.mil.de (*lat humile*) *adj* **1** Que dá ou tem aparência de humildade. **2** Modesto, simples, submisso. *Sup abs sint: humildíssimo* e *humílimo.*

hu.mi.lha.ção (*lat humiliatione*) *sf* **1** Ato ou efeito de humilhar(-se). **2** Aquilo que humilha ou afronta. **3** Abatimento, submissão. **4** Ultraje.

hu.mi.lha.do (*part* de *humilhar*) *adj* **1** Que se humilhou ou sofreu humilhação. **2** Abatido, rebaixado, submetido, vexado, ultrajado.

hu.mi.lhan.te (*lat humiliante*) *adj* **1** Que humilha. **2** Que rebaixa; deprimente. **3** Vexatório, aviltante, ultrajante.

hu.mi.lhar (*baixo-lat humiliare*) *vtd* **1** Tornar humilde: *As dificuldades por que passou o humilharam e fizeram dele um homem melhor.* *vtd* **2** Rebaixar, vexar, oprimir: *Mau patrão, ele humilhava seus empregados.* *vtd* **3** Referir-se com desprezo a alguém, desdenhar, menosprezar: *Incapaz de se sentir amado, ele humilhava as mulheres diante dos amigos.* *vtd* e *vti* **4** Submeter, sujeitar: *Embora vencedor, não humilhou a quem havia derrotado.* *vint* **5** Ser humilhante: *Tinha um jeito de olhar que humilhava.* *vpr* **6** Tornar-se humilde: *Quem se humilhar será exaltado.*

hu.mo (*lat humu*) *sm* Matéria orgânica em decomposição, que dá fertilidade às terras; terra vegetal. *Var: húmus.*

hu.mor (*lat humore*) *sm* **1** Disposição de ânimo: *Bom humor, mau humor* (sempre com os adjetivos *bom* e *mau*). **2** Capacidade de perceber, compreender, apreciar ou expressar coisas cômicas, engraçadas ou divertidas: *O professor ganhou a simpatia dos alunos pelas histórias que sabia contar com humor.* **3** Veia cômica, graça, espírito: *Mestre do humor, ele conseguia rir de si mesmo.* **4** *Biol* Qualquer líquido que atue normalmente no corpo, em particular dos vertebrados (bílis, sangue, linfa etc.). **5** Porção líquida do globo ocular. **6** Umidade, líquido. *Pl: humores.*

hu.mo.ra.do (*humor+ado*[1]) *adj* **1** Que tem humor. **2** Que está bem ou maldisposto de ânimo (sempre com os advérbios *bem* e *mal*: *bem-humorado, mal-humorado*).

hu.mo.ris.mo (*humor+ismo*) *sm* **1** Qualidade ou caráter de humorista ou de escritos humorísticos. **2** Expressão espirituosa e levemente irônica do rosto.

hu.mo.ris.ta (*ingl humourist*) *adj m+f* Que se refere ao humorismo. • *s m+f* Aquele que fala ou escreve com humorismo.

hu.mo.rís.ti.co (*humorista+ico²*) *adj* **1** Que se refere a humor. **2** Em que há estilo espirituoso e irônico. **3** Espirituoso. **4** Gracioso, com leve ironia. **5** Engraçado. **6** Com humorismo. • *sm* Programa de televisão ou rádio que apresenta quadros de humor, quadros cômicos.

hu.mo.ri.zar (*humor+izar*) *vint* Empregar com humorismo.

hú.mus (*lat humus*) *sm sing* e *pl* V *humo*.

hún.ga.ro (*lat med Hungaru*) *adj* Que pertence ou se refere à Hungria (Europa); natural da Hungria. • *sm* **1** Habitante ou natural da Hungria. **2** A língua desse país.

hu.no (*lat med Hunni*) *adj* Relativo ou pertencente aos hunos. • *sm pl Hist* Povo bárbaro da Ásia que, no século V da Era Cristã, assolou várias regiões da Europa, pondo em perigo o Império Romano.

hur.ra! (*ingl hurrah*) *interj* **1** Exclamação ou grito de alegria, triunfo, aplauso ou encorajamento; viva! (geralmente ao fazer um brinde). **2** Grito de alegria com que os marinheiros saúdam seus comandantes ou pessoas notáveis que visitam os navios. **3** *Esp* Grito de saudação ou de vitória.

Hz Símbolo de *hertz*.

i¹ *sm* Nona letra do alfabeto português, vogal. • *num* O nono numa série indicada pelas letras do alfabeto. No latim, a letra **i** era empregada ora como vogal, ora como a consoante **j**; só a partir do século XVI é que se foi generalizando nas línguas neolatinas a distinção entre **i** e **j**. Corresponde ao *iota* grego.

i² *pref* Entra na formação de alguns vocábulos, por assimilação do prefixo *in*, antes de *m*, *n*, *l* ou *r*, para exprimir negação: *imortal*, *inegável*, *ilegal*, *irregular*.

I 1 *num* Na numeração romana, símbolo equivalente a 1: *João Paulo I* (papa); *livro I*. **2** *Quím* Símbolo do iodo.

ia.iá (de *sinhá*) *sf* Tratamento dado às moças e às meninas, na época da escravidão.

i.a.lo.ri.xá (*ioruba iyálorìsha*) *sf Reg* (BA) Mãe de santo.

ia.no.mâ.mi *s m+f Etnol* Povo indígena que habita o extremo norte dos Estados de Roraima e Amazonas e também a Venezuela. *sm* Família linguística de alguns povos indígenas da Amazônia setentrional (ninã, sanumá, ianomã, ianomâmi etc.). • *adj m+f* Relativo ou pertencente à língua ianomâmi ou ao povo ianomâmi.

i.an.que (*ingl yankee*) *adj m+f* Diz-se dos habitantes dos Estados Unidos. • *s m+f* Pessoa natural dos Estados Unidos; norte-americano.

I.an.sã (do *ioruba*) *sf Bras Rel* Orixá feminino que governa os ventos e as tempestades. É uma das mulheres de Xangô. Sua força maior se revela no seu dia, a sexta-feira. Por sincretismo religioso, é a Santa Bárbara do culto católico romano.

i.a.ra (*tupi u'yara*, senhora) *sf Folc* Entidade mitológica dos rios e lagos, com roupagem própria do ambiente amazônico. Tem os cabelos longos e atrai os moços para um abraço fatal no fundo do rio; mãe-d'água.

i.a.te (*ingl yacht*) *sm Náut* Embarcação à vela ou a motor, utilizada para recreio ou para regatas.

i.a.tis.mo (*iate+ismo*) *sm Esp* **1** Arte de navegar em iate. **2** Prática de corrida de iate.

i.bé.ri.co (*lat ibericu*) *adj* **1** Que se refere à Ibéria (Espanha antiga). **2** Pertencente ou que se refere à Península Ibérica (Espanha e Portugal); ibero. • *sm* **1** Partidário da união política entre Portugal e Espanha. **2** Ibero. *Var:* iberíaco.

i.be.ro (*bé*) (*lat iberu*) *adj V* ibérico. • *sm* Indivíduo dos iberos, antigos povoadores da Espanha.

A palavra **ibero** é paroxítona, portanto a sílaba tônica é **bé**. Esse adjetivo é contração de *ibérico*.

i.be.ro-a.me.ri.ca.no *adj* Relativo aos domínios que teve a Península Ibérica na América. • *sm* Habitante ou natural de qualquer das nações latinas na América. *Fem:* ibero-americana. *Pl:* ibero-americanos. *Cf* latino-americano.

ibidem (*bí*) (*lat*) *adv* **1** No mesmo lugar, no mesmo passo. **2** Na mesma obra, no mesmo autor citado. *Abrev:* ib.

í.bis (*lat ibis*) *s m+f Ornit* Ave pernalta, semelhante à cegonha, das regiões quentes da Europa e norte da África.

i.bo.pe (sigla de *I*nstituto *B*rasileiro de *O*pinião *P*ública e *E*statística) *sm* **1** Índice obtido por pesquisa de opinião pública para medir preferências e orientar propaganda e venda. **2** *pop* Prestígio, sucesso: *Aquela morena dá ibope quando samba*.

i.çar (*hol hijsen*, via *fr hisser*) *vtd* Alçar, erguer, levantar: *Içar a bandeira*.

-içar (*lat itiare*) *suf* Forma verbos com ideia frequentativa: *esganiçar*, *espreguiçar*.

iceberg (*aicebérgue*) (*ingl*) *sm Geol* Grande bloco de gelo que, desprendendo-se das geleiras polares, flutua impelido pelas correntes marítimas.

í.co.ne (*gr eikón, ónos*) *sm* **1** Quadro, estátua ou qualquer imagem que, na Igreja Ortodoxa, representa Cristo, a Virgem ou um santo. **2** Pessoa, fato ou coisa que a faz lembrar certas qualidades ou características de algo, ou que é muito representativo dele: *Charles Chaplin é o ícone do cinema mudo*. **3** *Inform* Na tela do computador, um desenho, uma figura, geralmente clicável, usada para identificar e/ou acionar um programa ou um recurso de programa ou selecionar um objeto (*p ex:* o usuário clica em um desenho de uma pequena tesoura para recortar parte de um texto digitado).

i.co.no.clas.ta (*gr eikonoklástes*) *adj + s m+f* **1** Que, ou quem destrói imagens (estátuas), símbolos etc. **2** Que, ou quem luta contra a veneração de imagens.

i.co.no.gra.fi.a (*gr eikonographía*) *sf* **1** Arte de representar por imagens. **2** Representação de imagens num livro. **3** Conjunto de imagens relativas a um assunto.

i.co.no.te.ca (*ícone+teca*) *sf* **1** Coleção de ícones (acepção 1). **2** Museu de imagens.

i.co.sa.e.dro (*icosa+edro*) *adj + sm Geom* Poliedro de vinte faces.

i.co.sá.go.no (*icosa+gono*) *adj + sm Geom* Polígono de vinte ângulos e vinte lados.

ic.te.rí.cia (*lat tardio icteritia*) *sf Med* Sintoma que pode ter várias causas, caracterizado pela cor amarelada na pele e nas conjuntivas oculares. *Var:* iterícia.

ic.te.rí.deos (*gr íkteros+ídeos*) *sm pl Ornit* Família de aves passeriformes americanas, de bico cônico, agudo. Há no Brasil numerosas espécies que rece-

bem as denominações comuns de *japim, graúna, chopim, corrupião, rouxinol* e outros.
ic.ti.o.lo.gi.a (*íctio+logo+ia*[1]) *sf* **1** Parte da zoologia que estuda os peixes. **2** Tratado a respeito dos peixes.
i.da (*fem* do *part* de *ir*) *sf* Ação de ir de um lugar para outro.
i.da.de (*lat aetate*) *sf* **1** Tempo decorrido desde o nascimento até a morte do indivíduo. **2** Número de anos de alguém ou de alguma coisa. **3** Espaço de tempo a contar do nascimento ou a partir de certa data. **4** Espaço de tempo; época, período. **5** *V vida*. **6** Época histórica. **7** Época geológica: *Idade do Bronze*. **8** Velhice. **9** Tempo. **10** Divisão da História: *Idade Média. De idade:* diz-se de pessoa idosa. *Idade escolar:* anos de escolaridade obrigatória. *Terceira idade:* a) a idade acima dos cinquenta anos; b) as pessoas com mais de cinquenta anos.
i.de.al (*baixo-lat ideale*) *adj m+f* **1** Que existe apenas na ideia; imaginário, fantástico, quimérico. **2** Que reúne todas as perfeições concebíveis e independentes da realidade. • *sm* **1** Aquilo que é objeto de nossa mais alta aspiração. **2** O modelo idealizado ou sonhado pelo artista; perfeição.
i.de.a.lis.mo (*ideal+ismo*) *sm* **1** Tendência para o ideal. **2** Devaneio, fantasia. **3** *Filos* Doutrina que considera a ideia como princípio ou só do conhecimento, ou do conhecimento e do ser.
i.de.a.li.zar (*ideal+izar*) *vtd* **1** Dar caráter ideal a; tornar ideal; poetizar, divinizar: *Idealizar o amor*. **2** Criar na ideia; fantasiar, imaginar: *Idealizar fábulas*.
i.de.ar (*ideia+ar*[1]) *vtd* **1** Planejar, projetar: *Já ideamos as próximas férias*. **2** Imaginar, fantasiar. *Conjug – Pres indic: ideio, ideias, ideia, ideamos, ideais, ideiam; Pres subj.: ideie, ideies, ideie, ideemos, ideeis, ideiem; Imper afirm: ideia(tu), ideie(você), ideemos(nós), ideai(vós), ideiem(vocês); Part: ideado*.
i.dei.a (*é*) (*gr idéa*) *sf* **1** Representação mental de uma coisa concreta ou abstrata. **2** Imagem. **3** Delineamento, esboço. **4** Pensamento, concepção, plano, imaginação. **5** Opinião, conceito. **6** Concepção primária que dá origem e desenvolvimento a uma obra de literatura ou de arte. **7** Lembrança, recordação, reminiscência. *Comungar as mesmas ideias que outrem:* pensar o mesmo, estar de acordo. *Ideia fixa:* obsessão. *Ideia inata:* ideias que se supõe presentes no indivíduo antes de qualquer experiência. *Ideia luminosa:* boa ideia. *Trocar uma ideia, Bras gír:* conversar, bater um papo.
idem (*lat*) *pron* Significa *o mesmo*, e se usa para evitar a repetição do que se acaba de dizer ou escrever. • *adv* Como antes ou dito antes; da mesma maneira; o mesmo autor. *Abrev: id*.
i.dên.ti.co (*lat identicu*, de *idem*) *adj* **1** Perfeitamente igual. **2** Análogo, semelhante.
i.den.ti.da.de (*lat identitate*) *sf* **1** Qualidade daquilo que é idêntico; igualdade. **2** *Dir* Conjunto dos caracteres próprios de uma pessoa, tais como nome, profissão, sexo, impressões digitais, características físicas etc., o qual é considerado exclusivo dela e, consequentemente, levado em conta quando ela precisa ser reconhecida. **3** Carteira de identidade: *Ao entrar, apresente a sua identidade*.

i.den.ti.fi.ca.ção (*identificar+ção*) *sf* Ação ou efeito de identificar(-se). *Pl: identificações*.
i.den.ti.fi.ca.dor (*identificar+dor*) *adj* + *sm* Que, ou o que identifica ou serve para identificar. *Identificador de chamadas:* aparelho, conectado a um telefone, que mostra num visor o número de onde vem a chamada.
i.den.ti.fi.car (*idêntico+ficar*) *vtd* **1** Tornar ou declarar idêntico; igualar; considerar duas coisas como idênticas, dando a uma o caráter da outra: "Os panteístas identificavam Deus e o Mundo" (Morais). *vtd* **2** Achar, estabelecer a identidade de: *Identificar um morto, um delinquente*. *vpr* **3** Tornar-se idêntico a outra pessoa, assimilando-lhe as ideias e os sentimentos; adquirir a índole ou natureza de outro. *vpr* **4** Conformar-se, ajustar-se: *Identificar-se com o ambiente*. *vpr* **5** Apresentar dados ou documentos que comprovem a própria identidade: *Identificou-se assim que chegou à recepção do hotel*.
i.de.o.lo.gi.a (*lat idea+o+logo*[2]*+ia*[1]) *sf* **1** *Filos* Ciência que trata da formação das ideias. **2** Sistema de ideias, crenças, comunicações religiosas ou políticas (que orientam as ações). **3** Maneira de pensar que caracteriza um indivíduo ou um grupo de pessoas: *Ideologia socialista*.
í.di.che (*al jüdisch*) *sm Ling* Língua originária do alto-alemão, falada por judeus da Europa central e leste europeu. *Var: iídiche*.
i.dí.li.co (*idílio+ico*[2]) *adj* **1** Que se refere a idílio. **2** Que tem a natureza de idílio. **3** Suavemente amoroso.
i.dí.lio (*lat idylliu*) *sm* **1** *Lit* Pequeno poema, cujo assunto é geralmente pastoril (mas não dialogado como a écloga). **2** Sonho, fantasia, devaneio. **3** Amor poético e suave. **4** Entretenimento amoroso.
i.di.o.ma (*gr idíoma*) *sm* Língua falada por uma nação ou povo.
i.di.o.má.ti.co (*gr idiomatikós*) *adj* Que se refere ou é peculiar a um idioma.
i.di.os.sin.cra.si.a (*gr idiosygkrasía*) *sf* Maneira de ver, sentir, reagir, própria de cada indivíduo.
i.di.o.ta (*lat idiota*) *adj* + *s m+f* **1** Que, ou o que tem pouca inteligência. **2** Estúpido, parvo, pateta; ignorante. **3** *Med* Doente de idiotia. **4** *Psicol* Diz-se de, ou pessoa com nível mental a um quinto, ou menos, do nível normal do grupo de idade cronológica a que pertence.
i.di.o.tar (*idiota+ar*[1]) *V idiotizar*.
i.di.o.ti.a (*gr idioteía*) *sf* **1** *Psiq* Forma grave de retardamento mental. **2** Estado ou qualidade de idiota.
i.di.o.ti.ce (*idiota+ice*) *sf* Ato ou expressão de idiota; parvoíce, doidice.
i.di.o.tis.mo (*gr idiotismós*) *sm* **1** *Gram* Palavra, locução ou expressão própria de uma língua, que não tem correspondente em outra (saudade, *p ex*). **2** Estado de idiota; idiotia.
i.di.o.ti.zar (*idiota+izar*) *vtd* e *vpr* **1** Tornar(-se) idiota. *vior* **2** Fazer alheio, distrair-se.
i.dó.la.tra (*lat idolatra*) *adj m+f* **1** Que se refere à idolatria. **2** Que adora ídolos. • *s m+f* Aquele que adora ídolos.
i.do.la.trar (*idólatra+ar*[1]) *vint* **1** Praticar a idolatria; adorar ídolos: *Apesar de tantas revelações do Deus verdadeiro, os israelitas frequentemente idolatravam*. *vtd* **2** *fig* Amar, adorar (alguém ou

alguma coisa) excessivamente: *Os discípulos idolatravam o mestre.*
i.do.la.tri.a (*lat idolatria*) *sf* **1** Adoração de ídolos. **2** Ato de prestar culto divino a criaturas. **3** *fig* Amor cego, paixão exagerada.
í.do.lo (*lat idolu*) *sm* **1** Estátua, figura ou imagem que representa uma divindade e que é objeto de adoração. **2** *fig* Objeto de grande amor ou de extraordinário respeito.
i.do.nei.da.de (*lat idoneitate*) *sf* **1** Qualidade de idôneo. **2** Aptidão, capacidade, competência. *Idoneidade financeira, Dir:* qualidade de quem desfruta de crédito, por possuir bens patrimoniais. *Idoneidade moral, Dir:* conjunto de qualidades que distinguem o indivíduo, pela boa prática dos deveres e costumes, dignificando-o no conceito público.
i.dô.neo (*lat idoneu*) *adj* **1** Próprio para alguma coisa. **2** Apto, capaz, competente. **3** Adequado.
i.do.so (*ô*) (*idade+oso*, com haplologia) *adj* Que tem muitos anos; velho, senil. *Pl: idosos* (*ó*).
iê-iê-iê (*ingl yeah, yeah, yeah*) *sm Mús* Estilo musical brasileiro dos anos 1960, que procurava imitar a música *pop* norte-americana da mesma época. Recebeu esse apelido porque muitas dessas canções norte-americanas usavam a palavra *yeah* (= sim) nos seus refrões.
I.e.man.já *sf Rel* Orixá feminino das águas, rainha do mar, cujas cores são o vermelho, o azul-marinho e o cor-de-rosa. É a mãe-d'água com seus atributos, conhecida também pelo nome de *Aiocá*; sereia do mar. Daí ser representada como uma sereia.
i.e.me.ni.ta (*top Iêmen+ita*) *adj m+f* Da ou pertencente à República do Iêmen (Ásia). • *s m+f* O natural ou habitante desse país.
i.e.ne (*jap en*) *sm* Unidade monetária do Japão.
i.ga.pó (do *tupi*) *sm Reg* (Amazônia) **1** Trecho de floresta invadido por enchente, após a inundação dos rios, onde as águas ficam estagnadas durante algum tempo. **2** Pântano dentro da mata.
i.ga.ra.pé (*tupi yára*, canoa+*pe*, caminho) *sm Reg* (Amazônia) Canal estreito que só dá passagem a canoas ou pequenos barcos; riacho, ribeirão, ribeiro, riozinho.
i.glu (*esquimó idglo*, via *ingl igloo*) *sm* Abrigo construído com blocos de neve, usado pelos esquimós como residência.
ig.na.ro (*lat ignaru*) *adj* Ignorante, estúpido, insensato, rude.
ig.na.vo (*lat ignavu*) *adj* **1** Indolente, negligente, preguiçoso. **2** Fraco de ânimo; covarde.
íg.neo (*lat igneu*) *adj* **1** Que se refere ao fogo. **2** Que é de fogo. **3** *Geol* Que é produzido pela ação do fogo. **4** Que tem cor de fogo.
ig.ni.ção (*lat igne+ção*) *sf* **1** Estado dos corpos em combustão. **2** Processo ou mecanismo de inflamar uma mistura combustível em um motor de combustão interna, de foguete espacial etc. *Pl: ignições.*
ig.nó.bil (*lat ignobile*) *adj m+f* **1** Baixo, vil, desprezível. **2** Que não tem honra; vergonhoso, torpe. **3** Que possui pouco ou nenhum valor. *Pl: ignóbeis.*
ig.no.mí.nia (*lat ignominia*) *sf* Afronta pública, desonra, vergonha, infâmia.
ig.no.rân.cia (*lat ignorantia*) *sf* **1** Estado de quem é ignorante. **2** Desconhecimento. **3** Falta de instrução, falta de saber. **4** Imperícia, incapacidade. *Var: ignoração.*
ig.no.ran.tão (*ignorante+ão²*) *adj* Diz-se do indivíduo muito ignorante e que, muitas vezes, quer impor-se como sabedor. • *sm* Esse indivíduo. *Fem: ignorantona. Pl: ignorantões.*
ig.no.ran.te (*lat ignorante*) *adj* e *s m+f* **1** Que, ou quem ignora. **2** Que, ou pessoa que não tem instrução; inculto, iletrado. **3** Que, ou quem não tem conhecimento de determinada coisa. **4** Inábil.
ig.no.rar (*lat ignorare*) *vtd* **1** Não ter conhecimento de alguma coisa; não saber, desconhecer: *Ignoro o grego. vtd* **2** Não conhecer por experiência: *Ignoro a vida militar. vtd* **3** Não ter, não possuir (alguma qualidade ou defeito): *Ignorava o medo. vtd* **4** Não tomar conhecimento por desprezo ou indiferença: *Ignorou a presença do ex-namorado. vpr* **5** Desconhecer-se a si mesmo: *O homem ainda se ignora em muitos pontos.*
ig.no.to (*lat ignotu*) *adj* **1** Não conhecido; ignorado, incógnito. **2** De baixa condição; humilde, obscuro.
i.gre.ja (*port ant eigreja*, do *gr ekkesía*, pelo *lat*) *sf* **1** Templo dedicado ao culto cristão. **2** Conjunto de cristãos unidos pela mesma fé e sujeitos aos mesmos guias espirituais; a comunidade cristã. **3** Catolicismo. **4** Autoridade eclesiástica. **5** *por ext* Qualquer templo consagrado ao culto divino ou uma comunidade religiosa em geral. *Dim reg: igrejinha; irreg: igrejica, igrejola* e *igrejório.*
i.gual (*lat aequale*) *adj m+f* **1** Que tem o mesmo valor, forma, dimensão, aspecto ou quantidade que outro. **2** Análogo, idêntico. **3** Que tem o mesmo nível. **4** Plano, liso. **5** Que não se perturba nem altera: *Ânimo igual.* **6** Uniforme. • *sm* O que tem a mesma natureza, o mesmo modo de ser, o mesmo estado ou categoria: *Os nossos iguais. Pl: iguais.*
i.gua.lar (*igual+ar¹*) *vtd, vtdi* e *vpr* **1** Fazer(-se) ou tornar(-se) igual: *Igualar salários. Igualar a receita com a despesa. Santificara-se, igualara-se a Cristo* (ou *com Cristo*). *vti* **2** Ser igual: *Cultura que iguala à de Ruy. vtd* **3** Aplainar, nivelar: *Igualar um terreno. vti* **4** Estar ou ficar na mesma altura ou nível: *O espigão igualava com o planalto. vtd* **5** Ajustar, proporcionar: *Igualar o prêmio ao merecimento. Var: igualizar.*
i.gual.da.de (*lat aequalitate*) *sf* **1** Qualidade daquilo que é igual; uniformidade. **2** Conformidade de uma coisa com outra em natureza, forma, qualidade ou quantidade. **3** Relação entre coisas iguais. **4** Completa semelhança. **5** Paridade. **6** Identidade. **7** *Mat* Expressão da relação entre duas quantidades iguais; equação. **8** *Polít* Identidade de condições entre os membros da mesma sociedade. **9** *p us* Equidade, justiça.
i.gua.li.tá.rio (*lat aequalit(ate)+ário*) *adj* **1** Relativo à igualdade. **2** Que tem por objeto a igualdade de condições entre os membros da sociedade. • *sm* Partidário do igualitarismo.
i.gua.li.ta.ris.mo (*igualitário+ismo*) *sm* **1** Doutrina igualitária. **2** Sistema dos que defendem e proclamam a igualdade social. *Var: igualismo.*
i.gua.ri.a *sf* **1** Comida fina e apetitosa. **2** *por ext* Qualquer comida.
ih! *interj* Designa admiração, espanto, ironia, im-

pressão de perigo iminente: *Ih! Esqueci o caderno na casa de Joana.*
i.ke.ba.na (*jap ikebana*) *sm* **1** Técnica japonesa para o arranjo de flores e folhagens, com fins decorativos. **2** Enfeite executado com essa técnica.
i.la.ção (*lat illatione*) *sf* Inferência, conclusão, dedução. *Pl:* ilações.
i.le.gal (i^2+*legal*) *adj m+f* **1** Que não é legal. **2** Contrário à lei. **3** Ilegítimo, ilícito. *Pl: ilegais.*
i.le.ga.li.da.de (*ilegal*+*dade*) *sf* **1** Condição de ilegal. **2** Ato ilegal.
i.le.gi.bi.li.da.de (*ilegível*+*i*+*dade*) *sf* Estado ou qualidade do que não se pode ler.
i.le.gi.ti.mi.da.de (*ilegítimo*+*dade*) *sf* Qualidade de ilegítimo.
i.le.gí.ti.mo (*lat illegitimu*) *adj* **1** Que não é legítimo. **2** Que não é conforme ao direito. **3** Injusto. **4** Bastardo.
i.le.gí.vel (i^2+*legível*) *adj m+f* Que não é legível, que não se pode ler. *Pl: ilegíveis.*
í.leo (*gr eileós*) *sm Anat* Última porção do intestino delgado.
i.le.so (*é*) (*lat illaesu*) *adj* Que não é ou não está leso; que ficou incólume; são e salvo.
i.le.tra.do (i^2+*letrado*) *adj* + *sm* **1** Que, ou o que não é letrado. **2** Analfabeto.
i.lha (*lat insula*) *sf* **1** *Geogr* Porção de terra cercada de água por todos os lados. *Col: arquipélago.* **2** *por ext* O que por estar isolado lembra uma ilha. **3** *Reg* (Marajó, MT e MA) Grupo espesso de altas árvores, em meio aos campos. *Dim irreg: ilheta, ilhéu* e *ilhota. sf pl* Qualquer arquipélago. *Ilha cultural, Sociol:* cultura local que difere da cultura mais ampla de que está rodeada.
i.lhar (*ilha*+ar^2) *vtd* **1** Separar, isolar. *vpr* **2** Pôr-se em isolamento; isolar-se, apartar-se.
i.lhar.ga (*der do lat ilia*) *sf* **1** *Anat* Cada uma das duas partes laterais entre as falsas costelas e os ossos do quadril. **2** Lado de qualquer corpo. **3** Flanco, esteio, apoio.
i.lhéu (de *ilha*) *adj* Que se refere a ilha; insulano. • *sm* **1** Homem natural ou habitante de uma ilha; insulano. *Fem: ilhoa.* **2** Ilhota. **3** *Geogr* Rochedo no meio do mar. *sm pl* Portugueses dos Açores e da Ilha da Madeira.
i.lhó (*lat vulg *oculiolu*) *s m+f* **1** Orifício circular que serve para passar fitas. **2** Aro de metal que guarnece esse orifício. *Var: ilhós.*
i.lhós (*lat vulg *oculiolu*) *V* ilhó. *Pl: ilhoses.*
i.lho.ta (*ilha*+*ota*) *sf* Pequena ilha.
i.lí.a.co (*lat illiacu*) *adj Anat* Que pertence à bacia ou faz parte dela: *Osso ilíaco, fossa ilíaca.* • *sm Anat* Cada um de dois ossos que ocupam as partes laterais da bacia.
i.lí.a.da (de *Ilíada, np*) *sf fig* Série de aventuras ou feitos heroicos, como no poema *Ilíada,* de Homero, cujo tema é a tomada de Troia pelos gregos.
i.li.ba.do (*part* de *ilibar*) *adj* **1** Não tocado. **2** Puro, sem mancha.
i.li.bar (*lat illibare*) *vtd* Isentar de mancha ou culpa; justificar, reabilitar: *Com longos anos de vida irrepreensível ilibara sua reputação.*
i.lí.ci.to (*lat illicitu*) *adj* **1** Que não é lícito. **2** Contrário às leis ou à moral.
i.li.mi.ta.do (i^2+*limitado*) *adj* **1** Que não é limitado, que não tem limites. **2** Indeterminado, indefinido. **3** Imenso.
í.lio (*lat ilia*) *sm Anat* A maior das três porções em que se divide o osso ilíaco (as outras são o *ísquio* e o *púbis*).
i.ló.gi.co (i^2+*lógico*) *adj* Que não é lógico; incoerente, absurdo.
i.lu.dir (*lat illudere*) *vtd* **1** Causar ilusão a; enganar, lograr: *Iludir pessoas ingênuas. vtd* **2** Tornar menos sensível ou notório; dissimular: *Iludir a fome. vpr* **3** Cair em ilusão ou erro: *Não se iluda: a prova não vai ser fácil. vtd* **4** Buscar subterfúgios para não executar (leis, ordens etc.).
i.lu.mi.na.ção (*lat illuminatione*) *sf* **1** Ato ou efeito de iluminar(-se). **2** *por ext* Conjunto de luzes para iluminar um ambiente, um objeto etc. **3** Estado daquilo que é iluminado. **4** *Rel* Luz extraordinária que se crê que Deus lança nas almas. **5** Inspiração, luz intelectual. *Pl: iluminações.*
i.lu.mi.na.do (*part* de *iluminar*) *adj* **1** Que recebe luz. **2** Que se iluminou. **3** Colorido. **4** Que tem iluminuras. **5** Ilustrado, instruído. • *sm* **1** Visionário em matéria de religião. **2** Pessoa que se julga inspirada. **3** Partidário do iluminismo. **4** Membro de certas sociedades maçônicas.
i.lu.mi.nar (*lat illuminare*) *vtd* **1** Derramar, difundir, espalhar luz em ou sobre: *Potente farol ilumina a vastidão oceânica. vpr* **2** Encher-se de luz: *O palácio iluminou-se. vtd* **3** Ornar com luzes: *Iluminaram vistosamente as lojas no Natal. vtd* **4** Aconselhar, esclarecer, inspirar: "Uma vitória tão segura como a verdade divina que ilumina todos os corações" (Rui Barbosa). *vtd* **5** Civilizar, ilustrar, instruir: *Muito contribuiu Rondon para iluminar o espírito dos índios. vtd* **6** Revestir de luz, de inspiração mística: *Ó meu Deus, ilumina a minha vida! vtd* e *vpr* **7** Alegrar(-se): *Falta uma criança para iluminar esta casa. Ao ouvir o sim da bem-amada, o jovem iluminou-se. vtd* **8** Adornar com iluminuras. *vint* **9** Fazer iluminuras.
i.lu.mi.nis.mo (*iluminar*+*ismo*) *sm Filos* Movimento filosófico, a partir do século XVIII, em oposição ao obscurantismo da Idade Média, que pregava o progresso e a razão.
i.lu.mi.nis.ta (*iluminar*+*ista*) *adj* e *s m+f* Diz-se de, ou partidário do iluminismo.
i.lu.mi.nu.ra (*fr enluminure*) *sf* **1** Tipo de pintura em cores que, em livros e outros manuscritos da Idade Média, representava figurinhas, flores e ornatos muito pequenos. **2** Aplicação de cores vivas a uma estampa.
i.lu.são (*lat illusione*) *sf* **1** Engano dos sentidos ou da inteligência. **2** Errada interpretação de um fato ou de uma sensação. **3** O que dura pouco. **4** Dolo, fraude. **5** Traição. *Pl: ilusões.*
i.lu.si.o.nis.mo (*lat illusione*+*ismo*) *V* prestidigitação.
i.lu.si.o.nis.ta (*lat illusione*+*ista*) *V* prestidigitador.
i.lu.só.rio (*lat illusoriu*) *adj* Que produz ilusão, que tende a iludir; enganoso, falso, vão.
i.lus.tra.ção (*lat illustratione*) *sf* **1** Ato ou efeito de ilustrar. **2** Esclarecimento, explicação. **3** Breve narrativa, verídica ou imaginária, com que se realça e enfatiza algum ensinamento. **4** Conjunto pessoal de conhecimentos históricos, científicos, artísticos etc. **5** Publicação periódica

i.lus.tra.do (*part* de *ilustrar*) *adj* 1 Que tem ilustração; instruído, letrado, culto. 2 Comentado, explicado. 3 Que tem desenhos ou gravuras; ornado, decorado.

i.lus.tra.dor (*lat illustratore*) *adj* + *sm* 1 Que, ou o que ilustra. 2 Que, ou o que aplica ilustrações. 3 Que, ou o que se emprega em ilustrar.

i.lus.trar (*lat illustrare*) *vtd* 1 Tornar ilustre; revestir de lustre ou glória a: *Feitos heroicos o ilustraram*. *vtd* 2 Elucidar, enfatizar, esclarecer: *Com parábolas, Cristo ilustrava seus ensinamentos*. *vtd* 3 Adornar com estampas ou gravuras: *Ilustrar um livro*. *vpr* 4 Adquirir ilustração, celebridade: *Ilustrara-se na campanha abolicionista*. *vtd* 5 Ensinar, instruir: *Os mestres ilustram os discípulos*. *vpr* 6 Adquirir conhecimentos: *Ilustrou-se com muitas e selecionadas leituras*.

i.lus.tra.ti.vo (*ilustrar+ivo*) *adj* Que ilustra ou serve para ilustrar.

i.lus.tre (*lat illustre*) *adj m+f* 1 Esclarecido. 2 Distinto, notável. 3 Que brilha ou se distingue por qualidades louváveis. 4 Fidalgo, nobre. 5 Usa-se como termo de cortesia, quando se quer exprimir consideração. *Sup abs sint*: ilustríssimo (tratamento dado a pessoas de certa dignidade, geralmente na linguagem escrita). *Ilustre desconhecido*: que ninguém conhece nem sabe de onde veio; sem consideração social nem valimento algum.

í.mã (*fr aimant*) *sm* 1 Peça de aço magnetizado que tem a propriedade de atrair o ferro e alguns outros metais; magneto. 2 Qualidade daquilo que atrai. 3 Coisa que atrai.

i.ma.cu.la.do (*lat immaculatu*) *adj* 1 Sem mácula ou mancha. 2 Limpo e puro. 3 Inocente.

i.ma.gem (*lat imagine*) *sf* 1 Reflexo de um objeto na água, num espelho etc. 2 Representação de uma pessoa ou coisa, obtida por meio de desenho, gravura ou escultura. 3 Representação mental de qualquer forma (objeto, impressão, lembrança etc.). 4 *Rel* Estampa ou escultura que representa personagem santificada para ser exposta à veneração dos fiéis. 5 *Fís* Representação de um objeto por meio de certos fenômenos de óptica ou pela reunião dos raios luminosos emanados desse objeto depois de uma reflexão. *Imagem real, Fís:* a que é formada diretamente pelos raios refletidos num espelho ou lente. *Imagem virtual*: a) *Fís* a que é formada não pelos raios refletidos, mas pelo prolongamento destes num espelho ou lente; b) *Inform* imagem completa armazenada em memória, e não apenas a parte que é mostrada.

i.ma.gi.na.ção (*lat imaginatione*) *sf* 1 Faculdade de imaginar, conceber e criar imagens. 2 Coisa imaginada. 3 Fantasia. 4 Crença ou opinião que provém da fantasia. 5 Superstição. 6 Cisma, apreensão. 7 *Psicol* Utilização construtiva, embora não necessariamente de feição criadora, de experiências perceptivas anteriores; reorganização de elementos dessa espécie. *Pl: imaginações*.

i.ma.gi.nar (*lat imaginare*) *vtd* 1 Conceber, criar na imaginação; fantasiar: *Imaginar viagens às estrelas*. *vtd* 2 Idear, inventar, projetar, traçar: *O cientista imaginava novas e aperfeiçoadas máquinas*. *vtd* 3 Fazer ideia de: "Não pode imaginar o que tenho passado" (Machado de Assis). *vtd* 4 Conjeturar, crer, julgar, presumir, supor. *vpr* 5 Figurar-se, julgar-se, supor-se: *Imagina-se muito inteligente*. *vint* 6 Cismar, considerar, pensar: *Imagino... imagino e não consigo entender essa sua ausência*.

i.ma.gi.ná.rio (*lat imaginariu*) *adj* 1 Que só existe na imaginação. 2 Que não é real. 3 Ilusório. 4 Fictício, fantástico. • *sm* 1 Aquele que faz estátuas ou estatuetas, sobretudo de iconografia religiosa; santeiro. 2 O que é obra da imaginação.

i.ma.gi.ná.vel (*lat imaginabile*) *adj m+f* Que se pode imaginar. *Pl: imagináveis*.

i.ma.gi.no.so (ô) (*imaginar+oso*) *adj* 1 Cheio de imaginação. 2 Que revela imaginação ou faculdades inventivas. *Pl: imaginosos* (ó).

i.ma.nar (*ímã+ar*[1]) *V imantar*.

i.ma.ne (*lat immane*) *adj m+f* Muito grande, enorme.

i.ma.nen.te (*lat med immanente*) *adj m+f* 1 *Filos* Que está compreendido na própria essência do todo. 2 Aderente, permanente. 3 Perdurável.

i.ma.ni.zar (*ímã+izar*) *V imantar*.

i.man.tar (*ímã+t+ar*[1]) *vtd* Comunicar a propriedade de ímã; magnetizar, imanar.

i.mar.ces.cí.vel (*lat immarcescibile*) *adj m+f* 1 Que não murcha. 2 Incorruptível. *Pl: imarcescíveis*.

i.ma.te.ri.al (i^2+*material*) *adj m+f* 1 Que não é matéria. 2 Que não tem matéria. 3 Impalpável. • *sm* Aquilo que é imaterial. *Pl: imateriais*.

i.ma.tu.ro (*lat immaturu*) *adj* 1 Que não é maduro. 2 Ainda não chegado ao estado de pleno desenvolvimento. 3 Antecipado, precoce, prematuro, temporão.

im.ba.tí.vel (*im*[1]+*bater*+*vel*) *adj m+f* Invencível; que não pode ser batido ou vencido. *Pl: imbatíveis*.

im.be.cil (*lat imbecille*) *adj* + *s m+f* 1 Que, ou quem é fraco de espírito. 2 Néscio, parvo, tolo, idiota (acepção 2). 3 Que, ou o que revela tolice ou fraqueza de espírito: *Risada imbecil*. 4 Covarde, pusilânime. 5 *V idiota* (acepção 4). *Pl: imbecis*.

im.be.ci.li.da.de (*lat imbecilitate*) *sf* 1 Qualidade de imbecil. 2 Ato ou dito imbecil. 3 *Med* Estado durante o qual o indivíduo, pela fraqueza dos órgãos destinados à manifestação do pensamento, é de uma mediocridade tal que se torna incapaz de elevar-se ao conhecimento e à razão comuns a todos os indivíduos da mesma idade; idiotia.

im.be.ci.li.zar (*imbecil+izar*) *vtd* e *vpr* Tornar(-se) imbecil.

im.ber.be (*lat imberbe*) *adj* + *sm* 1 Que, ou o que não tem barba. 2 Que, ou o que ainda é muito moço.

im.bri.ca.ção (*imbricar+ção*) *sf* Disposição de objetos colocados em parte uns sobre os outros, como as telhas de um telhado. *Pl: imbricações*.

im.bri.car (*lat imbricare*) *vtd* 1 Dispor em imbricação: *Imbricar telhas*. *vti* 2 Estar em imbricação: *Peças que imbricam em outras*.

im.bró.glio (*ital imbroglio*) *sm pop* 1 Confusão, mixórdia, trapalhada. 2 Peça teatral de enredo muito complicado.

im.bu (*tupi ymbu*) *V umbu*.

im.bui.a *sf Bras Bot* Árvore da família das lauráceas, comum nas matas do planalto do Paraná e de Santa Catarina, que fornece uma das mais preciosas madeiras para a confecção de móveis de luxo.

im.bu.í.do (*part* de *imbuir*) *adj* **1** Que se imbuiu; mergulhado, embebido. **2** Penetrado, impregnado. **3** *fig* Compenetrado, persuadido.

im.bu.ir (*lat imbuere*) *vtd* e *vti* **1** Embeber, imergir (em um líquido qualquer). *vtdi* **2** Fazer penetrar; implantar, convencer, incutir: *Convém imbuir sadios princípios nas crianças. Imbuíram-no de superstições. vpr* **3** Impregnar-se, deixar-se penetrar: *Imbuir-se de* (ou *em*) *ilusões, de preconceitos.* Conjug – Part: imbuído.

im.bu.zei.ro (*imbu+z+eiro*) *V umbuzeiro*.

i.me.di.a.ção (i^2+*mediação*) *sf* Fato de ser imediato. *Pl: imediações. sf pl* Proximidades, redondezas, vizinhanças, arredores.

i.me.di.a.tis.mo (*imediato+ismo*) *sm* **1** Maneira de proceder de quem vai direto ao assunto, sem rodeios. **2** Maneira de pensar e agir tendo como base interesse ou vantagem imediatos.

i.me.di.a.tis.ta (*imediato+ista*) *adj m+f* Relativo a, ou partidário do imediatismo. • *s m+f* Pessoa partidária do imediatismo.

i.me.di.a.to (*lat immediatu*) *adj* **1** Que não tem nada de permeio. **2** Seguido, consecutivo. **3** Próximo, contíguo. **4** Instantâneo, sem demora. **5** Que depende de um só superior. • *sm* **1** Funcionário de categoria logo abaixo do chefe e que o substitui na sua ausência ou impedimento. **2** *Mar* Na marinha mercante, oficial que pertence à guarnição do navio e substitui o capitão nos seus impedimentos ocasionais.

i.me.mo.rá.vel (*lat immemorabile*) *adj m+f* Imemorial. *Pl: imemoráveis.*

i.me.mo.ri.al (i^2+*memória+al*[1]) *adj m+f* **1** De que não resta memória. **2** De que não há memória entre os vivos, ou cuja origem, por ser muito remota, não se conhece; antiquíssimo. *Pl: imemoriais. Var: imemorável, imemoriável.*

i.men.si.da.de (*lat immensitate*) *sf* **1** Caráter ou estado do que é imenso ou infinito. **2** Extensão desmedida. **3** Espaço imenso; o infinito. **4** Grande número; grande quantidade. *Var: imensidão.*

i.men.si.dão (*imenso+idão*) *V imensidade. Pl: imensidões.*

i.men.so (*lat immensu*) *adj* **1** Que não se pode medir; ilimitado. **2** Muito vasto, muito grande: *Espaço imenso.* **3** Numeroso.

i.men.su.rá.vel (*lat immensurabile*) *adj m+f* Que não se pode medir. *Pl: imensuráveis*

i.mer.gir (*lat immergere*) *vtd* **1** Afundar, mergulhar. *vint* **2** Entrar ou penetrar em alguma coisa. *vti* e *vpr* **3** *fig* Engolfar-se: *Imergiu* (ou *imergiu-se*) *em recordações, em meditações, em tristeza* etc. *Antôn: emergir.* Conjug: conjuga-se como *divergir*; porém é comum substituir-se a 1ª pessoa do singular do presente do indicativo, *imirjo* (em desuso), por *imerjo*, e desta derivar o presente do subjuntivo: *imerja, imerjas* etc. *Part: imergido* e *imerso*.

i.mer.são (*lat immersione*) *sf* **1** Ato ou efeito de imergir(-se). **2** Começo de um eclipse; instante em que um planeta entra na sombra de outro. *Pl: imersões.*

i.mer.so (*lat immersu*) *adj* **1** Metido num líquido. **2** Mergulhado; submerso. **3** *fig* Engolfado, entranhado, mergulhado: *Imerso em preocupações. Antôn: emerso.*

i.mi.gra.ção (*imigrar+ção*) *sf* Ato de imigrar. *Pl: imigrações. Cf emigração.*

i.mi.gran.te (*de imigrar*) *adj* e *sm+f* Que, ou aquele que imigra. *Cf emigrante.*

i.mi.grar (*lat immigrare*) *vti* Entrar (num país estrangeiro), para nele viver: *Laboriosos camponeses imigraram para o Brasil. Cf emigrar.*

i.mi.gra.tó.rio (*imigrar+ório*) *adj* Que se refere a imigração ou a imigrantes.

i.mi.nên.cia (*lat imminentia*) *sf* Qualidade do que está iminente; proximidade. *Cf eminência.*

i.mi.nen.te (*lat imminente*) *adj m+f* Que está para acontecer; próximo; ameaçador. *Cf eminente.*

i.mis.cu.ir (*lat immiscuere*) *vpr* Intrometer-se, misturar-se em. Conjug – Part: imiscuído.

i.mi.ta.ção (*lat imitatione*) *sf* **1** Ato ou efeito de imitar. **2** Representação ou reprodução de uma coisa, fazendo-a semelhante a outra; modelo, cópia. **3** Arremedo. **4** *Mús* Plágio. **5** *Sociol* Ato de copiar, consciente e intencionalmente, certo comportamento. *Pl: imitações.*

i.mi.tar (*lat imitari*) *vtd* **1** Fazer ou reproduzir alguma coisa à semelhança de: *Imitar bons exemplos. Imitava o rugir do leão e o miar do gato.* **2** Seguir como norma, tomar por modelo: *Imitemos os grandes mestres da língua.* **3** Apresentar semelhança com: *Um Rio Imita o Reno* (título de uma obra de Viana Moog). **4** Arremedar, copiar: *Imita humoristicamente os líderes políticos.* **5** Adulterar, falsificar: *Imitar uma assinatura.* **6** Ter uma falsa aparência de: *Metal que imita prata.*

i.mo.bi.li.á.ria (i^2+*imóvel+i+ária*) *sf* Empresa que trabalha principalmente com venda e administração de imóveis.

i.mo.bi.li.á.rio (*lat immobile+i+ário*) *adj* **1** Relativo a bens imóveis. **2** Diz-se dos bens que são imóveis por natureza ou por disposição da lei. • *sm* Cada um desses bens.

i.mo.bi.li.da.de (*lat immobilitate*) *sf* **1** Qualidade ou estado do que não se move. **2** Estabilidade. **3** Inércia.

i.mo.bi.lis.mo (*lat immobile+ismo*) *sm* Aversão a mudanças e ao progresso.

i.mo.bi.li.zar (*lat immobile+izar*) *vtd* e *vpr* **1** Tornar(-se) imóvel; privar(-se) de movimentos. *vtd* **2** Impedir o movimento ou o progresso de; estabilizar, fixar: *A surpresa imobilizou-os. vpr* **3** Não progredir; estacionar: *Pequenas e remotas cidades que se imobilizaram.*

i.mo.lar (*lat immolare*) *vtd* **1** Matar vítimas para as oferecer em sacrifício; sacrificar. *vtd* **2** *por ext* Abater, matar: *Imolar bois. vpr* **3** Sacrificar-se; prejudicar-se: *O verdadeiro amor está pronto a imolar-se pelo ser amado.*

i.mo.ral (i^2+*moral*) *adj m+f* **1** Que não é moral. **2** Contrário à moral ou aos bons costumes. **3** Devasso, libertino. • *s m+f* Pessoa sem moral. *Pl: imorais.*

i.mo.ra.li.da.de (*imoral+i+dade*) *sf* **1** Qualidade de imoral. **2** Falta de moralidade. **3** Desonestidade, devassidão, indecência, desregramento.

i.mor.re.dou.ro (i^2+*morrer+douro*) *adj* Que não morre; imortal.

i.mor.tal (*lat immortale*) *adj m+f* **1** Que não morre. **2** Que não há de acabar; perene, eterno, interminável. **3** Que não será esquecido; glorioso. *Pl:*

imortais. • *sm pl* **1** *Mit* Os deuses do paganismo. **2** Os membros da Academia Brasileira de Letras.

i.mor.ta.li.da.de (*lat immortalitate*) *sf* **1** Condição ou qualidade de imortal. **2** A vida eterna; eternidade.

i.mor.ta.li.zar (*imortal+izar*) *vtd* e *vpr* **1** Tornar(-se) imortal. **2** Tornar(-se) famoso ou célebre: *Seus feitos o imortalizaram. Imortalizou-se pelo heroísmo.*

i.mó.vel (*lat immobile*) *adj m+f* **1** Que não se move. **2** Inalterável. **3** Firme, inabalável. **4** Diz-se dos bens que não são suscetíveis de mobilidade e não podem ser deslocados sem alteração da forma. • *sm* Bem que não é móvel, como casa, terreno etc.; propriedade fixa. *Pl: imóveis.*

im.pa.ci.ên.cia (*lat impatientia*) *sf* **1** Falta de paciência. **2** Desespero. **3** Sofreguidão, pressa. **4** Irritação.

im.pa.ci.en.tar (*impaciente+ar*[1]) *vtd* **1** Fazer perder a paciência, tornar impaciente; agastar, irritar: *A longa espera impacientou-o.* *vpr* **2** Perder a paciência; irritar-se, exasperar-se: *Impacienta-se por qualquer coisa.*

im.pa.ci.en.te (*lat impatiente*) *adj m+f* **1** Que não é paciente. **2** Desesperado. **3** Apressado, precipitado, sôfrego. **4** Rabugento.

im.pac.tan.te (de *impactar*) *adj m+f* Que causa impacto; chocante.

im.pac.tar (*lat impactu+ar*[1]) *vtd* **1** Causar forte efeito sobre algo ou alguém. *vtd* **2** Fazer chocar contra. *vint* **3** Causar impacto.

im.pac.to (*lat impactu*) *sm* **1** Ação ou efeito de impactar. **2** Choque, embate, encontrão. **3** Choque de um corpo em movimento com outro em repouso. **4** Choque emocional; expectativa. **5** *Astronáut* Ponto terminal da trajetória de um míssil.

im.pa.gá.vel (*im*[1]+*pagável*) *adj m+f* **1** Que não é pagável. **2** Que não se pode ou não se deve pagar; inestimável, precioso. **3** Cômico, muito engraçado. *Pl: impagáveis.*

im.pal.pá.vel (*lat impalpabile*) *adj m+f* **1** Que não se pode apalpar. **2** Muito fino, sutil. **3** Imaterial. *Pl: impalpáveis.*

im.pa.lu.dis.mo (*impaludar+ismo*) *V* malária e paludismo.

im.par (*cast hipar*, do *vulg *hippare*) *vtd* e *vint* **1** Ofegar, abafar, soluçar. *vint* **2** Mostrar-se soberbo, petulante, desdenhoso. *Cf ímpar.*

ím.par (*lat impare*) *adj m+f* **1** Que não é par. **2** Desigual. **3** Que é único. **4** *Arit* Diz-se do número que não pode ser dividido em dois números inteiros. *Cf impar.*

im.par.ci.al (*im*[1]+*parcial*) *adj m+f* **1** Que não é parcial. **2** Que não se deixa corromper. **3** Que julga sem paixão. *Pl: imparciais.*

im.pas.se (*fr impasse*) *sm* Situação embaraçosa; beco sem saída.

im.pas.sí.vel (*lat impassibile*) *adj m+f* **1** Que não é suscetível de padecer. **2** Insensível, indiferente, imperturbável. *Pl: impassíveis.*

im.pá.vi.do (*lat impavidu*) *adj* **1** Arrojado, destemido, intrépido. **2** Que não tem pavor.

im.pe.cá.vel (*lat impeccabile*) *adj m+f* **1** Não sujeito a pecar. **2** Sem defeito. **3** Irrepreensível. *Pl: impecáveis.*

im.pe.di.do (*part* de *impedir*) *adj* **1** Que se impediu. **2** Que sofreu impedimento. **3** Vedado ao trânsito: *Caminho impedido.* **4** Obstruído: *Trânsito impedido.* **5** *Fut* Que está em impedimento: *Jogador impedido.*

im.pe.di.men.to (*lat impedimentu*) *sm* **1** Ato ou efeito de impedir. **2** Aquilo que impede. **3** Estorvo, obstáculo. **4** *Fut* Posição irregular de um jogador ao receber a bola de um de seus companheiros, quando se acha na mesma linha ou além da linha de seu último oponente.

im.pe.dir (*lat impedire*) *vtdi* **1** Impossibilitar o prosseguimento ou execução de; servir de obstáculo: *A professora impediu-o de colar. Impediu-lhe a entrada.* *vtdi* **2** Não consentir, não permitir: *Impediu-o de fazer uma tolice. O egoísmo impede-lhe a generosidade.* *vtd* **3** Atalhar, dificultar, interromper: "Impedir o trânsito" (Morais). *vtd* **4** Privar de, tolher, proibir: *Guardas armados impediam a entrada.* *vtd* **5** Atravancar, obstruir: *Um desmoronamento impediu a estrada.* Conjuga-se como *pedir*.

im.pe.di.ti.vo (*impedir+ivo*) *adj* Que impede; que proíbe.

im.pe.lir (*lat impellere*) *vtd* **1** Dar impulso a; empurrar para diante: *Forte vento impelia a embarcação.* *vtd* **2** Dirigir, projetar com força para algum lugar: *Um empurrão o impeliu contra a parede.* *vtd* **3** Estimular, incitar, induzir, impulsionar: *O som vibrante do clarim impelia os combatentes.* *vtd* e *vti* **4** Coagir, constranger, obrigar: *Más paixões nos impelem ao mal* (ou *para o mal*). Conjuga-se como *ferir*.

im.pe.ne.trá.vel (*lat impenetrabile*) *adj m+f* **1** Que não se pode penetrar ou atravessar. **2** Que não se pode conhecer, explicar ou decifrar. **3** Insensível. **4** Discreto, reservado. *Pl: impenetráveis.*

im.pe.ni.tên.cia (*lat impoenitentia*) *sf* Falta de penitência; obstinação no erro.

im.pe.ni.ten.te (*lat impoenitente*) *adj m+f* Obstinado; que persiste no erro, ou crime; que não se arrepende.

im.pe.ra.dor (*lat imperatore*) *sm* **1** O que impera. **2** Soberano que rege um império. *Fem: imperatriz.*

im.pe.rar (*lat imperare*) *vtd* e *vint* **1** Governar, reger com autoridade suprema: *Imperar tribos, povos, nações. Ali imperava César.* *vtd* **2** Dar ordens a: *Cristo imperou os ventos e o mar.* *vti* e *vint* **3** Exercer predomínio ou influência: "...sabia-se que ele (Antônio Conselheiro) imperava sobre extensa zona" (Euclides da Cunha). *Imperavam, então, os Andradas.*

im.pe.ra.ti.vo (*lat imperativu*) *adj* **1** Que ordena, que governa, que manda com autoridade. **2** Autoritário, arrogante. **3** Que tem caráter de ordem. • *sm* **1** Ordem, ditame, dever. **2** *Gram* Modo dos verbos que exprime ordem, exortação ou súplica.

im.per.cep.tí.vel (*im*[1]+*perceptível*) *adj m+f* **1** Que não pode ser percebido, que não se pode distinguir. **2** Muito pequeno, diminuto, insignificante: *Diferença imperceptível.* **3** Que escapa à atenção. *Pl: imperceptíveis.*

im.per.do.á.vel (*im*[1]+*perdoável*) *adj m+f* **1** Que não merece perdão, que não se pode perdoar. **2** Condenável. *Pl: imperdoáveis.*

im.pe.re.cí.vel (*im*[1]+*perecível*) *adj m+f* Que não

pode perecer; imorredouro, eterno. *Pl: imperecíveis.*
im.per.fei.ção (*lat imperfectione*) *sf* **1** Qualidade daquilo que é imperfeito. **2** Falta de perfeição. **3** Incorreção, defeito. *Pl: imperfeições.*
im.per.fei.to (*lat imperfectu*) *adj* **1** Não perfeito, que não está acabado. **2** Defeituoso, incompleto. **3** *Gram* Diz-se do tempo verbal que exprime uma ação passada mas não concluída, indicando continuidade de duração do processo verbal: *Eu estudava quando ele entrou.* • *sm* Esse tempo.
im.pe.ri.al (*lat imperiale*) *adj m+f* **1** Que pertence ou se refere a império ou a imperador. **2** *pop* Autoritário, imperioso, arrogante. *Pl: imperiais.*
im.pe.ri.a.lis.mo (*imperial+ismo*) *sm* **1** *Econ* e *Polít* Forma de governo em que a nação é um império. **2** Espírito de dominação. **3** *Sociol* Expansão ou tendência para a expansão do poder político e econômico de uma nação ou Estado sobre outro.
im.pe.rí.cia (*lat imperitia*) *sf* **1** Qualidade de imperito. **2** Falta de perícia ou conhecimentos práticos. **3** Inexperiência, inabilidade, incompetência. **4** Ignorância do que se deve saber na profissão. **5** *Dir* Ato ou efeito punível pela lei, quando praticado por profissional oficialmente habilitado: *Imperícia médica.*
im.pé.rio (*lat imperiu*) *sm* **1** Monarquia cujo chefe tem o título de imperador ou de imperatriz. **2** Poder ou autoridade de um imperador ou imperatriz. **3** Estado governado por imperador ou imperatriz. **4** Confederação de Estados sujeitos à autoridade suprema de um imperador. **5** Dominação. **6** Predomínio.
im.pe.ri.o.so (ô) (*lat imperiosu*) *adj* **1** Que ordena com império; imperativo. **2** Que se impõe forçosamente; premente, forçoso. *Pl: imperiosos (ó).*
im.pe.ri.to (*lat imperitu*) *adj* Que não tem perícia; inábil.
im.per.me.a.bi.li.zar (*impermeável+izar*) *vtd* Tornar impermeável.
im.per.me.á.vel (*lat impermeabile*) *adj m+f* **1** Que não é permeável, que não se deixa atravessar por um fluido. **2** Que não deixa passar a água ou a umidade. **3** Diz-se de capa de tecido leve, ou outro material, própria para o tempo chuvoso. *Pl: impermeáveis.*
im.pers.cru.tá.vel (*lat imperscrutabile*) *adj m+f* Que não se pode perscrutar, ou examinar; impenetrável. *Pl: imperscrutáveis.*
im.per.sis.ten.te (*im¹+persistente*) *adj m+f* Que não persiste; inconstante.
im.per.ti.nên.cia (*lat impertinentia*) *sf* **1** Caráter do que é impertinente. **2** Coisa que incomoda ou molesta. **3** Rabugice; mau humor.
im.per.ti.nen.te (*lat impertinente*) *adj m+f* **1** Incômodo, molesto. **2** Estranho ao assunto. **3** Que não vem a propósito; que não tem pertinência. **4** Rabugento. **5** Insolente.
im.per.tur.bá.vel (*lat imperturbabile*) *adj m+f* **1** Que não se perturba. **2** Impassível, inabalável. **3** Corajoso. *Pl: imperturbáveis.*
im.pes.so.al (*lat impersonale*) *adj m+f* **1** Que não é pessoal. **2** Que não se refere a pessoa ou pessoas. **3** Que não existe como pessoa. **4** *Gram* Diz-se dos verbos que não têm pessoas ou sujeito, e que por isso se conjugam unicamente na 3ª pessoa do singular. *Pl: impessoais.*
ím.pe.to (*lat impetu*) *sm* **1** Movimento repentino. **2** Força intensa. **3** Precipitação, arrebatamento, impulso violento. **4** Agitação de espírito. **5** Violência de sentimentos. **6** Agitação, assalto, ataque, força, violência.
im.pe.trar (*lat impetrare*) *vtd* **1** Invocar, pedir, suplicar: *O sacerdote impetrou a bênção sobre os fiéis.* **2** *Dir* Requerer por meio de providência judicial: *Impetrou habeas corpus.* **3** *Dir* Requerer a decretação de certas medidas legais.
im.pe.tu.o.so (ô) (*lat impetuosu*) *adj* **1** Que tem ímpeto, que se move com ímpeto. **2** Arrebatado. **3** Agitado, fogoso, violento. *Pl: impetuosos (ó).*
im.pi.e.da.de (*im¹+piedade*) *sf* **1** Falta de piedade; crueldade, insensibilidade. **2** Descrença.
im.pi.e.do.so (ô) (*im¹+piedoso*) *adj* **1** Em que não há piedade. **2** Desumano, falto de compaixão, insensível. *Pl: impiedosos (ó).*
im.pin.gir (*lat impingere*) *vtdi* **1** Dar ou aplicar com força ou violência: *Impingiu-lhe um tapa.* *vtd* **2** Fazer acreditar numa coisa falsa: *Impingir uma lorota, um conto do vigário.* *vtdi* **3** Fazer aceitar ou receber contra a vontade; impor: *Impingia artigos reles aos fregueses.* *vtdi* **4** Constranger a ouvir (algo agradável ou enfadonho): *Impingiu-lhe horas e horas de lamentações.* *vtdi* **5** Fazer passar (uma coisa por outra): *Impingir peru por galinha.* *Conjug – Pres indic: impinjo, impinges* etc.; *Pres subj: impinja, impinjas* etc.
ím.pio (*lat impiu*) *adj + sm* Que, ou quem não tem fé; incrédulo, descrente, herege, ateu.
im.pla.ca.bi.li.da.de (*lat implacabilitate*) *sf* Qualidade de implacável.
im.pla.cá.vel (*lat implacabile*) *adj m+f* **1** Que não se pode aplacar. **2** Inexorável. **3** Insensível. **4** Que não perdoa. *Pl: implacáveis.*
im.plan.ta.ção (*implantar+ção*) *sf* **1** Ato de implantar(-se). **2** *Odont* Enxerto de um dente; implante. *Pl: implantações.*
im.plan.tar (*im¹+plantar*) *vtdi* **1** Plantar (uma coisa) em outra; enxertar, arraigar, fixar: *Implantava na alma dos discípulos sadios ensinamentos cristãos.* *vtd* **2** Estabelecer, introduzir: *Implantar costumes.* *vpr* **3** Arraigar-se, estabelecer-se: *Implantara-se um parasita no tronco carcomido.* *vpr* **4** Estabelecer-se, fixar-se: *Grande leva de imigrantes ali se implantou.*
im.plan.te (*de implantar*) *V* implantação.
im.ple.men.tar (*lat implementu+ar¹*) *vtd* **1** Executar (um plano, *p ex*). **2** Levar à prática por meio de providências concretas. **3** Prover de implementos. **4** *Inform* Elaborar um programa; programar.
im.ple.men.to (*lat implementu*) *sm* **1** Aquilo que completa ou perfaz alguma coisa. **2** Aquilo que serve para cumprir ou executar; cumprimento, execução.
im.pli.ca.ção (*lat implicatione*) *sf* **1** Ato ou efeito de implicar(-se). **2** Complicação, encadeamento, enredo. **3** *pop* Rixa, implicância. *Pl: implicações.*
im.pli.cân.cia (*lat implicantia*) *sf* **1** *V* implicação. **2** *pop* Má vontade, antipatia, birra.
im.pli.can.te (*lat implicante*) *adj + s m+f* Que, ou pessoa que implica.

im.pli.car (*lat implicare*) *vtd* **1** Confundir o entendimento de; tornar perplexo, embaraçado: *Conceitos complexos e, às vezes, contraditórios implicam o espírito dos leitores.* *vtdi* e *vpr* **2** Comprometer(-se), enrascar(-se), envolver(-se): "Implicaram-no numa conspiração" (Morais). *Implicou-se numa negociata.* *vti* e *vint* **3** Contender, divergir, incompatibilizar-se: *Duas interpretações que implicam notoriamente.* *vtd* **4** Tornar necessário ou indispensável; exigir: *Empreendimento que implica muita constância.* *vtd* **5** Dar a entender, fazer supor: *Seus atos implicam um nobre caráter.* *vtd* **6** Originar, produzir como consequência, ser causa de: "...uma filosofia definitiva, ...implicaria a imobilidade do pensamento humano" (Antero de Quental). *vti* e *vpr* **7** Antipatizar, mostrar má disposição para com alguém: *Ela sempre implica comigo. Ela implica-se com as colegas que possuem mais atração.*
As três regências mais usuais do verbo **implicar** são:
a) transitivo direto (= acarretar, envolver):
A análise do texto implica nova teoria.
b) transitivo indireto (= ter implicância, mostrar má disposição):
O professor sempre implicou com a aluna.
c) transitivo direto e indireto (= comprometer-se, envolver-se):
Ela implicou-se em negócios escusos.

im.plí.ci.to (*lat implicitu*) *adj* **1** Que está envolvido, mas não expresso claramente; tácito. **2** Não expresso por palavras; subentendido. *Antôn: explícito.*

im.plo.dir (*im¹+(ex)plodir*) *vtd* Estourar para dentro: *Implodir um edifício. Antôn: explodir. Conjug:* verbo defectivo; conjuga-se como *abolir*.

im.plo.rar (*lat implorare*) *vtd* **1** Pedir com lágrimas, suplicar humildemente: *Implorou que o desculpasse.* **2** Rogar, solicitar com muito empenho o auxílio de: "E Deus? Por que o não implorastes?" (Rebelo da Silva).

im.plo.são (*im¹+(ex)plosão*) *sf* Estouro para dentro (como, *p ex*, o de um recipiente com vácuo, causado pela pressão de ar externa). *Pl: implosões. Antôn: explosão.*

im.plu.me (*lat implume*) *adj m+f* **1** Que ainda não tem penas ou plumas. **2** Que, por condição própria, não tem penas.

im.po.lu.to (*lat impollutu*) *adj* **1** Que não é poluído. **2** Imaculado, virtuoso.

im.po.de.ra.do (*im¹+ponderado*) *adj* Precipitado; irrefletido; que não pondera.

im.pon.de.rá.vel (*im¹+ponderável*) *adj m+f* **1** *Fís* Que não se pode pesar, que não tem peso apreciável, tal como a luz, o calor, a eletricidade etc. **2** Que não se pode avaliar. **3** Que não merece ponderação. • *sm fig* Fator ou circunstância indefinível que pode influir numa questão, mas que não se pode definir ou prever; imprevisto. *Pl: imponderáveis.*

im.po.nên.cia (*lat imponente+ia²*) *sf* **1** Qualidade de imponente. **2** Arrogância, altivez.

im.po.nen.te (*lat imponente*) *adj m+f* **1** Que impõe a sua importância; majestoso. **2** Arrogante, altivo. **3** Grandioso, magnificente.

im.po.pu.lar (*im¹+popular*) *adj m+f* **1** Que não é popular. **2** Que não tem popularidade. **3** Que não atende aos interesses do povo: *Lei impopular.*

im.po.pu.la.ri.zar (*impopular+izar*) *vtd* e *vpr* Tornar(-se) impopular.

im.por (*lat imponere*) *vtd* e *vti* **1** Pôr sobre ou em cima de; sobrepor: *Impuseram uma coroa de espinhos a Cristo.* *vtd* e *vti* **2** Determinar, estabelecer, fixar (direito, imposto, tributo): *Impor taxas. Impor-lhe prazos.* *vtd* e *vti* **3** Tornar obrigatório: *Impor um preceito. Impor aos outros a sua opinião.* *vtd* e *vti* **4** Fazer sofrer, infligir (pena, castigo): *Impor castigos. Impuseram-lhe dura penitência.* *vpr* **5** Fazer-se aceitar (por superioridade ou por constrangimento): *Ela se impõe pelo trabalho. A imprensa impõe-se aos governos.* *vtd* **6** Infundir, inspirar: *O mestre impunha respeito e veneração.* *vpr* **7** Determinar a si mesmo: *Imponho-me duas horas de estudo por dia.* *vtd* **8** Atribuir, imputar: *Impor argumentos falsos.* Conjuga-se como *pôr*.

im.por.ta.ção (*importar+ção*) *sf* **1** Ato ou efeito de importar. **2** Aquilo que se importou. *Pl: importações.*

im.por.ta.dor (*importar+dor*) *adj + sm* Que, ou aquele que importa ou traz de fora.

im.por.tân.cia (*lat importantia*) *sf* **1** Qualidade de importante. **2** Autoridade, consideração, crédito, influência. **3** Grande valor relativo das coisas. **4** Quantia, soma, total. **5** *pop* Ares que alguém assume de pessoa importante.

im.por.tan.te (*lat importante*) *adj m+f* **1** Que tem importância. **2** Que não se pode esquecer ou deixar de atender. **3** Que tem muito valor ou preço notável. **4** Digno de apreço, de estima, de consideração. **5** Útil, necessário. • *sm* O que há de mais interessante, de mais útil, de mais proveitoso numa pessoa ou coisa; o essencial.

im.por.tar (*lat importare*) *vtd* **1** Mandar vir ou trazer de país estranho; introduzir: *Importaram para o nosso idioma grande número de termos e expressões estrangeiras.* *Antôn: exportar.* *vtd* e *vti* **2** Dar em resultado, ter como consequência; acarretar: *Isso importa um sacrifício de consciência. Seu mau proceder importou em expulsão da escola.* *vti* e *vint* **3** Convir, ter importância ou interesse: *Isso pouco me importa. O que vai ser não importa.* *vti* **4** Atingir ou subir a tal preço, chegar a tal quantia; ter importância: *As despesas importaram em milhares de dólares.* *vpr* **5** Dar importância, fazer caso, ter em consideração: *Só se importa com os filhos. Não se importou com a injustiça que lhe fizeram.* *vti* e *vint* **6** Ser conveniente, ser necessário: *Direi tudo que importar à sua defesa. Falemos apenas do que importa.* *vtd* **7** *Inform* Trazer alguma coisa de fora de um sistema: *Importamos tabelas da planilha para o processador de texto. Conjug:* nas acepções 3 e 4 usam-se apenas as 3ªˢ pessoas.

im.por.te (de *importar*) *sm* Custo; preço; importância.

im.por.tu.nar (*importuno+ar¹*) *vtd* **1** Ser importuno a; incomodar, molestar, sobretudo com pedidos insistentes: *Ele vive importunando os colegas.* *vtd* **2** Causar transtorno com a sua presença; estorvar, interromper: *Não o importune agora; ele está descansando.* *vpr* **3** Incomodar-se, molestar-se: *Importunava-se com tantas queixas e pedidos.*

im.por.tu.no (*lat importunu*) *adj* Que importuna

pela insistência; maçador, impertinente. • sm Indivíduo importuno.

im.po.si.ção (*lat impositione*) *sf* **1** Ato ou efeito de impor. **2** Ato de infligir. **3** Determinação, ordem; coisa imposta. *Pl: imposições*.

im.pos.si.bi.li.tar (*impossível+it+ar*[1]) *vtd* **1** Tornar impossível: *A chuva nos impossibilitou a viagem*. *vtd* **2** Fazer perder as forças ou a aptidão para: *A gripe me impossibilitou nesse dia*. *vpr* **3** Perder a aptidão, o exercício das funções, o uso das faculdades: *Enfermo, impossibilitava-se para o trabalho*.

im.pos.sí.vel (*lat impossibile*) *adj m+f* **1** Que não é possível, que não tem possibilidade. **2** Que não é realizável, que não pode ser feito; muito difícil: *Missão impossível*. **3** Extraordinário, incrível. **4** Insuportável, intolerável, rebelde: *Garota impossível*. • *sm* **1** Aquilo que não é possível. **2** O que é muito difícil: *Até o impossível acontece quando você chega*. *Pl: impossíveis*.

im.pos.tar (*imposto+ar*[1]) *vtd* Emitir corretamente (a voz).

im.pos.ter.gá.vel (*im*[1]*+postergável*) *adj m+f* **1** Que não se pode postergar; imprescindível. **2** Que não se pode desprezar; necessário. **3** Que não se pode adiar; impreterível. *Pl: impostergáveis*.

im.pos.to (ô) (*lat impositu*) *adj* **1** Que se impôs. **2** Que se obrigou a aceitar. • *sm* **1** Contribuição, geralmente em dinheiro, que se exige de cada cidadão para financiar as despesas de interesse geral, a cargo do Estado; tributo, taxa. **2** Conjunto de todos os tributos ou contribuições. *Imposto de renda:* o que é cobrado *per capita* (por pessoa) sobre os rendimentos que são produto do trabalho (salários, honorários etc.) ou bens (lucros de operações, juros, aluguéis etc.). *Pl: impostos* (ó).

im.pos.tor (*lat impositore*) *adj + sm* **1** Que, ou o que tem impostura. **2** Que, ou o que abusa da credulidade ou ignorância dos outros; mentiroso, falsário, charlatão.

im.pos.tu.ra (*lat impostura*) *sf* Logro, fingimento, hipocrisia.

im.po.tên.cia (*lat impotentia*) *sf* **1** Qualidade de impotente. **2** Falta de força. **3** Falta de poder. **4** *Med* Impossibilidade, para o homem, de praticar o coito, em consequência da falta de ereção ou de um defeito qualquer que se opõe à consumação regular do ato.

im.po.ten.te (*lat impotente*) *adj m+f* **1** Que não pode, que não tem poder; fraco. **2** *Med* Que tem impotência (sexual). • *s m+f* Pessoa que sofre de impotência.

im.pra.ti.cá.vel (*im*[1]*+praticável*) *adj m+f* **1** Que não é praticável, que não se pode pôr em prática. **2** Impossível. **3** Intransitável, falando-se de rios, estradas ou ruas: *O trânsito está impraticável hoje*. *Pl: impraticáveis*.

im.pre.ca.ção (de *imprecar*) *sf* **1** Ato ou efeito de imprecar. **2** Súplica, rogo. **3** Praga, maldição. *Pl: imprecações*.

im.pre.car (*lat imprecari*) *vtd* **1** Rogar (a um poder superior), suplicar bens ou males contra ou a favor de alguém. *vint* **2** Rogar pragas; praguejar.

im.pre.ci.são (*im*[1]*+precisão*) *sf* Falta de precisão, de exatidão. *Pl: imprecisões*.

im.pre.ci.so (*im*[1]*+preciso*) *adj* Indeterminado, vago.

im.preg.nar (*lat med impraegnare*) *vtdi* **1** Penetrar, infiltrar-se em; fazer com que uma substância penetre em (um corpo): *Impregnou a pele com hidratante*. *vtd, vti* e *vpr* **2** Ensopar(-se), embeber (-se), encharcar(-se); penetrar(-se); repassar(-se): "O perfume das ervas e das flores, ...impregnava o ar" (Coelho Neto). *Os pulmões impregnavam--se de oxigênio*. *vtd, vti* e *vpr* **3** Incutir, imbuir(-se), compenetrar(-se): *Impregnar a mente com* (ou *de*) *pensamentos positivos. A sociedade impregnara--se de preconceitos*.

Pronuncia-se **imprégna**, na terceira pessoa do singular, porque os verbos terminados em **-gnar** têm o **g** mudo e a sílaba tônica recai no radical no presente do indicativo, no presente do subjuntivo e no imperativo (exceto na primeira e segunda pessoas do plural, que são chamadas arrizotônicas). Outros verbos que obedecem a essa regra são: *designar (designa), impugnar (impugna), indignar (indigna), repugnar (repugna)* etc.

im.pren.sa (*lat impressa*) *sf* **1** Prensa das artes gráficas. **2** Máquina com que se imprime. **3** Tipografia. **4** Arte de imprimir. **5** Conjunto de escritores, especialmente jornalistas. **6** Conjunto de jornais. *Imprensa marrom, Jorn:* tipo de publicação com abundância de notícias sensacionalistas.

im.pren.sar (*imprensa+ar*[1]) *vtd* **1** Apertar no prelo. **2** Imprimir. **3** Apertar como numa prensa; apertar muito, de encontro a uma parede, a uma porta etc.

im.pres.cin.dí.vel (*im*[1]*+prescindível*) *adj m+f* De que não se pode prescindir; necessário, indispensável. *Pl: imprescindíveis*.

im.pres.são (*lat impressione*) *sf* **1** Ação ou efeito de imprimir(-se). **2** Encontro de um corpo com outro. **3** Efeito, sinal ou vestígio desse encontro. **4** Ação dos objetos exteriores sobre os órgãos dos sentidos; sensação. **5** Abalo, agitação, comoção produzida no espírito. **6** Ideia recebida. **7** *Tip* Processo de reproduzir mediante pressão no papel, pano, couro ou outro material, dizeres e imagens. **8** O modo como se faz esse processo. **9** Oficina onde se imprime. **10** *Inform* e *Art Gráf* Cópia ou reprodução de um texto ou imagem, por meio de impressão (acepção 7). *Impressão digital:* a que se faz com a polpa dos dedos, untados de tinta, sobre qualquer documento, para fins de identificação. *Pl: impressões*.

im.pres.si.o.na.bi.li.da.de (*impressionável+i+dade*) *sf* Qualidade de impressionável.

im.pres.si.o.nan.te (de *impressionar*) *adj m+f* **1** Que impressiona. **2** Comovente.

im.pres.si.o.nar (*lat impressione+ar*[1]) *vtd* **1** Produzir impressão material em: "Impressionar chapas fotográficas" (Morais). *vtd* **2** Causar impressão moral em; abalar, comover: *Os eloquentes argumentos o impressionaram*. *vpr* **3** Receber uma impressão moral: *Impressionou-se com a abnegação do missionário*. *vpr* **4** Deixar-se comover, abalar--se, perturbar-se: "Começou a impressionar--se Lourenço com esta solidão" (Franklin Távora).

im.pres.si.o.ná.vel (*impressionar+vel*) *adj m+f* **1** Que facilmente se impressiona. **2** Que pode receber impressões. *Pl: impressionáveis*.

im.pres.si.o.nis.mo (*lat impressione+ismo*) *sm* **1** *V impressionabilidade*. **2** *Bel-art* Forma de arte, principalmente pictórica, que procura transmitir a impressão subjetiva recebida diretamente da natureza.

im.pres.si.o.nis.ta (*lat impressione+ista*) *adj m+f* **1** V *impressionável*. **2** Que diz respeito ao impressionismo. • *s m+f* Quem cultiva o impressionismo.

im.pres.so (*lat impressu*) *adj* **1** Que se imprimiu. **2** Gravado, fixo. • *sm* **1** Folheto ou papel impresso. **2** Obra de tipografia.

im.pres.sor (*lat impressu+or*) *adj* Que imprime. • *sm* **1** Aquele que imprime ou trabalha com o prelo. **2** Proprietário de tipografia.

im.pres.so.ra (*lat impressu+or*, no *fem*) *sf* **1** *Tip* Máquina de imprimir. **2** *Tip* V *prensa*. **3** *Inform* Equipamento que permite a impressão de textos e/ou imagens enviados pelo computador ao qual se está conectado. *Impressora a jato de tinta, Inform:* impressora que gera caracteres jogando uma série de minúsculas gotas de tinta sobre o papel. *Impressora ativa, Inform:* impressora que está atualmente conectada à porta da impressora do computador. *Impressora colorida, Inform:* impressora que pode produzir cópias em cores. *Impressora matricial, Inform:* impressora que imprime um caráter por vez, utilizando fita, e que tem velocidade reduzida.

im.pres.tá.vel (*im¹+prestável*) *adj m+f* **1** Que não presta. **2** Inútil. **3** Que não tem préstimo. *Pl: imprestáveis*.

im.pre.te.rí.vel (*im¹+preterível*) *adj m+f* **1** Que não é preterível. **2** Que não se pode deixar de fazer. **3** Que não se pode adiar. *Pl: impreteríveis*.

im.pre.vi.dên.cia (*im¹+previdência*) *sf* **1** Falta de previdência. **2** Descuido, desleixo, negligência.

im.pre.vi.den.te (*im¹+previdente*) *adj m+f* **1** Que não é previdente. **2** Descuidado, incauto, negligente.

im.pre.vi.são (*im¹+previsão*) *sf* Falta de previsão. *Pl: imprevisões*.

im.pre.vi.sí.vel (*im¹+previsível*) *adj m+f* Que não é previsível, que não se pode prever. *Pl: imprevisíveis*.

im.pre.vis.to (*im¹+previsto*) *adj* **1** Que não é previsto; súbito. **2** Que surpreende; que não prevê. • *sm* Aquilo que não se prevê.

im.pri.mir (*lat imprimere*) *vtd* **1** *Tip* Estampar por meio de pressão do prelo: "Falei-lhe dos versos, que me lera, e ofereci-me para imprimi-los" (Machado de Assis). *vtd* **2** Publicar pela imprensa: *Imprimira suas memórias*. *vtd* **3** Deixar estampado, gravado; fixar (figura, marca, sinal) por meio de pressão. *vtd* e *vpr* **4** *fig* Deixar vestígio, sinal, rasto; gravar(-se), fixar(-se): *Imprimiu nobres conselhos no coração do aluno. Os passos imprimiam-se no solo úmido*. *vtdi* **5** *Inform* Reproduzir arquivo de texto ou imagem de computador em papel por meio de um periférico de saída, como, por exemplo, uma impressora. *Conjug – Part: imprimido* e *impresso*.

im.pro.bi.da.de (*lat improbitate*) *sf* **1** Falta de probidade. **2** Maldade, perversidade, desonestidade, mau caráter.

ím.pro.bo (*lat improbu*) *adj* Que não tem probidade; desonesto.

im.pro.ce.den.te (*im¹+procedente*) *adj m+f* **1** Que não é procedente. **2** Injustificável. **3** Ilógico, incoerente.

im.pro.ce.der (*im¹+proceder*) *vint* Não proceder: *Esta informação improcede*.

im.pro.du.ti.vo (*im¹+produtivo*) *adj* **1** Que não é produtivo, que não é fecundo. **2** Frustrado, vão. **3** Que não dá resultado. **4** Que não rende; inútil.

im.pro.fe.rí.vel (*im¹+proferível*) *adj m+f* Que não se pode proferir. *Pl: improferíveis*.

im.pro.pé.rio (*lat improperiu*) *sm* **1** Censura injuriosa. **2** Palavra afrontosa. **3** Ultraje. **4** Ação repreensível.

im.pro.pí.cio (*im¹+propício*) *adj* Desfavorável.

im.pró.prio (*lat impropriu*) *adj* **1** Que não é próprio; inadequado. **2** Oposto ao costume geral; indecoroso, indecente: *Conduta imprópria*. **3** Inconveniente, inoportuno.

im.pror.ro.gá.vel (*im¹+prorrogável*) *adj m+f* Que não é prorrogável, que não pode ser prorrogado, que termina forçosamente. *Pl: improrrogáveis*.

im.pro.vá.vel (*im¹+provável*) *adj m+f* **1** Que não é provável, que não é certo. **2** Que carece de provas; duvidoso. *Pl: improváveis*.

im.pro.vi.dên.cia (*lat improvidentia*) *sf* **1** Qualidade ou ação de improvidente. **2** Falta de providência.

im.pro.vi.den.te (*im¹+providente*) *adj m+f* Que não é providente; incauto.

im.pro.vi.sar (*improviso+ar¹*) *vtd* **1** Compor, fazer, produzir no momento (discursos, sermões, versos etc.), sem preparo prévio. *vtd* e *vpr* **2** Armar, arranjar, organizar prontamente (aquilo que em geral requer tempo e preparação): *Improvisar um espetáculo, um banquete* etc. *Vocações não se improvisam*. *vint* **3** Mentir: *Ora, deixe de improvisar!*

im.pro.vi.so (*lat improvisu*) *adj* Improvisado, repentino, súbito. • *sm* Produto intelectual feito de repente, sem premeditação nem preparo. *De improviso:* de repente, de súbito, sem premeditação.

im.pru.dên.cia (*lat imprudentia*) *sf* **1** Falta de prudência. **2** Qualidade de imprudente. **3** Ato ou dito contrário à prudência.

im.pru.den.te (*lat imprudente*) *adj* e *s m+f* Que, ou pessoa que não é prudente.

im.pú.be.re (*lat impubere*) *adj* e *s m+f* Que, ou quem ainda não chegou à puberdade.

im.pu.di.cí.cia (*lat impudicitia*) *sf* **1** Caráter de uma pessoa ou de uma coisa impudica; desonestidade. **2** Lascívia.

im.pu.di.co (*dí*) (*lat impudicu*) *adj* **1** Que não tem pudor. **2** Lascivo, luxurioso. **3** Obsceno.

im.pu.dor (*im¹+pudor*) *sm* **1** Falta de pudor. **2** Cinismo, descaramento. *Sin: impudência*.

im.pug.na.ção (*lat impugnatione*) *sf* Ato ou efeito de impugnar. *Pl: impugnações*.

im.pug.nar (*lat impugnare*) *vtd* **1** Pugnar contra; combater, contrariar, refutar: "Pode o mandante ratificar ou impugnar os atos praticados em seu nome..." (Rui Barbosa). **2** Opor-se, resistir a: "Nenhuma coisa os impugna e destrói tanto como a oração" (Padre Manuel Bernardes). *Antôn: propugnar*.

im.pul.são (*lat impulsione*) *sf* **1** V *impulso*. **2** *Psicol* Tendência ou instinto que age na ausência do controle da vontade. *Pl: impulsões*.

im.pul.si.o.nar (*impulsione+ar¹*) *vtd* **1** Dar impulso a; impelir: *Impulsionar um veículo*. **2** *fig* Estimular, incitar: *Impulsionar vocações*.

im.pul.si.vo (*impulso+ivo*) *adj* **1** Que dá impulso, impele, põe em movimento. **2** Que age e reage sem refletir, obedecendo ao impulso do momento; impetuoso.

im.pul.so (*lat impulso*) *sm* **1** Ato de impelir. **2** Ímpeto, abalo, esforço. **3** Movimento comunicado a um corpo. **4** Força que determina esse movimento. **5** *fig* Estímulo, incitação. **6** *Fís* Produto da intensidade de uma força pelo tempo que dura a sua ação. **7** *Med* Propensão violenta não raciocinada e por vezes irresistível que leva à prática de atos anormais. *Impulso natural:* o instinto.

im.pul.sor (*lat impulsore*) *adj* + *sm* Que, quem ou aquilo que impele.

im.pu.ne (*lat impune*) *adj m+f* **1** Que ficou sem castigo. **2** Que não foi reprimido.

im.pu.re.za (*ê*) (*lat impuritia*) *sf* **1** Qualidade de impuro. **2** Coisa impura. **3** Desvio da doutrina pura; heresia. **4** Imundície. *sf pl* Tudo o que perturba a pureza de qualquer substância.

im.pu.ro (*lat impuru*) *adj* **1** Que não é puro; que tem mistura. **2** Imundo, contaminado. **3** Imoral, impudico, indecente, obsceno; sensual.

im.pu.ta.ção (*lat imputatione*) *sf* Ato ou efeito de imputar. *Pl: imputações.*

im.pu.tar (*lat imputare*) *vtd* **1** Atribuir (a alguém ou a alguma coisa) a responsabilidade de; acusar. **2** Conferir.

im.pu.tá.vel (*im¹+lat putare+vel*) *adj m+f* Suscetível de se imputar. *Pl imputáveis.*

i.mun.di.ce (*lat immunditie*) *V imundície.*

i.mun.dí.cie (*lat immunditie*) *sf* **1** Falta de limpeza. **2** Porcaria, sujidade, impureza. **3** *Reg* (Marajó) Nome aplicado coletivamente a todos os insetos e ácaros que flagelam o gado. *Var: imundice, imundícia.*

i.mun.do (*lat immundu*) *adj* **1** Impuro, sujo. **2** *fig* Sórdido, indecente, imoral, obsceno.

i.mu.ne (*lat immune*) *adj m+f* **1** Que tem imunidade. **2** Isento. **3** Livre de encargos ou moléstias.

i.mu.ni.da.de (*lat immunitate*) *sf* **1** Privilégio. **2** Isenção. **3** Liberdade. **4** Prerrogativa. **5** *Med* Estado de um organismo que resiste a infecções ou infestações por possuir anticorpos específicos contra o agente agressor.

i.mu.ni.zar (*imune+izar*) *vtdi* **1** Tornar imune a; tornar isento, livre: *Imunizar as crianças contra a paralisia infantil.* **2** *fig* Tornar insensível a: *A maturidade imunizou-o contra as críticas malévolas.*

i.mu.no.lo.gi.a (*imune+o+logia¹*) *sf Med* Ciência que trata dos fenômenos e causas da imunidade.

i.mu.tá.vel (*lat immutabile*) *adj m+f* Que não se pode mudar. *Pl: imutáveis. Var: imudável.*

in¹ (*ingl*) *adv* Na moda. *Cf out.*

in² (*lat*) *prep* Em. Usado, em referência bibliográfica, para indicar a fonte de onde o exemplo ou a transcrição foram extraídos: *In: Michaelis: Moderno Dicionário da Língua Portuguesa.* São Paulo, Editora Melhoramentos, 2001.

i.na.ba.lá.vel (*in+abalável*) *adj m+f* **1** Que não pode ser abalado. **2** Que não se deixa abalar. **3** Inquebrantável. **4** Corajoso, intrépido, valoroso. **5** Inexorável, insensível. **6** Fixo, imperturbável, inalterável. *Pl: inabaláveis.*

i.ná.bil (*lat inhabile*) *adj m+f* **1** Que não é hábil, que não tem aptidão, capacidade, habilidade, competência, destreza. **2** Incompetente, inepto. **3** *Dir* Incapaz. *Pl: inábeis.*

i.na.bi.li.da.de (*in+habilidade*) *sf* Incompetência; falta de jeito.

i.na.bi.li.tar (*in+habilitar*) *vtd* e *vpr* **1** Tornar(-se) inábil (física ou moralmente). **2** Reprovar ou ser reprovado em concurso ou exame.

i.na.ca.ba.do (*part de inacabar*) *adj* Que não foi acabado; inconcluído.

i.na.ca.bá.vel (*in+acabar+vel*) *adj m+f* Que não se pode acabar; interminável. *Pl: inacabáveis.*

i.na.ção (*in+ação*) *sf* **1** Falta de ação. **2** Abstenção de ação; inércia. **3** Frouxidão de caráter; indecisão. *Pl: inações.*

i.na.cei.tá.vel (*in+aceitável*) *adj m+f* Que não é aceitável, que não se pode aceitar ou admitir. *Pl: inaceitáveis.*

i.na.ces.sí.vel (*in+acessível*) *adj m+f* **1** Que não é acessível, que não dá acesso; inatingível. **2** Inabordável, intratável. **3** Incompreensível. *Pl: inacessíveis.*

i.na.cre.di.tá.vel (*in+acreditável*) *adj m+f* **1** Que não é acreditável, que não merece crédito; incrível. **2** Que ultrapassa os limites da credibilidade; espantoso, surpreendente. *Pl: inacreditáveis.*

i.na.de.qua.ção (*inadequar+ção*) *sf* Incapacidade de adequação; qualidade de inadequado. *Pl: inadequações.*

i.na.de.qua.do (*in+adequado*) *adj* Que não é adequado; impróprio.

i.na.di.á.vel (*in+adiável*) *adj m+f* Que não é adiável, que não se pode adiar; impreterível. *Pl: inadiáveis.*

i.na.dim.plên.cia (*inadimplente+ia²*) *sf Dir* Descumprimento de um contrato ou de qualquer de suas condições.

i.na.dim.plen.te (*in+adimplente*) *adj m+f* Que falta às condições de um contrato.

i.na.dim.plir (*in+adimplir*) *vtd Dir* Deixar de cumprir (as obrigações de um contrato) no termo convencionado; descumprir. Conjuga-se como *falir.*

i.nad.mis.sí.vel (*in+admissível*) *adj m+f* Que não deve ou não pode ser admitido. *Pl: inadmissíveis.*

i.nad.ver.tên.cia (*in+advertência*) *sf* **1** Falta de advertência. **2** Descuido, desleixo. **3** Abstração, distração. **4** Irreflexão.

i.na.la.ção (*lat inhalatione*) *sf* **1** Ato ou efeito de inalar; aspirar. **2** Absorção, pelas vias respiratórias, dos vapores de substâncias medicamentosas. *Pl: inalações.*

i.na.la.dor (*inalar+dor²*) *adj* Que inala. • *sm* Aparelho para inalação.

i.na.lar (*lat inhalare*) *vtd* **1** Absorver por inalação, por inspiração: *Inalar gases.* **2** Aspirar (um perfume, uma emanação).

i.na.li.e.ná.vel (*in+alienar+vel*) *adj m+f* Que não se pode alienar; intransferível. *Pl: inalienáveis.*

i.nal.te.rá.vel (*in+alterável*) *adj m+f* **1** Que não é alterável, que não se altera. **2** Impassível, imperturbável, sereno. *Pl: inalteráveis.*

i.na.ne (*lat inane*) *adj m+f* Vazio, oco, vão.

i.na.ni.ção (*lat inanitione*) *sf* **1** Estado de inane. **2** Estado do que é vazio; vacuidade. **3** Grande debilidade ou fraqueza por falta de alimento. **4** *Biol* Estado de asfixia de uma célula. *Pl: inanições.*

i.na.ni.ma.do (*lat inanimatu*) *adj* **1** Que não está animado; sem ânimo. **2** Que não tem vivacidade. **3** Que não tem vida. **4** Que está sem sentidos. **5** Que não tem alma; falto de expressão, de ação. *Var:* inânime.

i.na.nir (*lat inanire*) *vtd* **1** Reduzir a estado de inanição. *vpr* **2** Cair em inanição. *Conjug:* verbo defectivo; só se conjuga nas formas em que ao *n* da raiz se segue *e* ou *i*. Segue a conjugação de *falir*.

i.na.pe.lá.vel (*in+apelável*) *adj m+f* **1** Que não admite apelo. **2** Definitivo. *Pl: inapeláveis.*

i.na.pe.tên.cia (*in+apetência*) *sf* Falta de apetite, fastio; anorexia.

i.nap.ti.dão (*in+aptidão*) *sf* **1** Falta de aptidão, ou de habilidade. **2** Qualidade de inepto. **3** Incapacidade, insuficiência. *Pl: inaptidões. Var: ineptidão.*

i.nap.to (*in+apto*) *adj* Sem aptidão; incapacitado, inadequado.

i.na.ta.cá.vel (*in+atacável*) *adj m+f* **1** Que não é atacável, que não se pode atacar. **2** Incontestável. *Pl: inatacáveis.*

i.na.tin.gí.vel (*in+atingível*) *adj m+f* **1** Que não se atinge ou não pode ser atingido. *Pl: inatingíveis.*

i.na.ti.vi.da.de (*inativo+i+dade*) *sf* **1** Qualidade de inativo; inércia. **2** Situação de funcionários retirados do serviço ativo por causa de uma disposição superior.

i.na.ti.vo (*in+ativo*) *adj* **1** Que não está em atividade; inerte, parado. **2** Aposentado ou reformado (empregado público ou de empresa). • *sm* Empregado ou militar retirado do serviço efetivo; aposentado.

i.na.to (*lat innatu*) *adj* **1** Que não nasceu, que não teve princípio (falando de Deus). **2** Que nasceu com o indivíduo; congênito, inerente. **3** *Bot* Que é aderente ao ápice de um órgão.

i.nau.di.to (*dí*) (*lat inauditu*) *adj* **1** Que nunca se ouviu dizer. **2** De que não há exemplo; espantoso, extraordinário, incrível.

i.nau.dí.vel (*lat inaudibile*) *adj m+f* Que não se pode ouvir. *Pl: inaudíveis.*

i.nau.gu.ra.ção (*lat inauguratione*) *sf* **1** Ato ou efeito de inaugurar. **2** Solenidade com que pela primeira vez se patenteia ao público, ou se entrega ao uso deste, um estabelecimento, uma instituição, um edifício. **3** Consagração, fundação. **4** Princípio, início. *Pl: inaugurações.*

i.nau.gu.ral (*lat inaugurale*) *adj m+f* **1** Relativo a inauguração. **2** Inicial. *Pl: inaugurais.*

i.nau.gu.rar (*lat inaugurare*) *vtd* **1** Colocar, expor pela primeira vez à vista ou ao uso do público: *Inaugurar uma exposição, uma linha de ônibus. vtd* e *vpr* **2** Começar, iniciar(-se): *Inauguramos nova fase nesta instituição. vtdi* **3** Consagrar, dedicar: *Inauguraram o monumento a Camões. vtd* **4** Introduzir o uso de (alguma coisa).

in.ca (*quíchua inka*) *adj m+f* Pertencente ou relativo aos incas, casta dominante do Peru, na época da conquista espanhola. • *sm* **1** Título dos soberanos ou príncipes do Peru, cuja dinastia os conquistadores espanhóis destruíram. **2** O idioma dos incas. *s m+f* Indivíduo da casta dos incas.

in.cai.co (*inca+ico²*) *adj* Que pertence ou se refere aos incas.

in.cal.cu.lá.vel (*in+calculável*) *adj m+f* **1** Que não é calculável; cuja importância não se pode calcular. **2** Incomensurável. *Pl: incalculável.*

in.can.des.cên.cia (*incandescente+ia²*) *sf* **1** Estado de um corpo aquecido até o ponto de se tornar branco-luminoso. **2** *fig* Arrebatamento, efervescência, exaltação.

in.can.des.cen.te (*lat incandescente*) *adj m+f* **1** Aquecido até a incandescência. **2** Candente, em brasa. **3** *fig* Exaltado, fogoso.

in.can.des.cer (*lat incandescere*) *vtd* e *vint* Tornar (-se) candente, pôr(-se) em brasa: *Incandescer o metal.*

in.can.sá.vel (*in+cansável*) *adj m+f* **1** Que não se cansa, que não se pode cansar; infatigável. **2** Que não poupa trabalhos ou sacrifícios para qualquer fim. **3** Que não descansa; assíduo ao trabalho; muito laborioso. **4** Ativo, enérgico. *Pl: incansáveis.*

in.ca.pa.ci.da.de (*in+capacidade*) *sf* Falta de capacidade; inaptidão: *Incapacidade física.*

in.ca.pa.ci.tar (*in+capacitar*) *vtd* e *vpr* Tornar(-se) incapaz; inabilitar(-se): *A doença incapacitou-o para o serviço militar.*

in.ca.paz (*lat incapace*) *adj m+f* **1** Que não é capaz, que não tem capacidade. **2** Ignorante. **3** Sem capacidade legal (privado, pela lei, de certas funções). **4** Indigno. *Sup abs sint:* incapacíssimo.

in.cau.to (*lat incautu*) *adj* **1** Que não é cauto; sem cautela. **2** Crédulo, ingênuo. **3** Imprudente. • *sm* Aquele que não tem cautela.

in.cen.der (*lat incendere*) *vtd* e *vpr* **1** Pôr fogo a; inflamar. **2** Ruborizar(-se), afoguear(-se). **3** *fig* Estimular(-se), entusiasmar-se, excitar(-se).

in.cen.di.ar (*incêndio+ar¹*) *vtd* **1** Pôr fogo em: *Incendiar uma floresta. vpr* **2** Abrasar-se, arder, pegar fogo: *Incendiara-se a folharada seca. vtd* **3** *fig* Fazer brilhar como chamas de incêndio: *A raiva incendiava-lhe os olhos. vtd* **4** *fig* Estimular, excitar: *Incendiar as revoltas, os ódios. vpr* **5** *fig* Exaltar-se, inflamar-se: *O homem incendiou-se em fúrias.* Conjuga-se como *odiar*.

in.cen.di.á.rio (*lat incendiariu*) *adj* **1** Próprio para incendiar; que comunica fogo a alguma coisa. **2** *fig* Que inflama ou excita os ânimos: *Discurso incendiário.* • *sm* **1** Aquele que põe fogo (às casas, matas etc.); o que incendeia. **2** Revolucionário exaltado.

in.cên.dio (*lat incendiu*) *sm* **1** Ato ou efeito de incendiar. **2** Fogo que se alastra com intensidade. **3** Grande calor. **4** Conflagração. **5** Calamidade. **6** Entusiasmo.

in.cen.sar (*incenso+ar¹*) *vtd* **1** Queimar incenso diante de (altar ou pessoa). **2** Defumar, perfumar. **3** Iludir com lisonjas; adular, bajular.

in.cen.so (*lat incensu*) *sm* **1** Material (como resinas ou madeiras) usado para produzir um cheiro aromático quando queimado. **2** O perfume ou fumaça exalados de especiarias e gomas, quando são queimadas na celebração de ritos religiosos ou como oferenda aos deuses. **3** Louvor exagerado; adulação, bajulação.

in.cen.só.rio (*incenso+ório*) *sm* Utensílio próprio para incensar; turíbulo.

in.cen.ti.var (*incentivo+ar¹*) *vtd* Dar incentivos a.

in.cen.ti.vo (*lat incentivu*) *adj* Que incentiva, que excita. • *sm* Aquilo que estimula, que incita ou excita. *Incentivo fiscal, Econ polít:* vantagem destinada a estimular atividades econômicas, sociais, culturais etc., concedida pela administração pública federal, por meios tributários.

in.cer.te.za (*in+certeza*) *sf* **1** Falta de certeza. **2** Estado de incerto. **3** Hesitação, dúvida, indecisão.

in.cer.to (*lat incertu*) *adj* **1** Que não é certo. **2** Duvidoso. **3** Hesitante, indeciso. **4** Indeterminado, variável, vago: *Olhar incerto.* • *sm* O que não é certo; o que é duvidoso: *Não troque o certo pelo incerto.*

in.ces.san.te (*lat incessante*) *adj m+f* **1** Que não cessa; contínuo. **2** Assíduo, constante. *Var: incessável.*

in.ces.to (*é*) (*lat incestu*) *adj desus* Desonesto, torpe; incestuoso. • *sm* União sexual entre parentes (consanguíneos ou afins), condenada pela lei, pela moral e pela religião.

in.ces.tu.o.so (*ô*) (*lat incestuosu*) *adj* **1** Que cometeu incesto. **2** Que provém de união incestuosa. *Pl: incestuosos (ó).*

in.cha.ção (*lat inflatione*) *sf* **1** Ato ou efeito de inchar. **2** Ação de intumescer. **3** *pop* Vaidade, arrogância. **4** *Med* e *Vet* Aumento de volume de uma parte, órgão, tecido ou célula; tumefação, tumor. *Pl: inchações. Var: inchaço, inchadura, inchamento, inchume.*

in.cha.ço (*inchar+aço*) *V* inchação.

in.char (*lat inflare*) *vtd* e *vpr* **1** Avolumar(-se), intumescer(-se): "...um pão sinistro, o bró, que incha os ventres" (Euclides da Cunha). *O rosto inchara-se. vtd, vint* e *vpr* **2** Aumentar o volume: *Tanto se inchou o sapo que se acabou arrebentando. vtd, vint* e *vpr* **3** *fig* Desvanecer(-se), enfatuar (-se), ensoberbecer(-se): *A alta posição inchou-o.*

in.ci.dên.cia (*lat incidentia*) *sf* **1** Qualidade do que é incidente: *Incidência de crimes.* **2** Ato de incidir. **3** *Geom* Encontro de duas linhas ou superfícies.

in.ci.den.te (*lat incidente*) *adj m+f* Que incide, que sobrevém. • *sm* **1** Episódio. **2** Circunstância acidental. **3** Fato que sobrevém.

in.ci.dir (*lat incidere*) *vti* **1** Cair sobre: *Os lagos cintilam, quando neles* (ou *sobre eles*) *incidem os raios do Sol. vti* **2** Incorrer: *Incidiu na transgressão da lei. vti* **3** Recair: *Nele incidiu a maior votação. vint* **4** *p us* Acontecer, ocorrer, sobrevir: *Esses fatos às vezes incidem. Conjug – Pres indic: incido, incides* etc.; *Pres subj: incida, incidas* etc.; *Pret imp indic: incidia, incidias* etc. *Cf insídia.*

in.ci.ne.rar (*in+lat cinere+ar¹*) *vtd* e *vpr* Reduzir (-se) a cinzas.

in.ci.pi.ên.cia (*lat incipientia*) *sf* **1** Qualidade ou condição de incipiente. **2** Princípio, começo.

in.ci.pi.en.te (*lat incipiente*) *adj m+f* Que começa; principiante, novato. *Cf insipiente.*

Deve-se distinguir **incipiente** de **insipiente**. **Incipiente** significa que está no começo, ao passo que **insipiente** significa ignorante ou imprudente. *Essa estufa defende a vida incipiente das plantas. Como pode ser promovido se é tão insipiente?*

in.ci.são (*lat incisione*) *sf* **1** Corte, talho, golpe com instrumento cortante. **2** *Med* Seção da pele ou das partes moles. *Pl: incisões. Var: incisura.*

in.ci.si.vo (*lat incisivu*) *adj* **1** Que corta; próprio para cortar. **2** Que penetra. **3** Diz-se do estilo conciso, cortante e enérgico. **4** Mordaz. **5** *Anat* Relativo a um dos quatro dentes situados na parte média e anterior de cada maxila, entre os dois caninos, que servem para cortar os alimentos. • *sm* Cada um desses dentes.

in.ci.so (*lat incisu*) *adj* **1** Cortado, ferido com gume de instrumento cortante. **2** *Bot* Aplica-se à folha ou pétala que se apresenta cortada profunda e desigualmente. • *sm* Cada uma das subdivisões dos artigos de leis, estatutos, regulamentos etc.; alínea: *Veja capítulo II, artigo 14, inciso b.*

in.ci.ta.ção (*incitar+ção*) *sf* **1** Ato ou efeito de incitar. **2** Estímulo. **3** Instigação. **4** *Med* Excitação. **5** *Dir* Prática punível por lei, quando leva alguém a atos lesivos a si ou a outrem. *Pl: incitações. Var: incitamento.*

in.ci.ta.dor (*lat incitatore*) *adj* + *sm* Que, ou o que incita.

in.ci.ta.men.to (*lat incitamentu*) *V* incitação.

in.ci.tar (*lat incitare*) *vtd* e *vtdi* **1** Impelir, mover, instigar: *A ambição de ser médico sempre o incitou. Incitara os operários à greve. vtd* e *vpr* **2** Estimular(-se): *Incitara-o o amor da noiva. Incitou-se a vencer. vtd* **3** Desafiar, provocar: "Andam... os belicosos mouros... os fortes portugueses incitando" (Luís de Camões). *vtd* **4** Açular (um animal): "Incitar cães" (Morais). *vpr* **5** Irritar-se, enfurecer-se: "Incita-se por pequenas coisas" (Francisco Fernandes).

in.cle.mên.cia (*lat inclementia*) *sf* **1** Qualidade de inclemente. **2** Falta de clemência; dureza, rigor.

in.cle.men.te (*lat inclemente*) *adj m+f* **1** Que não tem clemência; não indulgente. **2** Áspero, grosseiro.

in.cli.na.ção (*lat inclinatione*) *sf* **1** Ato ou efeito de inclinar(-se). **2** Desvio da direção perpendicular. **3** Mesura. **4** Tendência, propensão para alguma coisa. **5** Afeição, simpatia. *Inclinação magnética:* ângulo que uma agulha magnética, suspensa livremente pelo seu centro de gravidade, forma com o horizonte. *Pl: inclinações.*

in.cli.nar (*lat inclinare*) *vtd* **1** Dar declive ou obliquidade a: *Inclinava para trás o corpo, em postura iogue. vtd* e *vpr* **2** Fazer mesura, abaixar(-se), curvar(-se): *Inclinou a cabeça respeitosamente. Inclinou-se e o saudou. vtd* **3** Desviar da linha reta: "Inclinar o caminho para a esquerda" (Séguier). *vpr* **4** Submeter-se, sujeitar-se: *Não temos outra saída senão a de nos inclinarmos diante das evidências. vti* e *vpr* **5** Mostrar-se favorável; propender, tender: *Em política ele inclina* (ou *inclina-se*) *ao socialismo. vpr* **6** Mostrar preferência por, ter propensão a: "Inclinar-se às letras, às armas" (Morais). *vpr* **7** Anuir, ceder, concordar: "Ele, que tinha nas mãos o meio instantâneo de alterar a maioria, nomeando novos pares, inclinou-se" (Rui Barbosa).

in.clu.ir (*lat includere*) *vtdi* **1** Inserir, introduzir: *Incluir um capítulo num drama. Incluiu o dinheiro no envelope. vtd* **2** Abranger, compreender: *Este capítulo inclui a guerra dos mascates. vtd* **3** Conter em si; envolver, implicar: *Aquele trecho do discurso inclui uma ameaça. vpr* **4** Encerrar-se, conter-se: "Toda a paixão de Cristo se inclui no sacramento da Eucaristia" (Padre Antônio Vieira). *Conjug – Part: incluído.*

in.clu.são (*lat inclusione*) *sf* **1** Ato ou efeito de incluir(-se). **2** Penetração de uma coisa em outra. *Pl: inclusões.*

in.clu.si.ve (*lat*) *adv* **1** De modo inclusivo, inclusivamente; com a inclusão de. **2** Até, até mesmo.

in.clu.si.vo (*lat inclusive*) *adj* Que inclui, abrange, compreende.

in.clu.so (*lat inclusu*) *adj* **1** Que se inclui; incluído, compreendido. **2** Encerrado, fechado dentro. **3** *Odont* Diz-se do dente que permanece invisível: *Molar incluso*.

in.co.a.ti.vo (*lat inchoativu*) *adj* **1** Que começa; inicial. **2** *Gram* Diz-se dos verbos que denotam começo de ação ou de uma ação progressiva, como *escurecer, florescer*.

in.co.er.cí.vel (*in+coercível*) *adj m+f* **1** Que não é coercível, que não se pode encerrar em qualquer espaço. **2** Que não pode ser coagido. **3** Irreprimível. *Pl: incoercíveis*.

in.co.e.rên.cia (*in+coerência*) *sf* **1** Falta de coerência. **2** Qualidade de incoerente. **3** Contradição.

in.co.e.ren.te (*in+coerente*) *adj m+f* **1** Sem coerência. **2** Inconsequente. **3** Que não tem ligação ou harmonia. **4** Ilógico, contraditório. **5** Desconexo.

in.cóg.ni.ta (de *incógnito*) *sf* **1** *Mat* Quantidade desconhecida cujo valor se procura descobrir para a solução de um problema. **2** Aquilo que é desconhecido e que se procura saber.

in.cóg.ni.to (*lat incognitu*) *adj* **1** Que não é conhecido; oculto. **2** Que não se dá a conhecer. **3** Ainda não descoberto ou explorado. • *sm* **1** O que há de desconhecido, de secreto, de enigmático ou de muito difícil averiguação em qualquer coisa. **2** Situação de uma alta personagem que não quer dar-se a conhecer, para não ser tratada conforme a sua condição. • *adv* Sem revelar a própria identidade; secretamente, disfarçadamente.

in.cog.nos.cí.vel (*in+cognoscível*) *adj m+f* Que não se pode conhecer. *Pl: incognoscíveis*.

ín.co.la (*lat incola*) *s m+f poét* Morador, habitante.

in.co.lor (*lat incolore*) *adj m+f* **1** Que não tem cor. **2** Descolorido. **3** Dúbio, indeciso. **4** *fig* Que não tem partido político; sem opinião.

in.có.lu.me (*lat incolume*) *adj m+f* São e salvo; intato, ileso; que escapou do perigo.

in.com.bus.tí.vel (*in+combustível*) *adj m+f* Que não pode queimar(-se); não combustível. *Pl: incombustíveis*.

in.co.men.su.rá.vel (*in+comensurar+vel*) *adj m+f* Que não se pode medir; imensurável. *Pl: incomensuráveis*.

in.co.mo.da.da (de *incomodar*) *adj f* Diz-se da mulher quando está menstruada.

in.co.mo.dar (*lat incommodare*) *vtd* **1** Dar incômodo a; importunar, inquietar, molestar: "... entrou a andar de um lado para o outro, abafando os passos, para não incomodar ninguém" (Machado de Assis). *vtd* **2** Desgostar, irritar: *Esse tumulto incomoda quem está trabalhando*. *vpr* **3** Aborrecer-se, dar-se ao incômodo de fazer alguma coisa; irritar-se, molestar-se: *Não se incomode em ir até lá*.

in.cô.mo.do (*lat incommodu*) *adj* **1** Que não é cômodo; que incomoda, que enfada, que embaraça, que importuna. **2** Desagradável, enfadonho, importuno. • *sm* **1** Aborrecimento, importunação, trabalho, fadiga, estorvo. **2** Doença passageira; indisposição. **3** *pop* Fluxo menstrual; menstruação.

in.com.pa.rá.vel (*lat incomparabile*) *adj m+f* **1** Que não é comparável; que não admite comparação. **2** Extraordinário, único. *Pl: incomparáveis*.

in.com.pa.ti.bi.li.da.de (*incompatível+idade*) *sf* **1** Qualidade de incompatível. **2** Oposição.

in.com.pa.ti.bi.li.zar (*incompatível+izar*) *vtd* e *vpr* Tornar(-se) incompatível.

in.com.pa.tí.vel (*in+compatível*) *adj m+f* **1** Que não é compatível, que não pode existir juntamente com outro ou outrem. **2** Que não pode harmonizar-se. **3** Que não é adaptável. **4** Diz-se de cargos ou funções que não podem ser desempenhados ao mesmo tempo pela mesma pessoa. *Pl: incompatíveis*.

in.com.pe.tên.cia (*in+competência*) *sf* **1** Falta de competência. **2** Inabilidade.

in.com.pe.ten.te (*lat incompetente*) *adj m+f* **1** Que tem falta de competência. **2** Que não é idôneo. **3** Que não tem as condições exigidas para certos fins.

in.com.ple.to (*lat incompletu*) *adj* **1** Que não é completo; não acabado, imperfeito. **2** Truncado. **3** Em que falta alguma coisa.

in.com.pre.en.di.do (*in+compreendido*) *adj + sm* Que, ou quem não é bem compreendido, não é bem julgado ou avaliado.

in.com.pre.en.são (*in+compreensão*) *sf* Falta de compreensão. *Pl: incompreensões*.

in.com.pre.en.sí.vel (*lat incomprehensibile*) *adj m+f* **1** Que não pode ser compreendido; enigmático. **2** Que é muito difícil de perceber ou de explicar. • *sm* O que não se pode compreender. *Pl: incompreensíveis*.

in.com.pre.en.si.vo (*in+compreensivo*) *adj* Incapaz de compreender.

in.co.mum (*in+comum*) *adj m+f* **1** Que é fora do comum, anormal. **2** Irregular. **3** Extraordinário.

in.co.mu.ni.cá.vel (*lat incommunicabile*) *adj m+f* **1** Que não é comunicável, que não pode ser comunicado. **2** Que não pode falar ou se comunicar com outra pessoa. **3** Que não pode se ligar ou não apresenta ligação. **4** Insociável, intratável. *Pl: incomunicáveis*.

in.con.ce.bí.vel (*in+concebível*) *adj m+f* **1** Que não se pode conceber. **2** Inacreditável, extraordinário, surpreendente. *Pl: inconcebíveis*.

in.con.di.ci.o.nal (*in+condicional*) *adj m+f* Que não é condicional; que não depende de condições; irrestrito. *Pl: incondicionais*.

in.con.fi.á.vel (*in+confiável*) *adj m+f* Não confiável; em que não se pode ou deve confiar. *Pl: inconfiáveis*.

in.con.fi.dên.cia (*in+confidência*) *sf* **1** Falta de lealdade; infidelidade (principalmente em relação a um soberano ou Estado); conjuração. **2** Revelação de segredo confiado.

in.con.fi.den.te (*in+confidente*) *adj m+f* **1** Desleal. **2** Que revela os segredos que lhe confiaram. **3** Que se acha envolvido em inconfidência. • *sm* Designação dos cidadãos que tomaram parte na Inconfidência Mineira (1788-1789), movimento patriótico que objetivava a independência do Brasil.

in.con.fun.dí.vel (*in+confundível*) *adj m+f* Que não se pode confundir; distinto, muito diferente. *Pl: inconfundíveis*.

in.con.gru.ên.cia (*lat incongruentia*) *sf* **1** Qualidade de incongruente. **2** Falta de congruência. **3** Inconveniência.

in.con.gru.en.te (*lat incongruente*) *adj m+f* **1** Que não é acomodado, que não condiz, que não se adapta. **2** Inconveniente, impróprio. *Var erud: incôngruo.*

in.con.quis.tá.vel (*in+conquistável*) *adj m+f* Que não pode ser conquistado. *Pl: inconquistáveis.*

in.cons.ci.ên.cia (*in+consciência*) *sf* **1** Estado ou qualidade de inconsciente. **2** Falta de consciência. **3** Falta de generosidade, de caridade. **4** Desumanidade, barbaridade.

in.cons.ci.en.te (*in+consciente*) *adj m+f* **1** Que não é consciente. **2** Praticado sem consciência. **3** Que não tem noção do que faz; irresponsável. • *s m+f* Pessoa que não procede com consciência ou conhecimento claro do que faz. *sm Psicol* A parte da nossa vida da qual não temos consciência; subconsciente.

in.con.se.quên.cia (*qwe*) (*lat inconsequentia*) *sf* **1** Falta de consequência. **2** Incoerência.

in.con.se.quen.te (*qwe*) (*lat inconsequente*) *adj m+f* **1** Em que há inconsequência; incoerente, contraditório. **2** Contrário ao que naturalmente se devia seguir. • *s m+f* Indivíduo imprudente, que não pensa nas consequências.

in.con.sis.tên.cia (*in+consistência*) *sf* **1** Qualidade de inconsistente. **2** Falta de consistência. **3** Falta de base.

in.con.sis.ten.te (*in+consistente*) *adj m+f* **1** Que não é consistente; sem consistência, estabilidade ou firmeza. **2** Inconsequente. **3** Incerto.

in.con.so.lá.vel (*inconsolabile*) *adj m+f* Que não é consolável, que não pode ser consolado. *Pl: inconsoláveis.*

in.cons.tân.cia (*lat inconstantia*) *sf* **1** Falta de constância; instabilidade. **2** Infidelidade.

in.cons.tan.te (*lat inconstante*) *adj m+f* **1** Que não é constante; incerto, variável. **2** Infiel.

in.cons.ti.tu.ci.o.nal (*in+constitucional*) *adj m+f* **1** Que não é constitucional. **2** Oposto à constituição do Estado. *Pl: inconstitucionais.*

in.con.tá.vel (*in+contável*) *adj m+f* Que não se pode contar. *Pl: incontáveis.*

in.con.tes.ta.do (*in+contestado*) *adj* Não contestado; inconteste.

in.con.tes.tá.vel (*in+contestável*) *adj m+f* Que não se pode contestar. *Pl: incontestáveis.*

in.con.tes.te (*in+conteste*) *adj m+f* Que não é conteste; incontestado: *Provas incontestes.*

in.con.ti.do (*in+contido*) *adj* **1** Que não pode se conter; irrefreado, irreprimido. **2** Que não se contém ou que não se conteve.

in.con.ti.nên.cia (*lat incontinentia*) *sf* **1** Falta de continência, de moderação, de temperança. **2** Dificuldade em reter. **3** Imoderação. **4** Falta de castidade; sensualidade. **5** *Med* Incapacidade de reter os produtos de excreção: *Incontinência urinária.*

in.con.ti.nen.te (*in+lat continente*) *adj m+f* **1** Que não tem continência. **2** Imoderado. • *s m+f* Pessoa imoderada nos apetites sexuais. *Cf incontinenti.*

incontinenti (*nên*) (*lat*) *adv* Imediatamente; sem demora; sem interrupção; sem intervalo. *Cf incontinente.*

in.con.tor.ná.vel *adj m+f* Não contornável; que não se pode contornar. *Pl: incontornáveis.*

in.con.tro.lá.vel (*in+controlar+vel*) *adj m+f* Que não se pode controlar. *Pl: incontroláveis.*

in.con.ve.ni.ên.cia (*lat inconveniencia*) *sf* **1** Falta de conveniência. **2** Estado ou qualidade de inconveniente. **3** Incivilidade, grosseria, descortesia. **4** Incapacidade, incompetência.

in.con.ve.ni.en.te (*lat inconveniente*) *adj m+f* **1** Que não é conveniente, que não convém; impróprio; inoportuno. **2** Indecoroso. **3** Grosseiro. • *sm* **1** Desvantagem, prejuízo. **2** Embaraço, estorvo, obstáculo, transtorno, incômodo.

in.con.ver.sí.vel (*in+converso+vel*) *adj m+f* Que não se pode converter. *Pl: inconversíveis. Var: inconvertível.*

in.cor.po.rar (*lat incorporare*) *vtd* **1** Dar corpo ou forma corpórea a. *vtd* e *vtdi* **2** Unir em um só todo ou organização; reunir: *Incorporar associações, bancos, empresas* etc. *Incorporar novas palavras no dicionário. vpr* **3** Reunir-se, juntar-se: *Várias pessoas incorporaram-se à procissão. vtd* **4** *Espir* Receber entidade espiritual.

in.cor.pó.reo (*in+corpóreo*) *adj* Que não é corpóreo, que não tem corpo; imaterial, impalpável. *Var: incorporal.*

in.cor.re.ção (*in+correção*) *sf* **1** Falta de correção. **2** Qualidade de incorreto. **3** Ato incorreto. **4** Erro, defeito. *Pl: incorreções.*

in.cor.rer (*lat incurrere*) *vti* **1** Ficar compreendido, incluído; ficar sujeito a; incidir: "Amiúde reincidir no mesmo deslize" (Rui Barbosa). *vti* **2** Ficar sujeito à aplicação de: *Incorrer em multa. vtd* **3** Cometer; incidir em; cair em: "Terão incorrido o vício de arcaísmo?" (Rui Barbosa). *Conjug – Part: incorrido* e *incurso.*

in.cor.re.to (*lat incorrectu*) *adj* Que não é correto, em que não há correção.

in.cor.ri.gí.vel (*lat incorrigibile*) *adj m+f* **1** Que não é suscetível de correção, incapaz de emenda. **2** Reincidente no erro ou no crime. *Pl: incorrigíveis.*

in.cor.rup.tí.vel (*lat incorruptibile*) *adj m+f* **1** Que não é corruptível; que não se devia corromper. **2** Que não se deteriora. **3** Inalterável. **4** Íntegro, reto. **5** Que não se deixa subornar. *Pl: incorruptíveis. Var: incorrutível.*

in.cor.rup.to (*lat incorrupto*) *adj* Que não se corrompeu. *Var: incorruto.*

in.cre.du.li.da.de (*lat incredulitate*) *sf* **1** Falta de credulidade. **2** Qualidade de quem é incrédulo. **3** Disposição para não acreditar; falta de credo, falta de fé; ateísmo.

in.cré.du.lo (*lat incredulu*) *adj + sm* **1** Que, ou aquele que não é crédulo, que não crê, que não tem fé religiosa; ateu. **2** Que, ou aquele que não acredita, que está em dúvida. *Var: incréu.*

in.cre.men.ta.do (*de incrementar*) *adj* **1** Diz-se de algo a que se deu incremento; desenvolvido. **2** *gír* Ousado, avançado: *Roupa incrementada; festa incrementada.*

in.cre.men.tar (*incremento+ar*[1]) *vtd* **1** Dar incremento a, fomentar, aumentar: *Incrementar a instrução pública. vtd* **2** Realçar. *vpr* **3** Tornar-se mais elaborado ou sofisticado.

in.cre.men.to (*lat incrementu*) *sm* **1** Ato ou efeito de crescer, de aumentar. **2** Crescimento. **3** Aumento. **4** Desenvolvimento, progresso.

in.cri.mi.nar (*in+lat criminare*) *vtdi* **1** Atribuir um crime a; acusar: *Incriminou-o de fraude*. *vtd* **2** Considerar como crime: *Incriminemos a literatura pornográfica*.

in.crí.vel (*lat incredibile*) *adj m+f* **1** Que não se pode acreditar, que não merece crédito. **2** Extraordinário, inexplicável. **3** Excêntrico, singular. • *sm* Aquilo em que é difícil de acreditar. *Pl: incríveis*. *Var p us: incredível*.

in.crus.ta.ção (*lat incrustatione*) *sf* **1** Ato ou efeito de incrustar(-se). **2** Coisa incrustada. *Pl: incrustações*.

in.crus.tar (*lat incrustare*) *vtdi* e *vpr* **1** Cobrir(-se) de crosta, vestir(-se) ou revestir(-se) de uma camada mais ou menos espessa: *O tempo incrustara a laje de uma pátina. Incrustara-se de ferrugem*. *vtd* **2** Ornar com incrustações: *Incrustar um vaso, uma parede* etc. *vtdi* **3** Embutir, marchetar, inserir: *Incrustar pérolas e rubis no colar*. *vpr* **4** Fixar-se, arraigar-se, implantar-se fortemente: "Certos moluscos incrustam-se nos rochedos" (Laudelino Freire).

in.cu.ba.ção (*lat incubatione*) *sf* **1** *Zool* Ato ou efeito de incubar. **2** *Med* Tempo que vai da ocasião em que o paciente contrai uma doença infecciosa até sua manifestação. **3** Manutenção, por algum tempo, de crianças que nasceram prematuramente em temperatura mais ou menos igual à do organismo materno. **4** *fig* Preparação, elaboração, premeditação. *Pl: incubações*.

in.cu.ba.do.ra (*incubar+dor*, no *fem*) *sf* **1** *Med* Aparelho cuja temperatura é controlável, destinado a manter recém-nascidos prematuros ou muito fracos. **2** Aparelho para incubação artificial; chocadeira. *Var: incubadeira*.

in.cu.bar (*lat incubare*) *vtd* e *vint* **1** Chocar (ovos), natural ou artificialmente: *Incubava ovos de pata. A perua está incubando*. *vtd* **2** Ter em estado latente: *Incubar uma doença*. *vtd* **3** *fig* Elaborar, planejar, preparar: *Incubamos uma grande campanha cívica*.

in.cul.ca (*lat regressiva de inculcar*) *sf* **1** Ação ou efeito de inculcar. **2** Busca, pesquisa. *s m+f* Pessoa que inculca; inculcador.

in.cul.ca.dor (*lat inculcatore*) *adj + sm* Que, ou aquele que inculca, ou informa de alguma coisa.

in.cul.car (*lat inculcare*) *vtdi* **1** Indicar, propor ou recomendar elogiosamente: *Inculcou aos alunos bons livros*. *vtd* **2** Dar a entender, demonstrar, manifestar: *A pele bonita e a cor rosada inculcavam saúde e juventude*. *vtd* **3** Repetir muitas vezes para imprimir no espírito; repisar: *Temos de inculcar essas verdades*. *vtd* e *vtdi* **4** Aconselhar, insinuar, recomendar: *Inculcar medicamentos. Tentava inculcar-lhe boas maneiras*. *vtdi* e *vpr* **5** Insinuar (-se) ou impor(-se): *Inculcara ao diretor a dispensa do colega. Inculcou-se defensor dos oprimidos*.

in.cul.to (*lat incultu*) *adj* **1** Que não é cultivado, que não se cultiva (terreno). **2** *fig* Que não é culto; sem instrução. **3** Agreste, árido.

in.cum.bên.cia (*lat incumbentia*) *sf* **1** Ato ou efeito de incumbir. **2** Negócio que incumbe a alguém; encargo, missão.

in.cum.bir (*lat incumbere*) *vtdi* **1** Dar incumbência; encarregar: *Incumbiu a secretária de digitar seus artigos*. *vpr* **2** Encarregar-se: *O Sr. Aldo incumbiu-se do conserto*. *vti* **3** Estar a cargo, ser da obrigação ou do dever; caber, competir: *Isso incumbe a mim, não a ele*.

in.cu.rá.vel (*lat incurabile*) *adj m+f* **1** Que não é curável, que não tem cura. **2** Incorrigível, irremediável. *Pl: incuráveis*.

in.cur.são (*lat incursione*) *sf* **1** Penetração súbita em território inimigo. **2** Invasão. *Pl: incursões*.

in.cur.si.o.nar (*incursão+ar¹*) *vint* Penetrar em (área, território etc.).

in.cur.so (*lat incursu*) *adj* **1** Que incorreu, que se acha comprometido (em alguma culpa, penalidade etc.). **2** Abrangido por uma disposição legal. • *sm* **1** Ato ou efeito de incorrer. **2** Incursão. **3** Invasão.

in.cu.tir (*lat incutere*) *vtdi* **1** Fazer penetrar no espírito; infundir, introduzir: "Há meia hora que procuro incutir-lhe as verdades eternas, mas ele resiste" (Machado de Assis). *vtd* **2** Inspirar, sugerir, suscitar: *Ambiente tranquilo e austero, que incute místico recolhimento*.

in.da.ga.ção (*lat indagatione*) *sf* **1** Ato ou efeito de indagar. **2** Devassa, investigação, pesquisa. **3** *Dir* Inquirição. *Pl: indagações*.

in.da.gar (*lat indagare*) *vtd* **1** Averiguar, buscar saber, investigar, pesquisar: *Indagar a causa de um fenômeno*. *vti* e *vint* **2** Fazer indagações, proceder a averiguações: "Ninguém vai indagar da natureza dessa bagagem" (Júlio Ribeiro). "Indagamos acerca da situação política. ...não é bom tempo de atravessar o Atlântico, vou indagar" (Machado de Assis).

in.dé.bi.to (*lat indebitu*) *adj* **1** Que não é devido. **2** Que se pagou sem ser devido. **3** Imerecido.

in.de.cên.cia (*lat indecentia*) *sf* **1** Qualidade de indecente. **2** Ato ou dito indecente. **3** Inconveniência. **4** Obscenidade.

in.de.cen.te (*lat indecente*) *adj m+f* **1** Que não é decente. **2** Desonesto, inconveniente, indecoroso. • *s m+f* Pessoa que não é decente.

in.de.ci.frá.vel (*in+decifrável*) *adj m+f* **1** Que não se pode decifrar. **2** De difícil interpretação. **3** Inexplicável. *Pl: indecifráveis*.

in.de.ci.são (*in+decisão*) *sf* **1** Estado ou qualidade de indeciso. **2** Falta de decisão. **3** Hesitação, irresolução, perplexidade. **4** Imprecisão. *Pl: indecisões*.

in.de.ci.so (*in+lat decisu*) *adj* **1** Que não está decidido. **2** Hesitante, irresoluto. **3** Vago, incerto.

in.de.co.ro.so (*rô*) (*in+decoroso*) *adj* Que não é decoroso; escandaloso, vergonhoso. *Pl: indecorosos* (*ró*).

in.de.fec.tí.vel (*in+defectível*) *adj m+f* **1** Que não falha. **2** Que não se destrói; imperecível. *Pl: indefectíveis*.

in.de.fen.sá.vel (*in+defensável*) *adj m+f* Que não é defensável, que não tem ou não merece defesa. *Pl: indefensáveis. Var: indefendível, indefensível*.

in.de.fen.so (*lat indefensu*) *V indefeso*.

in.de.fe.rir (*in+deferir*) *vtd* **1** Despachar desfavoravelmente, não deferir: *Indeferir um requerimento*. **2** Desatender a. Conjuga-se como *ferir*.

in.de.fe.so (*fê*) (*lat indefesu*) *adj* **1** Que não é de-

indefesso / índice

fendido, que não tem defesa. **2** Desarmado, fraco. *Var: indefenso. Cf indefesso.*

in.de.fes.so (*fé*) (*in+defeso*) *adj* Infatigável, incansável. *Cf indefeso.*

in.de.fi.ni.ção (*in+definição*) *sf* Falta de definição; indecisão. *Pl: indefinições.*

in.de.fi.ni.do (*lat indefinitu*) *adj* Que não é definido; indeterminado, vago: *Pronome indefinido; cores indefinidas.* • *sm* Aquilo que é indefinido.

in.de.lé.vel (*lat indelebile*) *adj m+f* Que não se pode apagar, que não se pode destruir, que não desaparece, que dura; indestrutível. *Pl: indeléveis.*

in.de.li.ca.de.za (*in+delicadeza*) *sf* **1** Falta de delicadeza; grosseria. **2** Ação ou palavra indelicada.

in.de.li.ca.do (*in+delicado*) *adj* Que não é delicado; grosseiro, inconveniente, rude.

in.de.mons.trá.vel (*in+demonstrável*) *adj m+f* Que não se pode demonstrar. *Pl: indemonstráveis.*

in.de.ne (*lat indemne*) *adj m+f* **1** Que não sofreu perda ou dano. **2** Ileso, incólume.

in.de.ni.za.ção (*indenizar+ção*) *sf* Ato ou efeito de indenizar(-se). *Pl: indenizações.*

in.de.ni.zar (*indene+izar*) *vtd* e *vtdi* **1** Dar indenização ou reparação a; compensar, ressarcir: *O patrão despediu-o, mas indenizou-o. Indenizei-o dos prejuízos. vpr* **2** Ser indenizado, ressarcido; receber indenização ou compensação: *Indenizo--me do tempo perdido.*

in.de.pen.dên.cia (*in+dependência*) *sf* **1** Estado ou qualidade de independente. **2** Libertação, restituição ao estado livre; autonomia. **3** Caráter independente. **4** Meios de fortuna suficientes que permitem a uma pessoa viver independentemente: *Independência financeira.*

in.de.pen.den.te (*in+dependente*) *adj m+f* **1** Que não é dependente, que não depende de ninguém ou de nada; autônomo, livre. **2** Contrário à dependência ou às ideias de opressão. **3** Diz-se do país que não está politicamente subordinado a outro.

in.de.pen.den.ti.zar (*independente+izar*) *neol vtd* e *vpr* Tornar(-se) independente.

in.de.pen.der (*in+depender*) *vti* Não depender; não estar subordinado: *Isso independe de regulamentos.*

in.des.cri.tí.vel (*in+descrito+vel*) *adj m+f* Que não se pode descrever. *Pl: indescritíveis. Var pop: indescrevível.*

in.de.se.já.vel (*in+desejável*) *adj m+f* **1** Que não é desejável. **2** Que não se pode desejar. • *s m+f* **1** Indivíduo repelido por outrem por defeitos físicos ou morais. **2** Pessoa que, por suas ideias, tendências políticas ou antissociais, teve vetada sua entrada ou permanência em país, grupo social ou estabelecimento, por serem elas consideradas nocivas à coletividade. *Pl: indesejáveis.*

in.des.tru.tí.vel (*in+destrutível*) *adj m+f* **1** Que não se pode destruir. **2** Inalterável. **3** Firme. *Pl: indestrutíveis.*

in.de.ter.mi.na.ção (*in+determinação*) *sf* **1** Falta de determinação. **2** Qualidade do que é indeterminado. **3** Indecisão, irresolução. *Pl: indeterminações.*

in.de.ter.mi.na.do (*lat indeterminatu*) *adj* **1** Que não é determinado, ou fixado. **2** Incerto, vago, indefinido. **3** Indeciso. • *sm* O que não é determinado; aquilo que é vago ou indeciso.

in.de.ter.mi.nar (*in+determinar*) *vtd* **1** Tornar indeterminado. **2** Não determinar.

in.de.vi.do (*in+devido*) *adj* **1** Que não é devido. **2** Inconveniente. **3** Que não é merecido; imerecido. **4** Que não é próprio; impróprio.

ín.dex (*cs*) (*lat index*) *sm* **1** Índice de livro. **2** Catálogo dos livros cuja leitura era proibida pela Igreja Católica Romana. **3** O dedo indicador. • *adj m+f* Diz-se do dedo indicador. *Pl: índices.*

in.de.xa.ção (*cs*) (*indexar+ção*) *sf* **1** Ato ou efeito de indexar. **2** *Inform* Técnica de modificação de endereços frequentemente realizada por registradora de índices. **3** *Inform* Método de organização de dados de forma aleatória que permite recuperar a informação de um arquivo ou de uma tabela. **4** *Econ* Reajuste de certo valor tendo como base um índice de variação: *Indexação da economia. Pl: indexações.*

in.de.xar (*cs*) (*índex+ar*[1]) *vtd* **1** Ordenar em forma de índice. **2** *Econ* Ajustar um valor segundo um índice determinado.

in.di.a.nis.mo (*índio* ou *indiano+ismo*) *sm* **1** Ciência da língua e da civilização hindus. **2** Costume dos indianos ou dos índios. **3** *Lit* A literatura inspirada em temas da vida dos índios americanos.

in.di.a.no (*lat indianu*) *adj* Que pertence ou se refere à Índia (Ásia); hindu. • *sm* O habitante ou natural da Índia; hindu. *Var: índico.*

in.di.ca.ção (*lat indicatione*) *sf* **1** Ato de indicar. **2** Aquilo que indica; sinal indicativo. **3** Esclarecimento. **4** Preceito. *Pl: indicações.*

in.di.ca.dor (*baixo-lat indicatore*) *adj* Que indica, ou serve de indicação. • *sm* **1** Periódico, folheto ou livro que dá indicações práticas; guia. **2** Seção dos jornais com pequenos anúncios: *Indicador econômico.* **3** Dedo da mão situado entre o médio e o polegar; índex. **4** *Tip* Projeção em cartão de fichário, ou cavidade (unha) onde vai a letra, algarismo ou outro elemento de destaque, que serve de índice em determinadas publicações, tais como dicionários, guias etc. *Indicador de coluna, Inform:* num processador de texto, barra de *status* na base da tela que mostra em que coluna o cursor está posicionado. *Indicador do mouse, Inform:* pequena seta, exibida na tela, que se movimenta quando o *mouse* é movido.

in.di.car (*lat indicare*) *vtd* **1** Mostrar com o dedo ou por meio de algum sinal; apontar: *O engenheiro indicava, à direita, o ponto onde se devia fazer a escavação. vtdi* **2** Designar, sugerir: "Indicara ao senador Afonso Celso o meu nome para o seu ministério" (Rui Barbosa). *vtd* **3** Dar a conhecer, manifestar, revelar: *Essa atitude indica um caráter reto. vtd* **4** Significar, enunciar, mencionar: *Indiquei, de memória, os livros a serem comprados. vtdi* **5** Aconselhar, orientar: *Indiquei--lhe o que devia fazer. vtd* **6** Prescrever, receitar: *O médico indicou um antibiótico.*

in.di.ca.ti.vo (*lat indicativu*) *adj* **1** Que indica, que mostra, que serve para indicar. **2** Sinal. • *adj + sm Gram* Diz-se do, ou o modo em que os verbos exprimem o estado ou a ação certos ou reais.

ín.di.ce (*lat indice*) *sm* **1** Lista detalhada dos assuntos, nomes de pessoas, nomes geográficos, acontecimentos etc., com a indicação de sua localização no texto. **2** Catálogo. **3** Relação alfabética. **4** Sinal distintivo que se dá a uma letra quando se emprega num mesmo cálculo para representar muitas grandezas semelhantes. **5** Indicador. **6** Ponteiro. **7** *V índex* (acepção 3). **8** Aquilo que denota alguma qualidade: *O jogo apresentou bom índice técnico.*

in.di.ci.a.do (*part* de *indiciar*) *adj* Notado por indícios. • *sm Dir* Pessoa sobre a qual recaem indícios de um crime.

in.di.ci.ar (*indício+ar*¹) *vtd* **1** Dar indícios de: *Nuvens negras indiciavam chuva.* **2** Denunciar, acusar: "Indiciou mais de quarenta indivíduos" (Cândido de Figueiredo). **3** *Dir* Declarar ou considerar capaz de ser pronunciado em processo criminal: "As leis recusaram indiciá-lo sem nenhuma prova" (Camilo Castelo Branco).

in.dí.cio (*lat indiciu*) *sm* **1** Vestígio, sinal. **2** Indicação. **3** *Dir* Sinal ou fato que deixa entrever alguma coisa que possa constituir o princípio de prova: *Indício de um crime.*

in.di.fe.ren.ça (*lat indifferentia*) *sf* **1** Qualidade de indiferente. **2** Desatenção, frieza. **3** Desinteresse, negligência, apatia.

in.di.fe.ren.te (*lat indifferente*) *adj m+f* **1** Que manifesta indiferença. **2** Que não apresenta motivos de preferência. **3** Que não é bom nem mau. • *s m+f* **1** Pessoa que se desinteressa de qualquer religião ou de qualquer sistema político. **2** Pessoa que quebrou relações de amizade com outrem. **3** Pessoa que não tem amizade nem ódio a outra.

in.dí.ge.na (*lat indigena*) *s m+f* Pessoa natural do país em que habita; aborígine, autóctone. • *adj m+f* Originário ou próprio de um país ou de uma localidade; aborígine, autóctone. *Antôn: alienígena.*

in.di.gên.cia (*lat indigentia*) *sf* **1** Falta do que é indispensável à vida. **2** Os indigentes. **3** Privação. **4** Pobreza extrema.

in.di.gen.te (*lat indigente*) *adj m+f* Extremamente pobre. • *s m+f* Pessoa que vive em extrema miséria.

in.di.ges.tão (*lat indigestione*) *sf* **1** Falta ou deficiência de digestão. **2** *pop* Perturbação digestiva proveniente do excesso ou má qualidade dos alimentos e que sobrévem pouco tempo depois da ingestão destes. *Pl: indigestões.*

in.di.ges.to (*lat indigestu*) *adj* **1** Que não se digeriu. **2** Que é de difícil digestão. **3** *fig* Confuso, desordenado. **4** *fig* Enfadonho, maçador.

in.dig.na.ção (*lat indignatione*) *sf* **1** Ato de indignar(-se). **2** Estado de desprezo ou cólera inspirado pelo que é indigno. **3** Aversão. **4** Repulsão. *Pl: indignações.*

in.dig.nar (*lat indignari*) *vtd* **1** Causar indignação a; indispor, revoltar: *A injustiça indignou-o. vpr* **2** Sentir indignação, irar-se, revoltar-se: "Ouvindo isto os outros dez discípulos começaram a indignar-se contra Tiago e João" (Evangelho segundo São Marcos, 10, 41 – tradução do Padre Matos Soares).

in.dig.ni.da.de (*lat indignitate*) *sf* **1** Qualidade ou modo de ser de uma pessoa indigna. **2** Ultraje, afronta, falta de dignidade.

in.dig.no (*lat indignu*) *adj* **1** Que não é digno. **2** Desprezível, vil. **3** Torpe, baixo. **4** Que não merece. **5** Incapaz. • *sm* Indivíduo indigno, vil, desprezível.

ín.di.go (*lat indicu*) *sm* **1** Substância corante que serve para tingir de azul; anil. **2** *Bot* Planta que fornece índigo; anileira. *Var: indigueiro.*

ín.dio¹ (de *Índia, np*) *adj + sm* **1** *V indiano.* **2** Aborígine da América. • *sm* **1** *Reg* (RS) Termo empregado em sentido afetivo ou entusiástico, mas também em casos de desagrado, para homens empregados de estâncias; peão. **2** *Reg* (RJ) Espécie de papagaio de papel.

ín.dio² *sm Quím* Elemento metálico branco-prateado, maleável, mole, semelhante ao alumínio e ao gálio, de número atômico 49 e símbolo In. *Var: índium.*

in.di.re.ta (*fem* de *indireto*) *sf Bras* Alusão disfarçada, não explícita, feita por censura, escárnio ou malícia: *Pare de dar indiretas!*

in.di.re.to (*lat indirectu*) *adj* **1** Que não é direto, que não segue o meio ou o caminho direto; oblíquo. **2** Que não é franco. **3** Dissimulado, disfarçado. **4** *Gram* Qualificativo do objeto que se prende ao verbo por intermédio de preposição.

in.dis.ci.pli.na (*baixo-lat indisciplina*) *sf* **1** Falta de disciplina. **2** Ato ou dito contrário à disciplina. **3** Desobediência, desordem, rebelião.

in.dis.ci.pli.na.do (*part* de *indisciplinar*) *adj* **1** Que não tem disciplina. **2** Revoltoso, rebelde, insubordinado. • *sm* Indivíduo que não observa a disciplina; desordeiro, rebelde.

in.dis.cre.to (*lat indiscretu*) *adj* **1** Que não é discreto, que não tem discrição. **2** Leviano. **3** Que procura saber os segredos dos outros; mexeriqueiro. **4** Que fala sem recato. **5** Tagarela, palrador. • *sm* Indivíduo que não tem discrição.

in.dis.cri.ção (*lat indiscretione*) *sf* **1** Qualidade de indiscreto. **2** Falta de discrição. **3** Ato ou dito indiscreto. *Pl: indiscrições.*

in.dis.cri.mi.na.ção (*in+discriminação*) *sf* Ausência ou falta de discriminação. *Pl: indiscriminações.*

in.dis.cri.mi.na.do (*in+discriminado*) *adj* Não discriminado.

in.dis.cu.tí.vel (*in+discutível*) *adj m+f* **1** Que não se pode discutir; incontestável. **2** Que não merece discussão. *Pl: indiscutíveis.*

in.dis.far.çá.vel (*in+disfarçavel*) *adj m+f* **1** Que não é disfarçável; que não pode ser dissimulado. *Pl: indisfarçáveis.*

in.dis.pen.sá.vel (*in+dispensável*) *adj m+f* Que não se pode dispensar; preciso, necessário. • *sm* O que é absolutamente necessário. *Pl: indispensáveis.*

in.dis.po.ní.vel (*in+disponível*) *adj m+f* Que não é disponível; que não se pode dispor. *Pl: indisponíveis.*

in.dis.por (*in+dispor*) *vtd* **1** Alterar a boa disposição de. *vtd* **2** Causar indisposição física (mal-estar) em: *Refeição indigesta o indispunha. vtdi* e *vpr* **3** Inimizar(-se), malquistar(-se): *Indispusera-o com* (ou *contra*) *os vizinhos. Indispunha-se com todo mundo. vtd* e *vpr* **4** Descontentar(-se), irritar(-se), zangar(-se): *Indispôs um colega. Espero que você não se indisponha comigo.* Conjuga-se como *pôr*.

in.dis.po.si.ção (*in+disposição*) *sf* **1** Falta de disposição. **2** Ligeira perturbação das funções orgânicas: *Indisposição estomacal.* **3** Incômodo. **4** Desorganização. **5** Zanga, conflito, inimizade. *Pl: indisposições.*

in.dis.pos.to (ô) (*lat indispositu*) *adj* **1** Que não é disposto; mal colocado. **2** Que sente leve enfermidade ou algum mal passageiro. **3** Incomodado. **4** Agastado (com alguém), irritado, mal-humorado. *Pl: indispostos* (ó).
in.dis.so.ci.a.bi.li.da.de (*in+dissociabilidade*) *sf* Qualidade de indissociável.
in.dis.so.ci.á.vel (*in+dissociável*) *adj m+f* Que não se pode dissociar. *Pl: indissociáveis.*
in.dis.so.lú.vel (*lat indissolubile*) *adj m+f* **1** Que não é dissolúvel, que não se pode dissolver. **2** Que não se pode desfazer ou desligar. *Pl: indissolúveis.*
in.di.vi.du.al (*lat med individuale*) *adj m+f* **1** Que se refere a indivíduo ou a indivíduos. **2** Feito por uma só pessoa; pessoal. **3** Que se refere a uma só pessoa; particular. **4** *Esp* Diz-se de treino ou ensaio que consta somente de exercícios ginásticos. *Pl: individuais.*
in.di.vi.du.a.li.da.de (*individual+i+dade*) *sf* **1** O que constitui o indivíduo. **2** Conjunto das qualidades que caracterizam um indivíduo; personalidade.
in.di.vi.du.a.lis.mo (*individual+ismo*) *sm* **1** Posição de espírito oposta à solidariedade; egoísmo; egocentrismo. **2** A capacidade de poder existir separadamente. **3** Existência individual. **4** Teoria que faz prevalecer o direito individual sobre o coletivo.
in.di.vi.du.a.lis.ta (*individual+ista*) *adj m+f* **1** Que se refere ao individualismo. **2** *fig* Egoísta; egocêntrico. • *s m+f* **1** Partidário do individualismo. **2** *fig* Pessoa egoísta; egocêntrica.
in.di.vi.du.a.li.za.ção (*individualizar+ção*) *sf* Ato ou efeito de individualizar; particularização.
in.di.vi.du.a.li.zar (*individual+izar*) *vtd* **1** Considerar individualmente; separar, abstrair da espécie: *Afastemos tais tipos do conjunto; individualizemo-los*. *vtd* e *vpr* **2** Tornar(-se) individual; caracterizar(-se), distinguir(-se): "Circunstâncias que... sempre conspiram para individualizar a índole de cada povo" (Latino Coelho). "Diferencia-se (a língua portuguesa), toma consciência de si mesma, individualiza-se" (Ernesto Carneiro Ribeiro).
in.di.vi.du.ar (*indivíduo+ar¹*) *vtd* **1** Expor, narrar minuciosamente; especificar. *vtd* e *vpr* **2** Individualizar(-se). *Conjug – Pres indic: individuo(ú), individuas(dú)* etc. *Cf indivíduo.*
in.di.ví.duo (*lat individuu*) *adj* Que não se divide. • *sm* **1** Pessoa considerada isoladamente em relação a uma coletividade. **2** *Sociol* Ser biológico. **3** *Biol* Organismo singular ou simples, capaz de existência independente. **4** Ser particular de cada espécie. **5** *pop* Pessoa qualquer; sujeito, cidadão. **6** *deprec* Homem desprezível, reles.
in.di.vi.sí.vel (*lat indivisibile*) *adj m+f* Que não é divisível, que não se pode separar ou dividir. • *sm* Partícula mínima. *Pl: indivisíveis.*
in.di.zí.vel (*in+dizer+vel*) *adj m+f* **1** Que não se pode dizer ou exprimir. **2** Extraordinário, incrível. *Pl: indizíveis.*
in.do (*lat Indu*) *sm Ling* Grupo de línguas indo-europeias da Ásia; indo-iraniano. Exemplos do indo: sânscrito, hindi, bengali, guzerate. Exemplos do iraniano: persa antigo e moderno, curdo.
in.dó.cil (*lat indocile*) *adj m+f* **1** Que não é dócil; incorrigível, indomável. **2** Pouco meigo. *Pl: indóceis.*
in.do-eu.ro.peu *adj* **1** Que se refere à Índia e à Europa. **2** Diz-se da grande família de línguas que se estende por quase toda a Europa e parte da Ásia, particularmente o Irã e parte da Índia. A essa família pertencem grandes línguas culturais, como o sânscrito, o grego e o latim. • *sm* Indivíduo de povo cuja língua pertence à família indo-europeia. *Fem: indo-europeia. Pl: indo-europeus.*
ín.do.le (*lat indole*) *sf* **1** Caráter. **2** Disposição, gênio. **3** Temperamento. **4** Tendência especial.
in.do.lên.cia (*lat indolentia*) *sf* **1** Qualidade de indolente. **2** Preguiça, ociosidade. **3** Negligência.
in.do.len.te (*lat indolente*) *adj m+f* **1** Negligente, apático, desleixado, descuidado. **2** Sem atividade; ocioso; preguiçoso.
in.do.lor (*in+lat dolor*) *adj m+f* **1** Que não dói. **2** Que não causa dor.
in.do.má.vel (*lat indomabile*) *adj m+f* **1** Que não é domável; indômito. **2** Invencível, inconquistável. *Pl: indomáveis.*
in.dô.mi.to (*lat indomitu*) *adj* **1** Que não é vencido; indomável. **2** Arrogante, altivo, soberbo.
in.do.né.sio (do *top Indonésia*) *adj* **1** Da Indonésia (Ásia). **2** Que se refere aos indonésios (habitantes da Indonésia, Filipinas, Java etc.). • *sm* **1** O natural ou habitante da Indonésia. **2** *Ling* Subgrupo da família linguística malaio-polinésia. Fazem parte do indonésio: malaio, javanês, sudanês, madurês, tagalo e malgaxe.
in.du.bi.tá.vel (*lat indubitabile*) *adj m+f* **1** Que não pode ser posto em dúvida. **2** Que não oferece dúvida; certo, incontestável. *Pl: indubitáveis.*
in.du.ção (*lat inductione*) *sf* **1** Ato ou efeito de induzir. **2** Raciocínio em que de fatos particulares se tira uma conclusão genérica; generalização. *Pl: induções.*
in.dul.gên.cia (*lat indulgentia*) *sf* **1** Qualidade de indulgente. **2** Clemência. **3** Tolerância. **4** Perdão. **5** *Teol* Perdão total ou parcial das penas relativas aos pecados.
in.dul.gen.ci.ar (*indulgência+ar¹*) *vtd* **1** Tratar com indulgência. **2** Indultar, perdoar. *Conjug – Pres indic: indulgencio, indulgencias (cí)* etc. *Cf indulgência.*
in.dul.gen.te (*lat indulgente*) *adj* **1** Que revela indulgência. **2** Que tem disposição para desculpar ou perdoar. **3** Clemente. **4** Tolerante. **5** Que perdoa.
in.dul.tar (*indulto+ar¹*) *vtd* **1** Conceder indulto a. **2** Perdoar ou atenuar a pena que foi imposta a.
in.dul.to (*lat indultu*) *sm* **1** Redução ou comutação de pena. **2** Anistia; perdão coletivo. **3** Perdão, remissão, indulgência.
in.du.men.tá.ria (de *indumentário*) *sf* **1** História ou arte do vestuário. **2** Sistema do vestuário em relação a certas épocas ou povos. **3** Traje, veste, vestuário.
in.dús.tria (*lat industria*) *sf* **1** Aptidão ou destreza com que se executa um trabalho manual; habilidade para fazer alguma coisa. **2** Arte, ofício, profissão mecânica ou mercantil. **3** *fig* Engenho, invenção, artimanha, astúcia. **4** *Econ* A produção de mercadorias que abrange a extração de pro-

dutos naturais até a sua transformação em bens de consumo ou de produção. **5** O conjunto das empresas industriais. **6** Fábrica, usina. *Indústria de ponta, Econ:* empresa ou setor industrial que realiza a montagem final de um conjunto de peças fornecidas por outras fábricas.

in.dus.tri.al (*indústria+al¹*) *adj m+f* **1** Que pertence ou se refere à indústria. **2** Que procede da indústria. **3** Que se ocupa da indústria: *Parque industrial*. • *s m+f* Pessoa que tem ou exerce uma indústria qualquer. *Pl: industriais.*

in.dus.tri.a.li.zar (*industrial+izar*) *vtd* **1** Dar caráter de industrial a, tornar industrial (transformar matérias-primas em bens de consumo ou de produção). *vpr* **2** Tornar-se industrial: *Esse país está se industrializando.*

in.dus.tri.a.li.zá.vel (*industrializar+vel*) *adj m+f* Que pode ser industrializado. *Pl: industrializáveis.*

in.dus.tri.á.rio (*indústria+ário*) *adj + sm* Que, ou o que trabalha em qualquer indústria como empregado.

in.du.ti.vo (*lat inductivo*) *adj* **1** Que induz, ou procede por indução. **2** Que respeita, que leva à indução.

in.du.zir (*lat inducere*) *vtdi* **1** Persuadir à prática de alguma coisa; aconselhar, instigar: *Induziu os colegas a faltarem às aulas*. *vtd* **2** Causar, incutir, inspirar: *Induzir respeito*. *vtdi* **3** Mover, arrastar, obrigar: *Agitadores induziam as turbas à revolta. Induziram-no para o mal. vtd e vint* **4** Inferir, concluir; raciocinar por indução: *Induziu apenas uma explicação discutível. Era assim que o mestre induzia*. Conjuga-se como *reduzir*.

i.ne.bri.ar (*lat inebriare*) *vtd e vpr* **1** Embebedar (-se), embriagar(-se): "Irene ia, aos poucos, ...inebriando-se ou o seu almíscar estonteante" (Coelho Neto). "Inebriar-se com finos licores" (Francisco Fernandes). **2** Deliciar(-se), embevecer(-se), extasiar(-se): "Os deleites acudiam de tropel a inebriá-la em inefáveis venturas" (Mário Barreto). *Inebriam-se com suas músicas prediletas.*

i.ne.di.tis.mo (*inédito+ismo*) *sm* Qualidade de inédito.

i.né.di.to (*lat ineditu*) *adj* **1** Que não foi publicado ou impresso: *Obra inédita*. **2** Aplica-se ao autor cujas composições nunca foram publicadas. **3** *fig* Fora do comum, nunca visto, original. • *sm* Obra ainda não publicada; escrito ainda não impresso: *Os inéditos da nossa literatura contemporânea.*

i.ne.fá.vel (*lat ineffabile*) *adj m+f* Que não se pode exprimir por palavras. *Pl: inefáveis.*

i.ne.fi.cá.cia (*baixo-lat inefficacia*) *sf* Qualidade de ineficaz; inutilidade; ineficiência.

i.ne.fi.caz (*lat inefficax*) *adj m+f* **1** Que não é eficaz, que não dá resultado. **2** Impróprio, inconveniente. **3** Que é inútil. *Sup abs sint: ineficacíssimo.*

i.ne.fi.ci.ên.cia (*in+eficiência*) *sf* Falta de eficiência.

i.ne.fi.ci.en.te (*in+eficiente*) *adj m+f* Que não é eficiente; ineficaz.

i.ne.gá.vel (*in+negável*) *adj m+f* Que não se pode negar; evidente, claro, incontestável. *Pl: inegáveis.*

i.ne.le.gí.vel (*in+elegível*) *adj m+f* Que não é elegível. *Pl: inelegíveis.*

i.ne.nar.rá.vel (*lat inenarrabile*) *adj m+f* Que não se pode narrar; indizível. *Pl: inenarráveis.*

i.nép.cia (*lat ineptia*) *sf* **1** Falta de aptidão. **2** Inabilidade, incapacidade. **3** Escassez de inteligência.

i.nep.to (*lat ineptu*) *adj* **1** Que não é apto. **2** Que não é inteligente. **3** Sem jeito, incapaz.

i.ne.quí.vo.co (*in+equívoco*) *adj* **1** Em que não há equívoco. **2** Que não é duvidoso. **3** Evidente, claro.

i.nér.cia (*lat inertia*) *sf* **1** *Fís* Propriedade que têm os corpos de não modificar por si próprios o seu estado de repouso ou de movimento. **2** Falta de ação, falta de atividade. **3** Preguiça, indolência, torpor, letargia. **4** Incapacidade.

i.ne.ren.te (*lat inhaerente*) *adj m+f* Que por natureza é inseparável de alguma coisa; inseparável, imanente.

i.ner.me (*lat inerme*) *adj m+f* Desarmado; sem meios de defesa.

i.ner.te (*lat inerte*) *adj m+f* **1** Que tem inércia. **2** Que produz inércia. **3** Que não é dotado de atividade. **4** Sem ação. **5** *Quím* Que não é facilmente modificado por ação química.

i.nes.cru.pu.lo.so (*ô*) (*in+escrupuloso*) *adj* **1** Que não tem escrúpulos; que não é escrupuloso. **2** Que não hesita em lançar mão de meios desonestos ou desleais. **3** Que não é meticuloso. *Pl: inescrupulosos* (*ó*).

i.nes.go.tá.vel (*in+esgotável*) *adj m+f* **1** Que não se pode esgotar. **2** Muito abundante. *Pl: inesgotáveis.*

i.nes.pe.ra.do (*in+esperado*) *adj* **1** Que não é esperado. **2** Imprevisto, repentino.

i.nes.que.cí.vel (*in+esquecível*) *adj m+f* Que não se pode esquecer; inolvidável. *Pl: inesquecíveis.*

i.nes.ti.má.vel (*lat inaestimabile*) *adj m+f* **1** Que não se pode estimar ou avaliar. **2** Que tem valor enorme; incalculável. **3** Que é tido em grande apreço. *Pl: inestimáveis.*

i.ne.vi.tá.vel (*lat inevitabile*) *adj m+f* Que não se pode evitar. **2** Necessário. **3** Fatal. *Pl: inevitáveis.*

i.ne.xe.cu.tá.vel (*in+executar+vel*) *adj m+f* Inexequível. *Pl: inexecutáveis.*

i.ne.xe.quí.vel (*qwi*) (*in+exequível*) *adj m+f* Que não se pode executar; irrealizável. *Pl: inexequíveis. Sin: inexecutável.*

i.ne.xis.ten.te (*lat inexistente*) *adj m+f* Que não existe.

i.ne.xis.tir (*in+existir*) *vint* Não existir.

i.ne.xo.rá.vel (*z*) (*lat inexorabile*) *adj m+f* **1** Que não se deixa rogar. **2** Que não se move à compaixão. **3** Implacável, rígido, inflexível, austero. *Pl: inexoráveis.*

i.nex.pe.ri.ên.cia (*lat inexperientia*) *sf* **1** Qualidade de quem é inexperiente. **2** Falta de experiência.

i.nex.pe.ri.en.te (*baixo-lat inexperiente*) *adj m+f* **1** Que não é experiente. **2** Ingênuo; inocente. **3** Estranho. *Sin: inexperto.*

i.nex.pli.cá.vel (*lat inexplicabile*) *adj m+f* **1** Que não se pode explicar. **2** Estranho, incompreensível, extraordinário, extravagante, singular. **3** Indizível, inexprimível, obscuro. *Pl: inexplicáveis.*

i.nex.pres.si.vo (*in+expressivo*) *adj* Que não é expressivo; sem expressão.

i.nex.pug.ná.vel (*lat inexpugnabile*) *adj m+f* Invencível, inconquistável; que não se pode vencer ou conquistar pela força das armas. *Pl: inexpugnáveis.*

i.nex.tri.cá.vel (*lat inextricabile*) *adj m+f* **1** Emaranhado. **2** *fig* Que não se pode esclarecer ou discriminar. *Pl: inextricáveis.*

in.fac.tí.vel (*in+factível*) *adj m+f* **1** Que não é factível, que não se pode fazer. **2** Que não pode acontecer. **3** Irrealizável, inexequível. *Pl: infactíveis.*

in.fa.lí.vel (*lat infallibile*) *adj m+f* **1** Que não pode falhar. **2** Que não pode errar em matéria de fé. **3** Que nunca se engana. **4** Que não pode deixar de acontecer. **5** Inevitável. **6** Fatal. *Pl: infalíveis.*

in.fa.mar (*lat infamare*) *vtd* e *vint* **1** Atribuir infâmias a. *vtd* **2** Manchar a honra ou a reputação de; desacreditar, difamar. *vtd* **3** Tornar ou fazer desacreditado. *vpr* **4** Desacreditar-se, desonrar-se com a sua própria infâmia.

in.fa.me (*lat infame*) *adj m+f* **1** Que tem má fama. **2** Infamado, desacreditado. **3** Vil, abjeto. **4** Torpe. • *s m+f* Pessoa que pratica atos abjetos. *Sup abs sint: infamíssimo* e *(pop) infamérrimo.*

in.fâ.mia (*lat infamia*) *sf* **1** Ato ou dito infame. **2** Ação vergonhosa. **3** Perda da fama ou do crédito. **4** Vergonha, torpeza. *Infâmia de direito:* a que a lei faz recair sobre quem comete certos delitos. *Infâmia de fato:* a que é consequência de ação infame.

in.fân.cia (*lat infantia*) *sf* **1** Período da vida, no ser humano, que vai desde o nascimento até a adolescência; meninice. **2** As crianças em geral. **3** *fig* Primeiro período da existência de uma sociedade ou de uma instituição. **4** O começo da existência de alguma coisa.

in.fan.ta *sf* Feminino de *infante.*

in.fan.ta.ri.a (*ital infanteria*) *sf* Mil Parte do exército que faz serviço a pé, excetuando-se os caçadores.

in.fan.te (*lat infante*) *adj m+f* **1** Pertencente ou relativo à infância. **2** Que está na infância. • *s m+f* **1** Filho ou filha de rei de Portugal ou da Espanha, mas não herdeiros da coroa. **2** Irmão ou irmã de príncipe herdeiro ou rei.

in.fan.ti.cí.dio (*lat infanticidiu*) *sm* Morte dada a uma criança, principalmente recém-nascida.

in.fan.til (*lat infantile*) *adj* **1** Que diz respeito à criança. **2** Próprio de crianças. **3** Ingênuo, inocente.

in.fan.to.ju.ve.nil *adj m+f* **1** Referente à infância e à juventude. **2** Próprio da idade entre essas duas fases.

in.far.te (de *infartar*) *V enfarte.*

in.far.to (*lat cient infarctu*) *V enfarte. Var: enfarto, infarto.*

in.fa.ti.gá.vel (*lat infatigabile*) *adj m+f* **1** Que não é fatigável, que não se cansa. **2** Desvelado. **3** Zeloso. *Pl: infatigáveis.*

in.faus.to (*lat infaustu*) *adj* **1** Que não é fausto. **2** Infeliz. **3** Aziago, de mau agouro.

in.fec.ção (*lat infectione*) *sf* **1** Ato ou efeito de infeccionar. **2** *Med* Ação exercida no organismo por agentes patogênicos (bactérias, vírus, fungos e protozoários). **3** Corrupção, contágio moral. *Pl: infecções.*

in.fec.ci.o.nar (*lat infectione+ar*[1]) *vtd* **1** Provocar infecção em; contaminar. *vpr* **2** Contaminar-se. *vtd* **3** *fig* Corromper, perverter.

in.fec.ci.o.so (*ô*) (*lat infecti(one)+oso*) *adj Med* **1** Que produz infecção. **2** Que resulta de infecção. *Pl: infecciosos (ó).*

in.fec.ta.do (*part* de *infectar*) *adj* Que sofreu infecção; contagiado.

in.fec.tar (*infeto+ar*[1]) *vtd* e *vpr* **1** *V infeccionar.* **2** Corromper-se moralmente. *Var: infetar.*

in.fec.to (*lat infectu*) *adj* **1** Que tem infecção. **2** Pestilento. **3** Que lança mau cheiro. **4** Contra a moral; repugnante. *Var: infeto.*

in.fec.to.con.ta.gi.o.so (*ô*) *adj Med* Que produz infecção e se propaga pelo contágio. *Fem: infectocontagiosa. Pl: infectocontagiosos (ó).*

in.fe.cun.do (*lat infecundu*) *adj* **1** Que não é fecundo; estéril. **2** *fig* Improdutivo.

in.fe.li.ci.da.de (*lat infelicitate*) *sf* **1** Falta de felicidade. **2** Desdita, desgraça, desventura, infortúnio.

in.fe.liz (*lat infelice*) *adj m+f* **1** Desafortunado, desditoso, desgraçado, infausto, mal-aventurado. **2** Desastrado. **3** Que teve mau êxito. • *s m+f* Pessoa desgraçada, mal-aventurada. *Sup abs sint: infelicíssimo.*

in.fen.so (*lat infensu*) *adj* **1** Contrário, inimigo. **2** Irado, irritado.

in.fe.rên.cia (*inferir+ência*) *sf* **1** Ato ou efeito de inferir. **2** Conclusão, indução.

in.fe.ri.or (*lat inferiore*) *adj* **1** Que está abaixo ou para baixo. **2** Que é de categoria subordinada a outro. **3** Que tem pouco valor. **4** *Dir* Diz-se do tribunal de cuja sentença se pode apelar. • *sm* **1** Aquele que está abaixo de outro em categoria ou dignidade, ou vale menos. **2** O que ocupa lugar mais baixo na escala zoológica, ou cuja organização é menos complicada. *Animais inferiores, Zool:* os invertebrados. *Membro inferior, Anat:* cada um dos conjuntos de coxa, perna e pé.

in.fe.ri.o.ri.da.de (*inferior+i+dade*) *sf* **1** Estado ou qualidade de inferior. **2** Desvantagem.

in.fe.ri.o.ri.zar (*inferior+izar*) *vtd* e *vpr* **1** Tornar(-se) ou considerar(-se) inferior. *vtd* **2** *fig* Rebaixar, abater, diminuir.

in.fe.rir (*lat inferre*) *vtd* Deduzir por meio de raciocínio, tirar por conclusão ou consequência. Conjuga-se como *ferir.*

in.fer.nal (*lat infernale*) *adj m+f* **1** Pertencente ou relativo ao inferno. **2** Horrendo, terrível. **3** Furioso. **4** Atroz. **5** Desordenado, tumultuoso. **6** Atormentador, horripilante. **7** *gír* Excelente, extraordinário. *Pl: infernais.*

in.fer.ni.nho (*dim* de *inferno*) *sm pop* Designação de certas boates, menos refinadas.

in.fer.no (*lat infernu*) *sm* **1** *Mit gr* e *rom* Lugar subterrâneo em que habitavam as almas dos mortos. **2** Segundo o cristianismo, lugar destinado ao suplício das almas dos condenados e onde habitam os demônios. **3** Os demônios. **4** *fig* Tormento, martírio atroz. **5** Poço onde cai a água depois de mover a roda do moinho ou monjolo. **6** *fig* Desordem. **7** *fig* Lugar ou vida de desordem ou confusão. **8** *fig* Desassossego, inquietação. *Inferno verde:* a floresta amazônica.

in.fes.ta.ção (*lat infestatione*) *sf* **1** Ato ou efeito de infestar. **2** *Med* Penetração de parasitos macroscópicos (helmintos e artrópodes) no organismo humano, em oposição à *infecção*, que é causada por micro-organismos. *Pl: infestações.*

in.fes.tar (*lat infestare*) *vtd* **1** Assolar, devastar (campos, costas, mares); frequentar com incursões; percorrer hostilmente: *Os piratas infestavam os mares*. **2** Causar muito dano a, fazer grandes estragos em: *Uma praga desconhecida infestou a plantação*. **3** Existir em grande quantidade em; abundar: *Baratas infestaram sua casa*.

in.fi.de.li.da.de (*lat infidelitate*) *sf* **1** Qualidade de infiel. **2** Traição. **3** Falta de exatidão ou de verdade. **4** Falta de crença religiosa. **5** Conjunto dos descrentes ou infiéis. **6** *Dir* Transgressão da fé matrimonial, ou do dever de fidelidade, comum aos cônjuges.

in.fi.el (*lat infidele*) *adj m+f* **1** Que não é fiel. **2** Desleal. **3** Traidor. **4** Pérfido. **5** Que carece de exatidão. **6** Que não exprime a verdade. **7** Que não professa a religião tida por verdadeira. • *s m+f* **1** Pessoa infiel, que falta aos seus compromissos, à fé prometida ou devida. **2** Pessoa que não professa religiosamente a fé cristã tida como única verdadeira. **3** Pagão. **4** Idólatra. *Sup abs sint*: *infidelíssimo*. *Pl*: *infiéis*.

in.fil.trar (*in+filtrar*) *vtd* **1** Penetrar como através de um filtro. *vpr* **2** Penetrar através dos poros ou fendas de um corpo sólido. *vtd* **3** Fazer penetrar por canais imperceptíveis; impregnar, instilar: *Infiltrar água nas plantas*. *vtd* e *vpr* **4** *fig* Insinuar(-se), introduzir(-se) lentamente. *vpr* **5** Embeber-se, impregnar-se.

ín.fi.mo (*lat infimu*) *adj* **1** O mais baixo. **2** Que ocupa o último lugar. **3** Que está na parte mais baixa. **4** Inferior.

in.fi.ni.da.de (*lat infinitate*) *sf* **1** Qualidade do que é infinito. **2** Grande quantidade; abundância.

in.fi.ni.te.si.mal (*infinitésimo+al¹*) *adj m+f Mat* **1** Referente a uma quantidade infinitamente pequena. **2** Diz-se da parte da matemática que trata do cálculo diferencial e do integral. *Pl*: *infinitesimais*.

in.fi.ni.ti.vo (*lat infinitivu*) *adj Gram* Qualificativo da forma nominal dos verbos que exprime o estado ou ação sem designar número nem pessoa, caracterizada pela terminação conforme a conjugação (-ar, -er, -ir). • *sm Gram* Essa forma nominal. *Infinitivo impessoal*: forma não flexional do presente do infinitivo. *Infinitivo pessoal*: forma do presente do infinitivo, com flexão de todas as pessoas.

in.fi.ni.to (*lat infinitu*) *adj* **1** Que não é finito, que não tem limites nem medida. **2** Sem fim, eterno. **3** Muito grande em extensão, em duração, em intensidade. **4** Inumerável. **5** *Gram V infinitivo*. • *sm* **1** O que não tem limites; o absoluto. **2** A ideia das coisas infinitas. **3** *Gram V infinitivo*. *Ao infinito*: interminavelmente; sem nunca acabar; sem fim.

in.fla.ção (*lat inflatione*) *sf* **1** Ato ou efeito de inflar(-se). **2** Inchação, intumescência. **3** Soberba, vaidade, presunção. **4** *Econ polít* Emissão excessiva de papel-moeda, provocando a redução do valor real de uma moeda em relação a determinado padrão monetário estável ou ao ouro. **5** Aumento dos níveis de preços. **6** Carestia resultante desses desequilíbrios. *Antôn* (acepções 4, 5 e 6): *deflação*. *Pl*: *inflações*.

in.fla.ci.o.nar (*inflação+ar¹*) *vtd* **1** Promover inflação (em um país). *vint* **2** Emitir grandes quantidades de papel-moeda, ocasionando a sua desvalorização.

in.fla.ci.o.ná.rio (*inflacionar+ário*) *adj* Que promove a inflação.

in.fla.do (*lat inflatu*) *adj* **1** Inchado. **2** *fig* Vaidoso, soberbo.

in.fla.ma.ção (*lat inflammatione*) *sf* **1** Ação de inflamar(-se). **2** *Med* Resposta local à agressão celular (como na infecção ou no trauma) e que constitui o primeiro mecanismo de controle dos agentes nocivos e de eliminação do tecido danificado. *Pl*: *inflamações*.

in.fla.mar (*lat inflammare*) *vtd* e *vpr* **1** Acender(-se), incendiar(-se). *vtd* **2** *Med* Causar inflamação em. *vpr* **3** *Med* Criar inflamação. *vtd* **4** Afoguear, avermelhar, esbrasear. *vpr* **5** Encher-se de ardor, exaltar-se. *vtd* **6** Estimular, incitar. *Var Reg* (Nordeste): *infuleimar*.

in.fla.ma.tó.rio (*inflamar+ório*) *adj* **1** Que inflama. **2** *Med* Relativo a inflamação. **3** *Med* Que produz inflamação.

in.fla.má.vel (*inflamar+vel*) *adj m+f* Que se inflama facilmente. • *sm* Substância inflamável. *Pl*: *inflamáveis*.

in.flar (*lat inflare*) *vtd* **1** Encher de ar ou de gás. *vtd*, *vint* e *vpr* **2** Enfunar(-se), intumescer(-se). *vtd* e *vpr* **3** Tornar(-se) orgulhoso, presunçoso, vaidoso; ensoberbecer(-se).

in.flá.vel (*inflar+vel*) *adj m+f* Que se pode inflar. *Pl*: *infláveis*.

in.fle.xão (*cs*) (*lat inflexione*) *sf* **1** Ato ou efeito de curvar(-se). **2** Desvio. **3** Ponto em que uma linha ou um raio luminoso sofrem mudança de direção. **4** Mudança de acento ou de tom na voz. **5** *Gram V flexão*. *Pl*: *inflexões*.

in.fle.xí.vel (*cs*) (*lat inflexibile*) *adj m+f* **1** Que não é flexível. **2** Que não se pode dobrar ou curvar. **3** Que não cede. **4** Implacável. **5** Inexorável. **6** Íntegro. **7** Indiferente. **8** Impassível. *Pl*: *inflexíveis*.

in.fli.gir (*lat infligere*) *vtd* Aplicar (castigo, pena, repreensão).

Deve-se distinguir **infligir** de **infringir**. **Infligir** significa aplicar um castigo a alguém, enquanto **infringir** quer dizer desrespeitar (leis, ordens etc.).
O juiz infligiu ao réu uma pena leve.
Não se deve infringir as leis de trânsito.

in.flo.res.cên.cia (*lat cient inflorescentia*) *sf Bot* **1** Modo de desenvolvimento e arranjo das flores sobre uma haste. **2** Conjunto das flores agrupadas sobre uma planta.

in.flu.ên.cia (*lat influentia*) *sf* **1** Ato ou efeito de influir. **2** Poder ou ação que alguém exerce sobre outra pessoa ou sobre certos fatos ou negócios. **3** Prestígio, preponderância, ascendência de um sobre outro. **4** Autoridade moral. **5** Entusiasmo. **6** *Fís* Fenômeno pelo qual aparecem cargas elétricas nos corpos descarregados, ao aproximar-se deles um corpo carregado. **7** *Astrol* Efeito que se diz produzirem os astros sobre os homens. **8** *Reg* (BA, GO, MT e MS) Lugar em que são descobertas minas de diamantes e carbonados que determinam serviço intenso e produtivo. *Influência do meio*: a que exerce o meio exterior sobre as formas e as funções dos vegetais e dos animais.

in.flu.en.ci.ar (*influência+ar¹*) *vtd* **1** Ter ou exercer influência sobre. *vpr* **2** Receber influência.

in.flu.en.za (*ital influenza*) *V gripe*.

in.flu.ir (*lat influere*) *vtd* **1** Fazer correr, fluir para dentro ou para qualquer outra parte. *vtd* **2** Fazer penetrar em. *vtd* **3** Comunicar, incutir, inspirar. *vti* e *vint* **4** Exercer influência. *vpr* **5** Tomar influência por alguém ou por alguma coisa; enlevar-se, entusiasmar-se. *vpr* **6** Aplicar-se ou entregar-se com ardor. *vtd* **7** Animar, entusiasmar, excitar. *Conjug – Part: influído.*

in.for.ma.ção (*lat informatione*) *sf* **1** Ato ou efeito de informar(-se). **2** Transmissão de notícias. **3** Comunicação. **4** Instrução, ensinamento. **5** Transmissão de conhecimentos. **6** Indagação. **7** Opinião sobre o procedimento de alguém. **8** Parecer técnico dado por uma repartição ou funcionário. **9** Investigação. **10** Inquérito. *Informação privilegiada:* informação que não é tornada pública, mas é utilizada por pessoas que a conhecem, para negociar na bolsa, a fim de obter vantagens. *Pl: informações.*

in.for.mal (*in+formal*) *adj m+f* Que não é formal, que não observa formalidades. *Pl: informais.*

in.for.mar (*lat informare*) *vtd* e *vint* **1** Dar informe ou parecer sobre. *vtd* **2** Dar informação a, dar conhecimento ou notícias a; avisar. *vtd* **3** Contar, participar. *vpr* **4** Tomar conhecimento de; inteirar-se. *vtd* **5** Apoiar, confirmar, corroborar, secundar. *Cf enformar.*

in.for.má.ti.ca (*informa(ção)+suf ática*) *sf* Ciência que tem por objetivo o tratamento da informação por meio do uso de equipamentos e procedimentos da área de processamento de dados.

in.for.ma.ti.vo (*informar+ivo*) *adj* Destinado a informar ou noticiar. • *sm* Publicação informativa.

in.for.ma.ti.zar (*informático+izar*) *vtd* Adaptar um fato, procedimento ou serviço ao sistema da informática: *Informatizar os serviços públicos.*

in.for.me (*lat informe*) *adj m+f* **1** Sem forma determinada. **2** Que não tem feitio. **3** Grosseiro, tosco. **4** Agigantado, colossal, disforme. **5** *Dir* Sem as formas prescritas pela lei. **6** Feito sem as solenidades que a lei exige. • *sm* **1** V *informação*. **2** Parecer a respeito de alguém ou de alguma coisa. **3** Averiguações.

in.for.tú.nio (*lat infortuniu*) *sm* **1** Calamidade. **2** Desventura, infelicidade, desgraça.

in.fra.ção (*lat infractione*) *sf* **1** Ato de infringir. **2** Transgressão, violação. *Pl: infrações.*

in.fra.es.tru.tu.ra (*infra+estrutura*) *sf* **1** Parte inferior de uma estrutura. **2** *Sociol* Segundo o marxismo, divisão da sociedade em forças produtivas (homem e material necessário à produção) e relações de produção (classes, instituições etc.). **3** *Econ polít* Base e condições indispensáveis a uma economia avançada (existência de amplas redes ferroviárias ou rodoviárias, de abundantes fontes de energia, de mão de obra especializada, de serviços sanitários eficientes etc.).

in.fra.tor (*lat infractore*) *sm* Aquele que infringe.

in.fra.ver.me.lho (*infra+vermelho*) *adj+sm* **1** Diz-se do, ou o raio que fica aquém do vermelho e que não se vê na decomposição da luz solar pelo prisma. • *adj* Que contém esse raio. • *sm* Zona de radiações invisíveis situada aquém das radiações vermelhas do espectro solar.

in.frin.gir (*lat infringere*) *vtd* Postergar, quebrantar, transgredir, violar (leis, ordens, tratados). Veja nota em **infligir**.

in.fru.tes.cên.cia (*in+fruti+escente+ia^2*) *sf Bot* Conjunto frutífero resultante de várias flores cujos ovários se desenvolvem unidos entre si.

in.fru.tí.fe.ro (*lat infructiferu*) *adj* **1** Que não produz fruto. **2** Estéril. **3** Que não dá resultado. **4** Inútil.

in.fun.da.do (*in+fundado*) *adj* Sem fundamento ou razão de ser.

in.fun.dir (*lat infundere*) *vtd* **1** *Quím* e *Farm* Pôr em infusão: *Infundir plantas medicinais*. *vtd* **2** Derramar, entornar ou lançar (líquido) em algum vaso. *vtd* e *vpr* **3** Introduzir(-se). *vtd* **4** Incutir, inspirar.

in.fu.são (*lat infusione*) *sf* **1** Ato ou efeito de infundir(-se). **2** *Farm* Operação que consiste em lançar água a ferver sobre alguma substância, geralmente vegetais, deixando ficar tudo em descanso até esfriar, para lhe extrair os princípios medicamentosos. **3** O medicamento que resulta dessa operação. **4** O líquido em que ela se fez. **5** Ação de introduzir, de fazer penetrar, de comunicar. **6** *Med* Introdução terapêutica de uma solução em uma veia. **7** *Med* A solução assim usada. *Pl: infusões.*

in.ge.nu.i.da.de (*lat ingenuitate*) *sf* **1** Qualidade de ingênuo. **2** Simplicidade extrema.

in.gê.nuo (*lat ingennu*) *adj* **1** Inocente, natural. **2** Em que não há artifício ou malícia. **3** Simples. **4** Puro, sem mistura de sangue plebeu. • *sm* **1** Pessoa ingênua, sincera, sem malícia. **2** Filho de escrava nascido depois da lei da emancipação.

in.ge.rên.cia (*ingerir+ente+ia^2*) *sf* **1** Ato ou efeito de ingerir(-se). **2** Influência. **3** Intervenção.

in.ge.rir (*lat ingerere*) *vtd* e *vpr* **1** Introduzir. *vtd* **2** Passar da boca ao estômago; engolir. *vtd* **3** Tragar o conteúdo de. *vpr* **4** Intervir, intrometer-se. Conjuga-se como *ferir*.

in.ges.tão (*lat ingestione*) *sf* **1** Ato ou efeito de ingerir. **2** Deglutição. *Pl: ingestões.*

in.glês (*fr ant engleis*) *adj* **1** Pertencente ou relativo à Inglaterra (Europa). **2** Natural da Inglaterra. • *sm* **1** O natural da Inglaterra ou ali naturalizado. **2** Língua germânica falada na Inglaterra, Estados Unidos, Austrália, Nova Zelândia e Canadá. *Fem: inglesa (ê). Pl: ingleses (ê). Para inglês ver:* a) para enganar com falsa aparência; b) modo pelo qual se faz uma coisa, sem a preocupação de apresentá-la perfeita, por negligência ou mesmo por não haver necessidade de perfeição.

in.gló.rio (*lat ingloriu*) *adj* **1** De que não resulta glória. **2** Obscuro.

in.go.ver.ná.vel (*in+governável*) *adj m+f* **1** Que não se pode governar. **2** Insubmisso. *Pl: ingovernáveis.*

in.gra.ti.dão (*lat ingratitudine*) *sf* **1** Qualidade de ingrato. **2** Falta de gratidão. *Pl: ingratidões.*

in.gra.to (*lat ingratu*) *adj* **1** Que não mostra reconhecimento. **2** Que se esqueceu dos benefícios que recebeu. **3** Que não corresponde aos benefícios recebidos ou à afeição que se lhe dedica. **4** Desagradável, displicente. **5** Que não recompensa o trabalho que se lhe consagra. **6** Que não dá o resultado desejado. **7** Que não provoca inspiração artística: *Assunto ingrato*. • *sm* **1** Homem desagradecido. **2** O que se esquece dos benefícios recebidos. **3** O que não corresponde ao amor que alguém lhe consagra.

in.gre.di.en.te (*lat ingrediente*) *sm* Substância que

faz parte de um medicamento, de uma iguaria, bebida etc.

ín.gre.me *adj m+f* **1** Que tem grande declive. **2** Escarpado. **3** Árduo, difícil, trabalhoso. **4** Que é difícil de subir.

in.gres.sar (*lat ingressu+ar*[1]) *vti* Fazer ingresso, entrar: *Ingressou na faculdade.*

in.gres.so (*lat ingressu*) *sm* **1** Ato de entrar. **2** Entrada. **3** Início. **4** Admissão. **5** Bilhete de entrada em teatro, cinema, baile etc.

ín.gua (*lat inguina*) *sf Med* Ingurgitamento dos nódulos linfáticos da virilha, axila etc.; adenite, bubão.

in.gur.gi.tar (*lat ingurgitare*) *vtd* **1** Obstruir. *vint* e *vpr* **2** Intumescer(-se), inchar(-se). *vtd* **3** Engolir apressadamente: *Ingurgitou o almoço. vpr* **4** Atolar-se, chafurdar.

i.nha.ca *sf pop* Fedor, catinga, bodum.

i.nha.me *sm Bot* Designação genérica de diversas plantas que produzem grandes tubérculos comestíveis.

i.ni.bi.ção (*lat inhibitione*) *sf* **1** Ato ou efeito de inibir(-se). **2** *Fisiol* Diminuição ou supressão da atividade de um órgão ou de parte dele. **3** *Psicol* Resistência íntima a certos atos ou sentimentos. **4** *Quím* Fenômeno pelo qual certas substâncias são capazes, mesmo em pequenas quantidades, de reduzir a intensidade de diversas reações químicas. **5** Processo usado em refinarias e que consiste na incorporação, a um produto petrolífero, de um aditivo chamado *inibidor*. *Pl: inibições*.

i.ni.bi.do (*part* de *inibir*) *adj* Que sofre de inibição (acepções 2 e 3).

i.ni.bir (*lat inhibere*) *vtd* **1** Proibir. *vtd* **2** Embaraçar, estorvar, impedir, impossibilitar. *vpr* **3** Ficar inibido.

i.ni.ci.a.ção (*lat initiatione*) *sf* **1** Ato ou efeito de iniciar(-se). **2** Ação de começar. **3** Cerimônia pela qual se inicia alguém nos mistérios de alguma religião ou doutrina. **4** Ato de receber os primeiros conhecimentos de uma arte, ciência, prática etc.: *Iniciação em informática. Pl: iniciações.*

i.ni.ci.a.do (*lat initiatu*) *adj* **1** Principiado, começado. **2** Que foi admitido à iniciação. • *sm* **1** Principiante de uma seita ou ordem. **2** Pessoa que conhece a ciência oculta, a arte sagrada. **3** Pessoa que conhece os rudimentos da doutrina esotérica.

i.ni.ci.al (*lat initiale*) *adj m+f* **1** Que inicia ou começa. **2** Do início, do começo ou princípio. • *sf* **1** Primeira letra de uma palavra ou de um nome. **2** *Tip* Letra grande, ornamentada ou não, que se costuma colocar no começo de capítulos e outras divisões maiores de livros. **3** *Dir* Petição escrita, endereçada ao juiz competente, mediante a qual se propõe a ação, e que contém, além de outros requisitos, a exposição do fato, a indicação do direito aplicável à espécie e a conclusão do pedido. *sf pl Bot* Células do embrião que virão a produzir, por divisões sucessivas, camadas regulares. *Pl: iniciais.*

i.ni.ci.a.li.za.ção (*inicializar+ção*) *sf Inform* Preparação de um computador ou periférico para uso através da execução de rotinas de teste dos seus componentes, carregamento do sistema operacional, identificação do usuário e restauração dos parâmetros de configuração.

i.ni.ci.a.li.zar (*ingl to initialize*) *vtd Inform* **1** Preparar o computador ou periférico para uso, executando uma série de operações sequenciais automáticas, que tornam o equipamento disponível ao usuário. **2** Ligar o computador, preparando-o para o uso.

i.ni.ci.an.te (de *iniciar*) *adj* e *s m+f* Que, ou aquele que se inicia; principiante.

i.ni.ci.ar (*lat initiare*) *vtd* **1** Começar, principiar. *vtd* **2** Instruir em alguma arte ou ciência. *vpr* **3** Adquirir as primeiras noções de qualquer matéria. *vtd* **4** Preparar ou admitir aos mistérios e cerimônias de uma ordem ou seita. *vpr* **5** Sujeitar-se à iniciação. *Conjug – Pres indic: inicio, inicias (cí)* etc. *Cf início.*

i.ni.ci.a.ti.va (de *iniciativo*) *sf* **1** Qualidade de quem concebe e executa algo espontaneamente. **2** Direito ou prerrogativa de ser o primeiro a propor ou a começar uma coisa. **3** Ação ou efeito de ser o primeiro a pôr em prática uma ideia, a lembrá-la, enunciá-la ou propagá-la. **4** Atividade, diligência.

i.ní.cio (*lat initiu*) *sm* **1** Princípio, começo. **2** Estreia, inauguração. **3** Preâmbulo, prefácio.

i.ni.gua.lá.vel (*in+igualável*) *adj m+f* Que não pode ser igualado. *Pl: inigualáveis.*

i.ni.lu.dí.vel (*in+iludível*) *adj m+f* **1** Que não deixa dúvidas. **2** Que não se pode iludir. *Pl: iniludíveis.*

i.ni.ma.gi.ná.vel (*in+imaginável*) *adj m+f* Que não se pode imaginar. *Pl: inimagináveis.*

i.ni.mi.go (*lat inimicu*) *adj* **1** Que não é amigo. **2** Adverso, contrário, hostil. **3** Indisposto. **4** Adversário. *Sup abs sint: inimicíssimo*. • *sm* **1** Pessoa que tem inimizade a alguém. **2** Nação, tropa, gente com quem se está em guerra. **3** O diabo, o demônio. **4** O que tem aversão a certas coisas. **5** Rapaz inquieto, travesso, turbulento. *Inimigo jurado:* inimigo declarado ou manifesto. *Sin arc: imigo.*

i.ni.mi.tá.vel (*in+imitável*) *adj m+f* Que não se pode imitar. *Pl: inimitáveis.*

i.ni.mi.za.de (*in+amizade,* com apofonia) *sf* **1** Falta de amizade. **2** Aversão, desarmonia, desinteligência.

i.nin.te.li.gí.vel (*lat inintelligibile*) *adj m+f* **1** Que não é inteligível, de difícil compreensão; incompreensível. **2** Obscuro, misterioso. *Pl: ininteligíveis.*

i.nin.ter.rup.to (*in+interrupto*) *adj* Que não sofre interrupção, que dura sempre; constante.

i.ni.qui.da.de (*qwi*) (*at iniquitate*) *sf* **1** Falta de equidade. **2** Qualidade de iníquo. **3** Ação ou dito iníquo. **4** *Dir* Rigor excessivo na aplicação da lei.

i.ní.quo (*lat iniquu*) *adj* **1** Que ofende a equidade, a retidão. **2** Injusto. **3** Perverso.

in.je.ção (*lat injectione*) *sf* **1** Ato ou efeito de injetar. **2** Líquido que se injeta. **3** *Farm* Medicamento líquido que, por meio de seringa ou qualquer outro aparelho apropriado, se impele para o interior de certas cavidades do corpo, naturais ou acidentais. **4** Introdução, sob pressão, de combustível em motor ou de vapor em caldeira. *Injeção eletrônica, Autom:* sistema em que a injeção de combustível é controlada por impulsos eletrônicos, melhorando o desempenho do veículo. *Injeção hipodérmica:* injeção feita no tecido subcutâneo; também chamada *injeção subcutânea. Injeção intramuscular:* a que é introduzida

injetar profundamente nos músculos. *Injeção intravenosa:* a que é aplicada dentro de uma veia. *Pl: injeções.*

in.je.tar (*lat injectare*) *vtd* **1** Introduzir (um líquido) numa cavidade do corpo, nos músculos etc., por meio de injeção. *vtd* e *vpr* **2** Encher(-se) de líquido injetado. *vtd* **3** Afluir em excesso a. *vpr* **4** Receber nos vasos capilares excessivo afluxo de sangue.

in.je.tá.vel (*injetar+vel*) *adj m+f* Que pode ser injetado, próprio para injetar. *Pl: injetáveis.*

in.je.tor (*ô*) (*lat injectu+or*) *adj* Que injeta. • *sm* **1** Aparelho para injetar líquidos. **2** Tubo afunilado que faz incidir a água nas pás da turbina. **3** Órgão dos motores de combustão interna que injeta o óleo combustível dentro do cilindro.

in.jun.ção (*lat injunctione*) *sf* **1** Obrigação imposta; imposição. **2** Pressão das circunstâncias. *Pl: injunções.*

in.jú.ria (*lat injuria*) *sf* **1** Ação ou efeito de injuriar. **2** Afronta, agravo, insulto, ofensa, ultraje. **3** Aquilo que é contra o direito. **4** Dano, estrago.

in.ju.ri.ar (*lat injuriare*) *vtd* **1** Fazer injúria a; insultar, ofender. *vtd* **2** Desacreditar, desonrar, vexar. *vtd* **3** Causar dano ou estrago a. *vpr* **4** *pop* Irritar-se, zangar-se. *Conjug – Pres indic: injurio, injurias, injuria (rí)* etc. *Cf injúria.*

in.ju.ri.o.so (*ô*) (*lat injuriosu*) *adj* **1** Em que há injúria. **2** Ofensivo, afrontoso. *Pl: injuriosos (ó).*

in.jus.ti.ça (*lat injustitia*) *sf* **1** Falta de justiça. **2** Ação injusta.

in.jus.ti.ça.do (*part* de *injustiçar*) *adj* + *sm* Que, ou aquele que não teve justiça.

in.jus.ti.fi.cá.vel (*in+justificável*) *adj m+f* Que não se pode justificar. *Pl: injustificáveis.*

in.jus.to (*lat injustu*) *adj* **1** Que não é justo, desprovido de justiça. **2** Sem fundamento. • *sm* Aquele que não é justo.

i.nob.ser.vân.cia (*lat inobservantia*) *sf* Falta de cumprimento: *Inobservância da lei.*

i.no.cên.cia (*lat innocentia*) *sf* **1** Qualidade de inocente. **2** Falta de culpa. **3** Singeleza, ingenuidade. **4** Estado de pureza, castidade. *Inocência batismal:* a que procede da isenção do pecado original pelo batismo. *Inocência original:* estado de isenção de toda a culpa em que o primeiro homem foi criado. *Inocência primitiva:* estado da alma anterior ao pecado atual.

i.no.cen.tar (*inocente+ar*[1]) *vtd* e *vpr* **1** Considerar(-se) ou tornar(-se) inocente. *vtd* **2** Desculpar.

i.no.cen.te (*lat innocente*) *adj m+f* **1** Que não é culpado, que não cometeu culpa. **2** Que não causa mal; inofensivo. **3** Isento de malícia. **4** Singelo, ingênuo. **5** Idiota, imbecil. • *s m+f* Pessoa que tem inocência.

i.no.cu.la.ção (*lat inoculatione*) *sf* **1** *Med* Ação de introduzir no organismo um agente virulento com fins profiláticos ou terapêuticos. **2** Comunicação ou propagação de doutrinas, ideias etc. *Pl: inoculações.*

i.no.cu.lar (*lat inoculare*) *vtd* e *vpr* **1** Introduzir(-se) por inoculação. **2** *fig* Transmitir(-se), propagar(-se), disseminar(-se): *Inoculavam-se ideias subversivas nas multidões.*

i.nó.cuo (*lat innocuu*) *adj* Que não é nocivo, que não faz dano; inofensivo. *Sin: inóxio.*

i.no.do.ro (*dó*) (*lat inodoru*) *adj* Que não tem odor, sem cheiro.

i.no.fen.si.vo (*in+ofensivo*) *adj* **1** Que não é ofensivo. **2** Que não escandaliza. **3** Que não faz mal.

i.nol.vi.dá.vel (*in+olvidável*) *adj m+f* **1** Que não se esquece; inesquecível. **2** Digno de ser lembrado. *Pl: inolvidáveis.*

i.no.mi.ná.vel (*lat innominabile*) *adj m+f* **1** Que não se pode dar nome. **2** Baixo, revoltante, vil. *Pl: inomináveis.*

i.no.pe.ran.te (*in+operante*) *adj m+f* **1** Que não opera. **2** Que não produz o efeito desejado. **3** Que não concorre para um juízo ou resultado.

i.no.pi.ná.vel (*lat inopinabile*) *adj m+f* **1** Que não se pode imaginar nem prever. **2** Que não se pode esperar. *Pl: inopináveis.*

i.no.por.tu.no (*lat inoportuno*) *adj* **1** Que não é oportuno. **2** Que vem fora de tempo. **3** Intempestivo, fora de propósito.

i.nor.gâ.ni.co (*in+orgânico*) *adj* **1** Composto de matéria que não é vegetal nem animal; mineral. **2** Que forma o mundo inanimado ou a ele pertence. **3** Que é ou contém uma substância química que não é orgânica: *Ácido inorgânico.*

i.nós.pi.to (*lat inhospitu*) *adj* **1** Diz-se do lugar onde não se pratica a hospitalidade. **2** Que não agasalha, ou não protege. **3** Que não serve para ser habitado; bravio.

i.no.va.ção (*lat innovatione*) *sf* **1** Ato ou efeito de inovar. **2** Coisa introduzida de novo; novidade. **3** Renovação. *Pl: inovações.*

i.no.var (*lat innovare*) *vtd* **1** Fazer inovações, introduzir novidades em (leis, costumes, artes etc.). **2** Produzir algo novo, encontrar novo processo, renovar. **3** Introduzir (palavras) pela primeira vez em uma língua.

i.nox (*abrev* de *inoxidável*) *sm* Aço inoxidável.

i.no.xi.dá.vel (*cs*) (*in+oxidável*) *adj m+f* Que não é oxidável. *Pl: inoxidáveis.*

input (*ínput*) (*ingl*) *sm Inform* Entrada. *Antôn: output.*

in.qua.li.fi.cá.vel (*in+qualificável*) *adj m+f* **1** Que não se pode qualificar. **2** Indigno, muito vil. *Pl: inqualificáveis.*

in.que.bran.tá.vel (*in+quebrantável*) *adj m+f* **1** Que não se pode quebrantar. **2** Rijo, sólido. **3** Inflexível. **4** Incansável. *Pl: inquebrantáveis.*

in.qué.ri.to (*ké*) (*der* regressiva do *lat med inquaeritare*) *sm* **1** Ato ou efeito de inquirir. **2** Sindicância. **3** Reunião de testemunhas com o fim de esclarecer um caso duvidoso.

in.ques.ti.o.ná.vel (*kes*) (*in+questionável*) *adj m+f* **1** Que não é questionável. **2** Indiscutível. *Pl: inquestionáveis.*

in.qui.e.ta.ção (*lat inquietatione*) *sf* **1** Falta de quietação, de sossego. **2** Estado de inquieto. **3** Agitação, excitação e instabilidade geral do comportamento. *Inquietação social, Sociol:* atividade coletiva a esmo, descoordenada, incoerente, acompanhada de emoções perturbadas e distorções de imaginação e mesmo de percepções, e que se origina em situação de desconforto, ações frustradas, impulsos reprimidos, incertezas, senso de mal-estar, por não servirem mais os hábitos e costumes anteriores para se enfrentarem com

êxito as novas condições da vida. *Pl: inquietações.*
in.qui.e.tar (*lat inquietare*) *vtd* **1** Causar inquietação a, tornar inquieto. *vtd* **2** Pôr em agitação. *vtd* **3** Tirar o sossego a; perturbar. *vpr* **4** Perder o sossego; desassossegar-se. *vtd* e *vpr* **5** Alvoroçar(-se), agitar(-se), excitar(-se).
in.qui.e.to (*lat inquietu*) *adj* **1** Que não está quieto. **2** Agitado, oscilante. **3** Que nunca para. **4** Apreensivo. **5** Perturbado. **6** Travesso, turbulento.
in.qui.li.no (*lat inquilinu*) *sm* Aquele que reside em casa alugada.
in.qui.ri.ção (*inquirir+ção*) *sf* **1** Ação de inquirir. **2** Averiguação, interrogatório judicial, inquérito, inquisição, investigação. *Pl: inquirições.*
in.qui.rir (*lat inquirere*) *vtd* e *vti* **1** Indagar, perguntar; pedir informações sobre, pesquisar. *vtd* **2** Interrogar judicialmente (testemunhas). *vint* **3** Tomar ou procurar informações.
in.qui.si.ção (*lat inquisitione*) *sf* **1** V inquirição. **2** *Hist* **Inquisição** Antigo tribunal eclesiástico, também conhecido por Santo Ofício, instituído para punir os crimes contra a fé católica. *Pl: inquisições.*
in.qui.si.dor (ô) (*lat inquisitore*) *sm* Juiz do tribunal da Inquisição; membro do Santo Ofício.
in.sa.ci.á.vel (*lat insatiabile*) *adj m+f* **1** Que não se satisfaz plenamente. **2** Ávido, sôfrego. **3** Muito ambicioso; avaro. **4** Famélico, devorador. *Pl: insaciáveis.*
in.sa.lu.bre (*lat insalubre*) *adj m+f* Que não é saudável; doentio. *Sup abs sint: insalubérrimo, insalubríssimo. Sin: insalutífero.*
in.sa.lu.bri.da.de (*in+salubre+i+dade*) *sf* Caráter ou qualidade de insalubre.
in.sâ.nia (*lat insania*) *sf* **1** Demência, doidice, loucura. **2** Falta de juízo.
in.sa.ni.da.de (*lat insanitate*) *sf* **1** Qualidade de insano. **2** Demência. **3** Falta de juízo.
in.sa.no (*lat insanu*) *adj* **1** Demente, doido. **2** Tolo, insensato. **3** Custoso, excessivo: *Trabalho insano.*
in.sa.tis.fa.ção (*in+satisfação*) *sf* **1** Falta de satisfação. **2** Estado ou qualidade de insatisfeito. *Pl: insatisfações.*
in.sa.tis.fa.tó.rio (*in+satisfatório*) *adj* Que não é satisfatório.
in.sa.tis.fei.to (*in+satisfeito*) *adj* + *sm* Que, ou o que não está satisfeito.
ins.cre.ver (*lat inscribere*) *vtd* **1** Escrever sobre, gravar, entalhar (inscrição ou letreiro). *vtd* e *vpr* **2** Assentar, escrever ou fazer escrever em lista, registro etc. *vtd* **3** *Geom* Traçar uma figura dentro de outra. *vpr* **4** Matricular-se. *vtd* **5** Assinalar, registrar, perpetuar.
ins.cri.ção (*lat inscriptione*) *sf* **1** Ato ou efeito de inscrever. **2** Letreiro que perpetua a memória de qualquer pessoa ou qualquer sucesso. **3** Matrícula. **4** Título de dívida pública perpétua. *Pl: inscrições.*
ins.cri.to (*lat inscriptu*) *adj* **1** Escrito sobre. **2** Gravado, entalhado. **3** Que se inscreveu em registro ou lista. **4** *Geom* Diz-se do ângulo com o vértice na circunferência. **5** *Geom* Diz-se de uma figura traçada dentro de outra, de modo que, se for um polígono, todos os seus vértices devem assentar sobre a circunferência que o circunscreve, ou sobre os lados de outro polígono no que o circunscreve, conforme o caso. Se se trata de uma circunferência, ela deve tangenciar todos os lados do polígono que a circunscreve.
in.se.gu.ran.ça (*in+segurança*) *sf* **1** Falta de segurança. **2** Qualidade de inseguro.
in.se.gu.ro (*in+seguro*) *adj* Que não é seguro.
in.se.mi.na.ção (*inseminar+ção*) *sf* **1** Ato de inseminar; fecundação artificial. **2** *Biol* Fecundação do óvulo. *Inseminação artificial:* introdução do sêmen no útero ou oviduto por meios que não os naturais. *Pl: inseminações.*
in.se.mi.nar (*in+seminar*) *vtd* Fecundar artificialmente a.
in.sen.sa.tez (*insensato+ez*) *sf* **1** Qualidade de insensato. **2** Ato ou dito de pessoa insensata.
in.sen.sa.to (*lat insensatu*) *adj* **1** Que não é sensato, desprovido de senso. **2** Contrário ao bom senso e à razão.
in.sen.si.bi.li.da.de (*lat insensibilitate*) *sf* **1** Falta de sensibilidade. **2** Qualidade de insensível. **3** Apatia. **4** Indiferença. **5** Dureza, impassibilidade.
in.sen.sí.vel (*lat insensibile*) *adj m+f* **1** Que não é sensível, privado de sensibilidade. **2** Que não tem sentimento; sem sensibilidade moral; apático. **3** Indiferente. **4** Impassível. **5** Que não se pode observar ou apreciar pelos sentidos; imperceptível. *Pl: insensíveis.*
in.se.pa.rá.vel (*lat inseparabile*) *adj m+f* **1** Que não é separável. **2** Que anda, está ou existe juntamente com outrem ou com outra coisa: *Amigo inseparável. Pl: inseparáveis.*
in.se.pul.to (*lat insepultu*) *adj* Que não é sepultado.
in.ser.ção (*lat insertione*) *sf* Ato de inserir; introdução. *Pl: inserções.*
in.se.rir (*lat inserere*) *vtd* **1** Cravar, introduzir, intercalar, introduzir. *vtd* **2** Publicar. *vtd* **3** Consignar, registrar: "Jerônimo Cardoso, Bento Pereira, Bluteau... não inserem este verbo" (Assis Cintra). *vpr* **4** Entranhar-se, fixar-se, implantar-se. Conjuga-se como *ferir*. *Part: inserido* e *inserto.*
in.se.ti.ci.da (*inseto+i+cida*) *adj m+f* Que destrói ou mata insetos. • *sm* Produto para matar insetos.
in.se.tí.vo.ro (*inseto+i+voro*) *adj* Que come insetos ou deles se alimenta.
in.se.to (*lat insectu*) *sm Entom* Classe de artrópodes que compreende animais, em sua forma adulta, de corpo formado por uma série de segmentos, e dividido em três regiões: *cabeça*, com um par de antenas que funcionam como órgãos de olfato e tato, geralmente um par de olhos e armadura bucal destinada a triturar, lamber, sugar ou picar; *tórax*, com três partes: o protórax, o mesotórax e o metatórax, cada uma das quais com um par de patas, sendo que o mesotórax e o metatórax ostentam um par de asas; e *abdome*, composto de 7 a 10 segmentos que se parecem encaixar uns nos outros.
in.sí.dia (*lat insidia*) *sf* **1** Cilada, emboscada. **2** Intriga. **3** Estratagema.
in.si.di.ar (*lat insidiari*) *vtd* **1** Armar insídias a, preparar ciladas a. **2** *fig* Procurar seduzir ou corromper: *Tentava insidiar a jovem. Conjug – Pres indic: insidio, insidias, insidia* etc. *Cf insídia.*
in.si.di.o.so (ô) (*lat insidiosu*) *adj* **1** Que costuma armar insídias. **2** Falso, pérfido. **3** Traiçoeiro. *Pl: insidiosos (ó).*

insight (*ingl*) *sm Psicol* Conhecimento intuitivo repentino para a solução de um problema ou de uma situação.

in.sig.ne (*lat insigne*) *adj m+f* **1** Célebre, famoso. **2** Assinalado, muito distinto. **3** Extraordinário, incrível.

in.síg.nia (*lat insignia*) *sf* **1** Sinal distintivo de dignidade, de posto, de nobreza ou de função. **2** Emblema. **3** Medalha de irmandade. **4** Bandeira, estandarte. *Insígnias reais:* adornos emblemáticos da realeza.

in.sig.ni.fi.cân.cia (*insignificante+ia²*) *sf* **1** Qualidade de insignificante. **2** Quantidade não apreciável, sem valor. **3** Bagatela, ninharia.

in.sig.ni.fi.can.te (*in+significante*) *adj m+f* **1** Que nada significa. **2** Que não tem valor; sem importância. • *s m+f* Pessoa sem importância.

in.si.nu.a.ção (*lat insinuatione*) *sf* **1** Ato ou efeito de insinuar(-se). **2** Aquilo que se insinua ou se dá a perceber. **3** Sugestão. **4** Lembrança. **5** Advertência. **6** Acusação direta ou disfarçada. *Pl:* insinuações.

in.si.nu.an.te (*lat insinuante*) *adj m+f* **1** Que se insinua. **2** Persuasivo. **3** Simpático. **4** Agradável, amável. **5** Que dá na vista; provocante.

in.si.nu.ar (*lat insinuare*) *vtd* **1** Fazer entrar no coração, introduzir no ânimo. *vtd* **2** Dar a entender com arte, de modo indireto. *vtd* **3** Incutir. **4** Conquistar o agrado, tornar-se simpático. *vtd* **5** Introduzir sutil ou destramente. *vpr* **6** Introduzir-se ou penetrar mansamente, sutilmente.

in.sí.pi.do (*lat insipidu*) *adj* **1** Sem sabor. **2** Insosso. **3** *fig* Desenxabido, sem graça. **4** *fig* Monótono, sem atrativos.

in.si.pi.en.te *adj m+f* Ignorante; não sapiente. *Cf incipiente.* Veja nota em **incipiente**.

in.sis.tên.cia (*lat insistere*) *sf* **1** Ato de insistir. **2** Contumácia, teimosia.

in.sis.ten.te (*lat insistente*) *adj m+f* **1** Que insiste. **2** Importuno. **3** Obstinado, teimoso.

in.sis.tir (*lat insistere*) *vti* e *vint* **1** Instar; perseverar no que se diz ou pergunta; persistir na afirmação; repetir. **2** Porfiar; teimar; ter pertinácia.

in.so.fis.má.vel (*in+sofismar+vel*) *adj m+f* Que não se pode negar ou obscurecer por meio de sofisma; claro, patente. *Pl:* insofismáveis.

in.so.la.ção (*insolar+ção*) *sf* **1** Ação de expor ao sol. **2** Ação da luz e do calor solar sobre uma substância para que, sob a influência deles, se processem certas modificações. **3** *Med* Mal causado pela demorada exposição ao sol ardente. **4** *Fís* A quantidade de calor solar comunicado à Terra. **5** *Med* Exposição ao sol, empregada como meio terapêutico. **6** *Meteor* Tempo em que o Sol permanece descoberto, brilhando, sem antepara de nuvens, nevoeiro etc. *Pl:* insolações.

in.so.lên.cia (*lat insolentia*) *sf* **1** Qualidade de insolente. **2** Ato ou palavra insolente. **3** Procedimento insólito, inconveniente. **4** Orgulho desmedido. **5** Palavras injuriosas. **6** Desaforo, atrevimento.

in.so.len.te (*lat insolente*) *adj m+f* **1** Desaforado, atrevido, grosseiro. **2** Injurioso, malcriado. **3** Desumano, bárbaro, cruel. **4** Orgulhoso, arrogante. • *s m+f* Pessoa insolente.

in.só.li.to (*lat insolitu*) *adj* **1** Que não é habitual. **2** Que é contrário ao uso, às regras, aos hábitos. **3** Incomum, anormal.

in.so.lú.vel (*lat insolubile*) *adj m+f* **1** *Quím* Que não se pode dissolver. **2** Que não se pode resolver. **3** Que não se pode desatar ou desfazer; indissolúvel. **4** Que não se pode pagar ou cobrar. **5** Que não se pode anular: *Contrato insolúvel*. *Pl:* insolúveis.

in.sol.ven.te (*in+solvente*) *adj m+f* Diz-se da pessoa que não tem meios para pagar o que deve. • *s m+f* Essa pessoa. *Sin:* insolvável.

in.son.dá.vel (*in+sondável*) *adj m+f* **1** Que não se pode sondar; de que não se pode achar o fundo. **2** Incompreensível, inexplicável. *Pl:* insondáveis.

in.so.ne (*lat insomne*) *adj m+f* **1** Que tem insônia; que passa a noite acordado. **2** Passado em claro (noite).

in.sô.nia (*lat insomnia*) *sf* **1** Falta de sono. **2** Dificuldade de dormir; vigília.

in.sos.so (*ô*) (*lat insulsu*) *adj* Que tem pouco ou nenhum sal.

ins.pe.ção (*lat inspectione*) *sf* **1** Ação de ver, de olhar, de observar. **2** Exame, vistoria. **3** Lance de olhos. **4** Cargo de inspetor. **5** Superintendência. **6** Exame de recrutas. **7** Repartição ou coletividade encarregada de inspecionar. *Pl:* inspeções.

ins.pe.ci.o.nar (*lat inspectione+ar¹*) *vtd* **1** Fazer inspeção sobre; vigiar. **2** Sujeitar a exame médico, a fim de se observar a capacidade para o serviço. **3** Examinar, observar, revistar, visitoriar.

ins.pe.tor (*ô*) (*lat inspectore*) *sm* **1** O que vê, observa, fiscaliza ou inspeciona. **2** Aquele que, por dever oficial, observa e inspeciona serviços públicos para fornecer, às autoridades de que depende, informações desses serviços.

ins.pi.ra.ção (*lat inspiratione*) *sf* **1** Ato ou efeito de inspirar ou de ser inspirado. **2** Ação pela qual o ar entra nos pulmões. **3** Coisa ou pessoa que inspira. **4** Sugestão, insinuação, conselho. **5** Sugestão de origem transcendente ou psíquica, ou de qualquer objeto que tem virtude genética sobre o artista para o excitar à produção. **6** Força inspiradora. **7** A marca do gênio ou do talento na obra do artista. **8** *Mús* Pausa que dura a quarta parte de um compasso. **9** *Fisiol* Movimento de dilatação da cavidade torácica, que tem como consequência a entrada de ar para os pulmões. *Pl:* inspirações.

ins.pi.rar (*lat inspirare*) *vtd* **1** *Med* Introduzir o ar atmosférico nos pulmões por meio dos movimentos do tórax. *vtd* **2** Causar inspiração a. *vpr* **3** Receber inspiração, sentir-se inspirado. *vtd* **4** Iluminar o espírito de. *vtd* **5** Incutir, infundir: *O seu mísero estado inspira piedade.*

ins.ta.bi.li.da.de (*lat instabilitate*) *sf* **1** Qualidade de instável. **2** Falta de estabilidade. **3** Falta de permanência. *Instabilidade atmosférica, Meteor:* estado instável da atmosfera que ocorre quando a distribuição vertical da temperatura ou da umidade é tal que uma partícula de ar, ao entrar em movimento, tenderá a mover-se, em velocidade crescente, para baixo ou para cima da posição primitiva. *Instabilidade mental, Psicol:* anomalia do caráter que se traduz por falta de unidade e de continuidade nos pensamentos e nos atos. *Instabilidade social, Sociol:* fase de transição entre desorganização e reorganização social.

ins.ta.la.ção (*instalar+ção*) *sf* **1** Ato ou efeito de instalar. **2** Disposição dos objetos no lugar apropriado. **3** Conjunto de aparelhos ou peças que compõem uma unidade determinada: *Instalação elétrica*. **4** Inauguração, começo, início. *Instalação abreviada, Inform:* ação de instalar novo *software* ou *hardware* sem restaurar os ajustes da cópia anterior do sistema operacional. *Pl: instalações*.

ins.ta.lar (*fr installer*) *vtd* e *vpr* **1** Dispor para funcionar; inaugurar; estabelecer(-se). *vtd* e *vpr* **2** Acomodar(-se), alojar(-se). *vpr* **3** Organizar e dispor convenientemente o domicílio. *vtd* **4** Dar posse de um cargo ou dignidade a. *vpr* **5** Tomar posse.

ins.tân.cia (*lat instantia*) *sf* **1** Ato ou efeito de instar. **2** Qualidade do que é instante. **3** Pedido urgente e repetido. **4** Insistência, pertinácia. **5** Foro, jurisdição. **6** *Dir* Competência quanto aos juízes e tribunais. **7** *Dir* Grau de jurisdição, hierarquia judiciária.

ins.tan.tâ.neo (*lat med instantaneu*) *adj* **1** Que sucede num instante; rápido, súbito. **2** Que ocorre ou está presente em um determinado instante; momentâneo. **3** Que se produz repentinamente: *Morte instantânea*. • *sm Fot* Nome da fotografia que se tira com câmara de exposição rápida, que não dura senão uma fração de segundo.

ins.tan.te (*lat instante*) *adj m+f* **1** Iminente. **2** Em que há empenho: *Pedido instante*. **3** Insistente, pertinaz. **4** Inadiável, urgente. • *sm* **1** Espaço de um segundo. **2** Espaço pequeníssimo, mas determinado, de tempo. **3** Momento muito breve. **4** Ocasião: *Chegou naquele instante*. *A todo o instante:* incessantemente. *Em um instante:* em muito pouco tempo. *No mesmo instante:* logo, imediatamente.

ins.tar (*lat instare*) *vtd* **1** Pedir, rogar ou solicitar com instância a. *vti* **2** Insistir com. *vint* **3** Estar iminente: *Insta um temporal*. *vint* **4** Urgir: *O tempo insta e pouco se fez*. *vti* **5** Questionar, argumentar.

ins.tau.rar (*lat instaurare*) *vtd* **1** Estabelecer, fundar, inaugurar. **2** Formar, organizar. **3** Renovar, restaurar: *Instaurar as leis, os costumes*.

ins.tá.vel (*lat instabile*) *adj m+f* **1** Que não é estável; que não tem segurança; que não tem condições de permanência. **2** Que não está firme; que não permanece na mesma posição. **3** Inconstante, mutável, volúvel. **4** Móvel, movediço. **5** *Mec* Diz-se do equilíbrio em que o corpo, levemente desviado da sua posição inicial, se afasta dela, desequilibrando-se de vez. **6** *Genét* Diz-se do fator do patrimônio hereditário facilmente sujeito a mutações. **7** *Quím* e *Biol* Facilmente decomponível ou conversível numa composição química ou atividade biológica diferentes; lábil. **8** *Fís* Diz-se do que facilmente muda de estado ou propriedades físicas. *Antôn: estável*. *Pl: instáveis*.

ins.ti.ga.ção (*instigar+ção*) *sf* **1** Ato ou efeito de instigar. **2** Estímulo, incitamento. **3** Sugestão. *Pl: instigações*.

ins.ti.gar (*lat instigare*) *vtd* **1** Estimular, incitar, induzir. *vtd* **2** Provocar (animais). *vtdi* **3** Aconselhar, persuadir.

ins.ti.lar (*lat instillare*) *vtd* **1** Deitar ou introduzir gota a gota. *vtdi* **2** Induzir, insinuar, insuflar.

ins.tin.ti.vo (*instinto+ivo*) *adj* **1** Que se faz ou se fez por instinto. **2** Que deriva do instinto. **3** Espontâneo, impensado, natural.

ins.tin.to (*lat instinctu*) *sm* **1** Estímulo ou impulso natural, involuntário, pelo qual homens e animais executam certos atos sem conhecer o fim ou o porquê desses atos. **2** Inspiração. **3** Tendência inata dos animais. **4** Aptidão inata. **5** *Psicol* Impulso congênito acompanhado de excitação emocional. *Instinto gregário, Zool:* tendência inerente de congregar-se ou de reagir ao mesmo tempo.

ins.ti.tu.ci.o.nal (*lat institutione+al*[1]) *adj m+f* Que diz respeito a uma instituição. *Pl: institucionais*.

ins.ti.tu.ci.o.na.li.zar (*institucional+izar*) *vtd* e *vpr* Tornar(-se) institucional.

ins.ti.tu.i.ção (*lat institutione*) *sf* **1** Ato ou efeito de instituir. **2** Instituto. **3** Coisa instituída ou estabelecida. **4** Regra, norma. **5** Nomeação de herdeiro. *sf pl* Leis fundamentais de uma sociedade política. *Instituição social, Sociol:* complexo integrado por ideias, padrões de comportamento, relações inter-humanas e, muitas vezes, um equipamento material, organizados em torno de um interesse socialmente reconhecido. *Pl: instituições*.

ins.ti.tu.ir (*lat instituere*) *vtd* **1** Criar, estabelecer, fundar. *vtd* **2** Declarar, nomear: *Instituir sucessor, substituto*. *Instituiu o sobrinho por herdeiro*. *vtdi* **3** Educar, instruir. *vtd* **4** Adestrar, disciplinar. *vtd* **5** Marcar (prazo ou tempo). *Conjug – Part:* instituído.

ins.ti.tu.to (*lat institutu*) *sm* **1** Regime particular de uma instituição. **2** Regulamento, estatuto. **3** Corporação literária, científica ou artística. **4** Título de alguns estabelecimentos de ensino médio e superior. **5** Estabelecimento paraestatal para fins de previdência social, pensões, aposentadoria etc. **6** Local onde funciona um instituto.

ins.tru.ção (*lat instructione*) *sf* **1** Ação de instruir. **2** Ensino. **3** Explicação ou esclarecimentos dados para uso especial. **4** Conhecimentos adquiridos; cultura. *sf pl* **1** Informações fornecidas com determinada finalidade. **2** *Diplom* Ordens e informações dadas a um embaixador. *Instrução aritmética, Inform:* instrução de programa na qual o operador define a operação aritmética a ser realizada. *Instrução de programa, Inform:* palavra ou expressão única que representa uma operação. *Instrução militar:* a que adestra ou exercita no manejo de armas e nas táticas de guerra. *Instrução pública:* a que se dá nas escolas públicas à custa do Estado. *Pl: instruções*.

ins.tru.í.do (*part de instruir*) *adj* **1** Que tem instrução. **2** Ilustrado, culto, erudito. **3** Informado (sobre um assunto). **4** Acompanhado (de documentos).

ins.tru.ir (*lat instruere*) *vtd* **1** Dar instrução a; doutrinar, ensinar. *vpr* **2** Receber instrução; tornar-se instruído ou sabedor. *vtd* **3** Adestrar: *Instruir escoteiros*. *vtd* **4** Informar. *vtd* **5** Comprovar com documentos ou testemunhas: *Instruir uma apelação*. *vtd* **6** *Dir* Colocar em estado de ser julgado: *Instruiu todos os processos*. *Conjug – Part:* instruído.

ins.tru.men.tal (*lat instrumentale*) *adj m+f* **1** Que serve de instrumento. **2** Relativo a instrumentos. **3** *Mús* Que se destina a ser executado por instrumentos de cordas, de sopro etc. • *sm* **1** Conjunto de instrumentos de qualquer ofício. **2** Os instrumentos de uma orquestra. **3** *Med* O conjunto de instrumentos necessários para uma intervenção cirúrgica. *Pl: instrumentais*.

ins.tru.men.tis.ta (*instrumento+ista*) *adj* e *s m+f* Diz-se de, ou pessoa que toca alguns instrumentos ou compõe música instrumental.

ins.tru.men.to (*lat instrumentu*) *sm* **1** Aparelho, objeto ou utensílio que serve para executar uma obra ou levar a efeito uma operação mecânica em qualquer arte, ciência ou ofício. **2** Todo meio de conseguir um fim, de chegar a um resultado. **3** Aparelho destinado a produzir sons musicais. *Instrumento de cordas:* o que produz som por vibração de cordas. *Instrumento de percussão:* aquele em que se bate para marcar o ritmo. *Instrumento de sopro:* o que produz som pelo sopro ou por fole. *Instrumento público, Dir:* aquele que é escrito e lavrado por oficial público, em seu distrito, segundo suas atribuições, com as formalidades legais.

ins.tru.ti.vo (*instruto+ivo*) *adj* **1** Próprio para instruir. **2** Que contém ensinamento.

ins.tru.tor (*lat instructore*) *adj + sm* **1** Que, ou aquele que dá instruções ou ensino. **2** Que, ou aquele que adestra. **3** Aplica-se ao juiz a quem cumpre instruir um processo.

in.sub.mis.so (*in+submisso*) *adj* **1** Não submisso. **2** Independente. **3** Altivo. • *sm* Cidadão selecionado e designado para incorporação, que não se apresenta onde devia e dentro do prazo que lhe foi fixado, ou que se ausenta antes do ato oficial de incorporação.

in.su.bor.di.na.ção (*in+subordinação*) *sf* **1** Sublevação, ato de indisciplina. **2** Tentativa de subversão. **3** Revolta. *Pl: insubordinações*.

in.su.bor.di.na.do (*in+subordinado*) *adj + sm* **1** Que, ou aquele que faltou à disciplina. **2** Que, ou o que tem espírito de insubordinação.

in.su.bor.di.nar (*in+subordinar*) *vtd* **1** Causar insubordinação de; promover a insubordinação de; tornar insubordinado. *vpr* **2** Cometer insubordinação, faltar à subordinação.

in.su.ces.so (*fr insuccès*) *sm* **1** Mau resultado; falta de bom êxito; falta de eficácia. **2** Abortamento.

in.su.fi.ci.ên.cia (*lat insufficientia*) *sf* **1** Falta de suficiência. **2** Qualidade de insuficiente. **3** Inaptidão, incapacidade, incompetência.

in.su.fi.ci.en.te (*lat insufficiente*) *adj m+f* **1** Que não é suficiente, que não é bastante. **2** Incapaz, incompetente, inepto. **3** Néscio.

in.su.flar (*lat insufflare*) *vtd* **1** Encher de ar; tornar túrgido assoprando: *Insuflar um saco de papel*. *vtdi* **2** Introduzir por meio de sopro: *Insuflar ar nos pulmões de um afogado*. *vtd* **3** Aplicar ou introduzir por meio do insuflador: *Insuflar penicilina na garganta*. *vtd* **4** *fig* Incutir, inspirar: *Insuflar animação e alegria a uma festa*.

in.su.la.no (*lat insula+ano*) *adj* Que pertence ou se refere à ilha. • *sm* O habitante ou natural de uma ilha.

in.su.lar (*lat insulare*) *adj m+f* **1** V *insulano*. **2** Diz-se da fauna característica das ilhas.

in.su.li.na (*lat insula+ina*) *sf Biol* e *Med* Hormônio protêinico segregado pelo pâncreas, com importante função sobre o metabolismo dos açúcares pelo organismo.

in.sul.tar (*lat insultare*) *vtd* **1** Dirigir insultos a; afrontar, ultrajar. **2** Acometer, atacar com violência, danificar.

in.sul.to (*lat insultu*) *sm* **1** Injúria violenta. **2** Afronta, ultraje. **3** Ofensa, por atos ou palavras.

in.su.mo (*ingl in(put)+(con)sumo*) *sm Econ polít* Neologismo com que se traduz a expressão inglesa *input*, que designa todas as despesas e investimentos que contribuem para a obtenção de determinado resultado, mercadoria ou produto até o acabamento ou consumo final. Insumo (*input*) é tudo aquilo *que entra*; produto (*output*) é tudo aquilo *que sai*.

in.su.pe.rá.vel (*lat insuperabile*) *adj m+f* Que não é superável; que não se pode exceder; que não se pode vencer. *Pl: insuperáveis*.

in.su.por.tá.vel (*in+suportável*) *adj m+f* Que não é suportável; intolerável, muito incômodo ou molesto. *Pl: insuportáveis*.

in.sur.gir (*lat insurgere*) *vtd* e *vpr* **1** Amotinar(-se), revoltar(-se), sublevar(-se): *Insurgir a populaça*. *vpr* **2** Opor-se, reagir: *Insurgir-se contra a realidade*. *vti* **3** Emergir, surgir: "O fantasma do Padre Hilário era pior a insurgir das profundezas do abismo" (Camilo Castelo Branco).

in.sur.rei.ção (*lat insurrectione*) *sf* **1** Ato ou efeito de se insurgir; sublevação, revolta. **2** Oposição ou reação vigorosa. *Pl: insurreições*.

in.sur.re.to (*lar insurrectu*) *adj + sm* Que, ou aquele que se insurgiu.

in.sus.pei.tá.vel (*in+suspeitável*) *adj m+f* De que não se pode suspeitar. *Pl: insuspeitáveis*.

in.tac.to (*lat intactu*) *adj* **1** Não tocado, íntegro, ileso, inteiro, completo, perfeito. **2** Impoluto, puro, virgem. *Var: intato*.

in.tan.gí.vel (*in+tangível*) *adj m+f* **1** Em que não se pode tocar. **2** Que não se pode apalpar. **3** Em cuja reputação não se pode tocar. *Pl: intangíveis*.

ín.te.gra (de *íntegro*) *sf* **1** Totalidade. **2** Contexto completo de lei etc. *Na íntegra:* por inteiro.

in.te.gra.ção (*lat integratione*) *sf* **1** Ato ou processo de integrar; incorporação. **2** *Mat* Operação que consiste em achar a integral de uma equação diferencial. *Integração de sistemas, Inform:* combinação de produtos diferentes, de fabricantes diferentes, para criar um sistema. *Integração grupal, Sociol:* ajustamento recíproco dos membros de um grupo e sua identificação com os interesses e valores do grupo. *Integração social, Sociol:* ajustamento recíproco de grupos, de modo a formar uma sociedade organizada. *Pl: integrações*.

in.te.gral (*íntegro+al¹*) *adj m+f* **1** Inteiro, total. **2** Diz-se do cereal que não passou pelo beneficiamento. **3** *Mat* Diz-se de um cálculo que é o inverso do diferencial. • *sf Mat* Função matemática inversa da derivada. *Pl: integrais*.

in.te.gra.lis.mo (*integral+ismo*) *sm Hist* Partido totalitário brasileiro de extrema direita baseado no modelo fascista, fundado em 1932 e extinto em 1937.

in.te.gran.te (*lat integrante*) *adj* e *s m+f* Que, ou aquele que integra, que completa. *adj* **1** Que constitui corpo simples ou composto. **2** Necessário. **3** *Gram* Diz-se da conjunção subordinativa (*que*, *se*) que introduz algumas orações subordinadas, funcionando como seu sujeito ou complemento: *É possível que tudo se resolva logo. Não sei se poderei ajudá-lo*. • *sf Gram* Oração ou conjunção integrante.

in.te.grar (*lat integrare*) *vtd* e *vpr* **1** Tornar(-se) inteiro, completar(-se): *Pouco falta para integrarmos US$ 7.000,00.* vtd e vpr **2** Juntar(-se), incorporar(-se). vtd **3** *Mat* Determinar a integral de (uma função).

in.te.gri.da.de (*lat integritate*) sf **1** Qualidade do que é íntegro. **2** Inteireza moral, retidão, honestidade. **3** Imparcialidade. **4** Inocência. **5** Virgindade.

ín.te.gro (*lat integru*) adj **1** Inteiro, completo. **2** Reto, incorruptível. **3** Brioso. *Sup abs sint: integérrimo* e *integríssimo*.

in.tei.rar (*inteiro+ar¹*) vtd **1** Tornar inteiro ou completo: *Falta uma dúzia para inteirar uma grosa.* vtd **2** Acabar, completar, terminar: *Inteiraremos esta obra dentro de um ano.* vtdi **3** Dar perfeita notícia a; informar bem; certificar, cientificar: *Inteirei-o do meu plano.* vpr **4** Ficar ciente, informar-se, tornar-se sabedor: *Inteirara-se do ocorrido.* vpr **5** Constituir-se ou formar-se em um todo.

in.tei.re.za (*inteiro+eza*) sf **1** Qualidade de coisa inteira. **2** Integridade física e moral.

in.tei.ri.ço (*inteiro+iço*) adj **1** Que é feito de uma só peça. **2** Hirto, inflexível, teso.

in.tei.ro (*lat integru*) adj **1** Que tem todas as suas partes. **2** Que tem toda a sua extensão. **3** Completo. **4** Que não sofreu diminuição, que não foi modificado. **5** Incorruptível, reto. **6** Ileso. **7** *Mat* Diz-se do número que contém a unidade, uma ou mais vezes, exatamente. **8** *Bot* Diz-se do órgão cuja margem não tem recortes: *Folha inteira.* **9** *pop* Diz-se do animal que não é castrado. **10** *Reg* (Centro e Sul) Diz-se de animal que, após esforço intenso, está em condições de prosseguir eficazmente. • *sm Mat* Número em que não há frações.

in.te.lec.to (*lat intellectu*) sm **1** Entendimento, inteligência. **2** Faculdade de compreender. **3** Conjunto das faculdades intelectuais.

in.te.lec.tu.al (*lat intellectuale*) adj m+f Pertencente ou relativo à inteligência. • *s m+f* Pessoa dada ao estudo das coisas do espírito, da inteligência. *Pl: intelectuais.*

in.te.lec.tu.a.li.da.de (*lat intelectualitate*) sf **1** V *intelecto.* **2** As faculdades intelectuais. **3** Conjunto de intelectuais.

in.te.lec.tu.a.li.zar (*intelectual+izar*) vtd e vpr Elevar(-se) à categoria das coisas intelectuais.

in.te.li.gên.cia (*lat intelligentia*) sf **1** Faculdade de entender, pensar, raciocinar e interpretar; entendimento, intelecto. **2** Compreensão, conhecimento profundo. **3** *Filos* Princípio espiritual e abstrato considerado como a fonte de toda a intelectualidade. **4** *Psicol* Capacidade de resolver situações novas com rapidez e êxito (medido na execução de tarefas que envolvam apreensão de relações abstratas) e, bem assim, de aprender, para que essas situações possam ser bem resolvidas. **5** Pessoa de grande esfera intelectual. **6** Conluio, ajuste, combinação. *Inteligência artificial:* parte da ciência da computação que trata de sistemas inteligentes, capazes de se adaptar a novas situações, raciocinar, compreender relações entre fatos, descobrir significados e reconhecer a verdade.

in.te.li.gen.te (*lat intelligente*) adj m+f **1** Que tem inteligência. **2** Hábil, sagaz. • *s m+f Taur* Pessoa que dirige as touradas.

in.te.li.gí.vel (*lat intelligibile*) adj m+f **1** Que se pode entender. **2** Claro, perceptível. **3** *Filos* Que pertence ao domínio da inteligência. *Antôn* (acepção 3): *sensível.* *Pl: inteligíveis.*

in.te.me.ra.to (*lat intemeratu*) adj **1** Incorruptível, íntegro. **2** Puro, sem mácula.

in.tem.pe.ran.ça (*lat intemperantia*) sf **1** Falta de temperança. **2** Descomedimento, imoderação.

in.tem.pé.rie (*lat intemperie*) sf **1** Mau tempo. **2** Desarranjo ou irregularidade das condições climáticas.

in.tem.pe.ris.mo (*intempérie+ismo*) sm Conjunto de processos realizados graças à ação de agentes atmosféricos e biológicos que ocasionam a destruição física e a decomposição química dos minerais das rochas.

in.tem.pes.ti.vo (*lat intempestivu*) adj **1** Que vem em tempo inconveniente. **2** Fora do tempo oportuno; inoportuno. **3** Inopinado, súbito.

in.ten.ção (*lat intentione*) sf **1** O próprio fim a que se visa. **2** Intento, pensamento, propósito. **3** Pensamento secreto e reservado. **4** Vontade, desejo. *Por intenção de:* para proveito espiritual de: *Missa por intenção de alguém.* *Pl: intenções.* Deve-se distinguir **intenção** de **intensão**. **Intenção** significa desejo, propósito, enquanto **intensão** quer dizer veemência, intensidade.
Minha intenção era sair logo após as 23 horas.
A intensão do pregador convenceu os fiéis.

in.ten.ci.o.nal (*lat intentione+al¹*) adj m+f **1** Feito com intenção. **2** Relativo à intenção. **3** Propositado. *Pl: intencionais.*

in.ten.dên.cia (*lat intendentia*) sf **1** Direção ou cargo de intendente. **2** Repartição ou edifício em que o intendente exerce as suas funções. **3** Direção, administração de negócios. **4** Designação de um dos serviços de que se compõem os exércitos; o que tem por principal encargo o suprimento de materiais à tropa.

in.ten.são (*lat intensione*) sf Intensidade, veemência.
Veja nota em **intenção**,

in.ten.si.da.de (*intenso+i+dade*) sf **1** Qualidade do que é intenso. **2** Grau elevado. **3** Grau de força com que o som se produz. **4** Quantidade de eletricidade que passa por segundo num ponto de um circuito.

in.ten.si.fi.car (*intenso+ficar*) vtd e vpr Tornar(-se) intensivo.

in.ten.si.vo (*lat med intensivu*) adj **1** Que tem intensidade. **2** Em que se acumulam esforços ou meios. **3** Que dá mais força a uma expressão, a uma palavra, a uma ideia. **4** *Gram* Que reforça a ideia da ação: *Partícula intensiva.* **5** *Med* e *Farm* Que envolve o emprego de grandes doses ou substâncias com forte atividade terapêutica. **6** Ativo, intenso.

in.ten.so (*lat intensu*) adj **1** Forte, enérgico, veemente. **2** Que se manifesta em alto grau. **3** Penoso, árduo, duro.

in.ten.tar (*lat intentare*) vtd **1** Ter o intento de; planear, projetar, tencionar, tentar: *Intentam conquistar posições.* **2** Diligenciar, esforçar-se por: *Não intenteis dissimular as vossas intenções.* **3** Empreender: *Alguns intentaram estorvar-lhe a passagem.* **4** *Dir* Formular ou propor em juízo: *Intentar uma ação.*

in.ten.to (*lat intentu*) *sm* **1** Tenção, intenção. **2** Plano, desígnio, propósito.

in.ten.to.na (*cast intentona*) *sf* **1** *pop* Plano insensato, intento insano. **2** Conluio de motim ou revolta. **3** Ataque imprevisto.

in.te.ra.ção (*inter+ação*) *sf* **1** Ação recíproca de dois ou mais corpos uns nos outros. **2** Atualização da influência recíproca de organismos inter-relacionados. **3** Ação recíproca entre o usuário e um equipamento (computador, televisor etc.). *Interação social, Sociol:* ações e relações entre os membros de um grupo ou entre grupos de uma sociedade. *Pl: interações.*

in.te.ra.gir (*inter+agir*) *vint* Agir mutuamente, exercer interação; interatuar.

in.te.ra.ti.vo (*inter+ativo*) *adj* **1** Diz-se daquilo que permite, ou é capaz de interação: *Televisão interativa.* **2** *Inform* Referente a sistemas ou procedimentos de informática em que o usuário pode intervir no curso das atividades do computador, fornecendo novos dados ou comandos à medida que acompanha o processamento.

in.ter.ca.lar (*lat intercalare*) *vtd* e *vpr* Inserir(-se), interpor(-se), introduzir(-se), pôr(-se) de permeio: *Intercalar salsichas em* (ou *entre*) *fatias de pão.*

in.ter.câm.bio (*inter+câmbio*) *sm* **1** Troca, permuta. **2** Relações de país a país. **3** *Dir* Relações bancárias, comerciais, intelectuais ou desportivas de povo a povo ou de praça a praça. **4** *Genét* Transferência mútua de porções entre dois cromossomos.

in.ter.ce.der (*lat intercedere*) *vti* **1** Pedir, rogar por outrem ou por alguma coisa: *Intercedamos junto a Deus para que não haja nova guerra. vti* e *vint* **2** Ser intermediário a favor de alguém; intervir: *Interceder por um condenado.*

in.ter.ce.lu.lar (*inter+celular*) *adj Biol* Situado entre células.

in.ter.cep.tar (*lat interceptare*) *vtd* **1** Pôr obstáculo entre ou no meio de: *Camadas de nuvens interceptavam o panorama.* **2** Cortar a passagem, interromper no seu curso. **3** Apoderar-se por surpresa de, fazer parar: *Os bandoleiros interceptaram a carruagem.* **4** Cortar: *Interceptaram as linhas telefônicas.*

in.ter.ces.são (*lat intercessione*) *sf* Ato de interceder. *Pl: intercessões.*

in.ter.clu.be (*inter+clube*) *adj m+f* Que se realiza ou se disputa entre dois ou vários clubes.

in.ter.co.mu.ni.ca.ção (*inter+comunicação*) *sf* **1** Comunicação recíproca entre dois pontos, baseada em um sistema convencional de símbolos mímicos, fonéticos ou gráficos. **2** Comunicação recíproca entre diferentes partes de um todo.

in.ter.co.mu.ni.car (*inter+comunicar*) *vtd* **1** Abrir ou possibilitar passagem de um a outro lugar. *vpr* **2** Comunicar-se mutuamente; corresponder-se; dar e receber informação.

in.ter.con.ti.nen.tal (*inter+continental*) *adj m+f* **1** Situado entre continentes. **2** Que se faz de continente para continente. **3** Que se refere a dois ou mais continentes. *Pl: intercontinentais.*

in.ter.co.nec.ta.do (*inter+conectado*) *adj* Em que há interconexão.

in.ter.co.ne.xão (*cs*) (*inter+conexão*) *sf* Conexão entre dois ou mais equipamentos, processos etc. *Pl: interconexões.*

in.ter.cor.rên.cia (*intercorrente+ia²*) *sf* **1** Ação ou efeito de sobrevir ou de se colocar de permeio. **2** Ocorrência que interrompe. **3** Alternativa, variação.

in.ter.cos.tal (*inter+costa+al¹*) *adj m+f Anat* Que está situado entre as costelas. *Pl: intercostais.*

in.ter.cur.so (*lat intercursu*) *sm* **1** Comunicação, encontro, trato. **2** Relacionamento. *Intercurso social, Sociol:* relação entre pessoas, baseada nas regras da reciprocidade social.

in.ter.di.ção (*lat interdictione*) *sf* **1** Ato de proibir ou impedir. **2** Ato de privar judicialmente alguém do direito de reger a sua pessoa e bens. **3** Proibição. *Interdição de comércio:* ação ou efeito de proibir o comércio com uma nação com que se está em guerra. *Pl: interdições.*

in.ter.dis.ci.pli.nar (*inter+disciplinar+ar²*) *adj m+f* Comum a várias disciplinas.

in.ter.dis.ci.pli.na.ri.da.de (*interdisciplinar+i+dade*) *sf* Qualidade de interdisciplinar.

in.ter.di.tar (*inter+ditar*) *vtd* **1** Pronunciar interdito contra. **2** Proibir, tornar interdito: *Interditar a entrada.*

in.ter.di.to (*lat interdictu*) *adj* **1** Proibido. **2** *Dir* Privado judicialmente da livre disposição dos seus bens e da sua pessoa. **3** *Dir* Privado de certos direitos em virtude de sentença judicial. **4** *Rel* Diz-se do lugar onde está vedada a celebração de ofícios divinos. **5** *Rel* Diz-se do sacerdote proibido de exercer o seu ministério. • *sm* **1** Interdição. **2** Aquele que está interdito.

in.te.res.san.te (de *interessar*) *adj m+f* **1** Que interessa, que atrai a atenção. **2** Simpático, atraente. **3** Estranho. **4** *pop* Diz-se do estado de mulher grávida.

in.te.res.sar (*interesse+ar¹*) *vti* **1** Ser interessante, proveitoso, útil: *Esse negócio só interessa a uma das partes. vti* **2** Obter lucro ou proveito, tirar utilidade: *A população interessa na conservação e embelezamento da cidade. vpr* **3** Tomar interesse: *Sua esposa não se interessa pelos negócios domésticos. vtd* **4** Dar parte nos lucros a: *A companhia te interessará nos seus negócios. vpr* **5** Associar-se com alguém num negócio: *Todos os herdeiros se interessaram na continuação da empresa. vtd* **6** Dizer respeito a: *Essa lei interessa a indústria. vtd* **7** Atrair, provocar a curiosidade, o interesse: *Todos os assuntos interessam a sua incansável atividade intelectual. vtd* **8** Captar a benevolência, o favor de: *Fizeram grandes esforços para interessar o prefeito pelo seu requerimento. vtd* **9** Alcançar, ofender, ferir: *O golpe interessou-lhe a carótida.*

in.te.res.se (*lat interesse*) *sm* **1** Conveniência, lucro, proveito, vantagem ou utilidade que alguém encontra em alguma coisa. **2** Sentimento egoísta ou de cobiça, desejo de um proveito pessoal que tudo sacrifica aos ganhos pecuniários. **3** Juro de um capital depositado. **4** Importância. **5** Atrativo, simpatia. **6** Cuidado, diligência, empenho a favor de alguém ou de alguma coisa. **7** *Psicol* Sentimento que acompanha a atenção dirigida para um conteúdo específico. **8** *Psicol* Relação ou enlace entre um motivo e certo incentivo, ou classe de incentivos.

in.te.res.sei.ro (*interesse+eiro*) *adj* + *sm* Que, ou aquele que atende só ao próprio interesse.

in.te.res.ta.du.al (*inter+estadual*) *adj m+f* **1** Que diz respeito às relações entre os Estados da República. **2** Que se realiza de Estado para Estado. *Pl: interestaduais.*

in.ter.es.te.lar (*inter+lat stella+ar²*) *adj m+f* Situado entre estrelas.

in.ter.fa.ce (*inter+face*) *sf* **1** Superfície, plana ou não, que forma um limite comum de dois corpos ou espaços. **2** Limite entre duas faces em sistema físico-químico heterogêneo. **3** *Inform* Circuito, dispositivo ou porta que permite que duas ou mais unidades incompatíveis sejam interligadas num sistema padrão de comunicação, permitindo que se transfiram dados entre elas. **4** *Inform* Parte de um programa que permite a transmissão de dados para outro programa. *Interface ACR, Inform:* interface que permite a conexão de um gravador cassete a um computador.

in.ter.fe.rên.cia (*interferir+ente+ia²*) *sf* **1** Intervenção. **2** *Fís* Encontro de dois sistemas de ondas. **3** *Fís* Diminuição de luz que se produz quando os raios luminosos ou dois feixes de luz pouco inclinados se encontram, formando um ângulo pequeno. **4** *Radiotécn* Efeito produzido num receptor por ondas ou campos elétricos que produzem ruídos ou outros sinais na recepção.

in.ter.fe.rir (*fr interférer*) *vti* **1** Intervir: *Interferir nos negócios públicos.* *vint* **2** *Fís* Produzir interferência. Conjuga-se como *ferir*.

in.ter.fo.ne (*inter+fone*) *sm* Aparelho eletracústico que permite a comunicação entre a portaria de um prédio e os respectivos apartamentos etc.

in.ter.ga.lác.ti.co (*inter+galáctico*) *adj* Que se situa entre as galáxias.

in.ter.go.ver.na.men.tal (*inter+governamental*) *adj m+f* Que se realiza entre governos ou governadores. *Pl: intergovernamentais.*

ín.te.rim (*lat interim*) *sm* Tempo intermédio. *Neste ínterim:* entrementes; entretanto. *Pl: ínterins.*

in.te.ri.no (*inter+ino*) *adj* **1** Provisório. **2** Que exerce posições provisórias na falta ou impedimento do funcionário efetivo. **3** Passageiro. **4** Temporário. **5** Que serve ou está provido temporariamente.

in.te.ri.or (*lat interiore*) *adj* **1** Que está dentro. **2** Interno. **3** Íntimo, particular, privado. **4** Concernente à alma, à natureza moral. • *sm* **1** A parte que está dentro. **2** Parte interna do país por oposição à costa ou litoral. **3** O que há de mais recôndito de qualquer coisa. **4** Instalação interna de uma casa. **5** Caráter, índole.

in.te.ri.o.ra.no (*interior+ano*) *adj* **1** Referente ao interior de um país. **2** Procedente do interior.

in.te.ri.o.ri.zar (*interior+izar*) *vtd* **1** Trazer para dentro de si. *vtd e vpr* **2** Manifestar(-se) interiormente.

in.ter.jei.ção (*lat interjectione*) *sf Gram* Palavra ou voz que exprime de modo enérgico e conciso os sentimentos súbitos da alma, tais como alegria, dor, admiração, medo etc. *Pl: interjeições.*

in.ter.li.gar (*inter+ligar*) *vtd* e *vpr* Ligar entre si duas ou mais coisas.

in.ter.lo.cu.tor (*inter+locutor*) *sm* **1** Pessoa que fala com outra. **2** Indivíduo incumbido por outros de falar em nome de todos.

in.ter.me.di.ar (*intermédio+ar¹*) *V entremear.*

in.ter.me.di.á.rio (*intermédio+ário*) *adj* **1** Que está de permeio. **2** Que intervém. **3** Medianeiro. • *sm* **1** Agente de negócios; corretor. **2** O que estabelece relações ou comunicações; medianeiro. **3** Comerciante que se coloca entre o produtor e o consumidor; atravessador.

in.ter.mé.dio (*lat intermediu*) *adj* Que está de permeio, no meio; interposto. • *sm* **1** O que estabelece comunicação ou relações entre duas coisas ou pessoas. **2** Intervenção, interposição, mediação. **3** *Farm* Substância que facilita a mistura dos ingredientes de um medicamento. **4** *Lit* Pequena composição teatral que se representava nos intervalos dos atos e, mais tarde, no começo e no fim dos espetáculos.

in.ter.mi.ná.vel (*lar interminabile*) *adj m+f* **1** Que não termina. **2** Inacabável, infindo. **3** Que se prolonga. **4** Que dura muito. **5** Demasiadamente extenso. *Sin: intérmino. Pl: intermináveis.*

in.ter.mi.nis.te.ri.al (*inter+ministério+al¹*) *adj m+f* Que se realiza entre ministros ou ministérios. *Pl: interministeriais.*

in.ter.mi.tên.cia *sf* (*intermitente+ia¹*) **1** Qualidade de intermitente; descontinuação. **2** Interrupção momentânea. **3** Interrupção numa série. **4** Intervalo em fenômenos periódicos. **5** *Med* Manifestação característica de certas febres ou outras doenças por acessos intervalados, fora dos quais o doente parece curado. **6** Fenômeno patológico caracterizado por haver, entre duas pulsações, um intervalo muito maior do que entre as outras; arritmia.

in.ter.mi.ten.te (*lat intermittente*) *adj m+f* **1** Não contínuo. **2** Interrompido a espaços. **3** Que para por intervalos. **4** Diz-se da febre que se manifesta por acessos intervalados dum período normal. **5** Diz-se do pulso cujas pulsações deixam entre si intervalos desiguais.

in.ter.mu.ni.ci.pal (*inter+municipal*) *adj m+f* **1** Que se realiza entre municípios. **2** Que se refere às relações entre municípios. • *sm Esp* Competição entre representações de municípios diferentes. *Pl: intermunicipais.*

in.ter.na.ção (*internar+ção*) *sf* Ato ou efeito de internar(-se). *Pl: internações.*

in.ter.na.ci.o.nal (*ingl international*) *adj m+f* **1** Relativo às relações entre nações. **2** Que se faz entre nações. **3** Que se estabelece de nação para nação. **4** Que reúne ou interessa representantes de todas as nações. • *sm Esp* Competição entre representações de nações diferentes. *sf* Hino revolucionário internacional. *Associação internacional dos trabalhadores:* organização de operários de diversas nações em luta para a defesa de suas reivindicações. *Pl: internacionais.*

in.ter.na.ci.o.na.li.zar (*internacional+izar*) *vtd* e *vpr* Tornar(-se) internacional; tornar(-se) comum a várias nações; espalhar(-se) por várias nações, universalizar(-se): *Internacionalizaram a ponte. O cristianismo internacionalizou-se.*

in.ter.na.do (*part de internar*) *adj* **1** Metido para o interior. **2** Com residência fixa no interior. **3** Diz-se daquele que é posto, com mais ou menos permanência, em colégio ou hospital; interno. • *sm* Pessoa internada.

in.ter.nar (*interno+ar¹*) *vtd* e *vpr* **1** Introduzir(-se), pôr(-se) dentro, tornar(-se) interno em (hospital, num colégio etc.): *Internou-se na Santa Casa.* *vtd* **2** Obrigar alguém a residir no interior de um país, em localidade de onde lhe será proibido ausentar-se: "...fez internar os conspiradores da fronteira" (Cândido de Figueiredo). *vpr* **3** Introduzir-se, meter-se pelo interior: "O Coronel César internou-se na caatinga" (Euclides da Cunha). *vpr* **4** Engolfar-se, entranhar-se: *Internar-se no estudo.*

in.ter.na.to (de *internar*) *sm* **1** Instituição ou escola assistencial onde os alunos moram, fazem suas refeições e recebem instrução; pensionato. **2** Conjunto dos alunos internos. *Antôn:* externato.

in.ter.nau.ta (*inter(net)+(astro)nauta*) *s m+f Inform* Quem usa *internet*, a rede mundial de computadores.

internet (*inter+ingl net*, rede) *sf Inform* Rede remota internacional de computadores, descentralizada e de acesso público, que proporciona transferência de arquivos e dados, juntamente com funções de correio eletrônico, para milhões de usuários ao redor do mundo.

in.ter.no (*lat internu*) *adj* **1** Que está dentro. **2** Diz-se do aluno que reside no colégio. **3** Diz-se do medicamento que se toma por via oral ou retal. **4** *Geom* Diz-se de cada um dos ângulos que ficam do lado de dentro de duas paralelas cortadas por uma secante. **5** *Med* Diz-se da doença que tem a sua sede num órgão interno. **6** *Bot* Designativo dos botões que permanecem ocultos até a época em que os gomos começam a desabrochar. • *sm* **1** Aluno que reside no colégio. **2** Estudante de medicina que, num hospital, auxilia o corpo médico.

in.ter.par.ti.dá.rio (*inter+partidário*) *adj* Que se efetua entre partidos: *Acordo interpartidário.*

in.ter.pe.lar (*lat interpellare*) *vtd* **1** Dirigir a palavra a (alguém) para perguntar alguma coisa: "Interpelou a namorada a respeito daquela circunstância equívoca" (Machado de Assis). **2** Dirigir a palavra a (alguém) para o interrogar. **3** *Dir* Intimar. **4** Pedir no parlamento explicações a um ministro: *Interpelou o ministro sobre assuntos da sua pasta.*

in.ter.pes.so.al (*inter+pessoal*) *adj m+f* Que existe ou se realiza entre duas pessoas. *Pl: interpessoais.*

in.ter.pla.ne.tá.rio (*inter+planetário*) *adj* Que está ou se realiza entre planetas.

in.ter.po.lar (*lat interpolare*) *vtd* **1** Inserir, intercalar, introduzir num texto (palavras ou frases). **2** Alterar, completar, esclarecer (um texto), pela intercalação de palavras ou frases que lhe são estranhas. • *adj Fís* Que está entre os polos de uma pilha.

in.ter.por (*lat interponere*) *vtd* e *vpr* **1** Colocar (-se), pôr(-se) entre; meter(-se) de permeio: "Entre dois sujeitos tão grandes não me atrevo a interpor juízo" (Padre Antônio Vieira). *vtd* **2** Fazer intervir: *Interpusera sua autoridade a nosso favor.* *vtd* **3** Opor, contrapor: *Interpor réplicas, objeções* etc. *Interpor agravo, Dir:* agravar. *Interpor recurso, Dir:* recorrer. Conjuga-se como *pôr.*

in.ter.pre.ta.ção (*lat interpretatione*) *sf* **1** Ato ou efeito de interpretar. **2** Explicação. **3** Modo como atores desempenham os seus papéis numa composição dramática. *Pl: interpretações.*

in.ter.pre.tar (*lat interpretari*) *vtd* **1** Aclarar, explicar o sentido de: *Interpretamos termos obscuros pelos contextos.* *vtd* **2** Tirar de (alguma coisa) uma indução ou presságio: *Interpretar sonhos.* *vtd* **3** Avaliar a intenção, o sentido de: *Não sei como interpretar o seu sorriso.* **4** Traduzir ou verter de língua estrangeira ou antiga: *Interpretara Homero em português.* **5** Reproduzir ou exprimir a intenção ou o pensamento de: *Interpretava nesse dia a sátira de um poeta cômico.* **6** Representar; desempenhar papel (ator). *Conjug – Pres subj: interprete, interpretes (pré)* etc. *Cf intérprete.*

in.tér.pre.te (*lat interprete*) *s m+f* **1** Pessoa que interpreta. **2** Pessoa que serve de intermediário entre indivíduos que falam idiomas diferentes, traduzindo o discurso de um para o outro. **3** O que interpreta uma obra de arte; exegeta. **4** O que toca ou canta uma obra musical.

in.ter.ra.ci.al (*inter+raça+al*[1]) *adj m+f* Que se efetua ou se observa entre raças.

in.ter.reg.no (*lat interregnu*) *sm* **1** Tempo entre dois reinados. **2** Interrupção do exercício de autoridade, ou da linha dinástica que a exercia. **3** Interrupção, intervalo.

in.ter.re.la.ci.o.nar (*inter+relacionar*) *vtd* **1** Pôr em relação mútua; relacionar duas ou mais coisas entre si. *vint* e *vpr* **2** Entrar em relações mútuas; ter relações mútuas.

in.ter.ro.ga.ção (*lat interrogatione*) *sf* **1** Ato ou efeito de interrogar; pergunta. **2** Interrogatório. **3** Ponto de interrogação. *Pl: interrogações.*

in.ter.ro.gar (*lat interrogare*) *vtd* **1** Fazer perguntas, proceder a interrogatório: *Interrogaram-me sobre o passado e o presente.* *vtd* **2** Examinar, propor questões a: *Interrogava demoradamente os candidatos.* *vtd* **3** *Dir* Inquirir: *Interrogar o réu, as testemunhas.* *vtd* **4** Investigar: *Interrogar os mistérios da natureza.* *vtd* **5** Consultar, indagar: *Interrogar as estrelas. Interrogou-me com o olhar.* *vpr* **6** Consultar-se, examinar-se: "Não exijo pressa; interrogue-se primeiramente" (Francisco Fernandes).

in.ter.ro.ga.ti.vo (*lat interrogativu*) *adj* **1** Próprio para interrogar. **2** Que interroga. **3** Que indica interrogação.

in.ter.ro.ga.tó.rio (*lat interrogatoriu*) *adj V interrogativo.* • *sm* **1** Ato de interrogar. **2** *Dir* Auto por escrito do conjunto de perguntas que o magistrado dirige ao réu e as respostas deste.

in.ter.rom.per (*lat interrumpere*) *vtd* **1** Fazer cessar por algum tempo: *O temporal interrompeu as comunicações.* *vtd* **2** Cortar ou romper a continuidade de: *Com aquele aparte novamente me interrompia o discurso.* *vtd* **3** Suspender: *Os adversários interromperam a trégua.* *vtd* **4** Destruir, extinguir: *A aurora interrompeu o temporal.* *vpr* **5** Cessar ou parar momentaneamente: *Interromperam-se as visitas.* *vtd* **6** Deixar de fazer temporariamente: *Interromper o trabalho.* *vtd* **7** Cortar, desligar (uma corrente de qualquer fluido). *vpr* **8** Calar-se, falar de coisa diversa do que vinha dizendo, não continuar a fazer o que estava fazendo. *vtd* **9** Cortar a palavra a: *Ouvi-o sem o interromper.* *vtd* **10** Embaraçar, estorvar: *Interromper as palavras de alguém.*

in.ter.rup.ção (*lat interruptione*) *sf* **1** Ato ou efeito de interromper(-se). **2** Aquilo que interrompe. **3** *Ret* Reticência, suspensão. *Pl: interrupções.*

in.ter.rup.tor (*lat interruptore*) *adj + sm* Que, ou o que interrompe, ou causa interrupção. • *sm* **1** Pessoa que interrompe. **2** *Eletr* Dispositivo destinado a abrir ou fechar um circuito elétrico; comutador.

in.ter.se.ção (*lat intersectione*) *sf* **1** Ato de cortar pelo meio. **2** Corte. **3** *Geom* Ponto em que se cruzam duas linhas ou superfícies. *Var: intersecção. Pl: interseções.*

in.ter.sin.di.cal (*inter+sindical*) *adj m+f* Que se realiza ou se verifica entre sindicatos. *Pl: intersindicais.*

in.ters.ti.ci.al (*interstício+al* ²) *adj m+f* **1** Que pertence ou se refere aos interstícios. **2** Situado nos interstícios. **3** Diz-se das células e glândulas por elas constituídas, existentes entre o epitélio seminal dos testículos dos vertebrados, e que pela sua secreção interna determinam os caracteres sexuais secundários. *Pl: intersticiais.*

in.ters.tí.cio (*lat interstitiu*) *sm* **1** Intervalo. **2** Fenda. **3** Espaço ou intervalo entre moléculas, células etc. **4** *Anat* Espaço que separa dois órgãos contíguos. **5** *Rel* Intervalo de tempo existente entre a recepção de uma ordem eclesiástica e a da seguinte.

in.te.rur.ba.no (*inter+urbano*) *adj* Que se realiza entre cidades. • *sm* Comunicação telefônica entre duas cidades.

in.ter.va.lar (*intervalo+ar*¹) *vtd* **1** Abrir intervalos em: *Intervalar uma aula, um trabalho. vtd* **2** Dispor com intervalos: *Intervalar cadeiras num salão. vtd* **3** Alternar, entremear: *Intervalava ocupações intelectuais com trabalhos braçais. vtd* **4** *Tip* Abrir na composição espaços mais largos que os normais. *vpr* **5** Separar-se com intervalos: *Intervalavam-se os túneis na travessia da serra.* • *adj m+f* Situado num intervalo.

in.ter.va.lo (*lat intervallu*) *sm* **1** Distância entre dois pontos. **2** Espaço de tempo entre duas épocas, entre dois fatos, entre as partes de um espetáculo etc. **3** *Mús* Distância ou altura entre duas notas musicais. **4** *Med* Intermitência. *Intervalo de classe, Sociol:* espaço intermediário entre os limites superiores e inferiores de uma classe, segundo determinados dados quantitativos. *Intervalo lúcido:* tempo em que os loucos e os delirantes mostram uso da razão. *Intervalo tático, Mil:* espaço que isola uns dos outros os grupos principais de uma linha de batalha.

in.ter.ven.ção (*lat interventione*) *sf* **1** Ato ou efeito de intervir. **2** *Med* Operação cirúrgica. **3** Ação direta do governo federal em um Estado da Federação. **4** Ação do governo ou de uma entidade oficial em uma associação. *Pl: intervenções.*

in.ter.ven.tor (*lat interventore*) *adj* Que intervém. • *sm* **1** Aquele que assume o governo de um Estado como representante do presidente da República. **2** Aquele que administra uma associação em caso de intervenção. **3** Aquele que intervém no pagamento de uma letra de câmbio.

in.ter.vir (*lat intervenire*) *vti* **1** Tomar parte voluntariamente; ingerir-se: *Intervir numa conversa. vti* e *vint* **2** Interpor a sua autoridade, os seus bons ofícios: *Abstenho-me de intervir nessa questão. Mas parece necessário intervires quanto antes. vti* **3** Ser ou estar presente; assistir: *Intervir num processo. vint* **4** Suceder inesperadamente: *Interveio a gripe, com o que se prejudicou a indústria. vti* **5** *Polít* Fazer entrar tropas num país estrangeiro. Conjuga-se como *vir*.

in.ter.vo.cá.li.co (*inter+vocálico*) *adj Gram* Que está entre vogais.

in.tes.ti.nal (*lat intestinale*) *adj m+f* **1** *Med* Que pertence ou se refere aos intestinos. **2** Que vive nos intestinos: *Vermes intestinais. Pl: intestinais.*

in.tes.ti.no (*lat intestinu*) *adj* **1** Interior, interno, íntimo. **2** Doméstico, nacional: *Guerras intestinas*. **3** Que está muito dentro, muito interior. • *sm Anat* Parte do tubo digestivo que se estende desde o estômago até o ânus. *Intestino delgado:* parte do intestino que compreende o duodeno, o jejuno e o íleo. *Intestino grosso:* parte do intestino que compreende o ceco, o cólon e o reto, terminando no ânus. *sm pl* O canal intestinal; as tripas; as entranhas.

in.ti.ma.ção (*lat intimatione*) *sf* **1** Ato de intimar. **2** *Dir* Ato pelo qual se dá ciência às partes, ou a um interessado, de despacho, de sentença ou de qualquer outro ato praticado no curso da ação. **3** *pop* Ostentação, bazófia. *Pl: intimações.*

in.ti.mar (*lat intimare*) *vtdi* **1** Determinar de modo autoritário; ordenar: *Intimou-os a entrar na classe. vtd* **2** *Jur* Fazer notificação jurídica a: *Soube que a polícia o intimara. vtd* **3** Citar para dia certo: *Intimou uma sessão da junta para o dia 9. vtd* **4** Insultar, ofender. *vint* **5** Falar com arrogância.

in.ti.mi.da.de (*íntimo+i+dade*) *sf* **1** Qualidade de íntimo. **2** Amizade íntima, relações íntimas. **3** Familiaridade.

in.ti.mi.dar (*in+tímido+ar*²) *vtd* **1** Tornar tímido: *Sua gagueira o intimidava. vtd* **2** Assustar, apavorar: *O furor da tormenta intimidou os viajantes. vpr* **3** Atemorizar-se: *Não se intimida com ameaças.*

ín.ti.mo (*lat intimu*) *adj* **1** Muito de dentro, profundo. **2** Que atua no interior. **3** Doméstico, familiar. **4** Muito cordial ou afetuoso. **5** *Fís* e *Quím* Que penetra ou atua no interior dos corpos e nas suas moléculas. **6** Vestido diretamente sobre a pele, sob outra roupa: *Roupa íntima.* • *sm* **1** A parte mais interna; o âmago. **2** Amigo com o qual se tem grande familiaridade.

in.ti.mo.ra.to (*in+timorato*) *adj* Que não é medroso; destemido, valente.

in.ti.tu.lar (*baixo+lat intitulare*) *vtd* **1** Dar título a. *vtd* **2** Chamar, denominar: "Terrível mal que intitulam de peste bubônica" (Euclides da Cunha). *vpr* **3** Ter por título, tomar o título de: *Intitulava-se defensor do povo.*

in.to.cá.vel (*in+tocar+vel*) *adj m+f* Em que não se pode tocar. • *s m+f* Na Índia, membro das castas inferiores, situadas acima da dos párias. *Pl: intocáveis.*

in.to.le.rân.cia (*lat intolerantia*) *sf* **1** Falta de tolerância. **2** Qualidade de intolerante. *Intolerância medicamentosa:* impossibilidade orgânica de tolerar certos medicamentos.

in.to.le.ran.te (*lat intolerante*) *adj m+f* **1** Diz-se de quem não é tolerante. **2** Que revela falta de tolerância. • *s m+f* Pessoa partidária do intolerantismo, doutrina caracterizada pela intolerância religiosa.

in.to.le.rá.vel (*lat intolerabire*) *adj m+f* **1** Que não é tolerável. **2** Insuportável. *Pl: intoleráveis.*

in.to.xi.ca.ção (*cs*) (*intoxicar+ção*) *sf* **1** Ato ou efeito de intoxicar. **2** *Med* Introdução de uma substância tóxica no organismo. *Intoxicação alimentar, Med:* desordem gastrintestinal aguda, causada por alimentos inerentemente venenosos ou, mais comumente, por alimentos contaminados com certas bactérias, especialmente estafilococos e salmonelas. *Intoxicação saturnina, Med:* intoxicação crônica produzida pela absorção de chumbo no sistema sanguíneo. *Pl: intoxicações.*

in.to.xi.car (cs) (*lat med intoxicare*) *vtd* e *vpr* **1** Envenenar(-se). *vint* **2** Causar intoxicação.

in.tra.ce.lu.lar (*intra+célula+ar²*) *adj m+f* Situado dentro da célula.

in.tra.du.zí.vel (*in+traduzível*) *adj m+f* **1** Que não se pode traduzir. **2** Que é de difícil explicação ou interpretação. *Pl: intraduzíveis.*

in.tra.gá.vel (*in+tragar+vel*) *adj m+f* **1** Que não se pode tragar. **2** Intolerável. *Pl: intragáveis.*

in.tra.mus.cu.lar (*intra+muscular*) *adj m+f* **1** Situado no interior dos músculos. **2** Diz-se da injeção que se faz entre as fibras musculares.

intranet (*intra+ingl net*, rede) *sf Inform* Rede de computadores, de acesso privado, que proporciona serviços similares aos da *Web*, podendo ou não estar conectada à *Internet.*

in.tran.qui.li.da.de (*qwi*) (*in+tranquilidade*) *sf* Falta de tranquilidade.

in.trans.fe.rí.vel (*in+transferir+vel*) *adj m+f* Que não se pode transferir. *Pl: intransferíveis.*

in.tran.si.gên.cia (*zi*) (*in+transigência*) *sf* **1** Falta de transigência. **2** Austeridade de caráter. **3** Rigidez ou rigor na observância dos princípios.

in.tran.si.gen.te (*zi*) (*in+transigente*) *adj + s m+f* **1** Que, ou pessoa que não transige. **2** Que, ou pessoa que é austera, rigorosa nos princípios.

in.tran.si.tá.vel (*zi*) (*in+transitar+vel*) *adj m+f* **1** Que não é transitável ou por onde não se pode passar. **2** Cujo trânsito é proibido. *Pl: intransitáveis.*

in.tran.si.ti.vo (*zi*) (*lat intransitivu*) *adj* **1** *Gram* Qualificativo do verbo ativo, cuja ação fica no sujeito, e que, tendo sentido completo, não exige objeto nenhum: *andar, voar.* **2** Intransmissível.

in.trans.mis.sí.vel (*in+transmissível*) *adj m+f* Que não é transmissível, que não se pode ou não se deve transmitir para outrem. *Pl: intransmissíveis.*

in.trans.po.ní.vel (*in+lat transponere+vel*) *adj m+f* Que não pode ser transposto. *Pl: intransponíveis.*

in.tra.tá.vel (*lat intractabile*) *adj m+f* **1** Que não é tratável. **2** Orgulhoso, soberbo. **3** Insociável. **4** *fig* Intransitável. **5** *Metal* Difícil de se fundir; refratário. *Pl: intratáveis.*

in.tra.u.te.ri.no (*intra+útero+ino*) *adj Anat* **1** Que se produz no interior do útero. **2** Que se refere ao interior do útero.

in.tra.vas.cu.lar (*intra+vascular*) *adj m+f Biol* Que está ou se realiza no interior dos vasos sanguíneos.

in.tra.ve.no.so (*ô*) (*intra+lat vena+oso*) *adj Anat* Que se realiza ou se verifica no interior das veias: *Injeção intravenosa. Pl: intravenosos (ó).*

in.tre.pi.dez (*intrépido+ez*) *sf* **1** Qualidade de intrépido. **2** Falta de temor; ânimo, coragem, ousadia.

in.tré.pi.do (*lat intrepidu*) *adj* **1** Que não trepida. **2** Que não tem medo. **3** Que tem ousadia; audaz.

in.tri.car (*lat intricare*) *vtd* **1** Tornar obscuro a; embaraçar, enredar, confundir. *vpr* **2** Embaraçar-se, enredar-se. *Var: intrincar.*

in.tri.ga (*der* regressiva de *intrigar*) *sf* **1** Enredo secreto, maquinação para obter qualquer vantagem ou prejudicar alguém. **2** Cilada. **3** Traição. **4** Bisbilhotice, mexerico. **5** *Lit* Enredo de uma obra literária. *Intrigas de bastidores:* mexericos, questiúnculas, tramas entre artistas ou autores dramáticos.

in.tri.ga.do (*part* de *intrigar*) *adj* **1** Em que há intriga. **2** Desconfiado, preocupado, curioso. • *sm* Inimigo, desafeto.

in.tri.gar (*lat intricare*) *vint* **1** Fazer intrigas: *Ela gosta de intrigar. vtdi* **2** Enredar, envolver em mexericos, inimizar com intrigas: *Intriga-as com pérfidas insinuações. vtd* e *vint* **3** Incitar a curiosidade: *O mistério intrigava o repórter.*

in.trín.se.co (*lat intrinsecu*) *adj* **1** Que está no interior de uma coisa e lhe é próprio ou essencial. **2** Diz-se do valor que os objetos possuem independentemente de qualquer convenção. **3** Íntimo, inerente. *Antôn: extrínseco.*

in.tro.du.ção (*lat introductione*) *sf* **1** Ato ou efeito de introduzir. **2** Importação. **3** Pequeno trecho que antepõe à exposição temática de uma peça musical. **4** Parte inicial de um livro, localizada após o prefácio, onde se expõem o argumento, os objetivos da obra e o modo de tratar o assunto; exórdio, preâmbulo, preliminares, prólogo. *Pl: introduções.*

in.tro.du.ti.vo (*lat introductu*) *V introdutório.*

in.tro.du.tó.rio (*lat introductoriu*) *adj* Que serve de introdução ou de começo.

in.tro.du.zir (*lat introducere*) *vtd* **1** Fazer entrar, colocar dentro de: "...brocam a pedra, para lhe introduzir a pólvora" (Aluísio Azevedo). *vtd* **2** Fazer entrar, levar para dentro: *Introduza-os pela porta da direita. vpr* **3** Entrar, penetrar: *Um estranho introduziu-se na oficina. vtdi* **4** Incluir: *Introduziu mais personagens na peça. vpr* **5** Imiscuir-se, intrometer-se: *Aproximou-se e introduziu-se na conversa. vtd* **6** Dar voga a; estabelecer, tornar adotado: *Introduzir gírias, moda. vtd* **7** Iniciar, começar. Conjuga-se como *reduzir.*

in.troi.to (*ó*) (*lat introitu*) *sm* **1** Entrada, começo, princípio. **2** *Liturg* Prece cantada ou rezada antes do início da missa.

in.tro.me.ter (*lat intromittere*) *vtdi* **1** Fazer entrar, intercalar, introduzir: *Intrometeu no texto algumas palavras. vpr* **2** Entremeter-se, ingerir-se: *Não se intrometa na vida alheia. vpr* **3** Contender, implicar: *Não se intrometa com quem está trabalhando.*

in.tro.me.ti.do (*part* de *intrometer*) *adj + sm* Que, ou o que se intromete no que não lhe diz respeito.

in.tro.mis.são (*lat med intromissione*) *sf* Ato ou efeito de intrometer(-se). *Pl: intromissões.*

in.tros.pec.ção (*lat introspectione*) *sf Psicol* Exame que alguém faz de seus próprios sentimentos e pensamentos. *Pl: introspecções.*

in.tro.ver.ter (*intro+verter*) *vtd* e *vpr* Voltar(-se) para dentro; concentrar(-se), recolher(-se): *Solenidade que fazia introverter a alma.*

in.tro.ver.ti.do (*part* de *introverter*) *adj* **1** Voltado para dentro. **2** Absorto, concentrado. *Antôn: extrovertido.*

in.tru.so (*lat intrusu*) *adj* **1** Que entrou ilegalmente, ou sem ser chamado. **2** Metediço, intrometido. **3** Estranho ao grupo em que se encontra. **4** Introduzido sem direito em benefício, cargo, dignidade, sociedade etc. • *sm* **1** Indivíduo intruso. **2** *Inform* Pessoa sem autorização para usar um computador ou conectar-se a uma rede.

in.tu.ba.ção (*intubar+ção*) *sf Med* Inserção de um tubo, especialmente na laringe através da glote, para dar passagem ao ar; tubagem. *Pl: intubações.*

in.tu.i.ção (*lat intuitione*) *sf* **1** Conhecimento imediato e claro, sem recorrer ao raciocínio. **2** Pressentimento. **3** *Teol* Visão beatífica. **4** *Filos* Conhecimento claro, direto, imediato e espontâneo da verdade. **5** Sexto sentido, que, segundo o ocultismo, se acha em processo de desenvolvimento no homem e que lhe permitiria conhecer os fatos que estivessem para acontecer sem o uso dos sentidos. *Pl: intuições.*

in.tu.ir (*lat intueri*) *vtd neol* **1** Ter intuição de. **2** Pressentir. *Conjug – Part: intuído.*

in.tu.i.ti.vo (*intuir+ivo*) *adj* **1** Dotado de intuição. **2** Relativo à intuição. **3** Que se percebe através da intuição. **4** Evidente, claro.

in.tui.to (*túi*) (*lat intuitu*) *sm* **1** Escopo, fim. **2** Aquilo que se tem em vista; plano, propósito.

in.tu.mes.cen.te (*lat intumescente*) *adj m+f* Que começa a crescer, a inchar.

in.tu.mes.cer (*lat intumescere*) *vtd, vint* e *vpr* **1** Tornar(-se) túmido, inchar(-se), avolumar(-se): "Um suspiro de alívio intumesceu-lhe o peito" (Júlio Ribeiro). **2** *fig* Envaidecer(-se), enso-berbecer(-se).

i.nu.ma.ção (*inumar+ção*) *sf* Ato de inumar. *Antôn: exumação.*

i.nu.ma.no (*in+humano*) *adj* Que não tem sentimento de humanidade; desumano.

i.nu.mar (*lat inhumare*) *vtd* Enterrar (cadáveres), sepultar. *Antôn: exumar.*

i.nu.me.rá.vel (*lat innumerabile*) *adj m+f* **1** Que não se pode numerar ou contar. **2** Em grande número; numeroso. *Pl: inumeráveis.*

i.nú.me.ro (*lat innumeru*) *adj* V *inumerável.* (Empregado, em regra, no plural.)

i.nun.da.ção (*lat inundatione*) *sf* **1** Ato ou efeito de inundar(-se). **2** Grande cheia de águas que transbordam do rio, alagando as terras próximas. **3** Grande número de pessoas, animais ou coisas que aparecem de repente no mesmo lugar. **4** Incursão belicosa em grande massa. *Pl: inundações.*

i.nun.dar (*lat inundare*) *vtd* e *vpr* **1** Alagar(-se), cobrir(-se) de água que transborda: *O Amazonas inunda as selvas. vtd* **2** Banhar, molhar, umedecer: *O suor inundava-lhe a fronte. vtd* **3** Invadir: *Os bárbaros inundaram a Europa. vtd* **4** Banhar, iluminar: *Um clarão de alegria inundou-lhe o rosto. vtd* **5** Encher, fartar, saciar: *O sol inundava a planície com o seu clarão avermelhado.*

i.nun.dá.vel (*inundar+vel*) *adj m+f* Que se pode inundar. *Pl: inundáveis.*

i.nu.si.ta.do (*lat inusitatu*) *adj* **1** Que não é usado. **2** Estranho. **3** Extraordinário, esquisito. *Antôn: usual.*

i.nú.til (*lat inutile*) *adj m+f* **1** Que não tem utilidade. **2** Estéril, vão. **3** Desnecessário. **4** Sem préstimo. *Pl: inúteis.*

i.nu.ti.li.da.de (*lat inutilitate*) *sf* **1** Falta de utilidade. **2** Incapacidade. **3** Coisa ou pessoa sem préstimo.

i.nu.ti.li.zar (*inútil+izar*) *vtd* e *vpr* **1** Tornar(-se) inútil: "As moendas inutilizaram-se" (Júlio Ribeiro). *vtd* **2** Baldar, frustrar: *Inutilizar esforços. vtd* **3** Quebrar, danificar: *A enchente inutilizou os móveis.*

i.nu.ti.li.zá.vel (*inutilizar+vel*) *adj m+f* Que se pode ou deve inutilizar. *Pl: inutilizáveis.*

in.va.dir (*lat invadere*) *vtd* **1** Entrar à força em: *Átila invadiu a Gália.* **2** Assumir indevidamente ou por violência; usurpar: *Detestava que invadissem suas atribuições.* **3** Alastrar-se, espalhar-se por: *A erva invadiu o rancho desabitado.* **4** Avassalar, dominar, tomar: "Invadia-os o cansaço" (Machado de Assis).

in.va.li.dar (*in+validar*) *vtd* **1** Tornar inválido ou nulo. **2** Tirar o crédito ou a importância a. **3** Inabilitar, inutilizar. *Conjug – Pres indic: invalido, invalidas (lí)* etc. *Cf inválido.*

in.va.li.dez (*inválido+ez*) *sf* Caráter ou estado de inválido.

in.vá.li.do (*lat invalidu*) *adj* **1** Fraco, débil, enfermo. **2** Incapaz para o trabalho. **3** Que não é válido, que não tem valor; nulo. **4** Inutilizado, sem validade. • *sm* **1** Indivíduo que, por doença ou velhice, é incapaz para o trabalho. **2** *Mil* Aquele que, por suas condições físicas, se torna incapaz de servir.

in.va.ri.á.vel (*in+variável*) *adj m+f* **1** Que não é variável. **2** Constante. **3** Inalterável. **4** *Gram* Qualificativo da palavra que não possui flexões. *Pl: invariáveis.*

in.va.são (*lat invasione*) *sf* **1** Ato ou efeito de invadir. **2** Entrada violenta, incursão, ingresso hostil. **3** *Med* Irrupção de uma epidemia. **4** Difusão súbita e geral. *Invasão ecológica, Sociol:* entrada, em uma determinada área, de um novo tipo de habitantes que tendem a deslocar os habitantes anteriores ou a fundir-se com eles. *Pl: invasões.*

in.va.sor (*lat invasore*) *adj + sm* Que, ou aquele que invade.

in.vec.ti.va (de *invectivo*) *sf* **1** Ataque injurioso e violento. **2** Insulto.

in.vec.ti.var (*invectiva+ar¹*) *vtd* **1** Dizer ou lançar invectivas contra alguém; atacar, censurar: *Invectiva-o, acusando-o de suborno. vti* **2** Injuriar: *Na minha ausência invectivava contra mim.*

in.ve.ja (*é*) (*lat invidia*) *sf* **1** Desgosto, ódio ou pesar por prosperidade ou alegria de outrem. **2** Desejo de possuir ou gozar algum bem que outrem possui ou desfruta. **3** O objeto que provoca esse desejo.

in.ve.jar (*inveja+ar¹*) *vtd* **1** Ter inveja de; presenciar com desgosto e despeito a felicidade ou o bem-estar alheio: *Caim invejou Abel. vtd* **2** Aspirar ao que pertence a outra pessoa, mas sem despeito nem baixeza: *Invejo a sua sorte. vint* **3** Sentir inveja.

in.ve.já.vel (*invejar+vel*) *adj m+f* **1** Que se pode invejar. **2** Digno de muito apreço. **3** De muito valor. *Pl: invejáveis.*

in.ve.jo.so (*ô*) (*lat invidiosu*) *adj + sm* Que, ou o que tem inveja. *Pl: invejosos (ó).*

in.ven.ção (*lat inventione*) *sf* **1** Ato ou efeito de inventar. **2** Coisa inventada; invento. **3** Criação ou sugestão de suposta realidade. **4** Achado, descobrimento. **5** Astúcia. **6** Manha, engano. **7** Mentira inventada para enganar. **8** Ficção, fábula, engano. **9** *Ret* Parte em que se ensina a achar e a escolher os meios de persuadir, convencer ou agradar. **10** *Lit* e *Bel-art* Parte da composição em que se imagina o assunto e se lhe dispõe e desenvolve o sentido e as partes acessórias. **11** *Sociol* Combinação de elementos culturais existentes de maneira a constituir um elemento novo. *Pl: invenções.*

in.ven.ci.o.ni.ce (*lat inventione+ice*) *sf* Mentira, embuste, intriga.

in.ven.cí.vel (*lat invencibile*) *adj m+f* **1** Que não pode ser vencido; insuperável. **2** Que não se pode eliminar ou fazer desaparecer; irremediável. **3** Que não se pode dominar; inconquistável. *Pl: invencíveis*.
in.ven.tar (*lat inventare, freq de invenire*) *vtd* **1** Criar na imaginação, idear, ser o primeiro a ter a ideia de: *Bell inventou o telefone*. *vtd* **2** Planejar: "Inventará traições e vãos venenos" (Luís de Camões). *vtd* **3** Tramar, fantasiar: *Inventar histórias*. *vtd* **4** Espalhar ou contar falsamente: *Por despeito é que andam inventando coisas*. *vti* **5** Resolver, meter na cabeça: *Inventou de fazer uma viagem*.
in.ven.ta.ri.ar (*inventário+ar*[1]) *vtd* **1** Fazer o inventário de; arrolar. **2** Descrever minuciosamente. **3** Catalogar. *Conjug – Pres indic: inventario (rí), inventarias (rí)* etc. *Cf inventário*.
in.ven.tá.rio (*lat inventariu*) *sm* **1** Catálogo, registro, rol dos bens deixados por alguém que morreu ou dos de pessoa viva em caso de sequestro etc. **2** Documento em que se acham inscritos e descritos esses bens. **3** *Dir* Processo no qual são enumerados os herdeiros e relacionados os bens de pessoa falecida, a fim de se apurarem os encargos e proceder-se à avaliação e partilha da herança. **4** Avaliação de mercadorias; balanço. **5** Registro, relação (de mercadorias etc.). **6** Descrição pormenorizada.
in.ven.ti.vi.da.de (*inventivo+i+dade*) *sf* Qualidade ou capacidade de inventar; criatividade.
in.ven.ti.vo (*lat inventu*) *adj* Engenhoso, criativo.
in.ven.tor (*lat inventore*) *adj* Que inventa. • *sm* **1** Pessoa que tem talento para inventar. **2** Autor. **3** Aquele que idealiza coisa nova.
in.ve.rí.di.co (*in+verídico*) *adj* Que não é verídico; em que não há verdade.
in.ver.na.da (*inverno+ada*[1]) *sf* **1** Duração do tempo invernal. **2** Inverno rigoroso. **3** Pastagem cercada onde se colocam animais (gado, cavalo etc.) para descanso e recuperação das forças.
in.ver.nal (*lat hibernale*) *adj m+f* Que diz respeito ao inverno; hibernal. *Pl: invernais*.
in.ver.nar (*lat hibernale*) *vti* **1** Passar o inverno fora da terra, à procura de condições mais favoráveis: *Foi invernar em Santos*. *vtd* **2** Recolher (gado) a uma invernada. *vint* **3** Pôr-se, na invernada, em descanso e a engordar: *O gado invernava, tranquilo*.
in.ver.no (*lat hibernu*) *sm* **1** Uma das quatro estações do ano, entre o outono e a primavera; no hemisfério sul vai de 21 de junho a 21 de setembro. **2** *por ext* Tempo chuvoso e frio. **3** *fig* Velhice.
in.ve.ros.sí.mil (*in+verossímil*) *adj e s m+f* Que, ou o que não é verossímil, não tem aparência de verdadeiro. *Pl: inverossímeis*.
in.ver.são (*lat inversione*) *sf* **1** Ato ou efeito de inverter. **2** Reviramento para fora. **3** *Gram* Disposição das palavras contrária à ordem lógica, como quando se antepõe o complemento ao verbo, o verbo ao sujeito, o adjetivo ao substantivo etc. **4** Uso oposto à função normal. **5** *Med* Desvio anormal e congênito de uma víscera que lhe faz tomar uma situação oposta à normal. *Inversão de temperatura:* anomalia da temperatura, quando esta cresce com a altitude. *Pl: inversões*.
in.ver.so (*lat inversu*) *adj* **1** Ordenado em sentido oposto; invertido. **2** Voltado de cima para baixo ou de trás para diante. **3** Contrário. **4** *Gram* Qualificativo que resulta da alteração da ordem direta. • *sm* O contrário, o oposto.
in.ver.te.bra.do (*in+vertebrado*) *adj* *Zool* Diz-se dos animais que não têm vértebras e que consequentemente não têm esqueleto interno. • *sm* Esse animal.
in.ver.ter (*lat invertere*) *vtd* e *vpr* **1** Virar(-se), voltar (-se) em sentido oposto ao natural; trocar a ordem de colocação: *Invertem-se os papéis*. *vtd* **2** Alterar, mudar, trocar. *vtd* **3** Empregar (capitais) em.
in.vés (*baixo-lat inverse*) *sm* Avesso, lado oposto. Deve-se distinguir **ao invés de** de **em vez de**. **Ao invés de** dá ideia de oposição e significa ao contrário de, ao passo que a expressão **em vez de** dá ideia de substituição e significa em lugar de. *Ao invés de ficar calmo, começou a enfurecer-se. Em vez de estudar matemática, estude português.*
in.ves.ti.da (*fem* do *part* de *investir*) *sf* **1** Ato de investir; arremetida, ímpeto. **2** Ensaio, tentativa. **3** Insinuação indireta.
in.ves.ti.du.ra (*lat investitura*) *sf* **1** Ato de dar ou tomar posse. **2** Cerimônia que acompanha o ato de posse.
in.ves.ti.ga.dor (*lat investigatore*) *adj* Que investiga. • *sm* **1** O que investiga. **2** Agente que investiga (policial ou particular).
in.ves.ti.gar (*lat investigare*) *vtd* **1** Fazer investigações acerca de: *Investigar as causas, as consequências*. **2** Seguir os vestígios de. **3** Indagar, inquirir, pesquisar: *Investigar os fatos*. **4** Examinar minuciosamente; esquadrinhar: *Investigar covis, furnas, montes*.
in.ves.ti.men.to (*investir+mento*) *sm* **1** Ato ou efeito de investir. **2** *Econ* Aplicação de capitais.
in.ves.tir (*lat investire*) *vtd* **1** Dar posse ou investidura a, revestir de poder ou autoridade: "As legiões do Oriente o investiram imperador" (Camilo Castelo Branco). *vpr* **2** Tomar posse de, empossar-se: *Investiu-se desde logo no comando*. *vtd* **3** Empregar, inverter (capitais): *Investiram milhões na sua empresa*. *vtd* **4** Acometer, atacar: "Investiu a serpente de Moisés as outras" (Padre Antônio Vieira). *vti, vint* e *vpr* **5** Arremeter: "As mulheres queixavam-se de que esse homem investira contra elas" (Machado de Assis). *Investir uma pessoa:* troçar dela. Conjuga-se como *ferir*.
in.ve.te.ra.do (*part* de *inveterar*) *adj* **1** Enraizado pela idade ou pela duração; arraigado: *Hábito inveterado*. **2** Muito antigo: *Inimigos inveterados*.
in.ve.te.rar (*lat inveterare*) *vtd* e *vpr* **1** Arraigar(-se), introduzir(-se) nos hábitos; tornar(-se) crônico: *Longos anos decorridos lhe inveteraram aquele estilo de vida*. *Inveterou-se no comodismo*. **2** Tornar(-se) velho, antigo.
in.vi.a.bi.li.zar (*inviável+i+zar*) *vtd* Tornar inviável, inexequível.
in.vi.á.vel (*in+viável*) *adj m+f* Que não é viável. *Pl: inviáveis*.
in.vic.to (*lat invictu*) *adj* **1** Que nunca foi vencido. **2** Invencível. **3** *Esp* Que ainda não foi vencido.
in.vi.o.la.do (*lat inviolatu*) *adj* Que não é violado; ileso, imaculado, íntegro, puro.
in.vi.o.lá.vel (*lat inviolabile*) *adj m+f* Que não pode ou não deve ser violado. *Pl: invioláveis*.

in.vi.sí.vel (*lat invisibile*) *adj m+f* **1** Que não se vê, que não pode ser apreciado pelo sentido da visão. **2** Que não se deixa ver, que não aparece. **3** Que não recebe em visita ou audiência. • *sm* **1** O que não se vê. **2** Grampo muito fino, para segurar a parte frisada do cabelo. **3** Rede muito tênue de cabelo com que se ampara a parte frisada do penteado das mulheres. *Pl: invisíveis.*

in.vo.ca.do (*part* de *invocar*) *adj* **1** Que foi objeto de invocação. **2** *gír* Cismado, desconfiado.

in.vo.car (*lat invocare*) *vtd* **1** Chamar, implorar o auxílio ou a proteção de: "Quando invoca a suma e trina Essência" (Luís de Camões). *vtd* **2** Pedir, suplicar: *Invocar auxílio, socorro. vtd* **3** Alegar, citar a favor: *Invocar o testemunho de alguém. vtd* **4** Recorrer a: *Invocar o patrocínio de alguém. vtd* **5** Evocar, conjurar: *Invocar o passado, invocar espíritos. vtd* **6** *gír* Irritar a. *vti* **7** *gír* Implicar, antipatizar: *Invocou com ele assim que o conheceu.*

in.vo.lu.ção (*lat involutione*) *sf* Movimento de regressão. *Pl: involuções.*

in.vó.lu.cro (*lat involucru*) *sm* **1** Revestimento. **2** Aquilo que envolve, cobre ou reveste; envoltório. **3** Embrulho. **4** *Bot* Proteção constituída por brácteas na base de uma inflorescência. **5** *Zool* Revestimento externo de uma célula, de um órgão.

in.vo.lun.tá.rio (*lat involuntariu*) *adj* Que não é voluntário; contrário à vontade ou independente dela.

in.vul.gar (*in+vulgar*) *adj m+f* Que não é vulgar; raro.

in.vul.ne.rá.vel (*lat invulnerabile*) *adj m+f* **1** Que não é vulnerável, que não pode ser ferido. **2** Inatacável. **3** Que não pode sofrer queda na sua reputação ou probidade; imaculado. *Pl: invulneráveis.*

in.zo.nei.ro (*inzona+eiro*) *adj pop* **1** Mentiroso. **2** Dissimulado, sonso.

i.o.da.to (*iodo+ato*⁴) *sm Quím* Sal resultante da reação do ácido iódico sobre um metal ou outro metaloide.

i.o.do (*ó*) (*gr iódes*) *sm Quím* Elemento não metálico que se obtém comumente em forma de cristais cinza-escuros brilhantes, pesados, de número atômico 53 e símbolo I. Ocorre na natureza somente em combinação e em pequenas quantidades, especialmente em águas salgadas, rochas, solos, sal-gema e em plantas e animais marinhos. É extraído comercialmente de cinzas de algas marinhas, salitre do Chile e de petróleo. Essencial para o funcionamento normal da glândula tireoide, é empregado em medicina no tratamento do cretinismo e como antisséptico eficaz de largo uso.

i.o.ga (*sânsc yoga*) *s m+f* Sistema místico-filosófico da Índia (Ásia), o qual procura, mediante determinados exercícios corporais, respiratórios, mentais, hipnóticos etc., o domínio absoluto do espírito sobre a matéria e a união com a divindade (autorredenção do iogue).

i.o.gue (*sânsc yogin*) *adj m+f* Relativo à ioga. • *s m+f* Pessoa que pratica a ioga.

i.o.gur.te (*turco yoghurt*) *sm* Espécie de coalhada feita de leite fervido, por meio de fermentos lácteos, muito usada no Oriente (Bulgária e Turquia) e hoje disseminada em todo o mundo.

io.iô (*iô-iô*) (*fr yoyo*) *sm* Brinquedo que consiste em dois discos, unidos no centro por um eixo fixo e muito curto, no qual se prende e enrola um cordel; funciona quando, seguro pela extremidade livre desse cordel, é jogado para baixo ou mesmo para os lados, com certa habilidade, ocasião em que adquire um movimento de rotação que o faz voltar às mãos de quem o maneja.

í.on (*gr íon*) *sm Fís* Partícula carregada eletricamente e constituída por um átomo ou grupo de átomos que ganharam ou perderam um ou vários elétrons. *Pl: íons.*

i.o.ni.za.ção (*ionizar+ção*) *sf Fís* Formação de íons pela dissociação de moléculas, ou pela adição ou retirada de elétrons de átomos ou grupo de átomos. *Pl: ionizações.*

i.o.ni.zar (*íon+izar*) *vtd Fís-Quím* **1** Decompor total ou parcialmente em íons. *vint* **2** Ser decomposto em íons.

i.o.nos.fe.ra (*íon+esfera*) *sf Fís* Camada da alta atmosfera, de 40 a 700 km da Terra, em que o ar é geralmente ionizado e, em consequência, condutor de eletricidade.

i.o.ru.ba *sm Ling* Língua falada no sudoeste da Nigéria, em Benim e em Togo (África). *s m+f Etnol* Indivíduo dos iorubas, povo negro da África ocidental que fala essa língua, cuja civilização é essencialmente urbana.

i.pê (*tupi ypé*) *sm Bot* Árvore ornamental brasileira de porte médio a grande, de casca rugosa, folhas digitadas, flores grandes e vistosas, que fornece madeira aproveitável na tanoaria, construção civil e obras externas. Sua propriedade medicinal concentra-se na casca.

íp.si.lon (*gr hypsilón*) *sm* O nome da letra y. *Pl: ípsilons* ou *yy. Var: ipsilone, ipsílon, hipsilo.*

ir (*lat ire*) *vint* **1** Deslocar-se, mover-se, passar ou transitar de um lado ou de um lugar para outro: *Ir a cavalo, ir de automóvel. vint* **2** Mover-se por impulso imprimido: *Velozes, lá iam as embarcações. vint* e *vpr* **3** Andar, caminhar, marchar: *Ali vão os romeiros. vti* **4** Encaminhar-se: *Foi à cidade. vint* **5** Partir, retirar-se: *As visitas ainda não foram. vti* e *vpr* **6** Seguir viagem. *vti* e *vpr* **7** Seguir na companhia de alguém: *Joãozinho foi* (ou *foi-se*) *com os primos. vti* **8** Acolher-se, recolher-se: *Sentindo-se indisposto, foi para casa. vint* **9** Ser enviado ou remetido: *Já foi o telegrama. vti* **10** Assistir, frequentar: *Já não vai a festas. vti* **11** Tratar de (um assunto): *Vamos ao que importa. vint* **12** Continuar, progredir: *Como vai a reforma da casa? vpr* **13** Entornar-se, escoar-se: *Foi-se todo o azeite. vpr* **14** Evaporar-se, evolar-se: *Secou a flor e foi-se o perfume. vpr* **15** Despender-se, gastar-se, perder-se: *Foi-se o salário do mês. vpr* **16** Estragar-se, rasgar-se: *Foi-se o meu terno de casamento.* **Conjug:** verbo irregular. *Pres indic:* vou, vais, vai, vamos, ides, vão; *Pret imp indic:* ia, ias, ia, íamos, íeis, iam; *Pret perf:* fui, foste (ô), foi etc.; *Pret mais-que-perf:* fora (ô), foras (ô) etc.; *Fut pres:* irei, irás etc.; *Fut pret:* iria, irias, iria, iríamos, iríeis, iriam; *Pres subj:* vá, vás, vá, vamos, vades, vão; *Pret imp subj:* fosse (ô), fosses (ô), fosse (ô), fôssemos, fôsseis, fossem; *Fut subj:* for (ô), fores (ô), etc.; *Imper afirm:* vai(tu),vá(você), vamos(nós), ide(vós), vão(vocês); *Imper neg:* não vás(tu), não vá(você) etc.; *Infinitivo impess:* ir; *Infinitivo pess:*

ir, ires, ir, irmos, irdes, irem; Ger: *indo;* Part: *ido. Ir abaixo:* cair; desmoronar-se; ser derrubado. *Ir além:* avantajar-se; ultrapassar. *Ir andando:* estar nem muito bem nem muito mal de saúde. *Ir ao encontro de:* a) ir ter com (quem vem); b) captar o agrado ou a benevolência de. *Ir a Roma e não ver o papa:* procurar uma coisa, encontrá-la e não a ver. *Ir às nuvens:* irritar-se, enfurecer-se. *Ir bem:* a) ter saúde; b) fazer progressos; prosperar. *Ir com Deus:* a) afastar-se, retirar-se na paz do Senhor; b) deixar de aborrecer ou importunar. *Ir de encontro a:* estar em contradição com; opor--se a. *Ir de vento em popa:* a) navegar com vento favorável; b) ser favorecido pelas circunstâncias. *Ir e vir:* ato de andar ou viajar para lá e para cá. *Ir na onda:* a) ser levado pelos outros; b) aderir; c) não resistir. *Ir num pé e vir noutro, pop:* andar depressa, não se demorar. *Ir por água abaixo:* a) arruinar-se; b) desfazer-se; c) perder-se. *Ir por partes:* proceder com método.

i.ra (*lat ira*) *sf* **1** Cólera, raiva contra alguém. **2** Indignação. **3** Desejo de vingança.

i.ra.cun.do (*lat iracundu*) *adj* **1** Que tende para a ira; irascível. **2** Enfurecido, colérico.

i.ra.ni.a.no (*top Irã+i+ano*) *adj* De, ou relativo ao Irã (Ásia). • *sm* O habitante ou natural do Irã.

i.rar (*ira+ar¹*) *vtd* **1** Causar ira a; agastar, irritar. *vpr* **2** Encher-se de ira, encolerizar-se.

i.ras.cí.vel (*lat irascibile*) *adj m+f* **1** Propenso à irritação. **2** Que se irrita facilmente. *Pl: irascíveis.*

i.ri.ar (*íris+ar¹*) *vtd* **1** Dar as cores do arco-íris a. *vint* e *vpr* **2** Colorir-se com as cores do arco-íris.

i.ri.dá.cea (*irido+ácea*) *sf Bot* Planta da família das iridáceas. *sf pl* Família de plantas monocotiledôneas, ornamentais, que apresentam rizomas, tubérculos ou bulbos.

i.ri.des.cen.te (*irido+escer*) *adj m+f* Que reflete ou mostra as cores do arco-íris.

i.rí.dio (*lat cient iridium*) *sm Quím* Elemento metálico, do grupo da platina, branco-prateado, muito pesado, duro, quebradiço, de número atômico 77 e símbolo Ir.

í.ris (*gr îris*) *s m+f sing* e *pl* **1** O espectro solar. **2** *Anat* Membrana circular, retrátil, que ocupa o centro anterior do globo ocular, situada entre a córnea e a parte anterior do cristalino e provida de um orifício, a pupila. (É a íris que apresenta a cor dos olhos dos diferentes indivíduos e regula a quantidade de luz que penetra no olho.) **3** *Entom* Pigmento ovalado das asas das borboletas. **4** *Miner* Pedra preciosa iriada (quartzo iriado). **5** *fig* Sinal de alegria, paz e promessa de felicidade.

i.ri.sar (*íris+ar¹*) *vtd* e *vpr* Matizar(-se), revestir(-se) com as cores do arco-íris.

i.ri.te (*íris+ite*) *sf Med* Inflamação da íris.

ir.lan.dês (*top Irlanda+ês*) *adj* Que pertence ou se refere à Irlanda (Europa). • *sm* **1** O habitante ou natural da Irlanda. **2** Língua céltica, falada em parte da Irlanda. *Fem: irlandesa* (*ê*). *Pl: irlandeses* (*ê*).

ir.mã (*lat germana*) *sf* **1** Feminino de *irmão.* **2** Freira sem nenhum cargo superior. **3** Freira, religiosa. *Irmã de caridade:* mulher que se dedica ao tratamento dos enfermos e pertence a uma ordem religiosa sem clausura. *Pl: irmãs.*

ir.ma.nar (*irmão+ar¹*) *vtd* e *vpr* **1** Tornar(-se) irmão, afeiçoar(-se) fraternalmente: *A desgraça irmanou-os. Irmanaram-se no sofrimento. vtd* e *vpr* **2** Ajuntar(-se), emparelhar(-se), igualar(-se), unir(-se). "Onde haverá alma tão pura que se possa irmanar com essa inocência?" (Coelho Neto).

ir.man.da.de (*lat germanitate*) *sf* **1** Parentesco entre irmãos. **2** Associação com fins religiosos. **3** União fraterna.

ir.mão (*lat germanu*) *sm* **1** Filho do mesmo pai e da mesma mãe, ou só do mesmo pai ou só da mesma mãe. **2** Cada um dos membros de uma confraria. **3** Frade que não exerce cargos superiores. **4** Membro da maçonaria. **5** Amigo inseparável. **6** Correligionário. • *adj* Igual, idêntico. *Irmão consanguíneo:* V *irmão de pai. Irmão de mãe:* irmão só pelo lado materno. *Irmão de pai:* irmão só pelo lado paterno. *Irmão de sangue:* V *irmão de pai. Irmãos de leite:* os amamentados pela mesma pessoa, sendo filhos de pai e mãe diferentes. *Irmãos gêmeos:* os nascidos do mesmo parto. *Irmãos legítimos:* os filhos legítimos com relação uns aos outros. *Irmãos siameses:* os que têm suas vidas fisiológicas ligadas uma à outra. *Irmãos uterinos:* irmãos e irmãs filhos da mesma mãe mas de diferentes pais. *Fem: irmã. Pl: irmãos.*

i.ro.ni.a (*gr eironeía*, pelo *lat*) *sf* **1** *Ret* Figura com que se diz o contrário do que as palavras significam. **2** Dito irônico. **3** Ar ou gesto irônico. **4** Zombaria insultuosa; sarcasmo: *Ironia do destino.*

i.rô.ni.co (*gr eironikós*, pelo *lat*) *adj* **1** Que encerra ironia. **2** Que usa de ironia. **3** Sarcástico, zombeteiro.

i.ro.ni.zar (*ironia+izar*) *vtd* **1** Tornar irônico: "Ironizar as palavras" (Morais). *vint* **2** Usar de ironia: *Ele costuma ironizar.*

ir.ra *interj* Exprime desprezo, repulsão, raiva.

ir.ra.ci.o.nal (*lat irrationale*) *adj m+f* **1** Que não é racional, oposto à razão. **2** Que não raciocina. **3** Que não tem a faculdade do raciocínio. **4** Em oposição ao homem, diz-se dos outros animais cujo comportamento é determinado pelo instinto. **5** *Mat* Diz-se da quantidade cuja relação com a unidade não se pode exprimir em números. **6** *Mat* Diz-se da expressão algébrica que contém um ou mais radicais que não se podem eliminar. • *sm* Animal que não tem a faculdade do raciocínio; bruto. *Pl: irracionais.*

ir.ra.di.ar (*lat irradiare*) *vtd* **1** Emitir, espargir, lançar de si (raios luminosos ou caloríficos). *vint* **2** Expedir, lançar raios: *A luz da aurora irradiava por todo o horizonte. vtd* **3** Espalhar, propagar: *A epidemia já irradiava os seus primeiros contágios. vtd* e *vpr* **4** Difundir(-se), espalhar(-se), propagar (-se): *De seu nobre caráter irradia* (ou *se irradia*) *um exemplo luminoso. vtd* **5** Divulgar, publicar, transmitir pelo rádio: *Irradiar uma notícia. vti* **6** Divergir de um centro, convergir para um centro ou estar disposto ao redor de um centro como os raios de uma roda: *As grandes vias de acesso* (ou *de saída*) *de São Paulo irradiam todas para o* (ou *do*) *centro da cidade.*

ir.re.al (*i²+real*) *adj m+f* **1** Sem existência real. **2** Imaginário. *Pl: irreais.*

ir.re.a.li.zá.vel (*in+realizável*) *adj m+f* Que não se pode realizar. *Pl: irrealizáveis.*

ir.re.con.ci.li.á.vel (i^2+*reconciliável*) *adj m+f* Que não se pode reconciliar. *Pl: irreconciliáveis.*
ir.re.co.nhe.cí.vel (i^2+*reconhecível*) *adj m+f* **1** Que não é reconhecível. **2** Muito alterado pelo uso. *Pl: irreconhecíveis.*
ir.re.cor.rí.vel (i^2+*recorrível*) *adj m+f Dir* De que não se pode recorrer. *Pl: irrecorríveis.*
ir.re.cu.pe.rá.vel (*lat irrecuperabile*) *adj m+f* Que não se pode recuperar. *Pl: irrecuperáveis.*
ir.re.cu.sá.vel (*lat irrecusabile*) *adj m+f* **1** Que não pode ou não deve ser recusado ou negado. **2** Incontestável. *Pl: irrecusáveis.*
ir.re.du.tí.vel (i^2+*redutível*) *adj m+f* **1** Que não se pode reduzir. **2** Invencível. **3** *Med* Que não se pode obrigar a voltar ao local primitivo e normal: *Fratura irredutível*; *hérnia irredutível*. **4** *Mat* Diz-se de fração ordinária ou decimal cujos termos são primos entre si. **5** *Quím* Impossível de simplificar ou tornar mais fácil ou mais simples (uma fórmula, *p ex*). *Pl: irredutíveis.*
ir.re.fle.ti.do (i^2+*refletido*) *adj* **1** Que não reflete. **2** Que revela falta de reflexão. **3** Que não pondera. **4** Inconsiderado, impensado.
ir.re.fle.xão (*cs*) (i^2+*reflexão*) *sf* **1** Falta de reflexão. **2** Falta de prudência. **3** Precipitação. *Pl: irreflexões.*
ir.re.for.má.vel (*lat irreformabile*) *adj m+f* Que não se pode reformar ou emendar. *Pl: irreformáveis.*
ir.re.fre.á.vel (*in*+*refreável*) *adj m+f* **1** Que não se pode refrear. **2** Irreprimível. **3** Indomável. *Pl: irrefreáveis.*
ir.re.fu.tá.vel (*lat irrefutabile*) *adj m+f* **1** Que não se pode refutar. **2** Irrecusável. **3** Evidente. *Pl: irrefutáveis.*
ir.re.gu.lar (*lat irregulare*) *adj m+f* **1** Que não é regular. **2** Inconstante. **3** Oposto à justiça ou à lei. **4** Desarmônico, desigual. **5** *Bot* Qualifica o cálice, a corola, o ovário, o fruto etc., que são assimétricos. **6** *Gram* Diz-se das palavras que se afastam do seu respectivo paradigma. **7** *Med* Diz-se do pulso que não apresenta uniformidade na intensidade das pulsações nem nos intervalos que as separam.
ir.re.gu.la.ri.da.de (i^2+*regularidade*) *sf* **1** Falta de regularidade. **2** Qualidade de irregular. **3** Condição de irregular. **4** Falta, erro.
ir.re.le.van.te (i^2+*relevante*) *adj m+f* De pouca importância.
ir.re.me.di.á.vel (*lat irremediabile*) *adj m+f* **1** Para que não pode haver remédio. **2** Que não tem remédio, que é incurável. **3** Inconsolável. **4** Inevitável. **5** Infalível. **6** Irrecuperável. *Pl: irremediáveis.*
ir.re.mo.ví.vel (i^2+*removível*) *adj m+f* **1** Que não é removível. **2** Inevitável. *Pl: irremovíveis.*
ir.re.pa.rá.vel (*lat irreparabile*) *adj m+f* **1** Que não se pode reparar. **2** Irremediável. **3** Irrecuperável. *Pl: irreparáveis.*
ir.re.pre.en.sí.vel (*lat irreprehensibile*) *adj m+f* **1** Que não pode ser repreendido. **2** Correto. **3** Perfeito. **4** Imaculado. *Pl: irrepreensíveis.*
ir.re.pri.mí.vel (i^2+*reprimível*) *adj m+f* Que não se pode reprimir, dominar ou recalcar. *Pl: irreprimíveis.*
ir.re.pro.chá.vel (i^2+*reprochável*) *adj m+f* Que não merece censura. *Pl: irreprocháveis.*
ir.re.qui.e.to (*lat irrequietu*) *adj* **1** Que não tem descanso. **2** Travesso, turbulento. **3** Agitado.

ir.re.sis.tí.vel (i^2+*resistível*) *adj m+f* **1** A que não se pode resistir. **2** Que seduz. **3** Invencível. **4** Fatal. *Pl: irresistíveis.*
ir.re.so.lu.ção (i^2+*resolução*) *sf* **1** Qualidade de irresoluto. **2** Hesitação, indecisão. *Pl: irresoluções.*
ir.re.so.lu.to (*lat irresolutu*) *adj* **1** Não resoluto. **2** Que não foi resolvido. **3** Hesitante, indeciso.
ir.re.so.lú.vel (*lat irresolubile*) *adj m+f* **1** Não resolúvel. **2** Insolúvel. **3** Irredutível. **4** Que não se resolve. *Pl: irresolúveis.*
ir.re.s.pi.rá.vel (*lat irrespirabile*) *adj m+f* Que não se pode respirar, que é impróprio para a respiração. *Pl: irrespiráveis.*
ir.res.pon.dí.vel (i^2+*respondível*) *adj m+f* **1** A que não se pode responder. **2** Irrefutável, irreplicável. *Pl: irrespondíveis.*
ir.res.pon.sa.bi.li.zar (i^2+*responsável*+*izar*) *vtd* e *vpr* Tornar(-se) irresponsável.
ir.res.pon.sá.vel (i^2+*responsar*+*vel*) *adj m+f* Não responsável, que não tem responsabilidade. *Pl: irresponsáveis.*
ir.res.tri.to (i^2+*restrito*) *adj* Não restrito, que não tem limites.
ir.re.tor.quí.vel (i^2+*retorquível*) *adj m+f* A que não se pode retorquir. *Pl: irretorquíveis.*
ir.re.tra.tá.vel (*lat irretractabile*) *adj m+f* **1** Que não é retratável. **2** Irrevogável. *Pl: irretratáveis.*
ir.re.ve.ren.te (*lat irreverente*) *adj m+f* **1** Desatencioso. **2** Indiscreto.
ir.re.ver.sí.vel (i^2+*reversível*) *adj m+f* Que não é reversível. *Pl: irreversíveis.*
ir.re.vo.gá.vel (*lat irrevocabile*) *adj m+f* Não revogável, que não se pode anular. *Pl: irrevogáveis.*
ir.ri.ga.ção (*lat irrigatione*) *sf* **1** Ato de irrigar. **2** *Agr* Rega artificial. **3** *Med* Aplicação terapêutica que consiste na introdução de um líquido sob pressão nas cavidades do organismo. *Pl: irrigações.*
ir.ri.gar (*lat irrigare*) *vtd* **1** *Agr* Regar por meios artificiais, com regos ou aspersão com jatos de água encanada. **2** *Med* Aplicar irrigações em.
ir.ri.gá.vel (*irrigar*+*vel*) *adj m+f* Que se pode irrigar. *Pl: irrigáveis.*
ir.ri.são (*lat irrisione*) *sf* **1** Ato de zombar. **2** Mofa, zombaria com desprezo. **3** Objeto de escárnio. *Pl: irrisões.*
ir.ri.só.rio (*lat irrisoriu*) *adj* **1** Que envolve irrisão. **2** Que provoca riso. **3** Ridículo. **4** *pop* Muito barato.
ir.ri.ta.ção (*lat irritatione*) *sf* **1** Ato ou efeito de irritar(-se). **2** Excitação, exacerbação. **3** *Med* Aumento anômalo e excessivo do calor, da sensibilidade e da atividade de um órgão. *Pl: irritações.*
ir.ri.ta.di.ço (*irritar*+*diço*) *adj* Que facilmente se irrita.
ir.ri.tar (*lat irritare*) *vtd* **1** Tornar irado, encolerizar, exasperar: *Esse barulho o irrita*. *vpr* **2** Encolerizar-se, exasperar-se, irar-se: *Irrita-se contra os que procuram aconselhá-lo*. *vtd* e *vpr* **3** Agravar, exacerbar: *A arbitrariedade é que irritou o povo contra a polícia. Irritou-se-lhe a cólera*. *vtd* **4** Produzir irritação em: *Esse remédio irrita o estômago.*
ir.ri.tá.vel (*lat irritabile*) *adj m+f* Que se irrita ou se encoleriza facilmente; irascível. *Pl: irritáveis.*
ir.rom.per (*lat irrumpere*) *vti* e *vint* **1** Entrar arrebatadamente, com ímpeto, com violência: "No al-

vorecer do século XVIII os paulistas irromperam em Pambu" (Euclides da Cunha). *vti* **2** Aparecer, brotar, surgir de repente: *Palavras veementes irromperam da boca do orador. vint* **3** Intervir: "...é o destino que irrompe, transformando o quadro" (Coelho Neto).
ir.rup.ção (*lat irruptione*) *sf* **1** Ato ou efeito de irromper. **2** Invasão súbita e impetuosa. **3** Invasão repentina das águas do mar, de um rio etc. *Pl: irrupções.*
is.ca (*lat esca*) *sf* **1** Tudo aquilo que, podendo servir de alimento aos peixes, se emprega nos aparelhos de pesca para os atrair. **2** *fig* O que serve para atrair ou seduzir. **3** *fig* Atrativo, chamariz, engodo. **4** *Cul* Tira de fígado temperada com vinagre, alho, louro etc. e frita em banha de porco, azeite ou manteiga. **5** Combustível que recebe a faísca do fuzil e com o qual se comunica o fogo. **6** Minhoca. **7** *Reg* (RS) Mecha de pano queimado que se coloca no isqueiro para prender o fogo. *Morder a isca:* deixar-se seduzir ou lograr. • *interj* Voz com que se estimulam os cães.
is.car (*lat escare*) *vtd* **1** Pôr isca em: *Iscar um anzol. vtd* **2** *fig* Enganar com engodo. *vtd* **3** Açular (cães). *vtdi* **4** Untar: *Iscar a ratoeira com toicinho. vtd* **5** Atiçar, provocar: *Iscar o fogo.*
i.sen.ção (*lat exemptione*) *sf* **1** Ato de eximir(-se). **2** Neutralidade. **3** Imunidade. **4** Esquivança em amar. **5** Abnegação. *Isenção fiscal, Econ:* dispensa legal do pagamento de um tributo. *Pl: isenções.*
i.sen.tar (*isento+ar*[1]) *vtdi* **1** Tornar isento, desobrigar, eximir: "Isentar o soldado da obrigação" (Morais). *vpr* **2** Eximir-se: "Franca devassidão, de que nem o clero se isentava" (Euclides da Cunha). *Conjug – Part: isentado* e *isento.*
i.sen.to (*lat exemptu*) *adj* **1** Desobrigado, dispensado, livre: *Isento de pagar direitos.* **2** Que é imparcial, a despeito dos seus interesses. **3** Incorruptível. **4** Que tem esquivança, que não se mostra sensível às amabilidades ou galanteios. **5** Que emite livremente o seu parecer; imparcial. **6** Que não contém; livre de, sem: *Isento de escórias.*
is.la.mis.mo (*islame+ismo*) *sm Rel* A religião fundada por Maomé (570-652); muçulmanismo, maometismo.
is.la.mi.ta (*islame+ita*[2]) *adj* e *s m+f* Diz-se, ou pessoa que segue o islamismo.
i.só.ba.ro (*isso+baro*) *adj* De igual pressão atmosférica.
i.só.cro.no (*gr isókhronos*) *adj* Que se executa no mesmo espaço de tempo.
i.so.ga.mi.a (*iso+gamo+ia*[1]) *sf* **1** *Antrop* Casamento entre pessoas que têm o mesmo *status* econômico, social ou religioso. **2** *Biol* União sexual entre dois gametas iguais.
i.so.la.dor (*isolar+dor*) *adj* **1** Que isola. **2** Que interrompe ou dificulta a comunicação da eletricidade. • *sm Eletr* **1** Substância ou órgão que apresenta grande resistência à passagem da corrente elétrica. **2** Instrumento ou meio que se emprega para isolar corpos eletrizados ou aqueles a que se comunica eletricidade. **3** Peça formada por material isolante onde se prendem os condutores a fim de não tocarem uns nos outros ou nos suportes. **4** Peça de material mau condutor sobre a qual se coloca um corpo eletrizado a fim de não se descarregar.

i.so.la.men.to (*isolar+mento*) *sm* **1** Ato de isolar. **2** Lugar onde se está isolado. **3** *Sociol* Segregação espacial de indivíduos ou grupos em consequência de fatores geofísicos: distância, falta de meios de comunicação, barreiras naturais como mares, serras etc. **4** Sala ou hospital etc. onde se colocam doentes moribundos ou portadores de moléstias contagiosas. **5** Estado do que está isolado de qualquer contato. **6** O que serve para isolar.
i.so.lan.te (de *isolar*) *adj m+f* **1** Que isola. **2** Diz-se dos corpos ou materiais que são maus condutores de eletricidade, calor ou som. • *sm Eletr* Material que impede ou dificulta a passagem de eletricidade, calor ou som.
i.so.lar (*ital isolare*) *vtd* **1** Separar com impossibilidade de comunicação, tornar incomunicável ou solitário: *A casa não tem vizinhos laterais, porque a isola um florido jardim. vpr* **2** Afastar-se do convívio social, pôr-se em isolamento: *Isolou-se no casarão da fazenda. vtd* **3** *Fís* Separar ou proteger (um condutor) de corpos condutores, por meio de corpos não condutores, de modo a evitar a transferência de eletricidade, calor ou som. *vtd* **4** *Quím* Separar das suas combinações: *Isolar o urânio. vint* **5** *Folc* Neutralizar o mau-olhado, batendo em madeira ou fazendo outras práticas: "Plantava em cada lado da entrada do jardim um pé de guiné, um de pinhão roxo e uma arrudazinha para isolar" (Silva Barros).
i.sô.me.re (*gr isomerés*) *adj* e *s m+f* **1** Que, ou o que é formado de partes semelhantes. **2** *Quím* Que, ou o que tem a mesma composição e propriedades diferentes. **3** *Bot* Diz-se do, ou o verticilo floral de qualquer natureza com número igual de peças. *Isômeres fisiológicos:* indivíduos que, tendo o mesmo aspecto morfológico, apresentam caracteres sexuais diferentes e às vezes possuem, paralelamente, caracteres químicos diferentes.
i.so.mor.fo (*iso+morfo*) *adj* **1** Com a mesma forma. **2** *Geol* Que tem forma cristalina.
i.so.no.mi.a (*iso+nomo+ia*[1]) *sf* **1** *Jur* Igualdade perante a lei. **2** *Miner* Fato ou a formação de diferentes cristais ser regida pela mesma lei.
i.so.por (*nome comercial*) *sm Quím* Nome comercial do poliestireno de extrema leveza, empregado como isolante térmico na indústria de embalagens e na confecção de brinquedos e adornos.
i.sós.ce.le (*lat isosceles*) *adj m+f* **1** *Geom* Diz-se do triângulo que tem dois lados iguais. **2** Diz-se do trapézio cujos lados não paralelos são iguais. *Var: isósceles.*
i.so.tér.mi.co (*iso+térmico*) *adj* **1** Relativo ou pertencente a, ou caracterizado por igualdade de temperatura. **2** *Meteor* Diz-se da linha imaginária que passa pelos pontos da Terra que apresentam a mesma temperatura média anual: *Linha isotérmica.*
i.so.tó.pi.co (*isótopo+ico*[2]) *adj Fís* e *Quím* **1** Relativo ou pertencente a um isótopo. **2** Que tem o relacionamento de um isótopo. *Var: isótopo.*
i.só.to.po (*isso+topo*) *adj Fís* e *Quím V isotópico.* • *sm* **1** Cada uma de duas ou mais espécies de átomos do mesmo elemento, que têm o mesmo número atômico e ocupam a mesma posição na tabela

periódica. **2** Cada uma de tais espécies de átomos, ou mistura de tais espécies, preparada para uso como indicador radioativo ou em medicina. *Isótopos radioativos:* os que possuem radioatividade.

is.quei.ro (*(fa)ísca+eiro*) *sm* Utensílio, geralmente de metal, usado pelos fumantes, munido de um pavio umedecido de gasolina, que se inflama ao contato de faíscas produzidas por atrito entre uma rodinha serrilhada e uma pedra especial. São comuns também os isqueiros que utilizam o gás por combustível.

is.que.mi.a (*isco+hemo+ia^1*) *sf Med* Suspensão ou deficiência da circulação do sangue que irriga um órgão.

ís.quio (*gr iskhíon*) *sm Anat* Parte inferior e posterior do osso ilíaco.

is.ra.e.len.se (*Israel, np+ense*) *adj m+f* Relativo ou pertencente ao Estado de Israel (Ásia). • *s m+f* Pessoa natural desse Estado.

is.ra.e.li.ta (*israel+ita^2*) *adj m+f* Que diz respeito ao povo de Israel (Ásia); hebreu, judeu. • *s m+f* Pessoa pertencente ao povo de Israel.

is.sei (*jap i,* um, primeiro+*sei,* geração) *adj* e *s m+f* Diz-se de, ou japonês que emigra para a América.

is.so (*lat ipsu*) *pron dem* **1** Essa coisa, essas coisas, esse objeto, esses objetos. **2** *pej* Essa pessoa. • *interj* Indica aprovação. *Isso sim:* serve para aprovar o que se diz ou faz, após se ter negado aprovação a outra coisa anterior. *Nem por isso:* nem tanto como o que se diz ou afirma.

ist.mo (*gr isthmós*) *sm* **1** *Geogr* Faixa estreita de terra que liga uma península a um continente ou duas porções de um continente. **2** *Anat* Canal ou passagem estreita que une cavidades ou porções de órgãos.

is.to (*lat istud*) *pron dem* **1** Esta coisa, estas coisas, este objeto, estes objetos. **2** *pej* Esta pessoa. *Isto é:* liga duas palavras ou duas frases das quais a segunda é a explicação ou ratificação da primeira. *Um isto:* pequena quantidade ou pouco valor indicado na ponta do dedo.

i.ta (*tupi itá*) *sm Náut p us* Designação popular dos navios brasileiros cujos nomes começam com este elemento de origem tupi-guarani: Itatinga, Itanagé, Itagiba, Itapura etc.: *Tomei um ita no Norte.*

i.tá (*tupi itá*) *sf* Pedra, rochedo.

i.ta.li.a.nis.mo (*italiano+ismo*) *sm* **1** Exagerado afeto a coisas italianas. **2** Imitação afetada da língua ou dos costumes italianos. **3** Maneira de falar peculiar à língua italiana. **4** Palavra que, procedente do italiano, entrou noutra língua.

i.ta.li.a.ni.zar (*italiano+izar*) *vtd* **1** Tornar italiano, dar feição italiana a. *vpr* **2** Tomar hábitos ou costumes italianos. *vpr* **3** Tornar-se italiano. *Sin:* italicizar.

i.ta.li.a.no (*ital italiano*) *adj* Que pertence ou se refere à Itália (Europa). • *sm* **1** O natural da Itália ou que se naturalizou pelas ideias ou costumes dos italianos. **2** Língua românica falada na Itália, Suíça e São Marinho (Europa).

i.tá.li.co (*lat italicu*) *adj* **1** Que se refere à Itália antiga. **2** *Tip* Diz-se do tipo um pouco inclinado para a direita e que imita a letra manuscrita. • *sm* O tipo itálico; grifo. *sm pl* Povo pré-histórico da Itália, originário da Europa central.

í.ta.lo (*lat italu*) *adj* **1** Que se refere à Itália (Europa). **2** Latino, romano, italiano. • *sm* O habitante ou natural da Itália.

í.ta.lo-bra.si.lei.ro *adj* Que se refere aos italianos e aos brasileiros, à Itália (Europa) e ao Brasil (América do Sul). *Fem: ítalo-brasileira. Pl: ítalo-brasileiros.*

í.ta.lo-ger.mâ.ni.co *adj* Que se refere aos povos da Itália e da Alemanha (Europa).

i.ta.o.ca (*tupi itaóka*) *sf bras* Caverna, lapa.

i.ta.pe.ba (*tupi itá péua,* pedra chata) *sf bras* Espécie de recife, paralelo à margem do rio.

i.ta.ra.ré (*tupi itá raré*) *sm bras* Curso subterrâneo de um rio, através de rochas calcárias.

i.ta.ti.ba (*tupi itá týua*) *sf bras* Árvore brasileira que dá boa madeira.

i.tem (*lat*) *adv* **1** Também, outrossim. **2** Igualmente, da mesma forma. Empregado em contas e enumerações. • *sm* **1** Cada um dos artigos ou argumentos de um requerimento, de um contrato ou qualquer outra exposição escrita. **2** Artigo, parcela, verba. *sm pl* Alegações, causas. *Pl: itens.*

i.te.ra.ção (*lat iteratione*) *sf* Ato de iterar ou repetir. *Pl: iterações.*

i.te.rar (*lat iterare*) *V* repetir.

i.te.ra.ti.vo (*lat iterativu*) *adj* **1** Repetido, reiterado, feito de novo. **2** *Gram* Frequentativo. **3** Feito ou repetido muitas vezes.

i.tér.bio (*top Ytterby+io^2*) *sm Quím* Elemento metálico, de número atômico 70 e símbolo Yb.

i.ti.ne.ran.te (*baixo-lat itinerante*) *adj m+f* **1** Que viaja de lugar para lugar: *Trabalhador itinerante.* **2** Que percorre itinerários: *Bispo itinerante.* • *s m+f* Pessoa itinerante.

i.ti.ne.rá.rio (*lat itinerariu*) *adj* **1** Relativo a caminhos. **2** Diz-se das medidas indicadoras da distância de um lugar a outro. • *sm* **1** Indicação ou projeto de caminho a seguir. **2** O respectivo percurso. **3** Viagem. **4** Roteiro. **5** Descrição de viagem. **6** Programa. **7** Livro com informações necessárias ou úteis para viajantes e turistas; guia.

i.to.ro.ró *sm bras* Pequena cachoeira.

í.trio (*adj* derivado do *top Ytterby*) *sm Quím* Elemento metálico, branco-acinzentado, de número atômico 39 e símbolo Y.

iu.gos.la.vo (*servo-croata jug,* sul+*slav,* eslavo) *adj* Da, ou pertencente à Iugoslávia (Europa). • *sm* Habitante ou natural da Iugoslávia.

i.xe (de *virgem*) *interj bras* Exprime desprezo ou ironia.

j (*jota*) *sm* Décima letra do alfabeto português, consoante. • *num* O décimo numa série indicada pelas letras do alfabeto: *Estante j*.
Grafam-se com **j** as palavras de origem africana ou indígena: *canjica, jiboia, jiló, pajé* etc.

J Símbolo de *joule*.

já (*lat jam*) *adv* **1** Agora, neste instante, neste momento. **2** Logo, imediatamente. **3** Desde logo, então. **4** Nesse tempo: *O prado já florido apresentava um belo aspecto*. **5** Antecipadamente, de antemão. **6** Até, até mesmo: *Já admito que fosse reprovado; expulso, nunca*. **7** Tão depressa, tão cedo: *Já está pronto?* Junto a afirmações, negações ou exclamações de admiração, dá-lhes mais força: *Onde já se viu?* • *conj* Alternativa que liga orações que indicam ideias alternadas: "Já chora, já se ri, já se enfurece" (Camões). *Até já:* até logo. *Desde já:* neste momento, a partir deste momento. *Já agora:* enfim, como não há outro remédio. *Já, já:* logo, logo. *Já que:* desde que, visto que, pois que. *Num já:* imediatamente. *Para já:* para agora, para este momento.
Já, ora, quer, quando, agora, seja são conjunções alternativas que devem ser repetidas no início de duas ou mais orações. *Já cansada, já faminta, a menina começou a chorar. Ora quer, ora não quer se casar. Quer chova, quer faça sol, iremos viajar*.

ja.bá (*ioruba jàbàjábá*) *sm* **1** Carne-seca, charque. **2** Roupa de casimira surrada. **3** *gír* Comida de quartel. **4** *gír V jabaculê*. • *sf Ornit* Gralha, também chamada *japu*.

ja.ba.cu.lê *sm* Propina dada a radialista para divulgação de música em programa.

ja.bo.ta *sf Zool* Fêmea do jabuti.

ja.bu.ru (*tupi iambyrú*) *sm* **1** *Ornit* Ave do Brasil, de corpo coberto de penas brancas, exceto na cabeça e no pescoço, que são nus e de cor preta, este com a base vermelha; é ave de grande porte, que vive à margem de lagoas e pântanos; tuiuiú. Voz: *grita*. **2** Indivíduo esquisito, feio, tristonho. **3** Espécie de roleta, com figuras de animais em vez de números.

ja.bu.ru-mo.le.que *sm bras Zool* Cegonha. *Pl: jaburus-moleque e jaburus-moleques*.

ja.bu.ti (*tupi iauotí*) *sm* **1** *Zool* Réptil da ordem dos quelônios, que é uma tartaruga terrestre, de cabeça e patas retráteis e pescoço rugoso. Fem: *jabota*. **2** *Reg* (Nordeste) Engenho rudimentar para o descaroçamento do algodão.

ja.bu.ti.ca.ba (*tupi iauotikáua*) *sf* Fruto da jabuticabeira.

ja.bu.ti.ca.bal (*jaboticaba+al*[1]) *sm* Plantação de jabuticabeiras. *Pl: jabuticabais*.

ja.bu.ti.ca.bei.ra (*jabuticaba+eira*) *sf Bot* Nome dado a várias árvores e arvoretas, frequentemente cultivadas pelos seus frutos comestíveis, muito apreciados: são bagas pretas, arredondadas, que nascem nos troncos e nos galhos, utilizadas também no fabrico de licores, vinho e vinagre.

ja.ca (*malaiala chakka*) *sf* O fruto da jaqueira.

ja.cá (*tupi aiaká*) *sm* Cesto de taquara ou de cipó que serve para conduzir carga nas costas de animais.

ja.ca-do-pa.rá *sf Bot* Árvore da região amazônica. *Pl: jacas-do-pará*.

ja.ça.nã (*tupi iasanã*) *sf Ornit* Ave comum nos açudes e brejos brasileiros, de cor castanha, bico alongado e amarelo. Distingue-se pelos enormes dedos alongados e unhas extremamente compridas que lhe facilitam correr sobre a vegetação aquática. Sin: *japiaçoca* e *piaçoca*. *Pl: jaçanãs*.

ja.ca.ran.dá (*tupi iakarandá*) *sm Bot* **1** Gênero de árvores das leguminosas da América tropical, com folhas pinadas, flores azuis vistosas paniculadas, que fornece madeira de lei. **2** Árvore desse gênero.

ja.ca.ran.dá-da-ba.í.a *sm Bot* Árvore leguminosa, do sul da Bahia, da qual se extrai madeira nobre, usada na fabricação de móveis. *Pl: jacarandás-da-baía*.

ja.ca.ré (*tupi iakaré*) *sm* **1** *Zool* Nome comum às espécies de crocodilianos que ocorrem no Brasil, todos pertencentes à família dos aligatorídeos. **2** Colher de pedreiro, para introduzir argamassa nas juntas das alvenarias. **3** Grande facão dos sertanejos baianos. **4** Variedade de pimenta roxa. **5** *gír* Indivíduo que à porta das igrejas fica à espera da passagem da namorada. **6** Espécie de chave inglesa, para segurar objetos roliços. **7** *Bot* Árvore da família das leguminosas, de casca usada em curtume. **8** *Reg* (SP) Peça móvel para desvio dos trilhos nas estradas de ferro. *Deixa estar, jacaré, que a lagoa há de secar:* forma de ameaça a quem no momento tripudia sobre alguém.

ja.ca.ré-a.çu *sm Zool* O maior dos nossos jacarés, que ocorre no Norte, notadamente no Amazonas,

Pará, Ilha de Marajó e outras do delta do Amazonas, de cor geral quase negra, com manchas amarelas, que chega a medir 6 metros de comprimento. *Pl: jacarés-açus.*

ja.ca.ré-co.pa.í.ba *sm Bot* Árvore leguminosa-mimosácea que fornece um óleo espesso, negro-esverdeado, empregado na calafetagem de embarcações e no preparo de tintas e vernizes. *Pl: jacarés-copaíbas* e *jacarés-copaíba.*

ja.ca.ré-de-pa.po-a.ma.re.lo *sm Bot* Jacaré, de cor geral verde com listras de um amarelo sujo, ventre amarelo, e que chega a medir 2 metros de comprimento. Ocorre no litoral desde o Rio Grande do Norte até o Rio Grande do Sul. *Pl: jacarés-de-papo-amarelo.*

ja.cen.te (*lat jacente*) *adj m+f* **1** Que jaz. **2** Que está situado. **3** Diz-se da herança que, por falta de herdeiros, passa para o Estado. **4** Diz-se do que permanece em abandono, por falta de quem lhe assuma posse.

ja.ci (*tupi iasý*) *sm* **1** *Bot* Espécie de palmeira. **2** A Lua, entre os índios brasileiros.

ja.cin.to (*gr hyákinthos*) *sm* **1** *Bot* Erva bulbosa do Velho Mundo, com flores em racemos terminais, na maioria compactos, e corola campanuliforme, com tubo proeminente e limbo vistoso. **2** *Bot* Qualquer planta desse gênero, ornamental, cujas flores exalam perfume penetrante. **3** *Bot* A flor dessas plantas. **4** *Miner* Zircão transparente, vermelho ou castanho, às vezes usado como pedra preciosa.

ja.co.bi.nis.mo (*jacobino+ismo*) *sm* **1** *Hist* Ideias ou doutrina dos jacobinos. **2** *por ext* Radicalismo.

ja.co.bi.no (*fr jacobin*) *sm* **1** *Hist* Membro de um clube revolucionário fundado em Paris em 1789. **2** *por ext* Democrata radical. **3** *bras* Xenófobo; inimigo de estrangeiros.

jac.tân.cia (de *jactar*) *sf* **1** Ostentação, vaidade. **2** Arrogância. **3** Atitude presunçosa.

jac.tar (*lat jactare*) *vpr* Vangloriar-se.

ja.cu (*tupi iakú*) *sm* **1** *Ornit* Nome comum a várias espécies de aves galiformes frequentes no Brasil. Esta ave distingue-se da jacutinga, com a qual é aparentada, pela ausência de penas alongadas no alto da cabeça e pelo comprimento da cauda, maior que a asa. Voz: *grasna*. **2** Caipira. *Em festa de jacu nambu não pia:* cada um em seu lugar, em seu nível.

ja.cu.ba *sf* **1** Mingau ou refresco preparado com água, leite ou cachaça, farinha de mandioca e açúcar ou mel. **2** Café com farinha de mandioca. **3** *Reg* (AL e PE) Garapa.

ja.cu.la.tó.ria (*lat jaculatoria*) *sf* Oração curta e fervorosa que se diz nas novenas e outras devoções.

ja.cu.mã (*tupi iakumã*) *sm bras* Tipo de remo indígena em forma de pá. *Pl: jacumãs.*

ja.cun.dá (*tupi iakundá*) *sm bras Zool* Espécie de peixe semelhante à traíra.

ja.cu.tin.ga (*jacu+tupi tínga*) *sf* **1** *Ornit* Nome comum a várias aves galiformes frequentes na mata virgem. Esta ave apresenta penas alongadas no alto da cabeça e cauda mais curta que a asa. **2** *Miner* Variedade de minério de ferro do Brasil, caracterizada por estratos pouco espessos ou por xistosidade.

ja.de (*fr jade*) *sm* **1** *Miner* Pedra ornamental muito dura, variando, na cor, de esbranquiçada a verde-escura, e que adquire alto lustro quando polida. **2** A cor verde do jade.

ja.ez (*ê*) (*ár jahâz*) *sm* **1** Arreamento e adorno para bestas. **2** *fig* Espécie, índole, modo, qualidade.

ja.guar (*tupi iauára*) *sm Zool* Nome que também se dá à onça-pintada, considerada a fera mais temida da América.

ja.gua.ti.ri.ca (*tupi iauára tiríka*) *sf Zool* Grande gato selvagem, que habita a América.

ja.gun.ça.da (*jagunço+ada*[1]) *sf bras* Grupo de jagunços.

ja.gun.ço *sm* **1** Cangaceiro, sertanejo aguerrido e valente. **2** Capanga, guarda-costas, valentão. **3** *Reg* (BA) Indivíduo do grupo de fanáticos de Antônio Conselheiro (1828-1897), na revolta de Canudos (1896-1897). **4** *Reg* (PE e AL) Pau ou vara armado de aguilhão.

ja.le.co (*turco jelek*) *sm* **1** Casaco semelhante à jaqueta. **2** Casaco sem forro e de tecido leve usado sobre a roupa por médicos, dentistas, professores etc. **3** Fardeta. **4** *bras* Alcunha de português.

ja.mai.ca.no (*top Jamaica+ano*) *adj* Que pertence ou se refere à Jamaica (Antilhas). • *sm* O habitante ou natural da Jamaica.

ja.mais (*já+mais*) *adv* Em tempo algum, em tempo nenhum, nunca.

ja.man.ta *sf Ictiol* Arraia marinha extremamente grande, largamente distribuída em mares quentes, comum ao longo das costas tropicais do continente americano, podendo atingir a largura de 6 metros e o peso de 1 tonelada. *sm* **1** *gír* Pessoa desengonçada, desajeitada, grandalhona. **2** *pop* Veículo automóvel de grandes dimensões, para transporte de carga pesada. **3** Calçado caseiro.

jam.bei.ro (*jambo+eiro*) *sm Bot* Árvore nativa em Mato Grosso, que dá o jambo.

jam.bo (*hind jambu*) *sm Bot* **1** Fruto do jambeiro. **2** Nome comum a três plantas produtoras do apreciado fruto desse nome.

jam.bo-bran.co *sm Bot* Árvore brasileira de frutos brancos. *Pl: jambos-brancos.*

jam.bo-ro.sa *sm Bot* Árvore originária da Índia e aclimada no Brasil, muito cultivada por seus frutos, branco-amarelos matizados de rosa, de polpa esponjosa com gosto e cheiro de rosa. *Pl: jambos-rosas* e *jambos-rosa.*

jam.bo-ver.me.lho *sm Bot* Árvore de frutos ovoides, avermelhados. *Pl: jambos-vermelhos.*

ja.me.gão *sm pop* Rubrica, assinatura. *Pl: jamegões.*

ja.me.lão (*concani jambulâm*) *sm bras Bot* Árvore frutífera de folhas alongadas e flores com vários estames, cujo fruto, comestível e carnoso, expele um corante violáceo. *Pl: jamelões.*

jan.dai.a (*tupi iandáia*) *sf Ornit* Nome comum a vários periquitos de coloração geral amarela, com o dorso verde em extensão variável; a jandaia do Amazonas se distribui desde as Guianas e Venezuela até o Rio Grande do Sul; outra jandaia ocorre em todo o Brasil, desde o sul do Amazonas; uma terceira é do Nordeste brasileiro, presumindo-se seja esta a espécie de jandaia citada por José de Alencar, em *Iracema*. Voz: *chalra, grasna, grita, taramela.*

ja.nei.ro (*lat januariu*) *sm* **1** Primeiro mês do ano civil, com 31 dias. **2** *pop* Cio dos gatos. *sm pl* Anos de idade: *Quase não pode com o peso dos seus 90 janeiros.*

ja.ne.la (*lat vulg ianuella*, *dim* de *ianua*) *sf* **1** Abertura nas paredes dos edifícios, para deixar passar a luz e o ar. **2** Caixilho de madeira, ferro etc., com que se fecha essa abertura. **3** *pop* Abertura, buraco ou rasgão na roupa ou no calçado. **4** *Geol* Abertura no solo, causada pela erosão, por onde se percebe o substrato de camadas mais antigas. **5** *Tip* Claro existente num escrito, correspondente a alguma palavra que falta e se deve escrever. **6** Abertura nos veículos, de forma variável, em geral com vidro. **7** *gír estudantil* Aula vaga. **8** *Inform* Área retangular na tela do computador, demarcada por uma moldura, que exibe as informações de um processo em execução. *sf pl pop* Os olhos. *Janela de correr:* janela de uma ou de duas folhas, que se deslocam lateralmente, deslizando sobre corrediças. *Janela de guilhotina:* vidraça constante de uma parte superior e outra inferior, que se levanta para abrir a janela e se desce para fechar; também se podem descer as duas, abrindo-se, pois, a parte de cima. *Janela de sacada:* a que se abre rente ao piso, em andar alto.

jan.ga.da (*malaiala changâdam*) *sf* **1** Embarcação rasa, espécie de plataforma composta de corpos flutuantes de qualquer tipo, geralmente de madeira, ligados entre si por meio de cordas de fibras especiais, destinada sobretudo à pesca, mas usada também como meio de transporte. **2** Comboio de toros de madeira, ligados transversalmente, que é levado rio abaixo pela correnteza ou rebocado no curso inferior dos rios. **3** Caranguejola. **4** *Bot* Árvore silvestre que, por ser muito leve, é preferida para jangadas. *Jangada do alto:* jangada que serve para navegar no alto-mar.

jan.ga.dei.ro (*jangada+eiro*) *sm* **1** Patrão ou proprietário de jangada. **2** Piloto ou tripulante de jangada. **3** Jangada de pesca, com mastro e vela. **4** Pescador que se utiliza desse barco.

jân.gal (*ingl jungle*) *sm* Selva, floresta. *Pl:* jângales.

jan.gaz *sm pop* Indivíduo desajeitado.

jan.guis.mo (*Jango*, hipocorístico de *João*, *np+ismo*) *sm Polít* Política ou tipo de governo instituído por João Goulart (1918-1976), também chamado Jango, presidente da República Federativa do Brasil de 1961 a 1964, quando foi deposto.

jan.guis.ta (*Jango*, *np+ista*) *adj m+f* Que se refere ao janguismo. • *s m+f* Pessoa partidária do janguismo.

ja.nis.mo (*Jânio*, *np+ismo*) *sm Hist* Política ou tipo de governo instituído por Jânio da Silva Quadros (1917-1992), presidente da República Federativa do Brasil de 31 de janeiro a agosto de 1961, quando renunciou ao cargo.

ja.nis.ta (*Jânio*, *np+ista*) *adj m+f* Que se refere ao janismo. • *s m+f* Pessoa partidária do janismo.

ja.no.ta (*fr Janot*, tipo cômico criado no séc. XVIII) *adj + sm* Que, ou aquele que se veste com apuro; elegante, muito enfeitado, peralta.

jan.ta (de *jantar*) *sf pop* **1** Ato de jantar. **2** Jantar.

jan.tar (*lat jantare*) *vint* **1** Comer o jantar. *vtd* **2** Comer na ocasião do jantar: *Jantar sanduíches.* *vtd gír* **3** Passar para trás, suplantar. • *sm* **1** Uma das principais refeições do dia, que se faz à noite. **2** Conjunto de pratos que entra nessa refeição. *Jantar dançante:* jantar seguido por dança.

jan.ta.rão (*jantar+ão²*) *sm pop* Banquete. *Pl:* jantarões.

ja.ó (*voc onom*) *s m+f bras* Ave escura, de pio triste, comum no Brasil central.

ja.pão (do *top Japão*) *adj + sm pop V japonês*. *Fem: japoa.* • *sm* **1** Porcelana fabricada no Japão (Ásia). **2** Nome de uma espécie de papel. *Pl: japões.*

ja.pim (*tupi iapý*) *sm bras Zool* Ave canora de cor negra, bico claro e com a base da cauda amarela. *Pl: japins.*

ja.po.na (do *top Japão*) *sf pop* Casaco esportivo de lã grossa, em geral azul-marinho. • *s m+f bras* **1** Alcunha dada aos portugueses. **2** Alcunha dada aos japoneses.

ja.po.nês (*top Japão+ês*) *adj* Que pertence ou se refere ao Japão (Ásia); nipônico. • *sm* **1** O habitante ou natural do Japão; nipônico. **2** *Líng* A língua do Japão. *Fem: japonesa (ê). Pl: japoneses (ê).*

ja.po.ne.sa.da (*japonês+ada¹*) *sf* Grupo de japoneses.

ja.pô.ni.co (*top Japão+ico²*) *adj* Que diz respeito ao Japão (Ásia) ou aos japoneses.

ja.po.nis.ta (*top Japão+ista*) *s m+f* **1** Pessoa que estuda a língua e a literatura japonesas. **2** Pessoa que coleciona objetos de arte japonesa.

ja.po.ni.zar (*top Japão+izar*) *vtd* **1** Dar feição, caráter ou hábitos japoneses a. **2** Cozer novamente (porcelana) para dar-lhe aparência de porcelana japonesa.

ja.quei.ra (*jaca+eira*) *sf Bot* Árvore originária do arquipélago indo-malaio, frequentemente cultivada no Brasil, principalmente no Norte. Seu fruto, comestível, a jaca, nasce diretamente ligado ao tronco, chegando a atingir 15 quilos. Sua madeira, amarela, brilhante, é aproveitada em marcenaria.

ja.que.ta (*ê*) (*fr jaquette*) *sf* **1** Casaco curto, sem abas, justo na cintura. **2** *Odont* Em prótese, cobertura de um dente com fins de reforço ou estéticos. *sm* Indivíduo obstinado em velhos hábitos e modos de vida.

ja.que.tão (*jaqueta+ão²*) *sm* **1** Paletó trespassado na frente, com quatro ou seis botões. **2** Espécie de jaqueta larga, mais usada no inverno, e que desce até pouco abaixo da cintura. *Pl: jaquetões.*

ja.ra.guá (*tupi iarauá*) *sm* Capim forrageiro, muito comum nas pastagens.

ja.ra.ra.ca (*tupi iararáka*) *sf* **1** *Zool* Denominação comum a várias espécies de cobras venenosas, de até 1,50 metro de comprimento. **2** *pop* Mulher má, geniosa.

ja.ra.ra.cu.çu (*tupi iararáka usú*) *s m+f Zool* Grande cobra venenosa amarelo-escura, de até 2,20 metros de comprimento, comum nas regiões alagadiças do litoral sul e leste até o Centro-Oeste do Brasil.

jar.da (*ingl yard*) *sf* Medida inglesa de comprimento, equivalente a 914 mm ou 0,9144 m. *Símb:* yd.

jar.dim (*fr jardin*) *sm* **1** Pedaço de terreno, geralmente cercado e adjacente a uma habitação,

jardinagem — jazer

destinado ao cultivo de flores, plantas e árvores ornamentais. **2** Local ou região rica e bem cultivada. **3** *Náut* Corredor da popa numa embarcação. *Jardim botânico:* terreno fechado onde se cultivam plantas seletas para estudo e exibição ao público. *Jardim de infância:* estabelecimento de educação pré-escolar para crianças de 4 a 6 anos. *Jardim de inverno:* varanda envidraçada de uma casa, com móveis de jardim e vasos de plantas. *Jardim público:* praça pública ajardinada. *Jardim zoológico:* estabelecimento para criação e exposição de animais. *Pl: jardins.*

jar.di.na.gem (*jardinar+agem*) *sf* **1** Arte de cultivar jardins. **2** Cultura de jardins. *Pl: jardinagens.*

jar.di.nar (*jardim+ar¹*) *vtd* **1** Cultivar: *Jardinava uns canteiros de violetas.* *vint* **2** Entreter-se com ligeiros trabalhos de jardinagem ou de agricultura. *vint* **3** *pop* Passear, divagar.

jar.di.nei.ra (*jardim+eira*) *sf* **1** Mulher que trata de jardins. **2** Mesa, suporte ou recipiente ornamental, em sala ou varanda, para flores, plantas etc. **3** Canteiro de flores no balcão das janelas. **4** Iguaria composta de uma mistura de hortaliças cozidas em molho por fervura lenta. **5** Mistura de hortaliças que guarnecem um assado. **6** Veículo adaptado, tipo de ônibus que se usa no interior do Brasil, aberto nos lados e com bancos dispostos paralelamente, ocupando toda a largura do carro. **7** *Reg* (RS) Carro de quatro rodas, puxado a cavalo, que era usado nas estâncias. **8** *Folc* Antiga dança, em que mocinhas vestidas de saiote azul e corpete cor-de-rosa, enfeitadas com muitas fitas, bailavam segurando grandes arcos ornados de flores, ao som de sanfona, tendo como cavalheiros mocinhos trajados de calças azuis e camisa branca. **9** Mestra de jardim de infância. **10** Calça, bermuda ou saia com peitilho costurado à cintura e com alças que se cruzam nas costas.

jar.di.nei.ro (*jardim+eiro*) *sm* Aquele que trata de jardins ou sabe jardinagem.

jar.gão (*fr jargon*) *sm* **1** Linguagem ininteligível ou sem sentido. **2** Língua ou dialeto exóticos que não se entendem. **3** Língua ou dialeto híbridos, oriundos de uma mistura de línguas, tal como uma língua franca. **4** Fraseologia peculiar a qualquer classe, profissão etc. **5** Gíria profissional. *Pl: jargões.*

jar.ra (*ár jarra*) *sf* **1** Vaso para flores ou para ornamentação. **2** *Náut* Depósito de água potável. **3** Recipiente para servir água ou vinho à mesa. *s m+f* **1** Alcoólatra. **2** Velho ridículo; jarreta.

jar.re.ta (*jarra+eta*) *s m+f* **1** Pessoa que se veste mal ou à antiga. **2** Pessoa velha, esquisita, ridícula.

jar.re.te (*fr jarret*) *sm* **1** *Zool* Tendão ou nervo da perna dos quadrúpedes. **2** *Anat* Região posterior do joelho, oposta à rótula.

jar.ro (*masc de jarra*) *sm* Vaso mais ou menos alto e bojudo, com asa e bico, próprio para conter água; onde não há água canalizada, acompanha a bacia, para lavar o rosto e as mãos.

jas.mim (*fr jasmin*) *sm* **1** *Bot* Gênero de arbustos e trepadeiras lenhosas, cujas espécies são quase todas notáveis por suas flores perfumadas. **2** *Bot* Qualquer planta desse gênero, da qual se obtêm óleos etéreos para perfumaria. **3** A flor dessas plantas. **4** *Farm* Perfume extraído das várias espécies de jasmim. *Pl: jasmins.*

jas.mim-de-flo.res-gran.des *sm Bot* Arbusto de cujas flores se extraem óleos etéreos para perfumaria. *Pl: jasmins-de-flores-grandes.*

jas.mi.nei.ro (*jasmim+eiro*) *V jasmim.*

jas.pe (*gr íaspis*) *sm Miner* Quartzo opaco criptocristalino, de uma ou várias cores, como vermelho, castanho, verde, amarelo; especialmente, uma calcedônia verde em forma de noz, outrora muito procurada como símbolo da riqueza. *Jaspe negro:* variedade negra de jaspe.

jas.pe.a.do (*part de jaspear*) *adj* **1** Da cor do jaspe. **2** Que tem os matizes ou os veios do jaspe. **3** Mosqueado como o jaspe. **4** Que apresenta cor análoga à do jaspe.

jas.pe.a.du.ra (*jaspear+dura¹*) *sf* Ato ou efeito de jaspear.

jas.pe.ar (*jaspe+e+ar¹*) *vtd* Dar a cor ou a aparência do jaspe a: "Azular o sangue, jaspear a tez" (Rui Barbosa). Conjuga-se como *frear.*

jás.peo (*jaspe+eo*) *adj* Da cor do jaspe.

ja.ta.í (*tupi ietaí*) *sm Bot* Árvore do Brasil tropical, que fornece resina usada na fabricação de vernizes. Sua resina goza de fama na medicina popular para tratamento de moléstias do peito, e a infusão de suas vagens tem efeitos reguladores sobre as funções intestinais; jatobá. *sf Entom* Espécie de abelha indígena, cujo mel é bastante apreciado.

ja.to (*lat jactu*) *sm* **1** Arremesso, impulso. **2** Emissão impetuosa de qualquer matéria, líquido ou fluido, de um orifício ou bocal. **3** Aquilo que está saindo impetuosamente de um orifício ou abertura: *Jato de água.* **4** Coluna de água lançada por efeito de pressão; jorro. **5** *bras* Avião que se locomove por propulsão a jato. *A jato:* rapidamente; a toda a pressa. *De jato:* repentinamente. *Jato contínuo:* coisa que segue sem interrupção. *Jato de luz:* raio ou feixe luminoso que se manifesta subitamente.

ja.to-pro.pul.são *sf* Propulsão obtida por jato de fluido sob pressão, em sentido contrário ao rumo desejado. *Pl: jato-propulsões.*

ja.to.bá (*tupi ietaí yua*) *Bot V jataí.*

ja.ú (*tupi iaú*) *sm Ictiol* Peixe considerado um dos maiores de água doce, o qual habita os grandes rios da bacia amazônica e da bacia formada pelos rios da Prata e Paraná.

jau.la (*fr jaiole*, ou *geôle*) *sf* **1** Espécie de grande gaiola, com grades de ferro, para prender animais ferozes. **2** Gaiola. **3** *por ext* Cadeia.

ja.va.li (*ár jabalí*) *sm Zool* Porco selvagem, que habita a Europa e o sudeste da Ásia. Col: *alcateia, malhada, vara.* Voz: *grunhe.* Fem: *javalina e gironda.*

ja.va.nês (*fr javanais*) *adj* Pertencente ou relativo a Java (Indonésia). • *sm* **1** O habitante ou natural de Java. **2** Língua de Java e da Federação da Malásia (Ásia). Sin: *jau.* Fem: *javanesa (ê).* Pl: *javaneses (ê).*

ja.zer (*lat jacere*) *vint* **1** Estar deitado (no solo ou no leito): *Ali jaziam os feridos.* *vint* **2** Estar morto ou como tal: *Muitos jazem, agora.* *vint* **3** Estar quieto, imóvel: *Insensível às discussões, jazia o rapaz.* *vint* **4** Estar sepultado: *Aqui jazem os restos mortais de...* *vti* **5** Estar colocado, posto, situado: *A casinha jaz à margem do Paraíba.* vint 6 *Dir* Não estar repartido (bens, herança). vlig 7 Continuar, permanecer: *Ainda jaz doente.* vpr 8 *p us* Encontrar-se, estar, permanecer: "Erguer a pátria nossa da ruína em que se jaz" (Antônio Feliciano de Castilho). *Conjug:* verbo irregular: não tem a desinência *e* na 3ª pessoa do singular do presente do indicativo; a 2ª pessoa do singular do imperativo afirmativo tem duas formas: *jaz/jaze. Pres indic: jazo, jazes, jaz, jazemos, jazeis, jazem; Pret imp indic: jazia, jazias, jazia* etc.; *Pret perf: jazi, jazeste, jazeu, jazemos* etc.; *Pret mais-que- -perf: jazera, jazeras, jazera, jazêramos, jazêreis, jazeram; Fut pres: jazerei, jazerás, jazerá* etc.; *Fut pret: jazeria, jazerias* etc.; *Pres subj: jaza, jazas, jaza, jazamos, jazais, jazam; Pret imp subj: jazesse, jazesses* etc.; *Fut subj: jazer, jazeres* etc.; *Imper afirm: jaz* ou *jaze(tu), jaza(você), jazamos(nós), jazei(vós), jazam(vocês); Imper neg: não jazas(tu), não jaza(você)* etc.; *Infinitivo impess: jazer; Infinitivo pess: jazer, jazeres, jazer* etc.; *Ger: jazendo; Part: jazido.*

ja.zi.da *(part fem de jazer) sf* **1** Lugar onde alguém jaz. **2** Posição, postura, atitude de quem jaz. **3** Serenidade, quietação. **4** *Miner* Depósito natural de substância mineral ou fóssil, que se encontra no interior ou na superfície da terra.

ja.zi.do *(part de jazer) adj* Que jaz: *Encontraram o corpo jazido no meio dos arbustos.*

ja.zi.go *(de jazer) sm* **1** Sepultura, túmulo. **2** Monumento funerário. **3** *Miner V jazida.* **4** Lugar onde se recolhe alguma coisa; abrigo, depósito.

jazz *(djéz)* (ingl) *sm Mús* Música norte-americana caracterizada por improvisação, ritmos sincopados, execução em conjunto contrapontístico e feições melódicas especiais, que se expandiu pelo mundo após a Segunda Guerra Mundial. *Pl: jazzes.*

jazz-band *(djéz-bând)* (ingl) *sm* Conjunto orquestral que toca música de *jazz. Pl: jazz-bands.*

jaz.zis.ta *(jazz+ista) s m+f* **1** Compositor de *jazz.* **2** Intérprete de *jazz* (cantor ou músico). **3** Admirador de *jazz.*

jaz.zís.ti.co *(jazz+ístico) adj* Pertencente ou relativo ao *jazz.*

jê *sm bras Ling* Família linguística que reúne diversas línguas indígenas de tribos do Brasil central. • *adj* Referente a uma dessas línguas ou a seus falantes.

jeans *(djinz)* (ingl) *sm sing* e *pl* Calças ou outras peças do vestuário confeccionadas com brim azul.

je.ca (de *Zeca,* hipocorístico) *bras V caipira.*

je.ca-ta.tu *sm* Nome e símbolo do roceiro paulista, quando doente e desanimado. *Pl: jecas-tatus.*

je.gue *(ingl jackass) sm* **1** *Reg* (Nordeste) *V jumento.* **2** *fig* Burro.

jei.ra *(lat diaria) sf* Antiga medida agrária que, conforme o país, varia de 19 a 36 hectares.

jei.tão *(jeito+ão²) sm pop* **1** Feição característica e original de caráter físico. **2** Modo peculiar de ser ou de agir. *Pl: jeitões.*

jei.to *(lat jactu) sm* **1** Arranjo, conveniência. **2** Destreza, finura, habilidade. **3** Aptidão, disposição, propensão. **4** Maneira, modo. **5** Hábito. **6** Defeito. **7** Gesto. **8** Torcedura. *A jeito:* a) em posição conveniente, bem à mão; b) a propósito, em boa hora. *Com jeito:* a) com habilidade; b) com perfeição. *Daquele jeito, gír:* mal. *Dar jeito:* ser jeitoso: *Essa cadeira não dá jeito. Dar um jeito:* a) fazer o necessário para conseguir uma coisa, para si ou para outrem; b) arranjar com habilidade; c) remover com destreza uma dificuldade. *De jeito que:* de maneira que. *Fazer jeito:* convir. *Mau jeito:* a) movimento desastrado que causa qualquer dor ou luxação; b) a dor ou luxação assim causada. *Não dar jeito:* não ser possível, não prestar. *Não ver jeito:* não ver saída, não ver possibilidade. *Sem jeito:* a) desajeitado, desastrado; b) acanhado, tímido. *Sem jeito para nada:* inábil, desastrado. *Vir a jeito:* calhar.

Jeito é com **j** e, consequentemente, todos os seus derivados também o são: *ajeitar, enjeitar, rejeitar, sujeitar* etc.

jei.to.so *(ô) (jeito+oso) adj* **1** Que tem jeito. **2** Habilidoso. **3** Que tem boa aparência ou gentileza. **4** Atraente, bem parecido, esbelto. **5** Que tem aplicação útil. *Antôn: desajeitado. Pl: jeitosos (ó).*

je.je-na.gô *de s m+f* Referente aos, ou os jejes e nagôs, os costumes, religião e folclore deixados por esses escravos negros. *Pl: jejes-nagôs.*

je.ju.a.dor *(lat jejunatore) adj + sm* **1** Que, ou aquele que jejua. **2** Que, ou aquele que gosta de jejuar, ou tem por hábito jejuar.

je.ju.ar *(lat jejunare) vint* **1** Praticar o jejum. *vint* **2** Observar o jejum determinado por preceito eclesiástico. *vint* **3** Abster-se, ou ser privado de alguma coisa. *vti* **4** Estar na ignorância de alguma coisa, não saber: *Jejuar de* (ou *em,* ou *a respeito de) matemática. Jejuar a pão e água:* alimentar- -se exclusivamente de pão e água.

je.jum *(lat jejunu) sm* **1** Abstinência ou redução de alimentos em certos dias por penitência ou por preceito eclesiástico. **2** Abstenção, privação. **3** *pop* Ignorância a respeito de determinado assunto. *Deixar em jejum:* a) privar alguém do alimento; b) deixar alguém em completa ignorância de uma coisa. *Estar em jejum:* não ter comido nada durante o dia; jejuar. *Ficar em jejum:* não ter percebido uma explicação, ficar em completa ignorância a respeito de uma coisa. *Jejum de preceito:* o ordenado explicitamente pela Igreja. *Jejum de traspasso:* que dura de quinta-feira santa até domingo de Páscoa. *Jejum natural:* estado de quem não come desde o dia anterior. *Quebrar o jejum:* a) interrompê-lo, comendo ou bebendo qualquer alimento; b) transgredir a obrigação do jejum. *Tomar em jejum:* tomar (um remédio) estando em jejum natural. *Pl: jejuns.*

je.ju.nal *(jejuno+al¹) adj m+f* Relativo ou pertencente ao jejuno. *Pl: jejunais.*

je.ju.no *(lat jejunu) adj* **1** Que está em jejum. **2** Vazio de ideias ou conhecimentos: *Jejuno em física.* • *sm Anat* Parte do intestino delgado entre o duodeno e o íleo.

je.ni.pa.pei.ro *(jenipapo+eiro) sm Bot* Árvore rubiácea da região setentrional da América do Sul e das Antilhas (América Central), que fornece boa madeira para construção e marcenaria e cujos frutos são comestíveis, muito apreciados para licores e têm propriedades tintoriais.

je.ni.pa.po (*tupi iandipáua*) *sm* **1** Fruto do jenipapeiro. **2** Mancha escura na base da espinha das crianças, tida como sinal de mestiçagem.

Je.o.vá (*hebr Yehovah*) *sm* Nome de Deus no Antigo Testamento.

je.qui.ti.bá (*tupi iykytyuá*) *sm Bot* Grande árvore das florestas brasileiras e cuja madeira é de valor e muito empregada em variadas obras.

je.re.mi.a.da (*part fem de jeremiar*) *sf* Lamúria ou queixa importuna e vã.

je.re.mi.ar (*Jeremias, np+ar*[1]) *vint* **1** Lamuriar, lastimar, queixar. *vtd* **2** Contar ou proferir entre lamúrias: *Assim ele jeremiava os seus infortúnios.*

je.re.ré (*tupi ierer*é) *sm bras* Rede de pesca, formada por uma rede presa a um arco de madeira, geralmente provido de cabo, usada para camarões e peixes miúdos.

je.ri.co *sm pop* Asno, burrico, jumento. *Ideia de jerico:* opinião absurda.

je.ri.mum (*tupi iurumún*) *sm Reg* (Norte) Fruto do jerimunzeiro; abóbora. *Pl: jerimuns.*

je.ri.mun.zei.ro (*tupi iurumún+z+eiro*) *sm Reg* (Norte) Aboboreira.

jér.sei (*do ingl Jersey, np*) *sm* **1** Espécie de tecido de malha de algodão, lã ou seda. **2** Raça de gado bovino leiteiro, originário da ilha britânica de Jersey, situada no Canal da Mancha.

je.su.í.ta (*Jesu, np+ita*) *adj* Referente aos jesuítas. • *sm* **1** Membro da Companhia de Jesus, fundada por Santo Inácio de Loyola (1491-1556). **2** *fig pej* Pessoa fingida, hipócrita, dissimulada: "Coqueiro era um hipócrita, um jesuíta!" (Aluísio Azevedo).

je.su.í.ti.co (*jesuíta+ico*[2]) *adj* **1** Relativo ou pertencente aos jesuítas ou aos seus princípios e modos de proceder. **2** *pej* Fanático. **3** *pej* Astucioso, fingido, dissimulado.

je.su.i.tis.mo (*jesuíta+ismo*) *sm* **1** Sistema, doutrina, princípios e modo de proceder dos jesuítas. **2** *pej* Argumento capcioso; sofisma. **3** *pej* Fanatismo. **4** *pej* Dissimulação.

je.tom (*fr jeton*) *sm* **1** Pequena ficha entregue a cada membro de determinadas corporações e que lhe proporciona uma remuneração pela presença. **2** *por ext* Essa remuneração. **3** *Polít* Subsídio concedido a parlamentares quando presentes nas sessões extraordinárias. *Pl: jetons.*

jet ski (*djét-iskí*) (*ingl*) *sm Esp* Veículo que poderia ser descrito como uma espécie de motocicleta adaptada para planar por sobre a água, utilizando uma quilha semelhante a um grande esqui.

ji.a (*fem do tupi iuí*) *sf* **1** *Zool* Designação das rãs no Norte do Brasil. **2** *pop* Objeto furtado.

ji.boi.a (*ó*) (*tupi iymboia*) *sf Herp* Grande serpente não venenosa dos países quentes, de cor amarelo-parda com grandes manchas claras no dorso. Distingue-se da sucuri por ser menor (atinge 4 a 5 metros no máximo) e vive em terra (nos campos ou nas florestas).

ji.boi.ar (*jiboia+ar*[1]) *vint* **1** *pop* Digerir como jiboia; digerir uma refeição farta em repouso. **2** Descrever curvas, zigue-zagues; serpear, serpentear. **3** *gír* Morgar. **4** *pop* Dormir depois de comer. *Conjug – Pres indic: jiboio, jiboias, jiboia, jiboiamos, jiboiais, jiboiam; Pres subj: jiboie, jiboies, jiboie, jiboiemos, jiboieis, jiboiem.*

ji.ló *sm* **1** Fruto do jiloeiro. **2** *V jiloeiro.*

ji.lo.ei.ro (*jiló+eiro*) *sm Bot* Planta solanácea hortense, muito cultivada por seu fruto comestível, considerado benéfico para a digestão.

jingle (*djíngol*) (*ingl*) *sm Propag* Anúncio musicado em rádio ou televisão.

jin.ji.bir.ra (*ingl gingerbeer*) *sf* Bebida fermentada feita de frutos, gengibre, açúcar, ácido tartárico, fermento de pão e água.

ji.pe (*ingl jeep*) *sm* Automóvel pequeno, em princípio fabricado para fins militares, de grande facilidade de manobras nos terrenos acidentados, geralmente com tração nas quatro rodas.

ji.pei.ro (*jipe+eiro*) *sm Esp* Pessoa que participa de provas de rali dirigindo um jipe.

ji.rau (*tupi iurá*) *sm* **1** Armação feita de varas e troncos, usada para esperar a caça ou dormir no mato. **2** Cama de varas. **3** Estrado sobre forquilhas, dentro de casa, que serve para guardar diferentes objetos. **4** Estrado que serve de assento aos passageiros de uma jangada. **5** Armação de madeira sobre a qual se edificam as casas, para evitar a água e a umidade.

jiu-jít.su (*jap jûjutsu*) *sm* **1** Antiga arte japonesa de autodefesa sem armas. **2** *Esp* Sistema de luta corporal de origem japonesa, que busca fazer o oponente perder o equilíbrio e então jogá-lo no chão e imobilizá-lo ali com passos de destreza e golpes em certas partes mais vulneráveis do corpo.

jo.a.lhei.ro (*fr joaillier*) *sm* **1** Fabricante ou vendedor de joias. **2** Engastador de pedras preciosas.

jo.a.lhe.ri.a (*fr joaillerie*) *sf* **1** Arte, profissão de joalheiro. **2** Estabelecimento de comércio de joias. **3** Os objetos que o joalheiro vende. *Var: joalharia.*

jo.a.ne.te (*ê*) (*cast juanete*) *sm Anat* Saliência na articulação do primeiro osso do metatarso com a falange correspondente do dedo grande do pé, causada por inflamação crônica da bolsa membranosa.

jo.a.ni.nha (*dim de Joana, np*) *sf* **1** *Entom* Inseto de corpo oval e asas coloridas pintalgadas de branco ou preto. **2** *Ictiol* Peixe de água doce de coloração pardo-acinzentada, com vários pontos negros sobre o corpo. **3** *pop* Alfinete de segurança.

jo.a.ni.no (*João ou Joana, np+ino*) *adj* **1** Relativo a João ou Joana. **2** Pertencente ou relativo a São João. **3** Relativo ao tempo de D. João III de Portugal.

jo.ão-bo.bo *sm* **1** *Ornit* Ave das zonas campestres do Brasil, cujo dorso é pardo-avermelhado, com faixas pretas, faces pretas com manchas brancas, abdome branco e coleira branca. **2** *V joão-teimoso*. *Pl: joões-bobos.*

jo.ão-de-bar.ro *sm Ornit* Ave da família dos furnariídeos, que faz ninho com barro. *Pl: joões-de-barro.*

jo.ão-nin.guém *sm pop* **1** Homem insignificante, indivíduo sem valor. **2** Sujeito à toa. *Sin: bereberé. Pl: joões-ninguém.*

jo.ão-tei.mo.so (*ô*) *sm* Boneco que na base tem um peso de chumbo, areia ou água e que, sendo deitado, levanta-se imediatamente; joão-bobo. *Pl: joões-teimosos (ó).*

job (djób) (ingl) sm Conjunto de operações (geralmente de impressão) que precisam ser executadas em conjunto. *Job de impressão, Inform:* arquivo em uma fila de impressão que contém todos os caracteres e códigos de controle de impressora necessários para imprimir um documento ou página.

jo.bi.ni.a.no (*Jobim, np+i+ano*) *adj* Relativo ou pertencente ao compositor Tom Jobim (1927-1995).

jo.ça (*port minhoto jouça,* excremento) *sf gír* **1** Coisa que não se pode precisamente definir. **2** Coisa desajeitada, sem pés nem cabeça. **3** Coisa sem importância. **4** Coisa ruim.

jo.co.si.da.de (*jocoso+i+dade*) *sf* **1** Qualidade de jocoso. **2** Ato ou dito gracioso. **3** Graça, gracejo.

jo.co.so (ô) (*lat jocosu*) *adj* **1** Alegre, gracioso. **2** Que provoca o riso; trocista. *Pl: jocosos* (ó).

jo.ei.ra (*joio+eira*) *sf* **1** Espécie de cesto chato ou peneira, usada para separar o trigo do joio. **2** Crivo. **3** *V joeiramento.* **4** Ação de separar do bom aquilo que é mau e inútil.

jo.ei.ra.do.ra (*joeirar+dor*) *sf* Máquina destinada a joeirar os grãos.

jo.ei.ra.men.to (*joeirar+mento*) *sm* Ação de joeirar.

jo.ei.rar (*joeira+ar^1*) *vtd* **1** Passar (o trigo) pela joeira. **2** Passar pelo crivo; peneirar. **3** Averiguar miudamente; escolher, selecionar: *Joeirar doutrinas.*

jo.ei.rei.ro (*joeira+eiro*) *sm* **1** O que faz ou vende joeiras; peneireiro. **2** Aquele que joeira.

jo.e.lha.da (*joelho+ada^1*) *sf* Pancada com um joelho ou com ambos.

jo.e.lhei.ra (*joelho+eira*) *sf* **1** Parte da armadura ou da roupa que cobre o joelho. **2** Peça de couro que resguarda o joelho das bestas. **3** Tudo o que se prende sobre os joelhos para os resguardar. **4** Deformidade nas calças na parte correspondente ao joelho. **5** Sinal de contusão ou ferida no joelho das bestas. **6** *Esp* Peça acolchoada para proteger os joelhos do atleta durante a prática de esportes.

jo.e.lho (*ant geolho,* do *lat tardio genuculu*) *sm* **1** *Anat* Articulação ou região da articulação do fêmur com a tíbia e a fíbula (antigo perônio). **2** *Zool* Articulação nas pernas traseiras dos vertebrados homóloga com o joelho do homem. **3** *Zool* Região da articulação carpal, ou esta articulação, do membro anterior dos ungulados, situada entre o antebraço e a canela e que, anatomicamente, corresponde ao pulso do homem. **4** *Entom* Nos insetos, a articulação entre o fêmur e a tíbia. **5** Qualquer coisa que assemelha ou sugere o joelho humano. **6** Aparelho que liga os instrumentos topográficos aos tripés. **7** Articulação especial entre diversas peças móveis de aparelhos ou máquinas.

jo.e.lhu.do (*joelho+udo*) *adj* Que tem joelhos grossos.

jo.ga.da (*part fem* de *jogar*) *sf* **1** Ato de jogar. **2** Lance de jogo. **3** Esquema de negócio planejado com o intuito de se obter lucro. *Tirar da jogada:* eliminar, excluir. *Morar na jogada, bras gír:* entender uma situação.

jo.ga.do (*part* de *jogar*) *adj* **1** Que se jogou. **2** Prostrado, inerte. **3** Desamparado, abandonado.

jo.ga.dor (*jogar+dor*) *adj* + *sm* **1** Que, ou o que joga. **2** Que, ou o que tem a paixão ou o vício do jogo. **3** Que, ou o que sabe a teoria e a prática de determinado jogo. **4** Que, ou o que é destro no manejo das armas. *Jogador à alta* (ou *na alta*): bolsista que especula na alta dos títulos ou do câmbio; altista. *Jogador à baixa* (ou *na baixa*): bolsista que especula na baixa dos títulos ou do câmbio; baixista. *Jogador de bolsa:* especulador de bolsa.

jo.gão (*jogo+ão^2*) *sm pop* Aumentativo de *jogo*, com a significação de muito bom jogo. *Pl: jogões.*

jo.gar (*lat jocari*) *vtd* **1** Arriscar ao jogo: *Jogou todo o ordenado. vti* e *vint* **2** Fazer apostas em jogo: *Jogar no bicho. vtd* **3** Entregar-se ao jogo de: *Os três amigos jogavam bilhar. vti* e *vint* **4** Entreter-se num jogo qualquer: *Todas as noites jogamos. vtd* **5** Manejar com destreza: *Jogou lanças com temíveis adversários. vtd* **6** Arremessar, atirar, sacudir: *Jogar o laço. vpr* **7** Arremessar-se, atirar-se: *Jogou-se ao chão. vti* **8** Estribar-se, fundar-se, servir-se de: *Joga com bons argumentos. vti* **9** Ajustar, combinar, condizer, convir, dizer bem: *A cor das paredes não joga bem com o tecido do sofá. Jogar as cristas, pop:* a) brigar, lutar; b) discutir acaloradamente. *Jogar a última cartada:* a) arriscar tudo o que resta; b) empregar o último recurso. *Jogar carta baixa, pop:* fazer-se de desentendido. *Jogar confete:* elogiar, em geral, insinceramente. *Jogar por tabela:* a) no bilhar, dirigir a bola à tabela, para depois ir bater na outra bola, em vez de apontar diretamente a esta; b) *pop* censurar ou injuriar indiretamente uma pessoa.

jo.ga.ti.na (*jogata+ina*) *sf* **1** Hábito ou vício do jogo. **2** Jogo de azar; jogo que depende mais da sorte que do cálculo.

jogging (djóguin) (ingl) *sm* **1** Ação de correr ou andar lentamente, em passos ritmados, com fins higiênicos. **2** Vestuário esportivo para a prática do *jogging*.

jo.go (ô) (*lat jocu*) *sm* **1** Brincadeira, divertimento, folguedo. **2** Passatempo em que geralmente se arrisca dinheiro ou outra coisa. **3** Divertimento ou exercício de crianças em que elas fazem prova da sua habilidade, destreza ou astúcia. **4** Maneira de jogar. **5** Cartas ou peças distribuídas a cada parceiro e com que ele deve jogar. **6** Lance que cada jogador faz ou tem de fazer. **7** Aposta. **8** *Mec* Espaço livre entre duas peças, tais como êmbolo e cilindro. **9** Movimento das peças de um mecanismo. **10** *Mec* Conjunto ou série de peças, da mesma espécie, que fazem parte de um mesmo mecanismo, máquina etc.: *Jogo de molas.* **11** Manobra, astúcia, intenção reservada, manha. **12** Bilhetes e cautelas da loteria. *Calar-se com o jogo:* disfarçar o seu propósito. *Conhecer o jogo de alguém:* descobrir as intenções de alguém. *Entrar no jogo:* a) participar do jogo; b) tomar parte em qualquer empreendimento. *Esconder o jogo:* ocultar as intenções. *Estar em jogo:* estar na dependência de, estar em risco. *Jogo da bolsa:* a) especulação de bolsa de valores; b) transações em fundos públicos. *Jogo da vermelhinha:* jogo de azar com três cartas, duas de naipe preto e uma de naipe vermelho. O banqueiro mistura as cartas e o parceiro ganha quando acerta qual é a vermelha. Também chamado *vermelhinha*. *Jogo de azar:* aquele cujo resultado não depende da habilidade ou do cálculo, mas exclusivamente da sorte. *Jogo de contas:* operação contábil segundo a qual os descontos de um pagamento oficial figuram ficticiamente como receita e como despesa. *Jogo de empurra:* atribuição de uma incumbência ou responsabilidade a outra pessoa, que, por sua vez, as atribui a outra, e assim por diante. *Jogo de palavras:* trocadilho. *Jogo de sorte:* loteria, rifa. *Jogo do bicho:* espécie de loteria clandestina, em que a cada grupo de quatro finais de dois algarismos (dezenas) corresponde um determinado bicho. *Jogo franco:* a) coisas ditas como são; b) franqueza na ação; c) jogo à larga, na vigência de impedimento legal. *Jogos de água:* combinações simétricas e artísticas de jatos, jorros ou repuxas de água. *Jogos olímpicos:* a) os que, em honra de Júpiter, se celebravam, na antiga Grécia, de quatro em quatro anos; b) competições esportivas internacionais realizadas de quatro em quatro anos em país preestabelecido. *Pl: jogos (ó).*

jo.gral (*provençal joglar*) *sm* **1** *ant* Músico que, por salário, tocava em festas populares, cantava ou recitava, tomando parte nos divertimentos. **2** Bobo, farsista, truão. **3** Coro polifônico, entremeado de declamação, que abrilhanta representações cênicas ou solenidades sociais. **4** Conjunto de pessoas que declamam, lendo trechos literários, divididos em partes individuais e corais. **5** Peça literária declamada por jograis. *Fem* (acepções 1 e 2): *jogralesa. Pl: jograis.*

jo.gra.les.co (ê) (*jogral+esco*) *adj* Referente ou próprio do jogral.

jo.gue.te (ê) (*jogo+ete*) *sm* **1** Brincadeira, divertimento, ludíbrio, troça, zombaria. **2** Aquele ou aquilo que é objeto de ludíbrio ou zombaria.

joi.a (ó) (*fr ant joie*) *adj m+f gír* Muito bonito ou bom. • *sf* **1** Objeto de adorno, de matéria preciosa ou imitante. **2** Artefato de grande valor artístico. **3** *fig* Coisa ou pessoa a que se dá grande estima. **4** Quantia paga pelos que são admitidos numa associação ou grêmio.

joi.o (*lat hispânico *lioliu*) *sm* **1** *Bot* Planta anual, gramínea, que infesta as searas. **2** Semente dessa planta. **3** *fig* Coisa má que, misturada com as boas, as prejudica e deprecia. *Separar o joio do trigo:* separar os bons dos maus; separar o que é bom do que não presta.

jo.jo.ba (*espanhol mexicano jojoba*) *sf Bot* Planta arbustiva originária do sudoeste dos Estados Unidos da América e do noroeste do México. Sua semente produz um tipo de óleo rico em proteína, e sua tora é utilizada na produção de rações e como fertilizante.

jó.quei (*ingl jockey*) *sm* **1** Indivíduo cuja profissão é montar cavalos nas corridas. **2** Jóquei-clube.

jó.quei-clu.be (*ingl jockey club*) *sm* Clube de reuniões de corridas de cavalos. *Pl: jóqueis-clube* e *jóqueis-clubes.*

jo.que.ta (de *jóquei*) *sf* Mulher que monta cavalos de corrida, por profissão.

jor.da.ni.a.no (*top Jordânia+ano*) *adj* Relativo à Jordânia (Ásia). • *sm* O natural ou habitante da Jordânia.

jor.dâ.ni.co (*top Jordão+ico²*) *adj* Que se refere ao rio Jordão (Ásia).

jor.na.da (*provençal jornada*) *sf* **1** Marcha ou percurso que se faz num dia. **2** Viagem por terra. **3** Empresa militar; expedição. **4** Duração do trabalho diário. **5** *Folc* Divisão das comédias e autos pastoris.

jor.na.de.ar (*jornada+e+ar¹*) *vint* **1** Andar de jornada, fazer jornada: "Saiu a jornadear na vida" (Coelho Neto). *vti* **2** Dirigir-se, jornadeando: *Jornadeou para o sertão.*

jor.nal (*lat diurnale*) *sm* **1** Pagamento de um dia de trabalho. **2** Salário que o trabalhador ganha cada dia. **3** Publicação periódica, em geral de folhas soltas, em que se publicam notícias, informações ao público etc.; gazeta. *Jornal falado:* programa noticioso de rádio ou televisão. *Jornal sensacionalista:* jornal que publica notícias sensacionalistas, escândalos envolvendo personalidades etc. *Pôr no jornal:* publicar, tornar conhecido por todos. *Pl: jornais.*

jor.na.la.da (*jornal+ada¹*) *sf pej* Grande quantidade de jornais.

jor.na.le.co (*jornal+eco*) *sm pej* Jornal sem importância, jornal mal redigido.

jor.na.lei.ro (*jornal+eiro*) *adj* Que se faz dia a dia; diário. • *sm* **1** Trabalhador a quem se paga jornal. **2** *pej V jornalista.* **3** Entregador ou vendedor de jornais.

jor.na.lis.mo (*jornal+ismo*) *sm* **1** A imprensa periódica. **2** Profissão de jornalista. **3** Conhecimentos relativos ao jornalismo.

jor.na.lis.ta (*jornal+ista*) *s m+f* **1** Pessoa que por hábito ou profissão escreve em jornal. **2** Pessoa que dirige um jornal.

jor.na.lís.ti.co (*jornal+ístico*) *adj* Que diz respeito a jornal, jornalista ou jornalismo.

jor.ra.men.to (*jorrar+mento*) *sm* **1** Jorro. **2** Inclinação de um muro, formando bojo.

jor.rar (*jorro+ar¹*) *vti* e *vint* **1** Sair em jorro, manar com força; rebentar: *A água jorrava das torneiras. vtd* **2** Deitar ou lançar em jorro, fazer sair com ímpeto: "A explosão jorrou pedras a grande altura" (Séguier). *vtd* **3** Emitir, lançar de si: "Onde a lâmpada da civilização jorra inundações de luz" (Camilo Castelo Branco). *vint* **4** Fazer saliência convexa (jorramento).

jor.ro (ô) (*cast chorro*) *sm* **1** Saída impetuosa de um líquido. **2** Esguicho, jato forte. *Pl: jorros* (ô).

jo.ta (*gr iôta*) *sm* O nome da letra j. *Pl: jotas* ou *jj.*

joule (ju) (de *Joule, np*) *sm Fís* Unidade prática de calor ou trabalho, equivalente à energia produzida em 1 segundo por uma corrente de 1 *ampère* que passa através de uma resistência de 1 *ohm*; corresponde a 10^7 ergs ou a 0,102 de quilogrâmetro. *Efeito joule, Eletr:* aquecimento em um condutor devido à passagem de corrente nesse condutor. *Símb.: J.*

jou.lí.me.tro (ju) (*joule+i+metro¹*) *sm Eletr* Instrumento para medir em *joules* a energia despendida em um circuito elétrico ou desenvolvida por uma máquina.

jo.vem (*lar juvene*) *adj m+f* **1** Juvenil, moço, novo. **2** Que está nos primeiros tempos de existência. **3** Que ainda tem a graça e o vigor da juventude. • *s m+f* Pessoa moça. *Sup abs sint: juveníssimo. Pl: jovens.*

jo.vi.al (*lat joviale*) *adj m+f* **1** Alegre, chistoso, engraçado. **2** Brincalhão, folgazão, prazenteiro. **3** Que gosta de rir e de fazer rir. *Pl: joviais.*

jo.vi.a.li.da.de (*jovial+i+dade*) *sf* **1** Qualidade de jovial. **2** Bom humor. **3** Dito alegre.

jo.vi.a.li.zar (*jovial+izar*) *vtd* **1** Tornar jovial, dar nota alegre, distrair com graças: *Com seu bom gênio, jovializava nossas reuniões. vint* **2** Mostrar-se jovial, prazenteiro: *Ao ouvir a boa notícia, ela jovializou.*

joystick (*djóistik*) (*ingl*) *sm Inform* Dispositivo dotado de uma alavanca e botões, que permite ao usuário de certos jogos eletrônicos interagir com as cenas que aparecem na tela do computador ou da TV.

ju.á (*tupi iuá*) *sm Bot* Fruto do juazeiro.

ju.a.zei.ro (*juá+z+eiro*) *sm Bot* Árvore de galhos armados de espinhos, que produz drupas amareladas comestíveis e que é típica da caatinga nordestina.

ju.ba (*lat juba*) *sf* **1** A crina do leão. **2** *pop* Cabeleira abundante e crespa.

ju.ba.do (*lat jubatu*) *adj* Que tem juba.

ju.bi.la.ção (*lat jubilatione*) *sf* **1** Ato de jubilar. **2** Aposentadoria honrosa de professor. **3** Recusa ao aluno de nova matrícula em instituição de ensino, após descumprimento de normas. *Pl: jubilações.*

ju.bi.la.do (*part* de *jubilar*) *adj* **1** Que recebeu jubilação. **2** Que se jubilou em instituição de ensino.

ju.bi.lan.te (*lat jubilante*) *adj* Que jubila.

ju.bi.lar[1] (*jubil(eu)+ar*[1]) *adj m+f* Que diz respeito a jubileu ou a um aniversário solene.

ju.bi.lar[2] (*lat jubilare*) *vtd* **1** Encher de júbilo: *A carinhosa saudação jubilou-a. vint* **2** Encher-se de júbilo, sentir júbilo, ter grande alegria. *vtd* **3** Conceder jubilação a; aposentar. *vpr* **4** Aposentar-se, obter a jubilação. *vtd* **5** Recusar nova matrícula ao aluno nas instituições de ensino superior oficiais por descumprimento de normas. *Antôn* (acepções 1 e 2): *entristecer.*

ju.bi.leu (*lat jubilaeu*) *sm* **1** Indulgência plenária que o papa concede em certas solenidades. **2** Solenidade em que é concedida essa indulgência. **3** Conjunto das práticas necessárias para que se mereça essa indulgência. **4** *pop* Grande espaço de tempo. **5** Aniversário solene. **6** Quinquagésimo aniversário (de casamento, de exercício de um cargo etc.).

jú.bi.lo (*lat jubilu*) *sm* **1** Grande alegria ou contentamento. **2** Regozijo. *Antôn: tristeza.*

ju.bi.lo.so (*ó*) (*júbilo+oso*) *adj* **1** Cheio de júbilo. **2** Em que há júbilo ou grande alegria. **3** Festivo. *Pl: jubilosos (ó).*

ju.ça.ra (*tupi ieysára*) *sf Bot* Palmeira comum nas matas brasileiras, tropicais e subtropicais, de estipe delgado e alto, cuja parte terminal, macia e branca, envolvida pelas bainhas das folhas adultas, é comestível e muito apreciada como verdura, sob a denominação de *palmito.*

ju.cun.do (*lat jucundu*) *adj* **1** Alegre. **2** Agradável. **3** Prazenteiro.

ju.dai.co (*lat judaicu*) *adj* Que se refere aos judeus.

ju.da.ís.mo (*gr iudaïsmós*) *sm* **1** Religião dos judeus. **2** Conjunto das pessoas que professam essa religião. *Judaísmo messiânico, Rel:* facção religiosa judaica cujos membros acreditam na condição de Jesus Cristo como Salvador.

ju.da.i.zan.te (de *judaizar*) *adj m+f* Que pratica as tradições e ritos judaicos.

ju.da.i.zar (*lat tardio judaizare*) *vint* **1** Observar, total ou parcialmente, as leis e ritos judaicos: *Ocultamente ainda judaizavam. vtd* **2** Interpretar judaicamente: *Judaizar as Escrituras Sagradas. vtd* **3** *pej* Emprestar com grande usura: *Judaizavam-lhe essas importâncias com enorme juro. Conjug – Pres indic: judaízo, judaízas, judaíza, judaizamos, judaizais, judaízam; Pres subj: judaíze, judaízes, judaíze, judaizemos, judaizeis, judaízem.*

ju.das (de *Judas, np*) *sm sing e pl* **1** V *traidor.* **2** Amigo falso. **3** Boneco ou espantalho que se queima no sábado de Aleluia. **4** Indivíduo mal trajado. *Onde judas perdeu as botas:* em lugar remoto ou desconhecido. *Pegar para judas, gír:* apanhar uma pessoa, quase sempre desprevenidamente, para molestá-la com algo muito desagradável.

ju.deu (*lat judaeu*) *adj* Que diz respeito à Judeia (região da Palestina antiga) ou aos judeus; hebreu, israelita. • *sm* **1** O natural ou habitante da Judeia. **2** O que descende dos antigos habitantes da Judeia. **3** O que segue o judaísmo. **4** Qualquer pessoa da raça hebreia. **5** Pessoa natural do Estado de Israel (Ásia); israelense. **6** *pej* Indivíduo avaro. **7** *bras* Espécie de bolo de milho. **8** *Reg* (AM) Nome dado aos sírios. **9** *bras* Espécie de virado ou tutu de feijão. **10** *Reg* (SC) Apelido dado aos liberais pelos conservadores denominados *cristãos.* **11** *bras* Feixe de capim, com pedras dentro, para formação dos tapumes em trabalhos de mineração. *Judeu cristianismo:* doutrina, combatida por São Paulo, segundo a qual a iniciação no judaísmo era necessária para entrar no cristianismo. *Judeu errante:* diz-se do indivíduo que viaja muito. *Fem: judia.*

ju.deu-a.le.mão *adj+sm* **1** Diz-se de, ou o dialeto alto-alemão falado pelos judeus de origem alemã estabelecidos na Europa central, que se escreve em caracteres hebraicos e contém empréstimos vocabulares do hebraico, russo e polonês; ídiche. **2** Diz-se de, ou o judeu de origem alemã. *Pl: judeu-alemães.*

ju.deu-cris.tão *adj* Relativo aos judeus e cristãos, simultaneamente. • *sm* Indivíduo judeu que aderiu ao cristianismo. *Fem: judeu-cristã. Pl: judeu-cristãos.*

ju.di.a *sf* **1** Feminino de *judeu.* **2** Espécie de capa mourisca, um tanto curta e adornada, usada no século XIX. **3** *Ictiol* Nome comum a dois peixes de Portugal.

ju.di.a.ção (*judiar+ção*) *sf* **1** Ato de judiar. **2** Malvadeza, maus-tratos. **3** Escárnio. *Pl: judiações.*

ju.di.ar (*jud(eu)+i+ar*[1]) (*part* *vint* **1** V *judaizar. vti* **2** Apoquentar, atormentar: *Judiou dos alunos. vti* **3**

Fazer judiaria, maltratar: *O menino judiava com o gatinho. Não podia ver judiarem dos animais.* vti **4** Escarnecer, mofar, zombar: *Judiar com alguém.*

ju.di.a.ri.a (*judeu+aria*) *sf* **1** Grande porção de judeus. **2** Arruamento ou bairro de judeus; gueto. **3** Maus-tratos, judiação. **4** Apoquentação, chacota, pirraça.

ju.di.can.te (*lat judicante*) *adj m+f* **1** Que julga; judicativo. **2** Que exerce as funções de juiz.

ju.di.ca.ti.vo (*lat judicatu+ivo*) *adj* Que tem a faculdade de julgar.

ju.di.ca.tó.rio (*lat judicatoriu*) *adj* Relativo a julgamento.

ju.di.ca.tu.ra (*lat judicatu+ura*) *sf* **1** Poder de julgar. **2** Ofício, cargo ou função de juiz. **3** O poder judiciário de um Estado.

ju.di.ci.al (*lat judiciale*) *adj m+f* **1** Concernente aos tribunais ou à justiça; forense. **2** Que se realiza perante o poder judiciário. *Pl: judiciais.*

ju.di.ci.ar (*lat judiciu+ar*¹) *vti* Decidir judicialmente: *Judiciou a favor do queixoso.*

ju.di.ci.á.rio (*lat judiciariu*) *adj* Relativo ao direito processual ou à organização da justiça. • *sm* Um dos três poderes da República, incumbido de distribuir justiça e interpretar a Constituição.

ju.di.ci.o.so (*ô*) (*lat judiciu*) *adj* **1** Que tem juízo e prudência. **2** Que procede com acerto. **3** Feito com sensatez; sensato. **4** Que indica bom senso. **5** Sentencioso. *Pl: judiciosos* (*ó*).

ju.dô (*jap jûdô*) *sm Esp* Modalidade esportiva de jiu-jítsu, praticada sobre tatame por dois atletas.

ju.do.ca (*tupi jûdôka*) *s m+f Esp* Praticante de judô.

ju.ga.dor (*jugar+dor*) *sm* Instrumento de ferro para abater carneiros no matadouro.

ju.gar (*jugo+ar*¹) *vtd* Abater (reses), por seção da medula espinhal.

ju.go (*lat jugu*) *sm* **1** Barra ou armação de madeira, pela qual dois animais de tiro, especialmente bois, são unidos pelo pescoço ou cabeça, para o trabalho; canga. **2** Junta de bois. **3** *Antig* Dispositivo curvo colocado ao pescoço dos vencidos. **4** *Antig* Símbolo de submissão, que consistia numa lança posta horizontalmente sobre duas outras cravadas no solo e sob a qual os antigos romanos faziam passar os seus inimigos vencidos. **5** Agente opressivo que reduz à sujeição, submissão ou servidão. **6** Sujeição, opressão. **7** Dominação. **8** Domínio moral. **9** *Bot* Par de folíolos opostos.

ju.gu.lar (*lat jugulare*) *adj m+f* Que pertence ou se refere à garganta ou ao pescoço. • *sf Anat* Nome de quatro veias duplas do pescoço: jugulares externas, internas, anteriores e posteriores. • *vtd* **1** Debelar, extinguir (uma revolta, uma epidemia). **2** Degolar, decapitar. **3** Assassinar.

ju.iz (*lat judice*) *sm* **1** O que tem autoridade e poder para julgar e sentenciar. **2** Membro do poder judicial. **3** Membro de um júri. **4** Árbitro, julgador. **5** O que nos certames e jogos faz cumprir as regras estabelecidas. **6** Diretor de uma festa religiosa ou solenidade recreativa. *Juiz de casamento:* autoridade não pertencente à magistratura togada que processa e julga as habilitações dos nubentes e perante a qual se realiza a solenidade do casamento. *Juiz de direito:* magistrado que administra justiça em uma comarca. *Juiz de fato:* membro, não togado, do tribunal do júri, que julga segundo sua consciência e não fundamenta a sua decisão; jurado. *Juiz de fora:* magistrado da época colonial, ao qual corresponde hoje o juiz de direito. *Juiz de instrução:* o que tem por encargo ajuizar as informações colhidas pela polícia, dos crimes e delitos, e mandar prender os culpados. *Juiz de linha:* V bandeirinha. *Juiz de partida, Turfe:* pessoa responsável pela colocação dos cavalos no partidor elétrico e pelo acionamento do aparelho. *Juiz de paz:* magistrado eletivo que, em cada distrito do juízo de paz, preside ao juízo conciliatório e realiza outros atos civis (celebração de casamentos, *p ex*) e criminais. *Juiz ordinário:* o que administra justiça num julgado ordinário, do qual há apelação para o juiz de direito. *Juiz relator:* magistrado a quem num tribunal coletivo é distribuído em primeiro lugar um processo para fazer o relatório fundamentado do seu voto. *Juiz togado:* V juiz de direito. *Juízes de primeira instância:* juízes de direito que conhecem e julgam as causas das diferentes comarcas e de cujas decisões há recursos para a instância imediatamente superior. *Juízes de segunda instância:* juízes de tribunais de justiça e do Superior Tribunal de Justiça. *Fem: juíza. Pl: juízes.*

ju.i.za.do (*juíz+ado*²) *sm* **1** Cargo de juiz. **2** Local onde o juiz exerce suas funções. *Juizado de pequenas causas, Dir:* juizado especial em que os interessados podem impetrar ações que envolvam indenizações de até 20 salários mínimos (sem participação de advogado) ou de até 40 salários mínimos (com ajuda de advogado). *Juizado de menores:* V juízo de menores.

ju.í.zo (*lat judiciu*) *sm* **1** Ato de julgar; julgamento. **2** Apreciação, conceito. **3** Opinião, voto, parecer. **4** Sensatez, siso, tino. **5** Faculdade intelectual que compara e julga. **6** Foro ou tribunal em que se julgam e sentenciam pleitos, litígios e demandas, e em que se administra justiça. **7** Jurisdição. **8** Lugar onde se exerce ou se pratica a justiça. **9** O todo constituído pelo juiz e seus auxiliares. *Juízo administrativo:* o que é de jurisdição voluntária. *Juízo conciliatório:* a) jurisdição do juiz de paz; b) tribunal onde ele administra justiça. *Juízo de Deus:* a) vontade divina; b) decreto da Providência; c) medida judicial usada outrora para determinar a culpa ou inocência do acusado, submetendo-o a provas perigosas, tais como a do combate, do fogo, da água etc., supostas sob controle divino e das quais devia sair ileso para ser julgado inocente. *Juízo de direito:* a jurisdição ou os tribunais de comarcas. *Juízo de menores:* aquele onde se processam e julgam os delitos e as contravenções cometidos por menores de dezoito anos. *Juízo de paz:* V juízo conciliatório. *Juízo de Salomão:* a) sentença baseada mais no prudente arbítrio do juiz na letra da lei; b) sentença reta e imparcial. *Juízo final, Rel:* juízo pelo qual Deus, conforme a doutrina da Igreja, há de, no fim do mundo, julgar os bons e os maus, juntos todos no mesmo lugar. *Juízo verde:* pouca experiência.

ju.ju.ba (*gr zízyphon*) *sf* **1** *Bot* Arbusto semelhante ao juazeiro, mas um pouco menor. **2** Fruto desse arbusto. **3** Suco ou massa desse fruto. **4** Bala feita de jujuba (acepção 3).

jukebox (*djúc-bócs*) (*ingl*) *sf* **1** Máquina que executa músicas dos discos escolhidos, quando nela se coloca uma ficha ou moeda; máquina de música. **2** *Inform* Unidade de CD-ROM que pode manter vários discos ao mesmo tempo, carregando e executando um disco automaticamente; torre de discos.

jul.ga.do (*part* de *julgar*) *adj* **1** Que se julgou. **2** Condenado ou absolvido por setença. **3** Conjeturado, pensado. • *sm* **1** Divisão territorial sobre a qual tem jurisdição o juiz ordinário. **2** O cargo desse juiz. **3** Sentença pronunciada pelo juiz.

jul.ga.dor (*julgar+dor*) *adj* + *sm* **1** Que, ou o que julga. **2** Que, ou aquele que aprecia: *Mau julgador dos próprios atos*. **3** Diz-se do, ou o juiz ou tribunal que julgou ou vai julgar certa causa. • *sm* Árbitro.

jul.ga.men.to (*julgar+mento*) *sm* **1** Ato ou efeito de julgar. **2** Sentença judicial. **3** Decisão. **4** Apreciação, exame.

jul.gar (*lat judicare*) *vtd* **1** Decidir, resolver como juiz ou como árbitro, lavrar ou pronunciar sentenças: *Julgar um processo*. *vtd* e *vint* **2** Pronunciar uma sentença; sentenciar. *vtd* **3** Apreciar, avaliar, formar juízo a respeito de: "Não julgue o que não sabe" (Padre Manuel Bernardes). *vti* **4** Formar juízo crítico acerca de; avaliar: "Um remendão julga dos poemas de Homero" (Rui Barbosa). *vti* **5** Formar conceito sobre alguém ou alguma coisa: *Julgava das obras de arte como quem julga das bebidas*. *vpr* **6** Apreciar os próprios pensamentos, palavras e obras: *Você se julga com muita severidade*. *vtd* **7** Entender, imaginar, supor: *Julguei que o tivesse guardado*. *vtd* e *vpr* **8** Considerar(-se), entender(-se), reputar(-se), ter(-se) por: *Julga-se o mais aplicado da classe*.

ju.lho (*lat juliu*) *sm* O sétimo mês do ano civil, com 31 dias.

ju.li.a.no (*lat julianu*) *adj* **1** Que diz respeito a Júlio César (101 a.C.-44 a.C.) ou à reforma cronológica que ele mandou fazer em 46 a.C.: *Calendário juliano*. **2** Aplica-se à era que data dessa reforma. **3** Diz-se do ano de exatamente 365 dias e 6 horas adotado no calendário juliano. **4** Aplica-se ao período de 7.980 anos julianos, que resultam da multiplicação do ciclo solar, do ciclo lunar e do ciclo de indicação.

ju.mên.cia (*jumento+ia²*) *sf pop* **1** Falta de inteligência; burrice. **2** Asneira, tolice.

ju.men.ta.da (*jumento+ada¹*) *sf* **1** Porção de jumentos. **2** Asneira, tolice.

ju.men.tal (*jumento+al¹*) *adj m+f* Referente a jumento. *Pl*: *jumentais*.

ju.men.ti.co (*jumento+ico¹*) *sm* Jumento pequeno.

ju.men.to (*lat jumentu*) *sm* **1** *Zootecn* Equino usado como animal de tração e carga, facilmente domesticável; asno, burro, jegue, jerico. **2** *fig* Indivíduo pouco inteligente. *Fem*: *jumenta*.

jun.cal (*junco+al*) *sm* Terreno onde crescem juncos. *Pl*: *juncais*.

jun.ção (*lat junctione*) *sf* **1** Ato ou efeito de juntar. **2** Lugar ou ponto em que duas ou mais coisas coincidem ou se juntam; junta, união, ligação. **3** *Carp* O lugar de união de duas peças de madeira por encaixe e espiga; junta. **4** Reunião. *Antôn* (acepções 1 e 4): *separação*. *Pl*: *junções*.

jun.car (*junco+ar¹*) *vtd* **1** Cobrir de juncos: "Juncar a terra, o pavimento do templo" (Morais). *vtdi* **2** Alastrar, cobrir: *As laranjeiras juncaram o chão de frutos*. *vtd* **3** Espalhar-se ou estar espalhado em grande quantidade sobre: *Cadáveres juncavam o campo da batalha*. *vtdi* **4** Alastrar em grande quantidade sobre: "Juncar o campo de mortos, a praia com flechas" (Constâncio).

jun.co (*lat juncu*) *sm* **1** *Bot* Planta pantanosa das regiões temperadas, com caule cilíndrico, delgado e flexível, muitas vezes oco, com folhas de superfície lisa, comumente roliças ou sulcadas. **2** Varinha dessa planta; chibata. **3** Bengala feita dessa planta.

jun.gir (*lat jungere*) *vtd* **1** Ligar, por meio de jugo ou canga; emparelhar: *Jungir os bois*. **2** Atar, prender, unir: "Não podíamos ter em mente jungir coisas tão alheias" (Rui Barbosa). **3** Submeter, subjugar: *Jungir os fracos*. *Conjug*: por ser defectivo, não se conjuga na 1ª pessoa do singular do presente do indicativo e, consequentemente, em todo o presente do subjuntivo. *Pres indic*: *junges, junge* etc.; *Pret imp indic*: *jungia, jungias* etc.; *Pret perf*: *jungi, jungiste, jungiu* etc.; *Pret mais-que-perf*: *jungira, jungiras* etc.; *Fut pres*: *jungirei, jungirás* etc.; *Fut pret*: *jungiria, jungirias* etc.; *Pret imp subj*: *jungisse, jungisses, jungisse, jungíssemos, jungísseis, jungissem*; *Fut subj*: *jungir, jungires* etc.; *Imper afirm*: *junge(tu), jungi(vós)*; *Infinitivo impess*: *jungir*; *Infinitivo pess*: *jungir, jungires, jungir, jungirmos, jungirdes, jungirem*; *Ger*: *jungindo*; *Part*: *jungido*.

jun.gui.a.no (*iunguiano*) (*Jung, np+i+ano*) *adj Psicol* Relativo ou pertencente ao psicólogo suíço Carl Gustav Jung (1875-1961) ou às suas teorias.

ju.nho (*lat juniu*) *sm* Sexto mês do ano civil, com 30 dias.

ju.ni.no (*lat Juniu+ino*) *adj* Relativo ao mês de junho e especialmente às festas de Santo Antônio, São João e São Pedro.

jú.nior (*lat juniore*) *adj* **1** Mais moço (usa-se depois do nome de uma pessoa, para distinguí-la de outra, mais velha, da mesma família, que tenha o mesmo nome). **2** Diz-se de profissional iniciante em uma função. • *sm Esp* Designativo dos que pertencem à turma dos concorrentes mais moços. *Antôn*: *sênior*.

Normalmente, as palavras flexionadas no plural conservam o acento do singular. Algumas, porém, terminadas em **r**, cujo plural se faz mediante acréscimo de **es**, fogem a essa regra. É o caso de *juniores* (*ô*), *caracteres* (*é*), *cateteres* (*é*) etc.

ju.ní.pe.ro (*lat juniperu*) *sm* Zimbro.

jun.quei.ra (*junco+eira*) *sf* **1** *V juncal*. **2** *Bot* Planta herbácea do Brasil. *sm* Raça brasileira de gado vacum, forte e corpulenta.

jun.quei.ro (*junco+eiro*) *adj Zool* Designativo de certo tipo de bovino resultante da seleção do gado caracu.

jun.qui.lho (*cast junquilho*) *sm Bot* **1** Erva ornamental de flores douradas e perfumadas. **2** A flor dessa planta.

jun.ta (*fem* de *junto*) *sf* **1** Ponto ou lugar de junção de objetos contíguos; junção, união. **2** *Anat* e *Zool* Parte ou mecanismo da parte onde dois ossos se ligam, de modo a permitir o movimento de um ou dos dois; articulação. **3** Encaixe ou ranhura na borda de tábuas que se ligam pelo processo de macho e fêmea. **4** *Constr* Espaço entre as superfícies adjacentes de dois tijolos unidos com argamassa. **5** Assembleia. **6** Comissão. **7** Conferência médica. **8** Conselho administrativo. **9** Espécie de mutirão festivo. **10** Par ou parelha de bois. **11** Nome de diferentes corporações ou instituições (consultivas, de administração ou de inspeção) dependentes de várias repartições do Estado. **12** *Autom* Recorte de cortiça, latão ou papelão especial, comprimido entre a tampa e a caixa de um aparelho, para vedar a passagem de combustível, gases ou óleo: *Junta do cabeçote. Junta cardan, Mec:* sistema de articulação entre dois eixos que transmite o movimento de rotação em diversos ângulos. *Junta comercial:* instituição administrativa, de interesse dos comerciantes, destinada a rubricar livros comerciais, nomear avaliadores comerciais etc. *Junta de bois:* a) dois bois de tração; b) par bovino igual. *Junta de conciliação e julgamento, Dir:* órgão de primeira instância da Justiça do Trabalho brasileira, responsável pelo julgamento dos dissídios individuais entre patrão e empregado. Cada junta é constituída de dois juízes classistas (vogais), representantes dos empregadores e dos empregados, e de um juiz togado (presidente). *Junta de dilatação:* espaço entre certas peças de máquina, motor ou partes de uma construção, para que a dilatação não cause deformação ou ruptura. *Junta de saúde:* a) conjunto de médicos, geralmente militares, encarregado de inspecionar militares e empregados civis de estabelecimentos militares; b) comissão de indivíduos que tratam dos assuntos relativos à higiene pública. *Junta universal, Autom:* acoplamento de eixos capaz de transmitir a rotação de um eixo a outro não colinear com ele. Consiste numa cruzeta cujos braços terminam em pivôs e cada par de pivôs se encaixa em dois orifícios de um estribo na extremidade de cada eixo.

jun.tar (*junto+ar*¹) *vtd* e *vti* **1** Ajuntar. *vtd* **2** Aproximar, pôr junto de: *Juntar uma coisa a outra. vtd* **3** Coser, ligando as peças superiores do calçado. *vpr* **4** Associar-se, unir-se: *Junta-te aos bons. vpr* **5** Vir ou seguir-se sucessivamente: *Uma coisa juntou-se a* (ou *com*) *outra. vtd* **6** *Reg* (RS) Apanhar, pegar: *Pedro juntou do chão o lápis. vpr* **7** *pop* Amigar-se, amasiar-se. Antôn (acepção 1): *separar.*

jun.to (*part irr* de *juntar*) *adj* **1** Posto em contato; chegado, unido. **2** Reunido. **3** Adido: *Embaixador brasileiro junto ao Vaticano.* **4** Chegado, contíguo, muito próximo. Antôn (acepções 1, 2 e 4): *separado.* • *adv* **1** Ao pé, ao lado. **2** Juntamente. *Junto a:* ao lado de, perto de, próximo a. *Junto de:* V *junto a.*

jun.tu.ra (*lat junctura*) *sf* **1** Junção, junta. **2** *Anat* Articulação. **3** Ligação. **4** Linha de união.

jú.pi.ter (*lat Juppiter*) *sm* **1 Júpiter** *Astr* O maior planeta do sistema solar, que possui mais de 12 satélites e sua órbita se situa entre a de Marte e a de Saturno. **2 Júpiter** *Mit* O pai dos deuses entre os romanos, corresponde a Zeus entre os gregos. **3** *fig* Indivíduo de grande valor ou fama.

ju.pi.te.ri.a.no (*Júpiter, np+i+ano*) *adj* **1** Relativo a Júpiter. **2** *poét* Que tem caráter dominador; altivo, imperioso, olímpico.

ju.qui.ri (*tupi iukyri*) *sm Bot* Árvore da Amazônia de madeira escura e dura.

ju.ra (de *jurar*) *sf* **1** Ato de jurar; juramento. **2** Praga.

ju.ra.do (*lat juratu*) *adj* **1** Solenemente declarado. **2** Protestado com juramento. **3** Ameaçado. **4** Declarado inconciliável: *Inimigo jurado.* • *sm* Membro do tribunal do júri; juiz de fato. *Col: conselho* (quando em sessão).

ju.ra.men.ta.do (*part* de *juramentar*) *adj* **1** Que prestou juramento. **2** Empenhado por juramento: *Tradutor juramentado.*

ju.ra.men.tar (*juramento+ar*¹) *vtd* **1** Fazer juramento. *vtd* **2** Conceder juramento a; tomar juramento de: *Juramentar testemunhas. vpr* **3** Obrigar-se com juramento.

ju.ra.men.to (*lat juramentu*) *sm* **1** Ato de jurar. **2** Afirmação ou negação explícita de alguma coisa, tomando Deus por testemunha ou invocando coisa sagrada. **3** Nome de um dos livros de Hipócrates, que trata dos deveres do médico. *Juramento de calúnia:* o que dão os litigantes, para afirmar que não intentam a ação com dolo ou má-fé. *Juramento decisório:* o deferido ou referido por uma das partes à outra, para decisão do pleito. *Juramento de malícia:* V *juramento de calúnia. Juramento judicial:* o que se presta em juízo. *Sob juramento:* por meio de juramento; com obrigação contraída por juramento.

ju.rar (*lat jurare*) *vtd* **1** Afiançar, afirmar, assegurar, declarar ou prometer sob juramento: *Jurou que era verdade. vti* **2** Dar, prestar ou proferir juramento: "Jurou de vingar a morte de seu sobrinho" (Mário Barreto). *vtd* **3** Reconhecer mediante juramento. *vtd* **4** Afirmar cabalmente; afiançar, asseverar: *Juramos defender a pátria. vtd* **5** Invocar: "Não jureis em vão o santo nome de Deus" (Alexandre Herculano). *vti* **6** Acreditar piamente: *Jurou no depoimento das testemunhas. vtd* **7** Protestar, votar: *Aos opressores jurou ódio. vti* **8** Praguejar: "Em presença o louvavam e, voltando as costas, juravam contra ele" (Padre Antônio Vieira). *vpr* **9** Trocar juramentos: "Juravam-se os dois sua eterna fidelidade" (Machado de Assis). *Jurar falso:* afirmar ou declarar sob juramento uma falsidade. *Jurar aos Santos Evangelhos:* prestar juramento colocando sobre o Evangelho a mão direita. *Jurar pela pele:* ameaçar alguém; prometer vingança contra alguém.

ju.rás.si.co (*fr jurassique*) *adj + sm Geol* Diz-se do, ou o período da era mesozoica entre o cretáceo e o triásico.

ju.re.ma (*tupi iurêma*) *sf* **1** *Bot* Árvore leguminosa brasileira, cuja casca tem propriedades adstringentes e narcóticas. **2** *Bot* Árvore existente do Brasil e das Guianas. **3** *Folc* Bebida sagrada, alucinógena, feita da casca, raízes ou frutos dessa planta, usada pelos pajés para causar sonhos afrodisíacos. **4** Tarefa difícil, trabalho penoso.

jú.ri *(ingl jury) sm* **1** Tribunal judiciário, presidido por um juiz de direito, que é seu presidente, composto por vinte e um cidadãos de notória idoneidade, convocados em nome da lei para julgamento dos crimes de sua exclusiva competência, entre os quais se sortearão sete que constituirão o conselho de sentença em cada sessão de julgamento. **2** Conjunto dos cidadãos que podem ser jurados. **3** Comissão encarregada de julgar o mérito de alguém ou de alguma coisa.

ju.ri.di.ci.da.de *(de jurídico+i+dade) sf* **1** Qualidade de jurídico. **2** Legalidade.

ju.rí.di.co *(lat juridicu) adj* **1** Concernente ao direito. **2** Conforme às ciências do direito ou aos seus preceitos. **3** Que se faz por via da justiça. **4** Que diz respeito às normas judiciárias.

ju.ris.con.sul.to *(lat jurisconsultu) sm* Advogado perito na ciência do direito e especializado em dar pareceres sobre questões jurídicas; jurista.

ju.ris.di.ção *(lat jurisdictione) sf* **1** *Dir* Poder, direito ou autoridade legal para ouvir e determinar uma causa ou causas, considerados em geral ou com referência a um caso particular. **2** Poder legal para interpretar e ministrar a lei. **3** Autoridade de um poder soberano de governar e legislar. **4** Território a que se estende essa autoridade. **5** Atribuições de um magistrado. **6** Faculdade de aplicar as leis e de julgar. **7** Extensão territorial em que um juiz exerce as suas atribuições. **8** Competência, alçada. **9** Influência, poder. **10** Cuidado, obrigação. **11** Responsabilidade do vaqueiro numa fazenda. *Pl: jurisdições.*

ju.ris.pe.ri.to *(lat jurisperitu) V jurisconsulto.*

ju.ris.pru.dên.cia *(lat jurisprudentia) sf* **1** Ciência do direito e da legislação. **2** Maneira especial de interpretar e aplicar as leis. **3** Doutrina assentada pelas decisões das autoridades competentes, ao interpretarem os textos pouco claros da lei ou ao resolverem casos por esta não previstos.

ju.ris.ta *(juro+ista) adj s m+f* Que, ou aquele que domina o conhecimento da ciência do direito e que tem por profissão dar pareceres acerca de questões jurídicas; jurisconsulto.

ju.ri.ti *(tupi iurutí) V juruti.*

ju.ro *(lat jure) sm* **1** Taxa percentual incidente sobre um valor ou quantia, numa unidade de tempo determinada. **2** Remuneração que uma pessoa recebe pela aplicação de seu capital; interesse, rendimento de dinheiro emprestado. **3** *pop* Recompensa. *Juro composto:* o que é pago sobre o capital e o juro, reunido periodicamente a este; juro de juro. *Juro de mora:* o que o devedor paga sobre a quantia devida, desde a data do vencimento do débito até o dia em que faz o pagamento. *Juro simples:* o que é pago apenas sobre o capital empregado, conservando-se este constante durante o período de transação.

ju.ru.be.ba *(tupi iuruuéua) sf Bot* Nome dado a várias espécies de arbustos brasileiros, cujas raízes são usadas na medicina popular, fornecendo um poderoso tônico e desobstrutivo.

ju.ru.ju.ba *(tupi aiurú iúua) sf Bot* Erva brasileira, de folhas membranosas, ornamental e medicinal.

ju.ru.pa.ri *(tupi iurupari) sm* **1** Um demônio dos tupis. **2** Entre os missionários, personificação do diabo cristão.

ju.ru.ru *(do tupi) adj m+f* Acabrunhado, macambúzio, melancólico, tristonho.

ju.ru.ti *(tupi iurutí) sf Ornit* Nome comum dado a diversas espécies de aves, em que se incluem pombos e rolas. *Var: juriti.*

ju.ru.ti-pe.pe.na *sf bras Folc* Espécie de pomba encantada a que os índios do Amazonas atribuem a faculdade de tornar paralíticas as vítimas de seus malefícios. *Pl: jurutis-pepenas.*

jus *(lat jus) sm* **1** Direito derivado da lei natural ou escrita. **2** Direito, objetiva ou subjetivamente considerado. *Fazer jus a:* merecer.

ju.san.te *(fr jusante) sf* **1** Refluxo da maré. **2** Lado de um curso de água oposto ao das nascentes. *A jusante:* para o lado da foz; para o lado de baixo.

jus.ce.li.nis.mo *(Juscelino, np+ismo) sm Polít* Pensamento ou ação política de Juscelino Kubitschek de Oliveira (1902-1976), estadista e presidente da República Federativa do Brasil de 1956 a 1961.

jus.ce.li.nis.ta *(Juscelino, np+ista) adj m+f* Que se refere ao juscelinismo. • *s m+f* Pessoa partidária do juscelinismo.

jus.ta *(provençal josta) sf* **1** *Hist* Competição ou esporte marcial em que dois cavaleiros ou partidos de cavaleiros combatiam à lança por um prêmio; torneio. **2** Duelo. **3** Qualquer combate. **4** Questão, pendência. **5** *V prisão.* **6** *gír* Central de polícia; justiça.

jus.ta.dor *(justar+dor) adj + sm* **1** Que, ou o que entra em justas ou ajuste. **2** Competitor, rival.

jus.ta.flu.vi.al *(justa+fluvial) adj m+f* Que está às margens do rio. *Pl: justafluviais.*

jus.ta.li.ne.ar *(justa+linear) adj m+f* Diz-se do modo de tradução em que o texto e a versão ocupam duas colunas próximas, de forma que uma linha desta corresponda a uma linha daquele.

jus.ta.por *(lat juxtaponere) vtd e vtdi* **1** Pôr junto, pôr ao pé de; aproximar, sobrepor: "Justapondo aos rastos dos bandeirantes os trilhos de uma via férrea" (Euclides da Cunha). *vpr* **2** Pôr-se em contato, unir-se: "As duas peças... justapunham-se, articulando-se de um lado por uma dobradiça" (Júlio Ribeiro). Conjuga-se como *pôr.*

jus.ta.po.si.ção *(lat juxtapositione) sf* **1** Ato ou efeito de justapor(-se). **2** Aposição. **3** *Biol* Agregação sucessiva de novas moléculas ao núcleo primitivo, nos corpos inorgânicos. **4** *Gram* Processo de composição vocabular pelo qual cada um dos elementos componentes da palavra mantém sua integridade gráfica e prosódica. Designação abandonada pela *N.G.B.* e substituída por *composição. Pl: justaposições.*

jus.ta.pos.to *(ô) (lat juxtapositu) adj* **1** Unido em contiguidade; posto junto, aposto. **2** *Gram* Em que há justaposição. *Pl: justapostos (ó).*

jus.te.za *(lat justitia) sf* **1** Qualidade daquilo que é justo. **2** Exatidão, precisão. **3** Conveniência, propriedade.

jus.ti.ça *(lat justitia) sf* **1** Virtude que consiste em dar ou deixar a cada um o que por direito lhe pertence. **2** Conformidade com o direito. **3** Direito, razão fundada nas leis. **4** Jurisdição, alçada. **5**

Tribunais, magistrados e todas as pessoas encarregadas de aplicar as leis. **6** Autoridade judicial. **7** Ação de reconhecer os direitos de alguém a alguma coisa, de atender às suas reclamações, às suas queixas etc. **8** Poder de decidir sobre os direitos de cada um, de premiar e de punir. **9** Exercício desse poder. **10** *Rel* Estado de graça; retidão da alma que a graça vivifica; inocência primitiva, antes do pecado do primeiro homem. **11** Personificação da justiça considerada como divindade. *Fazer justiça:* justiçar. *Fazer justiça a:* punir ou premiar equitativamente; julgar, sentenciar. *Justiça de funil:* a que é liberal e ampla para uns, restrita e apertada para outros. *Justiça de mouro:* crueldade na aplicação da lei. *Justiça distributiva:* a que distribui prêmios ou castigos a cada um, segundo o seu merecimento. *Justiça divina:* atributo de Deus pelo qual Ele regula com igualdade todas as coisas. *Justiça do trabalho:* conjunto de órgãos, com jurisdição própria e específica, regidos pela legislação social e independentes do poder judiciário, destinados a dirimir os conflitos de interesses suscitados entre empregadores e empregados. *Justiça militar:* a que se pratica nas forças armadas, de acordo com as leis militares. *De justiça:* justo, merecido.

jus.ti.ça.do (*part de justiçar*) *adj* + *sm* Que, ou o que foi supliciado ou punido com a morte.

jus.ti.çar (*justiça+ar*[1]) *vtd* **1** Punir com pena de morte. **2** Castigar.

jus.ti.cei.ro (*justiça+eiro*) *adj* **1** Rigorosamente justo; imparcial. **2** Severo, implacável. • *sm* O que faz justiça com as próprias mãos.

jus.ti.fi.ca.ção (*lat justificatione*) *sf* **1** Ato ou efeito de justificar(-se). **2** Coisa que justifica ou serve para justificar. **3** Causa, desculpa, fundamento, razão. **4** Prova judicial de um fato alegado ou de um ato anterior defeituoso ou de que não resta documento, por meio de um instrumento público ou escrito, ou título particular. **5** O instrumento ou processo dessa prova. **6** *Teol* Restituição à graça divina; elevação do homem, do estado de pecado (injustiça) ao estado de graça (justiça), como relação justa com Deus. **7** *Tip* Obtenção de perfeita igualdade na largura das linhas da mesma página. *Pl: justificações.*

jus.ti.fi.car (*lat justificare*) *vtd* **1** Declarar justo; demonstrar ou reconhecer a inocência de; descarregar da culpa imputada: *Justificaram-no e atestaram que ele era inocente. vtd* **2** *Teol* Reabilitar; declarar justo, inocente; absolver: *A fé é que justifica o pecador. vpr* **3** Demonstrar a boa razão do seu procedimento; provar a sua inocência; reabilitar-se: "Ele negava, explicava-se, justificava-se" (Machado de Assis). *vtd* **4** Provar judicialmente por meio de justificação: *Justificar a existência do ato ou relação jurídica. vtd* **5** Desculpar: *Um erro não justifica outro. vtd* **6** Explicar com razões plausíveis: *Como justifi-* *carei a minha presença aqui? vpr* **7** Provar que é: "Teresa justificava-se filha, por índole e por sangue, de Joaquim Pereira" (Camilo Castelo Branco). *vtd* **8** Fazer que pareça justo; explicar, fundamentar: *As circunstâncias justificam a adoção dessas medidas. vtd* **9** Fazer jus a: *Justificar a confiança. vtd* **10** *Tip* Fazer uma linha do mesmo comprimento de outras; espacejar. *vtd* **11** *Inform* Num processador de texto, adicionar espaços entre as palavras de uma linha para assegurar-se de que o texto preencha a linha inteira; alinhar texto.

jus.ti.fi.ca.ti.va (*fem de justificativo*) *sf* Prova, razão ou documento com que se demonstra a realidade de um fato ou a veracidade de uma proposição.

jus.ti.fi.cá.vel (*justificar+vel*) *adj m+f* Que se pode justificar. *Pl: justificáveis.*

just-in-time (*djâstin-táimi*) (*ingl*) *sm Econ* Modelo de produção criado no Japão que consiste em integrar componentes (fabricados por diferentes fornecedores) que chegam à linha de montagem com hora marcada. Isso possibilita que se perca o mínimo com o acúmulo de estoques e matérias-primas.

jus.to (*lat justu*) *adj* **1** Conforme à justiça, à razão e ao direito. **2** Reto, imparcial, íntegro. **3** Exato, preciso. **4** *Dir* Legítimo. **5** Que tem fundamento; fundado. **6** Merecido: *Pena justa.* **7** Que ajusta bem, que se adapta perfeitamente. **8** Ajustado. **9** Estreito, apertado, cingido. • *sm* **1** Homem virtuoso, que observa exatamente as leis da moral ou da religião. **2** O que é conforme à justiça. **3** *gír* Chefe de polícia. • *adv* Exatamente, justamente. *Bater o justo:* dizer a verdade. *Como de justo:* como se deve, como se espera. *Justo como beiço de bode:* certo no alinhamento. *Justo preço:* preço que corresponde ao valor das coisas.

ju.ta (*bengali jhuto*, via *ingl*) *sf* **1** *Bot* Planta de fibras têxteis, folhas ovaladas, flores amarelas e fruto em cápsula. **2** A fibra dessa planta. **3** Tecido feito dessa planta.

ju.ta-pau.lis.ta *sf Bot* Planta malvácea, de fibras têxteis. *Pl: jutas-paulistas.*

ju.ve.nais (*lat juvenales*) *sm pl Hist* Jogos instituídos por Nero (37 d.C.-68 d.C.), que se celebravam em Roma, em honra da juventude.

ju.ve.nil (*lat juvenile*) *adj m+f* **1** Que diz respeito à juventude. **2** Próprio da idade jovem. **3** Moço. **4** *Esp* Diz-se da equipe formada apenas por adolescentes. *Antôn* (acepções 1, 2 e 3)*: senil. Pl: juvenis.*

ju.ve.ni.li.da.de (*lat juvenilitate*) *sf* **1** Qualidade de juvenil. **2** Juventude, mocidade.

ju.ve.ni.lis.mo (*juvenil+ismo*) *sm Med* Persistência de certas características juvenis na vida de adulto; atraso na evolução orgânica; infantilismo.

ju.ven.tu.de (*lat juventutem*) *sf* **1** Período da vida entre a infância e a idade adulta; adolescência. **2** A gente moça; mocidade. *Antôn: velhice. Juventude extraviada:* gente moça desencaminhada dos bons costumes.

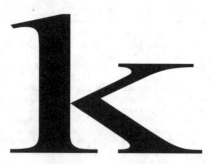

k (*cá*) *sm* Décima primeira letra do alfabeto português. Letra oriunda do alfabeto fenício (*kaph*), adotada pelos gregos (*kapa*) e depois pelos romanos (*capa*). Emprega-se em abreviaturas, em termos técnicos de uso internacional e em palavras derivadas eruditamente de nomes próprios estrangeiros. Emprega-se em abreviaturas, como *quilo* (*k*), *quilograma* (*kg*), *quilolitro* (*kl*) e *quilômetro* (*km*); em termos técnicos de uso internacional, como *kilobyte*; e em palavras derivadas de nomes próprios estrangeiros, como *kantismo*.
K 1 Símbolo do *potássio*. 2 Símbolo de *Kelvin*.
kaf.ki.a.no (*Kafka, np+ano*) *adj* 1 Relativo a Franz Kafka (1883-1924), escritor alemão, nascido na República Tcheca (Europa). 2 Que lembra as situações insólitas e opressivas vividas pelos personagens de Kafka. • *sm* Admirador ou estudioso de Kafka.
ka.mi.ka.se (*jap kamikaze*) *V* camicase.
kan.tis.mo (*Kant, np+ismo*) *sm Filos* Sistema de Immanuel Kant (1724-1804), filósofo alemão, caracterizado pela necessidade de fundamentar a moral e o conhecimento nos imperativos categóricos gerados pela razão.
ka.ra.o.kê (*jap karaoke*) *sm* 1 Casa noturna onde a qualquer cliente é facultado cantar acompanhado por músicos ou por *playback* instrumental. 2 Dispositivo de aparelhos de som que permite ao usuário cantar ao microfone para acompanhar a música que está sendo executada.
kar.de.cis.mo (*Kardec, np+ismo*) *sm Espir* Doutrina espírita do pensador francês Allan Kardec (1804-1869).
kart (*ingl kart*) *sm Autom* Pequeno automóvel, com embreagem automática, sem carroceria, nem caixas de mudanças, nem suspensão.
kar.tó.dro.mo (*kart+dromo*) *sm* Pista de corrida de *karts*.
kb Abreviatura de *kilobit*.
kB Abreviatura de *kilobyte*.
kel.vin (de *Kelvin, np*) *sm Fís* Intervalo unitário de temperatura na escala absoluta. *Símb:* K.
ke.ple.ri.a.no (*Kepler, np+i+ano*) *adj* Que se refere a Johannes Kepler (1571-1630), astrônomo alemão.
kerning (*kérnin*) (*ingl*) *sm Tip* Ajustamento do espaçamento entre pares de caracteres, visando a um efeito óptico agradável.
ketchup (*kètchôp*) (*ingl*) *V* catchup.
kg Abreviatura de *quilograma*.
khmer *sm* 1 Indivíduo do povo que constitui a maioria da população do Camboja (Ásia). 2 A língua oficial do Camboja.
kHz Abreviatura de *quilo-hertz*.
kibutz (*hebr qibbus*) *sm* Fazenda ou colônia coletiva em Israel (Ásia), cuja organização se baseia na cooperação voluntária e gratuita dos coproprietários contra garantia da subsistência para as famílias cooperadoras. *Pl: kibutzim*.
kick boxing (*quíqui-bócsin*) (*ingl*) *sm Esp* Tipo de arte marcial na qual os combatentes chutam com os pés descalços e esmurram com luvas de boxe; boxe tailandês.
ki.er.ke.ga.ar.di.a.no (*Kierkegaard, np+i+ano*) *adj Filos* 1 Relativo ou pertencente ao filósofo existencial e teólogo dinamarquês Sören Aabye Kierkegaard (1813-1855) ou à sua doutrina. 2 Que é partidário dessa doutrina.
kilobit (*quilobit*) (*ingl*) *sm Inform* Unidade de medida de dispositivos de armazenamento, equivalente a 1.024 *bits. Abrev:* kb.
kilobyte (*quilobaite*) (*ingl*) *sm Inform* Unidade de medida de dispositivos de armazenamento de alta capacidade, equivalente a 1.024 *bytes. Abrev:* kB.
kilt (*ingl*) *sm* 1 Saiote pregueado e trespassado, de lã xadrez, que faz parte do traje típico da Escócia (Reino Unido). 2 Saia feminina semelhante ao *kilt*.
kit (*ingl*) *sm* 1 Estojo com ferramentas, instrumentos ou equipamentos para fins específicos. 2 Conjunto de peças ou materiais para serem montados.
kitchenette (*kitchenet*) (*ingl*) *sf* 1 Cozinha pequena. 2 Apartamento de um único cômodo, provido de um banheiro e cozinha pequenos.
kitsch (*kitch*) (*al*) *adj m+f sing* e *pl* Diz-se de manifestação artística ou decorativa que adota elementos populares ou estranhos considerados de mau gosto pela cultura estabelecida. • *sm* Esse estilo artístico.
kiwi (*quiuí*) (*maori*) *sm Bot* Fruto de sabor suave, com casca fina e fibrosa, marrom, e polpa verde e sumarenta.
kl Abreviatura de *quilolitro*.
km Abreviatura de *quilômetro*.
km/h Abreviatura de *quilômetro por hora*.
know-how (*nôu-ráu*) (*ingl*) *sm* Conjunto de conhecimentos necessários ao desenvolvimento de uma tarefa ou função.
kraft (*al*) *sm* Papel forte (como a maioria dos papéis de embrulho e sacos de papel) feito de polpa tratada com sulfato.
krill (*kril*) (*ingl*) *sm Zool* Pequenos crustáceos, planctônicos, e suas larvas.
Ku-Klux-Klan (*ingl*) *sm* Sociedade secreta, ultrar-

reacionária, do sul dos Estados Unidos (América do Norte), fundada em Pulaski, no Tennessee, em 1865, destinada a manter a supremacia dos brancos sobre os cidadãos de raça negra e, mais tarde, sobre os judeus e católicos.

kümmel (*kímel*) (*al*) *sm* Licor alcoólico, de origem russa, à base de cominho, funcho e canela, que se faz macerar no álcool e que, em seguida, se destila e mistura com xarope de açúcar muito concentrado.

kung fu (*chin gông,* mérito+*fu,* mestre) *sm* Arte marcial desenvolvida na antiga China (Ásia), para combate e autodefesa, com ou sem armas.

kVA Abreviatura de *quilovolt-ampère*.

kW Abreviatura de *quilowatt*.

kyrie (do *gr kýrie eleíson*) *sm Rel* Oração litúrgica que faz parte da missa e se inicia com a invocação "Senhor, tende piedade", recitada ou cantada.

l¹ (éle) *sm* Décima segunda letra do alfabeto português, consoante. • *num* O décimo segundo numa série indicada pelas letras do alfabeto.
l² Símbolo de *litro*.
L 1 *num* Na numeração romana, símbolo equivalente a 50. **2** *Geogr* Abreviatura de *este*.
lá¹ (1ª sílaba de *Labii reatum*, do hino de São João) *sm Mús* **1** Sexta nota da escala musical. **2** Sinal representativo dessa nota.

Não se deve esquecer de que **lá** corresponde ao pronome demonstrativo **aquele**; **aí** corresponde a **esse**; e **aqui** corresponde a **este**.
Traga aquele livro que está lá na casa da vovó.
Dê-me essa bolsa aí.
Este monumento está aqui há séculos.

lá² (*lat illac*) *adv* **1** Ali, naquele lugar. **2** Algures, entre eles, naquele país. **3** Àquele ou para aquele lugar. **4** Aí, nesse lugar. **5** Ao longe ou para longe. **6** Adiante, além: *O riacho passa muito para lá do monte.* **7** Então; nesse tempo (futuro). **8** Partícula expletiva: *Eu sei lá.* **9** Exprime advertência em certas expressões: *Olhe lá, não chegue atrasado.* *Lá onde:* no lugar em que (*p ex: Lá onde estive, a vida é muito melhor.*) *Mais para lá do que para cá:* mais para ruim do que para bom. *Antôn: cá.*
lã (*lat lana*) *sf* **1** Pelo animal, especialmente de ovelhas e carneiros. **2** Fazenda ou tecido feito desse pelo. **3** *Bot* Lanugem de certas plantas. **4** Carapinha. **5** Algodão em rama, no sertão de Pernambuco e dos Estados vizinhos. *sf pl* Tecidos de lã. **2** Artigos de lã. *Ir buscar lã e voltar tosquiado:* querer levar vantagem e se dar mal.
la.ba.re.da (ê) *sf* **1** Grande chama, língua de fogo. **2** Intensidade, vivacidade. **3** A maior força de um sentimento; paixão, fogo, ardor. **4** Impetuosidade.
lá.ba.ro (*lat labaru*) *sm* **1** Estandarte romano no tempo do Império. **2** Bandeira, pendão.
la.béu (*lat vulg *labellu*, de *labes*) *sm* Desonra, mancha infamante.
lá.bia (*lat labiu*) *sf* **1** Jeito de falar com esperteza para enganar alguém, agradar ou conseguir favores; verbosidade; loquacidade. **2** Astúcia, manha, esperteza.
la.bi.a.das (*lábio+ado¹*, no *fem*) *sf pl Bot* Família de plantas floríferas, herbáceas ou arbustivas, cujas flores, coloridas e vistosas, têm corola labiada.
la.bi.al (*lat labiale*) *adj m+f* **1** Que diz respeito ou pertence aos lábios: *Músculo labial.* **2** *Gram* Que se pronuncia com os lábios, como as consoantes *p, b* etc., ou projetando os lábios em círculo, como a vogal *u*. • *sf* Fonema ou letra labial. *Pl: labiais.*
lá.bil (*lat labile*) *adj m+f* **1** *poét* Propenso a escorregar, errar ou cair. **2** Transitório. **3** *Quím, Fís, Geol* Instável. **4** *Biol* Diz-se de célula com capacidade permanente de reprodução. **5** *Psicol* Instável nas emoções ou no comportamento. *Pl: lábeis.*
lá.bio (*lat labiu*) *sm* **1** *Anat* Cada uma das duas bordas móveis que contornam a abertura bocal; beiço. **2** Parte ou objeto que se assemelha a lábio. **3** *Entom* Borda inferior da boca dos insetos formada pelo segundo par de maxilas unidas pela linha média. *sm pl* **1** A boca. **2** Linguagem, falas, palavras. **3** *Cir* As duas extremidades de uma ferida simples. *Lábio leporino, Med:* pequena rachadura que aparece no lábio superior da criança desde o nascimento.
la.bi.o.den.tal (*lábio+dental*) *adj m+f Gram* Diz-se das consoantes *f* e *v* que se pronunciam pela fricção do lábio inferior na arcada dentária superior.
la.bi.rin.ti.te (*labirinto+ite*) *sf Med* Inflamação do labirinto, especialmente otite interna, que ataca o labirinto.
la.bi.rin.to (*gr labýrinthos*) *sm* **1** Edifício com divisões tão complicadas que se torna quase impossível achar a saída. **2** Coisa complicada, grande embaraço, meada difícil de desenrolar. **3** *Anat* Qualquer sistema de cavidades e canais que se comunicam entre si. **4** *Anat* Orelha interna.
la.bor (ô) (*lat labore*) *sm* Faina, lavor, trabalho. *Pl: labores.*
la.bo.rar (*lat laborare*) *vti* e *vint* **1** Trabalhar, lidar: *Laborar nas plantações.* *vint* **2** Exercer sua função, fazer seu efeito: *Laboravam os motores.* *vtd* **3** Cultivar (a terra) com os instrumentos agrícolas. *Laborar em erro, em equívoco:* errar de boa-fé; enganar-se.
la.bo.ra.tó.rio (*lat laboratoriu*) *sm* **1** Lugar de trabalho e investigação científica de qualquer ramo da ciência. **2** Oficina de químico ou de farmacêutico. **3** Lugar onde se efetuam trabalhos cinematográficos ou fotográficos. **4** Parte de um forno onde acontecem as trocas de calor ou as reações químicas. *Laboratório espacial, Astronáut:* a) veículo espacial, tripulado ou não; b) aparelho que simula condições de um veículo espacial.
la.bo.ra.to.ris.ta (*laboratório+ista*) *s m+f* Quem trabalha em laboratório.
la.bo.ri.o.so (ô) (*lat laboriosu*) *adj* **1** Que gosta de trabalhar. **2** Trabalhoso. **3** Industrioso, ativo, diligente, incansável: *Funcionário laborioso.* **4**

Difícil, penoso: *Parto laborioso*. *Antôn* (acepções 1, 2 e 3): *preguiçoso*; (acepção 4): *fácil, simples*. *Pl*: *laboriosos (ó)*.

la.bor.te.ra.pi.a (*labor+terapia*) *sf Med* Tratamento de enfermidades nervosas e mentais pelo trabalho; terapêutica ocupacional.

la.bre.go (*ê*) (de *labor*) *adj* **1** *pej* Aplica-se ao aldeão ou camponês. **2** Grosseiro, malcriado, sem educação. *Antôn* (acepção 2): *delicado, polido*. • *sm* **1** *pej* Homem rústico, aldeão, camponês. **2** Indivíduo mal-educado. **3** Espécie de arado, com um varredouro, para limpar a terra das raízes soltas.

la.bu.ta (de *labutar*) *sf* Trabalho.

la.bu.tar (*lat laborare*) *vti* **1** Trabalhar intensamente e com perseverança; laborar, lutar: *Labuta o dia todo no campo*. *vti* **2** Esforçar-se; lidar, combater: *Labutar contra a corrupção*. *vint* **3** Funcionar com grande atividade: *Sua mente labutava sem cessar*. *vti* **4** Enganar-se: *Labutar em erro*.

la.ca (*ár lakk*, do *persa*) *sf* **1** Verniz da China, preto ou vermelho. **2** Resina extraída das sementes de algumas plantas leguminosas. **3** Tinta ou fécula do pau-brasil, que, misturada com cochonilha, tem aplicação na pintura. **4** Resina de cor vermelha translúcida. **5** *V lacre*.

la.ça.da (*laço+ada*¹) *sf* **1** Nó ou laço que se desata facilmente. **2** *Náut* Nó direito, dado no cabo. **3** *pop* Armadilha, astúcia, engodo para pegar alguém de surpresa. **4** No tricô ou no crochê, alça feita com o fio que se põe na agulha sem executar o ponto.

la.ça.dor (*ô*) (*laçar+dor*) *adj+sm* Diz-se de, ou quem é destro no manejo do laço.

la.cai.o (*cast lacayo*) *sm* **1** Criado que, com ou sem uniforme, acompanha o senhor em seus passeios ou viagens. **2** Homem sem dignidade. **3** Homem sem orgulho próprio, servil.

la.çar (*laço+ar*¹) *vtd* **1** Capturar com laço: *O peão laçara o touro*. *vtd* **2** *V enlaçar*. *vpr* **3** Apertar-se com laço; enforcar-se. *vint* **4** Manejar o laço: *O gaúcho sabia laçar muito bem*. *Conjug – Pres indic*: laço, laças etc.; *Pres subj*: lace, laces, lace etc. *Cf lasso*.

la.ça.ro.te (*laço+ote*) *sm* Laço de grandes pontas. *sm pl* Grande porção de laços ou enfeites vistosos; laçarada.

la.ce.rar (*lat lacerare*) *vtd* e *vpr* Dilacerar.

la.cer.tí.lios (do *lat lacertu*) *sm pl Zool* Subordem de répteis, geralmente de corpo alongado, pequenas escamas, patas com cinco dedos, que compreende os lagartos, iguanas, camaleões e várias espécies afins relacionados.

la.ço (*lat vulg *laceu*, por *laqueu*) *sm* **1** Nó que se desata com facilidade. **2** Armadilha de caça. **3** Corda de couro cru trançado. **4** Estratagema, traição, trapaça. **5** Aliança, compromisso, liga. **6** União, prisão, vínculo. **7** *Constr* Peça de madeira que reforça duas outras já ligadas. *Laços de sangue*: consanguinidade, parentesco. *Aum*: lação, laçarrão. *Dim*: laceta, lacinho. *Cair no laço*: deixar-se enganar. *Errar o laço*: não alcançar o que se desejava; falhar.

la.cô.ni.co (*gr lakonikós*, pelo *lat*) *adj* Breve, conciso, resumido, dito ou escrito em poucas palavras. *Antôn*: *longo, prolixo*.

la.co.nis.mo (*gr lakonismós*) *sm* **1** Modo lacônico de escrever ou falar. **2** *Lit* Estilo lacônico; concisão, brevidade. *Antôn*: *prolixidade*.

la.crai.a (de *lacrau*) *sf* **1** *V centopeia*. **2** Espécie de canoa. **3** *fig* Mulher feia, horrorosa.

la.cra.i.nha (*lacraia+inha*) *sf Entom* Nome vulgar que se dá em algumas regiões do Brasil aos insetos que trazem na extremidade do abdome uma pinça córnea, à maneira de uma tesoura.

la.crar (*lacre+ar*¹) *vtd* **1** Aplicar lacre em, fechar com lacre: *Lacrar uma carta*. **2** Colocar e autenticar, por meio de um selo de chumbo, a chapa numérica de identificação de automóveis.

la.crau (*ár al'aqrab*) *sm Zool* Escorpião.

la.cre (de *laca*) *sm* Substância resinosa que é usada para garantir que ninguém abra cartas, garrafas, pacotes etc. antes do destinatário ou comprador.

la.cri.ma.ção (*lat lacrimatione*) *sf* Derramamento de lágrimas.

la.cri.mal (*lat lacrima+al*¹) *adj m+f* **1** Relativo às lágrimas. **2** Relativo ou pertencente aos órgãos que segregam as lágrimas. **3** Situado perto desses órgãos. • *sm* **1** *Anat* e *Zool* Pequeno osso no interior da órbita dos mamíferos. **2** *Arquit* Parte da coroa das cornijas, saliente, destinada a evitar que as águas da chuva corram pelas paredes. *Pl*: *lacrimais*.

la.cri.mar (*lat lacrimare*) *vint* Chorar.

la.cri.me.ja.men.to (*lacrimejar+mento*) *sm* **1** Ato ou efeito de lacrimejar. **2** Abundante secreção de lágrimas.

la.cri.me.jar (*lat lacrima+ejar*) *vint* Chorar; derramar lágrimas.

la.cri.mo.gê.neo (*lat lacrima+geno+eo*) *adj* Que provoca lágrimas, que faz chorar: *Gás lacrimogêneo*.

la.cri.mo.so (*ô*) (*lat lacrimosu*) *adj* **1** Que chora. **2** Lastimoso. **3** Aflito. *Antôn: sorridente, risonho*. *Pl*: *lacrimosos (ó)*.

lac.ta.ção (*lat lactatione*) *sf* **1** Ato ou efeito de lactar, produzir leite. **2** Secreção e excreção do leite. *Período de lactação*: período em que as mães alimentam os filhos com o próprio leite. *Pl*: *lactações*.

lac.tân.cia (*lactante+ia*²) *sf* **1** Ação ou efeito de criar com leite. **2** Período da vida em que a criatura mama.

lac.tan.te (*lat lactante*) *adj m+f* **1** Que lacta. **2** Que dá ou produz leite. • *sf* Mulher que amamenta. *s m+f V lactente*.

lac.tar (*lat lactare*) *vtd* **1** Aleitar, amamentar. *vint* **2** Mamar. *Antôn: desmamar*.

lac.tá.rio (*lat lactariu*) *sm* Local onde se colhe e distribui leite humano.

lac.ten.te (*lat lactente*) *adj m+f* e *s m+f* Que, ou quem ainda mama; criança de peito; lactante.

lác.teo (*lat lacteu*) *adj* **1** Que se refere ao leite. **2** Com aspecto de leite; leitoso. **3** Que tem ou produz leite. **4** *Bot* Diz-se das plantas que têm muito suco leitoso. **5** *Med* Diz-se da dieta à base de leite.

lac.tes.cen.te (*lat lactescente*) *adj m+f* **1** Que segrega leite. **2** *Bot* Que segrega um suco leitoso ou látex. **3** Que tem aspecto de leite.

lac.ti.cí.nio (*lat lacticiniu*) *sm* **1** Preparado alimentício feito com leite ou em que o leite entra como

elemento principal. **2** Tudo o que se relaciona com a indústria do leite. *Var:* laticínio.
lác.ti.co (*lacti+ico²*) *adj* Relativo ao leite. *Var:* lático.
lac.tí.fe.ro (*lat lactiferu*) *adj* **1** *Anat* Diz-se dos pequenos canais que conduzem o leite aos mamilos. **2** Que produz leite, suco leitoso ou látex. **3** *Bot* Que tem flores brancas como o leite.
lac.to.ba.ci.lo (*lacto+bacilo*) *sm Bacter* Bacilo com forte produção de ácidos, sobretudo de ácido láctico, razão pela qual coagula o leite.
lac.to.se (*lacto+ose*) *sf Quím* Açúcar encontrado no leite dos mamíferos.
la.cu.na (*lat lacuna*) *sf* **1** Espaço vazio, ou em branco, que normalmente deveria estar preenchido; falha, vazio, omissão, hiato. **2** Pequena abertura, cavidade ou depressão. **3** *Biol* Espaço intercelular.
la.cu.nar (*lat lacunare*) *adj m+f* **1** Relativo a lacuna. **2** Que tem lacunas; lacunoso. **3** *Miner* Refere-se a corpo composto de cristais intervalados.
la.cus.tre (do *lat lacu*) *adj m+f* **1** Que pertence ou se refere a um lago. **2** Que vive ou cresce nos lagos ou lagoas, ou à beira deles: *Planta lacustre*. **3** Que está sobre um lago. • *sm pl* Povos que viviam em habitações sobre lagos.
la.da.i.nha (*lat litania*) *sf* **1** Série de curtas invocações em honra de Deus, da Virgem ou dos santos. **2** Enumeração ou relação aborrecida; lenga-lenga. **3** *fig* Discurso longo e fastidioso. *Sin:* litania.
la.de.ar (*lado+e+ar¹*) *vtd* **1** Acompanhar, indo ao lado: *Dois guardas ladeavam o prisioneiro*. *vtd* **2** Correr em paralelo a: *A estrada ladeia o rio*. *vtd* **3** Atacar de lado; flanquear. *vtd* **4** Contornar: *Ladear obstáculos*. *vtd* **5** Fugir a, não tratar diretamente: *Ladear a questão*. *vint* **6** *Equit* Andar para os lados, andar de través (o cavalo). Conjuga-se como *frear*.
la.dei.ra (*lado+eira*) *sf* **1** Declive, encosta, inclinação de terreno. **2** Designação de via pública em forte declive.
la.dei.ren.to (*ladeira+ento*) *adj* **1** Em que há ladeira; com declive, íngreme. **2** Em que há muitas ladeiras: *Zona ladeirenta*.
la.di.no (*lat latinu*) *adj* **1** Intelectualmente fino. **2** Ardiloso, astuto, finório, manhoso.
la.do (*lat latu*) *sm* **1** Parte direita ou esquerda do corpo do homem ou dos animais. **2** Parte direita ou esquerda do corpo humano compreendida entre a espádua e as ancas: *Uma dor no lado*. **3** Flanco. **4** *Geom* Qualquer das faces de um sólido. **5** Direção. **6** O espaço imediatamente à esquerda ou à direita de uma pessoa: *Ela sentou-se ao lado dele*. **7** Lugar, espaço ou direção em relação a um centro ou linha de divisão: *Lado de um rio, estrada* etc. **8** Qualquer posição considerada oposta a outra. **9** Cada uma das partes competidoras num jogo esportivo, de cartas etc. **10** Partido, opinião. *Lado fraco:* ponto vulnerável de uma coisa ou pessoa; defeito habitual. *De um para outro lado:* em todas as direções. *Lado a lado:* ao lado do outro; a par; ombro a ombro. *Não saber para que lado se há de voltar:* estar indeciso; ficar hesitante.
la.dra (de *ladro*) *adj+sf* Feminino de *ladrão*. • *sf* Mulher que furta ou rouba.

la.drão (*lat latrone*) *adj+sm* **1** Que, ou aquele que furta ou rouba. **2** Que, ou aquele que de qualquer maneira fraudulenta se apodera do que é de outros; espoliador, despojador. **3** Maroto, tratante. • *sm* **1** Cano ou orifício das caixas de água por onde se escoa o excedente do líquido; tubo de descarga. **2** Vaso onde se recolhe o líquido que excede de um recipiente. **3** Broto que, nas plantas, nasce abaixo do enxerto. **4** Rebento vegetal que prejudica o desenvolvimento da planta. *Fem: ladra, ladrona, ladroa. Aum: ladravão, ladravaz, ladroaço, ladronaço. Ladrão de estrada:* salteador. *Pl: ladrões.*
la.drar (*lat latrare*) *vint* **1** Dar ladridos ou latidos (o cão). *vint* **2** *pop* Gritar esganiçando-se. *vint* **3** Gritar em vão. *vtd* **4** Proferir com violência: *Ladrar maldições, pragas* etc. *Ladrar à lua:* a) falar sem sentido; b) proferir insultos contra quem está longe ou não se pode ofender com eles; c) gritar em vão, esganiçando-se.
la.dra.vaz (de *ladro*) *sm* Aumentativo de *ladrão*.
la.dri.do (de *ladrar*) *V* latido.
la.dri.lhar (*ladrilho+ar¹*) *vtd* **1** Revestir ou pavimentar com ladrilhos; colocar, assentar ladrilhos. *vint* **2** Exercer o ofício de ladrilheiro ou ladrilhador.
la.dri.lho (*lat latericulu*) *sm* Peça de barro cozido, para pavimentos ou revestimentos de paredes. *Ladrilho hidráulico:* ladrilho de cimento, feito na prensa hidráulica. *Ladrilho vidrado:* ladrilho com a face externa vidrada.
la.dro (*lat latro*) *V* ladrido e latido.
la.dro.a.gem (*ladrão+agem*) *sf* **1** Vício de roubar. **2** Ladroeira. **3** A classe dos ladrões. *Pl: ladroagens.*
la.dro.ei.ra (*ladrão+eira*) *sf* **1** Ato ou efeito de roubar; roubo. **2** Desvio continuado de valores.
lady (*lêidi*) (*ingl*) *sf* **1** Título que se dá às senhoras da nobreza na Inglaterra (Grã-Bretanha). **2** Tratamento dado às senhoras da alta sociedade ou de fino trato.
la.ga.lhé *V* joão-ninguém.
la.ga.mar (*lago+mar*) *sm* **1** *Náut* Lugar onde, em qualquer tempo, se pode fundear uma embarcação com toda a segurança. **2** Parte abrigada de um porto ou baía. **3** Lagoa de água salgada. **4** Cova no fundo de um rio ou do mar.
la.gar (*lago+ar¹*) *sm* **1** Espécie de tanque no qual se espremem e reduzem a líquido certos frutos: *Lagar de azeite, de vinho* etc. **2** Estabelecimento com a aparelhagem necessária a esse trabalho.
la.gar.ta (de *lagarto*) *sf Zool* Larva dos insetos lepidópteros ou borboletas.
la.gar.te.ar (*lagarto+e+ar¹*) *vint* Pôr-se ao sol, como o lagarto, para aquecer-se. Conjuga-se como *frear*.
la.gar.ti.xa (*cast lagartija*) *sf* **1** *Zool* Nome comum a pequenos lagartos que costumam andar pelas paredes caçando insetos. **2** *gír* (RJ e PR) Alpinista.
la.gar.to (*lat vulg *lacartu* por *lacertu*) *sm* **1** *Zool* Denominação comum dada aos répteis da subordem dos lacertílios, animais de corpo alongado, de tamanho pequeno ou médio, e geralmente com cauda fina na ponta. **2** Corte de carne retirada

da parte posterior da coxa do boi. **3** Barriga da perna. **4** O bíceps.

la.go (*lat lacu*) *sm* **1** *Geogr* Porção de água cercada de terras. **2** Tanque de jardim. **3** Grande porção de líquido derramado no chão; poça. *Lago de barragem:* aquele que se origina de águas represadas por aluviões fluviais, restingas, detritos etc. *Lago de depressão:* o que resulta de acúmulo de águas em depressão fechada. *Lago de erosão:* o que se forma em áreas cavadas por erosão glacial ou fluvial. *Lago encantado, Folc:* o que, segundo a credince popular, aparece e desaparece e só se tem oportunidade de ver uma única vez.

la.go.a (*ô*) (*lat lacuna*) *sf* **1** Pequeno lago. **2** Porção de águas estagnadas ou pantanosas. **3** Charco, pântano.

la.go.ei.ro (*lagoa+eiro*) *sm* **1** *pop* Porção de água da chuva que fica durante algum tempo depositada em depressões de terreno. **2** Local alagado.

la.go-mar (*lago+mar*) *sm Geogr* Tipo de mar fechado, que não apresenta comunicação com o oceano. *Pl: lagos-mares* e *lagos-mar*.

la.gos.ta (*ô*) (*lat vulg *lacusta*, por *locusta*) *sf Zool* Nome comum a vários crustáceos marinhos, muito apreciados por sua carne saborosa.

la.gos.tim (*lagosta+im*) *sm* **1** *Zool* Nome comum a vários crustáceos marinhos que lembram as lagostas, mas sem antenas; pitu. **2** *pop* Pequena lagosta. *Pl: lagostins.*

lá.gri.ma (*lat lacrima*) *sf* **1** *Anat* Gota do líquido segregado pelas glândulas lacrimais. **2** Gota ou pingo de qualquer líquido. **3** *Arquit* Ornato em forma de lágrimas. **4** Suco destilado por várias árvores e plantas. **5** Resina ou goma que aparece no tronco de algumas árvores. **6** Pequena porção. *Banhado em lágrimas:* com as faces molhadas de lágrimas. *Chamar as lágrimas aos olhos:* comover. *Lágrimas da aurora, poét:* o orvalho. *Lágrimas da manhã: V lágrimas da aurora. Lágrimas de crocodilo:* lágrimas hipócritas. *sf pl* Choro, pranto.

la.gu.na (*ital laguna*) *sf* **1** Canal ou braço de mar pouco profundo entre ilhas ou entre bancos de areia. **2** Espraiamento ou expansão de rio. **3** Variedade de cafeeiro.

lai.a *sf pop* Casta, qualidade, feitio, espécie, raça, jeito. *À laia de:* à feição de; à maneira de. *Conheço a sua laia:* sei como você é.

lai.cal (*laico+al¹*) *adj m+f* **1** Próprio de leigo. **2** Relativo a leigo. **3** Que não se refere à classe eclesiástica; secular: *Ensino laical.*

lai.cis.mo (*laico+ismo*) *sm* Rejeição da influência dos padres e bispos na vida pública fora do âmbito da Igreja; secularismo anticlerical.

lai.ci.zar (*laico+izar*) *vtd* **1** Livrar da influência religiosa ou eclesiástica (organização do Estado, programas escolares etc.). **2** Tirar o caráter religioso a.

lai.co (*gr laïkós*) *adj* **1** *V leigo*. **2** Secular, por oposição a eclesiástico: *Ensino laico.*

lai.vo (*lat labes*) *sm* Mancha, nódoa, pinta. *sm pl* **1** Vestígios, mostras. **2** Ligeiras noções; rudimentos.

la.je (*hispânico lagena*) *sf* **1** Pedra de superfície plana, de pouca espessura, que serve para cobrir pavimentos, sepulturas etc. **2** Qualquer pedra lisa, chata e larga, de grandes dimensões. **3** *Constr* Bloco de concreto armado que separa os andares de um prédio: *O edifício está na terceira laje.*

la.je.a.do (*part de lajear*) *adj* Coberto de lajes. • *sm* **1** Pavimento coberto de lajes. **2** Regato com leito de rocha. **3** Extensão de campo coberto de pedras grandes.

la.je.ar (*laje+e+ar¹*) *vtd* **1** Cobrir com lajes, assentar lajes; fazer o pavimento de: *Lajear passeios. vpr* **2** Cobrir-se de lajes. Conjuga-se como *frear.*

la.je.do (*ê*) (*laje+edo*) *sm* **1** Lugar onde há muitas lajes. **2** Piso revestido de lajes. **3** Laje muito extensa.

la.jo.ta (*laje+ota*) *sf* Pequena laje.

la.jo.tei.ro (*lajota+eiro*) *sm* Fabricante ou assentador de lajes.

la.lau *sm gír* Malandro.

la.ma¹ (*lat lama*) *sf* Mistura de terra, ou argila, e água; lodo. *sm pop* Homem fraco, sem energia. *sf pl* Lodo ou sedimentos de nascentes minerais empregados na cura de algumas doenças (gota etc.). *Lama do pote, Folc:* lodo, formado exteriormente, sobre as paredes do pote ou bilha de barro, que contém água, usado como recurso terapêutico popular contra certos males, como caxumba, papeira etc. *Tirar da lama:* tirar da corrupção, dos vícios, da baixeza. *Viver na lama:* viver corrompidamente, na baixeza e nos vícios.

la.ma² (*fr lama*) *sm* Sacerdote budista entre os tibetanos e os mongóis. *Grão-lama:* chefe do lamaísmo.

la.ma.çal (*lama¹+al¹*) *sm* **1** Lugar em que há muita lama¹. **2** Atoleiro, lameiro, lodaçal. **3** *fig* Coisa sórdida, desprezível.

la.ma.cei.ro (*lamaçal+eiro*) *V lamaçal.*

la.ma.cen.to (*lamaçal+ento*) *adj* **1** Em que há muita lama¹; lodoso. **2** Semelhante à lama¹. **3** Que se refere à lama¹; mole como a lama¹.

la.ma.ís.mo (*lama²+ismo*) *sm Rel* Forma de budismo no Tibete, Mongólia e China do Norte (Ásia), associada a cultos mágicos locais e cujo chefe supremo é o Dalai-Lama.

lam.ba.da (de *lombada*) *sf pop* **1** Chicotada ou pancada com objeto flexível. **2** Paulada. **3** Sova, tunda. **4** *Mús* Música e dança com ritmo muito acelerado.

lam.ban.ça (*cast alabanza*) *sf* **1** *pop* Coisa que se pode lamber de comer. **2** Tumulto, algazarra. **3** Agrado, fingimento. **4** Zombaria. **5** Mentira. **6** Intriga. **7** Conversa fiada. **8** Serviço malfeito.

lam.bão (do radical de *lamber*) *adj+sm* **1** Que, ou o que se lambuza ao comer. **2** Que, ou o que é guloso, glutão, comilão. **3** Que, ou o que faz mal o seu serviço ou a sua arte. **4** Tolo, palerma. *Fem: lambona. Pl: lambões.*

lam.ba.ri (*tupi araueri*) *sm* **1** *Ictiol* Nome de diversas espécies de peixes fluviais de tamanho reduzido e que se alimentam de sementes, restos de animais, invertebrados aquáticos etc. **2** Serrote de lâmina muito estreita.

lam.ba.te.ri.a (*lamba(da)+teria*) *sf* Salão de dança onde se pratica a lambada.

lamb.da (*gr lámbda*) *sm* **1** Décima primeira letra

do alfabeto grego, correspondente ao *l.* **2** *Anat* Ponto de união das suturas sagital e lambdoidea, no crânio.

lamb.da.cis.mo (*lambda+ismo*) *sm Ling* Pronúncia viciosa que consiste em trocar o *r* por outra letra, em geral pelo *l*, como em *planto* e *colda*, em vez de *pranto* e *corda*.

lam.be-bo.tas *s m+f sing* e *pl* Adulador, bajulador, puxa-saco.

lam.be.dor (*ô*) (*lamber+dor*[1]) *adj+sm* **1** Que, ou o que lambe. **2** Adulador, bajulador. • *sm* Terreno salgado e alagadiço, onde os animais sequiosos por sal vão lamber a terra.

lam.be-lam.be *sm gír* Fotógrafo ambulante. *Pl: lambe-lambes.*

lam.be.os.sau.ro *sm Paleont* Dinossauro com focinho semelhante a bico de pato e crista óssea no alto do crânio, que chegava a atingir 15 metros de comprimento.

lam.be-pra.tos *s m+f sing* e *pl pop* Glutão, guloso.

lam.ber (*lat lambere*) *vtd* **1** Passar a língua sobre: *Lamber o prato.* *vtd* **2** Devorar, comer sofregamente. *vtd* **3** Tocar, atingir de leve: *Ondas mansas lambiam a rocha.* *vpr* **4** Dar sinais de alegria: *Lambia-se todo com a boa notícia.* *vtd* **5** *gír* Bater em, espancar. *Lamber as esporas de:* adular, bajular. *Lamber os beiços a:* a) apreciar muito ou saborear (comida ou bebida); b) recrear-se com a vista ou com a recordação de (uma coisa).

lam.bi.ção (*lamber+ção*) *sf pop* Adulação, bajulação, puxa-saquismo.

lam.bi.da (*part fem* de *lamber*) *sf* Lambidela.

lam.bi.de.la (*lambida+dela*) *sf* **1** Ato ou efeito de lamber; lambida. **2** Lisonja; bajulação. **3** Gorjeta.

lam.bi.do (*part* de *lamber*) *adj* **1** Que se lambeu. **2** Qualifica a obra de arte polida ou retocada em excesso. **3** Desgracioso. **4** *fig* Diz-se do cabelo muito liso. **5** Descarado, cínico.

lam.bis.ca.da (*fem* do *part* de *lambiscar*) *sf* Ato ou efeito de lambiscar uma vez.

lam.bis.car (*lambisco+ar*[1]) *vint pop* **1** Comer pouco, debicar. **2** De vez em quando comer qualquer coisinha.

lam.bis.co (de *lamber*) *sm pop* **1** Pequena porção de comida. **2** Pequena quantidade, pouca coisa. *Num lambisco:* num instante. *Por um lambisco:* por um quase nada, por um triz.

lam.bis.goi.a (*ó*) *sf* **1** Mulher intrometida; mexeriqueira. **2** Pessoa magra, antipática e sem graça.

lam.bre.quins (*fr lambrequin*) *sm pl* **1** Heráld Ornatos que descem do elmo sobre o escudo de armas. **2** Antiga cobertura do elmo. **3** *Arquit* Ornamento de madeira ou folha de metal, recortado para enfeitar teto de pavilhão, tenda etc. **4** Peça de estofo ornamental ou recorte de pano que pende da armação de um cortinado, da beira de uma cantoneira etc.

lam.bre.ta (*ê*) (*ital lambretta*) *sf* Nome comercial de pequena motocicleta, originalmente fabricada na Itália (Europa).

lam.bre.tis.ta (*lambreta+ista*) *s m+f* Indivíduo que usa como transporte lambreta ou motoneta.

lam.bris (*fr lambris*) *sm pl* Revestimento de estuque, madeira ou mármore usado em parte da parede ou do teto de uma sala. *Var:* lambril.

lam.bu.jem (de *lamber*) *sf* **1** Resto de comida que fica nos pratos. **2** Vantagem que um jogador concede ao parceiro, em jogo ou aposta. **3** Pequeno lucro, que serve para enganar alguém. **4** Gratificação, propina. *Pl: lambujens.*

lam.bu.za.da (*lambuzar+ada*[1]) *sf pop* **1** Ato de lambuzar(-se). **2** Coisa que suja. **3** Nódoa de substância gordurosa.

lam.bu.za.de.la (*lambuzar+dela*) *sf* **1** Ato ou efeito de lambuzar(-se). **2** Mancha de comida ou bebida. **3** Laivos, ligeiras noções.

lam.bu.zar (de *lamber*) *vtd* **1** Engordurar, pôr nódoas de gordura em. *vtd* **2** Emporcalhar, sujar. *vpr* **3** Sujar-se (principalmente com comida). *Quem nunca comeu melado, quando come se lambuza:* exceder-se no que faz ou desfruta.

lam.bu.zei.ra (*lambuzar+eira*) *sf* Meleira.

la.ma.ei.ro (*lama+eiro*) *sm* **1** Lugar em que há muita lama; atoleiro, pântano. **2** Terra encharcada, pantanosa, que produz pastagem abundante; prado. • *adj* Cavalo de corrida que é mais veloz quando a pista está molhada ou lamacenta.

la.me.la (*lat lamella*) *sf* **1** Pequena lâmina. **2** Folha delgada. **3** *Biol* Qualquer estrutura, órgão ou parte em forma de pequena lâmina ou escama. **4** *Bot* Apêndice em forma de pétala.

la.men.ta.ção (*lat lamentatione*) *sf* **1** Ato ou efeito de lamentar(-se). **2** Clamor, queixa. **3** Expressão de mágoa. **4** Canto fúnebre; elegia. *Pl: lamentações.*

la.men.tar (*lat lamentare*) *vtd* **1** Manifestar dor ou pesar por causa de, prantear: *Lamenta o filho que a morte levou.* *vtd* **2** Afligir-se ou magoar-se em razão de: *Todos lamentavam a própria sorte.* *vpr* **3** Lastimar-se, manifestar mágoa, queixar-se: *O caboclo lamentou-se, suspirando, com saudades do bom tempo.* *vtd* **4** Pronunciar como em lamentação: *O trovador lamentava os seus cantares.*

la.men.tá.vel (*lat lamentabile*) *adj m+f* **1** Digno de ser lamentado, ou lastimado. **2** Digno de ser censurado, ou criticado. *Pl: lamentáveis.*

la.men.to (*lat lamentu*) *sm* **1** V *lamentação.* **2** Clamor, queixa. **3** Pranto, choro.

la.men.to.so (*ô*) (*lamento+oso*) *adj* **1** Que se refere a lamento. **2** Que tem o caráter de lamentação. **3** Lamentável. **4** Que produz som lúgubre. *Pl: lamentosos (ó).*

lâ.mi.na (*lat lamina*) *sf* **1** Chapa de metal delgada. **2** Tira delgada de qualquer substância. **3** A parte cortante provida de gume ou dentes, de alguns instrumentos e ferramentas. **4** Placa de vidro, porta-objeto de microscópio. **5** Gilete. *Lâmina de cravo:* espiga ou parte terminada em ponta e que entra no casco do animal.

la.mi.na.ção (*laminar+ção*) *sf* **1** Ato ou efeito de laminar ou reduzir o metal a lâmina. **2** Estabelecimento onde blocos de metal são passados por sucessivos rolos de compressão para ser reduzidos a chapas delgadas. *Pl: laminações.*

la.mi.na.do (*part* de *laminar*) *adj* **1** Que tem forma de lâmina. **2** Composto de lâminas ou camadas. • *sm* **1** Folha de madeira compensada. **2** Folha metálica obtida por laminação.

la.mi.nar (*lâmina+ar¹*) *vtd* **1** Reduzir (o metal) a lâminas. **2** Chapear. *Conjug – Pres indic: lamino, laminas, lamina (mí)* etc. *Cf lâmina.*

la.mo.so (ô) (*lama¹+oso*) *V* lamacento. *Pl: lamosos (ó).*

lâm.pa.da (*gr lampás, ádos,* pelo *lat*) *sf* **1** Utensílio para obter luz artificial, por combustão de um líquido ou gás (lâmpada de azeite, de gás, de petróleo etc.). **2** Bulbo ou ampola de vidro contendo um filamento metálico, que se torna incandescente pela passagem de corrente elétrica, de largo uso na iluminação. **3** Elemento dos aparelhos de rádio; válvula. **4** Nas igrejas, vaso suspenso no teto e dentro do qual estão o azeite e a torcida, para iluminar o sacrário ou alguma imagem.

lam.pa.dá.rio (*lat lampadariu*) *sm* Espécie de candelabro ou lustre, com várias lâmpadas.

lam.pa.ri.na (do *cast lámpara*) *sf* **1** Pequena lâmpada. **2** Pavio fixo a uma boia que, mergulhada no azeite contido em um pequeno recipiente, serve para iluminar ambientes. **3** Recipiente de vidro ou lata que consiste num reservatório de querosene ou azeite, munido de uma mecha ou pavio que se acende para iluminar. **4** *pop* Bofetada na orelha. *Acender a lamparina:* expressão brincalhona que significa: pôr bebida no copo ou taça de alguém.

lam.pei.ro (*lampo+eiro*) *adj* **1** Espevitado. **2** Apressado, lesto. **3** Ligeiro, esperto. **4** Muito contente.

lam.pe.jar (*lampo,* regressivo de *relâmpago+ejar*) *vint* **1** Brilhar como o relâmpago; coruscar, reluzir. *vtd* **2** Emitir, irradiar: "A estrela... lampejou uns clarões" (Camilo Castelo Branco).

lam.pe.jo (*ê*) (de *lampejar*) *sm* **1** Clarão. **2** Faísca. **3** Manifestação rápida e brilhante de uma ideia ou de um sentimento.

lam.pi.ão (*ital lampione,* pelo *fr*) *sm* Grande lanterna, portátil ou fixa em teto, esquina ou parede. *Pl: lampiões.*

lam.pi.rí.deos *sm pl Entom* Família de besouros cujas espécies apresentam asas pouco consistentes, lisas e largas, e vesículas luminosas nos dois ou três últimos segmentos abdominais; a esta família pertencem os pirilampos, que não devem ser confundidos com os vagalumes, cuja luminescência se encontra nos lados do tórax.

lam.prei.a (*lat med lampraeda*) *sf Ictiol* Designação atribuída indiscriminadamente aos peixes marinhos de corpo alongado, sem mandíbulas, boca circular, musculosa, cuja carne é muito saborosa.

la.mú.ria *sf* **1** Lamentação, queixa. **2** Súplica de mendigo. **3** Súplica lamurienta e importuna.

la.mu.ri.ar (*lamúria+ar¹*) *vint* **1** Fazer lamúria, lastimar-se, prantear-se. *vtd* **2** Dizer entre lamúrias; lastimar: *Lamuriava o mau tempo. Conjug – Pres indic: lamurio, lamurias, lamuria (rí)* etc. *Cf lamúria.*

la.mu.ri.en.to (*lamúria+ento*) *adj* **1** Que tem caráter de lamúria. **2** Lamentoso. **3** Que faz lamúria.

lan.ça (*lat lancea*) *sf* **1** Arma ofensiva de arremesso, composta de uma haste com uma lâmina pontiaguda na extremidade. **2** Soldado armado de lança. **3** Varal de carruagem, em cada lado do qual se atrela um cavalo.

lan.ça-cha.mas *sm sing* e *pl* Mil Aparelho para lançar, contra o inimigo, jatos de combustível líquido inflamado.

lan.ça.dei.ra (*lançar+deira*) *sf* **1** Peça do tear em que se enrola o fio da trama, e com a qual o tecelão faz correr o fio da trama entre os da urdidura. **2** Peça análoga nas máquinas de costura.

lan.ça.dor (ô) (*lançar+dor*) *adj* Que lança. • *sm* **1** Aquele que oferece em leilões. **2** Aquele que toma parte no lançamento de uma contribuição. **3** Guerreiro armado de lança; lanceiro. **4** *Esp* No beisebol, jogador que arremessa a bola para o rebatedor adversário, tentando evitar que o mesmo a acerte. *Lançador dos demônios:* exorcista. *Pl: lançadores (ô).*

lan.ça-gra.na.das *sm sing* e *pl* Aparelho para arremessar granadas.

lan.ça.men.to (*lançar+mento*) *sm* **1** Ato de lançar. **2** Conjunto de operações na organização dos mapas dos contribuintes. **3** *Arquit* Assentamento da pedra fundamental ou dos alicerces de um edifício. **4** *Bot* O rebento, o gomo das árvores. **5** Primeira apresentação de um filme ou de um artista. **6** Primeira edição de uma obra impressa.

lan.ça-per.fu.me *sm* Bisnaga de vidro ou metálica, usada no carnaval, para esguicho de éter perfumado. *Pl: lança-perfumes.*

lan.çar (*baixo-lat lanceare*) *vtd* **1** Arremessar, atirar com força, impelir, soltar da mão com ímpeto: *Lançar uma pedra. vtd* **2** Arrojar: *Lançar um cavalo a galope. vpr* **3** Arremessar-se, precipitar-se: *Lançou-se sobre o dinheiro. vpr* **4** Abalançar-se, arriscar-se, avançar: *Lançara-se a uma perigosa aventura. vpr* **5** Desaguar: *O rio Tietê lança-se no rio Paraná. vtd* **6** Despejar, entornar: *Lançara a água do balde. vtd* **7** Afastar para longe, expulsar: *Os parentes o lançaram de si. vtd* **8** Enterrar, sepultar: *Lançaram-no em vala comum. vtd* **9** Derramar, emitir: *Lançar chamas, lançar luz. vtd* **10** Dirigir, encaminhar: *Lançou àquela gente olhares comovidos. vtd* **11** Causar, fazer nascer, infundir (certos sentimentos): *Lançaram a confusão no povo. vtd* **12** Editar, publicar: *Lançará, breve, mais um livro. Conjug – Pres indic: lanço, lanças, lança* etc.; *Pres subj: lance, lances* etc.

lan.ça-tor.pe.dos *sm sing* e *pl* Aparelho instalado a bordo de navios de guerra, principalmente submarinos, para disparar torpedos.

lan.ce (de *lançar*) *sm* **1** Ato ou efeito de lançar. **2** Ocasião, conjuntura. **3** Risco, perigo. **4** Acontecimento. **5** Impulso. **6** Fato notável ou difícil. **7** Oferta verbal de preço em leilão. **8** Ato de mover uma peça em jogo de tabuleiro; jogada. **9** *Esp* Intervenção difícil ou hábil de um ou mais dos participantes de um jogo esportivo; jogada. **10** Tentativa, estratagema. *Lance de olhos* ou *de vista:* a) vista rápida, relance, olhadela; b) análise rápida ou superficial. *Lance extremo:* situação perigosa em que se arrisca a reputação ou a vida; último apuro.

lan.ce.ar (*lança+e+ar¹*) *vtd* **1** Ferir com lança. *vtd* **2** Afligir, atormentar, alancear. *vint* **3** Pescar com rede de arrasto. *Conjuga-se como frear.*

lan.cei.ro (*lança+eiro*) *sm* **1** Fabricante de lanças.

2 Cabide de lanças. **3** Soldado com lança. *sm pl* **1** Regimento de soldados com lança. **2** Espécie de quadrilha dançante.

lan.ce.o.la.do (*lat lanceolatu*) *adj* Que tem forma de ferro de lança: *Folha lanceolada*.

lan.ce.ta (*ê*) (*fr lancette*) *sf* **1** *Cir* Instrumento pontiagudo com dois gumes, usado para praticar sangrias, abrir abscessos etc. **2** Cutelo com que se abatem reses nos matadouros. *Pl: lancetas (ê)*.

lan.ce.ta.da (*lanceta+ada¹*) *sf* **1** Ato ou efeito de lancetar. **2** Golpe dado com lanceta. **3** *pop* Dor mais ou menos aguda, fina; pontada.

lan.ce.tar (*lanceta+ar¹*) *vtd* Cortar, abrir com lanceta.

lan.cha (*malaio lancharan*) *sf* **1** Pequena embarcação auxiliar da pesca marítima. **2** Pequena embarcação movida a motor. **3** Pequena embarcação que os navios conduzem e que é empregada no seu serviço. **4** *pop* Pé espalmado e grande. **5** *pop* Calçado muito grande ou deformado pelo uso. *Lancha salva-vidas:* embarcação forte construída e aparelhada especialmente para salvar náufragos.

lan.char (*lanche+ar¹*) *vtd* **1** Comer (alguma coisa) como lanche. *vint* **2** Comer um lanche.

lan.che (*ingl lunch*) *sm* Pequena refeição entre o almoço e o jantar; merenda.

lan.chei.ra (*lanche+eira*) *sf* Maleta para levar o lanche.

lan.cho.ne.te (*ingl luncheonette*) *sf* Estabelecimento, ou parte de estabelecimento em que se servem lanches, refeições leves e refrescos.

lan.ci.nan.te (*lat lancinante*) *adj m+f* **1** Que lancina. **2** Aflitivo, pungente. **3** Diz-se da dor aguda e muito forte.

lan.ci.nar (*lat lancinare*) *vtd* **1** Golpear. **2** Afligir, pungir, torturar a.

lan.ço (de *lançar*) *sm* **1** Ação ou efeito de lançar. **2** Oferta de preço em leilão. **3** Parte de uma escada compreendida entre dois patamares. **4** Sequência de casas contíguas. **5** Seção de muro, estrada. **6** Comprimento, extensão. **7** Sorte, fortuna, eventualidade. **8** *V lance*. *Errar o lanço:* não acertar, não conseguir o que se pretende; falhar.

lan.gor (*ô*) (*lat languore*) *sm* Languidez.

lan.go.ro.so (*rô*) (*langor+oso*) *adj* **1** Possuído de langor, lânguido. **2** Enervado, fraco. *Pl: langorosos (ró)*.

lan.gui.dez (*lânguido+ez*) *sf* **1** Estado de lânguido. **2** Estado de quem está muito fraco ou doente. **3** Doçura, brandura: *A languidez de seus olhos reflete a ternura de sua alma*.

lân.gui.do (*lar languidu*) *adj* **1** Que tem languidez. **2** Sem forças, abatido, frouxo. **3** Doce, brando. **4** Voluptuoso.

la.nhar (*lat laniare*) *vtd* **1** Abrir cortes em, ferir, maltratar. **2** Mortificar. **3** Alterar, deturpar, estropiar.

la.nho (de *lanhar*) *sm* **1** Corte praticado com qualquer lâmina, ou com as esporas. **2** Carne cortada em tiras.

la.ni.fí.cio (*lat lanificiu*) *sm* **1** Manufatura de lã. **2** Obra ou tecido de lã.

la.ní.ge.ro (*lat lanigeru*) *adj* Que tem, produz ou cria lã.

la.no.li.na (*lat lana+ol¹+ina*) *sf Quím* **1** Gordura de lã, refinada, para uso principalmente em pomadas e cosméticos. **2** Massa untuosa, pegajosa, amarela, absorvível pela pele, contendo água emulsionada.

la.no.so (*ô*) (*lat lanosu*) *adj* **1** Que tem lã. **2** Semelhante a lã. **3** Relativo a lã. **4** Coberto de pelos compridos, suaves e crespos que recordam a lã. *Pl: lanosos (ó)*.

lan.ta.ní.deos (*lantânio+ídeos*) *sm pl Quím* Grupo de elementos, de propriedades metálicas muito semelhantes, de número atômico entre 57 e 71.

lan.tâ.nio (*lat lanthanu*) *sm Quím* Elemento metálico, de número atômico 57 e símbolo La.

lan.te.jou.la (*lente+ejar+oula*) *V lentejoula*.

lan.ter.na (*lat lanterna*) *sf* **1** Utensílio portátil provido de lâmpada elétrica alimentado por pilhas. **2** Dispositivo de iluminação ou sinalização instalado em automóveis, locomotivas etc. **3** Farol. **4** *Náut* Câmara de vidro que contém o foco luminoso de um farol. **5** *Arquit* Claraboia em cúpula. *Lanterna mágica:* aparelho óptico para projetar, em ponto grande, sobre um anteparo, quadros transparentes, geralmente fixados em chapas de vidro.

lan.ter.na.gem (*lanterna+agem*) *sf* **1** Operação de desamassar carroçarias de automóveis. **2** Parte das oficinas onde se faz essa operação. *Pl: lanternagens*.

lan.ter.nei.ro (*lanterna+eiro*) *sm* **1** Aquele que faz lanternas. **2** O que está encarregado de limpar e acender lanternas e lampiões públicos. **3** O que leva lanterna em procissão. **4** Faroleiro (acepção 1). **5** Trabalhador especializado em recompor partes amassadas de carroçarias de automóveis.

lan.ter.ni.nha (*lanterna+inha*) *sf* Pequena lanterna. *s m+f gír esp* Competidor que está ou ficou no último posto. *sm* Pessoa que, com a luz de uma lanterna, indica o lugar nos cinemas; vaga-lume.

la.nu.do (*lat lana+udo*) *V lanoso*.

la.nu.gem (*lat lanugine*) *sf* **1** Penugem que cobre o feto humano e o de alguns animais, a qual desaparece nos primeiros dias de vida extrauterina. **2** Pelo que nasce na face dos adolescentes antes da barba; buço. **3** *Bot* Camada aveludada que cobre a superfície de certas folhas ou frutos, como nos pêssegos. *Pl: lanugens*.

la.pa (*pré-românico *lappa*) *sf* **1** Grande pedra ou laje que forma um abrigo para pessoas ou animais. **2** Cavidade em rochedo. **3** Cavidade, cova, gruta. **4** *Geol* Camada ou rocha subjacente a um determinado estrato ou veio. **5** *Geol* Camada inferior de uma falha inclinada ou a massa de rocha inteira sob uma falha inclinada. **6** *Reg* (Norte) Pedaço, fragmento. **7** *pop* Corte profundo, no corpo.

lá.pa.ro (*lat lepore*) *sm Zool* **1** Filhote de lebre ou de coelho. **2** Lebre macho com menos de três meses de idade.

la.pa.ros.co.pi.a (*lá*) (*gr laparón+scopo+ia¹*) *sf Med* Exame da cavidade abdominal com um endoscópio.

la.pe.la *sf* Parte que, nos quartos dianteiros e superiores de paletós ou casacos, está voltada para fora. *Trazer à lapela:* ostentar sobre a gola do paletó uma flor, distintivo ou condecoração.

la.pi.da.ção (*lat lapidatione*) *sf* **1** Ato ou efeito de lapidar; polimento, desbaste. **2** Oficina onde se lapidam pedras. **3** Antigo suplício que consistia em apedrejar o criminoso. **4** Aperfeiçoamento de conhecimentos, de caráter, de maneiras; educação. *Pl: lapidações.*

la.pi.da.dor (*lapidar+dor*) *adj+sm* Que, ou aquele que lapida.

la.pi.dar (*lat lapidare*) *adj m+f* **1** Que concerne a lápide. **2** Aberto ou gravado em lápide. **3** Perfeito. **4** Artístico. **5** Conciso, sucinto: *Estilo lapidar.* • *vtd* **1** Talhar, facetar, polir, aperfeiçoar (a pedra preciosa). **2** Tornar perfeito. **3** Dar boa educação a. **4** Matar a pedradas; apedrejar. *Conjug – Pres subj: lapide, lapides, lapide (pí)* etc. *Cf lápide.*

la.pi.da.ri.a (*lapidar+aria*) *sf* **1** Estabelecimento ou oficina de lapidário. **2** Arte de lapidar diamantes ou quaisquer pedras preciosas.

la.pi.dá.rio (*lat lapidariu*) *adj* **1** Que se refere a inscrições lapidares. **2** Diz-se de alguns insetos que se abrigam entre pedras. • *sm* **1** Artífice que lapida pedras preciosas; lapidador, joalheiro. **2** O que vende pedras preciosas. **3** Instrumento para polir peças de relojoaria.

lá.pi.de (*lat lapide*) *sf* **1** Pedra com inscrição para comemorar qualquer acontecimento. **2** Lousa tumular.

la.pi.nha (*lapa+inha*) *sf* **1** Certa representação popular antiga. **2** *pop V* presépio (acepção 2).

lá.pis (*lat lapis*) *sm sing* e *pl* **1** Utensílio para escrever ou desenhar, de grafita, giz colorido, ardósia etc., apontado em uma extremidade. **2** Cilindro de qualquer material próprio para escrever ou desenhar: *Lápis de carvão.*

la.pi.sei.ra (*lápis+eira*) *sf* **1** Utensílio para escrever, com grafita, da qual se faz projetar pequena ponta para fora por meio de uma mola. **2** Estojo para guardar lápis.

lap.so (*lat lapsu*) *sm* **1** Decurso do tempo. **2** Culpa, erro, falta. **3** Descuido, engano involuntário. • *adj* **1** Caído, decaído. **2** Incurso em erro ou culpa.

laptop (*léptóp*) (*ingl*) *sm Inform* Computador pequeno e leve o suficiente para ser carregado (mas não de bolso), geralmente contendo monitor, teclado, disco rígido e *drive*.

la.quê (*fr laque*) *sm* Produto à base de laca, usado para fixar o cabelo.

la.que.a.ção (*laquear+ção*) *sf* Ato ou efeito de laquear. *Pl: laqueações.*

la.que.a.do (*part* de *laquear*) *adj* **1** Coberto com laca. **2** Pintado com esmalte.

la.que.a.dor (*laquear+dor*) *sm* Pessoa que laqueia móveis.

la.que.ar (*laca+e+ar¹*) *vtd* **1** Cobrir com laca. **2** Pintar (móveis) com tinta esmalte. Conjuga-se como *frear.*

lar (*lat lare*) *sm* **1** Lugar na cozinha em que se acende o fogo; lareira; fogão. **2** Torrão natal; pátria. **3** Casa de habitação. **4** Família. **5** Superfície do forno onde se põe o pão para cozer. **6** Face inferior do pão que fica sobre a superfície do forno. *Lar doméstico:* a casa da família.

la.ran.ja (*ár nâranja*, do *persa nâranj*) *sf* **1** Fruto da laranjeira, com ou sem sementes, conforme as variedades. **2** Nome vulgar da própria laranjeira, seguido dos qualificativos das inúmeras variedades, como: laranja-da-baía, laranja-campista, laranja-doce, laranja-lima, laranja-pera, laranja- -seleta etc. **3** *gír* Mama de mulher. **4** Pessoa ingênua ou insignificante. *s m+f fig* Pessoa que serve de testa de ferro do verdadeiro proprietário em operações financeiras ou imobiliárias. • *adj* Alaranjado. *Ficar a pão e laranja:* ficar na miséria, passar fome.

la.ran.ja-cra.vo *V tangerina. Pl: laranjas-cravo* e *laranjas-cravos.*

la.ran.ja.da (*laranja+ada¹*) *sf* **1** Grande porção de laranjas. **2** Bebida feita com suco de laranja, açúcar e água. **3** Arremesso de laranja.

la.ran.jal (*laranja+al¹*) *sm* Plantação ou pomar de laranjeiras.

la.ran.ja-mi.mo.sa *Reg* (sul de SP, PR e norte de SC) *V tangerina. Var: mimosa. Pl: laranjas- -mimosas.*

la.ran.jei.ra (*laranja+eira*) *sf Bot* Nome comum a diversas espécies de árvores frutíferas, cujos frutos se denominam *laranjas.*

la.ran.jei.ra-do-ma.to *sf Bot* Árvore brasileira de porte médio, casca cinzenta, lisa, folhas opostas inteiras. *Pl: laranjeiras-do-mato.*

la.rá.pio *sm pop* Aquele que tem o hábito de furtar; ladrão, gatuno, ratoneiro.

lar.de.ar (*lardo+e+ar¹*) *vtd* Entremear (carne) com fatias de *lardo.* Conjuga-se como *frear.*

lar.do (*lat lardu*) *sm* Toicinho, sobretudo em tiras.

la.rei.ra (*lar+eira*) *sf* **1** Laje em que se acende o fogo. **2** Pavimento ou chão, de tijolos, pedra ou metal, geralmente na base da chaminé, em que se acende o fogo para aquecimento de um aposento. **3** Recesso aberto numa parede, abaixo da chaminé, em que se mantém um fogo para aquecer o aposento.

lar.ga (de *largo*) *sf* **1** Ato ou efeito de largar, de deixar. **2** Largueza, liberdade, folga. **3** Espécie de gancho de ferro, com que se prende ao banco de carpinteiro ou marceneiro a madeira em que se trabalha. **4** Amplidão. *À larga:* desimpedidamente, sem estorvo, à vontade, com largueza; com abundância, desafogadamente. *Criar na larga:* criar sem cercas divisórias, com liberdade. *Pôr o coração à larga:* não se afligir nem preocupar com o que possa suceder.

lar.ga.da (*largar+ada¹*) *sf* **1** Ato de largar; partida, saída. **2** Piada. **3** *Reg* (Sul e Centro) Dito livre ou espirituoso. **4** Momento inicial de uma corrida de cavalos, automóveis etc.

lar.ga.do (*part* de *largar*) *adj* **1** Folgado, indômito. **2** Abandonado, desprezado. **3** Diz-se do cavalo manso, há muito tempo não montado. **4** *fig* Diz- -se de pessoa desordeira, valente, inculta. **5** Turbulento, incorrigível. **6** Pessoa displicente no trajar e nas maneiras.

lar.gar (*largo+ar¹*) *vtd* **1** Soltar, deixar cair (o que se tem preso na mão): *Largou o pacote no chão.* *vtd* **2** Deixar fugir; libertar: *Os guardas largaram os prisioneiros. vpr* **3** Escapar-se, soltar-se: *Largou-se do internato, em desabalada carreira.* *vtd* **4** Abandonar, deixar: *Largou o posto, covardemente. vtd* **5** Conceder, dar, doar: *Larguei a ele a parte que me tocava por herança.* vint **6** *Turfe* Iniciar(em) a corrida os corredores, em obediência ao sinal do juiz, ou por consentimento mútuo: *O favorito largou atrasado. vtd* **7** Desferir, desfraldar: *Largar as velas. vti* e *vint* **8** Fazer-se ao mar (o navio): *O navio largara de Santos. vti* e *vint* **9** Ir-se embora; partir: *Largaram da pousada muito cedo. vtd* **10** Impelir, lançar: *Largar os cães à caça* (ou *contra a caça*).

lar.go (*lat largu*) *adj* **1** Extenso de lado a lado. **2** Amplo, espaçoso, grande. **3** Diz-se do vestuário que não está justo ao corpo. **4** Generoso, liberal. **5** Duradouro. **6** Minucioso, prolixo. **7** Numeroso. **8** Desenvolvido. **9** Longo. *Antôn* (acepção 1): *estreito;* (acepção 2): *acanhado.* • *sm* **1** Praça urbana. **2** *Mús* Trecho musical em movimento amplo e vagaroso. • *adv* **1** Com largueza, largamente. **2** Com generosidade. **3** *Mús* Com andamento lento. *Com mãos largas:* generosamente. *De largo* ou *em largo:* no sentido da largura. *Largos anos:* por muito tempo.

lar.gue.za (*largo+eza*) *sf* **1** Qualidade de largo; largura. **2** Liberalidade (em dar); generosidade. **3** Liberalidade no julgamento, tolerância. **4** Discernimento, amplitude de entendimento: *Largueza de visão*.

lar.gu.ra (*largo+ura*) *sf* **1** Qualidade de largo. **2** A menor dimensão de uma superfície plana, oposta ao comprimento.

la.rí.deos *sm pl Ornit* Família de aves de asas longas e pontudas, que compreendem as gaivotas.

la.rin.gal.gi.a (*laringo+algo¹+ia¹*) *sf Patol* Dor na laringe.

la.rin.ge (*gr lárygx, yggos*) *s m+f Anat* Órgão de constituição complexa, situado na região média e anterior do pescoço, na frente da porção inferior da faringe, formando a parte terminal superior da traqueia. É o órgão essencial da fala.

la.rin.gi.te (*laringe+ite*) *sf Med* Inflamação aguda ou crônica da laringe.

la.rin.go.lo.gi.a (*laringo+logo+ia¹*) *sf Med* **1** Tratado acerca da laringe e das suas doenças. **2** Ramo da medicina que se ocupa da garganta, faringe, laringe, nasofaringe, traqueia e brônquios.

la.rin.go.lo.gis.ta (*laringo+logo+ista*) *s m+f Med* Especialista em laringologia.

la.rin.gos.co.pi.a (*laringo+scopo+ia¹*) *sf Med* Exame do interior da laringe por meio de laringoscópio.

la.rin.gos.có.pio (*laringo+scopo+io*) *sm Med* Instrumento que permite ao médico examinar o interior da laringe.

lar.va (*lat larva*) *sf* **1** *Zool* Fase imatura, mas com vida independente, de certos insetos, anfíbios e peixes, que resulta imediatamente do ovo e é de aspecto muito diferente da fase adulta, como a lagarta. **2** *Antig rom* Fantasma, espírito maligno que vagueia entre os vivos para os assombrar. *Larva mineira:* fungo do gênero hemileia que parasita os cafezais.

lar.va.do (*lat larvatu*) *adj* **1** Disfarçado, oculto. **2** *Med* Diz-se das doenças que se manifestam sob a aparência de uma outra, ou com sintomas diferentes dos peculiares a ela. **3** *pop* Que é doido mas tem intervalos de lucidez.

lar.val (*lat larvale*) *adj m+f* **1** Que se refere a larvas. **2** Em estado de larva. **3** *poét* Que se refere a fantasmas; assustador, terrível.

lar.var (*larva+ar²*) *adj m+f* Que se refere à larva; larval.

la.sa.nha (*ital lasagna*) *sf Cul* Iguaria feita com massa em tiras dispostas em camadas entremeadas de recheio de carne ou presunto, mozarela e molho branco ou vermelho.

las.ca (*gót laska*, pedaço) *sf* **1** Estilhaço ou fragmento de madeira, pedra ou metal. **2** Fatia pequena. **3** Espécie de jogo de azar.

las.ca.do (*part* de *lascar*) *adj* **1** Partido em lascas. **2** Quebrado, fendido, rachado. **3** Paupérrimo. *Correr lascado:* correr a toda força.

las.car (*lasca+ar¹*) *vtd* **1** Tirar lascas de. *vint* e *vpr* **2** Abrir-se, fender-se em lascas: *Golpeada, a madeira estalava, lascando* (ou: *lascando-se*). *vint* **3** *Náut* Arrear o cabo. *vtd* **4** Dar: *Lascou uma chicotada no burro. vtd* **5** Produzir: *Lascou uma frase de efeito. É de lascar:* é surpreendente, ou de não se aguentar.

las.cí.via (*lat lascivia*) *sf* **1** Caráter ou qualidade de lascivo. **2** Luxúria, sensualidade. **3** Propensão para a lubricidade.

las.ci.vo (*lat lascivu*) *adj* **1** Libidinoso, licencioso, sensual. **2** *desus* Brincalhão, travesso.

laser (*lêiser*) (*ingl*) *sm Fís* Fonte de luz monocromática, desenvolvido para a produção de um feixe de luz muito condensado, de intensidade luminosa muito grande, com aplicações na medicina, engenharia e indústria. *Laser disc (LD), Eletrôn:* disco plástico com dados binários, na forma de pequenos pontos gravados, os quais podem ser lidos por *laser*, utilizado para gravar imagens de TV ou som de alta qualidade, em forma digital.

las.se.ar (*lasso+e+ar¹*) *vint* Tornar-se frouxo; afrouxar. Conjuga-se como *frear.*

las.si.dão (*lat lassitudine*) *sf* **1** Cansaço, fadiga. **2** Ausência de forças; astenia. **3** Desgosto, aborrecimento, tédio. *Pl:* lassidões.

las.so (*lat lassu*) *adj* **1** Fatigado, cansado. **2** Dissoluto, enervado, gasto. **3** Bambo, relaxado, frouxo.

las.tex (*cs*) *sm Tecel* Fio elástico que consiste em um núcleo de fio de borracha enrolado com fios de algodão, raiom, náilon ou seda, e usado para fabricar tecidos elásticos.

lás.ti.ma (de *lastimar*) *sf* **1** Ato ou efeito de lastimar. **2** Compaixão. **3** Aquilo que merece compaixão. **4** Miséria, infortúnio. **5** Choro, lamentação. **6** *pop* Coisa ou pessoa inútil, sem préstimo.

las.ti.mar (*lat vulg blastemare*, do *gr*) *vtd* **1** Deplorar, lamentar: *Lastimar os fracassos, as derrotas. vpr* **2** Lamentar-se, queixar-se: *Lastimava-se da sorte. vtd* **3** Afligir, causar dor a. *vtd* **4** Apiedar-se de, compadecer-se de, ter pena de: *Lastimo-o pelo que sofre. vtd* e *vpr* **5** *Reg* (RS) Ferir(-se): *Lastimou o dedo* ou *lastimou-se no dedo. Conjug – Pres indic:* lastimo, lastimas, lastima (*tí*) etc. *Cf lástima.*

las.ti.má.vel (*lastimar+vel*) *adj m+f* **1** Que é digno de lástima. **2** Deplorável, lamentável. **3** Que merece compaixão.

las.ti.mo.so (*ô*) (*lástima+oso*) *adj* **1** Que se lastima, choroso. **2** Que envolve lamentação. **3** Que causa dó; lamentoso, deplorável. **4** Lastimável. *Pl:* lastimosos (*ó*).

las.tra.ção (*lastrar+ção*) *sm* Ato ou efeito de lastrar ou lastrear.

las.trar (*lastrar+ar¹*) *vtd* e *vint* **1** Colocar lastro a

ou em. *vtd* **2** Tornar mais firme, aumentando o peso. *vtd* **3** Alastrar-se por.
las.tre.ar (*lastro+e+ar¹*) *V lastrar*.
las.tro (*hol last,* através do *fr*) *sm* **1** *Náut* Material pesado posto no porão de um navio para dar-lhe estabilidade. **2** Areia levada em sacos por balões para, ao ser despejada, compensar a perda de gás. **3** *pop* Qualquer alimento com que se prepara o estômago antes do prato principal ou de bebidas. **4** Pedra britada, pedregulho etc., postos no leito das estradas de ferro para dar-lhe firmeza e ajudar a nivelar as asperezas do terreno. **5** O ouro que em um país garante a circulação do dinheiro em papel-moeda.
la.ta (*lat med latta,* via *ital*) *sf* **1** Folha de ferro estanhado; folha de flandres. **2** Recipiente de folha de flandres para uso doméstico e industrial, principalmente para acondicionamento de conservas e líquidos, tais como óleo, gasolina, tintas etc. **3** *pop* Cara, rosto: *Meter a mão na lata* (esbofetear). **4** *pop* Automóvel ou outro veículo velho e desconjuntado.
la.ta.da (*lata+ada¹*) *sf* Armação feita de varas ou canas para sustentar parreiras ou trepadeiras.
la.ta.gão *sm pop* Homem novo, robusto e alto. *Fem: latagona. Pl: latagões.*
la.tão (*fr ant laton*) *sm* **1** *Quím* Liga de cobre e zinco. **2** Recipiente próprio para remessa de leite às usinas. *Pl: latões.*
la.ta.ri.a (*lata+aria*) *sf* **1** Grande quantidade de latas ou de utensílios de lata. **2** Alimentos enlatados. **3** Carroçaria do automóvel.
lá.te.go (*cast látigo*) *sm* **1** Açoite ou chicote de cordas ou correias. **2** Tira de couro com a qual se aperta a barrigueira aos arreios da montaria. **3** Castigo, flagelo. **4** *fig* Estímulo.
la.te.jar (*lat latere+ejar*) *vint* **1** *Med* Pulsar: *As veias frontais latejavam com força.* **2** Ter movimento pulsativo (tumor etc.): *Sentia o sangue latejar nas artérias.* **3** Palpitar: *O coração da garota latejou enquanto ela esperava o namorado.* **4** Arquejar.
la.te.jo (*ê*) (de *latejar*) *sm* **1** Ação ou efeito de latejar. **2** Pulsação. **3** *Reg* (AL) Grande agitação, zoada, confusão de vozes.
la.ten.te (*lat latente*) *adj m+f* **1** Que não se vê, que está oculto. **2** Dissimulado. **3** Subentendido. **4** Diz-se da atividade ou caráter que, em certo momento, não se manifesta, mas que é capaz de se revelar ou desenvolver quando as circunstâncias sejam favoráveis ou se atinja o momento próprio para isso. *Antôn: claro, manifesto.*
la.te.ral (*lat laterale*) *adj m+f* **1** Relativo ao lado. **2** Situado ao lado. **3** Que constitui lado. **4** Transversal. • *sf Fut* Linha que delimita a largura das quadras e campos. *sm Fut* Infração que consiste em lançar a bola fora do campo por essa linha. *s m+f Fut* Jogador que atua perto da lateral.
lá.tex (*cs*) (*lat latex*) *sm* **1** *Bot* Suco leitoso de certas plantas, como o da seringueira, com o qual se fabrica a borracha. **2** *Quím* Cada uma de várias emulsões, em água, de borracha sintética ou de plástico, obtidas por polimerização e usadas em tintas, em revestimentos e em adesivos.
la.ti.cí.nio (*lat tardio lacticiniu*) *V lacticínio*.
lá.ti.co (*fr lactique*) *V láctico*.
la.ti.do (*part* de *latir*) *sm* **1** Ato ou efeito de latir. **2** A voz do cão. **3** Remorso. **4** *pop* Palavras vãs. *Var: ladrido.*
la.ti.fun.di.á.rio (*latifúndio+ário*) *adj* Relativo a latifúndio. • *sm* Proprietário de latifúndio.
la.ti.fún.dio (*lat latifundiu*) *sm* Propriedade rural de grande extensão, cuja maior parte da terra aproveitável não é aplicada à cultura nem utilizada em exploração econômica. *Antôn: minifúndio.*
la.tim (*lat latine*) *sm* **1** A língua do grupo indo-europeu, falada antigamente no Lácio, antiga região da Itália, e depois na maioria das províncias ocidentais do Império Romano. **2** O estudo dessa língua. **3** *fig* Coisa de difícil compreensão. *Perder ou gastar o seu latim:* a) esforçar-se em vão para explicar alguma coisa a alguém que nada compreende; b) pôr a perder ou desperdiçar os sacrifícios feitos por alguém. *Isso aí é latim:* é incompreensível. *Pl: latins.*
la.ti.nis.mo (*latino+ismo*) *sm* **1** Construção gramatical à moda da língua latina. **2** Palavra ou locução peculiar à língua latina.
la.ti.nis.ta (*latino+ista*) *s m+f* Pessoa versada na literatura e língua latinas.
la.ti.ni.zar (*lat latinizare*) *vtd* **1** Dar forma latina a; dar inflexão latina a. *vint* **2** Falar latim; usar de expressões latinas ou de latinismos.
la.ti.no (*lat latinu*) *adj* **1** Pertencente ou relativo ao latim. **2** Relativo aos povos de origem latina. **3** Escrito ou pronunciado em latim. • *sm* **1** Natural do Lácio, antiga região da Itália (Europa). **2** Pessoa que pertence a uma das nações neolatinas. **3** O que é versado em latim; latinista. **4** O subgrupo linguístico latino.
la.ti.no-a.me.ri.ca.no *adj* **1** Relativo ou pertencente a qualquer uma das nações ou países americanos cuja língua oficial é uma das neolatinas. **2** Relativo à parte da América onde se situam esses países. • *sm* Indivíduo natural de algum desses países. *Pl: latino-americanos. Cf ibero-americano.*
la.ti.no-clás.si.co *adj* Relativo ou pertencente ao latim clássico. *Pl: latino-clássicos.*
la.tir (*lat glattire*) *vint* **1** Dar ou soltar latidos (o cão); ladrar. **2** Gritar. **3** Palpitar, latejar. *Conjug:* normalmente só se conjuga nas 3ᵃˢ pessoas.
la.ti.tu.de (*lat latitudine*) *sf* **1** Qualidade do que é lato, largo; extensão, largueza. **2** *Geogr* Distância do equador a um lugar da Terra, medida em graus sobre o meridiano que passa por esse lugar. **3** *Astr* e *Geol* Distância angular de um círculo ao plano específico de referência. **4** Liberdade de ação. **5** Clima.
la.ti.tu.di.nal (*lat latitudine+al¹*) *adj m+f* Que diz respeito à latitude.
la.ti.tu.di.ná.rio (*lat latitudine+ário*) *adj* **1** Amplo, amplificado, extensivo. **2** Diz-se de quem é indiferente ou contrário à observação rigorosa de qualquer padrão ou norma. **3** Que dá às coisas uma interpretação arbitrária ou livre.
la.to (*lat latu*) *adj* **1** Amplo, dilatado, largo. **2** Extensivo: *Sentido lato. Antôn: restrito.*
la.to.ei.ro (*latão+eiro*) *sm* **1** Indivíduo que trabalha em lata ou latão; funileiro. **2** Vendedor de artigos de folha de flandres.

la.tri.na (*lat latrina*) *sf* Lugar para defecar ou urinar; casinha, cloaca, privada, retreta ou retrete.

la.tro.cí.nio (*lat latrociniu*) *sm* **1** Homicídio com o objetivo de roubo, ou roubo a que se seguem morte ou lesões corporais, de natureza grave, da vítima. **2** Crime duplo, praticado ao mesmo tempo contra a pessoa e a propriedade móvel alheia, em que o criminoso, com o fim de roubar alguma coisa, mata o dono dela.

lau.da (*lat lauda*) *sf* Folha de papel que apresenta um número determinado de toques e linhas.

láu.da.no (*lat laudanu, corr* de *ladanu*) *sm* Medicamento em que o ópio se liga a outros ingredientes.

lau.da.tó.rio (*lat lardatoriu*) *adj* **1** Que diz respeito a louvor. **2** Que louva. **3** Que contém louvor.

lau.do (*lat med laudu*) *sm* Documento em que um perito ou árbitro emite seu parecer e responde a todas as questões propostas pelo juiz e pelas partes interessadas; arbítrio. *Laudo arbitral:* a) decisão de árbitros em um caso a eles submetido; b) documento que contém a decisão de árbitros.

lau.rá.ceas (*lat lauru+áceas*) *sf pl Bot* Família de dicotiledôneas, composta de árvores e arbustos de folhas alternas e flores, em geral, hermafroditas.

láu.rea (*lat laurea*) *sf* **1** *ant* Coroa de louros com que se premiavam os poetas; laurel. **2** Galardão, prêmio. **3** Grau acadêmico. *Láurea de doutor:* borla doutoral.

lau.re.ar (*lat laureare*) *vtd* **1** Colocar louros na cabeça de alguém. **2** Premiar por mérito literário ou artístico. **3** Adornar, enfeitar. Conjuga-se como *frear*.
Esse verbo é regido pela preposição **de**.
Aquele autor foi laureado do Prêmio Nobel de Literatura.

lau.rel (*provençal ant laurier,* pelo *cast*) *sm* **1** Láurea, louro, coroa de louros. **2** Galardão, prêmio. **3** Homenagem, elogio, louvor. *Pl: lauréis.*

lau.rên.cio (*Lawrence, np+io*) *sm Quím* Elemento de número atômico 103 e símbolo Lr.

láu.reo (*lat laureu*) *adj* **1** Referente a louros. **2** Composto de louros.

lau.to (*lat lautu*) *adj* Abundante, magnífico: *Um lauto jantar. Antôn.: modesto, sóbrio.*

la.va (*ital lava*) *sf* **1** Rocha em fusão, atirada pelos vulcões. **2** A matéria que sai dos vulcões solidificada pelo esfriamento. **3** Torrente, enxurrada. **4** Chama, língua de fogo.

la.va.bo (*lat lavabo*) *sm* **1** Pequeno banheiro com pia e vaso sanitário. **2** Bacia fixa, com ou sem água corrente, para lavar o rosto e as mãos; lavatório. **3** Oração feita pelo sacerdote católico durante a celebração da missa ao lavar os dedos. **4** Taça que se coloca na mesa para lavar a ponta dos dedos, durante ou no fim das refeições.

la.va.da (*fem* de *lavado*) *sf* **1** Rede de pesca que se arrasta pelo fundo para a terra. **2** *gír esp* Derrota por grande diferença de pontos. **3** *gír* Ato de passar uma descompostura. *Cara lavada:* cínico, sem acanhamento ou vergonha; cara de pau.

la.va.dei.ra (*lavar+deira*) *sf* **1** Mulher que trabalha lavando roupa. **2** Máquina, nas fábricas de lanifícios, para lavagem das lãs. **3** Máquina automática, de uso caseiro ou não, para lavagem de roupas. **4** *Entom V libélula.* **5** *Reg* (BA) Cava ou bacia onde se lava o cascalho que contém o diamante ou as areias que contêm o ouro, por meio de bateias.

la.va.de.la (*lavar+dela*) *sf* **1** Lavagem ligeira. **2** Pequena descompostura.

la.va.do (*part* de *lavar*) *adj* **1** Que se lavou. **2** Limpo, asseado. **3** Puro, claro, límpido.

la.va.do.ra (*fem* de *lavador*) *sf* Máquina de lavar roupa, pratos etc.

la.va.du.ra (*lavar+dura*) *sf* **1** Ato de lavar. **2** Água em que se lavaram louça e panelas usadas na refeição; lavagem.

la.va.gem (*lavar+agem*) *sf* **1** Ato de lavar(-se). **2** Restos de comida que se dá aos porcos como alimento. **3** *Miner* Ato de submeter terra, cascalho ou minério à ação da água, para separar o material valioso do inútil ou menos valioso. **4** Irrigação de órgão, como o estômago, o intestino, a vagina, a fim de remover substâncias nocivas etc. *Lavagem a seco:* limpeza química de roupas, sem uso de água. *Lavagem de dinheiro:* transformação de dinheiro de atividades criminosas em rendimentos legais. *Levar uma lavagem:* sofrer uma descompostura ou ser desmascarado por alguém.

la.va-lou.ça *sm* Eletrodoméstico para lavagem de pratos, copos, vasilhas etc. *Pl: lava-louças.*

la.van.da (*lat lavanda*) *V alfazema.*

la.van.de.ri.a (*fr lavanderie*) *sf* **1** Estabelecimento onde se lavam e passam roupas. **2** A parte da casa, hotel etc. onde a roupa é lavada e passada a ferro.

la.va-pés *sm sing* e *pl* **1** Cerimônia litúrgica realizada na quinta-feira santa para lembrar que Jesus lavou os pés de seus discípulos. **2** *Bot* Erva espinhenta europeia, com flores azuis em espigas em forma de escorpião. **3** *Entom* Formiga pequena e feroz, que come de tudo, e de ferroada muito dolorosa.

la.var (*lat lavare*) *vtd* **1** Limpar banhando, tirar com água as impurezas de. *vpr* **2** Banhar-se em água, para se limpar. *vtd* **3** *Pint* Dissolver em água (as cores), para purificar e temperar. *vtd* **4** Expurgar, purificar: "O arrependimento lava a culpa" (Morais). *vpr* **5** Reabilitar-se: *Lavou-se do seu crime. vtd* **6** Vingar injúria: *Lavar a honra. Lavar as mãos:* eximir-se da responsabilidade de.

la.va.tó.rio (*lat lavatoriu*) *sm* **1** Ato de lavar. **2** Purificação, limpeza. **3** Móvel ou utensílio que sustenta uma bacia e jarro de água para lavagem do rosto e das mãos. **4** Bacia fixa ou pia, com água corrente e cano de esgoto, para lavagem do rosto e das mãos. **5** *Reg* (AM) Poça ou pequeno lago em que os animais costumam banhar-se. **6** Quarto de banho e, por extensão, instalações sanitárias: *Onde fica o lavatório?*

la.vá.vel (*lavar+vel*) *adj m+f* Que se pode lavar.

la.vor (*ô*) (*lat labore*) *sm* **1** Trabalho manual; labor. **2** Qualquer ocupação intelectual. **3** Obra de agulha, feita por desenho. **4** Ornato em relevo; lavrado. **5** Cristalização superficial nas salinas, que impede a evaporação e, portanto, a formação do sal. *Pl: lavores (ô).*

la.vou.ra (*lat vulg *laboria*) *sf* **1** Trato e cultivo das terras; lavra. **2** Preparação do terreno para sementeiras ou plantação. **3** Agricultura. **4** Propriedade lavrada e cultivada.

la.vra (de *lavrar*) *sf* **1** Ato de lavrar. **2** Lavoura. **3** Lugar e exploração de jazidas; mineração. **4** Autoria, composição, invenção: *Poesias da sua lavra*. **5** Terreno de mineração, lugar onde se extrai ouro ou diamante. **6** *Reg* (RS) Lavoura do algodão.

la.vra.di.o (*lavrar+io*) *adj* Diz-se do terreno próprio para ser lavrado; arável. • *sm* Ato de lavrar, lavoura.

la.vra.dor (ô) (*lavrar+dor*) *adj* Que lavra. • *sm* **1** Aquele que tem propriedade agrícola; agricultor. **2** O que trabalha em lavoura. **3** Proprietário de salinas.

la.vra.gem (*lavrar+agem*) *sf* **1** Ato ou efeito de lavrar. **2** Lavoura, cultivo e trato de terras. *Pl: lavragens.*

la.vrar (*lat laborare*) *vtd* **1** Tratar, cultivar (a terra), remexer com arado ou charrua. **2** Fazer lavrados em; cinzelar: *Lavrar uma coroa*. **3** Desenhar em bordado; bordar. **4** Ornar com trabalhos em relevo. **5** Desbastar, talhar (pedras). **6** Aplainar, preparar (a madeira). **7** Explorar (jazidas de minérios). **8** Cunhar: *Lavrar moeda*. **9** Escrever, redigir: *Lavrar um decreto*. **10** Gravar, inscrever, registrar, traçar: *Lavrou em um caderno aquela história*. **11** Emitir, expressar: *Lavrar um protesto*.

la.vra.tu.ra (*lavrar+ura*) *sf* Ato de lavrar (uma ata, um documento).

la.xan.te (*lat laxante*) *adj m+f* Que laxa, que afrouxa. • *sm Med* Purgante brando.

la.xar (*lat laxare*) *vtd* **1** Afrouxar, relaxar. **2** Desimpedir. **3** Atenuar, aliviar. **4** Soltar, produzir evacuação: *Laxar o ventre*.

la.xa.ti.vo (*lat laxativu*) *V laxante*.

la.xo (*lat laxu*) *adj* **1** Alargado, frouxo, bambo, largo. **2** Desimpedido.

la.za.ren.to (*lázaro+ento*) *adj+sm* **1** Que, ou aquele que tem pústulas ou chagas. **2** Leproso.

lá.za.ro (*lat Lazaru*, np de origem hebraica) *sm* **1** O que está atacado de lepra; leproso, morfético. **2** O que está coberto de chagas.

la.zei.ra (de *lázaro*) *sf* **1** Miséria, desgraça, calamidade. **2** Fome. **3** Lepra. **4** Preguiça, indolência. **5** *Reg* (RS) Ferida que se alastra pelo corpo das pessoas e dos animais.

la.zei.ren.to (*lazeira+ento*) *adj* Que tem lazeira. *Var: lazarento*.

la.zer (ê) (*lat licere*) *sm* Tempo livre, vagar, ócio.

la.zu.li.ta (*lápis lazúli+ita³*) *sf Miner* Mineral azul, fosfato básico de alumínio, ferro e magnésio.

la.zu.ri.ta (*lat lazur+ita³*) *sf Miner* Componente do lápis-lazúli que contém ainda sódio, alumínio e enxofre.

LD Sigla de *laser disc*.

lead (*lid*) (ingl) *sm* **1** *Teat* Papel ou personagem principal. **2** *Jorn* Na abertura de uma reportagem, resumo dos fatos que respondem às perguntas: quê?, quem?, onde?, quando?, como? e por quê?.

le.al (*lat legale*) *adj m+f* **1** Conforme às leis da honestidade e da honra. **2** Digno, honesto. **3** Franco, sincero. **4** Fiel. *Antôn* (acepção 3): *hipócrita*. *Pl: leais*.

le.ão (*lat leone*) *sm* **1** *Zool* Mamífero carnívoro felino, próprio da África e do Sul da Ásia, animal feroz por excelência, de hábitos de caçador noturno, forte e agressivo. *Col: alcateia*. Voz: *brama, brame, ruge, urra*. **2** Homem intratável, ríspido. **3** Homem ousado, valente. **4** Homem namorador. **5** **Leão** *Astr* Constelação do zodíaco. **6 Leão** *Astrol* Signo do zodíaco, relativo aos nascidos entre 21 de julho e 22 de agosto. *Fem: leoa*. *Dim irreg: leãozete, leônculo*. *Pl: leões*. *Leão de chácara:* segurança de casas de diversões.

leasing (*lízin*) (ingl) *sm Econ* Operação em que uma das partes cede a outra, mediante pagamento periódico de prestações, o uso de um ou mais bens, sendo comum que, ao final do contrato, o arrendatário tenha opção de compra.

le.bra.cho (*lebre+acho*) *sm pop* O macho da lebre, ainda novo.

le.brão (*lebre+ão²*) *sm pop* O macho da lebre. *Pl: lebrões*.

le.bre (*lat lepore*) *sf* **1** *Zool* Nome comum às espécies de roedores da família dos leporídeos. Voz: *chia, guincha*. **2** *Astr* Constelação do hemisfério austral.

le.bre-ma.ri.nha *sf Ictiol* Peixe com nadadeiras em feixes de raios espinhosos. *Pl: lebres-marinhas*.

le.bréu (de *lebre*) *sm* Cão que caça lebres.

le.ci.o.nar (*lat lectione+ar¹*) *vint* **1** Ensinar, dedicar-se ao magistério. *vtd* **2** Dar lições a; dar lições de. *vpr* **3** Tomar lições de, estudar com: *As duas jovens lecionam-se com o dicionarista*.

le.ci.ti.na (*gr ékithos+ina*) *sf Biol* Substância semelhante ao amido, nos animais e vegetais, em especial no tecido nervoso, que forma soluções coloidais em água e tem propriedades antioxidantes.

le.do (ê) (*lat laetu*) *adj* Alegre, contente, jubiloso. *Fem: leda (ê)*.

le.dor (ô) (*lat lectore*) *adj+sm* Quem, ou o que lê; que, ou o que tem o hábito de ler; leitor.

le.ga.ção (*lat legatione*) *sf* **1** Ato de legar. **2** Representação diplomática, inferior à embaixada, que um Estado soberano mantém junto de outro Estado estrangeiro, chefiada por enviado extraordinário e ministro plenipotenciário ou ministro residente, ou encarregado de negócios efetivos. **3** Residência de um diplomata estrangeiro. **4** Repartição dirigida por um diplomata estrangeiro. **5** Tempo que dura a permanência do legado ou representante. **6** Missão que o ministro desempenha. *Pl: legações*.

le.ga.do (*lat legatu*) *sm* **1** Disposição legal pela qual uma pessoa confia à outra, em testamento, um determinado benefício, de natureza patrimonial; doação efetivada quando da morte do doador. **2** Parte da herança deixada pelo testador a quem não seja herdeiro por testamento. *Legado cultural:* língua, costumes e tradições de um povo.

le.gal (*lat legale*) *adj m+f* **1** Conforme à lei. **2** Relativo à lei. **3** Prescrito pela lei. **4** *pop* Como deve ser. **5** Certo, regular, em ordem. **6** *pop* Agradável, bom, fino, gostoso, interessante. *Pl: legais*.

le.ga.li.da.de (*lat legalitate*) *sf* Caráter ou qualidade do que é legal.

le.ga.lis.mo (*legal+ismo*) *sm* **1** Apego excessivo a procedimentos e normas legais. **2** Respeito à lei vigente.

le.ga.li.za.ção (*legalizar+ção*) *sf* Ação ou efeito de legalizar.

le.ga.li.za.do (*part* de *legalizar*) *adj* **1** Tornado legal. **2** Autenticado; legitimado.

le.ga.li.zar (*legal*+*izar*) *vtd* **1** Tornar legal; dar força de lei a. **2** Autenticar, legitimar.

le.gar (*lat legare*) *vtd* **1** Enviar (alguém) como legado. **2** Deixar em testamento: *Legar uma propriedade*. **3** Transmitir: *Legara uma enfermidade aos descendentes*. *Conjug* – *Pres subj: legue, legues* etc.

le.ga.tá.rio (*lat legatariu*) *sm* Quem recebe um legado.

le.gen.da (*lat legenda*) *sf* **1** Pequeno texto que vem abaixo das ilustrações ou fotografias a que se refere. **2** Explicações ou letreiros, por baixo, por cima ou à margem de um desenho, diagrama, planta etc., ou neles inscritos. **3** Texto e diálogos impressos, intercalados às imagens nas fitas de cinema mudo, ou, atualmente, junto a elas nos filmes falados em língua estrangeira. **4** Inscrição de uma moeda ou medalha. **5** Vida dos santos. **6** Letreiro, dístico, rótulo. **7** *desus* Lenda.

le.gen.da.do (*part* de *legendar*) *adj* Que contém legenda (acepção 3): *Prefiro os filmes legendados aos dublados, porque gosto de ouvir a língua original*.

le.gen.dar (*legenda*+*ar*[1]) *vtd Jorn* Colocar legenda (acepções 1, 2 e 3).

le.gen.dá.rio (*legenda*+*ário*) *adj* **1** Que se refere a legenda. **2** Que é da natureza das lendas; lendário. • *sm* **1** Autor de legendas. **2** Coleção de vidas de santos.

legging (*léguin*) (*ingl*) *sm* Calça justa e comprida de malha.

le.gi.ão (*lat legione*) *sf* **1** Divisão principal do exército romano, constituída de cavalaria e infantaria. **2** Grande porção de demônios. **3** Grande quantidade de gente. **4** Grande quantidade de anjos. *Legião de Honra:* ordem militar e civil instituída na França por Napoleão I. *Legião Estrangeira, Mil:* corpo de voluntários estrangeiros a serviço de um Estado, especialmente da França. *Pl: legiões*.

le.gi.bi.li.da.de (*legível*+*i*+*dade*) *sf* Qualidade de legível.

le.gi.o.ná.rio (*lat legionariu*) *adj* Que pertence ou se refere a uma legião. • *sm* **1** Soldado de uma legião. **2** Membro da ordem francesa da Legião de Honra ou da Legião Estrangeira.

le.gis.la.ção (*lat legislatione*) *sf* **1** Ato de fazer leis. **2** O conjunto das leis de um país. **3** O conjunto de leis sobre determinada matéria. *Legislação do trabalho:* leis do Estado sobre o trabalho e as relações entre trabalhador e patrão. *Pl: legislações*.

le.gis.la.dor (ô) (*lat legislatore*) *adj* **1** Que legisla. **2** Que explica as leis. • *sm* **1** Aquele que legisla ou elabora leis. **2** Membro de uma câmara legislativa.

le.gis.lar (de *legislador,* por *der* regressiva) *vti* e *vint* **1** Fazer ou decretar as leis para um determinado país ou para um determinado assunto. *vtd* **2** Ordenar ou preceituar por lei: *Legislar o ensino primário obrigatório*.

le.gis.la.ti.vo (*legislar*+*ivo*) *adj* **1** Que diz respeito à legislação. **2** Relativo ao poder de legislar. **3** Que faz, a quem cabe fazer as leis: *Assembleia legislativa*. • *sm* O poder, a câmara ou câmaras que fazem as leis.

le.gis.la.tu.ra (*fr législature*) *sf* **1** Conjunto de poderes incumbidos de fazer as leis. **2** Reunião de deputados e senadores em assembleias. **3** Prazo no qual se exerce o mandato de uma assembleia legislativa.

le.gis.pe.ri.to (*lat legisperitu*) *sm* Perito em leis; legista.

le.gis.ta (*lat lege*) *s m*+*f* **1** Pessoa que conhece a fundo as leis; legisperito, jurisconsulto. **2** Médico que se dedica à medicina legal; médico-legista.

le.gí.ti.ma (de *legítimo*) *sf* Parte da herança que, por lei, pertence aos herdeiros necessários.

le.gi.ti.ma.ção (*lat legitimatione*) *sf* **1** Ato ou efeito de legitimar. **2** Habilitação ou justificação documentada para certos e determinados fins. **3** Reconhecimento autêntico dos poderes de representantes do povo ou de nação estrangeira, sem o qual não lhes é lícito exercer as respectivas funções. **4** Meio jurídico pelo qual os filhos naturais se tornam legítimos por casamento subsequente dos pais. *Pl: legitimação.*

le.gi.ti.ma.do (*part* de *legitimar*) *adj* Tornado legítimo. • *sm* Filho natural que passa à condição de legítimo pelo matrimônio dos pais ou por reconhecimento deles.

le.gi.ti.mar (*lat legitimare*) *vtd* **1** Tornar legítimo para os efeitos legais. *vtd* **2** Reconhecer como autêntico (poderes, títulos ou posse de alguma coisa). *vtd* **3** Habilitar como legítimo (um filho). *vpr* **4** Habilitar-se como filho legítimo de alguém. *vtd* **5** Habilitar para certos atos ou para o gozo de certos direitos. *vpr* **6** Habilitar-se a praticar atos para os quais as leis prescrevem certas habilitações. *vtd* **7** Justificar: *Legitimar providências*. *Conjug* – *Pres indic: legitimo, legitimas, legitima* (*tí*) etc. *Cf legítimo*.

le.gi.ti.mi.da.de (*lat med legitimitate*) *sf* **1** Caráter, estado ou qualidade do que é legítimo ou está de acordo com a razão, com a justiça ou com a lei. **2** Condição daquele ou daquilo que se legitimou. **3** A boa lógica, a coerência ou a racionalidade de alguma coisa. **4** Direito de suceder a um monarca pelo princípio da primogenitura ou pela exclusão legal do primogênito. **5** Legalidade.

le.gí.ti.mo (*lat legitimu*) *adj* **1** Fundado no direito ou na razão. **2** Que tem força de lei. **3** Válido perante a lei. **4** Verdadeiro. **5** Concludente. **6** Genuíno, puro. **7** Autêntico. **8** Diz-se do filho tido no matrimônio ou legalmente reconhecido. *Antôn* (acepções 4 e 7): *falso;* (acepção 8): *ilegítimo*. *Legítima defesa:* ato em que uma pessoa, forçada de maneira inevitável, procura preservar a sua vida ou a sua integridade física, porém dentro da razão ou da justiça natural. *Legítimo interesse, Dir:* justa causa, razão determinante, atual, ou imediata, de agir ou estar em juízo.

le.gí.vel (*lat legibile*) *adj m*+*f* **1** Que se pode ler. **2** Escrito em caracteres nítidos, bem visíveis e distintos. *Pl: legíveis*.

lé.gua (*baixo-lat leuca,* de origem *célt*) *sf* **1** Antiga medida de extensão, variável conforme o país. No Brasil tem de 6.000 a 6.600 metros. **2** *pop* Distância considerável. *Légua de beiço, Folc:* indicação vaga dos sertanejos, feita com o beiço inferior na direção de determinado lugar, dando a entender que a distância é pequena, quando é realmente grande. *Légua de sesmaria:* antiga medida itinerária equivalente a 6.600 metros. *Légua marítima:* vigésima parte do grau, contada no círculo máximo da Terra, ou 5.555,55 metros.

le.gu.me (*lat legumen*) *sm* **1** Fruto seco característico das leguminosas. **2** Vagem. **3** Planta ou parte dela que serve para a alimentação humana; hortaliça, verdura. **4** *Reg* (Nordeste) Qualquer cereal.

le.gu.mi.no.sas (de *leguminoso*) *sf pl Bot* Família muito grande de plantas que compreende ervas, arbustos, árvores e trepadeiras, em geral com flores muito irregulares e fruto que é um legume; suas raízes comumente possuem nódulos que contêm bactérias fixadoras de nitrogênio. Divide-se em numerosas subfamílias, que, em algumas classificações, são consideradas famílias distintas.

le.gu.mi.no.so (ô) (*lat legumen+oso*) *adj Bot* **1** Relativo, pertencente ou semelhante aos legumes. **2** Relativo ou pertencente à família das leguminosas. **3** Que frutifica em vagens. *Pl: leguminosos (ó).*

lei (*lat lege*) *sf* **1** Preceito que vem de autoridade soberana de uma dada sociedade. **2** Prescrição do poder legislativo. **3** Regra ou norma de vida. **4** Relação constante e necessária entre fenômenos ou entre causas e efeitos. **5** Obrigação imposta. **6** Preceito ou norma de direito, moral etc. **7** Religião fundada sobre um livro.

lei.au.te (*ingl layout*) *sm Art Gráf* Esboço ou planejamento do trabalho tipográfico com a especificação dos caracteres que devem ser empregados, disposição da matéria, medidas e outros detalhes relativos à composição de um livro, folheto, periódico, anúncio ou obra comercial. *Leiaute de página, Art Gráf e Inform:* distribuição de texto e imagens dentro de uma página de documento.

lei.au.tis.ta (*leiaute+ista*) *s m+f* Pessoa que faz leiaute.

lei.go (*gr laïkós*) *adj* **1** Diz-se daquele que não se consagra à vida religiosa. **2** Pessoa não pertencente a determinada profissão ou não versada em algum ramo de conhecimento ou arte. • *sm* Aquele que não tem ordens sacras. *Var: laico* (acepção 1).

lei.lão (*ár alâ'lâm*) *sm* **1** Venda pública de objetos a quem faz oferta mais alta, realizada por leiloeiro autorizado. **2** Hasta pública. *Pl: leilões.*

lei.lo.a.men.to (*leiloar+mento*) *sm* **1** Ação de leiloar. **2** Venda em leilão.

lei.lo.ar (*leilão+ar¹*) *vtd* Pôr em leilão (objetos, propriedades etc.).

lei.lo.ei.ro (*leilão+eiro*) *sm* **1** O que organiza leilões. **2** Pregoeiro em leilões.

leish.mâ.nia (*Leishman, np+ia²*) *sf Zool* **1** Gênero de protozoários flagelados que inclui espécies causadoras de sérias enfermidades no homem: no Brasil, a úlcera de Bauru; em outras regiões do mundo, o calazar e o botão do Oriente. **2** Protozoário desse gênero.

leish.ma.ni.o.se (*leishmânia+ose*) *sf Med* Doença causada pela multiplicação dos protozoários do gênero *leishmânia* no organismo do homem e de animais.

lei.tão (de *leite*) *sm* **1** Porco quando ainda é amamentado. **2** Porco, já não amamentado, mas ainda pequeno. *Col: leitegada* (quando nascidos do mesmo parto). *Voz: bacoreja, caincha, grunhe. Fem: leitoa* (ô). *Pl: leitões.*

lei.te (*lat lacte*) *sm* **1** Líquido branco, opaco, segregado pelas glândulas mamárias da fêmea dos mamíferos. **2** Tudo o que se assemelha a esse líquido. **3** Suco branco de alguns vegetais.

lei.tei.ra (de *leiteiro*) *sf* **1** Vasilha que serve para trazer o leite à mesa. **2** Mulher que vende leite. **3** *gír* Sorte constante.

lei.tei.ro (*leite+eiro*) *adj* **1** Que produz leite: *Gado leiteiro.* **2** Próprio para conter leite: *Vaso leiteiro.* • *sm* **1** Aquele que vende ou entrega leite. **2** *Bot* Árvore leitosa, com flores ornamentais e frutos secos ou carnosos. **3** *Ictiol* Cascudo-preto.

lei.te.ri.a (*leite+eria*) *sf* Depósito de leite ou estabelecimento onde ele é vendido.

leitmotiv (*laitmotíf*) (*al*) *sm* **1** Frase melódica ou tema associado num drama musical a certa ideia, pessoa ou situação, e que acompanha cada reaparição destas. **2** Ideia diretriz ou dominante de uma ação.

lei.to (*lat lectu*) *sm* **1** Armação de ferro ou madeira, com estrado ou sem ele; cama. **2** Tudo aquilo sobre que se pode descansar o corpo. **3** Faixa de terreno ocupado por rodovia. **4** Corpo da estrada de ferro em que estão os dormentes e trilhos. **5** Porção de terreno onde correm as águas de um rio; álveo.

lei.tor (*lat lectore*) *sm* **1** Aquele que lê; ledor. **2** Pessoa que, nas casas editoras, teatros etc., lê as obras remetidas pelos autores e dá parecer a respeito delas. **3** Professor que, numa universidade estrangeira, leciona a língua e literatura do seu país. **4** Pessoa que, nas casas religiosas, lê durante as refeições da comunidade.

lei.to.ra (ô) (de *leitor*) *sf* **1** Feminino de *leitor.* **2** *Inform* Dispositivo que lê dados armazenados em um meio, convertendo-os para uma outra forma.

lei.to.so (ô) (*lat lactosu*) *adj* **1** Que se refere a leite. **2** Que tem a cor ou a consistência do leite; lácteo. **3** Lactescente. *Pl: leitosos (ó).*

lei.tu.ra (*lat med lectura*) *sf* **1** Ação ou efeito de ler. **2** Arte de ler. **3** Aquilo que se lê. **4** *Tip* Ato de ler provas para descobrir e corrigir os erros de composição. **5** Ato de olhar e tomar conhecimento da indicação de um instrumento de medição ou de quaisquer sinais que indiquem medidas e aos quais se atribui alguma significação.

le.lé *adj gír* Bobo, abobado. Também se usa *lelé da cuca.*

le.le.qui.ce (*lelé+(malu)quice*) *sm* Maluquice, doidice, tolice.

le.ma (*gr lémma*, pelo *lat*) *sm* **1** *Lóg* Premissa. **2** *Mat* Proposição subsidiária usada na demonstração de outra proposição. **3** Regra ou norma de procedimento. **4** Emblema, divisa. **5** Sentença. **6** *V slogan.*

lem.bra.do (*part de lembrar*) *adj* **1** Que, ou que tem boa memória. **2** Que se conservou na memória. **3** Que deixou de si memória. *Estar lembrado de:* ter lembrança, lembrar-se de.

lem.bran.ça (*lembrar+ança*) *sf* **1** Ato ou efeito de lembrar(-se). **2** Coisa própria para ajudar a memória. **3** Recordação que a memória conserva por certo tempo. **4** A faculdade da memória. **5** Admoestação, lembrete, leve repreensão. **6** Objeto dado por uma pessoa para que se lembrem dela. **7** Presente, mimo, brinde. *Antôn* (acepção 1): *esquecimento*. *sf pl* Cumprimentos, recordações, expressões de amizade: *Mandar lembranças a alguém*.

lem.brar (*lat memorare*) *vtd* **1** Trazer à memória; recordar. *vti* **2** Vir à memória, tornar-se recordado. *vpr* **3** Recordar-se, ter lembranças de. *vtd* **4** Fazer vir à memória por analogia ou semelhança. *vtd* **5** Advertir, notar. *vtd* **6** Sugerir. *vtd* **7** Recomendar.
Os verbos **lembrar**, **admirar**, **esquecer** e **recordar** admitem mais de uma construção.
Lembro ter visto.
Lembro-me de ter visto.
Lembra-me ter visto.
Essa última construção é mais usada em Portugal que no Brasil, onde se dá preferência à forma reflexiva **lembro-me**.
Lembrar e **recordar** admitem a construção a seguir.
Lembrei-lhe que as férias terminariam daí a três dias.

lem.bre.te (*ê*) (*lembrar+ete*) *sm* **1** Papel com apontamentos. **2** *pop* Censura, leve castigo.

le.me *sm* **1** *Aeron* e *Náut* Peça ou estrutura plana de madeira ou metal, adaptada à parte posterior de embarcações ou aeroplanos, que ajuda a dirigi-los. **2** Direção, governança. **3** Ferro de dobradiça de porta ou janela. *Leme de profundidade, Aeron:* superfície de comando que levanta ou abaixa o nariz de um avião durante o voo. *Perder o leme:* desnortear-se, não saber o que fazer. *Ter o (estar no) leme:* governar, dirigir.

lê.mu.re (*lat lemur*) *sm Zool* Nome comum a numerosos mamíferos primatas, da família dos lemurídeos, que gostam de viver em árvores, na maioria noturnos. Relacionados aos macacos, parecem-se com eles na forma geral e nos hábitos, mas têm focinho como o da raposa, olhos grandes, pelo lanoso, muito macio, e cauda comumente comprida. *sm pl* **1** *Antig rom* Espíritos noturnos, almas dos mortos. **2** Fantasmas, duendes, sombras.

le.mu.rí.deo (*lêmure+ídeo*) *sm Zool* Família de primatas, herbívoros, sociais, que vivem em árvores e habitam Madagascar (África).

len.ço (*lat linteu*) *sm* **1** Pano pequeno (de algodão, linho ou seda), quadrangular, que serve para as pessoas assoar o nariz, limpar o suor, para enfeite ou, ainda, para proteger cabeça e pescoço. **2** *Marc* Cada um dos lados das gavetas. **3** Nome popular do peritônio e do mesentério. *Lenço de cinco pontas:* a mão, os dedos da mão. *Lenço de papel:* pequeno quadrado de papel macio e absorvente.

len.çol (*lat linteolu*) *sm* **1** Peça de pano, geralmente branca, para forrar o colchão e para servir de coberta. **2** Extensão larga e plana que lembra lençol. **3** Mortalha. **4** O que envolve à maneira de um lençol. *Lençol de água:* V *lençol freático*. *Lençol freático:* depósito natural de água no subsolo. *Estar em maus lençóis:* estar numa situação difícil ou arriscada. *Pl: lençóis.*

len.da (*lat legenda*) *sf* **1** Tradição popular. **2** Narrativa, transmitida pela tradição, de eventos geralmente considerados históricos, mas que não se pode provar se são autênticos. **3** História fantástica, imaginosa. **4** Mentira, patranha. **5** História fastidiosa.

len.dá.rio (*lenda+ário*¹) *adj* **1** Que diz respeito a lenda ou com ela se relaciona. **2** De quem todos falam. **3** Que só existe na imaginação.

lên.dea (*lat vulg *lendina*, do *lat lende*) *sf* **1** *Zool* Nome vulgar e popular do ovo de piolho-da-cabeça, que se agarra na base dos pelos. **2** *Reg* (Nordeste) Pedaço pequeno, insignificância.

len.ga-len.ga *sf pop* Narrativa enfadonha e monótona, lenda. *Pl: lenga-lengas.*

le.nha (*lat ligna, pl* de *lignu*) *sf* **1** Madeira, geralmente não aproveitável para outros fins, cortada e usada como combustível em fogões, fornos etc.; madeira para queimar. **2** *pop* Pancadaria, sova. **3** *gír* Coisa arriscada, perigosa ou difícil.

le.nha.dor (*ô*) (*lenhar+dor*) *adj+sm* **1** Que, ou aquele que colhe ou corta lenha. **2** Que, ou aquele que racha lenha; lenheiro.

le.nhar (*lenha+ar*¹) *vint* **1** Colher ou cortar lenha para queimar. **2** *pop* Negar (a arma) fogo: *A garrucha lenhou*.

le.nhei.ro (*lat lignariu*) *sm* **1** Lenhador. **2** Comerciante de lenha. **3** Local onde se empilha a lenha cortada.

le.nho (*lat lignu*) *sm* **1** *Bot* Principal tecido sustentador das plantas e condutor de líquido do caule e das raízes às folhas; xilema. **2** Tronco; parte dura do tronco das árvores.

le.nho.so (*ô*) (*lat lignosu*) *adj Bot* **1** Que tem a natureza, o aspecto e a consistência do lenho ou madeira. **2** Diz-se do tecido com parede celular lignificada. **3** Diz-se das plantas em que a maior parte dos tecidos é lignificada, em oposição às plantas herbáceas. • *sm Bot* Substância formadora da organização dos vegetais. *Pl: lenhosos (ó).*

le.ni.en.te (*lat leniente*) *adj m+f* **1** Doce, brando, suave; manso. **2** Que julga ou examina sem muito rigor: *Ele foi leniente para com as falhas de caráter do irmão*. **3** *Med* Lenitivo.

le.ni.fi.car (*lat lene+ficar*) *V lenir*.

le.ni.men.to (*lat lenimentu*) *sm* **1** Aquilo que suaviza, abranda, acalma, mitiga; lenitivo. **2** Emoliente. **3** Remédio para acalmar dores; sedativo.

le.ni.nis.mo (*Lênin, np+ismo*) *sm* **1** Doutrina social de Vladimir Ilitch Ulianov (1870-1924), dito Lênin, estadista russo, que se resume na autocrítica dos partidos proletários, no alargamento do marxismo e na revolução proletária nos países subdesenvolvidos e agrários. **2** Regime fundado nessa doutrina, implantado na Rússia de 1917 a 1991. **3** Bolchevismo.

le.ni.nis.ta (*Lênin, np+ista*) *adj* Relativo ao leninismo. • *s m+f* Pessoa partidária do leninismo.

le.nir (*lat lenire*) *vtd* Abrandar, aliviar, mitigar, tornar suave: *Lenir um sofrimento*. *Antôn: exacerbar*. *Var: lenificar*. Conjuga-se como *falir*.

le.ni.ti.vo (*lat lenitivu*) *adj* **1** *Med* Que serve para amolecer, abrandar ou mitigar. **2** Que suaviza, consola, acalma. • *sm* **1** Medicamento que tem propriedades levemente laxativas. **2** Lenimento. **3** Alívio, consolação. *Var: leniente*.

le.no.cí.nio (*lat lenociniu*) *sm* Crime que consiste em explorar, provocar ou facilitar a prostituição ou corrupção de qualquer pessoa, com ou sem participação direta ou intenção de lucro; alcoviteirice.

len.te[1] (*lat lente*) *sf* **1** *Fís* Corpo de vidro ou substância semelhante, convexo ou côncavo, usado em instrumentos ópticos, óculos etc., de maneira a alterar a direção dos raios luminosos, aumentando ou diminuindo aparentemente as dimensões dos objetos vistos através dele. **2** *Anat* Cristalino.

len.te[2] (*lat legente*) *adj* Que lê. • *s m+f* **1** Quem lê. **2** Professor ou professora de escola superior ou de escola secundária. *Lente catedrático:* o que é dono da cadeira de que é professor.

len.te.jou.la (de *lente*) *sf* Pequena palheta circular metálica, com orifício no centro, que serve para enfeitar vestidos etc. *Var: lantejoula.*

len.tí.cu.la (*lat lenticula*) *sf* Pequena lente.

len.ti.dão (*lat lentitudine*) *sf* **1** Estado ou qualidade de lento. **2** Demora, vagar. **3** Ligeira umidade. *Antôn* (acepções 1 e 2): *rapidez, ligeireza*. *Pl: lentidões*.

len.ti.lha (*lat lenticula*) *sf* **1** *Bot* Pequena erva cultivada, da família das leguminosas, de folhas penadas e vagens com sementes altamente nutritivas. **2** A semente dessa leguminosa.

len.to (*lat lentu*) *adj* **1** Que se move com vagar, sem pressa; vagaroso. **2** Que leva muito tempo, que se prolonga; demorado. **3** Fraco, pausado, espaçado. **4** Que sucede devagar, pouco a pouco. **5** Flexível. **6** Manso, pouco agitado. **7** Que é pegajoso e viscoso. **8** Úmido. *Antôn* (acepções 1, 2, 3 e 4): *rápido, ligeiro*. • *adv Mús* Mais devagar que o adágio.

le.o.a (*ô*) (de *leão*) *sf* **1** Fêmea do leão. **2** Mulher de mau gênio. **3** Mulher vaidosa.

le.o.ni.no (*lat leoninu*) *adj* **1** Que diz respeito ou se assemelha ao leão. **2** Desleal, pérfido. **3** Relativo à parte, melhor ou maior, que alguém recebe ou toma de qualquer coisa. **4** *Astrol* Relativo ou pertencente ao signo de Leão, ou aos leoninos. • *sm Astrol* Indivíduo nascido sob o signo de Leão.

le.o.par.do (*lat leopardu*) *sm Zool* Mamífero, carnívoro, felino, feroz, de cor amarelada e manchas negras, originário da África e da Ásia.

le.pi.dez (*lépido+ez*) *sf* **1** Qualidade de lépido. **2** Jovialidade. **3** Ligeireza.

lé.pi.do (*lat lepidu*) *adj* **1** *pop* Ligeiro. **2** Jovial. **3** Risonho. **4** Gozador.

le.pi.dóp.te.ros (*gr lepís, ídos+ptero*) *sm pl Entom* Ordem de insetos que compreende as borboletas e inúmeras formas adultas com quatro asas, comumente recobertas com pequenas escamas, de cores brilhantes; sem mandíbulas ou com mandíbulas muito rudimentares; alimentam-se do néctar das flores; suas larvas ou lagartas têm mandíbulas muito desenvolvidas e alimentam-se de folhas; passam por metamorfose completa, e suas pupas, em numerosas famílias superiores, encerram-se num casulo, formado em parte por seda segregada por glândulas.

le.pis.ma.tí.deos (*gr lépisma, atos+ideos*) *sm pl Zool* Família de insetos que destroem tecidos e papel; traças.

le.po.rí.deos (*lat lepore+ídeo*) *sm pl Zool* Família que abrange as lebres e os coelhos, animais distintos de todos os outros roedores por possuírem quatro dentes incisivos superiores e não apenas dois.

le.po.ri.no (*lat leporinu*) *adj* **1** Que se refere à lebre. **2** Que lembra a lebre: *V lábio leporino*.

le.pra (*gr lépra*) *sf* **1** *Med* V *hanseníase*. **2** *pop* Sarna de cachorro. **3** *fig* Diz-se de qualquer hábito vicioso que se propaga facilmente.

le.pro.sá.rio (*leproso+ário*) *sm* Edifício, hospital ou conjunto de prédios onde são tratados os hansenianos.

le.pro.so (*ô*) (*lat leprosu*) *adj* **1** V *hanseniano*. **2** Contaminado de vícios; corrupto. **3** *por ext* Asqueroso, repugnante. *Pl: leprosos (ó)*.

le.que (*chin Liu Kiu*, nome das Ilhas Léquias ou Ryûkyû) *sm* **1** Abano com varetas, cobertas de papel ou pano, que se abre e fecha facilmente. **2** Nome de qualquer coisa que mais ou menos apresente a disposição ou forma de leque aberto. **3** *fig* Conjunto de opções, ideias etc. que se desdobram a partir de um ponto.

ler (*lat legere*) *vtd* **1** Conhecer, interpretar por meio da leitura. *vint* **2** Conhecer as letras do alfabeto e saber juntá-las em palavras. *vtd* e *vint* **3** Pronunciar ou recitar em voz alta o que está escrito. *vtd* **4** Estudar, vendo o que está escrito. *vtd* **5** Decifrar ou interpretar bem o sentido de. *vtd* **6** Decifrar, perceber, reconhecer. *vtd* **7** *Inform* Copiar para a memória principal do computador (informação de algum meio de armazenamento), onde a informação fica disponível para ser processada. Conjuga-se como *crer*.

ler.de.za (*lerdo+eza*) *sf* Qualidade de lerdo.

ler.do *adj* **1** De ação lenta (memória, pessoa etc.). **2** Estúpido. *Antôn* (acepção 1): *lesto, esperto*.

lé.ria *sf* **1** Conversa enganosa, lábia. **2** Lenga-lenga. *s m+f* Sujeito falador, mas imprestável; palerma.

le.ro-le.ro (*voc onom*) *sm gír* **1** Palavras ocas, fala sem proveito. **2** Conversa fiada. **3** Léria. *Pl: lero-leros*.

le.sa-ci.ên.cia *sf* Ofensa à ciência. *Pl: lesas-ciências*.

le.sa.do (*part* de *lesar*) *adj* **1** Que sofreu lesão; ferido. **2** Danificado, prejudicado.

le.sa-ma.jes.ta.de *sf* Ofensa à majestade, a membro da casa reinante ou ao supremo poder da nação: *Crime de lesa-majestade*. *Pl: lesas-majestades*.

le.são (*lat laesione*) *sf* **1** Ato ou efeito de lesar. **2** Dano, prejuízo. **3** Ultraje, injúria. **4** Pancada, contusão. **5** Violação de um direito. **6** *Med* Designação geral de todas as alterações patológicas dos órgãos e dos tecidos. *Pl: lesões*.

le.sa-pá.tria *sf* Crime ou atentado contra a pátria. *Pl: lesas-pátrias*.

le.sar (*lat vulg *laesare*, frequentativo de *laedere*) *vtd* **1** Causar lesão a; molestar, ofender fisicamente: *Aquela queda lesou-o*. *vtd* **2** Ofender a reputação, o crédito ou os interesses de: *Tais comentários lesaram a jovem*. *vpr* **3** Causar lesão a si mesmo; prejudicar-se.

le.sa-so.ci.e.da.de *sf* Atentado contra a sociedade. *Pl: lesas-sociedades*.

les.bi.a.nis.mo (*lesbiano+ismo*) *sm* Homossexualismo entre mulheres; safismo.

lés.bi.ca (*top Lésbos+ico²*, no *fem*) *sf* **1** Mulher homossexual. **2** *pop* Mulher-macho, sapatão.

le.se (*é*) (*fr laise*) *sf* Tecido delicado, geralmente de algodão, todo bordado ou formando barrados, para uso em vestuário, roupa de cama etc.

le.sei.ra (*leso+eira*) *sf* **1** Preguiça, moleza. **2** *Reg* (Nordeste) Qualidade, ato ou dito de indivíduo leso; tolice, patetice, palermice. *sm Reg* (Nordeste) Indivíduo leso; tolo, palerma.

le.si.o.nar (*lat laesione+ar¹*) *vtd* Produzir lesão em.

le.si.vo (*lesar+ivo*) *adj* **1** Que lesa. **2** Que causa lesão.

les.ma (*ê*) (*lat limace*) *sf* **1** *Zool* Nome vulgar de certos moluscos terrestres ou semimarinhos que têm o corpo desprovido de concha. **2** *pop* Pessoa mole, vagarosa, desajeitada, preguiçosa.

lés-nor.des.te (*leste+nordeste*) *sm* Vento de entre leste e nordeste. • *adj m+f* Referente a essa região. *Pl: lés-nordestes.*

le.so (*é*) (*lat laesu*) *adj* **1** Contuso, ferido, ofendido, violado. **2** Apalermado, atoleimado. **3** Tolhido, paralítico.

lés-su.es.te (*leste+sueste*) *sm* Vento de entre leste e sueste. • *adj m+f* Referente a essa região. *Pl: lés-suestes.*

les.te (*fr l'est*) *sm V este¹. Abrev: L.*

les.to (*é*) *adj* **1** Ativo, esperto. **2** Ágil, ligeiro. **3** Decidido, pronto.

le.tal (*lat letale*) *adj m+f* **1** Que diz respeito à morte, mortal; mortífero. **2** Lúgubre. **3** Fatídico. *Pl: letais.*

le.tar.gi.a (*gr lethargía*) *sf* **1** *Med* Sonolência doentia. **2** Estado de sono profundo que se observa em várias doenças mentais e na doença do sono. **3** Estado de vida latente em que caem certos animais, relacionado com as estações; hibernação. **4** Estado de inércia ou indiferença; apatia. **5** Indolência, preguiça.

le.tár.gi.co (*gr lethargikós*, pelo *lat*) *adj* **1** Que diz respeito à letargia. **2** Atacado de letargia; apático, indiferente. **3** Dormente; sonolento. **4** Indolente, preguiçoso. *Antôn* (acepção 4): *rápido, ativo.* • *sm* Aquele que caiu em letargia.

le.ti.vo (*lat lectu+ivo*) *adj* Que diz respeito a lições ou ao regime escolar: *Ano letivo.*

le.tra (*ê*) (*lat littera*) *sf* **1** Cada um dos símbolos gráficos com que se representam os fonemas ou sons articulados de um idioma. **2** Escrita, caligrafia. **3** Cada um dos caracteres do alfabeto quanto à sua forma e grandeza, e conforme as diferentes espécies de escrita. **4** Versos que são acompanhados por música ou toada. **5** Inscrição, letreiro. *sf pl* Conjunto dos conhecimentos adquiridos pelos estudos literários propriamente ditos (literatura, filologia, linguística antiga e moderna etc.).

le.tra.do (*lat litteratu*) *adj+sm* **1** Que, ou o que é versado em letras ou literatura; literato. **2** Que, ou o que tem estudo acadêmico; doutor. **3** Sábio, erudito. **4** Jurisconsulto.

le.tra.set (*letra+ingl set*) *sf Art Gráf* Nome comercial de caracteres impressos em plástico transparente e transportáveis para qualquer superfície lisa.

le.trei.ris.ta (*letreiro+ista*) *s m+f* **1** Artista gráfico especializado em criar letreiros. **2** Operário que monta letreiros.

le.trei.ro (*letra+eiro*) *sm* **1** Inscrição, legenda, rótulo. **2** Tabuleta, placa com anúncio, nome de firma pintado em parede, ou representado de outra forma, como em letras de luz néon ou de metal.

le.tris.ta (*letra+ista*) *s m+f* **1** Desenhista especializado em desenhar letras e letreiros de propaganda. **2** Pessoa que faz letra para ser musicada ou para composição musical já existente.

léu (*provençal leu*) *sm pop* **1** Ócio, vagar. **2** Ensejo, ocasião. *Ao léu*: à toa; à vontade; nu, descoberto (*p ex*: *Com a cabeça ao léu*).

leu.ce.mi.a (*leuco+hemo+ia¹*) *sf Med* Doença do sangue caracterizada por um aumento acentuado do número de leucócitos, diminuição do número de corpúsculos vermelhos e pela proliferação e hipertrofia dos tecidos linfoide e mieloide.

leu.có.ci.to (*leuco+cito*) *sm Biol* **1** Célula sanguínea, incolor, nucleada, que ocorre em número de 5.000 a 9.000 em cada milímetro cúbico do sangue humano normal e, muitas vezes, circula entre as células dos tecidos, especialmente em áreas inflamadas ou infeccionadas. **2** Célula incolor da linfa; linfócito.

leu.co.ci.to.se (*leucócito+ose*) *sf Med* Aumento excessivo do número de leucócitos no sangue, especialmente nas doenças infecciosas; hiperleucocitose.

le.va (de *levar*) *sf* **1** Ato de levantar a âncora para navegar. **2** Grupo, rancho: *Uma leva de presos.* **3** Quantidade de pessoas levadas ou trazidas por vez em um transporte ou condução: *Leva de passageiros.* **4** Alistamento ou recrutamento de tropas.

le.va.da (*levar+ada¹*) *sf* **1** Ato ou efeito de levar. **2** Ribeiro ou corrente de água derivada de um rio, que vai regando campos ou dando movimento a moinhos ou engenhos. **3** Cachoeira, cascata. **4** Elevação de terreno, colina.

le.va.di.ço (*levar+iço*) *adj* **1** Que se pode levantar e abaixar facilmente. **2** Móvel, movediço.

le.va.do (*part* de *levar*) *adj pop* **1** Indisciplinado, indócil. **2** Travesso, endiabrado.

le.van.ta.da (*levantar+ada¹*) *sf* **1** Ato de levantar. **2** Ato de levantar-se da cama.

le.van.ta.dor (*ô*) (*levantar+dor*) *adj* Que levanta, que excita, que amotina ou revolta. • *sm* **1** *Anat* Músculo com que se levanta alguma parte do corpo. **2** Instrumento usado para levantar, no todo ou em parte, formação anatômica. **3** *Esp* No vôlei, jogador que tem a função de levantar a bola para que outro jogador possa cortá-la.

le.van.ta.men.to (*levantar+mento*) *sm* **1** Ato de levantar ou de levantar-se. **2** Insurreição, rebelião, revolta. **3** Elevação, acréscimo, reforçamento. **4** Estatística.

le.van.tar (*levante+ar¹*) *vtd* e *vpr* **1** Alçar(-se), erguer(-se), pôr(-se) de pé (o que estava deitado, de joelhos ou sentado). *vint* e *vpr* **2** Altear-se, erguer-se. *vtd* **3** Arvorar, hastear: *Levantar a bandeira. vtd* **4** Apanhar, erguer do chão. *vtd* **5** Edificar, erigir. • *sm* **1** Ato de levantar ou levantar-se: *Ao levantar do Sol irei para o campo.* **2** Levantada.

le.van.te (*lat levante*) *sm* **1** Ato de levantar. **2** *V* levantamento. **3** Este, oriente, nascente. **4** Forte

le.var (*lat levare*) *vtd* **1** Conduzir algo consigo de um lugar para outro: *Levei para casa o livro. vtd* **2** Afastar, retirar. *vtd* **3** Arrastar, puxar. *vtd* **4** Conduzir, guiar. *vti* **5** Dar acesso. *vtd* **6** Causar a morte de. *vtd* **7** Sentir, ao partir. *vtd* **8** Passar (a vida). *vtd* **9** Passar (certo período de tempo). *vtd* **10** Suportar, sofrer. *vtd* **11** Roubar, furtar. *vtd* **12** Lucrar. *vtd* **13** Encenar. *vtd* **14** Requerer. *vtdi* **15** Fazer chegar. *vtdi* **16** Induzir. *vint* **17** *pop* Apanhar. *vint* **18** Receber castigo. *vpr* **19** Deixar-se dominar. *vpr* **20** Partir (a embarcação). *Leva e traz:* pessoa mexeriqueira, intrigante, que gosta de levar e trazer segredos.

le.ve (*lat leve*) *adj m+f* **1** Que pesa pouco. **2** Que não é grave, que não é perigoso. **3** Que não é importante: *Leve incômodo.* **4** Delicado, ameno, brando: *Leve brisa.* **5** Simples, superficial. **6** Ágil, ligeiro. **7** Pouco substancial; fácil de digerir: *Uma leve refeição.*

le.ve.dar (*lêvedo+ar¹*) *vtd* **1** Fazer fermentar, tornar lêvedo. *vint* **2** Tornar-se lêvedo, crescer (massa de pão).

le.ve.do (*ê*) (*lat *levitu*, com hiperbibasmo) *V lêvedo. sm Bot* **1** Nome comum de fungos que atuam sobre as massas farinhosas, provocando fermentação que liberta ácido carbônico. **2** Qualquer cogumelo responsável pela fermentação alcoólica.

lê.ve.do (*lat vulg *levitu*, de *levare*) *adj* Fermentado.

le.ve.du.ra (*lêvedo+ura*) *sf* Fermento. *Levedura de cerveja:* fermento obtido como subproduto de cervejaria e empregado na panificação e na dieta, por conter um complexo de vitamina B.

le.ve.za (*leve+eza*) *sf* **1** Qualidade de leve. **2** Leviandade. **3** Superficialidade. **4** Falta de tino ou de reflexão. *Antôn* (acepção 4): *prudência.*

le.vi.an.da.de (*leviano+dade*) *sf* **1** Qualidade de leviano. **2** Imprudência. **3** Pouco siso. **4** Falta de tino ou de reflexão. *Antôn: ponderação.*

le.vi.a.no (de *leve*) *adj* **1** Volúvel. **2** Que não tem seriedade ou que procede repreensivamente. **3** Que não leva muita carga; leve. *Antôn* (acepção 2): *ponderado, refletido.*

le.vi.a.tã (*hebr liviâthân*, via *lat*) *sm* **1** *Mit* Grande animal aquático, supostamente semelhante ao crocodilo, referido somente em passagens poéticas da Bíblia. **2** *por ext* Qualquer coisa de grande tamanho e impressionante.

le.vi.ra.to (*lat levir+ato¹*) *sm* Prática do casamento de uma viúva com o irmão de seu marido.

le.vi.ta (*lat levita*) *sm* **1** *Rel* Membro da tribo de Levi, entre os hebreus. **2** *Rel* Sacerdote da antiga Jerusalém. **3** *Rel catól* Diácono, subdiácono.

le.vi.tar (*lat levare*) *vpr* Erguer-se alguém ou alguma coisa no espaço sem apoio visível.

le.ví.ti.co (*lat leviticu*) *adj* Relativo aos levitas. • *sm* **Levítico** *Bíblia* Terceiro livro do Pentateuco.

le.xi.cal (*cs*) (*léxico+al¹*) *adj m+f* **1** Que diz respeito ao léxico. **2** Que se refere aos vocábulos de um idioma.

lé.xi.co (*cs*) (*gr lexikón*) *sm* **1** Conjunto das palavras de que dispõe um idioma. **2** Dicionário, de formas raras e difíceis, peculiares a certos autores; glossário. **3** Dicionário de línguas clássicas antigas. **4** *V dicionário* e *vocabulário.*

le.xi.co.gra.fi.a (*cs*) (*léxico+grafo+ia¹*) *sf* **1** Arte, processo ou ocupação de fazer léxico ou dicionário. **2** Arte ou prática de definir palavras.

le.xi.co.lo.gi.a (*cs*) (*léxico+logo+ia¹*) *sf Ling* Ciência das palavras quanto à sua formação, derivação, etimologia e significado.

lha.ma (*quíchua llama*, via *cast*) *sf Zool* Ruminante de pequeno porte parecido com o camelo que vive no Peru, Bolívia e noroeste da Argentina; sua lã é aproveitada na indústria e, nos Andes, é domesticado e usado como animal de carga.

lha.no (*cast llano*) *adj* **1** Sincero, franco, cândido. **2** Despretensioso. **3** Amável. *Antôn: afetado, rebuscado.*

lhe (*lat illi*) *pron pess* A ele, a ela (ou a você, ao senhor etc.), ou nele, nela etc., ou dele, dela etc. *Pl:* **lhes**.

Os pronomes oblíquos **lhe** e **o** podem ser usados para substituir o objeto indireto e o objeto direto, respectivamente.
Obedeço a eles.
Obedeço-lhes.
Eu vi Pedro.
Eu o vi.

lho *contr* Pronome pessoal *lhe* com o pronome pessoal *o* ou o pronome demonstrativo neutro *o*. *Flex:* lha, lhos, lhas.

li.a.me (*â*) (*lat ligamen*) *sm* Aquilo que liga ou prende uma coisa ou pessoa a outra; ligação.

li.ba.ção (*lat libatione*) *sf* **1** Ato de beber ou libar, mais por prazer do que por necessidade. **2** Cerimônia religiosa entre os pagãos que consistia em provar vinho ou outro líquido e entorná-lo no chão ou sobre o altar do sacrifício, em honra de uma divindade. *sf pl* Copos de vinho, tomados por prazer ou para se fazerem brindes etc.

li.ba.nês (*top Líbano+ês*) *adj* Pertencente ou relativo ao Líbano (Ásia). • *sm* Habitante ou natural do Líbano. *Pl:* libaneses (*ê*). *Fem:* libanesa (*ê*).

li.bar (*lat libare*) *vint* **1** Fazer libações em honra de algum deus ou divindade. *vtd* **2** Beber: *Libar o bom vinho. vtd* **3** Chupar: *Libam as abelhas o néctar das flores. vtd* **4** Experimentar, gozar: *Libara todos os prazeres. Var: lavadeira, lavandeira.*

li.be.lo (*é*) (*lat libellu*) *sm* **1** *Dir* Exposição articulada do que se pretende provar contra um réu. **2** Artigo ou escrito que envolve acusação a alguém. *Libelo acusatório:* exposição articulada de fatos criminosos que o Ministério Público pretende provar contra um réu.

li.bé.lu.la (*lat libellula*) *sf Entom* Denominação vulgar dos insetos da ordem dos odonatos, caracterizados por longo e fino abdome, tórax forte, dois grandes olhos facetados e salientes, quatro asas transparentes, retangulares e longas, que vivem próximos às águas. *Var: lavadeira, lavandeira.*

lí.ber (*lat liber*) *sm Bot* Tecido vegetal, entre o córtex e o lenho, constituído de vasos entreligados e células parietais, que serve como condutor da seiva elaborada.

li.be.ra.ção (*lat liberatione*) *sf* **1** Ação ou efeito de liberar. **2** Extinção, quitação de dívida ou compromisso. **3** Libertação de ônus ou encargo. **4** *Dir* Restituição à liberdade do condenado que cumpriu a pena.

li.be.ral (*lat liberale*) *adj* **1** Dadivoso, generoso. **2** Amigo da liberdade política e civil. **3** Próprio de homem livre. **4** Que tem ideias avançadas sobre a vida social. **5** Que tolera e aceita opiniões diferentes das suas; tolerante, indulgente. **6** Diz-se de profissões de nível superior. *Antôn* (acepção 1): *avarento*. • *s m+f* Pessoa partidária da liberdade política e religiosa; liberalista.

li.be.ra.li.da.de (*lat liberalitate*) *sf* **1** Qualidade de liberal. **2** Disposição para dar; generosidade. **3** Disposição para tolerar ou aceitar ideias liberais. **4** Disposição de praticar o bem, sem esperar recompensa. *Antôn* (acepção 2): *avareza*.

li.be.ra.lis.mo (*liberal+ismo*) *sm* **1** *Filos* Conjunto de teorias e princípios fundados na filosofia iluminista dos séculos XVII e XVIII que defende a livre iniciativa e a liberdade de pensamento, associação, expressão e movimentação como direitos básicos de todo ser humano. **2** *Dir* Doutrina que preconiza a liberdade política ou de consciência, em oposição à autoridade do Estado ou da Igreja. **3** *Econ polít* Doutrina que preconiza a liberdade do trabalho e das trocas e a não intervenção do Estado em matéria econômica.

li.be.ra.lis.ta (*liberal+ista*) *adj* Que se refere ao liberalismo. • *s m+f* Pessoa partidária do liberalismo; liberal.

li.be.ra.li.za.ção (*liberalizar+ção*) *sf* **1** Ato ou efeito de liberalizar. **2** *Econ polít* Levantamento de controles dos preços ou do consumo dos produtos. **3** *Polít* Afrouxamento das medidas restritivas da liberdade política.

li.be.ra.li.zar (*liberal+izar*) *vtd* **1** Dar com liberalidade, prodigalizar: *Liberalizar auxílios, donativos* etc. *vpr* **2** Tornar-se liberal.

li.be.rar (*lat liberare*) *vtd* **1** Tornar livre, libertar: *Liberar cativos*. **2** Desobrigar: *Liberou-o do compromisso*. **3** Excluir de tabelas ou limites obrigatórios de preços ou de racionamento: *Liberar o açúcar*. **4** Livrar de restrições (câmbio etc.).

li.ber.da.de (*lat libertate*) *sf* **1** Estado de pessoa livre e isenta de restrição externa ou coação física ou moral. **2** Poder de exercer livremente a sua vontade. **3** Condição do ser que não vive em cativeiro. **4** Condição de pessoa não sujeita a escravidão ou servidão. **5** *Dir* Isenção de todas as restrições, exceto as prescritas pelos direitos legais de outrem. **6** Independência, autonomia. **7** Ousadia. **8** Permissão. *Liberdade de pensamento:* direito que cada um tem de manifestar suas opiniões. *Liberdade política:* o exercício dos direitos políticos assegurados na constituição política do Estado. *Liberdade condicional, Jur:* benefício de livramento a que um prisioneiro tem direito, dependente do crime, pena, comportamento na prisão etc., e que lhe permite cumprir parte da sentença em liberdade sob condições de controle de sua conduta.

li.ber.ta.ção (*libertar+ção²*) *sf* Ato de libertar ou libertar-se.

li.ber.ta.dor (*libertar+dor*) *adj+sm* Que, ou aquele que liberta, que dá liberdade ou torna livre.

li.ber.tar (*lat libertare*) *vtd* **1** Dar liberdade a, restituir à liberdade: *Libertar um escravo, um prisioneiro*. *vpr* **2** Pôr-se em liberdade, tornar-se livre: *Os reféns libertaram-se do cativeiro*. *vtd* **3** Aliviar, desobrigar: *A herança libertou a família da necessidade de trabalhar*. *vtd* **4** Descarregar, desobstruir. *Antôn* (acepção 1): *prender, escravizar*.

li.ber.tá.rio (*fr libertaire*) *adj+sm* Que, ou o que é partidário da liberdade absoluta; anarquista.

li.ber.ti.na.gem (*libertino+agem*) *sf* **1** Vida ou ato de libertino. **2** Devassidão, licenciosidade.

li.ber.ti.no (*lat libertinu*) *adj* Desregrado nos costumes, dissoluto, licencioso, lascivo. • *sm* Pessoa devassa, libidinosa, sensual, depravada.

li.ber.to (*lat libertu*) *adj* Posto em liberdade; solto. • *sm* Escravo posto em liberdade.

li.bi.di.na.gem (*libidinoso+agem*) *sf* **1** Atos ou vida de libidinoso. **2** Sensualidade, volúpia.

li.bi.di.no.so (*ô*) (*lat libidinosu*) *adj* **1** Voluptuoso, lascivo, dissoluto. **2** Que sente vivos desejos sensuais; lúbrico. **3** Que pertence à libido. *Pl: libidinosos (ó)*.

li.bi.do (*lat libido*) *sf Psican* **1** Desejo sexual. **2** Energia psíquica que provém do instinto sexual e determina toda a conduta da vida do homem.

li.bra (*lat libra*) *sf* **1** Medida inglesa de peso de 16 onças, equivalente a 453,592 g. **2** Antiga moeda portuguesa. **3** Moeda de ouro inglesa; libra esterlina. **4** *Libra Astr* Constelação do zodíaco. **5** *Libra Astr* Signo do zodíaco, relativo aos nascidos entre 23 de setembro e 22 de outubro; Balança. *Libra esterlina:* unidade monetária inglesa.

li.bré (*fr livrée*) *sf* Uniforme de criados, em casas nobres.

li.bre.to (*ê*) (*ital libretto*) *sm* **1** Texto de uma ópera. **2** Texto dramático para ser musicado. *Var: livreto*.

li.bri.a.no (de *libra+ano²*) *sm Astrol* Indivíduo nascido sob o signo de Libra. • *adj Astrol* Relativo ou pertencente ao signo de Libra, ou aos librianos.

li.ça (*fr lice*) *sf* **1** Lugar destinado a justas, torneios etc. **2** Briga, combate, luta. **3** *fig* Lugar em que se debatem questões importantes. *Entrar na liça:* aceitar a luta, atender a um desafio.

li.ção (*lat lectione*) *sf* **1** Exposição de matéria escolar feita pelo professor aos alunos; preleção; aula. **2** Aquilo que é aprendido pelo aluno, ou no exercício que faça para isso. **3** *fig* Repreensão, punição. **4** *fig* Exemplo; conselho. *Dar a lição:* ensinar (o professor) a lição ao aluno. *Dar uma lição a alguém:* mostrar o erro de conduta.

li.cen.ça (*lat licentia*) *sf* **1** Autorização dada a alguém para fazer ou deixar de fazer alguma coisa; permissão. **2** Autorização especial concedida pelas autoridades públicas para exercer certas atividades, praticar certos atos, ter em seu poder certas coisas. **3** Documento que comprova essa autorização. **4** *fig* Liberdade. *Com licença da palavra:* modo cortês de pedir permissão para usar palavra grosseira.

li.cen.ça-prê.mio *sf bras* Licença a que tem direito o funcionário público depois de algum tempo de trabalho. *Pl: licenças-prêmios* ou *licenças--prêmio*.

li.cen.ci.a.do (*part* de *licenciar*) *adj* **1** Que tem licença. **2** Que se licenciou. **3** Despedido, dispensado do serviço. **4** Diz-se do militar com licença, ou que acabou o seu tempo de serviço em exercício ativo. **5** *Autom* Diz-se do veículo que obteve placa de licença. • *sm* Aquele que tem o grau de licenciatura.

li.cen.ci.a.men.to (*licenciar+mento*) *sm* **1** Ato ou efeito de licenciar ou de se licenciar. **2** Licenciatura. **3** *Autom* Obtenção ou autenticação da placa numérica identificadora de veículo autorizado a trafegar.

li.cen.ci.ar (*lat licentia+ar¹*) *vtd* **1** Dar licença ou permissão a: *A Prefeitura licenciou-o para vender na feira*. *vtd, vtdi, vpr* **2** Isentar(-se) temporariamente do serviço (funcionários públicos, empregados, militares etc.): *O patrão licenciara os empregados em virtude da intensidade das chuvas. O médico licenciou-o do trabalho para cuidar da saúde. Todo janeiro licenciava-se do cargo*. *vpr* **3** Concluir um curso superior; tomar o grau de licenciado: *Licenciara-se em teologia*. *vpr* **4** Tomar licença ou liberdades contra regras ou preceitos estabelecidos: *Escritores há que se licenciam quanto à gramática*. *vtd* **5** *Autom* Conceder ou autenticar placa numérica identificadora de um veículo.

li.cen.ci.a.tu.ra (*licenciar+ura*) *sf* **1** *V licenciamento*. **2** Grau universitário, em alguns países, entre o de bacharel e o de doutor. **3** Grau ou título universitário dos professores do ensino secundário. **4** Ato de conferir esse grau ou título.

li.cen.ci.o.si.da.de (*licencioso+i+dade*) *sf* Qualidade de licencioso.

li.cen.ci.o.so (*ô*) (*lat licentiosu*) *adj* **1** Que abusa da liberdade; desregrado. **2** Contrário aos bons costumes; ofensivo ao pudor; libertino, lascivo. *Pl: licenciosos (ó)*.

li.ceu (*gr lýkeion*, pelo *lat*) *sm* Estabelecimento oficial ou particular de instrução secundária ou de ensino profissional: *Liceu de Artes e Ofícios; liceu acadêmico*.

li.ci.ta.ção (*lat licitatione*) *sf* **1** Ato de licitar. **2** Ato pelo qual vão a leilão os bens da herança, quando não há divisão amigável, ou quando ultrapassam o quinhão de um só dos herdeiros. **3** *Econ* Ato pelo qual a administração pública seleciona a proposta mais vantajosa para a aquisição de bens ou serviços.

li.ci.tar (*lat licitari*) *vint* **1** Oferecer uma quantia no ato de arrematação, adjudicação, hasta pública ou partilha judicial. *vtd* **2** Pôr em leilão: *Licitar a massa falida*. *Conjug* – *Pres indic: licito, licitas, licita (cí)* etc. *Cf lícito*.

lí.ci.to (*lat licitu*) *adj* **1** Conforme à lei; legal. **2** Permitido pelo direito. • *sm* Aquilo que é permitido, aquilo que é legalmente permitido ou aceitável. *Antôn: ilícito*.

li.ci.tu.de (de *lícito*) *sf* **1** Qualidade daquilo que é lícito. **2** Juridicidade, legalidade.

li.cor (*lat liquore*) *sm* Bebida alcoólica, aromatizada e geralmente açucarada.

li.co.rei.ro (*licor+eiro*) *sm* Utensílio de mesa, com um recipiente e copos para licor. *Var: licoreira*.

li.co.ro.so (*ô*) (*licor+oso*) *adj* **1** Que tem propriedades de licor. **2** Aromático e fortemente alcoólico: *Vinho licoroso*. *Pl: licorosos (ó)*.

li.da (de *lidar*) *sf* **1** Ato ou efeito de lidar. **2** Trabalho, faina, luta. **3** *pop* Leitura rápida, superficial: *Dar uma lida nos jornais*.

li.dar (*lide+ar¹*) *vti* e *vint* **1** Batalhar, combater, pelejar: *Lidar com* (ou *contra*) *o inimigo*. *vti* e *vint* **2** Trabalhar muito; esforçar-se. *vti* **3** Sustentar combate moral. *vti* **4** Enfrentar dificuldades ou problemas e achar expedientes necessários para superá-los ou resolvê-los: *Sabe lidar com situações difíceis*. *vti* **5** Entender-se com pessoas de toda espécie, de modo a evitar atritos: *Faltam-lhe qualificativos técnicos, mas sabe lidar com gente*.

li.de¹ (*lat lite*) *sf* **1** Trabalho, labuta. **2** Questão judicial. **3** Questão. **4** Luta, contenda, duelo.

li.de² (*ingl lead*) *sm V lead*.

lí.der (*ingl leader*) *sm* **1** Chefe, guia. **2** Chefe de um partido político, grupo religioso, associação etc.

li.de.ran.ça (*líder+ança*) *sf* Função de líder.

li.de.rar (*líder+ar¹*) *vtd* Dirigir como líder, chefiar: *Há muito que ele lidera a empresa*.

lifting (*liftin*) (*ingl*) *sm Med* Intervenção cirúrgica executada em várias partes do corpo, como face, pescoço, mãos etc., pela qual a pele e os tecidos subcutâneos são esticados para eliminar a flacidez.

li.ga (*lat med liga*) *sf* **1** Ato ou efeito de ligar. **2** *Quím* Substância composta de dois ou mais metais intimamente misturados e unidos, geralmente por fusão. **3** Faixa elástica que segura a meia à perna.

li.ga.ção (*lat ligatione*) *sf* **1** Ato ou efeito de ligar. **2** Junção, união. **3** Conexão. **4** Coerência. **5** Laço, vínculo, relação entre pessoas. **6** Convívio sexual; amasio, concubinato. **7** *bras* Telefonema.

li.ga.da (*fem* do *part* de *ligar*) *sf bras pop* Telefonema.

li.ga.do (*part* de *ligar*) *adj* **1** Que se liga, que mantém ligação. **2** Que tomou consistência uniforme; homogêneo. **3** *gír* Diz-se de pessoa moderna, atualizada. **4** *gír* Diz-se de quem está sob os efeitos de tóxicos.

li.ga.du.ra (*lat ligatura*) *sf* **1** *V ligação*. **2** Faixa, atadura. **3** *Med* Tira de pano que se enrola em volta de uma parte traumatizada, quer para sustentá-la, quer para exercer pressão sobre ela. **4** Fio ou arame para estrangular vaso, parte de órgão ou membro, a fim de impedir a circulação do sangue. **5** *Mús* Curva que indica ligação de notas; ligação. **6** *Med* Cirurgia que impede uma mulher de ter mais filhos (também sob a forma *ligadura das trompas* ou *tubária*).

li.ga.men.to (*lat ligamentu*) *sm* **1** Ação ou efeito de ligar; ligação, ligadura. **2** *Anat* Faixa de tecido fibroso que liga entre si ossos articulados ou suporta vísceras nos seus devidos lugares. **3** *Constr* Qualquer substância com que se ligam materiais de construção.

li.gar (*lat ligare*) *vtd* **1** Fazer laço ou nó em; atar, fixar, prender: *Ligou as pontas da corda e atirou-a na água*. *vtd* **2** Fazer aderir; pegar, cimentar: *Ligar feridas. Ligar tijolos, ladrilhos*. *vtd* **3** Pôr em comunicação: *A ponte ligava duas povoações*.

vtd **4** Unir, prender. *vtd* e *vpr* **5** Unir(-se) por vínculos morais e afetivos: *Afinidades de gostos e opiniões ligavam os dois rapazes.* *vpr* **6** Unir-se, incorporar-se. *vtd* **7** *Eletr* Pôr em contato dois circuitos; unir uma rede particular à rede geral. *vti* **8** Telefonar. *Conjug – Pres subj: ligue, ligues* etc.; *Pret perf: liguei, ligaste, ligou* etc.

li.gei.re.za (*ligeiro+eza*) *sf* **1** Qualidade de ligeiro. **2** Rapidez, leveza. **3** Celeridade, agilidade. **4** Brevidade. **5** Leviandade.

li.gei.ro (*fr léger*, do *lat vulg *leviariu*) *adj* **1** Leve. **2** Rápido, veloz. **3** Presto de movimentos; ágil. • *adv* Rapidamente, às pressas: *Saiu ligeiro da sala.*

light (*láiti*, *ingl*) *adj* **1** Diz-se do alimento com baixas calorias: *Margarina* light. **2** *Polít* Moderado: *A ala* light *do partido.* **3** Simplificado: *O jornal apresentará uma versão* light *do ocorrido.*

lig.ni.fi.car (*ligni+ficar*) *vpr* **1** Tornar-se lenhoso; formar lenho ou madeira (falando-se dos vegetais). **2** Tomar a aparência de madeira. *Var pop: lenhificar. Conjug:* normalmente é defectivo; conjugável somente nas 3as pessoas.

lig.ni.na (*ligni+ina*) *sf Bot* e *Quím* Substância ou mistura de substâncias carbonadas relacionadas fisiologicamente à celulose e que com esta constitui a parte essencial do tecido lenhoso.

lig.ni.to (*ligni+ita*^{3}) *sm Miner* Carvão fóssil, compacto ou terroso, de cor menos negra e de formação mais recente que a hulha e que conserva muitas vezes a textura dos vegetais dos quais se originou. *Var: linhita, linhito.*

li.lás (*fr lilas*) *sm* **1** *Bot* Arbusto da família das oleáceas, originário da Pérsia (Irã), que floresce no começo da primavera. **2** A flor desse arbusto. **3** O cheiro da flor do lilás. **4** Cor arroxeada semelhante à da flor do lilás. • *adj* Que tem cor arroxeada semelhante à da flor do lilás. *Pl: lilases.*

li.li.pu.ti.a.no (*ingl lilliputian*, de *Lilliput, np+ano*^{2}) *adj* **1** Que se refere a Liliput, país imaginário do romance *Viagens de Gulliver*, do escritor inglês Jonathan Swift (1667-1745), cujos habitantes tinham apenas 15 cm de altura. **2** Muito pequeno. **3** Insignificante. • *sm pej* Homem pequeno, anão.

li.ma^1 (*lat lima*) *sf* **1** *Mec* Instrumento de aço temperado, com arestas ou fileiras de dentes cortantes estendendo-se diagonalmente através das superfícies, usado para desbastar e alisar metais e outros materiais. **2** Aquilo que serve para polir ou aperfeiçoar. **3** Tudo o que gasta ou corrói.

li.ma^2 (*ár lîmâ*) **1** Fruto da limeira. **2** Limeira. *Var: limão-doce.*

li.ma.ção (*lat limatione*) *sf* Limadura.

li.ma-da-pér.sia *sf* Variedade de lima^2. *Pl: limas-da-pérsia.*

li.ma.du.ra (*lat limatura*) *sf* **1** Ato ou efeito de limar. **2** *fig* Aperfeiçoamento. *sf pl* Limalhas. *Var: limação.*

li.ma.gem (*limar+agem*) *sf* **1** *V* limadura. **2** Tempo que se gasta em limar.

li.ma.lha (*limar+alha*) *sf* **1** Partículas que se separam de um corpo que se lima. **2** Metal pulverizado por meio de limagem.

li.mão (*ár lîmûm*) *sm* Fruto do limoeiro.

li.mão-cra.vo *sm* Variedade de limão oriunda da Índia. *Pl: limões-cravo* ou *limões-cravos.*

li.mão-ga.le.go *sm* Variedade de limão originária da Pérsia (Irã). *Pl: limões-galegos.*

li.mar (*lat limare*) *vtd* **1** Desbastar, raspar ou polir com lima. **2** Corroer, gastar. **3** *fig* Aperfeiçoar.

lim.bo (*lat limbu*) *sm* **1** Fímbria, zona. **2** Rebordo exterior. **3** *Bot* Expansão membranosa que, a partir do pecíolo, constitui a folha. **4** *Rel* Lugar onde se recolhem as almas das crianças que morrem sem batismo, conforme a religião católica.

li.mei.ra (*lima*^{2}*+eira*) *sf Bot* Planta rutácea que produz a lima ou o limão-doce.

li.me.nho (*top Lima+enho*) *adj* Natural, habitante ou pertencente à cidade de Lima, capital do Peru (América do Sul).

li.mi.ar (*lat liminare*) *sm* **1** Portal, entrada. **2** Começo, princípio. **3** Patamar junto à porta.

li.mi.nar (*lat liminare*) *adj* **1** Relativo ou pertencente ao limiar. **2** Posto à entrada. **3** Preliminar. • *adj+sm Dir* Diz-se de, ou a providência tomada pelo juiz, no início do processo, para evitar dano irreparável ao direito alegado.

li.mi.ta.ção (*lat limitatione*) *sf* **1** Ato ou efeito de limitar(-se). **2** Restrição, redução. **3** Modificação. **4** Confinação.

li.mi.ta.do (*part* de *limitar*) *adj* **1** Que se limitou. **2** Restrito, reduzido.

li.mi.tar (*lat limitare*) *vtd* **1** Servir de limite a: *O ribeirão limita a fazenda. vtd* **2** Diminuir, reduzir, restringir: *Limitar poderes. Limitou os estudos à medicina. vpr* **3** Consistir unicamente em não ultrapassar certos e determinados limites: *As sessões da Câmara limitam-se a duas por semana. vpr* **4** Dar-se por satisfeito em; contentar-se: *Limito-me a encarar os acontecimentos. vpr* **5** Subordinar-se: *Limitara-se às circunstâncias. vpr* **6** Seguir estritamente certa prescrição: *Dispense medicamentos; limite-se à dieta estabelecida. vpr* **7** Reduzir as despesas; comedir-se: *Financeiramente, precisamos limitar-nos.*

li.mi.ta.ti.vo (*limitar+ivo*) *adj* Que limita, que serve de limite.

li.mi.te (*lat limite*) *sm* **1** Linha ou ponto divisório, linha de demarcação. **2** Fronteira natural que separa um país de outro. **3** Marco. **4** Extremo, fim. **5** Alcance máximo ou mais distante de um esforço. **6** Ponto máximo que qualquer coisa não pode ou não deve ultrapassar: *Limite dos preços, de um prazo.*

li.mí.tro.fe (*lat limitrophu*) *adj* **1** Contíguo à fronteira de uma região. **2** Que serve de limite comum.

lim.no.lo.gi.a (*limno+logo+ia*^{1}) *sf* Parte da ecologia que estuda os ecossistemas de água doce: lagos, lagoas, pântanos etc.

li.mo (*lat limu*) *sm* **1** *Bot* Designação vulgar de um emaranhado de fios verde-escuros, mais ou menos lodosos, que se encontram nas águas estagnadas. É geralmente composto por várias espécies de algas filamentosas verdes que habitam as águas doces e salgadas. **2** Barro, lama, lodo, vasa.

li.mo.ei.ro (*limão+eiro*) *sm Bot* Planta rutácea que produz o limão.

li.mo.na.da (*limão+ada*^{1}) *sf* Bebida refrigerante preparada com suco de limão, ácido cítrico ou essência de limão e água açucarada.

li.mo.so (*ô*) (*limo+oso*) *adj* Que tem limo. *Pl: limosos (ó).*

lim.pa.de.la (*limpar+dela*) *sf* Pequena limpeza; limpeza superficial.
lim.par (*limpo+ar¹*) *vtd* **1** Tornar limpo, asseado, tirando a sujeira. **2** Curar; purificar. **3** Tirar o pó ou a sujeira de: *Limpar os óculos.* **4** *fig* Ganhar tudo de outra pessoa no jogo: *Limpou o parceiro.* Conjug – Part: *limpado* e *limpo*.
lim.pa-tri.lhos *sm sing* e *pl* **1** *bras* Armação forte, inclinada, à frente das locomotivas, para remover ou apanhar obstáculos que se encontrem sobre os trilhos. **2** *bras gír* Pessoa que come demais, não deixa nada nos pratos.
lim.pe.za (*limpo+eza*) *sf* **1** Ação ou efeito de limpar. **2** Qualidade de limpo, ou de asseado; asseio. **3** Coisa limpa e asseada. **4** Depuração. **5** *pop* Perfeição. **6** Castidade, pureza. **7** *gír* Ato de maus elementos: *Os ladrões fizeram uma limpeza no banco.* **8** *Agr* Destruição das ervas daninhas de um terreno. *Limpeza pública:* serviço de remoção de detritos das vias públicas, residências e estabelecimentos comerciais de uma cidade. *Antôn* (acepção 2): *sujidade.*
lim.pi.dez (*límpido+ez*) *sf* **1** Qualidade de límpido. **2** Nitidez. **3** Transparência. **4** Ingenuidade.
lím.pi.do (*lat limpidu*) *adj* **1** Nítido. **2** Puro. **3** Transparente, claro, diáfano. **4** Desanuviado. **5** Sonoro. *Antôn* (acepções 1, 3 e 4): *embaçado.*
lim.po (*lat limpidu*) *adj* **1** Que não está sujo. **2** Que não tem impurezas nem manchas; imaculado. **3** Que não tem mistura de substâncias estranhas. **4** Nítido, puro. **5** Isento. **6** Benfeito: *Trabalho limpo*. **7** Aperfeiçoado. **8** *bras gír* Que não tem dinheiro. **9** Claro, evidente. **10** Desanuviado, claro: *Céu limpo*. **11** Que não contém erros ortográficos e gramaticais, vícios de linguagem etc.: *Prova limpa, estilo limpo*. **12** Que nada praticou de mal; honesto. *Antôn* (acepção 1): *sujo.* • *sm* Lugar aberto no mato; clareira. • *adv* Com limpeza; limpamente. *Passar a limpo:* tornar apresentável, sem incorreções. *Tirar a limpo:* esclarecer.
li.mu.si.ne (*fr limousine*) *sf* Automóvel de luxo fechado, tipo cupê, de grande porte, envidraçado lateralmente.
lin.ce (*gr lýgks*, pelo *lat*) *sm* **1** *Zool* Mamífero carnívoro felino, compreendendo várias espécies do gênero linx; por causa da vista penetrante, os antigos diziam dele que enxergava através das paredes. **2** *Astr* Constelação do hemisfério boreal. **3** *fig* Pessoa perspicaz, hábil, inteligente.
lin.cha.men.to (*linchar+mento*) *sm* Ato de linchar.
lin.char (de *Lynch*, *np+ar¹*) *vtd* Executar um criminoso, verdadeiro ou suposto, sem formação de processo e tumultuariamente, pela multidão.
lin.de (*lat limite*) *sm* Limite (acepções de 1 a 5).
lin.de.za (*lindo+eza*) *sf* **1** Qualidade de lindo. **2** Coisa linda. **3** Perfeição, primor. *Antôn* (acepção 1): *fealdade.*
lin.do (*lat limpidu*) *adj* **1** Belo, formoso. **2** Garboso, elegante. **3** Delicado, primoroso. **4** Aprazível, agradável.
li.ne.a.men.to (*lat lineamentu*) *sm* **1** Ato de traçar uma linha. **2** Contorno. **3** Linha delicada do rosto. *sm pl* **1** Primeiras linhas de quadro, edifício, obra de arte etc. **2** Perfil. **3** Feições ou linhas do rosto e em geral do corpo humano. **4** Debuxo, delineamento. **5** Linhas ou vincos naturais da palma da mão.
li.ne.ar (*lat lineare*) *adj* **1** Que diz respeito a linhas. **2** Muito estreito e comprido. **3** Feito com linhas geométricas. **4** Referente às medidas de comprimento. **5** *fig* Simples, direto, claro. **6** *Bot* Qualifica a folha estreita e comprida como a das gramíneas. **7** *Biol* Diz-se dos sistemas de classificação nos quais os seres são dispostos como se derivassem uns dos outros, formando uma linha reta. **8** *Mat* Que envolve uma só dimensão. **9** *Mat* Diz-se da equação do primeiro grau. **10** *Mat* Diz-se da função em que a variável dependente depende de um polinômio do primeiro grau.
li.ne.a.ri.da.de (*linear+i+dade*) *sf* **1** Qualidade do que é linear. **2** *Radiotécn* Fidelidade na modulação dos sons ao se reproduzirem os sinais que entram em um receptor de rádio. **3** *Radiotécn* Fidelidade com que a forma e os elementos numa imagem de televisão reproduzem a forma e os elementos da imagem original televisada.
lin.fa (*lat lympha*) *sf Biol* **1** Líquido coagulável amarelo-claro, transparente, ou opalino, de reação alcalina, que contém corpúsculos incolores (leucócitos) e que circula nos vasos linfáticos e nos espaços intercelulares. **2** Humor aquoso das plantas.
lin.fá.ti.co (*lat lymphaticu*) *adj* **1** Relativo à linfa. **2** Em que há linfa. **3** Atacado de linfatismo. **4** *Anat* Diz-se dos vasos por onde circula a linfa, que representa a defesa do organismo contra a invasão de micróbios. **5** Diz-se do temperamento das pessoas que apresentam uma moleza geral dos tecidos e são fleumáticas ou indolentes. • *sm* Indivíduo que tem temperamento linfático.
lin.fa.tis.mo (*linfático+ismo*) *sm Med* **1** Estado mórbido causado pela produção ou pelo crescimento excessivo de tecido linfático e que resulta em desenvolvimento retardado, diminuição da vitalidade e, às vezes, na morte. **2** Temperamento linfático.
lin.fó.ci.to (*linfo+cito*) *sm Biol* Variedade de leucócitos do sangue produzidos no tecido linfoide, de núcleo geralmente esférico.
lin.foi.de (*ó*) (*linfo+oide*) *adj* Que se assemelha ou pertence à linfa ou aos gânglios linfáticos.
lin.fo.ma (*linfo+oma*) *sm Med* Tumor maligno dos gânglios linfáticos.
lingerie (*langerrí*) (*fr*) *sf* Roupa de dormir ou peças íntimas do vestuário feminino.
lin.go.te (*fr lingot*) *sm* Barra de metal fundido em forma conveniente para transporte, armazenagem etc., geralmente barra de formato trapezoidal ou bloco, para ser mais tarde refundido, laminado, forjado etc. *sm pl Tip* Pequenas réguas de metal, fundidas em diversos corpos.
lín.gua (*lat lingua*) *sf* **1** *Anat* Órgão alongado, achatado, musculoso e móvel da cavidade bucal e que é o órgão principal da deglutição, do gosto e, no homem, da articulação das palavras. **2** Idioma, linguagem, fala. **3** Estilo. **4** Expressão. **5** Sistema de sinais apropriados a uma notação. **6** Lingueta ou fiel da balança. *Língua viva:* a que é falada por qualquer povo ou nação. *Dobrar a língua:* corrigir o que se disse. *Saber na ponta da língua:*

saber muito bem. *Bater (dar) com a língua nos dentes:* cometer indiscrições, revelando segredos. *Com a língua de fora:* exausto, cansado. *Estar com a língua coçando:* estar ansioso para falar algo indevido.

lin.gua.do (de *língua*) *sm* **1** *Tip* Tira de papel em que se escreve o original. **2** Lâmina comprida de metal. **3** Barra de ferro-gusa; lingote. **4** *Ictiol* Nome vulgar de vários peixes marinhos das famílias soleídeos e botídeos. **5** *Náut* Paralelepípedo de ferro fundido com que se lastram navios.

lin.gua.gem (*provençal lenguatge*) *sf* **1** Faculdade de expressão audível e articulada do homem, produzida pela ação da língua e dos órgãos vocais próximos; fala. **2** Conjunto de sinais falados (glótica), escritos (gráfica) ou gesticulados (mímica) de que se serve o homem para exprimir suas ideias e sentimentos. **3** A voz dos animais. **4** Língua, idioma, dialeto.

lin.gua.jar (*linguagem+ar*^{2}) *sm* **1** Modo de falar; fala. **2** Linguagem popular.

lin.gual (*língua+al*^{1}) *adj* Que pertence ou se refere à língua: *Nervo lingual.*

lin.gua.ru.do (*língua+r+udo*) *adj+sm pop* Que, ou aquele que fala sem pensar, mexeriqueiro, que não sabe guardar segredos.

lin.gue.ta (*gwê*) (*língua+eta*) *sf* **1** Peça móvel da fechadura que, com a chave, tranca gavetas, portas etc. **2** Fiel de balança.

lin.gui.ça (*gwi*) *sf* **1** Enchido de carne de porco, vaca ou frango em tripa delgada. **2** *fig* Algo que é longo e estreito. *Encher linguiça:* tomar tempo ou espaço, falando ou escrevendo superfluamente.

lin.guis.ta (*gwi*) (*fr linguiste*) *s m+f* Pessoa versada no estudo das línguas ou da linguística.

lin.guís.ti.ca (*gwi*) (*fr linguistique*) *sf* Estudo científico da linguagem humana em sua totalidade, em sua realidade multiforme e em suas múltiplas relações.

lin.guís.ti.co (*gwi*) (*linguística+ico*^{2}) *adj* Relativo a linguista ou à linguística.

li.nha (*lat linea*) *sf* **1** Fio de linho, de algodão, de seda etc., torcido e preparado para os trabalhos de costura. **2** Barbante, cordel. **3** Fio ou par de fios metálicos que liga uma estação telegráfica ou telefônica com outra; o sistema todo desses fios. **4** Série de palavras escritas na mesma direção ou impressas através de uma página ou coluna. **5** Qualquer traço, sulco, aresta, semelhantes a um fio, traçados com lápis, pena, estilete, ou formados pela natureza, como as linhas de uma rocha estratificada. **6** Direção contínua em determinado sentido. **7** Fila, fileira. **8** *Geom* Representação gráfica da extensão de uma só dimensão e que se pode considerar gerada pelo deslocamento de um ponto. **9** Sulco na palma da mão e pelo qual pretendem os quiromantes adivinhar o destino ou a sorte das pessoas. **10** Curso ou direção seguidos por qualquer coisa em movimento ou considerada em movimento; percurso, via, rota, estrada. **11** Série de pessoas ou objetos enfileirados. **12** Ferrovia. **13** Regra, norma: *Linha de conduta.* **14** Serviço regular de transporte de carga ou passageiros entre duas localidades, bairros etc. *Entrar na linha:* entrar na norma de conduta certa. *Perder a linha:* desconcertar-se; engordar. *Tirar uma linha:* namorar, flertar.

li.nha.ça (*linho+aça*) *sf Bot* A semente do linho.

li.nha.da (*linha+ada*^{1}) *sf* **1** Lance de anzol. **2** *fig* Espiadela. **3** *fig* Namoro a distância.

li.nha.gem (*linha+agem*) *sf* **1** Genealogia. **2** Linha de parentesco; ascendência, estirpe, casta, raça. **3** Condição social. **4** Tecido grosso de linho. **5** Tela para enfardagem.

li.nhi.ta (*ligni+ita*^{3}) *V lignito.*

li.nhi.to (*ligni+ito*) *sf Miner* Carvão fóssil.

li.nho (*lat linu*) *sm* **1** *Bot* Planta da família das lináceas, ereta e esbelta, com folhas lineares e flores azuis, cultivada por suas fibras e pelas suas sementes, que têm aplicações medicinais e de que se extrai o óleo de linhaça. **2** As fibras dessa planta, limpas e preparadas para a fiação. **3** Tecido de linho.

li.ni.men.to (*lat linimentu*) *sm Farm* Preparado oleoso, líquido ou semilíquido, que se aplica, em fricções, contra reumatismo etc.

link (*línc*) (*ingl*) *sm* **1** *Telev* Participação ao vivo de um repórter ou alguém que não se encontra na própria estação de TV (na rua, por exemplo): *A apresentadora do programa pediu um* link *para que os visitantes da feira pudessem fazer perguntas ao entrevistado.* **2** *Inform* Programa que conecta e atualiza aplicativos ou arquivos diversos.

li.nó.leo (*ingl linoleum*) *sm* Espécie de tapete ou cobertura do assoalho, impermeável, feito de tecido de juta, revestido em um lado de uma mistura de óleo de linhaça solidificado, gomas, pó de cortiça ou materiais corantes.

li.no.ti.pi.a (*linotipo+ia*^{1}) *sf* **1** Arte de compor em máquina de linotipo. **2** Seção ou oficina de composição linotípica.

li.no.ti.pis.ta (*linotipo+ista*) *s m+f Tip* Operador que trabalha com linotipo.

li.no.ti.po (*ingl linotype*, de *line of type*) *sf Tip* Máquina que compõe e funde linhas em bloco, de uma liga de chumbo, estanho e antimônio, com o auxílio de matrizes reunidas mediante operação de um teclado.

li.o.fi.li.za.ção (*liofilizar+ção*) *sf* **1** Operação ou processo de liofilizar. **2** Estado de liofilizado.

li.o.fi.li.zar (*liófilo+izar*) *vtd* Produzir desidratação (de tecido, sangue, soro ou outra substância) por meio de congelação brusca e, a seguir, alta pressão em vácuo.

li.pí.dio (*lipo+ídio*) *sm Quím* Cada uma de um grupo de substâncias, em geral solúveis em álcool, éter, clorofórmio, ou outros solventes de gorduras, mas pouco solúveis em água, que, com as proteínas e carboidratos, constituem os principais componentes estruturais das células vivas; são considerados constituídas por gorduras principalmente.

li.po.as.pi.ra.ção (*lipo+aspiração*) *sf Cir* Processo em que se realiza, cirurgicamente, aspiração de gordura subcutânea por meio de cânula ligada a uma bomba de sucção.

li.poi.de (*ó*) (*lipo+oide*) *adj* Que é semelhante à gordura. • *sm* **1** Substância lipoide. **2** Mistura extraída de tecido biológico com éter.

li.po.ma (*lipo+oma*) *sm Med* Tumor benigno de formato arredondado, formado por células gordurosas, e que pode aparecer, sob a pele, em qualquer ponto do organismo.

li.que.fa.ção (*que* ou *qwe*) (*lat liquefactione*) *sf* **1** Ação de liquefazer. **2** Estado daquilo que se tornou líquido. **3** Passagem de um sólido ao estado líquido pelo calor; fusão. **4** Passagem de um gás ao estado líquido por pressão; condensação. **5** *Bot* Transformação da membrana celular em substância solúvel.

li.que.fa.zer (*que* ou *qwe*) (*lat liquefacere*) *vtd* e *vpr* Tornar(-se) líquido; derreter(-se), fundir (-se): *Liquefazer frutas* (no liquidificador). *A neve liquefazia-se*. Conjuga-se como *fazer*.

li.que.fei.to (*que* ou *qwe*) (*part* de *liquefazer*) *adj* **1** Tornado líquido. **2** Derretido, fundido.

lí.quen (*gr leikhén*) *sm* **1** *Bot* Organismo vegetal composto que consiste em um fungo que vive simbioticamente com uma alga. **2** *Med* Irritação crônica da pele constituída por bolhas sólidas e avermelhadas. *Pl: liquens* ou *líquenes*.

Líquen é palavra paroxítona e seu plural, em Portugal, é **líquenes**. No Brasil, porém, prefere-se a forma **liquens**. Atente para o fato de que essa variante não é acentuada.

li.qui.da.ção (*qui* ou *qwi*) (*liquidar+ção*) *sf* **1** Ato ou efeito de liquidar. **2** Estado do que está sendo liquidado. **3** Meio pelo qual uma sociedade mercantil dissolvida dispõe do seu patrimônio. **4** Venda de um sortimento de mercadorias a preços reduzidos, para dispor delas rapidamente. **5** *Com* Venda total.

li.qui.da.do (*qui* ou *qwi*) (*part* de *liquidar*) *adj* **1** Que se liquidou. **2** Acabado, terminado: *Assunto liquidado*. **3** Arruinado, inutilizado, incapacitado. **4** Morto, aniquilado.

li.qui.dan.te (*qui* ou *qwi*) (de *liquidar*) *adj* **1** Que liquida. **2** Conclusivo, terminante. • *s m+f* Pessoa encarregada da liquidação de uma sociedade comercial, quando esta se dissolve.

li.qui.dar (*qui* ou *qwi*) (*líquido+ar*¹) *vtd* **1** Com Fazer a liquidação de. *vint* **2** *Com* Vender gêneros a preços reduzidos para terem saída rápida. *vtd* **3** Aniquilar, destruir, matar. *vtd* **4** Assassinar. *vtd* **5** Efetuar a liquidação de (uma sociedade mercantil).

li.qui.dez (*qui* ou *qwi*) (*líquido+ez*) *sf* **1** Qualidade ou estado daquilo que é líquido. **2** *Econ* Grau de negociabilidade de um título, sua possibilidade de ser transformado em dinheiro a qualquer momento.

li.qui.di.fi.ca.ção (*qui* ou *qwi*) (*liquidificar+ção*) *sf* Ato de liquidificar; liquefação.

li.qui.di.fi.ca.dor (*qui* ou *qwi*) (*liquidificar+dor*) *adj* Que liquidifica. • *sm* Aparelho elétrico que liquidifica frutas, legumes etc.

li.qui.di.fi.car (*qui* ou *qwi*) (*liquidi+ficar+ar*¹) V *liquefazer*.

lí.qui.do (*qui* ou *qwi*) (*lat liquidu*) *adj* **1** Que flui ou corre, tendendo a sempre a nivelar-se e a tomar a forma do vaso que o contém. **2** Xaroposo, viscoso. **3** *fig* Ajustado, apurado, liquidado, verificado. **4** *Econ* Livre de descontos; livre de despesas. *Peso líquido*: peso total com exclusão do peso da embalagem. • *sm* **1** Corpo líquido. **2** Bebida ou alimento líquido.

li.ra (*gr lýra*) *sf* **1** *Mús* Instrumento de cordas, conhecido desde a mais alta Antiguidade, que tinha a forma de um U, atravessado no alto por uma barra em que se prendiam as extremidades superiores das cordas e que se usava para o acompanhamento de canto e recitação. **2** Inspiração poética. **3** Unidade monetária da Itália, dividida em centésimos. *Símb.: L.*

lí.ri.ca (*fem* de *lírico*) *sf* **1** *Lit* A poesia do gênero lírico. **2** Coleção de poemas líricos.

lí.ri.co (*gr lyrikós*) *adj* **1** Relativo à lira (instrumento). **2** *Lit* Diz-se do gênero poético consagrado à expressão dos sentimentos pessoais, dos grandes entusiasmos de origem pessoal, expressão de movimentos interiores. **3** *Mús* Diz-se da composição que se destina a ser cantada. **4** *fig* Sentimental. **5** *Mús* Que diz respeito à ópera. • *sm* **1** Poeta que cultiva o gênero lírico. **2** Escritor cujo estilo prima pelo lirismo.

lí.rio (*gr leírios*) *sm* **1** *Bot* Planta ornamental cultivada desde tempos antigos por suas flores, belas e aromáticas. **2** Nome vulgar dado a certas plantas por causa de suas flores parecidas na forma com os lírios verdadeiros; lis.

li.ris.mo (*lira+ismo*) *sm* **1** Entusiasmo, inspiração do poeta lírico. **2** Feição da obra literária inspirada, à maneira da poesia lírica, e do estilo elevado, pessoal e interpretativo de transporte sentimental. **3** Calor, entusiasmo.

lis (*fr lis*) *sm* Lírio, açucena.

lis.bo.e.ta (*top Lisboa+eta*) *adj* De Lisboa, capital de Portugal (Europa). • *s m+f* Habitante ou natural de Lisboa. *Sin: lisboense*.

li.sér.gi.co (*lise+ergo+ico*²) *adj Quím* Diz-se do ácido de fórmula molecular $C_{16}H_{16}N_2O_2$, resultante da hidrólise de certos alcaloides vegetais. Seus derivados podem ser usados como drogas incapacitadoras não letais em guerra química. *Dietilamina do ácido D-l.:* o mais conhecido derivado do ácido lisérgico. Fórmula molecular: $C_{20}H_{25}N_3O$. Conhecido pela sigla LSD, é uma droga alucinógena muito controvertida, usada em pesquisas médicas sobre o comportamento da mente.

li.so *adj* **1** Que tem superfície plana e sem asperezas ou ondulações. **2** Corredio, macio. **3** Que não tem pregas nem ornatos. **4** Franco, lhano. **5** *bras gír* Sem dinheiro.

li.son.ja (*provençal lauzenja*, pelo *cast*) *sf* **1** Ação ou efeito de lisonjear. **2** Louvor fingido, exagerado. **3** Mimo, afago. **4** Adulação.

li.son.je.a.dor (*lisonjear+dor*) *adj+sm* Que, ou aquele que lisonjeia, que satisfaz o amor-próprio de outrem; adulador, bajulador. *Var: lisonjeiro*.

li.son.je.ar (*lisonja+e+ar*¹) *vtd* **1** Elogiar com excesso e afetação; adular, bajular, incensar. *vpr* **2** Deleitar-se, honrar-se com as atenções ou lisonjas que outrem lhe dispensa. *vtd* **3** Agradar a, deleitar, satisfazer. *vpr* **4** Sentir prazer ou orgulho por; desvanecer-se. Conjuga-se como *frear*.

li.son.jei.ro (*lisonja+eiro*) V *lisonjeador*.

lis.ta (*germ* *lista) *sf* **1** Catálogo, relação, rol. **2** Listra, risca, estria, raia. **3** Relação de nomes de pessoas ou coisas. **4** A esteira do navio.

lis.ta.do (*lista+ado*) V listrado.

lis.ta.gem (*listar+agem*) *sf* **1** V lista. **2** Lista contínua, em computador. *Listagem fonte: Inform:* a) listagem de um texto na sua forma original; b) listagem de um programa fonte.

lis.tar (*lista+ar¹*) *V listrar.*

lis.tra (alteração de *lista*) *sf* **1** Risca num tecido, de cor diferente da deste. **2** Risca. **3** Riscas que caracterizam o pelo de certos animais. *Listra crucial:* V listra de burro. *Listra de burro:* risca preta que, nos cavalos, se cruza com a listra de mulo. *Listra de mulo:* risca que corre desde a cernelha até a cauda dos cavalos.

lis.tra.do (*listra+ado*) *adj* **1** Que se listrou. **2** Entremeado, entressachado de listras. **3** Riscado. **4** *Bot* Diz-se da superfície das folhas ou caule quando apresenta faixas estreitas e alongadas, frequentemente umas verdes, outras brancas ou diversamente coloridas, como em algumas variedades de milho. *Var: listado.*

lis.trar (*listra+ar¹*) *vtd* **1** Entremear ou ornar de listras: *Listrar um lenço.* **2** Manchar, pintalgar: *Alguns fios de cabelos brancos já lhe listram a cebeleira farta. Var: listar.*

li.su.ra (*liso+ura*) *sf* **1** Qualidade de liso. **2** Macieza, suavidade. **3** Planura. **4** Lhaneza. **5** Franqueza, sinceridade. **6** *gír* Falta de dinheiro; pindaíba.

li.ta.ni.a (*lat litania*) V ladainha.

li.tei.ra (*lat lectuaria*) *sf* Veículo que consiste em uma espécie de cadeira fechada, suspensa por dois varais e carregada por dois homens ou atrelada a dois animais, um à frente e outro atrás.

li.te.ral (*lat litterale*) *adj* **1** Que acompanha rigorosamente a letra dos textos; que atende com rigor à sequência natural e imediata das palavras e frases: *Tradução literal.* **2** Rigoroso, formal. **3** Restrito. **4** Claro, evidente, terminante. **5** *Álg* Diz-se das quantidades expressas por letras: *Quantidades literais.*

li.te.rá.rio (*lat litterarii*) *adj* **1** Que diz respeito a letras ou à literatura. **2** Que tem valor aceitável na literatura. **3** Relativo, em geral, a qualquer espécie de cultura relacionada com a arte da palavra: *Progressos literários. Mundo literário:* conjunto daqueles que cultivam as letras.

li.te.ra.to (*lat litteratu*) *adj* Letrado. • *sm* O que é versado em assuntos literários, homem inclinado às letras; escritor.

li.te.ra.tu.ra (*lat litteratura*) *sf* **1** Arte de compor escritos, em prosa ou em verso. **2** O exercício dessa arte ou da eloquência e poesia. **3** O conjunto das obras literárias de um agregado social, ou em dada linguagem, ou referidas a determinado assunto: *Literatura infantil, literatura científica, literatura de propaganda* ou *publicitária. Literatura de cordel:* cancioneiro popular nordestino exposto à venda em cordéis, nas feiras e mercados.

lí.ti.co (*lito+ico²*) *adj* **1** Relativo, feito de, ou semelhante a pedra. **2** *Med* Relativo ou pertencente a cálculos. **3** *Quím* Relativo ou pertencente a lítio.

li.ti.gan.te (*lat litigante*) *adj* **1** Que litiga. **2** Relativo a litígio. • *s m+f* Pessoa que litiga ou sustenta litígio no foro.

li.ti.gar (*lat litigare*) *vti* **1** Ter litígio, demanda, questão: *Nessa controvérsia litigam os paladinos de ambas as escolas. vint* **2** Pleitear, questionar em juízo: *Estavam na obrigação de litigar perante os magistrados civis. vint* **3** Representar as partes em juízo. *vti* **4** Entrar em luta; lidar, pelejar: *Os cavaleiros litigavam com lança e montante.*

li.tí.gio (*lat litigiu*) *sm* **1** Demanda judicial. **2** Questão, alteração, contenda.

li.ti.gi.o.so (*ô*) (*lat litigiosu*) *adj* **1** Que diz respeito a litígio. **2** Que é objeto de litígio. **3** Que pode estar em litígio; litigável. **4** Que é amigo de demandas. *Pl: litigiosos (ó).*

lí.tio (*gr líthos*) *sm Quím* Elemento leve, branco-prateado, de número atômico 3 e símbolo Li.

li.to.gra.far (*lito+grafo+ar¹*) *vtd* **1** Imprimir de acordo com os processos litográficos: *Litografar um cartaz.* **2** *fig* Fixar, estereotipar: *Litografava o sorriso.*

li.to.gra.fi.a (*lito+grafo+ia¹*) *sf* **1** Arte ou processo de produzir um desenho, caracteres etc. em uma pedra plana, calcária, especialmente preparada, e por meio desta reproduzi-los em papel. **2** Qualquer processo, baseado no mesmo princípio, em que se usem placas de zinco, alumínio etc. e não apenas pedra. **3** Folha ou estampa impressa litograficamente. **4** Oficina litográfica.

li.to.grá.fi.co (*litografia+ico²*) *adj* **1** Que se refere à litografia. **2** Diz-se de uma espécie de pedra calcária de grão fino homogêneo, a qual se emprega em litografia.

li.tó.gra.fo (*lito+grafo*) *sm* Artífice especializado em litografia.

li.to.gra.vu.ra (*lito+gravura*) *sf* Gravura litográfica.

li.to.ral (*lat littorale*) *adj* Que se refere à beira-mar; litorâneo. • *sm* **1** Região costeira, beira-mar. **2** Conjunto de costas de um mar, de um país: *O litoral do Atlântico, o litoral brasileiro.*

li.to.râ.neo (*lat littorarii*) *adj* Referente à beira-mar, litoral.

li.tos.fe.ra (*lito+esfera*) *sf Geol* A parte sólida da Terra; crosta terrestre.

li.to.ti.po.gra.fi.a (*lito+tipo+grafo+ia¹*) *sf* Arte ou processo de reproduzir litograficamente, em fac-símile, páginas de livros impressos com caracteres tipográficos comuns.

li.to.trip.si.a (*lito+tripse+ia¹*) *sf Cir* Esmagamento de um cálculo na bexiga, para que possa ser eliminado pela urina.

li.trá.ceas (*gr lýthros+áceas*) *sf pl Bot* Família de ervas e arbustos ornamentais, comum nos países de clima quente e temperado como o Brasil.

li.tro (*fr litre*) *sm* **1** Unidade das medidas de capacidade, correspondente ao volume de um decímetro cúbico. **2** Medida (vaso) ou garrafa para um decímetro cúbico. **3** Conteúdo dessa medida ou garrafa. **4** *Bot* Gênero típico da família das litráceas, constituído de ervas e arbustos, que têm flores roxas ou cor-de-rosa, com 4 a 8 pétalas.

li.tur.gi.a (*gr leitourgía*) *sf* **1** Cerimônias e preces que se compõe o culto público e oficial de uma igreja. **2** As fórmulas consagradas das orações. **3** Rito. **4** Ciência que trata das cerimônias e ritos da Igreja.

li.vi.dez (*lívido+ez*) *sf* Estado ou qualidade de lívido.

lí.vi.do (*lat lividu*) *adj* **1** Extremamente pálido.

2 Que tem cor cadavérica. 3 Cor de chumbo; plúmbeo. 4 Sem vida; frio.
living (*lívin*) (*ingl*) *sm* Sala de estar.
li.vra.men.to (*livrar+mento*) *sm* 1 Ação ou efeito de livrar ou livrar-se. 2 Soltura de pessoa que se achava presa. 3 *Dir* Ato de conceder liberdade a um preso ou condenado. 4 Resgate, libertação.
li.vrar (*lat liberare*) *vtd* 1 Dar liberdade a, tornar livre: *Livrar um escravo, um encarcerado*. *vpr* 2 Tornar-se livre; libertar-se: *Livrar-se de um vício*. *vtd* 3 Tirar de uma posição difícil, desembaraçar: *Livrou-o das cordas que o prendiam*. *vpr* 4 Escapar-se, eximir-se: *Saía de casa para livrar-se dos credores*. *vtd* 5 Isentar.
li.vra.ri.a (*livro+aria*) *sf* 1 Reunião de livros dispostos ordenadamente; biblioteca. 2 Grande quantidade de livros. 3 Estabelecimento de venda de livros.
li.vre (*lat liberu*) *adj* 1 Que goza de liberdade pessoal, que não é sujeito a escravidão ou servidão. 2 Que é caracterizado por, ou existe sob um regime de liberdade civil. 3 Que não é proibido. 4 Espontâneo. 5 Não confinado ou preso; solto. 6 Absolvido. 7 Posto em liberdade. 8 Vago, desocupado, disponível. 9 Isento ou liberado de qualquer coisa especial que controle, restrinja, preocupe, oprima etc. • *adv* À vontade, em liberdade, livremente.
Adjetivos terminados em *re* e *ro*, como **livre** e **mísero**, recebem o acréscimo de **-rimo** quando usados no grau superlativo absoluto sintético: **libérrimo, misérrimo**.
li.vre-ar.bí.trio *sm Filos* Faculdade do homem de escolher em função da própria vontade. *Pl: livres-arbítrios*.
li.vre-câm.bio *sm* Comércio entre nações, não sujeito a restrições ou direitos aduaneiros; liberdade de comércio. *Pl: livres-câmbios. Sin: livre-troca*.
li.vre.co (*livro+eco*) *sm pop* 1 Pequeno livro. 2 Livro sem valor.
li.vre-do.cên.cia *sf neol* 1 Ensino livre. 2 A categoria do livre-docente. *Pl: livres-docências. Var: docência-livre*.
li.vre-do.cen.te *s m+f* Título que, no ensino superior, adquire o professor que se submeter a um concurso similar ao de catedrático, sem que isso lhe dê esse cargo, mas apenas o direito de ministrar cursos paralelos aos dos estudos normais. O livre-docente tem preferência para a substituição do catedrático em seus impedimentos ou quando fica vaga a cadeira. *Pl: livres-docentes*. • *adj m+f* Que obteve esse título. *Pl: livre-docentes. Var: docente-livre*.
li.vre-em.pre.sa *sf Econ* Doutrina econômica baseada nos princípios da propriedade e da iniciativa privadas. *Pl: livres-empresas*.
li.vrei.ro (*livro+eiro*) *sm* Negociante de livros. • *adj* Que se refere a livros; livresco: *Comércio livreiro*.
li.vre-pen.sa.dor (*livre+pensar+dor*) *sm* Aquele que forma as suas opiniões independentemente de autoridade ou tradição, especialmente em questões de religião. *Pl: livres-pensadores*.
li.vres.co (*ê*) (*livro+esco*) *adj* 1 Que se refere a livro. 2 Adquirido só por leitura: *Erudição livresca*.

li.vre.to (*ê*) (*ital libretto*) *V* libreto.
li.vro (*lat libru*) *sm* 1 Publicação não periódica que reúne páginas impressas e encadernadas. 2 Divisão de uma obra literária. 3 Qualquer coisa que pode ser estudada e interpretada como um livro. 4 Registro no qual o comerciante assenta suas operações.
li.xa (*cast lija*) *sf* 1 Papel ou pano coberto com uma massa impregnada de pó de vidro, areia ou outro material abrasivo e que se emprega para desgastar ou alisar madeira, metal etc., ou material de consistência idêntica. 2 *Ictiol* Nome comum dado a certos peixes cuja pele, dura e áspera, serve para polir madeira ou metais. 3 A pele desses peixes. *Lixa de água:* lixa muito fina, destinada a trabalhos delicados. *Lixa de unha:* lâmina com asperezas para aparar unhas.
li.xa.dei.ra (*lixar+deira*) *sf* Máquina para lixar e polir.
li.xão (*lixo+ão²*) *sm pop Reg* (SP) Lugar onde se coloca lixo.
li.xar (*lixar+ar¹*) *vtd* 1 Desgastar, raspar ou polir com lixa. *vpr* 2 *bras gír* Indignar-se, amolar-se. *vpr* 3 *bras gír* Sofrer contratempo; ter mau fim.
li.xei.ra (*lixo+eira*) *sf* 1 Depósito de lixo. 2 Montão de lixo.
li.xei.ro (*lixo+eiro*) *sm* 1 Empregado de empresa ou repartição encarregado da limpeza pública que recolhe e conduz o lixo; gari. 2 Nome vulgar de larvas de vários insetos que têm o hábito curioso de cobrir o corpo com detritos.
li.xí.via (*lat lixivia*) *sf* 1 Água em que se ferve cinza e que se usa para lavar roupa. 2 *Quím* Solução alcalina à base de soda com carbonato de sódio.
li.xo *sm* 1 Aquilo que se varre para tornar limpa uma casa, rua, jardim etc. 2 Varredura. 3 Restos de cozinha e refugos de toda espécie, como latas vazias, embalagens de mantimentos e demais coisas imprestáveis que se jogam fora. 4 Imundície, sujidade. 5 Escória, ralé. 6 *Inform* Conjunto de dados ou informações desatualizados ou errados e que não são mais necessários.
-lo (*lat illu*) *pron pess* Forma oblíqua da 3ª pessoa do singular (equivalente a *o*) usada após as formas verbais terminadas em *r, s, z*: comprar + o = comprá-lo, lês + o = lê-lo, faz + o = fá-lo; após os pronomes pessoais *nos* e *vos*: nos + o = no-lo, vos + o = vo-lo; e com o advérbio *eis*: eis + o = ei-lo. *Fem: la. Pl: los, las*.
ló (*hol médio lof*) *sm* 1 Espécie de tecido muito fino de lã ou seda; escumilha. 2 *Mar* Cada uma das metades do navio, em corte longitudinal.
lo.a (*ô*) (*der regressiva do arc loar,* louvar) *sf* 1 Qualquer discurso laudatório; apologia. 2 Prólogo de uma representação dramática. 3 *pop* Parlenda. 4 *pop* Peta, mentira. *sf pl* Hinos, cânticos em louvor dos santos, elogios. *sm Zool* Espécie de verme filiforme da África ocidental, com 2,5 a 5 cm de comprimento, que se aloja no tecido conjuntivo subcutâneo, e é visto, às vezes, ao redor da órbita ocular e sob a conjuntiva.
lo.ba.ti.a.no (*top Lobato+ano²*) *adj* Relativo ou pertencente a Monteiro Lobato, escritor brasileiro (1882-1948), ou próprio dele. • *sm* Estudioso ou admirador desse escritor.

lobby (*lóbi*) (*ingl*) *sm* Econ Pessoa ou grupo que tenta influenciar os congressistas (deputados e senadores) a votarem projetos de seu interesse, ou de grupos que representam.

lo.bi.nho (*dim* de *lobo*¹) *sm* **1** Pequeno lobo. **2** Categoria de escoteiros destinada a crianças de menos de dez anos. **3** Designação popular do quisto sebáceo, em particular o do couro cabeludo; calombo.

lo.bis.mo (*lóbi*+*ismo*) *sm* Aquilo que é praticado pelos lobistas; a prática do *lobby*.

lo.bi.so.mem (*lat lupus ex homine*) *sm* Folc Homem que, segundo a superstição popular, se transforma temporariamente em lobo, nas noites de sexta-feira, vagueando de noite pelos lugares ermos.

lo.bis.ta (*lóbi*+*ista*) *s m*+*f* Pessoa que exerce *lobby*.

lo.bo¹ (*ô*) (*lat lupu*) *sm* **1** Zool Mamífero canídeo, selvagem e carnívoro, do tamanho de um cão grande. *Col*: alcateia. *Voz*: uiva, ulula. **2** Zool V guará (acepção 2). **3** *fig* Indivíduo cruel, de maus instintos, sanguinário. *Aum*: lobaz. *Dim irreg*: lobacho e lobato (acepções 1 e 2). *Lobo do mar*: marinheiro experiente.

lo.bo² (*ó*) (*gr lobós*) *sm* **1** Projeção ou divisão de forma arredondada. **2** Anat Projeção mais ou menos arredondada de um órgão ou de uma parte. **3** Anat Divisão de um órgão, destacada por uma fissura na superfície, como as do cérebro, fígado, pulmão etc.

lo.bo.to.mi.a (*lobo*²+*tomo*+*ia*¹) *sf* Cir Incisão no cérebro para separar fibras nervosas, a fim de aliviar algumas desordens e tensões mentais.

lô.bre.go (*lat lugubre*, com metátese) *adj* **1** Medonho. **2** Escuro, sombrio, negro. **3** Cavernoso. **4** Triste. **5** Assustador. **6** Soturno.

lo.bri.gar (*lat lucubrare*) *vtd* **1** Ver a custo, entrever ao longe: *Doente como estava, não lobrigou no horizonte o veículo que se aproximava.* **2** Ver casualmente. **3** Notar, perceber: *Não lobrigo o sentido dessa observação.*

ló.bu.lo (*lobo*²+*ulo*) *sm* **1** Pequeno lobo. **2** Anat Subdivisão de lobo; particularmente, cada uma das pequenas massas de tecidos de que vários órgãos (como o fígado) são compostos. **3** Bot Profunda divisão nas folhas e nas flores.

lo.ca.ção (*lat locatione*) *sf* **1** Ação ou efeito de locar. **2** Aluguel, arrendamento. **3** Colocação, instalação. **4** Lugar fora do estúdio cinematográfico em que se filmam certas cenas exteriores de uma película.

lo.ca.dor (*lat locatore*) *sm* **1** Aquele a quem se paga aluguel ou arrendamento. **2** Pessoa que cede a coisa, ou presta serviço, por contrato de locação. *Antôn*: locatário.

lo.ca.do.ra (*locar*+*dor*, no *fem*) *sf* **1** Feminino de locador. **2** Empresa que empresta algum produto, sob contrato de locação: *Locadora de automóveis.* **3** Videolocadora. **4** Agência comercial que trata de aluguéis.

lo.cal (*lat locale*) *adj* **1** Pertencente ou relativo a determinado lugar. **2** Med Circunscrito, limitado a determinada região: *Anestesia local, abscesso local.* **3** Inform Diz-se da variável ou argumento utilizado apenas numa certa seção de um programa de computador ou estrutura. **4** Inform Diz-se de um sistema com acesso limitado. • *sm* Localidade, lugar, sítio relativo a um acontecimento, a um fato.

lo.ca.li.da.de (*lat localitate*) *sf* **1** Espaço determinado ou limitado. **2** Lugar. **3** Povoação. **4** Porção limitada, mais ou menos ampla, de uma área geográfica, com caracteres independentes das feições estacionais dessa área.

lo.ca.li.za.ção (*localizar*+*ção*) *sf* **1** Ato ou efeito de localizar. **2** Qualidade do que está localizado. **3** Lugar determinado. **4** *Mil* Determinação, por meio do radar ou outros aparelhos, da posição exata de aviões ou submarinos, amigos ou inimigos.

lo.ca.li.zar (*local*+*izar*) *vtd* **1** Determinar, fixar o lugar de: *Localizar um avião.* *vpr* **2** Situar-se em determinado lugar: *A exposição localiza-se no centro de convenções.* *vtd* **3** Determinar um local ou detectá-lo: *Localizar o prédio.*

lo.ção (*lat lotione*) *sf* **1** Med Preparado líquido para lavagens externas. **2** Preparado líquido perfumado para os cabelos, o corpo ou o rosto (após o barbear, para o embelezamento da pele etc.).

lo.car (*lat locare*) *vtd* **1** Fornecer por meio de aluguel ou arrendamento. **2** Localizar. **3** *Mat* Marcar (um ponto de coordenadas conhecidas) num diagrama ou gráfico; plotar. *Conjug – Pres subj*: loque, loques etc.

lo.ca.tá.rio (*locar*+*ário*¹) *sm* **1** O que paga aluguel pelo uso de um bem ou imóvel. **2** Arrendatário, inquilino. *Antôn*: locador.

lo.cau.te (*ingl lockout*) V *lockout*.

lockout (*locáut*) (*ingl*) *sm* Fechamento temporário de estabelecimentos comerciais ou industriais, por decisão dos próprios patrões, em reação a movimento grevista de trabalhadores ou como ato de protesto e forma de pressão contra decisões governamentais.

lo.co.mo.ção (*loco*+*lat motione*) *sf* **1** Ato ou efeito de transportar ou de se transportar de um lugar para outro. **2** Função animal que consiste no deslocamento do indivíduo pelo uso de órgãos especializados.

lo.co.mo.ti.va (*lat loco*+*lat motu*+*ivo*, no *fem*) *sf* Máquina a vapor, motor diesel ou elétrico, ou ar comprimido, que opera a tração dos trens e nas vias férreas reboca vagões de passageiros ou de carga.

lo.co.mo.tor (*lat loco*+*motore*) *adj* **1** Relativo ou pertencente à locomoção. **2** Que opera a locomoção. *Fem*: locomotora e locomotriz. *Aparelho locomotor*, Anat: conjunto dos órgãos ativos (como os músculos) e passivos (como os ossos) com os quais se faz a locomoção.

lo.co.mo.ver (*lat loco*+*mover*) *vpr* Deslocar-se, sair de um ponto para outro: *Apesar da chuva, o circo locomoveu-se pelas estradas encharcadas.*

lo.cu.ção (*lat locutione*) *sf* **1** Modo de falar; elocução, linguagem. **2** Expressão. **3** *Gram* Duas ou mais palavras que equivalem a uma palavra só. **4** *Mús* Válvula na parte superior do órgão. **5** *Radiotécn* A fala ao microfone.

lo.cu.ple.tar (*lat locupletare*) *vtd* e *vpr* **1** Enriquecer (-se), tornar(-se) rico: *Os tubarões locupletam-se com o suor do povo.* **2** Encher(-se) demasiadamente; fartar(-se), saciar(-se): *O malandro gosta de locupletar-se em mesa alheia.*

lo.cu.tor (*lat locutore*) *sm* **1** Aquele que fala em público por ofício. **2** *Rád* e *Telev* Profissional de estação tele ou radioemissora encarregado de anunciar ao microfone os vários números dos programas, ler quaisquer comunicações ou textos, narrar eventos esportivos, divulgar comerciais etc.

lo.cu.tó.rio (*lat locutoriu*) *sm* Compartimento de conventos ou prisões provido de grades, através das quais os ali recolhidos conversam com as pessoas que os visitam.

lo.da.çal (*lodo+aço+al*[1]) *sm* **1** Lugar onde há muito lodo; atoleiro, lamaçal. **2** Lugar aviltante. **3** *fig* Vida desregrada.

lo.do (*ô*) (*lat lutu*) *sm* **1** Depósito constituído de uma mistura de areia ou de terra e de matérias orgânicas em decomposição, no fundo das águas do mar, dos rios, lagos e pântanos; lama, vasa. **2** Imundícies que se tiram do fundo dos poços quando são limpos. **3** *fig* Degradação, perdição.

lo.do.so (*ô*) (*lodo+oso*) *adj* **1** Que tem lodo. **2** Enlameado, sujo, lamacento. *Pl: lodosos (ó)*.

loft (*lófiti*) (*ingl*) *sm Constr* Apartamento constituído de um grande salão, banheiro e, geralmente, uma bancada ou mureta dividindo o espaço destinado à cozinha.

lo.ga.rit.mo (*logo+aritmo*) *sm Mat* Expoente da potência a que é necessário elevar um número constante denominado *base* para obter um número dado, chamado *antilogaritmo*. *Logaritmo decimal, Mat*: o expoente a que se deve elevar o número 10 para se obter outros números. *Símbolos: lg* e *log*.

ló.gi.ca (*gr logiké*) *sf* **1** Modo de raciocinar: *Lógica natural*. **2** Coerência de raciocínio, ideias. **3** Encadeamento; sequência coerente de raciocínio ou argumentação. **4** *Filos* Estudo que tem por objeto determinar quais operações de raciocínio são válidas e quais não o são. Mais modernamente, análise das formas e leis do pensamento.

ló.gi.co (*gr logikós*) *adj* **1** Que se refere à lógica. **2** Conforme às regras da lógica. **3** Coerente, racional, consequente, discursivo, teórico. **4** O que resulta da ordem natural das coisas; natural: *Consequência lógica*.

login (*lóguin*) (*ingl*) *sm Inform* **1** Início de sessão de conexão com a identificação do usuário. **2** Nome que identifica o usuário em um sistema de computadores.

lo.gís.ti.ca (*gr logistiké*) *sf* **1** *ant* Aritmética aplicada. **2** *ant* Álgebra elementar. **3** *ant* Lógica simbólica. **4** *Mil* Ciência militar que trata do alojamento, equipamento e transporte de tropas, produção, distribuição, manutenção e transporte de material e de outras atividades não combatentes relacionadas.

lo.go (*lat loco*) *adv* **1** Imediatamente, sem demora. **2** Após, depois, em seguida, no lugar imediato a outro na série. **3** Daqui a pouco, dentro em pouco, em breve. **4** Justamente, exatamente. • *conj* Por conseguinte, por consequência, por isso, portanto.

logoff (*lógof*) (*ingl*) *sm Inform* Encerramento de uma sessão de conexão.

lo.go.gri.fo (*logo+grifo*) *sm* **1** Tipo de charada com combinação e adivinhação de palavras. **2** *fig* Enigma, mistério, coisa obscura.

lo.go.mar.ca (*logo(tipo)+marca*) *sf Propag* Desenho que simboliza e identifica graficamente uma empresa ou instituição, constituindo a sua representação formal.

logon (*lógon*) (*ingl*) *V login* (acepção 1).

lo.go.ti.po (*logo+tipo*) *sm* **1** *Tip* Desenho característico, com o nome de marca ou com a marca comercial ou industrial do anunciante, ou símbolo convencional de uma profissão; logograma: *Uma taça com uma cobra é o logotipo da Farmacêutica*. **2** *Biol* Genótipo designado logo depois da primeira publicação de um nome genérico.

lo.gra.dou.ro (*lograr+douro*) *sm* **1** Rua, praça ou jardim, de livre acesso a todos: *Logradouro público*. **2** Pastagem pública para os gados de uma região. *Var: logradoiro*.

lo.grar (*lat lucrare*) *vtd* **1** Desfrutar, fruir, gozar: *Na velhice, não logrou o descanso desejado*. *vtd* e *vpr* **2** Tirar lucro, auferir vantagens, aproveitar (-se): *Apesar de tudo, bem valiam os lucros que lograra com tão pouco dinheiro. Tanto mais se investia e tanto mais se lograva com a instalação da fábrica na cidade*. *vtd* **3** Alcançar, conseguir: *Logrou êxito nos estudos e diplomou-se*. *vtd* **4** Burlar, enganar, iludir: *Logrou os herdeiros e abocanhou a herança*. *vint* **5** Fazer efeito; dar resultados: *Naquele verão, apesar de tudo, os esforços lograram*.

lo.gro (*ô*) (*lat lucru*) *sm* **1** Ato ou efeito de lograr. **2** Engano propositado contra alguém. **3** Burla. **4** Engano jocoso; partida, peça.

loi.ro (*lat lauru*) *adj+sm V louro*.

lo.ja (*fr loge*) *sf* **1** Estabelecimento para venda de mercadorias ao público. **2** Pavimento térreo de qualquer prédio. **3** *Bot* Cada cavidade do ovário de uma flor. *Loja de conveniência*: loja que permanece aberta 24 horas, na qual podem ser comprados diversos tipos de mercadorias, de refrigerantes a jornais e revistas. Também oferece serviços diversos. *Loja de miudezas*: casa de negócio onde se vendem mercadorias pequenas de pouco valor, principalmente artigos de costura e femininos; armarinho. *Loja de modas*: casa em que se vende roupa de senhoras.

lo.jis.ta (*loja+ista*) *s m+f* Pessoa que tem loja de comércio.

lom.ba (de *lombo*) *sf* **1** Cumeeira de telhado. **2** Dorso de monte, serra ou outra qualquer elevação do terreno. **3** Montículo de areia ou terra natural ou formado pelo vento. **4** Ladeira. **5** Moleza, preguiça, indolência.

lom.ba.da (*lombo+ada*[1]) *sf* **1** Lomba prolongada; lomba de serra. **2** Dorso do boi. **3** Dorso do livro, em que geralmente se imprimem o título e o nome do autor da obra. **4** Parte da encadernação que cobre o dorso do livro e engata às capas. **5** Elevação construída nas ruas para funcionar como obstáculo capaz de obrigar os motoristas a reduzirem a velocidade.

lom.bal.gi.a (*lombo+algo*[1]+*ia*[1]) *sf Med* Dor na região lombar.

lom.bar (*lombo+ar*[2]) *adj* Que pertence ou se refere ao lombo.

lom.bi.nho (*lombo+inho*) *sm* **1** Músculo da região lombar de gado suíno. **2** Carne muito tenra da região lombar da rês. **3** Assado dessa carne.

lom.bo (*lat lumbu*) *sm* **1** Parte do animal situada de cada lado da espinha dorsal entre o osso ilíaco e as falsas costelas. **2** Carne dessa parte da rês, porco, carneiro etc., a mais delicada para consumo. **3** *pop* A região lombar. **4** *pop* Costas, dorso. **5** Superfície convexa da telha. **6** Lombada de livro.
lom.bri.cal (*lat lumbricu+al¹*) *adj* **1** Relativo ou semelhante a uma lombriga. **2** Diz-se de quatro músculos pequenos da região palmar média e da região palmar interna, responsáveis pela flexão da primeira falange. *Var: lumbrical.*
lom.bri.ci.da (*lat lumbricu+cida*) *sm Farm* Medicamento que destrói as lombrigas.
lom.bri.ga (*lat vulg *lumbrica*) *sf bras Zool* Nome vulgar do verme nematelminto, parasito do intestino delgado do homem, principalmente nas crianças; bicha.
lom.bri.guei.ro (*lombriga+eiro*) *sm Farm* Medicamento contra lombrigas; vermífugo.
lo.na (*fr Olonne, np*) *sf* **1** Tecido grosso e forte de que se fazem toldos, sapatos, velas de navios etc. **2** *Autom* Revestimento especial de peças que funcionam fortemente atritadas.
lon.dri.no (*top Londres+ino*) *adj* Que pertence ou se refere a Londres (Inglaterra). • *sm* O natural ou habitante de Londres.
lon.ga (de *longa-metragem*) *sm Cin* e *Telev* V *longa-metragem.*
lon.ga-me.tra.gem *sm Cin* e *Telev* Filme com duração média mínima de 80 a 90 minutos; longa. *Pl: longas-metragens.*
lon.gâ.ni.me (*lat longanime*) *adj* **1** Que tem grandeza de ânimo, benigno, complacente, indulgente. **2** Corajoso. **3** Generoso. **4** Paciente, resignado.
lon.ga.ri.na (de *longo*) *sf* **1** Barra longitudinal. **2** *Constr* e *Eng* Cada uma das vigas fortes horizontais, de madeira, ferro ou aço, de uma só peça ou compostas, sobre as quais se assenta uma plataforma, parede divisória etc. **3** Peça que forma o chassi de um automóvel, vagão ferroviário ou locomotiva. **4** Peça comprida que se sobrepõe longitudinalmente a uma estacaria.
lon.ge (*lat longe*) *adv* A grande distância, no espaço ou no tempo. • *adj* e *s m+f* Afastado, distante, remoto, no espaço ou no tempo.
lon.ge.vi.da.de (*lat longaevitate*) *sf* **1** Longa duração de vida. **2** Qualidade de quem é longevo. **3** Tempo que duram as espécies nas épocas geológicas. *Longevidade zootécnica:* utilização longeva do gado na produção de serviços ou de utilidades.
lon.ge.vo (*é*) (*lat longævu*) *adj poét* **1** Que dura muito. **2** Que tem muita idade; macróbio. **3** Duradouro.
lon.gi.lí.neo (*longo+lat línea+eo*) *adj* Delgado, alongado.
lon.gín.quo (*lat longinquu*) *adj* **1** Que vem de longe. **2** Distante da vista ou do ouvido. **3** Afastado, distante, remoto. *Antôn: propínquo.*
lon.gi.tu.de (*lat longitudine*) *sf* **1** Extensão em linha reta. **2** *Geogr* Distância em graus entre o ponto 0 ou primeiro meridiano (o de Greenwich ou outro lugar convencionado) e o meridiano do lugar considerado, contados de 0° a 180°, tanto para leste como para oeste desse meridiano, ao longo do Equador.

lon.gi.tu.di.nal (*lat longitudinale*) *adj* **1** Relativo à longitude. **2** Tomado no sentido da maior dimensão. **3** Extenso em comprimento. **4** Colocado ao comprido ou no sentido do eixo principal.
lon.go (*lat longu*) *adj* **1** Extenso, no sentido do comprimento; comprido. **2** Que dura muito; duradouro. **3** Que demora; demorado, dilatado. *adj pl* **4** Muitos, inúmeros.
long-play (*lon'plei*) (*ingl*) *sm sing* e *pl Radiotécn* Disco de vinil para gravação de voz e som, surgido no início dos anos 1950; elepê.
lo.ni.ta (*lona+ita¹*) *sf* Tecido grosso de algodão, menos encorpado que a lona.
lon.ju.ra (*longe+ura*) *sf pop* Grande distância.
lon.tra (*lat lutra*) *sf Zool* Nome comum a vários mamíferos mustelídeos aquáticos que se alimentam de peixes e cuja pele é muito apreciada por sua beleza e durabilidade.
lo.qua.ci.da.de (*lat loquacitate*) *sf* **1** Qualidade de loquaz. **2** Hábito de falar muito, tagarelice. **3** Eloquência, fluência no falar.
lo.quaz (*lat loquace*) *adj* **1** Falador, tagarela. **2** Eloquente, fluente no falar. **3** Indiscreto. *Sup abs sint: loquacíssimo.*
lor.de (*ingl lord*) *sm* **1** Título da alta nobreza na Inglaterra, dos bispos anglicanos e de alguns altos funcionários do país. **2** Membro da câmara alta do parlamento inglês. **3** *pop* Indivíduo rico, que vive com ostentação. **4** Indivíduo bem-vestido. • *adj pop* Próprio de lorde; magnificente, rico, ostentatório.
lor.do.se (*gr lódosis*) *sf Med* Curvatura anormal, com convexidade para diante, da coluna vertebral.
lo.ri.ga (*lat lorica*) *sf* Colete de malha com escamas de metal, usado pelos cavaleiros nas cruzadas medievais.
lo.ro (*lat loru*) *sm* **1** Correia dupla que serve de sustento ao estribo e, em geral, fica afivelada à sela do cavalo. **2** Região situada entre a base do bico e os olhos na cabeça das aves.
lo.ro.ta (de *léria*) *sf bras* **1** Conversa fiada. **2** História mal contada. **3** Mentira. **4** Bazófia.
lo.ro.tei.ro (*lorota+eiro*) *adj+sm bras* **1** Que, ou o que conta lorotas, mentiroso. **2** Embusteiro. **3** Jactancioso.
lor.pa (*ô*) *adj* e *s m+f* **1** Que, ou pessoa que é imbecil, parva, pateta. **2** Que, ou pessoa que é boçal, grosseira, estúpida.
lo.san.go (*fr losange*) *sm Geom* Paralelogramo que tem os quatro lados iguais e os ângulos opostos iguais, dois agudos e dois obtusos; rombo.
los.na (*lat tardio aloxina*) *sf Bot* Nome comum a várias plantas compostas, muito amargas, uma das quais é o absíntio.
lo.ta.ção (*lotar+ção*) *sf* **1** Ato ou efeito de lotar. **2** Orçamento; avaliação. **3** Número de pessoas que uma sala de espetáculos pode acomodar, que um veículo pode transportar ou que um cargo público ou repartição pode conter. **4** Carro que transporta passageiros num percurso determinado a uma tarifa fixa.
lo.ta.do (*part* de *lotar*) *adj* **1** Que se lotou. **2** Que tem lotação completa. **3** Diz-se do servidor público fixado no setor onde ocupa o cargo.
lo.tar (*lote+ar¹*) *vtd* **1** *V lotear.* **2** Determinar o

lote   541   **lubricidade**

número de passageiros que (um veículo) pode transportar. **3** Encher de passageiros (um veículo) de maneira que fique com a lotação completa.

lo.te (*fr lot*) *sm* **1** Cada uma das porções de um todo que se distribui entre várias pessoas; quinhão, parcela. **2** Porção de objetos de natureza igual ou diferente, ou um só objeto, que vão a leilão. **3** Certa quantidade de mercadorias, geralmente da mesma natureza; partida. **4** Certo número de cabeças de gado. **5** Cada uma das partes medidas e separadas, numa mesma área de terra, pelo processo de loteamento, que constituem uma unidade imobiliária autônoma.

lo.te.a.men.to (*lotear+mento*) *sm* Ato ou efeito de lotear.

lo.te.ar (*lote+ar*[1]) *vtd* Dividir em lotes: *Lotear um terreno.* Conjuga-se como *frear.*

lo.te.ca (de *loteria*) *sf bras pop* Designação popular da loteria esportiva.

lo.te.ri.a (*ital lotteria*) *sf* **1** Jogo de azar em que se vende grande quantidade de bilhetes numerados, subdivididos em frações (décimos ou vigésimos), alguns dos quais, determinados por sorteio, dão aos portadores direito a um prêmio em dinheiro. **2** Rifa. **3** *fig* Coisa ou negócio que depende do acaso. *Loteria esportiva, bras:* modalidade de aposta baseada nos resultados de jogos de futebol.

lo.to[1] (*ó*) (*red* de *loteria*) *sf bras* Espécie de loteria em que cinco números são sorteados periodicamente.

lo.to[2] (*ó*) (*ital lotto*) *sm bras* **1** Jogo de azar em que cada participante recebe uma ou mais cartelas com fileiras de números, que vão sendo marcados pelos jogadores, à medida que se tiram ao acaso de um saco pedras numeradas correspondentes. Ganha quem primeiro conseguir preencher uma carreira de números, ou todos os números de uma cartela, conforme combinação prévia; víspora. **2** O conjunto dos objetos e utensílios empregados nesses jogos.

lo.to[3] (*ó*) (*gr lotós*) *sm Bot* **1** Designação comum a várias plantas aquáticas da família das ninfeáceas. **2** A flor dessas plantas. *Var: lótus.*

lou.ça (*lat lutea*) *sf* **1** Objetos de cerâmica. **2** Artefato de porcelana, barro ou substâncias análogas, para serviço de mesa, de cozinha etc. **3** O material de que são feitos esses artefatos: *Bule de louça.* *Var: loiça.*

lou.ça.i.nha (*loução+inha*) *sf* **1** Enfeite, adorno. **2** Objeto de luxo no vestuário.

lou.ça.i.nho (*loução+inho*) *adj* Enfeitado, adornado.

lou.ça.ni.a (*cast lozanía*) *sf* **1** Qualidade de loução; garbo, garridice. **2** Elegância. **3** Adornos, enfeites.

lou.ção (*lat vulg *lautianu*) *adj* **1** Enfeitado, adornado. **2** Vestido com fausto e garridice. **3** Garrido, faceiro. *Fem: louçã. Pl: louções.*

lou.ça.ri.a (*louça+aria*) *sf* **1** Conjunto ou grande quantidade de louças. **2** Estabelecimento onde se vende louça.

lou.co (*cast loco*) *adj* **1** Que perdeu a razão, alienado, doido. **2** Insensato, inconsiderado. **3** Arrebatado, imoderado, imprudente, temerário. **4** Alegre, brincalhão, folgazão, galhofeiro. • *sm* **1** Indivíduo que perdeu a razão. **2** Indivíduo extravagante, desatinado.

lou.cu.ra (*louco+ura*) *sf* **1** Estado de quem é louco. **2** *Med* Insanidade mental que modifica profundamente o comportamento e o raciocínio, tornando a pessoa insensata, alienada das normas e conduta social aceitas; demência; psicose. **3** Ato próprio de louco. **4** Insensatez. **5** Aventura insensata. *Antôn* (acepção 4): *siso, juízo.*

lou.ra.ça (*louro+aça*) *sf* **1** *gír* Mulher fatal. **2** Mulher muito atraente que tem o cabelo muito louro. *Var: loiraça.*

lou.rei.ro (*louro+eiro*) *sm Bot* Arbusto arbóreo, cujas folhas são muito empregadas em culinária e são também o símbolo da vitória e do mérito intelectual ou artístico, desde a Antiguidade; louro (acepções 2 e 3).

lou.ro (*lat lauru*) *sm* **1** Indivíduo que tem o cabelo louro. **2** *Bot* Loureiro. **3** *Bot* Folhas do loureiro. **4** *Ornit* Ave da espécie dos psitaciformes; papagaio. *sm pl* Glórias, triunfos. • *adj* **1** De cor média entre o dourado e o castanho-claro; flavo, fulvo. **2** Diz-se do cabelo que tem essa cor. *Var: loiro.*

lou.sa (*voc pré-românico*) *sf* **1** Pedra chata. **2** Ardósia. **3** Laje. **4** Lápide rasa, sobre a sepultura. **5** Lâmina de ardósia enquadrada em madeira para nela se escrever ou desenhar; quadro-negro. *Var: loisa.*

lou.va-a-deus *sm sing* e *pl Entom* Nome vulgar de certos insetos de tórax desenvolvido, cabeça triangular com dois grandes olhos, patas anteriores bastante desenvolvidas, postas juntas e levantadas para o céu, destinadas mais à captura de presas do que à locomoção.

lou.va.ção (*louvar+ção*) *sf* **1** Ato ou efeito de louvar. **2** *pop* Cânticos, usados no interior, em louvor dos santos por graças alcançadas.

lou.va.do (*part* de *louvar*) *adj* **1** Que foi objeto de louvor. **2** Abençoado, bendito. **3** Diz-se do juiz escolhido pelas partes, para decidir uma demanda ou emitir parecer sobre elas. • *sm* Árbitro, avaliador, perito.

lou.va.mi.nha (de *louvar*) *sf* Elogio ou louvor exagerado; lisonja.

lou.var (*lat laudare*) *vtd* **1** Dirigir louvores a; elogiar, enaltecer, gabar. *vtd* **2** Aprovar, confirmar com elogio (um ato praticado por outra pessoa). *vpr* **3** Elogiar-se, gabar-se, jactar-se, vangloriar-se. *vtd* **4** Bendizer, enaltecer, exaltar, glorificar.

lou.vor (de *louvar*) *sm* **1** Ato de louvar; louvação. **2** Aplauso, elogio, encômio. **3** Apologia de uma obra meritória. **4** Glorificação. *Antôn: censura, crítica.*

lu.a (*lat luna*) *sf* **1** Lua *Astr* Corpo celeste, satélite da Terra, em torno da qual percorre uma órbita elíptica em cerca de 27 dias, 7 horas e 43 minutos, iluminando de noite com a luz recebida do Sol e refletida. **2** Satélite de qualquer outro planeta. **3** Espaço de um mês. **4** *pop* Mau humor, neurastenia. *Lua de mel:* a) viagem logo após o casamento; b) os primeiros tempos de alguma coisa. *No mundo da lua:* distraído, alheado.

lu.ar (*lat lunare*) *sm* **1** A luz solar refletida pela Lua. **2** A claridade que esta espalha sobre a Terra.

lu.bri.ci.da.de (*lat lubricitate*) *sf* **1** Qualidade de lúbrico, estado do que é escorregadio. **2** *fig* Tendência para a sexualidade; lascívia, sensualidade.

lú.bri.co (*lat lubricu*) *adj* **1** Escorregadio, liso, úmido. **2** *fig* Lascivo, luxurioso, sensual.
lu.bri.fi.ca.ção (*lubrificar+ção*) *sf* Ato ou efeito de lubrificar.
lu.bri.fi.ca.dor (*lubrificar+dor*) *adj+sm* Que, ou o que lubrifica. • *sm* Aparelho ou substância para lubrificar.
lu.bri.fi.can.te (de *lubrificar*) *adj* Que lubrifica. • *sm Mec* Substância fluida, untuosa ou sólida (óleo, graxa, grafita etc.) que se introduz entre as peças de máquinas, para tornar as superfícies escorregadias, a fim de reduzir a fricção entre elas.
lu.bri.fi.car (*lúbrico+ficar*) *vtd* e *vpr* **1** Tornar(-se) lúbrico ou escorregadio. **2** Untar(-se) com substância oleosa para atenuar o atrito. **3** Umedecer (-se). **4** Amolecer(-se), abrandar(-se). *Conjug – Pres subj: lubrifique, lubrifiques* etc.; *Pret perf: lubrifiquei, lubrificaste, lubrificou* etc.
lu.car.na (*fr lucarne*) *sf* **1** Claraboia, janela vertical em um telhado, para clarear um sótão ou água-furtada. **2** Estrutura, geralmente em forma de triângulo ou frontão, que contém essa janela. **3** Trapeira. **4** Fresta numa parede, para dar luz ao interior de um compartimento.
lu.cer.na (*lat lucerna*) *sf* **1** Pequena luz. **2** *ant* Lucarna, claraboia.
lu.ci.dez (*lúcido+ez*) *sf* **1** Qualidade ou estado de ser lúcido. **2** Brilho, claridade. **3** Clareza, perceptibilidade, nitidez. **4** Precisão de ideias, compreensão rápida; discernimento. *Antôn* (acepções 2 e 3): obscuridade.
lú.ci.do (*lat lucidu*) *adj* **1** Que se manifesta com luz. **2** Polido, luzido. **3** Claro, diáfano, transparente. **4** Que tem clareza e penetração de inteligência. **5** Que mostra uso da razão.
lú.ci.fer (*lat lucifer*) *sm* **1** Anjo rebelde, demônio, diabo. **2** Satanás. [Em geral, escreve-se com maiúscula.]
lu.crar (*lat lucrari*) *vtd* **1** Obter lucro, proveito, vantagem. *vti* e *vint* **2** Tirar lucro de. *vtd* **3** Conseguir. *vtd* **4** Desfrutar, gozar: *Com o dinheiro do tio, lucrava os confortos de uma vida despreocupada*. *Antôn* (acepções 1, 2 e 3): perder.
lu.cra.ti.vi.da.de (*lucrativo+i+dade*) *sf* Qualidade ou estado do que é lucrativo.
lu.cra.ti.vo (*lat lucrativu*) *adj* Que dá lucro ou vantagem; proveitoso, vantajoso, útil.
lu.cro (*lat lucru*) *sm* **1** Interesse, proveito que se tira de uma operação comercial, industrial etc. **2** Ganho que se obtém de qualquer especulação, depois de descontadas as despesas; ganho líquido. **3** *por ext* Proveito, utilidade, vantagem. *Antôn*: prejuízo.
lu.cu.bra.ção (*lat lucubratione*) *sf* **1** Ato de lucubrar, meditar, refletir. **2** Trabalho intelectual noturno; vigília. **3** Esforço literário ou intelectual; reflexão. **4** Obra literária excessivamente erudita e trabalhada.
lu.cu.brar (*lat lucubrare*) *vint* **1** Dedicar-se a longos trabalhos intelectuais; meditar profundamente, refletir. *vint* **2** Trabalhar ou estudar, à luz, de noite. *vtd* **3** Empenhar esforços intelectuais em trabalho literário ou científico.
lu.di.bri.ar (*ludibrio+ar¹*) *vti* **1** Tratar com ludíbrio, zombar de. *vtd* **2** Enganar, iludir. *Conjug* – *Pres indic: ludibrio, ludibrias* (*brí*) etc. *Cf ludíbrio*.
lu.dí.brio (*lat ludibriu*) *sm* **1** Ato de ludibriar alguém; escárnio, zombaria. **2** Desprezo. **3** Engano.
lú.di.co (*lat ludu+ico²*) *adj* **1** Que se refere a jogos e brinquedos ou aos jogos públicos dos antigos. **2** Que diverte.
lu.do (*lat ludu*) *sm* **1** Espécie de jogo de tabuleiro em que se usam dados. **2** *desus* Jogo, divertimento, torneio. **3** Luta de atletas.
lu.do.te.ra.pi.a (*ludo+terapia*) *sf Med* Tratamento de doentes mentais por meio de jogos ou brinquedos.
lu.fa.da (*lufa+ada¹*) *sf* Rajada de vento com caráter violento mas intermitente.
lu.fa-lu.fa (de *lufa*) *sf pop* **1** Correria, pressa. **2** Atividade apressada e atabalhoada. *Pl: lufa-lufas*. *À lufa-lufa:* apressadamente.
lu.gar (*lat locale*) *sm* **1** Espaço, em geral ocupado. **2** Sítio onde está qualquer coisa: *Cada coisa em seu lugar*. **3** Ponto no espaço a que corresponde um astro. **4** Posição relativa numa escala. **5** Região, povoado, pequena aldeia. **6** Localidade, cidade. **7** Local, sítio. **8** Posição ou situação que uma pessoa ocupa por direito, nomeação etc. **9** Cargo, posto, emprego, colocação; posição. **10** Espaço ou assento para uma pessoa em teatro, transporte coletivo etc. **11** Classe, categoria. **12** Oportunidade, ensejo.
lu.gar-comum *sm* Ideia já muito batida; trivialidade; chavão. *Pl: lugares-comuns*.
lu.ga.re.jo (*lugar+ejo*) *sm* Pequeno lugar; casal, aldeola.
lu.gar-te.nen.te (*lugar+tenente*) *s m+f* Aquele que provisoriamente desempenha as funções de outra pessoa. *Pl: lugares-tenentes*.
lú.gu.bre (*lat lugubre*) *adj* **1** Relativo a luto. **2** Fúnebre. **3** Soturno, taciturno, triste. **4** Escuro, medonho, sombrio. **5** Sinistro, pavoroso, funesto. *Antôn: alegre, festivo*.
lu.ís-quin.ze *s m+f sing* e *pl* Modelo de sapato feminino, de salto fino e muito alto, em moda na década de 1920.
lu.la (*lat lunula*) *sf Zool* Molusco marinho de corpo alongado, provido de nadadeiras triangulares e dez braços com ventosas, também chamado *calamar, calmar, choco, mãe-de-camarão, siba*.
lu.lu (*fr loulou*) *sm* Raça de cão doméstico de luxo, de pelo comprido e lustroso.
lum.ba.go (*lat lumbago*) *sm Med* Dor intensa na região lombar.
lu.me (*lat lumen*) *sm* **1** Fogo. **2** Fogueira. **3** Luz. **4** Clarão, fulgor. **5** Fonte de luz artificial com vela, candeia, tocha etc.
lu.mi.nar (*lat luminare*) *adj* Que dá ou espalha luz. • *sm* **1** *poét* Astro. **2** Celebridade, homem sábio e respeitado em algum ramo do conhecimento. *sf* Aparelho, em forma de lustre, destinado à iluminação.
lu.mi.ná.ria (*lat luminaria*) *sf* **1** Recipiente em que se põe azeite ou estearina e uma torcida, que serve para iluminar; lamparina; lanterna. **2** Qualquer dispositivo utilizado para iluminação; lustre.
lu.mi.nes.cên.cia (*lat lumine*) *V luminosidade*.
lu.mi.nes.cen.te (*lat lumine*) *adj Fís* **1** Caracteri-

zado por ou pertencente à luminescência. **2** Que apresenta ou produz luminescência.

lu.mi.no.si.da.de (*luminoso+i+dade*) *sf* **1** Qualidade de luminoso. **2** *Hist nat* Intensidade da luz difusa. **3** *Astr* Quantidade de luz emitida por uma estrela, comparada com a do Sol.

lu.mi.no.so (*ô*) (*lat luminosu*) *adj* **1** Que emite ou reflete luz. **2** Brilhante, luzente. **3** Em que há luz; cheio de luz; iluminado. **4** *fig* Lúcido, perspicaz, que entende com facilidade. *Pl: luminosos* (*ó*).

lu.na.ção (*lat lunatione*) *sf* Espaço entre duas luas novas consecutivas.

lu.nar (*lat lunare*) *adj* **1** Que pertence ou se refere à Lua. **2** Medido pela Lua.

lu.ná.ti.co (*lat lunaticu*) *adj* **1** Influenciado pela Lua; aluado. **2** Maníaco; maluco. • *sm* Pessoa que tem manias, caprichos ou excentricidades.

lun.du *sm* **1** Espécie de batuque de origem africana. **2** Canto ou música dessa dança. **3** Canção (poema) solista, em geral de caráter cômico. *Var: lundum. Pl: lunduns* ou *lundus*.

lu.ne.ta (*ê*) (*fr lunette*) *sf* **1** Lente encaixilhada numa armação, que se acavala no nariz, para auxiliar a vista; monóculo. **2** Óculo de longo alcance; telescópio. **3** *Mil* Instrumento para medir o calibre dos projéteis.

lu.ni.for.me (*lat luna+forme*) *adj* Que tem forma de meia-lua.

lu.nis.so.lar (*lat luna+solar*) *adj* **1** Pertencente a, ou dependente das relações mútuas ou da ação simultânea da Lua e do Sol. **2** Diz-se do que se calcula com base na combinação das revoluções do Sol e da Lua: *Ano lunissolar*.

lu.pa (*fr loupe*) *sf* Lente de vidro que serve para aumentar pequenos objetos.

lu.pa.nar (*lat lupanar*) *sm* Casa de meretrizes, de prostituição; bordel, prostíbulo, alcoice.

lu.pi.no (*lat lupinu*) *adj* Relativo ou pertencente ao lobo.

lu.po (*lat lupu*) *sm Med* Cada uma de várias moléstias que se caracterizam por lesões da pele. Inflamação superficial da pele. *Var: lúpus*.

lú.pu.lo (*lat lupulu*) *sm* **1** *Bot* Erva volúvel, da família das moráceas. **2** Condimento amargoso, extraído desta planta para dar gosto à cerveja.

lu.ra (*lat lura*) *sf* **1** Esconderijo, cova, buraco. **2** Toca de coelho e de outros animais.

lus.co-fus.co *sm* **1** A hora do crepúsculo, o anoitecer ou amanhecer. **2** Meia claridade, meia-tinta. *Var: lusque-fusque. Pl: lusco-fuscos*.

lu.sí.a.da (*luso+ada²*) *adj* e *s m+f* V *lusitano* e *português*.

lu.si.ta.nis.mo (*lusitano+ismo*) *sm* Costume próprio de lusitanos ou portugueses.

lu.si.ta.no (*lat lusitanu*) *adj* Que se refere a Portugal (Europa) ou aos portugueses. • *sm* **1** Habitante ou natural da Lusitânia. **2** Português. *Var: luso*.

lu.so (do *lat Lusitanu*) *adj+sm* V *lusitano*.

lu.so-bra.si.lei.ro *adj* Que pertence ou se refere a Portugal e ao Brasil. *Pl: luso-brasileiros*.

lu.so.fo.ni.a (*lusófono+ia¹*) *sf* Adoção da língua portuguesa como língua de cultura franca por quem não a tem como vernácula. Por exemplo, o que ocorre com vários países de colonização portuguesa.

lu.só.fo.no (*luso+fono*) *adj* Relativo ao país, povo ou indivíduo que fala português ou que oficializou o português como sua língua.

lus.que-fus.que V *lusco-fusco*. *Pl: lusque-fusques*.

lus.tra.ção (*lat lusitratione*) *sf* **1** Ato ou efeito de lustrar. **2** Polimento. **3** Ação de aspergir com água sagrada um recém-nascido.

lus.tra-mó.veis *sm sing* e *pl* Preparado que serve para limpar e dar lustro aos móveis.

lus.trar (*lustre+ar¹*) *vtd* **1** Dar lustre, brilho ou polimento; engraxar, envernizar. *vtd* **2** Limpar, purificar. *vint* **3** Brilhar, luzir.

lus.tre (*ital lustro*) *sm* **1** Brilho de um objeto engraxado, envernizado ou polido. **2** Brilho intenso; lustro. **3** Candelabro de cristal ou de metal, com vários braços, a cada um correspondendo uma lâmpada, o qual se suspende do teto; luminária. **4** Brilhantismo, primor, esplendor. **5** Honra, glória, fama. **6** Realce, expressão.

lus.tro (*lat lustru*) *sm* **1** Período de cinco anos; quinquênio. **2** Polimento, lustre, brilho.

lus.tro.so (*ô*) (*lustro+oso*) *adj* **1** Em que há lustro (acepção 2) ou brilho. **2** Reluzente. *Pl: lustrosos* (*ó*).

lu.ta (*lat lucta*) *sf* **1** Combate entre duas ou mais pessoas, com armas ou sem elas. **2** Conflito, pelas armas, entre nações; guerra. **3** Empenho, esforço, lida.

lu.ta.dor (*lat luctatore*) *adj* Que luta. • *sm* **1** Atleta que pratica luta como esporte. **2** *fig* Pessoa esforçada em sua atividade.

lu.tar (*lat luctari*) *vti* e *vint* **1** Travar luta: *Lutou contra a verdade. Lutou em vão.* *vti* **2** Combater, lidar, pelejar: *Lutou com a fera e venceu-a.* *vti* e *vint* **3** Gastar as forças, esforçar-se muito, trabalhar com empenho para conseguir certo objetivo. *vti* **4** Resistir.

lu.té.cio (*top lat Lutetia*) *sm Quím* Elemento metálico de número atômico 71 e símbolo Lu.

lú.teo (*lat luteu*) *adj* Designativo de cada um de vários matizes de amarelo, que variam de amarelo-claro a amarelo-esverdeado. *Corpo lúteo, Biol:* massa no ovário, formada pelo folículo de Graaf após este amadurecer e expelir o óvulo; também chamado *corpo amarelo*.

lu.te.ra.nis.mo (*luterano+ismo*) *sm Rel* Doutrina religiosa professada pelo alemão Martinho Lutero (1483-1546) ou mantida pela Igreja Luterana; protestantismo.

lu.te.ra.no (*Lutero, np+ano²*) *adj* **1** Relativo ao luteranismo. **2** Que adere às doutrinas de Lutero ou da Igreja Luterana. • *sm* Aderente das doutrinas de Lutero ou membro da Igreja Luterana.

lu.to (*lat luctu*) *sm* **1** Sentimento de pesar ou tristeza pela morte de alguém. **2** Tristeza profunda causada por grande calamidade; dor, mágoa, aflição. **3** Panos pretos com que se forram a câmara ardente, a casa ou a igreja por ocasião do falecimento de uma pessoa. **4** Vestes escuras que a família e amigos da pessoa falecida usam durante certo tempo como sinal do seu pesar ou tristeza. **5** Tempo que dura o uso dessas vestes. *Antôn* (acepções 1 e 2): *alegria, regozijo*.

lu.tu.o.so (*ô*) (*lat luctuosu*) *adj* **1** Coberto de luto. **2** Fúnebre. **3** Lúgubre. *Pl: lutuosos* (*ó*).

lu.va (*gót lôfa*) *sf* **1** Peça de vestuário com que se cobre a mão. **2** Objeto de couro, borracha, amianto etc., muitas vezes sem separação para os dedos, usado em certos trabalhos ou atividades para proteger a mão. **3** *Mec* Peça tubular com duas roscas internas e opostas, própria para ligar dois canos, dois ferros etc. pelas suas extremidades. *sf pl Dir* Quantia em dinheiro que, na ocasião da assinatura do contrato de locação de um prédio, o inquilino paga ao senhorio, à parte o aluguel mensal que terá de pagar. *Assentar como uma luva:* ajustar-se perfeitamente, adaptar-se bem. *Atirar a luva:* provocar. *Dar com luva de pelica:* retribuir o mal com o bem; usar de delicadeza com quem é grosseiro.

lu.xa.ção (*lat luxatione*) *sf* Deslocamento da extremidade de um osso para fora da sua cavidade articular; desconjuntamento de uma articulação.

lu.xar (*lat luxare*) *vtd* **1** *Med* Desarticular, desconjuntar, deslocar, fazer sair um osso da sua cavidade. *vint* **2** Ostentar luxo. *vint* **3** Trajar com luxo. *vint* **4** Fazer luxo, negar por afetação.

lu.xen.to (*luxo+ento*) *adj bras* **1** Cheio de luxo, exigências e melindres. **2** Que nega ou recusa por afetação; cerimonioso. **3** Que faz luxo (acepção 7).

lu.xo (*lat luxu*) *sm* **1** Magnificência, ostentação, suntuosidade. **2** Pompa, extravagância. **3** Qualquer coisa dispendiosa ou difícil de se obter, que agrada aos sentidos sem ser uma necessidade. **4** Tudo o que apresenta mais riqueza de execução do que é necessário para a sua utilidade. **5** O que é supérfluo. **6** Aquilo que apresenta especial conforto. **7** *bras* Capricho, dengues, melindres. **8** *bras* Afetação, negação afetada, recusa fingida. *Dar-se ao luxo de:* permitir-se alguns caprichos, extravagâncias, luxos. *Antôn* (acepções 1, 2 e 8): *modéstia*.

lu.xu.o.so (*ô*) (*luxo+oso*) *adj* **1** Que ostenta luxo. **2** Esplêndido, magnificente, ostentoso. *Pl: luxuosos* (*ó*).

lu.xú.ria (*lat luxuria*) *sf* **1** Corrupção de costumes, lascívia, sensualidade. **2** Exuberância de seiva nas plantas.

lu.xu.ri.an.te (*lat luxuriante*) *adj* **1** Luxurioso. **2** Exuberante, rico em seiva, viçoso.

lu.xu.ri.ar (*lat luxuriare*) *vint* **1** *fig* Entregar-se à luxúria, praticar atos de libertinagem: *Luxuriava desenfreadamente*. *vint* **2** Desenvolver-se, viçar pomposa e graciosamente. *Conjug – Pres indic: luxurio, luxurias, luxuria* (*rí*) etc. *Cf luxúria*.

lu.xu.ri.o.so (*ô*) (*lat luxuriosu*) *adj* **1** Dado à luxúria, lascivo, sensual, dissoluto, impudico. **2** Exuberante, viçoso. *Pl: luxuriosos* (*ó*).

luz (*lat luce*) *sf* **1** Agente que torna as coisas visíveis ou produz a iluminação. **2** *Fís* Radiação eletromagnética que, transmitida de um corpo luminoso ao olho, age sobre os órgãos de visão. **3** Forma semelhante de energia radiante, como os raios ultravioleta, que não afeta a retina. **4** Iluminação, claridade, radiação luminosa provinda de uma fonte particular como vela, tocha, lâmpada elétrica, fogueira ou qualquer substância em ignição. **5** A própria fonte de claridade, quando acesa, como vela, lâmpada, farol etc. **6** Brilho, fulgor. **7** *fig* Iluminação mental ou espiritual; esclarecimento, explicação, ilustração. **8** Conhecimento público, publicidade, notoriedade. *Luz de atividade, Inform:* pequena luz ou LED no painel frontal de um computador ou unidade de disco que indica quando a unidade de disco está lendo ou gravando dados. *Ao apagar das luzes:* no fim da festa, na última hora. *Dar à luz:* a) parir; b) publicar uma obra. *Vir à luz:* surgir, aparecer.

lu.zei.ro (*luz+eiro*) *sm* **1** O que emite luz, brilho, clarão: lâmpada, vela, archote, candeeiro, lamparina etc. **2** Astro, estrela. **3** Homem ilustre, luminar.

lu.ze-lu.ze (de *luzir*) *pop V pirilampo*. *Pl: luze-luzes* e *luzes-luzes*.

lu.zen.te (*lat lucente*) *adj* Que luz ou brilha. • *sm gír* Pedra preciosa. *Var: lucente*.

lu.zer.na (*lat lucerna*) *sf* Grande luz, clarão.

lu.zi.di.o (*luzido+io*) *adj* **1** Luminoso, resplandecente, luzente. **2** Brilhante, polido, refulgente.

lu.zi.do (*part* de *luzir*) *adj* **1** Esplendoroso. **2** Pomposo, vistoso. **3** *fig* Ilustre.

lu.zi.lu.zir (de *luzir*) *vint* Brilhar com intermitências, como os pirilampos; tremeluzir. *Conjug:* é defectivo; conjugável somente nas 3ªs pessoas. Conjuga-se como *reduzir*.

lu.zi.men.to (*luzir+mento*) *sm* **1** Ato ou efeito de luzir. **2** Esplendor, fausto, ostentação.

lu.zir (*lat lucere*) *vint* **1** Emitir luz, espalhar ou irradiar luz: *Luzem as estrelas*. *vint* **2** Refletir a luz: *As areias luziam como cristais*. *vtd* **3** *fig* Fazer brilhar, irradiar. *Luzir o buraco, pop:* raiar o dia. *Luzir o olho:* abrir demasiadamente os olhos, em sinal de desejo por uma coisa. Conjuga-se como *reduzir*. Unipessoal no sentido próprio; no figurado, conjuga-se em todas as pessoas: *Não luzo pela riqueza*. *Luzimos por Cristo*.

lycra (*láicra*) (*ingl*) *sf* Marca registrada de determinado fio elástico que, agregado a outros fios, como, por exemplo, algodão, seda ou náilon, confere elasticidade aos tecidos.

m¹ (*eme*) *sm* Décima terceira letra do alfabeto português, consoante. • *num* O décimo terceiro número numa série indicada pelas letras do alfabeto: *poltrona m, fileira m.*
m² **1** Símbolo de *metro.* **2** *Fís* Símbolo de *massa.* **3** Abreviatura de *masculino* e *minuto.*
M Na numeração romana, símbolo equivalente a 1.000.
ma Combinação dos pronomes *me* e *a.*
mA Abreviatura de *miliampère.*
má (*lat mala*) *adj* Feminino de *mau.*
ma.ca (*taino hamaca*, pelo *cast*) *sf* **1** Cama portátil, que serve para conduzir doentes; padiola. **2** Cama de lona para descanso dos marinheiros a bordo.
ma.ça (*lat vulg *mattea*) *sf* **1** Clava. **2** Arma de ferro ou de outro material, com uma extremidade esférica dotada de pontas. **3** Espécie de martelo de duas cabeças, geralmente de madeira. **4** Pau terminado por uma cabeça esférica, com que se percute o bombo. **5** Espécie de pilão cilíndrico usado no serviço de calçamento. **6** *Náut* Malho de ferro, com que os carpinteiros batem cavilhas, cunhos e tábuas do navio.
ma.çã (*lat mattiana*) *sf* **1** Fruto da macieira. **2** Qualquer objeto que tenha aproximadamente o feitio da maçã: *Maçã do rosto.* **3** Fruto do cipreste. **4** Variedade de cana-de-açúcar. **5** Variedade de banana. *Maçã do rosto:* cada uma das saliências do rosto, abaixo dos olhos, formadas pelos ossos zigomáticos; pômulo.
ma.ca.bro (*fr macabre*) *adj* **1** Que se refere à dança macabra, dança alegórica da Idade Média que representava a Morte. **2** Fúnebre, tétrico, medonho. **3** Afeiçoado a coisas tristes, sombrias.
ma.ca.ca (*fem* de *macaco*) *sf* **1** *Zool* Gênero de símios do Velho Mundo, que têm cauda curta e grandes sobrancelhas em forma de tufos. Encontrados principalmente na Ásia meridional e Índia, algumas de suas espécies estendem-se até a China setentional e o Japão; outras até o Nordeste da África e Sul da Europa. Seu representante mais conhecido é o reso (*rhesus*); fêmea do macaco. **2** *pej* Mulher feia. **3** *Reg* (CE) Vaca sem cria. **4** *gír* Moléstia. **5** *pop* Má sorte. **6** Chicote de cabo curto e grosso com que se açoitam os animais de carga. **7** *Ictiol* Peixe, espécie de linguado. *Estar com a macaca:* estar muito agitado; irritado, implicante. *Macaca de auditório:* mulher que é grande admiradora de cantores de rádio e televisão, e que frequenta assiduamente os programas de auditório. *Sorte macaca:* muita sorte, sorte incrível.
ma.ca.ca.da (*macaco*+*ada*¹) *sf* **1** Bando de macacos. **2** Ato ou gesto de macaco. **3** *bras pop* Pessoal, companheiros, turma.
ma.ca.cão (*macaco*+*ão*²) *sm bras* **1** *pop* Indivíduo espertalhão, manhoso, velhaco, safado. **2** *fig* Sujeito feio e grotesco. **3** Vestimenta inteiriça, folgada, de tecido resistente, usada por operários, mecânicos e outros trabalhadores braçais. **4** Roupa esportiva com as mesmas características da anterior, usada por crianças, homens e mulheres. • *adj* Diz-se do indivíduo feio e grotesco.
ma.ca.ca.ri.a (*macaco*+*aria*) *sf* Macacada (acepção 2), macaquice, macaqueação.
ma.ca.co *sm* **1** *Zool* Nome comum a todos os símios ou primatas antropoides, exceto o homem; símio. **2** *fig* Aquele que imita a ação dos outros. **3** Máquina para levantar grandes pesos. **4** *Reg* (Nordeste) Policial. **5** *Reg* (BA) Ajudante de vaqueiro. *Cada macaco no seu galho:* que cada um se ocupe do que lhe diz respeito ou compete. *Macaco em loja de louça:* a) pessoa que faz grande estrago num lugar; b) pessoa desajeitada. *Macaco velho:* pessoa ladina, esperta, experiente. *Macaco velho não pula em galho seco* ou *macaco velho não mete a mão em cumbuca:* provérbio utilizado para dizer que um indivíduo experiente não cai em ciladas, armadilhas, esparrelas. *Macacos me mordam!:* locução interjectiva que pode indicar espanto, admiração, surpresa etc. *Col:* bando. Voz: *assobia, guincha. Vá pentear macacos!* ou *mandar pentear macacos:* diz-se à pessoa que esteja importunando.
ma.ça.da (*maça*+*ada*¹) *sf* **1** Trabalho entediante ou penoso. **2** Conversa chata. **3** *pop* Aborrecimento, chateação.
ma.ca.da.me (de *Mac Adam, np*) *sm* **1** Processo de pavimentação de ruas ou estradas, por meio de uma camada de brita e pó de pedra e água, assentada sobre o leito bem drenado e abaulado, e calcada em uma massa sólida por um rolo compressor. **2** O material usado nesse processo.
ma.ca.da.mi.zar (*macadame*+*izar*) *vtd* Pavimentar pelo processo de macadame: *A Prefeitura macadamizará várias ruas da periferia da cidade.*
ma.cam.bi.ra (*tupi makambíra*) *sf Bot* Planta da família das bromeliáceas, encontrada nas regiões mais quentes e secas das caatingas brasileiras; frequentemente vive associada com o xiquexique.
ma.cam.bú.zio *adj* Carrancudo, tristonho. *Antôn:* alegre.
ma.ça.ne.ta (*maçã*+*eta*) *sf* **1** Remate esférico ou piramidal, para ornamento de certos objetos. **2** Bola ou alavanca destinada a fazer funcionar o trinco de portas ou janelas.

ma.çan.te (de *maçar*) *adj m+f* **1** Que incomoda. **2** Tedioso, chato.

ma.ca.pa.en.se (*top Macapá+ense*) *adj m+f* **1** De Macapá, capital do Amapá. • *sm* O natural ou habitante de Macapá.

ma.ça.pão (*cast mazapán*) *sm* Bolo de farinha de trigo, ovos e amêndoas.

ma.ca.que.a.ção (*macaquear+ção*) *sf* V *macaquice, macacaria*.

ma.ca.que.ar (*macaco+e+ar¹*) *vtd* **1** Fazer macaquices. **2** Arremedar como o fazem os macacos. **3** Imitar ridiculamente: *Durante a aula, ele macaqueava o professor no fundo da classe.* Conjuga-se como *frear*.

ma.ca.qui.ce (*macaco+ice*) *sf* **1** Ato ou efeito de macaquear, momice, macacaria. **2** Carinho interesseiro. **3** Comportamento hipócrita, adulação. *sf pl* **4** Trejeitos ridículos.

ma.çar (*maça+ar¹*) *vtd* **1** Bater com maça ou maço: *Maçar o linho.* **2** Dar pancadaria, bater, pisar com pau ou outro instrumento: *Maçava o pobre jumento.* **3** *fig* Aborrecer, entediar, importunar: *Não posso maçá-lo com tantos problemas.* *vint* **4** Ser maçador ou maçante, chato, inoportuno: *Ora, deixe de maçar!*

ma.ça.ran.du.ba (*tupi mosarandiýua*) *sf* **1** *Bot* Planta florestal brasileira do gênero manilcara, de madeira escura, dura, pesada. Os frutos são bagas comestíveis. **2** Bengala grossa, cacete. *Var:* maçarandiba e maçaranduva.

ma.ca.réu *sm* **1** *Geogr* Fenômeno que consiste no súbito irrompimento das águas do mar na foz de certos rios e, em sentido oposto ao fluxo das águas do rio, sobe, em ondas menores, rio acima, em direção à nascente. **2** *Reg* (AM) Pororoca.

ma.ça.ri.co *sm* **1** *Mec* Aparelho que permite obter chama a uma temperatura muito elevada pela combustão do hidrogênio ou acetileno com oxigênio. **2** Lâmpada de pressão usada por funileiros. **3** O macho da lebre que tem uma malha branca na testa. **4** *Ornit* Denominação comum dada no Brasil a várias espécies de aves. Algumas espécies recebem também o nome de *batuíra*. *Maçarico bucal*: tubo por onde se sopra a chama, para dar-lhe poder oxidante ou redutor.

ma.ça.ro.ca *sf* **1** Porção de fio torcido e enrolado no fuso. **2** Espiga de milho. **3** Rolo de cabelos em forma de espiga. **4** Molho, feixe. **5** Emaranhado. **6** *Reg* (RS) Emaranhado que se forma na crina dos cavalos, quando não são penteados com frequência. **7** *Reg* (RS) Mexerico, intriga.

ma.car.rão (*ital maccherone*) *sm* Massa de farinha de trigo cortada em diferentes formas para preparados culinários.

ma.car.ro.na.da (*macarrão+ada¹*) *sf Cul* Preparado culinário, cujo principal elemento é o macarrão.

ma.car.rô.ni.co (*macarrônea+ico²*) *adj* **1** Gênero de poesia ou prosa em que se mesclam ironicamente à língua original palavras de outra língua. **2** Diz-se de qualquer idioma mal pronunciado ou mal escrito.

ma.ca.xei.ra (*tupi makaxéra*) *sf Reg* (Norte e Nordeste, exceto Bahia) *Bot* V *mandioca* (acepção 1). *Var: macaxera.*

ma.ce.ga *sf* Erva daninha.

ma.cei.ó *sm* Lagoeiro de litoral, formado por águas das chuvas ou das marés.

ma.cei.o.en.se (*ó*) (*top Maceió+ense*) *adj m+f* De Maceió, capital de Alagoas. • *s m+f* O natural ou habitante de Maceió.

ma.ce.ra.ção (*lat maceratione*) *sf* **1** Ato de macerar, amassar e misturar. **2** *Quím* e *Farm* Operação que consiste em pôr uma substância sólida em um líquido, para impregná-lo de certos princípios solúveis dessa substância. **3** O produto dessa operação. **4** *Tecel* Ação de macerar plantas têxteis. **5** *fig* Mortificação do corpo por penitência.

ma.ce.ra.do (*lat maceratu*) *adj* **1** *Quím* e *Farm* Que sofreu maceração. **2** Macilento. **3** Mortificado. **4** Aflito, desgostoso. • *sm Farm* Produto resultante da maceração.

ma.ce.rar (*lat macerare*) *vtd* **1** Submeter (uma substância sólida) à maceração. **2** Conservar (uma substância) num líquido para extrair-lhe o suco. **3** Amolecer uma substância sólida com líquido ou moer com pilão. **4** Mortificar, sujeitar (o corpo) a sofrimentos por penitência. *vint* **5** Produzir maceração.

ma.cér.ri.mo (*lat macerrimu*) *adj* Superlativo absoluto sintético erudito de *magro*; magérrimo.

ma.ce.ta (*ê*) (*maço+eta*) *sf* **1** Maça de ferro com que os pedreiros e escultores batem no cinzel. **2** *Pint* Pedra cilíndrica de base chata e muito lisa, própria para moer e desmanchar as tintas. **3** Maça para tocar o bombo. • *adj* Qualificativo de animal de montaria que tem as articulações dos joelhos e a parte das patas perto dos cascos dianteiros defeituosos ou doentes.

ma.ce.tar (*macete+ar¹*) *vtd* Bater com a maceta ou o maço.

ma.ce.te (*ê*) (*maço+ete*) *sm* **1** Maço pequeno. **2** Maço de madeira, usado por carpinteiros, marceneiros e mecânicos para bater em cinzel, formão etc. **3** *gír* Chave de solução para charada ou situação cujos termos se desconhecem. **4** *gír* Recurso engenhoso para se fazer ou se obter algo, dica.

ma.cha.da.da (*machado+ada¹*) *sf* **1** Golpe de machado. **2** Corte produzido por esse golpe.

ma.cha.di.a.no (*Machado, np+i+ano*) *adj* Relativo ou pertencente a Machado de Assis, escritor brasileiro (1839-1908): *Estilo machadiano*. • *sm* Aquele que é admirador de Machado de Assis, ou grande conhecedor de sua obra.

ma.cha.di.nha (*dim de machada*) *sf* Pequeno machado. *Var: machadinho.*

ma.cha.do (*lat vulg *marculatu*) *sm* Instrumento cortante e encabado usado para rachar lenha, aparelhar madeira etc. *Feito a machado*: grosseiro.

ma.chão (*macha+ão²*) *sm* **1** *pop* Homem que faz alarde de sua masculinidade. **2** *pop* Homem metido a valente.

ma.chis.mo (*macho+ismo*) *sm* **1** Atitude ou comportamento de quem não admite a igualdade de direitos para o homem e a mulher, sendo, assim, contrário ao feminismo. **2** *bras pop* Qualidade, ação ou modos de macho; macheza.

ma.chis.ta (*macho+ista*) *adj m+f* Diz-se da pessoa que é dada ao machismo. • *s m+f* Essa pessoa.

ma.cho (*lat masculu*) *sm* **1** O homem, física e

sexualmente. **2** Animal do sexo masculino. **3** Ferramenta de aço, com que se abrem roscas dentro de um orifício. **4** Instrumento cortante que torna côncava a madeira. **5** Molde de barro que se emprega na fabricação das peças ocas. **6** *Carp* Saliência longitudinal na borda de uma tábua, destinada a encaixar-se em uma ranhura correspondente (fêmea) de outra tábua. **7** Dobradura no tecido em duas pregas opostas. • *adj* **1** Que é do sexo masculino. **2** Forte, robusto, másculo. **3** Diz-se dos animais que têm o mesmo nome para ambos os sexos: *Tigre macho*. **4** Aplica-se à flor que só tem estames: *Flor macha*. **5** *Mec* Diz-se da peça que se encaixa justamente em uma parte oca, correspondente a ela, a qual se denomina fêmea: *Rosca macha*.

ma.cho.na (*fem* de *machão*) *sf bras* Mulher robusta de modos grosseiros ou masculinizados.

ma.chu.ca.do (*part* de *machucar*) *adj* Que sofreu ferimentos. • *sm* **1** Contusão, machucadura. **2** Local ou parte machucada.

ma.chu.ca.du.ra (*machucar+dura*) *sf* **1** V *machucado*. **2** Contusão, pisadura.

ma.chu.car (*cast machucar*) *vtd* e *vpr* **1** Contundir (-se), esmagar(-se) (um corpo) com a dureza ou o peso de outro. *vtd* **2** Amarfanhar, amarrotar: *Machucar o paletó*. *vtd* **3** Debulhar, descascar: *É necessário machucar o trigo para o pão*. *vtd* e *vpr* **4** *fig* Magoar(-se): *Disse-me ela que eu havia machucado seu coração*. *vtd* **5** Triturar, pisar: *Sem querer, machuquei as raízes e as sementes*. *vtd* **6** Talhar com ferros em pedra (objetos de relevo). *vpr* **8** *bras gír* Ser malsucedido, sair-se mal.

ma.ci.ço (*cast macizo*) *adj* **1** Compacto, sem cavidades. **2** Que não é oco nem cheio de matéria estranha. **3** Cerrado, unido. **4** Encorpado, grosso. **5** Sólido. **6** Inabalável. **7** Importante, valioso. *Antôn* (acepções 1 e 2): *oco*. • *sm* **1** Qualidade de compacto. **2** Obra de alvenaria destinada a suportar os arcos de uma ponte, um pedestal etc. **3** Corpo, grupo ou massa mais ou menos considerável. **4** *Geol* Conjunto de montanhas agrupadas em torno de um ponto culminante.

ma.ci.ei.ra (*maçã+i+eira*) *sf Bot* Árvore da família das rosáceas, originária da Europa e da Ásia, da qual existem numerosas subespécies e variedades, cujo fruto é a maçã.

ma.ci.ez (*macio+ez*) *sf* Suavidade. V *macieza*.

ma.ci.e.za (*macio+ez*) *sf* Qualidade de macio. *Antôn: dureza*.

ma.ci.len.to (*lat macilentu*) *adj* **1** Magro e pálido. **2** Amortecido. **3** Sem brilho.

ma.ci.o *adj* **1** Brando ao tato, sem asperezas. **2** Agradável, aprazível. **3** Suave, fofo. **4** Liso, plano. *Antôn* (acepções 1 e 4): *áspero*; (acepção 3): *duro*.

ma.ci.o.ta (*macio+ota*) *sf bras* **1** Macieza. **2** Descanso. **3** Lábia. *Na maciota:* sossegadamente, tranquilamente, com jeitinho.

ma.ço (de *maça*) *sm* **1** Conjunto de papéis ou de outras coisas ligadas e que formam um só volume: *Maço de cartas, de cigarros*. **2** Instrumento de madeira rija, com o feitio de um cone truncado, enfiado num cabo grosso, feito martelo, usado para bater e fixar pedras em um piso ou calçada;

usado também por marceneiros, carpinteiros, escultores etc. **3** Maça ou clava. **4** Baralho preparado para que um dos parceiros ganhe a partida.

ma.çom (*fr maçon*) *sm* Iniciado na maçonaria; também chamado *pedreiro-livre* ou *franco-maçom*. *Var: mação*.

ma.ço.na.ri.a (*fr maçonerie*) *sf* Associação, antigamente secreta, filosófica e filantrópica, ligada especialmente à construção civil. Daí também é o nome popular de *pedreiros-livres*. Em cada loja maçônica seus membros obedecem a um chefe, o *venerável*, e se classificam como *aprendizes*, *companheiros* e *mestres*.

ma.co.nha (*quimbundo makaña*) *sf* **1** *Bot* Variedade de cânhamo, o cânhamo-verdadeiro; também chamada *diamba*, *dirígio* ou *dirijo*, *fumo-brabo*, *fumo-de-angola*, *liamba*, *panga* e *soruma*. **2** As folhas e topos florescentes, secos, dessa planta, que são a fonte da droga consumida em forma de cigarro. Provoca alterações na consciência e na percepção, e seu uso prolongado causa distúrbios psíquicos.

ma.co.nha.do (*maconha+ado*[1]) *adj* + *sm bras* Que, ou aquele que se encontra sob os efeitos da maconha.

ma.co.nhei.ro (*maconha+eiro*) *sm bras* **1** Viciado em maconha. **2** Vendedor de maconha.

ma.çô.ni.co (*maçom+ico*[2]) *adj* **1** Que diz respeito à maçonaria. **2** Secreto. • *sm pop* V *maçom*.

ma.cra.mê (*gr macramé*) *sm* **1** Variedade de passamanaria feita de cordão trançado e com nós. **2** Fio próprio para bordados, crochês e filés.

má-cri.a.ção *sf* **1** Qualidade de quem é malcriado. **2** Ato ou dito grosseiro, mal-educado. **3** Grosseria, incivilidade. *Pl: más-criações*.

ma.cro (*red* do *ingl macro instruction*) *sf Inform* Série de comandos, rotina de programa ou bloco de instruções, identificada por uma única palavra.

ma.cró.bio (*gr makróbios*) *adj* Que vive muito tempo. *Sin: longevo*. • *sm* O que tem idade muito avançada.

ma.cro.bi.ó.ti.ca (*fem* de *macrobiótico*) *sf Med* **1** Conjunto de regras de higiene e de alimentação que dizem respeito à saúde e ao prolongamento da vida. **2** Dieta baseada em cereais integrais, legumes e frutas secas.

ma.cro.bi.ó.ti.co (*macróbio+ico*[2]) *adj* **1** V *macróbio*. **2** Diz-se do regime que prolonga a vida.

ma.cro.ce.fa.li.a (*macro+céfalo+ia*[1]) *sf Med* Patologia caracterizada pelo aumento do volume da cabeça.

ma.cro.cé.fa.lo (*macro+céfalo*) *adj* + *sm* Diz-se de, ou indivíduo acometido por macrocefalia.

ma.cro.cos.mo (*macro+cosmo*) *sm* O Universo, o Cosmo, em oposição ao ser humano como o microcosmo.

ma.cro.pro.gra.ma (*macro+programa*) *sm Inform* Programa principal, ligando operações sob forma de subprogramas, nas quais estão incluídos os operadores e todas as informações ligadas à lógica da máquina.

ma.cror.re.gi.ão (*macro+região*) *sf Geogr* Grande região que se caracteriza pelo predomínio de certos traços humanos, físicos, sociais e econômicos, comuns em toda a sua extensão.

ma.cros.có.pi.co (*macro+scopo+ico²*) *adj* Diz-se daquilo que se pode observar a olho nu, sem o auxílio de lente ou microscópio.

ma.cru.ro (*macro+uro¹*) *adj Zool* Que tem cauda comprida. • *sm Ictiol* Gênero de peixes, constituído por espécies do Mediterrâneo que vivem em grandes profundezas. *sm pl Zool* Uma das divisões dos crustáceos decápodes que compreende as espécies de abdome desenvolvido, como nos camarões.

ma.cu.co (*tupi makukauá*) *sm* **1** *Ornit* Ave de grande porte muito apreciada por sua carne saborosa; tem o tamanho de uma galinha e vive solitária; encontrável nas matas de todo o país. Voz: *pia*. **2** *Ornit* Nome comum a diversas aves tinamídeas. **3** *Ornit* Pássaro europeu, também chamado *melro--das-rochas*. **4** Espécie de mandioca.

má.cu.la (*lat macula*) *sf* **1** Mancha, nódoa. **2** *fig* Desonra, infâmia. **3** *fig* Estigma. **4** *Med* Opacidade da córnea, visível à luz do dia como mancha cinzenta. *sf pl Astr* Pontos escuros na superfície do Sol ou de qualquer astro luminoso. *Mácula do pecado original:* segundo a Bíblia, a impureza adquirida pelo primeiro pecado de Adão. *Mácula olfativa:* região pouco extensa da mucosa nasal, onde são recebidas as impressões olfativas.

ma.cu.la.do (*part* de *macular*) *adj* **1** Manchado, enodoado, sujo. **2** *fig* Estigmatizado. **3** *Bot* Diz-se das folhas que têm manchas irregulares. *Antôn* (acepção 1): *imaculado*.

ma.cu.lar (*lar maculare*) *vtd* **1** Pôr mácula, mancha ou nódoa em: *Pingos de tinta maculavam a toalha*. *vtd* **2** Difamar, infamar, enxovalhar, infamar: *O erro dos pais maculou a reputação da família*. *vpr* **3** Perder a reputação, desonrar-se: *Aos olhos da cidade, maculara-se irremediavelmente*. *Conjug* – *Pres indic: maculo, maculas, macula* (*ú*) etc. *Cf mácula*.

ma.cum.ba (*quimbundo makumba*) *sf bras* **1** *Rel* Designação comum de diversos cultos fetichistas, afro-brasileiros, originários em geral dos povos bantos, com influência do candomblé, do catolicismo, do espiritismo etc. **2** *Rel* A cerimônia ou ritual desses cultos. **3** *pop* Feitiço, feitiçaria. **4** Instrumento musical de percussão, de origem africana.

ma.cum.bei.ro (*macumba+eiro*) *adj* + *sm bras* Que, ou o que pratica a macumba.

ma.da.le.na (de *Madalena, np*) *sf pop* Mulher chorosa e arrependida dos seus pecados.

ma.da.ma (*fr madame*) *sf* **1** Senhora, dama. **2** *pop* Esposa; dona de casa. **3** Montículo de terra que serve como marco para depois se conhecer a profundidade de uma escavação; também chamado *dama* e *testemunha*. *Var: madame*.

ma.dei.ra (*lat materia*) *sf* **1** Substância sólida que compõe a parte principal do tronco, dos ramos e das raízes, na maioria das plantas vivazes, que por isso são chamadas *lenhosas*. **2** *pop* Pau, bengala, cacete. **3** *Reg* (Amazonas) Nome que os seringueiros dão à árvore da borracha. *Bater na madeira:* afastar o azar. *Madeira compensada:* chapa constituída de lâminas de madeira, coladas e comprimidas umas às outras, com as fibras dispostas em cruz, alternadamente. *Madeira de construção:* a peroba, o carvalho, o cedro. *Madeira de dar em doido:* diz-se do indivíduo valente, corajoso. *Madeira de lei:* madeira dura, rija, própria para construção e obras.

ma.dei.ra.men.to (*madeirar+mento*) *sm* Armação de madeira ou o conjunto das madeiras que sustenta uma construção.

ma.dei.rar (*madeira+ar¹*) *vtd* **1** Pôr madeira em: *Madeirar o teto*. *vti* **2** Assentar a armação de madeira: *Madeirava num prédio*. *vint* **3** Trabalhar em madeira: *Era hábil em madeirar*. *vtd* **4** Em relação ao vinho, passar do ponto, adquirindo um leve sabor de madeira.

ma.dei.rei.ra (*madeira+eira*) *sf* Empresa ou estabelecimento comercial que se dedica à exploração industrial e/ou comercial da madeira.

ma.dei.rei.ro (*madeira+eiro*) *sm bras* **1** Comerciante de madeiras. **2** O que trabalha em obras grosseiras de madeira; carpinteiro. **3** O que trabalha na derrubada de árvores nas matas e no preparo dos troncos para a venda. • *adj* Que se refere ao comércio ou à indústria de madeira.

ma.dei.ren.se (*top Madeira+ense*) *adj m+f* **1** Relativo à Ilha da Madeira (Portugal). **2** Natural da Ilha da Madeira. • *s m+f* Habitante ou natural da Ilha da Madeira.

ma.dei.ro (de *madeira*) *sm* **1** Tronco grosso de madeira, lenha. **2** Cruz: *Cristo foi crucificado em um madeiro*.

ma.dei.xa (*gr mátaxa*) *sf* **1** Pequena meada. **2** Porção de fios de seda, lã etc. **3** Porção de cabelos da cabeça.

mademoiselle (*mad'moazéle*) (*fr*) *sf* Tratamento que se dá à mulher solteira; senhorita.

ma.do.na (*ital madonna*) *sf* Imagem, estatueta ou pintura que representa a Virgem Santíssima.

ma.dras.ta (*lat vulg *matrasta*) *sf* **1** A mulher casada, em relação aos filhos que seu marido teve de núpcias anteriores. **2** *fig* Mãe que maltrata os filhos. • *adj* **1** Avara, ingrata, pouco carinhosa. **2** Diz-se do que traz dissabores e tristezas: *Sorte madrasta*.

ma.dre (*lat matre*) *sf* **1** Nome comum a todas as religiosas professas. **2** Título que se dá, nos conventos, à religiosa professa que é ou foi superiora; freira. **3** *Anat* Útero, matriz. **4** Cada uma das peças mais grossas de que se formam os mastros, quando não são feitos de um pau só. **5** *Náut* Madeiro em torno do qual gira a porta do leme; eixo do leme. *Var: mãe*.

ma.dre.pé.ro.la (*ital madreperla*) *sf Zool* Substância que reflete as cores do arco-íris, rosada, que se encontra na superfície interna da concha de grande número de moluscos; nácar. É quimicamente composta de carbonato de cálcio depositado em camadas muito finas.

ma.dres.sil.va (*lat med matrisilva*) *sf Bot* Nome dado a várias trepadeiras lenhosas ornamentais. Não são nativas do Brasil. Têm folhas pequenas, numerosas, e belas flores aromáticas que atraem os beija-flores. Prestam-se para cercas vivas.

ma.dri.gal (*ital madrigale*) *sm* **1** *Lit* Composição poética delicada e graciosa que celebra principalmente a beleza e as qualidades femininas. **2** *Mús* Composição musical que consistia num canto vocal, sem acompanhamento, em que entravam quatro, cinco ou seis vozes, muito variada e em moda no século XVI. **3** Canção de pastor.

ma.dri.le.no (*cast madrileño*) *adj* De Madri, capital da Espanha. • *sm* O natural ou habitante de Madri.

ma.dri.nha (*lat med *matrina*) *sf* **1** Mulher que serve de testemunha em batizados, crismas e casamentos, relativamente à pessoa que se batiza, casa ou crisma. **2** Protetora. **3** Mulher que dá o nome a uma coisa. **4** Animal, geralmente provido de guizo, que serve de guia a uma tropa ou tropilha.

ma.dru.ga.da (*part fem de madrugar*) *sf* **1** Horário compreendido entre meia-noite e o amanhecer. **2** Alvorada, aurora. **3** *fig* Começo. **4** *fig* Precocidade.

ma.dru.ga.dor (*madrugar+dor*) *adj* + *sm* **1** Que, ou aquele que tem o hábito de madrugar. **2** Que, ou aquele que é aplicado ou antecede os demais em qualquer ação.

ma.dru.gar (*lat vulg *maturicare*) *vint* **1** Erguer-se da cama muito cedo; matinar: *Meu filho, hoje você madrugou!* *vint* **2** Ser dos primeiros a aparecer em qualquer parte: *Ao trabalho, chega sempre atrasado; ao estádio, para assistir ao futebol, ele madruga*. *vint* **3** Praticar algum ato antes do tempo: *Não se afobe, não madrugue; tudo tem seu tempo*. *vti* **4** Manifestar-se, revelar-se muito cedo: *Madrugou nele um admirável talento. Conjug – Pres subj: madrugue, madrugues* etc.

ma.du.ra.ção (*lat maturatione*) *sf* Ato ou efeito de amadurecer; sazonamento da fruta.

ma.du.rar (*lat maturare*) *vtd* **1** Fazer amadurecer, sazonar, tornar maduro: *O suave outono maturava as frutas*. *vint* **2** Amadurecer: *Maduravam as uvas*. *vtd* **3** Adquirir prudência ou juízo: *As dificuldades o fizeram madurar cedo*. *vint* **4** *pop* Supurar: *O tumor madurou*.

ma.du.re.za (*maduro+eza*) *sf* **1** Estado ou qualidade de maduro. **2** Estado das coisas chegadas ao seu completo desenvolvimento. **3** Circunspecção, prudência. **4** A idade madura. **5** *Med* Estado de um abscesso em que se estabeleceu a supuração.

ma.du.ro (*lat maturu*) *adj* **1** Diz-se do fruto sazonado. **2** Que atingiu a madureza; amadurecido. **3** Experimentado. **4** Circunspecto, sábio. **5** Refletido, prudente. **6** Que já não é moço. **7** Em estado de produzir o resultado que se espera (negócio ou pretensão). **8** *Med* Diz-se do abscesso que está prestes a rebentar. *Antôn* (acepções 1 e 2): *verde*. *Idade madura:* a que se segue à mocidade. *Cair de maduro:* não poder mais resistir.

mãe (*lat matre*) *sf* **1** Mulher, ou fêmea de animal que teve um ou mais filhos. **2** *Dir* Ascendente feminino em primeiro grau. **3** *fig* Origem, causa, fonte. **4** *fig* Pessoa dedicada, generosa. **5** *fig* Pessoa que protege muito a outra. *Alma mãe:* a natureza, como princípio criador. *Ideia mãe:* ideia principal e geradora de uma obra. *Mãe da cristandade:* a Igreja. *Mãe de Deus:* a Virgem Maria. *Mãe de família:* mulher casada que tem filhos. *Mãe de santo:* feminino de pai de santo; sacerdotisa de macumba.

mãe-ben.ta *sf bras Cul* Espécie de bolinho feito de ovos, coco e farinha de trigo. *Pl: mães-bentas.*

mãe-d'á.gua *sf bras Folc* Mulher imaginária, fantástica, espécie de sereia de rios e lagos; iara, boiuna, Iemanjá. *Pl: mães-d'água.*

ma.es.tri.a (*arc maestre+ia*[1]) *sf* Perícia; mestria. *Cantigas de maestria:* chamavam-se, na poética trovadoresca, as que não tinham refrão.

ma.es.tri.na (*ital maestrina*) *sf* Feminino de *maestro*.

ma.es.tro (*ital maestro*) *sm* **1** Compositor de música. **2** Regente de orquestra ou de coro.

má-fé *sf* Intenção dolosa, má intenção. *Pl: más-fés.*

má.fia (*ital Maffia*) *sf* **1** Sociedade secreta criada na Itália, no século XIX, cuja finalidade inicial era garantir a segurança pública; mais tarde foi acusada de atitudes criminosas. Estruturava-se em uma hierarquia denominada "família", com regras muito rígidas relacionadas à obediência e à fidelidade. **2** *por ext* Grupo criminoso muito bem organizado.

ma.fi.o.so (*ô*) (*máfia+oso*) *sm* Membro da máfia. *Pl: mafiosos (ó).*

má-for.ma.ção *sf Med* Qualquer deformidade ou anomalia, congênita ou adquirida. *Pl: más-formações.*

ma.ga (de *mago*) *sf* Mulher que pratica magia; feiticeira; bruxa.

ma.ga.no *adj* Alegre, despreocupado, jovial, engraçado.

ma.ga.re.fe *sm* Encarregado do abate e esfolamento das reses nos matadouros; carniceiro.

ma.ga.zi.ne (*ingl*) *sm* **1** Publicação periódica, geralmente ilustrada, que trata de assuntos variados. **2** Casa comercial com numerosos tipos de artigos à venda. **3** Casa de artigos de moda; loja.

ma.gér.ri.mo (*lat macerrimu*) *adj* Superlativo absoluto sintético de *magro*. Embora tenha se popularizado, é considerado forma anormal do superlativo. A forma correta é *macérrimo*.

ma.gi.a (*gr mageía*) *sf* **1** Religião dos magos. **2** Arte ou ciência oculta em que se pretende empregar conscientemente poderes invisíveis para obter efeitos e fenômenos extraordinários, contrários às leis naturais. **3** *Antrop* Conjunto de práticas ocultas, por meio das quais (sobretudo nas sociedades primitivas) se pretende atuar sobre a natureza; feitiçaria; bruxaria. **4** Sensação ou sentimento que se compara aos efeitos da magia. **5** Encanto que exercem nos sentidos, ou no espírito, as belas-artes, a poesia, as paixões; fascinação; magnetismo. *Magia branca:* aquela em que se emprega ilusionismo para obter efeitos maravilhosos, sem maus propósitos. *Magia natural:* nome dado, no século XVI, às primeiras experiências de física. *Magia negra:* aquela praticada com maus propósitos; bruxaria.

má.gi.ca (*gr magiké*, *pop lat*) *sf* **1** *V magia*. **2** Peça de teatro com transformações fantásticas. **3** Feminino de *mágico*. **4** Deslumbramento, encanto, fascinação. **5** Prestidigitação.

má.gi.co (*lat magicu*) *adj* **1** Que pertence ou se refere à magia. **2** Com a natureza da magia, dos feitiços e bruxarias. **3** Dotado de poder sobrenatural. **4** Encantador, extraordinário, maravilhoso, sobrenatural. • *sm* **1** Indivíduo que sabe e pratica a magia; bruxo. **2** Artista de espetáculos de mágica; prestidigitador; ilusionista.

ma.gis.té.rio (*lat magisteriu*) *sm* **1** Ofício de professor. **2** O exercício desse ofício. **3** A classe dos professores, o professorado.

ma.gis.tra.do (*lat magistratu*) *sm* **1** Funcionário público que, na esfera administrativa ou judicial, exerce autoridade delegada pela nação ou pelo poder central. **2** Juiz, desembargador, ministro.

ma.gis.tral (*lat magistrale*) *adj m+f* **1** Que pertence ou se refere ao mestre. **2** Irrepreensível, perfeito. **3** Completo, exemplar. • *sm* O cônego encarregado de ensinar teologia e gramática.

ma.gis.tra.tu.ra (*lat magistratu+ura*) *sf* **1** Dignidade ou funções de magistrado. **2** Duração dessas funções. **3** Classe dos magistrados que constituem a ordem judiciária. *Magistratura judicial:* a) os magistrados judiciais; b) o exercício do cargo de juiz.

mag.ma (*gr mágma*) *sm* **1** *ant* Sedimento. **2** Mistura de matéria mineral ou orgânica em estado de pasta fina. **3** *Geol* Matéria pastosa, espessa, ígnea, que dá origem às rochas ígneas ou magmáticas. **4** Lava esfriada.

mag.má.ti.co (*magma+t+ico²*) *adj* Pertencente ou relativo ao magma.

mag.na.ni.mi.da.de (*lat magnanimitate*) *sf* **1** Qualidade de magnânimo; grandeza de coração. **2** Ação própria de pessoa magnânima. **3** Liberalidade, generosidade, nobreza. *Antôn: mesquinhez.*

mag.nâ.ni.mo (*lat magnanimu*) *adj* **1** Que tem grandeza de alma; generoso, liberal. **2** Nobre, elevado. *Antôn: mesquinho.*

mag.na.ta (*baixo-lat magnate*) *sm* **1** Empresário poderoso. **2** *V mandachuva*, acepção 2.

mag.né.sia (*top gr Magnesía*) *sf Quím* Substância sólida branca, que consiste em óxido de magnésio. Usada principalmente na fabricação de tijolos refratários e outros artigos refratários, em cimentos de oxicloreto de magnésio, em isolantes, em fertilizantes e na borracha, e ainda em medicina e farmácia, especialmente como antiácido e laxante brando. *Símb:* MgO.

mag.né.sio (*lat med magnesiu*) *sm Quím* Elemento metálico, cristalino, maleável, que ocorre abundantemente na natureza, combinado em minerais, no mar e em águas minerais, na fauna e na flora. É usado em processos metalúrgicos e químicos e também (sob a forma de pó, flocos ou fitas) em fotografia e em pirotecnia, por causa da intensa luz branca que produz. Número atômico 12 e símbolo Mg.

mag.né.ti.co (*gr magnetikós*) *adj* **1** Que pertence ou se refere ao magnetismo. **2** Imantado. **3** *fig* Que exerce influência profunda; atraente, encantador, sedutor.

mag.ne.tis.mo (*magneto+ismo*) *sm* **1** *Fís* Propriedade que alguns corpos metálicos têm de atrair e reter outros metais e orientar a agulha magnética na direção norte-sul. **2** *Fís* Grupo de fenômenos resultantes da propriedade magnética do ímã. **3** *fig* Propriedade de atrair, fascinar; atração, encanto, sedução. *Magnetismo animal: V mesmerismo. Magnetismo terrestre:* ação que a Terra parece exercer sobre a agulha magnética, considerando-se o nosso globo como um grande ímã de polos opostos.

mag.ne.ti.ta (*magnete+ita³*) *sf Miner* Minério de óxido natural de ferro magnético; pedra-ímã.

mag.ne.ti.za.ção (*magnetizar+ção*) *sf* Ato ou efeito de magnetizar, atrair, encantar.

mag.ne.ti.zar (*magnete+izar*) *vtd* **1** Conferir magnetismo a: *Magnetizar uma agulha.* **2** Transmitir o fluido magnético animal a: *Olhava-a fixamente como se quisesse magnetizá-la.* **3** *fig* Atrair, fascinar, encantar: *Aquele espetáculo magnetizava-o.*

mag.ne.to (*abrev* de *magnetoelétrico*) *sm Fís* **1** Gerador elétrico que fornece a tensão necessária para que salte a faísca no motor. **2** Ímã.

mag.ne.tô.me.tro (*magneto+metro*) *sm Geofís* Instrumento que serve para medir as variações de um campo magnético.

mag.ni.fi.car (*lat magnificare*) *vtd* **1** Ampliar, engrandecer com louvores; exaltar, glorificar: *Magnificar feitos heroicos. vtd* **2** *Fís* Aumentar as dimensões; ampliar. *vpr* **3** Engrandecer-se, mostrar-se magnífico: *Magnificou-se o Senhor com extraordinários feitos. Conjug – Pres indic: magnifico, magnificas (fi)* etc.; *Pres subj: magnifique, magnifiques* etc. *Cf magnífico.*

mag.ni.fi.cên.cia (*lat magnificentia*) *sf* **1** Qualidade de magnificente. **2** Fausto, luxo, ostentação, pompa, suntuosidade. *Antôn: modéstia. Vossa Magnificência:* tratamento que se dá aos reitores de universidades em documentos escritos.

mag.ni.fi.cen.te (*lat magnificente*) *adj m+f* **1** Grandioso, suntuoso. **2** Generoso. *Sup abs sint: magnificentíssimo. Antôn* (acepção 1): *modesto;* (acepção 2): *mesquinho.*

mag.ni.fi.cen.tís.si.mo (*lat magnificentissimu*) *adj* Superlativo absoluto sintético de *magnificente* e de *magnífico.*

mag.ní.fi.co (*lat magnificu*) *adj* **1** Ostentoso, pomposo, suntuoso. **2** Excelente, muito bom. **3** Que faz grande efeito; grandioso, esplêndido. **4** Que procede com magnificência, liberalidade, ostentação. *Sup abs sint: magnificentíssimo. Magnífico Reitor:* tratamento dado aos reitores de universidades.

mag.ni.tu.de (*lat magnitudine*) *sf* **1** Qualidade de magno; grandeza. **2** Importância. **3** *Astr* Grandeza aparente de um astro. **4** *Astr* O brilho de um astro caracterizado por um número positivo ou negativo, segundo a intensidade desse brilho.

mag.no (*lat magnu*) *adj* **1** Grande. **2** Importante.

mag.nó.lia (*Magnol, np+ia²*) *sf Bot* **1** Gênero de árvores ornamentais com flores aromáticas. **2** Flor dessa árvore.

ma.go (*gr mágos*, pelo *lat*) *sm* **1** Antigo sacerdote dos medos e persas. **2** Aquele que se dedica a desenvolver e empregar poderes mágicos. **3** Feiticeiro, bruxo, mágico. **4** Cada um dos sábios que foram a Belém adorar o recém-nascido menino Jesus.

má.goa (*lat macula*) *sf* Desgosto, pesar, tristeza, amargura. *Antôn: prazer, júbilo. Engolir as mágoas:* sofrer ocultamente, em silêncio.

ma.go.a.do (*part* de *magoar*) *adj* **1** Ferido, machucado. **2** Ofendido, melindrado. **3** Aflito. **4** Dolorido, lastimoso, amargurado.

ma.go.ar (*lat maculare*) *vtd* e *vpr* **1** Afligir(-se), contristar(-se): *Aquela cena o magoou. vtd* e *vpr*

2 Melindrar(-se), ofender(-se): *Ficou calado com receio de magoar as suas crenças. Ele é hipersensível, magoa-se facilmente.* Conjug – Pres indic: *magoo, magoas, magoa (gô)* etc. Cf *mágoa*.

ma.go.te (*cast magote*) *sm* Grupo de coisas ou pessoas; multidão.

ma.gre.la (*magro+ela*) *adj* e *s m+f* V *magricela*.

ma.gre.lo (*magro+elo*) *adj* + *sm* V *magricela*.

ma.gre.za (*magro+eza*) *sf* Estado ou qualidade de magro. *Antôn: gordura, obesidade*.

ma.gri.ce.la (*magriço+ela*) *adj* e *s m+f* Pessoa muito magra.

ma.grís.si.mo (*magro+íssimo*) *adj* Superlativo absoluto sintético de *magro*; macérrimo.

ma.gro (*lat macru*) *adj* **1** Que tem falta de tecido adiposo, que tem poucas carnes, em que há pouca ou nenhuma gordura ou sebo. **2** *fig* Pouco rendoso, improdutivo. *Antôn* (acepção 1): *gordo*.

mai.a *adj* Etnol Relativo aos maias, povo indígena da Guatemala e Sul do México. • *s m+f* Indígena desse povo.

mai.êu.ti.ca (*gr maieutikós*) *sm* Filos Processo pedagógico de origem socrática (Sócrates – filósofo grego) que consiste em, por meio de sucessivas perguntas, induzir o aprendiz à compreensão de uma verdade sobre o objeto em questão.

mailing list (*meilin list*) *sf* Inform Relação de pessoas ou empresas com endereços que fica em um banco de dados para ser utilizada para correspondência via correio ou correio eletrônico.

mai.o (*lat maiu*) *sm* O quinto mês do ano.

mai.ô (*fr maillot*) *sm* Vestimenta feita de malha de lã, de látex, de algodão etc., que molda perfeitamente o corpo e é usada por banhistas, atletas e dançarinos.

mai.o.ne.se (*fr mayonnaise*) *sf* **1** Cul Espécie de molho frio, feito de azeite, vinagre, sal, pimenta, mostarda e ovos batidos. **2** Cul Iguaria com esse molho. **3** Mistura ou confusão de várias coisas; miscelânea.

mai.or (*lat maiore*) *adj* **1** Comparativo irregular de *grande*. **2** Que excede outro em duração, espaço, intensidade, número ou tamanho. **3** Mais importante. **4** Irresistível: *Força maior*. **5** Que completou a idade legal (21 anos) para poder gerir sua pessoa e bens. • *s m+f* Quem já atingiu a maioridade.

mai.o.ral (*maior+al¹*) *sm* **1** Cabeça, chefe. **2** O maior de todos (os animais de um rebanho). **3** V *mandachuva*.

mai.o.ri.a (*maior+ia¹*) *sf* **1** A maior parte, o maior número. **2** A pluralidade de votos favoráveis: *O prefeito não tem a maioria na Câmara. Maioria absoluta:* número igual ou superior à metade mais um, no total de votos. *Maioria relativa:* simples superioridade numérica de votos. *Antôn: minoria*.

mai.o.ri.da.de (*maior+i+dade*) *sf* Idade em que se adquire legalmente todos os direitos civis; emancipação. *Maioridade civil:* a partir de 21 anos. *Maioridade penal:* a partir de 18 anos, quando o jovem passa a responder por quaisquer crimes possivelmente cometidos. *Maioridade política:* a partir de 16 anos, quando o menor poderá exercer o direito de voto.

mais (*lat magis*) *adv* **1** Designativo de aumento, grandeza ou comparação. **2** Em grau superior, em maior quantidade. **3** Além disso, também. **4** Encerra a ideia de limite: *Não vale mais de vinte dólares*. **5** Outra vez, outras vezes: *Não pense mais nisso. Ali não piso mais*. **6** Antes, com preferência: *Mais quero ser medíocre que plagiador.* • *adj* Em maior quantidade; maior: *Ele sozinho é dono de mais ações do que todos os outros acionistas.* • *sm* **1** O conjunto das outras coisas, o resto: *Já preparei uma parte da pesquisa; o mais fica por sua conta*. **2** A maior porção, o maior número: *O mais do dinheiro foi gasto com presentes. A mais:* além do devido ou do necessário. *De mais a mais:* além de tudo, além disso. *Mais ou menos:* com maior ou menor força, desigualmente; em maior ou menor quantidade; de modo indefinido. *Mais que tudo:* principalmente, sobretudo, em primeiro lugar. *Mais tarde:* de outra época, em ocasião futura. *Sem mais:* de repente. *Sem mais nem menos:* sem motivo.

> Não se deve empregar a palavra **mais** em orações temporais, quando ela puder ser substituída por *já*.
> *Quando o médico apareceu, o paciente já não vivia* (e não "não vivia mais").

mai.se.na (*maís+ena*) *sf* Farinha extraída do amido de milho, e com que se fazem mingaus, pudins, cremes etc.

> Deve-se distinguir **maisena**, nome que se dá à farinha extraída do amido de milho, de **Maizena**, marca registrada desse produto.

mais-que-per.fei.to *adj* Gram Diz-se do tempo do verbo que exprime uma ação passada antes de outra também passada. *Pl:* mais-que-perfeitos.

mais-va.li.a *sf* Econ Conceito marxista, segundo o qual o capital forma-se a partir do lucro gerado pelo montante acumulado do salário devido a um operário e que não lhe foi pago (valor do que o trabalhador produz menos o valor de seu próprio trabalho); lucro obtido com uma mercadoria com o trabalho de quem a produz. *Pl:* mais-valias.

mai.ta.ca (*tupi mbaitá*) *sf* **1** Ornit Nome comum a várias aves, que são papagaios pequenos, muito espertos e barulhentos. Voz: *chalra, chalreia, palra*. **2** Reg (PE, SP) Pessoa faladora, tagarela. *Var: baitaca, maritaca, maitá, maituca*.

maître (*métre*) (*fr*) *sm* Garçom que supervisiona os serviços dos outros garçons num restaurante.

mai.ús.cu.la (*fem de maiúsculo*) *sf* Letra maiúscula. *Antôn: minúscula*.

mai.ús.cu.lo (*lat maiusculu*) *adj* **1** Diz-se das letras com que começamos a escrever um período ou um nome próprio. **2** *fig* Grande, importante. *Antôn: minúsculo*.

ma.jes.ta.de (*lat majestate*) *sf* **1** Aparência de grandeza, aspecto solene, magnificência, sublimidade. **2** Poder real. **3** Título honorífico dos soberanos e suas esposas. **4** Grandeza que incute respeito.

ma.jes.tá.ti.co (*lat majestate+ico²*) *adj* **1** Que diz respeito à majestade ou poder supremo. **2** Majestoso. **3** Gram V plural majestático.

ma.jes.to.so (ô) (*lat majestas+oso*) *adj* **1** Que tem majestade. **2** Suntuoso, grandioso, imponente. *Pl:* majestosos (ó).

ma.jor (*lat majore*) *sm* Mil Oficial do Exército.

ma.jo.ra.ção (*majorar+ção*) *sf* Ato ou efeito de majorar; aumento.

ma.jo.rar (*lat major+ar¹*) *vtd* Aumentar: *Majorar preços, tarifas.*
ma.jor-a.vi.a.dor *sm Mil* Oficial da Aeronáutica. *Pl: majores-aviadores.*
ma.jor-bri.ga.dei.ro *sm Mil* Oficial da Aeronáutica. *Pl: majores-brigadeiros.*
ma.jo.ri.tá.rio (*lat majoritate+ário*) *adj* Que se refere à maioria. *Partido majoritário:* o que conta com a maioria dos eleitores.
make-up (*meikáp*) (*ingl*) *sm* Maquilagem.
mal (*lat malu*) *sm* **1** Tudo o que se opõe ao bem, tudo o que prejudica, fere ou incomoda, tudo o que se desvia do que é honesto e moral. **2** Calamidade, infortúnio, desgraça. **3** Dano ou prejuízo. **4** Qualquer doença epidêmica ou reinante. **5** Castigo, punição, expiação. **6** Tormento, mágoa, sofrimento. **7** Palavras contra alguém ou contra alguma coisa. • *adv* **1** Não bem, de modo diferente do que devia ser. **2** Apenas, com dificuldade, custosamente. **3** Contra o direito e a justiça, ilegalmente. **4** Contra o que deve ser. **5** Contra a moral. **6** Erradamente. **7** Com desumanidade, cruelmente, rudemente. **8** Em desavença. **9** Pouco. **10** Muito doente. • *conj* Apenas, logo que. *Cortar o mal pela raiz:* destruir, em tempo, inteiramente o que prejudica, evitando consequências irremediáveis. *De mal para pior:* cada vez pior. *Mal de Alzheimer, Med:* doença degenerativa do cérebro. *Mal e mal:* mais ou menos; precariamente. *Mal por mal:* entre dois males. *Não dizer por mal* ou *não fazer por mal:* não ter tido mau propósito. *Não faz mal:* isso não tem importância. *Cf mau.*

> Antes de um particípio, deve-se empregar **mais bem** ou **mais mal** e não **melhor** ou **pior**.
> *Esta redação está **mais bem** escrita que a anterior.*
> *O caso foi **mais mal** defendido por este advogado.*
> Veja outra nota em **mau**.

ma.la (*fr malle*) *sf* **1** Espécie de caixa de madeira revestida de couro, lona etc. para transporte de roupas e outros objetos em viagem. **2** Saco de couro ou pano, geralmente fechado com cadeado. **3** Saco de couro ou lona em que os agentes de correio transportam a correspondência, por via terrestre, marítima ou aérea: *mala postal.* **4** Veículo que transporta correspondência. **5** *bras gír* Pessoa muito chata, inconveniente. *Mala direta: Market* a) sistema de comunicação em que o material publicitário é remetido pelo correio; b) a própria lista do público-alvo utilizada para a remessa.
ma.la.ba.ris.mo (*malabar+ismo*) *sm* **1** Prática de exercícios de equilíbrio; acrobacias. **2** Equilibrismo difícil. **3** *fig* Coisa engenhosa. **4** *fig* Habilidade de pensamento e ação em situação difícil.
ma.la.ba.ris.ta (*malabar+ista*) *s m+f* **1** Pessoa que faz malabarismos. **2** *fig* Pessoa que joga habilmente com as circunstâncias.
mal-a.ca.ba.do (*mal+acabar+ado¹*) *adj* Mal composto, mal-arranjado, malfeito. *Pl: mal-acabados.*
ma.la.ca.che.ta (*ê*) *sf V* mica.
mal-a.cos.tu.ma.do (*mal+acostumar+ado¹*) *adj* Que se acostumou mal. *Pl: mal-acostumados.*

mal-a.dap.ta.do (*mal+adaptar+ado¹*) *adj* **1** Que apresenta má adaptação. **2** Que está em desarmonia com as ideias ou as condições de vida do meio ambiente. *Pl: mal-adaptados.*
mal-a.fa.ma.do (*mal+afamar+ado³*) *adj* Que tem má fama. *Pl: mal-afamados. Antôn: bem-afamado.*
mal-a.gra.de.ci.do (*mal+agradecer+ido*) *adj + sm* Que, ou o que não agradece favores recebidos; ingrato. *Pl: mal-agradecidos. Antôn: reconhecido.*
ma.la.gue.ta (*ê*) (*málaga+eta*) *sf* Espécie de pimenta muito ardida, da família das solanáceas, usada como condimento; pimenta-malagueta.
ma.lai.o *adj* Que se refere à Malásia (Oceania) ou aos malaios. • *sm* **1** *Ling* Idioma da família malaio-polinésia, falado na península malaia e na costa de quase todas as ilhas indonésias, servindo de língua comercial do Sudeste da Ásia. **2** Indivíduo dos malaios, uma das grandes raças humanas, habitante de Malaca, Sumatra e da parte da Oceania que recebeu o nome de Malásia.
ma.lan.dra.gem (*malandro+agem*) *sf* **1** Ato, dito ou vida de malandro. **2** Safadeza. **3** Grupo de malandros.
ma.lan.dro (*ital ant malandro*) *adj* Que não gosta do trabalho, preguiçoso. • *sm pop* **1** Vadio, folgado, boa-vida. **2** Ladrão. **3** Patife, tratante. *Col: bando, corja, matula, súcia.*
mal-a.pes.so.a.do (*mal+apessoado*) *adj* Que tem má aparência. *Pl: mal-apessoados. Antôn: bem-apessoado.*
ma.lar (*lat mala+ar²*) *sm Anat* Antiga designação de cada um dos ossos situados na face, ao lado das bochechas; atualmente, denominado *zigoma* ou *osso zigomático.* • *adj* Relativo ao osso malar, atual zigoma.
ma.lá.ria (*lat mala aria,* maus ares) *sf Med* Denominação de uma doença que afeta o ser humano, mamíferos em geral e aves. Caracteriza-se por febre intermitente e renitente; também chamada de maleita, impaludismo, paludismo, tremedeira, febre palustre, rezonismo etc. Os agentes causadores da malária são protozoários do gênero *Plasmodium,* do qual há 50 espécies.
mal-ar.ran.ja.do (*mal+arranjar+ado¹*) *adj* Mal composto, desarrumado. *Pl: mal-arranjados. Antôn: bem-arranjado.*
mal-ar.ru.ma.do (*mal+arrumar+ado¹*) *adj+sm* **1** Malveitoso. *Pl: mal-arrumados.*
ma.lá.sio (*do top Malásia*) *adj + sm* Malaio.
mal-as.som.bra.do (*mal+assombrar+ado¹*) *adj+ sm* Diz-se de, ou casas e lugares em que, segundo a crença popular, aparecem fantasmas ou ocorrem manifestações estranhas, sobrenaturais. *Pl: mal-assombrados.*
mal-a.vi.sa.do (*mal+avisar+ado¹*) *adj* Imprudente, incauto, desavisado. *Pl: mal-avisados. Antôn: bem-avisado.*
mal.ba.ra.tar (*mal+baratar*) *vtd* Gastar mal, desperdiçar, vender com prejuízo: *Nada lhe sobrou porque malbaratou a herança deixada pela mãe.*
mal.ca.sa.do (*mal+casado*) *adj+sm* **1** Que, ou quem não se dá bem com a esposa. **2** Que, ou quem casou com pessoa de condição inferior ou

malcheiroso   553   **malhada**

de poucas qualidades. **3** Que, ou quem fez um mau casamento.
mal.chei.ro.so (ô) (mal+cheiroso) adj Que exala mau cheiro; fedorento, fedido. Pl: malcheirosos (ó).
mal.com.por.ta.do (mal+comportar+ado¹) adj Que age ou procede mal. Antôn: bem-comportado.
mal.cri.a.do (mal+criado) adj **1** Mal-educado. **2** Descortês, indelicado, grosseiro. Antôn: delicado, cortês.
mal.cui.da.do (mal+cuidar+ado¹) adj **1** Que não foi bem cuidado. **2** Que não é objeto de zelo.
mal.da.de (lat malitate) sf **1** Qualidade de mau. **2** Ação ruim. **3** Iniquidade, crueldade, ruindade. Antôn: bondade.
mal.di.ção (lat maledictione) sf **1** Ato ou efeito de amaldiçoar. **2** Imprecação, praga. **3** Desgraça, fatalidade. Antôn (acepções 1 e 2): bênção.
mal.di.ço.ar (maldição+ar¹) V amaldiçoar.
mal.di.to (lat maledictu) adj **1** Amaldiçoado. **2** Que exerce influência nefasta ou sinistra. **3** Que tem muito má índole; cruel, perverso. **4** Pernicioso, maligno. **5** Usa-se junto ao verbo ser (no imperativo ou no presente do subjuntivo) nas imprecações contra alguém: Maldito seja. • sm Diabo, demônio.
mal.di.zen.te (lat maledicente) adj m+f e s m+f Que, ou pessoa que tem má língua, ou fala mal dos outros; difamador. Sin: maledicente.
mal.di.zer (lat maledicere) vti e vint **1** Dizer mal (de alguém ou de alguma coisa): Maldisse da sorte e se arrependeu. Amavam-no porque não enredava nem maldizia. vtd **2** Amaldiçoar, blasfemar, praguejar contra: Além de maldizer os filhos, ele os deserdou. vti **3** Lastimar-se, queixar-se: Não se deve maldizer do próprio destino. Antôn: bendizer. Conjuga-se como dizer.
mal.do.so (ô) (maldade+oso, com haplologia) adj **1** Que tem maldade. **2** Que tem má índole; ruim. **3** Que toma as palavras e atos dos outros em mau sentido; malicioso. Antôn (acepção 1): bondoso. Pl: maldosos (ó).
ma.le.a.bi.li.da.de (maleável+i+dade) sf **1** Qualidade de maleável. **2** Flexibilidade. **3** Plasticidade de um metal em virtude da qual ele pode ser reduzido a lâminas. **4** fig Brandura, docilidade.
ma.le.á.vel (malear+vel) adj m+f **1** Que pode ser moldado ou estendido sem se partir; dúctil. **2** Que tem elasticidade; flexível. **3** fig Obediente, dócil, fácil de lidar. **4** Que tem grande capacidade de adaptação.
ma.le.di.cên.cia (lat maledicentia) sf **1** Qualidade de maledicente. **2** Ato ou efeito de dizer mal; murmuração, difamação.
ma.le.di.cen.te (lat maledicente) adj m+f e s m+f V maldizente.
mal-e.du.ca.do (mal+educado) adj **1** Sem educação. **2** Descortês, incivil, indelicado, grosseiro. Pl: mal-educados.
ma.le.fí.cio (lat maleficiu) sm **1** Dano, prejuízo. **2** Feitiçaria, sortilégio. Antôn: benefício.
ma.lé.fi.co (lat maleficu) adj **1** Malévolo, prejudicial. **2** Que tem má índole. **3** Mal-intencionado. Antôn (acepção 1): benéfico. Sup abs sint: maleficentíssimo.
ma.lei.ro (mala+eiro) sm **1** Aquele que fabrica ou vende malas. **2** Parte de um armário onde se guardam malas.
ma.lei.ta (lat maledicta) sf V malária.
mal-en.ca.ra.do (mal+encarar+ado¹) adj **1** Que tem má cara; carrancudo. **2** Que, pela aparência, revela maus instintos. Pl: mal-encarados.
mal-en.ten.di.do (mal+entender+ido) adj **1** Mal apreciado, mal interpretado, mal compreendido. **2** Que entende mal ou forma ideia ou opinião errada sobre um assunto ou uma situação. • sm **1** Equívoco, confusão, quiproquó. **2** Altercação, briga. Pl: mal-entendidos.
mal-es.tar (mal+estar) sm **1** Pequena alteração na saúde. **2** Indisposição física ou moral. **3** fig Situação incômoda ou constrangedora. **4** Constrangimento, embaraço. Pl: mal-estares.
ma.le.ta (ê) (mala+eta) sf Mala pequena; malote.
ma.le.vo.lên.cia (lat malevolentia) sf Qualidade de malevolente. Antôn: benevolência.
ma.le.vo.len.te (lat malevolente) adj V malévolo. Antôn: benevolente.
ma.lé.vo.lo (lat malevolu) adj **1** Que quer mal a alguém. **2** Que tem má vontade contra alguém. **3** Pernicioso, maléfico. • sm Indivíduo que prejudica os outros por ações ou palavras. Antôn: benévolo.
mal.fa.da.do (part de malfadar) adj + sm **1** Que, ou aquele que tem má sorte, que tem um destino ruim, difícil, que sofreu uma fatalidade. **2** Desgraçado. Antôn: feliz, bem-fadado.
mal.fei.to (mal+feito) adj **1** Feito sem perfeição, mal executado. **2** Que tem má configuração. **3** Imerecido, injusto. **4** Maldoso, mau. • sm **1** Malefício. **2** Bruxaria.
mal.fei.tor (lat malefactore) adj + sm Que, ou aquele que comete atos condenáveis; criminoso, facínora. Col: bando, quadrilha.
mal.for.ma.ção (mal+formar+ção) sf **1** Formação imperfeita, anormal ou defeituosa; má-formação. **2** Med Deformação congênita ou hereditária.
mal.for.ma.do (mal+formar+ado¹) adj **1** Que apresenta malformação, defeituoso. **2** Que tem tendências ou sentimentos maus.
mal.gra.do (mal+grado) prep Apesar de; não obstante. • sm Mau grado, má vontade.
ma.lha (lat macula) sf **1** Cada uma das voltas ou nós formados pelo fio de seda, lã, linha ou qualquer fibra têxtil, quando trançados ou tecidos por processos manuais ou mecânicos (nas meias, nas redes de pescar etc.). **2** Abertura que estas voltas ou nós deixam entre si. **3** Roupa colante feita de malha, geralmente em uma só peça, usada por bailarinos e ginastas. **4** Suéter. **5** Mancha na pele dos animais; mancha natural. **6** fig Enredo, trama. **7** Disco metálico para arremesso à distância contra um marco de madeira no chamado jogo de malhas. Nas malhas da lei: em poder da polícia, da justiça.
ma.lha.ção (malhar+ção) sf **1** Ato ou efeito de malhar. **2** fig Crítica demolidora, violenta. **3** fig Zombaria, gozação. **4** bras gír Prática de exercícios físicos.
ma.lha.da (malha+ada¹) sf **1** Ato de malhar. **2** Pancada com malho. **3** Cabana de pastores. **4** Curral de gado. **5** Rebanho de ovelhas.

ma.lha.do (de *malha*) *adj* **1** Diz-se do animal que tem malhas ou manchas. **2** *bras gír* Diz-se do corpo modulado por ginástica e exercícios físicos intensos.

ma.lhar (*malho+ar¹*) *vtd* **1** Bater com malho, martelo ou objeto semelhante: *Malhar o ferro*. *vtd* **2** Escarnecer, mofar, zombar de. *vtd* **3** Debulhar (cereais) na eira. *vtd* e *vti* **4** Bater, dar pancadas, espancar: *Os meninos malham o "Judas" em sábado de aleluia. Malha, furioso, no pobre jumento*. *vti* **5** *bras pop* Falar mal de; censurar, criticar: *Malhar na vida de alguém*. *vint* **6** *bras gír* Exercitar(-se), praticando ginástica, musculação ou outras atividades físicas. *Malhar em ferro frio*: perder o tempo; nada conseguir, apesar dos esforços despendidos; insistir numa questão vencida ou superada.

ma.lha.ri.a (*malha+aria*) *sf* **1** Indústria de artigos (peças de roupa) de malha. **2** Prédio onde funciona essa indústria.

ma.lho (*lat malleu*) *sm* **1** Grande martelo de ferro ou de pau, sem unhas e sem orelhas. **2** Macete de bater rodas de carro. *Meter o malho em alguém*: censurar, criticar, falar mal dessa pessoa.

mal-hu.mo.ra.do (*mal+humor+ado¹*) *adj* **1** Que tem mau humor. **2** Aborrecido, irritado, intratável, zangado. **3** Ranheta, ranzinza. *Pl*: *mal-humorados*.

ma.lí.cia (*lat malitia*) *sf* **1** Propensão para o mal. **2** Natural disposição para fazer e agir mal; maldade. **3** Interpretação maldosa. **4** Astúcia, esperteza. **5** Dissimulação, dolo, velhacaria. **6** Dito picante.

ma.li.ci.ar (*malícia+ar¹*) *vtd* **1** Pôr malícia em, interpretar maliciosamente: *Maliciar gracejos*. *vti* **2** Fazer mau juízo de: *Espírito maldoso, malicia de tudo*. *Conjug – Pres indic*: *malicio, malicias, malicia* (*cí*) etc.; *Pres subj*: *malicie, malicies* etc. *Cf malícia*.

ma.li.ci.o.so (*ô*) (*lat malitiosu*) *adj* **1** Que tem ou revela malícia. **2** Travesso. **3** Mordaz. *Pl*: *maliciosos* (*ó*).

ma.lig.ni.da.de (*lat malignitate*) *sf* **1** Qualidade de maligno. **2** Malvadeza. **3** Ação ou palavra malévola ou maliciosa. **4** Caráter do que é nocivo. **5** Caráter de algumas doenças perniciosas.

ma.lig.no (*lat malignu*) *adj* **1** Que tem propensão para o mal. **2** Malicioso. **3** Funesto. **4** Muito mau. **5** Que tem caráter pernicioso. *Antôn: benigno*. • *sm* O diabo. *Tumor maligno*: aquele que cresce rapidamente, infiltrando os tecidos sãos; se não for curado ou eliminado, é letal.

má-lín.gua *adj* e *s m+f* Diz-se da, ou a pessoa que fala mal de tudo e de todos. • *sf* **1** Maledicência. **2** Vício de falar mal de pessoas ou coisas. *Pl*: *más-línguas*.

mal-in.ten.ci.o.na.do (*mal+intenção+ado¹*) *adj* + *sm* **1** Que, ou aquele que tem más intenções. **2** Que, ou o que é de má índole, propenso ao mal, maldoso. *Pl*: *mal-intencionados*. *Antôn: bem-intencionado*.

mal.me.quer (*mal+me+quer*) *sm Bot* Nome comum a várias ervas rastejantes, originárias da Europa, de folhas recortadas e flores amarelas, bastante ornamentais; bonina, calêndula, bem-me-quer, comuns nas paisagens sul-brasileiras. *Pl*: *malmequeres*.

ma.lo.ca (*araucano malocan*) *sf bras* **1** Habitação de indígenas da América. **2** Aldeia de índios. **3** *gír* Morada eventual de menor vadio ou de malandro; esconderijo. **4** Casa pobre, de favela. **5** Favela.

ma.lo.grar (*ô*) (*mal+lograr*) *vtd* **1** Estragar, inutilizar: *A geada malogrou a plantação*. *vtd* e *vpr* **2** Frustrar(-se), gorar; não ir avante, não vingar, fracassar: *Grandes dificuldades malograram as negociações. Malogrou-se a minha esperança de paz*. *Conjug – Pres indic*: *malogro, malogras, malogra* (*ó*) etc. *Cf malogro* (*ô*).

ma.lo.gro (*ô*) (de *malograr*) *sm* **1** Efeito de malograr; fracasso. **2** Frustração. **3** Revés.

mal-o.lha.do (*mal+olhado*) *adj* **1** Que não é bem-visto, bem-aceito; malvisto. **2** Aborrecido, detestado, odiado. *Pl*: *mal-olhados*. *Cf mau-olhado*.

ma.lo.quei.ro (*maloca+eiro*) *sm bras* **1** Aquele que vive em maloca. **2** Indivíduo maltrapilho ou sem educação.

ma.lo.te (*mala+ote*) *sm* **1** Mala pequena. **2** *bras* Serviço organizado de transporte regular para entrega rápida de correspondência e pequenos valores.

mal.pas.sa.do (*mal+passado*) *adj* Malcozido, mal-assado. *Antôn: bem-passado*.

mal.que.ren.ça (de *malquerer*) *sf* **1** Falta de afeto, amizade. **2** Inimizade, malquerer.

mal.que.rer (*mal+querer*) *vtd* **1** Querer mal a. **2** Ser inimigo de. **3** Aborrecer, detestar. *Antôn: bem-querer*. Conjuga-se como *querer*. *Part*: *mal-querido* e *malquisto*. • *sm* Aversão; inimizade; malquerença.

mal.quis.tar (*malquisto+ar¹*) *vtd* e *vpr* **1** Tornar(-se) malquisto, indispor(-se), inimizar(-se): *O antagonismo de opiniões malquistou-os. Malquistara-se com os colegas*. *vint* **2** Causar inimizades: *Evitemos a arrogância, pois ela malquista*.

mal.quis.to (*mal+quisto*) *adj* **1** Que não é querido. **2** Que adquiriu inimigos. **3** Antipático, detestado. *Antôn: benquisto*.

mal.são (*mal+são*) *adj* **1** Doentio. **2** Mórbido, insalubre. **3** Mal curado. **4** Prejudicial, nocivo, maléfico.

mal.so.an.te (*mal+soante*) *adj m+f* **1** Que soa mal. **2** Áspero ao ouvido. **3** Sem eufonia. **4** *fig* Indecente. *Var: malsonante*.

mal.su.ce.di.do (*mal+sucedido*) *adj* Que não teve êxito; malogrado, frustrado. *Antôn: bem-sucedido*.

mal.ta *sf* **1** Grupo de pessoas de baixa condição. **2** Gente vagabunda, desconhecida e de má aparência. **3** Malandragem, súcia. **4** Bando, caterva, grupo, multidão. **5** Rancho de trabalhadores que se transporta de um para outro lugar à procura de trabalhos agrícolas.

mal.te (*ingl malt*) *sm* Cevada seca usada principalmente na fabricação de cervejas.

mal.tês (*top Malta+ês*) *adj* **1** De Malta (Europa). **2** Natural ou habitante de Malta. **3** O idioma dessa região. **4** Espécie de gato cinzento: *gato maltês*.

mal.thu.si.a.nis.mo (*malthusiano+ismo*) *sm Econ* Teoria do economista inglês Malthus (1766-1834), segundo a qual o mundo enfrentará fome por escassez de alimento, devido ao desordenado crescimento demográfico.

mal.thu.si.a.no (*Malthus, np+i+ano²*) *adj* Relativo ou pertinente ao malthusianismo. • *sm* Simpatizante ou adepto do malthusianismo.

mal.to.se (*malte+ose*) *sf Quím* Sacarídeo cristalino que se obtém do amido; usado no preparo de bebidas fermentadas e destiladas, em alimentos e em meios de cultura.

mal.tra.pi.lho (*mal+trapo+ilho*) *adj* + *sm* Que, ou aquele que anda malvestido ou esfarrapado. *Col: farândola.*

mal.tra.tar (*mal+tratar*) *vtd* **1** Tratar mal, tratar com dureza ou violência; insultar, desrespeitar, bater, espancar: *Não maltrate os animais.* **2** Dar mau acolhimento a, receber mal: *Os visitantes foram embora logo porque o dono da casa os havia maltratado.* **3** Lesar fisicamente: *O futebol maltratara-lhe o joelho.* **4** Danificar, estragar, destruir: *A geada maltratou as plantinhas.*

ma.lu.co *adj* Adoidado, extravagante. *Antôn: ajuizado, sensato.* • *sm* **1** Doido, mentecapto. **2** Aquele que parece doido. **3** Indivíduo apalermado. **4** Extravagante. **5** Doidivanas. **6** *gír* Pirado.

ma.lu.qui.ce (*maluco+ice*) *sf* **1** Ato ou dito próprio de maluco. **2** Cisma. **3** Extravagância, excentricidade. **4** *gír* Piração.

mal.va (*lat malva*) *sf Bot* Erva medicinal clássica, da família das malváceas, de origem europeia, cujas flores e folhas contêm mucilagem, daí seu uso medicinal. • *sm* A cor rosa arroxeada da flor da malva. • *adj m+f* Diz-se dessa cor: *O vestido malva combinava com seus cabelos dourados.*

mal.vá.ceas (*malva+áceas*) *sf pl Bot* Família constituída por ervas, arbustos e árvores; inclui plantas economicamente importantes, como o algodão, a papoula, o quiabo. *sf* Espécime dessa família.

mal.va.de.za (*malvado+eza*) *sf* Ruindade.

mal.va.do (*lat med malifatiu*, pelo *provençal ant malvat*) *adj* + *sm* **1** Que, ou aquele que pratica atos cruéis, ou é capaz de praticá-los. **2** Perverso.

mal.ver.sa.ção (*malversar+ção*) *sf* **1** Mau uso de dinheiro ou de bens no exercício de um cargo. **2** Má administração. **3** Desgoverno. *Var: malversão.*

mal.ver.sar (*lat male+versare*) *vtd* **1** Fazer má administração de; dilapidar. **2** Desviar fundos do fim a que se destinam: *Malversar bens públicos.*

mal.vis.to (*mal+visto*) *adj* **1** Desacreditado. **2** Que tem má fama. **3** Antipático. **4** Detestado.

ma.ma (*lat mamma*) *sf* **1** *Anat* Órgão glandular para secreção do leite, na mulher e nas fêmeas dos mamíferos. **2** O tempo da amamentação.

ma.ma.da (*mama+ada¹*) *sf* **1** Ato de mamar. **2** O tempo que dura a amamentação.

ma.ma.dei.ra (*mamar+deira*) *sf* **1** Instrumento que se aplica sobre o bico do peito da mulher, quando ferido ou quando muito cheio, para extrair o leite. **2** Garrafinha com chupeta, para amamentar artificialmente.

ma.ma.do (*mama+ado¹*) *adj* **1** *pop* Desapontado, desiludido, embaraçado. **2** Atraiçoado, enganado. **3** *gír* Embriagado. • *sm Reg* (Sul e Centro) O bezerro que já mamou, em cada sessão de ordenha.

ma.mãe (*voc onom*) *sf bras* Tratamento carinhoso que se dá às mães.

ma.man.ga.ba (*tupi mangangá*) *sf Entom* Designação comum a certa família de abelhas de grande porte que fazem seus ninhos no chão. *Var: mamangava.*

ma.mão (*mamar+ão²*) *adj* **1** Que ainda mama. **2** Que mama muito. **3** Que depois de desmamado ainda pede para mamar. *Fem: mamona.* • *sm* **1** Rês que ainda mama. **2** Fruto do mamoeiro. *Pl: mamões.*

ma.mar (*lat mammare*) *vint* **1** Sugar o leite da mama: *O bebê já mamou. vtd* **2** Aprender ou adquirir na infância: *Mamou com o leite as qualidades paternas. vtd* **3** Chupar, sugar. *vtd* **4** *fig* Ter lucros ilícitos numa empresa ou na administração pública: *Mamou milhares de dólares na construção da rodovia. vint* **5** *bras gír* Embriagar-se. *Mamar em onça:* ser muito corajoso. *Mamar no dedo:* a) ficar sem o que outros ganharam; b) frustrar-se em qualquer expectativa. Equivale a *chupar o dedo.*

ma.má.rio (*mama+ário*) *adj* Que se refere à mama.

ma.ma.ta (de *mamar*) *sf bras* **1** Empresa ou negócio, público ou particular, em que políticos e funcionários desonestos obtêm vantagens, sobretudo financeiras. **2** Negociata; roubalheira.

mam.bem.bar (*mambembe+ar¹*) *vint bras* Percorrer o país como membro de circo ou teatro de má qualidade. *Var: mambembear.*

mam.bem.be *adj m+f bras* De pouquíssimo valor, imprestável, ordinário. (Especialmente aplicado a companhias teatrais medíocres que percorrem o interior dos Estados.) • *sm* Lugar afastado, ermo.

ma.me.lu.co (*ár mamlûk*) *sm* Filho de índio com branco.

ma.mí.fe.ro (*mama+fero*) *adj Zool* **1** Que tem mamas. **2** Que se alimenta de leite. **3** Relativo ou pertencente aos mamíferos. • *sm* Vertebrado da classe dos mamíferos.

ma.mí.fe.ros (*mama+fero*) *sm pl Zool* Classe mais elevada dos vertebrados que compreende o homem e todos os outros animais que alimentam sua prole com leite.

ma.mi.lo (*lat mamilla*) *sm* **1** *Anat* Saliência pigmentada, em forma de bico, na superfície anterior da mama. **2** Bico do peito. **3** *p ext* Qualquer saliência arredondada em forma de bico; por exemplo, a da extremidade de certos frutos como o limão.

ma.mi.nha (*dim* de *mama*) *sf* **1** Mama pequena. **2** Bico do peito. **3** A mama do homem. **4** *Cul* Úbere da vaca, para cozer. *Perder a maminha:* ficar privado de coisa boa a que estava acostumado.

ma.mo.ei.ro (*mamão+eiro*) *sm Bot* Planta frutífera, cultivada em toda a América, de tronco leitoso, folhas grandes, cujos frutos, os mamões, são diretamente presos ao caule; mamão, papaia, papaieira.

ma.mo.gra.fi.a (*mama+grafo+ia¹*) *sf* Radiografia da mama.

ma.mo.na (*quimbundo mumono*) *sf* **1** Semente do mamoneiro. **2** *V mamoneiro.* **3** Magnetita em pó, entre os garimpeiros.

ma.mo.nei.ro (*mamona+eiro*) *sm Bot* Arbusto da família das euforbiáceas, de grandes folhas e fruto redondo, cuja casca tem espinhos minúsculos e do qual se extrai óleo. Também conhecido por *mamona, mamono, mamoneira, carrapateira,* *carrapateiro, rícino, palma-christi* e *palma-de-cristo*.

ma.mo.plas.ti.a (*mama+plasto+ia¹*) *sf Cir* Cirurgia plástica da mama.

ma.mu.te (*fr mamouth*) *sm Paleont* Cada um de numerosos elefantes fósseis, que viveram no período Pleistoceno, distintos dos elefantes recentes por terem molares e presas muito grandes, curvadas para cima; seu corpo era muito desenvolvido e peludo; mastodonte.

ma.ná (*hebr man*, via *lat ecles manna*) *sm* **1** Alimento que, segundo a Bíblia, Deus enviou em forma de chuva aos israelitas, para os alimentar no deserto. **2** *fig* Alimento delicioso. **3** *fig* Alimento abundante e barato. **4** *fig* Alimento celeste, sustento do espírito. **5** *fig* Tudo o que é prazeroso, suave ou vantajoso.

ma.na.cá (*tupi manaká*) *sm Bot* Nome dado a vários arbustos e árvores, da família das solanáceas. Existem três tipos: *manacá-do-campo*, arbusto de flores pequenas, brancas e roxas, perfumadas; *manacá-da-serra*, árvores de porte médio e flores um pouco maiores que as do manacá-do-campo, sem perfume e com a cor rosa intermediário; e *manacá-grande*, árvores que atingem 4 metros, com flores semelhantes às do manacá-da-serra, porém maiores. As duas últimas estão entre as árvores nativas da Mata Atlântica.

ma.na.da (*cast manada*) *sf* **1** Rebanho de gado. **2** *Reg* (RS) Grupo de éguas ou burras, sujeitas a um garanhão ou um jumento.

ma.nan.ci.al (*cast manantial*) *sm* **1** Nascente de água. **2** *fig* Origem ou fonte abundante e perene. • *adj* Que mana ou corre incessantemente.

ma.nar (*lat manare*) *vtd* **1** Verter permanentemente. *vti* e *vint* **2** Brotar, correr, fluir com abundância: *Fontes cristalinas manam ali*. *vtd* **3** *fig* Criar, dar origem a, produzir: *A fumaça das fábricas manava prosperidade e conforto no velho povoado*. *vti* **4** Emanar, proceder, provir: *Da ociosidade mana a miséria*. *Conjug*: com raras exceções, conjuga-se apenas nas 3ªˢ pessoas.

ma.nau.a.ra (do *top* Manaus) *adj* e *s m+f* Manauense.

ma.nau.ê *sm Cul* Espécie de bolo feito de fubá de milho e mel. *Var*: manuê.

ma.nau.en.se (*top* Manaus+*ense*) *adj m+f* Relativo a Manaus, cidade, município e capital do Estado do Amazonas. • *s m+f* Pessoa natural desse município.

man.ca.da (*part fem* de *mancar*) *sf bras* **1** Erro ou lapso, numa afirmação qualquer, seja referente a um fato, doutrina ou conhecimento científico. **2** *gír* Rata, gafe.

man.cal *sm* **1** Dispositivo, em geral de ferro ou bronze, sobre o qual se apoia um eixo girante, oscilante ou deslizante. **2** Peça de ferro calçada de aço, sobre a qual gira a carapuça da moenda das canas-de-açúcar. **3** Peça de bronze que se põe nas chumaceiras dessa moenda. **4** Pau ferrado que serve de eixo, sobre o qual giram certas portas.

man.car (*manco+ar¹*) *vint* **1** Coxear, estar manco: *Exausto e arquejante, o animal mancava*. *vtd* **2** Tornar manco: *A queda violenta o mancara*. *vpr* **3** *fig* Faltar, falhar, em relação a um compromisso:

Você mancou comigo. *vpr* **4** *bras gír* Conscientizar-se de que está sendo inconveniente, inoportuno: *Não se manca a respeito da intromissão nos negócios da família*.

man.ce.bo (*ê*) (*lat mancipiu*) *sm* **1** Jovem, moço, rapaz. **2** Cabide para pendurar roupa, formado de uma haste com braços.

man.cha (*lat macula*) *sf* **1** Mácula, nódoa, laivo. **2** *fig* Defeito, imperfeição. **3** *fig* Nota infamante, desonra. **4** *Pint* Vestígio deixado pela palheta em um ponto do quadro; pincelada. **5** Esboço de um quadro cujas figuras e contrastes são obtidos de modo sumário e sintético, por meio de manchas de diferentes cores. **6** *Art Gráf* A parte impressa da página, por oposição às margens. *Mancha germinativa*: nucléolo do núcleo do ovo. *Manchas acústicas*: formações achatadas existentes na orelha interna dos mamíferos, nas quais termina o nervo auditivo. *Manchas solares*: cada uma das manchas escuras que aparecem de vez em quando no disco solar, visíveis geralmente apenas com um telescópio.

man.cha.do (*part* de *manchar*) *adj* **1** Que tem manchas. **2** Enodoado, sujo. **3** *fig* Desacreditado. *Antôn* (acepção 2): imaculado, limpo.

man.chão (*mancha+ão²*) *sm* **1** Mancha grande. **2** Mancha no terreno, onde jaz enterrado o diamante de aluvião. **3** *pop* Remendo que os automobilistas improvisam nos pneumáticos estragados.

man.char (*mancha+ar¹*) *vtd* **1** Pôr mancha em; enodoar: *Ao cair, o sangue manchava o assoalho polido*. *vtd* e *vpr* **2** *fig* Denegrir, infamar, poluir: *Manchar a honra, a reputação. Em tão baixo e vil ambiente não se manchara, no entanto*. *Antôn* (acepções 1 e 2): limpar, ilibar. *Manchar as mãos com*: praticar (ação censurável ou vergonhosa). *Manchar um quadro, Pint*: dar pinceladas claras e escuras, antes de misturá-las.

man.chei.a (*mão+cheia*) *sf V* mão-cheia. *Às mancheias*: à farta, prodigamente. *De mancheia*: excelente, ótimo.

man.che.te (*ê*) (*fr manchette*) *sf* **1** *bras* Título de notícia, impresso em caracteres grandes, na parte superior do rosto do jornal. **2** *bras* O título principal numa edição de jornal. **3** *Esp* No vôlei, jogada que consiste em entrelaçar as mãos e receber a bola com a parte interna dos braços estirados.

man.co (*lat mancu*) *adj* **1** Diz-se da pessoa ou do animal a que falta a extremidade de um membro, ou que não se pode servir dele; coxo. **2** Defeituoso, imperfeito, por falta de alguma parte necessária. **3** *fig* Duro de inteligência, tapado, ignorante. **4** *fig* Lento, vagaroso, tardio. • *s* Pessoa manca; coxo.

man.co.mu.na.do (*part* de *mancomunar*) *adj* Conluiado, concertado, combinado, de cumplicidade com.

man.co.mu.nar (*mão+comum+ar¹*) *vtd* e *vpr* Ajustar(-se), combinar(-se), conluiar(-se): *Mancomunaram o negócio. Mancomunam-se para elevarem os preços*.

man.da.ca.ru (*tupi iamandakarú*) *sm Bot* Planta arborescente, da família das cactáceas, do Peru e do Brasil, vegetando principalmente no Nordeste, onde, no tempo das secas, é aproveitada na alimentação do gado por suas grandes reservas de água.

man.da.chu.va (*mandar+chuva*) *s m+f bras* **1** Indivíduo importante, influente; magnata. **2** Chefe político; cacique.

man.da.do (*lat mandatu*) *adj* **1** Que mandaram. **2** Que recebeu ordem. • *sm* **1** Ato de mandar; mandamento. **2** Determinação escrita enviada de superior a inferior. **3** Ordem ou despacho escrito de autoridade judicial ou administrativa. **4** Recado, incumbência. *Mandado de segurança, Dir:* garantia constitucional para proteger direito individual líquido e certo, não amparado por *habeas corpus*, contra ilegalidade e abusos de poder, seja qual for a autoridade que os pratique. *Mandado executivo:* ordem de penhora ou execução.
Deve-se distinguir **mandado** de **mandato**. **Mandado** significa ordem de autoridade judicial, enquanto **mandato** quer dizer período de duração de um cargo público ou político.
O **mandado** foi expedido pelo juiz.
Nas eleições, os candidatos pediam votos para um **mandato** na Prefeitura.

man.da.men.to (*lat med mandamentu*) *sm* **1** Ato ou efeito de mandar. **2** Mandado, ordem. **3** Voz de comando. **4** *Rel* Cada um dos preceitos que constituem o decálogo. **5** *Rel* Preceito da Igreja.

man.dan.te (*lat mandante*) *adj m+f* e *s m+f* **1** Que, ou quem manda. **2** Que, ou quem subordina ou rege. **3** Que, ou quem outorga mandato. • *s m+f* Pessoa que incita outra a certos atos: *mandante do crime*. Antôn: *mandatários*.

man.dão (de *manda+ão²*) *adj+sm* **1** Que, ou aquele que manda com arrogância ou gosta de mandar. **2** Déspota. *Fem: mandona*.

man.dar (*lat mandare*) *vtd* **1** Ordenar, exigir: *O policial mandou o ladrão colocar as mãos na cabeça.* *vtd* **2** Determinar, preceituar, prescrever: *A boa educação manda comer com a boca fechada.* *vtd* **3** Enviar, remeter: *Ele mandou flores à namorada.* *vtd* **4** Ordenar que vá: *Mandou o garoto à padaria.* *vtd* **5** Dar por incumbência: *Mandei-o representar a empresa.* *vtd* **6** Degredar, deportar, desterrar: *O governo russo mandou o escritor para a Sibéria.* *vtd* **7** *gír* Atacar: *Ele mandou a mão na cara do moleque.* *vti e vint* **8** Exercer autoridade; dominar, governar: *Ele manda nos empregados com mão de ferro.* *vpr* **9** *bras pop* Ir(-se) embora, partir. *Mandar em testamento:* legar, dispor. *Mandar para a outra vida* (ou *para o outro mundo*): matar.

man.da.rim (*malaio mantari*) *sm* **1** Alto funcionário da antiga China. **2** *Ling* Dialeto oficial na China. *Var: mandarino. Fem: mandarina*.

man.da.tá.rio (*lat med mandatariu*) *sm* **1** Aquele que recebe mandato ou procuração de outrem para fazer certa coisa. **2** Executor de mandatos. **3** Delegado; procurador, representante. *Mandatários da nação, do povo:* deputados.

man.da.to (*lat mandatu*) *sm* **1** Autorização que alguém confere a outrem para, em seu nome, praticar certos atos; procuração. **2** Delegação. **3** Poderes que o povo confere a um cidadão, por meio do voto, para que governe uma nação, estado ou município ou o represente nas respectivas assembleias legislativas. **4** Preceito ou ordem de superior para inferior. **5** *p ext* Período, prazo de duração de um mandato.

man.di (*tupi mandií*) *sm Ictiol* Denominação comum a pequenos peixes de água doce, dotados de espinho ósseo nas nadadeiras peitorais.

man.dí.bu.la (*lat mandibula*) *sf* **1** *Anat* Osso do queixo onde se fixam os dentes inferiores (nome antigo: maxilar inferior); queixada. **2** *Ornit* Cada uma das duas partes do bico dos pássaros. **3** *Entom* Cada uma das duas peças móveis e duras que ladeiam a boca de certos insetos. **4** *Zool* Cada um dos dois apêndices bucais dos artrópodes, adaptados para a mastigação.

man.din.ga *sf* **1** Feitiçaria, bruxaria, sortilégio. **2** Dificuldade que parece provocada por arte mágica.

man.din.gar (*mandinga+ar¹*) *vtd* Fazer mandinga a; enfeitiçar: *Acreditava que resolveria as questões mandingando o inimigo até a morte.* Conjug – Pres indic: *mandingo, mandingas, mandinga* etc.; Pres subj: *mandingue, mandingues, mandingue, mandinguemos, mandingueis, mandinguem;* Pret perf: *mandinguei, mandingaste, mandingou* etc.

man.din.guei.ro (*mandinga+eiro*) *sm* **1** Indivíduo que faz mandingas; bruxo, feiticeiro. **2** *pop* Nome que também dão ao *uirapuru*, atribuindo virtudes sobrenaturais a seu cadáver, seco e preparado.

man.di.o.ca (*tupi mandióka*) *sf* **1** *Bot* Arbusto herbáceo, originário da América do Sul, muito cultivado por suas raízes tuberosas. As denominações populares de *mandioca doce* ou *mansa* e *mandioca amarga* ou *brava* referem-se a variedades que contêm maiores ou menores proporções de ácido cianídrico; manduba; aipim, macaxeira. **2** A raiz dessas plantas.

man.di.o.qui.nha (*dim* de *mandioca*) *sf bras Bot* Erva que produz raízes tuberosas, amarelas, muito apreciadas na alimentação humana; também chamada *mandioca-salsa, batata-cenoura, batata-baronesa, batata-baroa*.

man.do (de *mandar*) *sm* **1** Ato ou poder de mandar. **2** Ordem, mandado. **3** Comando. **4** Arbítrio.

man.do.ro.vá (*tupi marandouá*) *sm Entom* Designação comum às lagartas de borboletas e mariposas. Alimentam-se de folhas e não possuem cerdas urticantes. *Var: mandarová, manduvá, manduruvá* e *marandová*.

man.drá.go.ra (*gr mandragóras*) *sf Bot* **1** Gênero de plantas da família das solanáceas. **2** Planta desse gênero, muito usada em feitiçaria na Antiguidade e na Idade Média por suas supostas propriedades afrodisíacas.

man.dri.ão (*mândria+ão²*) *adj e sm* Que, ou quem é preguiçoso, vadio.

man.dril (*cast mandril*) *sm* **1** *Mec* Eixo ou fuso de máquina-ferramenta, geralmente pontudo, que é inserido em um orifício numa peça a ser trabalhada, para segurá-la durante a usinagem. **2** Dispositivo que segura e gira a broca nas furadeiras e arcos de pua; porta-broca. **3** *Zool* Macaco da África ocidental e Costa da Guiné, com grandes listras vermelhas e brilhantes no focinho e, quando adulto, nas nádegas, apresenta calosidades azuis.

man.dru.vá (*tupi marandouá* com *metát* e síncope) *sm* V *mandorová*.

ma.nei.ra (*lat manuaria*) *sf* **1** Feitio ou modo de ser de uma coisa. **2** Método de fazer qualquer coisa. **3** Modo, uso, meio. **4** Habilidade, jeito. **5** Circunstância, condição. **6** Estilo ou caráter de um autor. *sf pl* Afabilidade, boa educação: *É uma pessoa de boas maneiras. Maneira de pensar:* opinião, parecer. *De maneira que:* de modo que, de sorte que.

ma.nei.rar (*maneira*+*ar*¹) *bras gír vint* **1** Ser ou mostrar-se maneiroso; agir com tato, prudência ou sutileza: *Maneirou as palavras para não provocar maiores indignações da plateia*. **2** Abrandar, suavizar: *Para facilitar a decisão e evitar o confronto, maneirava*.

ma.nei.ro (*lat manuariu*) *adj* **1** De manejo fácil. **2** Cordato. **3** Portátil, manual. **4** Afável, delicado. **5** Que exige pouco esforço; leve. **6** Ágil. **7** *bras gír* Palavra que exprime inúmeras ideias: belo, bom, ótimo, excelente etc.

ma.nei.ro.so (ô) (*maneira*+*oso*) *adj* Que tem boas maneiras; amável, delicado. *Pl: maneirosos (ó)*.

ma.ne.jar (*ital maneggiare*) *vtd* **1** Fazer algo utilizando as mãos; manusear: *Manejar a foice, o machado*. *vtd* **2** Dirigir, governar com as mãos: *Manejar o volante, o leme*. *vtd* **3** Empunhar, brandir: *Manejar a espada, a lança*. *vtd* **4** Desempenhar, exercer, exercitar: *Manejar o pincel, o cinzel, a pena* (ser pintor, ser escultor, ser escritor). *vtd* **5** Lidar com: *Hábil e experimentado chefe, maneja bem os subalternos*. *vtd* **6** Administrar, governar, ter autoridade sobre: *Seu grande prazer era manejar os milhões de espectadores*. *vint* **7** Atuar, conduzir para determinado fim: *Os advogados manejam bem com as palavras*. *vint* **8** *Equit* Trabalhar com as patas dianteiras: *Seu cavalo maneja satisfatoriamente*.

ma.ne.já.vel (*manejar*+*vel*) *adj m*+*f* **1** Que se pode manejar. **2** Que pode ser feito à mão.

ma.ne.jo (ê) (de *manejar*) *sm* **1** Ato de manejar. **2** Exercício manual. **3** Gerência, administração, direção. **4** *pop* Manobra, artimanha. **5** Arte de domar ou de ensinar cavalos.

ma.ne.quim (*fr mannequim*) *sm* **1** Boneco que representa uma figura humana e serve para estudos artísticos, científicos, para assentar trabalhos de costura ou para exposição de roupas em vitrinas de lojas. **2** Medida padronizada para roupas feitas. **3** V *modelo* (acepção 5).

ma.ne.ta (ê) (*lat manu*+*eta*) *adj* e *s m*+*f* Que, ou pessoa a quem falta um braço ou uma das mãos.

man.ga¹ (*lat manica*) *sf* **1** Parte do vestuário que cobre o braço. **2** Peça tubular que reveste ou protege outra: *Manga do lampião*. **3** Funil para filtrar líquidos. **4** Tromba-d'água. **5** Hoste de tropas.

man.ga² (*malaiala mangá*) Fruto da mangueira.

man.ga.ba (*tupi mangáua*) *sf* **1** Fruto da mangabeira. **2** V *mangabeira*.

man.ga.bei.ra (*mangaba*+*eira*) *sf Bot* Pequena árvore de tronco tortuoso, comum nas restingas, cerrados e no litoral do Nordeste brasileiro. Suas flores são grandes e brancas. Por incisão, o caule exsuda látex branco, que dá uma borracha inferior.

man.ga-lar.ga *adj* e *s m*+*f* Diz-se de, ou cavalo de certa raça apurada em Minas Gerais (manga-larga marchador) ou em São Paulo (manga-larga paulista). *Pl: mangas-largas*.

man.ga.nês (*fr manganèse*) *sm Quím* Elemento metálico branco-acinzentado, duro e quebradiço, semelhante ao ferro, mas não magnético; usado principalmente na fabricação de aço. Número atômico 25 e símbolo Mn.

man.gar *vti* e *vint* **1** Zombar, escarnecer: *Os moleques mangavam do bêbado. Falo sério, não mango*. *vti* **2** Enganar, iludir: *Vive mangando com ele*. *vint* **3** *Reg* (Sul) Demorar, matar o tempo. *Conjug – Pres indic: mango, mangas, manga* etc.; *Pres subj: mangue, mangues, mangue* etc. *Cf mangue*.

man.gue *sm* **1** *Ecol* Terreno pantanoso das margens das lagoas, portos, desaguadouros dos rios, onde, em geral, vegeta o mangue (planta). **2** *Ecol* Margem lamacenta de portos, rios etc., onde chega a água salgada. **3** *Ecol* Floresta junto às praias e às fozes dos rios. **4** *Bot* Nome comum a vários arbustos ou pequenas árvores, pertencentes a diversas famílias, que vegetam de preferência nos mangues.

man.guei.ra (*manga*²+*eira*) *sf* **1** *Bot* Árvore frutífera, de grande porte, da família das anacardiáceas, originária da Ásia tropical. É cultivada em todos os países de clima tropical, e em grande escala no Brasil, por seus frutos muito apreciados, as mangas. A casca e as raízes têm propriedades medicinais. **2** Tubo de lona ou de borracha para a condução de líquidos ou do ar. **3** *Reg* (RS) Curral grande, podendo ser de pau a pique, tábuas etc., onde se recolhe o gado.

man.gue.zal (*mangue*+*z*+*al*¹) *sm Ecol* Terreno em que crescem mangues.

ma.nha (*lat vulg* *mania*) *sf* **1** Malícia, artimanha. **2** Destreza, habilidade, jeito. **3** Choro de criança, sem motivo, birra, choradeira. *sf pl* Costumes, hábitos.

ma.nhã (*lat vulg* *maneana*) *sf* **1** Tempo que vai do nascer do sol ao meio-dia. **2** O alvorecer, o amanhecer. **3** Madrugada. **4** *fig* Começo, princípio: *A manhã da vida*. *De manhã:* antes do meio-dia.

ma.nho.so (ô) (*manha*+*oso*) *adj* **1** Que tem manha ou manhas. **2** Feito com manha. **3** Hábil, sagaz. **4** Diz-se de criança chorona. *Pl: manhosos (ó)*.

ma.ni.a (*gr manía*) *sf* **1** *Psiq* Síndrome mental caracterizada por exaltação, euforia, incoerência de ideias e atividades motoras. **2** Ideia fixa, doentia; obsessão: *mania de perseguição*. **3** Modo excêntrico, extravagante ou bizarro de pensar e agir. **4** Gosto exagerado por algo; obcecação.

ma.ní.a.co (*gr maniakós*) *adj* + *sm* **1** Que, ou o que tem mania ou manias. **2** Aferrado a. **3** *fig* Apaixonado por. **4** Obcecado. **5** Excêntrico, esquisito.

ma.ní.a.co-de.pres.si.vo *adj* + *sm* Que, ou aquele que sofre de psicose maníaco-depressiva. *Pl: maníacos-depressivos*.

ma.ni.ço.ba (*tupi mandisóua*) *sf* **1** *Bot* Árvore, pequena ou média, brasileira, originária do Nordeste, mas hoje cultivada em outras regiões tropicais do globo. Fornece látex que dá borracha, de qualidade pouco inferior à da seringueira; das suas sementes extrai-se um óleo doce. **2** Folha de mandioca. *Var: maniçobeira*.

ma.ni.ço.bal (*maniçoba+al*[1]) *sm* Terreno onde crescem maniçobas em abundância.

ma.ni.cô.mio (*gr manía+komeîn*) *sm* Hospital de doentes mentais; hospício.

ma.ni.cu.re (*fr manicure*) *sf* Profissional que trata das mãos dos seus clientes, aparando, polindo e esmaltando-lhes as unhas.

ma.ni.cu.ro (*fr manicure*) *sm* Masculino de *manicure*.

ma.ni.e.tar (*lat manu+atar*) *vtd* **1** Atar as mãos de. **2** Algemar, prender. **3** *fig* Constranger, tolher, intimidar.

ma.ni.fes.ta.ção (*lat manifestatione*) *sf* **1** Ato ou efeito de manifestar(-se). **2** Expressão, revelação. **3** Expressão pública de opiniões ou sentimentos coletivos.

ma.ni.fes.tan.te (*lat manifestante*) *adj + sm* Que, ou o que se manifesta ou entra em uma manifestação.

ma.ni.fes.tar (*lat manifestare*) *vtd* **1** Tornar manifesto, patente, público, notório: *O povo manifesta sua vontade em praça pública*. *vtd* **2** Mostrar, revelar: *Manifestar alegria, medo* etc. *vpr* **3** Dar-se a conhecer, revelar-se, traduzir-se: *Seus propósitos não demoraram a manifestar-se*. *vpr* **4** Espir Dar (o espírito) a conhecer a sua presença por sinais físicos ou por materialização. Antôn (acepções 1 e 2): *ocultar, encobrir*.

ma.ni.fes.to (*lat manifestu*) *adj* Claro, evidente, público, notório. • *sm* **1** Declaração pública de uma corrente literária, de um partido etc. **2** Profissão de fé. **3** Declaração pública, especialmente do chefe da nação, expondo justificativa de certos atos. **4** Coisa manifestada.

ma.ni.lha (*cast manilla*) *sf* **1** Tubo de barro vidrado, usado em canalizações. **2** Argola com que alguns povos adornam os braços e os tornozelos; espécie de pulseira. **3** Argola das algemas. **4** Anel ou elo de cadeia. **5** Nome de certas cartas em vários jogos. **6** Tipo de papel grosso e resistente feito da fibra do abacá.

ma.ni.pu.la.ção (*manipular+ção*) *sf* **1** Ato ou efeito de manipular. **2** Preparação manual. **3** Operação manual no trabalho com produtos químicos, farmacêuticos etc. *Manipulação de exceção ou erro, Inform:* conjunto de procedimentos que diagnosticam e corrigem erros, ou minimizam seus efeitos, de maneira que um sistema possa operar quando um erro é detectado.

ma.ni.pu.la.dor (*manipular+dor*) *adj* Que manipula. • *sm* **1** Aquele que manipula. **2** Instrumento com que o telegrafista transmite os sinais telegráficos. *Manipulador de dispositivo, Inform: V driver*.

ma.ni.pu.lar (*manípulo+ar*[1]) *vtd* **1** Preparar (alguma coisa) com a mão. **2** Preparar (medicamento). *fig* **3** Engendrar, forjar, maquinar: *Manipular ideias*. **4** Organizar: *Manipular um texto*.

ma.ni.tô (*algonquino manitu*, via *fr*) *sm* Espírito protetor, ou demônio, entre os índios americanos.

ma.ni.ve.la (*fr manivelle*) *sf* **1** Peça curvada em ângulo reto a que se imprime movimento com a mão. **2** Peça de madeira ou de ferro sujeita a uma força motriz que transmite movimento de rotação a uma máquina ou engenho.

man.ja.do (*part de manjar*) *adj gír* Observado, ouvido, visto, muito conhecido.

man.jar (*provençal ant manjar*) *vtd* **1** *p us V comer*. **2** *gír* Ver, espionar, estar informado. **3** *gír* Entender de alguma coisa. **4** *gír* Sacar. • *sm* **1** Qualquer substância alimentar. **2** Iguaria delicada e apetitosa. **3** *fig* Aquilo que pode deleitar, fortalecer ou vigorar o espírito.

man.jar-bran.co *sm Cul* Espécie de pudim feito com leite de coco e maisena. *Pl: manjare-brancos*.

man.je.dou.ra (decalque do *ital mangiatoia*) *sf* Tabuleiro em que se coloca alimento para os animais no estábulo.

man.je.ri.cão *sm Bot* Erva da família das labiadas, de minúsculas flores brancas que brotam em pequenos cachos; suas folhas pequenas e muito aromáticas têm uso culinário, como condimento.

man.je.ro.na *sf Bot* Erva de origem europeia, da família das labiadas, cultivada no Brasil em hortas e jardins; suas folhas aromáticas são usadas como condimento.

man.ju.ba *sf Ictiol* Nome popular de vários peixes marinhos cujas espécies apresentam o canto da boca atrás dos olhos, caráter que as distingue das sardinhas; é a espécie mais comum nos mercados de São Paulo e Rio de Janeiro; também chamada *aletria, pipitinga* e *pititinga. Var: manjuva*.

ma.no (*cast hermano*) *sm* **1** *V irmão*. **2** Cunhado. **3** *pop* Amigo, vizinho. • *adj* Muito amigo, íntimo, inseparável. • *sf* Mão, em algumas frases: *mano e mano; de mano a mano. Mano a mano:* com intimidade; familiarmente.

ma.no.bra (*fr manoeuvre*) *sf* **1** Ação de fazer um mecanismo ou aparelho funcionar à mão. **2** Conjunto de ações ou movimentos, às vezes astuciosos, para as atingir determinado fim. **3** Movimentação de locomotivas, nas estações de estradas de ferro, para organizar os trens nas linhas ou manejo de embarcações. **4** Manejo, evolução, movimentação. *sf pl* Nas Forças Armadas, exercícios de várias unidades que agem segundo um plano preestabelecido.

ma.no.brar (*fr manoeuvrer*) *vtd* **1** Pôr em movimento, realizar as operações necessárias e adequadas às circunstâncias: *Manobrou o automóvel para estacioná-lo*. **2** *fig* Agenciar, dirigir, governar: *Manobrar negócios. Manobrar a vida. Manobrar a política*. *vint* **3** Levar a efeito evoluções militares ou náuticas: *As tropas manobravam*. *vint* **4** Fazer manobra, executar movimentos: *Ela ligou o carro, manobrou e saiu*. **5** Agir, atuar com astúcia: *Os políticos adoram manobrar*.

ma.no.bris.ta (*manobra+ista*) *s m+f* **1** Profissional que realiza as manobras das embarcações ou, nas garagens, as dos automóveis. **2** *fig* Pessoa que age com manha e habilidade. *Var: manobreiro*.

ma.nô.me.tro (*gr mános+metro*) *sm* Cada um dos vários tipos de instrumentos para medir pressões.

ma.no.pla (*lat manupulu*) *sf* **1** Antiga luva de ferro usada pelos cavaleiros medievais. **2** Manzorra; mão grande, disforme.

man.que.jar (*manco+ejar*) *vint* **1** Coxear, mancar, claudicar. **2** *fig* Faltar, falhar. *Conjug – Pres indic: manquejo, manquejas, manqueja* etc.; *Pres subj: manquejo, manquejas, manqueja* etc.

man.qui.tó (de *manco*) *adj + sm pop* Coxo, manco.

man.qui.to.la (de *manquitó*) *adj pop V manquitó*.

man.são (*lat mansione*) *sf* Residência luxuosa e de grandes dimensões.

man.sar.da (*fr mansarde*) *sf* **1** Sótão. **2** Moradia pobre.

man.si.dão (*lat mansuetudo*) *sf* **1** Qualidade de manso. **2** Serenidade. **3** Índole pacífica. **4** Suavidade ou lentidão nas palavras ou na voz. *Antôn: braveza.*

man.so (*lat vulg mansu*, regressivo de *mansuetu*) *adj* **1** Que tem mansidão, brando de gênio, pacífico. **2** Reduzido do estado selvagem, feroz ou arisco, à inofensibilidade ou docilidade; amansado. **3** Plácido, sossegado, tranquilo. • *sm* **1** *Reg* (Amazônia) Seringueiro prático, ou pessoa afeita aos costumes da terra. **2** Trecho de rio onde as águas parecem paradas. **3** *gír* Marido ultrajado e complacente. • *adv* Devagar, sem fazer barulho. *De manso:* brandamente, devagar, sem fazer ruído. *Manso de palavras:* que fala com mansidão. *Manso e manso:* devagar; pouco a pouco.

man.su.e.tu.de (*lat mansuetudine*) *sf* Mansidão; suavidade.

man.ta (de *manto*) *sf* **1** Cobertor. **2** Pano de lã ou de algodão, semelhante a um cobertor, e que se usa para agasalho. **3** Pano de lã que se põe debaixo do selim das cavalgaduras. **4** Porção da carne da rês, quer da região das costelas, quer da do peito, aberta longitudinalmente. **5** *Art Gráf* Parte externa do papel de bobina, retirada antes de começar a impressão.

man.tei.ga (*voc pré-românico*) *sf* Substância gordurosa e alimentícia que se extrai do leite de vaca. *Manteiga de cacau:* óleo concreto que se extrai das bagas do cacau. *Manteiga-derretida:* a) criança chorona; b) pessoa demasiado sensível.

man.tei.guei.ra (*manteiga+eira*) *sf* Recipiente em que se serve a manteiga.

man.te.ne.dor (*cast mantenedor*) *adj + sm* Que, ou aquele que mantém ou sustenta.

man.ter (*lat vulg manutenere*) *vtd* **1** Prover do que é necessário à subsistência; sustentar: *Lutavam para manter sete filhos.* *vtd* **2** Fornecer a (alguém) o necessário para as suas despesas. *vtd* **3** Conservar, sustentar: *Manter a calma. Manter a palavra.* *vtd* **4** Defender, respeitar: *Manter a honra, manter um direito.* *vtd* **5** Continuar ou prosseguir em: *Manter a defensiva.* *vtd* **6** Fazer permanecer em: *Mantém os filhos num internato.* *vtd* **7** Sustentar no gozo ou posse de: *Mantiveram a princesa no trono.* *vpr* **8** Alimentar-se, sustentar-se: *Manter-se de frutas e verduras.* *Conjug:* conjuga-se como *ter;* recebem, porém, acento agudo os *ee* na 2ª e 3ª pessoas do singular do presente do indicativo (*manténs, mantém*) e na 2ª pessoa do singular do imperativo afirmativo (*mantém(tu)*).

man.tí.deo (*gr mántis+ídeo²*) *sm Zool* Espécime dos mantídeos, família de insetos predadores como o louva-a-deus.

man.ti.lha (*cast mantilla*) *sf* **1** Manto fino, em geral rendado, usado até recentemente pelas mulheres na igreja para cobrir a cabeça durante as cerimônias religiosas. **2** Acessório da vestimenta típica das espanholas, usada presa aos cabelos; véu.

man.ti.men.to (*manter+mento*) *sm* Alimento, víveres. *sm pl* Gêneros alimentícios.

man.to (*lat med mantu*) *sm* **1** Tudo que cobre ou encobre. **2** Hábito usado por algumas religiosas. **3** Capa com grande cauda e roda, usada pelas pessoas reais e cavaleiros em cerimônias solenes. **4** Grande véu preto que as senhoras da nobreza usavam em ocasião de luto e que chegava a tocar o chão. **5** *fig* Escuridão, trevas: *O manto da noite.*

man.tô (*fr manteau*) *sm* Casaco de inverno, longo até os joelhos ou até os tornozelos; casacão.

ma.nu.al (*lat manuale*) *adj* **1** Que diz respeito à mão. **2** Feito à mão. **3** Relativo ao trabalho de mãos. **4** Que facilmente se pode trazer nas mãos ou manusear; leve, portátil. • *sm* Livro pequeno e portátil, contendo o resumo de alguma ciência ou arte; compêndio.

ma.nu.fa.tu.ra (*lat manu+fatura*) *sf* **1** Trabalho executado à mão. **2** Obra feita à mão. **3** Processo ou trabalho de fazer artigos ou quaisquer produtos à mão ou com maquinaria; fabricação. **4** Estabelecimento industrial que fabrica seus produtos em grande quantidade; fábrica. **5** Produto desse estabelecimento.

ma.nu.fa.tu.ra.do (*part* de *manufaturar*) *adj* Resultante de manufatura, ou fabricado por manufatura. • *sm* Produto manufaturado.

ma.nu.fa.tu.rar (*manufatura+ar¹*) *vtd* **1** Produzir por meio do trabalho manual: *Manufaturar bordados.* **2** Fabricar, fazer: *Manufaturar toalhas.*

ma.nus.cri.to (*lat manu+escrito*) *adj* Escrito à mão. • *sm* **1** Obra escrita à mão. **2** Originais de uma obra.

ma.nu.se.ar (*lat manus+ear*) *vtd* Mover com a mão; manejar: *Como a peça era frágil, ele a manuseava com cuidado.* Conjuga-se como *frear.*

ma.nu.se.á.vel (*manusear+vel*) *adj m+f* Que se pode manusear, manejar.

ma.nu.sei.o (de *manusear*) *sm* Ato de manusear.

ma.nu.ten.ção (*lat manu+tentione*) *sf* **1** Ato ou efeito de manter. **2** Sustento. **3** Dispêndio com a conservação de uma coisa. **4** Conjunto de revisões e operações normais na conservação de um veículo em uso: *Manutenção do automóvel.* **5** Administração, gerência.

man.zor.ra (*mão+z+orro*) *sf* **1** Aumentativo de mão. **2** Manopla (acepção 2).

mão (*lat manu*) *sf* **1** *Anat* Extremidade dos membros superiores do ser humano. **2** Membros dianteiros dos quadrúpedes. **3** Rodada de cartas. **4** Camada de tinta ou de cal que se dá sobre alguma superfície; demão. **5** *bras* Cada um dos sentidos do trânsito nas ruas e estradas. **6** *bras* Lado direito de quem segue a pé ou vai guiando um veículo. **7** Quantidade igual a cinco unidades ou que se apanha com a mão. **8** Auxílio, ajuda. **9** Domínio, controle. *À mão:* a) com a mão; com o próprio punho; b) ao alcance; em posição fácil de pegar; pertinho. *Com mão de ferro:* com pulso firme. *Dar a mão:* a) auxiliar; b) estender a mão para cumprimentar. *Dar as mãos à palmatória:* reconhecer que errou. *De segunda mão:* já usado ou servido por outra pessoa. *Em primeira mão:* que não foi divulgado antes. *Mão de obra:* a) trabalho manual, de que resulta um produto; b) custo da execução de uma obra; c) operários que fazem um trabalho; d) *bras pop* tarefa de difícil execução, complicada ou trabalhosa. *Mão dupla:* nos dois sentidos.

mão-a.ber.ta *s m+f pop* **1** Pessoa em cujas mãos não para dinheiro; esbanjador. **2** Pessoa generosa. *Pl: mãos-abertas.*

mão-chei.a *sf* Mancheia. *De mão cheia:* de boa qualidade, ótimo, excelente, de encher a mão. *Pl: mãos-cheias.*

ma.o.me.ta.no (*Maomé, np+t+ano*) *adj* **1** Que se refere a Maomé. **2** Que se refere ao maometismo.
• *adj+sm* Diz-se do, ou o adepto do maometismo; muçulmano, islamita.

ma.o.me.tis.mo (*Maomé, np+t+ismo*) *sm* V *islamismo.*

ma.pa (*lat mappa*) *sm* **1** Representação plana e reduzida de um setor da superfície terrestre. **2** Carta geográfica ou celeste. **3** Lista, catálogo, relação, quadro sinóptico. **4** *Inform* Lista de itens de dados ou objetos dentro de uma aplicação ou livro multimídia. *Mapa geográfico:* delineação das terras e dos mares do globo. *Mapa topográfico:* delineação minuciosa de apenas uma localidade e, quando muito, das suas cercanias.

ma.pa-mún.di (*lat mappa mundi*) *sm* O que representa toda a superfície da Terra, em dois hemisférios. *Mapa-múndi celeste:* o que delineia em conjunto a situação relativa que as estrelas têm entre si, nos dois hemisférios celestes. *Pl: mapas-múndi.*

ma.pe.a.men.to (*mapear+mento*) *sm* Ato ou efeito de mapear. *Mapeamento de textura, Inform:* a) na computação gráfica, efeito especial que usa algoritmos para produzir uma imagem que se parece com a superfície de alguma coisa real; b) ação de cobrir uma imagem com outra, dando textura à primeira (*p ex,* a imagem de uma casa pode ser coberta com imagens de tijolos, o que lhe daria textura).

ma.pe.ar (*mapa+e+ar¹*) *vtd* **1** Distribuir sobre uma superfície plana os contornos geográficos de determinada região. **2** *Inform* Transferir dados de uma região da memória para outra. **3** *Inform* Relacionar ou ligar um conjunto de itens de dados a outros.

ma.po.te.ca (*mapa+teca*) *sf* Coleção de mapas e cartas geográficas. Conjuga-se como *frear.*

ma.que.te (*é*) (*fr maquette*) *sf* **1** Esboço em pequena escala em três dimensões, de estátua ou qualquer obra de escultura, modelado em barro, cera ou outro material. **2** Esboço de uma pintura decorativa, de um edifício, de um cenário etc. **3** Protótipo de pequenas dimensões; modelo reduzido.

ma.que.tis.ta (*maqueta+ista*) *adj* e *s m+f* Que, ou aquele que faz maquetes.

ma.qui.a.vé.li.co (*ital Machiavelli, np+ico²*) *adj* **1** Que se assemelha ou se refere ao maquiavelismo. **2** *fig* Ardiloso, astuto, pérfido.

ma.qui.a.ve.lis.mo (*ital Machiavelli, np+ismo*) *sm* **1** *Hist* Sistema do político florentino Nicolló Machiavelli, dito Maquiavel (1469-1527), exposto em sua obra *O Príncipe* e caracterizado pelo princípio amoralista de que os fins justificam os meios. **2** *por ext* Perfídia, procedimento astucioso, velhacaria.

ma.qui.la.dor (*maquilar+dor*) *adj* Que maquila.
• *sm* Profissional que prepara o rosto dos atores, caracterizando-os segundo os personagens que devam representar. *Var: maquiador.*

ma.qui.la.gem (*fr maquillage*) *sf* Ato ou efeito de maquilar ou maquilar-se. *Var: maquiagem.*

ma.qui.lar (*fr maquiller*) *vtd* **1** Aplicar cosméticos no rosto para embelezar, realçar ou disfarçar. *vpr* **2** Maquilar o próprio rosto. *vtd* **3** *fig* Disfarçar, mascarar: *Maquilou* (ou *maquiou*) *os prejuízos da empresa. Var: maquiar.*

má.qui.na (*lat machina*) *sf* **1** Aparelho ou instrumento destinado a produzir, dirigir ou comunicar uma força, ou aproveitar a ação de um agente natural. **2** Aparelho ou veículo motor ou locomotor. **3** Qualquer instrumento ou ferramenta que se empregue na indústria. **4** Conjunto de mecanismos capazes de transformar, transmitir movimento, energia e força. *Máquina automática de vendas:* máquina que fornece bebidas, cigarros e outros produtos quando alimentada com dinheiro ou fichas. *Máquina de vapor:* a que se põe em movimento pela tensão do vapor de água. *Máquina do Estado:* os poderes públicos, as leis e os funcionários encarregados da administração do país. *Máquina fotográfica:* aparelho que reproduz imagens sobre uma chapa fotográfica; câmara fotográfica.

ma.qui.na.ção (*lat machinatione*) *sf* **1** Ato ou efeito de maquinar. **2** Conluio, enredo, trama. **3** *gír* Armação.

ma.qui.nar (*lat machinari*) *vtd* **1** Planejar: *Maquinar um flagrante. vtd* **2** Intentar, projetar: *Maquinava mudanças, coisas diferentes que quebrassem a rotina. vti* **3** Conspirar: *Maquinar contra o poder vigente. Conjug – Pres indic: maquino, maquinas, maquina (qui)* etc. *Cf máquina.*

ma.qui.na.ri.a (*máquina+aria*) *sf* **1** Conjunto de máquinas. **2** Arte de construir máquinas.

ma.qui.ná.rio (*máquina+ário*) *sm* Maquinaria (acepção 1).

ma.qui.nis.mo (*máquina+ismo*) *sm* **1** Conjunto das peças de uma máquina. **2** Emprego de máquinas; maquinaria. **3** Arte de maquinista. **4** Aparelho, instrumento. **5** Aparelho para fazer executar movimentos. **6** Qualquer coisa que faz que outra se mova, física ou moralmente.

ma.qui.nis.ta (*máquina+ista*) *s m+f* **1** Pessoa que inventa, constrói ou dirige máquinas. **2** *Telev, Teat* Encarregado do cenário ou das decorações no teatro. **3** Operário qualificado que opera com máquinas. **4** O que controla e dirige uma locomotiva.

mar (*lat mare*) *sm* **1** Grande massa e extensão de água salgada que cobre a maior parte da superfície do globo terrestre e que constitui um dos bens do domínio de cada nação, dentro dos limites do território flutuante. **2** Porção definida dessa extensão. **3** *fig* Abismo, imensidão. *Mar alto:* ponto do mar de onde não se avista terra, e que se encontra fora do domínio de qualquer estado internacional. *Mar de rosas, fig:* época feliz. *Mar territorial:* faixa do mar adjacente, regulada por lei. No Brasil, é de 200 milhas ao largo.

ma.ra.bá (*tupi marabá*) *s m+f bras* Mestiço de francês com índia ou branco com índio.

ma.ra.cá (*tupi maraká*) *sm bras* Chocalho dos índios.

ma.ra.ca.tu *sm Folcl* **1** Cordão carnavalesco que desfila dançando ao som de música de percussão, acompanhando uma mulher que leva uma boneca, ricamente adornada, na ponta de um bastão: *a calunga*. **2** Música popular brasileira inspirada nessa dança.

ma.ra.cu.já (*tupi marukuiá*) *sm* **1** *Bot* Maracujazeiro. **2** Fruto dessa planta, suculento, em geral ácido e perfumado; é comestível e muito empregado em refrescos.

ma.ra.cu.ja.zei.ro (*maracujá+z+eiro*) *sm Bot* Nome comum a várias trepadeiras do gênero passiflora.

ma.ra.cu.tai.a *sf* Atividade desonesta; fraude.

ma.ra.já (*hind mahârâjâ*) *sm* **1** Título dos príncipes da Índia. *Fem: marani*. **2** *fig* Funcionário público de alto salário.

ma.ra.jo.a.ra (do *top Marajó*) *adj* Que pertence ou se refere à Ilha de Marajó (Pará). • *s m+f* Habitante ou natural de Marajó. *Arte marajoara*: arte cerâmica dos índios que habitaram a Ilha de Marajó. *Estilo marajoara*: o que se inspira nos motivos da arte marajoara.

ma.ra.nhen.se (*top Maranhão+ense*) *adj m+f* e *s m+f* Diz-se de, ou o natural ou habitante do Estado do Maranhão.

ma.ra.ni (*hind mahârânî*) *sf* Mulher de marajá.

ma.ras.mo (*gr marasmós*) *sm* **1** *Med* Enfraquecimento lento e progressivo, especialmente nas crianças, originado pela má nutrição. **2** Fraqueza e magreza excessivas. **3** Apatia profunda. **4** Enfraquecimento das forças morais. **5** Melancolia. **6** Diminuição de atividade comercial; estagnação.

ma.ra.to.na (*gr Marathón*) *sf Esp* **1** Corrida de pedestre de 42,5 quilômetros, distância de Maratona a Atenas, com que os gregos comemoravam o dia do soldado de Maratona. **2** Corrida de pedestre de longo percurso. **3** *fig* Jornada cansativa. **4** *por ext* Qualquer competição esportiva ou intelectual: *A maratona dos vestibulares*.

ma.ra.to.nis.ta (*maratona+ista*) *s m+f* Pessoa que participa de maratona (acepções 1 e 2).

ma.ra.vi.lha (*lat mirabilia*) *sf* **1** Coisa que provoca admiração por sua beleza ou grandeza: *As flores são as maravilhas da natureza*. **2** Objeto de rara perfeição: *As maravilhas da joalheria*. **3** Coisa excelente: *Este bolo é uma maravilha*. *À maravilha:* muito bem, otimamente. *Às mil maravilhas:* muitíssimo bem.

ma.ra.vi.lhar (*maravilha+ar¹*) *vtd* **1** Causar maravilha a, encher de admiração e enlevo; encantar: *A beleza da paisagem maravilhou-o*. *vpr* **2** Encher-se de admiração, pasmo, espanto: *Lúcia maravilhou-se com o som das flautas*. *vint* **3** Causar maravilha ou admiração: *Era algo tão surpreendente que maravilhava*.

ma.ra.vi.lho.so (ô) (*maravilha+oso*) *adj* **1** Que causa admiração. **2** Fora do comum; admirável, prodigioso, surpreendente. • *sm* **1** Aquilo que encerra maravilha. **2** Aquilo que dá ou parece extraordinário ou sobrenatural. *Pl: maravilhosos (ó)*.

mar.ca (*germ marka*) *sf* **1** Ação ou efeito de marcar. **2** Letra, nome ou emblema, feito a linha ou a tinta, em uma peça de roupa; etiqueta. **3** Mancha deixada no corpo por uma pancada. **4** Cicatriz deixada na pele por uma doença. **5** Sinal ou distintivo impresso num corpo. **6** O sinal impresso a fogo no corpo do animal. **7** Grau, categoria. **8** Limite, fronteira. *Marca registrada:* a marca de indústria que se registra na repartição pública competente e que assim passa a ser de uso exclusivo de um fabricante.

mar.ca.ção (*marcar+ção*) *sf* **1** Ato ou efeito de marcar. **2** *Teatr* Determinação dos movimentos, posições e atitudes referentes a cada um dos atores no palco. *Estar de marcação com alguém, bras gír:* não dar sossego a alguém; persegui-lo.

mar.ca-d'á.gua *sf V filigrana* (acepção 2). *Pl: marcas-d'água*.

mar.ca.dor (*marcar+dor*) *adj + sm* Que, ou o que marca. • *sm* **1** Indivíduo que aquece os ferros e os leva para marcar o gado; marqueiro. **2** *Esp* Tabuleta onde se marcam os gols ou pontos conquistados; placar. **3** *Esp* Jogador que marca o adversário.

mar.can.te (de *marcar*) *adj m+f* **1** Que marca. **2** Expressivo, pronunciado: *Fisionomia marcante*. **3** Digno de nota; notável: *Pessoa marcante; qualidade marcante*.

mar.ca-pas.so *sm* **1** *Anat* Parte do corpo que serve para estabelecer e manter uma atividade rítmica. **2** *Med* Dispositivo de emergência para estimular o coração com uma corrente alternada e assim estabilizar a pulsação ou restabelecer o ritmo de um coração parado. *Pl: marca-passos*.

mar.car (*ital marcare*) *vtd* **1** Pôr marca ou sinal em: *Marcar o gado*. **2** Assinalar, assentar, determinar: *Marcar a altura, a hora, o desvio*. **3** Assinalar no tempo, na História: *Suas realizações marcaram época*. **4** Indicar, mostrar. **5** Indicar o andamento ou execução de: *Marcar uma dança, uma peça musical* etc. **6** *Esp* Vigiar: *A defesa marca o adversário para evitar que este se apodere da bola*. **7** *Esp* Fazer gol, cometer pênalti ou falta. *Marcar passo:* não progredir, não se adiantar. *Conjug – Pres subj: marque, marques* etc.; *Pret perf: marquei, marcaste, marcou* etc.

mar.ce.na.ri.a (*marcen(eiro)+aria*) *sf* **1** Oficina de marceneiro. **2** Arte ou obra de marceneiro.

mar.ce.nei.ro (*lat marcenariu*) *sm* Artífice qualificado que constrói e repara móveis e outras peças de madeira, que requerem boa construção e fino acabamento, empregando ferramentas manuais, automáticas e máquinas.

mar.cha (*fr marche*) *sf* **1** Ação ou efeito de marchar. **2** Passo cadenciado de um indivíduo ou de tropas. **3** Caminho que um corpo de tropa percorre. **4** Andadura, passo: *A marcha do cavalo*. **5** Andamento, progresso, desenvolvimento: *A marcha da tecnologia*. **6** Música para instrumentos de sopro e de percussão, própria para regular o andamento ou o passo de tropas etc.

marchand (*marchã*) (*fr*) *sm* Indivíduo que negocia com objetos de arte.

mar.chan.te (*fr marchand*) *sm* Negociante que compra gado para abate em açougues ou matadouros.

mar.char (*fr marcher*) *vti* e *vint* **1** Andar, caminhar em cadência militar: *Os soldados marchavam para as batalhas. Marchava o batalhão*. *vti* **2** Progredir: *Marchou depressa na profissão que abraçou*. *vint* **3** Encaminhar-se para bom êxito: *A empresa marcha*.

mar.che.ta.do (*part* de *marchetar*) *adj* **1** Que tem obra ou trabalho de marchetaria. **2** Matizado.
mar.che.tar (*fr marqueter*) *vtd* **1** Fazer obra de marchetaria: *Marchetar móveis*. **2** Embutir, incrustar: *Marchetar de ouro um relógio*.
mar.che.ta.ri.a (*marcheta+aria*) *sf* **1** Arte de marchetar: produzir objetos de marcenaria, em que se incrustaram pequenos pedaços de pedra, madrepérola, marfim, bronze ou mesmo madeira etc., formando desenhos de efeito decorativo. **2** Obra marchetada, com incrustações.
mar.ci.al (*lat martiale*) *adj m+f* **1** Que diz respeito à guerra; bélico, belicoso. **2** Que se refere a militares ou a guerreiros. *Lei marcial:* lei que autoriza a aplicação da força armada em certas situações.
mar.ci.a.no (*lat martianu*) *adj* Que diz respeito ao deus ou ao planeta Marte. • *sm* O hipotético habitante de Marte.
mar.co (de *marca*) *sm* **1** Baliza. **2** Fronteira. **3** Limite. **4** Sinal de demarcação. **5** Parte fixa das portas e janelas que guarnece o vão; aro. **6** Unidade monetária da Alemanha, subdividida em 100 fênigues. *Símb: DM* (*Deutsche Mark*). **7** Moeda no valor de um marco alemão.
mar.ço (*lat martiu*) *sm* O terceiro mês do ano, com 31 dias.
ma.ré (*fr marée*) *sf* **1** Fluxo e refluxo periódico das águas do mar que, duas vezes por dia, se elevam e se abaixam, alternativamente. **2** A marcha dos acontecimentos humanos. **3** Ensejo, ocasião, época: *Maré de azar*. **4** Fluxo de qualquer coisa em grande quantidade: *Maré de gente*. *Maré cheia* (ou *maré alta*): o ponto mais elevado a que sobe a maré; preamar. *Maré baixa:* baixa-mar.
ma.re.ar (*mar+e+ar¹*) *vtd* **1** Dirigir, governar (o navio). *vtd* **2** Preparar convenientemente (velas etc.), a fim de que uma embarcação siga determinado rumo: *Marear velas*. *vtd* e *vint* **3** Enjoar a bordo: *Este mau cheiro o mareia. Fiz a viagem sem marear. vint* e *vpr* **4** Deslustrar-se, perder o brilho, oxidar-se: *Os metais marearam* (ou: *marearam-se*). Conjuga-se como *frear.*
ma.re.chal (*fr maréchal*) *sm* **1** Mil O mais alto posto da hierarquia do Exército imediatamente superior ao de general de exército. Corresponde a almirante, na Marinha; e a marechal do ar, na Aeronáutica. **2** Chefe supremo do Exército em caso de guerra. *Fem: marechala.*
ma.re.cha.la.to (*marechal+ato¹*) *sm* **1** Posto de marechal. **2** Período em que se ocupa a dignidade de marechal. *Var: marechalado.*
ma.re.jar (*mar+ejar*) *vtd* **1** Verter: *Marejava sangue o ferimento. vint* **2** Borbulhar: *Belos olhos, onde as lágrimas marejavam. vpr* **3** Cobrir-se, encher-se (de lágrimas): *Marejar-se-iam seus olhos se ela visse aquilo. vti* **4** Destilar, gotejar: *Dos cabelos molhados marejava da água. Conjug:* normalmente, conjuga-se apenas nas 3ªˢ pessoas.
ma.re.mo.to (*lat mare+motu*) *sm* Forte tremor do mar provocado por oscilação sísmica.
ma.re.si.a (de *maré*) *sf* **1** Odor típico que exala a vasa do mar. **2** O grande movimento das marés.
mar.fim (*ár'azm-al-fil*) *sm* **1** Substância óssea que constitui, na sua maior espessura, os dentes do elefante. **2** *fig* Coisa que lembra a brancura do marfim.
mar.fim-ve.ge.tal *sm* Bot Substância semelhante ao marfim, que se extrai de uma planta denominada jarina. *Pl: marfins-vegetais.*
mar.ga.ri.da (*gr margarítes*) *sf Bot* **1** Nome comum a diversas ervas da família das carduáceas, muito cultivadas por suas flores solitárias sobre pedúnculos longos, com discos amarelos e numerosas pétalas. **2** A flor dessas plantas.
mar.ga.ri.na (*fr margarine*) *sf Quím* Produto alimentício empregado como substituto da manteiga. É uma mistura de óleos refinados, especialmente óleos vegetais (de sementes de algodão, soja, milho, girassol etc.), com outros ingredientes (como sal, emulsificantes, vitamina A, vitamina D), batida até tomar consistência pastosa.
mar.ge.ar (*margem+e+ar¹*) *vtd* **1** Ir ou seguir pela margem de: *Margear um rio*. **2** Caminhar ao lado ou ao longo de: *Margear um muro*. **3** Guarnecer as margens de: *Postes margeiam as estradas*. **4** Fazer margem em. Conjuga-se como *frear.*
mar.gem (*lat margine*) *sf* **1** Beira, riba, terreno que ladeia um rio ou corrente de água; borda. **2** Praia, litoral, orla. **3** Espaços em branco nas laterais de obra impressa ou manuscrita. **4** Tolerância. *Margem de erro:* número de erros que são aceitáveis num documento ou cálculo. *Margem de lucro:* diferença entre o preço de venda e o preço de compra de uma mercadoria.
mar.gi.nal (*lat marginale*) *adj m + f* **1** Pertencente ou relativo a margem, ribeirinho. **2** Que segue a margem: *Avenidas marginais*. **3** Escrito na margem: *Anotações marginais*. • *sm* **1** Sociol Homem marginal. **2** Pessoa que vive à margem da sociedade ou da lei; delinquente, fora da lei. **3** *Econ polít V marginalizado.*
mar.gi.na.li.da.de (*marginal+i+dade*) *sf Sociol* Condição de pessoa marginal.
mar.gi.na.li.za.ção (*marginalizar+ção*) *sf* **1** Ato de tornar-se marginal ou marginalizado. **2** Estado de ser marginal ou marginalizado.
mar.gi.na.li.za.do (*part* de *marginalizar*) *adj* Que se marginalizou. • *sm* Indivíduo mais ou menos improdutivo, indigente, subempregado ou que, como trabalhador, embora amparado pela legislação trabalhista, não tem condições de manter uma família, vivendo por isso à margem da sociedade.
mar.gi.na.li.zar (*marginal+izar*) *vtd* e *vpr Sociol* Tornar(-se) alguém marginal.
ma.ri.a-chi.qui.nha *sf bras pop* **1** Penteado em que os cabelos são divididos ao meio, formando madeixas laterais, amarradas junto à cabeça. **2** Presilha que prende as madeixas. *Pl: marias-chiquinhas.*
ma.ri.a-fu.ma.ça *sf Reg* (RJ) Locomotiva a vapor. *Pl: marias-fumaça* ou *marias-fumaças.*
ma.ri.a-mo.le *sf Cul* Doce popular, de consistência esponjosa, feito de clara de ovo e coco. *Pl: marias-moles.*
ma.ri.a.no (*lat marianu*) *adj Rel* Que diz respeito à Virgem Maria ou ao seu culto. • *sm Rel* Frade da ordem dos marianos.
ma.ri.a-sem-ver.go.nha *sf bras Bot* Erva suculenta que cresce espontaneamente no Brasil;

também conhecida como *beijinho*. *Pl: marias-sem-vergonha*.
ma.ri.cas (de *Maria, np*) *sm sing* e *pl pop* Homem efeminado. • *adj* Designativo do homem medroso. *Var: mariquinhas.*
ma.ri.co.na (*cast maricona*) *sf bras gír* Homossexual efeminado e idoso.
ma.ri.do (*lat maritu*) *sm* Homem casado, em relação à esposa; cônjuge do sexo masculino.
ma.rim.ba (*quimbundo marímba*) *sf* Instrumento musical, composto de lâminas de vidro ou de metal, graduadas em escala, e que se percutem com baquetas.
ma.rim.bon.do (*quimbundo marimbondo*) *sm Entom* Nome comum a várias espécies de vespas dotadas de aguilhão inoculador de veneno. *Mexer em caixa de marimbondo:* provocar situação de conflito.
ma.ri.na (*ital marina*) *sf* Conjunto de instalações destinadas aos usuários de um porto, sobretudo para pequenas e médias embarcações de esporte ou lazer.
ma.ri.na.da (*fr marinade*) *Cul V vinha-d'alhos.*
ma.ri.nha (*lat marina*) *sf* **1** Ciência ou arte de navegar. **2 Marinha** Órgão integrante das Forças Armadas, constituído pelo conjunto dos navios de guerra e das forças navais de terra, que se destinam à defesa de uma nação, em ação isolada ou simultânea com o Exército e a Força Aérea. **3** Beira-mar, praia. *Marinha de guerra:* conjunto dos navios e respectiva tripulação pertencentes a um país, também chamada *armada*. *Marinha mercante:* setor de atividade econômica de uma nação ligado ao transporte de mercadorias por água.
ma.ri.nha.ri.a (*marinha+aria*) *sf* Arte ou profissão de marinheiro.
ma.ri.nhei.ro (*marinha+eiro*) *adj* Que pertence ou se refere à marinharia, e mais particularmente ao navio. • *sm* **1** Homem do mar. **2** Aquele que serve na Marinha; marujo. *Col: equipagem, marinhagem, maruja*. *Marinheiro de primeira viagem:* pessoa inexperiente, que faz uma coisa pela primeira vez.
ma.ri.nho (*lat marinu*) *adj* **1** Pertencente ou relativo ao mar. **2** Produzido pelo mar. **3** Que existe no mar. **4** Que procede do mar; marítimo.
ma.ri.o.ne.te (*fr marionette*) *sf* **1** Boneco que se faz mover por cordões, fantoche. **2** *fig* Quem age ou fala orientado por outra pessoa a cujos interesses serve.
ma.ri.po.sa (*cast mariposa*) *sf Entom* Denominação comum aos lepidópteros noturnos.
ma.ris.ca.da (*marisco+ada*[1]) *sf Cul* Prato feito de diversos tipos de mariscos.
ma.ris.car (*marisco+ar*[1]) *vtd* e *vint* **1** Apanhar, colher mariscos: *Mariscar camarões. No litoral, viviam mariscando.* *vint* **2** Comer, debicar aqui e acolá: *Pintinhos, famintos, mariscavam.* *vint* **3** Catar, comer mariscos, peixinhos, insetos: *Na beira de um igarapé alguns jaburus mariscavam.* *vint* **4** Pesquisar diamantes nos restos de cascalhos abandonados na cata.
ma.ris.co (de *mar*) *sm Zool* Nome genérico dos crustáceos e moluscos comestíveis, como as lagostas e os camarões, porém, mais restritamente, dos mexilhões.

ma.ri.ta.ca (*tupi imbaitá*) *sf Ornit V maitaca.*
ma.ri.tal (*lat maritale*) *adj m+f* **1** Relativo a marido. **2** Relativo a matrimônio; conjugal. *Var: marital.*
ma.rí.ti.mo (*lat maritimu*) *adj* **1** *V marinho*. **2** Que vive no mar ou à beira-mar. **3** Próximo do mar. **4** Dedicado à navegação por mar. **5** Naval. • *sm* Homem do mar; marinheiro.
marketing (*márqueting*) (*ingl*) *sm Propag* Conjunto de estudos e medidas relacionados ao lançamento, promoção e distribuição de um produto ou serviço no mercado consumidor, visando à boa aceitação e ao sucesso comercial.
mar.man.jo *adj* + *sm pop* Diz-se do, ou indivíduo que é velhaco. • *sm* **1** Rapaz corpulento. **2** Homem feito.
mar.me.la.da (*marmelo+ada*[1]) *sf* **1** *Cul* Doce de marmelo, pastoso, sem calda. **2** *pop* Vantagem, pechincha. **3** Roubalheira, trapaça, negócio desonesto, mamata. **4** *Esp gír* Acordo prévio e desonesto para que um jogo ou competição termine com resultado favorável àquele a quem convém sair vencedor.
mar.me.lei.ro (*marmelo+eiro*) *sm Bot* **1** Árvore rosácea, que produz o marmelo. **2** Varapau feito da haste dessa árvore: *Vara de marmelo.*
mar.me.lo (*lat melimelu*) *sm* Fruto do marmeleiro, ácido e adstringente, muito empregado no preparo da marmelada.
mar.mi.ta (*fr marmite*) *sf* **1** Recipiente de lata ou de outro material, com tampa, destinado ao transporte de comida. **2** Conjunto de vasilhas que se adaptam umas nas outras e servem para transportar comida. **3** A comida dessas vasilhas. *Marmita de gigante, Geol:* cavidade cilíndrica alongada, junto às cascatas ou cachoeiras e produzida pelo movimento giratório da água sobre a pedra.
mar.mi.tei.ro (*marmita+eiro*) *sm* **1** Entregador de marmitas em domicílios; entregador que leva a comida fornecida por pensões. **2** *pop* Operário que leva o almoço em marmita.
már.mo.re (*lat marmor*) *sm* **1** *Geol* Pedra calcária de variadas cores, dura, suscetível de polimento e que se emprega em arquitetura e estatuária. **2** *fig* Frieza de sentimento, indiferença, insensibilidade. **3** *fig* Dureza de coração. *Mármore de estatuária:* mármore próprio para estátuas, branco, puro, sem manchas nem veios.
mar.mo.ra.ri.a (*mármore+aria*) *sf* Estabelecimento onde se executam e comerciam peças e objetos de mármore, granito etc.
mar.mó.reo (*lar marmoreu*) *adj* **1** Relativo ou semelhante ao mármore. **2** *fig* Frio, duro de coração, insensível.
mar.mo.ris.ta (*mármore+ista*) *s m+f* Pessoa que trabalha em marmoraria ou que executa trabalhos em mármore.
mar.mo.ta (*fr marmotte*) *sf* **1** *Zool* Gênero de pequenos quadrúpedes roedores parecidos com os texugos, e que compreende as marmotas típicas. **2** *Zool* Roedor desse gênero, de corpo robusto e pernas curtas, pelagem áspera, cauda curta peluda, e olhos muito pequenos; vive em tocas e hiberna.
ma.ro.la (de *mar*) *sf bras* Ondulação na superfície do mar.

ma.rom.ba (*var* de *maroma*) *sf* Vara com que os artistas se equilibram na corda.
ma.ro.to (ô) *adj* **1** Malicioso, picante. **2** Brejeiro. **3** Malandro, esperto. **4** Atrevido.
mar.quês (*prov marques*) *sm* **1** Título nobiliárquico imediatamente inferior ao de duque e imediatamente superior ao de conde. **2** Senhor que, antigamente, comandava a guarda das marcas ou fronteiras de um Estado.
mar.que.sa (*de marquês*) *sf* **1** Feminino de *marquês*. **2** Mulher ou viúva de marquês. **3** Leito largo de madeira. **4** Canapé largo com assento de palhinha.
mar.que.tei.ro (*ingl market(ing)+eiro*) *sm bras pop* Profissional de *marketing*.
mar.qui.se *sf* Grande laje de cimento armado que se projeta, na frente de uma construção, apoiada apenas em uma das extremidades; usada em pavilhões e anfiteatros para proteger os espectadores do sol ou da chuva e também em edifícios, logo acima do andar térreo.
mar.ra (*lat marra*) *sf* **1** Martelo grande para quebrar pedras. **2** Enxadinha para capinar; sacho. *Na marra, fig:* à força.
mar.ra.da (*marrar+ada¹*) *sf* **1** Cabeçada de animal (bode, touro). **2** Golpe com marra (acepção 1).
mar.rão (de *chimarrão*) *sm bras* **1** Porco pequeno recém-desmamado. **2** Animal bravio (rês, vaca etc.).
mar.re.co *sm Ornit* Nome comum a aves palmípedes, da família dos anatídeos, semelhantes ao pato, porém menores que ele. Voz: *grasna, grasne, grassita*.
mar.re.ta (*ê*) (*marra+eta*) *sf* **1** Espécie de martelo de cabo comprido. **2** Malho. **3** *gír* Negocista, picareta.
mar.re.ta.da (*marreta+ada¹*) *sf* **1** Pancada com marreta. **2** Bordoada forte.
mar.re.tar (*marreta+ar¹*) *vtd* **1** Bater com marreta em. **2** Destroçar. **3** Espancar. **4** *gír* Falar mal de. **5** *fig* Realizar apressadamente ou descuidadamente um trabalho; não lhe dar o devido acabamento: *O pedreiro marretou o piso da cozinha. Conjug – Pres indic: marreto, marretas, marreta (é)* etc. *Cf marreta*.
mar.re.tei.ro (*marreta+eiro*) *sm* **1** Operário que trabalha com a marreta. **2** *Reg* (SP) Pessoa que, nas feiras ou nas ruas, vende quinquilharias sem estar devidamente licenciada; vendedor ambulante.
mar.rom (*fr marron*) *adj + sm* Castanho.
mar.ro.quim (*ár marrûkî*) *sm* Pele de bode ou cabra, curtida, tingida e preparada para artefatos.
mar.ro.qui.no (*top Marroco+ino¹*) *adj* Relativo ou pertencente a Marrocos (África). • *sm* Habitante ou natural de Marrocos.
mar.ru.á (de *marroaz*) *sm* **1** *bras* Touro. **2** *bras* Novilho por domesticar. **3** *fig* Indivíduo que se deixa enganar facilmente. **4** *fig* Calouro, inexperiente, neófito.
mar.se.lhe.sa (*fr Marsellaise*) *sf* Hino nacional francês.
marshmallow (*marchimélou*) (*ingl*) *sm* Espécie de doce inicialmente feito com raízes de um tipo de planta. Atualmente, consiste numa mistura bem batida de xarope de milho, gelatina e açúcar; pode ser em forma de calda grossa usada como cobertura para bolos e sorvetes ou de pequenos cubos sólidos e muito macios, que se derretem em contato com o fogo ou quando adicionados em líquido bem quente.
mar.su.pi.al (*marsúpio+al¹*) *sm Zool* Espécime dos marsupiais, mamífero caracterizado pelo marsúpio, nas fêmeas, onde os filhotes terminam seu desenvolvimento embrionário: canguru, gambá.
mar.sú.pio (*gr marsýpion*) *sm Zool* Cavidade ventral, espécie de bolsa, formada pela pele do abdome dos marsupiais.
mar.ta (*fr marte*) *sf* **1** *Zool* Gênero de mamíferos carnívoros característicos da Europa e da Ásia; de hábitos noturnos e perseguidor de toda espécie de mamíferos pequenos; é muito apreciado por sua pele fina e valiosa, o que reduziu sua população a índices próximos da extinção. Está sendo criado hoje também em cativeiro. **2** A pele desse animal.
Mar.te (*lat Marte*) *sm* **1** *Mit* Deus da guerra, na mitologia grega e latina. **2** *Astr* Planeta do sistema solar cuja órbita se situa entre a da Terra e a de Júpiter.
mar.te.la.da (*martelo+ada¹*) *sf* Batida, golpe com martelo.
mar.te.lar (*martelo+ar²*) *vtd* **1** Bater com martelo em. *vtd* **2** Afligir, oprimir, importunar. *vtd* **3** Repetir muitas vezes, para aprender ou decorar. *vti* e *vint* **4** Insistir, teimar: *Martelar num assunto. Tanto martelou que conseguiu seu intento. vint* **5** *Mús* Tocar piano batendo nas teclas com força e sem técnica, produzindo uma sonoridade seca e dura.
mar.te.le.te (*ê*) (*martelo+ete*) *sm* Martelo pequeno.
mar.te.lo (*lat vulg martellu*) *sm* **1** Instrumento de ferro, de cabo de madeira e destinado a bater, pregar ou quebrar. **2** *Anat* Um dos ossículos da orelha. *A martelo:* à força.
mar.tim-pes.ca.dor *sm Zool* Ave de rios e lagos brasileiros, de coloração predominantemente azul ou verde-metálico. Alimenta-se exclusivamente de peixes, o que lhe justifica o nome. *Pl: martins-pescadores.*
már.tir (*gr mártys, yros*, pelo *lat*) *s m+f* **1** Pessoa que sofreu tormentos ou a morte em nome da fé cristã. **2** Pessoa que sofre por sustentar a própria crença ou opinião. **3** Pessoa sofredora. **4** Pessoa que é vítima de maus-tratos. *Mártir do Calvário:* Jesus Cristo.
mar.tí.rio (*lat martyriu*) *sm* **1** Sofrimento ou suplício de mártir. **2** Tormento ou grande sofrimento.
mar.ti.ri.zar (*mártir+izar*) *vtd* **1** Fazer sofrer o martírio, tornar mártir: *Além de Cristo, martirizaram Estêvão. vtd* **2** Fazer sofrer muito: *Aquela situação a martirizava. vtd* e *vpr* **3** Afligir(-se), atormentar(-se): *O desprezo dos amigos o martirizava. Não se martirize por tão pouco.*
ma.ru.ja (de *marujo*) *sf* Marujada; conjunto dos marinheiros ou pessoal de bordo que manobra um navio.
ma.ru.ja.da (*maruja+ada¹*) *sf* **1** Os marujos; gente do mar. **2** Multidão de marujos.
ma.ru.jo (de *mar*) *sm* Marinheiro.
ma.ru.lhar (*marulho+ar¹*) *vint* e *vpr* **1** Agitar-se (o mar), formando ondas. *vint* **2** Imitar o ruído das ondas. *Conjug:* normalmente, só é conjugado nas 3ªˢ pessoas.

ma.ru.lho (de *mar*) *sm* **1** Agitação das ondas do mar. **2** *fig* Agitação, barulho, confusão, tumulto.
mar.xis.mo (*cs*) (*Marx, np+ismo*) *sm Filos* Sistema doutrinário social-filosófico elaborado pelos alemães Karl Marx (1818-1883) e Friedrich Engels (1820-1895). Baseia-se no materialismo dialético e se desenvolveu através das teorias da luta de classes e da elaboração do relacionamento entre capital e trabalho. Desse sistema derivaram-se a teoria e a tática da revolução proletária.
mar.xis.ta (*cs*) (*Marx, np+ista*) *adj* Que diz respeito ao marxismo. • *adj* e *s m+f* Adepto do marxismo.
mas (*lat magis*) *conj* Indicativa de oposição ou restrição. • *sm* **1** Dificuldade, estorvo, objeção, obstáculo: *Se não fosse aquele mas, tudo teria dado certo*. **2** Defeito, senão: *Posto de parte este mas, nada há que emendar em sua vida*. • Contração do pronome pessoal *me* com o pronome pessoal *as: Terminou as revisões e mas trouxe em seguida. Mas antes:* em vez disso, pelo contrário. *Mas que:* ainda que, embora. *Nem mas nem meio mas:* expressão de quem não admite desculpas ou controvérsias.

Quando um período for composto por duas orações e a primeira contiver a locução negativa *não só* ou *não somente*, a segunda será ligada à primeira pelas locuções adversativas *mas também, mas ainda, mas até, senão também, senão que*. *Não só o professor mas também os alunos deverão comparecer à reunião*.

mas.car (*lat masticare*) *vtd* **1** Mastigar sem engolir: *Mascar fumo*. **2** Remoer, ruminar: *O boi mascava folhas e raízes*. **3** Comer, ingerir, mastigando lentamente. **4** *fig* Falar por meias palavras; dizer, pronunciar com imprecisão: *É mau professor e mau orador, pois masca as palavras e as frases*. *Conjug* – Pres subj: *masque, masques* etc.
más.ca.ra (*ár masHara*) *sf* **1** Artefato que representa uma cara ou parte dela, e que se põe no rosto, principalmente no carnaval, usando-o como disfarce. **2** Molde que se tira do rosto de um cadáver. **3** Dispositivo de metal com visor usado para proteger o rosto dos operários: *máscara de soldador*. **4** *Fot* Recorte de material opaco com que se cobre a parte do original a ser fotografado para impressão e que não deve aparecer na reprodução. **5** Equipamento que protege os olhos e nariz dos mergulhadores. *Tirar* ou *deixar cair a máscara:* deixar de fingir. *Tirar a máscara de alguém:* mostrar a todos o que essa pessoa é.
mas.ca.ra.do (de *mascarar*) *adj* **1** Que está com máscara. **2** Disfarçado. • *sm* **1** Indivíduo mascarado. **2** *gír* Profissional convencido que procura exibir-se para outras pessoas. **3** *fig* Pessoa falsa, dissimulada.
mas.ca.rar (*máscara+ar¹*) *vtd* **1** Pôr máscara em: *Mascarar o rosto*. *vtd* **2** Disfarçar, dissimular: *Mascarar a vaidade, a cobiça*. *vtd* **3** Encobrir, ocultar: *A escuridão da noite mascarava o abandono da cidade*. *vtd* e *vpr* **4** Disfarçar(-se) com máscara ou traje de mascarado: *Mascarou o filho como Batman. Ela se mascarou de Colombina*. *vpr* **5** Disfarçar-se, assumir falsa aparência: *Mascara-se para enganar melhor*. *Conjug* – Pres

indic: mascaro, mascaras, mascara (cá) etc. *Cf máscara*.
mas.ca.te (de *Mascate, np*) *sm* **1** *bras* Vendedor ambulante de objetos manufaturados, tecidos, joias etc. **2** Alcunha depreciativa, dada antigamente aos portugueses do Recife pelos brasileiros de Olinda, de onde se originou o nome da *Guerra dos Mascates*, iniciada em 1710, em Pernambuco, entre os dois povos.
mas.ca.te.ar (*mascate+e+ar¹*) *vint* **1** *bras* Exercer a profissão de mascate: *No passado, mascateara nas ruas da cidade*. *vtd* **2** Vender (mercadorias) pelas ruas: *Mascateava bugigangas*. Conjuga-se como *frear*.
mas.ca.va.do (*part de mascavar*) *adj* **1** Designativo do açúcar não refinado. **2** *fig* Adulterado, falsificado. **3** *fig* Incorreto, imperfeito.
mas.ca.vo (*de mascavar*) *V mascavado* (acepção 1).
mas.co.te (*fr mascotte*) *sf pop* Pessoa, animal ou coisa que, segundo se crê, dá sorte, ou traz felicidade; amuleto, talismã.
mas.cu.li.ni.da.de (*lat masculinitate*) *sf* Qualidade de masculino, másculo; virilidade.
mas.cu.li.ni.zar (*masculino+izar*) *vtd* **1** Atribuir gênero masculino a. *vtd* **2** Dar forma ou aparência masculina a: *Tais esportes masculinizam a mulher*. *vpr* **3** Tornar-se masculino; adquirir aparências e hábitos masculinos: *Perde o encanto toda mulher que se masculiniza*.
mas.cu.li.no (*lat masculinu*) *adj* **1** Que pertence ou se refere aos animais machos. **2** Próprio de homem, másculo. **3** *fig* Varonil, enérgico, forte, másculo: *Coragem masculina*. **4** *Gram* Diz-se das palavras ou nomes que, pela terminação e concordância, designam seres masculinos ou assim considerados. • *sm* O gênero masculino.
más.cu.lo (*lat masculu*) *adj* **1** Relativo ao homem ou a animal macho. **2** Viril, enérgico. *Antôn* (acepção 2): *efeminado*.
maser (*mêiser*) (*ingl*) *sm Fís* Abreviatura de *microwave amplification by stimulated emission of radiations*. Classe de amplificadores e osciladores que utilizam sistemas atômicos ou moleculares para produzir amplificação com baixo nível de ruído, em micro-ondas.
mas.mor.ra (*ár maTamûrâ*) *sf* **1** Antigo celeiro subterrâneo, também usado como prisão. **2** Cárcere subterrâneo. **3** *por ext* Lugar isolado, sombrio e triste.
ma.so.quis.mo (*Sacher-Masoch, np+ismo*) *sm* **1** *Psiq* Perversão sexual, em que o indivíduo só satisfaz o desejo erótico quando experimenta dores físicas. Há casos de satisfação também por sofrimentos psíquicos. **2** *por ext* Qualidade daquele que parece procurar sofrimentos físicos ou morais, como autopunição a ato de que seja culpado ou se julgue culpado. *Antôn: sadismo*.
ma.so.quis.ta (*Sacher-Masoch, np+ista*) *s m+f* Quem tem a perversão do masoquismo. *Antôn: sadista* ou *sádico*.
mas.sa (*lat massa*) *sf* **1** Quantidade mais ou menos considerável de matéria sólida ou pastosa, em geral de forma indefinida. **2** Farinha misturada com água ou outro líquido, formando pasta: *massa de bolo*. **3** Substância mole e pastosa preparada para

determinado fim; pasta: *massa de tomate; argamassa; massa de pedreiro*. **4** O todo cujas partes são da mesma natureza. **5** Corpo informe. **6** A grande maioria ou a totalidade. **7** *Sociol* Multidão, povo, reunião de muita gente. **8** *Fís* Quantidade de matéria que forma um corpo.

mas.sa.cran.te (de *massacrar*) *adj m+f* **1** Que massacra, que aniquila. **2** Aborrecido, maçante.

mas.sa.crar (*fr massacrer*) *vtd* **1** Matar em massa e cruelmente; chacinar: *Massacrar populações*. **2** *fig* Aborrecer, em geral com conversa enfadonha: *Esse homem massacra a gente!* Conjug – Pres subj: *massacre, massacres, massacre* etc. Cf *massacre*.

mas.sa.cre (*fr massacre*) *sm* **1** Ato de massacrar. **2** Carnificina, morticínio cruel. **3** Grande matança de animais.

mas.sa.ge.ar (*massagem+ar*¹) *vtd* Fazer massagens em.

mas.sa.gem (*fr massage*) *sf* Fricção ou compressão do corpo ou parte dele para modificar a circulação ou obter vantagens terapêuticas: *Massagem estética, massagem relaxante, massagem energética*.

mas.sa.gis.ta (*massagem+ista*) *s m+f* Pessoa que faz massagens.

mas.sa.pê (*massa+pé*) *sm* **1** *bras* Terra argilosa, geralmente preta, dos Estados da Bahia e Sergipe, formada pela decomposição de calcários cretáceos e boa para a cultura da cana-de-açúcar. **2** Atoleiro. **3** Caule do benjoim. *Var: massapé*.

mas.sas *sf pl* Multidão, povo.

mas.se.ter (*tér*) (*gr masseter*) *sm Anat* Músculo que, na mastigação, eleva a maxila inferior.

mas.si.fi.ca.ção (*massificar+ção*) *sf* **1** Ato ou efeito de massificar, de fazer perder a individualidade. **2** Característica das sociedades industriais desenvolvidas, para as quais o nível de vida, o comportamento e o conceito de mundo dos seus componentes tendem a assumir valores padronizados.

mas.si.fi.ca.do (*part* de *massificar*) *adj* Que se massificou.

mas.si.fi.car (*massa+ficar*) *vtd* Levar a um mesmo nível uniforme; tornar massa.

mas.su.do (*massa+udo*¹) *adj* **1** Que tem aspecto de massa. **2** Cheio, compacto, encorpado. **3** Grosseiro, pesado.

mas.tec.to.mi.a (*masto+ectomia*) *sf Cir* Cirurgia de retirada total ou parcial da mama.

más.ter (*ingl master*) *sm Cin, Fot, Inform, Rád, Telev* Cópia positiva especial de foto, filme, gravação sonora, vídeo ou arquivo digital feita para servir como molde ou matriz na produção de outra cópia, isto é, outra máster. • *adj m+f* Diz-se do que é usado como máster.

mas.te.ri.za.ção (*máster+izar+ção*) *sf Cin, Fot, Inform, Rád, Telev* **1** Ato ou efeito de masterizar. **2** Processo de reprodução de cópias a partir de uma cópia matriz denominada máster.

mas.te.ri.zar (*master+izar*) *vtd* Reunir o que foi gravado, seja voz e instrumentos (para música), seja som e imagem (para um filme), ou dados digitais, num original (fita máster), a partir do qual serão feitas cópias.

mas.ti.ga.ção (*mastigar+ção*) *sf* Ato ou efeito de mastigar.

mas.ti.ga.do (*part* de *mastigar*) *adj* **1** Que foi submetido à mastigação. **2** *fig* Preparado cuidadosamente; ruminado. **3** *fig* Mal articulado; falado entre os dentes; pronunciado confusamente. **4** *pop* Facilitado.

mas.ti.gar (*lat masticare*) *vtd* e *vint* **1** Triturar com os dentes: *Mastigou o bife e engoliu. Mastigar bem é importante para a saúde*. *vtd* **2** Comer: *Mastigar um sanduíche*. *vtd* **3** *fig* Pronunciar de modo pouco claro, resmungar: *Ensina mal esse professor; mastiga as explicações*. *vtd* **4** Apertar com os dentes; morder: *O animal mastigou o freio e pulou*. *vtd* **5** *fig* Examinar, ponderar, ruminar: *Mastigar um problema*. *vtd* **6** *fig* Repetir, repisar (palavras).

mas.tim (*fr ant mastin*) *sm* Cão para guarda de rebanho.

mas.ti.te (*masto+ite*¹) *sf Patol* Inflamação da mama.

mas.to.don.te (*masto+odonte*) *sm* **1** *Paleont* Cada um de numerosos mamíferos extintos, especialmente os do gênero Mamute, muito semelhantes aos elefantes, mas distintos dos mamutes típicos e dos elefantes existentes, principalmente pela forma dos dentes molares; caracterizavam-se também por pequenas presas sob a mandíbula e grandes presas superiores. **2** *pop* Pessoa muito corpulenta. *Fem* (acepção 2): *mastodonta*.

mas.tro (*fr ant mast*) *sm* **1** *Náut* Tronco comprido e vertical, que serve para sustentar as velas de uma embarcação. **2** Pau em que se hasteia a bandeira. **3** Madeiro alto e enfeitado em certos lugares em ocasião festiva. *Mastro de mezena*: o quarto, da ré nas embarcações de quatro ou mais mastros.

mas.tru.ço (*lat nasturtiu*) *sm Bot* Gênero de plantas medicinais de folhas miúdas. *Var: erva-de-santa-maria, mastruz, mentruz*.

mas.truz (*lat nasturtiu*) *sf Bot V mastruço*.

mas.tur.ba.ção (*masturbar+ção*) *sf* Ato de masturbar(-se).

mas.tur.bar (*lat masturbari*) *vtd* e *vpr* Provocar o orgasmo pela fricção da mão nos órgãos genitais ou por meio de instrumento adequado.

ma.ta (*lat matta*) *sf* **1** Extenso terreno coberto de árvores silvestres. **2** Bosque, selva, floresta. **3** Grande quantidade de árvores da mesma espécie: *mata de araucárias*. *Mata virgem*: mata natural e primitiva, ainda não explorada; mata nativa. *Mata ciliar*: a que margeia rio, riacho ou córrego.

ma.ta-bor.rão *sm* **1** Papel chupão com que se seca a escrita. **2** *gír* Bêbado incorrigível. *Pl: mata-borrões*.

ma.ta-bur.ro *sm bras* Ponte com tábuas ou toras de madeira bem espaçadas para impedir o trânsito de animais. *Pl: mata-burros*.

ma.ta.do (*part* de *matar*) *adj* **1** *bras* Malfeito, mal-acabado. **2** *fig* Ruim, sem valia.

ma.ta.dor (*matar+dor*) *adj* **1** Que causa ou que causou a morte. **2** *fig* Irresistível, sedutor. • *sm* **1** Aquele que mata ou matou. **2** Aquele que adivinha facilmente charadas ou enigmas. **3** Toureiro a quem cabe matar o touro.

ma.ta.dou.ro (*matar+douro*) *sm* **1** Lugar destinado à matança de reses para o consumo público. **2** *V carnificina*. **3** Lugar muito insalubre.

ma.ta.gal (de *mata*) *sm* **1** Terreno coberto de plantas bravas. **2** Bosque espesso, mato.

ma.tan.ça (*matar+ança*) *sf* **1** Ato de matar. **2** Abatimento de reses para consumo. **3** Assassínio de várias pessoas simultaneamente. **4** Carnificina, morticínio, mortandade.

ma.ta-pi.o.lho *sm pop* O dedo polegar. *Pl: mata-piolhos*.

ma.tar (*lat mactare*) *vtd* **1** Dar morte violenta a; assassinar. *vtd* **2** Causar a morte a: *Matou-o um enfarte cardíaco*. *vtd* **3** Causar sofrimento físico a, prejudicar a saúde de. *vtd* **4** Extinguir, saciar: *Matar a fome, a sede, o desejo*. *vtd* **5** Fazer murchar ou secar. *vtd* **6** *gír* Fazer mal e com pressa: *Todo mundo percebeu que ele havia matado a redação de português*. *vtd* **7** *gír* Deixar de comparecer: *Matamos duas aulas esta semana*. *vpr* **8** Suicidar-se. *vpr* **9** Sacrificar-se; exaurir-se: *Mata-se pelos filhos*. *vtd* **10** *Esp* Amortecer a bola. *Conjug – Pret mais-que-perf: matara, mataras* etc.; *Fut pret: matarei, matarás, matará* etc.; *Part: matado* e *morto*.

ma.ta-ra.tos *adj m+f sing* e *pl* Próprio para matar ratos. • *sm sing* e *pl* **1** Veneno para matar ratos. **2** *pop* Cigarro ou charuto de tabaco de má qualidade. **3** *pop* Vinho ordinário. *Var: mata-rato*.

ma.ta.ri.a (*mata+aria*) *sf* Grande extensão de mata; matagal.

ma.te (*ár mât*) *sm* **1** Lance decisivo no jogo de xadrez; xeque-mate. **2** Ponto de meia, em que de uma vez se apanham duas malhas para as tornar mais estreitas ou para fechá-las. **3** Perfeição, remate. **4** *Bot V erva-mate*. **5** As folhas dessa árvore, secas e picadas. **6** A bebida resultante da infusão dessas folhas; chá-mate.

ma.te.las.sê (*fr matelassé*) *adj* **1** Diz-se de tecido acolchoado, preso ao forro por pesponto, formando desenhos nos relevos. **2** Que é feito ou guarnecido com esse tecido. • *sm* Obra de costura feita com tecido matelassê.

ma.te.má.ti.ca (*gr mathematiké*) *sf* Ciência que trata das medidas, propriedades e relações de quantidades e grandezas e que inclui a aritmética, a álgebra, a geometria, a trigonometria etc. *Matemática aplicada:* a que tem aplicações concretas, como na astronomia, nos vários ramos da física etc. *Matemática pura:* a que estuda as propriedades dos seres em abstrato. *Matemática superior:* estudos de matemática mais avançados, abrangendo tudo que vai além da aritmética, álgebra, geometria e trigonometria ordinárias; matemática de nível universitário.

ma.te.má.ti.co (*gr mathematikós*) *adj* **1** Que diz respeito à matemática. **2** Rigorosamente exato. • *sm* O que é versado em matemática.

ma.té.ria (*lat materia*) *sf* **1** Aquilo de que os corpos físicos são compostos; a substância constituinte. **2** *Fís* Qualquer substância sólida, líquida ou gasosa que ocupa lugar no espaço. **3** Material preparado ou selecionado para qualquer fim. **4** Aquilo de que trata um livro, discurso, ação jurídica etc. **5** Tema de uma discussão, argumento, exposição etc.; assunto. **6** *Art Gráf* Texto ou original. **7** Conteúdo sobre que versa uma disciplina; matéria escolar. *Matéria paga:* notícia ou artigo, cuja inserção num jornal ou revista é feita mediante pagamento.

ma.te.ri.al (*lat materiale*) *adj* **1** Que pertence ou se refere à matéria. **2** Formado de matéria. **3** Que não é espiritual, que só se refere ao corpo. • *sm* **1** O que é relativo à matéria: *Ele é mais voltado para o material do que para o espiritual*. **2** Conjunto de tudo o que entra na composição de alguma obra.

ma.te.ri.a.li.da.de (*material+i+dade*) *sf* **1** Qualidade do que é material. **2** O conjunto de elementos objetivos que constituem um fato, abstraindo-se os motivos: *A materialidade do crime*. **3** Sentimentos baixos; estupidez, grosseria. **4** Falta de sensibilidade.

ma.te.ri.a.lis.mo (*material+ismo*) *sm* **1** *Filos* Sistema dos que julgam que, no universo, tudo é matéria, não havendo substância imaterial. **2** Tendência para tudo que é material. **3** Vida centrada em prazeres e bens materiais.

ma.te.ri.a.lis.ta (*material+ista*) *adj m+f* Que diz respeito ao materialismo. • *adj* e *s m+f* **1** Partidário do materialismo. **2** Diz-se de, ou pessoa que só procura a satisfação material.

ma.te.ri.a.li.za.ção (*materializar+ção*) *sf* Ato ou efeito de materializar.

ma.te.ri.a.li.zar (*material+izar*) *vtd* **1** Considerar como material o que é imaterial: *Não costuma materializar sentimentos tão sublimes*. *vtd* **2** Tornar material, dar aparência objetiva a: *Pouco a pouco materializava na tela a imagem da companheira distante*. *vtd* e *vpr* **3** Tornar(-se) materialista: *materializar-se com uma vida de prazeres e devassidão*. *vtd* e *vpr* **4** *Espir* Fazer manifestar ou manifestar-se (o espírito) sob forma material, tornar(-se) corpóreo, corporificar-se.

ma.té.ria-pri.ma *sf* Substância bruta ou pouco elaborada com que se fabrica alguma coisa. *Pl: matérias-primas*.

ma.ter.nal (*materno+al*[1]) *adj m + f* **1** *V materno*. **2** Diz-se da escola para crianças com idade abaixo de 4 anos; grau inicial da escolarização.

ma.ter.ni.da.de (*materno+i+dade*) *sf* **1** Estado ou qualidade de mãe. **2** *Dir* Relação de parentesco, que liga a mãe ao seu filho. **3** Estabelecimento hospitalar para mulheres parturientes.

ma.ter.no (*lat maternu*) *adj* **1** Inerente, pertencente ou relativo à mãe; maternal. **2** Que procede da mãe. **3** Afetuoso ou carinhoso, como de mãe. **4** Do lado da mãe: *Herança materna*. **5** Relativo ao país natal: *Língua materna*.

ma.ti.lha *sf* **1** Grupo de cães de caça. **2** *fig* Corja, malta, súcia. **3** *fig* Bando de vadios. *V malta*.

ma.ti.nal (*matina+al*[1]) *adj m + f* **1** Que pertence ou se refere à manhã. **2** Madrugador, matutino.

ma.ti.nar (*matina+ar*[1]) *vtd* **1** Fazer acordar de manhã: *O sino da fazenda matinava os colonos*. *vtd* **2** Acordar e levantar-se muito cedo: *Os viajantes matinaram*. *vti* **3** Insistir em pensar num determinado assunto; imaginar, matutar em: *Matinar num negócio*. *Conjug – Pres subj: matine, matines, matine* (*tí*) etc. *Cf matinê*.

ma.ti.nê (*fr matinée*) *sf* Espetáculo, festa, sessão cinematográfica, que se realiza antes do anoitecer; vesperal.

ma.tiz (de *matizar*) *sm* **1** Nuança, tonalidade. **2** Gradação de cor. **3** Diferença delicada entre coisas do mesmo gênero. **4** Cor política, modo de pensar em relação à política.

ma.ti.zar (*cast matizar*) *vtd* **1** Dar cores diversas a:

Matizar uma pintura. vtd **2** Graduar, variar (cores). *vtd* **3** Adornar, enfeitar: *Muitas alegrias lhe matizaram a infância. Matizava seus textos com citações. vpr* **4** Ostentar cores variadas: *As campinas matizaram-se. Matizou-se a parreira com lindíssima folhagem. O jardim matizou-se de flores.*

ma.to (de *mata*) *sm* **1** Terreno inculto, coberto de árvores. **2** *Bot* Plantas agrestes de pequenas dimensões (capão, moita, tojos etc.). **3** O meio rural, em contraposição à cidade. *Botar no mato:* jogar fora. *Cair no mato* ou *ganhar o mato:* fugir, desaparecer. *Deste mato não sai coelho:* desta pessoa não se esperem vantagens etc. *Estar* ou *ficar no mato sem cachorro:* ver-se em apuros, em situação difícil, embaraçosa, sem auxílio de ninguém. *Ser mato:* existir em abundância: *Doença aqui é mato.*

ma.to-gros.sen.se (*top Mato Grosso+ense*) *adj m+f* De Mato Grosso (Brasil). • *s m+f* O natural ou habitante de Mato Grosso. *Pl: mato-grossenses.*

ma.to-gros.sen.se-do-sul (*top Mato Grosso do Sul+ense*) *adj m+f* De Mato Grosso do Sul (Brasil). • *s m+f* O natural ou habitante desse estado. *Pl: mato-grossenses-do-sul.*

ma.tra.ca (*ár miTraqâ*) *sf* **1** Instrumento de madeira com que os vendedores ambulantes, ou mascates, se anunciavam nas ruas e caminhos. **2** Instrumento formado de tábuas ou argolas móveis que se agitam para fazer barulho e se usam em vez da campainha nas festas da Semana Santa. Aparece no bumba meu boi e em alguns grupos carnavalescos. **3** *bras pop* Pessoa que fala muito, sem necessidade; tagarela.

ma.tra.que.ar (*matraca+e+ar¹*) *vint* **1** Agitar matracas. *vint* **2** Fazer ruído semelhante ao de matracas; tagarelar: *As meninas matraquevam no corredor. vtd* **3** Apupar, vaiar: *Matraquearam o orador.* Conjuga-se como *frear.*

ma.trei.ro (*cast matrero*) *adj* **1** Astuto, muito experiente, sabido. **2** Arisco, esquivo.

ma.tri.ar.ca (*lat matre+arca*) *sf* A mulher, considerada como base ou chefe da família.

ma.tri.ar.ca.do (*matriarca+ado²*) *sm Antrop* Tipo de organização social e política em que a mulher é a base da família e exerce nela autoridade preponderante.

ma.tri.ar.cal (*matriarca+al¹*) *adj m + f* Relativo ao matriarcado.

ma.tri.cí.dio (*lat matricidiu*) *sm* Assassinato da mãe.

ma.trí.cu.la (*lat matricula*) *sf* **1** Ato de matricular. **2** Inscrição numa escola. **3** Emolumento que paga quem quer ser inscrito como aluno de uma escola. **4** Inscrição de nomes de pessoas, estabelecimentos, firmas etc., obrigados a determinados deveres. **5** Registro em que se inscrevem os nomes dos soldados, à proporção que assentam praça.

ma.tri.cu.lar (*matrícula+ar¹*) *vtd e vpr* **1** Inscrever (-se) nos registros de matrícula: *Matriculou a filha no curso de inglês. vpr* **2** Alistar-se, inscrever-se: *Matriculou-se na Faculdade de Direito. vtd* **3** Dar número de matrícula a um objeto. *Conjug – Pres indic: matriculo, matriculas, matricula (ú) etc. Cf matrícula.*

ma.tri.mô.nio (*lat matrimoniu*) *sm* **1** União legítima do homem com a mulher. **2** *V casamento.*

ma.triz (*lat matrice*) *sf* **1** *Anat* Órgão musculoso feminino, oco, piriforme, onde se desenvolve o feto; útero. **2** Lugar onde alguma coisa se gera ou cria. **3** Aquilo que gera. **4** Fonte, manancial. **5** Molde para fundição de qualquer peça. **6** Igreja (católica) principal de uma localidade. **7** *Dir* Estabelecimento principal, que centraliza a administração dos negócios e a contabilidade das operações do comerciante ou empresa. **8** *Mec* Ferramenta para produção industrial em série de peças idênticas. • *adj* Que dá origem.

ma.tro.na (*lat matrona*) *sf* **1** Mulher madura, senhora respeitável. **2** Mulher corpulenta.

ma.tu.la *sf* **1** Corja, multidão de pessoas ordinárias. **2** *bras* Farnel, merenda.

ma.tu.ra.ção (*lat maturatione*) *sf* **1** Ato de maturar, amadurecimento. **2** Progresso sucessivo para a maturidade. **3** *fig* Desenvolvimento, aperfeiçoamento, desabrochamento.

ma.tu.rar (*lat maturare*) *vtd, vint e vpr* **1** Amadurecer(-se), sazonar(-se): *Sol propício, que matura os frutos. Maturavam* (ou *maturavam-se*) *rapidamente. vint e vpr* **2** Tornar-se amadurecido por efeito da idade, experiência ou conhecimento: *Atingiu os 25 anos, formou-se, maturou* (ou *maturou-se*). *vint* **3** Supurar.

ma.tu.ri.da.de (*lat maturitate*) *sf* **1** *V madureza.* **2** Idade madura. **3** Perfeição. *Maturidade social, Sociol:* grau em que as atitudes, a socialização e a estabilidade afetiva de um indivíduo refletem um estado de adaptação ao seu próprio meio.

ma.tus.que.la *s m+f Reg* (RJ) Pessoa maluca, adoidada.

ma.tu.tar (*matuto+ar¹*) *pop vint* **1** Cogitar, meditar, refletir: *Ficou muito tempo na varanda matutando. vti* **2** Cismar, pensar em: *Matutava em seus problemas. vtd* **3** Planejar: *Matutava um jeito de se explicar.*

ma.tu.ti.no (*lat matutinu*) *adj* **1** Que se refere à manhã. **2** Madrugador, matinal. • *sm* Jornal que chega aos leitores pela manhã.

ma.tu.to (de *mato*) *adj* **1** Que vive no mato. **2** *bras* Acanhado, desconfiado, tímido. **3** *bras pop* Finório, manhoso, matreiro. • *sm* **1** Provinciano. **2** Roceiro, caipira. **3** Indivíduo ignorante, ingênuo.

mau (*lat malu*) *adj* **1** Que não é de boa qualidade: *mau atendimento.* **2** Que exprime maldade. **3** Nocivo, prejudicial, ruim: *mau hábito.* **4** Funesto, nefasto: *mau presságio.* **5** Que causa mal ou prejuízo: *mau negócio.* **6** Diz-se do estado de coisa deteriorada ou que já não presta: *mau alimento.* **7** Diz-se do tempo chuvoso: *mau tempo.* **8** Malfeito; imperfeito. **9** Contrário à razão, à justiça, à virtude, aos princípios da honra e da dignidade: *mau procedimento.* • *sm* **1** Tudo o que é mau: *Ninguém prefere o mau ao bom.* **2** Indivíduo de má índole, perverso. • *interj* Demonstra descontentamento, reprovação. *Fem: má. Sup abs sint: malíssimo* e *péssimo. Cf mal.*

Note que **mau** se opõe a **bom** e que **mal** se opõe a **bem**.
Foi mal (bem) *na prova.*
Foi um mau (bom) *resultado.*

mau-ca.rá.ter *adj e s m+f* Diz-se de, ou

má índole; patife, fraudulento. *Pl: maus-caracteres.*
mau-o.lha.do *sm* **1** Qualidade que a crendice popular atribui a certas pessoas de causarem problemas ou desgraças àquelas para quem olham. **2** O mau efeito dessa qualidade. *Pl: maus-olhados.*
mau.ri.ci.nho (*dim* de *Maurício, np*) *sm bras gír* **1** Rapaz de classe social elevada. **2** Rapaz bem-vestido, que usa roupas de estilo clássico e/ou caras.
mau.so.léu (*gr mausóleion*) *sm* **1** Sepulcro de Mausolo, rei da Cária (Ásia Menor) de 377 a 353 a.C.; foi considerado uma das sete maravilhas do mundo antigo. **2** Sepulcro suntuoso.
maus-tra.tos *sm pl Jur* Delito que se configura no fato de submeter alguém, sob sua autoridade, a trabalhos excessivos ou inadequados, a castigos e/ou a privação de cuidados e alimentos, colocando assim sua saúde ou vida em risco.
ma.vi.o.so (*ô*) (*amavio+oso*, com aférese) *adj* Suave, harmonioso. *Pl: maviosos (ó).*
ma.xi.des.va.lo.ri.za.ção (*cs*) (*maxi+desvalorização*) *sf Econ* Grande desvalorização da moeda de um país em relação à de outro.
ma.xi.la (*cs*) (*lat maxilla*) *sf* **1** *Anat* Estrutura óssea ou cada um dos ossos em que se implantam os dentes superiores. **2** Osso que se articula com a mandíbula.
ma.xi.lar (*cs*) (*lat maxillare*) *adj Anat* Que pertence ou se refere à maxila. • *sm Anat desus* Ossos maxilares superior e inferior, correspondentes, atualmente, a *maxila* e *mandíbula.*
má.xi.ma (*ss*) (*lat maxima*) *sf* **1** Princípio básico de uma ciência ou arte; axioma. **2** Sentença moral; conceito. **3** *Mús* Nota musical, com o valor de oito semibreves.
ma.xi.mi.zar (*ss*) (*máximo+izar*) *vpr* **1** Chegar ao máximo de números ou graus: *A temperatura maximizou-se.* *vtd* **2** Atingir o máximo de: *Até que ponto será possível maximizar o desenho?* *vtd* **3** Elevar ao mais alto número ou grau. *vtd* **4** *Inform* Expandir o ícone de uma aplicação de volta ao seu tamanho de exibição original.
má.xi.mo (*ss*) (*lat maximu*) *adj* **1** Superlativo absoluto sintético de *grande.* **2** Maior que todos, que está acima de todos. **3** Absoluto, rigoroso. *Antôn* (acepção 1): *mínimo.* • *sm* **1** Aquilo que é maior, mais alto ou mais intenso. **2** O mais alto grau a que pode chegar uma quantidade variável. **3** O limite extremo; o apogeu. *Máximo divisor comum* (de dois ou mais números), *Mat:* o maior de seus divisores comuns.
ma.xi.xe (de *Maxixe, np*) *sm bras* **1** Dança popular, requebrada e viva. **2** Música para essa dança. **3** Fruto do maxixeiro.
ma.xi.xei.ro (*maxixe+eiro*) *sm bras Bot* Planta cucurbitácea, que produz o maxixe. • *adj* + *sm* Que, ou aquele que dança o maxixe.
ma.ze.la (*lat vulg* *macella*) *sf* **1** Chaga, ferida. **2** *pop* Enfermidade. **3** *fig* Tudo o que aflige ou causa aborrecimento, desgosto. **4** *fig* Defeito moral, mancha na reputação.
ma.ze.len.to (*mazela+ento*) *adj* Cheio de mazelas; ferido; machucado.
ma.zur.ca (*polonês mazurka,* via *fr*) *sf* **1** Dança polonesa, em três tempos, de movimento moderado, misto da valsa e da polca. **2** Música para essa dança.
Mb Abreviatura de *megabit.*
MB Abreviatura de *megabyte.*
Mbyte Abreviatura de *megabyte.*
me (*lat me*) *pron pess* **1** A mim. **2** Para mim. **3** Em meu interesse. **4** Substitui elegantemente o possessivo e corresponde a *meu, de mim: Puxou-me o cabelo.*
me.a.da (*meio+ada*[1]) *sf* **1** Porção de fios dobrados. **2** *fig* Enredo, intriga, mexerico, negócio complicado.
me.a.do (*part* de *mear*) *adj* Que chegou ao meio. • *sm* O meio. *sm pl* Meado, a parte média ou mediana.
me.a.lhei.ro (*mealha+eiro*) *sm* Cofrinho ou caixinha para juntar dinheiro.
me.an.dro (do *top Meandro*) *sm* **1** Sinuosidade, curva. **2** Caminho sinuoso. **3** Circunlóquio, perífrase, rodeio. **4** Enredo, intriga: *Os meandros da diplomacia.*
me.ão (*lat medianu*) *adj* **1** Mediano; nem grande nem pequeno. **2** Nem alto nem baixo; de médio porte ou estatura.
me.ar (*meio+ar*[1]) *vtd* **1** Dividir ao meio: *Mear uma herança.* *vtd* **2** Levar ao meio, ter concluído metade de (qualquer trabalho). *vint* e *vpr* **3** Chegar ao meio: *Nossas férias já meiam* (ou *se meiam*). Conjuga-se como *frear.*
me.câ.ni.ca (*lar mechanica*) *sf* **1** *Fís* Ciência que estuda os movimentos e as forças que os provocam. **2** O conjunto das leis do movimento e do equilíbrio. **3** Aplicação dos princípios de uma ciência ou arte. **4** O conjunto das máquinas de um estabelecimento industrial. **5** Combinação de peças com o fim de produzir ou transmitir movimentos: *A mecânica da bicicleta. Mecânica aplicada:* aplicação dos princípios de mecânica aos mecanismos. *Mecânica celeste:* parte da mecânica clássica que investiga o movimento dos corpos celestes. *Mecânica clássica:* a que se baseia nas leis de Newton; mecânica newtoniana.
me.câ.ni.co (*lat mechanicu*) *adj* **1** Pertencente ou relativo à mecânica. **2** Que requer o trabalho de mecanismos ou de máquinas. **3** Que não age quimicamente, mas segundo as leis do movimento. **4** *fig* Maquinal, automático. • *sm* **1** Especialista em mecânica. **2** Profissional da mecânica.
me.ca.nis.mo (*lat mechanisma*) *sm* **1** Disposição das partes que constituem uma máquina, um aparelho etc. **2** Maquinismo. **3** Combinação de órgãos ou partes de órgãos para funcionarem conjuntamente. **4** Organização de um todo. **5** Manejo de um instrumento; técnica. **6** *Fís* Teoria científica que explica os fenômenos físicos pelo movimento. *Mecanismo da linguagem:* arranjo e disposição das palavras, independentemente da significação destas. *Mecanismo de defesa, Biol:* reação defensiva de um organismo.
me.ca.ni.za.ção (*mecanizar+ção*) *sf* **1** Ato ou efeito de mecanizar. **2** Emprego generalizado da máquina para substituir o esforço humano na indústria, na ciência, na agricultura etc.
me.ca.ni.za.do (*part* de *mecanizar*) *adj* Em que ocorreu mecanização.
me.ca.ni.zar (*mecano+izar*) *vtd* **1** Dispor, organizar

com máquinas: *Mecanizar a lavoura.* **2** Tornar maquinal, reduzir a simples movimentação mecânica: *Mecanizar a vida.*

me.ca.no.gra.fi.a (*mecano+grafo+ia¹*) *sf* **1** V *datilografia.* **2** Indústria dos aparelhos de escrita mecânica ou de cálculo mecânico. **3** Arte de empregar máquinas como auxiliares de escrita ou de cálculos. **4** Setor de uma repartição pública ou grande escritório em que se centralizam os serviços de datilografia e mimeografia.

me.ce.nas (de *Mecenas, np*) *sm sing* e *pl* Protetor das letras ou dos letrados, dos artistas e sábios.

me.cê.ni.co (*mecenas+ico²*) *adj* Relativo a mecenas, ou próprio de mecenas.

me.cha (*fr meche*) *sf* **1** Tufo de cabelo, mais ou menos separado do resto. *V madeixa.* **2** Pedaço de cordão desfiado e embebido em alguma matéria inflamável, com que se produz chama.

me.da.lha (*ital medaglia*) *sf* **1** Peça metálica, geralmente redonda, com gravura de alegoria, de figura notável ou de monumento numa das faces, e legenda na outra, que pode também ter segunda gravura, data ou sigla. **2** Caixinha, geralmente de ouro, formada de duas tampas, que serve de ornamento, no pescoço das mulheres. **3** Peça que representa assunto de devoção religiosa. **4** Prêmio que, nos concursos, exposições ou sociedades, se confere aos que se distinguem. **5** Insígnia de ordem honorífica; condecoração.

me.da.lhão (*medalha+ão²*) *sm* **1** Medalha grande. **2** Pequena caixa metálica, achatada, circular ou oval, com tampa geralmente de vidro, onde se guarda uma recordação (cabelo, retrato etc.). **3** *fig* Homem importante. **4** *fig* Aquele que ostenta muitas condecorações.

mé.dia (*fem* de *médio*) *sf* **1** Quociente da divisão de uma soma pelo número das parcelas. **2** Valor médio. **3** Coisa ou quantidade que representa o meio entre muitas coisas. **4** Quantidade mínima de pontos ou valores que se deve alcançar em exame ou concurso para conseguir aprovação ou admissão. **5** Xícara de café com leite. *Média aritmética de* n *números, Mat:* soma desses números dividida pelo quociente *n. Média geométrica:* raiz de índice *n* extraída do produto de *n* fatores. *Média proporcional:* segundo e terceiro termos de uma proporção, quando são iguais.

me.di.a.ção (*lat mediatione*) *sf* **1** Ato ou efeito de mediar. **2** Intercessão, intervenção, intermédio. **3** Agenciamento, corretagem. **4** *Dir* Contrato especial pelo qual uma pessoa, mediante remuneração, se incumbe de obter que duas ou mais pessoas, interessadas num determinado negócio, se aproximem com o objetivo de a realizar.

me.di.a.dor (*lat mediatore*) *adj* + *sm* **1** Que, ou o que intervém; medianeiro. **2** Árbitro. *Mediador químico, Med:* substância libertada pelo influxo nervoso ao nível das terminações nervosas, por intermédio da qual os nervos exercem a sua ação.

me.di.al (*lat mediale*) *adj* m+*f* **1** Que constitui o meio ou está situado no meio; médio, mediano. **2** *Anat* Central ou interno, em relação ao plano mediano do corpo ou de alguma das suas partes.

mé.dia-me.tra.gem *sm Cin* e *Telev* Filme com duração intermediária entre o curta-metragem e o longa-metragem; média, filme de média metragem. *Pl: médias-metragens.*

me.di.a.nei.ro (*mediano+eiro*) *adj* + *sm* V *mediador.*

me.di.a.no (*lat medianu*) *adj* **1** Colocado no meio, que está entre dois extremos. **2** Nem muito excelente nem muito inferior; medíocre. **3** Nem grande nem pequeno. **4** Moderado, pouco exaltado. **5** Regular. • *sf Geom* Segmento de reta que, no triângulo, une um vértice ao meio do lado oposto.

me.di.an.te (*lat mediante*) *prep* Por meio de, com auxílio de, por intervenção de.

me.di.ar (*lat mediare*) *vtd* **1** V *mear.* *vtd* **2** Tratar como mediador: *Mediar a reconciliação de duas pessoas. vti* **3** Ficar no meio de dois pontos, no espaço, ou de duas épocas, no tempo: *O rio medeia entre esta cidade e aquela.* Conjuga-se como *odiar.*

me.di.a.to (*lat mediatu*) *adj* **1** Que está em relação com uma coisa por intermédio de uma terceira; indireto. **2** Diz-se da causa que produz um efeito por intermédio de outra causa. **3** Que tem algum intermediário. *Antôn: imediato.*

me.di.ca.ção (*lat medicatione*) *sf* **1** Ato de medicar; tratamento que busca a cura por meio de medicamentos. **2** Remédios prescritos a um paciente.

me.di.ca.men.to (*lat medicamentu*) *sm* Qualquer substância ou preparado que se prescreve como agente terapêutico; remédio.

me.di.ca.men.to.so (ô) (*lat medicamentosu*) *adj* Que tem propriedades medicinais. *Pl: medicamentosos (ó).*

me.di.ção (*medir+ção*) *sf* **1** Ato ou efeito de medir; medida. **2** Conjunto das medidas para o levantamento de uma planta de engenharia ou arquitetura.

me.di.car (*lat medicare*) *vtd* **1** Aplicar medicamentos a, tratar com remédios: *A mãe medicou a criança e saiu. vint* **2** Ministrar medicamentos; exercer a medicina: *Faz muito tempo que ele medica. vpr* **3** Aplicar a si mesmo remédios caseiros; tomar medicamentos. *Conjug – Pres indic: medico, medicas, medica* (dí) etc.; *Pres subj: medique, mediques* etc. *Cf médico.*

me.di.ci.na (*lat medicina*) *sf* **1** Arte e ciência de curar, atenuar e prevenir as doenças. **2** Cada um dos sistemas medicinais (alopatia, homeopatia, medicina natural etc.) empregados para debelar as doenças. **3** A profissão de médico. **4** Aquilo que remedeia um mal; socorro, auxílio. *Medicina legal:* aplicação da medicina aos casos de processo civil e criminal que por ela podem ser esclarecidos. *Medicina operatória:* a cirurgia. *Medicina ortomolecular:* espécie de tratamento que promete retardar o envelhecimento, através da prescrição de superdosagens de vitaminas e nutrientes. *Medicina popular:* a que se baseia na tradição popular, que utiliza medicamentos caseiros e naturais. *Medicina veterinária:* a veterinária, que se ocupa dos animais.

me.di.ci.nal (*lat medicinale*) *adj m* + *f* **1** Que se refere à medicina. **2** Que cura, que se aplica contra doenças: *Ervas medicinais.* **3** Que remedeia qualquer mal físico ou moral; terapêutico.

mé.di.co (*lat medicu*) *adj* **1** Que pertence ou se refere à medicina; medicinal. **2** Que tem por assunto a medicina. • *sm* O que exerce ou pode exercer legalmente a medicina; clínico.

mé.di.co-hos.pi.ta.lar (*médico+hospitalar*) *adj m+f* Relativo ao serviço médico dos hospitais. Pl: *médico-hospitalares*.

me.di.da (*part fem* de *medir*) *sf* **1** Grandeza determinada que serve de padrão para avaliar outras do mesmo gênero; parâmetro. **2** Régua graduada, com que se tomam medidas. **3** Tira, dividida e numerada em centímetros, com que se tomam as medidas nos trabalhos de costura e outros. **4** Vasilha de grandeza determinada, com que se medem líquidos e mercadorias a granel. **5** A quantidade contida nesse recipiente. **6** Ação de medir; medição. **7** O resultado da medição. **8** Baliza, limite, termo. *Medida de segurança, Dir:* providência que substitui ou complementa uma pena; é preventiva e recuperatória, e consiste em certas restrições, como internamento em manicômio, em colônia agrícola, liberdade vigiada, interdições, confisco etc., baseada na periculosidade do criminoso.

Deve-se distinguir **à medida que** de **na medida em que**. **À medida que** significa à proporção que, conforme; **na medida em que** quer dizer tendo em vista que.

À medida que os convidados iam chegando, a festa tornava-se mais animada.

Na medida em que o crime não foi desvendado, todos permanecem sob suspeita.

me.di.dor (*medir+dor*) *adj* + *sm* Que, ou o que mede. • *sm* **1** Instrumento destinado a tomar medidas. **2** Aparelho para medição do consumo de água, energia elétrica, gás etc.; registro.

me.di.e.val (*medievo+al¹*) *adj* Pertencente ou relativo à Idade Média.

mé.dio (*lat mediu*) *adj* **1** Que está no meio, entre dois extremos. **2** Que separa duas coisas. **3** Que exprime o meio-termo. **4** Que ocupa o meio-termo entre duas grandezas desiguais. **5** Que se calcula tirando a média. • *sm* **1** V *meio*. **2** No futebol, jogador que se coloca na linha entre a dos atacantes e os zagueiros.

me.dí.o.cre (*lat mediocre*) *adj* **1** Médio ou mediano. **2** Que está entre bom e mau. **3** Ordinário, comum, sofrível, vulgar.

me.di.o.cri.da.de (*lat mediocritate*) *sf* **1** Estado ou qualidade de medíocre. **2** Falta de mérito, vulgaridade.

me.dir (*lat metiri*) *vtd* **1** Avaliar ou determinar a medida, extensão ou grandeza de: *Quem é que mediu a quadra com a mão?* *vtd* **2** Ter a extensão de, ter como medida: *A criatura que nos assustou media mais de dois metros*. *vtd* **3** Considerar, ponderar: *Sempre tão sério, medindo suas ações, pesando suas palavras*. *vtd* **4** Atravessar; percorrer: *Mediu o salão a passos largos*. *vtd* **5** Olhar com intenção provocante: *Encarou o atrevido, mediu-o de alto a baixo*. *vtd* **6** Contar as sílabas de; examinar a quantidade (de verso). *vtd* **7** Adequar, ajustar, proporcionar, regular. *vtd* e *vpr* **8** Avaliar(-se), calcular(-se)*: Com os olhos mediu a largura da valeta a fim de saltá-la. Mediu-se no espelho a ver se poderia encarar o desafio*. *Medir alguém de alto a baixo:* olhar para alguém fitando-o muito, com olhar crítico, desafiador ou de desprezo.

Medir armas com: lutar com. *Medir as palavras:* falar cautelosamente. *Conjug:* verbo irregular; o *d* de *medir* muda-se em *ç* na 1ª pessoa do singular do presente do indicativo e nas formas que dela derivam. Pres indic: *meço, medes, mede* etc.; *Pret imp indic: media, medias, media (dí)* etc.; *Pret perf: medi, mediste* etc.; *Pret mais-que-perf: medira, mediras (dí)* etc.; *Fut pres: medirei, medirás* etc.; *Fut pret: mediria, medirias* etc.; *Pres subj: meça, meças, meça* etc.; *Pret imp subj: medisse, medisses, medisse, medíssemos, medísseis, medissem; Fut subj: medir, medires, medir, medirmos, medirdes, medirem; Imper afirm: mede(tu), meça(você), meçamos(nós), medi(vós), meçam(vocês); Imper neg: não meças(tu), não meça(você)* etc.; *Infinitivo impess: medir; Infinitivo pess: medir, medires, medir* etc.; *Ger: medindo; Part: medido*.

me.di.ta.bun.do (*lat meditabundu*) *adj* **1** Pensativo, meditativo. **2** Melancólico. *Antôn* (acepção 2): *alegre*.

me.di.ta.ção (*lat meditatione*) *sf* **1** Ato ou efeito de meditar; reflexão. **2** Oração mental. **3** Contemplação religiosa. **4** Exame interior.

me.di.tar (*lat meditari*) *vint* **1** Fazer meditação. *vti* **2** Pensar maduramente, refletir muito: *Meditar no futuro. Meditava sobre o que lera*. *vtd* **3** Pensar sobre, sujeitar a exame interior: *Meditar uma resposta*. *vtd* **4** Considerar, estudar, ponderar: *Meditar um tratado científico*. *vtd* **5** Combinar, intentar, projetar: *Meditar uma ação, uma vingança, um crime, um lance*.

me.di.ta.ti.vo (*lat meditativu*) *adj* **1** Propenso à meditação. **2** Meditabundo. **3** Que tem a expressão de quem medita ou reflete sobre algo.

me.di.ter.râ.neo (*lat mediterraneu*) *adj* **1** Diz-se do mar situado entre terras, interior. **2** Que diz respeito ao Mediterrâneo ou aos países que ele banha. • *sm* Mar interior.

mé.dium (*lat mediu*) *sm Espir* Pessoa capaz de estabelecer relações entre o mundo visível e o mundo invisível; pessoa que, segundo os espíritas, pode servir de intermediário entre os vivos e os espíritos dos mortos.

me.do¹ (*é*) (*lat metu*) *sm* **1** Sentimento de grande inquietação diante de um perigo real ou imaginário, de uma ameaça; pavor, temor, terror. **2** Apreensão. **3** Receio.

me.do² (*é*) (*lat medu*) *sm* Natural ou habitante da antiga Média (Ásia). • *adj* Referente aos medos, povo que se fixou na Média (antiga Pérsia) por volta de VII a.C.; Ciro os conquistou e assumiu o título de rei dos medos e persas.

me.do.nho (de *medo¹*) *adj* **1** Que provoca medo. **2** Funesto. **3** Hediondo, horrendo.

me.drar (*cast medrar*) *vtd* **1** Fazer crescer, desenvolver: *Um clima benfazejo medrava as plantas*. *vtd* **2** Incrementar, aumentar, fazer progredir: *Providências que medram a instrução popular*. *vint* **3** Crescer, desenvolver-se, vegetar: *Aqui tudo é tão árido que nada medra*. *vint* **4** Florescer, prosperar: *Medram ali ciências e artes*. *vint* **5** Avolumar-se, aumentar, crescer: *Medravam as esperanças de cura do doente*. *Antôn: definhar*. *Conjug:* com raras exceções, normalmente é conjugado apenas nas 3ªs pessoas.

me.dro.so (ô) (*medo+r+oso*, com síncope) *adj* 1 Que tem medo. 2 Acanhado, tímido. 3 Que facilmente se assusta. 4 Amedrontado, dominado pelo pavor. 5 Receoso. 6 Covarde, pusilânime. 7 Inseguro. *Antôn* (acepções de 1 a 6): *animoso, valente*. *Pl: medrosos* (ó).

me.du.la (*lat medulla*) *sf* 1 *Anat* Substância mole que se encontra no interior dos ossos longos; tutano. 2 *Bot* Substância mole que ocupa o eixo cilíndrico do caule e das raízes, desaparecendo nos caules ocos ou fistulosos, e sendo na estrutura secundária frequentemente substituída pelos elementos lenhosos confluentes. 3 *Med* Parte do sistema nervoso central, alojada no canal raquidiano (medula espinhal). 4 *fig* O que há de essencial em alguma coisa; o âmago. 5 A parte mais íntima.

me.du.lar (*lat medullaris*) *adj m+f* 1 Que se refere à medula. 2 Vital, essencial.

me.du.sa (*lat Medusa, np*) *sf* 1 *Zool* Forma individual de certo grupo de animais invertebrados marinhos que se assemelham a um sino ou guarda-sol; são transparentes e têm corpo gelatinoso, dotado de tentáculos. V *água-viva*. 2 *Mit* Uma das três Górgonas.

me.ei.ro (*meio+eiro*) *adj* 1 Que tem de ser dividido ao meio. 2 Que se pode partir em duas partes iguais. • *sm* 1 O que tem direito à metade de certos bens ou interesses. 2 Lavrador que planta em sociedade com o dono do terreno, pelo sistema de meia (acepção 4).

megabit (é) (*mega+bit*) *sm Inform* Unidade de medida de dispositivos de armazenamento, igual a 1.048.576 *bits*, ou 131.072 *bytes*, uma vez que o comprimento de um *byte* corresponde a 8 *bits*. *Abrev:* Mb.

megabyte (*méga báite*) (*mega+byte*) *sm Inform* Unidade de medida de dispositivos de armazenamento, igual a 1.048.576 *bytes*. *Abrev:* MB ou Mbyte.

me.ga.fo.ne (*mega+fone*) *sm* Instrumento semelhante a uma trombeta, usado para reforçar ou ampliar a voz de quem fala por ele; espécie de porta-voz.

me.ga.hertz (*mega+hertz*) *sm sing* e *pl Fís* Unidade de medida de frequência, equivalente a um milhão de hertz ou ciclos por segundo. *Símb:* MHz.

me.ga.lí.ti.co (*mégalo+lito+ico²*) *adj* Diz-se dos monumentos pré-históricos feitos de grandes pedras.

me.ga.lo.ma.ni.a (*mégalo+mania*) *sf* 1 Delírio de grandeza. 2 Mania pelas coisas grandes ou grandiosas, ou de fazer coisas grandes ou grandiosas.

me.ga.lo.ma.ní.a.co (*mégalo+maníaco*) *adj* Que se refere à megalomania. • *adj + sm* Que, ou o que sofre de megalomania.

me.ga.los.sau.ro (*mégalo+sauro*) *sm Paleont* Dinossauro carnívoro do período jurássico da África e da Europa.

megastore (*mégastór*) (*ingl*) *sf* Loja grande.

me.ge.ra (de *Megera, np*) *sf* 1 *Mit* Uma das três fúrias. 2 Mulher de mau gênio, cruel, perversa. 3 Mãe desnaturada. 4 Velha tagarela ou maldosa.

mei.a *sf* 1 Feminino de *meio*. 2 Peça de malha que cobre o pé e parte da perna. 3 O próprio ponto de malha com que se fabrica a meia. 4 *Agr* Sistema de parceria entre agricultores em que o arrendatário entrega a metade da colheita ao proprietário das terras. • *num* O número 6, corrente na fala para evitar confusão com o número 3, principalmente em se tratando de número telefônico. *A meias:* ao meio; em duas partes iguais. *Pé-de-meia:* dinheiro economizado aos poucos.

mei.a-á.gua *sf* Telhado de um só plano. *Pl: meias-águas*.

mei.a-ar.ma.dor *sm Esp* No futebol, nome dado ao meio de campo, cuja missão é receber a bola da defesa e armar o ataque. *Pl: meias-armadores*.

mei.a-cal.ça *sf* Meia que vai até a cintura. *Pl: meias-calças*.

mei.a-co.lher *sm* 1 Utensílio de pedreiro, empregado para alisar as juntas. 2 *fig* Pedreiro pouco experiente no ofício; servente de pedreiro. 3 *fig* Pedreiro ordinário; trolha. *Pl: meias-colheres*.

mei.a-di.rei.ta *sf Esp* Posição do jogador de futebol que, na linha dianteira, fica entre o centroavante e o extrema-direita. *s m+f* Quem atua nessa posição. *Pl: meias-direitas*.

mei.a-en.tra.da *sf* Ingresso para jogos e casas de espetáculo, vendido pela metade do preço, em geral para menores e estudantes. *Pl: meias-entradas*.

mei.a-es.quer.da *sf Esp* No futebol, posição do jogador que, na linha dianteira, fica entre o centroavante e o extrema-esquerda. *s m+f* Quem atua nessa posição. *Pl: meias-esquerdas*.

mei.a-es.ta.ção *sf* O dia ou época do ano em que não há nem muito calor nem frio. *Pl: meias-estações*.

mei.a-i.da.de *sf* Idade compreendida entre 30 e 50 anos. *Pl: meias-idades*.

mei.a-lu.a (*meia+lua*) *sf* 1 Fase da Lua em que ela se apresenta como um semicírculo luminoso. 2 V *crescente* e *minguante*. 3 Tudo o que tem forma de semicírculo. *Pl: meias-luas*.

mei.a-luz *sf* Pouca claridade, penumbra. *Pl: meias-luzes*.

mei.a-noi.te *sf* Momento que divide a noite em duas partes iguais; hora zero ou as 24 horas do dia civil. *Pl: meias-noites*. *Var: meia-noute*.

mei.a-pen.são *sf* Numa viagem, opção em que os turistas têm só uma refeição diária incluída no valor total do pacote, podendo escolher entre o almoço e o jantar. A outra refeição do dia deve ser paga à parte e pode ser feita em local escolhido pelo turista. *Pl: meias-pensões*.

mei.a-ti.ge.la *sf* 1 Coisa sem valor. 2 Pessoa sem importância; joão-ninguém. *De meia-tigela:* ordinário, insignificante, medíocre, vulgar: *Esse advogado de meia-tigela jamais ganhou uma causa*. *Pl: meias-tigelas*.

me.ga.ton (*mega+ton(elada)*) *sm Fís* Unidade de medida da energia liberada por uma explosão nuclear.

mei.go (*gr magikós*) *adj* 1 Amável, carinhoso, terno. 2 Bondoso. 3 Suave. 4 Afável.

mei.gui.ce (*meigo+ice*) *sf* 1 Qualidade de meigo. 2 Carinho, ternura. 3 Amabilidade, bondade. 4 Afabilidade. *Antôn: dureza, secura*.

mei.o (*lat mediu*) *adj* 1 Que indica metade de um todo. 2 Médio, intermédio. • *sm* 1 Ponto médio, ponto equidistante dos extremos. 2 Ponto igualmente distante do princípio e do fim. 3 Centro. 4 *Sociol* Totalidade dos fatores externos capazes de influírem na vida biológica, social ou cultural

de um indivíduo ou grupo. **5** O que dá passagem ou serventia, ou serve de comunicação. **6** Plano, partido ou expediente que se adota para conseguir um fim. **7** Condição, circunstâncias. **8** Maneira, via por onde se chega a algum fim. **9** *Fís* Corpo ou ambiente onde se passam fenômenos especiais. **10** Substância sólida, líquida ou gasosa, dentro da qual vivem os seres. **11** Segundo e terceiro termos de uma proporção. **12** *Inform V mídia* (acepção 3). *sm pl* **1** Bens de fortuna; haveres, recursos pecuniários. **2** Poder natural de uma pessoa, na ordem física ou intelectual: *Menino de poucos meios.* • *adv* **1** Pela metade. **2** Quase, com pouca diferença. **3** Um pouco, um tanto, não inteiramente. *Meio ambiente, Ecol:* o conjunto das condições e influências naturais a que está exposto um ser vivo e com as quais interage. *Meio de campo:* a) *Esp* posição que ocupa um jogador, no meio do campo; b) o jogador que ocupa essa posição. *Meio de cultura:* corpo ou mistura que se emprega para cultivar organismos inferiores. *Meio de vida:* emprego, negócio, ocupação, ofício, trabalho.
mei.o-cam.pis.ta *adj e s m+f Esp* No futebol, diz-se de, ou quem atua no meio de campo. *Pl: meio--campistas* e *meios-campistas.*
mei.o-di.a *sm* **1** Momento em que o Sol cruza o meridiano do lugar; o momento que divide o dia ao meio; a hora em que o Sol está no ponto mais alto do seu curso diurno; as 12 horas. **2** Metade de um dia útil. **3** O ponto cardeal oposto ao Norte; o Sul. *Pl: meios-dias.*
mei.o-fi.o *sm* Arremate, de pedra ou concreto, que serve de limite entre a calçada e a via de trânsito de veículos. *Pl: meios-fios.*
mei.o-ir.mão *sm* Irmão só por parte do pai ou só por parte da mãe. *Pl: meios-irmãos. Fem: meia-irmã.*
mei.o-tem.po *sm* **1** Entretempo, ínterim. **2** *Fut* Cada uma das duas partes em que se estende um jogo de futebol. *Pl: meios-tempos.*
mei.o-ter.mo *sm* **1** Termo médio entre dois extremos. **2** Comedimento. **3** Ecletismo. *sm pl* **1** Expressões ambíguas ou que não dizem tudo; tergiversações. **2** Atos que nada resolvem nem decidem; paliativos. *Pl: meios-termos.*
mei.ri.nho (*lat majorinu*) *sm* **1** Antigo magistrado, nomeado pelo rei, e com amplos poderes para governar uma comarca ou um território. **2** Antigo empregado judicial, correspondente ao moderno oficial de justiça. • *adj* Diz-se do gado lanígero que, no verão, pasta nas montanhas, e no inverno, na planície.
meit.né.rio *sm Quím* Elemento de número atômico 109 e símbolo Mt.
mel (*lat mel*) *sm* **1** Suco espesso e doce elaborado pelas abelhas, a partir do néctar das flores, e depositado por elas em alvéolos especiais para lhes servir de alimento. É também muito apreciado pelo ser humano pelo seu excelente sabor, por seu valor nutritivo e mesmo medicinal. **2** Calda de açúcar destilada nos engenhos. **3** *fig* Grande doçura, extrema suavidade. *Mel silvestre:* o que as abelhas e outros insetos fabricam a partir de flores silvestres. *Mel virgem:* o primeiro que espontaneamente sai dos favos, ou que se tira deles antes de qualquer manipulação. *Pl: méis* e *meles.*

me.la.ço (de *mel+aço*) *sm* Líquido viscoso formado pelo resíduo da refinação do açúcar.
me.la.do (*part* de *melar*) *adj* **1** Adoçado com mel. **2** Muito doce. • *sm Reg* (Nordeste) Calda grossa e escura de cana-de-açúcar com que se faz a rapadura.
me.lan.ci.a (por *balancia*, sob o influxo de *melão*) *sf* **1** *Bot* Planta trepadeira, originária da África tropical, mas largamente cultivada por causa de seu fruto. **2** Fruto dessa planta, muito grande, redonda ou ovalada, de casca verde e interior vermelho; refrescante e de sabor agradável.
me.lan.co.li.a (*gr melagkholía*) *sf Psiq* Estado de humor caracterizado por tristeza vaga e persistente.
me.lan.có.li.co (*gr melagkholikós*) *adj* **1** Que sofre de melancolia. **2** Abatido, desconsolado, triste. **3** Que infunde melancolia. *Antôn: alegre, expansivo.*
me.la.ni.na (*mélano+ina*) *sf Biol* Cada um de vários pigmentos marrom-escuros ou pretos de estruturas animais ou vegetais (tais como pele, pelo, coroide ou batata crua, quando exposta ao ar) ou até mesmo de certos tumores. *Var: melaína.*
me.la.nis.mo (*mélano+ismo*) *sm* **1** *Biol* Fenômeno que consiste no aumento de produção do pigmento negro (melanina) com o consequente escurecimento da pele e do pelo dos mamíferos, assim como das penas das aves. **2** *Med* Pigmentação negra da pele, difusa e generalizada, que se observa na doença de Addison.
me.lão (*lat melone*) *sm* **1** Fruto do meloeiro, grande, esférico ou um pouco alongado, amarelo e doce, muito apreciado. **2** V *meloeiro.*
me.lar (*mel+ar*[1]) *vtd* **1** Adoçar, untar ou cobrir com mel: *Melar uma fatia de pão.* *vint* **2** Fazer mel (a colmeia). *vint* **3** Ficar melado, excessivamente doce: *O pudim melou demais.* *vint* **4** *bras gír* Falhar, não dar certo: *O passeio melou.* *vpr* **5** Sujar-se de mel ou de qualquer substância oleosa.
me.le.ca (de *melar*) *sf bras pop* **1** Catarro seco das fossas nasais. **2** V *joça.*
me.lei.ro (*mel+eiro*) *sm* **1** Aquele que vende mel. **2** Tirador de mel.
me.le.na (*cast melena*) *sf* **1** Cabelos longos e soltos. **2** Madeixa. **3** Parte da crina do cavalo que pende da cabeça sobre a fronte; juba.
me.lhor (*lat meliore*) *adj* **1** Comparativo irregular de *bom,* que é mais bom (não é normal o uso de *mais bom*). **2** Superior. **3** *pop* Menos mal de saúde ou de situação. • *sm* **1** Aquele ou aquilo que é preferível, que tem melhor qualidade que qualquer outra coisa. **2** Aquilo que é sensato ou acertado: *O melhor é você ficar quieto.* • *adv* **1** Mais bem. **2** De modo mais perfeito. **3** Com mais justiça ou verdade. • *interj* Designativa de indiferença ou de satisfação pela cessação de qualquer dúvida, aborrecimento etc.; tanto melhor, preferivelmente. *Levar a melhor:* ter vantagem; sair vencedor. *No melhor da festa:* na melhor ocasião; quando menos se esperava. *Quanto pior, melhor:* forma de admitir que uma situação tensa não se resolva.
me.lho.ra (de *melhorar*) *sf* **1** Ato ou efeito de melhorar; melhoria. *sf pl* **2** Melhoramentos ou vantagens de qualquer espécie. **3** Diminuição de doença; alívio.

me.lho.ra.da (*melhor+ada*¹) *sf pop* Melhora.

me.lho.ra.do (*lat melioratu*) *adj* **1** Tornado melhor, corrigido, aperfeiçoado. **2** Que passou por benfeitoria.

me.lho.ra.men.to (*melhorar+mento*) *sm* **1** Ação ou efeito de melhorar; melhora, melhoria. **2** Benfeitoria ou benefício. **3** Progresso para o bem.

me.lho.rar (*melhor+ar*¹) *vtd* e *vpr* **1** Tornar(-se) melhor ou superior: *Melhoremos o caráter, para melhorarmos o destino. Sob tão benéficas influências, melhorou-se muito. vtd* **2** Tornar mais próspero: *Melhorar a agricultura. vtd* **3** Diminuir a doença, restituir a saúde a: *Esse tratamento melhorou-o. vtd* **4** Aperfeiçoar, reformar, reparar: *Melhorar os costumes, os usos. vint* **5** Sentir melhoras ou alívio na doença: *Após a operação, logo começou a melhorar. vint* **6** Aplacar, abrandar, serenar (o mau tempo). *vti* e *vint* **7** Passar a condição mais próspera: *Melhorar de posição, melhorar de vida. Melhorar no emprego. Quem sempre muda de emprego nunca melhora.* Antôn: *piorar*.

me.lho.ri.a (*melhor+ia*¹) *sf* **1** Transição para melhor estado ou condição. **2** Superioridade, vantagem. **3** Diminuição de doenças. **4** Melhoramento material. *Melhoria de vencimentos:* aumento de ordenado ou salário. *Melhoria de imagem, Inform:* ajuste de partes de uma imagem, usando programa especial de edição de imagens.

me.li.an.te (*cast maleante*) *sm* **1** Malandro, vadio, vagabundo. **2** Velhaco, patife, biltre.

me.lí.fe.ro (*lat melliferu*) *adj* Que produz mel.

me.li.fi.car (*lat mellificare*) *vint* **1** Fabricar mel (diz-se das abelhas). *vtd* **2** Converter em mel: *As abelhas melificam o néctar. vtd* **3** Adoçar com mel: *Melificar o leite. vtd* **4** Tornar doce como mel: *Melificar as palavras.*

me.lí.fluo (*lat mellifluu*) *adj* **1** Que corre como o mel. **2** Que destila mel. **3** Muito doce. **4** Suave. **5** Harmonioso. **6** De maneira ou com voz doce.

me.lin.drar (*melindre+ar*¹) *vtd* **1** Afetar a sensibilidade de: *Ato grosseiro, que o melindrou. vtd* e *vpr* **2** Suscetibilizar(-se), magoar(-se), ofender(-se): *Melindrar alguém. Melindrou-se à toa. Conjug – Pres subj: melindre, melindres, melindre* etc.

me.lin.dre (*cast melindre*) *sm* **1** Facilidade em ofender-se, em magoar-se. **2** Delicadeza afetada ou natural no trato.

me.lin.dro.so (*ô*) (*melindre+oso*) *adj* **1** Que tem melindre. **2** Que se magoa facilmente, muito suscetível. **3** Escrupuloso. **4** Afetado. **5** Isento de malícia; inocente. **6** Delicado, frágil. **7** Mimoso. **8** Arriscado, difícil, perigoso. **9** Complicado. **10** Embaraçoso. *Pl: melindrosos (ó).*

me.lis.sa (*gr mélissa*) *sf Bot* **1** Gênero de plantas eurásias e africanas, da família das labiadas, de caule ereto, folhas ovais e rugosas, pequenas flores cor-de-rosa. **2** Qualquer planta desse gênero, particularmente a espécie *Melissa officinalis*, também chamada *erva-cidreira. Água de melissa:* essência em forma de alcoolato, usada na indústria farmacêutica e em licores.

me.lis.so.gra.fi.a (*melisso+grafo+ia*¹) *adj* Estudo e descrição dos costumes das abelhas.

me.lo.di.a (*gr melodía*) *sf* **1** *Mús* Sucessão rítmica de sons que encerram certo sentido musical. **2** *Mús* Peça musical, suave, para uma só voz ou para um coro uníssono. **3** *Mús* Qualidade de um canto agradável. **4** Suavidade no cantar, falar ou escrever. **5** Musicalidade, sonoridade. **6** *fig* Aquilo que é agradável ao ouvido.

me.ló.di.co (*melodia+ico*²) *adj* **1** Que se refere à melodia. **2** Melodioso.

me.lo.di.o.so (*ô*) (*melodia+oso*) *adj* **1** Que tem melodia. **2** Agradável ao ouvido; harmonioso. *Pl: melodiosos (ó).* Antôn: *desarmonioso*.

me.lo.dra.ma (*gr mélos+drama*) *sm Teat* **1** *ant* Espécie de drama, em que o diálogo era entremeado por música instrumental. Originou-se na França e se desenvolveu a partir do século XVIII, particularmente graças ao dramaturgo italiano Pietro Metastasio (1698-1782). **2** Peça excessivamente sentimental e romântica, mas superficial. **3** Peça teatral de má qualidade.

me.lo.dra.má.ti.co (*gr mélos+dramático*) *adj* **1** Que diz respeito a melodrama. **2** Que tem características de melodrama. **3** Que produz emoção de pouca qualidade.

me.lo.ei.ro (*melão+eiro*) *sm Bot* Planta cucurbitácea, cultivada por seu fruto muito apreciado, o melão.

me.lo.pei.a (*é*) (*gr melopoía*) *sf* **1** Toada monótona; cantilena. **2** Acompanhamento musical de um texto recitado.

me.lo.so (*ô*) (*lat mellosu*) *adj* **1** Que contém mel. **2** Cheio de mel. **3** Semelhante ao mel; doce. **4** *V melífluo.* **5** *bras* Excessivamente sentimental. *Pl: melosos (ó).*

mel.ro (*lat merulu*) *sm Ornit* Pássaro europeu da família dos turdídeos, de plumagem negra, bico amarelo e canto melodioso. Voz: *assobia, canta.* Fem: *melra* e *mélroa*.

mem.bra.na (*lat membrana*) *sf Anat* **1** Designação genérica da fina camada de tecido que recobre uma superfície ou serve de divisão a um espaço ou órgão e se destina a absorver, exalar ou segregar fluidos. **2** Cada um dos invólucros que protegem o embrião e asseguram as funções de nutrição, respiração e excreção. **3** *Bot* Película que reveste certos órgãos finos e delicados. **4** Película. **5** Placa vibratória de alto-falantes, telefones, microfones etc. *Membrana embriônica:* membrana (acepção 2). *Membrana vitelina:* a que circunscreve o óvulo.

mem.bra.no.so (*ô*) (*membrano+oso*) *adj* Que tem membrana, ou natureza de membrana. *Pl: membranosos (ó).*

mem.bro (*lat membru*) *sm* **1** *Anat* Cada um dos quatro apêndices laterais do tronco, dois superiores e dois inferiores, ligados a ele por meio de articulações. **2** Pessoa que faz parte de uma corporação, associação ou família. **3** Parte de um todo (estrutura, organização, comunidade etc.). **4** *Mat* Qualquer das duas partes de uma equação ou inequação, respectivamente separada pelo sinal de igualdade ou desigualdade. *Membros anteriores:* braços e mãos (nos animais). *Membro genital* ou *membro viril:* o pênis. *Membros inferiores:* pernas e pés (no ser humano). *Membros posteriores:* pernas e pés (nos animais). *Membros superiores:* o conjunto do braço, antebraço e mão (no ser humano).

me.mo.ran.do (*lat memorandu*) *adj* Digno de memória, memorável. • *sm* **1** Participação ou

aviso por escrito. **2** Impresso comercial usado para comunicações breves.
me.mo.rar (*lat memorare*) *vtd* **1** Trazer à memória, tornar lembrado, recordar: *Memorar dias felizes*. **2** Comemorar: *A Igreja memora hoje a Ascensão*.
me.mo.rá.vel (*lat memorabile*) *adj* **1** Digno de ficar na memória. **2** Notável, célebre.
me.mó.ria (*lat memoria*) *sf* **1** Faculdade de conservar ou readquirir ideias ou imagens. **2** Lembrança, reminiscência: *Memória do passado*. **3** Aquilo que serve de lembrança; vestígio. **4** *Psicol* Em sentido geral e abstrato, a capacidade dos organismos vivos de se aproveitarem da experiência passada. **5** *Inform* Espaço de armazenamento num sistema de computador ou meio, que é capaz de reter dados ou instruções. *sf pl* Narrações de caráter pessoal escritas para servirem de subsídio histórico. *De memória:* usando apenas a memória; de cor. *Memória ativa, Inform:* memória principal RAM de acesso rápido cujas posições podem ser endereçadas direta e imediatamente. *Memória auxiliar, Inform:* qualquer meio de armazenamento, tal como disquete, que não seja a memória principal de alta velocidade. *Memória de acesso aleatório, Inform:* memória que permite acesso a qualquer posição sem a necessidade de atravessar o resto da memória sequencialmente. Sigla: RAM. *Memória virtual, Inform:* memória principal imaginária, extensa, disponível por meio do carregamento de páginas menores de um meio de armazenamento de suporte (como um disco) para a memória principal disponível, apenas quando tais páginas são solicitadas. *Refrescar a memória:* recordar um assunto quase esquecido. *Varrer da memória:* esquecer completamente.
me.mo.ri.al (*lat memoriale*) *sm* **1** Petição em que se faz referência a um pedido já feito. **2** Escrito em que se acham registrados certos fatos memoráveis.
me.mo.ri.a.lis.ta (*memorial+ista*) *adj* e *s m+f* Que, ou quem escreve memórias.
me.mo.ri.zar (*memória+ar¹*) *vtd* **1** Reter na memória, decorar: *Memorizar lições*. **2** Conservar a memória de; recordar-se: *Memorizava acontecimentos da infância*.
ménage-à-trois (*mênaj'a truá*) (*fr*) *sm* Grupo formado por três pessoas que se relacionam sexual ou amorosamente.
me.nar.ca (*meno+gr arkhé*) *sf Fisiol* Aparecimento do mênstruo ou primeira menstruação.
men.ção (*lat mentione*) *sf* **1** Ato de mencionar ou citar. **2** Atitude, gestos de quem se dispõe a praticar um ato. **3** Inscrição, registro. **4** *Dir* Referência, no corpo de um ato escrito, a uma circunstância, ou a outro ato, ou fato estranho que com ele tem correlação. *Menção honrosa:* prêmio honorífico.
men.ci.o.na.do (*part* de *mencionar*) *adj* Citado, referido.
men.ci.o.nar (*lat mentione+ar¹*) *vtd* **1** Fazer menção de; citar: *Em seu relato, ele mencionou detalhes até então desconhecidos*. **2** Expor, narrar, referir: *Mencionar argumentos, motivos*. *Mencionar, na íntegra, uma parábola*.
men.de.lé.vio (*Mendeleev, np+io*) *sm Quím* Elemento com propriedade semelhante ao actínio, de número atômico 101 e símbolo Md.

men.di.cân.cia (*lat mendicante+ia¹*) *sf* **1** Ato de mendigar. **2** Condição de quem vive de esmolas.
men.di.can.te (*lat mendicante*) *adj* e *s m+f* Pobre, mendigo que pede esmola.
men.di.gar (*lat mendicare*) *vint* **1** Entregar-se à mendicância, ser mendigo, viver de esmolas: *Uns vivem mal, outros mendigam*. *vtd* **2** Pedir esmola; esmolar: *Ele mendigava o pão de porta em porta*. *vtd* **3** Pedir, pleitear com humildade ou servilmente. *Conjug – Pres indic: mendigo, mendigas, mendiga* etc.; *Pres subj: mendigue, mendigues* etc.; *Pret perf: mendiguei, mendigaste, mendigou* etc.
men.di.go (*lat mendicu*) *sm* Indivíduo que vive de pedir esmolas; pedinte; mendicante.
me.ne.ar (*var* de *manear*) *vtd* **1** Manejar, mover de um lado para outro: *Menear o leme, o volante*. *vtd* **2** Mover, balançar: *Meneou a cabeça*. *vpr* **3** Mexer-se, mover-se, oscilar: *Vejo seus braços que se meneiam, ouço o sussurro de um pedido*. *vpr* **4** Mover-se com desenvoltura: *Meneavam-se as garotas, provocantemente*. Conjuga-se como *frear*.
me.nei.o (*de menear*) *sm* **1** Ato de menear ou de menear-se. **2** Balanço, oscilação. **3** Aceno. **4** Gesto. **5** *fig* Ardil, astúcia para conseguir algum fim; manejo.
me.nes.trel (*fr ménestrel*) *sm* **1** Poeta da época medieval. **2** Poeta e cantor. **3** Músico ambulante, ou a serviço de um senhor medieval; músico e cantor.
me.ni.na *sf* **1** Feminino de *menino*. **2** Criança do sexo feminino. **3** Mulher nova e solteira. *Menina dos olhos:* algo ou alguém muito querido.
me.ni.na.da (*menino+ada¹*) *sf* Quantidade de meninos ou meninas; criançada.
me.ni.na-mo.ça *sf* Menina na fase inicial da puberdade. *Pl: meninas-moças*.
me.nin.ge (*gr mênigx, iggos*) *sf Anat* Cada uma das três membranas que envolvem o encéfalo e a medula espinhal, e que são, a partir da mais externa para a mais interna, a dura-máter, a aracnoide e a pia-máter.
me.nin.gi.te (*meninge+ite¹*) *sf Med* Doença em que ocorre inflamação das meninges; é causada por micro-organismos (como meningococos, bacilo da tuberculose e pneumococos) e exige tratamento imediato. *Meningite cerebrospinal:* inflamação das meninges e da medula espinhal, com febre, dores articulares, rigidez que começa nas costas e ombros e também exige cuidados imediatos.
me.ni.ni.ce (*menino+ice*) *sf* **1** Idade ou qualidade de quem é menino; infância. **2** Infantilidade, criancice.
me.ni.no *sm* **1** Criança do sexo masculino; garoto; guri; moleque. **2** *fig* Pessoa inexperiente, sem prática das coisas do mundo. *Menino de ouro:* rapaz exemplar, de muito valor. *Menino de rua:* criança do sexo masculino que vive nas ruas, sem ligações mais estreitas com a própria família.
me.nir (*bretão menhir*, pedra longa) *sm* Grande pedra, fixa verticalmente no solo e considerada monumento pré-histórico: *Pl: menires*.
me.nis.co (*gr meniskós*) *sm* **1** *Anat* Cartilagem fibrosa na articulação do fêmur com a tíbia, em forma de meia-lua crescente. **2** *Fís* Lente fina, de vidro, que tem uma face convexa e outra côncava.

3 *Fís* A curvatura que apresenta a superfície livre de uma coluna líquida contida em tubo capilar e que varia segundo a natureza do mesmo líquido. **4** *Geom* Figura composta de uma parte côncava e de outra convexa.

me.no.pau.sa (*meno+pausa*) *sf* **1** *Fisiol* Cessação definitiva das regras menstruais da mulher. **2** Climatério. **3** A chamada idade crítica da mulher.

me.nor (*lat minore*) *adj* **1** Comparativo de *pequeno;* mais pequeno. **2** Inferior em graduação. **3** Mínimo. **4** Diz-se da pessoa que ainda não atingiu a maioridade. **5** Diz-se das peças do vestuário que só se usam por baixo de outras: *trajes menores.* **6** *Mús* Diz-se de intervalo, escala, chave. • *s m+f* Pessoa que ainda não chegou à maioridade. *Dos males o menor:* entre dois prejuízos, escolher o menor. *Menor impúbere:* homem com menos de 14 anos (ou mulher com menos de 12 anos).

me.no.ri.da.de (*menor+i+dade*) *sf* Estado da pessoa que ainda não atingiu 21 anos.

me.nor.rei.a (*é*) (*meno+reia*) *sf Fisiol* Menstruação; mênstruo.

me.nos (*lat minus*) *adv* **1** Em menor número, em menor quantidade. **2** Em menor grau, com menor intensidade. *Antôn:* mais. • *adj inv* **1** Comparativo de *pouco;* inferior em quantidade ou em valor: *Nesse regime há menos liberdade. Mais amor e menos confiança.* **2** Inferior em condição ou posição. **3** Assume por vezes feição de superlativo e apresenta então a significação de *mínimo. Antôn:* mais. • *sm* **1** Aquilo que tem a menor importância; o mais baixo; o mínimo. **2** *Mat* Traço horizontal, indicativo de uma subtração ou de uma quantidade negativa. • *prep* **1** À exceção de, afora, exceto. **2** Com subtração de. • *pron indef* Menor número ou quantidade: *Esse clube tem 500 sócios; o nosso, menos. A menos ou de menos:* menos que o normal, o usual. *A menos que:* salvo se, exceto. *Menos que nunca:* impossibilidade absoluta: *Jamais gostei de ir até lá, e agora menos que nunca. Não menos:* igualmente, também. *Não ser para menos:* modo de aprovar ou justificar procedimento de alguém, tendo em conta a gravidade do caso: *Não é para menos que ele tenha desaparecido sem dizer nada. Sem mais nem menos:* repentinamente; sem motivo algum. Esse vocábulo jamais pode ser usado no feminino, pois *menas* é palavra que não existe na língua portuguesa.

me.nos.ca.bar (*lat vulg *minuscapare*) *vtd* Desdenhar, menosprezar, fazer pouco caso de: *A modernidade não deve menoscabar o tesouro cultural do passado.*

me.nos.pre.zar (*lat tardio minuspretiare*) *vtd* **1** Depreciar, desprezar, ter em pouca conta: *Menosprezou o chefe.* **2** Desdenhar, não fazer caso de: *Menosprezam os sentimentos alheios.*

me.nos.pre.zo (*ê*) (de *menosprezar*) *sm* Ação ou efeito de menosprezar, de desprezar. *Antôn:* consideração, acatamento.

men.sa.gei.ro (*mensagem+eiro*) *adj + sm* **1** Que, ou o que leva mensagem. **2** Que, ou o que anuncia ou prenuncia. • *sm* **1** Emissário. **2** Indivíduo que entrega mensagens, encomendas etc. **3** Aquilo que envolve presságio. *Mensageiro dos deuses:* Mercúrio.

men.sa.gem (*fr message*) *sf* **1** Notícia verbal ou escrita. **2** Recado. **3** Discurso escrito ou transmitido pela mídia feito por alguma autoridade governamental e dirigido aos cidadãos. **4** Sermão, prédica evangélica.

men.sal (*lat tardio mensuale*) *adj m+f* **1** Que se refere a mês. **2** Que dura um mês. **3** Que se realiza de mês em mês: *Revista mensal.*

men.sa.li.da.de (*mensal+i+dade*) *sf* Quantia que se paga ou recebe por mês; mesada.

men.sa.lis.ta (*mensal+ista*) *adj m+f* e *s m+f* Diz-se da, ou a pessoa que recebe remuneração calculada por mês.

men.sá.rio (*lat mensariu*) *sm* Revista ou publicação periódica mensal.

mens.tru.a.ção (*menstruar+ção*) *sf* **1** Ato ou efeito de menstruar; mênstruo. **2** Duração do fluxo menstrual.

mens.tru.a.da (*mênstruo+ada*[1]) *adj f* Aplica-se à mulher que está com o mênstruo ou que já o tem regularmente.

mens.tru.al (*lat menstruale*) *adj m+f* Que se refere ao mênstruo.

mens.tru.ar (*mênstruo+ar*[1]) *vint* Ter a função menstrual. *Conjug – Pres indic:* menstruo, menstruas, menstrua (*ú*) etc.; *Pres subj:* menstrue, menstrues etc. *Cf* mênstruo.

mêns.truo (*lat menstruu*) *sm* **1** *Fisiol* Hemorragia periódica (mensal) da mulher; menstruação, regras. **2** *Quím* Líquido dissolvente, com que se extraem de um sólido os princípios ativos contidos neste.

men.su.ra.ção (*lat mensuratione*) *sf desus* Ato de medir.

men.su.rar (*lat mensurare*) *vtd* **1** Determinar a medida de; medir: *Mensurar a área de uma fazenda.* **2** Ter por medida.

men.su.rá.vel (*lat mensurabile*) *adj m+f* Que se pode medir.

men.ta (*lat mentha*) *sf Bot* **1** Gênero da família das labiadas, constituído pelas hortelãs-pimentas. **2** Planta desse gênero, a hortelã-pimenta, de que se extrai o mentol.

men.tal (*lat med mentale*) *adj m+f* **1** Que diz respeito à mente; intelectual. **2** Que se faz de cor. *Alienação mental:* perda das faculdades intelectuais; insanidade, loucura.

men.ta.li.da.de (*mental+i+dade*) *sf* **1** Qualidade de mental. **2** Estado de espírito. **3** Estado psicológico. **4** A mente; o pensamento. **5** Movimento intelectual. **6** Maneira individual de pensar e de julgar.

men.ta.li.zar (*mental+izar*) *vtd* **1** Fazer mentalmente; imaginar, inventar: *Mentalizar uma situação.* *vint* **2** Recordar, refletir: *Longas horas passou mentalizando.*

men.te (*lat mente*) *sf* **1** Faculdade de conhecer, inteligência, poder intelectual. **2** Psique. **3** Entendimento. **4** Disposição para fazer alguma coisa. **5** Ideia, resolução. **6** Concepção, imaginação. **7** Intenção, intuito, plano: *Ter em mente.*

men.te.cap.to (*mente+lat captu*) *adj* Que perdeu o uso da razão, louco, alienado; idiota, tolo, tonto.

men.tir (*lat mentiri*) *vti* e *vint* **1** Dizer mentiras, negar o que se sabe ser verdade, proferir como verdadeiro o que é falso: *Mentir aos pais é crime.*

Não mentiu em suas declarações. Tudo isso declarou ele sem mentir. vti e *vint* **2** Induzir ao erro, ser causa de engano. *vti* **3** Faltar, não corresponder: *Mentiu às nossas esperanças. vint* **4** Enganar, iludir. *vint* **5** Degenerar: *De pais sadios a prole não mente.* Conjuga-se como *ferir.*
men.ti.ra (*lat mentita,* com dissimilação) *sf* **1** Ato de mentir; afirmação contrária à verdade, engano propositado. **2** Hábito de mentir. **3** Engano da mente, engano dos sentidos, falsa persuasão, juízo falso. **4** Ilusão, falsidade. **5** Fábula, ficção. *Antôn* (acepções 1, 3 e 4): *verdade;* (acepção 5): *realidade. Mentira inocente:* dita sem o propósito de prejudicar. *Mentira sem pé nem cabeça:* mentira absurda, exagerada, sem sentido, grande mentira.
men.ti.ro.so (*ô*) (*mentira+oso*) *adj* **1** Que mente ou costuma dizer mentiras. **2** Falso, oposto à verdade. **3** Que não é o que parece; aparente. **4** Enganador, enganoso, falaz. *Antôn: verdadeiro, verídico.* • *sm* Aquele que mente, ou costuma dizer mentiras. *Pl: mentirosos (ó).*
men.tol (*menta+ol*[1]) *sm Quím* Álcool, de fórmula $C_{10}H_{19}OH$, existente na essência da hortelã-pimenta, com odor e propriedades refrescantes. Ocorre naturalmente no óleo dessa planta como seu principal constituinte, mas pode também ser produzido sinteticamente; muito usado em medicina como expectorante e como inalante nas congestões nasais, em licores, doces, perfumes, cigarros, dentifrícios etc.
men.to.la.do (*mentol+ado1*[1]) *adj* Preparado com mentol.
men.tor (de *Mentor, np*) *sm* Pessoa que aconselha, ensina ou guia; orientador.
me.nu (*fr*) *sm* V *cardápio.* **Menu do botão direito,** *Inform:* menu instantâneo, que aparece quando se pressiona o botão direito de um *mouse* de dois botões, usado normalmente para selecionar a formatação ou as propriedades de um objeto. *Menu em cascata, Inform:* menu secundário que é exibido ao lado do menu suspenso principal. *Menu instantâneo, Inform:* conjunto de opções que são mostradas no centro de uma tela; menu *pop-up. Menu pop-up, Inform:* V *menu instantâneo. Menu suspenso, Inform:* conjunto de opções exibidas abaixo da opção selecionada numa barra de menu; é visto clicando-se sobre a barra de menu no topo da tela.
me.que.tre.fe (*cast mequetrefe*) *adj* + *sm* **1** Diz-se do, ou o indivíduo que se mete onde não é chamado; metido, intrometido. **2** *pop* Indivíduo sem importância ou valor; joão-ninguém.
mer.ca.di.nho (*dim* de *mercado*) *sm* **1** Pequeno mercado. **2** Pequeno estabelecimento onde se vendem cereais, frutas, verduras etc. **3** V *quitanda.*
mer.ca.do (*lat mercatu*) *sm* **1** Lugar público onde se compram mercadorias; empório. **2** Ponto onde se faz o principal comércio de certos artigos, em particular gêneros alimentícios. **3** O comércio. **4** *Econ* Esfera das relações econômicas de venda e compra, ou de oferta e procura, de cujo ajuste resultam os preços. **5** *Econ* Meio onde certos produtos são aceitos; centro de comércio. *Mercado de moedas, Econ:* mercado em que os investidores compram e vendem moedas fortes como dólar, marco alemão, libra esterlina, iene e franco. *Mercado de trabalho, Sociol:* esfera de relações econômicas nas quais os patrões procuram empregados e vice-versa. *Mercado negro:* vendas ilegais de mercadorias ou gêneros, com o intuito de lucros extorsivos, o que constitui delito contra a economia popular. *Mercado paralelo:* mercado cujas operações na Bolsa de Valores não são regulamentadas ou fiscalizadas.
mer.ca.do.lo.gi.a (*mercado+logo+ia*[1]) *sf* V *marketing.*
mer.ca.do.ló.gi.co (*mercadologia+ico*[2]) *adj* Relativo à mercadologia.
mer.ca.dor (*lat mercatore*) *sm* **1** Aquele que compra no atacado para vender no varejo. **2** Comerciante.
mer.ca.do.ri.a (*mercador+ia*[1]) *sf Econ* **1** Todo e qualquer bem produzido e destinado à venda. **2** Aquilo que é objeto concreto de compra e venda, em oposição à prestação de serviços.
mer.can.te (de *mercar*) *adj m+f* Do comércio, ou relativo ao movimento comercial: *Marinha mercante.* • *sm* Mercador.
mer.can.til (*mercante+il*) *adj m+f* **1** Que se refere a mercadores ou a mercadorias. **2** Que pratica o comércio. **3** Ambicioso, cobiçoso, interesseiro.
mer.can.ti.lis.mo (*mercantil+ismo*) *sm* **1** Ênfase na atividade mercantil. **2** *Econ* Doutrina econômica que caracterizou os Estados absolutistas (séc. XVI ou XVIII), centrada na busca do comércio exterior; favorecia a expansão das exportações, o monopólio das companhias de comércio, a exploração das colônias e restringia as importações.
mer.can.ti.li.zar (*mercantil+izar*) *vtd* Comercializar, negociar ou dar aspecto mercantil a: *Mercantilizava a produção dos artesãos da cidade.*
mer.cê (*lat mercede*) *sf* **1** Paga, retribuição de trabalho. **2** Nomeação para emprego público. **3** Concessão de título honorífico. **4** Benefício, favor, graça. **5** Benignidade, bom acolhimento, indulgência. **6** Graça, indulto. **7** Perdão, remissão de culpa. **8** Arbítrio, capricho. *À mercê de alguém:* ao arbítrio de, ao capricho de alguém. *Mercê de Deus:* por graça, por favor de Deus. *Vossa Mercê:* antigo tratamento dado a pessoa de cerimônia, contraído em vossemecê, vosmecê, você.
mer.ce.a.ri.a (*mercear+ia*[1]) *sf* **1** Comércio pequeno. **2** Loja onde se faz esse comércio. **3** Loja de gêneros alimentícios e quaisquer especiarias.
mer.ce.ei.ro (*lat merciariu*) *sm* Dono de mercearia.
mer.ce.ná.rio (*lar mercenariu*) *adj* + *sm* **1** Que, ou aquele que serve a alguém ou trabalha apenas pelo dinheiro. **2** Interesseiro, venal. • *sm* Soldado que, por dinheiro, serve a um governo estrangeiro.
merchandising (*merchandáisim*) (*ingl*) *sf* **1** Operação de planejamento necessária para lançar no mercado o produto (ou o serviço) certo no lugar certo, no momento certo, em quantidades certas e a preço certo. **2** Designa propaganda não declarada, feita através da menção ou aparição de um produto, serviço ou marca durante um programa de televisão ou de rádio, filme, espetáculo teatral etc.
mer.cú.rio (*lat Mercuriu*) *sm* **1** *Quím* Elemento metálico líquido, pesado, prateado e inerte, de número atômico 80 e símbolo Hg. **2 Mercúrio** *Mit* Deus do comércio, correspondente a Hermes,

dos gregos; deus da eloquência e mensageiro dos deuses. **3 Mercúrio** *Astr* Planeta do sistema solar que fica mais próximo do Sol. *Mercúrio-cromo:* V *mercurocromo.*

mer.cu.ro.cro.mo (*mercúrio+cromo*) *sm Quím* e *Farm* Composto produzido de fluoresceína e acetato mercúrico, de aplicação tópica como antisséptico e germicida, na solução vermelha com fluorescência amarelo-esverdeada.

mer.da (*lat merda*) *sf* **1** Excremento. **2** Porcaria, sujeira. **3** *fig* Coisa sem valor. *sm fig* Sujeito sem préstimo. • *interj* **1** Indica repulsão, desprezo, impaciência. **2** *gír Teat* Expressão utilizada entre os atores, antes de entrarem em cena, para desejar boa sorte.

me.re.cer (*lat vulgar *merescere,* incoativo de *mereri*) *vtd* **1** Ser digno de: *Merecer um prêmio. A pátria tudo merece de nós. vtd* **2** Tornar-se merecedor de: *Você terá de conquistá-la para a merecer. vtd* **3** Fazer jus a: *Merecer absolvição, merecer um castigo, merecer um prêmio. vtd* **4** Estar em condições de obter: *Esse fato merece menção especial. O cantor mereceu os aplausos. vtd* e *vint* **5** Valer: *Merecer o preço. Conjug – Pres indic: mereço, mereces* etc.; *Pres subj: mereça, mereças* etc.

me.re.ci.do (*part de merecer*) *adj* Que se mereceu; devido, justo. • *sm* Boa ou má recompensa que alguém recebeu.

me.re.ci.men.to (*merecer+mento*) *sm* **1** Qualidade que torna alguém digno de prêmio ou castigo. **2** Condições ou requisitos que tornam uma pessoa digna de consideração. **3** Idoneidade. **4** Importância, preço, valor. **5** Aptidão, capacidade.

me.ren.da (*lat merenda*) *sf* **1** Refeição leve, geralmente entre o almoço e o jantar. **2** O que se merenda. **3** Lanche que as crianças levam para comer na escola. **4** O que se leva em farnel para comer no campo ou em viagem.

me.ren.dar (*merenda+ar¹*) *vint* **1** Comer à hora da merenda. *vtd* **2** Comer a merenda.

me.ren.dei.ra (*cast merendera*) *sf* **1** *Reg* (RJ) Mulher que prepara merendas nas cantinas escolares. **2** Essa função ou cargo nas escolas públicas.

me.ren.gue (*cast merengue*) *sm* **1** *Cul* Mistura bem batida de claras de ovos com açúcar e assada; suspiro. **2** *Mús* Dança de salão, de origem haitiana ou dominicana, que se executa sem flexionar as pernas e arrastando os pés. *Var: merenque.*

me.re.trí.cio (*lat meretriciu*) *adj* Que se refere a meretriz. • *sm* Profissão de meretriz; prostituição.

me.re.triz (*lat meretrice*) *sf* Prostituta.

mer.gu.lha.dor (*mergulhar+dor*) *adj* + *sm* Que, ou o que mergulha. • *sm* **1** Homem que trabalha sob a água, revestido ou não de escafandro. **2** Pescador de pérolas.

mer.gu.lhão (*mergulho+ão²*) *sm* **1** Grande mergulho. **2** *Ornit* Nome comum a várias aves aquáticas, de diferentes famílias, capazes de mergulhar e permanecer submersas por algum tempo. *Var: mergulhia.*

mer.gu.lhar (*lat vulg *merguliare*) *vtd* **1** Imergir na água ou em outro líquido: *Mergulhara as mãos na água límpida do lago. vtd* **2** Colocar debaixo de qualquer substância: *Dizem que a avestruz, quando percebe que o perigo se aproxima, mergulha a cabeça na areia para não o ver. Mergulhou avidamente as mãos no monte de moedas. vtd* **3** Cravar profundamente: *Mergulhou a lança no corpo da fera. vti, vint* e *vpr* **4** Afundar-se na água: *Mergulharam* (ou: *mergulharam-se*) *na correnteza. vti* e *vpr* **5** *fig* Entranhar-se, engolfar-se, absorver-se. *vti* e *vpr* **6** *fig* Desaparecer, encobrir-se: *Já mergulhara na sepultura. Mergulhou-se o bosque em profunda escuridão. vti* **7** *fig* Cair em; deixar-se levar por: *Mergulhar no sono.*

mer.gu.lho (de *mergulhar*) *sm* **1** Ação de mergulhar. **2** *Ornit* V *mergulhão.* **3** *Aeron* Voo de descida quase vertical, em grande velocidade, com ou sem força de motor. *De mergulho:* mergulhando; indo ao fundo da água.

me.ri.di.a.no (*lat meridianu*) *adj* **1** Pertencente ou relativo ao meridiano. **2** Que se refere ao meio-dia. **3** Diz-se da luneta com que se fazem observações meridianas. **4** Diz-se da altura de um astro acima do horizonte, na sua passagem no meridiano. **5** Diz-se da sombra que um objeto projeta ao meio-dia. • *sm* **1** *Geom* Plano que passa pelo eixo de uma superfície de revolução. **2** *Geogr* Qualquer círculo máximo da Terra que passe pelos polos e corte o equador em ângulos retos. *Meridiano de referência:* o que serve de referência para a contagem dos graus de longitude. *Meridiano magnético:* grande círculo que passa pelos polos magnéticos da Terra e em cujo plano se coloca a agulha magnética. *Meridiano zero:* o de Greenwich.

me.ri.di.o.nal (*lat meridionale*) *adj m+f* Do lado do Sul; austral. • *sm* Habitante ou natural de país ou região do Sul.

me.ri.tís.si.mo (*lat meritissimu*) *adj* **1** De grande mérito, muito digno. **2** Tratamento dado aos juízes de direito.

mé.ri.to (*lat meritu*) *sm* **1** V *merecimento.* **2** Valor moral ou intelectual. **3** O que torna uma pessoa, obra ou ação dignas de elogio, estima ou recompensa. **4** Aspecto de um ato administrativo que o torna adequado, conveniente e oportuno para o interesse público. **5** *Dir* Matéria sobre o que versa, no processo, o pedido do autor. *Antôn* (acepções 1 e 3): *demérito.*

me.ri.tó.rio (*lat meritoriu*) *adj* Que merece prêmio ou louvor, louvável. *Antôn: indigno, condenável.*

mer.lú.cio *sm Ictiol* Peixe, aparentado com o bacalhau, que ocorre em águas brasileiras; merluza.

mer.lu.za *sf Ictiol* V *merlúcio.*

me.ro (*lat meru*) *adj* Simples, comum: *Ele chegou aqui como mero aprendiz; hoje é um mestre irrepreensível.*

mer.ti.o.la.to (*ingl Merthiolate*) *sm Farm* Nome comercial de um composto que contém mercúrio, orgânico, incolor, usado em medicina como antisséptico e germicida.

mês (*lat mense*) *sm* **1** Cada uma das doze divisões do ano solar: sete com 31 dias, quatro com 30 dias e uma (fevereiro) com 28 dias ou, nos anos bissextos, com 29 dias. **2** Espaço de 30 dias. **3** Período que se estende de uma data qualquer de um mês até igual data do mês seguinte. *Mês lunar:* tempo em que a Lua faz uma revolução completa ao redor da Terra. *Mês solar:* tempo em que o Sol percorre cada signo do zodíaco.

me.sa (ê) (*lat mensa*) *sf* **1** Móvel, de madeira ou de outro material, em geral resistente, sobre o qual se realiza uma série de atividades, como comer, escrever, trabalhar, jogar etc. **2** Conjunto do presidente e secretários de uma assembleia. **3** Quantia fixa ou cumulativa de apostas, em certos jogos de azar. **4** Indivíduos que se ocupam dos trabalhos de uma seção eleitoral. *À mesa:* durante as refeições. *Mesa de cabeceira:* mesinha que se coloca junto à cabeceira da cama.

me.sa-re.don.da *sf* Reunião de pessoas que, em pé de igualdade, discutem ou deliberam sobre algum assunto. *Pl: mesas-redondas.*

me.sa.da (de *mês*) *sf* Quantia que se recebe ou paga em cada mês ou de mês a mês, para as despesas habituais.

me.sá.rio (*mesa+ário*) *sm* **1** Membro da mesa de uma confraria, corporação etc. **2** Cada uma das pessoas que constituem a mesa eleitoral e presidem à votação.

mes.cla (de *mesclar*) *sf* **1** *Pint* Tinta ou cor formada pela união de várias tintas. **2** Tecido feito com fios de diversas cores. **3** Agrupamento de pessoas, animais ou coisas diversas. **4** Coisa mesclada. **5** Mistura, impurezas.

mes.cla.do (*part* de *mesclar*) *adj* **1** Misturado. **2** Variegado. **3** Mestiço.

mes.clar (*lat vulg *misculare*) *vtd* e *vpr* **1** Misturar (-se), amalgamar(-se), unir(-se), incorporar(-se). *vtd* **2** Entremear, intercalar: *Ele fala bem o português, embora, por vezes, mescle expressões de sua terra natal.* *vtd* **3** Misturar (o sangue) pelo casamento de pessoas de raças diversas. *vpr* **4** Entrar ou tomar parte: *Mesclavam-se ao tumulto das greves.*

mes.me.ris.mo (*Mesmer*, *np+ismo*) *Med* Segundo Friedrich Anton Mesmer, médico alemão (1734--1815), força vital de que são dotados certos indivíduos e que propicia determinados fenômenos paranormais; também chamado *magnetismo animal.*

mes.mi.ce (*mesmo+ice*) *sf* **1** Falta de variedade ou de progresso, inalterabilidade. **2** Marasmo, pasmaceira.

mes.mo (*lat vulg *met ipsimu*) *adj* e *pron* **1** Não outro, o próprio. **2** Exatamente igual. **3** Análogo, parecido, semelhante. **4** Que não apresenta mudança; não alterado, invariável. • *sm* **1** A mesma coisa: *Conosco aconteceu o mesmo.* **2** Aquilo que não importa ou que é indiferente: *Chova ou faça sol, para mim é o mesmo.* **3** Indivíduo que não apresenta mudança no caráter ou na aparência: *Está sempre o mesmo.* **4** Ligando duas orações com o verbo *ser,* significa simultaneidade: *Perguntar por ele e vê-lo chegar foi o mesmo.* • *adv* **1** Exatamente, justamente: *Partiu mesmo neste instante.* **2** Ainda, até: *Mesmo os santos tiveram suas fraquezas. Assim mesmo:* ainda assim; entretanto.

me.só.cli.se (*meso+gr klísis*) *sf Gram* Intercalação do pronome pessoal oblíquo átono em um verbo, nos futuros do presente e do pretérito: *dir-me-ão, louvar-te-ia.*

me.sos.fe.ra (*meso+esfera*) *sf Geogr* Camada atmosférica que se estende de 250 a 600 km de altitude, entre a ionosfera e a exosfera.

me.so.zoi.co (ó) (*meso+zoo+ico²*) *adj Geol* Diz-se da era geológica secundária que compreende os períodos cretáceo, jurássico e triásico, na qual se desenvolveram os répteis e apareceram as aves e os mamíferos. Sua duração foi de aproximadamente 150 milhões de anos. • *sm* **1** Essa era. **2** Sistema de rochas que caracteriza essa era.

mes.qui.nha.ri.a (*mesquinho+aria*) *V mesquinhez.*

mes.qui.nhez (ê) (*mesquinho+ez*) *sf* **1** Qualidade de mesquinho. **2** Avareza, sovinice. **3** Ação mesquinha. **4** Desdita, infelicidade. *Antôn* (acepções 1, 2 e 3): *generosidade, liberalidade.*

mes.qui.nho (*ár miskin*) *adj* **1** Avaro, miserável, pouco generoso. **2** Baixo, reles, sórdido. **3** Escasso de recursos, pobre, oprimido pela necessidade e privações. **4** De aparência acanhada, insignificante. **5** Sem qualidades de grandeza. **6** Desditoso, infeliz. *Antôn* (acepções 2 e 5): *grandioso;* (acepção 1): *generoso.*

mes.qui.ta (*ár masjid*) *sf* Templo maometano.

mes.se (*lat messe*) *sf* **1** Seara madura. **2** Ceifa. **3** Aquisição, ganho. **4** Conquista. **5** *fig* Conversão de almas.

mes.si.â.ni.co (*Messias, np+n+ico²*) *adj* **1** Que diz respeito ao messias. **2** Diz-se de indivíduo que se julga dotado da qualidade de messias.

mes.si.a.nis.mo (*messiân(ico)+ismo*) *sm* **1** *Rel* Crença na vinda de um messias. **2** Esperança na intervenção de pessoas ou circunstâncias providenciais, para o surgimento de uma era de plena felicidade espiritual e social.

mes.si.as (*lat messias*) *sm sing* e *pl* **1** *Rel* O redentor prometido no Antigo Testamento e que os cristãos reconhecem e adoram em Jesus Cristo. **2** *p ext* Pessoa esperada ansiosamente. **3** *fig* Reformador espiritual e social. *Esperar pelo Messias:* esperar coisa pouco provável.

mes.ter (*tér*) (*lat ministeriu*) *sm* **1** Arte, profissão manual. **2** Mecânico; operário. **3** Corporação profissional.

mes.ti.ça.gem (*mestiçar+agem*) *sf* **1** Ato ou efeito de mestiçar-se. **2** Cruzamento de etnias ou de espécies; miscigenação. **3** Conjunto de mestiços.

mes.ti.çar (*mestiço+ar¹*) *vtd* e *vpr* Cruzar(em-se) raças diferentes, ou indivíduos da mesma etnia com os de outra. *Conjug – Pres indic: mestiço, mestiças, mestiça* etc.; *Pres subj: mestice, mestices* etc.

mes.ti.ço (*lat tardio mixticiu*) *adj + sm* Diz-se do, ou o indivíduo proveniente do cruzamento de etnias diferentes.

mes.tra.do (*mestre+ado²*) *sm* **1** Dignidade ou funções de mestre. **2** Dignidade de mestre, numa ordem militar. **3** Exercício dessa dignidade. **4** Conjunto de mestres. **5** Curso de pós-graduação que aprofunda o estudo em uma área específica do ensino superior.

mes.tre (*lat magister*) *sm* **1** *V professor.* **2** Aquele que defendeu tese de mestrado. **3** Aquele que ensina uma arte ou ciência. **4** Chefe de oficina. • *adj* **1** Que está em posição superior a. **2** Diz-se do que comanda. **3** Exímio, perito. **4** Principal. **5** Extraordinário, grande, considerável. *Fem: mestra. Com mão de mestre:* com perfeição, com perícia. *Divino Mestre:* Jesus Cristo. *Mestre de cerimônias:* a) sacerdote que dirige o cerimonial religioso; b) mestre-sala.

mes.tre-cu.ca *sm pop* Cozinheiro. *Pl: mestres-cucas.*

mes.tre-es.co.la *sm* Professor primário. *Pl: mestres-escola* e *mestres-escolas.*

mes.tre-sa.la *sm* Aquele que dirige um baile público ou um evento; aquele que faz as apresentações; mestre de cerimônias. *Pl: mestres-salas.*

me.su.ra (*lat mensura*) *sf* Reverência que se faz, cumprimentando.

me.su.rar (*mesura+ar*[1]) *vtd* **1** Fazer mesuras, referências a: *Mesurava as damas. vpr* **2** Comedir-se, agir com moderação: *É sábio quem em tudo se mesura.*

me.ta (*lat meta*) *sf* **1** Alvo, mira. **2** Fim a que se dirigem as ações ou os pensamentos de alguém. **3** Baliza, barreira, limite, marco, termo. **4** *Esp* Arco, cidadela, gol. **5** Arena.

me.ta.bo.lis.mo (*gr metabolé*) *sm* **1** *Fisiol* Conjunto dos mecanismos químicos necessários ao organismo para formar, desenvolver e renovar as estruturas celulares e produzir a energia necessária às manifestações interiores e exteriores da vida, assim como as reações bioquímicas. **2** Conjunto dos processos físicos e químicos pelos quais se mantém a vida no organismo. **3** *Quím* Mudança da natureza molecular dos corpos ou conjunto de transformações químicas. *Metabolismo basal* ou *básico:* energia mínima despendida para manter funções vitais como respiração, circulação, tono muscular, temperatura corporal, atividade glandular etc.

me.ta.bo.li.zar (*metábole+izar*) *vtd* Realizar o metabolismo de.

me.ta.car.po (*meta+carpo*) *sm Anat* Parte da mão, entre o carpo e os dedos.

me.ta.de (*lat medietate*) *sf* **1** Cada uma das duas partes de um todo dividido pelo meio. **2** Cada uma das partes aproximadamente iguais, em que um todo pode ser dividido. **3** *Arit* Quociente da divisão por dois, de qualquer número ou quantidade. *A cara-metade:* a esposa, a mulher com relação ao marido. *Fazer as coisas pela metade:* não concluir, não chegar ao fim.

me.ta.fí.si.ca (*lat med metaphysica*) *sf Filos* **1** Ciência do suprassensível. **2** Parte da Filosofia que estuda a essência dos seres. **3** *Filos* Segundo o filósofo grego Aristóteles, estudo do ser enquanto ser e especulação em torno dos primeiros princípios e das causas primeiras do ser. **4** *fig* Sutileza ou transcendência no discorrer.

me.ta.fí.si.co (*gr metapkysikós*) *adj* **1** Pertencente ou relativo à metafísica. **2** Transcendente.

me.tá.fo.ra (*gr metaphorá*) *sf Ret* Emprego de uma palavra em sentido diferente do próprio e que se fundamenta numa relação de semelhança subentendida entre o sentido próprio e o figurado: *Esta cantora é um rouxinol* (a analogia está na beleza do canto).

me.ta.fó.ri.co (*metáfora+ico*[2]) *adj* **1** Que se refere a metáfora. **2** Figurado: *Linguagem metafórica.* **3** Com muitas metáforas: *Estilo metafórico.*

me.tal (*lat metallu*) *sm* **1** *Quím* Cada uma de um grande grupo de substâncias simples que ostentam um brilho característico, "brilho metálico", lustroso ou opaco, quando polidas; são boas condutoras de eletricidade e de calor, podem fundir-se e comumente são maleáveis ou flexíveis. **2** *fig* Dinheiro. **3** *pop* Liga em que entram dois ou mais metais. **4** Designação comum a carbonatos e diamantes. *sm pl* Instrumentos musicais de latão. *Metal alcalino, Quím:* Aqueles do primeiro grupo da classificação periódica dos elementos: lítio, potássio, sódio etc. *Metal alcalino-terroso, Quím:* berílio, magnésio, cálcio, estrôncio, bário, rádio. *Metal tenaz, Fís:* aquele que suporta considerável tração ou uma pressão sem se quebrar. *Metal virgem:* metal bruto, tal como sai da mina.

me.ta.lei.ro (*metal+eiro*) *sm Mús* **1** Fã de *heavy metal*, cuja tradução é *metal pesado*. **2** Cantor ou instrumentista desse gênero musical derivado do *rock and roll*, e que se caracteriza por extrema sonoridade e ritmo vigoroso, ancorado no compasso da bateria.

me.tá.li.co (*gr metallikós*) *adj* **1** Que diz respeito a metal. **2** Que é um metal: *Elemento metálico.* **3** De metal. **4** Que se assemelha a metal. **5** Sonoro como os metais: *Voz metálica.*

me.ta.li.za.ção (*metalizar+ção*) *sf* Ato ou efeito de metalizar.

me.ta.li.za.do (*part* de *metalizar*) *adj* Que passou por processo de metalização.

me.ta.li.zar (*metal+izar*) *vtd* **1** Dar brilho metálico ou aparência metálica a. **2** Revestir de ligeira camada de metal a superfície de: *Metalizar uma mesa.* **3** Tornar puro (um metal): *Metalizar o ouro, a prata.* **4** Converter, reduzir a metal (o dinheiro circulante).

me.ta.lur.gi.a (*gr metallourgía*) *sf* **1** Arte de extrair os metais dos minerais e de os manipular industrialmente. **2** O estudo das técnicas dessa arte: *Curso de metalurgia. Metalurgia dos pós:* produção de pós metálicos e a sua utilização na produção de peças fundidas moldadas.

me.ta.lúr.gi.ca (*fem* de *metalúrgico*) *sf* Oficina de metalurgia.

me.ta.lúr.gi.co (*metalurgia+ico*[2]) *adj* Que diz respeito à metalurgia. • *sm* Aquele que se ocupa em metalurgia.

me.ta.mor.fis.mo (*meta+morfo+ismo*) *sm* **1** *V metamorfose.* **2** Faculdade de transformação; alteração, mudança, transformação. **3** *Geol* Alteração na constituição da rocha, comumente efetuada por energia mecânica (pressão e movimento), calor ou água.

me.ta.mor.fo.se (*gr metamórphosis*) *sf* **1** Mudança de forma física ou moral. **2** Transformação de um ser em outro. **3** Transformação de uma substância, operada por causas naturais. **4** *Zool* Mudança de forma e estrutura, pela qual passam certos animais, como os insetos e os batráquios. **5** *fig* Mudança notável na fortuna, no estado, no caráter de uma pessoa.

me.ta.mor.fo.se.ar (*metamorfose+ear*) *vtd* **1** Mudar a forma de, transformar: *A mudança de posição social metamorfoseou-o. vpr* **2** Transformar-se, disfarçar-se: *Para obter o que queria, ele se metamorfoseava em puro servilismo.* Conjuga-se como *frear.*

me.ta.no (*fr méthane*) *sm Quím* O mais simples dos hidrocarbonetos, formado pela combinação de um átomo de carbono e quatro de hidrogênio (CH_4); gás incolor e inodoro que, combinado com o ar, forma um produto altamente explosivo.

me.ta.nol (*metano+ol*[1]) *sm* Quím Álcool incolor, de odor etílico, obtido na destilação de madeira e usado como solvente.

me.ta.plas.mo (*gr metaplasmós*) *sm Gram* Nome comum a todas as figuras que acrescentam, suprimem ou transpõem fonemas nas palavras: *enamorar* (*namorar*); *mui* (*muito*); *desvairo* (*desvario*). *Var: metaplasma.*

me.tás.ta.se (*gr metástasis*) *sf Med* Disseminação de um tumor maligno ou inflamação em focos secundários distantes.

me.ta.tar.si.a.no (*meta+tarso+i+ano*) *adj* + *sm* V *metatársico.*

me.ta.tár.si.co (*metatarso+ico*[2]) *adj Anat* Relativo ou pertencente ao metatarso. • *sm* Cada um dos cinco ossos compridos do metatarso; osso metatársico. *Var: metatarsiano* e *metatarsal.*

me.ta.tar.so (*meta+tarso*) *sm Anat* Região do esqueleto do pé constituída pelos cinco ossos metatársicos e que corresponde ao metacarpo, da mão.

me.te.di.ço (*meter+diço*) *adj* Que intervém em assuntos que não lhe dizem respeito; intrometido.

me.tem.psi.co.se (*gr metempsýkhosis*) *sf Filos* Teoria que defende a ideia de que a alma pode transmigrar-se, sucessivamente, de um corpo para outro, seja humano, vegetal, animal.

me.te.o.ri.to (*meteoro+ito*[1]) *sm Astr* **1** Fragmento de rocha, metal ou metal e rocha, caídos do espaço sideral. **2** Pequeno corpo que se move fora da atmosfera, nos espaços intercósmicos, mas que pode ser atraído pela Terra.

me.te.o.ro (*gr metéoros*) *sm* **1** *Fís* Qualquer fenômeno atmosférico: chuva, neve, relâmpago, estrela cadente. **2** *fig* Personagem cuja carreira é deslumbrante, mas de curta duração. *Meteoro fusiforme, Astron:* meteoro que tem forma de foguete. *Meteoros aéreos:* ventos, ciclones, trombas etc. *Meteoros aquosos:* chuva, granizo, neve, nuvens etc. *Meteoros ígneos:* os que têm a natureza do fogo, como o raio. *Meteoros luminosos:* arco-íris, auroras boreais etc.

me.te.o.ro.lo.gi.a (*meteoro+logo+ia*[1]) *sf* Ciência que trata dos fenômenos atmosféricos, como variações de temperatura, umidade etc.

me.te.o.ro.ló.gi.co (*meteoro+logo+ico*[2]) *adj* Que se refere à meteorologia. *Serviço meteorológico:* que se ocupa da previsão do tempo, com base em estudos e auxiliado por satélites.

me.te.o.ro.lo.gis.ta (*meteoro+logo+ista*) *adj* e *s m+f* Diz-se de, ou pessoa versada em meteorologia.

me.ter (*lat mittere*) *vtd* **1** Colocar, pôr: *Meti os livros na estante. vtd* **2** Incluir, permear. *vtd* **3** Aplicar, empregar: *Não meta o seu dinheiro nesse negócio. vtd* **4** Fazer ingressar em: *Meteu o filho no exército. Meteram a órfã num convento. vtd* **5** Causar, infundir: *Era tão feio que metia medo. vtd* **6** Depositar, guardar: *Meter as economias na poupança. vtd* **7** Cravar, espetar: *Meteu as estacas na terra. vpr* **8** Entrar, penetrar, introduzir-se: *Metiam-se apressadamente nos refúgios. Meteram-se pelas portas adentro. vpr* **9** Esconder-se: *O maldito meteu-se no matagal. vpr* **10** Ingerir-se, intrometer-se: *Não se meta em conversa alheia. vpr* e *vpr* **11** Associar(-se), envolver(-se) em, comprometer(-se): *Meteu-se com uns amigos. Conjug – Pres subj: meta, metas, meta* (*ê*). *Cf meta.*

me.ti.cu.lo.so (*ô*) (*lat meticulosu*) *adj* Que se prende em minúcias; minucioso, detalhista; cauteloso. *Pl: meticulosos* (*ó*).

me.ti.da (*part fem* de *meter*) *sf gír* Cópula, coito.

me.ti.do (*part* de *meter*) *adj* **1** Que se meteu; introduzido. **2** Assíduo frequentador de uma casa ou de uma família; familiarizado. **3** Apertado, entalado. **4** *pop* Abelhudo, inconveniente. **5** *pop* Que se faz passar por pessoa importante.

me.ti.ê (*fr métier*) *sm* Ofício, função, trabalho.

me.tó.di.co (*lat methodicu*) *adj* **1** Que se refere a método. **2** Em que há método. **3** Sistemático.

me.to.dis.mo (*método+ismo*) *sm* **1** Sistema de procedimento metódico; método. **2** *Hist Rel* Seita originada na Igreja Anglicana e fundada no século XVIII por John Wesley (1703-1791). É muito rígida, enfatiza a experiência religiosa pessoal, e seus adeptos procuram seguir um método de vida rigorosamente dentro dos preceitos bíblicos.

me.to.dis.ta (*método+ista*) *adj* e *s m+f* **1** Diz-se de, ou membro do metodismo (acepção 2). **2** Que, ou aquele que segue rigorosamente certo método; metódico, rotineiro.

me.to.di.zar (*método+izar*) *vtd* **1** Tornar metódico: *A firma foi contratada para metodizar os procedimentos bancários da empresa.* **2** Regularizar, ordenar: *É necessário metodizar a bibliografia do trabalho.*

mé.to.do (*lat methodu*) *sm* **1** Conjunto dos meios dispostos convenientemente para alcançar um fim e especialmente para chegar a um conhecimento científico ou comunicá-lo aos outros. **2** Ordem ou sistema que se segue no estudo ou no ensino de qualquer disciplina. **3** Caminho pelo qual se atinge um objetivo. **4** Maneira de fazer as coisas; modo de proceder, meio. **5** Processo ou técnica de ensino ou organização.

me.to.do.lo.gi.a (*método+logo+ia*[1]) *sf* **1** Estudo científico dos métodos. **2** Arte de guiar o espírito na investigação da verdade. **3** *Filos* Parte da Lógica que se ocupa dos métodos do raciocínio, em oposição à Lógica Formal. *M. didática:* teoria dos procedimentos de ensino, geral ou particular, para cada disciplina; didática teórica.

me.to.do.ló.gi.co (*método+logo+ico*[2]) *adj* Que diz respeito à metodologia.

me.to.ní.mia (*gr metonymía*) *sf Gram* Alteração do sentido natural das palavras pelo emprego da causa pelo efeito; emprego de uma palavra no lugar de outra que a sugere: *Apresento-lhe meu trabalho* (livro).

me.to.ní.mi.co (*gr metonymikós*) *adj* **1** Que diz respeito a metonímia. **2** Que encerra metonímia.

me.tra.gem (*metrar+agem*) *sf* **1** Medição em metros. **2** Número de metros; quantidade de metros: *Filme de longa-metragem.*

me.tra.lha (*fr mitraille*) *sf* **1** Balas de ferro. **2** Pedaços de ferro, cacos etc., com que se carregam ordinariamente projéteis ocos.

me.tra.lha.do.ra (*fem* de *metralhador*) *sf* Arma de fogo automática que lança em um instante grande número de projéteis semelhantes aos do fuzil.

me.tra.lhar (*metralha+ar*[1]) *vtd* Ferir ou atacar com tiros de metralhadora: *Metralhar um avião.*

mé.tri.ca (*gr metriké*) *sf* **1** *poét*Arte de medir

versos e que estuda os elementos de que eles são constituídos. **2** A estrutura de um verso em relação à medida.

mé.tri.co (*gr metrikós*) *adj* **1** Que pertence ou se refere ao metro ou à metrificação. **2** Posto em verso. **3** Diz-se do sistema de pesos e medidas que tem por base o metro.

me.tri.fi.ca.ção (*metrificar+ção*) *sf* Ato ou efeito de metrificar.

me.tri.fi.car (*metro+ficar*) *vtd* **1** Pôr em verso, reduzir a verso: *Metrificar um drama.* vint **2** Versejar. **3** Estar conforme à métrica. *Conjug – Pres indic: metrifico, metrificas* etc.; *Pres subj: metrifique, metrifiques* etc.

me.tri.te (*metra+ite¹*) *sf Med* Inflamação do útero.

me.tro (*gr métron*) *sm* **1** Unidade de comprimento, calculada como a décima milionésima parte de um quadrado do meridiano terrestre. *Símb: m.* **2** Medida de um verso. **3** Peça que serve para medir e tem o comprimento de um metro. *Metro cúbico:* unidade fundamental das medidas de volume. *Símb: m³. Metro quadrado:* unidade fundamental das medidas de superfície. *Símb: m².*

me.trô (*fr*) *sm* Sistema rápido de transporte urbano de passageiros, quase exclusivamente por vias subterrâneas; metropolitano.

me.tro.lo.gi.a (*metro¹+logo+ia¹*) *sf* Ciência que tem por objeto o estudo dos sistemas de pesos e medidas.

me.tró.po.le (*gr metrópolis*) *sf* **1** Cidade principal ou capital de um Estado. **2** *por ext* Cidade grande. **3** Qualquer nação relativamente às suas colônias. **4** Centro de civilização ou comércio.

me.tro.po.li.ta.no (*metrópolis+ano²*) *adj* Que pertence ou se refere à metrópole. • *sm* Metrô.

me.tror.ra.gi.a (*metro²+ragia*) *sm Med* Hemorragia uterina intermitente.

me.tro.vi.á.rio (*metrô+via+ário*) *adj* Pertinente ao metrô: *Estação metroviária.*

meu (*lat meu*) *pron poss* **1** Designativo de coisa que pertence à pessoa que fala. **2** Que me pertence ou me diz respeito. **3** Usa-se como expressão de afeto, significando *caro, querido: meu poeta.* **4** Que convém, que interessa, que serve: *Aqui tomo o meu metrô. Fem: minha. Os meus:* a minha família, os meus parentes.

me.xe-me.xe *sm* **1** Espécie de jogo em que se usam letras do alfabeto, com as quais os parceiros tentam formar palavras sobre um tabuleiro. **2** Espécie de jogo de cartas, semelhante ao buraco, cuja mesa é comum a todos os jogadores. Vence quem primeiro encaixar todas as cartas. *Pl: mexes--mexes* e *mexe-mexes.*

me.xer (*lat miscere*) *vtd* **1** Dar movimento a, agitar: *Mexer o corpo, mexer a manivela. vtd* **2** Deslocar: *Nada faz, não mexe uma palha. vtd* **3** Agitar o conteúdo de: *...a cozinheira mexendo a bala e cozendo o feijão... vpr* **4** Mover-se, agitar-se. *vpr* **5** Sair do seu lugar ou posição: *Ninguém se mexe. Fizeram força, mas o móvel nem se mexeu. vpr* **6** Apressar-se, aviar-se: *Mexam-se, do contrário não chegaremos hoje. vti* **7** Bulir, tocar: *Não mexa nisso. vti* **8** *pop* Caçoar de, ridicularizar, provocar: *Não mexa com aquele moleque.* vint e *vpr* **9** Esforçar-se por conseguir, virar-se. *Conjug – Pres indic: mexo (ê), mexes (é)* etc.; *Pres subj: mexa, mexas, mexa (ê)* etc. *Cf mecha.*

me.xe.ri.ca (de *mexericar*) *sf Reg* (MG, RJ e SP) **1** *V tangerina.* **2** O fruto da mexeriqueira. *Var: bergamota, laranja-cravo, laranja-mimosa, mandarina.*

me.xe.ri.car (de *mexer*) *vint* **1** Fazer mexericos ou fofoca: *Mexericar não é próprio de gente educada. vtd* **2** Intrigar: *Mexericava não só os hóspedes, mas até os criados.* vtd e *vpr* **3** Contar (alguma coisa) maldosamente em segredo: *Mexericava as brigas dos casais vizinhos. Conjug – Pres indic: mexerico, mexericas* etc.; *Pres subj: mexerique, mexeriques* etc.

me.xe.ri.co (de *mexericar*) *sm* **1** Ato de mexericar. **2** Bisbilhotice, fofoca, intriga.

me.xe.ri.quei.ra (*mexerica+eira*) *sf* **1** Mulher que faz mexericos; bisbilhoteira. **2** *Bot V tangerineira.* **3** *Reg* (MG, RJ e SP) *Bot* Árvore que produz a mexerica.

me.xe.ri.quei.ro (*mexerico+eiro*) *adj + sm* Que, ou aquele que faz mexericos, que tem o hábito de mexericar; fofoqueiro.

me.xi.ca.no (*top México+ano²*) *adj* Do México (América do Norte). • *sm* O natural ou habitante do México.

me.xi.da (*fem* de *mexido*) *sf* **1** Ato de mexer. **2** Intriga. **3** Confusão, desordem, mixórdia, rebuliço. **4** Discórdia.

me.xi.do (*part* de *mexer*) *adj* **1** Que se mexeu. **2** Agitado, revolvido. **3** Inquieto. **4** Tocado. • *sm* **1** *Reg* (Centro e Sul) *Cul* Denominação que se dá ao feijão, à carne picada que se prepara em panela, mexendo-se com farinha de mandioca ou de milho. **2** *Reg* (MG) *Cul* Espécie de farofa feita com feijão, torresmo e verdura. *sm pl Reg* (RS) Saracoteios em certas danças.

me.xi.lhão (*lat vulg *muscellione*) *sm Zool* Nome vulgar de vários moluscos comestíveis que são encontrados presos a rochas marinhas.

me.za.ni.no (*ital mezzanino*) *sm Constr* **1** Andar pouco elevado, entre dois andares altos. **2** Pavimento intermediário em construção de pé-direito alto. **3** Janela de porão de edifício.

MHz Abreviatura de *mega-hertz.*

mi (da 1ª sílaba do verso *Mira gestorum,* do hino de São João) *sm Mús* **1** Terceira nota da escala musical. **2** Sinal representativo dessa nota. • *pron pess* Forma antiga de *mim.*

mi.a.do (*part* de *miar*) *sm* **1** Ato de miar. **2** A voz do gato.

mi.ar (*miau+ar¹*) *vint* **1** Dar, soltar miados. **2** *fig* Gritar. *Conjug:* normalmente é conjugado apenas nas 3ªˢ pessoas. No sentido figurado, é conjugado em todas as pessoas. *Cf mear.*

mi.au *sm onom* **1** *pop* A voz do gato. **2** *inf* O gato.

mi.ca (*lat mica*) *sf Miner* Designação comum de minerais brilhantes do grupo das micas, silicatos de alumínio e de metais alcalinos aos quais frequentemente se associam magnésio e ferro; são facilmente separáveis em folhas muito finas e transparentes; podem ser incolores, marrom--claros, amarelo-esverdeados ou escuros; malacacheta. *Mica dos pintores:* lápis-lazúli. *Mica verde:* óxido de urânio.

mi.çan.ga (*cafre mi+sanga*) *sf* Pequenas contas coloridas de massa vitrificada.
mi.ca.re.ta (*ê*) (*fr ca rême*) *sf Reg* (BA) Festa carnavalesca fora do período do carnaval.
mic.ção (*lat mictione*) *sf* Ato de urinar.
mi.chê (*fr miché*) *sm* **1** Homem que se prostitui. **2** Preço de uma prostituta ou prostituto.
mi.co (*caribe miko*) *sm* **1** *Zool* Espécie de sagui. **2** Jogo infantil de cartas ilustradas com animais; terminada a partida, quem estiver com a carta do mico é o perdedor. *Destripar o mico, pop:* vomitar. *Pagar mico, gír:* dar vexame.
mi.co-le.ão *sm Zool* Mico de pelagem dourada e juba avermelhada, característico do litoral sul e sudeste do Brasil; mico-leão-dourado. *Pl:* micos-leões ou micos-leão.
mi.co-le.ão-dou.ra.do *sm Zool V* mico-leão. *Pl:* micos-leões-dourados ou micos-leão-dourados.
mi.co.se (*mico+ose*) *sf* **1** *Med* Designação genérica das enfermidades produzidas por fungos. **2** Excrescência fungosa da pele.
mi.crei.ro (*micro+eiro*) *sm gír Inform* Pessoa fanática por microcomputadores.
mi.cro (*gr mikrón*) *sm* **1** *V* micrômetro (acepção 4). **2** *Inform* Abreviatura de *microcomputador*.
mi.cró.bio (*micro+bio*) *sm Biol* Ser unicelular, animal ou vegetal, com dimensões microscópicas; bacilo, bactéria.
mi.cro.bi.o.lo.gi.a (*micro+bio+logo²+ia¹*) *sf* Estudo ou tratado sobre os micróbios.
mi.cro.bi.o.lo.gis.ta (*microbiologia+ista*) *adj e s m+f* Diz-se de, ou especialista em microbiologia.
microchip (*microchipi*) (*ingl*) *sm Inform* Circuito constituído de componentes miniaturizados, montados em uma pastilha de silício ou de outro material semicondutor.
mi.cro.cir.cui.to (*micro+circuito*) *sm Eletrôn* Combinação de elementos inseparavelmente unidos em um contínuo e capaz de efetuar determinada função de controle eletrônico.
mi.cro.ci.rur.gi.a (*micro(scópio)+cirurgia*) *sf Med* Cirurgia em estruturas muito pequenas, realizada com auxílio de microscópio especial ligado a uma câmera de TV.
mi.cro.com.pu.ta.dor (*micro+computador*) *sm Inform* Computador cuja unidade central de processamento se constitui de um único circuito integrado.
mi.cro.cos.mo (*gr mikrókosmos*) *sm* **1** Pequeno mundo. **2** O homem, em relação ao Universo.
mi.cro.e.le.trô.ni.ca (*micro+eletrônica*) *sf* Designação genérica de processos e técnicas de investigação que envolvem circuitos miniaturizados. *Var: micrelectrônica.*
mi.cro.em.pre.sa (*micro+empresa*) *sf Econ* Pequena ou média empresa com número limitado de empregados, regida por estatuto especial que a isenta de determinados impostos.
mi.cro.em.pre.sá.rio *sm* Proprietário ou responsável por microempresa.
mi.cro.fi.bra (*micro+fibra*) *sf* Fibra muito fina, de poliéster, usada para confecção de roupas.
mi.cro.fil.ma.gem (*micro+filmar+agem*) *sf* Ato ou operação de microfilmar.
mi.cro.fil.mar (*micro+filme+ar¹*) *vtd* Fotografar (documentos, folhetos, livros etc.) em microfilme.

mi.cro.fil.me (*micro+filme*) *sm* Película fotográfica em que se reproduzem, em tamanho bastante reduzido, documentos, folhetos, livros etc.
mi.cro.fo.ne (*micro+fone*) *sm Fís* Conversor elétrico de vibrações acústicas (ondas sonoras) em oscilações de tensão, ampliando-as ou transmitindo-as.
mi.cro.fo.ni.a (*micro+fono+ia¹*) *sf Fís* Reflexão de um som agudo e contínuo sobre o microfone, produzindo um ruído agudo e desagradável. Ocorre, por exemplo, quando um microfone está muito perto de um alto-falante.
mi.cro.in.ci.são (*micro+incisão*) *sf* Corte ou incisão muito pequena.
mi.cro.in.dús.tria (*micro+indústria*) *sf* Microempresa que possui caráter industrial.
mi.crô.me.tro (*micro+metro¹*) *sm* **1** Aparelho para medir a grandeza dos objetos vistos pelo microscópio. **2** Aparelho para medir pequenas dimensões. **3** Aparelho para medir o diâmetro aparente dos astros. **4** *Fís* Milésima parte do milímetro, que é a unidade de medida em microscopia; micro, mícron. *Símb:* μ.
mí.cron (*gr mikrón*) *V* micrômetro (acepção 4).
mi.cro-on.da (*micro+onda*) *sf Fís* Onda eletromagnética de comprimento compreendido entre 1 milímetro e 1 metro, cuja frequência oscila entre 300 e 300.000 MHz. *Pl: micro-ondas.*
mi.cro-ô.ni.bus (*micro+ônibus*) *sm sing* e *pl* Ônibus pequeno, com capacidade para 15 a 20 passageiros, além do motorista. *Pl: micro-ônibus.*
mi.cro-or.ga.nis.mo (*micro+organismo*) *sm Biol* Organismo animal ou vegetal, de dimensões microscópicas; microrganismo. *Pl: micro-organismos.*
mi.cro.po.le.ga.da (*micro+polegada*) *sf* Medida inglesa e americana correspondente à milionésima parte da polegada.
mi.cro.pro.ces.sa.dor (*micro+processador*) *sm Inform* Conjunto de elementos da unidade central de processamento, normalmente contidos num único *chip* de circuito integrado, o qual, combinado com outros *chips* de memória e de entrada/saída, constituirá um microcomputador.
mi.cror.ga.nis.mo (*micro+organismo*) *sm V micro--organismo.*
mi.cror.re.gi.ão (*micro+região*) *sf Geogr* Subdivisão de uma região natural.
mi.cros.co.pi.a (*micro+scopo+ia¹*) *sf* **1** Arte de usar o microscópio. **2** Observação pelo microscópio. **3** Conjunto de estudos microscópicos.
mi.cros.có.pi.co (*micro+scopo+ico²*) *adj* **1** Que se refere ao microscópio. **2** Que só pode ser visto com o auxílio de microscópio. **3** Feito com o auxílio de microscópio. **4** *fig* Pequeníssimo. **5** *fig* Que tem vista penetrante. *Antôn* (acepção 4): *enorme, gigantesco.*
mi.cros.có.pio (*micro+scopo/o*) *sm Fís* Instrumento óptico que amplia muitas vezes a imagem de objetos minúsculos, permitindo que sejam observados visualmente. *Microscópio binocular:* microscópio a ser usado com ambos os olhos. *Microscópio composto:* microscópio que consiste em uma objetiva e uma ocular, montadas dentro de um tubo telescópico. *Microscópio eletrônico:* microscópio em que se recorre, para iluminação, a um feixe de elétrons, em geral raios X. *Microscópio simples:* o de uma só lente biconvexa.

mic.tó.rio (*lat mictoriu*) *adj Med* Que promove a micção; diurético. • *sm* Lugar onde se urina.

mi.cu.im (*tupi mukuiit*) *sm Zool* Ácaro cuja picada provoca forte coceira.

MIDI (*midi*) (*ingl*) (sigla de M*usical* I*nstrument* D*igital* I*nterface*) *sf Inform* Interface serial que conecta instrumentos eletrônicos transportando sinais do computador sobre as notas a serem tocadas, o volume do som etc.

mí.dia (*ingl mass media*) *sf* **1** Os meios de comunicação em geral, a imprensa falada, escrita e televisiva. **2** *Propag* Seção ou departamento de uma agência de propaganda, que faz as recomendações, estudos, distribuições de anúncios e contato com os veículos (jornais, revistas, rádio, televisão etc.). **3** *Inform* Qualquer material físico que pode ser usado para armazenar dados. Os computadores podem utilizar uma variedade de mídias, como discos, fitas ou CD-ROM. *Sin: meio*.

mi.ga.lha (*miga+alha*) *sf* **1** Pequeno fragmento de pão, de bolos ou outro alimento farináceo. **2** *fig* Pequena porção. **3** *fig* Aquilo que é supérfluo ou a que não se dá importância; insignificante; sobra.

mi.gra.ção (*lat migratione*) *sf* **1** *Sociol* Ato de passar de um país para outro (falando-se de um povo ou de grande contingente humano). **2** Mudança de um *habitat* para outro; viagens periódicas ou irregulares que fazem certas espécies de animais (andorinhas, codornizes, gafanhotos). **3** *Inform* Ação de mover os usuários de uma plataforma de *hardware* para outra. *Migração interna, Sociol:* aquela que ocorre dentro dos limites de uma sociedade politicamente organizada, de uma mesma nação.

mi.gran.te (*lat migrante*) *adj* Relativo ou pertencente aos seres ou organismos que mudam de *habitat*, que deixam a região ou lugar de origem. • *s m+f* **1** Pessoa que se muda para outra região: *Os migrantes nordestinos.* **2** *Zool* Animal que se muda de um *habitat* para outro, quer acidentalmente, quer como ciclo normal em sua existência, quer ainda como parte da expansão populacional. **3** *Bot* Planta que estende seu *habitat* gradualmente de uma região a outra.

mi.grar (*lat migrare*) *vint* **1** Passar de uma região para outra. **2** *Zool* Passar periodicamente de uma região ou clima a outro, para procurar alimentação ou para procriar. **3** *Inform* Movimentar-se (dados) entre um dispositivo de alta prioridade ou em linha e um dispositivo de baixa prioridade ou fora de linha.

mi.gra.tó.rio (*lat migratoriu*) *adj* Que diz respeito a migração.

mi.ja.da (*part fem* de *mijar*) *sf pop* **1** Ato de mijar. **2** Quantidade de urina de uma micção.

mi.jão (*mijar+ão²*) *adj* + *sm pop* **1** Que, ou aquele que mija muitas vezes. **2** Criança que urina na roupa ou cama. *Fem: mijona*.

mi.jar (*lat vulg meiare*) *pop vtd* e *vint* **1** V *urinar. vpr* **2** Ter ou mostrar medo: *Mijou-se todo. vti* **3** Tratar com desprezo: *Ele mija nos subalternos. Mijar fora do penico:* a) dizer ou praticar inconveniências; b) faltar à palavra dada; roer a corda; c) frustrar uma tentativa.

mi.jo (de *mijar*) *sm pop* V *urina*.

mil (*lat mille*) *num card* **1** Um milhar. **2** Quantidade superior a uma unidade maior a 999. **3** *fig* Em número muito grande. **4** Representação em algarismos arábicos: 1.000. **5** Representação em algarismos romanos: M.

mi.la.gre (*lat miraculu*) *sm* **1** Fato que se atribui a uma causa sobrenatural. **2** Algo inexplicável pelas leis da natureza e, por isso, considerado sobrenatural. **3** *fig* Coisa admirável pela sua grandeza ou perfeição; maravilha. *Contar o milagre sem dizer o nome do santo:* narrar um fato omitindo o nome da pessoa a que se refere, para evitar desgostos ou compromissos. *Fazer milagre:* praticar o impossível.

mi.la.grei.ro (*milagre+eiro*) *adj* + *sm* **1** Que, ou aquele que pratica milagres, ou se inculca como tal. **2** Que, ou aquele que crê facilmente em milagre.

mi.la.gro.so (*ô*) (*milagre+oso*) *adj* **1** Que faz milagres. **2** Considerado como capaz de fazer milagres. **3** Extraordinário, inexplicável, maravilhoso. *Antôn* (acepção 3): *vulgar, comum. Pl: milagrosos* (*ó*).

mi.le.nar (*milênio+ar¹*) *adj* Que tem mil anos, um milênio.

mi.lê.nio (*lat tardio mellinniu*) *sm* Período de mil anos.

mi.lé.si.mo (*lat millesimu*) *num* Ordinal e fracionário correspondente a mil.

mi.lha (*lat millia*) *sf* **1** Medida itinerária usada em vários países, com valor variável. **2** Antiga medida itinerária brasileira equivalente a 2.200 metros. **3** Medida itinerária inglesa e norte-americana equivalente a 1.609 metros. **4** Entre os romanos, medida itinerária, que valia mil passos. *Milha marítima:* extensão equivalente a 1.852 metros.

mi.lha.gem (*milha+agem*) *sf* Contagem das milhas.

mi.lhão (*ital milione*) *sm* **1** Mil milhares. **2** *fig* Grande número mas indeterminado (de preferência no plural: *milhões e milhões, aos milhões*).

mi.lhar (*lat milliariu*) *num* + *sm* **1** Quantidade que abrange dez centenas ou mil unidades. **2** Casa imediata às centenas. **3** Final de quatro algarismos na loteria. **4** Grande número, mas indeterminado (de preferência no plural: *milhares e milhares, aos milhares* etc.).

mi.lha.ral (*milho+ar²+al¹*) *sm* Plantação de pés de milho.

mi.lhei.ro (*lat milliariu*) *num* + *sm* V *milhar* (empregado na contagem de coisas que se vendem por atacado, como frutas, plantas etc.).

mi.lho (*lat miliu*) *sm* **1** *Bot* Erva alta, da família das gramíneas, anual, oriunda da América do Sul; é largamente cultivada em vários países porque seus grãos, que se desenvolvem em espigas, são nutritivos e muito usados na alimentação humana (farinha, maisena, canjica, pipoca etc.), como forragem para animais e, ainda, na indústria (amido, glicose, álcool). **2** Grão ou semente dessa planta.

mi.li.ar.dá.rio (*fr milliardaire*) *adj gal* Muitíssimo rico.

mi.lí.cia (*lat militia*) *sf* **1** Carreira, disciplina, vida militar. **2** A força militar de um país. **3** Os militares. **4** *pop* A profissão militar.

mi.li.ci.a.no (*milícia+ano²*) *adj* Que se refere a milícia. • *sm* Soldado de milícias.

mi.lí.cias (*lat militias*) *sf pl* Corpos de tropas de segunda linha, auxiliares.

mi.li.co (*der* regressiva de *milícia*) *sm pop* Soldado, de qualquer classe ou posto.

mi.li.gra.ma (*mili+grama²*) *sm* Milésima parte do grama.

mi.li.li.tro (*mili+litro*) *sm* Milésima parte do litro.

mi.li.me.tra.do (*milímetro+ado¹*) *adj* Dividido em milímetros.

mi.li.me.trar (*milímetro+ar²*) *vtd* Medir usando o milímetro como unidade de medida. *Conjug – Pres indic: milimetro, milimetra (é) etc. Cf milímetro.*

mi.li.mé.tri.co (*milímetro+ico²*) *adj* Que se refere a milímetro.

mi.lí.me.tro (*mili+metro¹*) *sm* Milésima parte do metro.

mi.li.o.ná.rio (*fr millionaire*) *adj + sm* Que, ou aquele que possui milhões. • *sm* Indivíduo muito rico.

mi.li.o.né.si.mo (*ital milione+ésimo*) *num ord* **1** Que numa série numérica ou de coisas é o número 1 milhão. *num frac* **2** Cada uma de um milhão de partes iguais em que qualquer coisa foi dividida ou é divisível.

mi.li.tan.ça *sf* (*milit(ar)+ança*) *pop* **1** Qualidade de militante. **2** A profissão militar. **3** Os militares.

mi.li.tân.cia (*lat milite+ância*) *sf* **1** Militança. **2** Ação de militante; exercício, prática, atuação: *Militância política*.

mi.li.tan.te (*lat militante*) *adj* Que milita. • *s m+f* **1** Atuante, combatente. **2** Ativo por uma causa: *Ambientalista militante*.

mi.li.tar (*lat militari*) *adj* **1** Que diz respeito à guerra, à milícia, às tropas. **2** Que se baseia na força militar ou nos costumes militares. **3** Determinado pelas leis da guerra. **4** Pertencente ao exército (em contraposição a *civil*). **5** Próprio de quem segue a carreira das armas, tendo como função específica a defesa da Pátria. • *sm* Aquele que faz parte do exército ou segue a carreira das armas; soldado. • *vti* **1** Servir no exército: *Militou nas tropas liberalistas*. **2** Estar filiado a um partido, seguindo e defendendo as ideias desse partido: *Milita no PV*. **3** Seguir qualquer carreira em que se defendem ideias ou doutrinas: *Sempre militou na imprensa democrática*. **4** Professar uma doutrina ou seita: *Milita agora no islamismo*. **5** Defender ou combater (pessoa, coisa, ideia etc.): *Ele militava a favor dos miseráveis e contra os abusados*.

mi.li.ta.ris.mo (*militar+ismo*) *sm* Predomínio dos militares no governo de uma nação.

mi.li.ta.ri.za.ção (*militarizar+ção*) *sf* Ato ou efeito de militarizar.

mi.li.ta.ri.zar (*militar+izar*) *vtd* **1** Dar feição militar a, organizar militarmente: *Militarizar a juventude*. *vpr* **2** Preparar-se militarmente: *Militarizam-se os povos livres*.

milk-shake (*milque-xeique*) (*ingl*) *sm* Leite batido com sorvete.

mim (*lat mi, abrev* de *mihi*) *pron pess* Variação do pronome *eu*, sempre regida de preposição: *a mim, para mim, por mim*.

mi.mar (*mimo+ar¹*) *vtd* Fazer mimos a; afagar, agradar.

mi.me.o.gra.far (*mimeo+grafo+ar¹*) *vtd* Tirar cópias em mimeógrafo: *Mimeografar boletins*. *Conjug – Pres indic: mimeografo, mimeografas (grá) etc. Cf mimeógrafo.*

mi.me.o.gra.fi.a (*mimeo+grafo+ia¹*) *sf* Cópia obtida com o mimeógrafo.

mi.me.ó.gra.fo (*mimeo+grafo*) *sm Edit* Aparelho de impressão, elétrico ou manual, com que se reproduzem cópias de páginas escritas, datilografadas ou de desenhos sobre matriz de papel ou metálica, chamada *estêncil*. Está praticamente em desuso desde o surgimento da máquina de xerocar.

mi.me.tis.mo (*gr mimetés+ismo*) *sm* **1** *Biol* Capacidade que têm certos animais e plantas de adaptar-se à cor e à forma do ambiente ou de outros seres ou objetos, para passarem despercebidos de seus inimigos ou vítimas. **2** *p ext* Imitação, disfarce.

mi.me.ti.zar (*gr mimetés+izar*) *vtd* Tomar os hábitos, o colorido ou a estrutura de outro organismo ou do ambiente.

mí.mi.ca (*fem* de *mímico*) *sf* **1** Arte ou ato de exprimir o pensamento por meio de gestos, expressão fisionômica etc. **2** *V gesticulação*.

mí.mi.co (*gr mimikós*) *adj* **1** Que se refere à mímica ou à gesticulação: *Linguagem mímica*. **2** Que usa de linguagem gesticulada, ou se faz entender por gestos. • *sm* Artista que interpreta cenas mudas, que representa por meio da mímica.

mi.mo (*lat mimu*) *sm* **1** Presente delicado. **2** Gesto ou expressão carinhosa com que se trata alguém. **3** Coisa encantadora pela beleza e harmonia das formas. **4** Delicadeza, distinção, primor.

mi.mo.se.ar (*mimoso+e+ar¹*) *vtd* **1** Tratar com mimo: *Mimoseava muito o caçula*. *vti* **2** Dar presentes a; obsequiar: *Mimoseou-a com alguns brilhantes*. *Conjuga-se como frear*.

mi.mo.so (ô) (*mimo+oso*) *adj* **1** Habituado a mimo, amimado. **2** Que tem muito mimo, sensível. **3** Delicado. **4** Meigo, suave. **5** Carinhoso, terno. **6** Feito com primor. *Pl: mimosos (ó)*.

mi.na (*célt mina*) *sf* **1** *Geol* Cavidade artificial ou veio natural no interior da terra, ou depósito na superfície dela, de minérios, água ou outros produtos, em condições de serem explorados economicamente. **2** Jazida de minérios. **3** Material bélico. **4** A própria carga explosiva, empregada modernamente (campos de minas) em terra e mar. **5** Nascente de água. **6** *fig* Fonte de informações ou conhecimentos. **7** *bras fig* O que dá riqueza. **8** *bras fig* Grande lucro, grande conveniência, pechincha. **9** *bras gír* Garota, menina.

mi.nar (*mina+ar¹*) *vtd* **1** Cavar, abrir galerias subterrâneas, para extrair do interior da terra metais, líquidos etc.: *Minar o solo*. *vtd* **2** Abrir um canal em, ou sob: *Minar uma pedreira, minar um muro*. *vtd* **3** Colocar, espalhar minas (cargas explosivas) em: *Minaram o canal*. *vtd* **4** Destruir, solapar: *As águas minaram a casa*. *vtd* **5** Fazer tremer o que estava firme; abalar: *A oposição minava o governo*. *vtd* **6** Arruinar pouco a pouco; deteriorar: *A maledicência minava todas as relações*. *vint* **7** Brotar, manar: *A água fresca minava da rocha*.

mi.na.re.te (*fr minaret*) *sm* Torre das mesquitas muçulmanas.

min.di.nho (*lat vulg *minutinu*) *adj + sm pop* e *inf* Diz-se do, ou o dedo mínimo.

mi.nei.ro (*mina+eiro*) *adj* **1** Que diz respeito a mina: *Indústria mineira.* **2** Em que há minas. **3** Que se refere ao Estado de Minas Gerais. • *adj + sm* Natural de Minas Gerais. • *sm* **1** Aquele que trabalha em minas. **2** Aquele que possui minas.

mi.ne.ra.ção (*minerar+ção*) *sf* **1** Exploração ou trabalho das minas. **2** Purificação do minério.

mi.ne.ra.dor (*minerar+dor*) *sm* Aquele que trabalha em mineração; mineiro.

mi.ne.ral (*lat med minerale*) *adj m+f* **1** Relativo ou pertencente aos minerais. **2** Feito de matéria inorgânica. • *sm* **1** Elemento ou composto químico formado, em geral, por processos inorgânicos, que tem composição química definida e ocorre naturalmente na crosta terrestre. **2** Substância sintética que tem composição química e propriedades físicas do mineral que ocorre naturalmente. *Água mineral:* água que contém minerais em dissolução e se emprega em banhos medicinais ou para beber. *Mineral acessório:* o que não caracteriza a rocha. *Mineral essencial:* mineral cuja presença ou ausência afeta a classificação da rocha. *Mineral secundário:* mineral originado de outros preexistentes (primários).

mi.ne.ra.lo.gi.a (*mineral+logo+ia*[1]) *sf* Parte da história natural que trata dos minerais.

mi.ne.ra.lo.gis.ta (*mineralogia+ista*) *adj* e *s m+f* Diz-se de, ou especialista em mineralogia.

mi.ne.rar (*minério+ar*[1]) *vtd* **1** Explorar (minas). *vtd* **2** Extrair de mina: *Minerar ouro.* *vint* **3** Trabalhar na exploração de minas: *Dedicou-se a minerar.*

mi.né.rio (*lat minério+io*) *sm* **1** O mineral tal como se extrai da mina. **2** Qualquer substância metalífera, isto é, de que se podem extrair metais ou substâncias não metálicas.

min.gau (*tupi mingáu*) *sm bras* **1** Papa de farinha de trigo, milho, mandioca etc. **2** Coisa muito mole, mexida ou aguada.

mín.gua (de *minguar*) *sf* **1** Carência, escassez, falta do necessário, penúria. **2** *fig* Defeito, falta. *Antôn* (acepção 1): *fartura, abundância.*

min.gua.do (*part* de *minguar*) *adj* **1** Diminuto. **2** Escasso.

min.guan.te (de *minguar*) *adj m+f* **1** Que míngua. **2** *Astron* Diz-se do último quarto da Lua. • *sm* **1** *Astron* Quarto minguante. **2** Decadência, diminuição, quebra. *Minguante da maré:* refluxo do mar.

min.guar (*lat vulg *minuare*) *vint* **1** Tornar-se menor, diminuir; escassear, faltar: *Míngua o açúcar, míngua o óleo, míngua o leite...* *vti* **2** Decair, declinar. *vtd* **3** Amesquinhar, reduzir, restringir, depreciar, desprezar: *Não se deve minguar o valor alheio. Minguar a Lua:* começar a decrescer. *Conjug – Pres indic:* mínguo, mínguas, míngua, minguamos, minguais, mínguam; *Pres subj:* mingue, mingues etc.; *Pret perf:* minguei, minguaste, minguou etc.; *Imper afirm:* míngua(tu), mingue(você), minguemos(nós), minguai(vós), mínguem(vocês).

min.gui.nho (*dim* de *mingo*) *adj* + *sm pop V mindinho.*

mi.nha (*lat mea*) *pron poss* Feminino de *meu.*

mi.nho.ca *sf Zool* Verme anelídeo que vive subterraneamente em lugares úmidos; usado comercialmente em certos países para a pesca amadorística. Constitui substancial parcela na alimentação de certas aves, anfíbios, peixes e outros invertebrados.

mí.ni (*red* de *minissaia*) *sf V minissaia.*

mi.ni.a.tu.ra (*ital miniatura*) *sf* **1** Pintura fina, desenho de pequenas dimensões. **2** Abreviatura, resumo. **3** Objeto de arte, de pequena dimensão, trabalhado com delicadeza. **4** *p ext* Qualquer coisa em porto pequeno. **5** *Inform* Representação gráfica reduzida de uma imagem, usada para visualizar o conteúdo de arquivos gráficos ou de DTP antes de serem recuperados.

mi.ni.a.tu.ris.ta (*miniatura+ista*) *adj* e *s m+f* Que, ou pessoa que faz miniaturas.

mi.ni.a.tu.ri.za.do (*part de miniaturizar*) *adj* Que se miniaturizou.

mi.ni.a.tu.ri.zar (*miniatura+izar*) *vtd* **1** Reduzir a miniatura. **2** Descrever minuciosamente: *Miniaturizar uma cena, um acontecimento.* **3** Pintar em miniatura: *Miniaturizar a paisagem na porcelana.* **4** *Eletrôn* Construir circuitos eletrônicos de tamanho em miniatura, mas de modo que sejam capazes de efetuar as funções de controle de corrente ou tensão.

mi.ni.des.va.lo.ri.za.ção (*mini+desvalorização*) *sf Econ* Pequena desvalorização de uma moeda. *Antôn: maxidesvalorização.*

mi.ni.fun.di.á.rio (*minifúndio+ário*) *adj* Relativo a minifúndio. • *sm* Proprietário de minifúndio; opõe-se a latifundiário.

mi.ni.fún.dio (*mini+*(*lati*)*fúndio*) *sm* Pequena propriedade agrícola. *Antôn: latifúndio.*

mí.ni.ma (*fem* de *mínimo*) *sf* **1** Menor valor observado num período determinado. **2** *Mús* Nota musical de valor igual à metade da semibreve. *Não ligar a mínima:* não dar importância.

mi.ni.mi.zar (*mínimo+izar*) *vtd* **1** Reduzir ao número, grau ou extensão menor possível: *A fé há de minimizar a dor da perda.* **2** Estimar no menor possível um número ou proporção. **3** Depreciar. **4** *Inform* Em certos programas, reduzir a janela de um aplicativo para o tamanho de um ícone. *Antôn: maximizar.*

mí.ni.mo (*lat minimu*) *adj Superlativo absoluto sintético de pequeno:* que é o menor; que está no grau mais baixo. • *sm* **1** A menor porção de uma coisa. **2** O dedo mínimo; mindinho. *Mínimo múltiplo comum, Mat:* o menor dos múltiplos comuns a dois ou mais números. *Antôn: máximo.*

mi.nis.sai.a (*mini+saia*) *sf* Saia muito curta.

mi.nis.sé.rie (*mini+série*) *sm Telev* Seriado de televisão, de cunho ficcional ou documentário, exibido em poucos capítulos.

mi.nis.te.ri.al (*ministério+al*[1]) *adj m+f* **1** Que pertence ou se refere a ministério. **2** Que emana dos ministros.

mi.nis.te.ri.á.vel (*ministério+vel*) *adj m+f* Que tem possibilidade de fazer parte de um ministério; de ministro.

mi.nis.té.rio (*lat ministeriu*) *sm* **1** O conjunto dos ministros de Estado. **2** Parte da administração dos negócios do Estado, atribuída a cada ministro. **3** Edifício ou local onde funciona esse serviço público. **4** O exercício de um cargo, de uma função. **5** Ocupação, ofício, profissão manual. *Ministério público:* magistratura que, junto de cada tribunal, ocupa-se da manutenção da ordem pública e da execução e aplicação das leis.

mi.nis.tra (*lat ministra*) *sf* **1** Mulher que exerce função de ministro. **2** Mulher de ministro. **3** Roda por onde se passava a comida da cozinha para os refeitórios dos conventos.

mi.nis.trar (*lat ministrare*) *vtd* e *vtdi* **1** Dar, fornecer: *Ministrar gente, munições, alimentos. O Estado ministra recursos à Santa Casa.* *vtd* e *vtdi* **2** Apresentar, servir: *Ministrar sacramentos. Ministrava o remédio aos enfermos.* *vtd* e *vtdi* **3** Administrar, conferir: *Ministraram-lhe o título de professor emérito.* *vint* **4** Atuar como ministro; desempenhar as funções de ministro.

mi.nis.tro (*lat ministru*) *sm* **1** Aquele que tem um cargo ou está incumbido de uma função ou de um ofício. **2** Chefe da legação de um país. **3** Enviado de um governo junto de uma corte estrangeira. **4** Medianeiro, mediador; intermediário. **5** Pastor protestante. **6** Nome que se dá aos juízes da Corte Suprema, do Supremo Tribunal Militar, do Tribunal de Contas etc. *Ministro de Estado:* membro de um gabinete ou ministério; secretário de Estado. *Ministro do Senhor:* padre da religião católica. *Ministro sem pasta:* membro do conselho de ministros que não tem nenhum dos ministérios a seu cargo.

mi.no.rar (*lat minorare*) *vtd* **1** Tornar menor, diminuir. **2** Abrandar, suavizar: *Suplicava ao Senhor lhe minorasse a angústia.* **3** Aliviar, atenuar: *Minorar penas.*

mi.no.ra.ti.vo (*minorar+ivo*) *adj* Que minora ou diminui. • *sm* laxante.

mi.no.ri.a (*lat minore+ia*[1]) *sf* **1** Em menor número. **2** A parte menos numerosa de uma corporação deliberativa. *Antôn: maioria.*

mi.no.ri.tá.rio (*fr minoritaire*) *adj* **1** Que diz respeito à minoria. **2** Diz-se do partido que obtém a minoria dos votos. *Antôn: majoritário.*

mi.nu.a.no (*cast minuano*) *sm bras* Vento muito frio e seco do sudoeste que, no Sul do Brasil, se manifesta em meses de inverno e, eventualmente, no final do outono e começo da primavera.

mi.nú.cia (*lat minutia*) *sf* **1** Coisa muito miúda. **2** Bagatela, insignificância. **3** Pormenor. **4** Detalhe mínimo.

mi.nu.ci.o.so (*ô*) (*minúcia+oso*) *adj* **1** Que se ocupa com minúcias. **2** Narrado com todos os pormenores; circunstanciado. **3** Feito com todo o escrúpulo e atenção. **4** Detalhista. **5** Meticuloso. *Pl: minuciosos (ó).*

mi.nu.en.do (*lat minuendo*) *adj* Que vai ser diminuído. • *sm* V *diminuendo.*

mi.nu.e.to (*ê*) (*fr menuet*) *sm* **Mús 1** Antiga dança francesa, elegante e simples, praticada a dois. **2** Música que acompanha essa dança.

mi.nús.cu.la (*fem de minúsculo*) *sf* Letra minúscula. *Antôn: maiúscula.*

mi.nús.cu.lo (*lat minusculu*) *adj* **1** Muito pequeno. **2** De pouco valor, insignificante. **3** Diz-se das letras pequenas, por oposição a *maiúsculas* ou *capitais.*

mi.nu.ta (*lat minuta*) *sf* **1** Primeira redação escrita de um documento oficial; rascunho. **2** Desenho traçado geometricamente à vista do terreno, no levantamento de uma planta. *Minuta de agravo, Dir:* alegações escritas, em que o recorrente sustenta o seu direito e conclui pedindo a reforma da decisão de que agravou.

mi.nu.to (*lat minutu*) *adj* Diminuto, muito pequeno. • *sm* **1** Unidade de medida de intervalo de tempo, igual a 60 segundos. *Símb: min.* **2** Unidade de medida de arco ou ângulo, igual a 1/60 do grau. *Símb:* '. **3** Curto lapso de tempo; instante, momento. *Contar os minutos:* esperar com pressa ou ansiedade.

mi.nu.to-luz *sm Astr* A distância percorrida pela luz, no vácuo, em um minuto, equivalente a 18 milhões de quilômetros. *Pl: minutos-luz.*

mi.o (de *miar*) *sm onom* Miado, voz do gato.

mi.o.cár.dio (*mio+cárdo+io*) *sm Anat* A parte muscular da parede do coração.

mi.o.car.di.te (*miocárdio+ite*) *sf Med* Inflamação do miocárdio.

mi.o.ce.no (*mio+ceno*[4]) *adj Geol* Diz-se do período geológico em que surgiram vários animais: aves, peixes, répteis, macacos, ratos etc. • *sm* Essa época.

mi.o.lo (*ô*) (*lat vulg *medullu*) *sm* **1** Parte mais macia do pão envolta pela casca ou crosta. **2** Parte interior ou polpa de certos frutos de casca rija ou espessa. **3** Medula, tutano. **4** *pop* Cérebro, massa encefálica. **5** *pop* Juízo, razão. **6** Parte interior: *Miolo da questão; miolo do livro.* **7** Parte mais importante de qualquer coisa. *Miolo mole, pop:* indivíduo amalucado, gagá, caduco. *Frigir os miolos, pop:* pensar muito; esquentar a cabeça.

mi.o.ma (*mio+oma*) *sm Patol* Qualquer tipo de tumor constituído por fibras musculares.

mí.o.pe (*gr mýops, opos*) *adj* e *s m+f* **1** *Oftalm* Que, ou quem sofre de miopia. **2** *fig* Diz-se da, ou a pessoa pouco inteligente ou pouco perspicaz.

mi.o.pi.a (*gr myopía*) *sf* **1** *Oftalm* Anormalidade visual que só permite ver os objetos a pequena distância do olho; vista curta. **2** *fig* Falta de inteligência, falta de visão. *Cf hipermetropia.*

mi.o.só.tis (*lat cient myosotis*) *sm sing* e *pl Bot* Planta ornamental de pequenas flores azuis.

mips Abreviatura de *milhões de instruções por segundo.*

mi.ra (de *mirar*) *sf* **1** Ato de mirar. **2** Peça que, em certos instrumentos e nas armas de fogo, serve para dirigir a vista nas pontarias. **3** Pontaria. **4** Estaca fincada verticalmente no chão destinada a determinar a diferença de nível entre dois pontos; baliza, sinal. **5** Objetivo; intenção. *À mira:* à espreita. *Ter em mira:* visar a, pretender, ter como objetivo.

mi.ra.bo.lan.te (*fr mirabolant*) *adj m+f* Que dá muito na vista, ridiculamente vistoso; espalhafatoso; extraordinário.

mi.ra.cu.lo.so (*ô*) (*lat miraculu*) V *milagroso. Pl: miraculosos (ó).*

mi.ra.gem (*mirar+agem*) *sf* **1** Efeito da refração que, nos desertos arenosos, faz ver na atmosfera a imagem invertida de objetos muito distantes, como cidades, oásis etc. **2** *fig* Engano dos sentidos, ilusão.

mi.ra.mar (*mirar+mar*) *sm* Mirante voltado para o mar. *Pl: miramares.*

mi.ran.te (de *mirar*) *sm* **1** Ponto superior de um edifício, de onde se pode ver longe. **2** Construção pequena e elevada, ou local, de onde se tem uma visão panorâmica. **3** Construção no pico de um morro, para observação meteorológica.

mi.rar (*lat mirari*) *vtd* **1** Fitar a vista em; encarar. *vtd* **2** Espreitar, observar. *vtd* **3** Aspirar a, desejar, pretender: *Mirar um casamento, mirar uma promoção*. *vtd* **4** Avistar, enxergar. *vtd* e *vint* **5** Dirigir a pontaria para, tomar como alvo: *Mirar a caça. Mirou e atirou*. *vpr* **6** Contemplar-se, ver-se a um espelho ou coisa equivalente. *vpr* **7** Tirar ensinamento ou lição de: *Mire-se no exemplo dos bons*.

mir.ra (*gr mýrrha*) *sf* **1** *Bot* Planta resinosa usada como incenso, em perfumes e unguentos. **2** *Quím* A resina extraída dessa planta.

mir.ra.do (*part de mirrar*) *adj* **1** Murcho, seco. **2** Definhado, magro, ressequido.

mir.rar (*mirra+ar¹*) *vtd* **1** Preparar com mirra. *vtd* **2** Tornar definhado, magro, seco: *A seca mirrava a plantação*. *vpr* **3** Perder a energia, a força, o vigor. *vint* e *vpr* **4** Perder o viço, secar-se, tornar-se ressequido: *As flores mirravam*.

mirim (*tupi mirín*) *suf bras* Pequeno, diminuto.

mir.tá.ceas (*lat myrtu+áceas*) *sf pl Bot* Família de árvores de pequeno e grande porte. Há muitas espécies no Brasil: a goiabeira, a jabuticabeira, o eucalipto etc.

mi.san.tro.pi.a (*gr misanthropía*) *sf* **1** Qualidade de misantropo. **2** Aversão da sociedade; antropofobia. **3** *pop* Melancolia. *Antôn: filantropia.*

mi.san.tró.pi.co (*misantropia+ico²*) *adj* **1** Que se refere à misantropia. **2** Que tem o caráter de misantropo.

mi.san.tro.pis.mo (*misantropia+ismo*) *V misantropia*.

mi.san.tro.po (ô) (*gr misánthropos*) *adj* **1** Que sofre de misantropia. **2** Misantrópico. • *sm* **1** Indivíduo que tem aversão a pessoas; antropófobo. **2** *por ext* Aquele que evita a convivência, que prefere a solidão; que é solitário, insociável. **3** *pop* Indivíduo melancólico. *Antôn: filantropo.*

mis.ce.lâ.nea (*lat miscellanea*) *sf* **1** Reunião de escritos sobre diversos temas de um só autor ou de vários. **2** Compilação de escritos de vários gêneros literários. **3** Mistura de várias coisas. **4** Confusão.

mis.ci.ge.na.ção (*miscigenar+ção*) *sf* Cruzamento de indivíduos de etnias diferentes; mestiçagem.

mis.ci.ge.na.do (*part de miscigenar*) *adj* Que sofreu miscigenação; mestiço.

mi.se.ra.bi.li.da.de (*miserável+i+dade*) *sf* **1** Estado ou qualidade de miserável. **2** Penúria, pobreza extrema.

mi.se.rá.vel (*lat miserabile*) *adj m+f* **1** Muito pobre, sem recursos. **2** Desgraçado; digno de compaixão. **3** Abjeto, desprezível. **4** Mesquinho, sem valor. **5** Malvado, perverso. **6** Avarento, sovina. *Sup abs sint: miserabilíssimo*. • *s m+f* **1** Pessoa infeliz, desgraçada, mal-aventurada. **2** Quem está na miséria. **3** Pessoa vil, infame, canalha. **4** Pessoa avarenta, sovina.

mi.se.rê (*der regressiva de miséria*) *sm pop* **1** Extrema pobreza; penúria. **2** Falta de dinheiro: *Estou num miserê danado!*

mi.sé.ria (*lat miseria*) *sf* **1** Estado de miserável. **2** Falta de recursos, penúria, pobreza extrema. **3** Estado indecoroso, indigno, vergonhoso, indigência. **4** Porção diminuta de qualquer coisa; bagatela, insignificância. *sf pl* Desastres, desgraças, falta do necessário à vida, infortúnios. *Antôn* (acepção 2): *riqueza, prosperidade, abundância*. *Em petição de miséria:* estragado, danificado, imprestável.

mi.se.ri.cór.dia (*lat misericordia*) *sf* **1** Pena causada pela miséria alheia; comiseração. **2** Perdão concedido por bondade pura. **3** Graça ou perdão. **4** Instituição de piedade e caridade. • *interj* Exclamação para pedir piedade, compaixão ou socorro.

mi.se.ri.cor.di.o.so (ô) (*misericórdia+oso*) *adj* Que usa de misericórdia; compassivo, piedoso. *Antôn: duro, cruel*. • *sm* Aquele que tem misericórdia. *Pl: misericordiosos* (ó).

mí.se.ro (*lat miseru*) *adj* **1** Que está na miséria; desgraçado, desditoso, desventurado, infeliz. **2** Avarento, mesquinho. *Sup abs sint: misérrimo*. • *sm* Aquele que é desgraçado, infeliz.

miss (*ingl*) *V misse*.

mis.sa (*lat missa*) *sf Ecles* **1** Cerimônia eucarística com que a Igreja Católica celebra o sacrifício de Jesus Cristo pela humanidade. **2** Conjunto de peças musicais compostas para se executarem numa missa. *Missa de ação de graças:* celebrada em agradecimento a uma graça recebida. *Missa de corpo presente:* celebrada na presença do defunto. *Missa de réquiem:* missa solene pela alma de um morto. *Missa de sétimo dia:* celebrada sete dias após o falecimento de alguém. *Missa do galo:* missa celebrada à meia-noite do dia 24 de dezembro. *Não saber da missa a metade:* estar mal informado.

mis.sal (*baixo-lat missale*) *sm* Livro que contém as orações e os textos da missa. *Pl: missais*.

mis.são (*lat missione*) *sf* **1** Ato de mandar. **2** Comissão, encargo, incumbência. **3** Comissão diplomática. **4** Delegação divina conferida num intuito religioso.

mis.se (*ingl miss*) *sf* **1** Moça classificada em primeiro lugar em concurso de beleza. **2** *por ext* Mulher muito bonita.

mís.sil (*lat missile*) *adj* Que serve para ser arremessado. • *sm* **1** Objeto arremessado ao espaço. **2** Arma, com propulsão própria ou dirigida, lançada com o objetivo de alcançar um alvo. *Pl: mísseis*.

mis.si.o.ná.rio (*lat missione+ário*) *adj+sm* **1** Pregador de missão religiosa. **2** Propagandista de uma ideia.

mis.si.va (*fem de missivo*) *sf* **1** Carta ou epístola. **2** Bilhete, mensagem.

mis.si.vis.ta (*missiva+ista*) *adj* e *s m+f* **1** Diz-se de, ou pessoa que leva missivas. **2** Que, ou quem escreve missivas.

mis.sô (*jap miso*) *sm Cul* Pasta de soja, fermentada em salmoura, típica da cozinha japonesa.

mis.ter (ê) (*lat ministeriu*) *sm* **1** Emprego, ocupação. **2** Serviço, trabalho. **3** Urgência, necessidade. **4** Aquilo que é forçoso. *Não fazer mister:* não ser necessário. *Ser mister:* ser forçoso, ser necessário.

mis.té.rio (*gr mystérion*) *sm* **1** Segredo religioso. **2** Cada uma das verdades da religião cristã, impenetráveis à razão humana e impostas como artigo de fé. **3** Aquilo que a inteligência humana não consegue compreender ou explicar. **4** Coisa oculta, de que ninguém tem conhecimento. **5** Reserva, segredo.

mis.te.ri.o.so (ô) (*mistério+oso*) *adj* **1** Em que há mistérios; desconhecido, enigmático, inexplicável. **2** Em que falta clareza; obscuro. **3** Que

toma precauções para praticar qualquer ato ou faz segredo de coisas insignificantes, como se fossem de grande importância. • *sm* **1** O que encerra mistério. **2** Indivíduo enigmático; cheio de segredos. *Pl: misteriosos (ó).*
mís.ti.ca (*gr mystiké*) *sf* **1** Tratado a respeito das coisas divinas ou espirituais. **2** *V misticismo.* **3** Devotamento a uma doutrina.
mis.ti.cis.mo (*mistico+ismo*) *sm* **1** *Filos* Crença religiosa ou filosófica dos místicos, que admitem comunicações ocultas entre os homens e a divindade. **2** Aptidão ou tendência para crer no sobrenatural. **3** Devoção religiosa; vida contemplativa. **4** O lado misterioso de qualquer doutrina. *Misticismo cristão:* o desapego de si mesmo por amor a Deus.
mís.ti.co (*gr mystikós*) *adj* **1** Que diz respeito à vida espiritual. **2** Que se refere à vida religiosa. **3** Que se relaciona com o espírito, e não com a matéria. **4** Dado à vida contemplativa e espiritual. **5** Misterioso, alegórico, figurado (falando das coisas religiosas). • *sm* **1** O que professa o misticismo. **2** O que se dá à vida contemplativa, espiritual. **3** O que se escreve sobre o misticismo.
mis.ti.fi.ca.ção (*mistificar+ção*) *sf* **1** Ato ou efeito de mistificar, de atribuir qualidades sobrenaturais ou religiosas a. **2** Coisa enganadora ou vã.
mis.ti.fi.car (*fr mystifier*) *vtd* **1** Dar atributos sobrenaturais ou religiosos a. **2** Abusar da credulidade de: *Mistificar ingênuos.* **3** Burlar, enganar, lograr, ludibriar.
mis.ti.fi.ca.dor (*mistificar+dor*) *adj* + *sm* Que, ou aquele que mistifica.
mis.to (*lat mixtu*) *adj* **1** Resultante da mistura de elementos de natureza diversa. **2** Que consta de parte inteira e parte fracionária. **3** *Esp* Diz-se de equipe composta de atletas profissionais e amadores. **4** Diz-se do estabelecimento de ensino que admite alunos de ambos os sexos. • *sm* **1** Conjunto, mistura, composto. **2** *bras* Sanduíche de queijo e presunto.
mis.to-quen.te *sm* Sanduíche quente, feito com queijo e presunto. *Pl: mistos-quentes.*
mis.tu.ra (*lat mixtura*) *sf* **1** Ação ou efeito de misturar; composto de coisas misturadas. **2** Agrupamento de pessoas de diferentes camadas sociais. **3** Cruzamento de seres, raças e até espécies diferentes. **4** *pop* Exceto a salada, tudo o que complementa uma refeição composta basicamente de arroz e feijão: *Em sua marmita, não havia mistura.*
mis.tu.ra.do (*part* de *misturar*) *adj* **1** Que está confusamente ajuntado a outras coisas; misto. **2** Adicionado. **3** Associado.
mis.tu.rar (*mistura+ar¹*) *vtd* **1** Juntar, embaralhar, confundir. *vtd* e *vpr* **2** Cruzar, unir (seres de castas, raças ou espécies diferentes); miscigenar. *vpr* **3** Juntar-se, mesclar-se, entremear-se. *vpr* **4** Ingerir-se, intrometer-se: *Ele se misturou aos que protestavam.*
mí.ti.co (*gr mythikós*) *adj* Que diz respeito aos mitos, ou é da natureza deles; fabuloso.
mi.ti.fi.ca.ção (*mitificar+ção*) *sf* Ato de mitificar.
mi.ti.fi.car (*miti+ficar*) *vtd* Converter em mito; tornar mítico.

mi.ti.ga.ção (*lat mitigatione*) *sf* Ato ou efeito de mitigar.
mi.ti.ga.dor (*mitigar+dor*) *adj* + *sm* Que, ou o que mitiga.
mi.ti.gar (*lat mitigare*) *vtd* **1** Amansar, abrandar. *vtd* **2** Aliviar, suavizar. *vtd* **3** Acalmar, atenuar. *vpr* **4** Acalmar-se, tornar-se mais brando. *Antôn: exasperar.*
mi.to (*gr mythos*) *sm* **1** Narrativa de tempos fabulosos ou heroicos referentes a deuses ou a aspectos da condição humana. **2** Tradição que, sob forma alegórica, deixa entrever um fato natural, histórico ou filosófico. **3** Representação de pessoa ou de acontecimento, elaborada ou aceita pelos grupos humanos, devido ao intenso interesse que desperta e que passa a fazer parte da tradição. **4** Coisa inacreditável, fantasiosa; utopia.
mi.to.lo.gi.a (*gr mythología*) *sf* **1** Descrição geral dos mitos; conjunto de mitos. **2** Estudo dos mitos. **3** História dos mistérios, cerimônias e culto com que alguns povos reverenciavam seus deuses e heróis.
mi.to.ló.gi.co (*mito+logo+ico²*) *adj* Que diz respeito à mitologia.
mi.tó.lo.go (*mito+logo*) *sm* Especialista em mitologia, ou que escreve a respeito dela.
mi.to.ma.ni.a (*mito+mania*) *sf Psicol* Tendência mórbida para a mentira.
mi.tô.ma.no (*mito+man(íac)o*) *sm Psicol* Aquele que tem a tendência mórbida para a mentira.
mi.to.se (*gr mítros+ose*) *sf Biol* Divisão celular em que o núcleo forma cromossomos que se bipartem, produzindo dois núcleos filhos com o mesmo patrimônio original. A mitose ocorre em todas as células, animais ou vegetais.
mi.tra (*gr mítra*) *sf* **1** Cobertura da cabeça usada pelos antigos persas, egípcios, assírios etc. **2** Barrete alto e cônico usado pelo Papa e por cardeais, arcebispos e bispos. **3** Dignidade episcopal.
mi.u.de.za (*miúdo+eza*) *sf* **1** Qualidade de miúdo. **2** Pequenez. **3** Mesquinharia. *sf pl* **1** Minúcias, pormenores. **2** Bagatelas, insignificâncias. **3** Objetos de pouco valor.
mi.ú.do (*lat minutu*) *adj* **1** De pequenas dimensões, diminuto, muito pequeno. **2** Amiudado, frequente. **3** Atento, escrupuloso, investigador. **4** Minucioso. **5** Delicado. **6** *pop* Mesquinho, sovina. *Antôn* (acepção 1): *graúdo.*
mi.ú.dos (de *miúdo*) *sm pl* **1** Vísceras das reses, das aves e de outros animais. **2** Insignificância. **3** Dinheiro em moedas ou de pouco valor.
mi.xa.gem (*cs*) (*ingl mix+agem*) *sf* **1** *Cin* e *Telev* Operação que consiste em mesclar, numa só faixa sonora, os sons de várias outras faixas de diálogos, música e ruídos. **2** Ato ou efeito de mixar.
mi.xa.dor (*mixar+dor*) *sm Cin* e *Telev* Profissional especializado em mixagem.
mi.xar (*cs*) (*ingl to mix+ar¹*) *vtd* **1** Fazer a mixagem de. *vtd* **2** *Mús* Combinar e ajustar (elementos sonoros separados: voz e instrumentos) para a gravação. *Conjug – Fut pret: mixaria, mixarias, mixaria (cs)* etc. *Cf mixaria.*
mi.xa.ri.a (*mixe+aria*) *sf pop* Coisa de pouco ou nenhum valor; insignificância; bagatela.
mi.xór.dia (de *mexer*) *sf pop* **1** Produto falsificado por mistura fraudulenta. **2** Mistura heterogênea de

coisas incompatíveis. **3** Bagunça. **4** Coisas juntadas anarquicamente. **5** Comida malfeita, repugnante.
mne.mô.ni.ca (*gr mnemoniké*) *sf* Arte de facilitar as operações da memória.
mne.mô.ni.co (*gr mnemonikós*) *adj* **1** Que se refere à mnemônica ou à memória. **2** Que ajuda a memória. **3** Que facilmente se grava na memória.
mo Contração do pronome pessoal *me* com o pronome pessoal ou demonstrativo *o*: *Emprestei-lhe o livro e ela mo trouxe ontem*.
mó[1] (*lat mola*) *sf* **1** Pedra de moinho ou de lagar, que tritura e mói o grão dos cereais e a azeitona. **2** Pedra de amolar.
mó[2] (*lat mole*) *sf* **1** Grande massa. **2** Grande quantidade. **3** Grande ajuntamento. *Mó de gente*: multidão, reunião de muitas pessoas.
mo.a.gem (*moer+agem*) *sf* Ação ou efeito de moer; moedura: *moagem do café*.
mó.bi.le (*lat mobile*) *sm* Espécie de escultura móvel feita de material leve (plástico, acrílico, papelão etc.) suspensa no ar por fios, que muda de posição ao ser tocada pelo vento ou por pessoas. Há móbiles de todos os tipos: flores, anjos, frutas, figuras geométricas etc.
mo.bí.lia (*lat mobilia*) *sf* Conjunto dos móveis que adornam ou guarnecem uma casa, um escritório etc.; mobiliário.
mo.bi.li.ar (*mobília+ar*[1]) *vtd* Guarnecer com mobília; fornecer móveis para: *Mobiliar um apartamento*. *Conjug – Pres indic*: mobílio, mobílias, mobília, mobiliamos, mobiliais, mobíliam; *Pres subj*: mobílie, mobílies, mobílie, mobiliemos, mobilieis, mobíliem; *Imper afirm*: mobília(tu), mobílie(você), mobiliemos(nós), mobiliai(vós), mobíliem(vocês); *Fut pret*: mobiliaria, mobiliarias, mobiliaria etc. *Cf* mobília.
mo.bi.li.á.rio (*mobilia+ário*) *adj* **1** Que se refere a mobília ou a bens móveis. **2** Que tem a natureza de bens móveis. **3** Que trata de bens móveis. **4** Aplica-se ao herdeiro que apenas herda bens móveis. • *sm* **1** *V* mobília. **2** Quem trabalha em ou com mobílias.
mo.bi.li.da.de (*lat mobilitate*) *sf* **1** Propriedade do que é móvel ou do que obedece às leis do movimento. **2** Capacidade de se mover. **3** *Sociol* Deslocamento de indivíduos, grupos ou elementos culturais no espaço social. **4** Flexibilidade. **5** Caráter de certos micróbios capazes de se deslocar por seus próprios meios. *Mobilidade dos materiais*: numa construção, contração e dilatação dos materiais que a compõem, em particular o vidro e a madeira, segundo a variação climática.
mo.bi.li.za.ção (*mobilizar+ção*) *sf* Ato ou efeito de mobilizar.
mo.bi.li.zar (*móbil+izar*) *vtd* **1** Dar movimento a; pôr em movimento, em atuação. **2** *Mil* Fazer passar do estado de paz para o de guerra, chamando ao serviço ativo as reservas para, imediatamente, entrarem em campanha. **3** Pôr em circulação (capitais, fundos ou títulos).
mo.ca (do *top Moca*) *sm* **1** Variedade de café superior, originário da Arábia. **2** *por ext* Café.
mo.ça *sf* **1** Feminino de *moço*. **2** Mulher ainda jovem. **3** *pop* Mulher que já teve a primeira menstruação. *Dim*: mocinha e moçoila. *Aum*: mocetona.

mo.ça.da (*moço+ada*[1]) *sf* **1** Bando de moços ou moças. **2** Rapaziada.
mo.cam.bo (*quimbundo mukambu*) *sm* **1** Local em que os escravos se recolhiam, quando fugiam para o mato. **2** Cabana no mato. **3** *Reg* (Norte) Cerrado ou moita onde se esconde o gado nos sertões.
mo.çam.bi.ca.no (*top Moçambique+ano*[2]) *adj* De, pertencente ou relativo a moçambique (África). • *sm* O natural ou habitante desse país.
mo.cas.sim (*ingl mocassin*, de origem algonquina) *sm* Qualquer tipo de sapato esporte, masculino ou feminino, geralmente macio e com sola fina.
mo.chi.la (*cast mochila*) *sf* **1** Espécie de saco que soldados, viajantes, estudantes e trabalhadores levam às costas e onde mantêm objetos de uso. **2** Saco próprio para viagem.
mo.cho (*cast mocho*) *adj* **1** Diz-se do animal a que faltam os chifres. **2** Qualifica certa espécie de trigo mole. **3** Designação vulgar das corujas. • *sm* **1** Indivíduo macambúzio, misantropo. **2** Banco baixo e sem encosto.
mo.ci.da.de (*moço+i+dade*) *sf* **1** Estado ou idade de jovem; juventude. **2** Época que antecede a vida adulta, a maturidade. **3** Os moços; os jovens.
mo.ci.nha (*dim* de *moça*) *sf* Moça muito jovem.
mo.ci.nho *sm* **1** Diminutivo de *moço*. **2** Herói de um filme de aventura (na linguagem das crianças).
mo.có (*tupi mokó*) *sm* **1** *Zool* Animal roedor semelhante ao preá. **2** *gír* Esconderijo ou refúgio de marginais.
mo.ço (*ô*) *adj* **1** Novo em idade; que está na idade juvenil; jovem. **2** Que ainda não parece velho. • *sm* Jovem, mancebo, rapaz.
mo.co.tó (*tupi mbokotó*) *sm* **1** Extremidade dos membros anteriores ou posteriores dos animais quadrúpedes. **2** Prato que se prepara com as cartilagens e tendões das pernas de bois ou porcos. **3** *pop* Força, coragem: *Fulano tem mocotó*.
mo.da (*fr mode*) *sf* **1** Uso corrente, voga. **2** Forma atual do vestuário. **3** Fantasia, gosto ou maneira como cada um faz as coisas. **4** Cantiga, ária, modinha.
mo.dal (*modo+al*[1]) *adj m+f* **1** Que diz respeito à modalidade. **2** Que se refere aos modos da substância. **3** Que diz respeito ao modo particular de ser, de fazer alguma coisa. **4** *Gram* Diz-se da conjunção subordinativa que introduz oração exprimindo o modo pelo qual se realizou o fato expresso na principal: *Resolvi o problema como o professor ensinou* (*como* é conjunção modal).
mo.da.li.da.de (*modal+i+dade*) *sf* **1** *Filos* Propriedade que tem a substância de ter modos. **2** Cada aspecto ou maneira diferente das coisas. **3** *Mús* Modo em que está escrito um trecho.
mo.de.la.ção (*modelar+ção*) *sf* **1** Ato ou arte de modelar, de moldar. **2** Obra de modelador.
mo.de.la.do (*part* de *modelar*[1]) *adj* **1** Que se modelou. **2** Feito segundo o modelo. **3** Moldado. • *sm* Em pintura e escultura, termo que indica as características de evidência de uma forma.
mo.de.la.dor (*modelar+dor*) *adj + sm* Que, ou o que modela.
mo.de.la.gem (*modelar+agem*) *sf* **1** Operação de modelar; modelação. **2** *Bel-art* Operação pela qual o escultor executa, em gesso, argila ou qualquer substância maleável, o modelo que será depois

reproduzido em madeira ou mármore, ou será fundido. **3** *Metal* Conjunto de processos e meios usados na feitura de modelos. **4** *Esp* Musculação. *Modelagem de sólido, Inform:* em computação gráfica, função que cria objetos tridimensionais com a aparência de sólidos, através de sombreamento.

mo.de.lar[1] (*modelo+ar*[1]) *vtd* **1** Fazer o modelo ou o molde de: *Modelar uma estátua. Modelou a imagem em cera. vtd* **2** Delinear, traçar intelectualmente. *vtd* e *vpr* **3** Tomar como modelo: *Ele modelava seus atos nos ensinamentos de seu mestre. Modelava-se pelo exemplo dos grandes homens. Conjug – Pres indic: modelo, modelas (é)* etc. *Cf modelo.*

mo.de.lar[2] (*modelo+ar*[2]) *adj m+f* Que serve de modelo; exemplar.

mo.de.lis.mo (*modelo+ismo*) *sm* A arte a que se dedica o modelista.

mo.de.lis.ta (*modelo+ista*) *adj* e *s m+f* Diz-se de, ou profissional que realiza a criação de modelos a serem executados por sapateiros, costureiros etc., ou pela indústria.

mo.de.lo (*ital modello*) *sm* **1** Desenho ou imagem que representa o que se pretende reproduzir, desenhando, pintando ou esculpindo. **2** Tudo o que serve para ser imitado. **3** Representação, em pequena escala, de um objeto que se pretende executar em ponto grande. **4** Pessoa exemplar. **5** Pessoa contratada para desfilar ou exibir roupas. **6** Vestido, capa, chapéu etc., que é criação de uma grande casa de modas. **7** *Biol* A espécie ou o objeto mimetizado. **8** Artigo manufaturado, com características específicas: *Máquina de costura, modelo antigo. Caminhão Ford, modelo 1974. Modelo vivo:* pessoa que serve de estudo a desenhistas ou escultores.

modem (*môudem*) (*ingl mo(dulation)dem(odulation*)) *sm Inform* Dispositivo conector entre um equipamento e uma linha de comunicação, cuja função é converter os dados a uma forma compatível com a linha de comunicação e vice-versa, a fim de que esses dados se tornem disponíveis para a transmissão e processamento.

mo.de.ra.ção (*lat moderatione*) *sf* **1** Ato ou efeito de moderar. **2** Comedimento, compostura, prudência. *Antôn* (acepção 2): *imoderação.*

mo.de.ra.do (*lat moderatu*) *adj* **1** Medíocre em quantidade ou qualidade. **2** Que guarda o meio-termo entre os extremos. **3** Que está nas devidas proporções: *Tamanho moderado.* **4** Que tem comedimento, moderação ou prudência. **5** Não exagerado, não excessivo, razoável. *Antôn: imoderado.*

mo.de.rar (*lat moderari*) *vtd* **1** Diminuir, modificar, tornar menos intenso. *vtd* **2** Conter, reprimir, restringir: *Moderava com o raciocínio aquela paixão. vtd* **3** Pôr no meio-termo, entre os extremos; guardar as justas posições: *Moderar as exigências. vpr* **4** Evitar exageros ou excessos, tornar-se comedido, prudente.

mo.der.ni.ce (*moderno+ice*) *sf* **1** Uso afetado ou exagerado de coisas novas. **2** Obstinação a coisas modernas.

mo.der.ni.da.de (*moderno+i+dade*) *sf* **1** Estado ou qualidade de moderno. **2** Os tempos modernos. **3** Modernismo.

mo.der.ni.nho (*dim* de *moderno*) *adj pop* Forma irônica para moderno.

mo.der.nis.mo (*moderno+ismo*) *sm* **1** V *modernice.* **2** *Lit* Especificamente, movimento literário brasileiro iniciado na Semana de Arte Moderna, em 1922. **3** Neologismo.

mo.der.nis.ta (*moderno+ista*) *adj* e *s m+f* **1** Que, ou quem tem grande interesse pelas coisas modernas. **2** Que, ou quem usa afetada ou exageradamente, as coisas novas. **3** Adepto do modernismo. • *adj* Diz-se da obra ou do artista pertencente a uma das correntes do modernismo.

mo.der.ni.za.ção (*modernizar+ção*) *sf* Ato de modernizar.

mo.der.ni.zar (*moderno+izar*) *vtd* e *vpr* **1** Tornar (-se) moderno, pôr(-se) ao gosto moderno, adaptar(-se) à moda. *vtd* e *vpr* **2** Fazer melhorias, atualizar: *Modernizaram(-se) as instalações da fábrica.*

mo.der.no (*lat modernu*) *adj* **1** Dos tempos mais próximos de nós; recente. **2** Dos nossos dias; atual, presente. **3** Que está na moda. **4** Que existe há pouco tempo. *Antôn: antigo.* • *sm* **1** O que é moderno, ou no gosto moderno, atual. **2** Evolucionista, progressista. *sm pl* Os que vivem na época atual.

mo.der.no.so (*ô*) (*moderno+oso*) *adj pej* Pretensa e/ou duvidosamente moderno: *Poesia modernosa. Pl: modernosos (ó).*

mo.dés.tia (*lat modestia*) *sf* **1** Ausência de vaidade ou de luxo. **2** Comedimento, humildade, simplicidade no modo de se apresentar, de falar de si etc. *Antôn* (acepção 1): *vaidade, luxo;* (acepção 2): *imodéstia.*

mo.des.to (*lat modestu*) *adj* **1** Que tem ou revela modéstia. **2** Que pensa ou fala de si sem orgulho. **3** Comedido, moderado, sem exagero. **4** Que indica poucos haveres. *Antôn* (acepções 1, 2 e 3): *imodesto;* (acepção 4): *vaidoso.*

mó.di.co (*lat modicu*) *adj* **1** De pequenas proporções; exíguo, insignificante. **2** Econômico: *preços módicos.* **3** Modesto. *Sup abs sint: modicíssimo.*

mo.di.fi.ca.ção (*lat modificatione*) *sf* **1** Ato ou efeito de modificar. **2** Alteração numa coisa sem lhe alterar a essência. **3** Mudança na maneira de ser. **4** *Biol* Variação não hereditária, provocada diretamente pelas condições ambientais.

mo.di.fi.ca.do (*part* de *modificar*) *adj* **1** Que se modificou. **2** *Biol* Que sofreu modificação.

mo.di.fi.car (*lat modificare*) *vtd* **1** Mudar a forma ou a qualidade de: *Modificar um plano. vtd* **2** Alterar, mudar, transformar: *Esses acontecimentos modificaram o nosso panorama político. vtd* **3** Corrigir, emendar: *Não disse tal coisa, modificou o professor. vtd* e *vpr* **4** *Gram* Alterar, ampliando ou restringindo, o sentido de: *Os afixos modificam a raiz. vtd* e *vpr* **5** Moderar(-se), refrear(-se), restringir(-se): *Modificar o gênio. Modificou-se com a idade. Conjug – Pres subj: modifique, modifiques* etc.; *Pret perf: modifiquei, modificaste* etc.

mo.di.nha *sf* **1** Canção brasileira sentimental ou triste, geralmente com acompanhamento de violão. **2** *pop* Moda (acepção 2) efêmera.

mo.dis.mo (*modo+ismo*) *sm* **1** Modo de falar privativo de uma língua, admitido pelo uso, mas que parece contrário às normas gramaticais. **2**

modista 593 **moita**

O que está na moda e que, portanto, tem caráter efêmero, passageiro.

mo.dis.ta (*moda+ista*) *adj* e *s m+f* Diz-se de, ou pessoa que, profissionalmente, faz ou dirige a confecção de vestuários, em particular para mulheres e crianças; costureira.

mo.do (*lat modu*) *sm* **1** Forma ou maneira de ser ou manifestar-se uma coisa. **2** Maneira ou forma particular de fazer as coisas, ou de falar. **3** Forma, método. **4** Jeito, habilidade, destreza. **5** Maneira de conseguir as coisas; meio. **6** *Gram* Variações pelas quais os verbos exprimem a realização dos fatos. *sm pl* **1** Maneira de se comportar. **2** Comedimento, compostura. **3** Jeito, habilidade, destreza. *Por meios e modos:* com todos os recursos imaginários. *Tenha modos!:* comporte-se!

mo.dor.ra (*cast modorra*) *sf* **1** Grande vontade mórbida de dormir. **2** Doença que ataca o gado lanígero, ocasionada pela excessiva abundância de sangue. **3** Prostração mórbida; sonolência; preguiça. **4** Apatia, indolência.

mo.dor.ren.to (*modorra+ento*) *adj* **1** Que tem modorra. **2** Apático, preguiçoso, sonolento.

mo.du.la.ção (*lat modulatione*) *sf* **1** Ato ou efeito de modular. **2** *Mús* Passagem ou transição de uma tonalidade a outra. **3** Facilidade em modular a voz, o canto. **4** Inflexão suave da voz, do canto.

mo.du.la.do (*part* de *modular*¹) *adj* **1** Que se modulou. **2** Melodioso, harmonioso. **3** Proporcional, regular, harmônico. **4** Formado por módulos.

mo.du.la.do (*part* de *modular*) *adj* Que modula. • *sm* **1** Aquele que modula. **2** *Eletrôn* Circuito no qual um sinal é modulado.

mo.du.lar¹ (*lat modulari*) *vtd* **1** Cantar ou tocar, com variadas inflexões da voz ou mudando de tom, de acordo com as regras da harmonia: *Modulava muito bem a flauta*. *vtd* **2** Cantar, dizer ou recitar, dando à voz melodiosas inflexões: *Modular uma canção*. *vint* **3** Cantar harmoniosamente. *vtd* **4** Construir empregando módulos (*V módulo*, acepções 1 e 2). *Conjug – Pres indic: modulo, modulas* (*dú*) etc. *Cf módulo*.

mo.du.lar² (*módulo+ar*²) *adj m+f* Que diz respeito a módulo.

mó.du.lo (*lat modulu*) *sm* **1** *Arquit* Medida reguladora das proporções de uma obra arquitetônica. **2** Unidade planejada segundo determinadas proporções, que se destina a reunir-se ou ajustar-se a outras unidades semelhantes, formando um todo homogêneo e funcional. **3** Relação entre magnitudes matemáticas ou técnicas. **4** *Numism* Diâmetro comparativo das medalhas ou moedas entre si. **5** *Mat* Tudo o que serve para medir. **6** *Mat* Quantidade que se toma como unidade de qualquer medida; o litro, por exemplo, é módulo das medidas de capacidade.

mo.e.da (*lat moneta*) *sf* **1** Peça, geralmente de metal, cunhada por autoridade soberana e representativa do valor dos objetos que por ela se trocam; dinheiro. **2** Estabelecimento oficial onde se fabrica moeda: *Casa da Moeda*. *Moeda corrente:* a que tem curso legal no país. *Moeda falsa:* dinheiro cunhado ou falsificado por particulares. *Pagar na mesma moeda:* retribuir de igual modo; dar bem por bem e mal por mal.

mo.e.da-pa.pel *sf* Nota de banco, ou cédula, representativa da moeda metálica e conversível nesta mediante apresentação do banco emissor. *Pl: moedas-papel* e *moedas-papéis*. *Cf papel-moeda*.

mo.e.dor (*moer+dor*) *adj* + *sm* **1** Que, ou aquele que mói. **2** *fig* Impertinente. • *sm* Aparelho de moer ou triturar.

mo.e.du.ra (*moer+dura*) *sf* Ato ou efeito de moer; moagem: *moedura da cana*.

mo.e.la (*é*) (de *moer*) *sf Anat Zool* Segundo estômago das aves que, sobretudo nas granívoras, apresenta paredes musculares grossas e rígidas, destinadas à trituração dos alimentos.

mo.en.da (*lat molenda*) *sf* **1** Mó de moinho ou peça que serve para moer ou pisar. **2** Moinho. **3** Mecanismo para esmagar e espremer a cana-de-açúcar nos engenhos ou usinas de açúcar. **4** Trabalho de moer ou triturar o grão, a azeitona, a cana-de-açúcar etc.

mo.er (*lat molere*) *vtd* **1** Pisar, triturar, reduzir a pó. *vtd* **2** Extrair, por meio de prensa. *vtd* **3** Mastigar, ruminar: *Moem legumes os bois*. *vtd* **4** Repetir, repisar muitas vezes: *Tem o professor de moer esses ensinos para a classe*. *vtd* **5** Repassar muitas vezes no espírito (ideia, pensamento): *Moía os tópicos do discurso para memorizá-los bem*. *vpr* **6** Cansar-se, extenuar-se. *vpr* **7** Afligir-se, atormentar-se: *Moía-se com tantas preocupações*. *Conjug – Pres indic: moo, móis, mói, moemos, moeis, moem; Pret perf: moí, moeste, moeu* etc.; *Pret imp indic: moía, moías, moía, moíamos, moíeis, moíam; Part: moído*.

mo.fa.do (*part* de *mofar*) *adj* Que criou mofo, que criou bolor.

mo.far (*mofo+ar*¹) *vtd* **1** Cobrir, encher de mofo, de bolor: *Calor e umidade mofaram a madeira*. *vint* **2** Criar mofo: *A roupa mofou*. *vint* **3** *gír* Ficar esperando sem ter solução daquilo que se deseja; esperar tempo demais por alguém ou para ser atendido.

mo.fo (*ô*) *sm* Vegetação criptogâmica, desenvolvida sobre objetos úmidos e vulgarmente conhecida por *bolor*; bafio. *Criar mofo:* ficar velho. *Não criar mofo:* estar sempre em movimento; não parar.

mog.no (*ingl mahogany*, de origem indígena) *sm* **1** *Bot* Árvore da América tropical, de madeira de lei, dura, marrom-avermelhada, muito apreciada para marcenaria de luxo. **2** Madeira dessa árvore.

mo.í.do (*part* de *moer*) *adj* **1** Que se moeu. **2** Cansado, fatigado, exausto.

mo.i.nho (*lat molinu*) *sm* **1** Engenho ou máquina de moer grãos, ou de triturar determinadas substâncias. **2** Casa onde está instalado esse engenho ou máquina. **3** *pop* Indivíduo que come muito e depressa. *Moinho de palavras:* pessoa que fala muito. *Moinho de vento:* a) máquina que tem o vento por motor; b) *pop* pessoa estouvada, imprudente, leviana.

moi.sés (*Moisés, np*) *sm bras* Pequeno cesto para conduzir recém-nascidos.

moi.ta *sf* Grupo espesso de plantas arborescentes e de pouca altura. • *interj* **1** Designativa de que nada se respondeu ou se moveu. **2** Interjeição denotativa de silêncio, ou obstinação em não responder. *Ficar na moita, pop:* ficar à espreita; às escondidas; na expectativa; sem falar ou revelar algum fato ou segredo; em silêncio.

mo.la (*ital molla*) *sf* **1** Peça elástica, geralmente metálica, destinada a imprimir movimento ou dar resistência a outra peça. **2** Tudo o que promove um movimento. **3** *fig* Tudo aquilo que funciona como incentivo.

mo.lam.ben.to (*molamba+ento*) *V molambudo.*

mo.lam.bo (*quimbundo mulambu*) *sm* **1** Farrapo. **2** Vestido velho, roto ou esfarrapado. **3** Indivíduo fraco, sem caráter. **4** Indivíduo maltrapilho.

mo.lam.bu.do (*molambo+udo²*) *adj + sm* Diz-se de, ou indivíduo esfarrapado, roto; molambento.

mo.lar (*mole+ar*) *adj* **1** Que diz respeito a mó. **2** Próprio para moer ou triturar. **3** Que facilmente se mói ou tritura. • *adj + sm* Diz-se dos, ou os dentes de coroa com superfície larga, adaptada à trituração, que ficam situados depois dos caninos.

mol.da.do (*part* de *moldar*) *adj* **1** Talhado ou feito por molde. **2** Modelado. • *sm* Obra de moldura.

mol.da.dor (*moldar+dor*) *adj* Que molda. • *sm* **1** Aquele que faz moldes para fundição. **2** Instrumento para ornar as molduras em madeira rija.

mol.da.gem (*moldar+agem*) *sf* **1** Ato ou efeito de moldar. **2** Operação que consiste em estirar, com uma substância plástica, a forma de um objeto ou de uma superfície, para obter o molde que dará origem ao modelo. **3** Certo gênero de escultura. **4** *Geol* Impressões deixadas pelos fósseis no terreno.

mol.dar (*molde+ar¹*) *vtd* **1** Ajustar ao molde; formar o molde de: *Moldar uma boneca. vtd* **2** Vazar no molde o metal derretido; fundir: *Moldar um sino. vtd* **3** Criar ou produzir; dar forma ou contornos. *vtd* e *vti* **4** Formar: *O pai o moldou segundo os princípios da honestidade. vtd* e *vpr* **5** Adaptar(-se), afeiçoar(-se), conformar(-se). *vpr* **6** Dirigir-se, regular-se, seguir o exemplo: *Tem personalidade, não se molda por padrões medíocres e convencionais.*

mol.dá.vel (*moldar+vel*) *adj m+f* **1** Que se pode moldar. **2** Adaptável a um molde.

mol.dá.vio (*de top Moldávia*) *adj* Da, ou pertencente ou relativo à Moldávia (Europa). • *sm* **1** O natural ou habitante da Moldávia. **2** *Ling* Língua românica falada nesse país.

mol.de (*cast molde*) *sm* **1** Modelo oco para o vazamento de metais, gesso, cera, massa de pastelaria etc. **2** Modelo pelo qual se talha alguma coisa. **3** Exemplar, modelo. **4** Tudo o que pode servir de guia ou norma às nossas ações ou modo de proceder.

mol.du.ra (*moldar+dura*, com haplologia) *sf* **1** Decoração em volta de. **2** Elemento decorativo que consiste em uma parte saliente de perfil uniforme, cuja finalidade é acentuar ou destacar determinadas partes em obras de arquitetura ou de marcenaria. **3** Caixilho de madeira, de matéria plástica ou de outra substância, para guarnecer quadros, espelhos, estampas etc.

mol.du.rar (*moldura+ar¹*) *vtd* Guarnecer ou ornar com moldura; emoldurar: *Moldurar um quadro, um espelho.*

mol.du.rei.ro (*moldura+eiro*) *sm* **1** Fabricante de molduras. **2** Aquele que guarnece algo com molduras.

mo.le (*lat molle*) *adj m+f* **1** Que cede à menor pressão sem se desfazer, que não resiste à compressão; brando, flácido. *fig* **2** Indolente, preguiçoso; vagaroso, lento. *Antôn* (acepção 1): *duro, rijo. Vai que é mole: pop* tente que é fácil.

mo.le.ca (*fem* de *moleque*) *sf* Menina travessa.

mo.le.ca.da (*moleque+ada¹*) *sf* **1** Bando de moleques. **2** *V molecagem.*

mo.le.ca.gem (*moleque+agem*) *sf* **1** Ação própria de moleque; molequice. **2** Ato censurável. **3** Travessura.

mo.le.cão (*moleque+ão²*) *sm* Moleque corpulento ou muito crescido.

mo.lé.cu.la (*lat molecula*) *sf* **1** *Fís* e *Quím* Agrupamento definido e ordenado de átomos, eletricamente neutro; é a menor partícula dos compostos ou dos elementos simples, que é quimicamente idêntica à substância de que faz parte. **2** *Fís* e *Quím* Pequeníssima parte de um todo. *Moléculas orgânicas:* as partes mais simples dos corpos organizados, que se podem obter por divisão, sem decomposição química.

mo.le.cu.lar (*molécula+ar¹*) *adj m+f* **1** Que tem moléculas. **2** Que pertence ou se refere às moléculas.

mo.lei.ra (*mole+eira*) *sf* **1** *pop* Fontanela. **2** Abóbada craniana. **3** *pop* Juízo, cérebro.

mo.lei.rão (*mole+eiro+ão²*) *V molengão.* Fem: *moleirona.*

mo.lei.ro (*lat molinariu*) *sm* **1** Dono de moinho. **2** Aquele que trabalha em moagem.

mo.lei.ro.na *adj + sf* Feminino de *moleirão.*

mo.le.jo (de *mola*) *sm* Jogo das molas de um veículo.

mo.len.ga (de *mole*) *adj m+f* e *s m+f* **1** Diz-se da, ou a pessoa muito mole, indolente, preguiçosa. **2** Diz-se da, ou a pessoa acanhada, apática.

mo.len.gão (de *mole*) *adj + sm* Diz-se do, ou o indivíduo muito molenga. Fem: *molengona.*

mo.len.go.na (de *molenga*) *adj + sf* Feminino de *molengão.*

mo.le.que (*quimbundo muleke*) *sm* **1** Menino. **2** Menino travesso. **3** Indivíduo sem palavra. **4** *bras* Canalha, velhaco. **5** *Ictiol* Peixe silurídeo; surubim. • *adj* Divertido, engraçado, brincalhão.

mo.le.qui.ce (*moleque¹+ice*) *sf* Ação ou procedimento de moleque; molecagem.

mo.les.ta.do (*part* de *molestar*) *adj* **1** Afetado por moléstia; doente. **2** Prejudicado ou ferido fisicamente; maltratado. **3** Ofendido, magoado, melindrado.

mo.les.ta.dor (*molestar+dor*) *adj + sm* Que, ou aquele que molesta.

mo.les.ta.men.to (*molestar+mento*) *sm* Ação ou efeito de molestar; amolação, incômodo.

mo.les.tar (*lat molestare*) *vtd* **1** Afetar, atacar (falando-se de moléstia): *A gripe está molestando muita gente. vtd* **2** Magoar, maltratar. *vtd* **3** Oprimir. *vtd* **4** Contundir, maltratar, pisar: *O salto desajeitado molestou os pés do rapaz. vtd* **5** Inquietar, tirar o sossego a: *As dúvidas o molestavam. vtd* **6** Enfadar, incomodar, importunar: *Seus longos discursos molestavam o auditório. vtd* e *vpr* **7** Melindrar(-se), ofender(-se): *Essas piadas o molestam.*

mo.lés.tia (*lat molestia*) *sf* **1** Doença, enfermida-

de. **2** Incômodo físico ou moral; inquietação; mal-estar.
mo.les.to (*lat molestu*) *adj* **1** Que causa incômodo; que enfada. **2** Impertinente, importuno, detestável. **3** Árduo, trabalhoso. **4** Nocivo, prejudicial.
mo.le.tom *sm* **1** Tecido de malha, geralmente espesso, usado na confecção de roupas esportivas. **2** *por ext* Conjunto esportivo de moletom, composto de calças compridas e blusão.
mo.le.za (*ê*) (*mole+eza*) *sf* **1** Qualidade de mole. **2** Falta de ânimo, pusilanimidade. **3** Languidez voluptuosa. **4** Falta de atividade. **5** Inconstância de caráter. **6** Exagerada indulgência. **7** *Pint* Falta de expressão, de calor, de sentimento no colorido de uma obra de arte. **8** *pop* Ação qualquer, ou trabalho fácil. *Antôn* (acepção 1): *dureza, rijeza;* (acepção 2): *ânimo;* (acepção 5): *firmeza.*
mo.lha.de.la (*molhar+dela*) *sf* **1** Ação ou efeito de molhar. **2** Banho rápido.
mo.lha.do (*part* de *molhar*) *adj* Umedecido com qualquer líquido. • *sm* Lugar umedecido por um líquido que nele caiu ou se entornou. *sm pl* Vinho, azeite e outros líquidos que se vendem nas casas de comestíveis: *Armazém de secos e molhados.*
mo.lhar (*lat vulg molliare*) *vtd* **1** Embeber em líquido. *vtd* **2** Banhar: *O Atlântico molha as costas do Brasil. vpr* **3** Deixar cair sobre si qualquer líquido, derramar sobre si algum líquido. *vpr* **4** Babar-se ou urinar no próprio corpo ou na roupa: *O bebê molhou-se outra vez. Antôn* (acepções 1, 3 e 4): *enxugar, secar. Molhar a mão: pop* dar propina.
mo.lhe (*cat moll*) *sm* Paredão que avança pelo mar, na entrada de um porto, para quebrar o ímpeto das águas e servir de abrigo a navios.
mo.lhei.ra (*molho+eira*) *sf* Vasilha para servir molhos.
mo.lho[1] (*ó*) (*lat vulg *manuculu* por *manupulu*) *sm* **1** Quantidade de objetos reunidos num só grupo: *Molho de chaves.* **2** Pequeno feixe: *Molho de feno.*
mo.lho[2] (*ô*) (de *molhar*) *sm* **1** Espécie de caldo em que se refogam iguarias ou que se junta a elas para serem servidas. **2** Água ou qualquer outro líquido em que se imerge alguma substância para a amolecer ou para lhe tirar o sal. *Molho inglês, Cul:* molho de suco de carne, mostarda e outros condimentos. *Molho branco, Cul:* molho salgado feito com leite, farinha de trigo e manteiga. *Estar ou ficar de molho:* estar doente, de cama. *Pl: molhos* (*ô*).
mo.lib.dê.nio (*fr molybdène*) *sm Quím* Elemento metálico de número atômico 42 e símbolo Mo.
mo.li.fi.ca.ção (*molificar+ção*) *sf* **1** Ato ou efeito de molificar. **2** Qualidade do que molifica.
mo.li.fi.can.te (*lat mollificante*) *adj m+f* Que molifica.
mo.li.fi.car (*lat mollificare*) *vtd* **1** Tornar mole, amolecer. **2** Tirar o ânimo, o vigor a; esmorecer. **3** Aplacar, suavizar: *O tempo molifica toda dor.* **4** Damasiar: *A música de Davi molificava Saul. Antôn* (acepções 1 e 2): *endurecer, enrijecer.*
mo.li.ne.te (*ê*) (*fr moulinet*) *sm* **1** Espécie de cabrestante, para sustentar a âncora, em pequenas embarcações. **2** *V carretilha* (acepção 2). **3** Movimento giratório rápido que se faz com uma espada, um pau etc., em torno do corpo. **4** Aparelho de medir a velocidade do curso da água por meio de um conjunto de pás.
mo.loi.de (*ó*) (*mole+oide*) *V molenga.*
mo.lus.co (*lat molluscu*) *sm* **1** *Zool* Animal pertencente ao filo dos moluscos. **2** *fig* Pessoa, animal ou coisa mole, pateta.
mo.lus.cos (de *molusco*) *sm pl Zool* Ramo ou filo constituído por animais invertebrados, não segmentados, de corpo mole, compreendendo três regiões distintas, cefálica, visceral e muscular, e geralmente protegido por uma concha calcária, de duas valvas (ostras) ou univalve (caramujo).
mo.men.tâ.neo (*lat momentaneu*) *adj* **1** Que dura apenas um momento; instantâneo, muito breve. **2** Transitório. *Antôn: duradouro.*
mo.men.to (*lat momentu*) *sm* **1** Instante. **2** Período curtíssimo. **3** A ocasião precisa em que algo acontece. **4** Tempo em que alguma coisa acontece. **5** Oportunidade. **6** Lance, circunstância. **7** *Mec* Quantidade de movimento de um corpo no primeiro instante que se segue à ruptura do equilíbrio.
mo.men.to.so (*ô*) (*momento+oso*) *adj* Grave, ou de grande importância no momento. *Pl: momentosos* (*ó*).
mo.mi.ce (*momo+ice*) *sf* **1** Careta, gesto ridículo, trejeito. **2** Disfarce, hipocrisia.
mo.mo (*gr Mómos, np*) *sm* **1** Momice. **2** Representação mímica. **3** Farsa satírica. **4** Ator que representa essa farsa. **5** Figura que personifica o carnaval: *Rei Momo.*
mo.na.cal (*lat monachu+al*[1]) *adj m+f* Que diz respeito a monge ou à vida dos conventos.
mo.nar.ca (*lat monarcha*) *sm* **1** Soberano vitalício e, em geral, hereditário, de uma nação ou Estado; de uma monarquia. **2** Pessoa ou coisa que domina em certa área ou em certo gênero.
mo.nar.qui.a (*lat monarchia*) *sf* **1** Forma de governo em que o poder supremo está nas mãos de um monarca. **2** Estado governado por um monarca. *Monarquia absoluta:* aquela em que todo o poder se concentra nas mãos do monarca, sem outras restrições a não ser as leis fundamentais da nação. *Monarquia parlamentar:* monarquia constitucional, em que impera o regime parlamentar.
mo.nár.qui.co (*monarca+ico*[2]) *adj* Que diz respeito a monarca ou a monarquia. • *sm V monarquista.*
mo.nar.quis.ta (*monarca+ista*) *adj m+f* e s *m+f* Diz-se de, ou pessoa partidária da monarquia ou do sistema monárquico.
mo.nas.té.rio (*gr monastérion*) *V mosteiro.*
mo.nás.ti.co (*gr monastikós*) *V monacal.*
mo.na.zi.ta (*gr monázo+ita*[3]) *sf Miner* Mineral de cor marrom-amarela e avermelhada, cristalino, que se encontra disseminado em rochas eruptivas ou, como produto de desagregação, misturado nas areias.
mo.na.zí.ti.co (*monazita+ico*[2]) *adj* **1** Que diz respeito a monazita. **2** Que tem monazita.
mon.ção (*ár mausim*) *sf* **1** Tempo favorável à navegação. **2** Ensejo, boa oportunidade. *sf pl* **1** Ventos periódicos, cuja direção média varia ou mesmo se inverte segundo as estações. **2** Antigas bandeiras ou expedições que partiam em expedição pelo interior de São Paulo e Mato Grosso.
mon.co (*lat mucu*, com prolação da nasal) *V muco.*

Monco de peru: excrescência carnosa que se estende sobre o bico desse galináceo.

mo.ne.gas.co (*fr monégasque*) *adj* De, ou pertencente ou relativo ao Principado de Mônaco (Europa). • *sm* O natural ou habitante do Principado de Mônaco.

mo.ne.tá.rio (*lat monetariu*) *adj* Que se refere a moeda. • *sm* 1 Coleção de moedas. 2 Livro com gravuras de moedas.

mon.ge (*gr monakhós*) *sm* 1 Religioso que vive em mosteiro. 2 *pop* Homem pouco sociável; misantropo. *Fem: monja.*

mon.gol (*persa mughal*) *V mongólico.* • *adj m+f* e *s m+f* Diz-se de, ou habitante ou natural da Mongólia (Ásia). • *sm* Ling Língua altaica falada na Mongólia e numa pequena região da China (Ásia).

mon.gó.li.co (*mongol+ico²*) *adj* 1 Que se refere à Mongólia ou aos mongóis. 2 Que pertence ou se refere à raça amarela; mongol.

mon.go.lis.mo (*mongol+ismo*) *sm* 1 Med Forma de retardo mental que varia de moderado a intenso; síndrome de Down. 2 Religião dos mongóis.

mon.go.loi.de (*ó*) (*mongol+oide*) *adj* 1 Próprio da raça mongol. 2 Que se assemelha ao tipo da raça mongol. 3 Med Que sofre de mongolismo.

mo.ni.tor (*lat monitore*) *sm* 1 Aquele que dá conselhos, lições, orientação etc. 2 Estudante que, sob orientação do professor, auxilia seus colegas de classe no ensino de uma matéria, geralmente na elucidação de dúvidas e na aplicação de exercícios. 3 *Telev* Aparelho comum de televisão, instalado para controle das transmissões em qualquer ponto da estação emissora. 4 *Telev* Aparelho receptor utilizado para supervisionar a qualidade do vídeo ou do áudio durante uma transmissão ou gravação. 5 *Med* Instrumento para observação e registro de funções vitais, como pulso arterial e ritmo cardíaco. • *adj* Diz-se do aparelho eletrônico, ou de parte dele, que comanda o funcionamento de outros aparelhos ou partes de aparelho.

mo.ni.to.ra.ção (*monitorar+ção*) *sf* 1 Ato ou efeito de monitorar; monitoramento. 2 *Rád* e *Telev* Verificação da qualidade de som, imagens, técnicas operacionais, conteúdos do programa etc., no momento de sua realização. 3 *Rád* e *Telev* Acompanhamento permanente da programação.

mo.ni.to.ra.men.to (*monitorar+mento*) *sm* Ato de monitorar. *Monitoramento de apagamento de arquivo, Inform:* método que permite a reincorporação ao sistema de arquivos apagados. Quando um arquivo é apagado, os setores de um disco são monitorados durante um período para o caso de o arquivo ter sido removido por engano.

mo.ni.to.rar (*monitor+ar¹*) *V monitorizar.*

mo.ni.to.ri.a (*monitor+ia¹*) *sf* Cargo ou funções de monitor (acepções 1 e 2).

mo.ni.to.ri.zar (*monitor+izar*) *vtd* 1 Acompanhar e avaliar dados fornecidos por aparelhagem elétrica. 2 Controlar, mediante monitorização. *Sin: monitorar.*

mon.ja (de *monge*) *sf* Freira ou religiosa de mosteiro.

mon.jo.lo (*ô*) *sm* 1 *bras* Engenho primitivo, movido a água e destinado a pilar o milho; primitivamente, foi usado para descascar café. 2 *Reg* (Norte) Bezerro pequeno, antes de nascidos os chifres.

mo.no (*cast mono*) *sm* 1 *Zool* Designação genérica para macacos. 2 *pop* Boneco de trapos. 3 *pop* Pessoa feia e deselegante.

mo.no.blo.co (*mono+bloco*) *sm* 1 Parte de uma máquina ou de um instrumento fundida numa só peça metálica. 2 Nos motores a explosão, parte em ferro que aloja os cilindros. 3 *Autom* Carroceria inteiriça.

mo.no.cár.pi.co (*monocarpo+ico²*) *adj Bot* Que dá flor e fruto uma só vez.

mo.no.car.po (*mono+carpo*) *adj* Que tem um fruto apenas.

mo.no.ce.lu.lar (*mono+célula+ar²*) *adj m+f Biol* Diz-se do organismo rudimentar constituído por uma só célula.

mo.no.ci.clo (*mono+ciclo*) *sm* Velocípede de uma roda só, geralmente usado por acrobatas.

mo.no.ci.lín.dri.co (*mono+cilindro+ico²*) *adj* Motor que tem apenas um cilindro.

mo.no.co.lor (*có*) (*mono+lat colore*) *adj m+f* 1 Que tem uma só cor; unicolor. 2 *Art gráf* Diz-se de uma prensa que imprime uma só cor de cada vez.

mo.no.cór.dio (*gr monókhordon+io²*) *sm Mús* 1 Antigo instrumento para medir e demonstrar as relações matemáticas dos sons musicais. 2 *Med* Aparelho destinado a pesquisar a sensibilidade auditiva. • *adj* 1 Monótono. 2 Uniforme. 3 Que tem uma só corda.

mo.no.co.ti.le.dô.neas *sf pl Bot* Classe de plantas angiospérmicas que possuem um só cotilédone no embrião. Como exemplo, temos o milho, o arroz e o capim.

mo.no.cro.má.ti.co (*mono+cromático*) *adj* 1 Pintado com uma só cor; monocromo. 2 *Fís* Diz-se da luz que espalha raios de uma só cor.

mo.no.cro.mi.a (*monocromo+ia¹*) *sf* 1 Qualidade de monocromo. 2 Que usa uma só cor. 3 Quadro de uma só cor.

mo.no.crô.mi.co (*mono+cromo+ico²*) *adj* Que se refere à monocromia.

mo.no.cro.mo (*mono+cromo*) *adj* Que tem só uma cor; unicolor.

mo.no.cu.lo (*mono+óculo*) *adj* Que tem um só olho. • *sm* Lente, com ou sem aro, que se usa encaixada entre os músculos da cavidade orbitária, usada antigamente, em particular pelos homens, para correção visual.

mo.no.cul.tor (*mono+cultor*) *adj* + *sm Agr* Que, ou o que pratica a monocultura.

mo.no.cul.tu.ra (*mono+cultura*) *sf Agr* Cultura de uma só especialidade agrícola.

mo.no.fo.bi.a (*mono+fobo+ia¹*) *sf Psicol* Horror mórbido da solidão.

mo.no.fó.bi.co (*mono+fobo+ico²*) *adj* 1 Relativo a monofobia. 2 Que sofre de monofobia. • *sm* Aquele que sofre de monofobia.

mo.no.ga.mi.a (*monógamo+ia¹*) *sf* 1 Estado conjugal em que um homem desposa uma única mulher ou uma mulher um só marido. 2 União exclusiva de um macho com uma única fêmea. 3 *Bot* Propriedade das plantas cujas flores são separadas e distintas.

mo.no.gâ.mi.co (*mono+gamo+ico²*) *adj* Que diz respeito à monogamia.

mo.nó.ga.mo (*gr monógamos*) *adj* 1 Que tem um só cônjuge. 2 Diz-se do animal que se acasala com uma só fêmea. **3** *Bot* Diz-se da planta cujas flores têm o mesmo sexo.

mo.no.gra.fi.a (*mono+grafo+ia¹*) *sf* **1** Trabalho escrito, pormenorizado, em que se pretende dar informação completa sobre algum tema particular de uma área de conhecimento, ou sobre personagens, localidades, acontecimentos etc. **2** Descrição de um só gênero ou espécie, animal ou vegetal.

mo.no.gra.ma (*mono+grama*) *sm* **1** Entrelaçamento das letras iniciais do nome de uma pessoa. **2** Representação de um som por uma só letra. **3** Cifra ou sinal que alguns artistas traçam nas suas obras e que serve de assinatura. **4** *V sigla*.

mo.no.lín.gue (*gwe*) (*mono+língua*) *adj Ling* **1** Relativo ao falante ou à comunidade que utiliza apenas uma língua. **2** Redigido em uma só língua.

mo.no.lin.guis.mo (*gwi*) (*monolíngue+ismo*) *sm Ling* Uso regular de apenas uma língua.

mo.no.lí.ti.co (*mono+lito*) *adj* **1** Que diz respeito a monólito. **2** Que se assemelha a um monólito.

mo.nó.li.to (*gr monólithos*) *adj* Formado de uma só pedra. • *sm* **1** Pedra de grandes dimensões. **2** Obra ou monumento de uma só pedra; estela.

mo.no.lo.gar (*monólogo+ar¹*) *vint* **1** Recitar monólogo. *vint* **2** Falar consigo próprio. *vtd* **3** Dizer só para si: *Monologava versos de Bilac. Conjug: monologo, monologas* (*ló*) etc. *Cf monólogo*.

mo.nó.lo.go (*gr monólogos*) *sm* **1** Discurso de uma pessoa que fala consigo mesma; solilóquio. **2** Peça teatral que cena em que aparece e fala um só ator. **3** Discurso de uma pessoa que não deixa os outros falarem.

mo.no.mo.tor (*mono+motor*) *adj + sm* Diz-se de, ou veículo dotado de um só motor.

mo.no.pó.dio (*gr monopódion*) *sm* **1** Mesa com um só pé. **2** *Bot* Tronco do qual partem todos os ramos laterais principais.

mo.no.pó.lio (*gr monopólion*) *sm* **1** Domínio completo do mercado, geralmente pela união de várias empresas em cartéis ou trustes. **2** Privilégio dado pelo governo a alguém, para poder, sem competidor, explorar uma indústria ou vender algum gênero especial. **3** Posse exclusiva; propriedade de um só.

mo.no.po.lis.ta (*monopólio+ista*) *adj e s m+f* **1** Diz-se de, ou pessoa que monopoliza. **2** Diz-se de, ou pessoa que tem monopólio.

mo.no.po.li.za.ção (*monopolizar+ção*) *sf* **1** Ato ou efeito de monopolizar. **2** Exclusividade.

mo.no.po.li.za.dor (*monopolizar+dor*) *adj + sm* Que, ou aquele que monopoliza.

mo.no.po.li.zar (*monopólio+izar*) *vtd* **1** Fazer monopólio de; abarcar, açambarcar: *Monopolizaram a carne, para aumentar o preço*. **2** Explorar abusivamente, vendendo sem competidor: *Os governos monopolizavam então a venda do tabaco*. **3** Possuir ou tomar exclusivamente para si: *Monopolizam todos os lugares na plateia*.

mo.no.pos.to (*mono+posto*) *adj Autom e Av* Diz-se de veículo de transporte (carro esportivo ou avião) que tem um só lugar.

mo.nos.pér.mi.co (*mono+espermo+ico²*) *V monospermo*.

mo.nos.per.mo (*mono+espermo*) *adj* **1** *Bot* Diz-se do fruto que só contém uma semente. **2** *Biol* Que é fecundado por um só espermatozoide.

mo.nos.si.lá.bi.co (*monossílabo+ico²*) *adj* **1** Formado de uma só sílaba. **2** Formado de palavras que constam de uma só sílaba.

mo.nos.sí.la.bo (*mono+sílabo*) *adj* Monossilábico. • *sm* Palavra monossilábica. *Falar por monossílabos*: exprimir-se por meias palavras, ou por expressões incompletas.

mo.no.te.ís.mo (*mono+gr théos+ismo*) *sm* Doutrina que admite um só Deus.

mo.no.te.ís.ta (*mono+gr théos+ista*) *adj m+f e s m+f* Diz-se de, ou adepto do monoteísmo. • *adj* Que se refere ao monoteísmo.

mo.no.te.má.ti.co (*mono+temático*) *adj Mús* Que possui um só tema.

mo.no.to.ni.a (*monótono+ia¹*) *sf* **1** Qualidade de monótono, uniformidade de tom. **2** Falta de variação. **3** *Pint* Ausência de gradações nos tons. **4** Modo de vida que não apresenta variação nos hábitos. **5** Insipidez. *Antôn* (acepções 1 e 2): *variedade, diversidade*.

mo.nó.to.no (*lat monotonu*) *adj* **1** Em que há monotonia. **2** Que está quase sempre no mesmo tom. **3** Sem variação. **4** Uniforme em excesso. **5** *Pint* Que não oferece gradação nas cores. **6** Enfadonho. **7** Sensabor. *Antôn* (acepções 1 a 4): *variado*.

mo.no.tri.lho (*mono+trilho*) *adj* Provido de apenas um trilho. • *sm* **1** Ferrovia que só faz uso de um trilho de rolamento. **2** *por ext* Trem, vagão ou locomotiva que trafega em um só trilho.

mo.no.va.len.te (*mono+valente*) *adj m+f Quím* Que tem validade equivalente a 1; univalente.

mo.nó.xi.do (*cs*) (*mono+óxido*) *sm Quím* Óxido que contém um átomo de oxigênio na molécula. *Monóxido de carbono*: gás incolor e inodoro (CO), muito venenoso, produto da combustão incompleta de carbono, como nos gases de exaustão de motores de combustão interna ou na combustão de carvão ou outro material, para aquecimento em aposentos fechados.

mon.se.nhor (*ital monsignore*) *sm* **1** Título honorífico concedido pelo Papa a seus camareiros, a alguns prelados e a alguns eclesiásticos. **2** *bras Bot V crisântemo*.

mons.tren.go (*monstro+engo*) *V mostrengo*.

mons.tro (*lat monstru*) *sm* **1** *Med e Vet* Feto, humano ou animal, malformado ou com excesso ou deficiência de partes; monstruosidade. **2** Ser de conformação extravagante, imaginado pela mitologia. **3** Animal ou coisa de grandeza desmedida. **4** Pessoa cruel, desumana, perversa. **5** Pessoa ou coisa muito feia, horrorosa. • *adj* Muito grande. *Monstros marinhos*: os grandes cetáceos, como a baleia.

mons.tru.o.si.da.de (*monstruoso+i+dade*) *sf* **1** Qualidade de monstruoso. **2** *V monstro*. **3** Coisa descomunal, extraordinária. **4** Coisa abominável.

mons.tru.o.so (*ô*) (*lat monstruosu*) *adj* **1** Que tem qualidade ou natureza de monstro. **2** Que é contrário à ordem regular da natureza. **3** De grandeza extraordinária. **4** Que excede quanto se devia esperar. **5** Muito feio, repulsivo. **6** Que excede tudo que se possa imaginar de mau. *Pl: monstruosos* (*ó*).

mon.ta (de *montar*) *sf* **1** Soma total de uma conta. **2** Estimativa; custo, preço ou valor de uma coisa. **3** Importância, gravidade.

mon.ta.do (*part* de *montar*) *adj* **1** Posto sobre a cavalgadura. **2** Colocado à maneira de cavaleiro. **3** Provido do necessário; equipado, guarnecido, arranjado.

mon.ta.dor (*montar+dor*) *sm* **1** Aquele que procede a qualquer montagem. **2** *Tip* Aquele que completa os trabalhos de composição, intercalando grandes espaços ou fios indicados no original.

mon.ta.do.ra (*montar+dor* no *fem*) *sf* Indústria que tem como produto final o resultado de uma linha de montagem.

mon.ta.gem (*montar+agem*) *sf* **1** Ato ou efeito de montar. **2** Ação de dispor todas as partes de um conjunto para que se possa efetuar o trabalho a que está destinado. **3** *Cin* Operação técnico-estética que consiste em criar ritmo e despertar emoção em trechos de filmes. **4** *Teat* Conjunto dos preparativos para pôr em cena uma peça teatral; encenação. **5** *Inform* Conversão de um programa em código de máquina. *Montagem de página, Inform:* ação de colar imagens e texto numa página pronta para impressão. *Montagem fotográfica:* fotografia composta para efeitos decorativos ou publicitários, a qual se obtém justapondo fotos recortadas e dispostas de tal maneira que possam formar um conjunto harmônico.

mon.ta.nha (*lat vulg *montanea*) *sf* **1** Monte elevado e de base extensa. **2** Série de montes. *Col: cadeia, serra.* **3** Grande altura ou elevação de alguma coisa. **4** Grande volume. *Montanha de gelo:* grande volume de água solidificada que se encontra nos mares dos polos; *iceberg.*

mon.ta.nha-rus.sa *sf* Brinquedo ou equipamento de parque de diversões que possui uma armação constituída de uma série de pequenos vagões que deslizam com muita rapidez sobre aclives e declives. *Pl: montanhas-russas.*

mon.ta.nhês (*montanha+ês*) *adj* **1** Que se refere ou pertence a montanha. **2** Montanhoso. • *adj+sm* **1** Que, ou aquele que vive nas montanhas. **2** Que, ou aquilo que é próprio dos habitantes da montanha. *Fem: montanhesa.*

mon.ta.nhis.mo (*montanha+ismo*) *sm* Esporte que consiste em escalar montanhas; alpinismo.

mon.ta.nhis.ta (*montanha+ista*) *adj m+f* Relativo ao montanhismo. • *s m+f* Pessoa que pratica o montanhismo.

mon.ta.nho.so (*ô*) (*montanha+oso*) *adj* **1** Que tem muitas montanhas. **2** Volumoso. *Antôn* (acepção 1): *plano. Pl: montanhosos (ó).*

mon.tan.te (de *montar*) *adj* Que se eleva; que sobe. • *sm* **1** Grande espada antiga que se brandia com ambas as mãos. **2** Importância, soma, monte. **3** Soma de um capital com o respectivo juro. **4** Direção de onde correm as águas de um rio. **5** A enchente da maré; preamar.

mon.tão (*monte+ão²*) *sm* Acumulação desordenada; acervo de coisas dispostas sem ordem e em forma de monte; grande porção: *Montão de dinheiro.*

mon.tar (*lat vulg *montare*) *vtd, vti, vint* e *vpr* **1** Pôr(-se) sobre (uma cavalgadura); cavalgar: *Montava um cavalo ruço. Era capaz de montar num touro bravio. Montou (ou: montou-se) e partiu. vti* e *vpr* **2** Colocar-se a cavalo sobre alguma coisa, cavalgando-a: *As bruxas montam em cabos de vassouras. vtd* **3** Dispor, preparar para entrar em funcionamento: *Montar uma máquina, um aparelho científico. vtd* **4** Pôr em cena: *Montar uma peça teatral. vtd* **5** Abrir, organizar (estabelecimento comercial, fábrica, indústria):* "...venho estudar a localidade e ver se é possível montar aqui uma botica" (Monteiro Lobato). *vtd* **6** Prover do necessário: *Montar uma residência. Montou casa para a filha. vtd* e *vti* **7** Aproveitar, importar, servir, prestar, valer: *"Os porquês dessa desunião... nenhuma coisa monta... e as consequências dela montam tudo"* (Padre Antônio Vieira). *Tais reações para nada montam. vint* **8** Praticar equitação: *Montava garbosamente. vint* **9** Ir ficando mais cheio; crescer, subir: *A maré começava a montar. Montar em alguém: pop* dominá-lo, submetê-lo. *Montar em pelo:* montar sem sela no dorso da cavalgadura.

mon.ta.ri.a (*monte+aria*) *sf* **1** Fornecimento de cavalos ao exército. **2** *V cavalgadura* (acepção 1). **3** *Reg* (Norte) Canoa leve, feita de um tronco escavado. **4** Sela usada pelas mulheres.

mon.te (*lat monte*) *sm* **1** Grande elevação de terreno acima do solo que a rodeia. **2** Terra alta com arvoredos, mato, pasto etc. **3** Quantidade de quaisquer coisas em forma de monte. **4** Grande volume. **5** A massa dos bens da herança. **6** Porção de cartas que em certos jogos fica na mesa depois de distribuídas aos jogadores as cartas que cada um deve ter. **7** Espécie de jogo de azar. **8** Grupo, ajuntamento.

mon.te.pi.o (*monte+pio*) *sm* **1** Associação em que, mediante uma cota e satisfeitas determinadas condições, cada membro adquire o direito de, por morte, deixar pensão pagável à sua família ou alguém de sua escolha. **2** A instituição para isso organizada: *Montepio dos Empregados Municipais.* **3** Pensão paga por essa instituição.

mon.tês (*monte+ês*) *adj* **1** Que cresce ou vive nos montes, montanhês, monteísmo. **2** Bravio, rústico. *Fem: montesa.*

mon.te.si.no (*montês+ino*) *V montês.*

mon.tí.cu.lo (*lat monticulu*) *sm* **1** Pequeno monte. **2** *Anat* Lobo dorsal médio do cerebelo.

mon.to.ei.ra (*montão+eira*) *sf* **1** Grande quantidade. **2** Aglomeração de pedras soltas em antigas escavações.

mon.tra (*fr montre*) *sf* Vitrina de estabelecimento comercial.

mon.tu.ro (de *monte*) *sm* **1** Monte de lixo ou de esterco. **2** Local onde se depositam dejetos ou lixo.

mo.nu.men.tal (*lat monumentale*) *adj m+f* **1** Que se refere a monumento. **2** Grandioso, magnífico. **3** Enorme; extraordinário. *Antôn* (acepção 2): *vulgar, insignificante.*

mo.nu.men.to (*lat monumentu*) *sm* **1** Obra ou construção em honra de alguém, ou para comemorar algum acontecimento notável. **2** Edifício majestoso, digno de admiração pela sua antiguidade ou magnificência. **3** Mausoléu; sepulcro majestoso.

mo.que.ar (*moquém+ar¹*) *vtd* **1** Secar (carne) no moquém. **2** Sapecar (a carne), para não se danificar. **3** Assar em moquém: "Comeram tudo, ...e o fogaréu de noite e dia não moqueava nada, não" (Mário de Andrade). Conjuga-se como *frear.*

mo.que.ca (*quimbundo mukeka*) *sf* **1** *Cul* Prato

típico brasileiro, em geral feito com peixe ou mariscos, ou mesmo galinha, ovos etc. **2** Peixe moqueado envolto em folhas. **3** *bras* Espécie de cataplasma de folhas de mangueira e fumo para curar dores de cabeça.

mo.quém (*tupi mokaén*) *sm* **1** Grelha alta, em que se assa ou seca a carne. **2** Utensílio com que se assa alguma coisa; grelha.

mo.ra (*lat mora*) *sf* **1** Demora, delonga. **2** Retardamento do credor ou do devedor no cumprimento de uma obrigação. **3** Prorrogação de prazo de pagamento.

mo.rá.ceas (*lat mora+áceas*) *sf pl Bot* Família de plantas floríferas que engloba vários tipos de arbustos e árvores dotados de látex. Há muitas espécies no Brasil, entre elas temos a figueira e a jaqueira.

mo.ra.da (*morar+ada¹*) *sf* **1** Lugar onde se mora; habitação; moradia. **2** Estada; residência. *Morada etérea, poét:* o Céu, o Paraíso. *Morada eterna, Teol:* a morada dos justos, o Céu. *Morada terrestre, poét:* a Terra. *A última morada:* a sepultura, o cemitério.

mo.ra.di.a (*morada+ia¹*) *V* morada.

mo.ra.dor (*lat moratore*) *adj* Que mora. • *sm* **1** Aquele que mora. **2** Habitante. **3** Inquilino. **4** Serviçal residente em propriedade rural.

mo.ral (*lat morale*) *adj m+f* **1** Relativo à moralidade, aos bons costumes. **2** Que procede conforme a honestidade e a justiça, que tem bons costumes. **3** Favorável aos bons costumes. **4** Que se refere ao procedimento. **5** Que pertence ao domínio do espírito, da inteligência (por oposição a *físico* ou *material*). **6** Diz-se de tudo que é decente, educativo e instrutivo. • *sf* **1** Parte da Filosofia, a Ética, que trata dos atos humanos, dos bons costumes e dos deveres do homem em sociedade. **2** Conjunto de preceitos ou regras para dirigir os atos humanos segundo a justiça e a equidade natural. **3** Tratado especial de moral. **4** Conclusão moral que se tira de uma fábula, de uma narração etc. *sm* **1** Conjunto das nossas faculdades morais. **2** Disposição do espírito, energia para suportar as dificuldades, os perigos; ânimo: *O moral das tropas. Com moral alto. Moral cristã:* a moralidade que contém os preceitos evangélicos. *Moral pública:* designativo dos preceitos gerais de moral que devem ser observados por todos os membros da sociedade.

Deve-se distinguir **a moral** de **o moral**. **A moral** significa regras de conduta, enquanto **o moral** quer dizer sentimento, ânimo.
*Devemos respeitar **a moral**.*
*Os alunos que foram mal na prova estão com **o moral** baixo.*

mo.ra.li.da.de (*lat moralitate*) *sf* **1** Qualidade do que é moral; conformidade de uma ação ou doutrina com os preceitos da moral. **2** Caráter moral das pessoas, conduta regular. **3** Moral pública; pudor. **4** Doutrina ou ciência moral. **5** Reflexão moral. **6** Conceito ou objeto moral contido em qualquer escrito. **7** Sentido moral contido num conto, numa fábula. *Moralidade cristã:* conjunto de reflexões concordes com os princípios da religião cristã. *Moralidade pública:* conjunto de preceitos e de normas que regem os costumes sociais de determinada época.

mo.ra.lis.mo (*moral+ismo*) *sm* **1** Sistema filosófico que se ocupa exclusivamente da moral. **2** Tendência a priorizar de maneira exagerada a consideração de aspectos morais no julgamento de atitudes dos seres humanos.

mo.ra.lis.ta (*moral+ista*) *adj m+f* e *s m+f* **1** Que, ou quem escreve sobre moral. **2** Que, ou quem preconiza preceitos morais.

mo.ra.li.za.ção (*moralizar+ção*) *sf* Ato ou efeito de moralizar.

mo.ra.li.za.dor (*moralizar+dor*) *adj + sm* Que, ou o que moraliza, ou contribui para os bons costumes.
• *adj* **1** Que encerra ou preconiza doutrinas sãs. **2** Que dá bons exemplos.

mo.ra.li.zan.te (de *moralizar*) *adj m+f* Que moraliza; que infunde ideias sãs; moralizador.

mo.ra.li.zar (*moral+izar*) *vtd* **1** Tornar moral, corrigir os costumes de, infundir ideias sãs em: *Moralizar um ambiente. Moralizar a literatura. vtd* **2** Apontar a doutrina moral contida em: *Moralizar uma fábula. vtd* **3** Interpretar em sentido moral: *Moralizar um discurso. vti* **4** Fazer reflexões morais: *Moralizar sobre fatos históricos.*

mo.ran.ga *sf* Variedade de abóbora.

mo.ran.go (*lat vulg *moranicu*) *sm* Infrutescência comestível (e não fruto) do morangueiro.

mo.ran.guei.ro (*morango+eiro*) *sm* **1** *Bot* Planta cultivada por sua infrutescência muito apreciada, o morango. **2** Vendedor de morangos.

mo.rar (*lat morari*) *vti* **1** Habitar, residir em: *Moramos em São Paulo. Morou na Rua da Abolição. vint* **2** Viver. *vti* **3** Achar-se, encontrar-se, existir, permanecer. *Morar ao pé da porta:* morar próximo, ser vizinho. *Morar num assunto, gír:* perceber, compreender. *Morar paredes-meias com:* morar em casa contígua à de (alguém).

Os verbos **morar, residir, situar** e adjetivos como **morador, residente** e **situado** (ou **sito**, forma do particípio irregular de **situar**) devem ser usados com a preposição **em**.
*Depois das férias, **moraremos em** outra casa.*
*O rapaz **reside na** Rua da Glória.*
*Quando estudantes, **residimos na** velha república da praça.*
*O criminoso, **morador na** Lapa, fugiu antes da chegada da polícia.*
*As pessoas **residentes na** capital estão se empenhando para evitar o racionamento de água.*
*O prédio **situado** (ou sito) **na** Avenida Central foi demolido.*

mo.ra.tó.ria (*fem* de *moratório*) *sf* **1** Prorrogação que o credor concede ao devedor para o prazo do pagamento da dívida. **2** Adiamento dos vencimentos das dívidas, com suspensão dos pagamentos e da ação da justiça, decretado pelo governo quando o país enfrenta circunstâncias excepcionalmente graves.

mo.ra.tó.rio (*lat moratoriu*) *adj* Que concede aumento de prazo para pagamento de uma dívida.

mor.bi.dez (*ê*) (*mórbido+ez*) *sf* **1** Estado de mórbido. **2** Enfraquecimento doentio. **3** Languidez, moleza. **4** Delicadeza ou suavidade nas cores de um retrato ou nas linhas de uma escultura.

mór.bi.do (*lat morbidu*) *adj* **1** Que pertence ou se refere a doença. **2** Que causa doença, ou que é efeito dela; doentio. **3** Lânguido, mole. **4** Diz-se de uma pintura ou escultura delicada ou suave.

mor.ce.go (ê) (*lat mure caecu*) *sm* **1** *Zool* Mamífero voador noturno que possui os membros anteriores modificados de modo a formar asas; os ossos dos metacarpos são alongados, tornando os dedos como varetas de guarda-chuva, unidos por uma membrana cutânea que se estende até os membros posteriores. Voz: *farfalha*. **2** *fig* Pessoa que só sai de casa à noite.

mor.ce.la (*cast morcilla*) *sf* Tipo de chouriço cujo elemento principal é o sangue de porco.

mor.da.ça (*mordacia*) *sf* **1** Objeto com que se tapa a boca de alguém para que não fale nem grite. **2** *fig* Repressão da liberdade de falar ou de escrever.

mor.da.çar (*fr mordancer*) *vtd* Aplicar mordente a; sujeitar ao uso de mordente.

mor.da.ci.da.de (*lat mordacitate*) *sf* **1** Qualidade de mordaz. **2** Sabor acre. **3** Propriedade de corrosivo. **4** Maledicência. **5** Crítica severa ou injusta.

mor.da.cís.si.mo (*lat mordace+íssimo*) *adj* Superlativo absoluto sintético de *mordaz*.

mor.daz (*lat mordace*) *adj m+f* **1** Que morde. **2** Corrosivo. **3** Picante. **4** Maledicente, cáustico. **5** Pungente, satírico, sarcástico.

mor.de.dor (*morder+dor*) *adj + sm* **1** Que, ou o que morde. **2** *pop* Que, ou o que vive de pedir dinheiro emprestado a amigos e conhecidos.

mor.de.du.ra (*morder+dura*) *sf* **1** Ato ou efeito de morder; dentada. **2** Ferida, sinal ou vestígio de dentada. **3** Impressão dolorosa. **4** Injúria, maldade, ofensa. **5** Ação de mordente sobre a chapa metálica preparada, nas partes abertas pelo gravador.

mor.den.te (*lat mordente*) *adj m+f* **1** Que morde. **2** Corrosivo. **3** Incisivo, penetrante (som). **4** Excitante, provocador. **5** Mordaz. **6** Que age como mordente (como em tingimento). • *sm* **1** Preparação química que serve para fixar um corante dentro ou sobre uma substância. **2** Preparação usada por pintores para fixar as tintas.

mor.der (*lat mordere*) *vtd* **1** Apertar com os dentes; ou ferir com os dentes: *O cavalo mordia o freio*. *vtd* **2** Crestar, queimar, tostar: *Um sol ardente mordia a pele dos trabalhadores*. *vtd* **3** Ferir ou picar com órgãos especiais (diz-se de cobra, marimbondo, aranha etc.). *vtd* **4** Criticar com malevolência ou caluniar: *Língua pérfida, morde todas as reputações*. *vtd* **5** *pop* Pedir dinheiro emprestado a: *Vive mordendo os colegas*. *vtd* **6** *fig* Afligir, atormentar, pungir, torturar: "A vergonha mordeu o coração de Martim" (José de Alencar). *vpr* **7** Dar dentadas em si próprio: *Mordia-se, alucinado, quando se enfurecia*. *vpr* **8** *fig* Possuir-se de um sentimento condenável: *Mordia-se de inveja*. *Morder a isca*: a) apreendê-la (o peixe); b) *fig* deixar-se enganar ou seduzir. *Morder a língua, fig:* conter-se, reprimir-se, deixar de proferir um dito picante ou violento. *Morder os lábios:* manifestar desgosto ou despeito, apertando o lábio inferior com os dentes.

mor.di.da (de *morder*) *sf* **1** Ferida produzida por dentada; mordedura. **2** Impressão deixada pelos dentes em material plástico para delinear a articulação dentária. **3** *pop* Bocado de alimento que se tira numa dentada.

mor.di.de.la (*morder+dela*) *sf* **1** V *mordedura* (acepções 1 e 2). **2** Pequena mordida.

mor.dis.car (*mord(ida)+isco+ar*[1]) *vtd* **1** Morder de leve e repetidas vezes: *Mordiscar o bigode, o charuto*. *vtd* **2** Picar; beliscar.

mor.do.mi.a (*mordomo+ia*[1]) *sf* **1** Cargo ou funções de mordomo. **2** *pop* Facilidades ou vantagens excessivas de que alguém desfruta em decorrência do cargo que ocupa. **3** *pop* Bem-estar, conforto, regalia.

mor.do.mo (*lat maiore domu*) *sm* **1** Serviçal que administra uma casa. **2** Aquele que administra bens de confrarias ou irmandades.

mo.rei.a (é) (*gr mýraina*) *sf* *Zool* Peixe marinho semelhante à enguia, apreciado por sua carne saborosa, que possui veneno na saliva e o libera através da mordedura.

mo.re.na (de *moreno*) *sf* **1** Mulher de cabelos negros ou escuros. **2** *por ext* Mulata. **3** Nome que os caçadores do mato dão à paca e os do campo, à perdiz.

mo.re.na.ço (*morena+aço*) *sm bras* Pessoa de cor morena, homem ou mulher, muito atraente.

mo.re.no (*cast moreno*) *adj + sm* **1** Que, ou aquele que tem cor marrom-clara. **2** Diz-se do, ou o indivíduo de raça branca que tem cabelos negros ou escuros. **3** *por ext* Mulato.

mor.fei.a (é) (*gr morphé*) *sf* *Med* Hanseníase, lepra.

mor.fe.ma (*morfo+ema*) *sm Ling* Elemento linguístico mínimo de uma língua – raiz, afixo (prefixo ou sufixo), vogal temática e desinência – que possui significado.

mor.fé.ti.co (*morfeia+t+ico*[2]) *adj + sm* Que, ou aquele que tem morfeia; hanseniano, leproso.

mor.fi.na (*fr morphine*) *sf* *Quím* Alcaloide branco, cristalino, extraído do ópio, usado como poderoso sedativo.

mor.fo.lo.gi.a (*morfo+logo+ia*[1]) *sf* **1** Estudo ou tratado das formas que a matéria pode tomar. **2** *Gram* O estudo das formas das línguas, ou seja, do aspecto formal das palavras, conferido pelos morfemas. *Morfologia Social:* estudo das estruturas ou das formas da vida social. *Morfologia Vegetal:* o estudo das formas e estruturas dos organismos vegetais.

mor.fo.ló.gi.co (*morfo+logo+ico*[2]) *adj* Que se refere à morfologia, ao estudo das formas.

mor.fos.sin.tá.ti.co (*morfo(logia)+sintático*) *adj* **1** Pertencente ou relativo à morfossintaxe. **2** Conforme às regras da morfossintaxe.

mor.fos.sin.ta.xe (cs) (*morfo(logia)+sintaxe*) *sf* *Ling* O estudo das classes gramaticais, tendo-se como base os critérios extraídos da morfologia e da sintaxe.

mor.ga.do (*lar med *maioricatu*) *sm* **1** Filho primogênito. **2** *por ext* Filho mais velho ou filho único.

mor.gar (*fr morgue+ar*[1]) *vint gír* Dormir.

mor.gue (*fr morgue*) *sf* V *necrotério*.

mo.ri.bun.do (*lat moribundu*) *adj + sm* Que, ou aquele que está morrendo; agonizante.

mo.ri.ge.ra.ção (*morigerar+ção*) *sf* Ato ou efeito de morigerar.

mo.ri.ge.ra.do (*lat morigeratu*) *adj* **1** Que tem bons costumes; boa educação. **2** Comedido, moderado.

mo.ri.ge.ran.te (de *morigerar*) *adj m+f* Que serve para morigerar.

mo.ri.ge.rar (*lat morigerari*) *vtd* **1** Comedir, moderar os atos, os costumes de: *Morigerar a mocidade.* *vint* **2** Edificar, instruir, educar moralmente: *Literatura oca, que nada morigera.* *vpr* **3** Granjear bons costumes; comedir-se, moderar-se: *Apesar de idoso, não se morigera.*

mo.rim (*malaio muri*) *sm* Pano branco e fino de algodão.

mo.rin.ga (*cafre muringa*) *sf* Vaso de barro de gargalo estreito para água.

mor.ma.cei.ra (*mormaço+eira*) *sf* Mormaço forte.

mor.ma.cen.to (*mormaço+ento¹*) *adj* Diz-se do tempo quente e úmido.

mor.ma.ço *sm* Tempo encoberto, abafado e úmido.

mor.men.te (*mor+mente²*) *adv* Sobretudo; principalmente.

mór.mon (*ingl mormon*) *sm* Sectário do mormonismo.

mor.mo.nis.mo (*mórmon+ismo*) *sm Rel* Seita religiosa, social e cooperativista, fundada em 1830 por Joseph Smith, em Salt Lake City, Estados Unidos. Os mórmons praticavam a poligamia, que foi abolida desde 1887 pela lei americana.

mor.no (*ô*) *adj* **1** Pouco quente; tépido. **2** Sem energia, sem veemência, sem vivacidade nem brilho. **3** Sereno, tranquilo. **4** Insípido, monótono. *Antôn* (acepção 3): *ativo, agitado.*

mo.ro.si.da.de (*moroso+i+dade*) *sf* Qualidade do que é moroso; lentidão. *Antôn: pressa, prontidão.*

mo.ro.so (*ô*) (*lat morosu*) *adj* **1** Demorado, lento, vagaroso. **2** Que demora a fazer. *Pl: morosos* (*ó*).

mor.ra (de *morrer*) *interj* Indica o desejo de que algo acabe, ou alguém seja afastado de um cargo ou seja morto.

mor.re.di.ço (*morrer+diço*) *adj* **1** Que está morrendo, findando. **2** Amortecido, mortiço.

mor.rer (*lat vulg *morere,* pelo depoente *mori*) *vint* **1** Cessar de viver, extinguirem-se as funções vitais de; falecer: *Morreu de pneumonia.* *vint* **2** Cessar, extinguir-se: *A democracia morre com os desgovernos.* *vint* **3** Acabar, findar, terminar: *Onde morria a verdade a incompreensão nascia.* *vint* **4** Parecer ou tornar-se menos vivo: *Esta cor morre em confronto com o vermelho.* *vint* **5** Perder a energia, a vivacidade, o vigor: *Esse rapaz não é mais o que era; vive morrendo, agora.* *vti* **6** Desaparecer sem ser revelado: *Este segredo morrerá comigo.* *vint* **7** Desaguar ou desembocar em: "Rios cuja grã corrente morre no Mar Índico" (Luís de Camões). *vint* **8** Desejar ardentemente: *Morriam por saber quem era ela.* *vti* **9** Pagar a conta de que outros participam: *Morrer nas despesas.* *vlig* **10** Finar, falecer em certo estado ou condição: *Não queria morrer solteira! Vivera e morrera cristão.* *vint* **11** *bras Autom* Parar de funcionar: *O carro morreu de repente. Conjug – Part:* morrido e morto. *Morrer à míngua:* falecer por falta de alimento; morrer de fome. *Morrer como um passarinho, pop:* ter morte rápida e suave. *Morrer de medo:* ter muito medo. *Morrer de rir:* rir muito.

mor.ri.nha *sf* **1** Sarna epidêmica do gado. **2** *bras* Mau cheiro exalado por pessoa ou animal. **3** *bras* Prostração; extremo cansaço.

mor.ro (*cast morro*) *sm* Monte pequeno; colina.

mor.sa¹ (*fr morse*) *sf Zool* Nome comum de um grande mamífero marinho, da família dos odobenídeos, que ocorrem nos mares árticos, cujo peso pode ultrapassar uma tonelada.

mor.sa² *sf Mec* Dispositivo, fixado numa bancada, para segurar ou apertar peças a serem trabalhadas; torno de bancada.

mor.se (*Morse, np*) *sm* Sistema de pontos, traços e espaços, ou sons curtos e longos, usados em telegrafia ou sinalização para representar letras, números e outros símbolos.

mor.ta.de.la (*ital mortadella*) *sf* Embutido feito de carne bovina e suína, gordura, sal, pimenta e alho.

mor.tal (*lat mortale*) *adj m+f* **1** Que está sujeito à morte. **2** Aplica-se a tudo que, como o homem, está sujeito a ter um fim. **3** Passageiro, transitório. **4** Que causa a morte. **5** Que produz grande aflição ou tormento. **6** Insuportável. • *sm pl* A humanidade, os viventes.

mor.ta.lha (*lat mortualia*) *sf* **1** *ant* Tecido que envolve o cadáver que vai ser sepultado. **2** No cigarro, papel ou palha que envolve o fumo. **3** Vestidura branca, talar, que certos penitentes levam nas procissões.

mor.ta.li.da.de (*lat mortalitate*) *sf* **1** Qualidade de mortal. **2** Conjunto de mortes ocorridas num período. *Taxa de mortalidade:* número proporcional de óbitos que ocorrem num país.

mor.tan.da.de (de *morto*) *sf* **1** Grande número de mortes. **2** Matança, carnificina.

mor.te (*lat morte*) *sf* **1** Ato ou fato de morrer. **2** Fim da vida animal ou vegetal; termo da existência. **3** Pena capital. **4** Destruição, perdição. **5** Pesar profundo. **6** Fim, termo. *Entre a vida e a morte:* em perigo de vida. *Morte moral:* perda de todos os sentimentos de honra. *Morte súbita:* morte rápida e imprevista. *Morte violenta:* a que é causada por acidente, homicídio ou suicídio. *Pensar na morte da bezerra: pop* ficar apreensivo; meditar tristemente.

mor.tei.ro (*lat mortariu*) *sm* **1** Canhão curto de boca larga. **2** Pequena peça pirotécnica, que se carrega com pólvora, para dar tiros ou fazer explosão festiva. **3** *Náut* Caixa onde se aloja a rosa dos ventos.

mor.ti.cí.nio (*lat morticiniu*) *sm* Matança, mortandade.

mor.ti.ço (*morte+iço*) *adj* **1** Que está morrendo, morrediço. **2** Prestes a apagar-se. **3** Desanimado. **4** Desmaiado. **5** Fosco.

mor.tí.fe.ro (*lat mortiferu*) *adj* Que causa a morte; letal, mortal: *Lança mortífera.*

mor.ti.fi.ca.ção (*lat mortificatione*) *sf* **1** Ato ou efeito de mortificar. **2** Aflição, tormento. **3** Domínio, repressão de certos sentidos. *Mortificação da carne:* penitência que os cristãos fazem, para moderar os desejos da carne.

mor.ti.fi.ca.do (*part de mortificar*) *adj* **1** Que se mortificou; castigado, flagelado. **2** Muito triste; muito contrariado. **3** Atormentado, aflito.

mor.ti.fi.ca.dor (*lat mortificatore*) *adj + sm* Que, ou o que mortifica.

mor.ti.fi.can.te (*lat mortificante*) *adj m+f* Que mortifica.

mor.ti.fi.car (*lat mortificare*) *vtd* **1** Enfraquecer ou extinguir a vitalidade de (alguma parte do corpo). *vtd* **2** Destruir, reprimir: "Mortificar o fogo das heresias" (Morais). *vtd* **3** Apagar, desvanecer, dissipar: "Mortificar as cores" (Constâncio). *vtd* e *vpr* **4** Macerar(-se) (o corpo) com jejuns e penitências: *Mortificar a carne, os apetites.* "Mortificando-nos também em todos os nossos sentidos" (Padre Antônio Vieira). *vpr* **5** Afligir--se, atormentar-se: "Não se mortificou por isso" (Machado de Assis).

mor.to (*lat mortuu*) *adj* **1** Que morreu; defunto, falecido. **2** Que deixou de existir. **3** Diz-se dos vegetais murchos, secos e sem vida. **4** Diz-se do astro que desapareceu no horizonte. **5** Paralisado, sem movimento. **6** Diz-se da água estagnada ou excessivamente poluída. **7** Diz-se do idioma que já não é falado. **8** Insensível ou indiferente a qualquer sentimento. **9** Diz-se do capital que não circula, ou que não está empregado. **10** Diz-se do tempo em que nada se faz ou em que não há o que fazer. **11** Esquecido ou apagado na memória de alguém. **12** Amortecido, desbotado, desvanecido de alguma sensação agradável ou penosa. • *sm* **1** Aquele que morreu. **2** Cadáver humano.

mor.tu.á.rio (*lat mortuariu*) *adj* Relativo à morte ou aos mortos; fúnebre.

mo.ru.bi.xa.ba (*tupi morumbixáua*) *sm bras* Chefe de tribo indígena; cacique.

mo.sai.co[1] (*ital mosaico*) *sm* **1** Desenho feito com embutidos de pequenas pedras de várias cores. **2** Pavimento feito de ladrilhos coloridos. **3** Arte de fazer obras desse gênero. **4** Qualquer obra do artefato composto de partes visivelmente distintas. **5** Miscelânea. • *adj* Feito de mosaico ou à maneira de mosaico.

mo.sai.co[2] (*gr mosaikós*) *adj* Que pertence ou se refere a Moisés.

mos.ca (*ô*) (*lat musca*) *sf* **1** *Entom* Inseto díptero cujo tipo é a mosca doméstica, e cujas espécies são numerosíssimas. *Col:* moscaria. *Voz:* zumbe, zune. **2** Qualquer objeto parecido com um desses insetos. **3** Pessoa importuna. **4** Sinal preto e postiço no rosto. **5** Tufo de cabelos que alguns homens deixam crescer isolado do resto da barba, por baixo do lábio inferior. **6** Parasita, importuno, curioso. **7** Ponto ou círculo negro colocado no centro de um alvo. *Andar às moscas*: *pop* estar desocupado. *Comer mosca*: *pop* ser enganado, não compreender nada. *Estar entregue às moscas*: *pop* ser pouco frequentado; estar vazio, sem clientes ou espectadores.

mos.ca-ber.nei.ra *sf bras Zool* Mosca que ataca animais domésticos, especialmente o gado bovino, e o homem e provoca a berne. *Pl:* moscas--berneiras.

mos.ca-va.re.jei.ra *sf bras Zool* Designação comum aos tipos de moscas, com o tórax azul-esverdeado, que põem ovos na carne. *Pl:* moscas-varejeiras.

mos.ca.da (*mosca+ada*[1]) *sf* Grande quantidade de moscas.

mos.ca.dei.ra (*moscada+eira*) *sf Bot* Árvore que produz a noz-moscada.

mos.ca.do (*lat med muscatu*) *adj* Almiscarado, de perfume agradável.

mos.car (*mosca+ar*[2]) *vint bras* **1** Fugir das moscas, como o gado. *vpr* **2** Desaparecer da presença de alguém; sumir-se: *Ao vê-lo, o malandro moscou--se*. *vint* **3** Ser logrado ou enganado. *Conjug:* verbo irregular: 1º) o *o* do radical muda-se em *u* na 1ª, 2ª e 3ª pessoas do singular e 3ª pessoa do plural do presente do indicativo e do subjuntivo e na 2ª e 3ª pessoas do singular e 3ª pessoa do plural do imperativo afirmativo e negativo; 2º) o *c* muda-se em *qu* quando seguido do *e*. *Pres indic:* musco, muscas, musca, moscamos, moscais, muscam; *Pres subj:* musque, musques, musque, mosquemos, mosqueis, musquem; *Imper afirm:* musca(tu), musque(você), mosquemos(nós), moscai(vós), musquem(vocês); *Imper neg:* não musques(tu), não musque(você) etc.

mos.car.do (de *mosca*) *sm* **1** *Entom* Mutuca. **2** *gír* Sopapo, bofetão.

mos.ca.tel (*cat moscatell*) *adj* + *sf* Diz-se da, ou a variedade de uva muito doce e aromática e de que há várias espécies. • *sm* O vinho dessa uva.

mos.ca-mor.ta *s m+f* Pessoa sem ânimo, sem vida. *Pl: moscas-mortas.*

mos.que.a.do (de *mosquear*) *adj* **1** Sarapintado, com várias pintas. **2** Que tem malhas escuras. **3** Diz-se do cavalo branco com manchas pretas pequenas. **4** *Heráld* Diz-se da borboleta, quando tem manchas ou malhas de outro esmalte.

mos.que.ar (*mosca+ear*) *vtd* Salpicar de manchas ou sarapintar: *O moleque mosqueou a parede.* Conjuga-se como *frear.*

mos.que.tão (*mosquete+ão*[2]) *sm* **1** Peça metálica para prender os relógios de algibeira à respectiva cadeia e para outros fins. **2** Fuzil de cano curto.

mos.que.te (*ê*) (*ital moschetto*) *sm* **1** *ant* Espingarda de infantaria, introduzida no século XVI, predecessora da espingarda moderna. **2** *pop* Tapa desferido com as costas da mão.

mos.que.tei.ro (*mosquete+eiro*) *sm ant* Soldado armado de mosquete.

mos.qui.ta.da (*mosquito+ada*[1]) *sf* Grande número de mosquitos.

mos.qui.tei.ro (*mosquito+eiro*) *sm* Cortinado de proteção contra mosquitos.

mos.qui.to (*cast mosquito*) *sm* **1** *Entom* Denominação genérica dada a vários tipos de insetos dípteros, de pequeno porte. **2** Anzol de dimensão minúscula para a pesca de peixes pequenos. **3** Diamante pequeno. *sm pl* Índios da América Central.

mos.sa (*lat morsa*) *sf* **1** Vestígio de uma pancada ou pressão. **2** *fig* Impressão moral; abalo; comoção.

mos.tar.da (de *mosto*) *sf* **1** Semente da mostardeira. **2** Mostardeira. **3** Farinha ou pó de mostarda, que serve como condimento, ou como medicamento. **4** Molho pastoso de mostarda, usado como condimento.

mos.tar.dei.ra (*mostarda+eira*) *sf* **1** *Bot* Nome comum às plantas que produzem mostarda. **2** Vaso em que se serve o molho de mostarda.

mos.tei.ro (*gr monastérion*) *sm* Casa onde vivem em comunidade monges ou monjas.

mos.to (*lat mustu*) *sm* **1** Sumo da uva, antes de se completar a fermentação. **2** Suco, em fermentação, de qualquer fruta que contenha açúcar. **3** Enxame de abelhas.

mos.tra (de *mostrar*) *sf* **1** Ato ou efeito de mostrar. **2** Manifestação, sinal. **3** Exibição. **4** Aparência, aspecto, exterioridade. **5** Exemplar, modelo, tipo.

6 *Mil* Revista de um corpo de tropas e respectivo armamento e equipamento. **7** Ato de o cão estacar, agachando-se, quando pressente a caça. *sf pl* Aparências, atos exteriores, gestos, manifestações, sinal. *À mostra:* à vista de todos.

mos.tra.dor (*mostrar+dor*) *adj + sm* **1** Que, ou o que mostra, revela, manifesta. **2** Diz-se do, ou o dedo indicador. • *sm* **1** Quadrante do relógio onde estão marcadas as horas e os minutos. **2** Armário ou balcão envidraçado, em que nas lojas estão expostos à vista do público os objetos destinados à venda; mostruário.

mos.trar (*lat monstrare*) *vtd* **1** Exibir, expor à vista, fazer ver. *vtd* **2** Dar sinal de; denotar, manifestar, significar: *Mostrar boa vontade. vtd* **3** Apontar, indicar: *Com o dedo mostrava todas as coisas. vtd* **4** Aparentar, fingir, simular: *A jovem, externamente, mostrava indiferença. vpr* **5** Dar-se a conhecer; manifestar-se, revelar-se: *Já se mostra claramente o futuro. Deus mostrava-se pelos profetas. vpr* **6** Dar a conhecer ou revelar uma qualidade: *Mostrou-se exímio redator. vpr* **7** Aparecer, deixar-se ver, expor-se às vistas de: *O leão raramente se mostrava. vpr* **8** *pop* Exibir-se, pôr-se em evidência vaidosamente: *Sujeito vaidoso, gosta de se mostrar. vpr* **9** Apresentar-se com aspecto de, dar mostras de: *Mostrava-se bem informado. Mostrar com quantos paus se faz uma canoa:* dar uma lição, castigo ou corretivo a.

mos.tren.go (*monstro+engo*, com dissimilação) *sm* **1** Pessoa desajeitada, gorda e feia; pessoa disforme. **2** Pessoa ociosa ou inútil. **3** O que não serve para nada. *Var: monstrengo.*

mos.tru.á.rio (*cast muestrario*) *sm* **1** Lugar ou móvel em que se expõem mercadorias ao público; mostrador, vitrina. **2** Conjunto dessas mercadorias.

mo.te (*provençal mot*) *sm* **1** Pensamento expresso em um ou mais versos (num dístico ou quadra) para servir de tema a uma estrofe ou estrofes (para ser glosado). **2** Epígrafe. **3** Assunto, motivo, tema. **4** Motejo. **5** Divisa, lema.

mo.te.ja.dor (*motejar+dor*) *adj + sm* Que, ou o que moteja; irônico.

mo.te.jar (*motejo+ar¹*) *vti e vint* **1** Dizer motejos; gracejar, ironizar, zombar: *Não motejamos com as coisas sagradas. Motejava dos carolas. Ele estava apenas motejando. vtd* **2** Censurar, criticar: *Motejava de vadio o colega.*

mo.te.jo (*ê*) (de *motejar*) *sm* **1** Dito picante, gracejo, zombaria. **2** Censura.

mo.tel (*ingl mo(torist's ho)tel*) *sm* **1** Hospedaria de beira de estrada, destinada a motoristas e viajantes em trânsito. **2** Hotel de alta rotatividade, para encontros amorosos.

mo.tim (*fr ant mutin*) *sm* **1** Distúrbio popular, movimento sedicioso da multidão. **2** Rebelião, revolta de militares contra seus superiores.

mo.ti.va.ção (*motivar+ção*) *sf* **1** Ato de motivar. **2** Exposição de motivos. **3** *Psicol* Conjunto de fatores psicológicos (conscientes ou inconscientes) de ordem fisiológica, intelectual ou afetiva, que agem entre si e determinam a conduta de um indivíduo. **4** *Sociol* Processo de iniciação de uma ação consciente e voluntária.

mo.ti.va.do (*part* de *motivar*) *adj* **1** Causado, ocasionado. **2** Fundamentado. **3** Diz-se daquele que se mostra interessado.

mo.ti.va.dor (*motivar+dor*) *adj + sm* **1** Que, ou aquele que motiva, ou dá causa; causador. **2** Que, ou aquele que desperta o interesse. **3** Que, ou aquele que incentiva.

mo.ti.var (*motivo+ar*) *vtd* **1** Expor os motivos, ou explicar as razões de; fundamentar: *Ele motivou o seu intento. Motivou-o em pareceres técnicos. vtd* **2** Dar motivo a, ocasionar, ser causa de: *Motivar ciúmes, motivar desagrados. vtd* **3** Despertar o interesse: *Os bons professores sabem motivar os alunos. vtd e vti* **4** Incentivar: *Pelo seu exemplo, meu pai me motivou a ler mais.*

mo.ti.vo (*lat motivu*) *adj* **1** Que move ou serve para mover; movente, motor. **2** Que é princípio ou origem de alguma coisa. • *sm* **1** Causa, razão. **2** Alvo, intenção. **3** *Psicol* Fator de impulsão e direção do comportamento animal ou humano. **4** *Mús* Pequena frase musical que constitui o tema de uma composição. **5** *Bel-art* Assunto de composição, elemento ornamental. *Dar motivo:* ser causa de.

mo.to¹ (*lat motu*) *sm* **1** Movimento, giro. **2** Andamento musical, mais ou menos rápido. *De moto próprio:* de livre vontade, espontaneamente.

mo.to² *sf* Abreviatura de *motocicleta*.

mo.to-boy (*móto-bói*) (*ingl*) *sm gír* Rapaz que faz pequenas entregas de motocicleta. *Pl: moto-boys. Fem: moto-girl.*

mo.to.ca (de *motocicleta*) *sf pop* Motocicleta.

mo.to.ci.cle.ta (*moto²+ciclo+eta*) *sf* Veículo, semelhante à bicicleta, mas bem mais reforçado que esta e movido por motor de explosão.

mo.to.ci.clis.mo (*moto²+ciclo+ismo*) *sm* Transporte ou esporte em motocicleta.

mo.to.ci.clis.ta (*moto²+ciclo+ista*) *adj e s m+f* Diz-se de, ou pessoa que conduz uma motocicleta.

mo.to-con.tí.nuo (*moto²+contínuo*) *sm* **1** *Fís* Sistema cujo funcionamento contraria os princípios da termodinâmica. **2** *Tecn* Máquina, de qualquer natureza, capaz de funcionar indefinidamente sem despender energia ou transformando em trabalho toda a energia recebida. *Pl: motos-contínuos.*

mo.to.cross (*mótocrós*) (*ingl*) *sm* Esporte que consiste em corrida de motos em pista com obstáculos, normalmente em piso de terra, e em local circunscrito.

mo.to.náu.ti.ca (*moto²+náutica*) *sf* Esporte que se pratica em pequenas embarcações motorizadas.

mo.to-per.pé.tuo (*moto²+perpétuo*) *V* moto-contínuo. *Pl: motos-perpétuos.*

mo.to.quei.ro (*motoca+eiro*) *adj + sm pop* Diz-se do, ou o indivíduo que anda de motocicleta.

mo.tor (*lat motore*) *adj* **1** Que faz mover. **2** Causador ou determinante. **3** Relativo ou pertencente a movimento muscular ou que o envolve: *Atividade motora.* **4** Diz-se dos nervos que comandam os movimentos. *Fem: motora* e *motriz.* • *sm* **1** Pessoa ou coisa que dá impulso ou imprime movimento. **2** *Mec* Tudo o que imprime movimento a um maquinismo. **3** *Mec* Máquina que transforma qualquer energia em energia mecânica. *Motor a jato:* motor que produz movimento como resultado da descarga à ré de um jato de fluido. *Motor de ar quente:* motor que usa ar quente como substância operante. *Motor de arranque, Autom:* motor elétrico auxiliar para pôr em rotação a árvore de manivelas, a fim de fazer funcionar o motor a gasolina.

mo.to.ris.ta (*motor+ista*) *adj* e *s m+f* **1** Diz-se de, ou pessoa que dirige um veículo motorizado. **2** Diz-se de, ou pessoa que dirige um automóvel.

mo.to.ri.za.ção (*motorizar+ção*) *sf* Ato ou efeito de motorizar.

mo.to.ri.za.do (*part de motorizar*) *adj* Que tem motor, em que se instalou motor.

mo.to.ri.zar (*motor+izar*) *vtd* **1** Instalar motor ou motores em: *Motorizei minha bicicleta*. *vpr* **2** Munir-se de veículo motorizado.

mo.tor.nei.ro (*motor+eiro*) *sm* **1** Aquele que dirige um motor. **2** Aquele que dirige o bonde.

mo.tos.ser.ra (*motor+serra*) *sf* Serra provida de motor, geralmente utilizada para a extração de madeira.

mo.triz (*lat motrix*) *adj* + *sf* **1** Feminino de *motor*. **2** Diz-se da, ou a força que dá movimento.

mou.co *adj* + *sm* **1** Que, ou aquele que não ouve nada; surdo. **2** Que, ou aquele que não tem o sentido do ouvido muito apurado. *Fazer ouvidos moucos:* fingir que não ouviu o que se disse. *Aum: moucarrão.*

mountain bike (*máuntein báiki*) (*ingl*) *sf Esp* Bicicleta com estrutura resistente e pesada, e rodas largas, especial para terrenos acidentados. *sm Esp* Modalidade de ciclismo em que se utilizam *mountain bikes* para percorrer distâncias em terrenos acidentados, impróprios para as bicicletas comuns.

mou.rão (*cast morón*) *sm* **1** Vara mais grossa, à qual se prendem horizontalmente outras varas mais finas, formando uma espécie de grade. **2** Grosso toro fincado ao solo nos currais e no qual se amarram as reses para serem ferradas, castradas etc. **3** Estaca grossa em que se fixam os tecidos de varas ou esteiras dos currais de peixe. **4** Poste mais grosso, geralmente de madeira ou concreto, fixado verticalmente, no qual se pregam telas ou fios de arame para se formar uma cerca.

mou.ris.co (*mouro+isco*) *adj* Mouro. • *sm* **1** Variedade de trigo rijo. **2** Indivíduo mouro.

mou.ro (*lat mauru*) *adj* **1** Que diz respeito aos mouros; mourisco. **2** Designativo do cavalo escuro mesclado de branco. • *sm* **1** *V muçulmano*. **2** Natural da antiga Mauritânia (África ocidental). **3** *fig* Indivíduo que trabalha muito. **4** Um dos partidos nos torneios populares das cavalhadas.

mouse (*máuzi*) (*ingl*) *sm Inform* Equipamento periférico, operado manualmente; colocado sobre uma superfície plana, que, conectado ao computador, auxilia no processo de entrada de dados e cuja função é deslocar o cursor pela tela para clicar, indicar, arrastar, selecionar opções, assim como utilizar outros elementos de interface, por meio de botões com funcionalidades específicas.

mo.ve.di.ço (*mover+diço*) *adj* **1** Que facilmente se move. **2** Pouco firme. **3** Que tem pouca estabilidade. **4** Que não está fixo; solto. **5** Portátil. **6** Inconstante, volúvel. *Antôn* (acepções 1, 2, 3, 4 e 6): *firme, estável*.

mo.ve.dor (*mover+dor*) *adj* + *sm* Que, ou aquele que move; motor.

mó.vel (*lat mobile*) *adj m+f* **1** Que se pode mover; que não está fixo; movediço. **2** Caracterizado por extremo grau de fluidez como o mercúrio. **3** Inconstante, variável, volúvel. *Bens móveis:* os que podem ser transportados de um lugar para outro, em oposição aos bens imóveis ou de raiz. • *sm* **1** Causa motriz; motor. **2** Causa de qualquer ação. **3** Qualquer peça de mobiliário. **4** Motivo especial, material ou moral, que impele alguém a praticar certo ato. **5** *Mil* Projétil. *sm pl* Todos os objetos materiais que não são bens imóveis e todos os direitos a eles inerentes.

mo.ve.la.ri.a (*móvel+aria*) *sf* Estabelecimento comercial onde se vendem móveis.

mo.ve.lei.ro (*móvel+eiro*) *sm* Fabricante ou vendedor de móveis.

mo.ven.te (*lat movente*) *adj m+f* **1** Que move ou que se move. **2** *Dir* Diz-se dos bens móveis.

mo.ver (*lat movere*) *vtd* **1** Dar ou imprimir movimento a; pôr em movimento: *Mover uma manivela*. *vtd* **2** Realizar movimentos com; mexer: *Mover os braços, as pernas*. "Para viver feliz, Marília, basta que os olhos movas e me dês um riso" (Tomás Antônio Gonzaga). *vtd* **3** Fazer sair do lugar; afastar, deslocar: "...fincando a vara no fundo do rio, movia o barco contra a corrente" (Morais). *vtd* **4** Menear: *Mover a cabeça*. *vtd* e *vti* **5** Induzir, instigar, persuadir à prática de: *Movia-o a vingança, nada mais. Procurava movê-los ao bem*. *vtd* e *vti* **6** Concitar, estimular, promover: "Foi a cobiça estrangeira que moveu a colonização inicial" (Afrânio Peixoto). *Moveu perseguição aos judeus*. *vtd* e *vti* **7** Intentar: *Mover demanda. Mover processo contra alguém*. *vpr* **8** Andar, caminhar: *Cabisbaixo, mãos nas costas, movia-se de cá para lá e vice-versa*. *vpr* **9** Agitar-se, bulir, oscilar: *Parece que algo se moveu*. *vpr* **10** Começar a andar: *O trem apitou e moveu-se*.

mo.vi.men.ta.ção (*movimentar+ção*) *sf* Ato de movimentar; movimento.

mo.vi.men.ta.do (*part de movimentar*) *adj* **1** Posto em movimento. **2** Em que há muito movimento.

mo.vi.men.tar (*movimento+ar*[1]) *vtd* **1** Dar movimento ou animação a: *Movimentar um espetáculo*. *vtd* e *vpr* **2** Mover(-se), pôr(-se) em movimento: *Movimentar um maquinismo, um veículo*. "Nas cercanias de Quirinquinquá, porém, começa a movimentar-se o solo" (Euclides da Cunha).

mo.vi.men.to (*lat movimentu*) *sm* **1** Ato de mover ou de se mover. **2** Mudança de lugar ou de posição; deslocamento. **3** Ação, animação, variedade. **4** *Mús* Cada uma das partes de uma composição musical. **5** Série de atividades organizadas por pessoas que trabalham em conjunto para alcançar determinado fim: *Movimento em prol dos desabrigados*. **6** Andamento ou desenvolvimento da ação de uma narrativa, peça, filme etc. **7** Circulação. **8** Impulso interior. **9** Quantidade de transações que se fazem numa praça de comércio. *sm pl* Maneiras, porte. *Movimento acelerado:* o que continuamente recebe novos aumentos de velocidade. *Movimento retardado:* movimento cuja velocidade diminui incessantemente. *Movimento* *retilíneo:* o efetuado em linha reta. *Movimento simples:* o produzido por uma só força. *Movimento social, Sociol:* comportamento coletivo à procura de uma nova maneira de viver.

mo.vi.o.la (*móvel+ola*) *sf Cin* Equipamento utilizado para edição de filmes e sincronização do som.

mo.ví.vel (*mover+vel*) *adj m+f* Que se pode mover; móvel.

mo.za.re.la (*ital mozzarella*) *sf* Tipo de queijo de origem italiana, cuja consistência é macia, de cor esbranquiçada e sabor suave. *Var: muçarela.*

MPB *sf* Sigla de *M*úsica *P*opular *B*rasileira.

mu *V mulo.*

mu.am.ba (*quimbundo muamba*) *sf bras pop* **1** Produto comercializado ilegalmente. **2** Compra e venda de objetos furtados. **3** Contrabando. **4** Produto do contrabando.

mu.am.bei.ro (*muamba+eiro*) *sm bras pop* **1** Homem fraudulento. **2** Indivíduo que negocia objetos roubados ou contrabandeados.

mu.ar (*lat mulare*) *adj m+f* Que é da raça do burro. • *sm* Animal pertencente à raça dos burros.

mu.ca.ma (*quimbundo mukama*) *sf* Escrava negra de estimação, escolhida para ajudar nos serviços caseiros ou para acompanhar pessoas da família ou para servir de ama de leite.

mu.ça.re.la (*ital mozzarella*) *V mozarela.*

mu.ci.la.gem (*lat mucilagine*) *sf Bot* Substância gelatinosa que contém proteína e polissacárides, obtida especialmente de invólucros de sementes de várias plantas.

mu.co (*lat mucu*) *sm* **1** Qualquer humor viscoso, segregado de membranas mucosas. **2** Umidade das mucosas do nariz; mucosidade nasal; monco. **3** Líquido gomoso, que reveste o corpo dos peixes.

mu.co.sa (*fem de mucoso*) *sf Anat* Tecido epitelial que forra certas cavidades do corpo (canal digestivo, vias respiratórias, condutos excretores do aparelho geniturinário, orelha média e saco conjuntivo do olho) e que segrega muco.

mu.co.si.da.de (*mucoso+i+dade*) *sf* **1** Qualidade ou estado do que é mucoso. **2** *Med* Excessiva produção de muco, causada por irritação infecciosa ou alérgica da mucosa.

mu.co.so (*ô*) (*lat mucosu*) *adj* **1** *Anat* Que produz ou segrega muco. **2** Que é da natureza do muco. **3** Que pertence ou se refere a mucosidades. *Pl: mucosos (ó).*

mu.çul.ma.nis.mo (*muçulmano+ismo*) *sm V islamismo.*

mu.çul.ma.no (*persa musalmân,* pelo *fr*) *adj* Que se refere ao muçulmanismo. • *sm V maometano.*

mu.çu.ra.na (*tupi musurána*) *sf bras Zool* Tipo de cobra não venenosa, comum no Brasil, que se alimenta de outras cobras.

mu.da[1] (de *mudar*) *sf* **1** Ato ou efeito de mudar ou mudar-se. **2** Ato de substituir uns pelos outros. **3** Renovação das penas, do pelo, da pele etc. por que alguns animais passam em determinadas épocas. **4** A época em que se realiza essa mudança. **5** Cavalos descansados e colocados de distância em distância, para substituir os que vinham cansados. **6** Essa substituição. **7** Planta tirada do viveiro ou de uma planta maior, para plantação definitiva. **8** Substituição dos dentes de leite pelos definitivos.

9 Fase de metamorfose dos insetos. **10** *Biol* Estado pelo qual passam muitas parasitas, no decorrer de sua evolução, com características próprias de cada estado. *Muda de roupa:* conjunto de peças de vestuário.

mu.da[2] *sf* **1** Feminino de *mudo.* **2** Mulher privada de falar, por defeito orgânico. **3** *por ext* Mulher calada ou taciturna.

mu.da.do (*part de mudar*) *adj* **1** Modificado, diferente. **2** Transportado. **3** Deslocado.

mu.dan.ça (*mudar+ança*) *sf* **1** Ação ou efeito de mudar. **2** Ação ou efeito de fazer passar ou transportar alguém ou alguma coisa de um lugar para outro. **3** Variação das coisas de um estado para outro. **4** Modificação ou alteração de sentimentos ou atitudes. **5** Alteração, modificação, variação. **6** Substituição. *Mudança de estado:* passagem de uma substância de um estado físico (sólido, líquido, gasoso) a outro. *Mudança de velocidade:* alteração da velocidade mediante o câmbio de velocidade.

mu.dar (*lat mutare*) *vtd* **1** Deslocar, dispor de outro modo, remover para outro lugar: "Tenho a coragem de não mudar uma vírgula" (Afrânio Peixoto). *Mudamos o sofá para o escritório.* *vtd* **2** Desviar: *Mudar a rota, o itinerário.* *vtd* **3** Substituir: *Pode um louco mudar a sua vida ou um sábio a sua inteligência?* *vtd* **4** Cambiar, trocar, variar: *Mudar o pensamento é mudar o homem.* *vtd* **5** Apresentar sob outro aspecto: *Mudar a cena.* *vti* **6** Sofrer alteração, modificação: *De um para outro dia, o pudim mudara de doce em azedo. vti* **7** Estar na muda (certos animais): *Mudar de pele, mudar de penas. vti e vint* **8** Alterar-se, tornar-se diferente, física ou moralmente: *Aconteça o que acontecer, não mudemos de ânimo.* "Neste mundo só os parvos não mudam" (Rui Barbosa). *vint* **9** Tomar outra direção: *O vento mudou. vtd e vpr* **10** Converter, transformar: *Mudar o vício em virtude. A tristeza se mudara em alegria. vtd, vti, vint e vpr* **11** Instalar(-se), transferir(-se) para outro prédio, local ou cidade: *Mudarão a loja para outro bairro. Mudar de ares:* ir para algum lugar, geralmente para o campo ou praia, a fim de descansar. *Mudar de conversa:* desviar o assunto para despistar a atenção de (alguém). *Mudar de vida:* adquirir novos hábitos; variar de costumes.

mu.dá.vel (*lat mutabile*) *V mutável.*

mu.dez (*mudo+ez*) *sf* **1** Estado ou qualidade de quem é mudo. **2** Incapacidade de articular palavras. Pode ser *congênita* (geralmente acompanhada de surdez) ou *adquirida* (por meningite, escarlatina, enfermidades cerebrais ou da laringe). **3** Quietude, silêncio. **4** Privação voluntária de falar.

mu.do (*lat mutu*) *adj* **1** Diz-se de quem, por defeito orgânico, está privado do uso da fala. **2** Calado voluntariamente. **3** Sombrio, taciturno. **4** Silencioso, tranquilo. **5** Que não se exprime por palavras; tácito. **6** Que não registra sons ou palavras: *cinema mudo.* **7** *Gram* Diz-se da letra ou sílaba que se escreve, mas não se pronuncia. • *sm* Indivíduo que se acha privado da faculdade de falar.

mu.gi.do (*part de mugir*) *sm* **1** Voz dos bovídeos, especialmente da vaca. **2** Som que se assemelha a essa voz.

mu.gir (*lat mugire*) *vint* **1** Dar, soltar mugidos (o boi ou qualquer animal bovídeo). **2** Bramir, soltar gritos semelhantes a mugidos: *Sem tugir nem mugir*. **3** Bramir, fazer grande estrondo, soprar fortemente (o mar, o vento etc.). *Conjug:* em sentido próprio só se emprega nas 3ªs pessoas; figuradamente, em todas: *Não muja, intimou o assaltante*.

mui (*lat multu*) *adv* Forma apocopada de *muito*, que só se emprega antes de adjetivos e advérbios em *-mente*.

mui.to (*lat multu*) *adj* **1** Que é em grande número ou em abundância. **2** Demasiado, excessivo. **3** Usa-se frequentemente no singular: a) para indicar coleção: *muita banana*, por *muitas bananas*; *muito remédio*, por *muitos remédios*; b) para reforçar a ideia do substantivo: *Sou muito homem para isso*. • *adv* **1** Excessivamente, profundamente. **2** Abundantemente, em grande quantidade. **3** Com grande intensidade ou força. **4** Antecedendo os adjetivos e advérbios, significa em alto grau, grandemente: *muito bom, muito longe*. • *sm* Grande porção, grande quantidade: *Sabemos o muito que ele vale*. *sm pl* A maior parte; a maioria.

mu.la (*lat mula*) *sf* **1** *Zool* Fêmea do mulo. **2** *pop* Pessoa pouco inteligente. *Lerdo como uma mula:* diz-se, por gracejo, de pessoa lenta, vagarosa. *Mula sem cabeça:* conforme a crendice popular, amante de padre que se transforma em uma mula decapitada e assombra as pessoas.

mu.la.ti.nho *sm* **1** Diminutivo de *mulato*. **2** Variedade de feijão.

mu.la.to (de *mulo*) *sm* **1** Mestiço das raças branca e negra. **2** Aquele que é escuro ou trigueiro. **3** Cor de pelo do gado, laranja no dorso e preto no resto.

mu.le.ta (*ê*) (*cast muleta*) *sf* **1** Bordão com uma travessa na extremidade superior, que serve de apoio para caminhar. **2** *fig* Aquilo que moralmente serve de apoio, arrimo ou argumento. **3** *fig* Amparo. **4** Manivela de realejo e outros instrumentos do mesmo gênero. **5** Pequeno barco de pesca.

mu.lher (*lat muliere*) *sf* **1** Feminino de *homem*. **2** Esposa. **3** Pessoa adulta do sexo feminino (opõe-se a *menina* ou *moça*). *Mulher da vida:* V *mulher da zona*. *Mulher da zona:* prostituta, meretriz.

mu.lhe.ra.ça (*mulher+aça*) *sf* Mulher alta e corpulenta; mulherão.

mu.lhe.ra.ço (*mulher+aço*) V *mulheraça*.

mu.lhe.rão (*mulher+ão²*) V *mulheraça*.

mu.lhe.ren.go (*mulher+engo*) *adj + sm* **1** Que, ou que está sempre tentando conquistar amorosamente as mulheres. **2** Maricas, efeminado. **3** *gír* Galinha.

mu.lhe.ril (*mulher+il*) *adj* **1** Que pertence ou se refere a mulher. **2** Mulherengo.

mu.lhe.ri.o (*mulher+io²*) *sm pop* **1** As mulheres. **2** Grande número de mulheres.

mu.lher-ma.cho *sf* **1** Mulher que apresenta qualidades e coragem de homem. **2** Lésbica. *Pl:* *mulheres-machos*.

mu.lher-ob.je.to *sf* A mulher considerada como mera fonte de prazer. *Pl: mulheres-objeto*.

mu.lher.zi.nha (*dim* de *mulher*) *sf* **1** Nome pejorativo que se dá ao homem efeminado. **2** *deprec* Mulher à toa, sem valor.

mu.lo (*lat mulu*) *sm Zool* Mamífero estéril, resultante do cruzamento de jumento com égua ou de cavalo com jumenta.

mul.ta (de *multar*) *sf* Ato ou efeito de multar; pena pecuniária a quem infringe leis ou regulamentos.

mul.tar (*lat mulctare*) *vtd* **1** Aplicar multa a: *Multar infratores da lei*. **2** *fig* Condenar: *Multar delinquentes*.

mul.ti.bi.li.o.ná.rio (*multi+bilionário*) *sm* Indivíduo muitas vezes bilionário, riquíssimo. • *adj* Qualificativo atribuído a essa pessoa.

mul.ti.ce.lu.lar (*multi+celular*) *adj m+f Bot* Que tem muitas células. *Antôn: unicelular*.

mul.ti.co.lor (*multi+lat colore*) *adj m+f* Que tem muitas cores; policromo.

mul.ti.co.lo.ri.do (*multi+colorido*) *adj* Multicolor, multicor.

mul.ti.co.lo.rir (*multi+lat colore+ir*) *vtd* Dar cores diversas a, tornar multicor. Conjuga-se como *abolir*.

mul.ti.cor (*multi+cor*) V *multicolor*.

mul.ti.cul.tu.ral (*multi+cultural*) *adj m+f* **1** Relativo ou pertencente a várias culturas ao mesmo tempo: *Política multicultural*. **2** Formado por muitos grupos culturais distintos: *Sociedade multicultural*.

mul.ti.cul.tu.ra.lis.mo (*multicultural+ismo*) *sm* Prática de acomodar qualquer número de culturas distintas, numa única sociedade, sem preconceito ou discriminação.

mul.ti.dão (*lat multitudine*) *sf* **1** Aglomeração ou grande ajuntamento de pessoas ou de coisas. **2** O povo. **3** Abundância, cópia, profusão. *Multidão casual, Sociol:* grupo de indivíduos de organização frouxa e efêmera, como o reunido à frente de uma vitrina.

mul.ti.dis.ci.pli.nar (*multi+disciplinar*) *adj m+f* Relativo ou pertencente a muitas disciplinas: *Uma equipe multidisciplinar analisará o caso mais profundamente*.

mul.ti.fa.ce.ta.do (*multi+facetado*) *adj* Que apresenta muitas facetas.

mul.ti.fo.cal (*multi+focal*) *adj m+f* Relativo a, ou que tem vários focos.

mul.ti.fo.li.a.do (*multi+foliado*) *adj Bot* Que tem muitos folíolos ou folhas.

mul.ti.for.me (*lat multiforme*) *adj m+f* **1** Que tem muitas formas ou aspectos; polimorfo. **2** Que se manifesta de várias maneiras.

mul.ti.lín.gue (*gwe*) (*multi+língua*) *adj m+f* Que tem ou fala muitas línguas. *A Índia é um país multilíngue*.

mul.ti.mí.dia (*multi+mídia*) *sf Inform* Sistema que combina som, imagens estáticas, animação, vídeo e textos, com funções educativas, entre outras. *Multimídia interativa, Inform:* sistema multimídia em que o usuário pode acionar um comando, que é respondido pelo programa, ou controlar ações e funcionamento do programa. • *adj m+f Inform* Referente ao aplicativo que contém uma combinação de som, gráficos, animação, vídeo e texto.

mul.ti.mi.li.o.ná.rio (*multi+milionário*) *adj + sm* Que, ou aquele que é muitas vezes milionário; que é riquíssimo.

mul.ti.na.ci.o.nal (*multi+nacional*) *adj m+f* Que é

multipartidário   607   mundo

do interesse de mais de uma nação. • *sf* Empresa multinacional.

mul.ti.par.ti.dá.rio (*multi+partidário*) *adj Polít* Diz-se do sistema em que há vários partidos; pluripartidário.

mul.ti.par.ti.da.ris.mo (*multipartidário+ismo*) *sm* Sistema ou espírito multipartidário.

mul.ti.pla.ta.for.ma (*multi+plataforma*) *adj m+f Inform* Diz-se do programa que pode funcionar em várias plataformas (equipamentos) diferentes.

mul.ti.pli.ca.ção (*lat multiplicatione*) *sf* **1** Ato ou efeito de multiplicar. **2** Reprodução. **3** Operação aritmética que consiste em repetir um número, chamado *multiplicando*, tantas vezes quantas são as unidades de outro, chamado *multiplicador*, para achar um terceiro, que representa o produto dos dois.

mul.ti.pli.ca.dor (*multiplicar+dor*) *adj* Que multiplica. • *sm* **1** *Arit* Número que designa quantas vezes se há de tomar outro como parcela. **2** Vidro ou espelho que dá simultaneamente muitas imagens do mesmo objeto.

mul.ti.pli.can.do (*lat multiplicandu*) *sm* Fator de que se forma o produto, na multiplicação.

mul.ti.pli.car (*lat multiplicare*) *vtd* **1** *Arit* Repetir (um número) tantas vezes quantas são as unidades de (outro): *Multiplicar 70 por 24*. *vtd* **2** Aumentar o número de; apresentar ou produzir em grande quantidade: *Multiplicar o pão*. *vtd* **3** Aumentar de intensidade. *vint* **4** *Arit* Efetuar a operação da multiplicação. *vpr* **5** Desenvolver extraordinária atividade: *O rapaz multiplicava-se, procurando servir a todos*. *vint* e *vpr* **6** Crescer em número; propagar-se. *Multiplicar a espécie:* gerar ou fazer gerar novos seres da mesma espécie.

mul.ti.pli.ca.ti.vo (*lat multiplicativu*) *adj* Que multiplica ou serve para multiplicar.

mul.ti.pli.cá.vel (*multiplicar+vel*) *adj m+f* Que pode ser multiplicado.

mul.tí.pli.ce (*lat multiplice*) *adj m+f* **1** Que não é único. **2** Copioso. **3** Que se manifesta de vários modos. **4** Variado, complexo. *Antôn* (acepção 1): *singular;* (acepção 4): *simples*.

mul.ti.pli.ci.da.de (*lat multiplicitate*) *sf* **1** Qualidade de multíplice. **2** Grande número, superabundância.

múl.ti.plo (*lat multiplu*) *adj* **1** Que não é simples ou único. **2** *Arit* Diz-se do número que contém outro duas ou mais vezes exatamente. • *sm* **1** Número múltiplo. **2** Reprodução seriada de obra de arte.

mul.ti.pro.ces.sa.men.to (*multi+processamento*) *sm Inform* Técnica pela qual o trabalho de processamento de dados compartilha duas unidades centrais conectadas entre si, sob controle integrado e automatizado, permitindo a execução simultânea de dois programas.

mul.ti.pro.gra.ma.ção (*multi+programação*) *sf Inform* Técnica que permite a um computador executar concomitantemente vários programas destinados a aplicações distintas.

mul.tir.ra.ci.al (*multi+racial*) *adj m+f* Referente a, ou formado por várias raças.

mul.tis.se.cu.lar (*multi+secular*) *adj m+f* Que tem muitos séculos; muito antigo.

mul.ti.ta.re.fa (*multi+tarefa*) *sf Inform* **1** Execução de dois ou mais programas ao mesmo tempo, por um único sistema de computador. **2** Capacidade de um sistema de realizar essa execução. • *adj m+f Inform* Diz-se do sistema capaz de multitarefa.

mul.ti.u.su.á.rio (*multi+usuário*) *adj Inform* Diz-se do sistema de computador que pode suportar mais de um usuário por vez.

mú.mia (*ár mûmîyya*) *sf* **1** Cadáver dessecado e embalsamado. **2** Cadáver que se dessecou naturalmente sem se putrefazer. **3** Cadáver embalsamado pelos antigos egípcios e descoberto nas sepulturas do Egito. **4** Cadáver embalsamado por processo análogo ao dos egípcios. *fig* **5** Pessoa muito magra. **6** *bras* Indivíduo sem energia.

mu.mi.fi.ca.ção (*mumificar+ção*) *sf* **1** Ato ou efeito de mumificar. **2** Estado de múmia ou de mumificado. **3** Estado de desidratação a que chegam frutas e outras partes aquosas de plantas.

mu.mi.fi.car (*múmia+ficar*) *vtd* e *vpr* **1** Transformar(-se) em múmia: *Os egípcios mumificavam defuntos. O cadáver mumificara-se*. *vint* e *vpr* **2** Tornar-se excessivamente magro: *Com tal regime, ia mumificando* (ou: *mumificando-se*). *vpr* **3** Atrofiar-se intelectualmente: *Mumificava-se trabalhando tão intensamente*.

mun.da.na (*fem* de *mundano*) *sf* Meretriz, prostituta.

mun.da.ni.da.de (*mundano+i+dade*) *sf* **1** Caráter ou qualidade do que é mundano. **2** Tudo que se refere ao mundo, que não é espiritual; materialidade. **3** Tendência para os gozos materiais. **4** Vida desregrada.

mun.da.nis.mo (*mundano+ismo*) *sm* **1** Vida mundana. **2** Hábito ou sistema dos que só procuram prazeres materiais.

mun.da.no (*lat mundanu*) *adj* **1** Que pertence ou se refere ao mundo (encarado pelo lado material e transitório). **2** Dado aos prazeres, aos gozos do mundo; muito afeiçoado aos gozos materiais. *Antôn* (acepção 2): *espiritual*.

mun.dão (*mundo+ão²*) *sm* **1** Grande extensão de terras. **2** Grande quantidade de pessoas, animais ou coisas.

mun.da.réu (de *mundo*) *sm* **1** Mundo grande. **2** *V mundão*.

mun.di.al (*lat mundiale*) *adj m+f* Que diz respeito ao mundo, ao maior número de seus países; universal. • *sm* Campeonato mundial.

mun.di.a.li.zar (*mundial+izar*) *vtd* Difundir, propagar, disseminar pelo mundo; levar a toda parte; universalizar.

mun.do (*lat mundu*) *sm* **1** A Terra e os astros considerados como um todo organizado; o Universo. **2** O globo terrestre; a Terra. **3** Tudo o que existe na Terra. **4** Qualquer extensão, qualquer espaço na Terra e os seres que habitam tal espaço; Universo. **5** Cada planeta considerado habitado. **6** Cada um dos dois grandes continentes: o antigo e o novo. **7** A humanidade, o gênero humano, os homens em geral. **8** *fig* A totalidade das coisas que pertencem a um mesmo domínio, a uma mesma classe: *O mundo da música*. **9** Opinião pública: *Pouco me importa o que diz o mundo*. **10** Categoria, classe social. **11** Grande quantidade de pessoas, de coisas etc.; multidão. *sm pl* **1** Lugares. **2** Os diversos planos sob os quais se considera o Universo. *Cair no mundo:* desaparecer; fugir. *Correr o mundo:* viajar. *O outro mundo:* o além-túmulo; a vida eterna. *Querer abarcar o mundo com as pernas:* querer tudo ao mesmo tempo; querer fazer tudo sozinho. *Vir ao mundo:* nascer. *Viver no mundo da Lua:* viver alheio à realidade; ser muito distraído.

mun.gir (*lat mulgere*) *vtd* **1** Extrair (o leite) das tetas de; ordenhar. **2** Explorar, espremer, despejar: *Munja bem as algibeiras. Conjug – Pres indic: munjo, munges, munge* etc.; *Pres subj: munja, munjas* etc.; *Pret perf: mungi, mungiste* etc.

mun.gun.zá (*quimbundo mukunzá*, milho cozido, com dissimilação) *sm Reg* (N.E.) *Cul* Milho branco cozido em caldo açucarado, ao qual, às vezes, se acrescentam leite de coco ou de vaca, açúcar, manteiga e canela. Denominado *canjica*, no Centro e no Sul.

mu.nhe.ca (*cast muñeca*) *sf* **1** Ponto de junção da mão com o braço; pulso. **2** *pop* Pessoa avarenta, sovina.

mu.ni.ção (*lat munitione*) *sf* **1** Fortificação de uma praça. **2** Provisão de boca e de outros petrechos necessários a um exército ou para a defesa de uma praça de guerra. **3** Cartuchos, projéteis. *Munição de boca:* a) mantimentos para os exércitos em guerra; b) qualquer provisão alimentícia. *Munição de guerra:* cartuchos, pólvora, projéteis etc.

mu.ni.ci.a.dor (*municiar+dor*) *adj + sm* Que, ou quem municia. • *sm* Livro em que se escritura o movimento diário da guarnição militar.

mu.ni.ci.a.men.to (*municiar+mento*) *sm* Ato ou efeito de municiar.

mu.ni.ci.ar (*munição+ar¹*) *vtd* Abastecer, prover de munições: *Municiar um batalhão.*

mu.ni.ci.pal (*lat municipale*) *adj m+f* Pertencente ou relativo ao município ou à municipalidade.

mu.ni.ci.pa.li.da.de (*municipal+i+dade*) *sf* **1** Câmara municipal; prefeitura. **2** Circunscrição de área que compõe um município.

mu.ni.ci.pa.lis.mo (*municipal+ismo*) *sm* **1** Sistema político que pretende a maior autonomia possível para os municípios. **2** Sistema de administração que atende especialmente à organização e prerrogativas dos municípios. **3** Descentralização da administração pública, em favor dos municípios.

mu.ni.ci.pa.lis.ta (*municipal+ista*) *adj m+f* Que diz respeito ao municipalismo. • *s m+f* Pessoa partidária do municipalismo.

mu.ni.ci.pa.li.za.ção (*municipalizar+ção*) *sf* Ato ou efeito de municipalizar.

mu.ni.ci.pa.li.zar (*municipal+izar*) *vtd* **1** Tornar municipal. **2** Colocar a cargo do município: *Municipalizar uma escola.*

mu.ní.ci.pe (*lat municipe*) *adj m+f* e *s m+f* **1** Diz-se de, ou cada um dos cidadãos de um município. **2** Diz-se da, ou a pessoa que goza dos direitos do município.

mu.ni.cí.pio (*lat municipiu*) *sm* Circunscrição territorial administrada nos seus próprios interesses por um prefeito, que executa as leis emanadas do corpo de vereadores eleitos pelo povo.

mu.ni.fi.cên.cia (*lat munificentia*) *sf* Ato ou qualidade de munificente; generosidade, liberalidade. *Antôn:* mesquinhez.

mu.ni.fi.cen.te (*lat munificente*) *adj m+f* Generoso, liberal, magnânimo.

mu.ni.fi.cen.tís.si.mo (*lat munificente+íssimo*) *adj* Superlativo absoluto sintético de *munificente.*

mu.nir (*lat munire*) *vtd* **1** Abastecer de munições; prover do necessário para a defesa ou o combate: *Munir um batalhão, um quartel. vpr* **2** Armar-se, prevenir-se: *Munir-se de coragem. vpr* **3** Abastecer-se, prover-se do necessário: *Muniu-se de provisões. Conjug – Pres indic: muno, munes, mune, munimos, munis, munem; Pres subj: muna, munas, muna, munamos, munais, munam.*

mu.que (*corr* de *músculo*) *sm bras pop* **1** Bíceps braquial. **2** Músculo. **3** Força muscular. **4** Força, valor. *A muque:* à força física; com violência.

mu.qui.fo *sm bras gír* Casa pequena e malcuidada.

mu.qui.ra.na (*tupi mokyrána*) *sf bras* **1** *Entom* Piolho do corpo ou da roupa. **2** Mosca que atormenta as pessoas e animais. **3** Imundície, sujeira. *s m+f* Sovina, avaro.

mu.ra.do (*part* de *murar*) *adj* Cercado com muro.

mu.ral (*lat murale*) *adj m+f* **1** Que se refere a muro ou parede. **2** Que cresce nos muros. • *sm* **1** Muro, baluarte. **2** *Pint* Quadro pintado diretamente num muro ou parede. **3** Quadro fixado numa parede, destinado a avisos e informações gerais.

mu.ra.lha (*lat muralia*) *sf* **1** Forte muro defensivo de uma fortaleza ou praça de armas. **2** Muro ou parede de grande espessura e altura. **3** Sebe viva, alta e espessa, de buxo ou outra planta. **4** Motivo de separação, defesa. **5** Incompatibilidade, obstáculo.

mu.rar (*muro+ar¹*) *vtd* **1** Fechar com muro ou muros: *Murar um terreno. vtd* **2** Servir de muro a: *Um tapume de madeira murava o pátio. vtd* e *vpr* **3** Defender(-se) contra assaltos; fortificar(-se): *Murar uma cidade.* "Murar-se com seus navios de guerra" (Constâncio, *ap* Francisco Fernandes). *vpr* **4** Acautelar(-se), prevenir(-se), revestir(-se): *Muramos o ânimo contra a adversidade. Murar-se de* (ou: *com*) *paciência.*

mur.cha (de *murchar*) *sf* **1** Ação ou efeito de murchar. **2** *Bot* Perda de turgescência dos tecidos foliares e das partes suculentas dos ramos das plantas.

mur.cha.men.to (*murchar+mento*) *sm* Ato ou efeito de murchar.

mur.char (*murcho+ar¹*) *vtd* **1** Tornar murcho. *vtd* **2** Tirar a energia, o vigor: *Más notícias murcharam a alegria. A briga murchou a animação da festa. vint* e *vpr* **3** Perder o viço, a beleza, a cor ou o brilho: "...encostando-se a um mamoeiro que murchava ao calor do fogo" (Graciliano Ramos). *Murcharam-se as flores. vtd* e *vpr* **4** Arrefecer, perder a energia, a veemência (afeto, sentimento): *Murcharam* (ou: *murcharam-se*) *as esperanças. vint* e *vpr* **5** Perder a alegria, a vivacidade; definhar: *A jovem murchava* (ou: *murchava-se*) *numa cidadezinha do interior. Murchar as orelhas:* a) contrair as orelhas (o cavalo ou outro animal); b) *fig* ficar humilhado, sucumbido.

mur.cho *adj* **1** Que perdeu o viço, a cor ou a beleza. **2** Que perdeu a força, a energia ou a animação. **3** *fig* Abatido, pensativo, triste. *Antôn* (acepção 1): viçoso.

mu.re.ta (*muro+eta*) *sf* Pequeno muro, muro baixo.

mu.ri.á.ti.co (*muriato+ico²*) *adj* Diz-se do ácido clorídrico, formado pela combinação de hidrogênio e cloro, impuro.

mu.ri.ço.ca (*tupi murisóka*) *sf bras Zool* Mosquito.

mur.mu.ra.ção (*lat murmuratione*) *sf* **1** Ato de murmurar; murmúrio; sussurro. **2** Maledicência.

mur.mu.ra.dor (*murmurar+dor*) *adj* Que produz murmúrio. • *adj + sm* Que, ou aquele que diz mal do próximo; que, ou aquele que é difamador ou maldizente.

mur.mu.ran.te (*lat murmurante*) *adj m+f* **1** Que produz murmúrio. **2** Que murmura.

mur.mu.rar (*lat murmurare*) *vint* **1** Produzir murmúrio, sussurrar: *Na quietude da mata apenas o regato murmurava*. *vint* **2** Lastimar-se, queixar-se em voz baixa, resmungar: *Ora, deixe de murmurar!* *vtd* **3** Emitir ou produzir (um som frouxo ou leve): "A paisagem fica sendo a mesma, e a água, se há água, murmura o mesmo som" (Machado de Assis). *vtd* **4** Dizer em voz baixa, segredar: *Murmurar uma prece*. *vti* **5** Apontar faltas, criticar censurando, falar contra alguém ou alguma coisa: *Murmuram sobre nós*.

mur.mu.re.jar (*múrmure+ejar*) *vint* Produzir murmúrio; rumorejar, sussurrar.

mur.mu.ri.nho (*dim* de *murmúrio*) *sm* **1** Som de muitas pessoas falando ao mesmo tempo; burburinho. **2** Ruído brando das águas, das folhas etc. **3** Som confuso, murmúrio.

mur.mú.rio (*lat med murmuriu*) *sm* **1** Som confuso, sussurro que produz a água corrente; a viração que agita as folhas das árvores etc. **2** Rumor surdo de muitas vozes juntas. **3** Som confuso de vozes baixas, que mal se ouvem. **4** Cochicho. **5** Queixa, som plangente. **6** Ato de murmurar, sussurrar.

mu.ro (*lat muru*) *sm* **1** Parede forte que veda ou protege um recinto ou separa um lugar de outro. **2** Defesa, proteção. *Muro de separação:* motivo que separou ou indispôs duas pessoas.

mur.ro *sm* Pancada com a mão fechada; soco. *Aum: murraça. Dar murro em ponta de faca:* a) pretender o impossível e com risco pessoal; b) lutar com adversário muito mais forte.

mu.sa (*gr moûsa*) *sf* **1** *Mit* Cada uma das nove deusas que presidiam às ciências e às artes. *Mit* **2** Suposta divindade ou gênio que inspira a poesia. **3** *por ext* Faculdade de fazer versos. **4** *por ext* Tudo o que pode inspirar um poeta. **5** *por ext* A poesia.

mus.cu.la.ção (*músculo+ar¹+ção*) *sf* **1** Conjunto das ações musculares. **2** Exercício dos músculos para ganho de massa muscular.

mus.cu.lar (*músculo+ar²*) *adj m+f* **1** Que diz respeito aos músculos. **2** Próprio dos músculos. *Sistema muscular:* conjunto dos músculos do corpo. *Tecido muscular:* conjunto de fibras contráteis que constituem os músculos.

mus.cu.la.tu.ra (*muscular+ura*) *sf* **1** *Anat* Disposição e arranjo dos músculos no corpo do animal. **2** *Anat* Conjunto dos músculos do corpo humano. **3** Força muscular. **4** Maneira de representar os músculos em arte.

mús.cu.lo (*lat musculu*) *sm* **1** *Anat* Massa de fibras contráteis de função motora; órgão fibroso contrátil destinado a operar movimentos, sob a influência da vontade ou de uma excitação orgânica ou mecânica. **2** Energia, força, rijeza.

mus.cu.lo.si.da.de (*musculoso+i+dade*) *sf* **1** Qualidade de musculoso. **2** Musculatura.

mus.cu.lo.so (*ô*) (*lat musculosu*) *adj* **1** Que tem a natureza dos músculos. **2** Que tem músculos fortes e desenvolvidos. **3** Forte, robusto, vigoroso. *Pl: musculosos (ó)*.

mu.se.o.lo.gi.a (*múseo+logo+ia¹*) *sf* Ciência que se ocupa da reunião, arranjo, cuidado etc. dos objetos destinados ou pertencentes a museus.

mu.se.ó.lo.go (*múseo+logo*) *sm* Aquele que se ocupa de museologia.

mu.seu (*gr mouseîon*) *sm* **1** Coleção de objetos de arte, cultura, ciências naturais, etnologia, história, técnica etc. **2** Lugar destinado ao estudo e principalmente à reunião desses objetos. **3** *por ext* Casa que contém muitas obras de arte. *Museu científico:* aquele que se destina a documentar as conquistas da ciência e da tecnologia. *Museu de Belas-Artes:* museu de obras de pintura, escultura e gravura. *Museu histórico:* lugar onde estão expostos objetos de arte referentes à História e que recompõem uma série de fatos.

mus.go (*lat muscu*) *sm Bot* **1** Vegetal diminuto que forma uma camada de limo nos lugares úmidos, na superfície das pedras e no tronco das árvores. **2** Cada uma de várias plantas mais ou menos semelhantes a musgo, na aparência ou hábito de crescimento.

mus.go.so (*ô*) (*lat muscosu*) *adj* **1** Coberto de musgo. **2** Que produz musgo. **3** Que se assemelha ao musgo. *Pl: musgosos (ó)*.

mú.si.ca (*lat musica*) *sf* **1** Arte e técnica de combinar sons de maneira agradável ao ouvido. **2** Composição musical. **3** Execução de qualquer peça musical. **4** Conjunto ou corporação de músicos. **5** Coleção de papéis ou livros em que estão escritas as composições musicais. **6** Qualquer conjunto de sons. **7** Som agradável; harmonia. **8** *pop* Choro, manha. *Dançar conforme a música:* agir segundo as conveniências do momento; adaptar-se à situação. *Música clássica* ou *erudita:* música que não é do gênero popular. *Música de câmara:* peça composta para poucos instrumentos ou vozes. *Música folclórica:* a que é anônima, de transmissão oral, antiga, na maioria, e que constitui o patrimônio comum do povo de uma determinada região. *Música incidental:* música de cena. *Música popular:* a que, a rigor, não exige grande conhecimento musical; a difundida através do rádio, do disco e da televisão, shows e, geralmente, de sucesso efêmero. *Música sertaneja:* música originária do interior, típica dos estados da região Sudeste, executada com instrumentos como a viola.

mu.si.ca.do (*part* de *musicar*) *adj* Que transcorre ao som de música.

mu.si.cal (*música+al¹*) *adj m+f* **1** Que diz respeito à música. **2** Harmonioso; agradável ao ouvido. **3** Diz-se de espetáculo em que predominam músicas. • *sm Cin, Teat* e *Telev* Espetáculo ou filme musical.

mu.si.ca.li.da.de (*musical+i+dade*) *sf* Qualidade de musical.

mu.si.car (*música+ar¹*) *vtd* **1** Colocar música

em um texto. *vint* **2** Tocar instrumento musical. *Conjug – Pres indic: musico, musicas, musica (sí)* etc. *Cf música*.

mú.si.ca-te.ma *sf Cin, Teat* e *Telev* Peça musical cuja letra ou melodia tem alguma relação com o enredo ou com a personagem de um filme, de uma peça ou de uma novela. *Pl: músicas-tema* e *músicas-temas*.

music-hall *(miúzic ról)* (*ingl*) *sm* Local destinado a entretenimento de pessoas que assistem à execução de músicas ligeiras, danças, breves cenas teatrais etc.

mu.si.cis.ta *(músico+ista) adj* e *s m+f* **1** Diz-se de, ou pessoa que aprecia a música. **2** Diz-se de, ou pessoa especialista em assuntos musicais.

mú.si.co *(lat musicu) adj* Pertencente ou relativo à música; musical. • *sm* **1** Aquele que sabe música. **2** Aquele que exerce a arte da música; que faz música. **3** Membro de uma banda ou orquestra.

mu.si.co.lo.gi.a *(músico+logo+ia¹) sf* **1** Estudo da origem, história e de documentos musicais. **2** Tratado sobre música.

mu.si.co.ló.gi.co *(músico+logo) adj* Que diz respeito à musicologia.

mu.si.có.lo.go *(músico+logo) adj* **1** Estudioso da arte musical. **2** Aquele que literariamente se ocupa de música.

mus.se *(fr mousse) sf Cul* Iguaria doce ou salgada, de consistência leve e cremosa, feita à base de um ingrediente (chocolate, frutas, queijo, camarão) ao qual se adicionam claras de ovos batidas e/ou gelatina.
A palavra **musse** é feminina.
A musse de maracujá estava deliciosa.

mus.se.li.na *(fr mousseline) sf* **1** Tecido fino, leve e transparente, próprio para vestidos femininos. **2** Tecido de lã ou seda, muito leve.

mus.te.lí.deos *(lat mustela+ídeos) sm pl Zool* Família de mamíferos carnívoros de pequeno porte, com corpo alongado, orelhas pequenas, pernas curtas, unhas longas e cauda bem comprida. Temos, como exemplo, a ariranha e o furão.

mu.ta.ção *(lat mutatione) sf* **1** Ato ou efeito de mudar. **2** Mudança ou alteração, física ou moral. **3** Substituição. **4** Facilidade em mudar de opinião; versatilidade. **5** Mudança de temperatura em determinadas épocas do ano. **6** Transmissão de bens de uma pessoa para outra. **7** *Biol* Variação hereditária, súbita e espontânea, em um indivíduo geneticamente puro.

mu.tan.te *(do lat mutare) adj m+f Genét* **1** Relativo ou pertencente a mutação. **2** Produzido por mutação. • *s m+f* Pessoa mutante, que está sofrendo mutação.

mu.ta.tó.ri.o *(lat mutatoriu) adj* Que muda ou serve para fazer mudança.

mú.tá.vel *(lat mutabile) adj m+f* **1** Suscetível de ser mudado, sujeito a mudança, a mutação. **2** Volúvel. *Var: mudável*.

mu.ti.la.ção *(mutilar+ção) sf* **1** Ato ou efeito de mutilar. **2** Dano. **3** *por ext* Supressão de parte de uma obra literária.

mu.ti.la.do *(part de mutilar) adj + sm* **1** Que, ou aquele que foi privado de algum membro ou parte do corpo. **2** Que, ou o que sofreu dano, estrago, especialmente uma obra de arte.

mu.ti.lar *(lat mutilare) vtd* **1** Cortar, decepar, retalhar qualquer parte exterior do corpo de: *Mutilar cadáveres. Mutilar braços, pernas*. *vtd* **2** Cortar ou destruir parte de; truncar: *Mutilar estátuas. Mutilar uma obra de arte, um monumento*. *vtd* **3** Cortar os ramos de: *O mau jardineiro mutilou as árvores*. *vtd* **4** *fig* Amesquinhar, diminuir o merecimento de: *Mutilar os méritos, mutilar o valor de alguém ou de alguma coisa, mutilar uma reputação*. *vpr* **5** Realizar em si próprio qualquer mutilação: *Mutilou-se num ato de desespero*. *vint* **6** Realizar mutilações: *Os selvagens mutilavam, sem piedade*.

mu.ti.rão *(tupi motiró) sm* **1** Reunião de lavradores com a finalidade de ajudar, gratuitamente, um amigo ou vizinho a capinar, roçar, plantar ou executar outros trabalhos da lavoura. **2** Trabalho braçal e voluntário feito por um grupo para benefício da comunidade ou de um de seus membros: *mutirão de limpeza; de construção*.

mu.tis.mo *(lat mutu+ismo) sm* **1** Qualidade de mudo; mudez. **2** Estado de quem não pode ou não quer exprimir o seu pensamento.

mu.tre.ta *(de treta) sf gír* Logro, trapaça, ardil.

mu.tre.tei.ro *(mutreta+eiro) adj + sm gír* Que, ou quem faz mutretas; trapaceiro, ardiloso.

mu.tu.an.te *(lat mutuante) adj m+f* Que mutua. • *s m+f* **1** Cedente de um empréstimo. **2** Pessoa que dá qualquer coisa em mútuo.

mu.tu.ar *(lat mutuari) vtd* **1** Dar ou receber por empréstimo: *Mutuar dinheiro, mutuar livros*. *vtd* e *vpr* **2** Trocar entre si, permutar: "...um lindo casal de araras azuis... mutuava carícias no aconchego das franças verdes" (Gastão Cruls). *Mutuavam-se ânimo, um a outro*.

mu.tu.á.rio *(lat mutuariu) sm* **1** Aquele que recebe alguma coisa por mútuo; que toma um empréstimo. **2** Aquele que paga prestação da casa própria.

mu.tu.ca *(tupi mutúka) sf* **1** *Entom* Denominação popular das moscas da família dos tabanídeos, insetos sugadores de sangue, que dão ferroadas momentaneamente dolorosas. **2** Espora de roseta mínima, de couro com tacha cortada, usada só em corridas de cavalos. *sm* **1** Remador auxiliar das baleeiras. **2** Indivíduo importuno, maçador, rabugento. • *adj* Diz-se do indivíduo covarde.

mú.tuo *(lat mutui) adj* **1** Que se faz reciprocamente entre duas ou mais pessoas; recíproco. **2** Que se permuta entre duas ou mais pessoas. • *sm* **1** Empréstimo. **2** Permuta, reciprocidade. **3** *Dir* Empréstimo de coisa que deve ser restituída no mesmo gênero, quantidade e qualidade. *Mútuo consenso, Dir:* concurso de vontade, na realização de um ato jurídico.

mu.xi.ba *(quimbundo muxiba) sf bras* Carne magra, geralmente para cães. **2** Pele caída e flácida; pelanca.

mu.xo.xar *(muxoxo+ar¹) vint* Acariciar, dar beijos.

mu.xo.xe.ar *(muxoxo+e+ar¹) vint* Dar muxoxos. Conjuga-se como *frear*.

mu.xo.xo *(quimbundo muxoxu) sm* **1** Beijo, carícia. **2** Estalo com a língua aplicada ao palato, para indicar contrariedade ou desdém.

n (*ene*) *sm* Décima quarta letra do alfabeto português, consoante. • *num* O décimo quarto numa série indicada pelas letras do alfabeto.
na[1] Combinação da preposição *em* e do artigo *a*.
na[2] *pron* Forma feminina de *no*[2], depois de sílaba nasalada: *Visitam-na, trazem-na.*
na.ba.bes.co (*ê*) (*nababo+esco*) *adj* Cheio de pompa, luxuoso.
na.ba.bo (*hind navab* do *ár nuwab*) *sm* Indivíduo muito rico, que vive na opulência.
na.ba.teu (*lat nabathaeu*) *adj Etnol* Relativo aos nabateus, antigo nome das tribos árabes do deserto da Síria (Ásia). • *sm* Indivíduo dessas tribos. *Fem:* nabateia.
na.bi *sm* Profeta; vidente.
na.bo (*lat napu*) *sm Bot* Planta cuja raiz carnuda se emprega como alimento.
na.ca.da (*naco+ada*[1]) *sf* **1** Grande naco. **2** Pedaço.
na.ção (*lat natione*) *sf* **1** Agrupamento de pessoas que habitam o mesmo território, falam a mesma língua, têm os mesmos costumes, obedecem à mesma lei e são, geralmente, da mesma raça. **2** O povo de um país. **3** O governo do país; o Estado. **4** A pátria, o país natal. *Pl:* nações.
ná.car (*ár vulg naqar*) *sm* **1** Substância branca, com brilho dos tons do arco-íris, que reveste conchas; madrepérola. **2** Cor de carmim, cor-de-rosa. *Pl:* nácares.
na.ca.ra.do (*part de nacarar*) *adj* Que tem a cor e o brilho do nácar; avermelhado, rosado.
na.ca.rar (*nácar+ar*[1]) *vtd* **1** Dar aspecto ou cor de nácar a. **2** Cobrir de nácar. **3** *fig* Fazer ficar da cor de carmim, rosado.
na.ci.o.nal (*lat natione+al*[1]) *adj m+f* Que pertence ou se refere a uma nação. • *sm* Indivíduo natural de um país. *Antôn:* estrangeiro. *Pl:* nacionais.
na.ci.o.na.li.da.de (*nacional+i+dade*) *sf* **1** Qualidade de nacional; naturalidade. **2** Conjunto de pessoas da mesma origem ou pelo menos com uma história e tradições comuns.
na.ci.o.na.lis.mo (*nacional+ismo*) *sm* **1** Preferência por tudo o que é próprio da nação a que se pertence. **2** Patriotismo.
na.ci.o.na.li.za.ção (*nacionalizar+ção*) *sf* Ato ou efeito de nacionalizar(-se). *Pl:* nacionalizações.
na.ci.o.na.li.zar (*nacional+izar*) *vtd* e *vpr* **1** Tornar(-se) nacional; naturalizar(-se): *Nacionalizar termos estrangeiros.* *vtd* **2** Estatizar.
na.ci.o.nal-so.ci.a.lis.mo *V nazismo. Pl:* nacional-socialismos.
na.co (*lat naucu*) *sm* Pedaço de qualquer coisa (geralmente se refere a algo que se come).

na.da (*lat nata*) *pron indef* Nenhuma coisa. • *sm* **1** A não existência; o não existente. **2** Coisa nenhuma. **3** Nenhum valor. **4** Coisa vã, nula: *Brigam sempre por nada!* **5** Alguma coisa; um pouco: *Foi por um nada que eu não caí naquele buraco.* • *adv* De modo nenhum; não.
na.da.dei.ra (*nadar+deira*) *sf* **1** *Zool* Barbatana dos peixes. **2** Pé de pato.
na.da.dor (*nadar+dor*) *adj* **1** Que nada ou sabe nadar. **2** Que serve para nadar. • *sm* Aquele que nada.
na.dar (*lat natare*) *vint* **1** Sustentar-se e mover-se à superfície da água: *Ele nada todos os dias.* *vint* **2** Conhecer as regras e a prática da natação: *Pedro nada bem.* *vint* **3** Boiar, flutuar. *vti* **4** Ter em abundância (dinheiro, bens): *Nadar em ouro.* *vti* **5** Estar mergulhado em um líquido: *Pedaços de fruta nadavam em calda.*
ná.de.ga (*lat vulg natica*) *sf Anat* A porção carnuda e arredondada da parte posterior da coxa. *sf pl* Nome dado ao conjunto dessas duas porções que formam a parte superior e traseira das coxas; assento, bunda, bumbum, padaria, traseiro.
na.do (de *nadar*) *sm* **1** Ato de nadar. **2** Espaço que se nadou, ou se pode nadar de uma vez.
naf.ta (*gr náphtha*) *sf Quím* Combinação de várias misturas hidrocarbonadas líquidas, destiladas do petróleo, que se evaporam com facilidade.
naf.ta.le.no (*naftál(ico)+eno*[2]) *sm Quím* Hidrocarboneto cristalino aromático ($C_{10}H_8$), de odor característico, extraído do alcatrão de hulha.
naf.ta.li.na (*nafta+ina*) *sf* **1** *V naftaleno.* **2** Nome comercial do *naftaleno*, industrializado, que é usado para proteger as roupas das traças e insetos.
na.gô *adj m+f* Diz-se de uma casta de negros. • *adj* e *s m+f* Ioruba.
nái.a.da (*gr naiás, ádos*) *V náiade.*
nái.a.de (*gr naiás, ádos*) *sf Mit* Divindade das fontes e rios; ninfa das águas. *Var:* náiada.
nái.lon (*ingl nylon*) *sm* **1** Material sintético muito usado na indústria têxtil. **2** Tecido feito com esse material. *Var:* nylon.
nai.pe (*ár naib*) *sm* **1** Símbolo de cada grupo de cartas de um baralho (ouros, copas, espadas e paus). **2** *fig* Espécie, condição, qualidade: *Não sou do mesmo naipe que você.*
na.ja (*hind nâg*) *sf Herp* Gênero de serpente muito venenosa, da África e da Ásia, que dilata a pele do pescoço quando se enraivece.
nal.gum Junção da preposição *em* com o pronome indefinido *algum*: *O livro caiu nalgum canto da sala.*
nam.bu (*tupi inambú*) *sm Ornit* Nome comum

dado a várias aves muito frequentes no Brasil. *Var: nhambu.*

na.mo.ra.da *(fem* de *namorado) sf* **1** Moça ou mulher que alguém namora. **2** *pop* Gata.

na.mo.ra.dei.ra *(namorado+eira) adj* Que só pensa em namorar. • *sf* Moça ou mulher que gosta de namorar muito.

na.mo.ra.do *(part* de *namorar) adj* Que se namorou. • *sm* **1** Aquele que uma moça ou mulher namora. **2** *Ictiol* Nome de um peixe de água salgada.

na.mo.ra.dor *(namorar+dor) adj + sm* Diz-se de, ou homem que gosta de namorar muito.

na.mo.rar (aférese de *enamorar) vtd* **1** Esforçar-se para conseguir o amor de. *vtd* **2** Atrair, inspirar amor a. *vpr* **3** Tornar-se enamorado; afeiçoar-se, apaixonar-se. *vtd* **4** Desejar possuir; cobiçar. *vtd* **5** Fitar (alguma coisa) com afeto e/ou insistência: *Rosana ficava horas a namorar o vestido na vitrine.* Esse verbo não admite o uso de preposição. Por isso, deve-se usar a regência direta.
Lúcia namora Paulo.

na.mo.ri.car *(namorico+ar¹) vtd* **1** Namorar por passatempo. *vti* **2** *gír* Ficar. *vint* **3** Ter vários namoricos.

na.mo.ri.co *(namoro+ico¹) sm* Namoro por pouco tempo.

na.mo.ro (de *namorar) sm* **1** Ato ou efeito de namorar. **2** Galanteio; corte.

na.na (de *nanar) sf* **1** Ato de nanar. **2** Canto para fazer uma criança adormecer.

na.nar *(nana+ar¹) vint inf* Dormir.

na.ni.co *(lat nanu+ico¹) adj* Pequeno de corpo; que tem figura de anão. Antôn: *alto.* • *sm* Indivíduo de baixa estatura.

na.nis.mo *(lat nanu+ismo) sm Med* Anomalia causada pela parada prematura do crescimento.

nan.quim (de *Nanquim, np) sm* **1** Tecido de algodão, amarelo-claro, fabricado originariamente em Nanquim (China). **2** Tinta preta utilizada especialmente para desenhos, aquarelas etc. • *adj* Diz-se da cor amarelada, semelhante à do tecido do mesmo nome.

não *(lat non) adv* Expressão de negação, de contrário. • *sm* Negativa, recusa: *Nunca aceito não como resposta.* Antôn: *sim. Não alinhado:* diz--se de, ou aquele ou aquilo que não é engajado. *Não beligerância:* estado de um país que fica neutro em relação aos conflitos de guerra entre dois outros países. *Não euclidiano, Geom:* diz--se das demonstrações que partem da negação do postulado das paralelas, do geômetra grego Euclides (século III a.C.). *Não ficção:* nome dado às obras literárias que não se baseiam na ficção. *Não formatado, Inform:* a) diz-se do disco que não foi formatado; b) diz-se do arquivo de texto que não contém comandos de formatação, margens ou comandos tipográficos. *Não me toques:* pessoa muito sensível, que se melindra facilmente. *Não pagamento:* falta de pagamento. *Não sei quê:* coisa vaga ou indefinida, duvidosa ou incerta. *Não sofisticado, Inform:* diz-se do *hardware* ou *software*, projetado para iniciantes, que não é muito poderoso ou sofisticado.

Pode-se repetir a negação somente quando o **não** vier mencionado *antes* das outras negativas.
Não fales nada.
Não tinham coisa nenhuma para fazer.
Não chegou ninguém.

não-me-to.ques *sm sing* e *pl Bot* Arbusto com espinhos muito aguçados e agrupados.

na.pa *(top Napa) sf* **1** Espécie de pelica muito fina e macia, feita de pele de carneiro, usada na confecção de luvas, roupas, bolsas etc. **2** Material sintético, semelhante à napa. **3** *pop* Nariz grande.

na.po.le.ô.ni.co (de *Napoleão, np+ico²) adj* **1** Que se refere a Napoleão Bonaparte (1769-1821), imperador dos franceses de 1804 a 1815. **2** Que se refere aos partidários de Napoleão ou ao seu sistema político.

na.po.li.ta.no *(lat napolitanu) adj* Que pertence ou se refere a Nápoles (Itália). • *sm* O habitante ou natural de Nápoles.

na.que.le Combinação da preposição *em* com o pronome demonstrativo *aquele*: *Naquele dia, preferiu sair com sua família.*

na.que.lou.tro Combinação da preposição *em* com o pronome demonstrativo *aqueloutro.*

na.qui.lo Combinação da preposição *em* com o pronome demonstrativo *aquilo.*

nar.ci.sar *(Narciso, np+ar¹) vpr* **1** Admirar-se ao espelho como o Narciso da fábula; mostrar-se encantado de si. **2** Enfeitar-se com cuidados exagerados.

nar.ci.sis.mo *(Narciso, np+ismo) sm* **1** Mania dos que se olham no espelho como Narciso ou se envaidecem demais. **2** Qualidade daqueles que se acham os melhores em tudo (mais lindos, mais inteligentes): *O narcisismo de Paula é irritante.*

nar.cis.mo *(Narci(so)+ismo) sm* **1** V *narcisismo.* **2** Qualidade daqueles que se enfeitam com a intenção de agradar a todas as mulheres.

nar.ci.so *(gr Nárkissos) sm* **1** *Mit* Homem muito vaidoso, enamorado de si mesmo (como o belíssimo jovem Narciso, personagem da mitologia clássica que se apaixonou pela sua própria imagem refletida num lago). **2** *Bot* Planta ornamental de flores amarelas, bem perfumadas.

nar.có.ti.co *(gr narkotikós) adj* Que entorpece ou faz adormecer. • *sm* Substância que paralisa as funções do cérebro e cujo uso prolongado vicia; entorpecente, droga.

nar.co.tis.mo (de *narcótico+ismo) sm Med* Conjunto de perturbações provocadas pela utilização de narcóticos.

nar.co.ti.zar *(narcótico+izar) vtd* **1** Aplicar narcótico a; drogar: *Os bandidos narcotizaram o guarda.* **2** Misturar narcótico em.

nar.co.tra.fi.can.te *(narcó(tico)+traficante) s m+f* Traficante de narcótico.

nar.co.trá.fi.co *(narco+tráfico) sm* Tráfico de narcóticos.

na.ri.ga.da *(lat vulg *naricae+ada¹) sf* Pancada ou golpe com o nariz.

na.ri.gu.do *(lat vulg *naricae+udo¹) adj + sm* Que, ou aquele que tem nariz grande.

na.ri.na *sf Anat* Cada uma das fossas nasais; venta.

na.riz *(lat naris) sm* **1** *Anat* Parte saliente do rosto, entre a testa e a boca, na qual se localiza o órgão do olfato. **2** *por ext* Olfato; faro. **3** A parte dianteira da fuselagem do avião. *Pl: narizes.*

nar.ra.ção (*lat narratione*) *sf* **1** Ato ou efeito de narrar. **2** Conto, descrição, discurso, narrativa. **3** Exposição verbal ou escrita de um ou mais fatos. *Pl: narrações.*

nar.ra.dor (*narrar+dor*) *adj + sm* Que, ou aquele que narra.

nar.rar (*lat narrare*) *vtd* **1** Contar, expor, referir, relatar. **2** Descrever, verbalmente ou por escrito; historiar.

nar.ra.ti.va (*fem* de *narrativo*) *sf* **1** *V narração.* **2** Conto, história.

nar.ra.ti.vo (*lat narrativu*) *adj* **1** Que pertence ou se refere à narração. **2** Que tem característica de narração.

na.sal (*naso+al*[1]) *adj m+f* **1** Que pertence ou se refere ao nariz. **2** Diz-se do som, da letra ou da sílaba cuja emissão ou pronúncia é modificada pelo nariz. **3** Fanhoso. • *sf Gram* Consoante nasal. *sm Anat* Cada um dos dois ossos que formam a ponte do nariz. *Pl: nasais.*

na.sa.lar (*nasal+ar*[1]) *vtd* Tornar nasal; pronunciar com som nasal; nasalizar: *Nasalar uma sílaba.*

na.sa.li.zar (*nasal+izar*) *V nasalar.*

nas.ce.dou.ro (*nascer+douro*) *sm* **1** Lugar onde se nasce. **2** Princípio, origem. **3** *pop* Orifício do útero.

nas.cen.ça (*nascer+ença*) *sf* **1** Ato de nascer. **2** Origem, nascimento.

nas.cen.te (*lat nascente*) *adj m+f* **1** Que nasce. **2** Que começa. • *sm* Lado onde nasce o sol; este, leste, levante, oriente. *sf* Lugar onde começa um curso d'água: *Nascente do rio.*

nas.cer (*lat vulg *nascere,* por *nasci*) *vint* **1** Vir à luz, sair do ovo ou do ventre materno. *vti* **2** Vir por geração; descender. *vti* **3** Proceder, provir, derivar. *vlig* **4** Vir ao mundo com certas qualidades especiais: *O verdadeiro vendedor já nasceu pronto.* *vti* **5** Ser fadado a; ter vocação ou aptidão para: *Eu não nasci para sofrer.* *vint* **6** Brotar da terra; germinar. *vint* **7** Apontar, romper. *vint* **8** Começar a surgir no horizonte (os astros ou o dia): *Há meia hora que o Sol nasceu.* *vti* **9** Aparecer, formar-se: *Nasceu-lhe uma espinha na ponta do nariz.*

nas.ci.men.to (*nascer+mento*) *sm* **1** Ato de nascer; nascença. **2** Aparecimento, começo, origem, princípio.

nas.ci.tu.ro (*lat nascituru*) *adj + sm* **1** Que, ou aquele que há de nascer. **2** Diz-se do que, ou aquele que foi gerado mas ainda não nasceu.

na.so.bu.cal (*naso+bucal*) *adj m+f Anat* Que pertence ao nariz e à cavidade bucal. *Pl: nasobucais.*

na.so.fa.rin.ge (*naso+faringe*) *sf Anat* Parte superior da faringe, situada por detrás das fossas nasais.

na.so.fron.tal (*naso+frontal*) *adj m+f Anat* Que se refere ao nariz e à fronte. *Pl: nasofrontais.*

na.so.la.bi.al (*naso+labial*) *adj m+f Anat* Que se refere ao nariz e aos lábios. *Pl: nasolabiais.*

na.so.la.cri.mal (*naso+lacrimal*) *adj m+f Anat* Que pertence ao nariz e ao aparelho lacrimal. *Pl: nasolacrimais.*

na.so.pal.pe.bral (*naso+palpebral*) *adj m+f Anat* **1** Que se refere ao nariz e às pálpebras. **2** Relativo ao músculo que circula as pálpebras. *Pl: nasopalpebrais.*

nas.tro (*ital nastro*) *sm* Fita estreita, geralmente de tecido de algodão ou de linho.

na.ta (*lat natta*) *sf* **1** Parte gordurosa do leite; creme. **2** *fig* A melhor parte de qualquer coisa, o que há de melhor: *Ele pertence à nata da sociedade paulista.* **3** Elite.

na.ta.ção (*lat natatione*) *sf* **1** Ação, exercício, esporte ou arte de nadar. **2** Maneira de se locomover própria dos animais aquáticos. *Pl: natações.*

na.tal (*lat natale*) *adj m+f* Que se refere a nascimento. • *sm* **1** Dia do nascimento. **2 Natal** Dia ou época em que se comemora o nascimento de Jesus Cristo, 25 de dezembro. *Pl: natais.*

na.ta.len.se (*top Natal+ense*) *adj m+f* Relativo a Natal, capital do Estado do Rio Grande do Norte. • *s m+f Pessoa* natural desse município.

na.ta.lí.cio (*lat nataliciu* ou *natalitiu*) *adj* Que se refere ao dia do nascimento: *Aniversário natalício.*

na.ta.li.da.de (*lat natalitate*) *sf* Conjunto de nascimentos ocorridos em determinada época, lugar ou região.

na.ta.li.no (*natal+ino*[1]) *adj* Que se refere ao Natal ou às festas do Natal.

na.ta.tó.rio (*lat natare+ório*) *adj* **1** Que se refere à natação. **2** Que serve para nadar. • *sm* Lugar próprio para nadar.

na.ti.mor.to (*ô*) (*lat natu+morto*) *sm* Aquele que nasceu morto. *Pl: natimortos (ó).*

na.ti.vi.da.de (*lat nativitate*) *sf* **1** Nascimento (especialmente de Jesus Cristo, ou da Virgem Maria, ou dos santos). **2 Natividade** Festa do nascimento de Cristo, da Virgem Maria ou dos santos.

na.ti.vis.mo (*nativo+ismo*) *sm* **1** Qualidade de nativista. **2** *Filos* Teoria das ideias inatas, independentemente da experiência.

na.ti.vis.ta (*nativo+ista*) *adj m+f* **1** Que se refere aos indígenas. **2** Favorável ou relativo aos indígenas. • *s m+f Pessoa* que defende os indígenas.

na.ti.vo (*lat nativu*) *adj* **1** Natural, não adquirido, original. **2** Próprio do lugar do nascimento. **3** Nacional, não estrangeiro. **4** Diz-se da planta que vegeta espontaneamente nos campos. **5** Aborígine, indígena. • *sm* Indivíduo que é natural de uma terra ou país.

na.to (*lat natu*) *adj* **1** Nascido; que nasceu. **2** Congênito, de nascença; inerente, natural.

na.tu.ra (*lat natura*) *sf poét* Natureza.

na.tu.ral (*lat naturale*) *adj m+f* **1** Que se refere à natureza; produzido pela natureza: *O petróleo é uma riqueza natural.* **2** Que segue a ordem regular das coisas: *O desemprego é consequência natural de uma situação econômica injusta.* **3** Espontâneo, simples. **4** Instintivo. **5** Originário. **6** Diz-se do filho que foi gerado e nascido fora de um casamento. **7** Homem primitivo, não civilizado. • *sm* **1** Indígena. **2** A realidade, o original. **3** O simples, o que é de acordo com a natureza. **4** Índole, caráter. **5** Pessoa nascida em uma localidade. *Pl: naturais.*

na.tu.ra.li.da.de (*lat naturalitate*) *sf* **1** Qualidade do que é natural. **2** Simplicidade. **3** Local de nascimento; nacionalidade.

na.tu.ra.lis.mo (*natural+ismo*) *sm* **1** Estado do que é produzido pela natureza. **2** *Pint* Reprodução fiel da natureza. **3** *Lit* Corrente literária que insiste em retratar os aspectos humanos como resultado da natureza e de suas leis.

na.tu.ra.lis.ta (*natural+ista*) *adj m+f* **1** Que se refere ao naturalismo. **2** Baseado na natureza. • *s m+f* **1** Pessoa especializada em ciências naturais. **2** Aquele que segue o naturalismo na literatura, arte ou filosofia.

na.tu.ra.li.za.ção (*naturalizar+ção*) *sf* **1** Ato de naturalizar(-se). **2** Ato pelo qual um estrangeiro se torna cidadão de um país que não é o seu. *Pl: naturalizações.*

na.tu.ra.li.za.do (*part* de *naturalizar*) *adj* + *sm* Que, ou aquele que se naturalizou e passa a ter direitos de nacional.

na.tu.ra.li.zar (*natural+izar*) *vtd* **1** Dar a um estrangeiro os direitos dos cidadãos de um país. *vpr* **2** Tornar-se cidadão de um país estrangeiro; nacionalizar-se: *Naturalizou-se brasileiro. vtd* **3** Tornar nacional; nacionalizar.

na.tu.re.ba (*natur(ismo)+suf eba*) *adj m+f bras gír* Que se refere à alimentação natural. • *s m+f bras gír* Pessoa que se alimenta de produtos naturais.

na.tu.re.za (*ê*) (*natura+eza*) *sf* **1** Conjunto de todas as coisas criadas; o Universo. **2** Essência ou condição própria de um ser ou de uma coisa. **3** Caráter, temperamento, índole. **4** *Biol* Conjunto dos seres que se encontram na Terra.

nau (*cat nau*) *sf* Grande embarcação de guerra ou mercante; navio.

nau.fra.gar (*lat naufragare*) *vint* **1** Ir ao fundo (o navio). *vint* **2** Sofrer naufrágio (os tripulantes). *vint* **3** *fig* Falhar, fracassar: *Nessa explicação naufragaram todos os professores. Nossas esperanças da vitória do time naufragaram.*

nau.frá.gio (*lat naufragiu*) *sm* **1** Afundamento de um navio ou embarcação. **2** *fig* Fracasso, prejuízo, insucesso.

náu.fra.go (*lat naufragu*) *adj* Que naufragou ou sofreu naufrágio; naufragado. • *sm* Aquele que naufragou.

náu.sea (*lat nausea*) *sf* **1** Enjoo ou ânsia produzida pelo balanço do navio. **2** *Med* Ânsia acompanhada de vômito. **3** *fig* Nojo, repugnância.

nau.se.a.bun.do (*lat nauseabundu*) *adj* **1** Que causa náuseas. **2** Nojento, repugnante.

nau.se.ar (*lat nauseare*) *vtd* e *vint* **1** Provocar, produzir náuseas: *Aquela violência nauseou o rapaz. Era uma cena tão violenta que nauseava. vint* e *vpr* **2** Ter náuseas. *vtd* **3** Causar enjoo, nojo, tédio a: *Tanto sensacionalismo nauseia o telespectador.* Conjuga-se como *frear*.

nau.ta (*lat nauta*) *sm* Marinheiro, navegante.

náu.ti.ca (*fem* de *náutico*) *sf* Ciência ou arte de navegar.

náu.ti.co (*gr nautikós*) *adj* Referente à navegação. • *sm* Indivíduo versado em náutica.

na.val (*lat navale*) *adj m+f* **1** Que pertence ou se refere à navegação. **2** Diz-se da batalha entre navios. *Pl: navais.*

na.va.lha (*lat navacula*) *sf* **1** Instrumento cortante que possui uma lâmina de aço e um cabo, o qual quando se fecha esconde a lâmina. **2** *fig* Língua maldizente, ferina. *sm pop* Motorista que dirige mal; barbeiro.

na.va.lha.da (*navalha+ada*[1]) *sf* Golpe de navalha.

na.va.lhar (*navalha+ar*[1]) *vtd* Golpear com navalha.

na.ve (*lat nave*) *sf* **1** Navio, nau. **2** Parte interior da igreja, desde a entrada até o santuário. *Nave espacial: V* espaçonave.

na.ve.ga.bi.li.da.de (*lat navigabile+dade*) *sf* Qualidade ou estado de navegável.

na.ve.ga.ção (*lat navigatione*) *sf* **1** Ato de navegar. **2** Percurso habitual que faz uma embarcação ou uma aeronave, de um porto ou de um aeroporto a outro. **3** Comércio marítimo. **4** Viagem por mar. **5** Arte de navegar; náutica. **6** *Inform* Ação de percorrer um texto ou aplicação multimídia, controlada pelo usuário de um microcomputador, por meio de um *mouse*. *Pl: navegações.*

na.ve.ga.dor (*navegar+dor*) *adj* **1** Que navega. **2** Que sabe navegar. • *sm* **1** Aquele que navega. **2** Marinheiro que dirige habilidosamente um navio. **3** Aquele que é perito em navegação aérea. **4** *Inform* Utilitário de *software* que permite a um usuário acessar e pesquisar facilmente um texto.

na.ve.gar (*lat navigare*) *vti* e *vint* **1** Viajar pelo mar ou pelos grandes rios. *Navegar pelo Atlântico, pelo Amazonas. Apenas uma vez navegamos. vtd* **2** Atravessar, cruzar, percorrer o oceano ou o espaço. *vint* **3** *Inform* Percorrer um texto ou aplicação multimídia por meio de um *mouse*: *Navego pela internet todos os dias.*

na.ve.gá.vel (*navegar+vel*) *adj m+f* Que pode ser navegado. *Pl: navegáveis.*

na.ve.ta (*ê*) (*nave+eta*) *sf* **1** Pequeno vaso, alongado, onde se coloca o incenso destinado a ser queimado nos turíbulos. **2** Lançadeira de máquina de costura.

na.vi.o (*lat navigiu*) *sm* Embarcação que pode navegar sobre a superfície das águas, movida pelo vento, por vapor, pela eletricidade ou por qualquer outra força motriz. *Col: esquadra* (navios de guerra), *frota* (navios mercantes), *comboio* (navios de transporte).

na.vi.o-es.co.la *sm* Navio onde candidatos a tripulantes aprendem sobre a arte da navegação. *Pl: navios-escola.*

na.vi.o-fá.bri.ca *sm* Embarcação de grande porte que acompanha os navios baleeiros, durante a pesca da baleia, a fim de industrializar no local os animais arpoados. *Pl: navios-fábrica.*

na.vi.o-o.fi.ci.na *sm Mar* Navio com instalações próprias para fazer pequenos consertos em outros navios. *Pl: navios-oficina.*

na.vi.o-trans.por.te *sm Mar* Navio para transportar cargas ou tropas. *Pl: navios-transporte.*

na.za.re.no (*gr Nazarenós*) *adj* Que pertence ou se refere a Nazaré, cidade de Israel, na Galileia, onde viveu Jesus Cristo. • *sm* **1** O habitante ou natural de Nazaré. **2 Nazareno** Denominação dada a Jesus Cristo.

na.zi.fas.cis.ta *adj m+f* **1** Relativo ao nazismo e ao fascismo. **2** Que é partidário do nazismo e do fascismo. • *s m+f* Pessoa partidária do nazismo e do fascismo.

na.zis.mo (*nazi+ismo*) *sm* Partido e doutrina do movimento nacional-socialista alemão chefiado por Adolf Hitler (1889-1945), ditador da Alemanha (Europa) que defendia a supremacia da raça ariana.

na.zis.ta (*nazi+ista*) *adj m+f* Que se refere ao nazismo. • *s m+f* Adepto do partido nacional-socialista chefiado por Hitler.

ne.bli.na (*cast neblina*) *sf* **1** Névoa; nevoeiro. **2** Sombra, trevas.

ne.bu.li.za.dor (*nebulizar+dor*) *sm* Pulverizador que produz pequenas gotas líquidas muito finas; vaporizador.

ne.bu.li.zar (*nébula+izar*) *vtd* **1** Converter em nuvem de vapor; vaporizar. **2** *Med* Aplicar tratamento por meio de nebulização.

ne.bu.lo.sa (*fem* de *nebuloso*) *sf* **1** *Astr* Cada uma das massas de poeiras ou gases, com aspecto de mancha esbranquiçada, que se encontram na Via Láctea e em outras galáxias. **2** *Astr* Universo em formação. **3** *fig* Falta de nitidez ou clareza; confusão, nebulosidade.

ne.bu.lo.si.da.de (*lat nebulositate*) *sf* **1** Estado ou qualidade de nebuloso. **2** Vapor d'água condensado que fica suspenso na atmosfera sob a forma de nevoeiro ou nuvem. **3** *fig* Falta de clareza.

ne.bu.lo.so (*ô*) (*lat nebulosu*) *adj* **1** Coberto de nuvens ou névoa. **2** Sem transparência; sombreado, turvo. **3** *fig* Confuso, enigmático, obscuro. **4** Triste, sombrio, turvado. *Pl: nebulosos* (*ó*).

ne.ca *sf gír* V *nada*. • *adv gír* Não, negativo. • *pron indef* Coisa nenhuma, nada: *Observou à sua volta e neca de ele aparecer.*

nécessaire (*necessér*) (*fr*) *sm* Bolsa com os utensílios necessários à toalete.

ne.ces.sá.rio (*lat necessariu*) *adj + sm* **1** Essencial, indispensável. **2** Inevitável.

ne.ces.si.da.de (*lat necessitate*) *sf* **1** Aquilo que é absolutamente necessário. **2** Aperto, apuro. **3** Pobreza, miséria.

ne.ces.si.ta.do (*part* de *necessitar*) *adj + sm* Que, ou aquele que é pobre; miserável, indigente.

ne.ces.si.tar (*lat necessitas+ar*[1]) *vtd* e *vti* **1** Ter necessidade de. *vint* **2** Padecer necessidades, ter privações. *vtd* **3** Tornar necessário ou indispensável. *vtd* **4** Exigir, reclamar.

ne.cro.fi.li.a (*necro+filo*[2]+*ia*[1]) *sf Psiq* Perversão que consiste na atração sexual por cadáver.

ne.cró.fi.lo (*necro+filo*[2]) *adj + sm Psiq* Diz-se de, ou aquele que sofre de necrofilia.

ne.cro.lo.gi.a (*necro+logo+ia*[1]) *sf* **1** Relação de pessoas falecidas; obituário. **2** Necrológio.

ne.cro.ló.gio (*necro+logo+io*[2]) *sm* **1** Elogio a pessoas falecidas. **2** Notícia fúnebre.

ne.cró.po.le (*necro+gr pólis*) *sf* Cemitério.

ne.crop.se (*necro+gr ópsis*) *sf Med* Exame de cadáveres.

ne.crop.si.a (*necro+gr ópsis+ia*[1]) V *autópsia* e *necropse*.

A palavra **necropsia** é paroxítona, e o sufixo nominal *-ia* é tônico porque remete ao sufixo grego *-ía.*

ne.cro.san.te (de *necrosar*) *adj m+f* Que necrosa.

ne.cro.sar (*necrose+ar*[1]) *vtd* **1** Produzir necrose em. *vpr* **2** Gangrenar-se, decompor-se. *Conjug:* com raras exceções, conjuga-se apenas nas 3ªs pessoas.

ne.cro.se (*gr nékrosis*) *sf* **1** *Biol* Morte de um tecido ou de um órgão que faz parte de um organismo vivo. **2** *Med* Estado de um osso ou parte de um osso privado de vida; gangrena.

ne.cro.té.rio (*necro+tério*) *sm* Lugar onde se colocam os cadáveres que vão ser autopsiados ou identificados antes de serem sepultados.

néc.tar (*gr néktar*) *sm* **1** *Mit* Bebida dos deuses. **2** Líquido açucarado que sai de certas plantas. **3** *por ext* Qualquer bebida saborosa: *Este vinho parece o néctar dos deuses. Pl: néctares.*

nec.ta.ri.na (*fr nectarine*) *sf Bot* Variedade de pêssego liso de caroço solto.

né.dio (*lat nitidu*) *adj* **1** Luzidio, brilhante. **2** De pele lustrosa, por efeito de gordura.

ne.er.lan.dês (*top Neerlândia+ês*) *adj* Relativo ou pertencente à Neerlândia ou Países Baixos (Holanda). • *sm* **1** O habitante ou natural dos Países Baixos; holandês. **2** O idioma holandês. *Fem: neerlandesa* (*ê*). *Pl: neerlandeses* (*ê*).

ne.fan.do (*lat nefandu*) *adj* **1** Indigno de se nomear; abominável. **2** Odioso, imperdoável. **3** Depravado, nocivo, perverso.

ne.fas.to (*lat nefastu*) *adj* **1** Que é de mau agouro. **2** Que causa desgraça. **3** Danoso, funesto, trágico.

ne.fri.te (*nefro+ite*[1]) *sf Med* Inflamação nos rins.

ne.fro.se (*nefro+ose*) *sf Med* Doença renal.

ne.fró.ti.co (*nefrose+ico*[2]) *adj* Que se refere ao rim.

ne.ga.ção (*negar+ção*) *sf* **1** Ato ou efeito de negar. **2** Falta de vocação ou aptidão; falta de capacidade. **3** Carência, falta. *Pl: negações.*

ne.gar (*lat negare*) *vtd* **1** Afirmar que não. *vtd* **2** Não admitir a existência de; contestar. *vtd* e *vpr* **3** Recusar(-se): *Negar um favor. Negou-se a contar o que aconteceu. vtd* **4** Não reconhecer: *Negar um milagre. vtd* **5** Abandonar, largar, repudiar. *vtd* **6** Desmentir: *O governo negou as notícias dos jornais.*

ne.ga.ti.va (*fem* de *negativo*) *sf* **1** Negação. **2** Palavra que exprime negação.

ne.ga.ti.vis.mo (*negativo+ismo*) *sm* **1** Atitude negativa. **2** Mania ou costume de negar.

ne.ga.ti.vo (*lat negativu*) *adj* **1** Que contém ou exprime negação. **2** Proibitivo. **3** Contrário ao que se esperava. **4** Que exprime ausência ou falta. **5** Nulo: *Renato está com saldo negativo no banco.* **6** *Mat* Diz-se de uma quantidade menor que zero. • *sm Fot* Chapa ou película fotográfica em que os claros e escuros aparecem invertidos em relação ao original: *Mandei reproduzir os negativos das fotos que tirei em Bertioga.* • *adv pop* Não, neca.

négligé (*negligê*) (*fr*) *sm* Roupão fino usado por senhora.

ne.gli.gên.cia (*lat negligentia*) *sf* **1** Descuido, desleixo. **2** Preguiça. **3** Desatenção, displicência. *Antôn: aplicação, cuidado.*

ne.gli.gen.ci.ar (*negligência+ar*[1]) *vtd* Tratar com negligência; não dar atenção: *Negligenciar a saúde.*

ne.gli.gen.te (*lat negligente*) *adj m+f* **1** Que tem negligência. **2** Desatento, descuidado, desleixado, relaxado. **3** Preguiçoso.

ne.go (*ê*) (de *negro*) *sm pop* **1** Homem, indivíduo, tipo. **2** *pop* Forma carinhosa de se chamar o amigo, o companheiro: *Meu nego; minha nega.*

ne.go.ci.a.ção (*negociar+ção*) *sf* **1** Ato ou efeito de negociar. **2** Contrato, ajuste. **3** Discussão de um assunto de interesse comum entre representantes de duas ou mais nações. **4** Negócio. *Pl: negociações.*

ne.go.ci.a.dor (*negociar+dor*) *adj* Que negocia.

negociante • *sm* **1** Aquele que negocia. **2** Representante diplomático ou ministro encarregado de uma negociação junto ao governo de um Estado.

ne.go.ci.an.te (*lat negociante*) *s m+f* **1** Pessoa que trata de negócios; negociador. **2** Comerciante.

ne.go.ci.ão (*negócio+ão²*) *sm* Negócio muito lucrativo. *Pl: negociões*.

ne.go.ci.ar (*lat negotiari*) *vti* e *vint* **1** Fazer negócio; comerciar. *vtd* **2** Comprar ou vender. *vtd* **3** Celebrar, concluir (tratado ou contrato): *Negociar a paz*. *vtd* **4** Promover o andamento ou a conclusão de; ajustar, contratar: *Negociou a compra do microcomputador com o gerente da loja*.

ne.go.ci.a.ta (de *negociar*) *sf* **1** Negócio em que há trapaça ou roubo. **2** Negócio suspeito.

ne.go.ci.á.vel (*negociar+vel*) *adj m+f* Que se pode negociar. *Pl: negociáveis*.

ne.gó.cio (*lat negotiu*) *sm* **1** Comércio, tráfico. **2** Relações comerciais; negociação, contrato, ajuste. **3** Empresa. **4** *pop* Qualquer coisa cujo nome não ocorre no momento: *Esse negócio de ficar cada dia com uma garota não é comigo!*

ne.gra (*ê*) (*lat nigra*) *sf* **1** Mulher da raça negra. **2** *pop* A partida decisiva que desempata o jogo em um torneio, campeonato ou competição.

ne.grei.ro (*negro+eiro*) *adj* **1** Relativo a negros. **2** Dizia-se do navio que fazia tráfico de escravos. • *sm* Traficante de negros escravos.

ne.gri.to (*negro+ito¹*) *adj + sm Tip* Diz-se de, ou tipo mais grosso que o comum dos tipos e que se emprega no texto para destacar alguma parte dele.

ne.gri.tu.de (*negro+i+tude*) *sf* Movimento de consciência dos valores culturais da raça negra.

ne.gro (*lat nigru*) *adj* **1** Que é de cor escura; preto. **2** Que causa sombra; que traz escuridão. **3** Que pertence à raça negra. *Sup abs sint: negríssimo* e *nigérrimo*. • *sm* Indivíduo de raça negra. *Aum: negrão*.

ne.gro-a.ça *sm* Designação dos negros albinos. *Fem: negra-aça*. *Pl: negros-aça* e *negros-aças*.

ne.groi.de (*ó*) (*negro+oide*) *adj m+f* Que se parece com os negros. • *s m+f* Pessoa parecida com as da raça negra.

ne.gro.na *sf* Feminino de *negrão*.

ne.gru.me (*negro+ume*) *sm* Escuridão, trevas.

ne.le (*ê*) Combinação da preposição *em* com o pronome pessoal *ele*: *Susana, não fique pensando nele!*

ne.lo.re (*top Nelore*) *adj* e *s m+f* Diz-se da, ou a raça de gado originária da região Nelore, na Índia, criada para produção de carne.

nem (*lat nec*) *conj* E não, também não. • *adv* Não: *Se é assim, nem vou procurá-lo*.

ne.ma.tel.min.to (*nêma, atos+helminto*) *sm Zool* Espécime dos nematelmintos. *sm pl* Espécie de vermes parasitas de corpo alongado, cilíndrico.

ne.ma.toi.de (*ó*) (*nêmato+oide*) *adj m+f* **1** Alongado e fino como um fio. **2** *Zool* Relativo ou pertencente aos nematoides. • *sm* Espécime dos nematoides. *sm pl* Ramo dos nematelmintos, no qual se incluem os mais comuns parasitas do intestino humano, como, por exemplo, a lombriga.

ne.nê (*voc onom*) *sm pop* Criancinha, criança recém-nascida ou de poucos meses; bebê. *Var: neném*.

ne.ném (*voc onom*) V *nenê*.

ne.nhum (*nem+um*) *pron indef* **1** Nem um só. **2** Nulo: *Assunto de nenhuma importância*.

nê.nia (*lat nenia*) *sf* Canto fúnebre.

ne.nú.far (*ár nînûfar*) *sm Bot* Planta aquática de folhas grandes e bonitas flores. *Pl: nenúfares*.

ne.o.ca.pi.ta.lis.mo (*neo+capitalismo*) *sm Econ* Nome dado ao capitalismo dos países muito industrializados, que têm como preocupação o bem-estar da sociedade.

ne.o.ca.to.li.cis.mo (*neo+catolicismo*) *sm* Ensinamento que tem como finalidade aproximar os católicos das ideias modernas de progresso e liberdade.

ne.o.ci.ên.cia (*neo+ciência*) *sf* Ciência nova, moderna.

ne.o.clas.si.cis.mo (*neo+classicismo*) *sm* Escola literária ou artística que imita os antigos escritores ou artistas clássicos.

ne.o.clás.si.co (*neo+clássico*) *adj* Que se refere ao neoclassicismo ou ao neoclássico. • *sm* **1** *Arquit* Estilo arquitetônico que surgiu entre 1750 e 1850. **2** Artista ou escritor que pratica o neoclassicismo.

ne.o.co.lo.ni.al (*neo+colonial*) *adj m+f* Que se refere ao neocolonialismo. *Pl: neocoloniais*.

ne.o.co.lo.ni.a.lis.mo (*neo+colonial+ismo*) *sm* Domínio econômico e/ou cultural exercido por um país sobre outro menos desenvolvido.

ne.o.con.cre.tis.mo (*neo+concretismo*) *sm* Movimento literário que traz de volta as características do concretismo.

ne.o.cris.tão (*neo+cristão*) *adj* Que pertence ou se refere ao neocristianismo. *Pl: neocristãos*.

ne.o.cris.ti.a.nis.mo (*neo+cristianismo*) *sm* Doutrina que procura introduzir no catolicismo as ideias modernas.

ne.o.cri.ti.cis.mo (*neo+criticismo*) *sm Filos* Doutrina que renova o kantismo.

ne.o.dar.wi.nis.mo (*neo+Darwin, np+ismo*) *sm Biol* Teoria sobre a evolução dos seres vivos que explica novas formas de vida por meio da seleção natural.

ne.o.dí.mio (*neo+(di)dímio*) *sm Quím* Elemento metálico de número atômico 60 e símbolo Nd.

ne.o.fas.cis.mo (*neo+fascismo*) *sm Polít* Movimento político que surgiu, após a Segunda Guerra Mundial, com o objetivo de trazer o fascismo de volta.

ne.ó.fi.to (*gr neóphytos*) *sm* **1** O que está para receber ou acabou de receber o batismo. **2** *por ext* Principiante, novato.

ne.o.fo.bi.a (*neo+fobia*) *sf* Aversão a todo progresso, a tudo que é novo.

ne.o.for.ma.ção (*neo+formação*) *sf Biol* Formação de tecido novo, no organismo, em substituição ao tecido que foi destruído. *Pl: neoformações*.

ne.o.im.pres.si.o.nis.mo (*neo+impressionismo*) *sm Pint* Estilo de uma escola de pintura que trabalhou cientificamente o contraste das cores para conseguir, com elas, efeitos visuais e emocionais.

ne.o.la.ti.no (*neo+latino*) *adj* Diz-se das línguas modernas derivadas do latim (português, espanhol, italiano, francês etc.).

ne.o.li.be.ra.lis.mo (*neo+liberal+ismo*) *sm* Doutrina que aceita que o governo equilibre os interesses sociais com os interesses privados dos cidadãos.

ne.o.lí.ti.co (*neo+lito+ico²*) *adj* Relativo à Idade da Pedra Polida.

ne.o.lo.gis.mo (*neo+logo+ismo*) *sm Ling* **1** Palavra criada na própria língua ou adaptada de outra: *dolarizar, plugar, xerocopiar*. **2** Palavra antiga empregada com sentido novo. *Antôn: arcaísmo*.

ne.o.lo.gis.ta (*neólogo+ista*) *adj* e *s m+f* Que, ou quem emprega neologismos.

né.on (*gr néon*, novo) *V* **neônio**.

ne.o.na.to (*neo+nato*) *sm Med* Criança recém-nascida.

ne.ô.nio (*néon+io*) *sm Quím* Elemento gasoso incolor, que ocorre em pequena proporção na atmosfera, usado principalmente em lâmpadas elétricas, de número atômico 10 e símbolo Ne. *Var: néon*.

ne.o.plas.ma (*neo+plasma*) *sm Med* Nome dado a qualquer tumor, seja ele maligno ou benigno.

ne.o.pla.to.nis.mo (*neo+platonismo*) *sm Filos* Doutrina dos que misturavam o antigo platonismo com ideias místicas orientais (floresceu em Alexandria nos séculos III e IV).

ne.o.po.si.ti.vis.mo (*neo+positivismo*) *sm Filos* Movimento doutrinário do "Círculo de Viena", fundado pelo filósofo alemão Moritz Schlick (1882-1936), que se caracteriza pelo cientificismo.

ne.or.re.a.lis.mo (*neo+realismo*) *sm* Movimento que se iniciou na Itália (1945), começou na literatura e chegou depois às artes – principalmente ao cinema. Não pretendia retratar a realidade, mas sim participar dela com apresentação de documentos, reportagens e testemunhos.

ne.or.re.a.lis.ta (*neo+realista*) *adj m+f* Relativo ao neorrealismo. • *s m+f* Pessoa partidária do neorrealismo.

ne.os.so.ci.a.lis.mo (*neo+socialismo*) *sm* Teoria moderna do socialismo.

ne.o.ze.lan.dês (*neo+top Zelândia+ês*) *adj* Relativo ou pertencente à Nova Zelândia (Oceania). • *sm* O habitante ou natural da Nova Zelândia.

ne.po.tis.mo (*nepote+ismo*) *sm* Proteção excessiva que certos políticos dão aos seus parentes; favoritismo.

ne.rei.da (*gr Nereís, ídos*) *sf Mit* **1** Filha de Nereu, deus marinho. **2** Ninfa dos mares. *Var: nereide*.

ner.vo (*ê*) (*lat nervu*) *sm* **1** *Anat* Cada um dos filamentos que colocam o cérebro e a medula espinhal em comunicação com as extremidades do corpo transmitindo sensibilidade e movimento. **2** *pop* Ligamento, tendão. **3** *fig* Energia, força, vigor corporal.

ner.vo.sis.mo (*nervoso+ismo*) *sm* **1** Doença do sistema nervoso. **2** Irritação, agitação; emotividade exagerada.

ner.vo.so (*ô*) (*lat nervosu*) *adj* **1** Que pertence ou se refere aos nervos. **2** Que tem nervos. **3** *fig* Irritado, agitado. • *sm* **1** Aquele que sofre de nervosismo. **2** Doença dos nervos; nervosismo. *Pl: nervosos (ó)*.

ner.vu.ra (*nervo+ura*) *sf* **1** *Bot* Fibra saliente da superfície das folhas e das pétalas. **2** *Entom* Estrutura em formato de pequenos tubos que sustenta a membrana das asas dos insetos e se torna rígida quando eles voam. **3** *Tip* Saliência transversal das lombadas dos livros encadernados. **4** *Arquit* Linha ou moldura saliente em qualquer superfície sólida.

nés.cio (*lat nesciu*) *adj* **1** Que não sabe; ignorante. **2** Estúpido, irresponsável. • *sm* Indivíduo ignorante, irresponsável. *Antôn: inteligente*.

nes.ga (*ê*) *sf* **1** Pequena porção de qualquer espaço; brecha. **2** Pedaço de pano triangular que se costura entre dois outros para lhe dar mais folga.

nês.pe.ra (*lat vulg *nespila*) *sf* Fruto da nespereira.

nes.pe.rei.ra (*nêspera+eira*) *sf Bot* Árvore frutífera, procedente da Ásia, que dá a nêspera.

nes.se (*ê*) Combinação da preposição *em* com o pronome demonstrativo *esse*: *Viajei em julho do ano passado. Nesse mês, aproveitei para pescar*.

nes.te (*ê*) Combinação da preposição *em* com o pronome demonstrativo *este*.

ne.ta (*lat vulg *nepta*, por *neptis*) *sf* Feminino de *neto*.

ne.to (de *neta*) *sm* Filho de filho ou de filha, em relação aos pais destes.

ne.tú.nio (*Netuno*, $np+io^2$) *sm Quím* Elemento metálico, transurânico e radioativo, de número atômico 93 e símbolo Np.

Ne.tu.no (*lat Neptunu*) *sm* **1** *Mit* Divindade que presidia ao mar. **2** *Astr* Planeta do sistema solar cuja órbita se situa entre a de Urano e a de Plutão.

neu.ral (*neuro+al¹*) *adj m+f* **1** Que diz respeito a nervos. **2** Próprio dos nervos. *Pl: neurais*.

neu.ral.gi.a (*neuro+algo¹+ia¹*) *sf Med* Dor intensa e continuada no trajeto de um nervo e das suas ramificações, sem alteração aparente das partes doloridas.

neu.rál.gi.co (*neuro+algo¹+ico²*) *adj* Que se assemelha ou se refere a neuralgia.

neu.ras.te.ni.a (*neuro+astenia*) *sf* **1** *Psiq* Fraqueza do sistema nervoso. **2** *Psiq* Esgotamento nervoso. **3** *pop* Mau humor.

neu.ras.tê.ni.co (*neurastenia+ico²*) *adj* Que se refere à neurastenia. • *sm* **1** Aquele que sofre de neurastenia. **2** *pop* Indivíduo mal-humorado.

neu.ri.te (*neuro+ite¹*) *sf Med* Inflamação de um nervo.

neu.ro.ci.rur.gi.a (*neuro+cirurgia*) *sf* Cirurgia praticada nos centros nervosos do corpo.

neu.ro.ci.rur.gi.ão (*neuro+cirurgião*) *sm* Cirurgião que pratica a neurocirurgia. *Pl: neurocirurgiões*.

neu.ro.lin.guis.ta (*gwi*) (*neuro+linguista*) *s m+f* Especialista em neurolinguística.

neu.ro.lin.guís.ti.ca (*gwi*) (*neuro+linguístico*) *sf Ling* Ramo da linguística que estuda o processamento e a armazenagem da linguagem no cérebro.

neu.ro.lo.gi.a (*neuro+logo+ia¹*) *sf Med* Estudo e tratamento das moléstias do sistema nervoso.

neu.ro.ló.gi.co (*neuro+logo+ico²*) *adj* Que se refere à neurologia.

neu.ro.lo.gis.ta (*neurólogo+ista*) *adj* e *s m+f* Diz-se de, ou especialista em neurologia.

neu.rô.nio (*gr neûron*) *sm Anat* Célula nervosa com seus prolongamentos.

neu.ro.pa.ti.a (*neuro+pato+ia¹*) *sf Med* Nome genérico dado às doenças nervosas.

neu.ro.psi.qui.a.tri.a (*neuro+psiquiatria*) *sf Med* Associação de neurologia e psiquiatria.

neu.ro.psi.qui.á.tri.co (*neuro+psiquiátrico*) *adj* Referente à neuropsiquiatria; neuropsíquico.

neu.ro.psí.qui.co (*neuro+psíquico*) *adj* **1** Que resulta de causa neurológica e psíquica. **2** Neuropsiquiátrico.

neu.ro.se (*neuro+ose*) *sf Psiq* Designação geral dada a qualquer doença nervosa, sem lesão orgânica aparente.

neu.ro.trans.mis.sor (*ô*) (*neuro+transmissor*) *sm Bioquím* Substância que leva informações de uma célula cerebral para outra.

neu.ro.ve.ge.ta.ti.vo (*neuro+vegetativo*) *adj* Relativo ao sistema nervoso vegetativo.

neu.tra.li.da.de (*neutral+i+dade*) *sf* **1** Estado ou qualidade de neutro. **2** Indiferença. **3** Imparcialidade.

neu.tra.lis.mo (*neutral+ismo*) *sm* Doutrina que consiste na recusa, por parte de um Estado, de fazer alianças militares.

neu.tra.li.za.ção (*neutralizar+ção*) *sf* Ato ou efeito de neutralizar(-se). *Pl: neutralizações*.

neu.tra.li.za.dor (*neutralizar+dor*) *adj+sm* Que, ou o que neutraliza; neutralizante.

neu.tra.li.zar (*neutral+izar*) *vtd* **1** Declarar neutro. *vtd* **2** Anular o efeito. *vtd* e *vpr* **3** Anular(-se), inutilizar(-se): *Neutralizou-se a oposição*. *vpr* **4** Tornar-se neutro.

neu.tro (*lat neutru*) *adj* **1** Que não toma partido. **2** Imparcial; que julga sem paixão. **3** Indiferente. **4** Indeterminado, indefinido. *Antôn: parcial*.

nêu.tron (*lat neutri*) *sm Fís* Uma das partículas elementares do átomo, sem carga elétrica.

ne.va.da (*fem de nevado*) *sf* **1** Formação ou queda de neve. **2** A neve que cai de uma vez.

ne.va.do (*part de nevar*) *adj* **1** Coberto de neve. **2** Branco como a neve; branqueado. **3** Frio como a neve.

ne.var (*neve+ar¹*) *vtd* **1** Cobrir de neve. *vint* **2** Cair neve: *Nevava quando saíram*. *vtd* e *vpr* **3** *fig* Tornar(-se) branco como a neve. *Conjug:* verbo defectivo; só se conjuga na 3ª pessoa do singular. Porém, em sentido figurado, sua conjugação é integral: *Seus cabelos nevaram-se rapidamente*.

ne.vas.ca (de *neve*) *sf* Nevada acompanhada de tempestade.

ne.ve (*lat nive*) *sf* **1** *Meteor* Vapor de água atmosférica, congelado em cristais, que cai em flocos brancos. **2** *fig* Extrema brancura.

né.voa (*lat nebula*) *sf* **1** *Meteor* Vapor denso que sobe para a atmosfera; neblina. **2** *Med* Mancha que se forma na córnea e atrapalha a visão.

ne.vo.ar (*névoa+ar¹*) *vtd* e *vpr* Cobrir(-se) de névoa; enevoar(-se). *Conjug:* conjuga-se apenas nas 3ªs pessoas.

ne.vo.ei.ro (*névoa+eiro*) *sm Meteor* Névoa densa, rente ao chão; cerração.

ne.vo.en.to (*névoa+ento*) *adj* Coberto de névoa.

ne.vral.gi.a (*nevro+algo¹+ia¹*) *V neuralgia*.

ne.vrál.gi.co (*nevro+algo¹+ico²*) *V neurálgico*.

new.ton (*niu*) (de *Newton, np*) *sm Fís* Unidade de medida de força do Sistema Internacional de Medidas.

ne.xo (*cs*) (*lat nexu*) *sm* Conexão, ligação, vínculo.

nhá (*corr de sinhá*) *sf bras pop* Forma reduzida de *sinhá*; iaiá.

nham.bu (*tupi inambú*) *V nambu*.

nhô (*corr de senhor*) *sm bras pop* Tratamento que os escravos davam aos senhores; sinhô.

nho.que (*ital gnocchi*) *sm Cul* Massa e prato feito de farinha de trigo, batata, ovos e queijo, cortada em fragmentos arredondados.

ni.ca (*corr do lat nihil*) *sf* **1** Impertinência, rabugice. **2** Insignificância, ninharia.

ni.ca.ra.guen.se (*gwe*) (*top Nicarágua+ense*) *adj m+f* Que pertence ou se refere à Nicarágua (América Central). • *s m+f* O natural ou habitante da Nicarágua.

ni.cho (*fr ant niche*) *sm* **1** Abertura numa parede para a colocação de uma imagem ou estátua. **2** *Ecol* Parte restrita de um *habitat* onde vigoram condições especiais de ambiente. *Nicho de mercado:* na área de *marketing*, segmento do mercado que oferece novas chances de negócio.

ni.có.ti.co (*Nicot, np+ico²*) *adj* Que se refere ao tabaco.

ni.co.ti.na (*Nicot, np+ina*) *sf Quím* Alcaloide encontrado nas folhas do tabaco.

nic.to.fo.bi.a (*gr nyx, nyktós+fobo+ia¹*) *sf Med* Medo doentio da escuridão, da noite.

ni.di.fi.car (*lat nidificare*) *vint* Fazer o ninho: *Ali nidificaram os pardais*.

ni.ge.ri.a.no (*top Nigéria+ano²*) *adj* Da, pertencente ou relativo à Nigéria (África ocidental). • *sm* O natural ou habitante desse país.

ni.i.lis.mo (*lat nihil+ismo*) *sm* **1** Redução a nada; aniquilamento. **2** Descrença absoluta. **3** *Filos* Doutrina que defende a ideia de que nada existe de absoluto.

nim.bo (*lat nimbu*) *sm* **1** *Meteor* Nuvem carregada e escura, que se desfaz em chuva ou neve persistente. **2** *fig* Auréola; brilho; resplendor.

ni.nar (*ital ninna+ar²*) *vtd* Acalentar; fazer adormecer (criança).

nin.fa (*gr nýmphe*) *sf* **1** *Mit* Divindade dos rios, dos bosques e dos montes. **2** *fig* Mulher jovem e formosa. **3** *Entom* Nome que se dá às larvas antes de se tornarem insetos adultos.

nin.fe.á.cea (*lat Nymphaea+ácea*) *sf Bot* Planta da família das ninfeáceas. *sf pl* Família de plantas aquáticas, que têm folhas de haste longa e grandes flores, como, por exemplo, o nenúfar.

nin.fe.ta (*ê*) (*ninfa+eta*) *sf* Menina adolescente, sedutora, que desperta desejo sexual.

nin.fo.ma.ni.a (*ninfo+mania*) *sf Psiq* Desejos sexuais intensos e patológicos que ocorrem em algumas mulheres.

nin.fo.ma.ní.a.ca (*ninfo+maníaco,* no *fem*) *sf* Mulher que tem ninfomania.

nin.fo.ma.ní.a.co (*ninfomania+ico²*) *adj* Que se refere à ninfomania.

nin.guém (*lat nec quem*) *pron indef* Nenhuma pessoa.

ni.nha.da (*ninho+ada¹*) *sf* **1** Os ovos ou as avezinhas existentes em um ninho. **2** Filhotes que nascem de uma só vez da fêmea do animal. **3** *pop* Filharada.

ni.nha.ri.a (*cast niñería*) *sf* Bagatela, coisa sem valor, insignificância.

ni.nho (*lat nidu*) *sm* **1** Habitação construída pelas aves, por certos insetos e por determinados peixes para a postura dos ovos e criação dos filhotes. **2** Lugar onde os animais se recolhem e dormem. **3** Esconderijo, abrigo.

ni.ó.bio (*Níobe, np+io²*) *sm Quím* Elemento metálico da cor de platina cinza, usado em ligas, de número atômico 41 e símbolo Nb.

ni.po-bra.si.lei.ro (*nipo+brasileiro*) *adj* Relativo ao Japão e ao Brasil. • *sm* Indivíduo nipo-brasileiro. *Fem: nipo-brasileira*. *Pl: nipo-brasileiros*.

ni.pô.ni.co (*jap nippon+ico²*) *V japonês.*

ní.quel (*al Nickel*) *sm* **1** *Quím* Elemento metálico, branco-prateado, usado principalmente em ligas, de número atômico 28 e símbolo Ni. **2** *pop* Qualquer moeda; dinheiro miúdo. *Pl: níqueis.*

ni.que.lar (*níquel+ar*) *vtd* **1** Cobrir ou guarnecer de níquel. **2** Dar aparência de níquel a.

nir.va.na (*sânsc nirvana*) *sm* **1** *Filos* Conforme o budismo, ausência total das ilusões, desejos e paixões, como o ódio, a ira; quietude total que leva o homem à sabedoria. **2** *por ext* Apatia, inércia.

nis.sei (*jap ni,* segunda+*sei,* geração) *adj* e *s m+f* Diz-se de, ou pessoa que é filha de japoneses, nascida em outro país.

nis.so Combinação da preposição *em* com o pronome demonstrativo *isso.*

nis.to Combinação da preposição *em* com o pronome demonstrativo *isto.*

ni.te.roi.en.se (*ói*) (*top Niterói+ense*) *adj m+f* Que se refere a Niterói, cidade e município do Estado do Rio de Janeiro. • *s m+f* Pessoa natural ou habitante de Niterói.

ni.ti.dez (*nítido+ez*) *sf* **1** Qualidade de nítido. **2** Clareza, limpidez. *Pl: nitidezes.*

ní.ti.do (*lat nitidu*) *adj* **1** Que brilha; brilhante, fulgente. **2** Límpido, claro. *Antôn: embaçado.*

ni.tra.to (*nitro+ato⁴*) *sm Quím* Sal ou éster do ácido nítrico.

ní.tri.co (*nitro+ico²*) *adj Quím* Diz-se de um ácido em estado líquido, límpido, incolor, muito corrosivo, que dissolve todos os metais, menos o ouro e a platina.

ni.tro.ben.ze.no (*nitro+benzeno*) *sm Quím* Líquido oleoso, amarelo-claro, que entra na fabricação dos corantes.

ni.tro.ge.na.do (*nitrogênio+ado¹*) *adj* **1** Que contém nitrogênio. **2** Combinado com o nitrogênio.

ni.tro.gê.nio (*nitro+geno*) *sm Quím* Elemento gasoso, incolor, sem cheiro, sem sabor, que não se dissolve, existente na atmosfera, de número atômico 7 e símbolo N. *Var: azoto.*

ni.tro.gli.ce.ri.na (*nitro+glicerina*) *sf Quím* Líquido oleoso empregado na fabricação de explosivos.

ní.vel (*lat vulg *libellu*) *sm* **1** Instrumento que serve para verificar se um plano está horizontal. **2** Elevação, altura. **3** *fig* Estado, situação. **4** *bras* Estágio, grau de ensino. **5** *fig* Padrão, qualidade. *Pl: níveis.*

ni.ve.lar (*nível+ar¹*) *vtd* **1** Situar um plano em posição horizontal; aplanar: *Nivelar o solo. vtd* **2** Igualar. *vtd* e *vpr* **3** Pôr(-se) no mesmo nível; equiparar(-se); igualar(-se).

ní.veo (*lat niveu*) *adj* **1** Que se refere à neve. **2** Branco como a neve.

no¹ Combinação da preposição *em* com o artigo definido *o.*

no² *pron* Forma do pronome *lo* (*o*), por assimilação, em seguida a verbos terminados em nasal: *amam-no, querem-no.*

no³ *pron* Forma de *nos* antes de *lo, la, los, las: no-lo, no-las.*

nó (*lat nodu*) *sm* **1** Laço apertado. **2** Articulação das falanges dos dedos. **3** *Bot* Ponto do caule no qual se insere uma folha. **4** *fig* Ponto essencial e difícil. **5** Embaraço, estorvo, empecilho. **6** *Náut* Unidade de velocidade equivalente a uma milha marítima (1.852 metros).

no.bé.lio (*Nobel, np+io²*) *sm Quím* Elemento transurânico, artificial, radioativo, de número atômico 102 e símbolo No.

no.bi.li.á.rio (*lat nobile+ário*) *adj* Relativo à nobreza. • *sm* Registro das famílias nobres de um país; nobiliarquia.

no.bi.li.ar.qui.a (*lat nobile+arqui+ia¹*) *sf* **1** Livro que contém as origens e tradições de famílias nobres. **2** Arte que trata dos apelidos, armas, brasões etc. da nobreza.

no.bi.lís.si.mo (*lat nobilissimu*) *adj* Superlativo absoluto sintético de *nobre.* *Var: nobríssimo.*

no.bi.li.tar (*lat nobilitare*) *vtd* **1** Conceder, dar privilégios de nobreza a. *vtd* e *vpr* **2** Enobrecer (-se), engrandecer(-se). *Antôn* (acepção 2): *difamar, deprimir.*

no.bre (*lat nobile*) *adj m+f* **1** Que tem títulos de nobreza. **2** Que é próprio da nobreza. **3** De descendência ilustre. **4** Alto, elevado, magnífico. **5** Digno, ilustre, notável. *Antôn* (acepções 1, 2 e 3): *plebeu. Sup abs sint: nobilíssimo* e *nobríssimo.* • *s m+f* Pessoa que pertence à nobreza; fidalgo.

no.bre.za (*ê*) (*nobre+eza*) *sf* **1** Qualidade de nobre. **2** A classe dos nobres. **3** Distinção, excelência, mérito.

no.brís.si.mo (*nobre+íssimo*) *V nobilíssimo.*

no.ção (*lat notione*) *sf* **1** Conhecimento imperfeito ou ideia que se tem de uma coisa. **2** Concepção, ideia.

no.cau.te (*ingl knock out*) *sm Esp* No boxe, quando aquele que é jogado ao chão pelo adversário não consegue levantar-se dentro de 10 segundos. *Nocaute técnico:* quando o adversário não tem condições físicas de continuar na luta, embora ainda se conserve de pé.

no.cau.te.ar (*nocaute+ar¹*) *vtd* Pôr em nocaute: *Nocauteou o adversário.* Conjuga-se como *frear.*

no.ci.vi.da.de (*nocivo+i+dade*) *sf* Qualidade de nocivo.

no.ci.vo (*lat nocivu*) *adj* **1** Que causa dano. **2** Pernicioso, prejudicial. *Antôn: útil, vantajoso.*

noc.tí.va.go (*nocti+lat volare*) *adj* **1** Que anda ou vagueia de noite. **2** Que tem hábitos noturnos. *Var: notívago.*

nó.doa (*lat notula*) *sf* **1** Sinal de sujeira; mancha. **2** *Med* Mancha na pele, deixada por uma contusão. **3** *fig* Mácula, estigma.

no.do.so (*ô*) (*lat nodosu*) *adj* **1** Em que há nós ou saliências: *Dedos nodosos.* **2** Cheio de nós. *Pl: nodosos* (*ó*).

no.du.lar (*nódulo+ar¹*) *adj m+f* **1** Que se refere ao nódulo. **2** Que tem nódulos. **3** Que ocorre em forma de nódulos.

nó.du.lo (*lat nodulu*) *sm* **1** Nó pequeno. **2** Pequena saliência em forma de nó. **3** *Med* Massa sólida de tecido que pode ser percebida pela palpação.

no.du.lo.so (*ô*) (*nódulo+oso*) *adj* Que tem nódulos. *Pl: nodulosos* (*ó*).

no.guei.ra (*lat vulg *nucaria*) *sf Bot* Árvore e madeira europeias, que possui um fruto (a noz) muito apreciado.

noi.ta.da (*noite+ada¹*) *sf* **1** Espaço de uma noite. **2** Divertimento ou folia que dura toda a noite.

noi.te (*lat nocte*) *sf* **1** Período de tempo compreendido entre as dezoito horas e as seis horas do dia seguinte. **2** Escuridão, trevas.

noi.va (*lat vulg novia*) *sf* **1** Mulher que está para casar. **2** Mulher no dia do seu casamento.

noi.va.do (*noivo+ado*[1]) *sm* **1** Compromisso de casamento entre duas pessoas que pretendem casar-se. **2** Período em que alguém é noivo.

noi.var (*noivo+ar*[1]) *vint* **1** Celebrar noivado. *vti* **2** Ficar noivo(a); combinar casamento.

noi.vo (*lat vulg noviu*) *sm* **1** Aquele que está para casar. **2** Homem no dia do casamento. *sm pl* Homem e mulher que combinaram casar-se, ou que se casaram há pouco.

no.jei.ra (*nojo+eira*) *sf* **1** Coisa nojenta, repugnante. **2** Serviço porco; sujeira.

no.jen.to (*nojo+ento*) *adj* **1** Que causa nojo; repugnante. **2** *pop* Que tem nojo de tudo.

no.jo (*ô*) (de *enojar*) *sm* **1** Enjoo, náusea. **2** Asco, repugnância, repulsa.

nô.ma.de (*lat nomade*) *adj m+f* Diz-se das tribos ou povos que não têm moradia fixa. • *s m+f* Pessoa que não tem residência fixa. *sm pl* Povos pastores sem residência fixa.

no.ma.dis.mo (*nômade+ismo*) *sm* Modo de vida dos nômades.

no.me (*lat nomen*) *sm* **1** Palavra com que se designa e distingue pessoa, animal ou coisa: *Janaína, zebra, cadeira*. **2** Denominação, designação, qualificação. **3** Fama, reputação: *É preciso zelar pelo bom nome da escola*. **4** Alcunha, apelido. **5** Prenome. **6** Sobrenome. *Nome do padre:* sinal da cruz.

no.me.a.ção (*lat nominatione*) *sf* Ato de nomear ou designar alguém para cargo ou emprego. *Pl: nomeações.*

no.me.a.do (*part* de *nomear*) *adj* Que recebeu nomeação para exercer função pública.

no.me.ar (*lat nominare*) *vtd* **1** Designar pelo nome, proferir o nome de: *A testemunha nomeou o acusado*. *vpr* **2** Proferir o próprio nome. *vpr* **3** Dar-se a si mesmo um nome ou qualificativo; intitular-se. *vtd* **4** Designar, indicar para exercício de (cargo ou emprego): *Demitiram o diretor e nomearam outro*. Conjuga-se como *frear*.

no.men.cla.tu.ra (*lat nomenclatura*) *sf* Conjunto de termos usados numa ciência ou arte; terminologia.

no.mi.nal (*lat nominale*) *adj m+f* **1** Que se refere a nome. **2** Que só existe em nome; que não é real. **3** Diz-se do cheque no qual se declara o nome da pessoa que vai descontá-lo. *Pl: nominais.*

no.mi.na.ti.vo (*lat nominativu*) *adj* **1** Que tem nome, ou que denomina. **2** Diz-se do título em que se menciona o nome do proprietário, por oposição a *título ao portador*.

no.na.e.dro (*lat nona+gr hédra*) *sm Geom* Poliedro de nove faces.

no.na.ge.ná.rio (*lat nonagenariu*) *adj* Diz-se da pessoa que está na casa dos noventa anos de idade. • *sm* Aquele que está na casa dos noventa anos de idade.

no.na.gé.si.mo (*lat nonagesimu*) *num* Numeral ordinal correspondente a noventa. • *sm* Cada uma das noventa partes em que se divide um todo.

no.na.to (*lat nonnatu*) *adj + sm* **1** Diz-se de, ou criança que nasceu por operação cesariana. **2** Diz-se de, ou criança ou animal que se retirou do ventre da mãe depois que este morreu.

non.gen.té.si.mo (*lat nongentesimu*) *V noningentésimo*.

no.nin.gen.té.si.mo (*lat noningentesimu*) *num* Numeral ordinal correspondente a novecentos; nongentésimo. • *sm* Cada uma das novecentas partes em que se divide um todo.

no.no (*lat nonu*) *num* Numeral ordinal correspondente a nove. • *sm* Cada uma das nove partes em que se divide um todo.

nô.nu.plo (*lat nonu+duplex*) *num* Que é nove vezes maior que outra quantidade. • *sm* Quantidade nove vezes maior que outra.

no.ra (*lat nura*) *sf* A esposa do filho em relação aos pais dele; feminino de *genro*.

nor.des.te (*fr nord-est*) *sm* **1** Ponto cardeal que fica entre o norte e o leste. *Abrev:* N.E. **2** Vento que sopra desse ponto. **3 Nordeste** Região do Brasil que compreende os Estados do Maranhão, Piauí, Ceará, Rio Grande do Norte, Paraíba, Pernambuco, Alagoas, Sergipe e Bahia. *Abrev:* N.E. • *adj* Que procede do nordeste ou a ele se refere.

nor.des.ti.no (*nordeste+ino*[1]) *adj* Relativo ao Nordeste brasileiro. • *sm* O natural do Nordeste brasileiro.

nór.di.co (*al Nord+ico*[2]) *adj* **1** Relativo aos países do norte da Europa (Dinamarca, Finlândia, Suécia, Noruega e Islândia). **2** Designativo da língua e da literatura dos povos germânicos do norte da Europa. • *sm* O habitante ou natural dos países nórdicos.

nor.ma (*lat norma*) *sf* **1** Preceito, regra, princípio. **2** Exemplo, modelo, padrão.

nor.mal (*lat normale*) *adj m+f* **1** De acordo com a norma. **2** Exemplar, modelar. **3** Diz-se do curso para a formação de professores para a escola básica. • *sm* O curso normal. *Pl: normais.*

nor.ma.lis.ta (*normal+ista*) *adj* e *s m+f* Que, ou quem frequenta ou possui o curso de uma escola normal.

nor.ma.li.za.ção (*normalizar+ção*) *sf* **1** Ato ou efeito de normalizar(-se). **2** Disposição oficial com que se explica e se facilita a execução de uma lei ou decreto. *Pl: normalizações.*

nor.ma.li.zar (*normal+izar*) *vtd* e *vpr* Tornar(-se) normal; regularizar(-se). *Cf normatizar.*

nor.man.do (*fr normand*) *adj* Que se refere à Normandia (França). • *sm* O habitante ou natural da Normandia.

nor.ma.ti.zar (*norma+izar*) *vtd* Estabelecer normas para. *Cf normalizar.*

no.ro.es.te (*norte+oeste*) *sm* **1** Ponto cardeal que fica entre o norte e o oeste. *Abrev:* N.W. ou N.O. **2** Vento que sopra desse ponto. • *adj* Que procede do noroeste ou a ele se refere.

nor.te (*fr nord*) *sm* **1** Ponto cardeal que fica em frente do observador que tem à sua direita o nascente. *Abrev: N.* **2** Vento que sopra desse ponto. **3 Norte** Região do Brasil que compreende os Estados de Rondônia, Acre, Amazonas, Roraima, Pará, Amapá e Tocantins. *Abrev: N.* **4** Guia, rumo, direção. • *adj m+f* Que procede do norte ou a ele se refere.

nor.te-a.me.ri.ca.no *adj* **1** Relativo à América do Norte. **2** Que pertence ou se refere aos Estados Unidos. • *sm* O habitante ou natural dos Estados Unidos; estadunidense. *Fem: norte-americana. Pl: norte-americanos.*

nor.te.ar (*norte+e+ar*[1]) *vtd* e *vpr* Guiar(-se), dirigir

(-se), orientar(-se). *Antôn: desorientar*. Conjuga-se como *frear*.
nor.te-co.re.a.no *adj* Relativo à Coreia do Norte (Ásia). • *sm* O habitante ou natural da Coreia do Norte. *Fem: norte-coreana. Pl: norte-coreanos.*
nor.te-eu.ro.peu *adj* Relativo à Europa do Norte. • *sm* O habitante ou natural da Europa do Norte. *Fem: norte-europeia. Pl: norte-europeus.*
nor.te-ir.lan.dês *adj* Da Irlanda do Norte (Europa). • *sm* O habitante ou natural desse país. *Fem: norte-irlandesa. Pl: norte-irlandeses.*
nor.te-vi.et.na.mi.ta (*norte+top Vietnã+ita*[2]) *adj m+f* Relativo ao Vietnã do Norte (Ásia). • *s m+f* O habitante ou natural do Vietnã do Norte. *Pl: norte-vietnamitas.*
nor.tis.ta (*norte+ista*) *adj m+f* Que pertence ou se refere aos Estados brasileiros do Norte. • *s m+f* Pessoa natural desses Estados.
no.ru.e.guês (*top Noruega+ês*) *adj* Que pertence ou se refere à Noruega (Europa). • *sm* 1 O habitante ou natural da Noruega. 2 Idioma desse país. *Fem: norueguesa (ê). Pl: noruegueses (ê).*
nos[1] (*lat nos*) *pron pess* Forma do pronome *nós*, que serve de objeto direto ou indireto do verbo.
nos[2] Combinação da preposição *em* com o artigo definido plural *os*.
nos[3] *pron* Forma do pronome *los* (*os*), depois de sílaba nasalada: *compram-nos, leem-nos*.
nós (*lat nos*) *pron pess* Designa a primeira pessoa do plural.
no.so.cô.mio (*gr nosokomeîon*) V *hospital*.
nos.sa! *interj* Exprime admiração, espanto: *Nossa, já é meia-noite!*
nos.sa-a.mi.za.de *sf pop* Tratamento dado a pessoas íntimas, ou até estranhas, por interesse: *Ei, nossa-amizade, me dá um refrigerante*.
nos.so (*lat nostru*) *pron poss* Que nos pertence, ou nos diz respeito. • *sm pl* Os nossos amigos, companheiros, parentes etc.
nos.tal.gi.a (*nosto+algo*[1]+*ia*[1]) *sf* 1 Melancolia ou tristeza profunda causadas pela saudade. 2 *por ext* Saudade.
no.ta (*lat nota*) *sf* 1 Anotação para fazer lembrar alguma coisa. 2 Observação feita no final de um texto. 3 Breve comunicação escrita. 4 Papel que representa moeda; cédula. 5 *pop* Dinheiro: *Este quadro deve valer uma nota!* 6 *Mús* Sinal de um som. 7 Julgamento de desempenho escolar ou de desempenho em função.
no.ta.bi.li.da.de (*lat tardio *notabilitate*) *sf* 1 Qualidade de notável. 2 Pessoa notável.
no.ta.bi.lís.si.mo (*lat notabilissimu*) *adj* Superlativo absoluto sintético de *notável*; muito notável.
no.ta.bi.li.zar (*lat notabile+izar*) *vtd* e *vpr* Tornar(-se) notável, afamado; destacar(-se), evidenciar(-se).
no.ta.ção (*lat notatione*) *sf* 1 Ato ou efeito de notar. 2 Maneira de notar. 3 Conjunto de sinais para se fazer representação ou designação. *Pl: notações.*
no.ta.da.men.te (*notado+mente*) *adv* De modo especial, especialmente.
no.tar (*lat notare*) *vtd* 1 Pôr nota, marca ou sinal em. 2 Tomar nota de; anotar. 3 Fazer rascunho. 4 Registrar (o tabelião) no livro de notas: *Notar uma escritura*. 5 Atentar, reparar em; observar, perceber: *Ele nem notou a minha presença*.

no.ta.ri.a.do (*notário+ado*[1]) *sm* Cargo ou ofício de notário ou de tabelião.
no.ta.ri.al (*notário+al*[1]) *adj m+f* Que se refere a notário. *Pl: notariais.*
no.tá.rio (*lat notariu*) *sm* Escrivão público; tabelião.
no.tá.vel (*lat notabile*) *adj m+f* 1 Digno de nota, atenção. 2 Louvável. 3 Considerável, extraordinário. 4 Ilustre, insigne. *Sup abs sint: notabilíssimo. Pl: notáveis.*
notebook (*nôutbuk*) (*ingl*) *sm Inform* Microcomputador portátil, menor que o *laptop*.
no.tí.cia (*lat notitia*) *sf* 1 Conhecimento, informação. 2 Novidade, nova. 3 Resumo de um acontecimento. 4 Anúncio. 5 Memória, lembrança. 6 Nota, observação, apontamento.
no.ti.ci.ar (*notícia+ar*[1]) *vtd* 1 Dar notícia de; anunciar, informar: *Noticiaram a fofoca como fato verdadeiro*. *vtd* 2 Publicar, tornar conhecido; divulgar: *A imprensa noticiou a morte do ministro*. *vpr* 3 Informar-se, inteirar-se. *Conjug – Pres indic: noticio, noticias, noticia (cí)* etc. *Cf notícia.*
no.ti.ci.á.rio (*notícia+ário*) *sm* 1 Conjunto de notícias divulgadas por jornais, rádio, televisão etc. 2 Seção de um jornal que divulga notícias.
no.ti.ci.a.ris.ta (*noticiário+ista*) *adj* e *s m+f* 1 Diz-se de, ou pessoa que dá notícias. 2 Diz-se de, ou pessoa que redige notícias.
no.ti.ci.o.so (ó) (*notícia+oso*) *adj* 1 Em que há muitas notícias. 2 Que sabe ou dá notícias. • *sm neol* Programa de rádio com notícias recentes. *Pl: noticiosos (ó).*
no.ti.fi.ca.ção (*notificar+ção*) *sf* 1 Ato ou efeito de notificar; comunicação. 2 *Dir* Ordem judicial para que se faça ou não alguma coisa; intimação. *Pl: notificações.*
no.ti.fi.car (*lat notificare*) *vtd* 1 Comunicar, noticiar, participar. 2 *Dir* Comunicar de acordo com as formalidades da lei; intimar.
no.tis.ta (*nota+ista*) *adj* e *s m+f* Diz-se de, ou pessoa que tira nota fiscal nos estabelecimentos comerciais.
no.tí.va.go (*lat noctivagu*) V *noctívago*.
no.to.ri.e.da.de (*notório+dade*) *sf* Estado ou qualidade de notório; publicidade, fama.
no.tó.rio (*lat notoriu*) *adj* Sabido de todos ou de muitos; público.
nó.tu.la (*lat nitula*) *sf* Pequena nota ou comentário.
no.tur.no (*lat nocturnu*) *adj* 1 Que se refere à noite. 2 Que aparece ou se realiza de noite. *Antôn: diurno*. • *sm Mús* Gênero de composição terna ou melancólica, para piano.
nou.tro Combinação da preposição *em* com o pronome indefinido *outro*.
no.va (de *novo*) *sf* Notícia, novidade.
no.va.cap (*nova+capital*) *sf* Designação da cidade de Brasília, quando se transferiu a Capital do país do Rio de Janeiro para aquela cidade.
no.va-i.or.qui.no (*top Nova Iorque+ino*[1]) *adj* Que se refere ao Estado de Nova Iorque ou à cidade do mesmo nome (EUA). • *sm* O habitante ou natural de Nova Iorque. *Fem: nova-iorquina. Pl: nova-iorquinos.*
no.va.men.te (*novo+mente*) *adv* 1 De novo, outra vez. 2 Recentemente.

no.va.to (*lat novatu*) *adj + sm* Aprendiz, inexperiente, ingênuo, principiante, calouro.
no.ve (*lat novem*) *num* Cardinal correspondente a nove unidades. • *sm* O algarismo 9.
no.ve.cen.tos (*nove+cento*) *num* Nove vezes cem; numeral cardinal correspondente a nove centenas. • *sm* Algarismo representativo do número novecentos.
no.ve-ho.ras *sf pl* **1** Cerimônias, subterfúgios, pretextos. **2** Novidades. **3** Pretensões. *Ser cheio de nove-horas:* ser afetado ou excessivamente delicado.
no.vel (*é*) (*cat novell*) *adj m+f* **1** Novo. **2** Novato, principiante. **3** Inexperiente. • *sm* Soldado principiante nos exercícios militares; recruta. *Pl: novéis.*
no.ve.la (*ital novella*) *sf* **1** *Lit* Narração curta, entre o conto e o romance, geralmente sem muita complexidade. **2** *pop* Enredo; intriga. **3** *bras* Narrativa em capítulos transmitida pelo rádio ou pela televisão.
no.ve.lei.ro (*novela+eiro*) *adj + sm bras* **1** Que, ou quem aprecia novelas. **2** Novidadeiro.
no.ve.lis.ta (*novela+ista*) *adj m+f* Referente a novela. • *s m+f* **1** Quem escreve novelas. **2** Quem conta novelas.
no.ve.lo (*ê*) (*baixo-lat globellu*) *sm* Bola de fio enrolado sobre si mesmo.
no.ve.na (*lat novena*) *sf* **1** O espaço de nove dias. **2** *Rel* Nove dias consecutivos de rezas.
no.ven.ta (*lat vulg *novaginta*, por *nonaginta*, sob a influência de *novem*) *num* **1** Nove vezes dez. **2** Numeral cardinal correspondente a nove dezenas. • *sm* Algarismo representativo do número noventa.
no.vi.ça (*fem* de *noviço*) *sf* Mulher que está se preparando num convento para se tornar freira.
no.vi.ci.a.do (*noviço+ado¹*) *sm* **1** Tempo de preparação que fazem no convento as pessoas que vão seguir a vida religiosa. **2** Parte do convento destinada aos noviços ou noviças. **3** Aprendizado.
no.vi.ci.ar (*noviço+ar¹*) *vint* Praticar o noviciado.
no.vi.ço (*lat noviciu*) *adj* Inexperiente, novato. • *sm* **1** Homem que se prepara para seguir uma ordem religiosa. **2** Aprendiz, novato, principiante.
no.vi.da.de (*lat novitate*) *sf* **1** Qualidade do que é novo. **2** Produto ou artigo lançado como última moda no mercado. **3** *por ext* Primeira informação sobre um acontecimento recente, um fato.
no.vi.da.dei.ro (*novidade+eiro*) *sm* **1** Aquele que gosta de apresentar novidades. **2** Mexeriqueiro.
no.vi.lha (de *novilho*) *sf* Vaca nova; bezerra.
no.vi.lho (*cast novillo*) *sm* Boi ainda novo; garrote.
no.vís.si.mo (*lat novissimu*) *adj* **1** Superlativo absoluto sintético de *novo*; muito novo. **2** Último.
no.vo (*ô*) (*lat novu*) *adj* **1** Que existe há pouco tempo; recente, moderno. **2** Que tem pouco uso. **3** De pouca idade; moço, jovem. • *sm* O que é recente. *sm pl* As pessoas novas; a gente nova. *Pl: novos* (*ó*).
no.vo-ri.co *sm* Indivíduo que enriqueceu há pouco tempo, especialmente aquele que gosta de ostentar sua riqueza. *Pl: novos-ricos.*
noz (*lat nuce*) *sf* **1** *Bot* Fruto da nogueira. **2** *por ext* Qualquer fruto seco, com uma só semente. *Pl: nozes.*
nu (*lat nudu*) *adj* **1** Não vestido; despido. **2** Destituído, privado. **3** Sem vegetação. • *sm* Nudez (em belas-artes). *A olho nu:* sem auxílio de lentes. *Nu e cru:* sem disfarce; tal como é.
nu.an.ça (*fr nuance*) *sf* **1** Gradação de cores; matiz. **2** Diferença entre coisas do mesmo gênero.
nu.an.çar (*fr nuancer*) *V* matizar.
nu.ben.te (*lat nubente*) *adj m+f* Que é noivo ou noiva. • *s m+f* Pessoa que marcou casamento ou está para casar.
nu.bi.lo.so (*ô*) (*lat nubilosu*) *adj* Enevoado, um tanto turvo, nebuloso. *Pl: nubilosos* (*ó*).
nu.bla.do (*par* de *nublar*) *adj* Coberto de nuvens.
nu.blar (*lat nubilare*) *vtd e vpr* **1** Cobrir(-se) de nuvens. **2** *fig* Entristecer(-se): *Seu olhar nublou-se quando falou do pai.*
nu.ca (*lat med nucha* do *ár nuHâ'*) *sf Anat* Parte posterior do pescoço.
nu.cle.a.do (*part* de *nuclear*) *adj* Que tem núcleo.
nu.cle.ar (*núcleo+ar²*) *adj m+f* Que se refere a núcleo. • *vpr* **1** *Biol* Formar-se em núcleo no interior da célula. *vtd* **2** Dispor coisas ou pessoas em núcleos. Conjuga-se como *frear*.
nú.cleo (*lat nucleu*) *sm* **1** *Biol* Massa esferoide encontrada em quase todas as células dos seres vivos. **2** Miolo da noz, da amêndoa ou de outros frutos. **3** *Fís* Parte central do átomo. **4** *por ext* O ponto principal, a parte essencial de uma coisa. *Núcleo atômico:* região central do átomo, onde se acha concentrada a carga positiva. *Dim: nucléolo.*
nu.da.ção (*lar nudatione*) *sf* **1** Ato ou efeito de desnudar(-se). **2** Estado de nudez. *Pl: nudações.*
nu.dez (*lat nudu+ez*) *sf* **1** Estado de nu; nudeza. **2** Ausência de vestuário. *Pl: nudezes.*
nu.de.za (*lat nudu+eza*) *V nudez.*
nu.dis.mo (*lat nudu+ismo*) *sm Sociol* Tipo de prática na qual os participantes, por razões estéticas, higiênicas e outras, se reúnem em grupos para viver, passear e praticar esportes em estado de completa nudez.
nu.dis.ta (*lat nudu+ista*) *adj m+f* Que diz respeito ao nudismo. • *s m+f* Pessoa que pratica o nudismo ou é adepta do nudismo.
nu.ga (*lat nuga*) *sf* Ninharia, bagatela.
nu.gá (*fr nougat*) *sm* Doce feito de frutas secas, geralmente nozes, amêndoas ou avelãs, misturadas com mel.
nu.li.da.de (*lat nullu+i+dade*) *sf* **1** Qualidade de nulo. **2** *pop* Pessoa insignificante, sem nenhum valor.
nu.lo (*lat nullu*) *adj* **1** Nenhum. **2** Que não é válido. **3** Sem efeito ou valor: *Contrato nulo.*
num Combinação da preposição *em* com o artigo indefinido *um*: *O pobre homem mora num barraco.*
nu.me.ra.ção (*lat numeratione*) *sf* **1** Ato ou efeito de numerar. **2** *Arit* Arte de ler e escrever os números. **3** Série de números que distinguem as páginas de livros etc. *Pl: numerações.*
nu.me.ra.dor (*numerar+dor*) *adj* Que numera. • *sm* **1** Aquele que numera. **2** *Arit* Termo de uma fração ordinária, que fica sobre o denominador, ambos separados por um traço horizontal. **3** Instrumento para numerar.
nu.me.ral (*número+al¹*) *adj m+f* **1** Que se refere a número. **2** Que designa um número. • *sm Gram* Classe de palavras, símbolos ou grupo de símbolos que representam um número. *Numeral cardinal:* o

que exprime quantidade absoluta: *2, 9, 27*. *Numeral fracionário:* o que designa quantidade fracionária: *meio, terço, quarto*. *Numeral multiplicativo:* o que indica quantidade multiplicativa: *duplo, triplo, quádruplo*. *Numeral ordinal:* o que exprime ordem ou série: *primeiro, segundo, terceiro, quarto*. *Pl: numerais.*

nu.me.rar (*lat numerare*) *vtd* **1** Indicar, distinguir por meio de números; dispor por ordem numérica. **2** Calcular, verificar o número, a quantidade. **3** Contar, incluir. *Conjug – Pres indic: numero, numeras (mé)* etc. *Cf número.*

nu.me.rá.rio (*lat numerariu*) *adj* Relativo a dinheiro. • *sm* Dinheiro; moeda.

nú.me.ro (*lat numeru*) *sm* **1** Expressão da quantidade. **2** Quantidade, abundância, cópia. **3** Fascículo. **4** Exemplar de uma publicação periódica. **5** Bilhete de loteria. **6** *Gram* Indicação do singular e do plural das palavras.

nu.me.ro.lo.gi.a (*número+logo+ia¹*) *sf Ocult* Estudo da significação e influência dos números na vida das pessoas.

nu.me.ro.lo.gis.ta (*numerólogo+ista*) *adj* e *s m+f* Diz-se de, ou especialista em numerologia.

Nú.me.ros *sm pl Bíblia* Quarto livro do Pentateuco.

nu.me.ro.si.da.de (*numeroso+i+dade*) *sf* **1** Qualidade de numeroso. **2** Grande número.

nu.me.ro.so (*ô*) (*lat numerosu*) *adj* **1** Em grande número. **2** Abundante, copioso. *Pl: numerosos (ó).*

nu.mis.má.ti.ca (*gr noumismatiké*) *sf* Estudo sobre moedas e medalhas de todos os tempos e países.

nun.ca (*lat nunquam*) *adv* Em tempo algum; jamais: *Nunca vi aquele homem*. *Nunca mais:* em tempo nenhum futuro: *Peço-lhe que nunca mais me procure.*

nún.cia (de *núncio*) *sf* **1** Anunciadora, mensageira. **2** Precursora.

nun.ci.a.tu.ra (de *núncio+ura*) *sf* **1** Cargo ou dignidade de núncio. **2** Residência de núncio.

nún.cio (*lat nuntiu*) *sm* **1** Anunciador, mensageiro. **2** Precursor. **3** Embaixador do papa.

nup.ci.al (*núpcias+al¹*) *adj m+f* Que se refere a núpcias. *Pl: nupciais.*

núp.cias (*lat nuptias*) *sf pl* **1** Casamento, matrimônio; bodas. **2** Celebração da cerimônia do casamento.

nu.tri.ção (*lat nutritione*) *sf* **1** Ato ou efeito de nutrir(-se). **2** Conjunto de fenômenos biológicos (ingestão, digestão e absorção) que contribuem para a alimentação. *Pl: nutrições.*

nu.tri.ci.o.nal (*ingl nutritional*) *adj m+f* Relativo à nutrição ou ao nutricionismo. *Pl: nutricionais.*

nu.tri.ci.o.nis.mo (*nutricional+ismo*) *sm* Estudo da nutrição e das propriedades dos alimentos.

nu.tri.ci.o.nis.ta (*ingl nutritionist*) *adj m+f* **1** Que se refere ao nutricionismo. **2** Que se ocupa do nutricionismo. • *sm+f* Especialista em planejamento nutricional.

nu.tri.dor (*nutrir+dor*) *adj* + *sm* Que, ou aquele que nutre.

nu.tri.ên.cia (*nutriente+ência*) *V nutrimento.*

nu.tri.en.te (*lat nutriente*) *adj m+f V nutritivo.* • *sm* Substância nutriente.

nu.tri.fi.car (*lat nutrificare*) *V nutrir.*

nu.tri.li.da.de (*nutrir+il+i+dade*) *sf Biol* Propriedade que os seres vivos têm de se alimentar.

nu.tri.men.tal (*lat nutrimentale*) *adj m+f* Próprio para nutrir; nutritivo. *Pl: nutrimentais.*

nu.tri.men.to (*lat nutrimentu*) *sm* **1** Alimentação, nutrição. **2** Alimento, sustento.

nu.trir (*lat nutrire*) *vtd* e *vpr* **1** Alimentar(-se), sustentar(-se): *Nutrir o corpo. Nutrir-se de vegetais.* **2** Desenvolver(-se), educar(-se), instruir(-se): *O professor nutre a inteligência dos alunos.*

nu.tri.ti.vo (*lat nutritu+ivo*) *adj* **1** Que serve para nutrir; que nutre; nutriente. **2** Que se refere à nutrição.

nu.triz (*lat nutrice*) *sf* A mulher que amamenta. • *adj* Que alimenta. *Pl: nutrizes.*

nu.tro.lo.gi.a (*lat nutr(ire)+logo+ia¹*) *sf Med* Ramo da medicina que se ocupa da nutrição.

nu.tró.lo.go (*lat nutr(ire)+logo*) *sm* Especialista em nutrologia.

nu.vem (*lat nube*) *sf* **1** *Meteor* Massa de vapores de água condensados na atmosfera em gotículas, com formas e cores variadas. **2** *por ext* Porção de fumaça ou pó que se eleva no ar. **3** *fig* Grande multidão, grande quantidade de coisas em movimento: *Nuvem de soldados; nuvem de gafanhotos. Estar nas nuvens:* estar desatento.

nu.vi.o.so (*ô*) (*nuvem+oso*) *adj* Nublado, nebuloso. *Pl: nuviosos (ó).*

nylon (*náilon*) (*ingl*) V náilon.

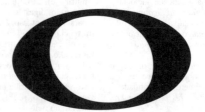

o¹ (*ó*) *sm* **1** Décima quinta letra do alfabeto português, vogal. **2** Minúsculo e colocado à direita e ao alto de um número, indica que esse número é ordinal, ou designa grau ou graus: *Artigo 4º da lei...; 360°* (graus). • *num* O décimo quinto numa série indicada pelas letras do alfabeto.
o² (*lat illu*) *art def* Indica substantivo masculino singular.
o³ (*lat illu*) *pron* Variação átona do pronome *ele*, forma de objeto direto: *Convidei-o*.
o⁴ (*lat illu*) *pron dem* Equivalente a: 1) *aquele*: *Chame o que tiver espírito de liderança*; 2) *aquilo*, quando se refere a coisas: *vê o que fazes*; 3) *isso* (neutro), com referência a um adjetivo ou a um sentido: *Os maus nem sempre o são. Você será tão feliz quanto o desejo*.
o⁵ *partícula expletiva* Antes de *que*, nas interrogações e exclamações: *O que é a vida? O quê! Qual o quê!*
ó *interj* Indica invocação ou chamamento: *Ó menino, chame seu pai*. Var: *ô*.
OAB Sigla da *Ordem dos Advogados do Brasil*.
o.á.sis (*gr óasis*) *sm sing* e *pl* **1** Terreno fértil e coberto de vegetação que fica no meio de um deserto. **2** *fig* Lugar ou coisa agradável. **3** Aquilo que traz alívio, consolo ou prazer a uma situação de muitos desgostos.
o.ba! (*ô*) *V opa!*
ob.ce.ca.do (*part* de *obcecar*) *adj* **1** Que se obcecou; cego. **2** Que insiste no erro. **3** Com a inteligência obscurecida.
ob.ce.car (*lat obcecare*) *vtd* **1** Tornar cego. **2** *fig* Cegar, obscurecer o entendimento de: *Uma louca paixão o obcecou*. **3** Induzir a erro ou a persistir nele: *Ela o obcecava a uma atitude incorreta*. Conjug – Pres subj: *obceque, obceques* etc.; Pret perf: *obcequei, obcecaste* etc.
o.be.de.cer (*lat vulg *oboediscere, inc* de *oboedire*) *vti* e *vint* **1** Cumprir as ordens de: *Os filhos devem obedecer aos pais. Alguns alunos obedeceram, outros não*. *vti* **2** Estar sob a autoridade de; ficar sujeito a: *Os soldados obedecem ao comandante*. *vti* **3** Cumprir, observar: *Obedecer a um regulamento*. *vti* **4** Deixar-se governar ou conduzir por: *Este cavalo já não obedece ao freio*.
Esse verbo deve ser usado com a preposição **a**: **obedecer à** sinalização, **obedecer às** ordens etc., a exemplo do verbo **desobedecer**: *desobedecer aos mais velhos*, **desobedecer ao** *regulamento* etc.
o.be.di.ên.cia (*lat oboedientia*) *sf* **1** Submissão à autoridade de alguém. **2** Tendência para obedecer; costume de obedecer.

o.be.di.en.te (*lat obediente*) *adj m+f* **1** Que obedece; que presta obediência a alguém; que se submete. **2** Disposto a obedecer; dócil: *Filhos obedientes*.
o.be.lis.co (*gr obeliskós*) *sm* **1** Monumento que tem o formato de pilar, com seu ponto mais alto em forma de pirâmide. **2** Qualquer objeto alto semelhante a esse monumento.
o.be.si.da.de (*lat obesitate*) *sf Med* Excesso de gordura no corpo.
o.be.so (*lat obesu*) *adj* **1** Que sofre de obesidade. **2** Muito gordo.
ó.bi.ce (*lat obice*) *sm* **1** Impedimento, obstáculo. **2** Dificuldade.
ó.bi.to (*lat obitu*) *sm* Falecimento; morte de alguém; passamento. *Antôn*: nascimento.
o.bi.tu.á.rio (*óbito+ário*) *adj* Que diz respeito a óbito. • *sm* Registro de óbitos.
o.bi.tu.a.ris.ta (*obituário+ista*) *s m+f* Quem faz o registro de óbitos; quem escreve obituários.
ob.je.ção (*lat objectione*) *sf* **1** Ação de objetar. **2** Aquilo que se apresenta como oposição ou desaprovação; argumento contrário; contestação. **3** Dúvida, dificuldade. *Pl*: objeções.
ob.je.tar (*lat objectare*) *vtd* e *vti* **1** Opor-se a: *Objetar uma* (ou *a uma*) *proposta*. *vti* **2** Dizer ou responder com objeção: *Objetei com um compromisso anterior*.
ob.je.ti.va (*fem* de *objetivo*) *sf Fís* **1** Vidro ou lente de um instrumento óptico destinado a observar algum objeto. **2** Em telescópios, microscópios ou câmeras fotográficas, parte que contém a lente (ou sistema de lentes).
ob.je.ti.var (*objetivo+ar¹*) *vtd* **1** Tornar objetivo. **2** Considerar, ter como objetivo.
ob.je.ti.vo (*objeto+ivo*) *adj* Prático, positivo. • *sm* **1** Meta ou alvo que se quer atingir; finalidade. **2** *Mil* Alvo de uma operação militar.
ob.je.to (*lat objectu*) *sm* **1** Coisa material: *Havia na estante vários objetos*. Col: bateria, trem (quando agrupados para o mesmo fim). **2** Motivo, causa. **3** Assunto, matéria. **4** Intenção que se tem em vista. *Objetos de primeira necessidade*: coisas sem as quais não se pode passar (alimentos, instrumentos de trabalho, roupas etc.).
o.bla.ção (*lat oblatione*) *sf* **1** Oferenda que se faz a uma divindade ou aos santos. **2** Qualquer oferecimento. **3** Dádiva, oferta. *Pl*: oblações.
o.bla.ta (*lat oblata*) *sf* **1** Tudo que se oferece a Deus ou aos santos, na igreja. **2** Qualquer oferta piedosa ou respeitosa.
o.blí.qua (*fem* de *oblíquo*) *sf Geom* Reta que forma

com outra, ou com uma superfície, ângulo agudo ou obtuso.

o.blí.quo (*lat obliquu*) *adj* **1** Inclinado sobre uma superfície; que faz sobre uma superfície um ângulo de mais ou de menos de 90 graus. **2** Que vai de lado. **3** Sinuoso, tortuoso.

o.bli.te.ra.ção (*obliterar+ção*) *sf* Ato ou efeito de obliterar(-se). *Pl:* obliterações.

o.bli.te.rar (*lat obliterare*) *vtd* **1** Fazer desaparecer pouco a pouco, mas deixando alguns sinais; suprimir, eliminar: *O tempo obliterou os desenhos da parede*. *vtd* **2** Fazer esquecer: *Nada obliterará estes acontecimentos*. *vpr* **3** Apagar-se o que estava escrito: *Obliterou-se a legenda do quadro*. *vtd* **4** Obscurecer: *O vício oblitera a razão*.

o.blon.go (*lat oblongu*) *adj* **1** Mais comprido que largo; alongado. **2** Elíptico, oval.

ob.nu.bi.la.ção (*obnubilar+ção*) *sf Med* Obscurecimento da consciência causado pela lentidão do pensamento. *Pl:* obnubilações.

ob.nu.bi.lar (*lat obnubilare*) *vtd* **1** Obscurecer, esconder: *Nuvens cinzas obnubilaram o sol*. *vpr* **2** Cobrir-se de névoa, pôr-se em trevas: *Sua vista obnubilou-se*. *vtd* **3** *Med* Causar obnubilação em. Conjugado apenas nas 3ᵃˢ pessoas.

o.bo.é (*fr hautbois*) *sm Mús* Instrumento musical de sopro, de madeira.

ó.bo.lo (*gr obolós*) *sm* Pequena oferta ou esmola.

o.bo.va.do (*ob+ovado*) *adj* Forma em que a parte mais alta é mais larga que a base.

o.bra (*lat opera*) *sf* **1** Resultado de uma ação ou de um trabalho. **2** Ação, feito. **3** Manobra, operação, trabalho. **4** Edifício em construção. **5** Composição ou trabalho artístico ou literário. **6** Conjunto dos trabalhos de um escritor ou artista. *Obra de arte:* objeto artístico bem delineado e benfeito. *Obra póstuma:* obra publicada após a morte do autor. *Ser pau para toda obra:* servir para tudo; quem faz muitas e diferentes coisas.

o.bra-pri.ma *sf* **1** A melhor obra de uma época, de um estilo ou de um autor. **2** Obra perfeita. *Pl:* obras-primas.

o.brar (*lat operari*) *vtd* **1** Transformar em obra; executar, fazer, praticar, realizar: *Obrar maravilhas, obrar proezas*. *vti* e *vint* **2** Fazer qualquer trabalho; realizar uma ação: *Os rebeldes obravam então contra o governo*. *vti* **3** Labutar, trabalhar: *Obrar com as mãos, obrar com a mente*.

o.brei.ra (*obra+eira*) *sf* **1** Operária. **2** Abelha operária.

o.brei.ro (*lat operariu*) *adj + sm* Operário; trabalhador braçal.

o.bri.ga.ção (*lat obligatione*) *sf* **1** Favor, serviço (mais usado no plural): *Dever obrigações a alguém*. **2** Compromisso, dever, encargo. *Pl:* obrigações.

o.bri.ga.do (*part* de *obrigar*) *adj* **1** Imposto por lei. **2** Necessário, forçado. **3** Agradecido, grato, reconhecido. • *interj* Fórmula de agradecimento por serviços ou favores recebidos; agradecido.

o.bri.gar (*lat obligare*) *vtdi* **1** Forçar, constranger: *O pai a obrigou a ficar em casa*. *vpr* **2** Afiançar, responsabilizar-se: *Obrigara-se a pagar os prejuízos*. *vpr* **3** Assumir alguma obrigação; prometer cumprir; sujeitar-se a alguma condição: *Obrigamo-nos a fazer o trabalho*.

o.bri.ga.to.ri.e.da.de (*obrigatório+e+dade*) *sf* Qualidade de obrigatório.

o.bri.ga.tó.rio (*lat obligatoriu*) *adj* **1** Forçoso, que não se pode evitar. **2** Imposto por lei.

obs.ce.no (*lat obscenu*) *adj* **1** Que ofende o pudor. **2** Que é contrário à moral. **3** Impuro, indecente.

obs.cu.ran.tis.mo (*obscurante+ismo*) *sm* **1** Estado do que se encontra na escuridão. **2** Estado de completa ignorância.

obs.cu.re.cer (de *obscuro*) *vtd, vint* e *vpr* **1** Tornar (-se) obscuro; apagar(-se): *O eclipse obscureceu a manhã*. *vtd, vint* e *vpr* **2** Tornar(-se) pouco claro, pouco inteligível: *Com o passar dos anos, as inscrições das sepulturas obscureciam* (ou *obscureciam-se*). *vtd, vint* e *vpr* **3** *fig* Anuviar(-se), entristecer(-se): *O desânimo obscureceu o coração da jovem*. *vtd* **4** Perturbar: *Os barulhos obscureceram seus pensamentos*.

obs.cu.re.ci.men.to (*obscurecer+mento*) *sm* Escassez ou ausência de luz; escuridão.

obs.cu.ri.da.de (*lat obscuritate*) *sf* **1** Obscurecimento, trevas. **2** Falta de clareza nas ideias, nas expressões, no estilo. **3** Incerteza. *Antôn* (acepção 2): *clareza*.

obs.cu.ro (*lat obscuru*) *adj* **1** Que tem pouca ou nenhuma claridade; sombrio, tenebroso. **2** Que não tem brilho; pouco claro. **3** Difícil de entender, confuso: *Estilo obscuro*. **4** Que não se exprime com clareza. **5** Pouco conhecido: *Poeta obscuro*. *Antôn* (acepções 1, 2, 3 e 4): *claro*.

ob.se.dar (*fr obséder*) *vtd* **1** Ficar com uma ideia fixa: *O namoro com a jovem o obseda*. *vtd* **2** Importunar com frequência: *Vive obsedando os colegas*.

ob.se.qui.ar (*ze*) (*obséquio+ar¹*) *vtd* **1** Fazer obséquio, prestar serviços a: *Não media esforços quando se tratava de obsequiar os amigos*. *vtd* e *vtdi* **2** Presentear: *Sempre obsequia os filhos. Obsequiou-o com um livro*. *vtd* **3** Tratar com gentileza e agrado: *Convém obsequiarmos os clientes. Conjug – Pres indic:* obsequio, obsequias (í) etc. *Cf* obséquio.

ob.sé.quio (*zé*) (*lat obsequiu*) *sm* **1** Serviço prestado de boa vontade. **2** Favor, benefício, boa vontade.

ob.se.qui.o.so (*ze*) (*ô*) (*lat obsequiosu*) *adj* **1** Que faz obséquios. **2** Que serve alguém; prestativo. **3** Amável, bondoso. *Pl:* obsequiosos (*ó*).

ob.ser.va.ção (*lat observatione*) *sf* **1** Ato ou efeito de observar. **2** Comunicação breve que serve para explicar alguma coisa. **3** Censura leve; repreensão, advertência. **4** Cumprimento, observância, prática. *Pl:* observações.

ob.ser.va.do (*part* de *observar*) *adj* Que foi alvo de observação.

ob.ser.va.dor (*observar+dor*) *adj + sm* **1** Que, ou aquele que observa ou tem o hábito de observar. **2** Que, ou aquele que olha; espectador.

ob.ser.vân.cia (*lat observantia*) *sf* **1** Cumprimento, observação, prática, uso. **2** Cumprimento rigoroso de deveres; disciplina.

ob.ser.van.do (de *observar*) *sm* Pessoa que se acha sob observação médica.

ob.ser.var (*lat observare*) *vtd* **1** Cumprir ou praticar o que determina alguma lei ou obrigação moral; guardar, obedecer a: *Observar o direito, observar* *um programa*. *vtd* **2** Estudar, examinar, olhar com atenção: *Observar o curso dos astros, observar um eclipse*. *vtd* **3** Notar, ver: *Pôde observar que o assunto não era novo*. *vtdi* **4** Chamar a atenção de alguém para ver; advertir: *Observou-lhe que errar é humano*. *vtd* **5** Censurar de leve: *Não lhe aprovando o comportamento, observei-o amigavelmente*.

ob.ser.va.tó.rio (*observar+ório*) *sm* **1** Mirante. **2** Edifício de onde se pode fazer observações dos astros e das condições do tempo.

ob.ser.vá.vel (*observar+vel*) *adj m+f* Que merece ou pode ser observado. *Pl: observáveis*.

ob.ses.são (*lat obsessione*) *sf* Preocupação constante; ideia fixa. *Pl: obsessões*.

ob.so.le.to (*é*) (*lat obsoletu*) *adj* Que não está mais em uso; antiquado; muito antigo: *Vocábulos obsoletos*. *Antôn: atual, moderno*.

obs.tá.cu.lo (*lat obstaculu*) *sm* **1** Tudo o que impede ou torna difícil fazer alguma coisa; embaraço, impedimento. **2** Barreira: *Saltar obstáculos*.

obs.tan.te (*lat obstante*) *adj m+f* Que impede. *Não obstante:* apesar de; apesar disso, contudo.

obs.tar (*lat obstare*) *vti* **1** Fazer oposição, não deixar realizar; contrariar: *Obstei ao seu desejo de ir ao cinema*. *vtd* e *vti* **2** Causar embaraço a; impedir, servir de obstáculo: *O policial obstou ao suicídio do rapaz*.

obs.te.tra (*der* regressiva de *obstetriz*) *s m+f* Médico ou médica que se dedica à obstetrícia.

obs.te.trí.cia (*lat obstetricia*) *sf Med* Parte da medicina que se ocupa da gravidez e dos partos.

obs.ti.na.ção (*lat obstinatione*) *sf* Teimosia persistente; firmeza, persistência, tenacidade. *Pl: obstinações*.

obs.ti.na.do (*part* de *obstinar*) *adj* **1** Firme, persistente, teimoso. **2** Inflexível, irredutível. **3** Feito com insistência.

obs.ti.nar (*lat obstinare*) *vpr* **1** Insistir, teimar (em algo mau ou errado): *Obstinar-se na culpa, no erro, no ódio*. **2** Entregar-se com persistência a alguma ideia: *Os jovens obstinavam-se em estudar*.

obs.tru.ção (*lat obstructione*) *sf* **1** Ação de obstruir. **2** *Med* Embaraço nos vasos ou canais de um corpo. *Pl: obstruções*.

obs.tru.ir (*lat obstruere*) *vtd* **1** Embaraçar, entupir: *As veias ficaram obstruídas*. **2** Impedir a passagem, a circulação de: *As pedras obstruíam a calçada*. **3** Não deixar realizar; impedir: *Os maus políticos obstruem o progresso do país*. *Conjug – Pres indic: obstruo, obstruis, obstrui, obstruímos, obstruís, obstruem; Pret imp indic: obstruía, obstruías, obstruía, obstruíamos, obstruíeis, obstruíam; Pret perf: obstruí, obstruíste, obstruiu, obstruímos, obstruístes, obstruíram; Pret mais-que-perf: obstruíra, obstruíras, obstruíra, obstruíramos, obstruíreis, obstruíram; Pret imp subj: obstruísse, obstruísses* etc.; *Part: obstruído*.

ob.tem.pe.rar (*lat obtemperare*) *vtd* **1** Responder com simplicidade e humildade: *Obtemperou que não era preciso fazer mais gastos*. *vti* e *vint* **2** Concordar, obedecer, submeter-se, sujeitar-se: *Obtemperou às ordens do chefe*.

ob.ter (*lat obtinere*) *vtd* **1** Alcançar, conseguir (coisa desejada ou pedida): *Não obtiveram do réu a confissão do crime*. **2** Adquirir, conquistar: *Obteve o cargo que desejava*.

ob.tu.ra.ção (*obturar+ção*) *sf Odont* Fechamento de uma cavidade dentária. *Pl: obturações*.

ob.tu.ra.dor (*obturar+dor*) *adj* Que obtura. • *sm* **1** Objeto que serve para obturar ou tapar. **2** *Fot* Mecanismo de câmera fotográfica que regula o tempo em que o filme fica exposto à ação da luz.

ob.tu.rar (*lat obturare*) *vtd* **1** Fechar por meio de obturação: *O dentista obtura cáries*. **2** Entupir, obstruir: *Obturar uma fresta de porta*.

ob.tu.so (*lat obtusu*) *adj* **1** Que não é aguçado ou agudo; que não é bicudo; arredondado. **2** Estúpido, rude. **3** Ignorante e incapaz de compreender alguma coisa. **4** *Geom* Ângulo que tem mais de 90 graus. *Antôn* (acepção 1): *agudo*; (acepções 2 e 3): *perspicaz*.

o.bus (*fr obus*) *sm Mil* **1** Peça de artilharia semelhante a um morteiro comprido. **2** Bomba ou granada lançada pelo obus. *Pl: obuses*.

ób.vio (*lat obviu*) *adj* **1** Claro, manifesto, evidente. **2** Fácil de compreender.

o.ca (*ó*) (*tupi óka*) *sf bras* Moradia de indígenas e caboclos.

o.ca.ra (*tupi okára*) *sf bras* Praça no centro da taba.

o.ca.ri.na (*ital ocarina*) *sf Mús* Instrumento de sopro, feito de barro, que tem sons parecidos com os da flauta.

o.ca.si.ão (*lat occasione*) *sf* **1** Circunstância, acontecimento. **2** Causa, oportunidade. **3** Lazer, tempo disponível. *Pl: ocasiões*.

o.ca.si.o.nal (*lat occasione+al*[1]) *adj m+f* **1** Que serve de ocasião para alguma coisa. **2** Acidental, casual, eventual. *Antôn* (acepção 2): *previsto*. *Pl: ocasionais*.

o.ca.si.o.nar (*lat occasione+ar*[1]) *vtdi* **1** Dar ocasião a, ser motivo de; causar, provocar, originar: *Ocasionar uma reação*. *vtd* **2** Oferecer, proporcionar: *Isto lhe ocasionou a vontade de aprender*. *vpr* **3** Acontecer, suceder.

o.ca.so (*lat occasu*) *sm* **1** O desaparecimento de qualquer astro no horizonte. **2** O pôr do sol; ocidente, poente. **3** *fig* Decadência, declínio, ruína. **4** *fig* Fim, final. **5** *fig* Morte.

oc.ci.pí.cio (*lat occipitiu*) *sm Anat* Parte inferior e posterior da cabeça.

oc.ci.pi.tal (*lat occipitale*) *adj m+f Anat* Relativo ao osso que forma a parede inferior e posterior do crânio. • *sm Anat* O osso occipital. *Pl: occipitais*.

o.ce.â.ni.co (*oceano+ico*[2]) *adj* **1** Que diz respeito ao oceano ou à Oceania. **2** Que é do oceano. **3** Que vive no oceano.

o.ce.a.no (*lat oceanu*) *sm* **1** Extensão de água salgada que cobre a maior parte da Terra. **2** Cada uma das grandes subdivisões em que se dividem essa vasta extensão de água, isto é, o Atlântico, o Índico, o Pacífico, o Glacial Ártico e o Glacial Antártico. **3** *fig* Grande extensão; grande quantidade.

o.ce.a.no.gra.fi.a (*oceano+grafo+ia*[1]) *sf* Ciência que estuda o oceano, os seres que nele vivem e os seus produtos.

o.ce.a.nó.gra.fo (*oceano+grafo*) *sm* Especialista em oceanografia.

o.ce.lo (*lat ocellu*) *sm* **1** Olho pequeno. **2** Cada uma das pintas arredondadas, parecidas com olhos, que

o.ci.den.tal (*lat occidentale*) *adj m+f* **1** Que diz respeito ao ocidente. **2** Que fica no lado do ocidente. **3** Próprio do Ocidente. • *s m+f* Pessoa que habita as regiões do Ocidente. *Antôn: oriental.* *Pl: ocidentais.*

o.ci.den.ta.li.za.do (*part* de *ocidentalizar*) *adj* Que se ocidentalizou; que se adaptou à civilização do Ocidente.

o.ci.den.ta.li.zar (*ocidental+izar*) *vtd* e *vpr* Adaptar(-se) à civilização do Ocidente.

o.ci.den.te (*lat occidente*) *sm* **1** O lado onde se põe o sol; oeste, poente, ocaso. **2 Ocidente** *Geogr* Parte do globo terrestre que fica ao poente.

ó.cio (*lat otiu*) *sm* **1** Descanso, folga do trabalho. **2** Tempo que dura essa folga. **3** Lazer.

o.ci.o.si.da.de (*lat otiositate*) *sf* Falta de trabalho; desocupação, folga. *Antôn: ocupação.*

o.ci.o.so (*ô*) (*lat otiosu*) *adj* **1** Que não tem o que fazer; que não trabalha; desocupado. **2** Preguiçoso, vadio. **3** Em que há ócio; próprio do ócio. **4** Improdutivo, inútil. • *sm* Aquele que se entrega à ociosidade; preguiçoso. *Pl: ociosos (ó).*

o.clu.são (*lat occlusione*) *sf* **1** Ato de fechar; fechamento. **2** *Med* Obliteração de um canal ou de uma abertura natural: *Oclusão intestinal. Pl: oclusões.*

o.co (*ô*) (*der* regressiva do *lat occare*) *adj* **1** Em que não há medula ou miolo. **2** Vazio. **3** Escavado. **4** Sem importância, insignificante: *Palavras ocas.* *Antôn* (acepções 1 e 2): *cheio.* • *sm* Lugar oco, escavado.

o.cor.rên.cia (*lat occurrentia*) *sf* **1** Acontecimento. **2** Encontro, circunstância, ocasião. **3** Fato policial.

o.cor.rer (*lat ocurrere*) *vint* **1** Acontecer, suceder: *O acidente ocorreu em São Paulo. vti* **2** Vir à memória ou ao pensamento: *Nem me ocorreu que ele pudesse tirar uma nota baixa. vti* **3** Correr ao encontro de; aparecer: *Os empregados ocorreram ao chamado do patrão. Conjug:* com raras exceções, é conjugado apenas nas 3ªˢ pessoas.

o.cre (*fr ocre*) *sm* **1** Argila de várias tonalidades pardacentas, usada em pintura. **2** Cada uma das tonalidades dessa argila.

oc.ta.e.dro (*gr oktáedros*) *sm Geom* Sólido de oito faces.

oc.ta.na.gem (*octano+agem*) *sf* Teor de octanos.

oc.ta.no (*octo+ano*) *sm Quím* Hidrocarboneto existente no petróleo e na nafta.

oc.tin.gen.té.si.mo (*lat octingentesimu*) *num* Numeral ordinal correspondente a oitocentos. *Var: octogentésimo.*

oc.to.ge.ná.rio (*lat octogenariu*) *adj + sm* Que, ou quem está na casa dos oitenta anos de idade.

oc.to.gen.té.si.mo (*lat octogentesimu*) V *octingentésimo.*

oc.to.gé.si.mo (*lat octogesimu*) *num* Numeral ordinal correspondente a oitenta.

oc.to.go.nal (*octo+gono+al¹*) *adj m+f* **1** *Geom* Que tem oito ângulos e oito lados. **2** *Esp* A fase de um campeonato em que jogam oito equipes, duas a duas, daí saindo as quatro que vão disputar a semifinal. *Pl: octogonais.*

o.cu.lar (*lat oculare*) *adj m+f* **1** Que diz respeito ao olho ou à vista: *Molést ia ocular.* **2** Que viu, que esteve presente a um acontecimento: *Testemunha ocular.* • *sf* Nos instrumentos ópticos, a lente ou sistema de lentes próximo do olho do observador.

o.cu.lis.ta (*lat+oculu+ista*) *adj* e *s m+f* **1** Diz-se de, ou médico especialista em doenças dos olhos; oftalmologista. **2** Que, ou quem fabrica ou vende óculos.

ó.cu.lo (*lat oculu*) *sm* Instrumento com lentes que aumentam os objetos que estão distantes do observador.

ó.cu.los (*lat oculos*) *sm pl* Conjunto de duas lentes para corrigir defeitos da visão, encaixadas em uma armação própria com duas hastes que se prendem às orelhas.

o.cul.ta.ção (*ocultar+ção*) *sf* **1** Ação de ocultar(-se). **2** *Astr* Passagem de um astro por detrás de outro, de diâmetro maior, que o esconde do observador. *Pl: ocultações.*

o.cul.tar (*lat ocultare*) *vtd* **1** Não deixar ver ou não contar; encobrir, esconder: *Ocultar a realidade.* *vtd* **2** Disfarçar: *Ocultar um defeito físico. vpr* **3** Esconder-se. *Conjug – Part: ocultado e oculto.*

o.cul.tas (de *oculto*) *sf pl* Usa-se na locução adverbial *às ocultas*, que significa às escondidas, de modo oculto.

o.cul.tis.mo (*oculto+ismo*) *sm* Estudo das coisas e fenômenos para os quais as leis naturais ainda não deram explicação; esoterismo.

o.cul.tis.ta (*oculto+ista*) *adj* Referente ao ocultismo. • *s m+f* Pessoa que se dedica ao ocultismo.

o.cul.to (*lat occultu*) *adj* **1** Encoberto, escondido. **2** Desconhecido. **3** Disfarçado. **4** Misterioso, sobrenatural. *Antôn: manifesto, conhecido.*

o.cu.pa.ção (*lat occupatione*) *sf* **1** Ação de ocupar, ou de tomar posse de qualquer coisa. **2** Emprego, modo de vida, ofício, profissão, serviço, trabalho. *Antôn* (acepção 1): *abandono;* (acepção 2): *ociosidade. Pl: ocupações.*

o.cu.pa.ci.o.nal (*ocupação+al¹*) *adj m+f* Que diz respeito a ocupação, trabalho: *Terapia ocupacional. Pl: ocupacionais.*

o.cu.pan.te (de *ocupar*) *adj* e *s m+f* Que, ou quem ocupa.

o.cu.par (*lat occupare*) *vtd* **1** Apoderar-se de; tornar-se dono de; tomar posse de: *Os bandeirantes ocuparam muitas extensões de território. vtd* **2** Tomar assento em: *Ocupar uma cadeira, ocupar o trono. vtd* **3** Dominar: *O amor sempre lhe ocupou o coração. vtd* **4** Conquistar, obter. *vtd* **5** Estabelecer-se por ocupação militar em uma praça, um forte ou um país. *vtd* **6** Cobrir todo o espaço de; encher; tomar (lugar no espaço): *Os convidados ocuparam todo o salão. vtd* **7** Tomar o lugar de: *Já ocupou a presidência na assembleia legislativa. vpr* **8** Consumir ou gastar o tempo com: *Ocupou-se em organizar um álbum de figurinhas. vtd* **9** Desempenhar, exercer: *Ocupava as funções de diretor. vtd* **10** Dar ocupação ou trabalho a; incumbir de: *Ocupa poucos empregados em sua indústria.*

o.da.lis.ca (*fr odalisque*, do *turco odalyk*) *sf* **1** Escrava a serviço do harém de um sultão. **2** Amante de um sultão.

o.de (*gr ode*) *sf Lit* **1** Composição poética que se divide em estrofes simétricas. **2** Composição em verso para ser cantada.

o.di.ar (*ódio+ar*[1]) *vtd* **1** Ter ódio a: *Odiava os hipócritas*. *vtd* **2** Abominar, sentir aversão ou repugnância por: *Odiamos a mentira*. *vtdi* **3** Indispor, intrigar: *Odiar uma pessoa com outra*. *vpr* **4** Ter, sentir raiva de si mesmo: *Odiava-se por ter agido daquela forma*. *Antôn: amar*. *Conjug:* verbo irregular; troca o *i* pelo ditongo *ei* na 1ª, 2ª e 3ª pessoas do singular e 3ª pessoa do plural do presente do indicativo e do subjuntivo e na 2ª e 3ª pessoas do singular e 3ª do plural do imperativo afirmativo e negativo. Esse ditongo *ei* permanece com o som fechado e não leva acento gráfico. *Pres indic: odeio, odeias, odeia, odiamos, odiais, odeiam; Pret imp indic: odiava, odiavas, odiava* etc.; *Pret perf: odiei, odiaste, odiou, odiamos, odiastes, odiaram; Fut pres: odiarei, odiarás* etc.; *Fut pret: odiaria, odiarias, odiaria, odiaríamos, odiaríeis, odiariam; Pres subj: odeie, odeies, odeie, odiemos, odieis, odeiem; Pret imp subj: odiasse, odiasses* etc.; *Fut subj: odiar, odiares, odiar, odiarmos, odiardes, odiarem; Imper afirm: odeia(tu); odeie(você), odiemos(nós), odiai(vós), odeiem(vocês); Imper neg: não odeies(tu), não odeie(você)* etc.; *Infinitivo impess: odiar; Infinitivo pess: odiar, odiares* etc.; *Ger: odiando; Part: odiado*.

ó.dio (*lat odiu*) *sm* **1** Rancor profundo que se sente por alguém ou por alguma coisa. **2** Aversão, raiva. **3** Antipatia. *Antôn: amor, afeto*.

o.di.o.so (*ó*) (*lat odiosu*) *adj* **1** Que provoca o ódio. **2** Detestável, abominável. **3** Que causa profunda aversão ou desprezo. • *sm* Aquilo ou aquele que provoca o ódio. *Pl: odiosos (ó)*.

o.dis.sei.a (*é*) (*gr Odysseía*) *sf* **1** Viagem cheia de aventuras extraordinárias. **2** Qualquer narração de aventuras extraordinárias. **3** Título de um poema de Homero, poeta da Grécia antiga, que conta as aventuras de Ulisses ao retornar à pátria, após a tomada de Troia.

o.do.be.ní.deos *sm pl Zool* Família de mamíferos marinhos que têm a pele quase sem pelos e forrada de grossa camada de gordura. Inclui as morsas e as focas.

o.do.na.tos *sm pl Entom* Classe de insetos da qual fazem parte as libélulas.

o.don.to.lo.gi.a (*odonto+logo+ia*[1]) *sf* Parte da medicina que trata dos dentes, suas doenças e higiene.

o.don.to.ló.gi.co (*odonto+logo+ico*[2]) *adj* Que diz respeito à odontologia.

o.don.to.lo.gis.ta (*odonto+logo+ista*) *adj* e *s m+f* Especialista em odontologia; dentista, odontólogo.

o.don.tó.lo.go (*odonto+logo*) *V* odontologista.

o.don.tos.co.pi.a (*odonto+scopo+ia*[1]) *sf Odont* Exame realizado com o odontoscópio.

o.don.tos.có.pio (*odonto+scopo+io*) *sm Odont* Tipo especial de espelho utilizado para examinar os dentes.

o.dor (*lat odore*) *sm* Cheiro, aroma, fragrância, perfume.

o.do.ran.te (*lat odorante*) *adj m+f* Que exala odor; odorífero.

o.do.rí.fe.ro (*odori+fero*) *V* odorante.

o.dre (*ô*) (*lat utre*) *sm* Saco de couro usado para transportar líquidos.

o.es.te (*anglo-saxão west*) *sm* **1** Ponto cardeal que fica do lado onde o sol se põe; ocidente, poente. *Abrev: W.* ou *O*. **2** O vento que sopra desse ponto. • *adj* **1** Que diz respeito ao poente. **2** Que sopra do lado do poente: *Tivemos dois dias de ventos oestes*.

o.fe.gan.te (*lat offocante*) *adj m+f* **1** Que está ofegando. **2** Ansioso, ávido.

o.fe.gar (*lat offocare*) *vint* **1** Respirar com dificuldade ou com ruído por causa de cansaço: *Chegou apressado, ofegando*. **2** Produzir ruído semelhante a ofego: *Na subida a locomotiva ofegava*.

o.fe.go (*ê*) (de *ofegar*) *sm* Respiração difícil ou ruidosa por cansaço, opressão ou doença.

o.fen.der (*lat offendere*) *vtd* e *vpr* **1** Ferir(-se), machucar(-se): *Ofendeu-se seriamente na queda*. *vpr* **2** Ficar ofendido, considerar-se insultado: *Ofendeu-se porque foi chamado de tolo*. *vtd* **3** Não respeitar, violar: *Ofender a moralidade, as tradições*. *vtdi* **4** Pecar contra: *Ofender a Deus*. *vpr* **5** Escandalizar-se: *Ofendeu-se com as duras palavras do amigo*. *vtd* **6** Aborrecer, desagradar: *Nada ofende mais do que a mentira*.

o.fen.di.do (*part* de *ofender*) *adj* **1** Que sofreu ofensa. **2** Prejudicado. • *sm* Aquele que sofreu ofensa.

o.fen.sa (*lat offensa*) *sf* **1** Dano, insulto. **2** Pecado, falta. **3** Mágoa, ressentimento.

o.fen.si.va (*fem* de *ofensivo*) *sf* **1** Ação ou situação de quem ataca; ataque. **2** Iniciativa no ataque. *Antôn: defensiva*.

o.fen.si.vo (*ofenso+ivo*) *adj* **1** Que ofende (física ou moralmente). **2** Que ataca, agride. **3** Agressivo, prejudicial.

o.fen.sor (*lat offensore*) *adj* Que ofende. • *sm* Indivíduo que ofende; agressor.

o.fe.re.cer (*lat vulg *offerescere, inc* de *offerre*) *vtd* **1** Apresentar ou propor, como presente ou empréstimo: *Oferecer a casa, oferecer dinheiro, oferecer os préstimos*. *vtd* **2** Prestar-se ou propor-se a fazer alguma coisa: *Ele ofereceu sua ajuda*. *vtd* **3** Dar, proporcionar: *Esta fechadura oferece segurança máxima*. *vtdi* **4** Pôr à disposição ou ao serviço de: *Ofereço-lhe o meu automóvel*. *vpr* **5** Arriscar-se, expor-se: *Os rapazes ofereciam-se aos maiores perigos*.

o.fe.re.ci.men.to (*oferecer+mento*) *sm* **1** Manifestação da vontade de servir, de ser útil ou agradável. **2** Oferta. **3** Dedicatória.

o.fe.ren.da (*lat offerenda*) *sf* **1** Aquilo que se oferece. **2** Oblata, oferta.

o.fer.ta (*lat *offerta*, por *oblata, part* de *oferre*) *sf* **1** Oferecimento. **2** Oblação, oferenda. **3** Com Produto que é anunciado a um preço baixo, para atrair clientes.

o.fer.tar (*oferta+ar*[1]) *vtd* e *vtdi* **1** Apresentar, dar como oferta; oferecer: *Seus amigos ofertaram-lhe um banquete*. *vpr* **2** Dar-se, oferecer-se: *O Sol oferta-se diariamente como fonte de vida, saúde e alegria para todos*.

o.fer.tó.rio (*lat offertoriu*) *sm Liturg* Parte da missa em que o padre recita orações e faz ritos ao oferecer o pão e o vinho.

off (*óf*) (*ingl*) • *adv* Usado na locução adverbial *em off*. *Em off:* sem aparecer (a pessoa que fala, na tela da TV, por exemplo): *O repórter, em off, narrava as cenas gravadas*.

office-boy (*ófici-bói*) (*ingl*) *sm* Rapaz que, em um escritório, faz pequenas tarefas de rua e internas; moço de escritório.

off-line (óf-laine) (ingl) adv Inform Sem conexão (terminal ou dispositivo) com um processador central. • adj Inform **1** Diz-se de equipamento que está fora do ar. **2** Em transmissão de dados, diz-se do estado de um equipamento quando não está ligado à rede de telecomunicações.

offset (óf-séti) (ingl) sm Tip Processo de impressão em que a imagem, gravada numa folha de metal flexível, geralmente zinco ou alumínio, é transferida para o papel por meio de um cilindro de borracha. Var: ofsete.

off-side (óf-sáide) (ingl) sm Fut A posição de impedimento de um jogador.

o.fi.ci.al (lat officiale) adj m+f **1** Que é proposto por autoridade ou que provém dela. **2** Que provém do governo. • sm Mil Militar que tem patente superior à de sargento, no Exército, e à de suboficial, na Marinha e na Aeronáutica. Oficial de justiça: funcionário da justiça que, por ordem do juiz, faz citações, intimações etc. Pl: oficiais.

o.fi.ci.a.li.za.ção (oficializar+ção) sf Ação de oficializar, de submeter à orientação do Estado. Pl: oficializações.

o.fi.ci.a.li.zar (oficial+izar) vtd Tornar oficial; dar aprovação ou caráter oficial a.

o.fi.ci.ar (ofício+ar¹) vint **1** Rel Celebrar o ofício religioso: O cônego ali oficiava, há muito tempo. vti **2** Dirigir, endereçar um ofício a (alguém): Oficiamos ao ministro da Educação. vtd **3** Ajudar a cantar ou celebrar: Oficiar a missa. Conjug – Pres indic: oficio, oficias (cí) etc. Cf ofício.

o.fi.ci.na (lat officina) sf **1** Lugar onde se fazem consertos de quaisquer aparelhos. **2** Casa ou local onde funciona o maquinismo de uma fábrica. **3** Lugar onde se consertam veículos (automóveis, caminhões etc.).

o.fí.cio (lat officiu) sm **1** Cargo ou emprego. **2** Qualquer arte manual ou mecânica. **3** Encargo, incumbência, papel. **4** Liturg As horas canônicas. **5** Dir Comunicação em forma de carta enviada pelas autoridades, associações e secretarias sobre assunto de serviço público ou particular.

o.fi.ci.o.so (ô) (lat officiosu) adj **1** Que não é oficial; particular. **2** Aquilo que, apesar de não ter característica oficial, tem origem em fontes oficiais. Notícia oficiosa: informação que é obtida junto a órgãos do Governo sem que se possa dar caráter oficial a ela. Pl: oficiosos (ó).

o.fi.di.co (ofídio+ico²) adj **1** Que se refere a serpente. **2** Próprio de serpente.

o.fí.dio (gr ophídion, dim de ophís, ídos) adj Semelhante a serpente. • sm Espécime dos ofídios. sm pl Subordem de répteis que compreende todas as serpentes.

o.fi.dis.mo (ofídio+ismo) sm **1** Estudo do veneno das serpentes. **2** Efeitos desse veneno.

of.se.te (ingl offset) V offset.

of.tal.mi.a (gr ophthalmía) sf Med Nome de diversas enfermidades dos olhos, especialmente as conjuntivites graves.

of.tal.mo.lo.gi.a (oftalmo+logo+ia¹) sf Med Ramo da ciência médica que trata do estudo dos olhos e das suas doenças.

of.tal.mo.ló.gi.co (oftalmo+logo+ico²) adj Relativo à oftalmologia.

of.tal.mo.lo.gis.ta (oftalmo+logo+ista) adj e s m+f Especialista em oftalmologia; oculista.

o.fus.car (lat offuscare) vtd **1** Encobrir, obscurecer, ocultar: A neblina ofuscava as casas. vtd, vint e vpr **2** Deslumbrar(-se), tornar(-se) escuro: Os relâmpagos ofuscavam a vista. vtd **3** fig Fazer sombra a; suplantar: As realizações deste governo ofuscaram as dos anteriores. vtd **4** Encantar extraordinariamente: A beleza do palácio ofuscou o mendigo. vtd **5** Encobrir, esconder: Tentava ofuscar a decadência em que caíra.

o.gi.va (fr ogive) sf **1** Arquit Figura formada pelo cruzamento de dois arcos iguais que se cortam na parte superior. **2** Parte da frente de um projétil, foguete ou veículo espacial. Dim: ogiveta.

o.gre (ô) (fr ogre) sm V bicho-papão. Var: ogro.

o.gro (fr ogre) V ogre.

O.gum (ioruba Ogún) sm bras Rel Filho de Iemanjá; orixá poderoso, lutador, guerreiro.

oh! interj Exprime alegria, contrariedade, desejo, dor, espanto, indignação, saudade, surpresa.

ohm (ome) (de Ohm, np) sm Eletr Unidade de medida de resistência elétrica.

oi! interj Exprime espanto, resposta a um chamamento; é usada também quando não se ouviu bem o que foi dito ou perguntado e como saudação popular.

oi.ro (lat auru) V ouro.

oi.tan.te (de oito) sm **1** Oitava parte do círculo; arco de 45 graus. **2** Distância de 45 graus entre o Sol e outro astro. **3** Instrumento náutico para medir alturas e distâncias.

oi.tão (lat vulg *altanu) sm Parede lateral de uma casa, erguida sobre a linha que divide o lote. Var: outão. Pl: oitões.

oi.ta.va (de oitavo) sf **1** Cada uma das oito partes iguais de um todo. **2** Mús Conjunto de oito notas sucessivas. **3** Mús Intervalo entre duas notas do mesmo nome, subindo ou descendo o tom. **4** Metrif Estrofe de oito versos. Oitava de final, Esp: em torneios em que há eliminação de equipes, rodada em que oito duplas de times disputam a classificação às quartas de final.

oi.ta.va.do (oitavo+ado¹) adj Que tem oito faces ou quinas; octogonal.

oi.ta.var (oitavo+ar¹) vtd **1** Dar oito faces ou quinas a; tornar oitavado: Oitavar uma peça, um cano. **2** Dividir em oito partes iguais: Oitavar uma herança. **3** Mús Dividir em oitavas.

oi.ta.vo (lat octavu) num Numeral ordinal e fracionário correspondente a oito. • sm Cada uma das oito partes iguais em que se divide um todo.

oi.ten.ta (lat octoginta) num Dez vezes oito. • sm O último numa série de oitenta.

oi.ti.ci.ca (tupi uitysýka) sf Bot Árvore brasileira cujas sementes produzem um óleo industrial.

oi.ti.va (lat auditiva) sf V ouvido, audição.

oi.to (lat octo) num Cardinal correspondente a oito unidades. • sm O algarismo 8.

oi.to.cen.tis.mo (oitocentos+ismo) sm Estilo ou escola dos oitocentistas.

oi.to.cen.tis.ta (oitocentos+ista) adj m+f **1** Referente ao oitocentismo, ou ao século XIX. **2** Diz-se

de escritor ou artista desse século. • *s m+f* Escritor ou artista do século XIX.
o.je.ri.za (*cast ojeriza*) *sf* **1** Antipatia. **2** Ódio, raiva de uma pessoa ou coisa.
o.la (*esp*) (*lat olla*) *sf* Comemoração que torcedores de jogos esportivos fazem, movimentando os braços para cima e para baixo, dando a impressão de uma onda.
o.lá! (*ó+lá²*) *interj* Serve para chamar, para saudar, e também exprime admiração ou espanto.
o.la.ri.a (*lat olla+aria*) *sf* Fábrica de louça de barro, manilhas, telhas e tijolos.
o.lé *sm Fut* Série de jogadas ou dribles habilidosos com que uma equipe envolve a outra, deixando-a totalmente batida. • *interj* Exclamação utilizada pela torcida para festejar essas jogadas.
o.lé! *interj* **1** Exprime afirmação. **2** *V olá!*
o.le.a.do (*óleo+ado¹*) *adj* Que tem óleo. • *sm* Pano impermeável; encerado.
o.le.a.gi.no.so (*ô*) (*lat oleaginu+oso*) *adj* **1** Que contém óleo. **2** Que é da natureza do óleo. **3** De que se extrai óleo. *Pl: oleaginosos* (*ó*).
o.le.ar (*óleo+ar²*) *vtd* **1** Untar ou cobrir com óleo. **2** Impregnar de uma substância oleosa. Conjuga-se como *frear*.
o.lei.cul.tor (*olei+cultor*) *sm* Aquele que se dedica à oleicultura.
o.lei.cul.tu.ra (*olei+cultura*) *sf* **1** Cultura das oliveiras. **2** Indústria da fabricação, tratamento e conservação do azeite.
o.lei.ro (*lat ollariu*) *sm* **1** Aquele que trabalha em olaria. **2** Dono de olaria.
ó.leo (*lat oleu*) *sm* **1** Líquido gorduroso e comestível que se extrai da soja, do caroço do algodão, do amendoim etc. **2** *Quím* Nome dado a substâncias gordurosas, líquidas sob temperatura normal, de origem mineral, animal ou vegetal, empregadas nas mais variadas finalidades.
o.le.o.du.to (*óleo+lat ductu*) *sm* Linha de grandes tubos, equipados com bombas, que conduz o petróleo e seus derivados a grandes distâncias.
o.le.o.gra.vu.ra (*óleo+gravura*) *sf* **1** Reprodução, pela gravura, de um quadro pintado a óleo. **2** A estampa obtida por esse processo.
o.le.o.so (*ô*) (*óleo+oso*) *adj* Que tem óleo; gorduroso, untuoso. *Pl: oleosos* (*ó*).
o.le.ri.cul.tor (*lat oleri+cultor*) *adj + sm* Que, ou aquele que se dedica à olericultura.
o.le.ri.cul.tu.ra (*lat oleri+cultura*) *sf* Cultura de legumes.
ol.fa.ti.vo (*olfato+ivo*) *adj* **1** Que serve para o olfato. **2** Relativo ao olfato.
ol.fa.to (*lat olfactu*) *sm* **1** Sentido pelo qual se percebe o cheiro. **2** Cheiro, faro.
o.lha.da (*part de olhar*) *V olhadela*.
o.lha.de.la (*olhar+dela*) *sf pop* Ação de olhar ligeiramente; lance de olhos.
o.lhar (*lat adoculare*) *vtd* **1** Fixar os olhos em; mirar: *Ficou olhando os carros que passavam pela rua*. *vpr* **2** Mirar-se, ver-se: *Olhar-se no espelho*. *vtd* **3** Estar em frente de: *Sua janela olhava o largo da Matriz*. *vtd* **4** Estudar, examinar, observar, pesquisar, sondar: *Olhava as estrelas, procurando encontrar algum cometa*. *vtd* **5** Cuidar de; proteger: *Do banco da praça olhava as crianças*. • *sm*

1 Ação de olhar; movimento dos olhos, próprio para ver. **2** Aspecto dos olhos; modo de olhar. *Conjug – Pres indic: olho, olhas (ó) etc. Cf olho*.
o.lhei.ras (de *olho*) *sf pl* Manchas arroxeadas nas pálpebras inferiores, devido a cansaço, insônia ou sofrimento físico ou moral.
o.lhei.ro (*olho+eiro*) *sm* **1** Pessoa que olha ou vigia certos trabalhos. **2** Aquele que tem a responsabilidade de tomar nota do que vê; informante. **3** Nome que se dá às aberturas dos buracos dos formigueiros.
o.lho (*lat oculi*) *sm* **1** *Anat* Órgão da visão. **2** Olhar, vista. **3** *Cuidado*, vigilância. **4** Buraco ou furo onde se enfiam linhas ou fios. **5** *Arquit* Abertura redonda ou oval, nos tetos ou paredes dos edifícios, para lhes dar claridade. *Abrir o olho:* tomar cuidado para não ser enganado. *Abrir os olhos:* procurar conhecer as coisas como são, para tirar proveito e evitar que possam prejudicar. *Abrir os olhos de:* fazer ver. *A olho nu:* apenas com os olhos, sem a ajuda de qualquer instrumento óptico. *A olhos vistos:* de modo que todos vejam; visivelmente. *Comer com os olhos:* cobiçar. *Crescer o olho em:* invejar, cobiçar. *Custar os olhos da cara:* ser muito caro. *De olhos fechados:* a) com total confiança; b) sem qualquer dificuldade. *Estar com os olhos em:* vigiar. *Levantar os olhos ao céu:* implorar o auxílio divino. *Não pregar os olhos:* não dormir. *Não tirar os olhos de:* não desviar a vista de; não cessar de contemplar; não deixar de seguir os movimentos de. *Num abrir e fechar de olhos:* rapidamente, num momento. *Olho comprido:* com ambição, gula ou inveja: *Pôr olho comprido em*. *Olho da rua:* lugar indeterminado para onde se manda alguém que se quer expulsar. *Olho de boi:* a) claraboia arredondada; b) selo dos correios, da sua primeira emissão, impressa em 1843, que tinha um desenho semelhante a um olho. *Olho de cabra:* selo dos correios, emitido em 1845, um pouco menor do que o olho de boi. *Olho de gato:* pequena placa luminosa, usada geralmente ao longo de rodovias, que reflete a luz dos faróis, orientando os motoristas durante a noite. *Olho de sogra, Cul:* ameixa ou tâmara seca recheada com doce de coco e coberta com açúcar cristal. *Olho gordo, pop:* mau-olhado. *Olho mágico:* pequena lente circular instalada em portas para permitir que se veja de dentro para fora, sem ser notado. *Olho por olho, dente por dente:* vingar-se aplicando ao agressor as mesmas ofensas e danos que ele praticou. *Olhos rasos d'água:* olhos cheios de lágrimas. *Olho vivo:* agudeza de espírito; esperteza, percepção. *Olho vivo!, interj:* serve para alertar alguém quanto às intenções de outra pessoa. *Passar os olhos:* ler ou ver ligeiramente. *Pôr no olho da rua:* despedir, expulsar.
o.lho-d'á.gua *sm* Nascente de água que brota do solo. *Pl: olhos-d'água*.
o.lho-de-ca.bra *sm bras Bot* Árvore da família das leguminosas, muito comum no Brasil. *Pl: olhos-de-cabra*.
o.li.gar.qui.a (*gr oligarkhía*) *sf* **1** *Sociol* Forma de governo em que o poder está nas mãos de poucas pessoas ou de poucas famílias. **2** Grupo que domina a direção dos negócios públicos.
o.li.go.ce.no (*oligo+ceno⁴*) *adj Geol* Diz-se da

época do Período Terciário entre o Eoceno e o Mioceno. • sm Essa época.

o.li.go.pó.lio (*oligo+(mono)pólio*) *sm Sociol* Sistema de abastecimento em que os produtos que são vendidos estão nas mãos de poucas pessoas, que controlam o mercado da maioria dos produtos e matérias-primas.

o.lim.pí.a.da (*gr olympiás, ádos*) *sf* 1 Competições esportivas internacionais, semelhantes aos jogos olímpicos dos antigos gregos. 2 *Antig gr* Período de quatro anos decorridos entre duas celebrações consecutivas dos jogos olímpicos. *sf pl* Jogos olímpicos modernos, realizados de quatro em quatro anos desde 1896.

o.lím.pi.co (*Olimpo, np+ico²*) *adj* 1 Que se refere ao Olimpo, habitação dos deuses dos antigos gregos. 2 Que diz respeito à cidade de Olímpia, na Grécia antiga, que deu o nome aos jogos olímpicos. 3 Diz-se dos jogos que se realizavam de quatro em quatro anos perto da cidade de Olímpia. 4 *fig* Divino, majestoso, sublime. 5 *Fut* Gol feito diretamente de cobrança de escanteio, sem que nenhum jogador, de uma ou de outra equipe, tenha tocado na bola.

o.lim.po (*top gr Ólympos*) *sm* 1 **Olimpo** *Mit* Morada dos deuses entre os gregos antigos. 2 **Olimpo** *Mit* Conjunto de deuses e deusas no mundo greco-latino. 3 *fig* Céu; paraíso.

o.li.va (*lat oliva*) *sf* Fruto da oliveira; azeitona. • *sm* Cor de azeitona.

o.li.val (*oliva+al¹*) *sm* Plantação de oliveiras. *Pl: olivais.*

o.li.vei.ra (*lat olivaria*) *sf Bot* Árvore que dá a azeitona.

ol.mo (*lat ulmu*) *sm Bot* Árvore da família das ulmáceas, própria do continente europeu.

o.lor (*lat olore*) *sm* Cheiro agradável; aroma, fragrância, perfume.

o.lo.ro.so (*ô*) (*olor+oso*) *adj* Que tem olor; perfumado. *Pl: olorosos (ó).*

ol.vi.dar (*lat vulg oblitare,* derivado do *lat oblivisci*) *vtd* e *vpr* 1 Esquecer(-se), perder de memória: *Olvidar o dever. Olvidou-se do antigo colega. vtd* 2 Desaprender: *O bom soldado não olvida como se usam as armas. Antôn* (acepção 1): *recordar.*

ol.vi.do (*de olvidar*) *sm* 1 Ação de olvidar(-se). 2 *poét* Descanso, repouso, esquecimento.

om.bre.ar (*ombro+ear¹*) *vtd* 1 Pôr ao ombro: *Ombrear o fuzil. vti* e *vpr* 2 Pôr-se ombro a ombro com: *Somente em vésperas de eleição os políticos ombreiam* (ou *ombreiam-se*) *com o povo. vti* e *vpr* 3 Igualar-se; pôr-se em paralelo com: *Já ombreava* (ou *se ombreava*) *o discípulo com o mestre.* Conjuga-se como *frear.*

om.brei.ra (*ombro+eira*) *sf* 1 Peça do vestuário que se coloca sobre os ombros para dar-lhes certa armação. 2 Batente, umbral.

om.bro (*lat umeru*) *sm Anat* Região correspondente às extremidades superiores do úmero e da escápula; espádua.

ombudsman (*ombúdsman*) (*sueco*) *s m+f* 1 Em alguns países de democracia avançada, funcionário do governo que investiga as reclamações do povo contra os órgãos administrativos. 2 *por ext* Funcionário de uma empresa que tem a missão de observar e criticar as falhas desta, pondo-se no lugar do consumidor; ouvidor.

ô.me.ga (*gr o méga*) *sm* 1 Última letra do alfabeto grego. 2 Fim, final. *Antôn* (acepção 2): *alfa.*

o.me.le.te (*é*) (*fr omelette*) *s m+f Cul* Fritada de ovos batidos.

o.me.le.tei.ra (*ometele+eira*) *sf* Frigideira para fazer omelete.

ô.mi.cron (*gr o mikrón*) *sm* Décima quinta letra do alfabeto grego.

o.mis.são (*lat omissione*) *sf* 1 Ação de omitir. 2 Falta, falha. *Pl: omissões.*

o.mis.so (*lat omissu*) *adj* 1 Em que há falta ou esquecimento. 2 Descuidado, desleixado.

o.mi.tir (*lat omittere*) *vtd* e *vpr* 1 Deixar de fazer ou dizer alguma coisa; não mencionar, deixar no esquecimento, de propósito ou não. *vtd* 2 Descuidar-se de fazer.

o.mo.pla.ta (*gr omopláte*) *sf Anat V escápula* (acepção 2).

OMS Sigla de *Organização Mundial da Saúde.*

on.ça¹ (*lat uncia*) *sf* Medida de peso inglesa, equivalente a 28,349 gramas.

on.ça² (*fr once*) *sf Zool* Nome comum a todos os felídeos brasileiros de grande porte. • *adj* e *s m+f* 1 Pessoa valente, que não tem medo, invencível. 2 Pessoa muito feia. 3 Forte, grande. *Do tempo do onça:* antiquado, muito antigo.

on.co.lo.gi.a (*onco+logo+ia¹*) *sf Med* Estudo dos tumores.

on.co.ló.gi.co (*onco+logo+ico²*) *adj* Que diz respeito à oncologia.

on.co.lo.gis.ta (*onco+logo+ista*) *adj* e *s m+f* Diz-se de, ou médico especialista em oncologia; cancerologista.

on.da (*lat unda*) *sf* 1 Porção de água do mar, lago ou rio que se eleva e se desloca; vaga. 2 Grande abundância. 3 Grande aglomeração de gente. 4 *bras* Grande agitação; desordem. 5 *gír* O que é atual, muito bom e bonito. 6 *Fís* Variação periódica mediante a qual pode ocorrer o transporte de energia de um ponto a outro, tal como o som ou a corrente elétrica: *Ondas sonoras. Estar na onda:* acompanhar a modernização em qualquer setor da vida. *Fazer onda, pop:* provocar desassossego, por gosto ou maldade; tumultuar. *Ir na onda:* deixar-se enganar, não resistir; ser enganado por ingenuidade ou boa-fé.

on.de (*lat unde*) *adv* Em que lugar, no lugar em que, em qual lugar.
Veja nota em **aonde.**

on.de.a.do (*part de ondear*) *adj* Que tem ondas; ondulado. • *sm* Coisa que apresenta a forma de ondas.

on.de.ar (*onda+ear¹*) *vint* 1 Fazer ondas ou ondulações: *Agitado pelo vento, o lago ondeava. vint* 2 Transmitir-se em ondas: *Ondeara na classe a notícia sobre a prova. vint* 3 Fazer curvas: *O rio ondeia no meio da mata. vtd* 4 Agitar como ondas: *A brisa ondeava a plantação de trigo. vtd* 5 Dar a aparência de ondas a, tornar ondeado. Conjuga-se como *frear.*

on.du.la.ção (*ondular+ção*) *sf* **1** Movimento das ondas. **2** Figura ou movimento parecido com o da onda. *Pl: ondulações*.

on.du.la.do (*part* de *ondular*) *V ondeado*.

on.du.lar (*lat undulare*) *V ondear*.

o.ne.ra.do (*part* de *onerar*) *adj* **1** Sujeito a ônus. **2** Sobrecarregado.

o.ne.rar (*lat onerare*) *vtd* e *vtdi* **1** Impor ônus a; sujeitar a ônus; sobrecarregar: *Onerar o povo com impostos*. *vpr* **2** Sujeitar-se a ônus: *Oneraram-se com grandes despesas*. *vti* **3** Impor dever ou obrigação humilhantes a. *Antôn: aliviar*.

o.ne.ro.so (*ô*) (*lat onerosu*) *adj* **1** Que impõe ônus; grave, pesado. **2** O que produz despesas, gastos. *Pl: onerosos (ó)*.

ONG Sigla de *organização não governamental*.

ô.ni.bus (*lat omnibus*) *sm sing* e *pl* Grande veículo para transporte (urbano e interurbano) de muitos passageiros, com itinerário estabelecido antecipadamente. *Ônibus clandestino:* ônibus que não pertence às empresas oficiais, isto é, que estão registradas na prefeitura. *Ônibus espacial, Astronáut:* espaçonave tripulada, lançada por meio de um foguete, que depois é abandonado.

o.ni.co.fa.gi.a (*ônico+fago+ia^1*) *sf* Hábito de roer as unhas.

o.ni.po.tên.cia (*lat omnipotentia*) *sf* **1** Qualidade de onipotente. **2** Poder sem limites; poder absoluto.

o.ni.po.ten.te (*lat omnipotente*) *adj m+f* **1** Que pode tudo. **2** Todo-poderoso. • *sm* **Onipotente** Deus.

o.ni.pre.sen.te (*oni+presente*) *adj m+f* Presente em toda parte.

o.ní.ri.co (*oniro+ico^2*) *adj* Que diz respeito a sonhos ou que se parece com eles: *Pensamento onírico*.

o.nis.ci.ên.cia (*lat omniscientia*) *sf* Qualidade de onisciente.

o.nis.ci.en.te (*oni+ciente*) *adj m+f* Que sabe tudo.

o.ní.vo.ro (*oni+voro*) *adj* **1** Que come de tudo. **2** *Zool* Que se alimenta de substâncias animais e vegetais.

ô.nix (*cs*) (*gr ónyx*) *sm sing* e *pl Miner* Tipo de ágata que apresenta camadas paralelas de diferentes cores.

on-line (*on láini*) (*ingl*) *adv Inform* Em conexão (terminal ou dispositivo) e sob o controle de um processador central. • *adj Inform* **1** Diz-se da operação realizada em conexão com outros pontos do sistema, que permite compartilhar informações e colaborar no processamento. **2** Diz-se da conexão por rede a impressoras e servidores.

o.no.más.ti.ca (*gr onomastiké*) *sf* **1** *Gram* Conjunto ou relação de antropônimos e topônimos de uma língua. **2** Estudo que explica os nomes próprios de pessoas e lugares.

o.no.más.ti.co (*gr onomastikós*) *adj* Que diz respeito aos nomes próprios. • *sm V onomástica*.

o.no.ma.to.lo.gi.a (*onômato+logo+ia^1*) *sf* **1** Tratado ou classificação dos nomes. **2** Estudo do significado e formação dos vocábulos científicos.

o.no.ma.to.pai.co (*gr onomatopoiïa+ico^2*) *V onomatopeico*.

o.no.ma.to.pei.a (*é*) (*gr onomatopoiïa*) *sf Gram* Vocábulo cuja pronúncia lembra o som da coisa ou a voz do animal etc. que indica: *tilintar, tim-tim, cacarejar, cocoricar*.

o.no.ma.to.pei.co (*é*) (*onomatopeia+ico^2*) *adj* Em que há onomatopeia.

on.tem (*lat ad nocte*) *adv* **1** No dia anterior ao de hoje. **2** Nos tempos passados. **3** Época recente: *Ainda ontem ele era muito pobre*. • *sm* O passado: *O ontem de sua vida foi difícil, mas o amanhã é promissor*.

on.to.gê.ne.se (*onto+gênese*) *sf Biol* As transformações sofridas por um ser desde o seu nascimento até o completo desenvolvimento.

on.to.ge.ni.a (*onto+geno+ia^1*) *V ontogênese*.

on.to.go.ni.a (*onto+gono+ia^1*) *sf Biol* História da formação e produção dos seres organizados sobre a Terra.

on.to.lo.gi.a (*onto+logo+ia^1*) *sf* Ciência do ser em geral.

ONU Sigla de *Organização das Nações Unidas*.

ô.nus (*lat onus*) *sm sing* e *pl* **1** Aquilo que pesa; carga, peso. **2** Encargo, obrigação, responsabilidade. **3** Imposto pesado.

o.os.fe.ra (*oo+esfera*) *sf Bot* Gameta feminino dos vegetais.

o.pa! (*ô*) *interj pop* Exprime admiração, espanto. *Var: obá!*.

o.pa.co (*lat opacu*) *adj* **1** Que não é transparente, que não deixa a luz passar. **2** Coberto de sombra. **3** Obscuro, sombrio. *Antôn: transparente*.

o.pa.la (*fr opale*, do *lat opalu*) *sf* **1** *Miner* Pedra de cor azulada que, conforme os raios luminosos caem sobre ela, apresenta cores vivas e variadas. **2** Espécie de tecido de algodão.

o.pa.les.cen.te (de **opalescer,* de *opala*) *adj m+f* *V opalino*.

o.pa.li.na (*fr opaline*) *sf* **1** Vidro fosco usado para fazer objetos de decoração. **2** Objeto feito com esse vidro.

o.pa.li.no (*opala+ino^1*) *adj* **1** Que brilha como a opala. **2** Que tem cor azulada como a da opala.

op.ção (*lat optione*) *sf* **1** Preferência. **2** Livre escolha. *Pl: opções*.

op.ci.o.nal (*lat optione+al^1*) *adj m+f* Pertencente ou relativo a opção; que não é obrigatório. *Pl: opcionais*.

open market (*ôpen márket*) (*ingl*) *sm Econ* Mercado aberto.

ó.pe.ra (*ital opera*) *sf* **1** *Mús* Peça lírica com canto, acompanhamentos de orquestra, algumas vezes a dança, e geralmente sem diálogo falado. **2** Teatro onde se cantam óperas.

ó.pe.ra-bu.fa *sf Mús* Ópera de assunto jocoso, cujas personagens pertencem à comédia ou à farsa, com música ligeira. *Pl: óperas-bufas*.

o.pe.ra.ção (*lat operatione*) *sf* **1** Ação de operar. **2** Realização de uma cirurgia; intervenção. **3** *Mil* Movimento de ataque ou de defesa executado por um exército. **4** Cálculo matemático. *Operações aritméticas:* adição, subtração, multiplicação, divisão, potenciação e radiciação.

o.pe.ra.ci.o.nal (*lat operatione+al^1*) *adj m+f* **1** Que diz respeito a uma operação ou procedimento. **2** Pronto para funcionar. *Pl: operacionais*.

ó.pe.ra-cô.mi.ca *sf* Ópera essencialmente cômica, na qual o canto alterna com a parte falada. *Pl: óperas-cômicas*.

o.pe.ra.do (*part* de *operar*) *adj + sm* Diz-se de, ou pessoa que sofreu uma operação cirúrgica.

o.pe.ra.dor (*operar+dor*) *adj* Que opera. • *sm* **1** Aquele ou aquilo que opera. **2** Cirurgião.

o.pe.ra.do.ra (*operar+dor*) *sf* Qualquer empresa que explora a prestação de serviços: *Operadora de turismo, telefonia* etc.

o.pe.ran.do (de *operar*) *sm* **1** Aquele que está prestes a ser operado. **2** Objeto de uma operação matemática ou instrução do computador.

o.pe.ran.te (*lat operante*) *adj m+f* Que opera; próprio para operar; que produz resultado.

o.pe.rar (*lat operari*) *vtd* **1** Produzir, realizar (qualquer coisa): *Só Deus opera milagres*. *vti* e *vint* **2** Agir, atuar, trabalhar: *Operar no comércio*. *vpr* **3** Realizar-se, acontecer: *Operou-se sensível mudança na temperatura*. *vint* **4** Entrar em atividade ou funcionamento: *Aos sábados os bancos não operam*. *vint* **5** Praticar operações cirúrgicas: *Esse cirurgião opera muito bem*. *vint* **6** Produzir efeito: *O medicamento já está operando*. *vtd* **7** Submeter a uma operação cirúrgica: *Operar um tumor*. Conjug – Fut pret: *operaria, operarias* (rí) etc. Cf *operária*.

o.pe.rá.ria *sf* **1** Feminino de *operário*. **2** *Apic* Abelha feminina cujos órgãos de reprodução não atingiram completo desenvolvimento.

o.pe.ra.ri.a.do (*operário+ado*¹) *sm* A classe dos operários.

o.pe.rá.rio (*lat operariu*) *sm* Trabalhador, especialmente o de fábrica. • *adj* **1** Que diz respeito ao trabalho ou aos operários. **2** Que trabalha manualmente.

ó.pe.ra-rock *Mús*, *Teat* e *Cin* Musical que narra uma história, como a ópera tradicional, porém com canções em ritmo de *rock*. *Pl: óperas-rock*.

o.pe.ra.tó.rio (*lat operatoriu*) *adj* Referente a operações, especialmente cirúrgicas.

o.pér.cu.lo (*lat operculu*) *sm* Peça ou mecanismo que fecha uma cavidade ou a ponta de um canal.

o.pe.re.ta (ê) (*ital operetta*) *sf* Pequena ópera, de música leve e cômica.

o.pe.rís.ti.co (*ópera+ista+ico*²) *adj* Relativo a ópera.

o.pi.nar (*lat opinari*) *vti* **1** Dar opinião; dizer o que pensa: *Opinar sobre as eleições*. *vtd* **2** Entender, julgar, ser de opinião: *A avó opinava que o neto devia ser engenheiro*. *vint* **3** Manifestar seu modo de entender: *Depois de ouvir a crítica, ele não opinou*.

o.pi.na.ti.vo (*opinar+ivo*) *adj* **1** Que se baseia na opinião pessoal. **2** Discutível, duvidoso, incerto.

o.pi.ni.ão (*lat opinione*) *sf* **1** Modo de ver pessoal. **2** Conceito, voto emitido ou manifestado sobre certo assunto. **3** Ideia, princípio. **4** *bras* Capricho, teimosia. *Opinião pública, Sociol:* o conjunto das ideias e juízos adotados e manifestados por grande parte dos membros de uma sociedade. *Pl: opiniões*.

ó.pio (*gr ópion*) *sm* **1** Substância que se extrai da papoula. **2** *fig* Aquilo que causa desânimo moral.

o.po.nen.te (*lat opponente*) *adj m+f* Que se opõe; contrário, oposto.

o.por (*lat opponere*) *vtdi* **1** Pôr diante de, como impedimento: *Opor uma barreira à invasão*. *vtd* **2** Apresentar em oposição; fazer objeção: *Opor argumentos*. *vpr* **3** Fazer oposição; resistir, ser contrário a: *Opor-se a uma iniciativa, a uma injustiça*. Conjuga-se como *pôr*.

o.por.tu.ni.da.de (*lat opportunitate*) *sf* **1** Ocasião favorável; chance. **2** Conveniência.

o.por.tu.nis.mo (*oportuno+ismo*) *sm* **1** Aproveitamento das circunstâncias para chegar com mais facilidade a um resultado. **2** Habilidade em procurar ocasiões oportunas para bons lances, em certos jogos esportivos.

o.por.tu.nis.ta (*oportuno+ista*) *adj* e *s m+f* Que, ou quem aproveita as oportunidades.

o.por.tu.ni.zar (*oportuno+izar*) *vtd neol* Favorecer; propiciar.

o.por.tu.no (*lat opportunu*) *adj* **1** Que vem no momento certo. **2** Apropriado, cômodo. **3** Conveniente, favorável.

o.po.si.ção (*lat oppositione*) *sf* **1** Dificuldade, impedimento, obstáculo que se opõe à realização de alguma coisa. **2** *Polít* Partidos políticos contrários ao governo. *Antôn* (acepção 2): *situação*. *Pl: oposições*.

o.po.si.ci.o.nis.mo (*lat oppositione+ismo*) *sm* **1** Oposição organizada. **2** Grupo político que combate o governo.

o.po.si.ci.o.nis.ta (*lat oppositione+ista*) *adj* e *s m+f* Que, ou quem faz oposição.

o.po.si.tor (*lat oppositu*) *adj* Que se opõe; oponente, adversário. • *sm* Concorrente, candidato.

o.pos.to (*lat oppositu*) *adj* Contrário, inverso. • *sm* Coisa oposta, coisa diretamente contrária.

o.pres.são (*lat oppressione*) *sf* **1** Estado de quem ou daquilo que se acha oprimido. **2** Sensação desagradável que se experimenta respirando mal ou abafando. **3** Tirania, despotismo. *Pl: opressões*.

o.pres.si.vo (*lat oppressu+ivo*) *adj* Opressor.

o.pres.sor (*lat oppressore*) *adj* Que oprime ou serve para oprimir; opressivo. • *sm* Indivíduo que oprime; tirano.

o.pri.mir (*lat opprimere*) *vtd* **1** Apertar excessivamente: *Antigamente as mulheres oprimiam o abdome com espartilhos*. *vtd* e *vint* **2** Dominar, com autoritarismo e violência; tiranizar: *Oprimiam os mais fracos. Os que oprimem serão punidos*. *vtd* **3** Afligir; atormentar; tirar o sossego: *A cena do desastre o oprimia*. *Antôn: aliviar*.

o.pró.brio (*lat opprobriu*) *sm* **1** Humilhação muito grande. **2** Grande desonra. **3** Afronta, vergonha. **4** Infâmia, injúria.

op.tan.te (*de optar*) *adj* e *s m+f* Que, ou quem opta.

op.tar (*lat optare*) *vtd*, *vti* e *vint* Escolher, decidir-se por; preferir (uma coisa entre duas ou mais): *Optou viajar de carro. Difícil é optar entre dois bons empregos. Ele não quis optar*. Pronuncia-se **opta** com *o* aberto, pois a sílaba tônica recai no radical no presente do indicativo, no presente do subjuntivo e no imperativo (exceto na primeira e segunda pessoas do plural, que são chamadas arrizotônicas).

op.ta.ti.vo (*lat optativu*) *adj* Que indica opção.

óp.ti.ca (*lat optica*) *sf Fís* **1** Parte da física que estuda a luz e os fenômenos da visão. **2** Casa comercial que fabrica ou vende instrumentos ópticos, principalmente óculos. **3** *fig* Maneira de ver, de sentir, de julgar.

óp.ti.co (*gr optikós*) *adj* **1** Que diz respeito à óptica ou à vista. **2** *Fisiol* Que tem relação com os órgãos e a função da vista: *Nervo óptico, quiasma óptico*.

• *sm* **1** Especialista em óptica. **2** Fabricante de instrumentos de óptica. Deve-se distinguir **óptico** de **ótico**. **Óptico** refere-se exclusivamente à visão, enquanto **ótico** refere-se à audição.

o.pu.lên.cia (*lat opulentia*) *sf* **1** Grande riqueza. **2** Grande abundância. **3** Luxo. *Antôn: pobreza, miséria.*

o.pu.len.to (*lat opulentu*) *adj* **1** Que é muito rico. **2** Abundante, rico. **3** Grande, magnífico. **4** Luxuoso, pomposo. *Antôn: pobre, miserável.*

opus (*ó*) (*lat*) *sm Mús* Obra musical classificada e numerada.

o.pús.cu.lo (*lat opusculu*) *sm* Pequeno livro; folheto.

o.ra (*lat ad hora(m)*) *adv* Agora, atualmente, nesta ocasião, presentemente. • *conj* Mas; note-se (que). • *interj* Exprime dúvida, impaciência, zombaria etc.

o.ra.ção (*lat oratione*) *sf* **1** *Gram* Enunciado constituído de sujeito e predicado, ou apenas predicado. **2** Discurso, sermão. **3** Reza, prece. *Pl: orações.*

o.rá.cu.lo (*lat oraculu*) *sm* **1** Resposta que era dada por uma divindade a quem a consultava, entre os gregos antigos. **2** A própria divindade que dava a resposta. **3** Profecia, revelação. **4** *fig* Pessoa cujo conselho tem uma importância muito grande ou no qual se pode confiar totalmente.

o.ra.dor (*lat oratore*) *sm* **1** Aquele que discursa em público. **2** Aquele que está discursando ou que discursou. **3** Aquele que fala bem.

o.ral (*lat orale*) *adj m+f* **1** Que diz respeito à boca. **2** Transmitido de boca em boca: *História oral.* **3** Feito de viva voz: *Exame oral. Pl: orais.*

o.ran.go.tan.go (*malaio orangutan*) *sm* **1** *Zool* Macaco grande muito parecido com o homem, originário de Sumatra e Bornéu (Indonésia), com braços muito compridos, desprovido de cauda e com o corpo revestido de longos pelos avermelhados. **2** *pop* Pessoa feia e desengonçada.

o.rar (*lat orare*) *vint* **1** Falar em público; proferir discursos ou sermões: *O diretor orou muito bem na formatura. vti* **2** Fazer oração; rezar: *Orar a Deus.*

o.ra.tó.ria (*lat oratoria*) *sf* Arte de falar em público.

o.ra.tó.rio (*lat oratoriu*) *adj* Que diz respeito à oratória. • *sm* Nicho ou armário que contém imagens de santos, nas igrejas ou residências.

or.be (*lat orbe*) *sm* **1** Esfera, globo. **2** Mundo, a Terra.

or.bi.cu.lar (*lat orbiculare*) *adj* **1** Em forma de orbe; esférico. **2** Em forma de disco; circular.

ór.bi.ta (*lat orbita*) *sf* **1** *Astr* Caminho que um astro percorre através do espaço celeste. **2** Área de atuação: *Este assunto não é da órbita da escola.* **3** *Anat* Cavidade óssea onde fica o olho.

or.bi.tal (*órbita+al*[1]) *adj m+f* **1** Que diz respeito à órbita de um astro. **2** *V orbitário. Pl: orbitais.*

or.bi.tá.rio (*órbita+ário*) *adj* Que diz respeito à órbita do olho.

or.ca (*lat orca*) *sf Zool* Mamífero cetáceo de grande porte (5 a 9 metros), dentes afiados, de cor escura com grandes manchas brancas; muito agressivo, costuma atacar e matar focas, baleias e outros grandes peixes para se alimentar.

or.ça.dor (*orçar+dor*) *V orçamentista.*

or.ça.men.tal (*orçamento+al*[1]) *adj m+f* Que diz respeito a orçamento; orçamentário. *Pl: orçamentais.*

or.ça.men.tá.rio (*orçamento+ário*) *V orçamental.*

or.ça.men.tis.ta (*orçamento+ista*) *adj* e *s m+f* Que, ou quem faz orçamentos; orçador.

or.ça.men.to (*orçar+mento*) *sm* **1** Cálculo dos gastos a fazer com a realização de qualquer obra. **2** Cálculo prévio da quantia que se tem e do quanto se vai gastar.

or.çar (*ital orzare*) *vtd* **1** Fazer o orçamento de; calcular, estimar: *Orçamos as despesas mensais.* *vtd* e *vti* **2** Avaliar: *Orçou em dez milhões o custo da obra.*

or.dei.ro (*ordem+eiro*) *adj* + *sm* Que, ou aquele que é amigo da ordem; conciliador; disciplinado.

or.dem (*lat ordine*) *sf* **1** Boa arrumação das coisas, cada uma no seu lugar. **2** Maneira, modo, disposição. **3** *Biol* Reunião de famílias semelhantes; subdivisão da classe. **4** *Bot* Nome dado às famílias de plantas. **5** Classe de pessoas que exercem determinada profissão liberal: *Ordem dos advogados.* **6** Tranquilidade que é resultado do respeito às leis ou à disciplina.

or.de.na.ção (*lat ordinatione*) *sf* **1** Mandado, ordem ou vontade superior. **2** Ordem; arrumação, arranjo; boa disposição. **3** *Liturg* Colação de ordens eclesiásticas. *Pl: ordenações.*

or.de.na.do (*part* de *ordenar*) *adj* **1** Posto em ordem. **2** Que tem ordem. **3** *Rel* Que tomou ordens sacras. • *sm* Pagamento de empregado; salário.

or.de.nan.ça (*ordenar+ança*) *sf Mil* Soldado que está sob as ordens de uma autoridade militar ou de uma repartição.

or.de.nar (*lat ordinare*) *vtd* **1** Pôr em ordem; organizar: *Ordenar o trabalho. vtdi* **2** Dar ordem, determinar, mandar que se faça algo: *Ordenou à empregada que servisse o almoço.*

or.de.nha (de *ordenhar*) *sf* Ato ou efeito de ordenhar.

or.de.nhar (*lat vulg *ordiniare*) *vtd* Tirar leite da vaca ou de outro animal; mungir.

or.di.nal (*lat ordinale*) *adj Gram* Diz-se do numeral que indica o lugar ou posição numa série numérica (*primeiro, segundo* etc.). *Pl: ordinais.*

or.di.na.ri.a.men.te (*ordinário+mente*) *adv* Frequentemente; na maioria das vezes; de modo ordinário.

or.di.ná.rio (*lat ordinariu*) *adj* **1** Comum, habitual. **2** Normal, regular. **3** Medíocre, vulgar. **4** Que tem maneiras pouco delicadas; grosseiro, mal-educado. *Antôn* (acepção 3): *superior.* • *sm* **1** O que é habitual. **2** Indivíduo sem caráter. • *interj Mil* Voz de comando para que as tropas marchem.

o.ré.ga.no (*gr oríganon*) *sm Bot* Planta labiada, oriunda do Mediterrâneo, usada como condimento. *Var: orégão.*

o.re.lha (*ê*) (*lat vulg *auricula*) *sf* **1** *Anat* Cada uma das duas conchas externas do aparelho auditivo localizada em cada um dos lados da cabeça. **2** *Anat* O órgão no sentido próprio para a percepção dos sons. **3** Parte da capa de certos livros que se dobra para dentro. Em geral contém dados do autor e comentários sobre o livro. *De orelha em pé:* desconfiado; de sobreaviso. *Ficar de orelhas baixas:* ficar humilhado.

o.re.lha.da (*orelha+ada*[1]) *sf* Puxão de orelhas; orelhão. *De orelhada, pop:* por ouvir dizer, sem maior conhecimento do assunto.

o.re.lhão (*orelha+ão*[2]) *sm* **1** Puxão de orelhas. **2** *pop* Cabina de telefone público. *Pl: orelhões.*

o.re.lhu.do (*orelha+udo*[1]) *adj* **1** *pop* Que tem orelhas grandes. **2** *fig* Estúpido, teimoso.

ór.fã *sf* **1** Feminino de *órfão*. **2** *Art Gráf* Primeira linha de um parágrafo que é impressa sozinha na base de uma coluna, deixando o resto do parágrafo no topo da próxima coluna. • *adj f Apic* Família de abelhas que perde a sua rainha.

or.fa.na.to (*órfano+ato*[1]) *sm* Estabelecimento que recolhe, sustenta e educa órfãos.

or.fan.da.de (*lat orphanitate*) *sf* **1** Condição de quem é orfão. **2** *fig* Desamparo, privação.

ór.fão (*gr orphanós*) *adj* **1** Que perdeu os pais ou um deles. **2** *fig* Desamparado, abandonado. • *sm* Aquele que ficou órfão. *Fem: órfã. Pl: órfãos.*

or.fe.ão (*fr orphéon*) *sm Mús* **1** Escola de canto. **2** Grupo cujos membros se dedicam ao canto coral. *Pl: orfeões.*

or.fe.ô.ni.co (*orfeão+ico*[2]) *adj* Que diz respeito a orfeão.

or.gan.di (*fr organdi*) *sm* Tecido de algodão leve e transparente.

or.ga.ne.la (*lat organella*) *sf Biol* Parte de uma célula que tem uma função determinada.

or.gâ.ni.co (*gr organikós*) *adj* **1** *Biol* Que diz respeito aos órgãos, à organização ou aos seres organizados. **2** Que tem relação ou é próprio do organismo.

or.ga.nis.mo (*gr organismós*) *sm* **1** Qualquer ser que possui órgãos. **2** *Fisiol* Conjunto dos órgãos nos seres vivos. **3** Instituição pública que tem finalidades políticas, administrativas ou sociais; organização, órgão.

or.ga.nis.ta (*órgano+ista*) *adj* e *s m+f* Diz-se de, ou pessoa que toca órgão.

or.ga.ni.za.ção (*organizar+ção*) *sf* **1** Ação de organizar. **2** Instituição pública ou particular. *Organização não governamental:* entidade com finalidades educacionais, culturais, artísticas, políticas etc., sem ligação com membros ou órgãos do governo. Sigla: *ONG. Pl: organizações.*

or.ga.ni.za.ci.o.nal (*organização+al*[1]) *adj m+f* Que diz respeito a, ou é próprio de organização. *Pl: organizacionais.*

or.ga.ni.zar (*órgano+izar*) *vtd* **1** Criar, preparar e dispor as partes de um organismo: *Do pó da terra Deus organizou o primeiro homem.* **2** Dispor para funcionar; estabelecer as bases: *Organizar uma empresa.* **3** Arranjar, ordenar, preparar: *Organizar a campanha eleitoral.*

or.ga.no.gra.ma (*órgano+grama*) *sm* Esquema de qualquer organização ou serviço.

or.gâ.nu.lo (*órgano+ulo*) *sm Bot* Pequeno órgão; partes celulares bem definidas.

or.gan.za (da marca registrada *Lorganza*) *sf* Tecido fino e transparente, de seda, náilon ou raiom, mais grosso que o organdi.

ór.gão (*gr órganon*) *sm* **1** *Anat* Parte de um organismo ou corpo vivo que cumpre uma ou mais funções especiais. **2** *Mús* O mais antigo dos instrumentos de teclado (hoje geralmente elétrico). **3** Pessoa, publicação ou coisa de que nos servimos para tornar conhecida a nossa vontade ou ideia; meio. **4** Instituição que exerce funções de caráter social, político etc. *Órgãos da reprodução:* a) *Bot* a flor e o fruto; b) *Zool* órgãos sexuais. *Órgãos de imprensa:* jornais e revistas. *Órgãos sexuais:* aqueles cuja função é a reprodução sexuada. *Pl: órgãos.*

or.gas.mo (do *gr orgázo*) *sm* Excitação muito grande dos sentidos durante uma relação sexual; gozo.

or.gi.a (*fr orgie*) *sf* **1** Bacanal, festim licencioso. **2** *fig* Desordem, tumulto.

or.gu.lhar (*orgulho+ar*[1]) *vtd* **1** Causar orgulho a: *Monumento que orgulha os habitantes da cidade.* *vpr* **2** Sentir orgulho: *A jovem orgulha-se de sua profissão.*

or.gu.lho (*cat urgoll*, do *germ*) *sm* **1** Conceito muito alto ou exagerado que alguém tem de si mesmo. **2** Amor-próprio exagerado, vaidade. **3** Aquilo de que alguém pode orgulhar-se: *O bom filho é o orgulho de seus pais.*

or.gu.lho.so (*ô*) (*orgulho+oso*) *adj* **1** Que tem orgulho. **2** Soberbo, vaidoso. • *sm* Aquele que tem orgulho. *Pl: orgulhosos* (*ó*).

o.ri.en.ta.ção (*orientar+ção*) *sf* Direção, guia, regra. *Pl: orientações.*

o.ri.en.ta.dor (*orientar+dor*) *adj* Que dirige, orienta; dirigente. • *sm Educ* **1** Indivíduo que guia o orientando no trabalho acadêmico. **2** Diretor, guia.

o.ri.en.tal (*lat orientale*) *adj m+f* **1** Que diz respeito ao oriente. **2** Que está do lado do oriente. **3** Próprio do Oriente. • *s m+f* Pessoa que habita as regiões do Oriente. *Antôn: ocidental. Pl: orientais.*

o.ri.en.tan.do (de *orientar*) *sm* Aquele que recebe orientação educacional, profissional ou científica.

o.ri.en.tar (*oriente+ar*[1]) *vtd* **1** Determinar os pontos cardeais em; marcar por meio de orientação: *Orientar a planta de um edifício.* *vtd* **2** Indicar o rumo exato de: *Orientou o homem que queria chegar à estação do metrô.* *vtd* **3** Instruir, alertar: *Orientava o filho a não seguir aquele caminho.* *vpr* **4** Examinar cuidadosamente os diferentes aspectos de uma questão: *Quero orientar-me sobre a situação da firma.*

o.ri.en.te (*lat oriente*) *sm* **1** O lado onde o Sol aparece quando nasce; leste, este, nascente. **2** **Oriente** *Geogr* Países ou regiões que ficam do lado onde aparece o Sol.

o.ri.fí.cio (*lat orificiu*) *sm* **1** Entrada estreita. **2** Pequena abertura. **3** Pequeno buraco.

origami (*gâmi*) (*jap*) *sm* Arte tradicional japonesa que utiliza dobraduras de papel e cria animais, flores, aves e formas abstratas.

o.ri.gem (*lat origine*) *sf* **1** Começo, princípio, causa. **2** Ponto de partida, procedência. **3** Nascimento, proveniência. *Antôn: termo, fim.*

o.ri.gi.nal (*lat originale*) *adj m+f* **1** Que foi feito pela primeira vez, ou em primeiro lugar; que não é copiado nem reproduzido. **2** Que tem caráter próprio; que não copia nem imita. • *sm* **1** Primeira redação de uma obra ou de um pensamento. **2** *Tip* Texto destinado à composição. **3** Escrito ou desenho primitivos dos quais se tiram cópias. *Pl: originais.*

o.ri.gi.nar (*lat origine+ar*[1]) *vtd* **1** Dar origem ou princípio a; ser causa de: *O resfriado mal cura-*

do originou uma pneumonia. vpr **2** Ter origem; derivar-se; ser proveniente: *A briga originou-se de uma discussão.*
o.ri.gi.ná.rio (*baixo-lat originariu*) *adj* Que tem a sua origem em; oriundo, proveniente.
o.ri.un.do (*lat oriundu*) *adj* Originário, procedente, proveniente, natural.
O.ri.xá (*ioruba orísha*) *sm* Divindade de religiões afro-brasileiras.
o.ri.zi.cul.tu.ra (*orizi+cultura*) *sf* Cultura do arroz.
or.la (*lat vulg *orula*) *sf* **1** Borda ou extremidade das saias ou vestidos. **2** Borda, rebordo. **3** Tira, faixa. **4** Margem, beira.
or.lar (*orla+ar¹*) *vtd* **1** Enfeitar as bordas com fita; embainhar: *Orlar um vestido.* **2** Que está situado à orla de: *Extensas praias orlam a costa.*
or.na.men.ta.ção (*ornamentar+ção*) *sf* Ato ou efeito de ornamentar(-se): *A ornamentação da igreja ficou linda. Pl: ornamentações.*
or.na.men.tal (*ornamento+al¹*) *adj m+f* **1** Relativo a ornamento. **2** Próprio para ornamentar. *Pl: ornamentais.*
or.na.men.tar (*ornamentar+ar¹*) *vtd* **1** Enfeitar com ornamentos; ornar: *Ornamentou o altar com lindas flores. vpr* **2** Adornar-se, enfeitar-se: *Ornamentou-se com as joias da irmã.*
or.na.men.to (*lat ornamentu*) *sm* Tudo o que serve para ornar; enfeite, ornato, adorno.
or.nar (*lat ornare*) *vtd, vti* e *vpr* Enfeitar(-se) com ornatos; ornamentar(-se): *A noiva ornou a cabeça com uma grinalda maravilhosa.*
or.na.to (*lat ornatu*) *sm* Tudo o que serve para ornar; adorno, enfeite, ornamento.
or.ni.to.lo.gi.a (*órnito+logo+ia¹*) *sf* Parte da zoologia que estuda as aves.
or.ni.to.lo.gis.ta (*ornitólogo+ista*) *adj* e *s m+f* Especialista em ornitologia.
or.ni.tó.lo.go (*órnito+logo*) *V ornitologista.*
or.ni.tor.rin.co (*órnito+rinco*) *sm Zool* Mamífero ovíparo, com bico semelhante ao do pato, patas abertas como as palmas das mãos, cauda larga e chata, que vive na Austrália.
o.ro.ge.ni.a (*oro+geno+ia¹*) *sf Geol* Conjunto de fenômenos que levam à formação de montanhas.
o.ro.gê.ni.co (*oro+geno+ico²*) *adj* **1** Que diz respeito à orogenia. **2** *Geol* Diz-se dos movimentos que produzem o relevo dos montes e modificam as desigualdades da superfície do solo.
o.ro.gra.fi.a (*oro+grafo+ia¹*) *sf Geogr* Descrição das montanhas.
or.ques.tra (*gr orkhéstra*) *sf Mús* Conjunto de músicos que tocam uma obra musical feita para um ou vários instrumentos ou acompanham uma pessoa que canta.
or.ques.trar (*orquestra+ar¹*) *vtd Mús* Compor (uma obra musical) para ser tocada por uma orquestra.
or.qui.dá.cea (*orquid(ea)+ácea*) *sf Bot* Planta da família das orquidáceas. *sf pl* Família de plantas cultivadas por causa da beleza de suas flores, as orquídeas.
or.qui.dá.rio *sm* Lugar onde se cultivam orquídeas.
or.quí.dea (*gr órkhis, idos+ea*) *sf Bot* Nome que se dá às flores e plantas da família das orquidáceas.
or.qui.dó.fi.lo (*órquido+filo²*) *sm* Pessoa que se dedica ao cultivo de orquídeas.

or.qui.te (*gr órkhis+ite¹*) *sf Med* Inflamação dos testículos.
or.to.don.ti.a (*orto+odonto+ia¹*) *sf Odont* Parte da odontologia que estuda como prevenir e corrigir defeitos na posição dos dentes.
or.to.don.tis.ta (*orto+odonto+ista*) *adj* e *s m+f* Especialista em ortodontia.
or.to.do.xi.a (*cs*) (*ortodoxo+ia¹*) *sf* **1** O cumprimento fiel dos ensinamentos de uma religião, opinião ou ideia política, científica etc. **2** Não aceitação de tudo aquilo que é novo (novos pensamentos, novas ideias etc.).
or.to.do.xo (*cs*) (*gr orthódoxos*) *adj* **1** Que diz respeito à ortodoxia. **2** De acordo com as leis da Igreja. • *sm* **1** Aquele que segue rigorosamente os ensinamentos de uma religião, opinião ou ideia política, científica etc. **2** Aquele que segue a ortodoxia. **3** Cristão da Igreja Ortodoxa.
or.to.é.pia (*gr orthoépeia*) *sf* Pronúncia correta das palavras.
or.to.gra.far (*orto+grafo+ar²*) *vtd* e *vint* Escrever de acordo com as regras da ortografia: *Ele não sabe ortografar certas palavras incomuns.*
or.to.gra.fi.a (*gr orthographía*) *sf Ling* **1** Conjunto de regras que ensina a escrever corretamente. **2** Maneira de escrever as palavras.
or.to.grá.fi.co (*orto+grafo+ico²*) *adj* **1** Que diz respeito à ortografia. **2** De acordo com a ortografia.
or.to.pe.di.a (*orto+pedo+ia¹*) *sf Med* Parte da medicina que cuida da prevenção e correção de problemas das articulações e dos ossos.
or.to.pé.di.co (*orto+pedo+ico²*) *adj* Que diz respeito à ortopedia.
or.to.pe.dis.ta (*orto+pedo+ista*) *adj* e *s m+f Med* Especialista em ortopedia. **2** Fabricante de aparelhos ortopédicos.
or.tóp.te.ros (*orto+ptero*) *sm pl Zool* Ordem de insetos providos de aparelho bucal mastigador, cuja metamorfose se processa, geralmente, de maneira progressiva. São de grande porte e possuem as pernas traseiras longas, asas membranosas e saltam com facilidade. Como exemplo, temos as baratas, os grilos e os gafanhotos.
or.va.lhar (*orvalho+ar¹*) *vtd* e *vpr* **1** Cobrir(-se) de orvalho; umedecer(-se), molhar(-se): *A madrugada orvalhou o jardim. vint* **2** Cair orvalho: *Não choveu; apenas orvalhou. vtd* **3** Borrifar.
or.va.lho (*lat vulg *roraliu*) *sm* Vapor de água existente no ar que se transforma em líquido e se deposita sobre os objetos e a vegetação em forma de pequeninas gotas, geralmente à noite ou de madrugada.
os.ci.la.ção (*lat oscillatione*) *sf* **1** Movimento de vaivém. **2** *fig* Estado de dúvida; indecisão, espanto. *Pl: oscilações.*
os.ci.lar (*lat oscillare*) *vint* **1** Mover-se de um lado para outro: *O pêndulo começou a oscilar. vti* e *vint* **2** Hesitar, vacilar: *Antes de resolver ir ao cinema, oscilou muito.*
os.cu.lar (*lat osculari*) *vtd* Dar ósculo(s) em; beijar.
ós.cu.lo (*lat osculu*) *sm* **1** Beijo. **2** Beijo de paz e amizade.
ós.mio (*osmi+io*) *sm Quím* Elemento metálico, cinza-azulado ou azul-escuro, o metal mais pe-

sado que se conhece. Número atômico 76 e símbolo Os.

os.mo.se (*gr osmós+ose*) *sf* Quím Fenômeno que se produz quando dois líquidos, separados por uma parede mais ou menos porosa, a atravessam e se misturam.

os.sa.da (*osso+ada¹*) *sf* **1** Grande porção de ossos. **2** Os ossos de um cadáver; esqueleto.

os.sa.ri.a (*osso+aria*) *sf* **1** Montão de ossos. **2** Depósito de ossos humanos; ossuário.

os.sa.tu.ra (de *osso*) *sf* **1** Esqueleto, ossada. **2** Conjunto dos ossos do corpo; estrutura.

ós.seo (*lat osseu*) *adj* **1** Que diz respeito a osso. **2** Da natureza do osso. **3** Formado por ossos.

os.si.fi.ca.ção (*ossificar+ção*) *sf* **1** Formação dos ossos. **2** Transformação do tecido cartilaginoso em tecido ósseo. *Pl: ossificações.*

os.si.fi.ca.do (*part* de *ossificar*) *adj* **1** Transformado em osso. **2** Endurecido como osso.

os.si.fi.car (*ossi+ficar*) *vtd* e *vpr* **1** Transformar(-se) em osso: *A doença ossificou os tecidos.* **2** *fig* Tornar(-se) duro como osso: *O sofrimento ossificou seu coração.*

os.so (*ô*) (*lat ossu*) *sm* **1** Anat Cada um dos elementos sólidos e calcificados que formam o esqueleto dos vertebrados. **2** *pop* A parte difícil de um empreendimento. *sm pl* Restos mortais. *Em carne e osso:* em pessoa, na realidade. *Osso duro de roer:* coisa que é muito difícil de fazer, de resolver, de aguentar. *Ossos do ofício:* obrigações ou dificuldades que fazem parte de alguns trabalhos ou profissões; perturbação.

os.su.á.rio (*lat ossuariu*) *sm* **1** Sepultura onde estão muitos cadáveres. **2** Lugar onde os ossos dos mortos, tirados do cemitério, são colocados; ossaria.

os.su.do (*osso+udo¹*) *adj* Que tem ossos grandes ou muito salientes.

os.te.al.gi.a (*ósteo+algo¹+ia¹*) *sf Med* Dor em um ou em vários ossos.

os.te.í.te (*ósteo+ite¹*) *sf Med* Inflamação do tecido ósseo.

os.ten.si.vo (*lat ostensu+ivo*) *adj* Evidente, visível, claro.

os.ten.ta.ção (*lat ostentatione*) *sf* **1** Alarde, exibição vaidosa; exibicionismo. **2** Luxo, grandiosidade, pompa. *Pl: ostentações.*

os.ten.tar (*lat ostentare*) *vtd* **1** Exibir com ostentação, mostrar com alarde: *Ostentava sua riqueza comprando carros luxuosos.* **2** Deixar ver, mostrar naturalmente: *Seu corpo bonito ostentava saúde.* **3** Exibir, mostrar com orgulho: *Ostentava o troféu conquistado no último campeonato.*

os.ten.ta.tó.rio (*ostentar+tório*) *adj* Em que há ostentação.

os.te.o.glos.sí.deos (*ósteo+gr glóssa+ídeos*) *sm pl Ictiol* Família de peixes da bacia amazônica que compreende as espécies que possuem língua óssea, como o pirarucu.

os.te.o.gra.fi.a (*ósteo+grafo+ia¹*) *sf Anat* Descrição dos ossos.

os.te.o.grá.fi.co (*ósteo+grafo+ico²*) *adj* Que se refere à osteografia.

os.te.o.lo.gi.a (*ósteo+logo+ia¹*) *sf Anat* Estudo da estrutura, forma, natureza e desenvolvimento dos ossos.

os.te.o.ló.gi.co (*ósteo+logo+ico²*) *adj* Que diz respeito à osteologia.

os.te.o.pa.ti.a (*ósteo+pato+ia¹*) *sf Med* Nome das doenças dos ossos.

os.te.o.pá.ti.co (*ósteo+pato+ico²*) *adj* Que se refere à osteopatia.

os.te.o.po.ro.se (*ósteo+porose*) *sf Med* Redução anormal da densidade de um osso ou dos ossos.

os.tra (*ô*) (*lat ostrea*) *sf Zool* Nome comum às espécies de moluscos bivalves, principalmente as que são comestíveis.

os.tra.cis.mo (*gr ostrakismós*) *sm* **1** Afastamento, isolamento, expulsão da pátria. **2** Afastamento das funções políticas. **3** Afastamento da vida social, artística ou intelectual.

o.tal.gi.a (*oto+algo¹+ia¹*) *sf Med* Dor de ouvido(s).

o.tá.rio (*cast otario*) *sm gír* Pessoa ingênua, tola, que se deixa enganar facilmente.

ó.ti.ca (*gr optikós*) *sf* Ciência que estuda a audição e os fenômenos a ela relacionados.

ó.ti.co (*gr otikós*) *adj* **1** Que diz respeito à orelha ou à região auditiva. **2** Medicamento contra doenças da região auditiva.
Veja nota em **óptico**.

o.ti.mis.mo (*ótimo+ismo*) *sm* Tendência para achar que tudo está bem, mesmo nas situações mais difíceis.

o.ti.mis.ta (*ótimo+ista*) *adj* e *s m+f* Diz-se de, ou pessoa que tem otimismo. *Antôn: pessimista.*

o.ti.mi.za.ção (*otimizar+ção*) *sf* Ação de otimizar. *Pl: otimizações.*

o.ti.mi.zar (*ótimo+izar*) *vtd* **1** Aproveitar ao máximo a capacidade de alguém ou de alguma coisa. **2** *Econ* Utilizar ao máximo um meio (humano, físico, financeiro). **3** Aceitar ou reconhecer como ótimo.

ó.ti.mo (*lat optimu*) *adj* Superlativo absoluto sintético de *bom*; muito bom, excelente, o melhor possível. *Antôn: péssimo.* • *sm* Aquilo que é o melhor ou muito bom.
Veja nota em **péssimo**.

o.ti.te (*oto+ite¹*) *sf Med* Inflamação na orelha.

o.to.ma.no (*gr bizantino othomanoí*) *adj* Da Turquia (Europa e Ásia); turco. • *sm* O natural ou habitante da Turquia; turco.

o.tor.ri.no (*oto+rino*) *s m+f* Forma reduzida de *otorrinolaringologista*.

o.tor.ri.no.la.rin.go.lo.gi.a (*oto+rino+laringo+logo+ia¹*) *sf Med* Parte da medicina que estuda e trata das doenças da orelha, nariz e garganta.

o.tor.ri.no.la.rin.go.ló.gi.co (*oto+rino+laringo+logo+ico²*) *adj* Que diz respeito a otorrinolaringologia.

o.tor.ri.no.la.rin.go.lo.gis.ta (*oto+rino+laringo+logo+ista*) *adj+sm* Especialista em otorrinolaringologia.

ou (*lat aut*) *conj* **1** Indica opção ou dúvida entre duas coisas: *Ou vai, ou fica. Deverei prestar exame ou não?* **2** De outro modo.

ou.re.la (*lat vulg *orella*, por **orula, dim* de *ora*) *sf* **1** Margem, beira. **2** Guarnição, orla.

ou.ri.ça.do (*part* de *ouriçar*) *adj gír* Muito agitado; excitado.

ou.ri.çar (*ouriçar+ar¹*) *vtd* e *vpr* **1** Mostrar-se arrepiado ou áspero, com pontas agudas. *vpr* **2** Agitar-se, exaltar-se.

ou.ri.ço (*lat ericiu*) *sm* **1** *Zool* Nome comum de certos mamíferos que têm o corpo coberto de espinhos duros e esticados. **2** A casca dura das frutas secas ou a parte externa, espinhosa, de certos frutos.
ou.ri.ço-do-mar *sm Zool* Animal invertebrado esférico, de carapaça rija, com espinhos na sua superfície que o auxiliam na locomoção e na defesa. *Pl: ouriços-do-mar.*
ou.ri.ves (*lat aurifice*) *sm sing* e *pl* Fabricante ou vendedor de objetos de ouro.
ou.ri.ve.sa.ri.a (*ourives+aria*) *sf* **1** Estabelecimento, loja ou oficina de ourives. **2** A atividade de ourives.
ou.ro (*lat auru*) *sm* **1** *Quím* Elemento de número atômico 79 e símbolo Au; metal precioso, de cor amarela e brilhante, muito pesado, com o qual se fabricam joias. **2** Dinheiro, riqueza. **3** *fig* Cor amarela e muito brilhante: *O ouro dos seus cabelos.* **4** Grande estima, grande valor: *O silêncio é de ouro. De ouro:* excelente, precioso, perfeito. *Nadar em ouro:* ser muito rico, ter grande fortuna. *Var: oiro.*
ou.ros (de *ouro*) *sm pl* Um dos quatro naipes das cartas de baralho, representado por um losango vermelho.
ou.sa.di.a (*ousado+ia*[1]) *sf* **1** Qualidade de ousado; coragem. **2** Atrevimento, audácia.
ou.sa.do (*part* de *ousar*) *adj* **1** Corajoso, que não tem medo. **2** Atrevido, audacioso. *Antôn: tímido.*
ou.sar (*lat vulg *ausare, freq* de *audere*) *vtd* **1** Ter bastante ousadia ou coragem para; atrever-se: *Ousou enfrentar o pai.* *vtd, vti* e *vint* **2** Tentar fazer alguma coisa com coragem: *Alguém ousaria enfrentar esse perigo?*
out (*áut*) (*ingl*) *adv* **1** Por fora. **2** Fora de moda. *Cf in.*
ou.tão (*lat vulg *altanu*) V *oitão. Pl: outões.*
outdoor (*autdór*) (*ingl*) *sm* **1** Qualquer propaganda (painel, letreiro luminoso, letreiro em parede, muro etc.) colocada ao ar livre. **2** Cartaz grande de propaganda colocado à margem de ruas e estradas.
ou.tei.ro (*lat altariu*) *sm* Monte de pouca altura; colina.
outlet (*áut-lét*) (*ingl*) *sm* Galpão com pequenas lojas onde se vendem diferentes produtos (roupas, perfumes, aparelhos eletrônicos etc.) a preços módicos.
ou.to.nal (*outono+al*[1]) *adj m+f* Que é próprio do outono, ou relativo a ele. *Pl: outonais.*
ou.to.no (*lat autumnu*) *sm* **1** Estação do ano que vem antes do inverno. **2** *fig* Decadência; declínio.
ou.tor.gar (*lat vulg *auctoricare, freq* de *autorare*) *vtd* **1** Aprovar, concordar com: *Não outorgamos essa mudança.* *vtd* **2** *Dir* Declarar ou dizer por escrito: *Outorgar uma doação.* *vtd* e *vti* **3** Dar, conceder: *O presidente outorgou perdão ao condenado.*
output (*áutput*) (*ingl*) *sm* **1** *Inform* Canal de saída, onde é encaixado um fio, que liga um computador ou aparelho eletrônico a outro. **2** *Econ* O resultado final da combinação dos fatores de produção.
ou.trem (de *outro*) *pron* Outra pessoa; outras pessoas.
ou.tro (*lat alteru*) *pron* **1** Que não é o mesmo; diferente, diverso. **2** Maior, melhor: *Depois da afinação este piano ficou outro.* **3** Idêntico,
igual, semelhante: *Esta cidade é um outro Rio de Janeiro.* **4** Mais um: *Já tem um filho no Exército, e prepara outro para a Aeronáutica.* **5** Imediato, seguinte: *Chegará de um momento para outro.*
ou.tro.ra (*outra+hora*) *adv* Antigamente, noutro tempo.
ou.tros.sim (*outro+sim*) *adv* Bem assim; igualmente; também.
outsider (*autsáider*) (*ingl*) *sm* Turfe O cavalo que tem pouquíssimas chances de vencer uma corrida.
ou.vi.do (*lat auditu*) *sm* **1** *Anat* Órgão e sentido da audição (etimologia atual: orelha). **2** Facilidade em fixar músicas na memória ou em perceber quando um instrumento está desafinado. *De ouvido:* só pelo que ouviu, sem ter aprendido por meio de livros ou em escola: *Toca violão de ouvido.* *Entrar por um ouvido e sair pelo outro:* não merecer atenção, não ser levado em conta (um conselho, uma lição etc.). *Ser todo ouvidos:* prestar toda a atenção, estar muito atento ao que se diz.
ou.vi.dor (*ouvir+dor*) *sm* **1** Funcionário de empresa pública ou privada que tem a função de ouvir queixas do consumidor e direcioná-las. **2** *Hist* No Brasil colonial, funcionário que era nomeado pelo donatário e tinha as mesmas funções do atual juiz de direito.
ou.vi.do.ri.a (*ouvidor+ia*[1]) *sf* Cargo de ouvidor.
ou.vin.te (de *ouvir*) *adj* e *s m+f* **1** Diz-se de, ou pessoa que ouve um discurso, um programa de rádio etc. **2** Diz-se de, ou estudante que frequenta uma aula sem estar matriculado.
ou.vir (*lat audire*) *vtd* **1** Entender, perceber pelo sentido do ouvido: *Ouvimos um barulho.* *vint* **2** Ter o sentido da audição: *Nem todos ouvem perfeitamente.* *vint* **3** Dar ouvidos, escutar, prestar atenção: *A mãe contava histórias, as crianças ouviam.* *vtd* **4** Dar audiência a: *O governador vai ouvi-los.* *vtd* **5** Tomar conhecimento de: *Gostaria de ouvir da sua boca essa história.* *vint* **6** Levar uma repreensão: *Falou tudo o que quis, mas também ouviu.* *vtd* **7** Consultar, pedir opinião: *Ouvirei as pessoas de minha confiança.* *Conjug:* o *v* de *ouvir* muda-se em *ç* na 1ª pessoa do singular do presente do indicativo e nas formas por ela derivam. *Pres indic: ouço, ouves, ouve, ouvimos, ouvis, ouvem; Pret imp indic: ouvia, ouvias, ouvia* etc.; *Pret perf: ouvi, ouviste, ouviu* etc.; *Pret mais--que-perf: ouvira, ouviras* etc.; *Fut pres: ouvirei, ouvirás, ouvirá* etc.; *Fut pret: ouviria, ouvirias, ouviria, ouviríamos, ouviríeis, ouviriam; Pres subj: ouça, ouças, ouça, ouçamos, ouçais, ouçam; Pret imp subj: ouvisse, ouvisses* etc.; *Fut subj: ouvir, ouvires, ouvir* etc.; *Imper afirm: ouve(tu), ouça(você), ouçamos(nós), ouvi(vós), ouçam(vocês); Imper neg: não ouças(tu), não ouça(você)* etc.; *Infinitivo impess: ouvir; Infinitivo pess: ouvir, ouvires* etc.; *Ger: ouvindo; Part: ouvido.*
o.va (*lat ova, pl* de *ovu*) *sf Zool* O ovário dos peixes. *Uma ova!:* exclamação de incredulidade, repulsa, protesto.
o.va.ção (*lat ovatione*) *sf* Ação de aprovar alguém em público; aplausos. *Pl: ovações.*
o.va.ci.o.nar (*lat ovatione+ar*[1]) *vtd* Fazer ovação a; aplaudir solenemente: *Ovacionaram o maestro.*

o.val (*lat ovale*) *adj* Em forma de ovo; ovoide. *Pl: ovais.*

o.vá.rio (*lat ovariu*) *sm* **1** *Anat* Órgãos dos animais ovíparos, onde se formam os ovos. **2** *Anat* Cada uma das duas glândulas que ficam de cada lado do útero, onde se formam os óvulos. **3** *Bot* Parte das flores onde se formam os óvulos.

o.ve.lha (*lat ovicula*) *sf* Fêmea do carneiro. Voz: *bala, berra.* Col: *rebanho.*

over (*ôver*) (*ingl*) *sm* Forma reduzida de *overnight*.

o.ver.do.se (*ingl*) *sf* Dose excessiva, em especial de drogas.

o.ver.lo.que (*ingl overlock*) *sm* Peça da máquina de costura que chuleia e corta as sobras do tecido ao mesmo tempo.

o.ver.lo.quis.ta (*overloque+ista*) *s m+f* Quem trabalha com overloque.

overnight (*ôvernáit*) (*ingl*) *sm Econ* Operação financeira que tem prazo de 24 horas; *over*.

o.vi.á.rio (*lat oviariu*) *sm* **1** Curral de ovelhas. **2** Rebanho de ovelhas.

o.vi.no (*lat ovinu*) *adj Zool* Que diz respeito a ovelhas ou carneiros. • *sm* O animal que pertence ao gado ovino.

o.vi.no.cul.tor (*ovino+cultor*) *sm* Aquele que cria ovelhas ou carneiros.

o.vi.no.cul.tu.ra (*ovino+cultura*) *sf* Criação de ovelhas.

o.ví.pa.ro (*ovo+lat pario*) *adj Zool* Que põe ovos; que se reproduz por meio de ovos. • *sm* Animal ovíparo.

óv.ni (acrônimo de *objeto voador não identificado*) *sm* Disco voador, ufo.

o.vo (*lat ovu*) *sm* **1** *Biol* Célula reprodutora feminina dos animais. **2** *Ornit* Célula reprodutora feminina das aves. **3** *Biol* Célula que é o resultado da fecundação do óvulo pelo espermatozoide. *sm pl vulg* Testículos. *Dim:* ovinho e óvulo. *Pl:* ovos (*ó*).

o.voi.de (*ó*) (*ovo+oide*) V *oval*.

o.vo.vi.ví.pa.ro (*ovo+vivo+lat pario*) *adj + sm Zool* Diz-se de, ou animal que põe ovos com o embrião já desenvolvido, depois de ter chocado o ovo dentro do próprio organismo materno.

o.vu.la.ção (*ovular+ção*) *sf Fisiol* Produção de óvulos pelo ovário. *Pl: ovulações.*

o.vu.la.do (*part* de *ovular*) *adj* Que tem óvulos ou ovos.

o.vu.lar (*óvulo+ar¹*) *vint* **1** Produzir óvulos. **2** Estar em processo de ovulação. • *adj m+f* **1** Que se assemelha a um ovo; oval. **2** Que diz respeito ao óvulo. *Conjug – Pres indic:* ovulo, ovulas, ovula (*vú*) etc. *Cf óvulo.*

ó.vu.lo (*lat mod ovulu*) *sm* **1** Pequeno ovo. **2** *Biol* Célula sexual feminina, formada no ovário. **3** *Bot* Corpo pequeníssimo em forma de ovo que se transforma em semente.

O.xa.lá (*ioruba òrishalá*) *sm bras Rel* Alta divindade entre os Orixás.

o.xa.lá! (*ár wa shâ llâh*) *interj* Indica desejo de que alguma coisa aconteça; tomara; Deus queira.

o.xi.da.ção (*cs*) (*oxidar+ção*) *sf Quím* **1** Ação de oxidar(-se); oxigenação. **2** Criação de ferrugem. *Pl: oxidações.*

o.xi.dan.te (*cs*) (de *oxidar*) *adj m+f Quím* Que oxida. • *sm Quím* Substância que produz oxidação.

o.xi.dar (*cs*) (*óxido+ar¹*) *vtd e vpr* **1** Transformar (-se) em óxido; combinar(-se) com o oxigênio. **2** Enferrujar(-se): *A umidade oxidou os talheres.*

ó.xi.do (*cs*) (*oxi*(*gênio*)+(*ác*)*ido*) *sm Quím* Corpo formado por oxigênio e por um metal.

o.xi.ge.na.ção (*cs*) (*oxigenar+ção*) *sf Quím* Fixação de oxigênio em um corpo; oxidação. *Pl: oxigenações.*

o.xi.ge.na.do (*cs*) (*part* de *oxigenar*) *adj* **1** Que contém oxigênio: *Água oxigenada.* **2** Que foi tratado por água oxigenada: *Cabelos oxigenados.*

o.xi.ge.nar (*cs*) (*oxigênio+ar¹*) *vtd e vpr* **1** *Quím* Combinar(-se) com o oxigênio; oxidar(-se). *vtd* **2** Descolorir com água oxigenada: *Oxigenar os cabelos.* *vtd* **3** Dar nova energia a; fortalecer: *Oxigenar os pulmões.*

o.xi.gê.nio (*cs*) (*gr oxýs+genoio*) *sm Quím* Elemento não metálico, gás sem cor, sem cheiro, sem sabor, que existe no ar, absolutamente necessário para a respiração do homem, dos animais e das plantas. Número atômico 8 e símbolo O.

o.xí.to.no (*cs*) (*gr oxýs+tónos*) *adj Gram* Diz-se de vocábulo que tem o acento na última sílaba; também se diz *agudo*. • *sm* Vocábulo oxítono.

o.xi.ú.ro (*gr oxýs+uro*) *sm Zool* Verme filiforme que vive no intestino grosso do homem.

o.xi.u.ro.se (*oxiúro+ose*) *sf Med* Doença causada pelos oxiúros.

O.xós.si (*ioruba Òshósi*) *sm bras Rel* Orixá dos caçadores e dono das matas.

O.xum (*ioruba Òshun*) *sm bras Rel* Orixá feminino das águas.

o.zô.nio (*gr ózein*) *sm Quím* Gás levemente azulado, com cheiro semelhante ao alho, molécula formada por três átomos de oxigênio, que se desenvolve sob a influência das descargas elétricas. *Camada de ozônio:* V *ozonosfera.*

o.zo.ni.za.do (*ozonizado*) *adj* Combinado com, ou tratado com ozônio.

o.zo.ni.zar (*ozônio+izar³*) *vtd Quím* **1** Fazer que o ozônio penetre em: *Ozonizar uma casa.* **2** Transformar em ozônio.

o.zo.nos.fe.ra (*ozônio+esfera*) *sf Meteor* Camada da atmosfera terrestre localizada a uma altitude de 12 a 50 quilômetros, na qual a concentração de ozônio é relativamente alta.

p (*pê*) *sm* Décima sexta letra do alfabeto português, consoante. • *num* O décimo sexto numa série indicada pelas letras do alfabeto.

pá (*lat pala*) *sf* **1** Utensílio largo e achatado, feito de chapa de ferro, plástico etc., com cabo, usado para cavar terra, recolher lixo e outros fins. **2** Parte larga e achatada de um remo. **3** *gír* Grande quantidade: *Uma pá de convidados*.

pa.ca (*tupi páka*) *sf bras Zool* Mamífero roedor de cor escura; sua carne é muito apreciada. • *adj + sm* Ingênuo, tolo, inexperiente.

pa.cas (*red de pra caralho*) *adv gír* **1** Em grande quantidade. **2** Com bastante intensidade.

pa.ca.tez (*pacato+ez*) *sf* Qualidade ou estado de pacato.

pa.ca.to (*lat pacatu*) *adj* **1** Amigo da paz, pacífico. **2** Sossegado. • *sm* Indivíduo tranquilo, calmo.

pa.cau *sm* **1** Pessoa a quem falta um dedo. **2** *gír* Cigarro de maconha, ou pacote desta erva.

pa.cho.la *adj m+f gír* **1** Preguiçoso. **2** Pateta, tolo. **3** Pedante, cheio de si, vaidoso.

pa.chor.ra (*ô*) (*cast pachorra*) *sf* **1** Lentidão, vagareza. **2** Paciência.

pa.chor.ren.to (*pachorra+ento*) *adj* **1** Dotado de pachorra. **2** Feito com pachorra.

pa.ci.ên.cia (*lat patientia*) *sf* **1** Qualidade de quem suporta problemas ou incômodos sem queixas nem revolta. **2** Qualidade de quem espera com calma o que está demorando. **3** Jogo com cartas de baralho para uma só pessoa.

pa.ci.en.te (*lat patiente*) *adj m+f* **1** Que tem paciência. **2** Feito com paciência: *Trabalho paciente*. **3** Calmo, tranquilo. **4** Que sofre a ação de um agente. • *s m+f* Pessoa que está na dependência do médico, mesmo para simples exame.

pa.ci.fi.ca.ção (*pacificar+ção*) *sf* Ato ou efeito de pacificar.

pa.ci.fi.ca.dor (*pacificar+dor*) *adj* Que pacifica. • *sm* Aquele que pacifica.

pa.ci.fi.car (*lat pacificare*) *vtd* **1** Restituir a paz; apaziguar, conciliar: *Pacificar uma assembleia*. *vtd* **2** Sossegar, tranquilizar: *A volta do filho pacificou-a*. *vpr* **3** Voltar à paz, tranquilizar-se: *Mesmo com a mudança de regime, não se pacificou o país*. Conjug – Pres indic: *pacifico, pacificas* (*fí*) etc.; Pres subj: *pacifique, pacifiques, pacifique* etc.; Pret perf: *pacifiquei, pacificaste, pacificou* etc. Cf *pacífico*.

pa.cí.fi.co (*lat pacificu*) *adj* **1** Amigo da paz. **2** Manso, sereno. **3** Pertencente ao Oceano Pacífico.

pa.ci.fis.mo (*pacíf(ico)+ismo*) *sm* Sistema político-social que defende a paz mundial permanente e o desarmamento das nações.

pa.ci.fis.ta (*pacíf(ico)+ista*) *adj m+f* Relativo ao pacifismo, ou que é partidário dele. • *s m+f* Pessoa partidária do pacifismo.

pa.ço (*lat palatiu*) *sm* **1** Palácio real ou episcopal. **2** Conjunto de pessoas que habitam o palácio real; corte.

pa.ço.ca (*tupi pasóka*) *sf* **1** Carne assada e desfiada, com farinha de mandioca ou de milho. **2** Doce de amendoim torrado com farinha e açúcar.

pa.co.te (*de paca*) *sm* **1** Objeto embrulhado; embrulho pequeno. **2** Viagem turística, incluindo passagens de ida e volta, hospedagem, passeios, refeições. *Pacote econômico*: conjunto de medidas econômicas do governo federal, expedidas de uma só vez, geralmente por meio de medidas provisórias.

pac.to (*lat pactu*) *sm* Ajuste; contrato, convenção entre duas ou mais pessoas ou entre duas ou mais nações.

pac.tu.al (*pacto+al¹*) *adj m+f* Relativo a pacto.

pac.tu.an.te (*de pactuar*) *adj* e *s m+f* Que, ou quem pactua.

pac.tu.ar (*pacto+ar¹*) *vtd* e *vti* **1** Ajustar, contratar: *Ele pactuou com a empresa o fornecimento de papel*. *vti* **2** Fazer pacto: *Pactuava ora com um partido, ora com outro*. *vti* **3** Transigir, concordar, condescender: *Você não deve pactuar com essa tendência*.

pa.cu (*tupi pakú*) *sm bras Zool* Nome comum a vários peixes de água doce.

pa.da.ri.a (*lat vulg *panataria*) *sf* **1** Estabelecimento onde se fabricam ou vendem pães; panificadora. **2** *vulg* Bunda, traseiro.

pa.de.cen.te (*de padecer*) *adj* e *s m+f* **1** Que, ou aquele que padece. **2** Pessoa que vai sofrer a pena de morte.

pa.de.cer (*lat vulg *patescere*) *vtd* **1** Ser atormentado, martirizado por: *Padecer grandes dores*. *vtd* **2** Aguentar, suportar: *Padecer fome*. *vti* **3** Sofrer dores físicas ou morais: *Padecer de uma doença*. *vint* **4** Estar ou ser doente; ser vítima de acidente, enfermidade ou violência física: *Ele padece no quarto do hospital*.

pa.de.ci.men.to (*padecer+mento*) *sm* **1** Ato ou efeito de padecer; sofrimento. **2** Doença, enfermidade.

pa.dei.ro (*lat vulg *panatariu*) *sm* Fabricante, vendedor ou entregador de pão.

pa.di.o.la *sf* Cama de lona, sem rodas, na qual se transportam doentes ou feridos.

pa.di.o.lei.ro (*padiola+eiro*) *sm* Cada um dos que carregam uma padiola.

pa.do.que (*ingl paddock*) *sm* Turfe O local dos hipódromos, em geral junto ao ponto em que os cavalos entram e saem da pista, de onde os profissionais assistem à corrida.

pa.drão (*lat patronu*) *sm* **1** Modelo oficial de pesos e medidas. **2** Qualquer coisa que serve de modelo para a produção de outra. **3** Desenho de estamparia. **4** Nível, categoria: *Casa de alto padrão*.

pa.dras.to (*lat padrastu*) *sm* O homem, em relação ao filho ou filhos que sua mulher teve de matrimônio anterior. *Fem: madrasta*.

pa.dre (*lat patre*) *sm* **1** Sacerdote. *Col: clero*. **2 Padre** Primeira pessoa da Santíssima Trindade; Pai. *Santo Padre:* o papa.

pa.dre.co (*padre+eco*) *sm pej* Padre de pouco mérito ou de baixa estatura.

pa.dre-nos.so *sm* Pai-nosso. *Ensinar o padre-nosso ao vigário:* pretender ensinar a uma pessoa algo que ela sabe perfeitamente. *Pl: padre-nossos* e *padres-nossos*.

pa.dri.nho (*lat patrinu*) *sm* **1** Testemunha de batismo, casamento ou crisma. **2** Aquele que acompanha o aluno que está se formando na colação de grau. **3** *fig* Protetor, patrono.

pa.dro.ei.ro (*ant padrom+eiro*) *adj + sm* Defensor, patrono; santo protetor.

pa.dro.ni.za.ção (*padronizar+ção*) *sf* **1** Ato ou efeito de padronizar. **2** Estabelecimento de um padrão para a fabricação de produtos em série.

pa.dro.ni.za.do (*part* de *padronizar*) *adj* Que sofreu padronização; estandardizado.

pa.dro.ni.zar (*padrão+izar*) *vtd* **1** Servir de padrão, de modelo a. **2** Produzir mercadorias em série segundo determinado modelo, ou estabelecer um método para a execução de um trabalho.

pa.e.tê (*fr pailleté*) V *lentejoula*.

pa.ga (*der* regressiva de *pagar*) *sf* **1** Pagamento. **2** Retribuição, recompensa.

pa.ga.do.ri.a (*pagador+ia¹*) *sf* Local ou repartição pública onde se fazem pagamentos.

pa.ga.men.to (*pagar+mento*) *sm* **1** Ato ou efeito de pagar. **2** O que se dá em troca de um serviço ou na compra de alguma coisa. **3** Salário, remuneração.

pa.ga.nis.mo (*lat paganu+ismo*) *sm* **1** Religião em que se adoram muitos deuses. **2** Religião pagã.

pa.gan.te (de *pagar*) *adj* e *s m+f* Que, ou pessoa que paga.

pa.gão (*lat paganu*) *adj + sm* **1** Que, ou quem não é cristão ou não foi batizado. **2** Que, ou quem segue qualquer religião que não adota o batismo. • *adj* Relativo ou próprio de pagão: *Culto pagão*. *Fem: pagã*. *Pl: pagãos*.

pa.gar (*lat pacare*) *vtd* **1** Liquidar (uma dívida, um compromisso, um trabalho etc.): *Pagar as contas*. *Pagar os impostos*. *vtd* **2** Remunerar: *Pagar a empregada*. *vtd, vti* e *vint* **3** Sofrer as consequências de algo: *Pagar os pecados*. *Pagar pelos erros*. *Ele não agiu bem, e pagou*. *vti* **4** Devolver a alguém o que lhe é devido: *Pagou a dívida ao amigo*. *vtd* **5** Retribuir: *Pagar uma visita*. *Pagar à vista:* pagar alguma coisa no momento em que é comprada. *Pagar bem caro:* a) obter com sacrifício; b) ser castigado com rigor. *Pagar mico, gír:* dar vexame. *Pagar na mesma moeda:* retribuir de igual maneira. *Pagar o pato, pop:* pagar pelo que outros fizeram. *Conjug – Part: pago*.

pa.gá.vel (*pagar+vel*) *adj m+f* Que se pode pagar.

pager (*pêidjer*) (*ingl*) *sm Telecom* Pequeno aparelho eletrônico que recebe e exibe mensagens escritas transmitidas por uma central.

pá.gi.na (*lat pagina*) *sf* **1** Cada lado das folhas de um livro, caderno, revista etc. **2** Aquilo que está escrito ou impresso em cada um desses lados. **3** Obra literária ou musical: *As mais belas páginas de Monteiro Lobato*. **4** Período ou fato notável numa biografia ou na história de um povo, nação ou da humanidade. **5** *Inform* Área da tela usada como fundo para a composição de um texto em computador. *Página de rosto:* página que contém o título do livro; frontispício.

pa.gi.na.ção (*paginar+ção*) *sf* **1** *Art Gráf* e *Inform* Ato de paginar. **2** Ordem numérica das páginas de um volume escrito.

pa.gi.na.dor (*paginar+dor*) *sm Tip* Aquele que organiza as páginas de livros, revistas, jornais ou qualquer tipo de impresso.

pa.gi.nar (*página+ar¹*) *vtd* e *vint Art Gráf* e *Inform* Organizar em páginas, em sequência numérica, a composição de um livro, revista, jornal ou qualquer tipo de impresso. *Conjug – Pres indic: pagino, paginas, pagina (gí)* etc. *Cf página*.

pa.go (de *pagar*) *adj* **1** Entregue para pagamento. **2** Que recebeu pagamento.

pa.go.de (*tâmil pagodi*) *sm* **1** Templo pagão entre certos povos asiáticos. **2** Divertimento, brincadeira. **3** *bras* Baile onde se tocam ritmos populares com acompanhamento de percussão, violão, cavaquinho. **4** *bras Mús* Certa variação de samba, originária dos morros cariocas.

pa.go.dei.ro (*pagode+eiro*) *sm* **1** Quem frequenta pagode. **2** *Mús* Cantor ou compositor de pagode.

pai (*lat patre*) *sm* **1** Homem que gerou um ou mais filhos em relação a estes; genitor. **2** Animal macho que gerou outro. **3** Criador, fundador. **4 Pai** Primeira pessoa da Santíssima Trindade; Padre. *sm pl* O pai e a mãe. *Não ir tirar o pai da forca:* não haver motivo para tanta pressa. *Pai de santo, Rel:* chefe de terreiro ou guia nas macumbas e candomblés. *Pai de todos, pop:* o dedo polegar. *Pai dos burros, gír:* o dicionário. *Ser o pai da criança, pop:* ser o autor de um ato, uma ideia etc.

pai.na (*ãi*) (*malaiala paññi*) *sf bras* Conjunto de fibras sedosas, semelhantes às do algodão, de grande aplicação industrial, que envolvem as sementes de diversas plantas, como a paineira.

pa.in.ço (*lat tardio paniciu*) *sm Bot* **1** Planta gramínea. **2** O grão dessa planta usado como alimento de pássaros.

pai.nei.ra (*paina+eira*) *sf Bot* Árvore de grande porte, estimada pela paina que produz e pela beleza e abundância de suas flores.

pai.nel (*provençal panel*) *sm* **1** Pintura feita sobre tela, madeira etc.; quadro. **2** *Propag* Anúncio pintado ou disposto sobre chapas de ferro, lonas ou madeira e montado em qualquer tipo de estrutura ou em paredes de edifícios. **3** *fig* Cena, visão, panorama. **4** Tipo de reunião para debates de certo assunto. **5** Quadro com instrumentos de controle.

pai.nos.so *sm* Oração cristã; padre-nosso. *Pl:* pai-nossos e pais-nossos.
pai.o (de *Paio, np*) *sm* Espécie de linguiça de carne de porco feita em tripa grossa.
pai.ol (*lat paniolu*) *sm* **1** Depósito de pólvora, munições e outros apetrechos de guerra. **2** Armazém em que se depositam produtos da lavoura.
pai.rar (*provençal pairar,* do *lat pariare*) *vint* **1** Ficar imóvel ou mover-se lentamente no ar: *Em imensas alturas paira o condor.* **2** Estar para acontecer, ameaçar: *Paira uma ameaça de greve.*
pa.ís (*fr pays*) *sm* **1** Região, território. **2** A nação em que se nasceu, a pátria. **3** Território habitado por um grande conjunto de pessoas, que constituem determinada nação.
pai.sa.gem (*fr paysage*) *sf* **1** Extensão de um lugar aberto que se abrange num lance de vista: *Paisagem do campo, da cidade.* **2** Desenho, quadro que representa uma paisagem.
pai.sa.gis.mo (*paisagem+ismo*) *sm* **1** Representação de paisagens pela pintura ou pelo desenho. **2** Estudo complementar da arquitetura que planeja paisagens, jardins, parques etc.
pai.sa.gis.ta (*paisagem+ista*) *adj e s m+f* Que, ou aquele que pinta ou planeja paisagens. • *s m+f* Pessoa que se dedica ao paisagismo (acepção 2).
pai.sa.gís.ti.ca (*paisagem+ístico,* no *fem*) *sf* A arte do paisagista.
pai.sa.na (*fem* de *paisano*) *sf* Palavra usada na locução adverbial *à paisana:* em traje civil (referindo-se a militares).
pai.sa.no (*fr paysan*) *adj + sm* **1** Que, ou aquele que não é militar. **2** Que, ou aquele que é da mesma pátria ou localidade; compatriota, patrício.
pa.ís-se.de *sm* **1** *Econ* País onde se encontra a sede de uma empresa multinacional. **2** *Esp* País onde se realiza um campeonato mundial de qualquer modalidade. *Pl: países-sede* e *países-sedes.*
pai.xão (*lat passione*) *sf* **1** Sentimento forte, como o amor, o ódio etc. **2** Atração amorosa. **3** Gosto muito vivo, acentuada predileção por alguma coisa. **4** A coisa, o objeto dessa predileção. **5** Parcialidade, prevenção a favor ou contra alguma coisa. **6** Desgosto, mágoa, sofrimento prolongado. **7** *Rel* Os tormentos padecidos por Cristo ou pelos mártires.
pa.jé (*tupi paié*) *sm* **1** Chefe espiritual dos indígenas, misto de feiticeiro, médico e profeta. **2** *bras* Benzedor, curandeiro.
pa.je.lan.ça (*pajé+l+ança*) *sf bras* **1** Cerimonial do pajé para alcançar curas. **2** Conjunto de regras e atos do feiticeiro, aconselhando, ditando regras de vida, vendendo remédios, amuletos etc.
pa.jem (*fr page*) *sm* Na Idade Média, rapaz da nobreza que acompanhava um príncipe, um fidalgo ou uma dama, para prestar-lhes certos serviços e iniciar-se na carreira das armas. *sf* Aquela que toma conta de crianças; ama-seca, babá.
pa.la *sf* **1** Engaste de pedra preciosa ou de anel. **2** Parte do boné que protege os olhos do excesso de claridade. **3** Parte do vestuário que guarnece a gola ou colarinho.
pa.la.ce.te (*palácio+ete*) *sm* **1** Pequeno palácio. **2** *pop* Residência grande e luxuosa.
pa.la.ci.a.no (*palácio+ano*) *adj* **1** Relativo a palácio. **2** Próprio de quem vive na corte. **3** Cortês, delicado. • *sm* Aquele que vive no palácio.
pa.lá.cio (*lat palatiu*) *sm* **1** Casa de rei ou de família nobre. **2** *por ext* Qualquer construção grande e luxuosa. **3** Sede de um governo.
pa.la.dar (*lat palatare*) *sm* **1** Céu da boca; palato. **2** Sentido do gosto. **3** Gosto, sabor.
pa.la.di.no (*ital paladino,* do *lat med palatinu*) *sm* **1** Defensor. **2** Homem corajoso.
pa.lá.dio (*gr palládion*) *sm* **1** Salvaguarda, proteção. **2** *Quím* Elemento metálico branco-prateado, maleável, de número atômico 46 e símbolo Pd.
pa.la.fi.ta (*ital palafitta*) *sf* **1** Conjunto de estacas que sustenta as habitações em terrenos alagados. **2** Nome dado a essas habitações.
pa.lan.que *sm* Estrado de madeira com degraus, para espectadores de festas ao ar livre. *Assistir de palanque:* ver de longe, sem correr perigo.
pa.lan.quim (*neoárico palânkî*) *sm* Tipo de liteira, semelhante a uma cadeira, usada antigamente na Índia e na China.
pa.la.ta.bi.li.da.de (*palatável+i+dade*) *sf* Qualidade de palatável.
pa.la.tal (*palato+al*[1]) *adj m+f* **1** Relativo ao palato. **2** *Gram* Diz-se dos sons ou fonemas cujo ponto de articulação está no palato.
pa.la.tá.vel (*ingl palatable*) *adj m+f* **1** Agradável ao paladar. **2** *fig* Aceitável, tolerável.
pa.la.ti.no (*lat palatinu*) *adj* **1** Referente ao palato; palatal. **2** Referente ao paladar, ao sentido do gosto.
pa.la.to (*lat palatu*) *sm Anat* Céu da boca, abóbada palatina.
pa.la.vra (*gr parabolé,* pelo *lat*) *sf* **1** Conjunto de sons articulados, com uma significação. **2** Vocábulo representado graficamente. **3** Faculdade de expressar as ideias por meio da voz. **4** Afirmação, declaração. **5** Permissão de falar: *Sr. Presidente, peço a palavra.* **6** Promessa verbal: *Ele me deu sua palavra.* • *interj* **1** Afirmação enfática: *Palavra!* **2** Protesto verbal com que se garante o cumprimento de uma promessa ou a veracidade de alguma coisa: *Palavra de honra! Palavra de Deus:* a Bíblia.
pa.la.vra-cha.ve *sf* **1** Palavra que resume o significado global de um texto, ou que o explica ou identifica. **2** Palavra que serve para identificação em um índice. *Pl: palavras-chaves* e *palavras-chave.*
pa.la.vrão (*palavra+ão*[2]) *sm* **1** Palavra grosseira ou obscena. **2** Palavra grande, de pronúncia difícil.
pa.la.vre.a.do (*part* de *palavrear*) *sm* **1** Lábia; astúcia verbal. **2** Reunião de palavras sem muito nexo ou importância.
pa.la.vre.ar (*palavra+e+ar*[1]) *vint* **1** Falar muito, tagarelar. *vti* **2** Dirigir a palavra; falar. Conjuga-se como *frear.*
pa.la.vró.rio (*palavra+ório*) *V palavreado.*
pa.la.vro.so (ô) (*palavra+oso*) *adj* Em que há excesso de palavras. *Pl: palavrosos* (ó).
pal.co (*ital palco*) *sm* **1** Lugar, no teatro, onde os atores representam e os artistas se apresentam. **2** *fig* Lugar onde acontece algo dramático, impressionante ou solene; cenário.
pa.le.o.ce.no (*páleo+ceno*[4]) *adj Geol* Relativo à

época mais antiga do Período Terciário. • *sm* Essa época.

pa.le.o.gra.fi.a (*páleo+grafo+ia¹*) *sf* O estudo da escrita antiga, de suas formas e variações através dos séculos.

pa.le.o.lí.ti.co (*páleo+lito+ico²*) *adj* Relativo ao primeiro período da Idade da Pedra. • *sm Geol* Período mais antigo da Idade da Pedra, também denominado Idade da Pedra Lascada.

pa.le.o.lo.gi.a (*páleo+logo+ia¹*) *sf* Estudo das línguas antigas.

pa.le.on.to.lo.gi.a (*páleo+onto+logo+ia¹*) *sf* Estudo das espécies desaparecidas, baseado nos fósseis animais e vegetais.

pa.le.on.tó.lo.go (*páleo+onto+logo*) *sm* Especialista em paleontologia.

pa.le.o.zoi.co (*ó*) (*páleo+zoo+ico²*) *adj Geol* **1** Relativo a animais ou vegetais cujas espécies se extinguiram. **2** Diz-se do terreno onde se encontram vestígios fósseis dessas espécies. • *sm Geol* Denominação que se dá à era que antecede à mesozoica.

pa.ler.ma (do *top Palermo*) *adj* e *s m+f* **1** Que, ou quem é idiota, imbecil, tolo. **2** Que, ou quem é molenga; moleirão.

pa.ler.mi.ce (*palermo+ice*) *sf* Qualidade, ato ou dito de palerma.

pa.les.ti.no (do *top Palestina*) *adj* Pertencente ou relativo à Palestina (Oriente Médio, na Ásia). • *sm* Habitante ou natural da Palestina.

pa.les.tra (*gr palaístra*) *sf* **1** Conversa, conversação. **2** Conferência sobre tema científico ou cultural.

pa.les.tra.dor (*palestrar+dor*) *adj* + *sm* Que, ou aquele que palestra; palestrante.

pa.les.tran.te (de *palestrar*) *s m+f* **1** Pessoa que palestra. **2** Pessoa que dá palestras.

pa.les.trar (*palestra+ar¹*) *vti* Conversar, falar.

pa.le.ta (*ê*) (*ital paletta*) *sf* **1** Chapa de madeira, louça ou de outro material, em geral ovalada, com um orifício para o polegar, sobre a qual os pintores dispõem e combinam as tintas. **2** O conjunto de cores típico de um pintor, de um quadro etc. **3** Escápula ou espáduas, principalmente dos animais.

pa.le.tó (*fr paletot*) *sm* Casaco curto, com bolsos, que se veste diretamente sobre a camisa ou colete.

pa.lha (*lat palea*) *sf* **1** Hastes secas de gramíneas usadas como alimento para animais e para a fabricação de certos objetos. **2** A parte, depois de seca, que envolve a espiga de milho. *Não mover uma palha:* não fazer o mínimo esforço; ser preguiçoso.

pa.lha.ça.da (*palhaço+ada¹*) *sf* **1** Ato ou dito próprio de palhaço. **2** Brincadeira. **3** Cena ridícula ou cômica.

pa.lha.ço (*ital pagliaccio*) *sm* **1** Artista de circo que diverte o público com brincadeiras. **2** Pessoa que, por atos ou palavras, faz os outros rir. **3** Indivíduo que se presta ao ridículo. *Fazer alguém de palhaço:* zombar de alguém, iludir alguém.

pa.lhei.ro (*lat paleario*) *sm* Local onde se guarda palha.

pa.lhe.ta (*palha+eta*) *sf* **1** Chapéu de palha rígido, atualmente em desuso. **2** *Mús* Pequena lâmina de metal ou madeira que, em certos instrumentos de sopro, produz as várias vibrações do som. **3** *Mús* Pequena lâmina com que se vibram as cordas do violão, da guitarra, do bandolim etc. **4** *Constr* Cada uma das lâminas de madeira que formam as venezianas, favorecendo a ventilação.

pa.lhi.nha (*palha+inha*) *sf* Palha com que se fazem assentos e encostos de cadeiras. *sm pop* Chapéu de palha.

pa.lho.ça (de *palha*) *sf* Casa coberta de palha.

pa.li.a.ção (*paliar+ção*) *sf* Ato de paliar.

pa.li.ar (*lat palliare*) *vtd* **1** Disfarçar, encobrir com falsa aparência: *Paliava seus erros*. *vtd* **2** Aliviar, atenuar: *Paliou aquela trabalheira*. *vint* **3** Remediar provisoriamente: *Isso apenas palia, não cura*.

pa.li.a.ti.vo (*paliar+ivo*) *adj* Que serve para paliar. • *sm* **1** Medicamento que tem eficácia apenas momentânea. **2** Algo que somente entretém e prolonga um desejo ou uma esperança.

pa.li.ça.da (*provençal palisada*) *sf* **1** Obstáculo para defesa. **2** Arena para lutas e torneios.

pa.li.dez (*pálido+ez*) *sf* Estado ou qualidade de pálido; descoramento.

pá.li.do (*lat pallidu*) *adj* **1** Descorado, amarelado (pessoa). **2** Desbotado, tênue (luz, cores). **3** Sem animação: *Pálida saudação*. Antôn (acepção 1): *corado*; (acepção 2): *vivo*; (acepção 3): *animado*.

pa.limp.ses.to (*gr palímpsestos*) *sm* Papiro ou pergaminho cujo texto primitivo foi raspado, para dar lugar a outro.

pa.li.tar (*palito+ar¹*) *vtd* **1** Limpar com palito. *vint* **2** Limpar os dentes.

pa.li.tei.ro (*palito+eiro*) *sm* **1** Vendedor ou fabricante de palitos. **2** Recipiente para palitos.

pa.li.to (*cast palito*) *sm* **1** Hastezinha pontiaguda, em geral de madeira, para limpar os dentes. **2** *pop* Pessoa muito magra.

pal.ma (*lat palma*) *sf* **1** *Bot* Folha e ramo de palmeira. **2** *Bot* A palmeira. **3** *fig* Triunfo, vitória. *sf pl* Ação de bater as palmas das mãos uma na outra, para aplaudir, chamar a atenção de alguém etc. *Conhecer como a palma da sua mão:* conhecer perfeitamente. *Dar a palma a:* considerar superior ou vencedor. *Palma da mão:* face interna da mão entre os dedos e o pulso. *Tratar na palma da mão:* tratar com toda a atenção e cuidado.

pal.má.ceas (*palma+áceas*) *sf pl Bot* Família de plantas à qual pertencem as palmeiras, comumente de tronco alto, que sustentam uma copa de grandes folhas.

pal.ma.da (*palma+ada¹*) *sf* Pancada com a palma da mão.

pal.ma.do (*palma+ado¹*) *adj* **1** *Bot* Diz-se da folha com forma semelhante à mão aberta. **2** *Zool* Que tem os dedos unidos por uma membrana, como o pato, o ganso etc.

pal.mar (*palma+ar²*) *adj m+f* **1** Relativo à palma da mão. **2** Que tem um palmo de comprimento.

pal.ma.tó.ria (*lat med palmataria*) *sf* Peça de madeira com orifícios e cabo, que servia nas escolas para castigar as crianças, batendo-lhes com ela na palma das mãos. *Dar a mão à palmatória:* reconhecer que estava errado; dar-se por vencido.

pal.me.ar (*palma+e+ar¹*) *vtd* e *vint* **1** Aplaudir batendo palmas: *Palmearam os artistas. Ao final da representação, os espectadores palmearam*. *vtd* e *vint* **2** Palmilhar, percorrer a pé palmo a palmo. *vtd*

3 Bater com a palma da mão em: *Palmeei o copo, derrubando-o.* vtd 4 Pegar, agarrar, empunhar: *Palmeei o facão.* Conjuga-se como *frear*.

pal.mei.ra (*palma+eira*) *sf Bot* Nome comum a várias plantas da família das palmáceas, também conhecidas por coqueiros.

pal.men.se (*top Palma+ense*) *adj m+f* Relativo ou pertencente a Palmas, capital de Tocantins. • *s m+f* Pessoa natural ou habitante de Palmas.

pal.mi.lha (*cast palmilla*) *sf* Revestimento interior da sola do calçado, sobre o qual se coloca o pé.

pal.mi.lhar (*palmilha+ar¹*) *vtd* 1 Pôr palmilhas em. 2 Percorrer a pé: *Palmilhei quilômetros.* 3 Calcar com os pés, andando.

pal.mí.pe.de (*palmi+pede*) *adj m+f Zool* Que tem os dedos dos pés unidos por membrana.

pal.mi.to (*palma+ito¹*) *sm Bot* Miolo terminal, longo e macio, do caule das palmeiras, comestível em algumas espécies.

pal.mo (*lat palmu*) *sm* 1 Extensão da ponta do polegar à ponta do mínimo, estando a mão bem aberta. 2 Antiga medida de comprimento, equivalente a 0,22 m. *Não enxergar um palmo adiante do nariz:* ser muito ignorante ou desprovido de inteligência. *Palmo a palmo:* gradualmente, pouco a pouco. *Palmo de terra:* pequena extensão de terreno.

pal.pa.ção (*palpar+ção*) *sf Med* Investigação pelo tato.

pal.par (*lat palpare*) *vtd* e *vpr* Apalpar.

pal.pá.vel (*palpar+vel*) *adj m+f fig* Que não deixa dúvida; evidente.

pál.pe.bra (*lat palpebra*) *sf Anat* Membrana móvel, superior ou inferior, dotada de cílios, que cobre externamente o olho.

pal.pi.ta.ção (*lat palpitatione*) *sf* 1 Ato de palpitar. 2 *Med* Movimento violento e desordenado de qualquer parte do corpo, sobretudo do coração. 3 *fig* Comoção violenta, forte; grande emoção.

pal.pi.tan.te (*lat palpitante*) *adj m+f* 1 Que palpita. 2 Que apresenta vestígios de vida. 3 Diz-se de acontecimento ou obra recente e de grande interesse.

pal.pi.tar (*lat palpitare*) *vint* 1 Ter palpitações; bater, pulsar. *vint* 2 Comover-se, sobressaltar-se. *vti* 3 *pop* Dar palpites.

pal.pi.te (de *palpitar*) *sm* 1 Pressentimento. 2 Intuição de ganho (no jogo). 3 *pop* Opinião de intrometido.

pal.pi.tei.ro (*palpite+eiro*) *adj + sm* Que, ou quem gosta de dar palpites.

pal.po (*lat palpu*) *sm Zool* 1 Apêndice do maxilar e do lábio dos insetos. 2 Segundo par de apêndices dos aracnídeos. *Em palpos de aranha:* em apuros, em sérias dificuldades.

pal.ra.dor (*palrar+dor*) *adj + sm* Que, ou aquele que palra; tagarela.

pal.rar (*lat parabolari*) *vint* 1 Articular sons sem sentido. 2 Falar excessivamente; tagarelar.

pa.lu.de (*lat palude*) *sm* Pântano, paul.

pa.lu.dis.mo (*lat palude+ismo*) *V* malária.

pa.lu.do.so (*ô*) (*lat paludosu*) *adj* Pantanoso, palustre. *Pl: paludosos* (*ó*).

pa.lus.tre (*lat palustre*) *adj m+f* 1 Relativo a pauis. 2 Que vive em pauis ou lagoas.

pa.mo.nha (*top pamuñã*) *sf* Papa de milho verde ralado, cozida envolta na palha do próprio milho. • *adj* e *s m+f* 1 Diz-se da, ou pessoa desajeitada, preguiçosa, mole. 2 Bobo, toleirão. *Cara de pamonha:* cara inexpressiva.

pam.pa (*quíchua pampa*) *sm* Planície muito extensa, coberta de vegetação rasteira, na região meridional da América do Sul. *sf pl gír* Usado na locução adverbial *às pampas:* em grande quantidade; com bastante intensidade. • *adj* Diz-se do animal de cor branca e preta, ou branca e vermelha, em manchas grandes.

pam.pei.ro (*pampo+eiro*) *sm* 1 Vento forte que sopra do sudoeste, vindo dos pampas argentinos. 2 *pop* Briga, discussão. 3 *pop* Escarcéu, gritaria.

pa.na.ca *adj + sm gír* Que, ou quem é ingênuo, tolo.

pa.na.cei.a (*é*) (*gr panákeia*) *sf* 1 Remédio para todos os males. 2 Preparado farmacêutico que possui certas propriedades gerais.

pa.na.má (*top Panamá*) *sm* Chapéu muito flexível, tecido com a fibra de um arbusto da América Central.

pa.na.me.nho (*top Panamá+enho*) *adj* Relativo ou pertencente ao Panamá (América Central). • *sm* Indivíduo natural ou habitante do Panamá.

pan-a.me.ri.ca.no (*pan+americano*) *adj* Relativo ou pertencente a todas as nações da América. *Pl: pan-americanos.*

pan.ca (de *palanca*) *sf* 1 Alavanca de madeira. 2 *gír* Postura estudada, estudada, elegante. *Estar na panca:* estar bem vestido, elegante. *Só tem panca!:* só tem pose, só tem aparência ou ostentação.

pan.ça (*lat pantice*) *sf* 1 Primeira cavidade do estômago dos ruminantes. 2 *pop* Barriga grande.

pan.ca.da (*panca+ada¹*) *sf* 1 Choque que um corpo dá e recebe no instante em que se encontra com outro. 2 Bordoada, paulada. 3 Som de um sino, de um relógio. 4 *Meteor* Chuva repentina, forte e passageira. • *adj* e *s m+f pop* Que, ou quem não é muito certo da cabeça; amalucado, boboca, bobalhão.

pan.ca.da.ri.a (*pancada+aria*) *sf* Desordem, tumulto em que há muitas pancadas, socos, pontapés etc.

pân.creas (*gr págkreas*) *sm sing* e *pl Anat* Glândula abdominal que segrega o suco pancreático e funciona como glândula endócrina, formando insulina.

pan.cre.a.ti.te (*pancreato+ite¹*) *sf Med* Inflamação do pâncreas.

pan.çu.do (*pança+udo¹*) *adj + sm* 1 *pop* Que, ou aquele que tem pança volumosa; barrigudo. 2 *pop* Que, ou aquele que vive à custa de outra pessoa; parasita.

pan.da *sm Zool* Mamífero semelhante ao urso, muito comum nas florestas da Índia e da China.

pan.da.re.cos *sm pl pop* Cacos, frangalhos. *Em pandarecos:* a) em pedaços; b) muito cansado ou abatido.

pân.de.ga *sf pop* 1 Festa ruidosa, com comes e bebes. 2 Vadiagem alegre e ruidosa.

pân.de.go (de *pandegar*) *adj + sm pop* 1 Que, ou aquele que é dado a pândegas. 2 Alegre, engraçado.

pan.dei.rei.ro (*pandeiro+eiro*) *sm* 1 Fabricante de pandeiros. 2 Pandeirista.

pan.dei.ris.ta (*pandeiro+ista*) *s m+f* Tocador de pandeiro.
pan.dei.ro (*cast pandero*) *sm* Instrumento musical, espécie de tambor pequeno e raso com uma só pele e munido de guizos.
pan.de.ló (de *pão de ló*) *sm pop* Pão de ló.
pan.de.mi.a (*pan+demo+ia*[1]) *sf Med* Epidemia que ataca ao mesmo tempo muitos indivíduos na mesma localidade, ou a maior parte dos povos do globo.
pan.de.mô.nio (*ingl pandemonium*) *sm* Balbúrdia, bagunça, tumulto.
Pan.do.ra *sf* Personagem da mitologia grega. *Caixa de Pandora:* fonte ou causa de todos os males.
pan.dor.ga (*cast pandorga*) *sf* **1** *pop* Música desafinada e sem compasso. **2** Mulher obesa. **3** Papagaio de papel.
pa.ne (*fr panne*) *sf* Parada, por defeito, do motor de avião, automóvel, motocicleta etc.
pa.ne.gí.ri.co (*gr panegyrikós*) *sm* **1** Discurso em louvor de alguém. **2** Elogio pomposo.
pa.ne.la (*lat vulg *pannella*) *sf* Vasilha de barro, metal, vidro ou plástico para cozinhar alimentos.
pa.ne.la.da (*panela+ada*[1]) *sf* **1** A quantidade de alguma coisa que uma panela pode conter. **2** Grande quantidade de panelas. **3** Pancada com panela.
pa.ne.li.nha (*panela+inha*) *sf* **1** Panela pequena. **2** *pop* Grupo de pessoas que se unem para mútuo auxílio ou elogio.
pa.ne.to.ne (*ital*) *sm Cul* Bolo de massa fermentada com frutas cristalizadas e passas.
pan.fle.ta.gem (*panfletar+agem*) *sf* Ato ou efeito de panfletar.
pan.fle.tar (*panfleto+ar*[1]) *vtd* Fazer ou distribuir panfletos.
pan.fle.tá.rio (*panfleto+ário*) *adj* **1** Relativo a panfleto. **2** Violento no falar ou escrever. • *sm* Autor de panfletos.
pan.fle.to (*ê*) (*fr pamphlet*) *sm* Folheto ou pequeno livro, especialmente sobre assuntos políticos, em estilo violento.
pan.ga.ré *adj* Diz-se de cavalo ou burro cujo pelo é vermelho-escuro ou algo amarelado. • *sm* **1** Cavalo com essas características. **2** *bras* Cavalo sem valor.
pâ.ni.co (*gr panikón*) *sm* **1** Terror ou susto infundado. **2** Reações inteiramente descontroladas de uma multidão em face de um perigo, real ou aparente.
pa.ni.fi.ca.ção (*panificar+ção*) *sf* Fabricação de pão.
pa.ni.fi.ca.do.ra (*panificar+dor*, no *fem*) *sf* Padaria (acepção 1).
pa.no (*lat pannu*) *sm* Tecido de algodão, lã, linho etc. *Pano de boca:* no teatro, cortina que pende à frente do palco e que se levanta (ou se abre) ao começar a representação. *Pano de fundo:* no teatro, o cenário. *Panos quentes:* desculpas, contemporizações. *Dar pano para mangas:* dar o que falar.
pa.nô (*fr panneau*) *sm* Painel decorativo de tecido, utilizado como guarnição de cortinas.
pa.no.ra.ma (*pan+orama*) *sm* **1** Grande quadro circular, disposto de modo que o espectador vê os objetos representados como se estivesse sobre determinada altura, dominando todo o horizonte em volta. **2** Grande extensão de paisagem que se desfruta de uma altura.
pa.no.râ.mi.ca (*fem* de *ponorâmico*) *sf Cin* e *Telev* Tomada com movimento da câmara em torno de seu próprio eixo, quer acompanhando uma figura que se locomove, quer descrevendo um ambiente ou uma paisagem.
pa.no.râ.mi.co (*panorama+ico*[2]) *adj* **1** Relativo a panorama ou a paisagens. **2** Diz-se da janela ampla, em veículo ou edifício.
pan.que.ca (*é*) (*ingl pancake*) *sf Cul* Massa feita de farinha de trigo, leite, ovos etc., com recheio salgado ou doce.
pan.ta.gru.é.li.co (*Pantagruel, np+ico*[2]) *adj* **1** Relativo a Pantagruel, personagem comilão criado pelo escritor francês Rabelais. **2** *fig* Comilão, glutão.
pan.ta.lo.nas (*cost pantalones*) *sf pl* **1** Meia-calça de dançarinos e acrobatas. **2** Calças compridas de bocas ou pernas largas.
pan.ta.nal (*pântano+al*[1]) *sm* **1** Grande pântano. **2** Zona pantanosa do Estado de Mato Grosso do Sul.
pan.ta.nei.ro (*pântano+eiro*) *adj* Diz-se de pessoa, objeto ou criação oriundos do pantanal mato-grossense. • *sm* Raça de bovinos e equinos típicos dessa região.
pân.ta.no (*cast pantano*) *sm* Porção de terras baixas cobertas de vegetação e uma camada de água parada; atoleiro, lodaçal, paul.
pan.ta.no.so (*ô*) (*pântano+oso*) *adj* Que tem pântanos, alagadiço. *Pl:* pantanosos (*ó*).
pan.te.ão (*gr pántheion*) *sm* **1** Templo, ainda existente em Roma, que os antigos dedicaram a todos os deuses. **2** Edifício consagrado à memória de homens ilustres.
pan.te.ís.mo (*pan+teísmo*) *sm* **1** *Filos* Sistema filosófico que identifica Deus com o universo. **2** Adoração da natureza, vendo Deus em tudo quanto existe.
pan.te.ra (*gr pánthera*) *sf* **1** *Zool* Nome comum a certos felídeos, como a onça-pintada. *Col: alcateia.* **2** *fig* Mulher muito bonita.
pan.tó.gra.fo (*panto+grafo*) *sm* Instrumento de hastes articuladas com que se copiam mecanicamente desenhos e gravuras.
pan.to.mi.ma (*lat pantomimu*) *sf* **1** Arte ou ação de exprimir ideias ou sentimentos por meio de gestos; mímica. **2** Representação teatral em que os atores só se exprimem por gestos.
pan.to.mí.mi.co (*pantomima+ico*[2]) *adj* Relativo a pantomima.
pan.tu.fa (*fr pantoufle*) *sf* Chinelo de tecido encorpado, para agasalho.
pan.tur.ri.lha (*cast pantorrilha*) *sf Anat pop* Barriga da perna.
pão (*lat pane*) *sm* **1** Alimento feito de farinha, especialmente de trigo, com água e fermento, amassado e assado no forno. **2** O sustento diário. **3** *pop* Pessoa muito bonita: *Fulano é um pão. Comer o pão que o diabo amassou:* passar dificuldades. *Não merecer o pão que come:* ser indigno da proteção que recebe. *Pão, pão; queijo, queijo:* sem rodeios, com toda a clareza e franqueza. *Pão de ló, Cul:* bolo muito fofo de farinha de trigo, ovos e açúcar. *Tratar a pão e água:* castigar com o maior rigor.

pão-du.ris.mo (*pão-duro*+*ismo*) *sm* Qualidade ou ação de pão-duro; avareza, sovinice. *Pl: pão--durismos.*

pão-du.ro *adj* e *s m*+*f* Diz-se de, ou pessoa avarenta, sovina. *Pl: pães-duros.*

pa.pa[1] (*gr páppas*) *sm* O chefe da Igreja Católica Romana.

pa.pa[2] (*lat pappa*) *sf* **1** Farinha cozida em água ou leite. **2** Qualquer substância mole, desfeita quando cozida.

pa.pá (de *papai*) *sm* Papai ou qualquer alimento na linguagem de crianças que estão começando a falar.

pa.pa.da (*papo*+*ada*[1]) *sf* Acumulação de gordura embaixo do pescoço.

pa.pa-de.fun.tos *sm sing* e *pl pop* Empregado de casa funerária, agenciador de enterros.

pa.pa.do (*papa*+*ado*[2]) *sm* **1** Dignidade de papa. **2** Tempo durante o qual um papa exerce essa dignidade.

pa.pa-for.mi.gas *sm sing* e *pl Zool* Designação vulgar de mamíferos desdentados, que têm por tipo o tamanduá.

pa.pa.gai.a.da (*papagaio*+*ada*[1]) *sf pop* Berreiro, tumulto, palavrório confuso.

pa.pa.gai.o (*ár babbagâ'*) *sm* **1** *Ornit* Em geral, ave psitaciforme, famosa por imitar a voz humana. **2** *fig* Pessoa que repete de memória o que ouve ou lê sem, no entanto, compreender. **3** *Reg* (*N.E.*) Brinquedo de crianças que consiste numa armação leve feita de varetas e forrada com papel. *Sin: pipa, quadrado.* **4** Vaso de vidro ou metal, feito de forma que os doentes do sexo masculino possam urinar sem sair da cama. • *interj* Exprime espanto: *Papagaio! Que chuva! Falar como papagaio:* tagarelar, repetir as coisas como faz o papagaio.

pa.pa.gue.ar (de *papagaio*+*e*+*ar*[1]) *vtd* **1** Repetir como papagaio, sem entender o sentido. *vint* **2** Falar sem nexo. *vti* **3** Conversar demais; tagarelar com: *Vive papagueando com o colega.* Conjuga--se como *frear.*

pa.pai (de *pai,* com redobro) *sm* Tratamento carinhoso que os filhos dão ao pai. *Papai Noel:* personagem lendária que, na forma de um velho de barbas brancas e muito agasalhado por causa do inverno, traz presentes às crianças na noite de Natal.

pa.pai.a (*cast papaya*) *sf* Variedade de mamão de tamanho reduzido.

pa.pa.í.na (*papaia*+*ina*) *sf Bioquím* Enzima extraída do látex do mamoeiro.

pa.pal (*papa*[1]+*al*[1]) *adj m*+*f* Relativo ao, ou próprio do papa.

pa.pa-lé.guas *s m*+*f sing* e *pl pop* **1** Pessoa que anda com grande rapidez, vencendo grandes distâncias. **2** Tipo de ônibus rodoviário de grande desempenho.

pa.pa.mó.vel (*papa*[1]+(*auto*)*móvel*) *sm* Veículo especial, à prova de bala, destinado ao transporte do papa.

pa.pão (de *papar*) *sm V bicho-papão.*

pa.par (*lat pappare*) *vtd* **1** *inf* Comer. **2** *pop* Ganhar com facilidade ou fartamente. **3** Tirar à força; extorquir.

pa.pa.ri.car (*paparico*+*ar*[1]) *vtd* **1** Tratar com paparicos. *vint* **2** Comer aos poucos; lambiscar.

pa.pa.ri.cos *sm pl* **1** Cuidados excessivos; bajulações. **2** Gulodices.

pa.pa.ve.ri.na (*lat papaver*+*ina*) *sf Quím* Um dos alcaloides do ópio, cristalino, incolor.

pa.pe.ar (*papo*+*e*+*ar*[1]) *vint* **1** *pop* Falar muito, bater papo. *vti* **2** Conversar muito. Conjuga-se como *frear.*

pa.pei.ra (*papo*[1]+*eira*) *sf* **1** *pop* Nome dado a qualquer tumefação da glândula tireoidea; bócio, papo. **2** *Med* Caxumba.

pa.pel (*cat paper,* do *lat papyru*) *sm* **1** Pasta constituída por elementos fibrosos de origem vegetal, sob a forma de folhas finas, para diversos fins: escrever, imprimir, embrulhar etc. **2** Documento escrito ou impresso. **3** Parte que cada ator desempenha. **4** Atribuições, funções. *sm pl* Nome genérico dos documentos das pessoas. *Papel almaço:* papel grosso, branco ou azulado, que se utiliza para documentos, na escola etc. *Papel crepom:* papel de seda enrugado, geralmente usado na confecção de flores artificiais e adornos. *Papel sulfite:* papel obtido de massa de madeira tratada, muito utilizado em escolas e escritórios.

pa.pe.la.da (*papel*+*ada*[1]) *sf* **1** Grande porção de papéis. **2** Conjunto de documentos.

pa.pel-a.lu.mí.nio *sm* Lâmina muito fina de alumínio, utilizado na embalagem de alguns produtos. *Pl: papéis-alumínios* e *papéis-alumínio.*

pa.pe.lão (*papel*+*ão*[2]) *sm* **1** Papel encorpado e forte de diferentes espessuras e múltiplas aplicações (caixas e embalagens diversas, capas de livros etc.). **2** *pop* Procedimento vergonhoso; fiasco.

pa.pe.la.ri.a (*papel*+*aria*) *sf* Estabelecimento onde se vendem papel e artigos de escritório.

pa.pe.le.ta (*ê*) (*papel*+*eta*) *sf* **1** Papel avulso, pequeno. **2** Nos hospitais, papel com observações do médico e dos enfermeiros; boletim do paciente.

pa.pel-man.tei.ga *sm* Papel lustroso, impermeável. *Pl: papéis-manteigas* e *papéis-manteiga.*

pa.pel-mo.e.da *sm* Papel com um valor representativo, emitido pelo governo para servir de dinheiro; nota, cédula. *Pl: papéis-moedas* e *papéis-moeda. Cf moeda-papel.*

pa.pe.lo.tes *sm pl* Pedaços de papel em que se enrola o cabelo para o encrespar ou frisar.

pa.pe.lu.cho (de *papel*) *sm* **1** Papel sem importância. **2** Pedaço de papel. **3** Papel de embrulho.

pa.pi.la (*lat papilla*) *sf* **1** *Anat* Pequena saliência na pele ou numa mucosa, especialmente na língua (papilas gustativas). **2** *Bot* Protuberância cônica em diversos órgãos vegetais.

pa.pi.lar (*papila*+*ar*[2]) *adj m*+*f* **1** Relativo a papilas. **2** Que tem papilas ou semelhança com elas.

pa.pi.lo.ma (*papila*+*oma*) *sm Med* Tumor da pele ou das mucosas, caracterizado pelo inchaço das papilas.

pa.pi.rá.ceo (*papiro*+*áceo*) *adj* Semelhante ao papel.

pa.pi.ro (*gr pápyros*) *sm* **1** *Bot* Planta cujo caule longo e rijo servia antigamente, após certa preparação, para nele se escrever. **2** Folha para escrever, feita com papiro. **3** Manuscrito antigo, feito de papiro.

pa.po (de *papa*[2]) *sm* **1** *Anat Zool* Bolsa que existe nas aves, formada por uma dilatação do esôfago.

2 *pop* Aumento do tamanho do pescoço; papeira. **3** *pop* Estômago. **4** *fig pop* Arrogância. **5** *pop* Conversação. *Bater papo:* papear; conversar. *Encher o papo:* a) empanturrar-se; b) ganhar muito. *Estar de papo cheio:* ter comido bem. *Estar no papo:* maneira jocosa de dizer que se conseguiu ou alcançou determinada coisa. *Viver de papo para o ar:* viver desocupado.

pa.po-ca.be.ça *sm pop* Conversa intelectualizada. *Pl: papos-cabeça* e *papos-cabeças*.

pa.po-fu.ra.do *sm pop* Conversa fiada, inconsequente; fanfarronice. *Pl: papos-furados*.

pa.pou.la (*lat papaver*) *sf Bot* **1** Planta de seiva leitosa, com propriedades narcóticas, e da qual se extrai o ópio. **2** A flor dessa planta. *Var: papoila.*

pá.pri.ca (*húngaro paprika*) *sf* Tempero feito de pimentão vermelho moído.

pa.pu.a *adj m+f Etnol* Relativo aos papuas, negros da Oceania espalhados na Nova Guiné, Novas Hébridas, Fidji etc. • *sm* **1** Grupo de línguas faladas nessas regiões. **2** Qualquer língua desse grupo. *s m+f* Indivíduo dos papuas.

pa.pu.á.sio (do *top Papua*) V *papua*.

pa.pu.do (*papo+udo¹*) *adj + sm* **1** Que, ou quem tem papo grande. **2** Que, ou quem gosta de contar vantagens.

pa.quei.ro (*paca¹+eiro*) *adj + sm* **1** *bras* Diz-se de, ou cão adestrado na caça de pacas. **2** Que, ou aquele que consegue serviços para outra pessoa.

pa.que.ra (*é*) (de *paquerar*) *sf gír* Ato ou efeito de paquerar. *s m+f* Pessoa que paquera.

pa.que.ra.dor (*paquerar+dor*) *adj + sm gír* Que, ou aquele que paquera. *Fem: paqueradeira.*

pa.que.rar (*ê*) (*paqueiro+ar¹*) *bras gír vtd* **1** Olhar, observar ou sondar uma pessoa sobre a possibilidade de namorá-la. *vtd* **2** Espreitar. *vint* **3** Procurar namoro ou aventura amorosa: *Eu paquero sempre.*

pa.que.te (*ingl packet*) *sm* **1** Navio grande, a vapor, que transporta passageiros, mercadorias e correspondência. **2** Embarcação de vela, para passageiros e carga, no alto São Francisco.

pa.qui.der.me (*páqui+derme*) *adj Zool* Que tem pele espessa. • *sm* Mamífero com pele grossa, como o elefante, o hipopótamo, a anta etc.

pa.qui.dér.mi.co (*páqui+derme+ico²*) *adj* Que tem pele grossa e dura.

pa.quí.me.tro (*páqui+metro¹*) *sm Fís* Instrumento para medir pequenas espessuras e distâncias (também chamado de compasso de espessura).

pa.quir.ri.no (*páqui+rino*) *adj + sm* Que, ou o que tem nariz grosso.

pa.quis.ta.nês (*top Paquistão+ês*) *adj* Relativo ao Paquistão (Ásia). • *sm* Pessoa natural do Paquistão. *Var: paquistanense, paquistani.*

par (*lat pare*) *adj m+f* **1** Igual, semelhante: *Beleza sem par.* **2** *Mat* Que se pode dividir exatamente por dois: *Número par.* **3** Que é representado por um número par: *Páginas pares. Esse elevador serve apenas os andares pares. Antôn: ímpar.* • *sm* **1** O conjunto de duas pessoas ou dois animais; casal. **2** Pessoa que dança, em relação àquela com quem dança. **3** Conjunto de duas coisas semelhantes, que em geral não servem uma sem a outra: *Par de sapatos. Par ou ímpar:* jogo em que dois indivíduos mostram as mãos com os dedos estirados ou recolhidos, e cuja soma dará par ou ímpar.

Deve-se distinguir **a par** de **ao par**. **A par** significa ciente, junto ou em comparação com, enquanto **ao par** significa valor igual para duas moedas.
*Andava **a par** dos últimos acontecimentos.*
*O câmbio está **ao par**.*

---

pa.ra (*lat per+ad*) *prep* Designa direção, fim, lugar, duração, proporção, uso etc., e forma algumas locuções, como *para cima, para sempre, para lá.*

pa.ra.be.ni.zar (*parabéns+izar*) *vtd neol* Dar os parabéns a (por algo); felicitar: *Nós o parabenizamos pela vitória.*

pa.ra.béns (de *parabém*) *sm pl* Congratulações, felicitações. *Antôn: pêsames.*

pa.rá.bo.la (*gr parabolé*, pelo *lat*) *sf* **1** Narrativa alegórica que contém algum preceito moral: *Falar por parábolas.* **2** *Geom* Linha curva onde cada um dos pontos é equidistante de um ponto fixo (foco) e de uma reta fixa chamada diretriz.

pa.ra.bó.li.ca (*parábola+ico²*, no *fem*) *sf Telev* Antena em forma de parábola, usada para recepção de sinais de satélite.

pa.ra.bó.li.co (*gr parabolikós*) *adj* **1** Pertencente, relativo ou semelhante a parábola. **2** Encurvado como uma parábola.

pa.ra.bri.sa *sm* Vidro fixo na dianteira de um veículo, para proteger o motorista da chuva, pó ou vento. *Pl: para-brisas.*

pa.ra.cho.que *sm* **1** Qualquer dispositivo destinado a amortecer choques. **2** Barra ou lâmina de aço que é fixada horizontalmente na dianteira e na traseira do automóvel para protegê-lo contra choques. *Pl: para-choques.*

pa.ra.da (*parar+ada¹*) *sf* **1** Ato ou efeito de parar. **2** Lugar onde se para, especialmente os pontos de ônibus, trem etc. **3** Demora, pausa: *Vamos dar uma parada para o café.* **4** Reunião ou passagem de tropas para revista no exercício. *Parada dura, gír:* situação ou pessoa difícil de vencer. *Topar a parada:* aceitar o desafio.

pa.ra.dão (*aum* do *part* de *parar*) *adj + sm pop* Diz-se de, ou aquele que não tem iniciativa.

pa.ra.dei.ro (*parar+deiro*) *sm* Lugar onde alguma pessoa ou coisa está ou para ou vai parar.

pa.ra.di.dá.ti.co *adj* Diz-se de qualquer material empregado na complementação do ensino.

pa.ra.dig.ma (*gr parádeigma*) *sm* **1** Modelo, padrão, protótipo. **2** *Gram* Modelo ou tipo de conjugação.

pa.ra.di.sí.a.co (*lat paradisiacu*) *adj* **1** Relativo ao paraíso ou próprio dele. **2** Semelhante ao que se goza no paraíso: *Ilha paradisíaca.*

pa.ra.do (*part* de *parar*) *adj* **1** Sem movimento; estático. **2** Sem expressão, sem vida. **3** Desempregado: *No momento, estou parado.* **4** *gír* Que gosta muito de, vidrado por: *Fulano é parado numa loira.*

pa.ra.dou.ro (*parar+douro*) *sm* Local de parada; paradeiro. *Var: paradoiro.*

pa.ra.do.xal (*cs*) (*paradoxo+al¹*) *adj m+f* Que contém paradoxo.

pa.ra.do.xo (*cs*) (*gr parádoxos*) *sm* **1** Opinião contrária à opinião comum. **2** Opinião inverossímil ou absurda, que se apresenta com aparência de verdadeira.

pa.ra.en.se (*top Pará+ense*) *adj m+f* Relativo ou pertencente ao Estado do Pará. • *s m+f* Pessoa natural desse Estado.

pa.ra.es.ta.tal (*para+estatal*) *V parestatal.*

pa.ra.fer.ná.lia (*lat med paraphernalia*) *sf* **1** Equipamento necessário ao exercício de uma atividade. **2** Acessórios, pertences, tralha.

pa.ra.fi.na (*fr paraffine,* do *lat cient parum affinis*) *sf Quím* Substância sólida e branca, inodora, obtida principalmente do resíduo da destilação do petróleo.

pa.ra.fi.nar (*parafina+ar¹*) *vtd* **1** Converter em parafina. **2** Misturar com parafina.

pa.rá.fra.se (*lat paraphrase*) *sf* **1** *Ling* Explicação ou tradução de um texto por meio de palavras diferentes das nele empregadas; sem alteração das ideias originais. **2** Tradução livre.

pa.ra.fra.se.ar (*paráfrase+ar¹*) *vtd* **1** Fazer a paráfrase de. **2** Traduzir livremente (um texto). Conjuga-se como *frear.*

pa.ra.fu.sar (*parafuso+ar¹*) *vtd* **1** Apertar, fixar por meio de parafuso. *vti* e *vint* **2** *fig* Ter a ideia fixa em alguma coisa; cismar; matutar: *Parafusar num* (ou *sobre um*) *assunto. Fico parafusando, parafusando e não encontro saída para esta situação.*

pa.ra.fu.so *sm* **1** Peça cilíndrica de ferro, aço etc., sulcada em espiral na face externa e destinada a entrar noutra peça (porca), por meio de movimentos circulares. **2** Espécie de prego sulcado em hélice, com a cabeça fendida. **3** *Aeron* Acrobacia ou acidente em que o avião desce, verticalmente, girando em torno do seu eixo longitudinal.

pa.ra.gem (*parar+agem*) *sf* **1** Lugar onde se para. **2** Parte do mar próximo à terra e acessível à navegação. **3** Qualquer localidade: *Desconheço estas paragens.*

pa.rá.gra.fo (*gr parágraphos*) *sm* **1** Pequena parte ou seção de um discurso, capítulo, texto etc. que forma sentido completo e independente. **2** *V alínea. Abrev:* § (em textos de lei).

pa.ra.guai.a.no (*top Paraguai+ano*) *adj* **1** Que se refere ao rio Paraguai. **2** *V paraguaio.*

pa.ra.guai.o (*cast paraguayo*) *adj* Relativo ou pertencente ao Paraguai. • *sm* Indivíduo natural ou habitante do Paraguai. *Sin p us:* paraguaiano.

pa.ra.i.ba.no (*top Paraíba+ano*) *adj* Relativo ou pertencente ao Estado da Paraíba. • *sm* O natural desse Estado.

pa.ra.í.so (*gr parádeisos,* do *avéstico pairidaêza*) *sm* **1** *Teol* Éden, lugar onde, segundo a Bíblia, Deus pôs Adão e Eva depois de criados. **2** *fig pop* Lugar muito agradável. **3** *Teol* Céu, lugar onde se acham as almas dos justos e os anjos.

pa.ra-la.ma *sm* Peça que cobre a roda de veículos, especialmente automóveis, para deter o respingo da lama. *Pl: para-lamas.*

pa.ra.le.la (*fem* de *paralelo*) *sf Geom* Linha ou superfície equidistante de outra em toda a extensão. *sf pl* Aparelho de ginástica que consiste em duas barras paralelas.

pa.ra.le.le.pí.pe.do (*gr parallelepípedon*) *sm* **1** *Geom* Sólido limitado por seis paralelogramos, dos quais os opostos são iguais e paralelos. **2** Pedra dessa forma, empregada no calçamento das ruas.

pa.ra.le.lis.mo (*paralelo+ismo*) *sm* **1** Estado do que é paralelo. **2** *fig* Correspondência ou simetria entre duas coisas.

pa.ra.le.lo (*gr parállelos*) *adj* **1** *Geom* Designa linhas ou superfícies que conservam sempre a mesma distância uma da outra em toda a sua extensão. **2** Análogo, semelhante. • *sm* **1** *Cosm* Cada um dos círculos menores paralelos ao equador. **2** *fig* Comparação, confronto.

pa.ra.le.lo.gra.mo (*gr parallelógrammon*) *sm Geom* Quadrilátero cujos lados opostos são iguais e paralelos dois a dois.

pa.ra.li.sa.ção (*paralisar+ção*) *sf* **1** Imobilização. **2** Interrupção, suspensão: *Paralisação do trânsito.*

pa.ra.li.sar (*parálise+ar¹*) *vtd* **1** Tornar paralítico; imobilizar. *vtd* **2** Enfraquecer, entravar, neutralizar, suspender. *vint* e *vpr* **3** Ser atacado de paralisia; entorpecer-se: *O derrame paralisou-lhe o lado esquerdo do corpo. vint* e *vpr* **4** Estacionar, interromper-se: *A construção paralisou* (ou *paralisou-se*).

pa.ra.li.si.a (*gr parálysis+ia¹*) *sf* **1** *Med* Privação completa ou diminuição da sensibilidade ou do movimento voluntário de uma parte do corpo: *Paralisia cerebral.* **2** *fig* Falta de ação; entorpecimento, marasmo. *Paralisia infantil:* paralisia espinal, infecciosa, que ataca especialmente crianças, provocada por um vírus que se localiza no sistema nervoso central e na parede intestinal; poliomielite.

pa.ra.lí.ti.co (*lat paralyticu*) *adj* + *sm* Que, ou o que tem paralisia.

pa.ra.mé.di.co (*para+médico*) *adj* Referente à complementação dos serviços médicos. • *sm* Pessoa que atua secundariamente na área da saúde, sem ser médico.

pa.ra.men.tar (*paramento+ar¹*) *vtd* e *vpr* **1** Vestir (-se), enfeitar(-se) com paramentos. **2** Adornar (-se), enfeitar(-se).

pa.ra.men.to (*lat paramentu*) *sm* Enfeite, adorno, ornato. *sm pl* Os ornamentos usados pelo clero nas funções sagradas.

pa.râ.me.tro (*para+metro¹*) *sm* **1** *Mat* Numa expressão ou equação, letra cujo valor numérico pode ser fixado arbitrariamente. **2** *por ext* Padrão, escalão, modelo, referência.

pa.ra.mi.li.tar (*para+militar*) *adj* Diz-se de organizações particulares de cidadãos, armados e fardados, sem contudo pertencerem às forças militares regulares. *Cf guerrilha.*

pá.ra.mo (*cast páramo*) *sm* **1** Planície deserta. **2** *por ext* A abóbada celeste; o firmamento.

pa.ra.na.en.se (*top Paraná+ense*) *adj m+f* Relativo ou pertencente ao Estado do Paraná. • *s m+f* Pessoa natural desse Estado.

pa.ra.nin.far (*paraninfo+ar¹*) *vtd* Ser paraninfo em casamento, batismo ou formatura.

pa.ra.nin.fo (*gr paránymphos*) *sm* Padrinho ou testemunha de casamento, batismo ou formatura. *Fem: paraninfa.*

pa.ra.noi.a (*ó*) (*gr paránoia*) *sf Med* Psicose caracterizada por ideias de perseguição, ambição e grandeza, que se desenvolvem progressivamente, sem alucinações.

pa.ra.noi.co (*ó*) (*paranoia+ico²*) *adj* Relativo a paranoia. • *sm* O que sofre de paranoia.

pa.ra.nor.mal (*para+normal*) *adj m+f* Diz-se do fenômeno psíquico que não é explicado cientificamente. • *s m+f* Pessoa que apresenta manifestações paranormais.

pa.ra.pei.to (*ital parapetto*) *sm* **1** Parede que se eleva à altura do peito ou pouco menos, à borda de terraços, pontes, janelas etc.; peitoril. **2** Parte superior de uma trincheira.

pa.ra.ple.gi.a (*gr paraplegía*) *sf Med* Paralisia dos membros inferiores e parte inferior do tronco.

pa.ra.plé.gi.co (*gr paraplegía+ico²*) *adj* Relativo à paraplegia. • *sm* O que sofre de paraplegia.

pa.ra.psi.co.lo.gi.a (*para+psicologia*) *sf* Estudo de certos fenômenos psíquicos de natureza especial e ditos ocultos (telepatia, previsão etc.).

pa.ra.psi.có.lo.go (*para+psicólogo*) *sm* Especialista em parapsicologia.

pa.ra.que.das (*parar+queda*) *sm sing* e *pl Aeron* Aparelho mais pesado do que o ar, em forma de guarda-chuva, que permite efetuar descidas na atmosfera, com velocidade moderada, por causa da resistência.

pa.ra.que.dis.mo (*parar+quedas+ismo*) *sm* Técnica de saltos em paraquedas utilizada para fins militares, salvamentos ou como esporte.

pa.ra.que.dis.ta (*parar+quedas+ista*) *s m+f* **1** Pessoa especializada em saltos em paraquedas. **2** O praticante de paraquedismo. **3** *pop* Pessoa que se aproveita de um descuido para colher alguma vantagem. • *adj m+f* Que pratica o paraquedismo: *Equipe paraquedista*.

pa.rar (*lat parare*) *vti, vint* e *vpr* **1** Cessar de andar, de falar, de agir, de mover-se: *Meu relógio para sempre*. *vtd* **2** Impedir de andar, de prosseguir numa ação; deter: *Parar o trânsito*. *vint* **3** Findar, suspender uma ação: *Redigi três horas sem parar*. *vti* e *vint* **4** Ficar-se em algo, não ir além; estacionar: *Não convém parar na metade*. *Conjug* – Pres indic: *paro, paras, para, paramos, parais, param*; Imper afirm: *para(tu), pare(você)* etc. Parar com alguém, *pop*: não querer continuar a ter amizade com essa pessoa: *Parei com você*.

pa.ra-rai.os (*parar+raio*) *sm sing* e *pl* Aparelho, com haste metálica, colocado nos pontos mais elevados das casas e edifícios, para atrair as descargas elétricas da atmosfera (e assim evitar danos).

pa.ra.si.ta (*gr parásitos*) *adj m+f* **1** Que se nutre do sangue do outro (animal) ou da seiva do outro (vegetal). **2** *fig* Diz-se daquele que vive à custa dos outros. • *sm* **1** *Zool* Animal que vive à custa de outro, retirando dele tudo de que necessita para a sua própria subsistência. **2** *Bot* Vegetal que se nutre da seiva de outro. *s m+f fig* Pessoa que não trabalha, que vive à custa dos outros. *Var: parasito*.

pa.ra.si.tar (*parasito+ar¹*) *vtd* **1** Nutrir-se (o animal ou o vegetal) do sangue ou da seiva de outro. *vint* **2** Viver como parasita: *Parasitava cinicamente*. *vtd* **3** Explorar, viver à custa de: *Vive a parasitar os amigos*. *Conjug*: conjuga-se, com raras exceções, apenas na 3ª pessoa do singular e na 3ª pessoa do plural.

pa.ra.si.tá.rio (*parasito+ário*) *adj* **1** Relativo a parasita. **2** Que tem as propriedades de parasita.

pa.ra.si.tis.mo (*parasito+ismo*) *sm* **1** Estado ou qualidade de parasita. **2** Hábitos ou vida de parasita.

par.ca¹ (*lat parca*) *sf* **1** *Mit* Cada uma das três deusas (Cloto, Láquesis e Átropos) que fiavam, dobravam e cortavam o fio da vida. **2** *fig* A morte.

par.ca² *sf* **1** Casaco feito de pele, com capuz, que vai até as coxas ou até os joelhos, usado na região polar. **2** *por ext* Casaco impermeável, com capuz, semelhante à parca (acepção 1) utilizado por esportistas, militares etc.

par.cei.ro (*lat partiariu*) *adj* Par, igual, semelhante. • *sm* **1** Sócio; companheiro; camarada. **2** Pessoa com quem se joga.

par.ce.la (*lat vulg *particella*) *sf* **1** Pequena parte de alguma coisa; partícula. **2** *Arit* Cada um dos números que entram numa soma (*p ex*: 3 + 2 = 5).

par.ce.la.men.to (*parcelar+mento*) *sm* Divisão em parcelas.

par.ce.lar (*parcela+ar¹*) *vtd* Dividir em parcelas: *Parcelar uma dívida; parcelar uma herança*.

par.ce.ri.a (*parceiro+ia¹*) *sf* Reunião de uma ou mais pessoas para um fim de interesse comum; sociedade.

par.ci.al (*lat partiale*) *adj m+f* **1** Que é parte de um todo. **2** Que só existe ou só se realiza em parte: *Eclipse parcial do Sol*. **3** Que, num litígio, numa partida esportiva etc., é favorável a uma das partes.

par.ci.a.li.da.de (*parcial+i+dade*) *sf* **1** Qualidade de parcial. **2** Tendência a favorecer uma parte.

par.ci.mô.nia (*lat parcimonia*) *sf* **1** Qualidade de parco. **2** Ato de poupar; economia.

par.ci.mo.ni.o.so (*ô*) (*parcimônia+oso*) *adj* Em que há parcimônia; parco. *Pl*: *parcimoniosos* (*ó*).

par.co (*lat parcu*) *adj* **1** Moderado nos gastos; econômico. **2** Escasso: *Ele tem parcos recursos*. *Sup abs sint*: *parcíssimo*.

par.da.cen.to (*pardaço+ento*) *adj* Que tem ou dá a aparência de pardo.

par.dal (*pardo+al¹*) *sm Ornit* Pequeno pássaro com duas tonalidades de cor parda, muito comum nas cidades. *Fem*: *pardaloca, pardoca*.

par.di.ei.ro (*lat vulg *parietenariu*) *sm* Casa ou prédio velho e em ruínas.

par.do (*lat pardu*) *adj* **1** De cor entre branco e preto ou de cor entre amarelo e castanho: *Papel pardo*. **2** Mulato: *Homem pardo*. • *sm* **1** A cor parda. **2** Mulato.

pa.re.cen.ça (*de parecer*) *sf* Qualidade de ser parecido; semelhança; analogia.

pa.re.cer¹ (*lat vulg *parescere*) *vlig* **1** Ter semelhança com alguém ou alguma coisa: *Cão que parece lobo*. *vlig* **2** Ter certa aparência de: *Você parece cansada, hoje*. *vpr* **3** Assemelhar-se. *vti* e *vlig* **4** Ser opinião ou parecer de alguém: *Pareceu ao jovem que devia retirar-se*. *vint* **5** Ser provável; ser crível: *Parece que haverá mudanças nesta família*. *Conjug*: na acepção 5, usa-se apenas na 3ª pessoa do singular.

pa.re.cer² (*de parecer¹*) *sm* **1** Opinião, juízo, voto. **2** Opinião de pessoa especializada sobre um caso ou assunto.

pa.re.ci.do (*part* de *parecer*) *adj* **1** Que se parece; semelhante, análogo. **2** Que tem semelhança fisionômica: *Ele é muito parecido com você*.

pa.re.dão (*parede+ão²*) *sm* Grande parede; muralha.

pa.re.de (*ê*) (*lat pariete*) *sf* **1** *Constr* Obra geralmente de tijolo e argamassa, ou outro material apropriado, com que se fecham ou se dividem os edifícios. 2 Tudo o que fecha ou divide um espaço. *Falar com as paredes:* falar com quem não quer atender. *Meter-se entre quatro paredes:* encerrar-se em casa.

pa.re.de-mei.a *sf* Parede comum a dois edifícios contíguos. *Pl: paredes-meias.*

pa.re.gó.ri.co (*gr paregorikós*) *adj Med* Que suaviza ou acalma dores; calmante. *Elixir paregórico:* poção calmante do estômago e intestinos.

pa.re.lha (*ê*) (*lat vulg *paricula*) *sf* 1 Par (em referência a animais); junta. 2 *pop* Pessoa, animal ou coisa semelhante a outra; par.

pa.re.lhei.ro (*parelha+eiro*) *adj* Diz-se do cavalo de corrida. • *sm* Cavalo tratado e cuidado para a disputa de corridas.

pa.re.lho (*ê*) (*lat pariculu*) *adj* 1 Formado de partes iguais. 2 Semelhante, igual. 3 Junto: *Chegaram parelhos.*

pa.rên.qui.ma (*para+ênquima*) *sm* 1 *Anat* Tecido específico das vísceras e dos órgãos glandulares. 2 *Bot* Tecido celular mole, esponjoso, que nas folhas, nos brotos e nos frutos ocupa os intervalos das partes fibrosas; polpa.

pa.ren.te (*lat parente*) *adj* 1 Que tem parentesco. 2 Que pertence à mesma família. • *sm* Indivíduo que, em relação a outros, pertence à mesma família. *Parente consanguíneo:* parente do mesmo sangue. *Parente por afinidade:* o parente consanguíneo de um dos cônjuges em relação ao outro. *Fem:* parenta.

pa.ren.te.la (*parente+ela*) *sf* 1 O conjunto dos parentes. 2 Casta, família, raça.

pa.ren.tes.co (*ê*) (*parente+esco*) *sm* 1 Qualidade de parente. 2 Laço de consanguinidade ou afinidade que une várias pessoas. 3 Conexão, semelhança.

pa.rên.te.se (*gr parénthesis*) *sm* 1 Frase intercalada num período, porém formando sentido à parte: *Abrir um parêntese.* 2 Cada um dos dois sinais de pontuação ( ) entre os quais se colocam as palavras de um parêntese. *sm pl* Sinais de pontuação que encerram parêntese.

pa.rên.te.sis (*gr parénthesis*) *sm sing e pl* V *parêntese.*

pá.reo (de *par*) *sm* 1 Corrida a cavalo entre diversos competidores. 2 O prêmio dessa corrida. 3 *fig* Disputa, competição.

pa.re.ô (*taitiano pareu*) *sm* 1 Tecido com que homens e mulheres da Polinésia envolvem o corpo. 2 *bras* Vestimenta de praia ou traje carnavalesco inspirado no pareô.

pa.res.ta.tal (*para+estatal*) *adj m+f* Diz-se de entidade ou empresa autárquica em que há intervenção do Estado na sua organização e administração. • *sf* Essa empresa ou entidade. *Var: paraestatal.*

pá.ria (*tâmil pareiyar*) *sm* 1 *Sociol* Indivíduo sem casta, na sociedade indiana. 2 *por ext* Aquele que foi excluído da sociedade.

pa.ri.da.de (*lat paritate*) *sf* 1 Qualidade de par ou igual. 2 Parecença, analogia, semelhança.

pa.ri.dei.ra (*parir+deira*) *adj f* 1 Diz-se da fêmea que está em idade de parir. 2 Diz-se da fêmea fecunda.

pa.ri.e.tal (*lat parietale*) *adj m+f Anat e Zool* Relativo ou pertencente às paredes de uma parte ou cavidade do corpo. • *sm* Cada um dos ossos que formam as paredes laterais do crânio.

pa.rir (*lat parere*) *vtd e vint* 1 Dar à luz, expelir do útero (falando-se de fêmea, inclusive a mulher): *Pariu quatro filhos e continua linda. vtd* 2 Arremessar, expelir. *Conjug:* verbo irregular na 1ª pessoa do singular do presente do indicativo e, portanto, em todo o presente do subjuntivo. Nos demais tempos, ele segue a regularidade dos verbos terminados em *ir*. *Pres indic:* pairo, pares, pare, parimos, paris, parem (alguns gramáticos só apontam *parimos* e *paris*); *Pret imp indic:* paria, parias, paria, paríamos, paríeis, pariam; *Pret perf:* pari, pariste, pariu, parimos, paristes, pariram; *Pret mais-que-perf:* parira, pariras, parira etc.; *Fut pres:* parirei, parirás, parirá etc.; *Fut pret:* pariria, pararias, pariria etc.; *Pres subj:* paira, pairas etc. (há alguns gramáticos que não registram a existência do presente do subjuntivo); *Pret imp subj:* parisse, parisses, parisse, paríssemos, parísseis, parissem; *Fut subj:* parir, parires, parir, parirmos, parirdes, parirem; *Imper afirm:* pare(tu), paira(você), pairamos(nós) pari(vós), pairam(vocês) (há alguns gramáticos que registram no imperativo somente a 2ª pessoa do plural); *Infinitivo impess:* parir; *Infinitivo pess:* parir, parires etc.; *Ger:* parindo; *Part:* parido. A tendência atual é só se conjugá-lo nas pessoas em que se segue *i* ao *r* da raiz.

pa.ri.si.en.se (*top Paris+i+ense*) *adj m+f* Pertencente ou relativo a Paris, capital da França. • *s m+f* Habitante ou natural de Paris.

par.la.men.tar[1] (*parlamento+ar²*) *adj m+f* Relativo ao parlamento. • *s m+f* Membro do parlamento ou de qualquer câmara legislativa. *Regime parlamentar:* parlamentarismo.

par.la.men.tar[2] (*parlamento+ar¹*) *vti* 1 Entrar em negociações com (alguém) para chegar a um acordo: *Parlamentou com os sindicalistas. vtd e vint* 2 Fazer ou aceitar propostas sobre negócios de guerra.

par.la.men.ta.ris.mo (*parlamentar+ismo*) *sm Polít* Regime político em que os ministros de Estado são responsáveis, perante o parlamento, pelo governo.

par.la.men.ta.ris.ta (*parlamentar+ista*) *adj m+f* Relativo ao parlamentarismo. • *s m+f* Pessoa partidária do parlamentarismo.

par.la.men.to (*ingl parliament*) *sm Dir* Câmara ou conjunto das duas câmaras (o Senado e a Câmara dos Deputados) que exercem o Poder Legislativo; Congresso Nacional.

par.la.pa.tão (de *parlar*) *adj + sm* Diz-se do, ou o homem mentiroso, fanfarrão, impostor. *Fem: parlapatona.*

par.lar (*lat parolare*) *V parolar.*

par.me.são (*ital parmigiano*) *adj* 1 Pertencente ou relativo a Parma, cidade e ducado italianos. 2 *Cul* Queijo de massa dura (fabricado, a princípio, na região de Parma) próprio para ralar e muito utilizado na cozinha. • *sm* O natural ou habitante de Parma. *Fem: parmesã. Pl: parmesãos, parmesões.*

pa.ro.a.ra *s m+f bras* Nordestino(a) residente na Amazônia. *Var: parauara.*

pá.ro.co (*gr párokhos*) *sm* Sacerdote encarregado de uma paróquia; cura, vigário.

pa.ró.dia (*gr paroidia*) *sf* **1** Imitação cômica de uma obra literária. **2** *por ext* Imitação cômica de qualquer coisa.
pa.ro.di.ar (*paródia+ar*[1]) *vtd* **1** Fazer paródia de. **2** Imitar grotescamente. *Conjug – Pres indic: parodio, parodias, parodia (dí)* etc. *Cf paródia.*
pa.ro.dis.ta (*paródia+ista*) *s m+f* Pessoa que faz paródias.
pa.ro.lar (*parola+ar*[1]) *vti* e *vint* Falar muito, tagarelar. *Var: parlar.*
pa.rô.ni.mo (*gr parónymos*) *adj + sm Gram* Diz-se das, ou palavras de significação diferente, mas de som semelhante: *descrição* e *discrição; emergir* e *imergir*.
pa.ró.quia (*gr paroikía*) *sf* **1** Território sob a direção espiritual de um pároco. **2** Igreja matriz.
pa.ro.qui.al (*paróquia+al*[1]) *adj m+f* Relativo ou pertencente à paróquia ou ao pároco: *Casa paroquial.*
pa.ro.qui.a.no (*paróquia+ano*) *adj + sm* **1** Que, ou aquele que habita numa paróquia. **2** Aquele que frequenta com regularidade as atividades religiosas de uma igreja.
pa.ró.ti.da (*gr parotís, ídos*) *sf Anat* Cada uma das glândulas salivares situadas abaixo e adiante das orelhas. *Var: parótide.*
pa.ro.ti.di.te (*parótida+ite*[1]) *sf Med* Inflamação das parótidas; caxumba.
pa.ro.xis.mo (*cs*) (*gr paroxysmós*) *sm* **1** *Med* Estágio de uma doença na qual os sintomas se manifestam com maior intensidade. **2** *fig* A exaltação máxima de uma sensação ou sentimento; auge, clímax; apogeu.
pa.ro.xí.to.no (*gr paroxýtonos*) *adj + sm Gram* Diz-se do, ou o vocábulo que tem o acento tônico na penúltima sílaba.
par.que (*fr parc*) *sm* **1** Terreno mais ou menos extenso, com muitas árvores de grande porte. **2** Jardim público, destinado a passeios, exposições etc. *Parque industrial:* conjunto de indústrias de uma cidade, Estado ou país. *Parque infantil:* local destinado ao divertimento de crianças, provido de balanços, gangorras etc.
par.quí.me.tro (*ingl to park+metro*[1]) *sm* Pequeno poste com mecanismo para medir o tempo durante o qual os automóveis ficam estacionados.
par.ra (*cast parra*) *sf* Ramo de videira.
par.rei.ra (*parra+eira*) *sf Bot* Planta cujos ramos se estendem numa grade de varas; videira.
par.ri.ci.da (*lat parricida*) *adj* e *s m+f* Que, ou pessoa que matou o pai ou a mãe ou qualquer dos ascendentes.
par.ri.cí.dio (*lat parricidiu*) *sm* Homicídio praticado contra o próprio pai, mãe ou outro ascendente.
par.te (*lat parte*) *sf* **1** Porção de um todo. **2** Divisão de uma obra. **3** *Jur* Cada uma das pessoas que firmam entre si um contrato. **4** Comunicação ou queixa feita a autoridade competente: *Dar parte de um crime.* **5** Sítio, lugar. **6** Lado, banda. *sf pl* Órgãos genitais externos de ambos os sexos. *À parte:* em separado. *De parte a parte:* de lado a lado, reciprocamente. *Em parte:* não inteiramente. *Parte do leão:* a maior e a melhor parte numa divisão.
par.tei.ra (*parto+eira*) *sf* Mulher, formada ou não, que assiste ou socorre parturientes.
par.tei.ro (*parto+eiro*) *adj + sm* Diz-se do, ou médico especialista em obstetrícia.
par.te.jar (*parto+ejar*) *vtd* **1** Servir de parteiro ou parteira a: *Partejava gratuitamente as mulheres pobres.* *vint* **2** Dar à luz, parir: *Ainda não chegara a hora de partejar.* *vtd* **3** *fig* Elaborar, produzir: *Partejar ideias.*
par.ti.ção (*lat partitione*) *sf* **1** Ato de partir ou dividir em partes; divisão; repartição. **2** *Inform* Seção de memória de computador estabelecida como memória de alta ou baixa prioridade.
par.ti.ci.pa.ção (*lat participatione*) *sf* Ato ou efeito de participar; ação; comunicação.
par.ti.ci.pan.te (de *participar*) *adj* e *s m+f* Que, ou pessoa que participa.
par.ti.ci.par (*lat participare*) *vti* **1** Ter ou tomar parte em; partilhar. *vtd* e *vti* **2** Comunicar, fazer saber, informar: *Participei-lhe minha decisão.* *vti* **3** Associar-se pelo pensamento ou pelo sentimento; solidarizar-se; compartilhar.
par.ti.cí.pio (*lat participiu*) *sm Gram* Forma nominal que, exprimindo ao mesmo tempo uma ação (ou estado) e uma qualidade, tem a função de verbo, adjetivo ou substantivo. *Particípio duplo:* o que, além da forma regular, possui outra, irregular, dependendo do verbo auxiliar, *p ex:* ter ou haver *entregado,* ser ou estar *entregue.*
par.tí.cu.la (*lat particula*) *sf* **1** Parte muito pequena. **2** *Gram* Qualquer palavra invariável, especialmente as monossilábicas. **3** *Fís* Limite da divisibilidade dos corpos por meios mecânicos, como trituração, pulverização etc. *Partícula elementar, Fís:* componente fundamental da matéria e da radiação. *Partícula apassivadora, Gram:* a partícula *se* acompanhando os verbos na voz ativa (*p ex: Vendem-se casas*).
par.ti.cu.lar (*lat particulare*) *adj m+f* **1** Pertencente ou relativo somente a certas pessoas ou coisas. **2** Que não é público; que não se destina ao uso público. **3** Confidencial, íntimo, reservado. *Antôn* (acepção 2): *geral.* • *sm* Qualquer pessoa.
par.ti.cu.la.ri.da.de (*lat particularitate*) *sf* **1** Qualidade ou circunstância do que é particular. **2** Peculiaridade. **3** Pormenor.
par.ti.cu.la.ri.zar (*particular+izar*) *vtd* **1** Referir minuciosamente: *Particularizou as circunstâncias do crime.* *vtd* **2** Fazer distinção ou menção especial de. *vtd* **3** Caracterizar, individualizar. *vpr* **4** Distinguir-se, singularizar-se: *Ele se particulariza dos demais pela constante solidariedade. Antôn* (acepções 1, 2 e 3): *generalizar.*
par.ti.da (*part* de *partir*) *sf* **1** Competição de jogo ou esporte entre duas pessoas ou dois grupos. **2** *Autom* Dispositivo ou motor de arranque; arranque. **3** Viagem; saída.
par.ti.dão (*partido+ão*[2]) *sm pop* **1** Bom arranjo, boa colocação. **2** Pessoa que se considera para um bom casamento. **3** Boa partida.
par.ti.dá.rio (*partido+ário*) *adj + sm* **1** Que, ou aquele que é membro de um partido. **2** Que, ou aquele que segue uma ideia, uma doutrina etc.
par.ti.da.ris.mo (*partidário+ismo*) *sm* Paixão partidária.
par.ti.da.ris.ta (*partidário+ista*) *adj* e *s m+f* Que, ou pessoa que tem partidarismo.

par.ti.do (*part* de *partir*) *adj* **1** Dividido em partes. **2** Feito em pedaços. • *sm* **1** Associação de pessoas que têm as mesmas ideias e seguem o mesmo sistema ou doutrina política. **2** União de pessoas que têm os mesmos interesses. **3** Proveito, vantagem: *Tirar partido de algo.* **4** Lado, posição.

par.ti.lha (*lat particula*) *sf* **1** Repartição dos bens de uma herança. **2** Divisão de lucros ou de qualquer outra coisa.

par.ti.lhar (*partilha*+*ar*[1]) *vtd* **1** Dividir em partes; repartir: *Partilhou o trabalho com os colaboradores. vtd* e *vti* **2** Participar de, compartilhar: *Partilho minha alegria com vocês. vtd* **3** Fazer partilha amigável ou judicial de: *Partilhar uma herança.*

par.tir (*lat partire*) *vtd* **1** Dividir em partes: *Partir o pão. vtd* **2** Distribuir, repartir: *Partir o pão com os mais necessitados. vtd* **3** Dividir, separar. *vtd* e *vpr* **4** Fazer(-se) em pedaços; quebrar(-se): *O copo partiu-se em vários pedacinhos. vti* e *vint* **5** Pôr-se a caminho, sair, seguir viagem. *vpr* **6** Falecer, morrer. *vti* **7** Ter começo, origem: *Essas mentiras partiram de pessoas maledicentes. A partir de:* ao começar, a datar de.

par.ti.tu.ra (*ital partitura*) *sf Mús* Conjunto (escrito) das partes de cada voz ou instrumento que contribuem para uma peça musical sinfônica.

par.to (*lat partu*) *sm* Ato ou efeito de parir.

par.tu.ri.en.te (*lat parturiente*) *adj* + *sf* Diz-se da, ou a mulher ou qualquer fêmea que está prestes a parir ou pariu há pouco.

par.vo (*lat parvu*) *adj* + *sm* Diz-se de, ou indivíduo idiota, tolo. *Fem:* parva e párvoa. *Aum:* parvalhão, parvoalho e parvoeirão.

par.vo.í.ce (*parvo*+*ice*) *sf* **1** Ato ou dito de parvo. **2** Qualidade ou estado de parvo. **3** Demência, loucura.

pas.cal (*lat paschale*) *adj m*+*f* Relativo à Páscoa, quer dos judeus, quer dos cristãos. *Var:* pascoal.

Pás.coa (*lat ecles pascha*, do aramaico *pasHá'*) *sf* **1** Festa anual dos judeus, comemorativa de sua saída do Egito. **2** Festa anual dos cristãos, comemorativa da ressurreição de Cristo.

pas.ma.cei.ra (de *pasmo*) *sf pop* Vida ou situação sem fatos interessantes.

pas.ma.do (*part* de *pasmar*) *adj* Espantado, surpreendido. *V pasmo.*

pas.mar (*pasmo*+*ar*[1]) *vtd* **1** Causar pasmo ou admiração a: *Ele pasmou o auditório quando anunciou a decisão. vti, vint* e *vpr* **2** Ficar pasmado, admirar-se profundamente: *Nada mais me pasma.*

pas.mo (*lat spasmu*) *sm* Assombro, espanto, grande admiração. • *adj* V *pasmado.*

pas.pa.lhão (*paspalho*+*ão*²) *adj* + *sm* (Indivíduo) bobo, estúpido, sem préstimo; inútil. *Pl:* paspalhões.

pas.quim (*ital Pasquino, np*) *sm* **1** Sátira afixada em lugar público. **2** Jornal ou folheto difamador.

pas.sa (*lat passa*) *sf* Fruta seca, principalmente a uva.

pas.sa.da (*past fem* de *passar*) *sf* **1** Cada alternação dos pés, no andar; passo. **2** Espaço compreendido entre os pontos em que os pés pousam, andando.

pas.sa.dei.ra (*passar*+*deira*) *sf* **1** Espécie de tapete comprido e estreito. **2** Mulher que passa roupas; máquina de passar roupas ou casa em que se passam roupas.

pas.sa.di.ço (*passar*+*diço*) *adj* Passageiro, transitório, efêmero. • *sm* **1** Passagem externa que liga dois edifícios ou duas partes de um mesmo edifício; calçada. **2** Ponte localizada na parte superior do navio, onde ficam o comandante e o homem do leme.

pas.sa.do (*part* de *passar*) *adj* **1** Que passou; decorrido, findo. **2** Que começa a apodrecer (*p ex:* fruta, carne ou peixe em estado de putrefação). **3** Seco ao sol ou no forno (fruto). **4** Assado ou cozido (alimento): *Bife malpassado.* **5** *fig* Atordoado, espantado. • *sm* **1** O tempo passado. **2** *Gram* A flexão verbal que representa a ação já finda; o pretérito. *Antôn:* futuro.

pas.sa.dor (*ô*) (*passar*+*dor*) *adj* Que passa ou faz passar. • *sm* **1** *pop* Coador, filtro. **2** Cada uma das pequenas alças do próprio tecido, fixadas no cós da calça, para passar o cinto.

pas.sa.gei.ro (*passagem*+*eiro*) *adj* Que passa depressa, que dura pouco; efêmero; passadiço. • *sm* Aquele que viaja em qualquer veículo de transporte.

pas.sa.gem (*passar*+*agem*) *sf* **1** Lugar por onde se passa. **2** O preço pago por quem viaja como passageiro. **3** O bilhete que dá o direito de viajar em qualquer veículo. **4** Trecho de autor ou obra citada. **5** Acontecimento, caso, episódio. *De passagem:* sem maior atenção; por alto. *Estar de passagem:* não se demorar.

pas.sa.ma.na.ri.a (*passamane*+*aria*) *sf* **1** Arte, indústria, obra ou comércio de passamanes. **2** Enfeite para roupa (fitas, galões etc.); passamanes.

pas.sa.ma.nes (*fr passements*) *sm pl* Fitas, galões, cordões ou tecidos entrelaçados a prata, ouro ou seda.

pas.sa.men.to (*passar*+*mento*[1]) *sm* Falecimento, morte.

pas.san.te (de *passar*) *adj m*+*f* Que passa ou que excede. • *s m*+*f* Pessoa que vai passando; transeunte.

pas.sa.por.te (*fr passe-port*) *sm* **1** Documento oficial que serve como identidade àqueles que viajam para um país estrangeiro. **2** *fig* Tudo o que auxilia, facilita etc. *O dinheiro é passaporte para o lazer.*

pas.sar (*lat vulg* *passare*) *vtd* **1** Atravessar, transpor: *Os hebreus passaram o Jordão. vtd* **2** Ir além de; ultrapassar: *Não passe deste ponto. vti* e *vint* **3** Transitar; transferir: *O restaurante passou a novos donos. O carteiro já passou. vtd* **4** Coar, filtrar: *Venha, já passei o café. vti* **5** Entrar, introduzir-se: *Passar pelo vão da cerca. vti* **6** Exceder, ir além: *Nosso afeto nunca passou da amizade. vti* e *vint* **7** Ser aprovado em exame: *Fiz o exame, mas não passei. Passei em física. vtd* **8** Alisar com o ferro de passar: *Passei tanta roupa, hoje! vtd* **9** Sofrer, padecer: *Passei maus bocados com ele.*

pas.sa.ra.da (*pássaro*+*ada*[1]) *sf* **1** Porção de pássaros. **2** Os pássaros em geral.

pas.sa.re.la (*fr passarelle*) *sf* **1** Espécie de palco, estreito e comprido, para desfiles de moda, concursos de beleza etc. **2** Ponte estreita, sobre ruas ou estradas, para trânsito de pedestres.

pas.sa.ri.nho (*pássaro*+*inho*) *sm* **1** Pequeno pássaro. **2** *Bot* Árvore silvestre, de flores vermelhas ou amarelas. *Ter visto passarinho verde:* estar visivelmente alegre.

pás.sa.ro (*lat passere*) *sm Ornit* Designação comum dada às aves da ordem dos passeriformes; passarinho.

pas.sa.tem.po (*passar+tempo*) *sm* Entretenimento ou ocupação ligeira e agradável; divertimento.

pas.sá.vel (*passar+vel*) *adj m+f* **1** Aceitável, admissível. **2** Sofrível, tolerável: *Maria, sua torta está passável*.

pas.se (de *passar*) *sm* **1** Licença, permissão. **2** Bilhete de trânsito concedido por empresa de transporte coletivo; passagem. **3** *Esp* No futebol, no basquetebol e em outros jogos, ação de o jogador passar a bola a um companheiro de equipe. **4** *Esp* Transferência de contrato de um atleta para outro clube. **5** *Espir* Ato de passar as mãos, e com isso fluidos magnéticos, repetidas vezes ao lado ou por cima de pessoa que se pretende curar ou livrar de coisas ruins.

pas.se.ar (*passo+e+ar¹*) *vti* e *vint* **1** Percorrer certa extensão de caminho a pé, a cavalo etc., a fim de distrair-se: *Passeamos pelas ruas*. *vtd* **2** Percorrer em passeio ou vagarosamente. Conjuga-se como *frear*.

pas.se.a.ta (de *passear*) *sf* **1** Pequeno passeio. **2** Marcha coletiva, em sinal de protesto, regozijo ou reivindicação.

pas.sei.o (de *passear*) *sm* **1** Lugar (jardim, parque, praça) onde se passeia. **2** Deslocamento a algum lugar, com o fim de divertir-se. **3** Parte lateral das ruas, para quem anda a pé; calçada.

passe-partout (*paç-partú*) (*fr*) *sm* Quadro com vidro cujo fundo se abre para receber fotografias, desenhos etc.; caixilho, moldura.

pas.se.ri.for.mes (*lat passer+i+forme*) *sm pl Ornit* Ordem de aves, terrenas, aéreas ou arbóreas, que compreende numerosas espécies; em geral, são aves de pequeno porte e canoras.

pas.si.flo.ra (*lat passio+flor*) *sf Bot* Gênero típico de trepadeiras com gavinhas de suporte, na maioria da América tropical, flores comumente muito vistosas, vermelhas, brancas ou roxas. Inclui os maracujás.

pas.si.o.nal (*lat passionale*) *adj m+f* **1** Relativo a paixão. **2** Motivado pela paixão, especialmente amorosa.

pas.sis.ta (*passo+ista*) *adj* e *s m+f* **1** Diz-se de, ou pessoa que samba no carnaval. **2** *Reg* (*PE*) Diz-se de, ou pessoa que dança o frevo.

pas.sí.vel (*lat passibile*) *adj m+f* **1** Sujeito a sensações de sofrimento, de alegria etc. **2** Que fica sujeito a: *Passível de crítica*.

pas.si.vi.da.de (*lat passivitate*) *sf* Falta de ação; inércia. *Antôn*: atividade.

pas.si.vo (*lat passivu*) *adj* **1** Que sofre ou recebe uma ação ou impressão. **2** Que não age nem reage; indiferente, inerte. **3** *Gram* Qualificativo da voz verbal em que o sujeito sofre ou recebe a ação. **4** Que presta obediência cega, absoluta. • *sm Com* Conjunto das dívidas, encargos e obrigações de uma empresa. *Antôn*: ativo.

pas.so (*lat passu*) *sm* **1** Ato de avançar ou recuar um pé para andar. **2** Andamento, modo de andar. **3** O andamento mais lento do cavalo. **4** Espaço que vai de um a outro pé, quando se anda regularmente. **5** *Coreografia* Cada uma das diferentes posições do pé, na dança. **6** Iniciativa, resolução. *Ao passo que:* à medida que. *Marcar passo:* não progredir, permanecer na mesma posição.

pas.ta (*lat pasta*) *sf* **1** Porção de massa achatada. **2** Mistura de matérias pisadas e diluídas. **3** Carteira de papelão, couro etc. para guardar papéis, desenhos etc. **4** *fig* Cargo de ministro de Estado; ministério. **5** *Inform* Diretório; espaço dentro do qual se organizam arquivos.

pas.ta.gem (*pastar+agem*) *sf* **1** Lugar com vegetação própria para o gado pastar; pasto. **2** Essa vegetação.

pas.tar (*lat vulg *pastare*) *vint* **1** Comer (o gado) a erva que não foi cortada. *vtd* **2** Fazer nutrir-se em pasto: *Pastar o gado*. *vtd* **3** Comer a erva que existe em (o gado). *vint* **4** *pop* Não progredir, passar por dificuldades: *Pastei muito antes de conseguir este emprego*.

pas.tel (*fr ant pastel*) *sm* **1** *Cul* Massa de farinha de trigo que se estende e si recheia com carne, palmito, doce etc. e depois se frita. **2** Giz fino de cores especiais. **3** Pintura ou desenho feito com esse giz. *Pl: pastéis.* • *adj m+f inv* Diz-se das cores, ou tons, leves.

pas.te.lão (*pastel+ão²*) *sm* **1** Pastel grande ou grande empada. **2** *bras* Sujeito moleirão, pamonha. **3** *Cin* Tipo de filme do gênero chanchada, pela frequência com que, neles, se atirava à cara de alguém um empadão.

pas.te.la.ri.a (*pastel+aria*) *sf* Estabelecimento onde se fazem ou vendem pastéis.

pas.te.lei.ro (*pastel+eiro*) *sm* Aquele que faz ou vende pastéis. *V pastel* (acepção 1).

pas.teu.ri.za.ção (*fr pasteurisation*) *sf* **1** Ato de esterilizar (o leite etc.) por aquecimento de temperatura (entre 50° e 70°C), durante um tempo relativamente longo, e, em seguida, submeter o líquido a um resfriamento súbito. **2** *fig* Ação de tornar uma música, um filme etc. mais comercial, fazendo com que se enquadrem numa fórmula de sucesso já comprovado.

pas.teu.ri.za.dor (*pasteurizar+dor*) *adj* Que pasteuriza. • *sm* **1** Aquele que pasteuriza. **2** Aparelho de pasteurizar.

pas.teu.ri.zar (*Pasteur, np+izar*) *vtd* Realizar a pasteurização.

pas.ti.che (*fr pastiche*) *V pasticho*.

pas.ti.cho (*fr pastiche*) *sm* **1** Imitação ruim de uma obra literária ou artística. **2** Espécie de representação lírica com uma miscelânea de árias, duetos etc., tirados de várias óperas. *Var: pastiche*.

pas.ti.fí.cio (*ital pastificio*) *sm* Fábrica de massas alimentícias.

pas.ti.lha (*cast pastilha, dim de pasta*) *sf* **1** Pequena porção de açúcar aromatizado, de chocolate, hortelã etc. **2** *Farm* Pasta de açúcar que contém uma essência ou um medicamento. **3** Pequeno ladrilho para paredes ou pisos.

pas.to (*lat passu*) *sm* **1** Erva para alimento do gado; pastagem. **2** Alimento, comida.

pas.tor (*lat pastore*) *adj* Que pasta. • *sm* **1** Guardador de gado. **2** *fig* Sacerdote protestante. *Pastor alemão:* cão pastor de uma raça originária do Norte da Europa.

pas.to.ral (*lat pastorale*) *adj m+f* Relativo a pastor; pastoril. • *sf* **1** Carta circular dirigida por um bispo aos fiéis da sua diocese. **2** *Lit* Tipo de composição poética.

pas.to.re.ar (*pastor+e+ar¹*) *vtd* **1** Guiar ao pasto, guardar no pasto: *Ele gosta de pastorear ovelhas.* **2** *fig* Guiar espiritualmente. **3** *fig* Dirigir, governar: *Pastorear povos.* Conjuga-se como *frear.*

pas.to.rei.o (de *pastorear*) *sm* **1** Ação de pastorear. **2** Lugar de pastagem. **3** Atividade ou indústria pastoril.

pas.to.ril (*pastor+il*) *adj m+f* **1** Relativo a, ou próprio de pastor; pastoral. **2** *fig* Bucólico, campestre, rústico. **3** Que se refere à criação de gado, ao pastoreio. • *sm Folc* Festa popular dramática, com cantos e danças de personagens femininas chamadas pastoras (ocorre entre o Natal e o dia de Reis para festejar o nascimento de Cristo).

pas.to.so (*ô*) (*pasta+oso*) *adj* **1** Que está em pasta, muito espesso. **2** Viscoso, pegajoso. **3** *fig* Diz-se da voz arrastada e pouco clara. *Pl:* pastosos (*ó*).

pa.ta (*voc onom*) *sf* **1** Pé ou mão dos animais. **2** *pej* Pé grande; pé.

pa.ta.ca (*provençal patac*) *sf* **1** Antiga moeda brasileira, de prata. **2** *fig* Dinheiro, riqueza. *De meia pataca:* de pouco valor.

pa.ta.co.a.da (*pataco+ada¹*) *sf* Conversa fiada; coisa que não leva a nada; mentira.

pa.ta.da (*pata+ada¹*) *sf* **1** Pancada com a pata; coice. **2** *fig* Ação tola ou indigna. **3** *pop* Ingratidão. *Dar patada, pop:* cometer ato de ingratidão ou grosseria. *Levar patada, pop:* ser vítima de ato de ingratidão ou grosseria.

pa.ta.mar (*concani pathmar*) *sm* **1** Espaço mais ou menos largo no topo de uma escada. **2** *fig* O mais alto grau.

pa.ta.ti.va *sf* **1** *Ornit* Pássaro canoro de cor cinzenta e plumagem fina. **2** *fig* Pessoa faladora.

pa.ta.vi.na (*lat patavina*, do top *Patavium,* Pádua) *pron indef* Coisa nenhuma, nada: *Não entender patavina.*

pa.ta.xó *adj m+f Etnol* Relativo aos pataxós, nação indígena que dominou antigamente na Bahia. • *s m+f* Indígena dessa tribo.

pa.tê (*fr pâté*) *sm* Massa de carne, fígado, peixe etc., que em geral se come fria.

pa.te.ar (*pata+e+ar¹*) *vint* **1** Bater com as patas. *vtd* **2** Bater com as patas em: *A boiada pateou as plantações.* *vint* **3** Bater com os pés em sinal de desagrado (vaiando): *O público pateava toda vez que o ator entrava em cena.* Conjuga-se como *frear.*

pa.te.la (*lat patella*) *sf Anat* Osso, em forma de disco, na parte anterior do joelho, na articulação da tíbia com o fêmur (nome antigo: rótula).

pá.te.na *sf Liturg Catól* Pequeno prato de ouro ou metal dourado em que se coloca a hóstia grande, no ofertório, durante a missa, e serve também para cobrir o cálice.

pa.ten.te (*lat patente*) *adj m+f* **1** Aberto, acessível, franco. **2** Claro, manifesto, evidente. • *sf* **1** Carta oficial de concessão de um título, posto ou privilégio: *Patente militar.* **2** Esse título, posto ou privilégio. **3** Registro de uma invenção ou descoberta, oferecido pelo governo para garantir a propriedade ao autor, bem como uso e exploração exclusiva.

pa.ten.te.ar (*patente+e+ar¹*) *vtd* **1** Fazer, tornar patente; abrir, franquear, manifestar, mostrar: *Patentear solidariedade. vtd* e *vpr* **2** Tornar(-se) claro e evidente: *A verdade patenteou-se paulatinamente. vtd* **3** Registrar com patente de invenção: *José patenteou as invenções dele.*

pa.ter.nal (*paterno+al¹*) *adj m+f* **1** Próprio de pai: *Carinho paternal.* **2** Como de um pai.

pa.ter.na.lis.mo (*paternal+ismo*) *sm* **1** Regime da autoridade do pai. **2** Sistema social de relações paternais entre chefe e subordinados, como se formassem uma família. **3** *por ext Polít* Tendência em disfarçar o excesso de autoridade sob a forma de proteção.

pa.ter.na.lis.ta (*paternal+ista*) *adj m+f* Relativo ao paternalismo. • *s m+f* Adepto do paternalismo.

pa.ter.ni.da.de (*lat paternitate*) *sf* **1** Qualidade ou condição de pai. **2** Qualidade de autor: *A paternidade de uma obra.*

pa.ter.no (*lat paterno*) *adj* **1** Relativo, pertencente ou próprio de pai. **2** Que procede como um pai. **3** Relativo à casa onde nascemos ou à nossa pátria.

pa.te.ta (de *pato*) *adj* e *s m+f* Diz-se da, ou a pessoa tola, maluca. *Antôn: sagaz.*

pa.té.ti.co (*gr pathetikós*) *adj* Que comove, que enternece, despertando piedade ou tristeza: *Cena patética.*

pa.ti.bu.lar (*patíbulo+ar¹*) *adj m+f* Relativo a patíbulo.

pa.tí.bu.lo (*lat patibulu*) *sm* Estrado alto ou lugar onde se erguem os instrumentos de suplício ou se aplica a pena de morte; cadafalso; forca.

pa.ti.fa.ri.a (*patife+aria*) *sf* **1** Ato de patife. **2** Falta de coragem; covardia.

pa.ti.fe *adj* + *sm* **1** Que, ou o que é desavergonhado, maroto, velhaco. **2** Que, ou o que é débil, tímido, covarde. *Fem: patifa.*

pa.tim (*fr patin*) *sm* Calçado que tem por baixo uma lâmina vertical para deslizar sobre o gelo, ou rodinhas para rodar sobre cimento, soalhos etc.

pá.ti.na (*lat patina*) *sf* **1** Camada esverdeada que se forma sobre o bronze pela longa exposição à umidade. **2** Camada de material especial que se aplica a uma superfície para produzir certos efeitos.

pa.ti.na.ção (*patinar+ção*) *sf* Ato de patinar.

pa.ti.na.dor (*patinar+dor*) *adj* + *sm* Que, ou o que patina.

pa.ti.nar¹ (*pátina+ar¹*) *vtd* Produzir pátina em: *Os séculos patinaram a velha estátua. Conjug – Pres indic: patino, patinas, patina* (*tí*) etc. *Cf pátina.*

pa.ti.nar² (*patim+ar¹*) *vint* **1** Deslizar, rodar com (ou sobre) patins. **2** Girarem as rodas de um veículo sem que ele ande; patinhar.

pa.ti.ne.te (*é*) (*fr patinette*) *sm* Brinquedo que consiste numa base de alumínio, ferro, madeira etc. com duas rodas, sobre a qual se apoia um dos pés, dando-se impulso com o outro.

pa.ti.nhar (*pato+inho+ar¹*) *vint* **1** Agitar a água como fazem os patos. *vti* e *vint* **2** Bater na água, noutro líquido etc.: *Patinhar na lama. Ele não nada, patinha. vint* **3** Patinar².

pa.ti.nho (*pato+inho*) *sm* **1** Diminutivo de *pato.* **2** *fig* Pateta, tolo. **3** Carne de primeira qualidade, das pernas traseiras do boi. *Cair como um patinho:* deixar-se iludir ou enganar.

pá.tio *sm* **1** Recinto térreo e sem cobertura no interior de uma casa ou anexo a ela. **2** Espaço descoberto que em muitos edifícios vai desde a entrada externa até a construção principal.

pa.to *sm* **1** *Ornit* Nome comum de aves aquáticas palmípedes. **2** *pop* Idiota, pateta, tolo. **3** *fig* Mau jogador de jogo de azar.

pa.to.gê.ne.se (*gr páthos+gênese*) *sf* Patogenia.

pa.to.ge.ni.a (*gr páthos+geno+ia^1*) *sf Med* Parte da patologia que estuda a origem das doenças; patogênese.

pa.to.gê.ni.co (*gr páthos+geno+ico^2*) *adj Med* **1** Relativo à patogenia. **2** Que provoca doença.

pa.to.la (*pato+ola^3*) *adj* e *s m+f* Que, ou pessoa que é tola, pateta, estúpida. • *sm gír* Homem troncudo e grandalhão.

pa.to.lo.gi.a (*gr páthos+logo+ia^1*) *sf Med* Ciência que estuda a origem, os sintomas e a natureza das doenças.

pa.to.ló.gi.co (*gr páthos+logo+ico^2*) *adj* Relativo à patologia.

pa.to.ta *sf gír* Grupo, turma.

pa.tra.nha (*cast patraña*) *sf* História mentirosa; grande mentira.

pa.trão (*lat patronu*) *sm* **1** Chefe ou proprietário de empresa, fábrica, oficina, fazenda etc., em relação aos empregados. **2** O dono da casa em relação aos empregados. **3** Chefe, empregador. *Fem: patroa (ô).*

pá.tria (*lat patria*) *sf* **1** País em que se nasceu e ao qual se pertence como cidadão. **2** Parte de um país em que alguém nasceu; terra natal.

pa.tri.ar.ca (*gr patriárkhes*) *sm* **1** Chefe de família. **2** Velho que tem muitos descendentes. **3** *fig* Pioneiro, fundador.

pa.tri.ar.ca.do (*patriarca+ado^1*) *sm Sociol* Regime em que o chefe de família ou patriarca tinha poder absoluto em sua casa.

pa.tri.ar.cal (*patriarca+al^1*) *adj m+f* **1** Relativo a patriarca ou patriarcado. **2** *por ext* Respeitável, bondoso, pacífico.

pa.tri.ar.ca.lis.mo (*patriarcal+ismo*) *sm* **1** Caráter ou vida patriarcal. **2** Influência social dos patriarcas.

pa.tri.ci.nha (*dim* de *Patrícia, np*) *sf bras gír* **1** Moça de classe social elevada. **2** Moça bem-vestida, que se preocupa com a aparência e usa roupas caras.

pa.trí.cio (*lat patriciu*) *adj + sm* Que, ou aquele que nasceu na mesma pátria ou localidade; conterrâneo.

pa.tri.mô.nio (*lat patrimoniu*) *sm* **1** Herança paterna. **2** Bens de família. **3** Quaisquer bens materiais ou morais pertencentes a uma pessoa, instituição ou coletividade: *Patrimônio cultural*.

pá.trio (*lat patriu*) *adj* **1** Relativo à pátria. **2** Relativo aos pais.

pa.tri.o.ta (*gr patriótes*) *adj* e *s m+f* Diz-se de, ou pessoa que ama a sua pátria e procura servi-la.

pa.tri.o.ti.ce (*patriota+ice*) *sf deprec* **1** Falso patriotismo. **2** Mania patriótica.

pa.tri.ó.ti.co (*lat patrioticu*) *adj* **1** Relativo a patriota. **2** Que revela amor à pátria, cívico.

pa.tri.o.tis.mo (*patriota+ismo*) *sm* Amor à pátria, devoção ao seu solo e às suas tradições, à sua defesa e integridade.

pa.tro.a (*ô*) (de *patrão*) *sf* **1** Mulher do patrão. **2** Dona de casa. **3** Mulher que dirige certos estabelecimentos ou serviços. **4** *pop* Esposa.

pa.tro.ci.na.dor (*patrocinar+dor*) *adj + sm* Que, ou aquele que patrocina; protetor. • *sm* O anunciante por conta de quem é transmitido um programa de rádio ou televisão.

pa.tro.ci.nar (*lat patrocinare*) *vtd* Dar patrocínio a, custear; financiar: *Patrocinar uma transmissão radiofônica*.

pa.tro.cí.nio (*lat patrociniu*) *sm* **1** Amparo, auxílio, proteção. **2** Custeio de programa de rádio, televisão etc.

pa.tro.nal (*lat patronale*) *adj m+f* **1** Relativo ou próprio de patrão. **2** Relativo a classe de patrões: *Direito patronal*.

pa.tro.na.to (*lat patronatu*) *sm* **1** Autoridade ou qualidade de patrão. **2** Estabelecimento onde se abrigam e educam menores.

pa.tro.nes.se (*fr*) *sf* Mulher que organiza ou patrocina campanha ou festa beneficente.

pa.tro.ní.mi.co (*gr patronymikós*) *adj* **1** Relativo a pai, especialmente quando se trata de nomes de família. **2** Derivado do nome do pai (sobrenome). • *sm Gram* **1** Sobrenome derivado do nome do pai: *Rodrigues*, filho de *Rodrigo*. **2** Nome que designa uma linhagem.

pa.tro.no (*lat patronu*) *sm* **1** Defensor. **2** Padroeiro. **3** Padrinho. **4** Advogado (em relação a seus clientes).

pa.tru.lha (*fr patrouille*) *sf* **1** Patrulhamento. **2** Pequeno destacamento militar. **3** Grupo de soldados que fazem a ronda para manter a ordem.

pa.tru.lha.men.to (*patrulhar+mento*) *sm* Ato ou efeito de patrulhar; patrulha.

pa.tru.lhar (*patrulha+ar^1*) *vtd* **1** Guarnecer ou vigiar com patrulha: *A marinha patrulhava o litoral*. *vint* **2** Fazer ronda em patrulha: *Patrulhava sem cessar*.

pa.tru.lhei.ro (*patrulha+eiro*) *sm* **1** Aquele que patrulha. **2** *Náut* Pequeno navio de guerra destinado a patrulhar áreas marítimas próximas do litoral.

pa.tu.á (*tupi patauá*) *sm* **1** Cesto de palha em que os indígenas guardam as redes. **2** Saco de couro ou de pano que se usa a tiracolo. **3** *Folc* Espécie de amuleto, feito de couro ou pano, que os crédulos trazem ao pescoço para afastar malefícios.

pa.tus.ca.da (*patusco+ada^1*) *sf pop* Ajuntamento de pessoas, reunidas para comer e beber festivamente; pândega.

pa.tus.car (*patusco+ar^1*) *vint pop* Andar em patuscadas; pandegar; farrear: *Esses rapazes vivem patuscando*. *Conjug – Pres subj: patusque, patusques* etc.; *Pret perf: patusquei, patuscaste, patuscou* etc.

pau (*lat palu*) *sm* **1** Qualquer madeira: *Colher de pau*. **2** Pedaço de madeira. **3** Bordão, cajado, cacete. **4** *fig* Castigo corporal ou crítica radical. **5** *pop* Real ou outra moeda qualquer: *Ganhei 200 paus do meu tio*. **6** *vulg* Pênis. *sm pl* Naipe preto de carta de baralho, cujo desenho é um trevo. • *adj m+f* Enfadonho, maçante. *Dar pau, Inform:* dar pane no computador. *Levar pau:* ser reprovado em exame escolar. *Meter o pau:* dar uma sova de pau; censurar; falar mal de. *Pau a pique:* cerca de barro batido entre armações de varas cruzadas; taipa. *Pau de arara:* a) instrumento de tortura usado para forçar confissões de presos, no qual estes ficam pendurados de cabeça para baixo; b) caminhão coberto, no qual os nordestinos viajam para outras regiões. *s m+f* Pessoa que viaja nesse caminhão. *Pau de sebo:* mastro untado com sebo que tem um prêmio no topo para quem conseguir escalá-lo. *Ser pau para toda obra:* servir para tudo, prestar-se a tudo.

pau-bra.sil *sm Bot* Árvore de madeira vermelha que se utiliza em tinturaria e marcenaria. *Pl: paus-brasis* e *paus-brasil.*

pau-d'á.gua *s m+f pop* Beberrão, cachaceiro. *Pl: paus-d'água.*

pau-d'ar.co V *ipê. Pl: paus-d'arco.*

pa.ul (*lat vulg *padule, metát* do *lat palude*) *sm* Pântano, água estagnada, charco. *Pl: pauis.*

pau.la.da (*pau+l+ada¹*) *sf* Pancada com pau; cacetada.

pau.la.ti.no (*lat paulatinu*) *adj* **1** Feito pouco a pouco, devagar. **2** Moroso, vagaroso. *Antôn: rápido.*

pau.li.cei.a (*é*) (do *top (São) Paulo*) *sf* Palavra que designa a cidade de São Paulo e suas coisas (capital do Estado de mesmo nome).

pau.lis.ta (*top (São) Paulo+ista*) *adj m+f* Pertencente ou relativo ao Estado de São Paulo. • *s m+f* Pessoa natural ou habitante do Estado de São Paulo.

pau.lis.ta.no (*top (São) Paulo+ista+ano*) *adj* Relativo à cidade, ao município e à capital do Estado de São Paulo. • *sm* O natural desse município.

pau-man.da.do *sm* Pessoa que faz tudo que lhe mandam. *Pl: paus-mandados.*

pau.pe.ris.mo (*lat paupere+ismo*) *sm* **1** Classe dos pobres; a miséria. **2** Condição permanente de pobreza, numa parte da população de um país.

pau.sa (*lat pausa*) *sf* **1** Interrupção temporária de uma ação. **2** Intervalo, lentidão.

pau.sar (*pausa+ar¹*) *vint* **1** Fazer pausa: *Agora, pausemos. vtd* **2** Demorar, pousar: *Pausar os olhos na criança. vtd* **3** Tornar cadenciado, lento; pronunciar com pausas: *Pausar a leitura; pausar as palavras.*

pau.ta (*lat pacta*) *sf* **1** Conjunto de linhas horizontais e paralelas, impressas no papel de escrita. **2** *Mús* As cinco linhas paralelas onde se escrevem as notas e os sinais; pentagrama. **3** Lista, relação. **4** Tarefas a serem executadas dentro de determinado prazo. *Em pauta:* na ordem do dia.

pau.ta.do (*part* de *pautar*) *adj* **1** Que se pautou. **2** Riscado com traços paralelos. **3** Relacionado. • *sm* O conjunto dos traços paralelos do papel.

pau.tar (*pauta+ar¹*) *vtd* **1** Traçar, riscar com pauta; dividir em linhas retas e paralelas: *Pautar folhas de papel. vtd* **2** Pôr em pauta; relacionar: *Pautamos as matérias mais difíceis. vtd* e *vpr* **3** Ajustar(-se); moderar(-se); regular(-se): *Paute-se nos exemplos desses jovens. Paute sua conduta e será mais feliz.*

pa.vão (*lat pavone*) *sm* **1** *Ornit* Grande ave da família dos fasianídeos que possui cauda e plumagem muito bonitas. **2** *fig* Indivíduo muito vaidoso. *Fem: pavoa.*

pá.vi.do (*lat pavidu*) *adj* Que tem pavor; medroso. *Antôn: impávido.*

pa.vi.lhão (*fr pavillon*) *sm* **1** Pequena edificação de construção rápida, geralmente desmontável. **2** Barraca, tenda. **3** *Anat* A parte exterior e cartilaginosa da orelha. **4** *Mús* Extremidade mais larga de alguns instrumentos de sopro. *Pl: pavilhões.*

pa.vi.men.ta.ção (*pavimentar+ção*) *sf* Ato ou efeito de pavimentar; calçamento.

pa.vi.men.tar (*pavimento+ar¹*) *vtd* Fazer pavimento em; calçar.

pa.vi.men.to (*lat pavimentu*) *sm* **1** Revestimento das ruas, estradas, com cimento, pedras, asfalto etc. **2** Cada um dos andares de um edifício; andar, piso.

pa.vi.o (*lat vulg *papilu,* por *papyrus*) *sm* Mecha de vela, candeia ou lampião. *De fio a pavio:* de uma extremidade a outra. *Ter pavio curto, pop:* ser explosivo, irritar-se facilmente.

pa.vo.ne.ar (*lat pavone+e+ar¹*) *vtd* e *vpr* **1** Enfeitar(-se) vistosamente: *Pavonearam as crianças para a festa. vpr* **2** Exibir-se com ostentação: *Pavoneava-se pelos salões com trajes exóticos. vtd* **3** Mostrar com vaidade; ostentar: *Ele pavoneava sua bicicleta nova.* Conjuga-se como *frear.*

pa.vo.nei.o (de *pavonear*) *sm* Ato ou efeito de pavonear; ostentação, exibição.

pa.vor (*lat pavore*) *sm* Grande susto ou medo; terror.

pa.vo.ro.so (*ô*) (*pavor+oso*) *adj* **1** Que causa pavor; horroroso, medonho. **2** *fig* Muito feio. *Pl: pavorosos (ó).*

pa.vu.na *sf bras* Vale fundo e escarpado.

pa.xá (*persa pâdshâh*) *sm* **1** Título dos governantes de províncias turcas. **2** *pop* Indivíduo poderoso; mandão. **3** Homem que tem várias amantes; sultão.

paz (*lat pace*) *sf* **1** Condição de um país que não está em guerra; tranquilidade pública. **2** Repouso, silêncio. **3** Tranquilidade da alma. **4** União, concórdia entre as pessoas. **5** Sossego. *Fazer as pazes:* reconciliar-se.

PC *sm Inform* Sigla de *Personal Computer* (computador pessoal). *PC compatível, Inform:* computador compatível com o de outro fabricante. *PC multimídia, Inform:* computador que pode executar aplicativos multimídia; normalmente vem equipado com placa de som, unidade de CD-ROM e monitor colorido de alta resolução.

pé (*lat pede*) *sm* **1** Indivíduo que anda a pé. **2** *Anat* Parte que se articula com a extremidade inferior da perna. **3** Parte inferior de qualquer objeto; pedestal, base. **4** A parte de um objeto sobre a qual ele está apoiado: *O pé da mesa.* **5** Lado da cama oposto ao da cabeceira. **6** Haste de planta. **7** *Bot* Uma árvore ou planta completa. **8** Medida inglesa de comprimento que se divide em 12 polegadas e equivale a aproximadamente 0,3048 m. **9** A base ou o sopé de uma colina: *Pé de serra.* **10** *fig* Pretexto, motivo. **11** Estado de um negócio ou de uma empresa: *Não sei em que pé está o contrato. Ao pé da letra:* literalmente. *Meter os pés pelas mãos:* atrapalhar-se, desorientar-se. *Pé ante pé:* nas pontas dos pés; cautelosamente; devagar. *Pé de atleta, Med:* micose da pele dos pés. *Pé de boi:* pessoa muito trabalhadora. *Pé de cabra:* alavanca de ferro, bifurcada, que serve para arrancar pregos grandes, remover pedras, arrombar portas etc. *Pé de cana, pop:* pessoa que tem o hábito de se embriagar; beberrão. *Pé de chinelo, pop:* a) marginal pouco perigoso; b) pessoa muito pobre; pobretão. *Pé de chumbo:* a) motorista que dirige em alta velocidade, que tem o pé pesado no acelerador; b) indivíduo grosseiro; c) pessoa que dança mal. *Pé de galinha:* ruga no canto externo dos olhos. *Pé de moleque:* doce feito de amendoim torrado e açúcar queimado. *Pé de ouvido:* tapa com a mão aberta num lado da cabeça. *Pé de pato:* calçado de borracha, com a forma de pé de pato, usado por mergulhadores e nadadores. *Pé de valsa:* excelente dançarino. *Pé de vento:* vento muito forte. *Pé na cova:* pessoa muito doente ou de aspecto cadavérico. *Pegar no pé:* ser insistente, importuno. *Sem pés nem cabeça:* despropositado, sem sentido.

pê *sm* O nome da letra p. *Pl:* pês ou *pp.*

pe.ão (*lat pedone*) *sm* **1** Indivíduo que anda a pé. **2** Amansador de cavalos; domador. **3** Empregado nas fazendas. **4** Indivíduo que trabalha na roça; trabalhador rural. **5** Peça do jogo de xadrez. Cf *pião. Fem: peona* ou *peoa. Pl:* peões.

pé-a.trás *sm* Prevenção, desconfiança: *Ele estava tranquilo, sem pé-atrás. Pl:* pés-atrás.

pe.bo.lim *sm* Brinquedo de mesa num formato retangular (como uma caixa) que tem ao fundo o desenho de um campo de futebol. Os jogadores (dois de cada lado da mesa) manipulam cada qual duas varetas de metal, com bonecos fixados nelas, buscando com eles movimentar uma bolinha em direção à área de gol dos adversários.

pe.ça (*gaulês *pettia*) *sf* **1** Cada uma das partes de uma coleção, de um conjunto ou de um todo: *Uma peça de roupa.* **2** Objeto que, por si só, forma um todo completo. **3** Cada uma das partes de um motor, máquina, mecanismo etc. **4** *Jur* Documento que faz parte de um processo. **5** Composição dramática para ser representada no teatro. **6** *fig* Engano, logro: *Pregar uma peça em alguém.*

pe.ca.do (*lat peccatu*) *sm* **1** Transgressão de preceito religioso. **2** *fig* Culpa, defeito, falta, vício.

pe.ca.dor (*lat peccatore*) *adj + sm* Que, ou aquele que peca.

pe.ca.mi.no.so (*ô*) (*lat peccaminosu*) *adj* Em que há pecado. *Pl:* pecaminosos (*ó*).

pe.car (*lat peccare*) *vint* **1** Cometer pecados; transgredir lei ou preceito religioso: *Senhor, perdoa-me porque pequei! vti* e *vint* **2** Cometer qualquer falta; desobedecer a algum preceito ou regra de moral: *Pecar contra as normas de civilidade. Conjug – Pres subj: peque, peques, peque* etc.; *Pret perf: pequei, pecaste, pecou* etc.

pe.cha (*cast pecha*) *sf* **1** Defeito, mau costume, falha. **2** Apelido que se dá a alguém: *Pôs-lhe a pecha de encrenqueiro.*

pe.char (*cast pecho+ar*[1]) *Reg* (Sul e Centro) *vtd* **1** Abalroar, dar de peito em: *Pechou a rês retirando-a do gado. vtd* **2** Pedir dinheiro a: *Precisava de dinheiro, por isso pechou o amigo.*

pe.chin.cha *sf pop* **1** Coisa comprada a preço muito reduzido. **2** Vantagem.

pe.chin.char (*pechincha+ar*[1]) *vint* **1** Obter vantagens ou lucros inesperados. *vtd* e *vint* **2** Pedir redução no preço; regatear: *Pechinchou a mercadoria. Não queria comprar o livro sem pechinchar.*

pe.chin.chei.ro (*pechinchar+eiro*) *adj + sm* Que, ou aquele que pechincha ou procura pechinchas.

pe.chis.be.que (*ingl Pinchbeck, np*) *sm* Liga de cobre e zinco, de cor semelhante à do ouro; ouro falso.

pe.cí.o.lo (*lat petiolu*) *sm Bot* Porção delgada da folha, que prende o limbo à bainha ou ao caule; pé da folha.

pe.ço.nha (*lat vulg *potionea*) *sf* **1** Secreção venenosa de alguns animais; veneno. **2** *fig* Malícia, maldade, perversidade.

pe.ço.nhen.to (*peçonha+ento*) *adj* **1** Que tem peçonha; venenoso. **2** *fig* Pérfido, intrigante, enganador.

pe.cu.á.ria (*lat pecuaria*) *sf* Criação de gado.

pe.cu.a.ris.ta (*pecuária+ista*) *s m+f* Quem se dedica à pecuária ou é especializado nela; criador de gado.

pe.cu.la.tá.rio (*peculato+ário*) *adj* Relativo a peculato. • *sm* Indivíduo que comete peculato.

pe.cu.la.to (*lat peculatu*) *sm Dir* Crime que consiste no desvio de dinheiro público, ou qualquer outro bem móvel, cometido por funcionário público responsável pela sua guarda.

pe.cu.li.ar (*lat peculiare*) *adj m+f* Especial, privativo, próprio de uma pessoa ou coisa.

pe.cu.li.a.ri.da.de (*peculiar+i+dade*) *sf* Qualidade de peculiar; particularidade.

pe.cu.li.a.ri.zar (*peculiar+izar*) *vtd* e *vpr* Tornar(-se) peculiar.

pe.cú.lio (*lat peculiu*) *sm* **1** Reserva de dinheiro que uma pessoa acumula aos poucos; pé-de-meia. **2** Bens, patrimônio.

pe.cú.nia (*lat pecunia*) *sf* Dinheiro.

pe.cu.ni.á.rio (*lat pecuniariu*) *adj* **1** Que se refere a dinheiro. **2** Representado por dinheiro.

pe.da.ço (*lat vulg *pitacciu,* por *pittaciu*) *sm* **1** Bocado, fragmento, porção. **2** Trecho. **3** *pop* Mulher bonita e benfeita de corpo. *Estar caindo aos pedaços:* a) ser muito velho ou malconservado; b) achar-se exausto.

pe.dá.gio (*ital pedaggio*) *sm* **1** Taxa que se paga ao governo para passar por uma estrada. **2** Posto fiscal encarregado de cobrar essa taxa.

pe.da.go.gi.a (*gr paidagogía*) *sf* **1** Estudo das questões relativas à educação. **2** Arte de instruir, ensinar ou educar as crianças. **3** Conjunto das ideias de um educador.

pe.da.go.go (*ô*) (*gr paidagogós*) *sm* **1** Aquele que exerce a pedagogia. **2** Prático de educação.

pé-d'á.gua *sm* Chuva forte e passageira; aguaceiro. *Pl:* pés-d'água.

pe.dal (*lat pedale*) *sm* **1** Peça de certas máquinas ou aparelhos na qual se assenta o pé para lhes imprimir movimento. **2** Alavanca na parte inferior do piano que o executante move com o pé para mudar o som do instrumento.

pe.da.la.da (*pedal+ada*[1]) *sf* Impulso dado ao pedal.

pe.da.lar (*pedal+ar*[1]) *vtd* **1** Acionar, mover o pedal de. *vint* **2** Andar de bicicleta ou de velocípede: *Pedalei muito ontem.*

pe.da.li.nho (*pedal+inho*) *sm* Pequeno barco movido a pedal, para diversão pública.

pe.dan.te (*ital pedante*) *adj m+f* **1** Pretensioso, vaidoso. **2** Que revela pretensão ou vaidade: *Linguagem pedante*.

pe.dan.tis.mo (*pedante+ismo*) *sm* Ato ou modos de pedante.

pé-de-mei.a *sm* Economia, poupança; pecúlio. *Pl: pés-de-meia*.

pe.de.ras.ta (*gr paiderastés*) *sm* Indivíduo que pratica a pederastia; homossexual.

pe.de.ras.ti.a (*gr paiderasteía*) *sf* Relação sexual entre homens; homossexualismo masculino.

pe.der.nei.ra (*lat vulg *petrinaria*) *sf* Pedra muito dura que, tocada por um fragmento de aço, produz faíscas.

pe.des.tal (*fr piédestal*) *sm* **1** Peça que sustenta uma estátua, uma coluna etc. **2** Base de uma coluna. **3** *fig* O que serve para elevar, para pôr em evidência.

pe.des.tre (*lat pedestre*) *adj* e *s m+f* Que, ou quem anda ou está a pé.

pe.des.tri.a.nis.mo (*pedestriano+ismo*) *sm Esp* Esporte que consiste em grandes marchas a pé.

pe.di.a.tra (*pedo+iatra*) *s m+f Med* Especialista em pediatria.

pe.di.a.tri.a (*pedo+iatro+ia¹*) *sf Med* Disciplina médica que se ocupa da saúde e das doenças das crianças.

pe.di.cu.lo.se (*lat pediculu+ose*) *sf Med* **1** Doença de pele causada por piolhos. **2** Abundância de piolhos.

pe.di.cu.lo.so (*ô*) (*lat pediculu+oso*) *adj Med* Infestado de piolhos; piolhento. *Pl: pediculosos* (*ó*).

pe.di.cu.re (lat *pede+curare*) *s m+f* **1** Profissional que trata das doenças dos pés. **2** Pessoa que se dedica ao embelezamento dos pés. *Var: pedicuro*.

pe.di.do (*part* de *pedir*) *adj* Que se pediu. • *sm* **1** Ato de pedir; solicitação. **2** Aquilo que se pediu. **3** Encomenda.

pedigree (*pèdigrí*) (*ingl*) *sm* Linhagem, árvore genealógica, principalmente de cachorros ou cavalos.

pe.din.chão (*pedinch(ar)+ão²*) *adj + sm* Que, ou aquele que pedincha.

pe.din.char (de *pedir*) *vtd* e *vint* Pedir com impertinência ou lamúria; pedir muito: *Pedinchar esmolas*. Tem o costume de pedinchar.

pe.din.te (de *pedir*) *adj* e *s m+f* Que, ou pessoa que pede ou mendiga.

pe.dir (*lat petere*) *vtd* e *vti* **1** Solicitar: *Pediu-me notícias da família. Resolveu pedir aumento de salário*. *vtd* e *vint* **2** Implorar, suplicar, mendigar: *Pedir esmola; pedir perdão. Pediu-nos auxílio e proteção*. *vtd* **3** Estabelecer, estipular, exigir como preço: *Pede cinquenta centavos por maçã*. *vti* **4** Solicitar autorização, licença ou permissão: *Pediu ao diretor para usar o uniforme velho*. *vtd* **5** Exigir, reclamar: *Pediam a condenação do réu*. *Conjug*: verbo irregular; o *d* de *pedir* muda-se em *ç* na 1ª pessoa do singular do presente do indicativo e nas formas dela derivadas. *Pres indic: peço, pedes, pede, pedimos, pedis, pedem; Pret imp indic: pedia, pedias, pedia (dí)* etc.; *Pret perf: pedi, pediste* etc.; *Pret mais-que-perf: pedira, pediras (dí)* etc.; *Fut pres: pedirei, pedirás* etc.; *Fut pret: pediria, pedirias* etc.; *Pres subj: peça, peças, peça* etc.; *Pret imp subj: pedisse, pedisses, pedisse, pedíssemos, pedísseis, pedissem; Fut subj: pedir, pedires, pedir, pedirmos, pedirdes, pedirem; Imper afirm: pede(tu), peça(você), peçamos(nós), pedi(vós), peçam(vocês); Imper neg: não peças(tu), não peça(você)* etc.; *Infinitivo impess: pedir; Infinitivo pess: pedir, pedires, pedir* etc.; *Ger: pedindo; Part: pedido*.

pé-di.rei.to *sm Arquit* **1** Altura de um pavimento medida do chão ao teto. **2** Pilar sobre que assenta um arco, uma abóbada ou armação de madeira. *Pl: pés-direitos*.

pe.do.lo.gi.a¹ (*pedo+logo+ia¹*) *sf* Estudo da vida e do desenvolvimento das crianças, incluindo os aspectos biológico, psicológico e social.

pe.do.lo.gi.a² (*pedo+logo+ia¹*) *sf* Ciência que estuda os solos.

pe.dó.lo.go (*pedo+logo*) *sm* Especialista em pedologia¹.

pe.dra (*gr pétra*) *sf* **1** Mineral da natureza das rochas, duro e sólido. **2** Rocha, rochedo. **3** Qualquer fragmento de rocha. **4** *Med* Concreção que se forma nos rins, na bexiga, vesícula etc.; cálculo. **5** Pedaço de qualquer substância sólida e dura: *Pedra de gelo*. **6** Peça de alguns jogos de tabuleiro: *As pedras do xadrez*. **7** Pedaço de qualquer material mineral, precioso ou não, usado para fins ornamentais: *Anel com pedra vermelha*. *Não deixar pedra sobre pedra*: destruir, arrasar completamente. *Pôr uma pedra em cima*: abafar, encobrir. *Ser de pedra*: ser insensível. *Ser uma pedra no sapato*: ser um incômodo permanente, um empecilho.

pe.dra.da (*pedra+ada¹*) *sf* **1** Arremesso de pedra. **2** Ferimento com pedra arremessada. **3** *fig* Insulto, ofensa.

pe.dra-po.mes *sf Petr* Pedra leve e porosa que serve para polir objetos ou limpar a pele. *Pl: pedras-pomes*.

pe.dra.ri.a (*pedra+aria*) *sf* Porção de pedras, especialmente as preciosas.

pe.dra-sa.bão *sf Petr* Pedra, em geral de cor verde pardacenta ou parda, usada na confecção de esculturas, objetos de decoração etc. *Pl: pedras--sabões* e *pedras-sabão*.

pe.dre.go.so (*ô*) (*pedra+g+oso*) *adj* Cheio de pedras; em que há muitas pedras. *Pl: pedregosos (ó)*.

pe.dre.gu.lho (de *pedra*) *sm* **1** Grande pedra; penedo. **2** *bras* Grande quantidade de pedras miúdas.

pe.drei.ra (*pedra+eira*) *sf* Lugar ou rocha de onde se extraem pedras.

pe.drei.ro (*pedra+eiro*) *sm* Aquele que executa trabalhos em alvenaria (tijolo e pedra) e materiais de revestimento (ladrilhos, mosaicos etc.).

pe.drês (*pedra+ês*) *adj m+f* **1** Diz-se do animal salpicado de preto e branco. **2** Feito de pedras brancas e pretas.

pe.dun.cu.lar (*pedúnculo+ar²*) *adj m+f* Relativo ao pedúnculo.

pe.dún.cu.lo (lat *pedunculu*) *sm Bot* Haste de sustentação da flor ou fruto; suporte de qualquer órgão vegetal.

pê-e.fe (iniciais de *prato feito*) *sm* Prato feito, já pronto, normalmente mais barato; almoço comercial. *Pl: pê-efes*.

pê-e.me (da sigla de *Polícia Militar*) *sf* A polícia militar. *sm* Soldado da polícia militar. *Pl: pê-emes*.
pé-frio *sm* Pessoa infeliz no jogo, nos negócios ou em qualquer coisa; pessoa azarada. *Pl: pés-frios*.
pe.ga[1] (de *pegar*) *sf* Ação de pegar. *sm fig* **1** Discussão acalorada. **2** Conflito, desordem. **3** Luta, briga. • *interj* Grito de perseguição a ladrão ou outro tipo de malfeitor: *Pega ladrão!*
pe.ga[2] (*ê*) (*lat pica*) *sf Ornit* Ave europeia, da família dos corvídeos, de coloração preta, com dorso geralmente verde, abdome e baixo dorso brancos, e asas azuis.
pe.ga.da (*pegar+ada*[1]) *sf* **1** Marca que o pé deixa no solo. **2** *fig* Sinal, vestígio.
pe.ga.do (*part* de *pegar*) *adj* **1** Unido, colado. **2** Junto, próximo, vizinho.
pe.ga.dor (*pegar+dor*) *adj + sm* Que, ou o que pega. • *sm* **1** Esconde-esconde. **2** Pique[1] (acepção 3).
pe.ga-ge.lo *sm* Pinça própria para pegar e servir gelo. *Pl: pega-gelos*.
pe.ga.jo.so (*ô*) (de *pegar*) *adj* **1** Viscoso. **2** *fig* Diz-se do indivíduo importuno, maçante, chato. *Pl: pegajosos (ó)*.
pe.ga-la.drão *sm* Dispositivo elétrico ou mecânico que serve para dar alarme contra roubo. *Pl: pega-ladrões*.
pe.ga-pa.ne.las *sm sing* e *pl* Utensílio usado para proteger as mãos quando se pegam panelas.
pe.ga-pe.ga *sm* **1** *pop* Conflito, desordem, briga. **2** *pop* Correria nas ruas com intervenção policial. **3** Pique[1] (acepção 3). *Pl: pegas-pegas* e *pega-pegas*.
pe.gar (*lat picare*) *vtd* **1** Colar, grudar, unir. *vtd* e *vint* **2** Agarrar, prender, segurar, tomar com a mão. *vti, vint* e *vpr* **3** Agarrar-se, fixar-se; colar-se, ficar aderente. *vti* e *vint* **4** Criar raízes: *A semente não pegou*. *vtd* **5** Apanhar, contrair: *Pegou uma gripe muito forte*. *vint* **6** Difundir-se (moda, costume): *Se esta moda pega... vint* **7** Acender. *vint* **8** Dar bom resultado; surtir efeito. *Conjug – Pres indic: pego, pegas* etc.; *Pres subj: pegue, pegues* etc.; *Part: pegado* e *pego*. *Pega pra capar, pop:* briga, confusão, tumulto.
Esse verbo tem duplo particípio, podendo-se empregá-lo tanto na forma irregular **pego** (*ê*) como na regular **pegado** (esta forma deve ser usada com os auxiliares *ter* e *haver*):
Tenho pegado muita gripe este ano.
Fui pego de surpresa.
pe.ga-ra.paz *sm* Cacho de cabelo pendente sobre a testa, nos penteados femininos. *Pl: pega-rapazes*.
pe.ga-va.re.tas *sm sing* e *pl* Jogo com palitos coloridos e de valores diversos, em que o participante deve tirar cada palito sem tocar no demais.
pe.go (*lat pelagu*) *sm* A parte mais funda de um rio, lago etc.; poço; pélago (acepção 2).
pe.gu.rei.ro (*lat pecorariu*) *sm* **1** Guardador de gado; pastor. **2** *bras* Cão de caça; cão de gado.
pei.a (*lat pedica*) *sf* **1** Corda usada para amarrar os pés dos animais, impedindo-os de andar. **2** *fig* Embaraço, estorvo, impedimento, obstáculo. **3** Chicote, correia. **4** Surra, sova.
pei.dar (*peido+ar*[1]) *vint vulg* Emitir peidos.
pei.do (*lat peditu*) *sm vulg* Ventosidade emitida pelo ânus; pum.
pei.ta (*lat pactu*) *sf* **1** Dádiva ou promessa, com o fim de subornar. **2** Suborno.

pei.ta.da (*peito+ada*[1]) *sf* **1** Empurrão ou pancada com o peito. **2** Pancada no peito.
pei.tar[1] (*peita+ar*[1]) *vtd* Subornar com peitas; corromper com promessas: *Peitar um político; peitar um juiz*.
pei.tar[2] (*peito+ar*[1]) *vtd* Oferecer o peito, enfrentar corajosamente: "Fiz finca-pé e peitei a desgraça" (José Lins do Rego).
pei.ta.ri.a (*peito+aria*) *sf pop* **1** Seios grandes. **2** Tórax muito desenvolvido.
pei.ti.lho (de *peito*) *sm* **1** Aquilo que reveste o peito. **2** Peça de vestuário que se coloca sobre o peito.
pei.to (*lat pectu*) *sm* **1** *Anat* Parte do tronco, do pescoço ao abdome, que contém os pulmões e o coração; tórax. **2** Porção anterior e externa dessa parte do corpo. **3** Seio, mama. **4** Ânimo, coragem, valor. *Do peito:* íntimo, muito querido. *Peito aberto:* coração franco e sincero. *Peito do pé:* parte superior do pé; dorso do pé.
pei.to.ral (*lat pectorale*) *adj m+f* **1** Pertencente ou relativo ao peito. **2** Que faz bem ao peito; fortificante. • *sm* **1** Medicamento contra doenças do peito. **2** *Anat* Nome de dois músculos do tórax.
pei.to.ril (*lat vulg *pectorile*) *sm* Parapeito.
pei.tu.do (*peito+udo*[1]) *adj* **1** Que tem peito forte ou grande. **2** *fig* Atrevido, insolente. • *sm fig* Homem de muita coragem.
pei.xa.da (*peixe+ada*[1]) *sf* **1** Fritada de peixe. **2** Grande porção de peixe cozido.
pei.xão (*peixe+ão*[2]) *sm* **1** Grande peixe. **2** *pop* Mulher corpulenta e bonita.
pei.xa.ri.a (*peixe+aria*) *sf* Estabelecimento onde se vende peixe.
pei.xe (*lat pisce*) *sm Ictiol* Animal vertebrado, aquático, com os membros transformados em barbatanas e com respiração branquial. *Filho de peixe, peixinho é:* os filhos herdam as qualidades paternas. *Não ter nada com o peixe:* não ter nenhuma relação com a discussão ou o assunto de que se trata. *Vender o seu peixe:* a) expor a sua opinião, manifestar-se; b) tratar habilmente dos seus interesses.
pei.xei.ra (*peixe+eira*) *sf* **1** Mulher que vende peixe. **2** Faca curta e muito cortante. **3** Travessa em que se serve o peixe.
pei.xei.ro (*peixe+eiro*) *sm* Aquele que vende peixe.
Pei.xes (*lat pisces*) *sm pl* **1** *Astr* Constelação do zodíaco. **2** *Astrol* Signo do zodíaco, relativo aos nascidos entre 20 de fevereiro e 20 de março.
pei.xi.nho (*dim* de *peixe*) *sm bras pop* Pessoa que se sente protegida por outra, influente, por isso, goza de certos privilégios.
pe.jar *vtd* **1** Encher; ocupar o espaço; sobrecarregar. *vtd* e *vpr* **2** Embaraçar(-se); estorvar(-se). *vint* **3** Conceber, tornar-se grávida. *vpr* **4** Envergonhar-se.
pe.jo (*ê*) (de *pejar*) *sm* **1** Pudor, acanhamento, vergonha. **2** Estorvo, impedimento.
pe.jo.ra.ti.vo (*pejorar+ivo*) *adj* Diz-se da palavra empregada num sentido obsceno ou simplesmente desagradável.
pe.la (*é*) (*lat pila*) *sf* **1** Bola de borracha usada para jogar ou brincar. **2** Bola de borracha defumada (extraída dos seringais). **3** Ato de pelar.
pe.la.da (*pelar+ada*[1]) *sf pop Fut* Partida de fute-

bol, sem importância, entre garotos ou amadores realizada em campo improvisado.

pe.la.do (*part* de *pelar²*) *adj* **1** A que se tirou a pele, a casca ou o pelo. **2** *pop* Nu, despido. **3** *fig* Pobre, sem dinheiro.

pe.la.gem (*pelo*+*agem*) *sf* O pelo dos animais; pelame.

pe.lá.gi.co (*pélago*+*ico²*) *adj* Que se refere a pélago.

pé.la.go (*gr pélagos*) *sm* **1** Mar alto; oceano. **2** Mar profundo; abismo; pego.

pe.la.me (*pelo*+*ame*) *sm* Pelagem.

pe.lan.ca (de *pele*) *sf* **1** Pele caída e mole. **2** Carne magra e enrugada. **3** Parte ruim que se retira da carne bovina ao limpá-la; muxiba.

pe.lan.cu.do (*pelanca*+*udo²*) *adj* + *sm* Que, ou aquele que é cheio de pelanca.

pe.lar¹ (*pele*+*ar¹*) *vtd* **1** Tirar a pele ou a casca de; descascar: *Pelar batatas*. *vpr* **2** Ficar sem pele. *vtd* **3** Tirar os pertences de, deixando sem nada: *Os ladrões pelaram o viajante*. *vint* **4** Estar muito quente, fervendo: *Nossa! Este sol está pelando!*

pe.lar² (*pelo*+*ar¹*) *vtd* Tirar o pelo a: *Pelar a ovelha*.

pe.la.ri.a (*pele*+*aria*) *sf* **1** Indústria do preparo de peles. **2** Peleteria.

pe.le (*lat pelle*) *sf* **1** *Anat* Membrana que reveste exteriormente o corpo do homem e o de muitos animais. **2** *pop* Epiderme. **3** Cútis: *Você tem uma pele linda*. **4** Couro separado do corpo dos animais. **5** Invólucro de certos frutos e legumes; casca. *Arriscar a pele:* expor-se a um perigo. *Mudar a pele:* rejuvenescer, regenerar-se. *Salvar a pele:* evitar o perigo. *Ser pele e ossos:* estar muito magro. *Tirar a pele:* explorar.

pe.le.ar (*cast pelear*) *vint Reg* (RS) **1** Brigar; combater, disputar, pelejar. **2** Teimar. Conjuga-se como *frear*.

pe.le.go (*ê*) (de *pele*) *sm* **1** Pele de carneiro com a lã, usada sobre a montaria, para amaciar o assento. **2** *deprec* Indivíduo que disfarçadamente trabalha contra os interesses dos sindicatos. **3** *fig* Homem servil; capacho.

pe.le.guis.mo (*pelego*+*ismo*) *sm* Procedimento ou atitude de pelego (acepção 2).

pe.le.ja (*ê*) (de *pelejar*) *sf* **1** Briga, contenda. **2** *pop* Desafio entre cantadores sertanejos. **3** Luta pela vida ou por algo; esforço.

pe.le.jar (*cast pelear*) *vti* e *vint* **1** Batalhar, combater, lutar: *Pelejar contra o inimigo. Pelejar pela paz*. *vtd* **2** Travar (combate, luta etc.): *Pelejou batalhas inesquecíveis*. *vti* e *vint* **3** Defender, sustentar (doutrinas, ideias); debater. *vint* **4** Insistir, teimar: *Pelejaram para que eu viajasse com eles*.

pe.le.ri.ne *sf* Pequeno manto feminino que só cobre parte das costas e do peito.

pe.le.te.ri.a (*fr pelleterie*) *sf* Estabelecimento onde se fabricam artigos de pele ou se vendem peles e peliças; pelaria.

pe.le-ver.me.lha *adj* e *s m*+*f* Diz-se de, ou indígena dos peles-vermelhas, denominação genérica dada às tribos aborígines da América do Norte. *Pl: peles-vermelhas*.

pe.li.ca (*cast pellica*) *sf* Pele fina de animal, curtida e preparada para calçados, luvas etc.

pe.li.ça (*lat pellicea*) *sf* Cobertura ou vestimenta feita de peles finas e macias.

pe.li.ca.no (*lat pelecanu*) *sm Ornit* Grande ave aquática que tem bico muito grande e uma bolsa membranosa por baixo da mandíbula inferior, onde guarda os peixes de que se alimenta.

pe.li.co (*pele*+*ico*) *sm* **1** Vestuário de pastor, feito de peles de carneiro. **2** Invólucro do feto no ventre materno.

pe.lí.cu.la (*lat pellicula*) *sf* **1** Pele ou membrana muito fina. **2** Filme cinematográfico.

pe.lin.tra *adj* e *s m*+*f* **1** Diz-se de, ou pessoa pobre ou malvestida, mas pretensiosa; esfarrapado, maltrapilho. **2** Que, ou o que é reles, ordinário. **3** Que, ou aquele que é mesquinho, sovina. **4** Diz-se de, ou pessoa afetada nos modos.

pe.lo¹ *prep* Combinação da preposição *por* com o artigo definido *o: Pelo mundo, pela porta, pelos cantos, pelas ruas*.

pe.lo² (*ê*) (*lat pilu*) *sm* **1** Produção semelhante a um fio na superfície da pele dos animais e em algumas partes do corpo humano. **2** *Zool* O conjunto dos pelos de um animal. **3** Penugem dos frutos e das plantas. *Catar pelo em ovo:* buscar uma coisa onde ela não existe.

pe.lo.ta (*provençal pelota*) *sf* **1** Bola pequena. **2** Bola de ferro ou de metal. **3** A bola de futebol. (*Não*) *dar pelota, gír:* (não) dar importância a; (não) dar atenção a. *Dim irreg:* pelotilha.

pe.lo.tão *sm* **1** Cada uma das três partes em que se divide uma companhia de soldados. **2** *fig* Multidão.

pe.lou.ri.nho (*fr pilori*) *sm* Coluna ou armação de madeira levantada em lugar público, junto da qual se expunham e castigavam os criminosos.

pe.lou.ro (*baixo-lat piloriu*) *sm* Bola de metal que era utilizada em peças de artilharia.

pe.lú.cia (de *pelo*) *sf* Tecido de lã, seda etc., aveludado e felpudo de um lado.

pe.lu.do (*pelo*+*udo¹*) *adj* **1** Que tem muito pelo. **2** Coberto de pelo.

pel.ve (*lat pelve*) *sf Anat* Cavidade óssea formada pela união dos ossos ilíacos com o sacro e o cóccix; a bacia.

pél.vi.co (*pelve*+*ico²*) *adj* Relativo à pelve.

pél.vis (lat *pelvis*) *sf sing* e *pl* Pelve.

pe.na¹ (*lat penna*) *sf* **1** *Anat Zool* Órgão que cobre o corpo das aves. **2** Tubo de pluma que era usado para escrever. **3** Pequena peça de metal, em forma de bico, adaptada a uma caneta, e que serve para escrever.

pe.na² (*lat poena*) *sf* **1** Castigo, punição. **2** Aflição, cuidado, sofrimento. **3** Contrariedade, desgosto, tristeza. **4** Compaixão, dó, piedade. *Não valer a pena:* diz-se do que não merece ser levado em conta. *Pena capital:* pena de morte. *Valer a pena:* merecer trabalho ou sacrifício.

pe.na.cho (*ital pennacchio*) *sm* **1** Conjunto de penas com que se adornam chapéus, capacetes etc. **2** Tufo de penas que algumas aves têm na cabeça.

pe.nal (*lat poenale*) *adj* **1** Que diz respeito a penas judiciais. **2** Que se refere ao código ou às leis que tratam dos delitos e crimes. **3** Que impõe penas.

pe.na.li.da.de (*penal*+*i*+*dade*) *sf* **1** Conjunto de penas que a lei impõe. **2** Pena, castigo, punição. *Penalidade máxima, Fut:* pênalti.

pe.na.li.zar (*pena²*+*izar*) *vtd* **1** Causar pena ou

dó a. *vpr* **2** Sentir grande pena; compadecer-se: *Penalizava-se profundamente com a situação financeira do irmão*. *vtd* **3** Castigar, punir: *Penalizar os infratores*.

pê.nal.ti (do *ingl*) *sm Esp* Em futebol, infração praticada por um jogador dentro da grande área de seu próprio time, punida com chute direto ao gol.

pe.nar (*pena²+ar¹*) *vint* **1** Sofrer pena, dor, aflição, pesar, tormento. *vtd* **2** Causar pena ou dor a. *vtd* **3** Padecer, sofrer. *vpr* **4** Afligir-se: *Penava-se com a ingratidão dos alunos*.

pen.ca *sf* **1** Grupo de frutos ou flores. **2** *fig* Grande quantidade: *Ele tem uma penca de primos*.

pen.ce (*fr pince*) *sf* Pequena prega feita no avesso do tecido, para ajustar a roupa ao corpo.

pen.dão (*cast pendón*) *sm* **1** Bandeira, estandarte. **2** *Bot* Inflorescência masculina do milho.

pen.dên.cia (*pender+ência*) *sf* **1** Qualidade daquilo que está pendente. **2** Briga, conflito, contenda, desavença.

pen.den.te (*lat pendente*) *adj m+f* **1** Que pende; pendurado, suspenso. **2** Inclinado. **3** Que ainda não está resolvido. **4** Que está para acontecer; iminente.

pen.der (*lat pendere*) *vint* **1** Estar pendurado ou suspenso: *Os frutos pendem dos galhos*. *vtd* **2** Dependurar, pendurar, suspender. *vti* e *vint* **3** Estar ou ficar em posição inclinada: *A cabeça pendeu e ele suspirou aliviado*. *vti* **4** *fig* Ter predileção: *Seu filho pende para as letras*.

pen.dor (de *pender*) *sm* **1** Declive, inclinação. **2** Propensão, tendência.

pen.du.lar (*pêndulo+ar¹*) *adj m+f* **1** Pertencente ou relativo a pêndulo. **2** Oscilante. • *vtd* **1** Mover como pêndulo: *Pendulara a cabeça, negativamente*. *vint* **2** Oscilar, mover-se como pêndulo: *Na forca, o corpo pendulava*.

pên.du.lo (*lat pendulu*) *sm* **1** Corpo pesado, suspenso de um ponto fixo que oscila livremente. **2** Coisa que ocorre com intervalos regulares.

pen.du.ra (de *pendurar*) *sf* **1** Ato de pendurar. **2** Coisa pendurada. **3** *pop* Fiado. *Estar na pendura:* estar sem dinheiro.

pen.du.rar (*lat pendulare*) *vtd* **1** Suspender e fixar a certa altura do chão. *vpr* **2** Estar suspenso, dependurado ou pendente. *vpr* **3** Estar colocado a grande altura: *Favelas penduram-se no alto dos morros cariocas*. *vtd* **4** *pop* Empenhar, pôr no prego: *Tentei pendurar meu relógio*.

pen.du.ri.ca.lho (de *pendura*) *sm* Coisa pendurada, para adorno; pingente. *Var: pendurucalho*.

pe.ne.di.a (*penedo+ia¹*) *sf* Reunião de penedos; rochedo.

pe.ne.do (*ê*) (de *pena*, do *lat pinna*) *sm* Grande rocha.

pe.nei.ra (*lat vulg *panaria*, de *pane*) *sf* Objeto circular com o fundo trançado em arame fino, náilon etc. utilizado para separar grãos da palha ou sujeira, coar areia, substâncias moídas etc. *Passar pela peneira:* examinar com cuidado para pôr de lado o que é mau. *Tapar o sol com a peneira:* negar o óbvio.

pe.nei.ra.ção (*peneirar+ção*) *sf* Ato ou trabalho de peneirar.

pe.nei.ra.da (*peneira+ada¹*) *sf* **1** Peneiração. **2** Aquilo que se peneira de cada vez.

pe.nei.rar (*peneira+ar¹*) *vtd* **1** Fazer passar pela peneira (os grãos, a massa, a areia etc.): *Peneirar o café*. *vtd* **2** Classificar, selecionar (segundo função, qualidade ou serviço): *Peneirar os candidatos*. *vint* **3** Chuviscar. *Conjug – Pres indic: peneiro, peneiras, peneira* etc.; *Pres subj: peneire, peneires* etc.

pe.ne.tra (de *penetrar*) *adj* e *s m+f gír* Diz-se de, ou pessoa que entra onde não é chamada, que vai a diversões sem pagar, como festas, bailes etc.

pe.ne.tra.ção (*lat penetratione*) *sf* **1** Ato ou efeito de penetrar. **2** Facilidade de compreensão, agudeza de espírito, perspicácia, sagacidade.

pe.ne.tran.te (*lat penetrante*) *adj m+f* **1** Que penetra; que entra profundamente. **2** Pungente. **3** Profundo, intenso. **4** Fino, inteligente, sagaz.

pe.ne.trar (*lat penetrare*) *vtd* e *vti* **1** Passar para dentro de; transpor, invadir. *vti* e *vint* **2** Entrar, introduzir-se. *vtd* **3** Chegar ao íntimo de. *vtd* **4** Passar através de. *vti* **5** Entender, perceber, tomar conhecimento.

pên.fi.go (*gr pémphix, igos*) *sm Med* Doença da pele em que aparecem bolhas de volume variável; fogo-selvagem.

pe.nha (de *pennia*, do *célt penn*) *sf* Pedra grande; rocha.

pe.nhas.co (de *penha*) *sm* Rochedo grande e elevado.

pe.nho.ar (*fr peignoir*) *sm* Peça do vestuário feminino que se usa sobre a roupa de dormir ou para ficar à vontade; robe.

pe.nhor (*lat pignore*) *sm* **1** Objeto entregue a um credor como garantia do pagamento de uma dívida. **2** Objeto móvel ou imóvel que assegura o pagamento de uma dívida. **3** Garantia, prova, segurança.

pe.nho.ra (de *penhorar*) *sf* **1** Ato de penhorar. **2** Apreensão dos bens de um devedor.

pe.nho.ra.do (*part* de *penhorar*) *adj* **1** Que se penhorou; tomado em penhor. **2** *fig* Muito agradecido, muito grato.

pe.nho.rar (*penhor+ar¹*) *vtd* **1** Efetuar a penhora de. *vtd* **2** Assegurar, garantir: *Penhorar sua presença*. *vtd* **3** Exigir por obrigação; impor. *vtd* e *vtdi* **4** *fig* Dar motivo de gratidão a; tornar agradecido: *Penhoro-lhe toda minha gratidão em momento tão difícil*. *vpr* **5** Mostrar-se grato, agradecido.

pe.ni.a.no (*pênis+ano*) *adj Anat* Relativo ao pênis.

pe.ni.ci.li.na (*lat penicillium+ina*) *sf Med* Substância obtida de certos fungos (ou sinteticamente) e utilizada como antibiótico.

pe.ni.co *sm pop* Vaso no qual se urina ou defeca; urinol. *Pedir penico, bras gír:* acovardar-se; mostrar-se fraco, vencido.

pe.nín.su.la (*lat paeninsula*) *sf Geogr* Porção de terra cercada de água que se liga ao continente por um dos seus lados.

pe.nin.su.lar (*península+ar¹*) *adj m+f* Relativo a uma península ou aos seus habitantes. • *s m+f* Pessoa que habitana numa península ou dela é natural.

pê.nis (*lat penis*) *sm sing* e *pl Anat* Órgão genital masculino; falo.

pe.ni.tên.cia (*lat poenitentia*) *sf* **1** Arrependimento de haver ofendido a Deus. **2** *Catól* Pena imposta pelo confessor. **3** *Catól* Um dos sete sacramentos da Igreja Católica; confissão. **4** Sacrifício. **5** Incômodo, tormento.

pe.ni.ten.ci.ar (*penitência+ar*[1]) *vtd* **1** Impor penitência a. *vpr* **2** Arrepender-se; castigar-se por falta cometida: *Não foi à festa com a intenção de penitenciar-se*. Conjug – Pres indic: *penitencio, penitencias, penitencia (cí). Cf penitência.*

pe.ni.ten.ci.á.ria (de *penitência*) *sf* Presídio onde se recolhem os condenados para cumprirem suas penas; prisão.

pe.ni.ten.ci.á.rio (*penitência+ário*) *adj* Relativo ao sistema de penitenciária. • *sm* Indivíduo que cumpre pena em uma penitenciária.

pe.ni.ten.te (*lat poenitente*) *adj* e *s m+f* **1** Que, ou quem se arrepende. **2** Que, ou quem faz confissão de seus pecados.

pe.no.sa (ó) (de *pena*[1]+*oso*) *sf gír* Galinha.

pe.no.so (ô)(*pena*[2]+*oso*) *adj* **1** Doloroso, incômodo. **2** Difícil, fatigante. *Pl: penosos (ó).*

pen.sa.dor (*pensar+dor*) *adj* + *sm* Que, ou o que pensa. • *sm* **1** Aquele que estuda e faz observações profundas. **2** Filósofo.

pen.sa.men.to (*pensar+mento*) *sm* **1** Ato ou faculdade de pensar. **2** Ato do espírito ou operação da inteligência. **3** Fantasia, imaginação. **4** Ideia. **5** Recordação, lembrança. **6** Modo de pensar; opinião. **7** Frase que encerra um conceito moral.

pen.san.te (*lat pensante*) *adj m+f* Que pensa; que faz uso da razão.

pen.são (*lat pensione*) *sf* **1** Renda anual ou mensal. **2** Pequeno hotel, geralmente familiar. **3** *pop* Fornecimento regular de comida em domicílio. **4** *fig* Encargo, obrigação, ônus.

pen.sar (*lat pensare, freq de pendere*) *vint* **1** Combinar ideias; raciocinar; refletir: *Pense antes, fale depois*. *vti* **2** Meditar, refletir em. *vtd* **3** Julgar, supor: *Quem você pensa que é? vti* **4** Estar preocupado: *Pense no futuro e faça o Vestibular. vti* **5** Cogitar. • *sm* **1** Pensamento, opinião. **2** Prudência, tino. *Pensar na morte da bezerra:* estar alheado, distraído, pensativo; meditar tristemente.

pen.sa.ti.vo (*pensar+ivo*) *adj* **1** Absorto em algum pensamento. **2** Preocupado.

pên.sil (*lat pensile*) *adj m+f* **1** Suspenso. **2** Construído sobre abóbadas ou colunas.

pen.si.o.nar (*lat pensione+ar*[1]) *vtd* Dar ou pagar pensão a.

pen.si.o.na.to (lat *pensione+ato*) *sm* **1** Internato. **2** Casa que recebe hóspedes (geralmente estudantes que vêm de outros municípios) e fornece refeição.

pen.si.o.nis.ta (*lat pensione+ista*) *adj* e *s m+f* **1** Que, ou quem recebe pensão. **2** Que, ou quem mora em pensão. **3** Que, ou quem paga pensão.

pen.so (*lat pensu*) *sm* **1** Curativo. **2** Medicamentos e objetos acessórios aplicados sobre uma ferida. • *adj* Pendido, inclinado ou de mau jeito.

pen.ta.cam.pe.ão (*penta+campeão*) *sm* Indivíduo, equipe ou agremiação que se sagrou cinco vezes campeão.

pen.ta.dá.ti.lo (*penta+dátilo*) *adj* **1** Que tem cinco dedos. **2** Diz-se da folha que tem cinco divisões. *Var: pentadáctilo.*

pen.ta.e.dro (*penta+edro*) *adj* + *sm Geom* (Poliedro) de cinco faces.

pen.ta.go.nal (*pentágono+al*[1]) *adj m+f* **1** Relativo a pentágono. **2** Que tem cinco lados.

pen.tá.go.no (*penta+gono*) *sm* **1** *Geom* Polígono de cinco lados e cinco ângulos. **2** Sede do Estado-Maior das Forças Armadas dos Estados Unidos.

pen.ta.gra.ma (*penta+grama*) *sm* **1** *Mús* Conjunto de cinco linhas paralelas, sobre as quais se escrevem as notas musicais; pauta. **2** Figura simbólica ou mágica de cinco letras ou sinais.

Pen.ta.teu.co (*gr pentateûkhos*) *sm Bíblia* Nome coletivo dos cinco primeiros livros da Bíblia (Gênesis, Êxodo, Levítico, Números e Deuteronômio).

pen.ta.tle.ta (*gr pentathletés*) *sm* Atleta que toma parte em um pentatlo.

pen.ta.tlo (*gr péntathlon*) *sm* **1** *Antig* Entre os gregos, o conjunto de cinco exercícios atléticos: corrida, arremesso do disco, salto, lançamento do dardo e luta. **2** *Esp* Competição atlética em que cada concorrente participa de cinco modalidades desportivas.

pen.te (*lat pectine*) *sm* **1** Instrumento dentado com que se alisam ou seguram os cabelos. **2** Peça onde se encaixam as balas das armas automáticas.

pen.te.a.dei.ra (*pentear+deira*) *sf* Mesinha com grande espelho onde as mulheres se penteiam e se maquiam.

pen.te.a.do (*part* de *pentear*) *adj* Que se penteou. • *sm* Arranjo dos cabelos.

pen.te.ar (*pente+e+ar*[1]) *vtd* **1** Alisar, compor, desembaraçar ou limpar (os cabelos). *vpr* **2** Alisar, compor, desembaraçar ou limpar os próprios cabelos: *Penteou-se calmamente e depois saiu*. Conjuga-se como *frear*.

Pen.te.cos.tes (*gr pentekostés*) *sm pl Rel* Festa dos cristãos, em memória da descida do Espírito Santo sobre os apóstolos (celebrada 50 dias após a Páscoa).

pen.te.fi.no *sm* **1** Pente pequeno, de dentes cerrados e finos. **2** *fig* Indivíduo que procura os mínimos defeitos em tudo o que examina. *Pl: pentes-finos. Passar o pente-fino:* submeter alguma coisa a exame rigoroso.

pen.te.lha.ção (*pentelhar+ção*) *sf vulg* Ato ou efeito de pentelhar; chateação; caceteação.

pen.te.lhar (*pentelho+ar*[1]) *vtd vulg* Aborrecer, chatear, maçar: *Ele vive pentelhando os amigos.*

pen.te.lho (ê) *sm vulg* **1** Pelo da região pubiana. **2** Indivíduo chato, maçante.

pe.nu.do (*pena*[1]+*udo*[1]) *adj* Que tem penas. *Sin: penífero.*

pe.nu.gem (de *pena*[1]) *sf* **1** Penas muito finas e macias que revestem o corpo das aves, junto à pele. **2** As penas, pelos ou cabelos que nascem primeiro. **3** Pelo macio e curto. **4** *V buço.* **5** Pelo que reveste alguns frutos.

pe.núl.ti.mo (*lat penultimu*) *adj* Que precede imediatamente o último.

pe.num.bra (lat *paene+umbra*) *sf* **1** Sombra incompleta; ponto de transição da luz para a sombra. **2** Meia-luz. **3** *fig* Isolamento, retraimento.

pe.nú.ria (*lat penuria*) *sf* **1** Privação do necessário. **2** Miséria extrema; pobreza. *Antôn: opulência.*

pe.pi.nei.ro (*pepino+eiro*) *sm Bot* Planta trepadeira que dá o pepino.

pe.pi.no (*cast pepino*) *sm* **1** Fruto comestível que pode ser usado em salada ou conserva. **2** *pop* Coisa difícil de resolver.

pe.pi.ta (*cast pepita*) *sf* Grão ou palheta de metal nativo, especialmente de ouro.

pep.si.a (*gr pépsis+ia¹*) *sf* Conjunto dos fenômenos da digestão gástrica.

pep.si.na (*gr pépsis+ina*) *sf* Fisiol Enzima do suco gástrico.

pép.ti.co (*gr peptikós*) *adj* **1** Que provoca ou auxilia a digestão dos alimentos. **2** Que se refere ao estômago: *Úlcera péptica*.

pe.que.na (*fem de pequeno*) *sf pop* Menina; namorada.

pe.que.nez (*pequeno+ez*) *sf* **1** Qualidade de pequeno. **2** Tamanho diminuto. **3** *fig* Baixeza, mesquinhez: *Peneuqez de espírito*. *Var: pequeneza*.

pe.que.ni.no (*pequeno+inho*) *adj* **1** Muito pequeno. **2** Muito criança. • *sm* Menininho, criancinha.

pe.que.no *adj* **1** De extensão reduzida. **2** De pouco volume. **3** De baixa estatura. **4** Muito novo; criança. **5** De pouca importância, de pouco valor: *Pequeno capital, pequenos negócios*. **6** Mesquinho, miserável. Comparativo de inferioridade: *menor*. Sup abs sint: *pequeníssimo* e *mínimo*. • *sm* Menino, criança. *sm pl* Os humildes; os pobres.

pé-quen.te *sm* Indivíduo que tem sorte no jogo, no amor, na vida de modo geral; sortudo. *Pl: pés-quentes*.

pe.quer.ru.cho (*de pequeno*) *adj* Muito pequeno. • *sm* Menino, criança.

pe.qui.nês (*Pequim, top+ês*) *adj* **1** Pertencente ou relativo a Pequim (China). **2** Diz-se de uma raça de cãezinhos felpudos. • *sm* Habitante ou natural de Pequim.

per (*lat per*) *prep ant* Por. *De per si:* por si só; isoladamente.

pe.ra (*ê*) (*lat pira, pl de piru*) *sf* Fruto da pereira.

pe.ral.ta *adj* e *s m+f* **1** Diz-se de, ou criança travessa, traquinas. **2** Diz-se da, ou pessoa afetada nos modos e no vestir.

pe.ral.ti.ce (*peralta+ice*) *sf* Ação ou qualidade de peralta.

pe.ram.bei.ra *V pirambeira*.

pe.ram.bu.la.ção (*perambular+ção*) *sf* Ação de perambular.

pe.ram.bu.lar (*lat perambulare*) *vti* e *vint* **1** Passear a pé. **2** Andar sem destino; vagar.

pe.ran.te (*per+ante*) *prep* Ante; diante de; na presença de.

pé-ra.pa.do *sm* Pessoa de baixa condição financeira; pobretão. *Pl: pés-rapados*.

per.ca *sf Ictiol* Peixe de água doce, pequeno, de carne saborosa.

per.cal (*persa pärgal*) *sm* Pano de algodão, fino e liso.

per.cal.ço (*per+calço*) *sm* **1** Ganho, lucro. **2** Vantagem eventual. **3** *pop* Contrariedade, ossos do ofício, transtorno: *Percalços da profissão*.

per.ca.li.na (*fr percaline*) *sf* Tecido de algodão, forte e lustroso, usado principalmente pelos encadernadores para cobrir capas.

percaline (*fr*) *V percalina*.

per capita (*per cápita*) (*lat*) *loc adv* Por cabeça; para cada um.

per.ce.ber (*lat percipere*) *vtd* **1** Adquirir conhecimento por meio dos sentidos: *Nada percebi, por enquanto*. *vtd* e *vint* **2** Abranger com a inteligência; compreender, entender: *Perceber a mensagem de um texto*. *vtd* **3** Enxergar, divisar. *vtd* **4** Ouvir, escutar: *Não perceber os sons*. *vtd* **5** Receber honorários, rendimentos etc.: *Percebe R$ 800,00 por mês*.

per.ce.bi.men.to (*perceber+mento*) *sm* Ato de perceber; percepção.

per.cen.ta.gem (*per+cento+agem*) *sf* **1** Valor proporcional calculado sobre uma quantidade de 100 unidades. **2** Taxa de juros, comissão etc., sobre um capital de 100 unidades. *Var: porcentagem*.

per.cen.tu.al (*per+cento+al¹*) *adj m+f* Relativo a percentagem. • *sm* Percentagem.

per.cep.ção (*lat perceptione*) *sf* **1** Ato, efeito ou faculdade de perceber. **2** Compreensão; entendimento; conhecimento. **3** Recebimento (de ordenado ou vencimentos).

per.cep.tí.vel (*lat vulg perceptibile*) *adj m+f* Que pode ser percebido; compreensível, inteligível. *Sin p us: percebível*.

per.cep.ti.vo (*lat perceptu+ivo*) *adj* **1** Que tem a faculdade de perceber. **2** Relativo à percepção.

per.ce.ve.jo (*vê*) *sm* **1** *Entom* Inseto sugador de sangue que infesta normalmente habitações humanas onde falta higiene. **2** Pequena tacha de cabeça em forma de disco que serve para fixar papéis.

per.ci.pi.en.te (*lat percipiente*) *adj m+f* Que é capaz de receber uma sensação. • *s m+f* Pessoa posta nessa função em pesquisa psíquica ou parapsíquica.

per.cor.rer (*lat pecurrere*) *vtd* **1** Correr ou visitar em toda a extensão ou em todos os sentidos: *Nas próximas férias, pretendo percorrer o Nordeste brasileiro*. **2** Passar ao longo ou através de: *Os sambistas percorriam a avenida cantando o samba-enredo da escola*. **3** Passar ligeiramente a vista sobre alguma coisa; relancear: *Percorrer um livro, antes de comprá-lo*.

per.cu.ci.en.te (*lat percutiente*) *adj m+f* **1** Que percute ou fere. **2** Agudo, penetrante, profundo: *Análise percuciente*.

per.cur.so (*lat percursu*) *sm* **1** Ação ou efeito de percorrer. **2** Espaço percorrido. **3** Caminho, trajeto em geral.

per.cur.sor (*lat percursore*) *adj + sm* Que, ou o que percorre. *Cf precursor*.

per.cus.são (*lat percussione*) *sf* **1** Choque, embate entre dois corpos; pancada. **2** *Med* Prática médica que consiste em dar pequenas pancadas com os dedos sobre as paredes de uma cavidade do corpo, para reconhecer, pelo som produzido, possíveis lesões contidas no interior dessa cavidade. *Instrumento de percussão:* instrumento musical percutido com as mãos, com baquetas etc. (*p ex:* bateria, pandeiro, tambor). *Pl: percussões*.

per.cus.si.o.nis.ta (*lat percussione+ista*) *s m+f* Pessoa que toca instrumento de percussão.

per.cus.sor (*lat percussore*) *adj + sm* Que, ou o que percute.

per.cu.tir (*lat percutere*) *vtd* **1** Bater, ferir, tocar. *vti* **2** Repercutir.

per.da (*ê*) (*lat perdita*) *sf* **1** Privação de uma coisa que se possuía. **2** Desaparecimento, extravio. **3** Dano, prejuízo. **4** Mau emprego: *Perda de tempo*. **5** Diminuição da capacidade ou da qualidade de algo (energia, tensão, velocidade etc.). **6** *por ext* Morte, falecimento.

per.dão (de *perdoar*) *sm* **1** Remissão de uma culpa, dívida ou pena. **2** Desculpa. • *interj* Voz com que se pede desculpa: *Perdão! Eu não queria ofendê-lo*. *Pl*: *perdões*.

per.de.dor (*perder+dor*) *adj + sm* Que, ou aquele que perde.

per.der (*lat perdere*) *vtd* **1** Ficar sem a posse, sem a propriedade, sem o domínio de. *vtd* e *vint* **2** Sofrer dano, perda ou prejuízo. *vpr* **3** Desorientar-se, errar o caminho. *vpr* **4** Não vingar: *Perderam-se os frutos antes de amadurecer*. *vtd* e *vint* **5** Ficar vencido em; pagar ao concorrente ou parceiro que ganhou: *Perder uma aposta*. *vtd* **6** Não chegar a tempo para: *Perder o avião*. *vpr* **7** Ficar absorvido ou preocupado: *Perdia-se nas suas meditações*. *vtd* **8** Deixar fugir, não aproveitar: *Ele perdeu uma grande oportunidade*. *vtd* e *vpr* **9** Desviar(-se) da prática do bem; corromper (-se). *Perder o fio da meada:* esquecer-se no meio de uma conversa da parte que está por dizer. *Perder os sentidos:* desmaiar. *Perder tempo:* trabalhar inutilmente; pretender um resultado impossível. *Perder terreno:* recuar, ser superado pelo concorrente. *Conjug:* verbo irregular; o *d* do radical muda-se em *c* na 1ª pessoa do singular do presente do indicativo e nas formas dela derivadas. *Pres indic: perco, perdes, perde* etc.; *Pret imp indic: perdia, perdias, perdia* etc.; *Pret perf: perdi, perdeste, perdeu* etc.; *Pret mais-que-perf: perdera, perderas* etc.; *Fut pres: perderei, perderás, perderá* etc.; *Fut pret: perderia, perderias, perderia* etc.; *Pres subj: perca, percas, perca* etc.; *Pret imp subj: perdesse, perdesses* etc.; *Fut subj: perder, perderes, perder, perdermos, perderdes, perderem*; *Imper afirm: perde(tu), perca(você), percamos (nós), perdei(vós), percam(vocês)*; *Imper neg: não percas(tu), não perca(você)* etc.; *Infinitivo impess: perder*; *Infinitivo pess: perder, perderes* etc.; *Ger: perdendo*; *Part: perdido*.

per.di.ção (*lat perditione*) *sf* **1** Desgraça, ruína. **2** Desonra, imoralidade.

per.di.do (*part* de *perder*) *adj* **1** Que se perdeu; desaparecido, disperso, sumido. **2** Diz-se do estado que é irremediável. **3** Extraviado. **4** Louco de amor. **5** Devasso, imoral. • *sm* O que se perdeu ou está sumido.

per.di.gão (*cast perdigón*) *sm* O macho da perdiz.

per.di.go.to (*lat vulg *perdicottu, dim* de *perdice*) *sm* **1** *Ornit* Perdiz nova ou filhote de perdiz. **2** *pop* Salpico de saliva expelido quando alguém fala.

per.di.guei.ro (*lat vulg *perdicariu*, de *perdice*) *adj* Diz-se do cão usado na caça de perdizes. • *sm* Esse cão.

per.diz (*lat perdice*) *sf Ornit* Ave que vive nos cerrados e caatingas, muito procurada como caça.

per.do.ar (*lat perdonare*) *vtd, vti* e *vint* **1** Conceder perdão a: *Deus lhe perdoe*. *vtd* e *vti* **2** Absolver; desculpar: *Perdoo-lhe a ofensa. Perdoar ofensas*.

per.du.lá.rio (de *perder*) *adj + sm* Que, ou aquele que gasta em excesso; dissipador, gastador.

per.du.rar (*lat perdurare*) *vti* e *vint* **1** Durar muito. *vint* **2** Permanecer; continuar a ser ou existir: *Suas boas ações perduram*.

per.du.rá.vel (*perdurar+vel*) *adj m+f* Capaz de durar muito; duradouro. *Antôn: efêmero, passageiro*.

pe.re.ba (*tupi peréua*) *sf* **1** Pequena ferida. **2** Erupção cutânea. **3** Ferida de mau aspecto, de crosta dura e espessa.

pe.re.ce.dou.ro (*perecer+douro*) *adj* Que não dura para sempre. *Var: perecedoiro*.

pe.re.cer (*lat vulg *perescere, inc* de *perire*) *vint* **1** Deixar de ser ou de existir; ter fim. **2** Morrer, findar.

pe.re.cí.vel (*perecer+vel*) *adj m+f* **1** Sujeito a perecer. **2** Que se pode estragar facilmente: *Alimentos perecíveis*.

pe.re.gri.na.ção (*lat peregrinatione*) *sf* **1** Viagem por terras distantes. **2** Romaria a lugares santos.

pe.re.gri.nar (*lat peregrinare*) *vtd* **1** Andar em peregrinação ou romaria. *vti* e *vint* **2** Ir em romaria. *vti* e *vint* **3** Andar por terras distantes; viajar.

pe.re.gri.no (*lat peregrinu*) *adj + sm* **1** Que, ou quem sai ou anda em peregrinação; romeiro. **2** Estrangeiro, estranho. • *adj* Excelente, excepcional, extraordinário, raro.

pe.rei.ra (*pera+eira*) *sf Bot* Denominação comum a várias árvores frutíferas, especialmente a que produz peras.

pe.remp.tó.rio (*lat peremptoriu*) *adj* Decisivo, categórico, terminante.

pe.re.ne (*lat perene*) *adj m+f* **1** Que dura muitos anos. **2** Que não tem fim; eterno, perpétuo. **3** Incessante, ininterrupto, contínuo.

pe.re.ni.zar (*perene+izar*) *vtd* e *vpr* Tornar(-se) perene; eternizar(-se).

pe.re.que.té *adj m+f bras pop* Elegante; emperiquitado. *Var: prequeté*.

pe.re.re.ca (*tupi pereréka*) *sf Zool* Nome popular de pequenos anfíbios anuros semelhantes às rãs, porém menores. • *adj* e *s m+f* Diz-se de, ou pessoa ou animal de pequena estatura e muito buliçoso, inquieto. **2** *pop* Vulva.

pe.re.re.car (*perereca+ar*[1]) *vint* **1** Andar de um lado para outro. **2** Ficar desnorteado.

pe.re.re.co (de *perereca*) *sm gír* Briga, conflito, rolo.

per.fa.zer (*per+fazer*) *vtd* **1** Concluir, terminar. **2** Completar o número de. Conjuga-se como *fazer*.

per.fec.ci.o.nis.mo (*lat perfectione+ismo*) *sm* Tendência exagerada para atingir a perfeição em alguma coisa.

per.fec.ci.o.nis.ta (*lat perfectione+ista*) *adj m+f* Relativo ao, ou que tem perfeccionismo. • *s m+f* Pessoa que tem perfeccionismo.

per.fei.ção (*lat perfectione*) *sf* **1** Acabamento perfeito; execução completa. **2** Bondade ou excelência, no mais alto grau. **3** Primor, apuro, requinte.

per.fei.to (*lat perfectu*) *adj* **1** Em que não há defeito; que tem todas as qualidades boas. **2** Completo, total. **3** Excelente, notável. • *adj + sm Gram* Diz-se do tempo verbal que se refere a uma ação ou estado já acabados no passado.

per.fi.dia (*lat perfidia*) *sf* Deslealdade, falsidade, traição.

pér.fi.do (*lat perfidu*) *adj* **1** Desleal, infiel, traidor.

2 Que revela perfídia ou traição; falso. *Antôn: fiel, leal, sincero.*

per.fil (*provençal perfil*) *sm* **1** Contorno ou delineamento do rosto de uma pessoa, visto de lado. **2** Delineamento de um objeto visto de um dos seus lados. **3** Relato que destaca os traços característicos de uma pessoa. **4** *Geol* Corte que deixa ver a disposição e a natureza das camadas dos terrenos.

per.fi.lar (*perfil+ar¹*) *vtd* **1** Traçar o perfil de: *Perfilou o corpo escultural da jovem.* **2** Apresentar de perfil. **3** *Mil* Pôr em linha (soldados).

per.fi.lha.ção (*perfilhar+ção*) *sf* **1** Ato ou efeito de perfilhar; adoção. **2** *Dir* Reconhecimento legal, do filho ilegítimo, pelo pai, pela mãe ou por ambos.

per.fi.lhar (*per+filho+ar¹*) *vtd* **1** *Dir* Reconhecer legalmente como filho. **2** Adotar, defender (teoria, princípio).

performance (*perfórmanci*) (*ingl*) *sf* **1** Realização, feito, façanha. **2** Atuação, desempenho.

per.fu.mar (*ital ant perfumare*) *vtd* **1** Espalhar perfume em ou sobre; aromatizar: *Perfumar um lenço. vpr* **2** Pôr perfume em si mesmo: *Vestiu-se e perfumou-se.*

per.fu.ma.ri.a (*perfume+aria*) *sf* **1** Fábrica de perfumes. **2** Loja onde se vendem perfumes. **3** Conjunto de perfumes.

per.fu.me (de *perfumar*) *sm* **1** Cheiro agradável que exalam certos corpos, especialmente as flores; aroma. **2** Líquido preparado com essências aromáticas. **3** *fig* Deleite, doçura, suavidade.

per.fu.mis.ta (*perfume+ista*) *s m+f* Pessoa que fabrica ou vende perfumes.

per.func.tó.rio (*lat perfunctoriu*) *adj* **1** Que é feito como simples rotina, sem um fim útil. **2** Superficial. *Var: perfuntório.*

per.fu.ra.ção (*perfurar+ção*) *sf* Ato ou efeito de perfurar.

per.fu.ra.do.ra (*perfurar+dor,* no *fem*) *sf* **1** Máquina que serve para perfurar papéis, cartões etc. **2** Perfuratriz.

per.fu.rar (*per+furo+ar¹*) *vtd* Fazer furo ou furos em.

per.fu.ra.triz (*perfurar+triz*) *sf Mec* Máquina com broca para perfurar rochas, solo, abrir galerias, túneis etc.; perfuradora.

per.ga.mi.nho (*gr pergamenós*) *sm* **1** Pele de carneiro, ovelha ou cordeiro na qual, depois de preparada, se pode escrever coisas que se quer conservar por muito tempo. **2** *bras* Diploma de curso superior.

pér.go.la (*ital pergola*) *sf* **1** Abrigo ou caramanchão nos jardins, feito de madeira ou alvenaria, que serve de suporte a trepadeiras. **2** Terraço coberto.

per.gun.ta (de *perguntar*) *sf* **1** Palavra ou frase com que se interroga; interrogação. **2** Inquirição, quesito.

per.gun.ta.dor (*perguntar+dor¹*) *adj + sm* **1** Que, ou quem pergunta. **2** Curioso; indagador.

per.gun.tar (*lat percontari*) *vtd* e *vtdi* **1** Fazer perguntas a; inquirir, interrogar. *vint* **2** Fazer perguntas: *Quem pergunta quer saber. vtd* e *vtdi* **3** Procurar saber; indagar, investigar: *Ele perguntou se o menino morrera. Perguntou-me se o filme foi bom. vti* e *vtdi* **4** Pedir esclarecimentos a respeito de alguém ou de alguma coisa: *Ele perguntou por mim? Quem lhe perguntou isto? vpr* **5** Indagar a si próprio: *Pergunto-me se serei capaz de mentir.*

pe.ri.a.nal (*peri+anal*) *adj m+f Anat* Que circunda ou envolve o ânus.

pe.ri.an.to (*peri+anto*) *sm Bot* Invólucro exterior da flor.

pe.ri.cár.dio (*gr perikárdion*) *sm Anat* Membrana serosa que envolve o coração.

pe.ri.car.po (*lat pericarpu*) *sm Bot* O fruto em si (com exclusão das sementes); a parede de um fruto.

pe.rí.cia (*lat peritia*) *sf* **1** Destreza, habilidade, competência. **2** *Dir* Exame de caráter técnico, vistoria.

pe.ri.ci.al (*perícia+al¹*) *adj m+f Dir* Relativo a perícia ou a peritos.

pe.ri.cli.tân.cia (*periclitar+ância*) *sf* Estado de periclitante.

pe.ri.cli.tan.te (de *periclitar*) *adj m+f* Que periclita; que corre perigo; pouco seguro.

pe.ri.cli.tar (*lat peticlitari*) *vint* Correr perigo, estar em perigo; ameaçar ruína; perigar.

pe.ri.cu.lo.si.da.de (*lat periculosu+i+dade*) *sf* **1** Qualidade ou estado de ser perigoso. **2** *Dir* Condição daquele ou daquilo que constitui perigo perante a lei.

pe.ri.e.cos (*gr períoikos*) *sm pl Geogr* **1** Dois lugares da Terra que estão no mesmo paralelo, mas em meridianos opostos, diferindo 12 horas entre si. **2** Habitantes de um desses lugares em relação aos do outro.

pe.ri.é.lio (*peri+hélio*) *sm Astr* Ponto da órbita de um planeta em que ele está mais próximo do Sol. *Antôn: afélio.*

pe.ri.fe.ri.a (*gr periphéreia*) *sf* **1** *Geom* Contorno de uma figura curvilínea. **2** Superfície de um sólido. **3** Numa cidade, os bairros mais afastados do centro.

pe.ri.fé.ri.co (*periferia+ico²*) *adj* **1** Relativo à periferia. **2** Situado na periferia. • *sm Inform* Item de *hardware* (como terminais, impressoras, monitores etc.) ligado a um sistema de computador.

pe.rí.fra.se (*gr períphrasis*) *sf* **1** Emprego de muitas palavras para exprimir o que se poderia dizer mais resumidamente; rodeio de palavras: *Você é a luz que ilumina a minha vida* (em vez de *Você é meu amor*). **2** *Gram* Emprego de locuções em vez das formas simples correspondentes.

pe.ri.gar (*perigo+ar¹*) *vint* Correr perigo; estar em perigo; periclitar: *Minha empresa periga. Conjug – Pres subj: perigue, perigues, perigue* etc.; *Pret perf: periguei, perigaste, perigou* etc.

pe.ri.geu (*gr perígeion*) *sm Astr* Ponto da órbita de um planeta, da Lua ou de um satélite artificial em que a distância com a Terra é mínima. *Antôn: apogeu.*

pe.ri.go (*lat periculu*) *sm* **1** Situação que ameaçar a existência ou integridade de uma pessoa ou coisa; risco, inconveniente. **2** *pop* Mulher sedutora, tentadora. **3** *pop* Homem conquistador.

pe.ri.go.so (ó) (*lat periculosu*) *adj* **1** Em que há perigo; arriscado. **2** Que causa ou ameaça perigo. *Pl: perigosos* (ó).

pe.rí.me.tro (*gr perímetron*) *sm* **1** *Geom* Contorno que limita uma figura plana. **2** Soma dos lados de um polígono. **3** Circunferência. **4** Linha que delimita uma área ou região: *Perímetro urbano.*

pe.rí.neo (gr períneos) sm Anat Região situada entre o ânus e os órgãos sexuais externos.
pe.ri.o.di.ci.da.de (periódico+i+dade) sf Qualidade de periódico.
pe.ri.ó.di.co (gr periodikós) adj 1 Pertencente ou relativo a período. 2 Que acontece ou aparece com intervalos regulares. 3 Diz-se da obra ou publicação que sai em época fixa. • sm Jornal que aparece em intervalos iguais.
pe.ri.o.di.zar (período+izar) vtd 1 Dividir em períodos; expor por períodos. 2 Formar período.
pe.rí.o.do (gr períodos) sm 1 Tempo decorrido entre dois acontecimentos ou duas datas. 2 Geol Divisão de cada uma das eras. 3 Qualquer espaço de tempo determinado ou indeterminado. 4 Ciclo. 5 Gram Frase composta de uma ou mais orações cuja reunião forma um sentido completo.
pe.ri.ós.teo (gr periósteon) sm Anat Membrana fibrosa e vascular que envolve os ossos.
pe.ri.pé.cia (gr peripéteia) sf 1 Acontecimento que muda a face das coisas. 2 pop Caso estranho e imprevisto. 3 Incidente, aventura.
pé.ri.plo (gr períploos) sm 1 Navegação em volta de um mar ou pela costa de um país. 2 Descrição de uma viagem desse gênero.
pe.ri.qui.ta (fem de periquito) sf pop Vulva.
pe.ri.qui.to (cast periquito, dim de perico) sm Ornit Nome comum a diversas aves da família dos psitacídeos e que são menores que os papagaios.
pe.ris.có.pio (peri+scopo+io^2) sm Instrumento óptico, usado principalmente nos submarinos, que permite observar em todas as direções por cima de obstáculos.
pe.ris.so.dá.ti.los (gr períssos+dátilo) sm pl Zool Ordem de mamíferos que abrange os ungulados, geralmente de grande tamanho, cujas patas apresentam número ímpar de dedos, como os cavalos, as zebras, os rinocerontes e as antas.
pe.ris.tal.se (peri+gr stálsis) V peristaltismo.
pe.ris.tal.tis.mo (peristált(ico)+ismo) sm Fisiol Contração das fibras do esôfago, do estômago e do intestino, realizada de cima para baixo, para fazer passar o bolo alimentar.
pe.ri.ta.gem (perito+agem) sf Exame ou vistoria feita por peritos.
pe.ri.to (lat peritu) adj 1 Que tem perícia. 2 Experiente, hábil, prático, versado. • sm 1 Que é especialista em determinados assuntos. 2 Aquele que é judicialmente nomeado para uma avaliação, exame ou vistoria.
pe.ri.tô.nio (gr peritónaion) sm Anat Membrana serosa que reveste interiormente as paredes do abdome.
pe.ri.to.ni.te (peritônio+ite^1) sf Med Inflamação do peritônio.
per.ju.rar (lat perjurare) vtd 1 Abjurar: Perjurou a religião de seus antepassados. vti e vint 2 Jurar falso: Perjurar aos santos. Menino, não perjure! vint 3 Quebrar o juramento, faltar à promessa; atraiçoar: Político mercenário facilmente perjura.
per.jú.rio (lat perjuriu) sm 1 Juramento falso. 2 Quebra de juramento.
per.ju.ro (lat perjuru) adj + sm Que, ou aquele que perjura.
per.lon.gar (per+longo+ar^2) vtd Ir ou estar ao longo de; costear.

per.lus.trar (lat perlustrare) vtd 1 Percorrer com os olhos, examinando, observando cuidadosamente. 2 Girar, percorrer: Satélites artificiais perlustram a Terra.
per.ma.ne.cer (lat vulg *permanescere, inc de permanere) vlig 1 Continuar sendo; conservar-se; viver: Permaneço fiel a você. vti e vint 2 Ficar demoradamente; conservar-se, durar, existir: Permaneci três semanas na fazenda. vint e vti 3 Persistir; perdurar: Permaneço nisso até você me escutar.
per.ma.nên.cia (permanente+ia^2) sf 1 Ato de permanecer. 2 Estado ou qualidade de permanente. 3 Constância, perseverança.
per.ma.nen.te (lat permanente) adj m+f 1 Constante, duradouro. 2 Definitivo, efetivo. 3 Diz-se dos dentes da segunda dentição. Antôn (acepções 1 e 2): provisório. • sf Ondulação artificial duradoura do cabelo.
per.me.a.bi.li.da.de (lat permeabile+i+dade) sf Qualidade de permeável.
per.me.a.bi.li.za.ção (permeabilizar+ção) sf Ato ou efeito de permeabilizar.
per.me.a.bi.li.zar (permeável+izar) vtd e vpr Tornar(-se) permeável.
per.me.ar (lat permeare) vtd 1 Fazer passar pelo meio. vti 2 Entremear. vtd 3 Atravessar, furar, penetrar: Pregos compridos permeavam a madeira. vpr 4 Alternar-se, intercalar-se, interpor-se: A alegria permeia-se com a tristeza. Conjuga-se como frear.
per.me.á.vel (permear+vel) adj m+f Que se pode permear, transpassar.
per.mei.o (per+meio) adv No meio. De permeio: no meio de, entre.
per.mi.a.no (Perm, np+i+ano) adj + sm Geol 1 Diz-se do, ou o último período da Era Paleozoica. 2 Diz-se de, ou terreno pertencente a esse período.
per.mis.são (lat permissione) sf 1 Consentimento, autorização. 2 Inform Autorização concedida a um usuário para acessar um certo recurso ou área de disco. Permissão de acesso, Inform: descrição de todos os direitos de acesso para determinado usuário. Antôn (acepção 1): proibição.
per.mis.si.vi.da.de (permissível+i+dade) sf Qualidade de permissivo.
per.mis.si.vo (lat permissu+ivo) adj 1 Que se pode permissão. 2 Indulgente, tolerante.
per.mi.tir (lat permittere) vtd e vtdi 1 Dar permissão ou licença para; consentir: Não permitiu a publicação do livro. Permito-lhe a saída depois do almoço. vtd e vtdi 2 Autorizar a fazer uso de. vtd 3 Admitir, tolerar. vtd 4 Tornar possível. vpr 5 Tomar a liberdade de: Permitiu-se contar tudo ao irmão.
per.mu.ta (de permutar) sf Troca de uma coisa por outra; substituição; câmbio.
per.mu.tar (lat permutare) vtd 1 Trocar em transação comercial: Permutar mercadorias. vtd e vti 2 Dar mutuamente; mudar; trocar. vtd 3 Comunicar, partilhar: Permutou olhares e sorrisos com a noiva.
per.mu.tá.vel (lat permutabile) adj Que se pode trocar; que pode ser objeto de permuta.
per.na (lat perna) sf 1 Anat Cada um dos membros

locomotores do homem e dos animais. **2** Parte dos membros inferiores que vai do joelho ao pé. **3** Qualquer haste ou prolongamento de coisa que se bifurca (*p ex*, compasso). **4** Haste das letras maiúsculas. **5** Cada uma das peças que servem de apoio aos móveis: *Perna da cadeira. Passar a perna:* levar vantagem; ludibriar. *Perna de pau, pop:* jogador de futebol pouco habilidoso, sem muitos recursos técnicos; perneta.

per.na.da (*perna+ada*[1]) *sf* **1** Passada larga. **2** Caminhada longa, fatigante ou inútil. **3** *pop* Pancada com a perna.

per.nal.tas (*perna+alta*) *sm pl* Ornit Aves que possuem pernas longas e sem penugem na parte inferior.

per.nal.to (*perna+alto*) *adj* Que tem pernas longas.

per.nam.bu.ca.no (*top Pernambuco+ano*) *adj* Pertencente ou relativo ao Estado de Pernambuco. • *sm* O natural desse Estado.

per.nei.ras (*perna+eira*) *sf pl* Peças de couro destinadas a proteger as pernas entre o joelho e o pé.

per.ne.ta (*ê*) (*perna+eta*) *s m+f* Pessoa a quem falta uma perna, ou que tem uma delas defeituosa. *sm pop* No futebol, jogador ruim; perna de pau.

per.ní.cie (*lat pernicie*) *sf* **1** Destruição, estrago. **2** Prejuízo.

per.ni.ci.o.so (*ô*) (*lat perniciosu*) *adj* Nocivo, perigoso, prejudicial. *Antôn: salutar, benéfico.* Pl: *perniciosos* (*ó*).

per.nil (*perna+il*) *sm* Parte da perna traseira do porco e de outros animais.

per.ni.lon.go (*perni+longo*) *sm Entom* Nome comum que se dá aos mosquitos sugadores de sangue e que têm pernas compridas.

per.noi.tar (*lat pernoctare*) *vint* Ficar durante a noite; passar a noite; dormir: *Pernoitar na fazenda.* Var: *pernoutar.*

per.noi.te (de *pernoitar*) *sm* Ato ou efeito de pernoitar. Var: *pernoute.*

per.nós.ti.co (de *pronóstico*) *adj + sm* **1** Que, ou aquele que emprega palavras difíceis, cujo significado desconhece. **2** *pop* Que, ou aquele que é petulante, pretensioso.

pe.ro.ba (*ó*) (*tupi yperóua*) *sf Bot* Nome de várias árvores cuja madeira serve para construção.

pé.ro.la (*lat vulg *pernula*) *sf* **1** Glóbulo duro, branco nacarado, brilhante, que se forma no interior das conchas de alguns moluscos. **2** *fig* Pessoa de excelentes qualidades. **3** *Lit gír* Erro, distração etc., de autores em seus textos.

pe.ro.la.do (*pérola+ado*[1]) *adj* **1** Com aparência de pérola, quer na forma, quer na cor e brilho. **2** Rodeado de pérolas. Var: *perlado.*

pe.ro.lar (*pérola+ar*[1]) *vtd* Ornar de pérolas; tornar como revestido de pérolas; orvalhar. Var: *perlar.* *Conjug – Pres indic: perolo, perolas, perola* (*ró*). *Cf pérola.*

pe.rô.nio (*gr peróne*) *desus Anat V fíbula.* Var: *perôneo, peroneu.*

pe.ro.ra.ção (*lat peroratione*) *sf* **1** Parte final de um discurso. **2** Discurso breve e sentimental.

pe.ro.ra.dor (*perorar+dor*) *adj + sm* Que, ou aquele que perora; orador, pregador.

pe.ro.rar (*lat perorare*) *vint* **1** Concluir um discurso. *vti* e *vint* **2** Discorrer pretensiosamente;

falar com afetação. *vtd* e *vti* **3** Falar a favor de; defender: *Perorar uma causa. Perorar a favor de uma causa.*

pe.ró.xi.do (*cs*) (*per+óxido*) *sm Quím* Designação genérica dos óxidos que encerram mais oxigênio do que o óxido normal.

per.pas.sar (*per+passar*) *vti* **1** Passar junto ou ao longo de. *vint* **2** Mover-se. *vint* **3** Decorrer, passar: *Perpassam velozmente os dias felizes. vti* e *vint* **4** Roçar de leve: *Um sopro frio perpassou-me pelo rosto.*

per.pas.se (de *perpassar*) *sm* Ação ou efeito de perpassar ou de se mover.

per.pen.di.cu.lar (*lat perpendiculare*) *adj m+f Geom* Diz-se da reta que forma ângulos adjacentes iguais com outra ou com as que, pertencendo a um mesmo plano, passam pelo ponto em que ela intercepta esse plano. • *sf* Linha perpendicular.

per.pe.trar (*lat perpetrare*) *vtd* Cometer, praticar (ato condenável, crime, delito): *Perpetrar um atentado.*

per.pé.tua (*fem* de *perpétuo*) *sf Bot* **1** Nome de várias plantas compostas. **2** As flores dessas plantas.

per.pe.tu.a.ção (*perpetuar+ção*) *sf* Ato ou efeito de perpetuar(-se).

per.pe.tu.ar (*lat perpetuare*) *vtd* **1** Propagar, multiplicar: *Perpetuar a espécie. vpr* **2** Eternizar-se: *Esta situação não pode perpetuar-se. vpr* **3** Transmitir-se de geração a geração. *vpr* **4** Suceder-se (uma geração, uma raça). *Conjug – Pres indic: perpetuo, perpetuas, perpetua* (*tú*) etc. *Cf perpétuo.*

per.pe.tui.da.de (*lat perpetuitate*) *sf* **1** Qualidade de perpétuo. **2** Duração perpétua.

per.pé.tuo (*lat perpetuu*) *adj* **1** Que é eterno. **2** Que não cessa nunca; contínuo.

per.ple.xi.da.de (*cs*) (*lat perplexitate*) *sf* **1** Qualidade de perplexo. **2** Hesitação de quem não sabe que partido tomar; indecisão; dúvida.

per.ple.xo (*cs*) (*lat perplexu*) *adj* **1** Desorientado, indeciso, hesitante. **2** Espantado, admirado, atônito.

per.qui.ri.ção (*perquirir+ção*) *sf* Ato de perquirir.

per.qui.ri.dor (*perquirir+dor*) *adj + sm* Que, ou aquele que perquire; pesquisador.

per.qui.rir (*lat perquirere*) *vtd* e *vint* Indagar, inquirir, perscrutar.

per.ro (*ê*) (*cast perro*) *adj* Difícil de abrir e fechar; emperrado.

per.sa (*lat persa*) *adj m+f* Relativo ou pertencente à Pérsia (hoje Irã). • *s m+f* Habitante ou natural da Pérsia. *sm* A língua dos persas.

pers.cru.ta.ção (*lat perscrutatione*) *sf* Ato ou efeito de perscrutar.

pers.cru.tar (*lat perscrutare*) *vtd* Averiguar minuciosamente; sondar; estudar: *O detetive perscrutou a vida do criminoso.*

per.se.cu.ção (*lat persecutione*) *sf* Perseguição.

per.se.cu.tó.rio (*lat persecutu+ório*) *adj* Em que há, ou envolve perseguição.

per.se.gui.ção (*perseguir+ção*) *sf* Ato ou efeito de perseguir. **2** Intolerância, tratamento injusto contra alguma pessoa ou grupo social. Pl: *perseguições.*

per.se.gui.da (*fem* do *part* de *perseguir*) *sf pop* Vulva.

per.se.guir (*lat persequi*) *vtd* **1** Seguir de perto,

perseverança

correr no encalço de: *Perseguir a caça, o inimigo.* **2** Aborrecer, incomodar, importunar: *Ela o perseguia insistentemente.* **3** Vexar com insistência; atormentar: *A professora perseguia o menino.* **4** Castigar, condenar, punir: *Perseguir os malfeitores.* Conjuga-se como *seguir.*
per.se.ve.ran.ça (*lat perseverantia*) *sf* Constância, firmeza, persistência.
per.se.ve.ran.te (*lat perseverante*) *adj m+f* Que persevera; constante, firme, persistente.
per.se.ve.rar (*lat perseverare*) *vti* **1** Conservar-se firme, constante. *vint* **2** Ter perseverança; não mudar de intenção ou orientação; persistir. *vlig* **3** Permanecer, conservar-se: *O auditório perseverou atento. vint* **4** Continuar, durar: *Ela pediu perdão, mas a raiva dele perseverou.*
per.si.a.na (*fr persienne*) *sf* Espécie de cortina de lâminas móveis com que se cobrem as janelas ou sacadas.
pér.si.co (*lat persicu*) *adj* Persa.
per.sig.nar (*lat persignare*) *vpr Rel* Benzer-se fazendo o sinal da cruz na testa, outro na boca e outro no peito (com o polegar da mão direita).
per.sis.tên.cia (*persistente+ia²*) *sf* **1** Constância, firmeza, perseverança. **2** Qualidade de persistente.
per.sis.ten.te (*lat persistente*) *adj m+f* **1** Que persiste. **2** Dotado de persistência; perseverante. **3** Obstinado, teimoso.
per.sis.tir (*lat persistere*) *vti* e *vint* **1** Insistir, perseverar: *Você persiste em continuar no erro. vint* **2** Continuar, conservar-se: *Se as dores persistirem, procure-me. vint* **3** Durar, perdurar, existir. *vlig* **4** Permanecer, continuar.
per.so.na.gem (*fr personnage*) *s m+f* **1** Pessoa ilustre, importante, notável. **2** Cada um dos figurantes de uma peça teatral, filme ou novela. **3** *por ext* Pessoa que figura em narração literária, poema ou acontecimento.
per.so.na.li.da.de (*baixo-lat personalitate*) *sf* **1** Caráter essencial e exclusivo de uma pessoa. **2** Pessoa ilustre, importante, muito conhecida. **3** *Psicol* Organização integrada e dinâmica dos atributos físicos, mentais e morais do indivíduo.
per.so.na.li.za.ção (*personalizar+ção*) *sf* Ato ou efeito de personalizar; personificação.
per.so.na.li.za.do (*part* de *personalizar*) *adj* **1** Que se personalizou. **2** Diz-se de documento que traz impresso o nome do usuário.
per.so.na.li.zar (*lat personale+izar*) *vtd* **1** Personificar. **2** Tornar pessoal; dar caráter pessoal a. **3** *Inform* Modificar o padrão de um programa ou de um equipamento para atender às exigências do usuário (*p ex,* no programa Windows abrir o arquivo em *Configurar página* e personalizar as medidas do tamanho do papel).
per.so.ni.fi.ca.ção (*personificar+ção*) *sf* **1** Ato ou efeito de personificar. **2** Pessoa que representa uma ideia. **3** Tipo perfeito.
per.so.ni.fi.car (*lat persona+ficar*) *vtd* **1** Atribuir dotes e qualidades pessoais a (deuses, animais, objetos); personalizar: *A fábula personifica os animais.* **2** Realizar ou representar, simbolicamente, na figura de uma pessoa. **3** Ser a personificação, o modelo, o tipo de: *Ele personifica o demônio.*
pers.pec.ti.va (*lat perspectiva*) *sf* **1** Arte de figurar,

perturbador

no desenho ou pintura, as diversas distâncias e proporções que têm entre si os objetos vistos a distância. **2** Pintura que representa jardins ou edificações a distância. **3** *fig* Panorama; vista. **4** Probabilidade, expectativa. *Var: perspetiva.*
pers.pi.cá.cia (*lat perspicacia*) *sf* Agudeza de espírito, sagacidade; argúcia.
pers.pi.caz (*lat perspicace*) *adj m+f* **1** Que tem agudeza e penetração de vista. **2** *fig* Que tem agudeza de espírito; sagaz, talentoso. *Sup abs sint: perspicacíssimo.*
pers.pí.cuo (*lat perspicuu*) *adj* Que se pode ver ou perceber nitidamente; claro, evidente, manifesto.
per.su.a.dir (*lat persuadere*) *vint* **1** Levar à convicção; convencer: *Ele persuade bem, quando quer. vtd* e *vtdi* **2** Levar ou induzir a fazer, a aceitar ou a crer: *Os últimos acontecimentos persuadiram-no de que aquela era a melhor solução. Ninguém conseguiu persuadi-lo. vpr* **3** Acreditar, convencer-se: *Quem vai me persuadir? Antôn: dissuadir.*
per.su.a.são (*lat persuasione*) *sf* **1** Ato ou efeito de persuadir. **2** Convicção, crença.
per.su.a.si.vo (*lat persuasu*) *adj* Que persuade; que tem força ou habilidade para persuadir.
per.ten.cen.te (de *pertencer*) *adj m+f* **1** Que pertence a alguém ou a alguma coisa; que faz parte de. **2** Que diz respeito a alguma coisa; concernente, relativo.
per.ten.cer (*lat hispânico *pertinescere, inc* de *pertinere*) *vti* **1** Ser propriedade de: *Isto pertence a mim.* **2** Fazer parte de: *Esta expressão pertence à linguagem popular.* **3** Dizer respeito. **4** Ser da competência ou obrigação de: *A educação fundamental pertence ao Estado.* **5** Ser devido ou merecido; caber. *Conjug – Pres indic:* pertenço, pertences, pertence etc.; *Pres subj:* pertença, pertenças etc.; *Imper afirm:* pertence(tu), pertença(você), pertençamos(nós), pertence(vós), pertençam (vocês); *Imper neg:* não pertenças(tu), não pertença(você) etc.
per.ten.ces (de *pertencer*) *sm pl* **1** Bens de alguém. **2** Objetos de uso pessoal: *Pegue seus pertences e vá embora.* **3** Aquilo que faz parte de alguma coisa.
per.ti.ná.cia (*lat pertinacia*) *sf* Obstinação, teimosia, tenacidade, persistência.
per.ti.naz (*lat pertinace*) *adj m+f* **1** Muito tenaz. **2** Obstinado, teimoso. **3** Persistente, perseverante. *Sup abs sint: pertinacíssimo.*
per.ti.nên.cia (*lat pertinentia*) *sf* Condição ou qualidade de pertinente.
per.ti.nen.te (*lat pertinente*) *adj m+f* **1** Pertencente, concernente. **2** Próprio, oportuno.
per.to (*lat hispânico *prettu,* por *pressu*) *adv* **1** A pequena distância; junto, próximo. **2** Num futuro próximo; em breve. • *adj m+f* Que está a pequena distância; próximo, vizinho.
per.tur.ba.ção (*lat perturbatione*) *sf* **1** Confusão, desordem. **2** Desarranjo, irregularidade. **3** Perplexidade, hesitação.
per.tur.ba.do (*part* de *perturbar*) *adj* **1** Que se perturbou. **2** Alucinado, transtornado. **3** *fig* Que sofre de psicose.
per.tur.ba.dor (*perturbar+dor*) *adj + sm* Que, ou aquele que perturba.

per.tur.bar (*lat perturbare*) *vtd* **1** Aborrecer, importunar. *vtd* **2** Causar abalo no espírito; desassossegar: *A lembrança da tragédia perturbava a garota*. *vpr* **3** Perder a serenidade de espírito: *Perturbou-se com a doença do filho*. *vpr* **4** Atarantar-se, atrapalhar-se. *vtd* **5** Criar desordem em; atrapalhar, confundir, embaraçar, interromper: *Perturbou o andamento normal dos trabalhos*. *vtd* e *vpr* **6** Confundir(-se), envergonhar(-se): *A advertência perturbou-o. Perturbou-se ao receber os elogios*.

pe.ru (*top Peru*) *sm* **1** *Ornit* Grande ave galinácea, doméstica, cuja carne é muito apreciada. **2** *vulg* O pênis.

pe.ru.a (de *peru*) *sf* **1** Fêmea do peru. **2** *pop* Certo tipo de veículo. **3** *gír* Mulher que se veste e se maquia de maneira exagerada, usando muitas joias e penteados extravagantes.

pe.ru.a.no (*top Peru+ano*) *adj* Relativo ou pertencente ao Peru. • *sm* Habitante ou natural do Peru.

pe.ru.ar (*peru+ar¹*) *vtd* e *vint* **1** *bras* Observar, rodear, ver, dando palpite ou bisbilhotando: *Ele ficou peruando, antes de entrar. Não gosto de que peruem meu jogo*. *vint* **2** Cortejar, paquerar.

pe.ru.ca (*fr perruque*) *sf* Cabeleira postiça.

pe.ru.ei.ro (*peru+eiro*) *sm pop* Indivíduo que faz transporte em perua (acepção 2).

per.ver.são (*lat perversione*) *sf* **1** Ato ou efeito de perverter(-se). **2** Corrupção, depravação. **3** *Med* Desvio ou alteração da normalidade de instinto ou julgamento por causa de um distúrbio psíquico.

per.ver.si.da.de (*lat perversitate*) *sf* **1** Índole má ou ferina; malvadeza. **2** Ação perversa. **3** Corrupção, depravação.

per.ver.so (*lat perversu*) *adj* + *sm* Que, ou quem tem má índole; malvado, traiçoeiro.

per.ver.ter (*lat pervertere*) *vtd* e *vpr* **1** Tornar(-se) perverso ou mau; corromper(-se); depravar(-se), desmoralizar(-se): *Perverteram-se os velhos usos*. *vtd* **2** Alterar, desarranjar, transtornar: *Essa atitude perverte o ambiente*.

per.ver.ti.do (*part* de *perverter*) *adj* Corrupto, depravado, desmoralizado. • *sm* Pessoa pervertida, especialmente a que se entrega a atos sexuais inaturais.

pe.sa.da (*fem* de *pesado*) *sf* **1** O que se pesa de uma vez em uma balança. **2** Pesagem.

pe.sa.de.lo (*ê*) (de *pesado*) *sm* **1** Sonho aflitivo com sensação opressiva; sonho mau. **2** *fig* Pessoa, coisa ou pensamento que importuna, molesta, atormenta ou preocupa de maneira desagradável.

pe.sa.do (*part* de *pesar*) *adj* **1** Que tem muito peso. **2** Que não tem vivacidade ou elegância. **3** Lento, vagaroso. **4** Difícil, trabalhoso, árduo. **5** *pop* Difícil de digerir: *Comida pesada*. **6** *pop* Azarado, infeliz, sem sorte. **7** Grosseiro, ofensivo: *Piada pesada*.

pe.sa.gem (*pesar+agem*) *sf* **1** Ação ou efeito de pesar. **2** Lugar onde se pesam os concorrentes, em competições esportivas.

pê.sa.mes (da expressão *pesa-me*) *sm pl* Expressão de pesar pelo falecimento de alguém ou por algum infortúnio; condolências.

pe.sar (*lat pensare*) *vtd* **1** Determinar o peso de; pôr na balança para verificar o peso: *Pesar as mercadorias*. *vint* **2** Ter certo peso: *O algodão pesa pouco*. *vti* e *vint* **3** Exercer pressão, fazer peso. *vpr* **4** Pôr-se na balança, para verificar o próprio peso: *Pesei-me e estou com 58 quilos*. *vti* **5** Fazer carga; recair: *Pesam sobre ele todas as despesas da casa*. *vti* **6** Causar incômodo semelhante ao peso: *A comida pesa-lhe no estômago*. *vint* **7** Causar incômodo: *O silêncio pesava entre os convidados*. *vtd* **8** Examinar atentamente; ponderar: *Pesar os prós e os contras*. • *sm* Desgosto, tristeza.

pe.sa.ro.so (*ô*) (*pesar+oso*) *adj* **1** Que tem pesar. **2** Em que há pesar. **3** Aflito. **4** Arrependido. **5** Sentido, triste. *Pl: pesarosos* (*ó*).

pes.ca (de *pescar*) *sf* **1** Ação ou arte de pescar; pescaria. **2** Aquilo que se pescou. **3** Ação de tirar da água alguma coisa. **4** Arte e indústria de pescadores.

pes.ca.da (*part fem* de *pescar*) *sf Ictiol* Peixe de carne branca, muito saborosa.

pes.ca.do (*part* de *pescar*) *adj* Que se pescou. • *sm* **1** Aquilo que se pesca. **2** Qualquer peixe.

pes.ca.dor (*lat piscatore*) *adj* **1** Que pesca. **2** Relativo à pesca. • *sm* **1** Aquele que pesca. **2** Aquele que vive de pescar.

pes.car (*lat piscari*) *vtd* **1** Apanhar na água (peixe) com anzol etc.: *Pescar dourados*. *vint* **2** Ocupar-se de pesca: *Uns caçavam e outros pescavam*. *vtd* **3** Colher na água, como se apanha o peixe: *Pescar pérolas*. *vtd* **4** *fig pop* Compreender, entender, perceber: *Pesquei o que você quis dizer*. *vint* **5** *pop* Cochilar, sentado, erguendo de vez em quando a cabeça. *vtd* **6** Retirar da água, como que pescando: *Pescar sobreviventes de um naufrágio*. *Conjug – Pres subj: pesque, pesques* etc.; *Pret perf: pesquei, pescaste, pescou* etc.; *Imper afirm: pesca(tu), pesque(você), pesquemos(nós), pescai(vós), pesquem(vocês); Imper neg: não pesques(tu), não pesque(você)* etc.

pes.ca.ri.a (*pescar+ia¹*) *sf* **1** Arte de pescar. **2** Indústria da pesca. **3** Produto da pesca.

pes.co.ção (*pescoço+ão²*) *sm pop* **1** Pancada no pescoço, geralmente dada com a mão aberta. **2** *por ext* Sopapo, tabefe.

pes.co.ço (*ô*) (*lat post cocceu*) *sm Anat* Parte do corpo que une a cabeça ao tronco.

pes.co.çu.do (*pescoço+udo¹*) *adj* Que tem pescoço grosso ou comprido.

pe.se.ta (*ê*) (*cast peseta*) *sf* Antiga unidade monetária da Espanha.

pe.so (*lat pensu*) *sm* **1** *Fís* Resultado da ação da força da gravidade sobre um corpo. **2** Pressão exercida por um corpo sobre o obstáculo que se opõe à sua queda. **3** Pedaço de ferro ou outro metal, empregado como padrão nas balanças. **4** *fig* Carga, incômodo, opressão. **5** Influência, prestígio. **6** Encargo, ônus. **7** Unidade monetária de várias nações hispano-americanas. **8** Categoria de certos esportistas, como lutadores de boxe e halterofilistas. **9** *Esp* Esfera metálica de arremesso.

pes.pe.gar (*pos+pegar*) *vtd* Aplicar, dar com violência: *Pespegou-lhe um tabefe no atrevido*.

pes.pon.tar (*pos+ponto+ar²*) *vtd* Dar desponto em. *Var: pespontear*.

pes.pon.to (de *pespontar*) *sm* Ponto de costura, à mão ou à máquina; ponto-atrás (tipo de bordado).

pes.quei.ro (*pesca+eiro*) *sm* **1** Lugar onde se pesca. 2 Lugar onde os peixes se abrigam, comem ou vivem. • *adj* 1 Próprio para pescar. 2 Que se refere à pesca.

pes.qui.sa (*cast pesquisa*) *sf* Busca, indagação, investigação. *Pesquisa de audiência:* pesquisa entre o público que assiste às transmissões de uma emissora de rádio ou televisão, para saber a frequência com que a emissora ou um programa é ouvido ou visto; enquete (*p ex, Pesquisa do Ibope*).

pes.qui.sar (*pesquisa+ar*[1]) *vtd* 1 Buscar, indagar, investigar: *Pesquisar a origem de uma doença.* *vint* 2 Fazer pesquisas.

pês.se.go (*lat persicu*) *sm* Fruto do pessegueiro.

pes.se.guei.ro (*pêssego+eiro*) *sm Bot* Árvore rosácea cujo fruto é o pêssego.

pes.si.mis.mo (*péssimo+ismo*) *sm* Tendência para ver e julgar as coisas pelo lado mais negativo.

pes.si.mis.ta (*péssimo+ista*) *adj m+f* Que tem pessimismo.

pés.si.mo (*lat pessimu*) *adj* Superlativo absoluto sintético irregular de *mau*.
Péssimo, ótimo etc., por já serem superlativos, não são passíveis de grau.
Fernando é péssimo aluno (e não "muito péssimo aluno").

pes.so.a (*lat persona*) *sf* 1 Criatura humana. 2 Individualidade. 3 *Gram* Cada uma das diversas formas que assume o verbo, na sua conjugação, para indicar as relações daqueles que falam entre si.

pes.so.al (*pessoa+al*[1]) *adj m+f* 1 Que é próprio e particular de cada pessoa; peculiar. 2 Exclusivo de certa pessoa; individual. 3 *Gram* Diz-se dos pronomes que representam as pessoas gramaticais. *Sup abs sint: pessoalíssimo* e *personalíssimo*. • *sm* 1 Conjunto das pessoas que trabalham num serviço ou num estabelecimento. 2 Conjunto de indivíduos reunidos por qualquer motivo.
Os vocábulos **pessoal** e **turma** são coletivos, portanto pedem o verbo no singular.
O pessoal foi embora depois do jantar.
A turma chegou exausta da jornada.

pes.so.a.li.da.de (*pessoal+i+dade*) *sf* Qualidade de pessoal.

pes.so.a.li.zar (*pessoal+izar*) *vtd* e *vpr* Personalizar.

pes.ta.na (*cast pestaña*) *sf* 1 Cílio. 2 *pop* Sono rápido. 3 *Mús* Posição do dedo indicador no instrumento de corda, como o violão, a viola etc., na qual as cordas são presas com esse dedo. *Queimar as pestanas:* estudar muito. *Fazer* ou *tirar uma pestana:* cochilar, tirar uma soneca.

pes.ta.ne.jar (*pespana+e+ar*[1]) *vint* 1 Mover as pestanas; abrir e fechar os olhos. 2 Mover as pálpebras com sono. *Sem pestanejar:* sem fazer o menor movimento; sem a mínima hesitação.

pes.te (*lat peste*) *sf* 1 *Med* Doença contagiosa, muitas vezes mortal; epidemia. 2 *fig* Pessoa má ou rabugenta.

pes.te.ar (*peste+ar*[1]) *vint* Ser atacado de peste (falando de animais). *Conjug:* com raras exceções, conjuga-se apenas nas 3ªˢ pessoas; segue a conjugação de *frear*.

pes.ti.ci.da (*peste+cida*) *adj + sm* Termo impróprio para designar *praguicida*.

pes.ti.lên.cia (*lat pestilentia*) *sf* 1 Peste. 2 Epidemia. 3 Contágio.

pes.ti.len.to (*lat pestilentu*) *adj* 1 Relativo à peste. 2 *fig* Que corrompe ou desmoraliza. *Sin: pestífero*.

pe.ta (*ê*) (*lat vulg *pitta*) *sf* 1 Mentira. 2 *Vet* Mancha no olho do cavalo.

pé.ta.la (*gr pétalon*) *sf Bot* Cada uma das partes distintas da corola.

pe.tar.do (*fr pétard*) *sm* 1 Engenho explosivo, portátil. 2 Pequena peça de artifício que rebenta com estrondo. 3 Bomba. 4 *Esp* No futebol, chute violento.

pe.te.ca (*tupi petéka*) *sf* 1 Brinquedo feito de couro, de palha de milho ou de matéria plástica e penas, que se joga ao ar com a palma das mãos. 2 Pedaço de cortiça, usado para o mesmo fim. 3 *Reg* (Nordeste) Atiradeira, estilingue. *Deixar a peteca cair, bras:* falhar, vacilar.

pe.te.le.co *sm* 1 *pop* Pancada com a ponta dos dedos, dada em geral nas orelhas. 2 Pancada leve.

pe.ti.ção (*lat petitione*) *sf* 1 Ato de pedir. 2 Pedido por escrito; requerimento. 3 Súplica. *Em petição de miséria:* em mísero estado.

pe.tis.car (*petisco+ar*[1]) *vtd* e *vint* 1 Comer um pouco, para provar: *Petiscou um pedacinho de goiabada.* 2 Comer pouco ou aos poucos; beliscar: *Pare de petiscar. Conjug – Pres subj: petisque, petisques, pestique* etc.; *Pret perf: petisquei, petiscaste, petiscou* etc.

pe.tis.co *sm* Comida muito saborosa.

pe.tis.quei.ra (de *petiscar*) *sf pop* Vasilha própria para servir petiscos, salgadinhos.

pe.tiz (*fr petit*) *adj m+f pop* Pequeno. • *sm* Menino, criança pequena; garoto. *Fem: petiza*.

pe.ti.za.da (*petiz+ada*[1]) *sf pop* 1 Reunião de petizes. 2 Os petizes.

pe.tre.char (*petrechos+ar*[1]) *V* apetrechar.

pe.tre.chos (*ê*) (*cast pertrechos*) *sm pl* 1 Instrumentos, munições e utensílios de guerra. 2 Objetos e utensílios necessários para a execução de qualquer coisa: *Petrechos de pesca.* 3 Tralha. *Var: apetrechos*.

pé.treo (*lat petreu*) *adj* 1 De pedra. 2 Que tem a natureza ou a resistência da pedra. 3 Duro, resistente. 4 *fig* Desumano, insensível.

pe.tri.fi.ca.ção (*petrificar+ção*) *sf* 1 Ato ou efeito de petrificar. 2 Mudança ou transformação de uma substância em pedra. 3 Denominação dos fósseis ou corpos transformados em substâncias minerais; fossilização. 4 Incrustação. 5 Imobilidade resultante de susto ou grande surpresa.

pe.tri.fi.car (*petri+ficar*) *vtd* e *vpr* 1 Transformar (-se) em pedra. *vtd* e *vpr* 2 Tornar(-se) imóvel como a pedra, de surpresa, pavor, susto etc. *vtd* 3 *fig* Tornar(-se) insensível: *Muito sofrimento petrifica as pessoas. Conjug – Pres subj: petrifique, petrifiques, petrifique* etc.; *Pret perf: petrifiquei, petrificaste, petrificou* etc.

pe.tro.dó.lar (*petró(leo)+dólar*) *sm* Dólar proveniente da venda de petróleo, sobretudo pelos países árabes.

pe.tro.gra.fi.a (*petro+grafo+ia*[1]) *sf Geol* 1 Estudo das pedras e da crosta da Terra. 2 Estudo microscópico das rochas.

pe.tro.lei.ro (*petróleo+eiro*) *adj* Relativo a petróleo e seus derivados. • *sm* 1 Navio que transporta petróleo. 2 Trabalhador em refinaria de petróleo.

pe.tró.leo (*lat cient petroleu*) *sm* Substância líquida mineral, mistura de hidrocarbonetos, de coloração escura, que se encontra na terra. Seus principais produtos: asfalto, borracha, ceras, explosivos, gases, gasolina, combustíveis, lubrificantes, parafina, querosene, solventes, tintas etc.

pe.tro.lí.fe.ro (*petróleo+fero*[1]) *adj* Que produz petróleo, ou em que há petróleo.

pe.tro.lo.gi.a (*petro+logo+ia*[1]) *sf Geol* Estudo das rochas; petrografia.

pe.tro.quí.mi.ca (*petróleo+química*) *sf* Ciência, técnica ou indústria dos produtos químicos derivados do petróleo.

pe.tu.lân.cia (*lat petulantia*) *sf* Qualidade de petulante; imodéstia, ousadia.

pe.tu.lan.te (*lat petulante*) *adj m+f* **1** Imodesto, ousado. **2** Desavergonhado, insolente. **3** Impetuoso, vivo.

pe.tú.nia *sf Bot* Planta da família das solanáceas, cujas flores são cultivadas como ornamentais.

pe.ú.va (*tupi ypeýua*) *V ipê*.

pe.vi.de (*lat vulg *pipita*) *sf* **1** *Bot* Semente pequena e achatada de diversos frutos carnudos como o melão, a abóbora etc. **2** *Vet* Doença das aves (como a galinha, o papagaio) que consiste na formação de uma camada na língua – o que as impede de beber.

pe.xo.ta.da (*pexote+ada*[1]) *sf* **1** Ação de pexote; erro de pexote. **2** Inabilidade.

pe.xo.te *sm pop* **1** Indivíduo inexperiente, novato. **2** Menino novo, criança. *Var: pixote*.

pez (*ê*) (*lat pice*) *sm* **1** Secreção resinosa do pinheiro e de várias árvores coníferas. **2** Piche.

pe.za.da (*pé+z+ada*[1]) *sf* Pancada forte com o pé.

pH Símbolo que indica alcalinidade ou acidez. Numa escala que vai de 0 a 14, valores acima de 7 indicam alcalinidade crescente; abaixo de 7, acidez crescente.

pi *sm* Décima sexta letra do alfabeto grego, correspondente ao *P* português.

pi.a (*lat pila*) *sf* Bacia de louça, aço inoxidável ou plástico, em geral de forma retangular, fixada junto à parede da cozinha, destinada a lavar pratos, talheres etc., ou em outras dependências, para lavar as mãos e o rosto.

pi.á (do *tupi-guar*) *sm* **1** *Reg* (Sul) Menino. **2** Índio jovem.

pi.a.ba (*tupi piáua*) *sf* **1** *Ictiol* Nome comum a vários peixes caracídeos de água doce. **2** *Reg* (PE) Coisa de pouca importância; pequena quantia (no jogo). **3** *pop* Surra.

pi.a.ça.ba (*tupi pyasáua*) *sf* **1** *Bot* Fibra de duas palmeiras, de que se fazem vassouras, cordas etc. **2** *Bot* Essas palmeiras. **3** Vassoura feita dessa fibra. *Var: piaçava, piaçá*.

pi.a.da (*part fem* de *piar*) *sf pop* Dito engraçado e picante; anedota.

pi.a.dis.ta (*piada+ista*) *adj* e *s m+f pop* Que, ou quem tem o hábito de contar piadas.

pi.a-má.ter (*lat pia+mater*) *sf Anat* A membrana mais interna das três que envolvem o aparelho cerebrospinal. *Pl: pias-máteres*.

pi.a.nis.ta (*piano+ista*) *s m+f* Pessoa que toca piano.

pi.a.no (*ital piano*) *sm Mús* **1** Instrumento composto de uma grande caixa sonora, com um sistema especial de cordas e teclado. **2** Pianista de uma orquestra.

pi.a.no.la (de *piano*) *sf Mús* Piano que se toca mecanicamente por meio de um aparelho pneumático.

pi.ão (*corr* de *peão*) *sm* Brinquedo em forma de pera, com uma ponta geralmente de ferro na parte afilada e que se lança e se faz girar por meio de um cordão enrolado nele. *Cf peão*.

pi.ar (*voc onom*) *vint* **1** Dar pios (ave). **2** *gír* Falar. *Conjug*: na acepção 1 conjuga-se somente nas 3ªˢ pessoas.

pi.au (*tupi piáua*) *sm Ictiol* Nome comum a vários peixes de água doce.

pi.au.i.en.se (*top Piauí+ense*) *adj m+f* Relativo ao Estado do Piauí. • *s m+f* Habitante ou natural desse Estado.

pi.a.va (*tupi piáua*) *V piaba*.

PIB Sigla de *Produto Interno Bruto*.

pi.ca[1] (de *picar*) *sf* **1** Espécie de lança antiga; pique[1] (acepção 1). **2** *vulg* O pênis.

pica[2] (*paica*) (*ingl*) *sf* **1** *Tip* Medida igual a 12 pontos (0,166 polegada). **2** *Inform* Largura dos caracteres numa face de tipos, normalmente 12 caracteres por polegada.

pi.ca.da (*picar+ada*[1]) *sf* **1** Ferida feita com objeto pontiagudo. **2** Mordedura de cobra ou perfuração que certos insetos fazem. **3** *pop* Facada, navalhada. **4** Passagem, estreita ou larga, aberta no mato. **5** Cume do monte; pico.

pi.ca.dei.ro (*picar+deiro*) *sm* **1** Lugar onde se fazem exercícios de equitação e se adestram cavalos. **2** O local, no circo, onde os artistas exibem seus números; arena.

pi.ca.di.nho (*picado+inho*) *sm Cul* Guisado de carne em pedacinhos, ou moída.

pi.ca.du.ra (*picar+dura*) *sf* Picada: *Picadura de cobra*.

pi.ca.nha (*cast ant picaña*) *sf* Carne da parte posterior da anca do boi, muito usada para churrasco.

pi.can.te (de *picar*) *adj m+f* **1** Que pica. **2** Que excita o paladar; que estimula o apetite. **3** Apimentado ou com forte sabor ácido. **4** *pop* Malicioso, mordaz.

pi.ca-pau *sm Ornit* Nome vulgar das aves trepadoras da família dos picídeos. *Pl: pica-paus*.

pi.ca.pe (*ingl pick-up*) *sf Autom* Veículo de carga, leve, semelhante a uma caminhonete, com boleia e carroceria aberta.

pi.car (*lat vulg *piccare*) *vtd* **1** Dar picadas em; furar. *vpr* **2** Ferir-se com objeto pontiagudo: *Picou-se ao lidar com arame farpado*. *vtd* e *vint* **3** Morder (cobra ou inseto): *A vespa picou-o. As abelhas só picam quando molestadas*. *vtd* **4** Cortar em pedacinhos: *Picar carne, picar cebola*. *vtd* **5** Produzir ardor ou coceira em; pinicar. *vpr* **6** *fig* Melindrar-se, sentir-se ofendido: *Picou-se por uma ninharia. Picar a mula*: partir. *Conjug* – *Pres subj*: pique, piques etc.; *Pret perf*: piquei, picaste, picou etc.

pi.car.di.a (*cast picardía*) *sf* **1** Engano, logro, fraude. **2** Desfeita. **3** Pirraça.

pi.ca.res.co (*ê*) (*cast picaresco*) *adj* Cômico, ridículo.

pi.ca.re.ta (*ê*) (de *picar*) *sf* Ferramenta constituída de uma parte de ferro, de duas pontas, e um cabo de madeira, para escavar terra e arrancar pedras.

• *adj* e *s m+f pop* Diz-se de, ou pessoa aproveitadora, sem escrúpulos.

pi.ca.re.ta.gem (*picareta+agem*) *sf pop* Ação de pessoa picareta.

pi.ca.re.tar (*picareta+ar*[1]) *vint* Fazer picaretagem; agir como picareta. *Conjug – Pres indic:* picareto, picaretas, picareta (ê) etc.

pí.ca.ro (*cast pícaro*) *adj* **1** Astuto, patife. **2** Burlesco, ridículo. **3** Esperto.

pi.çar.ra (*cast pizarra*, do *vasconço lapitzarri*) *sf Geol* Rocha sedimentar argilosa estratificada, altamente endurecida; ardósia.

pi.cas (*pl* de *picar*) *pron indef pop* Coisa nenhuma; nada: *Não ganho picas com esse negócio.*

pi.cha.ção (*pichar+ção*) *sf* Ato de pichar.

pi.cha.dor (*pichar+dor*) *sm* Aquele que picha.

pi.char (*piche+ar*[1]) *vtd* **1** Aplicar piche em; pintar com piche. *vint* e *vtd* **2** *gír* Falar mal de alguma coisa ou alguém; criticar, maldizer: *Você só picha meus amigos.* *vtd* **3** *bras* Escrever em muros e paredes.

pi.che (*ingl pitch*) *sm* Massa preta viscosa, produto da destilação de alcatrão, que se usa na construção de estradas e na fabricação de materiais isolantes; pez.

pi.cí.deos (*lat pica+ídeos*) *sm pl Ornit* Família de aves de bico forte, reto, representados no Brasil pelos pica-paus.

pi.cles (*ingl pickles*) *sm pl Cul* Mistura de verduras ou legumes conservados em vinagre.

pi.co (de *picar*) *sm* **1** Cimo agudo de um monte. **2** Ponta aguda; bico. **3** Espinho. **4** Ponto mais alto da incidência, num serviço; pique: *Pico de produção.*

pi.co.lé *sm* Sorvete solidificado na ponta de um pauzinho que lhe serve de cabo.

pi.co.ta.dor (*picotar+dor*) *sm* Instrumento para furar bilhetes de passagem ou de ingresso, inutilizando-os.

pi.co.tar (*picote+ar*[1]) *vtd* **1** Fazer picotes em. **2** Abrir, com uma máquina especial, uma série de furos em cheques, livros de notas etc., para se poder destacar as folhas pela linha desses furos. **3** Inutilizar (bilhetes de passagem ou de ingresso) perfurando-os com o picotador.

pi.co.te (*cast picote*) *sm* **1** Ponto usado em rendas leves e finas. **2** Sequência de furos muito unidos, que, em folhas de papel, facilitam o seu corte manual.

pic.to.gra.fi.a (*picto+grafo+ia*[1]) *sf* Escritura primitiva em que as ideias são expressas por meio de cenas ou objetos desenhados.

pic.tó.ri.co (*lat pictore+ico*[2]) *adj* Relativo à pintura.

pi.cu.á (*tupi pikuá*) *sm* **1** *bras* Cesto, balaio, samburá. **2** Saco de duas bocas. *sm pl bras* Móveis, trastes. *Não me encha o picuá, gír:* não encha o saco; não me aborreça.

pi.cu.i.nha (de *pico*) *sf* **1** Os primeiros pios da ave. **2** Provocação, pirraça.

pi.cu.mã (*tupi apekumã*) *sm* **1** V fuligem. **2** Teias de aranha enegrecidas pela fuligem. *Var: pucumã.*

pi.dão (do *port ant pidir+ão*[2]) *adj* + *sm* Que, ou quem pede muito. *Fem: pidona.*

pi.e.da.de (*lat pietate*) *sf* **1** Amor e respeito às coisas religiosas; devoção. **2** Compaixão pelos sofrimentos alheios; pena, dó.

pi.e.do.so (ô) (*lat pietosu*) *adj* **1** Que revela ou tem piedade. **2** Compadecido. *Pl: piedosos* (ó). *Antôn: despiedoso.*

pi.e.gas *adj* e *s m+f sing* e *pl pop* Que, ou quem é sentimental demais.

pi.e.gui.ce (*piegas+ice*) *sf* Excessiva sentimentalidade.

pi.e.mon.tês (*top Piemonte+ês*) *adj* Do Piemonte (Itália). • *sm* **1** O natural ou habitante dessa região. **2** O dialeto piemontês.

pi.er (*ingl pier*) *sm* Cais, embarcadouro. *Pl: píeres.*

piercing (*pêrsing*) (*ingl*) *sm* **1** Objeto perfurante utilizado para adornar o corpo (seio, nariz, sobrancelha etc.). **2** O ato de colocar esse objeto.

pi.er.rô (*fr pierrot*) *sm* **1** Personagem sentimental da antiga comédia italiana. **2** Indivíduo vestido como essa personagem: *Fantasiar-se de pierrô. Fem: pierrete.*

pi.fa.do (*part* de *pifar*) *adj* **1** Quebrado, avariado. **2** *gír* Cansado, estressado.

pi.fão *sm pop* Bebedeira.

pi.far *vint pop* **1** Não produzir o efeito desejado; falhar: *O projeto pifou.* **2** Deixar de funcionar; quebrar ou sofrer avaria: *O motor pifou. João, o liquidificador pifou outra vez.* **3** Morrer: *Se você pifasse hoje, não sei o que eu faria.*

pi.fa.ro (*médio alto-al pifer*) *sm* Instrumento semelhante a uma flauta. *Var: pífano.*

pi.fe-pa.fe (*voc onom*) *sm* Jogo de cartas; pife. *Pl: pife-pafes.*

pí.fio (*cast pifiar*) *adj pop* Sem importância; reles, vil.

pi.gar.re.ar (*pigarro+e+ar*[1]) *vint* Ter pigarro; tossir com pigarro. *Conjuga-se como frear.*

pi.gar.ro *sm* **1** Embaraço na garganta, causado por mucosidades, fumo etc. **2** Som que a pessoa emite ao procurar livrar-se de muco na garganta.

pig.men.ta.ção (*pigmentar+ção*) *sf* **1** Formação do pigmento nas células, tecidos, órgãos ou organismos. **2** Coloração da pele ou de um tecido por um pigmento. **3** Coloração.

pig.men.tar (*pigmento+ar*[1]) *vtd* **1** Dar a cor da pele a. **2** *por ext* Dar cor a alguma coisa; colorir.

pig.men.to (*lat pigmentu*) *sm* **1** Substância que dá coloração às células, líquidos ou tecidos do organismo vegetal ou animal. **2** Substância usada para dar cor.

pig.meu (*gr pygmaîos*) *adj* + *sm* Que, ou quem é de estatura muito pequena. *Fem: pigmeia. Antôn: gigante.*

pi.ja.ma (*hind pâêjâmah*) *s m+f* Conjunto de casaco e calças folgadas, próprio para dormir.

pi.la (de *pilantra*) *sm gír* **1** Indivíduo que não tem meio de vida conhecido ou decente; ocioso, vadio, vagabundo. **2** *pop* Qualquer soma de dinheiro: *Desculpe-me, mas não tenho um pila para te emprestar.*

pi.lan.tra *sm pop* Pessoa de mau caráter, desonesta; pelintra.

pi.lan.tra.gem (*pilantra+agem*) *sf pop* Ação ou qualidade de pilantra.

pi.lão (*fr pilon*) *sm* Recipiente de madeira, com uma ou duas bocas, onde se descascam arroz, café, ou se tritura milho etc. por meio de um soquete de pau apropriado (mão de pilão).

pi.lar[1] (*cast pilar*) *sm* **1** *Arquit* Coluna que sustenta

pilar² 673 **pinchar**

uma construção. **2** Arrimo, segurança, apoio. *Dim irreg:* pilarete (*ê*).
pi.lar² (*lat pilare*) *vtd* **1** Esmagar no pilão. **2** Descascar: *Pilar o arroz.* **3** Descascar para secar (castanhas).
pi.las.tra (*ital pilastro*) *sf* Pilar de quatro faces, em geral aderente por uma delas a uma edificação ou parede.
pi.le.que *sm pop* Bebedeira: *Não dá pra conversarmos; você está de pileque.*
pi.lha (de *pilhar*) *sf* **1** Porção de coisas dispostas umas sobre as outras: *Pilha de livros; pilha de pratos.* **2** *Fís-Quím* Sistema que transforma energia química em energia elétrica: *Pilha alcalina.* **3** *fig* Indivíduo irritado, nervoso: *Estava uma pilha naquela manhã.*
pi.lha.gem (*pilhar+agem*) *sf* **1** Roubo, saque. **2** Aquilo que se pilhou.
pi.lhar (*ital pigliare*) *vtd* **1** Agarrar, pegar: *O guarda pilhou o criminoso que tentava fugir.* **2** Roubar à mão armada; saquear: *Os invasores iam pilhando as cidades.* **3** Encontrar, surpreender: *O lojista pilhou a ladra em flagrante.*
pi.lhé.ria (de *pilha*) *sf pop* **1** Piada, graça. **2** Qualidade de quem é espirituoso.
pi.lhe.ri.ar (*pilhéria+ar¹*) *vti* e *vtnr* Dizer pilhérias: *Pilheriava com os colegas. Costumava pilheriar.* Conjug – Pres indic: pilherio, pilherias, pilheria, pilheriamos, pilheriais, pilheriam (*rí*). *Cf pilhéria.*
pi.lo.ro (*gr pylorós*) *sm Anat* Orifício de comunicação do estômago com o duodeno.
pi.lo.si.da.de (*piloso+i+dade*) *sf* **1** Qualidade de piloso. **2** Revestimento epidérmico ou cuticular constituído por pelos finos.
pi.lo.so (*ô*) (*lat pilosu*) *adj* **1** Revestido de pelos; peludo. **2** *Med* Relativo ao pelo. *Pl: pilosos* (*ó*).
pi.lo.ta.gem (*pilotar+agem*) *sf* **1** Arte de pilotar. **2** Profissão ou serviço de piloto. **3** Os pilotos.
pi.lo.tar (*piloto+ar¹*) *vtd* **1** Dirigir como piloto: *Pilotar um iate; pilotar um avião. vtd* **2** Guiar, dirigir (veículos): *Pilotar um carro de corridas. vint* **3** Exercer as funções de piloto: *Estuda para pilotar.* Var: pilotear.
pi.lo.ti (*fr pilot*) *sm Arquit* Cada uma das colunas que sustentam a edificação, deixando livre o pavimento térreo. *sm pl* O conjunto das colunas.
pi.lo.to (*ital piloto*) *sm* **1** Aquele que regula, a bordo, a direção de um navio ou de uma aeronave. **2** Imediato do capitão, nos navios mercantes. **3** *Esp* Aquele que dirige um carro nas provas automobilísticas. **4** *fig* Guia, dirigente. **5** *Rád Telev* Programa que serve como demonstração ou experiência para uma série a ser produzida: *O diretor viu o piloto e resolveu fazer alterações no cenário.* • *adj inv* Que serve de modelo para se fazer uma experiência: *Usina-piloto, projeto-piloto, laboratório-piloto. Piloto automático:* dispositivo que, nos navios e aviões, permite conservá-los numa direção determinada.
pí.lu.la (*lat pilula*) *sf* **1** Comprimido. **2** O medicamento de efeito anticoncepcional. **3** *pop* Engano, logro.
pim.ba! (*onom*) *interj* Exprime acontecimento inesperado e/ou a conclusão de uma ação: *De repente, pimba! Marcamos um gol.*

pi.men.ta (*lat pigmenta, pl* de *pigmentu*) *sf* **1** *Bot* Nome de várias plantas piperáceas e solanáceas; pimenteira. **2** Fruto dessas plantas. **3** Pó que se obtém moendo esse fruto. **4** *pop* Insinuação maliciosa; malícia. **5** *pop* Pessoa geniosa. **6** *pop* Pessoa viva, ardente, irrequieta.
pi.men.ta-do-rei.no *sf* **1** Planta piperácea. **2** Fruto dessa planta, seco e moído, usado como condimento. *Pl: pimentas-do-reino.*
pi.men.ta-ma.la.gue.ta *sf* Espécie de pimenta muito ardida; malagueta. *Pl: pimentas-malaguetas* e *pimentas-malagueta.*
pi.men.tão (*pimenta+ão²*) *sm Bot* **1** Planta solanácea. **2** Fruto dessa planta, muito usado em culinária.
pi.men.tei.ra (*pimenta+eira*) *sf* **1** *Bot* Planta piperácea que produz a pimenta. **2** Recipiente em que se serve a pimenta.
pim.pão *adj* Que afeta valentia. • *sm* **1** Indivíduo pimpão. **2** Topete, coque. *Fem: pimpona.*
pim.po.lho (*ô*) (*cast pimpollo*) *sm* Criança pequena. *Pl: pimpolhos* (*ô*).
pi.na (*lat pina*) *sf* Cada uma das partes curvas que formam a circunferência da roda de um veículo.
pi.ná.ceas (*pino+áceas*) *sf pl Bot* Família de plantas coníferas, da ordem coniferales, constituída de espécies que têm folhas muito finas e rígidas (aciculiformes) ou em pequeno formato parecendo escamas (escamiformes), cones com escamas lenhosas, carnosas ou membranosas, e madeira finamente fibrosa.
pi.ná.ceo (*pino+áceo*) *adj* Relativo ou pertencente à família das pináceas.
pi.na.co.te.ca (*gr pinakothéke*) *sf* **1** Coleção de quadros de pintura. **2** Museu de pintura.
pi.ná.cu.lo (*lat pinnaculu*) *sm* **1** O ponto mais elevado de um edifício, de um monte etc.; cúpula. **2** O mais alto grau; píncaro, auge; apogeu. **3** Cimo, cume.
pin.ça¹ (*cast pinza*) *sf* **1** Instrumento formado por duas hastes, utilizado para segurar, separar ou arrancar. **2** Utensílio usado em operações cirúrgicas. **3** *Entom* Apêndice preênsil de alguns artrópodes.
pin.ça² (*fr pince*) *sf* Pequena prega; pence.
pin.çar (*pinça+ar¹*) *vtd* **1** Prender, segurar, apertar com pinça. **2** Tomar entre os dedos indicadores para tirar de lugar estreito: *Pinçar uma rolha.* **3** *fig* Colher, selecionar com certa minúcia: *Pinçar exemplos na gramática para completar a pesquisa.* Conjug – Pres subj: pince, pinces, pince etc.; Pret perf: pincei, pinçaste, pinçou etc.
pín.ca.ro (*lat pinnaculu*) *sm* Pináculo.
pin.cel (*fr ant pincel*) *sm* **1** Utensílio constituído de um tufo de pelos, preso a um cabo, para aplicar tintas, vernizes etc. **2** Utensílio para ensaboar o rosto a fim de barbear-se.
pin.ce.la.da (*pincelar+ada¹*) *sf* Traço ou toque de pincel. *Dar a última pincelada:* dar o último retoque.
pin.ce.lar (*pincel+ar¹*) *vtd* **1** Dar pinceladas em. **2** Pintar com pincel.
pin.ce.nê (*fr pince-nez*) *sm* Óculos sem haste, presos ao nariz por uma mola.
pin.char (*cast pinchar*) *vtd* e *vtdi* **1** Arremessar; empurrar; lançar; atirar com ímpeto: *Pinchou o*

ladrão escada abaixo. Pinchou uma pedra no rio. vint e vpr **2** Pular, saltar, atirar-se.
pin.cho (de *pinchar*) *sm* **1** Salto; pulo. **2** *Reg* (PA) Jogo semelhante à malha (acepção 7).
pin.da.í.ba (*tupi pindaýua*) *sf* **1** *Bot* Árvore anonácea dos lugares úmidos. **2** Corda feita de palha de coqueiro. **3** *pop* Falta de dinheiro. *Estar na pindaíba, bras gír:* estar duro; estar sem dinheiro.
pin.do.ra.ma (do *tupi pindóua*) *sm* Região ou país das palmeiras.
pi.ne.al (*lat pinea+al¹*) *adj m+f* **1** Píneo; que tem a forma de pinha. **2** *Anat* Diz-se de uma glândula de secreção interna situada na base do cérebro cujas funções são pouco conhecidas: *Glândula pineal.*
pi.nel (*Pinel, np*) *s m+f gír* Pessoa meio maluca, adoidada. *Ficar pinel:* ficar louco; endoidar.
pí.neo (*lat pineu*) *adj* **1** *poét* Relativo ao pinheiro. **2** De pinho.
pin.ga (de *pingar*) *sf pop* Cachaça.
pin.ga.do (*part* de *pingar*) *adj* + *sm* **1** Diz-se do, ou o café a que se adiciona um pouco de leite. **2** Ébrio, bêbedo.
pin.gar (*lat vulg *pendicare*, de *pendere*) *vint* **1** Cair ou escorrer aos pingos; gotejar. *vint* **2** Chover brandamente; começar a chover. *vtd* **3** Deixar cair pingos; deitar pingos ou borrifos em: *O nariz pingava sangue. Pingou-o de vinho. vint* **4** Render pouco a pouco. *Conjug – Pres subj: pingue, pingues* etc.; *Pret perf: pinguei, pingaste, pingou* etc.
pin.gen.te (*cast pinjante*) *sm* **1** Objeto que pende em forma de pingo: *Brincos com pingentes.* **2** Brinco de orelha. **3** *pop* Passageiro que vai pendurado em um veículo de transporte.
pin.go (*lat pingue*) *sm* **1** Gota de qualquer líquido. **2** *pop* Ínfima porção.
pin.go.lim *sm bras* O pênis em linguagem infantil.
pin.gu.ço (*pinga+uço*) *adj* + *sm* Cachaceiro.
pin.gue.la (de *pingar*) *sf* **1** Tronco ou viga que se atravessa sobre um rio para servir de ponte. **2** Gancho com que se armam ratoeiras. **3** Pauzinho com que se arma o laço para apanhar aves.
pin.gue-pon.gue (*ingl ping-pong*) *sm* Tênis de mesa. *Pl: pingue-pongues.*
pin.guim (*gwi*) (*fr pingouin*) *sm Ornit* Denominação dada às aves marinhas que vivem nas regiões geladas do hemisfério austral. *Pl: pinguins.*
pi.nha (*lat pinea*) *sf* **1** Aglomeração das sementes do pinheiro. **2** Ata, fruta-do-conde. **3** Fruto ou objeto em forma de pinha.
pi.nhal (*pinha+al¹*) *sm* Mata de pinheiros; pinheiral.
pi.nhão (*pinha+ão²*) *sm* **1** Cada uma das sementes contidas na pinha. **2** *Mec* Roda dentada do diferencial de automóveis. **3** *Mec* De duas rodas dentadas que funcionam em conjunto, a que tem menor diâmetro.
pi.nhei.ral (*pinheiro+al¹*) *sm* Pinhal.
pi.nhei.ro (*pinho+eiro*) *sm Bot* Designação comum a numerosas espécies de árvores coníferas. *Pinheiro brasileiro:* árvore de alto porte e crescimento rápido, que fornece muita madeira da qual se extraem resina e celulose.
pi.nho (*lat pineu*) *sm* **1** Madeira do pinheiro. **2** *pop* Viola, violão.
pi.ni.cão (*pinicar+ão²*) *sm pop* Beliscão.

pi.ni.car *vtd* **1** *pop* Beliscar: *A senhora pinicou o garoto na bochecha. vtd* **2** Ferir com o bico. *vtd* **3** Produzir ardor ou coceira em; picar. *vint* **4** *pop* Ir--se embora; escapulir: *Vamos pinicar, que vai chover. Conjug – Pres subj: pinique, piniques, pinique* etc.; *Pret perf: piniquei, pinicaste, pinicou* etc.
pi.no¹ (*lat pinu*) *sm* **1** O ponto mais alto do Sol em seu movimento aparente. **2** *fig* Ponto culminante, auge.
pi.no² (*ingl pin*) *sm* **1** *Odont* Haste metálica, para fixar pivôs ou incrustações. **2** Haste metálica que firma duas ou mais peças. **3** Peça que une as asas da dobradiça, servindo-lhes de eixo. **4** *Eletr* Elemento macho, duplo ou triplo, que, introduzido na tomada de uma instalação elétrica, liga a corrente a uma extensão ou aparelho.
pi.noi.a (*ó*) *sf pop* Coisa ordinária, sem valor.
pi.no.te (de *pinotar*) *sm* **1** Salto que a cavalgadura dá. **2** Pulo, pirueta.
pi.no.te.ar (*pinote+ar¹*) *vint* Dar pinotes; saltar, pular dando coices (o cavalo). Conjuga-se como *frear.*
pin.ta (de *pintar*) *sf* **1** Pequena mancha. **2** *pop* Aparência, fisionomia, cara, rosto: *O rapaz quis dar pinta de malandro.* **3** *gír* Sinal, indício, aspecto. *Ter pinta:* ter boa aparência.
pin.ta-bra.va *s m+f* Pessoa que parece ser perigosa. *Pl: pintas-bravas.*
pin.ta.do (*part* de *pintar*) *adj* **1** Que se pintou; que levou tinta; colorido. **2** Descrito com exatidão. **3** Representado pela pintura. **4** Cheio de pintas. • *sm Ictiol* Peixe fluvial, de cor pardo-clara com manchas escuras, de carne muito apreciada.
pin.tal.ga.do (*part* de *pintalgar*) *adj* Que tem várias cores; mesclado.
pin.tal.gar (de *pintar*) *vtd* e *vpr* Pintar(-se) de cores variadas. *Conjug – Pres subj: pintalgue, pintalgues* etc.; *Pret perf: pintalguei, pintalgaste, pintalgou* etc.
pin.tar (*lat vulg *pinctare*) *vtd* **1** Cobrir com tinta; dar cor a; colorir. *vtd* **2** Executar ou representar por meio da pintura: *Pintar um quadro. vint* **3** Dedicar-se à pintura: *Ele é magistral quando pinta. vint* **4** Começar a colorir-se: *A fruta já pinta. vtd* **5** Descrever: *Este escritor pintou bem os costumes do seu povo. vtd* **6** Aplicar pintura no rosto; maquiar-se. *vint* **7** *pop* Aparecer: *Eles pintaram na festa. Pintar o sete:* exceder-se; fazer diabruras; fazer coisas extraordinárias; divertir-se muito.
pin.tas.sil.go *sm Ornit* Pássaro de cor verde e amarela, cabeça negra nos machos, muito apreciado pelo seu canto.
pin.to *sm* **1** Filhote de galinha. **2** *pop* O pênis.
pin.tor (*lat vulg *pinctore*, por *pictore*) *sm* **1** Indivíduo que sabe pintar ou exerce a arte da pintura. **2** Aquele que pinta.
pin.to.so (*ô*) (*pinta+oso*) *adj gír* Indivíduo de boa pinta, bonito e elegante. *Pl: pintosos* (*ó*).
pin.tu.ra (*lat vulg *pinctura*, por *pictura*) *sf* **1** Ramo da arte que, por meio de linhas e cores, representa sobre uma superfície as concepções do artista. **2** Profissão de pintor. **3** Obra executada por pintor; quadro. **4** Maquiagem.
pin.tu.res.co (*ê*) (*pintura+esco*) *adj* V *pitoresco.*

pi.o (de *piar*) *sm* **1** Ação de piar. **2** Voz de algumas aves. **3** Instrumento feito geralmente de madeira, usado pelos caçadores para imitar o canto de certas aves, a fim de atraí-las. • *adj* **1** Que revela piedade ou caridade. **2** Devoto, religioso. *Sup abs sint: piíssimo* e *pientíssimo.*

pi.o.gê.ni.co (*gr pýon+geno+ico²*) *adj* Que gera pus.

pi.o.lhen.to (*piolho+ento*) *adj + sm* Que, ou aquele que tem piolhos.

pi.o.lho (*ô*) (*lat pediculu*) *sm Entom* Inseto sugador de sangue de vertebrados, inclusive o homem. *Pl: piolhos* (*ô*).

pi.o.lho-dos-ve.ge.tais *sm V* cochinilha. *Pl: piolhos-dos-vegetais.*

pi.o.nei.ris.mo (*pioneiro+ismo*) *sm* Caráter ou qualidade de pioneiro.

pi.o.nei.ro (*fr pionnier*) *adj + sm* **1** (Aquele) que abre ou descobre caminho através de uma região desconhecida. **2** Precursor; desbravador.

pi.or (*lat peiore*) *adj m+f* Comparativo irregular de *mau.* • *sm* Aquilo que, sob determinado aspecto, é inferior a tudo o mais: *O pior ainda não foi revelado.* • *adv* Comparativo irregular de *mal: Ontem melhorei, mas hoje estou muito pior. Ir de mal a pior:* piorar cada vez mais. *Antôn: melhor.*

pi.o.ra (*der* regressiva de *piorar*) *sf* Ação ou efeito de piorar.

pi.o.rar (*lat peiorare*) *vtd* **1** Mudar para pior. *vint* **2** Tornar-se pior: *A situação vai piorar. vint* **3** Agravar-se; passar a pior estado: *O doente piorou de ontem para hoje.*

pi.or.rei.a (*é*) (*gr pýon+reia*) *sf Med* **1** Corrimento que contém pus. **2** Afecção crônica dos alvéolos dentários, com enfraquecimento e queda dos dentes.

pi.pa (*lat vulg *pipa*) *sf* **1** Grande vasilha de madeira, bojuda, para vinho e outros líquidos. **2** Tipo de cachimbo. **3** *fig pop* Pessoa gorda e baixa. **4** *pop* Beberrão. **5** Espécie de papagaio de papel.

pi.pa.ro.te (*cast papirote*) *sm* Pancada com a ponta do dedo médio dobrado e apoiado contra a face interna do polegar e solto com força; peteleco.

pi.pe.rá.ceas (*piper+áceas*) *sf pl Bot* Família de plantas tropicais com folhagem aromática, à qual pertence a pimenta-do-reino.

pi.pe.ta (*ê*) (*fr pipette*) *sf* **1** Tubo graduado, para medir ou tirar pequenas quantidades de líquido, usado em análises químicas. **2** Bomba das adegas.

pi.pi (*voc onom*) *sm inf* Urina. **2** Órgão sexual do menino. • *interj* Voz usada para chamar qualquer ave (especialmente as galináceas) a fim de alimentá-la.

pi.pi.ar (*lat pipiare*) *V* pipilar.

pi.pi.lar (*lat pipilare*) *vint* **1** Piar (a ave): *As aves pipilavam no pomar.* **2** Produzir som semelhante à voz das aves. *Conjug:* conjuga-se, geralmente, apenas nas 3ªˢ pessoas. Só é conjugado integralmente quando em sentido figurado. • *sm* O pio das aves. *Var: pipiar.*

pi.po.ca (*tupi pipóka*) *sf* **1** Tipo miúdo de grão de milho que, levado ao fogo com óleo ou manteiga, rebenta, aumentando de volume. **2** Esse grão rebentado. **3** *pop* Borbulhas.

pi.po.car (*pipoca+ar¹*) *vint* **1** Rebentar, estalar ou saltar como pipoca: *Pipocavam as metralhadoras.* **2** Ficar cheio de borbulhas (o corpo). *Var: pipoquear.*

pi.po.quei.ra (*pipoca+eira*) *sf* Panela onde se faz pipoca.

pi.po.quei.ro (*pipoca+eiro*) *sm* Vendedor de pipocas.

pi.prí.deos (*pipra+ídeos*) *sm pl Ornit* Família de pássaros exclusivos da América, contando o Brasil com a maioria das espécies. Essas espécies apresentam porte pequeno, bico curto e plumagem com grande variedade de colorido, sempre muito vivo nos machos.

pi.que¹ (de *picar*) *sm* **1** Ato de picar o tabaco, nas fábricas de cigarros e charutos. **2** *bras* Pequeno corte. **3** Brincadeira infantil em que uma criança tem de pegar as outras, antes que estas cheguem a um ponto determinado (o pique). **4** *Esp* Em futebol, disparada rápida do jogador com a bola. **5** *Reg* (Sul) Abertura de emergência na mata. *De pique, bras:* de propósito; por teimosia. *Ir a pique:* a) afundar-se (uma embarcação); b) *fig* arruinar-se.

pi.que² (*ingl peak*) *sm* **1** O mais alto grau, o auge, o topo. **2** Grande disposição ou entusiasmo: *Puxa, hoje você está no maior pique!* **3** Grande movimento; agitação.

pi.quê (*fr piqué*) *sm* Um tipo de tecido; fustão.

pi.que.ni.que (*ingl picnic*) *sm* Reunião no campo ou na praia, com lanche.

pi.que.te (*fr piquet*) *sm* **1** Conjunto de soldados a cavalo, encarregados de uma guarda de honra etc. **2** Turma de trabalhadores a quem compete certo serviço por turno. **3** *bras* Grupo de pessoas que ficam na frente de fábricas, empresas etc. para impedir a entrada de outras, por ocasião de greve.

pi.ra¹ (*gr pyrá*) *sf* **1** Fogueira em que os antigos incineravam cadáveres. **2** Vaso em que arde um fogo simbólico.

pi.ra² (de *pirar*) *sm pop* Ação de pirar. *Dar o pira:* fugir, safar-se.

pi.ra.ção (*pirar+ção*) *sf gír* Loucura, maluquice.

pi.ra.ce.ma (*tupi piraséma*) *sf* **1** Migração anual dos peixes rio acima, na época da desova. **2** Cardume de peixes.

pi.ra.ci.ca.ba (*tupi pirá sykáua*) *sf* Lugar que, devido a um acidente natural no leito dos rios, como uma queda-d'água, não permite a passagem dos peixes, sendo por isso favorável à pesca.

pi.ra.do (*part* de *pirar*) *adj gír* Louco, maluco.

pi.ram.bei.ra (de *pirambar*) *sf* Despenhadeiro, abismo, precipício. *Var: perambeira.*

pi.ra.mi.dal (*baixo-lat pyramidale*) *adj m+f* **1** Relativo a pirâmide. **2** Em forma de pirâmide. **3** *fig* Extraordinário, importante, monumental, muito grande, notável.

pi.râ.mi.de (*gr pyramís, ídos*) *sf* **1** *Geom* Corpo de base poligonal e superfícies laterais triangulares, com um ponto comum chamado vértice. **2** Grande monumento dos antigos faraós egípcios.

pi.ra.nha (*tupi pirá ãia*) *sf* **1** *Ictiol* Nome de vários peixes fluviais, carnívoros, com dentes cortantes. **2** *gír* Mulher que leva vida licenciosa; pistoleira.

pi.rão (*tupi mydipirõ*) *sm* **1** Qualquer alimento farináceo apresentado na forma de pasta grossa:

Pirão de batatas, de ervilha, de farinha, de arroz, de peixe. **2** *pop* Mulher jovem e bonita.
pi.rar *vint* e *vpr* **1** *pop* Fugir, safar-se. *vint* **2** *gír* Enlouquecer, endoidar: *O vizinho pirou quando perdeu o bilhete premiado.*
pi.ra.ru.cu (*tupi pirá urukú*) *sm Ictiol* Grande peixe de água doce que habita os rios Amazonas, Tocantins e Araguaia, cuja língua óssea é utilizada pelos indígenas para ralar o guaraná.
pi.ra.ta (*gr peiratés*) *sm* **1** Indivíduo que pratica a pirataria; ladrão do mar. **2** *Dir* Embarcação não submetida às leis do país nem às convenções internacionais, que no mar ou na costa ataca outras embarcações e pessoas para se apoderar dos seus bens. • *adj gír* Obtido por meio da pirataria: *Cópia pirata.*
pi.ra.ta.ri.a (*pirata+aria*) *sf* **1** *Dir* Assalto criminoso, no alto-mar ou na costa, praticado pela tripulação ou passageiros de um navio armado, de existência clandestina, contra outro navio, para se apoderar de sua carga, bens, equipagem ou passageiros. **2** *fig* Extorsão, roubo. **3** *gír* Ação ou efeito de piratear.
pi.ra.te.ar (*pirata+e+ar*[1]) *vint* **1** Exercer a pirataria. *vtd* **2** Roubar como os piratas: *Pirateava os viajantes.* *vtd* **3** *gír* Contrabandear ou fabricar cópias ilegais de um determinado produto: *Pirateou o novo disco do artista. Piratear um programa de computador.* Conjuga-se como *frear.*
pi.re.nai.co (*lat pyrenaicu*) *adj* Dos Pireneus (cordilheira entre a França e a Espanha); pireneu.
pi.re.neu (*lat pyrenaeu*) *adj* Pirenaico.
pi.res (*malaio piring*) *sm sing* e *pl* Pratinho sobre o qual se coloca a xícara.
pi.ré.ti.co (*gr pyretós+ico*[2]) *adj* Febril.
pi.rex (*cs*) *sm* Designação comercial e industrial de um tipo de vidro, resistente a elevadas temperaturas.
pi.re.xi.a (*cs*) (*gr pyrexía*) *sf Med* Estado febril.
pi.ri.for.me (lat *piru+forme*) *adj m+f* Em forma de pera.
pi.ri.lam.po (*gr pyrilámpes*) *sm Entom* Nome comum a uma espécie de besouro que emite luz, produzida por vesículas especiais situadas no alto de seu abdome; vaga-lume.
pi.ri.pa.que *sm V chilique*.
pi.ro.fo.bi.a (*piro+fobia*) *sf Med* Pavor mórbido ao fogo.
pi.ro.ga (*cast piragua*) *sf* Embarcação comprida, estreita, feita de um tronco de árvore escavado ou de cascas de árvores, usada a remo ou a vela por indígenas da África e da América.
pi.ró.gra.fo (*piro+grafo*[1]) *sm* Instrumento com ponta metálica incandescente que serve para pirogravar.
pi.ro.gra.var (*piro+gravar*) *vtd* Desenhar ou gravar com pirógrafo, sobre madeira, couro etc.: *Pirogravar figuras.*
pi.ro.gra.vu.ra (*piro+gravura*) *sf* **1** Arte de desenhar ou gravar com ponta incandescente. **2** Gravura obtida por esse processo.
pi.ro.ma.ni.a (*piro+mania*) *sf Med* Mania de incendiar.
pi.ro.ma.ní.a.co (*piro+maníaco*) *adj* Relativo à piromania. • *sm* Aquele que tem piromania.

pi.rô.me.tro (*piro+metro*[1]) *sm* Instrumento para medir altas temperaturas.
pi.ro.se (*piro+ose*) *sf Med* Sensação de ardor ou calor, do estômago até a garganta; azia.
pi.ros.fe.ra (*piro+esfera*) *sf Geol* Camada inferior da Terra onde se originam as lavas do vulcão.
pi.ro.tec.ni.a (*piro+tecno+ia*[1]) *sf* **1** Arte de empregar o fogo. **2** Arte de preparar fogos de artifício. *Var: pirotécnica.*
pi.ro.téc.ni.co (*piro+técnico*) *adj* Relativo à pirotecnia. • *sm* Fabricante de fogos de artifício.
pir.ra.ça *sf* **1** Coisa feita com a intenção de contrariar ou magoar alguém. **2** Desfeita.
pir.ra.cen.to (*pirraça+ento*) *adj* + *sm* Que, ou aquele que gosta de fazer pirraças.
pir.ra.lho *sm* Criança, criançola.
pi.ru.á *sm* Grão de milho que não rebenta quando se prepara a pipoca.
pi.ru.e.ta (*ê*) (*cast pirueta*) *sf* **1** Giro sobre um dos pés. **2** Volta dada pelo cavalo sobre uma das patas. **3** Pulo.
pi.ru.e.tar (*pirueta+ar*[1]) *vint* **1** Fazer piruetas; girar sobre um dos pés. **2** Saltar. *Conjug – Pres indic: pirueto, piruetas, pirueta etc.*
pi.ru.e.te.ar (*pirueta+e+ar*[1]) *V piruetar.*
pi.ru.li.to (de *pilrito*, com metátese e epêntese) *sm* **1** Espécie de caramelo cônico ou em forma de disco, solidificado na extremidade de um palito. **2** *fig* Pessoa muito magra. **3** *vulg* Pênis.
pi.sa.da (*pisar+ada*[1]) *sf* **1** Ação de pisar. **2** Pegada, rastro.
pi.sa.de.la (*pisar+dela*) *sf* Ação de pisar de leve.
pi.sa.du.ra (*pisar+dura*) *sf* **1** Vestígio de pisada. **2** Contusão, equimose. **3** Ferida no lombo dos animais de sela causada pelo roçar dos arreios. **4** Atropelamento.
pi.san.te (*de pisar*) *sm gír* Sapato. *sm pl* Pés.
pi.sar (*lat pinsare*) *vtd* e *vti* **1** Calcar com os pés; pôr o pé ou os pés sobre: *Pisar a grama. Pisar sobre brasas.* *vti* e *vint* **2** Pôr os pés no chão; andar, caminhar: *Saiu zangado, pisando forte.* *vtd* **3** Esmagar com os pés: *Pisava as plantas de propósito.* *vtd* **4** Entrar ou ter entrada em: *Jamais pisara o gabinete do diretor.* *vtd* **5** Atropelar: *Corriam apavorados, pisando quem estivesse no caminho.* *vtd* **6** *fig* Desprezar, espezinhar: *Pisou até mesmo os amigos.* *vtd* **7** Insistir em: *Vive pisando os mesmos assuntos.* *vint* **8** Acelerar (o automóvel). *Pisar em ovos:* andar de mansinho, agir com cautela.
pis.ca.de.la (*piscar+dela*) *sf* **1** Ação de piscar. **2** Sinal que se faz piscando.
pis.ca-pis.ca (de *piscar*) *s m+f pop* Quem tem o cacoete de piscar. *sm* **1** Farol que acende e apaga na sinalização do trânsito. **2** Faroletes que indica mudança de direção do veículo em marcha. *Pl: pisca-piscas* e *piscas-piscas.*
pis.car (*ital pizzicare*) *vtd* e *vint* **1** Fechar e abrir rapidamente (os olhos). *vtd* **2** Dar sinal a, piscando os olhos: *Trocavam sinais piscando o olho.* *vint* **3** *fig* Brilhar; tremeluzir (as estrelas): *Estrelas piscavam no céu. Num piscar de olhos:* num abrir e fechar de olhos. *Conjug – Pres subj: pisque, pisques* etc.; *Pret perf: pisquei, piscaste, piscou* etc.

pis.ca.tó.rio (*lat piscatoriu*) *adj* Que se refere à pesca ou aos pescadores.
pís.ceo (*lat pisceu*) *adj* Relativo a peixe.
pis.ci.a.no (*lat pisces+ano*) *sm Astrol* Pessoa nascida sob o signo de Peixes. • *adj Astrol* Relativo ou pertencente ao signo de Peixes, ou aos piscianos.
pis.ci.cul.tor (*lat pisce+cultor*) *sm* Aquele que se dedica à piscicultura; criador de peixes.
pis.ci.cul.tu.ra (*pisce+cultura*) *sf* Arte e profissão de criar peixes; criação de peixes.
pis.ci.for.me (*pisce+forme*) *adj m+f* Em forma de peixe, parecido com peixe.
pis.ci.na (*lat piscina*) *sf* Tanque artificial para natação ou outros esportes aquáticos.
pis.co.so (*ô*) (*lat piscosu*) *adj* Abundante em peixes. *Pl: piscosos* (*ó*).
pi.so (de *pisar*) *sm* **1** Lugar em que se anda; chão, solo. **2** Andar de um edifício; pavimento. **3** Categoria salarial.
pi.so.te.ar (*cast pisotear*) *vtd* **1** Calcar com os pés; espezinhar. **2** *fig* Humilhar. Conjuga-se como *frear*.
pi.so.tei.o (de *pisotear*) *sm* Ação de pisotear.
pis.ta (*ital pista*) *sf* **1** Pegada, vestígio. **2** *fig* Encalço, procura: *A polícia está na pista do criminoso*. **3** *fig* Orientação, indicação. **4** *Esp* Terreno em que correm competidores. **5** Lugar para exercícios de equitação. **6** Parte do hipódromo sobre a qual correm os cavalos. **7** Pavimento para patinar, dançar, assistir a shows ou realizar exibições esportivas. **8** Faixa de rodagem nos aeroportos ou nas estradas.
pis.ta.che (*fr*) *sm* O fruto da pistácia que, depois de seco, é consumido como castanha.
pis.tá.cia (*lat pistacia*) *sf Bot* Gênero de arbustos e árvores anacardiáceas com frutos secos ou polposos e sementes oleosas.
pis.ti.lo (*lat pistillu*) *sm Bot* Órgão sexual feminino da flor, composto de ovário, estilete e estigma.
pis.to.la (*tcheco pishtol'a,* pelo *fr pistole*) *sf* **1** Arma de fogo curta e leve. **2** Canudo de fogo de artifício. **3** *vulg* Pênis.
pis.to.lão (*pistola+ão²*) *sm* **1** Espécie de fogo de artifício. **2** *bras* Recomendação de pessoa influente. **3** Pessoa que faz essa recomendação. *Pl: pistolões*.
pis.to.lei.ra (*pistola+eira*) *sf gír* Piranha (acepção 2).
pis.to.lei.ro (*pistola+eiro*) *sm* Bandido ou capanga, matador profissional.
pis.tom (*fr piston*) *sm* **1** Êmbolo. **2** *Mús* Instrumento musical de sopro. *Var: pistão*.
pis.to.nis.ta (*pistom+ista*) *s m+f* Pessoa que toca pistom.
pi.ta.da (de *pitar*) *sf* **1** Porção de qualquer substância reduzida a pó. **2** Pequena porção de qualquer coisa.
pi.ta.dor (*pitar+dor*) *sm* Fumador, fumante.
pi.tan.ga (*tupi pytánga*) *sf Bot* **1** Fruto da pitangueira. **2** Pitangueira.
pi.tan.guei.ra (*pitanga¹+eira*) *sf Bot* Arbusto da família das mirtáceas, silvestre, cujo fruto é a pitanga.
pi.tar (*tupi petý(ma)+ar¹*) *vtd* e *vint* Cachimbar, fumar.
pi.te.can.tro.po (*trô*) (*gr píthekos+antropo*) *sm Paleont* Gênero de primatas extintos, intermediário entre o homem e o macaco.
pi.tei.ra (*pitar+eira*) *sf* **1** Pequeno tubo no qual se encaixa o cigarro, ou charuto, para fumar. **2** *Bot* Planta de fibras têxteis (*p ex,* o sisal).
pi.téu *sm pop* Iguaria saborosa; petisco.
pi.to (de *pitar*) *sm* **1** Cachimbo. **2** Cigarro. **3** Tubo de borracha por onde se enche a bola de futebol. **4** Pequena repreensão. *Levar um pito:* ser repreendido. *Passar um pito:* repreender.
pi.to.co (*ô*) *adj* Que tem rabo curto ou cortado.
pi.tom.ba (*tupi pitómba*) *sf Bot* **1** O fruto da pitombeira. **2** Pitombeira.
pi.tom.bei.ra (*pitomba+eira*) *sf Bot* Árvore frutífera do Brasil, da família das sapindáceas.
pí.ton (*gr Pýthon, np*) *sm* **1** *Zool* Gênero de grandes serpentes, não venenosas, distribuídas pela Ásia, África e Austrália. **2** Adivinho, mago, feiticeiro.
pi.to.ni.sa (*lat pythonissa*) *sf* **1** Feminino de *píton* (acepção 2). **2** *ant* Mulher que fazia predições na Grécia e em Roma; profetisa.
pi.to.res.co (*ê*) (*ital pittoresco*) *adj + sm* Que, ou aquele que é cheio de imaginação, criativo, original.
pit-stop (*píti stópi*) (*ingl*) *sm Autom* Lugar de parada para trocar pneus, abastecer o carro etc. (nas competições automobilísticas).
pi.tu (*tupi pitú*) *sm Zool* Grande camarão de água doce; lagostim.
pi.tu.í.ta (*lat pituita*) *sf* **1** *Fisiol* Muco nasal. **2** Escarro.
pi.tui.tá.ria (*fem* de *pituitário*) *sf Anat* Membrana mucosa que reveste as fossas nasais; mucosa nasal.
pi.tui.tá.rio (*lat pituitariu*) *adj* **1** Relativo à pituíta ou que tem o caráter dela. **2** Relativo à pituitária.
pi.um (*tupi piún*) *sm Entom* Espécie de mosquito, muito miúdo e incômodo, da região do Purus, Amazonas; borrachudo. *Var: pinhum*.
pi.ve.te (*cast pebete*) *sm* **1** Bastãozinho de substância aromática que se queima para perfumar o ambiente. • **2** Criança esperta. **3** *Reg* (RJ e SP) *gír* Menino ladrão ou que trabalha para ladrões.
pi.vô (*fr pivot*) *sm* **1** *Odont* Haste metálica destinada a fixar a coroa artificial à raiz de um dente; pino. **2** *Odont* Dente artificial fixado com haste metálica à raiz. **3** Base, sustentáculo. **4** *Esp* Jogador que no basquetebol opera como base do jogo.
pi.xa.im (*tupi apixaín*) *adj* Diz-se do cabelo encarapinhado, muito enrolado. • *sm* Carapinha.
pixel (*picsel*) (*ingl*) *sm* **1** *Telev* Bloco elementar ou célula para construção de imagens na tela. **2** *Inform* Menor unidade ou ponto de um monitor de vídeo cuja cor ou brilho podem ser controlados.
pi.xo.te *V pexote*.
pizza (*pitsa*) (*ital*) *sf Cul* Iguaria feita com massa de farinha de trigo, azeite de oliva, condimentos, queijo, tomate etc.
pizzaria (*pitsaria*) (*ital*) *sf* Estabelecimento onde se preparam e servem *pizzas*.
plá *sm gír* Conversa, papo: *Preciso ter um plá com vocês*.
pla.ca (*fr plaque*) *sf* **1** Folha de metal, vidro, celuloide, cortiça etc. **2** Espécie de tabuleta com qualquer inscrição. **3** Chapa metálica com o número de

licença de um veículo. **4** *pop* Condecoração. **5** *Inform* Espécie de cartão de circuitos dentro do computador (contendo componentes eletrônicos, como *chips* e outros).

pla.ca-mãe *sf Inform* Num computador, a principal placa de circuitos onde ficam os componentes essenciais do equipamento (microprocessador, memória principal, circuitos de apoio etc.). *Pl: placas-mãe.*

pla.car (*fr placard*) *sm* **1** *Esp* Quadro em que se registram os pontos nas competições esportivas. **2** O resultado delas; escore.

pla.ce.bo (*ê*) (*lat*) *sm Med* Preparado sem nenhuma ação ou efeito, usado em estudos para determinar a eficácia de substâncias medicinais.

pla.cen.ta (*lat placenta*) *sf Anat* Órgão que se forma no útero, na gestação, e pelo qual o organismo materno nutre o feto, por intermédio do cordão umbilical.

pla.ci.dez (*plácido+ez*) *sf* Serenidade, sossego, tranquilidade.

plá.ci.do (*lat placidu*) *adj* Sereno, tranquilo, sossegado. *Antôn: agitado.*

pla.ga (*lat plaga*) *sf* Região, país.

pla.gi.a.dor (*lat plagiatore*) *sm* Aquele que plagia.

pla.gi.ar (*plágio+ar¹*) *vtd* **1** Apresentar como sua uma ideia ou obra literária, científica ou artística de outra pessoa. **2** Imitar. *Conjug – Pres indic: plagio, plagias* (*gí*) etc. *Cf plágio.*

plá.gio (*gr plágios*) *sm* Ação ou efeito de plagiar.

plai.na (*ã*) (de *plana*) *sf Carp* Ferramenta para alisar superfícies de madeira.

pla.na.dor (*planar+dor¹*) *adj* Que plana. • *sm* Aeroplano sem motor.

pla.nal.to (*plano+alto*) *sm Geogr* Extensão da superfície do terreno, elevada sobre o nível do mar, quase sem acidentes.

pla.nar (*plano+ar¹*) *vint* **1** Ficar no ar sem mexer as asas; pairar (ave). **2** Voar (avião) sustentado apenas pela ação das asas sem o movimento do ar. **3** Voar em planador.

plânc.ton (*gr plagktón*) *sm Biol* Conjunto de minúsculos vegetais e animais (algas, larvas etc.), que flutuam ao sabor das correntezas, no mar ou em lagos, desde a superfície até o fundo. *Pl: plânctons. Var: plancto.*

pla.ne.ar (*plano+e+ar¹*) *V planejar.*

pla.ne.ja.men.to (*planejar+mento*) *sm* **1** Plano de trabalho detalhado. **2** Dependência de uma indústria ou repartição pública, com o encargo de planejar serviços.

pla.ne.jar (*plano+ejar*) *vtd* **1** Fazer o plano, esboço, o roteiro de: *O arquiteto planejará esta construção.* **2** Projetar. **3** Elaborar um plano ou roteiro; programar.

pla.ne.ta (*ê*) (*gr planétes*) *sm Astr* **1** Corpo celeste de aparente movimento próprio entre as estrelas fixas. **2** Cada um dos corpos celestes, sem luz própria, que giram ao redor do Sol.

pla.ne.tá.rio (*lat planetariu*) *adj Astr* Pertencente ou relativo a planetas. • *sm Astr* **1** Modelo que representa o sistema solar. **2** Mecanismo óptico para projetar em um teto em forma de abóbada o conjunto dos movimentos dos corpos celestes. **3** Edifício que aloja tal mecanismo.

pla.ne.toi.de (*ó*) (*planeto+oide*) *sm* Pequeno planeta, invisível a olho nu.

pla.ne.za (*plano+eza*) *V planura* (acepção 2).

plan.gên.cia (*plangente+ia¹*) *sf* Tristeza, queixume, lamentação.

plan.gen.te (*lat plangente*) *adj m+f* Lastimoso, triste: *Música plangente. Antôn: alegre, ruidoso.*

plan.ger (*lat plangere*) *vint* **1** Chorar, lamentando-se. **2** *fig* Soar tristemente (voz, sino). *Conjug: o g muda-se em j antes de a e de o. Pres indic: planjo, planges* etc.; *Pres subj: planja, planjas* etc.; *Imper afirm: plange(tu), planja(você), planjamos(nós), plangei(vós), planjam(vocês).*

pla.ní.cie (*lat planitie*) *sf* Extensão de terreno, de aspecto plano.

pla.ni.fi.car (*plani+ficar*) *vtd* Estabelecer planos para implantação de serviços; programar; planejar. *Conjug – Pres subj: planifique, planifiques* etc.; *Pret perf: planifiquei, planificaste* etc.

pla.ni.lha (*cast planilha*) *sf* **1** Formulário padronizado para registro de informações. **2** Folha impressa para registro de cálculos. *Planilha eletrônica, Inform:* a) programa que permite a execução de cálculos sobre colunas de números; b) impressão de cálculos em formulários contínuos de computador.

pla.nis.fé.rio (*plani+esfera+io²*) *sm* Mapa em que as duas metades do globo celeste ou terrestre estão representadas numa superfície plana.

pla.no (*lat planu*) *adj* **1** Em que não há desigualdades nem diferenças de nível; raso, liso. **2** Acessível, fácil. • *sm* **1** Qualquer superfície plana. **2** Desenho, planta ou traçado de uma cidade, de uma praça, de um edifício etc. **3** Programa, projeto. **4** *fig* Intento, intenção.

plan.ta (*lat planta*) *sf* **1** Qualquer vegetal. **2** *Anat* Sola do pé. **3** *Constr* Desenho que representa todas as particularidades de um edifício.

plan.ta.ção (*lat plantatione*) *sf* **1** Conjunto de vegetais plantados. **2** Terreno plantado; plantio.

plan.tão (*fr planton*) *sm* **1** Serviço policial. **2** Serviço noturno em farmácias, hospitais, redações de jornais etc.

plan.tar¹ (*planta+ar¹*) *adj m+f* Relativo à planta do pé.

plan.tar² (*lat plantare*) *vtd* **1** Introduzir no solo (sementes) para criar raízes e crescer; semear. *vtd* **2** Fincar verticalmente na terra (árvores, arbustos, estacas). *vtd* **3** Criar, estabelecer, fundar. *vtd* **4** Incutir, insinuar. *vpr* **5** Colocar-se em, ficar parado, estacionar: *Plantou-se na esquina, à espera do ônibus.*

plan.tel *sm* **1** Conjunto de animais de raça fina, selecionada. **2** *Esp* Conjunto selecionado de jogadores.

plan.tí.gra.do (*planta+grado*) *adj* Que anda sobre toda a planta do pé. • *sm pl Zool* Grupo de mamíferos carniceiros que andam sobre as plantas dos pés, como o urso.

plan.ti.o (*planta+io²*) *sm* Plantação.

plan.to.nis.ta (*plantão+ista*) *s m+f* Pessoa encarregada de um plantão.

pla.nu.ra (*plano+ura*) *sf* **1** Planície. **2** Qualidade de plano; planeza.

pla.que.a.men.to (*placa+e+ar¹+mento*) *sm* Colocação de placas que orientam o trânsito.

pla.que.ta (ê) (fr *plaquette*) sf Placa pequena. *Plaqueta sanguínea*, Anat: cada um dos corpúsculos incolores encontrados no sangue de todos os mamíferos.

plas.ma (gr *plásma*) sm **1** Fisiol Parte líquida do sangue. **2** Biol A seiva que pode ser espremida dos músculos frescos.

plas.mar (baixo-lat *plasmare*) vtd **1** Modelar, dar forma a (em barro, gesso etc.): *Plasmar um ídolo*. **2** Preparar para a modelagem: *Plasmar o barro*. **3** por ext Criar; fazer; formar.

plás.ti.ca (gr *plastiké*) sf **1** Cir Processo de reconstituir uma parte do corpo humano: *Cirurgia plástica*. **2** Conformação geral do corpo humano.

plas.ti.ci.da.de (*plástico*+i+*dade*) sf **1** Qualidade de plástico. **2** Biol Fácil resposta aos estímulos. **3** Biol Facilidade de adaptação às condições do meio.

plás.ti.co (gr *plastikós*) adj Que pode ser modelado com os dedos ou com instrumentos. • sm Tipo de resina sintética, maleável, usado na confecção de vários utensílios; matéria plástica.

plas.ti.fi.ca.ção (*plastificar*+*ção*) sf Ato ou efeito de plastificar.

plas.ti.fi.ca.do.ra (*plastificar*+*dor*, no *fem*) sf **1** Art Gráf Máquina para plastificar. **2** Estabelecimento especializado em plastificação.

plas.ti.fi.car (*plástico*+*ficar*) vtd Cobrir (papéis, cartão, documentos etc.) com uma película de celofane ou qualquer plástico transparente. *Conjug* – Pres subj: *plastifique, plastifiques* etc.; Pret perf: *plastifiquei, plastificaste, plastificou* etc.

pla.ta.for.ma (fr *plate-forme*) sf **1** Superfície plana, horizontal, mais alta que a área adjacente. **2** Parte elevada, nas estações de trem e metrô, para facilitar o embarque e o desembarque dos passageiros. **3** Rampa onde se lançam foguetes espaciais e mísseis. **4** Proposta conciliatória; base para negociações. **5** Programa de governo. **6** Inform Arquitetura ou padrão de um computador (*p ex*, o PC) ou sistema operacional.

plá.ta.no (gr *plátanos*) sm Bot Árvore de porte médio, ornamental.

pla.tei.a (ê) (fr *platée*) sf **1** Pavimento de uma sala de espetáculo entre o palco e os camarotes. **2** fig Conjunto dos espectadores que estão nesse lugar.

pla.ti.na (cast *platina*) sf Quím Elemento metálico precioso, muito pesado, de cor branco-prateada, de número atômico 78 e símbolo Pt.

pla.ti.nar (*platina*+*ar*^{1}) vtd **1** Recobrir de uma casquinha de platina. **2** Dar a tonalidade ou o brilho da platina.

pla.ti.no (top *Plata*+*ino*^{1}) adj Relativo à região do rio da Prata. • sm O natural dessa região.

pla.tô (fr *plateau*) sm **1** Planalto. **2** Autom Parte móvel do sistema de embreagem.

pla.tô.ni.co (gr *platonikós*) adj **1** Relativo a Platão ou à sua filosofia. **2** por ext Desligado de interesses materiais; ideal; casto: *Amor platônico*. • adj + sm Que, ou quem segue o platonismo.

pla.to.nis.mo (*Platão, np*+*ismo*) sm **1** Filosofia de Platão, filósofo grego (428 ou 427-348 ou 347 a.C.). **2** Caráter ou qualidade do que é platônico.

plau.sí.vel (lat *plausibile*) adj m+f Razoável, aceitável, admissível: *Pretexto plausível*.

playback (*pleibéqui*) (ingl) sm Radiotécn Reprodução de uma gravação imediatamente depois de feita, a fim de verificar as possíveis falhas.

playboy (*pleibói*) (ingl) sm Homem rico e extravagante, dado a jogos e a gastos com mulheres.

playground (*pleigraund*) (ingl) sm Local destinado à recreação infantil.

playoff (*pleióf*) (ingl) sm Esp **1** Jogo de desempate. **2** Jogo disputado entre vencedores de outras competições.

ple.be (lat *plebe*) sf Classe de condição mais baixa da sociedade; populacho, ralé.

ple.beu (lat *plebeiu*) adj **1** Pertencente ou relativo à plebe. **2** Que não faz parte da nobreza. • sm Indivíduo da plebe. *Fem*: plebeia.

ple.bis.ci.to (lat *plebiscitu*) sm Dir Voto do povo, por *sim* ou *não*, a uma proposta que lhe é apresentada.

plêi.a.de (gr *pleiás, ádos*) sf **1** Astr Cada uma das estrelas da constelação das Plêiades. **2** fig Grupo de pessoas ilustres ou de certa classe. *sf pl* Astr Grupo de estrelas na constelação do Touro. *Var*: plêiada.

pleis.to.ce.no (gr *pleîstos*+*ceno*^{4}) V plistoceno.

plei.te.an.te (de *pleitear*) adj e s m+f Que, ou pessoa que pleiteia.

plei.te.ar (*pleito*+*e*+*ar*^{1}) vtd **1** Tentar conseguir alguma coisa por meio de argumentos. **2** Participar de concurso; concorrer: *Pleitear um emprego público*. **3** Defender, sustentar em discussão: *Pleitear uma vantagem*. Conjuga-se como *frear*.

plei.to (lat *placitu*) sm **1** Questão em juízo. **2** Demanda. **3** Eleição. **4** Discussão, disputa.

ple.ná.rio (lat *plenariu*) adj Pleno, inteiro, completo. • sm **1** Tribunal ou assembleia em que tomam parte nos trabalhos todos os membros que possuem direito de voto ou decisão. **2** O conjunto desses membros. **3** Nas câmaras políticas, o local reservado ao conjunto dos representantes.

ple.ni.lú.nio (lat *pleniluniu*) sm Lua cheia.

ple.ni.po.tên.cia (*plenu*+*potência*) sf Pleno poder.

ple.ni.po.ten.ci.á.rio (*plenipotência*+*ário*) adj Que tem plenos poderes. • sm Dir Agente diplomático investido da missão de representar o governo de seu país junto ao governo de uma potência estrangeira.

ple.ni.tu.de (lat *plenitudine*) sf **1** Estado ou qualidade do que é pleno ou completo. **2** Totalidade.

ple.no (lat *planu*) adj **1** Cheio, completo, inteiro. **2** Perfeito, total, absoluto.

ple.o.nas.mo (gr *pleonasmós*) sm Gram Repetição de ideias ou palavras que tenham o mesmo sentido: *Vi com meus próprios olhos*.

ple.o.nás.ti.co (ge *pleonastikós*) adj Em que há pleonasmo: *Expressão pleonástica*.

ple.to.ra (ó) (gr *plethóre*) sf **1** Med Estado que se caracteriza por inchaço vascular e excesso de sangue. **2** Bot Excesso de seiva que dificulta a florescência e frutificação das plantas. **3** fig Indisposição ou mal-estar de quem tem excesso de atividade.

pleu.ra (gr *pleurá*) sf Anat Cada uma das membranas que cobrem as paredes da cavidade torácica e a superfície dos pulmões.

pleu.ri.si.a (fr ant *plaurisie*) sm Med Inflamação da pleura. *Sin*: pleurite.

ple.xo (*cs*) (*lat plexu*) *sm* **1** *Anat* Rede formada pelo entrelaçamento de muitas ramificações de nervos ou de vasos sanguíneos. **2** *fig* Encadeamento, entrelaçamento.

pli.o.ce.no (*plio+ceno*[4]) *adj Geol* **1** Diz-se da quinta e última época do Período Terciário e que sucedeu ao Mioceno (na Era Cenozoica). **2** Relativo ou pertencente a essa época. • *sm* Essa época.

plis.sa.do (*part* de *plissar*) *adj* Que se plissou. • *sm* Tecido ou peça de vestuário que tem dobras ou pregas permanentes em toda a sua altura.

plis.sar (*fr plisser*) *vtd* Fazer pregas ou dobras em: *Plissar uma saia*.

plis.sê (*fr plissé*) *adj* + *sm* Plissado.

plis.to.ce.no (*plisto+ceno*[4]) *adj Geol* Relativo ou pertencente à época mais antiga do Período Quaternário, caracterizada pelo aparecimento dos primeiros hominídeos (Era Cenozoica). • *sm* Essa época. *Var*: *pleistoceno*.

plo.ce.í.deos (*lat ploceus+ídeos*) *sm pl Ornit* Família de aves passeriformes, predominantemente africanas, que se caracterizam por terem a planta dos tarsos sem escudos e as narinas localizadas na posição elevada do bico (*p ex*, os pardais).

plo.ta.do.ra (*ô*) (*plotar+dor*, no *fem*) *sf Inform* Periférico de computador que desenha linhas retas entre duas coordenadas; *plotter*; plôter.

plo.ta.gem (*plotar+agem*) *sf* Ato ou efeito de plotar (acepção 1).

plo.tar (*ingl to plot+ar*[1]) *vtd* **1** *Mar* Localizar a posição de um objeto, como navio, aeronave, alvo, numa carta náutica. **2** *Inform* Criar desenho no computador e transferi-lo para o papel.

plô.ter (ingl *plotter*) *sm V* plotadora.

plotter (*plóter*) (*ingl*) *sm V* plotadora.

plu.gar (*ingl to plug+ar*[1]) *neol vtd* **1** Ligar (aparelho eletrodoméstico, luz etc.) a uma tomada. **2** *Inform* Conectar um equipamento a um computador; estar em rede. *Fique plugado, gír:* fique ligado; preste atenção. *Conjug – Pres subj: plugue, plugues* etc.; *Pret perf: pluguei, plugaste* etc.

plu.gue (*ingl plug*) *sm Eletr* Peça com um ou mais pinos que se conecta na tomada, estabelecendo a ligação elétrica.

plu.ma (*plat pluma*) *sf* Pena de ave. • *adj m+f* Diz-se do que pesa pouco, que é macio ou fofo.

plu.ma.gem (*pluma+agem*) *sf* **1** Conjunto das penas de uma ave. **2** Penas para enfeite.

plúm.beo (*lat plumbeu*) *adj* **1** De chumbo. **2** Que tem a cor do chumbo. **3** Pesado como chumbo.

plu.ral (*lat plurale*) *adj m+f Gram* Número gramatical que designa mais de uma pessoa, animal ou coisa. • *sm* Flexão nominal ou verbal que exprime a existência de mais de um ser ou a prática da ação por mais de um ser. *Plural majestático*: troca de plural pelo singular (nós por eu), usado por imperadores, reis, papas etc. para demonstrar respeito ao interlocutor.

plu.ra.li.da.de (*lat pluralitate*) *sf* **1** *Gram* Caráter de plural. **2** Multiplicidade. **3** Grande número; multidão. **4** O maior número; maioria. *Antôn* (acepção 1): *singularidade;* (acepção 2): *unidade*.

plu.ra.lis.mo (*plural+ismo*) *sm Polít* Doutrina ou sistema que admite a coexistência de vários partidos com iguais direitos.

plu.ra.li.za.ção (*pluralizar+ção*) *sf* Ato ou efeito de pluralizar.

plu.ra.li.zar (*lat pluralizare*) *vtd* **1** *Gram* Pôr no plural. **2** *Gram* Usar no plural. **3** Aumentar em número; multiplicar.

plu.ri.ce.lu.lar (*pluri+celular*) *adj m+f* **1** Relativo a muitas células. **2** Que abrange várias células. **3** Constituído de muitas células.

plu.ri.par.ti.dá.rio (*pluri+partidário*) *adj* Relativo a mais de um partido.

plu.ri.par.ti.da.ris.mo (*pluri+partidário+ismo*) *sm Polít* Existência em um país de vários partidos.

plu.tão (de *Plutão, np*) *sm* **1** *Astr* **Plutão** Planeta anão do sistema solar, descoberto em 1930. **2** *poét* O fogo.

plu.to.cra.ci.a (*gr ploutokratía*) *sf* **1** Influência dos ricos no governo de uma nação. **2** Classe influente ou dominante de homens ricos.

plu.to.cra.ta (*gr ploútos+crata*) *s m+f* **1** Pessoa que domina por causa do dinheiro que possui. **2** Membro da plutocracia.

plu.tô.nio (*lat plutoniu*) *sm Quím* Elemento metálico radioativo, semelhante quimicamente ao urânio, de número atômico 94 e símbolo Pu.

plu.vi.al (*lat pluviale*) *adj m+f* **1** Relativo à chuva. **2** Proveniente da chuva.

plu.vi.o.me.tri.a (lat *pluvia+metro*[1]*+ia*[1]) *sf* Ramo da meteorologia que trata da medição da quantidade de chuva caída.

plu.vi.ô.me.tro (*lat pluvia+metro*[1]) *sm Meteor* Instrumento para medir a precipitação de chuva caída em dado lugar e em determinado tempo.

PNB Sigla de *Produto Nacional Bruto*.

pneu *sm* **1** Forma abreviada de *pneumático*, no sentido das coberturas de borracha nas rodas dos veículos. **2** *gír* Sapato.

pneu.má.ti.co (*gr pneumatikós*) *adj* **1** Relativo ao ar e aos gases. **2** Movido ou acionado por ar comprimido: *Ferramenta pneumática*. **3** *Biol* Caracterizado por cavidades cheias de ar: *Ossos pneumáticos*. • *sm* Coberta externa, de borracha e tecido, da câmara de ar da roda de um veículo.

pneu.mo.ni.a (*gr pneumonía*) *sf Med* Inflamação pulmonar.

pó (*lat *pulu,* de **pulvu* por *pulve*) *sm* **1** Partículas de terra seca ou de qualquer outra substância reduzida a pó (*p ex*, pó de café); poeira. **2** *bras gír* Cocaína em pó. **3** *fig* Coisa sem valor. **4** *V pó de arroz*. *Pó de arroz:* pó fino e perfumado, para o rosto (também se diz apenas *pó*). *Pó de mico:* revestimento piloso de certas plantas que produz prurido na pele de quem encosta nelas.

pô (*red* de *porra*) *interj* Exprime espanto, aborrecimento, enfado; porra. *V puxa*.

po.bre (*lat paupere*) *adj m+f* **1** Que tem poucas posses. **2** Que tem pouco dinheiro. **3** Pouco fértil, pouco produtivo: *Terra pobre*. **4** De pouco valor. **5** Desprotegido, digno de compaixão; infeliz. *Sup abs sint: pobríssimo* e *paupérrimo*. • *s m+f* **1** Pessoa pobre. **2** Mendigo, pedinte.

po.bre-di.a.bo *sm* Indivíduo de pouca importância, sem eira nem beira; inofensivo. *Pl: pobres--diabos*.

po.bre.tão (*pobrete+ão*[2]) *sm* **1** *deprec* Homem

pobreza

muito pobre; pé-rapado. **2** Aquele que mendiga sem necessidade. *Fem: pobretona.*

po.bre.za (*pobre+eza*) *sf* **1** Estado ou qualidade de pobre. **2** Falta de recursos, escassez. **3** Indigência, miséria, penúria.

po.ça (*ô*) (de *poço*) *sf* **1** Cova natural, pouco funda, com água. **2** Líquido derramado no chão: *Poça d'água.*

po.ção (*lat potione*) *sf* **1** *Farm* Medicamento líquido para se beber. **2** Qualquer bebida: *Poção mágica.*

po.cil.ga (*lat vulg *porcilica*) *sf* **1** Curral de porcos; chiqueiro. **2** *fig* Casa imunda. **3** *gír* Espelunca.

po.ço (*ô*) (*lat puteu*) *sm* **1** Cavidade aberta no solo até uma profundidade onde se junta água nascente: *Poço artesiano.* **2** Abertura feita para se descer a uma mina. **3** Espaço no qual o elevador sobe e desce. **4** *por ext* Aquilo que é profundo, abismo. *Ser um poço de, fig:* ter (qualidade) em alto grau, exageradamente (*p ex, Ele é um poço de sabedoria; um poço de vaidade*).

po.da (*part de podar*) *sf* **1** Corte de ramos de plantas. **2** Época própria para podar. **3** *fig* Corte, diminuição.

po.dar (*lat putare*) *vtd* **1** Cortar os ramos de árvores e outras plantas. **2** *fig* Cortar, desbastar.

po.der[1] (*lat vulg *potere*) *vtd* **1** Ter a faculdade ou possibilidade de: *O animal não podia parar em pé. vtd* **2** Ter autoridade, domínio ou influência para: *Aqui ninguém pode usar armas. vint* **3** Ter força ou influência: *Mais pode aquele que se esforça. vtd* **4** Ter permissão ou autorização para: *Não pôde entrar por ser menor de 18 anos. vtd* **5** Ter calma, energia, paciência para: *Não pude sofrer mais agressões. vtd* **6** Ter ocasião ou oportunidade de: *Ainda não pude visitá-la. vtd* **7** Estar arriscado a: *Até um sábio pode ser iludido. vtd* **8** Ter motivo para; ter o direito de: *Podemos anunciar que tudo vai bem. vint* **9** Haver possibilidade; ser possível: *Tudo pode acontecer. Conjug:* não possui imperativo e o *o* da 3ª pessoa do singular do pretérito perfeito leva acento circunflexo (*pôde*). *Pres indic:* posso, podes, pode, podemos etc.; *Pret imp indic:* podia, podias, podia (dí) etc.; *Pret perf:* pude, pudeste, pôde, pudemos, pudestes, puderam; *Pret mais- -que-perf:* pudera, puderas etc.; *Fut pres:* poderei, poderás etc.; *Pres subj:* possa, possas etc.; *Pret imp subj:* pudesse, pudesses, pudesse etc.; *Fut subj:* puder, puderes, puder, pudermos, puderdes, puderem; *Infinitivo impess:* poder; *Infinitivo pess:* poder, poderes, poder, podermos, poderdes, poderem etc.; *Ger:* podendo; *Part:* podido; *Imper afirm:* pode (tu), possa (você), possamos (nós), podei (vós), possam (vocês).

po.der[2] (de *poder*[1]) *sm* **1** Faculdade, possibilidade. **2** Autoridade, mando. **3** Império, soberania. **4** Posse, jurisdição, domínio, atribuição. **5** Governo de um Estado: *Poder legislativo.* **6** Meios, recursos.

po.de.ri.o (*poder+io*[2]) *sm* **1** Grande poder. **2** Autoridade, domínio.

po.de.ro.so (*ô*) (*poder+oso*) *adj* **1** Que tem poder ou exerce o mando. **2** Que tem poder físico ou moral. **3** Que tem autoridade, influência. **4** Que tem grande poder ofensivo. *Pl: poderosos* (*ó*).

polaridade

pó.dio (*lat podiu*) *sm* Espécie de plataforma, com várias alturas, na qual são premiados os vencedores de uma competição ou torneio.

po.dre (*ô*) (*lat putre*) *adj m+f* **1** Em decomposição; deteriorado, putrefato. **2** *fig* Contaminado, pervertido. **3** *Cul* Diz-se da massa que não tem elasticidade, como a da empada. • *sm* **1** Parte estragada de alguma coisa. **2** *fig* O lado fraco ou condenável. *sm pl* Defeitos, vícios: *Descobrir os podres de alguém.*

po.dri.dão (*podre+suf lat itudine*) *sf* **1** Estado de podre. **2** *fig* Corrupção moral; desmoralização, devassidão, vício.

po.e.dei.ra (*poer+deira*) *adj + sf* Diz-se da, ou a galinha que põe ovos.

po.ei.ra (*pó+eira*) *sf* Terra seca, pulverizada; pó.

po.ei.ren.to (*poeira+ento*) *adj* Cheio de poeira; coberto de pó. *Sin: poeirada.*

po.e.jo (*ê*) (*lat puleiu*) *sm Bot* Planta medicinal, aromática, da família das labiadas.

po.e.ma (*gr poíema*) *sm* Obra em verso. *Dim irreg: poemeto.*

po.en.te (*lat poente*) *adj* Diz-se do Sol quando está no ocaso. • *sm* Pôr do sol; ocaso, ocidente.

po.e.si.a (*gr poíesis+ia*[1]) *sf* **1** Arte de escrever em verso. **2** Conjunto das obras em verso escritas numa língua. **3** Cada um dos gêneros poéticos. **4** Composição poética pouco extensa; pequeno poema.

po.e.ta (*gr poietés*) *adj + sm* **1** Que, ou aquele que faz versos. **2** *fig* Que, ou aquele que devaneia ou tem caráter idealista. *Fem: poetisa.*

po.e.tar (*lat poetari*) *vtd* **1** Cantar, descrever, exprimir em verso. *vint* **2** Compor obras poéticas; fazer poesias; poetizar.

po.é.ti.ca (*gr poietiké*) *sf* **1** Arte de fazer versos. **2** Conjunto de regras a observar na composição de obras poéticas.

po.é.ti.co (*lat poietikós*) *adj* **1** Relativo ou próprio da poesia. **2** Em que há poesia.

po.e.ti.sa *sf* Feminino de *poeta.*

po.e.ti.zar (*poeta+izar*[1]) *vtd* **1** Cantar em versos: *Na Ilíada, Homero poetizou a guerra de Troia. vtd* **2** Tornar poético: *Poetizar a vida. vint* **3** Fazer versos; poetar. *Conjug – Pres indic:* poetizo, poetizas, poetiza etc.

pois (*lat postea*) *conj* **1** Mas, porém. **2** Porque, visto que: *Não podemos sair, pois a chuva não parou.* **3** Logo, portanto, à vista disso. **4** Então: *Pois o senhor não me chamou?*

po.la.co (*ital polacco*, do *polonês*) *adj + sm* Polonês.

po.lai.na (*fr ant Poulaine*) *sf* Peça de couro ou de pano grosso, que cobre só a parte superior do pé, por cima do calçado, ou a parte da perna entre o pé e o joelho, por cima das calças.

po.lar (*polo+ar*[2]) *adj m+f Geogr* e *Fís* **1** Relativo aos polos. **2** Situado junto dos polos.

po.la.ri.da.de (*polar+i+dade*) *sf* **1** Estado particular, positivo ou negativo, de um corpo em relação aos dois polos, ou à eletrificação. **2** Propriedade que têm o ímã e a agulha magnética de tomar a direção dos polos. **3** Propriedade do gerador ou motor elétricos cuja corrente sai por um polo e entra pelo outro.

po.la.ri.za.ção (*polarizar+ção*) *sf Fís* **1** Separação das cargas elétricas positivas e negativas da molécula. **2** Estado em que a vibração de uma onda de luz ou outra radiação vibratória se efetua em um só plano ou descreve círculos ou elipses. **3** Deslocamento dos elétrons e núcleos em átomos e moléculas produzido em um campo elétrico.

po.la.ri.zar (*polar+izar*) *vtd* **1** *Eletrôn* Produzir ou causar polarização em. *vtd* **2** Atrair para si; concentrar: *Onde ela chegava, polarizava todas as atenções*. *vpr* **3** Concentrar-se (em um determinado objetivo).

po.la.roi.de (*ó*) (*polar+oide*) *sm* **1** *Fís* Material polarizador da luz, usado especialmente em lentes de óculos e lâmpadas. **2** Tipo de máquina fotográfica que revela e copia a chapa na hora.

pol.ca (*fr polka*, do *tcheco*) *sf* **1** *Mús* Dança em compasso de 2 por 4, de andamento rápido, originária da Boêmia. **2** Música para essa dança.

pol.dro (*ô*) (*lat vulg *pulletru*) *sm* Cavalo novo; potro.

po.le.ga.da (*baixo-lat pollicata*) *sf* Medida inglesa de comprimento equivalente a aproximadamente 0,0254 m.

po.le.gar (*lat pollicare*) *adj* **1** Diz-se do dedo mais curto e grosso da mão. **2** Diz-se do primeiro e mais grosso dedo do pé. • *sm* Qualquer um desses dedos.

po.lei.ro (*lat pullariu*) *sm* **1** Conjunto de varas dispostas horizontalmente à maneira de escada, geralmente dentro dos galinheiros, onde as aves domésticas pousam. **2** *fig* Posição elevada de onde alguém exerce autoridade ou mando. **3** *pop* Num local de espetáculos, últimas fileiras (no cinema, teatro ou circo).

po.lê.mi.ca (*gr polemiké*) *sf* **1** Debate oral. **2** Controvérsia, questão, discussão.

po.lê.mi.co (*gr polemikós*) *adj* **1** Relativo a polêmica. **2** Dado a polêmicas.

po.le.mi.zar (*pôlemo+izar*) *vint* e *vti* Travar polêmica (com); discutir; debater: *Não polemize! Os sindicalistas polemizaram com o governo*.

pó.len (*lat pollen*) *sm Bot* Pó fino, da antera das flores, cuja função é fecundar os óvulos. *Pl: polens*.

po.len.ta (*ital polenta*, do *lat polenta*) *sf Cul* Massa ou papa de fubá com água e sal, ou com manteiga e queijo.

pole-position (*pôul-pozíchon*) (*ingl*) *sf Esp* Primeira posição, no ponto de largada de uma corrida.

po.li.a (*fr poulie*) *sf Mec* Roda fixa num eixo rotatório e acionada por uma correia.

po.li.chi.ne.lo (*ital pulcinella*) *sm* **1** Personagem das farsas napolitanas. **2** Boneco que representa essa personagem, corcunda nas costas e no peito. **3** *fig* Palhaço, bobo.

po.lí.cia (*gr politeía*) *sf* Órgão auxiliar da justiça cuja atividade consiste em prevenir, manter ou restaurar a ordem, a segurança e a liberdade pública e individual. *sm* Policial.

po.li.ci.al (*polícia+al*[1]) *adj m+f* **1** Relativo à polícia. **2** Que trata de crimes e de seu desvendamento: *Filme policial*; *romance policial*. • *s m+f* Membro de uma corporação policial.

po.li.ci.a.men.to (*policial+mento*) *sm* Ação ou efeito de policiar.

po.li.ci.ar (*polícia+ar*) *vtd* **1** Guardar, vigiar, proteger, por meio da polícia: *Policiar um banco*. *vtd* **2** Conter, refrear: *Policiar os instintos*. *vpr* **3** Conter(-se); controlar(-se); disciplinar(-se): *Não se policie tanto, Marina*. Conjug – Pres indic: *policio, policias, policia* (*cí*) etc. *Cf polícia*.

po.li.clí.ni.ca (*poli+clínica*) *sf* **1** Ramo da medicina aplicado às doenças em geral; clínica geral. **2** Estabelecimento onde vários médicos especializados dão consultas.

po.li.cro.mi.a (*policromo+ia*[1]) *sf* **1** Conjunto de diferentes cores. **2** *Med* Pigmentação excessiva ou anormal da pele. **3** *Tip* Qualquer processo em que entram mais de três cores.

po.li.cro.mo (*gr polýkhromos*) *adj* **1** Que apresenta muitas cores; multicolor, multicor. **2** *Tip* Diz-se da estampa ou impresso obtido por policromia.

po.li.dez (*polido+ez*) *sf* **1** Qualidade do que é polido. **2** Boa educação, civilidade, delicadeza, urbanidade. *Antôn* (acepção 2): *grosseria*.

po.li.do (*part de polir*) *adj* **1** Brilhante, lustroso, luzidio, envernizado. **2** Civilizado, culto. **3** Cortês, delicado.

po.li.dor (*lat politore*) *adj* Que dá polimento. • *sm* Aparelho ou ferramenta de polir.

po.li.e.dro (*gr polýedros*) *sm Geom* Sólido limitado por superfícies planas.

po.li.és.ter (*poli+éster*) *sm Quím* **1** Éster complexo formado por polimerização ou por condensação, usado no fabrico de fibras, resinas e plásticos. **2** Fibra de poliéster. **3** Resina de poliéster. *Pl: poliésteres*.

po.li.es.ti.re.no (*poli+estireno*) *sm Quím* Polímero com várias aplicações industriais e domésticas.

po.li.e.ti.le.no (*poli+etileno*) *sm Quím* Matéria plástica usada para isolar condutores de correntes elétricas de alta frequência.

po.li.fo.ni.a (*poli+fono+ia*[1]) *sf* **1** Pluralidade de sons, tal como na reverberação de um eco. **2** *Mús* Multiplicidade de sons.

po.li.fô.ni.co (*polífono+ico*[2]) *adj* **1** Relativo à polifonia. **2** Que repete os sons várias vezes.

po.li.ga.mi.a (*polígamo+ia*[1]) *sf* Estado de polígamo. *Antôn: monogamia*.

po.lí.ga.mo (*gr polýgamos*) *adj + sm* **1** Diz-se de, ou aquele que tem mais de um cônjuge ao mesmo tempo. **2** *Zool* Diz-se de, ou os animais cujo macho tem muitas fêmeas. **3** *Bot* Diz-se, ou as plantas que têm simultaneamente flores hermafroditas e unissexuais. *Antôn: monógamo*.

po.li.glo.ta (*gr polýglottos*) *adj* e *s m+f* Que, ou pessoa que fala ou sabe muitas línguas.

po.li.go.nal (*polígono+al*[1]) *adj m+f* **1** Relativo ao polígono. **2** Que tem muitos ângulos.

po.lí.go.no (*gr polýgonon*) *sm* **1** *Geom* Figura plana formada por uma linha poligonal fechada. **2** Objeto ou superfície poligonal: *Polígono da seca*.

po.li.gra.fi.a (*polígrafo+ia*[1]) *sf* **1** Qualidade de quem é polígrafo. **2** Conjunto de vários conhecimentos. **3** Coleção de obras diversas, científicas ou literárias.

po.lí.gra.fo (*poli+grafo*) *sm* **1** O que escreve sobre assuntos diversos. **2** Aparelho que registra fenômenos fisiológicos diversos (pressão arterial, movimentos respiratórios etc.) usado geralmente como detector de mentiras.

po.li.men.to (*polir+mento*) *sm* **1** Ação ou efeito de polir. **2** Lustre, verniz. **3** *fig* Primor, perfeição de estilo.

po.li.me.ri.za.ção (*polímero+izar+ção*) *sf* Quím Reação em que duas ou mais moléculas pequenas se combinam, formando outras maiores que contêm os mesmos elementos na mesma proporção que as pequenas.

po.li.me.ri.zar (*polímero+izar*) *Quím vtd* **1** Tornar polímero. *vint* **2** Passar por polimerização.

po.lí.me.ro (*poli+mero*) *adj Quím* Diz-se do composto que, em relação a um outro, apresenta moléculas de tamanhos diferentes, mas com as mesmas propriedades químicas.

po.li.mor.fis.mo (*poli+morfo+ismo*) *sm* **1** Propriedade do que é polimorfo. **2** *Biol* Existência de uma espécie sob várias formas, como as abelhas e as formigas.

po.li.mor.fo (*poli+morfo*) *adj* Que assume ou passa por várias formas, fases etc.

po.li.né.sio (*top Polinésia+ico²*) *sm* **1** Povo nativo da Polinésia (arquipélago do Pacífico). **2** Habitante ou natural dessa região. **3** *Ling* Um dos subgrupos da família linguística do malaio-polinésio. • *adj* Que se refere à Polinésia.

po.li.ni.za.ção (*polinizar+ção*) *sf* Ato ou efeito de polinizar.

po.li.ni.za.dor (*polinizar+dor*) *adj + sm* Diz-se de, ou animal (especialmente inseto) que poliniza.

po.li.ni.zar (*lat pólini+izar*) *vtd* Levar o pólen das anteras para o estigma da flor; praticar a polinização, natural ou artificialmente.

po.li.nô.mio (*poli+nomo+io²*) *sm* Expressão algébrica, composta de vários termos, separados pelos sinais + ou -.

pó.lio (*gr pólion*) *sf* Forma reduzida de poliomielite.

po.li.o.mi.e.li.te (*pólio+mielite*) *sf Med* Inflamação da substância cinzenta da medula espinhal.

pó.li.po (*gr polýpous*) *sm Med* Tumor benigno que ocorre nas superfícies mucosas do nariz, laringe, esôfago, estômago, intestinos, bexiga, uretra e útero.

po.li.po.di.á.ceas (*polipódio+áceas*) *sf pl Bot* Família de fetos à qual pertencem as avencas e as samambaias.

po.lir (*lat polire*) *vtd* **1** Dar polimento a; tornar lustroso: *Polir as unhas, polir móveis*. *vtd* **2** Alisar: *Poliu a mesa com lixa número zero*. *vtd* **3** Corrigir, retocar, aperfeiçoar: *Polir uma estátua, polir uma redação*. *vtd* e *vpr* **4** *fig* Civilizar(-se), educar(-se); aprimorar(-se). *Conjug:* verbo irregular; muda o radical em *u* nas formas rizotônicas do presente do indicativo e em todo o presente do subjuntivo – *Pres indic*: pulo, pules, pule, polimos, polis, pulem; *Pres subj*: pula, pulas, pula, pulamos, pulais, pulam; *Imper afirm*: pule(tu), pula(você), pulamos(nós), poli(vós), pulam(vocês).

po.lis.sín.de.to (*gr polysýndeton*) *sm Ret* Ligação de uma série de termos coordenados por uma mesma conjunção: *Temos braços e cérebros e terra e riquezas*.

po.li.téc.ni.ca (*fem* de *politécnico*) *sf* Redução de *escola politécnica*.

po.li.téc.ni.co (*poli+tecno+ico²*) *adj* **1** Relativo à instrução em muitas artes técnicas ou ciências aplicadas. **2** Diz-se da escola onde se estudam diversos ramos de engenharia.

po.li.te.ís.mo (*poli+teísmo*) *sm* Sistema religioso que admite muitos deuses; paganismo. *Antôn:* monoteísmo.

po.li.te.ís.ta (*poli+teísta*) *adj m+f* **1** Referente ao politeísmo. **2** Que segue o politeísmo. • *s m+f* Pessoa que segue o politeísmo.

po.li.ti.ca (*gr politiké*) *sf* **1** Arte ou ciência de governar. **2** Aplicação desta arte nos negócios internos da nação (política interna) ou nos negócios externos (política externa). **3** Conjunto dos princípios ou opiniões políticas. **4** Maneira de agir e tratar com habilidade.

po.li.ti.ca.gem (*político+agem*) *sf deprec* Política ordinária, mesquinha e interesseira. *Var:* politiquice.

po.lí.ti.co (*gr politikós*) *adj* **1** Que trata de política: *Tese política*. **2** Relativo aos negócios públicos. **3** Que se ocupa de política: *Partido político; homem político*. **4** Cortês, delicado. **5** *fig* Astuto, esperto. • *sm* **1** Aquele que se ocupa de política; estadista. **2** *fig* Aquele que é político, astuto.

po.li.ti.quei.ro (*político+eiro*) *adj + sm pej* Diz-se de, ou indivíduo que se ocupa muito da política partidária, ou faz politicagem.

po.li.ti.quês (*político+ês*) *sm gír* Linguagem cheia de termos políticos, frequentemente vazia e sem sentido.

po.li.ti.za.ção (*politizar+ção*) *sf* Ato ou efeito de politizar.

po.li.ti.zar (*polít(ico)+izar*) *vtd* e *vpr* Tornar(-se) consciente dos direitos e deveres políticos; dar consciência política a.

po.li.ú.ria (*poli+uro²+ia¹*) *sf Med* Secreção de urina muito frequente.

po.li.va.len.te (*poli+valente*) *adj m+f* **1** *Quím* Que tem mais de uma valência. **2** *fig* Que desempenha várias funções; versátil.

po.lo¹ (*ó*) (*gr polos*) *sm* **1** *Geogr* Cada uma das duas extremidades do eixo imaginário da Terra. **2** Regiões que circundam essas extremidades: *Polo Norte; Polo Sul*. **3** Cada uma das duas extremidades de qualquer eixo ou linha. **4** *Fís* Cada um dos dois pontos opostos de um ímã ou corpo imantado. **5** *Eletr* Cada um dos dois terminais de uma pilha ou bateria. **6** *fig* Aquilo que é o centro de interesse.

po.lo² (*ó*) (*tibetano pulu*, pelo *ingl*) *sm Esp* Espécie de hóquei jogado a cavalo. *Polo aquático:* jogo disputado em piscina por dois times de sete nadadores com uma bola semelhante à de futebol.

po.lo.nês (*top Polônia+ês*) *adj* Relativo ou pertencente à Polônia (Europa). • *sm* **1** O natural ou habitante da Polônia. **2** Idioma que se fala na Polônia.

po.lô.nio (do *top Polônia*) *sm Quím* Elemento metálico radioativo, quimicamente semelhante ao telúrio e ao bismuto, de número atômico 84 e símbolo Po.

pol.pa (*ô*) (*lat pulpa*) *sf* **1** *Bot* Substância carnuda e macia que reveste as sementes de alguns frutos. **2** Carne sem ossos nem gorduras. **3** *por ext* Massa, pasta. *Cf poupa*.

pol.po.so (ó) (*lat pulposu*) *adj* Que tem muita polpa; carnudo, polpudo. *Pl: polposos* (ó).
pol.pu.do (*polpa+udo*[1]) *adj* **1** Diz-se de negócio muito rendoso. **2** *V polposo.*
pol.trão (*ital poltrone*) *adj + sm* Que, ou aquele que não tem coragem; covarde, medroso. *Fem: poltrona. Antôn: valente, corajoso.*
pol.tro.na (*ital poltrona*) *sf* **1** Cadeira de braços, geralmente estofada. **2** Nos cinemas e teatros, cadeira de plateia. **3** Banco, geralmente individual, nos ônibus, aviões etc.
po.lu.ção (*lat pollutione*) *sf* Emissão involuntária de esperma; ejaculação: *Polução noturna.*
po.lu.en.te (de *poluir*) *adj m+f* Que polui ou pode poluir.
po.lu.i.ção (*poluir+ção*) *sf* Ato ou efeito de poluir.
po.lu.í.do (*part* de *poluir*) *adj* Em que houve ou há poluição: *Ambiente poluído.*
po.lu.i.dor (*poluir+dor*) *adj + sm* Que, ou o que polui: *Agente poluidor. Deixe de ser poluidor.*
po.lu.ir (*lat poluere*) *vtd* **1** Sujar; manchar; corromper: *Os despejos da cidade poluíram o rio. vtd* **2** Desacreditar: *A renúncia ao cargo poluiu o político. vtd* e *vpr* **3** Perverter(-se), corromper (-se): *As más companhias o poluíram. Poluiu-se por dinheiro. Conjug – Pres indic: poluo, poluis, polui, poluímos, poluís, poluem; Pret imp indic: poluía, poluías, poluía, poluíamos, poluíeis, poluíam; Pret perf: poluí, poluíste, poluiu, poluímos, poluístes, poluíram; Pret mais-que-perf: poluíra, poluíras, poluíra, poluíramos, poluíreis, poluíram; Pret imperf subj: poluísse, poluísses, poluísse, poluíssemos, poluísseis, poluíssem.*
po.lu.to (*lat pollutu*) *adj* Manchado, corrompido, maculado.
pol.vi.lhar (*polvilho+ar*[1]) *vtd* **1** Cobrir ou salpicar de pó: *Polvilhar o rosto. vtd* e *vti* **2** Espalhar sobre; salpicar de (alguma substância em pó): *Polvilhar com* (ou *de*) *canela o arroz-doce.*
pol.vi.lho (*cast polvillo*) *sm* **1** Pó muito fino obtido do resíduo da lavagem da mandioca ralada. **2** Qualquer substância em pó, de aplicação medicamentosa, culinária etc.
pol.vo (ó) (*gr polýpous,* pelo *lat*) *sm Zool* Nome comum aos moluscos cefalópodes dotados de oito tentáculos recobertos de ventosas.
pól.vo.ra (*lat pulvera,* pelo *cat* e *cast*) *sf* Nome genérico de vários explosivos.
pol.vo.ro.sa (*cast polvorosa*) *sf pop* Grande atividade; agitação: *A cidade toda está em polvorosa com a chegada do político.*
po.ma.da (*fr pommade*) *sf* Preparado farmacêutico, para uso externo, obtido da mistura de uma gordura animal com uma ou mais substâncias aromáticas ou medicinais.
po.mar (*lat pomariu*) *sm* Terreno plantado de árvores frutíferas.
pom.ba (*lat palumba*) *sf* **1** Fêmea do pombo. **2** *Ornit* Nome comum a várias aves da família dos columbídeos (aves que têm o torso mais curto que o dedo anterior médio). **3** *vulg* Vulva. **4** *Reg* (Nordeste) *vulg* Pênis. *sf pl interj gír* Indica admiração, espanto, surpresa, ira.
Pom.ba.gi.ra *sf Rel* Uma das divindades da macumba (companheira de Exu). *Var: Pombajira.*

pom.bal (*pomba+al*[1]) *sm* Local destinado ao abrigo e criação de pombos domésticos.
pom.bo (*lat palumbu*) *sm Ornit* Nome comum a numerosas aves da família dos columbídeos.
pom.bo-cor.rei.o *sm* Variedade de pombo empregado para levar comunicações e correspondência. *Pl: pombos-correio* e *pombos-correios.*
po.mo (*lat pomu*) *sm* Fruto carnudo como maçã, pera, marmelo etc. *Pomo de adão, Anat:* nome que se dá à saliência formada pela cartilagem tireoidea, na parte anterior do pescoço do homem; gogó. O nome oficial é *proeminência laríngea.*
pom.pa (*lat pompa*) *sf* **1** Exibição solene e suntuosa; ostentação. **2** Grande luxo; gala.
pom.pe.ar (*pompa+e+ar*[1]) *vtd* **1** Expor vaidosamente; exibir com pompa. *vint* **2** Ostentar riqueza; brilhar. *Conjuga-se como frear.*
pom.po.ar *sm* (*tâmil pahm-pour,* via *fr pompoir*) Contração voluntária dos músculos circunvaginais, a fim de induzir sensações eróticas no pênis, durante o ato sexual. Tal prática prolonga e intensifica o prazer sexual.
pom.pom (*fr pompon*) *sm* Bolinha ou tufo ornamental de fios de lã, seda etc.
pom.po.so (ó) (*lat pompa*) *adj* **1** Realizado com pompa. **2** Em que há pompa; que ostenta pompa. **3** Solene. *Pl: pomposos* (ó).
pô.mu.lo (*lat pomulu*) *Anat V* maçã do rosto.
pon.cã (*jap ponkan*) *sm* Espécie de tangerina.
pon.che (*ingl punch*) *sm* **1** Bebida preparada com vinho, aguardente ou rum, açúcar, sumo de limão, chá ou água. **2** *Reg* (Nordeste) Refresco de frutas. **3** *V poncho.*
pon.chei.ra (*ponche+eira*) *sf* Vasilha em que se faz ou serve o ponche (acepção 1).
pon.cho (*cast poncho*) *sm Reg* (Sul) Capa grossa e com pequena abertura no centro, por onde se enfia a cabeça (em São Paulo, diz-se *ponche*).
pon.de.ra.ção (*lat ponderatione*) *sf* **1** Ato de ponderar. **2** Reflexão, consideração.
pon.de.rar (*lat ponderare*) *vtd* **1** Examinar com atenção; avaliar minuciosamente: *Antes de tomar uma decisão pondere bem os prós e os contras. vti* e *vint* **2** Meditar, pensar, refletir: *Pondere bem, antes de falar. Pondere sobre o assunto, antes de decidir. vtd* **3** Alegar, expor, apresentando razões de peso: *Argumentou, ponderando os riscos e desvantagens do negócio.*
pon.de.rá.vel (*ponderar+vel*) *adj m+f* **1** Que se pode ponderar. **2** Que se pode pesar, avaliar, examinar e considerar.
pô.nei (*ingl pony*) *sm* Cavalo muito pequeno (altura entre 1 m e 1,45 m), normalmente de pelos longos.
pon.ta (*lat puncta*) *sf* **1** A extremidade aguçada de um objeto: *Quebrou a ponta do lápis.* **2** Cimo, cume, vértice. **3** A parte saliente de qualquer coisa: *Ponta do nariz, da língua, do pé.* **4** Princípio ou fim de uma fila ou de uma série. **5** *Geogr* Terra que avança para o mar, sem ter grande altura sobre as águas. **6** Papel (em peça de teatro, filme cinematográfico etc.) curto ou eventual. **7** Resto de cigarro fumado. *Ponta de estoque, Com:* a) sobra de material; últimas peças (tecidos, calçados, móveis etc.) em estoque; b) loja que vende essas peças. *Saber na ponta da língua:* saber perfeitamente.

pon.ta.ca.be.ça sf Usado na locução adverbial *de ponta-cabeça*: de cabeça para baixo. *Pl: pontas-cabeça* e *pontas-cabeças*.
pon.ta.da (*ponta+ada*¹) sf Dor aguda e rápida.
pon.ta-di.rei.ta sf *Esp* Extrema-direita. *Pl: pontas-direitas*.
pon.ta-es.quer.da sf *Esp* Extrema-esquerda. *Pl: pontas-esquerdas*.
pon.tal (*ponta+al*¹) sm *Geogr* Ponta de terra compreendida entre a confluência de dois rios.
pon.ta.le.te (*pontal+ete*) sm Escora de madeira.
pon.ta.pé (*ponta+pé*) sm **1** Pancada com a ponta do pé. **2** *fig* Ato de ingratidão. **3** *fig* Ofensa. *Dar um pontapé em, bras pop*: romper um relacionamento de forma inesperada; dar o fora em alguém.
pon.ta.ri.a (*ponto+aria*) sf **1** Ato de apontar na direção da linha de mira. **2** *fig* Alvo, mira.
pon.te (*lat ponte*) sf **1** Construção sobre um curso d'água para a passagem de pedestres e veículos. *Dim irreg: pontilhão, pontícula*. **2** *Odont* Conjunto de dentes artificiais que, por uma placa, se prendem a dois ou mais dentes naturais. **3** *fig* Qualquer elemento que estabelece contato, comunicação, ligação ou transição entre pessoas ou coisas.
pon.te.ar (*ponta+e+ar*¹) vtd **1** Cobrir ou marcar com pontos: *Pontear um mapa, um desenho*. **2** Alinhavar, costurar: *Pontear a bainha da saia*. **3** *Mús* Dedilhar, tocar (instrumentos de corda). Conjuga-se como *frear*.
pon.tei.ra (*ponta+eira*) sf Peça de metal que reveste a extremidade inferior dos guarda-chuvas, tacos de bilhar etc.
pon.tei.ro (*ponta+eiro*) sm **1** Agulha móvel de instrumento com mostrador. **2** Agulha que nos mostradores dos relógios indica as horas, os minutos e os segundos. • *adj* **1** Que está na ponta ou à frente. **2** Diz-se do vento contrário ao rumo do navio.
pon.ti.a.gu.do (*ponta+agudo*) *adj* Que termina em ponta fina; aguçado, pontudo.
pon.ti.fi.ca.do (*lat pontificatu*) sm **1** Exercício do poder do papa. **2** Tempo que dura o governo de um papa; papado.
pon.ti.fi.cal (*lat pontificale*) sm **1** Livro que contém os ritos a serem observados pelos pontífices ou bispos no exercício das suas funções. **2** *Liturg* Capa comprida que o bispo usa nos ofícios solenes.
pon.ti.fi.car (*pontífice+ar*¹) vint **1** *Rel Catól* Celebrar missa com o pontifical. vti e vint **2** Falar ou escrever superiormente ou ditar leis em algum assunto: *Em futebol ele pontifica*. vtd **3** Falar ou escrever com ênfase. *Conjug – Pres subj: pontifique, pontifiques* etc.; *Pret perf: pontifiquei, pontificaste, pontificou* etc.
pon.ti.fi.ce (*lat pontifice*) sm **1** Título do papa: *Pontífice romano; sumo pontífice*. **2** Alto dignitário eclesiástico (bispo, arcebispo).
pon.ti.fí.cio (*lat pontificiu*) *adj* **1** Relativo a pontífice. **2** Procedente ou próprio de pontífice; episcopal.
pon.ti.lha.do (*ponto+ilho+ado*¹) *adj* Marcado com pontinhos. • sm **1** Conjunto de pontos. **2** Série de pontinhos.
pon.ti.lhão (*ponte+ilha+ão*²) sm Pequena ponte.
pon.ti.lhar (*pontilha+ar*¹) vtd **1** Marcar com pontinhos; pontear. **2** Desenhar usando pontos. **3** *Inform* Criar uma curva ou linha que parece mais suave adicionando-se *pixels* sombreados ao lado dos *pixels* que compõem a imagem.
pon.to (*lat punctu*) sm **1** Marca feita ou que parece feita com a ponta fina de algum objeto, como agulha, lápis etc. **2** *Geom* Elemento geométrico considerado sem dimensões, apenas com posição: *Duas retas que se cruzam, cortando-se num ponto*. **3** Movimento de colocar a agulha para dentro e para fora do tecido, ao costurar ou bordar. **4** Cada uma das laçadas de linha ou lã no tricô ou crochê. **5** *Cir* Fio de material especial para unir a pele que sofreu corte. **6** Unidade de contagem para jogos, competições etc. **7** Lugar fixo e determinado. **8** Cada uma das partes em que é dividida uma matéria de programa escolar. **9** Matéria em discussão; assunto, questão. **10** Grau de consistência que se dá à calda de açúcar e a certos doces. **11** Situação, estado, grau. **12** Livro ou cartão em que se marcam a entrada e a saída dos empregados nas fábricas, repartições etc. *Ponto cardeal*: designação de cada uma das quatro principais direções da rosa dos ventos: norte, sul, leste e oeste. *Ponto colateral*: designação de cada uma das direções da rosa dos ventos equidistantes dos pontos cardeais: nordeste, sueste, sudoeste e noroeste. *Ponto de exclamação*: sinal de pontuação (!) usado após uma frase exclamativa ou interjeição; ponto de admiração. *Ponto de interrogação*: sinal de pontuação (?) que se coloca no fim de uma oração para indicar pergunta direta. *Ponto e vírgula*: sinal de pontuação (;) que indica pausa mais forte que a vírgula.
pon.tu.a.ção (*pontuar+ção*) sf *Gram* Arte de dividir, por meio de sinais gráficos, as partes do texto, indicando pausas.
pon.tu.al (*ponto+al*¹) *adj m+f* **1** Que chega na hora marcada. **2** Exato no cumprimento das suas obrigações. **3** Feito com exatidão ou no prazo combinado.
pon.tu.a.li.da.de (*pontual+i+dade*) sf Qualidade de pontual; exatidão no cumprimento dos deveres ou compromissos.
pon.tu.ar (*ponto+ar*¹) vtd **1** *Gram* Empregar os sinais de pontuação em (escrita). vint **2** Fazer uso da pontuação: *Ela pontua como ninguém*.
pon.tu.do (*ponta+udo*¹) *adj* **1** Que termina em ponta; aguçado, bicudo. **2** Cheio de pontas.
poodle (*púdol*) (*ingl*) sm Nome de uma raça de cão de estimação.
pool (*pul*) (*ingl*) sm **1** *Econ* Organização baseada no acordo entre produtores e/ou empresas do mesmo ramo, com a finalidade de formar um mercado comum ou uma caixa única para os seus produtos. **2** *por ext* Conjunto de pessoas que formam uma caixa única para alcançar determinado objetivo.
pop (*abrev de popular*) *adj m+f neol* Objeto ou conceito popular utilizado em arte: *Música pop*.
po.pa (ô) (*lat puppe*) sf **1** Parte posterior de uma embarcação. *Antôn: proa*. **2** *pop* Nádegas.
po.pe.li.na (*fr popeline*) sf Tecido fino, de algodão, para vestuário.
po.pu.la.ção (*lat populatione*) sf **1** A totalidade dos

indivíduos que habitam uma localidade, um país, um território, o mundo. **2** Conjunto dos indivíduos da mesma condição ou profissão em um lugar ou país. **3** *Biol* Conjunto dos organismos animais ou vegetais, de determinada categoria, de uma área particular.

po.pu.la.cho (*populo+acho*) *sm* **1** As classes inferiores da sociedade. **2** Plebe, ralé. *Var: populaça*.

po.pu.la.ci.o.nal (*população+al*[1]) *adj m+f* Relativo à população.

po.pu.lar (*lat populare*) *adj m+f* **1** Pertencente ou relativo ao povo; próprio do povo. **2** Adaptado à compreensão ou ao gosto do povo. **3** Originado entre o povo ou por ele composto ou transmitido. **4** Que é do agrado do povo; que tem as simpatias, o afeto do povo. **5** Democrático. • *sm* Homem qualquer. *sm pl* Homens do povo; partidários do povo; os democratas. *sf pl* Nos estádios desportivos, as acomodações de menor preço: *Os espectadores ficaram nas populares*.

po.pu.la.res.co (*popular+esco*) *adj* Bem popular.

po.pu.la.ri.da.de (*popular+i+dade*) *sf* Qualidade ou caráter do que é popular.

po.pu.la.ri.zar (*popular+izar*) *vtd* e *vpr* **1** Tornar (-se) popular. *vtd* **2** Apresentar um assunto de forma acessível ou interessante para a maioria; vulgarizar, divulgar.

po.pu.lo.so (*ô*) (*lat populosu*) *adj* Muito povoado; que possui população numerosa. *Pl: populosos* (*ó*).

pô.quer (*ingl poker*) *sm* Jogo de cartas, de origem norte-americana, para duas ou mais pessoas. *Pl: pôqueres*.

por (*lat pro*) *prep* Palavra que, usada isoladamente ou contraída com os artigos *o* (pelo) ou *a* (pela), indica, conforme a construção da frase, diversas relações, tais como: **1** Lugar (através de, sobre, ao longo de, em, perto de): *Entremos por esta porta*. **2** Lugar, onde se está de passagem: *Quando voltamos, passamos por Recife*. **3** Causa, motivo. **4** Autoria; agente de ligação do verbo: *O Brasil foi descoberto por Cabral*. **5** Estado: *Está por um fio*. **6** Meio, instrumento, intervenção, expediente: *Por via férrea*. **7** Espaço de tempo, duração: *Esteve fora por dois anos*. **8** Época, tempo: *Chegamos pela manhã*.

pôr (*lat ponere*) *vtd* **1** Colocar em; classificar. *vtd* **2** Assentar ou firmar no solo: *Pôr os pés no chão*. *vtd* e *vpr* **3** Colocar(-se) em certa posição. *vpr* **4** Desaparecer, sumir-se no horizonte (um astro): *Punha-se o Sol, quando chegamos*. *vtd* e *vti* **5** Atribuir (falha, apelido etc.): *Põe defeito em tudo o que ele faz*. Ao estudioso os alunos puseram o apelido de "Enciclopédia". *vtd* **6** Converter em; deixar, tornar: *A prática de exercícios pôs o cinquentão em forma*. *vtd* **7** Confiar, entregar. *vpr* **8** Concentrar-se: *Pôr-se em meditação*. *vpr* **9** Imaginar-se, supor-se: *Ponha-se no meu lugar*. *vpr* **10** Começar, entreter-se, ocupar-se: *Pôr-se a estudar, pôr-se a passear*. *vti* **11** Apresentar, submeter a: *Pôr à venda*. *vint* **12** Botar ovos (a ave). *Conjug:* verbo irregular. *Pres indic:* ponho, pões, põe, pomos, pondes, põem; *Pret imp indic:* punha, punhas, punha, púnhamos, púnheis, punham; *Pret perf:* pus, puseste, pôs, pusemos, pusestes, puse-ram; *Pret mais-que-perf:* pusera, puseras, pusera, puséramos, puséreis, puseram; *Fut pres:* porei, porás, porá, poremos, poreis, porão; *Fut pret:* poria, porias, poria, poríamos, poríeis, poriam; *Pres subj:* ponha, ponhas, ponha, ponhamos, ponhais, ponham; *Pret imp subj:* pusesse, pusesses, pusesse, puséssemos, pusésseis, pusessem; *Fut subj:* puser, puseres, puser, pusermos, puserdes, puserem; *Imper afirm:* põe(tu), ponha(você), ponhamos(nós), ponde(vós), ponham(vocês); *Imper neg:* não ponhas (tu), não ponha (você) etc.; *Infinitivo impess:* pôr; *Infinitivo pess:* pôr, pores, pôr, pormos, pordes, porem; *Ger:* pondo; *Part:* posto. *Pôr do sol:* o desaparecimento do sol no horizonte; ocaso. *Pl: pores do sol*.
Esse verbo possuía no português arcaico a forma **poer**, pertencendo, portanto, à 2ª conjugação. Na própria conjugação do verbo aparece o **e** que caracteriza a 2ª conjugação: pões, põe, põem.

po.rão (*arc prão*, do *lat planu*) *sm* **1** Parte de uma habitação entre o solo e o soalho. **2** Parte inferior do navio, destinada a carga e provisões.

po.ra.quê (*tupi paraké*) *sm Ictiol* Nome comum de peixe da Amazônia dotado de capacidade de produzir descargas elétricas; peixe-elétrico.

por.ca (*fem* de *porco*) *sf* **1** Fêmea do porco. **2** Peça de metal perfurada, geralmente quadrada ou sextavada, com rosca interna, que se atarraxa na extremidade de um parafuso para apertar ou fixar qualquer coisa.

por.ca.da (*porco+ada*[1]) *sf* **1** Grupo de porcos. **2** *pop* Trabalho malfeito; porcaria.

por.ca.lhão (*porcalho+ão*[2]) *adj + sm* **1** Que, ou aquele que é imundo, sujo. **2** Que, ou o que faz as coisas sem apuro nem perfeição. *Fem: porcalhona*.

por.ção (*lat portione*) *sf* **1** Parte de um todo; fração, parcela. **2** Grande quantidade: *Uma porção de coisas*. **3** Dose, bocado.

por.ca.ri.a (*porco+aria*) *sf* **1** Ação ou estado do que é porco ou de quem é sujo. **2** Imundície. **3** Obscenidade, palavrão. **4** Coisa malfeita.

por.ce.la.na (*ital porcellana*) *sf* **1** Material cerâmico fino, duro, usado principalmente para louça, isoladores elétricos e utensílios químicos. **2** Louça ou objeto de arte desse material.

por.cen.ta.gem (*por+cento+agem*) *sf* Percentagem.

por.co (*ô*) (*lat porcu*) *sm* **1** Zool Mamífero originário do javali; suíno; animal que o homem cria e engorda para dele retirar inúmeros benefícios. **2** *por ext* Carne de porco. **3** *fig* Homem sujo, imundo. • *adj* **1** Sujo, imundo. **2** Indecente, obsceno, torpe. **3** Que faz as coisas sem apuro nem perfeição. *Pl: porcos* (*ó*).

por.co-do-ma.to *sm Zool* Nome dado impropriamente ao *queixada*; caititu. *Pl: porcos-do-mato*.

por.co-es.pi.nho *sm* **1** *Zool* Mamífero roedor cujos pelos são transformados em espinhos. **2** *fig* Pessoa difícil, complicada. *Pl: porcos-espinhos* e *porcos-espinho*.

po.re.jar (*poro+ejar*) *vint* **1** Sair pelos poros; transudar. *vtd* **2** Deixar cair gota a gota; destilar; ressumar: *O medo era tanto que de sua testa porejava um suor gelado*.

po.rém (*arc por ende*, do *lat proinde*) *conj* Indicativa de oposição, restrição ou diferença e equivale a *mas, contudo, todavia; apesar disso, não obstante.*

por.fi.a (*lat perfidia*) *sf* **1** Discussão. **2** Constância, perseverança. **3** Obstinação, teima.

por.fi.ar (*porfia+ar²*) *vti* e *vint* **1** Altercar, disputar obstinadamente: *Porfiavam horas e horas e não chegavam a acordo algum. vti* **2** Competir, rivalizar. *vtd* e *vti* **3** Empenhar-se em conseguir. *vti* **4** Insistir, teimar: *Porfiar num ponto de vista.*

po.rí.fe.ro (*poro+fero*) *adj* Que tem poros.

por.me.nor (*por+menor*) *sm* Minúcia, particularidade.

por.me.no.ri.zar (*pormenor+izar*) *vtd* Expor os pormenores de; detalhar.

por.nô (de *pornográfico*) *adj pop* Forma reduzida de pornográfico.

por.no.gra.fi.a (*gr pórne+grafo+ia¹*) *sf* **1** Arte ou literatura obscena. **2** Devassidão, libertinagem.

por.no.grá.fi.co (*gr pórne+grafo+ico²*) *adj* **1** Relativo à pornografia. **2** Em que há pornografia.

po.ro (*gr póros*) *sm* **1** *Anat* Cada um dos pequeníssimos orifícios da pele. **2** *Bot* Cada um dos diminutos orifícios existentes nas membranas animais e, às vezes, nas vegetais. **3** Cada um dos pequenos orifícios de algumas matérias sólidas.

po.ro.ro.ca (*tupi pororóka*) *sf* Grande onda de maré alta que, com ruído estrondoso, sobe impetuosamente rio acima, principalmente no Amazonas.

po.ro.si.da.de (*poroso+i+dade*) *sf* Qualidade de poroso.

po.ro.so (*ô*) (*poro+oso*) *adj* Que tem poros. *Pl: porosos (ó).*

por.quan.to (*por+quanto*) *conj* Por isso que, visto que.

por.que (*por+que*) *conj* Em razão de, pelo motivo de, visto que: *Eu falo disso porque você precisa saber. Cf porquê.*

por.quê (de *porque*) *sm* Causa, motivo, razão: *Não sabemos o porquê desta recusa. Cf porque.*

Além dos casos citados acima (**porque** e **porquê**), ainda há o advérbio interrogativo **por que,** que não deve ser confundido com o **por que** de frases como: *A avenida por que vim estava interditada.* Nesse caso, o **que** é pronome relativo, podendo ser substituído por *o qual, os quais, a qual, as quais.* O advérbio interrogativo **por que** leva acento quando encerra a frase.
Estava deprimido sem saber por quê.

por.quei.ra (*lat porcaria*) *sf* Chiqueiro, pocilga. *s m+f deprec Reg* (Sul) Pessoa sem valor, desprezível.

por.quei.ro (*porco+eiro*) *sm* Guardador, tratador ou negociante de porcos.

por.qui.nho-da-ín.dia *sm Zool* Pequeno mamífero roedor; cobaia. *Pl: porquinhos-da-índia.*

por.ra (*ô*) (*cast porra*) *sf pop* Esperma, sêmen. • *interj gír* e *pop* Exprime espanto, aborrecimento, impaciência etc.: *Porra, você ainda não acabou?*

por.ra.da (*porra+ada¹*) *sf vulg* **1** Bordoada, cacetada. **2** Grande quantidade de coisas ou pessoas: *Havia uma porrada de gente no casamento.* **3** Pancada no rosto dada com a mão; soco.

por.ra-lou.ca *adj* e *s m+f vulg* Diz-se de, ou pessoa que age de maneira inconsequente, irrefletida, irresponsável. *Pl: porras-loucas.*

por.ra-lou.qui.ce (*porra-louca+ice*) *sf vulg* Qualidade ou ato de porra-louca. *Pl: porra-louquices.*

por.re (de *porrão*) *sm pop* **1** Bebedeira. **2** *gír* Aborrecimento, chateação. *Ser um porre, gír:* ser (uma pessoa, uma situação) maçante, chato, enfadonho.

por.re.ta (*ê*) *adj m+f Reg* (BA) *gír* **1** Lindo. **2** Bom, excelente.

por.re.ta.da (*porrete+ada¹*) *sf* Pancada com porrete; cacetada.

por.re.te (*ê*) (*porra+ete*) *sm* **1** Cacete com uma das extremidades arredondada. **2** *fig* Coisa eficaz; remédio decisivo.

por.ta (*ó*) (*lat porta*) *sf* **1** Abertura na parede para permitir a entrada e a saída. **2** Peça de madeira ou outro material que serve para fechar essa abertura. **3** Peça com que se fecham certos móveis, veículos etc. **4** *fig* Entrada, meio de acesso. *Dim: portinha, portinhola.*

por.ta-a.vi.ões *sm sing* e *pl* **1** Navio de guerra com aviões. **2** Convés equipado para a decolagem e descida de aviões.

por.ta-ba.ga.gem *sm* A parte de um veículo destinada ao transporte de bagagens; porta-malas, bagageiro. *Pl: porta-bagagens.*

por.ta-ban.dei.ra *s m+f* Pessoa que leva a bandeira de uma corporação militar, colégio, desfile etc. *Pl: porta-bandeiras.*

por.ta-cha.péus *sm sing* e *pl* **1** Móvel com cabides para chapéus. **2** Caixa para transportar chapéus.

por.ta-cha.ves *sm sing* e *pl* **1** Corrente em que se trazem as chaves; chaveiro. **2** Quadro com ganchos, fixado na parede da portaria dos hotéis, pensões etc., em que se dependuram as chaves dos quartos ou apartamentos.

por.ta-ci.gar.ros *sm sing* e *pl* Estojo em que se guardam cigarros; cigarreira.

por.ta.dor (*lat portatore*) *adj* Diz-se de pessoa ou coisa que leva ou conduz. • *sm* **1** Pessoa que, em nome de outra, leva a qualquer destino carta, encomenda etc. **2** Possuidor de título ou ação pagos a quem os apresente. **3** *Med* Indivíduo que hospeda em seu corpo os organismos específicos de uma doença sem sintomas manifestos e assim age como veículo ou distribuidor da doença: *Portador de bacilos.*

por.ta-es.tan.dar.te *s m+f* Porta-bandeira. *Pl: porta-estandartes.*

por.ta-joi.as (*ó*) *sm sing* e *pl* Caixinha em que se guardam joias.

por.tal (*porta+al¹*) *sm* **1** Entrada principal de um edifício. **2** Parte fixa da porta; batente. **3** Fachada principal de um edifício. **4** *Inform* Tipo de *site* que oferece serviços diversos (*p ex,* busca de informações, notícias, bate-papo etc.); programa de busca.

por.ta-lá.pis *sm sing* e *pl* **1** Peça para guardar lápis. **2** Estojo.

por.ta-lu.vas *sm sing* e *pl* Compartimento no painel do automóvel para guardar pequenos objetos de uso pessoal.

por.ta-ma.las *sm sing* e *pl* Compartimento de um veículo, geralmente na parte traseira, que se destina ao transporte de bagagem (usa-se especialmente com relação a automóveis); porta-bagagem.

por.ta-ní.queis *sm sing* e *pl* Bolsinha para moedas.

por.tan.to (*por+tanto*) *conj* Em vista disso, logo, por conseguinte, por isso.

por.tão (*porta+ão²*) *sm* **1** Porta grande. **2** Porta ou grade de ferro, madeira ou outro material que fecha a abertura de um muro que separa uma residência ou um edifício da rua.

por.tar (*lat portare*) *vtd* **1** Levar; carregar; conduzir: *Portar uma encomenda. Portar armas.* *vpr* **2** Comportar-se, proceder: *Portou-se rudemente com o colega.*

por.ta-re.tra.tos *sm sing* e *pl* Peça em que se colocam retratos para expô-los à vista.

por.ta.ri.a (*porta+aria*) *sf* **1** Porta principal. **2** Vestíbulo de um estabelecimento onde há uma pessoa encarregada de prestar informações, receber correspondência etc. **3** Documento oficial e administrativo, proveniente de ministérios ou secretarias de Estado, destinado a uma repartição ou a um indivíduo com a assinatura de ministro ou secretário em nome do chefe de Estado.

por.tá.til (*lat portatile*) *adj m+f* **1** Que se pode transportar facilmente. **2** Que tem pequeno volume ou pouco peso. **3** Que se desarma para mais facilmente se poder transportar. *Pl: portáteis.*

por.ta-to.a.lhas *sm sing* e *pl* Cabide ou peça especial para acomodar toalhas nos banheiros e lavatórios.

por.ta-voz *s m+f* Pessoa que transmite as palavras ou as opiniões de outra. *Pl: porta-vozes.*

por.te (*lat portare*) *sm* **1** Ato de levar ou trazer. **2** Preço de transporte: *Porte pago*. **3** Preço da remessa de cartas, impressos ou pacotes pelo correio. **4** O aspecto físico de uma pessoa; postura do corpo. **5** Altura ou desenvolvimento de um vegetal ou animal: *Árvore de grande porte; animal de grande porte.* **6** *fig* Importância, valor.

por.tei.ra (*fem de porteiro*) *sf* Portão de propriedades rurais; cancela.

por.tei.ro (*porta+eiro*) *sm* Aquele que é encarregado de guardar a porta principal ou a portaria de uma casa, edifício ou estabelecimento.

por.te.nho (*cast porteño*) *adj* Relativo a Buenos Aires, capital da Argentina (América do Sul). • *sm* Natural dessa cidade.

por.ten.to (*lat portentu*) *sm* **1** Coisa ou sucesso estupendo, maravilhoso. **2** Coisa rara; maravilha, prodígio. **3** Pessoa de excepcional talento.

por.ten.to.so (*ô*) (*lat portentosu*) *adj* **1** Assombroso, maravilhoso, prodigioso. **2** Extraordinário, insólito, raro. *Pl: portentosos (ó).*

port.fó.lio (de *porta+fólio*) *sm* **1** Pasta para guardar papéis, desenhos, amostras (geralmente de papel cartão). **2** *por ext* Material variado que se utiliza para apresentação profissional (de alguém ou de um produto) ou comercial. *Var: porta-fólio.*

pór.ti.co (*lat porticu*) *sm Arquit* Átrio amplo cujo teto é sustentado por colunas ou pilares; entrada de edifício nobre ou de templo.

por.to (*ô*) (*lat portu*) *sm* **1** Lugar na costa (do mar) ou num rio, lagoa etc. onde embarcações podem ancorar para estabelecer contato ou comunicação, embarcando ou desembarcando cargas ou pessoas; ancoradouro. **2** Cidade, vila etc. que tem junto um porto. **3** *fig* Lugar de refúgio, abrigo; lugar seguro: *Você será sempre meu porto seguro. Pl: portos (ó).*

por.to-a.le.gren.se (*top Porto Alegre+ense*) *adj m+f* Relativo a Porto Alegre, capital e município do Rio Grande do Sul. • *s m+f* Pessoa natural desse município. *Pl: porto-alegrenses.*

por.to-ri.que.nho (*top Porto Rico+enho*) *adj* Relativo a Porto Rico (América Central). • *sm* O natural ou habitante de Porto Rico. *Pl: porto-riquenhos. Var: porto-riquense.*

por.to-ve.lhen.se (*top Porto Velho+ense*) *adj m+f* Relativo a Porto Velho, capital e município do Estado de Rondônia. • *s m+f* Pessoa natural desse município. *Pl: porto-velhenses.*

por.tu.á.rio (*porto+ário*) *adj* Relativo a porto. • *sm* **1** Aquele que trabalha no porto. **2** Funcionário de serviço portuário.

por.tu.guês (*lat portucalense*) *sm* **1** Habitante ou natural de Portugal (Europa). **2** Língua falada pelos portugueses, pelos brasileiros e pelos habitantes das ex-colônias de Portugal. • *adj* Pertencente ou relativo a Portugal. *Falar em bom português:* em linguagem clara e correta. *Falar o português claro:* dizer as coisas como elas são.

Os nomes de idiomas são escritos com inicial minúscula: *português, alemão, francês, inglês* etc.

por.tu.nhol (*portu(guês)+(espa)nhol*) *sm pop* Linguajar em que se misturam a língua portuguesa e a espanhola.

por.ven.tu.ra (*por+ventura*) *adv* Por acaso, talvez.

por.vir (*por+vir*) *sm* O tempo que está por vir; o futuro.

po.sar (*fr poser*) *vint* e *vti* **1** Colocar-se em posição para se deixar fotografar ou pintar: *Posar para o fotógrafo.* **2** Servir de modelo para pintura ou escultura. **3** Assumir dada atitude ou caráter, geralmente para iludir ou impressionar.

pós-da.tar (*pós+data+ar¹*) *vtd* Colocar data posterior à data real (em um documento): *Pós-datar um cheque. Antôn.: antedatar. Cf pré-datar. Conjug – Pres indic: pós-dato, pós-datas, pós-data* etc.

po.se (*ô*) (*fr pose*) *sf gal* **1** Postura de quem se deixa fotografar, pintar ou servir de modelo a um pintor ou escultor. **2** Postura estudada, afetada, artificial. **3** *Fot* Tempo de exposição de mais de um segundo de duração.

pós-es.cri.to (*lat postscriptu*) *adj* Escrito depois; escrito no fim. • *sm* O que se acrescenta num carta depois da assinatura. *Abrev: P.S. Pl: pós-escritos.*

pos.fa.ci.ar (*posfácio+ar¹*) *vtd* Colocar posfácio em. *Conjug – Pres indic: posfacio, posfacias (cí)* etc. *Cf posfácio.*

pos.fá.cio (*pós+lat fatio*, discurso) *sm* Advertência, nota ou comentário colocado no final de um livro. *Antôn.: prefácio.*

pós-fi.xa.do (*pós+fixado*) *adj* Diz-se de um investimento que tem seu rendimento calculado quando termina o prazo de aplicação.

pós-gra.du.a.ção (*pós-graduar+ção*) *sf* Grau de ensino superior, para aqueles que já concluíram a graduação. *Pl: pós-graduações.*

pós-gra.du.ar (*pós+graduar*) *vtd* **1** Conferir título de pós-graduação a. *vpr* **2** Adquirir esse título: *Pós-graduei-me em matemática. Conjug – Pres indic: pós-graduo, pós-graduas* etc.

pós-guer.ra (*pós+guerra*) *sm* Período imediatamente depois da guerra. *Pl: pós-guerras.*
po.si.ção (*lat positione*) *sf* **1** Localização. **2** Disposição, arranjo. **3** Situação econômica, moral, social etc.: *Ocupar uma boa posição.* **4** Modo, jeito, maneira, atitude.
po.si.ci.o.na.men.to (*posicionar+mento*) *sm* Ato ou efeito de posicionar(-se).
po.si.ci.o.nar (*posição+ar¹*) *vtd* **1** Pôr em posição: *Posicionar o esquadrão.* *vpr* **2** Tomar posição; situar-se: *Posicionou-se entre a mãe e o irmão para ser fotografado.*
po.si.ti.va.ção (*positivar+ção*) *sf* Ato ou efeito de positivar.
po.si.ti.var (*positivo+ar¹*) *vtd* e *vpr* **1** Tornar(-se) positivo: *Positivar um acordo. Positivou-se o divórcio.* *vtd* **2** Dar fundamento ou apoio a; confirmar: *Os fatos positivaram nossas crenças.* *vtd* **3** Afirmar, esclarecer, precisar: *Não positivara aquelas informações.*
po.si.ti.vi.da.de (*positivo+i+dade*) *sf* **1** Qualidade ou estado do que é positivo. **2** *Fís* Estado ou condição dos corpos em que se apresentam os fenômenos da eletricidade positiva. **3** Disposição favorável da pessoa a atitudes construtivas.
po.si.ti.vis.mo (*positivo+ismo*) *sm* **1** *Filos* Doutrina do filósofo francês Augusto Comte (1798-1857) que se baseia nos fatos e na experiência. **2** Tendência para encarar a vida só pelo seu lado prático e útil. **3** A vida prática.
po.si.ti.vis.ta (*positivo+ista*) *adj m+f* **1** Relativo ao positivismo. **2** Prosaico, prático. • *s m+f* **1** Adepto da filosofia positivista. **2** Homem que se orienta pela realidade.
po.si.ti.vo (*lat positivu*) *adj* **1** Que se baseia em fatos e na experiência. **2** Afirmativo, decisivo. **3** Que não admite dúvida; indiscutível, inquestionável. **4** Certo, real, verdadeiro. **5** *Mat* Diz-se da quantidade maior que zero. • *sm* **1** O que é certo, claro, real. **2** *Fot* Imagem fotográfica em que as luzes e as sombras são iguais às do original.
pó.si.tron (*posit(ivo)+(nêu)tron*) *sm Fís Nuclear* Antipartícula do elétron. *Pl: pósitrons.*
pós-me.ri.di.a.no (*lat postmeridianu*) *adj* Posterior ao meio-dia; que se realiza ou vem depois do meio-dia. *Pl: pós-meridianos.*
po.so.lo.gi.a (*gr pósos+logo+ia¹*) *sf Farm* Indicação da dose recomendada para um medicamento.
pos.por (*lat postponere*) *vtd* e *vtdi* **1** Pôr depois: *Pospor um pronome. Pospor um pronome a um verbo.* *vtd* **2** Deixar para mais tarde; adiar. *vtdi* **3** Ter em menos conta; preterir; postergar: *Pospor o dever ao interesse.* Conjuga-se como *pôr. Antôn: antepor.*
pos.pos.to (*part* de *pospor*) *adj* Que se pospôs.
pós-pro.du.ção (*pós+produção*) *sf Cin* e *Telev* Processo de edição final de um vídeo ou animação, no qual são adicionados os títulos e finalizadas as sequências. *Pl: pós-produções.*
pos.san.te (*de possar*) *adj m+f* **1** Forte, robusto, vigoroso. **2** Poderoso. **3** Grande, majestoso.
pos.se (*lat posse*) *sf* **1** Retenção de uma coisa ou de um direito. **2** Estado de quem tem uma coisa em seu poder. **3** Investidura em cargo público. **4** *por ext* A solenidade decorrente dessa investidura. *sf pl* **1** Bens. **2** Meios de vida. **3** Alcance, capacidade.

pos.sei.ro (*posse+eiro*) *adj + sm* **1** *Dir* Que, ou aquele que se encontra na posse legal de certa área de terras. **2** Que, ou indivíduo que ocupa terras sem título.
pos.ses.são (*lat possessione*) *sf* **1** País que vive sob a autoridade e proteção de um Estado soberano; colônia. **2** Estado de possesso.
pos.ses.si.vo (*lat possessivu*) *adj* **1** Que indica posse. **2** Relativo a posse. **3** *Gram* Diz-se do pronome que indica posse. • *sm Gram* Qualquer pronome que indica posse.
pos.ses.so (*lat possessu*) *adj* **1** Possuído do demônio; endemoninhado. **2** No auge da irritação, fora de si.
pos.si.bi.li.da.de (*lat possibilitate*) *sf* Qualidade de possível.
pos.si.bi.li.tar (*lat possibile*) *vtd* Tornar possível: *Possibilitar uma viagem à Europa.*
pos.sí.vel (*lat possibile*) *adj m+f* **1** Que pode ser, existir, acontecer, fazer-se ou praticar-se. **2** Provável: *É bem possível que chova amanhã.* • *sm* **1** Aquilo que é possível. **2** Todo o empenho ou esforço: *Fazer o possível.*
pos.su.i.dor (*possuir+dor*) *adj* Que possui. • *sm* **1** O que possui. **2** Dono, proprietário.
pos.su.ir (*lat possidere*) *vtd* **1** Ter a posse de, ter como propriedade, ter em seu poder: *Possuir uma casa.* **2** Desempenhar, desfrutar, exercer: *Possui um alto cargo.* **3** Conter, encerrar: *Este país possui riquezas incalculáveis.* **4** Ser dotado de: *Poucas pessoas possuem essas qualidades.* **5** Gozar, desfrutar: *Possuir saúde excelente.* **6** Ter o domínio de (região ou Estado); subjugar: *A Espanha, por herança de reis, chegou a possuir Portugal.* **7** Desfrutar o amor de, ter relação sexual com: *Possuiu-a à força.* Conjug – Pres indic: *possuo, possuis, possui, possuímos, possuís, possuem; Pret perf: possuí, possuíste, possuiu, possuímos, possuístes, possuíram; Pret mais-que-perf: possuíra, possuíras, possuíra, possuíramos* etc.; *Pret imp subj: possuísse, possuísses, possuísse, possuíssemos, possuísseis, possuíssem; Part: possuído.*
pos.ta (*lat posita*) *sf* **1** Pedaço de carne, peixe etc.; naco, fatia. **2** Administração do correio.
pos.ta.gem (*postar+agem*) *sf* Ato ou efeito de postar²; pôr no correio.
pos.tal (*posta+al¹*) *adj m+f* Relativo ao correio. • *sm* Cartão-postal.
pos.ta.lis.ta (*postal+ista*) *adj m+f* Funcionário dos correios.
pos.tar¹ (*posto+ar¹*) *vtd* e *vpr* **1** Colocar(-se) num lugar ou posto. *vtd* **2** Permanecer parado por muito tempo.
pos.tar² (*posta+ar¹*) *vtd* Pôr no correio: *Postar uma carta.*
pos.ta-res.tan.te *sf* Lugar na agência de correios onde ficam as encomendas com endereço incompleto. *Pl: postas-restantes.*
pos.te (*lat poste*) *sm* Peça comprida de madeira, ferro ou concreto, fincada no solo, destinada a suportar fios elétricos, telegráficos ou telefônicos, lâmpadas de iluminação etc.
pôs.ter (*ingl poster*) *sm* Impresso em forma de cartaz. *Pl: pôsteres.*
pos.ter.gar (*lat tardio *postergare*) *vtd* **1** Deixar

para trás; deixar em atraso. 2 Transgredir; desprezar; deixar de cumprir: *Vive postergando as leis de trânsito.* 3 Passar por alto; omitir. *Conjug – Pres subj: postergue, postergues* etc.; *Pret perf: posterguei, postergaste, postergou* etc.

pos.te.ri.da.de (*lat posteritate*) *sf* 1 Série de indivíduos que têm um ancestral comum. 2 Celebridade ou glorificação futura. 3 O tempo futuro. *Passar à posteridade:* ser lembrado por muitas gerações; entrar na História.

pos.te.ri.or (*lat posteriore*) *adj m+f* 1 Que está ou vem depois; ulterior. 2 Situado atrás; que ficou atrás. *Antôn: anterior.*

pós.te.ro (*lat posteru*) *adj* O futuro; o que está por vir. • *sm pl* Gerações que hão de suceder à atual; vindouros.

pos.ti.ço (*posto+iço*) *adj* 1 Que se pode pôr ou tirar. 2 Artificial, falso. 3 Afetado, fingido.

pos.ti.go (*lat posticu*) *sm* 1 Pequena porta. 2 Abertura em portas ou janelas, para olhar sem abri-las.

post-mortem (*póst mórtem*) (*lat*) *loc adv* 1 Após a morte. 2 Além do túmulo, na outra vida.

pos.to (*lat positu*, *part* de *pôr*) *adj* 1 Que se pôs; colocado. 2 Apresentado. 3 Desaparecido (o Sol). • *sm* 1 Estabelecimento que vende gasolina, álcool etc. 2 Alojamento ou estação de tropas ou de guardas policiais: *Posto policial.* 3 Lugar que a cada um compete ocupar no desempenho de suas funções. 4 Cargo, dignidade, emprego. 5 Agência de um serviço público ou particular, permanente ou instalado temporariamente para determinada emergência: *Posto de saúde.*

pos.to-cha.ve *sm* Posto importantíssimo para a realização de determinadas funções. *Pl: postos--chaves* e *postos-chave.*

pos.tu.la.do (*part* de *postular*) *adj* Que se postulou; requerido. • *sm* 1 Proposição que se admite sem demonstração; axioma. 2 Estágio da vida religiosa depois do noviciado.

pos.tu.lar (*lat postulare*) *vtd* e *vtdi* 1 Pedir com insistência; suplicar, implorar: *O senador postula mudanças na lei. Postulava aos colegas que acreditassem em suas palavras. Postular o perdão.* 2 *Dir* Requerer, documentando a alegação: *Postular isenção de um imposto.*

pós.tu.mo (*lat postumu*) *adj* 1 Posterior à morte de alguém. 2 Diz-se de obra publicada após a morte do autor.

pos.tu.ra (*lat positura*) *sf* 1 Colocação, disposição, posição do corpo. 2 Atitude, porte. 3 Ação ou efeito de pôr ovos: *Aves em época de postura.*

pos.tu.ral (*postura+al^1*) *adj m+f* Relativo a postura.

po.su.do (*pose+udo^1*) *adj* + *sm pop* Que ou quem faz pose; cheio de si; arrogante.

po.tas.sa (*al Pottasche*) *sf Quím* Hidróxido de potássio.

po.tás.sio (*lat cient potassiu*) *sm Quím* Elemento metálico de número atômico 19 e símbolo K.

po.tá.vel (*lat potabile*) *adj m+f* Que se pode beber: *Água potável.*

po.te (*provençal pot*) *sm* Recipiente, geralmente arredondado, de qualquer material e de tamanho variável, usado para líquidos, alimentos etc.

po.tên.cia (*lat potentia*) *sf* 1 Poder, força, eficácia. 2 Robustez, vigor. 3 Poderio, autoridade, mando. 4 Nação soberana. 5 *Biol* Capacidade de o homem desempenhar o ato sexual; vigor sexual. 6 *Mat* Produto de fatores iguais (*p ex*, $7^3 = 7 \times 7 \times 7$). 7 *Radiotécn* Capacidade de alcance das emissoras, expressa em watts e quilowatts.

po.ten.ci.a.ção (*potenciar+ção*) *sf Mat* Elevação a potências.

po.ten.ci.al (*potência+al^1*) *adj m+f* 1 Pertencente ou relativo a potência. 2 Possível, virtual. • *sm* 1 Força total dos meios disponíveis para certo fim: *O potencial industrial do Brasil.* 2 Quantidade de carga elétrica possuída por um corpo em relação à terra ou de um condutor ligado à terra, considerada zero. 3 *fig* Capacidade de realização.

po.ten.ci.a.li.zar (*potencial+izar*) *vtd* Tornar potente; reforçar: *Potencializar as guarnições militares.*

po.ten.ci.ar (*potência+ar^1*) *vtd Mat* Elevar a qualquer potência (uma quantidade). *Conjug – Pres indic: potencio, potencias, potencia* (*cí*) etc. *Cf potência.*

po.ten.ci.ô.me.tro (*potência+metro^1*) *sm Eletr* 1 Aparelho com que se medem as diferenças de potencial elétrico. 2 *Radiotécn* Peça destinada a controlar a voltagem nos circuitos de aparelhos radiofônicos.

po.ten.ta.do (*lat potentatu*) *sm* 1 Soberano de um Estado poderoso; príncipe soberano, de grande autoridade ou de grande poder material. 2 *por ext* Pessoa muito rica ou de grande influência.

po.ten.te (*lat potente*) *adj m+f* 1 Poderoso. 2 Ativo, enérgico, eficaz. 3 Forte, enérgico. 4 Que tem som forte.

po.tes.ta.de (*lat potestate*) *sf* Poder; potência.

po.ti.guar (*tupi potín uára*) *adj + sm* Rio-grandense--do-norte.

pot-pourri (*pô-purrí*) (*fr*) *sm* 1 *Mús* Trechos de músicas diferentes, executados de modo a formar um todo. 2 *por ext* Mistura de coisas diferentes.

po.tran.ca (*fem* de *potranco*) *sf* Égua com menos de dois anos.

po.tran.co (*de potro*) *sm* Cavalo com menos de dois anos.

po.tro (*ô*) (*lat vulg *pullitru*) *sm* Cavalo novo, aos três anos aproximadamente.

pou.ca-ver.go.nha *sf pop* 1 Falta de vergonha; descaramento. 2 Ato vergonhoso; imoralidade. *Pl: poucas-vergonhas.*

pou.co (*lat paucu*) *pron adj* 1 Em pequena quantidade. 2 Escasso, limitado. *Sup abs sint: pouquíssimo.* • *adv* Não muito; insuficientemente: *Estuda pouco.* • *sm* 1 Pequena quantidade: *O pouco que recebo não dá para o sustento de meus filhos.* 2 Pequeno espaço de tempo. 3 Coisa de pequena importância ou valor.

pou.co-ca.so *sm* Desprezo, desdém. *Pl: poucos--casos.*

pou.pa (*lat upupa*) *sf* 1 *Ornit* Certo tipo de pássaro, semelhante à pega^2. 2 Tufo de penas que adorna a cabeça de algumas aves; topete. *Cf polpa.*

pou.pan.ça (*de poupar*) *sf* 1 Ação ou efeito de poupar ou economizar; economia. 2 *Econ* Depósito bancário em que o dinheiro rende correção monetária e juros: *Caderneta de poupança.*

pou.par (*lat palpare*) *vtd* 1 Economizar; gastar moderadamente: *Poupe o seu dinheiro.* *vtd* 2 Não desperdiçar: *Poupar água, poupar energia.* vtd 3 Não sacrificar: *O bom comandante poupa os seus soldados.* vpr 4 Evitar esforços; deixar de realizar ou cumprir: *Poupou-se, para a noite do baile.* vint 5 Viver com economia. vtdi 6 Evitar; não tirar; deixar de aplicar: *O estudo poupou-lhe as aulas de recuperação.*

pou.sa.da (*pousar+ada¹*) sf 1 Ato ou efeito de pousar. 2 Estalagem, hospedaria. 3 Lugar que serve de pouso por uma noite; pernoite. 4 Domicílio, morada, residência.

pou.sar (*lat pausare*) vtd 1 Pôr, assentar, descansar: *Pousar a cabeça no travesseiro.* vti e vint 2 Empoleirar-se: *O sabiá pousou na laranjeira.* vti 3 Aterrissar: *O avião pousou no aeroporto.* vti, vint e vpr 4 Hospedar-se em lugar onde possa pernoitar: *Pousamos no Hotel dos Viajantes.* vtdi 5 Fitar, cravar; fixar: *Pousou os olhos sobre mim.*

pou.so (de *pousar¹*) sm 1 Aterrissagem. 2 Lugar onde se pousa, onde alguma pessoa ou coisa está ou costuma estar.

po.vão (*povo+ão²*) sm 1 Plebe, ralé. 2 Povaréu.

po.va.réu (de *povo*) sm Grande multidão.

po.vo (*ô*) (*lat populu*) sm 1 Conjunto de pessoas que constituem uma tribo, raça ou nação: *Povo brasileiro.* 2 Conjunto de habitantes de um país, de uma região, cidade, vila ou aldeia. 3 Grande número de pessoas; multidão. *Pl: povos* (*ó*). *Dimin irreg, deprec: poviléu.*

po.vo.a.ção (*lat populatione*) sf 1 Os habitantes de um lugar. 2 Lugarejo, povoado.

po.vo.a.do (*part de povoar*) adj Que se povoou. • sm Lugarejo ou pequeno lugar habitado; povoação; povo.

po.vo.a.dor (*povoar+dor*) adj + sm Que, ou o que povoa ou funda uma povoação.

po.vo.ar (*povo+ar¹*) vtd 1 Formar povoação em; tornar povoado: *Povoar uma ilha.* vtd 2 Habitar, ocupar. vtd e vti 3 Encher, dotar, prover: *Povoei a chácara de árvores frutíferas.*

po.xa (*ô*) interj Exprime espanto, surpresa.

pra prep Forma sincopada da preposição *para*.

pra.ça (*lat platea*) sf 1 Lugar público e espaçoso. 2 Conjunto das casas comerciais e bancárias de uma cidade. 3 pop Militar sem graduação ou patente. • sm pop Soldado raso.

pra.ci.nha (*praça+inha*) sm Soldado da Força Expedicionária Brasileira que esteve na Segunda Guerra Mundial; praça (acepção 3).

pra.da.ri.a (*prado+aria*) sf 1 Região de prados. 2 Grande planície coberta de gramíneas próprias para pastagem.

pra.do (*lat pratu*) sm 1 Terreno coberto de plantas herbáceas próprias para pastagem. 2 Hipódromo.

pra-fren.te adj m+f sing e pl gír Diz-se da pessoa muito moderna, ousada, avançada; prafrentex.

pra.fren.tex (*cs*) (de *pra-frente*) adj m+f sing e pl Pra-frente.

pra.ga (*lat plaga*) sf 1 Expressão com que se rogam males contra alguém; maldição. 2 O mal que se roga a alguém: *Por vingança, rogou uma praga contra mim.* 3 Calamidade, grande desgraça. 4 Pessoa ou coisa importuna. 5 Nome genérico que se dá aos insetos e moléstias que atacam os animais e as plantas; erva daninha.

prag.má.ti.ca (*gr pragmatiké*) sf 1 Conjunto de regras ou fórmulas que regulam as cerimônias oficiais ou religiosas. 2 Formalidade da boa sociedade; etiqueta.

prag.má.ti.co (*gr pragmatikós*) adj 1 Realista, objetivo, prático. 2 Relativo ao pragmatismo.

prag.ma.tis.mo (*prágmato+ismo*) sm 1 Consideração das coisas de um ponto de vista prático. 2 Tratamento dos fenômenos históricos com referência especial às suas causas, condições antecedentes e resultados.

pra.gue.jar (*praga+ejar*) vti e vint 1 Dizer pragas; dizer ofensas e palavrões contra: *Praguejar contra Deus.* vti 2 Falar mal; difamar, amaldiçoar: *Praguejar dos amigos.*

pra.gui.ci.da (*praga+cida*) adj + sm Agr Diz-se do, ou o produto químico de ação no combate às pragas da lavoura; pesticida.

prai.a (*lat plaga*) sf 1 Beira levemente inclinada de um oceano, mar, lago ou rio, coberta de areia, pedregulho ou fragmentos de rocha. 2 Região banhada pelo mar; litoral. 3 gír Ambiente, meio, círculo: *Depois de dois anos no curso de medicina, percebi que aquilo não era minha praia.*

prai.a.no (*praia+ano*) adj Relativo a ou situado na praia. • adj + sm Diz-se do, ou o habitante da praia ou litoral; praieiro.

prai.ei.ro (*praia+eiro*) sm 1 Praiano. 2 Rebelde da revolução pernambucana de 1848, conhecida como *Revolução Praieira.* • adj Diz-se do partido liberal a que pertenciam esses rebeldes.

pran.cha (*fr planche*) sf 1 Tábua grossa e larga. 2 *Esp* Peça chata, longa e estreita, de madeira, fibras etc., usada para natação ou surfe. 3 *pop* Pé grande e espalmado.

pran.che.ta (*ê*) (*prancha+eta*) sf 1 Pequena prancha para apoiar o papel quando se escreve. 2 Mesa para desenhar.

pran.te.ar (*pranto+e+ar¹*) vti e vint 1 Derramar lágrimas; chorar. vtd 2 Derramar pranto por (alguém ou alguma coisa); lastimar: *A família do morto ainda o pranteia.* vpr 3 Chorar ou lastimar os próprios males: *O homem forte não se pranteia.* Conjuga-se como *frear*.

pran.to (*lat planctu*) sm 1 Choro, lágrimas. 2 Queixa, lamentação.

pra.si.o.dí.mio (*gr prásino*, verde+*dídymos*, duplo, com síncope e haplologia) sm *Quím* Elemento metálico, branco-amarelado, de número atômico 59 e símbolo Pr. *Var: praseodímio.*

pra.ta (*lat vulg *platta*) sf 1 *Quím* Elemento metálico, muito maleável, de número atômico 47 e símbolo Ag. 2 Moeda, baixelas etc. feitas com esse metal.

pra.ta.da (*prato+ada¹*) sf 1 Aquilo que um prato pode conter. 2 Prato cheio: *Uma pratada de arroz.*

pra.ta.ri.a¹ (*prato+aria*) sf Grande número de pratos.

pra.ta.ri.a² (*prata+aria*) sf 1 Conjunto de utensílios de prata. 2 Baixela de mesa, de prata.

pra.te.a.do (*part de pratear*) adj 1 Folhado de prata ou coberto de uma solução de prata: *Metal prateado.* 2 Branco e brilhante como a prata: *Luar prateado.* • sm A cor da prata.

pra.te.ar (*prata+e+ar¹*) vtd 1 Revestir de uma

camada de prata: *Pratear latão.* **2** Dar a cor, o aspecto e o brilho da prata a: *O luar prateava as águas do rio.* Conjuga-se como *frear.*
pra.te.lei.ra (*pratel+eira*) *sf* **1** Cada uma das tábuas divisórias horizontais dentro de um armário, estante etc. **2** Tábua fixa horizontalmente a uma parede, para colocar objetos.
prá.ti.ca (*gr praktiké*) *sf* **1** Ação ou efeito de praticar. **2** Realização de qualquer ideia ou projeto. **3** Experiência adquirida pela repetição dos atos; rotina. **4** Modo ou método usual de fazer qualquer coisa. **5** Uso, costume, hábito.
pra.ti.can.te (de *praticar*) *adj* e *s m+f* **1** Que, ou pessoa que pratica, ou se vai exercitando em alguma arte ou profissão. **2** Que, ou pessoa religiosa que cumpre os mandamentos de Deus e da Igreja.
pra.ti.car (*prática+ar¹*) *vtd* **1** Levar a efeito; realizar; executar; cometer: *Praticar atos de caridade. Praticar um erro, uma injustiça.* *vtd* **2** Exercer; fazer: *Praticar um esporte.* *vtd* **3** Exercitar-se em uma profissão: *Estou praticando contabilidade.* *vtd* **4** Ler ou estudar constantemente: *Estou praticando o inglês todos os dias.* *vint* **5** Adquirir prática ou experiência. *Conjug – Pres indic: pratico, praticas, pratica* (*tí*) etc. *Cf prática.*
pra.ti.cá.vel (*praticar+vel*) *adj m+f* **1** Que se pode praticar, capaz de ser posto em prática. **2** Exequível, viável.
pra.ti.ci.da.de (*prático+i+dade*) *sf* Qualidade de prático.
prá.ti.co (*gr praktikós*) *adj* **1** Que resulta de prática ou ação. **2** Perito, experiente. **3** Funcional: *Método prático.* **4** Que encara as coisas pelo lado positivo. • *sm* **1** Homem experimentado. **2** O que exerce profissão liberal sem ser diplomado.
pra.to (*lat platu*) *sm* **1** Peça, geralmente redonda e rasa de porcelana, metal, plástico etc.), em que se come ou serve a comida. **2** Cada uma das iguarias que constituem uma refeição. **3** *por ext* Alimentação; comida. **4** Cada uma das conchas da balança. *Aum: pratalhaz, pratarraz, pratázio. Dim irreg: pratel.* *sm pl* Instrumento musical constituído por duas peças circulares de metal sonante. • *adj* Chato, plano: *Queijo prato.*
pra.xe (*lat praxe*) *sf* **1** O que habitualmente se pratica; uso estabelecido. **2** Pragmática; etiqueta.
pra.zen.tei.ro (*prazente+eiro*) *adj* **1** Que revela prazer; alegre, jovial. **2** Afável, simpático, agradável.
pra.zer (*lat placere*) *sm* **1** Alegria, contentamento. **2** Gosto, satisfação, sensação agradável; gozo. **3** Boa vontade; agrado. **4** Distração, divertimento. *Antôn* (acepções 1 e 2): *tristeza, dor, aflição.*
pra.ze.ro.so (*ô*) (*prazer+oso*) *adj* **1** Em que há prazer. **2** Alegre, jovial. *Pl: prazerosos* (*ó*).
pra.zo (*lat placitu*) *sm* **1** Espaço de tempo convencionado, dentro do qual deve ser realizada alguma coisa. **2** Tempo determinado.
pré- ou **pre** (*lat prae*) *pref* Exprime: a) antecedência, antecipação: *preâmbulo;* b) preferência, superioridade: *predominância;* c) intensidade.
pre.á (*tupi apereá*) *sm Zool* Nome comum a várias espécies de pequenos roedores da família dos cavídeos semelhantes à cobaia.
pre.a.mar (*lat plena mare*) *sf* O ponto mais alto a que sobe a maré.

pre.âm.bu.lo (*lat praeambulu*) *sm* **1** Introdução, exposição inicial. **2** Relatório que antecede uma lei ou decreto.
pre.a.que.cer (*pré+aquecer*) *vtd* Aquecer antecipadamente. *Conjug – Pres indic: preaqueço, preaqueces* etc.; *Pres subj: preaqueça, preaqueças* etc.
pre.a.que.ci.men.to (*preaquecer+mento*) *sm* Ação de preaquecer.
pré-cam.bri.a.no (*pré+cambriano*) *adj+sm Geol* Anterior à Era Cambriana. *Pl: pré-cambrianos.*
pre.cá.rio (*lat precariu*) *adj* **1** Incerto, duvidoso. **2** Minguado, difícil: *Situação precária.* **3** Insuficiente, escasso. **4** Frágil, débil.
pre.ca.tar (*lat praecatu*) *vtd* e *vpr* Precaver(-se); prevenir(-se).
pre.ca.tó.rio (*lat precatoriu*) *adj* Em que se pede alguma coisa. • *sm* Documento precatório; carta precatória.
pre.cau.ção (*lat praecautione*) *sf* **1** Prevenção; cuidado antecipado. **2** Prudência. *Antôn: descuido.*
pre.ca.ver (*lat praecavere*) *vtd* Acautelar(-se) antecipadamente; prevenir(-se): *Precaver acidentes. Os bons devem precaver-se dos maus. Conjug:* verbo defectivo; conjugado somente nas formas arrizotônicas. *Pres indic: precavemos, precaveis; Pret imp indic: precavia, precavias, precavia* etc. *Pret perf: precavi, precaveste, precaveu, precavemos, precavestes, precaveram; Fut pres: precaverei, precaverás, precaverá, precaveremos, precavereis, precaverão; Fut pret: precaveria, precaverias, precaveria* etc.; *Pret imp subj: precavesse, precavesses, precavesse* etc.; *Fut subj: precaver, precaveres, precaver* etc.; *Imper afirm: precavei(vós); Infinitivo impess: precaver; Infinitivo pess: precaver, precaveres, precaver, precavermos, precaverdes, precaverem; Ger: precavendo; Part: precavido.*
pre.ce (*lat prece*) *sf* **1** Oração, reza. **2** *por ext* Pedido insistente, súplica.
pre.ce.dên.cia (*precedente+ia²*) *sf* **1** Qualidade ou condição de precedente. **2** Preferência.
pre.ce.den.te (*lat praecedente*) *adj m+f* **1** Que precede ou antecede. **2** Que está antes de outra coisa do mesmo gênero; anterior. *Antôn: subsequente, ulterior.* • *sm* Procedimento ou critério usado anteriormente.
pre.ce.der (*lat praecedere*) *vtd* **1** Estar, ir, vir adiante de. *vti* e *vint* **2** Adiantar-se, antepor-se. *vtd* **3** Existir antes; viver numa época anterior.
pre.cei.to (*lat praeceptu*) *sm* **1** Ordem ou mandamento; prescrição. **2** Regra de proceder; norma. **3** Doutrina, ensinamento.
pre.cei.tu.ar (*preceito+ar¹*) *vtd* **1** Estabelecer como preceito; prescrever. *vint* **2** Estabelecer regras; dar ordens, instruções.
pre.cei.tu.á.rio (*preceito+ário*) *sm* **1** Coleção ou reunião de preceitos. **2** Conjunto de regras.
pre.cep.tor (*lat praeceptore*) *sm* **1** Aquele que dá preceitos; mentor, mestre. **2** O encarregado da instrução de uma criança ou de um jovem.
pre.ci.o.si.da.de (*lat pretiositate*) *sf* **1** Qualidade de precioso. **2** Coisa preciosa; objeto de muito valor.
pre.ci.o.sis.mo (*precioso+ismo*) *sm* Modo de expressão rebuscado, sem naturalidade.
pre.ci.o.so (*ô*) (*lat pretiosu*) *adj* **1** De alto preço ou

precipício

grande valor. **2** Muito útil; de máxima serventia. **3** Importante, valiosíssimo. **4** Delicadíssimo, fino, magnífico, muito belo. *Pl: preciosos (ó).*

pre.ci.pí.cio *(lat praecipitiu) sm* **1** Lugar muito íngreme; despenhadeiro. **2** Lugar profundo e escarpado; abismo. **3** *fig* Grande perigo, perdição, ruína.

pre.ci.pi.ta.ção *(lat praecipitatione) sf* **1** Ato ou efeito de precipitar(-se). **2** Pressa exagerada no movimento, no procedimento, na ação. **3** *Meteor* Quantidade de chuva caída. *Pl: precipitações.*

pre.ci.pi.ta.do *(part de precipitar) adj* **1** Feito com precipitação. **2** Que não reflete; apressado, imprudente. **3** Repentino, abrupto: *Partida precipitada.* **4** *Quím* e *Fís* Substância dissolvida que se separou do líquido dissolvente e se suspendeu nele, ou se depositou no fundo do vaso; sedimento, borra. • *sm* Aquele que procede sem reflexão.

pre.ci.pi.tar *(lat praecipitare) vpr* **1** *fig* Lançar-se, atirar-se em: *Precipitou-se nessa aventura sem medir as consequências. vpr* **2** Atirar-se de cima para baixo. *vpr* **3** *Meteor* Condensar-se (a umidade atmosférica) e cair como chuva ou neve. *vpr* **4** Proceder com precipitação. *vtd* **5** Apressar muito; acelerar: *Precipitar o passo. vtd* **6** Fazer chegar antes do tempo; antecipar: *Precipitar os fatos. vint* **7** *Quím* Formar precipitado.

pre.cí.puo *(lat praecipuu) adj* Principal; essencial.

pre.ci.são *(lat praecisione) sf* **1** Falta ou insuficiência de alguma coisa necessária ou útil. **2** Necessidade, urgência. **3** Qualidade daquilo que é exato; exatidão: *Escrever com precisão não é uma tarefa fácil.*

pre.ci.sar *(preciso+ar¹) vtd* e *vti* **1** Ter necessidade de; carecer: *Precisar de dinheiro. vint* **2** Ser necessário. *vtd* **3** Calcular com exatidão. *vtd* **4** Indicar de modo preciso.

pre.ci.so *(lat praecisu) adj* **1** Necessário. **2** Certo, exato, fixo. **3** Certeiro (tiro). **4** Claro, distinto.

pre.cla.ro *(lat praeclaru) adj* Famoso, muito ilustre, notável.

pre.ço *(ê) (lat pretiu) sm* **1** Valor em dinheiro de uma mercadoria ou de um trabalho. **2** Avaliação em dinheiro. **3** Aquilo que se dá, se sacrifica ou se obtém em troca de alguma coisa. **4** Castigo, punição. **5** Consideração, merecimento, valia.

pre.co.ce *(lat praecoce) adj m+f* **1** Que floresce, frutifica ou amadurece antes do tempo; prematuro, temporão. **2** Adiantado no desenvolvimento, especialmente no desenvolvimento mental: *Criança precoce.*

pre.co.ci.da.de *(precoce+i+dade) sf* Qualidade de precoce ou prematuro.

pre.con.ce.ber *(pré+conceber) vtd* Conceber antecipadamente; supor com antecipação.

pre.con.cei.to *(pré+conceito) sm* **1** Conceito ou opinião formados antes de ter os conhecimentos adequados. **2** Superstição que obriga a certos atos ou impede que eles se pratiquem. **3** Antipatia ou aversão a outras raças, religiões, classes sociais etc. *Preconceito racial; preconceito religioso.*

pre.con.cei.tu.o.so *(ô) (preconceito+oso) adj* **1** Que envolve preconceitos. **2** Cheio de preconceitos. *Pl: preconceituosos (ó).*

pre.con.di.ção *(pré+condição) sf* Condição prévia.

pre.co.ni.zar *(lat preconizare) vtd* **1** Apregoar com louvor; elogiar demasiadamente: *Preconizar um escritor.* **2** Proclamar, anunciar: *Preconizar uma notícia.* **3** Aconselhar, recomendar (com elogios).

pré-co.zi.do *(pré+cozido) adj* Cozido antecipadamente. *Pl: pré-cozidos.*

pre.cur.sor *(lat praecursore) adj + sm* **1** Que, ou o que precede outra coisa e anuncia ou faz prever a sua aproximação: *Calmaria precursora da tempestade.* **2** Que, ou aquele que vem adiante anunciar um sucesso ou a chegada de alguém. • *sm* Pioneiro. *Cf percursor.*

pre.da.dor *(lat praedatore) adj Zool* Diz-se do animal que mata a presa para alimentar-se. • *sm* **1** Animal predador. **2** Qualquer agente que destrói o ambiente em que atua, ou elementos dele.

pré-da.ta.do *(part de pré+datar) adj* Diz-se do documento a que se colocou data futura: *Cheque pré-datado. Pl: pré-datados.*

pré-da.tar *(pré+data+ar¹) vtd* Colocar data futura em; datar de antemão: *Pré-datar um cheque. Cf pós-datar. Conjug – Pres indic:* pré-dato, pré-datas, pré-data etc.

pre.da.tó.rio *(lat praedatoriu) adj* Que depreda; que estraga.

pre.de.ces.sor *(lat praedecessore) sm* Antecessor.

pre.des.ti.na.ção *(lat praedestinatione) sf* Ato ou efeito de predestinar, ou o estado resultante.

pre.des.ti.nar *(lat praedestinare) vtd* **1** Destinar antes. *vtdi* **2** *Teol* Escolher desde a eternidade: *Deus predestinou os homens para a bondade. vtdi* **3** Destinar a grandes feitos.

pre.de.ter.mi.na.do *(part de predeterminar) adj* Que se predeterminou.

pre.de.ter.mi.nar *(pré+determinar) vtd* Determinar antecipadamente.

pre.di.al *(prédio+al¹) adj m+f* Relativo a prédio ou prédios: *Imposto predial.*

pré.di.ca *(lat praedica) sf* Ação de pregar; pregação, sermão.

pre.di.ca.ção *(lat praedicatione) sf* **1** *Gram* Ligação existente entre o sujeito e o predicado: *Predicação verbal; predicação nominal.* **2** Ação de pregar; sermão.

pre.di.ca.do *(lat praedicatu) sm* **1** Qualidade; característica. **2** Atributo, virtude. **3** *Gram* Aquilo que se diz do sujeito (ação, qualidade, estado).

pre.di.ção *(lar praedictione) sf* Ato ou efeito de predizer; prognóstico.

pre.di.ca.ti.vo *(lat praedicativu) adj + sm Gram* Diz-se do, ou o atributo do objeto ou do sujeito que completa a significação do verbo: *Predicativo do sujeito; predicativo do objeto.*

pre.di.le.ção *(lat vulg *praedilectione) sf* **1** Gosto único por alguma coisa ou por alguém. **2** Paixão ou afeição; preferência.

pre.di.le.to *(lat vulg *praedilectu) adj + sm* **1** Que, ou aquele que é estimado ou querido com preferência. **2** Que, ou aquilo que é preferido.

pré.dio *(lat praediu) sm* **1** Imóvel rural ou urbano. **2** Edifício.

pre.dis.por *(pré+dispor) vtd* e *vpr* **1** Dispor(-se) antecipadamente: *Esse regime o predispõe à anemia.* **2** Inclinar(-se) para alguma coisa: *Predispôs-se a aceitar minha oferta.* Conjuga-se como *pôr.*

pre.dis.po.si.ção (*pré+disposição*) *sf* **1** Disposição ou tendência natural para; aptidão, vocação, inclinação. **2** Tendência especial do organismo para determinada doença.

pre.di.zer (*lat praedicere*) *vtd* Dizer ou anunciar com antecedência o que vai acontecer; profetizar, prognosticar. Conjuga-se como o verbo *dizer*.

pre.do.mi.nân.cia (*predominante+ia²*) *sf* Qualidade ou estado de predominante; predomínio.

pre.do.mi.nan.te (de *predominar*) *adj m+f* **1** Que predomina; que exerce predomínio; preponderante. **2** *Gram* Diz-se do acento mais forte de uma palavra. **3** *Gram* Diz-se da sílaba ou vogal que tem esse acento.

pre.do.mi.nar (*pré+dominar*) *vti* **1** Prevalecer: *Em quase todos predomina o interesse*. *vtd* **2** Exercer domínio sobre; sobrepujar. *vti* **3** Sobressair: *O azul predominava na paisagem*.

pre.do.mí.nio (*pré+domínio*) *sm* Preponderância, superioridade, supremacia.

pré-e.lei.to.ral (*pré+eleitor+al¹*) *adj m+f* Que antecede eleição: *Período pré-eleitoral*. *Pl: pré-eleitorais*.

pre.e.mi.nên.cia (*lat praeeminentia*) *sf* **1** Excelência, vantagem. **2** Distinção, primazia, superioridade. **3** Posição social elevada.

pre.e.mi.nen.te (*lat praeeminente*) *adj m+f* **1** Que tem preeminência; distinto: *Escritor preeminente*. **2** Superior: *Situação preeminente*.

pre.en.cher (*pré+encher*) *vtd* **1** Encher completamente (espaço, vão etc.): *Os livros preencheram as estantes*. **2** Desempenhar bem (cargo ou função). **3** Cumprir, satisfazer plenamente (exigências, condições, fins etc.): *Você preenche todos os requisitos para esta função*. Preencher as condições contratuais. **4** Ocupar (espaço de tempo): *A leitura preencheu todo o meu tempo livre*. **5** Escrever, completar lacunas de (um escrito), os claros (de um formulário): *Preencha este formulário*. *Conjug – Pres indic: preencho, preenches* etc.; *Pret perf: preenchi, preencheste* etc.

pre.en.chi.men.to (*preencher+mento*) *sm* Ação ou efeito de preencher. *Preenchimento de área, Inform:* em computação gráfica, instrução para preencher uma área da tela ou um padrão incluso, com uma cor ou um padrão.

pre.en.são (*lat prehensione*) *sf* Ato de segurar, agarrar ou apanhar.

pre.ên.sil (*lat prehensile*) *adj m+f* Que tem a faculdade de segurar, agarrar ou apanhar. *Pl: preênseis*.

pre.en.sor (*ô*) (*lat prehensu+or*) *adj* Preênsil.

pré-es.co.lar (*pré+escolar*) *adj m+f* Anterior ao período ou à idade escolar. *Pl: pré-escolares*.

pré-es.co.lhi.do (*pré+escolhido*) *adj* Escolhido previamente, antecipadamente. *Pl: pré-escolhidos*.

pre.es.ta.be.le.cer (*pré+estabelecer*) *vtd* Estabelecer, ordenar previamente; predeterminar. *Conjug – Pres indic: preestabeleço, preestabeleces* etc.; *Pres subj: preestabeleça, preestabeleças* etc.; *Pret perf: preestabeleci, preestabeleceste* etc.

pre.es.ta.be.le.ci.do (*part de preestabelecer*) *adj* Que se preestabeleceu; estabelecido ou ordenado anteriormente.

pre.es.ta.be.le.ci.men.to (*preestabelecer+mento*) *sm* Ação de preestabelecer.

pré-es.trei.a (*é*) (*pré+estreia*) *sf neol* Representação de uma peça teatral, ou projeção de um filme, para convidados especiais, e que antecede a primeira representação pública, a estreia. *Pl: pré-estreias*.

pre.e.xis.tên.cia (*pré+existência*) *sf* Qualidade de preexistente.

pre.e.xis.ten.te (*pré+existente*) *adj m+f* Que preexiste.

pre.e.xis.tir (*pré+existir*) *vti* **1** Existir anteriormente a outro; existir em tempo anterior; preceder. *vint* **2** Ter uma existência anterior: "É possível que o espírito preexista" (Laudelino Freire). *Conjug – Pres indic: preexisto, preexistes, preexiste* etc.

pré-fa.bri.ca.do (*pré+fabricado*) *adj* Constituído de peças ou partes já fabricadas e prontas para armar ou montar: *Casas pré-fabricadas*. *Pl: pré-fabricados*.

pre.fa.ci.ar (*prefácio+ar¹*) *vtd* **1** Fazer o prefácio a (obra literária ou científica): *Prefaciar um livro*. **2** Escrever a introdução de: *Prefaciar um artigo*.

pre.fá.cio (*lat praefatio*) *sm* Palavras de esclarecimento, justificação ou apresentação que precedem o texto de uma obra literária. *Antôn: posfácio*.

pre.fei.to (*lat praefectu*) *sm* Chefe do poder executivo de um município. *Fem: prefeita*.

pre.fei.tu.ra (*lat praefectura*) *sf* **1** Cargo de prefeito. **2** Prédio da administração municipal.

pre.fe.rên.cia (*lat praeferentia*) *sf* Ação ou efeito de preferir uma pessoa ou coisa a uma outra; predileção.

pre.fe.ren.ci.al (*preferência+al¹*) *adj m+f* Em que há preferência; que tem condição de preferência. • *sf* Via pública em que os veículos têm preferência de passagem aos que vêm de outras vias.

pre.fe.rir (*lat *praeferere*, por *praeferre*) *vtd* **1** Dar preferência a; determinar-se por, ou em favor de: *Prefiro ficar em casa hoje*. *vtd* e *vti* **2** Querer antes; escolher: *Prefiro ir ao cinema*. *Prefiro português a matemática*. *vtd* **3** Ter preferência por; querer ou gostar mais: *Ele prefere a natação*. Conjuga-se como *ferir*.

O verbo **preferir** já encerra ideia de **mais**, razão pela qual não se deve usar *prefiro mais*. O verbo **preferir** exige o uso da preposição **a**.
Prefere a escola ao lazer.
Pode-se também preferir alguma coisa, apenas.
Eles preferem que vocês voltem logo.

pre.fe.rí.vel (*preferir+vel*) *adj m+f* Que se pode ou deve preferir; melhor.

pre.fi.gu.rar (*pré+figurar*) *vtd* **1** Figurar ou representar o que está por vir. *vtd* **2** Figurar imaginando; supor antecipadamente. *vpr* **3** Afigurar-se, parecer.

pre.fi.xa.do (*cs*) (*part de prefixar*) *adj* **1** Fixado antecipadamente. **2** Diz-se de investimento cujo rendimento é calculado quando se faz a aplicação.

pre.fi.xar (*cs*) (*pré+fixar*) *vtd* Fixar com antecedência.

pre.fi.xo (*cs*) (*lat praefixu*) *adj* Fixado ou determinado antecipadamente. • *sm* **1** *Gram* Elemento morfológico que se agrega antes de um radical ou tema para formar nova palavra. **2** Sinal sonoro de breve duração que abre ou encerra as atividades periódicas de um programa de rádio ou televisão.

pre.ga (*lat plica*) *sf* **1** Dobra que se faz num tecido, numa peça de vestuário. **2** Ruga defeituosa numa peça de vestuário. **3** Depressão ou dobra do terreno.

pre.ga.ção (*pregar²+ção*) *sf* **1** Ato de pregar; prédica, sermão. **2** *pop* Repreensão.

pre.ga.dor (*pregar²+dor*) *adj + sm* **1** Que, ou o que faz pregações. **2** Que, ou o que anuncia, proclama, divulga qualquer doutrina ou ideia.

pre.gão (*lar praecone*) *sm* **1** Ato de apregoar. **2** Modo como os corretores de bolsa de valores proclamam ofertas e propostas de negócios. **3** Proclamação pública.

pre.gar¹ (*prego+ar¹*) *vtd* **1** Firmar, fixar com prego. *vtd* **2** Fixar, unir (com pontos de costura ou por outro meio): *Pregar botões. Pregar papel com cola.* *vtd* **3** Introduzir à força; cravar (prego ou qualquer objeto pontiagudo): *Pregar pregos na parede.* *vtd* **4** Fitar; olhar fixamente. *vtd e vti* **5** Produzir, causar: *Pregou um susto à menina.* *vint* **6** Ficar exausto.

pre.gar² (*lat praedicare*) *vtd, vti e vint* **1** Pronunciar sermões. *vint* **2** Propagar o cristianismo. *vtd, vti e vtdi* **3** Anunciar, ensinar sob forma de doutrina; desenvolver: *Pregar o Cristianismo (aos pagãos).* *vtd* **4** Fazer propaganda de, proclamando, vulgarizando. *vtd* **5** Aconselhar, recomendar. *Conjug – Pres subj: pregue, pregues, pregue* etc.; *Pret perf: preguei, pregaste* etc.

pre.go (*ingl prick*) *sm* **1** Haste metálica delgada, pontiaguda em uma extremidade e geralmente com cabeça na outra, destinada a cravar-se em madeira etc., a fim de fixar objetos, manter unidas peças avulsas ou pendurar nela qualquer coisa. **2** *pop* Casa de penhores. **3** *pop* Cansaço. **4** *Zool* Nome de certo macaco do Amazonas.

pre.go.ei.ro (*pregão+eiro*) *sm* **1** Indivíduo que apregoa ou lança pregão. **2** Leiloeiro.

pre.gres.so (*lat praegressu*) *adj* **1** Decorrido anteriormente. **2** Que aconteceu primeiro.

pre.gue.a.do (*part* de *preguear*) *adj + sm* Que, ou o que é feito ou disposto em pregas (falando-se de costura): *Saia pregueada.*

pre.gue.ar (*prega+e+ar¹*) *vtd* Fazer pregas em; franzir: *Preguear um vestido. Conjuga-se como frear.*

pre.gui.ça (*lat pigritia*) *sf* **1** Pouca disposição para o trabalho; aversão ao trabalho. **2** Demora ou lentidão em fazer qualquer coisa; moleza, morosidade, negligência. **3** *Zool* Mamífero desdentado, arborícola, de movimentos muito lentos.

pre.gui.ço.so (*ô*) (*preguiça+oso*) *adj + sm* Que, ou aquele que revela ou tem preguiça. *Pl: preguiçosos (ó).*

pré-his.to.ria (*pré+história*) *sf* Parte da História que estuda os tempos anteriores aos documentos escritos. *Pl: pré-histórias.*

pré-his.tó.ri.co (*pré+histórico*) *adj* **1** Anterior aos tempos históricos. **2** Pertencente ou relativo à pré-história. *Pl: pré-históricos.*

pré-im.pres.são (*pré+impressão*) *sf Inform* Processo gráfico que consiste em tirar fotolito para impressão a partir de um arquivo. *Pl: pré-impressões.*

pré-in.dus.tri.al (*pré+industrial*) *adj m+f* Fase histórica que antecede o aparecimento da indústria. *Pl: pré-industriais.*

prei.to (*lat placitu*) *sm* **1** Homenagem, tributo. **2** Sujeição, vassalagem.

pre.ju.di.car (*lat praejudicare*) *vtd* **1** Causar prejuízo ou dano a; lesar: *Prejudicar alguém, prejudicar uma empresa.* *vtd* **2** Tirar ou diminuir o valor de; anular: *A falta de objetividade prejudicou o discurso.* *vpr* **3** Sofrer prejuízo: *Prejudicou-se com o excesso de tolerância. Conjug – prejudique, prejudiques* etc.; *Pret perf: prejudiquei, prejudicaste, prejudicou* etc.

pre.ju.di.ci.al (*lat prejudiciale*) *adj m+f* Que prejudica; que causa prejuízo ou dano; nocivo. *Antôn: útil, proveitoso.*

pre.ju.í.zo (*lat praejudiciu*) *sm* **1** Dano, perda. **2** *pop* Consumo, em refeição de grupo: *Você paga o prejuízo.*

pre.jul.gar (*pré+julgar*) *vtd* **1** Julgar com antecipação. **2** Avaliar previamente. *Conjug – Pres subj: prejulgue, prejulgues* etc.; *Pret perf: prejulguei, prejulgaste, prejulgou* etc.

pre.la.do (*lat praelatu*) *sm* Título honorífico de certos dignitários da Igreja, como bispos, arcebispos etc.

pré-lan.ça.men.to (*pré+lançamento*) *sm* Lançamento antecipado (de projeto, filme, produto, obras etc.). *Pl: pré-lançamentos.*

pre.le.ção (*lat praelectione*) *sf* Discurso ou conferência didática.

pre.le.ci.o.nar (*lat praelectione+ar²*) *vint* **1** Fazer preleções; discursar, discorrer. *vtd* **2** Fazer preleções; lecionar. *vti* **3** Discorrer, falar.

pre.li.mi.nar (*fr préliminaire*) *adj m+f* Que antecede o assunto ou objeto principal. • *sm* **1** O que precede o assunto ou objeto principal. **2** Começo de ajuste ou acordo. *sf* **1** Condição prévia. **2** *Esp* Prova ou competição que se realiza antes da principal.

pré.lio (*lat praeliu*) *sm* Combate; batalha; peleja.

pre.lo (*lat prelu*) *sm Tip* **1** Máquina de impressão manual. **2** Máquina tipográfica de impressão; prensa. *Estar no prelo:* diz-se de uma obra que se acha nas oficinas tipográficas, prestes a ser publicada. *Sair do prelo:* publicar-se.

pre.lu.di.ar (*prelúdio+ar¹*) *vtd* **1** Fazer prelúdio a; iniciar. *vtd* **2** Prefaciar, fazer preâmbulo. *vint* **3** *Mús* Ensaiar a voz ou instrumento antes de começar a cantar ou tocar. *Conjug – Pres indic: preludio, preludias (dí)* etc. *Cf prelúdio.*

pre.lú.dio (*lat praeludiu*) *sm* **1** Introdução, preâmbulo, prefácio, prólogo. **2** *Mús* Introdução instrumental ou orquestral de uma obra musical, podendo ser absolutamente independente e não ter caráter introdutório: *Prelúdio de Chopin.*

pré-ma.trí.cu.la (*pré-matrícula*) *sf* Matrícula feita previamente para assegurar o direito à definitiva. *Pl: pré-matrículas.*

pre.ma.tu.ro (*lat praematuru*) *adj* **1** Que amadurece antes do tempo próprio; temporão: *Frutos prematuros.* **2** Precoce: *Inteligência prematura.* **3** Diz-se da criança que nasce antes do término

normal de gestação. **4** Que se realiza antes da ocasião própria: *Investigação prematura*.
pre.me.di.ta.ção (*lat praemeditatione*) *sf* **1** Ato ou efeito de premeditar. **2** Planejamento antecipado.
pre.me.di.tar (*lat praemeditari*) *vtd* Meditar, planejar, resolver antecipadamente, com reflexão: *Premeditar um crime*.
pre.mên.cia (*premente+ia²*) *sf* **1** Ação ou efeito de premer ou exercer pressão. **2** Urgência.
pré-mens.tru.al (*pré+menstrual*) *adj m+f* Que ocorre antes da menstruação: *Período pré-menstrual*. *Pl: pré-menstruais*.
pre.men.te (*lat premente*) *adj m+f* **1** Que preme; que comprime; que faz pressão. **2** Urgente.
pre.mer (*lat premere*) *vtd* **1** Fazer pressão em. *vtd* **2** Calcar, apertar; espremer. *vtd* **3** Oprimir. *vpr* **4** Comprimir-se. *Var: premir. Conjug – Pres indic: premo, premes* etc.
pre.mi.a.ção (*premiar+ção*) *sf* Ato ou efeito de premiar.
pre.mi.a.do (*part* de *premiar*) *adj* **1** Que obteve um prêmio. **2** Diz-se do bilhete de loteria ou rifa a que correspondem prêmios. • *sm* Aquele que foi contemplado com algo de valor: *Nasceu premiado com uma inteligência rara*.
pre.mi.ar (*lat praemiari*) *vtd* **1** Distinguir, recompensar com um prêmio a: *A professora premiou o melhor aluno*. **2** Conferir, por sorteio, prêmio a: *A loteria premiou o dono do bar*. *Conjug – Pres indic: premio, premias, premia (mí)* etc.; *Pres subj: premie, premies* etc. *Cf prêmio*.
première (*premiér*) (*fr*) *sf* Estreia; primeira apresentação.
prê.mio (*lat praemiu*) *sm* **1** Recompensa. **2** Distinção conferida por certos trabalhos ou por certos méritos. **3** Dinheiro ou objeto de maior ou menor valor que se recebe por sorteio, rifa etc. **4** Juros; lucros.
pre.mis.sa (alteração de *premícia*) *sf* **1** *Filos* Cada uma das duas hipóteses (premissas) de um silogismo, da qual se tira uma conclusão: *Ele comprou o carro, partindo da premissa de que estava em boas condições*. **2** *por ext* Fato ou princípio que serve de base para se chegar a uma conclusão.
pré-mo.lar (*pré+molar*) *adj m+f* e *sm Anat* Diz-se de, ou cada um dos quatro dentes, de cada maxilar, situados entre os caninos e os molares, adaptados à trituração. *Pl: pré-molares*.
pré-mol.da.do (*pré+moldado*) *adj* Moldado antes. • *sm* Peça de concreto pré-moldado usada em construções. *Pl: pré-moldados*.
pre.mo.ni.ção (*lat praemonitione*) *sf Psicol* Pensamento ou sonho que parece anunciar-nos o futuro.
pre.mo.ni.tó.rio (*lat praemonitoriu*) *adj* **1** Que avisa com antecipação. **2** Que deve ser tomado como aviso.
pre.mu.nir (*lat praemunire*) *vpr* **1** Munir-se antecipadamente; armar-se, preparar-se. *vtd* **2** Evitar, prevenir. *vtd* e *vti* **3** Acautelar, tomando as precauções adequadas.
pré-na.tal (*pré+natal*) *adj m+f* Referente ao período anterior ao nascimento da criança. • *sm* Assistência médica prestada durante a gestação. *Pl: pré-natais*.
pren.da (*lat praebenda*) *sf* **1** Objeto que só se dá como brinde; dádiva, presente. **2** Dote, atributo.

pren.da.do (*part* de *prendar*) *adj* **1** Que tem dotes ou qualidades apreciáveis. **2** Que recebeu educação esmerada.
pren.der (*lat pignorare*) *vtd* **1** Atar, ligar, amarrar. *vtd* **2** Firmar, fixar, segurar, reter. *vtd* **3** Tirar a liberdade a; aprisionar, encarcerar. *vtd* **4** Atrair: *Prender a atenção, prender o olhar*. *vpr* **5** Ficar preso ou seguro; agarrar-se. *vtdi* **6** Estabelecer conexão; encadear: *Prender uma ideia a outra ideia*. *vtdi* **7** Ligar, vincular (moral ou afetivamente): *A solidariedade prendia-o aos parentes*. *vpr* **8** Firmar-se, fixar-se, unir-se. *Conjug – Part: prendido* e *preso*.
pre.nhe (*lat praegnante*) *adj m+f* Diz-se da fêmea no período da gestação.
pre.nhez (*prenhe+ez*) *sf* Estado de fêmea prenhe; gravidez.
pre.no.me (*lat praenomen*) *sm* Nome particular com que se distingue cada um dos membros da mesma família; nome de batismo.
pren.sa (de *prensar*) *sf* **1** Máquina composta essencialmente de duas peças, das quais uma se move contra a outra para comprimir, achatar ou espremer qualquer objeto ou substância que entre elas se coloque. **2** *Tip* Máquina de impressão; prelo. **3** *gír* Situação forçada, que se cria para que alguém tome uma decisão; aperto.
pren.sar (*lat prensare*) *vtd* **1** Apertar, comprimir na prensa: *O encadernador prensa os livros que acaba de encapar*. *vtd* e *vti* **2** Achatar, comprimir muito; esmagar, espremer: *Prensar uma fruta; prensar alguém contra a parede*.
pre.nun.ci.ar (*lat praenuntiare*) *vtd* Anunciar antecipadamente; predizer; profetizar. *Conjug – Pres indic: prenuncio, prenuncias (cí)* etc. *Cf prenúncio*.
pre.nún.cio (*lat praenuntiu*) *sm* Anúncio de coisa que há de acontecer; prognóstico.
pré-nup.ci.al (*pré+nupcial*) *adj m+f* Anterior ao casamento. *Pl: pré-nupciais*.
pre.o.cu.pa.ção (*lat praeoccupatione*) *sf* **1** Ato de preocupar ou de se preocupar. **2** Ideia fixa. **3** Inquietação resultante dessa ideia. **4** Apreensão, receio de coisa futura.
pre.o.cu.pan.te (de *preocupar*) *adj m+f* Que preocupa; que causa preocupação.
pre.o.cu.par (*lat praeoccupare*) *vtd* **1** Causar preocupação a; tornar apreensivo. *vtd* **2** Impressionar, inquietar: *A situação política internacional preocupa o mundo inteiro*. *vpr* **3** Ter preocupação; impressionar-se, inquietar-se: *O povo preocupa-se com o analfabetismo*.
pré-o.lím.pi.co (*pré+olímpico*) *adj* Diz-se da fase que precede imediatamente os jogos olímpicos. *Pl: pré-olímpicos*.
pre.or.de.nar (*lat praeordinare*) *vtd* **1** Ordenar antecipadamente. **2** Predestinar.
pre.pa.ra.ção (*lat praeparatione*) *sf* **1** Ato ou efeito de preparar ou de se preparar. **2** Operação ou processo de aprontar qualquer coisa para uso ou serviço. **3** Medida ou ação preliminar para a efetuação de qualquer coisa. **4** Feitura de um preparado. **5** Coisa preparada.
pre.pa.ra.do (*part* de *preparar*) *adj* **1** Aprontado com antecedência; pronto. **2** Apto, capaz. • *sm* Produto químico ou farmacêutico.

pre.pa.rar (*lat praeparare*) *vtd, vtdi* e *vpr* **1** Aparelhar(-se), aprontar(-se), dispor(-se) antecipadamente: *Preparou as malas. A tia preparou uma festa para os sobrinhos. Os atletas prepararam-se para os próximos jogos.* *vtd* **2** Planejar de antemão; premeditar: *Preparar um golpe.* *vtd* **3** Educar, habilitar: *Preparar o cidadão do futuro.* *vtd* **4** Predispor: *Prepare o coração; chegou o telegrama.* *vtd* **5** Armar, maquinar: *Preparar uma cilada contra alguém.* *vtd* **6** Fazer segundo os processos adequados: *Preparar o café.* *vtd* **7** Dosar e combinar os ingredientes para um medicamento.
pre.pa.ra.ti.vos (de *preparar*) *sm pl* Arranjos, preparação: *Os preparativos de uma festa.*
pre.pa.ra.tó.rio (*lat praeparatoriu*) *adj* **1** Que prepara. **2** Próprio para preparar.
pre.pa.ro (de *preparar*) *sm* **1** Preparação. **2** Cultura intelectual.
pre.pon.de.rân.cia (*lat praeponderantia*) *sf* Superioridade, predomínio, supremacia.
pre.pon.de.ran.te (*lat praeponderante*) *adj m+f* Que prepondera.
pre.pon.de.rar (*lat praeponderare*) *vint* **1** Ser mais influente ou mais importante; predominar: *Ali preponderam os ingleses.* *vint* **2** Ser numericamente maior; ter a maioria: *Preponderaram os favoráveis ao presidencialismo.* *vti* **3** Ter preponderância sobre: *Nem sempre os deveres preponderam aos prazeres.*
pre.por (*lat praeponere*) *vtd* e *vtdi* **1** Pôr adiante; antepor: *Prepor o pronome ao verbo.* **2** Querer antes, preferir. **3** Escolher, nomear, designar: *A cada setor prepôs um líder.* Conjuga-se como *pôr.*
pre.po.si.ção (*lat praepositione*) *sf* **1** Ato ou efeito de prepor; anteposição. **2** *Gram* Palavra invariável que liga duas outras, exprimindo a relação que entre elas existe. *Pl: preposições.*
pre.po.si.ti.vo (*lat praepositivu*) *adj* **1** Que se põe em primeiro lugar. **2** *Gram* Que diz respeito à preposição ou é da natureza dela.
pre.pos.to (ô) (*lat praepositu*) *adj* Posto antes. • *sm* Indivíduo que dirige um serviço, um negócio, por delegação de pessoa competente.
pre.po.tên.cia (*lat praepotentia*) *sf* Abuso do poder ou da autoridade.
pre.po.ten.te (*lat praepotente*) *adj m+f* **1** Muito poderoso ou influente. **2** Que abusa do seu poder ou autoridade; opressor, tirano.
pré-pro.du.ção (*pré+produção*) *sf* **1** O que antecede a produção. **2** *Cin, Telev, Rádio, Teat* e *Inform* Estágio anterior à edição de um vídeo ou título interativo, durante o qual são feitos o projeto do título e a coleta da mídia. *Pl: pré-produções.*
pre.pú.cio (*lat praeputiu*) *sm Anat* Dobra de pele que cobre a glande do pênis.
pré-re.qui.si.to (*pré+requisito*) *sm* Requisito básico, fundamental, que se exige para a continuação ou desenvolvimento de um processo. *Pl: pré-requisitos.*
prer.ro.ga.ti.va (*lat praerogativa*) *sf* **1** Direito, inerente a um ofício ou posição, de usufruir um certo privilégio ou exercer certa função. **2** Privilégio, regalia.
pre.sa (ê) (*lat prehensa*) *sf* **1** Objetos tomados ao inimigo. **2** Aquilo de que o animal carniceiro se apodera para comer. **3** Garra de ave de rapina. **4** Dente canino saliente de certos animais.
pres.bi.te.ri.a.nis.mo (*presbiteriano+ismo*) *sm Rel* Denominação evangélica (protestante) na qual o governo da Igreja é exercido pelos presbíteros.
pres.bi.te.ri.a.no (*presbítero+i+ano*) *adj* Relativo ao presbiterianismo. • *sm* Seguidor do presbiterianismo.
pres.bi.té.rio (*lat tardio presbyteriu*) *sm* **1** Parte da igreja reservada aos presbíteros ou sacerdotes. **2** Residência de pároco. **3** Igreja paroquial.
pres.bí.te.ro (*gr presbýteros*) *sm* **1** Sacerdote, padre. **2** Entre os presbiterianos, membro eleito pela congregação para governá-la e instruí-la.
pres.ci.ên.cia (*lat praescientia*) *sf* **1** Ciência inata. **2** Premonição; pressentimento.
pres.ci.en.te (*lat praesciente*) *adj m+f* **1** Que sabe com antecipação. **2** Que prevê o futuro.
pres.cin.dir (*lat praescindere*) *vti* Dispensar, passar sem, pôr de lado; abrir mão de: *Prescindir de direitos, de vantagens. Prescindo de qualquer ajuda sua.*
pres.cin.dí.vel (*prescindir+vel*) *adj m+f* De que se pode prescindir; dispensável.
pres.cre.ver (*lat praescribere*) *vtd* **1** Determinar, estabelecer. *vtd* e *vtdi* **2** *Med* Indicar, receitar: *O médico prescreveu a receita (ao paciente).* *vtd* e *vtdi* **3** Fixar, limitar, marcar: *O diretor prescreveu prazos aos professores para a entrega dos boletins.* *vint* **4** Cair em desuso. *vint* **5** *Dir* Ficar sem efeito por ter decorrido certo prazo legal: *O prazo prescreveu. Conjug – Part: prescrito.*
pres.cri.ção (*lat praescriptione*) *sf* **1** Ato ou efeito de prescrever. **2** Ordem expressa. **3** Regra, preceito. **4** Fato de se esgotar o prazo que alguém teria para pleitear seu direito ou reclamar um interesse qualquer.
pres.cri.to (*lat praescriptu*) *adj* **1** Ordenado explicitamente. **2** *Dir* Que prescreveu.
pre.sen.ça (*lat praesentia*) *sf* **1** Fato de estar presente. **2** Existência, estado ou comparecimento de alguém num lugar determinado. **3** Existência de uma coisa em um dado lugar. **4** Aparência; aspecto físico. *Antôn* (acepção 1): *ausência.*
pre.sen.ci.ar (*lat praesentia+ar¹*) *vtd* **1** Estar presente a; assistir a; testemunhar: *Presenciar uma cena, presenciar um espetáculo; presenciar um crime.* **2** Verificar por meio da observação; observar: *Presenciar um fenômeno.*
pre.sen.te (*lat praesente*) *adj m+f* **1** Que existe ou acontece no momento em que se fala. **2** Diz-se da pessoa ou coisa que está num dado momento diante dos olhos. **3** Que assiste em pessoa: *Presente ao ato. Antôn: ausente.* • *sm* **1** O tempo presente; o tempo atual. **2** *Gram* Tempo que nos modos verbais exprime a ideia do momento em que se fala. **3** Aquilo que se oferece a alguém como agrado, lembrança etc.
pre.sen.te.ar (*presente+e+ar¹*) *vtd* e *vtdi* Dar presente a; brindar: *Adora presentear os amigos. Presenteou o amigo com um livro.* Conjuga-se como *frear.*
pre.se.pa.da (*presepe+ada¹*) *sf* **1** Espetáculo fantástico e ridículo. **2** Palhaçada. **3** Barulho, conflito.
pre.sé.pio (*lat praesepiu*) *sm* **1** Estábulo, estrebaria.

2 Representação do local do nascimento de Cristo e das figuras que, segundo o Evangelho, estavam presentes, como os pastores, os magos etc.

pre.ser.va.ção (*preservar+ção*) *sf* **1** Ato ou efeito de preservar. **2** Cautela, prevenção, proteção. **3** Conservação.

pre.ser.var (*lat praeservare*) *vtd, vti* e *vpr* Pôr(-se) ao abrigo de algum mal, dano ou perigo futuro; defender(-se), resguardar(-se): *Preservar a saúde. Isso os preservará da corrupção.*

pre.ser.va.ti.vo (*preservar+ivo*) *adj* Que tem a propriedade de preservar. • *sm* **1** Aquilo que preserva, **2** Envoltório fino de borracha resistente, para cobrir o pênis por ocasião da cópula, a fim de impedir a fecundação da mulher ou proteger o homem e a mulher de possíveis infecções venéreas; camisa de vênus. *Preservativo feminino:* dispositivo de material flexível e resistente, que é introduzido na vagina antes da cópula, a fim de evitar a fecundação da mulher ou proteger contra doenças. *Var: camisinha.*

pre.si.dên.cia (*presidente+ia²*) *sf* **1** Ação de presidir. **2** Cargo de presidente. **3** O poder executivo nos países onde o chefe de Estado tem o título de presidente. **4** Palácio ou tribunal onde o presidente reside ou exerce a sua função. **5** *pop* Lugar de honra a uma mesa.

pre.si.den.ci.al (*presidência+al¹*) *adj m+f* **1** Pertencente ou relativo à presidência ou ao presidente. **2** Que provém do presidente.

pre.si.den.ci.a.lis.mo (*presidencial+ismo*) *sm Polít* Sistema de governo no qual há completa independência entre os poderes executivo, legislativo e judiciário, e os ministros de Estado são escolhidos pelo presidente da República.

pre.si.den.ci.a.lis.ta (*presidencial+ista*) *adj m+f* **1** Relativo ao presidencialismo. **2** Diz-se do regime de governo em que domina o presidencialismo. • *s m+f* Pessoa que é a favor do presidencialismo.

pre.si.den.ci.á.vel (*presidência+vel*) *adj m+f* Apto para ser eleito presidente.

pre.si.den.te (*lat praesidente*) *s m+f* Pessoa que preside ou dirige as discussões ou deliberações de uma assembleia, de um conselho, de um tribunal etc. *sm* **1** Título oficial do chefe do poder executivo e comandante de todas as forças armadas de um país. **2** Aquele que preside a um ato, a um concurso, a uma tese, a um exame. *Fem: presidenta.* • *adj m+f* Que governa, que dirige.

pre.si.di.á.rio (*lat praesidiariu*) *adj* **1** Pertencente ou relativo a presídio. **2** Que faz parte de um presídio. • *sm* Condenado que cumpre pena num presídio.

pre.sí.dio (*lat praesidiu*) *sm* Estabelecimento público onde se recolhem presos; cadeia.

pre.si.dir (*lat praesidere*) *vti* e *vint* **1** Dirigir como presidente; exercer as funções de presidente; ocupar a presidência: *Presidir em uma reunião de professores. vtd, vti* e *vint* **2** Guiar, orientar, nortear: *Estes princípios presidem minha vida. A imparcialidade deve presidir (a)os julgamentos. Preside sempre que pode.*

pre.si.lha (*cast presilla*) *sf* Cordão de material flexível que tem numa extremidade uma casa ou fivela, para apertar ou prender.

pre.so (*part irreg de prender*) *adj* **1** Amarrado, atado, ligado. **2** Fixo, pregado, seguro. **3** Recluso em prisão; encarcerado. **4** Sem liberdade de ação. *Antôn: livre, solto.* • *sm* Aquele que está na prisão; prisioneiro.

pres.sa (do *lat pressare*) *sf* **1** Rapidez, velocidade, ligeireza. **2** Necessidade de se apressar: *Estar com pressa. Às pressas:* apressadamente, precipitadamente, rapidamente.

pres.sa.gi.ar (*lat praesagiare*) *vtd* **1** Anunciar por presságios: *Nuvens escuras pressagiam chuva.* **2** Predizer, prognosticar: *Pressagiar um desastre.* **3** Pressentir, prever: *Ela pressagiou que não o veria mais. Conjug – pressagio, pressagias (gí)* etc. *Cf presságio.*

pres.sá.gio (*lat praesagiu*) *sm* **1** Fato ou sinal por que se adivinha o futuro. **2** Indício de um acontecimento futuro. **3** Agouro.

pres.são (*lat pressione*) *sf* **1** Ação ou efeito de comprimir, de apertar. **2** *fig* Influência constrangedora, que força alguém a fazer alguma coisa. **3** Tensão, força. *Pressão arterial:* pressão que o sangue exerce nas paredes arteriais.

pres.sen.ti.men.to (*pressentir+mento*) *sm* **1** Ação ou efeito de pressentir. **2** Sentimento antecipado; intuição.

pres.sen.tir (*lat praesentire*) *vtd* **1** Ter o pressentimento de; prever; adivinhar: *Pressentir más notícias.* **2** Perceber, sentir ao longe ou antes de ver: *Pressentir a chegada do inimigo. Conjuga--se como ferir.*

pres.si.o.nar (*lat pressione+ar¹*) *vtd* **1** Fazer pressão sobre (alguma coisa ou alguém). *vtd* e *vti* **2** Coagir (pessoa); obrigar, constranger: *Pressionar o governo a tomar medidas.*

pres.su.por (*pré+supor*) *vtd* **1** Supor antecipadamente. **2** Fazer supor; levar a entender. *Conjuga--se como pôr.*

pres.su.po.si.ção (*pré+suposição*) *sf* Ato ou efeito de pressupor; hipótese antecipada.

pres.su.pos.to (*ô*) (*part de pressupor*) *adj* Que se pressupôs. • *sm* **1** Pressuposição, conjetura. **2** Plano, projeto. **3** Desígnio, propósito, intenção. *Pl: Pressupostos (ó).*

pres.su.ri.za.ção (*pressurizar+ção*) *sf* **1** Ato ou efeito de pressurizar. **2** O processo adotado para pressurizar.

pres.su.ri.zar (*ingl to pressurize+ar¹*) *vtd* Manter, por processos mecânicos, pressão aproximadamente normal dentro de um espaço hermeticamente fechado.

pres.su.ro.so (*ô*) (*pressura+oso*) *adj* **1** Com muita pressa. **2** Impaciente, irrequieto. **3** Cuidadoso, solícito. *Pl: pressurosos (ó).*

pres.ta.ção (*lat praestatione*) *sf* **1** Ato ou efeito de prestar. **2** Pagamento a prazos sucessivos: *Comprar a prestação.* **3** Quantia que se deve pagar em cada prazo.

pres.tar (*lat praestare*) *vti* e *vint* **1** Ter préstimo; ser útil: *Isso não presta para nada. Você não presta, mesmo! vpr* **2** Ser adequado ou próprio: *As luvas prestam-se a proteger as mãos. vpr* **3** Estar pronto e disposto: *Nem todos se prestam a ajudar o próximo. vtd* e *vti* **4** Dar com presteza e cuidado; dispensar: *Prestava mil cuidados às crianças. vtd* e *vti* **5** Conceder, dar. *vtd* **6** Fornecer, oferecer:

Prestar informações, prestar serviços. vti **7** Fazer proveito: *Talvez lhe preste esse conselho.*
pres.ta.ti.vo (*prestar+ivo*) *adj* Pronto para servir.
pres.tes (*prov prest*) *adj m+f sing* e *pl* **1** Disposto, pronto, preparado. **2** Que se acha quase ou a ponto de acontecer; iminente, próximo. • *adv* Depressa, prontamente; com presteza. *Var* (como advérbio): *preste*.
pres.te.za (*preste+eza*) *sf* **1** Agilidade, ligeireza, prontidão. **2** Solicitude.
pres.ti.di.gi.ta.ção (*presti+digitação*) *sf* Arte ou ato de prestidigitador; ilusionismo.
pres.ti.di.gi.ta.dor (*prestidigitar+dor*) *sm* Pessoa que, pela rapidez dos movimentos das mãos, é capaz de provocar ilusões tais como tirar objetos do ar, de uma cartola ou caixa vazia ou de fazer desaparecê-los sem que se perceba como; ilusionista.
pres.ti.gi.ar (*lat praestigiare*) *vtd* **1** Dar prestígio a; apoiar: *Sempre prestigia os filhos.* *vpr* **2** Ganhar prestígio, adquiri-lo: *Com sua atuação honesta, prestigiou-se perante o povo.* *Conjug – Pres indic: prestigio, prestigias* (*gí*) etc. *Cf prestígio.*
pres.tí.gio (*lat praestigiu*) *sm* **1** Grande influência; importância social. **2** Consideração, respeito, crédito, reputação.
prés.ti.mo (de *prestar*) *sm* **1** Qualidade do que presta, ou é proveitoso; serventia, utilidade. **2** Auxílio, serviços.
pres.ti.mo.so (*ô*) (*préstimo+oso*) *adj* **1** Que tem préstimo; útil. **2** Prestativo, obsequioso. *Pl: prestimosos* (*ó*).
pre.su.mi.do (*part* de *presumir*) *adj* **1** Que se presumiu; julgado, imaginado, suposto. **2** Afetado, vaidoso, presunçoso. • *sm* Aquele que tem presunção ou vaidade.
pre.su.mir (*lat praesumere*) *vtd* **1** Entender, julgar, segundo certas probabilidades. *vtd* **2** Imaginar, supor. *vpr* **3** Julgar-se, supor-se.
pre.su.mí.vel (*presumir+vel*) *adj m+f* Que se pode presumir; provável.
pre.sun.ção (*lat praesumptione*) *sf* **1** Ato ou efeito de presumir. **2** Opinião baseada na probabilidade; suposição. **3** Afetação, vaidade, arrogância.
pre.sun.ço.so (*ô*) (*lat praesumptiosu*) *adj* Que tem presunção; presumido, vaidoso. *Pl: presunçosos* (*ó*).
pre.sun.to (*lat vulg *persunctu*) *sm* **1** Pernil, salgado e defumado. **2** *gír* Cadáver.
prêt-à-porter (*préta-portê*) (*fr*) *adj m+f sing* e *pl* Diz-se de roupa feita em série ou manualmente e vendida pronta para usar, nas lojas.
pre.te.jar (*preto+ejar*) *vint* **1** Tornar-se preto; escurecer. **2** *Reg* (SP) Estar cheio de frutas (árvore), de gente (rua) etc. **3** *pop* Tornar-se difícil.
pre.ten.den.te (*lat praetendente*) *adj m+f* Que pretende alguma coisa. • *s m+f* **1** Pessoa que pretende alguma coisa ou aspira a alguma coisa. **2** Candidato.
pre.ten.der (*lat praetendere*) *vtd* **1** Desejar, querer; aspirar a. **2** Requerer, solicitar.
pre.ten.são (*lat praetensu+suf lat ione*) *sf* **1** Vaidade exagerada. **2** Aspiração.
pre.ten.si.o.so (*ô*) (*pretens(ão)+i+oso*) *adj + sm* Que, ou aquele que tem pretensões ou vaidade; afetado, orgulhoso, soberbo. *Antôn: modesto.* *Pl: pretensiosos* (*ó*).

pre.ten.so (*lat praetensu*) *adj* **1** Que pretende ou supõe ser qualquer coisa. **2** Fictício, suposto, imaginado.
pre.te.ri.ção (*lat prateritione*) *sf* **1** Ato ou efeito de preterir. **2** Omissão, adiamento.
pre.te.rir (*lat praeterire*) *vtd* **1** Ir além; ultrapassar. **2** Deixar de lado; não dar importância a; não fazer caso de. **3** Omitir. Conjuga-se como *ferir*.
pre.té.ri.to (*lat praeteriu*) *sm Gram* Tempo verbal que exprime ação passada ou estado anterior; passado. • *adj* Que passou; passado.
pre.te.rí.vel (*preterir+vel*) *adj m+f* Que pode ser preterido.
pre.tex.tar (*ês*) (*pretexto+ar¹*) *vtd* Alegar ou tomar como pretexto ou desculpa: *Pretextou cansaço e foi embora.*
pre.tex.to (*ês*) (*lat praetextu*) *sm* Razão inventada que se alega para ocultar o verdadeiro motivo pelo qual se faz ou deixa de fazer uma coisa; desculpa.
pre.to (*ê*) *sm* **1** Negro; homem de raça negra. **2** A cor preta. • *adj* Negro, escuro.
pre.tor (*lat praetore*) *sm Antig rom* **1** Magistrado encarregado da administração de justiça. **2** *ant* Juiz de categoria inferior à de juiz de direito.
pre.to.ri.a (*pretor+ia¹*) *sf* **1** Jurisdição de pretor. **2** Lugar onde o pretor exercia suas funções.
pre.tó.rio (*lat praetoriu*) *adj* Relativo a pretor. • *sm* **1** Residência ou tribunal do pretor. **2** Modernamente, qualquer tribunal.
pre.tu.me (*preto+ume*) *sm* Negrume.
pre.va.le.cen.te (de *prevalecer*) *adj m+f* Que prevalece.
pre.va.le.cer (*lat praevalescere*) *vti* e *vint* **1** Predominar, superar, vencer. *vpr* **2** Tirar partido; aproveitar-se, servir-se. *Conjug – Pres indic: prevaleço, prevaleces, prevalece* etc.; *Pres subj: prevaleça, prevaleças, prevaleça* etc.; *Pret perf: prevaleci, prevaleceste, prevaleceu* etc.
pre.va.lên.cia (*lat praevalentia*) *sf* **1** Qualidade que prevalece. **2** Superioridade.
pre.va.ri.ca.ção (*lat praevaricatione*) *sf* **1** Ato ou efeito de prevaricar. **2** Ato desonesto de quem, por interesse ou má-fé, procede contrariamente aos deveres do seu cargo, ofício ou ministério. **3** Distorção da verdade. **4** Adultério.
pre.va.ri.ca.dor (*prevaricar+dor*) *adj + sm* Que, ou aquele que prevarica.
pre.va.ri.car (*lat praevaricare*) *vint* **1** Não cumprir, por interesse ou má-fé, os deveres de seu cargo. **2** Abusar do exercício de suas funções, cometendo injustiças ou causando prejuízos. **3** Cometer adultério. *Conjug – Pres indic: prevarico, prevaricas* etc.; *Pres subj: prevarique, prevariques* etc.; *Pret perf: prevariquei, prevaricaste, prevaricou* etc.
pre.ven.ção (*lat praeventione*) *sf* Precaução.
pré-ven.da (*pré+venda¹*) *sf* Venda antecipada, geralmente de imóveis, antes que tenha havido o lançamento oficial. *Pl: pré-vendas.*
pre.ve.ni.do (*part* de *prevenir*) *adj* **1** Acautelado, desconfiado, receoso. **2** Avisado, preparado de antemão. **3** Disposto, influenciado.
pre.ve.nir (*lat praevenire*) *vtd* e *vpr* **1** Impedir, evitar (dano, mal). *vtd* e *vpr* **2** Dispor(-se) com antecedência; preparar(-se); precaver(-se). *vtd* **3** Chegar antes de; adiantar-se ou antecipar-se a.

vtdi **4** Avisar, informar com antecedência. *vint* **5** Acautelar-se, defender-se: "É melhor prevenir do que remediar" (provérbio). *vpr* **6** Acautelar-se, preparar-se, precaver-se: *O médico pediu que os jovens se prevenissem contra a AIDS.* Conjug: o *e* do radical muda-se em *i* na 1ª, 2ª e 3ª pessoas do singular e na 3ª pessoa do plural do presente do indicativo e nas formas dela derivadas. Pres indic: *previno, prevines, previne, prevenimos, prevenis, previnem;* Pret imp indic: *prevenia, prevenias, prevenia, preveníamos, preveníeis, preveniam;* Pret perf: *preveni, preveniste, preveniu, prevenimos, prevenistes, preveniram;* Pret mais-que-perf: *prevenira, preveniras* etc.; Fut pres: *prevenirei, prevenirás* etc.; Fut pret: *preveniria, prevenirias* etc.; Pres subj: *previna, previnas, previna, previnamos, previnais, previnam;* Pret imp subj: *prevenisse, prevenisses, prevenisse* etc.; Fut subj: *prevenir, prevenires* etc.; Imper afirm: *previne(tu), previna(você), previnamos(nós), preveni(vós), previnam(vocês);* Imper neg: *não previnas(tu), não previna(você)* etc.; Infinitivo impess: *prevenir;* Infinitivo pess: *prevenir, prevenires, prevenir, prevenirmos, prevenirdes, prevenirem;* Ger: *prevenindo;* Part: *prevenido.*
pre.ven.ti.vo (*lat praeventu+ivo*) *adj + sm* Que, ou o que previne; que ou aquilo que acautela ou impede.
pre.ver (*lat praevidere*) *vtd* **1** Conhecer com antecipação; antever. **2** Conjeturar, supor. **3** Profetizar, prognosticar.
pré-ves.ti.bu.lar (*pré+vestibular*) *adj m+f* Diz-se de curso preparatório para o vestibular. • *sm* Esse curso. *Pl:* pré-vestibulares.
pré.via (*fem* de *prévio*) *sf* Pesquisa realizada junto ao eleitorado, antes das eleições, objetivando prever as tendências dos eleitores.
pre.vi.dên.cia (*lat praevidentia*) *sf* **1** Ato ou qualidade do que é previdente. **2** Conjunto de providências para amparar e proteger.
pre.vi.den.ci.á.rio (*previdência+ário*) *sm* Funcionário de um instituto de previdência.
pre.vi.den.te (*lat praevidente*) *adj m+f* **1** Que prevê ou antevê. **2** Acautelado, prudente.
pré.vio (*lat previu*) *adj* **1** Dito ou feito antes de outra coisa; antecipado. **2** Anterior.
pre.vi.são (*lat praevisione*) *sf* **1** Ato ou efeito de prever; conjetura. **2** Prevenção, cautela. **3** Predição, prognóstico.
pre.vi.sí.vel (*pré+visível*) *adj m+f* **1** Que é visível com antecipação. **2** Que pode ser previsto.
pre.za.do (*prat* de *prezar*) *adj* Apreciado, estimado, querido.
pre.zar (*lat pretiare*) *vtd* **1** Estimar, apreciar. **2** Ter em grande apreço ou consideração. **3** Respeitar.
pri.ma (*fem* de *primo*) *sf* **1** Feminino de *primo* (grau de parentesco). **2** *Mús* A primeira e mais delgada corda de alguns instrumentos musicais.
pri.ma.ci.al (*primacia+al*[1]) *adj m+f* Que tem primazia; prioritário.
pri.ma-do.na (*ital primadonna*) *sf* Cantora principal de uma ópera. *Pl:* prima-donas.
pri.mar (*primo+ar*[1]) *vti* **1** Ser o primeiro ou o preferido; ter a primazia. **2** Mostrar-se notável; distinguir-se, sobressair-se: *Puxa, você prima pela ignorância!*
pri.má.rio (*lat primariu*) *adj* **1** Que precede outro em lugar ou em tempo; primitivo. **2** Elementar, rudimentar. • *sm ant* O curso primário (diz-se do primeiro ciclo do ensino fundamental.
pri.ma.tas *sm pl Zool* Ordem de mamíferos que compreende os macacos e o homem, derivados provavelmente de ancestral comum.
pri.ma.ve.ra (*lat primo vere*) *sf* **1** Estação do ano caracterizada pela renovada vegetação e que vai de 21 de março a 21 de junho no hemisfério norte e de 22 de setembro a 21 de dezembro no hemisfério sul. **2** *fig* Juventude. *sf pl fig poét* Anos de idade: *Quantas primaveras você faz hoje, Jane?*
pri.ma.ve.ril (*primavera+il*) *adj m+f* Relativo à primavera.
pri.maz (*baixo-lat primatiu*) *adj* Que tem a primazia; que ocupa o primeiro lugar. • *sm* Prelado superior aos outros; o principal, entre os bispos e arcebispos de uma região.
pri.ma.zi.a (*baixo-lat primatia*) *sf* **1** Primeiro lugar; prioridade. **2** Superioridade, excelência.
pri.mei.ra (*fem* de *primeiro*) *sf Autom* A primeira marcha de velocidade dos veículos.
pri.mei.ra-da.ma *sf* Esposa do chefe de uma nação, do governador de um Estado ou de um prefeito. *Pl:* primeiras-damas.
pri.mei.ra.nis.ta (*primeiro+ano+ista*) *s m+f* Estudante que cursa o primeiro ano de qualquer escola ou faculdade.
pri.mei.ro (*lat primariu*) *num* Ordinal correspondente a um. • *adj* **1** Que inicia uma série ou ordem. **2** Que precede os outros em relação ao tempo e ao lugar. **3** Que é o mais importante, o mais distinto, o mais notável entre todos da mesma espécie, classe, raça, nacionalidade. **4** Essencial, indispensável, fundamental. • *sm* O que ocupa o primeiro lugar. • *adv* Antes de tudo; primeiramente.
pri.mei.ro-mi.nis.tro *sm* No parlamentarismo, chefe de governo, geralmente escolhido pelo chefe de Estado. *Pl:* primeiros-ministros.
pri.mí.cias (*lat primitias*) *sf pl* **1** Os primeiros frutos colhidos. **2** Os primeiros animais nascidos de um rebanho. **3** *fig* Primeiras produções ou resultados.
pri.mí.pa.ra (*lat primipara*) *adj + sf* Que, ou a que pariu pela primeira vez.
pri.mi.ti.vis.mo (*primitivo+ismo*) *sm* **1** Qualidade do que é primitivo ou rudimentar. **2** Estilo de arte de povos primitivos. **3** *Bel-art* Estilo de artistas autodidatas, comumente caracterizado por simplicidade.
pri.mi.ti.vo (*lat primitivu*) *adj* **1** Que foi o primeiro a existir. **2** Rude, rudimentar. **3** Relativo aos primeiros tempos. **4** Diz-se dos povos ainda em estado natural. • *sm* Coisa ou pessoa primitiva.
pri.mo (*lat primu*) *adj* Diz-se do número que só é divisível por si e pela unidade. • *sm* Parentesco entre os filhos de irmãos ou irmãs.
pri.mo.gê.ni.to (*lat primogenitu*) *adj + sm* Que, ou aquele que é o primeiro filho do matrimônio, o mais velho.
pri.mor (*lat primore*) *sm* **1** Perfeita execução; excelência. **2** Encanto, beleza. **3** Requinte, esmero, capricho.

pri.mor.di.al (*primórdio+al¹*) *adj m+f* **1** Que existe desde o começo; originário, primitivo. **2** Básico, principal.
pri.mór.dio (*lat primordiu*) *sm* **1** O que se organiza primeiro. **2** Origem, princípio.
pri.mo.ro.so (*ô*) (*primor+oso*) *adj* **1** Que demonstra primor; excelente, perfeito. **2** Feito com primor, com capricho. *Pl: primorosos* (*ó*).
prí.mu.la (*lat primula*) *sf Bot* Planta ornamental e medicinal da família das primuláceas.
pri.mu.lá.ceas (*prímula-áceas*) *sf pl Bot* Família de plantas compostas de ervas e flores de várias cores.
prin.ci.pa.do (*lat principatu*) *sm* Território ou Estado governado por um príncipe ou princesa.
prin.ci.pal (*lat principale*) *adj m+f* **1** Que é o mais importante, o mais relevante. **2** Fundamental, essencial. • *sm* **1** Superior de comunidade religiosa, convento ou corporação. **2** O mais importante. **3** O capital de uma dívida.
prín.ci.pe (*lat principe*) *sm* **1** Membro ou filho de uma família real. **2** Chefe reinante de um principado. **3** Título de nobreza em alguns países. *Fem: princesa*.
prin.ci.pes.co (*ê*) (*príncipe+esco*) *adj* **1** Relativo ou próprio de príncipe. **2** Que tem ostentação; opulento.
prin.ci.pi.an.te (*lat principiante*) *adj* e *s m+f* Que, ou pessoa que começa a aprender alguma coisa; iniciante.
prin.ci.pi.ar (*lat principiare*) *vtd* **1** Começar. *vint* **2** Ter início. *Antôn: acabar, terminar. Conjug – Pres indic: principio, principias* (*pí*) etc. *Cf princípio*.
prin.cí.pio (*lat principiu*) *sm* **1** Começo, início. **2** Fundamento, base. **3** Regra, preceito. *sm pl* **1** Antecedentes. **2** As primeiras épocas da vida.
prin.tar (*print+ar¹*; forma aportuguesada do inglês *print*) *vtd* e *vint neol Inform V imprimir* (acepção 5).
pri.or (*lat priore*) *sm* Designação do pároco, em certas localidades. *Fem: priora* e *prioresa*.
pri.o.ri.da.de (*lat med prioritate*) *sf* **1** O que vem primeiro no tempo ou no lugar. **2** Direito de falar primeiro ou de ser atendido em primeiro lugar.
pri.o.ri.tá.rio (*lat med priorit(ate)+ário*) *adj* Que tem prioridade.
pri.o.ri.zar (*prior+izar*) *vtd* Dar prioridade a alguma coisa ou a alguém.
pri.são (*lat prehensione*) *sf* **1** Apreensão, captura de uma pessoa. **2** Pena de detenção que se deve cumprir na cadeia. **3** Cadeia, cárcere, xadrez. **4** Tudo o que tira ou restringe a liberdade individual.
pri.si.o.nei.ro (*prisão+eiro*) *sm* **1** Indivíduo privado da liberdade. **2** Indivíduo encarcerado; preso.
pris.ma (*gr prísma*) *sm* **1** *Fís* Sólido prismático de seção triangular, de vidro ou de cristal, que serve para decompor os raios luminosos. **2** Modo de ver ou considerar as coisas; ponto de vista.
pri.va.ção (*lat privatione*) *sf* **1** Ato ou efeito de privar. **2** Falta ou supressão de um bem ou de uma faculdade que normalmente se deveria ter. *sf pl* Falta do necessário à vida; miséria, fome.
pri.va.ci.da.de (*ingl privacy*) *sf* Vida privada, vida íntima; intimidade.
pri.va.da (*fem* de *privado*) *sf* Latrina.

pri.va.do (*part* de *privar*) *adj* **1** Desprovido, carente. **2** O que não é público ou não tem caráter público; particular. **3** Interior, íntimo.
pri.var (*lat privare*) *vtd* e *vti* **1** Recusar ou tirar a; despojar: *Privar alguém de alguma coisa*. *vtd, vti* e *vpr* **2** Impedir(-se) de ter a posse ou gozo de alguma coisa ou de algum bem: *Não se prive de nada*. *vpr* **3** Abster-se, dispensar, prescindir: *Privar-se de comodidades*.
pri.va.ti.vo (*lat privativu*) *adj* Particular, pessoal, peculiar, próprio, exclusivo.
pri.va.ti.za.ção (*privatizar+ção*) *sf* Ato ou efeito de privatizar.
pri.va.ti.zar (*lat privatu+izar*) *vtd* Tornar privado ou particular: *Privatizar uma empresa estatal*.
pri.vi.le.gi.a.do (*part* de *privilegiar*) *adj* **1** Que goza de privilégio. **2** *fig* Singularmente dotado; excepcional, único: *Ele tem um físico privilegiado*.
pri.vi.le.gi.ar (*privilégio+ar¹*) *vtd* **1** Conceder privilégio a. **2** Investir em um direito especial, prerrogativa ou outro benefício. *Conjug – privilegio, privilegias* (*gí*) etc. *Cf privilégio*.
pri.vi.lé.gio (*lat privilegiu*) *sm* **1** Vantagem concedida a alguém, além dos direitos comuns dos outros. **2** Permissão especial. **3** Regalia, prerrogativa.
pró (*lat pro*) *adv* A favor, em defesa: *Argumento pró e contra*. • *sm* Conveniência, proveito, vantagem.
pro.a (*ô*) (*lat prora*) *sf* **1** Parte dianteira de uma embarcação. *Antôn: popa*. **2** *fig* Altivez, orgulho, presunção.
pro.ba.bi.li.da.de (*lat probabilitate*) *sf* **1** Qualidade de provável. **2** Possibilidade mais acentuada da realização de um acontecimento entre inúmeros possíveis.
pro.ban.te (*lat probante*) *adj m+f Jur* Que prova (em juízo).
pro.ba.tó.rio (*lat probatoriu*) *adj* Que contém prova; que serve de prova: *Fato probatório*.
pro.bi.da.de (*lat probitate*) *sf* **1** Qualidade de probo. **2** Integridade de caráter; retidão.
pro.ble.ma (*gr próblema*) *sm* **1** Questão levantada para consideração, discussão, decisão ou solução. **2** *Mat* Toda questão em que se procura calcular uma ou várias quantidades desconhecidas. **3** Tema cuja solução ou decisão é difícil.
pro.ble.má.ti.ca (*problemático*, no *fem*) *sf* Totalidade dos problemas relativos a um assunto.
pro.ble.má.ti.co (*gr problematikós*) *adj* **1** Relativo a, ou que tem caráter de problema. **2** Incerto, duvidoso. **3** *Psicol* Que tem problema psicológico: *Adulto problemático*.
pro.bo (*lat probu*) *adj* De caráter íntegro; honesto, justo, reto. *Antôn: ímprobo, desonesto*.
pro.bos.cí.deo (*gr proboskís+ídeo*) *adj Zool* Diz-se dos mamíferos que têm o nariz prolongado em forma de tromba, como o elefante. • *sm pl Zool* Ordem de mamíferos providos de tromba que compreende o elefante.
pro.ce.dên.cia (*procedente+ia²*) *sf* Lugar de onde procede alguém ou alguma coisa; origem, proveniência.
pro.ce.den.te (*lat procedente*) *adj m+f* **1** Proveniente, oriundo. **2** Concludente, consequente; lógico.
pro.ce.der (*lat procedere*) *vti* **1** Derivar-se, originar-se: *Não se sabe de onde isso procede*. *vti* **2**

procedimento   702   pródromo

Começar e prosseguir (alguma ação, processo ou movimento): *Proceder a um inquérito*. *vint* **3** Prosseguir, ter seguimento. *vint* **4** Pôr em prática. *vint* **5** Ter fundamento: *Esta informação não procede*. *vint* **6** Comportar-se: *Proceda bem, meu filho*. • *sm* Procedimento.

pro.ce.di.men.to (*proceder+mento*) *sm* **1** Comportamento. **2** Modo de agir; ações, atos.

pro.ce.la (*lat procella*) *sf* **1** Tempestade marítima; borrasca, tempestade. **2** *fig* Grande agitação de ânimos.

pro.ce.la.rí.deos (lat *procellaria+ídeos*) *sm pl Ornit* Família principal de aves marinhas da ordem dos procelariformes.

pro.ce.la.ri.for.mes (*lat procellaria+forme*) *sm pl Ornit* Ordem de aves marinhas que vivem em alto-mar e fazem seus ninhos em ilhas afastadas do litoral, como os albatrozes.

pro.ce.lo.so (*ló*) (*lat procellosu*) *adj* **1** Em que há procela; tempestuoso. **2** Que traz procela: *Ventos procelosos*. Pl: *procelosos* (*ó*).

pró.cer (*lat procere*) *sm* Homem importante em uma nação, classe, partido etc.; chefe, magnata. Var: *prócere*.

pro.ces.sa.dor (*processar+dor*) *adj* Que processa. • *sm* **1** Aquele que processa. **2** *Inform* Dispositivo de *hardware* ou *software* capaz de manipular ou modificar dados de acordo com instruções.

pro.ces.sa.men.to (*processo+mento*) *sm* **1** Ato ou maneira de processar. **2** Conjunto de operações realizadas com o fim de obter novas informações, soluções de problemas etc. **3** *Inform* Utilização do computador para resolver um problema, organizar dados etc.

pro.ces.sar (*processo+ar¹*) *vtd* **1** Instaurar processo contra; fazer responder em juízo: *Processou o deputado que o denunciara*. **2** Verificar, conferir (algum documento) para poder ter validade ou efeito: *Processar folhas de pagamento*. **3** *Inform* Executar uma série de operações seguindo uma sequência de instruções codificada num programa. **4** *Inform* Submeter a processamento.

pro.ces.so (*lat processu*) *sm* **1** Sucessão de mudanças numa direção definida. **2** Maneira de operar, resolver ou ensinar. **3** Série de ações sistemáticas visando a certo resultado. **4** *Dir* Ação judicial.

pro.ces.su.al (*processo+al¹*) *adj m+f* Relativo a processo judicial.

pro.ci.o.ní.deos (*gr prokýon+ídeos*) *sm pl Zool* Família de mamíferos carnívoros conhecidos vulgarmente pelos nomes de quati, mão-pelada e guaxinim.

pro.cis.são (*lat processione*) *sf* **1** Reunião ordenada de clero e fiéis que desfilam no interior de uma igreja ou pelas ruas em sinal de devoção. **2** *pop* Qualquer cortejo numeroso de pessoas que seguem umas atrás das outras.

pro.cla.ma (de *proclamar*) *sm* Anúncio de casamento, lido na igreja; proclamação. *sm pl* Edital de casamento.

pro.cla.ma.ção (*lat proclamatione*) *sf* **1** Ato ou efeito de proclamar. **2** Declaração pública e solene de ato ou fato de caráter político. **3** Proclama.

pro.cla.mar (*lat proclamare*) *vtd* **1** Aclamar solenemente: *O marechal Deodoro da Fonseca proclamou a república*. *vtd* **2** Anunciar ou declarar pública e oficialmente. *vpr* **3** Fazer-se aclamar: *Proclamava-se salvador da pátria*.

pró.cli.se (*lat cient proclisis*) *sf Gram* **1** Ligação fonética de uma palavra átona à palavra seguinte. **2** Posição do pronome oblíquo antes do verbo: *No domingo te telefono*.

pro.cras.ti.na.ção (*lat procrastinatione*) *sf* Adiamento, delonga, demora.

pro.cras.ti.nar (*lat procrastinare*) *vtd* **1** Deixar para outro dia, ou para um tempo futuro; adiar. **2** Delongar, demorar, retardar. Antôn: abreviar.

pro.cri.a.ção (*lat procreatione*) *sf* Ato ou efeito de procriar; reprodução, geração.

pro.cri.ar (*lat procreare*) *vtd* e *vint* **1** Dar existência, nascimento, origem a; gerar: *Procriar filhos*. *vtd* **2** Produzir: *Procriar um talento*. *vint* **3** Reproduzir-se; multiplicar-se (animais, homens). *vtd* **4** Promover a germinação ou a multiplicação de (vegetais).

pro.cu.ra (de *procurar*) *sf* **1** Ação de procurar; busca, pesquisa, indagação. **2** Saída, venda.

pro.cu.ra.ção (*lat procuratione*) *sf* **1** Autorização que uma pessoa dá a outra para tratar de certos negócios. **2** *Dir* Documento em que legalmente se registra essa autorização.

pro.cu.ra.dor (*lat procuratore*) *adj* Que procura. • *sm* **1** Pessoa que recebeu procuração de outra para, em seu nome, tratar de seus interesses. **2** Membro do Ministério Público que atua junto a um tribunal e é encarregado de zelar pelos interesses da justiça e a execução das leis. **3** *por ext* Mediador; intermediário: *Eu lhe pedi para ser meu procurador?*

pro.cu.ra.do.ri.a (*procurador+ia¹*) *sf* **1** Cargo ou ofício de procurador. **2** Departamento ou escritório de procurador.

pro.cu.rar (*lat procurare*) *vtd* **1** Empenhar-se numa busca: *Procurei-o, mas não o achei*. *vtd, vti* e *vint* **2** Esforçar-se por alcançar ou conseguir: *Quem procura acha*. *vtd* **3** Indagar, investigar. *vtd* **4** Dirigir-se a alguém para tratar de algum assunto: *Procurar um médico*.

pro.di.ga.li.da.de (*lat prodigalitate*) *sf* **1** Caráter de pródigo. **2** Ação de prodigalizar. **3** Desperdício, esbanjamento. **4** Gastos excessivos. **5** Generosidade.

pro.di.ga.li.zar (*lat prodigalizare*) *vtd* **1** Gastar exageradamente; esbanjar, dissipar: *Prodigalizar o dinheiro*. *vtd* e *vti* **2** Dar ou empregar em quantidade: *Prodigalizar elogios a alguém*.

pro.dí.gio (*lat prodigiu*) *sm* **1** Fenômeno extraordinário ou inexplicável que causa admiração; maravilha, milagre. **2** Pessoa de extraordinário talento.

pro.di.gi.o.so (*ó*) (*lat prodigiosu*) *adj* **1** Que tem caráter de prodígio. **2** Admirável, maravilhoso. **3** Extraordinário, excelente. Antôn: comum, vulgar. Pl: *prodigiosos* (*ó*).

pró.di.go (*lat prodigu*) *adj + sm* **1** Que, ou aquele que gasta muito, que desperdiça seus bens; dissipador, esbanjador, perdulário. **2** Generoso, liberal. *Sup abs sint*: prodigalíssimo.

pró.dro.mo (*gr pródromos*) *sm* **1** O que vai ou corre adiante; precursor. **2** *Med* Sintoma premonitório de uma doença. **3** A primeira obra de um autor. **4** Espécie de prefácio; introdução; preâmbulo.

pro.du.ção (*lat productione*) *sf* **1** Ato ou efeito de produzir. **2** Aquilo que se produz. **3** Obra, realização. **4** *Cin, Rádio, Telev, Teat* e *Inform* O conjunto de todas as fases da realização de um filme, espetáculo, vídeo, programa etc.; reunião de recursos financeiros, técnicos e materiais necessários à realização deles.

pro.du.cen.te (*lat producente*) *adj m+f* **1** Que produz; produtor. **2** Lógico, concludente.

pro.du.ti.vi.da.de (*produtivo+i+dade*) *sf* **1** Capacidade de produzir. **2** Rendimento de uma atividade econômica em função de tempo, área, capital, pessoal e outros fatores de produção.

pro.du.ti.vo (*lat productivu*) *adj* **1** Proveitoso, rendoso. **2** Fecundo, fértil: *Solo produtivo.*

pro.du.to (*lat productu*) *sm* **1** Resultado de qualquer trabalho físico ou intelectual. **2** *Mat* Resultado de uma multiplicação. **3** O que o solo ou a indústria produzem (emprega-se mais no plural): *Produtos da agricultura, produtos têxteis.*

pro.du.tor (*lat productore*) *adj* Que produz. • *sm* **1** O que promove produção natural ou industrial. **2** Pessoa que concebe, orienta, escreve e realiza programas de rádio, televisão ou roteiros cinematográficos. **3** Autor, elaborador.

pro.du.zir (*lat producere*) *vtd* **1** Dar existência; gerar, criar. *vtd* **2** Fazer, realizar. *vtd* **3** Motivar, causar. *vtd* **4** Fabricar, manufaturar: *Produzir carros, produzir aviões. vpr* **5** Acontecer, realizar-se. *vint* **6** Ser fértil ou rendoso: *Esta terra produz bastante. vpr* **7** *pop* Vestir-se de acordo com a moda vigente: *Produzi-me toda só para você.* Conjuga-se como *reduzir*.

pro.e.mi.nên.cia (*lat proeminentia*) *sf* **1** Estado ou qualidade de proeminente. **2** Relevo, saliência. **3** Elevação do terreno. *Proeminência laríngea: V pomo de adão.*

pro.e.mi.nen.te (*lat proeminente*) *adj m+f* Que sobressai.

pro.ê.mio (*lat proemiu*) *sm* **1** Prefácio; preâmbulo. **2** Qualquer coisa que abre ou inicia.

pro.e.za (*fr prouesse*) *sf* **1** Ação de valor, corajosa; façanha. **2** Ação extraordinária. **3** *iron* Procedimento digno de censura; escândalo: *Depois de sua proeza, João, tenho vergonha de conversar com os vizinhos.*

pro.fa.na.ção (*lat profanatione*) *sf* **1** Ação irreverente contra pessoas, lugares ou coisas sagradas (igrejas, objetos de culto, sepulcros etc.). **2** Uso desrespeitoso das coisas dignas de consideração.

pro.fa.nar (*lat profanare*) *vtd* **1** Violar ou tratar com irreverência ou desprezo alguma coisa sagrada ou venerável. **2** Macular, manchar, tornar impuro, desonrar. **3** Injuriar, ofender.

pro.fa.no (*lat profanu*) *adj* **1** Que não é sagrado ou devotado a fins sagrados. **2** Estranho à religião; que não trata de religião. **3** Que não respeita as coisas sagradas.

pro.fe.ci.a (*lat prophetia*) *sf* **1** Predição do futuro feita por um profeta. **2** Presságio, conjetura.

pro.fe.rir (*lat vulg *proferere*, por *proferre*) *vtd* **1** Pronunciar, dizer: *Proferir um palavrão, proferir um discurso*. **2** Ler, decretar, publicar: *Proferir uma sentença.* Conjuga-se como *ferir*.

pro.fes.sar (*professo+ar*[1]) *vtd* **1** Reconhecer ou confessar publicamente. **2** Adotar, seguir (doutrina): *Professar o Cristianismo. vtd* **3** Pôr em prática; executar. *vtd* **4** Exercer uma profissão; dedicar-se a uma arte. *vtd* **5** Ensinar como professor; professorar. *vint* **6** Entrar para uma ordem religiosa.

pro.fes.so (*lat professu*) *adj + sm* **1** Que, ou religioso que professou. **2** *fig* Perito, experiente. • *adj* Relativo a frades ou freiras.

pro.fes.sor (*lat professore*) *sm* Homem que ensina uma ciência, uma arte ou uma língua; mestre.

pro.fes.so.ra.do (*professor+ado*[2]) *sm* **1** Cargo ou funções de professor. **2** Classe dos professores; os professores.

pro.fes.so.rar (*professor+ar*[1]) *vint* **1** Exercer as funções de professor. *vtd* **2** Ensinar, lecionar: *Professorava filosofia.*

pro.fe.ta (*gr prophétes*) *sm* **1** Aquele que, entre os hebreus, anunciava e interpretava a vontade e os propósitos divinos e, ocasionalmente, predizia o futuro por inspiração divina. **2** Indivíduo que prediz o futuro. *Fem: profetisa.*

pro.fé.ti.co (*gr prophetikós*) *adj* Relativo ou pertencente a profeta ou à profecia.

pro.fe.ti.zar (*lat prophetizare*) *vtd* e *vti* **1** Proferir profecias; prenunciar. *vint* **2** Anunciar antecipadamente (por conjeturas ou por acaso); prever.

pro.fi.ci.ên.cia (*lat proficientia*) *sf* **1** Competência, capacidade. **2** Proveito, vantagem.

pro.fi.ci.en.te (*lat proficiente*) *adj m+f* **1** Competente, hábil, capaz. **2** Profícuo, vantajoso.

pro.fí.cuo (*lat proficuu*) *adj* Proveitoso, útil, vantajoso.

pro.fi.lác.ti.co (*gr prophylatikós*) *adj* **1** Relativo à profilaxia. **2** *Med* Que preserva contra determinadas doenças, principalmente as contagiosas. *Var: profilático.*

pro.fi.lá.ti.co (*gr prophylatikós*) V *profiláctico*.

pro.fi.la.xi.a (*cs*) (do *gr prophylásso*) *sf* **1** Prevenção de doenças. **2** *Med* Medicina preventiva que se ocupa das medidas necessárias à preservação da saúde.

pro.fis.são (*lat professione*) *sf* **1** Ocupação que requer conhecimentos especiais, da qual se podem tirar os meios de subsistência; ofício; carreira. **2** *Rel* Solenidade na qual, acabado o noviciado, o noviço ou a noviça se consagra à vida religiosa. **3** Confissão pública. *Pl: profissões.*

pro.fis.si.o.nal (*lat professione+al*[1]) *adj m+f* **1** Relativo, próprio ou pertencente à profissão. **2** Que exerce, como meio de vida, uma ocupação normalmente exercida como passatempo: *Jogador profissional.* • *s m+f* Pessoa que exerce, como meio de vida, uma ocupação especializada.

pro.fis.si.o.na.lis.mo (*profissional+ismo*) *sm* **1** Caráter, espírito ou métodos profissionais. **2** Carreira de profissional. **3** O conjunto dos profissionais.

pro.fis.si.o.na.li.za.ção (*profissionalizar+ção*) *sf* Ato ou efeito de profissionalizar(-se).

pro.fis.si.o.na.li.zan.te (de *profissionalizar*) *adj m+f* Diz-se do ensino que prepara técnicos para determinadas profissões.

pro.fis.si.o.na.li.zar (*profissional+izar*) *vtd* **1**

Tornar profissional; transformar em profissão. *vpr* **2** Tornar-se profissional; adquirir caráter profissional.

pro forma (*pró forma*) (*lat*) *loc adv* Por mera formalidade: *Ele aceitou um convite* pro forma.

pro.fun.das (*de profundo*) *sf pl pop* **1** A parte mais funda; profundidade. **2** O inferno.

pro.fun.de.za (*profunda+eza*) *sf* Profundidade.

pro.fun.di.da.de (*lat profunditate*) *sf* **1** Extensão considerada desde a superfície ou entrada até o fundo. **2** Caráter do que é profundo, difícil de penetrar ou de compreender. **3** *fig* Grande penetração de espírito; grande saber.

pro.fun.do (*lat profundu*) *adj* **1** Muito fundo. **2** Intenso, muito forte: *Amor profundo*. **3** Demasiado, excessivo. **4** Que tem grande alcance. **5** Que sabe muito.

pro.fu.são (*lat profusione*) *sf* Grande quantidade; abundância.

pro.fu.so (*lat profusu*) *adj* **1** Que espalha em abundância. **2** Abundante, copioso.

pro.gê.nie (*lat progenie*) *sf* **1** Origem, procedência. **2** Ascendência, linhagem. **3** Geração, prole, descendência.

pro.ge.ni.tor (*lat progenitore*) *sm* Aquele que gera antes do pai; avô.

pro.ge.ni.tu.ra (*pro+lat genitu+ura*) *sf* Origem, descendência.

pro.ges.te.ro.na (*fr progestérone*) *sf Fisiol* Hormônio sexual feminino.

prog.nos.ti.car (*prognóstico+ar*[1]) *vtd* e *vint* **1** Estabelecer prognóstico de; predizer, baseando-se em sinais ou sintomas; pressagiar, profetizar. *vint* **2** *Med* Fazer o prognóstico de uma doença. *Conjug* – *Pres indic:* prognostico, prognosticas (*tí*) etc.; *Pres subj:* prognostique, prognostiques etc. *Cf prognóstico*.

prog.nós.ti.co (*gr prognostikós*) *sm* **1** Suposição sobre o que deve acontecer. **2** Indicação, sinal ou previsão ruim de acontecimentos futuros. **3** Parecer do médico acerca do seguimento e desfecho de uma doença.

pro.gra.ma (*gr prógramma*) *sm* **1** Plano detalhado sobre as matérias a serem ensinadas. **2** Resumo da ordem a ser seguida ou dos itens abrangidos em uma cerimônia, espetáculo, competição esportiva etc. **3** Exposição resumida dos objetivos de um partido: *Programa político*. **4** Apresentação de transmissão de rádio ou televisão. **5** Divertimento previamente combinado. **6** *Inform* Conjunto de etapas a serem executadas pelo computador para um determinado fim. *Programa aplicativo, Inform:* programa que auxilia o usuário a realizar determinadas tarefas ou atividades pessoais (*p ex*, planilha eletrônica); *software*. *Programa de computador, Inform:* sequência completa de instruções a serem executadas pelo computador.

pro.gra.ma.ção (*programar+ção*) *sf* **1** Ato ou efeito de estabelecer um programa. **2** O programa ou plano de uma empresa. **3** O conjunto dos programas de uma emissora de rádio e televisão.

pro.gra.ma.dor (*programar+dor*) *sm* **1** Aquele que organiza programas. **2** *Inform* Aquele que elabora, testa e implanta programas de computador.

pro.gra.mar (*programa+ar*) *vtd* **1** Organizar, delinear o programa ou a programação de; projetar; planejar: *Programar uma viagem*. *vtd* **2** *Inform* Elaborar programa.

pro.gre.dir (*lat tardio *progredire,* por *progredi*) *vti* e *vint* **1** Caminhar para a frente; prosseguir, avançar. *vti* e *vint* **2** Fazer progressos; desenvolver-se. *vint* **3** Ir aumentando. *Antôn: regredir*. Conjuga-se como *prevenir*.

pro.gres.são (*lat progressione*) *sf* Continuação, sucessão, avanço; evolução.

pro.gres.sis.ta (*progresso+ista*) *adj* e *s m+f* Que, ou aquele que é favorável ao progresso.

pro.gres.si.vo (*progresso+ivo*) *adj* Que se vai realizando gradualmente; sucessivo.

pro.gres.so (*lat progressu*) *sm* **1** Marcha ou movimento para a frente. **2** Melhoramento gradual das condições econômicas e culturais da humanidade, de uma nação ou de uma comunidade. **3** Crescimento, aumento, desenvolvimento. *Antôn: retrocesso*.

pro.i.bi.ção (*lat prohibitione*) *sf* Ato ou efeito de proibir.

pro.i.bi.do (*part de proibir*) *adj* **1** Que se proibiu; vedado. **2** Diz-se do uso que não é permitido pela lei: *Arma proibida*.

pro.i.bir (*lat proibere*) *vtd* e *vti* Não permitir que se faça, não dar licença, ordenar que não se realize. *Antôn: autorizar*. *Conjug:* o *i* leva acento agudo na 1ª, 2ª e 3ª pessoas do singular e 3ª pessoa do plural do presente do indicativo e do subjuntivo e na 2ª e 3ª pessoas do singular e 3ª pessoa do plural do imperativo afirmativo e negativo. *Pres indic:* proíbo, proíbes, proíbe, proibimos, proibis, proíbem; *Pres subj:* proíba, proíbas, proíba, proibamos, proibais, proíbam; *Imper afirm:* proíbe(*tu*), proíba(*você*), proibamos(*nós*), proibi(*vós*), proíbam(*vocês*).

pro.i.bi.ti.vo (*lat proibitu+ivo*) *adj* **1** Em que há proibição. **2** Que torna muito difícil a aquisição.

pro.je.ção (*lat projectione*) *sf* **1** Ato ou efeito de projetar. **2** Arremesso, lanço. **3** Saliência, proeminência. **4** Exibição de imagens numa tela ou outra superfície plana com o uso do projetor. **5** *fig* Importância, destaque.

pro.je.tar (*projeto+ar*[1]) *vtd* **1** Atirar a distância, lançar longe; arremessar, atirar. *vtd* **2** Formar o projeto de; planejar. *vtd* **3** Exibir na tela ou em superfície plana (filmes, *slides* etc.). *vtd* e *vpr* **4** Tornar(-se) famoso, conhecido.

pro.jé.til (*lat projectile*) *adj m+f* Que se pode arremessar. • *sm* Corpo arremessado por qualquer arma de fogo. *Pl: projéteis. Var: projetil*.

pro.je.tis.ta (*projeto+ista*) *adj* e *s m+f* Diz-se de, ou especialista em fazer projetos, planos, desenhos, croquis, plantas de obras, máquinas, aparelhos etc.

pro.je.to (*lat projectu*) *sm* **1** Plano para a realização de um ato; intenção. **2** Empreendimento. **3** Redação provisória de qualquer medida (estatuto, lei etc.). **4** *Constr* Representação gráfica e escrita com orçamento de uma obra que se vai realizar.

pro.je.tor (*projeto+or*) *sm* Qualquer aparelho destinado a irradiar ao longe ondas luminosas, sonoras ou caloríferas.

prol (*lat pro*) *sm* Lucro, proveito, vantagem. *Em prol de:* a favor de; em defesa de; em proveito de.

pró.la.bo.re (*lat*) *sm* Remuneração por serviço prestado. *Pl: pró-labores*.

pro.la.ção (*lat prolatione*) *sf* **1** *Gram* Ato ou efeito de proferir; pronunciação. **2** *Mús* Prolongação de som. **3** Adiamento; procrastinação.

pro.lap.so (*lat prolapsu*) *sm Med* Queda ou saída de um órgão ou de parte dele para fora do lugar normal: *Prolapso do reto*.

pro.la.tar (*lat prolatu+ar*[1]) *vtd* Promulgar; proferir (sentença); pronunciar.

pro.le (*lat prole*) *sf* **1** Descendência, geração. **2** Os filhos.

pro.le.ta (*red* de *proletário*) *adj* e *s m+f pop* Proletário.

pro.le.ta.ri.a.do (*proletário+ado*[1]) *sm* **1** Classe dos trabalhadores. **2** A classe dos proletários, a classe operária.

pro.le.tá.rio (*lat proletariu*) *sm* Indivíduo que depende de trabalho regular ou ocasional para seu sustento. • *adj* Relativo ou pertencente aos proletários ou ao proletariado: *Partido proletário*.

pro.li.fe.ra.ção (*proliferar+ção*) *sf* Ato, processo ou resultado de proliferar.

pro.li.fe.rar (*prolífero+ar*[1]) *vint* **1** Crescer ou reproduzir-se. **2** Multiplicar-se. *Conjug:* conjuga--se, com raras exceções, apenas nas 3ªˢ pessoas.

pro.lí.fe.ro (*prole+fero*) *adj* **1** Capaz de procriar, de gerar. **2** Que procria abundantemente: *O coelho é um animal prolífero*. **3** Fecundo, fértil, produtivo: *Imaginação prolífera*.

pro.lí.fi.co (*lat prolificu*) V *prolífero*.

pro.li.xo (*cs*) (*lat prolixu*) *adj* **1** Demasiadamente extenso ou demorado: *Discurso prolixo*. **2** Excessivo, superabundante. **3** *fig* Que cansa, aborrece; enfadonho, fastidioso.

pró.lo.go (*lat prologu*) *sm* **1** Parte introdutória ou prefácio de um discurso, poema, obra literária etc. **2** *Mús* Pequena parte musical que precede e prepara uma grande composição.

pro.lon.ga.men.to (*prolongar+mento*) *sm* **1** Ato ou efeito de prolongar. **2** Continuação de uma ação ou de uma coisa na mesma direção.

pro.lon.gar (*lat prolongare*) *vtd* **1** Tornar mais longo; dar maior comprimento ou extensão a. **2** Fazer durar mais. **3** Estender além do tempo estabelecido; prorrogar. *Antôn: encurtar*.

pro.mé.cio (*lat cient promethium*) *sm Quím* Elemento metálico radioativo, número atômico 61 e símbolo Pm.

pro.mes.sa (*lat promissa*) *sf* **1** Ato ou efeito de prometer. **2** Declaração pela qual alguém se obriga a fazer ou deixar de fazer alguma coisa. **3** Voto, juramento.

pro.me.ter (*lat promittere*) *vtd* e *vint* **1** Afirmar, verbalmente ou por escrito, que se há de fazer ou deixar de fazer alguma coisa; comprometer--se. *vtd* e *vti* **2** Fazer promessa de: *Prometeu um brinquedo ao menino*. *vtd* **3** Dar esperança de; oferecer probabilidades de: *A festa prometia ser muito boa*. *vint* **4** Dar esperanças de bom futuro: *Aquele menino promete*.

pro.me.ti.da (*part fem* de *prometer*) *sf* Noiva.

pro.me.ti.do (*part* de *prometer*) *adj* **1** Que se prometeu. **2** Ajustado, arranjado. • *sm* **1** Aquilo que está prometido. **2** Noivo.

pro.mis.cui.da.de (*promíscuo+i+dade*) *sf* **1** Qualidade de promíscuo. **2** Mistura desordenada; confusão.

pro.mis.cu.ir (*promíscuo+ir*) *vpr* Unir-se de maneira desordenada; misturar-se, confundir-se. *Conjug* – *Pres indic: promiscuo, promiscuis, promiscui, promiscuímos, promiscuís, promiscuem; Pret imp indic: promiscuía, promiscuías, promiscuía, promiscuíamos, promiscuíeis, promiscuíam; Pret perf: promiscuí, promiscuíste, promiscuiu, promiscuímos, promiscuístes, promiscuíram; Pret mais-que-perf: promiscuíra, promiscuíras, promiscuíra, promiscuíramos, promiscuíreis, promiscuíram; Pret imp subj: promiscuísse, promiscuísses, promiscuísse, promiscuíssemos, promiscuísseis, promiscuíssem. Cf promíscuo*.

pro.mís.cuo (*lat promiscuu*) *adj* **1** Confuso, indistinto. **2** Caracterizado por, ou que envolve mistura ou associação indiscriminada. **3** Indiscriminado, casual, acidental: *União sexual promíscua*.

promis.são (*lat promissione*) V *promessa*.

pro.mis.sor (*lat promissore*) *adj* + *sm* **1** Que, ou o que promete. **2** Que, ou o que oferece boas perspectivas.

pro.mis.só.ria (*fem* de *promissório*) *sf* Documento em que alguém se compromete a pagar a uma pessoa ou estabelecimento uma certa quantia, em determinada data; nota promissória.

pro.mis.só.rio (*lat promissore*) *adj* **1** Relativo a promessa. **2** Que encerra promessa.

pro.mo.ção (*lat promotione*) *sf* **1** Ato ou efeito de promover. **2** Elevação a cargo superior. **3** Campanha de propaganda, impulso publicitário: *Promoção de vendas*.

pro.mo.ci.o.nal (*lat promotione+al*[1]) *adj m+f* Relativo a, ou que tem caráter de promoção.

pro.mon.tó.rio (*lat promontoriu*) *sm Geogr* Porção de terra, no litoral de um continente ou ilha, que avança para o mar.

promoter (*promôuter*) (*ingl*) *s m+f* Espécie de relações-públicas que trabalha em casas noturnas, boates e estabelecimentos similares.

pro.mo.tor (*lat promotu+or*) *adj* + *sm* Que, ou aquele que promove, fomenta ou determina. • *sm Dir* Aquele que promove o andamento de causas e atos judiciais.

pro.mo.to.ri.a (*promotor+ia*[1]) *sf* **1** Cargo ou ofício de promotor. **2** Repartição de promotor.

pro.mo.ver (*lat promovere*) *vtd* **1** Dar impulso a; fomentar; trabalhar a favor de: *Promover as artes*. *vtd* **2** Ser a causa de; originar: *Sua atitude só promove discórdia*. *vtd, vtdi* e *vpr* **3** Elevar (-se) a (posto, emprego ou dignidade superior): *Promoveu-o de cabo a terceiro-sargento*. *vtd* **4** Levar a efeito; realizar: *Promover as vendas. Promover um seminário*.

prompt (*prômpt*) (*ingl*) *sm Inform* Sinal emitido pelo computador para lembrar ao usuário que é esperada uma entrada de dados ou comando.

pro.mul.ga.ção (*lat promulgatione*) *sf* **1** Ato ou efeito de promulgar. **2** Publicação.

pro.mul.gar (*lat promulgare*) *vtd* **1** Tornar público. **2** Ordenar a publicação de (lei, decreto ou qualquer outro documento de natureza legislativa).

pro.no.me (*lat pronomen*) *sm Gram* Palavra usada

em lugar de um substantivo ou que acompanha um substantivo.

pro.no.mi.nal (*lat pronominale*) *adj m+f* **1** Relativo ou pertencente ao pronome. **2** Diz-se do verbo acompanhado de um pronome oblíquo: *Colocação pronominal.*

pron.ti.dão (*pronto+suf lat itudine*) *sf* **1** Presteza, desembaraço, rapidez em decidir, agir, cumprir as obrigações. **2** *Mil* Estado de alerta de uma corporação militar.

pron.ti.fi.car (*pronto+ficar*) *vtd* **1** Aprontar. *vpr* **2** Declarar-se ou mostrar-se pronto ou disposto para um trabalho ou encargo: *Prontificou-se a* (ou: *para*) *dar conta da incumbência. Conjug: Pres subj: prontifique, prontifiques, prontifique* etc.; *Pret perf: prontifiquei, prontificaste, prontificou* etc.

pron.to (*lat promptu*) *adj* **1** Imediato, instantâneo. **2** Ligeiro, ágil. **3** Acabado, concluído, terminado. • *adv* Com prontidão; prontamente. • *interj* Palavra de resposta a uma chamada.

pron.to-so.cor.ro *sm* Hospital para atendimento de casos urgentes. *Pl*: *prontos-socorros.*

pron.tu.á.rio (*lat promptuariu*) *sm* **1** Manual de indicações úteis. **2** Ficha (médica ou policial) que contém os dados de uma pessoa.

pro.nún.cia (de *pronunciar*) *sf* **1** Modo de pronunciar. **2** Articulação do som das letras, sílabas ou palavras.

pro.nun.ci.a.do (*part* de *pronunciar*) *adj* **1** Que se pronunciou. **2** Marcado, saliente: *Traços pronunciados.*

pro.nun.ci.a.men.to (*pronunciar+mento*) *sm* **1** Ato de pronunciar-se, de manifestar a opinião. **2** Ação de pronunciar-se coletivamente a favor ou contra qualquer medida, ordem ou governo.

pro.nun.ci.ar (*lat pronuntiare*) *vtd* **1** Articular, proferir: *Pronunciar um nome. vtd* **2** Proferir, dizer. *vpr* **3** Emitir a sua opinião, manifestar o que pensa ou sente. *Conjug – Pres indic: pronuncio, pronuncias, pronuncia* (*cf*) etc. *Cf pronúncia.*

pro.pa.ga.ção (*lat propagatione*) *sf* **1** Ato ou efeito de propagar. **2** Multiplicação dos seres por meio de reprodução: *Propagação de uma espécie animal.* **3** Disseminação, difusão, divulgação: *Propagação de um acontecimento.*

pro.pa.gan.da (*lat propaganda*) *sf* **1** Divulgação de ideias, princípios, fatos etc. **2** Publicidade.

pro.pa.gan.dis.ta (*propaganda+ista*) *s m+f* Pessoa que faz propaganda.

pro.pa.gar (*lat propagare*) *vtd* **1** Fazer multiplicar-se (animais, plantas): *Propagar uma raça de bovinos. vint* e *vpr* **2** Multiplicar-se: *Os pardais propagaram* (ou: *propagaram-se*) *muito no Brasil. vtd* **3** Difundir, espalhar: *Propagar uma ideia. vpr* **4** Generalizar-se: *Propagou-se a greve. vpr* **5** Alastrar-se, pegar-se por contágio: *A doença propagou-se por diversas regiões. vtd* **6** Tornar de domínio público: *Propagar mentiras. Conjug – Pres subj: propague, propagues* etc.; *Pret perf: propaguei, propagaste, propagou* etc.

pro.pa.lar (*lat propalare*) *vtd* **1** Tornar público; divulgar, espalhar: *Propalar um segredo. vpr* **2** Propagar-se.

pro.pa.no (*fr propane*) *sm Quím* Hidrocarboneto gasoso da série dos metanos, obtido do gás natural; muito usado como combustível doméstico sob a denominação de gás engarrafado.

pro.pa.no.na (*propano+ona*) *sf Quím* Líquido incolor usado como solvente; acetona.

pro.pa.ro.xí.to.no (*cs*) (*gr proparoxýtonos*) *adj Gram* Qualificativo do vocábulo que tem o acento tônico na antepenúltima sílaba; esdrúxulo. • *sm* Vocábulo proparoxítono.

pro.pe.lir (*lat propellere*) *vtd* Impelir para diante; arremessar, projetar: *A explosão propele o foguete.* Conjuga-se como *abolir.*

pro.pen.der (*lat propendere*) *vti* **1** Ter ou mostrar inclinação, tendência para: *Essa ideia propende a aproximar todas as pessoas.* **2** Estar inclinado ou inclinar-se para algum lado; pender.

pro.pen.são (*lat propensione*) *sf* **1** Tendência ou força natural que impele um corpo em uma direção determinada. **2** Inclinação, vocação: *Propensão para a música.*

pro.pen.so (*lat propensu*) *adj* Inclinado, tendente: *Propenso a aceitar a proposta de trabalho.*

pro.pi.ci.ar (*lat propitiare*) *vtd* e *vti* **1** Tornar propício, favorável. **2** Deparar, proporcionar: *O destino propiciou-lhe uma oportunidade. Conjug – Pres indic: propicio, propicias* (*cí*) etc. *Cf propício.*

pro.pí.cio (*lat propitiu*) *adj* Favorável, oportuno, adequado: *Ele esperou uma ocasião propícia para contar o segredo.*

pro.pi.na (*lat propina*) *sf* Gorjeta, gratificação.

pro.pín.quo (*lat propinquu*) *adj* Próximo, vizinho. *Antôn:* longínquo.

pró.po.lis (*gr própolis*) *s m+f sing* e *pl* Substância produzida pelas abelhas.

pro.po.nen.te (*lat proponente*) *adj* e *s m+f* Diz-se de ou pessoa que apresenta alguma proposição ou faz uma proposta.

pro.por (*lat proponere*) *vtd* **1** Apresentar para consideração, discussão ou solução: *Cada qual propôs uma questão. vtd* **2** Sugerir: *Propôs algumas modificações. vpr* **3** Ter em vista; ter intenção de: *Propôs-se narrar os acontecimentos. vpr* **4** Destinar-se a, dispor-se a: *Propuseram-se seguir o novo método.* Conjuga-se como *pôr.*

pro.por.ção (*lat proportione*) *sf* **1** Relação das partes de um todo. **2** Dimensão, extensão. **3** Intensidade. **4** Conjunto harmônico, disposição regular; harmonia, simetria. **5** *Mat* Igualdade entre uma ou mais razões. *À proporção que, loc conj:* à medida que; ao passo que; na mesma relação que.

pro.por.ci.o.nal (*lat proportionale*) *adj m+f* **1** Que está em proporção. **2** Que corresponde a outra coisa em tamanho, grau ou intensidade: *Ajuda proporcional à calamidade.*

pro.por.ci.o.nar (*lat proportionare*) *vtd* e *vpr* **1** Tornar(-se) proporcional; acomodar(-se), adaptar (-se), harmonizar(-se). *vtd* **2** Dar, oferecer, prestar.

pro.po.si.ção (*lat propositione*) *sf* **1** Ato ou efeito de propor; proposta. **2** *Gram* Expressão de pensamentos por meio de palavras. **3** Máxima, sentença, asserção.

pro.po.si.ta.do (*propósito+ado*[1]) *adj* **1** Que revela propósito, vontade, intenção ou resolução prévia: *Ofensa propositada.* **2** Acintoso, premeditado.

pro.po.si.tal (*propósito+al¹*) *adj m+f neol* Feito de propósito: *O encontro foi proposital.*

pro.pó.si.to (*lat proposito*) *sm* **1** Intenção de fazer ou deixar de fazer alguma coisa; deliberação, resolução. **2** Desígnio, intento, projeto. **3** Bom senso, juízo, prudência. *A propósito:* a este respeito; oportunamente. *De propósito:* por querer, de caso pensado.

pro.pos.ta (*lat propositu*) *sf* **1** Ato ou efeito de propor. **2** Coisa que se propõe.

pro.pos.to (*ô*) (*part de propor*) *adj* Que se propôs; apresentado por propostas; que foi objeto de proposta. • *sm* Coisa proposta.

pro.pri.e.da.de (*lat proprietate*) *sf* **1** Aquilo que é próprio de alguma coisa; o que a distingue particularmente de outra do mesmo gênero. **2** Qualidade especial. **3** Bom emprego das palavras: *Ele falou com propriedade.* **4** O direito pelo qual uma coisa pertence a alguém: *A casa é de sua propriedade.* **5** Prédio; bens de raiz.

pro.pri.e.tá.rio (*lat proprietariu*) *adj + sm* Que, ou o que tem propriedade de alguma coisa; dono.

pró.prio (*lat propriu*) *adj* **1** Peculiar, natural, característico. **2** Adequado, oportuno. **3** Que é exatamente o mesmo e não outro: *O próprio filho o aborrece.* **4** Que figura pessoalmente; que não se faz representar por outro: *Eu próprio levarei o dinheiro para o banco.* • *sm* Caráter próprio; qualidade ou feição especial.

pro.pug.nar (*lat propugnare*) *vtd* **1** Defender, combatendo ou disputando. *vti* **2** Lutar em defesa; sustentar luta física ou moral: *Propugnar pelo progresso da ciência.*

pro.pul.são (*lat propulsione*) *sf* Ato ou efeito de propulsar.

pro.pul.si.o.nar (*lat propulsione+ar¹*) *vtd* **1** Impelir para longe; propelir: *Propulsionar os inimigos.* **2** Dar impulso enérgico a: *Propulsionar o desenvolvimento científico.* *Var: propulsar.*

pro.pul.sor (*lat propulsore*) *adj + sm* **1** Que, aquele ou aquilo que imprime movimento de propulsão a. **2** Que, ou o que faz progredir ou avançar.

pro rata (*pró ráta*) (*lat*) *loc adv* Proporcionalmente; dando (ou recebendo) cada um a parte que lhe toca.

pror.ro.ga.ção (*lat prorogatione*) *sf* Ato ou efeito de prorrogar; adiamento: *Ele pediu uma prorrogação dos prazos.*

pror.ro.gar (*lat prorogare*) *vtd* **1** Alongar, prolongar, adiar (prazo fixado). **2** Fazer durar além do prazo estabelecido. **3** Fazer continuar em exercício. *Conjug – Pres subj: prorrogue, prorrogues* etc.; *Pret perf: prorroguei, prorrogaste, prorrogou* etc.

pror.rom.per (*lat prorumpere*) *vti* e *vint* **1** Manifestar-se repentinamente; romper. *vti* **2** Sair com ímpeto; irromper.

pro.sa (*lat prosa*) *sf* **1** Maneira de falar, ou escrever, sem sujeitar-se a uma métrica. *Cf verso* (acepção 1). **2** Facilidade em falar. **3** Conversa, palestra. **4** *pop* Conversa fiada, papo furado. • *adj* e *s m+f* Diz-se de, ou pessoa pedante, loquaz, cheia de si.

pro.sa.dor (*prosar+dor*) *sm* Aquele que escreve em prosa.

pro.sai.co (*lat prosaicu*) *adj* Trivial, vulgar, comum.

pro.sá.pia (*lat prosapia*) *sf* **1** Ascendência, linhagem. **2** Altivez, orgulho. **3** *pop* Elegância ostensiva.

pro.sar (*prosa+ar¹*) *vint* Escrever em prosa. *Cf prosear.*

pros.cê.nio (*lat prosceniu*) *sm* **1** Frente do palco. **2** Parte do palco junto à ribalta. **3** Cena, palco.

pros.cre.ver (*lat proscribere*) *vtd* e *vti* **1** Exilar por sentença ou voto escrito; banir. **2** Expulsar, afastar. **3** Condenar, proibir. *Conjug – Part: proscrito.*

pros.cri.ção (*lat proscriptione*) *sf* Ato ou efeito de proscrever.

pros.cri.to (*part de proscrever*) *adj* **1** Que sofreu proscrição. **2** Banido, desterrado, exilado, expulso. **3** Condenado, proibido. • *sm* Aquele que foi condenado a sair do seu país; desterrado, exilado.

pro.se.ar (*prosa+e+ar¹*) *vti* e *vint* **1** Conversar, falar muito, tagarelar: *Proseava com a namorada.* **2** Gabar-se, vangloriar-se: *Como proseia esse estudante!* Conjuga-se como *frear. Cf prosar.*

pro.se.li.tis.mo (*prosélito+ismo*) *sm* **1** Diligência ou zelo em fazer prosélitos. **2** Conjunto de prosélitos.

pro.sé.li.to (*gr prosélytos*) *sm* **1** Indivíduo que aderiu a uma doutrina, ideia ou sistema. **2** Partidário, sectário.

pro.só.dia (*lat prosodía*) *sf Gram* **1** Pronúncia correta das palavras, de acordo com a acentuação. **2** Parte da gramática que se ocupa da pronúncia das palavras.

pro.so.po.pei.a (*é*) (*gr prosopopoiía*) *sf* **1** *Ret* Figura pela qual se atribui qualidade ou sensibilidade humana a um ser inanimado e se fazem falar as pessoas ausentes e até os mortos. **2** Discurso empolado ou veemente.

pros.pec.ção (*lat prospectione*) *sf* **1** *Geol* Método ou técnica empregada para localizar uma mina ou jazida de minérios. **2** *fig* Análise profunda, sondagem (de um texto, do íntimo de uma pessoa).

pros.pec.tar (*lat prospectare*) *vtd* **1** Explorar (uma região) à procura de jazidas de minério. **2** Fazer sondagens ou ensaios em uma mina ou jazida de minério para determinar o seu provável valor. *Var: prospetar.*

pros.pec.to (*lat prospectu*) *sm* **1** Aspecto, vista. **2** Plano, traçado. **3** Programa que contém o plano, a descrição de uma obra, de um estabelecimento, de um negócio etc. **4** Impresso no qual se anuncia ou faz propaganda de livro, organização, mercadoria etc.

pros.pe.rar (*lat prosperare*) *vint* **1** Tornar-se próspero; ter bom êxito: *As indústrias e o comércio prosperam a olhos vistos.* *vint* **2** Crescer, progredir. *vtd* **3** Fomentar, promover: *Prosperar o ensino, as artes, as letras. Conjug – Pres indic: prospero, prosperas, prospera* (*pé*) etc. *Cf próspero.*

pros.pe.ri.da.de (*lat prosperitate*) *sf* **1** Estado ou qualidade de próspero. **2** Situação próspera, ventura.

prós.pe.ro (*lat prosperu*) *adj* **1** Favorável, propício. **2** Que tem bom êxito; afortunado, venturoso, feliz. *Sup abs sint:* prosperíssimo e prospérrimo.

pros.se.cu.ção (*lat prosecutione*) *sf* Prosseguimento. *Pl: prossecuções.*

pros.se.gui.men.to (*prosseguir+mento*) *sm* Ato de prosseguir; continuação: *Ele deu prosseguimento ao trabalho*.
pros.se.guir (*lat prosequi*) *vtd*, *vti* e *vint* **1** Seguir adiante; continuar, perseverar, persistir. *vtd* e *vint* **2** Continuar, seguir (caminho). *vti* e *vint* **3** Continuar falando; dizer em seguida. Conjuga-se como *seguir*.
prós.ta.ta (*gr prostátes*) *sf Anat* Glândula do sexo masculino que circunda o colo da bexiga e a base da uretra.
pros.tí.bu.lo (*lat prostibulu*) *sm* **1** Lugar de prostituição. **2** Bordel, puteiro.
pros.ti.tu.i.ção (*lat prostitutione*) *sf* **1** Ato ou efeito de prostituir-se. **2** Comércio profissional de práticas sexuais.
pros.ti.tu.ir (*lat prostituere*) *vtd* **1** Levar à prostituição; corromper, tornar devasso. *vpr* **2** Entregar-se à relação sexual por dinheiro. *vtd* **3** *por ext* Degradar, desonrar, corromper. *Conjug – Pres indic*: prostituo, prostituis, prostitui, prostituímos, prostituís, prostituem; *Pret imp indic*: prostituía, prostituías, prostituía, prostituíamos, prostituíeis, prostituíam; *Pret perf*: prostituí, prostituíste, prostituiu, prostituímos, prostituístes, prostituíram; *Pret mais-que-perf*: prostituíra, prostituíras, prostituíra, prostituíramos, prostituíreis, prostituíram; *Pret imp subj*: prostituísse, prostituísses, prostituísse, prostituíssemos, prostituísseis, prostituíssem; *Part*: prostituído.
pros.ti.tu.ta (*lat prostituta*) *sf* Mulher que se entrega à prostituição; meretriz, rameira, puta.
pros.tra.ção (*lat prostratione*) *sf* **1** Ato ou efeito de prostrar ou prostrar-se. **2** Abatimento extremo; grande debilidade resultante de doença ou cansaço.
pros.trar (*lat vulg *prostare*, de *prostatu*) *vtd* **1** Fazer cair; lançar por terra: *Pegando-o de surpresa, prostrou-o*. *vpr* **2** Lançar-se de bruços no chão. *vtd* e *vpr* **3** Abater(-se), enfraquecer(-se) muito, extenuar (física ou moralmente): *A gripe forte prostrava o menino*.
pro.tac.tí.nio (*proto+actínio*) *sm Quím* Elemento radioativo metálico, brilhante, que se desintegra em actínio e finalmente em chumbo, de número atômico 91 e símbolo Pa.
pro.ta.go.nis.ta (*gr protagonistés*) *s m+f* Personagem principal, em uma peça, filme, romance e até mesmo num acontecimento real.
pro.ta.go.ni.zar (*protagon(ista)+izar*) *vtd* Ser protagonista de (peça teatral, filme, acontecimento etc.).
pro.te.ção (*lat protectione*) *sf* **1** Ato ou efeito de proteger. **2** Abrigo, amparo, auxílio, socorro.
pro.te.ci.o.nis.mo (*lat protectione+ismo*) *sm Econ polít* Sistema de proteção da indústria ou do comércio nacional, concedendo-lhes o monopólio do mercado interno.
pro.te.ger (*lat protegere*) *vtd* **1** Dar proteção a; auxiliar, socorrer, amparar. *vtd* **2** Preservar de incômodos ou perigos; defender. *vtd* **3** Ajudar, beneficiar, favorecer. *vtd* e *vpr* **4** Abrigar(-se), cobrir(-se), resguardar(-se). *Conjug – Pres indic*: protejo, proteges etc.; *Pres subj*: proteja, protejas, proteja etc.; *Imper afirm*: protege(tu), proteja(você), protejamos(nós), protegei(vós), protejam(vocês).

pro.te.gi.do (*part* de *proteger*) *adj* + *sm* Que, ou aquele que recebe auxílio ou proteção especial de alguém; favorito.
pro.tei.co (*é*) (*gr proteîa+ico²*) *adj* Relativo ou pertencente a proteína.
pro.te.í.na (*al Protein*, *np*) *sf Quím* Cada uma das substâncias compostas de carbono, hidrogênio, oxigênio e nitrogênio, e às vezes também de enxofre e fósforo, e que são os elementos essenciais de todas as células dos seres vivos.
pro.te.la.ção (*lat protelatione*) *sf* **1** Ato ou efeito de protelar. **2** Adiamento, demora, procrastinação.
pro.te.lar (*lat protelare*) *vtd* Adiar, prorrogar, deixar para depois: *Protelar um trabalho*.
pró.te.se (*gr próthesis*) *sf* **1** *Cir* Substituição de um órgão ou parte do corpo por uma peça artificial. **2** *Med* Órgão ou parte do corpo artificiais, tais como um olho, uma perna, a dentadura.
pro.tes.tan.te (*lat protestante*) *adj m+f* **1** Que protesta. **2** Relativo ao protestantismo. • *s m+f* Adepto do protestantismo.
pro.tes.tan.tis.mo (*protestante+ismo*) *sm* Religião originada da Reforma encabeçada por Martinho Lutero no século XVI.
pro.tes.tar (*lat protestari*) *vti* e *vint* **1** Reclamar, levantar-se contra alguma coisa: *Não adianta protestar contra o aumento dos impostos*. *vtd* **2** Fazer o protesto de (título comercial) por falta de pagamento: *Protestar uma nota promissória, uma duplicata*. *vtd* **3** Afirmar categoricamente; prometer solenemente: *Protestou jamais entrar naquela casa*. *vtd* **4** Jurar, professar, testemunhar: *Protestar amizade*.
pro.tes.to (de *protestar*) *sm* **1** Reclamação. **2** Desaprovação, repulsa. **3** Afirmação categórica, compromisso solene. **4** Declaração formal pela qual se reclama contra a ilegalidade de alguma coisa. **5** *Dir* Ato pelo qual se declara responsável por todas as despesas e prejuízos aquele que devia pagar uma letra de câmbio, nota promissória etc., e não o fez no vencimento.
pro.té.ti.co (*gr prothetikós*) *adj* **1** Relativo a prótese. **2** Em que há prótese. • *sm* Especialista em prótese dentária.
pro.te.tor (*lat protectore*) *adj* + *sm* Que, ou o que protege ou defende. • *sm* Qualquer utensílio ou dispositivo que serve para resguardar ou proteger contra desgaste, acidentes, luz intensa etc. *Protetor de tela*, *Inform*: programa que, depois de um período predeterminado de inatividade do usuário, substitui a imagem existente na tela por imagens de objetos em movimento para proteger a tela contra queimaduras causadas por imagens imóveis.
pro.te.to.ra.do (*protetor+ado¹*) *sm* **1** Apoio, proteção que uma nação presta a outra menos poderosa. **2** Situação de um Estado colocado sob a autoridade de outro, especialmente no que diz respeito à política externa. **3** Estado que se acha nessa situação.
pro.to.co.lar (*protocolo+ar¹*) *adj m+f* **1** Relativo a protocolo. **2** Em conformidade com o protocolo. • *vtd V protocolizar*.

pro.to.co.li.zar (*protocolo+izar*) *vtd* Inscrever, registrar em protocolo: *Protocolizar um documento. Sin: protocolar.*

pro.to.co.lo (*lat protókollon*) *sm* **1** Registro dos atos públicos. **2** Registro das audiências, nos tribunais. **3** Formulário que regula os atos públicos. **4** Convenção entre duas nações. **5** *fig* Cerimonial, formalidade, etiqueta: *Agir conforme o protocolo.*

pro.to-his.tó.ria (*proto+história*) *sf* Primeiros tempos históricos; história primitiva. *Pl: proto-histórias.*

pró.ton (*gr prôton*) *sm Fís* e *Quím* Partícula constituinte do núcleo de todos os átomos que tem uma carga elétrica positiva.

pro.to.plas.ma (*proto+plasma*) *sm Biol* Substância transparente que constitui a parte essencial das células dos organismos vivos.

pro.tó.ti.po (*proto+tipo*) *sm* Primeiro exemplar; modelo, padrão.

pro.to.zo.á.rios (*proto+zootário*) *sm pl Zool* Sub-reino do reino animal que compreende todos os seres constituídos por uma única célula.

pro.tu.be.rân.cia (*protuberante+ia²*) *sf* **1** Parte saliente. **2** Saliência.

pro.tu.be.ran.te (*lat protuberante*) *adj m+f* Que tem protuberância, saliente: *Testa protuberante.*

pro.va (*lat proba*) *sf* **1** Aquilo que serve para estabelecer uma verdade por verificação ou demonstração. **2** Indício, mostra, sinal. **3** Exame, concurso. **4** Ensaio, experiência. **5** Ato de experimentar o sabor de uma substância alimentar ou uma roupa ou calçado. **6** *Mat* Operação pela qual se verifica a exatidão de um cálculo. **7** Competição entre esportistas.

pro.va.ção (*provar+ção*) *sf* Situação aflitiva.

pro.va.dor (*provar+dor*) *adj + sm* Que, o que prova. • *sm* Pequeno compartimento, em lojas, ateliês de costura etc., onde os clientes experimentam, provam, as roupas.

pro.var (*lat probare*) *vtd* **1** Demonstrar com provas (documentos, fatos, razões, testemunhas): *Provar a autenticidade, a verdade.* **2** Dar testemunho de; tornar evidente. **3** Submeter a prova. **4** Conhecer por experiência própria. **5** Experimentar, vestindo, comendo ou bebendo: *Provar uma roupa; provar um vinho.*

pro.vá.vel (*lat probabile*) *adj m+f* **1** Que se pode provar. **2** Que pode acontecer ou tende a acontecer. **3** Que pode ser verdadeiro. *Sup abs sint: probabilíssimo.*

pro.vec.to (*lat provectu*) *adj* **1** Avançado em anos, idoso. **2** *fig* Que tem muita experiência; experimentado.

pro.ve.dor (*prover+dor*) *sm* **1** O que provê. **2** Chefe de algum estabelecimento de caridade. **3** *Inform* Empresa que dá acesso à internet; provedor de acesso.

pro.vei.to (*lat profectu*) *sm* **1** Ganho, lucro. **2** Benefício, utilidade, vantagem.

pro.vei.to.so (*ô*) (*proveito+oso*) *adj* Que dá proveito; lucrativo, útil, vantajoso. *Antôn: nocivo. Pl: proveitosos* (*ó*).

pro.ve.ni.ên.cia (*lat provenientia*, de *provenire*) *sf* Fonte, origem, procedência.

pro.ve.ni.en.te (*lat proveniente*) *adj m+f* Que provém; oriundo, procedente.

pro.ven.to (*lat proventu*) *sm* Ganho, lucro, proveito, rendimento. *sm pl V honorário.*

pro.ver (*lat providere*) *vtd* **1** Tomar providências a respeito de; dispor, ordenar, regular. *vtd* e *vti* **2** Abastecer, fornecer, munir. *vpr* **3** Abastecer-se, munir-se: *Prover-se de dinheiro. vti* **4** Acudir, acorrer, remediar. *vtd* e *vti* **5** Dotar, ornar. *vint* **6** Tomar providências; acudir: *Deus proverá. Conjug:* verbo irregular (somente o pretérito perfeito, o mais-que-perfeito do indicativo e o imperfeito do subjuntivo são regulares). *Pres indic: provejo, provês, provê, provemos, provedes, proveem; Pret imp indic: provia, provias, provia, províamos, províeis, proviam; Pret perf: provi, proveste, proveu, provemos, provestes, proveram; Pret mais-que-perf: provera, proveras, provera, provêramos, provêreis, proveram; Fut pres: proverei, proverás, proverá* etc.; *Fut pret: proveria, proverias, proveria* etc.; *Pres subj: proveja, provejas, proveja, provejamos, provejais, provejam; Pret imp subj: provesse, provesses, provesse, provêssemos, provêsseis, provessem; Fut subj: prover, proveres, prover, provermos, proverdes, proverem; Imper afirm: provê(tu), proveja(você), provejamos(nós), provede(vós), provejam(vocês); Imper neg: não provejas(tu), não proveja(você)* etc.; *Infinitivo impess: prover; Infinitivo pess: prover, proveres, prover, provermos, proverdes, proverem; Ger: provendo; Part: provido.*

pro.ver.bi.al (*lat proverbiale*) *adj m+f* **1** Relativo a provérbio. **2** Que tem a natureza de provérbio. **3** Conhecido, notório, sabido.

pro.vér.bio (*lat proverbiu*) *sm* Sentença popular com poucas palavras; máxima, adágio, ditado.

pro.ve.ta (*ê*) (*fr éprouvette*) *sf* **1** Tubo graduado para medição de líquidos. **2** Tubo de ensaio.

pro.vi.dên.cia (*lat providentia*) *sf* **1** *Teol* Ação pela qual Deus conserva e governa o mundo. **2** *por ext* **Providência** O próprio Deus: *Providência divina.* **3** Acontecimento feliz. **4** Medida apropriada para se conseguir um fim, evitar um mal ou remediar uma necessidade.

pro.vi.den.ci.al (*providência+al¹*) *adj m+f* **1** Relativo, pertencente ou inerente à providência. **2** Muito oportuno: *Ajuda providencial.*

pro.vi.den.ci.ar (*providência+ar¹*) *vtd* **1** Acudir com medidas adequadas: *Providenciar alguma coisa. vti* e *vint* **2** Dar ou tomar providências; prover: *Providenciar acerca de, a respeito de, sobre alguma coisa. Conjug – Pres indic: providencio, providencias* (*cf*) etc. *Cf providência.*

pro.vi.den.te (*lat providente*) *adj m+f* **1** Que provê; próvido. **2** Cuidadoso, cauteloso, prudente. *Sup abs sint: providentíssimo.*

pro.vi.do (*lat providu*) *adj* **1** Cheio, abarrotado: *Está com o cofre bem provido.* **2** Dotado, guarnecido.

pró.vi.do (*lat providu*) *adj* Providente.

pro.vi.men.to (*prover+mento*) *sm* **1** Ação ou efeito de prover. **2** Nomeação ou promoção de pessoa para cargo ou ofício. **3** Atenção, cautela, cuidado.

pro.vín.cia (*lat provincia*) *sf* **1** Divisão territorial posta sob a autoridade de um delegado do poder central (os atuais Estados do Brasil eram províncias ao tempo do Império). **2** O interior de alguns países, excluindo a capital.

pro.vin.ci.al (*lat provinciale*) *adj m+f* Relativo à província.

pro.vin.ci.a.nis.mo (*provinciano+ismo*) *sm* **1** Palavra ou locução própria de uma ou mais províncias. **2** Hábitos, maneiras de província.

pro.vin.ci.a.no (*província+ano*) *adj* **1** Que não é da capital. **2** Inerente, pertencente ou relativo a pessoa da província. • *sm* Habitante ou natural da província.

pro.vir (*lat provenire*) *vti* **1** Vir de algum lugar: *Estes animais provieram da África*. **2** Derivar, originar-se, proceder: *"Dizer" provém do latim "dicere"*. **3** Advir, resultar: *Desse ignorante só nos provêm prejuízos e asneiras*. Conjuga-se como *vir*; recebe, porém, acento agudo na 2ª e 3ª pessoas do singular do presente do indicativo (*provéns, provém*) e na 2ª pessoa do singular do imperativo afirmativo (*provém(tu)*); *Ger: provindo; Part: provindo*.

pro.vi.são (*lat provisione*) *sf* **1** Ato ou efeito de prover. **2** Abastecimento de coisas necessárias. **3** Abundância de coisas destinadas ao uso futuro; mantimentos.

pro.vi.só.rio (*lat provisu+ório*) *adj* Passageiro, temporário, transitório.

pro.vi.ta.mi.na (*pro+vitamina*) *sf* Substância natural capaz de se converter em vitamina no organismo.

pro.vo.ca.ção (*provocar+ção*) *sf* **1** Ato ou efeito de provocar. **2** Desafio, insulto. **3** Tentação.

pro.vo.ca.dor (*lat provocatore*) *adj* **1** Que provoca; que exprime provocação. **2** Tentador. • *sm* Aquele que provoca.

pro.vo.can.te (*lat provocante*) *adj m+f* **1** Irritante. **2** Que provoca desejo sexual.

pro.vo.car (*lat provocare*) *vtd* **1** Estimular, incitar: *Provocou a ira do pai*. **2** Chamar a combate; desafiar: *Provocar o inimigo*. **3** Irritar: *A fumaça do cigarro provoca-lhe tosse*. **4** Excitar, criar desejos sexuais em: *Provocava os homens com trajes sedutores*. *Conjug – Pres subj: provoque, provoques* etc.; *Pret perf: provoquei, provocaste, provocou* etc.

pro.xe.ne.ta (*cs...ê*) (*lat proxeneta*) *s m+f* **1** Pessoa que ganha dinheiro servindo de intermediária em casos amorosos. **2** Rufião.

pro.xi.mi.da.de (*ss*) (*lat proximitate*) *sf* **1** Estado de próximo. **2** Pequena distância; contiguidade, vizinhança. **3** Pequena demora; iminência. *sf pl* Cercanias, arredores, vizinhança.

pró.xi.mo (*ss*) (*lat proximu*) *adj* **1** Que está perto (usa-se quanto a lugar, tempo, relações de parentesco). **2** Perto, vizinho. **3** Que não tarda. **4** Direto, imediato, seguinte. • *sm* Cada pessoa em particular; o nosso semelhante. • *adv* Perto, na vizinhança: *Ele mora próximo daqui*.

pru.dên.cia (*lat prudentia*) *sf* Cautela, precaução.

pru.den.te (*lat prudente*) *adj m+f* **1** Que tem prudência. **2** Que age com prudência. **3** Comedido, moderado. **4** Cauteloso, previdente, seguro.

pru.mo (*lat plumbu*) *sm* **1** Instrumento composto de dois curtos cilindros, um fixo na extremidade de um fio e o outro móvel ao longo desse fio, e que serve para determinar a direção vertical. **2** *fig* Cautela, prudência, tino. **3** Perspicácia, agudeza. *A prumo*: verticalmente.

pru.ri.do (*í*) (*lat pruritu*) *sm* **1** Coceira, comichão. **2** *fig* Tentação, impaciência. **3** *fig* Grande desejo.

pseu.do-his.tó.ria (*pseudo+história*) *sf* Narração de fatos que não são rigorosamente históricos; falsa história. *Pl: pseudo-histórias*.

pseu.dô.ni.mo (*pseudo+ônimo*) *adj* Nome falso ou artístico.

pseu.dó.po.de (*pseudo+gr pódos*) *sm Biol* Expansão do protoplama de protozoários, amebas e leucócitos que serve à locomoção e à fagocitose.

psi.ca.ná.li.se (*psico+análise*) *sf* **1** *Psicol* Método de tratamento de desordens mentais e nervosas, criado e desenvolvido pelo psicanalista austríaco Sigmund Freud (1856-1939). **2** Conjunto das teorias desenvolvidas por esse psicanalista, relativas à vida psíquica consciente e inconsciente.

psi.ca.na.lis.ta (*pseudo+analista*) *s m+f* Especialista em psicanálise; analista.

psi.co.dé.li.co (*psico+gr dêlos+ico²*) *adj neol* **1** Aplica-se, originariamente, às drogas que provocam alucinações. **2** Diz-se das sensações, especialmente visões coloridas, experimentadas pelas pessoas sob o efeito de drogas. **3** *fig* Referente a roupas muito coloridas.

psi.co.dra.ma (*psico+drama*) *sm Psicol* Método de psicoterapia em grupo que consiste em fazer os pacientes dramatizarem os conflitos individuais.

psi.co.fí.si.co (*psico+físico*) *adj* Relativo ao espírito e à matéria.

psi.co.gra.far (*psico+grafo+ar¹*) *vtd Espir* Escrever (o médium) o que lhe dita um espírito: *Psicografar um romance*. *Conjug – Pres indic: psicografo, psicografas (grá)* etc. *Cf psicógrafo*.

psi.co.gra.fi.a (*psico+grafo+ia¹*) *sf* **1** Descrição da mente e suas funções. **2** *Espir* Escrita de um espírito pela mão do médium.

psi.co.gra.fo (*psico+grafo*) *sm* **1** Pessoa versada em psicografia. **2** *Espir* Médium que escreve sob a ação de um espírito.

psi.co.lo.gi.a (*psico+logo+ia¹*) *sf* **1** Ciência que trata da mente e de fenômenos e atividades mentais. **2** Ciência do comportamento animal e humano em suas relações com o meio físico e social. **3** Conjunto de estados e processos mentais de uma pessoa ou grupo de pessoas, especialmente como determinante de ação e comportamento: *A psicologia das massas*.

psi.co.ló.gi.co (*psico+logo+ico²*) *adj* Pertencente ou relativo à psicologia.

psi.có.lo.go (*psico+logo*) *sm* Especialista em psicologia.

psi.co.pa.ta (*psico+gr páthos*) *adj m+f e s m+f* Que, ou quem sofre de doença mental.

psi.co.pa.to.lo.gi.a (*psico+gr páthos+logo+ia¹*) *sf Med* e *Psicol* Estudo das perturbações mentais tanto no que se refere à sua descrição e classificação como a seu mecanismo e evolução; fundamenta a psiquiatria, que se utiliza de seus dados para fins terapêuticos.

psi.co.pe.da.go.gi.a (*psico+pedagogia*) *sf* Aplicação de conhecimentos da psicologia às práticas educativas.

psi.co.se (*psico+ose*) *sf* **1** *Med* Designação comum às doenças mentais. **2** *fig* Ideia fixa, obsessão.

psi.cos.so.má.ti.co (*psico+somático*) *adj* Relativo às manifestações orgânicas de origem psíquica.

psi.co.téc.ni.ca (*psico+técnica*) *sf Psicol* Conjunto dos métodos científicos que permitem apreciar as reações psicológicas e fisiológicas (motoras) dos indivíduos.

psi.co.te.ra.peu.ta (*psico+terapeuta*) *adj* e *s m+f* Diz-se da, ou a pessoa que aplica ou estuda a psicoterapia.

psi.co.te.ra.pi.a (*psico+terapia*) *sf Med* **1** Tratamento por métodos psicológicos. **2** Conjunto das técnicas que visam ao tratamento das moléstias mentais por persuasão, sugestão, psicanálise, atividades lúdicas ou ocupacionais.

psi.co.tró.pi.co (*psico+trópico*) *adj* + *sm* Diz-se de, ou medicamento que age sobre as células nervosas, com efeito calmante ou estimulante.

psi.que (*gr psykhé*) *sf* **1** A alma; o espírito; a mente. **2** *Psicol* Conjunto dos processos psíquicos conscientes e inconscientes.

psi.qui.a.tra (*psico+iatra*) *s m+f* Especialista em psiquiatria.

psi.qui.a.tri.a (*psico+iatro+ia*[1]) *sf* Parte da medicina que se ocupa das doenças mentais.

psí.qui.co (*gr psykhikós*) *adj* Relativo à psique, à mente ou à alma.

psi.quis.mo (*psique+ismo*) *sm* Conjunto dos fenômenos psicológicos, conscientes ou inconscientes, de um indivíduo ou de um grupo.

psi.ta.cí.deos (*psítaco+ídeos*) *sm pl Ornit* Família de aves da ordem dos psitaciformes, à qual pertencem os papagaios, as araras e os periquitos.

psi.ta.ci.for.mes (*psítaco+i+forme*) *sm pl Ornit* Ordem de aves constituída por espécies que apresentam bico tão longo quanto alto, língua carnuda e grossa, dois dedos medianos voltados para a frente, e o primeiro e o quarto dedos, para trás.

psiu (*voc onom*) *interj* Usada para chamar ou para impor silêncio.

pte.ri.dó.fi.tas (*gr pterís-ídos+fito*) *sf pl Bot* Divisão de plantas vasculares, sem flores, conhecidas como avencas e samambaias.

pte.ro.dác.ti.lo (*ptero+dáctilo*) *adj Zool* Diz-se dos animais cujos dedos são ligados por uma membrana. • *sm Paleont* Réptil voador que se caracterizava por longo bico, munido de dentes. Viveu do jurássico inferior ao cretáceo.

pte.ros.sáu.rios (*ptero+sauro+io*[2]) *sm pl Paleont* Ordem de répteis voadores existentes do jurássico ao cretáceo superior e que inclui os pterodáctilos.

pu.a (*lat *puga*, de *pungere*) *sf* **1** Ponta aguçada. **2** Haste terminada em bico. **3** Instrumento para furar, movido por meio de um arco. **4** Aguilhão, espinho, ferrão.

pub (*pâb*) (*abrev* do inglês *public house*) *sm* Estabelecimento onde se servem bebidas alcoólicas.

pu.ba (*tupi púua*) *sf* **1** Mandioca enterrada em lama ou posta na água para fermentar. **2** Maneira de se vestir com muitos detalhes e enfeites. **3** Terrenos úmidos, cobertos de capim.

pu.ber.da.de (*lat pubertate*) *sf* Fase de transformações psicológicas e fisiológicas que caracterizam a transição da infância para a adolescência, na qual ocorre a maturação sexual.

pú.be.re (*lat pubere*) *adj m+f* Que chegou à puberdade.

pú.bi.co (*lat pube+ico*[2]) *adj* Pertencente ou relativo ao púbis.

pú.bis (*lat pubis*) *s m+f sing* e *pl Anat* **1** Parte inferior e anterior do osso ilíaco. **2** Eminência triangular do abdome correspondente a esta parte, que se cobre de pelos ao começar a puberdade.

pu.bli.ca.ção (*lat publicatione*) *sf* **1** Ato ou efeito de publicar. **2** Obra publicada. *Pl: publicações.*

pú.bli.ca-for.ma *sf* Cópia de documento feita por tabelião ou escrivão para substituir o original. *Pl: públicas-formas.*

pu.bli.car (*lat publicare*) *vtd* **1** Levar ao conhecimento público; tornar público e notório. **2** Imprimir para a venda. *Conjug – Pres indic: publico, publicas, publica* (*blí*) *etc.; Pres subj: publique, publiques etc.; Pret perf: publiquei, publicaste, publicou etc. Cf público.*

pu.bli.cá.vel (*publicar+vel*) *adj m+f* Que pode ser publicado. *Pl: publicáveis.*

pu.bli.ci.da.de (*público+i+dade*) *sf* **1** Divulgação de fatos ou informações a respeito de pessoas, ideias, serviços, produtos ou instituições, utilizando-se os veículos normais de comunicação. **2** Toda forma de divulgação de mensagens, por meio de anúncios, com o fim de influenciar o público como consumidor. **3** Atividade de publicitário.

pu.bli.cis.ta (*fr publiciste*) *s m+f* **1** Especialista em direito público. **2** Indivíduo que escreve para o público, sobre assuntos variados.

pu.bli.ci.tá.rio (*fr publicitaire*) *adj* Que se relaciona com propaganda, com publicidade. • *sm* Profissional que trabalha em publicidade.

pú.bli.co (*lat publicu*) *adj* **1** Pertencente ou relativo ao povo. **2** Que serve para uso de todos ou se faz diante de todos. **3** Que diz respeito ao governo do país e suas relações com os cidadãos. **4** Notório, vulgar. *Sup abs sint: publicíssimo.* • *sm* **1** O povo em geral. **2** Grupo de pessoas reunidas para assistir a uma cerimônia, a um comício, a um espetáculo etc.; assistência, auditório.

pú.bli.co-al.vo *sm* Em propaganda, segmento do público ao qual se destina uma mensagem específica. *Pl: públicos-alvo.*

pu.cá (*tupi pysá*) *sm* Pequena rede, de forma cônica, adaptada a um cabo de madeira, própria para pescar camarões, siris etc.

pú.ca.ro (*lat puculu*) *sm* Vaso com uma asa que serve para tirar pequenas porções de líquidos de outros recipientes maiores.

pu.den.do (*lat pudendu*) *adj* **1** Ofensivo ao pudor; vergonhoso. **2** Que diz respeito aos órgãos genitais externos.

pu.de.ra *interj* Claro; não era para menos; pois então.

pu.di.cí.cia (*lat pudicitia*) *sf* **1** Qualidade de pudico. **2** Pureza, castidade. **3** Pudor. **4** Ação ou palavras que demonstram pudor.

pu.di.co (*í*) (*lat pudicu*) *adj* **1** Que tem pudor. **2** Envergonhado. **3** Casto, honesto.

A palavra **pudico** é paroxítona, e a sílaba tônica é *di*. O substantivo que corresponde a esse adjetivo é *pudicícia*.

pu.dim (*ingl pudding*) *sm Cul* Doce de consistência cremosa, assado em banho-maria. *Pl: pudins*.

pu.dor (*ô*) (*lat pudore*) *sm* **1** Sentimento de vergonha. **2** Este sentimento ligado a coisas que se relacionam com o sexo; recato.
Veja nota em **pundonor**.

pu.e.ri.cul.tor (*púeri+cultor*) *sm* Aquele que se dedica à puericultura.

pu.e.ri.cul.tu.ra (*púeri+cultura*) *sf neol* Conjunto de meios médico-sociais voltados ao perfeito desenvolvimento físico e mental das crianças, desde o período de gestação.

pu.e.ril (*lat puerile*) *adj m+f* **1** Pertencente, relativo ou próprio das crianças; infantil. **2** Frívolo, fútil, ingênuo. *Pl: pueris*.

pu.e.ri.li.da.de (*lat puerilitate*) *sf* **1** Qualidade de pueril. **2** Infantilidade. **3** Banalidade, frivolidade, futilidade.

pu.ér.pe.ra (*lat puerpera*) *adj* + *sf* Diz-se de, ou mulher que deu à luz recentemente.

pu.er.pe.ral (*puérpera+al*[1]) *adj m+f* Que diz respeito à mulher que pariu recentemente ou ao parto. *Pl: puerperais*.

pu.er.pé.rio (*lat puerperiu*) *sm* **1** Período, depois do parto, durante o qual os órgãos genitais, o corpo e as funções da mulher voltam ao normal. **2** O conjunto dos fenômenos que ocorrem nesse período.

pu.fe (*fr pouf*) *sm* Banquinho estofado; espécie de banqueta circular e baixa.

pu.gi.lis.mo (lat *pugillu+ismo*) *sm* Boxe.

pu.gi.lis.ta (lat *pugillu+ista*) *sm* Boxeador.

pug.nar (*lat pugnare*) *vti* e *vint* **1** Combater, lutar. *vint* **2** Chocar-se, embater-se. *vint* **3** Discutir acaloradamente. *vti* **4** Defender, sustentar: *Pugnar por um direito*.

pu.í.do (*part* de *puir*) *adj* Que se puiu.

pu.ir (*corr* de *polir*) *vtd* Desgastar pela fricção ou pelo uso prolongado: *Puir os sapatos, a roupa*. Conjug: verbo defectivo. *Pres indic*: puis, pui, puímos, puís, puem; *Pret imp indic*: puía, puías, puía, puíamos, puíeis, puíam; *Pret perf*: puí, puíste, puiu, puímos, puístes, puíram; *Pret mais-que-perf*: puíra, puíras, puíra, puíramos, puíreis, puíram; *Fut pres*: puirei, puirás, puirá etc.; *Fut pret*: puiria, puirias, puiria etc.; *Pret imp subj*: puísse, puísses, puísse, puíssemos; puísseis, puíssem; *Fut subj*: puir, puíres, puir, puirmos, puirdes, puírem; *Imper afirm*: pui(tu), puí(vós); *Infinitivo impess*: puir; *Infinitivo pess*: puir, puíres, puir, puirmos, puirdes, puírem; *Ger*: puindo; *Part*: puído.

pu.jan.ça (*cast pujanza*) *sf* **1** Força de vegetação; exuberância. **2** *fig* Poderio, superioridade. **3** Força, vigor.

pu.jan.te (de *pujar*) *adj m+f* **1** Que tem grande força; possante, vigoroso. **2** Que tem superioridade; poderoso. **3** Altivo. **4** Exuberante.

pu.lar (*lat pullare*) *vint* **1** Dar pulos; saltar. *vtd* **2** Transpor de um pulo: *O garoto pulou agilmente o cercado*. *vint* **3** Pulsar com veemência: *A notícia lhe fez pular o coração*. *vint* **4** Crescer, desenvolver-se depressa.

pu.le (*fr poule*) *sf* Bilhete de aposta em corridas de cavalos.

pul.ga (*lat *pulica*, por *pulice*) *sf Entom* Pequeno inseto sem asas que se locomove aos saltos e se nutre de sangue. *Com a pulga atrás da orelha*: andar desconfiado, inquieto.

pul.gão (*pulga+ão*[2]) *sm Entom* Nome vulgar de diversos insetos sugadores que vivem permanentemente sobre vegetais, danificando-os. *Pl: pulgões*.

pul.guei.ro (*pulga+eiro*) *sm* **1** Lugar onde há muitas pulgas. **2** *pop* Cinema de baixa categoria.

pul.guen.to (*pulga+ento*) *adj* Que tem muitas pulgas.

pu.lha (*cast pula*) *adj m+f* **1** Desprezível, vil. **2** Desmazelado, relaxado. • *sm* Indivíduo sem brio, sem dignidade; patife, ordinário.

pul.mão (*lat pulmone*) *sm* **1** *Anat* Cada um dos dois órgãos respiratórios envolvidos pela pleura, contidos no tórax e separados pelo coração. **2** *fig* Voz (considerada na sua intensidade); voz forte. *Pl: pulmões*.

pul.mo.nar (*lat pulmonariu*) *adj m+f* **1** *Anat* Pertencente ou relativo aos pulmões. **2** Que afeta o pulmão. **3** *Zool* Que respira por pulmões.

pu.lo (de *pular*) *sm* **1** Salto. **2** *fig* Ida rápida a algum lugar.

pu.lô.ver (*ingl pull+over*) *sm* Espécie de colete de malha de lã, com ou sem mangas, que se veste enfiando pela cabeça. *Pl: pulôveres*.

púl.pi.to (*lat pulpitu*) *sm* **1** Tribuna, na igreja, da qual o sacerdote prega aos fiéis. **2** *fig* O conjunto dos pregadores.

pul.sa.ção (*lat pulsatione*) *sf* **1** Ato ou efeito de pulsar. **2** *Med* Movimento de contração e dilatação do coração e das artérias. *Pl: pulsações*.

pul.sar[1] (*abrev* do *ingl pulsating star*) *sm* Fonte celeste de ondas de rádio, caracterizadas por intervalos extremamente regulares.

pul.sar[2] (*lat pulsare*) *vtd* **1** Impelir, impulsionar. *vint* **2** Latejar, palpitar. *vint* **3** Arquejar.

pul.sei.ra (*pulso+eira*) *sf* Objeto de adorno para os pulsos.

pul.so (*lat pulsu*) *sm* **1** Batimento arterial na região inferior do antebraço, junto à mão. **2** *por ext* Essa região. **3** *fig* Força, vigor.

pu.lu.lar (*lat pullulare*) *vti* **1** Multiplicar-se rápida e abundantemente: *Pululam os doutores no Brasil*. *vti* **2** Ter com abundância e progressivamente; ostentar: *As margens das estradas pululam de chácaras*. *vint* **3** Existir em grande número: *Aqui pululam os políticos*. *vti* **4** Irromper, surgir: *De todos os lados pululavam os invasores*. Conjug: com raras exceções, conjuga-se apenas nas 3as pessoas.

pul.ve.ri.za.ção (*pulverizar+ção*) *sf* Ato ou efeito de pulverizar.

pul.ve.ri.za.dor (*pulverizar+dor*) *adj* Que pulveriza. • *sm* Aparelho para pulverizar.

pul.ve.ri.zar (*lat pulverizare*) *vtd* e *vpr* **1** Reduzir (-se) a pó. *vtd* **2** Cobrir de pó; polvilhar. *vtd* **3** Fazer passar (um líquido) pelo pulverizador em forma de jato de pequeníssimas gotas.

pul.ve.ru.len.to (*lat pulverulentu*) *adj* **1** Coberto de pó ou de poeira. **2** Diz-se de certas plantas ou de certos órgãos vegetais que parecem cobertos de pó.

pum *interj* Exprime o ruído de uma detonação ou de uma queda. • *sm pop* Peido.

pu.ma (*quíchua puma*) *sm Zool* Grande mamífero felídeo encontrado nas Américas, também conhecido por suçuarana.

pun.ção (*lat punctione*) *sf* **1** Ato ou efeito de pungir. **2** *Cir* Operação que consiste na introdução de agulha, bisturi ou outro instrumento em cavidade, para retirar líquido. *sm* **1** Instrumento pontiagudo próprio para marcar, furar etc. **2** *Cir* Espécie de agulha ou estilete com o cabo. *Pl: punções.*

pun.ci.o.nar (*lat punctione+ar¹*) *vtd Cir* Abrir ou furar com instrumento pontiagudo.

pun.do.nor (*cast pundonor*, *contr* de *punto de honor*) *sm* **1** Sentimento de dignidade. **2** Zelo da própria reputação.
Não confunda os significados dos vocábulos **pundonor** e **pudor**, uma vez que o primeiro expressa um sentimento de dignidade e o segundo, um sentimento de vergonha.

pun.gen.te (*lat pungente*) *adj m+f* **1** Que punge. **2** Aflitivo, doloroso, lancinante.

pun.gir (*lat pungere*) *vtd* **1** Ferir com objeto pontiagudo. **2** Estimular, incitar. **3** Causar grande dor moral a: *Os remorsos pungem o criminoso.* **4** Afligir, atormentar: *A inveja lhe pungia o coração.* Conjuga-se como *jungir.*

pun.gue.ar (*punga+e+ar¹*) *vtd* Furtar (carteira, relógio, joias etc.) na via pública, em veículos, em lugares de ajuntamento de pessoas, sem que a vítima o perceba.

pun.guis.ta (*punga+ista*) *s m+f gír* Pessoa que pungueia, batedor de carteira.

pu.nha.do (*punho+ado¹*) *sm* **1** Porção que se pode conter na mão fechada. **2** Pequena quantidade, número reduzido.

pu.nhal (*lat vulg *pugnale*) *sm* Arma branca, de lâmina curta e perfurante. *Pl: punhais.*

pu.nha.la.da (*punhal+ada¹*) *sf* **1** Ferimento ou golpe com punhal. **2** *fig* Golpe moral profundo.

pu.nhe.ta (*ê*) (*cast puñeta*, de *puño*) *sf vulg* Masturbação.

pu.nho (*lat pugnu*) *sm* **1** A mão fechada. **2** A região do pulso. **3** Parte da manga que circunda o pulso. **4** Parte de alguns instrumentos ou armas por onde se lhes pega.

pu.ni.cá.ceas (*púnica+áceas*) *sf pl Bot* Família de plantas nas quais o receptáculo entra na formação do fruto, como na romãzeira.

pu.ni.ção (*lat punitione*) *sf* Pena, castigo.

pu.nir¹ (*lat punire*) *vtd* **1** Aplicar punição a; castigar, reprimir. *vtd* **2** Servir de castigo a. *vpr* **3** Infligir castigo ou pena a si próprio.

pu.nir² (do *arc punhar*, do *lat pugnare*) *vti* Lutar em defesa; defender: *Puniam por seus direitos.*

pu.ni.ti.vo (*punir¹+ivo*) *adj* Que pune, que envolve punição, que serve de castigo.

punk (*pânc*) (*ingl*) *s m+f* Pessoa rebelde e contestadora, geralmente jovem, que despreza os valores socialmente estabelecidos e adota sinais exteriores de provocação. • *adj m+f* Diz-se desses sinais adotados por essas pessoas: *Cabelo punk.*

pu.pa (*lat pupa*) *sf Entom* Estado intermediário entre a larva e a imago nos insetos que se desenvolvem por metamorfose completa.

pu.pi.la (*lat pupilla*) *sf* **1** *Anat* Abertura central da íris, que dá passagem aos raios luminosos; menina do olho. **2** Noviça. **3** Feminino de *pupilo.*

pu.pi.lo (*lat pupillu*) *sm* **1** Órfão que está sob tutela. **2** *fig* Protegido.

pu.pu.nha *sf Bot* Fruto da pupunheira.

pu.pu.nhei.ra (*pupunha+eira*) *sf Bot* Palmeira espinhosa do Norte que produz frutos amarelos, com polpa fibrosa e de sabor agradável.

pu.rê (*fr purée*) *sm Cul* Iguaria pastosa em geral preparada com batatas cozidas e amassadas, manteiga e leite.

pu.re.za (*ê*) (*puro+eza*) *sf* **1** Qualidade de puro. **2** Limpidez. **3** Inocência, singeleza. **4** Castidade, virgindade.

pur.gan.te (*lat purgante*) *adj m+f* Que faz purgar. • *sm* **1** *Farm* Medicamento ou substância que faz limpar os intestinos. **2** *pop* Pessoa ou coisa enfadonha, chata, tediosa, enjoada.

pur.gar (*lat purgare*) *vtd* **1** Purificar, eliminando as impurezas ou matérias estranhas. *vtd* **2** Limpar (os intestinos). *vint* **3** *Med* Expelir pus: *A ferida continua a purgar.* *vpr* **4** Redimir-se.

pur.ga.tó.rio (*lat purgatoriu*) *sm* **1** *Teol* Lugar onde as almas dos justos, incompletamente purificadas, acabam de pagar suas faltas. **2** *por ext* Lugar onde se sofre por algum tempo.

pu.ri.fi.ca.ção (*lat purificatione*) *sf* **1** Ato ou efeito de purificar. **2** *Rel* Festa da Igreja Católica celebrada em 2 de fevereiro.

pu.ri.fi.ca.dor (*purificar+dor*) *adj* Que purifica. • *sm* **1** Aquilo que purifica. **2** Aparelho para purificar água para se beber.

pu.ri.fi.car (*lat purificare*) *vtd* **1** Tornar puro. *vtd* e *vti* **2** Limpar, purgar: *Os bosques purificam o ar.* *Conjug – Pres subj: purifique, purifiques* etc.; *Pret perf: purifiquei, purificaste, purificou* etc.

pu.ris.ta (*puro+ista*) *adj* e *s m+f* Diz-se do, ou pessoa excessivamente escrupulosa quanto à pureza da linguagem, quer escrita, quer falada.

pu.ri.ta.nis.mo (*puritano+ismo*) *sm* **1** Seita que prega e pratica princípios morais puros e rígidos e formas simples de adoração. **2** Austeridade de princípios. **3** Qualidade da pessoa que alardeia grande rigidez de princípios.

pu.ri.ta.no (*ingl puritan*, calcado no *lat puru*) *adj* **1** Relativo ao puritanismo. **2** Íntegro, incorrupto. • *sm* **1** Sectário do puritanismo. **2** Indivíduo que alardeia grande austeridade.

pu.ro (*lat puru*) *adj* **1** Que não tem mistura ou impurezas. **2** Que não sofreu alteração. **3** Límpido, sereno. **4** Não contaminado; imaculado, limpo. **5** Inocente, virginal. **6** Casto, virtuoso. **7** Exato, fiel. **8** Mero, simples, único.

pu.ro-san.gue *adj* e *s m+f* Diz-se do, ou o animal que representa uma raça fina, sem cruzamento de outra. *Pl: puros-sangues.*

púr.pu.ra (*lat purpura*) *sf* **1** Corante vermelho-escuro que se extrai da cochinilha. **2** *por ext* A cor vermelha. **3** *Med* Doença que se caracteriza pelo aparecimento de pequenas manchas vermelhas na pele. **4** Vestuário de reis. **5** *por ext* O trono. **6** *por ext* Dignidade cardinalícia.

pur.pú.reo (*lat purpureu*) *adj* Da cor da púrpura; vermelho.

pur.pu.ri.na (*púrpura+ina*) *sf* **1** Pó metálico empregado em tipografia para as impressões a ouro e prata. **2** Pó metálico prateado ou de outra cor usado em maquiagem e para enfeitar objetos, roupas etc.

pu.ru.lên.cia (*lat purulentia*) *sf* Abundância de pus.

pu.ru.len.to (*lat purulentu*) *adj* **1** Cheio de pus; que solta pus. **2** *fig* Sórdido.

pu.ru.ru.ca *adj m+f* **1** Duro, quebradiço. **2** Diz-se do coco já um pouco duro. **3** *Cul* Diz-se do couro de porco, quando frito e bem seco. • *sf* Essa pele. *s m+f gír* Indivíduo irritadiço.

pus (*lat pus*) *sm Med* Líquido mais ou menos espesso, alcalino, e resultante de inflamação.

pu.si.lâ.ni.me (*lat pusillanime*) *adj* e *s m+f* **1** Que, ou pessoa que tem ânimo fraco. **2** Medroso, covarde. *Antôn: corajoso, audaz.*

pu.si.la.ni.mi.da.de (*lat pusillanimitate*) *sf* Covardia, fraqueza.

pús.tu.la (*lat pustula*) *sf* **1** *Med* Pequeno tumor cutâneo que termina por supuração. **2** *fig* Corrupção, vício. **3** Indivíduo infame, de mau caráter.

pus.tu.len.to (*pústula+ento*[1]) *adj* + *sm* Que, ou o que tem pústulas.

pu.ta (*lat puta*) *sf vulg* Prostituta, meretriz.

pu.ta.da (*puta+ada*[1]) *sf vulg* Conjunto de putas.

pu.ta.ri.a (*puta+aria*) *sf vulg* **1** Procedimento próprio de puta. **2** Libertinagem, devassidão. **3** Sacanagem, safadeza.

pu.ta.ti.vo (*lat putativu*) *adj* Diz-se de tudo aquilo que tem aparência de legal ou se supõe verdadeiro, embora na realidade não o seja: *Pai putativo.*

pu.tei.ro (*puta+eiro*) *sm* Prostíbulo, bordel.

pu.tre.fa.ção (*lat putrefactione*) *sf* **1** Decomposição das matérias orgânicas. **2** Estado do que está putrefato; apodrecimento. **3** Corrupção. *Pl: putrefações.*

pu.tre.fa.ci.en.te (*lat putrefaciente*) *adj m+f* Que putrefaz; que promove a putrefação.

pu.tre.fa.to (*lat putrefactu*) *adj* **1** Que apodreceu. **2** Que está em putrefação; podre. **3** Corrompido, corrupto.

pu.tre.fa.zer (*lat putrefacere*) *vtd* **1** Tornar podre; apodrecer, corromper. *vint* e *vpr* **2** Deteriorar-se, corromper-se (física ou moralmente). Conjuga-se como *fazer.*

pú.tri.do (*lat putridu*) *adj* Podre, putrefato.

pu.xa (de *puxar*) *adj* e *s m+f* Forma abreviada de *puxa-saco.* • *interj* Designa espanto ou impaciência.

pu.xa.da (*part fem* de *puxar*) *sf* **1** Ação ou efeito de puxar. **2** Caminhada longa e forçada. **3** Esforço maior no trabalho ou em competição. **4** *pop* Ação de puxa-saco; adulação, bajulação.

pu.xa.do (*part* de *puxar*) *adj* **1** Que se puxou; esticado. **2** Apurado, concentrado (molho ou outra substância que vai ao fogo). **3** *pop* Elevado no preço; caro. **4** Exaustivo (trabalho). • *sm* Acréscimo ou prolongamento de uma casa para o lado do quintal.

pu.xa.dor (ô) (*puxar+dor*) *adj* Que puxa. • *sm* **1** Peça por onde se puxa, para abrir gavetas, portas etc. **2** *gír* Ladrão de carros. **3** *gír* Maconheiro. *Puxador de samba, Mús:* cantor que faz a voz principal no desfile de uma escola de samba.

pu.xão (*puxar+ão*[2]) *sm* Ato ou efeito de puxar com força. *Pl: puxões.*

pu.xa-pu.xa (de *puxar*) *sm sing* e *pl Cul* Tipo de bala ou massa de açúcar em ponto grosso; quebra-queixo.

pu.xar (*lat pulsare*) *vtd* **1** Atrair a si com força. *vtd* **2** Exercer tração em. *vtd* **3** Tirar com esforço. *vtd* **4** Esticar, estirar. *vtd* e *vti* **5** *pop* Herdar qualidades de, sair semelhante a. *vtd* **6** *gír* Roubar carros. *vtd* **7** *gír* Fumar (maconha). *vtd* **8** Começar (música, reza etc.). *vtd* **9** Deixar ferver bastante (um molho etc.).

pu.xa-sa.co (*puxar+saco*) *adj* e *s m+f vulg* Diz-se de, ou pessoa bajuladora, que gosta de adular. *Pl: puxa-sacos.*

pu.xa-sa.quis.mo (*puxa-saco+ismo*) *sm vulg* **1** Caráter de puxa-saco. **2** Ação de puxa-saco. *Pl: puxa-saquismos.*

pu.xo (de *puxar*) *sm* **1** Dor no ânus que antecede uma evacuação difícil. **2** Esforço da parturiente para dar à luz.

puzzle (*pâzl*) (*ingl*) *sm* **1** Quebra-cabeça. **2** *fig* Problema de difícil resolução.

q (*quê*) *sm* Décima sétima letra do alfabeto português, consoante. • *num* O décimo sétimo numa série indicada pelas letras do alfabeto.
Q *Mat* Símbolo do conjunto dos números racionais.
QG Abreviatura de *quartel-general*.
QI Abreviatura de *quociente de inteligência*.
qua.dra (*lat quadra*) *sf* **1** Compartimento ou recinto quadrado ou retangular. **2** Distância entre uma esquina e outra do mesmo lado da rua; quarteirão. **3** Cada uma das divisões quadradas de um jardim, cemitério etc. **4** Área limitada de terreno, marcada com linhas, para a prática de jogos desportivos, como tênis, futebol, basquete etc. **5** Estrofe de quatro versos; quarteto.
qua.dra.do (*lat quadratu*) *adj* **1** *Geom* Figura que tem os quatro lados iguais e os ângulos retos. **2** Qualquer objeto que tenha forma igual ou semelhante à do quadrado: *Praça quadrada*. **3** *Mat* Segunda potência de um número; produto de um número multiplicado por ele mesmo. **4** *neol* Pessoa que tem um modo de pensar, de se vestir, de se comportar muito antigo; que não aceita novidades; careta. • *sm* **1** *pop* Brinquedo feito de papel de seda com varetas, que, preso por uma linha, alcança grande altura; papagaio, pipa. **2** *Geom* Quadrilátero de lados iguais e ângulos retos.
qua.dra.ge.ná.rio (*lat quadragenariu*) *adj + sm* Quem, ou o que tem a idade de quarenta anos; quarentão.
qua.dra.gé.si.mo (*lat quadragesimu*) *num* **1** Ordinal correspondente a quarenta. **2** Cada uma das quarenta partes iguais em que se divide um todo.
qua.dran.gu.lar (*quadri+angular*) *adj m+f* Que tem quatro ângulos. • *sm* Competição esportiva em que quatro equipes disputam um título.
qua.dran.te (*lat quadrante*) *sm* **1** Quarta parte da circunferência. **2** Mostrador do relógio de sol, ou o próprio relógio de sol.
qua.drar (*lat quadrare*) *vtd* **1** Dar forma quadrada a. *vti* **2** Convir. *vti* **3** Adaptar-se. *vint* **4** *Taur* Perfilar-se diante do touro.
qua.dra.tu.ra (*baixo-lat quadratura*) *sf* **1** *Geom* Cálculo da área de uma figura. **2** *Astr* Posição de dois corpos celestes quando suas longitudes diferem de 90º. **3** *Astr* Quarto crescente ou quarto minguante da Lua.
qua.dri.cu.la.do (*quadrícula+ado*^{1}) *adj* Dividido em quadradinhos.
qua.dri.cu.lar (*quadrículo+ar*^{2}) *vtd* **1** Dar forma de quadrículos a. **2** Dividir em quadrículos.
qua.drí.cu.lo (*quadr(ado)+ículo*) *sm* Pequeno quadrado, quadradinho; quadrinho.

qua.dri.e.nal (*lat tardio quadriennale*) *adj m+f* Que aparece ou ocorre de quatro em quatro anos.
qua.dri.ê.nio (*lat quadrienniu*) *sm* Período de quatro anos; quatriênio.
qua.dri.ga (*lat quadriga*) *sf* Antigo carro de duas rodas, puxado por quatro cavalos.
qua.dri.gê.meo (*lat quadrigeminu*) *adj+sm* **1** Diz-se de, ou cada um dos quatro seres nascidos do mesmo parto.
qua.dril (*cadeira+il*, com síncope) *sm Anat* Região lateral do corpo humano que vai da cintura até a articulação superior da coxa. *Pl: quadris*.
qua.dri.la.te.ral (*quadri+lateral*) *adj m+f* Que tem quatro lados; quadrilátero.
qua.dri.lá.te.ro (*lat tardio quadrilateru*) *adj* V *quadrilateral*. • *sm Geom* Figura plana de quatro lados.
qua.dri.lha (*cast cuadrilla*) *sf* **1** *Folc* Dança de salão de origem europeia, trazida para o Brasil no início do século XIX, da qual participam vários casais. **2** Música que acompanha essa dança. **3** Grupo de ladrões ou malfeitores.
qua.dri.lon.go (*quadri+longo*) *adj + sm Geom* Diz-se da, ou a figura retangular que tem quatro lados paralelos dois a dois, sendo dois maiores que os outros.
qua.dri.mes.tral (*quadrimestre+al*^{1}) *adj m+f* Que acontece ou se faz de quatro em quatro meses.
qua.dri.mes.tre (*lat quadrimestre*) *sm* Período de quatro meses.
qua.dri.mo.tor (*ô*) (*quadri+motor*) *adj* Que tem quatro motores. • *sm* Avião de quatro motores.
qua.drin.gen.té.si.mo (*lat quadringentesimu*) *num* Numeral ordinal e fracionário que corresponde a 400. • *sm* A quadringentésima parte de um todo.
qua.dri.nhos (*dim pl* de *quadro*) *sm pl bras* História em quadrinhos.
qua.dri.nis.ta (*quadrinho+ista*) *s m+f bras* Desenhista de histórias em quadrinhos.
qua.dri.ni.za.ção (*quadrinizar+ção*) *sf* Ação de quadrinizar.
qua.dri.ni.zar (*quadrinha+izar*) *vtd bras* Transformar uma história ou narrativa em história em quadrinhos.
qua.dri.ple.gi.a (*quadri+plego+ia*^{1}) *V tetraplegia*.
qua.dri.plé.gi.co (*quadriplegia+ico*^{2}) *adj* **1** Que diz respeito à quadriplegia. **2** Que sofre de quadriplegia. • *sm* Indivíduo quadriplégico.
qua.dri.po.lo (*quadri+polo*) *sm Eletr* Dispositivo elétrico com quatro terminais.
qua.dro (*lat quadru*) *sm* **1** Pintura, desenho ou gravura. **2** Panorama ou paisagem: *Do alto do*

morro ele avistava um quadro maravilhoso. **3** Quadro-negro. **4** Conjunto dos funcionários de uma repartição ou de uma empresa etc. **5** Armação da bicicleta onde se encaixam as rodas e estão colocados o selim e o guidão. **6** Divisão de uma peça teatral ou subdivisão de um ato com diferente cenário e encenação.

qua.dro-ne.gro *sm* Superfície plana que é colocada nas paredes de salas de aula ou de estudo para que se escreva sobre ela; lousa, quadro. *Pl: quadros-negros.*

qua.drú.ma.no (*lat quadrumanu*) *adj* Que tem quatro mãos.

qua.drú.pe.de (*lat quadrupede*) *adj m+f* e *sm* Que tem quatro pés. • *sm* Mamífero que anda sobre quatro pés. *s m+f fig* Pessoa bruta, estúpida, tola.

qua.dru.pli.ca.do (*part* de *quadruplicar*) *adj* **1** Que se quadruplicou. **2** Que é quatro vezes maior do que era. **3** Multiplicado por quatro.

qua.dru.pli.car (*lat quadruplicare*) *vint* e *vpr* **1** Tornar-se quatro vezes maior. *vtd* **2** Multiplicar por quatro: *Quadruplicou sua fortuna. Conjug – Pres indic: quadruplique, quadrupliques* etc.; *Pret perf: quadrupliquei, quadruplicaste* etc.

quá.dru.plo (*lat quadruplu*) *num* Que é quatro vezes maior. • *sm* **1** Quantidade quatro vezes maior que outra. **2** Quadrigêmeo.

qual (*lat quale*) *pron interrogativo* **1** Que pessoa, que coisa. **2** De que natureza, de que qualidade. • *pron relativo* Que. • *conj* Como, assim como. • *interj* Indica dúvida, espanto, incredulidade ou negação. *Pl: quais.*

qua.li.da.de (*lat qualitate*) *sf* **1** Aquilo que torna uma pessoa ou coisa diferente de outra; modo de ser, natureza. **2** Caráter, temperamento. **3** Dom, virtude. **4** Condição social, civil, jurídica etc. **5** Disposição intelectual ou moral dos indivíduos. **6** Grau de perfeição, de precisão, de conformidade a um certo padrão: *Artigo de primeira qualidade. Trabalho de qualidade inferior.* **7** Categoria, espécie, tipo: *A fábrica produz apenas uma qualidade deste artigo.*

qua.li.fi.ca.ção (*qualificar+ção*) *sf* **1** Dar uma qualidade, nome ou título a alguma coisa. **2** Capacidade que uma pessoa tem ou adquiriu, através de estudos, exercícios etc., para poder realizar algum trabalho ou ocupar algum cargo: *O rapaz não tem qualificações físicas e técnicas para ser astronauta. Pl: qualificações.*

qua.li.fi.ca.do (*part* de *qualificar*) *adj* **1** Que tem qualificação; que tem condições de realizar um trabalho, ocupar um cargo: *Ele está qualificado para ser diretor do colégio.* **2** De categoria superior; competente, capaz.

qua.li.fi.car (*lat med qualificare*) *vtd* **1** Indicar a qualidade de. **2** Dar um título a. **3** Dar opinião a respeito de. *Conjug – Pres subj: qualifique, qualifiques* etc.; *Pret perf: qualifiquei, qualificaste* etc.

qua.li.fi.ca.ti.vo (*qualificar+ivo*) *adj* Aquilo que revela qualidade ou modo de ser.

qua.li.ta.ti.vo (*lat qualitativu*) *adj* Que determina qualidade.

qual.quer (*qual+quer*) *pron* Indica pessoa, objeto, lugar ou tempo indeterminado: *Isso não é qualquer homem que faz. Amava mais sua casa que qualquer outro lugar. Pl: quaisquer.*

quan.do (*lat quando*) *adv* Em que época, em que ocasião, em que tempo: *Quando chegaram? Desde quando estão aqui?* • *conj* **1** Ainda que, embora, posto que, mesmo que. **2** No momento em que, no tempo em que. **3** Apesar de que.

quan.ti.a (*quanto+ia¹*) *sf* **1** Soma, valor em dinheiro. **2** Importância.

quan.ti.da.de (*lat quantitate*) *sf* **1** Porção indefinida de qualquer coisa: *A quantidade de água estava diminuindo.* **2** Número indefinido de coisas ou pessoas: *Uma quantidade impressionante de livros escolares.* **3** Porção ou número grande; multidão: *A fazenda produziu abacaxis em quantidade.* **4** *Mat* Grandeza expressa em número.

quan.ti.fi.ca.ção (*quantificar+ção*) *sf* Ação de quantificar.

quan.ti.fi.ca.do (*part* de *quantificar*) *adj* Em que ocorreu quantificação; avaliado.

quan.ti.fi.car (*quanto+ficar*) *vtd* **1** Demonstrar por quantidade. **2** Avaliar com precisão. *Conjug – Pres subj: quantifique, quantifiques* etc.; *Pret perf: quantifiquei, quantificaste* etc.

quan.ti.fi.cá.vel (*quantificar+vel*) *adj m+f* Que se pode quantificar. *Pl: quantificáveis.*

quan.ti.ta.ti.vo (*lat quantitativu*) *adj* Que determina quantidade.

quan.to (*lat quantu*) *adj* Que número, que quantidade: *Quanta dor! Quanto sofrimento! Imagine quantos prejuízos!* • *pron* Que preço, que quantia, que quantidade, que número, que dia: *Quanto custou isso? Quanto gastou? Quantos compraram? Quantos vieram? Quantos são hoje?* • *adv* Como, com que intensidade: *Quanto dói uma saudade!*

quantum (*ân*) (*lat*) *sm Fís* **1** Quantidade não divisível de energia eletromagnética. **2** Partícula associada a um campo. *Pl: quanta.*

quão (*lat quam*) *adv* Quanto, como: *Quão tristes são as suas queixas!*

qua.ra.dor (*ô*) (*quarar+dor*) *sm* Lugar onde se estendem roupas para quarar.

qua.rar (*corr* de *corar*) *vtd* Expor ao sol (roupas) para branquear.

qua.ren.ta (*lat quadraginta*) *num* **1** Cardinal equivalente a quatro dezenas. **2** Quadragésimo: *A página quarenta.* • *sm* Algarismo que representa o número quarenta.

qua.ren.tão (*ê*) (*quarenta+ão²*) *adj* e *sm pop* Que, ou aquele que completou quarenta anos; quadragenário. *Fem: quarentona. Pl: quarentões.*

qua.ren.te.na (*ê*) (*quarenta+ena*) *sf* **1** Período de quarenta dias. **2** Período de isolamento imposto a navios, pessoas ou animais que vêm de lugares onde há doenças contagiosas.

qua.res.ma (*é*) (*lat quadragesima*) *sf* **1** *Liturg* Período de quarenta dias entre a quarta-feira de cinzas e o domingo de Páscoa. **2** Quaresmeira.

qua.res.mei.ra (*ê*) (*quaresma+eira*) *sf Bot* Nome de vários arbustos brasileiros admirados e cultivados por seus cachos de grandes flores roxas.

quark (*quárk*) (ingl) *sm Fís-Quím* Partícula subatômica de carga elétrica fracionária tida como um dos constituintes fundamentais da matéria. *Pl: quarks.*

quar.ta (*lat quarta*) *sf* **1** Cada uma das quatro partes em que se pode dividir um todo; um quarto. **2**

Marcha de velocidade de automóveis. **3** Forma reduzida de *quarta-feira*. **Quarta de final**: etapa de um torneio esportivo em que se realizam quatro jogos com oito times, para chegar às semifinais, com quatro times.

quar.tã (*lat quartana*) *adj* + *sf* Diz-se de, ou febre intermitente que se repete a cada quatro dias.

quar.ta-fei.ra *sf* O quarto dia da semana. *Pl: quartas-feiras*.

quar.ta.nis.ta (*quarto+ano+ista*) *s m+f* Estudante que frequenta o quarto ano de qualquer escola ou faculdade.

quar.tei.rão (*quarteiro+ão²*) *sm* Conjunto de casas limitado, em cada um de seus quatro lados, por uma rua; quadra. *Pl: quarteirões*.

quar.tel (*cat quarter*) *sm* **1** Quarta parte de um século. **2** *Mil* Edifício onde está um regimento, batalhão ou destacamento. **3** Período, época. *Pl: quartéis*.

quar.tel-ge.ne.ral *sm* **1** Local onde o general reside e de onde expede as ordens aos que lhe estão subordinados. **2** Local ocupado pelos oficiais--generais e seu Estado-Maior. *Abrev:* QG. *Pl: quartéis-generais*.

quar.te.to (*ê*) (*ital quartetto*) *sm* **1** Estrofe de quatro versos. **2** *Mús* Música feita para ser tocada por quatro instrumentos ou cantada por quatro vozes. **3** Conjunto dos artistas que executam essa música. **4** Conjunto desses instrumentos ou vozes.

quar.ti.nha (*dim de quarta*) *sf* **1** Moringa. **2** Copo de barro com tampa.

quar.ti.nho (*dim de quatro*) *sm* Latrina.

quar.to (*lat quartu*) *num* Ordinal e fracionário que corresponde a quatro. • *sm* **1** Cada uma das quatro partes iguais em que foi dividido um todo. **2** Pessoa ou objeto que ocupa o lugar número quatro numa série: *O quarto da fila*. **3** Mão e perna de uma rês até metade do lombo na altura e até metade da barriga na largura. **4** Cada quinze minutos ou cada quarta parte da hora. **5** Cômodo de dormir. *sm pl* Ancas, quadris. *Quarto e sala:* apartamento com apenas um quarto e uma sala.

quart.zo (*fr quartz*) *sm Miner* Sílica natural cristalizada.

qua.rup (xavante *kwarup*) *sm sing* e *pl* Cerimônia intertribal de celebração dos mortos, realizada pelos indígenas brasileiros do alto Xingu (MT).

qua.sar (ingl *quas(i st)ar,* quase estrela) *sm Astr* Fonte de radioemissão, de origem desconhecida e aspecto estrelar, cujo brilho pode superar o de uma galáxia inteira.

qua.se (*lat quasi*) *adv* **1** Perto, proximamente, no espaço e no tempo: *Tinha quase oitenta anos. São quase duas horas*. **2** Com pouca diferença. **3** Pouco mais ou pouco menos: *Uma aldeia quase abandonada*. **4** Por um pouco que não, ou por um triz que não: *Quase caiu do ônibus*.

qua.ter.ná.rio (*lat quaternariu*) *adj* **1** Que é formado por quatro partes. **2** Que tem quatro lados ou faces. **3** *Geol* Era geológica atual.

qua.ti (*tupi kuatí*) *sm Zool* Mamífero carnívoro de cauda felpuda e com pelos de cor escura e clara, em anéis.

qua.tor.ze (*lat quatuordecim*) *num* Treze mais um. • *sm* **1** Algarismo que representa o número quatorze. **2** Pessoa ou objeto que numa série ocupa o décimo quarto lugar. *Var: catorze*.

qua.tro.cen.tão (*quatrocentos+ão²*) *adj pop* Que tem quatrocentos anos. *Fem: quatrocentona*.

qua.tro.cen.tos (*quatro+centos*) *num* Quatro vezes cem. • *sm* Algarismo que representa o número 400.

que¹ (*lat quid*) *pron inter* Qual coisa, quais coisas: *Que quer o senhor? De que precisa?*

que² (*lat qui*) *pron rel* **1** O qual, a qual, os quais, as quais: *Este é o livro que mais aprecio. Esta é a pena com que escrevo*. **2** O que, aquilo que: *Não havia lá que fazer. Que foi que lhe ensinaram?* • *adv* Quão, de que modo: *Que enganados estávamos!*

que³ (*lat quia* ou *quam*) *conj* **1** Aditiva (= e): *Fala que fala e nada resolve*. **2** Adversativa (= mas): *Outro virá, que não eu, para trabalhar*. **3** Causal (= porque): *Não chore, que eu não vou me comover*. **4** Comparativa (= do que): *Ninguém sabe mais que ele*. **5** Concessiva (= ainda que). **6** Condicional (= sem que, a não ser que, se não, a menos que): *Não diz duas palavras que não gagueje*. **7** Final (= para que). **8** Integrante: *Espero que você venha. Convém que você estude um pouco mais*. **9** Temporal (= desde que): *Faz dois dias que não o vemos*.

Em construções com o pronome relativo **que** na função de sujeito, o verbo concorda com o pronome pessoal que o antecede.
Diariamente somos nós que limpamos a sala.
Fui eu que comprei o novo aquecedor.
Serão eles que apresentarão o novo projeto à diretoria.
Existem casos em que a partícula **que** é acentuada.
a) *Quê! Sua filha sofreu uma cirurgia?* (Que = interjeição)
b) *Ela tem um quê misterioso.* (Que = substantivo)
c) *Você fez o quê?* (O que aparece no final da frase)
Veja outra nota em **quem**.

quê (*lat quid*) *sm* **1** Alguma coisa, qualquer coisa, certa coisa, alguma quantidade: *Eles têm um quê de estrangeiros*. **2** Complicação, dificuldade. **3** O nome da letra q. *Pl:* quês ou *qq.* • *interj* Como! oh!: *Quê! você por aqui?*

que.bra (de *quebrar*) *sf* **1** Separação das partes de um todo. **2** Falência. **3** Interrupção, rompimento. **4** Diminuição, perda. **5** Transgressão.

que.bra-ca.be.ça (*quebrar+cabeça*) *sm pop* **1** Coisa que preocupa ou perturba uma pessoa. **2** Problema difícil; questão complicada. **3** Brinquedo que serve de passatempo, apresentando dificuldades a serem resolvidas. *Pl: quebra-cabeças*.

que.bra-cos.te.la (*quebrar+costela*) *sm pop* Abraço forte. *Pl: quebra-costelas*. *sf sing* e *pl* Passagem estreita e em curva que é feita em cercas de fazendas e sítios para impedir que o gado passe para o outro lado da cerca, mas com largura suficiente para que uma pessoa passe por ela.

que.bra.da (*quebrar+ada*¹) *sf* **1** Descida ou subida de um terreno ondulado. **2** Curva de estrada. **3** Lugar afastado e ermo.

que.bra.dei.ra (*quebrar+deira*) *sf* **1** *pop* Dificuldade financeira; falta de dinheiro; abertura de

falência. **2** Falta de forças; cansaço. **3** *pop* Dores pelo corpo, moleza.
que.bra.di.ço (*quebrado+diço*) *adj* Que se quebra facilmente; frágil.
que.bra.do (*part* de *quebrar*) *adj* **1** Que se quebrou; separado em dois ou mais pedaços; partido. **2** Que não se cumpriu: *Promessa quebrada*. **3** *Com* Que abriu falência; insolúvel, falido. **4** Que está completamente sem dinheiro; pobre. **5** Cansado, sem forças. **6** *Reg* (Nordeste) Que sofre de hérnia. **7** Enguiçado, sem condições de funcionar. • *sm pl* Dinheiro miúdo.
que.bra.du.ra (*quebrar+dura*) *sf* **1** Ação de quebrar ou o resultado dela; quebra. **2** Hérnia.
que.bra-ga.lho (*quebrar+galho*) *sm* **1** *pop* Solução de emergência. **2** Pessoa ou coisa que resolve uma dificuldade de última hora. *Pl: quebra-galhos.*
que.bra-ge.los (*quebrar+gelos*) *sm sing* e *pl Náut* Navio apropriado para abrir caminho nos mares gelados.
que.bra-luz (*quebrar+luz*) *sm* Abajur. *Pl: quebra-luzes.*
que.bra-mar (*quebrar+mar*) *sm* Construção que protege uma praia ou um ancoradouro contra o impacto das ondas. *Pl: quebra-mares.*
que.bra-mo.las (*quebrar+molas*) *sm sing* e *pl* Obstáculo de pequena altura, construído nas ruas e estradas, para reduzir a velocidade dos veículos.
que.bran.tar (de *quebrar*) *vtd* **1** Quebrar. **2** Amansar, domar, vencer. **3** Diminuir o vigor ou tirar a energia de; enfraquecer: *A gripe quebrantou-os*. **4** Perder as forças, perder o ânimo; enfraquecer-se. **5** *fig* Transgredir, infringir.
que.bran.to (de *quebrantar*) *sm* Mal-estar causado pelo olhar invejoso de outra pessoa nas crianças, nos animais, nas plantas e até nos alimentos; mau-olhado.
que.bra-pau (*quebrar+pau*) *sm bras gír* Briga, rolo, confusão. *Pl: quebra-paus.*
que.bra-pe.dra (*quebrar+pedra*) *sm Bot* Planta à qual se atribui a propriedade de dissolver cálculos renais. *Pl: quebra-pedras.*
que.bra-que.bra (de *quebrar*) *sm* **1** Depredação, desordem. **2** *pop* Confusão que termina em briga. *Pl: quebra-quebras.*
que.bra-quei.xo (*quebrar+queixo*) *sm* **1** *Cul* Puxa-puxa, doce extremamente duro. **2** Charuto de má qualidade. *Pl: quebra-queixos.*
que.brar (*lat crepare*) *vtd, vint* e *vpr* **1** Separar (-se) em partes, violentamente (por causa de queda ou pancada); transformar(-se) em pedaços, despedaçar(-se): *Quebrar a louça*. *vint* e *vpr* **2** Partir-se, rachar; romper(-se): *Quebrou-se uma corda do violão*. *vtd* **3** Fraturar: *O menino quebrou o braço*. *vtd* **4** Não cumprir (palavra ou promessa): *Quebrar um juramento*. *vint* **5** Abrir falência; falir: *Aquele banco quebrou*. *vint* **6** Ficar pobre: *Durante a crise financeira muita gente quebrou*. *vtd* **7** Enguiçar. *vtd* **8** Transgredir, infringir, violar. *Quebrar o galho:* achar uma solução rápida para uma situação difícil; dar uma solução de emergência. *Quebra de braço:* disputa na qual duas pessoas se esforçam para deitar o antebraço um do outro sobre a mesa em que apoiam os cotovelos; queda de braço.

que.da (*lat vulg *cadita*) *sf* **1** Movimento do corpo que cai; caída. **2** Salto de água. **3** Desmoronamento, tombo. **4** Perda de influência e de poder. **5** Inclinação, vocação, tendência.
que.da-d'á.gua *sf* Cachoeira, cascata. *Pl: quedas-d'água.*
que.dar (*lat quietare*) *vint* e *vpr* **1** Estar ou ficar quedo: *Tamanha foi a surpresa que todos quedaram* (ou *se quedaram*). *vint* **2** Ficar, permanecer: *Sentou-se na calçada e ali quedou pensativo*.
que.de (*é*) (da expressão *que é (feito) de*) *adv* V *quedê.*
que.dê (da expressão *que é (feito) de*) *adv bras pop* Cadê?
que.do (*ê*) (*lat quietu*) *adj* **1** Sem movimento; quieto. **2** Tranquilo. **3** Vagaroso, demorado. *Flex: queda (ê), quedos (ê), quedas (ê).*
quei.ja.di.nha (*dim* de *queijada*) *sf Cul* Doce de coco com queijo.
quei.ja.ri.a (*queijo+aira*) *sf* Lugar onde se fabricam queijos; queijeira.
quei.jei.ra (*queijo+eira*) *sf* **1** Feminino de *queijeiro*. **2** Lugar onde se fabricam queijos. **3** Recipiente para guardar queijo ralado.
quei.jei.ro (*queijo+eiro*) *sm* Fabricante ou vendedor de queijos.
quei.jo (*lat caseu*) *sm* Alimento preparado com uma massa obtida pela coagulação e fermentação do leite. *Ter a faca e o queijo na mão:* estar por cima; ter todos os recursos para alguma coisa.
quei.ma (de *queimar*) *sf* **1** Queimação, cremação, combustão. **2** Queimada nas matas, nos campos ou nas roças. **3** Venda de mercadorias a um preço baixo para acabar com um estoque; liquidação.
quei.ma.ção (*queimar+ção*) *sf* **1** Ação de queimar. **2** Azia. *Pl: queimações.*
quei.ma.da (*fem* de *queimado*) *sf* **1** Limpeza que se faz de um terreno coberto de mato usando o fogo. **2** Parte da floresta ou campo que se incendeia por acaso ou de propósito. **3** Jogo em que os integrantes de dois times adversários procuram se atingir com uma bola lançada com violência.
quei.ma.do (*part* de *queimar*) *adj* **1** Que se queimou; incendiado, torrado. **2** Bronzeado pela ação do calor ou do Sol; escuro, tostado. **3** Que sofreu a ação da geada. **4** Ressequido. **5** *fig* Zangado.
quei.ma.dor (*queimar+dor*) *adj* Que queima. • *sm* Cada uma das bocas do fogão por onde sai o gás e a chama.
quei.ma.du.ra (*queimar+dura*) *sf Med* Ferimento causado pela ação do fogo ou calor.
quei.mar (*lat cremare*) *vtd* **1** Consumir, destruir por meio de fogo; transformar em cinzas: *O incêndio queimou todos os móveis da casa*. *vtd* **2** Vender por preço baixo: *A loja está queimando todas as mercadorias*. *vtd* e *vpr* **3** Tornar(-se) seco, tostar (-se): *O sol forte e o frio intenso queimaram as plantas*. *vpr* **4** Bronzear-se: *As mulheres gostam de se queimar nas praias*. *vpr* **5** *pop* Irritar-se, zangar-se: *A mãe queimou-se com a resposta do filho*. *vint* **6** Produzir muito calor; arder: *Era verão e o sol queimava*. *vint* **7** Estar muito quente, estar febril: *O rosto do doente queimava*. *vint* e *vpr* **8** Produzir ou sofrer queimadura: *Queimou-se na*

chama da vela. vtd **9** Ressequir. vtd **10** Esbanjar. vtd **11** Fumar (maconha). vtd **12** Falar mal de.

quei.ma-rou.pa (*queimar+crime*) *sf* Usado na locução adverbial *à queima-roupa:* de muito perto; cara a cara; sem esperar (*p ex*, *Atirar à queima-roupa; perguntar à queima-roupa*). *Pl: queima-roupas.*

quei.xa (*der* regressiva de *queixar*) *sf* **1** Reclamação que é feita a uma autoridade (delegado, juiz etc.) por causa de ofensas ou prejuízos recebidos. **2** Palavras de sentimento, de dor ou desgosto; lamentação. **3** Descontentamento, aborrecimento.

quei.xa-cri.me *V queixa* (acepção 1). *Pl: queixas-crimes* e *queixas-crime.*

quei.xa.da (*queixo+ada*[1]) *sf* **1** Mandíbula. **2** Queixo grande. **3** *Zool* Porco-do-mato que apresenta uma faixa de pelos brancos ao longo da queixada.

quei.xar (*lat vulg* *quassiare*, por *quassare*) *vpr* **1** Lamentar-se: *Queixava-se do excesso de trabalho.* **2** Revelar desagrado ou ressentimento; lastimar-se. **3** Mostrar-se magoado ou ofendido.

quei.xo (*lat capsu*) *sm* **1** Maxilar dos animais vertebrados. **2** Maxilar inferior; mandíbula.

quei.xo.so (*ô*) (*queixa+oso*) *adj* + *sm* **1** Que, ou aquele que se queixa. **2** Que, ou aquele que é ofendido e apresenta queixa a uma autoridade. *Pl: queixosos* (*ó*).

quei.xu.do (*queixo+udo*[2]) *adj pop* Que tem o queixo grande ou o maxilar inferior muito desenvolvido.

quei.xu.me (*queixa+ume*) *sm* Queixa, lamentação, gemido.

que.jan.do (*lat quid genitu*) *pron indef* Da mesma natureza ou qualidade.

que.lô.nios (*gr khelóne*) *sm pl Zool* Ordem de répteis em que estão incluídos tartarugas, cágados e jabutis.

quem (*lat quem*) *pron relat* **1** Aquele que, aqueles que, a pessoa que, as pessoas que, o que, os que: *Quem quer vai.* **2** O qual, a qual, os quais, as quais: *Não havia sequer uma pessoa com quem pudesse conversar. pron indef* **1** Alguém que, qualquer pessoa que: *Procurei quem me respondesse a pergunta.* **2** Um... outro, este... aquele: *Quem com pouco, quem com muito, segundo suas posses, todos ajudavam. pron inter* Que pessoa, que pessoas: *Quem está aí?*

Em construções com o pronome relativo **quem** na função de sujeito, usa-se o verbo na 3ª pessoa do singular independentemente da pessoa verbal do pronome que o antecede.
*Diariamente somos nós **quem** limpa a sala.*
*Fui eu **quem** comprou o novo aquecedor.*
*Será ele **quem** apresentará o novo projeto à diretoria.*
Veja outra nota em **que**[3].

que.no.po.di.á.ceas (*quenopódio+ácea*) *sf pl Bot* Família de plantas herbáceas à qual pertencem o espinafre e a beterraba.

quen.quém (*onom*) *sm Entom* Nome que os índios dão às formigas que têm comportamento semelhante ao das saúvas, mas causam menos danos à agricultura porque a quantidade de indivíduos em suas colônias é menor.

quen.tão (*quente+ão*[2]) *sm* Cachaça quente com gengibre, açúcar e canela. *Pl: quentões.*

quen.te (*lat calente*) *adj m+f* **1** Que tem, produz ou transmite calor. **2** De alta temperatura; que dá sensação de calor. **3** Ardido, estimulante, picante. **4** De colorido forte; vivo, brilhante. **5** Voluptuoso, sensual. **6** Caloroso, cordial. *Antôn* (acepções 1 e 2): *frio. Pôr panos quentes em:* acalmar, abafar, encobrir. *Tempo quente:* briga, desordem, luta, discussão.

quen.ti.nha (*fem do dim de quente*) *sf bras* Embalagem de alumínio, usada geralmente em viagens, para conservar os alimentos quentes.

que.pe (*é*) (*fr képi*) *sm* Boné que faz parte de uniformes militares.

quer (*de querer*) *conj coordenativa* Usado com o mesmo sentido de *ou: Quer queira, quer não.*

que.ra.ti.na (*gr kéra, tos,* chifre+*ina*) *sf Quím* Proteína encontrada nas unhas, na pele, nos cabelos, nas penas, nos pelos e em escamas.

que.re.la (*lat querela*) *sf* **1** Denúncia que se faz contra alguém diante de um juiz ou tribunal. **2** Processo judicial, ação. **3** Pequena questão. **4** Debate, discussão. **5** *poét* Lamento.

que.re.lar (*querela+ar*[1]) *vti* **1** Apresentar querela; queixar-se de alguém para um juiz ou diante dos tribunais: *Querelar contra alguém* ou *querelar de alguém. vpr* **2** Queixar-se, lamentar-se, lastimar-se: *Essa mulher vive querelando-se.*

que.rer (*lat quaerere*) *vtd* **1** Sentir vontade de; ter a intenção de: *Magoei-a sem querer. vtd* **2** Ambicionar, desejar: *Os cidadãos querem liberdade, justiça e proteção social. vtd* **3** Esforçar-se por, trabalhar por: *Queriam implantar a desordem. vtd* **4** Determinar, exigir, mandar, ordenar: *Quero todos a postos imediatamente. vtd* **5** Fazer o favor de, ter a bondade de: *Queiram levantar-se. vtd* e *vti* **6** Gostar de alguém ou de alguma coisa; ter afeição a; amar: *Quero muito nossa pátria.* • *sm* **1** Desejo, vontade. **2** Intenção. **3** Afeto, amor. *Conjug:* verbo irregular da 2ª conjugação: o imperativo é pouco usado (geralmente é empregado seguido de infinitivo impessoal: *Queira levantar-se*). A 3ª pessoa do singular do presente do indicativo não recebe a desinência *e;* a 2ª pessoa do singular do imperativo afirmativo tem duas formas: *quer* (usada no Brasil) e *quere* (comum em Portugal). *Pres indic: quero, queres, quer, queremos, quereis, querem; Pret imp indic: queria, querias, queria, queríamos, queríeis, queriam; Pret perf: quis, quiseste, quis, quisemos, quisestes, quiseram; Pret mais-que-perf: quisera, quiseras, quisera, quiséramos, quiséreis, quiseram; Fut pres: quererei, quererás, quererá etc.; Fut pret: quereria, quererias, quereria* etc.; *Pres subj: queira, queiras, queira, queiramos, queirais, queiram; Pret imp subj: quisesse, quisesses, quisesse, quiséssemos, quisésseis, quisessem; Fut subj: quiser, quiseres, quiser, quisermos, quiserdes, quiserem; Imper afirm: quer/quere(tu), queira(você), queiramos(nós), querei(vós), queiram(vocês); Imper neg: não queiras(tu), não queira(você)* etc.; *Infinitivo impess: querer; Infinitivo pess: querer, quereres, querer, querermos, quererdes, quererem; Ger: querendo; Part: querido.*

que.ri.do (de *querer*) *adj* + *sm* Amado, caro, estimado.

quer.mes.se (é) (*flamengo kerkmisse*, pelo *fr*) *sf* Grupo de barracas, ao ar livre, com leilão de prendas, jogos, rifas, com fim beneficente, social ou religioso.

que.ro-que.ro (de *querer*) *sm Ornit* Ave cinzento-clara que vive nas várzeas, praias, margens de rios e lagos. *Pl: quero-queros*.

que.ro.se.ne (*ingl kerosene*, e este *der* irregular do *gr kerós*) *sm Quím* Líquido que é tirado do petróleo e é usado como combustível e também para iluminação.

que.ru.bim (*hebr kerûbîm*) *sm* **1** *Teol* Anjo da primeira hierarquia. *Col: coro, falange, legião*. **2** *fig* Criança bonita. *Pl: querubins*.

que.si.to (*lat quaesitu*) *sm* **1** Questão apresentada a alguém e à qual se pede resposta; ponto ou artigo que exige resposta; problema. **2** Pedido ou exigência legal.

ques.tão (*lat quaestione*) *sf* **1** Assunto que se discute ou é duvidoso; discussão, dúvida. **2** Ponto para ser discutido ou examinado. **3** Tese, assunto (científico, literário, artístico, político, religioso etc.). **4** Desentendimento. **5** Problema, quesito. *Fazer questão de:* exigir, reclamar. *Pl: questões*.

ques.ti.o.nar (*lat quaestionare*) *vtd, vti* e *vint* **1** Debater, discutir com entusiasmo: *Questionar alguma coisa com alguém*. *vti* **2** Levantar questão.

ques.ti.o.ná.rio (*lat quaestionariu*) *sm* Conjunto ou série de quesitos ou problemas; lista de perguntas.

ques.ti.o.ná.vel (*questionar+vel*) *adj m+f* Que se pode questionar. *Pl: questionáveis*.

ques.ti.ún.cu.la (*lat quaestincula*) *sf* **1** Questão sem importância. **2** Discussão sobre assunto insignificante.

qui.a.bei.ro (*quiabo+eiro*) *sm Bot* Arbusto que produz o quiabo.

qui.a.bo *sm Bot* Fruto do quiabeiro, usado na alimentação e comido quando imaturo.

qui.be (*ár kubbah*, via *ingl*) *sm Cul* Prato da culinária síria, preparado com carne moída, trigo integral e condimentos.

qui.be.be (é) (*quimbundo kibembe*) *sm* **1** Tipo de comida ou papa feita de abóbora. **2** Prato preparado com cambuquira.

qui.çá (*cast quizá*) *adv* Talvez, porventura, quem sabe.

qui.car (*onom*) *vint* **1** *bras* Saltar, pular (a bola). **2** Bater ou tocar uma bola na outra (jogo de gude ou bocha). **3** *pop* Ficar irritado. *Conjug – Pres subj: quique, quiques* etc.; *Pret perf: quiquei, quicaste, quicou* etc.

qui.che (*fr quiche*) *sf Cul* Torta sem cobertura, feita com massa amanteigada e recheio cremoso, à base de ovos.

quí.chua (*quíchua k'eshua*) *sm* Antigo idioma sul-americano que ainda hoje se fala em grande parte do Peru (América do Sul). *s m+f Etnol* Indígena da tribo dos quíchuas, nativos do Peru. • *adj m+f* Relativo aos quíchuas.

qui.e.ta.ção (*quietar+ção*) *sf* Calma, descanso, sossego, tranquilidade, silêncio.

qui.e.tis.mo (*quieto+ismo*) *sm* **1** Doutrina mística, difundida na França e Espanha no século XVII, que prega a anulação da vontade e a união com Deus por meio da contemplação. **2** Sossego, quietação. **3** Apatia.

qui.e.to (*lat quietu*) *adj* **1** Que não se mexe; imóvel. **2** Sossegado, tranquilo, calmo, sereno. **3** Sem ruídos; silencioso. **4** Dócil, pacífico. **5** Que fala pouco, calado.

qui.e.tu.de (*lat quietudine*) *sf* **1** Paz, tranquilidade (do corpo e do espírito); sossego. **2** Silêncio, calma.

qui.la.te (*ár qîrâT*) *sm* **1** Pureza do ouro e das pedras preciosas. **2** Unidade internacional de peso para pedras e metais preciosos, equivalente a 200 miligramas. **3** *fig* Superioridade, mérito, perfeição.

qui.lha (*fr quille*, de origem *germ*) *sf Náut* A peça inferior e principal de um navio, na qual está colocada a estrutura.

qui.lo^1 (*gr kylós*) *sm Fisiol* Líquido esbranquiçado em que se transformam os alimentos na última fase da digestão, nos intestinos.

qui.lo^2 (*gr khýlioi*) *sm* Forma reduzida de *quilograma*; mil gramas.

qui.lo.ci.clo (*quilo+ciclo*) *sm* Quilo-hertz. *Símb: kc*.

qui.lo.gra.ma (*quilo+grama*^{2}) *sm* Unidade de massa no Sistema Internacional que equivale a 1.000 gramas. *Símb: kg*.

qui.lo-hertz (*quilorrértis*) (*quilo+Hertz, np*) *sm sing* e *pl Fís* Unidade de medida de frequência, em radiodifusão, igual a 1.000 hertz ou ciclos. *Símb: kHz*.

qui.lo.li.tro (*quilo+litro*) *sm* Unidade de capacidade que equivale a 1.000 litros. *Símb: kl*.

qui.lom.bo (*quimbundo kilombo*) *sm* Esconderijo no mato para onde iam os escravos fugidos.

qui.lom.bo.la (cruzamento de *quilombo* com *canhembora*) *s m+f* Escravo ou escrava que se escondia em quilombo.

qui.lo.me.tra.gem (*quilômetro+agem*) *sf* Número de quilômetros percorridos por um veículo. *Pl: quilometragens*.

qui.lo.me.trar (*quilômetro+ar*^{1}) *vtd* Medir em quilômetros; marcar por quilômetros: *Quilometrar um percurso*. *Conjug – Pres indic: quilometro, quilometras* (mé) etc. *Cf quilômetro*.

qui.lo.mé.tri.co (*quilômetro+ico*^{2}) *adj* **1** Que tem um quilômetro. **2** Que se mede por quilômetros. **3** *fig* Longo, extenso, comprido; que não acaba mais: *Discurso quilométrico*.

qui.lô.me.tro (*quilo+metro*^{2}) *sm* Medida de comprimento que vale 1.000 metros. *Símb: km*.

qui.lo.volt (*quilo+volt*) *sm* Medida equivalente a 1.000 volts. *Quilovolt-ampère*: unidade de potência em circuito de corrente alternada igual a 1.000 volts-ampères. *Símb: kVA*.

qui.lo.watt (*quilouót*) (*quilo+watt*) *sm Eletr* Unidade elétrica de 1.000 watts. *Símb: kW*.

quim.ban.da (*quimbundo kimbanda*) *sm* **1** Grão-sacerdote do culto banto, ao mesmo tempo médico, feiticeiro e adivinho. **2** Local de macumba; terreiro.

qui.me.ra (é) (*gr khímaira*) *sf* **1** Monstro da mitologia grega, com cabeça de leão, corpo de cabra e cauda de dragão. **2** Criação absurda da imaginação; fantasia, sonho. **3** Coisa impossível, que não se pode realizar, absurdo. *Antôn* (acepção 2): *realidade*.

qui.mé.ri.co (*quimera+ico²*) *adj* **1** Que não é real; fantástico, imaginário, impossível. **2** Que vive a fantasia como se fosse realidade; que vive de sonhos.

quí.mi.ca (*lat med chimia+ico²*) *sf* Ciência que estuda as propriedades das substâncias e as leis que regem as suas combinações e decomposições. *Química orgânica:* parte da química que estuda os compostos do carbono.

quí.mi.co (*lat med chimia+ico²*) *adj* Que se relaciona ou que pertence à química. • *sm* Especialista em química.

qui.mo (*gr khymós*) *sm Fisiol* O alimento, em parte digerido, que passa do estômago para o intestino delgado.

qui.mo.no (*ô*) (*jap kimono*) *sm* Roupão de origem japonesa, comprido, largo, usado por pessoas de ambos os sexos.

qui.na¹ (de *esquina*) *sf* Ângulo, canto, esquina.

qui.na² (*lat quina*) *sf* **1** Carta de jogar, face do dado ou pedra do dominó, em que há cinco pontos. **2** Série de cinco números nos cartões do loto².

qui.na³ (*quíchua kinakina*) *sf Bot* Nome de várias plantas sul-americanas cuja casca tem propriedades que fazem baixar a febre.

qui.nau (*cast quinao*, do *lat quin autem*) *sm* Corretivo, lição.

quin.dão (*quindim+ão²*) *sm bras Cul* Quindim feito em forma grande. *Pl:* quindões.

quin.dim *sm* **1** Meiguice, encanto. **2** Benzinho, amorzinho. **3** *Cul* Doce feito de gema de ovo, coco e açúcar.

quin.gen.té.si.mo (*qwi*) (*zi*) (*lat quingentesimu*) *num* Ordinal correspondente a 500. • *sm* Cada uma das 500 partes iguais em que um todo pode ser dividido.

qui.nhão (*lat quinione*) *sm* Parte que, na repartição ou divisão de um todo, pertence a cada um; porção que se recebe quando se distribui ou reparte alguma coisa; cota. *Pl:* quinhões.

qui.nhen.tos (*lat quingentos*) *num* Cardinal equivalente a cinco centenas; cinco vezes cem. • *sm* Algarismo que representa o número 500.

qui.ni.na (*quina+ina*) *sm Quím* Alcaloide vegetal, extraído da casca da quina, usado no tratamento da malária.

qui.ni.no (*quina+ino³*) *sm pop* Sulfato de quinina.

quin.qua.ge.ná.rio (*qwi*) (*lat quinquagenariu*) *adj + sm* Diz-se de, ou pessoa que já fez cinquenta anos; cinquentão.

quin.qua.gé.si.mo (*qwi*) (*zi*) (*lat quinquagesimu*) *num* Ordinal que corresponde a cinquenta. • *sm* Cada uma das cinquenta partes em que um todo pode ser dividido.

quin.que.nal (*qwi/qwe*) (*lat quinquennale*) *adj m+f* **1** Que dura cinco anos. **2** Que ocorre de cinco em cinco anos.

quin.quê.nio (*qwi/qwe*) (*lat quinquenniu*) *sm* Período de cinco anos; lustro.

quin.quí.dio (*qwi/qwi*) (*lat quinquidie*) *sm* Espaço de cinco dias.

quin.qui.lha.ri.a (*fr quincaillerie*) *sf* **1** Objeto sem grande valor. **2** Fato, acontecimento ou objeto sem valor. **3** Ninharia, coisa insignificante (usa-se mais no plural).

quin.ta (*lat quintana*) *sf* **1** Pequena propriedade agrícola; granja, chácara. **2** Casa de campo com granja. **3** Forma reduzida de *quinta-feira*.

quin.ta-fei.ra *sf* O quinto dia da semana. *Pl:* quintas-feiras.

quin.tal (*lat vulg *quintanale*) *sm* **1** Terreno nos fundos das casas, que pode ser usado para plantar pequena horta ou árvores frutíferas, fazer um jardim ou como local de lazer. **2** Pátio da casa de moradia.

quin.ta.nis.ta (*quinto+ano+ista*) *s m+f* Estudante que frequenta o quinto ano de qualquer escola ou faculdade.

quin.tes.sên.cia (*fr quintessence*) *sf* **1** Extrato apurado ao extremo. **2** O que é essencial. **3** O auge.

quin.te.to (*ê*) (*ital quintetto*) *sm* **1** *Mús* Música feita para ser tocada por cinco instrumentos ou ser cantada por cinco vozes. **2** Conjunto de cinco instrumentos ou de cinco vozes.

quin.ti.lha (*quinto+ilho*) *sf Metrif* Estrofe de cinco versos.

quin.to (*lat quintu*) *num* Ordinal e fracionário que corresponde a cinco. • *sm* A quinta parte de um todo.

quin.tu.pli.ca.ção (*quintuplicar+ção*) *sf* Multiplicação por cinco.

quin.tu.pli.ca.do (*part* de *quintuplicar*) *adj* **1** Que se quintuplicou. **2** Que é cinco vezes maior do que era. **3** Multiplicado por cinco.

quin.tu.pli.car (*lat quintuplicare*) *vtd* **1** Tornar cinco vezes maior: *Com trabalho e economia, quintuplicou sua poupança. vint* e *vpr* **2** Aumentar ou dobrar cinco vezes; tornar-se cinco vezes maior: *As construções ali quintuplicaram* (ou *quintuplicaram-se*). *Conjug – Pres subj: quintuplique, quintupliques* etc.; *Pret perf: quintupliquei, quintuplicaste* etc.

quín.tu.plo (*lat quintuplu*) *num* Que é cinco vezes maior. • *sm pl* Cinco bebês de uma mesma gestação.

quin.ze.na (*ê*) (*quinze+ena*) *sf* **1** Período de quinze dias. **2** Remuneração ou salário correspondente a esse tempo.

quin.ze.nal (*quinzena+al¹*) *adj m+f* **1** Que se faz de quinze em quinze dias. **2** Jornal, revista ou publicação que sai de quinze em quinze dias. *Pl:* quinzenais.

qui.os.que (*turco köshk*) *sm* **1** Pequeno pavilhão, em jardins ou praças, que serve para recreio. **2** Pequena construção para a venda de jornais, revistas, bebidas, cigarros etc.

qui.pro.quó (*qwi*) (*lat qui pro quo*) *sm* **1** Equívoco; confusão de uma coisa com outra. **2** Situação cômica resultante de equívoco.

qui.que (de *quicar*) *sm* Ação de quicar (a bola).

qui.re.ra (*é*) (*tupi kiréra*) *sf* **1** O farelo mais grosso de qualquer substância moída que não passa pela peneira. **2** Milho quebrado para alimentar pintos e pássaros.

qui.ro.man.ci.a (*cí*) (*gr khéir, -ós+mancia*) *sf* Arte de adivinhar o futuro das pessoas pelo exame das linhas da palma da mão.

qui.ro.man.te (*gr khéir, -ós +mante*) *s m+f* Pessoa que pratica a quiromancia.

quis.to (*gr kýstis*) *sm Med* Vesícula fechada que se

quitação   722   **quotizar**

desenvolve no tecido de um órgão ou em uma cavidade natural do corpo e contém matéria doente líquida ou semilíquida; cisto.
qui.ta.ção (*quitar+ção*) *sf* Recibo de pagamento. *Pl: quitações*.
qui.ta.do (*part* de *quitar*) *adj* V *quite*.
qui.tan.da (*quimbundo kitanda*) *sf* Lugar onde se vendem frutas, verduras, ovos etc.
qui.tan.dei.ro (*quitanda+eiro*) *sm* **1** Dono de quitanda. **2** Vendedor ambulante de frutas, hortaliças, aves, peixes etc.
qui.tar (*baixo-lat quietare*) *vtd* **1** Tornar quite. *vtd* **2** Poupar, evitar. *vtd* **3** Pagar o que deve. *vtd* **4** Perder; separar-se de; deixar. *vtdi* **5** Impedir; tolher; vedar.
qui.te (de *quitar*) *adj m+f* **1** Livre de dívida ou de obrigação; que pagou as suas contas. **2** Desembaraçado, livre.
Embora particípio passado irregular do verbo quitar, não é usado como forma verbal, mas como adjetivo, admitindo assim variação de plural.
*Depois da briga, o valentão sentiu-se **quite** com o desafeto.*
*Paga a última prestação, Ana e o marido ficaram **quites** com o banco.*
qui.ti.ne.te (*ingl kitchenette*) V *kitchenette*.
qui.tu.te (*quimbundo kitutu*) *sm* Comida apetitosa; petisco.

qui.tu.tei.ro (*quitute+eiro*) *adj* Que faz quitutes. • *sm* Especialista em preparar quitutes.
qui.xa.bei.ra (*quixaba+eira*) *sf Bot* Árvore muito espinhosa e comum na caatinga.
qui.xo.ta.da (*Quixote, np+ada*[1]) *sf* **1** Fanfarrice. **2** Ato ou dito de pessoa ingênua ou sonhadora.
qui.xo.tes.co (*ê*) (*Quixote, np+esco*) *adj* **1** Relativo a dom Quixote, herói da novela seiscentista de Miguel de Cervantes (1547-1616). **2** Romântico, ingênuo, sonhador. **3** Trapalhão.
qui.zi.la (*quimbundo quijila*) *sf* **1** Repugnância. **2** Aborrecimento. **3** Desavença. **4** Rixa, briga.
quo.ci.en.te (*lat med quotiente*) *sm Arit* Resultado de uma divisão. *Quociente de inteligência:* número que indica a inteligência de uma pessoa, determinado pela divisão de sua idade mental pela sua idade cronológica e multiplicação do resultado por 100. *Símb: QI. Var: cociente*.
quorum (*lat*) *sm* Número de pessoas indispensável para o funcionamento legal de uma assembleia ou reunião.
quo.ta (*lat quota*) V *cota*.
quo.ti.di.a.no (*lat quotidianu*) V *cotidiano*.
quo.tis.ta (*quota+ista*) V *cotista*.
quo.ti.za.ção (*quotizar+ção*) V *cotização*.
quo.ti.zar (*quota+izar*) V *cotizar*.

r (*erre*) *sm* Décima oitava letra do alfabeto português, consoante. • *num* O décimo oitavo numa série indicada pelas letras do alfabeto. *Com todos os ff e rr:* diz-se de uma coisa bem-acabada, perfeita, total. *Arrastar o r, pegar no r:* diz-se da pronúncia gutural do *r* múltiplo, por defeito natural ou por afetação.

rã (*lat rana*) *sf Zool* Nome comum de animal anfíbio, sem cauda, de tamanho pequeno, da família dos sapos. *Rã-verdadeira:* batráquio comestível.

ra.ba.da (*rabo+ada*[1]) *sf* **1** A carne do rabo do boi ou da vaca. **2** *Cul* Prato feito ao molho com essa carne. **3** Pancada com o rabo de um animal ou de alguma coisa.

ra.ba.di.lha (*cast rabadilla*) *sf* A parte posterior do corpo das aves, peixes e mamíferos.

ra.ba.na.da (*rábano+ada*[1]) *sf* **1** *Cul* Fatia de pão embebida em leite, ovos batidos etc., frita em óleo ou manteiga, que se serve polvilhada com açúcar e canela. **2** Golpe com o rabo.

ra.ba.ne.te (*ê*) (*rábano+ete*) *sm Bot* Variedade de rábano comestível, de raiz curta e carnosa.

rá.ba.no (*cast rábano*) *sm Bot* **1** Nome comum a diversas plantas de raiz alongada e comestível. **2** A raiz dessas plantas.

ra.be.ca (*ár rabâb,* via *fr*) *sf* **1** *ant* Violino. **2** Tipo de violino de som fanhoso.

ra.be.cão (*rabeca+ão*[2]) *sm* **1** *Mús* Instrumento de feitio da rabeca, porém muito maior que esta; contrabaixo. **2** Aquele que toca este instrumento. **3** Carro fúnebre dos mendigos. *Pl: rabecões.*

ra.bei.o (*de rabear*) *sm* **1** *Mar* Movimento da popa do navio, quando muda de direção. **2** Movimento da traseira de um carro de bois, carroça etc.

ra.bei.ra (*rabo+eira*) *sf* **1** Parte traseira de um veículo. **2** Cauda de vestido. **3** Vestígio. *Ir na rabeira* (de) ou *estar na rabeira* (de)*:* ir atrasado, por último; ir atrás de, perseguir. *Pegar rabeira:* diz-se da ação perigosa dos que se penduram à traseira de veículos em movimento.

ra.bi (*hebr rabbî*) *V rabino.*

ra.bi.ça (*rabo+iça*) *sf* A parte do arado que o lavrador empunha quando trabalha com ele; braço de arado.

ra.bi.cho (*rabo+icho*) *sm* **1** Trança de cabelo pendente da nuca. **2** *pop* Amor, paixão, namoro.

rá.bi.co (*lat rabies+ico*[2]) *adj* Relativo à raiva ou hidrofobia.

ra.bi.có (*lat rabies+ico*[2]) *adj m+f* Sem rabo, ou que só tem o toco do rabo; cotó.

ra.bi.no (*rabi+ino*[1]) *sm* **1** Doutor da lei judaica. **2** Sacerdote do culto judaico; rabi.

ra.bis.ca.dor (*ô*) (*rabiscar+dor*[2]) *sm* **1** Aquele que rabisca. **2** *pej* Escrevinhador.

ra.bis.car (*rabisco+ar*[1]) *vtd* e *vint* **1** Traçar rabiscos ou garatujas; garatujar. *vtd* **2** Escrever às pressas. *vint* **3** Escrever de modo ininteligível. *Conjug – Pres subj: rabisque, rabisques* etc.; *Pret perf: rabisquei, rabiscaste, rabiscou* etc.

ra.bis.co (*de rabo*) *sm* Risco tortuoso feito com caneta ou lápis; garatuja.

ra.bo (*lat rapu*) *sm* **1** Cauda. **2** Nos peixes, répteis e insetos, extremidade do corpo oposta à cabeça. **3** *vulg* As nádegas, o assento, o traseiro, o ânus. *De cabo a rabo:* do princípio ao fim. *Meter o rabo entre as pernas:* encolher-se de medo; ficar quieto; dar-se por vencido. *Olhar com o rabo do olho:* olhar de lado. *Pegar em rabo de foguete:* assumir compromisso difícil de cumprir. *Rabo de arraia:* golpe de capoeira em que o atacante se atira, agachado sobre as mãos e uma das pernas, enquanto a outra descreve um arco que vai atingir às pernas do antagonista. *Rabo de cavalo:* penteado em que se prendem os cabelos no alto da cabeça, deixando-os cair como o rabo de um cavalo. *Rabo de galo:* aperitivo preparado com aguardente e vermute. *Rabo de saia, pop:* mulher. *Rabo de tatu:* espécie de chicote com tala de couro cru trançado. *Sair com o rabo entre as pernas:* sair envergonhado, com medo, como cachorro enxotado. *Ter rabo de palha:* ser conhecido por ações pouco dignas.

ra.bu.do (*rabo+udo*[1]) *adj* **1** Que tem rabo grande. **2** Diz-se do vestido que tem grande cauda. **3** *gír* Sortudo. • *sm pop* Diabo.

ra.bu.gem (*lat vulg *robugine,* por *robigine*) *sf* **1** Espécie de sarna que dá nos cães. **2** *fig* Impertinência, mau humor. *Pl: rabugens.*

ra.bu.gen.to (*rabugem+ento*) *adj* **1** Que tem rabugem. **2** *fig* Impertinente, mal-humorado.

rá.bu.la (*lat rabula*) *sm* Aquele que advoga sem ser diplomado. *sf gír* Papel de ator teatral, curto e sem maior destaque; ponta.

ra.ça (*ital razza* e este do *lat ratio*) *sf* **1** Os ascendentes e descendentes originários de um mesmo povo ou de uma mesma família. **2** Conjunto de indivíduos cujos caracteres corporais são semelhantes e se transmitem por hereditariedade. **3** Coragem, vigor, disposição. **4** Os homens em geral; a humanidade. *Raça amarela:* os orientais. *Raça branca:* os ocidentais. *Raça negra:* os africanos ou descendentes de africanos. *Raça vermelha:* os povos indígenas da América. *Ter raça:* ter fibra.

ra.ção (*lat ratione*) *sf* Porção de alimento necessária

racha 724 **rádio²**

para o consumo diário de uma pessoa ou de um animal. *Pl: rações.*
ra.cha (de *rachar*) *sf* **1** Fenda, greta, rachadura. **2** Estilhaço. **3** *vulg* Vulva. *sm* **1** Pelada. **2** *pop* Disputa automobilística, nas ruas, em geral de madrugada.
ra.cha.da (*rachar*+*ada*¹) *sf* **1** Bordoada, pancada, paulada, cacetada. **2** Resposta grosseira.
ra.cha.du.ra (*rachar*+*dura*¹) *sf* **1** Ato ou efeito de rachar(-se). **2** Racha.
ra.char *vtd* **1** Abrir fendas em; dividir no sentido do comprimento; abrir ao meio. *vtd* **2** Fender, dividir com violência. *vtd* **3** Repartir proporcionalmente. *vint* e *vpr* **4** Fragmentar-se; lascar-se. *Frio de rachar:* frio muito intenso. *Vento de rachar:* vento áspero e forte.
ra.ci.al (*raça*+*i*+*al*¹) *adj m+f* Pertencente ou relativo à raça. *Pl: raciais.*
ra.ci.o.ci.nar (*lat ratiocinari*) *vint* **1** Fazer raciocínios; fazer uso da razão. *vint* **2** Fazer cálculos. *vti* **3** Apresentar ou deduzir razões; discorrer sobre alguma coisa; ponderar; pensar.
ra.ci.o.cí.nio (*lat ratiociniu*) *sm* **1** Encadeamento lógico de argumentos. **2** Juízo, razão. *Raciocínio dedutivo:* silogismo em que as premissas são mais gerais que a conclusão. *Raciocínio indutivo:* silogismo em que as premissas são mais particulares que a conclusão.
ra.ci.o.nal (*lat rationale*) *adj m+f* **1** Que faz uso da razão. **2** Dotado da faculdade de raciocinar. *Pl: racionais.*
ra.ci.o.na.li.zar (*racional*+*izar*) *vtd* **1** Tornar racional; submeter as coisas e as ideias apenas aos princípios da razão, e não da experiência. **2** *neol* Tornar mais eficiente ou racional (planejar método de trabalho, organização econômica etc.).
ra.ci.o.na.men.to (*racionar*+*mento*) *sm* **1** Ação ou efeito de racionar. **2** Limitação do consumo de certos bens, determinada pelo governo.
ra.ci.o.nar (*lat ratione*+*ar*¹) *vtd* **1** Limitar a venda de (alimento, combustível) a rações. **2** Dividir em rações; distribuir regradamente. **3** Economizar, poupar.
ra.cis.mo (*raça*+*ismo*) *sm* **1** Teoria que afirma a superioridade de certas raças humanas sobre as demais; segregação. **2** Prática de preconceito racial.
ra.cis.ta (*raça*+*ista*) *adj* e *s m+f* Diz-se de, ou defensor ou adepto do racismo.
rack (*réqui*) (*ingl*) *sm* **1** Móvel onde se colocam televisão, DVD, aparelho de som, CDs etc. **2** Móvel projetado para apoiar um aparelho de som, vendido juntamente com esse aparelho.
ra.çu.do (*raça*+*udo*¹) *adj* **1** Que tem raça. **2** *pop* Corajoso, vigoroso, forte.
ra.dar (*abrev* do *ingl radio detection and ranging*) *sm* Equipamento que acusa a presença, permite a localização e mede a velocidade de objetos móveis ou estacionários.
ra.di.a.ção (*radiar*+*ção*) *sf* Transmissão de energia através do espaço em linha reta. *Pl: radiações.*
ra.di.a.do (*part* de *radiar*) *adj* **1** Disposto em raios. **2** Que tem raios. **3** *Bot* Designativo das flores cujas pétalas formam coroa, como o girassol. **4** *Zool* Designativo das conchas sulcadas por estrias.
ra.di.a.dor (ô) (*radiar*+*dor*) *adj* Que radia; irradia-

dor. • *sm Mec* Aparelho que serve para refrigerar os motores.
ra.di.al (*lat radiu*+*al*¹) *adj m+f* Que emite raios. • *sf* Avenida que, partindo do centro urbano, atinge a periferia em linha reta ou quase reta. *Pl: radiais.*
ra.di.a.lis.ta (*rádio²*+*ista*) *s m+f* **1** Pessoa que se ocupa de radiodifusão. **2** Profissional do rádio ou televisão.
ra.di.a.no (*lat radiu*+*ano*) *sm Mat* Unidade de ângulo equivalente a um arco de circunferência. *Símb: rad.*
ra.di.an.te (*lat radiante*) *adj m+f* **1** Que brilha muito; fulgurante. **2** Que está cheio de alegria. • *sm* Ponto do céu de onde parecem emanar meteoros que formam uma espécie de chuva.
ra.di.ar (*lat radiare*) *vint* **1** Emitir raios de luz ou calor; cintilar, refulgir, resplandecer. *vtd* **2** Cercar de raios brilhantes; aureolar. *Conjug* – *Pres indic: radio, radias* (*dí*) etc. *Cf rádio.*
ra.di.a.ti.vi.da.de (*lat radiu*+*atividade*) *V radioatividade.*
ra.di.a.ti.vo (*lat radiu*+*ativo*) *V radioativo.*
ra.di.cal (*lat radicale*) *adj m+f* **1** Relativo à raiz. **2** Fundamental, essencial. **3** Extremista. **4** Inflexível, que não cede. **5** *gír* Diz-se de esporte que expõe o praticante ao risco de sofrer graves contusões. • *sm* **1** *Gram* A parte invariável de uma palavra. **2** *Mat* Sinal da potência fracionária de uma expressão qualquer. **3** *Mat* Sinal que se coloca antes das quantidades a que se deve extrair alguma raiz. *Pl: radicais.*
ra.di.ca.lis.mo (*radical*+*ismo*) *sm* **1** *Sociol* Doutrina favorável a mudanças culturais e sociais mediante a inplantação de reformas drásticas. **2** Comportamento ou opinião inflexível; extremismo.
ra.di.ca.li.zar (*radical*+*izar*) *vtd* **1** Tornar radical. *vint* **2** Tornar-se radical.
ra.di.can.do (*lat radicandu*) *sm Mat* Expressão sob o símbolo de um radical.
ra.di.car (*lat radicare*) *vtd* **1** Arraigar, enraizar, infundir. *vpr* **2** Arraigar-se, firmar-se. *vpr* **3** Fixar definitivamente residência. *vpr* **4** Confirmar-se, consolidar-se, estabelecer-se. *Conjug* – *Pres subj: radique, radisques* etc.; *Pret perf: radiquei, radicaste* etc.
ra.dí.cu.la (*lat radicula*) *sf* **1** Pequena raiz. **2** *Bot* Embrião da raiz. **3** Objeto semelhante a uma pequena raiz.
rá.dio¹ (*lat radiu*) *sm* **1** *Anat* Um dos ossos que constitui o esqueleto do antebraço. **2** *Quím* Elemento metálico branco, brilhante, radioativo, de número atômico 88 e símbolo Ra.
rá.dio² (*red* de *radiofonia*) *sm Rád* **1** Aparelho para emitir e receber sinais radiofônicos. **2** Aparelho receptor de programas de radiodifusão. *sf* Estação emissora de programas de radiodifusão.

Rádio é palavra masculina quando designa o aparelho ou o meio de difusão.
O rádio quebrou ao cair da mesa.
O rádio presta valioso serviço público nas zonas rurais.
Pode ser palavra feminina quando designar a emissora.
Todas as rádios estão divulgando as campanhas de vacinação.
A Rádio Cultura alterou sua programação.

ra.di.o.a.ma.dor (*rádio²+amador*) *sm* Aquele que possui ou opera uma estação particular de radiotelefonia.

ra.di.o.a.ma.do.ris.mo (*radioamador+ismo*) *sm* Atividade de radioamador.

ra.di.o.a.ti.vi.da.de (*radioativo+i+dade*) *sf Fís* Emissão invisível de energia (raios gama [g] ou eletromagnéticos) e corpúsculos (raios alfa [a] e beta [b]) pelos núcleos dos átomos de certos elementos químicos de elevado peso atômico. *Var: radiatividade.*

ra.di.o.a.ti.vo (*lat radiu+ativo*) *adj* Que possui radioatividade. *Var: radiativo.*

ra.di.o.co.mu.ni.ca.ção (*lat radiu+comunicação*) *sf* **1** Transmissão de sinais, sons ou imagens, por meio de ondas eletromagnéticas. **2** Radiodifusão. *Pl: radiocomunicações.*

ra.di.o.co.mu.ni.ca.dor (*lat radiu+comunicador*) *sm* Aquele que faz radiocomunicação.

ra.di.o.di.fu.são (*lat radiu+difusão*) *sf* Emissão e transmissão de notícias, programas culturais, música etc. por meio de ondas radioelétricas; radiocomunicação. *Pl: radiodifusões.*

ra.di.o.di.fu.so.ra (*lat radiu+difusora*) *sf* Estação de radiodifusão.

ra.di.o.e.le.tri.ci.da.de (*lat radiu+eletricidade*) *sf* Parte da física que se ocupa do estudo e aplicações das ondas de rádio.

ra.di.o.e.mis.são (*lat radiu+emissão*) *sf* Emissão de radiação de qualquer natureza. *Radioemissão térmica, Astr:* emissão eletromagnética de uma fonte cósmica, de origem térmica.

ra.di.o.e.mis.so.ra (*rádio²+emissora*) *sf* Estação de rádio; radiodifusora.

ra.di.o.es.cu.ta (*rádio²+escuta*) *s m+f Jorn* Pessoa cujo trabalho consiste em ouvir transmissões de rádio e passar, em seguida, informações para as equipes de reportagem. *sf Jorn* Esse trabalho.

ra.di.o.fo.ni.a (*lat radiu+fone+ia¹*) *sf* Emissão e transmissão de sons mediante sinais eletromagnéticos.

ra.di.o.fo.ni.zar (*radiofonia+izar*) *vtd* Adaptar ou escrever peças teatrais, romances, crônicas, notícias etc., para os programas de rádio.

ra.di.o.fo.to.gra.fi.a (*rádio²+fotografia*) *sf* Fotografia transmitida a distância por meio de ondas hertzianas.

ra.di.o.fre.quên.cia (*qwe*) (*lat radiu+frequência*) *sf Radiotécn* Frequência de onda eletromagnética usada em transmissão de rádio e televisão, e que está compreendida entre 3 kHz e 300 GHz.

ra.di.o.gra.fi.a (*lat radiu+grafo¹+ia¹*) *sf* **1** Estudo dos raios luminosos. **2** *Med* Aplicação dos raios X à medicina. **3** Reprodução fotográfica por intermédio dos raios X. **4** *fig* Análise minuciosa de um problema.

rá.di.o-gra.va.dor (*rádio²+gravador*) *sm* Aparelho que contém, na mesma caixa, rádio e gravador. *Pl: rádios-gravador* e *rádios-gravadores.*

ra.di.o.i.só.to.po (*lat radiu+isótopo*) *sm Fís* Isótopo radioativo, obtido artificialmente de elemento não radioativo.

ra.di.o.jor.na.lis.mo (*rádio²+jornalismo*) *sm* Forma de jornalismo veiculada pelo rádio.

ra.di.o.lo.gi.a (*lat radiu+logo+ia¹*) *sf Med* **1** Estudo científico dos raios luminosos, principalmente dos raios X. **2** Aplicação dos raios X nos diagnósticos e tratamento das doenças; radiografia.

ra.di.o.lo.gis.ta (*lat radiu+logo+ista*) *s m+f* Especialista em radiologia.

ra.di.o.no.ve.la (*rádio²+novela*) *sf* Novela radiofônica, transmitida geralmente em capítulos diários.

ra.di.o.pa.tru.lha (*rádio²+patrulha*) *sf* **1** Serviço de vigilância da polícia, com viaturas equipadas com aparelho transmissor e receptor. **2** Uma dessas viaturas.

ra.di.o.pe.ra.dor (*rádio²+operador*) *sm* Operador de rádio.

rá.di.o-re.ló.gio (*rádio²+relógio*) *sm* Aparelho que combina as funções de rádio e relógio e às vezes serve como despertador. *Pl: rádio-relógios* e *rádios-relógios.*

ra.di.or.re.cep.tor (*rádio²+receptor*) *sm Radiotécn* Aparelho que amplifica o sinal transmitido por rádio e o transforma em ondas sonoras.

ra.di.or.re.por.ta.gem (*rádio²+reportagem*) *sf* Reportagem emitida pelo rádio. *Pl: radiorreportagens.*

ra.di.or.re.pór.ter (*rádio²+repórter*) *s m+f* Radialista que trabalha em radiorreportagens.

ra.di.os.co.pi.a (*lat radiu+scopo+ia¹*) *sf Med* Exame de um corpo realizado por meio de tela fluorescente, mediante o emprego de raios X.

ra.di.o.so (*ô*) (*lat radiosu*) *adj* **1** Que emite raios de luz ou calor. **2** Brilhante. **3** *fig* Alegre, feliz. *Pl: radiosos (ó).*

ra.di.o.tá.xi (*cs*) (*rádio²+táxi*) *sm* Táxi equipado com rádio que dá ao motorista informações de onde ele deve buscar seus passageiros.

ra.di.o.te.ra.pi.a (*lat radiu+terapia*) *sf* **1** *Med* Método de tratamento terapêutico pelos raios X. **2** Método de tratamento terapêutico pela aplicação de raios de rádio, de polônio, de cobalto 60 etc.

ra.di.o.te.rá.pi.co (*radioterapia+ico²*) *adj* Radioterapêutico.

ra.di.o.trans.mis.são (*lat radiu+transmissão*) *sf* Transmissão sonora por meio da radiofonia. *Pl: radiotransmissões.*

ra.di.o.trans.mis.sor (*lat radiu+transmissor*) *sm* Aparelho que produz e irradia ondas eletromagnéticas de alta frequência.

ra.di.ou.vin.te (*rádio²+ouvinte*) *s m+f* Pessoa que ouve emissões radiofônicas.

ra.dô.nio (*lat radonium*) *sm Quím* Elemento radioativo, de número atômico 86 e símbolo Rn.

ra.fei.ro *adj + sm* Diz-se de, ou cão que guarda gado.

rá.fia (*malgaxe rafia*) *sf* **1** *Bot* Gênero de palmeiras da África, Ásia e América, cujas fibras têxteis resistentes têm inúmeras aplicações. **2** A fibra dessa palmeira.

ra.glã (*ingl Raglan, np* através de *fr*) *s m+f sing* e *pl* Mangas de vestidos, casacos ou blusas, em que o tecido desce dos ombros diretamente para os braços, sem costura na cava.

ragtime (*réguitaime*) (*ingl*) *sm* **1** Música ritmada, resultado da fusão do folclore negro norte-americano com a música de dança dos brancos. **2** Estilo pianístico e orquestral originário deste tipo de música e precursor do *jazz*.

ra.gu (*fr ragoût*) *sm* **1** *Cul* Qualquer guisado ou ensopado feito com carne, legumes e molho. **2** *pop* Fome.
rai.a (*lat radia*) *sf* **1** Linha, risca, traço. **2** Pista de corridas de cavalos. **3** Limite, fronteira. **4** Papagaio de papel. **5** Peixe de corpo achatado, nadadeiras em forma de asa e cauda longa e afilada, dotada de ferrões peçonhentos; arraia.
rai.a.do (*part* de *raiar*[1]) *adj* **1** Estriado. **2** Entremeado, mesclado, rajado.
rai.ar (*lat radiare*) *vint* **1** Emitir raios luminosos; brilhar. *vint* **2** Surgir, manifestar-se. *vint* **3** Começar a aparecer, a despontar no horizonte. *vtd* **4** Irradiar. *vtd* **5** Traçar riscas ou raias em. *vti* e *vint* **6** Cintilar, coruscar, reluzir.
ra.i.nha (*lat regina*) *sf* **1** Soberana de uma nação. **2** A esposa do rei. **3** A peça principal, depois do rei, no jogo de xadrez. **4** *Entom* Abelha-mestra.
ra.i.nha-mãe *sf* **1** A mãe do rei. **2** A viúva de um rei, seja ou não mãe do que ocupa o trono. *Pl:* rainhas-mãe e rainhas-mães.
rai.o (*lat radiu*) *sm* **1** *Meteor* Descarga elétrica entre nuvens eletrizadas ou entre uma nuvem e a Terra; corisco, faísca. **2** Linha ou traço de luz que emitem os astros e outros corpos luminosos. **3** *Geom* Reta que, partindo do centro do círculo, vai terminar na circunferência; meio diâmetro de uma circunferência. **4** Cada uma das peças que juntam o cubo do eixo com a circunferência da roda de um veículo. **5** A distância que vai de um ponto central para a periferia, numa dada área. *Como um raio:* com muita rapidez ou violência. *Raio de ação:* distância máxima que um avião ou navio podem percorrer partindo de sua base e a ela regressando sem reabastecer. *Raios o partam:* locução interjetiva usada contra alguém em momento de raiva. *Raios X:* radiação eletromagnética que pode penetrar nos tecidos do organismo.
rai.om (*ingl rayon*) *sm* Fibra têxtil artificial feita de celulose e de aspecto sedoso.
rai.va (*lat rabie*) *sf* **1** *Med* Doença causada por um vírus que acomete o sistema nervoso dos mamíferos, especialmente dos cães, podendo transmitir-se por mordedura a outros animais e ao homem; hidrofobia. **2** Violento acesso de ira, com fúria e desespero. **3** Aversão, ódio.
rai.vo.so (*ô*) (*raiva+oso*) *adj* **1** Cheio de raiva. **2** Dominado pela raiva. **3** Diz-se do cão atacado de raiva. *Pl:* raivosos (*ó*).
ra.iz (*lat radice*) *sf* **1** Parte inferior da planta por onde ela se fixa no solo e retira sua nutrição. **2** Parte inferior do dente que se encrava no alvéolo. **3** *por ext* Parte inferior; base. **4** *fig* Origem, princípio, germe. **5** *Gram* Palavra primitiva de onde se formam outras. **6** *Mat* O número que é elevado a certa potência. *Até a raiz do cabelo:* inteiramente, completamente, até não poder mais. *Cortar o mal pela raiz:* curar radicalmente; cortar as causas do mal. *Lançar raízes:* enraizar-se, fixar-se. *Raiz cúbica:* raiz de índice 3 de um número. *Raiz de uma equação, Mat:* valor da incógnita que verifica essa equação. *Raiz quadrada:* raiz de índice 2 de um número. *Pl:* raízes.
ra.i.za.me (*raiz+ame*) *sm* **1** Conjunto das raízes de uma planta. **2** Grande porção de raízes; raizada.

ra.já (*sânsc râjan*) *sm* **1** Príncipe indiano. **2** Homem rico. *Fem: rani.*
ra.ja.da (*cast rajar+ada*[1]) *sf* **1** Vento impetuoso, embora rápido; pé de vento. **2** Descarga de metralhadora. *Rajada de cólera:* acesso de cólera.
ra.ja.do (*part* de *rajar*) *adj* **1** Que tem raias ou estrias; listrado. **2** Aplica-se aos animais malhados que têm manchas escuras.
ra.jar (*cast rajar*) *vtd* Fazer raias em; raiar, estriar, riscar.
ra.la-bu.cho (*ralar+bucho*) *sm Reg* (AL) *pop* Arrasta-pé. *Pl: rala-buchos.*
ra.la.dor (*ô*) (*ralar+dor*) *adj* Que rala. • *sm* Utensílio de cozinha que consiste numa lâmina com orifícios cortantes, para reduzir a migalhas alimentos como queijo, pão etc.; ralo.
ra.la.du.ra (*ralar+dura*) *sf* Fragmentos da substância passada pelo ralador.
ra.la-ge.lo (*ralar+gelo*) *sm* Aparelho para ralar ou triturar gelo. *Pl: rala-gelos.*
ra.lar (*ralo+ar*[1]) *vtd* **1** Fazer passar pelo ralador para moer e triturar. *vtd* **2** *gír* Trabalhar duro. *vtd* **3** Arranhar. *vtd* e *vpr* **4** *fig* Afligir(-se), amofinar(-se), atormentar(-se). *vti* **5** *gír* Batalhar, lutar, esforçar-se.
ra.lé (*cast ralea*) *sf* Gente da camada inferior da sociedade; plebe, escória social, gentinha, zé-povinho, arraia-miúda.
ra.le.ar (*ralo+ear*) *vtd, vint* e *vpr* Tornar(-se) ralo, tornar(-se) menos espesso. Conjuga-se como *frear.*
ra.lhar (*lat vulg *rabulare*) *vti* e *vint* Repreender, admoestar, advertir.
ra.li (*ingl rallye*) *sm* Competição de motos ou carros, realizada em lugares de percurso difícil ou perigoso cuja finalidade é testar a habilidade do piloto e/ou a qualidade do veículo.
ra.lo (*lat raru*) *adj* Pouco espesso. *Antôn: espesso, denso.* • *sm* **1** V *ralador*. **2** Utensílio com pequenos orifícios para coar certos líquidos. **3** Peça com muitos orifícios que se coloca nas pias e nos tanques, para impedir a passagem de detritos.
RAM (sigla *ingl Random Access Memory*) *sf Inform* Sigla que designa um tipo de memória temporária e de acesso aleatório, onde ficam provisoriamente armazenados dados e programas que estão sendo utilizados. *RAM paginada, Inform:* memória RAM dinâmica projetada para acessar, muito rapidamente, posições sequenciais de memória.
ra.ma (de *ramo*) *sf* Os ramos e as folhagens das árvores ou de outro qualquer vegetal; ramada, ramagem. *Em rama:* em estado bruto.
ra.ma.da (*baixo-lat ramata*) *sf* **1** Conjunto de ramos e folhas; rama, ramagem. **2** Cobertura de ramos para fazer sombra. **3** Latada, parreira.
ra.ma.gem (*ramo+agem*) *sf* **1** Conjunto dos ramos de uma árvore; rama, ramada. **2** Desenho de folhas e flores sobre um tecido. **3** A trança formada pelos vegetais, no mato. *Pl: ramagens.*
ra.mal (*lat ramale*) *sm* **1** Conjunto de fios torcidos e trançados de que se fazem as cordas. **2** Ramificação de uma estrada ou caminho de ferro. **3** Ramificação interna de uma rede telefônica. *Pl: ramais.*

ra.ma.lhar (*ramalho+ar¹*) *vint* Sussurrar (os ramos) com o vento. *Conjug:* conjuga-se apenas nas 3ᵃˢ pessoas.

ra.ma.lhe.te (*ê*) (*ramalho+ete*) *sm* Pequeno feixe de flores naturais, ou não; buquê.

ra.mei.ra (*ramo+eira*) *sf* Meretriz, prostituta.

ra.mer.rão (*voc onom*) *sm* **1** Repetição monótona, enfadonha. **2** *por ext* Rotina. *Pl:* ramerrões.

ra.mi.fi.car (*ramo+ficar*) *vtd* e *vpr* **1** Dividir(-se) em ramos, ramais ou partes. *vpr* **2** Propagar(-se), divulgar(-se). *Conjug – Pres subj:* ramifique, ramifiques etc.; *Pret perf:* ramifiquei, ramificaste, ramificou etc.

ra.mí.vo.ro (*ramo+voro*) *adj Zool* Que devora os ramos das plantas.

ra.mo (*lat ramu*) *sm* **1** Cada uma das partes que nascem do tronco ou caule e das quais brotam as folhas, as flores e os frutos. **2** Buquê de flores ou de folhagens. *Dim irreg:* ramalho, ramalhete, ramilhete. **3** *Geneal* Cada família que se constitui, partindo do mesmo tronco. **4** Atividade profissional. *sm pl* **Ramos** Festividade comemorativa da entrada de Jesus Cristo em Jerusalém; celebra-se no domingo que antecede ao Domingo da Páscoa, abrindo-se com ela a Semana Santa.

ra.mo.so (*ó*) (*lat ramosu*) *adj* Cheio de ramos. *Pl:* ramosos (*ó*).

ram.pa (*fr rampe*) *sf* Descida ou subida; plano inclinado: *aclive* (no sentido da subida) e *declive* (no sentido da descida). *Rampa de lançamento:* dispositivo constituído de uma rampa inclinada, para lançamento de aviões ou de projéteis, rojões ou mísseis.

ram.pei.ro (*rampa+eiro*) *adj bras* Que é de baixa classe ou condição; de qualidade inferior.

ra.ná.rio (*lat rana+ário*) *sm neol* Lugar onde se criam rãs; viveiro de rãs.

ran.cha.ri.a (*cast ranchera*) *sf* Povoado pobre.

ran.chei.ra (*cast ranchera*) *sf* **1** Dança e música de origem moura que se estilizou na Argentina (América do Sul). **2** Música para essa dança. **3** Mulher proprietária de rancho, ou que cuida de rancho. *Calça rancheira:* tipo de calça própria para trabalhos de rancho, usada como roupa esportiva; *jeans*.

ran.chei.ro (*cast ranchero*) *sm* **1** Aquele que cuida do rancho ou comida para os soldados. **2** Morador de rancho.

ran.cho (*cast rancho*) *sm* **1** Refeição de marujos, soldados ou presos. **2** *Mil* Refeitório dos soldados na caserna. **3** Refeição de acampamento ou piquenique. **4** Habitação pobre; cabana, choupana. *Hora do rancho:* hora de comer. **5** Bloco carnavalesco ou grupo de foliões.

ran.ço (*lat rancidu*) *sm* **1** Alteração que sofrem as substâncias gordas em contato com o ar. **2** Bolor, mofo. **3** *fig* Coisa antiquada; velharia. • *adj V* rançoso.

ran.cor (*ô*) (*lar rancore*) *sm* **1** Ódio oculto, profundo. **2** Grande aversão não manifestada; antipatia. **3** Ressentimento.

ran.co.ro.so (*ô*) (*rancor+oso*) *adj* **1** Cheio de rancor. **2** Que guarda rancor. **3** Que não esquece nem perdoa as ofensas. *Pl:* rancorosos (*ó*).

ran.ço.so (*ô*) (*ranço+oso*) *adj* **1** Que tem ranço. **2** Mofado, bolorento. **3** Nauseabundo. **4** Antiquado. *Pl:* rançosos (*ó*).

ran.de.vu (*fr rendez-vous*) *sm bras* Casa de tolerância; bordel, puteiro.

ran.dô.mi.co (*ingl at random+ico²*) *adj Estat* Diz-se da estatística obtida por um processo de amostragem casual ou acidental; aleatório.

ran.gar (*rango+ar¹*) *vtd* e *vint bras gír* Comer, alimentar(-se). *Conjug – Pres subj:* rangue, rangues etc.; *Pret perf:* ranguei, rangaste, rangou etc.

ran.ger (*lat ringere*) *vti* e *vint* **1** Produzir um som áspero e penetrante. *vtd* e *vti* **2** Produzir um ruído áspero e arrepiante, apertando e atritando (os dentes), uns contra os outros. *Ranger os dentes:* irritar-se, tornar-se colérico, zangar-se, remoer-se de ódio. *Conjug – Pres indic:* ranjo, ranges, range etc.; *Pres subj:* ranja, ranjas, ranja etc.; *Pret perf:* rangi, rangeste, rangeu etc.; *Imper afirm:* range(tu), ranja(você), ranjamos(nós), rangei(vós), ranjam(vocês).

ran.gí.fer (*lat cient rangifer*, do *islandês* hreindyri) *sm Zool* Rena.

ra.nhe.ta (*ê*) (de *ranho*) *adj m+f* e *s m+f* Diz-se de, ou pessoa impertinente, rabugenta, ranzinza.

ra.nhe.ti.ce (*ranheta+ice*) *sf bras pej* **1** Qualidade de quem é ranheta. **2** Atitude ou atos de pessoa ranheta.

ra.nho (*corr de ronha*) *sm pop* Muco viscoso das fossas nasais; catarro.

ra.nhu.ra (*fr rainure*) *sf* Entalhe feito numa tábua no sentido longitudinal.

ra.ni.cul.tor (*lat ranai+cultor*) *sm* Aquele que se dedica à ranicultura.

ra.ni.cul.tu.ra (*lat rana+cultura*) *sf* Criação de rãs para consumo na alimentação humana.

ranking (*rênquin*) (*ingl*) *sm* Sequência de classificação (de atletas, jogadores e times etc.).

ran.zin.za *adj pop* Pessoa birrenta, impertinente, mal-humorada, teimosa.

rap (*rép*) (*ingl*) *sm Mús* **1** Monólogo ritmado, declamado sobre uma base musical, em geral contendo críticas à sociedade. **2** Estilo musical, de origem norte-americana, que se utiliza desses monólogos.

ra.pa (de *rapar*) *sm* **1** Jogo que consiste numa espécie de pião com quatro faces iguais, tendo em cada uma das faces a inicial de uma palavra: R (rapa), T (tira), D (deixa) e P (põe). **2** Fiscal ou policial incumbido de apreender a mercadoria de vendedores ambulantes que negociam sem pagar licença. **3** O carro que leva esses fiscais. *sf* Sobra de doces ou cozimentos que gruda no fundo das panelas; raspa.

ra.pa.ce (*lar rapace*) *adj* **1** Que rouba. **2** Ávido de lucro.

ra.pa.du.ra (*rapar+dura*) *sf* **1** Ato ou efeito de rapar; rapadela. **2** Açúcar mascavo solidificado do melaço em forma de tijolo; raspadura.

ra.pa.gão (*lat rapace+ão²*) *sm* **1** Rapaz corpulento e robusto. **2** Rapaz bonito; bonitão. *Pl:* rapagões.

ra.pa.pé (*rapar+pé*) *sm* **1** *pop* Cumprimento exagerado que se faz arrastando o pé para trás. **2** *fig* Bajulação.

ra.par (*gót hrapôn*) *vtd* **1** Cortar rente ao pelo; raspar, escanhoar. *vtd* **2** Tirar a rapa do fundo da panela. *vtd* **3** Extorquir ardilosamente; furtar;

tirar com violência. *vpr* **4** Barbear-se; escanhoar-se. *Rapar a barba, a cabeça, o rosto:* cortar, à navalha, o cabelo de uma dessas partes do corpo; escanhoar, pelar.

ra.pa.ri.ga *sf* **1** Feminino de *rapaz*. **2** *lus* Mulher nova; moça. **3** Mulher no início da adolescência. **4** *pej* (Norte, Nordeste, MG e GO) *V amásia, concubina, meretriz*. *Aum:* raparigaça, raparigão, raparigona.

ra.paz (*lat rapace*) *sm* **1** Homem novo; moço, mancebo. **2** Homem no início da adolescência. *Fem:* rapariga. *Aum:* rapagão. *Dim:* rapazinho, rapazelho, rapazete, rapazito, rapazola, rapazote ou *rapagote*.

ra.pa.zi.a.da (*rapaz+ada*[1]) *sf* Bando ou reunião de rapazes.

ra.pa.zi.nho (*rapaz+inho*) *V menino*.

ra.pa.zo.la (*rapaz+ola*) *sm* **1** Adolescente entre os quatorze e dezessete anos. **2** Homem que pensa e procede como rapaz.

ra.pé (*fr râpé*) *sm* Fumo em pó, para cheirar; tabaco.

ra.pi.dez (*ê*) (*rápido+ez*) *sf* Qualidade de rápido; ligeireza, pressa. *Antôn:* lentidão, morosidade.

rá.pi.do (*lat rapidu*) *adj* **1** Veloz, ligeiro. **2** Breve, passageiro, efêmero. **3** Que produz muito em pouco tempo. **4** Instantâneo. • *sm* Trem para passageiros que só faz paradas em estações maiores. • *adv* Rapidamente, já, com muita rapidez.

ra.pi.na (*lat rapina*) *sf* Pilhagem, furto, roubo.

ra.pi.nar (*rapina+ar*[1]) *vtd* Roubar, furtar, subtrair com violência.

ra.po.sa (*ô*) (*lat rapu+oso*, no *fem*) *sf* **1** *Zool* Nome comum de vários mamíferos, da família dos canídeos da Europa; distinguem-se do cachorro comum pela cauda felpuda, focinho curto e pontudo. **2** A pele desse animal. **3** *fig* Pessoa astuta, fina e sagaz.

ra.po.sa-a.zul *sf Zool* Canídeo das regiões geladas, de pele muito apreciada, azul no verão, branca no inverno. *Pl:* raposas-azuis.

ra.po.si.no (*raposa+ino*) *adj* **1** Pertencente ou relativo à raposa. **2** *fig* Manhoso, astuto.

rapper (*réper*) (*ingl*) *s m+f Mús* Cantor(a) de *rap*.

rap.só.dia (*gr rhapsodía*) *sf* **1** Trecho de uma composição poética. **2** *Mús* Gênero de composição musical cujos temas são motivos populares ou cantos tradicionais de um povo.

rap.tar (*lat raptare*) *vtd* **1** Praticar o crime de rapto contra alguém. **2** Tirar à força; arrebatar, rapinar, roubar.

rap.to (*lat raptu*) *sm* **1** *Dir* Crime que consiste em retirar uma pessoa de casa, com violência ou sedução. **2** Extorsão, furto, roubo.

rap.tor (*ô*) (*lat raptore*) *adj + sm* Que, ou aquele rapta.

ra.que (*gr rhákhis*) *sf* **1** *Anat* Coluna vertebral, espinha dorsal. **2** *Bot* Eixo principal de uma inflorescência. **3** *Ornit* Eixo maciço da pena das aves.

ra.que.ta.da (*raquete+ada*[1]) *sf* Golpe dado com a raquete.

ra.que.te (*é*) (*fr raquette*) *sf* **1** Espécie de pá oval, com uma rede de cordas esticadas, para jogar tênis. **2** Peça análoga de madeira leve e fina, para jogar pingue-pongue ou frescobol. **3** Prancha de madeira ou de fios trançados dentro de uma moldura, que lembra uma raquete de tênis e que se adapta aos pés, para caminhar sobre a neve.

ra.qui.a.no (*raqui+ano*) *adj Anat* Relativo à espinha dorsal; relativo a raque; raquidiano.

ra.qui.ti.co (*raquite+ico*[2]) *adj* **1** Atacado de raquitismo. **2** *fig* Franzino, pouco desenvolvido. • *sm* **1** Indivíduo que tem raquitismo. **2** Indivíduo encolhido, magro.

ra.qui.tis.mo (*raquite+ismo*) *sm* **1** *Med* Processo patológico distrófico, infantil, devido à deficiência de cálcio e vitamina D e que ocasiona a curvatura da espinhal dorsal, com estreitamento do tórax, afrouxamento e desvio do sistema ósseo, provocando o arqueamento das pernas etc. **2** *Bot* Definhamento das plantas gramíneas. **3** *fig* Acanhamento, curteza ou mesquinhez das faculdades intelectuais ou do senso moral.

ra.re.ar (*raro+e+ar*[1]) *vtd e vint* **1** Tornar(se) raro ou pouco denso. *vtd* **2** Diminuir. *vint* **3** Tornar-se raro, ou menos frequente, menos assíduo, menos numeroso. Conjuga-se como *frear*.

ra.re.fa.zer (*lat rarefacere*) *vtd* **1** Diminuir a densidade de. *vpr* **2** Desaparecer, diluir-se. *vpr* **3** Tornar-se menos compacto ou menos numeroso. Conjuga-se como *fazer*.

ra.re.fei.to (*part* de *rarefazer*) *adj* Tornado menos denso.

ra.ri.da.de (*lat raritate*) *sf* **1** Raro. **2** Objeto precioso e pouco frequente.

ra.ro (*lat raru*) *adj* **1** Pouco vulgar. **2** Que poucas vezes acontece. **3** Pouco abundante; pouco numeroso. **4** Pouco denso, pouco espesso; ralo. **5** Extraordinário, singular. • *adv* Raramente, dificilmente, poucas vezes.

ra.sa (*lat rasa*) *sf* Antiga medida de capacidade, equivalente ao alqueire.

ra.san.te (de *rasar*) *adj m+f* Que passa junto e paralelamente. **2** Próximo ou rente ao solo.

ra.sar (*raso+ar*[1]) *vtd* **1** Encher uma vasilha ou medida até as bordas. *vtd* **2** Nivelar, igualar, aplainar. *vpr* **3** Encher-se, transbordar. *vtd* **4** Medir com rasa.

ras.can.te (de *rascar*) *adj m+f* **1** Que deixa travo na garganta (o vinho ou frutas verdes); amarração. **2** Diz-se de qualquer ruído áspero ou arrepiante.

ras.car (*lat *rasicare*) *vtd* **1** Tirar fragmentos (da superfície de um corpo); raspar. *vtd* **2** Desbastar, lascar. *vint* **3** Deixar (o vinho ou frutas verdes) certo amargor na língua e na garganta. *vtd* **4** Arranhar. *vtd* **5** Incomodar, molestar, perturbar com som desagradável. *vtd* **6** Cortar (vidro) com diamante. *Conjug – Pres subj:* rasque, rasques etc.; *Pret perf:* rasquei, rascaste, rascou etc.

ras.cu.nhar (de *rascar*) *vtd* **1** Fazer o rascunho de. **2** Traçar os contornos de; esboçar.

ras.cu.nho (de *rascunhar*) *sm* **1** Delineamento, esboço; minuta de qualquer escrito. **2** Escrito antes de passar a limpo.

ras.ga.do (*part* de *rasgar*) *adj* **1** Esfarrapado, roto. **2** *fig* Caloroso, veemente. **3** Diz-se dos olhos grandes e bem fendidos; amendoados. • *adv* De modo rasgado; às claras, sem rodeios.

ras.gão (*rasgo+ão*[2]) *sm* Ruptura que se faz rasgando; rasgo. *Pl:* rasgões.

ras.gar (*lat resecare*) *vtd* **1** Fazer rasgão ou rasgões em (roupa, tecido, papel etc.). *vtd* **2** Ferir, golpear, lacerar; romper com violência. *vtd* **3** Abrir, sulcar, arar. *vtd* e *vpr* **4** Fazer abertura em. *vpr* **5** Dividir-se em fragmentos ou porções. *Rasgar a fantasia:* a) tirar a máscara, ser franco, criar coragem, abrir-se; b) abandonar tudo. *Rasgar o verbo:* falar abertamente; falar com eloquência. *Rasgar seda* (ou *sedas*)*:* exagerar-se em cortesias ou gentilezas. *Conjug – Pres subj: rasgue, rasgues* etc.; *Pret perf: rasguei, rasgaste, rasgou* etc.

ra.so (*lat rasu*) *adj* **1** De superfície plana; sem relevos. **2** Cortado rente. **3** Sem graduação militar (soldado). **4** Pouco profundo.

ras.pa (de *raspar*) *sf* **1** Aquilo que sai, raspando-se. **2** Rapa.

ras.pa.dei.ra (*raspar+deira*) *sf* **1** Instrumento para raspar. **2** Espécie de pente de ferro para raspar o pelo das cavalgaduras. **3** Instrumento de que se servem caiadores e pedreiros para alisar a massa colocada na obra.

ras.pa.di.nha (*fem* de *raspado*, no *dim*) *sf bras* **1** Espécie de sorvete feito com gelo ralado e xarope de frutas. **2** Variedade de loteria em que, para ganhar, é preciso raspar uma película e encontrar três valores ou figuras iguais.

ras.pa.gem (*raspar+agem*) *sf* **1** Raspadela, raspadura. **2** Curetagem. *Pl: raspagens.*

ras.pan.ça (de *raspar*) *sf* Descompostura, repreensão.

ras.pão (*raspar+ão²*) *sm* **1** Arranhão, escoriação. **2** Pequeno ferimento superficial produzido por atrito. *De raspão:* a) de lado, de través, obliquamente; b) ligeiramente; superficialmente. *Pl: raspões.*

ras.par (*germ *hraspôn*) *vtd* **1** Tirar parte da superfície de um corpo; rapar. *vtd* **2** Arranhar, roçar. *vtd* **3** Ferir de raspão. *vti* **4** Atritar, arranhar, esfregar. *vti* **5** Alisar, pentear o animal com a raspadeira. *vpr* **6** *pop* Fugir, sumir-se, esgueirar-se; sair apressadamente.

ras.te.ar (*rasto+e+ar¹*) *vtd* e *vint* **1** Rastejar. **2** Procurar (algo). Conjuga-se como *frear.*

ras.tei.ra (*fem* de *rasteiro*) *sf* **1** *pop* Golpe que se dá enfiando o pé ou a perna entre as pernas de outra pessoa, provocando-lhe uma queda. **2** *fig* Ardil, chicana, embuste. *Dar* ou *passar uma rasteira em:* enganar, lograr, levar vantagem sobre.

ras.tei.ro (*rasto+eiro*) *adj* **1** Que se arrasta ou se estende pelo chão. **2** Que se levanta somente a pequena altura. **3** *fig* Abjeto, vil; muito baixo, ordinário. **4** Aplica-se aos répteis.

ras.te.jar (*rasto+ejar*) *vtd* **1** Seguir (alguém ou algum animal) pelo rasto ou vestígios que deixou; rastrear, rastear. *vtd* **2** Investigar. *vtd* **3** Palmilhar, percorrer, deixando rasto. *vint* **4** Arrastar-se (o réptil) sobre o ventre pelo chão. *vint* **5** Estender-se pelo chão (a planta). *vint* **6** Ser subserviente, servil; rebaixar-se ao máximo.

ras.te.lo (*lat rastellu*) *sm* Instrumento agrícola semelhante ao ancinho, com dentes de madeira ou de ferro, com que se ajuntam restos de capim seco e outros ciscos das terras que estão sendo preparadas para o plantio. *Pl: rastelos.*

ras.ti.lho (*rasto+ilho*) *sm* **1** Sulco de pólvora, para passar fogo para alguma coisa. **2** Fio coberto de pólvora ou de outra substância, para o mesmo fim; cordão de pólvora. **3** *fig* Aquilo que serve de desculpa para um acontecimento social de caráter violento (greve, revolução etc.); motivo, causa, origem. *Acender o rastilho:* dar início.

ras.to (*lat rastru*) *sm* **1** Indício, vestígio, pegada, pista. **2** Traço que algumas coisas deixam quando passam; esteira. *Deixar rasto:* deixar pista. *Pôr de rastos:* pôr na miséria; arruinar; humilhar profundamente.

ras.tre.a.dor (*ô*) (*rastrear+dor*) *adj + sm* Diz-se do cão treinado para rastrear a caça.

ras.tre.a.men.to (*rastrear+mento*) *sm* **1** Ação ou efeito de rastrear. **2** *Astr* Processo de acompanhar um satélite, míssil ou uma espaçonave por meio de radar, rádio ou fotografia; rastreio.

ras.tre.ar (*rastro+e+ar¹*) *vtd* **1** V *rastear* e *rastejar*. **2** Fazer o rastreamento de. Conjuga-se como *frear.*

ras.tro (*lat rastru*) V *rasto.*

ra.su.ra (*lat rasura*) *sf* Palavra(s) raspada(s) ou riscada(s), impossibilitando a leitura.

ra.su.rar (*rasura+ar¹*) *vtd* Fazer rasuras em; raspar ou riscar letras num documento, para alterar-lhe o texto.

ra.ta (de *rato*) *sf* **1** Gafe, erro, mancada. **2** Fiasco. **3** Fêmea do rato; ratazana. *Dar uma rata:* cometer alguma inconveniência; fazer fiasco.

ra.ta.plã (*voc onom*) *sm* **1** Onomatopeia do toque do tambor. **2** Rufo.

ra.ta.za.na (de *rato*) *sf* **1** Fêmea do rato; rata. **2** Grande roedor semiaquático que vive em pântanos, galerias de esgoto etc.; é onívoro, escavador e prolífero. *s m+f gír* Grande ladrão ou ladra.

ra.te.ar (*rata+e+ar¹*) *vtd* **1** Fazer o rateio de. *vtd* **2** Repartir proporcionalmente. *vint* **3** Falhar (um motor). *vint* **4** *pop* Fraquejar no serviço, no esporte, ou em qualquer atividade. Conjuga-se como *frear.*

ra.tei.o (de *ratear*) *sm* **1** Ato ou efeito de ratear. **2** Distribuição proporcional. **3** *Turfe* Quantia que cabe a cada um dos apostadores que acertaram.

ra.tei.ro (*rato+eiro*) *adj* Diz-se de animal que é bom para caçar ratos.

ra.ti.ci.da (*rati+cida*) *adj* Que mata ratos. • *sm* Veneno para matar ratos.

ra.ti.fi.car (*rati+ficar*) *vtd* **1** Tornar autêntica a aprovação de; validar. **2** Comprovar, confirmar, corroborar, consolidar. *Conjug – Pres subj: ratifique, ratifiques* etc.; *Pret perf: ratifiquei, ratificaste, ratificou* etc.

Não confunda **ratificar** com **retificar**. **Ratificar** significa confirmar.
Ratificou o acordo e o compromisso assumido.
Retificar significa corrigir, alterar.
Retificou o acordo e o compromisso assumido.

ra.ti.nhar (*ratinho+ar¹*) *vint* **1** Economizar excessivamente. *vtd* **2** Regatear exageradamente (o preço de um objeto).

ra.to *sm* **1** *Zool* Nome de numerosas espécies de mamíferos roedores. **2** Indivíduo que pratica furtos. **3** *gír* Frequentador assíduo de bibliotecas, sacristias, teatros etc. *Rato de armário:* diz-se de quem faz pequenos furtos domésticos (bolos, doces etc.).

ra.to-bran.co *sm* **1** *Zool* Camundongo albino. **2** *pop* Pessoa muito loira, que sofre de albinismo. *Pl: ratos-brancos.*

ra.to.do.més.ti.co *sm* **1** Rato propriamente dito, também chamado *rato-preto* e *rato comum*. **2** Rato, também chamado *rato-cinzento* e *rato-dos--esgotos*; espécie muito nociva pelos estragos que causa e pelos germes de que é portadora. *Pl: ratos-domésticos.*

ra.to.ei.ra (*ratão+eira*) *sf* **1** Armadilha para apanhar ratos. **2** *por ext* Ardil, cilada. **3** *gír* Prisão policial. *Cair na ratoeira:* deixar-se apanhar. *Meter-se na ratoeira:* cair voluntariamente numa emboscada ou num logro.

ra.vi.na (*fr ravine*) *sf* **1** Curso de água que cai de lugar elevado. **2** Leito ou sulco cavado por esse curso. **3** Despenhadeiro; barranco.

ra.vi.ó.li (*ital ravioli*) *sm Cul* Pequeno pastel cozido, com recheios variados.

ray-ban (*reiban*) (*ingl*) *sm* Tipo de vidro de cor esverdeada, usado em lentes de óculos e janelas, que filtra parte dos raios luminosos.

ra.zão (*lat ratione*) *sf* **1** O conjunto das faculdades intelectuais que distinguem o homem dos outros animais. **2** Raciocínio, pensamento. **3** Opinião, julgamento, juízo. **4** Justiça, direito. **5** *Mat* A relação existente entre grandezas da mesma espécie. **6** Explicação, causa ou justificação; motivo. **7** Argumento, alegação, prova. *Dar razão a alguém:* apoiá-lo nas suas palavras, nos seus atos, nos seus sentimentos. *Em razão de:* por causa de, por efeito de, por motivo de. *Encher-se de razão:* acreditar que está certo; acumular provas contra alguém. *Perder a razão:* ficar louco. *Recobrar a razão:* recuperar o juízo ou o tino, sair do estado de demência. *Ter carradas de razão:* ter todo o direito quanto a sua opinião. *Ter suas razões:* ter motivos particulares para proceder de certo modo. *Pl: razões.*

ra.zi.a (*fr razzia*, do *ár*) *sf* Invasão predatória em território inimigo, com saques, mortes etc.

ra.zo.ar (*razão+ar¹*) *vint* **1** Arrazoar, raciocinar. *vtd* **2** Defender (uma causa).

ra.zo.á.vel (*razoar+vel*) *adj m+f* **1** Sensato, moderado. **2** Conforme a razão. **3** Acima da média. **4** Que não é excessivo.

ré¹ (*lat rea*) *sf* **1** *Dir* Feminino de *réu*. **2** Mulher acusada de um crime.

ré² (*lat retro*) *sf* Marcha para trás.

ré³ *sm Mús* **1** Segunda nota da escala musical. **2** Sinal representativo dessa nota.

re.a.bas.te.cer (*re+abastecer*) *vtd* **1** Tornar a abastecer. *vpr* **2** Abastecer-se de novo.

re.a.bi.li.tar (*re+habilitar*) *vtd* **1** Restituir a alguém os direitos que tinha perdido. **2** Restituir à estima pública, à estima de alguém. **3** Regenerar moralmente.

re.a.brir (*re+abrir*) *vtd* e *vpr* Tornar a abrir(-se); abrir(-se) novamente. *Conjug – Part: reaberto.*

re.ab.sor.ver (*re+absorver*) *vtd* Tornar a absorver.

re.a.ça (de *reacionário*) *s m+f bras gír* Pessoa reacionária; retrógrada.

re.a.ção (*re+ação*) *sf* **1** Resistência. **2** Comportamento em face de ameaça. **3** *Fís* Força que se opõe a outra. **4** *Fisiol* Ação orgânica resultante do emprego de um estimulante. **5** *Psicol* Resposta a um estímulo qualquer. **6** *Quím* Processo pelo qual, da ação entre duas ou mais substâncias, forma-se outra ou outras, de características diferentes. **7** Sensação de calor, por algum tempo, depois da imersão do corpo em água fria. *Reação em cadeia:* processo químico-físico em que uma reação entre átomos desencadeia a mesma reação entre átomos vizinhos. *Pl: reações.*

re.a.cen.der (*re+acender*) *vtd* **1** Tornar a acender. *vtd* **2** Reestimular; reanimar, reavivar. *vtd* **3** Tornar mais ardente, mais ativo, mais violento. *vint* e *vpr* **4** *fig* Animar-se, desenvolver-se. *Conjug – Part: reacendido* e *reaceso.*

re.a.ci.o.ná.rio (*reação+ário*) *adj + sm* **1** Contrário às inovações; retrógrado. **2** Contrário à liberdade; tirano.

re.a.dap.tar (*re+adaptar*) *vtd* e *vpr* Adaptar(-se) de novo.

re.ad.mi.tir (*re+admitir*) *vtd* Tornar a admitir.

re.ad.qui.rir (*re+adquirir*) *vtd* Tornar a adquirir.

re.a.fir.mar (*re+afirmar*) *vtd* e *vpr* Afirmar(-se) novamente.

re.a.gen.te (de *reagir*) *adj m+f* Que reage. • *sm Quím* Substância que provoca uma reação.

re.a.gir (*lat reagere*) *vti* e *vint* **1** Fazer oposição; lutar, resistir. *vint* **2** Demonstrar reação; insurgir--se contra; protestar. *vint* **3** *Quím* Servir de reagente. *vint* **4** *Psicol* Manifestar (um ser vivo) modificações de comportamento. *Conjug – Pres indic: reajo, reages, reage* etc.; *Pres subj: reaja, reajas* etc.

re.a.gra.var (*re+agravar*) *vtd* **1** Tornar a agravar; exacerbar. *vint* e *vpr* **2** Agravar(-se) novamente.

re.a.gru.par (*re+agrupar*) *vtd* Agrupar outra vez; reunir.

re.a.jus.ta.men.to (*re+ajustar+mento*) *sm* Reajuste; ação ou efeito de reajustar.

re.a.jus.tar (*re+ajustar*) *vtd* e *vpr* Tornar a ajustar(-se).

re.a.jus.tá.vel (*reajustar+vel*) *adj m+f* Que se pode reajustar; sujeito a reajuste.

re.a.jus.te (*re+ajustar*) *sm* **1** Reajustamento. **2** Restabelecimento do equilíbrio; reacerto. *Reajuste salarial:* determinação do novo nível de salário.

re.al (*lat med reale*) *adj m+f* **1** Que existe de fato; verdadeiro. **2** Que se refere ao rei, à realeza; régio. • *sm* **1** Tudo o que existe. **2** Antiga moeda portuguesa e brasileira. *Pl: réis.* **3** Moeda corrente do Brasil desde 1º de julho de 1994. *Pl: reais.*

re.al.çar (*re+alçar*) *vtd* **1** Avivar (as cores). *vtd* **2** Sobressair. *vtd* **3** Dar mais brilho, mais força, mais intensidade, mais valor a. *vti* **4** Aparecer. *vpr* **5** Destacar-se, salientar-se.

re.al.ce (de *realçar*) *sm* **1** Distinção, relevo, destaque. **2** Maior lustre ou brilho.

re.a.le.grar (*re+alegrar*) *vtd* **1** Alegrar muito; tornar a alegrar. *vpr* **2** Readquirir alegria.

re.a.le.jo (*ê*) (*cast ant realejo*) *sm* Órgão mecânico portátil que se aciona com uma manivela.

re.a.len.go (*real+engo*) *adj* **1** Real, régio. **2** Digno de rei.

re.a.le.za (*lê*) (*real+eza*) *sf* **1** Dignidade de rei ou rainha. **2** As pessoas reais. **3** Grandeza, magnificência, suntuosidade.

re.a.li.da.de (*lat realitate*) *sf* **1** Qualidade do que é real. **2** O que existe realmente. *Realidade virtual,*

Inform: forma de interação entre um usuário e um ambiente criado em computador. *Antôn: ficção, fantasia.*

re.a.li.men.ta.ção (*re+alimentação*) *sf Eletr* Transferência de energia da saída para a entrada do mesmo circuito; retroalimentação. *Pl: realimentações.*

re.a.li.men.tar (*re+alimentar*) *vtd* Alimentar novamente; proceder à realimentação de.

re.a.lis.mo (*real+ismo*) *sm* **1** *Filos* Sistema segundo o qual as ideias abstratas eram tidas como seres reais. **2** *Lit* e *Bel-art* Movimento artístico e literário que, em meados do século XIX, se opôs ao romantismo. **3** Disposição para pensar e agir de acordo com a realidade das coisas ou dos fatos; sentido da realidade; modo de proceder oposto ao idealismo. **4** Sensatez. **5** Sistema político em que o chefe de Estado é um rei; monarquismo.

re.a.lis.ta (*real+ista*) *adj m+f* Relativo ao realismo. • *s m+f* **1** Pessoa que segue o realismo, na filosofia, nas letras e nas artes. **2** Pessoa sensata.

re.a.li.za.dor (*realizar+dor*) *adj* Que realiza. • *sm* **1** Pessoa eficiente, com visão prática das coisas. **2** *lus Cin* Diretor.

re.a.li.zar (*real+izar*) *vtd* **1** Tornar real ou efetivo. *vtd* **2** Pôr em ação ou em prática. *vpr* **3** Acontecer, ocorrer. *vtd* **4** *lus Cin* Dirigir (um filme).

re.a.li.zá.vel (*realizar+vel*) *adj m+f* Suscetível de se realizar. *Pl: realizáveis.*

re.a.lo.ca.ção (*re+alocar+ção*) *sf* Redistribuição. *Realocação de programa, Inform:* ação de mover um programa armazenado em uma área de memória para outra. *Pl: realocações.*

re.a.ni.mar (*re+animar*) *vtd* **1** Dar novo ânimo a; tornar a animar. **2** Restabelecer as forças de; fortificar. **3** Restituir o uso dos sentidos, o movimento, o vigor a.

re.a.pa.re.cer (*re+aparecer*) *vint* Aparecer novamente.

re.a.per.tar (*re+apertar*) *vtd* **1** Apertar de novo ou melhor. **2** Apertar muito. **3** Reajustar. **4** Firmar nos parafusos (as porcas que estejam frouxas), em qualquer máquina.

re.a.pli.car (*re+aplicar*) *vtd* Voltar a aplicar; fazer nova aplicação de. *Conjug – Pres subj:* reaplique, reapliques etc.; *Pret perf:* repliquei, reaplicaste, reaplicou etc.

re.a.pre.sen.tar (*re+apresentar*) *vtd* e *vpr* Apresentar(-se) outra vez.

re.a.pro.vei.tar (*re+aproveitar*) *vtd* Tornar a aproveitar.

re.a.pro.xi.mar (*ss*) (*re+aproximar*) *vtd* e *vpr* **1** Tornar a aproximar(-se). *vtd* **2** Reconciliar.

re.as.su.mir (*lat reassumere*) *vtd* Assumir novamente, tomar novamente posse de.

re.a.tar (*re+atar*) *vtd* **1** Atar de novo; tornar a atar ou prender. **2** Continuar (aquilo que foi interrompido). **3** Restabelecer.

re.a.ti.var (*re+ativar*) *vtd* e *vpr* Tornar(-se) ativo novamente; reavivar.

re.a.tor (*ô*) (*lat reactu+or*) *adj* Que reage. • *sm* Motor propulsor em que a energia térmica de combustão é transformado em energia cinética por expansão; jato. *Reator nuclear:* reator a pilha atômica.

re.a.va.li.ar (*re+avaliar*) *vtd* Avaliar de novo.

re.a.ver (*re+haver*) *vtd* Readquirir, recobrar, recuperar. Conjuga-se como *haver*, nos tempos e pessoas em que se conservam o *v: reaverias, reaveis* etc. *Pres indic:* reavemos, reaveis: *Pret imp indic:* reavia, reavias etc.; *Pret perf:* reouve, reouveste, reouve, reouvemos, reouvestes, reouveram; *Pret mais-que-perf:* reouvera, reouveras, reouvera etc.; *Fut pres:* reaverei, reaverás, reaverá, reaveremos, reavereis, reaverão; *Fut pret:* reaveria, reaverias, reaveria etc.; *Pret imp subj:* reouvesse, reouvesses, reouvesse, reouvéssemos, reouvésseis, reouvessem; *Fut subj:* reouver, reouveres, reouver, reouvermos, reouverdes, reouverem; *Imper afirm:* reavei(vós); *Infinitivo impess:* reaver; *Infinitivo pess:* reaver, reaveres, reaver, reavermos, reaverdes, reaverem; *Ger:* reavendo: *Part:* reavido.

re.a.vi.var (*re+avivar*) *vtd* e *vpr* **1** Tornar a avivar (-se). *vtd* **2** Tornar bem lembrado. *vtd* **3** Estimular a memória. *vtd* **4** Reacender o fogo.

re.bai.xa.men.to (*rebaixar+mento*) *sm* **1** Ação ou efeito de rebaixar(-se). **2** Humilhação espontânea ou imposta. **3** *Mil* Pena a que o militar está sujeito em certas faltas graves e que consiste em ser rebaixado na escala hierárquica.

re.bai.xar (*re+baixar*) *vtd* **1** Tornar mais baixo. *vtd* **2** Fazer diminuir o valor; menosprezar. *vtd* **3** Desacreditar, infamar. *vtd* **4** *Mil* Tirar as insígnias de; abaixar de posto, função ou categoria. *vpr* **5** Tornar-se mais baixo; abater-se, humilhar-se. *vpr* **6** Praticar atos baixos; aviltar-se, desacreditar-se.

re.ba.nho *sm* **1** Porção de gado lanígero. **2** *por ext* Conjunto de animais guardados por um pastor. **3** *fig* Conjunto de fiéis de uma religião. **4** *por ext* Gado de corte. *Rebanho espiritual:* os paroquianos.

re.bar.ba (*re+barba*) *sf* **1** Saliência, aresta. **2** Fragmentos de obras de fundição.

re.bar.bar (*rebarba+ar*[1]) *vtd* Tirar ou raspar as rebarbas de.

re.bar.ba.ti.vo (*fr rébarbatif*) *adj* **1** Carrancudo. **2** Desagradável. **3** Árido; difícil.

re.ba.te (de *rebater*) *sm* **1** Sinal para avisar um acontecimento perigoso. **2** Assalto, ataque, incursão. *Rebate falso:* notícia falsa.

re.ba.ter (*re+bater*) *vtd* **1** Tornar a bater. **2** Rechaçar, repelir. **3** *Fut* Impedir ou repelir (a bola) a esmo, sem direção. **4** Conter, refrear, reprimir. **5** Contestar, refutar, responder. **6** Desmentir, destruir. **7** Censurar, criticar.

re.ba.ti.zar (*re+batizar*) *vtd* e *vpr* Tornar a batizar(-se).

re.be.lar (*lat rebellare*) *vtd* **1** Tornar rebelde. *vti* e *vpr* **2** Insurgir(-se), revoltar(-se).

re.bel.de (*cast rebelde*) *adj* **1** Que se revolta contra a autoridade. **2** Que não obedece; que não se deixa domar; que não se submete. **3** Indisciplinado, teimoso. **4** Difícil de curar ou de debelar (doença). • *s m+f* **1** Pessoa que se rebela. **2** Desertor, traidor. **3** Revoltoso.

re.bel.di.a (*rebelde+ia*[1]) *sf* **1** Oposição, resistência. **2** Teimosia.

re.be.li.ão (*lat rebellione*) *sf* **1** Resistência violenta à autoridade. **2** Revolta, insurreição, sublevação, motim. *Pl: rebeliões.*

re.ben.que (*cast rebenque*) *sm* Pequeno chicote.

re.ben.ta.ção (*rebentar+ção*) *sf* A quebra das ondas de encontro aos rochedos; arrebentação. *Pl: rebentações*.

re.ben.tar (*lat vulg *repentare*) *vint* **1** Arrebentar, estourar, explodir. *vint* **2** Brotar, germinar, nascer. *vint* e *vpr* **3** Quebrar-se ou romper-se com grande violência; despedaçar, estalar. *vtd* **4** Fazer estalar, quebrar com grande ruído; romper. *vti* e *vint* **5** Desfazer-se em espuma; quebrar-se. *vti* e *vint* **6** Lançar brotos; desabrochar. *Rebentar de fome:* ter muita fome; viver na maior miséria. *Rebentar de gente:* estar (o lugar) completamente cheio. *Rebentar de gordo:* ser demasiado gordo. *Rebentar de riso:* não poder conter o riso; rir excessivamente.

re.ben.to (de *rebentar*) *sm* **1** *Bot* Broto dos vegetais; renovo. **2** Produto, fruto. **3** *pop* Filho, descendente.

re.bi.tar (*rebite+ar¹*) *vtd* **1** Ligar chapas por meio de rebites. **2** Arrebitar.

re.bi.te (de *rebitar*) *sm Mec* Espécie de prego com cabeça numa das extremidades, destinado a unir chapas de metais, peças, juntas; arrebite.

re.bo.ar (*lat reboare*) *vint* Fazer eco; ressoar fortemente; ecoar, repercutir, retumbar. *Conjug:* conjuga-se apenas nas 3ᵃˢ pessoas.

re.bo.bi.nar (*re+bobinar*) *vtd* **1** Bobinar de novo o papel que vai saindo da máquina. **2** Passar para outro carretel.

re.bo.ca.do (*part* de *rebocar*) *adj* **1** Revestido de reboco. **2** Exageradamente maquilado. **3** Levado a reboque.

re.bo.ca.dor (*ô*) (*rebocar+dor*) *adj* **1** Que reboca ou reveste de reboco. **2** Barco que serve para rebocar embarcações. • *sm* Aquele que reboca.

re.bo.car (*lat revocare*) *vtd* **1** Cobrir de reboco. **2** Maquilar exageradamente. **3** Levar a reboque; reboquear. **4** Puxar uma embarcação com auxílio de corda ou cabo. *Conjug – Pres subj: reboque, reboques* etc.; *Pret perf: reboquei, rebocaste* etc.

re.bo.co (*ô*) (de *rebocar*) *sm* Argamassa de cal e areia, ou cimento e areia, com que se revestem paredes; reboque. *Pl: rebocos* (*ó*).
Veja nota em **reboque**.

re.bo.jo (*ô*) (*re+bojo*) *sm* **1** Redemoinho de vento, causado por qualquer causa acidental. **2** Redemoinho causado pela sinuosidade do rio ou pelos acidentes de suas margens ou de seu leito.

re.bo.la.do (*part* de *rebolar*) *sm* Movimento exagerado dos quadris; saracoteio, bamboleio. *Perder o rebolado:* a) perder a graça; desconcertar-se; b) ver-se frustrado em alguma coisa.

re.bo.lar (*re+bola+ar¹*) *vtd*, *vint* e *vpr* Bambolear-se, menear-se, saracotear-se; andar, movendo sinuosamente o corpo.

re.bo.li.ço (*rebolir+iço*) *adj* Em forma de rebolo. *Cf rebuliço*.

re.bo.lo (*ô*) (de *rebolar*) *sm* **1** Pedra de arenito, em forma de mó, que gira em torno de um eixo horizontal e serve para amolar facas, tesouras etc. **2** *pop* Cilindro. *Pl: rebolos* (*ó*).

re.bo.que (de *rebocar*) *sm* **1** *pop* Reboco. **2** Corda que liga um veículo ao que o reboca. **3** Ato de levar alguém atrás de si, subordinado. **4** Guincho. *Levar a reboque:* levar ou encaminhar alguém que se sente inseguro ou dependente.
Embora o uso popular já tenha consagrado a forma **reboco** como equivalente a **reboque** (acepção 1), a língua padrão endossa apenas as acepções 2, 3 e 4, reservando para **reboco** a significação de argamassa de cal e areia, ou cimento e areia, com que se revestem paredes.

re.bor.do (*ô*) (*re+borda*) *sm* Borda revirada ou voltada para fora. *Pl: rebordos* (*ó*).

re.bor.do.sa (*re+bordo+osa*, no *fem*) *sf* **1** Admoestação, censura, reprimenda. **2** Situação desagradável. **3** Doença grave. **4** Rebuliço, alvoroço.

re.bo.ta.lho (*rebotar+alho*) *sm* **1** Restos; refugo. **2** Coisa reles, ordinária.

re.bo.te (*cast rebote*) *sm* **1** *Esp* No basquetebol, bola que não entra na cesta e é disputada por qualquer um dos participantes. **2** *Esp* No futebol, bola rebatida pelo goleiro ou por outro jogador de defesa e que sobra para o atacante finalizar. **3** Salto de um corpo elástico depois de se chocar em qualquer obstáculo.

re.bu (*red* de *rebuliço*) *sm bras gír* Confusão, tumulto.

re.bu.ça.do (*part* de *rebuçar*) *sm* Açúcar queimado, em ponto vítreo; caramelo. *Rebuçado de ovos:* pequena porção de doce de ovos, revestida por uma camada de açúcar em ponto de bala; bala de ovos.

re.bu.çar (*re+buço+ar¹*) *vtd* **1** Encobrir com rebuço. **2** Cobrir, envolver, esconder.

re.bu.ço (de *rebuçar*) *sm* **1** Parte da capa ou de outra peça do vestuário que serve para encobrir o rosto. **2** *fig* Disfarce, dissimulação.

re.bu.li.ço (*re+buliço*) *sm* **1** Grande barulho. **2** Agitação, desordem, confusão. **3** Gente em alvoroço. *Sin: rebu*. *Cf reboliço*.

re.bus.car (*re+buscar*) *vtd* **1** Escrever com apuro e esmero, mas de maneira não muito clara, afetada. **2** Indagar, pesquisar minuciosamente; procurar com o máximo cuidado. *Conjug – Pres subj: rebusque, rebusques* etc.; *Pret perf: rebusquei, rebuscaste, rebuscou* etc.

re.ca.das.trar (*re+cadastrar*) *vtd* Tornar a cadastrar.

re.ca.do (de *recadar*) *sm* Aviso, mensagem, comunicação. *Dar conta do recado:* cumprir uma obrigação.

re.ca.í.da (*part fem* de *recair*) *sf Med* Reaparecimento ou agravamento de uma doença.

re.ca.ir (*re+cair*) *vint* **1** Tornar a cair. *vint* **2** Sofrer recaída. *vti* **3** Reincidir em culpa, erro etc. Conjuga-se como *atrair*.

re.cal.car (*lat recalcare*) *vtd* **1** Tornar a calcar. **2** Refrear, reprimir. **3** Insistir em. *Conjug – Pres subj: recalque, recalques* etc.; *Pret perf: recalquei, recalcaste, recalcou* etc.

re.cal.ci.tran.te (de *recalcitrar*) *adj m+f* Teimoso, obstinado. • *s m+f* Pessoa muito teimosa.

re.cal.ci.trar (*lat recalcitrare*) *vint* **1** Resistir obstinadamente, sem obedecer. *vint* **2** Revoltar-se, rebelar-se. *vti* **3** Teimar, obstinar-se em. *vtd* **4** Replicar inteligentemente.

re.cal.cu.lar (*re+calcular*) *vtd* Calcular de novo.

re.cal.que (de *recalcar*) *sm* **1** Recalcamento. **2** *Constr* Rebaixamento da parede ou da terra depois de pronta a obra. **3** *Psicol* Exclusão inconsciente de certas ideias, sentimentos e desejos que o indivíduo não quer admitir, mas que continuam a fazer parte de seu inconsciente, podendo dar origem a graves distúrbios.

re.ca.mar (*ital ricamare*) *vtd* **1** Ornar com bordado em relevo. *vtd* **2** Adornar, enfeitar. *vtd* **3** Revestir, cobrir. *vpr* **4** Forrar-se, encher-se.

re.can.to (*re+canto*) *sm* **1** Canto escuro. **2** Lugar retirado, distante. **3** Lugar aprazível ou confortável.

re.ca.pa.do (*part* de *recapar*) *adj bras* Recauchutado.

re.ca.pa.gem (*recapar+agem*) *sf* **1** Segunda camada de asfalto. **2** Recauchutagem. *Pl: recapagens*.

re.ca.par (*re+capa+ar¹*) *vtd bras* **1** Recapear. **2** Recauchutar.

re.ca.pe.ar (*re+capear*) *vtd* Cobrir novamente com revestimento de asfalto (rua, estrada etc.); recapar. Conjuga-se como *frear*.

re.ca.pi.ta.li.zar (*re+capitalizar*) *vtd* Capitalizar novamente.

re.ca.pi.tu.lar (*baixo-lat recapitulare*) *vtd* **1** Resumir, sintetizar. **2** Rememorar, relembrar.

re.cap.tu.rar (*re+capturar*) *vtd* Capturar novamente.

re.car.ga (*re+carga*) *sf* **1** *Taur* Nova carga; nova investida do touro. **2** Novo ataque. **3** Ato ou efeito de recarregar.

re.car.re.gar (*re+carregar*) *vtd* Carregar novamente; carregar muito.

re.ca.ta.do (*recato+ado¹*) *adj* **1** Casto, pudico. **2** Prudente, sensato. **3** Modesto, simples.

re.ca.tar (*re+catar*) *vtd* **1** Guardar com recato. *vpr* **2** Acautelar-se, resguardar-se.

re.ca.to (de *recatar*) *sm* **1** Resguardo, cautela, precaução, prudência. **2** Simplicidade, modéstia. **3** Pudor.

re.cau.chu.ta.do (*part* de *recauchutar*) *adj* Diz-se do pneu em que se fez recauchutagem; recapado.

re.cau.chu.ta.gem (*recauchutar+agem*) *sf* Recapagem. *Pl: recauchutagens*.

re.cau.chu.tar (*fr recaoutchouter*) *vtd* **1** Reconstituir, com camadas de borracha, a parte gasta de um pneu; recapar, ressolar. **2** *fig* Reconstituir, restaurar.

re.ce.ar (*re+lat celare*) *vtd* **1** Ter receio ou medo de; temer. *vpr* **2** Preocupar-se. Conjuga-se como *frear*.

re.ce.be.do.ri.a (*recebedor+ia¹*) *sf* Repartição onde se recebem impostos.

re.ce.ber (*lat recipere*) *vtd* **1** Aceitar, tomar. *vtd* **2** Ser alvo de homenagem, honras etc. *vtd* **3** Entrar na posse de. *vtd* **4** Conseguir, obter. *vtd* **5** Acolher com boas-vindas. *vtd* **6** Contrair matrimônio com. *vint* **7** Dar recepções ou audiências; acolher visitas. *Receber as águas batismais* ou *receber as águas do batismo*: ser batizado. *Receber as ordens*: ordenar-se sacerdote. *Receber as credenciais*: ato solene de um governo ao admitir novas embaixadas ou representantes diplomáticos de outras nações. *Receber a visita de*: ser visitado por. *Receber os últimos sacramentos*: confessar-se, comungar e ser ungido em preparação para a morte.

re.cei.o (de *recear*) *sm* **1** Incerteza ou hesitação, acompanhada de temor. **2** Ansiedade, temor, apreensão, pavor, angústia.

re.cei.ta (*lat recepta*) *sf* **1** Valor que é recebido, arrecadado ou apurado. **2** Conjunto dos rendimentos de um Estado, uma sociedade, um indivíduo. **3** *por ext* Fórmula de prescrição médica. **4** Fórmula de qualquer produto industrial ou culinário. *Receita bruta*: receita sem abatimento das despesas. *Receita extraordinária*: rendimentos eventuais ou incertos. *Receita líquida*: o produto, depois de abatidas as despesas.

re.cei.tar (*receita+ar¹*) *vtd* **1** Passar receita de; prescrever como médico. **2** Aconselhar.

re.cei.tu.á.rio (*receita+ário*) *sm* **1** Formulário no qual o médico, o dentista etc. prescrevem os medicamentos. **2** Coleção de receitas usadas nas artes, indústrias e na economia doméstica.

re.cém-ca.sa.do *adj* + *sm* Diz-se do, ou a pessoa que é casada há pouco tempo. *Pl: recém-casados*.

re.cém-che.ga.do *adj* + *sm* Diz-se do, ou o indivíduo que chegou há pouco ou pouco antes. *Pl: recém-chegados*.

re.cém-fa.bri.ca.do *adj* Que foi fabricado há pouco ou recentemente. *Pl: recém-fabricados*.

re.cém-for.ma.do *adj* Que se formou há pouco tempo. *Pl: recém-formados*.

re.cém-nas.ci.do *adj* Que nasceu há poucas horas ou poucos dias. • *sm* Criança na primeira semana de vida. *Pl: recém-nascidos*.

re.cen.der (*re+enceder*, com metátese) *vtd*, *vti* e *vint* **1** Exalar (cheiro forte e agradável). *vint* **2** Cheirar forte e agradavelmente. *vti* e *vint* **3** Manifestar-se por aroma ou odor muito forte.

re.cen.se.a.men.to (*recensear+mento*) *sm* Estatística periódica que consiste em determinar o número de habitantes de cada cidade, município, Estado ou de todo o país, com a qualificação completa de cada um dos habitantes; censo.

re.cen.se.ar (*re+censo+e+ar¹*) *vtd* **1** Fazer o recenseamento. **2** Arrolar, enumerar. Conjuga-se como *frear*.

re.cen.te (*lat recente*) *adj* **1** Que aconteceu há pouco tempo. **2** Que tem pouco tempo de existência; fresco, novo.

re.ce.o.so (*ô*) (*receio+oso*) *adj* Que tem receio; apreensivo, medroso, temeroso; tímido. *Pl: receosos (ó)*.

re.cep.ção (*lat receptione*) *sf* **1** Seção onde trabalha um(a) recepcionista. **2** Acolhimento, acolhida. **3** *por ext* Ato de receber convidados e amigos. **4** Recebimento festivo e solene que se faz a pessoa de categoria que visita uma terra. *Recepção cega de cópia, Inform*: no correio eletrônico, método de envio de uma mensagem para vários usuários, cujas identidades não são conhecidas pelos demais. *Pl: recepções*.

re.cep.ci.o.nar (*lat receptione+ar¹*) *vint* **1** Dar recepções. *vtd* **2** Receber alguém com atenção ou cortesia.

re.cep.ci.o.nis.ta (*recepcionar+ista*) *adj* Que recepciona. • *s m+f neol* Pessoa empregada de hotéis, hospitais, escritórios etc., responsável pela recepção.

re.cep.tá.cu.lo (*lat receptaculu*) *sm* **1** Recipiente. **2** Abrigo, esconderijo, refúgio. **3** *Eletr* Boquilha de louça onde a lâmpada elétrica é encaixada para estabelecer o contato. **4** *Bot* Tálamo.

re.cep.ta.dor (*lat receptatore*) *adj* Que recepta. • *sm* **1** Aquele que recepta. **2** Aquele que esconde, recolhe, compra objetos ou valores de origem ignorada, suspeita ou roubada.

re.cep.tar (*lat receptare*) *vtd* **1** Dar abrigo a. **2** Recolher, guardar, esconder (coisas roubadas).

re.cep.ti.vo (*lat receptivu*) *adj* **1** Acolhedor. **2** Sujeito à influência externa; impressionável, passivo.

re.cep.tor (*ô*) (*lat receptare*) *adj* Que recebe. • *sm* **1** Receptador. **2** Aparelho que recebe sinais luminosos, acústicos, elétricos etc. **3** *Fisiol* Célula ou grupo de células que recebe um estímulo e o transmite aos centros nervosos.

re.ces.são (*lat recessione*) *sf Econ polít* Período de queda nas atividades econômicas, menos severo do que uma depressão. *Pl: recessões*.

re.ces.si.vi.da.de (*recessivo+i+dade*) *sf Biol* Fenômeno pelo qual um gene não se manifesta, porém mantém sua individualidade.

re.ces.si.vo (*lat recessu+ivo*) *adj* **1** Relativo à recessão. **2** *Genét* Diz-se de característica que não se manifesta, mas pode se manifestar numa das gerações seguintes. **3** Latente.

re.ces.so (*lat recessu*) *sm* **1** Recanto, retiro. **2** *Anat* Cavidade. **3** *Polít* Período de não funcionamento das atividades do legislativo e do judiciário. *Recesso escolar:* suspensão temporária das atividades normais dos estabelecimentos de ensino.

re.cha.çar (*cast rechazar*) *vtd* **1** Rebater, repelir. **2** Fazer retirar ou retroceder, opondo resistência. **3** Interromper com uma resposta grosseira ou com um gesto abrupto; replicar, refutar.

réchaud (*rechô*) (*fr*) *sm* Suporte para travessas ou panelas, provido de um fogareiro na parte inferior, que mantém o calor dos alimentos levados à mesa.

re.che.ar (*recheio+ar¹*) *vtd* **1** Encher com recheio. *vpr* **2** Enriquecer-se, locupletar-se. Conjuga-se como *frear*.

re.chei.o (*re+cheio*) *sm* **1** Aquilo que recheia. **2** Preparado culinário com que se enchem aves, outros animais, legumes, massas, pastéis, tortas doces e salgadas etc.

re.chon.chu.do (*cast rechoncho+udo¹*) *adj pop* Gorducho, roliço.

re.ci.bo (*cast recibo*) *sm* Declaração escrita e assinada, comprovando o recebimento de alguma coisa de outra pessoa; quitação. *Passar recibo:* desforrar-se, vingar-se.

re.ci.cla.gem (*reciclar+agem*) *sf* **1** *Eletr* Alteração de ciclagem. **2** *fig* Atualização de conhecimentos. **3** Reaproveitamento de material usado.

re.ci.clar (*re+ciclo+ar¹*) *vtd* **1** Fazer a reciclagem de. **2** Reaproveitar.

re.ci.di.va (*lat recidiva*) *sf* **1** *Med* Recaída na doença. **2** Reincidência.

re.ci.di.vo (*lar recidivu*) *adj* **1** Que reincide; reincidente. **2** Que torna a aparecer. **3** Que cai novamente em erro ou culpa.

re.ci.fe (*ár raSîf*) *sm* **1** Rochedo ou grupo de rochedos nas proximidades da costa do mar e à flor da água. *Recife de coral:* recife constituído de rocha calcária, formada de fragmentos de corais, algas e outros depósitos orgânicos. *Recife em barreira:* recife de coral, paralelo à costa.

re.cin.to (*lat recintu*) *sm* **1** Espaço fechado. **2** Espaço ou terreno murado. **3** Cômodo.

re.ci.pi.en.te (*lat recipiente*) *sm* Qualquer tipo de vasilha que pode receber ou conter alguma coisa; receptáculo.

re.cí.pro.ca (*fem* de *recíproco*) *adj Mat* Diz-se de duas proposições ou teoremas em que a tese de um é a hipótese do outro e a tese desse outro é a hipótese daquele. • *sf* **1** *Mat* Essa proposição ou teorema. **2** Reciprocidade.

re.ci.pro.ci.da.de (*lat reciprocitate*) *sf* **1** Caráter ou qualidade de recíproco. **2** *Sociol* Relação social entre indivíduos, grupos e instituições pressupondo deveres, obrigações, prestação de serviços, de um lado, e direitos, compensações e retribuições, de outro.

re.cí.pro.co (*lat reciprocu*) *adj* **1** Mútuo; baseado na reciprocidade. **2** Que implica troca ou mudança entre dois objetos ou duas pessoas. **3** Que é partilhado, sentido ou demonstrado por ambas as partes. **4** *Biol* Que se realiza em direção oposta. • *sm Mat* O inverso de um número.

ré.ci.ta (de *recitar*) *sf* **1** Espetáculo de declamação ou música. **2** *por ext* Representação teatral.

re.ci.ta.do (*part* de *recitar*) *adj* **1** Diz-se do trecho lido ou repetido de cor, em voz alta. **2** Declamado. *Missa recitada:* missa dialogada, em que os fiéis acompanham, em voz alta, algumas orações do celebrante.

re.ci.tal (*ingl recital*) *sm* **1** Espetáculo de audição realizado por um só artista. **2** Concerto em que atua um só executante. **3** Apresentação de alunos de um mestre de música. *Pl: recitais*.

re.ci.tar (*lat recitare*) *vtd* **1** Dizer ou ler em voz alta e clara. **2** Pronunciar, referir ou narrar declamando.

re.cla.mar (*lat reclamare*) *vti* e *vint* **1** Exigir, reivindicar (direitos). *vint* **2** Queixar-se, protestar. *vtd* e *vti* **3** Implorar, invocar. *vtd* **4** Pretender passar por dono ou autor de.

re.cla.me (*fr réclame*) *sm desus* **1** Anúncio comercial. **2** Publicidade, propaganda.

re.clas.si.fi.car (*re+classificar*) *vtd* Classificar novamente; dar nova classificação a. *Conjug – Pres subj: reclassifique, reclassifiques* etc.; *Pret perf: reclassifiquei, reclassificaste, reclassificou* etc.

re.cli.nar (*lat reclinare*) *vtd* e *vpr* **1** Encostar(-se), inclinar(-se). *vtd* **2** Deitar.

re.clu.são (*lat reclusione*) *sf* **1** Ato ou efeito de encerrar(-se); encerramento. **2** *Dir* Pena rigorosa que consiste na privação da liberdade. **3** Cárcere, prisão. *Pl: reclusões*.

re.clu.so (*lat reclusu*) *adj* Que vive em clausura ou em convento. • *sm* **1** *Dir* Aquele que foi condenado à prisão. **2** Aquele que não frequenta a sociedade; misantropo.

re.co (de *recruta*) *sm bras gír* Militar recém-incorporado. **2** Reservista que presta serviço militar.

re.co.brar (*lat recuperare*) *vtd* **1** Tornar a cobrar; adquirir novamente; reaver, reconquistar, recuperar, retomar. *vpr* **2** Reanimar-se, recuperar-se.

re.co.brir (*re+cobrir*) *vtd* **1** Cobrir de novo. *vpr* **2** Tornar a cobrir-se. Conjuga-se como *dormir*. *Part: recoberto*.

re.co.lher (*lat recolligere*) *vtd* **1** Fazer a colheita de. *vtd* **2** Juntar, reunir (coisas dispersas). *vtd* **3** Apanhar, apreender. *vtd* **4** Pôr ao abrigo; arrecadar, guardar. *vtd* **5** Tirar de circulação. *vtd* **6** Angariar. *vtd* **7** Fazer a cobrança de. *vtd* **8** Acolher, hospedar. *vtd* e *vpr* **9** Encolher(-se), retrair(-se). *vpr* **10** Meter-se em casa para se deitar. *Recolher-se ao silêncio:* não responder. *Recolher-se com as galinhas:* deitar-se muito cedo. *Recolher-se dentro de si:* meditar, refletir.

re.co.lhi.do (*part* de *recolher*) *adj* **1** Que vive na clausura. **2** Que foge da convivência social. **3** Pouco expansivo.

re.co.lhi.men.to (*recolher*+*mento*[1]) *sm* **1** Local onde alguém ou algo se recolhe. **2** Cautela. **3** Meditação. **4** Vida recatada.

re.co.lo.car (*re*+*colocar*) *vtd* Colocar novamente; repor. *Conjug – Pres subj: recoloque, recoloques* etc.; *Pret perf: recoloquei, recolocaste, recolocou* etc.

re.co.me.çar (*re*+*começar*) *vtd* e *vint* Tornar a começar; começar de novo.

re.co.men.da.ção (*recomendar*+*ção*) *sf* **1** Ato ou efeito de recomendar. **2** As palavras com que se recomenda. **3** Advertência, conselho. *sf pl* **1** Cumprimentos, saudações. **2** Lembranças. *Pl: recomendações.*

re.co.men.da.do (*part* de *recomendar*) *adj* **1** Aconselhado. **2** Que é alvo de recomendação. • *sm* Aquele a quem se deu recomendação para alguém; afilhado, protegido, apresentado.

re.co.men.dar (*re*+(*en*)*comendar*) *vtd* **1** Encarregar de. *vtd* **2** Confiar o encargo de; exigir ou pedir todo o cuidado para. *vtd* **3** Pedir instantemente. *vtd* **4** Aconselhar, animar. *vtd* **5** Pedir proteção para. *vtd* **6** Apresentar, enviar ou transmitir cumprimentos. *vpr* **7** Mostrar-se digno de recomendação.

re.co.men.dá.vel (*recomendar*+*vel*) *adj m*+*f* **1** Que merece recomendação. **2** Que merece estima ou respeito. **3** Que se pode indicar como bom ou útil. *Pl: recomendáveis.*

re.com.pen.sa (de *recompensar*) *sf* **1** Prêmio, paga. **2** Compensação, reconhecimento por uma ação meritória.

re.com.pen.sar (*lat recompensare*) *vtd* **1** Compensar, premiar. *vtd* **2** Retribuir a alguém por favores ou serviços prestados. *vpr* **3** Indenizar-se, pagar-se.

re.com.pen.sá.vel (*recompensar*+*vel*) *adj m*+*f* Que merece recompensa; que se pode recompensar. *Pl: recompensáveis.*

re.com.por (*lat recomponere*) *vtd* **1** Refazer, restabelecer, restaurar. *vtd* **2** Dar nova forma a; reorganizar. *vtd* **3** Reconstruir, rememorar. *vtd* e *vpr* **4** Congraçar(-se), harmonizar(-se). Conjuga-se como *pôr*.

re.com.pos.to (*ô*) (*lat recompositu*) *adj* Que se recompôs; reconstruído, refeito, restabelecido. *Pl: recompostos* (*ó*).

re.côn.ca.vo (*re*+*côncavo*) *sm* **1** Cavidade funda. **2** Antro, gruta natural. **3** Enseada. **4** Fértil e extensa região da Bahia.

re.con.cen.trar (*re*+*concentrar*) *vtd* **1** Fazer convergir para um centro. *vtd* **2** Recolher dentro de si (um sentimento). *vtd* e *vpr* **3** Reunir(-se), concentrar(-se) (as forças em um ponto).

re.con.ci.li.ar (*lat reconciliare*) *vtd* **1** Fazer voltar à antiga amizade. *vtd* **2** Pôr de acordo; conciliar. *vpr* **3** Fazer as pazes. *vtd* **4** Estabelecer a paz entre.

re.con.di.ci.o.nar (*re*+*condicionar*) *vtd* **1** Restaurar; pôr em condições de funcionamento; reformar. **2** Retificar.

re.côn.di.to (*lat reconditu*) *adj* **1** Muito escondido ou oculto. **2** Desconhecido, ignorado, secreto. • *sm* **1** Lugar oculto; recanto, retiro. **2** *fig* Âmago, íntimo.

re.con.du.zir (*lat reconducere*) *vtd* **1** Conduzir de novo. *vtd* **2** Remeter de volta ao lugar de onde veio; devolver. *vtdi* **3** Prover de novo, por eleição ou nomeação, para o desempenho do mesmo emprego ou magistratura. Conjuga-se como *reduzir*.

re.con.for.tar (*re*+*confortar*) *vtd* **1** Dar novo vigor. *vtd* **2** Incutir novo ânimo, restaurar a força moral de. *vint* e *vpr* **3** Recobrar forças perdidas.

re.co.nhe.cer (*lat recognoscere*) *vtd* **1** Conhecer de novo. *vtd* **2** Identificar, distinguir. *vtd* **3** Admitir. *vtd* **4** Ficar convencido de. *vtd* **5** Considerar como. *vtd* **6** Certificar por escrito que é autêntica e verdadeira (a assinatura ou firma de uma pessoa); autenticar, endossar. *vtd* **7** Ficar convencido de; estar certo ou consciente de. *vpr* **8** Declarar-se, confessar-se. *Reconhecer um filho:* confessar que é pai ou mãe de um filho natural. *Reconhecer um governo:* declará-lo estabelecido legitimamente.

re.co.nhe.ci.men.to (*reconhecer*+*mento*) *sm* **1** Agradecimento. **2** Prêmio, recompensa, retribuição. **3** *Mil* Operação que tem por objeto obter informações sobre a posição do inimigo. *Reconhecimento de firma:* ato pelo qual o notário público declara legítima a assinatura de uma pessoa. *Reconhecimento do filho ilegítimo:* ato espontâneo pelo qual os pais, ou um dos pais, declaram que determinado indivíduo é seu filho.

re.con.quis.tar (*re*+*conquistar*) *vtd* **1** Conquistar de novo. **2** Recobrar, readquirir, recuperar.

re.con.si.de.rar (*re*+*considerar*) *vtd* **1** Considerar ou ponderar de novo. *vint* **2** Pensar melhor, dar nova atenção. *vint* **3** Tomar nova resolução. *vint* **4** Arrepender-se de ter feito; desdizer-se.

re.cons.ti.tu.ir (*re*+*constituir*) *vtd* **1** Tornar a constituir. *vpr* **2** Recompor-se, restabelecer-se. *vtd* **3** Restaurar as forças de. *vtd* **4** Rememorar. *Conjug – Pres indic: reconstituo, reconstituis, reconstitui, reconstituímos, reconstituís, reconstituem; Pret imp indic: reconstituía, reconstituías, reconstituía, reconstituíamos, reconstituíeis, reconstituíam; Pret perf: reconstituí, reconstituíste, reconstituiu, reconstituímos, reconstituístes, reconstituíram; Pret imp subj: reconstituísse, reconstituísses, reconstituísse, reconstituíssemos, reconstituísseis, reconstituíssem; Part: reconstituído.*

re.cons.tru.ir (*re*+*construir*) *vtd* **1** Tornar a construir. **2** Formar de novo; reformar, reorganizar, reestruturar. Conjuga-se como *construir*.

re.con.tar (*re*+*contar*) *vtd* **1** Contar duas ou mais vezes; tornar a contar; calcular de novo. **2** Narrar de novo, referir.

re.cor.da.ção (*lat recordatione*) *sf* **1** Memória, lembrança reavivada. **2** Objeto que relembra coisa ou pessoa. *Doces recordações:* saudades.

re.cor.dar (*lat recordari*) *vtd* e *vpr* **1** Lembrar(-se). *vtd* **2** Fazer lembrar; ter analogia ou semelhança com. *vtd* **3** Estudar de novo. *vti* **4** Lembrar.

re.cor.de (*ó*) (*ingl record*) *sm* **1** *Esp* Atuação desportiva que supera tudo o que se fez anteriormente. **2** *por ext* Proeza inaudita. **3** Ponto máximo. *Bater o recorde:* ir além do que se esperava. *Estabelecer um recorde:* realizá-lo.
A palavra **recorde** é forma aportuguesada do inglês *record* e deve ser pronunciada como paroxítona (com a sílaba tônica *cór*). Usada como adjetivo, não sofre flexão de gênero ou número; é invariável. Temos assim: *preço* **recorde**, *prêmios* **recorde**, *audiência* **recorde**, *vendas* **recorde**.

re.cor.dis.ta (*recorde+ista*) *adj m+f* e *s m+f* Que, ou quem bate algum recorde.

re.co-re.co (*voc onom*) *sm Folc* Gomo de bambu com entalhos transversais, no qual se esfrega uma vara para produzir um som musical; ganzá. *Pl: reco-recos.*

re.cor.ren.te (*lar recurrente*) *adj m+f* Que volta para sua origem ou que aparece depois de haver desaparecido.

re.cor.rer (*lat recurrere*) *vti* **1** Dirigir-se a alguém, pedindo auxílio, proteção, justiça. *vti* **2** Fazer uso de, lançar mão de; empregar. *vti* **3** Apelar. *vti* e *vint* **4** Interpor recurso judicial ou administrativo.

re.cor.ri.do (*part de recorrer*) *adj Dir* Diz-se do despacho ou decisão que é objeto de recurso. • *sm Dir* Aquele contra quem se interpõe recurso judicial.

re.cor.rí.vel (*recorrer+vel*) *adj m+f* Passível de recurso.

re.cor.tar (*re+cortar*) *vtd* **1** Cortar, acompanhando modelos ou talhando figuras diversas. **2** Entremear, entrecortar, intervalar. **3** Separar, cortando. **4** Salientar, destacar.

re.cor.te (de *recortar*) *sm* **1** Desenho que se obtém recortando. **2** Notícia, artigo, anúncio etc., recortados de jornal ou revista. **3** *Inform* Ação de definir uma área numa imagem e cortá-la, para que possa depois ser colada numa outra imagem.

re.cos.tar (*re+costa+ar¹*) *vtd* e *vpr* **1** Encostar (-se), inclinar(-se), reclinar(-se). *vpr* **2** Pôr-se em posição de descanso, meio deitado, apoiando as costas em algum lugar; encostar-se.

re.cos.to (*ô*) (de *recostar*) *sm* **1** Almofada, encosto, travesseiro. **2** Parte de um assento própria para recostar; espaldar.

re.cre.a.ção (*lat recreatione*) *sf* **1** Recreio. **2** Ocupação agradável para descanso e recuperação de forças. *Pl: recreações.*

re.cre.ar (*lat recreare*) *vpr* **1** Sentir prazer ou satisfação. *vpr* **2** Brincar, deleitar-se, divertir-se. *vtd* **3** Aliviar do trabalho, descansar se divertindo. *Antôn:* enfadar, aborrecer. Conjuga-se como *frear*.

re.cre.a.ti.vo (*recrear+ivo*) *adj* Que diverte ou dá prazer.

re.crei.o (de *recrear*) *sm* **1** Divertimento, entretenimento, folguedo; recreação. **2** Tempo concedido às crianças para brincarem, nos intervalos das aulas.

re.cri.ar (*re+criar*) *vtd* Tornar a criar.

re.cri.mi.nar (*re+criminar*) *vtd* **1** Censurar, repreender, criticar. **2** Acusar de crime ou falta. **3** Responder com acusações às acusações de.

re.cru.des.cer (*lat recrudescere*) *vti* e *vint* **1** Tornar-se mais intenso; aumentar. *vint* **2** Agravar-se, exacerbar-se. *Conjug – Pres indic:* recrudesço, recrudesces, recrudesce etc.; *Pres subj:* recrudesça, recrudesças, recrudesça etc.; *Pret perf:* recrudesci, recrudesceste, recrudesceu etc. *Antôn:* decrescer, ceder.

re.cru.ta (de *recrutar*) *sm* **1** Soldado novo. **2** Indivíduo admitido há pouco; novato, calouro. *sf* Exercício militar de recrutas.

re.cru.ta.men.to (*recrutar+mento*) *sm* **1** Inscrição anual dos jovens que atingem a idade de serviço no exército; a recruta. **2** Conjunto de recrutas.

re.cru.tar (*fr recruter*) *vtd* **1** Alistar para o serviço militar. **2** *por ext* Juntar, reunir, arregimentar pessoas. **3** Aliciar adeptos para uma associação, companhia ou partido; convocar para uma seita.

re.cu.ar (*re+cu+ar¹*) *vint* **1** Andar para trás, andar de costas. *vint* **2** Perder terreno (para o adversário). *vint* **3** Desistir. *vint* **4** Ter ideias contrárias ao progresso. *vti* e *vint* **5** Afastar-se. *vint* **6** Reconsiderar; voltar atrás.

re.cu.o (de *recuar*) *sm* **1** Movimento de alguém ou de um animal, quando, sem voltar o corpo, anda para trás. **2** Distância mínima obrigatória que as edificações devem manter das divisas do terreno. **3** Movimento para trás das armas de fogo, quando são disparadas; coice. **4** Retirada, fuga.

re.cu.pe.rar (*lat recuperare*) *vtd* **1** Readquirir, recobrar. *vtd* **2** Voltar à posse de. *vpr* **3** Restabelecer-se, recobrar-se, restaurar-se. *vpr* **4** Indenizar-se, ressarcir-se.

re.cur.so (*lat recursu*) *sm* **1** Auxílio, proteção, socorro. **2** Meio, expediente. **3** *Dir* Ação para recorrer para outro juízo ou tribunal superior, após condenação. **4** Queixa, reclamação. *sm pl* Bens materiais, dinheiro, haveres, fortuna.

re.cur.var (*lat recurvare*) *vtd* **1** Curvar muito. *vtd* e *vpr* **2** Dobrar(-se), inclinar(-se).

re.cu.sa (de *recusar*) *sf* Negação; resposta negativa.

re.cu.sar (*lat recusare*) *vtd* **1** Não aceitar, não admitir; rejeitar. *vtd* **2** Não conceder; não permitir; negar. *vtd* **3** Opor-se; resistir a. *vpr* **4** Não querer; escusar-se; negar-se. *vpr* **5** Não obedecer. *Recusar a entrada ou a porta:* não deixar entrar. *Recusar-se à evidência:* não querer convencer-se.

re.cu.sá.vel (*lat recusabile*) *adj m+f* Que pode ser recusado.

re.da.ção (*lat redactione*) *sf* **1** Composição literária. **2** Conjunto de redatores. **3** Lugar onde os redatores trabalham. *Pl: redações.*

re.dar.guir (*gwi*) (*lat redarguere*) *vtd* **1** Responder argumentando. *vti* **2** Responder, revidar. *Conjug – Pres indic:* redarguo, redarguis, redargui, redarguimos, redarguis, redarguem; *Pret imp indic:* redarguia, redarguias, redarguia, redarguíamos, redarguíeis, redarguiam; *Pret perf:* redargui, redarguiste, redarguiu etc.; *Pret mais-que-perf:* redarguira, redarguiras, redarguira, redarguíramos, redarguíreis, redarguiram; *Pres subj:* redargua, redarguas, redargua, redarguamos, redarguais, redarguam; *Part:* redarguido.

re.da.tor (*lat redactore*) *sm* **1** Aquele que redige. **2** Aquele que escreve para uma publicação periódica.

re.da.tor-che.fe *sm* O principal redator de um jornal ou revista; o chefe de uma redação. *Pl: redatores-chefes.*

re.de (*ê*) (*lat rete*) *sf* **1** Instrumento de pesca de malhas. **2** Tecido de fios metálicos pregado em portas ou janelas, para evitar a entrada de insetos. **3** Tecido fino de malha com que as mulheres envolvem o cabelo; redinha. **4** Artefato para descansar ou dormir, preso pelas duas extremidades em portais ou em árvores. **5** *por ext* Conjunto de cabos telefônicos ou elétricos de uma cidade. **6** *por ext* A canalização de água, esgoto, gás etc. **7** *por ext* O conjunto de estabelecimentos, agências etc., para atender ao público. **8** *Esp* Grande malha que cerca a parte de trás do gol. *Cair na rede:* a) deixar-se apanhar, prender-se no laço, ser capturado; b) cair no logro. *Prender-se nas redes de Cupido:* enamorar-se.

ré.dea (*lat vulg *retina*) *sf* **1** Corda ou correia para guiar a cavalgadura; brida. **2** *fig* Governo, direção. **3** Freio, segurança, firmeza. *À rédea solta:* a) à vontade, sem dar satisfação, sem governo; b) com precipitação, velozmente. *Com a rédea na mão:* com prudência. *Dar rédea curta:* controlar, limitar. *Dar rédea larga* ou *dar rédeas:* deixar com liberdade de correr; soltar. *Tomar as rédeas:* assumir a direção, o governo, o poder.

re.de.mo.i.nho (*corr de remoinho*) *sm* Movimento rápido e espiralado, causado pelo cruzamento de ondas ou ventos contrários; remoinho.

re.den.ção (*lat redemptione*) *sf* **1** Ato ou efeito de remir; resgate. **2** Salvação, socorro. **3** *Teol* O resgate do gênero humano por Jesus Cristo, sob o aspecto de libertação do pecado. *Pl: redenções.*

re.den.tor (*lat redemptore*) *adj+sm* Que, ou aquele que redime. • *sm* **Redentor** Jesus Cristo.

re.des.co.brir (*re+descobrir*) *vtd* Tornar a descobrir. Conjuga-se como *dormir.*

re.des.con.to (*re+desconto*) *sm Com* Operação por meio da qual um banco desconta em outro o título que havia descontado a um cliente.

re.de.se.nhar (*re+desenhar*) *vtd* Desenhar novamente.

re.di.gir (*lat redigere*) *vtd* **1** Escrever. *vtd* **2** Escrever como redator. *vint* **3** Exprimir-se por escrito. *Conjug – Pres indic: redijo, rediges, redige* etc.; *Pres subj: redija, redijas, redija* etc.

re.dil (*rede+il*) *sm* Curral para recolher o gado. *Pl: redis.*

re.di.men.si.o.nar (*re+dimensionar*) *vtd* Dimensionar novamente.

re.di.mir (*lat redimere*) *vtd* e *vpr* V remir. *Conjug:* verbo regular, conjugável em todas as formas.

re.din.go.te (*ingl reding+coat*) *sm* Casaco largo e comprido; sobrecasaca.

re.di.re.ci.o.nar (*re+direcionar*) *vtd* **1** Mudar a direção de, dar nova direção a. **2** *Inform* Enviar uma mensagem a outro(s) usuário(s) ou destino(s), sem modificar-lhe o conteúdo.

re.dis.cu.tir (*re+discutir*) *vtd* Discutir novamente.

re.dis.tri.bu.ir (*re+distribuir*) *vtd* Tornar a distribuir. *Conjug – Pres indic: redistribuo, redistribuis, redistribui, redistribuímos, redistribuís, redistribuem; Pret imp indic: redistribuía, redistribuías, redistribuía, redistribuíamos,* redistribuíeis, redistribuíam; *Pret perf indic: redistribuí, redistribuíste, redistribuiu, redistribuímos, redistribuístes, redistribuíram; Pret mais-que-perf: redistribuíra, redistribuíras, redistribuíra, redistribuíramos, redistribuíreis, redistribuíram; Pret imp subj: redistribuísse, redistribuísses, redistribuísse, redistribuíssemos, redistribuísseis, redistribuíssem; Part: redistribuído.*

re.di.vi.vo (*lat redivivu*) *adj* **1** Que retornou à vida; ressuscitado. **2** Rejuvenescido. **3** Renovado.

re.di.zer (*lat redicere*) *vtd* **1** Tornar a dizer. **2** Repetir. **3** Dizer várias vezes. Conjuga-se como *dizer.*

re.do.brar (*re+dobrar*) *vtd* **1** Dobrar novamente. *vtd* **2** Tornar quatro vezes maior; quadruplicar. *vtd* **3** Soar novamente (o sino); dobrar, repicar. *vtd, vti* e *vint* **4** Aumentar muito; intensificar.

re.do.ma (*ô*) *sf* **1** Campânula para proteger objetos delicados ou imagens. **2** Campânula que serve para proteger alimentos do contato com o ar e as impurezas. *Meter numa redoma:* tratar com cuidado exagerado; com muita cautela.

re.do.mo.i.nho (*de remoinho, com ingl de roda*) V *redemoinho.*

re.don.de.za (*dê*) (*redondo+eza*) *sf* **1** Conjunto de localidades próximas. **2** Vizinhança, cercania, arredor. **3** Qualidade de redondo.

re.don.di.lha (*cast redondilha*) *sf Metrif* Versos de cinco (*redondilha menor*) ou de sete (*redondilha maior*) sílabas métricas.

re.don.do (*lat rotundu*) *adj* **1** Que tem forma de círculo. **2** Esférico. **3** Com forma curva, arredondada. **4** *fig* Muito gordo. **5** *Tip* Diz-se dos caracteres verticais, não inclinados como o itálico. • *sm Tip* Tipo comum, para o distinguir do itálico. • *adv* Redondamente.

re.dor (*lat rotatore,* pelo *port ant redredor*) *sm* **1** Arredores, arrabalde. **2** Roda, volta. *Ao redor, em redor:* à volta, em volta, em torno.

re.du.ção (*lat reductione*) *sf* **1** Abatimento, desconto no preço. **2** Cópia reduzida. **3** *Cir* Ato de fazer voltar ao lugar ossos deslocados ou fraturados. *Pl: reduções.*

re.dun.dân.cia (*redundantia*) *sf* Superfluidade de palavras; pleonasmo. *Redundância de estilo:* abuso de enfeites no discurso.

re.dun.dar (*lat redundare*) *vint* **1** Sobrar. *vint* **2** Transbordar; derramar-se. *vti* **3** Nascer, provir, resultar. *vti* **4** Reverter em, ser causa de; converter-se, resultar. *vti* **5** Incidir, recair. *Conjug:* com raras exceções, conjuga-se apenas nas 3as pessoas.

re.du.pli.car (*re+duplicar*) *vtd* **1** Duplicar outra vez; redobrar. *vtd* **2** Aumentar em grandeza, intensidade ou número. *vint* **3** Redobrar. *Conjug – Pres subj: reduplique, repliques* etc.; *Pret perf: redupliquei, reduplicaste, reduplicou* etc.

re.du.tí.vel (*lat reductibile*) *adj m+f* **1** Que se pode reduzir; reduzível. **2** *Mat* Diz-se da fração ordinária cujos termos não são primos entre si. **3** *Cir* Que pode ser recolocado no seu lugar. *Pl: redutíveis.*

re.du.to (*ital ridotto*) *sm* **1** Posição bem abrigada no interior de uma fortaleza para lhe prolongar a resistência. **2** Trincheira, abrigo. **3** Lugar onde se reúne um grupo que obedece a uma linha ou tendência. **4** Lugar fechado que serve de abrigo.

re.du.tor (ô) (*lat reductore*) *adj* **1** Que reduz ou tem a propriedade de reduzir. **2** *Quím* Que tem a propriedade de reduzir um composto. • *sm* Aquilo que reduz.

re.du.zi.da (*fem* de *reduzido*) *sf* **1** *Gram* Oração subordinada, constituída por uma forma nominal do verbo. **2** *Mec* A marcha de certos veículos, que diminui a velocidade mas aumenta a força de tração.

re.du.zir (*lat reducere*) *vtd* e *vpr* **1** Diminuir(-se), tornar(-se) menor. *vtd* e *vpr* **2** Abrandar(-se), afrouxar(-se), minorar(-se), mitigar(-se). *vtd* **3** Abreviar, resumir. *vtd* **4** Apertar, estreitar, limitar, restringir. *vtd* **5** *Mat* Converter em termos mais simples; simplificar (uma fração). *vtd* **6** *Cir* Repor no seu lugar (os ossos deslocados ou fraturados). *vtd* **7** Impelir a uma situação penosa; levar ou obrigar a certo estado; transformar, converter. *Reduzir a cinzas:* aniquilar, destruir completamente. *Reduzir a marcha:* diminuir a velocidade; passar o câmbio das marchas leves para as pesadas. *Reduzir a metal sonante:* trocar por dinheiro. *Reduzir à miséria:* concorrer para a miséria ou triste posição de. *Reduzir ao silêncio:* obrigar a calar. *Conjug:* verbo irregular; não tem a desinência *e* na 3ª pessoa do singular do presente do indicativo. O imperativo afirmativo tem duas formas: reduz/reduze. *Pres indic:* reduzo, reduzes, reduz, reduzimos, reduzis, reduzem; *Pret imp indic:* reduzia, reduzias etc.; *Pret perf:* reduzi, reduziste, reduziu etc.; *Pret mais-que-perf:* reduzira, reduziras, reduzira, reduzíramos, reduzíreis, reduziram; *Fut pres:* reduzirei, reduzirás etc.; *Fut pret:* reduziria, reduzirias etc.; *Pres subj:* reduza, reduzas, reduza, reduzamos, reduzais, reduzam; *Pret imp subj:* reduzisse, reduzisses etc.; *Fut subj:* reduzir, reduzires, reduzir etc.; *Imper afirm:* reduz/reduze(tu), reduza(você), reduzamos(nós), reduzi(vós), reduzam(vocês); *Imper neg:* não reduzas(tu), não reduza(você) etc.; *Infinitivo impess:* reduzir; *Infinitivo pess:* reduzir, reduzires etc., *Ger:* reduzindo; *Part:* reduzido.

re.e.di.ção (*re+edição*) *sf* Nova edição. *Pl:* reedições.

re.e.di.fi.car (*lat reedificare*) *vtd* **1** Tornar a edificar; reconstruir; erguer pela segunda vez. **2** Reformar. *Conjug:* os *ee* do radical aparecem em todas as formas. *Pres subj:* reedifique, reedifiques etc.; *Pret perf:* reedifiquei, reedificaste, reedificou etc.

re.e.di.tar (*re+editar*) *vtd* **1** Editar outra vez. **2** Publicar de novo. **3** Reproduzir. *Conjug:* os *ee* do radical aparecem em todas as formas.

re.e.du.car (*re+educar*) *vtd* **1** Tornar a educar. **2** Aperfeiçoar a educação de. *Conjug:* os *ee* do radical aparecem em todas as formas – *Pres subj:* reeduque, reeduques etc.; *Pret perf:* reeduquei, reeducaste, reeducou etc.

re.e.le.ger (*re+eleger*) *vtd* **1** Fazer a reeleição de. *vtd* e *vpr* **2** Eleger(-se) outra vez. *Conjug:* os *ee* do radical aparecem em todas as formas. *Pres indic:* reelejo, reeleges, reelege etc.; *Pres subj:* reeleja, reelejas, reeleja etc.; *Part:* reelegido e reeleito.

re.e.le.gí.vel (*reeleger+vel*) *adj m+f* Que pode ser reeleito. *Pl:* reelegíveis.

re.e.lei.ção (*re+eleição*) *sf* **1** Ação ou efeito de reeleger. **2** Ato de proceder a nova eleição. *Pl:* reeleições.

re.e.lei.to (*re+eleito*) *adj* + *sm* Que ou aquele que foi eleito novamente.

re.em.bol.sar (*re+embolsar*) *vtd* **1** Tornar a embolsar; reaver (o desembolsado). *vtd* **2** Restituir o dinheiro. *vpr* **3** Estar ou ficar novamente de posse (do que se emprestou). *vtdi* **4** Indenizar, compensar. *Conjug:* os *ee* do radical aparecem em todas as formas. *Pres indic: reembolso, reembolsas* (ó) etc.

re.em.bol.so (ô) (de *reembolsar*) *sm* Ação ou efeito de reembolsar. *Reembolso postal:* serviço oferecido pelo correio que permite a remessa de encomenda, que é paga e retirada pelo destinatário na agência postal de sua localidade.

re.em.pos.sar (*re+empossar*) *vtd* Reintegrar na posse; tornar a empossar. *Conjug:* os *ee* do radical aparecem em todas as formas.

re.em.pre.gar (*re+empregar*) *vtd* **1** Empregar de novo. *vtd* **2** Admitir novamente ao emprego. *vpr* **3** Reingressar no emprego. *Conjug:* os *ee* do radical aparecem em todas as formas. *Pres indic:* reemprego, reempregas etc.; *Pres subj:* reempregue, reempregues etc.

re.en.car.na.ção (*re+encarnação*) *sf* Ato ou efeito de reencarnar(-se). *Pl:* reencarnações.

re.en.car.nar (*re+encarnar*) *vint* e *vpr* **1** Tornar a encarnar(-se). **2** Reassumir (o espírito) a forma material. *Conjug:* os *ee* do radical aparecem em todas as formas.

re.en.ce.tar (*re+encetar*) *vtd* Recomeçar, retomar. *Conjug:* os *ee* do radical aparecem em todas as formas.

re.en.con.trar (*re+encontrar*) *vtd* e *vpr* Tornar a encontrar(-se). *Conjug:* os *ee* do radical aparecem em todas as formas.

re.en.con.tro (de *reencontrar*) *sm* Ação ou efeito de reencontrar(-se).

re.en.ge.nha.ri.a (*re+engenharia*) *sf* Ação de reorganizar uma empresa, reduzindo o número de departamentos e/ou níveis hierárquicos.

re.en.trân.cia (*re+entrar+ância*) *sf* **1** Ângulo ou curva para dentro. **2** Concavidade. *Antôn:* saliência.

re.en.trar (*re+entrar*) *vti* **1** Tornar a entrar. **2** Voltar para casa; regressar. *Conjug:* os *ee* do radical aparecem em todas as formas.

re.en.tro.ni.zar (*re+entronizar*) *vtd* Entronizar outra vez. *Conjug:* os *ee* do radical aparecem em todas as formas.

re.en.vi.ar (*re+enviar*) *vtdi* **1** Enviar de novo. **2** Devolver. *Conjug:* os *ee* do radical aparecem em todas as formas.

re.e.qui.par (*re+equipar*) *vtd* Tornar a equipar; equipar de novo. *Conjug:* os *ee* do radical aparecem em todas as formas.

re.er.guer (*re+erguer*) *vtd* e *vpr* **1** Tornar a erguer(-se). **2** Reanimar(-se), soerguer(-se). **3** Reorganizar(-se), restaurar(-se), restabelecer(-se). *Conjug:* os *ee* do radical aparecem em todas as formas. *Pres indic:* reergo, reergues, reergue etc.; *Pres subj:* reerga, reergas, reerga etc.; *Imper afirm:* reergue(tu), reerga(você), reergamos(nós), reerguei (vós), reergam(vocês).

re.es.cre.ver (*re+escrever*) *vtd* Escrever de novo; escrever outra vez. *Conjug:* os *ee* do radical aparecem em todas as formas. *Part: reescrito.*

re.es.tru.tu.rar (*re+estrutura+ar¹*) *vtd* Dar nova estrutura a. *Conjug:* os *ee* do radical aparecem em todas as formas.

re.es.tu.dar (*re+estudar*) *vtd* Tornar a estudar; estudar novamente. *Conjug:* os *ee* do radical aparecem em todas as formas.

re.e.xa.mi.nar (*re+examinar*) *vtd* Examinar novamente. *Conjug:* os *ee* do radical aparecem em todas as formas.

re.fa.zer (*re+fazer*) *vtd* **1** Fazer de novo. *vtd* **2** Constituir ou formar de novo; reformar, reorganizar. *vtd* **3** Consertar, reparar. *vtd* **4** Corrigir, emendar. *vtd* **5** Indenizar, repor, ressarcir. *vtd* **6** Dar novo alento a; reanimar. *vpr* **7** Abastecer-se, prover-se de. *vpr* **8** Adquirir novo vigor; reparar as forças; restabelecer-se. Conjuga-se como *fazer*.

re.fei.ção (*lat refectione*) *sf* Porção de alimentos que se toma, como o café da manhã, o almoço, o jantar. *Pl: refeições.*

re.fei.to (*part irreg* de *refazer*) *adj* **1** Corrigido, emendado. **2** Restaurado.

re.fei.tó.rio (*lat refectoriu*) *sm* Sala própria onde são servidas refeições em comum.

re.fém (*ár vulgar rahn*) *sm* **1** Pessoa que fica em poder do inimigo como garantia. **2** Pessoa que fica em poder de sequestradores. *Pl: reféns.*

re.fe.rên.cia (*lat referentia*) *sf* **1** Alusão, menção, insinuação. **2** Aquilo que é referido, contado ou relatado. **3** Relação de duas coisas entre si. *sf pl* Informação prestada a respeito da idoneidade moral e/ou da capacidade financeira ou profissional de alguém. *Com referência:* acerca de, a propósito de; relativamente a. *Referências bibliográficas:* citação das fontes bibliográficas usadas pelo autor de um livro.

re.fe.ren.ci.al (*referência+al¹*) *adj m+f* Que é utilizado como referência. *Pl: referenciais.*

re.fe.ren.da (*lat referenda*) *sf* Assinatura em um documento, de uma autoridade de categoria superior ou diferente, para dar-lhe maior autenticidade.

re.fe.ren.dar (*lat referendu+ar¹*) *vtd* **1** Assinar um documento, assumindo a responsabilidade; endossar, avalizar. **2** *Polít* Assinar o ministro depois do chefe do Estado (decreto, documento, lei). **3** Aceitar a responsabilidade de.

re.fe.ren.do (*lat referendu*) *sm* **1** Mensagem que um representante diplomático expede ao seu governo solicitando novas instruções. **2** Direito que têm os cidadãos de se pronunciarem.

re.fe.ren.te (*lat referente*) *adj m+f* Que diz respeito; relativo, concernente.

re.fe.ri.do (*part* de *referir*) *adj* Já mencionado, citado acima.

re.fe.rir (*lat referere, corr* de *referre*) *vtd* **1** Contar, expor, narrar, relatar. *vtd* **2** Citar como alusão; aplicar, atribuir. *vpr* **3** Fazer alusão, aludir. *vpr* **4** Dizer respeito a, ter referência ou relação com. *vpr* **5** Reportar-se. Conjuga-se como *ferir*.

re.fes.te.lar (*re+festa+el+ar¹*) *vpr* **1** Estirar-se ao comprido ou recostar-se comodamente. **2** Deleitar-se, regozijar-se.

re.fil (*ingl refill*) *sm bras* Conteúdo descartável de alguns produtos, que pode ser substituído: cargas de esferográfica, batons, repelentes etc.

re.fi.lar (*re+filar*) *vint* **1** Tornar a filar, a morder, a investir. *vtd* **2** *gír* Convidar.

re.fil.mar (*re+filmar*) *vtd* Tornar a filmar.

re.fi.na.ção (*refinar+ção*) *sf* **1** Ação ou efeito de refinar; refinamento. **2** Refinaria. **3** Requinte, apuro. *Pl: refinações.*

re.fi.na.do (*part* de *refinar*) *adj* **1** Que se refinou. **2** Apurado, requintado. **3** Perfeito. **4** *fig* Astuto; malicioso, esperto. **5** Diz-se do açúcar que passou pelo processo de refinação.

re.fi.nan.ci.ar (*re+financiar*) *vtd* Tornar a financiar.

re.fi.nar (*re+fino+ar¹*) *vtd* **1** Tornar mais fino. *vtd* **2** Separar de matéria estranha; livrar de impurezas ou ligas. *vtd* **3** Fabricar produtos de petróleo pela destilação do petróleo bruto. *vtd* **4** Tornar mais delicado, mais puro, mais requintado; aprimorar. *vtd* **5** Sujeitar açúcar em estado bruto a uma série de processos para produzir açúcar branco, refinado. *vti* e *vpr* **6** Aperfeiçoar-se, esmerar-se, requintar-se.

re.fi.na.ri.a (*refino+aria*) *sf* **1** Local onde se faz a refinação de petróleo, extraindo-lhe seus derivados; refinação. **2** Usina onde se realiza a clarificação do açúcar.

re.fle.ti.do (*part* de *refletir*) *adj* **1** Circunspecto, sensato, prudente. **2** Ponderado, pensado.

re.fle.tir (*lat reflectere*) *vtd* e *vpr* **1** Espelhar(-se), representar(-se), retratar(-se). *vtd* **2** Repetir, ecoar. *vtd* **3** Considerar, pensar, ponderar. *vti* e *vpr* **4** Incidir, recair. *vti* e *vpr* **5** Repercutir(-se), transmitir(-se). Conjuga-se como *ferir*.

re.fle.tor (ô) (*lat reflectu+or*) *adj* Que reflete. • *sm* **1** Aparelho elétrico destinado a refletir a luz. **2** Qualquer anteparo que reflete e concentra a luminosidade de um foco.

re.fle.xão (*cs*) (*lat reflexione*) *sf* **1** Ponderação, observação. **2** Prudência, juízo, tino. **3** *Fís* Retorno da luz ou do som. **4** Consideração atenta de algum assunto. **5** Exame de consciência. *Pl: reflexões.*

re.fle.xi.vo (*cs*) (*reflexo+ivo*) *adj* **1** Que reflete. **2** Que medita. **3** *Gram* Diz-se dos pronomes oblíquos que se referem ao sujeito da oração.

re.fle.xo (*cs*) (*lar reflexu*) *adj* **1** Que se volta sobre si mesmo. **2** Refletido. **3** Imitado, reproduzido. • *sm* **1** Efeito produzido pela luz refletida. **2** Reflexão da luz, do calor, do som. **3** Representação confusa de um corpo. **4** Imitação, reprodução, influência indireta. *Reflexo condicionado:* reflexo que não ocorre naturalmente, mas pode ser desenvolvido.

re.flo.res.cer (*lat reflorescere*) *vint* **1** Tornar a florescer; reflorir. **2** Reviver, reanimar-se. **3** Rejuvenescer.

re.flo.res.tar (*re+floresta+ar¹*) *vtd* Plantar árvores para formar florestas. *Conjug:* conjuga-se apenas nas 3ᵃˢ pessoas (só é conjugado integralmente em sentido figurado).

re.flo.rir (*re+florir*) *V* reflorescer.

re.flu.ir (*lat refluere*) *vi* e *vint* **1** Voltar ao ponto de partida; retroceder. *vint* **2** Correr para trás, retroceder. *Conjug – Pres indic: refluo, refluis, reflui, refluímos, refluís, refluem; Pret imp indic: refluía, refluías, refluía, refluíamos, refluíeis, refluíam; Pret perf: refluí, refluíste, refluiu, refluímos, re-*

fluístes, refluíram; Pret mais-que-perf: refluíra, refluíras, refluíra, refluíramos, refluíreis, refluíram; Pret imp subj: refluísse, refluísses, refluísse, refluíssemos, refluísseis, refluíssem; Part: refluído.
re.flu.xo (*cs*) (*re+fluxo*) *sm* **1** Movimento da maré vazante. **2** Corrente ou movimento contrário e sucessivo a outro. **3** *Med* Regurgitação.
re.fo.ci.lar (*lat refocillare*) *vtd* **1** Revigorar. *vtd* **2** Recrear, descansar. *vpr* **3** Recobrar as forças, o vigor. *vpr* **4** Distrair-se do trabalho ou do estudo. *vpr* **5** Refestelar-se.
re.fo.ga.do (*part* de *refogar*) *adj* Passado em gordura ou óleo fervente. • *sm Cul* Guisado com molho preparado com gordura, cebola e outros temperos.
re.fo.gar (*re+fogo+ar¹*) *vtd* Passar em azeite, gordura ou óleo fervente, antes de juntar água para cozinhar; guisar.
re.fo.lhar (*re+folha+ar¹*) *vtd* e *vpr* **1** Envolver(-se) em folhas. *vpr* **2** Esconder-se na vegetação. *vint* **3** Brotar, criar folhas novas.
re.for.çar (*re+forçar*) *vtd* **1** Dar mais força ou intensidade a. *vtd* e *vpr* **2** Tornar(-se) mais forte, mais sólido, mais resistente. *vpr* **3** Apoiar-se em.
re.for.ço (*ô*) (de *reforçar*) *sm* **1** Ação ou efeito de reforçar. **2** Aumento de força. **3** Tropas auxiliares; socorro bélico. **4** Novos recursos. **5** Peça que se junta a outra para torná-la mais forte. *Pl: reforços* (*ó*).
re.for.ma (de *reformar*) *sf* **1** Mudança para melhor; melhoramento; modificação. **2** *Mil* Aposentadoria definitiva dos militares. **3** Movimento religioso e político do começo do século XVI (1517), liderado por Martinho Lutero (1483-1546), que rompeu com a Igreja Católica, resultando no aparecimento das correntes reformistas (anglicanismo, luteranismo e calvinismo). *Reforma agrária, Sociol:* dispositivos legais que visam ao máximo proveito social e econômico do cultivo das terras de um país.
re.for.ma.do (*part* de *reformar*) *adj* **1** Que sofreu reforma. **2** Diz-se do militar que passou para a reforma. • *adj* + *sm* Calvinista, protestante. • *sm* Militar reformado.
re.for.ma.dor (*ô*) (*reformar+dor*) *adj* Que reforma. • *sm* **1** Aquele que reforma. **2** Os mentores da reforma protestante.
re.for.mar (*re+formar*) *vtd* **1** Tornar a formar; dar forma melhor e mais aperfeiçoada a. **2** Reorganizar, atualizar. **3** Corrigir, emendar, moralizar. **4** Dar reforma a funcionário público, civil ou militar. **5** Revisar e consertar totalmente.
re.for.ma.tó.rio (*reformar+ório*) *sm* Estabelecimento para reeducação de menores delinquentes.
re.for.mis.ta (*reforma+ista*) *adj m+f* Pertencente ou relativo a reforma. • *s m+f* Pessoa que apregoa reformas políticas e sociais.
re.for.mu.lar (*re+formular*) *vtd* **1** Formular outra vez. **2** Propor uma nova formulação.
re.fra.ção (*lat refractione*) *sf* **1** *Fís* Desvio que sofrem os raios de luz, de calor ou de som, ao passar de um meio para outro. **2** *Fís* Mudança de direção de circulação da energia elétrica ou eletromagnética, quando passa de um outro meio de condutividade diferente. *Pl: refrações.*
re.frão (*provençal refranch*) *sm* **1** Fórmula vocal ou instrumental que se repete, de maneira regular, numa composição. **2** Adágio. **3** Estribilho. *Pl: refrãos* e *refrães*.
re.fra.tar (*refrato+ar¹*) *vtd* **1** Desviar ou quebrar a direção de raios luminosos, caloríficos ou sonoros. *vpr* **2** Desviar-se da sua primitiva direção (a luz, o calor, o som) ao passar de um meio para outro. *vpr* **3** Refletir-se.
re.fra.tá.rio (*lat refractariu*) *adj* **1** Que recusa cumprir uma obrigação ou promessa. **2** Rebelde. **3** Imune a doença. **4** Que resiste a alguma ação física ou química. **5** *Fís* Que resiste à ação do calor sem se alterar. • *sm* Aquele que se nega a seguir o serviço militar.
re.fre.ar (*lar refrenare*) *vtd* **1** Dominar, subjugar, vencer. *vtd* e *vpr* **2** Conter(-se), moderar(-se), reprimir(-se), suster(-se). *vpr* **3** Privar-se, abster-se. Conjuga-se como *frear*.
re.fre.ga (de *refregar*) *sf* Batalha, combate, luta.
re.fre.gar (*lat refricari*) *vint* Combater, pelejar; lutar, brigar.
re.fres.can.te (de *refrescar*) *adj m+f* Que refresca; refrigerante.
re.fres.car (*re+fresco+ar¹*) *vtd* **1** Tornar mais fresco; causar frescor a; refrigerar. *vpr* **2** Refrigerar-se. *vint* **3** Baixar a temperatura. *vpr* **4** Reanimar-se. *vtd* **5** Aliviar, suavizar. *Refrescar a cabeça:* acalmar o espírito; tranquilizar-se. *Refrescar a memória:* avivá-la. *Conjug – Pres subj: refresque, refresques* etc.; *Pret perf: refresquei, refrescaste, refrescou* etc.
re.fres.co (*ê*) (de *refrescar*) *sm* **1** Tudo o que serve para refrescar. **2** Suco de fruta, com água e açúcar, que se serve gelado. **3** Socorro, ajuda.
re.fri.ge.ra.ção (*lat refrigeratione*) *sf* **1** Ato ou efeito de refrigerar; refrescamento, resfriamento. **2** Processo de captação e transmissão de frio. *Pl: refrigerações.*
re.fri.ge.ra.dor (*ô*) (*refrigerar+dor*) *adj* Que refrigera. • *sm* Geladeira.
re.fri.ge.ran.te (de *refrigerar*) *adj m+f* **1** Que refrigera. **2** Que refresca. • *sm* Bebida não alcoólica, gaseificada e que geralmente se toma gelada.
re.fri.ge.rar (*lat refrigerare*) *vtd* **1** Submeter a refrigeração. *vtd* e *vpr* **2** Refrescar(-se), tornar(-se) frio; esfriar(-se).
re.fri.gé.rio (*lat refrigeriu*) *sm* **1** Alívio ou bem-estar causado pela frescura. **2** Consolação, consolo, alívio, conforto.
re.fu.gar (*lat refugare*) *vtd* **1** Rejeitar por inútil ou imprestável. **2** Esquivar-se (o animal) a entrar em (mangueira); recusar-se. **3** Apartar (o gado).
re.fu.gi.ar (*lat refugere*) *vpr* **1** Procurar refúgio; abrigar-se em lugar seguro; esconder-se. **2** Acolher-se, resguardar-se. **3** Procurar proteção. *Conjug – Pres indic: refugio, refugias* (*gí*) etc. *Cf refúgio.*
re.fú.gio (*lat refugiu*) *sm* **1** Lugar seguro onde alguém se refugia para estar em segurança. **2** Abrigo, amparo, proteção.
re.fu.go (de *refugar*) *sm* **1** Resto. **2** O que é ordinário; o que não presta.
re.ful.gen.te (*lat refulgente*) *adj m+f* **1** Resplandecente, luminoso. **2** Glorioso.
re.ful.gir (*lat refulgere*) *vti* e *vint* **1** Brilhar intensamente; resplandecer. *vint* **2** Distinguir-se muito;

realçar, sobressair. *Conjug – Pres indic: refuljo, refulges* etc., *Pres subj: refulja, refuljas* etc.

re.fun.dir *(lat refundere) vtd* e *vpr* **1** Fundir(-se) ou derreter(-se) de novo. *vtd* **2** Mudar a forma de; corrigir, emendar, refazer. *vint* **3** Concentrar-se, reunir-se. *vpr* **4** Converter-se, transformar-se.

re.fu.tar *(lat refutare) vtd* **1** Rebater; contradizer, dizer em contrário. **2** Discordar; reprovar. **3** Contrariar com provas; desmentir; negar.

re.fu.tá.vel *(refutar+vel) adj m+f* Que pode ser refutado. *Pl: refutáveis.*

re.ga *(der regressiva de regar) sf* **1** Ação ou efeito de regar. **2** *pop* Chuva.

re.ga-bo.fe *(regar+bofe) sm pop* **1** Festa em que se come e bebe fartamente. **2** Grande divertimento; folia. *Pl: rega-bofes.*

re.ga.ço *(cast regazo) sm* **1** Colo. **2** *fig* Lugar onde se acham conforto e descanso. *Trazer no regaço:* tratar com carinho e desvelo, como filho dileto.

re.ga.do *(part de regar) adj* **1** Banhado, atravessado por um rio. **2** Borrifado, orvalhado, molhado. **3** Acompanhado de um líquido, especialmente vinho.

re.ga.dor *(ô) (regar+dor) adj* Que rega. • *sm* Utensílio usado para regar, munido de um bico no qual se encaixa uma peça terminada em ralo.

re.ga.lar *(fr régaler) vtd* **1** Presentear. *vtd* **2** Recrear, regozijar. *vpr* **3** Sentir grande prazer. *vint* **4** Fartar-se; comer com abundância. *Regalar a alma:* alegrar-se, contentar-se, encher-se de satisfação.

re.ga.li.a *(lar regale+ia¹) sf* **1** Prerrogativa, privilégio, vantagem. **2** Direito próprio do rei.

re.ga.lo *(de regalar) sm* **1** Prazer, especialmente de mesa. **2** Presente. **3** *ant* Agasalho, em geral de peles, que as mulheres usavam para resguardar as mãos do frio.

re.gar *(lat rigare) vtd* **1** Aguar, molhar, umedecer (a terra, as plantas) por irrigação. *vtd* **2** Passar um curso de água através de; irrigar. *vtdi* **3** Acompanhar a comida com bebidas. *Conjug – Pres subj: regue, regues, regue* etc.; *Pret perf: reguei, regaste, regou* etc.

re.ga.ta *(ital regata) sf* **1** *Esp* Competição de velocidade para embarcações de pequeno porte. **2** Camiseta sem mangas.

re.ga.te.ar *(de regatar) vtd* **1** Pechinchar. *vtd* **2** Depreciar, diminuir. *vtd* **3** Dar, conceder com reserva. *vint* **4** Questionar a respeito do preço de um objeto. Conjuga-se como *frear*.

re.ga.tei.o *(de regatear) sm* Ação de regatear.

re.ga.to *(rego+ato) sm* Curso de água de pouca extensão e volume; arroio, pequeno ribeiro.

re.ge.lar *(lat regelare) vtd* **1** Gelar, congelar. *vpr* **2** Gelar-se, congelar-se.

re.gên.cia *(reger+ência) sf* **1** Governo interino de um Estado monárquico, por impedimento do soberano. **2** *Gram* Relação de subordinação ou de dependência entre os termos de uma oração ou entre as orações de um período. **3** *Hist* Período de tempo durante o qual o Brasil foi governado por regentes. **4** *Mús* Condução da partitura de uma orquestra ou coro, ou da parte músical de uma peça. **5** Docência.

re.ge.ne.rar *(lat regenerare) vtd* e *vpr* **1** Corrigir(-se), reabilitar(-se). *vtd* **2** Reproduzir. *vtd* **3** Dar vida nova a. *vtd* **4** Reconstruir. *Antôn: degenerar.*

re.gen.te *(lat regente) adj m+f* **1** Que rege, dirige ou governa. **2** *Gram* Diz-se da oração principal em relação à subordinada. • *s m+f* **1** Pessoa que exerce a regência. **2** Maestro.

re.ger *(lat regere) vtd* **1** Administrar, dirigir, governar. **2** *Mús* Conduzir uma partitura; guiar a execução de uma peça musical. **3** Dirigir, guiar como regente. **4** Dirigir, encaminhar, guiar. **5** *Gram* Ter por complemento; subordinar. **6** *Gram* Determinar a flexão de. **7** Ser catedrático, ministrar o ensino de uma disciplina. *Conjug – Pres indic: rejo, reges, rege, regemos, regeis, regem; Pres subj: reja, rejas* etc.

reggae (réguei) *(ingl) sm Mús* Estilo musical originário do Caribe (América Central), vivo e fortemente ritmado.

re.gi.ão *(lat regione) sf* **1** Grande extensão de superfície terrestre. **2** Cada uma das partes em que se supõe ser dividida a atmosfera. **3** *Anat* Cada uma das partes em que se pode considerar dividido o nosso corpo. *Região abissal:* área do fundo do mar correspondente às profundidades superiores a 2.000 metros. *Região das trevas:* o inferno. *Região pelágica:* área do relevo submarino cuja profundidade pode alcançar até 2.000 metros. *Regiões tropicais:* as que se acham entre os trópicos. *Pl: regiões.*

re.gi.ci.da *(lat rege+cida) s m+f* Quem assassina um rei ou rainha.

re.gi.cí.dio *(lat rege+cida+io²) sm* Assassinato de rei ou rainha.

re.gi.me *(lat regimen) sm* **1** *Polít* Forma de governo. **2** *Med* Dieta. **3** Convenção matrimonial. *Regime alimentar:* regras de alimentação. *Regime parlamentar:* sistema de governo dirigido pelo parlamento sob a presidência de um primeiro-ministro. *Regime presidencial:* governo republicano em que os poderes do Estado são independentes, cabendo ao presidente a escolha dos ministros. *Regime semiaberto:* regime de reclusão no qual o condenado passa o dia em liberdade, voltando para a prisão à noite. *Regime totalitário:* governo dominado por um grupo político que centraliza todos os poderes.

re.gi.men.tal *(regimento+al¹) adj m+f* **1** Pertencente ao regulamento; regulamentar. **2** *Mil* Que pertence ou se refere ao regimento. *Pl: regimentais.*

re.gi.men.to *(lat regimentu) sm* **1** Conjunto de normas para o exercício de um cargo. **2** Parte regulamentar de uma lei, decreto etc.; regulamento. **3** *Mil* Corpo de tropas. *Regimento interno:* regras que disciplinam as relações do pessoal de uma corporação, assembleia ou instituto de ensino.

ré.gio *(lat regiu) adj* **1** Real. **2** Próprio de um rei.

re.gi.o.nal *(lat regionale) adj m+f* Relativo a uma região; local. • *sm* Conjunto musical que executa músicas de determinada região. *Pl: regionais.*

re.gi.o.na.lis.mo *(regional+ismo) sm* **1** Expressão social e política de defesa dos interesses de uma região. **2** *Gram* Termos ou locuções próprios de cada região. **3** *Lit* Caráter da literatura em que aparecem costumes e tradições regionais.

re.gi.o.na.lis.ta *(regional+ista) adj m+f* Relativo ao regionalismo. • *s m+f* Pessoa que defende os interesses regionais.

re.gis.tra.do.ra (*registrar+dor*, no *fem*) *sf* Tipo de máquina comercial que serve para registrar as importâncias recebidas, emitindo ou não talões que podem valer como notas fiscais.

re.gis.trar (*registro+ar¹*) *vtd* **1** Escrever em livro próprio. **2** Transcrever em cartório ou repartição pública competente. **3** Anotar. **4** Inscrever (uma carta ou remessa postal) no seguro do correio. **5** Assinalar, consignar. **6** Referir, mencionar.

re.gis.tro (*baixo-lat registru*) *sm* **1** Livro destinado à contabilização de operações de comércio e financeiras. **2** Cópia de um documento em cartório que lhe garante autenticidade. **3** Medidor de luz, gás, água etc. **4** Torneira ou válvula que regula o fluxo de um líquido através de um cano. **5** Seguro do correio. **6** Ficha individual para determinada finalidade; prontuário. **7** Certidão de nascimento. *Registro civil:* cartório onde se fazem assentamentos de nascimentos, casamentos, óbitos. *Registro comercial:* cartório onde se fazem assentamentos sobre a vida comercial das pessoas físicas ou jurídicas. *Registro criminal:* assentamento dos antecedentes criminais de indivíduos processados.

re.go (*ê*) (*voc pré-romano*) *sm* **1** Abertura ou sulco num terreno, para conduzir água. **2** *vulg* Sulco entre as nádegas.

re.gou.go (de *regougar*) *sm* **1** A voz da raposa. **2** Protesto, reclamação.

re.go.zi.jar (*regozijo+ar¹*) *vtd* **1** Alegrar muito. *vpr* **2** Alegrar-se, congratular-se com.

re.go.zi.jo (*cast regocijo*) *sm* **1** Contentamento ou prazer. **2** Grande satisfação.

re.gra (*lat regula*) *sf* **1** Norma, preceito, princípio, método. **2** Ação, condição; exemplo, modelo. **3** O que se acha determinado pela lei ou pelo uso. *sf pl pop* Menstruação. *Regra de proporção* ou *regra de três, Arit:* regra pela qual, com três quantidades conhecidas, se procura uma quarta quantidade incógnita que complete uma proporção geométrica. *Regra geral:* geralmente; quase sempre. *Fugir às regras:* desatender às leis ou aos costumes.

re.grar (*lat regulare*) *vtd* e *vpr* **1** Submeter(-se) a determinadas regras; guiar(-se), regulamentar (-se). *vtd* **2** Administrar, dirigir, governar. *vtd* **3** Moderar, comedir.

re.gra-três *sm bras* **1** *Esp* Jogador que fica no banco dos reservas em uma partida, pronto para substituir quando necessário. **2** Substituto, suplente. *Pl: regras-três.*

re.gre.dir (*lat regredire*) *vint* Não progredir; retroceder. Conjuga-se como *prevenir*.

re.gres.são (*lat regressione*) *sf* **1** Regresso, volta. **2** Retrocesso, reversão. **3** *Psicol* Adoção, por uma pessoa, de comportamentos menos desenvolvidos que os normais, em sua idade. *Pl: regressões.*

re.gres.sar (*regressar+ar¹*) *vti* e *vint* Voltar ao ponto de partida; retroceder; retornar.

ré.gua (*lat regula*) *sf* **1** Peça de madeira ou outro material, para traçar ou medir linhas retas. **2** *Inform* Régua exibida na tela, usada com programas de editoração eletrônica ou processadores de texto, para ajudar a fazer o leiaute do trabalho. *Régua de calcular:* instrumento composto de duas pequenas réguas que deslizam uma sobre a outra, e que serve para fazer grande número de cálculos. *Régua logarítmica:* V *régua de calcular.*

ré.gua-tê *sf* Régua em forma da letra T (maiúscula); tê. *Pl: réguas-tê.*

re.gu.la.do (*part* de *regular*) *adj* Que se move regularmente.

re.gu.la.gem (*regular+agem*) *sf* Ação ou efeito de regular um instrumento, máquina, motor etc., mediante ajuste de suas peças. *Pl: regulagens.*

re.gu.la.men.ta.ção (*regulamentar+ção*) *sf* **1** Ato ou efeito de regulamentar. **2** Publicação ou redação de regulamentos de instituto ou associação. *Pl: regulamentações.*

re.gu.la.men.tar (*regulamento+ar¹*) *adj m+f* Pertencente ou relativo ao regulamento. • *vtd* Sujeitar a um regulamento; regular, regularizar.

re.gu.la.men.to (*regular+mento*) *sm* **1** Preceito, prescrição. **2** Conjunto de normas. **3** Disposição oficial que indica a maneira de executar uma lei ou decreto; regulamentação.

re.gu.lar (*lat regulare*) *adj m+f* **1** Que se repete a intervalos iguais. **2** Disposto simetricamente. **3** Bem-proporcionado; equilibrado, harmônico. **4** Que age de acordo com as regras. **5** Certo, pontual. **6** *Gram* Diz-se dos verbos que são conjugados de acordo com sua regra geral. • *sm* Aquilo que é regular. • *vtd* **1** Sujeitar a regras. *vtd* **2** Estabelecer regras para a execução de (lei, decreto etc.); regulamentar. *vtd* **3** Prescrever como regra ou norma. *vtd* **4** Acertar, ajustar. *vtd* **5** Aferir, comparar, confrontar. *vpr* **6** Dirigir-se, guiar-se. *vint* **7** Funcionar. *vint* **8** Ter sanidade mental.

re.gu.la.ri.da.de (*regular+i+dade*) *sf* **1** Proporção, harmonia. **2** Conformidade com as leis ou regras.

re.gu.la.ri.zar (*regular+izar*) *vtd* **1** Tornar regular; regulamentar. *vtd* **2** Pôr em ordem; normalizar. *vpr* **3** Tornar-se razoável ou conveniente.

re.gur.gi.tar (*lat med regurgitare*) *vtd* e *vint* Pôr para fora; expelir, lançar, vomitar.

rei (*lat rege*) *sm* **1** Soberano de um reino. **2** O marido ou o pai da rainha. **3** *fig* Pessoa que exerce um poder absoluto. **4** A peça principal do jogo de xadrez. **5** Uma das figuras das cartas de baralho. *Fem: rainha. Festa de Reis, Folc:* festa religiosa, celebrada em 6 de janeiro, em comemoração à visita dos magos ao presépio. *Na terra de cegos, quem tem um olho é rei:* entre ignorantes, mesmo uma pessoa de pouca instrução pode passar por sábia. *Quem foi rei sempre é majestade:* diz-se de quem, tendo ocupado uma posição importante, ainda goza de prestígio. *Rei da cocada preta, gír:* pessoa importante, famosa, poderosa etc. *Ter palavra de rei:* cumprir à risca aquilo que prometeu. *Ter o rei na barriga:* julgar-se superior aos outros. *Viver como um rei:* viver faustosamente.

reich (*ráich*) (*al*) *sm* Império, Estado. *Terceiro Reich:* a Alemanha nazista entre 1933 e 1945.

rei.de (*ingl raid*) *sm* Rápida incursão de tropa em terreno inimigo.

re.i.dra.tan.te (de *reidratar*) *adj m+f* Que reidrata. • *sm* Substância que serve para reidratar.

re.i.dra.tar (*re+hidratar*) *vtd* e *vpr* Tornar a hidratar(-se).

re.im.plan.tar (*re+implantar*) *vtd* Implantar novamente.

re.im.pres.so (*part irreg* de *reimprimir*) *adj* **1** Impresso de novo. **2** Reeditado.
re.im.pri.mir (*re+imprimir*) *vtd* **1** Imprimir novamente. **2** Fazer nova tiragem de um livro.
rei.na.ção (*reinar+ção*) *sf pop* Arte, traquinagem, travessura; brincadeira, troça. *Pl: reinações.*
rei.na.do (*reinar+ado*[1]) *sm* **1** Governo de um rei. **2** *fig* Tempo em que alguém exerce preponderância. **3** Domínio, predomínio. **4** Reino.
rei.nan.te (de *reinar*) *adj m+f* **1** Que reina. **2** Que domina ou predomina. • *s m+f* **1** Pessoa que reina. **2** O rei ou a rainha.
rei.nar (*lat regnare*) *vti* e *vint* **1** Governar na qualidade de rei ou rainha. *vint* **2** Ter grande prestígio ou influência; dominar, imperar. *vint* **3** Tornar-se notável; sobressair. *vint* **4** Tornar-se notável. *vint* **5** Mexer em alguma coisa, fazer travessuras. *Reinar nos corações:* ter a afeição ou a simpatia de todos.
re.i.nau.gu.rar (*re+inaugurar*) *vtd* Tornar a inaugurar.
re.in.ci.dên.cia (*re+incidência*) *s m+f Dir* Repetição, pelo mesmo indivíduo, de um crime ou de um ato delituoso.
re.in.ci.den.te (*re+incidente*) *adj m+f* Que reincide ou reincidiu; recidivo.
re.in.ci.dir (*re+incidir*) *vti* e *vint* Tornar a incidir; tornar a praticar (erro, delito, falta, qualquer ato reprovável da mesma natureza); recair.
re.in.cor.po.rar (*re+incorporar*) *vtd* Tornar a incorporar.
re.in.gres.sar (*re+ingressar*) *vti* Tornar a ingressar.
re.i.ni.ci.a.li.zar (*re+inicializar*) *vtd Inform* Recarregar (um sistema operacional) durante uma sessão de computação.
re.i.ni.ci.ar (*re+iniciar*) *vtd* Iniciar novamente.
rei.no (*lat regnu*) *sm* **1** Reinado. **2** *Hist Nat* Cada uma das grandes divisões em que se agrupam os corpos da natureza: os minerais, os vegetais e os animais. **3** *fig* Domínio, âmbito. *Reino animal:* o que abrange o homem e os animais. *Reino das sombras:* o inferno. *Reino do céu:* a glória eterna; o reino de Deus. *Reino inorgânico:* os minerais. *Reino mineral:* o conjunto dos corpos inorgânicos da natureza. *Reino orgânico:* os vegetais e animais. *Reino vegetal:* o que abrange todas as plantas.
rei.nol (*reino+ol*) *adj m+f* **1** Natural do reino. **2** Próprio do reino. • *sm* Aquele que nasceu em reino. *Pl: reinóis.*
re.ins.cre.ver (*re+inscrever*) *vtd* e *vpr* Inscrever(-se) novamente. *Conjug – Part: reinscrito.*
re.ins.cri.ção (*re+inscrição*) *sf* Ato ou efeito de reinscrever; nova inscrição. *Pl: reinscrições.*
re.in.se.rir (*re+inserir*) *vtd* Tornar a inserir; inserir novamente. Conjuga-se como *ferir.*
re.ins.pe.ção (*re+inspeção*) *sf* Nova inspeção. *Pl: reinspeções.*
re.ins.ta.lar (*re+instalar*) *vtd* e *vpr* Instalar(-se) novamente.
re.in.te.grar (*re+integrar*) *vtd* **1** Tornar a integrar; restabelecer na posse de. *vpr* **2** Ser novamente investido num cargo, dignidade ou título. *vtd* **3** Repor na situação anterior.
re.in.tro.du.zir (*re+introduzir*) *vtd* e *vpr* Tornar a introduzir(-se); reimplantar(-se). Conjuga-se como *reduzir.*

réis *sm* Plural de real, antiga moeda portuguesa e brasileira.
rei.sa.do (*reis+ado*[2]) *sm* Folgança ou representação popular com que se festeja o dia de Reis.
rei.te.rar (*lat reiterare*) *vtd* Fazer de novo; renovar, repetir.
rei.tor (*ô*) (*lat rectore*) *sm* **1** Diretor-geral de uma universidade. **2** Superior de convento dos religiosos masculinos. *Magnífico Reitor:* tratamento que se dá aos reitores de universidades.
rei.to.ri.a (*reitor+ia*[1]) *sf* **1** Cargo ou dignidade de reitor. **2** Gabinete do reitor. **3** Prédio onde se localiza esse gabinete.
rei.u.no (*ú*) (*cast reyuno*) *adj* **1** Fornecido pelas forças armadas, principalmente as peças do uniforme dos soldados. **2** *pop* De qualidade inferior.
rei.vin.di.car (*lat rei vindicare*) *vtd* **1** Reclamar o que é nosso, mas está em poder de outrem. **2** Recuperar ou tentar recuperar. **3** Assumir. *Conjug – Pres subj: reivindique, reivindiques, reivindique* etc.; *Pret perf: reivindiquei, reivindicaste, reivindicou* etc.
re.jei.tar (*lat rejectare*) *vtd* **1** Expelir, lançar de si. **2** Não aceitar, não admitir; recusar. **3** Opor-se a; negar, recusar. **4** Desaprovar.
re.ju.bi.lar (*re+jubilar*) *vtd* **1** Encher de júbilo. *vti, vint* e *vpr* **2** Alegrar-se muito.
re.jun.tar (*re+juntar*) *vtd* Fechar as junções de tijolos, pedras ou azulejos.
re.ju.ve.nes.cer (*lat rejuvenescere*) *vtd* **1** Remoçar. *vint* e *vpr* **2** Tornar-se ou parecer mais jovem; remoçar-se. *vint* **3** Readquirir força e vigor. *Conjug – Pres indic: rejuveneço, rejuveneces* etc.
re.la.ção (*lat relatione*) *sf* **1** Lista, rol. **2** Ligação, vinculação. **3** Relacionamento. **4** Analogia, semelhança. **5** *Mat* Razão geométrica. *sm pl* Convivência, frequência social, trato entre pessoas; parentesco. *Relações humanas:* comportamento do indivíduo em seus contatos com as pessoas. *Relações públicas:* intercâmbio de informações, entre uma instituição e sua clientela. *Relações sexuais:* cópula.
re.la.ci.o.nar (*lat relatione+ar*[1]) *vtd* **1** Arrolar, alistar, pôr em pauta. **2** Narrar, expor, descrever, relatar. *vtd* **3** Comparar. *vpr* **4** Ter relação ou analogia; ligar-se. *vpr* **5** Conseguir amizades, travar conhecimento.
re.lâm.pa.go (de *re+lat lampare*) *sm* **1** Clarão vivo e rápido, proveniente de descarga elétrica entre duas nuvens ou entre uma nuvem e a Terra. **2** *fig* Luz intensa; resplendor. **3** *fig* Aquilo que é rápido ou transitório. *De relâmpago,* ou *como um relâmpago:* de súbito, repentinamente.
re.lam.pa.gue.ar (*relâmpago+e+ar*[1]) *vint* **1** Produzir-se uma série de relâmpagos; relampejar; relampear. **2** Brilhar momentaneamente; cintilar, faiscar, fulgurar. *Conjug:* só se conjuga nas 3as pessoas do singular e do plural e segue a conjugação de *frear.*
re.lam.pe.jo (*ê*) (de *relampejar*) *sm* **1** Ação de relampejar. **2** Brilho, lampejo.
re.lan.çar (*re+lançar*) *vtd* **1** Lançar de novo. **2** *bras* Tornar a colocar no mercado (produto, mercadoria).
re.lan.ce (de *relançar*) *sm* Olhar rápido; lance de

vista; vista de olhos. *De relance:* num abrir e fechar de olhos; rapidamente. *Num relance:* V *de relance.*

re.lan.ce.ar (*relance+e+ar*¹) *vtd* Olhar de relance. • *sm* Relance de olhos; vista de olhos. Conjuga-se como *frear.*

re.lap.so (*lat relapsu*) *adj* 1 Reincidente, obstinado. 2 Que não cumpre seus deveres. 3 Que falta a suas obrigações. • *sm* Pessoa obstinada, reincidente no crime, na culpa, no erro, no pecado.

re.lar (*corr* de *ralar*) *vtd pop* Tocar de leve em (alguma coisa); roçar.

re.la.tar (*lat relatu+ar*¹) *vtd* 1 Contar, expor, narrar, referir. 2 Incluir, mencionar, relacionar.

re.la.ti.vi.da.de (*relativo+i+dade*) *sf* 1 Qualidade ou estado de relativo. 2 Teoria física na qual o espaço e o tempo são grandezas relacionadas.

re.la.ti.vo (*lat relativu*) *adj* 1 Concernente, referente, pertencente. 2 Casual, fortuito, acidental; que depende de certas condições. 3 *Gram* Diz-se da oração subordinada ligada por pronome relativo, com ou sem preposição.

re.la.to (*lat relatu*) *sm* 1 Relação. 2 Exposição de um fato ou estado de espírito.

re.la.tor (*ô*) (*lat relatore*) *sm* 1 Aquele que relata. 2 Aquele que redige um relatório. 3 Narrador. 4 *Dir* Membro de um tribunal encarregado de relatar.

re.la.tó.rio (*lat relatu*) *sm* 1 Descrição escrita ou verbal minuciosa. 2 Qualquer exposição pormenorizada de circunstâncias, fatos ou objetos.

relax (*rilécs*) (*ingl*) *sm* Relaxamento; estado de repouso.

re.la.xa.do (*part* de *relaxar*) *adj* 1 Bambo, frouxo. 2 Descuidado no cumprimento dos deveres; negligente, desmazelado. 3 Devasso, depravado. 4 *fig* Desleixado no vestir. • *sm* Negligente, relapso.

re.la.xa.men.to (*relaxar+mento*) *sm* 1 Desleixo, desmazelo, relaxo, negligência. 2 Desalinho, despreocupação no trajar. 3 Relaxação acompanhada de diminuição de tensão mental.

re.la.xan.te (de *relaxar*) *adj* Que relaxa; relaxador.

re.la.xar (*lat relaxare*) *vtd* e *vpr* 1 Afrouxar(-se), diminuir(-se). *vpr* 2 Repousar, descansar abandonando-se. *vpr* 3 Afrouxar, desmazelar-se, enfraquecer-se. *vpr* 4 Desmoralizar-se, perverter-se. *vtd* 5 Abrandar, suavizar. *vti* 6 Enfraquecer, debilitar. *vtd* 7 Perdoar a, absolver.

re.lé (de *ralé*) *sm Eletr* Dispositivo que tem por função abrir ou fechar contatos elétricos, a fim de estabelecer ou interromper circuitos.

release (*riliz*) (*ingl*) *sm* Nota distribuída à imprensa, ao rádio, à televisão etc., para divulgação gratuita.

re.le.gar (*lat relegare*) *vtd* 1 Banir, desterrar, expatriar. 2 Afastar; desprezar, rejeitar. 3 Pôr em segundo plano; passar para trás. *Conjug – Pres subj: relegue, relegues* etc.; *Pret perf: releguei, relegaste, relegou* etc.

re.lei.tu.ra (*re+leitura*) *sf* 1 Tornar a ler. 2 Segunda leitura.

re.lem.brar (*re+lembrar*) *vtd* Tornar a lembrar; trazer outra vez à lembrança.

re.len.to (*re+lento*) *sm* Orvalho, sereno, garoa noturna. *Ao relento:* ao ar livre; fora de casa; sem teto, no meio da rua.

re.ler (*re+ler*) *vtd* Tornar a ler; ler muitas vezes. Conjuga-se como *crer.*

re.les (de *relé*) *adj m+f* 1 Ordinário, desprezível. 2 Sem valor. 3 Insignificante.

re.le.vân.cia (*relevar+ância*) *sf* 1 Grande valor. 2 Relevo. 3 Importância. *Com relevância:* vantajosamente.

re.le.van.te (*lat relevante*) *adj m+f* 1 Importante, proeminente. 2 De grande monta ou valor. 3 Que releva. • *sm p us* Aquilo que é preciso; o indispensável.

re.le.var (*lat relevare*) *vtd* 1 Sobressair; pôr em relevo; tornar saliente. *vtd* 2 Desculpar, perdoar. *vtd* 3 Consentir, permitir. *vpr* 4 Distinguir-se.

re.le.vo (*ê*) (de *relevar*) *sm* 1 Aresta, saliência, ressalto. 2 Obra de escultura ou pintura em que os objetos ressaltam da superfície. 3 Relevância. 4 Distinção, evidência, realce. 5 *Geogr* Sistema de diferenças de nível terrestre: montanhas, vales, planícies etc. *Pôr em relevo:* tornar saliente; relembrar; engrandecer, exaltar; destacar, focalizar; realçar.

re.lho (*ê*) (de *relha*) *sm* Açoite feito de uma tira de couro cru torcido ou trançado.

re.li.cá.rio (*relíquia+ário*) *sm* Recipiente onde se guardam relíquias de um santo.

re.li.gar (*re+ligar*) *vtd* Ligar com mais segurança; amarrar bem; ligar de novo. *Conjug – Pres subj: religue, religues* etc.; *Pret perf: religuei, religaste, religou* etc.

re.li.gi.ão (*lat religione*) *sf* 1 Serviço ou culto a Deus, ou a uma divindade qualquer. 2 Crença ou doutrina religiosa. 3 Veneração às coisas sagradas; crença, devoção, fé, piedade. *Pl: religiões.*

re.li.gi.o.sa (*fem* de *religioso*) *sf* Freira.

re.li.gi.o.si.da.de (*lat religiositate*) *sf* 1 Qualidade de religioso. 2 Disposição ou tendência religiosa. 3 Escrúpulos religiosos.

re.li.gi.o.so (*ô*) (*lat religiosu*) *adj* 1 Que tem religião. 2 Relativo a uma ordem monástica. 3 *fig* Pontual em seus compromissos. 4 Sagrado, santo; místico. • *sm* 1 Aquele que professa uma religião. 2 Padre. 3 Aquele que teme a Deus e procura fazer sua vontade. *Pl: religiosos (ó).*

re.lin.char (*lat vulgar *rehinnitulare*) *vint* Rinchar. *Conjug:* normalmente só se emprega nas 3ᵃˢ pessoas.

re.lin.cho (de *relinchar*) *sm* Rincho.

re.lí.quia (*lat reliquia*) *sf* 1 Corpo ou parte do corpo de algum santo. 2 Coisa preciosa, rara ou antiga, a que se dedica grande apreço. 3 *fig* Objeto de estimação. *sf pl* Restos mortais respeitáveis.

re.lo.ca.ção (*relocar+ção*) *sf* Ato ou efeito de alugar novamente. *Pl: relocações.*

re.lo.car (*re+locar*) *vtd* Alugar novamente.

re.ló.gio (*gr horológion*, pelo *lat*) *sm* 1 Instrumento que marca as horas, os minutos etc. 2 Qualquer instrumento para medição e indicação do tempo. 3 Qualquer painel destinado a medições de consumo, velocidade, força etc. *Não ser relógio de repetição:* não estar disposto a repetir o que já disse. *Relógio de ponto:* relógio usado em escritórios ou fábricas, para marcar a hora de entrada e saída dos empregados. *Relógio de pulso:* relógio para usar no pulso, preso a uma pulseira. *Relógio digital, Eletrôn:* tipo de relógio no qual as horas são mostradas num visor e não com ponteiros. *Ser como um relógio:* ser muito pontual e exato.

re.lo.jo.a.ri.a (*relógio+aria*) *sf* **1** Arte de fabricar relógios. **2** Casa onde se fabricam, consertam ou vendem relógios. **3** Maquinismo de relógios.

re.lo.jo.ei.ro (*relógio+eiro*) *sm* **1** Fabricante ou vendedor de relógios. **2** Aquele que conserta relógios.

re.lo.te.ar (*re+lotear*) *vtd* Tornar a lotear, fazer novo loteamento. Conjuga-se como *frear*.

re.lu.tan.te (de *relutar*) *adj m+f* **1** Que reluta, que resiste; obstinado, teimoso. **2** Hesitante, inseguro.

re.lu.tar (*lat reluctari*) *vint* **1** Lutar novamente. *vti* e *vint* **2** Oferecer resistência. *vint* **3** Opor-se a.

re.lu.zir (*lat relucere*) *vint* **1** Rebrilhar; resplandecer; cintilar. **2** Transparecer, manifestar-se. *Conjug:* conjuga-se apenas nas 3ªs pessoas e integralmente se estiver em sentido figurado. Segue a conjugação de *reduzir*.

rel.va (de *relvar*) *sf* **1** Camada de erva rasteira e fina que se desenvolve pelos campos. **2** Relvado.

rel.va.do (*part* de *relvar*) *adj* Que é coberto de relva. • *sm* Terreno coberto ou revestido de relva.

re.man.char (*cast remachar*) *vint* **1** Demorar-se, tardar. *vint* **2** Andar devagar. *vpr* **3** Trabalhar vagarosamente.

re.ma.ne.jar (*re+manejar*) *vtd* **1** Tornar a manejar. **2** Recompor, aproveitando os elementos primitivos.

re.ma.nes.cen.te (de *remanescer*) *adj m+f* Que sobra. • *sm* Resto, sobra.

re.ma.nes.cer (*lat remanescere*) *vint* Sobrar; restar.

re.man.so (*lat remansu*) *sm* **1** Porção de água parada nas curvas dos rios, formando um poço. **2** *fig* Descanso, sossego, tranquilidade.

re.mar (*remo+ar¹*) *vtd* **1** Pôr em movimento, manobrando os remos. *vint* **2** Manobrar, mover os remos para impulsionar a embarcação. *Vai-se remando:* vive-se mais ou menos; vive-se como Deus quer.

re.mar.car (*re+marcar*) *vtd* **1** Pôr marca nova em. **2** Dar novo preço a; modificar o preço de. *Conjug – Pres subj:* remarque, remarques etc.; *Pret perf:* remarquei, remarcaste, remarcou etc.

re.mas.te.ri.zar (*re+masterizar*) *vtd* Masterizar novamente, obtendo-se assim uma nova fita *master*.

re.ma.tar (*remate+ar¹*) *vtd* **1** Dar remate a; concluir, finalizar, completar, arrematar. *vtd* **2** Pôr fim a. *vtd* **3** Coroar, encimar, fechar. *vtd* **4** Executar o ponto de remate em. *vti* e *vpr* **5** Acabar-se, findar-se, terminar-se.

re.ma.te (de *rematar*) *sm* **1** Acabamento, conclusão, fim, término. **2** *fig* O auge, o extremo, o máximo grau, o ponto mais elevado. **3** *poét* O fecho, o verso com que se conclui a poesia. **4** Fecho de uma composição literária. **5** Ponto com que se acaba uma costura. *Dar ou pôr remate a* ou *em alguma coisa:* concluí-la, finalizá-la; aperfeiçoá-la, dar-lhe os últimos retoques.

re.me.dei.o (de *remediar*) *sm pop* Aquilo que serve para remediar, de qualquer jeito, uma falta ou um mal.

re.me.di.a.do (*part* de *remediar*) *adj* Que tem alguns meios de fortuna; que tem o suficiente para seus gastos; nem pobre nem rico.

re.me.di.ar (*lat remediare*) *vtd* **1** Dar remédio a; curar ou minorar com remédio. **2** Prover ou socorrer no que for preciso. **3** Abastecer. **4** Atenuar; prevenir. **5** Corrigir, emendar. **6** Substituir, preencher (uma falta). **7** Colocar outra peça em vez da original; adaptar; dar um jeito. Conjuga-se como *odiar*.

re.mé.dio (*lat remediu*) *sm* **1** Medicamento. **2** Tudo o que serve para debelar ou atenuar um mal físico ou moral. **3** *fig* Expediente, meio, recurso, solução. *Nem para remédio:* nada absolutamente. *Para os grandes males, grandes remédios:* para superar as grandes dificuldades, empregar meios enérgicos. *Que remédio!:* não houve ou não há outro meio; que se havia de fazer! *Santo remédio!:* medida de grande eficácia contra mal físico ou moral. *Sem remédio:* fatalmente, forçosamente, irremediavelmente.

re.me.la (de *mel*) *sf* Secreção que se aglomera nos pontos lacrimais ou nas bordas da pálpebra.

re.me.len.to (*remela+ento*) *adj* Que tem ou cria remela. *Sin:* ramelento, rameloso, remeloso.

re.me.le.xo (*lê*) (de *remexer*) *sm pop* Requebro, saracoteio, rebolado.

re.me.mo.rar (*lat rememorare*) *vtd* **1** Relembrar, recordar. *vint* **2** Lembrar o passado.

re.me.mo.rá.vel (*rememorar+vel*) *adj m+f* Digno de ser rememorado ou lembrado.

re.men.da.do (*part* de *remendar*) *adj* **1** Que apresenta remendos. **2** Que anda com a roupa cheia de remendos.

re.men.dão (*remendo+ão²*) *sm* **1** Aquele que não é perfeito no seu trabalho. **2** Sapateiro que conserta, mas não fabrica calçados. *Pl:* remendões. *Fem:* remendona.

re.men.dar (*re+emendar*) *vtd* **1** Consertar com remendos. **2** *pop* Fazer remendo. **3** Corrigir (uma expressão); emendar (a asneira que se disse ou fez).

re.men.do (de *remendar*) *sm* **1** Pedaço de pano com que se conserta uma peça de vestuário. **2** Peça com que se conserta um objeto. **3** *pop* Correção para disfarçar uma asneira que se disse. **4** Desculpa imperfeita, infundada ou fora de propósito. *Remendo velho em pano novo:* desculpa de última hora. *Servir de remendo:* ser convidado depois; ser chamado depois.

re.mes.sa (*lat remissa*) *sf* **1** Ação ou efeito de remeter. **2** Aquilo que foi remetido. **3** Envio, expedição. **4** *Com* Envio a outrem de qualquer soma ou valor para crédito em determinada conta-corrente.

re.me.ten.te (de *remeter*) *adj* Que remete. • *s m+f* Pessoa que remete ou envia alguma coisa, principalmente correspondência pelo correio; expedidor.

re.me.ter (*lat remittere*) *vtd* **1** Enviar, expedir, mandar, despachar. *vtd* **2** Atirar com ímpeto; investir contra. *vtd* e *vti* **3** Mandar a, encaminhar a. *vtd* **4** Adiar, espaçar. *vtdi* **5** Submeter, sujeitar. *vpr* **6** Aludir. *vpr* **7** Aplicar-se, dar-se.

re.me.xer (*re+mexer*) *vtd* **1** Mexer de novo; mexer duas ou mais vezes. *vtd* **2** Misturar, mexendo; agitar. *vtd* **3** Agitar, mover, sacudir. *vtd* **4** Revolver. *vti* **5** Mexer revirando, revolver mexendo.

re.mi.ção (*remir+ção*) *sf* Libertação; resgate. *Pl:* remições.

re.mi.do (*part* de *remir*) *adj* **1** Libertado; resgatado;

perdoado. **2** Diz-se do sócio (de um clube ou associação) isento de contribuições.

re.mi.nis.cên.cia (*lat reminiscentia*) *sf* **1** A capacidade de reter coisas na memória. **2** Lembrança quase apagada; vaga recordação.

re.mir (*lat redimere*) *vtd* **1** Isentar, livrar. *vtd* **2** *Teol* Livrar das penas do inferno; salvar. *vtd* **3** Tirar do cativeiro; resgatar. *vpr* **4** Reabilitar-se. *Var: redimir. Conjug:* verbo defectivo; conjuga-se como *falir;* porém as formas que lhe faltam são supridas com as do verbo *redimir:* Pres indic: *remimos, remis* ou *redimo, redimes, redime, redimimos, redimis, redimem;* Pres subj: é suprido pelas formas de redimir: *redima, redimas, redima, redimamos, redimais, redimam;* Imper: *redime(tu), remi(vós);* Imper neg: é suprido pelas formas de redimir: *não redimas(tu), não redima(você)* etc.

re.mis.são (*lat remissione*) *sf* **1** Indulgência, misericórdia, perdão. **2** Paga, compensação. **3** *Dir* Perdão, liberação de uma dívida. **4** Fórmula com que se remete o leitor a outro verbete ou artigo de dicionário, catálogo, índice etc. **5** Diminuição ou falta de rigor.

re.mis.si.vo (*lat remissivu*) *adj* Que remete ou manda para outro lugar.

re.mis.so (*lat remissu*) *adj* **1** Negligente. **2** Indolente. **3** Lento, vagaroso. • *sm* Pessoa que desvia dinheiro que lhe foi confiado.

re.mi.tir (*lat remittere*) *vtdi* **1** Perdoar. *vtd* **2** Quitar. *vtdi* **3** Abrandar. *vint* **4** Ceder. *vpr* **5** Afrouxar-se.

re.mo.ção (*lat remotione*) *sf* **1** Ato ou efeito de transferir ou remover. **2** Transferência de funcionário de repartição ou de lugar. *Pl:* remoções.

re.mo.çar (*re+moço+ar¹*) *vti, vint* e *vpr* **1** Recuperar a mocidade; rejuvenescer(-se). *vtd* **2** Restituir a vitalidade e o ardor juvenil a; tornar moço. *vtd* **3** Dar aspecto de novo a.

re.mo.de.lar (*re+modelar*) *vtd* **1** Tornar a modelar. **2** Refazer com modificações profundas; reformar.

re.mo.er (*re+moer*) *vtd* **1** Tornar a moer. *vtd* **2** Tornar a mastigar. *vtd* **3** Importunar. *vtd* e *vti* **4** Repisar no espírito, refletir muito. *vpr* **5** Encher-se de raiva; afligir-se. *Conjug – Pres indic: remoo, remóis, remói, remoemos, remoeis, remoem;* Pret imp indic: *remoía, remoías, remoía, remoíamos, remoíeis, remoíam;* Pret perf: *remoí, remoeste, remoeu* etc.; Pret mais-que-perf: *remoera, remoeras, remoera, remoêramos, remoêreis, remoeram;* Pret imp subj: *remoesse, remoesses, remoesse, remoêssemos, remoêsseis, remoessem;* Imper afirm: *remói(tu), remoa(você), remoamos(nós), remoei(vós), remoam(vocês). Part:* remoído.

re.mo.i.nho (de *remoinhar*) *sm* **1** *Meteor* Giro rápido no ar, com levantamento de grande quantidade de pó. **2** Movimento rápido e espiralado nas águas de um rio. **3** Pé de vento; rajada, tufão.

re.mon.tar (*fr remonter*) *vtd* **1** Elevar, erguer, levantar muito. *vtd* **2** Consertar, reformar, remendar. *vti* **3** Voltar atrás no passado. *vtd* **4** Tornar a montar (peça de teatro). *vpr* **5** Subir muito alto.

re.mo.que (de *remocar*) *sm* **1** Dito picante. **2** Insinuação maliciosa.

re.mor.so (*lat remorosu*) *sm* Inquietação da consciência por sentimento de culpa.

re.mo.to (*lat remotu*) *adj* **1** Que aconteceu há muito tempo. **2** Longínquo, distante, muito afastado.

re.mo.ve.dor (*remover+dor²*) *sm bras* Produto de limpeza próprio para tirar manchas ou remover tinta, verniz, esmalte etc.

re.mo.ver (*lat removere*) *vtd* **1** Tornar a mover. *vtd* **2** Mudar ou passar de um lugar para outro. *vtd* **3** Superar, vencer. *vtd* **4** Afastar. *vtd* **5** Remexer. *vtd* **6** Evitar. *vtdi* **7** Exonerar. *vtdi* **8** Induzir.

re.mu.ne.ra.ção (*lat remuneratione*) *sf* **1** Paga por serviços prestados; ordenado, salário, pagamento. **2** Honorários. **3** Recompensa. *Pl: remunerações.*

re.mu.ne.rar (*lat remunerare*) *vtd* Dar remuneração a; gratificar, recompensar.

re.na (*fr renne*) *sf Zool* Nome comum a vários animais que habitam as partes boreais da Europa, Ásia e América, usados, principalmente, na Lapônia, para puxar trenós.

re.nal (*lat renale*) *adj m+f* Relativo aos rins.

re.nas.cen.ça (*renascer+ença*) *sf* **1** Nova vida, novo vigor. **2 Renascença** *Hist* Movimento literário, científico e artístico da Itália no século XV que se difundiu pelos outros países da Europa. **3 Renascença** *Hist* Época em que se deu esse movimento.

re.nas.cen.tis.ta (*renascente+ista*) *adj m+f* Que se refere à época da Renascença.

re.nas.cer (*lat renasci*) *vti* e *vint* **1** Tornar a nascer. *vti* e *vint* **2** Voltar, volver, ressurgir. *vint* **3** Adquirir nova vida, vigor ou atividade; renovar-se. *vint* **4** Remoçar, reviver. *vint* **5** Dar (a planta) rebentos novos. *vti* **6** Reproduzir-se, reviver. *Conjug – Pres indic: renasço, renasces* etc.; Pres subj: *renasça, renasçamos* etc.; *Part:* renascido.

re.nas.ci.men.to (*renascer+mento*) *V renascença.*

ren.da (de *render*) *sf* **1** Produto, receita, rendimento, lucro. **2** Totalidade dos rendimentos que entram num cofre geral. **3** Tecido feito com fio de algodão, linho ou seda, que serve para guarnecer peças de vestuário, roupas de cama etc. *Renda de bilro:* espécie de renda, feita sobre almofada, na qual se prende o molde de papelão em que se trançam os fios por meio de bilros. *Renda valenciana:* espécie de renda de fios muito delicados.

ren.dão (*renda+ão²*) *sm* Tecido de renda grossa, de algodão natural ou sintético, usado na confecção de cortinas, colchas etc. *Pl:* rendões.

ren.dar (*renda+ar¹*) *vtd* **1** Guarnecer de rendas. *vtdi* **2** Arrendar. *vint* **3** Pagar rendas.

ren.dei.ra (*renda+eira*) *sf* **1** Mulher que faz ou vende rendas. **2** Mulher que arrenda uma propriedade. **3** Mulher de rendeiro.

ren.der (*lat vulg *rendere,* por *reddere*) *vtd* **1** Fazer ceder ou capitular; obrigar a que se entregue; submeter, sujeitar, vencer. *vtd* **2** Ficar no lugar de; substituir. *vtd* **3** Consagrar, prestar, tributar. *vtd* **4** Tirar do posto sentinelas, vigias etc., substituindo-os por outros. *vpr* **5** Ceder, entregar-se. *vtd* e *vint* **6** Dar como produto ou lucro. *Render a guarda, Mil:* substituir por outros os militares que compõem a guarda. *Render as armas:* depô-las; dar-se por vencido. *Render honras a:* tributar respeito a. *Render obediência a:* obedecer.

rendez-vous (*randê-vu*) *fr* V randevu.

ren.di.ção (*render+ção*) *sf* Ato ou efeito de render (-se) ou entregar(-se). *Pl:* rendições.

ren.di.lhar (*rendilha+ar¹*) *vtd* **1** Adornar com rendilhas. **2** Recortar.
ren.di.men.to (*render+mento*) *sm* **1** Lucro, produto, renda de capitais. **2** *pop* Luxação ou deslocamento do osso.
ren.do.so (*ô*) (*renda+oso*) *adj* Que rende muito; lucrativo. *Pl: rendosos* (*ó*).
re.ne.ga.do (*part* de *renegar*) *adj* + *sm* **1** Que, ou quem abandona a sua religião ou o seu partido por outros. **2** Que, ou quem muda suas opiniões. • *adj* Desprezado, repelido.
re.ne.gar (*re+negar*) *vtd* e *vti* **1** Abjurar (das suas crenças religiosas ou políticas). *vtd* **2** Perder a fé em; descrer. *vtd* **3** Atraiçoar. *vtd* **4** Repelir com desprezo; menosprezar. *Renegar Deus:* blasfemar.
re.ne.go.ci.ar (*re+negociar*) *vtd* Negociar novamente. *Conjug – Pres indic: renegocio, renegocias* etc.
re.nhi.do (*part* de *renhir*) *adj* **1** Disputado. **2** *fig* Sangrento, cruento, encarniçado.
re.nhir (*cast reñir*) *vtd* **1** Disputar com veemência. *vtd* e *vti* **2** Travar forte luta com; combater. *vti* e *vint* **3** Discutir com violência; altercar. *Conjug:* verbo defectivo, que só se conjuga nas formas em que ao *h* se seguir a vogal *i*. Segue a conjugação de *falir*.
rê.nio (*top Rhenu+io²*) *Quím* Elemento metálico, de número atômico 75 e símbolo Re.
re.ni.ten.te (de *renitir*) *adj* m+f **1** Persistente. **2** Teimoso, obstinado.
re.no.ma.do (*renome+ado¹*) *adj* Célebre, famoso.
re.no.me (*re+nome*) *sm* **1** Bom nome. **2** Boa reputação ou conceito. **3** Celebridade, fama.
re.no.var (*lat renovare*) *vtd* **1** Tornar novo; dar aspecto de novo. *vtd* **2** Substituir por coisa nova. *vtd* **3** Restaurar, recomeçar. *vtd* **4** Rejuvenescer; revigorar-se. *vtd* **5** Excitar de novo. *Renovar as feridas:* ser causa de nova dor ou novo desgosto. *Renovar na memória:* relembrar.
ren.que (*frâncico hring,* via *cat renc*) *s* m+f Alinhamento, fila, fileira, ala.
ren.ta.bi.li.da.de (*fr rentabilité*) *sf Econ polít* Aptidão para produzir lucros ou renda; lucratividade.
ren.te (*lat radente*) *adj* m+f **1** Muito curto. **2** Próximo, contíguo. • *adv* Pelo pé, pela raiz. *Rente a, rente com, rente de:* ao longo de, à rés de, próximo de.
re.nún.cia (de *renunciar*) *sf* **1** Desistência, recusa, rejeição. **2** Espírito de sacrifício; abnegação.
re.nun.ci.ar (*lat renuntiare*) *vtd* e *vti* **1** Desistir de um direito; abdicar. *vtdi* **2** Abandonar. *vtdi* **3** Recusar, rejeitar. Em todas essas acepções prevalece, atualmente, a regência com objeto indireto.
re.or.de.nar (*re+ordenar*) *vtd* Tornar a ordenar.
re.or.ga.ni.zar (*re+organizar*) *vtd* **1** Tornar a organizar. **2** Melhorar, reformar, aprimorar.
re.os.ta.to (*gr rhéos+statós*) *sm Eletr* Aparelho elétrico, manual ou automático, usado como resistência variável.
re.pa.gi.nar (*re+paginar*) *vtd Tip* Tornar a paginar; fazer nova paginação.
re.pa.ra.ção (*reparar+ção*) *sf* **1** Reparo. **2** Conserto, restauração. **3** Reforma. **4** Indenização. **5** Satisfação moral. *Reparação pelas armas:* duelo. *Pl: reparações.*
re.pa.rar (*lat reparare*) *vtd* **1** Fazer reparo em; consertar, refazer. *vtd* **2** Restabelecer, reconstituir. *vtd* **3** Dar satisfação de. *vtd* **4** Corrigir, remediar. *vtd, vti* e *vint* **5** Prestar atenção em; notar, observar. *Reparar o tempo perdido:* empregá-lo melhor do que no passado.
re.pa.ro (de *reparar*) *sm* **1** Conserto, reparação. **2** Exame, inspeção. **3** Censura, crítica. **4** Socorro, auxílio.
re.par.te (de *repartir*) *sm pop* **1** Divisão, partilha. **2** Quantidade de jornais, revistas etc. que é enviada para cada banca.
re.par.ti.ção (*repartir+ção*) *sf* **1** Divisão, partilha, quinhão. **2** Seção. **3** Escritório. *Repartição pública:* qualquer unidade de órgãos governamentais. *Pl: repartições.*
re.par.tir (*re+partir*) *vtd* **1** Dividir, distribuir. *vtd* **2** Dar em partilha ou por sorteio. *vpr* **3** Ramificar-se.
re.pas.sar (*re+passar*) *vtd, vti* e *vint* **1** Passar de novo, passar muitas vezes. *vtd* **2** Estudar de novo. *vint* **3** Deixar-se atravessar de um líquido; embeber-se: *Esta capa é impermeável; não repassa.*
re.pas.to (*re+pasto*) *sm* Alimentação abundante.
re.pa.tri.ar (*re+pátria+ar¹*) *vtd* **1** Fazer regressar, ou trazer de volta à pátria. *vpr* **2** Regressar à pátria. *Conjug – Pres indic: repatrio, repatrias* (*í*) etc.
re.pe.lão (*repelar+ão²*) *sm* **1** Encontrão, encontro violento. **2** Ataque, investida, assalto. *De repelão:* com violência. *Pl: repelões.*
re.pe.len.te (de *repelir*) *adj* m+f Repugnante, nojento, asqueroso. • *sm* Substância empregada para repelir insetos.
re.pe.lir (*lat repellere*) *vtd* **1** Impelir para trás ou para fora; expulsar. **2** Evitar. **3** Não permitir a aproximação de. **4** Não admitir. **5** Não tolerar; ter repugnância a. Conjuga-se como *ferir*.
re.pe.ni.car (de *repicar*) *vtd* e *vint* **1** Emitir ou produzir sons agudos e metálicos. **2** Emitir ou produzir uma série de sons leves e em rápida sucessão. *Conjug – Pres subj: repenique, repeniques* etc.; *Pret perf: repeniquei, repenicaste, repenicou* etc.
re.pen.sar (*re+pensar*) *vtd* e *vti* **1** Tornar a pensar em. *vint* **2** Pensar madura e detidamente; reconsiderar.
re.pen.te (*lat repente*) *sm* **1** Ímpeto. **2** Impulso irrefletido, imprevisto. **3** Improviso. *De repente:* de súbito; imprevistamente; repentinamente. *Ter repentes:* ter ímpetos de mau gênio.
re.pen.ti.no (*lat repentinu*) *adj* Imprevisto, inesperado, súbito.
re.pen.tis.ta (*repente+ista*) *adj* m+f e s m+f Que, ou quem faz versos de improviso.
re.per.cu.tir (*lat repercutere*) *vtd* **1** Reproduzir (um som). *vtd* **2** Dar nova direção a. *vint* e *vpr* **3** Refletir(-se), repetir(-se), reproduzir(-se) (o som, a luz, o calor etc.). *vti* e *vpr* **4** Transmitir seus efeitos.
re.per.tó.rio (*lat repertoriu*) *sm* **1** Índice de matérias metodicamente dispostas. **2** Compilação, coleção, conjunto. **3** Lista de obras dramáticas ou musicais. **4** A coleção das obras de um maestro ou de um autor dramático. **5** As músicas tocadas numa apresentação musical.
re.pe.te.co (de *repetir*) *sm bras gír* Repetição.
re.pe.tên.cia (*lat repetentia*) *sf* **1** Condição de repetente. **2** Repetição.

re.pe.ten.te (*lat repetente*) *adj m+f* Que repete. • *s m+f* Estudante que repete o ano.
re.pe.ti.ção (*lat repetitione*) *sf* **1** Repetência. **2** Reprodução. **3** *Replay*. *Repetição automática, Inform:* recurso em que um caractere é repetido automaticamente enquanto a tecla estiver sendo pressionada.
re.pe.ti.do.ra (*repetir+dor*, no *fem*) *sf* **1** *Fot* Máquina usada em fotolitografia; fotomultiplicadora. **2** *bras* Estação de televisão que repete os programas de outra emissora.
re.pe.tir (*lat repetere*) *vtd* **1** Dizer ou fazer de novo. *vtd* **2** Tornar a cursar. *vtd* **3** Refletir (a luz, as imagens etc.). *vtd* **4** Repercutir (um som). *vtd* **5** Imitar. *vtd* **6** Comer de novo a mesma coisa. *vpr* **7** Repisar as mesmas histórias, os mesmos assuntos. Conjuga-se como *ferir*.
re.pi.car (*re+picar*) *vtd* **1** Picar de novo; cortar em pequeninos pedaços. **2** Tanger repetidas vezes (sino ou campainha); redobrar. **3** Fazer soar; tocar. *Conjug – Pres subj:* repique, repiques etc.; *Pret perf:* repiquei, repicaste, repicou etc. *Cf repique*.
re.pim.par (*re+pimpar*) *vtd* e *vpr* Empanturrar, empanzinar.
re.pi.que (de *repicar*) *sm* **1** Toque festivo dos sinos. **2** Choque de duas bolas, no bilhar, depois de carambolarem.
re.pi.sar (*re+pisar*) *vtd* **1** Tornar a pisar; calcar com os pés. *vtd* e *vti* **2** Repetir muitas vezes.
replay (*riplei*) (*ingl*) *sm* **1** *Telev* Ato de reprisar uma cena, durante uma transmissão ao vivo. **2** Repetição.
re.ple.to (*lat repletu*) *adj* **1** Completamente cheio. **2** Satisfeito, farto, abarrotado.
ré.pli.ca (de *replicar*) *sf* **1** Contestação, objeção, refutação. **2** Resposta a uma crítica. **3** Cópia de uma obra de arte.
re.pli.car (*lat replicare*) *vti* e *vint* **1** Responder às objeções ou críticas de; contestar, refutar, objetar. *vtd* **2** Responder, retrucar. *Conjug – Pres subj:* replique, repliques etc.; *Pret perf:* repliquei, replicaste, replicou etc.
re.po.lho (*ô*) (*cast repollo*) *sm Bot* Espécie de couve cujas folhas sobrepostas se fecham em forma de globo.
re.po.lhu.do (*cast repolludo*) *adj* **1** Que tem forma de repolho. **2** Rechonchudo.
re.pon.tar (*re+ponta+ar*[1]) *vti* e *vint* **1** Começar a aparecer novamente. *vint* **2** Começar a surgir.
re.por (*re+pôr*) *vtd* **1** Tornar a pôr; voltar a estado ou situação antiga. **2** Devolver, restituir. Conjuga-se como *pôr*.
re.por.ta.gem (*fr reportage*) *sf* **1** As notícias que os repórteres preparam para os periódicos. **2** A equipe de repórteres. *Reportagem de capa, Jorn:* reportagem que trata do(s) tema(s) apresentado(s) na capa. *Reportagem fotográfica:* documentação fotográfica sobre determinados fatos. *Pl: reportagens*.
re.por.tar (*lat reportare*) *vtd* **1** Fazer voltar para trás. *vtd* **2** Referir. *vpr* **3** Aludir, referir-se a, remeter-se.
re.pór.ter (*ingl reporter*) *sm* **1** Pessoa que colhe notícias para a imprensa, rádio, televisão etc. **2** Noticiarista dos periódicos, do rádio e da televisão. *Repórter fotográfico:* fotógrafo que colhe material para ilustrar um jornal ou revista. *Pl: repórteres*.
re.po.si.ci.o.na.men.to (*reposicionar+mento*) *sm* Ato ou efeito de posicionar de novo.
re.po.si.ci.o.nar (*re+posicionar*) *vtd* Posicionar novamente.
re.po.si.tó.rio (*lat repositoriu*) *adj Farm* Próprio para guardar medicamentos. • *sm* **1** Lugar onde se guardam coisas; depósito. **2** Coleção de informações, conhecimentos etc.
re.pos.tei.ro (*lat med repositariu*) *sm* Cortina que pende das portas interiores da casa.
re.pou.sar (*lat repausare*) *vtd* **1** Estar ou ficar em repouso; descansar. *vint* **2** Dormir. *vti* e *vint* **3** Estar sepultado; jazer.
re.pou.so (de *repousar*) *sm* Descanso, sossego, tranquilidade. *Repouso eterno, Rel:* o estado que se segue à morte. *Perturbar o repouso dos mortos:* injuriar-lhes a memória.
re.po.vo.ar (*re+povoar*) *vtd* e *vpr* Povoar(-se) novamente.
re.pre.en.der (*lat reprehendere*) *vtd* **1** Censurar; corrigir. **2** Chamar a atenção de; advertir.
re.pre.en.são (*lat reprehensione*) *sf* Admoestação, reprimenda, censura. *Antôn: louvor. Pl: repreensões*.
re.pre.sa (*ê*) (*fem* de *represo*) *sf* **1** Represamento. **2** Obra de engenharia, feita para a acumulação de águas. **3** Barragem.
re.pre.sá.lia (*cast represalia*) *sf* Vingança, desforra violenta, retaliação. *sf pl* Vingança, com atos ilícitos e rigorosos, praticados por um Estado contra outro.
re.pre.sar (*represa+ar*[1]) *vtd* **1** Fazer represa em; deter o curso de água com dique, paredão etc. **2** Conter, fazer parar, reprimir, reter.
re.pre.sen.ta.ção (*representar+ção*) *sf* **1** Petição feita por escrito a uma autoridade. **2** Aparato inerente a um cargo ou posição social. **3** *Dir* Ato pelo qual alguém é legalmente autorizado a agir em nome de outrem. **4** Espetáculo teatral. *Pl: representações*.
re.pre.sen.tar (*lat repraesentare*) *vtd* **1** Ser a imagem ou a reprodução de. *vtd* **2** Pintar, retratar. *vtd* **3** Significar, simbolizar. *vtd* **4** Encenar, exibir. *vtd* **5** Apresentar-se no lugar de. *vtd* **6** Mostrar à evidência. *vtd* **7** Parecer ter; aparentar, figurar. *vpr* **8** Figurar como símbolo de alguma coisa. *vint* **9** Desempenhar funções de ator.
re.pres.são (*lat repressione*) *sf* **1** Proibição. **2** Conjunto de medidas contra abusos ou delitos. **3** *Psicol* Processo pelo qual lembranças e motivos são impedidos de atingir a consciência. *Pl: repressões*.
re.pri.men.da (*lar reprimenda*) *sf* Censura ou admoestação severa; repreensão.
re.pri.mir (*lat reprimere*) *vtd* **1** Conter, reter, moderar, refrear, represar. *vtd* **2** Impedir, proibir. *vtd* **3** Oprimir, violentar. *vtd* e *vpr* **4** Dominar(-se), não deixar manifestar(-se).
re.pri.sar (*fr repriser*) *vtd* **1** Voltar a apresentar espetáculos, filmes etc. **2** *por ext* Tornar a apresentar determinado ato.
reprise (*fr*) *sf* Nova apresentação ou representação

de um espetáculo, de uma peça teatral ou de um filme.

ré.pro.bo (*lat reprobu*) *sm* Indivíduo perverso, mau.

re.pro.char (*fr reprocher*) *vtdi* Censurar, lançar em rosto a.

re.pro.che (de *reprochar*) *sm* Admoestação, censura.

re.pro.du.zir (*re+produzir*) *vtd* **1** Tornar a produzir. *vtd* **2** Tornar a apresentar, exibir ou mostrar. *vtd* **3** Traduzir fielmente. *vtd* **4** Copiar, imitar, retratar. *vpr* **5** Multiplicar-se, repetir-se. Conjuga-se como *reduzir*.

re.pro.gra.fi.a (*repro(dução)+grafo+ia¹*) *sf* Processo de reprodução que recorre às técnicas de fotocópias, eletrocópias, microfilmagem, xerografia etc.

re.pro.gra.mar (*re+programar*) *vtd* Tornar a programar; fazer nova programação.

re.pro.var (*lat reprobare*) *vtd* **1** Não aprovar; desaprovar, rejeitar, recusar. *vtd* **2** Censurar severamente; condenar. *vint* **3** Não considerar a pessoa examinada como habilitada. *vtd* **4** Votar contra.

rép.til (*lat reptile*) *adj m+f* **1** Que se arrasta. **2** Pertencente ou relativo aos répteis. • *sm* **1** *Zool* Animal vertebrado que pertence à classe dos répteis. **2** Pessoa de sentimentos baixos e repugnantes; pessoa bajuladora e vil. *Pl: répteis. Var: reptil.*

rep.ti.li.a.no (*réptil+i+ano*) *adj* Relativo ou pertencente ao réptil.

re.pú.bli.ca (*lat republica*) *sf* **1** *Polít* Organização política de um Estado. **2** *Polít* Forma de governo em que o povo exerce a sua soberania por intermédio dos seus representantes. **3** O Estado que governa deste modo. **4** Conjunto de estudantes que vivem numa mesma casa. **5** Essa casa. *Dim irreg: republiqueta.*

re.pu.bli.ca.no (*república+ano*) *adj* Pertencente ou relativo à república. • *sm* **1** Membro de uma república. **2** Membro ou eleitor de um partido republicano.

re.pu.bli.car (*re+publicar*) *vtd* Publicar novamente; reeditar. *Conjug – Pres subj: republique, repubbliques* etc.; *Pret perf: republiquei, republicaste, republicou* etc.

re.pu.bli.que.ta (*ê*) (*república+eta*) *sf pej* **1** Pequena república. **2** República insignificante.

re.pu.di.ar (*lat repudiare*) *vtd* **1** Rejeitar, repelir. **2** Desamparar, abandonar. **3** Rejeitar (cônjuge) legalmente. *Conjug – Pres indic: repudio, repudias (dí)* etc. *Cf repúdio.*

re.pú.dio (*lat repudiu*) *sm* Ação ou efeito de repudiar; abandono, desdém, desprezo, rejeição.

re.pug.nân.cia (*lat repugnantia*) *sf* **1** Asco ou aversão por alguém ou alguma coisa. **2** Nojo, repulsa.

re.pug.nan.te (de *repugnar*) *adj m+f* **1** Que repugna; que causa náusea. **2** Asqueroso, repelente. **3** *fig* Que suscita indignação moral.

re.pug.nar (*lat repugnare*) *vtd* **1** Recusar, não aceitar. *vti* **2** Opor-se, não aceitar. *vti* **3** Ser contrário, incompatível. *vti* e *vint* **4** Causar antipatia, aversão, nojo.

re.pul.sa (*lat repulsa*) *sf* **1** Sentimento de aversão, repugnância. **2** Oposição, objeção.

re.pul.sar (*lat repulsare*) *vtd* **1** Afastar, arredar. **2** Expulsar, repelir. **3** Opor-se a, recusar. *Antôn: atrair.*

re.pu.ta.ção (*lat reputatione*) *sf* **1** Fama, renome, celebridade. **2** Conceito em que uma pessoa é tida; bom ou mau nome. *Pl: reputações.*

re.pu.tar (*lat reputare*) *vtd* **1** Dar reputação ou bom nome a. *vtd* **2** Avaliar, estimar. *vtd* e *vpr* **3** Ter em conta; considerar(-se), julgar(-se).

re.pu.xar (*re+puxar*) *vtd* **1** Puxar para trás. *vtd* **2** Contrair, franzir. *vtd* e *vpr* **3** Esticar(-se) muito, puxar(-se) com força. *vint* **4** Fazer jato, jorrar. *vint* **5** Retesar.

re.pu.xo (de *repuxar*) *sm* **1** Fonte ornamental que lança um ou mais jatos de água para cima. **2** Coice. *Aguentar o repuxo:* enfrentar a situação.

re.que.brar (*re+quebrar*) *vtd* **1** Menear, mover com sensualidade ou afetação; saracotear, bambolear. *vpr* **2** Fazer requebros ou trejeitos de galanteador.

re.que.bro (*ê*) (de *requebrar*) *sm* Movimento sensual do corpo.

re.quei.jão (*requeija+ão*) *sm* Queijo feito com a nata do leite coalhada pela ação do calor.

re.quei.mar (*re+queimar*) *vtd* **1** Queimar muito. *vtd* **2** Tostar. *vint* **3** Arder. *vpr* **4** Magoar-se.

re.quen.tar (*re+quente+ar¹*) *vtd* Esquentar de novo.

re.que.rer (*lat requirere*) *vtd* **1** Pedir, solicitar por meio de requerimento. *vtd* **2** Ser digno de, fazer jus a; merecer. *vtd* e *vpr* **3** Precisar(-se), reclamar (-se), exigir(-se). *vint* **4** Fazer, dirigir petições. *Conjug – Pres indic: requeiro, requeres, requer, requeremos, requereis, requerem; Pres subj: requeira, requeiras, requeira, requeiramos, requeirais, requeiram.* É regular nas demais formas.

re.ques.tar (*lat vulg *requaesitare*, de *requaerere*) *vtd* **1** Buscar com aplicação. **2** Pedir com insistência. **3** Pretender o amor de (alguém).

ré.qui.em (*lat requiem*) *sm Rel* Parte do ofício dos mortos que, na liturgia católica, inicia com a palavra latina *requiem*. *Pl: réquiens.*

re.quin.te (de *requintar*) *sm* **1** Extremo de perfeição. **2** Excesso de primor e apuro. **3** Exagero friamente calculado.

re.qui.si.ta.do (*part* de *requisitar*) *adj* Muito procurado ou solicitado.

re.qui.si.tar (*lat requisitare*) *vtd* **1** Requerer formalmente. **2** Chamar (alguém) para serviço.

re.qui.si.to (*lat requisitu*) *sm* **1** Condição; quesito. **2** Exigência necessária para atingir um determinado fim. **3** Qualidades exigidas para certa profissão.

rés (*fr rez*) *adj m+f* Raso, rente. • *adv* Pela raiz. *Ao rés de:* próximo de. *Rés do chão:* pavimento construído no mesmo nível do terreno; andar térreo.

rês (*ár ra's*) *sf* **1** Qualquer quadrúpede cuja carne seja própria para a alimentação do homem. **2** *pop* Nome que se dá ao gado bovino para designar quantidade. *Pl: reses (ê).*

res.cal.dar (*re+escaldar*) *vtd* **1** Tornar a escaldar. **2** Escaldar muito. **3** Fazer o rescaldo de.

res.cal.do (de *rescaldar*) *sm* **1** A cinza que ainda conserva algumas brasas. **2** O calor refletido de uma fornalha ou de um incêndio. **3** Cinzas expelidas pelos vulcões. **4** Ato de jogar água nas cinzas de um incêndio para evitar que o fogo se inicie novamente.

res.cin.dir (*lat rescindere*) *vtd* **1** Anular, desfazer, dissolver, quebrar, invalidar um contrato. **2** Tornar sem efeito. *Conjug – Pres indic:* rescindo, rescindes, rescinde etc.; *Pres subj:* rescinda, rescindas etc.

res.ci.são (*lat rescisione*) *sf* **1** Anulação, invalidação de um contrato. **2** Corte, rompimento. *Pl:* rescisões.

res.cri.to (*part irreg de rescrever*) *sm* **1** Decisão do papa em assuntos teológicos. **2** Resolução do rei comunicada por escrito.

re.se.nha (de *resenhar*) *sf* **1** Descrição minuciosa. **2** Contagem, conferência. **3** Notícia em que há certo número de nomes ou assuntos similares.

re.se.nhar (*lat resignare*) *vtd* **1** Fazer resenha ou relação de; descrever minuciosamente. **2** Enumerar por partes.

re.se.nhis.ta (*resenha+ista*) *s m+f* Pessoa que escreve resenhas.

re.ser.va (de *reservar*) *sf* **1** O que se guarda ou poupa para casos imprevistos. **2** *Mil* Situação dos soldados que ficam sujeitos a serem chamados novamente ao serviço. **3** A parte dos lucros dos bancos ou companhias que fica depositada para acudir a qualquer eventualidade; fundo de reserva. **4** *fig* Circunspeção, discrição, recato, retraimento. **5** *fig* Ressalva, restrição. *sf pl* **1** Alimento retido no organismo e que se transforma em energia. **2** Energia que o atleta economiza durante uma competição, para chegar ao final em boas condições. **3** Reservas cambiais. *s m+f* Pessoa que substitui outra; suplente. *sm Esp* No futebol, jogador que está na suplência do titular ou que o substitui no decorrer de uma partida. *Reserva florestal:* terra que se separa para a conservação da flora e da fauna de uma dada região. *Ficar* (alguém) *de reserva:* ficar de sobreaviso com o que lhe foi dito por alguém. *Passar à reserva, Mil:* aposentar-se. *Sem reserva:* sem restrições.

re.ser.va.do (*part de reservar*) *adj* **1** Conservado, guardado, poupado. **2** Em que há reservas **3** *fig* Calado, cauteloso, discreto. **4** *fig* Confidencial. • *sm* **1** Em alguns restaurantes ou bares, compartimentos especiais para quem deseja ficar só. **2** *Reg* Local onde se encontram instalações sanitárias; banheiro.

re.ser.var (*lat reservare*) *vtd* **1** Pôr de reserva; guardar, poupar. *vtd* **2** Destinar, deixar. *vtd* **3** Defender, livrar, preservar. *vpr* **4** Ficar de reserva.

re.ser.va.tó.rio (*reservar+ório*) *sm* **1** Lugar destinado a guardar qualquer coisa. **2** Depósito de água; caixa-d'água.

re.ser.vis.ta (*reserva+ista*) *sm Mil* Aquele que foi chamado para o serviço militar.

res.fo.le.gar (*res+fôlego+ar*[1]) *vint* **1** Tomar fôlego; respirar com esforço. *vtd* **2** Expelir, golfar. *Conjug – Pres indic:* resfólego ou resfolgo, resfólegas ou resfolgas, resfólega ou resfolga, resfolegamos, resfolegais, resfólegam ou resfolgam; *Pres subj:* resfólegue ou resfolgue, resfólegues ou resfolgues, resfólegue ou resfolgue, resfoleguemos, resfolegueis, resfóleguem ou resfolguem.

res.fri.a.do (*part de resfriar*) *adj* **1** Que se resfriou. **2** Gripado. • *sm* **1** Estado gripal caracterizado por congestão das mucosas das vias respiratórias. **2** Constipação, gripe.

res.fri.a.dor (*ô*) (*resfriar+dor*) *adj* Que resfria. • *sm* Recipiente onde se coloca alguma coisa para resfriar.

res.fri.a.men.to (*resfriar+mento*) *sm* **1** Diminuição de calor. **2** Resfriado.

res.fri.ar (*re+esfriar*) *vtd* **1** Esfriar novamente. *vtd* **2** Submeter a grande abaixamento de temperatura. *vint* e *vpr* **3** Cessar de ter calor; tornar-se frio. *vint* e *vpr* **4** Apanhar um resfriado; constipar(-se). *vint* e *vpr* **5** *fig* Perder o entusiasmo; desanimar-se.

res.ga.tar (*lat re+ex+captare*) *vtd* e *vpr* **1** Livrar do cativeiro. *vtd* **2** Efetuar o pagamento de uma dívida. *vtd* **3** Conseguir por dinheiro a restituição de. *vtd* **4** Obter à custa de algum sacrifício. *vtd* **5** Cumprir, desempenhar, executar. *vtd* **6** Recuperar.

res.ga.te (de *resgatar*) *sm* **1** Quantia paga para a libertação de um sequestrado. **2** Pagamento de uma dívida. **3** Quitação. *Resgate de ações, Com:* pagamento do valor dos títulos a fim de retirá-los definitivamente de circulação.

res.guar.dar (*res+guardar*) *vtd* **1** Guardar com cuidado. *vtd* **2** Pôr a salvo; abrigar, defender, livrar. *vtd* **3** Preservar de danos e perigos. *vpr* **4** Acautelar-se, defender-se. *vpr* **5** Ter resguardo.

re.si.dên.cia (*lat residentia*) *sf* **1** Morada; domicílio. **2** Casa onde se reside. **3** Período em que um médico recém-formado permanece num hospital para adquirir a experiência médica necessária.

re.si.den.ci.al (*residência+al*[1]) *adj m+f* **1** Em que há residências. **2** Destinado para residência.

re.si.den.te (*lat residente*) *adj m+f* **1** Que reside ou mora num lugar; domiciliado. **2** Diz-se da pessoa que reside no próprio local onde exerce cargo ou função. **3** Diz-se do médico que está fazendo residência.
Veja nota em **morar**.

re.si.dir (*lat residere*) *vti* **1** Ter domicílio ou residência em; morar. **2** Ser, estar, existir, consistir.

re.si.du.al (*resíduo+al*[1]) *adj m+f* Referente a resíduo. *Pl:* residuais.

re.sí.duo (*lat residuu*) *adj* Que resta; restante, remanescente. • *sm* Resto; sobra.

re.sig.nar (*lat resignare*) *vtd* **1** Demitir-se voluntariamente de; renunciar a um cargo. *vtd* **2** Desistir de um benefício ou cargo em favor de outrem. *vpr* **3** Conformar-se; render-se às ordens ou vontade de outrem.

re.si.li.ção (*resilir+ção*) *sf Dir* Dissolução contratual. *Pl:* resilições.

re.si.li.ên.cia (*ingl resilience*) *sf* **1** Elasticidade. **2** Ato de recuar (arma de fogo); coice. **3** Poder de recuperação. **4** Trabalho necessário para deformar um corpo até seu limite elástico.

re.si.lir (*lat resilire*) *vtd* **1** Rescindir. *vtd* **2** Desfazer, romper (o contrato) de comum acordo. *vti* **3** Escapulir, soltar-se. *vti* **4** Voltar ao ponto de partida.

re.si.na (*lat resina*) *sf* **1** Matéria oleosa e inflamável que se extrai de certas árvores. **2** Substância análoga de origem animal.

re.si.no.so (*ô*) (*lat resinosu*) *adj* **1** Que tem resina. **2** Coberto de resina. *Pl:* resinosos (*ó*).

re.sis.tên.cia (*lat resistentia*) *sf* **1** Ânimo para suportar fadiga. **2** Obstáculo; reação. **3** Luta. **4** *fig* Oposição, embaraço, empecilho. **5** Obstáculo que uma coisa opõe a outra que atua sobre ela. **6** *Eletr*

Propriedade dos condutores elétricos de se opor à passagem da corrente elétrica, consumindo parte de sua força eletromotriz transformada em calor. **7** *Fís* Força que se opõe ao movimento; inércia.

re.sis.ten.te (de *resistir*) *adj m+f* **1** Que resiste ou reage. **2** Sólido, firme, seguro, duradouro. **3** Obstinado, teimoso.

re.sis.tir (*lat resistere*) *vti* **1** Opor força ou resistência a; oferecer resistência a. *vti e vint* **2** Não ceder, não se dobrar; defender-se. *vti e vint* **3** Conservar-se firme e inabalável, não sucumbir. *vti e vint* **4** Conservar-se, durar, subsistir. *vti* **5** Negar-se, recusar-se. *vti* **6** Sofrer, suportar.

re.sis.tor (*resist(ir)+or*) *sm Eletrôn* Componente de um circuito elétrico que apresenta oposição à passagem da corrente elétrica. *Pl: resistores*.

res.ma (*ê*) (*ár rizma*) *sf* Conjunto de quinhentas folhas de papel.

res.mun.gão (*remungar+ão²*) *adj + sm* Que, ou aquele que resmunga ou que tem o hábito de resmungar com frequência. *Fem: resmungona. Pl: resmungões*.

res.mun.gar (*lat vulg *remussicare*) *vtd* **1** Dizer por entre dentes e com mau humor. *vint* **2** Falar baixo e de mau humor. *Conjug – Pres subj: resmungue, resmungues, resmungue* etc.; *Pret perf: resmunguei, resmungaste, resmungou* etc.

res.mun.go (de *resmungar*) *sm* Ação de resmungar; grunhido.

re.so.lu.ção (*lat resolutione*) *sf* **1** Decisão, deliberação, propósito, resolução, desígnio. **2** *Med* Desaparecimento de tumor ou inflamação sem intervenção cirúrgica. **3** Ânimo forte, coragem. *Resolução heroica*: resolução repentina e enérgica, tomada em caso extremo. *Pl: resoluções*.

re.so.lu.to (*lat resolutu*) *adj* **1** Decidido, desembaraçado, ativo. **2** Afoito, corajoso, valente, intrépido.

re.sol.ver (*lat resolvere*) *vtd* **1** Solucionar. *vtd* **2** *Med* Fazer desaparecer pouco a pouco (inchação, inflamação, tumor) sem supuração; desfazer. *vtd, vti e vint* **3** Decidir, deliberar, determinar.

re.sol.vi.do (*part de resolver*) *adj* **1** Combinado, decidido. **2** *pop* Valente, temerário, corajoso, disposto a tudo.

res.pal.dar (*re+espaldar*) *vtd* **1** Tornar plano ou liso. **2** Igualar as paredes de uma casa. **3** Apoiar, amparar.

res.pal.do (de *respaldar*) *sm* **1** Encosto, espaldar. **2** *fig* Apoio.

res.pec.ti.vo (*lat respectu+ivo*) *adj* **1** Relativo a cada um em particular. **2** Competente, devido, pertencente, próprio, seu.

res.pei.tan.te (de *respeitar*) *adj m+f* Que diz respeito; relativo, referente, concernente.

res.pei.tar (*lat respectare*) *vtd* **1** Tratar com respeito. *vtd* **2** Ter em consideração. *vtd* **3** Cumprir, observar, seguir. *vtd* **4** Honrar, reverenciar. *vtd* **5** Não causar dano a; poupar. *vtd* **6** Aturar, suportar. *vti* **7** Dizer respeito, referir-se; pertencer.

res.pei.tá.vel (*respeitar+vel*) *adj m+f* **1** Digno de respeito ou veneração. **2** Que tem grande importância.

res.pei.to (*lat respectu*) *sm* **1** Aspecto ou lado por onde se encara uma questão; modo de ver, motivo, razão. **2** Apreço, consideração. **3** Obediência, submissão. **4** Referência, relação. **5** Medo, temor, receio. *sm pl* Cumprimentos. *A respeito de, com respeito a*: quanto a; relativamente a.

res.pei.to.so (*ô*) (*respeito+oso*) *adj* Que mostra ou guarda respeito. *Pl: respeitosos (ó)*.

res.pi.gar (*re+espiga+ar¹*) *vti e vint* Apanhar as espigas que ficaram no campo depois da ceifa. *Conjug – Pres subj: respigue, respigues* etc.; *Pret perf: respiguei, respigaste* etc.

res.pi.go (de *respigar*) *sm* **1** Colheita. **2** Compilação, seleção.

res.pin.gar (*cast respingar*) *vint* **1** Borrifar, pingar. *vpr* **2** Sujar-se com pingos. *Conjug – Pres subj: respingue, respingues* etc.; *Pret perf: respinguei, respingaste* etc.

res.pin.go (de *respingar*) *sm* **1** Ato ou efeito de respingar(-se). **2** Borrifo de algum líquido.

res.pi.ra.ção (*lat respiratione*) *sf* **1** *Fisiol* Absorção do oxigênio e exalação do gás carbônico; duplo fenômeno da inspiração e da expiração; fôlego. **2** Bafo, hálito. *Respiração artificial*: a que se consegue por meio de compressões ritmadas no acidentado. *Respiração boca a boca*: respiração artificial na qual uma pessoa sopra o ar na boca do paciente, enchendo-lhe os pulmões. *Pl: respirações*.

res.pi.ra.dor (*respirar+dor*) *adj* Que serve para respirar. • *sm* Aparelho para auxiliar e facilitar a respiração.

res.pi.ra.dou.ro (*respirar+douro*) *sm* Abertura por onde entra ou sai o ar; respiro.

res.pi.rar (*lat respirare*) *vint* **1** *Fisiol* Exercer a função da respiração; receber e expelir o ar por meio do movimento dos pulmões. *vint* **2** *fig* Ter vida; viver. *vint* **3** *fig* Descansar; conseguir alguns momentos de descanso; tomar o fôlego. *vint* **4** *fig* Recuperar o sossego; sentir-se em paz. *vtd* **5** Ter cheiro de. *vtd* **6** Manifestar. *vtd* **7** Desfrutar. *Respirar o mesmo ar*: viver no mesmo ambiente.

res.pi.ra.tó.rio (*respirar+ório*) *adj* **1** Relativo à respiração. **2** Que facilita a respiração.

res.pi.rá.vel (*respirar+vel*) *adj m+f* Favorável à respiração; que se pode respirar. *Pl: respiráveis*.

res.pi.ro (de *respirar*) *sm* **1** Abertura nos fornos, para dar saída à fumaça; respiradouro. **2** Folga, descanso.

res.plan.de.cên.cia (*resplandecente+ia²*) *sf* **1** Resplendor, esplendor, refulgência. **2** Grande brilho formado pela reflexão da luz.

res.plan.de.cen.te (*lat resplendecente*) *adj m+f* **1** Que resplandece. **2** Que fulgura, que reluz com intensidade; muito brilhante, esplêndido, rutilante.

res.plan.de.cer (de *resplendecer*) *vti e vint* **1** Brilhar intensamente. *vti e vint* **2** Manifestar-se com esplendor; revelar-se com toda a claridade. *vtd* **3** Refletir o brilho de. *vti* **4** Engrandecer-se, notabilizar-se.

res.plan.den.te (de *resplender*, com dissimilação) *adj m+f* Que resplandece.

res.plen.dor (*ô*) (*lat resplendero+or*) *sm* **1** Brilho intenso; fulgor. **2** Auréola. **3** *fig* Celebridade, glória.

res.pon.dão (*responder+ão²*) *adj* Que costuma responder grosseiramente. • *sm* Aquele que responde muito e com más palavras. *Fem: respondona. Pl: respondões*.

res.pon.der (*lat respondere*) *vtd* **1** Dizer ou escrever em resposta. *vti* **2** Opor-se. *vti* **3** Ficar por fiador de alguém; responsabilizar-se por. *vti* **4** Argumentar. *vti* **5** Corresponder, equivaler. *Responder com sete pedras na mão a:* responder com maus modos e em atitude agressiva a. *Responder por si:* responsabilizar-se pelos seus atos. *Responder torto:* dizer uma grosseria em resposta a uma observação ou pergunta.

res.pon.sa.bi.li.da.de (*responsável+i+dade*) *sf* **1** Obrigação de responder pelos próprios atos ou por aqueles praticados por algum subordinado. **2** Obrigação de cumprir ou obedecer a certos deveres. *Responsabilidade bancária, Com:* compromisso assumido pela casa bancária para com o depositante. *Responsabilidade civil, Dir:* a que diz respeito, direta ou indiretamente, ao patrimônio de alguém. *Chamar à responsabilidade:* lembrar (a alguém) que é responsável por atos seus ou de outrem.

res.pon.sa.bi.li.zar (*responsável+izar*) *vtd* **1** Impor responsabilidade a. *vtd* e *vti* **2** Tornar ou considerar responsável. *vpr* **3** Tornar-se responsável pelos seus atos ou pelos de outrem.

res.pon.sá.vel (*lat responsabile*) *adj m+f* **1** Que responde por atos próprios ou de outrem. **2** Que é causa de (algo). • *s m+f* **1** Pessoa que cumpre suas obrigações. **2** Pessoa que é chamada a prestar contas. *Pl: responsáveis.*

res.pon.so (*lat responsu*) *sm* **1** *Liturg* Versículos ou palavras tiradas da Bíblia e que se rezam ou se cantam alternativamente por dois coros nos ofícios católicos. **2** Descompostura.

res.pos.ta (*lat reposita*) *sf* **1** Aquilo que se diz ou escreve para responder a uma pergunta. **2** Refutação (de um argumento). **3** Carta que se escreve para responder a outra. **4** Reação a um estímulo exterior. **5** Solução. *Resposta seca:* resposta breve e pouco animadora. *Ter resposta na ponta da língua:* não hesitar; ter resposta instantânea, rápida. *Ter resposta para tudo:* não deixar de responder a nada.

res.quí.cio (*cast resquicio*) *sm* **1** Resíduo ou fragmento muito miúdo. **2** Vestígio, sinal.

res.sa.bi.a.do (*part* de *ressabiar*) *adj* **1** Desconfiado, amedrontado. **2** Melindrado.

res.sa.bi.ar (*ressábio+ar¹*) *vint* e *vpr* **1** Mostrar-se desconfiado. **2** Melindrar-se, ressentir-se. *Conjug: ressabio, ressabias* etc.

res.sa.ca (*cast resaca*) *sf* **1** Fluxo e refluxo das ondas. **2** A onda que se forma desse movimento. **3** *pop* Mal-estar no dia seguinte ao de uma bebedeira. **4** Cansaço após uma noite passada em claro.

res.sai.bo (*re+saibo*) *sm* **1** Sabor desagradável. **2** Vestígio, sinal. **3** Ressentimento.

res.sal.ta.do (*part* de *ressaltar*) *adj* **1** Que (se) ressaltou. **2** Diz-se de olhos esbugalhados.

res.sal.tar (*re+saltar*) *vtd* **1** Fazer sobressair; salientar. *vti* e *vint* **2** Destacar-se; sobressair.

res.sal.to (de *ressaltar*) *sm Arquit* Proeminência, relevo, saliência num piso.

res.sal.va (de *ressalvar*) *sf* **1** Nota em que se corrige um erro; errata. **2** Exceção, reserva, restrição. **3** Documento para garantia de alguém ou de algo.

res.sal.var (*re+salvar*) *vtd* **1** Excetuar, excluir. *vpr* **2** Desculpar-se, escusar-se. *vtd* **3** Corrigir. *vtdi* **4** Livrar, eximir.

res.sar.ci.men.to (*ressarcir+mento*) *sm* Compensação, indenização, reparação.

res.sar.cir (*lat resarcire*) *vtd* Compensar, satisfazer, indenizar, reparar. *Conjug:* verbo defectivo, só se conjuga nas formas em que ao *c* do radical se segue a vogal *i* – segue a conjugação de *abolir.* (Há, porém, alguns gramáticos que admitem a conjugação integral: nesse caso o *c* muda-se em *ç: ressarço, ressarces* etc.; *ressarça, ressarças* etc.)

res.se.ção (*lat resectione,* poda) *sf* Retirada de uma parte mais ou menos extensa de um órgão. *Pl: resseções.*

res.se.car (*re+secar*) *vtd* **1** Tornar a secar. *vpr* **2** Tornar-se bastante seco; ressequir-se. *vtd* **3** Fazer a resseção de.

res.sec.ção (*lat resectione*) *V resseção.*

res.sen.ti.do (*part* de *ressentir*) *adj* Magoado, ofendido.

res.sen.ti.men.to (*ressentir+mento*) *sm* Mágoa.

res.sen.tir (*re+sentir*) *vtd* **1** Tornar a sentir; sentir muito. *vpr* **2** Magoar-se, ofender-se. *vpr* **3** Sentir os efeitos ou consequências de. Conjuga-se como *ferir.*

res.se.quir (*re+seco*) *vtd* e *vpr* Ressecar; tornar muito seco. *Conjug:* verbo defectivo; só se conjuga nas formas em que após o *qu* do radical vem a vogal *i.* Segue a conjugação de *falir.*

res.so.ar (*lat resonare*) *vtd* **1** Repetir o som de; ecoar; ressonar, tornar a soar. *vti* e *vint* **2** Soar com intensidade. *vint* **3** Ser sonoro.

res.so.nân.cia (*lat resonantia*) *sf* **1** Repercussão de sons. **2** *Fís* Propriedade de aumentar a duração ou intensidade do som. **3** *Fís* Propriedade que os corpos apresentam de transmitir ondas sonoras. **4** *Mús* Caixa de harmonia para intensificar e enriquecer um som.

res.so.nar (*lat resonare*) *vtd* **1** Ressoar; fazer soar. *vint* **2** Respirar com regularidade durante o sono. *vint* **3** Dormir tranquilamente.

res.su.ar (*re+suar*) *vint* Transpirar excessivamente.

res.su.mar (*re+sumo+ar¹*) *vtd* **1** Verter, gotejar, destilar. *vint* **2** Dar passagem a um líquido.

res.su.pi.no (*lat resupinu*) *adj* Deitado com as costas no chão.

res.sur.gir (*lat ressurgere*) *vti* e *vint* **1** Tornar à vida; ressuscitar, reviver. *vti* e *vint* **2** Manifestar-se de novo. *vint* **3** Prosperar de novo. *Conjug – Pres indic: ressurjo, ressurges* etc.; *Pres subj: ressurja, ressurjas, ressurja* etc.

res.sur.rec.to (*lat resurrectu*) *adj* Que ressurgiu; que ressuscitou.

res.sur.rei.ção (*lat resurrectione*) *sf* **1** Restituição do morto à vida. **2** *pop* Cura surpreendente e inesperada. **3** **Ressurreição** *Rel* Festa da Igreja Católica em que se celebra a ressurreição de Jesus Cristo. *Ressurreição dos mortos:* doutrina bíblica segundo a qual os mortos ressuscitarão para o julgamento final. *Pl: ressurreições.*

res.sus.ci.tar (*lat resuscitare*) *vtd* **1** Fazer ressurgir, fazer reviver. *vint* **2** Voltar à vida; ressurgir, reaparecer. *vint* **3** Escapar de grande perigo.

res.ta.be.le.cer (*re+estabelecer*) *vtd* **1** Recuperar, reparar, restaurar. *vtd* **2** Reformar; instituir de novo. *vpr* **3** Readquirir (as forças, a saúde, a tranquilidade etc.); recuperar-se. *vpr* **4** Voltar ao estado primitivo.

res.ta.be.le.ci.men.to (*restabelecer+mento*) *sm* **1** Regresso ao antigo estado ou condição. **2** Cura completa de uma enfermidade.

res.tan.te (de *restar*) *sm* O resto; aquilo que resta.

res.tar (*lat restare*) *vint* **1** Sobrar. *vint* **2** Permanecer. *vti* e *vint* **3** Faltar para concluir.

res.tau.ra.ção (*lat restauratione*) *sf* **1** Reconstrução, restabelecimento. **2** Conserto, reparação, reparo feito em construção ou obra de arte. **3** Preenchimento de uma falha por perda de substância. **4** Obturação; fechamento de uma cavidade. *Pl: restaurações.*

res.tau.ran.te (de *restaurar*) *adj m+f* Que restaura; restaurador. • *sm* **1** Aquilo que restaura. **2** Casa onde se servem refeições ao público. **3** Dependência (em hotéis, hospitais etc.) onde se servem refeições.

res.tau.rar (*lat restaurare*) *vtd* e *vpr* **1** Restabelecer-se, recuperar-se. *vtd* **2** Tornar a pôr em vigor; restabelecer. *vtd* **3** Consertar, reparar, retocar.

res.tau.rá.vel (*restaurar+vel*) *adj m+f* Que se pode restaurar. *Pl: restauráveis.*

rés.tia (*lat reste*) *sf* **1** Trançado de alhos ou cebolas. **2** Feixe ou raio de luz que passa por uma pequena abertura.

res.tin.ga (*cast restinga*) *sf* **1** Banco de areia ou de rocha no alto-mar; recife. **2** Pequeno matagal, à margem de um ribeiro. **3** Faixa estreita de mata que separa dois campos de pastagem.

res.ti.tu.ir (*lat restituere*) *vtd* **1** Devolver. *vpr* **2** Recuperar o perdido. *vtd* **3** Ressarcir. *vtd* **4** Pôr novamente em vigor. *Conjug* – *Pres indic: restituo, restituis, restitui, restituímos, restituís, restituem; Pret imp indic: restituía, restituías, restituía, restituíamos, restituíeis, restituíam; Pret perf: restituí, restituíste, restituiu, restituímos, restituíeis, restituíram; Pret mais-que-perf: restituíra, restituíras, restituíra, restituíramos, restituíreis, restituíram; Pret imp subj: restituísse, restituísses, restituísse, restituíssemos, restituísseis, restituíssem; Part: restituído.*

res.ti.tu.í.vel (*restituir+vel*) *adj* Que se pode ou deve restituir. *Pl: restituíveis.*

res.to (de *restar*) *sm* O que fica ou resta; sobra. **2** *Arit* Número que sobra após a divisão de um número por outro. **3** *Arit* Diferença entre dois números, um dos quais se subtrai do outro. **4** Resíduo. *sm pl* **1** Sobras. **2** Ruínas. **3** Despojos mortais de uma pessoa. *De resto:* além disso.

res.to.lho (*ô*) *sm* **1** Sobra, resto. **2** Parte do capim que permanece enraizado após a ceifa. *Pl: restolhos (ó).*

res.tri.ção (*lat restrictione*) *sf* Limitação ou condição restritiva. *Antôn: ampliação. Pl: restrições.*

res.trin.gen.te (*lat restringente*) *adj m+f* **1** Que restringe. **2** Que limita. • *sm* Medicamento ou preparado farmacêutico que restringe ou aperta partes relaxadas.

res.trin.gir (*lat restringere*) *vtd* **1** Tornar mais estreito ou apertado. *vtd* **2** *Gram* Dar sentido restrito a (palavra ou frase). *vtd* e *vpr* **3** Diminuir (-se), encurtar(-se), limitar(-se). *vpr* **4** Conter-se,

moderar-se, refrear-se. *vpr* **5** Reduzir-se, resumir-se. *Conjug* – *Pres indic: restrinjo, restringes, restringe* etc.; *Pres subj: restrinja, restrinjas* etc.; *Pret perf: restringi, restringiste, restringiu* etc.; *Part: restringido* e *restrito.*

res.tri.to (*part irreg* de *restringir*) *adj* **1** Limitado, reduzido, estrito. **2** Pequeno, diminuto. *Antôn* (acepção 1): *lato, amplo.*

re.sul.ta.do (*part* de *resultar*) *sm* **1** Consequência, efeito. **2** Resolução, decisão, deliberação. **3** Ganho, lucro. **4** *Mat* Produto de uma operação matemática. *Dar em resultado:* produzir, causar. *Não ter resultado:* ficar inutilizado ou sem efeito.

re.sul.tan.te (de *resultar*) *adj m+f* e *s m+f* Que, ou o que resulta ou o que é consequência.

re.sul.tar (*lat resultare*) *vti* **1** Ser consequência ou efeito natural. **2** Proceder; nascer, provir. **3** Redundar, reverter, tornar-se.

re.su.mir (*lat resumere*) *vtd* **1** Fazer o resumo de; abreviar. *vpr* **2** Sintetizar(-se). *vpr* **3** Limitar, restringir. *vpr* **4** Consistir, encerrar-se.

re.su.mo (de *resumir*) *sm* **1** Condensação em poucas palavras do que foi dito ou escrito. **2** *fig* Compêndio, sinopse, sumário. *Em resumo:* resumidamente.

res.va.lar (*res+vale+ar*[1]) *vti* e *vint* **1** Deslizar, escorregar. *vtd* **2** Fazer escorregar ou cair. *vint* **3** Escapar-se, esquivar-se. *vtd* **4** Roçar, tocar.

re.ta (de *reto*) *sf* **1** *Geom* Linha que estabelece a mais curta distância entre dois pontos. **2** Traço direito. **3** Trecho reto de estrada.

re.tá.bu.lo (*cast retablo*) *sm* Construção com lavores que fica acima e/ou por trás do altar.

re.ta.guar.da (*tal retroguardia*) *sf* **1** *Mil* Último esquadrão ou fila de um corpo de tropas. **2** *fig* A parte oposta à vanguarda. **3** *por ext* A parte posterior de qualquer lugar.

re.tal (*reto+al*[1]) *adj m+f Anat* Pertencente ou relativo ao reto (intestino). *Pl: retais.*

re.ta.lhar (*re+talhar*) *vtd* **1** Cortar em retalhos ou pedaços. **2** Ferir, golpear. **3** Fazer cortes em. **4** Dividir, fracionar, separar. **5** Magoar, molestar.

re.ta.lho (de *retalhar*) *sm* **1** Parte ou pedaço de uma coisa retalhada. **2** Resto de fazenda que sobra de uma peça. **3** Apara.

re.ta.li.a.ção (*retaliar+ção*) *sf* Represália, vingança. *Pl: retaliações.*

re.ta.li.ar (*lat retaliare*) *vtd* **1** Revidar. **2** Tratar com represálias. *Conjug* – *Pres indic: retalio, retalias* etc.

re.tan.gu.lar (*retângulo+ar*[1]) *adj m+f* Em forma de retângulo.

re.tân.gu.lo (*reto+ângulo*) *adj* **1** Que tem ângulos retos. **2** Diz-se do triângulo que tem um ângulo reto. **3** Diz-se do trapézio que tem dois ângulos retos. • *sm* Quadrilátero com ângulos retos.

re.tar.da.do (*part* de *retardar*) *adj* **1** Atrasado. **2** Adiado, demorado. **3** *Psiq* Diz-se do indivíduo cujo desenvolvimento mental está abaixo do normal. • *sm* Esse indivíduo.

re.tar.da.men.to (*retardar+mento*) *sm* **1** Demora, atraso. **2** *Psiq* Estado ou condição de indivíduo retardado.

re.tar.dar (*lat retardare*) *vtd* **1** Atrasar. *vtd* **2** Tornar

tardio; demorar. *vtd* **3** Fazer menos rápido. *vtd* **4** Adiar. *vint* e *vpr* **5** Chegar tarde.
re.tar.da.tá.rio (*retardar+ário*) *adj* + *sm* **1** Que, ou quem está trasado. **2** Que, ou quem chega tarde.
re.te.lhar (*re+telha+ar¹*) *vtd* Cobrir de novas telhas.
re.ten.ção (*lat retentione*) *sf* **1** Conservação de alguma coisa em seu poder; reserva, posse. **2** *Med* Acúmulo de substâncias nas cavidades de onde normalmente são retiradas. **3** *Dir* Direito assegurado ao possuidor de guardar a coisa disputada em juízo. *Pl: retenções*.
re.ten.tor (*ô*) (*lat retentore*) *adj+sm* Que, ou aquele ou aquilo que retém.
re.ter (*lat retinere*) *vtd* **1** Manter indevidamente o que não lhe pertence. **2** Não deixar sair das mãos; segurar bem. **3** Manter em prisão. **4** Amparar, segurar. **5** Prender, represar. **6** Conservar na memória, ter de cor. **7** Guardar. Conjuga-se como *ter;* recebem, porém, acento agudo os *ee* na 2ª e 3ª pessoas do singular do presente do indicativo (*reténs, retém*) e na 2ª pessoa do singular do imperativo afirmativo: *retém(tu)*.
re.te.sar (*reteso+ar¹*) *vtd* e *vpr* Tornar(-se) teso; enrijar(-se), esticar(-se).
re.ti.cên.cia (*lat reticentia*) *sf* Omissão daquilo que se devia ou podia dizer; silêncio voluntário. *sf pl* Sinal de pontuação caracterizado por três pontos que indica suspensão do sentido ou omissão de palavras; pontos de reticência.

Como sinal de pontuação, as reticências são empregadas para:
a) assinalar uma hesitação ou interrupção do pensamento: *Todos os meus sonhos não se realizaram. Agora... E agora... Ainda seria possível?*
b) indicar passos que são suprimidos do texto: *Dirigiu-se à porta... Tinha de resolver o problema e não via como*.
c) indicar uma enumeração não concluída: *Vieram todos: mãe, pai, filhos, padrinhos...*
d) indicar supressão ou omissão de um trecho em uma citação, vindo, nesse caso, entre parênteses: *"As palavras únicas de Teresa (...) foram essas: Morrerei, Simão, morrerei"*. (Camilo Castelo Branco)
e) marcar aumento de emoção: *Já não posso mais... faltam-me as forças... morro*.

re.ti.cen.te (*lat reticente*) *adj m+f* **1** Em que há reticência. **2** Discreto, retraído. • *s m+f* **1** Pessoa que permanece calada. **2** Pessoa reservada.
re.tí.cu.la *sf* (*lat reticula*) **1** *Tip* Espécie de rede formada por pontos e retas muito finas traçadas sobre uma superfície (vidro, metal etc.), usada em aparelhos ópticos e em processos para reprodução de imagens a meio-tom. **2** O pontilhado que forma essa espécie de rede.
re.ti.cu.la.do (*retículo+ado¹*) *adj* **1** Em forma de rede. **2** *Bot* Com nervuras entrecruzadas, formando numerosas malhas ou células. *Papel reticulado:* papel quadriculado.
re.ti.cu.lar (*retículo+ar¹*) *adj m+f* Com aspecto de rede, formando malhas; reticulado. • *vtd Fot* Imprimir com retícula. *Conjug – Pres indic: reticulo, reticulas, reticula* (*cú*) etc. *Cf retícula*.
re.ti.dão (*lat rectitudine*) *sf* **1** Integridade de caráter; probidade. **2** Honestidade, seriedade. *Pl: retidões*.

re.ti.fi.ca (do *ital*) *sf pop* Oficina de retificação de motores de automóvel.
re.ti.fi.ca.do.ra (*retificar+dor,* no *fem*) *sf Mec* Máquina de retificar motores.
re.ti.fi.car (*lat rectificare*) *vtd* **1** Tornar reto, alinhar. *vtd* **2** *Mec* Restaurar motor de automóvel, pondo-o em condições de funcionamento; recondicionar. *vtd* **3** *Mec* Desempenar, endireitar, acertar (uma peça) no esmeril ou na retificadora. *vtd* **4** Corrigir o que foi dito. *vtd* e *vpr* **5** Corrigir(-se), emendar (-se). *Conjug – Pres subj: retifique, retifiques* etc.; *Pret perf: retifiquei, retificaste, retificou* etc. Veja nota em **ratificar**.
re.ti.lí.neo (*lat rectilineu*) *adj* **1** Que está em linha reta. **2** *Geom* Que segue a direção da reta. **3** Honesto, austero.
re.ti.na (*lat retina*) *sf Anat* Membrana ocular interna em que estão as células nervosas que recebem os estímulos luminosos e onde se projetam as imagens produzidas pelo sistema óptico ocular.
re.ti.ni.a.no (*retina+ano*) *adj* Relativo à retina.
re.ti.nir (*lat retinnire*) *vint* **1** Emitir um som intenso, agudo e prolongado. *vint* **2** Ressoar. *vtd* **3** Fazer soar ou ecoar. Conjuga-se como *abolir*.
re.tin.to (*part irreg de retingir*) *adj* **1** Muito carregado na cor. **2** Diz-se do animal (cavalo, boi etc.) de pelo carregado entre o preto e o vermelho. **3** Tinto novamente.
re.ti.ra.da (*retirar+ada¹*) *sf* **1** *Mil* Movimento de tropas que recuam. **2** *Com* Importância que os sócios de uma empresa retiram para as suas despesas. **3** Emigração dos sertanejos que buscam por lugares melhores. *Bater em retirada:* fugir diante do inimigo. *Cobrir uma retirada:* proteger a marcha das tropas que se retiram.
re.ti.ra.do (*part de retirar*) *adj* **1** Solitário. **2** Ermo, isolado, sem comunicações.
re.ti.ran.te (de *retirar*) *adj* e *s m+f* Que, ou quem se retira do lugar em que se encontra. • *s m+f* Pessoa do Nordeste que, durante as grandes secas, faz retirada (acepção 3), muda de suas terras.
re.ti.rar (*re+tirar*) *vtd* **1** Retrair, recolher, tirar. *vtd* **2** Fazer sair de onde estava. *vtd* **3** Sacar dinheiro. *vti, vint* e *vpr* **4** Bater em retirada, fugir. *vti* **5** Sair de onde estava; fazer retirada (o emigrante). *vpr* **6** Sair de uma companhia, empresa ou sociedade. *Retirar a palavra:* desligar-se de compromisso ou promessa feita a alguém.
re.ti.ro (*der* regressiva de *retirar*) *sm* **1** Lugar remoto e afastado da vida social. **2** Fazenda onde fica o gado durante certa parte do ano. *Retiro espiritual:* estágio num ambiente apropriado para meditação e oração.
re.to (*lat rectu*) *adj* **1** Sem curvatura nem flexões. **2** Justo, verdadeiro. **3** Íntegro, imparcial, equânime. **4** De acordo com a justiça. **5** *Gram* Diz-se do pronome pessoal quando empregado como sujeito. • *sm Anat* Última parte do intestino grosso.
re.to.car (*re+tocar*) *vtd* **1** Dar retoques em. **2** Aprimorar, aperfeiçoar. *Conjug – Pres subj: retoque, retoques* etc.; *Pret perf: retoquei, retocaste, retocou* etc.
re.to.cá.vel (*retocar+vel*) *adj m+f* Que pode ou deve ser retocado.
re.to.mar (*re+tomar*) *vtd* **1** Reconquistar, readquirir. **2** Reaver, recobrar.

re.to.que (de *retocar*) *sm* **1** Correção, emenda. **2** Correções feitas em fotografias.

re.tor.cer (*lat retorquere*) *vtd* **1** Torcer duas ou mais vezes. *vtd* e *vpr* **2** Contorcer(-se). *vpr* **3** Abusar de subterfúgios; inventar desculpas; procurar evasivas. *Retorcer a boca:* mover os lábios para a direita ou para a esquerda. *Retorcer os olhos:* revirar os olhos.

re.tó.ri.ca (*gr rhetoriké*) *sf* **1** Arte de discursar. **2** Conjunto de regras relativas à eloquência. *Pura retórica:* diz-se de imagens literárias exageradas ou analogias mal fundadas. *Fazer retórica:* falar ou escrever em estilo empolado.

re.tó.ri.co (*gr rhetorikós*) *adj* **1** Relativo à retórica. **2** Que tem estilo empolado. **3** Falador. • *sm* **1** Orador ou escritor de estilo empolado e superficial. **2** Especialista em retórica.

re.tor.nar (*re+tornar*) *vti* e *vint* Voltar ao ponto de partida; regressar.

re.tor.no (ô) (de *retornar*) *sm* **1** Regresso, volta. **2** Desvio em rodovias, próprio para retornar. **3** Coisa que se dá em troca de outra recebida.

re.tor.quir (*lat retorquere*) *vtd* **1** Objetar, replicar, retrucar. *vtd* **2** Contrapor. *vti* e *vint* **3** Retrucar. Conjuga-se como *abolir*.

re.tor.ta (*lat retorta*) *sf* Recipiente com gargalo curvo e voltado para baixo, empregado nos laboratórios químicos.

re.tra.ção (*lat retractione*) *sf* Retraimento. *Pl: retrações.*

re.tra.du.tor (*re+tradutor*) *adj* + *sm* Que, ou aquele que faz retraduções.

re.tra.í.do (*part* de *retrair*) *adj* **1** Puxado para trás. **2** Calado ou acanhado no falar. **3** Que procede com reserva.

re.tra.i.men.to (*retrair+mento*) *sm* **1** Retração. **2** Procedimento reservado; acanhamento, timidez. **3** Contração, encolhimento.

re.tra.ir (*lat retrahere*) *vtd* **1** Puxar para trás. *vtd* **2** Retroceder. *vtd* **3** Contrair, encolher. *vpr* **4** Recuar, retirar-se. *vpr* **5** Afastar-se, ausentar-se, isolar-se, recolher-se. *vpr* **6** Não declarar o que pensa; tornar-se retraído ou reservado; mostrar timidez. Conjuga-se como *atrair*.

re.tran.ca (*lat retro+tranca*, por haplologia) *sf* **1** Correia larga que passa por trás das coxas do animal, para impedir, nas descidas, que a carroça rode depressa. **2** No futebol, tática em que se mantém a maioria dos jogadores na defesa. **3** *por ext* Atitude defensiva.

re.tran.sir (z) (*lat retransire*) *vtd* e *vpr* Passar de lado a lado; penetrar, repassar, transpassar. Conjuga-se como *falir*.

re.trans.mis.são (*re+transmissão*) *sf* Nova transmissão. *Pl: retransmissões.*

re.trans.mis.sor (ô) (*re+transmissor*) *sm* Aparelho de telecomunicação que retransmite os sinais recebidos.

re.trans.mis.so.ra (ô) (*re+transmissora*) *sf* *Fís* e *Eletrôn* Estação que recebe e retransmite ondas radioelétricas.

re.trans.mi.tir (*re+transmitir*) *vtd* Tornar a transmitir.

re.tra.sa.do (*part* de *retrasar*) *adj* Diz-se do imediatamente anterior ao último.

re.tra.ta.ção (*retrato+ar¹+ção*) *sf* Reconhecimento do erro, da culpa. *Pl: retratações.*

re.tra.tar¹ (*retrato+ar¹*) *vtd* **1** Fazer o retrato de. *vtd* **2** Tirar a fotografia de; fotografar. *vtd* **3** Reproduzir a imagem de. *vtd* **4** Descrever com perfeição; representar exatamente. *vpr* **5** Traçar o perfil de si próprio. *vpr* **6** Espelhar-se, refletir-se, reproduzir-se.

re.tra.tar² (*lat retractare*) *vtd* **1** Confessar que errou. *vpr* **2** Reconhecer o erro. *vpr* **3** Desdizer-se; retirar o que havia dito. *vpr* **4** Procurar corrigir-se.

re.trá.til (*lat cient retracitile*) *adj* *m+f* **1** Que se pode retrair. **2** Que produz retração. *Pl: retráteis.*

re.tra.ti.li.da.de (*retrátil+i+dade*) *sf* Qualidade de retrátil.

re.tra.tis.ta (*retrato+ista*) *adj* Que retrata. • *s m+f* Fotógrafo; pessoa que faz retrato.

re.tra.to (*ital ritratto*) *sm* **1** Imagem de uma pessoa, reproduzida pela fotografia, pela pintura ou pelo desenho; fotografia. **2** *fig* Modelo, exemplo. **3** *fig* Pessoa muito semelhante a outra.

re.tre.ta (ê) (*fr retraite*) *sf* Concerto de banda em praça pública.

re.tre.te (ê) (*cat retret*) *sf* Privada, latrina.

re.tri.bu.ir (*lat retribuere*) *vtd* **1** Premiar, recompensar. **2** Gratificar, compensar. **3** Dar em troca. *Conjug – Pres indic: retribuo, retribuis, retribui, retribuímos, retribuís, retribuem; Pret imp indic: retribuía, retribuías, retribuía, retribuíamos, retribuíeis, retribuíam; Pret perf: retribuí, retribuíste, retribuiu, retribuímos, retribuístes, retribuíram; Pret mais-que-perf: retribuíra, retribuíras, retribuíra, retribuíramos, retribuíreis, retribuíram; Pret imp subj: retribuísse, retribuísses, retribuísse, retribuíssemos, retribuísseis, retribuíssem; Part: retribuído.*

re.tro (*lat retro*) *adv* Atrás. • *pref* Movimento para trás.

re.tro.a.ção (*retro+ação*) *sf* **1** Ato de retroagir. **2** Resultado do que é retroativo. *Pl: retroações.*

re.tro.a.gir (*lat retroagere*) *vti* e *vint* **1** Ter efeito sobre o que ficou para trás. **2** Modificar o que está feito.

re.tro.a.li.men.ta.ção (*retro+alimentação*) *sf* *Eletrôn* Processo em que parte da energia do sinal de saída de um circuito é transferida para o sinal de entrada; realimentação (corresponde ao inglês *feedback*). *Pl: retroalimentações.*

re.tro.a.ti.vo (*retro+ativo*) *adj* **1** Relativo a coisas ou fatos passados. **2** Que modifica o que está feito. **3** Que retroage.

re.tro.ce.der (*lat retrocedere*) *vti* e *vint* **1** Voltar para trás; recuar, regredir. **2** Desanimar, desistir.

re.tro.ces.so (*lat retrocessu*) *sm* **1** Ação ou resultado de voltar para trás. **2** Atraso. *Antôn: progresso.*

re.tro.fo.gue.te (*retro+foguete*) *sm* *Astr* Foguete usado na retropropulsão.

re.tró.gra.do (*lat retrogradu*) *adj* Que se opõe ao progresso; reacionário. • *sm* Aquele que é aferrado à rotina ou às ideias antigas e, portanto, inimigo do progresso.

re.tro.pro.je.tor (*retro+projetor*) *sm* Aparelho óptico para projeção de transparências colocadas sob um feixe de luz, refletindo numa tela sua imagem ampliada.

re.tro.pro.pul.são (*retro+propulsão*) *sf Astr* Freamento de um veículo espacial por ação de um foguete. *Pl: retropropulsões.*

re.trós (*fr retors*) *sm* **1** Fio usado em costura. **2** Cilindro de plástico ou papelão enrolado com esse fio. *Pl: retroses.*

re.tros.pec.ti.va (*retrospectivo, no fem*) *sf* **1** Retrospecto. **2** Exposição das várias etapas de uma produção artística ou industrial.

re.tros.pec.ti.vo (*lat retrospectu+ivo*) *adj* **1** Que se volta para o passado. **2** Relativo a coisas passadas.

re.tros.pec.to (*lat retrospectu*) *sm* **1** Observação ou exame das coisas ou fatos passados. **2** Lance de olhos para o passado. **3** Resumo de ocorrências passadas. *Sin: retrospectiva.*

re.tro.vi.sor (*retro+visor*) *adj+sm* Diz-se do, ou o espelho colocado nos automóveis que dá uma visão, para quem dirige, do que está atrás.

re.tru.car (*re+trucar*) *vtd e vti* **1** Responder, replicar, revidar com palavras ríspidas ou ofensivas. *vtd* **2** Objetar. *Conjug – Pres subj: retruque, retruques* etc.; *Pret perf: retruquei, retrucaste, retrucou* etc.

re.tum.ban.te (de *retumbar*) *adj m+f* Que retumba; que ressoa; que ribomba.

re.tum.bar (*voc onom*) *vint* **1** Fazer estrondo; ribombar. *vint* **2** Ecoar, ressoar. *vtd* **3** Repercutir. *vtd* **4** Entoar fortemente. *Conjug:* conjuga-se apenas nas 3ᵃˢ pessoas.

re.tur.no (*re+turno*) *sm* Nos campeonatos esportivos, repetição das partidas entre os mesmos concorrentes que disputaram o primeiro turno.

réu (*lat reu*) *sm* **1** *Jur* Aquele que é demandado em juízo, por uma ação cível ou criminal; autor de crime ou delito. **2** *por ext* Pessoa contra quem foi instaurada uma ação criminal. • *adj* Criminoso, culpado, responsável. *Fem:* ré.

reu.má.ti.co (*lat rheumaticu*) *adj* Atacado de reumatismo. • *sm* Aquele que sofre de reumatismo.

reu.ma.tis.mo (*lat rheumatismu*) *sm Med* Quadro patológico com dor em músculos e articulações.

reu.ma.to.lo.gi.a (*gr rheûma, atos+logo+ia¹*) *sf Med* Estudo de doenças do aparelho locomotor e de outras doenças do tecido conjuntivo.

reu.ma.to.ló.gi.co (*reumatologia+ico²*) *adj* Relativo à reumatologia.

re.u.ni.ão (*re+união*) *sf* Conjunto de pessoas que se agrupam para algum fim. *Pl: reuniões.*

re.u.ni.fi.car (*re+unificar*) *vtd* Tornar a unificar. *Conjug – Pres subj: reunifique, reunifiques* etc.; *Pret perf: reunifiquei, reunificaste, reunificou* etc.

re.u.nir (*re+unir*) *vtd* **1** Unir novamente. *vtd* **2** Aproximar. *vtd* **3** Juntar. *vtd* **4** Estabelecer comunicação entre. *vtd* **5** Conciliar, harmonizar. *vtd* **6** Convocar. *vint e vpr* **7** Constituir-se (uma assembleia, uma corporação) para funcionar legalmente. *vti, vint e vpr* **8** Agrupar-se. *vtd* **9** Ter como qualidade, juntamente com outras. *Conjug – Pres indic: reúno, reúnes, reúne, reunimos, reunis, reúnem; Pres subj: reúna, reúnas, reunamos, reunais, reúnam; Imper afirm: reúne(tu), reúna(você), reunamos(nós), reuni(vós), reúnam(vocês).*

re.ur.ba.ni.za.ção (*re+urbanizar+ção*) *sf* Ato ou efeito de reurbanizar. *Pl: reurbanizações.*

re.ur.ba.ni.zar (*re+urbanizar*) *vtd* Urbanizar novamente.

re.u.ti.li.za.ção (*reutilizar+ção*) *sf* **1** Ato ou efeito de reutilizar. **2** Reciclagem.

re.u.ti.li.zar (*re+utilizar*) *vtd* **1** Tornar a utilizar. **2** Dar nova utilização a; reciclar.

re.va.li.dar (*re+validar*) *vtd* **1** Tornar a validar. **2** Dar mais força a; confirmar.

re.van.che (*fr revanche*) *sf* **1** Desforra, vingança. **2** *Esp* Novo jogo, partida ou prova que um atleta ou equipe se propõe a disputar com o adversário derrotado.

re.van.chis.mo (*revanche+ismo*) *sm* Tendência para a desforra particularmente de natureza política.

re.van.chis.ta (*revanche+ista*) *adj m+f* Que tem tendência para o revanchismo; vingativo. • *s m+f* Pessoa que é dada ao revanchismo.

réveillon (*reveion*) (*fr*) *sm* Ceia para festejar a entrada do novo ano.

re.vel (*lat rebelle*) *adj m+f* **1** Rebelde. **2** Teimoso. **3** Esquivo. *Pl: revéis.*

re.ve.la.ção (*revelar+ção*) *sf* **1** Manifestação, prova, testemunho. **2** Descoberta. **3** Conhecimento súbito; inspiração. **4** *Teol* Conjunto de verdades sobrenaturais manifestadas por Deus ao homem. **5** *Fot* Processo pelo qual se faz aparecer no papel a imagem fotografada. *Pl: revelações.*

re.ve.lar (*lat revelare*) *vtd* **1** Descobrir. *vtd* **2** Declarar, denunciar, delatar. *vtd* **3** Mostrar, provar. *vtd* **4** *Fot* Revelar; fazer aparecer a imagem no negativo. *vpr* **5** Manifestar-se, mostrar-se, patentear-se. *vtd e vpr* **6** Fazer(-se) conhecer pela revelação ou inspiração divina.

re.ve.li.a (*revel+ia¹*) *sf* Rebeldia, teimosia. *À revelia, Dir:* sem conhecimento ou comparecimento do réu; ao acaso.

re.ven.da (de *revender*) *sf* Vender de novo.

re.ven.der (*lat revendere*) *vtd* Tornar a vender; vender aquilo que se comprou para negociar.

re.ver (*re+ver*) *vtd* **1** Tornar a ver. *vtd* **2** Ver com atenção; examinar cuidadosamente. *vtd* **3** Corrigir, emendar. *vtd* **4** Fazer a revisão judicial de. *vpr* **5** Espelhar-se, mirar-se. *vpr* **6** Deleitar-se. *Conjuga-se como ver.*

re.ver.be.rar (*lat reverberare*) *vint* **1** Brilhar; resplandecer, verberar. *vtd, vti e vpr* **2** Refletir(-se) (luz ou calor). *Conjug – Pres indic: reverbero, reverberas (bé)* etc. *Cf revérbero.*

re.vér.be.ro (de *reverberar*) *sm* **1** Reverberação; reflexo de luz. **2** Lâmina ou espelho que torna a luz mais intensa. **3** *poét* Brilho, chama, resplendor. **4** O faiscar das pedras preciosas.

re.ver.de.cer (*re+verde+ecer*) *vtd e vint* **1** Tornar(-se) verde; cobrir(-se) de verdor. *vtd* **2** Dar a cor verde a. *vint* **3** Readquirir força e vigor; fortificar-se. *vint e vpr* **4** Rejuvenescer, renascer.

re.ver.de.jar (*re+verdejar*) *vint* Mostrar-se muito verde; verdejar muito. *Conjug:* conjuga-se apenas nas 3ᵃˢ pessoas.

re.ve.rên.cia (*lat reverentia*) *sf* **1** Respeito às coisas sagradas. **2** Cumprimento respeitoso; vênia, mesura. **3** Tratamento dado aos sacerdotes. **4** *fig* Acatamento, respeito, veneração. **5** Atenção, consideração.

re.ve.ren.ci.ar (*reverência+ar¹*) *vtd* **1** Honrar. *vtd* **2** Acatar, respeitar, venerar, adorar. *vtd* **3** Prestar culto a. *vint* **4** Demonstrar reverência. *Conjug* – *Pres indic:* reverencio, reverencias, reverencia (*cí*) etc. *Cf reverência*.

re.ve.ren.dís.si.ma (*fem de reverendíssimo*) *sf* Tratamento que se dá aos dignitários eclesiásticos, monsenhores ou bispos.

re.ve.ren.dís.si.mo (*reverendo+íssimo*) *sm* Título que se dá aos dignitários eclesiásticos e aos padres em geral.

re.ve.ren.do (*lat reverendu*) *adj* Que merece reverência. • *sm* **1** Padre. **2** Pastor protestante.

re.ve.ren.te (*lat reverente*) *adj m+f* Que se reverencia.

re.ver.sí.vel (*lat reversu+i+vel*) *adj m+f* **1** Capaz de ser revertido. **2** Que pode retornar ao estado primitivo. **3** Capaz de passar por movimentos ou mudanças em dois sentidos opostos. **4** Que tem dois lados utilizáveis; de dupla face. *Pl: reversíveis*.

re.ver.ter (*lat revertere*) *vti* **1** Regressar, voltar ao ponto de partida. *vti* **2** Voltar para a posse de alguém. *vti* **3** Converter-se, tornar-se. *vtdi* **4** Reservar, destinar.

re.ver.té.rio (*de reverter*) *sm bras pop* Mudança de uma situação boa para uma situação má.

re.vés (*lat reverse*) *sm* **1** Acontecimento fatal e imprevisto. **2** Contratempo, contrariedade. **3** *fig* Desgraça, infortúnio, fatalidade, perda. *Reveses da fortuna:* desgraças; lances infelizes; mudanças da sorte. *Pl: reveses*.

re.ves.ti.men.to (*revestir+mento*) *sm* **1** Aquilo que reveste ou serve para revestir. **2** Camada de material, como argamassa, pedra etc., que se coloca sobre uma parede ou piso. **3** Proteção.

re.ves.tir (*re+vestir*) *vtd* **1** Tornar a vestir. **2** Atribuir a si (atributos de outrem). **3** Cobrir, envolver. **4** Cobrir com revestimento. Conjuga-se como ferir. *Revestir de pompa:* dar realce a algum ato, para o tornar grande e magnificente.

re.ve.za.dor (*ô*) (*revezar+dor*) *adj* + *sm* Que, ou aquele que reveza.

re.ve.za.men.to (*revezar+mento*) *sm* **1** Ação ou efeito de revezar(-se). **2** Substituição de pessoa ou coisa por outra.

re.ve.zar (*re+vez+ar¹*) *vtd* **1** Substituir; render. *vti* **2** Trocar de posição. *vpr* e *vint* **3** Alternar(-se).

re.vi.dar (*re+envidar*) *vtd* **1** Dar em resposta a. *vtd* **2** Replicar, retrucar. *vti* **3** Vingar uma ofensa com outra maior. *vti* e *vint* **4** Contradizer, objetar.

re.vi.de (*der regressiva de revidar*) *sm* Ato de revidar.

re.vi.go.rar (*re+vigorar*) *vtd* **1** Dar novas forças ou vigor a. *vint* e *vpr* **2** Readquirir o vigor.

re.vin.di.ta (*re+vindita*) *sf* Vingança de uma vingança.

re.vi.rar (*re+virar*) *vtd* **1** Tornar a virar; voltar do avesso. *vtd* **2** Remexer, revolver. *vtd* **3** Pôr em desordem. *vtd* **4** Retorcer. *vpr* **5** Virar-se novamente. *vti* e *vpr* **6** Tornar-se, voltar-se ou revoltar-se contra.

re.vi.ra.vol.ta (*revirar+volta*) *sf* **1** Volta sobre si mesmo; pirueta. **2** Mudança repentina de situação para pior ou melhor; viravolta.

re.vi.são (*lat revisione*) *sf* **1** Ação de revisar, corrigir (provas tipográficas, texto). **2** Exame minucioso e atento. **3** Seção onde esse trabalho é executado. **4** Setor de revisores de um jornal, de uma editora etc. **5** Exame de uma lei com o fim de modificá-la, revogá-la ou confirmá-la. *Pl: revisões*.

re.vi.sar (*re+visar*) *vtd* **1** Visar de novo. **2** Fazer a revisão de; corrigir.

re.vi.sor (*ô*) (*lat med revisor*) *adj* Que revisa. • *sm* Aquele que revê provas tipográficas ou originais que se destinam à composição.

re.vis.ta (*fem de revisto*) *sf* **1** Nova inspeção; exame minucioso. **2** Publicação periódica com escritos variados e ilustrações. **3** *Teat* Espetáculo teatral de variedades, com números musicais. *Revista em quadrinhos:* revista que contém histórias em quadrinhos.

re.vis.tar (*revista+ar¹*) *vtd* **1** *Mil* Passar revista a. **2** Passar busca a. **3** Examinar (pessoas ou coisas).

re.vis.to (*part de rever*) *adj* **1** Corrigido, emendado. **2** Que foi revistado.

re.vi.ta.li.zar (*re+vitalizar*) *vtd* Dar nova vida em.

re.vi.ver (*lat revivere*) *vint* **1** Tornar a viver; voltar à vida, ressuscitar. *vint* **2** Renascer, renovar-se. *vint* **3** Readquirir energia; revigorar-se. *vint* **4** Aparecer de novo; tomar novo impulso. *vtd* **5** Trazer à lembrança; recordar.

re.vi.vi.fi.car (*re+vivificar*) *vtd* e *vpr* **1** Tornar a vivificar; dar nova vida, animação ou vigor a; reanimar(-se). *vtd* **2** *Teol* Dar novo alento ou nova vida espiritual a. *Conjug* – *Pres subj:* revivifique, revivifiques etc.; *Pret perf:* revivifiquei, revivificaste, revivificou etc.

re.vo.a.da (*revoar+ada¹*) *sf* **1** Bando de aves que voam de volta ao ponto de partida. **2** *fig* Multidão.

re.vo.ar (*re+voar*) *vint* **1** Voar (a ave) ao local de onde partira. **2** Esvoaçar.

re.vo.gar (*lat revocare*) *vtd* Declarar ou tornar sem efeito; anular.

re.vo.gá.vel (*revogar+vel*) *adj m+f* Que se pode revogar. *Pl: revogáveis*.

re.vol.ta (*fem de revolto*) *sf* **1** Levante, motim, rebelião; sublevação, insurreição. **2** Grande indignação.

re.vol.ta.do (*part de revoltar*) *adj* **1** Que se revoltou, que se rebelou. **2** Que está indignado. • *sm* **1** Rebelde, revoltoso. **2** Indignado. **3** Indivíduo inconformado com a ordem de coisas existentes.

re.vol.tar (*revolta+ar¹*) *vtd* **1** Agitar, amotinar, sublevar. *vtd* **2** Indignar, repugnar. *vpr* **3** Insurgir-se, levantar-se contra a autoridade. *vpr* **4** Agitar-se, tumultuar-se. *vpr* **5** Encolerizar-se, indignar-se.

re.vol.to (*ô*) (*lat revolutu*) *adj* **1** Desgrenhado, encrespado (cabelo). **2** Agitado, conturbado, perturbado. **3** Muito agitado, tempestuoso. *Pl: revoltos* (*ô*).

re.vo.lu.ção (*lat revolutione*) *sf* **1** Revolta, sublevação. **2** Mudança completa; reforma, transformação. **3** Mudança violenta nas instituições políticas de uma nação. **4** Indignação, agitação. **5** *Astr* Tempo que um astro gasta para descrever o curso de sua órbita. **6** Rotação em torno de um eixo imóvel. *Revolução sideral:* retorno de um astro ao mesmo ponto do céu. *Pl: revoluções*.

re.vo.lu.ci.o.nar (*lat revolutione+ar¹*) *vtd* **1** Excitar, instigar. *vtd* 2 Provocar notável mudança em; transformar. *vtd* 3 Pôr em rebuliço; agitar. *vpr* 4 Entrar numa revolução; revoltar-se, sublevar-se.

re.vo.lu.ci.o.ná.rio (*revolução+ário*) *adj* Referente a revolução. • *sm* 1 Aquele que toma parte numa revolução. 2 Aquele que propaga ideias novas; inovador. 3 Aquele que provoca revoluções.

re.vo.lu.to (*lat revolutu*) *adj* Revolvido.

re.vol.ver (*lat revolvere*) *vtd* e *vti* 1 Misturar, remexer. *vtd* 2 Mover em giro, em volta. *vtd* 3 Mexer sem ordem. *vtd* 4 Cavar. *vtd* 5 Esquadrinhar, investigar. *vtd* e *vpr* 6 Revirar(-se), voltar(-se). *vpr* 7 Agitar-se, mover-se desordenadamente.

re.vól.ver (*ingl revolver*) *sm* 1 Arma de fogo portátil; berro. 2 Aparelho adaptado a um compressor para pintar geladeiras, fogões etc. *Pl: revólveres*.

re.vul.si.vo (*lat revulsu+ivo*) *adj + sm Med* Diz-se de, ou medicamento que faz derivar uma inflamação de um ponto para outro do corpo.

re.za (de *rezar*) *sf* Oração. *A troco de reza, pop:* gratuitamente.

re.zar (*lat recitare*) *vtd, vti* e *vint* 1 Orar. *vtd* 2 Resmungar; dizer entre dentes.

RGB (sigla do *ingl* Red, Green, Blue) *sm Eletrôn* Método de produção de cores no qual se mistura a luz composta de três cores primárias: vermelho, verde e azul.

Rh (*abrev* de *rhesus*, nome científico de um macaco, no qual primeiramente foi descoberto o fator Rh) Abreviatura de *fator Rh*, de *rhesus*. *Rh-negativo*: o que não tem o fator Rh nas células vermelhas do sangue. *Rh-positivo*: o que contém o fator Rh nas células vermelhas do sangue.

ri.a.cho (*rio+acho*) *sm* Rio pequeno; ribeiro.

ri.bal.ta (*ital ribalta*) *sf Teat* Fileira ou série de luzes, na parte externa do palco.

ri.ba.mar (*riba+mar*) *sf* 1 Terreno à borda do mar; beira-mar. 2 O litoral.

ri.ban.cei.ra (*ribança+eira*) *sf* 1 Margem elevada de rio. 2 Precipício, despenhadeiro.

ri.bei.ra (*lat riparia*) *sf* 1 Massa de água que corre entre margens próximas. 2 Terreno banhado por um rio.

ri.bei.rão (*ribeiro+ão²*) *sm* Ribeiro bastante largo.

ri.bei.ri.nho (*ribeiro+inho*) *adj* Que vive ou mora nas proximidades dos rios.

ri.bei.ro (*lat ripariu*) *sm* Rio pequeno; pequeno curso de água; riacho, regato.

ri.bom.bar (*ribomba+ar¹*) *vint* Estrondear, ressoar, retumbar fortemente. *Conjug:* normalmente só se conjuga nas 3ªˢ pessoas.

ri.bo.nu.clei.co (*ê* ou *é*) (*ribo(se)+nucleico*) *adj Quím* Diz-se de um ácido envolvido na transcrição e tradução da informação genética.

ri.ca.ço (*rico+aço*) *adj + sm pop* Diz-se de, ou homem muito rico.

rí.ci.no (*lat ricinu*) *sm Bot* Planta da família das euforbiáceas, de cujas sementes se extrai o óleo de rícino, usado na medicina como purgante; mamona, mamoneiro.

ri.co (*gót reiks*) *adj* 1 Que possui muitos bens. 2 Fértil, produtivo (terreno). 3 Magnífico, opulento. 4 Faustoso. 5 *pop* Muito querido. • *sm* Homem que possui muitos haveres. *Aum: ricaço, ricalhaço, ricalhão, ricalhaz.*

ri.co.che.tar (*ricochete+ar¹*) *vint* Saltar de ricochete; ricochetear. *Conjug:* conjuga-se apenas nas 3ªˢ pessoas.

ri.co.che.te (*ê*) (*fr ricochet*) *sm* Salto que dá qualquer corpo ou projétil, depois de bater no chão ou noutro corpo.

ri.co.che.te.ar (*ricochete+e+ar¹*) *vint* 1 Fazer ricochete. *vti* 2 Saltar. *Conjug:* conjuga-se apenas nas 3ªˢ pessoas.

ri.co.ta (*ital ricotta*) *sf* Queijo feito retirando-se o soro do leite fervido e coalhado.

ric.to (*lat rictu*) *sm* 1 Contração labial ou facial. 2 Abertura da boca.

ri.den.te (*lat ridente*) *adj m+f* 1 Risonho. 2 Alegre, satisfeito.

ri.di.co (de *ridículo*) *adj bras pop* Avaro, sovina, pão-duro.

ri.di.cu.la.ri.zar (*ridicularia+izar*) *vtd* 1 Expor ao ridículo; zombar, caçoar. *vpr* 2 Tornar-se ridículo.

ri.dí.cu.lo (*lat ridiculu*) *adj* 1 Que provoca riso, escárnio, troça. 2 Grotesco. 3 De pouco valor; insignificante.

ri.fa (de *rifar*) *sf* Sorteio por meio de bilhetes numerados ou pela loteria.

ri.fão (de *refrão*) *sm* Provérbio. *Pl: rifões, rifães.*

ri.far (*rifa+ar*) *vtd* 1 Fazer rifa de; sortear por rifa. 2 *gír* Descartar-se de (coisa ou pessoa que já não interessa).

ri.fi.fi *sm bras pop* Rolo, barulho, briga, confusão.

ri.fle (*ingl rifle*) *sm* Espingarda.

ri.gi.dez (*rígido+ez*) *sf* 1 Caráter ou qualidade de rijo ou rígido. 2 Pessoa que não cede a nada. 3 Aspereza, austeridade, rudeza, severidade.

rí.gi.do (*lat rigidu*) *adj* 1 Pouco flexível; rijo. 2 Hirto, teso. 3 *fig* Austero, grave, rigoroso, severo.

ri.gor (*lat rigore*) *sm* 1 Inflexibilidade, rigidez. 2 Aspereza, dureza, severidade extrema. 3 Crueldade. 4 Intensidade do calor ou do frio. 5 Exatidão, pontualidade, precisão. *Traje a rigor*: traje de cerimônia.

ri.go.ro.so (*ô*) (*rigor+oso*) *adj* 1 Austero, rude, severo. 2 Exigente. 3 Intenso. *Pl: rigorosos (ó).*

ri.je.za (*rijo+eza*) *sf* Qualidade de rijo.

ri.jo (*lat rigidu*) *adj* 1 Que não se verga. 2 Áspero, duro, severo, teso. 3 Cheio de saúde. 4 Robusto, vigoroso. • *adv* Com rijeza; rijamente.

ri.lhar (*lat vulg *ringulare*) *vtd* 1 Roer; trincar. 2 Ranger (os dentes).

rim (*lat rene*) *sm Anat* Cada um dos dois órgãos que segregam a urina, situados um de cada lado da coluna vertebral, na região lombar. *sm pl* A parte inferior da região lombar. *Pl: rins.*

ri.ma (*provençal ant rima*, do *gr rhythmós*) *sf* Correspondência de sons finais entre dois ou mais versos. *Rima pobre*: aquela em que as palavras que rimam pertencem à mesma categoria gramatical. *Rima rica*: aquela em que as palavras que rimam são de categoria gramatical diferente.

ri.mar (*rima+ar¹*) *vtd* 1 Escrever em versos rimados. *vti* e *vint* 2 Formar rima. *vint* 3 Compor versos rimados; versejar. *Rimar alhos com bugalhos, pop:* fazer maus versos; dizer disparates.

rí.mel (*marca comercial Rimmel*) *sm* Cosmético para realçar os cílios. *Pl: rímeis.*
rin.ça.gem (*fr rinçage*) *sf* Tratamento para os cabelos que consiste em banhá-los com tinta e outros produtos, a fim de alterar-lhes a cor e dar-lhes mais brilho. *Pl: rinçagens.*
rin.cão (*cast rincón*) *sm* **1** Lugar retirado, distante; recanto. **2** Qualquer trecho de campo gaúcho onde haja mata. *Pl: rincões.*
rin.çar (*fr rincer*) *vtd* Fazer rinçagem em.
rin.cho (*de rinchar*) *sm* A voz do cavalo ou da égua; relincho.
rin.gue (*ingl ring*) *sm* Tablado elevado, cercado de cordas, onde se disputam lutas de boxe, jiu-jítsu, romana, luta livre etc.
ri.nha (*cast riña*) *sf* **1** Briga de galos. **2** Lugar onde se realizam tais brigas. **3** *por ext* Briga, disputa.
ri.ni.te (*rino+ite*[1]) *sf Med* Inflamação da mucosa nasal.
ri.no.ce.ron.te (*gr rhinókeros*) *sm Zool* Mamífero perissodátilo de pele espessa e dura, com um corno ou dois, no focinho. Voz: brame, grunhe.
ri.nos.si.nu.si.te (*rino+sinusite*) *sf Patol* Inflamação do nariz que afeta também os seios paranasais.
rin.que (*ingl rink*) *sm* Pista de patinação.
ri.o (*lat rivu*) *sm* **1** Corrente de água que deságua noutra, no mar ou num lago. **2** *fig* O que corre como um rio. **3** *fig* Grande massa de líquido corrente. *Chorar rios de lágrimas:* chorar muito. *Gastar rios de dinheiro:* gastar grandes quantias. *Rio de eloquência:* fluência da palavra; loquacidade.
ri.o-mar *sm bras* Rio Amazonas. *Pl: rios-mares.*
ri.pa (*gót ribjô*) *sf* **1** Tira de madeira comprida e estreita. **2** Sarrafo. *Meter a ripa em, pop:* a) espancar; b) falar mal de.
ri.que.za (*ê*) (*rico+eza*) *sf* **1** Abundância de bens de fortuna; abastança, fartura, opulência. **2** Fartura de qualquer coisa. **3** Luxo, ostentação, magnificência. *Riqueza de expressão:* abundância de palavras e frases. *Riqueza de uma língua:* abundância de locuções e de termos dessa língua.
rir (*lat ridere*) *vint* e *vpr* **1** Dar risada. *vint* e *vpr* **2** Sorrir. *vti, vint* e *vpr* **3** Escarnecer, gracejar, mofar, ridicularizar. *vti* e *vpr* **4** Achar graça. *Rir a bandeiras despregadas:* rir franca e ruidosamente; dar grandes gargalhadas. *Rir a bom rir de:* rir muito de. *Rir à custa de:* alegrar-se com o desastre alheio. *Rir à socapa:* rir-se disfarçadamente. *Rir como um doido: V rir a bandeiras despregadas. Rir na cara de:* zombar de (alguém) na sua própria presença. *Conjug – Pres indic: rio, ris, ri, rimos, rides, riem; Pret imp indic: ria, rias, ria, ríamos, ríeis, riam; Pret perf: ri, riste, riu, rimos, ristes, riram; Pret mais-que-perf: rira, riras, rira, ríramos, ríreis, riram; Fut pres: rirei, rirás etc.; Fut pret: riria, ririas etc.; Pres subj: ria, rias, ria, riamos, riais, riam; Pret imp subj: risse, risses, risse etc.; Fut subj: rir, rires, rir, rirmos, rirdes, rirem; Imper afirm: ri(tu), ria(você), riamos(nós), ride(vós), riam(vocês); Imper neg: não rias(tu), não ria(você)* etc.; *Infinitivo impess: rir; Infinitivo pess: rir, rires, rir* etc.; *Ger: rindo; Part: rido.*
ri.sa.da (*riso+ada*[1]) *sf* **1** Riso. **2** Gargalhada. **3** Riso simultâneo de muitas pessoas.

ris.ca (*de riscar*) *sf* **1** Listra. **2** Risco. **3** Sulco nos cabelos; repartido. *À risca:* com precisão; exatamente; pontualmente.
ris.ca.do (*part de riscar*) *adj* **1** Que se riscou. **2** Que tem riscos. **3** Pautado. • *sm* Pano de linho ou algodão, com listas de cor. *Entender do riscado:* conhecer o assunto; saber o que está fazendo; ser competente.
ris.car (*lat riscare*) *vtd* **1** Fazer riscos ou traços em. **2** Encobrir com riscos; inutilizar por meio de riscos. **3** Delinear, traçar. **4** Determinar, marcar. **5** *fig* Eliminar, excluir, suprimir. **6** Acender (um fósforo).
ris.co (*de riscar*) *sm* **1** Traço, risca. **2** Planta para uma construção. **3** Esboço. **4** Possibilidade de perigo, ameaça. *Correr risco:* estar exposto a.
ri.sí.vel (*lat risibile*) *adj m+f* **1** Digno de riso. **2** Que causa ou provoca o riso. • *sm* Aquilo que é ridículo. *Pl: risíveis.*
ri.so (*lat risu*) *sm* **1** Risada. **2** Alegria, satisfação. **3** Coisa ridícula; zombaria. *Riso amarelo:* riso sem graça ou fingido. *Riso sardônico:* riso sarcástico. *Rebentar de riso:* rir sem poder se conter.
ri.so.nho (*riso+onho*) *adj* **1** Que está sempre rindo; que ri por tudo e por nada. **2** Alegre, satisfeito. **3** *fig* Próspero.
ri.so.to (*ô*) (*ital risotto*) *sm Cul* Prato de origem italiana, feito com arroz, manteiga e queijo parmesão ralado, e ao qual se adiciona um ingrediente como frango desfiado, camarão, frutos do mar etc.
rís.pi.do *adj* **1** Áspero, desagradável. **2** Intratável, rude, grosseiro.
ris.so.le (*fr rissole*) *sm Cul* Pastel pequeno de massa cozida, recheado, empanado na farinha de rosca e frito.
ris.te (*cast ristre*) *sm* Peça de ferro em que se apoia ou firma a lança. *Em riste:* à maneira de lança apontada para o ataque.
rit.mar (*ritmo+ar*[1]) *vtd* Dar ritmo a; cadenciar.
rít.mi.ca (*fem de rítmico*) *sf* **1** *Mús* Estudo das relações entre expressão musical e tempo. **2** Característica do ritmo.
rít.mi.co (*ritmo+ico*[2]) *adj* **1** Que tem ritmo; ritmado. **2** Que se dá em intervalos regulares; periódico.
rit.mis.ta (*ritmo+ista*) *s m+f* **1** Diz-se de, ou pessoa especialista em instrumentos de percussão; baterista. **2** Nas escolas de samba, marcador do ritmo da batucada.
rit.mo (*gr rhythmós*) *sm* **1** Movimento ou ruído que ocorre com intervalos regulares; periodicidade. **2** *Mús* Modalidade de compasso que caracteriza uma espécie de composição. **3** *Metrif* Sucessão de sílabas acentuadas e de cesuras, de acordo com um determinado padrão métrico; cadência. **4** *Fisiol* Relação de intensidade entre as pulsações arteriais.
ri.to (*lat ritu*) *sm* **1** Conjunto de cerimônias e regras de uma religião. **2** Cerimonial próprio de qualquer culto. *Rito de iniciação, Sociol:* cerimônias, de caráter religioso ou não, realizadas na admissão de um indivíduo a uma sociedade ou associação.
ri.tu.al (*lat rituale*) *adj m+f* Pertencente ou relativo aos ritos. • *sm* **1** Livro que contém os ritos de uma religião. **2** Etiqueta, praxe, protocolo, cerimonial. *Pl: rituais.*
ri.val (*lat rivale*) *adj* e *s m+f* **1** Que, ou quem

rivaliza; competidor, concorrente. **2** Que, ou quem disputa a posse do mesmo objeto. **3** *por ext* Que, ou quem deseja as mesmas vantagens que outrem. *Pl: rivais*.
ri.va.li.da.de (*lat rivalitate*) *sf* **1** Competição, concorrência. **2** Disputa acompanhada de ciúmes. **3** Hostilidade, rixa.
ri.va.li.zar (*rival+izar*) *vti* **1** Ser rival; competir. *vti* **2** Igualar-se com outro. *vti* e *vint* **3** Concorrer, disputar.
ri.xa (*lat rixa*) *sf* **1** Disputa, briga, discórdia, desavença. **2** Desordem, motim, revolta.
ri.xar (*lat rixare*) *vint* Provocar rixas; brigar, encrencar.
ri.zi.cul.tor (*ô*) (*fr riziculteur*) *adj+sm* Que, ou aquele que se dedica à cultura do arroz.
ri.zi.cul.tu.ra (*fr riziculture*) *sf* Cultura do arroz.
ri.zo.ma (*gr rhíza+oma*) *sm Bot* Caule subterrâneo de crescimento horizontal; ocorre, por exemplo, no gengibre, nos bambus etc.
ri.zo.tô.ni.co (*gr rhíza+tônico*) *adj Gram* Diz-se das formas verbais cujo acento tônico cai na raiz. *Antôn: arrizotônico*.
RNA Sigla, em inglês, de *ácido ribonucleico*.
rô (*gr rho*) *sm* Décima sétima letra do alfabeto grego e que corresponde ao nosso *r*.
ro.az (*lat vulg *rodace*) *adj m+f* **1** Roedor. **2** Devastador. *Sup abs sint: roacíssimo*.
ro.ba.le.te (*ê*) (*robalo+ete*) *sm* Robalo pequeno.
ro.ba.lo (*metát* de **lobarro*, de *lobo+arro*) *sm Ictiol* Peixe marinho de carne muito apreciada.
ro.be (*ó*) (*ár arrub*) *sm* **1** Penhoar. **2** Roupão.
ro.bô (*fr robot*) *sm* **1** Aparelho automático, com aspecto de boneco, capaz de executar tarefas desempenhadas por seres humanos. **2** *por ext* Indivíduo que age mecanicamente.
ro.bó.ti.ca (*robot+ico²*) *sf* Estudos que permitem a criação e programação de robôs para utilização na automação.
ro.bo.ti.za.ção (*robotizar+ção*) *sf* Ato ou efeito de se transformar em robô. *Pl: robotizações*.
ro.bo.ti.zar (*fr robot+izar*) *vtd* e *vpr* Transformar (-se) em robô.
ro.bus.te.cer (*robusto+ecer*) *vtd* **1** Tornar robusto; fortalecer. *vtd* **2** Tornar mais firme. *vint* e *vpr* **3** Tornar-se robusto. *Antôn: enfraquecer*.
ro.bus.to (*lat robustu*) *adj* **1** Vigoroso, potente, forte. **2** Sólido, grosso. **3** *fig* Firme, inabalável.
ro.ca (*gót rukka*) *sf* Haste de madeira onde se enrola o fio (de linho, algodão, lã etc.) que se quer fiar.
ro.ça (de *roçar*) *sf* **1** Terreno preparado para a lavoura, onde se planta milho, feijão etc. **2** O campo em oposição à cidade.
ro.ça.do (*part* de *roçar*) *sm* Terreno em que se queimou o mato para ser cultivado; roça.
ro.cam.bo.le (*al Rickenbolle*, via *fr*) *sm Cul* Espécie de pão de ló enrolado com recheio.
ro.cam.bo.les.co (*ê*) (*fr rocambolesque*) *adj* Cheio de peripécias e lances imprevistos; difícil, complicado.
ro.çar (*lat vulg *ruptiare*) *vtd* **1** Cortar o mato com foice; deitar abaixo. *vtd* **2** Deslizar por cima de; tocar de leve. *vtd* **3** Coçar ou esfregar de leve. *vtd* **4** Gastar ou desgastar por meio de atrito. *vtd, vti* e *vpr* **5** Passar junto, tocar de leve; resvalar.

ro.cei.ro (*roça+eiro*) *adj* Referente a roça, ou que mora na roça. • *sm* **1** Homem que vive na roça; caipira. **2** Indivíduo rústico.
ro.cha (*fr roche*) *sf* **1** *Geol* Agregado natural que constitui parte essencial da crosta terrestre. **2** Massa de pedra muito dura. **3** Penedo, penhasco, rochedo. **4** Coisa firme, inabalável. **5** *fig* Tudo aquilo que simboliza a dureza, a firmeza ou a insensibilidade.
ro.che.do (*ê*) (*rocha+edo*) *sm* **1** Rocha batida pelo mar. **2** Rocha escarpada à beira do mar. **3** Penhasco. **4** *Anat* A parte mais dura do osso temporal, onde se encontra a orelha interna.
ro.cho.so (*ô*) (*rocha+oso*) *adj* **1** Coberto ou formado de rochas. **2** Da natureza da rocha ou rochedo. *Pl: rochosos* (*ó*).
ro.cim (*cast rocín*) *sm* Cavalo pequeno e/ou magro. *Pl: rocins*.
ro.ci.o (*roça+io²*) *sm* Roça antiga, transformada em capinzal.
rock (*roquen-rol*) (*ingl*) *sm* Ritmo popular de origem norte-americana surgido na década de 1950, e tocado com guitarra elétrica, bateria e contrabaixo; rock and roll; roque.
ro.co.có (*fr rococo*) *adj m+f* **1** Diz-se do estilo arquitetônico do século XVIII que consistia no excesso de curvas e ornamentos. **2** Que é de mau gosto. **3** *por ext* Que está fora da moda. • *sm* Esse estilo.
ro.da (*lat rota*) *sf* **1** *Mec* Peça circular que gira em torno de um eixo, destinada à locomoção de veículos, movimento de rotação em máquinas etc. **2** *por ext* Tudo aquilo que tem forma circular. **3** Brinquedo infantil. **4** Grupo de pessoas em forma de círculo. **5** O conjunto das pessoas com quem se convive quase todos os dias. *Roda da fortuna*: as variações e reveses da vida; o destino.
ro.da.da (*rodar+ada¹*) *sf* **1** O giro completo de uma roda. **2** Conjunto dos jogos de um campeonato ou torneio, marcados para o mesmo dia. **3** Cada uma das vezes que se serve bebida às pessoas que bebem juntas.
ro.da.do (*part* de *rodar*) *adj* **1** Diz-se de algumas peças de vestuário que têm muita roda. **2** Diz-se da quilometragem percorrida por um veículo. **3** Transcorrido, decorrido. • *sm* A roda do vestido.
ro.da-gi.gan.te *sf* Roda enorme, montada em parques de diversões para curtos passeios aéreos. *Pl: rodas-gigantes*.
ro.da.pé (*roda+pé*) *sm* **1** Barra de madeira ou de outro material, ao longo da parte inferior das paredes e junto ao piso. **2** Informações na parte inferior da página de um livro.
ro.dar (*roda+ar²*) *vtd* **1** Fazer mover-se sobre rodas. *vtd* **2** Fazer andar à roda. *vtd* **3** Percorrer (o veículo) certa distância. *vtd* **4** Filmar. *vint* **5** Fazer círculo no roda. *vti* e *vint* **6** Mover-se em roda de um centro ou eixo; girar.
ro.da-vi.va *sf* **1** Grande atividade; movimento incessante. **2** Confusão. *Andar numa roda-viva*: andar cheio de trabalhos urgentes. *Pl: rodas-vivas*.
ro.de.ar (*roda+e+ar¹*) *vtd* **1** Andar em volta de; percorrer em giro. *vtd* **2** Descrever uma órbita. *vtd* **3** Circundar. *vtd* **4** Não ir direto a. *vpr* **5** Trazer para junto de si; cercar-se de. Conjuga-se como *frear*.
ro.dei.o (de *rodear*) *sm* **1** Giro ou movimento em

redor de alguma coisa. **2** Desculpa, subterfúgio. **3** Meios que se empregam para conseguir indiretamente as coisas. **4** Competição esportiva de montaria com animais xucros; exibição de peões.

ro.de.la (*baixo-lat rotella*) *sf* **1** Pequena roda ou disco. **2** Pedaço redondo de qualquer fruto. **3** Rótula. *Contar rodelas:* contar vantagem; vangloriar-se.

ro.di.lha (*roda+ilha*) *sf* Pano enrolado em forma de rosca em que se assenta a carga na cabeça.

ro.di.lhar (*rodilha+ar¹*) *vtd* e *vpr* Enrodilhar.

ró.dio (*lat cient rhodiu*) *sm Quím* Elemento metálico de número atômico 45 e símbolo Rh.

ro.dí.zio (*lat vulg *roticinu*) *sm* **1** Pequena roda metálica que se fixa aos pés de alguns móveis, para que possam ser movidos com facilidade. **2** Sistema de serviço em que os pratos, como massas, pizzas, churrasco etc., são servidos à vontade, de acordo com o gosto ou a preferência dos fregueses. **3** Revezamento na realização de um trabalho ou função. **4** Sistema que restringe a circulação de carros, condicionando a proibição ou permissão do tráfego ao número final da placa do veículo, visando melhorar a qualidade do ar e diminuir o problema de tráfego intenso.

ro.do (*ô*) (*lat rutu*) *sm* **1** Utensílio com que se puxa a cinza do forno. **2** Utensílio semelhante para aproximar o dinheiro do jogador ou recolhê-lo, em mesas de jogo. **3** Utensílio de madeira, com uma tira de borracha, empregado para puxar água do piso. *A rodo:* em grande quantidade; à beça.

ro.do.den.dro (*gr rhódon+dendro*) *sm Bot* **1** Planta da família das ericáceas, cultivada por suas flores. **2** Qualquer planta desse gênero, particularmente a espécie *Rhododendron indicum*, também chamada *azaleia*.

ro.do.fer.ro.vi.á.rio (*roda+ferroviário*) *adj* Diz-se dos serviços de transportes que usam ferrovia e rodovia.

ro.do.lo.gi.a (*gr rhódon+logo²+ia¹*) *sf* Parte da botânica que se ocupa das rosas.

ro.do.mo.ça (*rodo(via)+moça*) *sf bras* Moça que presta atendimento aos passageiros dos ônibus.

ro.do.pi.ar (*rodopio+ar¹*) *vint* **1** Dar muitas voltas sobre si mesmo; girar muito. *vti* e *vint* **2** Andar ou correr, descrevendo círculos.

ro.do.pi.o (de *rodopiar*) *sm* Ação ou efeito de rodopiar. *Andar num rodopio:* não parar, não descansar.

ro.do.vi.a (*roda+via*) *sf* Estrada de rodagem.

ro.do.vi.á.ria (*rodovia+ário*, no *fem*) *sf bras* Estação de embarque e desembarque de passageiros de ônibus interurbanos, interestaduais e internacionais; terminal rodoviário.

ro.do.vi.á.rio (*rodovia+ário*) *adj* Relativo a rodovia. • *sm* Empregado que trabalha nas estações rodoviárias ou que presta serviço rodoviário.

ro.e.dor (*ô*) (*roer+dor*) *adj* **1** Que rói ou tem o hábito de roer. **2** Relativo aos roedores. • *sm pl Zool* Ordem de mamíferos que se caracterizam por ter um só par de incisivos e à qual pertencem os ratos, as lebres, os esquilos etc.

ro.ent.gen (*rêntguen*) (de *Roentgen, np*) *sm* **1** *Fís* Unidade internacional de exposição a uma radiação eletromagnética igual à quantidade de raios X. **2** Primeiro elemento de algumas palavras científicas, indicando a ideia de raios X.

ro.ent.gen.fo.to.gra.fi.a (*roentgen+fotografia*) *sf Med* Abreugrafia.

ro.er (*lat rodere*) *vtd* e *vti* **1** Cortar com os dentes. *vtd* **2** Devorar aos pouquinhos e de modo contínuo. *vtd* **3** Consumir, corroer, gastar. *vtd* **4** Consumir pouco a pouco; destruir. *vtd* **5** *fig* Afligir. *Roer a corda:* faltar ao combinado ou prometido. *Duro de roer:* difícil de suportar; intolerável. *Conjug* – *Pres indic:* roo, róis, rói, roemos, roeis, roem; *Pret imp indic:* roía, roías, roía, roíamos, roíeis, roíam; *Pret perf:* roí, roeste, roeu, roemos, roestes, roeram; *Pret mais-que-perf:* roera, roeras, roera, roêramos, roêreis, roeram; *Imper afirm:* rói(tu), roa(você), roamos(nós), roei(vós), roam(vocês).

ro.gar (*lat rogare*) *vtd* e *vti* **1** Pedir por favor. *vtd* **2** Suplicar. *vtdi* **3** Vociferar imprecações. *Conjug* – *Pres indic:* rogo, rogas (*ó*) etc.; *Pres subj:* rogue, rogues, rogue etc.; *Pret perf:* roguei, rogaste, rogou etc.

ro.go (*ô*) (de *rogar*) *sm* Pedido, súplica. *A rogo:* a pedido. *Assinar a rogo:* assinar em nome e a pedido de outrem. *Pl: rogos* (*ó*).

ro.jão (*rojar+ão²*) *sm* Foguete. *Aguentar o rojão:* arcar com uma responsabilidade. *Pl: rojões*.

rol (*ó*) (*fr rôle*) *sm* Lista, relação de pessoas ou coisas. *Pl: róis*.

ro.la (*ô*) (*voc onom*) *sf Ornit* Nome comum a várias aves da família dos columbídeos, que são pequenas pombas; rolinha.

ro.la-bos.ta (*ró*) (*rolar+bosta*) *sm Entom* Escaravelho que faz bolas de esterco, onde deposita seus ovos. *Pl: rola-bostas*.

ro.la.gem (*rolo+agem*) *sf* **1** Rolamento. **2** Prolongamento de prazo; adiamento de dívida. *Pl: rolagens*.

ro.la.men.to (*rolar+mento*) *sm Mec* Conjunto de anéis metálicos, em cujo interior estão esferas ou cilindros de aço, para facilitar o movimento de outra peça, ordinariamente um eixo giratório, oferecendo o mínimo de reação por atrito; rolimã.

ro.lan.te (de *rolar*) *adj m+f* Que se move girando sobre si.

ro.lar (*fr rouler*) *vint* **1** Deslocar-se (um objeto) girando ou movendo-se sobre si mesmo. *vint* **2** Andar sobre rodas. *vti, vint* e *vpr* **3** Movimentar-se pelo chão, dando voltas sobre si mesmo. *vti* e *vint* **5** Andar às voltas; rodar sobre uma superfície.

rol.da.na (*cast roldana*) *sf* Maquinismo formado por uma roda que gira, sobre a qual passa um cabo, uma corda ou corrente.

rol.dão (*corr* de *rondão*) *sm* Confusão, precipitação. *De roldão:* atropeladamente; em sobressalto. *Pl: roldões*.

ro.lê (*fr roulé*) *adj* Enrolado. *Dar um rolê:* dar uma volta, dar um passeio.

ro.lei.ro (*rolar+eiro*) *adj* **1** Que rola, que gira. **2** Dado a fazer rolo (acepção 6).

ro.le.ta (*ê*) (*fr roulette*) *sf* **1** Jogo de azar. **2** O aparelho que serve para esse jogo.

ro.le.ta-rus.sa *sf* Aposta que consiste em carregar um revólver com uma só bala, girar o tambor

várias vezes e apontar a arma contra si mesmo, puxando o gatilho. *Pl: roletas-russas.*
ro.lha (*ô*) (*lat rotula*) *sf* Peça de cortiça ou de outro material, para tapar o gargalo das garrafas, frascos etc.
ro.li.ço (*rolo+iço*) *adj* **1** Em forma de rolo; cilíndrico. **2** De formas arredondadas; meio gordo.
ro.li.mã (*fr roulement*) *sm bras* **1** Rolamento. **2** Pequeno carro de madeira, geralmente de brinquedo, que consiste em uma tábua sobre rolimãs.
ro.li.nha (*dim* de *rola*) *sf* Pequena rola.
ro.li.nho (*dim* de *rolo*) *sm* **1** Rolo pequeno. **2** Uma espécie de bóbi, feito de espuma. *Rolinho primavera, Cul:* prato típico chinês que consiste em panquecas de massa crocante, recheadas com legumes, carne de porco ou camarões.
ro.lis.ta (*rolo+ista*) *adj m+f gír* Que vive metido em rolos; brigão, desordeiro. • *sm gír* Indivíduo que vive metido em rolos ou brigas; arruaceiro.
ro.lo (*ô*) (*lat rotulu*) *sm* **1** Qualquer objeto de forma cilíndrica. **2** Pequeno cilindro revestido de lã, próprio para pintar superfícies. **3** Cilindro revestido de borracha, de máquinas de escrever, sobre o qual se coloca o papel. **4** Porção de cabelos enrolados. **5** Briga, barulho, conflito, desordem. **6** Transação comercial. *Rolo compressor:* rolo grande de pedra ou de ferro para comprimir e aplanar leitos de estradas ou ruas em pavimentação. *Ser um rolo compressor:* diz-se de pessoa ou coisa que, contínua e vagarosamente, derruba, esmaga ou destrói.
ROM (sigla do inglês *Read Only Memory*) *sf Inform* Tipo de memória somente de leitura, cujo conteúdo não pode ser modificado por novas gravações.
ro.mã (*lat (mala) romana*) *sf* Fruto da romãzeira. *Pl: romãs.*
ro.man.ce (*lat romanice*) *sm* **1** *Lit* Narração em prosa. **2** *por ext* Enredo de coisas inacreditáveis. **3** *pop* Caso amoroso. **4** Conto medieval, em verso, que narra as aventuras e amores de um herói de cavalaria. **5** Cada uma das variedades originadas da evolução do latim vulgar, e que antecede uma língua românica. *Romance de capa e espada:* aquele que descreve as aventuras de heróis cavaleirescos sempre dispostos a se bater à espada. *Romance de costumes:* aquele que se baseia principalmente nos costumes, hábitos e paixões. *Romance histórico:* narrativa baseada em acontecimentos verdadeiros. *Ter ou manter um romance com alguém:* envolver-se em aventura amorosa.
ro.man.ce.a.do (*part* de *romancear*) *adj* Contado à maneira de romance.
ro.man.ce.ar (*romance+e+ar*[1]) *vtd* **1** Narrar ou descrever em forma de romance. *vtd* **2** Dar forma agradável a. *vint* **3** Criar coisas imaginárias e descrevê-las como reais; fantasiar. Conjuga-se como *frear.*
ro.man.cei.ro (*romance+eiro*) *adj V romântico.* • *sm* **1** Coleção de romances. **2** Coleção de poesias ou canções populares.
ro.man.cis.ta (*romance+ista*) *s m+f* Pessoa que escreve romances.
ro.ma.nes.co (*ê*) (*fr romanesque*) *adj* **1** Que tem o caráter de romance; romântico. **2** Fictício, maravilhoso. **3** *por ext* Apaixonado, sonhador. **4** Fabuloso, quimérico. • *sm* **1** Gênero romanesco. **2** Caráter romântico.
ro.mâ.ni.co (*lat romanicu*) *adj* Diz-se das línguas que se formaram do latim vulgar. • *sm* **1** Conjunto das línguas românicas ou neolatinas. **2** Arquitetura românica.
ro.ma.ni.zar (*romano+izar*) *vtd* **1** Influenciar segundo o estilo romano. **2** Romancear. **3** Tornar romano.
ro.ma.no (*lat romanu*) *adj* **1** De Roma (Itália) ou relativo a ela. **2** Relativo à Roma atual. **3** Relativo ou pertencente à Igreja Católica. **4** Diz-se dos algarismos representados pelas letras romanas. • *sm* **1** Habitante ou natural da Roma moderna. **2** Natural da Roma antiga. **3** *Tip* Nome de qualquer dos tipos comuns que se usam no texto dos livros ou jornais; redondo.
ro.mân.ti.co (*fr romantique*) *adj* **1** Pertencente ou relativo a romance. **2** Próprio para as cenas amorosas; poético. **3** Sonhador, fantasioso. **4** Diz-se dos escritores e artistas adeptos do romantismo. **5** Que se imagina herói de romance; lírico, piegas. • *sm* **1** Partidário da escola romântica. **2** Gênero romântico. **3** Pessoa com ares românticos.
ro.man.tis.mo (*fr romantisme*) *sm Lit* Movimento de escritores e artistas que, no começo do século XIX, afastaram-se das regras clássicas, preferindo a sensibilidade e a imaginação à razão.
ro.man.ti.zar (*românt(ico)+izar*) *vtd* **1** Tornar romântico. *vtd* **2** Narrar de maneira sonhadora e fantasiosa. *vtd* **3** Fantasiar, poetizar. *vpr* **4** Apresentar-se romanticamente; dar ou assumir ares de romântico.
ro.ma.ri.a (*Roma, np+aria*) *sf* **1** Peregrinação a algum lugar religioso. **2** *fig* Reunião de pessoas em passeio ou visita a um determinado lugar.
ro.mã.zei.ra (*romã+z+eira*) *sf Bot* Planta originária da região do Mediterrâneo que produz a romã.
rom.bo (*gr rhómbos*) *sm* **1** Furo; abertura, buraco. **2** *pop* Desfalque, prejuízo, perda. **3** *Náut* Abertura no costado ou no fundo do navio.
rom.bo.e.dro (*gr rhómbos+hedro*) *sm Geom* Sólido cujas seis faces são losangos iguais.
rom.bu.do (*gr rhómbos+udo*^{2}) *adj* **1** Que tem a ponta grossa; mal aparado. **2** *por ext* Estúpido, grosseiro, rude.
ro.mei.ro (*Roma, np+eiro*) *sm* Homem que faz parte de uma romaria; peregrino.
ro.me.no (*romeno român*) *adj* Relativo à Romênia (Europa). • *sm* **1** Habitante ou natural da Romênia. **2** Língua neolatina, oficial na Romênia, falada também na Moldávia e em pequenas comunidades espalhadas pelos Bálcãs (Europa).
rom.pan.te (*corr* de *rompente*) *adj m+f* **1** Arrogante, orgulhoso. **2** Que se precipita furiosamente. • *sm* **1** Arrogância, altivez. **2** Fúria, ímpeto, impulso arrebatado. **3** Movimento colérico e impetuoso.
rom.per (*lat rumpere*) *vtd* e *vpr* **1** Despedaçar(-se), quebrar(-se). *vtd* e *vpr* **2** Estragar(-se), rasgar(-se). *vtd* **3** Abrir à força; arrombar. *vtd* **4** Atravessar, furar, penetrar. *vtd* **5** Abrir caminho através de; entrar ou penetrar com violência. *vtd* **6** Interromper, suspender, violar. *vpr* **7** Abrir-se, fender-se. *vint* **8** Nascer, surgir (a manhã, o dia, o sol). *vint* **9** Atacar, investir. *vti* e *vint* **10** Sair

com ímpeto; rebentar. *vti* e *vint* **11** Cessar relações pessoais ou internacionais. *vti* **12** Ir-se, partir, sair com ímpeto. *Conjug – Part: rompido* e *roto.*
rom.pi.men.to (*romper+mento*) *sm* Ruptura.
rom-rom (*voc onom*) *sm* Ruído contínuo produzido pelo gato quando está descansando ou sendo acariciado. *Pl: rom-rons.*
ron.car (*lat rhonchare*) *vint* Respirar com ruído durante o sono; ressonar. *Roncar grosso:* responder altivamente como quem não receia; ser soberbo. *Conjug – Pres subj: ronque, ronques, ronque* etc.; *Pret perf: ronquei, roncaste, roncou* etc.
ron.cei.ro (*ronc(ear)+eiro*) *sm* **1** Vagaroso, lento. **2** Preguiçoso.
ron.co (*gr rhógkhos*) *sm* **1** Ruído próprio de pessoa que ronca. **2** O som ou ruído que faz o gato quando o acariciam; rom-rom. **3** O grunhir dos porcos. **4** Estrondo, fragor.
ron.co.lho (*ô*) (de *renco,* aleijado+*colho,* de *colhão*) *adj* **1** Que só tem um testículo. **2** Mal castrado. *Pl: roncolhos (ô).*
ron.da (*cast ronda,* do *ár rubT*) *sf* Inspeção, exame.
ron.dar (*ronda+ar*¹) *vtd* e *vint* **1** Fazer ronda a (posto militar ou qualquer lugar). *vtd* **2** Andar ou passear à volta de. *vtd* **3** Espreitar. *vtd* e *vti* **4** Fiscalizar, inspecionar, vigiar.
ron.dó (*fr rondeau*) *sm* **1** *poét* Composição com estribilho constante. **2** *Mús* Composição de origem francesa do século XIII, inicialmente cantada e dançada e que mais tarde passou a música instrumental.
ro.nha (*lat aranea*) *sf* **1** Sarna que dá em cavalos e ovelhas. **2** *pop* Malícia.
ron.quei.ra (*ronco+eira*) *sf* Ruído próprio de uma respiração difícil; estertor.
ron.ro.nar (de *rom-rom*) *vint* Fazer rom-rom. *Conjug:* só se conjuga nas 3ªˢ pessoas. Em sentido figurado, sua conjugação é integral.
ro.que (*fr ant roc*) *sm* **1** Peça do jogo do xadrez (torre). **2** *V rock.*
roquefort (*róquefór*) (*fr*) *sm* Tipo de queijo forte, de leite de ovelha, no qual se desenvolveram bolores.
ro.quei.ro (*roque+eiro*) *adj* Referente ao *rock.* • *sm* **1** Instrumentista, cantor ou compositor de músicas de roque. **2** Aquele que aprecia ou admira o roque.
ror (*ô*) (aférese de *horror*) *sm pop* **1** Quantidade. **2** Multidão.
ro.re.jar (*lat rore+ejar*) *vtd* **1** *poét* Destilar gota a gota. **2** Banhar, borrifar, regar em miúdas gotas.
ro.sa (*lat rosa*) *sf* **1** *Bot* Flor da roseira. **2** *poét* Mulher formosa. • *sm* Cor vermelho-clara. • *adj* Da cor da rosa comum; vermelho-pálido. *Não há rosas sem espinhos:* não há alegrias sem desgostos. *Rosa dos ventos, Náut:* a) mostrador com os 32 raios que dividem a circunferência do horizonte; b) o mostrador que tem apenas as dezesseis direções indicativas dos pontos cardeais, colaterais e subcolaterais.
ro.sá.cea (*lat rosacea*) *sf* **1** Figura simétrica, terminada em circunferência e que apresenta certa analogia com a rosa. **2** *Arquit* Grande vitral de igrejas, com ornatos semelhantes a rosas. **3** *Bot* Espécime das rosáceas. *sf pl Bot* Família de plantas floríferas, constituída por árvores, arbustos e ervas, com folhas, flores, estames e frutos secos.

ro.sa-cho.que *adj* Diz-se da cor-de-rosa muito viva, quase maravilha. • *sm* Essa tonalidade. *Pl: rosas--choque.*
ro.sa-cruz *sf Maçon* Sétimo e último grau da maçonaria, cujos símbolos são o pelicano, a cruz e a rosa. • *sm Maçon* Aquele que tem o grau da rosa--cruz. *Pl: rosa-cruzes.*
ro.sar (*rosa+ar*¹) *vtd* **1** Dar a cor da rosa a, tornar cor-de-rosa. *vpr* **2** Tornar-se cor-de-rosa; ruborizar-se. *vpr* **3** Corar, envergonhar-se.
ro.sá.rio (*lat rosariu*) *sm* **1** Enfiada de contas composta de 150 ave-marias, divididas em 15 dezenas, cada uma precedida de um padre-nosso. **2** *pop* As orações assim recitadas; o terço. **3** *fig* Sucessão, série. *Desfiar o rosário:* comunicar uma série de novidades.
ros.bi.fe (*ingl roast beef*) *sm* Pedaço de carne de vaca mal-assada.
ros.ca (*ô*) (*voc pré-romântico*) *sf* **1** Sulco espiralado na parte interna das porcas ou na parte externa dos parafusos. **2** Espiral de objetos semelhantes ao parafuso. **3** *Cul* Pão doce feito em forma de cilindro retorcido. **4** *vulg* Ânus. *Pl: roscas (ô).*
ro.sei.ra (*lat rosaria*) *sf Bot* Arbusto da família das rosáceas, geralmente espinhoso, que dá rosas.
ro.sei.ral (*roseira+al*¹) *sm* Plantação de roseiras; rosal. *Pl: roseirais.*
ró.seo (*lat roseu*) *adj* Cor-de-rosa; rosado.
ro.se.ta (*ê*) (*rosa+eta*) *sf* **1** Pequena rosa. **2** Rodinha dentada da espora. **3** Rodela de crochê.
ro.si.a.no (*Rosa, np+ano*) *adj* **1** Relativo ao escritor brasileiro João Guimarães Rosa (1908-1967). **2** Que é admirador de sua obra. • *sm* Profundo conhecedor e/ou admirador da obra desse escritor.
ro.si.cler (*fr roseclair*) *adj m+f* De um tom róseo--pálido que lembra o da aurora. • *sm* Essa tonalidade.
ro.si.lho (*cast rosillo*) *adj* + *sm* Diz-se de, ou cavalo de pelo avermelhado e branco, como que rosado.
ros.ma.ni.nho (*lat rosmarinu*) *sm Bot* Erva da família das labiadas cujas folhas aromáticas são usadas como condimento; alecrim.
ros.nar (*voc onom*) *vtd* e *vint* **1** Dizer em voz baixa, entre dentes; murmurar, resmungar. *vti* e *vint* **2** Raivar (o cão ou o lobo) em voz baixa, mas agressiva, e mostrando os dentes. • *sm* **1** Ação de rosnar. **2** A voz do cão, em tom baixo, mas ameaçador, arreganhando os dentes.
ros.que.ar (*rosca+e+ar*¹) *vtd* Prover de rosca; fazer rosca em. Conjuga-se como *frear.*
ros.si.o *sm* Praça larga e espaçosa.
ros.to (*ô*) (*lat rostru*) *sm* **1** Parte anterior da cabeça; cara, faces. **2** Parte dianteira; frente, fronte. **3** A parte que tem a efígie nas moedas ou nas medalhas. **4** A primeira página do livro, onde estão o título e o nome do autor; frontispício. *De rosto:* de frente. *Esconder o rosto:* envergonhar-se. *Lançar em rosto:* acusar verbalmente. *Subir a cor ao rosto:* corar, envergonhar-se. *Pl: rostos (ô).*
ros.tro (*ô*) (*lat rostru*) *sm* **1** *Ornit* O bico das aves. **2** Focinho dos animais aquáticos.
ro.ta (*fr ant rote,* hoje *route*) *sf* **1** Caminho marítimo ou aéreo; direção, rumo. **2** *por ext* Direção, caminho.
ro.ta.ção (*lat rotatione*) *sf* **1** Giro. **2** *Mec* Movimento giratório em volta de um eixo ou sobre

si mesmo; giro em voltas sucessivas. **3** *Astr* Movimento executado por um astro em torno de seu próprio eixo. **4** *Equit* Pirueta. *Pl: rotações.*

ro.ta.ti.va (*fem* de *rotativo*) *sf* Máquina impressora usada na tiragem dos grandes jornais, revistas etc.

ro.ta.ti.vo (*lat rotatu+ivo*) *adj* **1** Que faz rodar. **2** Que transmite rotação; giratório. **3** Que se sucede por turno, por revezamento.

ro.ta.tó.ria (*rotatório*, no *fem*) *sf Eng* Entroncamento de rodovias de forma circular; trevo.

ro.tei.ris.ta (*roteiro+ista*) *s m+f* Pessoa que escreve roteiros cinematográficos ou de programas de televisão.

ro.tei.ri.za.ção (*roteirizar+ção*) *sf* **1** Ato ou efeito de roteirizar. **2** Ato de dividir em roteiros (itinerários ou planos de trabalho). *Pl: roteirizações.*

ro.tei.ri.zar (*roteiro+izar*) *vtd bras* Preparar o roteiro de.

ro.tei.ro (*rota+eiro*) *sm* **1** *Náut* Livro em que se encontra a descrição das costas marítimas. **2** Itinerário. **3** *fig* Norma, regulamento. **4** *Cin* Texto com o argumento das cenas, diálogos e indicações técnicas de um filme.

ro.ti.na (*fr routine*) *sf* **1** Caminho habitualmente seguido ou trilhado. **2** *fig* Prática, uso, norma geral, praxe. **3** Hábito de fazer as coisas sempre da mesma maneira. **4** Monotonia. **5** Costume antigo.

ro.tis.se.ri.a (*fr rôtisserie*) *sf* Casa comercial ou seção nos supermercados onde se vendem frios e outros alimentos prontos.

ro.to (ô) (*lat ruptu*) *adj* Esburacado, rasgado, esfarrapado, amarrotado. • *sm* Maltrapilho. *Rir-se o roto do esfarrapado:* criticar alguém, estando em condições iguais às dessa pessoa ou ainda piores.

ro.to.gra.vu.ra (*roto+gravura*) *sf Tip* Processo de impressão para a tiragem de heliogravuras em uma rotativa especial.

ro.to.im.pres.são (*roto+impressão*) *sf* Impressão rotativa. *Pl: rotoimpressões.*

ro.tor (ô) (*ingl rotor*, forma reduzida de *rotator*) *sm* **1** Parte giratória de uma máquina ou motor. **2** Mecanismo giratório de helicópteros.

rottweiler (*rót-váiler*) (*al Rottweiler*) *sm* Raça de cachorros de grande porte, originária da Alemanha (Europa).

ró.tu.la (*lat rotula*) *desus Anat V* patela.

ro.tu.lar (*rótulo+ar¹*) *vtd* Pôr rótulo ou etiqueta em. *Conjug – Pres indic:* rotulo, rotulas (tú) etc. *Cf* rótulo.

ró.tu.lo (*lat rotulu*) *sm* Pequeno impresso que se coloca em frascos, garrafas, latas, caixas etc., para indicar seu conteúdo.

ro.tun.do (*lat rotundu*) *adj* **1** Redondo. **2** Gordo, obeso. **3** Corpulento.

rou.ba.da (*roubar+ada¹*) *sf gír* Mau negócio; logro.

rou.ba.lhei.ra (de *roubar*) *sf* **1** *pop* Roubo considerável e escandaloso. **2** *pop* Preço exagerado.

rou.bar (*gót roubôn*) *vtd* e *vint* **1** Furtar com violência. *vtd* **2** Despojar, privar de. *vtd* **3** Praticar roubo em. *vtd* **4** Apossar-se fraudulentamente de. *vtd* **5** Apoderar-se ou assenhorear-se de. *vtd* **6** Imitar, plagiar. *vtd* **7** Privar de; tirar. *vtd* **8** Consumir. *vti* e *vint* **9** Vender excessivamente caro.

Usa-se **roubar** (ou o substantivo **roubo**) para indicar uma apropriação de um bem alheio de forma ameaçadora e violenta.
Os assaltantes roubaram a casa e atiraram nos moradores.
Quando se tratar apenas do ato de se apropriar do bem alheio, mas sem violência, deve-se preferir o verbo **furtar** (ou o substantivo **furto**).
Vários quadros de pintores famosos já foram furtados de museus.

rou.bo (de *roubar*) *sm* **1** Ação ou efeito de roubar. **2** Coisa roubada. **3** *pop* Preço exorbitante, exagerado, caro.

rou.co (*lat raucu*) *adj* **1** Que tem rouquidão. **2** Que tem som áspero ou cavo.

rou.fe.nho *adj* **1** Que tem som anasalado; fanhoso. **2** Que tem som áspero ou cavo; rouco.

round (*ráund*) (*ingl*) *sm Esp* No boxe, cada um dos tempos de uma luta; assalto.

rou.pa (*gót roupa*) *sf* Designação genérica das peças do vestuário; veste, traje. *Roupa branca:* roupa íntima ou de baixo. *Roupa de baixo: V* roupa branca. *Roupa de cama:* o conjunto das peças indispensáveis ao preparo de uma cama (cobertores, colchas, fronhas e lençóis). *Roupa de ver a Deus, pop:* roupa domingueira. *Sair com a roupa do corpo:* como estava, sem poder levar nada consigo.

rou.pa.gem (*roupa+agem*) *sf* **1** Conjunto de roupas; vestes. **2** Representação artística das roupas ou vestuário. **3** *fig* Exterioridade, aparência. *Pl: roupagens.*

rou.pão (*roupa+ão²*) *sm* Penhoar; robe. *Pl: roupões.*

rou.pa.ri.a (*roupa+aria*) *sf* **1** Porção de roupa. **2** Lugar onde se guardam roupas.

rou.pei.ro (*roupa+eiro*) *sm* **1** Zelador dos uniformes dos clubes esportivos. **2** Guarda-roupa.

rou.qui.dão (*rouco+suf lat itudine*) *sf* Alteração da voz que a torna áspera e pouco nítida. *Pl: rouquidões.*

rou.xi.nol (*lat vulg *lusciniolu*) *sm* **1** *Ornit* Pássaro europeu, da família dos turdídeos, de canto melodioso. **2** *fig* Pessoa que canta muito bem. *Pl: rouxinóis.*

ro.xo (ô) (*lat russeu*) *adj* **1** De uma cor resultante do vermelho com o azul; da cor da violeta. **2** *pop* Exagerado, intenso. • *sm* A cor roxa, a cor da violeta. *Pl: roxos* (ó).

royalty (*róialti*) (*ingl*) *sm* Importância cobrada pelo proprietário de uma patente ou pelo autor de uma obra, para permitir sua comercialização ou uso. *Pl: royalties.*

ru.a (*lat ruga*) *sf* **1** Caminho público. **2** Espaço compreendido entre duas fileiras de qualquer plantação. • *interj* Exprime despedida violenta e grosseira: fora daqui!, saia!, suma-se! *Pôr na rua:* a) dar liberdade, soltar; b) despedir; c) intimar alguém a sair da casa onde está ou mora. *Rua da amargura:* tortura, sofrimento.

ru.bé.o.la (*fr rubéola*) *sf Med* Doença eruptiva, contagiosa e epidêmica.

ru.bi (*cat robí*) *adj* Diz-se da cor vermelho-forte. • *sm* Pedra preciosa, transparente, de um vermelho vivo.

ru.bi.á.cea (*lat rubia+ácea*) *sf Bot* Espécime da família das rubiáceas. *sf pl Bot* Família constituída por ervas, arbustos e árvores tropicais que inclui o cafeeiro.

ru.bi.cun.do (*lat rubicundu*) *adj* De cor rubra.

ru.bí.dio (*lat cient rubidiu*) *sm Quím* Elemento metálico mole, prateado, de número atômico 37 e símbolo Rb.

ru.blo (*rus rubl'*) *sm* Unidade monetária da Federação Russa (Ásia/Europa), do Tadjiquistão (Ásia) e de Belarus (Europa).

ru.bor (*ô*) (*lat rubore*) *sm* **1** A cor vermelha muito viva; vermelhidão. **2** *fig* Vergonha, pudor.

ru.bo.ri.zar (*rubor+izar*) *vtd* **1** Causar rubor a, tornar rubro. *vpr* **2** Corar; envergonhar-se. *Antôn:* empalidecer.

ru.bri.ca (*lat rubrica*) *sf* **1** Nota, observação. **2** Assinatura abreviada. **3** *Teat* Indicação escrita de como deve ser executada uma fala, um gesto do ator, uma mudança de cenário etc.

Rubrica é uma palavra paroxítona, e a sílaba tônica é *bri*.

ru.bri.car (*lat rubricare*) *vtd* **1** Assinar de forma abreviada. **2** Executar rubrica em (manuscrito). *Conjug – Pres subj:* rubrique, rubriques etc.; *Pret perf:* rubriquei, rubricaste, rubricou etc.

ru.bro (*lat rubru*) *adj* **1** Vermelho cor de sangue. **2** Vermelho-vivo; muito vermelho; escarlate. • *sm* A cor rubra.

ru.ço (*lat ruscidu*) *adj* **1** De cor tirante a pardo. **2** Que tem cabelos brancos e pretos; grisalho. **3** Que perdeu a cor; desbotado. **4** *pop* Que tem cabelo castanho muito claro. *gír* **5** Difícil; complicado, apertado.

rú.cu.la *sf Bot* Erva da família da mostarda, levemente ardida, cultivada para usar-se à mesa como salada.

ru.de (*lat rude*) *adj m+f* **1** Não cultivado. **2** Grosseiro, descortês. **3** Pouco delicado. **4** Ríspido, severo. **5** Ignorante, inculto. **6** Impulsivo, violento.

ru.de.ral (*lat rudere+al¹*) *adj m+f Bot* Diz-se das plantas que crescem perto das habitações humanas. *Pl: ruderais.*

ru.de.za (*ê*) (*rudo+eza*) *sf* **1** Descortesia, falta de polidez, grosseria. **2** Severidade no trato das pessoas; rispidez.

ru.di.men.tar (*rudimento+ar¹*) *adj m+f* **1** Elementar, primário, principiante. **2** Em estado de desenvolvimento imperfeito.

ru.di.men.to (*lat rudimentu*) *sm* Elemento inicial, princípio, esboço. *sm pl* As primeiras noções de qualquer arte, ciência ou profissão.

ru.ei.ro (*rua+eiro*) *adj+sm* Que, ou quem gosta de andar pelas ruas, sem destino.

ru.e.la (*rua+ela*) *sf* Pequena rua; viela.

ru.far (*rufo+ar¹*) *vtd* Tocar tambor.

ru.fi.ão (*fr rufian*) *sm* **1** Indivíduo que controla prostitutas, à custa de quem vive e por quem toma partido, envolvendo-se em brigas com outros por causa delas; proxeneta, cáften. **2** Alcoviteiro. **3** Indivíduo briguento. **4** Garanhão, namorador, conquistador. *Fem: rufiona; Pl: rufiães* e *rufiões.*

ru.flar (*voc onom*) *vtd* **1** Encrespar (as asas, as pe-nas, para levantar voo). *vint* **2** Fazer o ruído brando e peculiar dos vestidos de seda ou tela engomada. *Conjug:* conjuga-se apenas nas 3ªˢ pessoas.

ru.fo (*voc onom*) *sm* **1** Toque rápido e cadenciado do tambor. **2** *por ext* Som semelhante ao toque do tambor. **3** Peça de folha de flandres que se coloca nos beirais das construções para proteção contra infiltrações de água.

ru.ga (*lat ruga*) *sf* **1** Sulco natural na pele das pessoas idosas. **2** Dobra, prega.

rúg.bi (*ingl rugby*) *sm* Jogo de origem inglesa, semelhante ao futebol, porém realizado com as mãos.

ru.ge (*fr rouge*) *sm* Cosmético usado pelas mulheres para pintar as faces.

ru.ge-ru.ge (*voc onom*) *sm* **1** *pop* Som que faz a seda ou tecido áspero, roçando-se. **2** *pop* Som produzido por saias que roçam o chão. **3** Atropelo, barulho, confusão, desordem. *Pl: ruges-ruges* ou *ruge-ruges.*

ru.gi.do (*part de rugir*) *sm* **1** A voz do leão; urro, bramido, rugido. **2** *fig* Qualquer som cavernoso.

ru.gir (*lat rugire*) *vint* **1** Soltar a voz (o leão); bramir, urrar. *vint* **2** Emitir rugido. *vtd* **3** Proferir num rugido; bradar. *vtd* **4** Arrastar ou roçar pelo chão, produzindo ruído; fazer ruge-ruge. *Conjug:* conjuga-se apenas nas 3ªˢ pessoas.

ru.go.so (*ô*) (*lat rugosu*) *adj* Que tem rugas; encarquilhado. *Pl: rugosos* (*ó*).

ru.í.do (*lat rugidu*) *sm* **1** Barulho. **2** Estrondo, fragor. **3** *Telecom* Qualquer perturbação aleatória que ocorre durante uma transmissão.

ru.i.do.so (*ô*) (*ruído+oso*) *adj* **1** Barulhento; rumoroso. **2** Pomposo. **3** Que produz sensação no público. *Pl: ruidosos* (*ó*).

ru.im (*ín*) (*lat vulg *ruinu, de ruina*) *adj m+f* **1** Nocivo. **2** Que não serve para nada; que não tem valor. **3** Malvado, perverso. *Pl: ruins.*

ru.í.na (*lat ruina*) *sf* **1** Desmoronamento, destroço, destruição. **2** Queda, decadência completa. **3** Perda da fortuna, da prosperidade, da felicidade, do crédito, de bens materiais ou morais. *sf pl* Restos de construções semidestruídas pela ação do tempo, ou por desmoronamentos; escombros.

ru.i.no.so (*ô*) (*lat ruinosu*) *adj* **1** Que está em ruína. **2** Que está prestes a se arruinar. **3** Nocivo, prejudicial. *Pl: ruinosos* (*ó*).

ru.ir (*lat ruere*) *vint* **1** Desmoronar-se, desabar, vir abaixo. *vti* e *vint* **2** Despenhar-se, precipitar-se. Conjuga-se como *puir.*

rui.vo (*lat rubeu*) *adj + sm* Que, ou o que tem pelo ou cabelo avermelhado ou amarelo-avermelhado.

rum (*ingl rhum*) *sm* Aguardente que se obtém pela fermentação e destilação do melaço de cana-de-açúcar. *Pl: runs.*

ru.ma (*ár rizma*) *sf* Montão, pilha.

ru.mar (*rumo+ar¹*) *vtd* **1** Pôr (a embarcação) no rumo desejado. *vti* **2** Tomar rumo ou direção. *vint* **3** Encaminhar-se, dirigir-se.

rum.ba (*cast rumba*) *sf* Música, canto e dança característica de Cuba (Mar do Caribe).

ru.mi.nan.te (de *ruminar*) *adj m+f* Que rumina. • *sm* Espécime dos ruminantes. *sm pl Zool* Subordem de mamíferos e quadrúpedes, cujo estômago é dividido em quatro partes, às vezes em três, voltando o alimento à boca para ser novamente mastigado. São ruminantes a cabra, a girafa, o boi, o carneiro, o camelo, o veado.

ru.mi.nar (*lat ruminare*) *vtd* **1** Mastigar pela segunda vez; remoer (os alimentos que voltam do estômago à boca). **2** *fig* Pensar muito a respeito de. *Conjug:* só se conjuga nas 3ªˢ pessoas. Em sentido figurado, sua conjugação é integral.

ru.mo (*gr rhómbos*) *sm* **1** Cada uma das direções da rosa dos ventos. **2** Direção, orientação, caminho. *Pôr no rumo:* colocar na direção que deve seguir; dispor, orientar. *Tomar rumo:* a) achar rumo; b) encontrar emprego; c) endireitar, tomar juízo.

ru.mor (*ô*) (*lat rumore*) *sm* **1** Murmúrio, ruído. **2** *fig* Notícia que corre de boca em boca; boato. *Rumor público, Dir:* murmúrio, boato impreciso do povo, sem provas ou indícios, mas que conduz à suspeita de crime ou irregularidade na administração de um governo.

ru.mo.re.jar (*rumor+ejar*) *vti* e *vint* **1** Produzir rumor contínuo. *vint* **2** Correr boato, notícia.

ru.mo.ro.so (*ô*) (*rumor+oso*) *adj* **1** Que causa rumor. **2** Barulhento, ruidoso. *Pl: rumorosos* (*ó*).

ru.pes.tre (*lat rupes*) *adj m+f* **1** Que cresce nas pedras. **2** Inscrito ou desenhado nas rochas. **3** Construído em rochedo.

ru.pi.a (*hind rûpîyah*) *sf* Unidade do sistema monetário da Índia e de outros países da Ásia.

rup.tu.ra (*lat ruptura*) *sf* **1** Abertura, buraco, fenda, greta. **2** Corte, interrupção. **3** Rompimento de relações sociais. **4** Hérnia.

ru.ral (*lat rurale*) *adj m+f* **1** Relativo ao campo ou à vida agrícola. **2** Próprio do campo; campestre. **3** Camponês, rústico. *Pl: rurais*.

ru.ra.lis.mo (*rural+ismo*) *sm* **1** Predomínio do campo em relação à cidade. **2** Sistema de política agrária.

rus.ga *sf* Pequena briga.

rush (*râch*) (*ingl*) *sm* **1** Afluência de veículos em grande escala. **2** Tráfego muito intenso, sempre em direção determinada, na hora de entrada e saída do trabalho.

rus.so (*lat med Russi*) *adj* Relativo à Rússia (Ásia/Europa); soviético. • *sm* **1** Habitante ou natural da Rússia; soviético. **2** Língua eslava, falada na Rússia e em países da antiga União Soviética, cuja escrita é em alfabeto cirílico.

rus.so-a.me.ri.ca.no *adj* Relativo a ex-União Soviética e aos Estados Unidos. *Pl: russo-americanos*.

rús.ti.co (*lat rusticu*) *adj* **1** Relativo ao campo; campestre. **2** Grosseiro, tosco. **3** Ignorante, malcriado. **4** Inculto, sem arte. • *sm* Homem do campo; camponês.

ru.tá.ceas (*lat ruta+ácea*) *sf pl Bot* Família de arbustos e árvores cujas folhas são aromáticas quando esmagadas, como, por exemplo, o limoeiro.

ru.tê.nio (*lat cient rutheniu*) *sm Quím* Elemento metálico raro, semelhante ao ósmio, porém mais resistente à corrosão. Número atômico 44 e símbolo Ru.

ru.ter.fór.dio (*Rutherford, np+io¹*) *sm Quím* Elemento artificial, de número atômico 104 e símbolo Rf.

ru.ti.lan.te (de *rutilar*) *adj m+f* Muito brilhante; resplandecente.

ru.ti.lar (*lat rutilare*) *vint* **1** Brilhar muito; chamejar, resplandecer. *vtd* **2** Fazer brilhar muito. *vtd* **3** Despedir, emitir. *Conjug – Pres indic: rutilo, rutilas* (*tí*) etc. *Cf rútilo*.

rú.ti.lo (*lat rutillu*) *adj* Rutilante.

s (*ésse*) *sm* Décima nona letra do alfabeto português, consoante. • *num* O décimo nono numa série indicada pelas letras do alfabeto.
sã (*lat sana*) *adj* Feminino de *são*¹.
sa.bá (*hebr shabbath*) *sm* **1** *Rel* Dia de descanso e observância religiosa entre os judeus e algumas seitas cristãs. **2** Assembleia de bruxos e bruxas, realizada, segundo certas superstições medievais, anualmente, à meia-noite, sob a presidência de Satanás, para renovar a aliança com este e celebrar ritos e orgias.
sá.ba.do (*hebr shabbâth*, pelo *lat sabbatu*) *sm* Sétimo dia da semana. *Sábado de aleluia:* o sábado da semana santa.
sa.bão (*lat sapone*) *sm* **1** Substância detergente, usada com água para lavar roupa, utensílios, superfícies etc. **2** Pedaço dessa substância solidificada. **3** *Quím* Qualquer sal metálico de ácido derivado de gordura. **4** *fig* Descompostura, repreensão. *Mandar lamber sabão:* pedir que não aborreça. *Passar um sabão:* censurar, repreender. *Pl: sabões.*
sa.bá.ti.co (*lat sabbatu+ico*²) *adj* **1** Pertencente ou relativo ao sábado. **2** Relativo ao sabá.
sa.ba.ti.na (*lat sabbatu+ina*) *sf* **1** Reza do ofício divino própria para o sábado. **2** Exercício escolar que antigamente se passava para o sábado, como recapitulação das matérias da semana. **3** Recapitulação das lições dadas num certo período letivo. **4** Discussão, questão, debate.
sa.ba.ti.nar (*sabatina+ar*¹) *vtd* **1** Arguir ou argumentar como em sabatina: *Sabatinar um tema.* *vint* **2** Discutir miudamente: *Homem dado a sabatinar.*
sa.ba.tis.ta (*lat sabbatu+ista*) *s m+f* Pessoa que, por preceito religioso, guarda o sábado em vez do domingo.
sa.be.dor (*saber+dor*) *adj* **1** Que sabe muito; erudito, sábio. **2** Que tem conhecimento de alguma coisa. *Antôn* (acepção 1): *ignorante*. • *sm* Indivíduo sabedor; erudito.
sa.be.do.ri.a (*sabedor+ia*¹) *sf* **1** Qualidade de sabedor; erudição. **2** Grande soma de conhecimentos. **3** Prudência, bom senso, juízo, razão, retidão. **4** Discernimento adquirido pelas experiências de uma longa vida: *A sabedoria dos anciões*. *Antôn* (acepção 1): *ignorância.*
sa.ber (*lat sapere*) *vtd* e *vti* **1** Estar informado de, estar a par, ter conhecimento de; conhecer: *Ninguém soube de sua passagem pelo povoado. vtd* **2** Compreender ou perceber um fato, uma verdade: *Soube, então, o que significava ter saudade. vtd* **3** Ser capaz de distinguir ou de dizer: *Saber a causa de alguma coisa. vtd* **4** Ser versado em: *Saber gramática. vtd* e *vti* **5** Estar habilitado para; ser capaz de; ter os conhecimentos especiais ou técnicos de: *Saberá ele cumprir a missão. vtd* e *vti* **6** Possuir amplos conhecimentos: *Meu amigo sabe muito sobre música brasileira. vtd* **7** Compreender, poder explicar: *Depois disso, não sei o que sinto. vtd* **8** Pressupor, prever: *Saber o futuro. vti* **9** Procurar informar-se de: *Quis saber das suas aptidões.* Conjug – Pres indic: sei, sabes, sabe, sabemos, sabeis, sabem; Pret imp indic: sabia, sabias etc.; Pret perf: soube, soubeste, soube, soubemos, soubestes, souberam; Pret mais-que--perf: soubera, souberas, soubera, soubéramos, soubéreis, souberam; Fut pres: saberei, saberás etc.; Fut pret: saberia, saberias etc.; Pres subj: saiba, saibas, saiba, saibamos, saibais, saibam; Pret imp subj: soubesse, soubesses, soubesse, soubéssemos, soubésseis, soubessem; Fut subj: souber, souberes, souber, soubermos, souberdes, souberem; Imper afirm: sabe(tu), saiba(você), saibamos(nós), sabei(vós), saibam(vocês); Imper neg: não saibas(tu), não saiba(você) etc.; Infinitivo impess: saber; Infinitivo pess: saber, saberes etc.; Ger: sabendo; Part: sabido. Antôn (acepções 1, 2, 3, 4, 6 e 8): *ignorar*. • *sm* **1** Soma de conhecimentos; ciência, erudição, ilustração, prática da vida. **2** Percepção ou conhecimento da verdade. **3** Soma de conhecimentos adquiridos. *Saber na ponta da língua:* saber de cor, ter as respostas prontas para dá-las sem hesitação. *Saber onde aperta o sapato:* conhecer a causa das suas próprias dificuldades; conhecer bem a sua situação. *Antôn* (acepção 1): *ignorância.*
sa.be-tu.do *s m+f sing* e *pl pop* Sabichão, sabido.
sa.bi.á (*tupi sauiá*) *sm Ornit* Designação mais comum dos pássaros da família dos turdídeos, alguns dos quais muito apreciados pelo seu canto. *Voz: canta, gorjeia, modula, trina.*
sa.bi.chão (de *sábio*) *adj pop* Diz-se do indivíduo que sabe muito ou que alardeia sabedoria. • *sm* Esse indivíduo. *Fem: sabichona. Pl: sabichões.*
sa.bi.do (*part* de *saber*) *adj* **1** Que se sabe; que ninguém ignora; conhecido. **2** Que sabe muito; conhecedor, erudito, perito, versado. **3** Astuto, prudente. **4** Esperto, velhaco. *Antôn* (acepção 1): *ignorado*; (acepções 3 e 4): *ingênuo.*
sa.bi.na.da (*Sabino, np+ada*¹) *sf* Revolução de cunho separatista ocorrida na Bahia (1837-1838), no período regencial, cujo objetivo era desligar o governo provincial da Regência.

sá.bio (*lat sapidu*) *adj* **1** Diz-se do que sabe muito, do que tem vastos e profundos conhecimentos sobre qualquer assunto científico, literário ou artístico; erudito. **2** Que tem a faculdade de bem julgar. **3** Judicioso, prudente. *Sup abs sint: sapientíssimo*. • *sm* **1** Homem de muita ciência ou sabedoria. **2** *pop* Filósofo. **3** Homem prudente. *Aum pej: sabichão*.

sa.bo.ne.te (ê) (*sabão+ete*) *sm* Sabão fino, perfumado e preparado com substâncias gordurosas de alta qualidade, próprio para lavagem do corpo.

sa.bo.ne.tei.ra (*sabonete+eira*) *sf* **1** Utensílio para colocar sabonete em uso. **2** *Constr* Peça de louça que se embute na parede, perto do lavabo ou banheira, para colocar sabonete em uso.

sa.bor (*lat sapore*) *sm* **1** Impressão que certas substâncias exercem sobre o sentido do gosto. **2** Impressão de doce, azedo, amargo ou salgado que certas substâncias exercem sobre o sentido do gosto; paladar. *Ao sabor de*: sob a força de: *Ao sabor das ondas, dos ventos, dos costumes*.

sa.bo.re.ar (*sabor+e+ar¹*) *vtd* e *vint* **1** Comer ou beber vagarosamente, com gosto. *vtd* **2** Dar sabor ou gosto a; tornar saboroso: *Saboreavam a comida com estranhos temperos*. *vpr* **3** Deliciar-se, regozijar-se: *Saboreava-se, vendo as trapalhadas do palhaço*. Conjuga-se como *frear*.

sa.bo.ro.so (ô) (*sabor+oso*) *adj* **1** Que tem bom sabor; gostoso, delicioso. **2** Agradável, deleitoso. *Antôn* (acepção 1): *insosso*. *Pl: saborosos* (ó).

sa.bo.ta.gem (*fr sabotage*) *sf* **1** Ato ou efeito de sabotar. **2** Destruição ou danificação propositada de material, instalações, maquinarias, ferramentas, ou interferência secreta na produção ou nos negócios de uma empresa. **3** *fig* Trabalho secreto ou resistência passiva contra qualquer causa à qual se deve cooperação. *Pl: sabotagens*.

sa.bo.tar (*fr saboter*) *vtd* **1** Danificar ou prejudicar por sabotagem: *Os manifestantes sabotaram a ponte para impedir o trânsito*. **2** Impedir por meio de resistência passiva.

sa.bre (*fr sabre*) *sm* Espada curta de um só fio.

sa.bre-bai.o.ne.ta (*sm*) Sabre curto que se adapta ao cano da espingarda ou do fuzil, à maneira de baioneta. *Pl: sabres-baioneta* e *sabres-baionetas*.

sa.bu.go (*lat sambucu*) *sm* **1** Parte do dedo a que está aderida a unha. **2** Parte interior e pouco dura dos chifres. **3** Parte central da espiga de milho em que se prendem os grãos.

sa.bu.guei.ro (*sabugo+eiro*) *sm Bot* Arbusto cujas flores esbranquiçadas são de uso medicinal.

sa.bu.ji.ce (*sabujo+ice*) *sf* Ação ou qualidade de sabujo (acepções 2 e 3); bajulação, servilismo, subserviência.

sa.bu.jo (*lat bárb segusiu*) *sm* **1** Cão próprio para a caça. **2** Homem servil. **3** Bajulador ignóbil.

sa.bur.ra (*lat saburra*) *sf* **1** Crosta, geralmente esbranquiçada, que reveste a parte superior da língua no caso de certas doenças; sarro. **2** Areia grossa que serve para lastro nos navios.

sa.ca (de *saco*) *sf* **1** V *saco* (acepção 1): *Uma saca de café*. **2** Bolsa.

sa.ca.da (*sacar+ada¹*) *sf* **1** Balcão de janela ou porta. **2** *gír* Ideia.

sa.ca.do (*part de sacar*) *sm* **1** *Dir* e *Com* Aquele contra quem se sacou uma letra de câmbio ou título equivalente. **2** *Reg* (Amazônia) Lago marginal, onde os rios represam o excedente das suas cheias.

sa.ca.dor (*sacar+dor*) *adj* Que saca. • *sm* **1** Aquele que saca. **2** *Dir* e *Com* Aquele que saca uma letra de câmbio ou título equivalente.

sa.cal (*saco+al¹*) *adj m+f gír* Chato, enfadonho. *Pl: sacais*.

sa.ca.na *adj m+f* **1** Diz-se da pessoa que pratica atos imorais, libidinosos. **2** Diz-se da pessoa canalha, imoral, crápula, sem caráter. **3** Diz-se da pessoa espertalhona, malandra, sabida. • *s m+f* Pessoa sacana.

sa.ca.na.gem (*sacana+agem*) *sf* **1** Ação, dito ou procedimento de sacana. **2** Bandalheira, imoralidade, safadeza. **3** Patifaria. **4** Brincadeira de mau gosto; troça. *Pl: sacanagens*.

sa.ca.ne.ar (*sacana+e+ar¹*) *vtd* e *vint* **1** Proceder como sacana. *vtd* **2** Enganar, ludibriar. *vtd* **3** Irritar, troçar. Conjuga-se como *frear*.

sa.car (*gót sakan*) *vtd* **1** Tirar para fora, à força e repentinamente; fazer sair; arrancar: *Sacar o revólver*. *vti* **2** Arrancar de, ou puxar por (espada, lança etc.): *Sacar da espada*. *vtd* **3** Conseguir, obter com esforço: *Sacar um donativo para a creche*. *vtdi* **4** Emitir, passar uma ordem de pagamento, escrita, sobre um devedor ou um depósito: *Sacar uma letra de câmbio sobre alguém*. *vtd* **5** *gír* Entender, compreender, perceber: *Você sacou o que eu quis dizer?* *Conjug – Pres subj: saque, saques* etc.; *Pret perf: saquei, sacaste, sacou* etc.

sa.ca.ri.a (*sacar+ia¹*) *sf* Grande número de sacos ou sacas.

sa.ça.ri.car *vint* Balançar o corpo ao dançar; saracotear. *Conjug – Pres subj: saçarique, saçariques* etc.; *Pret perf: saçariquei, saçaricaste* etc.

sa.ca.rí.deo (*sácari+ídeo²*) *adj + sm* **1** Nome genérico dos açúcares ou combinações de açúcares. **2** Carboidrato.

sa.ca.rí.fe.ro (*sácari+fero*) *adj* Que produz ou contém açúcar: *Plantas sacaríferas*.

sa.ca.ri.na (*sácari+ina*) *sf Quím* Pó branco, cristalino, intensamente doce, mas sem valor nutritivo, usado como substituto de açúcar no tratamento da diabete e da obesidade.

sa.ca.ri.no (*sácari+ino¹*) *adj* **1** Pertencente ou relativo ao açúcar. **2** Demasiado ou desagradavelmente doce.

sa.ca-ro.lhas (ô) (*sacar+rolhas*) *sm sing* e *pl* Instrumento próprio para tirar as rolhas das garrafas. *sf Bot* Nome comum a três arbustos esterculiáceos.

sa.ca.ro.se (*sácari+ose*) *sf Quím* Açúcar comum, de cana ou beterraba.

sa.cer.dó.cio (*lat sacerdotiu*) *sm* **1** Cargo, dignidade, funções de sacerdote. **2** A carreira eclesiástica. **3** *fig* Missão que se toma muito a sério, como uma coisa sagrada.

sa.cer.do.tal (*lat sacerdotale*) *adj m+f* Pertencente ou relativo a sacerdote ou a sacerdócio: *Atitude sacerdotal*. *Pl: sacerdotais*.

sa.cer.do.te (*lat sacerdote*) *sm* **1** *Hist ant* Aquele que, na religião pagã, oferecia os sacrifícios e as vítimas às divindades. **2** *Ecles* Aquele que recebeu o sacramento da ordem; padre, clérigo, presbítero. **3** *fig* Aquele que exerce com muita dedicação e dignidade uma profissão: *Os sacerdotes da medicina.* Fem: *sacerdotisa.*

sa.cer.do.ti.sa (*lat sacerdotissa*) *sf* Mulher que, na sociedade pagã, exercia as funções de sacerdote.

sa.char (*sacho+ar¹*) *vtd* **1** Afofar, cavar (a terra) com o sacho. **2** Capinar, arrancar com o sacho as ervas daninhas a.

sa.chê (*fr sachet*) *sm* Almofada ou saquinho contendo substâncias aromáticas.

sa.cho (*lat sarculu*) *sm Agr* Enxadinha, estreita e pontuda, geralmente com uma orelha pontiaguda ou bifurcada na parte superior, acima do olho.

sa.ci (*tupi sasí*) *sm* **1** *Folc* Entidade representada por um negrinho de uma só perna, carapuça vermelha na cabeça e cachimbo na boca, que, durante a noite, solta assobios misteriosos e se diverte com travessuras, como espantar o gado, os cavalos no pasto e apavorar viajantes nos caminhos solitários. **2** *Ornit* Ave cuculídea, de canto monótono e incomodativo.

sa.ci.ar (*lat satiare*) *vtd* **1** Fartar de comida ou bebida; satisfazer: *Saciar a fome, a sede, o desejo, os impulsos.* *vtd* **2** Encher: *Saciar o estômago.* *vpr* **3** Dar-se por satisfeito; não querer mais: *Saciar-se de ver, ouvir* etc. Conjug – Pres indic: sacio, sacias, sacia, saciamos, saciais, saciam.

sa.ci.e.da.de (*lat satietate*) *sf* **1** Estado em que se encontra quem se saciou. **2** Satisfação plena. *À saciedade* ou *até à saciedade:* até completa satisfação; até fartar; até não querer mais.

sa.ci-pe.re.rê *V saci* (acepção 1). *Pl:* sacis-pererês e *saci-pererês.*

sa.co (*lat saccu*) *sm* **1** Recipiente de pano grosso e resistente. **2** Esse recipiente com seu conteúdo: *Um caminhão cheio de sacos de farinha.* **3** Recipiente menor, semelhante, de papel grosso ou outro material. **4** Qualquer peça de vestir malfeita e muito larga. **5** Enseada pequena. **6** *pop* Bolsa escrotal; escroto. *Encher o saco, vulg:* esgotar a reserva de tolerância ou paciência; aporrinhar, maçar. *Puxar o saco de:* bajular. *Saco de café:* pequeno saco de flanela que serve para coar o café; coador. *Saco de gatos:* reunião agitada de pessoas que não se entendem, que vivem em brigas constantes. *Saco de viagem:* mala, malote.

sa.co.la (*saco+ola*) *sf* **1** Saco que frades mendicantes e pedintes usam para recolher donativos e esmolas. **2** Saco provido de alças, usado para carregar pequenas compras, ferramentas, roupas etc. **3** Alforje.

sa.co.lei.ro (*sacola+eiro*) *sm gír* Pessoa que compra mercadorias em quantidade para revendê-las de porta em porta, obtendo lucro.

sa.co.le.jar (*sacola+ejar*) *vtd* **1** Agitar repetidas vezes; sacudir: *O vento sacolejava os ramos das árvores.* **2** Rebolar, saracotear: *Sacolejar o corpo.*

sa.co.le.jo (*ê*) (de *sacolejar*) *sm* Ato de sacolejar.

sa.cra.li.zar (*sacral+izar*) *vtd* **1** Atribuir caráter sagrado a alguém ou algo. *vpr* **2** Tornar-se sagrado.

sa.cra.men.ta.do (*part de sacramentar*) *adj* Que se sacramentou. • *sm* Aquele que recebeu os últimos sacramentos. *Jesus sacramentado, Liturg:* a hóstia consagrada.

sa.cra.men.tal (*sacramento+al*) *adj m+f* **1** Pertencente ou relativo a sacramento. **2** Imposto pelo hábito. **3** Obrigatório. • *sm* Bênção ritual da Igreja sobre coisas ou pessoas para obter um fim espiritual: cinzas, bênção nupcial etc. (Mais usado no plural.) *Pl:* sacramentais.

sa.cra.men.tar (*sacramento+ar¹*) *vtd* **1** Administrar os sacramentos da Igreja: *Sacramentar os fiéis.* *vpr* **2** Receber os últimos sacramentos: *O moribundo sacramentou-se.* *vtd* **3** Consagrar (a hóstia). *vtd* **4** Confessar: *O padre concordou em sacramentá-lo.* *vtd* **5** Imprimir caráter sagrado a, sagrar, tornar sagrado: *Sacramentar um nome.* *vtd* **6** *fig* Revestir (um contrato, um negócio etc.) de todas as condições legais.

sa.cra.men.to (*lat sacramentu*) *sm* **1** *Teol* Sinal instituído por Deus com o fim de purificar e santificar as almas. **2** *Rel Catól* A eucaristia. *sm pl Rel Catól* O batismo, a confirmação, a eucaristia, a penitência, a extrema-unção, a ordem e o matrimônio.

sa.crá.rio (*lat sacrariu*) *sm* **1** Tabernáculo ou pequeno armário sobre o altar, para nele guardar a hóstia consagrada. **2** Lugar onde se guardam coisas sagradas ou dignas de grande veneração. **3** *fig* Vida íntima; intimidade; lugar reservado e respeitável.

sa.cri.fi.car (*lat sacrificare*) *vtd* e *vtdi* **1** Oferecer em sacrifício; imolar: *Os antigos hebreus sacrificavam animais em louvor a Deus. O pecador sacrificou a Deus o domingo.* *vti* e *vint* **2** Oferecer holocaustos à divindade: *Sacrificar aos deuses. Fora ao templo sacrificar.* *vpr* **3** Oferecer-se, sujeitar-se (ao sacrifício); submeter-se: *Cristo sacrificou-se pela humanidade.* *vtdi* **4** Renunciar voluntariamente a: *Ele sacrificou a fortuna e a vida à pátria.* *vtd* **5** Negligenciar, menosprezar por causa de. *vpr* **6** Sujeitar-se às consequências de: *Sacrificou-se a viver fora da pátria.* *vtdi* e *vpr* **7** Consagrar(-se) totalmente a; dedicar(-se) com ardor: *Sacrificou a maior parte da vida à educação dos filhos.* Conjug – Pres subj: sacrifique, sacrifiques etc.; Pret perf: sacrifiquei, sacrificaste, sacrificou etc.

sa.cri.fí.cio (*lat sacrificiu*) *sm* **1** Ação ou efeito de sacrificar. **2** Oferenda feita a uma divindade para lhe tributar homenagens, ou ainda para lhe aplacar a cólera. **3** A pessoa ou coisa sacrificada. **4** Renúncia voluntária a um bem ou a um direito. **5** Ato de abnegação, inspirado pelo sentimento de amizade ou de amor; renúncia.

sa.cri.lé.gio (*lat sacrilegiu*) *sm* **1** *Teol* Pecado contra a religião que consiste na violação de pessoa, lugar ou objeto consagrados ao culto divino. **2** Irreverência para com pessoas ou objetos consagrados. **3** Afronta dirigida a coisas ou pessoas dignas de veneração. **4** *por ext* Ato condenável; ação digna de censura ou reparação.

sa.crí.le.go (*lat sacrilegu*) *adj* **1** Que pertence ou diz respeito a sacrilégio. **2** Que cometeu sacrilégio. **3** Em que há sacrilégio. • *sm* Aquele que cometeu sacrilégio.

sa.cri.pan.ta (de *Sacripante, np*) *adj + s m+f* Diz-se de, ou pessoa desprezível, canalha.

sa.cris.tão (*lat sacristanu*) *sm* **1** Aquele que tem a seu cargo o arranjo e guarda da igreja, especialmente da sacristia. **2** Aquele que ajuda à missa e auxilia o sacerdote nos ofícios divinos. *Fem:* *sacristã.* *Pl: sacristãos* e *sacristães.*

sa.cris.ti.a (*baixo-lat sacristia*) *sf* Dependência da igreja onde se guardam os paramentos sacerdotais, os utensílios do culto e onde se vestem os sacerdotes.

sa.cro (*lat sacru*) *adj* **1** Sagrado. **2** Digno de respeito ou veneração: *Os sacros direitos do homem.* **3** Relativo ao osso sacro. *Antôn* (acepção 1): *profano.* • *sm Anat* Osso ímpar, em forma de pirâmide com o vértice voltado para baixo, resultante da soldadura das vértebras sacras, que forma a região posterior da bacia.

sa.cros.san.to (*lat sacrosanctu*) *adj* **1** Sagrado e santo. **2** Inviolável.

sa.cu.di.da (*part fem* de *sacudir*) *sf* Ato ou efeito de sacudir. *Sin: sacudidura, sacudimento.*

sa.cu.di.de.la (*sacudir+dela*) *sf pop* Castigo leve; pequena sova.

sa.cu.di.do (*part* de *sacudir*) *adj* **1** Que se sacudiu. **2** Agitado, movido rápida e repetidamente em direções opostas. **3** Desembaraçado, desenvolto. **4** Esbelto, formoso. **5** *bras* Forte, robusto, saudável: *Meu avô ainda está bem sacudido.*

sa.cu.dir (*lat saccutere*) *vtd* **1** Mover repetidas vezes de um lado para outro, ou para cima e para baixo; chacoalhar: *Sacudir os tapetes.* *vtd* **2** Pôr em movimento vibratório ou causar tremor; abalar: *A explosão sacudiu as casas.* *vtd* **3** Agitar, brandir, mover de modo ameaçador: *Sacudiu o punho, ameaçando-o.* *vpr* **4** Agitar o corpo andando; saracotear-se: *Foi andando, sacudindo-se com sensualidade.* *vtd* **5** *fig* Causar abalo moral; comover: *O crime sacudiu a cidade.* Conjuga-se como *subir.*

sá.di.co (de Sade, *np+ico*²) *adj* Relativo ao sadismo. • *sm* Aquele que pratica o sadismo.

sa.di.o (*lat sanativu*) *adj* **1** Favorável à saúde: *Clima sadio.* **2** Que dá saúde; saudável: *Alimento sadio.* **3** Higiênico. **4** Que goza de boa saúde: *Criança sadia.* **5** Que proporciona conhecimentos úteis à vida: *Leitura sadia. Antôn* (acepções 1 e 4): *doentio.*

sa.dis.mo (de Sade, *np+ismo*) *sm Psiq* **1** Perversão sexual daquele que procura aumentar a intensidade do prazer erótico, produzindo sofrimento em outrem. **2** Prazer daquele que pratica violência contra animais ou mesmo objetos. **3** *por ext* Prazer com o sofrimento alheio. **4** Crueldade extrema. *Antôn: masoquismo.*

sa.do.ma.so.quis.mo (*sad(ism)o+masoquismo*) *sm Psiq* Perversão sexual em que se associam o sadismo e o masoquismo.

sa.do.ma.so.quis.ta (*sád(ic)o+masoquista*) *adj m+f* Relativo ao sadomasoquismo. • *s m+f* Pessoa que pratica o sadomasoquismo.

sa.du.ceu (*lat sadducaeu*) *sm Antig* Membro de um partido político (posterior ao século III a.C.) doutrinariamente oposto ao dos fariseus e que negava a existência de anjos, espíritos, milagres e especialmente a ressurreição. *Fem: saduceia (é).*

sa.fa! (de *safar*) *interj* Exprime repugnância ou admiração: *Safa! Que garoto chato!*

sa.fa.de.za (*safado+eza*) *sf pop* **1** Dito ou procedimento de indivíduo safado. **2** Desfaçatez, vileza.

3 Ato pornográfico; bandalheira, coisa imoral, imoralidade. *Sin bras: safadice.*

sa.fa.di.nho (de *safado*) *adj Reg* (Nordeste) *pop* Diz-se da criança inquieta ou traquinas.

sa.fa.do (de *safar*) *adj* **1** Que se safou. **2** *pop* Desavergonhado, descarado, pornográfico, imoral. **3** *Reg* (RJ e Sul) *gír* Encolerizado, raivoso, indignado. **4** *pop* Traquinas, travesso. • *sm pop* Homem vil, desprezível, descarado.

sa.fa.não (de *safar*) *sm* **1** Ação de safar. **2** Empuxão com que se safa ou arranca alguma coisa; empurrão. **3** *pop* Sopapo; bofetada. *Pl: safanões.*

sa.far (*ár zâH+ar*¹) *vtd* **1** Furtar, tirar: *Safaram-lhe a carteira.* *vpr* **2** Escapar, esgueirar-se, fugir: *Safou-se o malandro.*

sa.far.da.na (*hebr Sefardîm*) *sm pop* Indivíduo muito safado.

sa.fá.ri (*ingl safari*) *sm* **1** Expedição numerosa e bem organizada, de caça, especialmente na África. **2** *por ext* Parque de animais selvagens.

sá.fa.ro (*ár sahara*) *adj* **1** Inculto, árido, agreste. **2** Diz-se de animal difícil de amansar. **3** *fig* Alheio, distante, esquivo.

sa.fe.na (*ár sâfîn,* via *lat med saphena*) *sf Anat* Cada uma de duas grandes veias subcutâneas da perna; veia safena.

sa.fe.na.do (*safena+ado*¹) *adj + sm* Diz-se de, aquele que já se submeteu à operação de ponte de safena.

sa.fi.ra (*hebr sappîr,* via *gr sápheiros*) *sf* **1** *Miner* Pedra preciosa (variedade de coríndon), especialmente uma variedade azul transparente, que vai de azul-celeste ao azul-escuro. **2** Gema dessa espécie. **3** A cor azul-escura dessa pedra. *Safira do brasil:* turmalina azul.

sa.fis.mo (*Safo,* np+*ismo*) *sm* Homossexualismo entre duas mulheres; amor lésbico.

sa.fo (de *safar*) *sf* **1** Que se safou; livre. **2** *bras gír* Diz-se daquele que age com esperteza e iniciativa.

sa.fra *sf* **1** Colheita. **2** Boa promessa de frutos. **3** *Reg* (RS) Época do ano em que se costuma vender gado gordo e produtos da indústria pastoril.

sa.ga (*nórdico ant saga*) *sf* **1** Lenda medieval acerca de figuras ou eventos notáveis dos países escandinavos. **2** *por ext* Qualquer lenda antiga acerca de feitos heróicos.

sa.ga.ci.da.de (*lat sagacitate*) *sf* **1** Qualidade de sagaz. **2** Finura, perspicácia, sutileza.

sa.gaz (*lat sagace*) *adj m+f* **1** Que tem agudeza de espírito ou de inteligência; perspicaz. **2** Criterioso, sensato, judicioso. **3** Fino, astuto, arguicioso, sutil. **4** Desembaraçado, esperto, rápido. **5** *Reg* (SP) *pop* Veloz (falando de animal de montaria). *Sup abs sint: sagacíssimo. Antôn* (acepção 1): *bronco;* (acepção 3): *ingênuo. Pl: sagazes.*

sa.gi.ta.ri.a.no (*Sagitário+ano*) *sm Astrol* Pessoa nascida sob o signo de Sagitário. • *adj Astrol* Relativo ou pertencente ao signo de Sagitário, sagitariano.

sa.gi.tá.rio (*lat sagittariu*) *adj poét* Armado de arco e setas. • *sm* **1** Frecheiro, seteiro. **2 Sagitário** *Astr* Constelação do zodíaco. **3 Sagitário** *Astrol* Signo do zodíaco, relativo aos nascidos entre 22 de novembro e 21 de dezembro.

sa.gra.ção (*lat sacratione*) *sf* **1** Ato ou efeito de sagrar. **2** Cerimônia religiosa pela qual se consagra um rei, um bispo etc. *Pl: sagrações.*

sa.gra.da-fa.mí.lia *sf* Quadro, painel ou trio de imagens que representa a Virgem Maria, São José e o Menino Jesus. *Pl: sagradas-famílias.*

sa.gra.do (*part de sagrar*) *adj* **1** Que recebeu a sagração; que se sagrou. **2** Relativo, inerente, pertencente, dedicado a Deus, a uma divindade ou a um desígnio religioso: *A Escritura Sagrada*. **3** Digno de veneração ou respeito religioso pela associação com Deus ou com as coisas divinas; santo, santificado: *O sagrado coração de Jesus*. **4** Pertencente à religião ou ao culto religioso, ou relacionado com eles: *Música sagrada*. **5** Que não se deve infringir; inviolável. *Antôn* (acepção 4): *profano*. • *sm* **1** Aquilo que é sagrado. **2** O que foi consagrado pelas cerimônias do culto. **3** Lugar privilegiado. *Sup abs sint: sacratíssimo* e *sagradíssimo*.

sa.grar (*lat sacrare*) *vtd* e *vtdi* **1** Dedicar (ao serviço de Deus); oferecer: *Sagrar uma capela, um altar. Joana D'Arc sagrou a vida às causas religiosas. vtd* e *vpr* **2** Investir(-se) numa dignidade eclesiástica ou secular: *Sagrar um bispo, um presbítero. Sagraram-no rei. Sagrou-se imperador. vtd* **3** Conferir um título, uma honra: *Sagraram Tiradentes o mártir da Inconfidência Mineira. vtd* **4** Abençoar, santificar: *Sagrar um matrimônio.*

sa.gu (*malaio sâgû*) *sm* **1** Amido granuloso ou em pó, preparado dos caules esponjosos de diversas palmeiras, principalmente os sagueiros, e usado em culinária e para engomar tecidos. **2** *Bot* Planta de onde se extrai ótima qualidade de sagu. *Var: sagum.*

sa.guão (*ár 'usTuwân*) *sm* **1** Pequeno pátio, estreito e descoberto, no interior de um edifício. **2** Espécie de alpendre situado à entrada dos conventos. **3** Sala de entrada nos grandes edifícios, da qual uma escadaria e elevadores dão acesso aos andares superiores; vestíbulo, *hall*: *Saguão do hotel*. *Pl: saguões.*

sa.guei.ro (*gwe*) (*sagu+eiro*) *sm Bot* Cada uma das diversas espécies de palmeiras cujo caule contém o sagu.

sa.gui (*gwi*) (*tupi sauîn*) *sm* **1** *Zool* Nome comum a diversos pequenos mamíferos da ordem dos primatas, cujas espécies apresentam unhas em forma de garras. Voz: *assobia, guincha*. **2** *fig* Tipo amacacado, feio, esquisito. *Var: saguim (gwi).*

sa.gui-bran.co (*gwi*) *sm Zool* Pequeno sími de pelagem branca e cauda negra. *Pl: saguis-brancos.*

sa.gui-de-bi.go.de (*gwi*) *sm Zool* Sagui de pelos pretos, também chamado *sagui-preto*. *Pl: saguis--de-bigode.*

sai.a (*lat vulg *sagia*, de *sagu*) *sf* **1** Peça de vestuário feminino que se estende da cintura para baixo. **2** *ant* Vestidura que usavam os guerreiros. **3** *pop* A mulher. *Dim irreg: saiote.*

sai.a-cal.ça *sf* Calça larga cortada sobre o molde de saia usada por mulheres e cuja entreperna é, geralmente, disfarçada por prega funda. *Pl: saias--calça* e *saias-calças.*

sai.brar (*saibro+ar¹*) *vtd* Cobrir com saibro.

sai.bro (*lat sabulu*) *sm* Mistura de argila, areia e pedregulhos.

sa.í.da (*part fem* de *sair*) *sf* **1** Ato ou efeito de sair. **2** Exportação, venda. **3** Expediente, recurso. **4** Lugar por onde se sai. **5** Meio de sair. **6** *Reg* (Sul) Disparate, asneira. **7** *Inform* Transferência de uma informação do processador central para outros dispositivos. **8** *Inform por ext* Qualquer informação que resulta de um processamento. *Saída de banho:* a) peça de vestuário que se usa para cobrir o corpo, sobre o maiô; canga, saída de praia; b) roupão. *Saída de praia: V saída de banho* (acepção a). *Ter boa saída:* ter fácil comercialização. *Antôn* (acepções 1, 2 e 4): *entrada.*

sa.i.dei.ra (*sair+deira*) *sf* **1** *Folc Reg* (Nordeste) A dança que finaliza uma festança ou uma função. **2** *gír* Última rodada de bebidas, num bar.

sa.í.do (*part* de *sair*) *adj* **1** Que saiu. **2** Que gosta de aparecer em público para ser visto. **3** *Reg* amigo de passear. **4** Saliente: *Dentes saídos*. **5** Corajoso, desembaraçado, esperto. **6** *pop* Enxerido, intrometido, metediço: *Você está muito saído*. **7** *pop* Sacudido, desembaraçado, desenvolto.

sai.o.te (*saia+ote*) *sm* **1** Pequena saia. **2** Saia curta, geralmente de tecido grosso, que as mulheres usam por baixo de outra. **3** *Reg* (BA) Tanga usada pelos remeiros do rio São Francisco.

sa.ir (*lat salire*) *vti* e *vint* **1** Ir de dentro para fora, passar do interior para o exterior. *Sair à rua, ao jardim. Sair de algum lugar. Uns entram, outros saem. vti* e *vint* **2** Afastar-se, ausentar-se, empreender viagem, partir, deslocar-se: *Não saia daqui. vti* **3** Demitir-se ou desligar-se: *Saiu do emprego após dez anos de dedicação. vti* **4** Aparecer, mostrar-se: *Sair à janela. vti* e *vint* **5** Ficar livre; recuperar a liberdade: *Sair da prisão. Nenhum prisioneiro saiu. vti* e *vint* **6** Desvanecer--se, desaparecer, apagar-se; sumir: *A tinta não saiu da toalha. A mancha saiu. vti* e *vpr* **7** Desembaraçar-se, livrar-se: *Sair* (ou *sair-se*) *da miséria, de um aperto. vti* e *vint* **8** Mudar-se: *O inquilino não quer sair da casa. Os vizinhos saíram. vint* **9** Publicar-se; estampar-se: *O anúncio saiu no jornal de hoje. Sair a alguém:* parecer-se com ele, sob o aspecto físico ou moral: *O primogênito saiu ao pai. Sair a campo:* vir a campo para a luta; disputar, lutar, pelejar. *Sair de cabeça erguida:* sair com o nome limpo. *Sair de* (ou *do seu*) *sério:* folgar, rir. *Sair do tom, Mús:* passar de um tom para outro; desafinar, desentoar. *Conjuga-se como atrair.*

sal (*lat sale*) *sm* **1** Composto cristalino de sódio (NaCl), encontrado em estado natural em alguns terrenos ou diluído na água do mar. **2** *Quím* Cloreto de sódio, cristalino, branco, que se usa na alimentação. **3** *fig* O que há de picante ou de intencional numa palavra ou frase; malícia espirituosa. *sm pl* Preparação aromática usada mediante inalação como estimulante e restaurativo, principalmente em casos de desmaio e dor de cabeça. *Sal amargo, Farm:* sal purgante. *Sal de cozinha: V cloreto de sódio*, o sal comum que se emprega como tempero. *Sal de frutas, Farm:* medicamento usado para dores de estômago. *Sal grosso:* sal comum, tal como sai das salinas. *Pl: sais.*

sa.la (*provençal sala*) *sf* **1** Dependência grande em uma residência, destinada à recepção de visitas, bailes, banquetes etc. **2** Qualquer compartimento, mais ou menos amplo, de um edifício. **3** Nos edifícios públicos, dependência destinada a funções especiais: *Sala da biblioteca, sala das audiências* etc. **4** Em usinas, fábricas etc., compartimento destinado exclusivamente a determinada maquinaria ou atividade: *Sala de máquinas, sala das caldeiras, sala de desenho*. *Fazer sala* (a alguém): receber visitas e proporcionar-lhes bons momentos de conversa e de entretenimento. *Dim irreg: saleta.*

sa.la.da (*fr salade*) *sf* **1** Prato que se prepara com hortaliças, legumes etc., crus ou cozidos, geralmente condimentado com sal, azeite e vinagre ou limão: *Salada de alface, salada de agrião*. **2** Qualquer planta de que se faz essa comida. **3** *pop* Confusão, misturada; mixórdia. *Salada de frutas:* porção de frutas de várias espécies, misturadas e temperadas com açúcar, vinho etc.

sa.la.dei.ra (*salada+eira*) *sf* Travessa ou prato grande e fundo em que se leva a salada à mesa para ser servida.

sa.la.frá.rio *sm pop* Sujeito ordinário; safado, patife.

sa.la.ma.le.que (*ár salâm'alaik*) *sm* **1** Saudação cerimoniosa entre os muçulmanos. **2** Cumprimentos afetados; grande mesura. **3** Adulação, lisonja.

sa.la.man.dra (*gr salamándra*) *sf Zool* Designação genérica para anfíbios cuja espécie apresenta o aspecto de uma lagartixa e que ocorre, geralmente, na Europa e América do Norte.

sa.la.me (*ital salame*) *sm* Chouriço duro (que se come frio), feito de carne de porco e de vaca em várias proporções, muito condimentado e seco ao ar ou defumado.

sa.la.mi.nho (*dim de salame*) *sm* Salame pequeno.

sa.lão (*sala+ão²*) *sm* **1** Sala grande. **2** Sala grande, própria para bailes, concertos, recepções etc. **3** Recinto próprio para exposição de obras de arte. **4** Estabelecimento comercial destinado a prestar certos tipos de serviço ao púbico: *Salão de beleza*. *Salão nobre:* grande sala para assembleias e solenidades em estabelecimentos culturais ou sociais, como universidades, sedes de associações etc. *Pl: salões.*

sa.la.ri.a.do (*salário+ado¹*) *adj* **1** Relativo a salário. **2** Em que há salário: *Trabalho salariado*. • *sm* **1** Regime do salário. **2** Condição, estado de assalariado. **3** Aquele que trabalha para um patrão mediante salário; assalariado.

sa.la.ri.al (*salário+al¹*) *adj m+f* Referente a salário. *Pl: salariais.*

sa.la.ri.ar (*salário+ar¹*) *V* assalariar.

sa.lá.rio (*lat salariu*) *sm* Remuneração por um serviço prestado; ordenado, soldo. *Salário mínimo:* salário abaixo do qual a lei proíbe remunerar um trabalhador.

sa.lá.rio-ba.se *sm* O menor salário permitido entre categorias de trabalhadores. *Pl: salários-bases* e *salários-base.*

sa.lá.rio-e.du.ca.ção *sm* Adicional de salário pago para ajudar o empregado a custear estudos. *Pl: salários-educação.*

sa.lá.rio-fa.mí.lia *sm* Remuneração adicional para cada dependente menor que o assalariado possui. *Pl: salários-famílias* e *salários-família.*

sa.lá.rio-ho.ra *sm Dir* e *Com* Salário que o empregado ganha por hora de trabalho. *Pl: salários-horas* e *salários-hora.*

sal.dar (*lat solidare*) *vtd* **1** Pagar o saldo de: *Saldar a conta*. **2** Ajustar, liquidar (contas): *A empresa saldou a dívida com o fornecedor.*

sal.do (de *saldar*) *sm* **1** Diferença entre o crédito e o débito, nas transações comerciais. **2** Sobra, resto. **3** Resto de sortimento de certa mercadoria para ser vendida por preço inferior ao que lhe tinha sido atribuído inicialmente.

sa.lei.ro (*sal+eiro*) *adj* **1** Pertencente ou relativo a sal. **2** *Reg* (RS) Diz-se do gado acostumado a comer sal. • *sm* **1** Recipiente para sal, usado na mesa ou na cozinha. **2** Fabricante ou vendedor de sal. **3** *Reg* (RS) Lugar onde se deposita sal para o gado.

sa.le.si.a.no (*Sales, np+i+ano*) *adj* **1** Pertencente ou relativo a São Francisco de Sales. **2** Designativo da Sociedade de São Francisco de Sales, congregação religiosa fundada por São João Bosco em Turim, em 1859, dedicada ao recolhimento e educação de crianças pobres e a missões em países estrangeiros. **3** Relativo a essa congregação. • *sm* Membro dessa congregação.

sa.le.ta (*ê*) (*sala+eta*) *sf* **1** Pequena sala. **2** Sala de espera, antessala.

sal.ga (de *salgar*) *sf* Ato ou efeito de salgar (carne, peixe etc.). *Sin: salgação, salgadura.*

sal.ga.di.nhos *sm pl Cul* Iguarias miúdas de gosto salgado que se servem como aperitivos em recepções festivas.

sal.ga.do (*part de salgar*) *adj* **1** Que se salgou: *Carne salgada*. **2** Que tem gosto de sal. **3** Que contém sal: *Água salgada*. **4** Que tem sal em demasia. **5** *fig* Chistoso, engraçado, picante. **6** *pop* De preço elevado; caro, custoso. *Antôn* (acepções 1, 2 e 4): *insosso*. • *sm pl* Terrenos pouco produtivos, à beira-mar.

sal.gar (*lat vulg *salicare*) *vtd* **1** Impregnar de sal; pôr sal em alimento para conservar; pôr em salmoura: *Salgar carne, peixe, toicinho*. *vtd* **2** Temperar com sal: *Não salgue demais a salada*. *vtd* **3** *fig* Tornar chistoso, engraçado, picante: *Salgar a conversa*. *vtd* **4** *pop* Vender por preço muito elevado: *Salgar a mercadoria*. *vpr* **5** Impregnar-se de sal. *Conjug – Pres subj: salgue, salgues* etc.; *Pret perf: salguei, salgaste, salgou* etc.

sal-ge.ma *sm Miner* Sal comum (cloreto de sódio) natural, que ocorre em forma de massas sólidas como rocha, geralmente coloridas por ferro. *Pl: sais-gemas.*

sal.guei.ro (*lat vulg *salicariu*) *sm Bot* **1** Nome genérico de árvores e arbustos que crescem nos terrenos úmidos ou à beira dos rios, muitos dos quais têm importância econômica como fontes de madeira, vimes, tanino para curtumes, enquanto outros são ornamentais. **2** Nome genérico de diversas outras plantas, semelhantes a salgueiros.

sa.li.cá.cea (*lat salice+ácea*) *sf Bot* Planta da família das salicáceas. *sf pl* Família da ordem Salicales, que compreende árvores e arbustos dioicos (que têm órgãos reprodutores masculinos e femininos) com pequenas flores sem pétalas.

sa.li.cí.li.co (*lat salice+gr hylé+ico²*) *adj Quím* Diz-se de um ácido orgânico encontrado em muitas plantas e frutas (também produzido sinteticamente) que se emprega em medicina e nas indústrias farmacêutica e de corantes.

sa.li.ên.cia (*saliente+ia²*) *sf* **1** Estado ou qualidade de saliente. **2** Ressalto na superfície de certos objetos; proeminência, protuberância. **3** *fig* Qualidade de pessoa que se põe em evidência; espevitamento. *Antôn* (acepções 1 e 2): *reentrância*.

sa.li.en.tar (*saliente+ar¹*) *vtd* **1** Tornar saliente, fazer sobressair. *vtd* **2** Pôr em evidência, realçar, acentuar: *Salientamos a importância do nosso projeto*. *vpr* **3** Distinguir-se, evidenciar-se, sobressair entre muitos, tornar-se notável: *Salientou-se como escritor. Salientara-se nos esportes*.

sa.li.en.te (*lat saliente*) *adj m+f* **1** Que avança, sai ou se eleva acima do plano em que assenta; que ressalta, que sobressai. **2** Que prende a atenção; distinto, notável. **3** Que se vê logo ao primeiro olhar; intuitivo. **4** *fig* Espevitado, saído, intrometido.

sa.li.fi.car (*sali+ficar*) *vtd* **1** Converter ou transformar em sal. **2** Combinar ou impregnar com sal. *Conjug – Pres subj: salifique, salifiques* etc.; *Pret perf: salifiquei, salificaste, salificou* etc.

sa.li.na (*sali+ina*) *sf* **1** Terreno plano onde se faz entrar água do mar para retirar, por evaporação, o sal marinho que ela contém. **2** Mina de sal-gema. **3** Monte de sal.

sa.li.na.ção (*salinar+ção*) *sf* **1** Ato ou efeito de salinizar. **2** Formação natural do sal. **3** Tratamento com sal ou solução salina. *Pl: salinações*.

sa.li.nei.ro (*salina+eiro*) *adj* Pertencente ou relativo a salinas. • *sm* **1** Aquele que trabalha nas salinas. **2** Fabricante ou vendedor de sal. **3** Dono de salinas.

sa.li.ni.da.de (*salino+i+dade*) *sf* **1** Qualidade de salino. **2** Teor de substâncias salinas em um líquido.

sa.li.ni.za.ção (*salinizar+ção*) *sf* Ação ou efeito de salinizar(-se). *Pl: salinizações*.

sa.li.ni.zar (*salino+izar*) *vtd* e *vpr* Tornar(-se) salino.

sa.li.no (*lat salinu*) *adj* **1** Que contém sal ou é da natureza dele: *Solução salina*. **2** Pertencente, relativo ou semelhante a sal: *Gosto salino*. **3** Que nasce à beira-mar. **4** *Reg* (RS) Diz-se do cavalo ou da rês que tem pelo salpicado de pintas brancas, pretas ou vermelhas.

sa.li.tre (*lat salnitru*) *sm Quím* Designação vulgar do nitrato de potássio ou nitro.

sa.li.va (*lat saliva*) *sf Fisiol* Líquido digestivo transparente, levemente alcalino, segregado e derramado na boca pelas glândulas salivares; cuspo.

sa.li.va.ção (*salivar+ção*) *sf* **1** Ato ou efeito de salivar. **2** Formação de saliva; fluxo de saliva da boca. **3** Secreção excessiva de saliva. *Pl: salivações*.

sa.li.var¹ (*lat salivare*) *vint* **1** Expelir saliva. *vtd* **2** Umedecer com saliva: *Salivar um selo*. *vtd* **3** Expelir como se expele saliva: *Salivar sangue*.

sa.li.var² (*saliva+ar¹*) *adj m+f* **1** Pertencente ou relativo à saliva ou às glândulas que a produzem. **2** Que produz saliva.

sal.mão (*lat salmone*) *sm* **1** *Ictiol* Grande peixe da família dos salmonídeos, de carne rosada, muito saborosa, que vive nas águas costais do Oceano Atlântico setentrional. **2** *Ictiol* Nome comum a vários outros peixes da mesma família. **3** A cor do salmão. *Pl: salmões*.

sal.mis.ta (*salmo+ista*) *s m+f* Pessoa que compõe salmos.

sal.mo (*lat psalmu*) *sm* **1** Cada um dos cânticos bíblicos, atribuídos na maioria ao rei Davi e reunidos no Livro dos Salmos. **2** Cântico de louvor a Deus.

sal.mo.di.a (*lat psalmodia*) *sf* **1** Ato, prática ou arte de cantar ou recitar salmos. **2** Maneira monótona de declamar, ler ou escrever. *Var: salmódia*.

sal.mo.di.ar (*salmodia+ar¹*) *vint* **1** Cantar salmos, sem inflexão de voz: *Vinha uma fila de monges, salmodiando*. *vint* **2** Cantar, recitar ou escrever de forma monótona. *vtd* **3** Recitar em tom e com pausas sempre iguais: *Os religiosos salmodiavam monótonas orações*. *Conjug – Pres indic: sal-modio, salmodias, salmodia, salmodiamos, salmodiais, salmodiam*.

sal.mo.na.do (*lat salmone+ado¹*) *adj* Que tem a carne avermelhada como a do salmão.

sal.mo.ne.la (*lat cient salmonella*) *sf Bacter* **1** Gênero de bactérias aeróbias gram-negativas, com forma de bastonete. **2** Bactéria desse gênero.

sal.mo.ní.deos (*lat salmone+ídeos*) *sm pl Ictiol* Família de peixes teleósteos, que possuem as espinhas das nadadeiras flexíveis. Estão incluídos nessa família os salmões e as trufas.

sal.mou.ra (*lat salmuria*) *sf* **1** Água saturada de sal, para a conservação de alimentos. **2** Vasilha com água salgada, para esse fim. **3** Líquido que escorre da carne ou do peixe que se salgou. **4** Conservação de alimentos em sal. *Var: salmoira*.

sa.lo.bre (ô) (de *sal*) *adj m+f V salobro*.

sa.lo.bro (ô) (*lat salubre*) *adj* **1** Que tem um gosto tirante à sal. **2** Diz-se da água desagradável ao paladar por ter em dissolução certos sais que lhe dão um gosto repugnante. *Var: salobre*.

sa.loi.o (*ár Sahraûtî*) *sm* **1** Camponês dos arredores de Lisboa (Portugal). **2** *fig* Indivíduo grosseiro ou rústico. • *adj* **1** Grosseiro, rústico. **2** Que se faz de sonso e simplório para conseguir seus fins; velhaco.

sa.lo.mô.ni.co (*Salomão, np+ico²*) *adj* **1** Pertencente ou relativo a Salomão, terceiro rei dos judeus, filho e sucessor de Davi: *Justiça salomônica*. **2** Das, pertencente ou relativo às Ilhas Salomão (Oceania). • *sm* O natural ou habitante das Ilhas Salomão.

sal.pi.ca.do (*part* de *salpicar*) *adj* **1** Que se salpicou. **2** Ligeiramente polvilhado de sal. **3** Manchado com salpicos ou pingos. **4** Entremeado.

sal.pi.cão (*cast salpicón*) *sm Cul* **1** Chouriço ou paio grosso, feito de lombo de porco ou de presunto e temperado com alho, sal e, às vezes, com vinho. **2** Prato frio feito com carne de galinha desfiada, salsão, misturados com pimenta, cebola etc. *Pl: salpicões*.

sal.pi.car (*sal+picar*) *vtd* **1** Polvilhar com pitadas de sal; temperar espalhando gotas ou pingos: *Salpicar o assado. Salpicou de bom azeite a salada*. *vtd* **2** Espalhar aos pingos ou em partículas. *vtd* e *vpr* **3** Mosquear(-se), sarapintar(-se) de: *O sol salpicava o mato de manchas claras. Começam* *os cabelos a salpicar-se de fios brancos. Conjug – Pres subj: salpique, salpiques* etc.

sal.pi.co (de *salpicar*) *sm* **1** Grão de sal. **2** Gota que salta e borrifa. **3** A mancha deixada por essa gota. **4** Pingo de lama que ressalta. *sm pl* Pontinhos de cor em vários tecidos.

sal.pin.tar (*sal+pintar*) *vtd* **1** Fazer pintas variadas em; salpicar, sarapintar: *Salpintaram a parede. vpr* **2** Cobrir-se, encher-se de.

sal.sa (*lat salsa*) *sf* **1** *Bot* Planta muito usada como condimento em temperos culinários. **2** *Mús* Ritmo caribenho, com elementos de *jazz* e *rock*. **3** *Mús* A dança correspondente a esse ritmo.

sal.são (*salsa+ão*²) *V aipo. Pl: salsões.*

sal.sa.par.ri.lha (*cast zarzaparilla*) *sf Bot* Espécie de cipó cujas raízes têm propriedades medicinais e servem de depurativo.

sal.sei.ro (*salso+eiro*) *sm pop* **1** Barulho, briga, conflito, desordem, rolo. **2** *Mús* Cantor e/ou instrumentista de salsa.

sal.si.cha (*ital salsiccia*) *sf* Espécie de linguiça delgada e curta, na qual a carne de frango, vaca, ou essa carne misturada com a de porco, vêm cozidas. *Var: salchicha.*

sal.si.chão (*salsicha+ão*²) *sm* Salsicha grande; paio. *Var: salchichão. Pl: salsichões.*

sal.si.cha.ri.a (*salsicha+aria*) *sf* **1** Comércio ou indústria de salsicheiro. **2** Estabelecimento onde se fabricam ou vendem salsichas. *Var: salchicharia.*

sal.si.chei.ro (*salsicha+eiro*) *sm* Fabricante e/ou vendedor de salsichas. *Var: salchicheiro.*

sal.si.nha (*dim* de *salsa*) *V salsa* (acepção 1).

sal.su.gem (*lat salsugine*) *sf* **1** Lodo que contém substâncias salinas. **2** Propriedade das águas do mar. *Pl: salsugens.*

sal.ta.da (*saltar+ada*¹) *sf* **1** Ação ou efeito de saltar; salto. **2** Grande salto.

sal.tar (*lat saltare*) *vint* **1** Dar salto ou saltos; elevar-se com um esforço muscular repentino até certa altura acima do chão ou de outro suporte: *Os cabritos saltam no terreiro. vti* e *vint* **2** Lançar-se de um lugar para outro; pular de um ponto para outro: *Saltar dentro do barco. Saltou pela janela. Chegando à praia, aproam e saltam. vtd* **3** Vencer uma distância: *O atleta saltou oito metros. vti* **4** Atirar-se, lançar-se de cima para baixo: *O gato saltou do telhado para o chão. vtd* **5** Transpor, passar por cima de, pulando: *Saltar a cerca, o muro. vint* **6** Dar pulos ou saltos em correrias, brincando: *A criançada corria, saltava, volteava confusamente. vti* e *vint* **7** Apear-se ou descer de um salto: *Saltar do bonde, do trem. O passageiro saltou e deu a mão à senhora. vti* **8** Passar bruscamente de um assunto a outro: *Saltou da geografia para a história. Saltar aos olhos* ou *à vista:* manifestar-se claramente e sem esforço intelectual; ser evidente. *Saltar fora, gír:* desaparecer; sair fora de.

sal.te.a.do (*part* de *saltear*) *adj* Não sucessivo; entremeado. • *adv* De modo salteado; entremeadamente. *Saber de cor (ó) e salteado:* saber muito bem e responder corretamente, seja qual for a ordem das perguntas.

sal.te.a.dor (*saltear+dor*) *adj* Que salteia. • *sm* **1** Aquele que salteia. **2** Ladrão de estrada. *Col: caterva, corja, horda, quadrilha.*

sal.te.ar (*salto+e+ar*¹) *vtd* **1** Acometer ou atacar de repente, para matar ou roubar; assaltar. *vtd* **2** Percorrer aos saltos: *Salteei alguns capítulos do livro.* Conjuga-se como *frear.*

sal.té.rio (*lat psalteriu*) *sm* **1** *Mús* Antigo instrumento de cordas, parecido com a cítara, que servia para acompanhar o canto dos salmos. **2** Moderno instrumento triangular, com treze ordens de cordas que se ferem com uma palheta. **3** Coleção dos 150 salmos do Antigo Testamento.

sal.tim.ban.co (*ital saltimbanco*) *sm* **1** Artista que apresenta suas habilidades em praças públicas. **2** Comediante. **3** Artista circense, acrobata. **4** *fig* Indivíduo sem opiniões seguras; charlatão.

sal.ti.nho (*salto+inho*) *sm* Pequeno salto. *Dar um saltinho* (ou *salto*) *a algum lugar, Reg* (Nordeste): ir a esse lugar, demorando-se pouco.

sal.ti.tan.te (*lat saltitante*) *adj m+f* Que saltita, que anda sempre aos saltinhos.

sal.ti.tar (*lat saltitare*) *vint* **1** Dar saltos pequenos e contínuos: *As crianças saltitavam alegremente. vti* **2** Passar de repente de um assunto para outro: *Ela saltitou de música para arte culinária.*

sal.to (*lat saltu*) *sm* **1** Ação de se elevar (de um homem ou animal) com um esforço muscular repentino; pulo. **2** Transição súbita: *A industrialização do país processou-se aos saltos.* **3** Queda-d'água; cascata, catarata: *O Salto do Iguaçu.* **4** Parte saliente (de madeira, cortiça, borracha, couro etc.) acrescentada à sola de um sapato para altear o calcanhar.

sa.lu.bre (*lat salubre*) *adj m+f* **1** Propício à saúde; sadio, saudável: *Ar salubre, clima salubre.* **2** Higiênico. **3** Que serve para conservar ou restabelecer a saúde ao corpo. *Antôn* (acepção 1): *insalubre. Sup abs sint: salubríssimo* e *salubérrimo.*

sa.lu.bri.da.de (*lat salubritate*) *sf* **1** Estado ou qualidade de ser salubre. **2** Conjunto das condições favoráveis à saúde, de um lugar ou de uma estação do ano.

sa.lu.tar (*lat salutare*) *adj m+f* **1** Favorável à preservação ou restauração da saúde; que promove a saúde. **2** Que desperta a força física; fortificante. **3** Que incute força moral; moralizador. **4** Que faz bem ao espírito e ao coração; edificante.

sal.va (de *salvar*) *sf* **1** Cumprimento oficial mediante uma descarga de artilharia ou de fuzilaria, como demonstração de regozijo, por festa ou em honra de alguma personagem; saudação. **2** Descarga simultânea de artilharia ou de fuzilaria em exercício de combate. **3** Espécie de bandeja ou prato em que se trazem copos, taças etc. *Salva de palmas:* aclamação pública, aplausos unânimes, ovação.

sal.va.ção (*lat salvatione*) *sf* **1** Ato ou efeito de salvar(-se). **2** Pessoa ou coisa que salva. **3** Redenção. **4** *Ecles* A bem-aventurança ou a felicidade eterna. *Antôn* (acepção 1): *perdição. Pl: salvações.*

sal.va.do.re.nho (*top Salvador+enho*) *adj + sm* De, pertencente ou relativo a El Salvador (América Central). • *sm* O natural ou habitante de El Salvador. *Fem: salvadorenha.*

sal.va.do.ren.se (*top Salvador+ense*) *adj m+f* **1** Relativo a Salvador, capital da Bahia; soteropolitano. **2** De, ou pertencente a Salvador das Missões (RS)

salvados

e Salvador do Sul (RS). • *s m+f* Pessoa natural desses municípios.

sal.va.dos (de *salvar*) *sm pl* Quaisquer objetos salvos de catástrofes, como terremotos, incêndios etc.

sal.va.guar.da (*salvar+guardar*) *sf* **1** Proteção concedida por uma autoridade em favor de alguém para que não sofra detenção ou outros vexames. **2** Salvo-conduto. **3** Aquilo que serve de defesa, amparo, garantia: *A Constituição é a salvaguarda das liberdades.*

sal.va.guar.dar (*salvaguarda+ar*[1]) *vtd* **1** Proteger, defender; livrar de perigo: *Salvaguardar os interesses de alguém.* **2** Garantir. **3** Ressalvar.

sal.va.men.to (*salvar+mento*) *sm* **1** Ação ou efeito de salvar(-se); salvação. **2** Lugar onde alguém ou alguma coisa está segura ou sem risco; segurança. **3** Bom êxito. *Salvamento automático, Inform: V gravação* (acepção 4).

sal.var (*lat salvare*) *vtd* e *vtdi* **1** Pôr a salvo; livrar da morte; tirar de perigo; preservar de dano, destruição, perda, ruína etc.: *Aquele médico já salvou muitas vidas. Salvar alguém da falência, da desgraça, da desonra, da prisão. vtd* **2** Evitar a derrota: *A boa atuação do goleiro salvou o time. vpr* **3** Pôr-se a salvo; escapar-se; livrar-se de perigo iminente: *A tripulação ainda poderá salvar-se. vtd* e *vpr* **4** Conservar(-se) salvo ou intacto: *Salvar a pele. Salve-se a honra, pelo menos. vtd* **5** Defender, livrar, poupar, preservar: *Salvar os direitos da criança e do adolescente. vpr* **6** Alcançar a bem-aventurança ou a salvação eterna: *Quem tem fé se salva. vtd* **7** *Inform* Gravar (um documento) para que se possa utilizar ou modificar suas informações posteriormente. *Salvar como, Inform:* opção, numa aplicação, que permite ao usuário gravar (salvar) o trabalho atual num arquivo com nome diferente. *Salve-se quem puder:* corre-corre; debandada (em situação de perigo).

sal.va.te.la (*baixo-lat salvatella*) *sf Anat* Veia que vai das costas da mão à parte interna do antebraço.

sal.va-te.la (*baixo-lat salvatella*) *sf neol Inform* V protetor de tela. *Pl: salva-telas.*

sal.va-vi.das (*salvar+vidas*) *s m+f sing* e *pl* **1** Qualquer dispositivo ou aparelho próprio para salvar a vida dos que estão em perigo de afogamento, de perecer num incêndio etc. **2** *Náut* Dispositivo, como cinto, colete, boia etc., de cortiça ou cheio de ar, destinado a salvar do afogamento vítimas de naufrágio. **3** Barco destinado a salvar pessoas em risco de se afogarem. **4** Pessoa que salva banhistas que são ameaçados de afogamento, nas praias ou piscinas de clubes.

sal.ve! (*lat salve,* de *salvere*) *interj* Fórmula de saudação ou cumprimento, equivalente a "Deus te salve!". • *sm* Saudação.

sal.ve-ra.i.nha *sf* Oração dedicada à Virgem Maria. *Pl: salve-rainhas.*

sal.vo (*part de salvar*) *adj* **1** Que se salvou. **2** Fora de perigo; livre de risco, doença, morte ou desgraça: *O doente está salvo.* **3** Intacto, ileso, incólume: *A honra do acusado está salva.* **4** Livre de contratempos, de dissabores, de futuras complicações, de incômodos. • *prep* Exceto, afora, senão. *A salvo:* fora de perigo; em segurança.

sambista

Salvo é invariável como:
a) Preposição, significando exceto, afora, senão. *Todos viajaram,* **salvo** *as crianças.* **Salvo** *o menino, os demais passageiros dormiam.*
b) Locução adverbial, na expressão **a salvo**. *Ele está* **a salvo**. *A mãe e o filho estão* **a salvo**.
c) É variável como adjetivo. *Angélica e Maria estão* **salvas**. *Os demais passageiros estão* **salvos**.

sal.vo-con.du.to *sm* **1** Licença por escrito, fornecida por autoridade policial, para transitar de um lugar para outro, sem risco de prisão ou detenção. **2** Autorização por escrito, que um chefe militar, em tempo de guerra, concede a determinadas pessoas, para transitarem sem constrangimento ou obstáculo pelo território ocupado por suas tropas. **3** Isenção, salvaguarda, segurança. *Pl: salvo-condutos* e *salvos-condutos.*

sa.mam.bai.a (do *tupi*) *sf Bot* Nome vulgar de feto da família das polipodiáceas usado como planta ornamental. *Var: sambambaia.*

sa.mam.bai.al (*samambaia+al*[1]) *sm* Terreno onde abundam samambaias. *Pl: samambaiais.*

sa.ma.ri.nês (*top San Marino+ês*) *adj* Da, pertencente ou relativo à República de San Marino (Europa). • *sm* O natural ou habitante desse país. *Var: sanmarinese. Fem: samarinesa. Pl: samarineses (ê).*

sa.má.rio (*lat cient samarium*) *sm Quím* Elemento metálico, duro, de cor acinzentada, de número atômico 62 e símbolo Sm.

sa.ma.ri.ta.no (*top Samaria+ita*[2]*+ano*) *adj Antig* Pertencente ou relativo à Samaria, antiga cidade da Palestina. • *sm* **1** O habitante ou natural da antiga Samaria. **2** *fig* Pessoa caridosa que socorre o próximo (em alusão à conhecida parábola de Cristo): *Bom samaritano.*

sam.ba (*quimbundo semba*) *sm* **1** Dança popular brasileira, de origem africana, com variedades urbana e rural, cantada e muito saracoteada. **2** Composição musical própria para essa dança. **3** Espécie de dança de roda com características de batuque. *Samba de breque:* samba com paradas súbitas. *Samba de roda:* nome dado ao samba baiano. *Samba do crioulo doido, gír:* confusão, mistura, desordem. *Samba do partido-alto:* espécie de samba tradicional no Rio de Janeiro.

sam.ba-can.ção *sm* Samba de melodia mais apurada, geralmente com letra romântica. *Pl: sambas-canções* e *sambas-canção.*

sam.ba-en.re.do *sm Mús* Samba criado especialmente para ser cantado durante o desfile da escola de samba, por ocasião do carnaval. *Pl: sambas-enredos* e *sambas-enredo.*

sam.ba.qui (do *tupi*) *sm* Colina resultante da acumulação de conchas, cascas de ostras e outros restos de cozinha dos habitantes pré-históricos do Brasil. Em Santa Catarina e São Paulo tem o nome de *casqueiro, concheira* ou *ostreira;* no Pará, *cernambi* ou *sarnambi;* noutros pontos do Brasil chamam-lhe *berbigueira, caieira* ou *caleira.*

sam.bar (*samba+ar*[1]) *vint* **1** Dançar o samba. *vti* e *vint* **2** Desfilar em escolas de samba no carnaval. *vint* **3** Frequentar sambas.

sam.bis.ta (*samba+ista*) *adj m+f* Diz-se da pessoa que dança o samba; sambador, sambeiro. • *s m+f* **1** Essa pessoa. **2** Pessoa que compõe sambas.

sam.bó.dro.mo (*samba+dromo*) *sm bras* Local onde desfilam as escolas de samba, blocos e ranchos carnavalescos, por ocasião do carnaval.

sam.bu.rá (*tupi samburá*) *sm* Cesto de cipó ou taquara, pequeno, de fundo largo e boca afunilada e com alça de cordel, que os pescadores usam a tiracolo para recolher os peixes.

sa.mo.a.no (*top Samoa+ano*) *adj* De, pertencente ou relativo ao Estado Independente de Samoa Ocidental (Oceania) (arquipélago composto de nove ilhas) ou à Samoa Oriental (Oceania) (território externo dos Estados Unidos composto de sete ilhas). • *sm* **1** O natural ou habitante da Samoa Ocidental ou da Samoa Oriental. **2** A língua falada nessas ilhas. *Var: samoense.*

sa.moi.é.di.co (*russo samoed+ico²*) *adj* Que se refere aos samoiedos.

sa.moi.e.do (*russo samoed*) *sm* **1** O natural ou habitante do extremo norte da Federação Russa (Eurásia), que abrange a costa e ilhas desde o mar Branco até o rio Ienissei. **2** Grupo linguístico de línguas uralo-altaicas (*yurak*, ienisseiano, *tavgiu* e *selkup*).

sa.mo.var (*russo samovar*) *sm* **1** Espécie de chaleira, geralmente de cobre, em forma de urna, com uma torneira na parte inferior e um tubo para brasas vivas no centro, que se usa na Rússia para ferver e manter quente a água com que se faz o chá. **2** *bras* Espécie de bule de metal montado sobre uma armação provida de fogareiro.

sa.mu.rai (*jap samurai*) *sm* Membro da classe dos guerreiros no Japão feudal.

sa.nar (*lat sanare*) *vtd* **1** Tornar são; curar, sarar: *Sanar um mal, uma doença.* *vtd* e *vpr* **2** *fig* Desfazer, remediar, reparar (erro, problema, deficiência): *Sanar um equívoco, um erro. Sanaram-se os mal-entendidos.*

sa.na.tó.rio (*lat sanatoriu*) *sm* Casa de saúde, geralmente situada em clima apropriado, para repouso e recuperação de doentes ou para o tratamento de certas doenças como a tuberculose, doenças nervosas, mentais etc.

sa.ná.vel (*sanar+vel*) *adj m+f* **1** Que se pode sanar. **2** Remediável. *Pl: sanáveis.*

san.ção (*lat sanctione*) *sf* **1** Ato pelo qual o poder executivo confirma a lei aprovada pelo legislativo. **2** A parte da lei em que se estabelece a pena contra os seus infratores; cláusula, condição ou circunstância que impele ou pune a violação e assegura a execução. **3** *por ext* Aprovação ou confirmação de alguma coisa; ratificação. *Pl: sanções.*

san.cho-pan.ça (de *Sancho Pança, np*) *sm* **1** Indivíduo simples e ignorante, mas de muito bom senso, como Sancho Pança, célebre escudeiro de Dom Quixote. **2** Indivíduo que, fisicamente, se assemelha a Sancho Pança: muito gordo e de baixa estatura. *Pl: sanchos-pança.*

san.ci.o.na.do (*part* de *sancionar*) *adj* **1** Que recebeu sanção. **2** Aprovado, confirmado, ratificado.

san.ci.o.nar (*lat sanctione+ar¹*) *vtd* **1** Dar sanção a: *Sancionar a lei.* **2** Admitir, aprovar, confirmar, ratificar: *Não podemos sancionar tais desacertos.* **3** Aplicar uma sanção a (um infrator da lei); punir; multar.

san.dá.lia (*gr sandálion*) *sf* Espécie de calçado que consiste em uma sola e correias que a ligam ao pé.

sân.da.lo (*ár santal*) *sm* **1** *Bot* Árvore de madeira resistente e muito cheirosa. **2** Perfume extraído dessa árvore. **3** Cor da madeira de sândalo.

san.deu (*cast sandeo*) *adj* Diz-se do indivíduo idiota, mentecapto, tolo. • *sm* Esse indivíduo. *Fem: sandia.*

san.di.ce (*sandeu+ice*) *sf* **1** Caráter ou qualidade de sandeu. **2** Parvoíce, tolice. **3** Falta de senso. **4** Fraseado sem lógica.

san.di.nis.ta (*Sandino, np+ista*) *adj* e *s m+f* Diz-se de, ou pessoa que é partidária da Frente Sandinista de Libertação Nacional, movimento que lutou para a derrubada de Anastasio Somoza Debayle (1925-1980), na Nicarágua.

san.du.í.che (*ingl Sandwich, np*) *sm* Conjunto de duas fatias de pão, entre as quais se põe outra de carne, presunto, queijo, salame etc.

sa.ne.a.do (*part* de *sanear*) *adj* No qual ocorreu saneamento.

sa.ne.a.men.to (*sanear+mento*) *sm* **1** Ação ou efeito de sanear. **2** Aplicação de medidas para melhorar as condições higiênicas de um local ou de uma região. *Saneamento básico:* conjunto de medidas higiênicas aplicadas especialmente na melhoria das condições de saúde de uma região.

sa.ne.ar (*lat sanu+e+ar¹*) *vtd* **1** Tornar são; sanar, curar, sarar: *Sanear doentes.* **2** Tornar são, higiênico ou salutar: *Sanear o acampamento.* **3** Tornar próprio para o plantio: *Sanear brejos, pântanos.* **4** *fig* Remediar, reparar: *Sanear males.* Conjuga-se como *frear*.

sa.ne.á.vel (*sanear+vel*) *adj m+f* Que se pode ou se deve sanear. *Pl: saneáveis.*

san.fo.na (*gr symphonía*) *sf* **1** *Mús V acordeão.* **2** *gír* Tira de papel dobrada como o fole de uma sanfona.

san.fo.na.do (*sanfona+ado¹*) *adj bras* Que se parece com o fole de uma sanfona.

san.fo.nar (*sanfona+ar¹*) *vint* **1** Tocar sanfona. *vtd* **2** Cantar com acompanhamento de sanfona. *vint* **3** *neol pop* Dobrar (costurando ou colando) como o fole de uma sanfona.

san.fo.nei.ro (*sanfona+eiro*) *sm* Tocador de sanfona. *Sin: sanfonista.*

san.fo.ri.zar (*ingl sanforize*) *vtd* Processar, tratar (um tecido) para que não se encolha ou se distenda.

san.gra.dou.ro (*sangrar+douro*) *sm* **1** Parte do braço oposta ao cotovelo e onde ordinariamente se pratica a sangria. **2** Lugar no lado direito do pescoço dos animais onde se dá o golpe para os matar. **3** Rego ou lugar por onde se desvia parte da água de um rio, lago ou fonte. **4** Bueiro, escoadouro, sarjeta. **5** *Reg* (Sul) Canal natural que liga dois lagos, dois rios ou um rio e uma lagoa. *Var: sangradoiro.*

san.gra.du.ra (*sangrar+dura*) *V sangria.*

san.grar (*lat sanguinare*) *vti* e *vint* **1** Verter sangue de algum vaso ou órgão: *Os combatentes sangravam dos golpes recebidos. Os feridos ainda sangram.* *vtd* **2** Aplicar sangria a; abrir a veia ou artéria para extrair sangue como medida terapêutica: *Sangrar o doente.* *vtd* **3** Gotejar, verter. *vtd* **4** Ferir ou matar com derramamento de sangue: *Sangrar o adversário*. *vtd* **5** Fazer esgotar-se o sangue de um animal abatido: *Sangrar uma galinha*. *vtd* **6** *fig* Atormentar, dilacerar, ferir, magoar: *Seu desprezo faz sangrar meu coração*. *vint* e *vpr* **7** Perder seiva, por um entalhe feito através da casca. *vtd* **8** Tirar seiva a: *Sangrar uma árvore*. *vtd* **9** *pop* Extorquir bens, dinheiro ou valores a: *O vigarista sangrou o ingênuo senhor*.

san.gren.to (*cast sangre+ento*) *adj* **1** Coberto de sangue. **2** Que verte sangue. **3** Em que há derramamento de sangue; sanguinolento. **4** Que se caracteriza pelo derramamento de sangue; cruento.

san.gri.a (*cast sangría*) *sf* **1** Ato ou efeito de sangrar. **2** Sangue extraído ou derramado. **3** *Med* Extração de certa quantidade de sangue, geralmente por secção de uma veia, com fim terapêutico. **4** *fig* Perda de valores, de energias; depauperação. **5** Extração da seiva de uma árvore, por um corte praticado no tronco. **6** *pop* Extorsão de dinheiro ou de valores por meio de fraude ou ardil. **7** Mistura de vinho, água, açúcar e limão, usada como refresco. *Sangria desatada:* fato que exige atenção imediata; grande urgência.

san.gue (*lat sanguine*) *sm* **1** *Biol* Líquido vermelho, composto de plasma e glóbulos vermelhos e brancos, que circula através do sistema vascular principal dos animais vertebrados e conduz matéria nutritiva e oxigênio aos tecidos do corpo. **2** *Biol* Qualquer líquido de função e composição semelhantes em um animal invertebrado. **3** *fig* Casta, estirpe, raça familiar. **4** *fig* A vida, a existência: *Quanto sangue custou a 2ª Guerra Mundial! Sangue bom*, *gír*: diz-se de quem é amigo, camarada: *Pessoal sangue bom. Sangue frio:* o sangue de animais cuja temperatura depende do ambiente em que vivem (*p ex*, peixes) (*cf sangue-frio*). *Ter o sangue quente*, *fig*: irritar-se com facilidade; ser muito fogoso. *Ter sangue de barata*: não gostar de brigar, não reagir nem se alterar quando provocado.

san.gue-fri.o *sm* Calma, controle emocional, impassividade; presença de espírito: *Manteve o sangue-frio mesmo diante de tanta desgraça*. *Pl*: *sangues-frios*. *Cf sangue frio*.

san.guei.ra (*sangue+eira*) *sf* **1** Grande porção de sangue derramado. **2** Sangue que escorre dos animais mortos. **3** Chacina, morticínio.

san.gues.su.ga (*lat sanguisuga*) *sf* **1** *Zool* Cada um de numerosos vermes anelídeos carnívoros ou sugadores de sangue. **2** *fig* Pessoa exploradora; parasita. *Sanguessuga medicinal:* sanguessuga grande de água doce, europeia, outrora muito usada para sangrar doentes.

san.gui.ná.rio (*gui* ou *gwi*) (*lat sanguinariu*) *adj* **1** Que gosta de derramar ou ver derramar sangue. **2** *fig* Cruel, desumano, feroz.

san.guí.neo (*gui* ou *gwi*) (*lat sanguineu*) *adj* **1** Pertencente ou relativo ao sangue. **2** Da cor do sangue. **3** Rico em sangue. **4** Sanguinolento. **5** Cruel, feroz, sanguinário. **6** *Anat* Diz-se dos vasos por onde circula o sangue. • *sm* Indivíduo que apresenta excesso de sangue; indivíduo vermelho, de cor rosada.

san.gui.ni.da.de (*gui* ou *gwi*) (*sanguíneo+i+dade*) *V consanguinidade*.

san.gui.no.len.to (*lat sanguinolentu*) *adj* **1** Coberto ou tinto de sangue; sangrento. **2** Misturado de sangue. **3** Que causa grande derramamento de sangue. **4** Sanguinário. **5** Cruel, desumano, feroz.

san.guis.se.den.to (*sangui¹+sedento*) *adj* Que tem sede de sangue; sanguinário.

sa.nha (*lat insania*) *sf* Fúria, ira, rancor que se manifesta nos gestos.

sa.nha.ço (*tupi saí asú*) *sm Ornit* Nome comum a diversas espécies de pássaros, de cor azul-acinzentada, da família dos traupídeos. *Var*: *sanhaçu*.

sa.ni.da.de (*lat sanitate*) *sf* **1** Qualidade de são. **2** Saúde; normalidade física ou psíquica: *As palavras do rapaz suscitaram dúvidas quanto à sua sanidade mental*. **3** Higiene, salubridade.

sâ.nie (*lat sanie*) *sf* Matéria avermelhada, fétida, de úlceras e chagas não tratadas e que consiste em pus seroso e sangue.

sa.ni.tá.rio (*lat sanitate+ário*, com haplologia) *adj* **1** Relativo à saúde ou à higiene: *Condições sanitárias, serviço sanitário*. **2** Diz-se de gabinete ou instalação onde se encontram aparelhos destinados à higiene corporal: *Vaso sanitário*. • *sm V banheiro*.

sa.ni.ta.ris.ta (*sanitário+ista*) *adj m+f* Diz-se da pessoa que é perita em assuntos sanitários. • *s m+f* Essa pessoa.

san-ma.ri.nen.se (*top San Marino+ense*) *adj* e *s m+f V samarinês*. *Pl*: *san-marinenses*.

sâns.cri.to (*sânsc samskrta*, perfeito) *adj* **1** Relativo ou pertencente ao sânscrito ou escrito nele. **2** Relativo à cultura hindu clássica ou derivada dela. • *sm* Antiga língua da família indo-europeia, do grupo indo-irânico; a língua clássica da Índia e do hinduísmo, em que está escrita a maioria da sua literatura desde os Vedas (cerca de 1200-900 a.C.).

san.sei (*jap san*, três+*sei*, geração) *adj* e *s m+f* Diz-se de, ou pessoa que é neta de japoneses, nascida em outro país.

san.ta-cei.a *sf* Quadro representativo da célebre ceia em que Cristo aparece com os apóstolos. *Pl*: *santas-ceias*.

san.ta-fé *sf Bot* Planta gramínea com que, depois de seca, se cobrem casas rústicas. *Pl*: *santas-fé* e *santas-fés*.

san.ta-lu.ci.en.se (*top Santa Lúcia+ense*) *adj m+f* De ou pertencente a Santa Lúcia (América Central). • *s m+f* O natural ou habitante desse país. *Pl*: *santa-lucienses*.

san.tar.rão (*santo+arrão*) *adj* + *sm* **1** Aumentativo pejorativo de *santo*. **2** *pop* Que, ou aquele que finge santidade; hipócrita. *Pl*: *santarrões*.

san.tei.ro (*santo+eiro*) *adj* **1** Beato. **2** Santificado. • *sm* Indivíduo que faz ou vende imagens de santos.

san.ti.da.de (*lat sanctitate*) *sf* **1** Estado ou qualidade de santo. **2** Estado de perfeição a que são chamados todos os homens. *Sua Santidade:* título do Papa.

san.ti.fi.ca.do (*part de santificar*) *adj* **1** Que se santificou. **2** Que se tornou santo. **3** Diz-se dos dias consagrados ao culto.

san.ti.fi.car (*lat sanctificare*) *vtd*, *vint* e *vpr* **1** Tornar(-se) santo: *Santificar o caráter. Ambiente e influências que santificam.* "Foi no sofrimento que se santificou essa alma" (Fernando de Azevedo). *vtd* **2** Canonizar, declarar como santo; sagrar. *vtd* **3** Guardar, observar de acordo com a Bíblia ou com o rito da Igreja: *Santificar o domingo.* *vtd* **4** Servir, contribuir para a santificação de: *O sofrimento também o santificara.* *Conjug – Pres subj: santifique, santifiques* etc.; *Pret perf: santifiquei, santificaste, santificou* etc.

san.ti.nho (*dim* de *santo*) *sm* **1** Pequeno santo. **2** Pequena imagem de um santo. **3** *pop* Pessoa muito ajuizada; virtuosa. **4** *bras pop* Pequeno retângulo de papel no qual se imprime a foto, número e informações sobre um candidato à eleição de um cargo (especialmente na política).

san.tís.si.mo (*santo+íssimo*) *adj* Superlativo absoluto sintético de *santo*. • *sm* **Santíssimo** O sacramento da Eucaristia; a hóstia consagrada. *Santíssimo sacramento*: V *eucaristia*.

san.to (*lat sanctu*) *adj* **1** Canonizado pela Igreja Católica. **2** Que vive conforme a lei de Deus; que cumpre com a maior exatidão os seus deveres religiosos e morais; virtuoso. **3** Puro, imaculado, inocente. **4** Consagrado ao culto; à divindade; sagrado. **5** *pop* Benéfico, profícuo, útil: *Um santo remédio.* *Sup abs sint: santíssimo.* • *sm* **1** *Teol* Denominação atribuída pela Igreja Católica, após o processo de canonização, àquele que foi beatificado por suas virtudes cristãs. **2** Imagem de um indivíduo canonizado. **3** *pop* Aquele que leva uma vida de abnegação e amor ao próximo. *Santo do pau oco*: a) pessoa travessa com aparência de quieta; b) pessoa que finge ser inocente, mas não o é. *Aum irreg, pej*: *santarrão.*
O adjetivo **santo** deve ser usado antes de nomes iniciados com *vogal* ou *h*. *Santo Amaro, Santo Inácio, Santo Henrique.* A forma reduzida **são** aplica-se a nomes que se iniciam por consoante: *São Pedro, São José, São Mateus* etc.
Exceções: *Santo Tirso, Santo Jeremias, Santo Jó, Santo Cristo*. Para Tomás, usa-se, indiferentemente, *São Tomás de Aquino ou Santo Tomás.* Para o feminino, a forma única é **santa**: *Santa Inês, Santa Teresa, Santa Clara* etc.
A abreviatura oficial é **S** (para feminino e masculino).

san.tu.á.rio (*lat sanctuarii*) *sm* **1** O lugar mais sagrado do templo de Jerusalém. **2** Igreja importante pelas relíquias que contém, pela afluência de devotos ou por sinais visíveis de grandes graças aí obtidas: *Santuário de Lourdes.* **3** Lugar sagrado (como igreja, templo etc.); sacrário.

são[1] (*lat sanu*) *adj* **1** Que goza de perfeita saúde; livre de doença ou de defeito físico. **2** Completamente curado; restabelecido. **3** Benéfico à saúde do corpo ou da mente; salubre, salutar, saudável, sadio. **4** Que não está podre ou estragado. **5** Com as faculdades morais e intelectuais intactas. *Sup abs sint: saníssimo.* *Antôn* (acepções 1 e 2): *doente.* • *sm* **1** Indivíduo que tem saúde. **2** A parte sã de um organismo. *São e salvo*: sem perigo; sem ter sofrido acidente ou dano. *Fem*: sã. *Pl*: *sãos.*

são[2] (forma apocopada de *santo* por efeito de próclise) *adj* Forma abreviada de *santo*, usada antes dos nomes começados com consoante. *Abrev: S.*

são-ber.nar.do (*São Bernardo, np*) *sm* Raça de grandes cães felpudos, dos Alpes suíços, que, treinados, prestam serviços no salvamento de viajantes perdidos na neve. *Pl*: *são-bernardos.*

são-cris.to.ven.se (*top São Cristóvão+ense*) *adj m+f* De, pertencente ou relativo a São Cristóvão e Névis (América Central). • *s m+f* O natural ou habitante desse país. *Pl*: *são-cristovenses.*

são-to.men.se (*top São Tomé+ense*) *adj m+f* De, pertencente ou relativo a São Tomé e Príncipe (África). • *s m+f* O natural ou habitante desse país. *Pl*: *são-tomenses.* *Var*: *são-tomeense.*

são-vi.cen.ti.no (*top São Vicente+ino*[1]) *adj* De, pertencente ou relativo a São Vicente e Granadinas (América Central). • *sm* O natural ou habitante desse país. *Var*: *são-vicentense.* *Fem*: *são-vicentina.* *Pl*: *são-vicentinos.*

SAP (sigla de *Second Audio Program*) *sm* **1** *Telev* Transmissão de um programa de TV estrangeiro na língua original, sem dublagem nem legendas. **2** *Eletrôn* Recurso dos televisores e videocassetes que permite ouvir o SAP.

sa.pa.ri.a (*sapo+aria*) *sf* **1** Grande número de sapos. **2** *Reg* (SP) Cambada, corja.

sa.pa.ta (*cast zapata*) *sf* **1** Sapato largo e grosseiro de salto baixo ou sem ele; chinelo de couro. **2** *Constr* Parte do alicerce sobre a qual se levantam as paredes. **3** Peça de madeira que, nos veículos de tração animal, se adapta às rodas para funcionar como freio. **4** Porção de madeira grossa posta sobre o pilar para reforçar a trave que aí assenta.

sa.pa.tão (*sapato+ão*[2]) *sm* **1** Sapato grande. **2** *bras vulg* Lésbica. *Pl*: *sapatões.*

sa.pa.ta.ri.a (*sapato+aria*) *sf* **1** Arte ou ofício de sapateiro. **2** Loja de calçados. **3** Fábrica de calçados. **4** Oficina de consertos de calçados.

sa.pa.te.a.do (*part* de *sapatear*) *adj* **1** Que se sapateou. **2** Batido com os pés calçados.• *sm* **1** Ato ou efeito de sapatear; sapateada. **2** Dança popular em que se faz ruído ritmado, com as biqueiras e os saltos do calçado.

sa.pa.te.a.dor (*sapatear+dor*) *adj* Que sapateia. • *sm* **1** Aquele que sapateia. **2** Dançarino de sapateado.

sa.pa.te.ar (*sapato+e+ar*[1]) *vint* **1** Bater continuadamente no chão, com a sola ou com o salto do sapato. *vint* **2** Executar sapateado: *Tão idoso e ainda sapateia tão bem!* *vtd* **3** Dançar fazendo ruído ritmado, por meio de batidas com as biqueiras e os saltos do calçado no chão: *Sapatear um samba.* *Conjuga-se como frear.*

sa.pa.tei.ra (*sapato+eira*) *sf* **1** Mulher que faz e/ ou vende sapatos. **2** Móvel ou utensílio em que se guardam sapatos.

sa.pa.tei.ro (*sapato+eiro*) *sm* **1** Aquele que faz sapatos ou trabalha na fabricação de sapatos. **2** Aquele que conserta calçados. **3** Vendedor de calçados. **4** Dono de sapataria.

sa.pa.ti.lha (*sapata+ilha*) *sf* Calçado próprio para bailarinos.

sa.pa.to *sm* Calçado que protege o pé. *Saber onde aperta o sapato*: conhecer bem sua situação e, por isso, saber como deve agir.

sa.pé (*tupi iasapé*) *sm* **1** *Bot* Nome genérico de diversas plantas gramíneas, muito usadas para cobertura de cabanas ou de casas rústicas. **2** *Reg*

(PR) Ramo seco de pinheiro. **3** *Reg* (PE) Cesto ou balaio para diversos usos. *Var: sapê.*

sa.pe.ar (*sapo+e+ar*¹) *vtd pop* Assistir a alguma coisa, sem tomar parte nela; observar de fora ou ocultamente: *Sapear o jogo.* Conjuga-se como *frear.*

sa.pe.ca (de *sapecar*) *adj m+f* **1** *pop* Assanhado. **2** Diz-se de pessoa desenvolta ou namoradeira, ou da criança muito levada. • *s m+f* Essa pessoa ou essa criança.

sa.pe.ca.do (*part* de *sapecar*) *adj* **1** Que se sapecou; queimado, chamuscado ou seco. **2** Diz-se do cavalo cujo pelo é de tom vermelho-tostado. **3** Embriagado, chumbado.

sa.pe.car (*tupi sapeka+ar*¹) *vtd* **1** Crestar, tostar, torrar: *Distraída, a cozinheira sapecou os bolinhos. vtd* **2** Chamuscar ou secar. *vtd* **3** Moquear ou secar (carne ou peças de caça), para conservar. *vtd* **4** *Reg* (Sul) Bater, tocar de leve em. *vtd* **5** *Reg* (Nordeste) Realizar imperfeitamente. *vtdi* **6** Atirar, disparar, vibrar: "puxei a espingarda... e sapequei nele o segundo tiro" (Monteiro Lobato). *vtd* **7** Pôr: *Sapecou sal e pimenta na comida. Conjug – Pres subj: sapeque, sapeques* etc.; *Pret perf: sapequei, sapecaste, sapecou* etc.

sa.pe.zal (*sapé+z+al*¹) *sm* Campo de sapé. *Pl: sapezais.*

sa.pe.zei.ro (*sapé+z+eiro*) *V sapezal.*

sá.pi.do (*lat sapidu*) *adj* Saboroso; gostoso. *Antôn: insípido.*

sa.pi.ên.cia (*lat sapientia*) *sf* **1** Qualidade de sapiente. **2** Sabedoria, erudição. **3** Sabedoria divina.

sa.pi.en.te (*lat sapiente*) *adj m+f* **1** Sabedor, sábio. **2** Conhecedor profundo das coisas. *Sup abs sint: sapientíssimo.*

sa.pin.dá.cea (*lat sapindu+ácea*) *sf Bot* Planta da família das sapindáceas. *sf pl* Família de plantas lenhosas (arbustos e cipós), da ordem Sapindales, na maioria tropicais, muito encontradas no Brasil.

sa.pi.nho (*dim* de *sapo*) *sm* Pequeno sapo. *sm pl* Estomatite micótica das crianças de leite e pessoas debilitadas, causada por fungo e caracterizada pela formação de aftas ou placas brancas cremosas na boca e às vezes também no ânus e outras partes do corpo.

sa.po *sm* **1** *Zool* Nome comum a vários batráquios da ordem dos anuros, que, como a maioria dos anfíbios, desenvolvem-se na água e que apresentam, quase sempre, na fase adulta, hábitos terrestres e só procuram a água na época da reprodução. Voz: *coaxa, gargareja, grasna, ronca, rouqueja. Col: saparia.* **2** *Reg* (Sul) *pop* Indivíduo que assiste a um jogo e que gosta de dar palpites; peru. **3** *gír* Pessoa que comparece a um lugar sem ser convidada.

sa.po-cu.ru.ru *V cururu. Pl: sapos-cururus.*

sa.pó.lio® *sm* Marca registrada de produto de limpeza composto por saponáceo fabricado com pó mineral, para limpeza úmida de alumínio, louças, azulejos etc.

sa.po.ná.ceo (*lat sapone+áceo*) *adj* **1** Que é da natureza do sabão. **2** Que se pode empregar como sabão. • *sm V sapólio.*

sa.po.ná.rio (*lat saponariu*) *adj* Diz-se de alguns medicamentos que têm sabão.

sa.po.ni.fi.car (*lat sapone+ficar*) *vtd* e *vpr* Converter(-se) em sabão (as substâncias gordas). *Conjug – Pres subj: saponifique, saponifiques* etc.; *Pret perf: saponifiquei, saponificaste, saponificou* etc.

sa.po.rí.fe.ro (*lat sapore+fero*) *adj* Que tem ou dá sabor; saporífico. • *sm* Substância usada para dar sabor a alimentos ou bebidas.

sa.po.rí.fi.co (*lat sapore+fico*) *V saporífero.*

sa.po.ta (*náuatle tzapotl*) *sf* **1** Árvore sapotácea. **2** Fruto dessa árvore.

sa.po.tá.cea (*sapota+ácea*) *sf Bot* Planta da família das sapotáceas. *sf pl* Família da ordem ebenales, constituída de árvores ou arbustos, largamente distribuídos nas regiões tropicais, que têm seiva leitosa de frutos geralmente comestíveis.

sa.po.ti (*náuatle tzapotl*) *sm* Fruto do sapotizeiro.

sa.po.ti.zei.ro (*sapoti+z+eiro*) *sm Bot* Árvore sapotácea, cultivada na América tropical por seu fruto comestível, o sapoti.

sa.pró.bi.co (*sapróbio+ico*²) *adj Biol* **1** Que vive em um meio rico em matéria orgânica e relativamente livre de oxigênio; saprofítico. **2** Que constitui tal meio.

sa.pró.bio (*sapro+bio*) *sm* Organismo sapróbico.

sa.pro.bi.o.se (*sapróbio+ose*) *sf Biol* Vida que depende de matéria orgânica em decomposição.

sa.pro.bi.ó.ti.co (*saprobiose+ico*²) *adj* **1** Relativo à saprobiose. **2** Que apresenta saprobiose.

sa.pró.fa.go (*sapro+fago*) *adj Biol* Que se alimenta de coisas putrefatas.

sa.pro.fí.ti.co (*saprófito+ico*²) *adj Biol* **1** Da natureza de um saprófito ou pertencente a ele. **2** Que obtém seu nutrimento por absorção de matéria orgânica dissolvida.

sa.pro.fi.tis.mo (*saprófito+ismo*) *sm Biol* Estado dos animais e vegetais que vivem como saprófitos.

sa.pró.fi.to (*sapro+fito*) *sm Biol* Organismo caracterizado por nutrição saprofítica. • *adj Biol* Diz-se do vegetal que se nutre de animais ou plantas mortas e de toda espécie de restos orgânicos em decomposição.

sa.pu.cai.a (*tupi iasapukáia*) *sf* **1** Fruto oleoso, comestível, que se assemelha à castanha-do--pará. **2** Madeira dura, pesada e durável, usada para dormentes na construção civil e naval e na marcenaria.

sa.que¹ (de *sacar*) *sm* **1** Ação ou efeito de sacar. **2** Título de crédito (duplicata, letra de câmbio etc.) emitida contra alguém. **3** Emissão de ordem de pagamento. **4** *Esp* No tênis e outros jogos, ato de colocar a bola em movimento.

sa.que² (de *saquear*) *sm* Ação ou efeito de saquear.

sa.quê (*jap sake*) *sm* Aguardente de arroz, transparente, fabricada pelos japoneses.

sa.que.a.do (*part* de *saquear*) *adj* **1** Despojado com violência, posto a saque; pilhado. **2** Roubado. **3** Despojado, esvaziado.

sa.que.a.dor (*saquear+dor*) *adj* + *sm* Que, ou aquele que saqueia.

sa.que.ar (*saque+e+ar*¹) *vtd* e *vint* **1** Despojar com violência; pilhar: "Tomaram e saquearam a vila" (Euclides da Cunha). **2** Apoderar-se ilicitamente de; roubar: *Corruptos administradores, que saqueiam os bens públicos.* Conjuga-se como *frear.*

sa.ra.ban.da (*cast zarabanda*) *sf* **1** Dança de salão,

sarabandear 780 **sardônico**

semelhante ao minueto, porém mais lenta, em voga na corte francesa nos séculos XVII e XVIII. **2** Música para essa dança. **3** Antiga dança popular espanhola. **4** *pop* Censura, repreensão.

sa.ra.ban.de.ar (*sarabanda+e+ar*[1]) *vint* **1** Dançar a sarabanda. *vtd* **2** Dançar (outra dança qualquer). Conjuga-se como *frear.*

sa.ra.ba.ta.na (*ár zarbatânâ*) *sf* **1** V *buzina*. **2** Porta-voz. **3** V *zarabatana.*

sa.ra.co.te.a.do (*part* de *saracotear*) *adj* **1** Que se saracoteia. **2** Dançado com saracoteios. • *sm* V *saracoteio.*

sa.ra.co.te.an.te (de *saracotear*) *adj m+f* Que saracoteia.

sa.ra.co.te.ar (*saracote+e+ar*[1]) *vtd* **1** Agitar ou mover (as ancas, os quadris etc.) com meneios graciosos e mais ou menos livres. *vint* e *vpr* **2** Remexer-se, sacudir-se, com requebros um tanto provocantes, ao andar ou dançar. *vint* **3** Estar em contínuo bulício; não parar num lugar. Conjuga-se como *frear.*

sa.ra.co.tei.o (de *saracotear*) *sm* **1** Ato ou efeito de saracotear. **2** Meneio com os quadris.

sa.ra.cu.ra (*tupi sarakúra*) *sf* **1** *Ornit* Nome comum a diversos frangos-d'água ou aves pernaltas do Brasil, que habitam pântanos, lagoas e rios. **2** *Folc* Dança amazônica de terreiro com o uso de mímica. **3** *Folc* Dança amazônica de salão, acompanhada de canto.

sa.ra.do (*part* de *sarar*) *adj* **1** Que sarou. **2** *gír* Diz-se daquele que tem o corpo moldado em consequência de ginástica ou prática de esportes. **3** *gír* Esperto, sabido, velhaco. **4** *gír* Corajoso, resistente, valente.

sa.rai.va *sf* **1** Chuva de pedra; granizo. **2** Grande quantidade de coisas que caem à maneira de granizo ou sucedem com rapidez.

sa.rai.va.da (*saraiva+ada*[1]) *sf* **1** V *saraiva*. **2** *fig* Descarga forte e demorada de coisas que caem ou se sucedem como saraiva: *Soltou uma saraivada de xingamentos.*

sa.rai.var (*saraiva+ar*[1]) *vint* **1** Cair saraiva. **2** Cair à maneira de saraiva: *Saraivavam rajadas de metralhadoras sobre a favela.*

sa.ram.pen.to (*sarampo+ento*) *adj + sm bras* Diz-se de, ou aquele que é acometido de sarampo.

sa.ram.po (*der* regressiva de *sarampão*) *sm Med* Doença eruptiva contagiosa, com sintoma de coriza e catarro, causada por um vírus, que ataca principalmente crianças e se caracteriza por pintas avermelhadas na pele.

sa.ram.po.so (*ô*) (*sarampo+oso*) *adj* **1** Relativo a sarampo. **2** Atacado de sarampo. *Pl: saramposos* (*ó*).

sa.ran.di *sm* **1** Trecho de rio orlado de árvores cuja folhagem pende até a superfície da água. **2** *Reg* (Sul) Terra estéril. **3** *Reg* (PR) Pequena ilha pedregosa. **4** Nome comum a diversas plantas. **5** Dança de roda.

sa.ra.pan.tar (*corr* de *espantar*) V *espantar.*

sa.ra.pa.tel (*cast zarapatel*) *sm* **1** *Cul* Iguaria preparada com sangue, fígado, rim, bofe e coração de porco ou carneiro, com caldo. **2** *pop* Balbúrdia, confusão, algazarra. *Pl: sarapatéis.*

sa.ra.pin.ta.do (*part* de *sarapintar*) *adj* **1** Com pintas variadas. **2** Pintalgado, mosqueado, salpicado, sardento.

sa.ra.pin.tar (de *pinta*) *vtd* Matizar de várias cores; salpicar, mosquear: *Sarapintaram o monumento da praça.*

sa.rar (*lat sanare*) *vtd* **1** Curar. *vtd* **2** Dar ou restituir a saúde a: *Sarar enfermos. vti*, *vint* e *vpr* **3** Curar-se, recobrar a saúde: *Sarou de uma gripe. Gripou, mas sarou-se rapidamente. vint* **4** Cicatrizar-se, fechar-se: *A ferida sarou.*

sa.ra.rá (*tupi sararά*) *adj m+f* Diz-se da pessoa mestiça de cor clara e cabelos ruivos; albino. • *s m+f* **1** Essa pessoa. **2** Apelido dado aos cearenses pelos caboclos da Amazônia. *sf Entom* V *sarassará.*

sa.ras.sa.rá (de *sararά*) *sf* **1** *Entom* Nome vulgar que designa várias espécies de formigas. **2** *Reg* (GO) Indivíduo de cor morena com olhos azuis e cabelos castanho-claros e crespos.

sa.rau (*cast sarao*) *sm* **1** Reunião festiva, em casa particular, clube ou teatro, em que se passa a noite dançando, jogando, tocando etc. **2** Concerto musical noturno. **3** Reunião de pessoas para recitação e audição de trabalhos em prosa ou verso.

sa.ra.vá! (*corr* de *salvar*) *interj* Usa-se em saudações nos cultos afro-brasileiros; salve. *Var: saravaô.*

sar.ça (*cast zarza*) *sf* **1** *Bot* V *silva*. **2** Matagal, moita.

sar.çal (*sarça+al*[1]) *sm* Lugar onde abundam sarças. *Pl: sarçais.*

sar.cas.mo (*lat sarcasmu*) *sm* Ironia ou zombaria mordaz e cruel; escárnio.

sar.cás.ti.co (*gr sarkastikós*) *adj* **1** Pertencente ou relativo ao sarcasmo. **2** Diz-se da pessoa propensa ao uso de sarcasmos; irônico.

sar.có.fa.go (*gr sarkophágos*) *adj* **1** Carnívoro. **2** Que corrói ou consome as carnes. • *sm* **1** *Antig* Pedra calcária à qual se atribuía a propriedade de consumir a carne dos corpos nela depositados. **2** *Antig* Ataúde feito dessa pedra; sepulcro ou cripta. **3** *por ext* Túmulo, tumba.

sar.co.ma (*gr sárkoma*) *sm Biol* Tumor maligno que se origina no tecido conjuntivo, especialmente nos ossos, cartilagens e músculos estriados.

sar.da (*lat sarda*) *sf* Pequena mancha acastanhada que aparece em grande número na pele de algumas pessoas, principalmente na pele clara de pessoas ruivas.

sar.da.nis.ca (*sardão+isca*) *sf* Lagartixa. *Var: sardanita.*

sar.den.to (*sarda+ento*) *adj* Que tem sardas; sardoso.

sar.di.nha (*lat sardina*) *sf* **1** *Ictiol* Peixe de água salgada semelhante ao arenque, porém menor. **2** *Ictiol* Nome comum a várias espécies de peixes da mesma família da sardinha europeia, que ocorrem em águas brasileiras. **3** *bras* Jogo de duas crianças que consiste em uma colocar as palmas das mãos contra as da outra e que procura, em movimentos rápidos, bater nas costas das mãos sobrepostas da parceira. *Chegar a brasa à sua sardinha:* procurar as suas conveniências, sem se importar com as dos outros. *Como sardinha em lata:* muito apertado com outros, sem poder mexer-se ou voltar-se.

sar.dô.ni.co (*sardônia+ico*[2]) *adj* **1** *Med* Atacado de tétano. **2** Caracterizado por ironia ou desdém: *Riso sardônico.*

sar.do.so (*ô*) (*sarda+oso*) *V* sardento. *Pl:* sardosos (*ó*).

sar.ga.ço (*lat vulg *salicaceu*) *sm Bot* Gênero de algas pardas com talo ramificado, que crescem ao longo das costas tropicais.

sar.gen.to (*fr sergent*) *sm Mil* Graduação hierárquica acima de cabo e abaixo de subtenente.

sa.ri.lhar (*sarilha+ar*[1]) *V* ensarilhar.

sa.ri.lho (*lat vulg *sericula*) *sm* **1** Armação rotativa para enrolar fios em meadas. **2** Nome comum a diversos dispositivos, rotativos, para enrolar ou desenvolver coisas flexíveis como cordas. **3** *Mec* Cilindro horizontal móvel, em volta do qual se enrola uma corda, que serve para levantar fardos ou pesos, tirar água de poços etc. **4** *Mil* Haste com braços em cruz, que serve de encosto das armas nos acampamentos.

sar.ja[1] (de *sarjar*) *sf Cir* Incisão leve, para extrair sangue ou pus.

sar.ja[2] (*fr ant sarge*) *sf* Tecido entrançado, de lã ou algodão. *Dim irreg: sarjeta.*

sar.ja.do (*sarja+ado*[1]) *adj* Designativo do tecido que tem forma de sarja; entrançado.

sar.jar (*sarja+ar*[1]) *vtd* Fazer sarjas ou abrir incisões em. *Conjug – Pres indic: sarjo, sarjas, sarja* etc.; *Pres subj: sarje, sarjes, sarje* etc.

sar.je.ta (*ê*) (*sarja+eta*) *sf* **1** Escoadouro, nos lados de ruas, para as águas pluviais. **2** Rego ou canal para drenagem de terrenos pantanosos. **3** Sangradouro para as águas de uma lagoa.

sar.men.to (*lat sarmentu*) *Bot* **1** Rebento ou renovo da videira e outras plantas. **2** Caule nodoso que lança raízes pelos nós. **3** Rama da videira seca usada como lenha.

sar.na (*lat tardio sarna*) *sf Med* Afecção cutânea, contagiosa, produzida por um ácaro; escabiose. *s m+f pop* Pessoa impertinente, importuna. *Buscar* (ou *procurar*) *sarna para se coçar:* procurar (algo) com que se aborrecer ou se cansar.

sar.nen.to (*sarna+ento*) *adj* **1** Que tem sarna; sarnoso. **2** Abatido, magro. **3** Meio deteriorado; rançoso: *Carne sarnenta.* • *sm* **1** Indivíduo que tem sarna. **2** *bras pop* Diabo, demônio.

sar.no.so (*ô*) (*sarna+oso*) *V* sarnento. *Pl:* sarnosos (*ó*).

sa.ron.gue (*malaio sarong*) *sm* **1** Espécie de saia solta que é usada por ambos os sexos no arquipélago malaio e nas ilhas do Pacífico. **2** Pano para tal peça de vestuário, especialmente o algodão estampado.

sar.ra.bu.lha.da (*sarrabulho+ada*[1]) *sf* **1** Grande quantidade de sarrabulho. **2** *fig* Confusão, desordem.

sar.ra.bu.lho *sm* **1** Sangue de porco, coagulado. **2** *V sarapatel.* **3** *fig* Mistura de muitas coisas, sem ordem. **4** *Reg* (Sul) Bate-boca.

sar.ra.ce.no (*lat saracenu*) *adj* **1** Pertencente ou relativo aos sarracenos. **2** Árabe, mourisco, muçulmano. • *sm pl Antig* Povo nômade dos desertos entre a Síria e a Arábia. *sm* Maometano, muçulmano, especialmente com referência às Cruzadas.

sar.ra.fa.da (*sarrafo+ada*[1]) *sf bras* **1** Golpe dado com sarrafo; paulada, cacetada. **2** *Esp gír* No futebol, pontapé desferido no adversário.

sar.ra.fe.ar (*sarrafo+e+ar*[1]) *vtd* Cortar em sarrafos. Conjuga-se como *frear.*

sar.ra.fo *sm* Tira comprida e estreita de madeira; ripa.

sar.rar (*sarro+ar*[1]) *vtd* e *vint bras vulg* Bolinar.

sar.ri.do *sm* **1** Dificuldade de respiração. **2** *pop* Estertor de moribundo.

sar.ro (*cast sarro*) *sm* **1** Sedimento que o vinho e outros líquidos deixam aderentes ao fundo e paredes das vasilhas. **2** Saburra. **3** Resíduo do tabaco queimado, constituído de nicotina e óleos, que se deposita no tubo dos cachimbos e piteiras. **4** Fuligem de pólvora queimada que se deposita na parede dos canos das armas de fogo. **5** *bras gír* Pessoa ou coisa divertida, engraçada. *Tirar sarro com a cara* (de alguém): debochar; zombar. *Tirar um sarro, vulg:* bolinar.

sar.tó.rio (*lat sartore*) *adj* + *sm Anat* Diz-se do, ou o músculo da coxa.

sashimi (*saximí*) (*jap*) *sm Cul* Prato típico japonês que consiste em finíssimas lâminas de peixe cru.

sa.tã (*hebr Sâtân*) *V* satanás.

sa.ta.nás (*hebr Sâtâna*) *sm* **1** O chefe dos anjos rebeldes contra Deus, segundo a Bíblia. **2** O diabo. **3** Indivíduo maléfico, perverso. *Pl:* satanases.

sa.tâ.ni.co (*Satã, np+ico*[2]) *adj* **1** Pertencente ou relativo a satã. **2** Característico ou próprio de satã. **3** Extremamente cruel e perverso. **4** Diabólico, infernal.

sa.té.li.te (*lat satellite*) *sm* **1** *Astr* Astro iluminado que gira em torno de um planeta; lua. **2** *Astr* Planeta secundário. **3** Cidade pequena nas proximidades de um centro maior. • *adj* Diz-se de uma área ou comunidade suburbana que depende economicamente de uma metrópole: *Cidade satélite. Satélite artificial:* objeto ou veículo posto em órbita ao redor da Terra, da Lua ou de outro corpo celeste por meio de foguete, para observações científicas.

sá.ti.ra (*lat satira*) *sf* **1** *Lit* Composição literária mordaz, originariamente em versos, que censura ou ridiculariza defeitos ou vícios de uma época ou de uma pessoa. **2** Discurso ou escrito picante ou maldizente.

sa.tí.ri.co (*gr satyrikós*) *adj* **1** Relativo à sátira. **2** Que satiriza ou envolve sátira. **3** Que escreve sátiras. **4** Cáustico, mordaz, picante, sarcástico.

sa.ti.ri.zar (*sátira+izar*) *vtd* **1** Criticar com o uso de sátiras; causticar, ridicularizar: *Satirizar a vaidade, a hipocrisia. vint* **2** Fazer sátiras.

sá.ti.ro (*lat sátyros*) *sm* **1** *Antig gr* Semideus selvático, com pés e pernas de bode e tendências lascivas. **2** *fig* Indivíduo libidinoso, devasso e cínico.

sa.tis.fa.ção (*lat satisfactione*) *sf* **1** Ato ou efeito de satisfazer(-se). **2** Qualidade ou estado de satisfeito; contentamento; prazer. **3** Explicação, justificação, desculpa: *Deu satisfação do que fez aos colegas. Antôn* (acepção 2): *contrariedade, descontentamento. Pl:* satisfações.

sa.tis.fa.tó.rio (*satisfação+ário*) *adj* **1** Que pode satisfazer. **2** Que contenta; que causa satisfação. **3** Aceitável, convincente: *Resposta satisfatória.* **4** Adequado.

sa.tis.fa.zer (*lat satisfacere*) *vtd* **1** Proporcionar satisfação a: *O estudo me satisfaz. vint* **2** Corresponder ao que se deseja: *O seu trabalho satisfaz.* *vint* **3** Não deixar nada a desejar, ser suficiente, servir de justificação, bastar: *Suas explicações não satisfazem.* *vpr* **4** Comer ou beber até não poder mais: *O comilão satisfez-se plenamente.* *vtd* e *vti* **5** Corresponder, cumprir, dar execução a, realizar: *Satisfazer a vontade. Satisfazer ao capricho.* *vtd* **6** Obedecer a, observar: *Satisfazer a lei, o regulamento.* *vtd* e *vti* **7** Agradar, contentar: *Satisfazer alguém em alguma coisa.* *vpr* **8** Dar-se por satisfeito: *Para os seus gastos pessoais satisfazia-se com pouco dinheiro.* *vtd* **9** Convencer, esclarecer, persuadir: *A resposta do professor não me satisfez.* Conjuga-se como *fazer*.

sa.tis.fei.to (*lat satisfactu*) *adj* **1** Que se satisfez. **2** Que sente satisfação. **3** Contente. **4** Atendido: *Satisfeitas as exigências.* **5** Que comeu ou bebeu até saciar-se; farto, saciado. **6** Alegre. *Antôn* (acepção 3): *descontente.*

sa.tu.ra.ção (*saturar+ção*) *sf* **1** Ato ou processo de saturar(-se). **2** Qualidade ou estado de saturado. **3** *Meteor* Estado no qual o ar contém todo o vapor de água que é possível, na sua temperatura e pressão. **4** *Cin, Telev* e *Inform* Intensidade do tom de uma cor. *Pl: saturações.*

sa.tu.ra.do (*part* de *saturar*) *adj* **1** Que se saturou; impregnado, embebido no mais alto grau. **2** Levado ao estado de saturação (vapor, solução). **3** *fig* Farto, cheio, aborrecido.

sa.tu.rar (*lat saturare*) *vtd* e *vpr* **1** Embeber(-se), impregnar(-se) completamente de: *A atmosfera saturou-se de radioatividade.* *vtd* **2** Fazer com que uma substância se una com a maior quantidade possível de outra, mediante solução, combinação química etc. *vtd* **3** Levar o vapor a um estado em que qualquer aumento de pressão ou diminuição de temperatura lhe causaria a condensação em um líquido. *vtdi* e *vpr* **4** Fartar(-se), saciar(-se), encher(-se) ao máximo: *Saturou a mente de histórias infantis. Os armazéns saturaram-se de cereais.* *vpr* **5** Enfadar-se: *Já me saturei disto.*

sa.tur.nal (*Saturno, np+al*[1]) *adj m+f* Relativo ao deus Saturno ou às festas celebradas em sua honra, na Roma antiga. • *sf* **1** Festim orgíaco; bacanal. **2** Devassidão. *sf pl* Festas em honra de Saturno, na Roma antiga. *Pl: saturnais.*

sa.tur.ni.no (*lat saturninu*) *adj* **1** V *saturnal.* **2** Sombrio, triste. **3** Relativo ao chumbo e seus compostos. **4** *Med* Diz-se de doença ou intoxicação causada pelo chumbo.

sa.tur.nis.mo (*Saturno, np+ismo*) *sm Med* Intoxicação crônica produzida por chumbo ou por algum de seus compostos.

sa.tur.no (*lat Saturnu, np*) *adj* V *saturnal.* • *sm* **1 Saturno** *Mit* O deus do paganismo. **2 Saturno** *Astr* Planeta do sistema solar cuja órbita se situa entre a de Júpiter e a de Urano.

sau.da.ção (*saudar+ção*) *sf* **1** Ato ou efeito de saudar. **2** Cumprimentos. **3** Homenagens de respeito ou de admiração. *sf pl* Fecho utilizado em algumas comunicações internas empresariais. *Pl: saudações.*

sau.da.de (*lat solitate*) *sf* **1** Recordação nostálgica e suave de pessoas ou coisas distantes, ou de coisas passadas. **2** Nostalgia. *sf pl* Cumprimentos, lembranças, recomendações afetuosas a pessoas ausentes.

sau.dar (*lat salutare*) *vtd* **1** Dar a saudação a; cortejar, cumprimentar: *O romeiro saudou o sacerdote.* *vtd* **2** Dar as boas-vindas a: *Assim que chegaram, o dono da casa saudou-os.* *vtd* **3** Aclamar, ovacionar: *Todos saudavam os jogadores com palmas entusiásticas.* *vtd* **4** Alegrar-se com o aparecimento de: *Os passarinhos saúdam a alvorada.* *vpr* **5** Dirigir-se recíprocas saudações: *Saúdam-se fraternalmente.* Conjug – Pres indic: *saúdo, saúdas, saúda, saudamos, saudais, saúdam;* Pres subj: *saúde, saúdes, saúde, saudemos, saudeis, saúdem;* Imper afirm: *saúda(tu), saúde(você), saudemos(nós), saudai(vós), saúdem(vocês).* Cf *saúde.*

sau.dá.vel (*saudar+vel*) *adj m+f* **1** Bom ou conveniente para a saúde; higiênico, salubre. **2** Benéfico, útil. **3** Que dá alegria. *Pl: saudáveis.*

sa.ú.de (*lat salute*) *sf* **1** Bom estado das funções orgânicas, físicas e mentais. **2** Qualidade do que é sadio ou são. **3** Vigor. **4** Força, robustez. **5** Brinde ou saudação que se faz bebendo à saúde de alguém. • *interj* Palavra que se utiliza para desejar a saúde de alguém que espirra.

sau.di.ta (*de Ibn Saud, np+ita*[2]) *adj m+f* Da, pertencente ou relativo à Arábia Saudita (Ásia). • *s m+f* O natural ou habitante desse país. *Sin: árabe-saudita.*

sau.do.sis.mo (*saudoso+ismo*) *sm* **1** Apego aos princípios de um regime político do passado. **2** Tendência a elogiar o passado ou coisas do passado.

sau.do.sis.ta (*saudoso+ista*) *adj m+f* Que tem caráter saudoso. • *s m+f* Aquele que segue ou faz propaganda do saudosismo.

sau.do.so (*ô*) (*saud(ade)+oso*) *adj* **1** Que sente ou dá mostras de saudade. **2** Que inspira saudade. *Pl: saudosos (ó).*

sau.na (*finlandês sauna*) *sf* **1** Banho de vapor de água quente. **2** Instalações para esse banho.

sáu.rios (*gr saûros+io*[1]) *sm pl Herp* Ordem de répteis que se divide em duas subordens: a dos lacertílios para os lagartos e a dos ofídios para as cobras.

sa.ú.va (*tupi ysaúua*) *sf Entom* Nome comum a diversas espécies de formigas tropicais.

sa.va.na (*cast sabana*) *sf Geogr* Extensa pradaria tropical ou subtropical, com árvores esparsas ou grupos de árvores, especialmente na América.

sa.vei.ro (*por saveleiro,* de *sável*) *sm* **1** Barco estreito e longo, próprio para a travessia dos grandes rios. **2** Barqueiro tripulante desse barco. **3** Embarcação forte que se emprega na carga ou descarga de gêneros alimentícios.

savoir-faire (*savuar fér*) (*fr*) *sm* Conhecimento, habilidade, esperteza, astúcia.

sax (*cs*) (de *saxofone*) *sm* Forma reduzida de *saxofone.*

sa.xão (*cs*) (de *Saxone*) *adj* Relativo ou pertencente aos saxões. • *sm* **1** *Antig* Indivíduo dos saxões, povo germânico que vivia na parte setentrional da Alemanha. **2** A língua dos saxões. *Fem: saxã. Pl: saxões.*

sa.xi.fra.gá.cea (*cs*) (*lat saxifrau+áceas*) *sf Bot*

Planta da família das saxifragáceas. *sf pl* Família de ervas e arbustos, da ordem Rosales, que têm ovário livre com dois carpelos, possuem tantos estames quantas pétalas. Pertencem a essa família as hortênsias.

sa.xo.fo.ne (*cs*) (*Sax, np+fone*) *sm Mús* Instrumento de sopro, de metal, inventado por Adolphe Sax (entre 1840 e 1845). *Var: saxofono.*

sa.xo.fo.nis.ta (*cs*) (*saxofone+ista*) *s m+f* Pessoa que toca saxofone.

sa.xô.ni.co (*lat saxone+ico²*) *adj* Da, referente ou pertencente à Saxônia (Alemanha).

sa.xô.nio (*cs*) (*lat Saxone+io²*) *adj* + *sm* Saxão.

sa.zão (*lat satione*) *sf* 1 Estação do ano. 2 Época do ano durante a qual comumente é executada determinada atividade agrícola: *Sazão das sementeiras, da ceifa, da vindima* etc. *Cf sezão. Pl: sazões.*

sa.zo.nal (*sazão+al¹*) *adj m+f* Relativo à estação do ano, à sazão. *Pl: sazonais.*

sa.zo.nar (*sazão+ar¹*) *vtd, vint* e *vpr* 1 Amadurecer (os frutos): *O clima propício sazona as vinhas. O pomar sazonava* (ou *sazonava-se*). *vint* e *vpr* 2 Aperfeiçoar-se.

scanner (*isquêner*) (*ingl*) *sm Inform* 1 Termo usual para um dispositivo que converte uma imagem, desenho, foto ou documento em dados gráficos. 2 Dispositivo que examina ou efetua varreduras.

script (*iscrípiti*) (*ingl*) *sm* 1 Texto escrito de um programa de rádio ou televisão ou do enredo de um filme cinematográfico. 2 *Inform* Conjunto de instruções que executam uma função.

se¹ (*lat se*) *pron pess* 1 Pronome pessoal oblíquo, átono, reflexivo de 3ª pessoa: *Penteava-se com capricho. Queixava-se da sorte.* 2 Pronome apassivador: *Fez-se uma prova preliminar. Vendem-se estampilhas.* 3 Pronome ou índice de indeterminação do sujeito com verbo transitivo indireto ou verbo intransitivo na 3ª pessoa do singular: *Assiste-se a grandes espetáculos aqui; vive-se em harmonia.*

Quando **se** é partícula apassivadora, o verbo concorda com o sujeito (paciente).
Vendem-se casas. (casas = sujeito plural; vendem = verbo plural)
Vende-se casa. (casa = sujeito singular; vende = verbo singular)
Cantava-se uma bela canção.
Ouvem-se gemidos e arrastar de correntes na velha casa.
Aluga-se apartamento na praia.
Obs.: somente os verbos transitivos diretos admitem o uso da voz passiva.
Quando **se** é índice de indeterminação do sujeito (verbo transitivo indireto ou intransitivo), o verbo ficará na 3ª pessoa do singular.
Precisa-se de secretária.
Precisa-se de secretárias.
Logo após o crime, **suspeitou-se** *do mordomo.*
Trabalha-se muito aqui em São Paulo.

se² (*lat si*) *conj condic* Equivale a *caso, no caso de*; exprime condição, hipótese: *Se você se esforçar, aprenderá a lição* (*caso você se esforce*). *conj integr* Vem após um verbo; exprime dúvida: *Veja se o professor já chegou.*

Não se usam juntas as conjunções subordinativas condicionais **se** e **caso**. Ao dizer "se, caso..." estaríamos dizendo "se, se...". Assim, opte por uma delas.
Se fores ao cinema, leve o dinheiro ou *Caso vás ao cinema, leve o dinheiro.*
Não confunda *caso* com *acaso*, que significa *por acaso, por ventura* e pode ser usado junto com **se**.
"**Se** acaso você chegasse no meu barraco e encontrasse aquela mulher..."

se³ *pref* Forma contraída do prefixo *semi* antes de palavras que começam por *me* ou *mi: semestre, semínima.*

sé (*lat sede*) *sf* 1 Igreja episcopal, arquiepiscopal ou patriarcal. 2 Jurisdição episcopal ou prelatícia. *Sé Apostólica:* o Vaticano; sede do governo pontifício.

se.a.bór.gio *Quím* Elemento de número atômico 106 e símbolo Sg.

se.a.ra (*baixo-lat senara*) *sf* 1 Campo semeado de trigo ou de outros cereais. 2 Terra que se semeia depois de lavrada. 3 Pequena extensão de terra cultivada. 4 Campo onde crescem quaisquer ervas. 5 *fig* Conjunto numeroso de pessoas de uma agremiação, partido ou religião.

se.a.rei.ro (*seara+eiro*) *sm* 1 Aquele que cultiva searas. 2 Pequeno lavrador; colono.

se.bá.ceo (*lat sebaceu*) *adj* 1 Relativo a sebo ou da natureza dele. 2 Que tem sebo; gorduroso, seboso. 3 Sujo, sebento. 4 *Biol* Que segrega uma substância gordurosa; sebífero, sebíparo: *Glândulas sebáceas.*

se.be (*lat sepe*) *sf* 1 Tapume de ramos ou varas entretecidos, para vedar terrenos. 2 Tabique. 3 Taipa.

se.ben.to (*sebo+ento*) *adj* 1 Que é da natureza do sebo. 2 Cheio de sebo, imundo. • *sm* Indivíduo sebento.

se.bo (*ê*) (*lat sebu*) *sm* 1 Gordura da cavidade abdominal, principalmente ao redor dos rins dos bovinos, ovinos e outros ruminantes. 2 Tecido adiposo. 3 Camada suja, gordurenta e lustrosa, na gola do vestuário de pessoas pouco asseadas. 4 *bras* Lugar onde se vendem livros usados. *Meter-se a sebo:* julgar-se importante. *Passar sebo nas canelas:* fugir apressadamente.

se.bor.rei.a (*é*) (*sebo+reia*) *sf* Hipersecreção das glândulas sebáceas.

se.bor.rei.co (*é*) (*sebo+reia+ico²*) *adj* Que se refere a seborreia; em que há seborreia.

se.bo.so (*ô*) (*lat sebosu*) *adj* 1 Cheio de sebo. 2 Da natureza do sebo; sebáceo. 3 Coberto ou sujo de sebo ou de outra matéria gordurosa; ensebado, sebento. 4 Sujo, porcalhão, imundo. *Pl: sebosos* (*ó*).

se.ca (*ê*) (de *secar*) *sf* 1 Ato ou efeito de secar; secagem. 2 Largo período em que não chove; estiagem: *Estação da seca. As secas do Nordeste.*

se.ca.dor (*secar+dor*) *adj* Que seca; secante. • *sm* 1 O que seca. 2 Forno, estufa, aparelho, máquina ou parte de máquina em que ou com que se faz secagem por meio de calor, ventilação forçada, ação centrífuga, processo de vácuo etc.: *Secador de cabelos.*

se.can.te (de *secar*) *adj m+f* Que seca; que torna enxuto. • *sm* Substância usada para acelerar a secagem das tintas e vernizes (em pinturas ou processos de impressão).

se.ção (*lat sectione*) *sf* **1** Ato ou efeito de secionar (-se). **2** Lugar onde uma coisa está cortada. **3** Cada uma das partes em que um todo foi secionado ou separado; segmento. **4** Divisão ou subdivisão de uma obra literária científica ou artística. **5** Cada uma das subdivisões correspondentes a determinado serviço, ramo de fabricação etc., em uma empresa: *Seção de envelopes*. **6** Parte distinta e permanente de uma publicação periódica, em que se cuida de determinado assunto: *Seção de esportes. Var: secção. Cf cessão e sessão. Pl: seções.*
Seção (ou **secção**) significa divisão, parte de um todo.
*Para comprar os lenços, fui até a **seção** de artigos masculinos.*
*Na **seção** de armarinhos do supermercado há boas ofertas.*
*João está trabalhando na **seção** de entregas do mercado.*
Cessão significa o ato de ceder, dar, doar.
*O pai documentou em cartório a **cessão** dos bens aos filhos.*
*Foi ao banco e regularizou a **cessão** de verba para a matriz.*
Sessão significa o tempo, período em que dura uma reunião, evento, espetáculo ou trabalho.
*Iremos à última **sessão** do cinema.*
*A Assembleia Legislativa reúne-se para nova **sessão** dia 15.*
*A minha **sessão** de fisioterapia foi cancelada.*
Observação: o uso tem consagrado a forma **secção** para a significação de corte, amputação:
*O médico **seccionou** a aorta do paciente.*
se.car (*lat siccare*) *vtd* **1** Fazer evaporar ou tirar a umidade a; tornar enxuto: *Secar os cabelos*. *vtd* **2** Tirar o excesso de água por meio de drenagem: *Secar um pântano*. *vtd* **3** Fazer ressequir, desidratar para conservação: *Secar frutas, secar feno* etc. *vtd, vint* e *vpr* **4** Tornar(-se) seco; murchar(-se), ressequir(-se): *O sol secou as débeis plantinhas*. *As roseiras secaram* (ou *secaram-se*). *vtd, vint* e *vpr* **5** Esgotar(-se), estancar(-se): *O beberrão secou várias garrafas de cerveja. Jamais secara* (ou *secara-se*) *aquela fonte. vint* e *vpr* **6** Debilitar-se, definhar-se, mirrar-se, perder as forças: *Ele secou por causa da doença. Conjug – Pres subj: seque, seques* etc.; *Pret perf: sequei, secaste, secou* etc.
sec.ção (*lat sectione*) *V* seção. *Pl: secções.*
sec.ci.o.nal (*secção+al¹*) *V* secional. *Pl: seccionais.*
sec.ci.o.nar (*secção+ar¹*) *V* secionar.
se.ces.são (*lat secessione*) *sf* **1** Separação. **2** Ação de um território separar-se da nação a que pertencia. *Pl: secessões.*
se.ci.o.nal (*lat sectione+al¹*) *adj m+f* Relativo a seção: *Inspetoria secional. Var: seccional. Pl: secionais.*
se.ci.o.nar (*lat sectione+ar¹*) *vtd* **1** *Cir* Cortar, separar parte ou órgão do corpo: *Secionar um nervo*. *vtd* **2** Dividir em seções; separar: *Secionar um estabelecimento comercial. Secionar um discurso. vpr* **3** Dividir-se; separar-se. *Var: seccionar.*
se.co (*ê*) (*lat siccu*) *adj* **1** Livre ou relativamente livre de umidade; enxuto. **2** Diz-se dos alimentos a que se extraiu a umidade para os conservar. **3** Que não tem a lubrificação própria das coisas úmidas ou untuosas; áspero, enxuto. **4** Murcho, ressequido, sem seiva: *Folhas secas*. **5** Descarnado, magro. **6** Requeimado pelo calor. **7** Diz-se do tempo ou época em que não chove. **8** Diz-se do terreno sem vegetação; árido. *Antôn* (acepção 1): *molhado*; (acepção 7): *úmido*. • *sm pl* Gêneros alimentícios sólidos em contraposição aos molhados. *Engolir em seco:* não poder responder a um insulto, ter de suportá-lo sem reação. *Secos e molhados:* conjunto de gêneros alimentícios sólidos e líquidos. *Cf ceco.*
se.cre.ção (*lat secretione*) *sf* **1** Ato ou efeito de segregar(-se). **2** Líquido segregado pelas glândulas. *Pl: secreções.*
se.cre.tar (*lat secretu*) *V* segregar.
se.cre.ta.ri.a (*secreto+aria*) *sf* **1** O ofício de secretário; secretariado. **2** Departamento onde se faz o expediente de uma empresa, associação ou de qualquer serviço público. **3** Conjunto de repartições públicas que tratam de um setor da administração nos Estados: *Secretaria da Fazenda, da Agricultura, da Educação.*
se.cre.tá.ria (*lat secretaria*) *sf* **1** Mulher que exerce o secretariado. **2** Mesa com gavetas ou armário com porta articulada nos quais se escrevem e guardam papéis ou documentos de importância.
se.cre.ta.ri.a.do (*secretário+ado¹*) *sm* **1** Cargo ou dignidade de secretário. **2** Lugar onde o secretário exerce as suas funções. **3** Corpo ou departamento de secretários. **4** Tempo que dura o exercício dessas funções. **5** Conjunto dos secretários de Estado.
se.cre.ta.ri.ar (*secretário+ar¹*) *vint* **1** Exercer as funções de secretário. *vtd* **2** Servir de secretário a. *Conjug – Pres indic: secretario, secretarias, secretaria (rí)* etc. *Cf secretário.*
se.cre.tá.rio (*lat secretariu*) *sm* **1** Empregado que cuida da classificação, triagem e redação da correspondência, marcação de compromissos etc. **2** O que redige as atas de qualquer assembleia. **3** Assessor direto de um presidente de uma entidade (sindical, religiosa, política etc.). *Secretário de Estado:* o que chefia uma secretaria estadual. *Secretário particular:* o que apenas cuida da correspondência e dos negócios pessoais de alguém.
se.cre.to (*lat secretu*) *adj* **1** Mantido em segredo ou oculto do conhecimento ou da vista de outrem: *Cláusula secreta*. **2** Não revelado; encoberto, escondido. **3** Que trabalha com métodos e propósitos ocultos: *Sociedade secreta*. **4** Que está dissimulado, colocado ou construído de propósito para não ser visto ou descoberto: *Porta secreta*. **5** Diz-se da sessão a cujos debates não se permite ao público assistir. *Antôn* (acepções 1 e 2): *sabido, divulgado.*
se.cre.tor (*lat secretu, de secernere*) *adj* **1** Que segrega ou produz secreções; secretório. **2** Em que se dão secreções. • *sm* Órgão que produz secreção.
sec.tá.rio (*lat sectariu*) *adj* **1** Pertencente ou relativo a uma seita. **2** *fig* Intransigente, intolerante. • *sm* **1** Membro ou seguidor de uma seita religiosa. **2** Pessoa que segue outra no seu modo de pensar, ou lhe obedece cegamente; partidário. **3** Membro de um partido, que o segue e o defende. **4** *fig* Partidário apaixonado, intransigente.

sec.ta.ris.mo (*sectário+ismo*) *sm* **1** Espírito de seita; paixão de partido. **2** *fig* Intolerância, intransigência.

se.cu.lar (*lat saeculare*) *adj m+f* **1** Pertencente ou relativo a século. **2** Que se observa ou se faz de século a século. **3** Que é muito antigo. **4** Diz-se do clero, ou do padre, que não pertence a ordem ou congregação religiosa. **5** Relativo aos leigos; laical. *Antôn* (acepção 5): *eclesiástico, monacal*.

se.cu.la.ri.zar (*secular+izar*) *vtd* **1** Tornar secular ou leigo (o que era eclesiástico); transferir do uso, posse ou controle eclesiástico ao civil ou laico: *Secularizar o ensino*. *vtd* **2** Dispensar dos votos monásticos (frades, freiras). *vpr* **3** Deixar as funções sacerdotais, ou deixar de pertencer a uma ordem religiosa.

sé.cu.lo (*lat saeculu*) *sm* **1** Espaço de cem anos; centúria. **2** Período de cem anos contado de um até cem a partir de um termo fixo chamado *era*. **3** Cada intervalo de cem anos, quer anteriores, quer posteriores ao nascimento de Cristo, tomado como ponto de referência: *Século XVI, século V a.C*. **4** Espaço de tempo indeterminado ou muito longo. **5** Época. **6** Duração de alguma coisa notável.

se.cun.da.nis.ta (*secundi+ano+ista*) *adj + s m+f* Estudante que cursa o segundo ano de qualquer escola ou faculdade; segundanista.

se.cun.dar (*lat secundare*) *vtd* **1** Prestar colaboração a; ajudar, auxiliar, coadjuvar, apoiar: *Secundava o colega nos estudos*. **2** Fazer pela segunda vez; repetir: *Não havendo entendido, secundou a pergunta*.

se.cun.dá.rio (*lat secundariu*) *adj* **1** Que é de segunda ordem. **2** Que está em segundo lugar em graduação, ordem ou qualidade em relação a outrem ou a outra coisa. **3** Que é de menor importância relativamente a outrem ou a outra coisa. **4** Acessório, inferior. **5** De pouco valor; insignificante. **6** *ant* Dizia-se do ensino ou instrução de grau intermediário entre o primário e o superior. **7** *Geol* Diz-se da era geológica correspondente ao Mesozoico. *Antôn* (acepções 3 e 4): *principal, essencial*.

se.cu.ra (*seco+ura*) *sf* **1** Qualidade de seco ou enxuto. **2** Aridez. **3** *V sede*². **4** Frieza, indiferença, falta de afabilidade. *Antôn* (acepção 1): *umidade*; (acepção 4): *afabilidade*.

se.cu.ri.tá.rio (*lat securu+it+ário*) *adj* Referente a seguros. • *sm* Empregado de companhia de seguros; atuário (acepção 1).

se.da (*ê*) (*lat saeta*) *sf* **1** Fibra contínua, fina e brilhante produzida pelo bicho-da-seda. **2** Tecido feito dessa fibra. **3** *Bot* Pelo rijo que se vê nos invólucros florais das gramíneas. **4** *pop* Pessoa delicada, amável. *sf pl* **1** Trajes ou vestidos de seda. **2** *Zool* Pelos rijos e compridos de alguns animais; cerdas. *Rasgar sedas*: desfazerem-se (duas ou mais pessoas) em amabilidades recíprocas.

se.dã (*ingl sedan-chair*) *sm Autom V sedan*.

se.dan (*ingl*) *sm Autom* Tipo de automóvel com duas ou quatro portas e capota fixa, de compartimento para quatro a sete pessoas, inclusive o motorista.

se.dar (*lat sedare*) *vtd* **1** Acalmar, moderar, tranquilizar: *Sedar a mente, os nervos*. **2** Ministrar um sedativo a: *O enfermeiro sedara o paciente*.

se.da.ti.vo (*sedar+ivo*) *adj* Que seda, acalma; anódino. • *sm* Remédio que modera irritabilidade, nervosismo ou excitação.

se.de¹ (*é*) (*lat sede*) *sf* **1** *ant* Assento, cadeira. **2** Base, apoio, suporte. **3** Lugar onde funciona um governo, um tribunal, uma administração, ou onde uma empresa comercial tem o seu principal estabelecimento. **4** Lugar onde se passam certos fatos. **5** Centro ou ponto escolhido para nele se estabelecer alguma coisa. *Sede episcopal*: lugar onde está estabelecido o governo do bispado. *Sede social*: prédio ou parte de prédio que aloja a administração ou secretaria de um clube ou associação e onde também se podem celebrar funções sociais.

se.de² (*ê*) (*lat site*, por *sitim*) *sf* **1** Sensação da necessidade de beber, principalmente água; secura. **2** Apetite para bebidas. **3** *fig* Desejo veemente: *Sede de vingança*. **4** *fig* Cobiça, avidez. **5** *fig* Ânsia, aflição, impaciência.

se.den.tá.rio (*lat sedentariu*) *adj* **1** Que quase não anda nem faz exercício; inativo. **2** Que fica muito tempo sentado. **3** Caseiro. **4** Que tem residência ou *habitat* fixos: *População sedentária, ave sedentária*. *Antôn* (acepção 4): *nômade, migrante*.

se.den.to (*sede*²+*ento*) *adj* **1** Que tem sede; sequioso. **2** *fig* Que tem grande desejo; ávido.

se.des.tre (*lat sedere*, com influência de *pedestre*) *adj m+f* Que representa alguém sentado: *Estátua sedestre*.

se.di.a.do (*part de sediar*) *adj* Que tem sede em: *Estabelecimento sediado em São Paulo*.

se.di.ar (*sede*¹+*ar*¹) *vtd* **1** Servir de sede a: *Sediar os próximos jogos olímpicos*. **2** Fixar a sede de. *Conjug – Pres indic:* sedio, sedias, sedia, sediamos, sediais, sediam.

se.di.ção (*lat seditione*) *sf* **1** Insurreição contra as autoridades constituídas; motim, revolta, tumulto popular. **2** Incitamento à desobediência ou à rebelião contra a autoridade legal. *Pl:* sedições.

se.di.ci.o.so (*ô*) (*lat seditiosu*) *adj* **1** Que tem o caráter de sedição. **2** Que promove sedição ou toma parte nela. **3** Indisciplinado, indócil. • *sm* Aquele que incita à sedição ou toma parte nela; insubordinado, revoltoso. *Pl:* sediciosos (*ó*).

se.di.men.ta.ção (*sedimentar+ção*) *sf* **1** Ato ou processo de sedimentar(-se). **2** Formação de sedimentos. **3** *Geol* Processo de formação das rochas sedimentares ou estratificadas. *Sedimentação eólica*: acumulação de sedimentos pelo vento. *Sedimentação fluvial*: deposição de sedimentos pelos cursos d'água. *Pl:* sedimentações.

se.di.men.ta.do (*part de sedimentar*) *adj* **1** Que se sedimentou. **2** Que está assentado, firme.

se.di.men.tar¹ (*sedimento+ar*¹) *vtd*, *vint* e *vpr* **1** Depositar(-se) no fundo de um líquido (o que estava nele suspenso): *A prolongada imobilidade sedimentara as substâncias medicamentosas. A parte mais espessa sedimentou* (ou *sedimentou-se*). *vint* e *vpr* **2** Formar sedimento: *O licor, estragado, sedimenta* (ou *sedimenta-se*). *vtd* **3** *fig* Consolidar; tornar estável: *Finalmente, sedimentamos nossa amizade*.

se.di.men.tar[2] (*sedimento+ar*[2]) *adj m+f* **1** Que tem o caráter ou a natureza do sedimento. **2** Produzido por sedimento: *Rocha sedimentar.*

se.di.men.to (*lat sedimentu*) *sm* **1** Depósito que se forma num líquido em que há substâncias dissolvidas ou suspensas; borra. **2** *Geol* Material ou camada de material depositado pela água, pelo vento ou pelas geleiras.

se.do.so (*ô*) (*lat setosu*) *adj* **1** Que tem sedas ou pelos. **2** Que se assemelha à seda. **3** Macio, suave. *Pl: sedosos (ó).*

se.du.ção (*lat seductione*) *sf* **1** Ato de seduzir ou de ser seduzido. **2** Qualidade de sedutor. **3** Dom de atrair ou de seduzir, próprio de certas pessoas. **4** Encanto, atração, fascínio. **5** *Dir* Delito de quem se aproveita da inexperiência ou justificável confiança de um menor para induzi-lo à prática de atos sexuais. **6** Meio empregado para seduzir uma pessoa. *Pl: seduções.*

se.du.tor (*lat seductore*) *adj* **1** Que seduz. **2** Atraente, encantador, tentador. • *sm* **1** Aquele que seduz. **2** Aquele ou aquilo que atrai ou encanta.

se.du.zir (*lat seducere*) *vtd* **1** Levar à prática de atos contrários à moral ou aos bons costumes; enganar com astúcia; desencaminhar (alguém): *Promessas de prosperidade seduziram os operários. Seduzia os menores a roubarem. vtd* **2** Induzir uma pessoa à prática de atos sexuais. *vtd* e *vint* **3** Atrair, cativar, deslumbrar, fascinar: *A esplêndida beleza seduziu-o. vtd* **4** Subornar: *Seduzia os fiscais.* Conjuga-se como *reduzir.*

se.ga (de *segar*) *sf* Ato ou efeito de segar; ceifa.

se.ga.dei.ra (*segar+deira*) *sf Agr* **1** Instrumento agrícola para segar cereais, capim e grama. **2** Máquina para segar; ceifadeira.

se.gar (*lat secare*) *vtd* **1** Ceifar, cortar (as searas). **2** Pôr termo a: *Segar a vida.* **3** Impedir: *Segar abusos. Conjug – Pres subj: segue, segues* etc.; *Pret perf: seguei, segaste, segou* etc. *Cf cegar.*

se.ge (*fr siège*) *sf* **1** Antiga carruagem com duas rodas e um só assento, fechada com cortinas na frente. **2** *por ext* Qualquer carruagem.

seg.men.tar (*segmento+ar*[1]) *vtd* **1** Reduzir a segmentos: *Segmentar um todo.* **2** Tirar segmento a: *Segmentou a maçã.*

seg.men.to (*lat segmentu*) *sm* **1** Parte, porção, seção de um todo. **2** *Anat* Parte de um órgão; segmento ou porção do corpo, limitada por septos ou constrições. **3** *Geom* Toda porção de linha ou de reta limitada por dois pontos, denominados extremos. **4** *Geom* Porção cortada de uma figura ou de um sólido. *Cf seguimento.*

se.gre.dar (*segredo+ar*[1]) *vtd* e *vtdi* **1** Comunicar, dizer em segredo; confidenciar: *Segredar uma notícia. Segredava-me os seus problemas. vti* e *vint* **2** Dizer segredos: *Os amigos segredaram um com o outro. vtd* e *vint* **3** Dizer em voz baixa, murmurar; cochichar. *Conjug – Pres indic: segredo, segredas (gré). Cf segredo (grê).*

se.gre.do (*lat secretu*) *sm* **1** O que não se revela ou não se deve revelar a outrem. **2** Fato ou circunstância mantida oculta. **3** Informação, assunto confidencial. **4** Processo ou fato inexplicado ou impenetrável. **5** Confidência; sigilo. **6** A parte mais difícil e essencial de uma ciência, arte ou indústria. **7** Combinação de números em sucessão de giros que se deve dar a um disco que se encontra na porta dos cofres, para que eles possam ser abertos. *Segredo de Estado:* assunto de interesse público cuja divulgação pode prejudicar temporariamente o Estado. *Segredo profissional:* fato ou conjunto de fatos de que alguém tem conhecimento no exercício de sua profissão, como a de sacerdote, médico, advogado etc., e que não podem ser divulgados nem mesmo perante o tribunal.

se.gre.ga.ção (*lat segregatione*) *sf* **1** Ato ou efeito de segregar(-se). **2** Separação ou isolamento social e físico entre pessoas e grupos humanos por motivos de raça, riqueza, educação, religião, profissão ou nacionalidade: *Segregação racial. Pl: segregações.*

se.gre.gar (*lat segregare*) *vtd* e *vpr* **1** Afastar(-se), apartar(-se), isolar(-se), separar(-se): *A polícia segregou os marginais. Segregara-se do convívio social.* **2** *Fisiol* Emitir, expelir (o produto da secreção). *Conjug – Pres subj: segregue, segregues* etc.; *Pret perf: segreguei, segregaste, segregou* etc.

se.gui.da (*part fem* de *seguir*) *sf* **1** Ato ou efeito de seguir; seguimento. **2** Cartas seguidas de um naipe, em certos jogos; sequência. *Em seguida:* imediatamente, logo depois, sem demora, seguidamente. *Em seguida a:* logo depois de.

se.gui.do (*part* de *seguir*) *adj* **1** Que se segue um após outro. **2** Ininterruptamente, a fio, contínuo: *Falou três horas seguidas.* **3** Que se segue; adotado, posto em prática: *É esse o método seguido.*

se.gui.dor (*seguir+dor*) *adj* **1** Que segue; partidário, sectário. **2** Continuador. **3** Que segue alguém; perseguidor. • *sm* Indivíduo seguidor.

se.gui.men.to (*seguir+mento*) *sm* **1** Ato ou efeito de seguir. **2** Acompanhamento, séquito, cortejo. **3** Continuação, prosseguimento, sequência. **4** Andamento de um negócio; marcha, progresso. *Cf segmento.*

se.guin.te (de *seguir*) *adj m+f* **1** Que vem logo após outro; imediato, subsequente, próximo: *Capítulo seguinte.* **2** Que se faz ou diz logo depois de outra coisa. • *sm* **1** Aquele ou aquilo que segue outrem, ou alguma coisa; seguidor. **2** O que vem logo após outrem.

se.guir (*lat sequere, corr* de *sequi*) *vtd* **1** Ir ou vir junto ou atrás de; acompanhar: *O cão seguia-o a toda parte. vtd* **2** Acompanhar (moral, intelectual ou espiritualmente); deixar-se guiar por: *O discípulo segue o mestre. vtd* **3** Ir no encalço de, procurando alcançar para capturar ou combater; perseguir: *Seguir o inimigo fugitivo. vtd* **4** Acompanhar furtivamente, espreitando: *O detetive seguia o tipo suspeito. vtd* **5** Andar em, percorrer: *Seguir a estrada, a trilha, o caminho. vpr* **6** Acontecer ou apresentar-se após: *Seguir-se-á a entrega dos prêmios. vti* **7** Ir em certa direção: *A caravana seguia para o norte. vint* **8** Continuar, prosseguir: *O orador respondeu ao aparte e seguiu. vti* e *vpr* **9** Vir depois, na ordem do tempo; sobrevir, suceder: *À tempestade seguia* (ou *seguiu-se*) *a bonança. vtd* **10** Tomar em consideração; obedecer. *Conjug:* 1º) O *e* do radical muda-se em *i* na 1ª pessoa do singular do presente do indicativo e nas formas dela derivadas. 2º) Suprime-se o *u* quando o *g* é seguido de *a* e de *o*. *Pres indic*: sigo, segues, segue, seguimos, seguis, seguem; *Pret imp indic*: seguia, seguias etc.; *Pret perf*: segui, seguiste, seguiu, seguimos, seguistes, seguiram; *Pret mais-que-perf*: seguira, seguiras etc.; *Fut pres*: seguirei, seguirás etc.; *Fut pret*: seguiria, seguirias etc.; *Pres subj*: siga, sigas, siga, sigamos, sigais, sigam; *Pret imp subj*: seguisse, seguisses etc.; *Fut subj*: seguir, seguires, seguir, seguirmos, seguirdes, seguirem; *Imper afirm*: segue(tu), siga(você), sigamos(nós), segui(vós), sigam(vocês); *Imper neg*: não sigas(tu), não siga(você) etc.; *Infinitivo impess*: seguir; *Infinitivo pess*: seguir, seguires etc.; *Ger*: seguindo; *Part*: seguido.

se.gun.da (*fem* de *segundo*) *sf* **1** Redução de *segunda-feira*. **2** Redução de *segunda classe*: *Este material é de segunda; não compre.* **3** *Autom* Marcha intermediária, nos veículos, entre a de arranque, chamada primeira, e a terceira: *Nesta ladeira vai ser preciso pôr a segunda.*

se.gun.da-fei.ra *sf* Segundo dia da semana (iniciada no domingo). *Pl*: *segundas-feiras.*

se.gun.da.nis.ta (*segundo*+*ano*²+*ista*) *V* **secundanista**.

se.gun.do¹ (*lat secundu*) *num* **1** Que se segue imediatamente após o primeiro com relação a lugar, tempo, importância ou posição. **2** Que ocupa o número dois numa série ou ordem: *O segundo dia do mês.* • *sm* **1** O número dois na série natural. **2** Pessoa ou coisa que ocupa o segundo lugar. **3** *Cron* Sexagésima parte do minuto. **4** *Geom* Sexagésima parte de um minuto de medida angular. **5** *por ext fig* Espaço de tempo muito curto. • *adj* **1** Secundário; indireto; mediato. **2** Outro; novo: *Dê-me uma segunda chance, por favor!*

se.gun.do² (*lat secundu*) *conj* Conforme, consoante, à medida que, ao passo que: *Atende aos clientes, segundo vão chegando.* • *prep* De acordo com, conforme: *Agir segundo as regras.*

se.gun.do³ (*lat secundo*) *adv* Em segundo lugar.

se.gun.do-luz *sm* Distância percorrida pela luz em um segundo (corresponde a 300 mil quilômetros, aproximadamente). *Pl*: *segundos-luz.*

se.gu.ra.do (*part* de *segurar*) *adj* **1** Que se segurou. **2** Que está no seguro. • *sm* Aquele que paga o prêmio, num contrato de seguro.

se.gu.ra.dor (*segurar*+*dor*) *adj* **1** Que segura. **2** Que se obriga, num contrato de seguro, a indenizar eventuais danos ou perdas em caso de acidentes ou a pagar certa quantia aos herdeiros em caso de falecimento. • *sm* Indivíduo segurador.

se.gu.ra.do.ra (*segurar*+*dor*, no *fem*) *sf bras* Companhia de seguros.

se.gu.ran.ça (*seguro*+*ança*) *sf* **1** Ato ou efeito de segurar. **2** Estado do que se acha seguro; garantia. **3** Proteção: *Os abrigos antiaéreos não oferecem segurança contra bombas atômicas.* **4** Certeza, confiança, firmeza. **5** Força ou firmeza nos movimentos. **6** Confiança em si, firmeza de ânimo, resolução. *s m+f* Pessoa encarregada de proteger alguém ou algo. *Segurança nacional, Dir*: garantia das instituições políticas do Estado proporcionada pelas instituições militares. *Segurança pública, Dir*: garantia e tranquilidade asseguradas ao indivíduo e à coletividade pela ação preventiva da polícia. *Antôn* (acepção 3): insegurança, risco, perigo.

se.gu.rar (*seguro*+*ar*¹) *vtd* **1** Tornar seguro, apoiar para que não caia; firmar, fixar: *Correntes douradas seguravam os lustres.* *vtd* **2** Agarrar, prender: *Com uma das mãos segurava o guarda-chuva.* *vpr* **3** Agarrar-se, apoiar-se: *Ao descer a escada, segurava-se ao corrimão.* *vtd* **4** Não deixar fugir; conter: *Os policiais o seguraram.* *vtd* e *vpr* **5** Garantir(-se) contra risco, perda ou dano; pôr (-se) no seguro: *Segurar um imóvel. Segurara-se contra acidentes.* *Antôn* (acepções 2 e 4): soltar. *Part*: segurado e seguro.

se.gu.ri.da.de (*seguro*+*i*+*dade*) *sf* Conjunto de medidas, leis, normas, providências que tem como objetivo dar à sociedade e ao indivíduo o maior grau possível de garantia, seja sob o aspecto social, econômico, cultural, moral ou recreativo.

se.gu.ro (*lat securu*) *adj* **1** Livre de cuidados ou inquietações. **2** Sossegado, tranquilo. **3** Confiado, ousado. **4** Livre de perigo ou não exposto a ele. **5** Que oferece segurança contra ataques, acidentes, desastres ou danos de qualquer outra natureza: *Lugar seguro.* **6** Infalível; firme, estável, fixo. **7** Que oferece garantias; em que se pode crer e ter confiança: *Sabe-o de fonte segura.* **8** *pop* Avarento. *Antôn* (acepções 6 e 7): incerto, duvidoso. • *sm* **1** *Com* Contrato de seguro. **2** Indenização paga em cumprimento desse contrato. **3** Carta de segurança, salvo-conduto. **4** Certeza, garantia.

se.gu.ro-de.sem.pre.go *sm Dir* Forma de pagamento de benefícios aos trabalhadores desempregados dada pelo governo. *Pl*: *seguros-desempregos* e *seguros-desemprego.*

se.gu.ro-sa.ú.de *sm* Sistema de saúde privada no qual o associado paga um seguro que cobre consultas, exames, tratamentos e internações. *Pl*: *seguros-saúdes* e *seguros-saúde.*

sei.che.len.se (*top* Seicheles+*ense*) *adj m+f* De, relativo ou pertencente à República de Seicheles (África). • *s m+f* O natural ou habitante desse país.

sei.o (*lat sinu*) *sm* **1** Sinuosidade, curvatura. **2** *Anat* Parte do corpo humano onde ficam as mamas. **3** Cada uma das mamas da mulher. **4** Lugar interno; interior, recesso, âmago. **5** Útero, ventre. **6** Intimidade, familiaridade.

seis (*lat sex*) *num* **1** Número cardinal formado por cinco unidades mais uma. **2** Sexto. • *sm* **1** O algarismo 6. **2** Pessoa ou coisa que numa série de seis ocupa o último lugar.

seis.cen.tos (*seis*+*cento*) *num* **1** Número cardinal equivalente a seis centenas ou seis vezes cem. **2** Número que corresponde a essa quantidade: *600.*

sei.ta (*lat secta*) *sf* **1** Grupo religioso dissidente que surge em oposição às ideias e às práticas religiosas em vigor. **2** Teoria (filosófica, religiosa etc.) de alguma pessoa célebre, seguida por muitos adeptos. **3** *pop* Bando, facção, partido.

sei.va (*fr* sève, do *lat sapa*) *sf* **1** *Bot* Solução aquosa de substâncias nutritivas que as raízes absorvem da terra ou da água; a parte líquida de uma planta. **2** Qualquer fluido ou elemento vital, como o sangue. **3** *fig* Vitalidade, energia, vigor. **4** *Anat* Saliva.

sei.xo (*lat saxu*) *sm* Pedra branca e dura, de variados tamanhos; calhau.

se.la (*lat sella*) *sf* **1** Arreio acolchoado que se coloca no dorso da cavalgadura e sobre o qual monta o cavaleiro. **2** *ant* Cadeira de braços; poltrona. *Cf cela*.

se.lar¹ (*selo+ar*¹) *vtd* **1** Pôr selo, estampilha ou carimbo em: *Selar a correspondência*. **2** Fechar pondo selo; chumbar: *Selar um cofre, um túmulo*. **3** Fazer emudecer; calar: *Somente a morte selaria seus lábios*. **4** Rematar, terminar, confirmar: *Selar um pacto*. *Cf selar*².

se.lar² (*sela+ar*¹) *vtd* Pôr sela ou selim em: *Selar a égua, o burro, o cavalo*. *Cf selar*¹.

se.la.ri.a (*sela+aria*) *sf* **1** Arte, indústria, loja ou oficina de seleiro. **2** Lugar onde se guardam as selas e os arreios. **3** Grande número de selas e outros arreios.

se.le.ção (*lat selectione*) *sf* **1** Ato ou efeito de selecionar ou escolher; escolha criteriosa e fundamentada. **2** *Zootecn* Separação escrupulosa dos animais reprodutores com as características favoráveis que o criador deseja fixar numa variedade animal distinta. **3** *Esp* Quadro de jogadores escolhidos entre os melhores. *Seleção natural*: consequência ou resultado da luta entre os seres, animais ou vegetais, sobrevivendo os mais fortes, robustos e resistentes, e perecendo os mais fracos e imperfeitos. *Pl: seleções*.

se.le.ci.o.na.do (*part* de *seleccionar*) *adj* **1** Que se selecionou; escolhido, joeirado. **2** Distinto, especial. • *sm Esp* Seleção (acepção 3).

se.le.ci.o.nar (*seleção+ar*¹) *vtd* **1** Fazer a seleção de; escolher de um número ou grupo, pela aptidão, qualidade ou qualquer outro característico: *Selecionar reprodutores para melhorar uma raça de bovinos*. *vpr* **2** Praticar-se seleção. *vtd* **3** *Inform* Posicionar um ponteiro sobre um objeto (como um botão ou opção de menu) e clicar com o botão do *mouse*.

se.lei.ro (*sela+eiro*) *adj* **1** Que se sustenta bem na sela. **2** Diz-se do cavalo que já se acostumou à sela. • *sm* Fabricante ou vendedor de selas, selins ou outros arreios. *Cf celeiro*.

se.lê.ni.co (*gr Seléne+ico*²) *adj* **1** Relativo à Lua. **2** Relativo ao selênio. **3** Que contém selênio.

se.lê.nio (*lat seléne+io*²) *sm Quím* Elemento não metálico tóxico, relacionado com o enxofre e o telúrio e quimicamente semelhante a eles, usado principalmente em células fotoelétricas, em retificadores e em vários aparelhos eletrônicos e na descoloração do vidro. Número atômico 34 e símbolo Se.

se.le.ni.ta (*seleno+ita*²) *s m+f* Suposto habitante da Lua. *sf Miner* Variedade de gesso que ocorre em forma de cristais transparentes ou de massas cristalinas.

se.le.ta (*lat selecta*) *sf* **1** Coleção de trechos literários ou científicos, selecionados de várias obras e reunidos em livro; antologia. **2** Variedade de laranja doce. **3** *pop* Porção de frutas, de legumes etc. selecionados.

se.le.ti.vo (*seleto+ivo*) *adj* Que seleciona; próprio para selecionar: *Processo seletivo*.

se.le.to (*lat selectu*) *adj* **1** Escolhido. **2** *por ext* Especial, excelente, incomparável.

se.le.tor (*ingl selector*) *adj* V *seletivo*. • *sm* **1** Pessoa ou aparelho que seleciona. **2** *Rád* Elemento de sintonização de um receptor. **3** Qualquer mecanismo, automático ou não, que realiza determinada seleção.

self-service (*sélfi-sérvice*) (*ingl*) V *autosserviço*.

se.lim (de *sela*) *sm* **1** Sela rasa e pequena. **2** O assento da bicicleta. *Pl: selins*.

se.lo (*ê*) (*lat sigillu*) *sm* **1** Estampilha adesiva que se cola nos envelopes e volumes que são expedidos pelo correio. **2** Impressão de um sinete ou carimbo em um material plástico, como argila, cera, lacre etc. **3** Carimbo de uma autoridade, com as armas ou a divisa do Estado, posto em documentos, para autenticá-los ou validá-los. **4** Marca usada para identificar ou substituir a assinatura de um indivíduo ou de uma organização ou autenticar os escritos emitidos por eles. **5** Qualquer coisa que autentica, confirma, ratifica.

sel.va (*lat silva*) *sf* **1** Vasta floresta virgem; mata inculta, rude: *As selvas amazônicas*. **2** Lugar muito arborizado por natureza; bosque, floresta, mata. **3** *fig* Grande número de coisas, especialmente de coisas emaranhadas. **4** *fig* Lugar onde se luta duramente, especialmente para sobreviver.

sel.va.gem (*provençal salvatge*) *adj m+f* **1** Da selva ou próprio dela; agreste, bravio. **2** Que não tem civilização; incivilizado, inculto. **3** Despovoado, deserto, ermo, sem habitantes. **4** Que não está domesticado; bravo. **5** *Bot* Que nasce e cresce sem cultura, sem cuidado especial; bravo, silvestre. **6** *fig* Grosseiro, rude, rústico. • *sm* **1** Pessoa que não vive na sociedade civilizada. **2** Pessoa que vive nas selvas; o índio não assimilado à civilização. **3** Pessoa grosseira, rude. *Pl: selvagens*.

sel.va.ge.ri.a (*selvagem+eria*) *sf* **1** Estado, qualidade, vida ou condição de selvagem. **2** Ato, dito ou modo de selvagem. **3** Rudeza, brutalidade. *Var pus: selvajaria*.

sel.vá.ti.co (*lat silvaticu*) *adj* **1** Da selva; próprio da selva. **2** Selvagem.

sem (*lat sine*) *prep* **1** Indica uma das seguintes relações: ausência, exclusão, falta, privação etc.: *Estar sem dinheiro*. **2** Exprime a ideia negativa de modo: *Pagou sem bufar*. **3** Exprime concessão ou condição, quando antecede um infinitivo: *Sem me conhecer, prestou-me um grande favor*. *Sem cerimônia*: à vontade, com inteira liberdade (*cf sem-cerimônia*). *Sem tirar nem pôr*: exatamente assim; tal qual; sem diferença alguma.

Sem é um prefixo que exige obrigatoriamente o uso de hífen antes de qualquer letra: *sem-cerimônia, sem-fim, sem-par, sem-vergonha, sem-sal, sem-pudor* etc. Exceções: *sensabor, sensaborão*. Algumas palavras compostas por esse prefixo não admitem plural: *sem-terra, sem-casa, sem-família, sem-teto, sem-sal, sem-pão, sem-par, sem-luz; os sem-teto, homens sem-casa, obras sem-par, refeições sem-sal* etc.

Entretanto, admitem o plural: *sem-nome, sem-vergonha, sem-cerimônia, sem-número, sem-vergonhice*; as *sem-vergonhices, os sem-vergonhas, os sem-números, os sem-cerimônias* etc.

se.má.fo.ro (*sema+foro*) *sm* **1** Sinal luminoso colocado nos cruzamentos das vias públicas de grande afluência, para regular o deslocamento de pedestres e veículos; farol; sinal; sinaleira; sinaleiro. **2** Poste ou estrutura para sinalização nas estradas de ferro, rodovias e ruas, por meio de hastes móveis ou luzes coloridas. **3** Aparelho para a transmissão de informações por meio de sinais ópticos. **4** Telégrafo óptico, colocado nas costas marítimas e nos portos, para notificar a chegada ou a passagem de navios de guerra ou mercantes e estabelecer comunicação com eles por meio de sinais.

se.ma.na (*lat septimana*) *sf* **1** Período de sete dias consecutivos a começar do domingo. **2** Espaço de sete dias quaisquer, seguidos. **3** *pop* Os dias da semana, exceto o domingo; os dias de trabalho.

se.ma.nal (*semana+al¹*) *adj m+f* **1** Pertencente ou relativo à semana. **2** Que se faz, que se publica ou que sucede de semana a semana. *Pl: semanais*.

se.ma.ná.rio (*semana+ário*) *sm* Periódico que se publica uma vez cada semana.

se.man.col (*se¹+manc(ar)+ol*) *sm bras pop* Capacidade que o indivíduo tem para perceber quando está sendo importuno, maçante. *Sin: semancômetro*. *Pl: semancóis*.

se.mân.ti.co (*gr semantikós*) *adj* **1** Relativo à semântica. **2** Relativo à significação; significativo.

sem.blan.te (*lat simulante*) *sm* Cara, rosto; aspecto; fisionomia.

sem-ce.ri.mô.nia *sf* **1** Desprezo das convenções sociais. **2** Falta de cerimônia. **3** Excessiva liberdade nos gestos ou nas ações. *Pl: sem-cerimônias*.

sê.mea (*lat simila*) *sf* A parte mais fina da farinha de trigo.

se.me.a.du.ra (*semear+dura*) *sf* **1** Ato ou efeito de semear. **2** O grão que vai ser lançado à terra. **3** Terreno semeado.

se.me.ar (*lat seminare*) *vtd* **1** Lançar a semente na terra lavrada para a fazer germinar: *Semear trigo*. *vtd* **2** Espalhar sementes sobre: *Semeou três alqueires de terra*. *vint* e *vtd* **3** Lançar sementes; praticar a semeadura: *Já é tempo de semear. O homem semeava a terra e a chuva a fazia brotar*. *vtd* **4** *fig* Divulgar, espalhar, fazer correr, propalar: *Semear boatos* *vtd* **5** Causar, produzir; fomentar, incrementar: *Semear a corrupção*. Conjuga-se como *frear*.

se.me.lhan.ça (*semelhar+ança*) *sf* **1** Qualidade ou estado de semelhante. **2** Conformidade, relação de fisionomia entre duas ou mais coisas ou pessoas que se parecem mutuamente; afinidade de caracteres. **3** Analogia, imitação, conformidade, parecença. *Antôn* (acepções 1 e 2): *dessemelhança*.

se.me.lhan.te (*lat simulante*) *adj m+f* Que tem semelhança; parecido, análogo, similar. *Antôn: dessemelhante, diferente*. • *sm* **1** Pessoa ou coisa que se assemelha a outra. **2** O que é constituído da mesma substância ou tem a mesma estrutura; o que é análogo. **3** O próximo: *O nosso semelhante*. • *pron* Tal, este, aquele: *Semelhante atitude é imperdoável*.

se.me.lhar (*lat similare*) *vtd* **1** Ter semelhança com; imitar, lembrar, representar como semelhante: *A esfinge semelha uma cabeça humana*. *vti* e *vpr* **2** Afigurar-se, assemelhar-se, parecer(-se): *O espião semelha ao* (ou *com o*) *escorpião. A pedra semelhava-se a um baú. Estes gêmeos não se semelham*.

sê.men (*lat semen*) *sm* **1** Semente. **2** *V esperma*. *Pl: semens* e *sêmenes*.

se.men.te (*lat semente*) *sf* **1** *Bot* Óvulo fecundado, maduro e desenvolvido, constituído geralmente de amêndoa e tegumento. **2** Qualquer substância ou grão que se semeia ou que se lança à terra para se fazer germinar. **3** *Bot* Grão ou a parte do fruto próprio para a reprodução. **4** Esperma, sêmen. **5** *fig* Princípio gerador; origem, causa.

se.men.tei.ra (*semente+eira*) *sf* **1** Aquilo que se semeia. **2** Semente lançada à terra. **3** Terra semeada; viveiro de plantas.

se.mes.tral (*semestre+al¹*) *adj m+f* **1** Pertencente ou relativo a semestre. **2** Que se publica ou se realiza ou sucede de seis em seis meses. **3** Que abrange ou compreende um semestre. *Pl: semestrais*.

se.mes.tra.li.da.de (*semestral+i+dade*) *sf* **1** Qualidade de semestral. **2** Pagamento por semestre.

se.mes.tre (*lat semestre*) *sm* O espaço de seis meses consecutivos; meio ano. • *adj V semestral*.

sem-fim (*sem+fim*) *adj m+f* Que não tem número, que não tem fim, indefinido. • *sm* **1** Número ou quantidade indeterminada. **2** Espaço indefinido. *Pl: sem-fins*.

se.mi.a.ber.to (*semi+aberto*) *adj* Meio aberto; entreaberto.

se.mi.a.ber.tu.ra (*semi+abertura*) *sf* Abertura incompleta; meia abertura.

se.mi.al.fa.be.ti.za.do (*semi+alfabetizado*) *V semianalfabeto*.

se.mi.a.nal.fa.be.to (*semi+analfabeto*) *adj* Diz-se do indivíduo meio analfabeto; mal alfabetizado. • *sm* Esse indivíduo.

se.mi.a.quá.ti.co (*semi+aquário*) *adj* **1** *Bot* Que cresce indiferentemente dentro da água ou perto dela. **2** *Zool* Que frequenta a água, mas não vive exclusivamente nela (*p ex*, o castor).

se.mi.á.ri.do (*semi+árido*) *adj* Meio árido; um tanto árido.

se.mi.au.to.má.ti.co (*semi+automático*) *adj* **1** Que não é completamente automático. **2** Que se faz um tanto mecanicamente.

se.mi.bár.ba.ro (*lat semibarbaru*) *adj* Meio bárbaro; quase selvagem.

se.mi.bre.ve (*semi+breve*) *sf Mús* Nota inteira; vale metade da breve ou duas mínimas.

se.mi.cer.ra.do (*semi+cerrado*) *adj* Parcialmente cerrado; entreaberto.

se.mi.cer.rar (*semi+cerrar*) *vtd* e *vpr* Cerrar(-se) em parte; deixar(-se) entreaberto.

se.mi.cir.cu.lar (*semicírculo+ar¹*) *adj m+f* **1** Pertencente, relativo ou semelhante ao semicírculo. **2** Quase circular.

se.mi.cír.cu.lo (*semi+círculo*) *sm* **1** Metade do círculo. **2** *V transferidor*.

se.mi.cir.cun.fe.rên.cia (*semi+circunferência*) *sf Geom* Metade da circunferência.

se.mi.con.du.tor (*semi+condutor*) *sm Fís* Condutor elétrico que diminui sua resistência de acordo com a temperatura e cuja condução de carga pode ocorrer por elétrons ou por íons ou por buracos.

se.mi.cons.ci.en.te (*semi+consciente*) *adj m+f* Meio consciente; não inteiramente consciente.

se.mi.deus (*lat semideus*) *sm* **1** *Mit* Ente imortal, em parte humano e em parte divino; divindade de segunda ordem. **2** *Mit* Herói, filho de um deus e de uma deusa ou de uma deusa e de um mortal. **3** *fig* Homem extraordinário pelo gênio, pelo talento, por algum feito heroico ou notável. *Fem: semideusa* e *semideia. Pl: semideuses.*

se.mi.es.fé.ri.co *adj* Que tem a forma de semiesfera; hemisférico.

se.mi.fi.nal (*semi+final*) *adj* **1** *Esp* Diz-se de cada uma das duas provas cujos vencedores, pelo fato de terem vencido, adquiriram o direito de disputar a final. **2** Diz-se da prova anterior à final, em certos concursos. • *sf* Prova semifinal. *Pl: semifinais.*

se.mi.fi.na.lis.ta (*semi+finalista*) *adj m+f* Diz-se do esportista, do conjunto ou do candidato que, em competições esportivas ou em certos concursos (como, por exemplo, concurso de beleza), se classifica para a prova semifinal. • *s m+f* Essa pessoa ou esse conjunto.

se.mi-in.ter.na.to (*semi+internato*) *sm* **1** Estado do que é semi-interno. **2** Estabelecimento escolar cujos alunos são semi-internos. *Pl: semi-internatos.*

se.mi-in.ter.no (*semi+interno*) *adj* Diz-se do aluno que estuda e faz as refeições no colégio, mas dorme em casa. • *sm* Esse aluno. *Pl: semi-internos.*

se.mi.me.tal (*semi+metal*) *sm Quím* Elemento que possui propriedades semelhantes às dos metais, mas em grau inferior, e não é maleável. *Pl: semimetais.*

se.mi.mor.to (*lat semimortuu*) *adj* **1** Quase morto; exânime. **2** Cansado, esfalfado. **3** *fig* Apagado, amortecido.

se.mi.nal (*lat seminale*) *adj m+f* **1** Pertencente ou relativo a semente ou a sêmen. **2** Que contém sementes ou sêmen: *Vesículas seminais.* **3** Da natureza da semente ou do sêmen. *Pl: seminais.*

se.mi.ná.rio (*lat seminariu*) *sm* **1** Lugar onde se criam plantas novas de sementes, para transplantação; viveiro de plantas. **2** Casa de educação e ensino onde se preparam candidatos para o sacerdócio. **3** Reunião de estudos em que os participantes fazem debates sobre determinado assunto.

se.mi.na.ris.ta (*seminário+ista*) *sm* Aluno de um seminário (acepção 2).

se.mí.ni.ma (*se³+mínima*) *sf Mús* Nota que vale um tempo ou metade da mínima.

se.mi.nu (*lat seminudu*) *adj* **1** Meio nu; quase nu. **2** Coberto de trapos; roto.

se.mi.nu.bla.do (*semi+nublado*) *adj Meteor* Diz-se do céu meio coberto de nuvens; semicoberto.

se.mi.nu.dez (*semi+nudez*) *sf* Estado ou qualidade de seminu. *Pl: seminudezes.*

se.mi.o.lo.gi.a (*semio+logo²+ia¹*) *sf* **1** Ciência dos sinais e a arte de empregá-los. **2** *Med* Ramo da medicina que trata dos sintomas; semiótica, sintomatologia. **3** *Ling* V *semântica.*

se.mi.ó.ti.ca (*gr semeiotiké*) *sf* **1** V *semiologia* (acepção 2). **2** Doutrina filosófica geral dos sinais e símbolos, especialmente das funções destes, tanto nas línguas naturais quanto nas artificialmente construídas; compreende três ramos: sintaxe, semântica e pragmática.

se.mi.pla.no (*semi+plano*) *adj* Quase plano. • *sm Geom* Parte de um plano limitado por uma reta.

se.mi.por.tá.til (*semi+portátil*) *adj m+f* Que é quase portátil; não totalmente portátil. *Pl: semiportáteis.*

se.mi.pre.ci.o.so (ô) (*semi+precioso*) *adj* Que é em parte precioso; que não é totalmente precioso. *Pedra semipreciosa:* gema que não chega a ter o alto valor das preciosas. *Pl: semipreciosos* (ó).

se.mir.re.ta (*semi+reta*) *sf Geom* Cada uma das duas partes em que uma reta fica dividida por qualquer de seus pontos.

se.mi.ta (*Sem, np+ita²*) *adj m+f* Que se refere aos semitas. • *s m+f* **1** Membro de um dos povos que, segundo a Bíblia, descendem de Sem. **2** Membro de um dos povos do sudoeste da Ásia que falam ou falaram línguas semíticas, que são hoje representados pelos hebreus, árabes e etíopes e em tempos antigos também o eram pelos babilônios, assírios, arameus, cananeus e fenícios.

se.mí.ti.co (*semita+ico²*) *adj* **1** Pertencente ou relativo aos semitas. **2** Em sentido restrito, pertencente ou relativo aos judeus. **3** *Ling* Relativo ou pertencente às línguas semíticas. • *sm Ling* Grupo de línguas faladas em grande parte no norte da África e no Oriente Médio. *Línguas semíticas:* ramo da família de línguas afro-asiáticas que inclui o hebraico, o árabe, o etíope, o assírio-babilônico, o aramaico, o fenício e outras línguas antigas já extintas.

se.mi.tis.mo (*semita+ismo*) *sm* **1** Caráter ou qualidade do que é semítico. **2** Em sentido restrito, modos, ideias ou influência do povo judeu. **3** Em sentido restrito, predisposição ou política favorável aos judeus.

se.mi.tom (*semi+tom*) *sm Mús* Intervalo que tem metade de um tom; meio-tom. *Pl: semitons.*

se.mi.trans.pa.ren.te (*semi+transparente*) *adj m+f* Imperfeitamente transparente.

se.mi.vi.vo (*semi+vivo*) *adj* Quase sem vida; semimorto.

se.mi.vo.gal (*semi+vogal*) *adj m+f Gram* Diz-se da vogal breve *i* ou *u* que, quando acompanha outras, com ela forma uma sílaba (*por ex* em *mais, maus, água, quais, saguão*). • *sf* Essa vogal breve. *Pl: semivogais.*

sem-mo.dos (*sem+modos*) *adj m+f sing* e *pl* Diz-se da pessoa que não tem boas maneiras; inquieto, travesso. • *s m+f sing* e *pl* Essa pessoa.

sem-nú.me.ro (*sem+número*) *adj m+f sing* e *pl* Inumerável, sem conta. • *sm sing* e *pl* Grande número; número indeterminado: *Tentou e falhou um sem-número de vezes.*

sê.mo.la (*ital semola*) *sf* **1** Substância granulosa feita de grãos de trigo ou de outros cereais e usada para fazer macarrão e outras massas alimentícias. **2** Espécie de massa alimentícia extraída das batatas.

se.mo.li.na (*ital semolino*) V *sêmola.*

se.mo.ven.te (*se¹+movente*) *adj m+f* Que se move por si mesmo. • *sm* Ser que se move por si mesmo. *Bens semoventes, Dir:* gado, animais domésticos.

sem-par (*sem+par*) *adj m+f sing* e *pl* Diz-se de pessoa ou coisa que não tem igual; singular, única. • *s m+f sing* e *pl* Essa pessoa ou coisa.

sem-pá.tria (*sem+pátria*) *s m+f sing* e *pl* **1** Pessoa que não tem pátria; apátrida. **2** Pessoa que renega a pátria ou a ideia de pátria por convicção política ou filosófica.

sem.pre (*lat semper*) *adv* **1** A toda hora, a todo momento, em todo tempo: *Deus sempre atende minhas orações.* **2** Constantemente, continuamente, sem cessar: *Está sempre a falar da vida alheia.* **3** Afinal, enfim. **4** Na verdade. • *conj* Contudo, entretanto, no entanto, todavia: *Afirma que sabe alemão; sempre tenho as minhas dúvidas.* • *sm* Todo o tempo (o passado, o presente, o futuro).

sem.pre-vi.va (*sempre+viva*) *sf Bot* **1** Gênero de ervas carnosas, às vezes arborescentes, muitas das quais têm flores de várias cores com numerosas sépalas e pétalas, e são largamente cultivadas como ornamentais (secam sem murchar). **2** Qualquer planta ou flor desse gênero. *Pl: sempre-vivas.*

sem-ra.zão (*sem+razão*) *sf* **1** Falta de razão. **2** Ato ou conceito infundado; afronta, injustiça. *Pl: sem-razões.*

sem-sal (*sem+sal*) *adj m+f sing* e *pl* Insosso; sensabor.

sem-ter.ra (*sem+terra*) *adj m+f sing* e *pl* Diz-se da pessoa que não possui terras para o cultivo: *Agricultores sem-terra.* • *s m+f sing* e *pl* Pessoa sem-terra.

sem-te.to (*sem+teto*) *adj m+f sing* e *pl* Diz-se da pessoa que não possui casa própria nem condições de alugar uma moradia, e acaba morando na rua. • *s m+f sing* e *pl* Pessoa sem-teto.

sem-ver.go.nha (*sem+vergonha*) *adj m+f sing* e *pl* Diz-se da pessoa desavergonhada, descarada, despudorada, desonesta. • *s m+f sing* e *pl* Essa pessoa. *sf* **1** Falta de vergonha. **2** *Bot* Planta urticácea. *Pl* do *sf: sem-vergonhas.*

sem-ver.go.nhi.ce (*sem+vergonha+ice*) *sf* Ação ou procedimento de sem-vergonha; sem-vergonhismo. *Pl: sem-vergonhices.*

se.na (*lat sena*) *sf bras* **1** Carta de jogar, dado ou peça de dominó com seis pintas ou pontos. **2** Certo tipo de loteria de números em que se sorteiam seis números.

se.na.do (*lat senatu*) *sm* **1** *Antig rom* Conselho supremo de Estado. **2** Câmara alta, nos países que têm duas assembleias legislativas. **3** Edifício destinado às reuniões de um senado.

se.na.dor (*lat senatore*) *sm* **1** Membro do senado. **2** Membro da câmara alta em alguns países representativos. **3** *Reg* (RS) Cavalo muito velho. *Fem: senadora.*

se.não (*se+não*) *conj* **1** Aliás, de outra forma, de outro modo, quando não: *Vá depressa, senão você perde o trem.* **2** Mas, mas sim: *Não se encontra em nenhum livro, senão neste.* **3** A não ser, mais do que: *Não vieram senão três passageiros.* **4** Aparece às vezes como correlativo de *não só* e equivale a *mas também*: *Eram não só justos, senão caridosos.* • *prep* À exceção de, exceto, menos: *Ninguém aplaudiu, senão a claque.* • *sm* Defeito, leve falta, mácula: *Há no seu trabalho um pequeno senão.* *Pl* do *sm: senões.*

Usa-se **senão** quando significa:
a) Caso contrário, de outra forma. *Apresse-se, senão perderá o trem.*
b) A não ser, sem que, mais do que, menos do que, com exceção de. **Senão** *os funcionários imprescindíveis, todos gozaram folga. Ele nada faz* **senão** *reclamar. Nada pode fazer* **senão** *chorar.*
c) Mas, mas sim, mas também. *A história não lhe diz respeito,* **senão** *aos segurados. Eram não apenas bons alunos,* **senão** *ótimos cidadãos. Não se faz o que se quer,* **senão** *o necessário.*
d) De repente, de súbito, eis que (senão quando). *Foi* **senão** *e apenas* **senão** *que a notícia atingiu a todos. Eis* **senão** *que ele assoma à porta pálido e transtornado.*

se.ná.rio (*lat senariu*) *adj* Que tem seis unidades. *Cf cenário.*

se.na.to.ri.a (*lat senatore+ia¹*) *sf* Mandato de senador. *Var: senatória.*

se.na.to.ri.al (*lat senatore+i+al¹*) *adj m+f* Relativo ao senado. *Var: senatório. Pl: senatoriais.*

sen.da (*lat semita*) *sf* **1** Caminho desviado, estreito, para pedestres; atalho, vereda. **2** O caminho que se segue na vida. **3** *fig* Hábito, praxe, rotina.

se.nec.tu.de (*lat senectute*) *sf* Decrepitude, senilidade, velhice.

se.ne.ga.lês (*top Senegal+ês*) *adj* Do, pertencente ou que se refere ao Senegal (África). • *sm* O natural ou habitante desse país. *Var: senegalense. Fem: senegalesa. Pl: senegaleses (ê).*

se.nha (*lat signa*) *sf* **1** Gesto, sinal ou palavra combinados entre duas ou mais pessoas para qualquer fim; aceno, indício. **2** Bilhete que dá a seu portador entrada livre numa agremiação ou num espetáculo. **3** Papel usado para documentar qualquer bagagem ou mercadoria despachada. **4** *Inform* Conjunto determinado de caracteres que devem ser introduzidos corretamente para se ter acesso à memória do computador.

se.nhor (ô) (*lat seniore*) *sm* **1** Tratamento dado por cortesia a qualquer homem: *O senhor não quer sentar-se?* **2** Soberano, chefe; título honorífico de alguns monarcas. **3** Homem de alta consideração; nobre. **4** Tratamento de criados para os amos. **5** Dono da casa. **6 Senhor** Deus, Jesus Cristo: *O Senhor é meu pastor. Senhor do seu nariz, pop:* sujeito dado a importante, indivíduo que não aceita conselhos de ninguém. *Ser senhor de si* ou *das suas ações:* poder agir livremente; poder dispor de si; ser completamente independente. *Abrev: Sr.*

se.nho.ra (ó) (*fem de senhor*) *sf* **1** Tratamento que se dá por cortesia às mulheres casadas ou àquelas não muito jovens. **2** Tratamento dado a qualquer mulher a quem ou de quem se fala ou se escreve. **3** Ama ou dona de casa em relação aos seus subordinados. **4** Dona de qualquer coisa, ou que tem domínio sobre essa coisa; proprietária, possuidora. *A Senhora* ou *Nossa Senhora:* a Virgem Maria. *Abrev: Sra.*

se.nho.re.ar (*senhor+e+ar¹*) *V* assenhorear.

se.nho.ri.a (*senhor+ia¹*) *sf* **1** Feminino de *senhorio.* **2** Autoridade ou qualidade de senhor ou senhora; senhorio. **3** Autoridade, direito ou poder de alguém sobre a terra de que é possuidor. *Vossa Senhoria:* tratamento cerimonioso empregado principalmente nas cartas comerciais. *Abrev: V. Sa.* ou *V. S.ª* (singular) e *V. Sas.* ou *V. S.ᵃˢ* (plural). Como ocorre com outros pronomes de tratamento (Excelência, Reverência, Eminência etc.), *Vossa*

Senhoria exige o possessivo "vossa" quando se está falando com a pessoa. Entretanto, quando se fala sobre ou a respeito da pessoa usa-se o possessivo "sua".
Fico feliz ao conversar pessoalmente com Vossa Senhoria.
Comunicou ao amigo que não via Sua Senhoria desde o último verão.
Observe que com os pronomes de tratamento o verbo deve ficar sempre na 3ª pessoa do singular.
Vossa Senhoria chegou cedo hoje. Também chegará cedo amanhã?
Sua Senhoria, como diretor do departamento, decidirá sobre o assunto quando voltar de viagem.

se.nho.ri.al (*senhorio+al*[1]) *adj m+f* Pertencente ou relativo ao senhor ou ao senhorio. *Pl: senhoriais.*

se.nho.ril (*senhor+il*) *adj m+f* **1** Próprio de senhor ou senhora; próprio de pessoa de distinção. **2** Que domina pela sua apresentação; distinto, nobre, majestoso. *Pl: senhoris.*

se.nho.ri.o (*senhor+io*[2]) *sm* **1** Qualidade de senhor ou senhora. **2** Direito que cada um tem sobre aquilo que lhe pertence; autoridade, mando. **3** Proprietário de casa ou prédio alugado.

se.nho.ri.ta (*cast señorita*) *sf* **1** Diminutivo de *senhora*. **2** Tratamento cortês que se dá às mulheres jovens não casadas. *Abrev: Srta.*

se.nil (*lat senile*) *adj m+f* **1** Pertencente ou relativo à velhice ou aos velhos. **2** Proveniente da velhice. **3** Que apresenta as características da senectude, tais como debilidade física e mental. *Pl: senis.*

se.ni.li.da.de (*senil+i+dade*) *sf* **1** Estado ou qualidade de senil. **2** Debilidade física e intelectual, causada pela velhice. **3** Idade senil.

sê.nior (*lat seniore*) *adj* **1** Mais velho. **2** Diz-se de profissional experiente: *Analista sênior.* • *sm* Esportista que já obteve primeiros prêmios. *Antôn: júnior. Pl: seniores (ô).*

se.no (*lat sinu*) *sm* Mat **1** Perpendicular que vai de uma das extremidades de um arco de círculo ao arco que passa pela outra extremidade. **2** Razão entre essa perpendicular e esse raio.

se.noi.dal (*senoide+al*[1]) *adj m+f* Relativo ou pertencente a uma senoide. *Pl: senoidais.*

se.noi.de (*ó*) (*seno+oide*) *sf* Mat Curva dos senos, em que as abscissas são proporcionais ao arco ou ângulo e as ordenadas ao seu seno.

sen.sa.bor (*sem+sabor*) *adj* **1** Que não tem sabor ou gosto; insípido. **2** Monótono, enfadonho. **3** Diz-se de pessoa sem graça, insípida. • *s m+f* Pessoa sem graça e insípida.
Veja nota em *sem*.

sen.sa.bo.ri.a (*sensabor+ia*[1]) *sf* **1** Qualidade de sensabor; insipidez. **2** Comida sem gosto. **3** Falta de graça ou de espírito. **4** Dito ou conversa sem-sal.

sen.sa.ção (*lat sensatione*) *sf* **1** Função ou ação dos sentidos. **2** Percepção pelos sentidos. **3** Impressão física recebida pelos sentidos, como dor, calor, frio etc. **4** Condição mental ou emocional produzida pela impressão de um órgão do sentido, como apreensão, angústia, prazer etc. **5** Faculdade de sentir; sensibilidade. *Pl: sensações.*

sen.sa.ci.o.nal (*lat sensatione+al*[1]) *adj m+f* **1** Pertencente ou relativo a sensação. **2** Capaz de produzir grande sensação. *Pl: sensacionais.*

sen.sa.ci.o.na.lis.mo (*sensacional+ismo*) *sm* **1** Caráter ou qualidade de sensacional. **2** Tendência a divulgar notícias exageradas ou que causem sensação.

sen.sa.ci.o.na.lis.ta (*sensacional+ista*) *adj m+f* Em que há sensacionalismo ou escândalo; espetacular: *Notícia sensacionalista.* • *s m+f* Pessoa que visa a causar sensação em literatura, oratória etc.

sen.sa.tez (*sensato+ez*) *sf* Qualidade de sensato; bom senso, discrição, prudência. *Pl: sensatezes.*

sen.sa.to (*lat sensatu*) *adj* **1** Que tem bom senso; ajuizado, avisado, discreto, prudente. **2** Que é conforme ao bom senso.

sen.si.bi.li.da.de (*lat sensibilitate*) *sf* **1** Psicol Capacidade de um organismo de receber estimulações. **2** Tendência inata do homem para se deixar levar pelos afetos ou sentimentos de compaixão e ternura. **3** *Fisiol* Propriedade dos tecidos vivos de reagir aos excitantes exteriores. **4** Disposição para se ofender ou melindrar-se; suscetibilidade. **5** *Mec* Capacidade de aparelhos ou instrumentos de reagir à mínima ação ou variação de influências físicas externas, tais como peso, pressão, variação de temperatura etc.

sen.si.bi.li.zar (*sensível+izar*[1]) *vtd* **1** Tornar sensível; abrandar o coração de, comover, enternecer: *A homenagem às mães sensibilizou a jovem. vpr* **2** Comover-se; contristar-se: *Sensibiliza-se com* (ou *por*) *qualquer motivo. vtd* **3** *Fot* Tornar sensível à ação da luz (uma folha de papel etc.). *vtd* **4** *Med* Tornar (um organismo) sensível a um agente exterior ou droga medicamentosa.

sen.si.ti.va (*fem de sensitivo*) *sf Bot* Planta cujas folhas têm a propriedade de se retrair, quando algo ou alguém as toca.

sen.si.ti.vo (*lat vulg *sensitu, corr de sensu, de sentire*) *adj* **1** Pertencente ou relativo aos sentidos ou à sensação. **2** Que tem a faculdade de sentir. **3** Que recebe ou transmite impressões dos sentidos: *Nervos sensitivos.* **4** Que responde a estimulações, como certas folhas que se enrolam quando tocadas. • *sm* Pessoa de grande suscetibilidade, que se melindra facilmente.

sen.sí.vel (*lat sensibile*) *adj m+f* **1** Que é dotado de sensibilidade. **2** Capaz de receber impressões de agentes exteriores pelos órgãos dos sentidos. **3** Que tem facilidade em experimentar impressões emocionais; emotivo, suscetível. **4** Capaz de ser afetado por estimulações. **5** *Bot* Diz-se da planta que se retrai ou que fecha as folhas quando se lhe toca. *Ser sensível a alguma coisa*: afligir-se, desgostar-se, impressionar-se por causa dela. *Pl: sensíveis.*

sen.so (*lat sensu*) *sm* **1** Faculdade de julgar, de raciocinar; entendimento. **2** Siso, juízo, tino. **3** *p us* Sentido, direção. *Senso comum:* modo de pensar da maioria das pessoas. *Senso estético:* faculdade de apreciar a beleza. *Senso moral:* a consciência do bem e do mal. *Cf censo.*

sen.sor (*lat sensum+or*) *sm* Designação genérica para dispositivos como radares, sonares etc., por meio dos quais se percebem ou se localizam alvos inimigos, acidentes geográficos, sismos, ou se sondam mares e oceanos. *Cf censor.*

sen.so.ri.al (*lat sensu*) *adj m+f* **1** Pertencente ou

sensório relativo às sensações. **2** Relativo ou pertencente aos sentidos ou à sensação; sensório, sensitivo. *Pl: sensoriais.*

sen.só.rio (*lat sensu*) *adj* **1** V *sensorial.* **2** Que transmite impulsos que resultam em sensações: *Nervo sensório.* • *sm* **1** *Filos* O cérebro ou parte dele, considerado como a sede da alma. **2** *Biol* Qualquer centro nervoso sensorial. **3** *Biol* Todo o aparelho sensorial do corpo.

sen.su.al (*lat sensuale*) *adj m+f* **1** Pertencente ou relativo aos sentidos ou à sensação física; sensitivo. **2** Referente aos prazeres sexuais. **3** Muito dado aos prazeres dos sentidos ou à satisfação do apetite sexual; lascivo. **4** Que excita os prazeres dos sentidos. **5** Que indica sensualidade. • *s m+f* Pessoa sensual ou lasciva. *Pl: sensuais.*

sen.su.a.li.da.de (*lat sensualitate*) *sf* **1** Qualidade ou estado de sensual. **2** Lubricidade, volúpia. **3** Deleite produzido por coisas sensíveis ou, mais especialmente, o experimentado na satisfação dos apetites carnais.

sen.su.a.lis.mo (*sensual+ismo*) *sm* **1** Doutrina ética segundo a qual a satisfação dos apetites carnais é o maior bem do homem. **2** *Filos* Doutrina que atribui a geração das ideias à ação dos sentidos; sensacionalismo. **3** Amor aos prazeres dos sentidos; sensualidade.

sen.tar (*lat sedentare*, de *sedente*, part de *sedere*) *vtd* **1** Pôr sobre um assento; assentar: *Sentou a menina nos joelhos. vpr* **2** Assentar-se, tomar assento: *Concluída a oração, sentaram-se todos. vpr* **3** Colocar-se, estabelecer-se, fixar-se: *Sentar-se no trono.*

sen.ten.ça (*lat sententia*) *sf* **1** Julgamento ou decisão final proferida por juiz, tribunal ou árbitro. **2** Qualquer despacho ou decisão. **3** Provérbio, com caráter literário ou oratório, que encerra um pensamento moral ou uma opinião judiciosa sobre um assunto de interesse geral; máxima. **4** *Teol* Julgamento de Deus acerca dos homens. **5** Palavra ou frase que encerra uma resolução inabalável; juramento, protesto do réu. **6** *Gram* Oração; frase.

sen.ten.ci.a.do (*part de sentenciar*) *adj* **1** Julgado por meio de sentença; decidido. **2** Diz-se do indivíduo condenado por sentença. • *sm* Esse indivíduo.

sen.ten.ci.ar (*lat sententiare*) *vtd* e *vint* **1** Julgar por sentença; decidir pró ou contra alguém ou alguma coisa: *Sentenciar uma causa, um processo. O juiz demorou a sentenciar. Salomão sentenciava sabiamente.* *vtd* e *vtdi* **2** Condenar por meio de sentença: *Sentenciar um criminoso. O júri sentenciou o condenado à pena de 20 anos. Conjug – Pres indic: sentencio, sentencias, sentencia* etc.

sen.ti.do (*part* de *sentir*) *adj* **1** Que se sentiu. **2** Magoado, melindrado, ressentido, triste. **3** Que se ofende com qualquer coisa; sensível, suscetível. **4** Que se pressentiu. • *sm* **1** *Fisiol* Cada uma das funções nervosas através das quais o organismo é capaz de receber e perceber impressões e alterações do ambiente. **2** Órgão do sentido (visão, audição, tato, olfato, paladar). **3** Faculdade de sentir, de compreender, de apreciar, de julgar. **4** Significação de uma palavra ou de um discurso. **5** Direção em que alguma coisa se desloca ou atua ou é imaginada deslocar-se ou atuar; rumo: *O sentido do movimento do ponteiro do relógio, o sentido de uma força.* • *interj* **1** Cuidado! Atenção! **2** *Mil* Voz de comando para que o soldado ou a tropa tome a posição de sentido.

sen.ti.men.tal (*sentimento+al¹*) *adj m+f* **1** Pertencente ou relativo ao sentimento. **2** Que tem ou revela sentimento. **3** Que é dominado pelos sentimentos de bondade e enternecimento; compassivo. **4** Que empolga o sentimento ou desperta emoções ternas: *Canção sentimental. Pl: sentimentais.*

sen.ti.men.ta.lis.mo (*sentimental+ismo*) *sm* **1** Exagero do sentimento e dos afetos ternos. **2** Afetação nas demonstrações de sentimento. **3** *Filos* Doutrina que preconiza o princípio de que, no homem, existem sentimentos que são a origem das ideias morais. **4** Gênero literário ou artístico em que se nota o predomínio do sentimento, que, por vezes, chega ao exagero.

sen.ti.men.to (*sentir+mento*) *sm* **1** Faculdade ou capacidade de sentir, de receber impressões mentais. **2** Sensação psíquica, tal como as paixões, o pesar, a mágoa, o desgosto etc. **3** Emoção terna ou elevada, tal como o amor, a amizade, o patriotismo. **4** Atitude mental a respeito de alguém ou de alguma coisa: *Sentimento de estima, de respeito, de ódio, do dever.* **5** Faculdade intuitiva de perceber ou apreciar as qualidades ou méritos de uma coisa: *Dotado do sentimento do belo.* **6** *Filos* Conjunto de emoções. *sm pl* **1** Modo de pensar, mentalidade, atitude moral: *Sentimentos mesquinhos, maus, nobres* etc. **2** Pêsames, condolências.

sen.ti.ne.la (*ital sentinella*) *sf* **1** *Mil* Soldado armado que está de vigia em um posto. **2** Pessoa que vigia ou vela por alguma coisa. **3** Qualquer coisa elevada (árvore, torre, coluna etc.), principalmente se colocada em lugar ermo.

sen.tir (*lat sentire*) *vtd* **1** Perceber por meio de qualquer um dos sentidos: *Sentir um cheiro de queimado. Sentir a maciez da lã. vtd* e *vpr* **2** Experimentar uma sensação física; perceber algo que se passa em seu próprio corpo: *Sentir calor. Sentir-se atordoado. vtd* **3** Ter consciência de: *Sentia que seu comportamento era indigno de sua idade. vtd* **4** Ser sensível a; experimentar, sofrer a ação, a força, a influência ou a intensidade de: *Sentir o encanto de viver. vtd* **5** Perceber a iminência ou a presença de; pressentir: *Os animais sentem, com antecedência, a aproximação de uma tempestade. vtd* **6** Certificar-se de; compreender: *Nem todos sentem os benefícios da boa alimentação. vtd* **7** Exprimir pesar por: *Sinto havê-lo magoado. Conjuga-se como ferir.* • *sm* Modo de ver; opinião; sentimento. *No meu sentir:* no meu modo de entender. *Cf cintar.*

sen.za.la *sf* **1** Conjunto dos alojamentos destinados aos escravos. **2** Habitação de escravos (no Brasil colonial ou imperial). *Var menos us: sanzala.*

sé.pa.la (*fr sépale*, de *sépar(er)+(pét)ale*) *sf Bot* Cada um dos folíolos que formam os cálices das flores.

se.pa.ra.ção (*lat separatione*) *sf* **1** Desunião, divisão, partição. **2** *Quím* Precipitação. **3** Ato ou fato de deixar as pessoas amigas ou os parentes;

afastamento. **4** *Dir* Ruptura de união conjugal. Antôn (acepções 1 e 2): *união*; (acepção 3): *aproximação*. Pl: *separações*.

se.pa.rar (*lat separare*) vint, vtd, vtdi e vpr **1** Apartar(-se), desligar(-se), isolar(-se), desunir (-se), criar barreira entre: *Separar os contendores. Convém separar o joio do trigo*. vtd **2** *Dir* Permitir a separação judicial entre: *Considerando os graves motivos, a lei os separou*. vpr **3** Cessar de viver em comum: *Pedro separou-se da esposa*. vpr **4** *Dir V divorciar-se*. vpr **5** Dividir-se, partir-se: *As águas separavam-se em dois braços*. vtd **6** Dispor ou repartir por grupos: *Separaram os alunos segundo a faixa etária*. vtd **7** Repartir em componentes ou elementos; dividir, decompor: *Separar uma substância em seus elementos químicos*. vtd **8** Ir para direções diferentes: *Na encruzilhada, os dois amigos separaram-se*. Antôn (acepção 1): *unir*; (acepções 5, 6 e 8): *reunir*.

se.pa.ra.ta (*lat separata*) *sf* Publicação de artigos já estampados num jornal ou revista, aproveitando-se a mesma composição tipográfica.

se.pa.ra.tis.mo (*separata+ismo*) *sm* **1** Partido ou sistema daqueles que defendem a separação de um território do Estado de que faz parte, para tornar-se um Estado independente ou unir-se com outro Estado. **2** Tendência e empenho de um território para separar-se do Estado de que faz parte.

se.pa.ra.tis.ta (*separata+ista*) *adj m+f* **1** Relativo ao separatismo. **2** Que tende a tornar-se independente. • *s m+f* Pessoa favorável ao separatismo ou que tem ideias separatistas.

se.pa.rá.vel (*lat separabile*) *adj m+f* Que se pode separar; destacável. Pl: *separáveis*.

sé.pia (*ital seppia*) *sf* **1** *Zool* Gênero de cefalópodes, com dez tentáculos, corpo oval, orlado de uma franja estreita de barbatanas, e provido de uma concha calcária interna e uma glândula, que segrega um fluido escuro com que o animal turva a água quando perseguido e que é usado na preparação de tintas para desenho. **2** A secreção tintorial dos moluscos do gênero sépia. **3** O pigmento escuro, altamente dispersivo, extraído com álcalis da glândula dessecada dos moluscos do gênero sépia. **4** A cor desse pigmento. **5** Desenho feito com tinta preparada com esse pigmento ou estampa ou fotografia cor sépia.

sep.ti.ce.mi.a (*gr septikós+hemo+ia[1]*) *sf Med* Estado mórbido determinado pela presença e multiplicação de micro-organismos virulentos no sangue. Também se denomina *infecção séptica*.

sép.ti.co (*gr septikós*) *adj* **1** Que causa putrefação; que faz apodrecer a carne. **2** Contaminado por micróbios. Antôn: *asséptico*.

sep.to (*lat septu*) *sm* **1** *Anat* Parede ou membrana que separa duas cavidades ou duas massas de tecido. **2** *Bot* Parede divisória entre duas células, cavidades ou massas, tal como em um ovário ou fruto composto. **3** *Fís* Membrana através da qual se realiza a osmose. *Septo nasal*: parede osteocartilaginosa entre as duas fossas nasais.

sep.tu.a.ge.ná.rio (*lat septuagenariu*) *V setuagenário*.

sep.tu.a.gé.si.mo (*lat septuagesimu*) *V setuagésimo*.

se.pul.cral (*lat sepulcrale*) *adj m+f* **1** Pertencente ou relativo a sepulcro: *Pedra sepulcral*. **2** Que serve de sepulcro ou em que há sepulcros. **3** Próprio ou sugestivo de sepulcro ou de morte: *Silêncio sepulcral*. **4** *fig* Diz-se da figura esquelética, pálida, cadavérica, como se houvesse saído do sepulcro. **5** *fig* Pálido, sombrio, triste, fúnebre. Pl: *sepulcrais*.

se.pul.cro (*lat sepulcru*) *sm* **1** Sepultura adornada com campa ou qualquer construção acima do solo. **2** Monumento onde se guardam os restos mortais de uma ou mais pessoas; cova funerária. **3** O que cobre ou encerra como um túmulo.

se.pul.ta.men.to (*sepultar+mento*) *sm* Ato de sepultar; enterro. Antôn: *exumação*.

se.pul.tar (*lat sepultare*) vtd e vpr **1** Encerrar(-se) em sepultura; enterrar(-se): *Há faquires que se sepultam vivos*. vtd **2** Aterrar, soterrar: *O chão abriu-se e sepultou-os*. vtd **3** Lançar em lugar profundo (abismo, poço, oceano etc.). vtd **4** *fig* Pôr fim a: *Sepultar esperanças, ilusões*. vtd **5** Não cultivar; deixar esterilizar-se: *Sepultar dons. Sepultar o talento*. Antôn (acepção 1): *exumar*.

se.pul.tu.ra (*lat sepultura*) *sf* **1** Lugar ou cova onde se sepultam os cadáveres. **2** Jazigo, sepulcro, túmulo.

se.quaz (*lat sequace*) *adj m+f* **1** Que segue ou acompanha assiduamente. **2** Que acompanha em ideias e opiniões. **3** Partidário, sectário. Antôn (acepções 2 e 3): *adversário*. • *s m+f* **1** Pessoa que segue ou acompanha assiduamente. **2** Pessoa que acompanha em ideias e opiniões. **3** Partidário, prosélito, sectário. Pl: *sequazes*.

se.que.la (*qwe*) (*lat sequela*) *sf* **1** Resultado secundário; consequência. **2** *Med* Efeito secundário de uma doença ou lesão; doença secundária; doença consecutiva. **3** Bando, malta, súcia.

se.quên.cia (*qwe*) (*lat sequentia*) *sf* **1** Ação ou efeito de seguir ou vir uma coisa após outra em ordem ou sucessão: *Sequência alfabética*. **2** Cada uma das partes subsequentes a outra, em um todo; continuação. **3** Número de coisas ou eventos que se seguem um após outro; série, sucessão, ordem. **4** *Jogo* Cartas seguidas de um naipe.

se.quen.ci.al (*qwe*) (*sequência+al[1]*) *adj* Que se refere a sequência; em que há sequência: *Análise sequencial*. Pl: *sequenciais*.

se.quer (*se[2]+quer*) *adv* **1** Ao menos, pelo menos: *Não havia sequer cadeiras*. **2** Nem ao menos; nem sequer: *Não era sequer simpática*.

Sequer (pelo menos, ao menos) só pode ser usado em orações negativas. Implica necessariamente a ideia de negação; assim, palavras como **nem** (conjunção) ou **não** (advérbio) são indispensáveis para seu uso.
*Ele **nem sequer** mencionou a nossa carta.*
*A empresa **não** mandou **sequer** uma comunicação.*
*Ela **nem** dedicou **sequer** um dia a sua memória.*

se.ques.tra.do (*qwe*) (*part de sequestrar*) *adj* **1** Posto em sequestro; penhorado: *Bens sequestrados*. **2** Que sofreu sequestro; raptado. • *sm* Pessoa ou coisa sequestrada.

se.ques.tra.dor (*qwe*) (*sequestrar+dor*) *adj* Que sequestra. • *sm* Aquele que sequestra.

se.ques.trar (*qwe*) (*lat sequestrare*) vtd **1** Pôr em sequestro (bens, haveres); arrestar, penhorar. vtd **2** Enclausurar ilegalmente; raptar: *Sequestrar* um empresário. *vtd* **3** Tirar violentamente ou às ocultas; apoderar-se ilegalmente de: *Sequestrar documentos*. *vtdi* **4** Privar do uso, exercício ou domínio de: *Sequestrar um direito a alguém*.

se.ques.tro (*qwe*) (*lat sequestru*) *sm* **1** Ação ou efeito de sequestrar; arresto, penhora. **2** Retenção ilegal de pessoa em lugar não destinado à prisão. **3** *Jur* Apreensão, por ordem judicial, de um bem que está em disputa (para assegurar a entrega dele à pessoa a quem a lei reconheça ser o legítimo proprietário).

se.qui.dão (*seco*+*idão*) *V* secura. *Pl*: *sequidões*.

se.qui.lho (*seco*+*ilho*) *sm Cul* Espécie de bolacha feita de ovos, farinha e açúcar. *Var*: *sequilo*.

se.qui.o.so (*ó*) (*seco*+*oso*) *adj* **1** Que tem sede; sedento. **2** Muito seco. **3** *fig* Ansioso de alguma coisa; ávido, cobiçoso, sôfrego. *Pl*: *sequiosos* (*ó*).

sé.qui.to (*qui* ou *qwi*) (*lat sequitu*, corr de *secutu*, de *sequi*) *sm* Conjunto de pessoas que acompanham outra ou outras por cortesia ou por dever oficial; acompanhamento, comitiva, cortejo.

se.quoi.a (*ó*) *sf Bot* **1** Gênero de árvores coníferas (pinheiros) gigantescas da América do Norte. **2** Planta desse gênero.

ser[1] (*lat sedere*) *vlig* **1** Possuir as características ou qualidades indicadas pelos adjetivos (predicativo) que acompanham e determinam o verbo: *As figuras eram muito vistosas*. *vint* **2** Existir, estar: *Aqui foi uma linda praça*. *vlig* **3** Ficar, tornar-se: *Mariana será uma linda mulher*. *vint* **4** Acontecer, ocorrer, suceder: *O nascimento foi a 5 de março*. *vint* **5** Indica o momento ou o ponto do tempo, a estação ou a época: *Eram nove horas quando ele chegou*. *vlig* **6** Consistir em: *O nosso azar foi não poder satisfazer todas as exigências regulamentares*. *vlig* **7** Ter o cargo, o título, a categoria, a função etc. de: *Paulo é um bom pai de família*. *vti* **8** Pertencer a, ter por dono: *Esta casa é de Pedro. São outros quinhentos, pop:* trata-se de outro assunto; isto não vem ao caso. *Seja como for:* seja isso assim ou não; como quer que seja. *Ser breve:* falar ou escrever em poucas palavras. *Ser contra:* ser contrário a; atacar, combater, impugnar, ofender. *Ser estrangeiro no seu país:* não o conhecer. *Conjug – Pres indic: sou, és, é, somos, sois, são; Pret imp: era, eras, era, éramos, éreis, eram; Pret perf: fui, foste (ô), foi, fomos, fostes (ô), foram; Pret mais-que-perf: fora (ô), foras (ô), fora (ô), fôramos, fôreis, foram; Fut pres: serei, serás, será, seremos, sereis, serão; Fut pret: seria, serias, seria, seríamos, seríeis, seriam; Pres subj: seja, sejas* etc.; *Pret imp subj: fosse (ô), fosses (ô), fosse (ô), fôssemos, fôsseis, fossem (ô); Fut subj: for (ô), fores (ô) for (ô), formos (ô), fordes (ô), forem (ô); Imper afirm: sê(tu), seja(você), sejamos(nós), sede (ê) (vós), sejam(vocês); Imper neg: não sejas(tu), não seja (você)* etc.; *Infinitivo impess: ser; Infinitivo pess: ser (ê), seres (ê), ser (ê), sermos (ê), serdes (ê), serem (ê); Ger: sendo; Part: sido*.

ser[2] (*de ser*[1]) *sm* **1** Ente. **2** Ente humano. **3** Existência, vida. **4** Coisa que tem realidade no mundo dos sentidos. **5** Figura, forma; estado, modo de existir. *sm pl* A natureza; tudo quanto existe; o conjunto das criaturas. *Ser supremo: V* Ente supremo.

se.rá.fi.co (*lat ecles seraphicu*) *adj* Pertencente ou relativo aos serafins; angélico.

se.ra.fim (*hebr seraphîm*) *sm* **1** *Teol* Anjo pertencente ao primeiro dos nove coros celestiais da hierarquia mais elevada. **2** *fig* Pessoa de rara beleza. *Pl*: *serafins*.

se.rão (*lat vulg *seranu*, de *seru*) *sm* **1** Tarefa ou trabalho noturno. **2** Reunião familiar à noite; sarau. **3** As horas que decorrem em qualquer lar doméstico desde o anoitecer até o deitar. *Fazer serão:* trabalhar fora das horas habituais. *Pl*: *serões*.

se.rei.a (*lat sirena*, do *gr seirén*) *sf* **1** *Mit* Ser mitológico cujo corpo era de mulher formosa, da cintura para cima, e de peixe, daí para baixo, terminado em cauda; a lenda dizia que, com a harmonia do seu canto, atraía os navegantes para o fundo do mar. **2** *fig* Mulher sedutora pela beleza ou pelo canto suavíssimo e melodioso. **3** *V* sirene.

se.re.le.pe *adj* **1** Faceiro, gracioso, provocante. **2** Buliçoso, vivo. **3** Ardiloso. • *sm Zool V* caxinguelê. *s m+f* Pessoa ágil, esperta, viva.

se.re.nar (*lat serenare*) *vtd* **1** Acalmar, aquietar: *A aurora veio serenar o oceano*. *vtd* **2** Aplacar, pacificar: *A saudade serenava suas tormentas*. *vint* e *vpr* **3** Acalmar-se, tranquilizar-se; desanuviar-se, voltar ao estado primitivo: "Ficou-me um resto de indignação, depois serenei" (Graciliano Ramos). *Serenou-se ao avistar a tranquila cidadezinha*. *vint* **4** Abrandar, amainar: *As ondas serenaram*.

se.re.na.ta (*ital serenata*) *sf* **1** Concerto de vozes ou de instrumentos que se dá à noite, debaixo das janelas de alguém. **2** Composição musical, simples e melodiosa. **3** Composição poética, própria para o canto noturno.

se.re.ni.da.de (*lat serenitate*) *sf* **1** Estado ou qualidade de sereno. **2** Estado de doçura, de paz; estado do que se acha isento de perturbações. **3** Paz, suavidade, tranquilidade.

se.re.no (*lat serenu*) *adj* **1** Sem nuvens; limpo de névoas; diz-se do céu calmo, claro, puro. **2** Calmo, sossegado, tranquilo. **3** Impassível, prudente, sensato, ponderado. • *sm* Umidade fina que cai às vezes depois do pôr do sol, sem que haja nuvens na atmosfera; orvalhada, relento.

se.res.ta *sf* **1** *pop* Serenata. **2** Baile popular noturno. *sm pop* Seresteiro.

se.res.tei.ro (*seresta*+*eiro*) *sm pop* O que faz serestas ou as frequenta.

ser.gi.pa.no (*Sergipe, np*+*ano*) *adj* Pertencente ou relativo ao Estado de Sergipe. • *sm* O habitante ou natural do Estado de Sergipe. *Var p us*: *sergipense*.

se.ri.a.do (*part* de *seriar*) *adj* **1** Que se seriou; disposto em séries. **2** Que segue em certa ordem. **3** Que pertence a uma série. • *sm* Filme, geralmente de aventuras, dividido em muitas partes exibidas em dias diferentes.

se.ri.al (*série*+*al*[1]) *adj m+f* **1** Pertencente ou relativo a série. **2** Disposto em série. *Pl*: *seriais*.

se.ri.ar (*série*+*ar*[1]) *vtd* **1** Dispor ou ordenar em série: *Seriar disciplinas escolares*. **2** Classificar por séries: *Seriar vocábulos*. *Conjug – Pres indic: serio, serias, seria (rí)* etc.; *Pres subj: serie, series (rí)* etc. *Cf* série e série.

se.ri.ci.cul.tor (*lat serice*+*cultor*) *adj* Que exerce a sericicultura. • *sm* Aquele que exerce a sericicultura. *Var: sericultor.*

se.ri.ci.cul.tu.ra (*lat serice+cultura*) *sf* Cultura da seda, que consiste em cultivar as amoreiras e criar o bicho-da-seda para a produção de seda crua. *Var: sericultura.*

sé.rie (*lat serie*) *sf* **1** Sucessão espacial ou temporal de eventos ou coisas. **2** Disposição ordenada lado a lado de objetos correspondentes, semelhantes ou relacionados. **3** Cada uma das divisões de uma sequência de objetos classificados. **4** Número de volumes de vários autores, normalmente relacionados pelo mesmo assunto, publicados sob um mesmo título. **5** *Quím* Sequência de elementos de números atômicos crescentes. *Série escolar:* divisão anual dos estudos de um curso; grau ou ano escolar.

se.ri.e.da.de (*lat serietate*) *sf* **1** Qualidade de sério. **2** Compostura na apresentação e maneiras; gravidade de porte. **3** Integridade de caráter. **4** Lealdade, probidade, retidão.

se.ri.e.ma (*tupi seriáma*) *sf Ornit* Ave pernalta, de asas ligeiras pouco adequadas para o voo, que vive nos descampados do Sul e se alimenta de bagas, insetos e lagartos. Voz: *cacareja, gargalha. Var: sariema* e *siriema.*

se.ri.fa (*ingl serif*) *sf Tip* Pequeno traço ou espessamento que arremata, de um ou ambos os lados, os terminais das letras; remate (veja, *p ex*, as letras deste dicionário).

se.ri.fa.do (*serifa+ado¹*) *adj* Diz-se da letra que apresenta serifa.

se.ri.gra.fi.a (*seri(ci)+grafo+ia¹*) *sf Art Gráf* **1** Processo de reprodução de imagens ou letreiros que usa um caixilho com tela, no qual as partes impermeabilizadas formam os claros do desenho (ou as áreas reservadas para outras cores) e a tinta passa pelas partes permeáveis, pressionada por rolo ou puxador. **2** Estampa obtida por esse processo.

se.ri.grá.fi.co (*seri(ci)+grafo+ico²*) *adj Art Gráf* Que se refere à serigrafia.

se.rí.gra.fo (*seri(ci)+grafo*) *sm Art Gráf* **1** Gráfico que faz serigrafia. **2** Artista que faz serigrafias, geralmente utilizando prensas com tiragem manual.

se.ri.gue.la (*gwe*) (*cost ciruela*) *sf Bot* **1** Árvore frutífera, das Antilhas, aclimada no Nordeste. **2** O pequeno fruto dessa árvore, em formato de elipse, amarelo e sumarento, semelhante ao cajá, porém muito doce. *Var: ceriguela* (*gwe*).

se.rin.ga (*lat serynga*) *sf* **1** *Med* Instrumento que consiste em um cilindro oco, de vidro, provido de um êmbolo e uma agulha oca, para injetar líquidos em vasos, tecidos ou cavidades, ou tirá-los deles. **2** *Mec* Bomba portátil para lubrificação. **3** Leite de seringueira ainda não coagulado. • *adj Reg* (AM e PA) Que produz borracha; usado na designação *pau-seringa.*

se.rin.gal (*sering(ueira)+al¹*) *sm* **1** Mata de seringueiras; lugar onde há muitas seringueiras. **2** Plantação de seringueiras. *Pl: seringais.*

se.rin.ga.lis.ta (*seringal+ista*) *s m+f* Pessoa proprietária de seringal.

se.rin.guei.ra (*seringa+eira*) *sf Bot* Nome vulgar de diversas árvores do gênero hévea, de cujo látex se prepara a borracha; árvore-da-borracha.

se.rin.guei.ro (*seringa+eiro*) *sm Reg* (Amazônia) **1** Indivíduo que extrai o látex da seringueira e com ele prepara a borracha; apanhador. **2** *V seringalista.* **3** *V seringueira.*

sé.rio (*lat seriu*) *adj* **1** De disposição, aparência ou maneiras graves. **2** Que não sorri. **3** Que não é leviano ou frívolo: *Moça séria.* **4** Que é honesto, digno de confiança em todas as suas coisas e negócios: *Negociante sério.* **5** Positivo, real, sincero. **6** Que denota seriedade, circunspeção, gravidade. **7** Que dá motivos para apreensões; crítico, grave: *Um caso sério. Sup abs sint: seriíssimo. Antôn* (acepção 2): *risonho*; (acepção 6): *burlesco.* • *sm* Gravidade, seriedade. • *adv V a sério.* **A sério:** de um modo sério, seriamente; deveras. *Falar sério:* exprimir-se com gravidade, com ponderação. *Levar a sério:* dar importância. *Sair do sério:* a) fazer, excepcionalmente, algo fora do seu hábito; b) praticar algum ato extraordinário. *Cf cério.*

ser.mão (*lat sermone*) *sm* **1** Discurso religioso em que o pregador proclama as verdades cristãs; prática, prédica. **2** Admoestação ou série de considerações com o fim de moralizar ou tornar virtuoso. **3** *pop* Censura enfadonha; repreensão, reprimenda. *Pl: sermões.*

se.rô.dio (*lat serotinu*) *adj* **1** Tardio. **2** Diz-se do fruto que vem ou amadurece nos fins da estação própria ou depois dela. *Antôn: precoce, temporão.*

se.ro.sa (*fem* de *seroso*) *sf Anat* Fina membrana que forra certo número de órgãos e cavidades do corpo.

se.ro.si.da.de (*seroso+i+dade*) *sf* **1** Qualidade de seroso. **2** Humor segregado pela membrana serosa, incolor e ligeiramente viscoso.

se.ro.so (*ô*) (*sero+oso*) *adj* **1** Pertencente, relativo ou semelhante ao soro. **2** Que é da natureza do soro. **3** Que produz soro ou um fluido seroso: *Glândula serosa.* **4** Que tem soro. **5** Diz-se da membrana que, sendo uma espécie de saco fechado, segrega serosidade na sua cavidade interior. *Pl: serosos* (*ó*).

ser.pe.ar (*serpe+e+ar¹*) *vint* **1** Andar (a serpente) de rastos; deslizar com movimentos sinuosos do corpo; colear. *vint* **2** Seguir uma linha sinuosa; ter um curso ou traçado ondulante: *Cascavéis serpeavam no fundo da cova. vtd* **3** Cingir como as serpentes: *Sinistras labaredas serpeavam a cabana incendiada. Conjug:* normalmente conjuga-se apenas nas 3ªs pessoas; segue a conjugação de *frear.*

ser.pen.tar (*serpente+ar¹*) *V serpear.*

ser.pen.tá.rio (*serpente+ário*) *sm* Viveiro de cobras destinadas à extração do veneno com que se prepara o soro antiofídico.

ser.pen.te (*lat serpente*) *sf* **1** *Zool* Nome genérico de todos os répteis da suborderm dos ofídios; cobra. **2** *pop* Mulher velha e feia. **3** *fig* Pessoa falsa e traiçoeira. **4** Aquilo que serpeia.

ser.pen.te.ar (*serpente+e+ar¹*) *V serpear.*

ser.pen.ti.for.me (*serpenti+forme*) *adj m+f* Que tem a configuração de uma serpente.

ser.pen.ti.na (*fem* de *serpentina*) *sf* **1** Fita estreita e comprida de papel colorido enrolada sobre si mesma que se desenrola quando atirada e se usa principalmente em brincadeiras carnavalescas. **2**

Trepadeira das regiões do Amazonas. **3** Castiçal com braços tortuosos em cujas extremidades se põem velas ou lâmpadas elétricas. **4** *Hidrául* Cano ou tubo espiralado para vários fins, tais como aquecimento de água corrente, aquecimento do ar ambiente por meio de água quente ou vapor etc. **5** *Mús* Trompa; cornetim; instrumento de metal.

ser.pen.ti.no (*serpente+ino*) *adj* Que se refere a, é próprio de ou tem forma de serpente.

ser.ra (*lat serra*) *sf* **1** Cadeia de montanhas; cordilheira. **2** Elevação ou proeminência semelhante a cordilheira ou monte. **3** Ferramenta para cortar materiais duros, provida de dentes aguçados. **4** Lâmina de tal ferramenta. **5** Máquina que corta com uma serra; serra mecânica: *Serra elétrica*. **6** Designação de diversas ferramentas ou dispositivos sem dentes, que cortam produzindo um entalhe e desgastando o material. *Ir a* ou *subir a serra, pop:* melindrar-se, zangar-se, irritar-se.

ser.ra.ção (*serrar+ção*) *sf* Ato ou efeito de serrar; serragem. *Cf cerração*. *Pl: serrações.*

ser.ra.do (*part* de *serrar*) *adj* Que se serrou. *Cf cerrado.*

ser.ra.dor (*serrar+dor*) *adj* Que serra. • *sm* Indivíduo que tem por ofício serrar madeira.

ser.ra.gem (*lat serragine*) *sf* Pó fino que sai da madeira serrada; serração. *Pl: serragens.*

ser.ra-le.o.nês (*top Serra+lat leone+ês*) *adj* Da ou que se refere à República de Serra Leoa (África). • *sm* O natural ou habitante desse país. *Var: leonês, serra-leonense. Fem: serra-leonesa (ê). Pl: serra-leoneses (ê).*

ser.ra.lha (*lat sarralia*) *sf Bot* Nome comum a diversas plantas de cujos caules escorre um látex branco, quando quebrados.

ser.ra.lha.ri.a (*serralhar+aria*) *sf* **1** Oficina ou profissão de serralheiro. **2** Fábrica de artefatos de serralheiro. **3** Trabalho de serralheiro.

ser.ra.lhei.ro (*provençal serralher*) *sm* Artífice que constrói e repara peças e artefatos de ferro chato perfilado e chapas, tais como portões, grades de proteção, gradis, esquadrias, portas, caixilhos, vitrais etc.

ser.ra.lhe.ri.a (*serralhar+eria*) *V serralharia.*

ser.ra.lho (*ital serraglio*, do *turco*) *sm* **1** Palácio do sultão, dos príncipes ou daqueles que possuem alto cargo do Estado turco maometano. **2** Parte desse palácio onde ficam as mulheres deles; harém.

ser.ra.na (*fem* de *serrano*) *sf* **1** Mulher que vive nas serras. **2** Mulher do campo. **3** *Reg* (RS) *Folc* Uma das danças do fandango rural gaúcho.

ser.ra.ni.a (*serrano+ia¹*) *sf* **1** Cadeia ou cordilheira de serras. **2** Terreno montanhoso. *Serranias do mar:* encapelamento das vagas, que dá ideia de uma cordilheira de serras.

ser.ra.ní.deo (*lat serranu+ídeo*) *sm Ictiol* Espécime da família dos serranídeos. *sm pl* Família de peixes constituída por numerosas espécies, de grande importância econômica, entre as quais os garoupas e os badejos.

ser.ra.no (*lat serranu*) *adj* **1** Pertencente ou relativo a serras. **2** Habitante das serras; montesino. **3** Diz-se de uma variedade de linho. • *sm* **1** O que vive nas serras; montesino. **2** Camponês. **3** *Reg* (RS) Habitante ou natural da região serrana.

ser.rar (*lat serrare*) *vtd* **1** Cortar ou dividir com serra ou serrote: *Serrar um pau*. *vint* **2** Trabalhar com serra ou serrote. *vint* **3** Emitir um som estridente como o do serrote. *vtd* **4** *gír* Conseguir de graça; filar: *Serrar um cigarro*. *vtd* **5** Misturar, trançar as cartas de: *Serrar o baralho*. *Cf cerrar.*

ser.ra.ri.a (*serrar+ia¹*) *sf* **1** Estabelecimento industrial aparelhado para serrar toros; engenho de serra. **2** Cavalete de madeira no qual se apoia o madeiro que se quer serrar com o auxílio de uma serra grande, movida por dois serradores.

ser.re.ar (*serra+e+ar¹*) *vtd* Dar forma de serra a; dentear. Conjuga-se como *frear*.

ser.ri.lha (*serra+ilha*) *sf* **1** Ornato em forma de dentes de serra. **2** Conjunto de saliências cortantes estreitas e compridas de uma lima. **3** Peça metálica arqueada e denteada, que se aplica sobre o focinho das cavalgaduras.

ser.ri.lhar (*serrilha+ar¹*) *vtd* **1** Fazer serrilha em: *Serrilhar moedas*. *vint* **2** Puxar alternadamente as duas rédeas do cavalo quando este toma o freio nos dentes.

ser.ro.te (*serra+ote*) *sm* **1** Pequena serra, de vários tipos e formatos, com um só cabo em uma das extremidades da lâmina, ou com arco de metal. **2** Montanha pequena.

ser.ta.ne.jo (de *sertão*) *adj* **1** Pertencente ou relativo ao sertão. **2** Próprio de sertão. **3** Que vive no sertão. **4** Silvestre. **5** Rude. • *sm* Homem do sertão.

ser.ta.nis.ta (*sertão+ista*) *adj* Referente ao sertão. • *s m+f* **1** Pessoa que conhece ou percorre o sertão. **2** Bandeirante.

ser.tão *sm* **1** Região interior, longe da costa e de povoações. **2** *Reg* (Nordeste) Zona do interior brasileiro, mais seca do que a caatinga. **3** Floresta longe da costa; selva. *Sertão bruto:* sertão totalmente desabitado. *Pl: sertões.*

ser.ven.te (*lat servente*) *adj m+f* Que serve, servidor. • *s m+f* **1** Pessoa que serve, que ajuda em qualquer trabalho. **2** Operário que serve de ajudante a um oficial. **3** Criado, criada; servo, serva. *Servente de pedreiro:* ajudante de pedreiro.

ser.ven.ti.a (*servente+ia¹*) *sf* **1** Aplicação, emprego, préstimo, uso, utilidade. **2** O serviço inerente a qualquer emprego. **3** O trabalho desempenhado por servente.

ser.ven.tu.á.rio (de *servente*) *sm* **1** Aquele que desempenha provisoriamente um encargo, enquanto dura o impedimento do empregado titular ou por morte deste. **2** Aquele que serve em qualquer dos ofícios de justiça (como, *por ex*, em cartório ou tabelionato).

ser.vi.çal (*serviço+al¹*) *adj m+f* **1** Que gosta de prestar serviços; prestativo, prestimoso, obsequiador. **2** Que presta serviços; que serve alguém. • *s m+f deprec* Criado ou criada de servir; servo, pessoa assalariada; servente. *Pl: serviçais.*

ser.vi.ço (*lat servitiu*) *sm* **1** Ato ou efeito de servir. **2** Estado, emprego ou ocupação de quem é servo, criado ou doméstico. **3** Desempenho de funções públicas, quer civis, quer militares. **4** Trabalho, ocupações, obrigações. **5** Porcentagem (geralmente 10%) acrescida ao valor da conta de um hotel ou restaurante para a gratificação daqueles que servem. **6** *Econ* Fornecimento de comodidades como transporte de correspondência, telefone, telégrafo etc.: *Serviço aeropostal.* **7** Feitiçaria por encomenda. **8** Nome dado a certas repartições públicas: *Serviço de transportes.* **9** No tênis, ato ou efeito de lançar a bola, para início do jogo. *Serviço doméstico:* ocupação de doméstico ou doméstica. *Serviço militar:* serviço a que são obrigados os jovens nas Forças Armadas. *Serviço social:* atividade ou técnica profissional que tem por fim prevenir ou eliminar desajustamentos pessoais e grupais.

ser.vi.dão *(lat servitudine) sf* **1** Estado ou condição do servo ou escravo. **2** Escravidão, cativeiro, sujeição, dependência. **3** Perda da independência nacional; perda da independência ou da liberdade política. *Antôn* (acepções 1 e 2): *liberdade;* (acepção 3): *autonomia. Pl: servidões.*

ser.vi.do *(part de servir) adj* **1** De que alguém já se serviu. **2** Usado, gasto. **3** Provido, fornecido. **4** *gír* Preso. *É servido? Está servido?:* fórmula de cortesia com a qual se convida alguém a comer ou beber.

ser.vi.dor *(servir+dor) adj + sm* Que, ou aquele que serve a outrem; servente, doméstico, criado. • *sm* Empregado, funcionário: *Servidor público. Servidor de acesso ao sistema, Inform:* computador que verifica a identificação do usuário e sua senha para que ele (o usuário) possa entrar em rede.

ser.vil *(lat servile) adj m+f* **1** Pertencente ou relativo a servo. **2** Próprio de servo. **3** Baixo, ignóbil, torpe, vil. **4** Subserviente, sem personalidade. **5** Bajulador. *Antôn* (acepção 3): *nobre, elevado. Pl: servis.*

ser.vi.lis.mo *(servil+ismo) sm* **1** Estado ou caráter do que é servil. **2** Atitude, espírito ou comportamento servil. **3** Deferência, obsequiosidade ou submissão baixa ou abjeta.

ser.vir *(lat servire) vtd* **1** Estar a serviço de; prestar serviços a; cuidar: *Servia um bom amo. vint* **2** Prestar serviços; ser servo ou criado: *Fora contratada para servir. vtd* e *vint* **3** Ajudar, auxiliar, ser útil, servidor, benfazejo: *Gostamos de servir os amigos. Ele veio para servir. vtd* **4** Estar às ordens de, atender: *Servir um freguês. vti* **5** Prestar serviços militares; ser militar: *Serviu na Força Pública do Estado. vpr* **6** Aproveitar-se de, usar, utilizar-se de: *Servir-se de alguém. vtd* **7** Dar, fornecer, ministrar, oferecer: *Servir um coquetel. vti* **8** Aproveitar, convir, ser útil: *Estes objetos já me não servem de nada. vti* **9** Agradar, satisfazer: *Essa política não lhe serve. vti* **10** Ajustar-se ao corpo ou a alguma parte dele: *Esse vestido não lhe serve.* Conjuga-se como *ferir.*

ser.vo *(lat servu) adj* **1** Diz-se de quem pertence a um senhor, daquele que não tem liberdade própria ou que não pertence a si mesmo. **2** Que não tem a livre disposição da sua vontade, dos seus pensamentos, dos seus atos. **3** Que presta serviços de criado; doméstico, serviçal, servidor. • *sm* **1** Pessoa em uma dessas situações. **2** *ant* Nos países feudais, indivíduo em estado de escravidão moderada.

sé.sa.mo *(lat sesamu) V gergelim.*

ses.ma.ri.a *(sesmar+ia¹) sf ant* **1** Pedaço de terra devoluta ou cuja cultura fora abandonada, que os reis de Portugal entregavam a sesmeiros, para que o cultivassem. **2** *bras* Antiga medida agrária, para superfícies de campos de criação.

ses.mei.ro *(sesma+eiro) sm* **1** Aquele que dividia as sesmarias. **2** Aquele a quem se deu uma sesmaria para cultivar.

ses.qui.cen.te.ná.rio *(sesqui+centenário) sm* Transcurso ou comemoração do centésimo quinquagésimo aniversário.

ses.são *(lat sessione) sf* **1** Período de cada ano durante o qual uma corporação deliberativa realiza regularmente as suas reuniões: *Sessão legislativa.* **2** Reunião, assembleia de uma corporação. **3** Tempo durante o qual um corpo deliberativo ou uma corporação qualquer estão reunidos em assembleia: *Sessão do conselho de ministros.* **4** Nos teatros e cinemas em que se repete o programa várias vezes ao dia, cada um desses espetáculos representados. **5** Tempo destinado a uma consulta, a uma operação, a um exercício. *Sessão extraordinária:* a que se realiza, por convocação especial, em data não prevista pelos estatutos. *Sessão ordinária:* a que se realiza em dias determinados, de acordo com os estatutos. *Cf cessão* e *seção. Pl: sessões.*
Veja nota em **seção.**

ses.sen.ta *(lat sexaginta) num* Seis vezes dez ou seis dezenas. • *sm* **1** Os algarismos 60 ou o conjunto das letras romanas LX, que representam este número. **2** A pessoa ou a coisa que, numa série, ocupa o sexagésimo lugar.

ses.sen.tão *(sessenta+ão²) pop V sexagenário. Fem: sessentona. Pl: sessentões.*

ses.sen.té.si.mo *(sessenta+ésimo) V sexagésimo.*

sés.sil *(lat sessile) adj m+f* **1** *Bot* Diz-se das folhas e das flores que estão imediatamente presas ao tronco ou aos ramos, por não terem pecíolo ou pedúnculo. **2** *Anat* e *Zool* Preso diretamente pela base. **3** Sem possibilidade ou liberdade de locomoção; permanentemente preso a um lugar; sedentário: *Animais marinhos sésseis. Pl: sésseis.*

ses.ta *(lat sexta) sf* **1** A hora sexta do dia, contando, como faziam os latinos, a partir das seis da manhã. **2** Tempo de descanso após o almoço, à hora do maior calor: *Fazer a sesta. Cf cesta* e *sexta.*

ses.tro *(é) lat sinistru) sm* Mau hábito; vício, cacoete.

ses.tro.so *(ô) (sestro+oso)* **1** Que tem sestro; manhoso, dengoso. **2** *gír* Dado à capoeiragem. *Pl: sestrosos (ó).*

set *(séti) (ingl) sm* **1** *Teat* e *Telev* Recinto, com cenários, onde se realiza uma peça ou se faz a gravação de algum programa. **2** *Cin* Local onde acontece a filmagem: *Set de filmagem.* **3** *Esp* Subdivisão de uma partida de certas modalidades (vôlei, tênis etc.).

se.ta *(lat sagitta) sf* **1** *V flecha* (acepção 1). **2** Objeto com a forma de uma flecha. **3** Ponteiro de relógio. **4** Sinal em forma de flecha, que indica uma determinada direção. **5** *fig* Palavra ou dito que fere ou penetra a alma.

se.te *(lat septe) num* **1** Número cardinal formado de seis unidades mais uma. **2** Sétimo. • *sm* **1** O algarismo que representa esse número: *7.* **2** O que numa série de sete ocupa o último lugar. *Sete e meio:* jogo carteado semelhante ao trinta e um e em que cada parceiro começa com uma carta, pedindo a seguir quantas julgar necessárias para se aproximar de sete pontos e meio, sem exceder este número.

se.te.cen.tos (*sete+centos*) *num* **1** Sete vezes cem ou sete centenas. **2** Setingentésimo. • *sm* **1** O século XVIII. **2** Literatura e arte italianas desse período. **3** Estilo literário e artístico desse período.

se.tei.ra (*lat sagittaria*) *sf* **1** Abertura estreita nas muralhas das antigas fortificações, por onde se atiravam setas contra os inimigos. **2** *Constr* Qualquer fresta nas paredes de uma construção, para dar luz e ventilação.

se.tem.bri.no (*setembro+ino*) *adj* Pertencente ou relativo a setembro.

se.tem.bro (*lat septembre*) *sm* **1** Sétimo mês do ano, do primitivo calendário romano, o qual começava em março. **2** O nono mês do ano atual.

se.te.me.si.nho (*sete+mês+inho*) *adj* + *sm* Diz-se de, ou criança que nasce de sete meses. *Var: setemês.*

se.te.ná.rio (*lat setenariu*) *adj* **1** Que contém ou vale sete. **2** Que abrange sete dias ou sete anos. • *sm* **1** Espaço de sete dias (geralmente com referência à duração de uma doença). **2** Espaço de sete anos.

se.ten.ta (*lat septuaginta*) *num* Sete vezes dez ou sete dezenas. • *sm* **1** O conjunto de algarismos 70 ou o conjunto de letras romanas LXX, que representam este número. **2** A pessoa ou coisa que, numa série, ocupa o setuagésimo lugar.

se.ten.tão (*setenta+ão²*) *adj* + *sm* Diz-se de, ou o indivíduo setuagenário. *Fem: setentona. Pl: setentões.*

se.ten.tri.ão (*lat septentrione*) *sm poét* **1** O polo norte. **2** As regiões do Norte. **3** Vento do norte. *Pl: setentriões.*

se.ten.tri.o.nal (*lat septentrionale*) *adj m+f* **1** Relativo ao setentrião. **2** Do setentrião ou do Norte. **3** Que habita do lado do Norte. **4** Situado no Norte. • *s m+f* Pessoa que nasceu ou habita nas regiões do Norte. *Pl: setentrionais.*

se.ti.for.me (*lat seta+forme*) *adj m+f* Que tem o aspecto de cerda.

sé.ti.mo (*lat septimu*) *num* Que, numa série de sete, ocupa o último lugar; que está entre o sexto e o oitavo. • *sm* **1** Aquele ou aquilo que ocupa o sétimo lugar em uma série. **2** A sétima parte de qualquer coisa.

se.tin.gen.té.si.mo (*lat septingentesimu*) *num* **1** Que, numa série de setecentos, está em último lugar. **2** Que é uma das partes da unidade dividida em setecentas partes iguais. • *sm* A setingentésima parte. *Var: septingentésimo.*

se.tis.sí.la.bo (*lat septem+sílaba*) *V heptassílabo.*

se.tor (*lat sectore*) *sm* **1** Esfera ou ramo de atividade; campo de ação; âmbito. **2** Área, território: *O setor oriental de Berlim.* **3** *Mil* Subdivisão de uma posição militar defensiva, sob as ordens de um comandante especial. **4** *Geom* Parte de círculo compreendida entre dois raios e o arco que eles limitam. **5** *Geom* Volume compreendido no interior de um cone limitado por uma superfície curva. *Var: sector.*

se.to.ri.al (*setor+i+al¹*) *adj m+f* Relativo ou pertencente a setor. *Var: sectorial. Pl: setoriais.*

se.to.ri.zar (*setor+izar*) *vtd* Dividir em setores. *Var: sectorizar.*

se.tu.a.ge.ná.rio (*lat septuagenariu*) *adj* Diz-se daquele que completou setenta anos ou está na década entre os setenta e oitenta anos incompletos. • *sm* Esse indivíduo. *Var: septuagenário.*

se.tu.a.gé.si.mo (*lat septuagesimu*) *num* **1** Que, numa série de setenta, ocupa o último lugar. **2** Que é uma das partes da unidade dividida em setenta partes iguais. • *sm* A setuagésima parte.

se.tu.pli.car (*sétuplo+icar*) *vtd* **1** Multiplicar por sete: *Setuplicaram a produção. vint* e *vpr* **2** Tornar-se sete vezes maior: *A população setuplicou* (ou *setuplicou-se*). *Conjug – Pres subj: setuplique, setupliques* etc.; *Pret perf: setupliquei, setuplicaste, setuplicou* etc.

sé.tu.plo (*lat setuplu*) *num* Que é sete vezes maior que outro. • *sm* Quantidade sete vezes maior que outra.

seu¹ (*lat suu*) *pron poss* **1** Corresponde à terceira pessoa gramatical e significa: pertencente ou próprio a ele, a ela, a eles, a elas; dele, dela, deles, delas; do senhor, da senhora, de você, de V. Sa. etc. **2** Que lhe compete ou lhe é devido: *O seu lugar é aqui.* **3** Expletivo: *Ele tem seus defeitos.* **4** Que lhe convém ou lhe serve: *Chegou o seu ônibus.* **5** Cerca de, mais ou menos: *Ela já tem seus trinta anos.* **6** Perde por vezes a ideia de posse: *Já vai fazendo o seu friozinho.* • *sm* Bem ou coisa própria de cada um: *Dar o seu ao dono. Os seus:* aqueles que pertencem à sua família; os amigos íntimos.

seu² (*de senhor*) *sm pop* Abreviatura de *senhor: seu João, seu Paulo, seu Pedro.*

seu-vi.zi.nho *sm pop* O dedo anular. *Pl: seus--vizinhos.*

se.ve.ro (*lat severu*) *adj* **1** Rígido, rigoroso, austero. **2** Que não tem indulgência para com os outros; inexorável. **3** Que exprime rigor ou severidade: *Olhar severo.* **4** Intransigente nas decisões, na disciplina ou no governo; inflexível, rigoroso, duro: *Pai severo, punição severa.* **5** Sério ou grave no aspecto, no comportamento, nas maneiras etc.: *Feições severas. Antôn* (acepções 2, 3 e 4): *indulgente.* • *sm* O estilo severo.

se.ví.cia (*lat sevitia*) *sf V sevícias.*

se.vi.ci.ar (*sevícia+ar²*) *vtd* Causar sevícias a; maltratar com sevícias: *Seviciaram a pobre vítima. Conjug – Pres indic: sevicio, sevicias, sevicia* (cí) etc. *Cf sevícias.*

se.ví.cias (*lat sevitia*) *sf pl* **1** Maus-tratos físicos ou morais, atos de crueldade. **2** Crueldade, desumanidade.

se.xa.ge.ná.rio (*cs*) (*lat sexagenariu*) *adj* Diz-se daquele que já fez sessenta anos, mas ainda não chegou aos setenta; sessentão. • *sm* Esse indivíduo.

se.xa.gé.si.mo (*cs*) (*lat sexagesimu*) *num* **1** Que, numa série de sessenta, ocupa o último lugar. **2** Que é uma das partes da unidade dividida em sessenta partes iguais. • *sm* Cada uma das sessenta partes iguais de um todo; a sexagésima parte.

sex-appeal (*secsapíl*) (*ingl*) *sm* Atrativo físico que estimula o desejo sexual.

sex.cen.té.si.mo (cs) (*lar sexcentesimu*) *num* **1** Que, numa série de seiscentos, ocupa o último lugar. **2** Que é uma das partes da unidade dividida em seiscentas partes iguais. • *sm* Cada uma das seiscentas partes iguais de um todo; a sexcentésima parte.

se.xê.nio (cs) (*lat sexenniu*) *sm* Espaço de seis anos consecutivos.

se.xo (cs) (*lat sexu*) *sm* **1** *Zool* Conjunto de caracteres, estruturais e funcionais, segundo os quais um ser vivo é classificado como macho ou fêmea. **2** Conjunto de pessoas que têm a mesma organização anatomofisiológica no que se refere à geração: *Sexo masculino, sexo feminino*. **3** Os órgãos sexuais. **4** *Bot* Caráter ou estrutura das plantas ou de seus órgãos de reprodução, que as diferencia em masculinas e femininas.

se.xo.lo.gi.a (cs) (*sexo+logo+ia*[1]) *sf* Ramo da ciência que trata do sexo e das relações sexuais, especialmente entre os seres humanos, do ponto de vista biológico.

se.xo.lo.gis.ta (cs) (*sexo+logo+ista*) *s m+f* Especialista em problemas concernentes à sexualidade; sexólogo.

se.xó.lo.go (cs) (*sexo+logo*) *sm* V sexologista.

sex.ta (*lat sexta*) *sf* Forma reduzida de sexta-feira.

sex.ta-fei.ra *sf* **1** O sexto dia da semana, começava no domingo. **2** *Reg* (Amazônia) Amante, amásia, concubina. *Pl: sextas-feiras*.

sex.tan.te (*lat sextante*) *sm* **1** *Geom* A sexta parte do círculo, ou arco de 60°. **2** Instrumento astronômico usado para medir distâncias angulares ou altitudes de corpos celestes. **3** *Náut* Instrumento de navegação, usado à mão livre, para determinar a latitude e longitude da posição de um navio ou avião.

sex.ta.va.do (*ês*) (*part de sextavar*) *adj* Que tem seis faces laterais e base hexagonal; hexagonal: *Porca sextavada*.

sex.ta.var (*ês*) (*sexto+(oit)avar*) *vtd* **1** Dar a forma de prisma hexagonal a. **2** Dar seis faces a: *Sextavar uma peça metálica*.

sex.te.to (*estê*) (*ital sextetto*) *sm* **Mús 1** Composição ou trecho musical para seis vozes ou seis instrumentos. **2** Conjunto dos executantes dessa composição ou trecho.

sex.ti.lha (*ês*) (*sexto+ilha*) *sf poét* Estrofe de seis versos.

sex.ti.lhão (*es*) (*sexti+(mi)lhão*) *num* Mil quintilhões. *Var: sextilião. Pl: sextilhões*.

sex.to (*ês*) (*lat sextu*) *num* Que, numa série de seis, ocupa o último lugar; que está entre o quinto e o sétimo. • *sm* **1** Aquele ou aquilo que ocupa o sexto lugar em uma série. **2** A sexta parte de qualquer coisa.

sex.tu.pli.car (*sêxtuplo+icar*) *vtd* Multiplicar por seis; tornar seis vezes maior. *Conjug – Pres subj: sextuplique, sextupliques* etc.; *Pret perf: sextupliquei, sextuplicaste, sextuplicou* etc.

sêx.tu.plo (*ês*) (*lat tardio sextuplu*) *adj* Que contém seis vezes qualquer número ou quantidade; que é seis vezes maior que outro. • *sm* Aquilo que é seis vezes maior que outra coisa, à qual se alude.

se.xu.a.do (cs) (*lat sexu+ado*[1]) *adj* Que tem sexo. *Antôn: assexuado*.

se.xu.al (cs) (*lat sexuale*) *adj m+f* **1** Pertencente ou relativo ao sexo. **2** Que tem sexo. **3** Que caracteriza o sexo. *Pl: sexuais*.

se.xu.a.li.da.de (cs) (*sexual+i+dade*) *sf* **1** Qualidade de sexual. **2** Conjunto de todos os caracteres morfológicos e fisiológicos, externos ou internos, que os indivíduos apresentam, conforme o sexo a que pertencem. **3** Condição de ter sexo. **4** Expressão do instinto sexual; atividade sexual.

se.xu.a.lis.mo (cs) (*sexual+ismo*) *sm* **1** Predominância da sexualidade no modo de ser. **2** Doutrina dos botânicos sexualistas, segundo a qual nos vegetais existem os sexos masculino e feminino análogos aos que caracterizam os animais.

sexy (*sécsi*) (*ingl*) *adj m+f* Que possui *sex-appeal*; vampe.

se.zão *sf Med* **1** Febre intermitente ou periódica. **2** V malária. *Cf sazão. Pl: sezões*.

sha.kes.pea.ri.a.no (*xequispi*) (*Shakespeare, np+ano*) *adj* **1** Pertencente ou relativo ao poeta e dramaturgo inglês William Shakespeare (1564-1616), ao seu estilo ou às suas obras. **2** Característico de Shakespeare e suas obras.

shampoo (*ingl*) V xampu.

sheik (*ingl*) V xeique.

shopping center (*xópin cênter*) (*ingl*) *sm* Reunião, em um único conjunto arquitetônico, de lojas comerciais, casas de espetáculo, serviços de utilidade pública etc.

short (*xórt*) (*ingl*) *sm* **1** Tipo de calção esportivo usado por homens e mulheres. **2** Pequeno filme cinematográfico, geralmente documentário ou de atualidades.

show (*xou*) (*ingl*) *sm* Espetáculo em que atuam um ou mais artistas, apresentado em teatro, rádio, televisão etc. *Dar um show, pop*: a) ter atuação extraordinária; b) comportar-se de modo ruidoso ou escandaloso.

show-room (*xôu rúm*) (*ingl*) *sm* Recinto onde são exibidos exemplos ou amostras dos produtos que podem ser comprados num estabelecimento comercial.

shoyu (*xôiu*) (*jap*) *sm* Cul Molho de soja.

si[1] (das iniciais *lat sancte Iohannes* do Hino de S. João) *sm Mús* **1** Sétima nota da escala musical. **2** Sinal representativo dessa nota.

si[2] (*lat sibi*) *pron* **1** Variação *de se*, quando precedido de preposição: *Cada um trate de si. Trabalham para si*. **2** Muitas vezes pospõe-se a este pronome o adjetivo *mesmo* ou *próprio*: *Resolva por si mesmo* (ou *por si próprio*). **3** Seguido de *mesmo* e *próprio*, é usado também junto ao pronome *se* para dar mais força e realce à expressão: *Desgostou-se de si mesmo. Fora de si*: desvairado, exaltado. *Por si*: espontaneamente; sem a influência, o auxílio ou o conselho de outrem.

si.a.mês (*top Sião+ês*) *adj* **1** Pertencente ou relativo ao Sião, hoje Tailândia. **2** Diz-se dos indivíduos gêmeos que nascem ligados por uma parte do corpo: *Irmãos siameses*. **3** *Zootecn* Diz-se de certa raça de gatos, facilmente domesticáveis. • *sm* **1** O habitante ou natural do Sião. **2** Língua falada no Sião. *Fem: siamesa (ê). Pl: siameses (ê)*.

si.ba (*lat sepia*) *sf Zool* Molusco cefalópode do gênero sépia.

si.ba.ri.ta (*gr sybarítes*) *s m+f* **1** O habitante ou natural de Síbaris, antiga cidade grega da Itália meridional, na Lucânia, célebre pelo amor que seus habitantes tinham ao luxo e aos prazeres. **2** Pessoa que tem essa propensão. • *adj m+f* Diz-se da pessoa muito aferrada ao luxo, aos regalos e prazeres sexuais; lascivo.

si.be.ri.a.no (*top Sibéria+ano*) *adj* Pertencente ou relativo à Sibéria (Rússia). • *sm* Habitante ou natural da Sibéria.

si.bi.la (*bí*) (*lat sibylla*) *sf* **1** *ant* Nome que se dava à profetisa. **2** *pop* Bruxa, feiticeira.

si.bi.lan.te (*lat sibilante*) *adj m+f* **1** Que sibila. **2** Que tem o caráter de silvo. **3** *Fon* Diz-se das consoantes *s* e *z* por seu timbre assemelhar-se a um sibilo ou assobio. • *sf Fon* Consoante sibilante.

si.bi.lar (*lat sibilare*) *vint* **1** Produzir um silvo prolongado. **2** Produzir um sopro ou zunido agudo como o da cobra. **3** Assobiar, silvar. *Conjug:* normalmente, conjuga-se apenas nas 3ªs pessoas.

si.bi.li.no (*lat sibyllinu*) *adj* **1** Que se refere ou é próprio de sibila. **2** *fig* Difícil de compreender, enigmático.

si.bi.lo (de *sibilar*) V *silvo*.

sic (*lat*) *adv* Assim. Emprega-se entre parênteses no curso de uma citação, após uma palavra ou expressão que possa parecer estranha ou errada, ou para indicar que o texto original está reproduzido exatamente.

si.cá.rio (*lat sicariu*) *sm* Assassino assalariado.

si.cô.mo.ro (*lat sycomoru*) *sm Bot* **1** Árvore das costas do Mediterrâneo, a qual, pelo fruto, se parece com a figueira e, pelas folhas, com a amoreira. **2** Planta asiática, largamente cultivada por sua densa sombra e suas flores amarelas, vistosas; falso-plátano.

si.cra.no *sm* Designação vaga de alguém que não se pode ou não se quer nomear; normalmente usada com *fulano* e *beltrano*.

SIDA *sf Med Síndrome da ImunoDeficiência Adquirida* (AIDS – Acquired Immune Deficiency Syndrome).

si.de.ral (*lat siderale*) *adj m+f Astr* **1** Pertencente ou relativo às estrelas ou constelações. **2** Determinado ou causado pelos astros: *Ano sideral.* Var: *sidéreo. Pl: sederais.*

si.de.rur.gi.a (*sídero+ergo+ia*[1]) *sf* **1** Arte de produzir e trabalhar o ferro: *Ele se ocupa em siderurgia.* **2** O conjunto de conhecimentos teóricos e práticos sobre essa arte: *Desenvolvem-se os cursos de siderurgia.* **3** A exploração industrial dos metais ferrosos em geral (ferro-gusa, aço de vários tipos etc.).

si.de.rúr.gi.ca (*siderurgia+ico*[2], no *fem*) *sf bras* Empresa, indústria ou usina siderúrgica.

si.de.rúr.gi.co (*siderurgia+ico*[2]) *adj* Pertencente ou relativo à siderurgia.

si.dra (*lat sicera*) *sf* Bebida preparada com o suco fermentado de maçãs.

si.fão (*gr síphon*) *sm* **1** Tubo recurvado em dois ramos desiguais, com o qual se faz fluir um líquido por cima de uma elevação, por meio da pressão atmosférica. **2** *Med* Tubo semelhante ao descrito acima, usado na drenagem de feridas e na lavagem do estômago. **3** *Constr* Seção de tubo de dupla curvatura, ou em forma de U, que, intercalado entre pias, bacias de privadas etc. e o cano de esgoto, conserva-se cheio de água e impede que suba o mau cheiro. *Pl: sifões.*

sí.fi.lis (*lat cient syphilis,* de *Syphilus, np*) *sf sing* e *pl Med* Doença venérea crônica, contagiosa por contato direto e transmissível por herança, produzida por um micróbio.

si.fi.lí.ti.co (*sífilis+ico*[2]) *adj* **1** Pertencente ou relativo à sífilis. **2** Que padece de sífilis. • *sm* Indivíduo atacado de sífilis.

si.foi.de (*ó*) (*gr siphon+oide*) *adj m+f* Com forma de sifão.

si.gi.lo (*lat sigillu*) *sm* **1** Segredo absoluto; mistério. **2** Discrição. *Sigilo bancário:* sigilo mantido sobre as contas bancárias de um indivíduo, empresa ou entidade. *Sigilo da correspondência:* a inviolabilidade da correspondência assegurada por lei.

si.gi.lo.so (*ô*) (*sigilo+oso*) *adj* Que encerra sigilo; secreto. *Pl: sigilosos* (*ó*).

si.gla (*lat tardio sigla*) *sf* **1** Espécie de abreviatura formada de iniciais ou primeiras sílabas das palavras de uma expressão que representa nome de instituição ou entidade comercial, industrial, administrativa ou esportiva, tal como ONU, por Organização das Nações Unidas. **2** Letra inicial, usada como abreviatura em manuscritos, medalhas e monumentos antigos. **3** Monograma. **4** Rubrica, sinal convencional, marca; sinal representativo de corporação, firma, profissão etc. Sigla é a redução de uma locução substantiva. Forma-se com a redução às letras ou sílabas iniciais das palavras que compõem a locução. Exemplos: *ONU* (Organização das Nações Unidas), *USP* (Universidade de São Paulo), *Embratur* (Empresa Brasileira de Turismo).
Escrevem-se com letras maiúsculas as siglas com até três letras; usa-se apenas a inicial maiúscula para aquelas formadas por sílabas com mais de três letras: *PDT, Varig* etc.
As siglas formadas com quatro letras ou mais serão escritas em maiúscula se forem pronunciadas separadamente cada uma das letras: *BNDS, CNBB.*
Não confundir **sigla** com **abreviatura**, a qual se forma pela redução da escrita da própria palavra: *foto* (fotografia) etc.

sig.ma (*gr sígma*) *sm* A décima oitava letra do alfabeto grego, correspondente ao nosso *s*.

sig.na.tá.rio (*lat signatariu*) *adj + sm* Que, ou aquele que assina ou subscreve um documento.

sig.ni.fi.ca.ção (*lat significatione*) *sf* **1** Ação ou efeito de significar. **2** Sentido de uma palavra ou frase. **3** O que uma coisa denota ou significa. **4** Valor, alcance. **5** *Gram* Sentido em que se emprega um termo; acepção. *Pl: significações.*

sig.ni.fi.ca.do (*part de significar*) *sm* **1** Significação, sentido, acepção. **2** Sentido de qualquer símbolo, frase ou palavra mais ou menos obscura; interpretação. **3** Valor, importância, alcance: *Acabou compreendendo o significado de minha atitude.* • *adj* Que se exprimiu, que se manifestou.

sig.ni.fi.can.te (de *significar*) *adj m+f* Que significa; significativo.

sig.ni.fi.car (*lat significare*) *vtd* **1** Ser sinal de; ter a significação ou o sentido de: *Que significam esses fatos?* **2** Dar a entender, exprimir, mostrar, traduzir: *Estas palavras significam o contrário do que soam.* **3** Manifestar-se como; ser; traduzir--se por: *Para mim os seus desejos significam ordens.* **4** Ser a representação ou o símbolo de: *O verde significa a exuberância de nossas matas.* Conjug – Pres subj: *signifique, signifiques* etc.; Pret perf: *signifiquei, significaste, significou* etc.

sig.ni.fi.ca.ti.vo (*lat significativu*) *adj* **1** Que tem significação ou sentido; significante. **2** Que serve para significar, exprimir, manifestar claramente: *Olhar significativo.* **3** Que sugere ou contém algum sentido oculto, disfarçado ou especial; sugestivo: *Resposta significativa.* **4** *Mat* Diz-se do algarismo que tem valor próprio e que portanto se opõe ao zero.

sig.no (*lat signu*) *sm* **1** Sinal; símbolo. **2** *Astr* Cada uma das doze partes em que se divide o zodíaco e cada uma das constelações respectivas. **3** A presumida influência de uma dessas partes sobre a vida das pessoas, e, por extensão, de outras influências: *Nasceu sob o signo da fortuna, da beleza* etc.

sí.la.ba (*lat syllaba*) *sf* **1** *Gram* Fonema ou grupo de fonemas pronunciado em uma só emissão de voz. **2** *Gram* A representação gráfica desse fonema ou grupo de fonemas. **3** *pop* Qualquer som articulado; palavra.

si.la.ba.ção (*silabar+ção*) *sf* **1** Ato ou efeito de silabar. **2** Modo de ler separando as sílabas. **3** Sistema de ensinar a ler partindo do conhecimento das sílabas. *Pl: silabações.*

si.la.ba.da (*sílaba+ada*[1]) *sf* Erro de pronúncia da palavra que consiste especialmente em deslocar o acento da sílaba tônica para outra sílaba.

si.la.bar (*sílaba+ar*[1]) *vtd* e *vint* Pronunciar as palavras, lendo separadamente as sílabas: *Silabar um verso. Lia enfaticamente, silabando.* Conjug – Pres indic: *silabo, silabas, silaba (lá)* etc. *Cf sílaba.*

si.lá.bi.co (*gr syllabikós*) *adj* **1** Pertencente ou relativo às sílabas. **2** Que tem sílabas.

si.la.gem (*silo+agem*) *sf* Forragem, verde ou madura, convertida em alimento suculento para o gado, por processo de fermentação ácida em uma câmara hermeticamente fechada (silo), a qual impede a sua deterioração e permite a sua conservação para o inverno. *Pl: silagens.*

si.len.ci.a.dor (*silenciar+dor*) *adj* Que silencia. • *sm* **1** Pessoa ou coisa que silencia. **2** Abafador de som. **3** Dispositivo para reduzir o ruído da detonação de pequenas armas de fogo. **4** *V silencioso.* **5** *Radiotécn* Circuito ou conjunto de circuitos destinados a reduzir ou eliminar os efeitos da estática e outros ruídos de interferência.

si.len.ci.ar (*silêncio+ar*[1]) *vtd* **1** Impor silêncio a; fazer calar-se. *vint* **2** Guardar silêncio; tornar-se calado. *vti* **3** Deixar de mencionar; omitir: *A testemunha silenciou sobre o fato.* Conjug – *silencio, silencias (cí)* etc. *Cf silêncio.*

si.lên.cio (*lat silentiu*) *sm* **1** Ausência completa de ruídos. **2** Estado de quem se cala ou se abstém de falar; recusa de falar. **3** Abstenção voluntária de falar, de pronunciar qualquer palavra ou som, de escrever, de manifestar os seus pensamentos. **4** Interrupção de um ruído qualquer. **5** Toque de corneta, nos quartéis, e de sineta, nos colégios, para que não se fale nem produza qualquer ruído depois de certa hora. *Antôn* (acepção 1): *barulho, ruído.* • *interj* Voz para mandar cessar o discurso ou o barulho. *Silêncio sepulcral:* silêncio absoluto, completo.

si.len.ci.o.so (*ô*) (*lat silentiosu*) *adj* **1** Que está em silêncio. **2** Que não fala; calado. **3** Em que não há ruído. **4** Que não faz barulho. • *sm* Dispositivo que, adaptado ao tubo de escape de um motor de combustão, absorve as ondas sonoras e abafa ou silencia ruído indesejável; silenciador. *Pl: silenciosos (ó).*

si.len.te (*lat silente*) *adj m+f poét V silencioso.*

si.lhu.e.ta (*ê*) (*fr Silhouette, np*) *sf* **1** Contorno geral de uma figura. **2** Desenho de pessoa ou coisa pelo qual se representa apenas seu contorno, delimitando mancha negra ou de cor uniforme, como se fosse a sombra do modelo projetada num plano vertical.

sí.li.ca (*de sílex*) *sf Miner* e *Quím* Bióxido de silício ou anidrido silícico, substância branca, incolor, extremamente dura, que, fundida, dá um vidro amorfo e incolor.

si.li.ca.to (*silíc(ico)+ato*[4]) *sm Quím* **1** Sal ou éster do ácido silícico. **2** Cada um dos numerosos sais metálicos insolúveis que contêm silício e oxigênio no ânion e constituem o maior grupo químico de minerais, formando com o quartzo a maior parte da crosta terrestre.

si.lí.cio (*de sílex*) *sm Quím* Elemento não metálico que ocorre em forma combinada como elemento mais abundante, após o oxigênio, na crosta terrestre. Número atômico 14 e símbolo Si.

si.li.co.ne (*de silício*) *sm Quím* Designação genérica dos polímeros que contêm átomos de silício e oxigênio que se alternam com radicais orgânicos. São inoxidáveis, isolantes de eletricidade e repelentes à água, de largo uso na indústria e em cirurgia plástica.

silk-screen (*silcscrin*) (*ingl*) *sm V serigrafia.*

si.lo (*cast silo*) *sm* Tulha geralmente cilíndrica, subterrânea ou acima do solo, para armazenagem de cereais ou qualquer material.

si.lo.gis.mo (*gr syllogismós*) *sm* **1** *Lóg* Argumento que consiste em três proposições: a primeira, chamada *premissa maior,* a segunda, chamada *premissa menor,* e a terceira, *conclusão.* Ex: *Todos os homens são mortais* (premissa maior), *eu sou um homem* (premissa menor), *logo, eu sou mortal* (conclusão). **2** Argumentação ou raciocínio por esse método. **3** Raciocínio dedutivo.

si.lo.gís.ti.co (*gr syllogistikós*) *adj* **1** Pertencente ou relativo ao silogismo. **2** Que encerra ou emprega silogismo.

si.lu.ri.a.no (*siluro+i+ano*) *adj Geol* Relativo ou pertencente ao período da Era Paleozoica entre o Ordoviciano e o Devoniano, caracterizado pelo surgimento dos invertebrados marinhos, o começo da formação de recifes de corais e o aparecimento de alguns grandes crustáceos. • *sm* Período do sistema siluriano.

si.lu.rí.deos (*gr sílouros+ídeos*) *sm pl Ictiol* Família de peixes de água doce, sem escamas, que têm como tipo o gênero siluro. Não há espécies desta família no Brasil.

si.lu.ri.for.mes (*gr sílouros+forme*) *sm pl Ictiol* Ordem de peixes de couro, sem escamas, representada no Brasil pelas espécies da subordem dos siluroides.

sil.va (*lat silva*) *sf* **1** *ant* Selva. **2** *Bot* Nome comum a numerosos arbustos rosáceos, espinhosos, do gênero rubo, cujos frutos, amoras ou amoras silvestres, são comestíveis. **3** Designação genérica dos arbustos espinhosos; sarça.

sil.var (*lat sibilare*) *vint* Produzir silvos; sibilar: *A panela de pressão já está silvando.*

sil.ves.tre (*lat silvestre*) *adj m+f* **1** Da selva ou mato selvático. **2** Que cresce, nasce ou dá flores ou frutos sem cultivo: *Plantas silvestres, figueira silvestre.* **3** Que se criou ou nasceu sem cultivo, no meio das selvas ou plantas. **4** Que não dá frutos; bravio, inculto, agreste. *Conjug:* conjuga-se apenas nas 3as pessoas.

sil.ví.co.la (*lat silva+cola*) *adj m+f* Que nasce ou vive nas selvas. • *s m+f* Pessoa que nasce ou vive nas selvas ou matas; aborígine, selvagem.

sil.vi.cul.tor (*lat silva+cultor*) *sm* Aquele que se dedica à silvicultura ou trata do desenvolvimento florestal.

sil.vi.cul.tu.ra (*lat silva+cultura*) *sf* **1** Cultura de árvores florestais. **2** Ciência que trata do cultivo, reprodução e desenvolvimento de árvores florestais.

sil.vo (*lat sibilu*, com metátese) *sm* **1** O som agudo das cobras e serpentes. **2** Assobio, zumbido.

sim (*lat sic*) *adv* **1** Exprime afirmação, aprovação, consentimento. **2** Usa-se como resposta afirmativa a uma pergunta. **3** Traduz uma decisão tomada firmemente: *É necessário, sim, que resolvamos isto quanto antes.* **4** Tem às vezes o valor de interjeição e acentua a impossibilidade ou inconveniência de uma tentativa, a imprudência de uma intenção: *Sim!, continue e verá o que lhe acontece.* • *sm* O assentimento ou consentimento que se exprime por esta palavra: *Tardou a dar o sim. Dar o sim:* consentir em alguma coisa. *Não dizer sim nem não:* ficar indeciso, hesitante, perplexo, diante de um assunto. *Pelo sim, pelo não:* por via das dúvidas. *Pois sim!:* locução interjetiva que exprime dúvida, incredulidade, reserva. *Pl do sm: sins.*

sim.bi.o.se (*gr symbíosis*) *sf* **1** *Biol* Associação de dois animais ou vegetais de espécies diferentes na qual há benefícios mútuos; mutualismo. **2** *por ext* Cooperação mútua entre pessoas ou grupos em uma sociedade.

sim.bi.ó.ti.co (*gr symbiotikós*) *adj* **1** Relativo à simbiose. **2** Caracterizado por simbiose. **3** Que vive em simbiose.

sim.bó.li.co (*símbolo+ico²*) *adj* **1** Pertencente ou relativo a símbolo. **2** Que tem a natureza do símbolo ou caráter de símbolo; alegórico. **3** Que serve como símbolo de alguma coisa. **4** Expresso por um símbolo.

sim.bo.lis.mo (*símbolo+ismo*) *sm* **1** Prática do emprego de símbolos como expressão de ideias ou de fatos; interpretação por meio de símbolos. **2** Sentido ou caráter simbólico. **3** *Lit* e *Bel-art* Movimento poético e artístico dos simbolistas.

sim.bo.lis.ta (*símbolo+ista*) *adj m+f* Pertencente ou relativo ao simbolismo. • *s m+f* **1** Pessoa que emprega símbolos ou simbolismo. **2** Pessoa versada na interpretação de símbolos e do simbolismo. **3** *Lit* Escritor que trata de exprimir ou sugerir ideias, emoções etc. por meio de símbolos. **4** *Lit* Membro de um grupo de escritores e artistas do fim do século XIX que possuíam essa característica. **5** *Bel-art* Artista que trata de simbolizar ou sugerir determinadas ideias pelos objetos representados, as cores empregadas etc. **6** Pessoa adepta do simbolismo, sob qualquer dos seus aspectos.

sim.bo.li.zar (*símbolo+izar*) *vtd* **1** Exprimir, representar, significar por meio de símbolos. *vtd* **2** Servir de símbolo a: *O verde simboliza a esperança.* *vint* **3** Exprimir simbolicamente, falando ou escrevendo.

sím.bo.lo (*gr sýmbolon*) *sm* **1** Qualquer coisa usada para representar outra: *O leão é o símbolo da coragem.* **2** Divisa, emblema, figura, marca, sinal que representa qualquer coisa. **3** *Quím* Letra ou letras usadas como abreviatura(s) para representar(em) um elemento químico.

sim.bo.lo.gi.a (*símbolo+logo+ia¹*) *sf* Estudo ou tratado a respeito dos símbolos.

sím.bo.lo-mar.ca *sm Propag* Em propaganda, o símbolo gráfico, geométrico ou figurativo que é utilizado como marca para identificar a(s) mercadoria(s) ou serviço(s) de uma firma. *Pl: símbolos-marca.*

si.me.tri.a (*símetro+ia¹*) *sf* **1** Qualidade de simétrico. **2** Correspondência em tamanho, forma ou arranjo de partes em lados opostos de um plano, seta ou ponto. **3** Proporção correta das partes de um corpo ou de um todo entre si, quanto a tamanho e forma. **4** *Bot* Disposição simétrica das partes de uma flor. *Antôn: assimetria.*

si.mé.tri.co (*símetro+ico²*) *adj* **1** Pertencente ou relativo a simetria. **2** Que apresenta correspondência no tamanho e forma das partes. **3** Divisível em duas ou mais partes iguais relativamente a um eixo ou a um plano. **4** *Bot* Diz-se da parte da planta, por exemplo, um rebento, capaz de ser dividida em metades semelhantes. **5** Diz-se da pessoa que faz ou procede em tudo segundo uma ordem pautada e metódica.

si.mi.es.co (*simio+esco*) *adj* Relativo ou semelhante ao macaco ou símio.

si.mi.lar (*simil+ar¹*) *adj m+f* **1** Que se assemelha com outro, ou outros, de um modo geral, ou tem com eles características comuns: *Cachorros, raposas, lobos são similares da família dos canídeos.* **2** Que é da mesma natureza (objeto, artigo, produto). • *sm* Aquilo que é semelhante ao que se referiu.

si.mi.la.ri.da.de (*similar+i+dade*) *sf* Qualidade de similar.

sí.mi.le (*lat simile*) *adj m+f* V *semelhante.* • *sm* **1** Qualidade de semelhante; semelhança. **2** *Ret* Figura que compara duas coisas essencialmente dessemelhantes, atribuindo-lhes caracteres comuns: *Coração de pedra.*

si.mi.li.tu.de (*lat similitudine*) V *semelhança.*

sí.mio (*lat simiu*) *adj* Relativo ou semelhante ao macaco. • *sm* Bugio, macaco, mono.

si.mi.o.lo.gi.a (*símio+logo+ia¹*) *sf Zool* Estudo ou tratado a respeito dos símios.

si.mo.ni.a (*baixo-lat simonia*, de *Simone*, *np+ia*[1]) *sf* **1** Negócio com objetos sagrados. **2** Tráfico de coisas sagradas ou bens espirituais.

sim.pa.ti.a (*gr sympátheia*) *sf* **1** Afinidade ou correspondência entre dois ou mais corpos, pelas propriedades que os aproximam. **2** Atração entre duas pessoas, pela semelhança de propensões e sentimentos que as caracterizam; afinidade. **3** Pessoa muito simpática. **4** Inclinação amorosa. **5** *pop* Benzedura de feiticeiros para curar enfermidades; amuleto. *Antôn* (acepções 2, 3 e 4): *antipatia*.

sim.pá.ti.co (*fr sympathique*) *adj* **1** Pertencente ou relativo à simpatia, à sua causa ou aos seus efeitos. **2** Que inspira simpatia; agradável. **3** *Fisiol* e *Med* Que se refere à relação fisiológica existente entre partes, órgãos ou pessoas. *Sup abs sint*: *simpaticíssimo*. *Antôn* (acepção 2): *antipático*. • *sm Anat* e *Zool V sistema nervoso autônomo*.

sim.pa.ti.zan.te (de *simpatizar*) *adj m+f* Que simpatiza. • *s m+f* O que simpatiza.

sim.pa.ti.zar (*simpatia+izar*) *vti* **1** Sentir simpatia por; experimentar impulsos íntimos de agrado ou estima por outra criatura, mesmo sem tratar de perto com ela: *Simpatizar com alguém*. **2** Aprovar, gostar. *Antôn* (acepção 1): *antipatizar*.

sim.ples (*lat simplice*) *adj m+f sing* e *pl* **1** Constituído de apenas uma substância ou elemento não composto; puro, sem mistura. **2** Sem ornatos, singelo. **3** De fácil compreensão ou interpretação; claro, evidente. **4** Fácil de resolver ou de adivinhar, que não é complicado. **5** Só, único: *Uma simples testemunha presenciou o fato*. **6** Que não é requintado ou artificial: *Estilo simples*. **7** Modesto, humilde, pobre. *Antôn* (acepção 1): *composto*; (acepção 4): *complicado*. *Sup abs sint*: *simplicíssimo* e a forma mais popular *simplíssimo*. • *adv* De modo simples; com simplicidade: *Fala simples, veste simples*. • *s m+f sing* e *pl* Pessoa simples, ignorante, humilde.

sim.pli.ci.da.de (*lat simplicitate*) *sf* **1** Estado, qualidade ou natureza do que é simples. **2** Qualidade do que não é dividido ou composto. **3** Ausência de complicação; facilidade, inteligibilidade: *A simplicidade do assunto dispensava explicações*. **4** Emprego de expressões simples, fáceis. **5** Candura, ingenuidade, modéstia, pureza. **6** Franqueza, sinceridade. *Antôn* (acepções 1, 2 e 3): *complexidade*; (acepções 4 e 5): *afetação*.

sim.pli.fi.car (*lat simplificare*) *vtd* **1** Tornar simples ou mais simples: *Simplificar o trabalho*. **2** Tornar mais fácil: *O melhor é simplificar a análise*. **3** *Mat* Reduzir uma fração a equivalente e cujos termos sejam primos entre si; reduzir uma fração a termos menores ou mais precisos. *Conjug – Pres subj*: *simplifique, simplifiques* etc.; *Pret perf*: *simplifiquei, simplificaste, simplificou* etc.

sim.plis.mo (*simples+ismo*) *sm* Tendência na prática de se concentrar num só aspecto de uma questão com exclusão de todos os fatores embaraçantes; simplificação exagerada.

sim.plis.ta (*simples+ista*) *adj m+f* Que defende ou pratica o simplismo. • *s m+f* Pessoa simplista.

sim.pló.rio (de *simples*) *adj* Diz-se do indivíduo muito crédulo, ingênuo, que se deixa enganar ou ludibriar com facilidade. • *sm* Esse indivíduo. *Antôn*: *sabido, esperto*.

sim.pó.sio (*gr sympósion*) *sm* **1** *Antig gr* Segunda parte de um banquete ou festim, durante a qual os convivas bebiam, entregando-se a diversos jogos. **2** Banquete, festim. **3** *neol* Reunião de cientistas ou técnicos para tratar de vários assuntos relacionados entre si ou os vários aspectos de um só assunto. **4** Coleção de opiniões sobre um assunto, especialmente quando publicadas em volume.

si.mu.la.ção (*lat simulatione*) *sf* **1** Ato ou efeito de simular; fingimento. **2** Disfarce, dissimulação. *Pl*: *simulações*.

si.mu.la.cro (*lat simulacru*) *sm* **1** Imagem feita à semelhança de uma pessoa ou coisa, especialmente sagrada. **2** Aquilo que a fantasia cria e que representa um objeto sem realidade; aparência sem realidade. **3** Ação simulada: *Um simulacro de batalha*. **4** Imagem, fac-símile. *Antôn* (acepções 2 e 3): *realidade*.

si.mu.la.do (*part* de *simular*) *adj* **1** Que se faz para imitar outra coisa; aparente, fingido, suposto. **2** Feito à imitação da coisa verdadeira: *Ataque simulado*.

si.mu.lar (*lat simulare*) *vtd* **1** Dar aparência de realidade (àquilo que não a tem); fazer o simulacro de: *Simular uma batalha*. *vtd* e *vpr* **2** Aparentar (-se), fingir(-se): *Simular entusiasmo. Simular-se assustado*. *vtd* **3** Arremedar, imitar: *Simular vozes de animais*. *vtd* **4** Disfarçar, dissimular: *Simular o pensamento*.

si.mul.ta.nei.da.de (*simultâneo+i+dade*) *sf* Qualidade de simultâneo; existência, manifestação ou produção simultânea; concomitância.

si.mul.tâ.neo (*lat simultaneu*) *adj* Que se diz, faz ou acontece ao mesmo tempo que outra coisa a que se faz referência; concomitante.

si.na (*lat signa*) *sf pop* Destino, fado, sorte.

si.na.go.ga (*gr synagogé*) *sf* **1** Templo onde se reúnem os judeus para o exercício da sua religião. **2** Assembleia dos fiéis que seguem os princípios da lei mosaica.

si.nal (*lat signale*) *sm* **1** Indício, marca, vestígio. **2** Cicatriz. **3** Etiqueta, letreiro, marca, rótulo. **4** Assinatura. **5** Dinheiro ou qualquer valor que um dos contratantes dá ao outro para garantia do contrato ou ajuste a fazer. **6** Poste, letreiro, luz etc. que serve de aviso e advertência. **7** *por ext* Qualquer meio convencional empregado na telecomunicação, seja por telefone, telégrafo, rádio, radar, televisão. **8** *Reg* (Norte, ES, RJ e BA) *V semáforo* (acepção 1). *sm pl* Característicos físicos de uma pessoa, que se anotam em documentos pessoais para que ela possa ser identificada. *Sinal da cruz*: o gesto de benzer-se, com a mão direita, fazendo uma cruz. *Por sinal*: por falar nisso; a propósito. *Pl*: *sinais*.

si.na.lei.ra (*sinal+eira*) *sf Reg* (Sul e BA) *V semáforo* (acepção 1).

si.na.lei.ro (*sinal+eiro*) *sm* **1** Indivíduo encarregado de dar ou fazer os sinais em determinado lugar. **2** Marinheiro encarregado de dar sinais a bordo. **3** *Mil* Soldado que dá sinais com bandeiras ou por qualquer outro meio óptico. **4** *bras V semáforo* (acepção 1).

si.na.li.za.ção (*sinalizar+ção*) *sf* **1** Ato de sinalizar.

2 Conjunto de sinais a serem observados pelos sinaleiros ou que servem de orientação aos transeuntes, motoristas etc. *Pl: sinalizações.*
si.na.li.zar (*sinal+izar*) *vint* **1** Exercer as funções de sinaleiro. *vtd* **2** Pôr sinais em (postes, letreiros, luzes etc.) para indicar o rumo aos transeuntes, motoristas etc. *vtd* **3** *fig* Indicar, mostrar.
sin.ce.ri.da.de (*lat sinceritate*) *sf* **1** Qualidade de sincero. **2** Franqueza, lealdade; ausência de hipocrisia; lisura de caráter. **3** Palavras ou observações sinceras. *Antôn* (acepções 1 e 2): *fingimento, hipocrisia.*
sin.ce.ro (*lat sinceru*) *adj* **1** Que denota sinceridade. **2** Que usa de sinceridade, que se exprime sem intenção de enganar ou de disfarçar o seu procedimento. **3** Que exprime só o que sente e pensa. **4** Que é dito ou feito de modo franco, sem dissimulação ou disfarce. **5** Leal, natural, verdadeiro. *Antôn* (acepções 1, 2 e 3): *hipócrita.*
sin.co.pa.do (*part* de *sincopar*) *adj* **1** *Gram* Diz-se da palavra a que se tirou uma letra ou sílaba intermediárias (*por ex: mor* em vez de *maior*). **2** *Mús* Diz-se de duas notas ligadas por síncope, como também de composições em que esse modo se repita: *Música sincopada.*
sin.co.par (*sincope+ar¹*) *vtd* **1** *Gram* Suprimir letra ou letras no meio da palavra: *Sincopar maior, formando mor. vtd* **2** Escrever ou pronunciar fazendo síncopes: *Sincopar um texto. vtd* **3** *Mús* Ligar por síncope: *Sincopar ritmos. vint* **4** *Mús* Usar de síncope.
sín.co.pe (*lat syncope*) *sf* **1** *Gram* Supressão de uma letra ou sílaba no meio da palavra. **2** *Med* Perda repentina da consciência com suspensão aparente das funções vitais de respiração e circulação. **3** Abaixamento da voz ou pausa, que faz o orador. **4** *Mús* Ligação da última nota de um compasso musical com a primeira do seguinte.
sin.cré.ti.co (*sincret(ismo)+ico²*) *adj* **1** Pertencente ou relativo ao sincretismo; sincretista. **2** Diz-se de reunião ou fusão de elementos dispersos: *Percepção sincrética.*
sin.cre.tis.mo (*gr sygkretismós*) *sm* **1** *Filos* Sistema que combinava os princípios de diversos sistemas. **2** Amálgama de concepções heterogêneas; ecletismo. **3** *Sociol* Fusão de dois ou mais elementos culturais antagônicos num só elemento, continuando, porém, perceptíveis alguns sinais de suas origens diversas: *Sincretismo religioso.*
sin.cre.tis.ta (*sincret(ismo)+ista*) *adj m+f V sincrético.* • *s m+f Filos* Pessoa partidária do sincretismo.
sin.cro.ni.a (*sin+crono+ia¹*) *V sincronização.*
sin.crô.ni.co (*sin+crono*) *adj* **1** Que indica ou envolve sincronismo. **2** Caracterizado por estrita e exata coincidência no tempo ou ritmo. **3** Que acontece, ocorre ou age exatamente ao mesmo tempo; simultâneo. **4** *Fís* Que tem o mesmo período ou fase. **5** Relativo aos fatos que sucedem ao mesmo tempo ou na mesma época; contemporâneo.
sin.cro.nis.mo (*gr sykhronismós*) *sm* **1** Qualidade de sincrônico ou simultâneo. **2** Concordância de atos, eventos ou ocorrências no tempo. **3** Relação entre fatos sincrônicos; simultaneidade. **4** Fato sincronizado. **5** Concordância, no tempo, da imagem e do som correspondente no cinema e televisão.

sin.cro.ni.za.ção (*sincronizar+ção*) *sf* **1** Ato ou efeito de sincronizar. **2** Ajustamento da periodicidade de um sistema elétrico até que haja relação exata com a frequência do fenômeno periódico sob investigação. **3** *Cin* Ajustamento entre a imagem e o som que lhe corresponda. *Pl: sincronizações.*
sin.cro.ni.za.do (*part* de *sincronizar*) *adj* Que se sincronizou.
sin.cro.ni.zar (*síncrono+izar*) *vtd* **1** Tornar sincrônico; ajustar com precisão, produzir sincronismo, simultaneidade em: *Sincronizar cronômetros.* **2** Narrar, descrever sincronicamente: *Sincronizar acontecimentos.*
sín.cro.no (*sin+crono*) *V sincrônico.*
sin.dá.ti.lo (*sin+dátilo*) *adj Zool* e *Terat* Que tem os dedos das mãos ou dos pés soldados entre si ou providos de membrana interdigital. • *sm* **1** *Ornit Ave sindátila.* **2** *Zool* Mamífero sindátilo. **3** *Terat* Feto ou pessoa com os dedos das mãos ou dos pés soldados entre si ou unidos por membrana interdigital. *Var: sindáctilo.*
sin.dé.ti.co (*síndeto+ico²*) *adj Gram* Diz-se da oração ligada a outra por uma conjunção coordenativa: *Falou muito, mas não convenceu.*
sín.de.to (*gr sýndeton*) *sm Gram* Presença da conjunção coordenativa aditiva (*e, nem*) entre termos ou orações coordenadas. *Var: síndeton.*
sin.di.cal (*sindic(ato)+al¹*) *adj m+f* Pertencente ou relativo a sindicato. *Pl: sindicais.*
sin.di.ca.lis.mo (*sindical+ismo*) *sm* **1** *Sociol* Movimento social que preconiza a organização das classes profissionais em sindicatos, convenientemente agrupados em federações e confederações. **2** Sistema ou teoria dos sindicatos ou adesão a esses princípios. **3** Ação social dos sindicatos.
sin.di.ca.lis.ta (*sindical+ista*) *adj m+f* **1** Pertencente ou relativo a sindicatos ou ao sindicalismo. **2** Que defende o sindicalismo ou a ele adere. • *s m+f* **1** *Polít* Pessoa que defende ou segue as teorias políticas do sindicalismo. **2** Membro de um sindicato. **3** Pessoa que defende o sindicalismo ou a associação de classes, para defesa de seus interesses.
sin.di.ca.li.za.do (*part* de *sindicalizar*) *adj* + *sm* Que, ou aquele que pertence a um sindicato.
sin.di.ca.li.zar (*sindical+izar*) *vtd* **1** Tornar sindical: *Sindicalizar contribuições. vtd* e *vpr* **2** Organizar (-se) em sindicato: *Sindicalizar os agricultores. Os lojistas sindicalizaram-se. vpr* **3** Passar a pertencer a um sindicato; tornar-se sindicalizado.
sin.di.cân.cia (*sindicante+ia²*) *sf* **1** Conjunto de atos por meio dos quais se colhem e se reúnem informações, inquirições e investigações, em cumprimento de ordem superior, ou autoridade própria, a fim de formar prova sobre determinado fato ou ocorrência. **2** *bras* A função do síndico.
sin.di.car (*síndico+ar¹*) *vtd* **1** Fazer sindicância em; inspecionar determinados serviços públicos. *vtd* **2** Tirar informações sobre; inquirir. *vint* **3** Fazer averiguações. *vtd* e *vpr* **4** *V sindicalizar.* Conjug – *Pres indic:* sindico, sindicas, sindica (*dí*) etc.; *Pres subj:* sindique, sindiques etc.; *Pret perf:* sindiquei, sindicaste, sindicou etc. *Cf síndico.*
sin.di.ca.to (*síndico+ato³*) *sm* Agremiação de pessoas que exercem a mesma profissão para o estudo de defesa de seus interesses comuns.

sín.di.co (*lat syndicu*) *sm* **1** Pessoa escolhida para tratar dos interesses dos condôminos em um edifício. **2** Indivíduo eleito para zelar ou defender os interesses de uma associação ou de uma classe. **3** O encarregado de uma sindicância.

sín.dro.me (*gr syndromé*) *sf Patol* **1** Conjunto de sintomas que se apresentam numa doença e que a caracterizam. **2** *fig* Concorrência de condições e resultados; conjuntura: *Síndrome social, econômica, política*. *Síndrome de deficiência imunológica adquirida, Med:* doença do sistema imunológico humano causada por infecção com HIV, transmitida por transfusão de sangue, por socialização de seringa hipodérmica ao usar drogas injetáveis ou pelo ato sexual. A infecção causa baixa de capacidade de reação imunológica do indivíduo e pode provocar tumores e várias doenças infecciosas oportunistas, como a tuberculose e a pneumonia. Sigla: *SIDA, AIDS. Var: síndrome de imunodeficiência adquirida. Síndrome de Down, Med:* doença congênita causada por anomalia nos cromossomos, caracterizada por deficiência mental e traços fisionômicos específicos. *Var: síndroma*.

si.ne.cu.ra (*lat sine+cura*) *sf* **1** Cargo ou emprego rendoso e de pouco trabalho; emprego que só dá utilidade a quem o tem. **2** Emprego cujas funções não se exercem.

sine die (*lat*) Expressão que significa adiar por tempo indeterminado.

si.né.drio (*gr synédrion*) *sm* **1** Conselho supremo dos antigos judeus em Jerusalém, composto de sacerdotes, anciões e escribas, o qual tratava e decidia os assuntos de Estado e de religião. **2** Lugar onde se reunia esse conselho.

si.nei.ro (*sino+eiro*) *adj* Que tem sino. • *sm* **1** Fabricante ou vendedor de sinos. **2** Indivíduo que, por ofício ou por obrigação, toca os sinos. **3** *Ornit* Espécie de papa-formigas, cuja voz imita os rebates dos sinos.

si.ne.ta (*ê*) (*sino+eta*) *sf* Pequeno sino.

si.ne.te (*ê*) (*fr signet*) *sm* **1** Selo de armas ou divisa para, nas repartições públicas, selar os documentos. **2** Utensílio com que se faz essa selagem; carimbo, chancela.

sin.fo.ni.a (*gr symphonía*) *sf* **1** *Mús* Consonância de várias vozes ou instrumentos. **2** *Mús* Concerto de vários instrumentos. **3** *Mús* A música que esses instrumentos executam. **4** *Mús* Peça musical de gênero especial, dividida em três ou quatro partes e escrita para orquestra. **5** *Mús* Trecho instrumental que precede uma ópera, um concerto etc. **6** *fig* Combinação agradável de sons ou vozes; harmonia, melodia. *Sinfonia de câmara, Mús:* sinfonia escrita para pequenos conjuntos instrumentais.

sin.fô.ni.ca (*sinfonia+ico²*) *sf Mús* Orquestra sinfônica.

sin.fô.ni.co (*sinfonia+ico²*) *adj* **1** Relativo a uma sinfonia ou a um conjunto de sons. **2** Em que há sinfonia. **3** Composto em forma de sinfonia.

sin.fo.nis.ta (*sinfonia+ista*) *adj m+f* **1** Que compõe sinfonia. **2** Diz-se de instrumentista de sinfonias. • *s m+f* **1** Pessoa que compõe sinfonias. **2** Instrumentista de sinfonias.

sin.ge.le.za (*singelo+eza*) *sf* **1** Qualidade de singelo, ingenuidade, simplicidade. **2** Desafetação. **3** Falta de ornato ou luxo.

sin.ge.lo (*lat singellu*) *adj* **1** Não composto; simples. **2** Desprovido de enfeites ou ornatos. **3** Ingênuo, inocente, sincero. **4** Não corrompido; natural, primitivo, puro. **5** Inofensivo. *Antôn* (acepção 1): *composto*; (acepção 2): *afetado*; (acepção 4): *corrompido*. • *sm* Coisa singela, simples, desprovida de enfeites.

single (*cíngal*) (*ingl*) *adj* **1** Único; individual; simples. **2** Solteiro.

sin.grar (*fr cingler*) *vtd* **1** Atravessar, cruzar: *O foguete singrou o espaço*. *vti* e *vint* **2** *Náut* Navegar a vela; velejar: *Singrar para a Pátria. As caravelas singravam serenamente.*

sin.gu.lar (*lat singulare*) *adj m+f* **1** Pertencente ou relativo a um só; individual, isolado, único. **2** Que vale só por si; significativo, terminante. **3** Distinto, notável, extraordinário. **4** Especial, particular, privilegiado. **5** Esquisito, excêntrico, original. *Antôn*: (acepções 3 e 4): *vulgar*. • *sm Gram* O número singular dos nomes e dos verbos. *Cf plural*.

sin.gu.la.ri.da.de (*lat singularitate*) *sf* **1** Qualidade de singular. **2** Ação ou dito singular. *Antôn* (acepção 1): *pluralidade*.

sin.gu.la.ri.zar (*singular+izar*) *vtd* e *vpr* **1** Distinguir(-se) de outros, fazer(-se), tornar(-se) singular ou único na sua espécie: *Crenças estranhas singularizam aquele povo. Singularizou-se em sua família pelo talento incomum*. *vtd* **2** Especificar, particularizar.

si.nhá (*corr* de *senhora*) *sf bras pop* Tratamento que os escravos davam à sua senhora: *Conversei com sinhá Maria*.

si.nhá-mo.ça *sf bras pop* Tratamento que os escravos davam às filhas dos senhores ou às jovens donzelas; sinhazinha. *Pl: sinhás-moças*.

si.nha.zi.nha *sf pop* **1** Diminutivo de *sinhá*. **2** *V sinhá-moça*.

si.nhô (*corr* de *senhor*) *sm pop* **1** Senhor. **2** Tratamento que os escravos davam ao seu senhor. *Dim: sinhozinho*.

si.nhô-mo.ço *sm bras pop* Tratamento que os escravos davam ao filho do sinhô; sinhozinho. *Pl: sinhôs-moços*.

si.nho.zi.nho *sm pop* **1** Diminutivo de *sinhô*. **2** *V sinhô-moço*.

si.nis.tra (*lat sinistra*) *sf* A mão esquerda. *Antôn: destra*.

si.nis.tra.do (*part* de *sinistrar*) *adj* Que foi vítima de um sinistro. • *sm* Aquele que foi vítima de um sinistro, que sofreu desastres ou perdas materiais.

si.nis.trar (*sinistro+ar¹*) *vint* Sofrer sinistro (sobre algo segurado).

si.nis.tro (*lat sinistru*) *adj* **1** Esquerdo. **2** De mau agouro, que pressagia desgraças; funesto. **3** Ameaçador, assustador. • *sm* **1** O desastre ocasionado no objeto segurado. **2** Calamidade, desastre ou acontecimento que traz consigo grandes perdas materiais. **3** Contrariedade, contratempo. **4** Infortúnio, perda, ruína por efeito de incêndio, acidente etc.

si.no[1] (*lat signu*) *sm* Instrumento metálico, em forma de campânula invertida, que vibra e produz sons mais ou menos fortes, agudos ou graves, quando nele se percute com um badalo, ou um martelo.

si.no² (*lat signu*) *elem comp* Significa chinês, nos substantivos e adjetivos gentílicos: *sino-japonês, sino-russo.*

si.nó.di.co (*lat synodicu*) *adj* **1** Que provém de sínodo. **2** *Astr* Relativo à revolução dos planetas. **3** Designativo da carta escrita em nome dos concílios aos bispos ausentes.

sí.no.do (*lat synodu*) *sm* **1** *ant* V *concílio*. **2** Assembleia de bispos do mundo inteiro, sob a presidência do Papa. **3** *Astr* Conjunção de dois planetas no mesmo grau da eclíptica.

si.no-ja.po.nês *adj* Pertencente ou relativo à China e ao Japão. *Fem: sino-japonesa (ê). Pl: sino-japoneses (ê).*

si.no.ní.mia (*gr synonymía*) *sf* **1** Qualidade do que é sinônimo. **2** *Ret* Emprego frequente de sinônimos ou de vocábulos que, embora não sejam sinônimos, têm significação muito aproximada.

si.no.ní.mi.ca (*fem de sinonímico*) *sf* Arte ou estudo dos sinônimos e respectiva distinção.

si.no.ní.mi.co (*sinônimo+ico²*) *adj* Pertencente ou relativo à sinonímia ou aos sinônimos.

si.no.ni.mi.zar (*sinônimo+izar*) *vtd* e *vtdi* **1** Tornar sinônimo; dar a sinonímia de: *A evolução da semântica sinonimizou várias palavras. Sinonimizar uma palavra com outra. vti* e *vint* **2** Formar sinonímia: *Singelo sinonimiza com simples. Singelo e simples sinonimizam.*

si.nô.ni.mo (*gr synónymos*) *adj* Diz-se da palavra que tem exatamente o mesmo sentido que outra ou quase idêntico. • *sm* Palavra sinônima.

si.nop.se (*gr sýnopsis*) *sf* **1** Obra ou tratado que apresenta em síntese o conjunto de uma ciência. **2** Descrição abreviada. **3** Compêndio, resumo, síntese, sumário. **4** Visão de conjunto.

si.nóp.ti.co (*gr synoptikós*) *adj* **1** Que se refere ou pertence a sinopse. **2** Resumido, sintético. **3** Diz-se do quadro que, em forma esquemática, apresenta todas as divisões e os principais aspectos por que uma ciência ou um tratado pode apresentar-se. **4** Que tem a forma sumária de sinopse. *Var: sinótico.*

si.nó.ti.co (*sin+ótico²*) V *sinóptico*.

sin.tá.ti.ca (*gr syntktiké*) *sf Semiol* Ramo da semiologia que estuda as relações entre os signos.

sin.tá.ti.co (*gr syntaktikós*) *adj* **1** Pertencente ou relativo à sintaxe. **2** Conforme às regras da sintaxe.

sin.ta.xe (*ss*) (*gr sýntaxis*) *sf Gram* **1** Parte da gramática que ensina a dispor as palavras para formar as orações, as orações para formar os períodos e parágrafos, e estes para formar o discurso. **2** Livro que trata das regras da sintaxe. *Sintaxe de colocação:* conjunto de regras para a posição ou ordem das palavras na estrutura da frase. *Sintaxe de concordância:* a que trata das mudanças de flexão das palavras para se porem de acordo com o gênero, número e pessoa de outras a que se referem. *Sintaxe de regência:* a que trata das relações de dependência entre as palavras e as frases.

sin.tá.xi.co (*ss*) (*sintaxe+ico²*) V *sintático*.

sin.te.co (da marca *Sinteco*) *sm* Verniz transparente, durável, resistente, usado para revestir assoalhos.

sín.te.se (*gr sýnthesis*) *sf* **1** Resumo, sumário, sinopse. **2** Toda operação mental pela qual se constrói um sistema. **3** Quadro expositivo do conjunto de uma ciência. **4** *Farm* Arte, ação ou processo de compor os remédios. **5** *Quím* Operação pela qual se reúnem os corpos simples para formar os compostos, ou os compostos para formar outros de composição ainda mais complexa.

sin.té.ti.co (*gr synthetikós*) *adj* **1** Relativo à síntese. **2** Feito em síntese; compendiado, resumido. *Método sintético:* o que opera das partes para o todo. *Produto sintético:* o produto químico obtido em laboratório, ou em instalações industriais.

sin.te.ti.za.dor (*sintetizar+dor*) *adj* Que sintetiza. • *sm* O que sintetiza. *Sintetizador de FM, Inform:* sintetizador que gera som combinando sinais básicos de frequências diferentes.

sin.te.ti.zar (*síntese+izar*) *vtd* e *vpr* **1** Tornar(-se) sintético; compendiar(-se), condensar(-se), resumir(-se): *Sintetizar um assunto. A vida cristã sintetiza-se em amar o próximo. vtd* **2** Reunir em si: *Maria sintetiza todas as virtudes. vtd* **3** Reunir por síntese: *Sintetizar um composto químico.*

sin.to.ma (*gr sýmptoma*) *sm* **1** *Med* Fenômeno das funções ou da constituição material dos órgãos, próprio para indicar a existência, a sede e a natureza de uma enfermidade. **2** *fig* Indício, sinal. **3** Presságio, pressentimento.

sin.to.má.ti.co (*gr symptomatikós*) *adj* **1** Relativo a sintoma. **2** Que constitui sintoma. **3** De acordo com os sintomas e a eles dirigido: *Tratamento sintomático.*

sin.to.ma.to.lo.gi.a (*sintômato+logo+ia¹*) *sf Med* **1** Ramo que trata dos sintomas. **2** Conjunto dos sintomas de determinada doença. **3** Tratado acerca dos sintomas das doenças. *Var: sintomologia.*

sin.to.ni.a (*sin+tono+ia¹*) *sf* **1** *Eletr* Estado de dois sistemas suscetíveis de emitir oscilações elétricas da mesma frequência. **2** Igualdade de frequência entre dois sistemas de vibrações. **3** *fig* Acordo mútuo, reciprocidade, harmonia.

sin.tô.ni.co (*sintonia+ico²*) *adj* Que está em sintonia.

sin.to.ni.za.dor (*sintonizar+dor*) *adj* Que sintoniza. • *sm* **1** Circuito oscilante fechado, formado de bobina e seu condensador em paralelo. **2** Parte de um radiorreceptor que consiste no circuito usado para fazer a sintonização. **3** *Inform* Circuito eletrônico que detecta um sinal de televisão transmitido numa frequência particular, removendo a informação de áudio ou vídeo para mostrá-la num monitor.

sin.to.ni.zar (*sintonia+izar*) *vtd* **1** Tornar sintônico. **2** *Radiotécn* Ajustar (um aparelho receptor) ao comprimento da onda proveniente do posto emissor. **3** Ajustar (um aparelho televisor) a determinado canal.

si.nu.ca (*ingl snooker*) *sf* **1** Espécie de bilhar com muitas bolas de várias cores. **2** *por ext* A mesa ou o estabelecimento onde se joga sinuca. **3** *fig gír* Impasse, situação difícil, embaraçosa.

si.nu.o.si.da.de (*sinuoso+i+dade*) *sf* **1** Estado ou qualidade de sinuoso; tortuosidade, curva. **2** Dobra ou prega sinuosa; seio.

si.nu.o.so (*ô*) (*lat sinuosu*) *adj* **1** Recurvado em diversos sentidos; que descreve uma curva mais ou menos irregular; ondulante, tortuoso, curvo. **2** Que segue caminhos falsos e contrários à arte. **3** Que não é franco; que não segue o caminho reto. *Pl: sinuosos (ó).*

si.nu.si.te *(lat sinu+ite[1]) sf Med* Inflamação das cavidades ósseas ou seios do rosto, em consequência de catarro nasal infeccioso.

si.o.nis.mo *(top Sion+ismo) sm* **1** Teoria ou movimento para fundar na Palestina um Estado israelita autônomo, o qual foi coroado de êxito (maio de 1948). **2** Tratado de tudo quanto se refere à vida e história de Jerusalém.

si.o.nis.ta *(top Sion+ista) adj m+f* Que se refere ou pertence ao sionismo. • *s m+f* Pessoa partidária do sionismo.

si.ra.ge *(ár sîrij) sm* Óleo de gergelim.

si.re.na *(lat sirena, do gr)* V **sirene**.

si.re.ne *(gr seirén) sf* Aparelho usado para dar alarme, pedir passagem de veículo, avisar aproximação de navio etc.; sereia.

si.ri *(tupi sirí) sm Zool* Nome vulgar que no Brasil se dá a várias espécies de crustáceos, distintas das espécies de caranguejos.

si.ri.e.ma *(tupi sariáma)* V **seriema**.

si.ri.gai.ta *sf* **1** *Ornit* Pássaro de bico comprido, semelhante à carriça. **2** Mulher que se saracoteia muito. **3** Mulher buliçosa, inquieta, ladina. **4** Menina excessivamente desembaraçada. *Var: serigaita.*

sí.rio *(lat syriu) adj* Pertencente ou relativo à Síria (Ásia). • *sm* **1** O habitante ou natural da Síria. **2** O dialeto falado na Síria. **3** *Sírio Astr* Grande estrela pertencente à constelação do Cão Maior. *Cf círio.*

si.ri.ri *sm* **1** *Entom* Nome popular, em algumas regiões do Brasil, dado às formas aladas de cupins, que aparecem em grande quantidade por ocasião da revoada, largando as asas pelo chão (também chamados *aleluias*). **2** *Ornit* Nome de dois pássaros tiranídeos. **3** *Zool* V **sururu**. (acepção 1) **4** *Folc* Brinquedo de roda e dança popular em Mato Grosso e Mato Grosso do Sul.

si.ri.ri.ca *adj m+f Reg* (SP) *pop* Sem modos; doidivanas. • *sf bras* **1** Espécie de anzol. **2** *vulg* Masturbação no órgão sexual feminino.

si.ri.ri.car *vint* Pescar com movimentos de linha na superfície da água. *Conjug – Pres subj: siririque, siririques* etc.; *Pret perf: siririquei, siriricaste, siriricou* etc.

si.ro.co *(ô) (ital sirocco) sm* **1** Vento quente, seco e carregado de pó, que sopra do norte da África, através do Mediterrâneo, e atinge o sul da Europa, principalmente a Sicília (Itália) e Malta. **2** Vento quente e úmido do sudeste, acompanhado de chuva, nas mesmas regiões. **3** Vento quente e opressivo em outras regiões. *Var: xaroco.*

si.sal *(top Sisal) sm* **1** *Bot* Agave originário do México e cultivado na Ásia, África e América, de cujas folhas se obtêm fibras têxteis. **2** A fibra têxtil dessa planta. *Pl: sisais.*

sís.mi.co *(sismo+ico[2]) adj* **1** Pertencente, relativo ou sujeito a sismo ou a vibrações artificiais do solo. **2** Causado por um sismo ou por um abalo ou vibração da terra produzidos artificialmente.

sis.mo *(gr seismós) sm Fís* Nome científico do terremoto.

sis.mo.gra.fi.a *(sismo+grafo+ia[1]) sf Fís* **1** Descrição científica dos sismos. **2** Arte de registrar os abalos e movimentos ondulatórios dos sismos. **3** Sismologia.

sis.mó.gra.fo *(sismo+grafo) sm Fís* Instrumento que registra a hora, a duração e a amplitude dos sismos e outras vibrações dentro da Terra.

sis.mo.lo.gi.a *(sismo+logo+ia[1]) sf* Estudo dos sismos e fenômenos afins, inclusive das ondas produzidas artificialmente na crosta terrestre.

sis.mô.me.tro *(sismo+metro) sm Fís* Parte do sismógrafo que mede os períodos e as amplitudes dos movimentos do solo.

si.so *(lat sensu) sm* **1** Bom senso; circunspeção, juízo, prudência, tino. **2** *Anat* O último dos dentes molares.

sis.te.ma *(gr sýstema) sm* **1** Conjunto ou combinação de coisas ou partes de modo a formarem um todo complexo ou unitário: *Sistema de canais*. **2** Qualquer conjunto ou série de membros ou elementos correlacionados: *Sistema de força*. **3** Hábito ou costume peculiar de cada criatura. **4** *Anat* Conjunto de órgãos compostos dos mesmos tecidos destinados a idênticas funções fisiológicas: *Sistema nervoso, sistema digestório*. **5** *Astr* Grupo de corpos celestes associados e agindo em conjunto, segundo determinadas leis naturais: *Sistema solar*. **6** Método, modo, forma, plano. **7** Conjunto das instituições políticas pelas quais é governado um Estado. **8** *Inform* Conjunto formado por um ou mais computadores, seus periféricos e os programas utilizados. *Sistema digestório* (antes denominado *aparelho digestivo*), *Anat:* conjunto de órgãos que têm por função tornar os alimentos assimiláveis, aproveitar parte deles e expulsar a porção inútil. *Sistema nervoso, Anat:* conjunto dos centros nervosos e de todos os nervos. *Sistema nervoso autônomo:* parte do sistema nervoso que inerva a musculatura cardíaca e controla secreções glandulares diversas. É dividido em dois grandes setores: o simpático e o parassimpático.

sis.te.má.ti.ca *(fem de sistemático)* V **sistematização**.

sis.te.má.ti.co *(gr systematikós) adj* **1** Pertencente ou relativo ao sistema. **2** Que observa um sistema. **3** Metódico, ordenado. **4** Feito com intenção determinada. **5** *bras pop* Diz-se do indivíduo que, por obedecer a um sistema rígido de vida, se diferencia da coletividade; esquisito, pouco acessível.

sis.te.ma.ti.za.ção *(sistematizar+ção) sf* Ato ou efeito de sistematizar. *Pl: sistematizações.*

sis.te.ma.ti.za.dor *(sistematizar+dor) adj* Que sistematiza. *Sin: sistematizante.* • *sm* Aquele que sistematiza.

sis.te.ma.ti.zar *(gr sýstema, atos+izar) vtd* e *vpr* Reduzir(-se) a sistema; compilar(-se) (princípios), formando um corpo de doutrina.

sis.ti.na *(Sisto, np+ina) adj* + *sf* Diz-se da, ou a capela do Vaticano (construída sob as ordens do Papa Sisto IV).

sís.to.le *(lat systole) sf Med* Período da contração do coração ou a própria contração.

si.su.dez *(sisudo+eza) sf* **1** Qualidade de sisudo. **2** Seriedade; gravidade nas palavras e nas ações. **3** Bom senso, prudência, sensatez, tino. *Var: sisudeza. Pl: sisudezes.*

si.su.de.za (*sisudo+eza*) *V sisudez*.
si.su.do (*siso+udo*) *adj* Que tem siso ou sisudez; que tem juízo; prudente, sensato, sério. • *sm* Indivíduo que dá provas de siso, que é prudente, sensato. *Antôn*: *leviano*.
site (*sáite*) (*ingl*) *sm Inform* Endereço na internet de uma empresa, instituição etc., com informações e/ou facilidades para quem acessá-lo.
si.ti.a.do (*part* de *sitiar*) *adj* Cercado por forças militares; assediado. • *sm* Aquele que está cercado por forças militares.
si.ti.an.te[1] (de *sitiar*) *adj m+f* Que sitia. • *s m+f* Pessoa que sitia.
si.ti.an.te[2] (de *sítio*) *sm* Morador ou proprietário de um sítio, roça ou quinta.
si.ti.ar[1] (*sítio*[1]+*ar*[1]) *vpr* Estabelecer-se num sítio[1] (acepção 3).
si.ti.ar[2] *vtd* **1** Pôr sítio ou cerco a; assediar, cercar, rodear de tropas para o ataque: *Sitiar uma fortaleza*. **2** *por ext* Cercar, com um fim qualquer: *Influências que sitiam a mocidade*. *Conjug – Pres indic*: *sitio* (*tí*), *sitias* (*tí*) etc. *Cf sítio*.
sí.tio[1] (*lat situ*) *sm* **1** Chão, lugar ocupado por qualquer corpo. **2** Chão descoberto; terreno próprio para quaisquer construções. **3** Qualquer lugar; localidade, povoação, aldeia, local. **4** Habitação rústica com uma pequena granja; morada rural; quinta. **5** Lugar assinalado por acontecimento notável.
sí.tio[2] (de *sitiar*) *sm* Ação ou efeito de sitiar.
si.to (*lat situ*) *V situado*.
si.tu.a.ção (*situar+ção*) *sf* **1** Ato ou efeito de situar(-se). **2** Maneira ou modo como um objeto está colocado; posição. **3** *fig* Condição social, econômica ou afetiva de uma pessoa. **4** Estado especial de uma casa ou centro comercial em relação ao negócio; posição financeira. **5** Posição de um indivíduo em relação à sua profissão. **6** Conjuntura. **7** *bras* O conjunto de forças políticas que estão no poder ou estão a seu favor. *Antôn* (acepção 7): *oposição*. *Pl*: *situações*.
si.tu.a.ci.o.nis.mo (*situação+ismo*) *sm* **1** Situação política dominante. **2** Partido político dos que estão no poder.
si.tu.a.do (*part* de *situar*) *adj* Que ocupa determinado lugar; sito; estabelecido.
Veja nota em **morar**.
si.tu.ar (*lat situ+ar*[1]) *vtdi* **1** Colocar, pôr (no espaço ou no tempo): *Situar cada coisa em seu lugar*. *vtdi* **2** Designar lugar certo. *vtdi* **3** Assentar, construir, edificar: *Situaram as oficinas na praça*. *vpr* **4** Colocar-se: *Situou-se em péssimas condições*. *vpr* **5** Tomar conhecimento: *Situar-se sobre um assunto*.
Veja nota em **morar**.
si.zí.gia (*gr syzygía*) *sf Astr* **1** Conjunção ou oposição do Sol com a Lua. **2** Conjunção ou oposição de um planeta com o Sol.
skate (*isqueiti*) (*ingl*) *sm Esp* Prancha de madeira sobre quatro rodinhas, na qual o esportista se equilibra de pé, impulsionando-a e direcionando-a com os próprios pés.
skinhead (*isquinréd*) (*ingl*) *s m+f* Membro de uma gangue que se caracteriza pelos cabelos raspados, roupas simples e comportamento agressivo. Em muitos países, esse grupo é frequentemente racista; segue uma ideologia neonazista e pratica atos violentos contra negros, judeus, estrangeiros e outras minorias.
slide (*islaidi*) (*ingl*) *V eslaide*.
slogan (*islôgan*) (*ingl*) *sm* **1** Divisa, lema, legenda, mote (de um grupo, de um partido etc.). **2** Com frase concisa, de fácil percepção e memorização, que resume as características de um produto ou serviço, ou uma de suas qualidades ou ponto de venda, usada e repetida sem alterações nos anúncios de uma firma.
smoking (*ismôquin*) (*ingl*) *sm* Traje masculino que se usa à noite, compreendendo paletó preto, com lapelas de seda, e calças da mesma cor.
S.O. Abreviatura de *sudoeste*.
só (*lat solu*) *adj m+f* **1** Que está sem companhia; desacompanhado, sozinho. **2** Considerado com exclusão de outros; único: *Teve só um voto: o dele mesmo*. **3** Que vive afastado da sociedade; solitário: *Afastou-se de todos, e vive só*. **4** Privado de apoio ou ajuda de alguém. **5** Deserto, ermo, solitário. • *sm* Aquele que não tem a companhia de ninguém. • *adv* Apenas, somente, unicamente: *Só o amor compensa*.

> A palavra **só** pode ser adjetivo; nesse caso, é variável (flexiona-se no plural) e significa *sozinho*, *solitário*.
> *Estamos sós.* (solitários, sozinhos)
> *A menina estava só no meio da multidão.* (sozinha, solitária)
> Pode ser também advérbio; nesse caso, é invariável e significa *somente*, *apenas*.
> *Compramos só dois quilos de feijão.* (apenas, somente)
> *Preocupava-se só com os filhos menores.* (apenas, somente)
> *Só se cansa quando precisa viajar muito.* (apenas, somente)

so.a.brir (*lat sub+abrir*) *vtd* Abrir um pouco; entreabrir.
so.a.lhar (*soalho+ar*[1]) *V assoalhar*.
so.a.lhei.ra (*fem* de *soalheiro*) *sf* **1** A hora do calor mais intenso (ao sol). **2** Exposição aos raios do sol; calma.
so.a.lho (*lat vulg *solaculu*) *V assoalho*.
so.ar (*lat sonare*) *vint* **1** Dar, emitir, produzir som: *Soam os sinos*. *vtd* **2** Tirar sons de; tanger, tocar em: *Cada músico soava seu instrumento, afinando-o*. *vti* e *vint* **3** Fazer-se ouvir; ecoar, ressoar. *vint* **4** Ser anunciado ou indicado pelo som: *Soavam três horas quando nos despedimos*. *vint* **5** *fig* Produzir simpatia, agradar, ter bom acolhimento: *Aquela conversa jamais soara bem*. *Soar a hora*: chegar o momento ou o prazo de acontecer determinada coisa. *Soar bem*: causar boa impressão. *Soar mal a*: não produzir boa impressão em. (Geralmente, é conjugado nas 3as pessoas.)

> O verbo **soar**, quando se refere a tempo, horas que passam, concorda com o número de horas.
> *Soou uma hora na igreja da aldeia.*
> *Soava meia-noite quando atingiu a capela.*
> *Já soariam três horas ao contornar a curva do paiol.*

Entretanto, pode concordar com o sujeito. *Soava duas horas o despertador.* (sujeito = o despertador) *Cinco horas soou o sino da capela.* (sujeito = o sino) *O relógio da parede soará logo duas horas.* (sujeito = o relógio) *Soaram os sinos para alegria da festa.* (sujeito = os sinos)

sob (*lat sub*) *prep* Expressa relações de: **1** Posição inferior: *A cabeça sob as asas.* **2** Subordinação: *Sob o reinado de D. João VI.*

so.ba.co *V* sovaco.

so.be.jar (*lat superare*) *vti* e *vint* Exceder os limites do necessário ou preciso; ser em demasia, ser mais do que o necessário em quantidade; sobrar; superabundar: *Guarda o dinheiro que te sobejar das despesas. O dinheiro do operário nunca sobeja.* Conjug – Pres indic: *sobejo, sobejas* etc.; Pret perf: *sobejei, sobejaste, sobejou* etc.

so.be.jo (de *sobejar*) *adj* **1** Que sobeja; que é demais; que excede o indispensável; superabundante; supérfluo. **2** Considerável, enorme, extraordinário, grande, imenso. **3** Intenso. • *sm pl* O que sobra de maior quantidade; restos, sobras. *De sobejo, loc adv:* de sobra, excessivamente.

so.be.ra.ni.a (*soberano+ia*[1]) *sf* **1** Caráter ou qualidade de soberano. **2** Autoridade suprema. **3** Autoridade moral considerada como suprema; poder supremo, irresistível. **4** Os direitos ligados ao soberano ou soberana. **5** Extensão territorial sob a autoridade de um soberano. **6** Autoridade, imperiosidade, poder, superioridade. *Soberania do povo* ou *soberania popular:* princípio segundo o qual todo o poder político emana do povo e é em nome dele exercido (consignado na Constituição brasileira).

so.be.ra.no (*lat vulg superanu*) *adj* **1** Que está revestido da autoridade suprema. **2** Que governa com absoluta autoridade. **3** Dominador, poderoso, influente. **4** Diz-se de Deus e da sua suprema autoridade. **5** Excelente no seu gênero; que atinge o mais alto grau; supremo. **6** Caracterizado por supremacia; altivo, arrogante. • *sm* **1** O que exerce o poder supremo; o que tem autoridade como príncipe ou rei; monarca, imperador. **2** O que tem grande influência ou poder. **3** Nome vulgar da libra esterlina.

so.ber.ba (*ê*) (*lat superbia*) *sf* **1** Manifestação arrogante de um orgulho às vezes ilegítimo. **2** Altivez, arrogância. **3** Orgulho, presunção. **4** *Teol* Um dos sete vícios capitais. Antôn (acepções 1, 2 e 3): humildade.

so.ber.bo (*lat superbu*) *adj* **1** Que se julga mais elevado que outro. **2** Presunçoso, vaidoso. **3** Arrogante, orgulhoso. **4** Belo, grandioso, magnificente, majestoso, suntuoso. **5** Elevado, imponente, sublime. *Sup abs sint:* soberbíssimo ou superbíssimo. • *sm* Indivíduo soberbo, orgulhoso, arrogante.

só.bo.le (*lat sobole*) *sm* **1** Broto, rebento. **2** Geração, descendência.

sob.por (*sob+pôr*) *vtdi* **1** Pôr debaixo ou por baixo. **2** Desdenhar; menosprezar. Conjuga-se como *pôr*.

so.bra (de *sobrar*) *sf* **1** Ação ou efeito de sobrar. **2** O que sobrou; sobejo, resto. **3** O que fica depois de tirado o necessário; abundância, superabundância, fartura. *sf pl* Sobejos, restos.

so.bra.ça.do (*part* de *sobraçar*) *adj* **1** Metido e preso debaixo do braço; seguro entre o braço e as costelas. **2** Encostado a alguém; firme nos braços de alguém; levado em braços.

so.bra.çar (*lat sub+braço+ar*[1]) *vtd* **1** Meter e prender debaixo do braço (alguma coisa); segurar entre o braço e o tórax: *O padre foi para o quintal, sobraçando a enxada. vtd* **2** *por ext* Amparar, servir de apoio a: *Sobraçar os corações aflitos. vpr* **3** Andar de braço dado: *Sobraçar-se a* (ou *com*) *alguém.* Conjug – Pres indic: *sobraço, sobraças, sobraça* etc.; Pres subj: *sobrace, sobraces* etc.; Pret perf: *sobracei, sobraçaste* etc.

so.bra.da.do (*part* de *sobradar*) *adj* Que tem sobrado.

so.bra.dão (*sobrado+ão*[2]) *sm* **1** Aumentativo de sobrado. **2** Edifício de vários pavimentos. *Pl:* sobradões.

so.bra.di.nho (*dim* de *sobrado*) *sm* **1** Diminutivo de sobrado[2]. **2** Terraço de onde o senhor de engenho assistia a moagem.

so.bra.do[1] (*part* de *sobrar*) *adj* **1** Que sobrou ou que sobra; demasiado, excessivo. **2** Abastado, farto.

so.bra.do[2] (*lat superatu*) *sm* **1** Pavimento superior ao pavimento térreo de um edifício. **2** Edifício de vários pavimentos.

so.bran.cei.ro (*baixo-lat superantia+eiro*) *adj* **1** Que fica superior a outro; dominante; elevado; proeminente. **2** *fig* Que encara as coisas com olhar alto. **3** Que se destaca vantajosamente de outrem ou de outra coisa. **4** Altivo, arrogante, desdenhoso, orgulhoso. • *adv* **1** Em situação sobranceira ou proeminente. **2** Desdenhosamente.

so.bran.ce.lha (*lat superciliu*) *sf Anat* Arcada de pelos na parte superior das órbitas oculares; sobrecílio, sobreolho, sobrolho, supercílio. *Franzir as sobrancelhas:* mostrar contrariedade.

so.brar (*lat superare*) *vti* **1** Haver mais do que o necessário; exceder: *Sobram motivos a essa gente. vint* **2** Restar, sobejar: *Sobraram apenas alguns magros centavos. vtd* **3** *Náut* Virar (o cabo) depois de colhido. Antôn (acepções 1 e 2): faltar.

so.bre (*ô*) (*lat super*) *prep* **1** Em cima de, na parte superior de, por cima de: *Sobre a mesa havia alguns objetos.* **2** Numa posição superior e distante: *Aviões voavam sobre a cidade.* **3** Acima de, em situação dominante ou influente: *Tem jurisdição sobre diversos Estados.* **4** De encontro a: *Feixes de luz incidiam sobre a superfície.* **5** Ao encontro de, contra: *Marchar sobre o inimigo.* **6** De preferência a: *Amar a Deus sobre todas as coisas.* **7** Acerca de, a respeito de, relativamente a: *Nada resolveram sobre o meu caso.* **8** Entra na composição de alguns advérbios: *sobreaviso, sobremaneira, sobremodo, sobretudo* etc. Antôn (acepções 1, 2 e 3): sob.

so.bre.a.que.cer (*sobre+aquecer*) *V* superaquecer.

so.bre.a.vi.so (*sobre+aviso*) *sm* Precaução, cautela, prevenção. *Estar* (ou *ficar*) *de sobreaviso:* estar (ou ficar) alerta, estar (ou ficar) prevenido.

so.bre.ca.pa (*sobre+capa*) *sf* **1** Capa larga usada sobre as vestes. **2** Cobertura externa de alguns bulbos e frutos. **3** Cobertura de papel com que se reveste e protege a capa de um livro, e na qual se imprime o título da obra, nome do autor etc.

so.bre.car.ga (*sobre+carga*) *sf* **1** Carga excessiva. **2** O que se adiciona à carga.

so.bre.car.re.ga.do (*sobre+carregado*) *adj* **1** Carregado com peso superior àquele que pode levar; que tem carga excessiva. **2** *por ext* Diz-se daquele que tem muitos compromissos (de trabalho, financeiros etc.) ou tarefas. **3** *fig* Acabrunhado, oprimido, vexado.

so.bre.car.re.gar (*sobre+carregar*) *vtd* **1** Carregar demais: *Sobrecarregar o caminhão*. *vtd* **2** Aumentar demasiadamente: *Sobrecarregar as consequências*. *vtd* **3** Aumentar encargos a; causar vexame a; oprimir: *Sobrecarregar o povo com impostos*. *vpr* **4** Pegar peso excessivo. *vpr* **5** Encarregar-se de muitas coisas ao mesmo tempo. *Conjug* – *Pres subj:* sobrecarregue, sobrecarregues etc.; *Pret perf:* sobrecarreguei, sobrecarregaste etc.

so.bre.car.ta (*sobre+carta*) *sf* **1** Carta escrita depois de outra, sobre o mesmo assunto, para confirmação da primeira. **2** Envelope.

so.bre.ca.sa.ca (*sobre+casaca*) *sf* Casaco largo, que se pode vestir sobre outro.

so.bre.ce.nho (*sobre+cenho*) *sm* **1** As sobrancelhas. **2** Semblante rústico e carregado; carranca.

so.bre.cí.lio (*sobre+cílio*) *sm* V sobrancelha.

so.bre.co.mum (*sobre+comum*) *adj m+f Gram* Diz-se do substantivo uniforme, pertencente a um único gênero, mas podendo designar os dois sexos, como *criança, guia, testemunha, vítima*, palavras que designam indiferentemente homem ou mulher. *Sin: comum de dois*. *Pl: sobrecomuns*.

so.bre.co.xa (*sobre+coxa*) *sf* Designação popular do que é, propriamente, a coxa das aves.

so.bre.hu.ma.no (*sobre+humano*) *adj* **1** Superior ao que é humano. **2** Que vai além das faculdades físicas do ser humano. **3** *fig* Extraordinário, sobrenatural, sublime. *Pl: sobre-humanos*.

so.brei.ro (*lat suberei+eiro*) *sm Bot* Árvore de cuja casca se extrai a cortiça.

so.bre.le.var (*sobre+elevar*) *vtd* **1** Passar acima de; ser mais alto que (outro). *vtd* **2** Aumentar em altura, tornar mais alto: *Sobrelevar as torres*. *vpr* **3** Erguer-se bem alto; levantar-se muito: *Sobrelevou-se o nome de nossa Pátria*. *vtd* **4** Elevar, erguer, levantar do chão. *vti* e *vpr* **5** Destacar-se, relevar-se, sobressair: *Ele sobreleva dentre os alunos da classe*. *Entre outros motivos sobrelevou-se o do perigo iminente*.

so.bre.lo.ja (*sobre+loja*) *sf* Pavimento de um prédio entre a loja ou rés do chão e o primeiro andar.

so.bre.ma.nei.ra (*sobre+maneira*) *adv* Além da justa conta ou medida; altamente, excessivamente, extraordinariamente, muito.

so.bre.me.sa (*sobre+mesa*) *sf* Iguaria delicada e leve com que se termina uma refeição (doce ou fruta).

so.bre.mo.do (*sobre+modo*) *V* sobremaneira.

so.bre.na.dar (*sobre+nadar*) *vint* Nadar em cima, isto é, sustentar-se à superfície da água ou de outro líquido. *Antôn:* submergir.

so.bre.na.tu.ral (*sobre+natural*) *adj m+f* **1** Que excede as forças da natureza; fora do natural ou do comum; fora das leis naturais; extranatural. **2** Excessivo, extraordinário, muito grande. **3** Que não é conhecido senão pela fé. • *sm* **1** Aquilo que é superior às forças da natureza. **2** Aquilo que é muito extraordinário ou maravilhoso. *Pl: sobrenaturais*.

so.bre.na.tu.ra.li.da.de (*sobrenatural+i+dade*) *sf* Qualidade de sobrenatural; característica daquilo que não se pode explicar pelas forças da natureza.

so.bre.na.tu.ra.li.zar (*sobre+naturalizar*) *vtd* Dar caráter sobrenatural a.

so.bre.no.me (*sobre+nome*) *sm* Alcunha, apelido ou segundo nome que se acrescenta ao do batismo, para estabelecer a distinção entre as pessoas que têm nome idêntico.

so.bre.o.lhar (*sobre+olhar*) *vtd* Olhar por cima do ombro; olhar com sobrecenho; fitar com desdém ou desprezo.

so.bre.pai.rar (*sobre+pairar*) *vti* Pairar mais alto.

so.bre.pas.so (*sobre+passo*) *sm bras Esp* **1** No futebol, antiga infração cometida pelo goleiro quando, dentro de sua grande área, dava o quarto passo consecutivo com a bola nas mãos. **2** No basquete, infração cometida pelo jogador quando muda o pé de apoio, estando de posse da bola e não a batendo na quadra.

so.bre.pe.liz (*lat superpelliciu*) *sf* Vestidura eclesiástica, branca, de tecido fino, caindo do ombro até a cintura, com mangas soltas ou muito largas, ou ainda sem elas, que os eclesiásticos envergam por cima da batina. *Pl: sobrepelizes*.

so.bre.pe.sar (*sobre+pesar*) *vtd* **1** Pôr sobrecarga em: *Preocupações inúteis sobrepesam o espírito*. *vint* **2** Ser muito molesto; causar grande tristeza. *vtd* **3** Pensar muito em.

so.bre.pe.so (ê) (*sobre+peso*) Contrapeso, sobrecarga.

so.bre.por (*sobre+pôr*) *vtdi* e *vpr* **1** Pôr(-se) em cima ou por cima; colocar(-se) sobre; justapor (-se): *A Cristo sobrepuseram uma coroa de espinhos*. *vtdi* **2** Acrescentar, juntar: *Sobrepor argumento a argumento*. *vtd* **3** Repetir, cometer novamente: *Sobrepunha erros a erros*. *vtdi* **4** Antepor; considerar com preferência, dar prioridade a: *Sobrepor o interesse coletivo ao individual*. Conjuga-se como *pôr*.

so.bre.po.si.ção (*lat superpositione*) *sf* **1** Ato ou efeito de sobrepor; superposição. **2** Justa posição. *Pl: sobreposições*.

so.bre.pu.jar (*sobre+pujar*) *vtd* **1** Exceder em altura; sobrelevar: *Golias sobrepujava todos os guerreiros*. *vtd* **2** Passar por cima de; dominar, superar, vencer: *Sobrepujar o perigo*. *vtd* **3** Ir além de; ultrapassar: *Sobrepujar limites, fronteiras*. *vti* **4** Destacar-se: *Este arranha-céu sobrepuja a (ou entre) todos os que o circundam*.

so.bres.sai.a (*sobre+saia*) *sf* Saia que se usa sobre outra.

so.bres.cre.ver (*sobre+escrever*) *vtd* **1** Escrever sobre. **2** Sobrescritar. *Conjug – Part:* sobrescrito.

so.bres.cri.tar (*sobrescrito+ar*[1]) *vtd* **1** Fazer o sobrescrito de. **2** Escrever o endereço de (uma carta). **3** *fig* Destinar, dirigir. *Conjug – Part:* sobrescrito.

so.bres.cri.to (*sobre+escrito*) *sm* **1** Capa ou envelope de carta ou de ofício em que se escrevem o nome e endereço do destinatário. **2** As indicações que se escrevem na capa da carta ou do ofício. **3** Direção, endereço.

so.bres.sa.ir (*sobre+sair*) *vti* **1** Ser ou estar saliente; sair fora de uma linha determinada: *As graciosas aves sobressaíam da vegetação.* *vint* **2** Chamar a atenção, dar na vista: *Aquele namoro, antes discreto, sobressai agora.* *vti* **3** Distinguir-se, realçar-se entre outros por quaisquer predicados: *Sobressaía aos* (ou *entre os*) *colegas pela aplicação.* Conjuga-se como *atrair* – Part: *sobressaído*.

so.bres.sa.len.te (*sobre+salente*) *adj m+f + sm* Diz-se de, ou peça ou acessório de reserva destinado a substituir o que está gasto ou avariado; peça de reposição. Var: *sobresselente*.

so.bres.sal.ta.do (*part* de *sobressaltar*) *adj* **1** Apanhado de improviso; surpreendido, salteado. **2** Assustado, desassossegado, muito inquieto. **3** Acordado bruscamente do sono; estremunhado.

so.bres.sal.tar (*sobre+saltar*) *vtd* **1** Saltar sobre; cair inesperadamente em cima de; surpreender: *O inimigo sobressaltara a trincheira.* *vtd* **2** Passar além de; transpor: *Sobressaltar uma valeta.* *vtd* **3** Assustar, atemorizar, saltear: *Qualquer barulho a sobressaltava.* *vpr* **4** Estremecer com sobressalto; apavorar-se, atemorizar-se: *Um fez-se pálido, outro sobressaltou-se.* *vpr* **5** Sentir apreensões, cuidados ou receios: *Quando soube que errara o caminho, sobressaltou-se muito.*

so.bres.sal.to (de *sobressaltar*) *sm* **1** Ação ou efeito de sobressaltar(-se). **2** Movimento ocasionado por alguma sensação súbita e violenta. **3** Susto, tremor. **4** Inquietação repentina; pavor.

so.bres.tar (*sobre+estar*) *vtd* e *vint* Não ir avante, não prosseguir até segunda ordem ou nova determinação; cessar, parar. Conjuga-se como *estar*.

so.bres.ti.mar (*sobre+estimar*) *vtd desus* Estimar em alto grau, estimar excessivamente; superestimar.

so.bre.ta.xa (*sobre+taxa*) *sf* Taxa que se acresce aos preços ou tarifas normais.

so.bre.ta.xar (*sobre+taxar*) *vtd* Impor sobretaxa a.

so.bre.tí.tu.lo (*sobre+título*) *sm* **1** O primeiro título de uma obra, quando esta possui um título alternativo. **2** Título que, colocado antes do título principal de uma matéria jornalística, serve como introdução ou complemento.

so.bre.tu.do (*sobre+tudo*) *sm* Grande casaco próprio para se vestir sobre outro, como proteção contra o frio. • *adv* Especialmente, mormente, principalmente.

so.bre.vir (*lat supervenire*) *vti* e *vint* **1** Vir sobre outra coisa ou logo depois dela; acontecer depois: *Sobreveio-me uma nova preocupação. O cansaço muscular logo sobrevém.* **2** Acontecer ou chegar de imprevisto: *Uma grande alegria lhe sobreveio. Um furacão sobrevém ali às vezes.* Conjuga-se como *vir*; recebem, porém, acento agudo a 2ª e 3ª pessoas do singular do presente do indicativo (*sobrevéns, sobrevém*) e a 2ª pessoa do imperativo afirmativo (*sobrevém(tu)*).

so.bre.vi.ven.te (de *sobreviver*) *adj m+f* **1** Diz-se de quem sobrevive. **2** Diz-se de quem escapou da morte, em combate, catástrofe, desastre etc. • *s m+f* **1** Pessoa que sobrevive. **2** Pessoa que escapou da morte em combate, catástrofe, desastre etc.

so.bre.vi.ver (*sobre+viver*) *vti* e *vint* **1** Continuar a viver depois de outra pessoa ter morrido: *Sobreviveu muitos anos à mulher. Alguns passageiros do ônibus sobreviveram.* **2** Escapar de, subsistir após: *A democracia sobrevivia às enormes agitações. A paz ainda sobreviverá no mundo.*

so.bre.vo.ar (*sobre+voar*) *vtd* Voar por cima de: *Os aviões sobrevoaram a cidade.*

so.bri.nha (*lat sobrina*) *sf* Filha do irmão ou da irmã, ou do cunhado ou da cunhada.

so.bri.nho (*lat sobrinu*) *sm* Filho do irmão ou da irmã, ou do cunhado ou da cunhada.

so.bri.nho-ne.to *sm* Neto do irmão ou da irmã; filho do sobrinho ou sobrinha (diz-se do indivíduo em relação aos irmãos de seus pais). *Pl*: *sobrinhos-netos*.

só.brio (*lat sobriu*) *adj* **1** Moderado especialmente no comer e no beber. **2** Que não está sob efeito de bebida alcoólica. **3** Parco, simples, frugal: *Alimentação sóbria. Antôn* (acepção 1): *exagerado*. • *sm* Pessoa sóbria.

so.bro.lho (ô) (*sobre+olho*) V sobrancelha.

so.ca (*tupi sóka*) *sf* **1** *bras* A segunda produção das gramíneas, especialmente a da cana-de-açúcar, que brotou depois de cortada a primeira. **2** *Reg* (ES) A segunda colheita do arroz. **3** *Reg* (Nordeste) A segunda colheita do fumo. **4** *Reg* (RS) A árvore do mate, quando podada. **5** *Reg* (MG) Fumo de qualidade inferior. **6** Touceira de capim.

so.ca.do (*part* de *socar*) *adj* **1** Que levou socos. **2** Calçado com soquete. **3** Pilado, pisado. **4** Gordo e baixo, atarracado. **5** Muito apertado. **6** Brotado, crescido (falando-se de cana-de-açúcar). • *sm* Lombilho (parte principal dos arreios) de cabeça alta, feito de couro cru, usado pelos domadores.

so.ca.pa (*lat sub+capa*) *sf* Disfarce, manha. À *socapa*: disfarçadamente, furtivamente.

so.car (*soco+ar*[1]) *vtd* **1** Dar socos ou murros em; bater em, sovar: *Socou o adversário.* *vtd* **2** Calcar com o soquete: "Carregou a espingarda socando forte a pólvora" (Valdomiro Silveira). *vtd* **3** Esmigalhar no pilão: *Socar milho.* *vtd* **4** Espalmar com os punhos cerrados (a massa de que se faz o pão). *vtd* e *vpr* **5** Esconder(-se), meter(-se) dentro: *Socou-o no quarto. Socou-se na biblioteca.* Conjug – Pres subj: *soque, soques, soque* etc.; Pret perf: *soquei, socaste, socou* etc.

so.ca.var (*lat sub+cavar*) *vtd* **1** Escavar por baixo: *Socavar um túnel.* *vint* **2** Fazer escavação: *Vários trabalhadores socavaram ali.*

so.ci.a.bi.li.zar (*sub+sociabile+izar*) *vtd* **1** Reunir em sociedade. *vtd* e *vpr* **2** Tornar(-se) sociável; socializar(-se).

so.ci.al (*lat sociale*) *adj m+f* **1** Pertencente ou relativo à sociedade. **2** Que diz respeito a uma sociedade. **3** Sociável. **4** Próprio dos sócios de uma sociedade. **5** Conveniente à sociedade ou próprio dela. **6** Relativo à vida do homem em sociedade: *Ciências sociais*. **7** *Sociol* Relativo ou pertencente às manifestações provenientes das relações entre os seres humanos: *Problemas sociais*. • *sf pl* O setor de um estádio, ginásio de esportes ou hipódromo etc., reservado aos sócios. *Pl*: *sociais*.

so.ci.a.lis.mo (*social+ismo*) *sm* **1** Toda doutrina que

socialista

prega uma transformação radical do regime social, sobretudo da propriedade, visando a melhorar as condições dos trabalhadores. **2** *Sociol* Doutrina que preconiza a propriedade coletiva dos meios de produção (terra e capital) e a organização de uma sociedade sem classes. **3** *Polít* Sistema de organização da sociedade baseado nessa doutrina.

so.ci.a.lis.ta (*social*+*ista*) *adj m+f* **1** Pertencente ou relativo ao socialismo ou aos seus partidários. **2** Que professa as doutrinas do socialismo ou é partidário dele. • *s m+f* Pessoa que segue e preconiza as doutrinas do socialismo.

socialite (*socialáit*) (*ingl*) *sm gír* Pessoa que se destaca na sociedade.

so.ci.a.li.zar (*social*+*izar*) *vtd* **1** *Polít* Tornar propriedade coletiva ou governamental: *Socializar a indústria.* **2** Colocar sob o regime de associação: *Socializar um hotel. vpr* **3** Sociabilizar-se.

so.ci.á.vel (*lat sociabile*) *adj m+f* **1** Que é naturalmente disposto a procurar a sociedade. **2** Que gosta de sociedade; que procura a sociedade dos seus semelhantes. **3** Que pode viver em comunidade ou em sociedade. **4** Que sabe viver em sociedade; polido, urbano. *Pl: sociáveis.*

so.ci.e.co.nô.mi.co (*sócio*+*econômico*) V *socioeconômico*.

so.ci.e.da.de (*lat societate*) *sf* **1** *Sociol* Conjunto relativamente complexo de indivíduos de ambos os sexos e de todas as idades, permanentemente associados e equipados de padrões culturais comuns, próprios para garantir a continuidade do todo e a realização de seus ideais. **2** *Sociol* Organização dinâmica de indivíduos autoconscientes e que compartilham objetivos comuns e são, assim, capazes de ação conjunta. **3** Contrato consensual, em que duas ou mais pessoas convencionam combinar os seus esforços, ou recursos, no intuito de conseguir um fim comum. **4** Agremiação; associação. **5** Estado dos animais que vivem sob a ação de leis comuns.

so.ci.e.tá.rio (*lat societate*+*ário*) *adj* **1** Que pertence a uma sociedade. **2** Diz-se dos animais que vivem em sociedade. • *sm* Aquele que pertence a uma sociedade; sócio.

só.cio (*lat sociu*) *adj* + *sm* **1** Diz-se de, ou membro de uma sociedade. **2** Diz-se de, ou aquele que se associa com outro ou outros para explorar um negócio ou conseguir um fim. **3** Parceiro. **4** Cúmplice.

so.ci.o.cul.tu.ral (*sócio*+*cultural*) *adj m+f* Relativo ou pertencente à sociedade e à cultura. *Pl: socioculturais.*

so.ci.o.e.co.nô.mi.co (*sócio*+*econômico*) *adj* **1** Relativo ou pertencente a, ou que envolve uma combinação de fatores sociais e econômicos. **2** Relativo ou pertencente à renda e à posição social consideradas como um só fator. *Var: socieconômico.*

so.ci.o.lo.gi.a (*sócio*+*logo*+*ia*¹) *sf* **1** Ciência que se ocupa dos assuntos sociais e políticos, especialmente da origem e desenvolvimento das sociedades humanas em geral e de cada uma em particular. **2** Ciência ou estudo das leis fundamentais das relações, instituições e outras entidades sociais. *Sociologia rural:* conhecimento sistematizado das relações sociais no meio rural. *Sociologia urbana:* estudo científico das adaptações e ajustamentos socioeconômicos produzidos pela concentração da população em áreas geográficas limitadas.

so.ci.ó.lo.go (*sócio*+*logo*) *sm* Especialista ou tratadista de sociologia.

so.ci.o.lo.guês (*sociólogo*+*ês*) *sm* Designação irônica para a fala excessivamente técnica de certos sociólogos.

so.ci.o.po.lí.ti.co (*sócio*+*político*) *adj* Relativo à sociedade e à política.

so.co (*ô*) *sm* Pancada com a mão fechada; murro.

so.có (*tupi sokó*) *sm Ornit* Nome de várias espécies de aves semelhantes às garças.

so.ço.brar (*cast zozobrar*) *vtd* e *vpr* **1** Revolver(-se) de baixo para cima e de cima para baixo; inverter (-se), subverter(-se): *Com o tufão, soçobraram-se as barracas, os andaimes e as armações. vtd* e *vint* **2** Abismar-se nas águas; afundar-se, submergir: *O redemoinho soçobrou o náufrago. O navio soçobrou. vti* e *vint* **3** Estar em perigo; cair, pender, precipitar-se: *Soçobraram em um abismo de corrupção. Periclita a pátria, a nação soçobra. vint* e *vpr* **4** Acovardar-se; desanimar-se, esmorecer, perder a energia: *Os ânimos soçobravam. Soçobrou-se ante as sombrias perspectivas.*

so.co-in.glês V *boxe* (acepção 2). *Pl: socos-ingleses.*

so.cor.rer (*lat succurrere*) *vtd* **1** Ajudar, auxiliar, defender, ir em auxílio de, proteger: *Socorrer os mais fracos. vpr* **2** Pedir socorro; recorrer a, pedindo auxílio; valer-se da proteção de: *Socorrer-se a alguém. vpr* **3** Recorrer a algum auxílio ou remédio; valer-se de: *Socorrer-se à* (ou *da*) *mentira para encobrir os erros.*

so.cor.ro (*ô*) (*de socorrer*) *sm* **1** Ação ou efeito de socorrer; ajuda, auxílio, apoio, valimento; assistência com o fim de favorecer; proteção, recurso, remédio. **2** O que se dá para auxiliar ou socorrer alguém. • *interj* Para pedir auxílio, proteção: *Socorro! Socorro! Alguém me ajude. Pl: socorros* (*ó*).

so.crá.ti.co (*Sócrates, np*+*ico*²) *adj* **1** Pertencente ou relativo a Sócrates, filósofo grego (cerca de 470-399 a.C.) ou à sua doutrina. **2** Designativo do método pedagógico que primeiramente leva o aluno ao conhecimento do próprio erro e, daí, à descoberta e aquisição da verdade. **3** *por ext* Diz-se do método de perguntas e respostas.

so.da (*ital soda*) *sf* **1** *Quím* Carbonato de sódio, um sal branco, facilmente solúvel em água. **2** Bebida refrigerante preparada com água saturada de ácido carbônico. **3** *Bot* Planta usada na fabricação de soda calcinada (barrilha). *Soda calcinada:* carbonato de sódio anídrico. *Soda cáustica, Quím:* nome comercial do hidróxido de sódio.

só.dio (*soda*+*io*²) *sm Quím* Elemento metálico branco-prateado, mole, moldável, dúctil, de baixo ponto de fusão e de alta condutividade termal e elétrica. Número atômico 11 e símbolo Na.

so.do.mi.a (*top Sodoma*+*ia*¹) *sf* Perversão sexual; relação sexual anal.

so.er (*lat solere*) *vint* Costumar, estar afeito a, ter por hábito: *Como sói acontecer... Conjug:* verbo defectivo, não tem a 1ª pessoa do singular do presente do indicativo e, consequentemente, todo o presente do subjuntivo. *Pres indic:* sóis, sói, soemos, soeis, soem; *Pret imp indic:* soía, soías, soía, soíamos, soíeis, soíam; *Pret perf:* soí, soeste etc.; *Pret mais--que-perf:* soera, soeras, soera, soêramos, soêreis, soeram; *Fut pres:* soerei, soerás etc.; *Fut pret:* soeria, soerias etc.; *Pret imp subj:* soesse, soesses etc.; *Fut subj:* soer, soeres etc. *Imp afirm:* sói (*tu*), soei (*vós*); *Infinitivo impes:* soer; *Infinitivo pess:* soer, soeres, soer, soermos, soerdes, soerem; *Ger:* soendo; *Part:* soído. Este verbo quase não é usado atualmente. Alguns autores admitem apenas o presente do indicativo, o pretérito imperfeito do indicativo, o infinitivo impessoal e o particípio.

so.er.guer (*lat* sub+erguer) *vtd* e *vpr* Erguer(-se), levantar(-se) um pouco, de baixo para cima: *Soerguer a cabeça. Faltou-lhe força para soerguer-se.*

so.ez *adj m+f* Baixo, desprezível, grosseiro, indigno, reles, torpe, vil. *Pl: soezes.*

so.fá (*fr* sofa, do *ár Suffa*) *sm* Móvel, estofado ou não, com espaldar, com dois, três ou mais lugares, onde se sentam as pessoas.

so.fá-ca.ma *sm* Sofá dobradiço, que ao mesmo tempo serve de sofá e de cama. *Pl: sofás-cama* e *sofás-camas.*

so.fis.ma (*gr* sóphisma) *sm* 1 *Lóg* Raciocínio capcioso, feito com intenção de enganar. 2 Argumento ou raciocínio falso, com alguma aparência de verdade.

so.fis.mar (*sofisma+ar¹*) *vint* 1 Empregar sofismas; argumentar por sofismas: "Você está sofismando ou confundindo alhos com bugalhos" (Lúcia Miguel Pereira). *vtd* 2 Enganar por meio de sofisma; iludir, lograr: *O astuto vigarista sofismou o roceiro. vtd* 3 Dar uma interpretação falsa a; torcer (argumento ou questão); dar aparências de verdade a (afirmação falsa).

so.fis.ti.ca.ção (*sofisticar+ção*) *sf* 1 Ato ou efeito de sofisticar(-se). 2 Substância sofisticada. 3 Qualidade ou caráter de intelectual sofisticado; sutileza excessiva. 4 Busca de originalidade. *Pl: sofisticações.*

so.fis.ti.ca.do (*part* de *sofisticar*) *adj* 1 Falsificado, adulterado. 2 Que tem sutileza em excesso. 3 *neol* Que perdeu caráter ou simplicidade naturais; pedante. 4 *bras* Que é exigente; que é difícil de contentar; afetado, excêntrico. 5 De alto nível; refinado.

so.fis.ti.car (*sofístico+ar¹*) *vtd* e *vint* 1 Sofismar. *vtd* 2 Alterar, falsificar (medicamentos, bebidas etc.). *vtd* e *vpr* 3 Tornar(-se) artificial; privar(-se) da ingenuidade, naturalidade ou simplicidade: *A vaidade sofisticou-a. Julgara valorizar-se sofisticando-se. vtd* e *vpr* 4 Dar um toque de originalidade a; tornar(-se) diferente. *Sofisticar o ambiente. Tentava sofisticar-se. Conjug – Pres subj: sofistique, sofistiques etc.; Pret perf: sofistiquei, sofisticaste, sofisticou etc.*

so.fre.ar (*lat* suffrenare) *vtd* 1 Reprimir (o cavalo) puxando o freio; refrear. *vtd* 2 Repuxar ou retesar (as rédeas). *vtd* e *vpr* 3 Conter, corrigir, refrear, reprimir: *Sofrear os impulsos. Sofrear-se alguém.* Conjuga-se como *frear.*

so.fre.gar (*sôfrego+ar¹*) *vpr* Tornar-se sôfrego: *Sofregavam-se os espectadores. Conjug – Pres indic:* sofrego, sofregas, sofrega etc. *Cf sôfrego; Pres subj:* sofregue, sofregues etc.; *Pret perf:* sofreguei, sofregaste, sofregou etc.

sô.fre.go *adj* 1 Muito apressado em comer ou beber. 2 Ávido. 3 Ambicioso. 4 Impaciente, pressuroso.

so.fre.gui.dão (*sôfrego+idão*) *sf* 1 Ação, maneira ou qualidade de quem é sôfrego. 2 Avidez. 3 Ambição. 4 Impaciência. *Pl: sofreguidões.*

so.frer (*lat* sufferere, corr de *sufferre*) *vti* e *vint* 1 Padecer dores físicas ou morais: *Sofria de enxaquecas. Muito sofrem por ela. vtd* 2 Aguentar, suportar, tolerar: *Sofrer perseguição. vtd* 3 Experimentar, receber: *Sofrer alterações. vti* e *vint* 4 Experimentar prejuízos; decair: *A sociedade sofre com os escândalos públicos. Com a seca, a lavoura sofre.*

so.fri.men.to (*sofrer+mento*) *sm* 1 Ação ou efeito de sofrer; dor, padecimento. 2 Amargura. 3 Paciência, tolerância. 4 Desastre.

so.frí.vel (*sofrer+vel*) *adj m+f* 1 Que se pode sofrer; suportável, tolerável. 2 Que não é mau de todo, razoável. *Antôn* (acepção 2): *inadmissível. Pl: sofríveis.*

software (*sóft-uér*) (*ingl*) *sm Inform* Qualquer programa ou grupo de programas que instrui o *hardware* sobre a maneira como ele deve executar uma tarefa, inclusive sistemas operacionais, processadores de texto e programas de aplicação. *Cf hardware.*

so.gra (*ó*) (*lat* socra) *sf* A mãe da esposa, em relação ao genro, ou a mãe do marido, em relação à nora.

so.gro (*ô*) (*lat* socru) *sm* O pai da esposa, em relação ao genro, ou o pai do marido, em relação à nora. *Fem:* sogra (*ó*). *Pl:* sogros (*ô*).

soi-disant (*suá-dizã*) (*fr*) *adj* Que pretende ser; pretenso. • *adv* Conforme se pretende.

soirée (*suarrê*) (*fr*) *sf V sarau.*

so.ja (*jap* shôyu) *sf Bot* Planta leguminosa ereta, espessa, felpuda, anual, nativa da Ásia e largamente cultivada em todo o mundo por suas sementes, que fornecem produtos valiosos (óleo, farinha); feijão-soja.

sol¹ (*lat* sole) *sm* 1 *Sol Astr* O astro principal e central do nosso sistema planetário. 2 Qualquer astro, considerado como o centro de um sistema planetário. 3 Estrela. 4 A luz e o calor transmitidos pelo Sol. 5 *poét* O dia. 6 *fig* Brilho, luz, esplendor. *De sol a sol:* desde que o Sol nasce até que se põe; durante todo o dia. *Lugar ao sol:* posição ou condição social favorável: *Os operários lutam por um lugar ao sol. Pl: sóis.*

sol² (*lat* sol(ve), do hino a São João) *sm Mús* 1 Quinta nota da escala musical. 2 Sinal representativo dessa nota.

so.la (*lat* sola, corr de *solea*) *sf* 1 Couro curtido e preparado para servir de fundo para calçados, e para outras aplicações. 2 Peça de couro, borracha ou outro material, de formato adequado, que reveste a parte do calçado que assenta no chão ou forma uma camada desse revestimento, com exclusão do salto. 3 Planta do pé.

so.la.do (*solo+ado¹*) *adj* 1 Que é feito de sola. 2 Que tem sola. • *sm* Sola de couro, borracha etc., para substituir a que foi gasta pelo uso.

so.la.ná.cea (*lat* solanu+ácea) *sf Bot* Planta da

família das solanáceas. *sf pl* Família de ervas, arbustos ou árvores, de grande importância econômica, à qual pertencem a batata, o tomateiro, o pimentão, a berinjela etc.

so.la.pa.do (*part* de *solapar*) *adj* **1** Que se solapou; escavado, minado. **2** Abalado pelos fundamentos; arruinado.

so.la.par (*solapa+ar*[1]) *vtd* **1** Fazer lapa; assolapar, escavar, minar. *vtd* **2** Abalar pelos fundamentos; arruinar, deteriorar.

so.lar[1] (*lat solare*) *adj* **1** Pertencente ou relativo ao Sol: *Eclipse solar, sistema solar.* **2** Em forma de Sol.

so.lar[2] (*solo+ar*[1]) *adj* Diz-se da casa pertencente a família nobre. • *sm* **1** Castelo ou terra onde habitava a nobreza e que dava o título às famílias. **2** Qualquer palácio ou casa nobre.

so.lar[3] (*sola+ar*[1]) *vtd* Pôr solas em (calçado).

so.lá.rio (*lat solariu*) *sm* **1** O relógio de sol, usado pelos antigos romanos. **2** Local onde se faz tratamento pelo sol.

so.la.van.car (*solavanco+ar*[1]) *vint* Dar solavancos. *Conjug Pres subj: solavanque, solavanques, solavanque* etc.; *Pret perf: solavanquei, solavancaste, solavancou* etc.

so.la.van.co (de *solevar*) *sm* Balanço imprevisto ou violento de um veículo ou de pessoa que nele viaja.

sol.da (*lat solida*) *sf* **1** Substância metálica, fusível, própria para unir peças também metálicas, pedras etc. **2** Aderência ou união íntima de duas peças formando um só corpo.

sol.da.des.ca (*ê*) (*fem* de *soldadesco*) *sf pej* **1** Grande número de soldados; tropa. **2** A classe militar. **3** Bando de soldados indisciplinados.

sol.da.des.co (*ê*) (*soldado+esco*) *adj pej* Pertencente ou relativo a soldados.

sol.da.do[1] (*soldo+ado*[1]) *sm* **1** Homem alistado ou inscrito nas fileiras do Exército, inferior ao cabo e último na hierarquia militar. *Col: tropa, legião; patrulha, ronda* (em vigilância). **2** Qualquer militar. **3** O que milita numa bandeira qualquer ou serve um partido ou ideia notável; partidário, sectário.

sol.da.do[2] (*part* de *soldar*) *adj* Que foi ligado com solda; ajustado, unido.

sol.dar (*lat solidare*) *vtd* **1** Aplicar a solda a; prender, unir ou fechar com solda: *Soldar peças de metal.* *vpr* **2** Ajustar-se, pegar-se, unir-se: *Soldaram-se as duas placas.*

sol.do (*ô*) (*lat solidu*) *sm* **1** *Mil* Parte correspondente aos 2/3 dos vencimentos de um militar. **2** *pop* Vencimento de militares. **3** *desus* Moeda francesa, correspondente à vigésima parte de um franco. **4** Moeda de ouro, dos antigos romanos. **5** Nome de várias moedas antigas de Portugal, de ouro, prata e cobre. **6** Recompensa, retribuição, salário.

so.le.cis.mo (*gr soloikismós*) *sm Gram* Erro contra as regras da sintaxe de concordância, de regência ou de colocação. São solecismos: *o povo vaiaram* (em vez de *vaiou*); *assisti o filme* (em vez de *ao filme*); *nunca esforçou-se* (em vez de *se esforçou*).

so.le.da.de (*lat solitate*) *sf* **1** *V* solidão. **2** Lugar ermo, solitário. **3** Melancolia que acompanha a tristeza de quem está abandonado e sozinho.

so.le.í.deos *sm pl Ictiol* Família de peixes de corpo chato, oval, alongado, que compreende os linguados típicos.

so.lei.ra (*sola+eira*) *sf* **1** Peça de pedra, cimento, ferro ou madeira na qual assentam os umbrais da porta, ou que se estende entre eles no chão; limiar da porta. **2** Construção em que assentam as eclusas, os pilares das pontes etc. **3** Revestimento que protege uma construção contra a ação das águas. **4** Parte da estribeira onde assenta o pé. **5** Correia que, nas esporas, passa por baixo da sola.

so.le.ne (*lat solemne*) *adj* e *s m+f* **1** Que se celebra com pompa e suntuosidade. **2** Acompanhado de cerimônias públicas e extraordinárias; magnífico, pomposo. **3** Que infunde respeito; grave, majestoso. **4** *pop* Que tem um tom pomposo, afetado.

so.le.ni.da.de (*lat solemnitate*) *sf* **1** Qualidade de solene. **2** Ato solene. **3** Cerimônia pública que torna solene um ato. **4** Formalidades que acompanham certos atos, para os tornar autênticos ou válidos. **5** *Liturg* Festividade religiosa.

so.le.ni.zar (*solene+izar*) *vtd* **1** Celebrar com suntuosidade; tornar solene: *Solenizaram a data com desfiles colegiais.* *vtd* **2** Dar aspecto solene a; tornar aparatoso, magnífico: *Solenizar o espetáculo.* *vint* **3** Celebrar (cerimônias religiosas).

so.ler.te (*lat solertia*) *adj* e *s m+f* Diz-se de, ou pessoa ardilosa, astuta, finória, manhosa, velhaca.

so.le.trar (*lat sub+letra+ar*[1]) *vtd* **1** *Gram* Dar o som ou valor fonético parcial a cada letra, e depois o som total das letras que formam cada sílaba e o das sílabas que formam a palavra. *vtd* e *vint* **2** Ler pelo método da soletração: *Soletrar um nome. Aos quatro anos de idade já soletrava.* *vtd* e *vint* **3** Ler devagar ou por partes: *Soletrar uma carta. Lia, ou melhor, soletrava, duvidando do que via.* *vtd* **4** Ler mal.

sol.fe.jar (*solfa+ejar*) *vtd* e *vint Mús* Ler ou cantar as notas musicais sem pronunciar quaisquer palavras do canto, mas apenas os nomes dessas notas: *Solfejar um trecho. O cantor está solfejando.*

sol.fe.jo (*ê*) (*ital solfeggio*) *sm Mús* **1** Ato ou efeito de solfejar. **2** Exercício musical para aprender a solfejar.

sol.fe.ri.no (do *top Solferino*) *sm Reg* (Sul) **1** A cor escarlate; cor entre encarnado e roxo. **2** Corante dessa cor aplicado a tecidos etc.

so.li.ci.ta.ção (*lat solicitatione*) *sf* Ato ou efeito de solicitar; pedido feito com instância, rogo. *Pl: solicitações.*

so.li.ci.ta.dor (*ô*) (*solicitar+dor*) *adj* Que solicita; solicitante. • *sm* **1** Aquele que solicita; solicitante. **2** Procurador habilitado legalmente para requerer em juízo ou promover o andamento de negócios forenses.

so.li.ci.tan.te (*lat solicitante*) *adj* e *s m+f* Diz-se de, ou aquele que solicita; solicitador.

so.li.ci.tar (*lat solicitare*) *vtd* **1** Agenciar, pedir com instância; rogar com todo o zelo: *Solicitar um emprego.* **2** Buscar, procurar: *Solicitar a simpatia, o apoio. Conjug – Pres indic: solicito, solicitas, solicita* (*cí*) etc. *Cf solícito.*

so.lí.ci.to (*lat solicitu*) *adj* **1** Ativo, cuidadoso, diligente. **2** Prestativo. **3** Apreensivo. **4** Inquieto. **5** Delicado. **6** Muito amável. *Antôn* (acepção 2): *desatencioso.*

so.li.ci.tu.de (*lat solicitudine*) *sf* **1** Qualidade de solícito. **2** Afã de concluir ou de conseguir alguma coisa. **3** Cuidado, empenho ou zelo no pedir, no solicitar. **4** Desvelo, preocupação absorvente. **5** Atenção. **6** Aquilo que demanda um cuidado constante. *Antôn* (acepção 4): *indiferença*.

so.li.dão (*lat solitudine*) *sf* **1** Condição, estado de quem está desacompanhado ou só. **2** Lugar ermo, retiro. **3** Isolamento. **4** Caráter dos lugares ermos, solitários. *Pl: solidões*.

so.li.da.ri.e.da.de (*solidário+e+dade*) *sf* **1** Qualidade de solidário. **2** Estado ou condição de duas ou mais pessoas que repartem entre si igualmente as responsabilidades de uma ação, de um negócio etc., respondendo todas por uma e cada uma por todas. **3** Mutualidade de interesses e deveres. **4** Laço ou ligação mútua entre duas ou muitas coisas dependentes umas das outras. **5** *Dir* Compromisso pelo qual as pessoas se obrigam umas pelas outras e cada uma delas por todas. **6** *Sociol* Condição grupal resultante da comunhão de atitudes e sentimentos.

so.li.dá.rio (*lat solidariu*) *adj* **1** Que tem interesse e responsabilidades recíprocas. **2** Que torna cada um de muitos devedores obrigado ao pagamento total da dívida. **3** Que dá a cada um de muitos credores o direito de receber a totalidade da dívida.

so.li.da.ri.zar (*solidário+izar*) *vtd* **1** Tornar solidário: *O sofrimento comum solidariza os homens*. *vpr* **2** Tornar-se solidário com outro ou com outros; assumir responsabilidades recíprocas.

so.li.déu (*lat solu+Deo*) *sm* **1** Barretinho vermelho com que os bispos e outros dignitários eclesiásticos cobrem o alto da cabeça. **2** Pequeno barrete, usado principalmente por pessoas calvas.

so.li.dez (*sólido+ez*) *sf* **1** Estado ou qualidade de sólido. **2** Qualidade do que é sério, real. **3** Qualidade de ser durável ou resistente. **4** Consistência. **5** Segurança. **6** Força de resistência. *Antôn* (acepção 6): *fragilidade. Pl: solidezes*.

so.li.di.fi.car (*lat solidu+ficar*) *vtd, vint e vpr* **1** Converter(-se) do estado líquido ao sólido; congelar: *O intenso inverno solidifica os rios. A água, imóvel, solidifica* (ou *solidifica-se*). **2** Tornar(-se) sólido, duro ou compacto: *Solidificar os alicerces de uma construção. A lava, esfriando, solidificava. A crosta da Terra se solidificou há milhões de anos. Conjug – Pres subj: solidifique, solidifiques* etc.; *Pret perf: solidifiquei, solidificaste, solidificou* etc.

só.li.do (*lat solidu*) *adj* **1** Que tem forma própria (contrapõe-se a *líquido* e *gasoso*). **2** Consistente, substancial (falando dos alimentos). **3** Que tem corpo ou consistência; que não é oco nem vazio ou leve. **4** Que tem consistência para resistir ao peso, ao tempo, ao choque, a quaisquer forças externas. **5** Cheio, maciço (falando de obras de arquitetura). **6** Que está bem fundamentado; que tem base. **7** Estabelecido de modo que possa durar, resistir aos acidentes; durável. **8** Que tem constituição forte; cheio, robusto. *Antôn* (acepção 1): *líquido*; (acepções 4 e 8): *frágil*. • *sm* **1** O que tem solidez; o que apresenta consistência; o que é durável. **2** *Mat* Corpo que tem as três dimensões (comprimento, largura e altura). **3** O que tem bons fundamentos.

so.li.ló.quio (*lat soliloquiu*) *sm* **1** V *monólogo*. **2** Aquilo que cada um diz falando consigo mesmo.

só.lio (*lat soliu*) *sm* **1** Assento real, trono. **2** Cadeira pontifícia.

so.lí.pe.de (*lat solu+pede*) *adj* + *sm Zool* Diz-se de, ou animal que tem um só casco maciço em cada pé. • *sm pl* Antiga denominação dos equídeos.

so.lis.ta (*solo²+ista*) *adj m+f Mús* Diz-se de quem executa um solo musical, ou é especialista em solos. • *s m+f* Essa pessoa.

so.li.tá.ria (*fem* de *solitário*) *sf* **1** *Zool* Nome comum dado às tênias, vermes que na forma adulta são parasitas do intestino de vertebrados, inclusive o homem. **2** *bras* Lugar na penitenciária no qual se isola o sentenciado turbulento ou perigoso.

so.li.tá.rio (*lat solitariu*) *adj* **1** Que está só; que evita a convivência; que gosta de estar só; que foge da sociedade; que vive em solidão. **2** Pertencente ou relativo à solidão. **3** Que se passa na solidão. **4** Que está em lugar remoto ou pouco frequentado. **5** Desabitado, deserto, despovoado, ermo. • *sm* **1** Aquele que vive na solidão ou num lugar remoto; eremita, monge. **2** *Ornit* Variedade de melro, também chamado *melro-azul*.

so.li.tu.de (*lat solitudine*) *sf poét* Solidão.

so.lo¹ (*lat solu*) *sm* **1** Terreno sobre o qual se constrói ou se anda; chão, pavimento. **2** Terra considerada nas suas qualidades produtivas. **3** Porção de superfície de terra.

so.lo² (*ital solo*) *sm Mús* **1** Trecho de música para ser cantado por uma só pessoa ou executado por um só instrumento, com ou sem acompanhamento. **2** Trecho de música executado por instrumentos iguais e com igual desenvolvimento, isto é, executando todos o mesmo trecho.

sols.tí.cio (*lat solstitiu*) *sm Astr* Época em que o Sol, tendo-se afastado o mais possível do equador, parece deter-se e estacionar durante alguns dias, antes de voltar a aproximar-se de novo do equador.

sol.ta (*ô*) (de *soltar*) *sf* **1** Ação ou efeito de soltar (-se). **2** Criação de gado à solta. **3** Ação de tirar a trela aos cães, para entrarem no mato em perseguição da caça.

sol.tar (*solto+ar¹*) *vtd* **1** Desligar, desprender, desatar: *Soltei-lhe as mãos. vtd* **2** Pôr em liberdade, restituir à liberdade: *O governo soltou os presos políticos. vpr* **3** Desprender-se, escapar-se, pôr-se em liberdade: *As feras soltaram-se da jaula. vtd* **4** Abandonar à própria ação; dar livre curso a: *Soltar a imaginação. vtd* **5** Arremessar, atirar, disparar, lançar: *Soltou um murro no ar. vtd* **6** Deixar cair, deixar escapar, largar da mão: *Com o susto, a mulher soltou a bandeja. vtd* **7** Afrouxar, tornar bambo: *Soltar as rédeas do cavalo. vtd* **8** Deixar escapar dos lábios, deixar ouvir ou perceber: *Soltar um ai, soltar um grito. Antôn* (acepções 1 e 2): *prender*; (acepção 1): *amarrar. Conjug – Part: soltado e solto. Soltar a língua:* dizer tudo o que vem à cabeça. *Soltar as rédeas:* deixar (alguém) à vontade.

sol.tei.ra (*fem* de *solteiro*) *adj* + *sf* **1** Diz-se da, ou a mulher que não se casou. **2** Diz-se da, ou a fêmea que não tem cria: *Vaca solteira*. • *sf Ictiol* Peixe caracídeo, de água doce.

sol.tei.rão (*solteiro+ão²*) *adj* Diz-se do homem que está na meia-idade, que ainda não se casou;

solteiro celibatário. • *sm* Esse homem. *Fem: solteirona. Pl: solteirões.*

sol.tei.ro (*lat solitariu*) *adj* **1** Diz-se da pessoa que ainda não se casou. **2** *Náut* Diz-se do cabo disponível e pronto para servir nas manobras. • *sm* **1** A pessoa que ainda não se casou. **2** *Náut* O cabo de manobras.

sol.to (ô) (*lat solutu*) *adj* **1** Que está livre; desatado, desprendido. **2** Livre de cadeias ou prisões; que anda à solta. **3** Que está à vontade; desafogado, desoprimido. **4** Que não está aderente; sem aderência entre as suas partes; desagregado, desunido, espalhado. **5** Entrecortado, interrompido. *Antôn* (acepções 1 e 2): *preso.* • *sm Ictiol* Variedade de peixe marinho.

sol.tu.ra (*solto+ura*) *sf* **1** Ato ou efeito de soltar (-se). **2** Desembaraço, destreza, em quaisquer exercícios ou movimentos corporais. **3** Facilidade de expressão. **4** Liberdade concedida ao que estava encarcerado ou preso.

so.lu.bi.li.zar (*lat solubile+izar*) *vtd* e *vpr* Tornar (-se) solúvel.

so.lu.ção (*lat solutione*) *sf* **1** Ato ou efeito de solver. **2** Resolução de qualquer dificuldade, questão etc. **3** Decisão, despacho. **4** *Álg* Indicação das operações que se devem efetuar sobre os dados do problema para obter o valor das incógnitas. **5** *Álg* O método empregado para obter esse resultado. **6** *Quím* Ação de um líquido sobre um sólido, cujo resultado definido é tornar este último também à forma líquida; dissolução. **7** Líquido que contém uma substância em dissolução. **8** *Farm* O líquido em que se dissolvem sais, extratos e outras substâncias solúveis. *Pl: soluções.*

so.lu.çar (*soluço+ar¹*) *vint* **1** Emitir soluços: *Depois de mamar, o bebê soluçou.* *vint* **2** Chorar, emitindo soluços: *Com o rosto entre as mãos, soluçava tristemente.* *vtd* **3** Dizer, exprimir entre soluços: *Soluçar queixas, lamentações.*

so.lu.ci.o.nar (*solução+ar¹*) *vtd* Dar solução a; resolver: *Solucionar problemas, dúvidas.*

so.lu.ço (*lat vulg *suggluttiu*) *sm* **1** *Fisiol* Contração espasmódica do diafragma, que traz como consequência sair com certo ruído a pequena porção de ar que entrou no peito. **2** Pranto entrecortado de soluços.

so.lu.to (*lat solutu*) *adj* Solto, dissolvido. • *sm Quím* Substância dissolvida.

so.lú.vel (*lat solubile*) *adj m+f* Que se pode solver, dissolver ou resolver. *Pl: solúveis.*

sol.ven.te (*lat solvente*) *adj m+f* **1** Que solve ou pode solver. **2** Que paga ou pode pagar o que deve: *Devedor solvente.*

sol.ver (*lat solvere*) *vtd* **1** Solucionar: *Solver a dúvida, o problema.* **2** Dissolver: *Solver o congresso, o parlamento.* **3** Tornar quite; compensar, pagar, satisfazer: *Solver o débito.*

sol.ví.vel (*solver+vel*) *adj m+f* **1** Que se pode solver; que se pode pagar: *Dívida solvível.* **2** Que pode pagar o que deve; solvente. *Var: solvável. Pl: solvíveis.*

som (*lat sonu*) *sm* **1** Tudo o que soa ou impressiona o sentido do ouvido; ruído. **2** Ruído ritmado, produzido por vibrações sonoras que se sucedem regularmente. **3** Timbre. **4** Voz. **5** *Gram* Qualquer emissão de voz simples ou articulada. *Alto e bom som:* bem alto e claro; sem rodeios. *Pl: sons.*

so.ma (*lat summa*) *sf* **1** *Mat* Resultado da adição; o número ou quantidade equivalente às parcelas reunidas. **2** *Mat* Operação que consiste em procurar o resultado ou equivalência de muitos números ou quantidades. **3** Reunião de coisas consideradas no seu conjunto; totalidade. **4** Certa quantia de dinheiro. **5** Certa quantidade. **6** Conjunto.

so.ma.li *adj m+f* Da, pertencente ou relativo à Somália (África). • *s m+f* O natural ou habitante da Somália. *sm* Língua da família camito-semítica falada na Somália, Etiópia, Quênia e Djibuti. *Var: somaliano, somaliense.*

so.mar (*soma+ar¹*) *vtd* **1** Fazer a soma de; adicionar (números ou quantidades) para achar a soma. *vtd* **2** Equivaler; importar em; ter ou apresentar como soma: *Os batalhões somavam milhares de soldados.* *vtdi* **3** Reunir em um mesmo total; adicionar: *É impossível somar egoísmo com solidariedade.* *vint* **4** Fazer a operação da soma: *Ainda não sabia somar.* *vpr* **5** Juntar-se, reunir-se, aderir-se: *Soma-se a ignorância à (ou com a) miséria e resultará a delinquência.*

so.ma.ti.za.ção (*somatizar+ção*) *sf* Ato ou efeito de somatizar. *Pl: somatizações.*

so.ma.ti.zar (*sômato+izar*) *vtd* e *vint* Desenvolver (uma determinada doença) por causa de problemas emocionais e/ou depressão.

so.ma.to.lo.gi.a (*sômato+logo+ia¹*) *Biol* **1** Conjunto dos conhecimentos a respeito do corpo humano. **2** Estudo da anatomia e fisiologia do corpo humano; antropologia física. **3** Tratado a respeito do corpo humano.

so.ma.tó.rio (*soma+t+ório*) *adj* Indicativo de uma soma. • *sm* **1** Soma geral (*símb:* Σ; no alfabeto grego, a letra S maiúscula). **2** Totalidade.

som.bra (*lat sub illa umbra*) *sf* **1** Espaço privado de luz, ou tornado menos claro, pela interposição ou presença de corpo opaco; a falta de luz produzida pela presença de um corpo opaco. **2** Escuridão, trevas, noite. **3** *poét* Coisa que parece impalpável e imaterial como a sombra. **4** Espectro, fantasma, visão. **5** *fig* Indivíduo que acompanha ou persegue constantemente outro. **6** *fig* Aparência, sinal, traço, vestígio. **7** *fig* Defeito, mancha, nódoa. **8** *Pint* Os lugares mais sombrios ou mais obscuros de um quadro e que servem para dar realce aos outros. *Antôn* (acepções 2 e 3): *luz, clarão.*

som.bre.a.do (*part* de *sombrear*) *adj* Que se sombreou, em que há sombra; escurecido. • *sm* Gradação do escuro, num quadro ou desenho.

som.bre.ar (*sombra+e+ar¹*) *vtd* **1** Cobrir com sombras, dar sombra a. *vtd* **2** Tornar sombrio ou triste: *Preocupações graves sombreiam o seu rosto.* *vtd* **3** Escurecer: *A barba sombreava-lhe o queixo.* *vtd* **4** *Bel-art* Dar o sombreado em; pôr as sombras e os escuros em: *Sombrear a pintura, o desenho.* *vpr* **5** Encher-se de sombra: *Anoitece; sombreia-se a terra.* Conjuga-se como *frear.*

som.brei.ro (*sombra+eiro*) *adj* Que dá ou faz sombra. • *sm* **1** Aquilo que dá sombra. **2** Chapéu de aba larga. **3** *Ictiol* Nome de um tubarão.

som.bri.nha (*dim* de *sombra*) *sf* **1** Diminutivo de *sombra.* **2** Pequeno guarda-sol, para senhoras.

som.bri.o (*sombra+io²*) *adj* **1** Diz-se do lugar em que não bate o sol ou só bate por muito pouco tempo; não exposto ao sol. **2** Cheio de sombras; escuro. **3** Que se oculta entre sombras. **4** Triste, lúgubre. **5** Carrancudo. *Antôn* (acepção 2): *claro*; (acepções 1 e 2): *iluminado*; (acepção 4): *alegre*. • *sm* Lugar sombrio, lugar em que não há sol.

som.bro.so (*ô*) (*sombra+oso*) *adj* Sombrio (acepções 1 e 2). *Pl: sombrosos* (*ó*).

so.me.nos (*lat sub+menos*) *adj m+f sing* e *pl* **1** De menor valor que outro; inferior. **2** Ordinário, reles.

so.men.te (*só+mente*) *adv* Apenas; unicamente.

so.mí.ti.co *V avaro*.

so.nam.bu.lis.mo (*sonâmbulo+ismo*) *sm* Fisiol Estado caracterizado pela facilidade de andar e de repetir durante o sono certos movimentos contraídos pelo hábito, sem que de tal fique a menor lembrança ao despertar.

so.nâm.bu.lo (*sono+lat ambulare*) *adj* **1** *Med* Diz-se de quem, dormindo, anda, fala e faz certos movimentos como se estivesse acordado. **2** Desconexo, disparatado. • *sm* Aquele que é sonâmbulo.

so.nan.te (*lat sonante*) *adj m+f* Que soa. *Moeda sonante, Econ:* moeda corrente; o dinheiro em circulação.

so.na.ta (*ital sonata*) *sf* **1** *Mús* Peça musical para um ou dois instrumentos. **2** *poét* Concerto ou conjunto de melodias agradáveis ao ouvido. **3** *poét* Chilrear de aves. *Dim: sonatina*.

son.da (*lat sub+unda*) *sf* **1** Ato ou efeito de sondar. **2** Espécie de prumo ou corda a cuja extremidade se prende um fragmento de chumbo e que serve para fazer sondagens. **3** Qualquer instrumento próprio para fazer sondagens. **4** Resultado de uma sondagem. **5** *Cir* Instrumento que se introduz na cavidade de certos órgãos para reconhecer o estado destes ou para nelas fazer penetrar alguma substância ou para descobrir a causa oculta de algum mal. **6** *Cir* Instrumento com que se examina o estado das feridas a fim de se poderem fazer nelas as operações necessárias. **7** Espécie de broca com que se perfuram os terrenos para reconhecer a natureza deles, para a prospecção de minérios, carvão etc., ou as qualidades das jazidas.

son.da.gem (*sondar+agem*) *sf* **1** Ato ou efeito de sondar. **2** *Meteor* Medição das condições atmosféricas em várias alturas. **3** Investigação, pesquisa, busca cautelosa. *Pl: sondagens*.

son.dar (*sonda+ar¹*) *vtd* **1** Fazer a sondagem de; reconhecer ou verificar com a sonda a natureza de (um terreno), a profundidade de (mar ou rio). *vtd* **2** Explorar com a sonda: *Sondar uma ferida, um órgão*. *vtd* **3** Averiguar, inquirir, procurar conhecer indagando ou observando cautelosamente: *Sondar as inclinações, os sentimentos de alguém*. *vtd* e *vpr* **4** Analisar(-se), perscrutar(-se); estudar o que se passa no interior, no íntimo: *O psicanalista sonda o cliente. Sondar o terreno:* averiguar cautelosamente, investigar as disposições ou os sentimentos de alguém.

so.ne.ca (*de sono*) *sf* **1** *V sonolência* (acepção 2). **2** Sono ligeiro, de curta duração.

so.ne.gar (*lat subnegare*) *vtd* **1** Não pagar ou não contribuir com (a importância devida), burlando a lei: *Sonegar impostos*. *vtd* **2** Deixar de mencionar ou relacionar, com intenção fraudulenta, em qualquer ato em que a lei o exige ou perante um terceiro: *Sonegar informações sobre os rendimentos*. *vtdi* **3** *pop* Furtar, reter (objeto alheio) contra a vontade do dono: *Sonegaram-lhe o ordenado*. *vpr* **4** Escusar-se ou furtar-se ao cumprimento de uma ordem; negar-se: *Sonegara-se ao cumprimento do mandato*. *vtd* **5** *por ext* Ocultar, encobrir, esconder. *Conjug – Pres subj: sonegue, sonegues* etc.; *Pret perf: soneguei, sonegaste, sonegou* etc.

so.nei.ra (*sono+eira*) *sf pop* **1** Grande sono. **2** Sonolência.

so.ne.tis.ta (*soneto+ista*) *adj* e *s m+f* Que, ou quem faz sonetos.

so.ne.to (*ê*) (*ital sonetto*) *sm Lit* Composição poética formada por quatorze versos, geralmente distribuídos por dois quartetos e dois tercetos.

son.ga.mon.ga (*cast songa*) *adj* e *s m+f pop* Diz-se de, ou indivíduo sonso; dissimulado.

songbook (*songuibúqui*) (*ingl*) *sm Mús* Livro com as músicas (letras e partituras) de um determinado artista.

so.nha.dor (*sonhar+dor*) *adj* **1** Que sonha habitualmente. **2** Que vive alheado das realidades da vida; devaneador, fantasioso. • *sm* Aquele que possui uma dessas características.

so.nhar (*lat somniare*) *vint* **1** Ter um sonho ou sonhos: *Sonhando, proferia palavras desconexas*. *vti* **2** Ver (alguém ou alguma coisa) em sonho, conviver ou comunicar-se com, em sonho: *A moça sonhou com o namorado distante*. *vint* **3** Delirar: *Possuído de violenta febre, o rapaz sonhava*. *vint* **4** Entregar-se a devaneios e fantasias; idealizar: *Não ouvia o que os outros diziam, sonhava sozinho*. *vtd* e *vti* **5** Alimentar, pôr na imaginação: *Agora, vive sonhando viagens* (*ou com viagens*) *interastrais*. *vtd* **6** Adivinhar, fazer ideia de, imaginar, prever, supor, suspeitar. *Sonhar acordado:* devanear, fantasiar absortamente.

so.nho (*lat somniu*) *sm* **1** Representação em nossa mente de alguma coisa ou fato, enquanto dormimos. **2** Coisa imaginada, mas sem existência real no mundo dos sentidos. **3** Coisa ou pessoa vista ou imaginada durante o sono. **4** Imaginação sem fundamento, sequência de ideias vãs e incoerentes, às quais a mente se entrega; devaneio, fantasia, ilusão, utopia. **5** Ideia com a qual nos orgulhamos; ideia que alimentamos; pensamento dominante que seguimos com interesse ou paixão. **6** *Cul* Pequeno bolo esférico, muito fofo, de farinha e ovos. *Sonhos dourados:* esperanças de felicidade.

sô.ni.co (*lat sonu+ico²*) *adj* **1** Pertencente ou relativo ao som. **2** Que tem frequência de vibração dentro do âmbito audível ao ouvido humano. **3** Que é produzido por ondas de som, ou se utiliza delas. **4** Relativo ou pertencente à velocidade do som no ar. **5** Que indica ou tem a velocidade do som. **6** Conforme ao som; fonético.

so.ni.do (*lat sonu+ido*) *sm* Som; ruído.

so.ní.fe.ro (*lat somniferu*) *adj poét* Que traz ou produz sono; soporífico. • *sm* Substância soporífera ou soporífica.

so.no (*lat somnu*) *sm* **1** *Biol* Suspensão normal e periódica da consciência e da vida de relação, durante a qual o organismo se repara da fadiga.

sonolência   819   **sórdido**

2 Desejo ou necessidade de dormir. 3 Estado de quem dorme. 4 *fig* Estado de insensibilidade; cessação de ação; inércia. *Cair de sono:* cabecear de sono. *Dormir o sono dos justos:* dormir serena e tranquilamente. *O sono eterno:* o repouso eterno, a morte. *Ter um sono de pedra:* demorar muito a acordar.

so.no.lên.cia (*lat somnolentia*) *sf* **1** Sono imperfeito. **2** Disposição para dormir; soneca. **3** Forte desejo de dormir. **4** Torpor. **5** *fig* Apatia, indolência, inércia.

so.no.len.to (*lat somnolentu*) *adj* **1** Que tem sonolência. **2** Que causa sono. **3** Relativo a sonolência. **4** Que se levantou há poucos instantes, mas ainda se conserva sob a ação do sono. **5** Inerte. **6** Vagaroso.

so.no.plas.ta (*lat sonu+plasta*) *s m+f* Pessoa encarregada de estudar, selecionar e aplicar efeitos sonoros e ruídos em filmes, espetáculos teatrais, programas de rádio ou televisão.

so.no.plas.ti.a (*lat sonu+plasta+ia^1*) *sf* Técnica de provocar os efeitos acústicos que constituem o fundo sonoro dos filmes, peças teatrais e espetáculos de rádio e televisão.

so.no.ri.da.de (*lat sonoritate*) *sf* **1** Qualidade de sonoro. **2** Propriedade de produzir ou de formar sons. **3** Melodia. **4** Propriedade que têm certos corpos de reforçar os sons repercutindo-os.

so.no.ri.za.ção (*sonorizar+ção*) *sf* **1** Ato ou efeito de sonorizar. **2** *Gram* Abrandamento na passagem de uma consoante surda a sonora. *Pl: sonorizações.*

so.no.ri.za.dor (*sonorizar+dor*) *adj* Que produz sonorização. • *sm* **1** O que produz sonorização. **2** *Eng* Dispositivo colocado sob piso rugoso ou depressão em rodovias, que provoca um som ruidoso quando os pneus de um veículo tocam o solo.

so.no.ri.zar (*sonoro+izar*) *vtd* **1** Tornar sonoro: *Em 1926 sonorizaram o cinema.* *vint* **2** Produzir som; soar: *Enquanto a tarde caía, o canto das cigarras sonorizava.*

so.no.ro (*lat sonoru*) *adj* **1** Que produz ou reforça som ou sons. **2** *fig* Harmonioso, melodioso. **3** *Fís* Que produz ou é capaz de produzir som. **4** *Gram* Diz-se do fonema consonantal que se produz com a glote fechada ou quase fechada, de modo que o ar, forçando-lhe a passagem, põe em vibração as cordas vocais, como *b, d, j, v, z* etc.

so.no.ro.so (*ô*) (*sonoro+oso*) *adj* Sonoro. *Pl: sonorosos (ó).*

so.no.te.ra.pi.a (*lat somnu+terapia^2*) *sf Med* Tratamento de certas doenças nervosas e mentais pela audição de gravações sonoras em ultrassons.

son.si.ce (*sonso+ice*) *sf* **1** Qualidade de sonso. **2** Sorrelfa; sagacidade disfarçada.

son.so (*cast zonzo*) *adj* **1** Dissimulado, fingido. **2** Astuto, velhaco. **3** Ardiloso, com mostras de ingenuidade. • *sm* Indivíduo manhoso, dissimulado; songamonga.

so.pa (*germ suppa*) *sf* **1** *Cul* Caldo gordo ou magro com massas, arroz, legumes ou outras substâncias e que é geralmente o primeiro prato que se serve nas duas principais refeições. **2** Coisa muito molhada. **3** *pop* Coisa fácil de fazer ou resolver.

so.pa.pe.ar (*sopapo+e+ar^1*) *vtd* Dar sopapos em. Conjuga-se como *frear.*

so.pa.po (*lat sub+papo*) *sm* **1** Murro ou soco debaixo do queixo. **2** *V* bofetão.

so.pé (*lat sub+pé*) *sm* **1** Parte inferior de rocha ou muro mais próxima do solo. **2** Base de montanha.

so.pei.ra (*sopa+eira*) *sf* Terrina em que se leva a sopa à mesa.

so.pe.sar (*lat sub+pesar*) *vtd* **1** Equilibrar tomando o peso; suspender na mão; suspender e vibrar para o arremesso: *Sopesar a lança, o dardo.* **2** Sustentar o peso de: *Os esteios sopesam o telhado.* **3** *fig* Conter, sofrear; ponderar: *Sopesar a irritação, o mau humor.* **4** Distribuir com regra e parcimônia: *Sopesar os gastos.*

so.pi.tar (*lat sopitare,* de *sopire*) *vtd* **1** Fazer adormecer: *O cansaço sopitou a sentinela.* **2** Abrandar, acalmar, refrear, sofrear: *Sopitar a discórdia, a revolta, os rancores.*

so.pi.tá.vel (*sopitar+vel*) *adj m+f* Que se pode sopitar. *Pl: sopitáveis.*

so.por (*ô*) (*lat sopore*) *sm* **1** *V* sonolência. **2** Sono profundo. **3** Estado de quem está em coma.

so.po.rí.fe.ro (*lat sopore+fero*) *adj* **1** Que traz ou produz sopor, ou sono; soporífico. **2** Enfadonho, fastidioso, maçador, monótono.

so.po.rí.fi.co (*lat sopore+fico*) *V* soporífero.

so.pra.no (*ital soprano*) *s m+f* **1** *Mús* A mais aguda das vozes; a voz mais aguda de mulher ou menino. **2** Cantor ou cantora que tem voz de soprano.

so.prar (*lat sufflare*) *vtd* **1** Dirigir o sopro para; assoprar. **2** Apagar com sopro: *Soprou o fósforo.* **3** Ativar, avivar (a chama, o fogo) por meio do sopro. **4** Expelir, expulsar com a respiração: *Soprava lentamente a fumaça do cigarro.* **5** Tocar instrumento de sopro: *Soprar flauta.* **6** Dizer, transmitir em voz baixa: *Soprar uma resposta, uma lição.* **7** Levar ao êxito; bafejar, favorecer: *A boa sorte sempre sopra os homens de coragem e constância.*

so.pro (*ô*) (de *soprar*) *sm* **1** Agitação do ar; corrente de ar; aragem, brisa, vento, viração. **2** Vento que se faz agitando ou impelindo o ar com a boca. **3** Expiração do ar inspirado ou respirado; bafo, hálito.

so.que.ar (*soco+e+ar^1*) *vtd* Dar socos em; socar. Conjuga-se como *frear.*

so.quei.ra (*socar+eira*) *sf* **1** Raizame de canas ou de outras plantas, após o corte delas. **2** *V* boxe (acepção 2).

so.que.te^1 (*ê*) (*soco+ete*) *sm* Peça para socar (a pólvora num canhão, a terra num aterro ou construção etc.).

so.que.te^2 (*ê*) (*ingl socket*) *sm* **1** *Mec* Chave para parafusos em lugares profundos, que consiste em uma haste redonda de ferro, com uma extremidade oca correspondente a uma porca ou cabeça de parafuso. **2** *Mec* Abertura ou oco ou peça oca, geralmente com rosca, que serve de suporte a qualquer coisa.

so.que.te^3 (*é*) (*fr socquette*) *sm* Meia curta de mulher.

sor.di.dez (*sórdido+ez*) *sf* **1** Estado ou qualidade de sórdido. **2** Imundície. **3** *fig* Indignidade, torpeza. *Pl: sordidezes.*

sór.di.do (*lat sordidu*) *adj* **1** Asqueroso, imundo, nojento, repugnante. **2** Que não tem asseio nem no corpo nem na roupa. **3** *fig* Baixo, torpe, vil. **4** *fig* Indigno. **5** *fig* Indecente, obsceno, vergonhoso.

sor.go (*ô*) (*ital sorgo*) *sm Bot* **1** Gênero de gramíneas economicamente importantes, semelhantes ao milho, mas com pendão terminal e espiguetas geminadas, largamente cultivadas nas regiões tropicais e subtropicais pelas suas sementes e para forragem. **2** Qualquer planta do gênero sorgo, especialmente as cultivadas. **3** As sementes do sorgo-comum, usadas como cereais (especialmente na África) e como forragem. **4** Melado ou xarope de sorgo-sacarino, usado como alimento ou remédio.

so.ro (*ô*) (*lat seru*) *sm* **1** Líquido inodoro e límpido que se separa do leite quando este se coagula. **2** Líquido que se separa dos grumos do sangue depois que este se coagula. *Pl: soros* (*ô*).

so.ro.lo.gi.a (*soro+logo+ia¹*) *sf Med* Ramo da biologia que se ocupa dos soros, das suas propriedades e aplicações.

so.ro.ne.ga.ti.vo (*soro+negativo*) *adj Med* Diz-se daquele cujo sangue passou por testes, tendo-se constatado a ausência do vírus da AIDS. • *sm* Indivíduo soronegativo. *Antôn: soropositivo.*

so.ro.po.si.ti.vo (*soro+positivo*) *adj Med* Diz-se daquele cujo sangue passou por testes, tendo-se constatado a presença do vírus da AIDS, mas que não necessariamente apresenta sintomas da doença. • *sm* Indivíduo soropositivo. *Soropositivo assintomático:* diz-se do soropositivo que não apresenta sintomas da AIDS. *Antôn: soronegativo.*

so.ror (*ô*) (*lat soror*) *sf* Tratamento que se dá às freiras. *Var: sóror. Pl: sorores* (*ô*).

so.ro.ro.ca (*tupi sororóka*) *sf* Rumor produzido pela voz dos moribundos; estertor.

so.ro.ti.po (*soro+tipo*) *sm Biol* Cada um dos tipos antigênicos que, apesar de diferentes, pertencem a uma mesma espécie microbiana.

sor.ra.tei.ro (*lat vulg *sobretariu* por *subrepticu*) *adj* **1** Ardiloso, manhoso, velhaco, matreiro. **2** Dissimulado, encoberto, disfarçado. • *sm* **1** Indivíduo ardiloso. **2** Indivíduo dissimulado.

sor.rel.fa *sf* Disfarce para enganar; sonsice. *À sorrelfa, loc adv:* sorrateiramente; com intenção de enganar.

sor.ri.den.te (*lat subridente*) *adj m+f* **1** Que sorri; alegre, amável, prazenteiro, risonho. **2** Prometedor, propício.

sor.rir (*lat subridere*) *vint* e *vpr* **1** Rir levemente, sem rumor, com ligeira contração dos músculos faciais: *Vendo Cadu sorrir, eu também sorri. Sorria-se de satisfação. vtd* e *vti* **2** Dar, dirigir um sorriso: *"O Dr. Gustavo sorri seu sorriso mais caricioso"* (Jorge Amado). *A criança sorriu à mãe. vti* **3** Ser favorável: *A fortuna sorri ao corajoso. Antôn* (acepção 1): *chorar.* Conjuga-se como *rir.*

sor.ri.so (*lat subrisu*) *sm* **1** Ato de sorrir(-se). **2** Manifestação de um sentimento de benevolência, simpatia ou de ironia, que se faz sorrindo.

sor.te (*lat sorte*) *sf* **1** Fado, destino, sina. **2** Acaso, risco. **3** Quinhão que tocou em partilha. **4** Fortuna, felicidade. *Dar sorte:* proporcionar bom êxito. *De sorte que, loc conj:* de modo que, de forma que. *Sorte grande:* o prêmio maior da loteria.

sor.te.a.do (*sorte+ado¹*) *adj* **1** Escolhido por sorte. **2** Variado (falando-se de cores, drogas ou tecidos); sortido. • *sm* Aquele que ganhou prêmio num sorteio.

sor.te.ar (*sorte+ar¹*) *vtd* **1** Submeter a sorteio. **2** Rifar: *Sortear um automóvel.* **3** Dispor (tecidos) pelas cores e pelas qualidades, a fim de formar um conjunto agradável à vista. Conjuga-se como *frear.*

sor.tei.o (de *sortear*) *sm* **1** Ato ou efeito de sortear. **2** Extração dos números de loteria ou rifa. **3** Disposição de coisas, segundo as cores, qualidades, preços etc.

sor.ti.do (*part* de *sortir*) *adj* **1** Abastecido, provido de mercadorias de várias espécies ou qualidades. **2** Variado (em cor, qualidade, preço etc.): *Balas sortidas.* • *sm* V *sortimento.*

sor.ti.lé.gio (*lat sortilegiu*) *sm* **1** Malefício de feiticeiro. **2** Trama, maquinação. **3** Sedução exercida por dotes naturais ou por artifícios diabólicos.

sor.ti.men.to (*sortir+mento*) *sm* **1** Ato ou efeito de sortir. **2** Provisão de mercadorias de vários gêneros; sortido. **3** Mistura de coisas diversas.

sor.tir (*lat sortire*) *vtd* e *vpr* **1** Abastecer(-se), prover (-se): *Sortir a despensa. vtd* **2** Variar, alternar, mesclar: *Convém sortir as leituras que se faz. Conjug:* verbo irregular; o *o* do radical muda-se em *u* na 1ª, 2ª e 3ª pessoas do singular e 3ª pessoa do plural do presente do indicativo e nas formas que delas derivam. *Pres indic: surto, surtes, surte, sortimos, sortis, surtem; Pret imp indic: sortia, sortias, sortia, sortíamos, sortíeis, sortiam; Pret perf: sorti, sortiste* etc.; *Pret mais-que-perf: sortira, sortiras* etc.; *Fut pres: sortirei, sortirás* etc.; *Fut pret: sortiria, sortirias* etc.; *Pres subj: surta, surtas, surta* etc.; *Pret imp subj: sortisse, sortisses* etc.; *Fut subj: sortir, sortires* etc.; *Imper afirm: surte(tu), surta(você), surtamos(nós), sorti(vós), surtam (vocês); Imper neg: não surtas(tu), não surta(você)* etc.; *Infinitivo impess: sortir; Infinitivo pess: sortir, sortires* etc.; *Ger: sortindo; Part: sortido.*

sor.tu.do (*sorte+udo*) *adj bras gír* Diz-se do indivíduo que tem muita sorte e consegue o que pretende com facilidade; rabudo. • *sm* Esse indivíduo.

so.rum.bá.ti.co (*lat sub illa umbra+t+ico²*) *adj* + *sm* Que, ou quem é triste; macambúzio.

sor.ve.dou.ro (*sorver+douro*) *sm* **1** Remoinho de água no mar ou nos rios. **2** Voragem, abismo. *Var: sorvedoiro.*

sor.ver (*lat sorbere*) *vtd* **1** Beber aos sorvos; beber lentamente: *Sorver um cafezinho quente. vtd* **2** Chupar, sugar: *Sorvia, pelo canudinho, um refrigerante. vtd* **3** Absorver, tragar: *O redemoinho sorvia tudo que nele caía. vtd* **4** Inspirar (o ar ou aromas nele contidos): *Muito aprecio sorver o ar das praias. vpr* **5** Submergir-se, sumir-se: *O avião sorvera-se no oceano.*

sor.ve.te (*ital sorbetto*) *sm* Preparação de sumo de frutas, cremes, leite, chocolate etc., temperados com açúcar e solidificados até ficarem com uma consistência semelhante à da neve. *Virar sorvete, pop:* sumir, desaparecer.

sor.ve.tei.ra (*sorvete+eira*) *sf* Aparelho para fazer sorvetes e outros gelados.

sor.ve.tei.ro (*sorvete+eiro*) *sm* Fabricante ou vendedor de sorvetes.

sor.ve.te.ri.a (*sorvete+eria*) *sf* Lugar onde se fazem ou vendem sorvetes. *Var: sorvetaria.*
sor.vo (*ô*) (de *sorver*) *sm* Ato ou efeito de sorver.
S.O.S. (sigla *ingl Save Our Souls*) *sm* Abreviação da expressão inglesa utilizada internacionalmente como pedido de socorro.
só.sia (de *Sosia, np*) *s m+f* Pessoa muito parecida fisicamente com outra.
sos.lai.o (*cast soslayo*) *sm* Obliquidade; esguelha. *De soslaio:* de esguelha, de lado; obliquamente.
sos.se.gar (*lat vulg *sessicare*) *vtd* **1** Pôr em sossego ou em descanso; acalmar, tranquilizar: *A boa notícia sossegou-a*. *vint* e *vpr* **2** Ter sossego, descanso; aquietar-se, tranquilizar-se: *Sob o efeito do sedativo, a enferma sossegara. A enferma sossegou-se com a chegada do médico*. *vint* **3** Tornar-se comedido, pacato: *O rapaz sossegou desde que mudou de colégio*. *Antôn: inquietar.* Conjug – Pres indic: sossego (*é*), sossegas (*é*) etc. *Cf sossego.*
sos.se.go (*ê*) (de *sossegar*) *sm* **1** Ato ou efeito de sossegar. **2** Tranquilidade, calma, quietação. *Antôn: preocupação, agitação.*
so.tai.na (*ital sottana*) *sf* Batina de padre.
só.tão (*lat vulg *subtulu*) *sm* **1** Pequeno andar ou compartimento que fica entre o teto do último andar e o telhado de um sobrado ou edifício. **2** Espaço vazio na armação do telhado usado, muitas vezes, como depósito. *Pl: sótãos.*
so.ta.que *sm* Pronúncia peculiar a um indivíduo, a uma região etc.
so.ta-ven.to *sm* Borda do navio oposta à direção de onde sopra o vento. *Antôn: barlavento. Pl: sota--ventos.*
so.te.ro.po.li.ta.no (*gr sotér+o+pólis+ano²*) *adj* Relativo a Salvador, capital do Estado da Bahia. • *sm* Pessoa nascida nessa capital.
so.ter.rar (*lat sub+terra+ar¹*) *vtd* e *vpr* Cobrir (-se) de terra; enterrar(-se): *Soterrar o animal. Soterrou-se o casebre.*
so.to-pôr (*lat subtu+pôr*) *vtd* **1** Pôr por baixo. **2** Postergar; omitir: *A humildade não soto-põe a dignidade*. Conjuga-se como *pôr*.
so.to-pos.to (*ô*) (*part* de *sotopor*) *adj* Posto por baixo. *Pl: soto-postos (ó).*
so.tur.no (*corr* de *Saturno, np*) *adj* **1** Carregado, sombrio, taciturno, tristonho. **2** Que infunde pavor; lúgubre, medonho. **3** Diz-se do tempo quente e abafadiço. • *sm* **1** Caráter ou aspecto lúgubre, sombrio, taciturno, tristonho. **2** Tempo quente e abafadiço; mormaço.
soutien (*sutiã*) (*fr*) V *sutiã.*
souvenir (*suvenir*) (*fr*) V *suvenir.*
so.va (de *sovar*) *sf* Ação ou efeito de sovar; tunda.
so.va.co *sm* Axila. *Var: sobaco.*
so.var *vtd* **1** Bater a massa de; amassar: *Sovar o pão*. **2** Pisar (a uva). **3** Dar pancadas, surrar: *"... um rechonchudo abade, que arregaçava as vestes sacerdotais e ia, furioso, sovar o intrigante"* (Eça de Queirós). **4** *fig* Usar muito: *Sovava a roupa, meses e meses.*
so.ve.la (*lat vulg *subella*) *sf* Instrumento pontiagudo de ferro ou aço, em forma de haste, que os correeiros e sapateiros usam para furar o couro.
so.ver.ter (*lat sub+verter*) *bras vtd* e *vpr* **1** Desaparecer; sumir. *vtd* **2** Fazer desaparecer sob a água ou sob a terra.
so.vi.e.te (*russo sovet*) *sm Hist* Cada um dos conselhos de trabalhadores na ex-URSS.
so.vi.é.ti.co (*soviete+ico²*) *adj* **1** Relativo ou pertencente aos sovietes. **2** *por ext* Relativo ou pertencente à União das Repúblicas Socialistas Soviéticas – URSS (nascida na Revolução de 1917 e extinta em 1990, a ex-URSS era constituída por 15 repúblicas soviéticas socialistas). • *sm* O natural ou habitante da ex-URSS.
so.vi.na *adj m+f* Mesquinho, miserável (falando de atos ou coisas). *Antôn: liberal, generoso.* • *s m+f* Pessoa que sofre privações, mas não gasta dinheiro; avaro, mesquinho, miserável.
so.zi.nho (*só+z+inho*) *adj* **1** Absolutamente só; abandonado. **2** Único. • *adv* **1** Acompanhado de uma outra pessoa somente: *Ele achava-se sozinho com a mãe.* **2** Consigo mesmo: *Quando exaltado, fala sozinho sem o perceber.*
spa (*ispá*) *sm* Local onde pessoas se hospedam para fazer dietas e/ou outros tratamentos de saúde, baseados em alimentação balanceada e atividades físicas.
spray (*ísprêi*) (*ingl*) *sm* **1** Jato gasoso, de aerossol ou líquido, que se espalha como névoa sobre o local em que é aplicado. **2** O aerossol ou líquido usado dessa maneira (perfume, desodorante, fixador de cabelos, tinta, inseticida etc.). **3** Recipiente metálico fechado e provido de dispositivo, capaz de emitir *spray*; atomizador, nebulizador, vaporizador, pulverizador.
squash (*iscuóxi*) (*ingl*) *sm Esp* Modalidade que consiste em arremessar uma pequena bola de borracha macia contra uma parede, num recinto fechado, usando uma raquete especial, podendo ser praticada por duas ou quatro pessoas.
staff (*istáfi*) (*ingl*) *sm* **1** Grupo qualificado de pessoas que se supõe possuam aptidão ou competência. **2** Grupo qualificado de pessoas que assistem um chefe ou dirigente, em empresas privadas ou governamentais.
stand (*istandi*) (*ingl*) V *estande.*
standard (*stândard*) (*ingl*) V *estândar.*
star (*istár*) (*ingl*) *s m+f* Artista de sucesso no cinema, rádio, teatro ou televisão; estrela.
States (*istêits*) (*ingl*) *sm pl pop* Forma reduzida de United States of America (Estados Unidos da América): *Ele viajou pros States.*
status (*lat*) *sm Sociol* **1** Posição do indivíduo no grupo (ou do grupo em outro maior de que faça parte), determinada pelas relações com todos os outros membros por meio de competição consciente; posição social. **2** *por ext* Posição legal de um indivíduo: *Adquiriu o* status *de cidadão americano*. **3** *por ext* Condição, situação: *O diretor deu* status *de projeto à nossa ideia.*
stencil (*istêncil*) (*ingl*) V *estêncil.*
stop (*istóp*) (*ingl*) *sm* Termo usado na sinalização do trânsito que significa *pare!.*
storyboard (*istóri bôrd*) (*ingl*) *sm Cin* Série de imagens ou desenhos, em papel, que mostram a progressão de um vídeo ou animação.
stress (*istrés*) (*ingl*) V *estresse.*
strip-tease (*istripi-tíse*) (*ingl*) *sm* Arte de se despir

lentamente em público, ao som de música e com dança, geralmente em espetáculos eróticos.

su.a (*lat sua*) *pron* Feminino de *seu*.

su.ã (*lat sus, is*) *sf* **1** Carne da parte inferior do lombo do porco. **2** Parte final da espinha dos animais, especialmente do porco.

su.a.dei.ra (*suar+deira*) *sf Reg* (RS) As partes acolchoadas do lombilho (parte principal do arreio) que assentam no lombo do animal.

su.a.do (*part* de *suar*) *adj* **1** Molhado de suor. **2** Adquirido com trabalho; que custou muito trabalho.

su.a.dor (*suar+dor*) *adj* **1** Que sua. **2** Que provoca a transpiração. • *sm* **1** O que sua. **2** Aquilo que provoca a transpiração; suadouro.

su.a.dou.ro (*suar+douro*) *sm* **1** Ato ou efeito de suar. **2** Aquilo que se ingere para provocar a transpiração; sudorífico. **3** Lavagem das vasilhas com água quente e sal. **4** Coxim de lã sobre o qual assenta a sela ou selim, para não molestar o lombo da cavalgadura. **5** Parte das costas do cavalo sobre a qual se põe a sela ou selim. *Var:* suadoiro.

su.ar (*lat sudare*) *vint* **1** Exalar suor; transpirar; verter o suor pelos poros da pele: *Os trabalhadores suavam*. *vtd* **2** Deitar pelos poros; destilar, verter: *Suar sangue*. *vtd* **3** Expelir à maneira de suor. *vint* **4** Gotejar, verter umidade: *Suavam as paredes do túnel*. *vti* e *vint* **5** Empregar grandes esforços em: *Suou, mas ganhou a corrida*. *Suar a camisa, gír futebol:* esforçar-se muito (um quadro ou um jogador). *Conjug* – *Pres indic:* suo, suas, sua, suamos, suais, suam; *Pres subj:* sue, sues, sue, suemos, sueis, suem; *Pret perf:* suei, suaste, suou, suamos, suastes, suaram.

su.a.ren.to (*suar+ento*) *adj* Que tem suor; úmido ou coberto de suor.

su.ás.ti.ca (*sânsc svastika*, boa sorte) *sf* Antigo símbolo religioso em forma de cruz grega com as extremidades das hastes prolongadas em ângulo reto, todas no mesmo sentido rotatório, e que foi adotada pelos nazistas de Hitler; cruz gamada.

su.a.ve (*lat suave*) *adj m+f* **1** Que causa uma impressão doce e agradável aos sentidos; brando, macio. **2** Ameno, aprazível, leve, manso. **3** Meigo, terno. **4** Que encanta pela melodia; harmonioso. **5** Que inspira sentimentos delicados. **6** Que se faz sem esforço.

su.a.vi.da.de (*lat suavitate*) *sf* **1** Qualidade de suave; brandura, doçura, maciez, meiguice. **2** Encanto da fisionomia; graça amável das formas.

su.a.vi.zar (*suave+izar*) *vtd* **1** Tornar suave: *Suavizar a voz, o trabalho*. **2** Abrandar, aliviar, atenuar, minorar, mitigar: *Suavizar o sofrimento, a dor*.

su.a.zi *adj m+f* De, pertencente ou que se refere à Suazilândia (África). • *s m+f* O natural ou habitante desse país. *Var:* suazilandense, suazilandês, suazilandiense.

su.ba.li.men.ta.do (*sub+alimentado*) *adj* + *sm* Subnutrido.

su.bal.ter.no (*lat subalternu*) *adj* **1** Que está sujeito ou sob as ordens de outro: *Classe subalterna*. **2** Que tem autoridade ou graduação inferior à de outro. **3** Subordinado. **4** Inferior. • *sm* Indivíduo subalterno *Var:* subalternado.

su.ba.lu.gar (*sub+alugar*) *V* sublocar.

su.ba.quá.ti.co (*sub+aquático*) *adj* Que está debaixo de água; submarino.

su.bar.ren.dar (*sub+arrendar*) *vtd* Arrendar a outro (aquilo que já se havia arrendado); sublocar.

su.bar.ren.da.tá.rio (*sub+arrendatário*) *adj* Diz-se de quem subarrendou um prédio; sublocatário, subinquilino. • *sm* Esse indivíduo.

sub-bi.bli.o.te.cá.rio (*sub+bibliotecário*) *sm* Funcionário imediato a ou substituto do bibliotecário. *Pl:* sub-bibliotecários.

sub.che.fe (*sub+chefe*) *sm* Funcionário imediato ao chefe ou que o substitui.

sub.che.fi.a (*sub+chefia*) *sf* **1** Funções do subchefe. **2** Escritório ou repartição do subchefe.

sub.clas.se (*sub+classe*) *sf* **1** Divisão de uma classe. **2** *Mat* Subconjunto. **3** *Hist nat* Categoria taxionômica situada entre a classe e a ordem.

sub.con.jun.to (*sub+conjunto*) *sm* **1** Divisão de um conjunto. **2** *Mat* Conjunto cujos elementos fazem parte também de outro conjunto; subclasse.

sub.cons.ci.ên.cia (*sub+consciência*) *sf* **1** Consciência imperfeita. **2** Estado da inteligência que precede a atividade da consciência ou do sentimento do que se passa em nós. **3** Semiconsciência obscura.

sub.cons.ci.en.te (*sub+consciente*) *adj m+f* De que se tem uma semiconsciência ou consciência imperfeita e obscura. • *sm* **1** A parte da psique que está fora do campo da consciência; o inconsciente. **2** *Psicol* Conjunto de processos psíquicos, especialmente o conjunto das atividades do intelecto, imediatamente abaixo do limiar da consciência; subliminar.

sub.cu.tâ.neo (*sub+cutâneo*) *adj* **1** *Anat* Que está por baixo da cútis; intercutâneo. **2** Que é praticado abaixo da pele: *Injeção subcutânea*.

sub.de.le.ga.do (*sub+delegado*) *sm* Imediato ou substituto do delegado.

sub.de.le.gar (*sub+delegar*) *vtd* Transmitir a outrem a faculdade de resolver e agir em seu lugar: *Subdelegara ao advogado a realização do negócio*.

sub.de.sen.vol.vi.do (*sub+desenvolvido*) *adj* Que não está inteiramente desenvolvido (diz-se de indivíduo, país, sociedade, economia etc.).

sub.de.sen.vol.vi.men.to (*sub+desenvolvimento*) *sm* Situação, condição de subdesenvolvido.

sub.di.re.tor (*sub+diretor*) *sm* Imediato ou substituto do diretor. *Fem:* subdiretora.

sub.di.re.tó.rio (*sub+diretório*) *sm Inform* Diretório de disco, ou que está contido dentro de um sistema operacional; diretório dentro de um diretório.

sub.di.vi.di.do (*part* de *subdividir*) *adj* Dividido depois de uma divisão anterior.

sub.di.vi.dir (*lat subdividere*) *vtd* **1** Dividir novamente; fazer subdivisões de: *Subdividiram a seção editorial*. *vpr* **2** Separar-se em várias divisões.

sub.di.vi.são (*lat subdivisione*) *sf* Ato ou efeito de subdividir; nova divisão do que já fora dividido; divisão de uma parte ou membro de outra divisão. *Pl:* subdivisões.

sub.di.vi.sí.vel (*sub+divisível*) *adj m+f* Que se pode subdividir. *Pl:* subdivisíveis.

su.be.di.tor (*sub+editor*) *sm* Auxiliar imediato do editor.

su.be.men.da (*sub+emenda*) *sf* Emenda de outra

emenda já apresentada a um projeto numa assembleia legislativa.

su.bem.pre.go (*sub+emprego*) *sm* **1** Emprego não qualificado, cuja remuneração é baixa. **2** Emprego abaixo da qualificação do empregado.

su.bem.prei.ta.da (*sub+empreitada*) *sf* Cessão, que o empreiteiro faz a outrem, da sua empreitada ou de parte dela.

su.bem.prei.tar (*sub+empreitar*) *vtd* Dar de subempreitada.

su.bem.prei.tei.ro (*sub+empreiteiro*) *sm* Empreiteiro que recebe uma subempreitada ou parte dela.

su.ben.ten.der (*sub+entender*) *vtd* e *vpr* Entender (-se) o que não está expresso, especificado ou esclarecido; inferir(-se) ou admitir(-se) mentalmente: *Subentender ideias em um texto, em uma aula, em um discurso. Naquelas palavras subentendiam-se ameaças.*

su.ben.ten.di.do (*part* de *subentender*) *adj* Que se subentende ou subentendeu; implícito. • *sm* Aquilo que se subentende; aquilo que se pode inferir do dito ou escrito, sem ser expresso por palavras.

su.bes.pé.cie (*sub+espécie*) *sf* Divisão de espécie.

su.bes.ta.ção (*sub+estação*) *sf Eletr* **1** Estação, numa rede distribuidora, aparelhada para reduzir a voltagem da corrente elétrica. **2** Rede secundária de distribuição elétrica. *Pl: subestações.*

su.bes.ti.mar (*sub+estimar*) *bras vtd* Estimar em menos; não dar o devido apreço ou valor a; mostrar ou ter desdém por; menosprezar: *Subestimar o apoio de alguém. Antôn: superestimar* ou *sobrestimar.*

sub.fa.tu.ra.men.to (*sub+faturamento*) *sm* Fraude contra o fisco, caracterizada pela emissão de uma fatura com preço cobrado abaixo daquele efetivamente cobrado.

sub.fa.tu.rar (*sub+faturar*) *vtd* Efetuar subfaturamento de.

sub.ge.ren.te (*sub+gerente*) *s m+f* Substituto do gerente.

sub.gru.po (*sub+grupo*) *sm* Grupo resultante da divisão de um grupo.

su.bi.da (*part* de *subir*) *sf* **1** Ação ou efeito de subir. **2** Aclive, encosta, ladeira por onde se sobe. **3** Alta, aumento de preço. **4** Ascensão. **5** Crescimento.

su.bi.do (*part* de *subir*) *adj* **1** Alto, elevado. **2** *fig* Sublime, exaltado, excelente: *Tivemos a subida honra de receber um especialista muito famoso.*

su.bir (*lat subire*) *vti* e *vint* **1** Ir de baixo para cima; elevar-se ou transportar-se a lugar mais alto: *Subir ao dormitório. Alguns turistas desciam pela encosta, outros subiam. vtd* e *vti* **2** Galgar, trepar: *Subiram os degraus da fama. vti* **3** Dar acesso a lugar superior. *vti* e *vint* **4** Elevar-se no ar; erguer-se para a atmosfera. *Agradável perfume subia do jardim. Subiam nuvens de pó. vti* e *vint* **5** Alar-se, elevar-se pelo voo, levantar voo: *As aves sobem ao céu. Aviões continuam a subir. vti* e *vint* **6** Atingir um nível mais elevado: *As águas subiram a grande altura. Pela manhã, o termômetro subiu. vti* **7** Afluir a um ponto mais elevado: *Subir o sangue à cabeça. vti* **8** Navegar no sentido da nascente: *Subir o rio. vint* **9** Tornar-se mais caro; encarecer: *O preço dos alimentos subiu muito. Antôn: descer* (acepções 1 e 2). *Subir a serra, pop:* enfurecer-se, irritar-se, melindrar-se. *Subir nos tamancos, pop:* irritar-se. *Subir o sangue à cabeça, pop:* enfurecer-se, exasperar-se, irritar-se. *Conjug:* o *u* do radical muda-se em *o* (*o* aberto) na 2ª pessoa do singular e 3ª pessoa do plural do presente do indicativo e na 2ª pessoa do singular do imperativo afirmativo. *Pres indic: subo, sobes, sobe, subimos, subis, sobem; Pret imp indic: subia, subias* etc.; *Pret perf: subi, subiste, subiu, subimos, subistes, subiram; Pret mais-que-perf: subira, subiras* etc.; *Fut pres: subirei, subirás* etc.; *Fut pret: subiria, subirias* etc.; *Pres subj: suba, subas, suba, subamos, subais, subam: Pret imp subj: subisse, subisses, subisse* etc.; *Fut subj: subir, subires, subir, subirmos, subirdes, subirem; Imper afirm: sobe(tu), suba(você), subamos(nós), subi(vós), subam(vocês); Imper neg:* não *subas(tu),* não *suba(você)* etc.; *Infinitivo impess: subir; Infinitivo pess: subir, subires* etc.; *Ger: subindo; Part: subido.*

sú.bi.to (*lat subitu*) *adj* Que aparece ou se dá sem ser previsto ou preparado; inesperado, rápido, repentino. • *adv* Subitamente; de improviso, de repente. *De súbito:* repentinamente, de supetão.

sub.ja.cên.cia (*subjacente+ia*²) *sf* Condição ou estado de subjacente.

sub.ja.cen.te (*lat subjacente*) *adj m+f* **1** Que jaz ou está por baixo. **2** Que está ou fica subentendido.

sub.je.ti.var (*subjetivo+ar*¹) *vtd Filos* Tornar ou considerar subjetivo.

sub.je.ti.vi.da.de (*subjetivo+i+dade*) *sf* Caráter ou qualidade de subjetivo.

sub.je.ti.vis.mo (*subjetivo+ismo*) *sm* **1** Tendência a reduzir toda a realidade à concepção do sujeito, do eu. **2** *Filos* Sistema filosófico que não admite a realidade objetiva, mas apenas a subjetiva. **3** *Filos* Doutrina que postula que o supremo bem depende da experiência subjetiva, pessoal.

sub.je.ti.vo (*lat subjectivu*) *adj* **1** Pertencente ou relativo ao sujeito. **2** Que está somente no sujeito, no eu; que se passa ou existe no espírito. **3** Que exprime ou manifesta apenas as ideias ou preferências da própria pessoa; pessoal, individual. **4** *Gram* Pronome ou oração que exerce a função de sujeito.

sub judice (*lat*) *Dir* Expressão que significa: sob apreciação judicial.

sub.ju.gar (*lat subjugare*) *vtd* **1** Pôr sob o jugo (os bois); ligar ao jugo, jungir. *vtd* **2** Submeter à força das armas; conquistar, dominar: *Roma subjugou a Grécia. vtd* **3** Domesticar: *Subjugar as feras. vtd* **4** Dominar, vencer: *Subjugar os impulsos, as paixões. vpr* **5** Entregar-se espontaneamente ao jugo ou governo de outrem; seguir alguém em todos os caprichos ou devaneios: *Subjugara-se ao líder da seita. vpr* **6** Dominar reciprocamente: *Marido e mulher subjugavam-se naquele casamento de conveniência. Antôn* (acepções 2 e 4): *libertar.*

sub.jun.ti.vo (*lat subjunctivu*) *adj* **1** Que depende de outro; subordinado. **2** *Gram* Pertencente ou relativo ao modo subjuntivo dos verbos. • *sm Gram* Modo verbal que indica a ação como subordinada a outra.

sub.le.gen.da (*sub+legenda*) *sf Jur* Direito que o eleitor tem de votar, em sufrágio proporcional, numa fração do partido não integrada na maioria, contando-se o voto, no entanto, para a legenda.

sub.le.va.ção (*lat sublevatione*) *sf* **1** Ato ou efeito de sublevar(-se). **2** Rebelião, revolta. *Pl: sublevações.*

sub.le.va.do (*part* de *sublevar*) *adj* Que se sublevou; revoltado, amotinado. • *sm* Aquele que se manifesta contra um estado de coisas.

sub.le.var (*lat sublevare*) *vtd* **1** Elevar de baixo para cima; levantar, sobrelevar: *Gigantesca onda sublevou o barco.* *vtd* **2** Incitar à revolta, insurrecionar, revolucionar: *Sublevar o batalhão.* *vpr* **3** Amotinar-se, rebelar-se, revoltar-se: *Os presos sublevaram-se.*

su.bli.ma.ção (*lat sublimatione*) *sf* **1** Ato ou efeito de sublimar(-se). **2** Elevação ao estado sublime. **3** Purificação. **4** *Psicol* Mecanismo de defesa emocional, pelo qual tendências ou sentimentos que se julgam inferiores, ou socialmente reprovados, se transformam em outros que não o sejam. **5** *Quím* Passagem de um corpo diretamente do estado sólido ao gasoso e vice-versa. *Pl: sublimações.*

su.bli.ma.do (*part* de *sublimar*) *adj* **1** Que se sublimou. **2** Tornado sublime. **3** Elevado, engrandecido, exaltado. **4** Levado ao mais alto grau. **5** *Quím* Volatilizado pelo calor e tornado ao estado sólido pelo resfriamento. **6** Purificado. • *sm Quím* Corpo obtido por sublimação química.

su.bli.mar (*lat sublimare*) *vtd* **1** Tornar sublime; enaltecer, engrandecer, exaltar: *Sublimar o amor.* *vtd* **2** Elevar à maior altura da dignidade, da grandeza, da honra etc.: *A Rússia sublimou o seu primeiro astronauta.* *vpr* **3** Tornar-se sublime; enaltecer-se, engrandecer-se, exaltar-se: *Sublima- -se a mulher na dedicação aos filhos.* *vtd* **4** Apurar, purificar: *Sublimar o ouro.* *vtd* **5** *Quím* Fazer passar diretamente do estado sólido ao gasoso. *Var: sublimizar.*

su.bli.me (*lat sublime*) *adj m+f* **1** Que é dotado de uma elevação excepcional. **2** Elevado nas suas palavras, nos seus atos ou sentimentos; grande, majestoso, nobre. **3** Esplêndido, magnífico. **4** Agradável, encantador. **5** Extraordinário, grandioso, soberbo. **6** Dotado da mais elevada expressão da perfeição estética, do mais alto grau da beleza artística.

sub.li.mi.nar (*sub+liminar*) *adj m+f* **1** Inferior; que não ultrapassa os limites. **2** *Psicol* Diz-se do estímulo incapaz de atingir os limites da consciência, mas que, repetitivamente, atua no sentido de atingir um efeito desejado. *Propaganda subliminar:* aquela que se utiliza de estratégias que atingem o subconsciente.

su.bli.mi.zar (*sublime+izar*) *V sublimar.*

sub.lin.gual (*sub+lingual*) *adj m+f Anat* Que está debaixo da língua: *Glândulas sublinguais.* *Pl: sublinguais.*

sub.li.nha (*sub+linha*) *sf* Linha ou traço por baixo de palavra ou palavras.

sub.li.nha.do (*part* de *sublinhar*) *adj* Que se sublinhou; acentuado, marcado.

sub.li.nhar (*sublinha+ar*[1]) *vtd* **1** Passar uma linha ou traço por baixo de (palavra ou frase), a fim de chamar a atenção. **2** Acentuar bem, tornar sensível: *O orador sublinhava as palavras mais importantes.* **3** Pôr em destaque; realçar, salientar: *Os comentaristas sublinharam a notícia.*

sub.lo.ca.ção (*sublocar+ção*) *sf* **1** Ato ou efeito de sublocar. **2** Contrato pelo qual se subloca a alguém alguma coisa; subaluguel. *Pl: sublocações.*

sub.lo.ca.dor (*sublocar+dor*) *sm* Aquele que subloca; aquele que aluga ao sublocatário.

sub.lo.car (*lat sub+locare*) *vtd* Fazer sublocação de; subarrendar; transmitir, alugando aquilo que já se encontrava alugado: *Sublocar um prédio.*

sub.lo.ca.tá.rio (de *sublocar*) *sm* Aquele que recebe por sublocação.

sub.ma.ri.no (*sub+marino*) *adj* **1** Que fica por baixo das águas do mar; imerso no mar. **2** Destinado a navegar por baixo da superfície da água. • *sm* Navio de guerra, lançador de torpedos, e que pode navegar por baixo das águas do mar.

sub.mer.gi.do (*part* de *submergir*) *adj* **1** Que está debaixo de água ou coberto de água. **2** Que se afundou na água. *Var: submerso.*

sub.mer.gir (*lat submergere*) *vtd* **1** Cobrir de água; inundar: *O temporal submergiu a praça de esportes.* vint e *vpr* **2** Ficar coberto de água; afundar(-se): *Não deixarei o meu barco submergir. Submergiu-se o iate.* *vtd* **3** Abafar, arrastar, envolver, perder: *Ondas de soldados submergiram o país vencido.* *Conjug:* conjuga-se como *divergir;* porém é comum substituir-se a 1ª pessoa do singular do presente do indicativo, *submirjo* (em desuso), por *submerjo* e desta derivar o presente do subjuntivo: *submerja, submerjas* etc. *Part: submergido* e *submerso.*

sub.mer.são (*lat submersione*) *sf* **1** Ato ou efeito de submergir(-se). **2** Estado do que está submerso. **3** Estado de um ser vivo que se conserva completamente mergulhado na água. *Pl: submersões.*

sub.mer.so (*lat submersu*) *adj* **1** *V submergido.* **2** Absorto: *Encontrava-se submerso em seus pensamentos.* **3** Prostrado.

sub.me.ter (*lat submittere*) *vtdi* **1** Tornar dependente; subordinar: *Submeter os sentidos à razão.* *vtd* **2** Dominar, obrigar, subjugar, vencer: *Submeter os amotinadores.* *vpr* **3** Obedecer às ordens e vontade de outrem; render-se: *Submeter-se à vontade paterna.* *vtdi* **4** Oferecer à apreciação, ao exame: *Submeteu o requerimento ao despacho do prefeito.* *vtdi* e *vpr* **5** Tornar(-se) objeto de exame ou prova: *Submeteram o assunto a reiterados debates. Submeter-se a um diagnóstico de raios X.*

sub.me.ti.do (*part* de *submeter*) *adj* Que se submeteu; subordinado, subjugado, sujeito.

sub.mis.são (*lat submissione*) *sf* **1** Ato ou efeito de submeter(-se). **2** Disposição a obedecer. **3** Sujeição. **4** Humilhação voluntária. *Antôn* (acepção 3): *arrogância, altivez. Pl: submissões.*

sub.mis.so (*lat submissu*) *adj* **1** Que denota submissão. **2** Que está em posição ou lugar inferior. **3** Abaixado, abatido, curvado. **4** Humilhado. **5** Subordinado. **6** Dócil, respeitoso. *Antôn* (acepções 5 e 6): *insubmisso, desobediente.* • *sm* Aquele que se submete; servo, escravo.

sub.múl.ti.plo (*sub+múltiplo*) *adj Arit* Diz-se do número que divide outro exatamente, sem deixar resto; divisor; fator. • *sm* Esse número.

sub.mun.do (*sub+mundo*) *sm* O conjunto de mar-

sub.nu.tri.ção (*sub+nutrição*) *sf Med* Falta de nutrição suficiente; subalimentação. *Pl: subnutrições.*

sub.nu.tri.do (*part de subnutrir*) *adj* **1** Que recebe nutrição insuficiente; subalimentado. **2** Que apresenta um físico débil ou insuficientemente desenvolvido por falta de alimentação adequada.

sub.nu.trir (*sub+nutrir*) *vtd, vint* e *vpr* Nutrir(-se) insuficientemente: *Por vaidade, não amamentava; subnutria o filho. Esse regime subnutre. Com tantos racionamentos, subnutria-se.*

su.bo.fi.ci.al (*sub+oficial*) *sm Mil* Posto das hierarquias da Marinha e da Aeronáutica. Corresponde ao posto de subtenente da hierarquia do Exército. *Pl: suboficiais.*

su.bor.dem (*sub+ordem*) *sf Biol* Divisão de uma ordem nas classificações animais e vegetais. *Pl: subordens.*

su.bor.di.na.ção (*lat subordinatione*) *sf* **1** Ato ou efeito de subordinar(-se). **2** Relação estabelecida entre pessoas dependentes entre si. **3** Obediência à lei, aos superiores, à disciplina, à ordem pública. **4** *Gram* Processo sintático que caracteriza o período cujas orações, chamadas subordinadas, dependem de outra, a principal, em relação à qual exercem uma função complementar: *Quero que você estude. O fato é que ele saiu. Viajou quando a chuva parou. Pl: subordinações.*

su.bor.di.na.da (*fem de subordinado*) *sf Gram* Oração cujo sentido depende de outra, que é a principal.

su.bor.di.na.do (*part de subordinar*) *adj* **1** Que se subordinou. **2** Que depende de outrem; que recebe ordens de outrem. **3** Que está ligado a alguma coisa ou tem conexão com ela. **4** Inferior, secundário, subalterno. **5** *Gram* Diz-se da palavra, frase ou oração cuja ideia depende de outra. • *sm* **1** Indivíduo às ordens ou mando de outrem. **2** Doméstico, serviçal, subalterno.

su.bor.di.nar (*sub+lat ordinare*) *vtd* **1** Estabelecer uma ordem de dependência do inferior ao superior. *vtdi* **2** Fazer ou tornar dependente; submeter, sujeitar: *Subordinei meu trabalho à avaliação do colega. vtdi* **3** Ligar por conjunção subordinativa: *Subordinar uma oração a outra. vpr* **4** Submeter-se, sujeitar-se, cingir-se, limitar-se: *Não se subordinou o cientista ao regime totalitário.*

su.bor.di.na.ti.vo (*subordinar+ivo*) *adj* Que estabelece ou indica subordinação. *Conjugação subordinativa, Gram*: conjunção que liga duas orações, uma delas a subordinada, que completa ou determina o sentido da outra.

su.bor.nar (*lat subornare*) *vtd* Induzir, levar (alguém), mediante quaisquer recompensas ou promessas, a não cumprir o dever e praticar ações ilegais e injustas; corromper: *O dono da loja tentou subornar o fiscal.*

su.bor.ná.vel (*subornar+vel*) *adj m+f* Que se pode subornar. *Pl: subornáveis.*

su.bor.no (*ô*) (*de subornar*) *sm* **1** Ação ou efeito de subornar. **2** Corrupção da consciência alheia, por meio de dinheiro, honrarias ou coisas equivalentes. **3** *Dir* Delito de funcionário, que recebe recompensa ou vantagens para omitir-se na prática de seus deveres funcionais. *Pl: subornos* (*ô*).

sub.po.pu.la.ção (*sub+população*) *sf Sociol* Escassez de população relativamente a determinados valores sociais como, por exemplo, o êxodo da população rural. *Pl: subpopulações.*

sub.pre.fei.to (*lat subpraefectu*) *sm* **1** Imediato ou substituto do prefeito. **2** Administrador de uma subprefeitura.

sub.pre.fei.tu.ra (*lat subpraefectura*) *sf* **1** Cargo, dignidade ou funções de subprefeito. **2** Repartição onde essas funções são exercidas.

sub.pro.du.to (*sub+produto*) *sm* Produto extraído ou fabricado de matéria da qual já se obteve um produto mais importante.

sub-re.gi.ão (*sub+região*) *sf* Divisão de uma região. *Pl: sub-regiões.*

sub-rei.no (*sub+reino*) *sm Hist nat* Divisão principal de um reino da natureza; tipo, divisão. *Pl: sub-reinos.*

sub-rep.tí.cio (*lat subrepticiu*) *adj* **1** Conseguido ou obtido por meio de fraude ou ocultamento de circunstâncias inibitórias; fraudulento. **2** Furtivo. *Pl: sub-reptícios.*

sub-ro.gar (*lat subrogare*) *vtdi* **1** Transferir os direitos e funções de alguém para outrem; substituir: *Sub-rogara a chefia a seu assistente. vpr* **2** Assumir, tomar o lugar de outrem: *O ditador sub-rogou-se todos os ministérios. Conjug – Pres indic: sub-rogo, sub-rogas* etc. (o hífen aparece em todas as formas).

sub-ro.ti.na (*sub+rotina*) *sf Proc Dados* Conjunto de instruções para dirigir o computador na resolução de operações ou outras funções matemáticas definidas. *Pl: sub-rotinas.*

subs.cre.ver (*lat subscribere*) *vtd* **1** Assinar por baixo ou depois de: *Subscreva aqui o seu nome. vpr* **2** Pôr o próprio nome no fim de uma carta ou de qualquer documento; assinar-se. *vtdi* **3** Dar a sua aprovação; assentir a: *Subscrever uma opinião, um sistema. vtd* **4** Tomar parte numa subscrição, contribuindo para ela com qualquer importância: *Subscreveram com 200 dólares para a construção do asilo. vti* **5** Tomar assinatura de alguma publicação periódica: *Subscrever para uma revista técnica. Conjug – Part: subscrito.*

subs.cri.ção (*lat subscriptione*) *sf* **1** Ato ou efeito de subscrever(-se). **2** Assinatura posta na parte inferior de algum documento para o aprovar. **3** Relação de nomes e de pessoas que assinam um documento em que é mencionada a quantia com que se inscrevem para qualquer ato de beneficência, melhoramento público, empresa, companhia etc. **4** Promessa de tomar um ou mais exemplares de uma obra prestes a publicar-se ou em via de publicação por um preço convencionado; assinatura. *Pl: subscrições.*

subs.cri.tar (*subscrito+ar¹*) *vtd* Firmar com a assinatura; assinar, subscrever: *Subscritar uma carta. Conjug – Part: subscrito.*

subs.cri.to (*part de subscrever*) *adj + sm* **1** Que, ou aquilo que se subscreveu. **2** Que, ou aquilo que está escrito por baixo. **3** Que, ou aquilo que é firmado com a assinatura; assinado.

sub.se.ção (*sub+seção*) *sf* Divisão de seção. *Var: subsecção*. *Pl: subseções*.

sub.sec.ção (*sub+secção*) *V subseção*. *Pl: subsecções*.

sub.se.cre.tá.rio (*sub+secretário*) *sm* **1** Aquele que substitui o secretário, quando impedido de exercer suas funções. **2** Funcionário a que se entregam encargos menores na direção de um secretariado.

sub.se.quen.te (*qwe*) (*lat subsequente*) *adj m+f* Que vem depois de; imediato, posterior.

sub.ser.vi.ên.cia (*subserviente+ia²*) *sf* **1** Qualidade de subserviente; anuência ou sujeição servil à vontade de outrem. **2** Bajulação, servilismo.

sub.ser.vi.en.te (*lat subserviente*) *adj m+f* **1** Que serve às ordens de outrem servilmente. **2** Muito condescendente. **3** Adulador, bajulador, servil.

sub.si.di.a.do (*si*) (*part* de *subsidiar*) *adj* **1** Que recebe ou tem subsídio. **2** Que vive de subsídio ou auxílio fixado. **3** Para cuja realização se contribui com um subsídio ou subscrição. • *sm* Aquele que recebe subsídio do Estado, ou de alguém.

sub.si.di.ar (*si*) (*lat subsidiari*) *vtd* **1** Contribuir com subsídio para a realização de; dar subsídio a: *Subsidiar uma campanha de alfabetização*. **2** Auxiliar, coadjuvar, reforçar: *Subsidiara a tese com irrefutável documentação*. *Conjug – Pres indic: subsidio, subsidias (dí)* etc.; *Fut pret: subsidiaria, subsidiarias (rí)* etc. *Cf subsidiária* e *subsídio*.

sub.si.di.á.ria (*si*) (*subsídio+ário*, no *fem*) *sf* Empresa que é controlada por outra, que possui a maioria ou a totalidade de suas ações.

sub.si.di.á.rio (*si*) (*lat subsidiariu*) *adj* **1** Pertencente ou relativo a subsídio. **2** Que subsidia. **3** Que fortalece. **4** Que vem em apoio, reforço ou socorro. **5** Secundário, acessório.

sub.sí.dio (*si*) (*lat subsidiu*) *sm* **1** Auxílio ou benefício que se dá a qualquer empresa. **2** Quantia que vai prestar benefício a alguém. **3** Quantia subscrita para obra de beneficência ou de interesse público. **4** Quantia que um Estado dá a uma potência aliada em virtude de tratados. **5** *bras* Proventos que recebem senadores, deputados e vereadores.

sub.sis.te.ma (*sub+sistema*) *sm* Divisão de sistema, nas classificações geológicas e geográficas; subconjunto.

sub.sis.tên.cia (*sis*) (*lat subsistentia*) *sf* **1** Estado ou qualidade de subsistente; estado das pessoas ou coisas que subsistem. **2** Sustento, manutenção da vida. **3** Conjunto dos meios para a vida e despesas de cada um. **4** Alimentos, manutenção, sustentação. *Agricultura de subsistência*: a que se destina apenas para o sustento das pessoas que nela trabalhem.

sub.sis.ten.te (*sis*) (*lat subsistente*) *adj m+f* Que subsiste; que existe e continua a existir.

sub.sis.tir (*sis*) (*lat subsistere*) *vint* **1** Existir em sua substância ou individualidade; ser: *O que subsiste da nossa infância são as brincadeiras*. *vint* **2** Conservar a sua força ou ação; manter-se; não ser abolido, suprimido ou destruído; persistir: *Ainda subsistem os mesmos motivos*. *vti* e *vint* **3** Prover as necessidades da vida; viver: *Subsiste de empréstimos de amigos e parentes. Para poder subsistir, empenhava os seus haveres*.

sub.so.lo (*sub+solo*) *sm* **1** Camada de solo imediatamente inferior à que se vê ou se pode arar. **2** Construção abaixo do rés do chão. **3** *fig* O íntimo, o âmago das pessoas.

subs.ta.be.le.cer (*sub+estabelecer*) *vtd* **1** Passar a outrem o (encargo ou mandato) que se recebeu; sub-rogar. *vtdi* **2** Transferir para outra pessoa (qualquer encargo seu ou procuração recebida): *O procurador substabeleceu a ele os poderes recebidos*. *Var: subestabelecer*.

subs.tân.cia (*lat substantia*) *sf* **1** Aquilo que subsiste por si, sem dependência de quaisquer outros elementos acidentais. **2** A matéria de que se formam os corpos. **3** A parte mais nutritiva dos alimentos. **4** O que há de essencial e importante num ato, num escrito, num negócio. **5** O que há de melhor, de excelente, de principal, de essencial; síntese. **6** A essência; a parte mais pura e mais particularmente apta para algum uso. **7** O que é absolutamente essencial para a nutrição, para a vida. *Em substância*: em resumo; sem pormenores.

subs.tan.ci.al (*lat substantiale*) *adj m+f* **1** Pertencente ou relativo a substância. **2** Que constitui a substância ou essência de uma coisa. **3** Que tem grande força nutritiva; alimentar. **4** Essencial, fundamental. **5** Importante, vultoso. • *sm* O que constitui a base ou o fundamento de qualquer coisa; o essencial; o principal. *Pl: substanciais*.

subs.tan.ci.ar (*substância+ar¹*) *vtd* **1** Fornecer alimentos substanciais a; nutrir: *Substanciar uma pessoa fraca, um convalescente*. **2** Expor em substância; resumir, sintetizar: *Substanciar uma informação, um parecer*. **3** Fortalecer, reforçar: *Substanciar uma argumentação, uma tese*. *Conjug – Pres indic: substancio, substancias, substancia (cí)* etc. *Cf substância*.

subs.tan.ci.o.so (*ô*) (*substância+oso*) *adj* **1** Em que há muita substância. **2** Que contém ou dá substância. *Pl: substanciosos (ó)*.

subs.tan.ti.va.do (*part* de *substantivar*) *adj* Gram Diz-se de qualquer vocábulo tomado ou empregado como substantivo.

subs.tan.ti.var (*substantivo+ar¹*) *vtd* Empregar ou tomar como substantivo; dar a função de substantivo a: *Substantivar um adjetivo, um verbo*.

subs.tan.ti.vo (*lat substantivu*) *sm Gram* Palavra que designa os seres, atos ou conceitos. • *adj Gram* **1** Diz-se do verbo, adjetivo, pronome ou da oração que equivale a substantivo: *o andar, o belo; aquilo é bom; é importante que estude* (o estudo). **2** Fundamental, essencial, substancial.

subs.ti.tu.i.ção (*substituir+ção*) *sf* **1** Ato ou efeito de substituir ou de ser substituído. **2** Troca, permutação. *Pl: substituições*.

subs.ti.tu.ir (*lat substituere*) *vtdi* **1** Tirar para pôr outro em seu lugar; deslocar, mudar: *Substituíram o carro de bois pelo trem de ferro*. *vtd* **2** Estabelecer, instalar, pôr em lugar de: *A sede de poder substitui o bem comum da pátria*. *vtd* **3** Suprir a falta ou o impedimento de: *Quando ele se ausenta, não há quem o substitua*. *vtd* **4** Ir para o lugar de; ficar em substituição a: *Extinta a monarquia, substituiu-a a república*. *Conjug – Pres indic: substituo, substituis, substitui, substituímos, substituís, substituem; Pret imp indic:*

substituía, substituías, substituía, substituíamos, substituíeis, substituíam; Pret perf: substituí, substituíste, substituiu, substituímos, substituístes, substituíram; Pret mais-que-perf: substituíra, substituíras, substituíra, substituíramos, substituíreis, substituíram.

subs.ti.tu.í.vel (*substituir+vel*) *adj m+f* Que pode ser substituído. *Pl: substituíveis*.

subs.ti.tu.ti.vo (*lat substitutivu*) *adj* Que faz as vezes de; que toma o lugar de; substituinte. • *sm* 1 Substituição; emenda. 2 *Dir* Novo projeto de lei, pelo qual se pretende modificar outro, sobre a mesma matéria, já apresentado a uma câmara legislativa.

subs.ti.tu.to (*lat substitutu*) *adj* 1 Que substitui; que está em vez de outro; que supre. 2 Que exerce as funções de outrem, na sua ausência ou impedimento. • *sm* 1 Aquele que exerce as funções de outrem ou lhe faz as vezes, na sua ausência ou impedimento. 2 Qualquer substância, artigo etc. que substitui outro semelhante ou que apresenta qualidades ou propriedades análogas: *Substitutos da banha de porco*.

subs.tra.to (*lat substractu*) *sm* 1 Essência, base, fundamento. 2 *Filos* Aquilo que constitui a base ou a essência do ser; aquilo sobre que repousam as qualidades. 3 *Geol* Camada de rocha ou terra sob o solo superficial; subsolo.

sub.ter.fú.gio (*lat subterfugiu*) *sm* 1 Pretexto para evitar uma dificuldade; evasiva. 2 Justificativa dolosa ou fraudulenta.

sub.ter.râ.neo (*lat subterraneu*) *adj* 1 Que corre ou está debaixo da terra: *Rio subterrâneo*. 2 Que se realiza debaixo da terra. 3 Que está ou se faz debaixo de ruínas. 4 *fig* Que se faz às ocultas para conseguir um fim; clandestino: *Empresa subterrânea*. • *sm* 1 Cavidade, galeria ou vão na parte inferior do solo. 2 Casa ou compartimento de casa abaixo do nível do solo. *sm pl fig* A vida, as atividades, as manobras ocultas de uma instituição ou organização.

sub.tí.tu.lo (*sub+título*) *sm* Título secundário relacionado com o principal; título posto por baixo de outro.

sub.to.tal (*sub+total*) *sm* Total parcial. *Pl: subtotais*.

sub.tra.ção (*lat subtractione*) *sf* 1 Ato ou efeito de subtrair. 2 Roubo fraudulento. 3 *Arit* V *diminuição*. Antôn (acepção 3): *adição*. *Pl: subtrações*.

sub.tra.en.do (de *subtrair*) *sm Arit* Segundo termo de uma subtração; diminuidor, subtrativo.

sub.tra.ir (*lat subtrahere*) *vtd* 1 Tirar astuciosa ou fraudulentamente: *Na declaração de rendas, subtraiu várias quantias*. *vtd* 2 Furtar, surripiar: *Subtrair uma carteira*. *vtd* 3 *Arit* Diminuir: *Subtrair uma parcela*. *vtdi* 4 Deduzir, tirar: *Subtrair algumas horas ao descanso*. *vpr* 5 Escapar, esquivar-se, fugir, retirar-se: *Subtrair-se a incômodos, a dificuldades*. Antôn (acepção 3): *adicionar*; (acepção 4): *juntar*. Conjuga-se como *atrair*.

sub.tro.pi.cal (*sub+tropical*) *adj* Diz-se de clima temperado, com média inferior a 20°C, ou de região por ele caracterizada. *Pl: subtropicais*.

su.bu.ma.no (*sub+humano*) *adj* 1 Que está abaixo do nível humano. 2 Desumano, inumano.

su.bur.ba.no (*lat suburbanu*) *adj* 1 Pertencente ou relativo a subúrbio. 2 Que está próximo da cidade. 3 Que está ou habita num subúrbio da cidade. • *sm* Residente no subúrbio. *Zona suburbana*: a que se situa entre a parte central de uma cidade e a zona rural circundante.

su.búr.bio (*sub+lat urbe+io²*) *sm* 1 Região situada ao redor de uma cidade e que, embora fora dela, pertence à sua jurisdição. 2 Arrabalde ou vizinhança da cidade ou de qualquer povoação.

su.bu.ti.li.zar (*sub+utilizar*) *vtd* Utilizar pouco, em pequena escala: *Alguns alunos, infelizmente, subutilizam os laboratórios*.

sub.ven.ção (*lat subventione*) *sf* Auxílio pecuniário ou subsídio concedido pelos poderes públicos. *Pl: subvenções*.

sub.ven.ci.o.nar (*lat subventione+ar¹*) *vtd* Dar subvenção a; estipular ou manter um subsídio a: *Subvencionar uma instituição de caridade*.

sub.ver.be.te (*sub+verbete*) *sm* Verbete secundário, em que são elucidadas as divisões, espécies, modalidades, qualidades etc. que o verbete principal pode oferecer.

sub.ver.são (*lat subversione*) *sf* 1 Ato ou efeito de subverter(-se). 2 Ato ou efeito de destruir ou perturbar; insubordinação, revolta contra a autoridade ou contra as instituições. 3 Perversão moral. *Pl: subversões*.

sub.ver.si.vo (*lat subversu+ivo*) *adj + sm* Que, ou aquele que subverte; revolucionário.

sub.ver.ter (*lat subvertere*) *vtd* 1 Desordenar, perturbar, transtornar: *As manifestações subvertiam a ordem pública*. *vtd* 2 Aliciar para ideias ou atos subversivos; revolucionar: *Subverter os operários*. *vpr* 3 Sofrer destruição; arruinar-se: *Sodoma e Gomorra subverteram-se*. *vtd* e *vpr* 4 Afundar(-se) nas águas; submergir(-se): *Os submarinos subverteram muitos navios. O navio subverteu-se*. *vtd* e *vpr* 5 Perverter(-se): *Subverter os costumes, os hábitos, os usos. Subverter-se a justiça*.

su.ca.ta (*ár suqâT*) *sf* 1 Ferro ou objeto de ferro tornados imprestáveis pelo uso ou pela oxidação. 2 Quaisquer objetos metálicos velhos e sem valor, e retalhos, resíduos, limalhas e fragmentos de metal, aproveitados na fundição. 3 Quaisquer objetos velhos, retalhos, resíduos, limalhas ou fragmentos aproveitados como matéria-prima: *Sucata de borracha*. 4 *por ext* Aquilo que está inutilizado, ou que tem pouco valor.

suc.ção (*lat suctione*) *sf* Ato ou efeito de sugar. *Var: sução*. *Pl: sucções*.

su.ce.dâ.neo (*lat succedaneu*) *adj* Diz-se da substância, medicamento ou produto que pode substituir outro, por ter, aproximadamente, as mesmas propriedades. • *sm* Essa substância ou produto: *Sucedâneos de manteiga e leite*.

su.ce.der (*lat succedere*) *vti* e *vpr* 1 Acontecer, vir posteriormente, quer no tempo, quer na ordem por que vem; seguir-se: *À tempestade sucede a bonança. Sucederam-se as desilusões*. *vti* e *vint* 2 Acontecer, dar-se (algum fato): *Sucedeu-lhe uma desgraça. Ainda não há notícia do que sucedeu*. *vti* 3 Produzir efeito, ser de utilidade, ter bom resultado; aproveitar: *Sucedeu-lhe muito bem o*

sucedido 828 **sufocação**

conselho. *vti* **4** Ir ocupar o lugar de outrem, ser substituto: *O gaúcho sucedeu ao mato-grossense na presidência*. *vti* **5** Tomar posse do que pertencia ao seu antecessor: *Ele sucederá a seu pai na direção da empresa*. (Na acepção de *acontecer*, *vir depois*, é defectivo e só se conjuga nas 3ªs pessoas.)

su.ce.di.do (*part* de *suceder*) *adj* Que sucedeu; que aconteceu ou se realizou. • *sm* Aquilo que sucedeu; sucesso.

su.ces.são (*lat successione*) *sf* **1** Ato ou efeito de suceder(-se). **2** Série de coisas ou acontecimentos que se seguem ou se sucedem em determinada ordem. **3** Continuação, perpetuação. **4** Sequência de pessoas que se sucedem e se substituem sem interrupções ou com pequenos intervalos. **5** *Dir* Ato de entrar na posse do que pertenceu a outrem, em virtude de disposição testamentária deste. **6** *fig* Geração, prole, descendência. *Pl*: *sucessões*.

su.ces.si.vo (*lat successivu*) *adj* **1** Que vem depois; que vem em seguida. **2** Sem interrupção; contínuo. **3** Que vem depois de outro, com pequeno intervalo.

su.ces.so (*lat successu*) *sm* **1** Aquilo que sucede ou sucedeu; acontecimento. **2** Resultado bom ou mau de um negócio. **3** Êxito, resultado feliz.

su.ces.sor (*lat sucessore*) *adj* **1** Que sucede a outrem. **2** Que herda. **3** Que tem a mesma dignidade ou as mesmas qualidades que outrem teve. • *sm* **1** O que sucede a outrem. **2** O que herda. **3** O que tem dignidade ou qualidades iguais às que teve outrem. *Sucessor de São Pedro*: o Papa.

sú.cia (de *súcio*) *sf* **1** Reunião de pessoas de má índole ou de má fama; corja, matula, caterva. **2** Assembleia. **3** *ant* Festa doméstica; pagodeira.

su.cin.to (*lat succinctu*) *adj* **1** Que não é prolixo; breve, conciso, em poucas palavras, resumido: *Exposição sucinta*. **2** Pouco abundante: *Jantar sucinto*. Antôn (acepção 1): *extenso*, *prolixo*.

su.co (*lat succu*) *sm* **1** A substância líquida do tecido animal e vegetal; seiva, sumo. **2** A substância líquida extraída das frutas ou vegetais, como artigo de comércio, para bebidas refrigerantes etc.: *Suco de uva, suco de caju, suco de cana, suco de tomate*. **3** Quintessência. *É o suco!*: expressão popular que designa a excelência de uma coisa.

su.çu.a.ra.na (*tupi syuasuarána*) *sf bras* **1** *Zool* Felídeo também chamado *onça-vermelha*, *onça-parda* e *puma*. **2** *fig* Mulher de mau gênio.

su.cu.lên.cia (*suculento*+*ência*) *sf* **1** Abundância de suco. **2** Caráter ou qualidade de suculento.

su.cu.len.to (*lat suculentu*) *adj* **1** Que tem muito suco nutritivo e que agrada ao paladar. **2** Que tem polpa. **3** Gordo. **4** Substancial. **5** Diz-se do alimento que, em pequena quantidade, contém abundância de substâncias nutritivas.

su.cum.bir (*lat succumbere*) *vti* e *vint* **1** Cair sob o peso de; abater-se, curvar-se, vergar; desanimar: *Sucumbir ao peso de uma carga*. *Diante da má notícia, ele sucumbiu*. **2** Não aguentar mais; deixar-se vencer; ceder: *Sucumbir à superioridade do inimigo*. *Diante da dor, acabou sucumbindo*. **3** Morrer, perecer: *Carlos sucumbiu a um enfarte*. *Vários combatentes sucumbiram*.

su.cu.pi.ra (*tupi sukupíra*) *sf bras* **1** *Bot* Nome comum a diversas árvores leguminosas sul-americanas, de madeira de lei. **2** Madeira dessas árvores: *Sucupira em toros*. *Var*: *sicupira*.

su.cu.ri (*tupi sukurí*) *sf bras Herp* Grande serpente não peçonhenta, da família dos boídeos, de cor cinzento-esverdeada, com manchas arredondadas e escuras ao longo do dorso; chega a medir até doze metros de comprimento. Habita as matas que margeiam os grandes rios.

su.cur.sal (*lat succursu*, de *succurrere*+*al*¹) *adj m*+*f* Diz-se de um estabelecimento dependente de outro; filial. • *sf* Casa ou estabelecimento comercial para expansão dos negócios de outro a cuja administração se subordina; filial. *Pl*: *sucursais*.

su.dá.rio (*lat sudariu*) *sm* **1** Pano com que antigamente se limpava o suor; lenço. **2** Lençol, mortalha que envolve o cadáver. *Santo Sudário*: mortalha de Cristo.

su.des.te (*fr sudest*) *sm* **1** *V sueste*. **2** **Sudeste** Região do Brasil que compreende os Estados do Espírito Santo, Rio de Janeiro, São Paulo e Minas Gerais. • *adj V sueste*.

sú.di.to (*lat subditu*) *adj* **1** Que está sujeito à jurisdição ou às ordens de um superior (autoridade eclesiástica, príncipe, soberano de um Estado etc.). **2** Que está dependente da vontade de outrem; sujeito, submetido. • *sm* Esse indivíduo; vassalo.

su.do.es.te (*fr sud*+*ouest*) *sm* **1** Ponto do horizonte localizado a 45° do Sul e do Oeste. *Abrev*: *S.O.* ou *S.W.* **2** O vento que sopra desse ponto. **3 Sudoeste** Região situada nesse ponto. • *adj* Que procede do sudoeste ou a ele se refere.

su.do.ral (*lat sudore*+*al*¹) *adj m*+*f* Pertencente ou relativo a suor. *Pl*: *sudorais*.

su.do.re.se (*lat sudore*+*ese*) *sf Med* Transpiração profusa, em excesso.

su.do.rí.fe.ro (*sudori*+*fero*) *adj* + *sm* Que, ou aquilo que faz ou provoca suor.

su.do.rí.fi.co (*sudori*+*fico*) *adj* + *sm* Sudorífero.

su.do.rí.pa.ro (*sudori*+*paro*) *adj* Que segrega ou produz suor.

su.e.co (do *top Suécia*) *adj* **1** Pertencente ou relativo à Suécia (Europa). **2** Que nasceu ou se naturalizou na Suécia. **3** Diz-se de uma espécie de ferro, muito maleável. • *sm* **1** Indivíduo natural da Suécia. **2** A língua sueca.

su.es.te (*sul*+*este*) *sm* **1** Ponto do horizonte localizado a 45° do Sul e do Leste. *Abrev*: *S.E.* **2** O vento que sopra desse ponto. **3 Sueste** Região situada nesse ponto. • *adj* Que procede do sueste ou a ele se refere.

su.é.ter (*ingl sweater*) *s m*+*f bras* Blusa fechada, de malha de lã. *Pl*: *suéteres*.

su.fi.ci.en.te (*lat sufficiente*) *adj m*+*f* **1** Que basta ou é bastante; que satisfaz. **2** Que ocupa lugar entre o bom e o sofrível. **3** Capaz, hábil para qualquer obra ou empresa. • *sm* O que basta ou satisfaz.

su.fi.xo (*cs*) (*lat suffixu*) *sm Gram* Partícula que antecede às palavras primitivas, ou já derivadas, para formar outras por derivação. *Antôn*: *prefixo*.

su.flê (*fr soufflé*) *sm Cul* Prato recheado, geralmente cozido ao forno, coberto com ovos, cujas claras foram batidas ao ponto de neve: *Suflê de camarões, de peixe, de palmito* etc.

su.fo.ca.ção (*lat suffocatione*) *sf* **1** Ação ou efeito

sufocamento

de sufocar(-se). **2** *Med* Asfixia devida à presença de corpos estranhos nas vias respiratórias e supressão mecânica da respiração; sufocamento. **3** *Med* Sentimento de opressão ansiosa devida à paralisação ou dificuldade da respiração. **4** Grande dificuldade em respirar; perda de respiração. **5** Morte por asfixia; estrangulação. *Pl: sufocações.*

su.fo.ca.men.to (*sufocar+mento*) *sm* V *sufocação.*

su.fo.can.te (*lat suffocante*) *adj m+f* Que sufoca; que dificulta a respiração; que faz abafar; asfixiante: *Calor sufocante.*

su.fo.car (*lat suffocare*) *vtd* **1** Causar sufocação a; dificultar a respiração de; asfixiar: *Sufocava-o a tosse. vint* e *vpr* **2** Respirar com grande dificuldade; sentir sufocação ou asfixia: *Naquele cubículo, muito abafado, a gente sufocava. Os bombeiros sufocavam-se com a densa fumaça. vtd* **3** Matar por asfixia: *Sufocou-o sem piedade. vtd* **4** Causar profunda impressão em; comover: *A felicidade sufocava-a. vtd* **5** Impedir de manifestar-se ou de continuar; debelar, extinguir: *O Exército sufocou a revolta dos soldados. vtd* **6** Reprimir: *Sufocar as emoções. Conjug – Pres subj: sufoque, sufoques, sufoque* etc.; *Pret perf: sufoquei, sufocaste, sufocou* etc.

su.fo.co (*ô*) (de *sufocar*) *sm bras pop* **1** Dificuldade, aperto (de qualquer ordem). **2** Grande inquietação, medo, ansiedade. **3** Grande urgência, pressa.

su.fra.gar (*lat suffragari*) *vtd* **1** Apoiar ou aprovar com sufrágio ou voto: *O povo, em imensa maioria, sufragou o presidencialismo.* **2** Rezar ou rogar pela alma de: *Sufragava cotidianamente o falecido esposo. Conjug – Pres subj: sufrague, sufragues* etc.; *Pret perf: sufraguei, sufragaste, sufragou* etc.

su.frá.gio (*lat sufragiu*) *sm* **1** Voto ou declaração de opinião; votação. **2** Voto emitido para a eleição de um candidato. **3** Adesão, aprovação. *Sufrágio universal:* direito de voto a todos os cidadãos de maior idade e não incapazes por lei.

su.ga.dor (*sugar+dor*) *adj + sm* Diz-se de, ou o que suga ou chupa.

su.gar (*lat sucare,* de *sucu*) *vtd* **1** Chuchar, chupar, sorver: *O bebê sugava sofregamente o leite.* **2** Absorver por sucção: *A planta lança raízes à terra e põe-se a sugá-la.* **3** Extrair, tirar: *Sugar o pó com um aspirador elétrico. vtd* **4** *fig* Extorquir. *Conjug – Pres subj: sugue, sugues, sugue* etc.; *Pret perf: suguei, sugaste, sugou* etc.

su.ge.rir (*lat suggerere*) *vtd* e *vtdi* **1** Fazer vir à mente; aventar, propor: *Sugerir um plano. Sugeriu-lhe que esclarecesse suas dúvidas com o professor. vtd* **2** Dar a entender com arte e de modo indireto; insinuar, inspirar. *vtd* **3** Ser causa moral de; ocasionar: *Sugerir admiração, espanto, sobressalto. Conjuga-se como ferir.*

su.ges.tão (*lat suggestione*) *sf* **1** Ato ou efeito de sugerir. **2** Estímulo, instigação. **3** Impulso irresistível, provocado em uma pessoa em estado de hipnose ou por simples telepatia. **4** *Filos* Caráter de uma ação que não vem diretamente da atividade do sujeito, mas que lhe é proposta de fora. *Pl: sugestões.*

su.ges.ti.o.nar (*suggestionner*) *vtd* **1** Produzir sugestão em; estimular, influir, inspirar: *O hipnotizador sugestiona o paciente. vpr* **2** Produzir, consciente ou inconscientemente, sugestão em si próprio: *Os discípulos de Buda aprendiam a sugestionar-se.*

su.ges.ti.vo (*lat suggestu+ivo*) *adj* **1** Que sugere. **2** Que sugestiona, que produz sugestão. **3** Que atrai, enleva, transporta. **4** Que estimula ou desperta interesse.

su.í.ças (de *suíço*) *sf pl* **1** Barba que se deixa crescer nas partes laterais das faces. **2** *Ornit* Tufo de penas situado nas faces de certas raças de galinhas.

su.i.ci.da (*lat sui+cida*) *adj m+f* Que serviu de instrumento de suicídio: *Arma suicida.* • *s m+f* Pessoa que matou a si própria.

su.i.ci.dar (*suicida+ar¹*) *vpr* **1** Dar a morte a si mesmo; pôr fim à própria vida: *A moça se suicidou.* **2** *fig* Arruinar-se, destruir a própria influência e prestígio, ser a causa da própria ruína: *Renunciando naquela situação, suicidou-se politicamente.*

su.i.cí.dio (*lat sui+cídio*) *sm* **1** Ação ou efeito de suicidar-se. **2** Ruína ou desgraça, procurada espontaneamente ou por falta de juízo.

su.í.ço (do *top* Suíça) *adj* **1** Pertencente ou relativo à Suíça (Europa). **2** Procedente da Suíça. • *sm* O habitante ou natural da Suíça.

su.í.deo (*lat sus+ídeo*) *sm Zool* Espécime dos suídeos, família de mamíferos paquidermes, cujos tipos mais conhecidos são o porco e o javali.

sui generis (*lat*) Diz respeito a algo ou alguém que é diferente, especial, peculiar.

su.in.da.ra (*tupi suindára*) *sf Ornit* Coruja da família dos titonídeos, também chamada *coruja-branca, coruja-de-igreja, coruja-das-torres, coruja-católica. Var: suiná, suinara, suindá* e *suindária.*

su.in.gue (*ingl swing*) *sm* **1** Estilo de *jazz* surgido nos anos 1930, de ritmo insistente e vivaz, que era na maioria das vezes apresentado por conjuntos. **2** Elemento rítmico do *jazz* que caracteriza esse tipo de música. **3** Dança acompanhando o ritmo do suingue.

su.í.no (*lat suinu*) *adj* Pertencente ou relativo ao porco; porcino, porqueiro. • *sm* Porco.

su.i.no.cul.tor (*suíno+cultor*) *sm* Criador de porcos.

su.i.no.cul.tu.ra (*suíno+cultura*) *sf* Criação de porcos.

su.í.te (*fr suite*) *sf* **1** *Mús* Composição instrumental moderna baseada em diversos movimentos inteiramente livres quanto ao número e ao caráter melódico. **2** *Mús* Conjunto de diversos trechos musicais próprios para dança e de autores diferentes, às vezes precedido de prelúdio, usado na coreografia dos séculos XVII e XVIII. **3** *bras* Quarto que se comunica diretamente com o banheiro. **4** *bras* Aposentos completos em um hotel.

su.jar (*sujo+ar¹*) *vtd* e *vpr* **1** Tornar(-se) sujo; enodoar(-se), manchar(-se): *Sujar a roupa, o vestido. Caindo na lama, sujou-se todo. vtd* **2** Pôr máculas ou manchas em; conspurcar, tornar impuro: *Sujar a honra, o nome. vpr* **3** Cometer ações infamantes; desmoralizar-se, rebaixar-se: *Sujou-se por muito pouco. vpr* **4** Evacuar involuntariamente: *A criança sujou-se. Antôn* (acepção 1): *limpar;* (acepção 2): *purificar.*

su.jei.ção (*lat sujectione*) *sf* Ato ou efeito de

sujeitar(-se); jugo, servidão, submissão. *Pl: sujeições.*

su.jei.ra (*sujo+eira*) *sf* **1** Qualidade de sujo. **2** Coisa ou lugar sujo; imundície. **3** *fig* Patifaria, procedimento incorreto.

su.jei.tar (*lat subjectare*) *vtd* **1** Tornar sujeito e dependente (o que era livre e independente); dominar, subjugar: *Sujeitar um povo.* *vpr* **2** Aceitar o domínio de outrem; conformar-se; entregar-se aos vencedores; render-se: *As tropas, vencidas, sujeitaram-se.* *vtdi* e *vpr* **3** Submeter (-se): *Sujeitaram-no a um suplício pior que a morte. Não se sujeita a imposições.* *vpr* **4** Contrair obrigação; ficar dependente: *Não se sujeitaria a pedir esmolas.* *vtdi* **5** Subordinar, constranger: *Sujeitou os enteados a um regime rigoroso.* *vpr* **6** Conformar-se com o destino: *Sujeita-se, e não se queixa da sua vida difícil. Conjug – Part: sujeitado* e *sujeito.*

su.jei.to (*lat subjectu*) *adj* **1** Que está ou fica por baixo. **2** Que se sujeitou ao poder do mais forte; dominado, escravo, súdito, submisso. **3** Que se sujeita facilmente à vontade de outrem; dócil, obediente. **4** Que não tem ação própria; cativo, domado, escravizado. **5** Que pode dar lugar, ocasião ou ensejo a alguma coisa; passível. **6** Que está naturalmente disposto, inclinado ou habituado a alguma coisa. **7** Exposto a qualquer coisa, pela sua natureza ou situação: *Sujeito a privações.* • *sm* **1** *Gram* e *Lóg* Ser ao qual se atribui um predicado. **2** *Filos* O ser que conhece. **3** Indivíduo indeterminado que não se nomeia em uma conversa ou discurso. **4** Homem, indivíduo, pessoa.

su.ji.da.de (*sujo+i+dade*) *sf* **1** Imundície, porcaria. **2** Pó, poeira. **3** Fezes, excremento.

su.jo (*cast sucio*) *adj* **1** Que não é ou não está limpo; imundo, emporcalhado. **2** Não asseado; porcalhão. **3** Desonesto, indecente, indecoroso, torpe. **4** *fig* Desmoralizado. **5** *fig* Em que não se pode confiar; que perdeu o crédito junto a alguém. *Antôn* (acepções 1, 2 e 5): *limpo;* (acepção 2): *asseado;* (acepção 3): *puro.* • *sm pop* O diabo. *Ficar sujo com alguém:* ficar malvisto por alguém.

sukiyaki (*jap*) *sm Cul* Prato típico japonês que consiste em carne cortada em fatias finas, cozida com legumes e molho de soja.

sul (*fr sud*) *sm* **1** Ponto cardeal diametralmente oposto ao Norte e que nos fica à direita quando estamos voltados para o nascente. *Abrev: S.* **2** Vento que sopra do Sul no sentido do Sul para o Polo Norte. **3** O polo austral. **4** *Sul* Região do Brasil que compreende os Estados do Paraná, Santa Catarina e Rio Grande do Sul. *Abrev: S.* • *adj* Que procede do sul ou a ele se refere. *Pl: suis.*

sul-a.fri.ca.no (*sul+top África+ano*) *adj* De, pertencente ou relativo ao sul da África ou à África do Sul (África). • *sm* O natural ou habitante do Sul da África ou da África do Sul. *Fem: sul--africana. Pl: sul-africanos.*

sul-a.me.ri.ca.no (*sul+top América+ano*) *adj* De, pertencente ou relativo à América do Sul ou aos seus habitantes. • *sm* O habitante ou natural da América do Sul. *Fem: sul-americana. Pl: sul--americanos.*

sul.car (*lat sulcare*) *vtd* **1** Abrir sulcos ou regos em: *O arado sulca a terra.* *vtd* **2** *Náut* Navegar, deixando uma esteira ou espécie de rego; singrar (as ondas, os mares). *vtd* **3** Atravessar, cortar: *Modernas estradas sulcam o país.* *vtd* **4** Abrir pregas ou rugas em: *A idade sulcou-lhe o rosto.* *vpr* **5** Encher-se de rugas; encarquilhar-se: *Com o passar dos anos, suas faces sulcaram-se. Conjug – Pres subj: sulque, sulques, sulque* etc.; *Pret perf: sulquei, sulcaste, sulcou* etc.

sul.co (*lat sulcu*) *sm* **1** Rego feito pelo arado ou charrua. **2** Esteira ou rasto que um navio deixa nas águas do mar quando as corta com a quilha. **3** Ruga ou prega na pele. **4** Canalete.

sul.fa (*abrev de sulfanilamida*) *sf Quím* e *Farm* **1** Nome abreviado da *sulfanilamida.* **2** Nome genérico dos componentes de uma classe de drogas antibacterianas, cristalinas, dela derivadas ou a ela estreitamente relacionadas, empregadas no tratamento de certas infecções bacterianas.

sul.fa.ni.la.mi.da (*sulfo+anilamida*) *sf Quím* e *Farm* Substância branca, cristalina, inodora, de sabor levemente amargo e depois adocicado; produto sintético utilizado no tratamento de certas infecções bacterianas.

sul.fa.to (*sulfo+ato^4*) *sm Quím* Designação genérica dos sais e ésteres do ácido sulfúrico.

sul.fi.te (de *sulfito*) *adj* + *sm V* papel sulfite.

súl.fur (*lat sulfur*) *sm* Solução medicamentosa de enxofre, empregada clinicamente pela homeopatia. *Pl: súlfures.*

sul.fu.rar (*lat sulfur+ar^1*) *vtd* Combinar ou misturar com enxofre; saturar de enxofre.

sul.fú.reo (*lat sulfureu*) *adj* **1** Que tem a natureza do enxofre. **2** Diz-se da composição em que entra o enxofre; sulfuroso.

sul.fú.ri.co (*lat sulfur+ico^2*) *adj* **1** Relativo ao enxofre. **2** *Quím* Designação de um radical ácido derivado do enxofre cuja fórmula é H_2SO_4.

sul.fu.ri.no (*lat sulfur+ino^2*) *adj* Da cor do enxofre.

sul.fu.ro.so (*ó*) (*lat sulfurosu*) *adj* **1** Que contém enxofre; sulfúreo. **2** *Quím* Designação de um gás ácido obtido pela combustão do enxofre cuja fórmula é H_2SO_3. *Pl: sulfurosos (ó).*

su.li.no (*sul+ino^1*) *adj* + *sm V* sulista.

su.lis.ta (*sul+ista*) *adj m+f* **1** Pertencente ou relativo ao Sul de uma região ou país. **2** Nascido no Sul de uma região ou país. • *s m+f* Pessoa natural do Sul de uma região ou país; sulino.

sul-ma.to-gros.sen.se (*sul+top Mato Grosso+ense*) *adj m+f* De, pertencente ou relativo ao Mato Grosso do Sul (Brasil). • *s m+f* O natural ou habitante desse Estado. *Pl: sul-mato-grossenses.*

sul-ri.o-gran.den.se (*sul+top Rio Grande+ense*) *adj* + *s m+f* Gaúcho. *Pl: sul-rio-grandenses.*

sul.tão (*lat sultanu*) *sm* **1** Antigo título do imperador dos turcos. **2** Título dado a certos príncipes maometanos e tártaros. **3** Senhor poderoso, príncipe absoluto. *Fem: sultana. Pl: sultões, sultães* e *sultãos.*

su.ma (*lat summa*) *sf* Escrito condensado, que dá a essência de uma obra; resumo, súmula. *Em suma:* em resumo.

su.ma.ren.to (*sumo+ar^2+ento*) *adj* Que tem muito sumo ou suco: *Laranja sumarenta.*

su.ma.ri.ar (*sumário+ar^1*) *vtd* **1** Reduzir a suma ou sumário; resumir, sintetizar: *Sumariar uma conferência.* **2** *Dir* Tratar (a causa) sem delongas e formalidades ordinárias. *Sin: sumarizar.* Conjug – Pres indic: sumario, sumarias (rí) etc. Cf *sumário*.

su.má.rio *(lat summariu)* adj **1** Feito resumidamente; resumido, breve. **2** Feito sem formalidades: *Julgamento sumário.* **3** Simples. • sm **1** Resumo dos pontos principais de uma matéria; recapitulação, suma. **2** *Edit* Indicação, no princípio de um livro, parte, capítulo ou seção, das matérias que se vão tratar; índice.

su.ma.ri.zar *(sumário+izar)* V *sumariar*.

su.mé.rio adj De, pertencente ou relativo à Suméria, antiga região da Mesopotâmia (Ásia). • sm O natural ou habitante dessa região.

su.mi.ço (de *sumir*) sm *pop* Ação ou efeito de sumir(-se); desaparecimento, descaminho. *Levar sumiço:* desaparecer ou perder-se de vista; não se saber onde está.

su.mi.da.de *(lat summitate)* sf **1** Qualidade de sumo; alto, eminente. **2** O ponto mais alto; cimo, cumeeira. **3** Pessoa muito notável pelo seu saber, pela sua importância social, pelo seu prestígio político.

su.mi.dou.ro *(sumir+douro)* sm **1** Abertura profunda por onde alguma coisa some; escoadouro. **2** Lugar onde sempre se perdem os objetos. **3** Curso subterrâneo das águas de um rio, através de rochas calcárias. **4** Boca de esgotos nas sarjetas. *Var: sumidoiro.*

su.mir *(lat sumere)* vti, vint e vpr **1** Desaparecer, esconder-se: *Sumir de* (ou *em*) *algum lugar. Sumir por entre as árvores* (ou pronominalmente, em todos esses casos: *Sumir-se de, sumir-se em, sumir-se entre).* vti **2** Entranhar-se em, andar por: *As crianças sumiam pelos campos.* vint e vpr **3** Ausentar-se, retirar-se: *Cumprimentou-nos e sumiu* (ou *sumiu-se).* vint e vpr **4** Apagar-se, extinguir-se: *Algumas estrelas já principiavam a brilhar e sumir* (ou *sumir-se).* Conjuga-se como *subir*.

su.mo *(lat summu)* adj **1** Que é o mais alto ou elevado; supremo. **2** Extremado, máximo. **3** Excelente, excelso, poderoso. **4** Extraordinário, grande. • sm **1** O cimo, o cume. **2** O ápice, o requintado. **3** Líquido extraído de algumas substâncias vegetais ou animais; suco. *Sumo da uva, pop:* o vinho. *Sumo Pontífice:* nome pelo qual se designa o Papa entre os católicos.

su.mô *(jap sumô)* sm Variedade de jiu-jítsu com regras próprias e em que não se usa o quimono.

sú.mu.la *(lat summula)* sf **1** Pequena suma; breve resumo sobre um assunto ou ponto de doutrina. **2** *Esp* Papel em que os jogadores ou atletas que tomam parte num jogo ou competição assinam o próprio nome e que fica arquivado na entidade oficial, para efeitos regulamentares.

su.mu.lar *(súmula+ar¹)* vtd Fazer a súmula de: *Sumular uma aula.*

sundae *(sândei) (ingl)* sm Porção de sorvete acompanhado com calda de chocolate e frutas, creme chantili e nozes picadas.

sun.ga (de *sungar*) sf *bras* **1** Calção de criança. **2** Calção para banho de mar.

sun.tu.o.si.da.de *(lat sumptuositate)* sf **1** Qualidade de suntuoso. **2** Grandeza invulgar, grande pompa, luxo extraordinário; magnificência. *Var: sumptuosidade.*

sun.tu.o.so *(ô) (lat sumptuosu)* adj **1** Que custou muito dinheiro. **2** Faustoso, luxuoso, magnificente, pomposo. *Antôn* (acepção 2): *modesto, humilde. Var: sumptuoso. Pl: suntuosos (ó).*

su.or *(ó) (lat sudore)* sm **1** Humor aquoso, incolor, de sabor um tanto salgado e de cheiro particular, segregado pelas glândulas sudoríparas, que se separa do corpo pelos poros da pele. **2** Ação de suar; a saída ou emissão do suor. **3** Emissão de qualquer líquido pelos poros. **4** *fig* Trabalho penoso. *Suor de alambique, Reg* (PB): aguardente, cachaça. *Suor frio:* o que aparece em certos casos de doença ou de angústia.

su.pe.dâ.neo *(lat suppedaneu)* sm **1** Banco que se põe por baixo dos pés. **2** Estrado junto ao altar sobre o qual o sacerdote celebra a missa. **3** Base, suporte.

su.pe.ra.bun.dar *(lat superabundare)* vint **1** Existir em abundância; sobejar: *Ali superabundam crendices.* vti **2** Ter em grande quantidade; transbordar: *Os supermercados superabundam de produtos.* Conjug: normalmente, conjuga-se apenas nas 3as pessoas.

su.pe.ra.do *(part de superar)* adj **1** Que superou. **2** Ultrapassado, excedido, dominado.

su.pe.ra.li.men.ta.ção *(super+alimentação)* sf **1** Ato ou efeito de superalimentar(-se); alimentação excessiva. **2** *Med* Tratamento terapêutico pela alimentação excessiva. *Pl: superalimentações.*

su.pe.ra.li.men.tar *(super+alimento+ar¹)* vtd e vpr Alimentar(-se) exageradamente: *Depois da doença, a mãe superalimentava a criança.*

su.pe.ra.que.cer *(super+aquecer)* vtd Aquecer excessivamente, submeter a temperatura elevada: *Superaquecer um metal.*

su.pe.rar *(lat superare)* vtd **1** Subjugar, sujeitar, vencer: *Superar o adversário.* **2** Ficar superior a, levar vantagem a, sobrelevar a: *Ninguém o superaria como atleta.* **3** Exceder, sobrepujar: *Superar o objetivo.*

su.pe.ra.ti.var *(super+ativar)* vtd Dar exagerada ou maior atividade a: *Superativar uma glândula, uma função.*

su.pe.rá.vel *(lat superabile)* adj m+f Que se pode superar ou vencer. *Pl: superáveis.*

superavit *(lat superávit)* sm sing e pl O excesso da receita sobre a despesa num orçamento. *Antôn: deficit.*

su.per.cam.pe.o.na.to *(super+campeonato)* sm Campeonato supremo; campeonato entre campeões.

su.per.cí.lio *(lat superciliu)* sm V *sobrancelha*.

su.per.do.ta.do *(super+dotado)* adj + sm bras Diz-se do, ou o indivíduo dotado de inteligência acima do normal.

su.pe.res.ti.ma *(super+estima)* sf **1** Estima demasiada. **2** Apreço ou valor exagerado.

su.pe.res.ti.mar *(super+estimar)* vtd **1** Estimar em excesso; sobrestimar. **2** Dar exagerado apreço ou valor a; ter em demasiada conta. *Sin: sobrestimar. Antôn: subestimar.*

su.pe.res.tru.tu.ra *(super+estrutura)* sf **1** O conjunto das ideologias (religiosas, políticas, jurídicas, filosóficas) predominantes em uma determinada classe social. **2** *Náut* Conjunto das construções situadas acima do convés de um navio. **3** *Constr* Parte da estrutura que repousa sobre os alicerces. *Antôn: infraestrutura.*

su.pe.re.xal.tar (*super+exaltar*) *vtd* Exaltar sobremaneira.

su.per.ex.ci.tar (*super+excitar*) *vtd* Excitar excessivamente: impressionar vivamente.

su.pe.re.xi.gen.te (*z*) (*super+exigente*) *adj m+f* Que é exigente ao extremo.

su.per.fa.tu.rar (*super+faturar*) *vtd* Emitir fatura ou nota fiscal com preço acima do realmente cobrado.

su.per.fi.ci.al (*lat superficiale*) *adj m+f* **1** Pertencente ou relativo à superfície. **2** Que está à superfície. **3** Que existe apenas à superfície. **4** Que só cuida de coisas superfluas. **5** Desprovido de consistência, de profundeza. *Antôn* (acepções 2, 3 e 5): *profundo*. *Pl: superficiais.*

su.per.fi.ci.a.li.da.de (*superficial+i+dade*) *sf* Qualidade de superficial; superficialismo.

su.per.fí.cie (*lat superficie*) *sf* **1** Extensão expressa em duas dimensões: comprimento e largura. **2** A parte exterior ou face dos corpos. **3** *Geom* O que circunscreve os corpos; os limites de um corpo; o comprimento e a largura considerados sem profundidade; extensão da face ou do conjunto das faces que limitam um corpo; extensão de uma área limitada. **4** *fig* Aparência. **5** Tona. *Conhecer na* (ou *pela*) *superfície:* ter apenas algumas ideias ou noções esparsas de um assunto.

su.pér.fluo (*lat superfluu*) *adj* **1** Que é desnecessário; demasiado, inútil por excesso. **2** Mais que suficiente. • *sm* Coisa supérflua; o que é desnecessário; o que vai além do necessário. *Antôn: necessário, indispensável.*

su.per-ho.mem (*super+homem*) *sm* **1** Homem considerado superior ao nível humano comum. **2** Homem de faculdades extraordinárias. **3** Criação literária referente a tais faculdades. *Pl: super-homens.*

su.per-hu.ma.no (*super+humano*) *V sobre-humano. Pl: super-humanos.*

su.pe.rin.ten.dên.cia (*super+intendência*) *sf* **1** Ação de superintender; administração superior, em qualquer ramo da atividade humana. **2** Cargo, função ou jurisdição de superintendente. **3** Repartição onde trabalha o superintendente.

su.pe.rin.ten.den.te (*super+intendente*) *adj m+f* Que superintende; que tem a direção de um trabalho ou obra, com autoridade sobre todos os que neles se ocupam. • *s m+f* Essa pessoa.

su.pe.rin.ten.der (*lat superintendere*) *vtd* e *vti* Dirigir como superintendente; ter superintendência em; inspecionar, supervisionar, fiscalizar: *Superintender uma empresa. Superintender aos* (ou *nos*) *trabalhos.*

su.pe.ri.or (*lat superiore*) *adj m+f* **1** Diz-se do que está mais alto, que está acima de outro. **2** Que atingiu grau mais elevado. **3** Que excede em qualidades, em número ou em propriedades. **4** Que ocupa posição mais elevada. **5** Que não é vulgar; distinto, elevado, extraordinário. **6** Diz-se da instrução que se ministra nas universidades e escolas científicas. *Antôn* (acepções 1, 2, 3 e 4): *inferior.* • *sm* **1** Aquele que exerce autoridade sobre outrem. **2** Aquele que dirige um convento ou comunidade religiosa. *Fem: V superiora.*

su.pe.ri.o.ra (*fem de superior*) *sf* Freira que dirige um convento; abadessa, prioresa, regente.

su.pe.ri.o.ri.da.de (*superior+i+dade*) *sf* **1** Qualidade de superior. **2** Excelência. *Antôn* (acepção 1): *inferioridade.*

su.per.la.ti.vo (*lat superlativu*) *adj* **1** *Gram* Que exprime a qualidade num grau muito elevado, ou no mais elevado. **2** Elevado, extremo. • *sm Gram* O mais alto grau; grau (dos adjetivos e de certos advérbios) muito elevado ou o mais elevado da qualidade que eles exprimem.

su.per.lo.ta.ção (*superlotar+ção*) *sf bras* Lotação excessiva. *Pl: superlotações.*

su.per.lo.ta.do (*part de superlotar*) *adj bras* Lotado em excesso.

su.per.lo.tar (*super+lotar*) *vtd bras* Exceder a lotação de; lotar demasiadamente: *Superlotar um ônibus.*

su.per.mãe (*super+mãe*) *sf* **1** Mãe cujas boas qualidades estão acima do normal. **2** Mãe protetora em excesso, a ponto de restringir a liberdade e desenvolvimento emocional do filho.

su.per.mer.ca.do (*super+mercado*) *sm* Grande estabelecimento comercial de autosserviço onde se vendem artigos expostos nas prateleiras (alimentos, bebidas, produtos de limpeza etc.).

su.per.po.pu.la.ção (*super+população*) *sf Sociol* Excesso de habitantes em tempo e área determinados, relativamente aos meios de subsistência disponíveis. *Pl: superpopulações.*

su.per.por (*super+pôr*) *V sobrepor.*

su.per.po.si.ção (*super+posição*) *V sobreposição. Pl: superposições.*

su.per.pos.to (*ô*) (*part de superpor*) *adj* **1** Que se superpôs. **2** Colocado em plano superior a outro. *Pl: superpostos* (*ó*).

su.per.po.tên.cia (*super+potência*) *sf* Designação dada à nação que se destaca, pelo poder militar, de outras, também militarmente poderosas.

su.per.po.vo.ar (*super+povoar*) *vtd* Povoar em excesso.

su.per.pro.du.ção (*super+produção*) *sf* **1** Produção além da que se tinha previsto e, nesses termos, excessiva. **2** Produção maior que a do consumo: *Superprodução de café.* **3** Produção grandiosa, com alto investimento (filme, espetáculo teatral, musical etc.). *Pl: superproduções.*

su.per.qua.dra (*super+quadra*) *sf bras* Área residencial dentro da qual se acham blocos de apartamentos, escolas, parques infantis e jardins.

su.per.sen.sí.vel (*super+sensível*) *adj m+f* **1** Superior à ação dos sentidos; que escapa ou está fora da ação dos sentidos. **2** Hipersensível. *Pl: supersensíveis.*

su.per.sim.ples (*super+simples*) *adj m+f sing* e *pl* Excessivamente simples.

su.per.som (*super+som*) *sm Fís* Vibração acústica que ultrapassa vinte mil ciclos (20.000 Hz) por segundo. *Pl: supersons.*

su.per.sô.ni.co (*super+sônico*) *adj Fís* **1** Diz-se das vibrações e ondas sonoras de frequência maior que a que o ouvido humano pode perceber. **2** Relativo ao que se move com velocidade superior à do som no ar; ultrassônico: *Avião supersônico.*

su.pers.ti.ção (*lat superstitione*) *sf* **1** Sentimento religioso excessivo ou errôneo que muitas vezes arrasta as pessoas ignorantes à prática de atos indevidos e absurdos. **2** Crença errônea; falsa ideia a respeito do sobrenatural. **3** Opinião religiosa baseada em preconceitos ou crendices. **4** Prática supersticiosa. **5** Crendice, preconceito. *Pl: superstições.*

su.pers.ti.ci.o.so (ô) (*lat superstitiosu*) *adj* Que tem superstição ou que é dominado por ela. *Pl: supersticiosos* (ó).

su.per.ve.ni.en.te (*lat superveniente*) *adj m+f* **1** Que sobrevém. **2** Que aparece ou vem logo a seguir.

su.per.vi.são (*super+visão*) *sf* **1** Ato ou efeito de supervisar ou supervisionar. **2** Visão superior. *Pl: supervisões.*

su.per.vi.sar (*super+visar*) *vtd* Dirigir ou inspecionar em nível superior; avaliar por fim os resultados e a eficiência de um trabalho.

su.per.vi.si.o.nar (*super+lat visione+ar¹*) *bras V supervisar.*

su.per.vi.sor (*super+lat visu+or*) *adj + sm* Que, ou aquele que supervisa ou supervisiona.

su.pe.tão (de *súpeto*) *sm* Usado só na locução adverbial *de supetão*: de súbito, subitamente, repentinamente, imprevistamente.

su.pim.pa *adj m+f bras* Excelente, muito bom, superior.

su.pi.no (*lat supinu*) *adj* **1** Que está deitado de costas e, portanto, de ventre voltado para cima. **2** Alto, elevado, superior. **3** *fig* Demasiado, em alto grau, exagerado: *Ignorância supina.*

su.plan.tar (*lat supplantare*) *vtd* **1** Colocar sob a planta dos pés; calcar, pisar: *Suplantar a grama, as folhas.* **2** Prostrar aos pés (o vencido); derrubar: *Suplantar o adversário.* **3** Levar vantagem a, ser superior a; exceder, sobrelevar, vencer: *Jacó suplantou Esaú e o anjo.*

su.ple.men.ta.ção (*suplementar+ção*) *sf* Ato ou efeito de suplementar. *Pl: suplementações.*

su.ple.men.tar (*suplemento+ar¹*) *vtd* **1** Acrescentar alguma coisa a; fornecer um suplemento para: *Suplementar uma verba, um salário.* **2** Preencher a deficiência de; completar: *Suplementamos a refeição com ovos.* • *adj* **1** Pertencente, relativo a ou que serve de suplemento. **2** Que amplia, auxilia ou supre o que falta.

su.ple.men.to (*lat supplementu*) *sm* **1** A parte que se junta a um todo para o ampliar ou aperfeiçoar; aquilo que serve para suprir qualquer falta. **2** O que se ajunta a um livro para o completar. **3** Adição natural ou necessária; complemento. **4** Folha ou folheto que se junta a um jornal e que trata de assunto especializado: *Suplemento literário, suplemento infantil, suplemento esportivo* etc.

su.plên.cia (*lat supplente+ia²*) *sf* **1** Cargo de suplente ou seu período de duração. **2** Ato ou efeito de suprir.

su.plen.te (*lat supplente*) *adj m+f* Que supre a falta de outro ou de outrem; que entra no lugar de outrem para lhe cumprir os deveres ou satisfazer as obrigações; substituto ou substituta. • *s m+f* **1** Essa pessoa. **2** Que serve de suplemento; que completa.

su.ple.ti.vo (*lat suppletivu*) *adj* Que supre. • *adj + sm* Diz-se do, ou o ensino destinado a suprir a escolarização regular para aquelas pessoas que não puderam concluir os estudos na idade própria.

sú.pli.ca (de *suplicar*) *sf* **1** Ação ou efeito de suplicar. **2** Oração, prece, rogativa. **3** Petição ou requerimento para obter uma graça ou favor.

su.pli.can.te (*lat supplicante*) *adj m+f* **1** Que suplica; súplice. **2** Que pede humildemente, flexionando os joelhos. • *s m+f* **1** Pessoa que suplica. **2** Pessoa que pede humildemente.

su.pli.car (*lat supplicare*) *vtd* **1** Pedir com humildade e instância; dirigir súplicas a; implorar, rogar: *Suplicar auxílio, perdão, remédio. vti e vint* **2** Fazer súplicas: *A mãe suplicava a Deus pelo filho. Incapaz de falar, seus olhos pediam, suplicavam. Conjug – Pres subj:* suplique, supliques etc.; *Pret perf:* supliquei, suplicaste, suplicou etc.

sú.pli.ce (*lat supplice*) *adj m+f* **1** Que suplica; suplicante. **2** Que está em atitude de quem implora. **3** Que se prostra, pedindo.

su.pli.ci.a.do (*part* de *supliciar*) *adj* **1** Que sofreu suplício. **2** Condenado ao suplício. • *sm* Aquele que sofreu suplício ou foi justiçado.

su.pli.ci.ar (*lat supliciare*) *vtd* **1** Castigar com suplício, punir com pena aflitiva: *Supliciar um condenado.* **2** Punir com pena de morte: *Supliciaram o espião.* **3** Afligir, magoar: *O remorso suplicia o coração. Conjug – Pres indic:* suplicio, suplicias (cí) etc. *Cf suplício.*

su.plí.cio (*lat supliciu*) *sm* **1** Severa punição corporal ordenada por sentença de justiça; tortura. **2** Tudo o que produz dor intensa, violenta ou duradoura no corpo. **3** Pena de morte. **4** *fig* Grande sofrimento moral; aflição intensa e prolongada. **5** *fig* Sofrimento cruel; grande tormento. *Suplício da cruz:* modo de pena de morte, muito comum entre vários povos antigos, que consistia em pregar ou atar o delinquente em uma cruz.

su.por (*lat supponere*) *vtd* **1** Admitir por hipótese; afirmar, alegar hipoteticamente; imaginar: *Suponhamos que assim foi realmente.* **2** Fazer suposições a respeito de; conjeturar, presumir: *O resto já o supúnhamos.* **3** Dar como verdadeira ou autêntica (uma coisa falsificada ou inventada): *Supus ser verdade o que não passava de boato. Conjuga-se como* pôr.

su.por.tar (*lat supportare*) *vtd* **1** Sustentar o peso de, ter sobre si: *As colunas suportavam a enorme abóbada.* **2** Sofrer com paciência ou resignação; aguentar, aturar, tolerar: *Suportar a dor, suportar o peso dos anos.* **3** Fazer face a, resistir à ação enérgica de, ser firme diante de: *Suportar uma calamidade.* **4** Estar à prova de: *Suportar críticas.*

su.por.tá.vel (*suportar+vel*) *adj m+f* **1** Que pode ser suportado. **2** Que se pode tolerar; sofrível. *Pl: suportáveis.*

su.por.te (de *suportar*) *sm* **1** Coisa que suporta ou sustenta outra. **2** Aquilo em que alguma coisa assenta ou se firma; apoio, base de sustentação, sustentáculo.

su.po.si.ção (*lat suppositione*) *sf* **1** Ato ou efeito de supor; conjetura, hipótese. **2** Opinião que não se funda em provas positivas, mas em meras hipóteses. **3** Exibição de uma coisa falsa, apresentada como verdadeira. *Pl: suposições.*

su.po.si.tó.rio *(lat suppositoriu) sm Farm* Preparação sólida, geralmente de forma cônica, cilíndrica ou ovoide, contendo medicamentos, para introdução em uma cavidade como o reto, a vagina, a uretra, onde liberta o medicamento que contém.

su.pos.to *(lat suppositu) adj* **1** Admitido por hipótese; apresentado, avançado ou dado hipoteticamente; conjeturado. **2** Atribuído sem razão ou fundamento. **3** Alegado como verdadeiro, sendo falso. *Antôn* (acepção 3): *verdadeiro.* • *sm* **1** Coisa suposta ou conjeturada. **2** Conjetura, hipótese, suposição. *Suposto que:* na suposição ou hipótese de; admitido que; dado o caso que; partindo do princípio de que.

su.pra.ci.ta.do *(supra+citado) adj* Citado ou mencionado acima ou anteriormente.

su.pra.men.ci.o.na.do *(supra+mencionado) adj* Mencionado acima ou anteriormente.

su.pra.na.ci.o.nal *(supra+nacional) adj m+f* **1** Que está acima do nacional; cosmopolita. **2** Que se acha fora da competência do governo nacional. **3** Além dos limites de uma nação. *Pl: supranacionais.*

su.pra.par.ti.dá.rio *(supra+partido+ário) adj* Que está acima da ideologia de qualquer partido.

su.pra.par.ti.da.ris.mo *(suprapartidário+ismo) sm* Qualidade de suprapartidário.

su.prar.re.nal *(supra+renal) adj m+f Anat* Situado acima dos rins; ad-renal. • *sf Anat* Glândula suprarrenal.

su.pras.su.mo *(supra+sumo) sm* O ponto mais elevado; o que há de mais elevado; culminância; preeminência; requinte.

su.pre.ma.ci.a *(fr suprématie) sf* **1** Superioridade ou grandeza absoluta. **2** Hegemonia, preponderância, proeminência.

su.pre.mo *(lat supremu) adj* **1** Que é o mais alto ou mais elevado; que é o primeiro, o principal. **2** Que está no seu gênero acima de tudo. **3** Pertencente a Deus; que é devido a Deus; relativo a Deus; celeste. **4** Que vem depois de tudo; derradeiro, último. *Antôn* (acepção 1): *ínfimo.* • *sm pop* **Supremo** O Supremo Tribunal de Justiça.

su.pres.são *(lat supressione) sf* **1** Ato ou efeito de suprimir. **2** Lacuna, omissão. **3** Cessação, desaparecimento. *Antôn* (acepção 3): *conservação. Pl: supressões.*

su.pres.si.vo *(lat supressu+ivo) adj* Que suprime; supressor, supressório.

su.pri.men.to *(suprir+mento) sm* **1** Ação ou efeito de suprir; fornecimento, suplemento. **2** Auxílio. **3** Empréstimo.

su.pri.mi.do *(part de suprimir) adj* Que se suprimiu; anulado, cancelado, cortado, omitido.

su.pri.mir *(lat supprimere) vtd* **1** Cortar, deitar fora, invalidar: *Suprimir uma página.* **2** Abolir, anular, cassar, revogar: *Suprimir uma lei.* **3** Impedir de continuar, fazer desaparecer: *Suprimir a dor, suprimir as desigualdades.* **4** Impedir de aparecer, de ser publicado ou vulgarizado: *Suprimir um artigo de uma revista. Antôn* (acepções 2 e 3): *conservar*; (acepções 1 e 4): *adicionar, acrescentar.*

su.prir *(lat supplere) vtd* **1** Completar o que falta a: *Suprir a quantidade necessária. vtd* e *vti* **2** Fazer as vezes de, preencher a falta de; substituir: *A intuição supre o conhecimento. O secretário supria pelo presidente. vtd* e *vpr* **3** Abastecer(-se) do necessário; prover(-se): *Os vencimentos da aposentadoria não suprem suas necessidades. Muitos cidadãos deste bairro suprem-se na cooperativa. vtd* e *vti* **4** Acudir, remediar: *Suprir um defeito. Muito trabalha para suprir aos encargos da numerosa prole.*

su.pu.ra.ção *(supurar+ção) sf Med* Ato ou efeito de supurar. *Pl: supurações.*

su.pu.rar *(lat suppurare) vint* **1** *Med* Lançar pus ou transformar-se nele: *O abscesso supurara. vtd* **2** *Med* Expelir, lançar (pus). *vtd* **3** *fig* Expandir, exteriorizar: *Supurou o mesquinho rancor.*

su.pu.ra.ti.vo *(supurar+ivo) Med adj* Que produz ou facilita a supuração. • *sm* Medicamento que facilita a saída do pus.

sur.dez *(surdo+ez) Med sf* **1** Qualidade ou doença de surdo. **2** Falta, perda absoluta ou quase completa do sentido da audição. *Var: surdeza. Pl: surdezes.*

sur.di.na *(ital sordina) sf* **1** Peça com que se enfraquecem os sons, nos instrumentos de corda. **2** Aparelho que se coloca no pavilhão de certos instrumentos de sopro, para abafar o som. *À surdina:* às escondidas; pela calada; sem ruído.

sur.do *(lat surdu) adj* **1** Que está privado, no todo ou em parte, do sentido da audição. **2** Que não ouve. **3** Pouco sonoro. **4** Que se faz em silêncio ou em segredo; que produz pouco ruído. **5** *fig* Insensível. • *sm* **1** O que não ouve ou ouve mal. **2** *fig* O que não atende ou não presta atenção. **3** *Reg* (RJ) Espécie de tambor de som abafado.

sur.do-mu.do *adj* Diz-se de quem é surdo e mudo ao mesmo tempo, ou que nasceu surdo e por isso nunca aprendeu a falar. • *sm* Esse indivíduo. *Fem: surda-muda. Pl: surdos-mudos.*

sur.far *(surfe+ar¹) vint bras* Praticar o surfe.

sur.fe *(ingl surf) sm bras Esp* Esporte em que a pessoa, de pé sobre uma prancha, equilibrando-se, desliza na crista de uma onda. *Surfe aéreo:* modalidade em que os competidores saltam de um avião, tendo nos pés uma prancha semelhante a um esqui.

sur.fis.ta *(surfe+ista) adj* Que surfa. • *s m+f bras* **1** *Esp* Praticante do surfe. **2** *gír* Passageiro que viaja sobre o teto do trem (geralmente suburbano), ou agarrado às suas portas, do lado de fora; pingente.

sur.gi.men.to *(surgir+mento) sm* Ato ou efeito de surgir.

sur.gir *(lat surgere) vti* e *vint* **1** Aparecer elevando-se; emergir, subir: *Surgir à tona* (ou *à flor*) *da água. No horizonte longínquo vai surgindo um navio. vti* e *vint* **2** Aparecer, erguer-se, manifestar-se: *Veneza surge das águas do Adriático. Ao fundo de um largo surge uma linha de velhas casas. vint* **3** Nascer, despontar, vicejar: *Finda-se o inverno; já surgem algumas flores. vint* **4** Chegar, vir: *Surgirá o dia da libertação. vti* e *vint* **5** Sobrevir, ocorrer: *Surgiu-lhe uma recordação. Novos obstáculos hão de surgir. Antôn* (acepções 1, 2, 3 e 5): *desaparecer. Conjug – Pres indic: surjo, surges, surge* etc.; *Pres subj: surja, surjas, surja* etc.; *Part: surgido* e *surto.*

sur.pre.en.den.te (de *surpreender*) *adj m+f* **1** Que surpreende; que causa admiração ou assombro. **2** Admirável, magnífico, maravilhoso.

sur.pre.en.der (*super*+*lat prehendere*) *vtd* **1** Apanhar (alguém) em flagrante, inesperada e subitamente: *Surpreender o ladrão*. *vtd* **2** Surgir inesperadamente diante de: *Surpreendeu-a a conversar com o namorado*. *vtd* **3** Chegar imprevistamente à casa de alguém: *A visita veio surpreendê-los ao jantar*. *vtd* e *vint* **4** Causar abalo, admiração, surpresa a; assombrar, espantar, maravilhar: *Tais consequências não o surpreendem. O que nela surpreende é a expressão da voz*. *vpr* **5** Assombrar-se, espantar-se: *Surpreenderam-se com tanta atenção*. *Conjug*: os *ee* do radical aparecem em todas as formas.

sur.pre.sa (*ê*) (*fem* de *surpreso*) *sf* **1** Ação ou efeito de surpreender(-se) ou de ser surpreendido. **2** Sobressalto proveniente de um caso imprevisto e rápido; admiração, pasmo, espanto. **3** Prazer inesperado. **4** Acontecimento que sobrevém de repente. **5** Coisa que surpreende ou espanta. *De surpresa*: inesperadamente.

sur.pre.so (*ê*) (*fr surpris*) *adj* **1** Que se surpreendeu; surpreendido. **2** Apanhado em flagrante. **3** Apanhado de improviso. **4** Assombrado, espantado, perplexo.

sur.ra (de *surrar*) *sf pop* Ação de surrar ou de espancar; coça, pancadaria, sova.

sur.ra.do (*part* de *surrar*) *adj* **1** Que se surrou; que levou surra. **2** *fig* Gasto, puído. **3** *fig* Antiquado, obsoleto. **4** Pisado, curtido. **5** Maltratado.

sur.rar (*cast zurrar*) *vtd* **1** Tirar as peles dos animais o pelo e limpar; curtir, machucar, pisar (peles). *vtd* **2** Dar surra com açoites em; açoitar, bater em, fustigar: *A mulher surrou o animal com o chicote*. *vtd* **3** *fig* Gastar com o uso continuado: *Tenho pouca roupa, sou forçado a surrá-la*. *vpr* **4** *fig* Gastar-se (qualquer peça de vestir).

sur.re.a.lis.mo (*fr surréalisme*) *sm* Movimento artístico e literário de origem francesa que dá expressão às atividades do subconsciente sem controle da razão. (A forma vernácula é *suprarrealismo* ou *super-realismo*.)

sur.re.a.lis.ta (*fr surréaliste*) *adj m+f* **1** Relativo ou pertencente ao surrealismo. **2** Que tem as características do surrealismo. • *s m+f* Pessoa que adere ao surrealismo ou o pratica; super-realista, suprarrealista.

sur.ri.pi.ar (*lat surripere*) *vtd pop* Tirar às escondidas; furtar, roubar, subtrair: *Surripiar objetos, surripiar dinheiro*. *Conjug* – *Pres indic*: *surripio, surripias* etc.

sur.ru.pi.ar (*corr* de *surripiar*) *V surripiar*.

sursis (*sursi*) (*fr*) *sm Dir* Instituto jurídico que faculta ao juiz a suspensão temporária da execução da pena, em determinadas circunstâncias.

sur.tir (*surto*+*ir*) *vtd* **1** Dar origem a; ter como resultado; terminar por: *O plano surtiu efeito*. *vint* **2** Ter bom ou mau êxito: *A campanha não surtiu bem ao partido*. *Conjug*: é defectivo; conjuga-se somente na 3ª pessoa do singular, na 3ª pessoa do plural e nas formas nominais.

sur.to (*lat vulg *surctu*, de *surrectu*) *sm* **1** Voo arrebatado da ave, quando sobe a grande altura no espaço. **2** Aparecimento repentino; irrupção: *Surto de gripe*. • *adj* Preso ao fundo pela âncora; ancorado, fundeado.

su.ru *adj m+f bras* Sem cauda ou de rabo curto; cotó, rabicó. *Var*: *suro*, *sura*.

su.ru.ba (*tupi suruuá*) *bras adj m+f* Bom, excelente, supimpa. • *sf* **1** *pop* Cacete, porrete. **2** *Reg* (Sul) Namoro escandaloso. **3** *pop* Orgia sexual de que participam várias pessoas.

su.ru.bi (*tupi suruuí*) *V surubim*.

su.ru.bim (*tupi suruuí*) *sm bras Ictiol* Peixe siluriforme, de água doce, de carne muito apreciada. *Var*: *surumbi*, *surumi*. *Pl*: *surubins*.

su.ru.cu.cu (*tupi surukukú*) *V surucutinga*.

su.ru.cu.tin.ga (*surucucu*+*tupi tínga*) *sf Zool bras* Cobra venenosa da família dos crotalídeos; a maior e mais venenosa do Brasil; surucucu.

su.ru.ru (*tupi sururú*) *sm bras* **1** *Zool* Nome comum a diversos moluscos bivalves. **2** *pop* Briga ou conflito sem graves consequências.

sus! (*lat sus*) *interj* Ânimo!, coragem!, eia!

sus.cep.ti.bi.li.da.de (*susceptível*+*i*+*dade*) *V suscetibilidade*.

sus.cep.ti.bi.li.zar (*susceptível*+*izar*[3]) *V suscetibilizar*.

sus.cep.tí.vel (*lat susceptibile*) *V suscetível*. *Pl*: *susceptíveis*.

sus.ce.ti.bi.li.da.de (*lat susceptibile*+*dade*) *sf* **1** Qualidade de suscetível. **2** Exaltação da sensibilidade física e moral. **3** Disposição especial do organismo que o torna apto para acusar influências exercidas sobre ele ou para adquirir doenças. *Var*: *susceptibilidade*.

sus.ce.ti.bi.li.zar (*lat suscetibile*+*izar*) *vtd* **1** Causar ressentimento a; melindrar: *Suscetibilizar alguém*. *vpr* **2** Melindrar-se, ofender-se, ressentir-se por coisas de pouca importância: *Suscetibilizou-se com a brincadeira*. *Var*: *susceptibilizar*.

sus.ce.tí.vel (*lat susceptibile*) *adj m+f* **1** Que afeta ou presume suscetibilidade. **2** Que tem grande sensibilidade física. **3** Que se fere ou ofende com a menor coisa; extremamente melindroso; impressionável. • *s m+f* Pessoa melindrosa, que depressa e por motivo insignificante se agasta ou se ofende. *Var*: *susceptível*. *Pl*: *suscetíveis*.

sus.ci.ta.do (*part* de *suscitar*) *adj* **1** Que se suscitou; instigado, movido. **2** Sugerido, lembrado.

sus.ci.tar (*lat suscitare*) *vtd* **1** Fazer aparecer; produzir: *Suscitar dificuldades, inimizades*. **2** Dar lugar a; promover, causar: *Sua atitude suscitou críticas*. **3** Apresentar, levantar como impedimento; opor como obstáculo: *Suscitar argumentos*. **4** Lembrar, sugerir: *Suscitou-me reminiscências*. **5** *Dir* Arguir ou alegar (impedimento ou incompetência) contra outrem.

su.se.ra.ni.a (*suserano*+*ia*[1]) *sf* **1** Qualidade de suserano. **2** Poder de suserano. **3** Território onde o suserano domina.

su.se.ra.no (*fr suzerain*) *adj* Que possui um feudo. • *sm* Senhor que, na organização medieval do feudalismo, possuía um feudo de que dependiam outros feudos.

sushi (*suxi*) (*jap*) *sm Cul* Prato típico japonês que consiste numa porção de arroz, com legumes no centro, envolta lateralmente em folhas de alga.

sushiman (*suximên*) (*jap sushi*+*ingl man*) *sm Cul* Homem especializado na preparação de *sushis*.

sus.pei.ção (*lat suspectione*) *sf* Ato ou efeito de lançar suspeita. *Pl: suspeições*.

sus.pei.ta (*lat suspecta*) *sf* **1** Desconfiança baseada em fracas provas. **2** Ideia vaga, simples conjetura, suposição.

sus.pei.tar (*lat suspectare*) *vtd* **1** Lançar suspeita sobre; ter suspeita de: *Ninguém o suspeitou*. *vti* **2** Julgar ou supor mal: *Suspeitar de alguém ou de alguma coisa*. *vtd* **3** Conjeturar, imaginar, julgar, supor com dados mais ou menos seguros: *Suspeitou que o observavam*. *vtd* **4** Pressentir: *Já suspeitava o desenlace*.

sus.pei.to (*lat suspectu*) *adj* **1** Que desperta suspeitas ou desconfianças. **2** Que dá causa ou origem a dúvidas; duvidoso. **3** Que se deve evitar; perigoso. **4** Diz-se da pessoa cujas boas qualidades são duvidosas. **5** Que parece ou se supõe ter algum defeito ou vício. • *sm* Indivíduo suspeito.

sus.pei.to.so (*ô*) (*suspeita+oso*) *adj* Diz-se daquele ou daquilo que tem ou merece suspeita. *Pl: suspeitosos* (*ó*).

sus.pen.der (*lat suspendere*) *vtd* **1** Pendurar; pender de cima; suster no ar: *Suspender um lampião*. *vtd* **2** Manter em posição alta; erguer: *Suspendeu-a nos braços*. *vtd* **3** *Náut* Içar, para o navio poder marchar: *Suspender a âncora*. *vtd* **4** Impedir de executar ou de fazer: *Um estranho sentimento suspendeu-lhe a decisão*. *vtd* **5** Interromper temporariamente: *Suspender a sessão*. *vpr* **6** Ficar suspenso; levantar-se: *Com as cordas, as crianças suspendiam-se e atravessavam o riacho*. *Conjug – Part: suspendido* e *suspenso*.

sus.pen.são (*lat suspensione*) *sf* **1** Ato ou efeito de suspender(-se). **2** Interrupção ou cessação momentânea ou temporária. **3** Pausa ou silêncio momentâneo no meio de uma conversação, de uma leitura, de qualquer coisa que faz ruído. **4** Pena que os tribunais ou certas corporações pronunciam contra qualquer dos seus membros durante algum tempo. **5** *Quím* Estado em que se acham as partes sólidas que flutuam num líquido sem nele se dissolverem. **6** *Autom* Dispositivos que atenuam ou suprimem a trepidação. *Pl: suspensões*.

sus.pen.se (*ingl suspense*) *sm* Artifício em composição literária, em enredo de peça teatral ou filme, em que a ação se retarda com incidentes menores, a fim de intensificar, no leitor ou espectador, a emoção.

sus.pen.si.vo (*suspenso+ivo*) *adj* **1** Que suspende ou tem a capacidade e o poder de suspender. **2** *Dir* Que suspende a execução de um julgamento, de um contrato: *Medida suspensiva*.

sus.pen.so (*lat suspensu*) *adj* **1** Sustentado no ar; pendente, pendurado. **2** Que ameaça cair sobre; iminente. **3** Que está em equilíbrio. **4** Interrompido, sustado. **5** Parado ou adiado.

sus.pen.só.rio (*suspenso+ório*) *adj* **1** Que suspende. **2** Que é apropriado ou serve para suspender: *Ligamento suspensório*. • *sm Anat* e *Zool* Ligamento, osso ou músculo que suspende uma parte do corpo. *sm pl* Tiras ou fitas que, passando por cima dos ombros, seguram as calças pelo cós; alças.

sus.pi.caz (*lat suspicace*) *adj* Que tem ou inspira suspeitas. *Pl: suspicazes*.

sus.pi.rar (*lat suspirare*) *vtd* **1** Exprimir ou exteriorizar (o que vai na alma) com suspiros e gemidos; lamentar com suspiros: *Suspirar saudades*. *vtd* **2** Dizer, narrar com ternura e melancolia: *Suspirar versos, suspirar sofrimentos*. *vti* **3** Almejar, ambicionar, desejar muito: *Suspirar por um amor sincero*. *vtd* **4** Ter saudades de: *Os velhos suspiram os tempos da mocidade*. *vint* **5** *poét* Produzir sons plangentes; murmurar, sussurrar: *Suspiram as ondas do mar*. • *sm poét* Cicio, murmúrio, sussurro.

sus.pi.ro (*lat suspiru*) *sm* **1** Respiração forte e mais prolongada que a ordinária, provocada por algum desejo ardente ou paixão, como amor, saudade, tristeza etc., e entrecortada com estremecimento. **2** Som ou toada melancólica. **3** Movimento inspiratório; aspiração. **4** Ai, gemido, lamento. **5** Respiradouro. **6** Pequeno orifício para a extração de um líquido em pequena quantidade. **7** *Cul* Doce de clara de ovo batida e açúcar. *O último suspiro*: o último sopro de vida.

sus.sur.rar (*lat sussurrare*) *vint* **1** Fazer sussurro; murmurar, rumorejar: *À noite, as ondas sussurravam suavemente*. *vint* **2** *poét* Emitir sussurro; produzir um som como o do vento passando pelas folhas das árvores; zunir: "Pela folhagem o vento sussurra. Vão as doces abelhas sussurrando" (Luís de Camões). *vtdi* **3** Dizer baixinho ao ouvido; segredar: *Sussurrava ternuras à bem-amada*. *vtd* e *vtdi* **4** Dizer ou fazer soar em tom baixo; murmurar: *Sussurrar uma palavra. Sussurrou-lhe a resposta*. • *sm* V *sussurro*.

sus.sur.ro (*lat sussurru*) *sm* **1** Murmúrio, som confuso de pessoas falando em voz baixa. **2** Ato de falar em voz baixa. **3** Leve ruído de qualquer coisa. **4** Zumbido de alguns insetos. **5** Ruído das águas correndo, ou das árvores ramalhando.

sus.tan.ça (*corr* de *substância*) V *sustância*.

sus.tân.cia (*corr* de *substância*) *sf* **1** *pop* Coisa que nutre. **2** *gír* Correção, desempeno, elegância. **3** *pop* Força, vigor.

sus.tar (*lat substare*) *vtd* **1** Interromper (ação ou serviço): *Sustar a publicação de uma obra*. *vtd* **2** Fazer parar; conter: *Puxou as rédeas e sustou o galope do cavalo*. *vint* e *vpr* **3** Parar, interromper-se: *Falavam e gesticulavam sem sustar* (ou *sustar-se*).

sus.te.ni.do (*ital sostenuto*) *adj Mús* Elevado meio-tom. • *sm* Acidente que eleva uma nota de meio-tom, quando colocado à direita desta.

sus.ten.ta.ção (*lat sustentatione*) *sf* **1** Ato ou efeito de sustentar(-se). **2** Alimentação, sustento. **3** Conservação. **4** Apoio, amparo. **5** Proteção. *Pl: sustentações*.

sus.ten.tá.cu.lo (*lat sustentaculu*) *sm* **1** Coisa que sustém outra. **2** Base, suporte. **3** Amparo, apoio, defesa. **4** Pessoa que ampara ou protege outra.

sus.ten.tar (*lat sustentare*) *vtd* **1** Aguentar por baixo (o peso de); escorar, impedir de cair, servir de escora a, suportar, suster: *Grandes colunas sustentavam a abóbada*. *vtd* **2** Amparar para que não se desequilibre ou mude de posição; segurar o que está a cair: *A custo sustentava o escudo*. *vtd* **3** Manter: *O governo sustenta as* *forças armadas. vtd* **4** Alimentar, nutrir: *Sustentar os filhos. vtd* **5** Servir de alimento espiritual a; edificar, instruir: *A boa leitura sustenta o espírito. vpr* **6** Alimentar-se, manter-se, nutrir-se, subsistir, viver: *Sustentam-se principalmente de cereais. vtd* **7** Defender com argumentos ou razões: *Sustentar uma tese. vtd* **8** Afirmar, certificar, confirmar energicamente ou com obstinação: *Sustento o que disse.*

sus.ten.to (de *sustentar*) *sm* **1** Ação ou efeito de sustentar(-se). **2** Conservação, manutenção. **3** Aquilo que serve de alimentação; alimento. **4** Amparo, arrimo.

sus.ter (*lat sustinere*) *vtd* **1** Amparar, sustentar: *Susteve-o nos braços. vtd* **2** Segurar (uma coisa) para que não caia: *As pernas se negaram a sustê-lo. vpr* **3** Equilibrar-se, firmar-se, parar, ter-se. *vtd* **4** Impedir de andar ou de mover-se; segurar: *Os caçadores sustinham nas trelas os cães impacientes. vtd* **5** Fazer permanecer; conservar, conter: *A bravura o susteve firme no seu posto. vtd* **6** Deter, prender: *Uma grinalda de flores sustinha-lhe os cabelos.* Conjuga-se como *ter;* recebem, porém, acento agudo os *ee* da 2ª e 3ª pessoas do singular (*susténs, sustém*) e da 2ª pessoa do singular do imperativo afirmativo (*sustém(tu)*).

sus.to (de *sustar*) *sm* **1** Medo repentino, provocado por um perigo imprevisto; sobressalto, temor. **2** Temor causado por notícia ou fatos imprevistos. **3** Medo, receio.

su-su.des.te (*sul+sudeste*) V *su-sueste.*

su-su.do.es.te (*sul+sudoeste*) *sm* **1** Ponto do horizonte entre o Sul e o Sudoeste. *Abrev: S.S.O.* ou *S.S.W.* **2** Vento que sopra desse ponto. **3** **Su-sudoeste** Região situada nesse ponto. • *adj m+f* Que procede do su-sudoeste ou a ele se refere. *Pl: su-sudoestes.*

su-su.es.te (*sul+sueste*) *sm* **1** Ponto do horizonte entre o Sul e o Sueste. *Abrev: S.S.E.* **2** Vento que sopra dessa direção. **3** **Su-sueste** Região situada nesse ponto. • *adj m+f* Que procede do su-sueste ou a ele se refere. *Pl: su-suestes.*

su.ta.che (*fr soutache,* do *húngaro sujitás*) *sf* Trancinha estreita feita de lã, linha, algodão etc., normalmente utilizada para enfeitar saias, blusas, vestidos e peças de vestuário em geral.

su.ti.ã (*fr soutien*) *sm* Peça do vestuário feminino própria para acomodar ou sustentar os seios.

su.til (*lat subtile*) *adj m+f* **1** Delgado, fino, simples. **2** Composto de partes delgadas, finas, tênues: *Poeira sutil.* **3** Que recebe facilmente as impressões (falando dos sentidos); agudo, apurado, delicado, penetrante: *Ouvido sutil.* **4** Perspicaz, fino: *Raciocínio sutil. Sup abs sint:* sutilíssimo e *sutílimo.* • *sm* Aquilo que é sutil; sutileza. *Var: subtil. Pl: sutis.*

su.ti.le.za (*sutil+eza*) *sf* **1** Caráter ou qualidade de sutil. **2** Extrema delicadeza, tenuidade (falando de coisa). **3** Agudeza de espírito. **4** Delicadeza, finura ou penetração dos sentidos. **5** Argumento ou raciocínio próprio para embaraçar; raciocínio engenhoso quanto à forma. **6** Dito sutil. *Var: subtileza.*

su.ti.li.zar (*sutil+izar*) *vtd* **1** Tornar sutil; aparar, aprimorar: *Sutilizar o estilo. vint* **2** Raciocinar ou discorrer com sutileza; disputar sutilmente: *Sutilizam os teólogos e as igrejas se esvaziam. vpr* **3** Evolar-se; tornar-se sutil. *Var: subtilizar.*

su.tra (*sânsc sûtra*) *sf* Na literatura da Índia, tratado em que se acham reunidas as regras do rito, da moral e da vida cotidiana.

su.tu.ra (*lat sutura*) *sf* **1** Costura com que se ligam as partes de um objeto; juntura. **2** *Cir* Operação que consiste em coser uma ferida, sem deixar grande cicatriz. **3** *Anat* Linha de união de algumas articulações imóveis do crânio ou da face. **4** *fig* Trabalho feito depois de uma supressão; síntese. **5** *Bot* Linha de deiscência.

su.tu.rar (*sutura+ar¹*) *vtd* Fazer a sutura de: *Suturar uma ferida.*

su.ve.nir (*fr souvenir*) *sm* Objeto que caracteriza determinado lugar e que é vendido como lembrança, principalmente a turistas.

sweepstake (suipstêik) (ingl) *sm* Certo tipo de loteria combinada com uma corrida de cavalos.

t¹ (*tê*) *sm* Vigésima letra do alfabeto português, consoante. • *num* O vigésimo numa série indicada pelas letras do alfabeto: *Livro t, estante t.*

t² **1** Símbolo de *tonelada.* **2** Abreviatura de *tomo* e *tempo.*

T **1** *Fís* Símbolo de *temperatura absoluta.* **2** *Fís* Símbolo de *período.* **3** Abreviatura de *tradutor, tradutora.*

tá *bras pop* Contração popular de *está*. Usa-se no sentido de entendido, aceito, combinado, está certo. • *interj* Basta! Chega! É suficiente! Não mais!

ta.ba (*tupi táua*, aldeia) *sf bras Etnogr* **1** Habitação comum dos indígenas na América do Sul. **2** *Reg* (AM) Aldeamento ou arraial indígena.

ta.ba.ca.ri.a (*tabaco+aria*) *sf* **1** Casa ou loja onde se vendem charutos, cigarros e demais petrechos para fumantes. **2** Charutaria.

ta.ba.co (*taino tabaco*) *sm* **1** *Bot* Planta solanácea cujas folhas industrializadas são aspiradas, fumadas e mascadas. **2** Fumo. **3** *bras V rapé.*

ta.ba.gis.mo (*fr tabagisme*) *sm Med* **1** Vício ou abuso do tabaco fumado ou mascado; tabaquismo. **2** Intoxicação aguda ou crônica provocada pelo tabaco; nicotinismo.

ta.ba.gis.ta (*fr tabagie+ista*) *s m+f* Pessoa que abusa do tabaco; tabaquista.

ta.ba.ja.ra *adj m+f Etnol* Relativo ou pertencente aos tabajaras, povo indígena brasileiro radicado na região do município de Amarante (MA). • *s m+f* Indígena dessa tribo.

ta.ba.ní.deos (*tabano+ídeo*) *sm pl Entom* Família de insetos de duas asas, sugadores de sangue (só as fêmeas), conhecidos no Brasil comumente por mutuca.

ta.ba.quei.ra (*tabaco+eira*) *sf* Bolsa ou caixa em que se guarda tabaco ou rapé.

ta.ba.réu (*tupi tabaré*) *sm bras* **1** Caipira, matuto, sertanejo. **2** Homem acanhado, tímido. **3** *fig* Pessoa que desempenha mal seu ofício. *Fem: tabaroa (ô).*

ta.ba.tin.ga (*tupi touatínga*) *sf bras* Argila, brancacenta ou colorida, mole, usada como cal, na pintura de paredes de habitações pobres.

ta.be.fe (*ár tabîH*, cozido) *sm* **1** *Cul* Leite engrossado com açúcar e ovos. **2** Soro de leite coalhado para fazer queijos. **3** *pop* Bofetada, sopapo, tapa.

ta.be.la (*lat tabella*) *sf* **1** Pequena tábua, quadro ou folha de papel em que se indicam nomes de pessoas ou coisas. **2** Relação de mercadorias com os respectivos preços oficiais por que são ou devem ser vendidas. **3** Relação dos jogos de um campeonato com indicação das respectivas datas. **4** Lista, rol. **5** *Esp* Suporte que sustenta a cesta de basquete. **6** *Fut* Jogada que consiste na troca de bola entre os jogadores durante uma corrida.

ta.be.la.do (*part* de *tabelar*) *adj* Que se tabelou.

ta.be.la.men.to (*tabela+mento*) *sm* **1** Ato ou efeito de tabelar. **2** Controle oficial de preços, por meio de tabelas.

ta.be.lar (*tabela+ar¹*) *vtd* **1** Catalogar: *Tabelar os livros de uma biblioteca.* **2** Sujeitar à tabela oficial (gêneros expostos à venda). • *adj m+f* **1** Pertencente ou relativo a tabela. **2** Em forma de tabela.

ta.be.li.ão (*lat tabellione*) *sm* Escrivão público cuja função é registrar atos e contratos e reconhecer assinaturas. *Pl: tabeliães. Fem: tabelioa (ô).*

ta.be.li.nha (*dim* de *tabela*) *sf bras* **1** *Esp* Nome que recebe, no futebol, a jogada feita em grande velocidade e a curta distância, que se assemelha à tabela. **2** *Med* Método anticoncepcional pelo qual a mulher marca os dias férteis de seu ciclo menstrual, evitando então relações sexuais nesses dias.

ta.be.li.o.a (*fem de tabelião*) *sf* Mulher que exerce as funções de escrivã pública. • *adj* Diz-se das expressões, linguagem, letras ou fórmulas usadas, em geral, nos documentos lavrados pelos tabeliães.

ta.be.li.o.na.to (*tabelião+ato¹*) *sm* **1** Cargo ou ofício de tabelião. **2** Cartório onde ele exerce suas funções.

ta.ber.na (*lat taberna*) *sf* Casa onde se vendem bebidas a varejo; tasca, baiuca, bodega.

ta.ber.ná.cu.lo (*lat tabernaculu*) *sm* **1** *Rel* Templo portátil dos hebreus em forma de tenda utilizado no deserto. **2** *Rel* Divisão do templo dos judeus onde estava a Arca da Aliança. **3** Sacrário. **4** *fig* Residência, habitação.

ta.ber.nei.ro (*taberna+eiro*) *adj* Relativo a taberna; tabernal. • *sm* **1** Dono de taberna. **2** Indivíduo que vende vinho em taberna. **3** *fig* Homem grosseiro e pouco limpo. *Var: taverneiro.*

ta.bi.que (*ár tashbîk*) *sm* **1** Parede fina, geralmente de madeira, usada para subdivisões de quartos ou salas de uma casa; taipa. **2** Parede estreita de tijolo que separa um compartimento.

ta.bla.do (*cast tabla+ado¹*) *sm* **1** Parte do teatro onde os atores representam; palco. **2** *Esp* Ringue. **3** Estrado, palanque.

ta.ble.te (*fr tablette*) *sm bras* Produto alimentar ou medicamento que se apresenta solidificado, em forma de placa, geralmente retangular.

ta.bloi.de (*ó*) (*ingl tabloid*) *sm* Jornal de pequeno formato. *Tabloide sensacionalista, Jorn*: jornal em formato tabloide que publica notícias sensacionalistas, escândalos envolvendo personalidades etc.

ta.bo.ca (*tupi tauóka*) *sf* **1** *Bot* Espécie de bambu; taquara. **2** Doce seco com a aparência de papel pardo. **3** *Reg* (BA) Pequena casa de negócio.

ta.bu (*tonga tabu*, via *ingl*) *sm* **1** Qualquer coisa que se proíbe por superstição, motivos religiosos ou morais. **2** Crença supersticiosa, feitiço. • *adj* **1** Que tem caráter sagrado, tornando-se proibido ao contato. **2** *por ext* Proibido; interdito.

tá.bua (*lat tabula*) *sf* **1** Peça lisa de madeira, usada em construção, marcenaria, carpintaria etc. **2** Tabela, quadro. **3** Mesa de jogo. **4** *bras pop* Peito feminino com seios pouco desenvolvidos. **5** *bras pop* Recusa a pedido de casamento. **6** *bras pop* Recusa a convite para dançar. *Tábua de Pitágoras*: tábua de multiplicação. *Tábua de salvação*: último recurso para uma situação aflitiva.

ta.bu.a.da (*tábua+ada¹*) *sf* **1** Índice, tabela. **2** *Arit* Quadro aritmético em que estão registrados os resultados das quatro operações, feitas com os números de 1 a 10. **3** *Arit* Folheto que contém as combinações numéricas. **4** *Arit* Livrinho em que se ensinam a numeração e as primeiras noções da aritmética.

ta.bu.a.do (*tábua+ado²*) *sm* **1** Quantidade de tábuas. **2** Soalho.

tá.bu.la (*lat tabula*) *sf* **1** Peça circular de osso ou de marfim, empregada em vários jogos de tabuleiro; pedra. **2** *ant* Mesa, especialmente a mesa do jogo.

ta.bu.la.ção (*tabular+ção*) *sf* Ato ou efeito de tabular.

ta.bu.la.dor (*tabular+dor*) *sm* Dispositivo das máquinas de escrever que permite soltar o carro e pará-lo automaticamente em pontos previamente fixados, o que facilita o alinhamento em colunas verticais, o estabelecimento de tabelas etc.

ta.bu.lar (*tábula+ar¹*) *vtd* **1** *Estat* Dispor em tábua ou tabela (os dados de uma observação), agrupando em classes segundo os valores. **2** Ajustar, em máquina de escrever, as peças de seu tabulador. • *adj m+f* **1** Que tem forma de tábua ou tabela. **2** Relativo a tábuas, quadros, mapas etc., ou ao seu emprego.

ta.bu.le (*ár*) *sm Cul* Prato típico árabe, da região mediterrânea, consistindo numa salada de trigo, hortelã, cebola e tomate, temperada com suco de limão e azeite de oliva.

ta.bu.lei.ro (*tábula+eiro*) *sm* **1** Peça de madeira ou de outro material com as bordas levantadas para não deixar cair o que nela contém. **2** Bandeja. **3** Quadro de madeira, com divisões ou casas, no qual se jogam xadrez, damas etc. **4** *Reg* (MG) Planalto de pequenos montes, separados por vales estreitos. **5** *Reg* (AM) Ninho de tartarugas.

ta.bu.le.ta (*ê*) (*tábula+eta*) *sf* **1** Pequena tábula. **2** Peça plana de madeira ou de outra substância com letreiro que se põe à porta de certos estabelecimentos ou de um edifício público. **3** Anúncio, aviso, indicação, sinal.

ta.ça (*ár Tãsa*) *sf* **1** Vaso para beber, pouco fundo, de boca larga e com pé; copo. **2** Troféu em forma de taça.

ta.ca.da (*taco+ada*) *sf* **1** Pancada com taco. **2** *por ext* Total de pontos que o jogador faz de uma vez no bilhar ou na sinuca. **3** Pancada. **4** *pop* Grande quantia; bolada. *De uma tacada, bras*: de uma vez só.

ta.ca.nhi.ce (*tacanho+ice*) *sf* **1** Ação ou qualidade de tacanho. **2** Sovinice, mesquinhez.

ta.ca.nho (*cast tacaño*) *adj* **1** De pequena estatura; pequeno. **2** Acanhado. **3** Avarento, mesquinho, sovina. **4** Estreito; sem visão ou largueza de vistas.

ta.cão (*taco+ão²*) *sm* **1** Salto do calçado. **2** Pedaço de sola, de pau ou de cortiça de que ele é feito.

ta.ca.pe (*tupi takapé*) *sm Etnol* Espécie de clava, arma de ataque entre os índios americanos.

ta.car (*taco+ar*) *bras vtd* **1** Dar com o taco em: *Tacar a bola* (no bilhar, golfe etc.). **2** *fig* Bater, espancar, sovar. *vtd* e *vti* **3** Jogar, atirar, arremessar. *Conjug* – *Pres subj*: *taque, taques* etc.; *Pret perf*: *taquei, tacaste, tacou* etc.

ta.cha (*fr tache*) *sf* **1** Prego de cabeça chata ou redonda. **2** *fig* Mancha, nódoa. **3** *fig* Defeito moral; falta, senão. **4** Tacho grande, usado nos engenhos de açúcar.

ta.cha.do (*part de tachar*) *adj* **1** Que se tachou. **2** Qualificado. **3** Acusado, censurado.

ta.char (*tacha+ar¹*) *vtd* **1** Pôr tacha (acepção 2) em; acusar de mancha ou defeito; censurar: *Muitas vezes os incapazes é que tacham os talentosos*. **2** Considerar depreciativamente; censurar: *Tacham-no de hipócrita*.

> **Tachar** (verbo) tem o sentido de acusar, censurar; **tacha** (substantivo) significa um pequeno prego de cabeça chata (acepção 1).
> ***Tacharam-no** de fanático por futebol.*
> *Machucou o pé porque pisou em uma **tacha**.*
> **Taxar** (verbo) tem o sentido de tributar; **taxa** (substantivo) significa tributo, imposto ou percentagem.
> *Os empréstimos estão **taxados** de forma abusiva.*
> *A **taxa** de importação sofrerá novo índice de aumento.*
> *A **taxa** de juros é 10%.*

ta.che.ar (*tacha+e+ar¹*) *vtd* Pregar tachas (acepção 1) em; adornar com tachas (acepção 1). Conjuga-se como *frear*.

ta.cho *sm* Vaso largo e pouco fundo de barro ou metal, geralmente com asas, próprio para usos culinários.

tá.ci.to (*lat tacitu*) *adj* **1** Calado, silencioso. **2** Não expresso; subentendido, implícito. **3** Que, por não ser expresso, se deduz de alguma maneira. *Antôn* (acepções 2 e 3): *expresso*.

ta.ci.tur.ni.da.de (*lat taciturnitate*) *sf* **1** Estado ou qualidade de taciturno. **2** Hábito de estar silencioso. **3** Propensão para o isolamento e para a melancolia.

ta.ci.tur.no (*lat taciturnu*) *adj* **1** Que por natureza fala pouco. **2** Calado, silencioso. **3** Tristonho, sombrio. **4** Macambúzio, sorumbático, carrancudo. *Antôn* (acepção 4): *expansivo*.

ta.co (*cast taco*) *sm* **1** Haste de madeira roliça usada no jogo de bilhar e de sinuca. **2** Pau com que se toca a bola em esportes como golfe, hóquei, polo etc. **3** Pedaço de tábua quase sempre retangular, empregado no revestimento de pisos. *Taco a taco:* a) igualdade de condições entre parceiros de jogo; b) sem diferença ou vantagem de parte a parte.

ta.có.gra.fo (*gr tákhos+grafo*) *sm* Instrumento destinado a registrar movimentos ou velocidades; tacômetro registrador.

ta.cô.me.tro (*gr tákhos+metro*[1]) *sm* **1** *Fís* Instrumento destinado a medir velocidades lineares e angulares. **2** *Cin* Dispositivo de câmara cinematográfica destinado a regular o número de quadros por segundo.

tác.til (*lat tactu+il*) *V tátil.*

tae-kwon-do (*tecuondô*) *sm* Arte marcial semelhante ao caratê, originária da Coreia (Ásia).

ta.fe.tá (*fr taffetas,* do *persa tâftah*) *sm* Tecido de seda, de fios lustrosos e retilíneos.

ta.ga.re.la (de *tagarelar*) *adj m+f* **1** Diz-se da pessoa que fala constantemente, sem critério e às vezes com indiscrição. **2** Diz-se da pessoa que fala muito; falador. • *s m+f* **1** Pessoa que fala muito; falador. **2** Pessoa indiscreta.

ta.ga.re.lar *vti* e *vint* **1** Falar demais: *A vizinha tagarelava constantemente. vint* **2** Divulgar coisas que foram confiadas como confidenciais; ser indiscreto.

ta.ga.re.li.ce (*tagarela+ice*) *sf* **1** Hábito de falar muito; falatório. **2** Modos de tagarela. **3** Conversa indiscreta. **4** Coisa, dita ou escrita, que a ninguém interessa.

tai.a.çu.í.deos (*taiaçu+ídeos*) *sm pl Zool* Família de mamíferos americanos, não ruminantes, cujas espécies se caracterizam, principalmente, por apresentarem quatro dedos nas patas anteriores e três nas posteriores, uma glândula de secreção fétida na parte posterior do dorso e ausência de cauda. A esta família pertencem o caititu e a queixada.

tai.fa (*ár ta'ifa*) *sf Náut* **1** Designação genérica dos subalternos de um navio: barbeiro, cozinheiro, copeiro, padeiro etc. **2** Criadagem de bordo. **3** O serviço dessa criadagem.

tai.fei.ro (*taifa+eiro*) *sm* **1** *Mar* Serviçal de navios de guerra encarregado de limpar, servir a mesa, arrumar camarotes etc. **2** *Náut* Criado dos navios mercantes.

tai.lan.dês (*top Tailândia+ês*) *adj* Pertencente ou relativo à Tailândia, ex-Sião (Ásia). • *sm* **1** Indivíduo natural desse país. **2** *Ling* A língua oficial da Tailândia.

tailleur (*taiér*) (*fr*) *sm* Veste feminina que se compõe de casaco e saia; costume.

ta.i.nha (*lat tagenia*) *sf Ictiol* Nome comum aos peixes da família dos mugilídeos, frequentes em águas costeiras e de carne muito apreciada.

tai.pa (*cast tapia*) *sf* Muro de barro ou de cal e areia, socado entre armações de tábuas. *Taipa de mão:* a que é feita de barro atirado a sopapo. *Taipa de pilão:* taipa de cascalho e saibro socados. *Taipa de sebe:* a que é feita de ripas com os vãos cheios de barro.

tai.ti.a.no (*top Taiti+ano*) *adj* Pertencente ou relativo a Taiti, ilha da Polinésia Francesa (Oceania).

• *sm* **1** Indivíduo natural de Taiti. **2** *Ling* Idioma falado em Taiti.

tai.u.a.nês (*top taiwan+ês*) *adj* Pertencente ou relativo ao Taiwan, antiga Formosa ou República Nacional da China (Ásia). • *sm* Natural ou habitante do Taiwan. *Var: taiwanês, formosino, chinês.*

tal (*lat tale*) *adj m+f* **1** Igual ou semelhante: *Ele é tal eu sonhava.* **2** Assim: *Tal é a situação que encontrei.* **3** Tão grande: *Seu susto foi tal que perdeu a fala.* **4** Tão mau: *Encontrei-o em tal estado que me deu pena.* **5** Exatamente igual: *É tal como o pai.* • *pron* **1** Esse(s), essa(s): *No dia tal, a tal hora. Não creio em tal notícia.* **2** Isto, aquilo: *Deus tal não permita.* **3** Alguém, certa pessoa: *Houve tal que protestou.* **4** Emprega-se para substituir um nome ou apelido: *Pedro de tal.* **5** Usa-se (reforçado pela palavra "um") como pronome indefinido adjetivo: *Procuravam um tal Pafúncio.* • *s m+f gír* Pessoa que tem ou julga ter mérito excepcional: *Ele se julga o tal do grupo.*

ta.la (*lat tabula*) *sf* **1** Peça de madeira plana e delgada que, embebida em gesso, se comprime de encontro a um osso do corpo, lesado ou fraturado, para mantê-lo imóvel. **2** Peça com que se diminui a circunferência do chapéu. **3** A parte chata do chicote. **4** *bras* Chicote feito de uma só tira.

ta.la.ga.da (*corr de taleigada*) *sf pop* **1** Gole de bebida alcoólica que se toma de uma vez. **2** Grande trago.

ta.la.gar.ça (de *talagarça*) *sf* Tecido grosso e ralo, sobre o qual se fazem bordados, tapeçarias etc.

tá.la.mo (*gr thálamos*) *sm* **1** Leito conjugal, leito nupcial. **2** *fig* Bodas, núpcias, casamento.

ta.lan.te (*fr arc talant*) *sm* **1** Desejo, gosto, prazer. **2** Vontade. *A seu talante:* a seu bel-prazer; segundo sua vontade.

ta.lão (*cast talon*) *sm* **1** Parte posterior do pé do homem; calcanhar. **2** Parte posterior do pé de alguns animais. **3** Bloco com folhas picotadas ao meio e com dizeres iguais nos dois lados, sendo um deles destacável; talonário. **4** Bloco de cheques.

ta.lar (*cast talar*) *vtd* **1** Sulcar, fender: *Talar as ondas.* **2** *fig* Estragar, pisar, abater: *Talar as árvores.* **3** *fig* Assolar, devastar, destruir: *Talar cidades, povoações.* • *adj m+f* **1** Pertencente ou relativo ao talão. **2** Que alcança o calcanhar (falando de vestuários).

ta.lás.si.co (*gr thálasa+ico*[2]) *adj* **1** Pertencente ou relativo ao mar. **2** Que tem a cor do mar.

ta.las.so.fo.bi.a (*gr thálasa +fobo+ia*[1]) *sf Psiq* Medo doentio do mar.

ta.las.so.fó.bi.co (*talassofobia+ico*[2]) *adj Psiq* Pertencente ou relativo à talassofobia.

ta.las.só.fo.bo (*gr thálasa +fobo*) *sm Psiq* Aquele que tem talassofobia.

ta.las.so.me.tri.a (*gr thálasa +metro*[2]+*ia*[1]) *sf Fís* **1** Conjunto dos processos empregados para as sondagens no mar. **2** Conjunto dos conhecimentos a esse respeito.

ta.las.so.mé.tri.co (*gr thálasa+metro*[2]+*ico*[1]) *adj* Pertencente ou relativo à talassometria.

ta.las.sô.me.tro (*gr thálasa +metro*[2]) *sm* Sonda marítima.

tal.co (*ár talq,* via *ital*) *sm* **1** *Miner* Silicato de magnésio e alumínio que se apresenta em lâminas

talento 841 **tamanho-família**

transparentes e delgadas e, às vezes, com textura granulosa ou fibrosa. **2** *Farm* Nome deste silicato, pulverizado, branco e untuoso ao tato, de largo uso medicinal e higiênico.

ta.len.to (*tal talentu*) *sm* **1** Antigo peso e moeda dos gregos e romanos. **2** Grande e brilhante inteligência. **3** Aptidão, dote natural ou habilidade especial.

ta.len.to.so (*ô*) (*talento+oso*) *adj* **1** Que tem talento; inteligente. **2** Habilidoso. *Pl: talentosos* (*ó*).

ta.lha (de *talhar*) *sf* **1** Ação ou efeito de talhar. **2** Entalho, corte. **3** Trabalho executado com buril, cinzel etc. **4** Número determinado de feixes de lenha. **5** Vaso de barro, de boca estreita e de grande bojo, usado para água, azeite etc. **6** Qualquer outra vasilha com a forma desse vaso; pote.

ta.lha.da (*part fem* de *talhar*) *sf* **1** Porção cortada de certos corpos, especialmente de frutos grandes: *Uma talhada de mamão*. **2** Fatia, naco, pedaço. **3** *Cul Reg* (Sul) Doce feito de rapadura, farinha de mandioca e gengibre.

ta.lha.dei.ra (*talhar+deira*) *sf* **1** Ferramenta de aço ou ferro, com gume, usada para talhar ou desbastar madeira, pedra etc. **2** Ferramenta em forma de cunha, com gume, empregada para cortar metal.

ta.lha.do (*part* de *talhar*) *adj* **1** Cortado, retalhado. **2** Gravado, esculpido. **3** Adaptado, apropriado, moldado, modelado. **4** Coagulado: *Leite talhado*. • *sm* **1** *Reg* (Norte e Centro) Despenhadeiro, precipício. **2** *bras* Parte de um rio, apertado entre margens talhadas a pique. **3** *Reg* (Norte e Centro) Aba pedregosa das serras.

ta.lha-mar (*talhar+mar*) *sm* **1** *Náut* Peça, em quina, na parte mais saliente da proa da embarcação. **2** Construção de alvenaria, destinada a quebrar a força da corrente das águas; talhante. *Pl: talha-mares*.

ta.lhar (*lat taleare*) *vtd* e *vint* **1** Dar ou fazer talho em; cortar, fender: *Talhar a madeira*. *vtd* **2** Entalhar, esculpir, gravar: *Talhar a pedra, o mármore*. *vtd* **3** Cortar (roupa ou vestido) à feição do corpo da pessoa a quem se destina. *vint* **4** Cortar o pano (o alfaiate ou a costureira): *Por não saber talhar, estragara a fazenda*. *vtd* **5** Cortar o couro (o sapateiro) segundo a medida do pé: *Quem lhe talhou o calçado?* *vtd* **6** Abrir, fender, talar: *Talhar um caminho, uma passagem, um túnel*.

ta.lha.rim (*ital taglierini*) *sm Cul* Massa de farinha e ovos em forma de tiras delgadas.

ta.lhe (de *talhar*) *sm* **1** Estatura e feição do corpo. **2** Feição ou feitio de qualquer objeto. **3** Modo de talhar uma roupa; corte, talho.

ta.lher (*ital tagliere*) *sm* **1** Conjunto de garfo, colher e faca. **2** Cada uma das três peças em separado. **3** *fig* Cada lugar, destinado a cada pessoa, à mesa: *Jantar de 50 talheres*.

ta.lho (de *talhar*) *sm* **1** Ação ou efeito de talhar. **2** Golpe ou corte dado com instrumento cortante. **3** Divisão e corte da carne. **4** Cepo em que o açougueiro corta a carne. **5** Poda de árvores. **6** Corte ou sulco feito na madeira ou metal.

ta.li.ão (*lat talione*) *sm* Retaliação.

tá.lio (*gr thallós+ico^2*) *sm Quím* Elemento metálico mole, semelhante ao chumbo, encontrado principalmente em rochas e minérios, mas em pequena quantidade. Número atômico 81 e símbolo Tl.

ta.lis.mã (*persa tilismât*, via *fr talisman*) *sm* **1** Objeto carregado de força magnética e que comunica essa força a quem o traz consigo. **2** Objeto a que se atribui um poder sobrenatural contra quaisquer contrariedades ou perigos. **3** Aquilo que produz um efeito sobrenatural. **4** Amuleto.

talk show (*tóuc xôu*) (*ingl*) *sm Telev* Programa de entrevistas e/ou debates.

Tal.mu.de (*hebr talmûd*) *sm* Livro sagrado dos judeus, no qual estão reunidos a tradição, as doutrinas, os costumes etc. do povo hebreu.

ta.lo (*gr thallós*) *sm* **1** *Bot* Aparelho vegetativo, de forma variável, sem diferenciação de caule, folhas e raiz, comum aos cogumelos, algas e liquens. **2** *Bot* Caule. **3** *Bot* Pecíolo. **4** *Bot* Nervura grossa, mediana, das folhas da planta. **5** *Anat* Parte de um pelo ou cabelo, para fora da pele.

ta.ló.fi.tas (*gr thallós+ato*) *sf pl Bot* Divisão primária do reino vegetal que compreende plantas com seis órgãos unicelulares ou multicelulares, nos quais todas as células dão origem a gametas; quando distinguíveis, são classificadas em algas e fungos.

ta.lo.ná.rio (*talão+ário*) *adj* Que tem talão: *Livro talonário*. • *sm* V talão (acepções 3 e 4).

ta.lu.de (*cast talude*) *sm* **1** Superfície inclinada nos cortes e aterros; rampa, escarpa. **2** Inclinação na superfície de um terreno, de um muro ou de uma obra qualquer.

ta.lu.do (*talo+udo*) *adj* **1** Que tem talo duro e resistente. **2** Muito desenvolvido fisicamente; corpulento. **3** Crescido, forte, grande.

tal.vez (*tal+vez*) *adv* **1** Exprime possibilidade ou dúvida. **2** Acaso, porventura, quiçá.

ta.man.ca.da (*tamanco+ada^1*) *sf* Pancada com tamanco.

ta.man.co *sm* **1** Calçado rústico, de couro grosseiro e sola de madeira. **2** *Reg* (Nordeste) Tábua em que se fixam os pés do banco do mastro da jangada. *Pôr-se nos seus tamancos:* embirrar, teimar; irritar-se.

ta.man.du.á (*tupi tamanduá*) *sm* **1** *bras Zool* Nome de várias espécies de mamíferos desdentados que se alimentam de formigas; papa-formigas. **2** *Reg* (RS) Pessoa agarrada ao dinheiro; sovina, avaro.

ta.man.du.á-ban.dei.ra *sm bras Zool* A maior espécie de tamanduá; mede 1,20 m sem a cauda, tem cauda longa e peluda. *Pl: tamanduás-bandeiras* ou *tamanduás-bandeira*.

ta.man.du.á-mi.rim *sm bras Zool* Espécie de tamanduá com metade do tamanho do tamanduá-bandeira. *Pl: tamanduás-mirins*.

ta.ma.nho (*lat tam+magnu*) *adj* **1** Tão grande: *Foi tamanho o susto...* **2** Tão distinto, tão notável, tão valoroso. • *sm* Corpo, dimensões, grandeza, volume: *Qual é o seu tamanho? Do tamanho de um bonde, bras, pop:* muito grande, alto, corpulento.

ta.ma.nho-fa.mí.lia *adj m+f sing* e *pl* **1** *bras, pop* Diz-se de embalagem (garrafa, caixa etc.) cujo conteúdo corresponde ao dobro ou triplo de uma embalagem comum. **2** *fig* Muito grande; fora dos padrões normais.

tâ.ma.ra (*ár tamra*) *sf* Fruto da tamareira.
ta.ma.rei.ra (*tâmara+eira*) *sf Bot* Espécie de palmeira ornamental, originária dos oásis do norte da África, útil pelos seus frutos, as tâmaras, e a boa madeira que produz para construção.
ta.ma.rin.dei.ro (*tamarindo+eiro*) *V tamarindo*.
ta.ma.rin.do (*ár tamra al-Hindi*, tâmara da Índia) *sm Bot* **1** Gênero da família das leguminosas que compreende grandes árvores africanas. **2** Espécime único desse gênero. **3** Fruto dessa árvore.
tam.ba.qui (*tupi tambakí*) *sm bras* **1** *Ictiol* Nome comum a vários peixes caracídeos dos rios do Amazonas e do Pará. **2** *Bot* Seringueira da região do rio Negro; seringueira-barriguda.
tam.bém (*tão+bem*) *adv* **1** Da mesma forma, do mesmo modo, igualmente. **2** Outrossim. **3** Realmente. **4** Por isso, em consequência disso. • *conj* Emprega-se com significação aproximativa ou copulativa de "e": *Ele soube, também seria reprovado se não soubesse*. • *interj* Exprime descontentamento, desgosto: *Também! falam tanto que ninguém se entende...*
tam.bi.ú *sm bras Ictiol* Peixe de água doce, espécie de lambari graúdo.
tam.bor (*ár Tanbûr*) *sm* **1** Instrumento de percussão que consiste numa caixa cilíndrica, de metal ou de madeira, com pele esticada em ambas as faces, numa das quais se bate com baquetas. **2** Caixa de forma circular que rodeia as mós do moinho. **3** Recipiente cilíndrico, de metal, para guardar gasolina. **4** Peça cilíndrica do revólver, rotatória, onde se alojam as balas. **5** Cilindro de fechadura. **6** *Anat* Membrana da orelha média; tímpano.
tam.bo.re.te (*ê*) (*tambor+ete*) *sm* **1** Cadeira com braços mas sem costas. **2** Cadeira com assento de madeira sem encosto e sem braços. **3** *Tip* Bloco de madeira, de base quadrangular, lisa, com o qual os impressores assentam as formas, batendo-o com um maço.
tam.bo.ri.lar (*tamboril+ar¹*) *vti* **1** Bater com as pontas dos dedos ou com qualquer objeto em uma superfície, imitando o toque de tambor: *Tamborilar na mesa* (ou *sobre a mesa*) *com o lápis*. **2** Produzir som idêntico ao rufo do tambor. **3** *fig* Aborrecer, insistir, martelar: *Tamborilar sempre no mesmo assunto*.
tam.bo.rim (*tambor+im*) *sm* Pequeno tambor.
ta.moi.o *adj Etnol bras* Pertencente ou relativo aos tamoios, tribo extinta de índios tupis que habitavam terras junto à Baía da Guanabara, no Rio de Janeiro, e em Minas Gerais. • *sm* Indígena dos tamoios.
tam.pa (*gót tappa*) *sf* Peça móvel com que se tapa ou cobre uma caixa, um vaso ou qualquer recipiente; tampo, tapador, tapadouro, tapadura. *Tampa acústica, Inform:* cobertura que diminui o ruído de uma impressora barulhenta. *Tampa de rosca:* tampa de plástico, usada em garrafas (geralmente de refrigerante).
tam.pa.do (*part de tampar*) *adj* **1** Que se tampou; tapado. **2** Cerrado, denso: *Mato tampado*. **3** Encoberto, fechado: *Tempo tampado*.
tam.pão (*fr tampon*) *sm* **1** Grande tampa. **2** Tampo. **3** Bucha ou rolha. **4** Porção de algodão ou gaze com que se impede a saída de um líquido medicamentoso ou uma hemorragia. **5** *Quím* Mistura de ácido fraco com um sal de base forte ou mistura de um sal de base fraca com um ácido forte, de modo a estabilizar o pH em líquidos orgânicos.
tam.par (*tampa* ou *tampo+ar¹*) *vtd* Pôr tampa ou tampo em.
tam.pi.nha (*dim* de *tampa*) *bras sf* **1** Pequena tampa. **2** *Reg* (PR) Certo jogo infantil com tampas metálicas de garrafas de cerveja e refrigerantes. • *s m+f* **1** *pop* Pessoa de estatura muito baixa. **2** *Reg* (RS) *V patife* e *velhaco*.
tam.po (de *tampa*) *sm* **1** Cada uma das peças que constituem a parte anterior e posterior dos instrumentos de corda; tampo harmônico. **2** Tampa fixa de tonéis, pipas, tambores etc. **3** Peça de madeira ou outro material que cobre a bacia dos aparelhos sanitários.
tam.po.na.men.to (*tamponar+mento*) *sm* Ação ou efeito de tamponar.
tam.po.nar (*tampão+ar¹*) *vtd* **1** Colocar tampão em; tapar com chumaço. **2** *Quím* Estabilizar o pH de uma solução por meio de tampão adequado.
tam.pou.co (*tão+pouco*) *adv* Também não: *Suas maneiras não me agradam, tampouco as de José*.

A forma **tampouco** é advérbio e, como tal, é invariável, acompanhando sempre um verbo.
Se ele não conseguir pagar a dívida, tampouco a pagará sua família. (Se ele não conseguir pagar a dívida, sua família *também não* o conseguirá.)
A expressão **tão pouco**, por sua vez, acompanha sempre substantivos e, dessa forma, é variável.
Tenho tão pouco dinheiro que não pagarei a dívida.
Aborrecia-lhe ter tão poucos amigos naquela fazenda.
Dispunha de tão pouca vontade que nada fazia.
Aparentava tão poucas energias que o julgavam doente.

ta.na.ju.ra (*tupi tanaiurá*) *sf bras* **1** *Entom* Fêmea alada da saúva; içá. **2** *pop* Mulher de cintura fina e quadris muito desenvolvidos.
ta.na.to.lo.gi.a (*thânato+logo+ia¹*) *sf* **1** Estudo ou tratado sobre a morte. **2** Teoria da morte. **3** *Med* Prática e execução de autópsias.
tan.dem (*ingl tandem*) *sm* **1** Bicicleta com dois ou mais selins, um atrás do outro. **2** Espécie de viatura muito leve e descoberta, puxada por dois cavalos, um atrás do outro.
tan.ga (*quinbundo ntanga*) *sf* **1** Espécie de avental, geralmente feito de penas, com que os selvagens cobrem parte do corpo, desde a cintura até a metade das coxas. **2** *bras* Peça de vestuário, de dimensões reduzidas, usada geralmente em praias por homens e mulheres. **3** *Reg* (Norte) Espécie de franja, pendente na rede em que se descansa. *Estar* ou *ficar de tanga:* estar ou ficar sem dinheiro, sem recursos.
tan.gên.cia (*lat tangentia*) *sf* **1** Qualidade do que é tangente. **2** Ponto em que se tocam duas linhas ou duas superfícies.
tan.gen.ci.al (*tangência+al¹*) *adj m+f* **1** Pertencente ou relativo à tangência ou à tangente. **2** Que apenas toca uma superfície. **3** Que apenas toca num assunto; levemente.

tan.gen.ci.ar (*tangência+ar¹*) *vtd* **1** Seguir a tangente de: *...vemos ao longe os raios de sol tangenciando a Terra.* **2** Roçar, tocar por; relacionar-se com: *...estado de tristeza, tangenciando o desespero.* Conjug – Pres indic: tangencio, tangencias, tangencia (cí) etc. Cf tangência.

tan.gen.te (*lat tangente*) *adj m+f* **1** Que tange ou toca. **2** *Geom* Diz-se da linha ou superfície que toca outra linha ou superfície num só ponto. • *sf* **1** *Geom* Essa linha ou essa superfície. **2** *Mat* Uma das funções trigonométricas: razão do seno pelo cosseno de um ângulo. **3** *pop* Meio, recurso de sair de algum apuro ou dificuldade sem ser atingido. *Escapar pela tangente:* sair de uma situação difícil, sem ser atingido.

tan.ger (*lat tangere*) *vtd*, *vti* e *vint* **1** *Mús* Tocar (qualquer instrumento): *Tanger a lira, a trombeta. Tanger na viola. Longe, longe, tangem os sinos na solidão do vale.* *vint* **2** Soar: *Acorda logo que o sino tange.* *vtd* **3** Acionar (fole de ferreiro). *vtd* **4** Tocar (os animais, fazendo-os caminhar). *vtd* **5** Dizer respeito, pertencer, referir-se: *Isso não tange ao assunto.* Conjug – Pres indic: tanjo, tanges, tange etc.; Pres subj: tanja, tanjas, tanja etc.; Imper afirm: tange(tu), tanja(você), tanjamos(nós), tangei(vós), tanjam(vocês).

tan.ge.ri.na (*fem* de *tangerino*) *sf* Fruto aromático de cor amarela forte, produzido pela tangerineira; tem polpa de sabor ácido em forma de gomos e casca rica em óleo utilizado em perfumaria. *Var*: *bergamota, laranja-cravo, laranja-mimosa* ou *mimosa, mandarina* e *mexerica*.

tan.ge.ri.nei.ra (*tangerina+eira*) *sf Bot* Árvore cítrica espinhosa da família das rutáceas, que produz fruto muito apreciado, a tangerina. *Var*: *mexeriqueira* (acepção 2), *bergamoteira*.

tan.gí.vel (*lat tangibile*) *adj m+f* **1** Que se pode tanger. **2** Que se pode tocar ou apalpar; palpável, sensível ao tato.

tan.glo.man.glo *sm pop* **1** Malefício atribuído a feitiços ou feiticeiros. **2** Doenças de bruxaria. **3** Caiporismo, azar, infelicidade. **4** Doença que não cede aos cuidados terapêuticos. *Var*: *tangolo-mango*.

tan.go (*cast tango*) *sm* Canção e dança popular argentina.

ta.ni.no (*fr tanin*) *sm Quím* Substância adstringente, extraída principalmente da noz de galha e que se encontra na casca de numerosas árvores e arbustos.

ta.no.a.ri.a (*tanoa+aria*) *sf* **1** Obra de tanoeiro; tonelaria. **2** Oficina, local de trabalho do tanoeiro.

ta.no.ei.ro (*tanoa+eiro*) *sm* O que faz ou conserta vasilhas (barris, cubas, pipas, tinas etc.).

tan.que (*lat stagnu*) *sm* **1** Depósito de água ou outros líquidos. **2** Represa de água, de pequenas dimensões. **3** Reservatório para azeite, petróleo etc. **4** Reservatório de pedra para conter água. **5** Pequeno reservatório de pedra, cimento, inox ou plástico usado para lavar roupa. **6** *Reg* (BA) Escavação, feita para armazenar a água das chuvas; poço. **7** *Reg* (Nordeste) *V açude.* **8** Veículo de guerra, blindado e armado de metralhadoras pesadas ou canhões antiaéreos, próprio para locomover-se em terrenos acidentados.

tan.tã (*fr tam tam*) *bras pop adj m+f* Diz-se de pessoa tonta, boba, desequilibrada, idiota. • *s m+f* Essa pessoa.

tan.tá.li.co (*tântalo+ico²*) *adj* Relativo a Tântalo, personagem mitológico, que foi supliciado com sede e fome como castigo por roubar os manjares dos deuses e oferecê-los aos homens: *Condenação tantálica.*

tan.tá.lio (*Tântalo, np+io²*) *sm Quím* Elemento metálico de lustre de platina cinza, duro; é usado sobretudo na fabricação de aparelhos e equipamentos resistentes à corrosão química, em capacitores e retificadores eletrolíticos, em cirurgia como fio para suturas e como placa para reparos de ossos, e em várias ligas. Número atômico 73 e símbolo Ta.

tan.ta.li.zar (*Tântalo, np+izar¹*) *vtd* **1** Atormentar com, ou provocar desejos irrealizáveis. **2** Supliciar com castigo semelhante ao de Tântalo: *O duro regime tantalizava-o mais ao ver a mesa posta.*

tân.ta.lo (de *Tântalo, np*) *V tantálio.*

tan.ti.nho (*tanto+inho*) *sm bras pop* Pequena porção; bocadinho.

tan.to (*lat tantu*) *adj* **1** Tão grande, tamanho, tão forte, tão intenso: *O frio foi tanto que o lago se congelou.* **2** Tão numeroso, em tal quantidade: *As dificuldades são tantas que a gente se desanima.* **3** Exprime por vezes um número desconhecido ou indeterminado: *São trezentas e tantas páginas.* • *adv* Em tal quantidade: *Não esteja a falar tanto, que você se cansa.* • *sm* **1** Porção, quantia, quantidade. **2** Quantidade igual a outra certo número de vezes: *Este relógio vale dois tantos aquele.* • *pron* Quantia indeterminada ou que não se quer declarar com exatidão: *Pagas as despesas, ainda restou um tanto. Tanto que:* assim que, logo que, mal, apenas. *Ter seu tanto de:* possuir um pouco da coisa ou qualidade.

tan.za.ni.a.no (*top Tanzânia+ano*) *adj* Da Tanzânia (África). • *sm* O natural ou habitante desse país.

tão (*lat tam*) *adv* **1** Tanto, em tal grau, em tal quantidade: *Ainda não tinha lido um livro tão engraçado como este.* **2** Seguido de "como" caracteriza os comparativos de igualdade: *Ela parece tão inteligente como o irmão.* **3** Modifica um termo da oração que é integrada por uma subordinada consecutiva: *É tão presunçoso que todos se riem dele. Tão só: V tão somente. Tão somente:* forma reforçada de somente.
Veja nota em **tampouco**.

ta.o.is.mo (*chin tào+ismo*) *sm Filos* Doutrina filosófico-religiosa, cuja noção fundamental é o Tao (caminho), que designa o grande princípio de ordem universal.

ta.o.is.ta (*chin tào+ista*) *adj* e *s m+f* Que, ou pessoa que segue o taoismo.

ta.pa (de *tapar*) *sf* **1** Ação ou efeito de tapar. **2** *Zool* Revestimento córneo que protege a parte exterior do casco de alguns animais. **3** Rolha de madeira com que se tapa a boca das peças de artilharia. **4** Pedaço de pano, viseira, que venda os olhos de um burro pouco manso para que se deixe arrear. *sf* ou *sm* **1** Bofetão: *Recebeu um tapa* ou *Recebeu uma tapa.* **2** *fig* Argumento que não tem réplica ou faz calar o adversário. **3** *bras gír* Tragada em cigarro de maconha.

ta.pa.bu.ra.co (*tapar+buraco*) *sm pop* Indivíduo que, numa emergência, substitui outro. *Pl: tapa-buracos.*

ta.pa.dão (*tapado+ão²*) *sm pop* Indivíduo muito estúpido. *Fem: tapadona.*

ta.pa.do (*part* de *tapar*) *adj* **1** Que se tapou. **2** Coberto com tampa; tampado. **3** *bras pop* Encoberto, fechado: *Céu tapado de nuvens.* **4** *fig* Bronco, estúpido, ignorante. • *sm Reg* (RS) Casacão usado pelas senhoras durante o inverno.

ta.pa.gem (*tapar+agem*) *sf* **1** Ação ou efeito de tapar; tapamento. **2** Tapume, feito com varas, no rio, para apanhar peixe. **3** Excremento. **4** Sebe, tapume. **5** Barragem de terra com que se represam rios, riachos e igarapés, para fazer reservatório de água ou para reter o peixe.

ta.pa.jó *adj m+f Etnol* Pertencente ou relativo aos tapajós, tribo extinta de índios brasileiros, das margens do rio Tapajós (Pará). • *s m+f* Indígena dessa tribo.

ta.pa-o.lho (*tapar+olho*) *sm gír* Soco no olho. *Pl: tapa-olhos. sm sing* e *pl* **1** *V tapa-olho.* **2** Peças de arreio com que se veda a visão de animais, lateralmente, para melhor conduzi-los. **3** Venda. *Usar tapa-olhos:* ver apenas um aspecto de um problema.

ta.par (*baixo-lat tap*) *vtd* **1** Cobrir com tampa: *Tapar a panela. vtd* **2** Obstruir a entrada de: *Tapar os ouvidos. vtd* **3** Calar, fechar: *Tapar a boca. vtd* e *vpr* **4** Abrigar(-se), cobrir(-se), resguardar(-se): *Tape-se bem, que está fazendo muito frio. Tapar a boca:* calar-se. *Tapar a boca ao mundo:* evitar murmuração; fazer esquecer um ato repreensível. *Tapar buracos:* consertar mal as coisas, remendar; usar de paliativos.

ta.pa-se.xo (*tapar+sexo*) *sm* Peça, de tecido ou de outro material, para tapar o púbis. *Pl: tapa-sexos.*

ta.pe.a.ção (*tapear+ção*) *sf pop* **1** Ato ou efeito de tapear; tapeamento. **2** Disfarce, engano.

ta.pe.a.do (*part* de *tapear¹*) *adj* Enganado, ludibriado, logrado.

ta.pe.ar *vtd* e *vint bras* Enganar, lograr, ludibriar. Conjuga-se como *frear.*

ta.pe.ça.ri.a (*persa tapça+aria*) *sf* **1** Estofo, geralmente lavrado, para forrar móveis, paredes, soalhos etc.; alcatifa. **2** Conjunto de estofos e alcatifas. **3** Lugar onde se fabricam ou se vendem tapetes.

ta.pe.cei.ro (*tapeçar+eiro*) *sm* **1** Fabricante ou vendedor de tapetes. **2** Aquele que estende e prega alcatifas.

tape-deck (*têip dék*) (*ingl*) *sm* Toca-fitas.

ta.pe.ra (*tupi táua+uéra*) *bras sf* **1** Casa velha e abandonada. **2** *fig* Lugar ruim e feio. • *adj m+f* **1** Diz-se da pessoa a quem falta um olho ou os dois. **2** *Reg* (RS) Diz-se da casa onde reina a tristeza ou em que não se nota bem-estar moral ou material: *Aquela casa, antes tão alegre, está hoje uma tapera.* **3** *Reg* (SP) Amalucado, tonto.

tape-recorder (*têip ricórdâr*) (*ingl*) *sm* Gravador de fita magnética.

ta.pe.tar (*tapete+ar¹*) *V atapetar.*

ta.pe.te (*ê*) (*lat tapete*) *sm* **1** Estofo fixo com que se revestem escadas, soalhos, móveis etc.; alcatifa. **2** *fig* Relva; campo florido.

ta.pi.nha (*dim* de *tapa*) *sm Reg* (RJ) *gír* Tragada ligeira em cigarro de maconha.

ta.pi.o.ca (*tupi typyóka*) *sf bras* **1** Fécula da raiz da mandioca reduzida a grumos. **2** *Reg* (AM) *Cul* Espécie de beiju, feito de goma de mandioca meio seca, com uma porção de coco ralado por cima, coberto com uma camada fina da mesma goma. **3** *Reg* (MA) *Ictiol* Certo peixe do litoral, semelhante à sardinha.

ta.pir (*tupi tapiíra*) *sm bras V anta* (acepção 1).

ta.po.na (de *tapa*) *sf gír* Sopapo, tapa forte, bofetada.

ta.pu.a *sm Zool* Espécie de macaco do Brasil.

ta.pui.a *bras s m+f Etnol* Nome que, entre os índios tupis-guaranis, designava os povos indígenas que falavam línguas pertencentes a outro tronco linguístico. • *adj* Referente a esses tapuias.

ta.pui.o *sm* **1** *bras* O mesmo que *tapuia.* **2** *bras* Índio tapuia. **3** *p ext* Guerreiro indígena bravio; adversário, inimigo. **4** Mestiço de índio.

ta.pu.me (de *tapar*) *sm* **1** Cerca de madeira com que se veda um terreno, em especial uma construção em via pública. **2** Sebe, tapagem, valado. **3** Qualquer coisa que serve para tapar.

ta.qua.ra (*tupi takuára*) *sf bras Bot* Nome vulgar das diversas espécies de bambu; taboca.

ta.qua.ral (*taquara+al¹*) *sm* Terreno onde abundam taquaras; bambual, bambuzal, tabocal.

ta.qua.ri (*taquara+tupi í*, pequeno) *sm* **1** *Bot* Pequena taquara. **2** *Bot* Espécie de taquara, porém mais fina que esta. **3** Cachimbo de bambu. • *adj m+f* Diz-se da espingarda de pequeno calibre.

ta.que.a.men.to (*taquear+mento*) *sm bras* Ato ou efeito de taquear.

ta.que.ar (*taco+e+ar¹*) *bras vtd* Assoalhar com tacos; revestir de tacos: *Taquear o piso.* Conjuga-se como *frear.*

ta.qui.car.di.a (*gr takhýs+kardía*) *sf Med* Pulsação acelerada; frequência excessiva das pulsações, durante exercícios corporais.

ta.qui.gra.far (*taquígrafo+ar¹*) *vtd* Escrever taquigraficamente; reproduzir pela taquigrafia; estenografar. *Conjug – Pres indic: taquigrafo, taquigrafas (grá)* etc. *Cf taquígrafo.*

ta.qui.gra.fi.a (*gr takhýs+grafo+ia¹*) *sf* Arte de escrever tão depressa como se fala por meio de sinais e abreviaturas; estenografia.

ta.qui.grá.fi.co (*gr takhýs+grafo+ico²*) *adj* Pertencente ou relativo à taquigrafia; estenográfico.

ta.quí.gra.fo (*gr takhýs+grafo*) *sm* **1** Aquele que escreve segundo as normas da taquigrafia; estenógrafo. **2** O que conhece bem taquigrafia.

ta.quí.me.tro (*gr takhýs+metro²*) *sm* **1** Instrumento destinado a contar as revoluções. **2** Contador de rotações; conta-giros.

ta.ra (*ár taraha*) *sf* **1** Peso da embalagem de uma mercadoria. **2** Peso de um veículo ou de um vagão de estrada de ferro, quando vazios. **3** *fig* Defeito familiar, transmitido ou agravado pela hereditariedade. **4** *fig* Desequilíbrio moral; depravação.

ta.ra.do (*part* de *tarar*) *adj* **1** Em que se marcou o peso da tara. **2** *fig* Desequilibrado moralmente. **3** *bras* Designativo de indivíduo que comete crimes sexuais violentos ou perversos. **4** *bras gír* Diz-se do indivíduo apaixonado por alguma coisa: *Fulano é tarado por música.* • *sm* Indivíduo tarado; anormal.

ta.ra.me.la (*corr* de *tramela*) *sf* **1** Pequena peça de madeira que permite movimento para fechar portas e janelas, girando ao redor de um prego; tramela. **2** Pessoa que fala demais; tagarela. *Dar à taramela:* falar demasiadamente; tagarelar. *Soltar a taramela:* começar a falar.

ta.ra.me.lar (*taramela+ar*[1]) *vtd* **1** Fechar com a taramela: *Taramelamos o portão*. *vti* e *vint* **2** Dar à taramela; falar muito: *Ficamos taramelando com os colegas à porta da escola.* *vtd* **3** Dizer, pronunciar: *Taramelei umas palavras em alemão.*

ta.ran.te.la (*ital tarantella*) *sf* **1** Dança de movimento rápido, peculiar aos napolitanos; tarantona. **2** Música que acompanha essa dança.

ta.rân.tu.la (*ital tarantola*) *sf Zool* Aranha venenosa do Sul da Itália cuja picada, acredita-se, tem o poder de excitar vivamente à música e à dança. *Var: tarêntula.*

ta.rar (*tara+ar*[1]) *bras vtd* **1** Pesar, para fazer a correção do peso total, subtraindo-lhe o da tara ou invólucro: *Tarar latarias, fardos* etc. *vtd* **2** Marcar (em fardo, saco, volume etc.) o peso da tara. *vti* **3** *gír* Apaixonar-se loucamente: *Tarar por alguém ou algo.*

tar.dan.ça (*tardar+ança*) *sf* **1** Ação ou efeito de tardar. **2** Demora, lentidão, vagar. *Antôn:* presteza, pressa.

tar.dar (*lat tardare*) *vtd* **1** Demorar, passar de um dia para outro; retardar: *Tardar uma providência.* *vti* e *vint* **2** Demorar-se, fazer-se esperar, vir tarde: *Não tardes a voltar. Se não tardarmos, ainda o alcançaremos lá.*

tar.de (*lat tarde*) *adv* **1** Fora do tempo ajustado, conveniente ou próprio. **2** Depois de muito tempo. **3** Fora do prazo marcado. • *sf* Parte do dia entre as 12 horas e o anoitecer. *Antôn: cedo. É tarde; Inês é morta:* diz-se quando chega tarde uma providência. *Tarde e a más horas:* demasiadamente tarde. *Tarde ou nunca:* dificilmente.

tar.di.nha (*dim* de *tarde*) *sf pop* O fim da tarde.

tar.di.o (*lat tardivu*) *adj* **1** Que aparece depois do tempo devido ou quando já não se esperava. **2** Que tem grande demora; lento. **3** Moroso no seu desenvolvimento. *Antôn* (acepção 1): *precoce*; (acepções 2 e 3): *rápido.*

tar.do (*lat tardu*) *adj* **1** Tardio. **2** Lento, moroso, vagaroso.

ta.re.co (*ár tarâik*) *sm* Objeto ou utensílio velho e sem serventia; traste.

ta.re.fa (*ár vulg TarîHa*) *sf* **1** Obra ou porção de trabalho que tem de ser concluído num determinado prazo. **2** O trabalho tomado por empreitada. **3** Tipo de contrato de trabalho em que o salário é calculado por serviço executado. **4** Medida agrária que equivale a 4.356 m² na Bahia, 3.052 m² em Alagoas e Sergipe e 3.630 m² no Ceará.

ta.re.fei.ro (*tarefa+eiro*) *sm* **1** Indivíduo que se encarrega de uma tarefa ou empreitada; empreiteiro. **2** Empregado cujo salário é pago por tarefa. **3** *deprec* Empregado sem iniciativa, que se limita a cumprir ordens.

ta.ri.fa (*ár ta'rîfa*) *sf* **1** Tabela de direitos alfandegários a que estão sujeitas as mercadorias importadas e exportadas. **2** Tabela que registra o valor ou o preço de uma coisa. **3** Tabela dos preços de transporte de cargas por qualquer via: *Tarifa ferroviária, rodoviária.* **4** Tabela de valores cobrados por correspondência e volumes remetidos pelo correio.

ta.ri.fa.ção (*tarifar+ção*) *sf* Ato de tarifar.

ta.ri.fa.ço (*tarifa+aço*) *sm pop* Aumento geral de todas as tarifas públicas.

ta.ri.far (*tarifa+ar*[1]) *vtd* Aplicar tarifa a.

ta.rim.ba (epêntese de *tarima*) *sf* **1** Estrado sobre o qual dormem os soldados nos quartéis e postos da guarda. **2** *por ext* Vida de caserna. **3** *fig* Experiência. *Ter tarimba:* ter experiência ou longa prática.

ta.rim.ba.do (*tarimba+ado*[1]) *bras adj* Que tem tarimba; experiente, calejado.

tar.ja (*fr targe*) *sf* **1** O que contorna um objeto; guarnição, orla. **2** Contorno na margem do papel formado por lista de cor, especialmente preta. **3** Fita usada em lapela, manga etc. Em muitos países a tarja preta é sinal de luto. *Tarja magnética:* faixa de cor escura dos cartões magnéticos e bilhetes de metrô ou ônibus, com informações nela registradas magneticamente.

tar.ja.do (*part* de *tarjar*) *adj* **1** Guarnecido com tarja. **2** Gravado.

tar.jar (*tarja+ar*[1]) *vtd* **1** Guarnecer, orlar de: *Tarjar folhas de papel.* **2** Assinalar, gravar.

tar.je.ta (*ê*) (*tarja+eta*) *sf* **1** Pequena tarja. **2** Tranqueta de ferro corrediça, para fechar portas e janelas.

tar.la.ta.na (*fr tarlatane*) *sf* **1** Tela fina, muito leve e clara, própria para forros, e até para vestidos de baile. **2** *Med* Tecido de algodão de fios grossos, usado na confecção de aparelhos de fraturas.

ta.rô (*fr tarot*) *sm* Espécie de baralho com cartas maiores em número e tamanho, e com desenhos diversos, usado principalmente por cartomantes.

tar.ra.fa (*ár Tarrâhâ*) *sf* Rede de pesca, de forma circular, com chumbados nas bordas que, ao ser lançada à água, abre em forma de saia rodada, e é puxada por uma corda presa ao centro.

tar.ra.xa (*cast tarraja*) *sf* **1** Parafuso. **2** Ferramenta de serralheiro para fazer as roscas dos parafusos.

tar.ra.xar (*tarraxa+ar*[1]) *V atarraxar.*

tar.ro (*cast*) *sm* Vaso em que se recolhe o leite, quando se ordenha.

tar.so (*gr tarsós*) *sm* **1** *Anat* Parte traseira do pé, composta de sete ossos. **2** *Ornit* Terceiro artículo das pernas das aves, a contar de sua articulação com o tronco. **3** Sexta peça do pé simples dos crustáceos. **4** A última parte do pé dos insetos.

tar.ta.mu.de.ar (*tartamudo+e+ar*[1]) *vint* **1** Falar com voz trêmula, por medo ou susto; gaguejar. *vtd* **2** Balbuciar: *Tartamudear uma queixa.* Conjuga-se como *frear.*

tar.ta.mu.dez (*tartamudo+ez*) *sf* **1** Qualidade ou defeito de tartamudo. **2** Dificuldade em falar; gagueira.

tar.ta.mu.do (*tárta(ro)+mudo*) *adj* **1** Que tartamudeia; gago. **2** Que se exprime mal. **3** Que tem dificuldade em ler pronunciando. • *sm* Indivíduo tartamudo.

tár.ta.ro (*lat tartaru*) *sm* **1** *poét* V *inferno.* **2** *Odont* Incrustação calcária que se forma sobre os dentes. **3** Substância salina que, sob a forma de crosta, adere às paredes das vasilhas de vinho; sarro. **4** O natural ou habitante da República Autônoma da Tartária (Federação Russa – Europa). • *adj* Diz-se do natural ou habitante desse país.

tar.ta.ru.ga (*lat tartuca*) *sf Zool* Denominação geral dada aos répteis da ordem dos quelônios; possuem corpo oval, envolvido por uma carapaça constituída de placas ósseas, membros curtos, transformados em remos nas espécies marinhas, sem dentes, mas com mandíbulas recobertas por um estojo córneo. *Andar como tartaruga:* andar lentamente.

tar.tu.fo (de *Tartufo*, *np*) *sm* **1** Indivíduo hipócrita. **2** Falso devoto. **3** Enganador, impostor.

ta.ru.go (*cast tarugo*) *sm* **1** Cavilha de madeira com que se ligam duas peças de madeira ou de outra substância. **2** Prego de madeira. **3** Bucha.

tas.ca (de *tascar*) *sf* **1** Taverna; botequim de refeições baratas. **2** *Reg* (RJ) *pop* Sova, surra.

tas.car (*cast tascar*) *bras vtd* **1** Tirar pedaço de, morder. *vtd* **2** Morder (o freio) entre os dentes (diz-se do cavalo). *vtd* **3** Morder, mordiscar, roer: *Tascar a ponta do charuto. O rato tascava o queijo.* *vtd* **4** Dar, sapecar: *Tascou um beijo no namorado.* *vtd* **5** *pop* Atear (fogo): *Com raiva, tascou fogo nos presentes.* *vtd* **6** Dar um pedaço de (coisa que se está comendo ou desfrutando): *Tasquei um pedaço do bolo para meu irmão.* *vint* **7** Passar a mão, pegar: *Essa mulher é minha, ninguém tasca.* Conjug – Pres subj: tasque, tasques, tasque etc.; Pret perf: tasquei, tascaste, tascou etc.

tas.co (de *tascar*) *sm pop* Pedaço, bocado.

tas.sa.lho (*cast tassajo*) *sm* Fatia ou pedaço grande.

ta.ta.ra.ne.to (*corr de tetraneto*) *pop* V *tetraneto.*

ta.ta.ra.vô (*corr de tetravô*) *pop* V *tetravô.*

ta.te.a.do (*part* de *tatear*) *adj* **1** Que se tateou; percebido pelo tato. **2** Investigado cautelosamente.

ta.te.ar (*tato+e+ar*¹) *vtd* **1** Aplicar o tato a; apalpar de leve, para apreciar ou conhecer pelo tato: *Tatear o pulso.* *vint* **2** Procurar conhecer por meio do tato: *Tatear como um cego.* *vti* e *vint* **3** Apalpar, tocar com as mãos, com os pés ou com algum objeto, para se guiar: *Desceu a escada tateando com os pés. Os cegos andam tateando os móveis.* *vint* **4** *fig* Hesitar: *Fica tateando nas decisões importantes.* *vtd* **5** Indagar, pesquisar, sondar: *Tatear os costumes de um povo.* Conjuga-se como *frear.*

ta.ti.bi.ta.te (*voc onom*) *adj m+f* **1** Diz-se de quem tem dificuldade para articular certas palavras, trocando certas consoantes. **2** Gago. • *s m+f* Pessoa tatibitate, gaga.

ta.ti.bi.ta.te.ar (*tatibitate+e+ar*¹) *vtd* e *vint* Dizer como tatibitate: *Tatibitateou um cumprimento.* Conjuga-se como *frear.*

tá.ti.ca (*gr taktité*) *sf* **1** Arte de empregar as tropas no campo de batalha com ordem, rapidez e proteção, segundo as condições de suas armas e do terreno. **2** *por ext* Habilidade ou meios empregados para sair-se bem de qualquer negócio ou empresa. *Ter tática da vida:* ter grande conhecimento do mundo.

tá.ti.co (*gr taktikós*) *adj* Pertencente ou relativo à tática. • *sm* Aquele que é perito em tática.

tá.til (*lat tactile*) *adj m+f* **1** Pertencente ou relativo ao tato. **2** Que se pode tatear. *Var: táctil.*

ta.to (*lat tactu*) *sm Fisiol* **1** Sentido pelo qual temos o conhecimento da forma, temperatura, consistência, pressão, estado da superfície e peso dos objetos. **2** Sensação causada pelos objetos quando os apalpamos. **3** Percepção aguda do que é conveniente dizer ou fazer em uma situação difícil ou delicada, sem melindrar os sentimentos dos outros; delicadeza, discrição, jeito, habilidade. *Falta de tato:* ofensa aos outros; indelicadeza.

ta.tu (*tupi tatú*) *sm bras* **1** *Zool* Designação comum de vários mamíferos cavadores, na maioria noturnos, que têm o corpo e a cabeça protegidos por carapaça dentro da qual muitos deles podem se resguardar. **2** Variedade de porco doméstico; canastrinha. **3** *Reg* (RS) Carne do músculo da perna do boi.

ta.tu.a.do (*part* de *tatuar*) *adj* Que tem tatuagens.

ta.tu.a.dor (*tatuar+dor*) *adj* Que tatua. • *sm* Aquele que tatua.

ta.tu.a.gem (*tatuar+agem*) *sf* **1** Ação ou efeito de tatuar. **2** Arte de introduzir debaixo da epiderme substâncias corantes, vegetais ou minerais, para produzir desenhos. **3** O desenho ou a pintura feitos por esse processo.

ta.tu.ar (*taitiano tatu,* pelo *fr tatouer*) *vtd* **1** Desenhar ou pintar (em parte do corpo) figuras ou imagens de pessoas, animais, hieróglifos ou outros emblemas. *vpr* **2** Fazer tatuagem em si mesmo ou permitir que o façam.

ta.tu-bo.la *sm bras Zool* Variedade de tatu que consegue enrolar-se em forma de bola. *Pl: tatus-bola* ou *tatus-bolas.*

ta.tu-ca.nas.tra *sm bras Zool* O maior dos tatus; vive nas matas do Brasil central; corpulento, de unhas fortes e compridas. *Pl: tatus-canastras* e *tatus-canastra.*

ta.tu-ga.li.nha *sm bras Zool* Variedade de tatu de carne muito saborosa. *Pl: tatus-galinha* e *tatus--galinhas.*

ta.tu.pe.ba (*tupi tatu péua,* tatu chato) *sm bras Zool* Denominação popular das várias espécies de tatus cuja carne não se presta à alimentação. *Sin: tatuaíba, tatuaíva, tatupoiú, tatu-peludo.*

ta.tu.ra.na (*tupi tatá rána,* semelhante a fogo) *sf* **1** *Entom* Lagarta de mariposas e de algumas borboletas, muito peluda, cujas cerdas, em contato com nossa pele, produzem forte ardência. **2** Indivíduo albino. *Var: tatarana* e *tataurana. Sin: bicho--cabeludo, lagarta-cabeluda, lagarta-de-fogo.*

ta.tu.zão (*tatu+z+ão*²) *sm pop Reg* (SP) Grande escavadeira subterrânea, empregada na construção do metrô.

ta.tu.zi.nho (*tatu+z+inho*) *sm bras Zool* Crustáceo decápode da ordem dos isópodes, que encurva o corpo, à maneira dos tatus, quando assustado.

tau.ma.tur.go (*gr thaumatourgós*) *adj* **1** Que faz milagres. **2** Diz-se de vários santos do catolicismo, pelos milagres que lhes são atribuídos. • *sm* O que faz milagres.

tau.ri.no (*lat taurinu*) *sm Astrol* Pessoa nascida sob o signo de Touro. • *adj* **1** *Astrol* Relativo ou

tauromaquia pertencente ao signo de Touro, ou aos taurinos. **2** Relativo ou próprio do touro.

tau.ro.ma.qui.a (*gr tauromakhía*) *sf* Arte de tourear, a pé ou a cavalo.

tau.to.lo.gi.a (*tauto+logo+ia¹*) *sf* Vício de linguagem que consiste em dizer as mesmas ideias por formas diferentes.

ta.ver.na (*lat taberna*) V taberna.

ta.ver.nei.ro (*taverna+eiro*) V taberneiro.

tá.vo.la (*lat tabula*) V tábula.

ta.vo.la.gem (*távola+agem*) *sf* **1** *ant* Casa em que havia jogo de tábulas. **2** *por ext* Casa de jogo. **3** Jogo, o vício do jogo. *Var:* tabulagem.

ta.xa (de *taxar*) *sf* **1** Tributo, imposto. **2** Espécie de contribuição que se paga como remuneração de serviços que o Estado presta diretamente: *Taxa de água e esgotos.* **3** Preço cobrado pela prestação de certos serviços; tarifa: *Taxas bancárias.* **4** *Mat* Razão entre duas grandezas; proporção; porcentagem: *Taxa de natalidade, taxa de juros.*

ta.xa.ção (*lat taxatione*) *sf* **1** Ato ou efeito de taxar. **2** Tributação.

ta.xa.do (*part* de *taxar*) *adj* Que se taxou; que recebeu taxa.

ta.xar (*lat taxare*) *vtd* **1** Determinar, estabelecer a taxa do preço de; fixar, em nome da lei ou de poder legítimo, o preço a (qualquer objeto de compra e venda). **2** Lançar um imposto sobre; tributar. **3** Limitar, moderar, regrar: *Taxar os gastos.*

ta.xa.ti.vo (*taxar+ivo*) *adj* **1** Que taxa, que limita, que restringe. **2** Que fixa com precisão e em nome da lei ou regulamento. **3** Que não admite contestação.

tá.xi (*cs*) *sm* **1** Forma abreviada de *taxímetro*. **2** Automóvel que transporta passageiros, provido de taxímetro.

ta.xi.ar (*cs*) (*ingl to taxi+ar¹*) *vint Aeron* Movimentar o avião na pista, preparando-se para decolar, ou depois de pousar. *Conjug – Pres indic:* taxio, taxias, taxia, taxiamos, taxiais, taxiam.

ta.xi.der.mi.a (*cs*) (*gr táxis+derme+ia¹*) *sf* Arte de empalhar animais.

ta.xí.me.tro (*cs*) (*gr táxis+metro²*) *sm* Aparelho adaptado no painel de um automóvel que registra automaticamente a quantia que o passageiro deve pagar pela quilometragem percorrida ou pelo tempo em que este foi ocupado.

ta.xi.no.mi.a (*cs*) (*gr táxi+nomo+ia¹*) *sf* **1** *Biol* Ramo da biologia que se ocupa das classificações dos seres vivos. **2** *Gram* Parte que trata da classificação das palavras. *Var:* taxionomia, taxonomia.

ta.xis.ta (*cs*) (*táxi+ista*) *s m+f* Motorista de táxi.

tchau (*ital ciao*) *interj* Até logo!, adeus!

tche.co (*fr tchèque*) *adj* Pertencente ou relativo à República Tcheca (Europa). • *sm* **1** O natural ou habitante da República Tcheca. **2** Língua eslava dos tchecos; boêmio. *Var:* checo, tcheque.

tche.cos.lo.va.co (*theco+eslovaco*) *adj* Pertencente ou relativo à antiga Tchecoslováquia (Europa). • *sm* O natural ou habitante desse país. *Var:* tcheco--eslovaco, checo-eslovaco, checoslovaco.

te (*lat te*) *pron pess* Forma oblíqua da 2ª pessoa do singular, na função de objeto direto ou objeto indireto (*a ti, em ti, para ti, de ti*).

tê *sm* O nome da letra t. *Pl:* tês ou *tt*.

te.á.ceas (*chin te+áceas*) *sf pl Bot* Família que compreende árvores e arbustos com grandes flores e folhas utilizadas em infusões, cujos exemplos, no Brasil, são o chá-da-índia e a camélia.

te.ar (*lat telare*) *sm* Máquina destinada a tecer fios, transformando-os em pano.

te.a.tral (*teatro+al¹*) *adj m+f* **1** Pertencente ou relativo a teatro. **2** Próprio de teatro. **3** Que procura efeito sobre o espectador. **4** Ostentoso, espetacular.

te.a.tra.li.zar (*teatral+izar*) *vtd* **1** Adaptar às exigências do teatro; tornar representável em teatro: *Teatralizar um fato histórico.* **2** Dramatizar: *Não teatralize coisa tão banal!*

te.a.tro (*lat theatru*) *sm* **1** Casa ou lugar destinado à representação de obras dramáticas, óperas ou outros espetáculos públicos. **2** Coletânea das obras dramáticas de uma nação. **3** Arte dramática. **4** *fig* Fita, encenação. *Teatro de arena:* teatro sem palco e sem cenários, onde o espetáculo se realiza numa pequena arena. *Teatro de bonecos:* forma de teatro que se utiliza de bonecos de vários tipos e tamanhos. *Teatro de revista:* teatro com música, dança, anedotas e quadros críticos sobre questões sociais e assuntos em evidência.

te.a.tró.lo.go (*teatro+logo*) *sm* Escritor de peças teatrais; dramaturgo.

te.ce.du.ra (*tecer+dura*) *sf* **1** Ação ou efeito de tecer. **2** Conjunto dos fios dispostos no tear. **3** *fig* Enredo, intriga, trama.

te.ce.la.gem (*tecelão+agem*) *sf* **1** Ato ou efeito de tecer; tecedura. **2** Ofício de tecelão. **3** Estabelecimento de tecelão. **4** Indústria de tecidos.

te.ce.lão (de *tecer*) *sm* **1** Indivíduo que tece pano ou trabalha em teares. **2** *Ornit* Nome comum a vários pássaros, entre os quais a espécie *quelea quelea* é a mais comum, como o tecelão-de-bico-vermelho. Recebem esse nome por causa da arte com que sabem tecer seus ninhos. *Fem:* teceloa (ô).

te.cer (*lat texere*) *vtd* **1** Fazer passar os fios pelo meio da urdidura ou urdume e formar a teia (de linho, lã, seda etc.); tramar, urdir: *Tecer obras de palma, tecer o pano. vtd* **2** *fig* Compor, enredando ou entrelaçando: *Tecer uma coroa, tecer um ninho. vint* **3** Fazer intrigas: *As faladeiras vivem a tecer.*

te.ci.do (*part* de *tecer*) *adj* **1** Que se teceu. **2** Que foi feito no tear. **3** Urdido, preparado, combinado. **4** *fig* Convenientemente arranjado; apropriado. • *sm* **1** Pano preparado no tear. **2** Trama de fios; urdidura. **3** Modo como os fios de um estofo estão reunidos. **4** *Biol* Reunião de células com a mesma estrutura, exercendo determinada função: *tecido conjuntivo, tecido adiposo, tecido epitelial* etc.

te.cla (*lat tudicula, dim* de *tudes*) *sf* Peça móvel de instrumento, aparelho ou máquina, que se comprime ou em que se toca, para obter certo efeito: *Teclas do piano, da máquina de escrever, da de calcular, do computador* etc. *Bater na mesma tecla:* repetir o mesmo assunto. *Tocar em todas as teclas:* a) fazer muitas coisas ao mesmo tempo; b) saber um pouco de tudo.

te.cla.dis.ta (*teclado+ista*) *s m+f* **1** *Mús* Aquele que toca teclados. **2** Operador de teclado em certas máquinas como monotipo etc.; tecleador.

te.cla.do (*tecla*+*ado*²) *sm* Conjunto de teclas de um instrumento, computador, celular, máquina de calcular etc. *Teclado alfanumérico, Inform:* teclado que contém tanto teclas de caracteres como teclas numéricas.

te.clar (*tecla*+*ar*¹) *vint* **1** Bater em teclas: *Estudava piano com afinco: teclava horas a fio.* *vtd* **2** Bater nas teclas de: *Teclou todas as notas.*

tec.né.cio (*lat cient technetiu*) *sm Quím* Elemento artificial, metálico e radiativo, de número atômico 43 e símbolo Tc.

téc.ni.ca (*fem* de *técnico*) *sf* **1** Conhecimento prático; prática. **2** Conjunto dos métodos e pormenores práticos essenciais à execução perfeita de uma arte ou profissão.

tec.ni.ca.li.da.de (*técnico*+*al*¹+*i*+*dade*) *V tecnicidade.*

tec.ni.ci.da.de (*técnico*+*i*+*dade*) *sf* Qualidade ou caráter do que é técnico; tecnicalidade, tecnicismo.

tec.ni.cis.mo (*técnico*+*ismo*) *sm* **1** *V tecnicidade.* **2** Exagero tecnológico.

téc.ni.co (*gr tekhnikós,* de *tekhné*) *adj* **1** Relativo a uma arte ou ramo específico de atividade. **2** Que tem técnica. • *sm* **1** Aquele que é perito ou versado numa atividade: *O parecer dos técnicos.* **2** *Esp* Treinador de um conjunto esportivo.

tec.ni.co.lor (*tecno*+*lat colore*) *adj m*+*f* Diz-se de certo processo, de marca registrada, para se conseguirem filmes coloridos. • *sm* Esse processo.

tec.no.cra.ci.a (*tecno*+*cracia*) *sf* Sistema de organização política e social em que predominam os técnicos e tecnocratas.

tec.no.cra.ta (*tecno*+*crata*) *s m*+*f* **1** Adepto da tecnocracia. **2** Especialista ou funcionário de escalão superior que privilegia o aspecto técnico de um problema ao social.

tec.no.lo.gi.a (*tecno*+*logo*+*ia*¹) *sf* **1** Conjunto de conhecimentos científicos que se aplicam a um determinado ramo de atividade. **2** Aplicação dos conhecimentos e princípios científicos à produção em geral: *Nossa era é a da grande tecnologia.*

tec.no.ló.gi.co (*tecnologia*+*ico*²) *adj* Pertencente ou relativo à tecnologia: *Processos tecnológicos.*

tec.nó.lo.go (*tecno*+*logo*) *sm* **1** Aquele que é perito em tecnologia. **2** Aquele que escreve acerca de artes e ofícios.

te.co (*voc onom*) *sm* **1** Choque de uma bola em outra, no gude. **2** *pop* Pedaço, parte de um todo: *Quero um teco de bolo.*

te.co-te.co (*voc onom*) *sm bras* Pequeno avião, próprio para treinamento de pilotos ou para cobrir curtas distâncias. *Pl: teco-tecos.*

tec.tô.ni.ca (*gr tektoniké*) *sf* **1** *Geol* Estudo da formação das montanhas e em geral das alterações que se dão na litosfera; geotectônica. **2** Arte de construir edifícios. *Var: tetônica.*

té.dio (*lat taediu*) *sm* **1** Desgosto profundo. **2** Aborrecimento, enfado, fastio.

te.di.o.so (*ô*) (*lat taediosu*) *adj* **1** Que provoca ou revela tédio. **2** Em que há tédio. **3** Aborrecido, enfadonho. *Pl: tediosos* (*ó*).

teenager (*tineidjâr*) (*ingl*) *s m*+*f* Jovem adolescente, na faixa etária dos 13 aos 19 anos.

te.gu.men.to (*lat tegumentu*) *sm* **1** *Anat* Aquilo que reveste externamente o corpo do animal (a pele, as escamas, as penas, os pelos etc.). **2** *por ext* Tudo o que serve para cobrir ou envolver. **3** Membrana que reveste ou forra um órgão. **4** *Bot* Revestimento externo das sementes. **5** *Bot* Cálice e corola.

tei.a (*lat tela*) *sf* **1** Tecido ou pano feito em tear. **2** *fig* Estrutura, organismo. **3** *fig* Episódio complicado; enredo, intriga. **4** Divisória ou gradeamento, nas igrejas ou nos tribunais, para separação dos assistentes ou dos espectadores. **5** *Zool* Rede tecida pela aranha para apanhar os insetos de que se alimenta; teia de aranha.

tei.í.deos (*ií*) (*tup teiú*+*ídeos*) *sm pl Herp* Família que compreende numerosas espécies brasileiras de lagartos, de língua comprida e cauda longa, entre as quais são muito comuns o teiú, o teiú-açu e os calangos.

tei.ma (*gr théma*) *sf* **1** Ação ou efeito de teimar; teimosia. **2** Obstinação.

tei.mar (*teima*+*ar*¹) *vti* e *vint* **1** Insistir, obstinar-se, pretender com teimosia: *O garoto teimava em* (ou *a,* ou *por*) *comer a fruta verde.* Teimou o vendedor com o freguês. *vtd* **2** Insistir em: *Teima que o viu.* *vint* **3** Ser importuno, insistindo no mesmo assunto ou pedido: *Como teimam esses propagandistas!*

tei.mo.si.a (*teimoso*+*ia*¹) *sf* **1** Qualidade do que é teimoso. **2** Teima excessiva; repetida obstinação.

tei.mo.so (*ô*) (*teima*+*oso*) *adj* **1** Que teima; obstinado, pertinaz. **2** Que tem o hábito de teimar. **3** Que tem birras. **4** Insistente. *Antôn* (acepções 1, 2 e 3): *dócil, obediente.* • *sm* **1** Indivíduo que teima. **2** *V joão-teimoso. Pl: teimosos* (*ó*).

tei.pe (*ingl tape*) *V videoteipe.*

te.ís.mo (*teo*+*ismo*) *sm* Crença na existência de um deus e em sua ação providencial no Universo.

te.ís.ta (*teo*+*ista*) *adj m*+*f* **1** Que acredita na existência de um deus. **2** Pertencente ou relativo ao teísmo: *Doutrina teísta.* • *s m*+*f* Pessoa que acredita na existência de um deus.

te.la (*lat tela*) *sf* **1** Tecido de fio de lã, linho, ouro, seda etc.; teia. **2** *Pint* Pano em que se pintam quadros. **3** Quadro, pintura. **4** Painel sobre o qual são projetadas películas cinematográficas. **5** Tecido de arame próprio para cercados. *Estar em tela:* ser objeto de discussão. *Tela inteira, Inform:* tela de programa que usa toda a área do monitor; tela completa. *Tela subcutânea, Biol:* camada situada abaixo da pele (antigo nome: hipoderme).

te.le.ci.ne.si.a (*tele*+*cinesia*) *sf* **1** Segundo o ocultismo, faculdade de fazer com que os objetos, sem serem tocados, se movam a distância. **2** *Biol* Conjunto dos movimentos do núcleo e do microcentro no final da mitose.

te.le.co.man.da.do (*tele*+*comandado*) *adj* Comandado a distância; teleconduzido, teledirigido, teleguiado.

te.le.co.man.dar (*tele*+*comandar*) *vtd* Comandar a distância (aviões, foguetes, navios, projéteis etc.); teleconduzir, teledirigir, teleguiar.

te.le.co.man.do (*tele*+*comando*) *sm* **1** Ato ou efeito de telecomandar. **2** Controle remoto.

te.le.co.mu.ni.ca.ção (*tele+comunicação*) *sf* Telecom Denominação geral das comunicações a distância, compreendendo a telefonia e telegrafia (por fios ou por ondas hertzianas) e a televisão.

te.le.con.fe.rên.cia (*tele+conferência*) *sf* **1** Conferência que se efetua simultaneamente em dois ou mais locais distantes. **2** Debate entre usuários distantes, usando computadores ligados em rede ou através de *modem*.

te.le.cur.so (*tele+curso*) *sm* Curso projetado para a teleducação.

te.le.di.fu.são (*tele+difusão*) *sf* Transmissão, por meio de uma rede de condutores metálicos, de programas de radiodifusão ou televisão, de modo a permitir sua livre recepção por um número qualquer de usuários.

te.le.dra.ma (*tele+drama*) *sm* Adaptação de um romance ou peça teatral etc., à transmissão pela televisão.

te.le.du.ca.ção (*tele+educação*) *sf* Método educacional que se utiliza de instituições como televisão, rádio, correspondência postal etc. e que se caracteriza pela não presença do professor; educação a distância.

te.le.fé.ri.co (*tele+gr phéro+ico²*) *adj* Que transporta ao longe. • *sm* **1** Cabo que, movendo-se, transporta ao longe uma carga. **2** Espécie de ascensor suspenso por cabos e que, de um monte a outro, ou de um monte a um ponto baixo, transporta mercadorias ou passageiros.

te.le.fo.na.da (*telefone+ada¹*) *sf* V telefonema.

te.le.fo.nar (*telefone+ar¹*) *vtd e vti* **1** Comunicar, falar, transmitir pelo telefone. *vint* **2** Comunicar-se, falar, ter conversa pelo telefone: *Esta criança já sabe telefonar.*

te.le.fo.ne (*tele+fone*) *sm* Aparelho destinado a transmitir a distância a voz ou qualquer outro som por meio do eletromagnetismo. *Telefone celular:* telefone portátil, sem fio, que utiliza transmissores de rádio de baixa potência.

te.le.fo.ne.ma (*telefone+ema*) *sm* Comunicação telefônica; telefonada.

te.le.fo.ni.a (*tele+fone+ia¹*) *sf* Telecom Processo de telecomunicação destinado a transmitir sons a grande distância.

te.le.fô.ni.co (*telefonia+ico²*) *adj* Relativo a telefone ou telefonia.

te.le.fo.nis.ta (*telefone+ista*) *s m+f* Pessoa cuja função é receber e transmitir comunicações telefônicas, quando não haja sistema automático, em especial para ligações interurbanas.

te.le.fo.to (*fr téléphote*) *sm Fís* **1** Aparelho destinado a transmitir uma imagem iluminada a grande distância, por meio da eletricidade. **2** Aparelho para tirar fotografias a grande distância sem teleobjetiva, empregando-se uma corrente elétrica. *sf* **1** Fotografia obtida por telefotografia. **2** Fotografia transmitida por telefotografia; fotorradiograma, radiofoto.

te.le.fo.to.gra.fi.a (*tele+fotografia*) *sf* Arte de fotografar objetos a grande distância, por meio de lentes apropriadas.

te.le.gra.far (*telégrafo+ar¹*) *vtd e vti* **1** Transmitir pelo telégrafo: *Telegrafar a notícia. Telegrafar alguma coisa a alguém. vti e vint* **2** Corresponder-se ou enviar notícias pelo telégrafo; mandar telegrama: *Lá chegando, telegrafou à família. Prometeu telegrafar, mas não o fez. Conjug – Pres indic: telegrafo, telegrafas (grá)* etc. *Cf telégrafo.*

te.le.gra.fi.a (*tele+grafo+ia¹*) *sf Telecom* Sistema eletromagnético, ou por ondas hertzianas, que transmite sinais gráficos a pontos distantes. *Telegrafia sem fio:* telegrafia por rádio.

te.le.grá.fi.co (*telégrafo+ico²*) *adj* **1** Relativo à telegrafia ou ao telégrafo. **2** Transmitido ou recebido pelo telégrafo: *Despacho telegráfico.*

te.le.gra.fis.ta (*telégrafo+ista*) *s m+f* Pessoa que se ocupa no serviço dos aparelhos telegráficos, transmitindo e recebendo telegramas.

te.lé.gra.fo (*tele+grafo*) *sm* **1** Aparelho destinado a transmitir mensagens ou quaisquer comunicações a distância. **2** Casa ou lugar onde funciona esse aparelho; estação telegráfica.

te.le.gra.ma (*tele+grama*) *sm* **1** Comunicação noticiosa ou informativa, transmitida pelo telégrafo. **2** Impresso onde é escrita essa comunicação. *Telegrama fonado:* telegrama recebido, ditado pelo telefone; fonograma.

te.le.gui.a.do (*part* de *teleguiar*) *adj* Designativo do que é guiado a distância; telecomandado, teleconduzido, teledirigido. • *sm* Engenho, foguete ou projétil teleguiado; teleprojétil.

te.le.gui.ar (*tele+guiar*) *vtd* Guiar a distância (aviões, engenhos, foguetes, projéteis etc.) por meio das ondas hertzianas; telecomandar, teleconduzir, teledirigir. *Conjug – Pres indic: teleguio, teleguias* etc.

te.le.im.pres.sor (*tele+impressor*) *sm* Aparelho telegráfico, adotado sobretudo em grandes jornais etc., cujo transmissor se assemelha a uma máquina de escrever comum, e cujo receptor imprime, em lugar de sinais, as letras que formam as mensagens escritas.

te.le.jor.nal (*tele+jornal*) *sm bras* Noticiário jornalístico transmitido pela televisão, geralmente acompanhado de cenas cinematográficas dos principais acontecimentos.

te.le.jor.na.lis.mo (*tele+jornalismo*) *sm bras* Atividade jornalística exercida em telejornal.

telemarketing (*telemárketin*) (*ingl*) *sm Com* Método de vendas baseado na utilização do telefone, para oferecer um produto ou serviço, ou prestar atendimento aos clientes de uma empresa.

te.le.me.tri.a (*tele+metro²+ia¹*) *sf* Técnica de obtenção, processamento e transmissão de dados a longa distância.

te.le.no.ve.la (*tele+novela*) *sf bras* Novela escrita especialmente para televisão ou adaptada de outro gênero, em geral apresentada em capítulos diários.

te.le.ob.je.ti.va (*tele+objetiva*) *sf Fot* Objetiva especial que permite telefotografar.

te.le.ós.teo (*gr télos, eos+ósteo*) *adj* **1** *Biol* Que tem tecido ósseo perfeito. **2** *Ictiol* Relativo ou pertencente aos teleósteos. • *sm* **1** Peixe da subclasse dos teleósteos. *sm pl Ictiol* **2** Subclasse de animais que abrange os peixes dotados de esqueleto ósseo.

te.le.pa.ta (*tele+gr páthos*) *adj m+f* Diz-se de pessoa que possui a faculdade da telepatia. • *s m+f* Essa pessoa.

te.le.pa.ti.a (*tele+gr páthos+ia¹*) *sf* **1** Capacidade que possuem algumas pessoas de transmitir e

receber pensamentos a distância, sem que façam uso dos sentidos naturais. **2** Essa transmissão.
te.le.pá.ti.co (*telepatia+ico²*) *adj* Pertencente ou relativo à telepatia.
teleprompter (*téleprônter*) (*ingl*) *sm Telev, Rád, Teat* Aparelho, colocado fora do campo de imagem da câmara, que exibe, numa tela, o texto a ser lido por atores ou pelos apresentadores de um programa, telejornal etc. Sigla: TP.
te.les.co.pi.a (*tele+gr skópos+ia¹*) *sf* Aplicação de telescópio.
te.les.có.pi.co (*tele+gr skópos+ico²*) *adj* **1** Pertencente ou relativo à telescopia ou ao telescópio. **2** Feito com o auxílio do telescópio: *Observação telescópica*. **3** Que só se vê com o auxílio do telescópio: *Planeta telescópico*.
te.les.có.pio (*tele+gr skópos+io²*) *sm* Instrumento óptico destinado a aumentar a imagem de objetos distantes, usado principalmente em astronomia, para observar os corpos celestes.
te.les.pec.ta.dor (*tele+espectador*) *bras sm* Espectador de televisão. • *adj* Que é espectador de televisão.
te.le.ti.po (*tele+tipo*) *sf* Aparelho telegráfico receptor no qual os despachos são impressos em letras, em lugar de sinais, como uma máquina comum de escrever; teleimpressor, telescritor.
te.le.vi.são (*tele+visão*) *sf* **1** Sistema eletrônico de telecomunicação para transmitir imagens fixas ou animadas, juntamente com o som. **2** Aparelho receptor de imagens televisionadas; televisor, tevê. **3** Estação transmissora de imagens televisionadas. *Televisão a cabo:* serviço de telecomunicação através de assinatura com distribuição de sinais de vídeo e áudio.
te.le.vi.si.o.na.do (*part* de *televisionar*) *adj* Transmitido pela televisão.
te.le.vi.si.o.nar (*televisão+ar¹*) *vtd* Transmitir pela televisão; televisar: *Televisionar o espetáculo*.
te.le.vi.si.vo (*tele+lat visum+ivo*) *adj* **1** Relativo ou pertencente à televisão. **2** Diz-se do objeto que reúne boas condições para ser televisado; televisual.
te.le.vi.sor (*tele+visor*) *adj* Pertencente ou relativo à televisão: *Aparelho televisor, estação televisora*. • *sm* V *televisão* (acepção 2).
te.le.vi.so.ra (*ô*) (*tele+lat visum+or*) *sf* Estação de televisão; televisão.
te.le.vi.su.al (*tele+lat visum+al¹*) *adj m+f* **1** Que se relaciona ou pertence à televisão. **2** Televisivo.
te.lex (*cs*) (*fr télex*) *sm Telecom* **1** Serviço telegráfico de comunicação bilateral, feito por máquinas teleimpressoras, cuja ligação passa por uma ou mais estações comutadoras. **2** *por ext* A mensagem recebida por esse sistema.
te.lha (*ê*) (*lat tegula*) *sf* Peça feita de barro cozido ao forno, amianto etc., destinada à cobertura de edifícios. *Dar na telha:* cismar, dar na veneta, vir à ideia. *Estar debaixo da telha:* estar dentro de casa.
te.lha.do (*telha+ado¹*) *sm Constr* Conjunto das telhas que formam a cobertura de uma construção. *Telhado de vidro:* má reputação, passado pouco honrado.
te.lhar (*telha+ar¹*) *vtd* Cobrir com telha ou telhas: *Telhar um galpão*.

te.lha-vã *sf* Telhado sem forro interno. *Pl: telhas--vãs*.
te.lhei.ro (*telha+eiro*) *sm* **1** Fabricante de telhas. **2** Cobertura de telhas ou de outro material suportada apenas por pilares, para abrigo ou proteção de pessoas, animais, materiais, utensílios etc.; alpendre.
te.li.nha (*tela+inha*) *sf dim* **1** Tela pequena. **2** *pop* O aparelho de televisão: *As crianças ficaram a tarde inteira diante da telinha*.
te.lú.ri.co (*teluri+ico²*) *adj* **1** Relativo ou pertencente à Terra. **2** *Quím* Relativo ou pertencente ao telúrio. **3** *Quím* Diz-se de dois ácidos de telúrio: a) ácido muito fraco, H_6TeO_6; b) ácido polimerizado, H_2TeO_4.
te.lú.rio (*lat tellure+io²*) *sm Quím* Elemento semimetálico, relacionado com o selênio e o enxofre e quimicamente semelhante a eles, conhecido sob dupla forma, uma, branco-prateada, e outra, escura; é usado principalmente na indústria da borracha. Número atômico 52 e símbolo Te.
te.ma (*gr théma*) *sm* **1** Assunto de que se vai tratar num discurso. **2** Matéria de um trabalho literário, científico ou artístico. **3** Texto da Escritura no qual o pregador se baseia em um sermão. **4** Composição do aluno feita sobre o ponto que lhe foi dado. **5** Assunto, matéria, argumento. **6** *Mús* Motivo de uma composição, do qual se desenvolve toda a partitura.
te.má.rio (*tema+ário*) *sm neol* Conjunto de temas ou assuntos que devem ser tratados num congresso literário, artístico, científico ou de outra natureza.
te.má.ti.ca (*tema+ico*) *sf* O domínio de assuntos tratados numa obra, ou por um autor em seus livros.
te.má.ti.co (*gr thematikós*) *adj* **1** *Gram* Pertencente ou relativo ao tema das palavras. **2** *Mús* Pertencente ou relativo aos temas musicais. **3** O domínio de assuntos preferencialmente tratados numa obra, ou por um autor em seus livros.
tem.be.tá (*tupi itambetára*) *sm Etnol* Enfeite ovalado de pedra, utilizado em furo no lábio inferior por diversos grupos indígenas brasileiros.
te.men.te (de *temer*) *adj m+f* Que teme; que respeita. *Temente a Deus:* diz-se da pessoa muito devota.
te.mer (*lat timere*) *vtd* e *vti* **1** Ter temor, medo ou receio de: *Temia o sofrimento e a humilhação. Temia de regressar à casa paterna*. *vpr* e *vint* **2** Sentir temor; assustar-se: *Temem-se do perigo. Vendo que a tempestade se aproximava, temeu*. *vtd* **3** Reverenciar, venerar: *Temer a Deus* (objeto direto preposicionado, como em *Amar a Deus*).
te.me.rá.rio (*lat temerario*) *adj* **1** Que se arroja aos perigos, sem pensar nas consequências que daí possam advir; imprudente. **2** Que se diz ou faz sem fundamento justo. **3** Que indica temeridade; arriscado, perigoso.
te.me.ri.da.de (*lat temeritate*) *sf* **1** Qualidade de temerário; imprudência, ousadia, precipitação. **2** Ação ou dito temerário. **3** Aventura arriscada.
te.me.ro.so (*ô*) (*temor+oso*, com dissimilação) *adj* Que infunde temor, receio ou medo. *Pl: temerosos (ó)*.

te.mi.do (*part* de *temer*) *adj* De que se tem temor ou medo; que causa temor ou medo; assustador.

te.mí.vel (*temer+vel*) *adj m+f* **1** Que é para temer. **2** Que infunde temor. *Sup abs sint: temibilíssimo.*

te.mor (*lat timore*) *sm* **1** Ato ou efeito de temer; medo, susto. **2** Receio bem fundado de um mal ou de um perigo que pode sobrevir no futuro. **3** Medo acompanhado de respeito; reverência: *Temor a Deus.*

tem.pão (*tempo+ão²*) *sm pop* Prazo largo; muitas horas, dias, semanas, meses.

têm.pe.ra (de *temperar*) *sf* **1** Ação ou efeito de temperar. **2** Processo que consiste no aquecimento bastante elevado de certos metais, para depois mergulhá-los em água fria, a fim de aumentar a sua consistência e rijeza. **3** Consistência e rijeza que os metais adquirem por meio desse processo. **4** O banho em que se temperam os metais ou o aço. **5** *fig* Organização moral; temperamento, índole, feitio, caráter.

tem.pe.ra.do (*part* de *temperar*) *adj* **1** Diz-se do metal que recebeu têmpera. **2** Comedido, moderado. **3** Modificado. **4** Em que se deitou tempero; adubado. **5** Agradável, delicado, suave. **6** Diz-se das zonas terrestres onde o clima é mais ou menos moderado: 20°C.

tem.pe.ra.men.tal (*ingl temperamental*) *adj m+f* **1** Pertencente ou relativo a temperamento. **2** Que tem temperamento muito sensível e facilmente excitável; emotivo. **3** Diz-se da pessoa que reage obedecendo aos impulsos de seu temperamento.

tem.pe.ra.men.to (*lat temperamentu*) *sm* **1** *Psicol* Caráter de um indivíduo. **2** Qualidade predominante no organismo: *Temperamento nervoso, temperamento sanguíneo.* **3** Constituição moral, gênio, índole: *Temperamento extravagante.*

tem.pe.ran.ça (*lat temperantia*) *sf* **1** Poder ou virtude pela qual o homem pode controlar os apetites desordenados. **2** Sobriedade no comer e no beber. **3** Economia, parcimônia. **4** Modéstia.

tem.pe.rar (*lat temperare*) *vtd* **1** Pôr tempero em; procurar dar à comida melhor sabor; adubar: *Já sabia temperar um arroz.* *vti* e *vint* **2** Fazer tempero: *Temperar com sal e pimenta.* *vtd* **3** Misturar qualquer substância para dar sabor a: *Temperar o chá, o refresco.* *vtd* **4** Tornar mais fraco ou suave (o gosto, o sabor de); amenizar, suavizar: *Temperar a bebida.* *vtd* **5** *fig* Acrescentar a: *Temperar de otimismo a vida.* *vtd* **6** *fig* Ganhar têmpera; tornar-se forte ou vigoroso: *Tempera-se o ânimo com as provocações.* *vtd* **7** Dar consistência, rijeza (a metais): *Temperar aço.*

tem.pe.ra.tu.ra (*lat temperatura*) *sf* **1** Grau de calor num corpo ou num lugar. **2** Intensidade do calor, indicada pelo termômetro; febre. **3** *fig* Situação ou estado moral; ação. **4** *Autom* Medida do calor registrado no óleo do motor, na água de refrigeração e no sistema de freios.

tem.pe.ro (*ê*) (de *temperar*) *sm* **1** Ação de temperar. **2** Substância que melhora o sabor dos alimentos; condimento. **3** *gír* Jeito especial para dirigir ou efetuar uma negociação ou para resolver uma questão. *Pl: temperos (ê).*

tem.pes.ta.de (*lat tempestate*) *sf* **1** Agitação violenta da atmosfera, acompanhada muitas vezes de relâmpagos, trovões, chuva e granizo. **2** Temporal no mar, caracterizado pela agitação do vento; procela. **3** *fig* Agitação, desordem, perturbação. **4** *fig* Grande agitação moral. *Antôn* (acepções 1 e 2): *bonança;* (acepções 3 e 4): *calma. Fazer tempestade em copo d'água:* fazer estardalhaço, grande agitação por motivo insignificante.

tem.pes.ti.vo (*lat tempestivu*) *adj* Que aparece no ensejo adequado ou sucede no tempo próprio; oportuno.

tem.pes.tu.o.so (*ô*) (*lat tempestuosu*) *adj* **1** Em que há tempestade; proceloso. **2** Que traz tempestade. **3** Diz-se do tempo sujeito a tempestades. **4** Muito agitado; violento. *Antôn: calmo, tranquilo. Pl: tempestuosos (ó).*

tem.plo (*lat templu*) *sm* **1** Edifício público destinado à adoração a Deus e ao culto religioso; igreja. **2** *por ext* Qualquer edifício em que se presta culto a uma divindade. **3** *fig* Lugar misterioso e respeitável.

tem.po (*lat tempu*) *sm* **1** Uma época; um período. **2** A época atual. **3** A medida do processo de sucessão dos fenômenos. **4** A idade, um lapso de tempo futuro ou passado. **5** A existência humana considerada no curso dos anos. **6** Ocasião própria para um determinado ato; ensejo, oportunidade. **7** Estado meteorológico da atmosfera; vento, ar, temperatura. **8** Horas de lazer. **9** *Gram* Flexão que indica o momento de ação dos verbos. **10** *Mús* Cada uma das divisões do compasso. **11** *Inform* Num título multimídia, velocidade em que são exibidos os quadros.

têm.po.ra (*lat tempora, pl* de *tempus*) *sf Anat* Cada um dos lados laterais e superiores da cabeça.

tem.po.ra.da (*têmpora+ada¹*) *sf* **1** Certo espaço de tempo. **2** Época do ano própria ou escolhida para certas realizações: *Temporada da caça.*

tem.po.ral (*lat temporale*) *adj m+f* **1** Que passa como o tempo; que não é eterno ou perpétuo; temporário. **2** *Anat* Relativo às têmporas. **3** *Gram* Diz-se da conjunção subordinativa que introduz oração exprimindo o tempo de realização do que se declara na principal: *Moro nesta cidade desde que nasci. Quando chegou ao baile, a orquestra atacava uma valsa.* • *sm* **1** *Anat* Osso situado na parte lateral e inferior da cabeça. **2** Grande tempestade; estado de grande perturbação atmosférica.

tem.po.rão (*lat temporanu, corr* de *temporaneu*) *adj* **1** Que vem ou sucede antes do tempo apropriado. **2** Diz-se do fruto que amadurece primeiro que outros. **3** Prematuro, precoce. *Antôn: serôdio. Fem: temporã. Pl: temporãos.*

tem.po.rá.rio (*lat temporariu*) *adj* **1** Que dura certo tempo; temporal. **2** Que não é definitivo; provisório; transitório. **3** Pertencente ou relativo ao tempo.

tem.po.ri.zar (*lat tempora, pl* de *tempus+izar*) *vtd* **1** Adiar, delongar, demorar: *Temporizar trabalhos.* *vint* **2** Aguardar ocasião mais favorável ou propícia. *vti* **3** Condescender, contemporizar: *Temporizar com alguém. Temporizamos com ele acerca do assunto.*

tem.pu.rá (*jap tenpura*) *sm Cul* Prato típico japonês que consiste em frutos do mar e vegetais fritos numa massa feita de farinha e ovos.

te.na.ci.da.de (*lat tenacitate*) *sf* **1** Qualidade de tenaz. **2** *fig* Apego obstinado a uma ideia ou a um projeto; persistência. *Antôn* (acepção 2): *inconstância*.

te.naz (*lat tenace*) *adj m+f* **1** Que prende e agarra com força; que não larga facilmente. **2** Teimoso, obstinado. **3** *Bot* Diz-se das plantas que se agarram e prendem aos corpos que lhes ficam próximos. *Sup abs sint: tenacíssimo.* • *sf* **1** Instrumento com que o ferreiro tira peças incandescentes da forja, para as malhar na bigorna. **2** As unhas do caranguejo. **3** Unhas, dedos ou mãos que prendem com força.

ten.ça (*lat tenentia*) *sf Júr* Pensão regular dada pelo Estado, ou por particular, como prêmio por serviços prestados, para sustento pessoal.

ten.ção (*lat tentione*) *sf* **1** Intento, plano, propósito. **2** Assunto, tema.

Tenção significa propósito, intento. Já **tensão** designa um estado de grande concentração física ou mental ou rigidez.
Você se equivocou. Não era minha tenção ferir os sentimentos de ninguém.
Não foi bem na prova, pois seu estado indicava uma grande tensão nervosa.

ten.ci.o.nar (*tenção+ar¹*) *vtd* Formar tenção de, ter intento; planejar, projetar: *Tencionava sair hoje.*

ten.da (*baixo-lat tenda*) *sf* **1** Barraca de feira. **2** Barraca de lona ou outro tecido, empregada em acampamento. **3** Tipo de habitação desmontável, própria dos povos nômades. *Tenda de oxigênio*, *Med:* dispositivo feito de vidro ou plástico, semelhante a uma tenda, dentro do qual é feita a oxigenoterapia. *Dim irreg: tendilha.*

ten.dão (*lat tendone*) *sm Anat* Feixe de fibras de tecido conjuntivo, em forma de cordão, que geralmente une os músculos aos ossos. *Tendão calcâneo, Anat:* tendão grosso, situado na parte posterior e inferior da perna, e que se insere no calcâneo (nome antigo: tendão de Aquiles).

ten.dên.cia (*lat tendentia*) *sf* **1** Disposição natural e instintiva; inclinação, vocação. **2** *Psicol* Forma espontânea da atividade. **3** Força que determina o movimento de um objeto.

ten.den.ci.o.so (*ô*) (*tendência+oso*) *adj* **1** Em que há alguma intenção secreta. **2** Que tem intuitos inconfessáveis. **3** Parcial. *Pl: tendenciosos* (*ó*).

ten.den.te (*lat tendente*) *adj m+f* **1** Que tende. **2** Que se encaminha ou dirige para determinado alvo ou fim. **3** Que se inclina. **4** Que tem vocação.

ten.der (*lat tendere*) *vtd* **1** Estender: *A lavadeira tendia a roupa no varal.* *vpr* **2** Estender-se, fazer-se largo: *Tendem-se os pinheirais por muitos quilômetros.* *vti* **3** Dirigir-se, encaminhar-se; inclinar-se: *Tendia a enfermidade para a* (ou *à*) *cura.* *vti* **4** Aproximar-se de: *Tendera para o zero a temperatura.* *vti* **5** Voltar-se, virar-se: *O vento tendeu ao sul. Cf tênder.*

tên.der (*ingl tender*) *sm* **1** Carro ligado à locomotiva, contendo água, lenha ou carvão, necessários ao funcionamento desta. **2** Navio pequeno que abastece outro maior. **3** Certo tipo de presunto. *Pl: tênderes.*

ten.di.ni.te (*tendão+ite¹*) *sf Patol* Inflamação de tendão.

te.ne.bro.so (*ô*) (*lat tenebrosu*) *adj* **1** Cheio ou coberto de trevas. **2** Muito escuro e denso. **3** Difícil de compreender; misterioso. **4** Terrível. **5** Indigno, criminoso. **6** Horrível, medonho. *Pl: tenebrosos* (*ó*).

te.nên.cia (*lat tenentia*) *sf bras pop* **1** Vigor, firmeza, força. **2** Prudência, cautela, atenção.

te.nen.te (*lat tenente*) *sm* **1** *bras* Aquele que, na ausência do chefe ou diretor, o substitui. **2** Graduação da hierarquia militar acima de sargento e abaixo de capitão.

te.nen.te-co.ro.nel *sm* Graduação da hierarquia militar imediatamente inferior a coronel. *Pl: tenentes-coronéis.*

te.nen.tis.mo (*tenente+ismo*) *sm* Diz-se de uma tendência política, resultante da revolução nacional de 1930, consistente na entrega de postos de responsabilidade na administração civil a jovens oficiais das Forças Armadas.

te.nes.mo (*ê*) (*lat tenesmu*) *sm Med* Sensação dolorosa de tensão e constrição, na bexiga ou na região anal, com desejo contínuo, mas quase inútil, de urinar ou evacuar.

tê.nia (*lat taenia*) *sf Zool* **1** Gênero de vermes que, na forma adulta, parasitam o intestino do homem e de animais domésticos. **2** *V solitária.*

te.ní.a.se (*tênia+ase*) *sf Med* Doença causada pela tênia.

te.ní.fu.go (*lat taenia+fugo*) *adj + sm* Diz-se de, ou medicamento usado para expulsar a tênia do organismo.

tê.nis (*ingl tennis*) *sm sing e pl* **1** Jogo praticado com bola e raquete, em campo dividido ao meio, transversalmente, por uma rede. **2** Calçado esportivo confeccionado em lona e com solado de borracha. *Tênis de mesa:* espécie de tênis, em miniatura, praticado sobre uma mesa retangular; pingue-pongue.

te.nis.ta (*tenis+ista*) *adj m+f* Pertencente ou relativo a tênis. • *s m+f* Pessoa que joga tênis.

te.nor (*ô*) (*ital tenore*) *sm* **1** *Mús* A voz masculina mais aguda. **2** Cantor que tem essa voz.

ten.ro (*lat teneru*) *adj* **1** Que facilmente se pode cortar ou mastigar; mole: *Fruto tenro.* **2** Delicado, mimoso. **3** Jovem. **4** Inocente. **5** Fresco, recente. **6** Pouco crescido. *Antôn* (acepção 1): *duro;* (acepção 3): *velho. Tenra idade* ou *tenros anos:* a infância, a puerícia.

ten.são (*lat tensione*) *sf* **1** Estado ou qualidade de tenso: *A tensão de uma corda.* **2** Estado de grande concentração física ou mental. **3** Rigidez em certas partes do organismo: *Tensão muscular.* **4** *Fís* Força elástica dos gases ou dos vapores: *A tensão do ar.* **5** Estado de um corpo que possui força expansiva. **6** *Eletr* Força eletromotriz; voltagem: *Fios de alta tensão. Tensão elétrica, Eletr:* força eletromotriz; voltagem. *Tensão pré-menstrual:* oscilação de humor que algumas mulheres apresentam antes da menstruação. *Tensão social, Sociol:* estado afetivo resultante das oposições encontradas entre grupos sociais.

ten.so (*lat tensu*) *adj* **1** Estendido com força; esticado, retesado, teso: *Corda tensa.* **2** *fig* Muito preocupado ou em estado de tensão. • *sm* Cordel ou tirante com que se forma a dobra ou saco da tarrafa.

ten.sor (*tenso+or*) *adj* Que estende qualquer membro ou órgão. • *sm Mec* Dispositivo destinado a manter esticada uma correia entre duas polias.

ten.ta.ção (*lat tentatione*) *sf* **1** Ato ou efeito de tentar. **2** Impulso. **3** Apetite ou desejo violento. **4** Pessoa ou coisa que tenta. *sm* **5** *pop* O diabo.

ten.ta.cu.lar (*tentáculo+ar²*) *adj m+f* Pertencente ou relativo a tentáculo.

ten.tá.cu.lo (*lat tentaculu*) *sm* **1** *Zool* Apêndice móvel, inarticulado e elástico, que sai da cabeça ou da parte anterior de certos animais e serve geralmente de órgão do tato ou de apreensão. **2** *Bot* Pelo das plantas carnívoras.

ten.ta.do (*part* de *tentar*) *adj* **1** Que se tentou; próximo a ceder a uma tentação; atraído. **2** Seduzido.

ten.ta.dor (*lat tentatore*) *adj* **1** Que tenta, que solicita para o mal. **2** Que inspira desejo ou apetite. • *sm* **1** O que tenta. **2** *pop* O diabo.

ten.ta.me (*lat tentamen*) *sm* Ensaio, tentativa. *Var: tentâmen*. *Pl: tentames*.

ten.tar (*lat tentare*) *vtd* **1** Pôr à prova; experimentar: *Tentar a paciência*. *vtd* **2** Ensaiar, experimentar, exercitar: *Tentar um dueto*. *vpr* **3** Arriscar-se, aventurar-se a: *Tentar-se a arrojadas empresas*. *vtd* **4** *Dir* Instaurar, intentar, pôr em juízo, propor: *Tentar uma demanda*. *vtd* **5** Criar desejos em; induzir: *Sua proposta não me tenta*. *vtd* **6** Procurar seduzir, procurar conquistar o amor de: *Ela tentava-o, mas ele amava outra*. *vtd* **7** Procurar corromper: *O demônio tenta os inocentes*.

ten.ta.ti.va (*fem* de *tentativo*) *sf* **1** Ação de pôr em execução um projeto, mas que não se completa, que fica no começo. **2** Ensaio, experiência, prova.

ten.to (*lat tentu*) *sm* **1** Atenção, cuidado, juízo, precaução, prudência, sentido, tino. **2** Instrumento usado pelos pintores para apoiar o punho a fim de pincelar com firmeza. **3** Qualquer peça com que se marcam os pontos no jogo. **4** Cada ponto marcado em um jogo. *Ganhar tento*: recuperar a calma, o sangue-frio. *Lavrar um tento*: acertar em cheio, fazer o que deve. *Sem tento*: desatentamente. *Tomar tento*: prestar toda a atenção, tomar cuidado.

tê.nue (*lat tenue*) *adj m+f* **1** Que tem pouca consistência ou espessura. **2** Delgado, frágil. **3** Muito pequeno. **4** Sutil. **5** Leve, ligeiro. **6** Débil, fraco.

te.nui.da.de (*lat tenuitate*) *sf* **1** Qualidade de tênue. **2** Delicadeza, fragilidade; sutileza. **3** Insignificância.

te.o.cra.ci.a (*teo+cracia*) *sf Polít* **1** Sistema político caracterizado pela dominação da casta sacerdotal. **2** O Estado governado por tal sistema.

te.o.cra.ta (*teo+crata*) *s m+f* **1** Membro de uma teocracia. **2** Partidário da teocracia. **3** Quem exerce o poder teocrático.

te.o.do.li.to (*ingl theodolite*) *sm* Instrumento óptico destinado a medir ângulos horizontais e verticais, bem como determinar distâncias e alturas.

te.o.lo.gal (*teólogo+al¹*) *adj m+f* **1** Pertencente ou relativo à teologia. **2** Que trata de Deus. **3** *Teol* Diz-se das três virtudes: fé, esperança e caridade.

te.o.lo.gi.a (*gr theología*) *sf* **1** Ciência que se ocupa de Deus e de suas relações com o Universo e o homem. **2** Ciência sobrenatural de Deus e das criaturas enquanto ordenadas a Deus. **3** Tratado teológico.

te.o.ló.gi.co (*gr theologikós*) *adj* Relativo à teologia.

te.ó.lo.go (*teo+logo*) *sm* **1** Especialista em teologia. **2** O que escreve sobre teologia. **3** O que estuda teologia.

te.or (*ô*) (*lat tenore*) *sm* **1** Texto exato de um escrito ou documento. **2** Forma particular de fazer uma coisa; maneira, modo. **3** Norma, sistema, regra. **4** *Quím* Proporção em que, num composto, está cada um dos elementos componentes; percentagem.

te.o.re.ma (*gr theórema*) *sm* Qualquer proposição que, para ser admitida ou se tornar evidente, precisa ser demonstrada.

te.o.ri.a (*gr theoría*) *sf* **1** Princípios básicos e elementares de uma arte ou ciência. **2** Sistema ou doutrina que trata desses princípios. **3** Conhecimento que se limita à exposição, sem passar à ação, sendo, portanto, o contrário da prática. **4** Conjetura, hipótese. **5** Utopia. **6** Opiniões sistematizadas.

te.ó.ri.co (*gr theorikós*) *adj* Pertencente ou relativo à teoria. • *sm* **1** Aquele que conhece cientificamente os princípios ou a teoria de uma arte. **2** *fam* Devaneador, utopista. *Antôn* (acepção 2): *prático*.

te.o.ri.zar (*teoria+izar*) *vtd* **1** Criar, estabelecer ou fundar teoria sobre; reduzir à teoria: *Ao longo dos anos, teorizou suas observações filosóficas*. *vint* **2** Discorrer sobre teorias, sem passar à prática.

te.pi.dez (*tépido+ez*) *sf* **1** Temperatura daquilo que se acha tépido. **2** Frouxidão.

té.pi.do (*lat tepidu*) *adj* **1** Que tem pouco calor; ligeiramente morno. **2** Frouxo.

te.qui.la (de *Tequilla*, *top*) *sf* Aguardente mexicana.

ter (*lat tenere*) *vtd* **1** Gozar; desfrutar, possuir, usufruir: *Embora idoso, tem boa saúde*. *vtd* **2** Alcançar, obter: *Teve em dote várias casas*. *vtd* **3** Agarrar, aguentar, conservar preso; segurar: *A polícia tem nas mãos o criminoso*. *vtd* **4** Dominar, possuir. *vtd* **5** Apresentar, possuir: *Esta bebida tem bom sabor*. *vti* **6** Estar determinado ou resolvido; ser obrigado; ter necessidade ou precisão: *Temos de partir já*. *vpr* **7** Conter-se, refrear-se, reprimir-se: *Não se teve de alegria*. *vpr* **8** Ater-se, confiar: *Tinha-se à orientação do mestre*. *vtd* **9** Dar origem a: *Água límpida e saudável tivera este rio antigamente*. *vtd* **10** Ser genitor de: *Quantos filhos tem o senhor? vtd* **11** Gerar, procriar (falando do homem e do animal): *Maria teve três filhos*. *vtd* **12** Ser dotado de: *Ter capacidade, ter juízo*. *vtd* **13** Fruir, gozar: *Temos o prazer de convidá-lo para almoçar conosco*. *vtd* **14** Dar provas de, revelar: *Ter caridade, ter confiança*. *vtd* **15** Haver-se ou proceder com: *Ter cuidado, ter prudência*. *vtd* **16** Estar confiado ou entregue a; ser administrado, auxiliado, dirigido, dominado, possuído, protegido por: *Temos um governo democrático. Esta casa tem dono*. *vtd* **17** Adotar, seguir: *Que direção tem a estrada? Não tenho o seu modo de pensar*. *vpr* **18** Opor-se, resistir: *Ter-se com* (ou *contra*) *o adversário*. *vtd* **19** Experimentar, receber, sentir, sofrer (impressão, sensação, sen-

timento): *Ter coragem, ter desgosto, ter medo.* vtd **20** Sofrer de: *Ter febre, ter uma doença.* vtd **21** Forma com o particípio os tempos compostos: *A corrupção tinha chegado àquele país.* Conjug – Pres indic: *tenho, tens, tem, temos, tendes, têm;* Pret imp indic: *tinha, tinhas, tinha* etc.; Pret perf: *tive, tiveste, teve, tivemos, tivestes, tiveram;* Pret mais-que-perf: *tivera, tiveras, tivera, tivéramos, tivéreis, tiveram;* Fut pres: *terei, terás, terá;* Fut pret: *teria, terias, teria* etc.; Pres subj: *tenha, tenhas, tenha* etc.; Pret imp subj: *tivesse, tivesses, tivesse* etc.; Fut subj: *tiver, tiveres, tiver, tivermos, tiverdes, tiverem;* Imper afirm: *tem(tu), tenha(você), tenhamos(nós), tende(vós), tenham(vocês);* Infinitivo impess: *ter;* Infinitivo pess: *ter, teres, ter, termos, terdes, terem:* Ger: *tendo;* Part: *tido. Ter boa prosa:* ter palestra agradável; ser muito labioso, ter bom palavreado. *Ter boas maneiras:* ser bem-educado. *Ter boas pernas:* ser capaz de fazer longas caminhadas. *Ter com alguém:* encontrar-se com essa pessoa. *Ter diante dos olhos:* não esquecer, não tirar da memória.
Ter de ou **ter que?**
Embora, atualmente, sejam aceitas as duas construções, prefira **ter de** quando pretender dar o sentido de uma necessidade, obrigação ou dever.
*Todos **tínhamos de** revisar o trabalho diariamente.*
__Teria de__ se envolver em novas negociações para o sucesso do empreendimento.
Quando, entretanto, estiver subentendido algo, alguma coisa ou muita coisa, prefira **ter que**.
*Saiu mais cedo porque **tinha que** fazer.* (tinha alguma coisa, algo ou muita coisa para fazer)
*Gosto de **ter que** contar quando volto de viagem.* (ter alguma coisa, algo ou muita coisa para contar)
Ter ou **haver**?
Use sempre o verbo **haver** como sinônimo de **existir**.
*Não **há** mais jeito de se fazer o trabalho.*
*Amanhã **haverá** Atlético versus Santos no Pacaémbu.*
__Havia__ muita gente na porta do banco.
__Houve__ muitas brigas no Carnaval.
__Havia__ de tudo na festa de casamento.
*Onde **há** fumaça, há fogo.*
*Não **há** problema.*
Evite, na língua padrão, formas com o verbo **ter** como: *Não **tem** mais jeito. Amanhã **tem** jogo. **Tem** muita gente no banco. Não **tem** problema.*

te.ra.peu.ta (*gr therapeutés*) *s m+f* **1** Pessoa que exerce a terapêutica; médico, clínico. **2** Pessoa que conhece bem as indicações terapêuticas.
te.ra.pêu.ti.ca (*gr therapeutiké*) *sf Med* **1** Parte da medicina que se ocupa da escolha e administração dos meios de curar doenças, e da natureza dos remédios. **2** Tratamento das doenças. *Sin: terapia.*
te.ra.pêu.ti.co (*gr therapeutikós*) *adj* Pertencente ou relativo à terapêutica: *Receitas terapêuticas.*
te.ra.pi.a (*gr therapeía*) *Med V terapêutica. Terapia ocupacional:* tratamento que se desenvolve através do interesse do paciente por determinado trabalho ou ocupação.

te.ra.to.lo.gi.a (*térato+logo+ia*[1]) *sf Med* Estudo das deformações ou monstruosidades orgânicas.
tér.bio (*lat cient terbium*, do *top*) *sm Quím* Elemento de número atômico 65 e símbolo Tb.
ter.ça (*lat tertia*) *num V terço.* • *sf* **1** A terça parte de um todo; terceira. **2** Forma reduzida de terça-feira.
ter.çã (*lat tertiana*) *adj Med* Diz-se da febre em que os acessos se repetem em períodos regulares, de três em três dias. • *sf* Essa febre.
ter.ça-fei.ra (*terça+feira*) *sf* Terceiro dia da semana. *Pl: terças-feiras.*
ter.cei.ra (*fem* de *terceiro*) *sf* **1** *Autom* A terceira marcha de velocidade dos veículos. **2** Alcoviteira. **3** Terça. *Terceira proporcional, Arit:* a terceira grandeza, em uma proporção com os meios iguais.
ter.cei.ra-i.da.de *sf* **1** Idade acima dos cinquenta anos. **2** As pessoas com mais de cinquenta anos.
ter.cei.ra.nis.ta (*terceiro+ano+ista*) *adj m+f* Diz-se de estudante do terceiro ano de qualquer escola ou faculdade. • *s m+f* Estudante que cursa o terceiro ano.
ter.cei.ri.za.ção (*terceirizar+ção*) *sf Econ* Atribuição de um trabalho a empresas independentes.
ter.cei.ri.za.do (*part* de *terceirizar*) *adj Econ* Diz-se do trabalhador que passou por processo de terceirização, ou do serviço por ele realizado.
ter.cei.ri.zar (*terceiro+izar*) *vtd Econ* Transferir a trabalhadores não pertencentes ao quadro de funcionários de uma empresa funções antes exercidas por empregados dessa mesma empresa: *A editora terceirizou a revisão dos livros.*
ter.cei.ro (*lat tertiariu*) *num* **1** Que se segue imediatamente ao segundo com relação a lugar, tempo, importância ou posição. **2** Que ocupa o número três numa série ou ordem: *Terceiro dia do mês.* • *sm* **1** Terceira pessoa. **2** O que ocupa o terceiro lugar. *sm pl* Outras pessoas: *Não dou ouvidos a terceiros.*
ter.cei.ro-mun.dis.ta (*terceiro+mundo+ista*) *adj m+f* Relativo ou pertencente ao Terceiro Mundo (conjunto dos países subdesenvolvidos economicamente): "Eu tenho uma posição liberal, mas com uma visão terceiro-mundista" (R. Cardoso Alves). *Pl: terceiro-mundistas.*
ter.ce.to (ê) (*ital terzetto*) *sm* **1** *Lit* Estrofe de três versos. **2** *Mús* Conjunto de três instrumentos ou de três vozes. *Pl: tercetos* (ê).
ter.ci.á.rio (*lat tertiariu*) *adj* **1** Que se acha ou vem em terceiro lugar. **2** *Geol* Diz-se do período geológico caracterizado pela formação das grandes cadeias de montanhas, como, por exemplo, os Alpes, Cáucaso e Himalaia, como também pela formação e aparecimento dos primeiros símios antropoides e extinção dos grandes sáurios. **3** *Econ* Diz-se do setor de prestação de serviços numa economia.
ter.ço (ê) (*lat tertiu*) *num* Cada uma das partes de um todo dividido em três partes iguais: *Um terço da maçã.* • *sm* **1** A terça parte de um todo dividido em três. **2** *Liturg* A terça parte do rosário, composta de cinco mistérios. **3** Conjunto de contas enfiadas numa linha que se costuma ir desfiando enquanto se recitam orações.

ter.çol *sm Med* Pequeno tumor inflamatório, no bordo das pálpebras. *Pl: terçóis.*

te.re.bin.ti.na (*terebinto+ina*) *sf* Nome genérico das resinas líquidas extraídas de algumas árvores, como o terebinto ou as coníferas. *Essência de terebintina:* óleo que se emprega para diluir tintas, dissolver gorduras, fabricar vernizes etc.; aguarrás.

te.re.bin.to *sm Bot* Pequena árvore europeia, sempre verde, que produz resina semelhante à terebintina.

te.res (de *ter*) *sm pl* Posses, bens, haveres.

te.re.sa (de *Teresa, np*) *sf bras gír* Tipo de corda feita de lençóis amarrados que os prisioneiros utilizam para descer, pela janela, de andares altos de um presídio no ato da fuga.

te.re.si.nen.se (*top Teresina+ense*) *adj m+f* Relativo a Teresina, capital e município do Piauí. • *s m+f* Pessoa natural desse município.

ter.gal (*tergo+al¹*) *adj m+f* Relativo ao dorso; dorsal. • *sm* Espécie de tecido que não se amassa facilmente.

ter.gi.ver.sa.ção (*lat tergiversatione*) *sf* 1 Ato ou efeito de tergiversar. 2 Desculpa, evasiva, rodeio. 3 Interpretação forçada do sentido das palavras, que as adultera por completo.

ter.gi.ver.sa.do (*part* de *pergiversar*) *adj* Em que há tergiversação.

ter.gi.ver.sa.dor (*tergiversar+dor*) *adj* Que tergiversa. • *sm* Aquele que tergiversa.

ter.gi.ver.sar (*lat tergiversare, corr* de *tergiversari*) *vint* 1 Voltar as costas. *vti* e *vint* 2 Usar de evasivas, rodeios ou subterfúgios; inventar desculpas ou pretextos; procurar maneira de se escapar; hesitar: *Tergiversar na aplicação da justiça. Sem mais tergiversar, tentemos a experiência.*

ter.mal (*terma+al¹*) *adj m+f* 1 Relativo a termas. 2 Diz-se da água cuja temperatura é mais alta que o ar do ambiente.

ter.mas (*pl thermas*) *sf pl* 1 Estabelecimento destinado ao uso terapêutico das águas medicinais quentes. 2 Águas termais; caldas. 3 *Antig rom* Edifício próprio para banhos públicos.

ter.me.le.tri.ci.da.de (*termo+eletricidade*) *sf Fís* Eletricidade obtida pela ação do calor. *Var: termoeletricidade.*

ter.me.lé.tri.co (*termo+elétrico*) *adj* Pertencente ou relativo à termeletricidade. *Var: termoelétrico.*

ter.mi.a (*termo+ia¹*) *sf* Unidade calorimétrica que corresponde ao calor necessário para elevar, de um grau centígrado, uma tonelada de água.

tér.mi.co (*termo+ico²*) *adj* Pertencente ou relativo às termas, ao calor, ou que o conserva.

ter.mi.na.ção (*lat terminatione*) *sf* 1 Ato ou efeito de terminar. 2 Modo como uma coisa acaba. 3 *Gram* Parte final de uma palavra. 4 Conclusão, fim, termo. 5 *Anat* O fim dos nervos, dos vasos etc., ou o ponto onde eles terminam.

ter.mi.na.dor (*terminar+dor*) *sm Inform* 1 Resistor encaixado em cada extremidade de um cabo coaxial numa rede, criando um circuito elétrico. 2 Em certos tipos de instalação, resistor encaixado no último dispositivo de uma ligação em cascata, criando um circuito elétrico.

ter.mi.nal (*lat terminale*) *adj m+f* 1 Pertencente ou relativo ao termo ou remate. 2 Que constitui o termo ou extremidade. 3 Que ocupa o ápice. 4 Diz-se do doente que se encontra às portas da morte. • *sm* 1 Construção, em portos e pontos finais de estradas. 2 *Eletr* Ponto na rede elétrica em que são feitas as ligações para uso dos particulares. 3 Ponto final de uma estrada de ferro ou linha de ônibus. 4 *Inform* Dispositivo ligado a um sistema de computador por meio de um canal de comunicação que transmite e/ou recebe informações.

ter.mi.nan.te (*lat terminante*) *adj m+f* 1 Que termina. 2 Categórico, decisivo, definitivo.

ter.mi.nar (*lat terminare*) *vtd* 1 Acabar, arrematar, concluir, findar: *Terminar o jantar, terminar o trabalho. vtd* 2 Pôr termo a, ser o fim ou remate de: *Isso lhe terminará os receios. vti* e *vint* 3 Atingir o seu termo; deixar de existir: *A luta terminou com a morte de um dos contendores. vti* e *vpr* 4 Ter um termo ou limite: *O instrumento terminava* (ou *terminava-se*) *em gancho. Antôn:* principiar, iniciar. *Terminar em pizza, pop:* não dar resultado, acabar em nada. *Conjug – Pres indic:* termino, terminas (*mí*) etc. *Cf término.*

tér.mi.no (*lat terminu*) *sm* 1 Termo, fim. 2 Baliza, limite.

ter.mi.no.lo.gi.a (*término+logo+ia¹*) *sf* Conjunto dos termos técnicos de uma ciência ou arte; nomenclatura.

tér.mi.te (*termo+ite*) *sf Entom V cupim. Var:* terme, termes, térmita.

ter.mo (*ê*) (*lat terminu*) *sm* 1 Marco divisório que restringe uma área; limite, raia. 2 Limite moral. 3 Limite em relação ao tempo e ao espaço. 4 Tempo fixo; prazo. 5 Espaço, extensão. 6 Proporção, razão. 7 Palavra ou expressão própria de uma arte ou ciência: *Termo de Direito.* 8 *Gram* Vocábulo, dicção, palavra, expressão. 9 *Mat* Cada um dos elementos de uma fração, de uma relação, de uma proporção ou de uma progressão etc. *Termos essenciais da oração, Gram:* o sujeito e o predicado. *Termos integrantes da oração, Gram:* o complemento nominal e o complemento verbal (objeto direto ou objeto indireto) e o agente da passiva. *Em termos:* guardadas as devidas proporções.

ter.mo.di.nâ.mi.ca (*termo+dinâmica*) *sf Fís* Estudo das mútuas relações entre os fenômenos caloríficos e os mecânicos.

ter.mo.e.le.tri.ci.da.de (*termo+eletricidade*) *V termeletricidade.*

ter.mo.e.lé.tri.co (*termo+elétrico*) *V termelétrico.*

ter.mô.me.tro (*termo+metro²*) *sm* 1 *Fís* Instrumento com que se mede a temperatura dos corpos. 2 *fig* Indicação de um estado ou andamento de qualquer coisa, na ordem física ou moral. *Termômetro centígrado:* aquele que tem a escala dividida em 100 graus, correspondendo 0 à temperatura de fusão do gelo e 100 à temperatura de ebulição da água. *Termômetro de Célsius: V termômetro centígrado. Termômetro de Fahrenheit:* aquele em que o ponto de fusão do gelo é marcado pelo grau 32 e o de ebulição da água pelo grau 212.

ter.mo.nu.cle.ar (*termo+nuclear*) *adj m+f Fís* De ou relativo às transformações (fusões) que ocorrem nos núcleos dos átomos de baixo peso

termoquímica 856 **terrificar**

atômico, como o hidrogênio, decorrentes de elevadíssimas temperaturas que podem iniciar uma reação em cadeia.

ter.mo.quí.mi.ca (*termo+química*) *sf* **1** Ramo da química que trata dos fenômenos da transformação da energia química em energia calorífica e vice-versa. **2** Parte da química que estuda a relação entre calor e atividade química.

ter.mos.có.pio (*termo+skópos+io²*) *sm Fís* Instrumento com que se avaliam as diferenças relativas na temperatura.

ter.mos.ta.to (*termo+gr statós*) *sm Fís* Dispositivo automático destinado a manter e controlar a temperatura de um corpo ou de um ambiente. *Var: termóstato.*

ter.ná.rio (*lat ternariu*) *adj* **1** Formado de três unidades. **2** *Mús* Diz-se do compasso que é dividido em três tempos iguais. **3** *Quím* Diz-se do composto resultante da combinação de três corpos simples, ou de dois binários compostos com um princípio comum.

ter.ni.nho (*dim* de *terno*) *sm bras* Conjunto esporte feminino, composto de calças compridas e casaco, confeccionados com o mesmo tecido.

ter.no (*lat teneru*) *adj* **1** Afetuoso, meigo. **2** Brando, suave. **3** Carinhoso, afável. • *sm* **1** Grupo de três coisas ou pessoas; trio. **2** *Reg* (MG) Grupo de pessoas, pouco ou muito numeroso: *Reuniu-se um terno de meninos.* **3** Vestuário masculino. *Terno de grupo, bras*: no jogo do bicho, aposta em três grupos diferentes. *Fazer o terno:* acertar três dos cinco números sorteados pela loteria chamada quina.

ter.nu.ra (*terno+ura*) *sf* **1** Qualidade de terno. **2** Carinho, meiguice. **3** Afeto brando.

ter.ra (*lat terra*) *sf* **1 Terra** *Astr* Planeta do sistema solar em que habitamos e cuja órbita se situa entre a de Vênus e a de Marte. **2** A parte sólida desse planeta, não ocupada pelo mar. **3** Solo, chão. **4** Lugar ou localidade onde se nasceu ou onde se habita. **5** Povoação, localidade, cidade, vila ou aldeia. **6** *Escult* Argila de que se servem os escultores para os seus trabalhos; barro. **7** Pátria. **8** Região. **9** *Eletr* Ponto de contato de um circuito com a terra. • *interj* Grito dos marinheiros ao avistarem terra. *Terra a terra:* trivial, rasteiro, sem elevação nem largueza de ideias.

ter.ra.ço (*lat terraceu*) *sm* **1** Pavimento descoberto no alto, ao nível do pavimento de uma casa ou contíguo a ela; plataforma. **2** Cobertura plana de um edifício, feita de pedra ou de argamassa; eirado. **3** Obra de alvenaria em forma de galeria descoberta.

ter.ra.co.ta (*ital terracotta*) *sf* **1** Argila modelada e cozida ao forno. **2** Objeto de cerâmica ou de escultura que foi cozido ao forno.

ter.ral (*lat terrale*) *adj m+f* **1** Pertencente ou relativo à terra. **2** Diz-se do vento que sopra da terra para o mar. • *sm* Vento que sopra da terra para o mar; brisa terrestre.

ter.ra.pla.na.do (*part* de *terraplanar*) *V terraplenado.*

ter.ra.pla.na.gem (*terraplanar+agem*) *V terraplenagem.*

ter.ra.pla.nar (*terra+plano+ar¹*) *V terraplenar.*

ter.ra.ple.na.do (*part* de *terraplenar*) *adj* **1** Cheio de terra. **2** Em que se fez terraplenagem. *Var: terraplanado.*

ter.ra.ple.na.gem (*terraplenar+agem*) *sf* **1** Ato ou efeito de terraplenar. **2** Terrapleno. **3** Qualquer trabalho que tenha por fim modificar o relevo natural de um terreno por meio de aterros. *Var: terraplanagem.*

ter.ra.ple.nar (*terrapleno+ar¹*) *vtd* Encher de terra, formar terrapleno em (qualquer sítio vazio para o tornar maciço). *Var: terraplanar.*

ter.ra.ple.no (*terra+pleno*) *sm* **1** Terras transportadas para um certo lugar a fim de torná-lo plano. **2** Terreno em que se encheu uma cavidade ou depressão, ficando plano; terreno plano. **3** *V terraplenagem.* **4** Terraço.

ter.rá.queo (*lat terra +lat aqua+eo*) *adj* Pertencente ou relativo ao globo terrestre; terrestre.

ter.rá.rio (de *terra,* por analogia com *aquário*) *sm* **1** Lugar, nos jardins zoológicos, provido de terra, pedras, rochas e plantas, para criação ou exposição de animais (feras, répteis, roedores etc.). **2** Recipiente com uma certa quantidade de terra, usado para cultivar plantas ou criar pequenos animais em casa.

ter.rei.ro (*terra+eiro*) *sm* **1** Espaço de terra desocupado, largo e plano. **2** Eirado, terraço. **3** Espaço ao ar livre, à porta das habitações, onde há bailados, cantos, folguedos e desafios. **4** Pátio limpo diante das residências do interior. **5** *bras* Denominação dada ao local onde se realizam os cultos afro-brasileiros (macumba, candomblé etc.).

ter.re.mo.to (*lat terraemotu*) *sm* Vibração ou abalo da crosta da Terra; tremor de terra; sismo. *Var: terramoto.*

ter.re.no (*lat terrenu*) *adj* **1** Terrestre. **2** Que se refere ao mundo; mundano. • *sm* **1** Espaço de terra mais ou menos extenso. **2** *Geol* Cada uma das camadas de terra ou rochas consideradas em relação à extensão que ocupam, segundo o modo e época da sua formação: *Terrenos terciários.* **3** *fig* Assunto. **4** Porção de terra própria para o cultivo ou destinada à construção de um prédio. *Perder terreno:* a) recuar em vez de avançar; b) ficar privado de vantagem. *Sondar o terreno:* verificar, pesquisar.

tér.reo (*lat terreu*) *adj* **1** Pertencente ou relativo à terra. **2** Próprio da terra. **3** Que fica ao rés do chão. **4** Que tem por pavimento o próprio solo, sem sobrado. **5** Diz-se do piso situado diretamente no solo. • *sm* O pavimento que se situa ao rés do chão; andar térreo.

ter.res.tre (*lat terrestre*) *adj m+f* **1** Pertencente ou relativo à Terra. **2** Que provém da terra ou nasce nela. **3** Que vive sobre a parte sólida do globo. **4** Mundano, terreno, terráqueo, térreo.

terrier (térrie) (*ingl*) *sm* Nome comum a vários cães, comumente pequenos, mantidos, principalmente, como animais caseiros de estimação.

ter.ri.fi.can.te (de *terrificar*) *adj m+f* Que terrifica.

ter.ri.fi.car (*lat terrificare*) *vtd* Amedrontar, apavorar, assustar; causar ou incutir terror a: *Espectros sombrios terrificavam sua imaginação. Conjug* – *Pres subj:* terrifique, terrifiques etc.; *Pret perf:* terrifiquei, terrificaste, terrificou etc.

ter.ri.na (*fr terrine*) *sf* Vaso de louça ou metal etc., geralmente com tampa, no qual se leva à mesa a sopa ou o caldo.

ter.ri.to.ri.al (*lat territoriale*) *adj m+f* Pertencente ou relativo a território.

ter.ri.tó.rio (*lat territoriu*) *sm* **1** Terreno mais ou menos extenso. **2** Porção da superfície terrestre pertencente a um país, Estado, município, distrito etc. **3** Região sob a jurisdição de uma autoridade.

ter.rí.vel (*lat terribile*) *adj m+f* **1** Que causa ou infunde terror; assustador, temido, temível. **2** Com que não se pode lutar; invencível. **3** Fastidioso, importuno. **4** Estranho, extraordinário. **5** Muito ruim; péssimo.

ter.ror (*lat terrore*) *sm* **1** Qualidade de terrível. **2** Estado de grande pavor, medo. **3** Perigo, dificuldade extrema.

ter.ro.ris.mo (*terror+ismo*) *sm* **1** Sistema governamental que impõe, por meio de terror, os processos administrativos sem respeito aos direitos e às regalias dos cidadãos. **2** Uso de violência contra um indivíduo ou uma comunidade.

ter.ro.ris.ta (*terror+ista*) *adj m+f* **1** Que infunde terror. **2** Que espalha boatos assustadores ou prediz acontecimentos funestos. • *s m+f* Pessoa partidária do terrorismo.

ter.ro.ri.zar (*terror+izar*) *V* aterrorizar.

ter.ro.so (*ô*) (*lat terrosu*) *adj* **1** Que tem aspecto, cor, mistura ou natureza de terra. **2** Sujo de terra. **3** Sem brilho. *Pl*: terrosos (*ó*).

ter.so (*é*) (*lat tersu*) *adj* **1** Puro, limpo. **2** Brilhante, polido.

ter.tú.lia (*cast tertulia*) *sf* **1** Reunião familiar. **2** Assembleia literária.

te.são (*lat tensione*) *sm* **1** Estado ou qualidade de teso; tesura. **2** Embate violento; ímpeto. *s m+f* **1** *vulg* Desejo sexual. **2** *pop* Estado do pênis em ereção. **3** *pop* Indivíduo que inspira desejo sexual.

te.se (*é*) (*gr thésis*) *sf* **1** Proposição que se apresenta para ser discutida. **2** Monografia para ser defendida em público, em exames de mestrado ou doutorado nas escolas superiores. **3** Argumento, assunto, tema. **4** *Mat* Consequência decorrente da hipótese. *Em tese:* em geral, em princípio, teoricamente, por via de regra.

te.so (*ê*) (*lat tensu*) *adj* **1** Não frouxo; tenso, esticado. **2** Duro. **3** Imóvel. **4** *gír* Que está sem dinheiro; duro. *Antôn* (acepção 1): *bambo, frouxo*.

te.sou.ra (*lat tonsoria*) *sf* **1** Instrumento de corte formado por duas lâminas, articuladas face a face, e que se unem no meio por um eixo, terminadas por duas aberturas onde se introduzem os dedos, que fazem mover as lâminas. **2** Aquilo que corta ou dilacera. **3** *fig* Língua viperina e maldizente. **4** *fig* Crítico mordaz ou pessoa maldizente. *Meter a tesoura em alguém:* falar mal de uma pessoa. *Var: tesoira*.

te.sou.ra.da (*tesoura+ada*¹) *sf* **1** Ação de tesourar. **2** Golpe com tesoura. **3** *pop* Dito ou frase maldizente. *Var: tesoirada*.

te.sou.rar (*tesoura+ar*¹) *vtd* **1** Cortar com tesoura: *Rapidamente, tesourou a manga do paletó*. **2** Cortar, dilacerar. **3** *pop* Falar mal de. **4** Golpear com tesoura. *Var: tesoirar. Conjug – Pres indic:* tesouro, tesouras, tesoura etc.

te.sou.ra.ri.a (*tesouro+aria*) *sf* **1** Casa ou lugar onde se guarda ou administra o Tesouro Público. **2** Repartição onde o tesoureiro exerce as suas funções. **3** Cargo de tesoureiro. **4** Contabilidade. *Var: tesoiraria*.

te.sou.rei.ro (*tesouro+eiro*) *sm* **1** Guarda de tesouro ou cofre de uma associação. **2** Aquele que tem a seu cargo as operações monetárias de uma empresa, banco, sociedade etc. *Var: tesoireiro*.

te.sou.ro (*lat thesauru*) *sm* **1** Grande quantidade de dinheiro, joias ou outros valores importantes. **2** Lugar onde se guardam esses valores. **3** Coisa ou conjunto de coisas preciosas escondidas ou ocultas num lugar. **4** Ministério da Fazenda. **5** Riqueza. **6** *fig* Pessoa a quem se tem profunda afeição. *Var: tesoiro*.

tes.si.tu.ra (*ital tessitura*) *sf* **1** *Mús* Disposição das notas musicais para se acomodarem a certa voz ou a certo instrumento. **2** Conjunto das notas mais frequentes numa peça musical, constituindo a extensão média na qual está ela escrita.

tes.ta (*é*) (*lat testa*) *sf* **1** A parte anterior do crânio, entre as sobrancelhas e a raiz dos cabelos; a fronte. **2** Parte superior da frente da cabeça dos animais em geral; região frontal. **3** *fig* Direção, administração. *Estar à testa:* chefiar, liderar. *Franzir a testa:* dar sinal de contrariedade ou descontentamento. *Meter a testa:* dar uma cabeçada. *Testa de ferro:* indivíduo que assume responsabilidades alheias ou representa ficticiamente aqueles que não querem aparecer.

tes.ta.da (*testa+ada*¹) *sf* **1** Parte de rua ou estrada que fica na frente de uma construção. **2** Pancada com a testa; marrada.

tes.ta.do (*part de testar*) *adj* **1** Que foi submetido a teste (pessoa ou coisa). **2** Dado por bom, examinado, provado, verificado (aparelhos, instrumentos, máquinas, materiais, motores etc.).

tes.ta.men.tal (*lat testamentale*) *adj m+f* **1** Pertencente ou relativo a testamento. **2** Que tem a natureza de testamento.

tes.ta.men.tá.rio (*lat testamentariu*) *adj V* testamental. • *sm Dir* Herdeiro por testamento. *Agente testamentário:* aquele que o testador nomeia para executar o testamento; testamenteiro.

tes.ta.men.tei.ro (*lat testamentariu*) *sm Dir* Pessoa que cumpre ou faz cumprir um testamento.

tes.ta.men.to (*lat testamentu*) *sm* **1** *Dir* Ato personalíssimo, unilateral, pelo qual a pessoa dispõe, total ou parcialmente, dos seus bens para depois de sua morte. **2** *pop* Carta muito longa e prolixa. *Antigo* ou *Velho Testamento, Bíblia:* conjunto dos livros anteriores aos Evangelhos. *Novo Testamento, Bíblia:* conjunto dos livros que se seguiram ao nascimento de Jesus Cristo.

tes.tar (*lat testare*) *vtd* **1** Deixar por testamento; legar: *Antes de morrer, testou o que assegurasse a subsistência da viúva. Testou-lhes enorme fortuna. vti e vint* **2** Dispor de algo em testamento: *Testar de alguma coisa. Morrer sem poder testar. vtd* **3** Deixar após o falecimento. *vtd* **4** Submeter a teste; experimentar, pôr à prova: *O radiotécnico testou o aparelho. O professor testou os alunos*.

tes.te (*ingl test*) *sm* **1** Exame crítico ou prova das qualidades, natureza ou comportamento de uma

pessoa ou coisa. **2** Lista de questões, experiências ou atividades que servem para uma prova dessas. **3** Prova, experiência, exame. **4** Ensaio, verificação.
tes.te.mu.nha (de *testemunhar*) *sf* **1** *Dir* Pessoa que assiste a determinado fato, e é chamada a juízo a fim de depor desinteressadamente sobre o que sabe a respeito desse fato. **2** Pessoa que atesta a verdade de algum fato. **3** Pessoa que assiste a certos atos para os tornar autênticos e valiosos. **4** Pessoa que presencia um fato qualquer; espectador. *Testemunha de jeová, Rel:* pessoa que professa a religião Testemunhas de Jeová, surgida nos EUA em 1872.
tes.te.mu.nhar (*testemunho+ar*[1]) *vtd* **1** Dar testemunho de; atestar, confirmar, declarar ter visto ou conhecido: *Testemunhar a fé evangélica*. *vti* **2** Fazer declaração como testemunha: *Testemunhou a favor de* (ou *contra*) *alguém*.
tes.te.mu.nhá.vel (*testemunhar+vel*) *adj m+f* **1** Que se pode testemunhar. **2** Que testemunha; que faz fé, que merece crédito.
tes.te.mu.nho (*lat testimoniu*) *sm* **1** Narração real que se faz em juízo; depoimento, declaração da testemunha. **2** Demonstração, indício, prova, sinal, vestígio.
tes.ti.cu.lar (*testículo+ar*[2]) *adj m+f* Pertencente ou relativo aos testículos.
tes.tí.cu.lo (*lat testiculu*) *sm Anat* Cada uma das duas glândulas seminais masculinas, situadas na bolsa escrotal e que produzem espermatozoides e demais hormônios.
tes.ti.fi.car (*lat testificari*) *vtd* **1** Dar testemunho de, testemunhar; atestar, comprovar: *Testificar um fato*. **2** Afirmar, assegurar: *Testificar uma doutrina*. *Conjug – Pres subj: testifique, testifiques* etc.; *Pret perf: testifiquei, testificaste, testificou* etc.
tes.tos.te.ro.na (*ingl testosterone*) *sf Bioquím* Substância androgênica ativa, que constitui um hormônio sexual masculino.
tes.tu.do (*testa+udo*) *adj* **1** Que tem testa ou cabeça grande. **2** Cabeçudo, obstinado, casmurro.
te.su.do (*tes(ão)+udo*) *adj + sm bras vulg* Que, ou aquele que tem ou sente muito tesão.
te.ta[1] (*ê*) (*gr títhe*) *sf* **1** *Anat* Glândula mamária, seio, mama. **2** *Anat Zool* Úbere. **3** Apêndice que, em número variável (quatro nos bovinos), serve de conduto para o leite. **4** *Reg* (Sul) *pop* Mamata, sinecura.
te.ta[2] (*é*) (*gr thêta*) *sm* Oitava letra do alfabeto grego.
te.tâ.ni.co (*tétano+ico*[2]) *adj* **1** Relativo ao tétano. **2** Da natureza do tétano.
té.ta.no (*lat tetanu*) *sm Med* Doença infecciosa aguda caracterizada pela rigidez convulsiva e dolorosa dos músculos, particularmente os da mastigação.
tête-à-tête (*tét-a-tét*) (*fr*) *sm* Entrevista particular entre duas pessoas.
te.tei.a (*é*) *sf* **1** Pequeno brinquedo com que as crianças se distraem. **2** *pop* Pessoa ou coisa muito graciosa ou delicada.
te.to (*lat tectu*) *sm* **1** Superfície, ordinariamente plana, guarnecida de tábuas ou de estuque, que forma a parte superior interna de uma casa ou de um compartimento. **2** *por ext* O telhado, considerado especialmente do lado interno. **3** *fig* Casa, habitação. **4** *fig* Limite máximo.
te.tra.cam.pe.ão (*tetra+campeão*) *adj* Diz-se do indivíduo ou grêmio esportivo campeão quatro vezes consecutivas. • *sm* Esse indivíduo ou esse grêmio. *Fem: tetracampeã. Pl: tetracampeões.*
te.tra.cam.pe.o.na.to (*tetra+campeonato*) *sm* Campeonato conquistado pela quarta vez consecutiva.
te.tra.e.dro (*tetra+hedro*) *sm Geom* Poliedro de quatro faces; pirâmide triangular.
te.tra.ne.to (*tetra+neto*) *sm* Filho do trineto ou da trineta. *Var: tataraneto.*
te.tra.ple.gi.a (*tetra+plego+ia*[1]) *sf Med* Paralisia de todos os quatro membros; quadriplegia.
te.tra.plé.gi.co (*tetraplegia+ico*[2]) *adj* Pertencente ou relativo à tetraplegia.
te.tráp.te.ro (*tetra+ptero*) *adj Zool* Diz-se do inseto com quatro asas.
te.tras.sí.la.bo (*tetra+sílaba*) *adj Gram* Que tem quatro sílabas. • *sm* Palavra ou verso de quatro sílabas.
te.tra.vô (*tetra+avô*) *sm* O pai do trisavô ou da trisavó. *Var: tataravô. Fem: tetravó.*
té.tri.co (*lat tetricu*) *adj* **1** Excessivamente melancólico. **2** Muito triste; fúnebre. **3** Medonho, horrível, horripilante.
teu (*lat tuu*) *pron poss* **1** De ti, pertencente ou relativo a ti. **2** Próprio de ti.
te.vê (da sigla *TV*, de *televisão*) *pop V televisão.*
têx.til (*ês*) (*lat textile*) *adj m+f* **1** Que se pode tecer ou é próprio para ser tecido. **2** Pertencente ou relativo à tecelagem ou às fábricas de tecidos: *Indústrias têxteis*. *Pl: têxteis.*
tex.to (*ês*) (*lat textu*) *sm* **1** As palavras de um autor, de que consta algum livro ou escrito. **2** Palavras que se citam para provar qualquer doutrina. **3** *Art Gráf* A parte principal de um periódico ou livro, que contém a exposição da matéria.
tex.to-le.gen.da *sm* Legenda que, além de informar, comenta ou explica a fotografia. *Pl: textos-legenda* e *textos-legendas.*
tex.tu.al (*ês*) (*texto+al*[1]) *adj m+f* **1** Pertencente ou relativo ao texto. **2** Que está num texto. **3** Que se transcreveu exata e fielmente do próprio texto.
tex.tu.ra (*ês*) (*lat textura*) *sf* **1** Ato ou efeito de tecer. **2** Tecido, trama. **3** União íntima das partes de um corpo; contextura.
tex.tu.ri.za.ção (*texturizar+ção*) *sf* Ato ou efeito de texturizar.
tex.tu.ri.za.do (*part* de *texturizar*) *adj* Que passou por processo de texturização.
tex.tu.ri.zar (*textura+izar*) *vtd* Cobrir (paredes, peças de decoração ou outras superfícies) com massa e/ou tinta, dando em seguida uma textura (algum relevo) a essa cobertura.
te.xu.go (*lat vulg taxonu*) *sm Zool* Mamífero carnívoro da família dos mustelídeos, de focinho semelhante ao do urso, pelos rijos usados na fabricação de pincéis, unhas fortes nas patas dianteiras, com as quais cava tocas profundas.
tez (*ê*) (*cast tez*) *sf* **1** A epiderme do rosto; cútis. **2** A pele mais exterior, mais fina e mais sutil.
thriller (*trilâr*) (*ingl*) *sm* Enredo de filme, peça, narrativa etc. que inspira horror.

ti (*lat tibi*) *pron pess* Variação do pronome pessoal *tu*, sempre regida de preposição: *De ti, para ti, por ti, a ti, em ti.* (Exceto a preposição *com*, que toma outra forma e se diz *contigo.*)

ti.a (*fem* de *tio*) *sf* **1** Irmã do pai ou da mãe em relação a seus filhos. **2** Mulher do tio em relação a seus sobrinhos. **3** *pop* Solteirona. **4** *bras* Tratamento carinhoso dado por jovens e crianças a amigas da família ou a professoras. *Ficar para tia:* não casar; ficar solteirona.

ti.a.mi.na (*gr theîon+amina*) *sf Biol* Vitamina B1, essencial ao crescimento e ao metabolismo dos glúcides.

ti.a.ra (*lat tiara*) *sf* **1** Mitra do pontífice. **2** Enfeite para a cabeça usado por mulheres.

ti.be.ta.no (*top Tibete+ano*) *adj* **1** Pertencente ou relativo ao Tibete (Ásia). **2** Nascido no Tibete. • *sm* **1** Habitante ou natural do Tibete. **2** Língua falada no Tibete.

tí.bia (*lat tibia*) *sf* **1** *Anat* O mais grosso dos dois ossos da perna situado na parte anterointerna. **2** Canela da perna. **3** *Entom* Terceira articulação das pernas dos insetos.

ti.bi.e.za (*tíbio+eza*) *sf* **1** Qualidade de tíbio. **2** Fraqueza, frouxidão. **3** Falta de ardor. *Antôn:* energia, calor, fervor.

tí.bio (*lat tepidu*) *adj* **1** Que se mostra pouco quente; morno. **2** Fraco, frouxo. **3** Pouco zeloso. **4** Destituído de entusiasmo, pouco fervoroso.

ti.ção (*lat titione*) *sm* **1** Pedaço de lenha acesa ou meio queimada. **2** *fig* Pessoa muito morena. **3** *fig* Negro.

ti.car (*tique+ar¹*) *vtd* Marcar, assinalar com tique: *Ticar ingressos, passagens. Conjug – Pres subj: tique, tiques, tique* etc.; *Pret perf: tiquei, ticaste, ticou* etc.

ticket (*tíquet*) (*ingl*) *sm* Tíquete.

ti.co *sm bras* **1** Bocado, pedacinho de qualquer coisa. Nesta acepção é mais empregado no diminutivo: *Um tiquinho de nada.* **2** Pequena quantidade.

ti.co-ti.co (*voc onom*) *sm bras Ornit* Passarinho da família dos fringilídeos, muito semelhante ao pardal. Voz: *canta, pia, trina. Pl: tico-ticos.*

ti.é (do *tupi tié*) *sm Ornit* Nome comum de vários pássaros da família dos traupídeos. *Var: tiê.*

ti.e.ta.gem (*tietê+agem*) *sf bras gír* Atitude ou ação de tiete.

ti.e.tar (*tietê+ar¹*) *vtd* e *vint* Proceder ou agir como tiete.

ti.e.te (*é*) *s m+f bras gír* Fã, admirador entusiasta.

ti.fá.ceas (*gr týphe+áceas*) *sf pl Bot* Família de plantas aquáticas perenes, com rizomas rasteiros, longas folhas lineares e espigas cilíndricas de flores.

ti.fo (*gr týphos*) *sm Med* Nome de um grupo de doenças infecciosas febris, causadas por micro-organismos.

ti.foi.de (*ó*) (*tifo+oide*) *adj m+f Med* Que se assemelha ao tifo; que tem o caráter e a natureza do tifo.

ti.ge.la (*lat tegula*) *sf* Vaso de louça ou outro material, de fundo estreito e boca mais ou menos larga, sem asas ou gargalo, ou com asas pequenas, no qual se servem caldo, sopa etc.

ti.gre (*lat tigre*) *sm Zool* Mamífero carnívoro da família dos felídeos, caracterizado por extrema ferocidade. Tem o pelame amarelado com listras negras. Voz: *brama, mia, ruge, urra. Fem: tigresa.*

ti.jo.lo (*ô*) (*cast tejuelo, dim* de *tejo*) *sm* Bloco de barro, moldado e cozido, geralmente em forma de paralelepípedo, que se emprega nas construções. *Pl: tijolos* (*ó*).

ti.ju.co (*tupi tuiúka*) *sm* **1** Charco, atoleiro, pântano. **2** Lama, lodo.

til (*cast tilde*) *sm* **1** Sinal gráfico (~) que se usa sobre as vogais *a* e *o* para indicar nasalização, e, em castelhano, sobre o *n* (equivale ao diagrama português *nh*). **2** *fig* Bagatela, coisa mínima.

tíl.bu.ri (*ingl tilbury*) *sm* Antigo carro de dois assentos, sem boleia, geralmente coberto, de duas rodas e puxado por um só animal.

tí.lia (*lat tilia*) *sf Bot* **1** Gênero típico da família das tiliáceas, constituído de árvores nativas nas regiões temperadas, com folhas medicinais. **2** Planta desse gênero. **3** A flor dessas plantas.

ti.li.á.ceas (*lat tilia+áceas*) *sf pl Bot* Família de plantas floríferas, de árvores e arbustos, da ordem das malvales, que se caracterizam por estames livres, antenas com duas cavidades e fruto capsular.

ti.lin.tar (*voc onom*) *vint* **1** Soar metalicamente (sino, campainha, dinheiro etc.). *vtd* **2** Fazer tilintar: *O cabritinho salta e tilinta os chocalhos. Var: terlintar, tirilintar, tirlintar.*

ti.mão (*lat timone, corr* de *temone*) *sm* **1** Peça do arado ou carro à qual são atrelados os animais. **2** Lança de carruagem. **3** *Náut* Barra do leme; roda do leme. **4** *por ext* Leme. **5** *fig* Direção, governo.

tim.ba.le (*fr timbale*) *sm* **1** *Mús* Instrumento de percussão, de forma semiesférica, coberto por uma pele tensa, sobre que se toca. (Por se tocarem dois ao mesmo tempo, usa-se mais no plural.) **2** Tambor de cavalaria; atabale. **3** *Mús V tímpano.*

tim.bó (*tupi timbó*, que tem cor branca ou cinza) *sm bras Bot* Nome que se dá no Brasil a um grande número de plantas com a propriedade de atordoar e matar os peixes, sem contudo ser nocivo a quem os come.

tim.bra.do (*part* de *timbrar*) *adj* Que tem timbre: *Papel timbrado.*

tim.brar (*timbre+ar¹*) *vtd* **1** Pôr timbre em: *Timbrar as insígnias. vtd* **2** Marcar com timbre: *Timbrar os papéis. vtd* **3** Apodar, censurar, qualificar: *Timbram-no de relapso. vti* **4** Caprichar, esmerar-se em, orgulhar-se de: *Ele timbra de* (ou *em*) *ser o primeiro da classe.*

tim.bre (*fr timbre*) *sm* **1** Insígnia que se coloca sobre o escudo de armas para designar os graus de fidalguia. **2** Divisa de honra. **3** Emblema, sinal, marca, impressos no alto de papel de cartas, envelopes etc., com indicação do nome e endereço do emitente. **4** Sinete, carimbo, selo. **5** *Mús* Qualidade que distingue um som, independentemente de sua altura ou intensidade.

ti.me (*ingl team*) *sm* **1** *Esp* O conjunto de jogadores de qualquer modalidade de esporte; equipe, quadro. **2** *pop* Grupo, trinca, turma de amigos ou de pessoas de atividade ou classe semelhantes. *Enterrar o time:* contribuir para a derrota dele.

timer (*táimer*) (*ingl*) *sm* **1** *Eletrôn* Recurso de certos aparelhos, como televisão, DVD etc., que permite ao usuário programá-los para ligar ou desligar em determinado horário, mesmo em sua ausência. 2 Aparelho doméstico que, após programado, liga e desliga em horários diversos, simulando a presença de pessoas na residência.

ti.mi.dez (*tímido+ez*) *sf* 1 Qualidade de tímido; acanhamento excessivo. 2 Fraqueza de ânimo. *Antôn:* audácia, desembaraço.

tí.mi.do (*lat timidu*) *adj* 1 Que tem temor; assustado, medroso, sem coragem. 2 Que não tem desembaraço; acanhado. 3 Incerto, débil, dúbio, fraco. *Antôn* (acepção 1): *audacioso, resoluto.* • *sm* Indivíduo acanhado, fraco, timorato.

timing (*táimin'*) (*ingl*) *sm* Senso de oportunidade com relação à escolha do momento ou da duração de determinado ato.

ti.mo (*gr thymós*) *sm Anat* Glândula endócrina, ímpar, localizada na parte inferior do pescoço.

ti.mo.nei.ro (*timão+eiro*) *sm* 1 Aquele que governa o timão das embarcações. 2 *por ext* Aquele que regula ou dirige qualquer coisa; guia.

tím.pa.no (*gr týmpanon*) *sm* 1 *Anat* Membrana delgada, circular, distendida no fundo da orelha externa, que vibra sob a ação das ondas sonoras que penetram nesse conduto; também chamada *membrana timpânica.* 2 *Mús* Instrumento de percussão com forma hemisférica, que consiste numa grande bacia de metal em cuja abertura se estende uma pele bem esticada na qual se bate para produzir som; timbale. *Furar o tímpano:* falar ou cantar muito alto.

tim-tim (*voc onom*) *sm* 1 Usado na locução *tim-tim por tim-tim:* com todos os pormenores, minuciosamente, por miúdo, ponto por ponto. 2 Termo bastante comum entre pessoas ao fazerem um brinde, tocando levemente copo ou taças, contendo alguma bebida. *Pl:* tim-tins.

ti.na (*lat tina*) *sf* 1 Vasilha semelhante a um barril cortado pelo meio. 2 Banheira.

ti.na.lha (*cast tinaja*) *sf* 1 Tina pequena para vinho. 2 Cuba pequena.

ti.na.mí.deos (*lat tinamu+ídeos*) *sm pl Ornit* Família de aves exclusivamente americanas, constituída por espécies que, no Brasil, recebem os nomes comuns de *macuco, inambu, inhambu* ou *nambu, perdiz, codorna* e *jaó.*

tí.ner (*ingl thinner*) *sm Quím* Solvente que comumente é usado para ser adicionado às tintas, a fim de torná-las menos viscosas.

tin.gi.do (*part* de *tingir*) *V* tinto.

tin.gi.men.to (*tingir+mento*) *sm* Ação de tingir; coloração, tintura.

tin.gir (*lat tingere*) *vtd* 1 Colorir artificialmente, meter em tinta (couros, panos, sedas etc.): *Tingir um vestido.* *vtd* 2 Comunicar uma cor a: *O sangue tingia o rio.* *vtd* 3 Dar cor a; pintar: *Tingir os cabelos.* *Conjug* – Pres indic: *tinjo, tinges, tinge, tingimos, tingis, tingem;* Pres subj: *tinja, tinjas* etc.; Pret perf: *tingi, tingiste, tingiu;* Part: *tingido* e *tinto.*

ti.nha (*lat tinea*) *sf* 1 *Med* Micose dos pelos, especialmente dos cabelos. 2 *Zool* Lagarta de uma espécie de borboleta que ataca as colmeias, devorando a cera. 3 *fig* Vício, mácula, defeito.

ti.nho.rão (do *tupi*) *sm bras Bot* Nome comum a certas ervas da América tropical, muito cultivada pela beleza de suas grandes folhas, longamente pecioladas; papagaio, tajá.

ti.nho.so (*ó*) (*lat tineosu*) *adj* 1 Que tem tinha. 2 Que causa nojo; repugnante. • *sm* 1 Aquele que sofre tinha. 2 *pop* O diabo. *Pl:* tinhosos (*ó*).

ti.ni.do (*part* de *tinir*) *adj* Que se tiniu; ressoado, vibrado. • *sm* 1 Ato ou efeito de tinir. 2 Som vibrante de vidro ou metal.

ti.nir (*lat tinnire*) *vint* 1 Dar (um metal ou o vidro) um som agudo e vibrante; produzir tinido: *Soavam trombetas e tiniam armas.* *vint* 2 Zunir (as orelhas). *vti* 3 Bater com som vibrante: *As armas tiniam umas contra as outras* (ou *umas nas outras*). *vtd* 4 Fazer vibrar: *Os combatentes tiniam os ferros.* *vint* 5 Tiritar de frio ou medo. *Tinir de:* encontrar-se em altíssimo grau: *O cano tinia de novo.* Conjuga-se como *falir.*

ti.no (de *atinar,* com aférese) *sm* 1 Juízo natural; instinto. 2 Cuidado, prudência. 3 Sentido, atenção. 4 Tato. 5 Inteligência, juízo. 6 Circunspecção, discrição. 7 Facilidade de andar às escuras.

tin.ta (*lat tincta*) *sf* 1 Líquido colorido usado para escrever, imprimir, pintar ou tingir. 2 Matéria corante que se contém em certos frutos, principalmente na casca. 3 Matiz resultante da mistura de duas ou de muitas cores. 4 Grau de força que o pintor dá às cores.

tin.tei.ro (*tinta+eiro*) *sm* 1 Recipiente para tinta de escrever. 2 Utensílio de escritório, com um ou mais recipientes para tinta de escrever.

tin.to (*part irreg* de *tingir*) *adj* 1 Tingido. 2 Colorido de cor mais ou menos intensa. 3 Enodoado, manchado, sujo. 4 Designativo do vinho ou da uva de cor mais ou menos vermelho-escura.

tin.tu.ra (*lat tinctura*) *sf* 1 Ato ou efeito de tingir; tingimento. 2 Líquido preparado para tingir; tinta. 3 *Quím* e *Farm* Solução de uma ou muitas substâncias químicas mais ou menos coloridas. 4 Cor que toma uma coisa tinta.

tin.tu.ra.ri.a (*tintura+aria*) *sf* 1 Arte ou ofício de tintureiro. 2 *bras* Estabelecimento onde se tingem panos. 3 *bras* Estabelecimento onde se lavam, passam ou tiram manchas de peças de vestuário masculino e feminino.

tin.tu.rei.ro (*tintura+eiro*) *adj* 1 Que tinge. 2 Que exerce arte de tinturaria. 3 Relativo a tinturaria. 4 Diz-se das plantas que produzem matérias colorantes. • *sm* 1 Aquele que tinge panos, ou que lava, passa ou tira manchas de peças de vestuário. 2 Dono de tinturaria.

ti.o (*gr theîos*) *sm* 1 O irmão do pai ou da mãe com relação aos filhos destes. 2 O marido da tia.

ti.o-a.vô *sm* Irmão do avô ou da avó, com relação aos netos destes; segundo tio. *Fem:* tia-avó. *Pl:* tios-avôs e tios-avós.

ti.pão (*tipo+ão²*) *sm bras pop* 1 Pessoa excêntrica. 2 Pessoa de físico atraente.

tí.pi.co (*tipo+ico²*) *adj* 1 Que constitui tipo; que serve de modelo, característico. 2 *Med* Que afeta um tipo bem pronunciado. 3 Alegórico, simbólico.

ti.pi.ti (*tupi tepití*) *sm bras* 1 Cesto cilíndrico, tecido de talas de palmeira, em que se mete a massa de mandioca ralada para ser espremida na prensa antes de se levar ao forno e de se tornar farinha. **2** *Reg* (Sul) Aperto, embaraço, negócio difícil do qual não se pode sair com vantagem.

ti.po (*gr týpos*) *sm* **1** Modelo, exemplar. **2** Objeto que serve de modelo ou de medida. **3** *pop* Figura, personagem original, que pode considerar-se como modelo para ser imitado por outros. **4** Forma fundamental comum a todos os indivíduos de uma mesma espécie. **5** Símbolo representativo de coisa figurada. **6** *Tip* Letra impressa, caráter. **7** *Tip* Peça de metal cujo relevo imprime letra ou sinal.

ti.po.gra.fi.a (*tipo+grafo+ia¹*) *sf* **1** Arte de compor e imprimir com tipos. **2** Estabelecimento onde essa arte é praticada. **3** A seção da oficina onde se realiza o trabalho de composição.

ti.po.grá.fi.co (*tipo+grafo+ico²*) *adj* Relativo à tipografia ou à arte de imprimir.

ti.pó.gra.fo (*tipo+grafo*) *sm* **1** Proprietário de tipografia. **2** Aquele que trabalha em tipografia, especialmente o compositor manual ou o paginador. **3** O que imprime ou o que trabalha em compositora mecânica.

ti.poi.a (*ó*) (*tupi typoia*) *sf* **1** *bras* Lenço ou tira de pano, presa ao pescoço, para sustentar o braço ou a mão doente. **2** Rede de dormir ou de condução de um doente ou cadáver. **3** Rede de dormir, estreita, pequena e pobre. **4** *pop* Carruagem puxada por um cavalo.

ti.po.lo.gi.a (*tipo+logo+ia¹*) *sf* **1** Caracterização dos tipos humanos, dos seres vivos ou de realidades quaisquer considerados num estudo. **2** Descrição geral desses tipos em cada caso. **3** Por abreviação, *V biotipologia*. **4** Conjunto de caracteres tipográficos usados em um projeto gráfico.

ti.po.me.tri.a (*tipo+metro²+ia¹*) *sf* A parte da tipografia que trata do sistema de medidas que lhe são peculiares.

ti.que (*fr tic*) *sm Psiq* Termo com que se designam as contrações involuntárias de certos músculos, as quais se repetem fora de propósito, como piscar, sacudir a cabeça etc.; cacoete.

ti.que-ta.que (*voc onom*) *sm* **1** Som regular e cadenciado como o dos relógios. **2** O bater do coração. *Pl*: tique-taques.

ti.que.ta.que.ar (*tique-taque+e+ar¹*) *vint* Fazer ruído de tique-taque: *O relógio tiquetaqueia*. Conjuga-se como *frear*.

tí.que.te (*ingl ticket*) *sm* Cartão ou papel impresso por uma determinada companhia que dá ao portador determinado direito, como, por exemplo, viajar em um coletivo, assistir a um espetáculo etc.; *ticket*, bilhete.

ti.qui.nho (*dim* de *tico*) *sm* **1** Diminutivo de *tico* (acepção 1). **2** Um bocadinho de qualquer coisa.

ti.ra (de *tirar*) *sf* **1** Retalho de couro, pano, papel, lâmina metálica etc., mais comprido que largo. **2** Lista, listão. **3** Correia, fita, orla, ourela, ourelo. **4** Franja, renda. **5** Filete, friso. *sm* **1** *bras gír* Agente de polícia; investigador. **2** *Edit* Trecho de história em quadrinhos.

ti.ra.co.lo (*cast tiracuello*) *sm* Correia atravessada de um lado do pescoço para o lado oposto do corpo e passando por baixo do braço. *A tiracolo*: indo de um ombro para o lado oposto, na cintura ou debaixo do braço oposto a esse ombro.

ti.ra.da (*tirar+ada¹*) *sf* **1** Ato ou efeito de tirar. **2** Longo espaço de tempo. **3** Grande extensão de caminho. **4** Frase ou trecho muito longo. **5** Dito espirituoso.

ti.ra.gem (*tirar+agem*) *sf* **1** Ação de tirar. **2** *Tip* O total dos exemplares de livro, periódico ou qualquer outro trabalho impresso de cada vez ou por edição: *Jornal de grande tiragem; a primeira tiragem foi de dez mil exemplares*.

ti.ra-gos.to (*tirar+gosto*) *sm* Qualquer salgadinho que se come acompanhado bebidas ou coquetéis. *Pl*: tira-gostos.

ti.ra-li.nhas (*tirar+linhas*) *sm sing* e *pl* **1** Instrumento de desenhista que serve para traçar linhas uniformes a tinta. **2** Pequena peça que se adapta ao compasso, com as mesmas características e a mesma finalidade do instrumento precedente.

ti.ra-man.chas *sm sing* e *pl* Substância química própria para tirar manchas; tira-nódoas.

ti.ram.ba.ço (de *tiro*) *sm bras Esp* Chute violento em direção ao gol.

ti.ra.ni.a (*tirano+ia¹*) *sf* **1** Exercício arbitrário, despótico e cruel do poder. **2** Exercício de poder não limitado por lei ou constituição. **3** Governo legítimo, mas injusto e cruel. **4** Opressão, violência.

ti.râ.ni.co (*tirano+ico²*) *adj* **1** Pertencente ou relativo a tirano ou a tirania. **2** Próprio de tirano. **3** Que exerce uma influência irresistível. **4** Despótico, opressivo.

ti.ra.ní.deos (*tirano+ídeos*) *sm pl Ornit* Família de pássaros cujas espécies variam muito em forma, tamanho e cores, inclusive entre macho e fêmea. Exemplos típicos são os conhecidos bem-te-vis, lavadeiras, tristes-vidas, viúvas, viuvinhas, papa--moscas e outros.

ti.ra.ni.zar (*tirano+izar*) *vtd* **1** Governar com tirania: *Tiranizar um país. vtd* **2** Usurpar como tirano: *Tiranizar o trono, o poder. vtd* **3** Tratar com rigor, com severidade: *Tiranizar os filhos. vtd* **4** Constranger, oprimir, travar, vexar: *Tiranizar a vida com preceitos severos. vint* **5** Agir como tirano: *Não sabia discutir, tiranizava*.

ti.ra.no (*gr týrannos*) *sm* **1** Aquele que usurpa o poder soberano em um Estado. **2** Soberano que abusa de seu poder para submeter o povo a um domínio arbitrário; déspota. **3** Aquele que oprime. **4** Aquele que procede com injustiça ou crueldade.

ti.ra.nos.sau.ro *sm Paleont* O maior dos dinossauros carnívoros; media, aproximadamente, 14 metros de comprimento e 6 metros de altura; bípede, viveu no cretáceo na América do Norte.

ti.ran.te (de *tirar*) *adj m+f* **1** Que tira ou puxa. **2** Excluído. **3** Que aparenta. • *sm* **1** Cada uma das correias que prendem o veículo aos animais que o puxam. **2** *Arquit* Viga comprida que sustenta o madeiramento do teto de um edifício. • *prep* Exceto, salvo: *Tirante os livros, toda a mudança seguiu no caminhão*.

ti.rar *vtd* e *vti* **1** Exercer tração, puxar: *Tiravam água do poço. vtd* **2** Extrair: *Tirou-lhe o dentista dois dentes. Das brancas vaquinhas tiro o leite. vtd* **3** Arrancar, sacar: *Tirar a espada da bainha. Tirar o cigarro da boca. vtd* **4** Fazer sair do lugar onde está; retirar: *Tirar o chapéu. vtd* **5** Extrair resumo: *Tirou esse trecho de um discurso de Vieira*. *vtd* 6 *Tip* Estampar, imprimir: *Mandou tirar dez mil exemplares do seu livro*. *vtd* 7 Eliminar, raspar, riscar: *Tirou os acentos empregados erroneamente*. *vtd* 8 Fazer perder: *Os compromissos tiram-lhe o sono*. *vtd* e *vpr* 9 Afastar(-se), apartar(-se), desviar(-se): *A criança tira os olhos da cena violenta*. *vtd* 10 Furtar, roubar: *Tiraram o meu dinheirinho*. *Sem tirar nem pôr*: tal qual, sem diferença, exatamente. *Tirar a barriga da miséria*, *pop*: conseguir muitas vantagens depois de ter sofrido privações.

ti.ra-tei.mas (*tirar+teimas*) *sm sing* e *pl* 1 *pop* Argumento decisivo. 2 *pop* Dicionário. 3 *pop* Qualquer objeto com que se castigam os teimosos. 4 *pop* Bengala grossa; cacete.

ti.re.oi.de (*ó*) (*gr thyreoidés*) *V tiroide*.

ti.re.oi.di.te (*tireoide+ite*[1]) *sf Med* Inflamação da glândula tireoidea.

ti.ri.ri.ca (*tupi tyryrýka*) *bras sf Bot* Erva daninha às lavouras e jardins. • *adj m+f* 1 *pop* Colérico, furioso, zangado, irritado. 2 *pop* Azedo.

ti.ri.tan.te (de *tiritar*) *adj m+f* Que tirita; convulso, trêmulo.

ti.ri.tar (*voc onom*) *vti* e *vint* Tremer (de frio ou medo): *Tiritar de frio*. *Tiritava em febril desespero*. *Os infelizes tiritavam e gemiam*.

ti.ro (de *atirar*, com aférese) *sm* 1 Ato ou efeito de atirar. 2 Disparo de arma de fogo. 3 Bala, carga ou projétil que se dispara de cada vez por uma arma de fogo. 4 Lugar onde se aprende a atirar, ou onde se faz exercício com armas de fogo. *Sair o tiro pela culatra*: resultado de uma ação contrário à expectativa. *Ser tiro e queda*: a) pontaria certeira; b) resultado seguro e imediato. *Tiro de canto*, *Fut*: V *escanteio*. *Tiro de guerra*, *bras*: escola de treinamento militar para preparar cidadãos para reservistas de segunda categoria do exército. *Tiro de meta*, *Fut*: recolocação da bola em jogo quando ela sai pela linha de fundo. *Tiro de misericórdia*: disparo que abrevia a vida daquele que está gravemente ferido e demora para morrer. *Trocar tiros*: atirar um contra o outro.

ti.ro.cí.nio (*lat tirociniu*) *sm* 1 Primeiros exercícios; noviciado, aprendizado. 2 Preparação prática feita sob a vigilância de um professor.

ti.roi.de (*ó*) (*gr thyreoidés*) *sf Anat* 1 Glândula de secreção interna, situada na frente da laringe; tireoide. 2 Cartilagem localizada na parte anterossuperior da laringe.

ti.ro.tei.o (de *tiro*) *sm Mil* 1 Fogo de fuzilaria em que os tiros são amiudados. 2 Fogo de bandos dispersos ou de atiradores. 3 *fig* Palavras trocadas entre duas ou mais pessoas, sem intervalo entre perguntas e réplicas.

ti.sa.na (*lat ptisana*) *sf Farm* Denominação a qualquer infusão de medicamentos, geralmente vegetais.

tí.si.ca (*gr phthísis*) *sf desus Med* Tuberculose pulmonar.

tí.si.co (*lat phthisicu*) *adj* 1 Relativo à tísica. 2 Que sofre de tísica. 3 Que está muito magro. • *sm* 1 Indivíduo que sofre de tísica; tuberculoso. 2 Indivíduo muito magro.

tis.nar (*corr* de *tiçonar*) *vtd* 1 Enegrecer com carvão, fumo etc.: *Tisnar a roupa, tisnar o rosto*. *vtd* 2 Queimar, requeimar: *Tisnar a comida*. *vtd* 3 Macular, manchar: *Tisnar a honra, o pensamento*. *vtd* 4 Escurecer, turvar: *Tisnar a água*. *vpr* 5 Enegrecer-se, sujar-se: *Tisnou-se com a fuligem do fogão*.

ti.tã (*gr Titán*, *np*) *sm* 1 *Mit* Nome de cada um dos gigantes que, segundo a mitologia grega, quiseram escalar o céu e destronar Júpiter. 2 *fig* Pessoa ou coisa gigantesca. 3 Titã *Astr* O maior satélite de Saturno.

ti.tâ.ni.co (*titã+ico*[2]) *adj* 1 Pertencente ou relativo aos titãs. 2 Que revela grande força.

ti.tâ.nio (*gr títanos*) *sm Quím* Elemento metálico lustroso, cinza-prateado pálido, de número atômico 22 e símbolo Ti.

tí.te.re (*cast títere*) *sm* 1 Boneco ou figura que se faz mover e gesticular por meio de cordéis; marionete; fantoche. 2 *pop* Bufão, palhaço. 3 Casquilho, janota. 4 Indivíduo frívolo, sem personalidade, que obedece à vontade de outrem. 5 Testa de ferro.

ti.ti.ca *sf pop* 1 Excremento de ave. 2 Excremento em geral; caca. 3 *fig* Indivíduo ou coisa desprezível ou sem importância.

ti.ti.lar (*lat titillare*) *vtd* 1 Fazer cócegas ligeiras ou prurido em: *Titilava o nariz a fim de, espirrando, expelir o corpo estranho*. *vint* 2 Estremecer, palpitar. *vtd* 3 Afagar, lisonjear.

ti.ti.o (de *tio*) *pop inf V tio*.

ti-ti-ti (*voc onom*) *sm bras pop* 1 Tumulto, confusão. 2 Vozearia. 3 Discussão, bate-boca. 4 Fofoca. *Pl*: ti-ti-tis.

ti.to.ní.deos (*lat tytone+ídeos*) *sm pl Ornit* Família de aves que inclui uma espécie que, no Brasil, recebe várias denominações populares, como coruja e suindara.

ti.tu.be.an.te (de *titubear*) *adj m+f* Que titubeia. *Antôn*: firme, seguro, resoluto. *Var*: titubante.

ti.tu.be.ar (*lat titubare*) *vint* 1 Não se ter bem em pé, perder a firmeza ou estabilidade; cambalear. *vti* e *vint* 2 Hesitar, vacilar. *vtd* e *vint* 3 Não ter segurança no que diz, perturbar-se quando fala. Conjuga-se como *frear*.

ti.tu.lar (*título+ar*[2]) *adj m+f* 1 Que possui título de nobreza. 2 Diz-se da pessoa que detém oficialmente uma posição, um cargo etc. • *s m+f* Pessoa que pertence à nobreza; pessoa que tem título. • *vtd* 1 V *intitular*. 2 Registrar em livro de padrões e títulos autênticos. 3 Registrar: *Titular despesas*. *Conjug – Pres indic*: titulo, titulas (*tú*) etc. *Cf título*.

ti.tu.la.ri.da.de (*titular+i+dade*) *sf bras* Qualidade de titular.

tí.tu.lo (*lat titulu*) *sm* 1 Inscrição, letreiro, rótulo. 2 *Edit* Nome de capítulo, livro, jornal, revista, artigo etc. que indica o assunto. 3 Obra editada; livro. 4 Designação, nome. 5 *Econ* Documento negociável que representa um valor. 6 Designação honorífica. *A título de*: na qualidade de, a pretexto de.

to.a (*ô*) (*ingl tow*) *sf* Corda estendida de um navio a outro, para o rebocar. *À toa*: a) a esmo, ao acaso: *Pedro vive à toa e parece feliz*; b) desprezível, insignificante: *Aquele sujeito à toa precisa de um castigo*.

to.a.da (*toar+ada*¹) *sf* **1** Ação ou efeito de toar. **2** Boato, notícia vaga, rumor. **3** *Folc* Cantiga que reflete as peculiaridades regionais de nosso país: ora melodia simples, ora chorosa e triste.

to.a.le.te (*é*) (*fr toilette*) *sf* **1** Traje, vestimenta. **2** Ato de se lavar, pentear, vestir etc. *sm* **1** Móvel com espelho, bacia e jarro, para lavar o rosto e as mãos; toucador. **2** Aposento sanitário.

to.a.lha (*provençal toalha*) *sf* **1** Peça de linho, algodão, plástico etc. que se estende sobre a mesa onde são servidas as refeições. **2** Peça de tecido absorvente com que se enxuga o rosto, as mãos ou qualquer outra parte do corpo que se lavou ou molhou.

to.a.lhei.ro (*toalha+eiro*) *sm* **1** Cabide próprio para se pendurarem toalhas. **2** Fabricante ou vendedor de toalhas. **3** Armário onde se guardam toalhas.

to.ar (*lat tonare*) *vint* **1** Dar som ou tom forte; estrondear, retumbar, trovejar: *Está toando o trovão*. *vint* **2** Soar, ressoar: *Toava ao longe a cantilena*. *vti* **3** Ter o som ou o tom de; ser parecido com: *Aquilo toava a piano*.

to.bo.gã (*ingl toboggan*, do *algonquiano*) *sm* **1** Aparelho para divertimento, miniatura de montanha-russa. **2** Pista deslizante utilizada em parques de diversões. **3** Espécie de trenó baixo para deslizar nas encostas cobertas de neve.

to.ca (*cast tueca*) *sf* **1** Buraco onde se abrigam coelhos ou outros animais; covil. **2** *fig* Habitação pequena e miserável. **3** *fig* Esconderijo, refúgio.

to.ca-CDs *V* toca-discos a laser.

to.ca-dis.cos (*tocar+disco*) *sm sing* e *pl Radiotécn* Aparelho reprodutor de som gravado em discos; vitrola. *Toca-discos a laser, Eletrôn:* aparelho reprodutor de som gravado em CDs.

to.ca.do (*part* de *tocar*) *adj* **1** Que se tocou. **2** Apalpado, atingido. **3** *bras, pop* Levemente embriagado.

to.ca-fi.tas (*tocar+fita*) *sm sing* e *pl Radiotécn* Aparelho reprodutor de som gravado em fitas magnéticas.

to.cai.a (*tupi tokáia*, armadilha para caçar) *sf bras* Emboscada para matar alguém ou caçar; cilada.

to.cai.ar (*tocaia+ar*¹) *bras vtd* **1** Emboscar-se para matar ou para caçar; atocaiar. **2** Espreitar, vigiar, observar.

to.can.te (de *tocar*) *adj m+f* **1** Que toca. **2** Concernente, relativo, respectivo. **3** Que comove, que enternece. *No tocante a:* com relação a, pelo que diz respeito a, quanto a, a respeito de.

to.can.ti.nen.se (*top Tocantins+ense*) *adj m+f* Relativo ao Estado do Tocantins (Brasil). • *s m+f* Pessoa natural ou habitante desse Estado.

to.car (*voc onom*) *vtd* **1** Aproximar (um corpo) de (outro). *vtd* e *vti* **2** Pôr a mão em; apalpar, pegar: *Tocou-lhe de leve a face*. *vtd* e *vti* **3** Pôr-se em contato com: *Teus lábios mal tocaram os dele*. *vtd* **4** *Esgr* Atingir de um golpe de espada ou florete: *Tocou-o no braço*. *vpr* **5** *pop* Dirigir-se, encaminhar-se: *Da estação tocou-se para o hotel*. *vpr* **6** Encontrar-se, pôr-se em contato: *Os dois ônibus tocaram-se ao de leve*. *vtd* **7** Agitar. *vti* **8** Ir de encontro. *vtd* **9** Conduzir, espantar de um lugar para outro. *vtd* e *vint* **10** Fazer soar, assoprando, tangendo ou percutindo. *vint* **11** Produzir música, executar peças musicais. *vtd* **12** Dar sinal ou aviso por toques ou som convencional. *vtd* **13** Executar em instrumento. *vtd* e *vti* **14** Telefonar. *vtd* e *vti* **15** Mencionar, referir. *Não se tocar:* não se dar por achado; não perceber. *Conjug – Pres subj: toque, toques, toque* etc.; *Pret perf: toquei, tocaste, tocou* etc.

to.ca.ta *sf Mús* Composição destinada a teclado, de andamento rápido e estilo livre.

to.cha (*ital torcia*) *sf* **1** Vela de cera, grande e grossa. **2** Archote, facho. **3** Velador. **4** Brilho, luz.

to.co (*ô*) (*ital tocco*) *sm* **1** Parte de um tronco de árvore que fica ligada à terra, depois de cortada. **2** Parte de qualquer arbusto que fica no solo depois de cortada a ramagem. **3** Cacete. **4** Pedaço de vela ou tocha; coto. **5** Ponta de cigarro já fumado. *Pl: tocos* (*ô*).

to.da.vi.a (*lat tota via*) *adv* e *conj* Ainda assim, contudo, entretanto, porém.

to.do (*ô*) (*lat totu*) *pron adj* e *indef* **1** Integral, inteiro (seguido de artigo ou após o substantivo): *Trabalhava todo o dia e descansava a noite toda.* **2** Cada, qualquer: *É todo dia a mesma coisa.* • *adv* Totalmente, completamente, muito: *Ficou todo contente com a notícia.* • *sm* **1** Agregado de partes que formam um conjunto, um corpo completo. **2** Aspecto geral; generalidade: *Apegou-se ao todo da questão.* **3** O aspecto físico, tomado no seu conjunto: *O todo da obra não está ruim. sm pl* Todo o mundo, toda a gente: *Todos aplaudiram o candidato. De todo:* totalmente. *Pl: todos* (*ô*). *Fem: toda* (*ô*).

> Para saber quando usar **todo**, **toda** ou **todo o**, **toda a**, tente substituir essas palavras e expressões por:
> a) *o... inteiro*, *a... inteira*. Nesse sentido, use **todo o** ou **toda a**.
> *Todo o mundo falava do crime.* (O mundo inteiro falava do crime.)
> *Toda a vila estudava na escola.* (A vila inteira estudava na escola.)
> b) *qualquer*. Nesse sentido, use **todo(s)** ou **toda(s)**.
> *Todo rapaz gosta de sair, passear.* (Qualquer rapaz gosta de sair, passear.)
> *Toda vila prestigia sua igreja.* (Qualquer vila prestigia sua igreja.)
> c) No plural, entretanto, as palavras **todos** e **todas** virão sempre acompanhadas de *os* e *as*.
> *Todos os meninos querem ser soldados.*
> *Todas as meninas brincam de boneca.*

to.do-po.de.ro.so (*ô*) *adj* **1** Que pode tudo. **2** Onipotente. • *sm* **1** Aquele que pode tudo. **2 Todo-poderoso** O Onipotente; Deus. *Fem: todo-poderosa. Pl: todo-poderosos* (*ó*).

to.fu (*jap tôfu*) *sm Cul* Queijo típico japonês, feito de coalho não fermentado de leite de soja, de cor pálida, cremosa e sabor ligeiramente amargo.

to.ga (*lat toga*) *sf* **1** Veste antiga, dos romanos, a qual consistia numa espécie de capa ou manto de lã, amplo e longo. **2** Túnica talar preta que os magistrados judiciais vestem quando no exercício de suas funções; beca. **3** *fig* A magistratura.

to.ga.do (*toga+ado*[1]) *adj* **1** Que usa toga. **2** Que pertence à magistratura judiciária: *Juiz togado.* • *sm* Magistrado judicial.

toi.ci.nho (*lat vulg *tuccinu*) *sm* A gordura que fica por baixo da pele do porco, acompanhada do couro respectivo. *Var: toucinho.*

tol.da (de *toldo*) *sf* Cobertura de palha ou de madeira, comum nas embarcações, e que serve para abrigar carga e/ou passageiros.

tol.dar (*tolda+ar*[1]) *vtd* **1** Cobrir com tolda ou toldo: *Toldar a embarcação. vtd* **2** Cobrir à maneira de toldo ou tolda; fazer uma espécie de dossel sobre: *As árvores toldam o ribeirão. vtd* e *vpr* **3** Anuviar, encobrir, tapar: *As nuvens toldavam a Lua. vtd* e *vpr* **4** Turvar(-se): *O vinho toldou-se na garrafa. vtd* **5** Obscurecer, obcecar: *As bebidas alcoólicas toldam a razão. vpr* **6** Embriagar-se. *vtd* **7** Entristecer, turbar: *Uma nuvem de pesares tolda-lhe o rosto.* Antôn (acepções 3, 5 e 7): *desanuviar.*

tol.do (*ô*) (*hol ant telt*) *sm* **1** Cobertura de lona ou de outro material destinada a abrigar do sol e da chuva uma porta, uma praça etc. **2** *Náut* Cobertura de lona que se estende sobre as toldas.

to.lei.rão (de *tolo*) *adj* Diz-se do indivíduo que é muito tolo; palerma, pateta. • *sm* Esse indivíduo. *Fem: toleirona.*

to.le.rân.cia (*lat tolerantia*) *sf* **1** Qualidade de tolerante. **2** Ato ou efeito de tolerar, de admitir, de aquiescer. **3** Direito que se reconhece aos outros de terem opiniões diferentes ou opostas às nossas. **4** Disfarce ou dissimulação a respeito de uma coisa proibida. **5** Pequenas diferenças para mais ou para menos.

to.le.ran.te (*lat tolerante*) *adj m+f* **1** Que tolera. **2** Dotado de tolerância. **3** Indulgente. **4** Que desculpa certas faltas ou erros. **5** Que admite ou respeita opiniões contrárias à sua.

to.le.rar (*lat tolerare*) *vtd* **1** Levar com paciência, suportar com indulgência. *vtd* **2** Condescender com; dissimular certas coisas, sem no entanto as consentir expressamente, uma vez que não sejam lícitas: *Tolerava aquelas ações repulsivas. vtd* **3** Permitir o livre exercício de (crenças ou cultos religiosos). *vtd* **4** Admitir, dar consentimento a. *vtd* **5** *Med* Assimilar, digerir, suportar: *O doente não tolerou o medicamento. vpr* **6** Suportar-se: *Davam-se bem outrora; hoje não se toleram.*

to.le.rá.vel (*lat tolerabile*) *adj m+f* **1** Que se pode tolerar. **2** Que não tem grandes defeitos; sofrível. **3** Digno de ser perdoado ou desculpado; merecedor de indulgência.

to.lher (*lat tollere*) *vtd* e *vtdi* **1** Embaraçar, estorvar, impedir. *vtd* **2** Pôr obstáculos a; obstar, opor-se. *vtd* **3** Proibir, vedar: *Tolheram o trânsito por ali.* Antôn (acepções 1, 2 e 3): *permitir.*

to.lhi.do (*part* de *tolher*) *adj* **1** Proibido, vedado. **2** Possuído, tomado. **3** Entrevado, paralítico. **4** Atacado, doente.

to.li.ce (*tolo+ice*) *sf* **1** Qualidade de tolo. **2** Ação ou dito de tolo; asneira, desconchavo. Antôn (acepção 2): *sensatez.*

to.lo (*ô*) *adj* **1** Pobre de inteligência. **2** Que raciocina ou procede ininteligentemente; simplório, idiota, tonto, ingênuo, parvo, pateta. **3** Que não tem nexo ou significação. **4** Que faz ou diz disparate. **5** Que não tem razão de ser; despropositado. *Pl: tolos* (*ô*). *Fem: tola* (*ô*). Antôn (acepções 1 e 2): *inteligente.*

tom (*lat tonu*) *sm* **1** Grau de elevação ou abaixamento de um som. **2** Inflexão da voz; certo grau ou abaixamento da voz. **3** Modo peculiar de dizer alguma coisa. **4** *Mús* Intervalo entre duas notas que se sucedem diatonicamente. **5** *Pint* Predominância de determinada cor em um quadro. **6** *Pint* Maior ou menor intensidade de uma tinta, de um colorido; nuance, matiz. *Mudar de tom:* falar de outra maneira. *Repetir em todos os tons:* proclamar a mesma coisa de diferentes maneiras.

to.ma.da (*part fem* de *tomar*) *sf* **1** Ato ou efeito de tomar. **2** Ato ou efeito de se apoderar de (cidade, fortaleza, navio, praça etc.). **3** *Eletr* Dispositivo próprio para captar eletricidade de uma rede. **4** *Cin* e *Telev* Gravação de uma cena em cinema ou televisão.

to.ma.do (*part* de *tomar*) *adj* **1** Conquistado. **2** Dominado. **3** Agarrado, apreendido. **4** Que está sob alguma influência; possuído, influenciado.

to.mar (*saxão tomian*) *vtd* e *vti* **1** Pegar em: *Tomar armas em defesa da pátria. Tomar do inimigo. vtd* **2** Agarrar, segurar: *Tomou-lhe o braço com força. vtd* **3** Aguentar, suspender, sustentar: *Tomou nos braços o ferido. vtd* **4** Arrebatar, furtar, tirar: *Tomar o alheio. vtd* **5** Retirar, tirar: *Tomar um livro da estante. vtd* **6** Beber: *No almoço, tomava um copo de cerveja. Tomar medidas:* usar dos meios necessários para corrigir um abuso. *Tomar o fresco:* expor-se ao ar livre para refrescar.

to.ma.ra (de *tomar*) *interj bras* Exprime desejo e equivale a oxalá. *Tomara que caia, bras pop:* diz-se de, ou o vestuário feminino que vai até a altura das axilas, sem alças para prendê-lo ao ombro ou pescoço.

to.ma.te (*asteca tomatl*, via *cast*) *sm Bot* **1** V *tomateiro.* **2** Fruto do tomateiro.

to.ma.tei.ro (*tomate+eiro*) *sm Bot* Planta hortense solanácea, procedente da América tropical.

tom.ba.di.lho (*cast tombadilho*) *sm Náut* A parte mais alta de um navio, entre a popa e o mastro de mezena.

tom.ba.do (*part* de *tombar*) *adj* **1** Que tombou ou que se tombou; caído, derrubado. **2** *fig* Morto. **3** De que se fez tombo: *Bens tombados.* **4** Declarado patrimônio nacional. **5** Registrado; inventariado.

tom.ba.men.to (*tombar+mento*) *sm* Ato ou efeito de tombar; tombo.

tom.bar (*voc onom*) *vtd* **1** Deitar por terra; derrubar; fazer cair: *A ventania tombou algumas árvores. vint* **2** Cair no chão: *O ciclista tombou. vtd* **3** Inventariar; registrar. *vtd* **4** Fazer o tombo de; declarar como patrimônio nacional: *O governo tombará as velhas igrejas de Minas Gerais.*

tom.bo (*ital tombolo*) *sm* **1** Ato ou efeito de tombar; queda. **2** Falência. **3** Inventário dos bens imóveis com todas as demarcações. **4** Arrolamento, registro e arquivamento de papéis, livros e autos findos de um cartório. *Dar o tombo em:* a) dar prejuízo a; arruinar, prejudicar; b) tirar de um cargo ou posição.

tôm.bo.la (*ital tombola*) *sf bras* Espécie de loto² usada nas quermesses ou sociedades, para fins beneficentes, com prêmios em objetos, e nunca em dinheiro. *Pl:* tômbolas.

to.mi.lho (*lat thymu*, via *cast tomillo*) *sm Bot* Erva, particularmente uma espécie cultivada nas hortas, usada como condimento.

to.mo (*lat tomu*) *sm* **1** Volume de obra impressa ou manuscrita. **2** Divisão das matérias de uma obra científica, literária ou artística. **3** Divisão, parte.

to.mo.gra.fi.a (*gr tómos+grafo+ia¹*) *sf Med* Radiografia computadorizada, em série, para fixar simultaneamente o aspecto de vários planos de um órgão ou região.

to.na (*lat tunna*) *sf* **1** Casca de pouca grossura; pele fina. **2** Camada pouco espessa. **3** Cortiça da árvore. **4** Superfície. *À tona:* à superfície da água: *Vir à tona*.

to.nal (*tom+al¹*) *adj m+f Mús* Que se refere ao tom ou à tonalidade.

to.na.li.da.de (*tonal+i+dade*) *sf* **1** *Mús* Propriedade peculiar de um tom. **2** *Mús* Complexo de sons e acordes em relação com um centro tonal harmônico. **3** *Mús* Sistema de sons que serve de base a uma composição musical. **4** Matiz de uma cor, nuança.

to.na.li.za.dor (*tonalizar+dor¹*) *sm* **1** Líquido ou pó colocado em dispositivo fotográfico para revelar a imagem. **2** *Inform* Tinta em pó usada em impressoras a *laser*. *Sin:* toner.

to.nan.te (*lat tonante*) *adj m+f* e *s m+f* Que, ou o que troveja; que atroa. • *adj m+f* Forte, vibrante.

to.nel (*cast tonel*, der de *tona*, do *lat tunna*) *sm* **1** Grande recipiente para líquidos, constituído por aduelas, tampos e arcos. **2** Antiga medida para líquidos, equivalente a 957,6 litros.

to.ne.la.da (*tonel+ada¹*) *sf* **1** *Fís* Medida de peso no sistema métrico equivalente a 1.000 quilogramas. **2** *Náut* Medida de peso usada principalmente para medir o carregamento de navios ou o que eles podem transportar. *Símb:* t.

to.ne.la.gem (*tonel+agem*) *sf* **1** Capacidade de carga de um navio, caminhão, trem etc. **2** Medida dessa capacidade.

toner (*ô*) (*ingl*) *sm* **1** Corante orgânico, portador da cor de certas tintas e que se apresenta em partículas, pelo fato de ser insolúvel nestas tintas. **2** *V* tonalizador.

tô.ni.ca (*fem* de *tônico*) *sf* **1** *Mús* A primeira nota de uma escala e que é o centro tonal harmônico melódico de sua tonalidade. **2** *Gram* Vogal ou sílaba tônica. **3** Assunto predominante.

to.ni.ci.da.de (*tônico+i+dade*) *sf* **1** Estado ou qualidade do que é tônico. **2** Estado em que os tecidos orgânicos revelam vigor ou energia. **3** *Gram* Propriedade que tem a vogal ou sílaba de se proferir com maior ou menor intensidade.

tô.ni.co (*gr tonikós*) *adj* **1** Que se refere ao tom. **2** Que tonifica. **3** *Mús* Designativo da primeira nota de uma escala. **4** *Gram* Diz-se da vogal ou sílaba que recebe o acento de intensidade. • *sm* Medicamento que tonifica, que reforça o organismo; fortificante.

to.ni.fi.car (*toni+ficar*) *vtd* **1** *Med* Dar tom a; dar vigor a; fortalecer; robustecer: *Tonificar o organismo*. *vpr* **2** Fortificar-se, robustecer-se: *Tonificou-se com um bom regime alimentar.* *Conjug – Pres subj:* tonifique, tonifiques etc.; *Pret perf:* tonifiquei, tonificaste, tonificou etc.

to.ni.tru.an.te (*lat tonitruante*) *adj m+f* **1** Que troveja. **2** Atroador como o trovão; que faz muito ruído; estrondoso. **3** Que fala ou canta com voz muito grossa.

to.no (*lat tonu*) *sm* **1** Tom. **2** Som da voz de quem fala. **3** *Fisiol* Contração leve e permanente de um músculo; tônus.

ton.si.la (*lat tonsilla*) *sf Anat* Massa de tecido linfoide, em forma de amêndoa, situada em cada um dos lados da garganta (nomes antigos: amídala ou amígdala).

ton.si.li.te (*tonsila+ite¹*) *sf Med* Inflamação da tonsila (nomes antigos: amidalite ou amigdalite).

ton.su.ra (*lat tonsura*) *sf* **1** Ato ou efeito de tonsurar. **2** Ato ou efeito de cortar o cabelo ou a barba. **3** Corte circular do cabelo na parte posterior e mais alta da cabeça utilizado em clérigos; coroa.

ton.su.rar (*lat tonsurare*) *vtd* **1** Tosquiar. **2** *Liturg ant* Dar a tonsura a, praticar a cerimônia da tonsura em: *Tonsurar novos clérigos*.

ton.te.ar (*tonto+e+ar¹*) *vint* **1** Dizer ou fazer tontice; asnear, disparatar. *vtd* **2** Estar ou ficar tonto; ter tonturas. *vint* **3** Cabecear, escabecear: *Tonteava de sono. vint* **4** Perturbar-se, titubear. *Conjuga-se como frear.*

ton.tei.ra (*tonto+eira*) *sf* **1** Tontura, vertigem. **2** Delírio de uma pessoa idosa.

ton.to (*contr* de *atônito*) *adj* **1** Diz-se do indivíduo que está com tonturas; zonzo. **2** Que não está em si; atarantado, atônito. **3** Demente, doido, maluco, parvo, tolo. • *sm* Indivíduo tonto.

ton.tu.ra (*tonto+ura*) *sf* **1** Perturbação de cabeça; estonteamento, vertigem, zonzura. **2** Ato ou dito de tonto.

tô.nus (*lat tonus*) *V* tono (acepção 3).

to.pa.da (*topar+ada¹*) *sf* **1** Ato ou efeito de bater involuntariamente com a ponta do pé de encontro a um objeto. **2** Choque. *Dar uma topada:* a) cometer uma asneira; b) encontrar um obstáculo numa coisa em que não houve orientação suficiente para o prevenir.

to.par (*tope+ar¹*) *vtd* e *vti* **1** Deparar, encontrar: *Entre as suas coisas topei esta carta. vti* **2** Dar uma topada com o pé; ir bater de encontro: *Topei numa saliência da calçada. vtd* **3** *pop* Aceitar proposta; enfrentar: *Topar um negócio. Topar tudo:* aceitar toda espécie de encargos, negócios ou ocupações.

to.pa-tu.do (*topar+tudo*) *sm sing* e *pl* Indivíduo que procura tirar vantagem de tudo o que se lhe oferece ou aceita qualquer incumbência, mesmo que não tenha tempo ou competência para desempenhá-la.

to.pá.zio (*lat topaziu*) *sm Miner* Pedra preciosa, de cor amarela, e que é um silicato de alumínio.

to.pe.te (*ê* ou *é*) (*topo+ete*) *sm* **1** A parte do cabelo que fica levantada na frente da cabeça. **2** *Zool* A elevação muito saliente das penas da cabeça de algumas aves. **3** *fig* Atrevimento, audácia, ousadia, coragem.

tó.pi.co (*gr topikós*) *adj* **1** Pertencente ou relativo a determinado lugar. **2** *Med* Diz-se de medicamento externo que se aplica sobre a parte doente. • *sm* **1** Ponto principal de uma questão. **2** Pequeno comentário de jornal, geralmente sobre assunto do dia. *sm pl* **1** Princípios gerais. **2** Síntese ou tese.

topless (*ingl*) *adj m+f* Diz-se da roupa de banho feminina que deixa o corpo nu da cintura para cima. • *sm* Essa roupa.

top model (*tóp módeu*) (*ingl*) *s m+f* Modelo no topo da carreira, com altíssimo salário.

to.po (*ô*) (*frâncico top*) *sm* **1** A parte mais elevada; tope, cimo, cume. **2** Extremidade. **3** Cabeceira da mesa.

to.po.gra.fi.a (*gr tópos+grafo+ia*[1]) *sf* **1** Descrição ou delineação minuciosa de uma localidade. **2** Descrição anatômica e minuciosa de qualquer parte do organismo humano.

to.po.grá.fi.co (*topografia+ico*[2]) *adj* Pertencente ou relativo à topografia.

to.pó.gra.fo (*gr tópos+grafo*[1]) *sm* **1** Indivíduo que se ocupa de topografia. **2** Autor de cartas topográficas. **3** Instrumento de precisão destinado a indicar irregularidades de superfícies.

to.po.lo.gi.a (*gr tópos+logo+ia*[1]) *sf* **1** V topografia. **2** *Gram* Teoria da colocação ou disposição das palavras na oração. **3** *Inform* Modo pelo qual os vários elementos de uma rede são interconectados.

to.po.ní.mia (*gr tópos+ônimo+ia*[1]) *sf* **1** Designação dos lugares pelos seus nomes. **2** Conjunto de topônimos. **3** Parte da onomatologia que estuda a origem dos nomes dos lugares.

to.pô.ni.mo (*gr tópos+ôanimo*) *sm* Nome próprio de lugar, ou de acidentes geográficos.

to.que (*de tocar*) *sm* **1** Ato ou efeito de tocar; contato, impulso leve. **2** Pancada, percussão. **3** Ação de tocar ou tanger um instrumento musical. **4** *Pint* Ação de tocar com o pincel para dar mais suavidade ou maior expressão ao desenho. **5** O ato de apertar a mão de alguém em sinal de cumprimento. **6** *fig* Sinal, vestígio, rasto. **7** *Av* Primeiro contato de um avião com o solo ao aterrar. *Toque de recolher:* sinal para que os soldados regressem ao quartel a certa hora.

to.ra (*ô*) (*lat toru*) *sf* Grande tronco de madeira cortada.

to.rá.ci.co (*gr thórax, akos+ico*[2]) *adj Anat* **1** Relativo ou pertencente ao tórax. **2** Que afeta ou envolve o tórax.

to.ran.ja (*ár turunya*) *sf Bot* **1** V toranjeira. **2** Fruto da toranjeira, globoso, grande, com casca amarela amarga e polpa suculenta, algo ácida, saborosa, que varia na cor de amarelo-pálida a cor-de-rosa carregada.

to.ran.jei.ra (*toranja+eira*) *sf Bot* Pequena árvore cítrica de copa redonda, que produz a toranja e é largamente cultivada em regiões subtropicais. *Var: toronjeira.*

tó.rax (*cs*) (*gr thórax*) *sm sing e pl* **1** *Anat* Cavidade constituída pelas vértebras dorsais, esterno, costelas e cartilagens, dentro da qual estão os pulmões e o coração. **2** Peito. **3** *Zool* Nos animais articulados, é o conjunto de anéis que se acham entre a cabeça e o abdome; a parte mediana.

tor.ção (*lat tortione*) *sf* **1** Ato ou efeito de torcer; torcedura. **2** Estado de coisa torcida. **3** *Vet* Cólica, dores violentas de barriga que atacam de preferência o cavalo.

tor.ce.dor (*torcer+dor*) *adj* Que torce. • *sm* **1** Instrumento para torcer. **2** Antigo aparelho para extrair o caldo da cana. **3** *bras* Aquele que torce nos jogos esportivos.

tor.ce.du.ra (*torcer+dura*) *sf* **1** Ação ou efeito de torcer. **2** Estado de coisa torcida. **3** Modificação feita em objeto torcido. **4** Desvio, evasiva.

tor.cer (*baixo-lat torcere, corr de torquere*) *vtd* **1** Fazer girar (uma coisa) sobre si mesma. *vtd* **2** Vergar de maneira que as partes daquilo que se torce fiquem desviadas da posição em que estavam; virar ou revirar: *Torcer a roupa. Torcer um parafuso. vtd* **3** Entortar: *Torcer um ramo. vti* **4** Dobrar-se, inclinar-se, pender, vergar-se: *A palmeira torceu para o lado da estrada. vpr* **5** Descair, dobrar-se: *Chorões e salgueiros torciam-se para beijar a água. vpr* **6** Roer-se de inveja ou raiva: *Torcia-se de ódio do adversário. vtd* **7** Fazer ceder; submeter, sujeitar, vencer: *Torcer o gênio, o temperamento. vti* **8** *bras* Desejar a vitória de um grupo desportivo, gesticulando, gritando etc.: *Meu caçula torce pelo Santos. vtd* **9** Alterar, desvirtuar: *Torcer o sentido das palavras. vpr* **10** Contorcer-se, dobrar-se: *Torcia-se de dor na nuca. Conjug – Pres indic: torço, torces, torce* etc.; *Pres subj: torça, torças* etc.; *Pret perf: torci, torceste, torceu* etc.

tor.ci.co.lo (*ital torcicollo*) *sm Med* Contrações, dolorosas ou não, nos músculos do pescoço e da nuca, produzindo um desvio da cabeça.

tor.ci.da (*fem de torcido*) *sf* **1** Ato ou efeito de torcer. **2** Mecha de candeeiro ou de vela feita de fios de linho ou de algodão torcidos; pavio. **3** *bras* Conjunto de torcedores de um clube.

tor.ci.do (*part de torcer*) *adj* **1** Que se torceu; torto, tortuoso. **2** *fig* Mal interpretado; forçado: *O sentido torcido das palavras. Ter a vista torcida:* ter os olhos vesgos. *Ter o coração torcido:* diz-se de quem se afasta das normas do bem ou da justiça.

tor.ço (*ô*) (*de torcer*) *sm* **1** Torcedura, torcida. **2** *bras* Lenço, xale ou manta que se enrola na cabeça feito turbante.

tor.di.lho (*tordo+ilho*) *adj* **1** Que tem cor de tordo. **2** *Reg* (Sul) Designativo do cavalo que tem o pelo da cor da plumagem do tordo (negro com manchas brancas).

tor.do (*lat turdu*) *sm Ornit* Nome comum dado em Portugal aos pássaros do gênero turdo, tipo da família dos turdídeos, que, no Brasil, abrange várias espécies de sabiás. Voz: *chilreia, trucila.*

tó.rio (*Thor, np+io*[2]) *sm Quím* Elemento metálico radioativo, de número atômico 90 e símbolo Th.

tor.men.ta (*lat tormenta*) *sf* **1** Tempestade violenta. **2** *fig* Grande barulho; desordem. **3** *fig* Agitação, movimento. *Antôn: calma.*

tor.men.to (*lat tormentu*) *sm* **1** Ato ou efeito de atormentar. **2** Desdita, desgraça, sofrimento. **3** Aflição, angústia corporal, dor, pena. **4** Tortura, maus-tratos.

tor.men.to.so (*ô*) (*tormenta+oso*) *adj* **1** Que causa tormentas. **2** Que causa tormento; trabalhoso. *Pl: tormentosos* (*ó*).

tor.na.do (*cast tornado*) *sm Meteor* Tempestade violenta de vento, em movimento circular, com um diâmetro de apenas poucos metros. Aparece com a forma de funil e tudo destrói em seu caminho.

tor.nar (*lat tornare*) *vti, vint* e *vpr* **1** Vir de novo aonde esteve. *vti* **2** Voltar, volver à situação, estado ou tempo anterior: *Não me agrada tornar ao passado*. *vtd* **3** Devolver, restituir. *vti* **4** Mudar de ideia ou propósito; reconsiderar. *vint* **5** Tornar a manifestar-se; reviver. *vtd e vpr* **6** Converter(-se), fazer(-se): *Isso lhe torna mais grave a situação*. *vtd e vpr* **7** Mudar(-se), transformar(-se): *O incêndio tornou tudo em cinzas*.

tor.nas.sol (*tornar+sol*) *sm* **1** *Bot* Nome de diversas plantas cujas flores se voltam para o Sol, como o girassol e o heliotrópio. **2** *Quím* Corante azul que se emprega na indústria e na preparação do papel usado em química para reconhecimento dos ácidos.

tor.ne.a.do (*part* de *tornear*) *adj* **1** Feito ao torno; lavrado, roliço. **2** Bem contornado, como feito ao torno. **3** *fig* Escrito e redigido com elegância.

tor.ne.ar (*torno+e+ar*[1]) *vtd* **1** Modelar no torno, dando à peça em construção uma forma cilíndrica e lisa. **2** Andar em torno de; circundar: *O cavaleiro torneou o bosque*. **3** Dar volta para surpreender. **4** *fig* Aperfeiçoar, aprimorar. Conjuga-se como *frear*.

tor.nei.o (de *tornear*[1]) *sm* **1** Certame, concurso. **2** Polêmica, discussão, controvérsia. **3** *Esp* Competição na qual tomam parte vários concorrentes. **4** Elegância da frase.

tor.nei.ra (*torno+eira*) *sf* **1** Válvula colocada nos terminais de encanamentos de água, gás, ar comprimido etc., para possibilitar sua saída quando necessário. **2** Tubo recurvado, com um fecho acionado pela mão, para possibilitar a retirada de líquidos.

tor.nei.ro (*torno+eiro*) *sm* Aquele que trabalha no torno.

tor.ni.que.te (ê) (*fr tourniquet*) *sm* **1** Espécie de cruz horizontal, que se move sobre um eixo vertical, à entrada de estradas ou ruas para só deixar passar pedestres um por vez. **2** *Cir* Instrumento para comprimir as artérias e suspender hemorragias. **3** Antiga tortura em que os membros da vítima eram apertados num torno. **4** *fig* Dificuldade, embaraço, atrapalhação, situação crítica.

tor.no (ô) (*lat tornu*) *sm* **1** *Mec* Máquina empregada para confeccionar ou dar acabamento a peças de madeira fazendo-as girar entre pontas de eixos revolventes, dando-lhes forma roliça ou arredondada; torno mecânico. **2** Prego quebrado ou roliço de madeira; cavilha, pino, pua. *Pl: tornos* (ô). *Em torno:* à roda, em redor, em volta. *Feito ao torno:* perfeitamente roliço.

tor.no.ze.lei.ra (*tornozelo+eira*) *sf* **1** Polaina para resguardar o tornozelo. **2** Peça elástica, de malha, com que os atletas protegem os tornozelos.

tor.no.ze.lo (ê) (de *torno*) *sm Anat* Saliência óssea, na articulação do pé com a perna.

to.ro (*lat toru*) *sm* **1** Pedaço de tronco de árvore abatida, ainda com casca; tora. **2** O tronco do corpo. **3** Cepo ou tronco que serve como mesa de trabalho em algumas artes e ofícios.

to.ró (*voc onom*) *sm gír* **1** Arruaça, desordem. **2** Aguaceiro grosso, pancada de chuva.

to.ron.ja (*ár turûnya*) *V toranja*.

to.ron.jei.ra (*toronja+eira*) *V toranjeira*.

tor.pe (ô) (*lat turpe*) *adj m+f* **1** Desonesto, impudico. **2** Indecoroso, infame, vergonhoso. **3** Indecente, obsceno. **4** Ignóbil, sórdido. **5** Asqueroso, nojento, repugnante. *Antôn* (acepção 4): *nobre, elevado*.

tor.pe.de.ar (*torpedo+e+ar*[1]) *vtd* **1** Atacar com torpedo; meter a pique por meio de torpedo: *Torpedear um navio*. **2** *bras fig* Contrariar, destruir: *Torpedear um projeto, um requerimento*. Conjuga-se como *frear*.

tor.pe.dei.ro (*torpedo+eiro*) *adj* Relativo a torpedo. • *sm* **1** Navio de guerra munido de lança-torpedos. **2** Aquele que conserva e maneja torpedos.

tor.pe.do (ê) (*lat torpedo*) *sm* Projétil submarino de forma cilíndrica arredondada, carregado de grande carga explosiva que explode ao chocar-se contra algo resistente.

tor.pe.za (*torpe+eza*) *sf* **1** Qualidade de torpe. **2** Procedimento indigno ou ignóbil. **3** Desonestidade. **4** Brutalidade.

tor.por (*lat torpore*) *sm* **1** Falta de ação ou de energia física; entorpecimento. **2** Indiferença moral. **3** *Med* Estado em que o paciente não tem consciência exata do que se passa em torno dele ou com ele.

tor.que (*lat torquere*) *sm Mec* Sistema de duas forças paralelas de suportes distintos, com sentidos opostos e que atuam sobre um corpo.

tor.quês (*fr ant turcoises*) *sf* Instrumento que consiste em duas hastes de ferro cruzadas, móveis, destinado a arrancar pregos ou qualquer outro objeto encravado; espécie de tenaz ou alicate. *Pl: torqueses* (ê).

tor.ra.ção (*torrar+ção*) *sf* **1** Ato de torrar. **2** Tostamento, ressecamento.

tor.ra.da (*fem* de *torrado*) *sf* Fatia de pão torrado.

tor.ra.dei.ra (*torrar+deira*) *sf Bras* Aparelho, geralmente elétrico, que serve para fazer torradas.

tor.ra.do (*part* de *torrar*) *adj* **1** Que se torrou. **2** Muito seco; tostado. **3** *V tórrido*. **4** *pop* Vendido por qualquer preço. • *sm* **1** *Reg* (Norte) Rapé. **2** Dança popular.

tor.rão (dissimilação de *terrão*, de *terra*) *sm* **1** Porção de terra aglutinada, endurecida. **2** Região, solo, terreno. **3** Fragmento, pedaço. **4** País, território. *Torrão natal, fig:* a pátria.

tor.rar (*lat torrare*) *vtd* **1** Ressequir ao fogo ou ao sol; tornar excessivamente seco. *vtd* **2** Queimar de leve; tostar. *vtd e vint* **3** *fig* Vender por qualquer preço, liquidar. *vtd e vint* **4** *pop* Importunar, aborrecer. *vtd* **5** *gír* Acabar com, gastar.

tor.re (ô) (*lat turre*) *sf* **1** Construção alta e sólida que antigamente servia para defesa em operações de guerra; fortaleza. **2** Cada uma das peças do jogo de xadrez que se colocam ao iniciar a partida nos quatro cantos do tabuleiro; roque. **3** Construção, de forma quadrada ou redonda, geralmente alta e estreita, anexa ou afastada da igreja; campanário. **4** Estrutura alta de metal destinada a suportar as antenas das estações de rádio ou televisão.

tor.re.ão (*torre+ão*[2]) *sm* **1** Torre larga e com ameias sobre um castelo. **2** Pequena torre ou pavilhão no ângulo ou no alto de um edifício.

tor.re.fa.ção (*lat torrefactione*) *sf* **1** Ato ou efeito de torrefazer. **2** Estabelecimento industrial onde se torra e mói o café para o consumo.

tor.re.fa.zer (*lat torrefacere*) *vtd* Torrar, torrificar: *Ao lado dos terreiros ficavam os barracões onde torrefaziam o café.* Conjuga-se como *fazer*.

tor.ren.ci.al (*lat torrentia+al¹*) *adj m+f* **1** Relativo a torrente. **2** Produzido por torrentes. **3** Muito copioso. **4** *Lit* Diz-se do estilo muito rico e abundante.

tor.ren.te (*lat torrente*) *sf* **1** Curso de água impetuoso e de grande velocidade. **2** *fig* Grande quantidade de coisa que cai ou jorra; abundância. **3** *fig* Multidão que se precipita, que invade com ímpeto. **4** Força impetuosa. **5** *fig* Grande fluência: *Torrente de palavras. Chorar torrentes de lágrimas:* chorar muito.

tor.res.mo (*ê*) (*cast torrezno*) *sm* Toicinho frito em pequenos pedaços.

tór.ri.do (*lat torridu*) *adj* **1** Muito quente; ardente. **2** *Geogr* Designativo da zona compreendida entre os trópicos de Câncer e de Capricórnio.

tor.so (*ô*) (*ital torso*) *sm* Busto de pessoa ou de estátua.

tor.ta (*ó*) (*lat torta*) *sf* **1** *Cul* Prato cozido ao forno, preparado com massa de farinha e recheado com diferentes ingredientes. **2** *Cul* Espécie de bolo diversamente recheado com doce ou frutas: *Torta de bananas.*

tor.ti.lha (*cast tortilla*) *sf* **1** Torta pequena. **2** Fritada de ovos batidos feita em formato arredondado de torta.

tor.to (*ô*) (*lat tortu*) *adj* **1** Que se desvia de sua direção natural; que não é direito. **2** Oblíquo. **3** Errado, injusto. *Antôn: direito.* • *sm* Indivíduo de mau caráter. *Responder torto:* a) responder com falta de respeito; b) responder com informações propositadamente erradas.

tor.tu.o.so (*ô*) (*lat tortuosu*) *adj* **1** Torto. **2** Que não segue um caminho direito, mas sim com sinuosidade; sinuoso. **3** Oposto à verdade e à justiça. **4** Que não é franco; desleal, velhaco. *Antôn* (acepção 1): *reto;* (acepções 2 e 3): *justo.* *Pl: tortuosos* (*ó*).

tor.tu.ra (*lat tortura*) *sf* **1** Ato ou efeito de torturar. **2** Dobra, curvatura, volta tortuosa. **3** *fig* Angústia, dor, sofrimento, suplício, tormento. **4** Tormento que se impunha a um acusado para conseguir dele certas respostas ou denúncias. **5** *fig* Lance difícil; apertos. **6** Tortuosidade.

tor.tu.ra.do (*part* de *torturar*) *adj* **1** Que sofre ou sofreu tortura. **2** *fig* Amargurado. **3** Martirizado, mortificado.

tor.tu.ra.dor (*torturar+dor*) *adj* Que tortura. • *sm* Aquele que tortura.

tor.tu.ran.te (de *torturar*) *adj m+f* Que tortura; aflitivo, angustioso, doloroso.

tor.tu.rar (*tortura+ar¹*) *vtd* **1** Submeter a torturas: *Torturar a vítima.* *vtd* **2** Afligir muito; atormentar, martirizar. *vpr* **3** Afligir-se, angustiar-se: *Tortura-se por causa dos credores.*

tor.ve.li.nho (*cast torbellino*) *sm* V remoinho.

tor.vo (*ô*) (*lat torvu*) *adj* **1** Que infunde ou causa terror. **2** Pavoroso, sinistro. **3** De aspecto carregado ou carrancudo. **4** Escuro, sombrio. • *sm* Aspecto torvo; qualidade de torvo.

to.sa (*der* regressiva de *tosar¹*) *sf* Ato ou efeito de tosar; tosquia.

to.sa.do (*part* de *tosar*) *adj* Tosquiado.

to.sa.dor (*tosar+dor²*) *adj* Que tosa; tosquiador. • *sm* Aquele que tosa; tosquiador.

to.sar (*lat vulg tunsare*, de *tondere*) *vtd* **1** Cortar a lã dos animais lanígeros; tosquiar: *Tosar ovelhas.* **2** Aparar a felpa de; aparar por igual: *Tosar a grama.*

tos.co (*ô*) (*lat tuscu*) *adj* **1** Que não é lapidado, polido, nem lavrado; tal como a natureza o produziu: *Pedra tosca.* **2** Malfeito; grosseiro. **3** Rude, rústico. **4** Inculto, sem instrução, estúpido, ignorante, bronco. *Em tosco:* em bruto. *Pl: toscos* (*ô*). *Fem: tosca* (*ô*).

tos.qui.a (de *tosquiar*) *sf* **1** Ato ou efeito de tosquiar. **2** Época própria para o corte dos pelos dos animais lanígeros. **3** Censura, repressão.

tos.qui.a.do (*part* de *tosquiar*) *adj* **1** Que sofreu a operação da tosquia. **2** Diz-se do animal que tem o pelo ou a lã cortada rente. **3** Diz-se do indivíduo a que se cortou rente o cabelo.

tos.qui.a.dor (*tosquiar+dor*) *adj* Que tosquia. • *sm* Aquele que tosquia.

tos.qui.ar (*arc tosquiar, corr* de *tresquiar*, do *cast trasquilar*) *vtd* **1** Aparar rente (a lã das ovelhas); cortar rente (o cabelo das pessoas). **2** Cortar os pelos de: *Tosquiar as orelhas, as ventas.* *vtd* **3** Aparar por igual (os ramos das árvores e arbustos). *Conjug – Pres indic: tosquio, tosquias* etc.; *Pret perf: tosquiei, tosquiaste, tosquiou* etc.

tos.se (*ó*) (*lat tusse*) *sf* *Med* Expulsão brusca do ar contido nos pulmões, com um ruído especial, provocada pela introdução de corpos estranhos na laringe, como pó e outras substâncias, ou pela irritação da mucosa da traqueia e dos brônquios. *Tosse comprida:* V coqueluche.

tos.sir (*lat tussire*) *vint* **1** Ter tosse: *O enfermo tossia ruidosamente.* *vint* **2** Provocar artificialmente a tosse: *Tossiu para anunciar a sua presença.* *vtd* **3** Expulsar da garganta; lançar para fora de si: *Tossir o catarro.* Conjuga-se como *dormir*.

tos.ta.dei.ra (*tostar+deira*) *sf* Aparelho, geralmente elétrico, usado para tostar pão, sanduíche etc.

tos.ta.do (*part* de *tostar*) *adj* **1** Levemente crestado ou queimado: *Carne tostada.* **2** Da cor do café: *Pele tostada.* **3** Escuro: *Alazão tostado.* **4** Trigueiro, moreno.

tos.tão (*ital testone*) *sm* **1** Antiga moeda brasileira de níquel, do valor de 100 réis. **2** *pop* Quantia ou quantidade desprezível. *Pl: tostões* (*ô*).

tos.tar (*lat tostare*) *vtd* **1** Queimar ligeiramente; torrar: *Tostar a carne, o pão.* **2** Dar cor escura a: *O sol tosta-nos a pele.*

to.tal (*lat totale*) *adj m+f* **1** Que forma um todo: *Soma total.* **2** Completo, inteiro: *Prejuízo total.* • *sm* **1** Reunião de partes que formam um todo; o todo. **2** Resultado de uma adição; soma de várias parcelas.

to.ta.li.da.de (*total+i+dade*) *sf* **1** Conjunto de diversas partes na formação de um todo. **2** A soma total; o total.

to.ta.li.tá.rio (*ital totalitario*) *adj* **1** Que exclui qualquer divisão ou parcelamento. **2** Que põe de lado tudo o que representa a liberdade individual. **3** Diz-se de um governo em que um grupo político centraliza todos os poderes administrativos.

to.ta.li.ta.ris.mo (*totalitário+ismo*) *sm* Sistema de governo que concentra todos os direitos e regalias

totalização no Estado, excluindo as liberdades e privilégios individuais.

to.ta.li.za.ção (*totalizar+ção*) *sf* **1** Ato ou efeito de totalizar. **2** Resultado de soma ou adição.

to.ta.li.zar (*total+izar*) *vtd* **1** Avaliar no todo; calcular o total de: *Importa totalizar as despesas previamente.* **2** Realizar completamente: *Em breve totalizaremos esta obra.* **3** Atingir o total de; perfazer, somar.

to.tem (do *ingl totem*, do *algonquiano*) *sm Antrop* **1** Animal, planta, objeto ou fenômeno natural a que certas sociedades primitivas se julgavam ligadas de modo específico. **2** Objetos materiais que certas sociedades primitivas consideravam como sagrados.

to.tó (*fr toutou*) *sm pop* **1** Cãozinho. **2** Cão de senhoras.

tou.ca (*címbrico tok*) *sf* **1** Espécie de adorno ou carapuça com que as pessoas cobrem a cabeça. **2** Peça do vestuário das freiras com que elas cobrem a cabeça, pescoço e ombros. **3** A faixa que, enrolada na cabeça, formava o turbante. **4** Turbante. *Dormir de touca, pop:* a) deixar-se ludibriar; bobear; b) perder oportunidade de; vacilar.

tou.ca.do (*part de toucar*) *adj* **1** Que tem touca; ornado de touca. **2** Coroado. **3** Que tem o cabelo adornado ou preparado. • *sm* **1** Conjunto dos adornos de cabeça das mulheres. **2** O arranjo dos cabelos; penteado.

tou.ca.dor (*toucar+dor*) *adj* Que touca. • *sm* **1** Aquele que touca; que penteia. **2** Espécie de mesa com um espelho e tudo o que é necessário para pentear e toucar. **3** *Constr* Compartimento anexo ao dormitório, destinado a acomodar guarda-roupa, penteadeira etc.

tou.car (*touca+ar¹*) *vtd* e *vpr* **1** Cobrir(-se) com touca: *Outrora toucavam as crianças.* *vtd* **2** Consertar o cabelo, penteando-o e adornando-se: *Toucar a noiva.* *vtd* **3** Adornar, compor, enfeitar o vestuário de: *Encarregara-se de toucar a noiva.* *Conjug – Pres subj:* touque, touques etc.; *Pret perf:* touquei, toucaste, toucou etc.

tou.cei.ra (*touça+eira*) *sf* Grande touça ou moita: *Touceira de bambu. Var: toiceira.*

tou.ci.nho (*lat vulg *tuccinu*) V *toicinho*.

tou.pei.ra (*lat talparia*) *sf* **1** *Zool* Mamífero insetívoro que vive em tocas debaixo da terra. **2** *fig* Pessoa de olhos muito miúdos. **3** *fig* Pessoa intelectualmente cega, ignorante, estúpida.

tou.ra.da (*touro+ada¹*) *sf* **1** Bando de touros. **2** Espetáculo tauromáquico. **3** Corrida de touros na arena ou circo.

tou.re.a.dor (*tourear+dor*) *adj* Que toureia. • *sm* Aquele que toureia; toureiro. *Var: toireador.*

tou.re.ar (*touro+e+ar¹*) *vtd* **1** Correr touros na arena ou circo: *Toureou mal os bois.* *vint* **2** Correr ou lidar com touros: *Entre outras coisas, gostava também de tourear. Var: toirear.* Conjuga-se como *chear.*

tou.rei.ro (*touro+eiro*) *adj* Pertencente ou relativo a touro. • *sm* Aquele que toureia, especialmente o que toureia por hábito ou profissão. *Var: toireiro.*

tou.ro (*lat tauru*) *sm* **1** Boi que não foi castrado e que é utilizado como reprodutor. Voz: *berra, bufa, muge, urra.* **2** *fig* Homem muito robusto e fogoso.

3 Touro *Astr* Constelação do zodíaco. **4 Touro** *Astrol* Signo do zodíaco, relativo aos nascidos entre 21 de abril e 20 de maio.

to.xi.ci.da.de (*cs*) (*tóxico+i+dade*) *sf* **1** Propriedade que certas substâncias têm de serem tóxicas. **2** Qualidade daquilo que é tóxico; toxidez.

tó.xi.co (*cs*) (*gr toxikós*) *adj* Que intoxica; que tem a propriedade de envenenar. • *sm V veneno*.

to.xi.co.ma.ni.a (*cs*) (*tóxico+mania*) *sf Psiq* Hábito de consumir substâncias tóxicas ou entorpecentes (cocaína, morfina, barbitúricos) por necessidade terapêutica ou não.

to.xi.co.ma.ní.a.co (*cs*) (*toxicomania+ico²*) *adj* Relativo à toxicomania. • *sm* Aquele que apresenta toxicomania ou que se dá ao uso de entorpecentes; toxicômano.

to.xi.cô.ma.no (*cs*) (*tóxico+man(íac)o*) *sm V toxicomaníaco*.

to.xi.na (*cs*) (*toxo+ina*) *sf Med* Produto tóxico, elaborado por seres vivos (bactérias, animais, plantas), caracterizado pela necessidade de um período de incubação e capacidade de produção de anticorpos quando desenvolvido ou injetado no animal.

TPM *sf* Sigla de *tensão pré-menstrual.*

tra.ba.lha.dei.ra (*trabalhar+deira*) *adj f* Diz-se da mulher diligente, cuidadosa, e que gosta de trabalhar. • *sf* Essa mulher.

tra.ba.lha.do (*part de trabalhar*) *adj* **1** Que se trabalhou; posto em trabalho ou em obra; lavrado. **2** Cheio de trabalho; trabalhoso. **3** Feito com arte.

tra.ba.lha.dor (*trabalhar+dor*) *adj* **1** Dado ao trabalho; que gosta de trabalho. **2** Ativo, laborioso. • *sm* **1** Aquele que trabalha. **2** Empregado, obreiro, operário, trabalhador rural etc.

tra.ba.lhão (*trabalho+ão²*) *sm* Grande trabalho; trabalheira, fadiga.

tra.ba.lhar (*trabalho+ar¹*) *vti* e *vint* **1** Exercer a sua atividade para fazer ou executar alguma coisa. *vtd* **2** Dar trabalho a; fatigar com trabalho. *vti* e *vint* **3** Empenhar-se, esforçar-se, lidar: *Anos e anos trabalhou nessa obra.* *vint* **4** Desempenhar as suas funções; exercer o seu ofício: *Aquele funcionário quase não trabalha.* *vint* **5** Funcionar, mover-se: *Este relógio não trabalha.* *vtd* **6** Preparar ou executar com esmero, aprimoradamente: *Trabalhar uma obra de arte. Trabalhar de sol a sol:* trabalhar o dia todo, desde o amanhecer até o anoitecer.

tra.ba.lhei.ra (*trabalho+eira*) *sf pop* Grande canseira, muita fadiga; trabalhão.

tra.ba.lhis.mo (*trabalho+ismo*) *sm Polít* Doutrina política que tem como principal objetivo a defesa dos interesses dos trabalhadores.

tra.ba.lhis.ta (*trabalho+ista*) *adj m+f* **1** Pertencente ou relativo ao trabalho e aos direitos e deveres dos trabalhadores: *Leis trabalhistas.* **2** Pertencente ou relativo ao trabalhismo. • *s m+f* Pessoa partidária de maiores direitos e regalias para os trabalhadores.

tra.ba.lho (*baixo-lat tripaliu*) *sm* **1** Ato ou efeito de trabalhar. **2** Exercício material ou intelectual para fazer ou conseguir alguma coisa; ocupação em alguma obra. **3** Esforço, labutação, lida, luta. **4** Aplicação da atividade humana a qualquer exercício de caráter físico ou intelectual. **5** A

trabalhoso 870 **tráfego**

composição ou feitura de uma obra. **6** A própria obra que se compõe ou faz. **7** Obra literária ou artística. **8** Maneira como alguém trabalha. **9** Maneira como funciona um aparelho. **10** Atividade remunerada ou assalariada; serviço, emprego. **11** Local onde se exerce tal atividade. *Dar-se ao trabalho de:* incomodar-se, empenhar-se em (fazer alguma coisa).

tra.ba.lho.so (ô) (*trabalho+oso*) *adj* **1** Que dá muito trabalho ou fadiga; custoso, difícil. **2** Cheio de trabalhos. **3** Exaustivo, fatigante. **4** Incômodo, molesto. **5** Arriscado, difícil, perigoso. *Antôn* (acepções 1, 2 e 5): *fácil;* (acepções 3 e 4): *suave*. *Pl: trabalhosos (ó)*.

tra.bu.co (*lat trabucchu*) *sm* Espécie de bacamarte de um só cano, curto e de grosso calibre.

tra.ça (*der* regressiva de *traçar*¹) *sf Entom* Nome vulgar de insetos que corroem lã, tapetes, estofos, livros, papéis, sementes etc. *Às traças:* ao abandono.

tra.ça.do (*part* de *traçar*) *adj* Que se traçou; representado por meio de traços; delineado, projetado. • *sm* **1** Ação ou efeito de traçar (linhas, riscos etc.). **2** Maneira ou modo de traçar. **3** Plano, projeto. **4** Desenho, planta.

tra.ção (*lat tractione*) *sf* **1** Ato de puxar, mover, arrastar, estando a força propulsora adiante da resistência: *Tração animal, a vapor, elétrica*. **2** *Mec* Modo de trabalho de um corpo, quando submetido à ação de uma força. *Tração rítmica da língua:* manobra empregada para excitar a respiração dos afogados ou asfixiados.

tra.çar (*lat vulg *tractiare*) *vtd* **1** Delinear, representar por meio de traços: *Os cartógrafos traçam rios e estradas nos mapas*. *vtd* **2** Desenhar traços: *Traçar uma reta*. *vtd* **3** Assinar, demarcar, marcar: *Traçar fronteiras*. *vtd* **4** Projetar na mente; imaginar: *Traçara um meio de acabar com o rival*. *vtd* **5** Escrever: *Traçou apenas algumas palavras*. *vpr* **6** Assentar, escolher, estabelecer para si: *Eles não fugiram dos caminhos que traçaram*. *vtd* **7** Descrever: *Traçou um panorama da situação*. *vtd* **8** Cruzar: *A moça traçava o xale sobre os ombros*. *vtd* **9** *bras, pop* Beber ou comer com avidez, devorar: *Traçou três bifes no almoço*. *vtd* **10** *bras pop* Copular com: *Traçava, na juventude, todas as garotas bonitas da vila*.

tra.ce.ja.do (*part* de *tracejar*) *adj* **1** Marcado, traçado, riscado. **2** Diz-se da linha formada por pequenos traços, uns em seguimento dos outros.

tra.ce.jar (*traço+ejar*) *vint* **1** Fazer traços ou linhas. *vtd* **2** Formar com pequenos traços, postos uns diante dos outros: *Tracejar uma estrada no mapa*. *vtd* **3** Delinear, planejar: *Tracejar um passeio*. *vtd* **4** Descrever ligeiramente: *O repórter apenas tracejou o acontecido*.

tra.ci.o.nar (*tração+ar*¹) *vtd* Fazer tração a; puxar: *Os bois tracionam o carro*.

tracking (*tréquin*) (*ingl*) *sm* **1** *Telev* e *Inform* Alinhamento correto da fita num videocassete ou unidade de fita. **2** *Telev* Degradação da imagem de um clipe de vídeo.

tra.ço (de *traçar*¹) *sm* **1** Ato ou efeito de traçar. **2** Linha traçada com lápis, pena, pincel etc.; risco. **3** Linha do rosto; feição, fisionomia, caráter. **4** *Tip* e *Inform* A grossura de um caractere impresso. **5** Vestígio, rasto. *Traço de união: V hífen*.

tra.co.ma (*gr trákhoma*) *sm Med* Conjuntivite grave, geralmente crônica e rebelde, caracterizada pela presença de minúsculas granulações sobre a mucosa ocular.

tra.di.ção (*lat traditione*) *sf* **1** Ato de transmitir ou entregar. **2** Comunicação ou transmissão de notícias, composições literárias, doutrinas, ritos, costumes, feita de pais para filhos no decorrer dos tempos ao sucederem-se as gerações. **3** Notícia de um feito antigo transmitida desse modo. **4** Memória, recordação. *Tradição oral:* a que só consta pelo que se diz. *Tradições nacionais:* os grandes fatos da história de um país.

tra.di.ci.o.nal (*lat traditione+al*¹) *adj m+f* **1** Pertencente ou relativo à tradição ou que se transmite por meio dela. **2** Observado desde tempos imemoriais.

tra.di.ci.o.na.lis.mo (*tradicional+ismo*) *sm* Conservação das, ou apego às tradições, usos e costumes do passado.

tra.di.ci.o.na.lis.ta (*tradicional+ista*) *adj m+f* Pertencente ou relativo ao tradicionalismo ou à tradição. • *s m+f* Pessoa partidária do tradicionalismo, que preza muito as tradições.

tra.du.ção (*lat traductione*) *sf* **1** Ato ou efeito de traduzir, isto é, transportar palavras, frases ou obras escritas de uma língua para outra. **2** A obra traduzida.

tra.du.tor (*lat traductore*) *adj* Que traduz ou faz traduções. • *sm* Aquele que traduz ou faz traduções.

tra.du.zir (*lat traducere*) *vtd* e *vti* **1** Transladar, verter de uma língua para outra: *Traduziu alguns poetas estrangeiros. Traduz em (para o) inglês autores franceses*. *vtd* e *vti* **2** Explicar, interpretar: *Traduzir uma atitude, uma reação. Traduziu à namorada toda sua paixão*. *vtd* **3** Representar, simbolizar: *O amarelo traduz o ouro, a riqueza de nossas minas*. *vtd* e *vti* **4** Explanar, exprimir: *Traduziu em versos os sonhos da sua imaginação*. *vint* **5** Saber traduzir: *Traduz com fluência*. *vpr* **6** Transparecer, manifestar-se: *O entusiasmo traduzia-se nas ações corajosas*. Conjuga-se como *reduzir*.

tra.fe.gar (*tráfego+ar*¹) *vint* **1** Andar no tráfego. **2** Afadigar-se, lidar, trabalhar muito. **3** Comerciar, mercadejar, negociar: *É aqui que trafegamos*. **4** Transitar, passar: *O caminhão trafegava pela zona do mercado. Conjug – Pres indic: trafego, trafegas (fé)* etc.; *Pret perf: trafeguei, trafegaste, trafegou* etc. *Cf tráfego*.

trá.fe.go (*corr* de *tráfico*) *sm* **1** Comércio, trato mercantil; tráfico. **2** Lida, trabalho. **3** Conversação, convivência, trato. **4** Transporte de mercadorias em linhas férreas. **5** Trânsito de veículos e pedestres pelas vias públicas. **6** Em propaganda, caminho percorrido por um anúncio desde a sua concepção até a publicação.

O uso atual tem consagrado, preferencialmente, **tráfego** (ou o verbo **trafegar**) com o significado de circulação de veículos, trânsito etc., e **tráfico** (ou o verbo **traficar**) para indicar transporte e/ou comércio ilegais.

*Domingo o **tráfego** foi interditado na rodovia. O **tráfego** de caminhões danificou a pista. Haverá intenso policiamento para coibir o **tráfico** de drogas. O **tráfico** de mulheres precisa ser reprimido com mais rigidez.*

tra.fi.cân.cia (*traficante+ia*²) *sf* **1** Ação ou efeito de traficar. **2** *pop* Negócio fraudulento.

tra.fi.can.te (de *traficar*) *adj m+f* Que trafica. • *s m+f* Pessoa que vende drogas ou faz negócios fraudulentos.

tra.fi.car (*tráfico+ar*¹) *vint* **1** Exercer o tráfico: *Mercadores estrangeiros traficam aqui*. *vti* **2** Comerciar, negociar: *Traficar em joias, em pedrarias* etc. *vint* **3** Fazer negócios fraudulentos: *Contrabandistas traficavam, impunes*. *Conjug – Pres indic: trafico, traficas (fi)* etc.; *Pres subj: trafique, trafiques* etc.; *Pret perf: trafiquei, traficaste* etc.

trá.fi.co (*ital tráfico*) *sm* **1** Comércio, negócio, trato mercantil. **2** Ato de comerciar. **3** *pop* Negócio fraudulento, ilegal, com drogas, artigos importados, mercadorias proibidas etc.

tra.ga.da (*tragar+ada*¹) *sf* Ação de tragar (a fumaça do cigarro ou a bebida, principalmente alcoólica).

tra.gar *vtd* **1** Beber; engolir de um trago: *Tragar um copo de vinho*. *vtd* **2** Devorar avidamente, engolir sem mastigar: *Era capaz de tragar três frangos assados*. *vint* **3** Engolir a fumaça do cigarro, e em seguida fazê-la sair. *vtd* **4** Fazer desaparecer; absorver, sorver: *Tragou-o o mar*. *vtd* **5** Aspirar, impregnar-se de: *Tragava, eufórico, aquele ar saudável*. *Conjug – Pres indic: trago, tragas* etc.; *Pres subj: trague, tragues, trague* etc.; *Pret perf: traguei, tragaste, tragou* etc.

tra.gé.dia (*lat tragoedia*) *sf* **1** Escrito dramático em verso, que inspira o terror e a piedade e em que há derramamento de sangue ou que termina por um acontecimento funesto. **2** A arte de representar ou fazer tragédias. **3** *fig* Acontecimento triste, catastrófico.

trá.gi.co (*lat tragicu*) *adj* **1** Pertencente ou relativo a tragédia. **2** Calamitoso, triste, catastrófico, sinistro. • *sm* Autor que escreve ou representa tragédias.

tra.gi.co.mé.dia (*lat tragicomoedia*) *sf* **1** Peça teatral em que há simultaneamente o caráter trágico e o cômico, terminando de modo feliz. **2** Mistura de acontecimentos alegres e trágicos.

tra.gi.cô.mi.co (*trágico+cômico*, com haplologia) *adj* **1** Relativo à tragicomédia. **2** Funesto mas acompanhado de incidentes cômicos.

tra.go (de *tragar*) *sm* **1** O que se bebe de uma vez; gole, sorvo. **2** *fig* Aflição, adversidade.

trai.ção (*lat traditione*) *sf* **1** Ato ou efeito de trair. **2** Quebra de fidelidade prometida e empenhada; perfídia.

trai.ço.ei.ro (*traição+eiro*) *adj* **1** Que atraiçoa; que usa de traição. **2** Em que há traição: *Procedimento traiçoeiro*. **3** Desleal, infiel, pérfido.

tra.í.do (*part* de *trair*) *adj* Que sofreu traição: *Esposa traída*.

tra.i.dor (*lat traditore*) *adj* Que trai ou atraiçoa; traiçoeiro. • *sm* Aquele que atraiçoa.

trailer (*trêilar*) (*ingl*) *sm* **1** *Cin* Exibição de pequenos trechos de filmes para divulgação e apresentação futura. **2** Veículo sem tração própria, do tipo de uma casa, preso à traseira de um automóvel, utilizado geralmente para acampar.

trainee (*trêiní*) (*ingl*) *s m+f* Profissional que passa por um processo de aprendizado prático, numa determinada empresa.

trai.nei.ra (*traina+eira*) *sf* Pequena embarcação de pesca.

training (*trêinin'*) (*ingl*) *sm* Traje esportivo unissex, confeccionado de malha ou moletom e composto de calças compridas ajustadas no tornozelo e blusão, também de mangas compridas ajustadas nos punhos.

tra.ir (*lat tradere*) *vtd* **1** Enganar por traição; atraiçoar. *vtd* **2** Abandonar ou entregar traiçoeiramente. *vint* **3** Cometer traição: *Apesar de tudo, ele não traiu*. *vtd* **4** Ser infiel a: *Trair um amor*. *vtd* **5** Deixar de cumprir; faltar ao cumprimento de: *Trair a missão, o dever*. *vtd* **6** Delatar, denunciar, descobrir, revelar: *A transtornada fisionomia traía-lhe o segredo*. *vtd* e *vpr* **7** Dar a conhecer por acaso ou por imprudência: *Traiu o seu próprio intento. Traiu-se pelo olhar*. Conjuga-se como *atrair*.

tra.í.ra (*tupi tareýra*) *sf bas Ictiol* Nome comum do peixe caracídeo, carnívoro, fluvial e lacustre.

tra.ja.do (*part* de *trajar*) *adj* Vestido.

tra.jar (*baixo-lat tragere*) *vtd* **1** Usar como vestuário; vestir-se: *As damas trajavam sedas e veludos*. *vti* e *vpr* **2** Cobrir-se, revestir-se: *Trajar* (ou *trajar-se*) *de luto* etc. *vtd* **3** Adornar-se, enfeitar-se; cobrir-se, revestir-se de certo modo, com: *Elas trajavam preto*. • *sm* V *traje*.

tra.je (de *trajar*) *sm* **1** Vestuário habitual. **2** Vestuário próprio de uma profissão; vestes. **3** Aquilo que se veste; fato. *Var: trajo*. *Em trajes de Adão:* nu. *Traje a rigor:* traje, segundo o protocolo ou uso, para uma cerimônia.

tra.je.to (*é*) (*lat trajectu*) *sm* **1** Espaço que alguém ou alguma coisa tem de percorrer, para passar de um lugar para outro. **2** Ação de percorrer esse espaço. **3** O caminho andado ou por andar.

tra.je.tó.ria (*trajeto+ório*, no *fem*) *sf* **1** *Geom* Linha ou caminho percorrido por um corpo em movimento. **2** Caminho, estrada, meio, trajeto, via. **3** Curva descrita pelo projétil durante seu percurso no ar.

tra.lha (*lat tragula*) *sf* **1** Pequena rede de pesca que pode ser lançada ou armada por um homem só; tralho. **2** Malha de rede. **3** Móveis usados; cacaréus. **4** Bagagem que acompanha um viajante: *Vinha ele com toda a sua tralha*.

tra.ma (*lat trama*) *sf* **1** Em um tecido, fios que se cruzam no sentido transversal da peça. **2** Ato ou efeito de tramar ou entrançar fios na fabricação de tecidos. **3** *fig* Negócio feito por meio de permuta, barganha, troca. **4** *fig* Enredo, intriga, conluio.

tra.mar (*trama+ar*¹) *vtd* **1** Fazer passar a trama por entre (os fios da urdidura). **2** Tecer ou entretecer com o fio (a urdidura). **3** *fig* Armar, maquinar, promover, traçar: *Tramar a morte de alguém, tramar uma rebelião*.

tram.bi.ca.gem (*trambicar+agem*) *sf bras gír* Ato ou efeito de trambicar.

tram.bi.car (*trambique+ar*¹) *vtd* e *vint bras gír*

trambique 872 **transbordar**

Fazer trambiques; trapacear. *Conjug – Pres subj: trambique, trambiques* etc.; *Pret perf: trambiquei, trambicaste, trambicou* etc.

tram.bi.que *sm bras gír* Negócio fraudulento; logro, vigarice.

tram.bi.quei.ro (*trambique+eiro*) *adj + sm bras gír* Diz-se de, ou aquele que faz trambiques; trapaceiro, vigarista.

tram.bo.lhão (*trambolho+ão²*) *sm* **1** *pop* Queda com estrondo; tombo. **2** *pop* Ruína súbita, decadência. **3** Contratempo inesperado. *Andar aos trambolhões:* a) andar aos tombos; b) andar sem emprego e perseguido pela má sorte; viver na desgraça.

tram.bo.lho (*ô*) (*lat hispânico trabuculu*) *sm* **1** *fig* Embaraço, empecilho, obstáculo. **2** *pop* Pessoa muito gorda, que anda com dificuldade. **3** *pop* Pessoa que é para outra encargo penoso. **4** *por ext* Qualquer coisa que apresenta tamanho disforme. *Pl: trambolhos (ô).*

tra.me.la (*lat trabecula*) *sf* **1** *pop V taramela* (acepção 1). **2** *Reg* (Sul) Peça de madeira, em forma de meia-lua, que se prende às ventas dos bezerros, quando se pretende desmamá-los. **3** *Reg* (Nordeste) *pop* Objeto que serve de estorvo à caminhada. *Tramela do joelho:* patela.

tra.mi.ta.ção (*tramitar+ção*) *sf* Ato ou efeito de tramitar; trâmites.

tra.mi.tar (*trâmite+ar¹*) *vint* Seguir os trâmites (um documento, um processo). *Conjug – Pres subj: tramite, tramites, tramite (mi)* etc. *Cf trâmite.*

trâ.mi.te (*lat tramite*) *sm* Caminho que conduz a certo lugar; atalho; senda. *sm pl* **1** Meios apropriados para se alcançar um objetivo. **2** Via legal que uma questão ou processo percorre para chegar a uma solução.

tra.moi.a (*ó*) (de *trama*) *sf fig* Ardil, artifício, enredo.

tra.mon.ta.na (*ital tramontana*) *sf* **1** Estrela polar. **2** O vento ou lado do norte. **3** *fig* Direção, rumo, rota. *Perder a tramontana:* desnortear-se, perder a direção, confundir-se.

tram.po *sm bras gír* Trabalho, serviço, emprego.

tram.po.lim (*ital trampolino*) *sm* **1** Prancha inclinada, apoiada de um lado num suporte e do outro no solo, de onde os acrobatas e nadadores tomam impulso para saltar. **2** *fig* Aquilo de que alguém se serve para chegar a um resultado.

tran.ca (*cast tranca*) *sf* **1** Barra de ferro ou de madeira que se coloca transversalmente atrás das portas ou janelas para fechá-las. **2** Coisa com que se trava ou prende; obstáculo, travanca.

tran.ça *sf* **1** Conjunto de fios entrelaçados. **2** Conjunto de fios de cabelos, distribuídos geralmente em três porções que se entrelaçam. **3** *fig* Intriga, maquinação.

tran.ça.do (*part* de *trançar*) *adj* Disposto em trança; entrelaçado. • *sm* **1** Trança, trançadeira. **2** Obra trançada.

tran.ca.fi.ar (de *trancar*) *vtd* Encarcerar: *Trancafiaram o gatuno. Conjug – Pres indic: trancafio, trancafias, trancafia, trancafiamos, trancafiais, trancafiam; Pres subj: trancafie, trancafies* etc.

tran.ca.men.to (*trancar+mento*) *sm* Ato ou efeito de trancar. *Trancamento de matrícula:* ato de suspensão temporária de uma matrícula escolar a pedido do interessado.

tran.car (*tranca+ar¹*) *vtd* **1** Travar com tranca; fechar, segurar. *vtd* **2** Encarcerar, prender: *O delegado trancou no xadrez o desordeiro. vpr* **3** Fechar-se em recinto seguro: *Por precaução, trancou-se em casa. vtd* **4** Riscar ou tornar sem efeito (um escrito); cancelar: *Trancar uma matrícula. Conjug – Pres subj: tranque, tranques* etc.; *Pret perf: tranquei, trancaste, trancou* etc.

tran.çar (*trança+ar¹*) *vtd* **1** Pôr em trança; entrelaçar cabelos. *vpr* **2** Entrelaçar-se, enredar-se. *vtd* **3** *V entrançar. Conjug – Pres subj: trance, trances* etc.; *Pret perf: trancei, trançaste, trançou* etc.

tran.co (*cast tranco*) *sm* **1** Solavanco. **2** Empurrão, safanão, encontrão, esbarro. *Aos trancos e barrancos:* com muitos trabalhos e dificuldades, a custo; aos trancos.

tran.quei.ra (*tranca+eira*) *sf* **1** Cerca de madeira para fortificar e defender qualquer posição militar; estacada ou paliçada. **2** Trincheira. **3** Montão de troncos ou galhos de árvores, secos. **4** Lixo, porcaria, cacareco.

tran.qui.li.da.de (*qwi*) (*lat tranquilitate*) *sf* **1** Estado de tranquilo. **2** Paz, sossego. **3** Quietação, serenidade. **4** Repouso do corpo ou do espírito. *Antôn: agitação, desasossego.*

tran.qui.li.za.dor (*qwi*) (*tranquilizar+dor*) *adj* Que tranquiliza. • *sm* Aquele que tranquiliza.

tran.qui.li.zan.te (*qwi*) (de *tranquilizar*) *adj m+f V tranquilizador.* • *sm Med* Calmante, sedativo.

tran.qui.li.zar (*qwi*) (*tranquilo+izar*) *vtd* e *vpr* Tornar(-se) tranquilo, acalmar(-se), pacificar(-se), sossegar. *Antôn: desassossegar, agitar. Conjug: o u do radical leva trema em todas as formas.*

tran.qui.lo (*qwi*) (*lat tranquilu*) *adj* **1** Que não está agitado nem perturbado; calmo, quieto, sereno, sossegado. **2** Certo, descansado, não receoso, seguro. *Antôn: perturbado, agitado.*

tran.sa (*za*) (de *transação*) *sf bras gír* **1** Entendimento, acordo, pacto. **2** Ligação, trama, conluio. **3** Relação amorosa.

tran.sa.ção (*za*) (*lat transactione*) *sf* **1** Ajuste, combinação, acordo. **2** Negócio, operação comercial. **3** *V transa* (acepção 3).

tran.sa.ci.o.nar (*za*) (*transação+ar¹*) *vint* **1** Fazer transações ou negócios. **2** Entrar em transações; comprar ou vender. **3** Fazer contrato.

tran.sal.pi.no (*zal*) (*lat transalpinu*) *adj* **1** Situado além dos Alpes. **2** Que atravessa ou transpõe os Alpes. *Antôn: cisalpino.*

tran.sa.ma.zô.ni.co (*za*) (*trans+amazônico*) *adj* Que está além da região amazônica ou que atravessa a Amazônia: *Rodovia transamazônica.*

tran.sar (*za*) (*transa+ar¹*) *bras vtd gír* **1** Fazer transa a respeito de; combinar, tramar. *vti* **2** Ter transa com alguém. *vint* **3** Ter transa.

tran.sa.tlân.ti.co (*za*) (*trans+atlântico*) *adj* **1** Situado além do Atlântico. **2** Que atravessa o Atlântico. • *sm* Navio de grandes proporções.

trans.bor.da.men.to (*transbordar+mento*) *sm* Ação de transbordar.

trans.bor.dan.te (de *transbordar*) *adj m+f* Que transborda.

trans.bor.dar (*trans+borda+ar¹*) *vtd, vti* e *vint*

transbordo — transformar

1 Ultrapassar as bordas de; ir (o rio) além das margens. *vtd* **2** Derramar, expandir. *vti* e *vint* **3** Derramar-se, atrapalhar-se. *vint* **4** *fig* Não se poder conter: *Transbordava de felicidade.*

trans.bor.do (ô) (*trans+bordo*) *sm* **1** V *transbordamento*. **2** Passagem (de pessoas, carga, viajantes) de um veículo para outro. **3** Baldeação.

trans.cen.dên.cia (*lat transcendentia*) *sf* **1** Qualidade de transcendente; grandeza, superioridade. **2** Agudeza, sutileza de inteligência; penetração, sagacidade. **3** Grande importância: *A transcendência da teoria da relatividade.* **4** *Filos* Sistema filosófico baseado na revelação divina.

trans.cen.den.tal (*transcendente+al¹*) V *transcendente*.

trans.cen.den.ta.li.da.de (*transcendental+i+dade*) *sf* Caráter ou qualidade de transcendental.

trans.cen.den.te (*lat transcendente*) *adj m+f* **1** Que transcende; muito elevado, sublime, superior. **2** Agudo, penetrante, perspicaz. **3** Que está acima das ideias e conhecimentos ordinários. **4** Que transcende do sujeito para alguma coisa fora dele. **5** Metafísico.

trans.cen.der (*lat transcendere*) *vtd* e *vti* **1** Passar além dos limites de, ser superior a; exceder, ultrapassar. *vti* **2** Chegar a um alto grau de superioridade; distinguir-se.

trans.con.ti.nen.tal (*trans+continental*) *adj m+f* Que atravessa um continente.

trans.cor.rer (*lat transcurrere*) *vint* **1** Decorrer, perpassar: *Transcorrem as horas monotonamente.* *vtd* **2** Passar além de; transpor: *A caravana quase transcorreu o deserto.* *vlig* **3** Permanecer: *Os dias transcorreram alegres.*

trans.cor.ri.do (*part* de *transcorrer*) *adj* Decorrido, passado, volvido.

trans.cre.ver (*lat transcribere*) *vtd* **1** Copiar. **2** Fazer a transcrição de, reproduzir copiando: *Transcrever um artigo, um discurso.* **3** Registrar, por ato público, segundo o modo e as formalidades legais, o título de aquisição de imóvel: *O escrivão transcreveu a escritura. Conjug – Part: transcrito.*

trans.cri.ção (*lat transcriptione*) *sf* **1** Ato ou efeito de transcrever. **2** Cópia literal de um escrito.

trans.cri.to (*part irreg* de *transcrever*) *adj* Que se transcreveu; copiado, reproduzido textualmente. • *sm* Cópia, traslado.

trans.cur.so (*lat transcursu*) *adj* Transcorrido. • *sm* **1** Ato ou efeito de transcursar. **2** Passagem, percurso. **3** Volver do tempo; decurso.

tran.se (*ze*) (de *transir*) *sm* **1** Lance difícil, momento crítico, situação angustiosa. **2** Susto ou apreensão de um mal que se julga próximo. **3** Crise, lance, perigo. **4** Ato ou feito arriscado. **5** Combate, duelo. **6** Aflição, dor, angústia. **7** Falecimento. **8** Estado do hipnotizado. *A todo o transe:* por força, por qualquer modo.

tran.se.un.te (*ze*) (*lat transeunte*) *adj m+f* **1** Que passa, que não é permanente; transitório. **2** Que vai andando ou passando. • *s m+f* Pessoa que passa ou vai passando; caminheiro.

tran.se.xu.al (*se-cs*) (*trans+sexo+al¹*) *adj m+f* Diz-se da pessoa que sofre de transexualismo. • *s m+f* Essa pessoa.

tran.se.xu.a.lis.mo (*se-cs*) (*transexual+ismo*) *sm Psiq* Desejo que leva a pessoa (geralmente homem) a querer pertencer ao sexo oposto, passando a adotar os trajes do outro sexo ou a se submeter a cirurgia visando uma transformação sexual.

trans.fe.rên.cia (*transferente+ia²*) *sf* **1** Ação ou efeito de transferir ou de ser transferido. **2** *Dir* Ato pelo qual se declara ceder a outrem a propriedade de uma renda, título etc. **3** Deslocamento de empregado, para outro quadro, cargo ou carreira. **4** Troca, permuta. **5** *Inform* Mudança de comando ou controle.

trans.fe.ri.do (*part* de *transferir*) *adj* **1** Que se transferiu. **2** Que sofreu transferência. **3** Mudado, transportado de um lugar para outro. • *sm Dir* Pessoa a quem se transferiu um objeto de um direito.

trans.fe.ri.dor (*transferir+dor*) *adj* Que transfere. • *sm* **1** O que transfere. **2** Instrumento semicircular próprio para medir ou traçar ângulos.

trans.fe.rir (*lat transferere, corr* de *transferre*) *vtd* e *vpr* **1** Fazer passar ou passar-se de um lugar para outro; mudar(-se), transportar(-se). *vtd* e *vtdi* **2** Transmitir de um para outro indivíduo: *Transferiu-me as suas responsabilidades.* *vtd* **3** Adiar: *Transferiu a data do casamento.* *vtd* **4** *Inform* Transferir um arquivo de um computador para outro. Conjuga-se como *ferir*.

trans.fe.rí.vel (*transferir+vel*) *adj m+f* Que se pode transferir.

trans.fi.gu.ra.ção (*lat transfiguratione*) *sf* **1** Ato ou efeito de transfigurar(-se). **2** Mudança que alguém sofre na figura ou na forma; conversão de uma figura noutra. **3** Metamorfose, transformação.

trans.fi.gu.ra.do (*part* de *transfigurar*) *adj* Alterado, demudado, transformado. • *sm* Alteração, mudança, transformação, transtorno (das feições, dos gestos).

trans.fi.gu.rar (*lat transfigurare*) *vtd* e *vpr* **1** Mudar a figura, o caráter, a feição ou a forma de; transformar: *Esse penteado transfigura-a.* *vtd* **2** Converter, mudar: *Transfigurar tristezas em alegrias.* *vtd* **3** Dar uma ideia não verdadeira de; alterar, deturpar: *Não aceitava a realidade; transfigurava-a conforme seus sonhos.*

trans.fi.xa.ção (*cs*) (*trans+fixação*) *sf* Ato ou efeito de transfixar.

trans.fi.xar (*cs*) (*lat transfixu*) *vtd* Atravessar de lado a lado; perfurar.

trans.for.ma.ção (*lat transformatione*) *sf* **1** Ato ou efeito de transformar ou de se transformar. **2** Mudança de uma forma em outra; metamorfose. **3** Alteração, reforma.

trans.for.ma.do (*part* de *transformar*) *adj* **1** Que se transformou; que tomou nova forma. **2** Alterado, desfigurado, modificado, mudado.

trans.for.ma.dor (*transformar+dor*) *adj* Que transforma. • *sm* **1** O que transforma. **2** *Eletr* Dispositivo que modifica a tensão e a intensidade da corrente recebida.

trans.for.mar (*lat transformare*) *vtd* **1** Fazer que uma pessoa ou coisa mude de forma; mudar a forma de; metamorfosear; transfigurar. *vtd* **2** Converter, mudar, reduzir, trocar. *vtd* **3** Dar nova forma a, tornar diferente do que era; alterar. *vpr* **4** Tomar outra forma; passar para um novo estado.

transformismo 874 **transluzir**

vpr **5** Disfarçar-se, dissimular-se. *vpr* **6** Assumir novo aspecto; sofrer importantes mudanças.

trans.for.mis.mo (*transformar+ismo*) *sm Biol* Doutrina biológica segundo a qual todas as espécies vivas derivam umas das outras, por uma série de transformações.

trans.for.mis.ta (*transformar+ista*) *adj m+f* Pertencente ou relativo ao transformismo. • *s m+f* **1** Pessoa que adota e defende as teorias do transformismo. **2** *bras* Ator ou atriz que, mudando de traje, disfarça-se rapidamente.

trâns.fu.ga (*lat transfuga*) *s m+f* **1** Pessoa que, em tempo de guerra, abandona a sua bandeira, passando às fileiras inimigas; desertor. **2** Pessoa que abandona o partido político a que estava filiada e passa para outro; apóstata.

trans.fun.di.do (*part* de *transfundir*) *adj* **1** Que se transfundiu. **2** Difundido, espalhado.

trans.fun.dir (*lat transfundere*) *vtd* **1** Fazer passar; transvasar, verter (um líquido) de um vaso para outro: *Transfundir aguardente, vinho* etc. *vtd* **2** *Cir* Fazer que (o sangue de um animal) passe para as veias de outro: *Transfundir sangue novo no coração velho*. *vtd* **3** Derramar, difundir, espalhar. *vpr* **4** Tornar-se outro; transformar-se.

trans.fu.são (*lat transfusione*) *sf* Ato ou efeito de transfundir. *Transfusão de sangue, Med:* processo que consiste em injetar sangue de um indivíduo na veia de outro.

trans.gê.ni.co (*trans+gene+ico²*) *adj Bioquím* Relativo a animal ou planta produzido a partir de um genoma (célula embrionária) em que foram incorporados genes provenientes de outra espécie, de forma natural, ou através da engenharia genética. • *sm* Animais e produtos agrícolas gerados e produzidos a partir desse processo.

trans.gre.dir (*transgredere, corr* de *transgredi*) *vtd* **1** Ir além dos termos ou limites; atravessar: *Transgredir fronteiras*. **2** Não observar, não respeitar (as leis ou regulamentos); infringir: *Transgredir a lei, o preceito, o regulamento*. **3** Deixar de cumprir; postergar: *Transgredir a ordem*. Conjuga-se como *prevenir*.

trans.gres.são (*lat transgressione*) *sf* Ato ou efeito de transgredir; infração, violação.

trans.gres.sor (*lat transgressore*) *adj* Que transgride. • *sm* Aquele que transgride; infrator.

tran.si.ção (*zi*) (*lat transitione*) *sf* **1** Ato ou efeito de transitar, isto é, de passar de um lugar para outro; passagem. **2** Forma de passar de um assunto ou de um raciocínio para outro. **3** Passagem de um estado de coisas para outro. **4** Modificação de um regime político.

tran.si.do (*zi*) (*part* de *transir*) *adj* **1** *ant* Passado; que já foi. **2** Penetrado, repassado de frio, medo etc. **3** Que repassa; penetrante.

tran.si.gên.cia (*zi*) (*transigente+ia²*) *sf* **1** Ação ou efeito de transigir. **2** Indulgência, tolerância. **3** Frouxidão de caráter.

tran.si.gen.te (*zi*) (*lat transigente*) *adj m+f* **1** Que transige. **2** Condescendente, indulgente, tolerante. • *s m+f* Pessoa que transige.

tran.si.gir (*zi*) (*lat transigere*) *vti* e *vint* Ceder, concordar, condescender: *Papai não transigia em (com) questões de honra. O senhor transigiu e voltou a nosso favor*. Conjug – *Pres indic: transijo, transiges* etc.; *Pret perf: transigi, transigiste* etc.; *Pres subj: transija, transijas* etc.

tran.sir (*zir*) (*lat transire*) *vtd* **1** Passar através de; penetrar, repassar: *O ar gélido transia os corpos*. *vtd* **2** Assombrar, estarrecer. *vint* **3** Ficar ou estar gelado de frio, dor ou medo: *O susto fê-lo transir de medo*. Conjug: verbo defectivo. Só se conjuga nas formas em que ao *s* seguir-se a vogal *i*. Segue a conjugação de *falir* (é empregado quase que exclusivamente no particípio: *transido*).

tran.sis.tor (*zistôr*, pronúncia correta; mas a usual é *zístor*, por influência do inglês *transistor*) *sm* **1** Amplificador de cristal inventado nos Estados Unidos em 1948 para substituir a válvula eletrônica em receptores. **2** *por ext* Qualquer rádio portátil que use esse tipo de amplificador. *Pl: transistores*. *Var: transístor*.

tran.sis.to.ri.za.do (*zis*) (*part* de *transistorizar*) *adj Eletrôn* Equipamento eletrônico que usa transistores em lugar de válvulas.

tran.sis.to.ri.zar (*zis*) (*transistor+izar*) *vtd Eletrôn* Construir um circuito eletrônico usando transistores no lugar de válvulas.

tran.si.tar (*zi*) (*trânsito+ar¹*) *vti* **1** Andar, fazer caminho, passar, viajar. *vtd* **2** Percorrer. *vti* **3** Mudar de lugar, estado ou condição: *Certos políticos transitam facilmente de um para outro partido*. Conjug – *Pres indic: transito, transitas* etc. *Cf trânsito*.

tran.si.tá.vel (*zi*) (*transitar+vel*) *adj m+f* Que se pode transitar.

tran.si.ti.vo (*zi*) (*lat transitivu*) *adj* **1** Que passa; de pouca duração, efêmero, passageiro, transitório. **2** *Gram* Diz-se de um verbo que exprime uma ação que transita de um sujeito a um complemento: objeto direto ou indireto.

trân.si.to (*zi*) (*lat transitu*) *sm* **1** Ação ou efeito de transitar. **2** O movimento de pedestres e veículos que transitam nas cidades ou nas estradas; tráfego. **3** Mudança, passagem. **4** Instrumento usado pelos topógrafos para medição de ângulos horizontais.

tran.si.to.ri.e.da.de (*zi*) (*transitório+dade*) *sf* Caráter, qualidade de transitório.

tran.si.tó.rio (*zi*) (*lat transitoriu*) *adj* **1** Que tem pequena duração ou permanência; breve, passageiro, efêmero. **2** Caduco, perecedouro, mortal. *Antôn* (acepção 1): *durável, permanente, definitivo*.

trans.la.ção (*lat translatione*) *sf* **1** Ato ou efeito de transladar. **2** Transporte, transladação. **3** Tradução. **4** *Geogr* Movimento executado pela Terra, de oeste para leste, em torno do Sol, descrevendo uma elipse alongada, em um ano trópico.

trans.la.dar (*translado+ar¹*) *V* trasladar.

trans.la.do (*lat translatu*) *p us V* traslado.

trans.lu.ci.dez (*trans+lucidez*) *sf* Estado ou qualidade de translúcido.

trans.lú.ci.do (*lat translucidu*) *adj* **1** Diz-se do corpo que deixa passar a luz, mas através do qual não se veem os objetos; diáfano. **2** Transparente. **3** *fig* Que não oferece qualquer dúvida; evidente, claríssimo. *Antôn* (acepções 1 e 2): *opaco*.

trans.lu.zir (*lat translucere*) *vti* e *vint* **1** Passar através de um corpo. *vint* **2** Ser diáfano ou transparente. *vti* **3** Mostrar-se através de alguma coisa; refletir-se; transparecer. *vti* **4** Concluir-

trans.mi.gra.ção (*lat transmigratione*) *sf* **1** Ato ou efeito de transmigrar. **2** Mudança, passagem.
trans.mi.gra.do (*part* de *transmigrar*) *adj* Que transmigrou.
trans.mi.gran.te (*lat transmigrante*) *adj m+f* Que transmigra. • *s m+f* Pessoa que transmigra.
trans.mi.grar (*lat transmigrare*) *vti* e *vint* **1** Mudar de lugar, passar de uma região para outra, de um domicílio para outro, sair de um país para outro: *Muitos cubanos transmigraram para os Estados Unidos*. *vint* **2** Passar de um corpo para outro (a alma): *Muitos orientais acreditam que a alma transmigra*. *vtd* **3** Fazer mudança de domicílio. *vpr* **4** Mudar-se: *Transmigraram-se com os filhos e os pais*.
trans.mis.são (*lat transmissione*) *sf* **1** Ato ou efeito de transmitir; transferência (de coisa, direito ou obrigação). **2** Comunicação, expedição. **3** *Mec* Comunicação do movimento de um órgão mecânico a outro por meio de engrenagens, polias, correias etc.
trans.mis.sí.vel (*fr transmissible*) *adj m+f* Que se pode transmitir.
trans.mis.sor (*lat transmissore*) *adj* Que transmite. • *sm* **1** Aparelho destinado a transmitir sinais telegráficos; manipulador. **2** Instalação para radioemissão.
trans.mi.tir (*lat transmittere*) *vtd* **1** Conduzir, deixar ou fazer passar além; transportar: *Transmitir calor, luz, som. Os nervos transmitem as sensações*. *vtd* **2** Fazer passar por sucessão. *vpr* **3** Propagar-se, transportar-se: *Transmite-se a luz com extraordinária velocidade*. *vtd* **4** Enviar, expedir: *Transmitir uma ordem, um recado*.
trans.mu.dar (*lat transmutare*) *vtd* **1** Fazer passar a outro. *vtd* **2** Tornar diferente; alterar, mudar. *vpr* **3** Modificar-se, variar: *A paisagem daqui para ali não se transmuda*. *Var: transmutar*.
trans.mu.ta.ção (*lat transmutatione*) *sf* **1** Ação ou efeito de transmutar; transmudação. **2** *Biol* Hipótese da formação de uma espécie nova por meio de mutações. **3** *Fís* Mudança de um elemento químico em outro.
trans.mu.tar (*lat transmutare*) *V transmudar*.
tran.so.ce.â.ni.co (*zo*) (*trans+oceânico*) *V ultramarino*.
trans.pa.re.cer (*trans+aparecer*) *vint* **1** Aparecer ou avistar-se através de: *Nos gestos do rapaz transparecia o constrangimento*. **2** Aparecer ou mostrar-se parcialmente: *A verdade apenas transparece*. **3** Manifestar-se, revelar-se: *Transparecia-lhe no rosto a hesitação. Conjug – Pres indic: transpareço, transpareces* etc.; *Pret perf: transpareci, transpareceste, transpareceu* etc.
trans.pa.rên.cia (*lat transparentia*) *sf* **1** Qualidade de transparente; diafaneidade. **2** Filme de *slide*, usado para apresentação de trabalhos em projetor.
trans.pa.ren.te (*baixo-lat transparente*) *adj m+f* **1** Diz-se do corpo que deixa passar os raios de luz, permitindo que se vejam os objetos através dele. **2** Translúcido. **3** *fig* Que se percebe facilmente; claro, evidente. **4** *fig* Que se deixa conhecer; franco. **5** *Inform* Diz-se do objeto gráfico que permite que uma imagem subjacente seja mostrada.

trans.pas.sar (*trans+passar*) *V traspassar*.
trans.pi.ra.ção (*transpirar+ção*) *sf* **1** Ato ou efeito de transpirar. **2** Exalação, através dos poros, de partículas líquidas, como o suor etc. **3** O próprio suor exalado. **4** *Bot* Exalação aquosa à superfície dos vegetais.
trans.pi.rar (*lat transpirare*) *vtd* **1** Exalar (suor ou algum fluido) pelos poros do corpo. *vint* **2** Sair (o suor). *vti* **3** Sair do corpo sob a forma de exalação: *Um suor frio transpirava-lhe da fronte. As toxinas transpiram pela pele*. *vint* **4** Divulgar-se: *Muitas alterações importantes no projeto transpiraram e os jornais já as publicaram*.
trans.plan.ta.ção (*lat transplantatione*) *sf* **1** Ato ou efeito de transplantar(-se); transplante, transplantio. **2** *Cir* Enxerto de um órgão ou parte de um órgão ou tecido de um indivíduo em outro. **3** Ação de mudar de residência.
trans.plan.ta.do (*part* de *transplantar*) *adj+sm* Que, ou o que se transplantou ou foi objeto de transplantação. • *adj* Mudado.
trans.plan.tar (*lat transplantare*) *vtd* **1** Mudar (a planta com as raízes) de um lugar para outro; plantar em outro lugar. **2** Transferir, transportar de um país para outro (costumes, instituições). **3** *Cir* Susbstituir um órgão do corpo humano por outro.
trans.plan.te (de *transplantar*) *sm V transplantação*.
trans.por (*lat transponere*) *vtd* **1** Fazer passar além; deixar atrás; atravessar: *Transpor a correnteza, a fronteira, o rio*. **2** Galgar, saltar. **3** Exceder, ultrapassar. **4** Inverter a ordem. Conjuga-se como *pôr*.
trans.por.ta.dor (*transportar+dor*) *adj* Que transporta. • *sm* **1** Aquele que transporta. **2** Qualquer aparelho ou mecanismo de transporte.
trans.por.ta.do.ra (*transportar+dor*, no *fem*) *sf bras* Empresa especializada em transporte de cargas.
trans.por.tar (*lat transportare*) *vtd* **1** Conduzir de um lugar para outro. *vpr* **2** Passar-se de um lugar para outro. *Convém transportarmo-nos a* (ou *para*) *outro lugar*. *vpr* **3** Referir-se; remontar mentalmente: *Transportar-se à infância*. *vtdi* **4** Traduzir, trasladar, verter.
trans.por.te (de *transportar*) *sm* **1** Ato ou efeito de transportar(-se); transportação. **2** Condução. **3** Carro ou veículo que serve para transportar. **4** *Mús* Passagem de um trecho musical para um tom diferente daquele em que está escrito. **5** *fig* Êxtase, enlevo.
trans.po.si.ção (*lat transpositione*) *sf* Ato ou efeito de transpor.
trans.tor.na.do (*part* de *transtornar*) *adj* **1** Diz-se daquilo cuja ordem ou colocação foi alterada ou perturbada. **2** Desorganizado, malogrado. **3** Deformado, desfigurado. **4** Que não está em seu juízo normal; demente, perturbado.
trans.tor.nar (*trans+tornar*) *vtd* **1** Alterar, perturbar a ordem ou a colocação de; pôr em desordem. **2** Pôr confusão em; atrapalhar. **3** Fazer mudar de costumes, de opinião, de vida; desencaminhar. **4** Desorganizar, perturbar. **5** Corromper, desencaminhar. **6** Fazer voltar ao antigo estado.
trans.tor.no (ô) (de *transtornar*) *sm* **1** Ação ou efeito de transtornar. **2** Contrariedade, contratempo, decepção. **3** Prejuízo. **4** Perturbação do juízo. **5** Desarranjo. *Pl: transtornos* (ô).

tran.subs.tan.ci.a.ção (*su*) (*transubstanciar+ção*) *sf* **1** Mudança, transformação de uma substância em outra. **2** *Rel* Na teologia católica romana, indica a transformação do pão e do vinho no corpo e sangue de Cristo na Eucaristia.

tran.subs.tan.ci.ar (*su*) (*trans+substância+ar*[1]) *vtdi* **1** Converter ou mudar (uma substância em outra); transformar. *vtdi* **2** Operar a transubstanciação eucarística: *A Eucaristia transubstancia o pão e o vinho no corpo e sangue de Cristo.*

tran.su.dar (*su*) (*lat transudare*) *vti* e *vint* **1** Passar (o suor) através dos poros. *vtd* **2** Derramar, verter. *vti* **3** Transluzir, transparecer, transverberar: *O sofrimento transudava-lhe do rosto.*

tran.su.râ.ni.co (*zu*) (*trans+urânio+ico*[2]) *adj Fís* e *Quím* Designativo dos elementos radioativos com número atômico maior que o do urânio (92), obtidos artificialmente.

trans.va.sar (*ital transvasare*) *vtd* Passar um líquido de um vaso para outro; trasfegar. *Var: trasvasar.*

trans.va.zar (*trans+vazar*) *vtd* e *vpr* **1** Deitar(-se), pôr fora; entornar(-se), verter(-se): *O copo já transvaza o conteúdo. Transvazou-se o leite da caneca.* *vtd* **2** Despejar, esvaziar: *Transvazou toda a água do caldeirão.*

trans.ver.sal (*lat transversale*) *adj m+f* **1** Que passa de través; que segue direção transversa ou oblíqua. **2** *Geom* Diz-se da linha reta que intercepta obliquamente uma linha ou sistema de linhas. • *sf* **1** Essa linha. **2** Linha que forma a série de parentes colaterais. *sm Anat* Nome de vários músculos que cortam transversalmente uma parte do corpo.

trans.ver.so (*lat transversu*) *adj* **1** V *transversal* (acepção 1). **2** Que se situa ou se estende transversalmente ao comprimento de alguma coisa, especialmente em ângulo reto.

trans.vi.a.do (*part* de *transviar*) *adj* **1** Que se transviou; desencaminhado, extraviado. **2** Desviado do caminho da moral ou da justiça. • *sm* Aquele que se transvia ou que se transviou.

trans.vi.ar (*trans+via+ar*[1]) *vtd* **1** Fazer sair do caminho direito; desencaminhar, extraviar. *vpr* **2** Afastar-se do caminho; não encontrar o caminho certo. *vpr* **3** Extraviar-se; perder-se no caminho. *vpr* **4** Afastar-se das normas da moral ou da justiça; corromper-se, desmoralizar-se. *Var: trasviar. Conjug – Pres indic: transvio, transvias, transvia* etc.

tra.pa.ça (*cast trapaza*) *sf* **1** Manobra astuciosa empregada para surpreender a boa-fé de outrem e causar-lhe prejuízo. **2** Dolo, fraude, má-fé, astúcia. **3** Ardil, engano, logro.

tra.pa.ce.ar (*trapaça+e+ar*[1]) *vtd* **1** Tratar (algum negócio) com fraude ou trapaça. *vint* **2** Fazer trapaças. Conjuga-se como *frear*.

tra.pa.cei.ro (*trapaça+eiro*) *adj* Que trapaceia. • *sm* Aquele que faz trapaças. *Antôn: sério, probo.*

tra.pa.lha.da (*trapo+alho+ada*[1]) *sf* **1** Confusão, desordem, barafunda, bagunça. **2** Embuste, fraude.

tra.pa.lhão (*cast trapallón*) *adj* **1** Confuso, atabalhoado, atrapalhado. **2** Que se atrapalha facilmente ou que atrapalha tudo. **3** Trapaceiro, embusteiro. • *sm* Indivíduo que é atabalhoado, que mistura e atrapalha tudo o que diz e o que faz. *Fem: trapalhona.*

tra.pei.ro (*trapo+eiro*) *sm* Indivíduo que negocia com trapos, papéis velhos, latas etc., ou os apanha nas ruas e lixo para os vender.

tra.pé.zio (*gr trapézion*) *sm* **1** *Geom* Quadrilátero que tem dois lados paralelos. **2** Aparelho para exercícios ginásticos; barra de madeira ou de ferro suspensa por corda. **3** *Anat* Músculo da região dorsal que aproxima a omoplata da coluna vertebral. **4** *Anat* O primeiro osso da segunda fileira do carpo, contando a partir do polegar.

tra.pe.zis.ta (*trapézio+ista*) *s m+f* Artista que se apresenta em trapézio.

tra.pe.zoi.de (*ó*) (*trapezi+oide*) *adj m+f* Que tem forma de trapézio; trapeziforme. • *sm* **1** Quadrilátero com os lados todos oblíquos entre si; quadrilátero que não tem lados paralelos. **2** *Anat* O segundo osso da segunda fileira do carpo, contando a partir do polegar.

tra.pi.che (*cast trapiche*) *sm* **1** Grande armazém, próximo de um cais, onde se depositam e guardam mercadorias. **2** Casa ou alpendre onde se guardam essas mercadorias.

tra.po (*lat trappu*) *sm* **1** Pedaço de pano velho; farrapo. **2** Fragmento de roupa rota. **3** *por ext* Terno ou vestido velho.

tra.que (*voc onom*) *sm* **1** Artefato pirotécnico que ao explodir produz ruído. **2** Estouro, estrépito.

tra.quei.a (*é*) (*gr trakheîa*) *sf Anat* Conduto aéreo que se inicia na parte inferior da laringe, terminando onde se dá sua bifurcação; daí para a frente iniciam-se os brônquios.

tra.que.ja.do (*part* de *traquejar*) *adj* **1** Perseguido. **2** Apto para a vida, graças às lições da experiência; exercitado, experiente. **3** Perito no jogo.

tra.que.jar (*traque+ejar*) *vtd* **1** Perseguir: *Traquejar a caça.* **2** *bras ant* Exercitar, tornar apto. **3** Bater (mato), para fazer sair a caça.

tra.que.jo (*ê*) (de *traquejar*) *sm* **1** *bras* Muita prática ou experiência em qualquer serviço. **2** *gír* Exercício de capoeira.

tra.que.os.to.mi.a (*gr trakheía+stóma+ia*[1]) *sf Cir* Traqueotomia seguida da introdução de uma cânula na traqueia, para restabelecer comunicação com o exterior.

tra.que.o.to.mi.a (*gr trakheía+tómos+ia*[1]) *sf Cir* Operação com que se estabelece, através de uma incisão, comunicação entre a traqueia e o exterior.

tra.qui.na.gem (*traquinar+agem*) *sf* Ação de traquinas; traquinice.

tra.qui.nar (*traquinas+ar*[1]) *vint* Estar inquieto; fazer travessuras de traquinas.

tra.qui.nas (de *traque*) *adj m+f* Buliçoso, inquieto, travesso, turbulento. • *s m+f sing* e *pl* Criança ou pessoa traquinas.

trás (*lat trans*) *adv* e *prep* Atrás, detrás, após, depois de, em seguida a.

tra.san.te.on.tem (*trás+ante+ontem*) *adv* No dia antecedente ao de anteontem. *Var: trasantontem.*

tra.sei.ra (*fem* de *traseiro*) *sf* **1** Parte de trás ou posterior. **2** Retaguarda. *Antôn: dianteira.*

tra.sei.ro (*trás+eiro*) *adj* **1** Que está detrás; que fica na parte posterior; situado detrás: *Rodas traseiras.* **2** Diz-se de qualquer veículo em que a carga se acha na parte posterior, fazendo-o pender para trás. • *sm pop* V *nádegas.*

tras.la.da.do (*part* de *trasladar*) *adj* **1** Levado de um lugar para outro. **2** Copiado, transcrito. **3** Adiado, transferido. **4** Traduzido.

tras.la.dar (*traslado+ar¹*) *vtd* **1** Transportar de um lugar para outro; levar, mudar. *vpr* **2** Mudar-se, passar-se. *vtd* **3** Transportar (os restos mortais de uma pessoa) de uma sepultura para outra. *vtd* **4** Passar para outro; transferir. *vtd* **5** Copiar, transcrever: *Trasladar uma escritura*.

tras.la.do (*lat traslatu*) *sm* **1** Ação ou efeito de trasladar. **2** Cópia, transcrição. **3** Reprodução das feições de alguém; pintura, retrato.

tras.pas.sar (*tras+passar*) *vtd* **1** Passar para além; transpor. **2** Passar através. **3** Passar de um lugar para outro. **4** Atravessar de lado a lado; furar. *Var: transpassar, trespassar*.

tras.pas.se (de *traspassar*) *sm* **1** Ato ou efeito de traspassar(-se). **2** Falecimento, morte, passamento. **3** Sublocação. *Var: trespasse, transpasse*.

tras.te (*lat transtru*) *sm* **1** Móvel ou utensílio velho de pouco valor. **2** *pop* Homem de maus costumes; tratante. **3** *pop* Pessoa inútil, sem préstimo.

tras.to (*lat transtru*) *sm* Cada um dos filetes de metal colocados transversalmente no braço de certos instrumentos de cordas como o violão, o cavaquinho etc. *Var: tasto*.

tra.ta.dis.ta (*tratado+ista*) *s m+f* **1** Pessoa que escreve um tratado acerca de um ramo de conhecimento qualquer. **2** Pessoa que fala com profundidade sobre assuntos científicos, literários ou artísticos.

tra.ta.do (*part* de *tratar*) *adj* **1** Que recebeu cuidados de alimentação, vestuário etc. **2** Estudado, aprofundado: *Assuntos bem tratados*. **3** Cuidado, cultivado. • *sm* **1** Obra desenvolvida, que expõe ordenadamente os princípios de uma ciência ou arte. **2** Contrato internacional relativo a paz, comércio etc. **3** Convênio, convenção; coisa convencionada.

tra.ta.dor (*lat tractatore*) *adj* Diz-se do indivíduo que trata de alguma coisa, especialmente de cavalos ou de outros animais. • *sm* Esse indivíduo.

tra.ta.men.to (*tratar+mento*) *sm* **1** Ato ou efeito de tratar (alguém ou alguma coisa ou tratar-se). **2** Forma por que se designa o interlocutor numa enunciação oral ou escrita; pronome de tratamento. **3** *Med* Conjunto de meios terapêuticos, cirúrgicos e higiênicos de que lança mão o médico para cura da doença ou alívio de seus sintomas. **4** Alimentação, passadio; trato. **5** Acolhida, recepção.

tra.tan.te (de *tratar*) *adj m+f* Diz-se daquele que trata com artimanhas de qualquer coisa, ou que procede com velhacaria; embusteiro. • *s m+f* Pessoa tratante.

tra.tar (*lat tractare*) *vtd* **1** Apalpar, manear, manejar, manusear: *Tratemos estes volumes com mais cuidado*. *vtd e vti* **2** Cuidar de: *Tratar os pobres. Tratar dos filhos. vtd e vti* **3** Dar o tratamento prescrito ou aconselhado (a uma pessoa doente): *Tratar um doente. Tratar dos enfermos*. *vpr* **4** Aplicar tratamento a si mesmo; cuidar da própria saúde; seguir um tratamento. *vtd* **5** Alimentar, nutrir, sustentar: *Tratava-os a leite e frutas*. *vtd* **6** Cuidar bem ou mal de; dar bom ou mau alimento a. *vtd* **7** Acolher, receber: *Tratou-os como inimigos*. *vpr* **8** Alimentar-se, nutrir-se; ocupar-se da sua própria pessoa; trajar, vestir-se. *vtd* **9** Ajustar, combinar, concertar, contratar. *vtd* e *vti* **10** Conversar, frequentar (pessoas); travar relações com: *Tratava de perto os amigos. Raras vezes tratava com ele. vtd* **11** Considerar: *Tratava de leve as ofensas. Tratar por alto:* discorrer de leve e a respeito.

Trata-se de: como o verbo é transitivo indireto, esta é uma forma impessoal (a partícula *se* é índice de indeterminação do sujeito). Logo, não admite plural. Temos assim:
Trata-se de um rapaz estudioso. (singular)
Trata-se de dois rapazes estudiosos. (plural)
Tratava-se de questão polêmica. (singular)
Tratava-se de questões polêmicas. (plural)
Os termos *um rapaz estudioso*, *dois rapazes estudiosos*, *questão polêmica* e *questões polêmicas* exercem a função sintática de objeto indireto do verbo tratar; não são sujeitos do verbo tratar e, portanto, o verbo não deve estabelecer concordância com eles.

tra.tá.vel (*lat tractabile*) *adj m+f* **1** Que se pode tratar. **2** Afável, benévolo, sincero.

tra.to (de *tratar*) *sm* **1** Ato ou efeito de tratar; ajuste, tratado, acordo. **2** Alimentação, passadio; tratamento. **3** Maneiras sociais; modo de ser ou de proceder nas relações com os outros; delicadeza, cortesia. **4** Convivência, intimidade. **5** Comunicação, relações. **6** Comércio, negócio.

tra.tor (*lat tractu*) *sm* Veículo motorizado que se desloca sobre grandes rodas ou esteiras de aço e serve para puxar arados, grades de discos, rebocar carretas, cargas, executar serviços de terraplenagem etc.

tra.to.ris.ta (*trator+ista*) *s m+f* Pessoa que trabalha com trator.

trau.ma (*gr traûma*) *V traumatismo*.

trau.má.ti.co (*tráumato+ico²*) *adj* **1** Relativo ao traumatismo. **2** Pertencente ou relativo às contusões ou às feridas.

trau.ma.tis.mo (*tráumato+ismo*) *sm Med* **1** Estado resultante de um ferimento grave. **2** Grande abalo físico, moral ou mental; choque ou transtorno de onde se pode desenvolver uma neurose. Abreviadamente: *trauma*.

trau.ma.ti.za.do (*part* de *traumatizar*) *adj* Que se traumatizou.

trau.ma.ti.zan.te (de *traumatizar*) *adj m+f* Qualidade do que traumatiza.

trau.ma.ti.zar (*tráumato+izar*) *vti* **1** Ferir, causar traumatismo. *vpr* **2** Ferir-se.

trau.ma.to.lo.gi.a (*tráumato+logo+ia¹*) *sf Med* Parte da medicina que se ocupa das lesões traumáticas.

trau.ma.to.lo.gis.ta (*tráumato+logo+ista*) *s m+f* O profissional que se especializou em traumatologia.

trau.pí.deos (*gr thraupís+ídeos*) *sm pl Ornit* Família de aves passeriformes, outrora chamada tanagrídeos. Das várias espécies, são muito conhecidas popularmente: o sanhaço, a saíra, o tiê e o gaturamo.

trau.te.ar (*voc onom*) *vti* e *vint* Cantarolar; cantar a meia voz apenas a melodia. Conjuga-se como *frear*.

tra.va (de *travar*) *sf* **1** Ação de travar. **2** Peia, travão. **3** *Mec* Freio. **4** Inclinação alternada dos dentes das serras.

tra.va.do (*part* de *travar*) *adj* **1** Ligado, preso, represado. **2** Começado, entabulado. **3** Sem desembaraço na língua; gago, tartamudo. **4** Atravancado, embaraçado. **5** Diz-se da língua que não tem o freio cortado. **6** Diz-se da serra que tem os dentes, alternadamente, voltados para lados opostos. **7** Cortado, cercado.

tra.va.lín.gua (*travar+língua*) *sm Folc* Versos de 5 ou 6 sílabas ordenados de uma maneira difícil de pronunciar. *Pl: trava-línguas.*

tra.van.ca (de *trave*) *sf* Embaraço, obstáculo, empecilho.

tra.var (*trave+ar*[1]) *vtd* **1** Encadear, pegar, prender, unir. *vtd* **2** Prender com trava para diminuir ou fazer cessar o movimento de: *Travar um veículo.* *vtd* **3** *Reg* (RS) Prender com trava o animal. *vtd* e *vti* **4** Agarrar, segurar, tomar. *vtd* **5** Entupir, ocupar, obstruir. *vtd* **6** Impedir, agarrando ou prendendo. *vtd* **7** Entabular, começar: *Travou um diálogo.* *vtd* **8** Empenhar-se em (luta, disputa): *Travar um combate.* *vint* **9** Frear: *Travou o carro.* *vpr* **10** Unir-se, juntar-se: *Ao final, o bem e o mal travaram-se harmoniosamente.* *vint* **11** Ter gosto amargo ou adstringente: *O caju verde trava muito.*

tra.ve (*lat trabe*) *sf* **1** *Constr* Viga de grandes dimensões usada na construção de edifícios; trava, viga. **2** V *travessão* (acepção 3).

tra.ve.co (*corr de travesti*) *sm bras gír* Travesti, homossexual.

tra.vés (*lat transverse*) *sm* **1** Esguelha, obliquidade, soslaio. **2** Flanco. **3** Travessa ou peça de madeira atravessada. *Pl: traveses* (*é*). *De través:* de lado, obliquamente.

tra.ves.sa (*lat transversa*) *sf* **1** Rua estreita transversal, entre duas ruas mais importantes. **2** Pente estreito e curvo para segurar o cabelo das mulheres. **3** Prato grande mais comprido do que largo em que se transportam as iguarias para a mesa. **4** Ato de atravessar ou de vencer as distâncias de um lugar a outro; travessia. **5** Viga, trave. **6** Peça de madeira atravessada sobre outra.

tra.ves.são (*travessa+ão*[2]) *sm* **1** Os dois pratos da balança. **2** Traço horizontal (—), mais extenso que o hífen, que se usa para separar frases, substituir parênteses, distinguir nos diálogos cada um dos interlocutores. **3** *Esp* Barra de madeira que une as extremidades superiores dos dois postes da meta. **4** *Mús* Traço usado para separar compassos. Como sinal de pontuação, usa-se o travessão, principalmente, para:
a) Indicar a fala ou a mudança do interlocutor nos diálogos.
— *Por favor, onde fica a Rua Gomes Silva?*
— *Logo adiante, depois da praça.*
— *Então não fica muito longe.*
— *Sim. É ali, bem próxima* — indicou a senhora.
b) Destacar palavras ou frases (dois travessões): *Ana Carolina* — *esperta e ladina como todas as garotas de sua idade* — *não pestanejou e saiu em desabalada carreira rumo ao portão da casa.*
c) Substituir os dois-pontos ou uma pausa mais forte:
Deparou-se logo com os adversários — *o pai e o filho.*
Recitava os versos de Camões — *o grande poeta português.*

tra.ves.sei.ro (*lat transversariu*) *sm* Almofada que se põe sobre o colchão, do lado da cabeceira, e serve para descansar a cabeça quando se está deitado.

tra.ves.si.a (*travess(ar)+ia*[1]) *sf* Ato ou efeito de atravessar uma região, um continente, um mar, um rio etc.

tra.ves.so (*ê*) (*lat transversu*) *adj* **1** Propenso à prática de travessuras. **2** Buliçoso, inquieto. **3** Engraçado, vivo, malicioso. **4** Turbulento, traquinas, irrequieto. **5** Posto de través, atravessado. **6** Lateral. *Pl: travessos* (*ê*). *Fem: travessa* (*ê*).

tra.ves.su.ra (*travesso+ura*) *sf* **1** Ação de pessoa travessa; maldade infantil. **2** Desenvoltura, malícia. **3** Traquinice, traquinagem.

tra.ves.ti (*fr travesti*) *sm* **1** Disfarce teatral em que se traja o artista com roupas do outro sexo. **2** Homossexual que se veste com roupas do sexo oposto e muitas vezes utiliza hormônios e outros meios para modificar seu corpo.

tra.ves.tir (*tra+vestir-se*) *vpr* Vestir-se com roupas do sexo oposto.

tra.vo (de *travar*) *sm* **1** Sabor amargo e adstringente da fruta. **2** Sabor adstringente de qualquer comida ou bebida; amargor.

tra.zer (*lat vulg *tragere,* por *trahere*) *vtd* **1** Conduzir, levar, transferir, transportar de um ponto para outro. **2** Acompanhar, dirigir, encaminhar, guiar: *Cada qual trouxe o seu carro. Trazia-o pela mão.* **3** Dar, oferecer, ofertar. *Também lhes trouxe presentes.* **4** Atrair, chamar: *A festa trará muita gente.* **5** Usar: *Trazer bigodes, trazer chapéu.* *Conjug:* a 2ª pessoa do singular do imperativo afirmativo apresenta duas formas: *traz/traze.* *Pres indic: trago, trazes, traz, trazemos, trazeis, trazem; Pret imp indic: trazia, trazias* etc.; *Pret perf: trouxe, trouxeste, trouxe, trouxemos, trouxestes, trouxeram* (*ss*) etc.; *Pret mais-que-perf: trouxera, trouxeras* (*ss*) etc.; *Fut pres: trarei, trarás* etc.; *Fut pret: traria, trarias* etc.; *Pres subj: traga, tragas, traga* etc.; *Pret imp subj: trouxesse, trouxesses, trouxesse, trouxéssemos, trouxésseis, trouxessem* (*ss*); *Fut subj: trouxer, trouxeres, trouxer, trouxermos, trouxerdes, trouxerem* (*ss*); *Imper afirm: traz/traze* (*tu*), *traga* (*você*), *tragamos* (*nós*), *trazei* (*vós*), *tragam* (*vocês*); *Imper neg: não tragas* (*tu*), *não traga* (*você*) etc.; *Infinitivo impess: trazer; Infinitivo pess: trazer, trazeres, trazer, trazermos, trazerdes, trazerem; Ger: trazendo; Part: trazido.*

tre.cen.té.si.mo (*zi*) (*lat trecentesimu*) *num* Que, numa série de trezentos, ocupa o último lugar. • *sm* Cada uma das trezentas partes iguais em que se divide um todo.

tre.cho (*ê*) (*cast trecho*) *sm* **1** Espaço ou intervalo de tempo. **2** Espaço ou extensão de um lugar a outro. **3** Fragmento de uma obra musical, literária ou artística; excerto, extrato.

tre.co (*é*) *sm gír* **1** Aquilo que não se sabe definir ou nomear. **2** Qualquer objeto ou coisa. *sm pl bras gír* Coisas de pouco valor, coisas consideradas desprezíveis; tralha, cacarecos.

trê.fe.go *adj* Traquinas, travesso; irrequieto.

tre.fi.lar (*fr tréfiler*) *vtd Metal* Fabricar fios, cabos etc. por processo de estiramento.

tré.gua (*gót trigwa*) *sf* **1** Suspensão temporária de hostilidades; armistício. **2** Cessação temporária de trabalho, dor, incômodo ou desgraça. **3** Interrupção.

trei.na.dor (*treinar+dor*) *adj* Que treina. • *sm* **1** Aquele que treina. **2** *Esp* Profissional que dirige treino.

trei.na.men.to (*treinar+mento*) *sm* Ação de treinar(-se).

trei.nar (*treina* ou *treino+ar*[1]) *vtd* **1** Acostumar, adestrar ou submeter a treino. *vint* **2** Exercitar-se para jogos desportivos ou para outras finalidades.

trei.no (de *treinar*) *sm* **1** Ato ou efeito de treinar. **2** Exercício ou conjunto de exercícios praticados por um atleta ou conjunto de atletas. **3** Adestramento de animais.

tre.jei.to (*tre+jeito*) *sm* **1** Gesto ridículo; careta. **2** Destreza e habilidade de mãos.

tre.la (*lat vulg *tragella*) *sf* **1** Tira de couro com que se prende o cão de caça. **2** *fig* Conversa, tagarelice. *Dar trela a, bras:* dar confiança a.

tre.li.ça (*lat trilice*) *sf Constr* **1** Sistema de vigas cruzadas empregado no travejamento das pontes. **2** Armação de ripas cruzadas usada em portas, divisórias, biombos etc.

trem (*fr train*) *sm* **1** Série de vagões puxada por uma locomotiva; composição ferroviária. **2** Conjunto dos móveis de uma casa; mobília. **3** Conjunto de móveis, aparelhos e utensílios destinados a um certo fim. **4** Conjunto das bagagens de um viajante. **5** *bras pop* Qualquer objeto. **6** *pop* Sujeito inútil; traste.

tre.ma (*gr trêma*) *sm Gram* Sinal ortográfico constituído de dois pontos sobrepostos (¨) a uma vogal. O Acordo Ortográfico da Língua Portuguesa de 1990 suprimiu o trema das palavras portuguesas e aportuguesadas. O trema só deve ser usado em palavras derivadas de nomes próprios estrangeiros. Exemplos: hübneriano (de Hübner) e mülleriano (de Müller).

tre.mar (*trema+ar*[1]) *vtd* Pôr tremas em: *Tremar o u.*

trem-ba.la *sm* Trem muitíssimo veloz. Pl: trens-bala e trens-balas.

tre.me.dei.ra (*tremer+deira*) *sf* **1** Tremor, tremura. **2** Medo.

tre.me.li.car (de *tremer*) *vint* **1** Tremer de susto ou de frio; tiritar. **2** Tremer muitas vezes. *Conjug – Pres subj: tremelique, tremeliques* etc.; *Pret perf: tremeliquei, tremelicaste, tremelicou* etc.

tre.me.li.que (de *tremelicar*) *sm* Ato de tremelicar, tremura.

tre.me.lu.zir (*tremer+luzir*) *vint* Brilhar com luz trêmula; cintilar. *Conjug:* conjuga-se apenas nas 3ªs pessoas e segue a conjugação de *reduzir*.

tre.men.do (*lat tremendu*) *adj* **1** Que faz tremer; horrível; pavoroso. **2** Grande, excessivo. **3** Espantoso, extraordinário.

tre.mer (*lat tremere*) *vtd* **1** Temer; ter medo de; recear. *vint* **2** Não estar firme; estremecer; agitar-se. *vint* **3** Tiritar (de frio, febre etc.). *vint* **4** Assustar-se; apavorar-se.

tre.mi.nhão (*trem+(ca)minhão*) *sm bras* Caminhão com dois ou três reboques articulados, geralmente usado no transporte de cana-de-açúcar.

tre.mo.cei.ro (*tremoço+eiro*) *sm Bot* Planta leguminosa que produz o tremoço.

tre.mo.ço (*ô*) (*ár turmûs*) *sm* O grão comestível do tremoceiro.

tre.mor (*lat tremore*) *sm* **1** Ato ou efeito de tremer; tremura. **2** *Med* Agitação involuntária do corpo ou de qualquer de seus membros. **3** Medo excessivo; temor.

trem.pe (*lat tripes*) *sf* Arco de ferro com três pés para sustentar a panela que vai ao fogo.

tre.mu.la.ção (*tremular+ção*) *sf* Ato de tremular.

tre.mu.lan.te (*lat tremulante*) *adj m+f* Que tremula.

tre.mu.lar (*lat tremulare*) *vtd* **1** Fazer mover com vibração trêmula; mover com tremor. *vint* **2** Agitar-se, mexer-se tremendo: *As bandeiras tremulavam gloriosamente.*

trê.mu.lo (*lat tremulu*) *adj* **1** Que treme, que estremece. **2** Falto de firmeza; frouxo. **3** Vacilante, hesitante. • *sm Mús* Tremido na voz ou no canto.

tre.mu.ra (*tremer+ura*) *sf V tremelique.*

tre.na (*lat trina*) *sf* **1** Fita metálica dividida em centímetros e metros, em geral com 10, 20 ou 25 metros de comprimento; fita métrica. **2** Fita métrica de menor extensão, usada por alfaiates, costureiras e outros profissionais.

tre.nó (*fr traîneau*) *sm* Veículo sem rodas, próprio para deslizar sobre gelo ou neve.

tre.pa.da (*trepar+ada*[1]) *sf* **1** Encosta, ladeira. **2** Terreno em aclive; subida. **3** *bras vulg* Relação sexual; foda.

tre.pa.dei.ra (*trepar+deira*) *adj f Bot* Diz-se das plantas que trepam ao longo dos objetos vizinhos. • *sf Bot* Planta que se apoia e sobe em outra planta ou em um substrato.

tre.pa.na.ção (*trepanar+ção*) *sf Cir* Operação que consiste em praticar orifício num osso com o auxílio do trépano.

tre.pa.nar (*trépano+ar*[1]) *vtd Cir* **1** Perfurar um osso com o uso do trépano. *vint* **2** Praticar a trepanação: *Os antigos egípcios já trepanavam.*

tré.pa.no (*gr trýpanon*, via *fr trépan*) *sm* **1** *Cir* Instrumento em forma de broca com que se perfuram os ossos, especialmente os do crânio. **2** Instrumento para furar rochas, pedras etc.

tre.par (*voc onom*) *vtd* **1** Subir, içar-se, agarrando com as mãos e firmando-se nos pés. *vtd* **2** Subir; ir para cima de. *vti* e *vint* **3** Alçar-se, elevar-se, subir: *A fumaça trepou em espirais. vti* **4** *vulg* Ter relação sexual.

tre.pi.da.ção (*lat trepidatione*) *sf* **1** Ato ou efeito de trepidar. **2** *Med* Tremor dos membros, dos nervos etc. **3** Tremura em geral. **4** Ligeiro tremor de terra. **5** Movimento vibratório, de baixo para cima.

tre.pi.dan.te (de *trepidar*) *adj m+f* **1** Que trepida; trêmulo. **2** Saltitante. **3** Assustado. **4** Vacilante.

tre.pi.dar (*lat prepidare*) *vint* **1** Ter medo; tremer de susto. **2** Hesitar, vacilar.

tré.pli.ca (de *treplicar*) *sf* **1** Ação de treplicar. **2** Resposta a uma réplica.

tre.pli.car (*lat triplicare*) *vint* e *vti* Responder a (uma réplica); refutar com tréplica. *Conjug – Pres subj: treplique, tropliques* etc.; *Pret perf: trepliquei, treplicaste, treplicou* etc.

três (*lat tres*) *num* **1** Cardinal correspondente a três unidades. **2** Terceiro. • *sm* **1** O algarismo que representa o número três. 2 Carta de baralho ou peça de dominó que tem três pontos.

tre.san.dar (*lat trans+andar*) *vint* 1 Fazer andar para trás. 2 Confundir, desordenar, perturbar, transformar. *vti* 3 Exalar mau cheiro: *Esse indivíduo tresanda sujeira.*

tres.ler (*lat trans+ler*) *vint* 1 Ler às avessas, ler trocado ou invertido. 2 Perder o juízo à força de ler. Conjuga-se como *ler.*

tres.lou.ca.do (*part de tresloucar*) *adj* Diz-se do indivíduo desvairado, louco, demente. • *sm* Indivíduo tresloucado.

tres.lou.car (*lat trans+louco+ar²*) *vtd* 1 Tornar louco; desvairar. *vint* 2 Perder o juízo; endoidecer.

tres.ma.lhar (*lat trans+malha+ar²*) *vtd* 1 Trocar, deixar cair ou perder as malhas de: *Tresmalhar uma rede. vpr* 2 Escapar-se das malhas da rede. *vint* e *vpr* 3 Afastar-se do bando; desgarrar-se.

Três-Ma.ri.as *sf pl pop* As três estrelas que se veem no centro da constelação de Órion.

tres.noi.tar (*lat trans+noite+ar²*) *vtd* 1 Tirar o sono a; não deixar dormir: *O rato tresnoitou-nos. vint* 2 Passar a noite sem dormir.

tres.pas.sar (*lat trans+passar*) *vtd, vtdi, vti* e *vpr* 1 V traspassar. *vtd* 2 Atravessar.

três-quar.tos *adj m+f* e *s m+f sing* e *pl* Diz-se de, ou peça, ou parte de peça de vestuário, cujo comprimento corresponde a três quartos do comprimento total: *Meia três-quartos.*

tres.va.ri.ar (*lat trans+variar*) *vint* Dizer ou fazer desvarios. *Conjug – Pres indic: tresvario, tresvarias, tresvaria* etc.

tre.ta (*ê*) (*lat tritu*) *sf* 1 Encrenca, desentendimento. 2 Artifício desonesto; ardil.

tre.tei.ro (*treta+eiro*) *adj* Diz-se do indivíduo que é dado a tretas. • *sm* Indivíduo desonesto ou ardiloso.

tre.vas (*lat tenebras*) *sf pl* 1 Privação ou ausência de luz; escuridão completa. 2 Noite. 3 Ignorância. 4 O castigo eterno; o inferno. *Antôn* (acepção 1): *luz, claridade.*

tre.vo (*ê*) (*lat trifoliu*) *sm* 1 *Bot* Nome comum a várias plantas leguminosas de folhas tríplices. 2 *bras* Conjunto de rampas e vias elevadas para evitar cruzamentos em rodovias de tráfego intenso.

tre.ze (*lat tredecim*) *num* 1 Quantidade igual a uma dezena mais três unidades. 2 Número correspondente a essa unidade.

tre.ze.na (*fem* de *trezeno*) *sf* 1 Conjunto de treze unidades. 2 Período de treze dias. 3 *Catól* Rezas durante treze dias.

tre.zen.tos (*lat trecentos*) *num* Cardinal equivalente a três centenas. • *sm* Algarismo representativo do número trezentos.

trí.a.de (*lat ecles trias, adis*) *sf* 1 Conjunto de três pessoas ou três coisas; trindade. 2 *Mús* Acorde de três sons. 3 *Bot* Conjunto de três órgãos.

tri.a.gem (*fr triage*) *sf* 1 Escolha, seleção, separação. 2 *por ext* Separação de pessoas ou coisas em qualquer número de classes.

tri.an.gu.la.ção (*triangular+ção*) *sf* 1 Ato ou efeito de triangular. 2 Divisão de um terreno em triângulos, por meio de cálculo trigonométrico.

tri.an.gu.lar (*lat triangulare*) *adj m+f* 1 Que tem forma de triângulo. 2 Que tem três ângulos. 3 Que tem por base um triângulo.

tri.ân.gu.lo (*lat triangulu*) *sm* 1 *Geom* Polígono de três ângulos e de três lados. 2 Qualquer objeto triangular. 3 *Mús* Instrumento de percussão em forma de triângulo. *Triângulo amoroso:* caso amoroso em que se acham envolvidas três pessoas. *Triângulo equiângulo:* o que tem os três ângulos iguais. *Triângulo equilátero:* o que tem os lados iguais entre si. *Triângulo retângulo:* o que tem um ângulo reto.

tri.a.tle.ta (*triatlo+atleta,* com haplologia) *s m+f Esp* Atleta especializado ou praticante do triatlo.

tri.a.tlo (*tri+gr âthlos,* combate) *sm Esp* Competição composta de três provas — natação, ciclismo e corrida —, disputadas sem intervalo entre uma e outra.

tri.bal (*tribo+al¹*) *adj m+f* 1 Relativo a tribo. 2 Que vive em tribo.

tri.bo (*lat tribu*) *sf* 1 Conjunto de famílias, geralmente da mesma origem, com a mesma língua e padrões culturais, que obedecem a um chefe. 2 Conjunto dos descendentes de cada um dos doze patriarcas do povo hebreu.

tri.bu.la.ção (*lat tribulatione*) *sf* Aflição, adversidade, sofrimento, amargura, tentação, perseguição.

tri.bu.na (*fr tribune*) *sf* 1 Espécie de púlpito de onde os oradores falam. 2 A arte de falar em público; oratória. 3 Local reservado a autoridades e pessoas importantes, nos palanques.

tri.bu.nal (*lat tribunale*) *sm* 1 Casa de audiências, onde se julgam e decidem as questões judiciais. 2 Lugar onde uma pessoa é julgada. 3 Os magistrados ou pessoas que administram a justiça.

tri.bu.no (*lat tribunu*) *sm* 1 *Antig rom* Magistrado encarregado de defender os direitos e interesses do povo. 2 Orador de assembleias políticas. 3 Orador revolucionário.

tri.bu.ta.ção (*tributar+ção*) *sf* Ato ou efeito de tributar.

tri.bu.tar (*tributo+ar¹*) *vtd* 1 Impor tributos ou impostos a; onerar com tributos ou impostos. *vti* 2 Pagar como tributo. *vtd* 3 Cobrar tributo sobre. *vtd* 4 Prestar ou render homenagem a alguém, como tributo.

tri.bu.tá.rio (*lat tributariu*) *adj* 1 Que paga tributo; contribuinte. 2 Que está sujeito a pagar tributo. • *sm* 1 Aquele que paga tributo; contribuinte. 2 Aquele que está sujeito a pagar tributo. 3 *Geogr* Curso de água que deságua noutro maior; afluente.

tri.bu.to (*lat tributu*) *sm* 1 Imposto de caráter geral e obrigatório que o poder público exige, direta ou indiretamente, de cada cidadão e das empresas; taxa; contribuição. 2 Aquilo que um Estado paga a outro em sinal de dependência. 3 Homenagem; preito.

tri.cam.pe.ão (*tri+campeão*) *adj* Diz-se do indivíduo ou da associação esportiva campeão três vezes consecutivas. • *sm* Esse indivíduo ou essa associação.

tri.cam.pe.o.na.to (*tri+campeonato*) *sm* Campeonato conquistado pela terceira vez consecutiva.

tri.cen.te.ná.rio (*tri+centenário*) *adj* Que tem trezentos anos. • *sm* Comemoração de fato notável, ocorrido há trezentos anos.

tri.cen.té.si.mo (*tri+centésimo*) *V* trecentésimo.

tri.ci.clo (*tri+ciclo*) *sm* Velocípede de três rodas, em especial para crianças.

tri.cô (*fr tricot*) *sm* **1** Tecido de malhas entrelaçadas, feito à mão ou à máquina. **2** O artigo produzido em malha entrelaçada.

tri.co.lor (*lat tricolore*) *adj m+f* Que tem três cores.

tri.co.tar (*fr tricoter*) *vint* **1** Fazer tricô. **2** *fig* Fazer fofoca; fuxicar.

tri.co.tei.ro (*fr tricot+eiro*) *sm* **1** Pessoa que executa trabalhos de tricô. **2** *pop* Mexeriqueiro, fofoqueiro.

tri.cús.pi.de (*lat tricuspide*) *adj m+f* Que tem três pontas.

tri.den.te (*lat tridente*) *adj m+f* Que tem três dentes. • *sm* **1** Forquilha com três dentes ou pontas. **2** O domínio dos mares. **3** Aparelho de pesca, em forma de garfo, com dentes terminados em anzóis.

tri.di.men.si.o.nal (*tri+dimensional*) *adj m+f* Relativo às três dimensões (comprimento, largura e altura).

trí.duo (*lat triduu*) *sm* **1** Período de três dias consecutivos. **2** Festa ou reza que dura três dias.

tri.e.dro (*tri+hedro*) *adj* Que tem três faces, ou que é formado por três planos. • *sm Geom* Figura formada por três planos, que se cortam e que são limitados nas suas interseções.

tri.e.nal (*triênio+al^1*) *adj m+f* **1** Que dura três anos. **2** Que serve por três anos. **3** Que é nomeado por três anos. **4** Que frutifica de três em três anos.

tri.ê.nio (*lat trienniu*) *sm* **1** Espaço de três anos. **2** Exercício de um cargo por três anos.

tri.fá.si.co (*tri+fase+ico^2*) *adj* **1** Que apresenta três fases. **2** *Eletr* Diz-se de um sistema de corrente alternada, no qual as correntes circulam em três circuitos independentes.

tri.fo.li.a.do (*tri+foliado*) *adj Bot* Que tem três folhas.

tri.fur.ca.ção (*trifurcar+ção*) *sf* **1** Ato ou efeito de trifurcar. **2** Divisão em três ramos ou partes.

tri.gal (*trigo+al^1*) *sm* Campo de trigo. *Pl: trigais.*

tri.gê.meo (*lat trigeminu*) *sm* Cada um dos três indivíduos nascidos de um só parto. • *adj* Diz-se de cada um dos três indivíduos nascidos do mesmo parto.

tri.gé.si.mo (*zi*) (*lat trigesimu*) *num* Que numa série de trinta ocupa o último lugar. • *sm* Cada uma das trinta partes em que se divide um todo.

tri.glo.ta (*tri+gloto*) *adj m+f* **1** Escrito ou composto em três línguas: *Dicionário triglota.* **2** Que conhece ou fala três línguas; trilíngue. • *s m+f* Pessoa que conhece ou fala três línguas.

tri.go (*lat triticu*) *sm* **1** *Bot* Erva anual da família das gramíneas que dá frutos alimentícios. **2** O grão dessas plantas, usado na fabricação de farinha e em outros alimentos.

tri.go.no.me.tri.a (*gr trigonometría*) *sf* Parte da matemática que tem por objeto o estudo das funções circulares e a resolução dos triângulos por meio de cálculo.

tri.go.no.mé.tri.co (*trigonometria+ico^2*) *adj* **1** Pertencente ou relativo à trigonometria. **2** Conforme às regras da trigonometria.

tri.guei.ro (*trigo+eiro*) *adj* Que tem a cor do trigo maduro; moreno. • *sm* Indivíduo trigueiro.

tri.la.do (*part de trilar*) *adj* **1** Gorjeado. **2** Que soa à maneira de trilo. • *sm* Trilo.

tri.lar (*trilo+ar^1*) *vtd* e *vint* **1** Cantar em trilos; trinar. *vint* **2** Emitir som de trilo. *Conjug:* conjuga-se, normalmente nas 3as pessoas.

tri.la.te.ral (*tri+lateral*) *adj m+f* O que tem três lados.

tri.lha (de *trilhar*) *sf* **1** Ato ou efeito de trilhar. **2** Rasto ou vestígio que uma pessoa ou animal deixa no lugar por onde passa. **3** Caminho, senda, trilho, vereda. **4** Caminho a seguir, carreira. *Seguir a trilha* (de alguém): imitar alguém.

tri.lha.do (*part de trilhar*) *adj* **1** Apertado, entalado, magoado. **2** Percorrido. **3** Conhecido, notório, sabido. **4** Exercitado, experimentado, usado.

tri.lhão (*lat tri+(mi)lhão*) *num* Mil bilhões. *Var: trilião. Pl: trilhões.*

tri.lhar (*lat tribulare*) *vtd* **1** Debulhar (cereais). **2** Dividir em pequenas parcelas; moer. **3** Calcar, esmagar; pisar: *Pesadas botas trilham a relva.* **4** Marcar com o trilho; percorrer deixando rastos, vestígios etc. **5** Seguir (caminho, norma): *Trilhar o caminho do bem.*

tri.lho (*lat tribulu*) *sm* **1** Instrumento de bater a coalhada para fazer queijo. **2** Caminho estreito por onde passam pedestres ou animais; trilha, vereda. **3** Barra de ferro, sobre que andam bondes, trens e outros veículos. **4** Rasto, vestígio.

tri.lín.gue (*gwe*) (*lat trilingue*) *adj* e *s m+f V* triglota.

tri.lo (*ital trillo*) *sm Mús* **1** Movimento rápido e alternativo de duas notas que distam entre si um tom ou meio-tom, usado como ornamento na música vocal ou instrumental. **2** Gorjeio, trinado.

tri.lo.ba.do (*tri+lobado*) *adj* **1** Que tem três lóbulos. **2** *Heráld* Diz-se da cruz cujos braços terminam em folha de trevo.

tri.lo.gi.a (*tri+logo+ia^1*) *sf* **1** Na Grécia antiga, conjunto de três obras trágicas de um mesmo autor. **2** Qualquer obra ou poema dividido em três partes.

tri.men.sal (*lat trimense+al^1*) *adj m+f* Que se realiza três vezes por mês.

tri.mes.tral (*trimestre+al^1*) *adj m+f* **1** Relativo a trimestre. **2** Que dura três meses. **3** Que se realiza de três em três meses.

tri.mes.tra.li.da.de (*trimestral+i+dade*) *sf* **1** Qualidade de trimestral. **2** O que se paga por trimestre; prestação trimestral.

tri.mes.tre (*lat trimestre*) *sm* **1** Espaço de três meses. **2** Quantia que se tem de pagar ou receber no fim de cada período de três meses.

tri.na.do (*part de trinar*) *sm* **1** Ato ou efeito de trinar; trino. **2** *Mús* Repetição rápida e alternada de duas notas vizinhas.

tri.nar (*voc onom*) *vtd* **1** Gorjear, trilar. *vint* **2** Cantar com trinos; soltar trinos. *Conjug:* conjuga-se apenas nas 3as pessoas.

trin.ca^1 (*de trincar^1*) *sf* **1** Rachadura, fenda. **2** Fresta. **3** Arranhão.

trin.ca^2 (de *três*) *sf* **1** Reunião de três coisas semelhantes. **2** Conjunto de três cartas de jogo, do mesmo valor. **3** Três pessoas em comum.

trin.ca.du.ra (*trincar+dura*) *V trinca^1*.

trin.car (*lat truncare*) *vtd* **1** Cortar com os dentes, fazendo estalar. *vtd* **2** Apertar com os dentes; morder. *vint* **3** Estalar, ao ser cortado ou partido pelos dentes: *As nozes trincam na boca.* *vtd* **4** Fechar com trinco (porta). *vint* **5** Fazer trinca; rachar, fundir. *Conjug – Pres subj:* trinque, trinques, trinque etc.; *Pret perf:* trinquei, trincaste, trincou etc.

trin.cha (de *trinchar*) *sf* **1** Pincel largo. **2** Ferramenta para despregar, para servir de alavanca; talhadeira.

trin.cha.dor (*trinchar+dor*) *adj* Que trincha. • *sm* **1** Aquele que trincha. **2** V *trinchante* (acepção 1).

trin.chan.te (de *trinchar*) *adj m+f* Que trincha ou serve para trinchar. • *s m+f* Pessoa que trincha. *sm* **1** Faca grande com que se trincham as peças da carne. **2** Mesa ou aparador sobre que se trincha.

trin.char (*fr ant trenchier*) *vtd* Cortar (a carne) em fatias ou pedaços para ser servida à mesa.

trin.chei.ra (*fr ant trenchier*) *sf* **1** Vala escavada no terreno que serve de proteção aos combatentes. **2** Muro ou tapume que, num circo ou praça de touros, separa a arena das bancadas dos espectadores.

trin.co (de *trincar*¹) *sm* **1** Lingueta da fechadura que é movida pela maçaneta ou pela própria chave. **2** Pequena tranca para fechar portas.

trin.da.de (*lat trinitate*) *sf* **1** Grupo de três pessoas ou coisas semelhantes. **2 Trindade** *Teol* União de três pessoas distintas (Pai, Filho e Espírito Santo) em um só Deus; é o principal mistério do cristianismo. **3 Trindade** Festa da Igreja Católica que se celebra no domingo imediato ao de Pentecostes.

tri.ne.to (*tri+neto*) *sm* Filho de bisneto ou de bisneta; terceiro neto.

tri.no¹ (*lat trinu*) *adj* Que consta de três; diz-se especialmente de Deus com relação à Trindade. • *sm* Religioso da ordem da Trindade.

tri.no² (de *trinar*) *sm* Ação de trinar; trinado, gorjeio.

tri.nô.mio (*tri+nomo+io*²) *adj* Que tem três termos ou partes. • *sm* **1** *Álg* Polinômio de três termos. **2** Aquilo que tem três termos ou partes.

trin.que (*fr tringle*) *sm* **1** Esmero, elegância. **2** Qualidade do que é novo em folha. *Nos trinques, pop:* vestido com elegância.

trin.ta (*lat triginta*) *num* Cardinal corespondente a três dezenas. • *sm* Número correspondente a essa unidade.

trin.tão (*trinta+ão*²) *adj pop* Diz-se do indivíduo que já completou trinta anos, ou tem aproximadamente essa idade. • *sm* Indivíduo trintão. *Pl:* trintões. *Fem:* trintona.

trin.tá.rio (*trinta+ário*) *sm* Cerimônias que se fazem trinta dias depois do falecimento.

tri.o (*ital trio*) *sm* **1** *Mús* Conjunto instrumental ou vocal formado por três executantes. **2** Grupo de três pessoas. **3** Conjunto de três coisas.

tri.pa *sf* **1** Nome comum dado aos intestinos dos animais. **2** *pop* Intestinos do homem. *Vomitar as tripas:* vomitar muito.

tri.pa.nos.so.mí.a.se (*tripanossoma+íase*) *sf Med* Doença produzida por protozoários flagelados do gênero tripanossomo.

tri.pa.nos.so.mo (*gr trýpanon+somo*) *sm Zool* **1** Gênero de protozoários flagelados parasitas do sangue de vertebrados e agentes causadores de várias enfermidades graves. **2** Protozoário desse gênero.

tri.par.tir (*lat tripartire*) *vtd* e *vpr* Partir(-se) ou dividir(-se) em três partes.

tri.pé (*tri+pé*) *sm* Aparelho portátil firmado sobre três pés que podem ser ajustados e sobre o qual se assenta a máquina fotográfica, o telescópio etc.

trí.plex (*cs*) (*lat triplex*) *adj* **1** Diz-se de um tipo de vidro composto de duas lâminas com uma terceira interposta, de substância flexível e transparente. **2** Diz-se de apartamento que possui três pavimentos. • *sm sing* e *pl* **1** Esse tipo de vidro. **2** Esse tipo de apartamento.

tri.pli.ca.ção (*lat triplicatione*) *sf* Ato ou efeito de triplicar.

tri.pli.car (*lat triplicare*) *vtd* **1** Fazer ou tornar triplo: *Triplicar o preço.* *vint* e *vpr* **2** Tornar-se triplo. *Conjug – Pres subj:* triplique, tripliques, triplique etc.; *Pret perf:* tripliquei, triplicaste, triplicou etc.

tri.pli.ca.ta (*lat triplicata*) *sf* **1** Terceira cópia. **2** Cópia de duplicata.

trí.pli.ce (*lat triplice*) *num* Que contém três partes; triplo.

tri.plo (*lat triplu*) *num* **1** Que contém três vezes certa quantidade ou número. **2** Que contém três partes; tríplice. **3** Multiplicado por três; que é três vezes maior. • *sm* Quantidade três vezes maior que outra.

tri.pu.di.a.do (*part* de *tripudiar*) *adj* **1** Que se tripudiou. **2** Transgredido: *Moral tripudiada.*

tri.pu.di.ar (*lat tripudiare*) *vint* **1** Exultar; divertir-se ruidosamente. *vint* **2** Regozijar-se humilhando ou espezinhando alguém que foi derrotado. *vint* **3** Dançar ou saltar batendo com os pés; sapatear. *Conjug – Pres indic:* tripudio, tripudias, tripudia, tripudiamos, tripudiais, tripudiam.

tri.pú.dio (*lat tripudiu*) *sm* **1** Ato ou efeito de tripudiar. **2** Dança de sapateado. **3** Transgressão das leis morais.

tri.pu.la.ção (*tripular+ção*) *sf* **1** Conjunto das pessoas embarcadas que trabalham num navio. **2** Conjunto de pessoas que trabalham num avião quando em viagem.

tri.pu.lan.te (de *tripular*) *adj m+f* **1** Que tripula. **2** Que faz parte da tripulação. • *sm* **1** Aquele que tripula. **2** Cada um dos indivíduos que fazem parte da tripulação de um navio ou avião. *Col: equipagem, tripulação.*

tri.pu.lar (*cast tripular*) *vtd* **1** Prover de tripulação (o navio); equipar: *Tripular a esquadra, os navios.* **2** Dirigir ou governar (uma embarcação).

trir.re.me (*lat triremis*) *sf* Embarcação antiga com três ordens de remos.

tri.sa.vô (*gr treís+avô*) *sm* Pai do bisavô ou da bisavó. *Fem:* trisavó.

tris.si.lá.bi.co (*tri+silábico*) *adj Gram* Que tem três sílabas; trissílabo.

tris.sí.la.bo (*tri+sílaba*) *sm Gram* Vocábulo de três sílabas. • *adj V trissilábico.*

tris.te (*lat triste*) *adj m+f* **1** Que não tem alegria ou contentamento. **2** Inclinado à tristeza. **3** Aflito, desgostoso. **4** Que inspira tristeza. **5** Abatido, deprimido. **6** Desgraçado, infeliz. **7** Insignificante, miserável. *Antôn* (acepções 1, 2, 3 e 4): *alegre, contente.* • *s m+f* **1** Pessoa infeliz, digna de dó. **2** Pessoa melancólica ou inclinada à tristeza.

tris.te.za (*lat tristitia*) *sf* **1** Estado ou qualidade de triste. **2** Falta de alegria; melancolia. **3** Abatimento, consternação. **4** Aspecto de quem revela aflição; mágoa. *Antôn: alegria, satisfação, contentamento.*

tris.to.nho (de *triste*) *adj* **1** Que mostra tristeza. **2** Muito triste. **3** Melancólico, sorumbático.

tri.ti.cul.tor (*lat triticu+cultor*) *sm bras* Cultivador de trigo.

tri.ti.cul.tu.ra (*lat triticu+cultura*) *sf bras* Cultura do trigo.

tri.ton.go (*tri+gr phthóngos*) *sm Gram* Grupo vocálico pronunciado na mesma sílaba e no qual uma vogal se acha entre duas semivogais: *quais, averigueis, Paraguai.*

tri.tu.ra.ção (*lat trituratione*) *sf* Ato ou efeito de triturar; trituramento.

tri.tu.ra.do (*part* de *triturar*) *adj* **1** Que se triturou. **2** Moído. **3** *fig* Atormentado, magoado.

tri.tu.ra.dor (*triturar+dor*) *adj* Que tritura. • *sm* Qualquer aparelho ou máquina que se emprega para triturar.

tri.tu.ra.men.to (*triturar+mento*) *sm V trituração.*

tri.tu.rar (*lat triturare*) *vtd* **1** Moer, pulverizar; reduzir a massa ou a partes muito finas, esmagando. **2** Destruir por completo; reduzir a nada. **3** Bater em; sovar: *Triturou-o com pancadas.* **4** *fig* Afligir, magoar; atormentar, torturar: *A saudade tritura-lhe o coração.*

tri.un.fa.dor (*lat triumphatore*) *adj* Triunfante. • *sm* Indivíduo que triunfa.

tri.un.fal (*lat triumphale*) *adj m+f* **1** Pertencente ou relativo ao triunfo. **2** Em que há triunfo.

tri.un.fan.te (*lat triumphante*) *adj m+f* **1** Que triunfou; triunfador. **2** Vencedor, vitorioso. **3** Decisivo. **4** Ostentoso, pomposo. **5** Alegre, radiante, jubiloso.

tri.un.far (*lat triumphare*) *vint* **1** Alcançar triunfo ou vitória. *vti* e *vint* **2** Vencer na guerra; vencer pelas armas ou pela força. *vti* e *vint* **3** Prevalecer, sair vencedor, vencer. *vti* **4** Ter vantagem sobre.

tri.un.fo (*lat triumphu*) *sm* **1** Ação ou efeito de triunfar. **2** Vitória, grande êxito. **3** Aclamação, ovação. **4** Grande alegria, grande festejo, grandes aplausos. **5** Satisfação plena. **6** Vencimento das paixões.

tri.un.vi.ra.to (*lat triunviratu*) *sm* Governo de três indivíduos.

tri.va.lên.cia (*tri+valência*) *sf Quím* Propriedade daquilo que é trivalente.

tri.va.len.te (*tri+valente*) *adj m+f Quím* Que tem três valências.

tri.vi.al (*lat triviale*) *adj m+f* **1** Que é sabido de todos; notório. **2** Comum, vulgar. **3** Usado. • *sm* Os pratos simples e habituais das refeições familiares.

tri.vi.a.li.da.de (*trivial+i+dade*) *sf* **1** Qualidade de trivial. **2** Coisa trivial.

triz (*gr thríx*) *sm* Um quase nada. *Por um triz:* por um fio, faltando pouco; por pouco; milagrosamente: *Escapou por um triz.*

tro.an.te (de *troar*) *adj m+f* Que troa; sonoro, vibrante.

tro.ar (*lat tronare*, corr de *tonare*) *vint* **1** Fazer grande estrondo e abalo. **2** Trovejar. *Conjug:* conjuga-se, normalmente, nas 3ªs pessoas.

tro.ca (de *trocar*) *sf* **1** Ato ou efeito de trocar. **2** Barganha, permuta, permutação. **3** Conversão, mudança, transformação. **4** Compensação, recompensa. **5** Substituição. **6** *Dir* Ato pelo qual duas pessoas fazem, entre si, uma transferência simultânea.

tro.ça (de *troçar*) *sf* **1** Ato ou efeito de troçar. **2** *pop* Zombaria, chacota. **3** Pândega, farra.

tro.ca.di.lho (*trocado+ilho*) *sm* Jogo de palavras que causa um equívoco jocoso; uso de expressões ambíguas.

tro.ca.do (*part* de *trocar*) *adj* **1** Que se trocou. **2** Que foi objeto de permuta. **3** Mudado, transformado, substituído. **4** Confundido com outro. • *sm* Dinheiro miúdo.

tro.ca.dor (*trocar+dor*) *adj* Que troca. • *sm* **1** Aquele que troca. **2** *V cobrador* (acepção 3).

tro.ça.dor (*troçar+dor*) *adj* Que faz troça; trocista. • *sm* Aquele que faz troças.

tro.car *vtd* **1** Dar em troca, dar uma coisa por outra; permutar. *vtd* **2** Mudar de uma coisa para outra: *Trocou a vida palaciana pela paz do convento. vtd* e *vti* **3** Mudar, substituir. *vtd* **4** Tomar (algo) em vez de outro. *vtd* **5** Dar e receber reciprocamente; alternar, reciprocar: *Trocar insultos, trocar um olhar. vpr* **6** Transformar-se: *Trocou-se a miséria em fartura. vtd* **7** Confundir: *Trocou os endereços. Conjug – Pres subj:* troque, troques etc.; *Pret perf:* troquei, trocaste, trocou etc. *Trocar as bolas, pop:* cometer engano, causar confusão. *Trocar em miúdos, pop:* explicar-se melhor.

tro.çar (*lat tortiare*) *vtd* e *vti* Escarnecer, fazer escárnio de; ridicularizar; zombar: *Troçar alguém* (ou *com alguém,* ou *de alguém*). *Conjug – Pres indic:* troço, troças, troça etc.; *Pret perf:* trocei, troçaste, troçou etc.

tro.cis.ta (*troça+ista*) *adj m+f* Que faz troças, que gosta de troçar. • *s m+f* Pessoa amiga de troças.

tro.co (*ô*) (de *trocar*) *sm* **1** Moedas ou cédulas de valor menor que se dão por uma que vale tanto quanto elas. **2** Soma de dinheiro que se recebe de volta de um pagamento. **3** Ato ou efeito de trocar; troca.

tro.ço[1] (de *troço*[2]) *adj gír* Diz-se de pessoa importante, influente: *Fulano é troço na política.* • *sm* **1** Qualquer objeto. **2** Mal-estar súbito.

tro.ço[2] (*ô*) (*fr arc tros*) *sm* **1** Pedaço de pau roliço e tosco. **2** Parte de um corpo de tropas. **3** Porção de gente; multidão.

tro.féu (*gr trópaion,* via *lat trophaeu*) *sm* **1** Insígnia ou sinal que se expunha ao público em comemoração de alguma vitória. **2** Objeto comemorativo de uma vitória, geralmente taça ou copa.

tró.fi.co (*trofo+ico*[2]) *adj* **1** Relativo à nutrição: *Desordem trófica.* **2** Que tem função na nutrição: *Hormônio trófico.*

tro.glo.di.ta (*gr troglodýtes*) *adj m+f* **1** Que vive em cavernas ou sob a terra. • *s m+f* **2** Pessoa que vive debaixo da terra ou em cavernas. **3** *fig* Indivíduo primitivo.

tro.glo.di.tí.deos (*gr troglogýtes+ídeos*) *sm pl Ornit* Família de aves pequenas, canoras e insetívoras, de bico curvo e fino, asas curtas e arredondadas. No Brasil, salienta-se o uirapuru.

troi.a.no (*lat trojanu*) *adj* **1** Pertencente ou relativo a Troia, antiga cidade da Ásia Menor, celebrizada pela epopeia de Homero, poeta épico grego dos séculos IX e VIII a.C. **2** Nascido em Troia. • *sm* Habitante ou natural de Troia.

tro.le (*ingl trolley*) *sm* **1** Carruagem rústica, usada nas fazendas e nas cidadezinhas do interior do Brasil, antes da introdução do automóvel. **2** Pequeno carro descoberto montado nos trilhos das estradas de ferro e movido pelos operários. *Dim:* trolim e trolinho.

tró.le.bus (*trole+bus*, redução de *ônibus*) *sm sing* e *pl* Carro elétrico de transporte coletivo que roda sobre pneus; ônibus elétrico. *Var:* tróleibus.

tró.lei.bus (*ingl trolley+bus*) *V* trólebus.

tro.lha (*ô*) (*lat trullea*) *sf Constr* Espécie de pá em que o pedreiro põe a cal de que se vai servindo. *sm* **1** Servente de pedreiro. **2** *pop* Indivíduo desqualificado.

tro.lo.ló (*voc onom*) *adj* Frajola. • *sm* **1** Música de caráter ligeiro e fácil. **2** Lero-lero.

trom.ba (*frâncico trumpa*) *sf Zool* **1** Extensão nasal cilíndrica, comprida e extremamente flexível do elefante. **2** Focinho (de porco, de javali etc.). **3** Órgão sugador de certos insetos, moluscos, vermes etc. **4** *bras pop* Cara amarrada.

trom.ba.da (*tromba+ada¹*) *sf* **1** Pancada com a tromba ou com o focinho. **2** Colisão, choque.

trom.ba-d'á.gua *sm Meteor* **1** Formação de uma grande massa de vapor de água que ocorre no mar, seguida de ventos violentos. **2** *bras* Chuva forte acompanhada de turbilhões de vento. *Pl:* trombas-d'água.

trom.ba.di.nha (*dim* de *trombada*) *sm bras gír* Indivíduo menor de idade, delinquente, que pertence a um grupo de assaltantes de rua.

trom.bar (*trombar+ar¹*) *vint bras* **1** Dar trombada (acepção 2): *O carro trombou e o motorista morreu*. *vti* **2** Chocar-se, colidir: *O carro trombou com o ônibus*.

trom.be.ta (*ê*) (*fr trompette*) *sf* **1** *Mús* Instrumento de sopro formado por um tubo de metal, mais ou menos comprido e afunilado na extremidade, semelhante à corneta. **2** *pop* Pessoa que divulga tudo o que se diz ou se faz.

trom.be.te.ar (*trombeta+e+ar¹*) *vint* **1** Tocar trombeta. *vint* **2** Imitar o som de trombeta. *vtd* **3** Apregoar, alardear, espalhar. Conjuga-se como *frear*.

trom.bo (*gr thrómbos*) *sm Med* Coágulo de sangue em um vaso sanguíneo ou em uma das cavidades do coração, e que se mantém aderente ao lugar onde se formou, causando obstrução parcial ou total.

trom.bo.ne (*ital trombone*) *sm Mús* Instrumento de sopro, de metal, que possui um tubo cilíndrico longo.

trom.bo.se (*gr thrómbos+ose*) *sf Patol* Formação, desenvolvimento e presença de um trombo no aparelho circulatório.

trom.bu.do (*tromba+udo*) *adj* **1** Que tem tromba. **2** *pop* Carrancudo; emburrado.

trom.pa (*frâncico trumpa*) *sf* **1** *Mús* Instrumento de sopro, mais sonoro e maior que a trombeta, geralmente usado nas orquestras. **2** Espécie de trombeta que usam os caçadores. **3** *Anat* Designação de alguns órgãos animais de forma tubular.

Trompa de Eustáquio, Anat: V tuba auditiva.
Trompa de Falópio, Anat: V tuba uterina.

trom.pe.te (*fr trompette*) *sm Mús* Instrumento musical de sopro, provido de pistões, sem palheta, com bocal e um tubo alongado.

trom.pe.tis.ta (*trompete+ista*) *s m+f* **1** Pessoa que toca trompete. **2** Fabricante de trompete.

trom.pis.ta (*trompa+ista*) *s m+f* **1** Fabricante de trompas. **2** Músico que toca trompa.

tron.cho (*lat trunculu*) *adj* **1** Privado de membro ou ramo. **2** Curvado para um só lado. • *sm* Talo grosso de couve.

tron.co (*lat truncu*) *sm* **1** *Bot* Caule das árvores e dos arbustos. **2** *Bot* Parte da árvore compreendida entre a raiz e a rama. **3** *Anat* A parte mais grossa do corpo do homem e dos outros animais, excluindo-se a cabeça e os membros; torso. **4** Mastro do navio. **5** *Hist* Pau fincado no chão, ao qual se amarravam escravos. **6** Genitor comum, de quem parte a linha de descendência, ou se origina a família.

tron.cu.do (*tronco+udo*) *adj* Que tem tronco desenvolvido; corpulento.

tro.no (*gr thrónos*) *sm* **1** Cadeira elevada onde, em atos de maior solenidade, os soberanos se assentam. **2** Poder, autoridade do soberano; dignidade do soberano; soberania. **3** Assento para o bispo, nas cerimônias religiosas.

tro.pa (de *tropel*, por *der* regressiva) *sf* **1** Grande número de soldados de qualquer arma. **2** Conjunto de forças militares; exército. **3** Aglomeração de gente; bando, multidão.

tro.pe.ar (*trop(el)+e+ar¹*) *vint* **1** Fazer barulho com as patas ao andar (diz-se especialmente de cavalos). **2** Fazer barulho com os pés ao andar. Conjuga-se como *frear*.

tro.pe.ção (de *tropeçar*) *sm* Ato ou efeito de tropeçar; topada.

tro.pe.çar (*cast tropezar*) *vti* **1** Dar involuntariamente topada com o pé; esbarrar. **2** Não acertar, não atinar; errar. **3** Cair, incorrer. *Conjug – Pres indic:* tropeço, tropeças, tropeça (*pé*) etc.; *Pres subj:* tropece, tropeces etc.; *Pret perf:* tropecei, tropeçaste etc. *Cf* tropeço.

tro.pe.ço (*ê*) (de *tropeçar*) *sm* **1** Aquilo em que se tropeça. **2** Dificuldade, embaraço, obstáculo.

trô.pe.go (*lat torpicu*) *adj* **1** Que anda com dificuldade. **2** Que não pode mover os membros ou que se move com dificuldade.

tro.pei.ro (*tropa+eiro*) *sm* **1** O que conduz uma tropa. **2** Aquele que conduz bestas de carga ou manadas de gado grosso, como cavalos e bois.

tro.pel (*provençal tropel*) *sm* **1** Multidão de pessoas ou coisas movendo-se em desordem. **2** Confusão. **3** Ruído que se faz com os pés; sapateado. **4** Grande ruído, causado pelo andar de animais.

tro.pe.li.a (*tropel+ia¹*) *sf* **1** Estrépito que faz muita gente em tropel. **2** Balbúrdia, bulício. **3** Traquinagem; travessura.

tro.pi.cal (*trópico+al¹*) *adj m+f* **1** Que pertence ou se refere aos trópicos. **2** Situado entre os trópicos. **3** Que vive nos trópicos. **4** Relativo aos trópicos ou às regiões da zona tórrida. **5** Relativo ao clima dessas regiões. **6** Ardente, abrasador.

tro.pi.ca.lis.mo (*tropical+ismo*) *sm* **1** Qualidade de tropical. **2** *Mús* Movimento da música popular brasileira, do final da década de 1960, que misturava os valores da música nacional com o *pop* internacional e a música erudita de vanguarda.

tro.pi.ca.lis.ta (*tropical+ista*) *s m+f* **1** Tratadista de assuntos das regiões tropicais. **2** Médico ou médica de doenças tropicais. **3** Membro do tropicalismo. • *adj m+f* Relativo ou pertencente ao tropicalismo.

tro.pi.car (*lat tropicu+ar¹*) *vint* Tropeçar muitas vezes. *Conjug – Pres subj: tropique, tropiques, tropique* etc.; *Pret perf: tropiquei, tropicaste, tropicou* etc.

tró.pi.co (*gr tropikós*) *sm Geogr* **1** Cada um dos dois paralelos da esfera terrestre que dividem as regiões do globo em Trópico de Cancêr e Trópico de Capricórnio. **2** As regiões situadas entre estes dois trópicos.

tro.pis.mo (*gr trópos+ismo*) *sm Biol* Orientação imposta por um estímulo externo, tal como luz, calor etc.

tro.po (*lat tropu*) *sm Gram* Emprego de palavras em sentido figurado; metáfora.

tro.qui.lí.deos (*gr trokhílos+ídeos*) *sf pl Ornit* Família de aves de pequeno porte, caracterizadas por terem asas pontudas, bico comprido e fino, e plumagem de cores brilhantes. São aves que voam muito rápido e são capazes de parar no ar para se alimentar do néctar das flores. São os vários tipos de beija-flores.

tro.tar (*ant alto-al trottôn-ar¹*) *vint* **1** Andar (a cavalgadura) a trote. **2** Andar (na cavalgadura) a trote: *O amigo trotava ao seu lado.* **3** Caminhar a trote: *Os escravos trotavam, curvados ao peso das cargas.*

tro.te (de *trotar*) *sm* **1** Maneira de andar de cavalos e de outros quadrúpedes. **2** *pop* Intriga, indiscrição ou zombaria feita pelo telefone. **3** *pop* Troça ou tarefas que estudantes veteranos impõem aos calouros.

tro.tis.ta (*trote+ista*) *adj m+f bras* Diz-se da pessoa que costuma passar trotes. • *s m+f* Essa pessoa.

trottoir (*trotuar*) (*fr*) *sm* **1** Calçada, passeio. **2** *bras* Prostituição de rua.

trou.xa (*cast ant troja*) *sf* **1** Fardo que contém roupa. **2** Roupa empacotada ou enrolada. **3** *pop* Pessoa tola.

tro.va (*der* regressiva de *trovar*) *sf* **1** *Lit* Composição lírica, ligeira e de caráter mais ou menos popular. **2** *Mús* Cantiga, canção; quadra popular.

tro.va.dor (*trovar+dor*) *adj+sm* **1** Diz-se de, ou poeta lírico de corte medieval que punha em música suas cantigas românticas ou as recitava. **2** Diz-se de, ou poeta lírico português que imitava a poesia provençal. **3** Diz-se de, ou poeta ou cantor lírico e romântico.

tro.va.do.res.co (*ê*) (*trovador+esco*) *adj* Pertencente ou relativo aos trovadores medievais ou à sua literatura, ou à sua época.

tro.vão (*lat vulg *turbone*) *sm* **1** Estrondo produzido por descarga de eletricidade atmosférica. **2** Grande estrondo. **3** Coisa ruidosa ou espantosa.

tro.ve.jan.te (de *trovejar*) *adj m+f* **1** Que troveja. **2** Estrondoso.

tro.ve.jar¹ (*trovão+ejar*) *vint* **1** Ribombar ou soar o trovão. *vint* **2** Soar fortemente, vibrar (a voz). *Conjug:* conjuga-se apenas na 3ª pessoa do singular (e integralmente se o verbo estiver em sentido figurado).

tro.ve.jar² (de *trovejar¹*) *sm* Trovão; estampido, estrondo.

tro.vo.a.da (*trovoar+ada¹*) *sf* **1** Grande número de trovões seguidos. **2** Tempestade com trovões. **3** Grande estrondo.

tro.vo.ar (*trovão+ar¹*) *V trovejar¹*.

tru.ão (*provençal truan*) *sm* **1** Bobo; bufão. **2** Saltimbanco. *Pl: truões.*

tru.ca (*fr truc*) *sf Cin* Equipamento usado para produzir efeitos de ampliação ou redução em cenas filmadas.

tru.ca.gem (*truca+agem*) *sf Cin* Efeito cinematográfico obtido com a truca.

tru.car¹ (*cat trucar*) *vint* Propor a primeira parada, no truque. *Trucar de falso:* a) no jogo do truque, fazer caixa dando a entender que tem bom jogo, quando não o tem; b) enganar com declarações mentirosas; c) errar no que diz; d) fazer uma citação errada. *Conjug – Pres sub: truque, truques* etc.; *Pret perf: truquei, trucaste, trucou* etc.

tru.car² (*truc(agem)+ar¹*) *vint Cin* Fazer trucagem; dar aparência real, através de artifícios, a uma cena que não poderia ser filmada.

tru.ci.da.ção (*lat trucidatione*) *sf* Ato ou efeito de trucidar.

tru.ci.da.do (*part* de *trucidar*) *adj* Que se trucidou; morto cruelmente.

tru.ci.dar (*lat trucidare*) *vtd* Matar com crueldade; degolar.

tru.co (de *trucar*) *sm* Certo jogo de cartas em que tomam parte quatro pessoas; truque.

tru.cu.lên.cia (*lat truculentia*) *sf* **1** Caráter, estado ou qualidade de truculento. **2** Ato cruel; atrocidade, crueldade, ferocidade.

tru.cu.len.to (*lat truculentu*) *adj* Violento, atroz, cruel, feroz.

tru.fa (*fr truffe*) *sf* **1** *Bot* Cogumelo subterrâneo comestível. **2** *Cul* Espécie de bombom.

tru.ís.mo (*ingl truism*) *sm* **1** Verdade evidente, que se pode ver. **2** Evidência, verdade banal, trivialidade.

trum.bi.car (*tromba(da)+ico¹+ar¹*) *vpr bras gír* Dar-se mal; estrepar-se. *Conjug – Pres subj: trumbique, trumbiques* etc.; *Pret perf: trumbiquei, trumbicaste, trumbicou* etc.

trun.ca.do (*part* de *truncar*) *adj* **1** Cortado. **2** Privado de alguma das suas partes integrantes; incompleto. **3** Mutilado.

trun.car (*lat truncare*) *vtd* **1** Cortar, separar (membros) do tronco. *vtd* **2** Tornar incompleto; mutilar. *vtd* **3** Omitir propositadamente alguma parte importante. *vpr* **4** Ficar incompleto, mutilar-se. *Conjug – Pres subj: trunque, trunques* etc.; *Pret perf: trunquei, truncaste, truncou* etc.

trun.fo (*corr* de *triunfo*) *sm* **1** Certo jogo de cartas, com dois, quatro ou seis parceiros. **2** Naipe que, em jogos de cartas, prevalece aos outros naipes. **3** *pop* Indivíduo que tem influência ou importância social.

tru.pe (*fr troupe*) *sf* **1** Grupo composto por artistas ou comediantes. **2** Companhia teatral.

tru.que (*cat truc*) *sm* **1** Certo jogo de cartas entre dois ou quatro parceiros; truco. **2** *Teat* Mecanismo empregado nos teatros para fazer mover certos cenários. **3** Ardil, artimanha, tramoia. **4** Meio sutil de fazer qualquer coisa.

trus.te (*ingl trust*) *sm Com* **1** Combinação de firmas comerciais ou industriais, com o fim de diminuir as despesas, regular a produção, eliminar a competição e dominar o mercado. **2** Organização financeira poderosa.

tru.ta (*lat tructa*) *sf Ictiol* Nome comum a diversos peixes da família do salmão, que, na maioria, vivem nas águas doces, límpidas e frescas.

tsé-tsé (*voc onom*) *sf Entom* Nome comum a diversas espécies de moscas africanas que transmitem ao homem e ao gado a doença do sono. *Pl:* tsé-tsés.

tu (*lat tu*) *pron pess* A 2ª pessoa do singular do pronome pessoal sujeito, para ambos os gêneros, que indica a pessoa com quem se fala, usado no tratamento familiar ou íntimo: *Tu queres sair hoje, meu irmão?*

tu.ba (*lat tuba*) *sf Mús* **1** Instrumento metálico dos antigos romanos, formado por um tubo reto. **2** Instrumento de sopro, metálico, com tubo cônico recurvado, de som grave e possante. *Tuba auditiva, Anat:* canal que comunica a faringe com a caixa do tímpano (terminologia antiga: trompa de Eustáquio). *Tuba uterina, Anat:* cada um dos dois canais que ligam o útero ao ovário (terminologia antiga: trompa de Falópio).

tu.ba.gem (*tubo+agem*) *sf* **1** Conjunto de tubos; canalização, encanamento, tubulação. **2** Sistema por que estão dispostos ou por que funcionam certos tubos. **3** *Med* Introdução de um tubo em uma cavidade ou canal; intubação.

tu.bar (*tuba+ar¹*) *vtd* Fazer a tubagem de.

tu.ba.rão (*caribe tiburón*) *sm* **1** *Ictiol* Nome comum aos grandes peixes, na maioria marinhos, carnívoros e vorazes; cação. **2** *pop* Comerciante ou industrial ganancioso, que por todos os meios procura aumentar os seus lucros.

tu.bá.rio (*tubo+ário*) *adj Anat* Relativo à tuba uterina ou à tuba auditiva.

tu.bér.cu.lo (*lat tuberculi*) *sm* **1** *Bot* Engrossamento de um caule ou rizoma subterrâneo, como na batata. **2** *Anat* Pequena eminência ou excrescência naturais em um osso ou órgão.

tu.ber.cu.lo.se (*tubérculo+ose*) *sf Med* Doença infectocontagiosa do homem e de alguns outros animais, produzida pelo bacilo de Koch e caracterizada pela formação de tubérculos nos tecidos de qualquer parte do corpo, mas especialmente nos pulmões.

tu.ber.cu.lo.so (*ô*) (*tubérculo+oso*) *adj* **1** Que tem tubérculos ou saliências análogas aos tubérculos. **2** *Med* Caracterizado pela existência de tubérculos. **3** *Med* Atacado de tuberculose. *Pl:* tuberculosos (*ó*).

tu.bi.for.me (*lat tuba+forme*) *adj m+f* Que tem forma de tubo; tubuloso.

tu.bo (*lat tubu*) *sm* **1** Corpo cilíndrico, oco, alongado, dos mais variados materiais pelo qual podem passar líquidos, ar ou gás; cano, canudo, duto. **2** *Quím* Nome comum a vários vasos de vidro de forma cilíndrica, usados nos laboratórios para diversos fins.

tu.bu.la.ção (*lat tubulatione*) *sf* **1** Ato de prover com um ou mais tubos; tubagem. **2** Conjunto de tubos ou canos; encanamento, canalização.

tu.bu.lar (*lat tubulare*) *adj m+f* **1** Que tem a forma de um tubo; tubiforme. **2** Caracterizado por tubos ou que consiste em tubos.

tu.ca.no (*tupi tukána*) *sm Ornit* Nome comum a diversas aves da América do Sul, notáveis por seu bico muito grande e sua plumagem em geral brilhantemente colorida de vermelho, amarelo, branco e preto, em vivo contraste.

tu.cu.na.ré (*tupi tukunaré*) *sm bras Ictiol* Peixe de grande porte da região Amazônica, apreciado por sua carne saborosa.

tu.cu.pi (*tupi tikupíra*) *sm Reg* (Norte) *Cul* **1** Molho tradicional na culinária nortista, feito de suco de mandioca fresca aquecido, até tomar a consistência e a cor do mel de cana. **2** Suco da raiz da mandioca.

tu.do (*lat totu*) *pron indef* **1** A totalidade das pessoas e das coisas. **2** Todas as coisas a que se alude ou faz referência: *Está tudo em ordem.* **3** Coisa essencial e indispensável.

tu.do.na.da *sm* **1** Bagatela, insignificância, quase nada. **2** Pequeníssima porção; pedacinho. *Pl:* tudo-nadas e tudos-nadas.

tu.fão (*ár tufân*) *sm* Vento muito forte, tempestuoso; furacão, vendaval.

tu.fo (*fr touffe*) *sm* **1** Porção fila de aberta. **2** Porção de plantas, flores, penas etc., juntas. **3** A parte convexa do turbante. **4** Qualquer coisa de forma saliente e arredondada; proeminência, montículo. **5** Saliência formada pelo tecido de um vestuário.

tu.gir (*corr* de *tossir*, calcado em *mugir*) *vint* Falar em voz baixa; murmurar. *Conjug:* verbo defectivo: não se conjuga na 1ª pessoa do singular do presente do indicativo e, portanto, não possui o presente do subjuntivo. *Imper afirm: tuge(tu), tugi(vós).*

tu.gú.rio (*lat tuguriu*) *sm* **1** Habitação rústica, choça, cabana. **2** Refúgio, abrigo.

tui.a (*gr thŷia*) *sf Bot* Gênero de arbustos e árvores sempre verdes, da família dos pinheiros, de copa geralmente piramidal, raminhos em duas fileiras e folhas estreitamente comprimidas.

tu.im (*tupi tuín*) *sm Ornit* Nome comum a várias espécies de periquitos, sempre de pequeno porte.

tui.ui.ú (*do caribe*) *sm Ornit* **1** Nome pelo qual se conhece o jaburu na Amazônia. **2** Ave da família das cegonhas, de coloração branca, comum no México e na Argentina.

tu.le (*fr top Tulle*) *sm* Tecido leve e transparente de seda ou algodão; filó.

tu.lha (*lat tudicula*) *sf* **1** Casa ou compartimento onde se guardam cereais em grão; celeiro. **2** Casa onde se guarda café em coco.

tú.lio (*top Ťuie+io²*) *sm Quím* Elemento metálico que ocorre em minérios raros, associado com granito. Número atômico 69 e símbolo Tm.

tu.li.pa (*persa tuliband*, turbante) *sf Bot* **1** Planta ornamental com raízes em bulbos. **2** Flor dessa planta, variada em cores.
tum.ba (*lat tumba*) *sf* **1** Túmulo, sepultura. **2** Espécie de maca onde se levam defuntos à sepultura.
tu.me.fa.ção (*lat tumefactione*) *sf* Ato ou efeito de tumefazer; inchação.
tu.me.fac.to (*lat tumefactu*) *adj* Dilatado, intumescido, inchado, túmido. *Var: tumefato.*
tu.me.fa.to (*lat tumefactu*) *V tumefacto.*
tu.me.fa.zer (*lat tumefacere*) *vtd* e *vpr* Tornar(-se) túmido; inchar(-se), intumescer(-se). *Conjug:* conjuga-se, normalmente, nas 3ªˢ pessoas e segue a conjugação de *fazer*.
tú.mi.do (*lat tumidu*) *adj* **1** Que aumentou em volume; intumescido, inchado. **2** *fig* Vaidoso, arrogante.
tu.mor (*lat tumore*) *sm* **1** *Med* Massa circunscrita de tecido novo sem função fisiológica, oriunda da proliferação anormal das células do tecido preexistente, e que cresce progressivamente. **2** Saliência, inchação desenvolvida em qualquer parte do corpo.
tu.mo.ra.ção (*tumorar+ção*) *sf Patol* Formação ou presença de um tumor.
tú.mu.lo (*lat tumulu*) *sm* **1** Monumento erguido em memória de alguém no lugar onde se acha sepultado; sepulcro. **2** *fig* Lugar sombrio e triste.
tu.mul.to (*lat tumultu*) *sm* **1** Barulho, desordem, motim. **2** Confusão; perturbação. **3** Discórdia. **4** Desassossego.
tu.mul.tu.a.do (*part* de *tumultuar*) *adj* Em que há tumulto; tumultuoso, alvoroçado.
tu.mul.tu.ar (*lat tumultuare*) *vtd* **1** Excitar ao tumulto; agitar. *vint* **2** Fazer tumulto, desordem ou barulho. *vtd* e *vti* **3** Agitar, efervescer: *Logo de manhã, tumultuando o ambiente! Conjug –* *Pres indic:* tumultuo, tumultuas etc.; *Pres subj:* tumultue, tumultues etc.
tu.mul.tu.o.so (ô) (*lat tumultuosu*) *adj* Em que há tumulto; tumultuado: *Plebe tumultuosa.* *Pl: tumultuosos* (ó).
tun.da (*lat tundere*) *sf* Surra, sova; pancadaria.
tú.nel (*ingl tunel*) *sm* **1** Passagem subterrânea através de montanhas, grandes aterros, ou por baixo de um rio. **2** Cavidade feita por certos insetos ou outros animais **3** Corredor estreito, fechado e pressurizado, pelo qual se comunicam dois compartimentos.
tungs.tê.nio (*sueco Tungsten+io²*) *sm Quím* Elemento metálico branco-acinzentado, duro, de número atômico 74 e símbolo W.
tú.ni.ca (*lat tunica*) *sf* **1** Vestuário antigo, comprido e ajustado ao corpo. **2** Espécie de casaco; uniforme militar. **3** *Zool* Qualquer membrana ou parte que reveste ou cobre um órgão ou o corpo.
tu.ní.deos (*lat thunnu+ídeos*) *sm pl Ictiol* Família de peixes marinhos, na qual se inclui o atum.
tu.ni.si.a.no (*Tunísia+ano*) *adj* Da Tunísia (Norte da África). • *sm* O natural ou habitante da Tunísia.
tu.pã (do *tupi*) *sm bras* **1 Tupã** Nome tupi do trovão, empregado pelos missionários jesuítas para significar Deus. **2** *Hist* Nome que os índios tupis davam à trovoada.

tu.pi (do *tupi*) *Etnol bras s m+f* Indígena dos tupis. *sm* Língua falada até o século XIX em nosso litoral, e ainda hoje em alguns pontos da Amazônia. *sm pl* Nação indígena que habitava o norte e o centro-oeste do Brasil. • *adj m+f* Pertencente ou relativo aos tupis.
tu.pi-gua.ra.ni *adj m+f Etnol* **1** Relativo aos tupis e aos guaranis, ou aos seus idiomas. **2** Relativo ou pertencente ao grupo de tribos da América do Sul que falam idiomas afins ao tupi ou ao guarani. **3** Relativo ou pertencente à família linguística dos idiomas falados pelas tribos do grupo. • *sm* Grupo de tribos indígenas da América do Sul. *Pl: tupis-guaranis.*
tu.pi.nam.bá (do *tupi*) *adj m+f Etnol* Pertencente ou relativo aos tupinambás, povo indígena extinto. • *sm* Chefe, mandachuva. *s m+f* Indígena dos tupinambás. *sm pl* Nação de índios que habitava grande parte da costa brasileira.
tu.pi.ni.quim *adj m+f Etnol* Pertencente ou relativo aos tupiniquins, antiga nação de índios brasileiros, no território da Bahia. • *s m+f* Indígena dos tupiniquins.
tur.ba (*lat turba*) *sf* **1** Multidão de gente. **2** Multidão em desordem; turbamulta. **3** União de vozes cantando, em coro. **4** As multidões, o povo.
tur.ba.mul.ta (*lat turba multa*) *sf* Grande multidão em desordem, com tendências tumultuosas; agrupamento de gente; tropel.
tur.ban.te (*fr turban*) *sm* **1** Cobertura de cabeça, usada por homens nos países do Oriente. **2** Toucado feminino, semelhante ao turbante.
tur.bar (*lat trurbare*) *vtd* e *vpr* **1** Tornar(-se) turvo; escurecer(-se), toldar(-se). *vpr* **2** Escurecer, tornar-se sombrio (o aspecto atmosférico). *vtd* e *vpr* **3** Perturbar(-se), toldar(-se), tornar(-se) apreensivo, triste.
túr.bi.do (*lat turbidu*) *adj* **1** Escuro, turvo. **2** Que perturba; perturbador.
tur.bi.lhão (*fr turbillon*) *sm* **1** Remoinho de vento. **2** Massa de água com movimentos fortes e giratórios. **3** Tudo o que arrasta ou excita o homem: *Turbilhão de paixões. Como um turbilhão:* com muita velocidade.
tur.bi.na (*fr turbine*) *sf* **1** Máquina ou motor em que uma roda provida de palhetas, ou equivalentes, é feita girar, pela reação ou impulso, ou ambos, de uma corrente de fluido, como água, vapor ou gás. **2** Centrífuga industrial, especialmente de usina de açúcar, para separar os cristais de açúcar dos elementos não cristalizáveis.
tur.bi.na.gem (*turbinar+agem*) *sf* Operação industrial em que uma substância é submetida à ação da força centrífuga produzida pela turbina.
tur.bo.é.li.ce (*turbo+hélice*) *V turbopropulsor.*
tur.bo.pro.pul.sor (*turbo+propulsor*) *sm Aeron* **1** Motor a jato em que o gás de combustão é conduzido a uma turbina que aciona, além do compressor, também uma hélice, enquanto os gases de escape produzem um jato de propulsão adicional; turboélice. **2** Avião provido desse motor.
tur.bu.lên.cia (*lat turbulentia*) *sf* **1** Qualidade de turbulento. **2** Ato turbulento. **3** Grande desordem; motim, perturbação da ordem pública, sublevação, tumulto.

tur.bu.len.to (*lat turbulentu*) *adj* **1** Em que há turbulência ou perturbação. **2** Propenso a causar desordem. **3** Agitado, irrequieto. • *sm* Indivíduo desordeiro ou turbulento.

tur.co (*turco türk*) *adj* **1** Relativo à Turquia (Europa e Ásia). **2** Natural da Turquia. • *sm* **1** Aquele que nasceu na Turquia. **2** A língua dos turcos. **3** *bras pop* Designação comum a árabes em geral.

tur.dí.deos (*lat turdu+ídeos*) *sm pl* Ornit Família de pássaros onívoros e canoros, como o sabiá e o rouxinol.

tur.fa (*al Torf*) *sf Ecol* Material fóssil, combustível, enegrecido, esponjoso, formado por matérias vegetais dentro da água.

tur.fe (*ingl turf*) *sm* **1** Prado de corridas de cavalos; hipódromo. **2** O esporte das corridas de cavalos; hipismo.

tur.fis.ta (*turfe+ista*) *adj e s m+f bras* Diz-se de, ou pessoa que tem cavalos de corrida ou que se interessa por coisas do turfe.

tur.ges.cên.cia (*turgescente+ia²*) *sf* **1** Ato de turgescer. **2** Qualidade ou estado de turgescente; turgidez.

tur.ges.cen.te (*lat turgescente*) *adj m+f* **1** Que está se tornando túrgido; distendido, inflado. **2** Que causa ou provoca turgescência; inchado, túrgido.

tur.ges.cer (*lat turgescere*) *vtd* Tornar túrgido.

tur.gi.dez (*túrgido+ez*) *sf* Qualidade ou estado de túrgido; inchação.

túr.gi.do (*lat turgidu*) *adj* **1** Dilatado; inchado, túmido. **2** Diz-se do estilo empolado.

tu.rí.bu.lo (*lat thuribulu*) *sm* Vaso onde se queima incenso nas igrejas.

tu.ris.mo (*ingl tourism*) *sm* **1** Realização de viagens e excursões recreativas, culturais etc. **2** Infraestrutura de serviços para atrair pessoas que fazem turismo.

tu.ris.ta (*ingl tourist*) *adj e s m+f* **1** Diz-se de, ou pessoa que viaja em turismo. **2** *bras pop* Diz-se de, ou aluno que falta amiúde às aulas.

tu.rís.ti.co (*turista+ico²*) *adj* Pertencente ou relativo a turista ou ao turismo.

tur.ma (*lat turma*) *sf* **1** Gente, pessoal. **2** Cada um dos bandos em que se divide uma multidão. **3** Grupo de pessoas que estudam ou trabalham juntas. **4** Grupo de jovens que costumam andar juntos em passeios e reuniões sociais.

tur.ma.li.na (*cingalês toramalli*, via *fr tourmaline*) *sf Miner* Pedra dura de várias cores, sendo consideradas preciosas as variedades transparentes cor-de-rosa, vermelhas, verdes, azuis e amarelas.

tur.nê (*fr tournée*) *sf* Viagem realizada com itinerário e visitas ou apresentações predeterminados, geralmente de um artista, conferencista, companhia ou grupo de pessoas.

tur.no (*fr tour*) *sm* **1** Cada um dos grupos de pessoas a quem cabe fazer alguma coisa, revezando-se, em serviço, com outras. **2** *Esp* Cada um dos períodos de disputa de um campeonato ou torneio. **3** Cada um dos períodos em que, diariamente, funciona uma escola.

tur.que.sa (*ê*) (de *turco*) *sf* **1** *Miner* Mineral opaco, azulado ou esverdeado, considerado pedra preciosa. **2** A cor azul-celeste ou azul-esverdeada da turquesa. • *adj m+f* Da cor turquesa.

tur.ra (de *turrar*) *adj m+f pop* Teimoso, turrão. • *sf* **1** Pancada com a testa. **2** Teimosia.

tur.rão (*turra+ão²*) *adj* + *sm pop* Teimoso. *Fem:* turrona.

tur.rar (*turra+ar¹*) *vint* **1** *pop* Bater com a testa em. **2** Teimar, obstinar-se.

tu.ru.na (*tupi turúna*, negro poderoso) *adj bras* **1** Forte, valente. **2** Poderoso. • *sm bras* **1** Homem forte, poderoso. **2** Valentão.

tur.va.ção (*lat turbatione*) *sf* **1** Ato ou efeito de turvar. **2** Estado do que se acha turvo. **3** Perturbação. **4** Opacidade ou turvamento dos vinhos.

tur.va.men.to (*lat turbamentu*) *V* turvação.

tur.var (*lat turbare*) *vtd e vpr* **1** Tornar(-se) turvo; escurecer(-se), obscurecer(-se): *Turvar a água, o vinho. Turvou-se o céu.* *vtd* **2** Perturbar, turbar.

tur.vo (*lat turbidu*) *adj* **1** Não transparente; escuro, opaco. **2** Diz-se do dia ou céu encoberto; nublado. **3** Perturbado, agitado; confuso.

tu.ta.no *sm* **1** Medula dos ossos; substância mole e gorda que existe no interior dos ossos. **2** *fam* A essência, a parte mais íntima, o âmago. *Ter tutano:* ter coragem, força, nervos, ousadia.

tu.te.ar (*tu+te+e+ar¹*) *vtd e vpr* Tratar ou tratar-se por *tu*. Conjuga-se como *frear*.

tu.te.la (*lat tutela*) *sf* **1** *Dir* Encargo ou autoridade legal para velar pela pessoa e pelos bens de um menor ou de um interdito; tutoria. **2** Amparo, proteção.

tu.te.lar¹ (*lat tutelari*) *adj m+f* **1** Pertencente ou relativo a tutela. **2** Que protege ou defende. **3** Diz-se do anjo da guarda: *Anjo tutelar.*

tu.te.lar² (*tutela+ar¹*) *vtd* Exercer tutela sobre; cuidar, defender como tutor; proteger: *Tutelar menores.*

tu.tor (*lat tutore*) *sm* **1** *Dir* Aquele que, por testamento ou por decisão do juiz, está encarregado de uma tutela ou tutoria. **2** O que protege, ampara ou dirige; protetor.

tu.to.ri.a (*tutor+ia¹*) *sf* **1** Cargo ou autoridade de tutor. **2** Exercício de tutela; tutela. **3** Defesa, proteção.

tu.tu¹ (*quimbundo kitutu*) *sm* **1** *V bicho-papão.* **2** Chefe local, influente; mandachuva.

tu.tu² (*quimbundo kitutu*) *sm* **1** *Cul* Feijão cozido, refogado em gordura, temperado e em seguida engrossado com farinha de mandioca e servido com pedaços de linguiça. **2** *gír* Dinheiro.

TV (*tevê*) *sf* Sigla de *televisão. TV aberta, Telev:* conjunto de canais de televisão que podem ser assistidos sem necessidade de pagamento por parte do espectador. *TV a cabo, Telev:* forma de TV por assinatura. *TV paga / TV por assinatura, Telev:* conjunto de canais de televisão aos quais se tem acesso mediante o pagamento de uma taxa inicial, mais taxas mensais; TV paga.

tweed (*tuídi*) (*ingl*) *sm* Tecido de origem escocesa, de lã natural, cuja trama é formada por fios de duas ou mais cores.

twist (*tuíst*) (*ingl*) *sm* **1** Ritmo musical cuja coreografia se assemelha à do *rock and roll.* **2** Dança e música desse ritmo.

tzar (*russo car*, via *fr*) *V czar.*

tza.ri.na (*tzar+ina*) *V czarina.*

tza.ris.mo (*tzar+ismo*) *V czarismo.*

tza.ris.ta (tzar+ista) *V czarista.*

u *sm* Vigésima primeira letra do alfabeto português, vogal. • *num* O vigésimo primeiro numa série indicada pelas letras do alfabeto.

ua.ca.ri (*tupi uakarí*) *sm Zool* Nome comum a diversos macacos sul-americanos que apresentam cauda curta e pelo sedoso, comprido, esbranquiçado ou amarelado.

uai! *interj* Exprime espanto, admiração, surpresa ou terror.

u.bá (*tupi uuuá*) *sf* **1** *bras* Canoa sem quilha usada pelos índios da Amazônia. **2** *Bot* Planta herbácea utilizada na fabricação de balaios e cestos. *sm Bot* Planta gramínea que serve como matéria-prima para a fabricação de papel.

ú.be.re (*lat ubere*) *sm* A teta da vaca; peito. • *adj m+f* **1** Fértil, fecundo. **2** Abundante, farto, rico, luxuriante. *Sup abs sint: ubérrimo.*

u.be.ro.so (*ô*) (*úbere+oso*) *adj* **1** Fértil, abundante, fecundo. **2** Diz-se do animal mamífero que possui úberes fartos e grandes. *Pl: uberosos (ó).*

u.bi.qui.da.de (*qwi*) (*lat ubique+i+dade*) *sf* **1** Qualidade do que está ou pode estar em muitos lugares ao mesmo tempo ou quase ao mesmo tempo. **2** *Filos* Caráter ou propriedade do ser que está presente em todos os lugares ao mesmo tempo. **3** *Teol* Um dos atributos exclusivos de Deus, pelo qual Ele está sempre presente em todos os lugares; onipresença.

u.bí.quo (*lat ubiquu*) *adj* Que está ou pode estar em toda parte ao mesmo tempo; onipresente.

u.ca *sf bras gír* Aguardente, cachaça, pinga.

u.çá *sm Zool* Nome popular de um caranguejo, comum nos mangues e muito apreciado como alimento.

u.cra.ni.a.no (*top Ucrânia+ano*) *adj* Pertencente ou relativo à Ucrânia (Europa). • *sm* **1** O natural ou habitante da Ucrânia. **2** A língua eslava dos ucranianos.

ué! *interj* Exprime espanto, dúvida, admiração, ironia.

u.fa! *interj* Exprime admiração, cansaço, saciedade, alívio.

u.fa.nar (*ufano+ar*[1]) *vtd* **1** Causar ufania ou orgulho a. *vtd* **2** Alegrar muito; trazer júbilo a. *vpr* **3** Orgulhar-se, gloriar-se. *vpr* **4** Alegrar-se, envaidecer-se, rejubilar-se.

u.fa.ni.a (*ufano+ia*[1]) *sf* **1** Orgulho, vaidade. **2** Motivo de honra, de glória. **3** Desvanecimento, alegria, júbilo.

u.fa.nis.mo (*ufano+ismo*) *sm* Espécie de otimismo nacionalista; sentimento de orgulho pelo país.

u.fa.nis.ta (*ufan(ar)+ista*) *adj m+f* Diz-se da pessoa que é sectária do ufanismo. • *s m+f* Pessoa que pratica o ufanismo.

u.fo (*ingl unidentified flying object*) *sm* Variante de óvni, objeto voador não identificado.

u.fo.lo.gis.ta (*ufo+logo+ista*) *s m+f* Estudioso dos objetos voadores não identificados; ufólogo.

u.fó.lo.go (*ufo+logo*) *sm* Ufologista.

u.gan.den.se (*top Uganda+ense*) *adj m+f* De, ou pertencente ou relativo a Uganda (África oriental). • *s m+f* O natural ou habitante de Uganda.

uh! *interj* Exprime dor, admiração, espanto.

UHF (sigla de U*ltra High Frequency*) (*ingl*) *sm Eletrôn* Faixa de frequência entre 300 MHz e 3 GHz, normalmente usada para transmitir sinais de televisão; frequência ultraelevada.

ui! *interj* Exprime dor, admiração, espanto ou repulsa.

ui.ra.pu.ru (*tupi uyrá purú*) *sm Ornit* Nome pelo qual são conhecidos na Amazônia diversos pássaros de famílias diferentes; o uirapuru autêntico, afamado pelo seu canto e pelas lendas que o envolvem e cuja pele é usada como talismã ou mascote, tem o nome científico de *Cyphorhinus arada*.

u.ís.que (*ingl whisky*) *sm* **1** Bebida alcoólica destilada, feita de grãos fermentados de cevada, centeio, trigo ou milho. **2** Dose de uísque.

ui.va.da (*part fem de uivar*) *sf* **1** Uivo longo e agudo. **2** Grito agudo e prolongado, semelhante ao uivo.

ui.va.do (*part de uivar*) *adj* Semelhante ao uivo. • *sm* Grito agudo e prolongado; uivo.

ui.va.dor (*uivar+dor*) *adj* Que uiva; uivante. • *sm* O que uiva.

ui.van.te (*de uivar*) *V uivador*.

ui.var (*lat ululare*) *vint* **1** Dar uivos (o cão, o lobo e outros animais). **2** Produzir som semelhante ao uivo. **3** Esbravejar, vociferar. **4** Berrar; gritar ruidosamente. *Conjug:* conjuga-se apenas nas 3as pessoas e, integralmente, se empregado em sentido figurado.

ui.vo (*de uivar*) *sm* **1** Designação específica da voz do cão e do lobo. **2** Voz lamentosa de diversos animais quando parecem chorar. **3** Grito agudo e prolongado; uivado.

úl.ce.ra (*lat ulcera*) *sf* **1** *Med* Perda de substância dos tecidos (pele, mucosa etc.), muitas vezes seguida de inflamação. **2** A chaga formada por esse processo. **3** Ferida, pústula, chaga.

ul.ce.ra.ção (*lat ulceratione*) *sf Med* Ato ou efeito de ulcerar; formação de úlcera. *Pl: ulcerações.*

ul.ce.ra.do (*part de ulcerar*) *adj* **1** Que tem úlcera. **2** Coberto de úlceras. **3** *fig* Magoado, ressentido. • *sm* Que sofre de úlcera.

ul.ce.rar (*úlcera*+*ar*¹) *vtd* **1** *Med* Produzir úlceras em. *vint* e *vpr* **2** Converter-se em úlcera, tornar-se ulceroso. *vint* e *vpr* **3** Cobrir-se de úlceras. *Conjug:* conjuga-se apenas nas 3ᵃˢ pessoas.

ul.ce.ro.so (*ô*) (*lat ulcerosu*) *adj* **1** Que sofre de úlcera, que tem úlcera. **2** Coberto de úlceras, chagas. • *sm* O enfermo de úlcera. *Pl: ulcerosos* (*ó*).

u.li.te (*gr oûlon*+*ite*) *sf Patol* Inflamação da membrana mucosa das gengivas.

ul.má.ceas (*lat ulmu*+*áceas*) *sf pl Bot* Família de plantas floríferas, formada de arbustos e árvores com folhas assimétricas e pequenas flores.

ul.na (*lat ulna*) *sf Anat* O mais grosso e o mais comprido dos ossos do antebraço (nome antigo: cúbito).

ul.te.ri.or (*lat ulteriore*) *adj m*+*f* **1** Que está ou ocorre depois; seguinte, posterior: *Na sala ulterior estavam as máquinas.* **2** *Geogr* Situado além, mais longe: *A Índia ulterior é mais curiosa para os turistas.* **3** Recente: *Esta é sua ulterior publicação.* Antôn (acepção 1): *anterior;* (acepção 2): *citerior.*

ul.ti.ma.ção (*ultimar*+*ção*) *sf* **1** Ato de ultimar. **2** Acabamento, aperfeiçoamento, arremate.

ul.ti.ma.do (*part* de *ultimar*) *adj* **1** Que se ultimou; terminado; arrematado; pronto. **2** Perfeito, acabado.

ul.ti.ma.men.te (*último*+*mente*) *adv* **1** Recentemente. **2** No último lugar, por último.

ul.ti.mar (*lat ultimare*) *vtd* **1** Terminar, acabar; concluir. *vtd* **2** Encerrar de vez, terminar com; finalizar. *vpr* **3** Completar-se.

úl.ti.mas (de *último*) *sf pl* **1** O ponto extremo. **2** Extrema penúria. **3** Momento decisivo. **4** A hora da morte; a agonia. **5** *pop* Notícias recentes.

ul.ti.ma.to (*lat ultimatu*) *sm* **1** Intimação formal, último prazo. **2** Decisão final e irrevogável. **3** Último aviso.

ultimatum (*má*) (*lat ultimatum*) *V ultimato.*

úl.ti.mo (*lat ultimu*) *adj* **1** Que vem depois de todos; derradeiro. **2** Extremo, final. **3** Moderníssimo, recentíssimo: *Esta é a última moda.* **4** Que fica de resto, de sobra. • *sm* **1** O que sobrevive a outros. **2** O mais recente. **3** O mais vil, o pior, o mais desprezível. **4** Ponta, extremo, fim.

ul.ti.mo.gê.ni.to (*último*+*gênito*) *sm* O último filho, o filho mais novo, o caçula.

ul.tra (*lat ultra*) *adj* Diz-se do partidário das ideias mais avançadas ou extremas; radical; extremista. • *s m*+*f* Essa pessoa.

ul.tra.ja.do (*part* de *ultrajar*) *adj* Que sofreu ultraje; ofendido, insultado, afrontado.

ul.tra.jan.te (de *ultrajar*) *adj m*+*f* Que envolve ultraje.

ul.tra.jar (*ultraje*+*ar*¹) *vtd* **1** Ofender a dignidade de; injuriar. **2** Difamar, afrontar.

ul.tra.je (*fr outrage*) *sm* Ação ou efeito de ultrajar; insulto, afronta.

ul.tra.le.ve (*ultra*+*leve*) *adj m*+*f* Extremamente leve. • *sm Aeron* Avião muito leve, com apenas o indispensável para voar: motor de pequena potência, asas cobertas com tela, leme simples e banco para o piloto.

ul.tra.mar (*ultra*+*mar*) *sm* **1** O conjunto das terras ou países que ficam além do mar. **2** *Pint* Pigmento azul, também chamado de *azul-ultramarino.*

ul.tra.ma.ri.no (*ultramar*+*ino*) *adj* **1** Relativo ou pertencente a ultramar. **2** Que tem a cor ultramar.

ul.tra.pas.sa.do (*part* de *ultrapassar*) *adj* Que se ultrapassou; antiquado.

ul.tra.pas.sa.gem (*ultrapassar*+*agem*) *sf* **1** Ato ou efeito de ultrapassar. **2** Ato de passar à frente de outro veículo que roda no mesmo sentido.

ul.tra.pas.sar (*ultra*+*passar*) *vtd* **1** Passar além de. **2** Exceder os limites de. **3** Passar à frente de outro veículo.

ul.tra.pas.sá.vel (*ultrapassar*+*vel*) *adj m*+*f* Que pode ser ultrapassado.

ul.trar.ro.mân.ti.co (*ultra*+*romântico*) *adj* Extremamente romântico.

ul.tras.sen.sí.vel (*ultra*+*sensível*) *adj m*+*f* Extremamente sensível.

ul.tras.som (*ultra*+*som*) *sm* **1** *Fís* Oscilação acústica de alta frequência, acima do limite máximo da audibilidade. **2** Ultrassonografia.

ul.tras.sô.ni.co (*ultra*+*sônico*) *adj Fís* **1** Relativo ou pertencente a ultrassom. **2** Diz-se daquilo (avião ou projétil) que ultrapassa a barreira do som.

ul.tras.so.no.gra.fia (*ultra*+*sonografia*) *sf Radiol* Método de diagnóstico que permite a visualização de órgãos internos, através de aparelho com emissão de ondas de alta frequência. *Sin: ultrassom.*

ul.tra.vi.o.le.ta (*ultra*+*violeta*) *adj m*+*f sing* e *pl Fís* Diz-se dos raios da parte do espectro cuja frequência é maior que a luz de cor violeta. • *sm* Radiação eletromagnética.

Observe que o adjetivo **ultravioleta** é invariável: *raio ultravioleta, raios ultravioleta.*

u.lu.lan.te (*lat ululante*) *adj m*+*f* **1** Que ulula, que uiva. **2** Lamentoso.

u.lu.lar (*lat ululare*) *vint* Soltar gemidos, com voz triste e chorosa; uivar, ganir. *Conjug:* conjuga-se apenas nas 3ᵃˢ pessoas.

um (*lat unu*) *art indef* Designa pessoa, animal ou coisa de modo indeterminado: *Um aluno do Pedro II deve conservar a tradição.* • *adj* Uno, único, singular. • *num cardinal* Que indica a unidade. • *sm* Algarismo que representa o primeiro dos números inteiros.

Um dos ... que
Quando aparece, junto ao sujeito da oração, a expressão **um dos que**, em geral o verbo deverá ir para o plural.
Um dos médicos que mais trabalharam naquela noite foi José.
É uma das ações que mais colaboram para o lucro.
Entretanto, quando o verbo se refere a uma só pessoa, poderá ir para o singular.
É um dos poemas de Camões que mais me encanta.
José é um dos meus amigos que mora naquele bairro.

u.ma (*lat una*) *art indef* Feminino de *um*, em todas as classes.

um.ban.da (*quimbundo umbanda*) *sf bras* Religião originada da assimilação de elementos afro-brasileiros pelo espiritismo brasileiro.

um.ban.dis.ta (*umbanda*+*ista*) *adj* e *s m*+*f* Pertencente ou relativo à umbanda.

um.be.la (*é*) (*lat umbella*) *sf* **1** Chapéu de sol; sombrinha. **2** Pequeno pálio redondo que, aberto, apresenta superfície plana, geralmente franjado na volta. **3** *Liturg* Manto redondo e pequeno, em forma de chapéu de sol, para cobrir e acompanhar o translado do Santíssimo Sacramento, de um altar para outro. **4** *Bot* Inflorescência múltipla em que os pedúnculos partem do mesmo ponto e alcançam igual altura.

um.bi.ga.da (*umbigo+ada*[1]) *sf* **1** Golpe ou pancada de umbigo ou de barriga; barrigada. **2** Região do umbigo. **3** *Folc* Nas danças de roda de origem africana, pancada que o dançarino dá, com o umbigo, na pessoa que vai substituí-lo.

um.bi.go (*lat umbilicu*) *sm* **1** *Anat* Cicatriz, na região central do ventre, resultante da queda do cordão umbilical. **2** *Bot* Qualquer depressão ou saliência de aspecto umbilical. **3** Ponto central; ponto de convergência.

um.bi.li.ca.do (*lat umbilicu+ado*[1]) *adj* **1** Relativo ou pertencente ao umbigo. **2** Que tem forma de umbigo; semelhante ao umbigo. **3** *Bot* Que apresenta depressão em forma de umbigo.

um.bi.li.cal (*lat umbilicu+al*[1]) *adj m+f* **1** Relativo ou pertencente ao umbigo. **2** Semelhante ao umbigo. *Pl:* umbilicais.

um.bral (*cast umbral*, do *lat umerale*) *sm* **1** Portal, limiar, soleira da porta. **2** *fig* Entrada, começo, extremidade inicial.

um.bro.so (*ô*) (*lat umbrosu*) *adj* **1** Que possui ou produz sombra; sombrio. **2** Que tem fronde; frondoso. *Pl:* umbrosos (*ó*).

um.bu (*lat ymbú*) *sm Bot* Fruto do umbuzeiro.

um.bu.zei.ro (*umbu+z+eiro*) *sm* Árvore da família das anacardiáceas que dá o umbu.

u.mec.ta.ção (*lat humectatione*) *sf* Ato ou efeito de umectar, umedecer.

u.mec.tan.te (de *umectar*) *adj m+f* Que umecta, umedece. • *sm* Substância que provoca a retenção de umidade.

u.mec.tar (*lat humectare*) *V* umedecer.

u.me.de.ce.dor (*umedecer+dor*) *adj* Que umedece. • *sm Tip* Rolo umedecedor; rolo molhador.

u.me.de.cer (por *umidecer*, de *úmido*) *vtd* **1** Tornar úmido, molhar levemente. *vint e vpr* **2** Tornar-se úmido, molhar-se levemente.

u.me.de.ci.do (*part* de *umedecer*) *adj* Que se umedeceu; que se tornou úmido.

u.me.ral (*lat humerale*) *adj m+f* Relativo ou pertencente ao úmero.

ú.me.ro (*lat humeru*) *sm* **1** *Anat* Osso do braço que vai do ombro ao cotovelo. **2** *Zool* Osso de cada um dos membros dianteiros de um quadrúpede, ou asa de uma ave.

u.mi.da.de (*lat humiditate*) *sf* **1** Qualidade do que está úmido. **2** Quantidade de líquido no organismo. **3** Relento; orvalho.

u.mi.di.fi.ca.ção (*umidificar+ção*) *sf* Ato ou efeito de umidificar(-se).

u.mi.di.fi.ca.dor (*úmido+i+ficar+dor*) *adj* Que umidifica. • *sm* **1** Aparelho que produz umidificação. **2** *Tip* Pulverizador que transmite ao papel a umidade necessária.

u.mi.di.fi.car (*úmido+i+ficar*) *vti, vint e vpr* Tornar(-se) úmido. *Conjug – Pres subj:* umidifique, umidifiques etc.; *Pret perf:* umidifiquei, umidificaste, umidificou etc.

ú.mi.do (*lat humidu*) *adj* **1** Levemente molhado. **2** Que tem a natureza da água ou o vapor dela.

u.nâ.ni.me (*lat unanime*) *adj m+f* **1** Que tem a mesma opinião que outrem. **2** Relativo a todos, resultante de acordo comum. **3** Proveniente de acordo de ideias, opiniões ou pensamentos.

u.na.ni.mi.da.de (*lat unanimitate*) *sf* Qualidade de unânime; comunhão de ideias, opiniões ou pensamentos.

un.ção (*lat unctione*) *sf* **1** Ato ou efeito de ungir. **2** Sentimento de piedade religiosa; devoção.

un.dé.ci.mo (*lat undecimu*) *num ord* Que vem depois do décimo; o último numa série de onze. *num fracionário* Designativo de cada uma das onze partes em que foi dividido um todo; um onze avos. • *sm* **1** Cada uma dessas partes. **2** Pessoa ou coisa designada por esse numeral.

un.dé.cu.plo (*lat vulg *undecuplu*) *num multiplicativo* Designativo da quantidade que foi multiplicada por onze; que é onze vezes maior que outra.

un.dí.co.la (*undi+cola*) *adj m+f* Que vive nas águas. • *s m+f* Aquele que vive nas águas.

un.dí.va.go (*lat undivagu*) *adj poét* Que caminha sobre as ondas.

un.gi.do (*part* de *ungir*) *adj* **1** Que se ungiu. **2** Que recebeu os santos óleos ou o sacramento da extrema-unção. **3** Diz-se dos reis e bispos que recebem a sagração. **4** Sagrado, santo. **5** Piedoso. • *sm* Aquele que foi ungido.

un.gir (*lat ungere*) *vtd* **1** Aplicar óleo ou substância gordurosa a; untar. **2** Friccionar, esfregar com óleo. **3** *Liturg* Administrar o sacramento da extrema-unção a. **4** *Liturg* Untar com óleo para crismar. **5** Molhar, umedecer. **6** Untar com substâncias aromáticas; embalsamar. **7** Conferir poder ou dignidade a. *Conjug:* verbo defectivo; não tem a 1ª pessoa do singular do presente do indicativo, nem, portanto, o presente do subjuntivo e o imperativo negativo. Conjuga-se como *jungir*.

un.gue.a.do (*lat ungue+ado*[1]) *adj* Que possui unhas ou garras; unguiculado.

un.gue.al (*lat ungue+al*[1]) *adj m+f* Relativo, pertencente ou semelhante a unha, garra ou casco; ungueado; unguiculado.

un.guen.to (*gwe*) (*lat unguentu*) *sm* **1** Essência aromática; bálsamo. **2** *Farm* Preparado medicinal pastoso, para uso externo; pomada.

un.gui.cu.la.do (*gwi*) (*lat unguiculatu*) *adj* **1** Que tem forma de unha, que termina em unha; dotado de unhas; ungueado. **2** *Bot* Designativo das pétalas cujas extremidades se assemelham a unhas. **3** *Zool* Designativo dos mamíferos que têm unhas ou garras.

un.guí.fe.ro (*gwi*) (*lat unguiferu*) *adj* Que tem unhas, garras ou saliências em forma de gancho.

un.gui.for.me (*gwi*) (*lat ungue+forme*) *adj m+f* Em forma de unha.

ún.gu.la (*lat ungula*) *sf* **1** O casco de um animal. **2** Unha, garra. **3** Saliência membranosa do ângulo interno do olho.

un.gu.la.do (*úngula+ado*[1]) *adj Zool* Diz-se de cada

um dos mamíferos da ordem dos ungulados. • *sm* Espécime dessa ordem. *sm pl Zool* Ordem de mamíferos cujos dedos ou patas são providos de cascos.

u.nha (*lat ungula*) *sf* **1** Lâmina córnea, flexível, levemente curvada, que recobre a extremidade dos dedos. **2** Casco, nos ungulados; úngula. **3** Garra recurva e pontiaguda de alguns animais. **4** Parte curva, pontiaguda, de alguns instrumentos. *Unha de fome, pop:* avaro, pão-duro.

u.nha.ço (*unha+aço*[1]) *sm* **1** Arranhão feito com as unhas. **2** Ato de golpear ou arranhar com as unhas.

u.nha.da (*unha+ada*[1]) V *unhaço*.

u.nha-de-vaca *sf bras Bot* Designação comum a várias trepadeiras altas, da família das leguminosas, de cipós sinuosos, com flores alvas e vagens semelhantes à superfície do couro. *Pl: unhas-de-vaca*.

u.ni.a.la.do (*uni+alado*) *adj* Que tem uma só asa.

u.ni.an.gu.lar (*uni+angular*) *adj m+f* Que tem um só ângulo.

u.ni.ão (*lat unione*) *sf* **1** Ato ou efeito de unir. **2** Ajuntamento, reunião. **3** Ligação, junção. **4** Ponto de contato. **5** Casamento. **6** Cópula de animais; coito. **7** Aliança, pacto, acordo. **8** Laço, vínculo. **9** *União Polít* O governo federal.

u.ni.ce.lu.lar (*uni+celular*) *adj m+f* Constituído por uma única célula.

u.ni.ci.da.de (*único+i+dade*) *sf* Estado ou qualidade do que é único.

ú.ni.co (*lat unicu*) *adj* **1** Que é um só; que não tem igual em sua espécie ou gênero; exclusivo. **2** Sozinho, desacompanhado. **3** Excepcional, principal, essencial. **4** Ridículo, excêntrico, extravagante. **5** Superior aos demais; o melhor; a que nada se compara. **6** Sem precedentes.

u.ni.co.lor (*lô*) (*lat unicolore*) *adj* De uma só cor.

u.ni.cor.ne (*lat unicorne*) *adj* Que tem um só chifre, ou corno; unicórneo.

u.ni.cór.nio (*lat unicorne+io*[2]) *sm Folc* Animal fabuloso, com corpo e cabeça de cavalo, com um corno no meio da testa.

u.ni.da.de (*lat unitate*) *sf* **1** Qualidade do que é um ou único. **2** *Mat* O número um (1). **3** Qualquer objeto ou quantidade fixa, tomada como um todo singular, entre outros objetos iguais, entre outras quantidades iguais. **4** Uniformidade, conformidade, homogeneidade. **5** Cada corpo de tropas. **6** *Teol* Um dos atributos exclusivos de Deus. **7** *Inform V drive*.

u.ni.di.men.si.o.nal (*uni+lat dimensione+al*[1]) *adj m+f* Que possui, ou que envolve uma só dimensão.

u.ni.di.re.ci.o.nal (*uni+direcional*) *adj m+f* **1** Que tem ou envolve uma só direção ou sentido. **2** Que se move ou flui em uma só direção.

u.ni.do (*part de unir*) *adj* **1** Que se uniu. **2** Junto, ligado. **3** Muito próximo; em contato.

u.ni.fi.ca.ção (*unificar+ção*) *sf* Ato ou efeito de unificar.

u.ni.fi.ca.do (*part de unificar*) *adj* Que sofreu unificação.

u.ni.fi.car (*uni+ficar*) *vtd* **1** Tornar-se um ou uno; reunir-se num só todo. *vtd* **2** Fazer convergir para um só fim. *vtd* **3** Conciliar, reunir. *vpr* **4** Tornar--se um. *Conjug – Pres subj: unifique, unifiques* etc., *Pret perf: unifiquei, unificaste, unificou* etc.

u.ni.flo.ro (*uni+floro*) *adj Bot* Que tem uma só flor.

u.ni.fó.lio (*uni+fólio*) *adj Bot* Que tem uma só folha.

u.ni.for.me (*uni+forma*) *adj m+f* **1** Que tem uma só forma; igual, idêntico. **2** Que não varia; monótono, invariável; constante, regular. • *sm* **1** Farda. **2** Vestuário idêntico para todos os alunos, empregados ou funcionários etc.

u.ni.for.mi.da.de (*lat uniformitate*) *sf* **1** Qualidade do que é uniforme. **2** Igualdade, conformidade.

u.ni.for.mi.za.ção (*uniformizar+ção*) *sf* Ato ou efeito de uniformizar.

u.ni.for.mi.za.do (*part de uniformizar*) *adj* **1** Tornado uniforme. **2** Vestido de uniforme; fardado.

u.ni.for.mi.zar (*uniforme+izar*) *vtd* e *vpr* **1** Tornar (-se) uniforme, igualar(-se), padronizar(-se). *vtd* **2** Estabelecer o uso de uniforme para. *vpr* **3** Vestir-se de uniforme; fardar-se.

u.ni.gê.ni.to (*uni+genitu*) *adj* **1** Que não tem irmãos; que é o único gerado por seus pais. **2** Diz--se de Jesus Cristo. • *sm* O que não tem irmãos.

u.ni.la.te.ral (*uni+lateral*) *adj m+f* **1** Que tem um só lado. **2** Que está situado em um só lado. **3** *Dir* Diz-se do contrato em que só uma das partes recebe encargos e obrigações. **4** Que é parcial; tendencioso. **5** Diz-se dos irmãos apenas por parte de um dos pais.

u.ni.li.ne.ar (*uni+linear*) *adj m+f* **1** Que tem uma só linha. **2** Que segue a direção de uma única linha.

u.ni.nu.cle.a.do (*uni+nucleado*) *adj* **1** Que tem um só núcleo. **2** *Biol* e *Eletrôn* Diz-se da célula ou do átomo que tem um só núcleo; uninuclear.

u.ni.nu.cle.ar (*uni+nuclear*) V *uninucleado*.

u.ní.pa.ro (*uni+paro*) *adj* Diz-se dos animais que parem uma cria de cada vez.

u.ni.pes.so.al (*uni+pessoal*) *adj m+f* Relativo a uma só pessoa.

u.ni.pé.ta.lo (*uni+pétala*) *adj* Diz-se da corola de pétala única, como a do antúrio.

u.ni.po.lar (*uni+polar*) *adj m+f* **1** Que tem ou se refere a um só polo ou está orientado para um só polo. **2** *Eletr* Que é produzido ou age por um único polo elétrico ou magnético. **3** *Biol* Diz-se da célula que tem somente um polo ou prolongamento.

u.nir (*lat unire*) *vtd* **1** Unificar; tornar um só. *vtd* **2** Estabelecer a união de; ligar, amarrar. *vtd* **3** Anexar, agregar. *vtd* **4** Conciliar, harmonizar. *vtd* **5** Casar; ligar pelo matrimônio. *vtd* **6** *Quím* Combinar. *vint* **7** Fechar, aderir, juntar. *vpr* **8** Unificar-se.

u.nis.sex (*cs*) (*ingl unisex*) *adj m+f sing* e *pl* Diz-se da veste, do calçado, do penteado etc. que podem ser usados tanto por homem como por mulher.

u.nis.se.xu.a.do (*cs*) (*uni+sexuado*) V *unissexual*.

u.nis.se.xu.al (*cs*) (*uni+sexo+al*[1]) *adj m+f* **1** *Biol* Que tem um só sexo; unissexuado. **2** *Bot* (Plantas) que têm só pistilos ou só estames.

u.nis.se.xu.a.li.da.de (*uni+sexualidade*) *sf* **1** Qualidade de unissexual. **2** Relações sexuais entre indivíduos do mesmo sexo; homossexualidade.

u.nis.so.nân.cia (*lat unisonantia*) *sf* **1** Qualidade do que é uníssono. **2** Unanimidade; harmonia.

u.nis.so.nan.te (*uni+sonante*) *adj m+f* Que soa em um só tom, harmonicamente; uníssono.

u.nís.so.no (*lat unisonu*) *adj* **1** Que tem um só som; unissonante. **2** Que tem o mesmo som que outro. **3** Diz-se de som que se harmoniza com outro.

u.ni.tá.rio (*lat unitariu*) *adj* **1** Relativo à unidade. **2** Que é um só; unido, unificado. **3** Composto de uma só unidade ou pertencente a uma só unidade. **4** *Biol* Diz-se dos animais que não se multiplicam pela divisão.

u.ni.va.len.te (*uni+valente*) *adj m+f Quím* Que só tem uma valência; monovalente.

u.ni.val.ve (*uni+valva*) *adj m+f* **1** *Bot* Diz-se do fruto que se abre de um só lado. **2** *Zool* Diz-se das conchas dos moluscos formadas de uma só valva.

u.ni.ver.sal (*universo+al*[1]) *adj m+f* **1** Relativo ao Universo. **2** Que abrange toda a Terra; mundial. **3** Absoluto, total. **4** Comum a toda a humanidade. **5** Que se aplica a todos e a tudo.

u.ni.ver.sa.li.da.de (*universal+i+dade*) *sf* Qualidade de universal; totalidade.

u.ni.ver.sa.lis.mo (*universal+ismo*) *sm* **1** Universalidade. **2** Tendência para a universalização de uma ideia ou obra. **3** *Filos* Doutrina que admite, como critério da verdade, o consenso universal.

u.ni.ver.sa.lis.ta (*universal+ista*) *adj m+f* **1** Que se refere ao universalismo. **2** Cosmopolita. • *s m+f* **1** Pessoa cosmopolita. **2** Pessoa partidária do universalismo.

u.ni.ver.sa.li.za.ção (*universalizar+ção*) *sf* Ato ou efeito de universalizar(-se).

u.ni.ver.sa.li.zar (*universal+izar*) *vtd* e *vpr* **1** Tornar(-se) universal; generalizar(-se). *vtd* e *vti* **2** Tornar comum.

u.ni.ver.si.da.de (*lat universitate*) *sf* **1** Conjunto de faculdades ou escolas de curso superior. **2** Universalidade; totalidade. **3** Conjunto do corpo docente e discente dessas escolas superiores. **4** Edifício ou conjunto de edifícios onde funcionam essas faculdades.

u.ni.ver.si.tá.rio (*lat universitariu*) *adj* **1** Relativo ou pertencente à universidade. **2** Diz-se do corpo docente ou discente da universidade. **3** Diz-se do aluno que está cursando o nível superior. • *sm* Professor ou aluno de uma universidade.

u.ni.ver.si.ta.ris.mo (*universitário+ismo*) *sm* O espírito ou tendência universitária.

u.ni.ver.so (*lat universu*) *sm* **1** O sistema solar, o cosmo. **2** A Terra e seus habitantes. *Universo em expansão, Fís:* expressão designativa do aumento, pelo menos aparente, das distâncias que separam os corpos do Universo.

u.ni.vi.te.li.no (*uni+vitelino*) *adj Biol* Designativo dos gêmeos que nascem do mesmo ovo.

u.ní.vo.co (*lat univocu*) *adj* **1** Designativo do termo que se aplica a realidades distintas, com o mesmo sentido. **2** Que tem um só significado; que só admite uma interpretação. **3** Que é da mesma natureza.

u.no (*lat unu*) *adj* **1** Que é um só; único; singular. **2** Que tem unidade interior que não se pode separar.

uns *pron indef pl* **1** Alguns. **2** Certa quantidade indeterminada. **3** Pouco mais, pouco menos, cerca de.

un.tar (*lat unctu+ar*[1]) *vtd* **1** Aplicar óleo a; besuntar. **2** Esfregar, friccionar com medicamento, com unguento.

un.to (*lat unctu*) *sm* **1** Substância graxa, gordurosa. **2** Banha de porco.

un.tu.o.si.da.de (*untuoso+i+dade*) *sf* Qualidade do que é untuoso ou gorduroso.

un.tu.o.so (*ô*) (*lat unctuosu*) *adj* **1** Diz-se da substância oleosa própria para untar. **2** Que tem gordura ou unto; gorduroso. **3** Liso, escorregadio. *Pl:* untuosos (*ó*).

u.pa *sf* Salto ou corcova do animal de montaria. • *interj* **1** Brado de estímulo ao animal, para que ande mais depressa. **2** Designativo de incentivo para que uma criança se levante. **3** Exprime espanto e admiração; obá!, opá!

upgrade (*âpigrêidi*) (ingl) *sm Inform* Atualização ou modernização de um equipamento por outro mais poderoso ou mais aprimorado.

u.râ.ni.co (*urânio+ico*[2]) *adj* **1** Relativo ao urânio. **2** Designativo do óxido e dos sais minerais produzidos pelo urânio.

u.ra.ní.fe.ro (*urânio+fero*) *adj* Que contém urânio.

u.râ.nio (*Urano, np+io*[2]) *sm Quím* Elemento metálico, pesado, radioativo, polivalente, usado na produção de bombas atômicas e nos reatores de usinas nucleares. Número atômico 92 e símbolo U.

U.ra.no (*gr Ouranós*) *sm Astr* Planeta do sistema solar cuja órbita se situa entre a de Saturno e a de Netuno.

ur.ba.ni.da.de (*lat urbanitate*) *sf* **1** Qualidade do que é urbano. **2** Delicadeza, cortesia; civilidade, polidez. *Antôn:* grosseria.

ur.ba.nis.mo (*urbano+ismo*) *sm* **1** Arte da edificação e embelezamento das cidades; urbanização. **2** Arquitetura urbana. **3** Fenômeno social e político da atração urbana sobre as populações rurais.

ur.ba.nis.ta (*urbano+ista*) *adj m+f* Diz-se de pessoa especializada em urbanização. • *s m+f* Essa pessoa.

ur.ba.nís.ti.ca (*urbano+ística*) *sf Urb* Arte de construir cidades.

ur.ba.nís.ti.co (*urbano+ístico*) *adj* Relativo ou pertencente a urbanismo.

ur.ba.ni.za.ção (*urbanizar+ção*) *sf* **1** Ato ou efeito de urbanizar. **2** *Urb* Arte ou ciência de edificar cidades; urbanística.

ur.ba.ni.za.do (*part* de *urbanizar*) *adj* **1** Que se urbanizou; tornado próprio ou pertencente à cidade. **2** Civilizado; polido.

ur.ba.ni.zar (*urbano+izar*) *vtd* **1** Dar características urbanas a; tornar urbano. **2** Incorporar (uma zona rural) a um distrito urbano. **3** Embelezar, reformar (cidade ou qualquer parte dela). **4** Polir, civilizar; educar.

ur.ba.no (*lat urbanu*) *adj* **1** Relativo ou pertencente à cidade. **2** Habitante da cidade, em oposição ao morador do campo. **3** Característico ou próprio da cidade. **4** Civilizado, polido, cortês.

ur.be (*lat urbe*) *V cidade*.

ur.di.dei.ra (*urdir+deira*) *adj* **1** Diz-se da mulher que urde; tecedeira. **2** Faladeira; fofoqueira. • *sf* **1** Operária que trabalha na urdideira. **2** Conjunto de duas peças paralelas verticais, guarnecidas de pinos de madeira, que serve para urdir ou tecer.

ur.di.do (*part* de *urdir*) *adj* **1** Preparado por urdidura; tecido. **2** Tramado, enredado.

ur.di.dor (*urdir+dor*) *adj* Diz-se daquele que urde; tecedor. • *sm* **1** Tecelão. **2** *fig* Maquinador, intrigante. **3** Na indústria têxtil, barra ou jogo de barras com pinos, para segurar bobinas com fio; casal de urdideira, grade. **4** Qualquer caixilho para segurar bobinas ou carretéis.

ur.di.du.ra (*urdir+dura*) *sf* **1** Conjunto de fios paralelos, dispostos no tear, por entre os quais passam os fios da trama. **2** *fig* Maquinação, trama, tramoia. **3** Entrelaçamento.

ur.dir (*lat ordiri*) *vtd* **1** Tecer, tramar por meio de urdidura. **2** *fig* Enredar; tramar. **3** *fig* Criar; imaginar.

u.rei.a (*é*) (*gr oûron+ia²*) *sf Quím* Substância cristalina, incolor, o principal componente da urina do homem e de outros mamíferos.

u.re.mi.a (*gr oûron+hemo+ia¹*) *sf Med* Conjunto de sintomas que indicam a presença de constituintes tóxicos da urina no sangue.

u.re.ter (*tér*) (*gr ouretér*) *sm Anat* Cada um dos dois canais que conduzem a urina dos rins à bexiga. *Pl: ureteres.*

Ureter é palavra oxítona; logo, deve ser pronunciada com a sílaba tônica *tér*. No plural *ureteres*, como paroxítona, deve ser pronunciada com a sílaba tônica *té*.

u.re.te.ral (*ureter+al¹*) *adj m+f Anat* Relativo a ureter.

u.ré.ti.co (*gr ouretikós*) *adj* **1** Relativo à urina. **2** Diz-se das enfermidades no aparelho urinário. **3** *V diurético.*

u.re.tra (*gr ouréthra*) *sf Anat* Canal que liga a bexiga ao orifício urinário, destinado à excreção da urina e, no macho, também às descargas de sêmen.

u.re.tral (*uretra+al¹*) *adj m+f Anat* Relativo à uretra; localizado na uretra.

ur.gên.cia (*lat urgentia*) *sf* **1** Qualidade do que é urgente. **2** Pressa. **3** Rapidez. **4** Necessidade imediata.

ur.gen.te (*lat urgente*) *adj m+f* **1** Que se deve fazer com rapidez; premente. **2** Iminente, imediato. **3** Rápido, veloz. **4** Imprescindível, indispensável.

ur.gir (*lat urgere*) *vint* **1** Exigir que seja feito imediatamente. *vint* **2** Não admitir demora. *vti* **3** Insistir. *vtd* **4** Forçar, obrigar, impelir. *vtd* **5** Exigir, reclamar. *Conjug:* nas acepções 1 e 2, só se conjuga nas 3ᵃˢ pessoas. Nas demais, conjuga-se como *abolir*.

ú.ri.co (*gr oûron+ico²*) *adj* **1** Relativo à urina. **2** *Quím* Diz-se de um ácido existente na urina.

u.ri.na (*lat urina*) *sf Fisiol* Líquido excretado pelos rins, e que, através dos ureteres, bexiga, uretra e orifício urinário, é expelido para fora do organismo. *Sin pop: xixi.*

u.ri.na.ção (*urinar+ação*) *sf* **1** Ato de urinar com frequência. **2** *pop* Mijada.

u.ri.na.da (*part fem de urinar*) *sf pop* Ato ou efeito de urinar; mijada.

u.ri.na.do (*part de urinar*) *adj* Expelido com a urina; molhado pela urina.

u.ri.nar (*lat urinare*) *vint* **1** Expelir urina. *vtd* **2** Expelir com a urina. *vtd* e *vti* **3** Molhar com urina. *Sin: mijar.*

u.ri.ná.rio (*urina+ário*) *adj* Relativo à urina.

u.ri.ní.fe.ro (*urina+fero*) *adj* Que conduz ou contém urina.

u.ri.nol (*urina+ol*) *sm* Vaso sanitário para urina e fezes; penico. *Pl: urinóis.*

ur.na (*lat urna*) *sf* **1** Caixão mortuário. **2** Recipiente empregado como depósito de alguma coisa preciosa, como dinheiro, documentos, joias e cinzas dos mortos. **3** Recipiente onde se depositam os votos nas eleições.

u.ro.di.ni.a (*gr oûron+ódino+ia¹*) *sf Med* Dor causada pela excreção da urina.

u.ro.dí.ni.co (*gr oûron+ódino+ico²*) *adj Med* Relativo à urodinia.

u.ro.gê.ni.co (*gr oûron+geno+ico²*) *adj* **1** Que produz urina. **2** Que ocorre na urina ou é por ela produzido.

u.ro.lo.gi.a (*gr oûron+logo+ia¹*) *sf* Ramo da medicina que se ocupa da urina e do aparelho urinário.

u.ro.ló.gi.co (*gr oûron+logo+ico²*) *adj* Relativo à urologia.

u.ro.lo.gis.ta (*gr oûron+logo+ista*) *sm* Médico especialista em urologia.

u.ro.pa.tá.gio (*gr ourá +patágio*) *sm Zool* Membrana existente nos morcegos que liga os membros posteriores entre si e prende a cauda.

u.ro.pí.gio (*gr ourá+gr pygé+io*) *sm Zool* Apêndice triangular formado pela reunião das últimas vértebras das aves, do qual nascem as penas da cauda.

ur.rar (*lat ululare*) *vint* **1** Dar urros. **2** *fig* Bradar, gritar, rugir. **3** Rugir, bramir (o vento, o mar, o trovão etc.). *Conjug:* nas acepções 1 e 3 conjuga-se apenas nas 3ᵃˢ pessoas e integralmente se estiver em sentido figurado.

ur.ro (de *urrar*) *sm* **1** Bramido ou voz forte de algumas feras. **2** *fig* Berro ou grito muito forte.

ur.sa (*lat ursa*) *sf* **1** Fêmea do urso. **2** *Ursa Astr* Nome dado a duas constelações do hemisfério norte: *a Ursa Maior* e a *Ursa Menor*.

ur.sa.da (*urso+ada¹*) *sf pop* Deslealdade, traição.

ur.sí.deo (*urso+ídeo*) *adj Zool* **1** Relativo ao urso. **2** Semelhante ao urso. **3** Relativo ou pertencente aos ursídeos. • *sm* Mamífero da família dos ursídeos. *sm pl Zool* Família de mamíferos carnívoros que compreende os ursos, animais de corpo volumoso e robusto.

ur.so (*lat ursu*) *sm* **1** *Zool* Mamífero carnívoro da família dos ursídeos, peludo e feroz. **2** *fig* Pessoa pouco sociável; homem feio. • *adj* Diz-se de amigo falso.

ur.su.li.na (*Úrsula, np+ina*) *sf* Religiosa da ordem de Santa Úrsula ou da congregação das ursulinas. *sf pl* Congregação religiosa feminina, fundada na Bréscia (Itália), por Santa Ângela Merici, em 1535.

ur.ti.ca.ção (*urticar+ção*) *sf* **1** Ato ou efeito de urticar. **2** *Med* Ato de irritar uma parte do corpo com urtigas. **3** *Med* Formação ou desenvolvimento de urticária.

ur.ti.can.te (de *urticar*) *adj m+f* **1** Que urtica. **2** Que queima, arde.

ur.ti.car (*lat urtica+ar¹*) *vtd* **1** Produzir na pele, no corpo sensação semelhante à das urtigas; urtigar; irritar. **2** *Med* Submeter à urticação (a pele, o corpo). *Conjug:* conjuga-se apenas nas 3ᵃˢ pessoas.

ur.ti.cá.ria (*lat urticaria*) *sf Med* Erupção da pele, com prurido, que se assemelha à alteração produzida pela urtiga.

ur.ti.ga (*lat urtica*) *sf Bot* Planta que se caracteriza pela presença de numerosos pelos nas folhas e no caule; quando em contato com a pele, provoca prurido e ardor.

ur.ti.ga.ção (*urtigar+ção*) *sf* Ato ou efeito de urtigar; urticação.

ur.ti.gar (*urtiga+ar¹*) *V urticar.*

u.ru (*tupi urú*) *sm* 1 *Ornit* Designação comum às aves galiformes, da família dos fasianídeos, que vivem na mata em pequenos bandos, no chão. 2 *bras* Cesto de palha de carnaúba.

u.ru.bu (*tupi uruuú*) *sm* 1 *Ornit* Designação dada a várias aves de rapina, pretas, de cabeça nua, que circulam no ar à procura de carniça, de que se alimentam. Voz: *crocita, grasna*. 2 *bras* Pequena mancha negra, resultante da cristalização imperfeita do diamante. 3 *bras gír* Pessoa vestida de preto.

u.ru.cu (*tupi urukú*) *sm* 1 Fruto do urucuzeiro. 2 Tinta que se extrai desse fruto. *Var: urucum.*

u.ru.cu.ba.ca (*urubu+caca*, com metátese) *sf bras pop* Caiporismo; azar, má sorte.

u.ru.cum (*tupi urukú*) *V urucu.*

u.ru.cu.zei.ro (*urucu+z+eiro*) *sm Bot* Arbusto de propriedades medicinais e valor econômico que produz o urucum.

u.ru.guai.o (*cast uruguayo*) *adj* Do, ou pertencente ou relativo ao Uruguai (América do Sul). • *sm* O natural ou habitante do Uruguai.

u.ru.pe.ma (*tupi urupéma*) *sf* Espécie de peneira de cozinha, feita de fibra vegetal.

u.ru.tau (*tupi urutaui*) *sm bras Ornit* Nome comum a diversas aves de rapina.

u.ru.tu (*tupi urutú*) *s m+f bras Zool* Cobra de veneno muito ativo, de coloração castanho-pardacenta, com uma cruz na testa, por isso é também chamada de *cruzeiro*.

ur.zal (*urze+al¹*) *sm* Terreno onde há urzes.

ur.ze (*lat ulice*) *sf Bot* Designação comum a diversos tipos de arbustos.

u.sa.bi.li.da.de (*usar+vel+i+dade*) *sf Inform* Facilidade com a qual um equipamento ou programa pode ser usado.

u.sa.do (*part* de *usar*) *adj* 1 Que está em uso. 2 Gasto pelo uso; velho. 3 Acostumado, habituado.

u.san.ça (*usar+ança*) *sf* Hábito, geralmente antigo e tradicional; costume.

u.sar (*lat usare*) *vtd* 1 Empregar habitualmente. *vtd* 2 Ter por costume. *vtd* 3 Empregar; fazer uso de. *vtd* 4 Trajar, vestir. *vpr* 5 Gastar-se com o uso.

u.sá.vel (*usar+vel*) *adj m+f* 1 Que pode ser usado. 2 *ant* Usual.

u.sei.ro (*uso+eiro*) *adj* Que tem por costume fazer alguma coisa.

u.si.na (*fr usine*) *sf* 1 Estabelecimento industrial equipado com máquina; fábrica. 2 Engenho de açúcar. *Usina hidrelétrica:* a que produz energia elétrica através de turbinas acionadas por uma corrente de água.

u.si.nei.ro (*usina+eiro*) *adj* De, ou relativo a usina. • *sm* Proprietário de usina de açúcar.

u.so (*lat usu*) *sm* 1 Ato ou efeito de usar. 2 Costume, hábito. 3 Emprego de qualquer meio, de qualquer coisa à nossa disposição. 4 Aplicação, emprego.

u.su.al (*lat usuale*) *adj m+f* 1 Frequente, habitual. 2 Costumeiro, comum.

u.su.á.rio (*lat usuariu*) *sm* 1 Aquele que usa ou frui alguma coisa. 2 Aquele que tem a posse legal de algo pelo direito de uso.

u.su.ca.pi.ão (*lat usucapione*) *s m+f Dir* Direito de posse de bens móveis e imóveis, adquirido pelo uso durante determinado tempo.

u.su.fru.i.ção (*usufruir+ção*) *sf* Ato ou efeito de usufruir; usufruto.

u.su.fru.í.do (*part* de *usufruir*) *adj* Aproveitado em usufruto.

u.su.fru.ir (*lat usufruere*) *vtd* 1 Ter o usufruto de (alguma coisa que não se possa alienar ou destruir): *Usufruir uma casa*. 2 Gozar de, possuir: *Usufruíamos muitas amizades. Conjug – Pres indic:* usufruo, usufruis, usufrui, usufruímos, usufruís, usufruem; *Pret imp indic:* usufruía, usufruías, usufruía, usufruíamos, usufruíeis, usufruíam; *Pret perf:* usufruí, usufruíste, usufruiu, usufruímos, usufruístes, usufruíram; *Pret mais-que-perf:* usufruíra, usufruíras, usufruíra, usufruíramos, usufruíreis, usufruíram; *Pret imp subj:* usufruísse, usufruísses, usufruísse, usufruíssemos, usufruísseis, usufruíssem; *Part:* usufruído.

u.su.fru.to (*lat usufructu*) *sm* 1 Aquilo que se usufrui. 2 *Dir* Direito real de usar algo sem ser o verdadeiro dono.

u.su.fru.tu.á.rio (*lat usufructuariu*) *adj* Relativo ao usufruto. • *sm* Aquele que tem direito ao usufruto.

u.su.ra (*lat usura*) *sf* 1 Juro de capital. 2 Juro excessivo. 3 Ganância, avareza.

u.su.rá.rio (*lat usurariu*) *adj* 1 Que empresta com usura; agiota. 2 Em que há usura. • *sm* 1 Aquele que empresta com usura; agiota. 2 Avarento, sovina; ganancioso.

u.sur.pa.ção (*lat usurpatione*) *sf* 1 Ato ou efeito de usurpar. 2 *Dir* Posse, por meio de força, fraude ou outro artifício, de algo pertencente a outrem. 3 *Dir* Interrupção violenta do uso ou posse da coisa alheia.

u.sur.pa.dor (*usurpar+dor*) *adj* 1 Que usurpa. 2 Que se apodera injustamente, por violência ou por artifício, de algo que não lhe pertence por direito. • *sm* 1 Aquele que usurpa. 2 Aquele que, por meios injustos, apodera-se do que é de outrem.

u.sur.par (*lat usurpare*) *vtd* 1 Apoderar-se de, com fraude ou violência. 2 Assumir de forma ilícita.

u.sur.pá.vel (*usurpar+vel*) *adj m+f* Que pode ser usurpado.

u.ten.sí.lio (*lat utensile+io²*) *sm* 1 Qualquer objeto utilizado como instrumento de trabalho. 2 Qualquer objeto usado nas atividades domésticas.

u.te.ri.no (*lat uterinu*) *adj* 1 Relativo ou pertencente ao útero. 2 Situado no útero. 3 Que afeta o útero ou nele ocorre.

ú.te.ro (*lat uteru*) *sm Anat* Órgão feminino onde se gera o feto dos mamíferos; matriz.

UTI Sigla de *unidade de terapia intensiva* (setor de um hospital, onde ficam internados pacientes em estado grave, para que recebam tratamento especial).

ú.til (*lat utile*) *adj m+f* 1 Que tem o poder ter algum uso, ou que serve para alguma coisa. 2 Vantajoso, proveitoso. 3 Diz-se dos dias reservados ao trabalho: *Dias úteis.* • *sm* Aquilo que é proveitoso. *Pl: úteis.*

u.ti.li.da.de (*lat utilitate*) *sf* **1** Qualidade do que é útil. **2** Serventia, proveito. *Utilidade pública:* modo de ser daquilo cuja finalidade o governo reconhece como de interesse, ou benefício da coletividade.

u.ti.li.tá.rio (*lat utilitariu*) *adj* **1** Relativo ou pertencente à utilidade. **2** Caracterizado mais pela utilidade do que pela beleza. • *sm bras* Veículo resistente, como o jipe ou a perua, empregado no transporte de mercadorias.

u.ti.li.ta.ris.mo (*utilitário+ismo*) *sm Filos* Sistema que valoriza somente o que é útil.

u.ti.li.za.ção (*utilizar+ção*) *sf* Ato ou efeito de utilizar.

u.ti.li.za.do (*part* de *utilizar*) *adj* **1** Que se utilizou. **2** Tornado útil. **3** Empregado, aproveitado.

u.ti.li.zar (*útil+izar*) *vtd* **1** Tornar útil. *vtd* **2** Fazer uso de. *vpr* **3** Servir-se de; tirar proveito de.

u.ti.li.zá.vel (*utilizar+vel*) *adj m+f* Que pode ser utilizado.

u.to.pi.a (*gr ou+gr tópos+ia*[1]) *sf* **1** Irreal, o que está fora da realidade. **2** Plano ou sonho irrealizável. **3** Fantasia, quimera.

u.tó.pi.co (*utopia+ico*[2]) *adj* Fantasioso, irrealizável, quimérico.

u.to.pis.ta (*utopia+ista*) *adj m+f V utópico.* • *s m+f* Pessoa que concebe ou defende utopias; sonhador.

u.trí.cu.lo (*lat utriculu*) *sm* **1** *Anat* Pequeno saco. **2** *Anat* A maior porção do labirinto membranoso da orelha. **3** *Bot* Cada uma das células do tecido dos vegetais.

u.va (*lat uva*) *sf* **1** O fruto da videira. **2** Cada um dos bagos que formam um cacho.

u.vai.a (*tupi yuáia*) *sf Bot* **1** Planta mirtácea que dá frutos ácidos. **2** O fruto dessa planta.

ú.vu.la (*lat uvula*) *sf Anat* Apêndice cônico do véu palatino, situado na parte posterior da boca; campainha.

u.vu.lar (*úvula+ar*[2]) *adj m+f* Relativo à úvula.

u.vu.li.te (*úvuli+ite*[1]) *sf Patol* Inflamação da úvula.

v (vê) *sm* Vigésima segunda letra do alfabeto português, consoante. • *num* O vigésimo segundo numa série indicada pelas letras do alfabeto.

V 1 *num* Na numeração romana, símbolo equivalente a 5. **2** Abreviatura de *você* (também se usa *v* minúsculo). **3** Símbolo de *volt*.

va.ca (*lat vacca*) *sf* **1** *Zool* A fêmea do boi. **2** *bras pop* Coleta entre pessoas amigas para a compra de alguma coisa ou pagamento de uma despesa; vaquinha. **3** *bras vulg* Mulher de moral questionável.

va.ca-fri.a *sf* Usado na locução adverbial *voltar à vaca-fria*: retomar um assunto anteriormente discutido. *Pl: vacas-frias*.

va.cân.cia (*lat vacantia*) *sf* **1** Estado do que está vago ou vazio. **2** Tempo durante o qual um cargo ou emprego não está preenchido. **3** *Dir* Estado dos bens deixados por herança quando não reclamados em prazo legal.

va.can.te (*lat vacante*) *adj m+f* Que está vago, não ocupado.

va.ca-pre.ta (*vaca+preta*) *sf bras* Bebida resultante da mistura de sorvete com Coca-Cola®. *Pl: vacas-pretas*.

va.ca.ri.a (*vaca+aria*) *sf* **1** Porção de vacas. **2** Curral ou estábulo de vacas. **3** Gado vacum.

va.ci.la.ção (*lat vacillatione*) *sf* **1** Ato ou efeito de vacilar. **2** Hesitação, dúvida. *Pl: vacilações*.

va.ci.lan.te (*lat vacillante*) *adj m+f* **1** Que vacila. **2** Pouco firme. **3** Que não apresenta condições de estabilidade ou segurança. **4** Hesitante, duvidoso.

va.ci.lar (*lat vacillare*) *vint* **1** Oscilar por não ter firmeza; cambalear. **2** Oscilar, tremer.

va.ci.na (*lat vaccina*) *sf Med* Qualquer substância que, administrada num indivíduo, lhe confere imunidade contra determinada doença.

va.ci.na.ção (*vacinar+ção*) *sf* Ato ou efeito de vacinar. *Pl: vacinações*.

va.ci.na.do (*part* de *vacinar*) *adj* **1** Que se vacinou. **2** Diz-se da pessoa em quem se praticou a inoculação da vacina.

va.ci.nar (*vacina+ar¹*) *vtd* Aplicar vacina em.

va.cum (*vaca+um*) *adj m+f* Diz do gado que compreende vacas, bois e novilhos. • *sm* Esse gado.

vá.cuo (*lat vacuu*) *adj* Que não está ocupado por coisa alguma; que nada contém; vazio. • *sm* **1** *Fís* Espaço no qual não há pressão atmosférica. **2** Esvaziamento absoluto ou quase absoluto, ou rarefação externa de ar ou de gás. **3** O espaço vazio que se supõe haver entre os corpos celestes.

va.di.a.ção (*vadiar+ção*) *sf* Ato ou efeito de vadiar; vadiagem. *Pl: vadiações*.

va.di.a.gem (*vadiar+agem*) *sf* **1** Vida de vadio; vadiação. **2** *Dir* Contravenção penal que consiste no fato de o indivíduo entregar-se ao ócio, recusando-se a procurar trabalho honesto e sobrevivendo à custa de expedientes ilícitos. *Pl: vadiagens*.

va.di.ar (*vadio+ar¹*) *vint* **1** Andar ociosamente de uma parte para outra. **2** Levar vida ociosa; vagabundear. **3** Brincar, divertir-se: *Quando crianças só vadiávamos*. Conjug – Pres indic: *vadio, vadias* etc.

va.di.o (*lat vagativu*) *adj* **1** Que não tem ocupação ou que não faz nada. **2** Que vagueia; vagabundo, ocioso. • *sm* **1** Indivíduo vadio. **2** *Dir* Aquele que se entrega à vadiagem.

va.ga¹ (*fr ant vague*) *sf* **1** Onda grande, em mar alto e encapelado. **2** Água do mar, de um rio agitada e elevada pelos ventos; onda. **3** Tudo aquilo que lembra a forma ou o movimento das ondas.

va.ga² (de *vagar²*) *sf* **1** Ato ou efeito de vagar. **2** Vacância (acepção 1). **3** Ocasião própria, ensejo, oportunidade. **4** Lugar vago numa casa de pensão, fábrica, escritório etc., que deve ser preenchido.

va.ga.bun.da.gem (*vagabundo+agem*) *sf* Vida ou estado de vagabundo. *Pl: vagabundagens*.

va.ga.bun.de.ar (*vagabundo+e+ar¹*) *vint* **1** Levar vida de vagabundo; vadiar. **2** Vaguear ociosamente: *Vagabundear pelas ruas. Ricaço e fútil, vagabundeia de terra em terra*. Conjuga-se como *frear*.

va.ga.bun.do (*lat vagabundu*) *adj* **1** Que vagabundeia. **2** Errante, nômade. **3** Vadio. **4** Inconstante, leviano, versátil. **5** De qualidade inferior; ordinário, reles. • *sm* Indivíduo vadio.

va.ga.lhão (*vaga+alho+ão*) *sm* Onda do mar muito grande e agitada. *Pl: vagalhões*.

va.ga-lu.me (*vaga+lume*) *sm* **1** *Entom* Nome comum aos pequenos besouros que são capazes de emitir luminescência; pirilampo. **2** *bras* Funcionário que, na sala de projeção de cinemas ou teatro, com uma pequena lanterna, indica aos espectadores os lugares vagos; lanterninha. *Pl: vaga-lumes*.

va.gão (*fr wagon*, do *ingl waggon*) *sm* Carro para passageiros, gado ou mercadorias, nos trens de estradas de ferro. *Dim irreg: vagonete*. *Pl: vagões*.

va.gão-lei.to (*vagão+leito*) *sm* Vagão de trem de passageiros provido de camas ou beliches. *Pl: vagões-leitos* e *vagões-leito*.

va.gão-res.tau.ra.nte (*vagão+restaurante*) *sm* Vagão, em trem de passageiros, onde se servem refeições. *Pl: vagões-restaurantes* e *vagões-restaurante*.

va.gar¹ (*lat vagari*) *vint* **1** Andar errante ou sem destino; errar, vaguear: "Vaguei pelas ruas o resto da noite" (Machado de Assis). *Vagou silenciosamente durante muitos dias*. *vtd* **2** Correr, percorrer sem rumo certo: *Vagar mares, sertões, campinas*. *vint* **3** Boiar, correr à ventura, ao sabor do mar, do tempo etc.: *O barquinho vagava, placidamente*. *vint* **4** Andar passeando ociosamente, mover-se de uma parte para outra. *vint* **5** Circular, derramar-se, espalhar-se: *A notícia vagou imediatamente*.

va.gar² (*lat vacare*) *vint* **1** Estar ou ficar vago: *O lugar vagou*. *vtd* **2** Dar por vago, deixar vago: "O reitor não havia de vagar a cadeira" (Padre Antônio Vieira). *vint* **3** Estar livre e desocupado: *Até que enfim vagamos!* *vti* **4** Restar, sobrar (falando do tempo): *Nunca lhe vaga tempo para nada*. *vti* **5** Dar-se, entregar-se, ocupar-se: *Gosta de vagar ao estudo*.

va.ga.re.za (*vagar¹+eza*) *sf* Falta de pressa; lentidão.

va.ga.ro.so (*ô*) (*vagar¹+oso*) *adj* **1** Não apressado; demorado, lento. **2** Pausado, grave, sereno. *Antôn* (acepção 1): *apressado*; (acepção 2): *ligeiro*. *Pl: vagarosos* (*ó*).

va.gem (*lat vagina*) *sf Bot* **1** Invólucro das sementes ou grãos das plantas leguminosas. **2** Feijão-verde. *Pl: vagens*.

va.gi.do (*lat vagitu*) *sm* **1** Choro de criança recém-nascida. **2** Lamento, gemido.

va.gi.na (*lat vagina*) *sf Anat* Canal feminino, que vai desde a abertura da vulva até o colo do útero.

va.gi.nis.mo (*vagina+ismo*) *sm Med* Espasmo doloroso do músculo da vagina.

va.gi.ni.te (*vagina+ite*) *sf Med* Inflamação da vagina.

va.gir (*lat vagire*) *vint* **1** Dar vagidos (o recém-nascido). **2** Chorar, gemer, lamentar-se. *Conjug:* verbo defectivo; conjuga-se como *falir*.

va.go¹ (*lat vagu*) *adj* **1** Errante, vagabundo. **2** Inconstante, instável, versátil, volúvel. **3** Incerto, indeciso, indefinido, indeterminado. **4** Confuso, pouco pronunciado. **5** *Pint* Indeciso e nebuloso.

va.go² (*lat vacuu*) *adj* **1** Não preenchido ou ocupado: *Cargo vago*. **2** Diz-se das horas sem ocupação. **3** Que não tem habitantes, que está sem moradores; devoluto, desabitado: *Prédio vago*. **4** Sem dono determinado ou conhecido: *Bens vagos*.

va.go.ne.te (*ê*) (*fr wagonette*) *sf* Pequeno vagão, geralmente basculante, ou de plataforma, que é impelido manualmente sobre trilhos de bitola estreita e usado nas grandes obras, como túneis ou represas, ou nas minas, para o transporte de terra, materiais de construção, minérios etc.

va.gue.a.ção (*vaguear+ação*) *sf* **1** Ato ou efeito de vaguear. **2** Vadiagem. **3** Peregrinação. **4** *por ext* Movimento constante. *Pl: vagueações*.

va.gue.ar (*vago¹+e+ar*) *vint* **1** Andar vagando; andar errante, à ventura, sem intuito nem proveito: *Passou o dia a vaguear nas montanhas. O rebanho vagueava, desorientado*. *vtd* **2** Percorrer, em passeio ocioso, sem rumo certo: *Vagueávamos, com enlevo, aquelas formosas praias*. *vint* **3** Andar de uma parte para outra: *Quase todos vagueavam, sem um roteiro certo*. *vint* **4** Andar ou passear ociosamente: *Vive a vaguear pelas casas dos vizinhos*. *vtd* **5** Correr em vários sentidos: *Vagueou os olhos por toda a paisagem*. *vti* e *vint* **6** Devanear, entregar-se a sonhos: *Seu espírito vagueava pelas recordações do passado. Nessas horas de repouso nosso pensamento vagueia*. Conjuga-se como *frear*.

vai.a (*cast vaya*) *sf* Manifestação de desagrado, desaprovação, desprezo ou escárnio, por meio de brados, assobios ou certos ruídos orais. *Antôn: aplauso*.

vai.ar (*vaia+ar¹*) *vtd* **1** Dar vaias a; apupar: *Vaiaram o político*. *vint* **2** Dar vaias: *Gostamos de aplaudir, não de vaiar*. *Antôn: aplaudir*.

vai.da.de (*lat vanitate*) *sf* **1** Qualidade do que é vão, instável ou de pouca duração. **2** Desejo imoderado e infundado de merecer a admiração dos outros. **3** Vanglória, ostentação. **4** Supervalorização do próprio mérito; ostentação. **5** Coisa vã, fútil, sem sentido. **6** Futilidade, presunção.

vai.do.so (*ô*) (*vaidade+oso*, com haplologia) *adj* **1** Que tem vaidade. **2** Fútil, presunçoso. • *sm* Aquele que tem vaidade. *Pl: vaidosos* (*ó*). *Antôn: modesto*.

vai.vém (*de ir+vir*) *sm* **1** Antiga máquina de guerra para arrombar portas ou desmoronar muralhas e portas das cidades e praças fortes; aríete. **2** A pancada, o golpe ou embate desta máquina. **3** Movimento oscilatório; balanço. **4** Movimento de pessoa ou objeto que vai e vem. **5** As alternações da fortuna; vicissitude. *Pl: vaivéns. Var: vai e vem*.

va.la (*lat valla*) *sf* Escavação longa e mais ou menos larga, de profundidade média, aberta para os mais variados fins, tais como defesa de fortificações, recepção ou condução das águas da chuva ou das que escorrem dos vizinhos. *Vala comum:* sepultura em que se reúnem os cadáveres de indivíduos não identificados, indigentes ou prisioneiros, nas grandes mortandades por catástrofe ou extermínio.

va.la.do (*part* de *valar*) *adj* Cercado de valas. • *sm* Vala pouco profunda, para defesa de uma propriedade rústica.

va.le (*lat valle*) *sm* **1** Depressão do terreno entre dois espigões adjacentes. **2** Várzea ou planície à beira de um rio. **3** Escrito resumido, sem forma legal, representativo de dívida, por empréstimo ou adiantamento, de determinada soma de dinheiro. *Correr montes e vales:* a) andar muito; b) empregar grandes esforços para conseguir algum objetivo. *Vale de lágrimas:* o mundo, a vida presente, considerada como cheia de desgostos (em contraposição à vida futura, à bem-aventurança). *Vale fluvial:* o que é ocupado por um rio.

va.lên.cia (*lat valentia*) *sf Quím* Valor numérico que exprime a relação fixa pela qual os átomos, os radicais e os íons se combinam entre si.

va.len.tão (*valente+ão²*) *adj* **1** Diz-se do indivíduo que é muito valente. **2** Fanfarrão. • *sm* Indivíduo valentão. *Fem: valentona. Pl: valentões*.

va.len.te (*lat valente*) *adj m+f* **1** Que tem valor. **2** Corajoso, intrépido. **3** Forte, vigoroso, alentado, robusto. **4** Rijo, sólido. **5** Eficaz, enérgico. **6** Aplicado com força. **7** Bravo. *Antôn* (acepção 2): *medroso*; (acepção 7): *covarde, poltrão*. • *sm* Pessoa corajosa.

va.len.ti.a (*valente+ia¹*) *sf* **1** Qualidade do que é valente. **2** Ação própria de valente. **3** Façanha. **4** Força, vigor. **5** Coragem, ousadia. **6** Proeza, bravura.

va.ler (*lat valere*) *vtd* **1** Ser igual em valor ou preço a; ser equivalente a, ter certo valor: *Sua sinceridade vale ouro*. *vint* **2** Ter merecimento; ter valor ou aplicação: *Esses argumentos não valem*. *vti* **3** Ter crédito, ter influência, ter poder: *Ameaças não valem contra sua firmeza*. *vint* **4** Merecer, ser digno: *Este homem vale muito*. *vtd* **5** Adquirir, captar, granjear: *Com simpatia valera a estima geral*. *vti* **6** Aproveitar, dar proveito, ser de utilidade ou vantagem; servir: "A dor é tão sem medida que remédio lhe não vale" (Luís de Camões). *vpr* **7** Aproveitar-se, servir-se, utilizar-se: *Valeu-se do seu poder*. *vint* **8** Ser válido ou valioso, ter validade: *O nosso argumento valeu muito*. *vti* **9** Acudir, auxiliar, defender, proteger, socorrer: *Teria morrido de fome e frio, se lhe não valesse a caridade dos vizinhos*. *vtd* **10** Significar: *A vírgula à esquerda de um algarismo não vale nada*. *Fazer-se valer:* a) dar-se importância; b) fazer-se respeitar; c) tornar-se merecedor de consideração. *Ou coisa que o valha:* ou coisa semelhante. *Tanto vale:* é o mesmo. *Vale quanto pesa:* tem valor real, correspondente ao conceito em que é tido. *Conjug:* O *l* do radical muda-se para *lh* na 1ª pessoa do presente do indicativo e nas formas delas derivadas. *Pres indic: valho, vales, vale*, etc.; *Pret imp indic: valia, valias, valia* etc.; *Pret perf: vali, valeste, valeu, valemos, valestes, valeram; Pret mais-que-perf: valera, valeras* etc.; *Fut pres: valerei, valerás* etc.; *Fut pret: valeria, valerias* etc.; *Pres subj: valha, valhas, valha, valhamos, valhais, valham; Pret imp subj: valesse, valesses* etc.; *Fut subj: valer, valeres, valer, valermos, valerdes, valerem; Imper afirm: vale(tu), valha(você), valhamos(nós), valei(vós), valham(vocês); Imper neg: não valhas(tu), não valha(você)* etc.; *Infinitivo impess: valer; Infinitivo pess: valer, valeres* etc.; *Ger: valendo: Part: valido*.

va.le-re.fei.ção *sm* Vale fornecido por uma empresa aos seus funcionários (geralmente mediante o desconto de uma determinada taxa nos seus salários), utilizado para pagar refeições em estabelecimentos credenciados. *Sin:* tíquete-refeição. *Pl: vales-refeição* e *vales-refeições*.

va.le.ri.a.na (*lat valeriana*) *sf Bot* Planta medicinal que atua como antiespasmódica e febrífuga.

va.le.ta (*ê*) (*vala+eta*) *sf* Pequena vala para escoamento de águas, à beira de ruas ou estradas.

va.le.te (*fr valet*) *sm* Uma das figuras do baralho.

va.le-trans.por.te (*valer+transporte*) *sm* Vale ou cupom que as empresas concedem aos seus empregados, para pagamento de transporte coletivo. *Pl: vales-transportes* e *vales-transporte*.

va.le-tu.do (*valer+tudo*) *sm sing* e *pl* **1** Certo tipo de luta livre em que são permitidos golpes muito violentos. **2** *fig* Situação em que todo tipo de expediente é empregado, a fim de atingir um objetivo.

va.li.a (*val(er)+ia¹*) *sf* **1** Valor intrínseco ou inerente à substância do objeto de que se trata. **2** Valor intrínseco ou estimativo. **3** Merecimento, valor. **4** Utilidade, préstimo. **5** Domínio, importância, influência, poder, poderio.

va.li.da.ção (*validar+ção*) *sf* **1** Ato ou efeito de validar ou de tornar válido. **2** *Dir* Legitimação do ato, para que se torne eficaz ou produza efeitos legais. *Pl: validações*.

va.li.da.de (*lat validatate*) *sf* **1** Qualidade de válido. **2** *Dir* Qualidade do ato jurídico ou administrativo, feito com todos os requisitos que a lei exige.

va.li.dar (*lat validare*) *vtd* e *vpr* **1** Dar validade a; fazer(-se) ou tornar(-se) válido; legitimar(-se): *Validar a autorização, o contrato*. *Foi um dos que souberam validar-se em inteligência*. *vtd* **2** Dar força ou firmeza legal a: *Validar o mandato*.

vá.li.do (*part* de *valer*) *adj* **1** Que tem valor. **2** Que tem saúde; são, vigoroso. **3** Forte, potente, vigoroso. **4** Que é conforme ao direito ou que tem existência legal. **5** Ativo, eficaz, enérgico.

va.li.men.to (*valer+mento*) *sm* **1** Ação ou efeito de valer. **2** Valia, valor. **3** Prestígio, influência.

va.li.o.so (*ô*) (*valia+oso*) *adj* **1** Que tem muito valor. **2** Que tem validade; válido. **3** Que é importante: *Herança valiosa*. **4** Que tem muito merecimento. *Pl: valiosos* (*ó*).

va.li.sa (*fr valise*) *sf* Maleta de mão. *Var: valise*.

va.li.se (*fr valise*) *V* valisa.

va.lor (*lat valore*) *sm* **1** O preço atribuído a algo. **2** Estimação, valia. **3** *Econ* Estimativa econômica da riqueza. **4** *Mat* Expressão numérica ou algébrica que determina uma incógnita ou representa o estado de uma variável. **5** *Dir* Qualidade que tem o ato jurídico de tornar alguma coisa legal. **6** Talento. **7** Coragem, esforço de ânimo; valentia. **8** Merecimento, préstimo, valia. **9** Qualidade de quem tem força. **10** Papel representativo de dinheiro (nota de banco, título, obrigação, ação, letra de câmbio). *Juízo de valor:* a) *Psicol* apreciação subjetiva, que revela as preferências pessoais de cada pessoa, segundo suas tendências e influências sociais a que está submetida; b) em filosofia, designa os julgamentos que não procedem diretamente da experiência, ou da elaboração pessoal, em oposição aos julgamentos da realidade, próprios do conhecimento objetivo, ou da ciência. *Valor absoluto, Mat:* valor aritmético (independente de sinal) de um número relativo.

va.lo.ri.za.ção (*valorizar+ção*) *sf* **1** Ato ou efeito de valorizar(-se). **2** *Econ* Alta deliberada no valor comercial de uma mercadoria. **3** *Polít* e *Fin* Providência governamental impositiva de um preço autoritário a certos produtos nacionais, geralmente agrícolas, para impedir ou evitar sua depreciação. *Pl: valorizações*.

va.lo.ri.za.do (*part* de *valorizar*) *adj* Que sofreu valorização.

va.lo.ri.zar (*valor+izar*) *vtd* **1** Dar valor ou valores a; aumentar o préstimo de: *A boa localização valoriza o imóvel*. *vpr* **2** Aumentar de valor: *Valorizam-se cada dia mais matérias-primas raras*. *vtd* **3** Reconhecer as qualidades de alguém, de um feito ou de algo: *O empregador valoriza o bom profissional*.

va.lo.ro.so (*ô*) (*valor+oso*) *adj* **1** Que tem valor; esforçado. **2** Ativo, destemido. *Antôn* (acepção 2): *medroso, covarde*. *Pl: valorosos* (*ó*).

val.sa (*al Walzer,* pelo *fr valse*) *sf* **1** Dança de salão em compasso ternário, lenta, moderada ou rápida. **2** Música apropriada para essa dança.

val.sar (*valsa+ar*[1]) *vint* **1** Dançar valsa. *vtd* **2** Dançar em andamento de valsa: *Valsar um bolero.*

val.va (*lat valva*) *sf* **1** *Bot* Abertura espontânea de órgão ou partes vegetais ao alcançarem a maturidade. **2** *Zool* Qualquer peça ou qualquer das peças sólidas que revestem o corpo dos moluscos; concha.

vál.vu.la (*lat valvula*) *sf* **1** Pequena valva. **2** *Anat* Cada uma de várias estruturas corporais, especialmente nos vasos sanguíneos e linfáticos, cuja função é fechar temporariamente uma passagem ou orifício, ou permitir o movimento de um fluido em uma direção apenas. **3** Espécie de tampa que fecha por si e hermeticamente um tubo. **4** Lâmpada especial empregada nos aparelhos de rádio. **5** Qualquer dispositivo ou mecanismo que abre uma passagem que permite livre circulação de um gás ou de um líquido em uma direção, fechando, entretanto, a passagem para evitar seu retorno. **6** Dispositivo colocado em receptáculos destinados a conter gás ou vapor sob pressão, para permitir que ele escape em caso de pressão excessiva. **7** *Mús* Nos instrumentos de sopro, dispositivo para encurtar ou alongar o tubo acústico, a fim de obter os sons cromáticos. *Válvula de escape, Autom:* dispositivo que regula a saída dos gases da combustão do cilindro do motor de explosão, também chamada *válvula de escapamento.*

vam.pe (*abrev* do *ingl vampire*) *sf* **1** Mulher muito bonita, capaz de forte sedução; mulher fatal. **2** Atriz que desempenha o papel de mulher fatal.

vam.pi.ris.mo (*vampiro+ismo*) *sm* **1** Crença nos vampiros. **2** Avidez demasiada daqueles que se enriquecem com os bens de outrem.

vam.pi.ri.zar (*vampiro+izar*) *vtd* **1** Extrair energia de alguém à maneira de vampiro: *Aquele indivíduo vampiriza a esposa.* **2** Explorar, sugar: *Ricos proprietários vampirizavam os inquilinos.*

vam.pi.ro (*sérvio vampir,* via *fr*) *sm* **1** *Folc* Ente fantástico que, segundo a superstição, sai de noite das sepulturas para sugar o sangue dos vivos. **2** *fig* Indivíduo que enriquece à custa alheia ou por meios ilícitos. **3** *Zool* Gênero de morcegos que se alimentam de sangue de bovinos e são transmissores da raiva.

va.ná.dio (*lat cient vanadiu*) *sm Quím* Elemento metálico, cinzento ou branco, maleável, dúctil, resistente à corrosão pelo ar, pela água salgada e pelos álcalis; de número atômico 23 e símbolo V.

van.da.lis.mo (*vândalo+ismo*) *sm* **1** Ação própria de vândalo. **2** *fig* Destruição do que é respeitável pelas suas tradições, antiguidade ou beleza.

van.da.li.zar (*vândalo+izar*[1]) *vint* **1** Praticar vandalismos. *vtd* **2** Destruir; estragar por estupidez ou ignorância: *Vandalizar obras de arte. vpr* **3** Tornar-se vândalo.

vân.da.lo (*lat vandalu*) *sm* **1** Membro dos vândalos, povos bárbaros que devastaram o sul da Europa e se estabeleceram no norte da África. **2** *por ext* Aquele que pratica atos de vandalismo. **3** *por ext* Indivíduo que comete atos funestos às artes, às ciências e à civilização. • *adj* **1** Bárbaro, sem cultura, selvagem. **2** Destruidor.

van.gló.ria (*vã+glória*) *sf* Presunção infundada acerca do próprio merecimento ou de dotes pessoais; vaidade.

van.glo.ri.ar (*vanglória+ar*[1]) *vtd* **1** Encher de vanglória; inspirar vanglória ou desvanecimento a: *Aquele triunfo vangloriou-o. vpr* **2** Encher-se de vanglória; jactar-se, orgulhar-se: *Vangloria-se de suas riquezas. Conjug – Pres indic: vanglorio, vanglorias* etc.

van.guar.da (*fr avant-garde*) *sf* **1** Primeira linha de um exército, de uma esquadra etc., em ordem de batalha ou de marcha. **2** Dianteira, frente; anteguarda. **3** Movimento, geralmente artístico, cultural ou científico, de caráter inovador.

van.guar.dis.mo (*vanguarda+ismo*) *sm* **1** Caráter ou qualidade de vanguarda. **2** Movimento cultural, artístico, científico etc. que possui tendências inovadoras.

va.ni.li.na (*vanila+ina*) *sf Quím* O principal componente aromático da essência da baunilha.

van.ta.gem (*fr avantage*) *sf* **1** Qualidade do que está superior ou adiante; dianteira, superioridade, excelência. **2** Proveito, lucro. **3** *Esp* No tênis, direito de saque diante de uma jogada bem-sucedida. *Pl: vantagens.*

van.ta.jo.so (*ô*) (*vantagem+oso*) *adj* **1** Em que há vantagem. **2** Que dá proveito; lucrativo, proveitoso, útil. *Pl: vantajosos* (*ó*).

vão (*lat vanu*) *adj* **1** Vazio, oco. **2** Falto de realidade; fantástico; que é fruto da imaginação. **3** Baldado, ineficaz, inútil. **4** Que não tem razão de ser nem fundamento. **5** Frívolo, fútil. **6** Enganador, falso. • *sm* **1** Espaço vazio ou desocupado. **2** Parte desocupada ou vazia; vácuo. **3** Espaço aberto em um muro ou em uma parede de edifício. *Pl: vãos.*

va.por (*lat vapore*) *sm* **1** *Fís* Denominação dada à matéria no estado gasoso, quando provém da transformação de um líquido ou sólido. **2** A força expansiva da água vaporizada. **3** Espécie de fumaça que, pela ação do calor, se eleva dos corpos úmidos. **4** O que se exala dos corpos sólidos em decomposição ou em combustão. **5** Barco ou navio movido por máquina de vapor. *A todo o vapor:* muito rapidamente.

va.po.ra.ção (*lat vaporatione*) *sf* Ato ou efeito de vaporar; emanação, exalação. *Pl: vaporações.*

va.po.rar (*lat vaporare*) *vtd* **1** Exalar como vapor: *A panela vaporava um cheiro apetitoso.* vint e *vpr* **2** Evaporar-se, soltar de si vapores; vaporizar-se: *Vaporam* (ou *vaporam-se*) *os temperos na caçarola.* vint e *vpr* **3** Desfazer-se, dissipar-se: *Com o decorrer dos anos, vaporam* (ou *vaporam-se*) *as ilusões.*

va.po.ri.za.ção (*vaporizar+ção*) *sf* **1** Ato ou efeito de vaporizar(-se). **2** Mudança do estado líquido para o gasoso. **3** *Autom* Passagem da gasolina do estado líquido ao gasoso, quando misturada com o ar no carburador. *Pl: vaporizações.*

va.po.ri.za.dor (*vaporizar+dor*) *adj* Que vaporiza. • *sm* Instrumento pelo qual se reduzem os líquidos a vapor ou a partículas extremamente minúsculas; pulverizador.

va.po.ri.zar (*vapor+izar*) *vtd* e *vpr* **1** Converter(-se)

em vapor: *Vaporizar líquidos. A loção vaporizou--se. vpr* 2 Encher-se, impregnar-se (de vapores).
va.po.ro.so (ô) (*lat vaporosu*) *adj* 1 Que exala ou solta vapores. 2 Em que há vapores. 3 Que tem aparência de vapor. 4 Que tem o brilho enfraquecido por vapores. 5 Extremamente delicado; leve, tênue. 6 *Pint* Diáfano, transparente. 7 Leve, fino. *Pl: vaporosos* (ó).
va.quei.ro (*vaca+eiro*) *adj* Relativo ao gado vacum. • *sm* Vigia ou condutor de gado vacum.
va.que.ja.da (*vaquejar+ada*[1]) *sf* 1 Reunião do gado de uma fazenda. 2 Ato de procurar e reunir o gado que se acha disperso. 3 *bras* Espécie de rodeio.
va.que.ta (ê) (*vaca+eta*) *sf* Couro macio para forros.
va.qui.nha (*vaca+inha*) *V* vaca (acepção 2).
va.ra (*lat vara*) *sf* 1 Haste ou ramo fino, de árvore ou de arbusto. 2 Pau comprido e fino usado como auxiliar nos concursos atléticos para certa modalidade de salto em altura. 3 Cajado. 4 Cargo ou funções de juiz. 5 *Jur* Cada uma das divisões de jurisdição, nas comarcas onde há mais de um juiz de direito. 6 Manada de porcos.
va.ral (*vara+al*[1]) *sm* 1 Cada uma das duas peças de madeira que saem de cada parte lateral de um veículo, entre as quais se coloca o animal que o puxa. 2 *bras* Arame ou corda mantido por postes, onde se põe a roupa lavada para secar. *Pl: varais*.
va.ran.da *sf* 1 Terraço com coberta que fica na frente das casas; alpendre. 2 Gradeamento de sacadas ou de janelas abertas ao nível do pavimento. 3 Balcão, sacada.
va.rão (*corr de barão*) *sm* 1 Indivíduo do sexo masculino; homem. 2 Homem adulto, homem feito. 3 Homem respeitável; homem sábio. 4 Homem corajoso, esforçado, valoroso. • *adj* Que é do sexo masculino: *Filho varão. Fem: varoa. Pl: varões*.
va.ra.pau (*vara+pau*) *sm* Pau comprido que serve de apoio e de arma de defesa; bordão, cajado. *s m+f* Pessoa alta e magra; magricela.
va.rar (*lat varare*) *vtd* 1 Bater com varas; açoitar: *Varava impiedosamente os escravos.* *vtd* 2 Fazer encalhar, pôr em seco, puxar para o ancoradouro (a embarcação): *Varar o barco. vtd* 3 Penetrar em: *Foram logo varando a sala do ministro. vtd* 4 Atravessar, furar, traspassar: *Um tiro varou-lhe o peito. vti* 5 Sair rapidamente: *Varar por uma porta. vtd* 6 Passar além de, transpor: *Varar o bloqueio.*
va.re.ja.men.to (*varejar+mento*) *sm* 1 Ação ou efeito de varejar; varejo. 2 Busca ou revista que a polícia dá no lugar em que supõe que se encontre um foragido. 3 Ação do fisco num estabelecimento comercial ou industrial, ou numa casa, para verificar se há fraude ou desvio de impostos, ocultação de objetos de contrabando etc.
va.re.jão (*aum* de *varejo*) *sm bras* Grande loja que vende a varejo. *Pl: varejões*.
va.re.jar (*vara+ejar*) *vtd* 1 Açoitar ou bater muitas vezes com a vara. 2 Medir com varas (certos tecidos e fitas). 3 Bater; disparar ou dar tiros: *Os fuzileiros varejaram as trincheiras inimigas.* 4 Fustigar, incomodar, ofender: *A ventania varejou os cafezais.* 5 Dar varejamento a; dar busca, revistar: *A polícia varejou os cassinos.*
va.re.jei.ra (*varejar+eira*) *adj Entom* Diz-se das moscas cujas larvas são causadoras de bicheiras por se nutrirem de carne, viva ou necrosada, de animais vertebrados. • *sf* Mosca-varejeira.
va.re.jis.ta (*varejo+ista*) *adj m+f* Relativo ao comércio a varejo. • *s m+f* Negociante ou comerciante que, normalmente, só vende a varejo. *Antôn: atacadista*.
va.re.jo (ê) (de *varejar*) *sm* 1 Ato ou efeito de varejar; varejamento. 2 Venda em pequenas quantidades. *A varejo:* a retalho, em pequenas quantidades.
va.re.ta (ê) (*vara+eta*) *sf* 1 Vara pequena; varinha. 2 Vara delgada, de ferro ou de madeira, que se usa para socar a bucha da espingarda quando seu carregamento é feito pela boca.
var.gem *V várzea. Pl: vargens.*
va.ri.a.ção (*lat variatione*) *sf* 1 Ato ou efeito de variar(-se). 2 Modificação, variante. 3 Mudança. 4 Inconstância ou variedade de princípios, de sistema etc. *Pl: variações*.
va.ri.a.do (*part* de *variar*) *adj* 1 Que sofreu variação. 2 Diferente, diverso. 3 Diversificado. 4 Inconstante, leviano. 5 Alucinado, delirante.
va.ri.an.te (*lat variante*) *adj m+f* 1 Que varia. 2 Mutável. 3 Inconstante. 4 Diferente. 5 Delirante. • *sf* 1 Diferença numa mesma passagem do texto de uma obra, entre edições diversas. 2 *Ling* Cada uma das formas diferentes por que um vocábulo pode apresentar-se. 3 Variação. 4 Diferença, diversidade.
va.ri.ar (*lat variare*) *vtd* 1 Dar variedade a; diversificar, tornar vário: *Variar o campo de trabalho, variar os métodos. vti* 2 Fazer modificação; alterar: *Variar de manobra, variar de rumo. vti e vint* 3 Sofrer mudança; mudar; ser inconstante, volúvel: *Variar de ideia, variar de pensamento. Mudam-se as épocas, variam as coisas. vpr* 4 Experimentar variação ou mudança; alterar-se, transformar-se: *Variava-se o panorama durante a viagem. vint* 5 Apresentar discrepância, não ser conforme, ter parecer diferente: *Variam as opiniões sobre o valor dessa obra. vint* 6 Alucinar-se, enlouquecer, perder a razão. *vint* 7 Delirar por efeito de febre alta. *vint* 8 Mudar de rumo: "O vento variou" (Laudelino Freire). *Conjug – Pres indic: vario, varias, varia* (rí) *etc. Cf vário.*
va.ri.á.vel (*lat variabile*) *adj m+f* 1 Sujeito a variações. 2 Que pode ser variado ou mudado; mutável. 3 Inconstante. 4 *Gram* Diz-se das palavras flexivas, isto é, que estão sujeitas a variação. 5 *Mat* Diz-se da quantidade que pode tomar sucessivamente diferentes valores no decurso de um mesmo cálculo. • *sf* 1 *Ling* Conjunto de variantes linguísticas. 2 *Mat* Símbolo dos elementos de um conjunto. 3 *Mat* Termo que, numa função ou relação, pode ser alternadamente substituído por outro. *Pl: variáveis*.
va.ri.ce.la (*fr varicelle*, de *variolle*) *V* catapora.
va.ri.co.so (ô) (*lat varicosu*) *adj Med* 1 Relativo a varizes. 2 Que tem varizes. *Pl: varicosos* (ó).
va.ri.e.da.de (*lat varietate*) *sf* 1 Qualidade do que é vário ou variável. 2 Caráter de coisas que não se assemelham; diversidade. 3 Mudança ou alteração na substância das coisas ou em seu uso. 4 Multiplicidade. 5 Variante, variação. 6 Inconstância,

instabilidade. *sf pl* **1** Miscelânea de assuntos vários em literatura ou em seção de jornal. **2** Apresentação de espetáculo com assuntos vários em teatro, televisão etc.

va.ri.e.ga.do (*lat variegatu*) *adj* Que apresenta vários matizes ou cores variadas; matizado.

va.ri.e.gar (*lat variegare*) *vtd* **1** Dar cores diversas a; matizar. **2** Diversificar; variar.

vá.rio (*lat variu*) *adj* **1** De diversas cores, feitios, tipos etc: *A paisagem era vária e bela*. **2** Inconstante, volúvel; caprichoso: *A felicidade é vária como o vento*. **3** Buliçoso, oscilante: "A luz vacila, crepitando vária" (Gonçalves Dias). **4** Alternado, diverso, variável. **5** Indeciso, hesitante, perplexo. **6** Delirante, desvairado: *Estar com o juízo vário*. **7** Que se contradiz, que se desdiz; contraditório: *A vária narração do acusado*. *adj pl* Diz-se das pessoas ou coisas que apresentam entre si variedade ou diferença; diferentes, diversos: *Os vários costumes dos povos*. • *pron indef* **1** Alguns: *Chegaram vários livros para você*. **2** Múltiplos, numerosos: "Ali várias línguas se falaram" (Garrett).

va.rí.o.la (*lat variola*) *sf Med* Doença infectocontagiosa e epidêmica, caracterizada por febre e formação de pústulas.

va.ri.o.lo.so (*ô*) (*varíola+oso*) *adj* Atacado de varíola. *Pl: variolosos* (*ó*).

va.riz (*lat varice*) *sf Med* Dilatação permanente de uma veia, causada por acumulação de sangue. *Pl: varizes*.

va.ro.nil (*varão+il*) *adj m+f* **1** Relativo ou pertencente a varão; viril. **2** Esforçado, destemido, valoroso. **3** Enérgico, incisivo. **4** Próprio de varão ilustre; heróico. *Pl: varonis*.

va.ro.ni.li.da.de (*varonil+i+dade*) *sf* Qualidade de varonil.

var.re.dor (*varrer+dor*) *adj* Que varre. • *sm* Aquele que varre.

var.re.du.ra (*varrer+dura*) *sf* **1** Ação ou efeito de varrer. **2** Aquilo que se ajunta varrendo; lixo.

var.rer (*lat varrere*) *vtd* **1** Limpar com a vassoura (fragmento, lixo, poeira etc.): *Varrer a casa, varrer o quintal*. *vint* **2** Limpar o lixo com a vassoura: *Obrigam-na a engomar e varrer*. *vtd* **3** Correr, mover-se, passar pela superfície de; roçar: "A asa da tempestade varria a terra" (Rebelo da Silva). *A brisa varre as campinas*. *vtd* **4** Impelir para diante: *O vento varre as nuvens*. *vtd* **5** Fazer desaparecer: *Varreu da mente aquela hipótese*. *vtd* **6** Despejar, esgotar, esvaziar: *Varreu todos os cofres*. *vtd* **7** Dispersar; destruir; arrasar: *A fuzilaria varreu os invasores*. *vtd* **8** Expelir, expulsar; fazer desaparecer: *Da sua fazenda varreu todos os indesejáveis*. *vpr* **9** Desvanecer-se, dissipar-se: *Varrem-se as ilusões da juventude*. *Varreu-se-lhe da alma a derradeira dúvida*. *vpr* **10** Tornar-se esquecido: *Varreram-se do espírito aqueles preconceitos e tabus*. *Varrer a testada*: desviar de si certa responsabilidade. *Varrer da ideia*: fazer esquecer.

var.ri.ção (*varrer+ção*) *sf* **1** V *varredura*. **2** *bras* Operação de juntar os frutos do café que caíram antes do início da colheita. *Pl: varrições*.

var.ri.do (*part* de *varrer*) *adj* **1** Limpo com vassoura; que se varreu. **2** *fig* Que perdeu o juízo; alucinado: *Louco varrido*. **3** Batido pelo vento; levado pelo ar. **4** *bras* Que passou pela operação da varrição: *Café varrido*.

vár.zea *sf* **1** Campina cultivada. **2** Planície de grande fertilidade. **3** Terrenos baixos e planos, sem serem alagadiços, que margeiam os rios e ribeirões; vargem.

var.ze.a.no (*várzea+ano*) *adj + sm Reg* (SP e RJ) Diz-se de, ou aquele que mora nos arredores de uma cidade; suburbano.

va.sa (*hol med wase*) *sf* **1** Sedimento fino e delicado encontrado no fundo do mar. **2** Argila muito fina que se deposita nos terrenos alagados pelas águas fluviais. **3** Limo, lodo; atoleiro. **4** Degradação moral; escória, ralé.

vas.ca (*célt waskâ*) *sf* **1** Movimento convulsivo; grande convulsão. **2** Náusea.

vas.cu.lar (*lat vasculu+ar^2*) *adj m+f* **1** *Anat* Relativo ou pertencente aos vasos e particularmente aos vasos sanguíneos. **2** *Bot* Relativo aos vasos ou integrado por eles.

vas.cu.la.ri.da.de (*vascular+i+dade*) *sf Fisiol* Existência de menor ou maior quantidade de vasos sanguíneos ou linfáticos.

vas.cu.la.ri.za.ção (*vascularizar+ção*) *sf Anat* e *Med* **1** Formação ou desenvolvimento de vasos orgânicos num tecido que não os continha. **2** Multiplicação acidental dos vasos que primitivamente existiam num determinado órgão ou tecido. *Pl: vascularizações*.

vas.cu.la.ri.zar (*vascular+izar*) *vtd* **1** Formar vasos sanguíneos num órgão ou tecido. **2** Promover a formação de novos vasos sanguíneos.

vas.cu.lhar (*vasculho+ar^1*) *vtd* **1** Pesquisar, investigar minuciosamente: *Vasculhamos palavras novas*. **2** Esquadrinhar: *O astrônomo vasculhava o céu*. **3** *fig* Buscar; investigar: *A polícia vasculhou o morro*.

va.sec.to.mi.a (*lat vas+ectomia*) *sf Cir* Intervenção cirúrgica utilizada para a esterilização do homem.

va.se.li.na (*fr vaseline*) *sf* Substância gordurosa, extraída do petróleo, com larga aplicação nas indústrias e em produtos farmacêuticos.

va.si.lha (*vaso+ilha*) *sf* **1** Recipiente que serve para guardar qualquer substância, especialmente líquidos. **2** Conjunto de tonéis, barris, pipas na adega.

va.si.lha.me (*vasilha+ame*) *sm* Conjunto ou quantidade de vasilhas.

va.so (*lat vasu*) *sm* **1** Peça côncava de barro, metal, vidro etc., que pode conter sólidos ou líquidos. **2** Recipiente, geralmente de barro, que se enche de terra para nele se cultivarem plantas ornamentais. **3** Tudo o que é capaz de conter alguma coisa; invólucro, receptáculo. **4** Penico, urinol. **5** Vaso sanitário; latrina. **6** *Anat* Qualquer dos condutos por onde circulam líquidos, notadamente sangue, linfa ou bílis.

va.so.mo.tor (*vaso+motor*) *adj Fisiol* Diz-se dos nervos que produzem a contração e a dilatação das fibras musculares dos vasos orgânicos (artérias, veias etc.). *Fem: vasomotora*.

vas.sa.la.gem (*vassalo+agem*) *sf* **1** Condição ou estado de vassalo. **2** Submissão excessiva. *Pl: vassalagens*.

vas.sa.lo (*lat vassallu*) *sm* Indivíduo dependente de um senhor feudal, ao qual estava ligado por juramento de fé e submissão; súdito. • *adj* **1** Que depende de outrem. **2** Tributário, subordinado. **3** Que paga tributo a alguém.

vas.sou.ra (*lat vulg *versoria*, de *versus*) *sf* Utensílio doméstico com cabo, tendo na outra extremidade fibras de piaçaba ou plástico, ou então pelos, usado para varrer o lixo do chão.

vas.sou.ra.da (*vassoura+ada*¹) *sf* **1** Varrida rápida. **2** Pancada com vassoura. **3** Aquilo que se varre com um movimento de vassoura.

vas.sou.rar (*vassoura+ar*¹) *vtd* **1** Varrer com vassoura. *vint* **2** Limpar lixo com vassoura.

vas.sou.rei.ro (*vassoura+eiro*) *sm* Fabricante ou vendedor de vassouras.

vas.ti.dão (*lat vastitudine*) *sf* **1** Qualidade do que é vasto. **2** Extensão muito grande; amplidão. **3** Grandes dimensões ou grande desenvolvimento. **4** Grandeza; magnitude. *Pl: vastidões*.

vas.to (*lat vastu*) *adj* **1** Que tem grande extensão; enorme, muito extenso. **2** Amplo, largo. **3** Considerável, grande. **4** *fig* Que abrange muitos conhecimentos.

va.ta.pá *sm bras Cul* Prato típico da cozinha baiana, feito de pão embebido em leite de coco, camarões secos e frescos, azeite de dendê, castanha de caju, cebola, pimentão, cheiro-verde, pimenta e sal, tudo batido, geralmente no liquidificador, para que se torne uma pasta grossa.

va.ti.ca.no (*lat vaticanu*) *sm* **1 Vaticano** Palácio do papa, em Roma. **2 Vaticano** *por ext* Governo pontifício; cúria romana. • *adj* Pertencente ao Vaticano.

va.ti.ci.na.ção (*lat vaticinatione*) *sf* Ato ou efeito de vaticinar; vaticínio. *Pl: vaticinações*.

va.ti.ci.nar (*lat vaticinari*) *vtd* Adivinhar, predizer, prenunciar, profetizar, prognosticar: *Vaticinar um acontecimento*.

va.ti.cí.nio (*lat vaticiniu*) *sm* **1** Ação ou efeito de vaticinar; vaticinação. **2** Predição, profecia, prognóstico.

vau (*lat vadu*) *sm* Lugar em um rio no qual se pode passar a pé ou a cavalo.

vaudeville (*vodevilhe*) (*fr*) *sm* Comédia teatral leve, com música, dança e paródias.

va.za.do (*part* de *vazar*) *adj* Que se vazou. • *sm* A parte vazada.

va.za.dor (*vazar+dor*) *adj* Que vaza. • *sm* Instrumento para fazer furos em couro, papelão, pano etc.

va.za.dou.ro (*vazar+douro*) *sm* **1** Lugar onde se despejam detritos. **2** Lugar onde vaza qualquer líquido.

va.za.men.to (*vazar+mento*) *sm* **1** Ato ou efeito de vazar; vazão. **2** Lugar por onde se vaza qualquer tipo de líquido. **3** O líquido que vaza.

va.zan.te (de *vazar*) *adj m+f* Que vaza. • *sf* **1** O refluxo ou maré baixa. **2** Período em que uma corrente fluvial apresenta o menor volume de água. **3** Vazão; escoamento. *Antôn: enchente*.

va.zão (*vazar+ão*²) *sf* **1** Vazamento. **2** Ação de esgotar o líquido de um vaso; escoamento; vazante. **3** Solução, resolução. *Dar vazão:* dar saída. *Dar vazão a:* a) dar expediente a (negócios, trabalhos); b) resolver, concluir. *Pl: vazões*.

va.zar (*corr* de *vaziar*) *vtd* **1** Tornar vazio; despejar, fazer esvaziar ou correr (o líquido de um vaso ou vasilha). *vint* **2** Escapar-se; ir-se escoando (o líquido). *vti* **3** Deixar sair o líquido; entornar-se, verter: *Este depósito está vazando por diversos lugares*. *vtd* **4** Derramar, verter: *Vazar o sangue*. *Vazar o óleo na panela*. *vpr* **5** Despejar-se, ficar vazio: *Vazaram-se de trabalhadores as fazendas*. *vtd* **6** Desaguar: *O Amazonas vaza suas águas no Atlântico*. *vtd* **7** Privar de, espremendo: *Vazar a esponja do líquido*. *vtd* **8** Abrir vão em; cavar, escavar; furar; tornar oco: *Vazar uma prancha*. *vtd* **9** Abrir: *Vazar um buraco*. *vint* **10** Baixar, refluir (a maré). *vti* **11** Sair: *Entravam por uma porta e vazavam por outra*. *vint* **12** Tornar-se conhecido: *A notícia vazou não se sabe como*.

va.zi.o (*lat vacivu*) *adj* **1** Que não contém nada ou só contém ar. **2** Despejado. **3** Sem moradores; desabitado, vago, desocupado. **4** Desguarnecido de móveis ou mobília: *Sala vazia*. **5** Que não contém alimentos: *Estômago vazio*. **6** Que tem falta ou privação de alguma coisa. **7** *fig* Frívolo, fútil. **8** Falto ou destituído de qualidades de espírito, de inteligência. **9** Que não é significativo; que não merece importância nem consideração. **10** Diz-se da cabeça sem ideias.

vê *sm* O nome da letra v. *Pl: vês* ou *vv*.

ve.a.do (*lat venatu*) *sm* **1** *Zool* Nome dado aos ungulados da família dos cervos, muito velozes e de carne muito apreciada. **2** *bras pej* Homossexual masculino.

Ve.da (*sâns veda*) *sm* Livro ou conjunto de textos sagrados dos hindus, que contém os preceitos da tradição religiosa e filosófica da Índia.

ve.da.ção (*vedar+ção*) *sf* **1** Ato ou efeito de vedar. **2** Coisa que veda. *Pl: vedações*.

ve.da.do (*part* de *vedar*) *adj* **1** Proibido. **2** Murado, ou que tem tapume.

ve.dar (*lat vetare*) *vtd* **1** Proibir por lei, estatuto ou regulamento. *vtd* **2** Não consentir, não permitir. *vtd* **3** Embaraçar, estorvar, não permitir, tolher: *Vedar a diferença de religião*. *vtd* **4** Servir de impedimento ou obstáculo; obstar: *O segurança vedava a entrada*. *vtd* **5** Impedir que um líquido se escoe por qualquer fenda ou orifício: *Vedar o vazamento*. *vint* e *vpr* **6** Deixar de escorrer; estancar-se: *A água vedou* (ou *vedou-se*).

ve.de.te (*é*) (*fr vedette*) *sf* **1** Artista colocado em destaque no elenco de uma companhia de teatro de revista. **2** *por ext* Pessoa mais importante ou mais em evidência num agrupamento político, literário, desportivo etc.

ve.de.tis.mo (*vedete+ismo*) *sm bras* Atitudes ou comportamento de vedete; estrelismo.

ve.e.mên.cia (*lat vehementia*) *sf* **1** Qualidade de veemente. **2** Força intensiva, impetuosidade, movimento impetuoso. **3** Intensidade. **4** Rigor. **5** Grande interesse, empenho, instância. **6** Energia; vigor. **7** Eloquência acompanhada de arrebatamento dos afetos e das paixões. **8** Exaltação do espírito.

ve.e.men.te (*lat vehemente*) *adj m+f* **1** Forte, enérgico, vigoroso. **2** Impetuoso, violento. **3** Caloroso, entusiástico. **4** Frenético, irritável. **5** Que move ou se move com ímpeto e eficácia. **6**

Que exterioriza os sentimentos e pensamentos com ardor e entusiasmo.

ve.ge.ta.ção (*lat vegetatione*) *sf* **1** Conjunto de plantas que povoam uma área determinada. **2** Ato ou efeito de vegetar. *Pl: vegetações*.

ve.ge.tal (*lat vegetale*) *adj m+f* **1** Pertencente ou relativo às plantas. **2** Que tem origem em alguma planta. **3** Diz-se da terra que tem grande quantidade de matéria orgânica vegetal decomposta. • *sm* Ser orgânico que cresce e vive, porém não muda de lugar por impulso voluntário; planta. *Pl: vegetais*.

ve.ge.tar (*lat vegetare*) *vint* **1** Viver e desenvolver-se (a planta): *Doentias árvores aí vegetam apenas*. *vint* **2** Desenvolver-se com exuberância; pulular: *Nessa cidade a vida vegeta e floresce em todo o seu vigor*. *vint* **3** *fig* Viver com indiferença, à semelhança da planta; viver sem sentimentos nem emoções: *Muitos parvos vegetam no mundo. Deixemos de vegetar!*

ve.ge.ta.ri.a.no (*veget(al)+ar²+i+ano*) *adj* Que se alimenta apenas de vegetais. • *sm* Indivíduo que se alimenta exclusivamente de vegetais.

ve.ge.ta.ti.vo (*lat vegetativu*) *adj* **1** Que vegeta ou é capaz de vegetar. **2** Relativo a vegetais e animais que têm relação com o crescimento e a nutrição. **3** *Bot* Diz-se do período de vida durante o qual a planta não se reproduz. **4** *fig* Que funciona involuntária ou inconscientemente.

ve.ge.to.mi.ne.ral (*ê*) (*veget(al)+o+mineral*) *adj m+f* De natureza vegetal e mineral. *Pl: vegetominerais*.

vei.a (*lat vena*) *sf* **1** *Anat* Designação dos vasos sanguíneos que, partindo dos capilares, conduzem o sangue ao coração. **2** *pop* Qualquer vaso sanguíneo. **3** *Bot* Nome dado às nervuras secundárias das folhas. **4** Corrente ou veio de água. **5** Disposição, tendência, vocação.

vei.cu.la.ção (*veicular+ção*) *sf* **1** Ato ou efeito de veicular. **2** *Propag* Conjunto de meios usados numa campanha publicitária. *Pl: veiculações*.

vei.cu.la.do (*part de veicular*) *adj* **1** Trazido, transportado, conduzido. **2** Difundido, divulgado.

vei.cu.lar (*veículo+ar¹*) *vtd* **1** Transportar em veículo. **2** Conduzir, transportar. **3** *Propag* Difundir; divulgar; anunciar. *Conjug – Pres indic: veiculo, veiculas, veicula (cú)* etc. *Cf veículo*.

ve.í.cu.lo (*lat vehiculu*) *sm* **1** Qualquer meio mecânico de transporte de pessoas ou coisas. **2** Meio de transporte terrestre; carro, viatura. **3** Tudo o que transmite ou conduz; condutor. **4** *Propag* Qualquer meio empregado para a divulgação de anúncio, como jornal, revista, rádio, televisão, folheto etc.

vei.ga (*cast vega*) *sf* Planície cultivada e fértil; várzea.

vei.o (de *veia*) *sm* **1** Faixa estreita e comprida de terra ou de rocha que por sua qualidade ou sua cor se distingue da massa onde se acha interposta. **2** Parte da mina onde se encontra mineral; filão. **3** Conduto natural por onde circula a água nas entranhas da terra. **4** Riacho, regato, ribeiro. **5** Cada uma das listras onduladas ou ramificadas, de diversas cores, que têm certas pedras, mármores e madeiras. *Veio de água:* lugar onde a água corre com mais força.

ve.la¹ (*lat vela*) *sf* **1** *Náut* Conjunto ou união de panos, peças de lona ou linho forte, que, cortados de diversos modos e costurados, se amarram nas vergas para perceber a ação do vento que impelirá a embarcação. **2** Embarcação movida por um conjunto desses panos. **3** Tira de lona que se estende nos braços dos moinhos de vento para os fazer andar.

ve.la² (de *velar*) *sf* **1** Peça cilíndrica, de cera, sebo ou outra substância gordurosa, com pavio no centro em todo o comprimento, que serve para iluminar. **2** *Mec* Dispositivo que, nos motores de explosão, produz a ignição da mistura combustível nos cilindros.

ve.la.do (*part de velar*) *adj* **1** Coberto com véu. **2** Oculto; encoberto; dissimulado.

ve.la.me (*vela+ame*) *sm* **1** *Náut* Grande número de velas. **2** O conjunto das velas de uma embarcação.

ve.lar¹ (*lat velare*) *vtd* e *vpr* **1** Cobrir(-se) com véu: *A dama velou o rosto*. *vtd* **2** Encobrir, ocultar, tapar: *O pintor velou a impressionante tela*. *vpr* **3** Encobrir-se, ocultar-se: *Velou-se a estrela por trás das nuvens*. *vtd* **4** Tornar sombrio; tornar menos brilhante ou menos claro pela interposição de um corpo; empanar: *Uma faixa escura velara a cena*. *vtd* **5** Ocultar, recatar, tornar secreto: *Ela velava dele um segredo*.

ve.lar² (*lat vigilare*) *vtd* **1** Passar (a noite) em vigília: "Velei noites longas" (Coelho Neto). *vtd* **2** Estar de guarda ou de sentinela; vigiar: *A guarda-noturna passa as noites velando os nossos lares*. *vint* **3** Passar a noite acordado, sem dormir: *Todos dormiam, mas eu velava*. *vtd* **4** Passar a noite junto à cabeceira de (um doente), para tratar ou cuidar dele, ou ao pé de um morto: *Gosta de velar defuntos*. *vti* e *vint* **5** Exercer vigilância: "Um amigo fiel e prudente vela sobre ele" (Rebelo da Silva).

ve.la.tu.ra (*lat velatura*) *sf* Ação ou efeito de cobrir uma pintura com uma leve demão de tinta, de modo que transpareça a tinta anterior.

vel.cro® (marca registrada; *velours* + *crochet*) *sm* Conjunto de duas tiras de material sintético cobertas de pelos cerrados e que, colocada uma sobre a outra, funciona sob pressão, servindo como substituto de colchetes, zíperes ou botões.

ve.lei.da.de (*lat escol velleitate*, de *velle*) *sf* **1** Vontade imperfeita, sem resultado. **2** Capricho, leviandade. **3** Desejo vão; utopia. **4** Fantasia; quimera.

ve.lei.ro (*vela¹+eiro*) *adj* Aplica-se a qualquer embarcação à vela que navegue com extrema velocidade. • *sm* **1** Navio à vela. **2** Aquele que produz velas para navios.

ve.le.ja.dor (*velejar+dor*) *adj* Que veleja; veleiro. • *sm Esp* Praticante de iatismo com veleiros.

ve.le.jar (*vela¹+ejar*) *vint* Navegar à vela: *A frota velejou a noite toda*.

ve.lha.ca.ri.a (*velhaco+aria*) *sf* **1** Ação ou qualidade de velhaco. **2** Manha de velhaco.

ve.lha.co (*cast bellaco*) *adj* **1** Que engana de propósito. **2** Fraudulento, traiçoeiro, ordinário. **3** Que pratica ações ruins; maroto, malandro.

ve.lha-guar.da (*velha+guarda*) *sf sing* e *pl* Designação dada às pessoas de mais idade, num determinado grupo: *A velha-guarda dos sambistas*.

ve.lha.ri.a (*velho+aria*) *sf* **1** Ação, dito ou tudo aquilo que é próprio de pessoa idosa. **2** Traste ou objeto antigo. **3** Costume antiquado. **4** Termo ou locução já fora de uso. **5** Reunião de idosos. **6** Os idosos, os velhos.

ve.lhi.ce (*velho+ice*) *sf* **1** Condição ou estado de velho. **2** Idade avançada. **3** Período que, na vida do indivíduo, sucede à idade madura. **4** As pessoas velhas.

ve.lho (*lat vetulu*) *adj* **1** Adiantado em anos; de idade avançada; muito idoso. **2** Que não é novo; que existe há muito tempo; antigo ou que já tem muitos anos. **3** Veterano; experimentado. **4** Que possui desde muito tempo certa qualidade: *Ele é nosso amigo velho*. **5** Que dura há muito tempo. **6** Que data de épocas remotas: *Um velho costume*. **7** Diz-se de homem célebre da Antiguidade: *O velho Sócrates*. **8** Gasto pelo uso: *Um vestido velho*. **9** Que está fora do uso; antiquado, obsoleto: *Uma expressão velha*. • *sm* **1** Homem que tem muita idade; homem idoso. **2** *pop* Genitor, pai. *Estar velho antes do tempo:* sofrer, antes da hora, os percalços da velhice; ter aparências de velho sem o ser. *Fazer-se de velho:* estragar-se com o tempo ou com o uso; cair em desuso; envelhecer. *Meu velho, minha velha, meus velhos:* tratamento carinhoso entre cônjuges, ou que se dá aos pais, aos amigos a quem se quer aconselhar, consolar etc. *Morrer de velho, fig:* morrer em idade muito avançada. *O velho:* modo pelo qual os filhos costumam designar o pai, na ausência deste. *Velho Mundo:* a Europa. *Aum irreg: velhaças. Dim irreg: velhote.*

ve.lho.te (*velho+ote*) *adj* **1** Diz-se do indivíduo velho, mas bem-disposto. **2** Velho folgazão. • *sm* Indivíduo velhote. *Fem: velhota.*

ve.lo (*lat vellu*) *sm* **1** Lã de carneiro, ovelha ou cordeiro. **2** *por ext* A pele desses animais com a respectiva lã. **3** A lã do carneiro depois de tosada.

ve.lo.ci.da.de (*lat velocitate*) *sf* **1** Qualidade de veloz. **2** Movimento rápido; rapidez. **3** Agilidade ou presteza em executar uma ação. **4** *Fís* O espaço percorrido por unidade de tempo.

ve.lo.cí.me.tro (*lat veloce+metro²*) *sm* Aparelho para medir a velocidade de um veículo.

ve.lo.cí.pe.de (*lat veloce+pede*) *adj m+f* Veículo infantil, com uma roda dianteira e duas traseiras menores; triciclo.

ve.lo.cis.ta (*veloz+ista*) *s m+f* Esportista que se dedica a corridas de velocidade.

ve.ló.dro.mo (*velo(cípede)+dromo*) *sm* Pista destinada a corridas de bicicleta.

ve.ló.rio (de *velar²*) *sm* **1** Ato de velar um defunto, isto é, de passar a noite em claro na sala em que ele está exposto; vigília a defuntos. **2** Dependências, nos cemitérios ou hospitais, onde se realiza essa vigília.

ve.loz (*lat veloce*) *adj m+f* **1** Que anda ou corre muito depressa; rápido, ligeiro. **2** Que passa muito depressa. *Antôn: lento, vagaroso. Pl: velozes.*

ve.lu.do (*baixo-lat villutu,* de *villu*) *sm* **1** Tecido de seda ou de algodão, o qual de um dos lados tem pelo muito macio, curto e acetinado. **2** *por ext* Objeto ou superfície macia. *Veludo cotelê:* tecido de veludo ou algodão, semelhante ao veludo, com listras finas em relevo e outras rasas, que se alternam.

ve.lu.do.so (ô) (*veludo+oso*) *adj* Macio como veludo; aveludado. *Pl: veludosos (ó).*

ve.nal¹ (*lat venale*) *adj m+f* **1** Que se vende; que pode ser vendido. **2** Diz-se do valor real que tem na praça uma mercadoria. **3** Exposto à venda. **4** *fig* Corrupto; subornável. *Pl: venais.*

ve.nal² (*lat venal*) *adj m+f V venoso. Pl: venais.*

ven.ce.dor (*vencer+dor*) *adj* Que vence ou venceu. *Antôn:* vencido. • *sm* **1** Aquele que vence ou venceu. **2** Homem vitorioso, triunfante. *Antôn: perdedor.*

ven.cer (*lat vincere*) *vtd* **1** Alcançar vitória ou triunfo sobre: *Vencer as dificuldades, vencer o adversário. vti* e *vint* **2** Alcançar vitória; triunfar: *É melhor vencer pelo amor que pela força. Havemos de vencer. vtd* **3** Obter resultado favorável em: *Vencer o adversário em votos. vtd* **4** Levar vantagem sobre; exceder: *Ninguém o vence na perícia artística. vtd* **5** Refrear: *Vencer as emoções, vencer os impulsos. vpr* **6** Conter-se, refrear-se: "Não há maior vencer que vencer-se o homem a si" (Bernardim Ribeiro). *vtd* **7** Dominar: *Venceu-os o cansaço. vtd* **8** Exceder em altura ou som: *A sua voz vence o ruído da assembleia. vtd* **9** Domar, domesticar: *O gaúcho vencera o potro bravio. vtd* **10** Desfazer, destruir: *Vencer a dificuldade, vencer a oposição. vtd* **11** Convencer, persuadir, submeter: *Tanto instaram até que o venceram. vtd* **12** Atingir, percorrer: *Em poucos minutos venceu a distância. vtd* **13** Executar, levar a cabo, realizar.

ven.ci.do (*part* de *vencer*) *adj* **1** Que sofreu derrota; derrotado. **2** *Dir* Diz-se do voto cujos fundamentos foram desprezados num julgamento. **3** Desanimado, abatido. *Antôn* (acepção 1): *vencedor.* • *sm* Aquele que foi vencido por outrem. *Dar-se por vencido:* ceder, deixar de resistir, render-se.

ven.ci.men.to (*vencer+mento*) *sm* **1** Ação de vencer. **2** Fato de ser vencido. **3** *Com* Expiração do prazo para o pagamento de um título ou para cumprimento de qualquer encargo. **4** Dia em que expira esse prazo. **5** Fim da vigência de um contrato. **6** Salário ou provento de um emprego ou cargo público (nesta acepção, é mais usado no plural).

ven.da¹ (*lat vendita*) *sf* **1** Ação ou efeito de vender. **2** Contrato por meio do qual uma pessoa (o vendedor) transfere ou se obriga a transferir a outra (o comprador) a propriedade da coisa determinada, cujo preço é por ele pago segundo as condições estipuladas. **3** Loja de secos e molhados; empório.

ven.da² (*al Binde*) *sf* **1** Faixa com que se cobrem os olhos. **2** *fig* Cegueira. *Cair a venda dos olhos:* atinar finalmente com a verdade. *Ter uma venda nos olhos:* não entender, não perceber. *Tirar a alguém a venda dos olhos:* esclarecê-lo, elucidá--lo a respeito de um assunto.

ven.da.do (*part* de *vendar*) *adj* **1** Tapado com venda. **2** Que tem os olhos vendados.

ven.da.gem¹ (*venda¹+agem*) *sf* Ato ou operação de vendar os olhos. *Pl: vendagens.*

ven.da.gem² (*venda*²+*agem*) *sf* Ação ou efeito de vender; venda. *Pl: vendagens*.

ven.dar (*venda*²+*ar*¹) *vtd* **1** Cobrir com venda: *Vendar os olhos*. **2** Cobrir os olhos a, pôr venda nos olhos de: *Vendar um prisioneiro*. **3** Pôr faixa ou venda em: *Vendar a ferida*.

ven.da.val (*fr vent d'aval*) *sm* Vento forte e tempestuoso. *Pl: vendavais*.

ven.dá.vel (*vender*+*a*+*vel*) *adj m*+*f* Que se vende facilmente; que tem boa aceitação. *Pl: vendáveis*.

ven.de.dor (*vender*+*dor*) *adj*+*sm* Que, ou aquele que vende. • *sm* Aquele cujo emprego ou ocupação consiste em vender; aquele que vende por conta e às ordens de outrem. *Vendedor ambulante:* o que anda a vender diferentes gêneros pelas ruas, cidades, feiras etc.

ven.dei.ro (*venda*¹+*eiro*) *sm* Dono de venda ou taberna; taberneiro.

ven.der (*lat vendere*) *vtd* **1** Alienar (um objeto) mediante certo preço; trocar por dinheiro: *Vender prédios, vender terrenos*. *vtd* **2** Negociar em: *Vender livros*. *vtd* **3** Sacrificar por dinheiro ou por interesse: *Vender o voto, vender um segredo*. *vpr* **4** Ceder a própria liberdade por certo preço: *Ele vendeu-se ao capitalismo*. *vtd* **5** Praticar por interesse atos indignos; prostituir-se: *Ela vende o corpo num prostíbulo*. *vtd* **6** Trair ou prejudicar por interesse: *Vender os amigos por dinheiro*. Antôn (acepções 1, 2 e 3): *comprar*. *Vender a consciência:* sujeitá-la por interesse ou arbítrio de outrem. *Vender a honra:* receber dinheiro por uma ação indigna ou vergonhosa. *Vender caro a vida:* defendê-la com bravura, ferindo e atacando. *Vender como comprou:* transmitir sem alterar. *Vender gato por lebre:* ludibriar. *Vender saúde:* ter excelente saúde.

ven.di.do (*part* de *vender*) *adj* **1** Que se vendeu; que foi comprado; adquirido por venda. **2** *fig* Enganado, logrado, traído. **3** *fig* Corrompido; subornado.

ven.dí.vel (*lat vendibile*) *adj m*+*f* Que pode ser vendido. *Pl: vendíveis*.

ve.ne.no (*lat venenu*) *sm* **1** Substância que, quando absorvida em determinada quantidade, provoca perturbações funcionais mais ou menos graves. **2** Secreção venenosa de alguns animais; peçonha. **3** Secreção venenosa de certas plantas; tóxico. **4** Qualquer elemento que por transmissão de bactéria pode originar doença mortal. **5** *fig* Tudo quanto é capaz de produzir a corrupção moral.

ve.ne.no.so (*ô*) (*lat venenosu*) *adj* **1** Que contém ou elabora veneno. **2** Que opera como veneno. **3** Peçonhento. **4** Tóxico. **5** Que corrompe moralmente; nocivo. **6** Nocivo à saúde; deletério. **7** *fig* Caluniador, maledicente. *Pl: venenosos (ó)*.

ve.ne.ra.ção (*lat veneratione*) *sf* **1** Ato ou efeito de venerar. **2** Culto que se presta às pessoas, às divindades ou às coisas sagradas. **3** Acatamento, respeito. *Pl: venerações*.

ve.ne.rar (*lat venerari*) *vtd* **1** Tratar com profundo respeito; render culto a: "Todos a tínhamos e a venerávamos como uma santa" (Fernando de Azevedo). **2** Acatar, respeitar muito, ter em grande consideração: *Venerar a ciência, venerar a religião*.

ve.ne.rá.vel (*lat venerabile*) *adj* Que se deve venerar; que merece veneração; respeitável. *Sup abs sint: venerabilíssimo*. • *sm* O presidente de uma loja maçônica. *Pl: veneráveis*.

ve.né.reo (*lat venereu*) *adj* **1** Relativo a Vênus. **2** Relativo ao ato sexual ou por ele produzido: *Doença venérea*. **3** Erótico, sensual.

ve.ne.ta (*ê*) *sf* **1** Acesso de loucura. **2** Impulso repentino; capricho, mania. *Dar na veneta:* vir à ideia, ter um capricho, uma vontade súbita.

ve.ne.zi.a.na (*fem* de *veneziano*) *sf* Janela de lâminas sobrepostas que, fechada, permite a penetração do ar num compartimento, sem entrar o sol.

ve.ne.zu.e.la.no (*top Venezuela*+*ano*) *adj* Da, pertencente ou relativo à Venezuela (América do Sul). • *sm* O natural ou habitante da Venezuela.

vê.nia (*lat venia*) *sf* **1** Licença ou permissão pedida para executar algo. **2** Inclinação que se faz com a cabeça em sinal de cortesia; mesura, reverência. **3** *Teol* Perdão ou remissão da ofensa ou culpa. **4** Desculpa, perdão, absolvição. **5** *Dir* Licença que, por deferência, se pede ao juiz para não aceitar e refutar as suas conclusões ou razões.

ve.ni.al (*lat veniale*) *adj m*+*f* **1** Que é digno ou suscetível de vênia; perdoável, desculpável. **2** *Teol* Diz-se do pecado ou falta leve, que não faz perder a graça. *Pl: veniais*.

ve.no.so (*ô*) (*lat venosu*) *adj* **1** Pertencente ou relativo a veias; venal. **2** Que tem veias; abundante em veias. **3** Diz-se do sangue carregado de gás carbônico após a passagem pelos tecidos. *Pl: venosos (ó)*.

ven.ta (*lat ventana*, de *ventu*) *sf* Cada uma das fossas nasais. *sf pl* O nariz.

ven.ta.ni.a (*ventana*+*ia*¹) *sf* Vento forte e contínuo.

ven.ta.ni.lha (*cast ventanilla*) *sf* Cada uma das aberturas nos cantos e nas laterais da mesa de bilhar por onde cai a bola na caçapa.

ven.tar (*vento*+*ar*¹) *vint* **1** Fazer vento; soprar com força o vento: "Ventava, o céu estava coberto" (Machado de Assis). *vti* **2** Manifestar-se subitamente; vir correndo: "...ventou coragem nos ânimos" (Filinto Elísio). *vti* **3** Ser propício ou favorável: *A fortuna venta aos perseverantes*. *Conjug:* conjuga-se apenas nas 3ªˢ pessoas do singular.

ven.ta.ro.la (*ital ventarola*) *sf* Espécie de leque, com um só cabo e sem varetas.

ven.ti.la.ção (*lat ventilatione*) *sf* **1** Ato ou efeito de ventilar(-se). **2** Operação que tem por finalidade conservar o ar puro em um recinto fechado. **3** Debate de uma questão; discussão. **4** *Autom* Dispositivo que força a circulação do ar sobre partes mecânicas (cárter, motor, radiador etc.) para evitar seu aquecimento excessivo. *Pl: ventilações*.

ven.ti.la.do (*part* de *ventilar*) *adj* **1** Que se ventilou. **2** Diz-se do lugar por onde facilmente entra o vento ou o ar; arejado. **3** Discutido, debatido: *Assunto muito ventilado*.

ven.ti.la.dor (*ventilar*+*dor*) *adj* Que ventila. • *sm* **1** Aparelho que renova o ar de ambientes fechados ou que o põe em circulação; aparelho que produz corrente de ar. **2** *Constr* Cano que dá saída aos gases que se formam no sifão de vasos sanitários. **3** *Mec* Peça de motor de explosão que faz circular o ar através do radiador. **4** Orifício no topo do paraquedas por onde escapa o excesso de ar. *Ventilador de teto:* ventilador afixado no teto de um cômodo, muitas vezes com uma ou mais luminárias acopladas.

ven.ti.lar (*lat ventilare*) *vtd* **1** Fazer entrar o vento em; arejar, refrescar: *Ventilar a casa.* *vpr* **2** Abanar-se: *Ventilava-se com a revista.* *vtd* **3** *fig* Agitar, debater, discutir: *Ventilar uma questão, ventilar um assunto.*

ven.to (*lat ventu*) *sm* **1** *Meteor* Corrente de ar resultante de diferenças de pressão atmosférica proveniente, na maioria dos casos, de variações de temperatura. **2** Ar, atmosfera. **3** O ar em movimento ou em deslocamento. **4** O ar agitado por qualquer meio mecânico. *Bons ventos o levem:* diz-se a respeito de quem se deseja que vá embora. *Espalhar aos quatro ventos:* contar a todo mundo; divulgar em toda parte. *Ir de vento em popa:* a) *Náut* ir com vento favorável; b) *fig* ir favorecido pelas circunstâncias, prosperamente. *Ver donde sopra o vento:* aguardar os acontecimentos para assentar seus projetos.

ven.to.i.nha (de *vento*) *V cata-vento* (acepção 1).

ven.to.sa (*lat ventosa*) *sf* **1** *Cir* Vaso que se aplica sobre a pele a fim de provocar o afluxo de sangue. **2** *Zool* Sugadouro de certos animais aquáticos.

ven.to.si.da.de (*lat ventositate*) *sf* **1** Acumulação de gases no estômago ou nos intestinos; flatulência. **2** Saída desses gases, mais ou menos ruidosa.

ven.to.so (*ô*) (*lat ventosu*) *adj* **1** Cheio de vento. **2** Exposto ao vento. **3** Caracterizado por ventanias. *Pl: ventosos (ó).*

ven.tral (*lat ventrale*) *adj m+f* **1** Relativo ou pertencente ao ventre. **2** Situado sob o abdome de certos animais: *Barbatanas ventrais.* *Pl: ventrais.*

ven.tre (*lat ventre*) *sm* **1** *Anat* A cavidade do corpo humano ou animal, dentro da qual estão os principais órgãos do sistema digestório e geniturinário; abdome. **2** Região exterior e anterior do corpo correspondente a essa cavidade; barriga. **3** O útero. **4** Bojo de um vaso.

ven.trí.cu.lo (*lat ventriculu*) *sm Anat* **1** Nome de certas cavidades particulares a certos órgãos. **2** Cada uma das duas cavidades inferiores do coração; a esquerda envia, através da aorta, o sangue arterial a todos os órgãos, enquanto a direita, através da artéria pulmonar, envia aos pulmões o sangue venoso.

ven.trí.lo.quo (*co*) (*lat ventriloqui*) *adj + sm* Que, ou aquele que tem a faculdade de falar sem fazer movimentos perceptíveis da boca, modificando sua voz natural e dando a impressão de ser a fala de outra pessoa.

ven.tu.ra (*lat ventura,* de *venturu*) *sf* **1** Fortuna boa ou má. **2** Sorte, acaso, destino. **3** Sorte feliz; felicidade. **4** Prosperidade. **5** Risco, perigo. *Antôn* (acepções 3 e 4): *desventura. À ventura:* ao acaso, à sorte. *Por ventura:* por acaso, talvez.

ven.tu.ro.so (*ô*) (*ventura+oso*) *adj* **1** Que tem ventura; ditoso, feliz. **2** Em que há ventura. **3** Arriscado, aventuroso. *Pl: venturosos (ó).*

Vê.nus (*lat Venus*) *sm Astr* Planeta do sistema solar cuja órbita se situa entre a de Mercúrio e a da Terra.

vê-oi.to *adj bras* Diz-se do motor a explosão com oito pistões, distribuídos quatro a quatro em forma de V. • *sm* Automóvel, especialmente da marca Ford, que possuía esse tipo de motor. *sf* Modelo de calcinhas cuja cava da perna vai quase até a cintura, lembrando um V. *Pl: vê-oitos.*

ver (*lat videre*) *vtd* e *vint* **1** Conhecer (os objetos externos) por meio do sentido da visão: *Ninguém os viu. Daqui também se pode ver e ouvir bem.* *vtd* **2** Alcançar com a vista; avistar, enxergar: "Seus olhos buscaram em torno e não a viram" (José de Alencar). *vpr* **3** Avistar-se, contemplar-se, mirar-se: *Ver-se ao espelho.* *vtd* **4** Ser espectador ou testemunha de; presenciar: *Pedro viu o crime da sacada do apartamento.* *vtd* **5** Achar, encontrar: *Jamais o vi malévolo.* *vtd* **6** Notar, observar: *Vimos que a fila de carros não andava.* *vtd* **7** Distinguir, divisar: *Comecei a ver, do ônibus, a tranquila cidadezinha.* *vtd* **8** Percorrer: *Ver lugares desconhecidos.* *vpr* **9** Achar-se, encontrar-se em alguma condição, estado ou situação: *Vendo-se desarmado, acovardou-se.* *vpr* **10** Achar-se, encontrar-se em algum lugar: *Em pouco tempo, viu-se em alto-mar.* *vpr* **11** Sentir-se: *Viu-se mais crescido em opinião e forças.* *vtd* **12** Atender a, reparar, tomar cuidado em: *Veja bem o que vai fazer.* *vtd* **13** Conhecer: "Deus vê os nossos pensamentos" (Laudelino Freire). *vtd* **14** Estudar: *Precisamos ver bem esse assunto.* *vtd* **15** Ler: *Veja o que diz esta carta.* *vtd* **16** Visitar: *Vou vê-la amanhã.* *vtd* **17** Prestar serviços médicos a: *O doutor foi ver um doente.* *vtd* **18** Estar em contato, em convivência ou em relações com; frequentar, receber: *Vive no retiro e não vê o mundo.* *vtd* **19** Reconhecer: *Há de ver que não o enganei.* *vpr* **20** Reconhecer-se: *Viu-se vencido e desacreditado.* *vtd* **21** Compreender: *Não o interrogo porque vejo que não adianta.* *vtd* **22** Julgar: *Viu-o perdido e condenado.* *vtd* **23** Examinar, indagar, investigar: *Vejamos o que acontecerá.* *Conjug – Pres indic:* vejo, vês, vê, vemos, vedes, veem; *Pret imp indic:* via, vias, via etc.; *Pret perf:* vi, viste, viu, vimos, vistes, viram; *Pret mais-que-perf:* vira, viras, vira, víramos, víreis, viram; *Fut pres:* verei, verás, verá etc.; *Fut pret:* veria, verias, veria etc.; *Pres subj:* veja, vejas, veja etc.; *Pret imp subj:* visse, visses, visse, víssemos, vísseis, vissem; *Fut subj:* vir, vires, vir, virmos, virdes, virem; *Imper afirm:* vê(tu); veja(você), vejamos(nós), vede(vós), vejam(vocês); *Imper neg:* não vejas(tu), não veja(você) etc.; *Infinitivo impess:* ver; *Infinitivo pess:* ver, veres, ver, vermos, verdes, verem: *Ger:* vendo; *Part:* visto.

Merece atenção o verbo **ver** quanto à acentuação no presente do indicativo.
Ele vê o farol na ilha. (singular – 3ª pessoa)
Eles veem o farol na ilha. (plural – 3ª pessoa)
Da mesma forma, não se deve confundi-lo com o verbo **vir** no presente do indicativo ou mesmo no futuro do subjuntivo.
Ele vê o farol. Eles veem o farol. (verbo *ver*)
Ele vem para casa. Eles vêm para casa. (verbo *vir*)
Se (quando) *eu* (ou ele) *vir o farol...* (verbo *ver*)
Se (quando) *eu* (ou ele) *vier para casa...* (verbo *vir*)

Se (quando) *nós virmos o farol...* (verbo *ver*)
Se (quando) *nós viermos para casa...* (verbo *vir*)
ve.ra.ci.da.de (*lat veracitate*) *sf* **1** Qualidade do que é veraz; verdade. **2** Respeito constante à verdade.
ve.ra.ne.ar (de *verão+e+ar*[1]) *vint* Passar o verão em algum lugar: *Veranear na praia.* Conjuga-se como *frear.*
ve.ra.nei.o (de *veranear*) *sm* Ação de veranear.
ve.ra.ni.co (*cast veranico*) *sm* **1** Pequeno verão; verão pouco quente. **2** Certo período durante o outono, no qual a temperatura é muito agradável.
ve.ra.nis.ta (*verão+ista*) *adj m+f* Diz-se da pessoa que está veraneando, ou que costuma veranear. • *s m+f* Essa pessoa.
ve.rão (*lat veranu*) *sm* **1** Uma das quatro estações do ano, que, no hemisfério sul, tem início a 21 de dezembro e termina a 20 de março; no hemisfério norte, inicia-se a 21 de junho e termina a 21 de setembro; estio. **2** *por ext* Tempo quente e pouco chuvoso. *Pl: verões.*
ve.raz (*lat verace*) *adj m+f* **1** Que diz a verdade. **2** Em que há verdade; verídico. *Sup abs sint: veracíssimo. Pl: verazes.*
ver.ba (*lat verba*) *sf* **1** Cada uma das cláusulas ou condições mencionadas numa escritura, ou outro ato escrito. **2** Anotação, apontamento, registro, comentário. **3** Designação ou consignação de uma quantia para determinado fim. **4** *por ext* Qualquer soma ou quantia em dinheiro. **5** Nota fiscal num papel escrito no documento, acusando o pagamento do selo a que ele estava sujeito. *Estourar a verba:* fazer despesa além da orçada, de modo que a verba não comporte.
ver.bal (*lat verbale*) *adj m+f* **1** Relativo ao verbo. **2** Diz-se do que se refere à palavra, ou se serve dela. **3** Expresso ou significado de viva voz; oral. *Antôn* (acepção 3): *escrito. Pl: verbais.*
ver.ba.li.zar (*verbal+izar*) *vtd* **1** *Gram* Tornar verbal: *Verbalizar um adjetivo.* **2** Expor verbalmente: *Verbalizar uma sensação.*
ver.be.rar (*lat verberare*) *vtd* **1** Açoitar, fustigar; flagelar: *Verberaram a pobre escrava.* **2** Censurar asperamente; repreender, reprovar: *Verberar a brutalidade, verberar o escândalo.*
ver.be.te (ê) (*verbo+ete*) *sm* **1** Apontamento, nota. **2** Pequena folha de papel ou cartão em que se faz um apontamento ou nota; ficha. **3** Na organização de um dicionário, enciclopédia ou glossário, cada uma das palavras com suas acepções, explicações e exemplos.
ver.bo (*lat verbu*) *sm* **1** Palavra, expressão, elocução. **2** *Gram* A palavra que exprime, por flexões diversas, o modo de atividade ou estado que apresentam as pessoas, animais ou coisas de que se fala. **3** Palavra que significa alguma ideia extraordinária e de grande importância. **4** Tom de voz. **5** A parte principal de uma coisa. **6 Verbo** *Rel* Nome próprio da segunda pessoa da Santíssima Trindade, Jesus Cristo. *Verbo abundante:* verbo que apresenta duas ou mais formas equivalentes. Geralmente são as formas do particípio. *P ex: prender* (prendido, preso), *nascer* (nascido, nato). *Verbo anômalo:* verbo que se afasta completamente do paradigma de sua conjugação e é extraordinariamente irregular em sua informação. *P ex: haver, pôr. Verbo defectivo:* verbo que não possui todos os tempos, todos os modos ou certas formas. *P ex: colorir, falir. Verbo de ligação:* verbo que liga um sujeito a um predicado: *A criança parecia assustada* (*parecia* é verbo de ligação). *Verbo irregular:* verbo que, em algumas formas, se afasta do paradigma de sua conjugação, apresentando variações no radical ou na flexão. *P ex: caber, fazer. Verbo regular:* verbo que se flexiona de acordo com o paradigma de sua conjugação, permanecendo o radical sempre invariável. *P ex: amar, vender.*
ver.bor.ra.gi.a (*verbo+ragia*) *sf pej* Qualidade de quem fala ou discute com grande fluência e abundância de palavras, mas com poucas ideias.
ver.bor.rá.gi.co (*verbo+ragia+ico*[2]) *adj* Afetado de verborragia.
ver.da.de (*lat veritate*) *sf* **1** Aquilo que é ou existe com toda a certeza. **2** Conformidade das coisas com o conceito que a mente forma delas. **3** Concepção clara de uma realidade. **4** Realidade, exatidão. **5** Sinceridade, boa-fé. **6** Princípio certo e verdadeiro. **7** Juízo ou proposição que não se pode negar.
ver.da.dei.ro (*verdade+eiro*) *adj* **1** Que é conforme à verdade; em que há verdade. **2** Genuíno; autêntico. **3** Que existe realmente; real. **4** Não simulado; sincero. **5** Que é realmente o que parece; que não tem mistura; puro. **6** Exato, verídico. *Antôn* (acepções 1 e 2): *falso;* (acepção 3): *fictício;* (acepção 4): *mentiroso.*
ver.de (ê) (*lat viride*) *adj m+f* **1** A cor que se obtém misturando o azul e o amarelo. **2** Diz-se das árvores ou das plantas que conservam ainda alguma seiva (em contraposição a seco). **3** Diz-se da fruta que não está madura. **4** Fresco: *Carne verde.* **5** Relativo aos primeiros anos de existência. **6** *fig* Que está no princípio ou que ainda está muito da perfeição; inexperiente. • *sm* A cor verde.
ver.de-es.me.ral.da (*verde+esmeralda*) *adj m+f sing* e *pl* **1** Que tem uma tonalidade de verde semelhante à da esmeralda. **2** Da cor da esmeralda. • *sm* A cor verde-esmeralda. *Pl: verdes-esmeraldas* e *verdes-esmeralda.*
ver.de.jan.te (de *verdejar*) *adj m+f* Que verdeja.
ver.de.jar (*lat viridicare*) *vint* **1** Apresentar a cor verde; tomar a cor verde. *vtd* **2** Dar cor verde a. *Conjug:* conjuga-se apenas nas 3ªs pessoas.
ver.de-mar (*verde+mar*) *adj m+f sing* e *pl* Que tem uma tonalidade verde-clara semelhante à do mar. • *sm* A cor verde-mar. *Pl: verdes-mares* e *verdes-mar.*
ver.do.en.go (de *verde*) *adj* **1** Tirante ao verde; esverdeado. **2** Diz-se da fruta que não está bem madura.
ver.dor (*verde+or*) *sm* **1** Cor verde das plantas. **2** Estado da planta verde. **3** *fig* Vigor, viço, força. **4** Inexperiência da juventude. *Verdores da mocidade:* extravagâncias, imprudências próprias dessa fase da vida.
ver.du.go (*lat veriducu*) *sm* **1** Algoz; carrasco. **2** Pessoa cruel ou malvada.
ver.du.ra (*verde+ura*) *sf* **1** A cor das plantas, das folhas das árvores, das ervas. **2** Estado dos frutos que ainda não estão maduros. **3** Estado da madeira que ainda não está bem seca. **4** *Bot* Hortaliça. **5**

verdureiro *Bot* As plantas; os vegetais. **6** Estado ou qualidade do que é tenro, do que ainda não está sazonado.

ver.du.rei.ro (*verdura+eiro*) *sm* Vendedor de verduras e frutas.

ve.re.a.dor (*verear+dor*) *sm* Membro da câmara municipal.

ve.re.an.ça (*verear+ança*) *sf* Cargo de vereador.

ve.re.da (*ê*) (*lat vereda*) *sf* **1** Caminho estreito; atalho, senda. **2** *fig* Rumo, direção, caminho.

ve.re.dic.to (*lat veredictu*) *sm* **1** Decisão de um júri ou de qualquer outro tribunal judiciário acerca de uma causa cível ou criminal. **2** *por ext* Juízo pronunciado em qualquer matéria.

ver.ga (*ê*) (*lat virga*) *sf* **1** Vara flexível para açoitar ou para fazer cestos. **2** Barra de metal delgada e maleável. **3** *Náut* Pau atravessado no mastro onde se prende a vela.

ver.ga.lhão (*vergalho+ão²*) *sm* **1** Vergalho grande. **2** Barra de metal comprida e grossa. *Pl: vergalhões.*

ver.ga.lhar (*vergalho+ar¹*) *vtd* Bater ou surrar com vergalho; chicotear.

ver.ga.lho (*verga+alho*) *sm* **1** O pênis de boi ou cavalo, cortado e ressecado. **2** Chicote feito desse órgão. **3** *por ext* Açoite, chicote.

ver.gão (*verga+ão²*) *sm* **1** Verga grande. **2** Vinco na pele, produzido por pancada, chicotada ou outras causas. *Pl: vergões.*

ver.gar (*verga+ar¹*) *vtd* **1** Curvar, dobrar à maneira de verga: *Vergar o arco. vti* **2** Ceder ao peso: *As prateleiras vergavam ao* (ou *com o*) *peso das louças. vtd e vtdi* **3** Submeter, sujeitar: *O peso dos anos verga-lhe a fronte. Afinal vergaram-no à disciplina. vti e vint* **4** Ceder, submeter-se: *Vergou ao prestígio da força. A dor fê-lo vergar. vtd* **5** Fazer condescender, fazer mudar de opinião: *Vergou habilmente seu opositor.*

ver.go.nha (*lat verecundia*) *sf* **1** Sentimento de desgosto que excita em nós a ideia ou o receio da desonra. **2** Rubor nas faces causado pelo pudor. **3** Timidez, acanhamento. **4** Constrangimento, embaraço. **5** Desonra, ignomínia.

ver.go.nho.so (*ô*) (*vergonha+oso*) *adj* **1** Que tem vergonha; pudico. **2** Acanhado, tímido. **3** Que causa vergonha; que desonra; infame, indigno. **4** Obsceno, indecoroso. *Pl: vergonhosos* (*ó*).

ve.rí.di.co (*lat veridicu*) *adj* **1** Que diz a verdade; que fala a verdade; que não mente por princípio algum. **2** Em que há verdade; exato, veraz.

ve.ri.fi.car (*lat verificare*) *vtd* **1** Averiguar, examinar, indagar a verdade de: *Verificar a carga de um navio. vtd* **2** Demonstrar ou fazer ver a verdade de: "Neste sentido verificarei as palavras do tema" (Padre Antônio Vieira). *vtd* **3** Confirmar, corroborar: *O tempo verificou seu triste pressentimento. vpr* **4** Cumprir-se, efetuar-se, realizar-se: "Deuses, verificou-se o triste agouro" (Odorico Mendes). *Conjug – Pres subj: verifique, verifiques* etc.; *Pret perf: verifiquei, verificaste, verificou* etc.

ver.me (*lat verme*) *sm* **1** *Zool* Denominação genérica dos animais que têm alguma semelhança com a minhoca. **2** *Zool* Nome dado aos parasitas que se desenvolvem no corpo vivo. **3** Lombriga. **4** Na crença popular, pequeno bicho que rói os cadáveres na sepultura. **5** Nome dado vulgarmente às larvas de muitos insetos quando são desprovidos de patas. **6** *fig* Aquilo que mina ou corrói lentamente. **7** *fig* Pessoa vil, infame. *Dim irreg: vermículo. Esmagar como a um verme:* frase de ameaça a quem se pode facilmente confundir ou vencer. *Verme roedor:* larva que rói; traça. *Verme solitário:* tênia, solitária.

ver.me.lhão (*vermelho+ão²*) *sm* **1** Tinta vermelha usada para pintar pisos etc. **2** Rubor da face; vermelhidão. *Pl: vermelhões.*

ver.me.lhar (*vermelho+ar¹*) *vtd* **1** V *avermelhar. vint* **2** Ter cor vermelha; apresentar cor vermelha.

ver.me.lhi.dão (*vermelho+idão*) *sf* **1** Cor vermelha. **2** Rubor da face; vermelhão. *Pl: vermelhidões.*

ver.me.lho (*lat vermiculu*) *adj* **1** Que tem cor encarnada muito viva; rubro. **2** *fig* Comunista ou socialista. **3** Diz-se da cor dos índios da América. *Estar no vermelho:* estar em *deficit. Ficar vermelho:* corar de vergonha, envergonhar-se.

ver.mi.ci.da (*vermi+cida*) *adj m+f* Que mata os vermes. • *sm* Medicamento que serve para matar ou destruir os vermes.

ver.mi.for.me (*vermi+forme*) *adj m+f* Que tem forma de verme ou é semelhante a verme.

ver.mí.fu.go (*vermi+fugo*) *adj* Que afugenta ou destrói os vermes. • *sm* O que afugenta ou destrói os vermes; vermicida.

ver.mi.no.se (*lat vermina+ose*) *sf Med* Doença produzida pela abundância de vermes nos intestinos.

ver.mu.te (*al Wermuth*) *sm* Vinho branco ou tinto, aromatizado com plantas.

ver.ná.cu.lo (*lat vernaculu*) *adj* **1** Próprio do país a que pertence; nacional. **2** Próprio da região em que está. **3** Sem mescla de estrangeirismos (falando da linguagem); genuíno, correto, puro. **4** Que, tanto no falar como no escrever, observa rigorosamente a pureza e a correção da linguagem. • *sm* Idioma próprio de um país.

vernissage (*vernissáj*) (*fr*) *sm* **1** A véspera de uma exposição, quando os pintores dão a seus quadros a última demão de verniz. **2** *por ext* Inauguração de uma exposição de obras de arte.

ver.niz (*baixo-lat vernice*) *sm* **1** Composição de resinas e óleos dissolvidos e combinados de várias maneiras, para polir madeiras, metais, pinturas etc., para lhes tornar a superfície macia e brilhante, ou para os preservar da ação destruidora da umidade. **2** Nome de diversos vegetais que fornecem as resinas com que se faz verniz. **3** *fig* O que dá às ações, às maneiras um tom de cortesia, de delicadeza, de trato fino e polido; polimento, lustre, elegância, distinção. *Pl: vernizes.*

ve.ros.sí.mil (*lat verisimile*) *adj m+f* **1** Semelhante à verdade. **2** Que tem a aparência de verdadeiro. **3** Provável. *Pl: verossímeis.*

ve.ros.si.mi.lhan.ça (*verossímil+*(*seme*)*lhança*) *sf* Qualidade do que é verossímil. *Var: verossimilitude.*

ve.ros.si.mi.lhan.te (*verossímil+*(*seme*)*lhante*) V *verossímil.*

ve.ros.si.mi.li.tu.de (*verossímil+suf lat itudine*) V *verossimilhança.*

ver.ru.ga (*lat verruca*) *sf* Pequena saliência cutânea, geralmente nas mãos e no rosto, de origem virótica.

ver.ru.ma *sf* Ferramenta de furar madeira, com a extremidade inferior lavrada em espiral de passo alongado e terminada em ponta aguda, provida de cabo transversal para ser girado à mão.

ver.sa.do (*part* de *versar*) *adj* Perito, prático, experimentado.

ver.são (*lat versione*) *sf* **1** Ação ou efeito de verter ou de traduzir de uma língua para outra; tradução literal de um texto. **2** Ação ou efeito de voltar ou de virar; volta. **3** Designação especial das antigas traduções da Bíblia. **4** Exercício escolar que consiste em traduzir trechos de uma língua para a própria. **5** Interpretação, explicação. **6** Modo de contar um fato. *Pl: versões.*

ver.sar (*lat versare*) *vtd* **1** Exercitar; manejar; pôr em prática: *Versar química*. *vtd* **2** Estudar, compulsar: *Versar os clássicos*. *vtd* **3** Considerar, ponderar, tratar: *Versar uma questão*. *vti* **4** Ter por assunto ou objeto; consistir: *O discurso versou sobre política.*

ver.sá.til (*lat versatile*) *adj m+f* **1** Volúvel, inconstante, vário. **2** Que se move facilmente; que está em movimento. **3** Diz-se de quem possui qualidades múltiplas e variadas num determinado gênero de atividades: *Artista versátil, atleta versátil*. *Pl: versáteis.*

ver.sa.ti.li.da.de (*versátil+i+dade*) *sf* Qualidade de versátil.

ver.se.ja.dor (*versejar+dor*) *adj* **1** Que verseja. **2** Diz-se do indivíduo sem inspiração como poeta, mas que sabe fazer versos.

ver.se.jar (*verso+ejar*) *vtd* **1** Pôr em verso: *Versejar um acontecimento*. *vint* **2** *pej* Fazer maus versos.

ver.sí.cu.lo (*lat versiculu*) *sm* Trecho sagrado de poucas linhas, formando sentido completo.

ver.si.fi.ca.ção (*lat versificatione*) *sf* **1** Ato ou efeito de versificar. **2** Arte ou modo de versificar; metrificação. *Pl: versificações.*

ver.si.fi.car (*lat versificare*) *V* versejar.

ver.so (*lat versu*) *sm* **1** Palavra ou reunião de palavras sujeitas a certa medida e cadência, seguindo regras fixas, convencionalmente adotadas. *Cf prosa* (acepção 1). **2** Cada linha de uma composição poética. **3** As composições poéticas em geral. **4** A linguagem ou a parte da literatura que encerra as obras poéticas. **5** A poesia. **6** Página oposta à da frente. **7** Face inferior das folhas dos vegetais. **8** Lado posterior de qualquer objeto; face oposta à frente.

versus (*é*) (*lat*) *V contra.*

vér.te.bra (*lat vertebra*) *sf Anat* Cada um dos ossos que constituem a espinha dorsal do homem e dos animais vertebrados.

ver.te.bra.do (*lat vertebratu*) *adj* Que tem vértebras. • *sm pl Zool* Grande divisão do reino animal, que compreende todos os animais de cuja estrutura faz parte uma coluna óssea ou cartilaginosa, composta de peças ligadas entre si e móveis umas sobre as outras, as vértebras. *Antôn: invertebrado.*

ver.te.bral (*lat vertebrale*) *adj m+f* **1** Relativo às vértebras. **2** Constituído pelas vértebras. *Canal vertebral*: canal que atravessa de alto a baixo a coluna vertebral, onde se aloja a medula espinhal. *Pl: vertebrais.*

ver.ten.te (*lat vertente*) *adj m+f* **1** Que verte. **2** Diz-se das águas que descem da encosta do monte. • *sf* **1** Declive de montanha, por onde derivam as águas pluviais. **2** Cada uma das superfícies de um telhado.

ver.ter (*lat vertere*) *vtd* **1** Derramar, entornar, fazer correr (um líquido) para fora do vaso ou espaço que o encerra; fazer transbordar: *Verter água*. *vtd* **2** Derramar: *Verter lágrimas*. *vint* **3** Transbordar. *vti* **4** Brotar, derivar, manar, rebentar: *Do morro verte a fonte dos amores*. *vtd* **5** Fazer brotar, sair ou transladar (sangue alheio). *vtd* **6** Traduzir de uma língua para outra: *Verteu toda a expressividade do original grego.*

ver.ti.cal (*lat verticale*) *adj m+f* **1** Que sai ou parte do vértice; que está colocado no vértice. **2** Que é perpendicular ao plano do horizonte; que segue a direção da linha do prumo. **3** Direito, aprumado. • *sf* A linha vertical ou perpendicular. *Pl: verticais.*

ver.ti.ca.li.za.ção (*verticalizar+ção*) *sf* Ato ou efeito de verticalizar. *Pl: verticalizações.*

ver.ti.ca.li.zar (*vertical+izar*) *vtd* Dar posição vertical a: *Verticalizar um poste.*

vér.ti.ce (*lat vertice*) *sm* **1** Ponto, oposto à base, onde se reúnem os dois lados do triângulo. **2** Ponto em que se encontram as linhas que formam o ângulo. **3** O ponto onde se juntam as faces de uma pirâmide. **4** Ápice, cume, pináculo; o ponto mais culminante. **5** O ponto mais elevado da abóbada craniana.

ver.ti.ci.la.do (*verticilo+ado*[1]) *adj Bot* Que apresenta verticilo; constituído por verticilos.

ver.ti.ci.lo (*lat verticillu*) *sm Bot* Conjunto das partes da flor ou da folha colocadas no mesmo nível, ou seja, inseridas em um único nó do caule.

ver.ti.gem (*lat vertigine*) *sf* **1** Tontura, atordoamento. **2** Desmaio. *Pl: vertigens.*

ver.ti.gi.no.so (*ô*) (*lat vertiginosu*) *adj* **1** Sujeito a vertigens; que sofre vertigens. **2** Que causa vertigens. **3** Que gira com rapidez; que rodopia; que se revolve em roda. **4** Rápido; impetuoso; velocíssimo. **5** Que perturba a mente e a reflexão; que arrasta a atos irrefletidos e impetuosos. *Pl: vertiginosos (ó).*

ver.ve (*fr verve*) *sf* Imaginação vivaz; calor de imaginação que anima o artista, o orador, o conversador etc.

ves.go (*ê*) (*lat vulg *versicu*, de *versu*) *adj* Que tem a vista torcida; estrábico. • *sm* Indivíduo vesgo.

ves.gui.ce (*vesgo+ice*) *V estrabismo.*

ve.si.cal (*lat vesica+al*[1]) *adj m+f Anat* Relativo ou pertencente à bexiga. *Pl: vesicais.*

ve.sí.cu.la (*lat vesicula*) *sf* **1** *Anat* Saco membranoso parecido com uma bexiga pequena. **2** *Zool* Pequeno saco cheio de ar que se encontra nos peixes e que os torna mais ou menos leves, quando querem subir ou descer na água. *Vesícula biliar, Anat*: órgão que serve de reservatório para a bílis.

ves.pa (*lat vespa*) *sf Entom* Inseto himenóptero, provido de ferrão na extremidade do abdome.

ves.pei.ro (*vespa+eiro*) *sm* **1** Grande número de vespas. **2** Buraco ou toca habitada por vespas. **3** Lugar onde elas se ajuntam. **4** *fig* Lugar onde, de um momento para outro, se deparam emboscadas ou perigo.

Vés.per (*lat Vesper, np*) *sm pop* Nome dado ao planeta Vênus, quando aparece à noitinha, no Ocidente.

vés.pe.ra (*lat vespera*) *sf* **1** A tarde. **2** O dia que precede imediatamente aquele de que se trata.

ves.pe.ral (*lat vesperale*) *adj m+f* Relativo à tarde; que se realiza à tarde. • *sm* Divertimento, concerto ou qualquer outro espetáculo realizado à tarde; matinê. *Pl: vesperais*.

ves.per.ti.no (*lat vespertinu*) *adj* Relativo ou pertencente à tarde ou a Vésper; vesperal. • *sm* Jornal que se publica à tarde ou à noite.

ves.pi.for.me (*vespi+forme*) *adj m+f Entom* Que tem a forma de uma vespa.

ves.tal (*lat vestale*) *sf* **1** Sacerdotisa de Vesta, deusa do fogo na Roma antiga. **2** *fig* Mulher muito honesta ou casta. *Pl: vestais*.

ves.te (*lat veste*) *sf* Vestuário, vestimenta, roupa.

ves.ti.á.rio (*lat vestiariu*) *sm* Compartimento próprio para trocar de roupa ou onde se guarda roupa.

ves.ti.bu.lan.do (de *vestibular*) *adj* Diz-se do estudante que vai prestar exame vestibular. • *sm* Esse estudante.

ves.ti.bu.lar (*vestíbulo+ar¹*) *adj m+f* **1** Relativo ao vestíbulo. **2** Diz-se do exame de admissão às escolas superiores. • *sm* Esse exame.

ves.tí.bu.lo (*lat vestibulu*) *sm* **1** Espaço entre a porta e a principal escadaria interior. **2** Entrada de um edifício. **3** Espaço entre a via pública e a entrada de um edifício; saguão. **4** *Anat* Cavidade central do labirinto ósseo da orelha. **5** *Anat* e *Zool* Qualquer cavidade que serve de entrada a outra.

ves.ti.do (*part* de *vestir*) *adj* **1** Coberto com roupas. **2** Revestido; coberto. • *sm* **1** Tudo aquilo que serve para vestir; veste, vestuário. **2** Vestimenta exterior das mulheres, que consta de saia e blusa numa só peça.

ves.tí.gio (*lat vestigiu*) *sm* **1** Sinal deixado pela pisada ou passagem, tanto do homem como de qualquer outro animal; pegada, rasto. **2** Indício ou sinal de coisa que sucedeu, de pessoa que passou. **3** Resquícios, ruínas. *Seguir os vestígios de alguém:* fazer o que ele fez ou faz; imitá-lo.

ves.ti.men.ta (*lat vestimenta*) *sf* Veste. *sf pl* Os paramentos ou vestes sacerdotais em atos solenes.

ves.tir (*lat vestire*) *vtd* **1** Cobrir (o corpo) com roupa; envolver em roupa: *Vestiu o filho*. *vtd* **2** Ajustar ao próprio corpo; envergar, envolver-se em: *Algumas senhoras vestiam trajes masculinos*. *vpr* **3** Pôr veste; trajar: *Vestia-se com elegância*. *vtd* **4** Calçar (luvas). *vtd* **5** Cobrir, revestir: *Vestiu a poltrona de veludo*. *vpr* **6** Fantasiar-se: *Vestiu-se de pirata*. Conjuga-se como *ferir*.

ves.tu.á.rio (*lat med vestuariu, corr* de *vestiariu*) *sm* Conjunto das peças de roupa que se vestem; indumentária.

ve.tar (*veto+ar¹*) *vtd* **1** Opor o veto a: *Vetar uma lei*. **2** Proibir, vedar: *Vetaram-lhe a pretensão*. *Antôn*: sancionar.

ve.te.ra.no (*lat veteranu*) *adj* **1** Antigo no serviço militar. **2** Envelhecido num serviço qualquer; traquejado, experimentado. **3** *por ext* Antigo em qualquer ramo de atividade. • *sm* **1** Soldado que já tomou parte em muitas batalhas. **2** Soldado que tem muitos anos de serviço. **3** *por ext* Pessoa traquejada em qualquer atividade por exercê-la há muito tempo. **4** Pessoa que envelheceu em certo serviço ou profissão. **5** *pop* Estudante que já concluiu o primeiro ano de um curso. *Antôn* (acepções 3 e 4): *novato;* (acepção 5): *calouro*.

ve.te.ri.ná.ria (*lat veterinaria*) *sf* **1** Conhecimento da anatomia e das doenças dos animais. **2** Medicina aplicada a esses animais.

ve.te.ri.ná.rio (*lat veterinariu*) *adj* Relativo à veterinária ou aos animais irracionais. • *sm* Aquele que exerce a veterinária: médico veterinário.

ve.to (*lat veto*) *sm* **1** *Polít* Faculdade que tem o chefe do poder executivo de recusar a sua sanção a um projeto de lei aprovado pelo parlamento. **2** Proibição, oposição, suspensão.

ve.tor (*lat vectore*) *sm* **1** Portador, condutor. **2** *Geom* Segmento de reta determinado em grandeza, direção e sentido.

ve.to.ri.al (*vetor+i+al¹*) *adj m+f* Relativo a vetor. *Pl: vetoriais*.

ve.tus.to (*lat vetusu*) *adj* **1** Muito velho; antiquíssimo. **2** Respeitável pela sua idade. **3** Deteriorado pelo tempo.

véu (*lat velu*) *sm* **1** Tecido com que se oculta, venda, envolve ou cobre alguma coisa. **2** Tecido finíssimo com que as senhoras cobrem o rosto ou que lhes serve de adorno. **3** Tecido retangular com que as religiosas cobrem a cabeça. **4** *por ext* Tudo o que serve para ocultar, envolver ou encobrir alguma coisa.

ve.xa.ção (*lat vexatione*) *sf* Ato ou efeito de vexar (-se); vexame. *Pl: vexações*.

ve.xa.do (*part* de *vexar*) *adj* **1** Envergonhado; molestado; oprimido. **2** *Reg* (Nordeste) Apressado.

ve.xa.me (*lat vexamen*) *sm* **1** V *vexação*. **2** Aquilo que vexa. **3** Vergonha. **4** Afronta. **5** *Reg* (Nordeste) Pressa.

ve.xar (*lat vexare*) *vtd* **1** Afligir, atormentar; molestar; oprimir: *Vexar alguém*. *vtd* **2** Causar vergonha a; envergonhar: *O escândalo vexou-a profundamente*. *vtd* **3** Afrontar, humilhar. *vtd* e *vpr* **4** *Reg* (Nordeste) Apressar(-se). *vpr* **5** Envergonhar-se, sentir vergonha: *A garota vexou-se naquele ambiente*.

ve.xa.ti.vo (*lat vexativu*) V *vexatório*.

ve.xa.tó.rio (*vexar+ório¹*) *adj* Que vexa; vexativo.

vez (*lat vice*) *sf* **1** Ensejo, ocasião, oportunidade; circunstância determinada em que se faz ou pode fazer alguma coisa. **2** Turno. **3** Alternativa, opção. *Pl: vezes*.

VHF (sigla de V*ery* H*igh* F*requency*) (*ingl*) *sm Eletrôn* Faixa de frequências muito alta usada para difundir programas de rádio e televisão; frequência muito alta.

VHS (sigla de V*ideo* H*ome* S*ystem*) (*ingl*) *sm Telev* Formato de fita de videocassete que usa fita de largura de ½ polegada, gravando 260 linhas de um sinal de vídeo, e serve de padrão para o mercado doméstico e consumidor; sistema de vídeo doméstico. *Super VHS:* versão de alta resolução do padrão VHS, que grava 400 linhas de um sinal de vídeo.

vi.a (*lat via*) *sf* **1** Caminho ou estrada por onde se vai de um ponto a outro. **2** Nome dos grandes caminhos construídos pelos romanos. **3** Lugar por onde se vai ou se é levado. **4** Direção, linha. **5** O espaço compreendido (nas estradas férreas) entre os dois trilhos. **6** *Anat* Qualquer canal do organismo animal. **7** O meio em que alguém caminha ou por onde se transporta. **8** Rumo, direção, rota. **9** Meio, modo, método, sistema. **10** Meio, intermédio. **11** Causa. **12** Meio de transporte. **13** Exemplar de uma letra ou documento comercial etc. *Chegar* ou *ir às vias de fato:* chegar a um confronto corporal. *Em via de:* a caminho de, prestes a. *Por via de regra:* em regra; ordinariamente. *Via aérea:* transporte ou navegação através dos ares. *Via da urina:* a uretra. *Via de fato:* violência, maus-tratos, agressão. *Via férrea:* caminho ou estrada de ferro. *Via fluvial:* transporte ou navegação por um rio. *Via Láctea, Astr:* nebulosa que forma uma larga faixa esbranquiçada que em noites escuras se vê no céu e que abrange quase um círculo máximo da esfera celeste. *Via marítima:* transporte ou navegação por mar. *Via pública:* a rua ou estrada pública. *Vias respiratórias, Anat:* a traqueia e os brônquios. *Vias urinárias:* o conjunto dos órgãos que concorrem para a excreção e evacuação da urina.

vi.a.bi.li.da.de (*lat viabile+dade*) *sf* Qualidade de viável.

vi.a.bi.li.zar (*lat viabile+izar*) *vtd* Tornar viável, tornar exequível; possibilitar.

vi.a.ção (*lat viare+ção*) *sf* **1** Modo de andar ou de percorrer um caminho, ou transportar de um lugar para outro, por caminhos ou ruas. **2** Sistema ou conjunto das estradas e caminhos públicos de um país. **3** Serviço de veículos públicos. *Pl: viações*.

vi.a.du.to (*lat via+ductu*) *sm* Construção que permite dar passagem a ruas, avenidas, estradas, leitos de vias férreas etc., sobre depressões ou vales.

vi.a.gem (*provençal viatge,* do *lat viaticu*) *sf* **1** Caminho que se percorre para chegar a outro lugar afastado. **2** Navegação. **3** Percurso extenso. **4** Relação escrita dos acontecimentos ocorridos num passeio, numa jornada etc. *Viagem de descoberta:* navegação que tem por fim achar terras que eram desconhecidas. *Viagem de longo curso:* longa navegação. *Pl: viagens*.

Não confunda a forma ortográfica de **viagem** (substantivo) com **viajem** (forma verbal do presente do subjuntivo do verbo *viajar*).
Aquela viagem foi agradável. (substantivo)
O trabalho exige que os jornalistas viajem para lugares distantes. (3ª pessoa do plural do presente do subjuntivo do verbo *viajar*)

vi.a.jan.te (de *viajar*) *adj m+f* **1** Que viaja. **2** Que tem a profissão de viajar. • *s m+f* **1** Pessoa que está viajando. **2** Pessoa que viaja por costume ou por profissão.

vi.a.jar (*viagem+ar*[1]) *vint* **1** Fazer viagem; ir de um lugar para outro ou outros. *vtd* **2** Andar por; percorrer em viagem. *Conjug – Pres indic: viajo, viajas* etc.; *Pres subj: viaje, viajes* etc. *Cf viagem.*

vi.an.dan.te (de *viandar*) *adj m+f* Diz-se da pessoa que vianda ou viaja, principalmente a pé. • *s m+f* Essa pessoa.

vi.an.dar (*via+andar*) *vint* Viajar, peregrinar.

vi.á.rio (*via+ário*) *adj* Relativo a viação.

vi.a-sa.cra (*lat*) *Rel* **1** Conjunto de quatorze quadros que mostram as cenas da Paixão de Cristo. **2** As orações que se rezam diante desses quadros. *Fazer a via-sacra:* a) visitar todas as igrejas, geralmente sete, a fim de conseguir as indulgências da quinta--feira santa; b) *fig* ir a vários lugares para visitar, ou para outro fim. *Pl: vias-sacras.*

vi.a.tu.ra (decalque de *fr voiture*) *sf* Designação genérica de qualquer veículo.

vi.á.vel[1] (*lat viare+vel*) *adj m+f* **1** Que pode ser percorrido; que não oferece obstáculos ou embaraços ao trânsito; transitável. **2** Em que é possível abrir caminho ou passagem. *Pl: viáveis.*

vi.á.vel[2] (*fr viable*) *adj m+f* **1** *Med* Diz-se do feto que apresenta o suficiente desenvolvimento e a conveniente regularidade de conformação para as exigências da vida extrauterina. **2** Que pode ter bom resultado; exequível, realizável. **3** Passível de bom êxito. *Pl: viáveis.*

ví.bo.ra (*lat vipera*) *sf* **1** *Herp* Denominação geral que abrange todas as serpentes; em sentido estrito, designa as espécies venenosas de cobras. **2** *fig* Pessoa de mau gênio, ou de língua maligna, perigosa como esses répteis.

vi.bra.ção (*lat vibratione*) *sf* **1** Ação ou efeito de vibrar. **2** *Fís* Movimento periódico das partículas de um corpo ou meio elástico, em sentidos alternativamente opostos com relação à posição de equilíbrio, quando este foi perturbado. **3** Tremor do ar ou de uma voz. **4** Movimento vibratório; oscilação. **5** Animação, entusiasmo, agitação. **6** Balanço. *Vibração da voz:* qualidade da voz vibrante. *Vibração de tela, Inform:* imagem na tela que se move debilmente ou cuja claridade é alternada devido a uma baixa taxa de renovação ou corrupção do sinal. *Vibrações sonoras:* vibrações produzidas pelo abalo dos corpos sonoros e que, propagando-se ao movimento imprimido a esses corpos, determinam a sensação de som. *Pl: vibrações.*

vi.bran.te (*lat vibrante*) *adj m+f* **1** Que vibra. **2** Sonoro, forte, bem timbrado. **3** Que excita, que comove.

vi.brar (*lat vibrare*) *vtd* **1** Fazer mover ou oscilar; agitar, brandir: *Vibrar a lança, o chicote. vint* **2** Sentir ou receber vibrações. *vti* e *vint* **3** Estremecer, palpitar. *vint* **4** Sentir comoção ou excitação correspondente a uma excitação ou estímulo: *Vibraram de emoção ao ouvir o hino nacional. Seus nervos já não vibram. vtd* **5** Dedilhar, ferir. *Vibrar as cordas da viola. vint* **6** Tanger, tocar: *A campainha está vibrando. vint* **7** Produzir sons ou harmonias resultantes de vibrações: *Vibravam ainda os majestosos acordes do órgão e do violino. vint* **8** Ter som claro e distinto: *Sua voz grave vibrava nitidamente. vtd* **9** Fazer soar: *Vibrou no ar estalos com o chicote. vint* **10** Romper distinta, clara e acentuadamente: *As horas da noite vibram no silêncio da casa. vtd* **11** Arremessar: *Vibrar a lança, vibrar flechas. vtd* **12** Desferir: *Vibrar um golpe. vtd* **13** Dardejar: *Vibrou-me um olhar fulminante. vtd* **14** Pronunciar com força: *Vibrar a frase, a ordem. vtd* **15** Dirigir (insultos, sarcasmos etc.). *Vibrar luz* ou *raios:* emitir ou espargir viva luz; cintilar. *Vibrar os olhos:* olhar com expressão ameaçadora. *Vibrar raios e coriscos, pop:* mostrar indignação ou furor, proferir ameaças excessivas.

vi.brá.til (de *vibrar*) *adj m+f* Suscetível de vibrar. *Pl: vibráteis.*

vi.bra.tó.rio (*vibrar+ório*) *adj* Que possui ou causa vibração.

vi.ce-al.mi.ran.te (*vice+almirante*) *sm* Posto de hierarquia da Marinha, imediatamente inferior ao de almirante. *Pl: vice-almirantes.*

vi.ce-cam.pe.ão (*vice+campeão*) *adj* Diz-se do atleta ou clube esportivo que se classifica logo após o campeão; que consegue o segundo lugar num campeonato. • *sm* Esse atleta ou esse clube esportivo. *Fem: vice-campeã. Pl: vice-campeões.*

vi.ce-cam.pe.o.na.to (*vice+campeonato*) *sm* O segundo lugar em um campeonato. *Pl: vice-campeonatos.*

vi.ce-côn.sul (*vice+cônsul*) *sm* Substituto do cônsul. *Pl: vice-cônsules.*

vi.ce-go.ver.na.dor (*vice+governador*) *sm* O que faz as vezes do governador, em caso de impedimento deste. *Pl: vice-governadores.*

vi.ce.jar (*viço+ejar*) *vint* **1** Estar viçoso, ter viço, vegetar com exuberância: *Vicejam os campos na primavera. vtd* **2** Dar viço a: *A chuva, benéfica, vicejava a horta. vint* **3** Ostentar em toda a sua exuberância: *Aos 18 anos a sua beleza vicejava.*

vi.ce-lí.der (*vice+líder*) *sm* **1** *Polít* Subchefe da representação parlamentar de um partido político. **2** *Esp* Atleta ou clube esportivo que se classifica imediatamente abaixo do líder. **3** Substituto do líder. • *adj Esp* Diz-se do atleta ou do clube esportivo que se classifica logo após o líder. *Pl: vice-líderes.*

vi.ce-li.de.ran.ça (*vice+liderança*) *sf* Função ou qualidade de vice-líder. *Pl: vice-lideranças.*

vi.ce-pre.fei.to (*vice+prefeito*) *sm* O que faz as vezes do prefeito ou o substitui nos seus impedimentos. *Pl: vice-prefeitos.*

vi.ce-pre.si.dên.cia (*vice+presidência*) *sf* Cargo ou dignidade de vice-presidente. *Pl: vice-presidências.*

vi.ce-pre.si.den.te (*vice+presidente*) *s m+f* Pessoa que faz as vezes do presidente ou o substitui nos seus impedimentos. *Pl: vice-presidentes.*

vi.ce-rei (*vice+rei*) *sm* Governador de Estado, de uma possessão ou província, subordinado a um reino. *Pl: vice-reis.*

vi.ce-ver.sa (*lat*) *adv* **1** Reciprocamente. **2** Em sentido inverso; invertendo os termos; às avessas.

vi.ci.a.do (*part* de *viciar*) *adj* **1** Que tem vício ou defeito. **2** Corrupto, impuro. **3** Adulterado, falsificado. *Antôn* (acepções 2 e 3): *puro.*

vi.ci.ar (*lat vitiare*) *vtd* **1** Tornar vicioso; corromper, depravar: *Viciar os costumes. vtd* **2** *Dir* Tornar nulo; anular: *Tal omissão vicia o contrato. vtd* **3** Alterar com falsificações; adulterar, falsificar: *Viciar um documento. vpr* **4** Corromper-se, depravar-se, perverter-se: *Viciou-se na bebida. Conjug* – *Pres indic: vicio, vicias* (*cí*) etc. *Cf vício.*

vi.ci.nal (*lat vicinale*) *adj m+f* **1** Que é vizinho; próximo. **2** Que pertence ou diz respeito às cercanias. **3** Diz-se do caminho ou estrada que liga povoações próximas. *Pl: vicinais.*

ví.cio (*lat vitiu*) *sm* **1** Defeito físico ou moral; deformidade, imperfeição. **2** Defeito que torna uma coisa ou um ato impróprios, inoperantes ou inaptos para o fim a que se destinam, ou para o efeito que devem produzir. **3** Falta, defeito, erro, imperfeição grave. **4** Disposição ou tendência habitual para o mal. **5** Hábito de proceder mal; ação indecorosa que se pratica por hábito. **6** Costume condenável ou censurável. **7** Degenerescência moral ou psíquica do indivíduo que, habitualmente, procede contra os bons costumes, tornando-se elemento pernicioso ao meio social, ou com este incompatível. **8** Desmoralização, libertinagem.

vi.ci.o.so (*ô*) (*lat vitiosu*) *adj* **1** Que tem vícios; que está habituado ao vício. **2** Em que há vícios. **3** Corrupto; depravado. **4** Que tem defeito grave. **5** Oposto a certos preceitos ou regras. *Pl: viciosos* (*ó*). *Antôn* (acepção 3): *puro, virtuoso.*

vi.cis.si.tu.de (*lat vicissitudine*) *sf* **1** Variação de coisas que se sucedem. **2** Variação, transformação. **3** Revés. **4** Eventualidade, contingência.

vi.ço (*lat vitiu*) *sm* **1** Vigor da vegetação. **2** Exuberância; vigor.

vi.ço.so (*ô*) (*viço+oso*) *adj* **1** Que tem viço; que vegeta com força. **2** Que está no pleno vigor da sua beleza vegetal. **3** Mimoso, delicado (falando de flores). **4** Coberto de verdura; exuberante de vegetação. **5** Cheio de vigor, de força, de mocidade. *Pl: viçosos* (*ó*).

vi.da (*lat vita*) *sf* **1** Atividade interna substancial por meio da qual atua o ser onde ela existe; estado de atividade imanente dos seres organizados. **2** Duração das coisas; existência. **3** União da alma com o corpo. **4** Espaço de tempo compreendido entre o nascimento e a morte do ser humano. **5** Espaço de tempo em que se mantém a organização dos seres viventes. **6** Animação em composições literárias ou artísticas. **7** Estado da alma depois da morte: *Vida eterna.* **8** Ocupação, emprego, profissão. **9** Alimentação, subsistência, sustento, passadio. **10** Condições para viver e durar; vitalidade. **11** Princípio de existência de força; condições de bem-estar, vigor, energia, progresso. **12** Expressão viva e animada; animação, entusiasmo. *Antôn* (acepções 1, 2 e 3): *morte.*

vi.dão (*vida+ão²*) *sm bras* Vida regalada; vida de prazeres; boa vida. *Pl: vidões.*

vide (*lat*) Fórmula empregada para remeter a outro livro ou a outro trecho da obra.

vi.dei.ra (*vide+eira*) *sf Bot* Arbusto originário do Oriente, que dá uvas.

vi.den.te (*lat vidente*) *adj m+f* **1** Diz-se da pessoa que faz uso da vista (em oposição ao cego). **2** Que profetiza. **3** Diz-se de pessoa que tem, segundo acreditam muitos, a faculdade de visão sobrenatural. • *s m+f* **1** Pessoa que tem essa faculdade. **2** Pessoa que profetiza; profeta.

ví.deo (*lat video*) *sm* **1** Parte do equipamento do circuito de televisão que atua sobre os sinais de imagem e permite a percepção visual das emissões. **2** Faixa do espectro reservado à imagem. **3** Parte do aparelho de televisão onde aparecem as imagens; tela de televisão. **4** Qualquer obra registrada em videoteipe.

vi.de.o.ar.te (*ingl videoart*) *sf* Forma de expressão artística que se utiliza do videoteipe.

vi.de.o.cas.se.te (*vídeo+cassete*) *sm* **1** Cassete com fita gravada em videoteipe. **2** Equipamento para reprodução de gravações registradas nessa fita. *Sigla: VCR.*

vi.de.o.cli.pe (*ingl video-clip*) *sm* Vídeo para apresentação de música, com imagens; clipe.

vi.de.o.clu.be (*vídeo+clube*) *sm* Clube especializado em empréstimo, mediante pagamento, de filmes em videocassete ou *videogame*.

vi.de.o.con.fe.rên.cia (*vídeo+conferência*) *sf Inform* Integração de sinais de vídeo, áudio e computador de diferentes locais, de forma que pessoas geograficamente dispersas possam falar e ver umas às outras, como se estivessem numa sala de conferência.

vi.de.o.dis.co (*vídeo+disco*) *sm* **1** Suporte material semelhante ao disco fonográfico, no qual são gravados sinais de imagem e de som para serem reproduzidos em aparelho de TV. **2** *Eletrôn* Disco óptico usado para armazenar imagens e sons de televisão.

videogame (*vídeo guêim*) (*ingl video game*) *sm* Diversão eletrônica com base em imagens de fita cassete.

vi.de.o.lo.ca.do.ra (*vídeo+locadora*) *sf* Empresa que aluga fitas de vídeo e DVDs para clientes previamente cadastrados, os quais pagam diárias pelos filmes locados.

videomaker (*vídeo-mêiquer*) (*ingl*) *sm* Profissional que se dedica à produção de vídeos.

vi.de.o.pô.quer (*vídeo+pôquer*) *sm* Jogo de azar em que o jogador simula uma partida de pôquer contra uma máquina, que lhe apresenta, numa tela, imagens de cartas.

vi.de.o.te.ca (*vídeo+teca*) *sf* **1** Coleção de video-cassetes. **2** Móvel ou local para guardar videocassetes.

vi.de.o.tei.pe (*ingl videotape*) *sm* **1** Gravação simultânea de som e imagem em fita magnética, a qual permite reproduções futuras de cenas que podem passar como atuais em relação ao momento da transmissão. **2** Esse próprio sistema de transmissão.

vi.de.o.tex.to (*vídeo+texto*) *sm* Texto que, através de linha telefônica ou via cabo, chega ao vídeo de um televisor, à medida que o usuário, utilizando-se de um teclado alfanumérico, chama esse texto.

videowall (*vídeo-uól*) (*ingl*) *sm Eletrôn* Conjunto de monitores de vídeo, instalados uns sobre os outros, formando uma espécie de parede, que exibem todos uma mesma imagem, partes diferentes de uma única imagem ou imagens independentes umas das outras.

vi.dra.ça (de *vidro*) *sf* **1** Chapa de vidro. **2** Caixilhos com chapas de vidro para janela ou porta.

vi.dra.ça.ri.a (*vidraça+aria*) *sf* **1** Conjunto de vidraças. **2** Estabelecimento onde se vendem vidros.

vi.dra.cei.ro (*vidraça+eiro*) *sm* **1** Pessoa que corta e coloca vidros em caixilhos. **2** Fabricante ou vendedor de vidros. **3** Operário que trabalha em fábrica de vidros.

vi.dra.do (*part* de *vidrar*) *adj* **1** Coberto de substância vitrificável. **2** Embaciado, sem brilho. **3** *bras gír* Encantado, fascinado.

vi.drar (*vidro+ar*[1]) *vtd* **1** Cobrir ou revestir de substância vitrificável: *Vidrar louça*. *vpr* **2** Embaciar-se, perder o brilho (diz-se especialmente dos olhos). *vti* **3** *gír* Apaixonar-se por, gostar muito de: *Vidrar em, vidrar por alguém* ou *alguma coisa* (é mais usado o particípio: *Vidrado em* ou *vidrado por*).

vi.dro (*lat virtu*) *sm* **1** Substância dura, transparente e frágil, resultante da fusão da mistura de quartzo, carbonato de sódio e carbonato de cálcio. **2** Qualquer objeto feito com essa substância. **3** Lâmina de vidro com que se resguarda desenho ou estampa, ou com que se preenche caixilho de porta ou de janela. **4** Vaso pequeno de vidro para conter qualquer líquido; frasco, garrafa pequena.

vi.e.la (*via+ela*) *sf* Rua ou travessa estreita; beco.

vi.és (*fr biais*) *sm* **1** Obliquidade, direção oblíqua. **2** Meio indireto. **3** Tira estreita de fazenda que se corta obliquamente da peça e que, dobrada e costurada longitudinalmente, serve para enfeite de vestidos e outras peças do vestuário feminino; enviés. *Ao viés* ou *de viés:* obliquamente, em diagonal. *Pl:* vieses.

vi.et.na.mi.ta (*Vietname+ita*[2]) *adj m+f* Do, pertencente ou relativo ao Vietnã (Ásia). • *s m+f* O natural ou habitante do Vietnã. *sm* O idioma oficial desse país.

vi.ga (*lat biga*) *sf* **1** Trave de madeira ou aço, empregada em construção. **2** Travessa de cimento armado que faz parte da estrutura de edifícios.

vi.ga.men.to (*lat vicariu+aria*) *sm* As vigas de uma construção.

vi.ga.ri.ce (*vigário+ice*) *sf* **1** Ação própria de vigarista. **2** Conto do vigário; logro.

vi.gá.rio (*lat vicariu*) *sm* **1** Aquele que faz as vezes de outro. **2** Padre que substitui o pároco. **3** Padre adjunto a um prior. **4** Título do pároco, em todas as freguesias do Brasil. **5** Irmão que, nas confrarias, faz as vezes do chefe ou do juiz. *Vigário de Cristo:* o papa. *Vigário de freiras:* capelão ou diretor espiritual das religiosas de um convento.

vi.ga.ris.ta (*vigário+ista*) *s m+f* **1** Ladrão ou ladra que passa o conto do vigário. **2** *por ext* Pessoa que explora a boa-fé dos incautos; trapaceiro, velhaco.

vi.gên.cia (*vigente+ia*[2]) *sf* **1** Qualidade de vigente. **2** Tempo durante o qual uma lei ou um contrato vigora.

vi.gen.te (*lat vigente*) *adj m+f* **1** Que vige. **2** Que vigora, que se mantém em vigor ou está atualmente em execução. **3** Que está em atividade.

vi.ger (*lat vigere*) *vint* Ter vigor; estar em vigor; estar em execução: *Vige o Acordo Ortográfico de 1990. Conjug:* conjuga-se apenas nas formas em que ao *g* se segue *e. Pres indic:* viges, vige, vigemos, vigeis, vigem; *Pret imp indic:* vigia, vigias, vigia, vigíamos, vigíeis, vigiam; *Pret perf:* vigi, vigeste, vigeu, vigemos, vigestes, vigeram; *Pret mais-que-perf:* vigera, vigeras, vigera, vigêramos, vigêreis, vigeram; *Fut pres:* vigerei, vigerás etc.; *Fut pret:* vigeria, vigerias etc.; *Pret imp subj:* vigesse, vigesses, vigesse, vigêssemos etc.; *Fut subj:* viger, vigeres, viger, vigermos, vigerdes, vigerem; *Imper afirm:* vige(tu), vigei(vós); *Infinitivo impess:* viger; *Infinitivo pess:* viger, vigeres, viger etc.; *Ger:* vigendo; *Part:* vigido.

vi.gé.si.mo (*zi*) (*lat vigesimu*) *num* Que numa série de vinte está em último lugar. • *sm* Cada uma das vinte partes iguais em que se divide uma unidade ou um todo.

vi.gi.a (*der* regressiva de *vigiar*) *sf* **1** Ato ou efeito de vigiar. **2** Vigília de quem está acordado. **3** Insônia, vigilância. **4** Sentinela. **5** Atalaia, guarita. **6** Orifício por onde se espreita.

vi.gi.a.do (*part* de *vigiar*) *adj* Que está sob vigia; observado.

vi.gi.ar (*lat vigilare*) *vtd* **1** Estar de vigília ou sentinela a: *O inimigo nos vigiava, aguardando o romper do dia. Vigiar o acampamento*. *vint* **2** Estar atento; velar: "Vigiai e orai, para que não entreis em tentação" (*Evangelho segundo São Mateus*, 26, 41; tradução do Padre Matos Soares). *vtd* **3** Espreitar, observar: *Disfarçadamente o vigiavam*. *vtd* **4** Atender a, atentar em, observar atentamente: *Vigiar o doente, vigiar o gado*. *vti* **5** Tomar cuidado; cuidar: *Vigiar na observância do regulamento*. *vpr* **6** Acautelar-se, precaver-se: *Vigiar-se dos perigos*. *Conjug – Pres indic: vigio, vigias* etc.

vi.gi.lân.cia (*lat vigilantia*) *sf* **1** Ato ou efeito de vigilar. **2** Estado de quem vigia. **3** Qualidade de vigilante. **4** Precaução. **5** Diligência. **6** Cuidado, atenção desvelada.

vi.gi.lan.te (*lat vigilante*) *adj m+f* **1** Que vigia, que vela com grande atenção; cuidadoso, atento, diligente, cauteloso. **2** Que faz com vigilância. • *s m+f* Pessoa que exerce vigilância.

vi.gi.lar (*lat vigilare*) *V vigiar.*

vi.gí.lia (*lat vigilia*) *sf* **1** O fato de não dormir durante a noite; insônia. **2** Estado de quem durante a noite se conserva desperto; vela. **3** Cada um dos quartos em que se reparte a noite. **4** *Rel* Véspera de uma festa religiosa importante.

vi.gor (*lat vigore*) *sm* **1** Força física, robustez. **2** Energia, atividade. **3** Esforço enérgico da alma ou do corpo. **4** Força, eficácia. **5** Vigência. *Antôn* (acepção 1): *fraqueza*.

vi.go.rar (*vigor+ar¹*) *vint* **1** Adquirir vigor, força ou robustez: *O enfermo começou a vigorar*. *vtd* **2** Dar vigor a; tornar vigoroso; fortalecer: *A ótima alimentação vigorou o convalescente*. *vint* **3** Estar em vigor, ter vigor, não estar prescrito: *Essa lei ainda hoje vigora*.

vi.go.ro.so (ô) (*lat vigorosu*) *adj* **1** Cheio de vigor; forte, enérgico, robusto. **2** Que tem vigor moral; eficaz, enérgico. **3** Que mostra grande força expressiva. **4** Que denota vigor ou energia na execução; feito com vigor. *Pl: vigorosos* (ó). *Antôn* (acepções 1 e 3): *fraco*.

vil (*lat vile*) *adj m+f* **1** De pouco valor; que se compra por baixo preço. **2** Baixo, reles, ordinário. **3** Mesquinho, miserável. **4** Desprezível, abjeto. **5** Infame, torpe. • *s m+f* Pessoa vil, abjeta, desprezível. *Pl: vis*.

vi.la (*lat vila*) *sf* **1** Povoação de maior importância que a aldeia e menor que a cidade. **2** Os habitantes dessa povoação. **3** Casa de campo, de construção mais ou menos elegante, própria para recreio. **4** Casa de habitação com jardim, dentro da cidade. **5** Conjunto de casas pequenas, geralmente iguais, dispostas ao longo de um corredor ou à roda de uma área, que forma um tipo de rua particular.

vi.lão (*lat villanu*) *adj* **1** Que habita numa vila. **2** Rústico. **3** Descortês, grosseiro, malcriado. **4** Abjeto, baixo, desprezível. **5** Que provém de baixa origem; plebeu. • *sm* **1** Aquele que nasceu ou habita em vila. **2** Camponês, rústico. **3** Pessoa que tem origem plebeia. **4** Pessoa vil, desprezível, que comete ações más ou baixas. **5** Avarento, sórdido. *Pl: vilões*.

vi.li.pen.di.a.ção (*vilipendiar+ção*) *sf* Ato ou efeito de vilipendiar. *Pl: vilipendiações*.

vi.li.pen.di.ar (*lat vilipendere*) *vtd* **1** Tratar com vilipêndio. **2** Considerar como vil, mesquinho ou desprezível. *Conjug – Pres indic: vilipendio, vilipendias* (dí) etc. *Cf vilipêndio*.

vi.li.pên.dio (de *vilipendere*) *sm* Grande desprezo; menoscabo, aviltamento.

vi.me (*lat vimen*) *sm* **1** Haste ou vara tenra e flexível de vimeiro que, depois de descascada e seca, serve para a fabricação de móveis, cestas e outros utensílios. **2** Qualquer vara muito flexível.

vi.mei.ro (*vime+eiro*) *sm Bot* Nome comum a alguns arbustos flexíveis; salgueiro.

vi.na.gre (*lat vinu+acre*) *sm* Líquido azedo e adstringente, produto resultante da fermentação ácida de certas bebidas alcoólicas, particularmente do vinho, composto principalmente de ácido acético e usado como condimento.

vi.na.grei.ra (*vinagre+eiro*) *sf* Recipiente para guardar vinagre.

vin.car (*vinco+ar¹*) *vtd* **1** Fazer vincos em. **2** Fazer dobras em. **3** Enrugar: *Os longos anos vividos vincaram o rosto da baronesa*. **4** *Tip* Produzir, por pressão, mediante fios de aço ou discos rotativos, na cartolina ou cartão, vincos destinados a facilitar a sua dobragem. *Conjug – Pres subj: vinque, vinques* etc.; *Pret perf: vinquei, vincaste, vincou* etc.

vin.cen.do (*lat vincendu*) *adj* Que está por vencer (dívidas, juros etc.).

vin.co (*lat vinculu*) *sm* **1** Friso resultante da dobradura de um papel ou pano. **2** Qualquer vestígio deixado no corpo pela ação de um objeto contundente, aperto de cordão, unhada etc.; vergão. **3** *Tip* Estria produzida no papel ou cartão por corpo duro e agudo que o comprime; dobra seca.

vin.cu.la.do (*part* de *vincular*) *adj* **1** Ligado por vínculo. **2** Instituído em vínculo. **3** Que tem natureza de vínculo. **4** Fortemente ligado ou preso. **5** Perpetuado, eternizado. **6** Ligado ou unido por laços morais. **7** Obrigado por ajuste ou contrato.

vin.cu.lar (*vínculo+ar¹*) *vtd* **1** Ligar, prender com vínculo: *Vincularam o prisioneiro*. *vtd* **2** Ligar ou prender por laços morais: *Uma grande amizade vinculou um ao outro*. *vpr* **3** Ligar-se, prender-se: *Vincularam-se pelo matrimônio*. *vtd* **4** Obrigar, sujeitar: *Preconceitos rançosos vinculavam e inibiam o rapaz*. *vtd* **5** Constituir em vínculo: *Vincular propriedades*. *vtd* **6** Segurar ou obter a posse de: *Vincular bens*. *vpr* **7** Ficar consagrado ou perpetuado; tornar-se imortal: *Noel Rosa vinculou--se a nossa cultura musical*. *Conjug – Pres indic: vinculo, vinculas, vincula* (cú) etc. *Cf vínculo*.

vín.cu.lo (*lat vinculu*) *sm* **1** Tudo o que ata, liga ou aperta. **2** Atadura, nó, liame. **3** Ligação moral. **4** Ônus, gravame. **5** *Dir* Laço jurídico entre o marido e a mulher, no casamento legítimo. **6** *Dir* Nexo jurídico que estabelece subordinação de uma coisa a outra. **7** Relação, subordinação.

vin.da (*part fem* de *vir*) *sf* Ação ou efeito de vir; chegada, regresso, volta.

vin.di.ma (*lat vindemia*) *sf* **1** Ação ou efeito de vindimar; o trabalho de apanhar e recolher as uvas. **2** Tempo de vindimar. **3** A uva vindimada.

vin.di.mar (*lat vindemiare*) *vtd* **1** Fazer a vindima de; colher as uvas de: *Vindimar as vinhas*. *vint* **2**

Fazer a vindima: *Cessou o tempo de vindimar*. *vtd* **3** *pop* Destruir; dar cabo de; matar, assassinar: *Os cangaceiros vindimavam os fazendeiros*.

vin.di.ta (*ital venditta*) *sf* **1** Vingança; retaliação. **2** Punição legal.

vin.do (*part* de *vir*) *adj* **1** Que veio; que chegou. **2** Procedente, proveniente, oriundo.

vin.dou.ro (*lat venituru, corr* de *venturu*) *adj* Que há de vir ou acontecer; futuro; que está por vir. • *sm* Aquele que não é natural de uma povoação e nela se acha de novo. *sm pl* Os homens futuros; a posteridade.

vin.ga.dor (*vingar+dor*) *adj* **1** Que vinga. **2** Diz-se daquilo que serve para vingar: *Punhal vingador*. • *sm* Aquele que vinga.

vin.gan.ça (*vingar+ança*) *sf* **1** Ação ou efeito de vingar(-se). **2** Desforra, represália, vindita. **3** Castigo, punição.

vin.gar (*lat vindicare*) *vtd* **1** Tirar desforra de (ofensa ou injúria); castigar, infligir punição a: *Vingar a injúria, vingar a ofensa*. *vtd* **2** Dar satisfação a: *Vingar a honra de marido, vingar o sangue de alguém*. *vtd* **3** Desafrontar, promover a reparação de: *Vingar um prejuízo, uma calúnia*. *vpr* **4** Corresponder a uma ofensa ou injúria com outra; tirar vingança de afronta, ofensa ou injúria recebida: *Soube de tudo, e jurou vingar-se. O povo não se vinga das opressões passadas*. *vpr* **5** Dar-se por satisfeito. *vtd* **6** Compensar, consolar, recompensar: *Alegres e tranquilos dias nos vinguem da enorme trabalheira de agora*. *vint* **7** Alcançar o seu fim, ter bom êxito ou feliz resultado: *Esse plano não vingará*. *vint* **8** Sair vencedor: *Se a minha ideia vingar... vti* e *vint* **9** Crescer, desenvolver, medrar, prosperar (vencendo obstáculos): "Nem todas as flores vingam em fruto" (Padre Manuel Bernardes). "Vinga a flor a pouco e pouco" (Gonçalves Dias). *Vingar a sela:* cavalgar. *Conjug – Pres subj: vingue, vingues, vingue* etc.; *Pret perf: vinguei, vingaste, vingou* etc.

vin.ga.ti.vo (*vingar+ivo*) *adj* **1** Que gosta de se vingar; que tem grande prazer na vingança. **2** Em que há vingança. **3** Que se vinga.

vi.nha (*lat vinea*) *sf* **1** Plantação de videiras. **2** Videira.

vi.nha.ça (*vinho+aça*) *sf* **1** Grande porção de vinho. **2** Vinho ordinário. **3** Bebedeira, embriaguez.

vi.nha.ço (*vinho+aço*) *sm* **1** Bagaço de uvas. **2** Resíduos da pisa de uvas, os quais ainda contêm vinho.

vi.nha-d'a.lhos (*vinha+de+alhos*) *sf Cul* Molho feito com vinagre ou vinho, cebola, alho e outros temperos. *Pl: vinhas-d'alhos*.

vi.nha.tei.ro (*vinha+t+eiro*) *adj* **1** Relativo à cultura das vinhas. **2** Que cultiva vinhas. • *sm* **1** Cultivador de vinhas. **2** Fabricante de vinho.

vi.nhe.do (*ê*) (*vinha+edo*) *sm* **1** Grande extensão de vinhas. **2** As próprias videiras.

vi.nhe.ta (*ê*) (*fr vignette*) *sf* **1** *Edit* Ornato tipográfico, baseado em linhas geométricas, flores, folhagens, seres vivos ou coisas inanimadas para servir de enfeite ou cercadura, em páginas de composição e trabalhos de fantasia. **2** *Rád* e *Telev* Chamada de curta duração usada em abertura, reinício ou encerramento de programa, com o objetivo de imprimir uma marca característica a esse programa.

vi.nho (*lat vinu*) *sm* **1** Líquido alcoólico, resultante da fermentação do sumo da uva. **2** *por ext* Licor fermentado que se extrai de outras frutas ou vegetais.

vi.nho.to (*ô*) *sm* Produto resultante da destilação do licor de fermentação do álcool de cana-de-açúcar.

vi.ní.co.la (*vini+cola*) *adj m+f* Pertencente ou relativo à vinicultura.

vi.ni.cul.tor (*vini+cultor*) *sm* Aquele que se ocupa de vinicultura; aquele que cultiva vinha e fabrica vinho.

vi.ni.cul.tu.ra (*vini+cultura*) *sf* **1** Fabrico de vinho. **2** Conjunto dos processos empregados para tratar o vinho e desenvolver as suas qualidades.

vi.nil (*ingl vinyl*) *sm Quím* **1** Elemento de composição designativo do radical monovalente CH_2CH. **2** Polímero de um composto de vinil, ou o produto originário dele: *Resina de vinil*. *Pl: vinis*.

vin.te (*lat viginti*) *num* **1** Número cardinal correspondente a 20 unidades. **2** Vigésimo. • *sm* **1** O número vinte. **2** Aquele ou aquilo que, numa série de vinte, ocupa o último lugar. *Vinte e um:* jogo de cartas no qual se distribuem duas cartas a cada parceiro e é considerado vencedor aquele que reúne um número de pontos igual a vinte e um, ou próximo deste, mas nunca maior que este.

vin.te.na (*fem* de *vinteno*) *sf* **1** Grupo ou série de vinte. **2** Grupo de aproximadamente vinte. **3** A vigésima parte.

vi.o.la (*provençal viola*) *sf Mús* **1** Instrumento de cordas semelhante ao violão na forma e na sonoridade, com dez ou doze cordas dispostas duas a duas. **2** Instrumento de arco e quatro cordas semelhante ao violino, porém com som menos agudo. *Meter a viola no saco:* não ter o que responder ou contestar; calar-se.

vi.o.la.ção (*violar+ção*) *sf* **1** Ato ou efeito de violar. **2** Ofensa ao direito alheio. **3** Atentado. **4** Infração da norma legal ou contratual. **5** Profanação. *Violação da mulher:* estupro. *Pl: violações*.

vi.o.lá.cea (*lat viola+ácea*) *sf Bot* Planta da família das violáceas. • *sf pl* Família de plantas floríferas, entre as quais se destacam a violeta e o amor-perfeito.

vi.o.la.do (*part* de *violar*) *adj* **1** Que se violou; infringido, quebrantado, transgredido. **2** Forçado, violentado.

vi.o.lão (*viola+ão²*) *sm Mús* Instrumento de cordas com a caixa de ressonância em forma de 8, com seis cordas, que se tocam com os dedos. *Pl: violões*.

vi.o.lar (*lat violare*) *vtd* **1** Infringir, quebrantar, transgredir: *Violar a lei, violar o juramento*. **2** Atentar contra o pudor de; forçar, estuprar, violentar: *Violar uma donzela*. **3** Profanar: *Violar uma igreja, violar um templo*. **4** Abrir uma carta destinada a outrem: *Violar uma correspondência*. **5** Revelar indiscretamente: *Violar um segredo*.

vi.o.lei.ro (*viola+eiro*) *sm* **1** Fabricante ou vendedor de violas. **2** Tocador de viola.

vi.o.lên.cia (*lat violentia*) *sf* **1** Qualquer força empregada contra a vontade, liberdade ou resistência de pessoa ou coisa. **2** *Dir* Constrangimento, físico ou moral, exercido sobre alguma pessoa para obrigá-la a submeter-se à vontade de outrem; coação. *Antôn* (acepção 1): brandura, doçura.

vi.o.len.ta.do (*part* de *violentar*) *adj* **1** Constrangido, forçado. **2** Violado, infringido.

vi.o.len.tar (*violento+ar¹*) *vtd* **1** Exercer violência (física ou moral) contra ou sobre; coagir, constranger, obrigar, forçar: *A polícia violentou os que resistiam. Violentar a consciência.* *vtd* **2** Deflorar à força; violar, estuprar. *vtd* **3** Arrombar, forçar: *Violentar uma porta.* *vtd* **4** Infringir as regras de; torcer o sentido de: *Violentar o decoro, a civilidade.* *vpr* **5** Constranger-se; fazer algo contra sua vontade; forçar a própria vontade.

vi.o.len.to (*lat violentu*) *adj* **1** Que atua com força ou grande impulso; impetuoso. **2** Caracterizado pelo emprego da violência ou da força bruta. **3** Irascível, colérico. **4** Agitado, tumultuoso. **5** Intenso, veemente. **6** Que demanda muita força, que exaure as forças. **7** Diz-se da morte causada pela força ou por acidente. **8** Contrário à razão, ao direito, à justiça; que sai dos justos limites; que não se pode tolerar. *Antôn* (acepção 3): *doce, manso*.

vi.o.le.ta (*ê*) (*viola+eta*) *sf* **1** *Bot* Planta violácea. **2** A flor dessa planta, muito aromática. *sm* **1** Pigmento ou corante que confere uma cor violeta. **2** Cor da violeta; roxo. • *adj m+f sing* e *pl* Da cor da violeta; roxo.

vi.o.li.nis.ta (*violino+ista*) *s m+f* Pessoa que toca violino.

vi.o.li.no (*ital violino*) *sm Mús* **1** Instrumento de madeira, com quatro cordas, que se ferem com um arco. **2** O que toca esse instrumento; violinista.

vi.o.lon.ce.lis.ta (*violoncelo+ista*) *s m+f* Pessoa que toca violoncelo.

vi.o.lon.ce.lo (*ital violoncello*) *sm Mús* **1** Instrumento de quatro cordas, idêntico ao violino, porém muito maior, e que, mantido entre os joelhos, é tocado por meio de um arco especial. **2** O que toca esse instrumento; violoncelista.

vi.o.lo.nis.ta (*violão+ista*) *s m+f* Pessoa que toca violão.

VIP (sigla do *ingl* **V**ery **I**mportant **P**erson, pessoa muito importante) *s m+f* Pessoa de prestígio considerável. • *adj m+f* Diz-se dessa pessoa ou do local a ela reservado: *Sala VIP do aeroporto*.

vi.pe.ri.no (*lat viperinu*) *adj* **1** Relativo ou semelhante à víbora. **2** Que tem a natureza da víbora. **3** Venenoso. **4** Maldizente, mordaz. **5** Maléfico, perverso.

vi.quin.gue (*nórdico vikingr*) *adj m+f* Relativo aos viquingues, navegadores escandinavos que pilhavam as povoações litorâneas da Europa, entre os séculos VIII e X. • *s m+f* **1** Indivíduo dos viquingues. **2** *fig* Grosseiro, sem escrúpulos.

vir (*lat venire*) *vti* e *vint* **1** Chegar. *vint* **2** Aparecer, apresentar-se, comparecer. *vti, vint* e *vpr* **3** Regressar, tornar, voltar. *Conjug* – *Pres indic*: venho, vens, vem, vimos, vindes, vêm; *Pret imp indic*: vinha, vinhas, vinha, vínhamos, vínheis, vinham; *Pret perf*: vim, vieste, veio, viemos, viestes, vieram; *Pret mais-que-perf*: viera, vieras, viera etc.; *Fut pres*: virei, virás, virá etc.; *Fut pret*: viria, virias, viria etc.; *Pres subj*: venha, venhas, venha, venhamos, venhais, venham; *Pret imp subj*: viesse, viesses, viesse etc.; *Fut subj*: vier, vieres, vier, viermos, vierdes, vierem; *Imper afirm*: vem(tu), venha(você), venhamos(nós), vinde(vós), venham(vocês); *Imper neg*: não venhas(tu), não venha(você) etc.; *Infinitivo impess*: vir; *Infinitivo pess*: vir, vires, vir, virmos, virdes, virem; *Ger*: vindo; *Part*: vindo.

vi.ra-bos.ta (*virar+bosta*) *sm* **1** *Ornit V* chupim (acepção 1). **2** *Entom* Besouro escarabeídeo que costuma confeccionar uma bola de esterco e colocar no seu interior um ovo. *Pl*: vira-bostas.

vi.ra.bre.quim (*fr vilebrequin*, do *hol wimmelkijn*) *sm Mec* Peça do motor de explosão que permite o movimento alternado dos êmbolos.

vi.ra.ção (*virar+ção*) *sf* **1** Vento suave e fresco que sopra, durante o dia, do mar para a terra; brisa. **2** *bras gír* Prostituição, meretrício. *Pl*: virações.

vi.ra-ca.sa.ca (*virar+casaca*) *s m+f bras* Indivíduo que muda frequentemente de partido ou ideias, conforme a própria conveniência. *Pl*: vira-casacas.

vi.ra.da (*virar+ada¹*) *sf* **1** *bras* Ação de virar(-se). **2** *Esp* Reviravolta numa competição, na qual a parte que já se considerava derrotada reage e sagra-se vencedora. **3** *por ext* Guinada; mudança profunda e radical.

vi.ra.do (*part* de *virar*) *adj* **1** Que se virou. **2** Colocado às avessas; dobrado, voltado. **3** Mudado. **4** Que manifesta opinião diversa da que tinha. • *sm Cul* Comida feita de feijão, torresmos, farinha de mandioca e ovo frito. *Da pá virada, pop*: endiabrado, travesso, traquinas.

vi.ral (*vírus+al¹*) *adj m+f Med* **1** Relativo a vírus. **2** Causado por vírus. **3** Da natureza de um vírus. *Pl*: virais.

vi.ra-la.ta (*virar+lata*) *adj* e *s m+f sm* Diz-se de, ou cão sem raça, solto nas ruas, que se alimenta dos restos de comida que encontra nas latas de lixo. *Pl*: vira-latas.

vi.rar (*fr virer*, de um cruzamento de *vibrare* com *gyrare*) *vtd* **1** Mudar a direção de; voltar, volver de um lado para o outro: *Virar a carne ao fogo*. *vtd* **2** Voltar a um lado: *Virar o rosto*. *vtd* **3** Voltar completamente: *Virar as costas a alguém*. *vtd* **4** Pôr do avesso: *Virar a roupa*. *vtd* **5** Pôr no sentido oposto: *Virar a folha*. *vpr* **6** Voltar-se completamente para algum lugar: *Chamado com energia, o aluno virou-se. Virei-me para trás*.

vi.ra.vol.ta (*virar+voltar*) *sf* **1** Volta completa; ida e volta. **2** Cambalhota. **3** Vicissitude.

vir.gem (*lat virgine*) *adj m+f* **1** Diz-se de quem ainda não teve relação sexual. **2** Casto, puro. **3** Que ainda não serviu; que nunca entrou em exercício; não estreado nem iniciado. **4** Diz-se da mata que ainda não foi explorada. **5** Diz-se da terra ainda não cultivada. **6** Diz-se da cera que nunca foi derretida. **7** Diz-se do primeiro azeite que se extrai da azeitona, sem auxílio de água quente. **8** Diz-se da primeira cortiça tirada de um sobreiro. **9** Diz-se da cal anídrica. **10** Isento, livre. **11** Ingênuo, inocente; puro, casto. **12** Singelo, sincero. • *sf* **1** Mulher que ainda não teve relação sexual. **2 Virgem** *Rel* A Virgem Maria. **3 Virgem** *Astr* Constelação do zodíaco. **4 Virgem** *Astrol* Signo do zodíaco, relativo aos nascidos entre 23 de agosto e 22 de setembro.

vir.gi.nal (*lat virginale*) *adj m+f* **1** Relativo ou pertence a virgem. **2** Próprio de virgem. **3** Puro, casto como uma virgem. *Pl*: virginais.

vir.gin.da.de (*lat virginitate*) *sf* **1** Estado ou qualidade de quem é virgem. **2** Pureza, castidade. **3** Estado daquilo que se acha intato.

vir.gi.ni.a.no (*lat virgine+i+ano²*) *sm Astrol* Indivíduo nascido sob o signo de Virgem. • *adj Astrol* Relativo ou pertencente ao signo de Virgem, ou aos virginianos.

vír.gu.la (*lat virgula*) *sf Gram* Sinal gráfico de pontuação (,) que indica a menor de todas as pausas.
São muitas as situações em que se emprega a vírgula. Há, entretanto, contextos em que esse sinal de pontuação compromete os vínculos lógicos que os termos de uma oração estabelecem entre si. Assim, é **proibido** o uso da vírgula:
a) Entre o sujeito e o verbo de uma oração.
Alguns jovens compareceram à reunião.
A ocorrência de uma vírgula entre o sujeito (*alguns jovens*) e o verbo (*compareceram*) não seria cabível, pois comprometeria o nexo lógico estabelecido na relação sujeito-verbo.
b) Entre o verbo de uma oração e seus complementos (objeto direto e objeto indireto).
Alguns jovens ganharam um presente.
Alguns jovens precisam de orientação.
Pela mesma razão do exemplo do item *a*, a ocorrência de uma vírgula entre o verbo (*ganharam*) e o objeto direto (*um presente*) ou entre o verbo (*precisam*) e o objeto indireto (*de orientação*) também não seria cabível.

vi.ril (*lat virile*) *adj m+f* **1** Relativo ou pertencente ao homem ou varão; másculo. **2** Próprio de homem. **3** Próprio de um caráter másculo; corajoso. **4** Enérgico. **5** Diz-se da idade que vai da adolescência à velhice. *Pl: viris.*

vi.ri.lha (*lat virilia*) *sf Anat* Parte do corpo correspondente à região de junção da coxa com o ventre.

vi.ri.li.da.de (*lat virilitate*) *sf* **1** Qualidade de viril. **2** A idade viril, isto é, aquela que vai da adolescência à velhice. **3** Vigor, energia.

vi.ri.li.zar (*viril+izar*) *vtd* **1** Fazer ou tornar viril; dar virilidade a, robustecer. *vpr* **2** Tornar-se viril, fortalecer-se: *Virilizou-se, naquele viver sóbrio e ativo.*

vi.ro.se (*vírus+ose*) *sf Med* Doença ocasionada por vírus.

vi.ró.ti.co (*viro+t+ico²*) *adj* Causado por vírus: *Infecção virótica; viral* (acepções 1 e 2).

vir.tu.al (*lat virtuale*) *adj m+f* **1** Que não existe como realidade, mas sim como potência ou faculdade. **2** Que equivale a outro, podendo fazer as vezes deste, em virtude ou atividade. **3** Que é suscetível de exercer-se embora não esteja em exercício; potencial. **4** Que não tem efeito atual. **5** Possível. **6** Diz-se do foco de um espelho ou lente, determinado pelo encontro dos prolongamentos dos raios luminosos. *Pl: virtuais.*

vir.tu.de (*lat virtute*) *sf* **1** Hábito de praticar o bem, o que é justo; excelência moral; probidade, retidão. **2** Boa qualidade moral. **3** O conjunto de todas as boas qualidades morais. **4** Austeridade no viver. **5** Força moral; valor, valentia, coragem. **6** Ação virtuosa. **7** Castidade, pudicícia. **8** Validade, força, vigor. **9** Qualidade própria para produzir certos resultados; propriedade, eficácia.

vir.tu.o.se (*ô*) (*fr virtuose*) *s m+f* **1** Pessoa dotada de excepcional habilidade técnica ou invulgar talento artístico. **2** Músico de notável habilidade interpretativa pessoal.

vir.tu.o.si.da.de (*virtuose+i+dade*) *sf* **1** Qualidade de virtuoso. **2** Virtuosismo.

vir.tu.o.sis.mo (*virtuose+ismo*) *sm* Qualidade de virtuose; virtuosidade.

vir.tu.o.so (*ô*) (*lat virtuosu*) *adj* **1** Que tem o hábito de praticar o bem; que tem virtudes. **2** Que tem caráter de virtude; inspirado pela virtude. **3** Casto, honesto. **4** Animoso, valoroso. **5** Eficaz. **6** Belo, excelente. *Antôn* (acepções 1, 2 e 3): *vicioso, corrupto. Pl: virtuosos (ó).*

vi.ru.lên.cia (*lat virulentia*) *sf* **1** Qualidade ou estado de virulento. **2** Caráter de violência. **3** Mordacidade.

vi.ru.len.to (*lat virulentu*) *adj* **1** Que tem vírus ou veneno. **2** Que é da natureza do vírus. **3** Causado por um vírus. **4** Diz-se do germe que está com as faculdades patogênicas exaltadas. **5** *fig* Maligno, rancoroso.

ví.rus (*lat virus*) *sm sing* e *pl Med* Agente causador de doenças infecciosas. **2** *Med* Cada um de um grande grupo de diminutos agentes infecciosos, dos quais uns são organismos vivos e outros são moléculas complexas ou proteínas, que contêm ácidos nucleicos, comparáveis a genes, capazes de reproduzir-se por multiplicação somente em células vivas e que causam doenças no homem, em animais e em plantas. **3** *fig* Princípio de contágio moral mórbido. **4** *Inform* Programa que se autocopia num arquivo executável, propagando-se para outros, sempre que se executa o arquivo por ele infectado. Pode, entre outras coisas, corromper dados ou exibir mensagens; vírus de computador.

vi.sa.gem (*fr visage*) *sf* **1** Careta; trejeito do rosto. **2** *bras* Assombração; fantasma. **3** *bras gír* Gestos exagerados com a intenção de impressionar. *Pl: visagens.*

vi.são (*lat visione*) *sf* **1** Ato ou efeito de ver; percepção operada pela vista. **2** O sentido da vista. **3** *Fisiol* Função sensorial pela qual os olhos, por intermédio da luz, põem os homens e animais em relação com o mundo externo. **4** Imagem que se julga ver em sonhos, por medo, loucura, superstição etc. **5** Aparição ou vista de algum objeto que se tem por sobrenatural sem o ser; aparição suposta de alguém; objeto sobrenatural; aparição fantástica; espectro, fantasma. **6** Vista, aspecto, presença. **7** Criação fantástica. **8** Ponto de vista; aspecto. *Pl: visões.*

vi.sar (*lat visare, freq de videre*) *vtd* **1** Dirigir a vista ou o olhar para; mirar: *Visar a tela do cinema. vtd* **2** Apontar (arma de fogo) contra; dirigir o tiro para: *Visar a caça, visar o alvo. vtd* **3** Pôr o sinal e visto em: *Visar um documento. vti* **4** Ter em vista qualquer coisa; dispor-se, mirar, pretender, propender, propor-se a: *Visar a um objetivo, a um ideal, a uma realização.* (Nesta acepção já está sendo usada a regência com o objeto direto: *Visar um objetivo, um ideal* etc.)

vís.ce.ra (*lat viscera*) *sf* Designação genérica de qualquer órgão alojado em uma das três cavidades: a craniana, a torácica e a abdominal. *sf pl* **1** Entranhas, intestinos. **2** A parte mais íntima de qualquer coisa.

vis.ce.ral (*lat viscerale*) *adj m+f* **1** Relativo às vísceras; visceroso. **2** Profundo, intenso. *Pl: viscerais*.

vis.co (*lat viscu*) *sm* **1** Substância muito pegajosa, em geral seiva ou suco vegetal, com que se envolvem pequenas varas, para apanhar pássaros; visgo. **2** Coisa que seduz, cativa, prende. **3** Isca, engodo, chamariz.

vis.con.da.do (*visconde+ado*[1]) *sm* **1** Título de visconde ou viscondessa. **2** Terras ou propriedades pertencentes a um visconde ou a uma viscondessa.

vis.con.de (*lat vicecomite*) *sm* **1** Título nobiliárquico, inferior ao de conde e superior ao de barão. **2** Funcionário que fazia as vezes de conde, no governo do respectivo condado.

vis.con.des.sa (*visconde+essa*) *sf* **1** Mulher de visconde. **2** Mulher que possui viscondado.

vis.co.se (*visco+ose*) *sf Quím* **1** Solução viscosa que se obtém do tratamento de celulose, usada na indústria têxtil para o fabrico do raiom. **2** Fio ou tecido feito de viscose.

vis.co.so (*ô*) (*lat viscosu*) *adj f* **1** Que tem visco. **2** Pegajoso como o visco. **3** Diz-se das moléculas que aderem umas às outras. **4** Que está coberto de uma substância pegajosa. *Pl: viscosos (ó)*.

vi.sei.ra (*fr visière*) *sf* **1** Parte do capacete que desce sobre o rosto para o encobrir e resguardar dos golpes do adversário. **2** Pala de boné. **3** Aba que resguarda os olhos contra o sol.

vis.go (*lat viscu*) *V visco*.

vi.si.bi.li.da.de (*lat visibilitate*) *sf* **1** Qualidade de visível. **2** *Fís* Propriedade pela qual os corpos são percebidos pelo sentido da vista.

vi.si.o.ná.rio (*lat visione+ário*) *adj* **1** Utopista, idealista. **2** Que percebe ou imagina perceber, por meio de comunicações sobrenaturais, coisas ocultas aos homens. **3** Que crê em visões. **4** Que tem ideias quiméricas ou excêntricas. • *sm* **1** Aquele que julga ver fantasmas ou formas sobrenaturais. **2** Aquele que tem ideias extravagantes ou quiméricas; sonhador.

vi.si.ta (*fr visite*) *sf* **1** Ação de visitar; ação de ir ver alguém por cortesia, por dever ou por simples afeição; visitação. **2** Pessoa que visita; visitante.

vi.si.ta.ção (*lat visitatione*) *V visita* (acepção 1). *Pl: visitações*.

vi.si.tan.te (*lat visitante*) *adj m+f* Diz-se da pessoa que visita. • *s m+f* Essa pessoa.

vi.si.tar (*lat visitare*) *vtd* **1** Procurar alguém em sua casa, para o cumprimentar, para saber de sua saúde, para conversar etc.: *Visitar alguém*. *vtd* **2** Ir ver por caridade ou devoção: *Visitar os encarcerados, os enfermos*. *vtd* **3** Entrar em (construção, edifício, lugar etc.) para ver ou observar: *Visitar um castelo, um museu, um navio*. *vtd* **4** Inspecionar: *Visitar uma escola, um hospital*. *vpr* **5** Fazer visitas mutuamente: *Maria e Fernanda visitam-se toda semana*.

vi.sí.vel (*lat visibile*) *adj m+f* **1** Que pode ser visto; que se vê; perceptível. **2** Claro, evidente, manifesto, patente. **3** Aparente; nítido. *Pl: visíveis*.

vis.lum.brar (*cast vislumbrar*) *vtd* **1** Entrever, ver indistintamente: *Apenas vislumbrávamos pequenas luzes ao longe*. *vtd* **2** Conhecer ou entender imperfeitamente; conjeturar: *Vislumbramos a verdade*. *vint* **3** Apresentar um pequeno clarão; mostrar uma luz tênue: *O lampião já não vislumbra no quarto de Maria*.

vis.lum.bre (*cast vislumbre*) *sm* **1** Clarão pouco sensível; luz frouxa. **2** Reflexo. **3** Aparência confusa, indistinta, vaga. **4** Ideia indistinta. **5** Conjetura, indício. **6** Vestígio, sinal.

vi.som (*fr vison*) *sm* **1** *Zool* Mamífero carnívoro de pelagem castanha, macia e lustrosa, encontrado na América do Norte e na Sibéria em estado selvagem. Por sua pele extremamente valiosa, é criado em cativeiro. **2** O agasalho feito com essa pele (casaco, estola etc.). *Pl: visons*.

vi.sor (*lat visu+or*) *sm* **1** Orifício ou janelinha próprios de certos instrumentos, aos quais se aplica um olho para visar qualquer coisa. **2** *Fot* Dispositivo fixado a um aparelho fotográfico ou que faz parte dele, para mostrar a área que será incluída na fotografia, quer por visão direta, quer por reflexão da imagem formada por uma lente de foco curto sobre uma lente de visão. **3** *V mira* (acepção 2).

vís.po.ra (de *víspere*) *sf V loto*[2].

vis.ta (*fem* de *visto*) *sf* **1** Ação ou o resultado de ver. **2** O sentido da visão. **3** A faculdade ou possibilidade de ver. **4** O aparelho visual; os olhos. **5** A extensão ou área que se avista do lugar em que se está; paisagem, panorama. **6** Contemplação, aspecto. **7** Estampa, fotografia etc., que representa algum lugar. **8** Abertura por onde se pode ver ou estender a vista. **9** Alcance (falando da visão ou da faculdade visual). **10** Maneira de ver ou de encarar uma questão. **11** Desígnio, intenção, mira.

vis.to (*part* de *ver*) *adj* **1** Que se viu; percebido pelo sentido da vista. **2** Apurado, averiguado, sabido. **3** Aceito, recebido (bem ou mal); acolhido, considerado. **4** Versado, sabedor, ciente. **5** Considerado, ponderado. • *sm* Declaração escrita em documento para mostrar que foi visado pela autoridade competente ou para lhe dar autenticidade ou validade. • *prep* Por causa de, em razão de, em atenção a: *Visto não poder pagar tanto, desistiu da compra*. *Visto que*: porquanto, porque.

vis.to.ri.a (*vistor+ia*[1]) *sf* **1** Inspeção judicial a um prédio ou lugar acerca do qual há litígio. **2** Inspeção, revista.

vis.to.ri.ar (*vistoria+ar*[1]) *vtd* Fazer vistoria a: *Vistoriar um prédio*. *Conjug – Pres indic: vistorio, vistorias* etc.

vis.to.so (*ô*) (*visto+oso*) *adj* **1** Que faz vista. **2** Que atrai a atenção por brilho ou colorido exagerado. **3** Agradável à vista; bonito. *Pl: vistosos (ó)*.

vi.su.al (*lat visuale*) *adj m+f Fís* e *Fisiol* Relativo ou pertencente à vista ou à visão. *Ângulo visual*: ângulo formado pelos raios extremos que de qualquer corpo convergem para o olho do observador. *Pl: visuais*.

vi.su.a.li.za.ção (*visualizar+ção*) *sf* Ato ou efeito de visualizar. *Pl: visualizações*.

vi.su.a.li.zar (*visual+izar*) *vtd* **1** Tornar visual ou visível. **2** Ver uma imagem mental; figurar mentalmente.

vi.tal (*lat vitta*) *adj m+f* **1** Pertencente ou relativo à vida. **2** Que serve para conservar a vida. **3** Que dá força e vigor; fortificante. **4** Essencial, fundamental. **5** *Inform* Diz-se do aplicativo ou *hardware* do qual a empresa depende para operar. *Pl: vitais*.

vi.ta.lí.cio (*vital+ício*) *adj* **1** Que dura ou é destinado a durar toda a vida. **2** Diz-se daquilo de que se tem a posse, garantia, uso ou gozo durante toda a vida.

vi.ta.li.da.de (*lat vitalitate*) *sf* **1** Qualidade do que é vital. **2** Conjunto das funções orgânicas. **3** Força vital.

vi.ta.li.zar (*vital+izar*) *vtd* **1** Restituir à vida. **2** Dar vida nova a: *Vitalizar a fé, o patriotismo*.

vi.ta.mi.na (*lat vita+amina*) *sf* **1** *Quím* e *Fisiol* Cada um dos compostos orgânicos, presentes em vários tipos de alimentos, que atuam em pequeníssimas quantidades, favorecendo o metabolismo, servindo de base para os mais importantes fermentos, influindo sobre os hormônios etc. **2** *bras* Creme ralo preparado com frutas ou legumes e leite ou água no liquidificador.

vi.ta.mi.na.do (*part* de *vitaminar*) *adj* Enriquecido com vitaminas.

vi.ta.mi.nar (*vitamina+ar*[1]) *vtd* Acrescentar vitamina a (um alimento) para enriquecê-lo.

vi.te.la (*fem* de *vitelo*) *sf* **1** Novilha que tem menos de um ano. **2** Carne de novilha ou de novilho.

vi.te.li.no (*lat vitellinu*) *adj* **1** Relativo à gema do ovo. **2** *Biol* Relativo ao vitelo. **3** Que tem cor amarelada como a da gema do ovo. **4** Diz-se da membrana que envolve a gema do ovo das aves.

vi.te.lo (*lat vitellu*, por *vitulu*) *sm* **1** Novilho que tem menos de um ano. **2** *Biol* Substância nutritiva acumulada no ovo.

vi.ti.cul.tor (*lat vit+cultor*) *sm* Aquele que cultiva vinhas.

vi.ti.cul.tu.ra (*lat vit+cultura*) *sf* Cultura das vinhas.

vi.ti.li.gem (*lat vitiligine*) *sf* *Med* Doença de pele caracterizada por placas esbranquiçadas; vitiligo. *Pl: vitiligens*.

vi.ti.li.go (*lat vitiligo*) *V* vitiligem.

ví.ti.ma (*lat victima*) *sf* **1** Pessoa ou animal que se imolava a uma divindade. **2** Pessoa morta por outra. **3** Pessoa sacrificada às paixões ou aos interesses de outrem. **4** Pessoa passiva de um crime. **5** Pessoa que sofre o resultado funesto de seus próprios sentimentos. **6** Qualquer coisa que sofre dano ou prejuízo.

vi.ti.mar (*vítima+ar*[1]) *vtd* **1** Tornar vítima; reduzir à condição de vítima: *Vitimaram a pobre cavalgadura*. *vtd* **2** Matar: *A gripe espanhola vitimou milhares de pessoas*. *vtd* **3** Danificar, prejudicar: *A seca está vitimando as plantações*. *vpr* **4** Imolar-se, sacrificar-se: *Vitimou-se Cristo pelos pecadores*. *vpr* **5** Apresentar-se, inculcar-se como vítima: *É um algoz que se vitima impudentemente*.

vi.ti.vi.ní.co.la (*lat vine+vinícola*) *adj m+f* Relativo à vitivinicultura.

vi.ti.vi.ni.cul.tor (*lat vine+vinicultor*) *sm* Aquele que cultiva vinhas e fabrica vinho.

vi.ti.vi.ni.cul.tu.ra (*lat vine+vinicultura*) *sf* Cultivo das vinhas e fabricação do vinho.

vi.tó.ria (*lat victoria*) *sf* **1** Ação ou efeito de vencer o inimigo em batalha; triunfo. **2** *Esp* Vantagem definitiva que, numa competição, uma pessoa ou equipe alcança sobre outra pessoa ou equipe. **3** Bom resultado de um negócio ou empresa. **4** Resultado feliz, obtido a preço de certos esforços.

vi.tó.ria-ré.gia (*vitória+régia*) *sf* *Bot* Planta aquática ornamental, da família das ninfeáceas, da região amazonense, conhecida pelo tamanho excepcional de suas folhas flutuantes e pelo tamanho e beleza de suas flores. *Pl: vitórias-régias*.

vi.to.ri.o.so (*ô*) (*lat victoriosu*) *adj* Que conseguiu vitória, que venceu; triunfante. *Pl: vitoriosos* (*ó*).

vi.tral (*fr vitrail*) *sm* Vidraça composta de pequenos vidros coloridos, que representa geralmente personagens ou cenas. *Pl: vitrais*.

ví.treo (*lat vitreu*) *adj* **1** Relativo a vidro. **2** Feito de vidro. **3** Que tem a natureza do vidro. **4** Que tem aspecto ou aparência de vidro. **5** Transparente, claro, brilhante; espelhado como o vidro.

vi.tri.fi.car (*vitri+ficar*) *vtd* **1** Converter em vidro. *vtd* **2** Dar o aspecto de vidro a. *vint* e *vpr* **3** Converter-se em vidro. *vint* e *vpr* **4** Tomar o aspecto de vidro. *Conjug – Pres subj: vitrifique, vitrifiques, vitrifique; Pret perf: vitrifiquei, vitrificaste* etc.

vi.tri.na (*fr vitrine*) *sf* Vidraça por trás da qual se expõem mercadorias que estão à venda. *Var: vitrine*.

vi.tri.nis.ta (*vitrina+ista*) *s m+f* Pessoa que organiza e decora vitrinas.

vi.tro.la (*da marca Victrola*) *sf* Aparelho elétrico para reprodução de sons gravados em disco de vinil.

vi.tu.pe.rar (*lat vituperare*) *vtd* **1** Tratar severamente e com vitupérios; injuriar: *Vituperava os fracos e desleais*. **2** Aviltar, desestimar, desprezar. **3** Arguir, censurar, menoscabar. *Antôn* (acepção 2): *louvar, enaltecer*.

vi.tu.pé.rio (*lat vituperiu*) *sm* **1** Ação ou efeito de vituperar. **2** Repreensão severa. **3** Insulto, injúria. **4** Ato vergonhoso, infame ou criminoso.

vi.ú.va (*lat vidua*) *sf* Mulher a quem morreu o marido e que ainda não tornou a casar-se.

vi.ú.va-ne.gra (*viúva+negra*) *sf bras Zool* Espécie de aranha muito venenosa, de coloração negra, que tem o hábito de devorar o macho depois da cópula. *Pl: viúvas-negras*.

vi.u.var (*lat viduvare*) *vint* Ficar viúva ou viúvo; enviuvar: *Joana viuvou muito jovem e com três filhos*.

vi.u.vez (*viúvo+ez*) *sf* Estado de viúvo ou viúva. *Pl: viuvezes*.

vi.ú.vo (*lat viduu*) *sm* Homem a quem morreu a mulher e que ainda não tornou a casar-se.

vi.va (*de viver*) *interj* Designativa de aplauso, aclamação, entusiasmo ou homenagem. • *sm* Exclamação de aplauso ou felicitação que envolve o desejo de que viva e prospere a pessoa ou coisa a que se dirige.

Atenção ao uso de **viva/vivam**:
a) Como forma do verbo **viver**, concorda regularmente com o sujeito em número e pessoa.
Vivam felizes os noivos. (Que os noivos vivam felizes.)
Espero que Maria viva muito.
Viva como quiser. (imperativo do verbo *viver*)
b) Como substantivo, sofre flexão de número e significa aplauso.
Vamos dar viva aos noivos.
A multidão dava vivas aos atletas vencedores.
c) Como interjeição é invariável e indica entusiasmo, aclamação.
Viva, a guerra acabou!
Muito bem! Apoiado! Viva!

vi.va.ci.da.de (*lat vivacitate*) *sf* **1** Caráter ou qualidade de vivaz. **2** Qualidade do que é vivo, ativo, enérgico; vigor, energia. **3** Prontidão e ardor com que se faz alguma coisa. **4** Esperteza, finura. **5** Brilho, brilhantismo.

vi.val.di.no (de *vivo*) *sm bras gír* Indivíduo muito esperto; malandro; espertalhão.

vi.val.ma (*vivo+alma*) *sf* Ser vivo, alma viva, vivente, pessoa viva: *Àquela hora da noite, nem uma vivalma se via na rua*.

vi.va-voz (*vivo+voz*) *sm Telecom* Recurso dos telefones e secretárias eletrônicas que permite às pessoas conversarem entre si sem precisar segurar o fone do aparelho. *Pl: vivas-vozes*.

vi.vaz (*lat vivace*) *adj m+f* **1** Que tem vivacidade. **2** Vigoroso, forte, difícil de destruir. **3** Caloroso, vivo, ardente. *Pl: vivazes*.

vi.vei.ro (*lat vivariu*) *sm* **1** Recinto apropriado e convenientemente preparado para criação e reprodução de animais. **2** Canteiro próprio para semeadura de plantas que depois serão transplantadas.

vi.vên.cia (*vivente+ia²*) *sf* **1** O fato de ter vida, de viver. **2** Existência. **3** Experiência da vida. **4** O que se viveu.

vi.ven.ci.ar (*vivência+ar¹*) *vtd* Viver, sentir em profundidade: *Ela vivenciou uma tragédia*. *Conjug – Pres indic: vivencio, vivencias, vivencia (cí)* etc. *Cf vivência*.

vi.ven.da (*lat vivenda*) *sf* **1** Lugar onde se vive. **2** Casa luxuosa; mansão. **3** Morada, casa.

vi.ven.te (*lat vivente*) *adj m+f* Que vive. • *s m+f* Criatura viva; tudo o que vive tem vida.

vi.ver (*lat vivere*) *vint* **1** Existir; ter vida; estar com vida: *Vivera muitos anos. O país vivia, como sempre viveu*. *vtd* **2** Empregar, passar (a vida): *Viver uma vida calma e feliz*. *vint* **3** Perdurar; durar: *Até quando viveremos aqui? vti* **4** Dedicar-se completamente: *Paulo vive para a música*. *vtdi* **5** Morar, residir: *Eles vivem em Minas Gerais. vint* **6** Perpetuar-se; viver para sempre: *A literatura criativa viverá, sem dúvida!*

ví.ve.res (*fr vivres*) *sm pl* Gêneros alimentícios; provisões, mantimentos.

vi.vi.do (*part de viver*) *adj* **1** Que viveu muito. **2** Que tem grande experiência da vida.

ví.vi.do (*lat vividu*) *adj* **1** Cheio de vida. **2** Que tem muita vivacidade. **3** Brilhante, fulgurante, luminoso. **4** Que tem cores vivas.

vi.vi.fi.car (*lat vivificare*) *vtd* **1** Reanimar, infundir nova vida a: *A chuva vivificou os ressequidos campos*. *vtd* **2** Alentar, animar, fecundar: "...que a ação esforce e vivifique a ideia e a palavra" (Latino Coelho, *ap* Francisco Fernandes). *vtd* **3** Dar atividade ou movimento a: *Vivificar a indústria, vivificar o comércio. Conjug – Pres subj: vivifique, vivifiques* etc.; *Pret perf: vivifiquei, vivificaste, vivificou* etc.

vi.ví.pa.ro (*lat viviparu*) *sm Zool* Animal que pare os filhos já bem desenvolvidos, capazes de viver com certa independência.

vi.vo (*lat vivu*) *adj* **1** Que vive; que tem vida animal ou vegetal. **2** Que não está morto. **3** Animado, cheio de vivacidade. **4** Ativo, forte, intenso. **5** Duradouro, persistente, vivaz. **6** Ardente, fervente. **7** Diligente, ligeiro. **8** Ativo, brilhante. **9** Apressado, acelerado, rápido. **10** Acalorado, aceso. **11** Esperto, matreiro. *Antôn* (acepção 1): *morto*. • *sm* A criatura que tem vida ou existência.

vi.zi.nhan.ça (*vizinho+ança*) *sf* **1** Qualidade do que é vizinho. **2** Conjunto de pessoas que habitam os lugares vizinhos. **3** Relações entre vizinhos. **4** Cercanias, proximidades.

vi.zi.nho (*lat vicinu*) *adj* **1** Que está perto, que está ou fica a pequena distância; próximo, limítrofe, confinante, contíguo. **2** Que mora perto de outra pessoa. • *sm* Aquele que mora perto de nós.

vo.a.dor (*voar+dor*) *adj* **1** Que voa. **2** Muito rápido, veloz. • *sm* **1** Aquele que voa. **2** Acrobata que, em exercícios de dois ou mais trapézios combinados, executa de um para o outro saltos análogos a voos.

vo.ar (*lat volare*) *vint* **1** Mover-se ou sustentar-se no ar (ave) por meio das asas: *Com amplos impulsos voava o condor*. **2** Elevar-se nos ares; mover-se ou sustentar-se no ar por meios mecânicos: *O avião voou com grande velocidade*. **3** Viajar de avião: *João voou para Paris*. **4** Movimentar-se com rapidez: *Maria voou para casa*. **5** Explodir; estourar: *O carro e o caminhão voaram pelos ares*.

vo.ca.bu.lá.rio (*lat vocabulariu*) *sm* **1** Relação dos vocábulos de uma língua, acompanhados ou não da respectiva significação, e dispostos geralmente em ordem alfabética. **2** Conjunto de termos ou vocábulos pertencentes a uma arte ou ciência. **3** Conjunto de termos empregados por um escritor ou por qualquer pessoa.

vo.cá.bu.lo (*lat vocabulu*) *sm Gram* Palavra ou termo de uma língua.

vo.ca.ção (*lat vocatione*) *sf* **1** Ato ou efeito de chamar. **2** *Teol* Chamamento, eleição, escolha, predestinação. **3** Inclinação, propensão, tendência para qualquer atividade. **4** Inclinação para o sacerdócio ou para a vida religiosa. **5** Disposição natural do espírito; índole. **6** Talento.

vo.ca.ci.o.nal (*lat vocatione+al¹*) *adj m+f* Relativo a vocação.

vo.cal (*lat vocale*) *adj m+f* **1** Pertencente ou relativo à voz ou aos órgãos da voz. **2** Que se exprime por palavras; verbal, oral. **3** Que serve para a emissão ou produção de voz. **4** Diz-se da música destinada a ser cantada.

vo.cá.li.co (*vocal+ico²*) *adj Gram* **1** Pertencente ou relativo às vogais. **2** Composto de vogais: *Grupo vocálico*.

vo.ca.lis.ta (*vocal+ista*) *s m+f Mús* Cantor(a) de um conjunto.

vo.ca.li.zar (*vocal+izar*) *vtd* **1** Cantar, sem pronunciar a letra do canto nem as notas da música, executando as modulações da voz sobre uma vogal. *vint* **2** *Fon* Transformar (consoantes) em vogais.

vo.ca.ti.vo (*lat vocativu*) *adj* Que chama, que serve para chamar. • *sm Gram* Nas línguas em que há declinações, como o latim, o caso que se emprega para chamar, interpelar alguém.

vo.cê (de *vosmecê*, de *vossemecê*, de *vossa mercê*) *pron* Tratamento empregado no Brasil como segunda pessoa, mas com as flexões verbais e formas pronominais da terceira.

vo.ci.fe.ra.ção (*lat vociferatione*) *sf* Ato ou efeito de vociferar; clamor, berreiro. *Pl: vociferações*.

vo.ci.fe.rar (*lat vociferare*) *vtd* **1** Proferir em altas vozes (queixas amargas); bradar, clamar, exclamar: *Vociferar injúrias, vociferar pragas. vint* **2** Falar encolerizadamente e gritando; berrar, gritar: "Péricles vociferava num grupo, atirando gestos desabalados" (Coelho Neto). *vti* **3** Acusar, censurar: *Vociferava o político contra os adversários.*

vod.ca (*lat vodka*) *sf* Aguardente russa, feita de cereais.

vo.du (*ewe vudu*) *sm Rel* Culto de origem africana, parecido com nossa macumba, que é praticado nas Antilhas, principalmente no Haiti, e combina elementos de magia negra com princípios cristãos.

vo.e.jar (*voo+ejar*) *vint* Esvoaçar: "Pela algidez das noites brancas, voejavam diáfanos espíritos" (Coelho Neto). *Conjug:* normalmente só se emprega nas 3ªs pessoas.

vo.ga (de *vogar*) *sf* **1** Ação de vogar ou remar. **2** Movimento dos remos. **3** Popularidade, fama. **4** Uso atual, moda. *sm* O último remador de um bote, que vai junto à popa e que marca o ritmo da remada. *À voga arrancada:* a toda a força dos remos. *Estar em voga:* estar na moda.

vo.gal (*lat vocale*) *adj m+f* **1** *Fon* Diz-se do som produzido por expiração do ar ao passar livremente pela cavidade bucal. **2** *Gram* Diz-se da letra que representa esse som. • *sf* **1** Letra vogal. **2** Som vogal. *s m+f* **1** Pessoa que tem voto numa assembleia. **2** Membro de uma assembleia, câmara, conselho ou tribunal deliberativo ou judicante, com direito de voto. *Pl: vogais.*

vo.gar (*ital vogare*) *vint* **1** Navegar a remos; ser impelido sobre a água por meio de remos. *vtd* **2** Percorrer navegando; navegar: *Vogar os mares. vtd* **3** Fazer navegar, impelir por meio de remos: *Vogar um barco. vint* **4** Derivar, deslizar, escorregar suavemente: "Voga a jangada nas plácidas águas" (Gonçalves Dias). *vint* **5** Divulgar-se, propalar-se: *Vogam auspiciosas notícias. Conjug – Pres subj: vogue, vogues* etc.; *Pret perf: voguei, vogaste, vogou* etc.

voile (*vual*) (*fr*) *sm* Tecido fino, transparente, confeccionado com fibras de seda ou algodão.

vo.lan.te (*lat volante*) *adj m+f* **1** Que voa ou tem a faculdade de voar. **2** Que se pode facilmente pôr ou tirar; móvel. **3** Flutuante, movediço. **4** Inconstante, transitório, efêmero. **5** Que não tem domicílio ou residência fixa; errante. • *sm* **1** Fazenda de lã, algodão ou seda, rala, delgada e ligeira, para véus e outros enfeites. **2** Nos jogos de loteria, o impresso em que são anotadas as apostas que serão transpostas eletronicamente para o comprovante do apostador. **3** *Autom* Peça arredondada com que se controla a direção do veículo.

vo.lá.til (*lat volatile*) *adj m+f* **1** Que voa, que tem a faculdade de voar; voador. **2** Pertencente ou relativo a aves. **3** Inconstante, pouco firme, volúvel. **4** Que pode reduzir-se a gás ou a vapor. *Pl: voláteis.*

vo.la.ti.li.zar (*volátil+izar*) *vtd* **1** Reduzir a gás ou a vapor; vaporizar: *Volatilizar uma essência. vint* e *vpr* **2** Reduzir-se a gás ou a vapor: *Esqueceram o frasco aberto, a substância volatilizou* (ou *volatilizou-se*).

vô.lei (*ingl volley*) *sm* Redução de *voleibol.*

vo.lei.bol (*ingl volley-ball*) *sm* Jogo que, numa quadra dividida transversalmente ao meio por uma rede suspensa, é disputado por duas equipes (uma de cada lado da rede, com seis integrantes cada), as quais, com um máximo de três batidas, sem que cada jogador possa bater duas vezes seguidas, procuram passar, com as mãos ou o punho, uma bola que deve bater no chão da quadra adversária. *Pl: voleibóis.*

vo.lei.bo.lis.ta (*voleibol+ista*) *s m+f* **1** Jogador de voleibol. **2** Especialista em voleibol ou apaixonado por esse jogo.

vo.lei.o (de *vôlei*) *sm Esp* No futebol, jogada feita com o pé no ar, a meia altura.

vo.li.ção (*lat volitione*) *sf* Ato em que predomina a ação de querer; vontade. *Pl: volições.*

vo-lo Combinação do pronome pessoal *vos* com o pronome pessoal arcaico *lo. Flex: vo-la, vo-los, vo-las.*

volt (*fr volt,* de *Volta, np*) *sm Fís* Unidade de medida de potencial elétrico ou tensão elétrica; volt internacional. *Símb: V.*

vol.ta (de *voltar*) *sf* **1** Ato ou efeito de voltar, de virar. **2** Movimento em torno; giro. **3** Ação de tornar a ir ou a vir. **4** Regresso. **5** Ricochete, repercussão, reflexo. **6** Resposta, réplica. **7** Ação de volver; movimento, lance. **8** Mudança, reviravolta. **9** Devolução, restituição, paga. **10** Troca, substituição. **11** Mudança de opinião. **12** Interpretação, explicação, solução de dificuldade. **13** Ângulo, canto, sinuosidade. **14** Cada uma das curvas de uma espiral. **15** Pequeno passeio.

vol.ta.gem (*volt+agem*) *sf Fís* **1** Conjunto dos volts que funcionam num aparelho elétrico. **2** Diferença de potencial ou força eletromotriz, expressa em volt; tensão. *Pl: voltagens.*

vol.tar (*lat vulg *volvitare, freq* de *volvere*) *vtd* **1** Dirigir para outro lado; virar: *Voltou a cabeça e calou-se. vti* e *vint* **2** Ir ou tornar ao ponto de onde partiu; regressar; ir ou vir pela segunda vez: *Voltar à pátria. Voltar de algum lugar. vpr* **3** Mover-se para o lado ou em torno; mudar de posição por um movimento em linha curva; virar-se: *Ouvindo o ruído, voltei-me sobressaltado. vpr* **4** Apresentar o rosto, a frente; apresentar-se de frente; virar-se: *Voltou-se para uma estante e dela retirou um volume. vti* **5** Tratar novamente de um assunto: *Diante dos novos fatos, voltemos à questão da segurança interna. vint* **6** Repetir-se: *As chuvas voltaram mais fortes. vpr* **7** Revoltar-se: *No auge da crise, Paulo voltou-se contra a própria mãe. vti* **8** Recomeçar; retomar: *Mesmo depois do tratamento, voltou a beber.*

vol.te.ar (*volta+e+ar¹*) *vtd* **1** Andar à volta de: *Voltear o jardim. vtd* **2** Dar voltas a; fazer girar: *Davi volteava a funda. vint* **3** Dar voltas; girar: "Com asas como um pássaro volteia" (Bocage). *vint* **4** Agitar-se ou mover-se à roda. Conjuga-se como *frear.*

vo.lu.me (*lat volumen*) *sm* **1** Embrulho, fardo, pacote. **2** Livro, encadernado ou brochado. **3** Tomo. **4** Entre os antigos, manuscrito enrolado em volta de um pau cilíndrico. **5** Grandeza, tamanho, corpulência, desenvolvimento. **6** Massa, quantidade. **7** Extensão ou voz. **8** Porção de água que corre num rio, numa fonte etc. **9** *Geom* O espaço ocupado por um corpo. **10** *Mús* A massa de som produzido por uma voz ou por instrumento.

vo.lu.mo.so (*ô*) (*volume+oso*) *adj* **1** Que apresenta grande volume; que tem grandes dimensões em todo o sentido; que ocupa muito espaço. **2** Que consta de muitos volumes. **3** Intenso, forte (som ou voz). *Pl: volumosos (ó)*.

vo.lun.ta.ri.a.do (*voluntário+ado²*) *sm* **1** Qualidade de voluntário no exército. **2** Serviço dos voluntários. **3** A classe dos voluntários.

vo.lun.tá.rio (*lat voluntariu*) *adj* **1** Que se faz ou deixa de fazer, sem coação nem imposição de ninguém; que está em nosso poder ou que depende do nosso livre-arbítrio fazer ou deixar de fazer. **2** Feito espontaneamente, por vontade própria, sem constrangimento ou obrigação. • *sm* **1** Aquele que se alista no exército por vontade própria. **2** Aquele que presta serviço à comunidade sem vínculo de trabalho ou salário.

vo.lun.ta.ri.o.so (*ô*) (*voluntário+oso*) *adj* **1** Que é dado a satisfazer plenamente a sua vontade, sem consideração de qualquer ordem; que se dirige só pela sua vontade. **2** Caprichoso, teimoso. *Pl: voluntariosos (ó)*.

vo.lú.pia (*lat Volupia, np*) *sf* **1** Grande prazer dos sentidos. **2** Grande prazer em geral. **3** Grande prazer sexual.

vo.lup.tu.o.si.da.de (*voluptuoso+i+dade*) *sf* **1** Qualidade de voluptuoso. **2** Volúpia. *Antôn: castidade.*

vo.lup.tu.o.so (*ô*) (*lat voluptuoso*) *adj* **1** Em que há volúpia ou prazer. **2** Sensual. **3** Dado à libertinagem. **4** Que procura divertimentos ou deleites. *Antôn* (acepções 2 e 3): *casto. Pl: voluptuosos (ó)*.

vo.lú.vel (*lat volubile*) *adj m+f* **1** Que muda facilmente de direção. **2** Inconstante, instável. **3** *Bot* Diz-se do vegetal que se enrosca em torno de outro que está próximo. *Pl: volúveis*.

vol.ver (*lat volvere*) *vtd* e *vtdi* **1** Mover para um e para outro lado; mudar para outra posição; virar, voltar: *Volver a cabeça, volver a face. Volver os olhos a alguém ou a alguma coisa. vtd* **2** Mexer; remexer: *Volveu a terra e replantou as mudinhas. vti* **3** Voltar, regressar: *João volveu ao passado sem mágoas. vti* **4** Retomar, dedicar-se: *Paulo volveu aos estudos com entusiasmo. vpr* **5** Voltar-se: *Depois daquela desgraça, Joana volveu-se à religião*.

vô.mi.co (*lat vomicu*) V *vomitório*.

vo.mi.tar (*lat vomitare*) *vtd* **1** Lançar pela boca (aquilo que fora engolido). *vtd* **2** Expelir pela boca em golfadas: *Vomitar sangue. vtd* **3** Conspurcar com vômito: *Vomitar a toalha. vtd* **4** Dizer com propósito afrontoso, proferir com impetuosidade; desabafar, desembuchar: *Vomitar injúrias. vtd* **5** Arrojar de si com ímpeto: *Os montes vulcânicos vomitam fogo. vtd* **6** *pop* Contar, mexericar, revelar: *Vomitava tudo quanto sabia da vida alheia. vint* **7** Expelir pela boca substâncias anteriormente ingeridas: *Ele vomitou a noite toda. Conjug – Pres indic: vomito, vomitas (mí)* etc. *Cf vômito*.

vô.mi.to (*lat vomitu*) *sm* **1** Ação ou efeito de vomitar. **2** Expulsão repentina e violenta, pela boca, daquilo que fora engolido. **3** Aquilo que se vomita ou vomitou. **4** Qualquer matéria expelida pela boca em golfadas, embora venha dos brônquios ou dos pulmões e não do estômago.

vo.mi.tó.rio (*lat vomitoriu*) *adj* Que faz vomitar; vômico. • *sm* Medicamento destinado a provocar o vômito.

von.ta.de (*lat voluntate*) *sf* **1** A principal das potências da alma, que inclina ou move a querer, a fazer ou deixar de fazer alguma coisa. **2** *Psicol* Impulso para agir em todas as fases de desenvolvimento ou, mais especificamente, o processo de volição; em sentido mais estrito, uma atividade precedida de elaboração mental de antecipação, incluindo opção ou escolha. **3** Capacidade de tomar livremente uma deliberação. **4** Energia, firmeza de ânimo, fortaleza e perseverança no querer ou realizar. **5** Desejo, intenção, pretensão, deliberação, determinação. **6** Resolução. **7** Capricho, fantasia, veleidade. **8** Arbítrio, mando. **9** Gosto, prazer.

vo.o (de *voar*) *sm* **1** Ação de voar. **2** Movimento próprio dos animais providos de asas, pelo qual se elevam e se deslocam no ar, principalmente aves e insetos. **3** O avanço dos aviões ou aeroplanos no espaço. **4** Extensão percorrida por uma aeronave ou uma ave voando. **5** Movimento rápido de qualquer objeto no ar. **6** *por ext* Avanço rápido, impulso contínuo; progresso. **7** Elevação de espírito; arroubamento, êxtase.

vo.ra.gem (*lat voragine*) *sf* **1** Aquilo que devora. **2** Turbilhão; redemoinho. **3** *fig* Tudo aquilo que subverte ou consome. *Pl: voragens*.

vo.raz (*lat vorace*) *adj m+f* **1** Que devora. **2** Que come com avidez. **3** Que não se farta. **4** Que gasta; destruidor, consumidor. **5** Que arruína, que aniquila. **6** Que engole, traga, afunda. **7** Ambicioso. *Pl: vorazes*.

vór.ti.ce (*lat vortice*) *sm* Redemoinho; turbilhão.

vos (*lat vos*) *pron* Forma proclítica, mesoclítica e enclítica do pronome *vós*, que se emprega como objeto direto ou indireto: *Procuraram-vos* (objeto direto). *Dou-vos* (objeto indireto) *parabéns*.

vós (*lat vos*) *pron* Designa a segunda pessoa do plural de ambos os gêneros e que se emprega como sujeito ou regime de preposição: *Vós* (sujeito) *o quisestes. Estamos contra vós* (regime de preposição).

vos.so (*lat*vostru*) *pron possessivo* **1** Que vos pertence. **2** Relativo a vós.

vo.ta.ção (*votar+ção*) *sf* **1** Ato ou efeito de votar. **2** Conjunto de votos dados ou recolhidos em uma assembleia eleitoral, parlamentar, ou em uma reunião de associados ou membros de uma entidade corporativa. *Pl: votações*.

vo.ta.do (*part* de *votar*) *adj* **1** Que se votou. **2** Aprovado pela maioria ou unanimidade de votos.

vo.tan.te (de *votar*) *adj m+f* **1** Que vota. **2** Que tem o direito de votar. • *s m+f* Pessoa que votou ou tem o direito de votar.

vo.tar (*lat votare*) *vtd* **1** Aprovar por meio de voto: *Votar uma lei. vtd* **2** Eleger (alguém) por meio de votos. *vti* e *vint* **3** Dar ou emitir o seu voto numa eleição etc.; exprimir a sua opinião ou manifestar o seu consentimento por meio de voto: *Votar a favor de, contra, de acordo coisa, em, por. Votaram um por um. vti* **4** Acompanhar no voto a opinião de alguém: *Voto com V. Exa.*

vo.to (*lat votu*) *sm* **1** *Rel* Promessa livre e deliberada feita a Deus de alguma coisa que lhe é agradável, à qual nos obrigamos por religião. **2** Promessa solene; juramento. **3** Desejo sincero. **4** Oferenda feita em cumprimento de promessa anterior ou em memória e por gratidão de graça recebida. **5** Obrigação contraída em razão de promessa ou juramento. **6** Súplica ou rogativa a Deus. **7** Modo de manifestar a vontade, num julgamento ou deliberação, em tribunal ou assembleia. **8** Ato ou meio de votar; sufrágio.

vo.vó (de *vó*, com redobro) *bras V* avó.

vo.vô (de *vô*, com redobro) *bras V* avô.

voyeur (*vua-iér*) (*fr*) *sm Psicol* Pessoa que pratica o *voyeurismo*. *Fem:* voyeuse.

voy.eu.ris.mo (*vuá-ierismo*) (*fr voyeur+ismo*) *sm Psicol* Excitação sexual apenas pela observação de cópula praticada por outros ou pela observação dos órgãos genitais de outra pessoa.

voz (*lat voce*) *sf* **1** O som que é produzido pelo ar, lançado dos pulmões na laringe do organismo animal, e modificado pelos órgãos vocais. **2** O som com que se modulam as palavras ou o canto. **3** A faculdade de emitir esses sons. **4** A faculdade de falar. **5** Linguagem. **6** Grito, clamor, reclamo, queixa. **7** Poder ou autorização de falar em nome de outrem. **8** Intimação ou ordem dada em voz alta. **9** Conselho, aviso, apelo, ditame. **10** Fama, boato. **11** Predição, prognóstico. **12** Súplica, rogo. *Segunda voz, Mús:* numa dupla, voz que apoia o cantor (ou cantora) principal. *Ter voz:* a) ter disposição natural para o canto; b) ter direito de votar ou de dar opinião. *Ter voz ativa:* a) ter direito de dar sua opinião, ser ouvido com atenção; b) ter influência. *Pl: vozes.*

vo.ze.ar (*voz+e+ar¹*) *vint* **1** Falar muito alto; clamar, gritar: *A multidão vozeava, agitadamente. vtd* **2** Emitir em alta voz; exprimir gritando: *Vozear ordens. Vozear protestos, insultos.* Conjuga-se como *frear.*

vo.ze.a.ri.a (*vozeio+aria*) *sf* **1** Ação de vozear. **2** Clamor de muitas vozes reunidas.

vo.zei.rão (*vozeiro+ão²*) *sm* **1** Voz muito forte. **2** Aquele que tem essa voz. *Pl: vozeirões.*

vul.câ.ni.co (*vulcano+ico²*) *adj* **1** Relativo, pertencente ou inerente aos vulcões. **2** Que se origina em um vulcão. **3** Produzido por um vulcão. **4** Constituído por lavas. **5** Ardente como um vulcão. **6** *fig* Impetuoso, ardente.

vul.ca.ni.za.ção (*vulcanizar+ção*) *sf* Ato ou efeito de vulcanizar. *Pl: vulcanizações.*

vul.ca.ni.za.do (*part* de *vulcanizar*) *adj* **1** Que se vulcanizou. **2** *fig* Exaltado, inflamado; ardente: *Paixões vulcanizadas.*

vul.ca.ni.za.do.ra (*fem* de *vulcanizador*) *sf bras* Estabelecimento que trabalha com vulcanização.

vul.ca.ni.zar (*vulcano+izar*) *vtd* **1** Combinar (borracha) com enxofre com a finalidade de torná-la mais dura, resistente e durável. *vtd* **2** Calcinar. *vtd* e *vpr* **3** *fig* Entusiasmar(-se), exaltar(-se), inflamar(-se), tornar(-se) ardente.

vul.cão (*lat Vulcanu, np*) *sm Geol* Buraco na crosta terrestre que dá saída a material magmático (gases, vapores, fumaça, cinzas e lavas). *Vulcão ativo:* o que se acha em erupção, em atividade. *Vulcão extinto:* o que se acha fora de atividade de uma data geológica relativamente recuada. *Vulcão inativo:* o que se acha em fase temporária de repouso. *Pl: vulcões.*

vul.gar (*lat vulgare*) *adj* **1** Pertencente ou relativo ao vulgo. **2** Comum, ordinário, trivial. **3** Baixo, íntimo, reles. **4** Que não se distingue dos seus congêneres; medíocre, ordinário. **5** Que não é expressivo; que não é significativo; que não revela condições de talento. **6** Que não se recomenda por caráter algum de nobreza ou de distinção. *Antôn* (acepções 2 e 4): *extraordinário*. • *sm* Aquilo que é vulgar.

vul.ga.ri.da.de (*lat vulgaritate*) *sf* **1** Qualidade de vulgar. **2** Coisa ou pessoa vulgar.

vul.ga.ris.mo (*vulgar+ismo*) *sm* O falar ou o pensar próprio do vulgo; vulgaridade.

vul.ga.ri.za.ção (*vulgarizar+ção*) *sf* Ato ou efeito de vulgarizar. *Pl: vulgarizações.*

vul.ga.ri.za.do (*part* de *vulgarizar*) *adj* Tornado vulgar, comum ou trivial; que está ao alcance de todos; generalizado.

vul.ga.ri.zar (*vulgar+izar*) *vtd* e *vpr* **1** Tornar(-se) vulgar, comum; divulgar(-se), propagar(-se): *Vulgarizar novas ideias. vtd* e *vpr* **2** Abandalhar(-se), aviltar(-se): *Vulgarizar o talento. Vulgarizam-se, adotando costumes licenciosos.*

vul.go (*lat vulgu*) *sm* **1** O povo; a plebe. **2** O comum dos homens. • *adv* Segundo o uso comum; vulgarmente.

vul.ne.rar (*lat vulnera+ar¹*) *vtd* **1** Ferir; golpear. **2** Ofender muito.

vul.ne.rá.vel (*lat vulnerabile*) *adj m+f* **1** Que pode ser vulnerado. **2** Diz-se do ponto pelo qual alguém ou algo pode ser atacado ou ofendido. *Pl: vulneráveis.*

vul.pi.no (*lat vulpinu*) *adj* **1** Relativo à raposa ou próprio dela. **2** *fig* Astuto, manhoso. **3** *fig* Traiçoeiro.

vul.to (*lat vultu*) *sm* **1** Fisionomia, rosto, semblante. **2** Corpo, figura. **3** Figura indistinta. **4** Imagem de escultura; estátua. **5** Volume, massa, grandeza. **6** *fig* Homem notável, notabilidade, pessoa de grande importância.

vul.to.so (*ô*) (*vulto+oso*) *adj* De grande vulto; volumoso. *Cf vultuoso. Pl: vultosos (ó).*

Confira a diferença entre os adjetivos **vultoso** e **vultuoso**.

Vultoso, derivado de *vulto*, significa grande, volumoso, robusto, de muito vulto. **Vultuoso** integra a mesma família de *vultuosidade*, termo empregado pela medicina para caracterizar um estado doentio de inchação do rosto, em especial dos olhos e dos lábios.

Gastou-se uma vultosa quantia para construir o edifício.

A captura dos bandidos rendeu-lhe vultosa recompensa.

Aquele longo período no sertão comprometera-lhe a saúde. Lábios e olhos vultuosos, uma magreza cadavérica e gestos trêmulos bem denunciavam o estado avançado da doença.

vul.tu.o.so (*ô*) (*lat vultuosu*) *adj Med* Diz-se do rosto quando as faces e os lábios estão vermelhos e inchados, os olhos salientes e mais ou menos injetados. *Cf vultoso. Pl: vultuosos (ó).*

Veja nota em **vultoso**.

vul.va (*lat vulva*) *sf Anat* Parte exterior do aparelho genital da mulher e das fêmeas dos mamíferos.

vul.vi.te (*vulva+ite¹*) *sf Med* Inflamação da vulva.

vur.mo (*al Wurm*) *sm* O pus das chagas.

w (*dábliu, v duplo* ou *v dobrado*) (*ingl*) *sm* Vigésima terceira letra do alfabeto português. Usada geralmente em nomes próprios estrangeiros e seus derivados.

Além dos nomes próprios estrangeiros e seus derivados, como Wagner, *w*agneriano, Weber, *w*eberiano, Westphalen, *w*esphalense, o **w** também é empregado:
a) Em abreviaturas: *W* = oeste; *w.c.* = water closet; *WNW* = oeste-noroeste.
b) Em símbolos: *W* = tungstênio; *Wb* = weber; *Wh* = watt-hora.
c) Em palavras estrangeiras: *w*alkie-talkie, *w*att, *w*indsurfe.

wag.ne.ri.a.no (*Wagner, np+i+ano*) *adj* **1** Relativo a Wilhelm Richard Wagner (1813-1883), compositor alemão. **2** Que tem o caráter das obras de Wagner. **3** Admirador ou conhecedor da obra de Wagner.

wag.ne.ri.ta (*Wagner, np+ita*) *sf Miner* Fosfato de magnésio que contém flúor.

walkie-talkie (*uóqui-tóqui*) (*ingl*) *sm* Aparelho portátil cuja finalidade é transmitir e receber comunicações radiofônicas a curta distância.

walkover (*uók-ôver*) (*ingl*) *sm* Desistência de um dos competidores que confere automaticamente a vitória ao outro. *Abrev*: *W.O.*: *Ganhar por W.O.*

water closet (*uótâr clôset*) (*ingl*) V banheiro. *Abrev*: *W.C.*

water polo (*uótar polo*) (*ingl*) *sm* Esporte aquático em que duas equipes, cada qual formada por sete nadadores, tentam atingir a meta adversária e marcar gol.

watt (*uóte*) *sm Fís* Unidade de medida de potência definida pelo inventor escocês James Watt (1736-1819).

watt-ho.ra (*watt+hora*) *sm Fís* Unidade de medida de energia elétrica. *Símb*: Wh.

wat.tí.me.tro (*watt+i+metro*) *sm Fís* Instrumento para medição de potência elétrica.

web (*uéb*) (*ingl*) V www.

western (*uéstern*) (*ingl*) V bangue-bangue (acepção 2).

wil.di.a.no (*ual*) (*Wilde, np+ano*) *adj* **1** Relativo a Oscar Wilde (1854-1900), escritor e teatrólogo irlandês. **2** Que tem o caráter das obras de Oscar Wilde • *sm* Adepto das concepções literárias de Oscar Wilde.

winchester (*ingl*) V disco rígido.

wind.sur.fe (*uín*) (*ingl wind+surfe*) *sm Esp* Navegação sobre prancha equipada de vela com uma barra, através da qual o esportista se equilibra e dá a direção.

wind.sur.fis.ta (*uin*) (*windsurf+ista*) *s m+f* Esportista praticante do windsurfe.

workaholic (*uôrcarrólic*) (*ingl*) *s m+f* Pessoa que se dedica exclusivamente ao trabalho.

workshop (*uôrk-chóp*) (*ingl*) *sm* Reunião de pessoas com um artista, grupo de artistas ou professores, na qual os participantes exercem atividades relacionadas a uma arte ou tema específico: *Workshop de teatro*.

www (sigla de *World Wide Web*) *sm Inform* Teia de alcance mundial, que interliga documentos através de vínculos de hipertexto. *Var*: *web*.

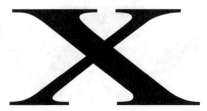

x¹ (*xis*) *sm* Vigésima quarta letra do alfabeto português, consoante. • *num* O vigésimo quarto numa série indicada pelas letras do alfabeto.
x² 1 *Mat* Símbolo de uma incógnita. 2 *por ext* Aquilo que se desconhece.
X *num* Na numeração romana, símbolo equivalente a 10.
xá (*persa shaH*) *sm* 1 Soberano, na língua persa. 2 Título do soberano da antiga Pérsia (atual Irã).
Atenção para não confundir **Xá** = o título (em letra maiúscula) do soberano do Irã, antiga Pérsia, com **chá** = nome de uma planta ou do preparado líquido obtido com infusão de folhas.
O Xá deposto exilou-se em Paris.
Um chá de erva-cidreira serve como calmante natural.
xá.ca.ra (*cast jácara*) *sf* Narrativa popular, em verso. *Cf chácara.*
xa.drez (*ár ax-xitranj*) *sm* 1 Jogo para duas pessoas, cada uma das quais faz mover, sobre um tabuleiro de 64 casas, 16 peças, de acordo com movimentos preestabelecidos para cada peça, com o objetivo de dar xeque-mate ao rei do oponente. 2 Tabuleiro próprio para esse jogo. 3 Tecido cujas cores são dispostas em quadradinhos. 4 *pop* Prisão, cadeia. *Pl: xadrezes.*
xa.dre.zis.ta (*xadrez+ista*) *V enxadrista.*
xa.le (*ár shâl*) *sm* Peça de vestuário que as mulheres usam como adorno e agasalho dos ombros e costas.
xa.mã (*tungus shaman,* via *fr*) *sm* 1 *Antrop* Sacerdote ou feiticeiro com supostos poderes de lidar com entidades sobrenaturais para realizar curas. 2 Feiticeiro, curandeiro.
xa.ma.nis.mo (*xamã+ismo*) *sm* 1 *Antrop* Religião praticada por povos indígenas do Norte da Europa e da Sibéria, caracterizada pela crença em um mundo invisível de deuses, demônios e espíritos ancestrais, que podem ser influenciados pelos xamãs. 2 Qualquer prática religiosa semelhante.
xam.pu (*ingl shampoo*) *sm* Preparado saponáceo líquido empregado na lavagem dos cabelos.
Xan.gô (*ioruba Shàngó*) *sm bras Rel* Grande orixá, deus do raio e do trovão, de caráter violento e vingativo.
xan.tun.gue (do *top chin Shandong*) *sm* Tecido de superfície um tanto áspera, com fios de seda, algodão ou linho.
xa.rá (*tupi xeréra,* meu nome) *s m+f* Pessoa cujo nome de batismo é o mesmo de outra.
xa.ro.pa.da (*xarope+ada¹*) *sf* 1 Porção de xarope que se pode tomar de uma só vez. 2 *pop* Qualquer remédio contra tosse. 3 *pop* Coisa sem graça. 4 *pop* Discurso enfadonho.
xa.ro.pe (*ár xarâb*) *sm Farm* Medicamento semelhante a um licor, feito com água, açúcar e substâncias aromáticas e medicamentosas. • *adj pop* Diz-se da pessoa ou coisa maçante.
xa.ro.po.so (ô) (*xarope+oso*) *adj* 1 Com a consistência de xarope. 2 Da natureza de xarope. 3 *fig* Enfadonho, tedioso. *Pl: xaroposos* (ó).
xa.van.te *adj m+f bras Etnol* Relativo ou pertencente aos xavantes, tribo indígena do curso médio do rio Tocantins. • *s m+f* Indígena dessa tribo.
xa.ve.ca.gem (*xaveco+agem*) *sm bras gír* Patifaria, velhacaria. *Pl: xavecagens.*
xa.ve.car (*xaveco+ar¹*) *bras gír vint* Praticar xavecagem; trapacear, chantagear. *Conjug – Pres subj: xaveque, xaveques* etc.; *Pret perf: xavequei, xavecaste, xavecou* etc.
xa.ve.co (*ár shabaka*) *sm* 1 Embarcação pequena, do Mediterrâneo, de três mastros e velas latinas. 2 Barco pequeno e mal construído; embarcação ordinária. 3 *bras fig* Pessoa ou coisa sem importância. 4 *bras gír* Safadeza, patifaria.
xa.xa.do (*onom xa-xa-xá+ado¹*) *sm bras* Dança masculina originada no sertão pernambucano, dançada em círculo ou em fila indiana, avançando-se o pé direito em movimentos laterais e puxando-se o esquerdo, deslizando-o.
xa.xim *sm* 1 *Bot* O tronco de certas samambaias arborescentes que chega a atingir três metros de altura. 2 Massa fibrosa e muito leve de que é constituído o tronco dessa samambaia e da qual se fabricam vasos e jardineiras para outras plantas. *Pl: xaxins.*
xei.que (*ár shah*) *sm* Chefe de tribo árabe; soberano, entre os árabes. *Var: xeque.*
xe.no.fi.li.a (*xeno+filo²+ia¹*) *sf* Amor ou estima às pessoas e coisas estrangeiras. *Antôn: xenofobia.*
xe.nó.fi.lo (*xeno+filo²*) *adj* Diz-se de quem tem xenofilia. • *sm* Aquele que tem xenofilia. *Antôn: xenófobo.*
xe.no.fo.bi.a (*xeno+fobo+ia¹*) *sf* Aversão às pessoas e coisas estrangeiras. *Antôn: xenofilia.*
xe.nó.fo.bo (*xeno+fobo*) *adj* Diz-se de quem tem xenofobia. • *sm* Aquele que tem xenofobia. *Antôn: xenófilo.*
xe.nô.nio (*xeno+ônio*) *sm Quím* Elemento gasoso, pesado, incolor, inerte, de número atômico 54 e símbolo Xe.
xe.pa (ê) *sf pop* 1 Comida de quartel. 2 Comida ordinária, grude. 3 As mercadorias vendidas

no final da feira livre, mais baratas, porém nem sempre de boa qualidade.

xe.que[1] (*ár shah*) V *xeique*. Cf *cheque*.

xe.que[2] (*ár shah*) *sm* **1** No jogo de xadrez, lance que consiste em atacar o rei ou fazer recuar a rainha. **2** Atitude parlamentar que exige decisão e coloca em perigo o governo. **3** *fig* Perigo; contratempo. Cf *cheque*.

> Xeque significa um perigoso movimento do jogo de xadrez em que se coloca o adversário em posição difícil (também **xeque-mate**; plural **xeques-mates** ou **xeques-mate**).
> *O jogador deu xeque à dama.*
> Por analogia com o jogo de xadrez, pode significar, em sentido figurado, situação difícil, perigosa.
> *Retirou sua colaboração e pôs o diretor em xeque.*
> Como forma aportuguesada do árabe *sheik*, significa um governador ou chefe de uma tribo.
> *Vários territórios árabes são governados por xeques.*
> Não confunda com *cheque*, ordem de pagamento bancária.
> *O banco pagará os rendimentos em cheque.*

xe.re.ta (*ê*) (de *cheirar*) *adj m+f bras* Diz-se da pessoa bisbilhoteira. • *s m+f* Pessoa xereta.

xe.re.tar (*xereta+ar*[1]) V *xeretear*.

xe.re.te.ar (*xereta+e+ar*[1]) *vint* **1** Bisbilhotar, intrometer-se. *vtd* **2** Adular, bajular. Conjuga-se como *frear*.

xe.rez (de *Xerez, np*) *sm* **1** Espécie de uva tinta. **2** Vinho espanhol, seco ou doce, feito em Andaluzia. *Pl: xerezes*.

xe.ri.fe (*ár sharîf*) *sm* **1** O mais alto funcionário executivo de um condado, na Inglaterra, espécie de magistrado nomeado pelo rei. Antigamente era também cargo hereditário. **2** Importante funcionário administrativo de condado nos Estados Unidos, geralmente eleito pelo povo e encarregado da execução das leis, da preservação da paz e funções congêneres.

xe.ro.car (*xerox+ar*[1]) V *xerocopiar*.

xe.ro.có.pia (*xero+cópia*) *sf* Cópia obtida por xerografia (acepção 3).

xe.ro.co.pi.ar (*xerocópia+ar*[1]) *vtd* Fazer xerocópias; xerocar. *Conjug – Pres indic: xerocopio, xerocopias* etc.

xe.ró.fi.lo (*xero+filo*[2]) *adj Bot* Diz-se das plantas próprias de ambientes secos.

xe.ro.gra.fi.a (*xero+grafo*[1]+*ia*[1]) *sf* **1** *Geogr* Estudo das regiões secas da Terra. **2** *Geogr* Tratado acerca da parte seca da Terra. **3** Processo fotográfico em que se usa, como sistema fotossensível, uma placa de metal que, depois de revestida de um semicondutor, se carrega de vários milhares de volts. Com ele, pode ser obtido um grande número de cópias de documentos, fotos etc.

xe.ro.se (*xero+ose*) *sf Med* Secura anormal de um tecido ou parte do corpo, como a pele ou a conjuntiva.

xe.rox (*cs*) (marca comercial) *sf* ou *sm sing* e *pl* **1** V *xerografia* (acepção 3). **2** V *xerocópia*. *Var: xérox*.

xérox ou **xerox?**
Embora popularmente a segunda opção (*xerox*) já se tenha difundido, prefira-se **xérox**, como as demais paroxítonas da língua portuguesa terminadas em **x** (*látex, sílex, tórax*), de acordo com a língua padrão.
Xero é elemento de origem grega e significa *seco*, caracterizando o processo de produção de cópias a seco, e presente em derivados como *xerocopiar, xerocar, xerocópia, xerografia* ou sua abreviatura *xérox* etc.
Ressalte-se que **xérox** é palavra feminina, ainda que, também no uso popular, possa ser encontrada como masculina. Quanto ao número, a palavra não sofre flexão e o plural é: **as xérox**.
Preciso de uma xérox daquele documento.
Serão necessárias algumas xérox daquele documento.

xe.xéu *sm* **1** *Reg* (Norte) Ave imitadora do canto de outras. **2** *gír* Mau cheiro, principalmente de suor; bodum.

xi! *interj* Exprime admiração, alegria, espanto, surpresa, aborrecimento.

xí.ca.ra (*náuatle xikalli*) *sf* **1** Pequeno vaso com asa, geralmente de louça, para tomar café, chá, leite etc. **2** O conteúdo dessa vasilha.

xi.ca.ra.da (*xícara+ada*[1]) *sf* O conteúdo de uma xícara.

xi.foi.de (*ó*) (*xifo+oide*) *adj m+f Anat* Diz-se de um apêndice que termina a parte inferior do esterno.

xi.fo.pa.gi.a (*xifópago+ia*[1]) *sf Terat* Anormalidade caracterizada por dois indivíduos que nascem unidos desde o apêndice xifoide até o umbigo.

xi.fó.pa.go (*xifo+pago*) *sm Terat* Ser que apresenta xifopagia. • *adj fig* Diz-se de pessoas estreitamente ligadas por inclinação ou temperamento.

xi.i.ta (*ár shiyai*, de *seita+ita*) *s m+f* **1** Designação dada aos membros dos xiitas, muçulmanos que sustentam só serem verdadeiras as tradições de Maomé transmitidas através de membros de sua família. **2** *por ext* Indivíduo de atitudes radicais. • *adj m+f* Do, relativo ou pertencente aos xiitas.

xi.lin.dró *sm gír* Cadeia, prisão.

xi.lo.fo.ne (*xilo+fone*) *sm Mús* Espécie de marimba, com lâminas de madeira.

xi.lo.gra.fa.do (*part de xilografar*) *adj* Diz-se dos livros que eram impressos por meio de tábuas gravadas, antes de serem inventados os tipos móveis.

xi.lo.gra.far (*xilo+grafo+ar*[1]) V *xilogravar*.

xi.lo.gra.fi.a (*xilo+grafo+ia*[1]) *sf* **1** *Art Plást* Arte de gravar em madeira. **2** Arte de entalhar um desenho artístico em uma prancheta de madeira, de modo que por meio desta o desenho, com o auxílio de uma prensa tipográfica ou manual, possa ser reproduzido em papel. **3** A prancheta assim entalhada. **4** Estampa impressa por esse processo. **5** Método de imprimir em cores, sobre madeira. **6** Cópia mecânica dos veios de madeira, mediante um clichê obtido pelo tratamento químico desta, que põe os veios em relevo.

xi.ló.gra.fo (*xilo+grafo*) *sm* Gravador em madeira; xilogravador.

xi.lo.gra.va.dor (*xilo+gravador*) V *xilógrafo*.

xi.lo.gra.var (*xilo+gravar*) *vtd* Gravar em madeira. *Var: xilografar*.

xi.man.go *sm bras Ornit* Nome dado a certos gaviões do Sul do Brasil.
xin.ga.ção (*xingar+ção*) *sf* Ato de xingar; xingamento. *Pl: xingações.*
xin.ga.men.to (*xingar+mento*) *sm* V xingação.
xin.gar (*quimbundo xinga+ar¹*) *vtd, vtdi* e *vint* Insultar com palavras: *A verdureira xingou o ladrão. Xingara-o de canalha. E não parava de xingar.*
xin.ga.tó.rio (*xingar+ório*) *adj* Que envolve xingação.
xin.to.ís.mo (*jap shintô+ismo*) *sm* Religião nacional e antigo culto ético do Japão, anterior ao budismo.
xin.to.ís.ta (*jap shintô+ista*) *adj m+f* Que diz respeito ao xintoísmo. • *s m+f* Pessoa adepta do xintoísmo.
xin.xim *sm Reg* (BA) *Cul* Guisado de galinha com camarões secos, azeite de dendê e temperos. *Pl: xinxins.*
xi.que.xi.que *sm bras Bot* **1** Cacto muito comum das caatingas, espinhoso e rico em água. **2** Nome comum de várias leguminosas.
xis *sm* O nome da letra x. *Pl: xis* ou *xx.*
xis.to (*gr skhistós*) *sm Miner* Designação genérica das rochas de textura folheada, como a ardósia. *Xisto betuminoso:* xisto impregnado de betume.
xis.to.si.da.de (*xistoso+dade*) *sf* Disposição em camadas, própria das rochas de xisto.
xi.xi *sm* Urina, em linguagem infantil. *Xixi de anjo, bras:* variedade de batida.
xó! *interj* Usada para fazer parar as bestas.
xô! *interj* Usada para enxotar galinhas e outras aves.
xo.dó *sm* **1** Namoro. **2** Namorado ou namorada. **3** Amor, paixão.
xo.gum (*jap shôgun*) *sm* Chefe militar do Japão antes da revolução de 1868. *Pl: xoguns.*
xo.te (*al Schottisch*) *sm* **1** Dança de salão de compasso binário ou quaternário, semelhante à polca. **2** Música que acompanha essa dança.
xo.xo.ta (*voc express*) *vulg* V vulva.
xu.cri.ce (*xucro+ice*) *sf* Qualidade de xucro; xucrismo.
xu.cris.mo (*xucro+ismo*) *sm* V xucrice.
xu.cro (*quíchua chukru*) *adj* **1** Diz-se do animal bravo ou ainda não domesticado. **2** *por ext* Rude, ignorante. **3** *por ext* Mal-educado.

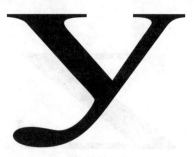

y¹ (*hipsilo, ípsilon*) *sm* Vigésima quinta letra do nosso alfabeto. • *num* Vigésimo quinto numa série indicada pelas letras do alfabeto. É empregada em nomes próprios, em alguns empréstimos de línguas estrangeiras e em abreviaturas e símbolos científicos.

y² *Mat* Símbolo de uma segunda incógnita.

> O **y** é empregado:
> a) em símbolos: *Y* = itríbio; *Yb* = itérbio; *yd* = jarda.
> b) em palavras estrangeiras: yang, yagi, yearling.
> c) em derivados portugueses de nomes estrangeiros: byronismo, hollywoodiano, taylorismo.
> d) em nomes próprios estrangeiros: Byron, Hollywood, Taylor.

yagi (de *Yagi, np*) *sf Astr* Antena de ondas curtas, direcional e seletiva.

yakisoba (*iaquiçôba*) (*jap*) *sm Cul* Macarrão cozido e frito, misturado com carne e legumes.

yang (*chin yáng*) *sm* No pensamento oriental, o princípio masculino, considerado ativo, celeste, quente e luminoso, que convive com o *yin*, em posição oposta.

yd Símbolo de *jarda*, medida inglesa correspondente a 3 pés ou 91,4 cm.

yearling (*irlin*) (*ingl*) *sm Turfe* Animal jovem puro-sangue, de um a dois anos de idade.

yin (*chin yîn*) *sm* No pensamento oriental, o princípio feminino, considerado passivo, terrestre, frio e obscuro, que convive com o *yang*, em posição oposta.

yin-yang (*chin yînyáng*) *sm* No taoismo, os dois princípios complementares que abrangem todos os aspectos e fenômenos da vida.

z¹ (*zê*) *sm* Vigésima sexta e última letra do alfabeto português, consoante. • *num* Vigésimo sexto numa série indicada pelas letras do alfabeto.
z² *Mat* Símbolo de uma terceira incógnita.

Atenção para algumas orientações quanto ao uso da letra **z**:
1. Em verbos terminados por *isar* e *izar*:
a) Em geral, emprega-se o sufixo *izar* quando o nome correspondente ao verbo já contém o **z** ou não contém **s**: ameno = ame*nizar*; canal = cana*lizar*; colono = colo*nizar*.
b) Quando o nome correspondente ao verbo já contém o **s** emprega-se o sufixo *isar*: análise = ana*lisar*; pesquisa = pesqu*isar*; paralisia = paral*isar*. Exceção: o verbo *catequizar* e os nomes *catequização* e *catequizador* são grafados com **z**, embora sejam derivados de *catequese*, grafado com **s**.
2. Da mesma forma, o sufixo dos diminutivos só deverá ser escrito como *zinho* se na última sílaba da palavra primitiva não existir **s**: árvore = arvore*zinha*; rua = rua*zinha*; pé = pe*zinho*. Mas: casa = ca*sinha*; mesa = me*sinha*; princesa = prince*sinha*.

za.bum.ba *V* bombo.
za.bum.bei.ro (*zabumba+eiro*) *sm* Tocador de zabumba.
za.ga (*ár sâqa*, via *cast zaga*) *sf Esp* No futebol, a posição dos jogadores da defesa, que ficam entre a linha média e o arco.
za.gal (*ár zagal*) *sm* **1** Pastor. **2** Ajudante do maioral dos pastores. *Pl*: zagais.
za.guei.ro (*zaga+eiro*) *sm Esp* Jogador da zaga, no futebol.
zai.no (*ár Sâ'in*) *adj* **1** Diz-se de cavalo que tem o pelo castanho-escuro, ou do que não tem manchas brancas no pelo. **2** Diz-se de cavalo que tem o pelo preto e fosco.
zam.bi (*quimb nzumbi*) *bras V* zumbi.
zâm.bi (*quimbundo nzambi*) *sm bras* **1** *Rel* Principal divindade do culto banto. **2** Chefe de quilombo de escravos negros fugidos.
zam.bi.a.no (*top Zâmbia+ano²*) *adj* Da, pertencente ou relativo à Zâmbia (África central). • *sm* O natural ou habitante da Zâmbia.
zam.bo (*lat vulg *strambu*, por *strabu*) *adj* Diz-se do filho de negro com mulher indígena. • *sm* Aquele que tem mãe indígena e pai negro.
za.na.ga *adj m+f* Diz-se de pessoa vesga. • *s m+f* Pessoa vesga.
zan.ga (de *zangar*) *sf* **1** Irritação, cólera. **2** Mau humor.
zan.ga.di.ço (*zangado+iço*) *adj* Que se zanga facilmente; irritadiço.
zan.ga.do (*part* de *zangar*) *adj* **1** Que se zangou. **2** Irritado. **3** Que se zanga facilmente; mal-humorado.
zan.gão (*voc onom*) *sm* **1** *Entom* O macho da abelha. **2** *Entom* Denominação vulgar de uma vespa que ocorre na Europa. **3** *fig* Indivíduo que vive à custa de outrem; parasita. *Pl*: zangões.
zan.gar (*zângão+ar¹*) *vtd* **1** Causar zanga ou mau humor a: *A demora zangou-o*. *vpr* **2** Encolerizar-se, irritar-se: "Seus irmãozinhos não devem acordar e, se papai o vê, zanga-se" (Arnaldo Magalhães de Giacomo). *Conjug – Pres subj*: zangue, zangues etc.; *Pret perf*: zanguei, zangaste, zangou etc.

Usado no sentido de irritar-se, encolerizar-se, o verbo **zangar** é pronominal. Não se esqueça, portanto, do pronome.
Eu me zango com o atraso do ônibus.
Tu te zangaste com ela?
Nós nos zangamos com sua atitude.
Ela se zanga à toa.

zan.zar (*voc onom*) *V pop* vaguear.
za.ra.ba.ta.na (*ár zarbatânâ*) *sf* Canudo comprido pelo qual se arremessam, com o sopro, setas, bolinhas e pequenos projéteis.
zar.cão (*ár zarqûn*) *sm* Tinta vermelha, à base de óxido de chumbo, geralmente usada como primeira demão em peças de ferro ou de aço, para evitar a formação de ferrugem. *Pl*: zarcões.
za.ro.lho (*ár*) *adj* **1** Cego de um olho. **2** Estrábico, vesgo. • *sm* Indivíduo zarolho.
zar.par (*cast zarpar*) *vint* **1** Fugir. **2** *Náut* Levantar âncora; partir (embarcações).
zás! *interj* Indica golpe ou movimento rápido. *Var*: zás-trás.
zás-trás! *V* zás!
zê *sm* O nome da letra z. *Pl*: zês ou zz.
ze.bra (*ê*) *sf* **1** *Zool* Nome comum a vários mamíferos equinos da África, relacionados ao cavalo e ao asno, com pelo listrado de preto ou castanho, sobre fundo branco ou amarelo-claro. Voz: *relincha, zurra*. **2** *bras* Pessoa sem inteligência. • *adj* Estúpido, bronco. *Dar zebra*, *gír*: dar resultado inesperado.
ze.bra.do (*zebra+ado¹*) *adj* Que tem listras semelhantes às da zebra; listrado.
ze.brar (*zebra+ar¹*) *vtd* Raiar, listrar, dando aparência de pele de zebra: *Há índios que costumam zebrar o corpo*.
ze.broi.de (*ó*) (*zebra+oide*) *adj m+f* Semelhante à zebra. • *sm bras* Indivíduo estúpido, incapaz.
ze.bu (*fr zébu*) *sm Zool* Boi da Índia com giba e

chifres pequenos, que o Brasil importa para cruzamento com gado nativo. *Fem: zebua.*

ze.bu.ei.ro (*zebu+eiro*) *sm bras* Criador, negociante ou propagandista de gado zebu.

ze.fir (*fr zéphyr*) *sm* Tecido de algodão, leve e transparente.

zé.fi.ro (*gr Zephyros*) *sm* **1** Vento suave e agradável; brisa. **2** Vento do ocidente, entre os gregos.

ze.la.dor (*zelar+dor*) *adj* Que zela. • *sm* **1** Empregado fiscal de um município. **2** Homem encarregado de tomar conta de um prédio.

ze.la.do.ri.a (*zelador+ia^1*) *sf* **1** Repartição do zelador. **2** Incumbência do zelador.

ze.lar (*zelo+ar^1*) *vtd* e *vti* **1** Ter zelo por; cuidar de, com o maior interesse e solicitude: *Zelar a honra. Zelar pela conservação dos bens.* *vtd* **2** Administrar; cuidar da limpeza, da ordem e da conservação: *Zelar um prédio.* *vtd* **3** Ter zelo ou ciúme de: *Zelar a noiva, a esposa.*

ze.lo (*ê*) (*lat zelu*) *sm* Dedicação ardente, desvelo, cuidado, diligência. *sm pl* Ciúme.

ze.lo.so (*ô*) (*zelo+oso*) *adj* **1** Cuidadoso, diligente. **2** Ciumento. *Pl: zelosos* (*ó*).

zen-bu.dis.mo (*zen+budismo*) *sm Filos* Variante do budismo, cuja prática religiosa consiste essencialmente na autodisciplina e meditação profunda, com o objetivo de obter a revelação pela absorção mística e consequente penetração intuitiva nas verdades transcendentais, inatingíveis à concepção intelectual. *Pl: zen-budismos.*

zen-bu.dis.ta (*zen+budista*) *adj* e *s m+f* Relativo ao, ou sectário do zen-budismo. *Pl: zen-budistas.*

zé-nin.guém ((*Jo*)*sé, np+ninguém*) *sm* Indivíduo de pouco ou nenhum valor; pobretão. *Pl: zés-ninguém.*

zê.ni.te (*ár sant,* via *fr zénith*) *sm* **1** *Astr* O ponto em que a vertical de um lugar encontra a esfera celeste acima do horizonte. **2** *fig* O ponto mais elevado que se pode atingir; auge.

ze.pe.lim (*zepelin, np*) *sm* Grande aeronave dirigível, de estrutura rígida, que tem a forma de charuto. *Pl: zepelins.*

zé-po.vi.nho ((*Jo*)*sé, np+povinho*) V *zé-povo. Pl: zé-povinhos* e *zés-povinhos.*

zé-po.vo ((*Jo*)*sé, np+povo*) *sm* **1** Homem do povo. **2** O povo, a plebe. *Pl: zé-povos* e *zés-povos.*

ze.rar (*zero+ar^1*) *vtd* **1** Reduzir a zero; tornar nulo: *Suas palavras zeraram nossos argumentos.* **2** Reduzir (conta bancária) a zero. **3** Saldar, liquidar: *A meta do governo é zerar o deficit público.*

ze.ri.nho (*é*) (*dim de zero*) *bras adj pop* Novo em folha (aplica-se somente ao carro zero-quilômetro).

ze.ro (*á Sifr,* via *ital zéro*) *num* Cardinal de um conjunto vazio. • *sm* **1** Algarismo (0) que por si só não tem valor, porém quando colocado à direita de qualquer outro algarismo aumenta-lhe dez vezes o valor. **2** Ponto em que se inicia a contagem dos graus, principalmente nos termômetros. **3** *fig* Pessoa ou coisa sem valor. *Zero absoluto,* Fís: a temperatura mais baixa possível, aproximadamente –273,13°C. *Zero à esquerda:* pessoa sem valor; zero, nada.

ze.ro-qui.lô.me.tro (*zero+quilômetro*) *adj m+f sing* e *pl bras* **1** Diz-se de automóvel novo, que ainda não foi rodado. **2** *por ext* Diz-se de aparelho sem uso; novo. • *sm sing* e *pl* Automóvel que ainda não foi rodado.

zeug.ma (*gr zeûgma*) *sm Gram* Designação do caso de elipse em que se subentende um termo ou termos já anteriormente enunciados na frase: "Nem ele nos entende, nem nós (entendemos) a ele." (Napoleão Mendes de Almeida)

zi.be.li.na (*ital zibellino*) *sf* **1** *Zool* Nome específico de um mamífero carnívoro; espécie de marta que ocorre no Norte da Sibéria, muito perseguida pela alta qualidade da sua pele. **2** Peliça feita com a pele desse animal.

zi.go.ma (*gr zýgoma*) *sm Anat* **1** Cada um dos dois ossos quadrangulares situados na face, ao lado das bochechas; osso zigomático (nome antigo: osso malar). **2** Arco ósseo abaixo da órbita do crânio, formado pelo osso zigomático e suas conexões e que serve para ligar os ossos da face com os situados ao redor da orelha; arco zigomático. **3** Apêndice do osso temporal, que forma uma parte desse arco; apêndice zigomático.

zi.go.to (*gr zygotós*) *sm Biol* **1** Célula formada pela reunião de dois gametas, um masculino e outro feminino. **2** Óvulo fecundado.

zi.gue-za.gue (*fr zig-zag,* do *al Zickzack*) *sm* **1** Linha quebrada que forma, alternadamente, ângulos salientes e reentrantes. **2** Modo de andar, descrevendo esse tipo de linha. **3** Caminho que comunica as diferentes linhas de ataque de uma praça de guerra. **4** Sinuosidade, ondulação. *Pl: zigue-zagues.*

zi.gue.za.gue.ar (*zigue-zague+ear*) *vint* **1** Fazer zigue-zagues. **2** Andar em zigue-zague. Conjuga-se como *frear.*

zi.gui.zi.ra *sf bras gír* Doença que não se pode ou não se quer nomear. *Var: ziquizira.*

zim.ba.bu.a.no (*top Zimbábue+ano*) *adj* Do, relativo ou pertencente ao Zimbábue, antiga Rodésia (África). • *sm* O natural ou habitante do Zimbábue.

zim.bro (*lat juniperu*) *sm Bot* Árvore cujos bagos são aromáticos e medicinais e se aplicam na preparação do gim.

zi.na.bre (*ár zinjafr*) V *azinhavre.*

zin.ca.do (*part de zincar*) *adj* Coberto ou revestido de zinco.

zin.co (*fr zinc*) *sm* **1** *Quím* Elemento metálico branco-azulado, cristalino, de número atômico 30 e símbolo Zn. **2** Folha desse metal empregada na confecção de calhas, condutores e coberturas de galpões etc.

zin.co.gra.fi.a (*zinco+grafo+ia^1*) *sf* Arte ou processo de transferir à superfície de uma lâmina de zinco, especialmente preparada, um desenho, caracteres etc. e gravá-la em relevo para impressão, por meio de fotogravura e gravação com ácido.

zi.nha *sf bras pop* Qualquer mulher ou garota.

zí.nia (*Zinn, np+ia^1*) *sf Bot* Planta tropical que produz flores duráveis de diversas cores.

zí.per (*ingl zipper*) *sm* Fecho para vestidos, bolsas, pastas etc., que consiste em duas fileiras de dentes metálicos, presos em cadarços, e uma peça corrediça que une essas duas fileiras pela engrenagem de seus dentes. *Pl: zíperes.*

zir.cô.nio (*lat cient zirconiu*) *sm* Quím Elemento metálico, acinzentado, de número atômico 40 e símbolo Zr.

zo.a.da (*zoar+ada¹*) *sf* **1** Ato ou efeito de zoar. **2** *pop* Bagunça, confusão.

zo.ar (*voc onom*) *vint* **1** Emitir som forte e confuso; zunir: *Zoam os répteis, na mata incendiada*. (Só se conjuga nas 3ªs pessoas.) **2** Bagunçar. (Neste sentido sua conjugação é integral.)

zo.di.a.cal (*zodíaco+al¹*) *adj m+f* Relativo ao zodíaco. *Pl: zodiacais.*

zo.dí.a.co (*gr zodiakós*) *sm Astr* Zona da esfera celeste que se estende 9 graus em cada lado da eclíptica, contém as trajetórias aparentes do Sol, da Lua e dos planetas, exceto Plutão, e é dividida em doze constelações ou divisões, chamadas *signos*.

zo.ei.ra (de *zoar*) *sf* **1** Desordem, barulho. **2** Escândalo.

zom.ba.dor (*zombar+dor²*) *adj* Que zomba. • *sm* Aquele que zomba.

zom.bar *vti* **1** Escarnecer, chacotear, fazer zombaria: *Zombar dos vaidosos. Não zombe com a desgraça alheia*. *vint* **2** Gracejar: *Gênio folgazão, está sempre zombando*.

zom.ba.ri.a (*zombar+aria*) *sf* **1** Ação ou efeito de zombar. **2** Chacota, escárnio.

zom.be.te.ar (de *zombar*) *V zombar*.

zom.be.tei.ro (*zombetear+eiro*) *V zombador*.

zo.na (*lat zona*) *sf* **1** Cinta, faixa circundante. **2** *Geogr* e *Astr* Qualquer uma das cinco divisões térmicas da superfície terrestre ou celeste, limitadas por círculos, paralelos ao equador. **3** *Geom* Superfície esférica, compreendida entre circunferências paralelas. **4** Região. **5** Seção ou divisão de uma área, citada para um fim determinado: *Zona urbana, zona rural, zona de ocupação militar.* **6** *pop* Ruas em que se acha estabelecido o meretrício. **7** *gír* Desordem, bagunça, confusão, zorra.

zo.ne.a.men.to (*zonear+mento*) *sm* **1** Ato ou efeito de dividir por zonas específicas. **2** Divisão de área em setores reservados a determinadas atividades.

zo.ne.ar (*zona+e+ar¹*) *vtd* **1** Dividir por zonas específicas: *Zonear uma cidade*. *vtd* e *vint* **2** *gír* Fazer desordens: *O bêbado zoneou o botequim. Aqueles moleques vivem zoneando*.

zon.zei.ra (*zonzo+eira*) *sf* Tonteira, vertigem.

zon.zo (*voc onom*) *adj* Estonteado, tonto.

zo.o (de *zoológico*) *sm* Forma abreviada de *jardim zoológico*.

zo.o.lo.gi.a (*zoo+logo+ia¹*) *sf Biol* Parte da biologia que trata dos animais, da sua vida e constituição.

zo.o.ló.gi.co (*zoo+logo+ico²*) *adj* **1** Relativo ou pertencente à zoologia. **2** Relativo, pertencente ou destinado ao reino ou à vida animal: *Jardim zoológico*. • *sm V jardim zoológico.*

zo.ó.lo.go (*zoo+logo*) *sm* Especialista em zoologia.

zo.o.tec.ni.a (*zoo+tecno+ia¹*) *sf* Conjunto de métodos para criação e aperfeiçoamento de animais domésticos.

zor.ra (*corr* de *zona*) *sf bras gír* Desordem, bagunça, confusão.

zu.ar.te (*hol zwaart*) *sm* Pano de algodão, azul ou preto.

zum (*ingl zoom*) *sm* **1** Conjunto de lentes que se ajustam para oferecer vários graus de grandeza, sem perda de foco. **2** O efeito de afastamento ou aproximação produzido por esse conjunto de lentes, no cinema ou na televisão. *Pl: zuns.*

zum.bi (*quimbundo nzumbi*) *sm bras* **1** *Folc* Fantasma que, segundo a crença popular afro-brasileira, vagueia pela noite. **2** Indivíduo que só sai à noite.

zum.bi.do (*part de zumbir*) *sm* **1** Sussurro das abelhas, moscas e outros insetos alados. **2** Ruído surdo que se sente nos ouvidos, em consequência de indisposição patológica ou por efeito de explosão ou estrondo exterior.

zum.bir (*voc onom*) *vint* **1** Produzir zumbido (tratando-se de insetos). *vint* **2** Sentirem (os ouvidos) ruídos surdos. *vtd* **3** Dizer em voz baixa, semelhando um zumbido: *Os namorados zumbiam ternas expressões*. Conjuga-se como *abolir.*

zum-zum (*voc onom*) *sm* **1** Zunido, zumbido. **2** *pop* Boato, mexerico. *Pl: zum-zuns.*

zum-zum-zum (*voc onom*) *sm bras* Zum-zum (acepção 2). *Pl: zum-zum-zuns.*

zu.ni.dei.ra (*zunir+deira*) *sf* Pedra sobre a qual os ourives alisam o ouro.

zu.ni.do (*part de zunir*) *sm* **1** Ato ou efeito de zunir. **2** Zumbido.

zu.nir (*voc onom*) *vint* **1** Produzir som agudo e sibilante: *O vento zunia. Zuniram as balas, no tiroteio.* **2** *V zumbir.*

zun.zu.nar (*zum-zum+ar¹*) *vint* Fazer zum-zum; zumbir. *Conjug:* conjuga-se apenas nas 3ªs pessoas.

zu.re.ta (de *azoretado*) *adj m+f bras pop* **1** Adoidado, meio doido. **2** Genioso; irritável. • *s m+f* Pessoa imbecil, geniosa ou indignada.

zur.rar (*zurro+ar¹*) *vint* **1** Emitir zurro (diz-se do burro). *vtd* **2** *fig* Dizer, proferir (grandes tolices, disparates, sandices). *Conjug:* na acepção 1 conjuga-se apenas nas 3ªs pessoas. Já em sentido figurado, é conjugado integralmente.

zur.ro (*voc onom*) *sm* Voz de burro.

zur.zir *vtd* **1** Açoitar, fustigar: *Cristo zurziu os profanadores do templo.* **2** Bater, espancar: *Zurziam os alunos com a palmatória.* **3** Criticar com severidade e violência: *Cícero zurzira Catilina e Verres.*

APÊNDICE

Regras de acentuação gráfica

1. Acentuam-se todas as palavras proparoxítonas: máquina, fábrica, médico, máximo, próximo, ânimo, ônibus.

2. Acentuam-se as palavras oxítonas:
a) terminadas em *a(s)*, *e(s)*, *o(s)* e as com a terminação *em(ens)* desde que tenham mais de uma sílaba.
   a(s) – sofá, sofás, pá, Pará, amá-lo
   o(s) – paletó, paletós, pó, nós, avó, avô
   e(s) – café, cafés, fé, mês, você, vendê-lo
   em, ens – ninguém, armazéns
b) terminadas em *i(s)* ou *u(s)* que formem hiato com a vogal anterior.
   i(s) – Jundiaí, Havaí, caí, substituí-lo
   u(s) – baú, baús, Jaú

3. Acentuam-se as palavras paroxítonas:
a) terminadas em:
   ão(s), ã(s) – órgão, órgãos, órfã, órfãs
   ei(s) – jóquei, jóqueis, túneis, móveis
   i(s) – júri, cútis
   us – bônus, vírus
   um, uns – álbum, álbuns
   ps – bíceps, fórceps
   r – açúcar, revólver
   x – córtex, tórax
   n – hífen, pólen
   ons – elétrons, nêutrons
   l – fácil, túnel, fóssil

Observações:
- Não se acentuam as paroxítonas terminadas em *ens*: hifens, liquens, nuvens.
- Não se acentuam os prefixos terminados em *i* ou *r*: semi, super, inter, anti.

b) terminadas em ditongo crescente:
   ea(s) – várzea
   oa(s) – mágoa
   eo(s) – óleo
   ua(s) – régua
   ia(s) – diária
   ue(s) – tênue
   ie(s) – cárie
   uo(s) – ingênuo
   io(s) – início

4. Acentuam-se os ditongos abertos tônicos:
   éi(s) – papéis, anéis
   éu(s) – troféu, céus
   ói(s) – heróis, lençóis

Observação:
Não se acentuam os ditongos *ei* e *oi* de palavras paroxítonas: ideia, geleia, heroico, jiboia etc.
Exceções: gêiser, destróier, Méier.

5. Acentuam-se o *i* e o *u* tônicos quando formam hiato com a vogal anterior, estando eles sozinhos na sílaba ou acompanhados apenas de *s* posposto: saída, egoísmo, saúde, juízo.

Observação:
Não se acentuam o *i* e o *u* se forem seguidos de *nh* ou se formarem sílaba com outra letra que não seja *s*: rainha, moinho, fuinha, ruim, juiz, ainda, sair, diurno.

6. Não se acentuam as formas verbais *creem, deem, leem, veem* e seus derivados.

7. Não se acentua o penúltimo *o* do hiato *oo*: enjoo, voo, abençoo etc.

8. Não se acentuam as palavras paroxítonas cujas vogais tônicas *i* e *u* são precedidas de ditongo: baiuca, maoista, cheiinho, cauila, boiuna.

9. Não se acentua o *u* tônico de formas rizotônicas de *arguir* e *redarguir*: arguo, arguis, argui.

10. O trema foi totalmente eliminado das palavras portuguesas e aportuguesadas.

Observação:
O trema é usado em palavras derivadas de nomes próprios estrangeiros: Müller, mülleriano.

11. Os verbos *apaziguar, averiguar, desaguar, enxaguar, obliquar, delinquir* e afins possuem dois paradigmas:

a) com o *u* tônico em formas rizotônicas sem acento gráfico: enxaguo, averiguo.

b) com o *a* ou o *i* dos radicais tônicos com acento gráfico: enxáguo, averíguo.

12. Não são acentuadas as palavras homógrafas:
a) *para* – verbo
   para – preposição
b) *pela(s)* – substantivo
   pela – verbo
   pela(s) – per + la(s)
c) *pelo(s)* – substantivo
   pelo – verbo
   pelo(s) – per + lo(s)
d) *pera* – substantivo
   pera – preposição
e) *polo(s)* – substantivo
   polo(s) – por + lo(s)

Exceções:
a) *por* – preposição
   pôr – verbo
b) *pôde* – 3.ª pessoa do singular do pretérito perfeito do verbo poder
   pode – 3.ª pessoa do singular do presente do indicativo do verbo poder

Acentuação de algumas formas verbais
Atenção com o acento diferencial destas formas verbais: ele *tem* – eles *têm*; ele *vem* – eles *vêm*; ele *mantém* – eles *mantêm*; ele *contém* – eles *contêm*; ele *detém* – eles *detêm*; ele *convém* – eles *convêm*.

Uso de *por que, por quê, porque, porquê*

Por que
(separado e sem acento)

1. Nas orações interrogativas.
   Ex.: *Por que* ela saiu?

2. Sempre que acompanhar as palavras *motivo* ou *razão*.

   Ex.: Ele não explicou *por que* motivo abandonou o jogo.
   Ninguém sabe *por que* razão ele fugiu de casa.

   Observação:
   Às vezes, as palavras *razão* ou *motivo* estão subentendidas.
   Ex.: Ele não explicou *por que* abandonou o jogo.
   Ninguém sabe *por que* ele fugiu de casa.

3. Quando puder ser substituído por *para que* ou *pelo qual, pela qual, pelos quais* e *pelas quais*.

   Ex.: Estou ansioso *por que* me digam a verdade.
   (por que = para que)
   Ignoro as razões *por que* ele se demitiu.
   (por que = pelas quais)
   Não sei o motivo *por que* ele me ofendeu.
   (por que = pelo qual)

Por quê
(separado e com acento)

Quando é usado no final de uma oração, equivalendo a "por que motivo", ou então antes de uma pausa.

Ex.: Ele deixou o emprego sem dizer *por quê*.
Ela saiu *por quê*, se ninguém autorizou?

Porque
(junto e sem acento)

Quando equivale a *pois, uma vez que, porquanto, pelo motivo de que*.

Ex.: Vamos embora *porque* já é tarde.
Não viajei *porque* estava doente.

Porquê
(junto e com acento)

Quando é um substantivo, significando causa, motivo. Nesse caso, admite o plural *porquês*.

Ex.: Não sei o *porquê* de sua atitude.
Esse *porquê* ficou sem resposta.
É um garoto cheio de *porquês*.

Emprego do acento grave, indicativo da crase

Antes de tudo, é preciso esclarecer que a crase não é um acento gráfico. Crase é o nome que se dá à fusão de duas vogais iguais.
Na língua falada, a todo momento ocorrem casos de crase. Na escrita, o único caso de crase, assinalada com acento grave (`), é o do encontro da preposição *a* com o artigo definido *a(s)* e a mesma preposição *a* com a vogal inicial dos pronomes demonstrativos *aquele(s), aquela(s), aquilo*.

Vou *a + a* escola.
Vou *à* escola.

Refiro-me *a + aquele* menino.
Refiro-me *àquele* menino.
Peça ajuda *a + aquela* moça.
Peça ajuda *àquela* moça.

Refiro-me *a + aquilo* que ele disse.
Refiro-me *àquilo* que ele disse.

Observação: Às vezes, a forma *àquela(s)* é substituída por *à(s)*.

Nossa seleção é superior *àquela* que jogou ontem.
Nossa seleção é superior *à* que jogou ontem.

Crase da preposição *a* + artigo definido *a(s)*

a + a = à
a + as = às

Só pode ocorrer esse tipo de crase quando numa frase a palavra anterior exigir a preposição *a* e a palavra seguinte for feminina e exigir o artigo *a(s)*. Se não houver a presença de um desses elementos, não ocorrerá a crase.

Fumar é prejudicial *a + a* saúde.
Fumar é prejudicial *à* saúde.

Dê os convites *a + as* meninas.
Dê os convites *às* meninas.

Para saber se há ou não crase, você pode aplicar uma regra muito simples que resolve a maioria dos casos: substitua a palavra que sucede *a* ou *as* por uma palavra masculina. Se ocorrer o uso de *ao* ou *aos*, é porque há crase e o acento grave deve ser usado. Vejamos a frase:

Ele se dedica à pintura.

Apliquemos a regra e usemos uma palavra masculina – tênis – no lugar de *pintura*:

Ele se dedica *ao* tênis.

O uso de *ao* é obrigatório; logo, ocorre a crase.

Sempre ocorre a crase

1. Na expressão das horas:
   Sairei *às* três horas.
   Cheguei *à* meia-noite.
   O foguete partirá *à* zero hora.

2. Nas locuções adverbiais, prepositivas e conjuntivas femininas, como: *à* tarde, *à* noite, *à* direita, *à* esquerda, *à* toa, *às* vezes, *às* pressas, *à* frente de, *à* espera de, *à* custa de, *à* mercê de, *à* medida que, *à* proporção que etc.

Principais casos em que não ocorre a crase

1. Antes de palavras masculinas:
   Vou *a* pé para casa.

2. Antes de verbos:
   Estou decidido *a* comprar esse carro.

3. Nas expressões formadas de palavras repetidas:
   Tome o remédio gota *a* gota.

4. Antes dos pronomes pessoais:
   Dirijo-me *a* ti.
   Isso não interessa *a* ela.

5. Antes dos pronomes de tratamento:
   Peço *a* Vossa Senhoria esse favor.

Observação:
As únicas exceções são os pronomes *senhora* e *senhorita*:
Peço um favor *à* senhora.
O que ele disse *à* senhorita?

6. Antes dos pronomes demonstrativos *esta(s)*, *essa(s)*:
   Dê o livro *a* esta menina.

7. Antes do artigo indefinido *uma*:
   Entregue o envelope *a* uma daquelas funcionárias.

Atenção

1. Pode haver crase diante de palavra masculina quando, antes dela, houver uma palavra feminina subentendida:

   Ele tem um estilo *à* Machado de Assis (isto é, à maneira de Machado de Assis).
   A entrevista foi dada *à* Globo (isto é, à rede Globo).
   Fui *à* Melhoramentos (isto é, à Editora Melhoramentos).

2. Com relação a nomes de lugares, podemos aplicar uma regra para saber se ocorre a crase ou não. Basta substituir o *a* por *para a*. Se o artigo for necessário, é sinal de que ocorreu a crase. Considere, por exemplo, a frase "Fui à Alemanha". Vamos aplicar a regra e substituir o *a* por *para:*

   Fui *para a* Alemanha.

   Veja que é obrigatório o uso do artigo *a*; logo, há crase, e o *a* deve ser acentuado.

   Vejamos outro exemplo:

   Fui a Roma.

   Aplicando a regra, temos:

   Fui para Roma.

   O artigo é dispensável; logo, não há crase, e o *a* não deve ser acentuado.
   Mas, se o nome do lugar vier qualificado, ocorre a crase: Fui *à* bela Roma. Repare que, nesse caso, podemos usar *para a*.

3. Não ocorre a crase antes da palavra *casa* quando ela se refere ao próprio lar:

   Voltei tarde *a* casa.

   Mas, se ela vier modificada, ocorre a crase:

   Voltei *à* casa onde passei a infância.

4. Não ocorre a crase antes da palavra *terra* quando ela significa terra firme, em oposição a mar:

   Os marinheiros voltaram *a* terra.

   Mas, se ela vier modificada, ocorre a crase:

   Os marinheiros voltaram *à* terra natal.

5. Como é facultativo o uso do artigo antes dos pronomes possessivos e antes de nomes próprios femininos, é facultativo também o uso do acento grave nesses casos, dependendo ou não da presença do artigo:

   Desejo felicidades *à(a)* sua irmã.
   Desejo felicidades *à(a)* Renata.

Regras de divisão silábica

1. Separam-se as vogais dos hiatos:

    saída = sa-í-da
    vazio = va-zi-o.

2. Separam-se as letras dos dígrafos *rr*, *ss*, *sc*, *sç*, *xc*:

    carro = car-ro;
    passo = pas-so;
    descer = des-cer;
    desço = des-ço;
    excesso = ex-ces-so.

3. Não se separam os ditongos e tritongos:

    loiro = loi-ro;
    glória = gló-ria;
    Uruguai = U-ru-guai.

4. Não se separam os dígrafos *ch*, *lh*, *nh*, *gu*, *qu*:

    chapéu = cha-péu;
    molhado = mo-lha-do;
    ninho = ni-nho;
    sangue = san-gue;
    quente = quen-te.

5. Não se separam os encontros consonantais que iniciam sílaba:

    psicologia = psi-co-lo-gi-a;
    pneumático = pneu-má-ti-co.

6. As consoantes internas, desacompanhadas de vogal, ficam em sílabas diferentes:

    objetivo = ob-je-ti-vo;
    digno = dig-no;
    advogado = ad-vo-ga-do;
    abstrato = abs-tra-to;
    consciente = cons-ci-en-te;
    marcar = mar-car;
    perspicaz = pers-pi-caz.

7. Separam-se as vogais iguais e o grupo consonantal *cc* (*cç*):

    coordenar = co-or-de-nar;
    caatinga = ca-a-tin-ga;
    confeccionar = con-fec-ci-o-nar;
    ficção = fic-ção.

8. Não se separam os grupos consonantais formados de consoante + L ou de consoante + R:

    abrigar = a-bri-gar;
    aplicar = a-pli-car.

Emprego do hífen

1. Com prefixos, usa-se sempre o hífen diante de palavra iniciada por **h**.

   Ex.: anti-higiênico, macro-história, mini-hotel, proto-história, sobre-humano, super-homem, ultra-humano etc.

2. Não se usa o hífen quando o prefixo termina em vogal diferente da vogal com que se inicia o segundo elemento.

   Ex.: aeroespacial, agroindustrial, anteontem, antiaéreo, antieducativo, autoaprendizagem, autoescola, autoestrada, autoinstrução, coautor, coedição, extraescolar, infraestrutura, plurianual, semiaberto, semianalfabeto, semiesférico, semiopaco etc.

   Exceção: o prefixo **co** aglutina-se com o segundo elemento, mesmo quando este se inicia por **o**: coobrigar, coobrigação, coordenar, cooperar, cooperação, cooptar, coocupante etc.

3. Não se usa o hífen quando o prefixo termina em vogal e o segundo elemento começa por consoante diferente de **h, r** ou **s**.

   Ex.: anteprojeto, antipedagógico, autopeça, autoproteção, coprodução, geopolítica, microcomputador, pseudoprofessor, semicírculo, semideus, seminovo, ultramoderno etc.

   Atenção: com o prefixo **vice**, usa-se sempre o hífen: vice-rei, vice-almirante etc.

4. Não se usa o hífen quando o prefixo termina em vogal e o segundo elemento começa por **r** ou **s**. Nesse caso, duplicam-se essas letras.

   Ex.: antirrábico, antirracismo, antirreligioso, antirrugas, antissocial, biorritmo, contrarregra, contrassenso, cosseno, infrassom, microssistema, minissaia, multissecular, neorrealismo, neossimbolista, semirreta, ultrarresistente, ultrassom etc.

5. Quando o prefixo termina por vogal, usa-se o hífen se o segundo elemento começar pela mesma vogal.

   Ex.: anti-ibérico, anti-imperialista, anti-inflacionário, anti-inflamatório, auto-observação, contra-almirante, contra-atacar, contra-ataque, micro-ondas, micro-ônibus, semi-internato, semi-interno etc.

6. Quando o prefixo termina por consoante, usa-se o hífen se o segundo elemento começar pela mesma consoante.

   Ex.: hiper-requintado, inter-racial, inter-regional, sub-bibliotecário, super-racista, super-reacionário, super-resistente, super-romântico etc.

   Atenção:
   - Nos demais casos não se usa o hífen: hipermercado, intermunicipal, superinteressante, superproteção etc.
   - Com o prefixo **sub**, usa-se o hífen também diante de palavra iniciada por **r**: sub-região, sub-raça etc.
   - Com os prefixos **circum** e **pan**, usa-se o hífen diante de palavra iniciada por **m, n** e **vogal**: circum-navegação, pan-americano etc.

7. Quando o prefixo termina por consoante, não se usa o hífen se o segundo elemento começar por vogal.

   Ex.: hiperacidez, hiperativo, interescolar, interestadual, interestelar, interestudantil, superamigo, superaquecimento, supereconômico, superexigente, superinteressante, superotimismo etc.

8. Com os prefixos ex, sem, além, aquém, recém, pós, pré, pró, usa-se sempre o hífen.

   Ex.: além-mar, além-túmulo, aquém-mar, ex-aluno, ex-diretor, ex-hospedeiro, ex-prefeito, ex-presidente, pós-graduação, pré-história, pré-vestibular, pró-europeu, recém-casado, recém-nascido, sem-terra etc.

9. Deve-se usar o hífen com os sufixos de origem tupi-guarani: açu, guaçu e mirim.

   Ex.: amoré-guaçu, anajá-mirim, capim-açu.

10. Deve-se usar o hífen para ligar duas ou mais palavras que ocasionalmente se combinam, formando não propriamente vocábulos, mas encadeamentos vocabulares.

    Ex.: ponte Rio-Niterói, eixo Rio-São Paulo.

11. Não se deve usar o hífen em certas palavras que perderam a noção de composição.

    Ex.: girassol, madressilva, mandachuva, paraquedas, paraquedista, pontapé.

12. Na translineação de uma palavra composta ou de uma combinação de palavras em que há um hífen, ou mais, se a partição coincide com o final de um dos elementos ou membros, deve, por clareza gráfica, repetir-se o hífen no início da linha imediata.

    Ex.:

    > Na cidade, conta-
    > -se que ele viajou.

    > Ele recebeu os ex-
    > -alunos.

Coletivos

Os substantivos coletivos podem referir-se especificamente a um grupo de seres, como **boiada** (bois), **arvoredo** (árvores), **ramalhete** (flores) etc., ou a diferentes espécies de seres, como **bando** (aves, crianças, bandidos), **manada** (bois, cavalos, elefantes), **cacho** (cabelos, bananas, uvas) etc.

Substantivos coletivos mais usuais:

álbum – de selos, de fotografias.
alcateia – de feras (lobos, javalis, panteras, hienas etc.).
armada – de navios de guerra.
arquipélago – de ilhas.
arsenal – de armas e munições.
arvoredo – de árvores.
assembleia – de pessoas reunidas.
atlas – de mapas reunidos em livro.
baixela – de utensílios de mesa.
banca – de examinadores.
bando – de pessoas em geral, de aves, de bandidos.
batalhão – de soldados.
biblioteca – de livros catalogados.
boiada – de bois.
bosque – de árvores.
buquê – de flores.
cacho – de bananas, de uvas, de cabelos.
cáfila – de camelos em comboio.
cambada – de vadios ou malandros.
cancioneiro – de canções ou cantigas.
caravana – de viajantes.
cardume – de peixes.
casario – de casas.
claque – de pessoas pagas para aplaudir.
clero – de sacerdotes ou religiosos em geral.
código – de leis.
colégio – de eleitores, de cardeais.
coletânea – de textos escolhidos.
colmeia – de abelhas.
concílio – de bispos em assembleia.
conclave – de cientistas, de cardeais reunidos para eleger o papa.
congresso – de deputados, de senadores, de estudiosos de um determinado tema.
constelação – de astros, de estrelas.
cordilheira – de montanhas.
corja – de bandidos, de desordeiros, de malandros, de assassinos.
coro – de anjos, de cantores.
corpo – de alunos, de professores, de jurados.
discoteca – de discos ordenados.
elenco – de artistas, de atores, de jogadores.
enxame – de abelhas, de insetos.
enxoval – de roupas.
esquadra – de navios de guerra.
esquadrilha – de aviões.

fauna – de animais de uma região.
feixe – de lenha, de raios luminosos.
flora – de plantas de uma região.
fornada – de pães.
frota – de navios, de veículos pertencentes à mesma empresa.
gado – de animais criados em fazendas (bois, vacas, novilhos).
galeria – de objetos de arte em geral (estátuas, quadros etc.).
grupo – de pessoas, de coisas em geral.
hemeroteca – de jornais e revistas catalogados e arquivados.
horda – de selvagens, de invasores.
junta – de dois bois, de médicos, de examinadores, de governantes.
júri – de pessoas que têm a função de julgar.
legião – de soldados, de anjos, de demônios.
leva – de presos, de recrutas, de pessoas em geral.
malta – de ladrões, de desordeiros.
manada – de bois, de burros, de cavalos, de búfalos, de elefantes.
matilha – de cães de caça.
molho – de chaves, de verdura.
multidão – de pessoas.
ninhada – de pintos.
nuvem – de gafanhotos, de mosquitos, de pernilongos.
pelotão – de soldados.
pinacoteca – de quadros de arte.
plantel – de animais de raça, de atletas.
pomar – de árvores frutíferas.
prole – de filhos de um casal.
quadrilha – de ladrões, de bandidos.
ramalhete – de flores.
rebanho – de bois, de ovelhas, de carneiros, de cabras.
réstia – de alhos, de cebolas.
revoada – de aves voando.
ronda – de policiais em patrulha.
seleta – de textos escolhidos.
tripulação – de pessoas que trabalham num navio ou num avião.
tropa – de soldados, de pessoas, de animais.
turma – de estudantes, de trabalhadores.
vara – de porcos.
vocabulário – de palavras.

Principais substantivos que admitem forma coletiva:

abelha – enxame, cortiço, colmeia.
abutre – bando.
acompanhante – comitiva, cortejo, séquito.
aluno – classe, turma.
animal – fauna (de animais de uma certa região), manada (de cavalgaduras em geral), tropa (de animais de carga), plantel (de animais de raça), alcateia (de animais selvagens como lobos, javalis, panteras, hienas etc.).
anjo – coro, falange, legião.
árvore – bosque, arvoredo.
astro – constelação.
ator – elenco, companhia (quando trabalham juntos).
automóvel – frota (quando pertencentes à mesma empresa).
ave – bando.
avião – esquadrilha.
bandido – bando, corja.
boi – boiada, junta (de dois bois), manada, rebanho.
burro – tropa.
cabra – rebanho.
camelo – cáfila (quando em comboio).
canção – cancioneiro.
cão – canzoada, matilha (de cães de caça).
capim – feixe.
cardeal – conclave (quando reunidos para eleger o papa), consistório (quando reunidos sob a direção do papa).

carneiro – rebanho.
carro – comboio (quando seguem unidos para o mesmo destino), frota (quando pertencem à mesma empresa).
casa – casario.
cavalo – tropa, manada.
chave – molho.
disco – discoteca (quando organizados e catalogados).
estrela – constelação.
estudante – turma, grupo.
flor – ramalhete, buquê.
gafanhoto – nuvem.
ilha – arquipélago.
inseto – nuvem, enxame.
ladrão – quadrilha, bando.
livro – biblioteca (quando organizados e catalogados).
lobo – alcateia.
montanha – cordilheira, serra.
navio – frota (em geral), armada, esquadra (navios de guerra).
ovelha – rebanho.
padre – clero.
palavra – vocabulário.
peixe – cardume.
porco – vara.
soldado – tropa, legião.

Verbos que indicam as vozes de alguns animais

águia – piar, crocitar.
andorinha – chilrear, chilrar.
arara – gritar, grasnar, chalrar.
avestruz – grasnar.
bezerro – berrar, mugir.
bode – balir, berrar.
boi – mugir.
burro – zurrar.
cabra – balir, berrar.
camundongo – guinchar, chiar.
canário – cantar, trinar.
cão – latir, ladrar.
carneiro – balir, berrar.
cavalo – relinchar.
cigarra – chiar.
cobra – silvar, assobiar.
coelho – guinchar, chiar.
condor – crocitar.
cordeiro – balir.
coruja – crocitar, piar.
corvo – crocitar.
elefante – bramir, bramar.
galinha – cacarejar.
galo – cantar, cocoricar.
gato – miar.
gavião – guinchar.

grilo – estrilar, trilar, estridular.
javali – grunhir.
jumento – zurrar.
leão – rugir, urrar.
lobo – uivar.
macaco – guinchar.
marreco – grasnar.
onça – miar, rugir, urrar, esturrar.
ovelha – balir, berrar.
pantera – miar, rugir.
passarinho – cantar, piar, trinar, chilrear.
pato – grasnar.
peru – gorgolejar.
pinto – piar, pipilar.
pombo – arrulhar.
porco – grunhir.
rã – coaxar.
rato – guinchar.
rouxinol – gorjear, trilar.
sabiá – cantar, gorjear.
sapo – coaxar.
tigre – bramir, miar, urrar, rugir.
touro – mugir.
urso – bramir, rugir.
vaca – mugir, berrar.
zebra – relinchar, zurrar.

Emprego das iniciais maiúsculas

Emprega-se a letra inicial maiúscula:

a) no início de oração ou citação direta:
Disse Cristo: Amai-vos uns aos outros;

b) nos substantivos próprios (nomes de pessoas, cognomes, topônimos, denominações religiosas e políticas, nomes sagrados e ligados a religiões, entidades mitológicas e astronô-micas):
Carlos; Margarida; Ricardo, Coração de Leão; Catarina, a Grande; Paraná; São Paulo; Campinas; Curitiba; oceano Atlântico; lago Paraná; Igreja Católica Apostólica Romana; Igreja Ortodoxa Russa; Partido dos Trabalhadores; União Democrática Nacional; Deus; Cristo; Buda; Alá; Baco; Zeus; Afrodite; Júpiter; Via Láctea; etc.;

c) nos nomes de períodos históricos, festas religiosas ou datas e fatos políticos importantes:
Idade Média, Renascimento, Natal, Páscoa, Ressurreição de Cristo, Dia do Trabalho, Dia das Mães, Independência do Brasil, Proclamação da República etc.;

d) nos nomes de logradouros públicos (avenidas, ruas, travessas, praças, largos, viadutos, pontes etc.):
Avenida Paulista, Rua do Ouvidor, Travessa do Comércio, Praça da República, Largo do Arouche, Viaduto da Liberdade, Ponte Eusébio Matoso etc.;

e) nos nomes de repartições públicas, agremiações culturais ou esportivas, edifícios e empresas públicas ou privadas:
Ministério do Trabalho, Delegacia de Ensino, Academia Brasileira de Letras, Sociedade Esportiva Palmeiras, Teatro Municipal, Edifício Itália, Imprensa Oficial do Estado de São Paulo, Editora Melhoramentos etc.;

f) nos títulos de livros, periódicos, produções artísticas, literárias e científicas:
Grande Sertão: Veredas (de Guimarães Rosa), *Veja, Jornal da Tarde, O Pensador* (de Rodin), *Os Girassóis* (de Van Gogh), *O Noviço* (de Martins Pena), *A Origem das Espécies* (de Charles Darwin) etc.;

g) nos nomes de escolas em geral:
Escola Técnica Estadual de São Paulo; Faculdade de Filosofia, Letras e Ciências Humanas da Universidade de São Paulo; Escola Superior de Economia do Rio de Janeiro; Escola de Arte Dramática Cacilda Becker; Universidade Federal de São Carlos etc.;

h) nos nomes dos pontos cardeais quando indicam

regiões: os povos do Oriente, o falar do Norte, os mares do Sul, a vegetação do Oeste etc.;

i) nas expressões de tratamento:
Vossa Alteza, Vossa Majestade, Vossa Santidade, Vossa Excelência, Vossa Senhoria, Magnífico Reitor, Sr. Diretor, Sra. Coordenadora etc.;

j) nos nomes comuns sempre que personificados ou individualizados:
o Amor, o Ódio, a Virtude, a Morte, o Lobo, o Cordeiro, a Cigarra, a Formiga, a Capital, a República, a Transamazônica, a Indústria, o Comércio etc.

Pronomes de tratamento

1. AUTORIDADES DE ESTADO

Civis

Pronome de tratamento	Abreviatura	Usado para
Vossa Excelência	V. Ex.ª	Presidente da República, senadores da República, ministros de Estado, governadores, deputados federais e estaduais, prefeitos, embaixadores, vereadores, cônsules, chefes das Casas Civis e Casas Militares
Vossa Magnificência	V. M.	Reitores de Universidade
Vossa Senhoria	V. S.ª	Diretores de autarquias federais, estaduais e municipais

Judiciárias

Pronome de tratamento	Abreviatura	Usado para
Vossa Excelência	V. Ex.ª	Desembargadores da Justiça, curadores, promotores
Meritíssimo Juiz	M. Juiz	Juízes de Direito

Militares

Pronome de tratamento	Abreviatura	Usado para
Vossa Excelência	V. Ex.ª	Oficiais generais (até coronéis)
Vossa Senhoria	V. S.ª	Outras patentes militares

2. AUTORIDADES ECLESIÁSTICAS

Pronome de tratamento	Abreviatura	Usado para
Vossa Santidade	V. S.	Papa
Vossa Eminência Reverendíssima	V. Em.ª Revm.ª	Cardeais, arcebispos e bispos
Vossa Reverendíssima	V. Revm.ª	Abades, superiores de conventos, outras autoridades eclesiásticas e sacerdotes em geral

3. AUTORIDADES MONÁRQUICAS

Pronome de tratamento	Abreviatura	Usado para
Vossa Majestade	V. M.	Reis e imperadores
Vossa Alteza	V. A.	Príncipes

Adjetivos pátrios dos estados brasileiros e de suas capitais

Brasil (BR)	brasileiro	Brasília	brasiliense
ESTADO		**CAPITAL**	
Acre (AC)	acreano ou acriano	Rio Branco	rio-branquense
Alagoas (AL)	alagoano	Maceió	maceioense
Amapá (AP)	amapaense	Macapá	macapaense
Amazonas (AM)	amazonense	Manaus	manauense, manauara
Bahia (BA)	baiano	Salvador	salvadorense, soteropolitano
Ceará (CE)	cearense	Fortaleza	fortalezense
Espírito Santo (ES)	espírito-santense, capixaba	Vitória	vitoriense
Goiás (GO)	goiano	Goiânia	goianiense
Maranhão (MA)	maranhense	São Luís	são-luisense, ludovicense
Mato Grosso (MT)	mato-grossense	Cuiabá	cuiabano
Mato Grosso do Sul (MS)	mato-grossense-do-sul, sul-mato-grossense	Campo Grande	campo-grandense
Minas Gerais (MG)	mineiro, montanhês	Belo Horizonte	belo-horizontino
Pará (PA)	paraense	Belém	belenense
Paraíba (PB)	paraibano	João Pessoa	pessoense
Paraná (PR)	paranaense	Curitiba	curitibano
Pernambuco (PE)	pernambucano	Recife	recifense
Piauí (PI)	piauiense	Teresina	teresinense
Rio de Janeiro (RJ)	fluminense	Rio de Janeiro	carioca
Rio Grande do Norte (RN)	rio-grandense-do-norte, norte-rio-grandense, potiguar	Natal	natalense
Rio Grande do Sul (RS)	rio-grandense-do-sul, sul-rio-grandense, gaúcho	Porto Alegre	porto-alegrense
Rondônia (RO)	rondoniense, rondoniano	Porto Velho	porto-velhense
Roraima (RR)	roraimense	Boa Vista	boa-vistense
Santa Catarina (SC)	catarinense, barriga-verde	Florianópolis	florianopolitano
São Paulo (SP)	paulista	São Paulo	paulistano
Sergipe (SE)	sergipano	Aracaju	aracajuano, aracajuense
Tocantins (TO)	tocantinense	Palmas	palmense

Correspondência entre o alfabeto grego e o latino

Maiúsculas	Minúsculas	Denominação	Maiúsculas	Minúsculas
Α	α	Alfa	A	a
Β	β	Beta	B	b
Γ	γ	Gama	C	c
Δ	δ	Delta	D	d
Ε	ε	Epsilo	–	–
Ζ	ζ	Dzeta	Z	z
Η	η	Eta	E	e
Θ	θ	Teta	–	–
Ι	ι	Iota	I	i
Κ	κ	Capa	K	k
Λ	λ	Lambda	L	l
Μ	μ	Mi	M	m
Ν	ν	Ni	N	n
Ξ	ξ	Xi	–	–
Ο	ο	Ômicron	O	o
Π	π	Pi	P	p
Ρ	ρ	Rô	R	r
Σ	σ	Sigma	S	s
Τ	τ	Tau	T	t
Υ	υ	Ípsilon	Y	y
Φ	φ	Fi	–	–
Χ	χ	Qui	X	x
Ψ	ψ	Psi	–	–
Ω	ω	Ômega	–	–

Conjugação de verbos auxiliares e regulares

Verbos auxiliares: ser, estar, ter e haver

SER
Infinitivo ser
Gerúndio sendo
Particípio sido

Indicativo
Presente
eu sou
tu és
ele é
nós somos
vós sois
eles são

Pretérito imperfeito
eu era
tu eras
ele era
nós éramos
vós éreis
eles eram

Pretérito perfeito
eu fui
tu foste
ele foi
nós fomos
vós fostes
eles foram

Pretérito mais-que-perfeito
eu fora
tu foras
ele fora
nós fôramos
vós fôreis
eles foram

Futuro do presente
eu serei
tu serás
ele será
nós seremos
vós sereis
eles serão

Futuro do pretérito
eu seria
tu serias
ele seria
nós seríamos
vós seríeis
eles seriam

Subjuntivo
Presente
eu seja
tu sejas
ele seja
nós sejamos
vós sejais
eles sejam

Pretérito imperfeito
eu fosse
tu fosses
ele fosse
nós fôssemos
vós fôsseis
eles fossem

Futuro
eu for
tu fores
ele for
nós formos
vós fordes
eles forem

Imperativo
Afirmativo
sê tu
seja você
sejamos nós
sede vós
sejam vocês

Negativo
não sejas tu
não seja você
não sejamos nós
não sejais vós
não sejam vocês

ESTAR
Infinitivo estar
Gerúndio estando
Particípio estado

Indicativo
Presente
eu estou
tu estás
ele está
nós estamos
vós estais
eles estão

Pretérito imperfeito
eu estava
tu estavas
ele estava
nós estávamos
vós estáveis
eles estavam

Pretérito perfeito
eu estive
tu estiveste
ele esteve
nós estivemos
vós estivestes
eles estiveram

Pretérito mais-que-perfeito
eu estivera
tu estiveras
ele estivera
nós estivéramos
vós estivéreis
eles estiveram

Futuro do presente
eu estarei
tu estarás
ele estará
nós estaremos
vós estareis
eles estarão

Futuro do pretérito
eu estaria
tu estarias
ele estaria
nós estaríamos
vós estaríeis
eles estariam

Subjuntivo
Presente
eu esteja
tu estejas
ele esteja
nós estejamos
vós estejais
eles estejam

Pretérito imperfeito
eu estivesse
tu estivesses
ele estivesse
nós estivéssemos
vós estivésseis
eles estivessem

Futuro
eu estiver
tu estiveres
ele estiver
nós estivermos
vós estiverdes
eles estiverem

Imperativo
Afirmativo
está tu
esteja você
estejamos nós
estai vós
estejam vocês

Negativo
não estejas tu
não esteja você
não estejamos nós
não estejais vós
não estejam vocês

TER
Infinitivo ter
Gerúndio tendo
Particípio tido

Indicativo
Presente
eu tenho
tu tens
ele tem
nós temos
vós tendes
eles têm

Pretérito imperfeito
eu tinha
tu tinhas
ele tinha
nós tínhamos
vós tínheis
eles tinham

Pretérito perfeito
eu tive
tu tiveste
ele teve
nós tivemos
vós tivestes
eles tiveram

Pretérito mais-que-perfeito
eu tivera
tu tiveras
ele tivera
nós tivéramos
vós tivéreis
eles tiveram

Futuro do presente
eu terei
tu terás
ele terá
nós teremos
vós tereis
eles terão

Futuro do pretérito
eu teria
tu terias
ele teria
nós teríamos
vós teríeis
eles teriam

Subjuntivo
Presente
eu tenha
tu tenhas
ele tenha
nós tenhamos
vós tenhais
eles tenham

Pretérito imperfeito
eu tivesse
tu tivesses
ele tivesse
nós tivéssemos
vós tivésseis
eles tivessem

Futuro
eu tiver
tu tiveres
ele tiver
nós tivermos
vós tiverdes
eles tiverem

Imperativo
Afirmativo
tem tu
tenha você
tenhamos nós
tende vós
tenham vocês

Negativo
não tenhas tu
não tenha você
não tenhamos nós
não tenhais vós
não tenham vocês

HAVER
Infinitivo haver
Gerúndio havendo
Particípio havido

Indicativo
Presente
eu hei
tu hás
ele há
nós havemos
vós haveis
eles hão

Pretérito imperfeito
eu havia
tu havias
ele havia
nós havíamos
vós havíeis
eles haviam

Pretérito perfeito
eu houve
tu houveste
ele houve
nós houvemos
vós houvestes
eles houveram

Pretérito mais-que-perfeito
eu houvera
tu houveras
ele houvera
nós houvéramos
vós houvéreis
eles houveram

Futuro do presente
eu haverei
tu haverás
ele haverá
nós haveremos
vós havereis
eles haverão

Futuro do pretérito
eu haveria
tu haverias
ele haveria
nós haveríamos
vós haveríeis
eles haveriam

Subjuntivo
Presente
eu haja
tu hajas
ele haja
nós hajamos
vós hajais
eles hajam

Pretérito imperfeito
eu houvesse
tu houvesses
ele houvesse
nós houvéssemos
vós houvésseis
eles houvessem

Futuro
eu houver
tu houveres
ele houver
nós houvermos
vós houverdes
eles houverem

Imperativo
Afirmativo
há tu
haja você
hajamos nós
havei vós
hajam vocês

Negativo
não hajas tu
não haja você
não hajamos nós
não hajais vós
não hajam vocês

Modelos de verbos regulares: cantar, vender e partir

CANTAR (1.ª conjugação)
Infinitivo cantar
Gerúndio cantando
Particípio cantado

Indicativo
Presente
eu canto
tu cantas
ele canta
nós cantamos
vós cantais
eles cantam

Pretérito imperfeito
eu cantava
tu cantavas
ele cantava
nós cantávamos
vós cantáveis
eles cantavam

Pretérito perfeito
eu cantei
tu cantaste
ele cantou
nós cantamos
vós cantastes
eles cantaram

Pretérito mais-que-perfeito
eu cantara
tu cantaras
ele cantara
nós cantáramos
vós cantáreis
eles cantaram

Futuro do presente
eu cantarei
tu cantarás
ele cantará
nós cantaremos
vós cantareis
eles cantarão

Futuro do pretérito
eu cantaria
tu cantarias
ele cantaria
nós cantaríamos
vós cantaríeis
eles cantariam

Subjuntivo
Presente
eu cante
tu cantes
ele cante
nós cantemos
vós canteis
eles cantem

Pretérito imperfeito
eu cantasse
tu cantasses
ele cantasse
nós cantássemos
vós cantásseis
eles cantassem

Futuro
eu cantar
tu cantares
ele cantar
nós cantarmos
vós cantardes
eles cantarem

Imperativo
Afirmativo
canta tu
cante você
cantemos nós
cantai vós
cantem vocês

Negativo
não cantes tu
não cante você
não cantemos nós
não canteis vós
não cantem vocês

VENDER (2.ª conjugação)
Infinitivo vender
Gerúndio vendendo
Particípio vendido

Indicativo
Presente
eu vendo
tu vendes
ele vende
nós vendemos
vós vendeis
eles vendem

Pretérito imperfeito
eu vendia
tu vendias
ele vendia
nós vendíamos
vós vendíeis
eles vendiam

Pretérito perfeito
eu vendi
tu vendeste
ele vendeu
nós vendemos
vós vendestes
eles venderam

Pretérito mais-que-perfeito
eu vendera
tu venderas
ele vendera
nós vendêramos
vós vendêreis
eles venderam

Futuro do presente
eu venderei
tu venderás
ele venderá
nós venderemos
vós vendereis
eles venderão

Futuro do pretérito
eu venderia
tu venderias
ele venderia
nós venderíamos
vós venderíeis
eles venderiam

Subjuntivo
Presente
eu venda
tu vendas
ele venda
nós vendamos
vós vendais
eles vendam

Pretérito imperfeito
eu vendesse
tu vendesses
ele vendesse
nós vendêssemos
vós vendêsseis
eles vendessem

Futuro
eu vender
tu venderes
ele vender
nós vendermos
vós venderdes
eles venderem

Imperativo
Afirmativo
vende tu
venda você
vendamos nós
vendei vós
vendam vocês

Negativo
não vendas tu
não venda você
não vendamos nós
não vendais vós
não vendam vocês

PARTIR (3.ª conjugação)
Infinitivo partir
Gerúndio partindo
Particípio partido

Indicativo
Presente
eu parto
tu partes
ele parte
nós partimos
vós partis
eles partem

Pretérito imperfeito
eu partia
tu partias
ele partia
nós partíamos
vós partíeis
eles partiam

Pretérito perfeito
eu parti
tu partiste
ele partiu
nós partimos
vós partistes
eles partiram

Pretérito mais-que-perfeito
eu partira
tu partiras
ele partira
nós partíramos
vós partíreis
eles partiram

Futuro do presente
eu partirei
tu partirás
ele partirá
nós partiremos
vós partireis
eles partirão

Futuro do pretérito
eu partiria
tu partirias
ele partiria
nós partiríamos
vós partiríeis
eles partiriam

Subjuntivo
Presente
eu parta
tu partas
ele parta
nós partamos
vós partais
eles partam

Pretérito imperfeito
eu partisse
tu partisses
ele partisse
nós partíssemos
vós partísseis
eles partissem

Futuro
eu partir
tu partires
ele partir
nós partirmos
vós partirdes
eles partirem

Imperativo
Afirmativo
parte tu
parta você
partamos nós
parti vós
partam vocês

Negativo
não partas tu
não parta você
não partamos nós
não partais vós
não partam vocês

Palavras e expressões mais usuais do latim e de outras línguas

ab aeterno *lat* De toda a eternidade; sempre.
ab initio *lat* Desde o começo.
ad argumentandum tantum *lat* Somente para argumentar. Concessão feita ao adversário, a fim de refutá-lo com mais segurança.
ad cautelam *lat* Por precaução. Diz-se do ato praticado a fim de prevenir algum inconveniente.
ad hoc *lat* Para isso. Diz-se de pessoa ou coisa preparada para determinada missão ou circunstância: secretário *ad hoc*, tribuna *ad hoc*.
ad judicia *lat Dir* Para o juízo. Diz-se do mandato judicial outorgado ao advogado pelo mandante.
ad negotia *lat Dir* Para os negócios. Refere-se ao mandato outorgado para fins de negócio.
ad referendum *lat* Para ser referendado. **1** *Dir* Diz-se do ato que depende de aprovação ou ratificação da autoridade ou poder competente. **2** *Dipl* Diz-se da negociação do agente diplomático, sujeita à aprovação de seu governo.
ad valorem *lat* Segundo o valor. *Dir* Diz-se da tributação feita de acordo com o valor da mercadoria importada ou exportada, e não conforme o seu peso, volume, espécie ou quantidade.
affaire *fr* Negócio. Designa negócio escuso ou caso escandaloso.
agenda *lat* Que deve ser feito.
Agnus Dei *lat* Cordeiro de Deus. **1** Jesus Cristo. **2** Invocação usada durante a missa depois da fração da hóstia e no final das ladainhas. **3** Pequeno relicário de cera do círio pascal e óleo bento, moldado com a imagem do cordeiro, que o papa benze no sábado santo. Atribuem-lhe os devotos a virtude de salvaguarda nos perigos, nas doenças e nas tempestades.
à la carte *fr* Pratos não incluídos no cardápio de um restaurante.
alibi *lat Dir* Em outro lugar. Meio de defesa pelo qual o acusado alega e prova que, no momento do delito, se encontrava em lugar diverso daquele onde o fato delituoso se verificou.
all right *ingl* Tudo bem; tudo certo.
alter ego *lat* Outro eu. Significa o amigo do peito, de confiança, para quem não há segredos.
a posteriori *lat* Do que vem depois. Sistema de argumentação que parte do efeito para a causa. Opõe-se à argumentação *a priori*.
a priori *lat* Do que precede. Prova fundada unicamente na razão, sem fundamento na experiência. Opõe-se a *a posteriori*.
apud *lat* Junto a; em. Usada em bibliografia para indicação de fonte compulsada, nas citações indiretas.
a quo *lat* Da parte de cá. **1** Na ignorância; sem entender, sem saber. **2** *Dir* Diz-se do dia a partir do qual se começa a contar um prazo. **3** *Dir* Diz-se do juiz de um tribunal de cuja decisão se recorre: Juiz *a quo* (opõe-se, neste caso, a *ad quem*, juiz, ou tribunal, para o qual se recorre).

4 *Lóg* Diz-se do termo ou princípio sobre que se fundamenta uma conclusão.
avant-première *fr* Antes da primeira. Apresentação de filme ou peça teatral para público limitado, como críticos de arte, imprensa, autoridades etc. O neologismo *pré-estreia* foi lançado para substituir esta expressão.
bona fide *lat* De boa fé: Enganar-se, proceder *bona fide*.
carpe diem *lat* Aproveita o dia. (Aviso para que não desperdicemos o tempo). Horácio dirigia este conselho aos epicuristas e gozadores.
causa mortis *lat Dir* A causa da morte. **1** Diz-se da causa determinante da morte de alguém. **2** Imposto pago sobre a importância líquida da herança ou legado.
causa petendi *lat Dir* A causa de pedir. Fato que serve para fundamentar uma ação.
conditio sine qua non *lat* Condição sem a qual não. Expressão empregada pelos teólogos para indicar circunstâncias absolutamente indispensáveis à validade ou existência de um sacramento, p. ex., a vontade expressa dos noivos para a validade do matrimônio.
corpus christi *lat* Corpo de Cristo. **1** A hóstia consagrada. **2** Festa litúrgica móvel, celebrada na quinta-feira depois do domingo da Santíssima Trindade. **3** A solenidade desta festa.
cum laude *lat* Com louvor. Graduação de aprovação, em algumas universidades, equivalente a bom.
curriculum vitae *lat* Carreira da vida. Conjunto de dados que abrangem o estado civil, instrução, preparo profissional e cargos anteriormente ocupados, por quem se candidata a emprego.
data venia *lat Dir* Dada a vênia. Expressão delicada e respeitosa com que se pede ao interlocutor permissão para discordar de seu ponto de vista. Usada em linguagem forense e em citações indiretas.
de cujus *lat Dir* De quem. Primeiras palavras da locução *de cujus sucessione agitur* (de cuja sucessão se trata). Refere-se à pessoa falecida, cuja sucessão se acha aberta.
de facto *lat Dir* De fato. Diz-se das circunstâncias ou provas materiais que têm existência objetiva ou real. Opõe-se a *de jure*.
del-credere *ital Dir* **1** Cláusula pela qual, no contrato de comissão, o comissário, sujeitando-se a todos os riscos, se obriga a pagar integralmente ao comitente as mercadorias que este lhe consigna para serem vendidas. **2** Prêmio ou comissão paga ao comissário, por essa garantia.
de plano *lat* Calculadamente; premeditadamente.
erga omnes *lat Dir* Para com todos. Diz-se de ato, lei ou dispositivo que obriga a todos.
error in objecto *lat Dir* Erro quanto ao objeto. V *aberratio ictus*.
error in persona *lat Dir* Erro quanto à pessoa. V *aberratio delicti*.

a lenda, teria feito Cristo a Pedro na Via Ápia, quando o apóstolo fugia da perseguição de Nero.
sine die *lat* Sem dia. Adiar *sine die,* isto é, sem data fixa.
sine qua non *lat* Sem a qual não. Diz da condição essencial à realização de um ato.
statu quo *lat* Estado em que. Estado anterior à questão de que se trata.
stricto sensu *lat* No sentido restrito.
sub judice *lat* Sob o juízo. *Dir* Diz-se da causa sobre a qual o juiz ainda não se pronunciou.
sui generis *lat* Do seu gênero; peculiar, singular. Designa coisa ou qualidade que não apresenta analogia com nenhuma outra.

time is money *ingl* Tempo é dinheiro.
traduttori, traditori *ital* Tradutor, traidor. Trocadilho nada honroso para os tradutores considerados como infiéis ao pensamento do autor.
ultra petita *lat Dir* Além do pedido. Diz-se da demanda julgada além do que pediu o autor.
vis-à-vis *fr* Frente a frente. Empregada quando alguém se encontra em frente a outra pessoa numa mesa, bailado etc.
vox populi, vox Dei *lat* Voz do povo, voz de Deus. O assentimento de um povo pode ser o critério de verdade.

Algarismos romanos e seus correspondentes arábicos

Romanos	Arábicos	Romanos	Arábicos
I	1	XL	40
II	2	XLVI	46
III	3	L	50
IV	4	LIX	59
V	5	LX	60
VI	6	LXV	65
VII	7	LXX	70
VIII	8	LXXX	80
IX	9	XC	90
X	10	XCIX	99
XI	11	C	100
XII	12	CI	101
XIII	13	CC	200
XIV	14	CCC	300
XV	15	CD	400
XVI	16	CDXCIX	499
XVII	17	D	500
XVIII	18	DC	600
XIX	19	DCC	700
XX	20	DCCC	800
XXI	21	CM	900
XXX	30	CMXCIX	999
XXXI	31	M	1.000

ex adverso *lat Dir* Do lado contrário. Refere-se ao advogado da parte contrária.

ex lege *lat* Por força da lei: Foi nomeado *ex lege*.

ex officio *lat* Por obrigação, por dever do cargo. *Dir* Diz-se do ato realizado sem provocação das partes.

extra petita *lat Dir* Além do pedido. Diz-se do julgamento proferido em desacordo com o pedido ou natureza da causa.

ex tunc *lat Dir* Desde então. Com efeito retroativo.

flagrante delicto *lat Dir* Ao consumar o delito. Diz-se do momento exato em que o indivíduo é surpreendido a perpetrar o ato criminoso, ou enquanto foge, após interrompê-lo ou consumá-lo, perseguido pelo clamor público.

full time *ingl* Tempo integral. Trabalho nos dois períodos.

God save the king ou **the queen** *ingl* Deus salve o rei (ou) a rainha. Frase inicial do hino nacional inglês.

grosso modo *lat* De modo geral. Por alto, sem penetrar no âmago da questão.

habeas corpus *lat Dir* Que tenhas o corpo. Meio extraordinário de garantir e proteger com presteza todo aquele que sofre violência ou ameaça de constrangimento ilegal na sua liberdade de locomoção, por parte de qualquer autoridade legítima.

happy end *ingl* Fim feliz. Indica o desfecho feliz nas peças teatrais e cinematográficas.

homo sapiens *lat* O homem sábio. **1** Nome da espécie homem na nomenclatura de Lineu. **2** Expressão usada por Henri Bergson para indicar o homem, único animal inteligente em face dos demais.

honoris causa *lat* Por causa da honra. Título honorífico concedido a pessoas ilustres.

in albis *lat* Em branco. Sem nenhuma providência. Diz-se também da pessoa vestida apenas com as roupas íntimas.

in continenti *lat* Imediatamente.

in dubio pro reo *lat Dir* Na dúvida, pelo réu. A incerteza sobre a prática de um delito ou sobre alguma circunstância relativa a ele deve favorecer o réu.

in fine *lat* No fim. Refere-se ao fim de um capítulo, parágrafo ou livro.

in limine *lat* No limiar. Diz-se em linguagem parlamentar do projeto rejeitado em todos os seus itens. Inteiramente rejeitado.

in loco *lat* No lugar.

in memoriam *lat* Em memória; em lembrança de (colocado nos monumentos e lápides mortuárias).

in re *lat* Na coisa, em realidade, efetivamente, positivamente: *Não é fantasia, mas tem fundamento* in re.

inter vivos *lat Dir* Entre os vivos. Diz-se da doação propriamente dita, com efeito atual, realizada de modo irrevogável, em vida do doador.

in totum *lat* No todo; na totalidade.

intuitu personae *lat Dir* Em consideração à pessoa.

in vitro *lat* No vidro. Expressão que indica as reações fisiológicas feitas fora do organismo, em tubos de ensaio.

ipsis litteris *lat* Pelas mesmas letras; textualmente.

ipso facto *lat* Só pelo mesmo fato; por isso mesmo, consequentemente.

ipso jure *lat Dir* Pelo próprio direito; de acordo com o direito.

juris et de jure *lat Dir* De direito e por direito. Estabelecido por lei e considerado por esta como verdade.

lato sensu *lat* No sentido lato, geral.

made in *ingl* Feito em, fabricado em. Locução aposta ao nome do lugar onde se fabricou ou industrializou um produto comercial.

manu militari *lat Dir* Pela mão militar. Diz-se da execução de ordem da autoridade, com o emprego da força armada.

mea culpa *lat* Por minha culpa. Locução encontrada no ato de confissão e se aplica nos casos em que a pessoa reconhece os próprios erros.

mens legis *lat Dir* O espírito da lei.

mutatis mutandis *lat* Mudando-se o que se deve mudar. Feitas algumas alterações.

nomen juris *lat Dir* Denominação legal; o termo técnico do direito.

non bis in idem *lat Dir* Não duas vezes pela mesma coisa. Axioma jurídico, em virtude do qual ninguém pode responder, pela segunda vez, sobre o mesmo fato já julgado, ou ser duplamente punido pelo mesmo delito.

nulla poena sine lege *lat Dir* Nenhuma pena sem lei. Não pode existir pena, sem a prévia cominação legal.

onus probandi *lat Dir* Encargo de provar. Expressão que deixa ao acusador o trabalho de provar (a acusação).

pari passu *lat* Com passo igual.

per capita *lat* Por cabeça; para cada um. Termo muito empregado nas estatísticas.

persona grata *lat* Pessoa agradável. Pessoa que será diplomaticamente bem recebida por uma entidade ou Estado internacional.

persona non grata *lat* Pessoa indesejada. Qualificativo que uma chancelaria dá a determinado agente diplomático estrangeiro, em nota ao governo deste, por meio da qual pede a sua retirada do país, onde se acha acreditado, em virtude de considerá-lo, por motivo grave, contrário aos interesses nacionais.

post meridiem *lat* Depois do meio-dia.

post mortem *lat Dir* Após a morte. **1** Além do túmulo; na outra vida. **2** Expressão empregada quando se trata de conferir alguma honraria a pessoa falecida.

primus inter pares *lat* Primeiro entre os iguais. Designa o presidente de uma assembleia onde todos têm voz ativa.

pro forma *lat* Por mera formalidade, para não modificar o costume, para salvar as aparências: Discutir um assunto *pro forma*.

pro rata *lat* Proporcionalmente. Recebendo cada um, ou pagando, a quota que lhe toca num rateio.

quod abundat non nocet *lat* O que abunda não prejudica. É melhor sobrar do que faltar.

quo vadis? *lat* Aonde vais? Pergunta que, segundo

Números

	Cardinal	**Ordinal**	**Fracionário**
1	um	primeiro	–
2	dois	segundo	meio
3	três	terceiro	terço
4	quatro	quarto	quarto
5	cinco	quinto	quinto
6	seis	sexto	sexto
7	sete	sétimo	sétimo
8	oito	oitavo	oitavo
9	nove	nono	nono
10	dez	décimo	décimo
11	onze	décimo primeiro	onze avos
12	doze	décimo segundo	doze avos
13	treze	décimo terceiro	treze avos
14	quatorze, catorze	décimo quarto	quatorze avos, catorze avos
15	quinze	décimo quinto	quinze avos
16	dezesseis	décimo sexto	dezesseis avos
17	dezessete	décimo sétimo	dezessete avos
18	dezoito	décimo oitavo	dezoito avos
19	dezenove	décimo nono	dezenove avos
20	vinte	vigésimo	vinte avos
30	trinta	trigésimo	trinta avos
40	quarenta	quadragésimo	quarenta avos
50	cinquenta	quinquagésimo	cinquenta avos
60	sessenta	sexagésimo	sessenta avos
70	setenta	setuagésimo	setenta avos
80	oitenta	octogésimo	oitenta avos
90	noventa	nonagésimo	noventa avos
100	cem	centésimo	centésimo
200	duzentos	ducentésimo	ducentésimo
300	trezentos	trecentésimo, tricentésimo	trecentésimo, tricentésimo
400	quatrocentos	quadringentésimo	quadringentésimo
500	quinhentos	quingentésimo	quingentésimo
600	seiscentos	sexcentésimo	sexcentésimo
700	setecentos	setingentésimo	setingentésimo
800	oitocentos	octingentésimo	octingentésimo
900	novecentos	nongentésimo, noningentésimo	nongentésimo, noningentésimo
1.000	mil	milésimo	milésimo

Símbolos matemáticos

$+$	mais; positivo	$\supset$	contém
$-$	menos; negativo	$\not\supset$	não contém
$\pm$	mais ou menos	$\not\subset$	está contido
$\times$ ou $.$	multiplicado por; vezes	$\subset$	não está contido
$/$ ou $:$ ou $\div$	dividido por	$\Rightarrow$	implica
$=$	igual a; igual	$\log_e$	logaritmo natural
$\neq$	diferente de; não igual a	$\log_{10}$	logaritmo decimal
$<$	menor que	x^2	xis ao quadrado
$>$	maior que	x^3	xis ao cubo
$\leq$	menor ou igual	x^4	xis à quarta potência
$\geq$	maior ou igual	$|x|$	valor absoluto de xis
$\simeq$	aproximadamente igual	π	(pi) $= 3,14159$
$\equiv$	equivalente a	$^\circ$	grau
$[\ ]$	colchetes	$'$	minuto
$(\ )$	parênteses	$''$	segundo
$\{\ \}$	chaves	$n!$	n fatorial
$\%$	por cento	dx	diferencial de xis
$\sqrt{\ }$	raiz quadrada	$\int$	integral
$\sqrt[3]{\ }$	raiz cúbica	$\int_a^b$	integral de, entre os limites a e b
∞	infinito	$\parallel$	paralelo a
$\in$	pertence; é elemento de	Σ	somatório
$\notin$	não pertence; não é elemento de	sen	seno
$\exists$	existe ao menos um	cos	cosseno
$\exists!$	existe um e um só	tg	tangente
$\varnothing$ ou $\{\ \}$	conjunto vazio	$cotg$	cotangente
$\cap$	interseção	sec	secante
$\cup$	união	$cosec$	cossecante